E-Class L
U0898317
乔治・克鲁尼
Mercedes-Benz
The best or nothing.

FUJIFILM 日本富士感压纸 广泛的应用范围和测量技术

压力测量结果举例

汽缸盖密封垫

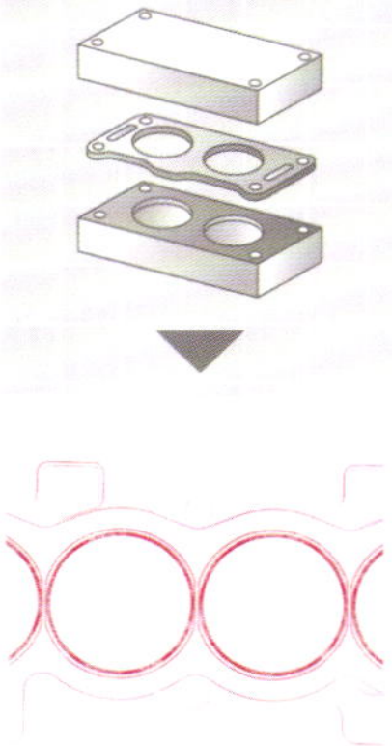

制动装置

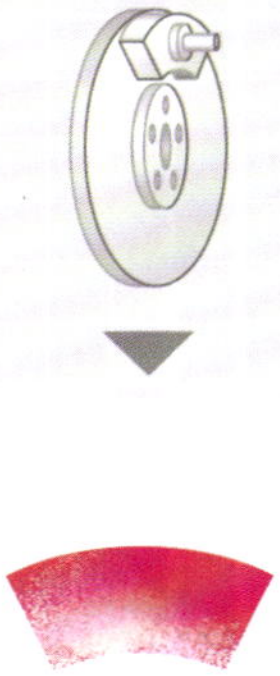

轮胎

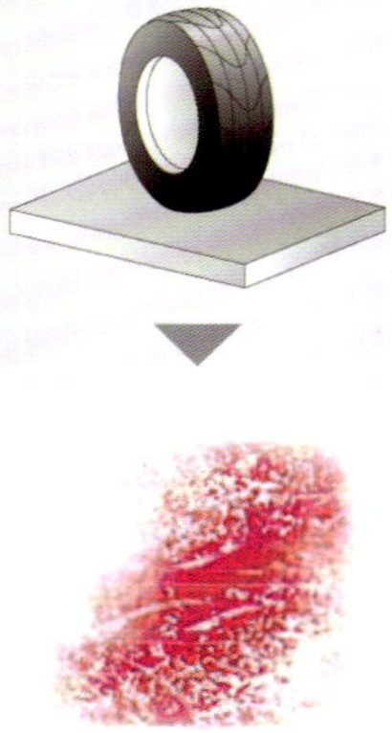

锂离子电池

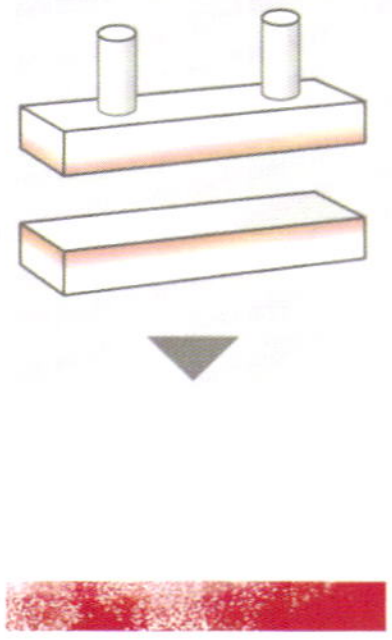

汽车零部件的举例

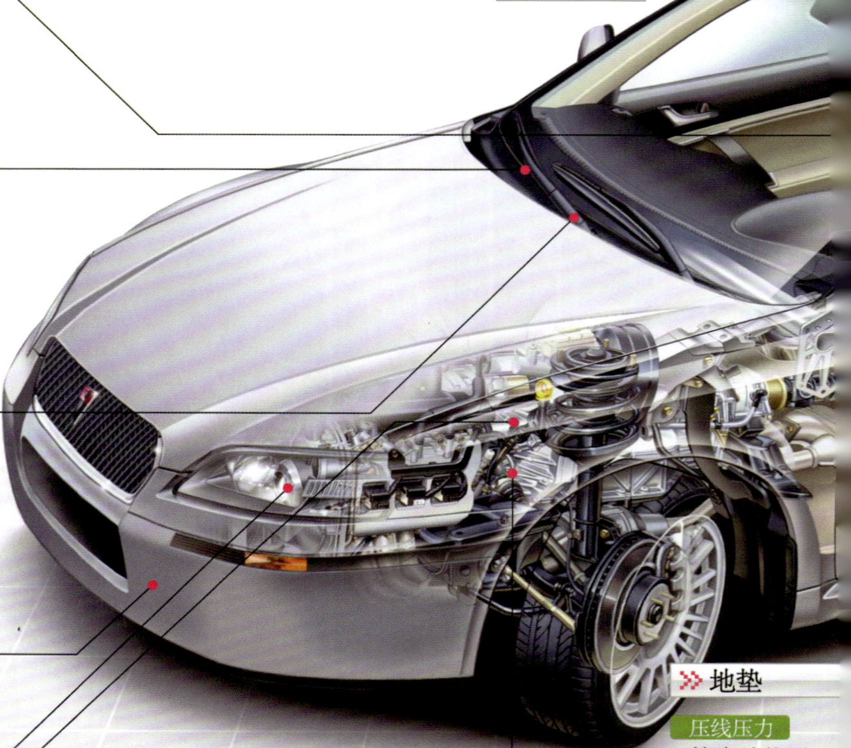

座椅

接触压力

- 检查耐久试验的状态
- 在测试模型研究应用中测量接触压力

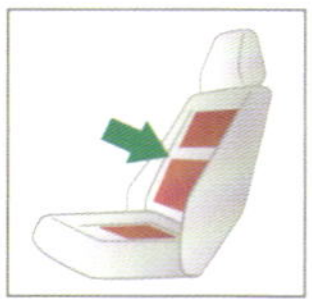

气囊

冲击压力

- 评估气囊的安全性

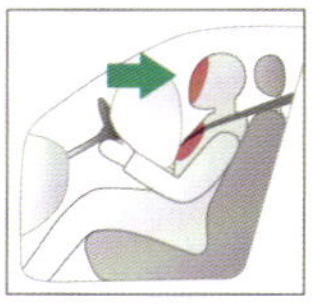

刮水器

接触状态

- 测试刮水片在风窗玻璃上的接触状态性能

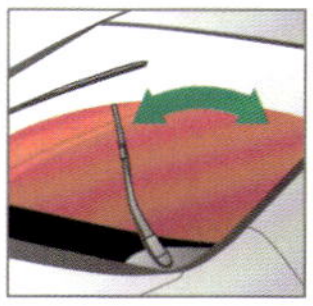

线束

紧固压力

- 检查线束垫圈的密封性能

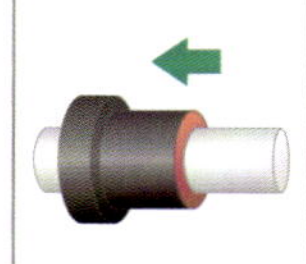

塑料件（保险杠、仪表板等）

接触状态

- 验证喷塑机模子的接触状态
- 通过放在模子和模型制品之间验证模型制品的形式

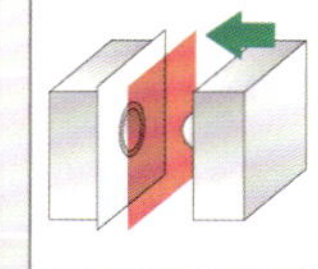

前照灯

接触状态

- 在安装前照灯时，检查接触状态

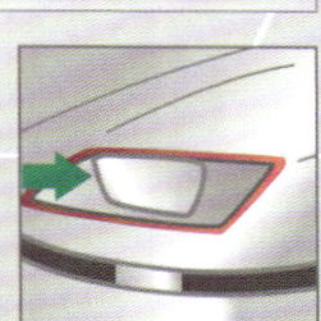

传动系统

接触状态 紧固压力

- 测试传动系统齿轮的接触状态
- 测试传动部件壳体的密封性能

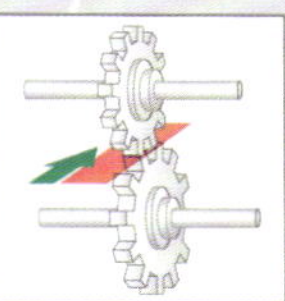

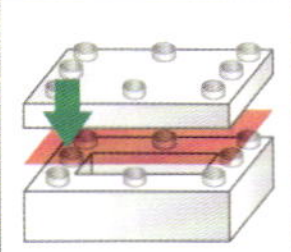

地垫

压线压力

- 检查地垫层压的附着力

离合器

接触状态

- 测量离合器板的接触状态
- 测量离合器盖的密封性能

可测压力范围：0.05～300MPa，1MPa=10.2kg/cm²

车身／底盘

接触状态

- 通过测量距离块的接触状态调整压床

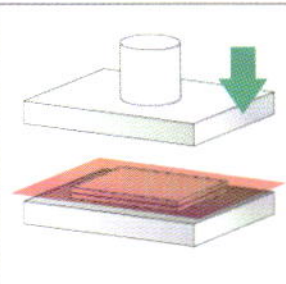

接触状态

- 验证模子的接触状态
- 通过插入模子和车身或底盘之间，验证产品的形式

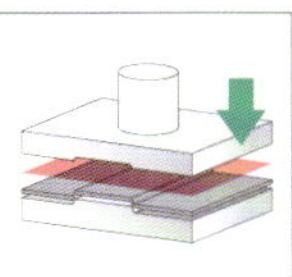

接触状态

- 检查点焊或凸焊电极的接触状态

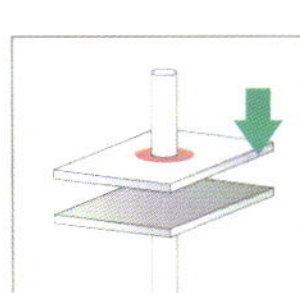

车门

接触状态

- 检验车门风窗雨条的接触状态

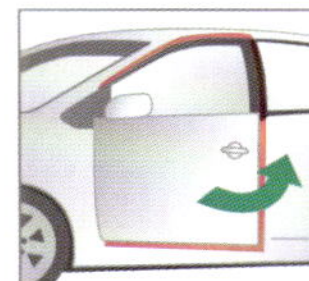

燃油箱

接触状态

- 检查燃油箱点焊或凸焊燃油计（fuel meter）电极的接触状态

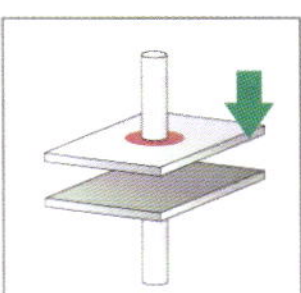

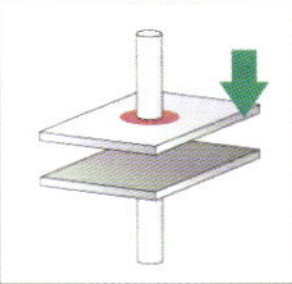

制动装置

接触状态

- 测量制动块的接触状态

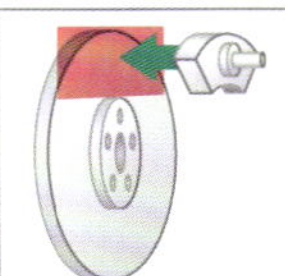

铝制轮毂

紧固压力

- 检验铝制轮毂平衡块的紧固压力

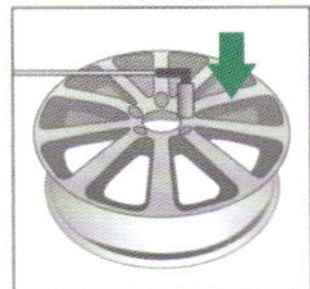

轮胎

支撑压力　压线压力

- 检查运行试验中的轨迹
- 检查层压橡胶的附着压力

排气装置

紧固压力

- 检查排气歧管和消声器法兰之间的紧固压力

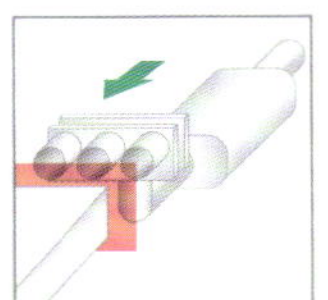

紧固压力

- 检查催化式排气净化器的紧固压力

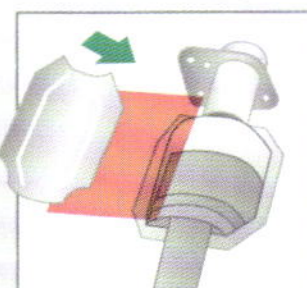

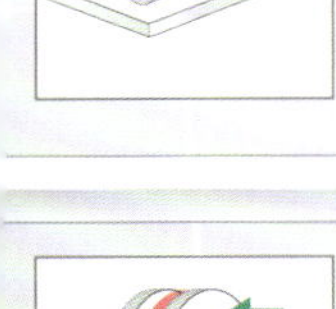

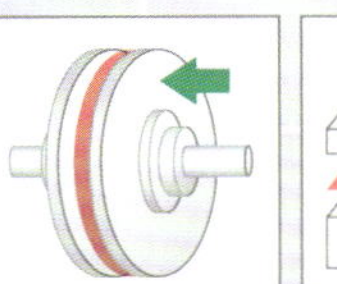

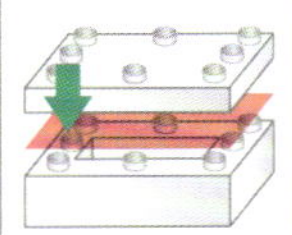

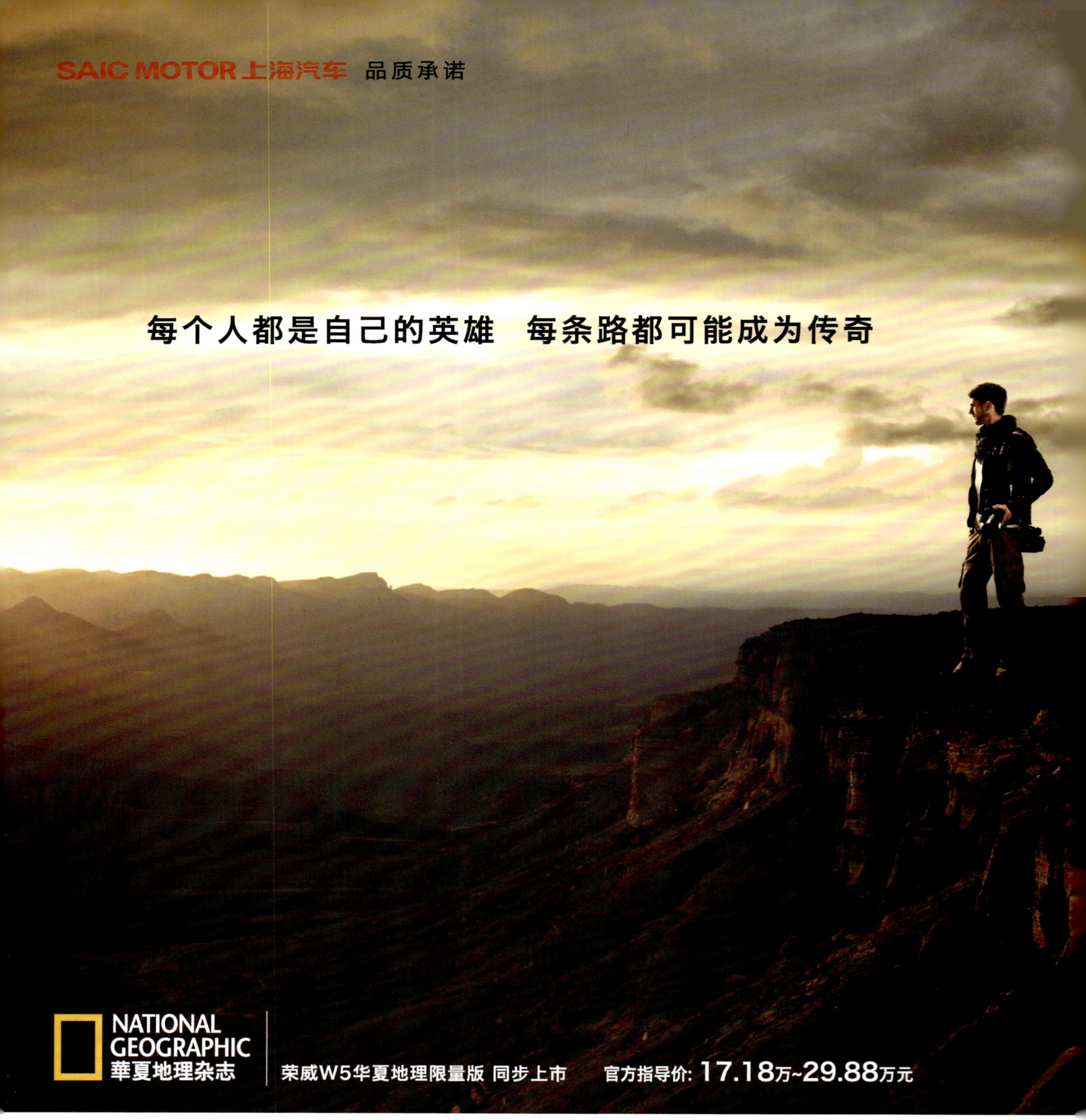

ROEWE 荣威
品位 科技 实现
荣威W5

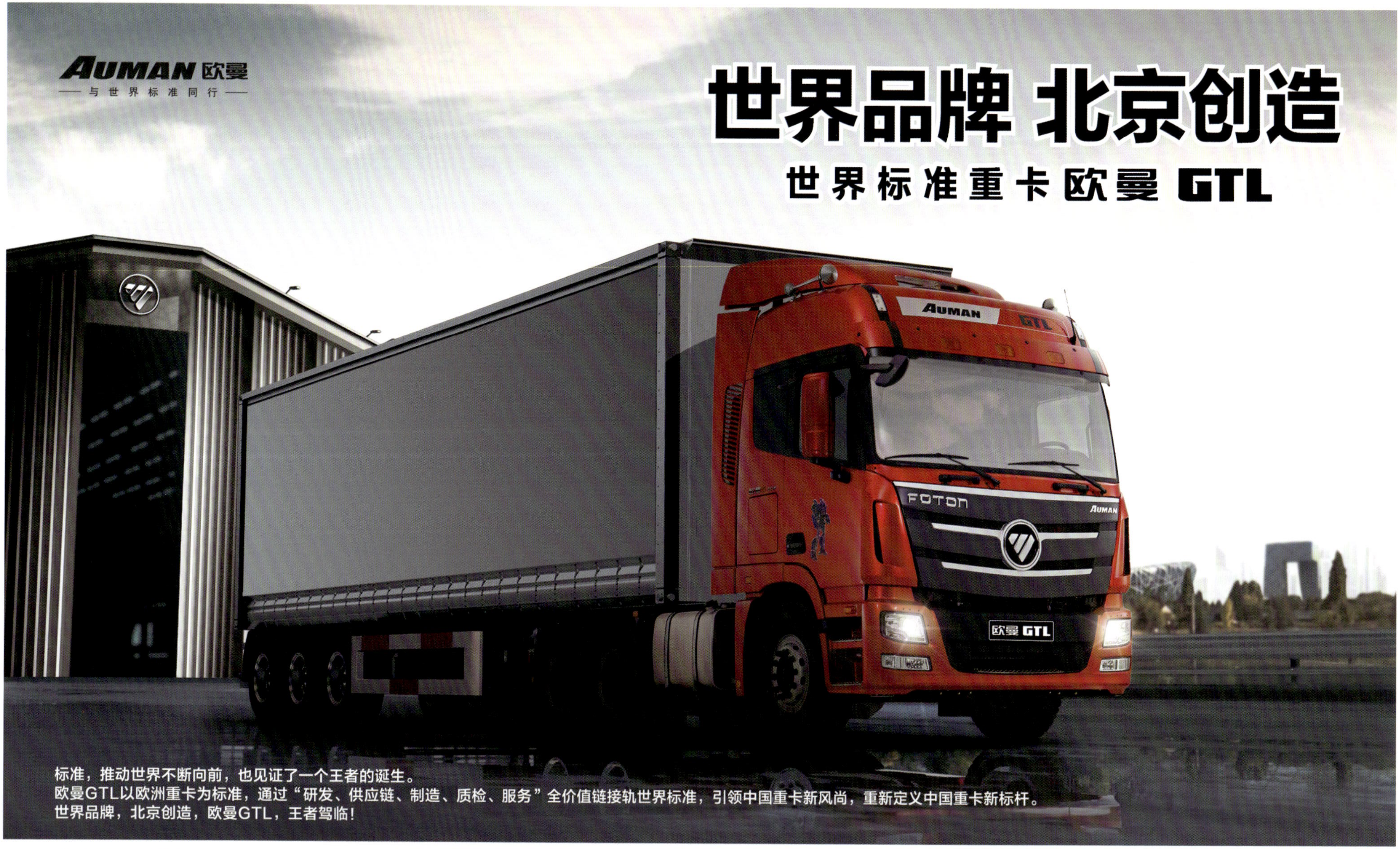

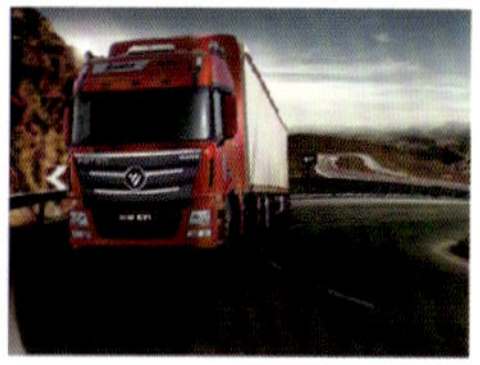

80万公里无大修

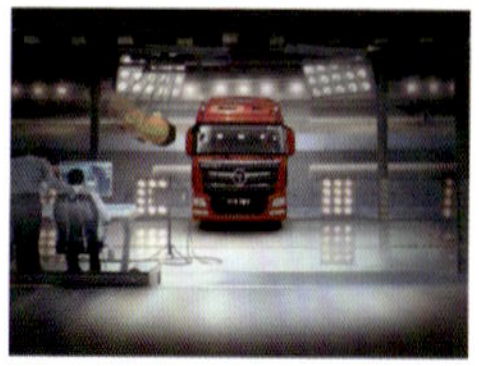

欧洲莱茵安全认证

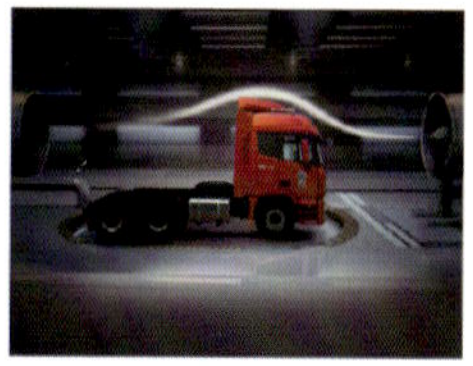

油耗低于平均水平3%~5%

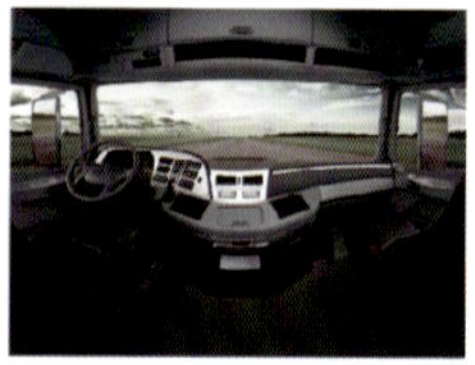

轿车级舒适享受

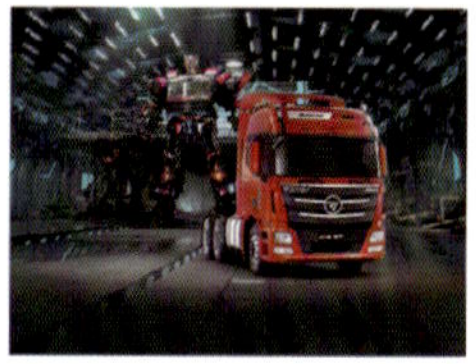

智能化达到70%

FOTON

北汽福田汽车股份有限公司欧曼营销公司 客户呼叫服务中心：4008900966 http：//www.aumantruck.com

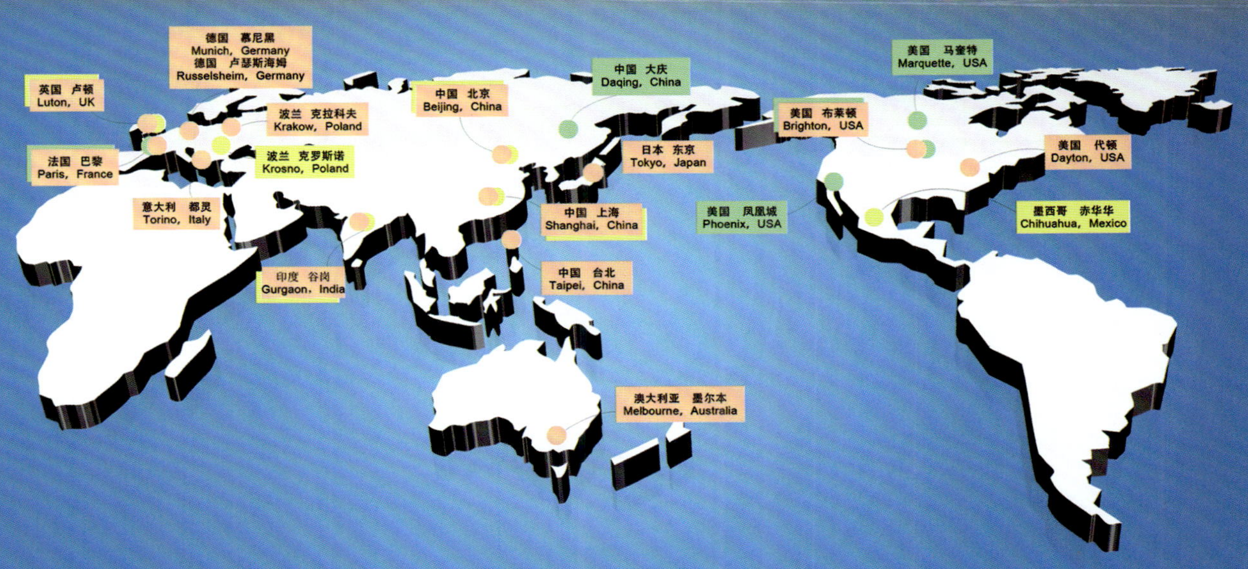

工厂 Plants　　研发中心和客服中心 Tech Centers & Customer Centers　　试验场 Test Tracks

北京京西重工有限公司成立于2009年3月23日，注册资本8亿元人民币。2009年3月30日，京西重工与德尔福公司正式签署收购其全球减振和制动业务主协议;同年11月2日正式签署交割协议，至此，收购工作全部完成，京西重工也一举进入到汽车零部件领先企业行列。

目前，京西重工在全球拥有6个工厂（墨西哥、波兰、英国、印度、中国上海、中国北京），5个技术研发中心（美国2个、法国、波兰、中国上海），以及14个客户服务中心，在全球有3900多名员工，拥有1400多项专利和专有技术。

为充分发挥京西重工在北京的区位优势和在高端汽车零部件方面享有完全自主知识产权的优势，京西重工于2010年2月20日在房山投资兴建了房山减振器工厂。一期工程建设规模为400万支减振器，项目建设投资约4.86亿元，达产后实现年销售收入约8亿元，解决就业约600人。2011年1月24日已成功生产出第一批合格样件供客户试装和检测，2012年1月正式为客户供货。目前,技术研发中心和总部大楼的建设也在筹备中。

京西重工经过了2010年和2011年两年的正式运营，公司在市场开发、技术研发、ERP项目建设、新项目建设、专业管理及企业文化和品牌建设等方面都取得了长足的发展。在稳定原有客户的基础上，公司获得9家新增客户和24亿美元的新订单。2010年实现销售收入6.5亿美元，2011年全年实现销售收入6.7亿美元。

在未来，京西重工将继续传承原有的高端技术、管理水平、丰富经验，依托全球化的研发实力以及多年国际市场的服务经验和理念，打造中国企业的自主品牌，让中国企业的自主品牌以崭新的形象跻身全球汽车零部件高端产品市场，服务新时期国际汽车工业的发展。

2011年京西重工全球干部大会合影

房山工厂生产的第一批减振器样件在京西重工2011年新春联欢会上揭幕

2009年11月2日收购交割协议签字仪式

北京京西重工有限公司
地址：北京市海淀区西直门北大街60号首钢国际大厦　邮编：100088
电话：010-58810325　传真：010-58810325　网址：www.bwigroup.com

汽车有限公司

截至2011年10月，北京现代已拥有雅绅特、瑞纳、伊兰特、ELANTRA悦动、i30、ix35、途胜、MOINCA名驭、领翔、第八代索纳塔等10个系列车型。销售及售后服务网络已遍布全国，4S店数量461家，卫星店数量183家。累计销售313万辆，实现销售收入3000亿元，累计纳税380亿元，带动160家（北京地区69家）配套企业就业约15万人，为振兴北京现代制造业、发展首都经济、稳定社会就业做出了应有的贡献。

北京现代良好的经营业绩对北京汽车工业和北京市整体的经济发展起到了极大的推动作用，成为北京乃至全国经济增长的亮点。北京现代的企业理念："用精细的经营管理创造最好的回报，让股东满意；以舒适的现场提供最好的环境，让员工满意；靠完美的汽车开辟最好的生活，让顾客满意。"公司全体中韩员工将牢记使命，抓住机遇，迎接挑战，不断谱写新的篇章，把北京现代建设成为一个在全国乃至全世界有较高知名度和美誉度的"首都"品牌，为北京工业的繁荣兴盛，为首都经济的稳步发展，为中国建设社会主义和谐社会做出贡献。

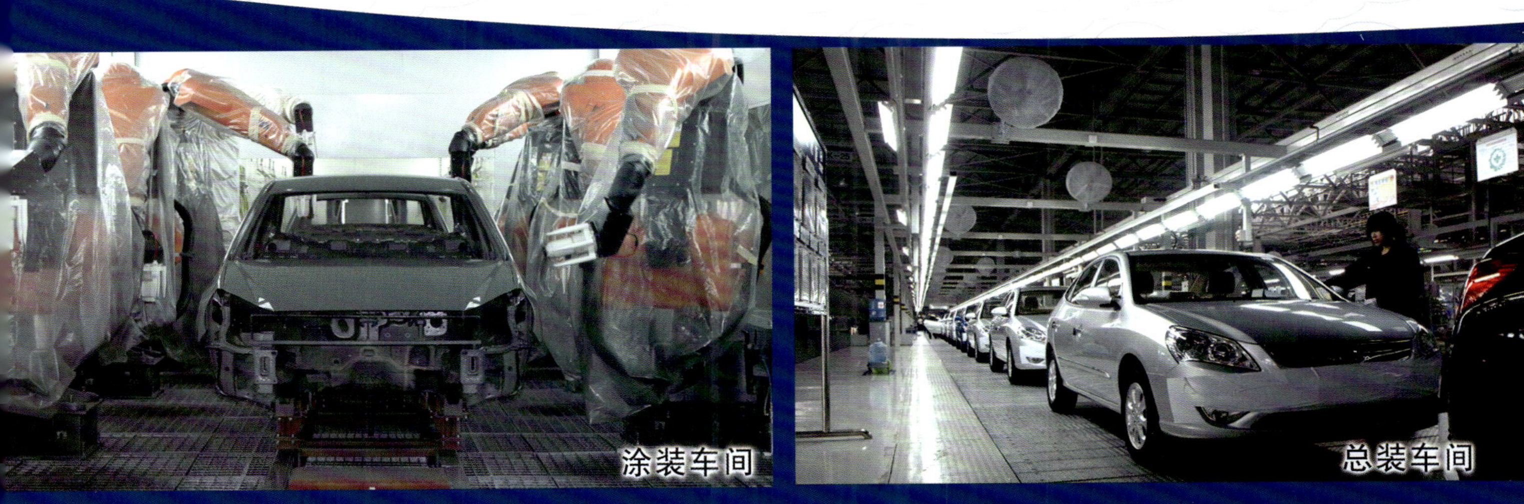

网址：www.beijing-hyundai.com.cn

0 1 2 3 4 5 6 7 8
0 20 40 60 80 100 120 140 160 180 200

新增 2.0L 6 速手自一体 尊享型
厂商指导价17.69~29.89 万元

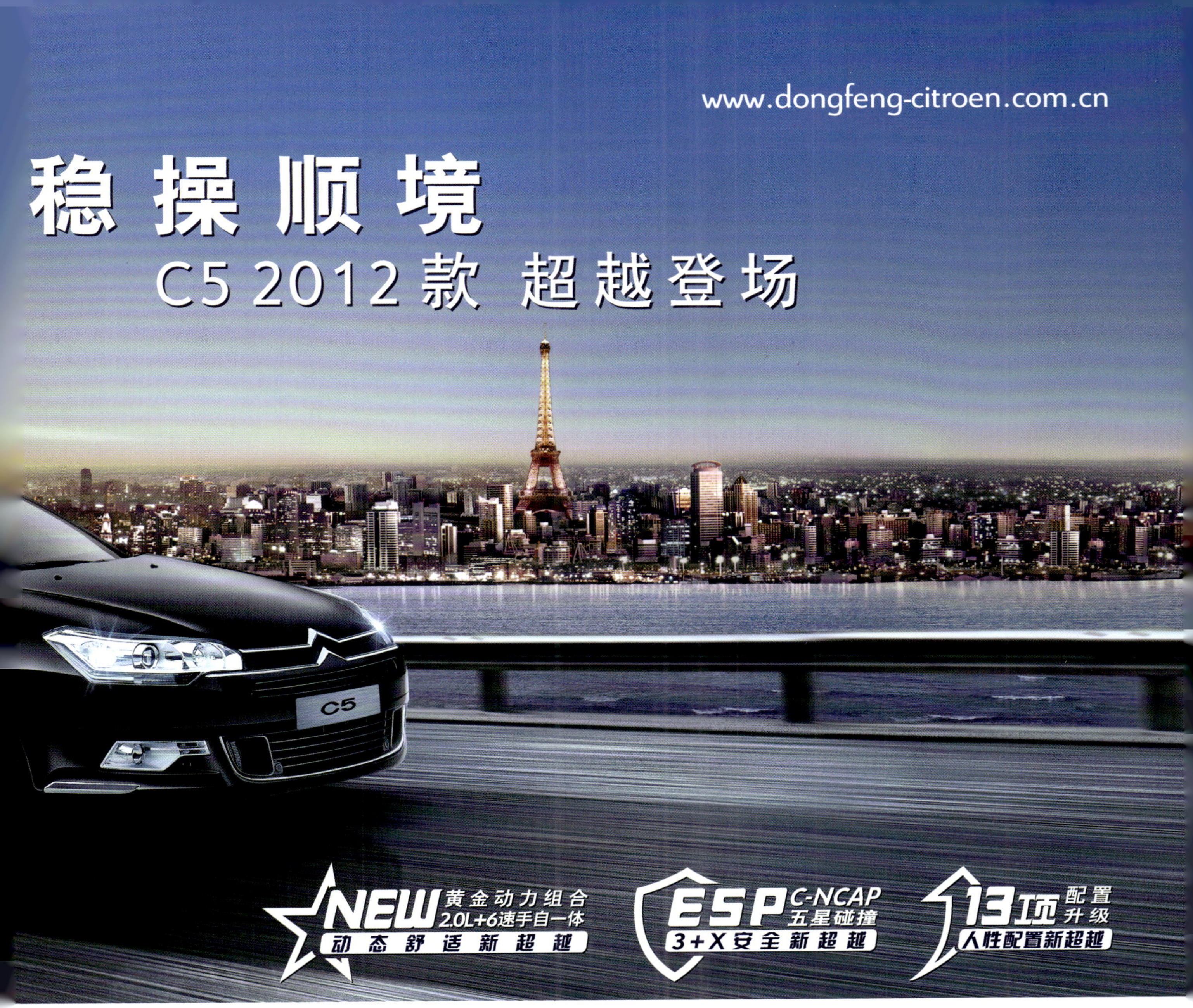
www.dongfeng-citroen.com.cn
稳操顺境
C5 2012款 超越登场
C5
NEW 黄金动力组合
2.0L+6速手自一体
动态舒适新超越
ESP C-NCAP
五星碰撞
3+X安全新超越
13项 配置
升级
人性配置新超越

CITROËN

福特蒙迪欧-致胜
EcoBoost GTDi+PowerShift
福特全新巅峰动力组合
完美融合240匹超强动力和7.9L超低油耗
MONDEO
www.ford.com.cn 800-810-8168 / 400-887-7766
涡轮增压科技
燃油缸内直喷技术

240匹巅峰动力，
让对手甘拜下风，你却视为理所当然。
MONDEO 致胜
Ford
感受非凡

逸动
长安逸动携全
逸动
长安汽车
长安汽车股份有限公司
CHANGAN AUTOMOBILE CO.,LTD.
网址：http://www.changan.com.cn

陕汽集团

方红卫董事长

袁宏明总经理

德龙F3000天然气车

德龙F3000自卸车

陕汽军车参加国庆60周年阅兵仪式

陕西汽车集团有限责任公司（简称陕汽），总部位于陕西省西安市，前身是陕西汽车制造厂。1968年奠基兴建，1970年建成并成功试制出第一辆“延安”SX250型重型军用越野车，彻底结束了我军“有炮无车”的历史。建厂至今，共生产各类汽车60余万辆，为我国国防建设、国民经济和社会发展做出了重大贡献。“延安”重型军用越野车先后参加了35周年、50周年和60周年国庆阅兵仪式，受到国务院和中央军委的多次嘉奖。

40多年来，陕汽已发展成为占地620万m^2、资产总额292亿元、从业3.3万余人的国内大型汽车企业集团之一。企业主要从事商用车和汽车零部件的开发、生产、销售及相关的汽车服务贸易和金融业务，是国家选型对比试验后保留的唯一指定装备我军的重型军用越野车生产基地和首批汽车出口基地企业，也是我国西北地区大型的制造型企业和新能源商用车生产企业。企业综合实力在中国500强企业中位居前列，在中国机械500强企业中位居前列。2011年，陕汽产销各类汽车12万辆，实现销售收入310亿元，其中重卡实现10万辆销售，出口汽车1万辆，出口总量位居行业前列。

近年来，陕汽推进服务型制造模式，加快技术创新，充分发挥产学研合作优势，企业自主创新能力和核心竞争力显著提升。形成了重型军用越野车、重卡、中卡、大中型客车、中轻型卡车、微型车、新能源汽车、重型车桥、微型车桥、康明斯发动机及汽车零部件等多品种、宽系列的产品格局。并拥有延安、德龙、奥龙、欧舒特、华山、福家等自主品牌。

地址：西安经济技术开发区泾渭工业园陕汽大道1号　　电话：029-86955331　　传真：029-86955000

在新能源领域，陕汽成功开发出CNG、LNG大马力天然气重卡、CNG、LNG客车底盘、双燃料、混合动力、电动微型车和低速纯电动车型等新能源汽车产品，纯电动码头牵引车、超强版的CNG、LNG牵引车已开始批量投放市场。天然气重卡市场份额超过50%，居国内前列。

经过多年的积淀，陕汽培育了以“德文化”为核心的企业文化体系，形成了“德赢天下，服务领先，品质成就未来”的经营理念和“以人为本、创优报国、追求卓越”的核心价值观，健全现代企业制度，建成了以西安重卡、客车基地，宝鸡中卡、蔡家坡微型车、专用车和零部件基地为核心的商用车产业体系，生产基地覆盖西北、华北、华中、华南、西南等地，形成了布局合理、辐射全国、面向海外的开放式发展格局。

展望未来，按照“做强重卡，做大商用车，培育新的增长点，实现可持续发展”的战略，陕汽将加快产业结构调整步伐，在继续做好重卡发展的同时，力求在中卡、大客车、微型车、关键零部件及专用车方面取得更大的发展，形成重、中、轻、微以及大客车等产品系列的科学组合，到“十二五”末实现汽车产销50万辆以上（其中重卡20万辆、中卡5万辆、大客车1万辆、微型车25万辆）、销售收入突破800亿元的宏伟目标，把陕汽建成国内一流、国际化的商用汽车企业集团。

网址：www.sxqc.com　　邮编：710200

新实力派中级家庭轿车

——全球鹰GC7定义中级家庭轿车新标准

以“创意未来”为主张的全球鹰品牌致力于为年轻、活力、具有突破精神的消费人群打造富有驾驶乐趣的车型。全球鹰推出全新中级家庭轿车——GC7，全面定义中级家庭轿车新标准。

• “DVVT动力+澳大利亚DSI 6速手自一体变速器”——演绎中级家庭轿车动力黄金组合

澳大利亚DSI变速器公司迄今已有83年的汽车专业变速器生产历史，是全球第二大自动变速器企业，拥有6速、8速等高端自动变速器、无级变速器技术，是全球几家知名汽车品牌的专业变速器供应商。

6速手自一体变速器一直是众多高端车的配置，GC7是吉利首款搭载6速手自一体变速器的中级家庭轿车，是吉利全球化技术的结晶。

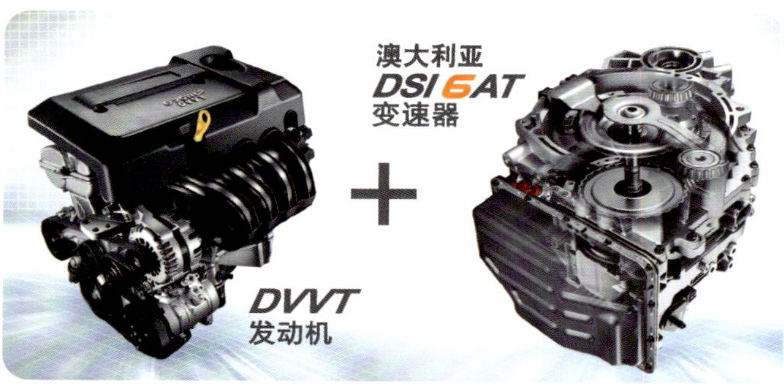

• 造型与艺术的完美结合——GC7将“京剧脸谱”融入造型设计

全球鹰将中国传统经典艺术“京剧脸谱”理念融入GC7造型设计，前照灯与格栅的微笑弧度，让前脸看起来宛如京剧脸谱般和谐。

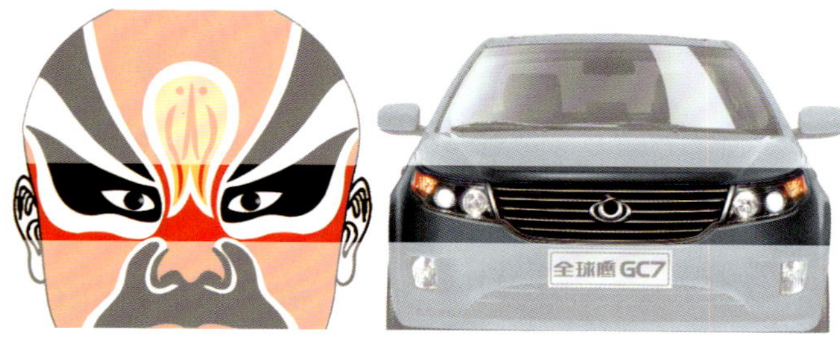

• 全自动化生产工艺，打造高品质GC7

GC7采用国际先进的全自动冲压、焊接、涂装、总装四大工艺生产线，全线采用业内领先的西门子PLC控制系统以及德国库卡、瑞典ABB机器人，车身激光焊接，以精益求精的生产工艺成就GC7的卓越品质。

• 按五星级安全标准设计+行人保护设计理念的运用力求“0”伤害

GC7在吉利GTSM（吉利汽车全方位整车安全管理体系）体系下按五星级安全标准设计。

★ 安全笼形承载式车身　★ 德国BOSCH　ABS+EBD
★ 防颠打颈部防护装置　★ 全方位智能行车安全警报

行人保护设计理念：GC7运用先进的行人安全保护设计理念，通过保险杠的吸能区设计控制腿部的冲击过程，最大限度地减小撞击力量，有效地保障行人的膝部、腿部免受严重伤害；通过发动机罩的吸能区的设计，最大限度地减少行人头部、肩部、胸部撞击发动机罩的力量，有效地保障行人免受严重伤害。

全维度6安全气囊

• “定速巡航+智能行车电脑”高科技人性化配置

GC7配备高端车才配备的“定速巡航”、“智能行车电脑”的高科技人性化配置，超越同级，满足每位驾乘人员的驾驭享受。

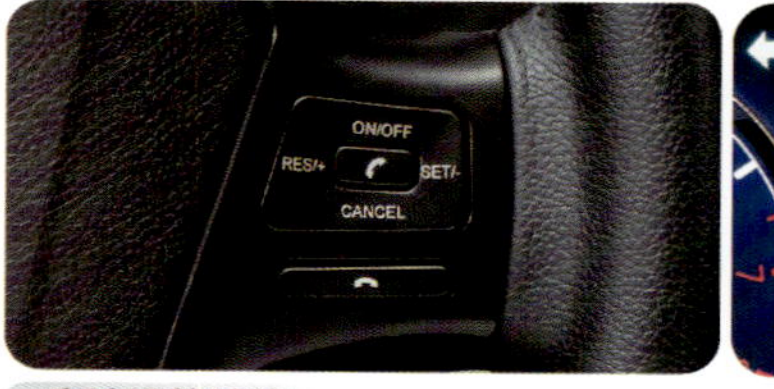

定速巡航系统

智能行车电脑

定速巡航系统——起动定速巡航，驾驶者无需再控制加速踏板，使驾驭更轻松，减少不必要的车速变化，燃油更经济；在高速公路限速路段能很好地控制车速。

智能行车电脑——智能行车电脑能提供行驶里程、续航里程、车门报警、雷达报警等信息。

还有更多科技人性配置……

★ 自动防夹天窗　★ 智能感应前照灯
★ 可视倒车雷达　★ 包覆式座椅

中国汽车工业企事业单位信息大全

（2012版）

中国汽车工业协会
中 汽 华 轮 公 司　编

人 民 交 通 出 版 社

内容提要

本书介绍了一万多家汽车工业企事业单位简况，包括地址、邮编、电话、传真、法人代表、负责人、单位人数、质量体系、网址、电子信箱、产品情况、配套关系等，特别是根据产品采购的需要，编辑了各种相关索引，作为各界人士全面了解中国汽车工业企事业单位的最新权威参考资料，提供了汽车行业通信联络、采购订货的第一手数据。

图书在版编目（CIP）数据

中国汽车工业企事业单位信息大全2012版/中国汽车工业协会，中汽华轮公司编. --北京：人民交通出版社，2012.4

ISBN 978-7-114-09725-6

Ⅰ.①中… Ⅱ.①中…②中… Ⅲ.①汽车工业－工业企业－中国－2012－名录②汽车工业－行政事业单位－中国－2012－名录 Ⅳ.①F426.471－62

中国版本图书馆CIP数据核字(2012)第050863号

广告经营许可证号：京朝工商广字第8042号(1－1)

书　　名：中国汽车工业企事业单位信息大全(2012版)
作　　者：中国汽车工业协会　中汽华轮公司
责任编辑：顾燏鲁　黄景宇　薛　民
出版发行：人民交通出版社
地　　址：(100011)北京市朝阳区安定门外外馆斜街3号
网　　址：http://www.ccpress.com.cn
销售电话：(010)59757969、59757973、85285656
编辑电话：(010)68426043、68420981
总 经 销：人民交通出版社发行部
经　　销：各地新华书店
印　　刷：北京密东印刷有限公司
开　　本：880×1230　1/16
印　　张：64.25
彩　　插：87
字　　数：2980千
版　　次：2012年4月　第1版
印　　次：2012年4月　第1次印刷
书　　号：ISBN 978-7-114-09725-6
定　　价：260.00元

《中国汽车工业企事业单位信息大全》

编审委员会

《中国汽车工业企事业单位信息大全》

编辑部

前　言

国家宏观经济的持续发展，为汽车市场提供了强有力支持；汽车行业保持健康稳定发展仍将是2012年的主格调。经过前几年汽车业的迅速增长和结构性调整后，汽车行业企业及产品格局发生了很大的变化，很多企业关停并转，更有一批高起点的企业出现。在此背景下，《中国汽车工业企事业单位信息大全（2012版）》（简称《大全（2012版）》）现已正式推出，与广大读者见面。作为汽车行业最具影响力的权威工具书，《大全（2012版）》全面收录了一万多家汽车行业管理机构、企事业单位最新情况，本书将成为汽车行业各界了解行业发展情况的重要参考用书。作为汽车行业重要工作的延续，本书仍由中国汽车工业协会、中汽华轮公司联合组织编撰。

《大全（2012版）》在延续权威性、准确性和规范性的基础上，具有以下突出特点：

★信息量更大、内容更新多

《大全（2012版）》中收录企事业单位一万多家，总体数量比《大全（2011版）》增加近千家，信息更新度达80%以上；整车生产企业编撰以《车辆生产企业及产品公告》为依据；零部件生产企业有较大的变动，突出介绍通过质量体系认证、有配套经验的零部件企业。

★强化产品与配套索引

《大全（2012版）》中特别强化了企业按产品索引、零部件企业配套整车索引等多重索引方式，全方位、多角度为国内外客户查阅中国汽车行业企业及其产品信息、采购产品提供帮助。其中整车产品索引着重满足政府采购、集团采购等迅速发展的需要，零部件索引和配套索引重点满足各整机配套采购部门、国内外专业零部件采购商的全面产品采购要求。

★强化宣传版面，使其迅速成为采购商关注焦点

为促进汽车行业优强企业发展，《大全（2012版）》中特别为参与宣传版面企业提供多重查询导引，并在正文各部分首页、产品索引部分、配套关系索引部分中，将其处于显著位置，以便采购商能迅速找到相关企业和最新产品。此外，本书特设“中国汽车工业企事业单位领导人专版”，以期通过此窗口向国内外各界展示中国汽车行业各单位领导人风采和业绩。

在2011年10月至2012年3月期间，编辑部对《大全（2012版）》的内容进行了全面核对。《大全（2012版）》的编撰工作得到了一万多家汽车工业企事业单位高度配合与支持，得到了汽车各界人士的全力协助，从而使这一工作得以顺利完成。借此机会，我们对持续支持这一工作的所有单位和读者表示由衷感谢。由于时间紧、工作量大，编撰工作中一定有很多不足之处，欢迎广大读者提出宝贵意见。

《中国汽车工业企事业单位信息大全》编辑部

2012年3月

编 制 说 明

《中国汽车工业企事业单位信息大全(2012 版)》的内容涵盖了全国汽车行业生产企业、管理机构和事业单位的基本情况(港、澳、台地区除外),全书主要包括六个主要部分,现将各个部分的编排方式说明如下:

一、第一部分包括汽车工业管理部门、主要行业单位及相关机构,主要介绍从事汽车行业管理工作、科研检测、宣传媒体等方面的职能机构。

二、整车生产企业的编写部分主要参考了《车辆生产企业及产品公告》(以下简称《公告》)中的内容。低速货车(原四轮农用运输车)、三轮汽车(原三轮农用运输车)也收入整车部分。对隶属于几大集团又未在《公告》中出现的部分企业,也进行了收录。

三、零部件生产企业分为六大类别,在编写中主要根据企业生产的主导产品进行归类。对部分企业同时生产多类零部件的情况,原则上在一个类别零部件出现后不再编入其他部分;将生产综合类配件的企业编入"通用件和相关工业产品生产企业";在汽车用品生产企业的基础上增加了汽车工具生产企业,统一编入"汽车用品及工具生产企业"。

四、对每个企业的产品情况,在尊重企业填报的原则下,对某些词汇进行了标准化处理工作,例如减震器→减振器、变速箱→变速器等。

五、各个产品类别内的企业划分,首先按省、自治区、直辖市的行政区域划分顺序编辑,其次每个省、自治区、直辖市内按邮政编码顺序排列。

六、第六部分为外国汽车和零部件公司在中国的办事机构情况。

为方便查阅,《大全(2012 版)》中特别突出了各种索引的编排,其中产品、配套与出口索引,主要参考零部件企业提供的相关信息。另外企业名称变更信息也是 2012 版的一个变化,将重点反映当年企业的名称变更情况。

《中国汽车工业企事业单位信息大全》编辑部

2012 年 3 月

目　录

第一部分　汽车工业管理部门、主要行业单位及相关机构

第二部分　中国汽车、改装车生产企业

第三部分　中国汽车零部件生产企业

第四部分　汽车制造设备及模具生产企业

第五部分　中国摩托车生产企业

第六部分　外国(地区)汽车公司、商社驻中国办事机构

第一部分

汽车工业管理部门、主要行业单位及相关机构

- 汽车工业管理部门
- 主要行业单位及分支机构
- 汽车行业科研检测与认证机构、大专院校及报刊、杂志

汽车工业管理部门

一、国家汽车工业管理部门及其主要相关机构

国家发展和改革委员会

值班室电话:010/68501240
地址:北京市西城区月坛南街38号
邮编:100824
网址:www.sdpc.gov.cn

- **产业协调司**

联系电话:010/68502554
主要相关职能:拟定主要工业行业规划和发展政策等

- **经济运行调节局**

联系电话:010/68505565
主要相关职能:工交行业经济运行分析、调控等

工业和信息化部

地址:北京市西长安街13号
邮编:100804
电话:010/66014249
网址:www.miit.gov.cn

- **产业政策司**

联系电话:010/66023282
主要相关职能:拟定工业产业政策并监督执行,汽车准入管理等

- **装备工业司**

联系电话:010/66013708
主要相关职能:机械、汽车行业管理等

中国机械工业联合会

总值班室电话:010/68594711、68594801
地址:北京市西城区三里河路46号
邮编:100823
网址:cmif.mei.gov.cn

所属相关行业协会

中国汽车工业协会:010/68594182、68595128
中国工程机械工业协会:010/68537077
中国电器工业协会:010/68166500
中国液压气动密封件工业协会:010/68594911
中国机床工具工业协会:010/63345694
中国仪器仪表行业协会:010/68584722
中国铸造协会:010/68418899
中国锻压协会:010/68465045
中国内燃机工业协会:010/68596570
中国轴承工业协会:010/63317030

二、各省、直辖市、自治区汽车相关管理部门及主要汽车集团

各省、直辖市、自治区汽车相关管理部门

北京市经济和信息化委员会汽车与交通设备产业处
地址:北京市朝阳区惠新东街6号
邮编:100029
电话:010/57587668
网址:www.bjeit.gov.cn

天津市经济和信息化委员会装备产业处
地址:天津市河西区友谊路35号
邮编:300061
电话:022/83608088
网址:www.tjec.gov.cn

河北省工业和信息化厅装备工业处
地址:石家庄市维明南大街196号
邮编:050051
电话:0311/87800820
传真:87800820
网址:www.ii.gov.cn

山西省机电行业管理办公室
地址:太原市并州北路39号
邮编:030001
电话:0351/4041646
传真:4129029
网址:www.shanxieic.gov.cn

内蒙古经济和信息化委员会装备工业处
地址:呼和浩特市敕勒川大街1号
邮编:010098
电话:0471/4825119
传真:4826505
网址:www.nmgjxw.gov.cn

辽宁省汽车工业办公室
地址:沈阳市皇姑区北陵大街45-2号
邮编:110032
电话:024/86907790
网址:www.lneic.gov.cn

吉林省工业和信息化厅汽车处
地址:长春市新发路329号
邮编:130051
电话:0431/87077731
网址:gxt.jl.gov.cn

黑龙江省工业和信息化委员会产业政策处
地址:哈尔滨市南岗区中山路202号
邮编:150001
电话:0451/82667989
网址:www.hljiic.gov.cn

上海市经济和信息化委员会装备产业处
地址:上海市人民大道200号
邮编:200003
电话:021/23111111
网址:www.shec.gov.cn

江苏省经济和信息化委员会产业政策处(江苏省汽车工业办公室)
地址:南京市北京西路16号
邮编:210008
电话:025/83392460
网址:www.jseic.gov.cn

浙江省经济和信息化委员会机械行业管理办公室
地址:杭州市体育场路479号
邮编:310007
电话:0571/87058115
传真:87058111
网址:jxw.zj.gov.cn

安徽省经济和信息化委员会装备工业处
地址:合肥市屯溪路306号金安大厦
邮编:230001
电话:0551/2871778
网址:www.aheic.gov.cn

福建省经贸委机电行业管理办公室
地址:福州市省府路工交大院11号楼四层
邮编:350001
电话:0591/87552275
传真:87551141
网址:www.fjetc.gov.cn

江西省机械行业管理办公室行业指导处(江西省汽车工业办公室)
地址:南昌市北京西路省政府大院南1路
邮编:330046
电话:0791/6350368
传真:6350304
网址:www.jxjx.gov.cn

山东省经济和信息化委员会产业政策处
地址:济南市省府前街1号
邮编:250011
电话:0531/86120402
网址:www.sdeic.gov.cn

河南省工业和信息化厅装备工业处
地址:郑州市花园路144号
邮编:450008
电话:0371/65509871
网址:www.iitha.gov.cn

湖北省经济和信息化委员会机械汽车处
地址:武汉市武昌区水果湖省委大院
邮编:430071
电话:027/87236970
网址:www.hbeitc.gov.cn

湖南省经济和信息化委员会装备工业处
地址:长沙市五一大道351号
邮编:410011
电话:0731/82213008
网址:www.hnjmw.gov.cn

广东省经济和信息化委员会装备工业处
地址:广州市吉祥路100号
邮编:510030
电话:020/83134776
传真:83134774
网址:www.gdei.gov.cn

广西工业和信息化委员会重工业处
地址:南宁市民主路17号
邮编:530023
电话:0771/5627633
传真:5627633
网址:www.gxgxw.gov.cn

海南省工业和信息化厅
地址:海口市国兴西路省政府国兴办公区主楼7楼
邮编:570203
电话:0898/65326233
网址:iitb.hainan.gov.cn

重庆市经济和信息化委员会规划与投资处
地址:重庆市渝中区人民路252号
邮编:400015
电话:023/63895940
网址:wjj.cq.gov.cn

四川省经济和信息化委员会产业政策处
地址:成都市人民东路66号
邮编:610013
电话:028/86263257
网址:www.scjm.gov.cn

云南省工业和信息化委员会装备工业处
地址:昆明市永安路37号
邮编:650011
电话:0871/3512706、3515549
网址:www.ynetc.gov.cn

陕西省工业和信息化厅装备工业处
地址:西安市新城广场省政府前大楼
邮编:710006
电话:029/87292329
网址:www.sxgxt.gov.cn

甘肃省工业和信息化委员会
地址:兰州市中央广场1号
邮编:730030
电话:0931/4609257
网址:www.gsec.gov.cn

青海省经济委员会行业指导处
地址:西宁市黄河路36号银龙大厦
邮编:810001
电话:0971/6138903
网址:www.qhec.gov.cn

新疆维吾尔自治区机械电子工业行业管理办公室行业管理处
地址:乌鲁木齐市光明路140号

邮编:830002
电话:0991/8897776、8808699
传真:8809889
网址:www. xjjdhb. gov. cn

主要汽车集团

★第一汽车集团公司
地址:长春市东风大街2259号
邮编:130011
总机:0431/85901140
办公室:0431/85730701
管理部:0431/85737342
规划部:0431/85737582
技术中心:0431/85788112
采购部:0431/85904237
营销管理部:0431/85737098
驻北京办事处:010/62923355
传真:0431/62925966
董事长:徐建一
网址:www. faw. com. cn
一汽解放汽车销售有限公司
地址:长春市汽车产业开发区迎春路617号
邮编:130011
电话:0431/85902891
传真:85909761
网址:http://truck. faw. com. cn
一汽进出口公司
地址:长春市东风大街3025号
邮编:130011
电话:0431/85736138、85736117
传真:87614780
一汽-大众汽车销售有限公司
地址:长春市普阳街3343号
邮编:130011
电话:0431/85990888
传真:85750888
一汽轿车销售有限公司
地址:长春市绿园区东风大街4936号
邮编:130011
电话:0431/85768888
网址:http://car. faw. com. cn
一汽马自达汽车销售有限公司
地址:长春市高新技术开发区硅谷大街5188号
邮编:130011
电话:0431/85991000
网址:www. faw-mazda. com
一汽丰田汽车销售有限公司
地址:北京市朝阳区东三环中路1号环球金融中心西楼三层
邮编:100020
电话:010/59529000
传真:59529086
网址:www. ftms. com. cn

★东风汽车公司
地址:武汉市经济技术开发区东风大道特1号
邮编:430056
办公室:027/84285010
管理部:027/84285082
规划部:027/84285158
科技开发部:027/84285127
宣传部:027/84285175
驻北京办事处:010/63834577
传真:027/84285288
董事长:徐平
网址:www. dfmc. com. cn
东风汽车有限公司
地址:武汉沌口经济开发区东风大道10号
邮编:430056
电话:027/84288426
传真:84283614
网址:www. dfl. com. cn
东风汽车工业进出口有限公司
地址:上海市浦东新区源深路317号东风国际大厦
邮编:200135
电话:021/68753700
传真:68752677
网址:www. chinadfm. com

★上海汽车工业(集团)总公司
地址:上海市威海路489号
邮编:200041
总机:021/22011688
传真:22011188
董事长:胡茂元
网址:www. saicgroup. com
上海汽车集团股份有限公司
地址:上海市威海路489号
邮编:200041
电话:021/22011888
传真:22011777
董事长:胡茂元
网址:www. saicmotor. com
上海汽车集团(北京)有限公司
地址:北京市海淀区北蜂窝中路15号
邮编:100038
电话:010/63970988
传真:63968393
上海汽车工业销售有限公司
地址:上海市武康路390号
邮编:200031
电话:021/24011188
传真:24011111
网址:www. anji. com
上海汽车进出口有限公司
地址:上海市张扬路2119号
邮编:200135
电话:021/28936888
传真:28936999
网址:www. saicsaco. com
南京汽车集团有限公司
地址:南京市中央路331号
邮编:210037
电话:025/83437788
传真:83433526
董事长:陈志鑫
网址:www. nanqi. com. cn
上汽集团上海国际汽车零部件采购中心
地址:上海市曹安公路5656号3楼A座
邮编:201805
电话:021/69503143
传真:69503150
网址:www. apsis. com. cn

★中国重型汽车集团有限公司
地址:济南市英雄山路165号
邮编:250002
总机:0531/85582114
办公室:0531/85582168
企业发展部:0531/85582072
技术中心:0531/85586100
销售部:0531/87565718
企业管理部:0531/85582094
市场部:0531/85582104
驻北京办事处:010/84138659
传真:0531/85952412
董事长:马纯济
网址:www. cnhtc. com. cn
中国重型汽车集团有限公司销售公司
地址:济南市经十西路212号
邮编:250117
电话:0531/85588000、87982226
传真:85588089

★北京汽车集团有限公司
地址:北京市朝阳区东三环南路25号北京汽车大厦
邮编:100021
总机:010/67699888
董事会办公室:010/87665226
办公室:010/87664009
规划产品部:010/87664013
经济运行部:010/87664010
传真:87664048
董事长:徐和谊
网址:www. bqkgdjw. com
北京汽车投资有限公司
地址:北京市朝阳区东三环南路25号
邮编:100021
电话:010/67699888-8567

★天津汽车工业(集团)有限公司
地址:天津市和平区烟台道78号
邮编:300040
电话:022/23030045、23399926
传真:23310858
董事长:张世堂
总经理:林引

★中国长安汽车集团股份有限公司
地址:北京市海淀区车道沟十号院
邮编:100089
电话:010/68966362
传真:68966383
董事长:徐留平
网址:www. ccag. cn

★广州汽车工业集团有限公司
地址:广州市东风中路448号成悦大厦19-21,23楼
邮编:510030

电话:020/83150411、85130406
传真:83150335
董事长兼总经理:张房有
网址:www.gaig.com.cn

广州汽车集团股份有限公司
地址:广州市东风中路448－458号成悦大厦23、15楼
邮编:510030
电话:020/83151139、83151163
传真:83150228
董事长:张房有
总经理:曾庆洪
网址:www.gagc.com.cn

★安徽江淮汽车集团有限公司
地址:合肥市东流路176号
邮编:230022
电话:0551/2296666
传真:2296999
法人代表:安进
网址:www.jac.cn

三、与汽车管理相关的国家部、委、局

★科学技术部
地址:北京市海淀区复兴路乙15号
邮编:100862
电话:010/58881800

全国清洁汽车行动协调领导小组办公室
电话:010/58881535、58811452
传真:63702964

863计划节能与新能源汽车重大项目办公室
电话:010/63701180
传真:63702953
网址:www.most.gov.cn

★公安部
地址:北京市东长安街14号
邮编:100741
电话:010/65211114

公安部交通管理局
电话:010/66263958
网址:www.mps.gov.cn

★财政部
地址:北京市西城区三里河南三巷3号
邮编:100820
电话:010/68551114

关税司
电话:010/68552348
网址:www.mof.gov.cn

★住房和城乡建设部
地址:北京市西城区三里河路9号
邮编:100835
电话:010/58934114
网址:www.mohurd.gov.cn

★交通运输部
地址:北京市东城区建国门内大街11号
邮编:100736
电话:010/65292114

道路运输司
电话:010/65292797
网址:www.moc.gov.cn

★商务部
地址:北京市东长安街2号
邮编:100731
电话:010/69198318
传真:65198315

市场体系建设司
电话:010/85093671
传真:85093680
主要相关职能:国内汽车市场流通环节的调控与管理等

机电科技产业司
电话:010/65198776
传真:65198775
主要相关职能:机电产品进出口管理等

产业损害调查局
电话:010/65198085
传真:65198075

市场秩序司
电话:010/85093316
传真:85093335
网址:www.mofcom.gov.cn

★海关总署
地址:北京市东城区建国门内大街6号
邮编:100730
电话:010/65194114
传真:65194019

政策法规司
电话:010/65195189

关税征管司
电话:010/65195337
网址:www.customs.gov.cn

★国家质量监督检验检疫总局
地址:北京市海淀区马甸东路9号
邮编:100088
电话:010/82262114
网址:www.aqsiq.gov.cn

国家标准化管理委员会
电话:010/82262609
传真:82260684
网址:www.sac.gov.cn

国家认证认可监督管理委员会
电话:010/82260777
传真:82260777
网址:www.cnca.gov.cn

中国质量认证中心
地址:北京市南四环西路188号9区
邮编:100070
电话:010/83886666
传真:83886282
网址:www.cqc.com.cn

★国家税务总局
地址:北京市海淀区羊坊店西路5号
邮编:100038
电话:010/63417114
网址:www.chinatax.gov.cn

★环境保护部
地址:北京市西直门南小街115号
邮编:100035
电话:010/66556006
传真:66556010

污染防治司
电话:010/66556243
网址:www.zhb.gov.cn

★国家工商行政管理总局
地址:北京市西城区三里河东路8号
邮编:100820
电话:010/88650000

市场规范管理司
电话:010/88650602、88650601
网址:www.saic.gov.cn

★中国人民银行
地址:北京市西城区成方街32号
邮编:100800
电话:010/66194114
传真:66195370
网址:www.pbc.gov.cn

★中国保险监督管理委员会
地址:北京市西城区金融大街15号
邮编:100140
电话:010/66286688
网址:www.circ.gov.cn

主要行业单位及分支机构

• 查询导引 •

☞ 企业如有变更，请与编辑部联系 ☎ 010/68426043、68420981

一、主要行业单位

中国汽车工程学会
地址：北京市宣武区莲花池东路 102 号
天莲大厦四层
邮编：100055
电话：010/63345599
传真：63345466
网址：www.sae－china.org
理事长：张小虞
秘书长：付于武

中国汽车工业协会
地址：北京市西城区三里河路 46 号
邮编：100823
电话：010/68594182
传真：68595243
网址：www.caam.org.cn
会长：胡茂元
常务副会长：董扬

中国农机工业协会农用运输车分会
地址：北京市德外北沙滩 1 号 37 信箱
邮编：100083
电话：010/64882169
传真：64883332
网址：www.caamm.org.cn
会长：姜卫东
秘书长：张咸胜

中国汽车技术研究中心
地址：天津市东丽区成林道 218 号
邮编：300162
电话：022/84771318
传真：24370843
网址：www.catarc.ac.cn
负责人：赵航

中国汽车工业科技进步奖励基金委员会
地址：北京市宣武区莲花池东路 102 号
天莲大厦四层
邮编：100055
电话：010/63345812
传真：63345466

中汽认证中心
地址：北京市海淀区首体南路 2 号 11 层
邮编：100044
电话：010/88301244
传真：88301243
网址：www.cccap.org.cn

中国国际贸促会汽车行业分会
地址：北京市西城区三里河路 46 号
邮编：100823
电话：010/68594756、68594731
传真：68595076
网址：www.auto－ccpit.org
负责人：王侠
主要职能：组织汽车行业国际展览会；开展同世界各国汽车工业界的交流等工作

中国汽车报
地址：北京市海淀区阜成路 115 号 1 号楼 2 门 4 层
邮编：100142
电话：010/88132430
网址：www.cnautonews.com
负责人：李庆文

中国汽车工业经济技术信息研究所
地址：北京市海淀区阜成路 46 号
邮编：100036
电话：010/88121615
负责人：李京生

中国机械工业集团有限公司
地址：北京市海淀区丹棱街 3 号
邮编：100080
电话：010/82688888
传真：82688811
网址：www.sinomach.com.cn
电子信箱：office@sinomach.com.cn
法人代表：任洪斌
主要职能：汽车工业工程设计，汽车整车及零部件进出口及国内贸易，汽车零部件检测与研发，汽车会展及培训等

中国汽车工业工程公司
地址：天津市静海经济开发区广海道 15 号
邮编：301600
电话：022/59528396
传真：59527381
网址：www.chinaaie.com.cn
总经理：陈有权
质量体系：ISO 9001
主要业务：以汽车、发动机、农机、工程机械为主的机械行业工程咨询，产业研究、工程设计、项目管理、工程承包、设备设计制造和工程勘察、工程监理等

中国汽车工业国际合作总公司
地址：北京市海淀区中关村丹棱街 3 号
国机集团大厦 A 座
邮编：100080
电话：010/82606899
传真：82606999
网址：www.cnaico.com.cn
法人代表（负责人）：纪学成

质量体系:ISO 9001
主要职能:以电站成套项目、船舶出口项目为主导的工程承包、设备成套、联合经营业务;以汽车零部件、农业机械、整车销售为主导的进出口贸易及国内贸易业务;以汽车园区、汽车整车及汽车零部件制造企业为主导的实业投资业务;以汽车及汽车零部件展、广交会、国外品牌展会为主导的国内外展览业务;以大型活动策划、影视平面设计、报刊编辑为主导的公关策划、交流培训、咨询研究业务

中国进口汽车贸易有限公司
地址:北京市海淀区西三环北路72号世纪经贸大厦A座
邮编:100048
电话:010/88422222
传真:68488202
网址:www. ctcai. com
电子信箱:office@ ctcai. com
董事长(总经理):丁宏祥
主要业务:以汽车进口批发核心业务、汽车零售服务业务、汽车物流展贸园区为三大支柱业务,培育开拓汽车租赁及旧车业务、汽车出口业务、汽车电子商务及传媒业务三个新业务板块

中国汽车零部件工业公司
地址:北京市海淀区中关村丹棱街3号A座8层
邮编:100080
电话:010/80995286
传真:82606777
网址:www. chinacapac. com
电子信箱:capac@ chinacapac. com
职能范围:CAPAC品牌汽车零部件的生产制造,汽车零部件产品的国内外贸易,组织和承办与汽车零部件相关的国内外的展览、展示,项目开发(产业基地,汽配城的建设和延伸服务),拥有独立的零部件产品的检测和研发基地,出版发行国家级专业技术刊物《汽车零部件》

中汽华轮公司
地址:北京市阜成路33号
邮编:100048
电话:010/68420981
传真:88561149
网址:www. autobook. com. cn
负责人:曾光

中国第一汽车集团公司技术中心
地址:长春市创业大街1063号
邮编:130011
电话:0431/85788122
传真:85788125
负责人:李骏
网址:www. rdc. faw. com. cn

机械工业第九设计研究院有限公司
地址:长春市创业大街1958号
邮编:130011
电话:0431/85902985
传真:85902958
网址:www. cjxjy. com

中国汽车工程研究院股份有限公司
地址:重庆市陈家坪朝田村101号
邮编:400039
电话:023/68824060
传真:68821361
网址:www. caeri. com. cn
电子信箱:office@ caeri. com. cn
负责人:任晓常

中国汽车工业配件销售公司
地址:北京市海淀区阜成路46号
邮编:100142
电话:010/88130731、88127419
传真:88127418
网址:www. qipeihui. com
企业法人:王笃洋
主要业务:承办展览会;销售机械电器设备、石油制品、橡胶制品、金属材料、汽车工业配套产品、汽车(小轿车限零售)、摩托车;技术咨询、技术服务、技术培训、营销策划;货物进出口、代理进出口;技术进出口

二、部分行业单位的分支机构

中国汽车工业协会分支机构

中国汽车工业协会
地址:北京市西城区三里河路46号
邮编:100823
办公室:010/68594182
行业发展部:010/68594825
行业信息部:010/68594196
国际合作部:010/68594941
展览部:010/68595240
导讯编辑部:010/68595082

专用车分会
地址:武汉市经济技术开发区沌阳大道318号
邮编:430056
电话:027/84298095
传真:84298075
秘书长:王焕民
秘书长单位:汉阳专用汽车研究所

客车分会
地址:郑州市2066号信箱
邮编:450016
电话:0371/66733566
传真:66806000
秘书长:吴晓光
秘书长单位:郑州宇通客车股份有限公司

摩托车分会
地址:北京市西城区月坛南街26号
邮编:100825
电话:010/68596388
秘书长:李彬
秘书长单位:江门市大长江集团有限公司

汽车相关工业分会
地址:北京市朝阳区化工路大柳树商务街302号
邮编:100023
电话:010/67367499
传真:67367413
秘书长:李静

车用发动机分会
地址:山东省潍坊市民生东街26号
邮编:261001
电话:0536/2297007
秘书长:孙少军
秘书长单位:潍柴动力股份有限公司

车用电机电器委员会
地址:长沙市五一大道五一新干线1415房间
邮编:410000
电话:0731/84424716
传真:82272265
秘书长:朱小平
秘书长单位:中汽长电股份有限公司

车用活塞活塞环委员会
地址:福建省南平市工业园长沙工业园区
邮编:353000
电话:0599/8623820
传真:8612329
秘书长:张平山
秘书长单位:华闽南配集团股份有限公司

车用散热器委员会
地址:山东省安丘市经济技术开发区莲花山西路
邮编:262100
电话:0536/4370723
传真:4361209
秘书长:王钟柱
秘书长单位:潍坊恒安散热器集团有限公司

车用滤清器委员会
地址:安徽省蚌埠市凤阳东路224号
邮编:233043
电话:0552/3038058

传真:3019766
秘书长:葛德义
秘书长单位:蚌埠金威滤清器有限公司

车用仪表委员会
地址:安徽省芜湖市鸠江经济开发区融汇科技产业园区A座2楼
邮编:241009
电话:0553/5687805
传真:5687805
秘书长:陈建海
秘书长单位:安徽金海达汽车电子有限公司

车用灯具委员会
地址:上海市嘉定区安亭镇于田南路68号
邮编:201805
电话:021/69502093
传真:69502111
秘书长:许谋和
秘书长单位:上海汽车灯具研究所

车用轴瓦委员会
地址:四川省遂宁市创新工业园区南环路6号
邮编:629000
电话:0825/2635663
秘书长:谢跃君
秘书长单位:四川中胜飞虹轴瓦有限公司

离合器委员会
地址:长春市高新区超然街2555号
邮编:130103
电话:0431/85158566
传真:85174234
秘书长:唐春学
秘书长单位:长春一东离合器股份有限公司

转向器委员会
地址:南京市永乐南路龙翔鸣翠苑21栋9号401
邮编:210022
电话:025/52120041
传真:52120041
秘书长:李自标

制动器委员会
地址:上海市浦东新区川大路211号
邮编:201200
电话:021/58595109
传真:58595107
秘书长:顾一帆
秘书长单位:万安集团有限公司

减振器委员会
地址:重庆市渝北区空港工业园长空路306号
邮编:401120
电话:023/67180923
秘书长:宋晓丽
秘书长单位:重庆中意减振器有限责任公司

传动轴委员会
地址:长春市富奥大路599A号
邮编:130013
电话:0431/85127700
秘书长:刘恒
秘书长单位:富奥汽车零部件股份有限公司传动轴分公司

悬架委员会
地址:湖北省十堰市大岭路15号
邮编:442046
电话:0719/8242811
传真:8223462
秘书长:杜凤琴
秘书长单位:东风汽车悬架弹簧有限公司

车轮委员会(钢轮)
地址:长春市青年路3458号
邮编:130052
电话:0431/85805585
秘书长:王秀山
秘书长单位:长春一汽富维汽车零部件股份有限公司车轮分公司

车轮委员会(铝轮)
地址:河北省秦皇岛市海港区东港路355号
邮编:066003
电话:0335/3187850
秘书长:王孝东
秘书长单位:中信戴卡轮毂制造股份有限公司

车身附件委员会
地址:武汉市江汉区渣家路128号1-1-2
邮编:430015
电话:027/82304839
传真:82304839
秘书长:郭福初

汽车试验场分会
地址:北京市通州区大杜社
邮编:101103
电话:010/61585016
传真:61585024
秘书长:杨瑞峰
秘书长单位:交通部公路交通试验场

车桥委员会
地址:辽宁省丹东市振安区曙光路50号
邮编:118001
电话:0415/4139326
传真:4142821
秘书长:王书娟
秘书长单位:辽宁曙光汽车集团股份有限公司

排气消声系统委员会
地址:武汉市经济技术开发区耀华路
邮编:430056
电话:027/84213807
秘书长:方今朝
秘书长单位:湖北通达股份有限公司

再制造分会
地址:山东省章丘市圣井中国重汽工业园
邮编:250220
电话:0531/85584824
秘书长:谢建军
秘书长单位:中国重汽集团济南复强动力有限公司

中国汽车工程学会分支机构

中国汽车工程学会
地址:北京市宣武区莲花池东路102号天莲大厦四层
邮编:100055
电话:010/63345599
传真:63345466
理事长:张小虞
秘书长:付于武
汽车产业研究院:010/63345309
网址:www.sae-china.org

汽车产品分会
地址:长春市创业大街35号
邮编:130011
电话:0431/85789927
传真:85906283
电子信箱:tech@sae-china.org

汽车制造分会
地址:武汉市经济技术开发区东风大道10号
邮编:430056
电话:027/84283304
传真:84283318
电子信箱:manu@sae-china.org

汽车发动机分会
地址:南京市红山路100号
邮编:210028
电话:025/85403580
传真:85417367
电子信箱:powe@sae-china.org

汽车材料分会
地址:武汉市经济技术开发区东风大道10号
邮编:430056
电话:027/84283780
传真:84283784
电子信箱:meta@sae-china.org

汽车应用与服务分会
地址:北京市宣武区枣林前街119号3A03
邮编:100054
电话:010/63585205
传真:83513379
电子信箱:asc@asc-sae.org

汽车计算机应用分会
地址:长春市东风大街89号启明公司
邮编:130011
电话:0431/85902260

传真:59011052
电子信箱:comp@ sae – china. org

汽车技术教育分会
地址:长春市人民大街 5988 号
邮编:130025
电话:0431/85094241
传真:85682227
电子信箱:educ@ sae – china. org

现代化生产管理分会
地址:上海市威海路 489 号
邮编:210041
电话:021/22011088
传真:22011111
电子信箱:mmc@ sae – china. org

汽车经济发展研究分会
地址:北京市海淀区阜成路 46 号
邮编:100036
电话:010/88127552
传真:88132024
电子信箱:econ@ sae – china. org

汽车电子技术分会
地址:武汉市经济技术开发区东风大道 10 号
邮编:430056
电话:0719/8221364
传真:8224060
电子信箱:elec@ sae – china. org

摩托车分会
地址:天津市卫津路 92 号
邮编:300072
电话:022/27406445
传真:27405994
电子信箱:moto@ sae – china. org

汽车专用车分会
地址:武汉市汉阳鱼北路 3 号
邮编:430050
电话:027/84298083
传真:84298075
电子信箱:spv@ sae – china. org

矿用汽车分会
地址:北京市崇文区夕照寺街绿景馨园东区 13 号楼 509B
邮编:100061
电话:010/67183393
传真:67183383
电子信箱:maeh@ sae – china. org

汽车安全技术分会
地址:北京市海淀区清华园清华大学汽车工程系
邮编:100084
电话:010/62781639
传真:62781628
电子信箱:zhjh@ mail. tsinghua. edu. cn

汽车环境保护技术分会
地址:天津市第 59 号信箱
邮编:300162
电话:022/84771804
传真:24370843
电子信箱:envi@ sae – china. org

汽车车身技术分会
地址:天津市第 59 号信箱
邮编:300162
电话:022/84771408
传真:24370598
电子信箱:body@ sae – china. org

汽车非金属材料分会
地址:长春市和平大街 45 号
邮编:130011
电话:0431/85789481
传真:85789410
电子信箱:nmeta@ sae – china. org

汽车燃料与润滑油分会
地址:湖北省十堰市城西路 2 号工艺所
邮编:442001
电话:0719/8221073
传真:8224171
电子信箱:sunsr@ dfl. com. cn

电动汽车分会
地址:北京市海淀区清华园清华大学汽车工程系
邮编:100084
电话:010/62795045
传真:62782949
电子信箱:cev@ sae – china. org

汽车智能交通分会
地址:上海市嘉定区曹安路 4800 号同济大学汽车学院
邮编:201804
电话:021/69589112
传真:69589121
电子信箱:ttc@ sae – china. org

越野车技术分会
地址:北京市海淀区中关村南大街 5 号
邮编:100081
电话:010/68911343 – 601
传真:68911791 – 88
电子信箱:suvt@ sae – china. org

转向技术分会
地址:重庆市石桥铺朝田村 101 号中国汽车工程研究院
邮编:400039
电话:023/68655539
传真:68678622
电子信箱:sttc@ sae – china. org

测试技术分会
地址:天津市第 59 号信箱中国汽车技术研究中心试验所
邮编:300162
电话:022/84771801
传真:84771802
电子信箱:ttc@ sae – china. org

代用燃料汽车分会
地址:长春市人民大街 5988 号吉林大学汽车学院
邮编:130025
电话:0431/85095513
传真:85095513
电子信箱:fule@ sae – china. org

工程建设与装备技术分会
地址:长春市创业大街 1958 号机械工业部第九设计研究院
邮编:130011
电话:0431/85902971
传真:85902958
电子信箱:eec@ sae – china. org

涂装技术分会
地址:长春市创业大街 35 号
邮编:130011
电话:0431/85789501
传真:85789410
电子信箱:gaochengyong@ rdc. faw. com. cn

北京汽车工程学会
地址:北京市朝阳区东三环南路 25 号 1611 室
邮编:100021
电话:010/84664291
传真:87664291
网址:www. bast. net. cn

上海汽车工程学会
地址:上海市威海路 489 号
邮编:200041
电话:021/22011772
传真:22011188
网址:www. shsae. org

天津汽车工程学会
地址:天津市和平区烟台道 78 号
邮编:300040
电话:022/23030063
传真:23030067

重庆汽车工程学会
地址:重庆市陈家坪朝田村 101 号
邮编:400039
电话:023/68856395
传真:68856395

河北省汽车工程学会
地址:河北省邢台市钢铁路 131 号
邮编:054000
电话:0319/2621306
传真:2623549

山西省汽车工程学会
地址:太原市万柏林区窊流路 66 号
邮编:030024
电话:0351/6998115

吉林省汽车工程学会
地址:长春市东风大街 2259 号
邮编:130011
电话:0431/85737056

传真:85737751

黑龙江省汽车工程学会
地址:哈尔滨市和平路7号东北林业大学交通运输学院201信箱
邮编:150040
电话:0451/82191836
传真:82191830

江苏省汽车工程学会
地址:南京市中央路331号(西门芦席营78号)
邮编:210037
电话:025/85417153
传真:85417153
网址:www.sae-js.org

浙江省汽车工程学会
地址:杭州市湖墅南路66号
邮编:300014
电话:0571/88084755
传真:88086768

安徽省汽车工程学会
地址:合肥市桐城路148号
邮编:230001
电话:0551/2646612
传真:2611928

福建省汽车工程学会
地址:福州市华林路212号
邮编:350003
电话:0591/87846739
传真:87843421

江西省汽车工程学会
地址:南昌市迎宾大道509号江铃公司
邮编:330001
电话:0791/5211750

山东省汽车工程学会
地址:济南市泺源大街53号
邮编:250011
电话:0531/86155056
传真:86913219

河南省汽车工程学会
地址:郑州市金水路100号
邮编:450003
电话:0371/66228696
传真:66210778

湖北省汽车工程学会
地址:武汉市汉阳区玫瑰园路特8号香格里都大厦B1205室
邮编:430050
电话:027/59210040
传真:84655955
网址:www.hbsae.org

湖南省汽车工程学会
地址:长沙市天心路70号
邮编:410005
电话:0731/85135737
传真:85135737

海南省汽车工程学会
地址:海口市金盘工业开发区
邮编:570266
电话:0898/66820274
传真:66820274

广西汽车工程学会
地址:广西柳州市河西路18号
邮编:545007
电话:0772/3712138
传真:3712138

四川省汽车工程学会
地址:成都市红星路三段16号正熙国际大厦1807号
邮编:610016
电话:028/86669608
传真:86662308

云南省汽车工程学会
地址:昆明市西山区黑林铺直街22号
邮编:650106
电话:0871/8181718
传真:8181718

陕西省汽车工程学会
地址:西安市幸福北路39号
邮编:710043
电话:029/83388574
传真:87622219
网址:www.sxsae.org

三、地方及其相关汽车行业协会

北京汽车行业协会
地址:北京市朝阳区东三环南路25号北京汽车大厦
邮编:100021
电话:010/87665196
传真:87665196
网址:www.auto-beijing.com

河北省汽车工业协会
地址:石家庄市合作路81号
电话:0311/87085008
网址: www.hbqcxh.com

全国商用车配件产销联合会
地址:河北省廊坊市步行街第一大街A-012号
邮编:065000
电话:0316/7106100
传真:7106580
网址:www.syc114.com

山西省汽车行业协会
地址:太原市并州北路39号
邮编:030001
电话:0351/4183204
传真:4047833

辽宁省汽车工业协会
地址:沈阳市于洪区崇山东路32号辽宁经贸大厦8层
邮编:110033
电话:024/86907995-668
传真:31207658
网址:www.laam.cn
电子信箱:lnxh@laam.cn

沈阳汽车工业协会
地址:沈阳市沈河区万柳塘路38号
邮编:110015
电话:024/24123810
传真:24123810

长春市汽车行业协会
地址:长春市普阳街3505号
邮编:130011
电话:0431/87611507
传真:87610282
电子信箱:ccqcxh@tom.com

长春专用车产业园区管理委员会
地址:长春市吉林大路6188号经开大厦1003室
邮编:130030
电话:0431/84809670
传真:84809057
网站:www.ccspv.cn

上海市汽车行业协会
地址:上海市威海路489号
邮编:200041
电话:021/22011795
传真:22011188
网址:www.shata.org

江苏省汽车行业协会
地址:南京市广州路37号科技大厦24楼
邮编:210008
电话:025/84711602、84711209
传真:84711602

金坛市汽车与配件企业协会
地址:江苏省金坛市丹阳门北路张角山10号
邮编:213200
电话:0519/82872879、82898658
传真:82853344

浙江省汽车行业协会
地址:杭州市石祥路589号杭州市国际

会议展览中心西裙楼五楼
邮编:310015
电话:0571/28879591
传真:28879696
网址:www.zaam.zjautoparts.com

瑞安市汽车摩托车配件行业协会
地址:浙江省瑞安市开泰大厦B幢三楼
邮编:325200
电话:0577/65912587
传真:65912583
网址:www.qmpchina.com

玉环县汽摩配行业协会
地址:浙江省玉环县运输公司办公楼四楼8888室
邮编:317600
电话:0576/87209767
传真:87209737
网址:www.ahauto.org.cn
电子信箱:ahauto@163.com

安徽省汽车行业协会
地址:合肥市桐城路148号
邮编:230001
电话:0551/2659698
传真:2611928
网址:www.ahauto.org.cn
电子信箱:ahauto@163.com

福建省汽车工业行业协会
地址:福州市华林路212号
邮编:350003
电话:0591/87817124
网址:www.fjmotor.org.cn

山东省汽车行业协会
地址:济南省泺源大街53号
邮编:250011
电话:0531/86913219
传真:86913219
会长:孙建设
网址:www.sama.org.cn

河南省汽车行业协会
地址:郑州经济技术开发区航海东路1356号创业中心商鼎创业大厦256、257室
邮编:450016
电话:0371/68273219
传真:68293219
网址:www.hnqcxh.org

湖南省汽车行业协会
地址:长沙市蔡锷南路119号
邮编:410002
电话:0731/82224089
传真:84406528
网址:www.autohunan.com
电子信箱:xh@autohunan.com

广东省汽车行业协会
地址:广州市东风东路555号粤海集团大厦704单元
邮编:510050
电话:020/83740851
传真:83740857
网址:www.gd-auto.cn

广州汽车工业协会
地址:广州市东风东路555号粤海集团大厦704单元
邮编:510050
电话:020/83151193
传真:83740931

广西汽车行业协会
地址:南宁市民主路17号
邮编:530023
电话:0771/5620295
传真:5620295

云南省机械工业行业协会
地址:昆明市白塔路245号
邮编:650011
电话:0871/3163581
传真:3161265

重庆摩托车行业协会
地址:重庆市高新区科园四街金冠大厦6楼
邮编:400039
电话:023/68825773
传真:68632091

中国电器工业协会
地址:北京市丰台区南四环西路188号12区30号楼
邮编:100070
电话:010/68166500
传真:68273696
网址:www.ceeia.com

中国铸造协会
地址:北京市海淀区紫竹院路甲32号三层
邮编:100048
电话:010/68418899
传真:68458356
网址:www.foundrynet.com.cn

中国锻压协会
地址:北京市海淀区紫竹院路甲32号
邮编:100048
电话:010/68465045
传真:68465044
网址:www.chinaforge.org.cn

中国通用机械工业协会
地址:北京市车公庄大街9号院一号楼B座2单元502室
邮编:100044
电话:010/88393520-27
传真:88393529
网址:www.cgmia.org.cn

中国模具工业协会
地址:北京市海淀区首体南路20号国兴家园4号楼505、506室
邮编:100044
电话:010/88356462
传真:88356461
网址:www.cdmia.com.cn

中国机床工具工业协会
地址:北京市宣武区莲花池东路102号天莲大厦12层
邮编:100055
电话:010/63345694
传真:63345699
网址:www.cmtba.org.cn
电子信箱:cmtba@cmtba.org.cn

中国轴承工业协会
地址:北京市宣武区广安门外大街248号机械大厦601室
邮编:100055
电话:010/63317030
传真:63315067
网址:www.cbia.com.cn
电子信箱:bearing@cbia.gov.cn

中国橡胶工业协会
地址:北京市朝阳区拂林路9号景龙国际B座5层
邮编:100107
电话:010/84936888
传真:84928101
网址:www.cria.org.cn

中国液压气动密封件工业协会
地址:北京市西城区三里河路46号
邮编:100823
电话:010/68594911
传真:68595197
网址:www.chpsa.org.cn
电子信箱:chpsa@mei.net.cn

中国机械制造工艺协会
地址:北京市西城区三里河路46号
邮编:100823
电话:010/68595027
传真:68517418
网址:www.cammt.org.cn
电子信箱:cammt@cammt.org.cn

中国机械通用零部件工业协会
地址:北京市西城区三里河路46号
邮编:100823
电话:010/68594837
传真:68572092
网址:www.cmca-view.com

中国工程机械工业协会
地址:北京市西城区月坛南街26号
邮编:100825
电话:010/68537077
传真:68589824
网址:www.cncma.org

中国仪器仪表行业协会
地址:北京市西城区月坛南街26号
邮编:100825
电话:010/68584722、68539126
传真:950507-715381

网址:www. cima. org. cn
电子信箱:cima@ cima. org. cn

中国内燃机工业协会
地址:北京市西城区月坛南街26号
邮编:100825
电话:010/68596570
传真:68532003
网址:www. ciceia. org. cn

中国摩擦密封材料协会
地址:北京市三里河路11号
邮编:100831
电话:010/68314523
传真:68347233
网址:www. cfsma. org. cn

中国制冷空调工业协会汽车空调工作委员会
地址:长春市东风大街5508号
邮编:130011
电话:0431/85769597
传真:85998444

中国焊接协会
地址:哈尔滨市南岗区和兴路111号
邮编:150080
电话:0451/86340850
传真:86333949
网址:www. china - weldnet. com

中国汽车流通协会
地址:北京市月坛北街25号2号楼2501
邮编:100834
电话:010/68392501
传真:68392501 - 20
网址:www. china - cada. org. cn
电子信箱:chinacada@ 126. com

中国道路运输协会
地址:北京市海淀区知春路甲48号盈都大厦C座3单元15B
邮编:100098
电话:010/58731825
传真:58731837
网址:www. crta. org. cn
业务范围:贯彻国家有关道路运输业的方针政策,沟通企业与国家交通行政主管部门的联系,开展经济技术咨询的调研,提供技术经济情报

中国交通运输协会联运分会
地址:北京市朝阳区北辰东路8号汇宾大厦B1512
邮编:100101
电话:010/84981083
传真:84988821
业务范围:是由全国从事多式联运领域的相关企业、事业单位,社会组织及个人自愿参加组成的全国性、行业性、非盈利性的社团组织。会员200多家,会员结构涵盖铁路货运、港口、航运、公路货运、综合物流、物流规划研究和物流信息化等行业,是多种运输方式和综合物流服务产业链。已形成覆盖全国29个省、市、自治区并贯通国际运输的会员网络

中国出租汽车暨汽车租赁协会
地址:北京市朝阳区和平街和平西苑20楼B座11层
邮编:100013
电话:010/84272411
传真:84272411
业务范围:贯彻国家有关法律法规,团结广大出租汽车经营者、管理者和相关人士,协助有关政府部门开展行业管理工作,加强横向联系,为会员单位提供多种形式服务,维护会员的合法权益,促进我国城市出租汽车事业的发展

中国安全防范产品行业协会
地址:北京市海淀区西三环北路87号国际财经中心C座1401号
邮编:100037
电话:010/68730588
传真:68730588、51817901
网址:www. 21csp. com. cn
业务范围:制定行业发展规划,推进行业标准化工作和安防行业市场建设;开展国内外技术、贸易交流和合作;组织订立行规行约;承担政府主管部门委托的其他任务

中国汽车摩托车运动管理中心
地址:北京市东城区体育馆路9号
邮编:100763
电话:010/87182177、87182008
传真:67116872
业务范围:汽车和摩托车运动管理

中国汽车维修行业协会
地址:北京市北三环东路19号蓝星大厦13层
邮编:100029
电话:010/64410784
传真:64410962
网址:www. autorepair. com. cn
电子信箱:camra@ vip. sina. com
业务范围:制定行规行约,规范行业行为,建立行业自律机制,协调行业内部关系,维护行业平等竞争,维护行业和会员的权益;参与汽车维修行业发展战略研究;组织学术研究和行业标准研究,开展咨询服务及技术推广等工作

中国汽车保修设备行业协会
地址:北京市西城区新德街甲20号中影器材大厦7层
邮编:100088
电话:010/82089799
传真:62371851
业务范围:向业务主管部门反映行业动态,并提供全行业的有关综合统计分析资料,制定产品标准,推动标准化进程,提高产品质量,加强对外联系和产品出口,为发展外向型经济创造条件

汽车行业科研检测与认证机构、大专院校及报刊、杂志

企事业单位详细介绍

·查询导引·

汽车行业科研检测与认证机构、大专院校及报刊、杂志

一、科研机构

中国汽车技术研究中心
地址:天津市东丽区成林道218号
邮编:300162
电话:022/84771318、24711970
传真:24370843
网址:www.catarc.ac.cn
职能范围:开展汽车行业标准与技术法规、产品认证检测、质量体系认证、行业规划与政策研究、信息服务等工作
北京工作部
地址:北京市丰台区南四环西路188号总部基地二区7号楼
邮编:100070
电话:010/63702997、63702966-8011
传真:63702995
上海工作部
地址:上海市浦东新区东方路800号宝安大厦2601室
邮编:200122
电话:021/61001055、61001056
传真:61001054
网址:www.shcatarc.com.cn

机械工业部汽车工业规划设计研究院
地址:天津市河东区程林庄道天山路口
邮编:300162
电话:022/84771404
传真:24370598
网址:www.qcsjy.com.cn
职能范围:为汽车行业整车和零部件企业提供工程设计、管理及监理等服务

中国汽车工程研究院股份有限公司
地址:重庆市九龙坡区陈家坪朝田村101号
邮编:400039
电话:023/68824060
传真:68821361
网址:www.caeri.com.cn
电子信箱:office@caeri.com.cn
职能范围:主要从事各类汽车的研究开发、技术咨询、实验研究、质量检测;新工艺、新材料的应用研究;汽车行业科研成果的鉴定;参与有关汽车产品技术法规和质量标准的制定、修订及产业政策的研究工作;专用汽车及零部件、汽车相关试验设备、燃气汽车及关键零部件的开发生产;编辑出版全国性期刊《当代汽车》
北京工作部
地址:北京市广安门外大街248号机械大厦9层
邮编:100055
电话:010/63324126
传真:63324125

机械工业农用运输车发展研究中心
地址:北京市德外北沙滩1号37信箱
邮编:100083
电话:010/64882169
传真:64883332

北京汽车研究所有限公司
地址:北京市丰台区方庄南路9号院
邮编:100079
电话:010/67625111
传真:67629458
网址:www.bari.cn
电子信箱:qiao@bari.cn
法人代表:韩永贵
总经理:刘永平
职能范围:以汽车排放、安全、节能和电子技术应用为科研重点,围绕汽车、发动机及其零部件开展相关政策法规、技术应用、试验检测等方面的科技研究和有关产品开发工作,提供相关技术服务、咨询与培训,参与多项国家和北京市机动车排放标准制、修订;承担多项国家和北京市相关主管部门下达的科研项目,以及国际合作和资助项目

机械工业第九设计研究院有限公司
地址:长春市创业大街1958号
邮编:130011
电话:0431/85902279
传真:85902960
网址:www.cjxjy.com
职能范围:汽车及机械行业基本建设及技术改造工程的工程咨询、工程设计(含非标设备设计)、工程总承包、工程监理等各项业务,并具有工程设计(总承包)、工程咨询、工程监理等甲级资质

中国联合工程公司
地址:杭州市石桥路338号
邮编:310022
电话:0571/88151857
传真:88137083
网址:www.chinacuc.com
职能范围:服务于机械等多个行业,涉及工程设计、工程咨询、项目管理、采购、试车和工程总承包

机械工业第三设计研究院
地址:重庆市石桥铺渝洲路17号
邮编:400039
电话:023/68612368
传真:68610695
网址:www.cmtdi.com
职能范围:主要业务范围涉及产业规划、工程咨询、工程设计、工程监理、项目管理及工程总承包等

★ 中国北方车辆研究所

地址:北京市丰台区槐树岭4号院
邮编:100072
电话:010/83808687
传真:83809180
网址:www.noveri.com.cn
电子信箱:civilian@noveri.com.cn
法人代表:王玉林
单位人数:1700
职能范围:是中国兵器工业集团公司下属的综合性大型科研基地、特种车辆技术开发中心和试验检测中心,主要从事特种车辆整车及部件的研究、设计、试验与试制,利用现代设计方法开发新型车辆,进行总体、新型动力、传动、行走、操纵、电子电气、自动控制等技术的研究、开发。研究所下属的北方汽车质量监督检验鉴定试验所是国家发改委所属的全国汽车行业新产品试验、鉴定的专业检测机构之一
☞ 详细情况请参阅彩色宣传版面

北京特种机械研究所
地址:北京市海淀区五棵松61号
邮编:100039
电话:010/68386082
传真:68388172
职能范围:特种车辆的研制

北京市劳动保护科学研究所
地址:北京市宣武区陶然亭路55号
邮编:100054
电话:010/63521933
传真:63524194
网址:www.bmilp.com
职能范围:主要从事安全和环境科学领域研究

中国航天科技集团公司第一研究院北京航天发射技术研究所
地址:北京市丰台区南大红门路1号
邮编:100076
电话:010/68759274、68754940
传真:68382769
网址:www.casv.com.cn
电子信箱:htkf@vip.sina.com
职能范围:主要从事发射技术、发射方式及发射车等研制;民用产品主要涉及专用车、电动车辆、汽车电子等领域

北京机电研究所
地址:北京市海淀区学清路18号
邮编:100083
电话:010/62920683
传真:62920683
网址:www.brimet.ac.cn
职能范围:主要从事汽车内饰件成形技术及装备、精冲技术及装备、多种电源研制技术等多行业的研究开发

清华大学汽车研究所
地址:北京市海淀区清华园
邮编:100084
电话:010/62785708
传真:62785708
职能范围:电动车、沙漠车、陶瓷材料的应用及汽车电子控制技术

交通运输部汽车运输节能技术服务中心
地址:北京市海淀区西土城路8号
邮编:100088
电话:010/62079577
传真:62079180
业务范围:汽车节能、净化产品、制动液、发动机冷却液等的研究及项目论证等工作

中航航空工业集团北京航空材料研究院
地址:北京市81信箱71分箱
邮编:100095
电话:010/62458158
传真:62461795
职能范围:主要从事先进材料、工艺、检测评价技术研究

★ 新华信国际信息咨询(北京)有限公司

地址:北京市朝阳区酒仙桥路14号兆维大厦7~8层
邮编:100015
电话:010/59267993
传真:58671855
网址:www.sinotrust.cn
负责人:林雷
单位人数:700
职能范围:是中国领先的营销解决方案和信用解决方案提供商。收集、分析和管理关于市场、消费和商业机构的信息,通过信息、服务和技术的整合,提供市场研究、商业信息、咨询和数据库营销服务,协助企业做出更好的营销决策和信贷决策并发展盈利的客户关系
☞ 详细情况请参阅彩色宣传版面

北京长城华冠汽车技术开发有限公司
地址:北京市顺义区天竺空港工业区B区裕华路甲29号
邮编:101300
电话:010/80473030
传真:80485010
网址:www.ch-auto.com
电子信箱:ch@ch-auto.com
职能范围:是从事汽车整车设计开发的独立股份制专业汽车研发机构,汇聚了在汽车研发领域具有多年丰富设计经验的设计师和工程师,以完善的汽车开发设施和先进的项目管理能力,为客户提供产品定位、概念策划、汽车造型、结构设计、工程设计、模拟分析、样车制造、供应商开发、投产服务、试制试验全过程的汽车整车设计开发和服务

全国汽车标准化技术委员会秘书处
地址:天津市东丽区成林道218号
邮编:300162
电话:022/84773052
传真:24375353

中国汽车技术研究中心 C-NCAP 信息中心
地址:天津市东丽区成林道218号
邮编:300162
电话:022/84771233、84773052
传真:84773053
网址:www.c-ncap.org

天津内燃机研究所
地址:天津市南开区卫津路92号
邮编:300072
电话:022/27406949
传真:27470806
网址:www.ticeri.com
职能范围:主要从事汽油机、柴油机的研究及内燃机测试仪器设备的开发

北方设计研究院
地址:石家庄市裕华东路55号
邮编:050011
电话:0311/86045738
传真:86033237
网址:www.norindar.com.cn
职能范围:是国家综合性大型工程咨询设计单位,具有机械等多个行业的甲级设计资质

中国北方发动机研究所
地址:山西省大同市22号信箱
邮编:037036
电话:0352/5362252
传真:5362270
网址:www.cneri.com
职能范围:是汽车产品质量监督、检验、鉴定、试验机构,已经通过国家实验室认可、国家质量监督检验检疫总局计量认证和中国工业联合会的机构认可,是国家发改委所属的全国汽车行业新产品试验、鉴定的专业检测所之一

大连理工大学内燃机研究所
地址:辽宁省大连市甘井子区凌工路2号
邮编:116023

电话:0411/84708246
传真:84708246
职能范围:主要研究方向涵盖了内燃机开发的重要领域,其中包括高效清洁燃烧动力系统振动噪声及故障诊断等

中国第一汽车集团公司技术中心
地址:长春市创业大街35号
邮编:130011
电话:0431/85908115
传真:87667341
网址:www.rdc.faw.com.cn
职能范围:主要从事整车、车身、底盘、发动机、零部件、新工艺、新材料等方面的设计、研究、试制、试验检测工作

长春汽车车轮研究所
地址:长春市青年路3458号
邮编:130052
电话:0431/85805348
传真:85805311
职能范围:车轮性能试验、油漆试验及化学分析

上海交通大学内燃机实验室
地址:上海市东川路800号
邮编:200240
电话:021/34205949
传真:64074085
职能范围:从事内燃机教学和研究

上海梅赛德斯奔驰车辆技术有限公司
地址:上海市长宁路865号8号楼5楼
邮编:200050
电话:021/61922200
传真:61922202
职能范围:汽车动力传动、汽车动力学及控制功能的模拟和仿真;基于模型设计和仿真的汽车电子控制器功能开发,汽车电子控制单元功能原型、编程、测试和标定;电子控制模块组装设计试制的全面解决方案、咨询

上海橡胶制品研究所
地址:上海市番禺路381号
邮编:200052
电话:021/62815008
传真:62816790
职能范围:从事橡胶制品、胶黏剂、新型弹性材料及制品等的研发生产和销售

上海交通大学汽车科学与工程研究院
地址:上海市闵行东川路800号
邮编:200240
电话:021/34206102
网址:www.sjtu.edu.cn
电子信箱:bmtc@sjtu.edu.cn
职能范围:重点开展混合动力、燃料电池、汽车电子、汽车轻量化、汽车NVH等关键项目和新技术的研究与开发

上海内燃机研究所
地址:上海市军工路2500号
邮编:200432
电话:021/65741856
网址:www.siceri.com.cn
职能范围:中小功率内燃机整机、零部件开发研究及共性基础研究等

泛亚汽车技术中心有限公司
地址:上海市浦东金桥龙东大道3999号
邮编:201201
电话:021/50165016
传真:58580780
网址:www.patac.com.cn
职能范围:汽车设计与开发,包括汽车造型、总布置、模型制作、样车试制等;整车及部件总成的试验等

★ 上海同捷科技股份有限公司

地址:上海市浦东云桥路325号
邮编:201206
电话:021/58999809
传真:58545789
网址:www.tji.cn
董事长:雷雨成
☞ 详细情况请参阅彩色宣传版面

上海汽车集团股份有限公司技术中心
地址:上海市安研路201号
邮编:201804
电话:021/61388000
传真:61388888
职能范围:整车整机开发、汽车产品及零部件的试验研究,汽车测试和产品质量的评定检测等

上海汽车集团股份有限公司商用车技术中心
地址:上海市军工路2500号
邮编:200438
电话:021/65741856
传真:65748132
职能范围:主要承担上海汽车自主品牌和新能源商用车的研发任务

上海汽车灯具研究所
地址:上海市嘉定区安亭于田南路68号
邮编:201805
电话:021/69502222-2087
传真:69502111
职能范围:负责汽车(摩托车)灯具行业技术发展的归口工作,进行汽车、摩托车灯具质量检测,起草制定国家机动车灯光强检标准

上海摩托车研究所
地址:上海市嘉定区安亭于田南路68号
邮编:201805
电话:021/69502222-2069
传真:69502111
职能范围:摩托车、汽车研究

第一汽车集团公司无锡油泵油嘴研究所
地址:江苏省无锡市钱荣路15号
邮编:214063
电话:0510/85518741
传真:85512208
网址:www.wfieri.com
职能范围:主要从事内燃机燃油喷射系统、燃烧系统、进气系统、配气机构、增压技术、代用燃料、混合动力和内燃机结构强度等方面的研究开发

浙江工业大学车辆工程研究所
地址:杭州市朝晖六区浙江工业大学内
邮编:310014
电话:0571/88320661

中国重型汽车集团公司技术发展中心
地址:济南市英雄山路165号
邮编:250002
电话:0531/85586111
传真:85586000
职能范围:重型载货汽车、大型客车、专用车及主要部件开发、设计、试验及鉴定

山东省内燃机研究所
地址:济南市燕子山西路40号
邮编:250014
电话:0531/82967022
传真:82960314
网址:www.sdnrj.com
职能范围:机电产品研发、重大技术设备设计与改造、汽车和发动机及相关产品检测

山东省交通科学研究所
地址:济南市无影山中路38号
邮编:250031
电话:0531/85903808
传真:85951980
网址:www.sdjtky.com
电子信箱:root@sdjtky.com
职能范围:从事公路建设、汽车运输等方面的科学研究及技术开发工作

临清汽车举升装置研究所
地址:山东省临清市龙山路
邮编:252609
电话:0635/2317241
传真:2317412
职能范围:液压举升缸、泵、阀、管路的设计、研制、开发

青岛重型专用汽车研究所
地址:山东省青岛市瑞昌路141号
邮编:266031
电话:0532/84897486
传真:84857419
职能范围:军用车、自卸车、罐车等专用车的设计、研制、开发

山东省纺织科学研究院仪器研究所
地址:山东省青岛市山东路195号
邮编:266032
电话:0532/85624778
传真:85653787

中国三江航天工业集团公司特种车辆技术中心
地址:武汉市江汉区常青路45号
邮编:430023
电话:027/83562148
传真:83562066
电子信箱:sjjszx@vip.163.com
质量体系:GJB 9001A
职能范围:特种越野车及底盘,重、中型高机动越野车及底盘,专用车及底盘,车轮、车桥、悬架等零部件的设计、研究、开发、试制、试验、技术服务

汉阳专用汽车研究所
地址:武汉市汉阳区沌阳大道318号
邮编:430056
电话:027/84298067
传真:84298067
网址:www.hyspv.com.cn
职能范围:专用汽车产品研究、开发、鉴定、试验、标准法规及科技咨询

东风汽车工程研究院(技术中心)
地址:武汉市东风大道特1号
邮编:430056
电话:027/84285805
传真:84285800
电子信箱:office@dfaeri.com.cn
职能范围:新产品开发、产品基础性技术研究、计算机技术应用等方面的研究

中国电器科学研究院
地址:广州市新港西路204号
邮编:430056
电话:020/86985691
传真:86985687
职能范围:研究、设计、生产各种冷热产品实验设备和环境模拟试验设备,并提供相关技术服务

国家电动汽车试验示范区管理中心
地址:广东省汕头市龙湖区下蓬工业区内
邮编:515065
电话:0754/8353589
传真:8353590
网址:www.cev.com.cn
职能范围:为新开发的电动汽车进行公正的性能评价和探索推广应用的经验;为国家发展电动汽车提供决策依据等

中国化学工业桂林工程公司
地址:广西桂林市七星路77号
邮编:541004
电话:0773/5833235
传真:5813749
网址:www.cgec.com.cn
职能范围:橡胶制品的研发和制造、翻新轮胎质量监测、压力容器设计、工程设计、工程项目承包等

广西壮族自治区汽车拖拉机研究所
地址:广西柳州市河西路18号
邮编:545007
电话:0772/3712178
传真:3712180
职能范围:从事汽车、低速货车、摩托车、内燃机、工程机械等产品及其零部件的研究、开发、技术服务、技术咨询、新产品鉴定试验及质量监督检验、产品质量技术仲裁检验

国家燃气汽车工程技术研究中心
地址:重庆市陈家坪朝朝田村101号
邮编:400039
电话:023/68679255、68653896
传真:68829330
职能范围:主要着力于研究并推广应用燃气汽车,如CNG、LNG、LPG以及其他相关的代用燃料汽车

重庆大学机械工程学院摩托车工程技术研究中心
地址:重庆市沙坪坝区沙正街174号
邮编:400044
电话:023/65105549
传真:65105776
职能范围:汽车、摩托车零部件的研究、开发和生产

二、质量检验、认证机构

国家汽车新产品强制性检验机构

天津汽车检测中心
(国家轿车质量监督检验中心)
地址:天津市河东区程林庄道天山南路10号信箱
邮编:300162
电话:022/84771805、84771806
传真:24375350
电子信箱:tatc@catarc.ac.cn
职能范围:进出口汽车认可实验室、汽车环保产品认可与排放检测机构、强制性产品认证(CCC)检测机构、国家汽车新产品申报公告检测机构、国家科技成果鉴定实验机构

长春汽车检测中心
(国家汽车质量监督检验中心(长春))
地址:长春市创业大街1063号
邮编:130011
电话:0431/85788315、85778311
传真:85788315
职能范围:进出口汽车认可实验室、汽车环保产品认可与排放检测机构、强制性产品认证(CCC)检测机构、国家汽车新产品申报公告检测机构、国家科技成果鉴定实验机构

襄樊达安汽车检测中心
(国家汽车质量监督检验中心(襄樊))
地址:湖北省襄樊市高新技术开发区汽车试验场
邮编:441004
电话:0710/3393841、3391242
传真:3310965
网址:www.nast.com.cn
电子信箱:bhb@mail.nast.com.cn
职能范围:国家级汽车试验场、国家级汽车新产品鉴定定型及强制性标准检验机构、国家指定的强制性产品认证检测机构、国家级新生产机动车排放污染检测机构、汽车专用仪器和汽车检测线的校准实验室、汽车产品认证检测机构和科研成果技术鉴定试验机构

国家机动车质量监督检验中心(重庆)
地址:重庆市石桥铺陈家坪朝田村101号
邮编:400039
电话:023/68821302
传真:68966987
网址:www.cmvic.com
邮箱:cmvic@caeri.com.cn
职能范围:国家汽车新产品申报公告检验机构、国家强制性产品认证检测机构、国家汽车行业科技成果检测机构、国家进出口汽车认证检测机构、缺陷汽车产品委托检测与试验检测机构、国家机动车排放污染物检测机构

国家客车质量监督检验中心
地址:重庆市南岸区五公里
邮编:400067
电话:023/62653160、62653145
传真:62653152
职能范围:汽车新产品公告检测机构、汽车新产品强制性认证(CCC)检测机构、机动车排放检测机构、国家级科技成果鉴定检测机构等

国家消防装备质量监督检验中心
地址:上海市闵行区莘庄西环路391号
邮编:201199
电话:021/54959866
传真:54959907
网址:www.xfjyzx.com
电子信箱:fireshnc@sh163.net
职能范围:承担各类消防车、抢险救援车等特种车辆、汽车强制性安全法规项目和汽车内饰材料等各种材料、构件、涂料、堵料的防火阻燃性能和耐火极限

的检验

★ 国家机动车产品质量监督检验中心(上海)/上海机动车检测中心

地址:上海市嘉定区于田南路68号
邮编:201805
电话:021/69502222
传真:69502111
网址:www.smvic.com.cn
总经理:黄中荣
单位人数:280
职能范围:提供车辆及零部件产品出口欧盟国家、海湾地区、澳大利亚、南非、美国等国家及中国台湾地区的认证检测服务,各类车辆标准的制修订及研究,向国内外企业提供各类标准法规的咨询和对比分析服务。检测技术服务能力覆盖汽车、摩托车、新能源汽车、各类零部件产品,开展车辆安全、环保、节能和防盗等各项强制性项目的检测,各类研发性的检测试验及技术研究,开展包括车辆碰撞安全性、NVH、发动机系统匹配、车辆道路综合性能及可靠性、电磁兼容性(EMC)、各类零部件及材料的环境及耐候性等研发检测试验。开展各类车辆专用检测试验仪器及碰撞试验假人及传感器的检定,为各类汽车及零部件企业开展长度、力学和电学等领域的测试仪器的检定,并对各类零部件产品开展尺寸精密测量、材料物理和化学性能测试

☞ 详细情况请参阅彩色宣传版面

国家工程机械质量监督检验中心
地址:北京市延庆县东外大街55号
邮编:102100
电话:010/69101140
传真:69101904
网址:www.syc.org.cn
电子信箱:syczjzx@sohu.com
职能范围:由国家级质检中心,国家级产品检验实验室和出入境商品检验实验室,经授权承担各类工程机械、军用改装车、专用与特种汽车、机动工业车辆、专用机械与特种设备等产品的整机型式试验、重要零部件台架与装机试验、产品质量监督抽查检验、进出口商品检验、国内外产品比对分析试验、国家级科技成果鉴定检验、汽车公告产品检验、CCC认证检验、进口汽车强制性检验、缺陷汽车召回检验、特种设备型式试验与鉴定评审、CE认证检验、质量鉴定与仲裁检验、司法鉴定检验,检验技术、试验方法的研究与验证、检验标准的制定与修订、质量管理体系认证咨询、检验仪器与设备的开发研制等业务

国家汽车试验场

海南汽车试验研究所
地址:海南省琼海市加积镇富海横南13号
邮编:571400
电话:0898/62923841
传真:62923673
网址:www.hnpg.net
电子信箱:hns@vip.163.com
职能范围:整车性能评价,可靠性试验,材料大气老化试验,汽车道路强化腐蚀试验

交通运输部公路交通试验场
地址:北京市通州区大杜社
邮编:101103
电话:010/61585025、61585018
传真:61585024
职能范围:整车道路试验,汽车正面碰撞试验,汽车与护栏碰撞试验,整车排放和发动机试验

中国定远汽车试验场
地址:安徽省定远县汽车试验场
邮编:233210
电话:0550/4931446
传真:4021437
职能范围:是国家级汽车新产品鉴定定型试验单位,有各种试验道路及先进的检测设备;承担轮式车辆和船艇新产品的论证研发、开发试验、鉴定定型工作;进行车辆、船艇使用维修方面的科研工作及国内外车船情报的分析研究

国家摩托车新产品强制性检验机构

天津摩托车技术中心
地址:天津市南开区卫津路92号(天津大学内)
邮编:300072
电话:022/27406949
传真:27470806
网址:www.ticeri.com
电子信箱:tmtcwh@publict.tpt.tj.cn
职能范围:承担摩托车、轻便摩托车、发动机、零部件新产品鉴定、试验、进出口质量许可制度样品检测;摩托车生产企业新生产摩托车排气污染检测;摩托车强制检验项目检验;摩托车产品质量国家监督抽查;内燃机产品质量检验及相关社会服务

国家摩托车质量监督检验中心
地址:西安市灞桥区米秦路6号
邮编:710032
电话:029/86795288
传真:86795296
网址:www.cnmtc.com.cn
电子信箱:cnmtc@cnmtc.com.cn
职能范围:中心是摩托车、发动机及零部件CCC强制产品认证指定实验室。主要从事摩托车和轻便摩托车、摩托车和轻便摩托车发动机、零部件、助力车及助力车发动机、通用汽油机等产品的排气污染物(工况法、怠速法)、头盔、电子产品、EMC等项目的检测;可按国家标准、国际标准、欧洲指令和法规、美国法规、日本标准对各种类型摩托车及发动机的安全环保项目、基本性能、可靠性和耐久性进行检验,并具备轻型汽车排放污染物的检验能力

上海摩托车质量监督检验所
地址:上海市嘉定区安亭于田南路68号
邮编:201805
电话:021/69502222-2069
传真:69502111
网址:www.smvic.net
电子信箱:x-m-zhu@163.com
职能范围:承担国家车辆产品公告管理试验、CCC认证试验、摩托车环境标志认证检验和法规保护产品检验、进/出口摩托车认证检验、摩托车零部件自愿认证检验、开展行业管理政策和标准法规的研究、承担摩托车企业委托的各种汽车开发和验证试验、承担各级政府机构和中介组织下达的摩托车质量检测任务,承担企业委托的摩托车质量检测试验

南昌摩托车质量监督检验所
地址:南昌市新溪桥
邮编:330024
电话:0791/8469387
传真:8430119
网址:www.ncmtc.com.cn
电子信箱:ncmjs@vip.163.com
职能范围:是摩托车、发动机及零部件强制性产品认证指定检验机构、国家级摩托车质检机构、国家新生产机动车排放污染检测单位、内燃机产品、电动自行车产品、汽油机助力自行车生产许可证检测单位;承担E/emark认证产品检测工作

农用运输车新产品检验机构

国家农机具质量监督检验中心
地址:北京德胜门外北沙滩1号37信箱
邮编:100083
电话:010/64882637
传真:64873702
网址:www.caams.org.cn
电子信箱:txs@caams.org.cn
职能范围:承担农用运输车及其他农机产品质量检测

国家拖拉机质量监督检验中心
地址:河南省洛阳市涧西区西苑路39号

邮编:471039
电话:0379/62690118
传真:64967099
网址:www.tractorinfo.com.cn
职能范围:授权检验拖拉机和农用运输车及其零部件

机械工业拖拉机农用运输车产品质量检测中心
地址:长春市人民大街5988号
邮编:130022
电话:0431/85095369
传真:85695947
职能范围:授权检验拖拉机、中小功率轮式拖拉机等产品

其他质量检验机构

国家环保总局机动车排污监控中心
地址:北京市朝阳区安外大羊坊8号院南门风洞楼
邮编:100012
电话:010/84934896
传真:84935030-18
网址:www.vecc-sepa.org.cn
职能范围:对全国汽车厂新车污染物排放申报材料进行审核,进行工况法排放、曲轴箱排气、道路加速性能、自由加速烟度等项检测

国家安全玻璃及石英玻璃质量监督检验中心
地址:北京市朝阳区管庄东里1号
邮编:100024
电话:010/51167363、65723841
传真:65711591
网址:www.csgc.org.cn

北京市产品质量监督检验所
地址:北京市东城区和平里东街20号
邮编:100013
电话:010/84623811
传真:84639720
网址:www.bqi.gov.cn
电子信箱:zjs@jtsb.gov.cn

中国安全生产科学研究院安全生产检测技术中心
地址:北京市朝阳区惠新西街17号
邮编:100029
电话:010/64892434
传真:64812561
网址:www.chinasafety.ac.cn

国家橡胶轮胎质量监督检验中心
地址:北京市海淀区阜石路甲19号
邮编:100039
电话:010/51338171
传真:51338175
电子信箱:office@tyretest.com.cn

国家安全防范报警系统产品质量监督检验中心(北京)
地址:北京2808信箱47分箱
邮编:100048
电话:010/88513375
传真:68420093

北京劳保所噪声与振动控制技术中心
地址:北京市宣武区陶然亭路55号
邮编:100054
电话:010/63524190
传真:63524194
电子信箱:bjzjzx@126.com
网址:www.bmilp.com

环境可靠性与电磁兼容试验服务中心
地址:北京市海淀区北三环中路31号
邮编:100011
电话:010/67807612
传真:80115555-719073
网址:www.kkxtest.com
电子信箱:kkx@kkxtest.com
职能范围:产品可靠性、环境适应性、安全性和电磁兼容性试验与评定服务;环境可靠性、电磁兼容性试验技术咨询及培训服务;产品认证服务;环境可靠性实验技术和设备的研究开发

北方汽车质量监督检验鉴定试验所
地址:北京市丰台区槐树岭四号院
邮编:100072
电话:010/83808542
传真:83809707
网址:www.noveri.com.cn
职能范围:是经行业主管部门认可、具有第三方公正地位的汽车产品质量监督、检验、鉴定、试验机构,已通过国家实验室认可、国家质量监督检验检疫总局计量认证和中国机械工业联合会的机构认可,是全国汽车行业的新产品试验、鉴定的专业检测所之一

北京理工大学汽车排放质量监督检验中心
地址:北京市海淀区中关村南大街5号
邮编:100081
电话:010/68912035
传真:68948486

交通部汽车挂车质量监督检验测试中心
地址:北京市海淀区西土城路8号交通运输部公路科学研究院
邮编:100088
电话:010/62014121、61585027
传真:62079180、61585024
网址:www.rioh.cn
职能范围:主要从事汽车挂车(通用全挂车、通用半挂车、集装箱半挂车、专用半挂车等)和汽车列车等有关标准制定、车辆产品质量监督检验测试工作

交通部汽车保修设备质量监督检验测试中心
地址:北京市海淀区西土城路8号交通运输部公路科学研究院
邮编:100088
电话:010/62014121、61585027
传真:62079180、61585024
网址:www.rioh.cn
职能范围:主要从事汽车维修加工机械、汽车检测设备、汽车诊断设备等有关标准制定、产品的质量监督检查、检测评定和技术推广工作

交通部汽车运输行业能源利用监测中心
地址:北京市海淀区西土城路8号
邮编:100088
电话:010/62079180
传真:62079180
网址:www.rioh.cn
业务范围:主要从事汽车节能环保产品、汽车制动液及发动机冷却液等产品有关标准制定、检测评定

中国机动车辆安全鉴定检测中心
地址:北京市经济开发区荣昌东街甲1号
邮编:100176
电话:010/67806585、67866688
传真:67805611
网址:www.chinacvic.com

国家玻璃钢制品质量监督检验中心
地址:北京市二六一信箱监测中心
邮编:102101
电话:010/61162036、61162014
传真:69132140

北京中汽寰宇机动车检验中心
地址:北京市大兴区北臧村镇天荣街16号
邮编:102609
电话:010/60279702、60270909
传真:60279702

天津汽车质量监督检验鉴定试验所
地址:天津市南开区天拖北道15号
邮编:300190
电话:022/27030731
传真:27030701

河北省机械产品质量监督检验总站
地址:石家庄市新华区合作路81号
邮编:050051
电话:0311/87041628
传真:87811933
网址:www.hbmt.net
电子信箱:hbmt@hbmt.net

机械工业车轮产品质量监督检测中心
地址:河北秦皇岛市开发区嫩江西道1号
邮编:066004
电话:0335/5910220
传真:5910220

国家玻璃质量监督检验中心
地址:河北省秦皇岛市河北大街西段91号
邮编:066004
电话:0335/5911501

传真:8051865
职能范围:承担汽车用安全玻璃、钢化玻璃、夹层玻璃、中空玻璃、浮法玻璃、普通平板玻璃、吸热玻璃、压花玻璃、热反射玻璃、夹丝玻璃、玻璃马赛克的检测任务

山西省产品质量监督检验研究院
地址:太原市长治路106号
邮编:030012
电话:0351/7241042、7244331
传真:7243704

国家蓄电池质量监督检验中心
地址:沈阳市铁西区北二中路33号
邮编:110026
电话:024/85610109
传真:85610109
职能范围:授权主要检验酸性蓄电池及零部件

大连汽车综合性能检测中心有限公司汽车性能检测实验室
地址:辽宁省大连市甘井子区华北路411号
邮编:116033
电话:0411/86604201
传真:86604201

瓦房店轴承集团有限责任公司检测试验中心
地址:辽宁省瓦房店市北共济街1段1号
邮编:116300
电话:0411/85500585
电子信箱:zwz@ zwz – bearing. com

丹东客车质量监督检验鉴定试验所
地址:辽宁省丹东市振兴区黄海大街544–546号
邮编:118008
电话:0415/6272814
传真:6272814
职能范围:汽车整车鉴定检验及产品质量监督检验

国家汽车零部件产品质量监督检验中心(长春)
地址:长春市南湖大路6888号
邮编:130012
电话:0431/85519315
传真:85510488

吉林大学车辆产品检测实验室
地址:长春市人民大街5988号
邮编:130025
电话:0431/85095369
传真:85695947
职能范围:汽车、农用运输车、拖拉机、内燃机及汽车零部件的检测

国家安全防范报警系统产品质量监督检验中心(上海)
地址:上海市岳阳路76号
邮编:200031
电话:021/64336810–2201
传真:64335838

国家内燃机质量监督检验中心
地址:上海市军工路2500号
邮编:200438
电话:021/65741418
传真:25079998
职能范围:对1500kW及以下柴油机、200kW及以下汽油机及内燃机零部件进行各种试验与检测

交通部中通汽车质检鉴定试验所
地址:南京市水西门大街223号
邮编:210017
电话:025/86520901
传真:86654813

南京汽车质量监督检验鉴定试验所
地址:南京市红山路100号
邮编:210028
电话:025/85420892、85417538
传真:85401136

中汽中心盐城汽车试验场有限公司
地址:江苏省盐城市大丰港经济区
邮编:224100
电话:0515/83556698
传真:83556828

无锡市产品质量监督检验所(国家电动自行车产品质量监督检验中心)
地址:江苏省无锡市东亭春新东路8号
邮编:214101
电话:0510/88202376
传真:88204261
网址:www. wxzjs. com
电子信箱:wxt@ wxzjs. com

公安部交通安全产品质量监督检测中心
地址:江苏省无锡市钱荣路88号
邮编:214151
电话:0510/85505281
传真:85503152
网址:www. ctstc. com. cn
电子信箱:jczx@ ctstc. org. cn

浙江省质量技术监督检测研究院
地址:杭州市天目山路222号
邮编:310013
电话:0571/85026216、85025180
传真:85022906、85121983
网址:www. fytest. com

万向集团汽车零部件实验室
地址:杭州市萧山区宁围镇万向路18号
邮编:311215
电话:0571/82861505
传真:82607213

宁波汽车零部件检测中心
地址:浙江省宁波市鄞州投资创业中心金谷南路99号
邮编:315104
电话:0574/28888222
传真:28888200

浙江钱江摩托股份有限公司检测中心
地址:浙江省温岭市太平街道横山头锦屏新厂区
邮编:317500
电话:0576/86192029
传真:86192113

福建省产品质量检验研究院
地址:福州市杨桥西路山头角121号
邮编:350002
电话:0591/83729764
传真:83702116
网址:www. fcii. net
电子信箱:yws@ fcii. net

福建省汽车产品质量监督检测站
地址:福州市华林路212号
邮编:350003
电话:0591/87830614
传真:87879478

厦门市产品质量监督检验院
地址:福建省厦门市湖滨南路170号
邮编:361004
电话:0592/2699789
传真:2699797

济南汽车检测中心
地址:济南市英雄山路165号
邮编:250002
电话:0531/85586171
传真:85586176
职能范围:承担汽车整车、发动机、零部件、金属材料和非金属材料的检测;汽车产品质量监督检查、产品定型试验、产品认证试验;产品质量仲裁检验、产品质量鉴定;标准的制定、修订,专用仪器与设备开发和技术咨询等工作

山东省内燃机产品质量监督检验站
地址:济南市桑园路52号
邮编:250014
电话:0531/88601738
传真:88601738

山东省农业机械科学研究所产品质量检测中心
地址:济南市桑园路19号
邮编:250100
电话:0531/88623800
传真:88962251
网址:www. nongji – info. com

山东省产品质量监督检验研究院
地址:济南市经十东路8168号国家质检中心园区
邮编:250103
电话:0531/89701898
传真:89701899
网址:www. sd – qualitynet. org

青岛市产品质量监督检验所
地址:山东省青岛市崂山区深圳路17号
邮编:266061

电话:0532/68069199
传真:88918100

国家齿轮产品质量监督检验中心
地址:郑州市嵩山南路 81 号
邮编:450052
电话:0371/67973021
传真:67973021
职能范围:从事各类齿轮几何精度、内在质量的检测及汽车变速器疲劳寿命、传动性能的试验

洛阳西苑车辆与动力检验所有限公司
地址:河南省洛阳市涧西区西苑路 39 号
邮编:471039
电话:0379/62690118
传真:62690118
网址:www. tractorinfo. com. cn
职能范围:从事拖拉机、汽车、农用运输车、工程机械、内燃机等产品的开发、设计、试验和检测以及计算机技术、电器仪表、测试设备、新材料、新工艺的技术开发与推广应用任务等

国家轴承研究所质量监督检验中心
地址:河南省洛阳市吉林路 1 号
邮编:471039
电话:0379/63926571
传真:63926571
职能范围:滚动轴承(含滚动体、保持架)检验,合格评定,寿命可靠性试验量值传递,各类专用轴承(汽车、摩托车等)模拟试验等

武汉汽车车身附件质量监督检验站
地址:武汉市硚口区古田五路 17 号
邮编:430034
电话:027/82318175
传真:82302973

机械工业专用汽车产品质量检测中心
地址:武汉市经济技术开发区沌阳大道 318 号
邮编:430056
电话:027/84298057
传真:84298073
网址:www. hyspv. com. cn
电子信箱:spv@ chinaspv. org. cn
职能范围:专用汽车新产品定型试验

国家建筑城建机械质量监督检验中心
地址:长沙市岳麓区银盆南路 361 号
邮编:410013
电话:0731/88923872
传真:88910912
网址:www. china - cmtest. com
职能范围:产品质量监督抽查、生产许可证检查、科技成果检测鉴定,进出口商检、产品鉴定检测及定型试验等

长沙汽车电器检测中心
地址:长沙市经济技术开发区盼盼路 29 号
邮编:410100
电话:0731/82798492
传真:82798491

广州橡胶工业制品研究所
(化学工业力车胎质量监督检验中心)
地址:广州市工业大道中 270 号
邮编:510280
电话:020/84351770
传真:84128611
网址:www. xjyjs. com

广州威凯检测技术研究院
地址:广州市科学城开泰大道天泰一路 3 号
邮编:510663
电话:020/32293888
传真:32293889
网址:www. gtihea. com

广州电器科学研究院气候试验中心
地址:广州市科学城开泰大道天泰一路
邮编:510663
电话:020/32293701
传真:32293700
网址:www. gzwtc. com
职能范围:具有第三方公正地位的专业汽车整车、零部件及材料环境适应性检测与评价专业机构,拥有完善的试验体系和完备、先进的检测设施,两个符合国际标准要求的自然大气曝露试验场

机械工业汽车零部件产品质量监督检测中心(广州)
地址:广州市黄埔区茅岗路 828 号
邮编:510700
电话:020/32385316、32385317
传真:32389592
网址:www. chinaaptc. com
电子信箱:aptc@ gmeri. com

中国嘉陵工业股份有限公司(集团)摩托车检测站
地址:重庆市双碑
邮编:400032
电话:023/65194235
传真:65194392

重庆车辆检测研究院
地址:重庆市北部新区经开园汇星路 1 号
邮编:401122
电话:023/86305433、86305439
传真:86305440
网址:www. cqvtri. com

四川省产品质量监督检验检测院
地址:成都市东门街 2 号
邮编:610031
电话:028/86265768
传真:86257363
网址:www. spqi. gov. cn

云南省汽车产品及维修质量监督检验实验站
地址:昆明市拓东路石家巷 9 号
邮编:650011
电话:0871/3163895
传真:3169721

贵州省机电产品质量监督检测站
地址:贵阳市乌金路 58 号
邮编:550003
电话:0851/5952687、5952639
传真:5952161
职能范围:机电产品、改装车、农用车、汽车零部件及农机产品质量监督检测

国家非金属矿制品质量监督检验中心
地址:陕西省咸阳市滨河路 5 号
邮编:712021
电话:029/33324543
传真:33313596
网址:www. cnmpi. net
职能范围:承担摩擦材料、非金属密封材料和非金属矿产品监督检验工作,也可以进行矿物分析和微细粉粒度分布测试,还承担以上产品的标准制定、修订和标准化技术管理工作以及这些产品的标准检测设备的研制和开发工作

国家橡胶密封制品质量监督检验中心
地址:陕西省咸阳市西华路 2 号
邮编:712023
电话:029/33621344
传真:33621350
网址:www. fastrubber. com
职能范围:从事各类橡胶密封制品、特种橡胶制品及橡胶、塑料材料的研究、设计、生产、经营和技术开发、咨询服务等

强制性产品认证机构

中国质量认证中心
地址:北京市南四环西路 188 号 9 区
邮编:100070
电话:010/83886666
传真:83886282
网址:www. cqc. com. cn
认证范围:汽车产品、摩托车产品、摩托车发动机产品、汽车安全带产品、轮胎产品、安全玻璃产品、机动车用喇叭产品、机动车用回复反射器产品、汽车制动软管总成产品、汽车外部照明及光信号装置产品、汽车后视镜产品、汽车内饰件产品、汽车门锁及门保持件产品、汽车燃油箱产品、汽车座椅及座椅头枕产品、摩托车外部照明及光信号装置产品、摩托车后视镜产品

中国安全技术防范认证中心
地址:北京市海淀区西三环北路 89 号中国外文大厦三层
邮编:100089
电话:010/51651890
传真:63345545
网址:www. csp. gov. cn
认证范围:汽车防盗报警系统、汽车行

驶记录仪产品、车身反光标识产品

公安部消防产品合格评定中心
地址:北京崇文区永外西革新里甲108号
邮编:100077
电话:010/67274320、67274308
传真:87278660
网址:www.cccf.com.cn
认证范围:汽车产品(消防车产品)

中汽认证中心
地址:北京市海淀区首体南路2号机械科学研究总院11层
邮编:100044
电话:010/88301244
传真:88301243
网址:www.cccap.org.cn
认证范围:汽车产品、摩托车产品、摩托车发动机产品、汽车安全带产品、机动车用喇叭产品、机动车用回复反射器产品、汽车制动软管总成产品、汽车外部照明及光信号装置产品、汽车后视镜产品、汽车内饰件产品、汽车门锁及门保持件产品、汽车燃油箱产品、汽车座椅及座椅头枕产品、摩托车外部照明及光信号装置产品、摩托车后视镜产品、货物进出口

中国建筑材料检验认证中心
地址:北京市朝阳区管庄东里1号
邮编:100024
电话:010/51167610
传真:51167352
网址:www.ctc.ac.cn
认证范围:安全玻璃产品

北京中化联合认证有限公司
地址:北京市朝阳区亚运村安慧里四区16号楼
邮编:100723
电话:010/84885497、84885218
传真:84885414
网址:www.cciq.net
认证范围:轮胎产品

国家级重点实验室

汽车安全与节能国家重点实验室
地址:北京市海淀区中关村清华园1号
邮编:100084
电话:010/62785963
传真:62785708
网址:www.car.tsinghua.edu.cn

电动车辆国家工程实验室
地址:北京市海淀区中关村南大街5号北京理工大学机械与车辆学院
邮编:100081
电话:010/68913639
传真:68412865
网址:www.bit.edu.cn

车辆传动国家级重点实验室
地址:北京海淀区中关村南大街5号北京理工大学机械与车辆学院
邮编:100081
电话:010/68911772、68911773

内燃机燃烧学国家重点实验室
地址:天津市南开区卫津路92号
邮编:300072
电话:022/27406842、27406648
传真:27383362
网址:www.skle.cn

汽车动态模拟国家重点实验室
地址:长春市人民大街5988号吉林大学(南岭校区)
邮编:130022
电话:0431/85687676
传真:85689113
网址:www.ascl.jlu.edu.cn

汽车振动噪声与安全综合技术国家重点实验室
地址:长春市创业大街1063号
邮编:130011
电话:0431/85788225
网址:www.rdc.faw.com.cn

汽车电子控制技术国家工程实验室
地址:上海市闵行东川路800号上海交通大学机械与动力工程学院
邮编:200240
电话:021/34205915、34205880
网址:www.sjtu.edu.cn

汽车车身先进设计制造国家重点实验室
地址:长沙市岳麓区湖南大学机械与汽车工程学院
邮编:410082
电话:0731/88821445
网址:www.hnu.cn

三、开设汽车类专业的高等院校

北京理工大学机械与车辆学院
地址:北京市海淀区中关村南大街5号
邮编:100081
电话:010/68913639、68911942
传真:68412865
网址:www.bit.edu.cn
电子信箱:smve@bit.edu.cn
设置汽车类专业:车辆工程、热能与动力工程等

北京市汽车工业高级技工学校
地址:北京市丰台区程庄路3号
邮编:100016
电话:010/63825516
传真:63898466
网址:www.bjqcjsxy.com
电子信箱:bqxb2009@163.com
院长:景平利
设置汽车类专业:汽车制造、维修与驾驶、汽车商务与营销、汽车维护与电器检测、汽车装饰与整形

北京交通大学机械与电子控制工程学院
地址:北京市海淀区上园村3号
邮编:100044
电话:010/51683689
传真:51688253
网址:www.njtu.edu.cn
设置汽车类专业:热能与动力工程

北京航空航天大学汽车工程系
地址:北京市海淀区学院路37号
邮编:100083
电话:010/82316330
传真:82316330
网址:www.buaa.edu.cn
设置汽车类专业:车辆工程

清华大学汽车工程系
地址:北京市海淀区清华大学院内
邮编:100084
电话:010/62781851、62785708
传真:62784655
网址:www.tsinghua.edu.cn
设置汽车类专业:车辆工程、发动机工程、车身设计与工程、汽车系统工程

中国农业大学工学院车辆与交通工程系
地址:北京市海淀区清华东路17号
邮编:100083
电话:010/62736945
传真:62736945
网址:www.cau.edu.cn
设置汽车类专业:车辆工程、交通运输工程、热能与动力工程

北京信息科技大学机电工程学院
地址:北京市海淀区清河小营东路12号
邮编:100085
电话:010/82426906
传真:82426906
网址:www.bistu.edu.cn
设置汽车类专业:车辆工程

北京吉利大学汽车学院
地址:北京市昌平区马池口镇
邮编:102202
电话:010/60757754

传真:60757754
网址:www. bgeelyu. com
设置汽车类专业:汽车运用技术、汽车电子技术、机电一体化技术等

北京科技职业学院汽车机电工程学院
地址:北京市昌平区沙阳路18号
邮编:102206
电话:010/69730093
网址:www. 5aaa. com
院长:周孟奎
负责人:杨振秀
院校人数:22000
设置学科:汽车技术服务类、机械制造现代加工类、电气工程类

天津大学机械工程学院
地址:天津市南开区卫津路92号
邮编:300072
电话:022/87401979
传真:27383362
网址:www. tju. edu. cn
电子信箱:webmaster@ tju. edu. cn
设置汽车类专业:热能与动力工程

河北工业大学机械学院车辆工程系
地址:天津市红桥区
邮编:300130
电话:022/60204559
传真:26564552
网址:www. hebut. edu. cn
电子信箱:wym6312@ hebut. edu. cn
设置汽车类专业:车辆工程

东北大学机械工程与自动化学院
地址:沈阳市和平区文化路3巷11号
邮编:110004
电话:024/83687613
传真:23906969
网址:www. neu. edu. cn
负责人:张义民
设置汽车类专业:车辆工程、机械工程及自动化、工业设计、过程装备与控制工程

沈阳工业大学机械工程学院
地址:沈阳市铁西区兴华南街58号
邮编:110023
电话:024/25496111
传真:25691266
网址:www. sut. edu. cn
设置汽车类专业:车辆工程

大连理工大学汽车工程学院
地址:辽宁省大连市甘井子区凌工路2号
邮编:116024
电话:0411/84706475
传真:84706475
网址:www. dlut. edu. cn
电子信箱:qcxy@ dlut. edu. cn
负责人:胡平
设置汽车类专业:车辆工程、汽车车身工程、汽车材料工程、汽车电子工程、汽车工业装备及自动化、汽车服务工程

长春汽车工业高等专科学校
地址:长春市汽车产业开发区创业大街1959号
邮编:130011
电话:0431/85751803
传真:85902539
网址:www. caii. edu. cn
电子信箱:caii_office@ yahoo. com. cn
院长:魏崴
院校人数:6500
设置汽车类专业:汽车检测与维修技术、汽车制造与装配技术、数控技术、电气自动化技术、汽车物流技术、汽车产品造型技术、汽车技术服务与营销、模具设计与制造、汽车电子技术、机电一体化等

吉林大学汽车工程学院
地址:长春市人民大街5988号
邮编:130012
电话:0431/85095833
传真:85682227
网址:auto. jlu. edu. cn
设置汽车类专业:车辆工程

上海交通大学机械与动力工程学院
地址:上海市闵行东川路800号
邮编:200240
电话:021/34205855
传真:34205855
网址:www. sjtu. edu. cn
电子信箱:gwzhou@ sjtu. edu. cn
院长:许敏
设置汽车类专业:车辆工程

同济大学汽车学院
地址:上海市曹安公路4800号
邮编:201804
电话:021/69589127
传真:69589121
网址:auto. tongji. edu. cn
电子信箱:auto@ tongji. edu. cn
院长:余卓平
设置汽车类专业:车辆工程、动力机械与工程
与汽车相关科研机构:汽车振动与噪声控制研究所、汽车车身机构技术研究所、汽车仿真技术研究所、发动机结构设计研究所、汽车传动技术研究所、氢能源及设施研究所、汽车后市场研究所、电动汽车实验室、氢能实验室、试验试制基地

上海理工大学机械工程学院
地址:上海市军工路516号
邮编:200093
电话:021/55270456
传真:55271050
网址:www. usst. edu. cn
设置汽车类专业:车辆工程

上海工程技术大学汽车工程学院
地址:上海市松江龙腾路333号
邮编:201620
电话:021/67791148
传真:67791152
网址:cae. sues. edu. cn
设置汽车类专业:机械设计制造及其自动化(汽车工程)、交通运输(汽车运用工程)、市场营销(汽车营销)

南京航空航天大学能源与动力学院
地址:南京市白下区御道街29号
邮编:210016
电话:025/84892200-2300
传真:84893666
网址:www. nuaa. edu. cn
设置汽车类专业:车辆工程

南京理工大学机械工程学院
地址:南京市孝陵卫200号
邮编:210094
电话:025/84315446
传真:84315831
网址:www. njust. edu. cn
设置汽车类专业:车辆工程、交通工程

东南大学机械工程学院
地址:南京市东南大学路2号
邮编:210096
电话:025/52090506
传真:52090504
网址:me. seu. edu. cn
设置汽车类专业:车辆工程

浙江大学机械与能源工程学院
地址:杭州市浙大路38号
邮编:310027
电话:0571/87951466
传真:87951874
网址:www. cmee. zju. edu. cn
设置汽车类专业:机械工程及自动化

★ 浙江汽车工程学院
地址:杭州市萧山区临江工业园纬五路3366号
邮编:311225
电话:0571/58109465、58109030
传真:82106151
网址:www. geely. com/edu
电子信箱:zjqcgcxy@ 126. com
院长:赵福全
下设学院:工学院、管理学院、营销学院;工学院研究方向:汽车动力技术、底盘技术、汽车电气与电子控制技术、汽车碰撞与安全技术、车身及内外饰设计;管理学院研究方向:企业战略管理、创新管理、人力资源管理、财务与金融管理、生产与物流管理;营销学院研究方向:营销战略管理、品牌战略与管理、汽车营销、营销渠道建设与管理
主要实验室:吉利汽车安全技术实验

室—实车碰撞试验室、整车性能实验室、发动机试验台架、变速器试验室、NVH试验室等

☞ 详细情况请参阅彩色宣传版面

安徽工业大学机械工程学院
地址:安徽省马鞍山市湖东路59号
邮编:243002
电话:0555/2311857
传真:2471263
网址:www. ahut. edu. cn
设置汽车类专业:车辆工程

福州大学机械工程及自动化学院
地址:福州市大学城学园路2号
电话:0591/22866262
传真:22866270
网址:www. fzu. edu. cn
设置汽车类专业:车辆工程

江西蓝天学院汽车工程系
地址:南昌市瑶湖高校园区
邮编:330098
电话:0791/8138784
传真:8138784
网址:www. jxbsu. com

山东大学机械工程学院
地址:济南市经十路73号
邮编:250061
电话:0531/88392239
传真:88392058
网址:www. mech. sdu. edu. cn
设置汽车类专业:车辆工程

山东德州汽车摩托车专修学院
地址:山东省德州市经济开发区三八东路
邮编:253000
电话:0534/2552668
传真:2552616
网址:www. qmxy. com
电子信箱:13396266268@189. com
下设学院:汽车学院、数控学院、计算机学院、经济管理学院、机电工程学院

山东理工大学交通与车辆工程学院
地址:山东省淄博市张店区张周路12号
邮编:255049
电话:0533/2786837
传真:2786837
网址:www. sdut. edu. cn
设置汽车类专业:车辆工程、交通运输

哈尔滨工业大学汽车工程学院
地址:山东省威海市文化西路2号
邮编:264209
电话:0631/5687025
传真:5687212
网址:www. hitwh. edu. cn
电子信箱:11032411@163. com
院长:崔胜民
院校人数:1650
设置汽车类专业:车辆工程、热能与动力工程、交通运输、交通工程

青岛理工大学汽车与交通学院
地址:山东省青岛经济技术开发区长江中路2号
邮编:266520
电话:0532/86875761
传真:0532/86875761
网址:www. qtech. edu. cn
电子信箱:suixuezhi@ qtech. edu. cn
院长:王丰元
设置汽车类专业:车辆工程、汽车服务工程、交通运输、交通工程和安全工程

河南科技大学车辆与动力工程学院
地址:河南省洛阳市西苑路48号
邮编:471003
电话:0379/64231480
传真:64278955
网址:www. haust. edu. cn
设置汽车类专业:车辆工程、动力机械及工程

海军工程大学内燃机教研室
地址:武汉市解放大道717号
邮编:430033
电话:027/83443262
传真:83443262
设置汽车类专业:内燃机

武汉理工大学汽车工程学院
地址:武汉市洪山区珞狮路205号
邮编:430070
电话:027/87859136
传真:87859247
网址:auto. whut. edu. cn
设置汽车类专业:车辆工程、动力机械及工程、载运工具运用工程、汽车运用工程

华中科技大学能源与动力工程学院
地址:武汉市珞喻路1037号
邮编:430074
电话:027/87542418
传真:87540724
网址:www. hust. edu. cn
设置汽车类专业:动力机械及工程、热能与动力工程

湖北汽车工业学院
地址:湖北省十堰市车城西路167号
邮编:442002
电话:0719/8238177
传真:8260748
网址:www. qcxy. hb. cn
设置汽车类专业:热能与动力工程(汽车发动机专业方向)、车辆工程(汽车工程)、车辆工程(汽车数字工程)、交通运输(汽车销售与服务工程)

湖南大学机械与运载工程学院
地址:长沙市岳麓山
邮编:410082
电话:0731/88822825
网址:mve. hnu. cn
电子信箱:yangtsezhou@ sina. com
院长:韩旭
书记:李孟仁
院校人数:180
设置汽车类专业:机械工程、动力工程及工程热物理、机械制造及其自动化、车辆工程、机械设计及理论、机械电子工程、动力机械与工程、热能工程等

华南理工大学机械与汽车工程学院
地址:广州市天河区五山路381号
邮编:510641
电话:020/87114147
传真:87114147
网址:www. scut. edu. cn
设置汽车类专业:车辆工程、工程车辆、制冷空调工程、车用发动机等

广西工学院汽车工程系
地址:广西柳州市东环大道268号
邮编:545006
电话:0772/2686519
传真:2686519
网址:www. gxut. edu. cn
设置汽车类专业:车辆工程、交通运输(汽车电子技术与检测)

重庆大学机械工程学院
地址:重庆市沙坪坝区沙正街174号
邮编:400030
电话:023/65102401
传真:65105795
网址:www. cqu. edu. cn
设置汽车类专业:车辆工程

重庆理工大学重庆汽车学院
地址:重庆市九龙坡区杨家坪兴胜路4号
邮编:400050
电话:023/68667452
传真:68667309
网址:www. cqit. edu. cn
设置汽车类专业:车辆工程、机械设计制造及其自动化、工业设计、工业工程

重庆交通大学交通运输学院
地址:重庆市南岸区学府大道66号
邮编:400074
电话:023/62652674
传真:62652674
网址:www. cquc. edu. cn
设置汽车类专业:交通运输专业(汽车运用工程方向)

西南交通大学机械工程学院
地址:成都市二环路北一段111号
邮编:610031
电话:028/87600692
传真:66363899
网址:www. swjtu. edu. cn
设置汽车类专业:车辆工程

西华大学交通与汽车工程学院
地址:成都市西郊
邮编:610039
电话:028/87720534

长安大学 汽车学院

【学院介绍】

学生参加全国车大赛所设计的节能汽车

多功能道路检测车

风洞实验室

排放试验室

眼动仪”实验

长安大学校长马建在领取国家科学技术二等奖证书现场

长安大学直属国家教育部，是教育部和交通运输部共建的国家“211工程”重点建设大学。汽车学院是长安大学“211工程”重点建设学院，前身是西安汽车机械学校部分专业，学院历经西安公路学院汽车系、西安公路交通大学汽车工程学院、长安大学汽车学院。学院在公路交通和商用车辆的基础和工程技术研究面取得了一系列科研成果，现已发展成为我国汽车交通高级科技人才和管理人才的重要培养基地，校友遍及行业内外，已成为我国交通行业及民族汽车工业建设发展的中坚力量。

学院现设有七系、十所、三办、四个实验室、一个工程中心，教职工118人，突出贡献专家11位。在校生总数2945人，其中硕士研究生450人，博士研究生67人。

学院拥有载运工具运用工程、交通运输规划与管理两个重点学科；载运工具运用工程、车辆工程两个博士后流动站；交通运输工程、机械工程两个一级学科博士学位授权点、五个二级学科博士学位授权点，十个硕士学位授权点，四个专业学位授权点；七个本科专业。2011年6月，公路建设和交通运营保障科学与技术平台被正式列入国家985“优势创新学科建设平台”建设；交通运输工程学科群列入国家“211工程”重点建设行列，车辆工程是省部级重点学科，学院拥有“长江学者计划”特聘教授岗位。目前，学院拥有两个国家重点教学团队；三个重点特色专业；三门省级精品课程；一个省级人才培养模式创新试验区；一个省级交通运输类专业实验教学中心，两个省级名牌专业。同时，学院还设有西安汽车产品质量监督检测站、长安大学西安公路交通综合性能检测站、陕西长安大学机动车物证司法鉴定中心。

车辆工程学科（专业）

长安大学汽车学院车辆工程学科（专业）始建于1980年。该学科（专业）是国家交通运输部门重点学科，为国内优秀普通高等学校教学团队，“汽车设计”、“发动机原理”课程为陕西省精品课程。现有教师23人，其中教授8人，副教授5人，具有博士学位的19名。

车辆工程学科（专业）围绕着车辆系统动力学、商用车辆结构、车辆安全技术、客车乘卧舒适性、车辆复合驱动和电子控制、人-车-路-环境系统协调性等方向展开研究。近年来，先后主持或参与近百项国家相关部门及大型企业重大科研项目。

地址：西安市南二路环中段　邮编：710064　邮箱：qchxybgs@chd.edu.cn
电话：029-82334458　传真：029-82334476　网址：www.chd.edu.cn

中国北方车辆研究所

中国北方车辆研究所是中国兵器工业集团公司下属的综合性大型科研基地、特种车辆技术开发中心和试验检测中心，主要从事特种车辆整车及部件的研究、设计、试验与试制，利用现代设计方法开发新型车辆，进行总体、新型动力、传动、行走、操纵、电子电气、自动控制等技术的研究、开发。

研究所下属的北方汽车质量监督检验鉴定试验所是国家重要部门所属的全国汽车行业新产品试验、鉴定的专业检测机构之一。

研究所研发实力雄厚，科研设施齐全，下设覆盖60余个专业的4个科研技术部和1个信息中心、2个试制部，拥有传动重点实验室、整车电磁兼容测试、道路模拟试验、电池试验等40余个现代化试验室，各类设备5780余台（套），占地1200余亩。拥有中国工程院院士王哲荣等一批行业内外知名的车辆工程专家。现有职工1700余人，其中专业技术人员1100余人，高级工程师以上技术人员400余人，具有车辆工程专业硕士学位授予权，建立了博士后科研工作站。

建所以来，研究所取得了一大批重要的科研成果，先后研制出各种型号专用车包括GA06式装甲防暴车、警用液压自动路障车等近20种；已开发各类汽车零部件产品（技术）包括全浮式驾驶室悬置系统、车辆总线系统、油气弹簧、车辆轮胎中央充放气系统、AMT系统等逾百种。

可调式油气悬挂系统

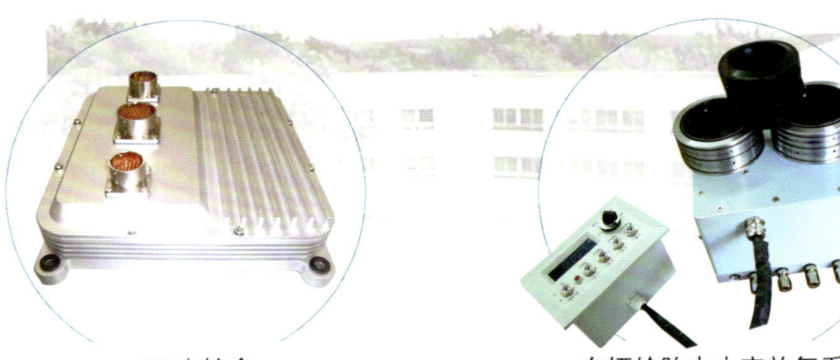

AMT电控盒　　车辆轮胎中央充放气系统

地址：北京市丰台区槐树岭4号院　　通信地址：北京969信箱23号　　邮编：100072

电话：010—83808687　　网址：www.noveri.com.cn

北方汽车质量监督检验鉴定试验所

动力电池试验室

电磁兼容试验室

北方汽车质量监督检验鉴定试验所始建于1986年9月，现已取得国家实验室认可〔NO.L0920〕的资质、国家质量监督检验检疫总局计量认证〔（2005）量认（国）字（A0670）号〕和国家机械工业联合会的机构认可〔机检汽（2005）09号〕，是国家发展改革委员会所属的全国汽车行业新产品试验、鉴定的专业检测所之一。

我所现设有所办公室、整车道路室、仪器测试室、道路模拟试验室、发动机测试室、电磁兼容试验室、底盘部件试验室、换热器试验室和动力电池试验室九个部门。具有汽车整车、底盘、发动机、零部件、电池等32个项目的检验能力。能够承担汽车产品质量监督检查，定型鉴定试验，委托检验，质量仲裁检验等工作。

中国国家实验室认可委（CNAL）认可检测项目：

1.汽车整车　2.变速器　3.传动轴　4.前轴　5.驱动桥　6.半轴　7.汽车悬架系统固有频率　8.钢板弹簧　9.油气弹簧　10.筒式减振器　11.客车车身骨架　12.汽车用冷却风扇(含汽车塑料风扇)　13.空气滤清器　14.锂离子蓄电池　15.镍氢蓄电池　16.锌空气蓄电池　17.铅酸蓄电池　18.超级电容器　19.扭杆弹簧　20.中冷器　21.汽车空调　22.信息技术设备电磁兼容　23.电气和电子设备电磁兼容　24.医用电气设备电磁兼容　25.橡胶隔振器　26.散热器　27.汽车转向节　28.摩托车　29.电子电工产品　30.电阻器　31.电位器　32.继电器　33.电容器　34.二极管　35.三极管　36.集成电路　37.电感器　38.工程机械及零部件电磁兼容性　39.拖拉机　40.电动自行车　41.转向器　42.分动箱

地址：北京市丰台区槐树岭4号院　　通信地址：北京969信箱25号　　邮编：100072　　电话：010—83808542

中国·世界　合作·共赢

四、国际展览

中汽国际以国际品牌展、国内综合展和海外自主品牌展为主导业务，坚持“国际化、品牌化、专业化”的发展思路和“服务立展、自主创新”的办展理念，以打造具有广泛影响响力的优质行业交流平台为己任，不断夯实这一基础型核心业务。

北京车展

上海国际汽车零配件展

杭州车展

深港澳国际车展

澳门车展

中国三磨展

中国工业产品（委内瑞拉）展览会

卡车物流展

五、文化传媒

中汽国际文化传媒业务以广告策划、行业咨询、人才交流为主导，立足于汽车与机械等传统行业领域，为社会各界提供相关服务。

发动机研讨会

中国汽车人才发展论坛

天津空港国际汽车展贸中心改造项目

中国—东盟（柳州）汽博会主场服务

地址：北京市海淀区中关村丹棱街3号A座5层　邮编：100080　电话：010—82606899
传真：010—82606999　网址：http://www.cnaico.com.cn　电子邮件：cnaico@cnaico.com.cn

中国汽车工业配件销售公司

中国汽车工业配件销售公司是“全国汽车配件交易会”和“全国摩托车及配件展示交易会”的主办单位；还拥有两家全资子公司：《中国汽车市场》杂志社和北京小管家物业管理有限责任公司；并且是多个汽配行业商、协会组织的会长单位。

“全国汽车配件交易会”是中国汽车配件行业的传统盛会。1965年至今已成功举办了70届，走过了由原国家有关部委召开的“全国汽车配件平衡调度会”、中国汽车工业总公司的“全国汽车配件排产订货会”到中国汽车工业销售总公司暨中国汽车工业配件销售公司的“全国汽车配件交易会”的四十余年的历程。“全国汽车配件交易会”采取在全国各省会城市巡展的方式，每年在春天4月和秋天10月各举办一次，目前已形成展馆面积不小于60000m²、具有1800多个参展企业、2200多个展位、参会的专业观众近8万人次的展览规模。第70届全国汽车配件交易会于2011年10月21日至23日在济南国际会展中心隆重举行。本届汽配会使用济南国际会展中心一至三层全部11个展馆，仍不能满足广大参展商的需求，又在地下车库增设了1F、1G两个展厅，增加展位数量将近400个。此次展会展出面积达到了60000m²，展位数量比上届增加15%。来自全国各地的近2000家汽配生产企业、近8万名汽配专业采购商相聚济南，历经45载春秋，第70届全国汽车配件交易会重拾盛会辉煌。

在第71届全国汽车配件交易会新闻发布会上，汽配交易会的主办方宣布，2012年4月22日至24日将在古都西安举办第71届全国汽车配件交易会。西安是西北地区诸省的交通要衢和门户，也是该地区售后配件的集散地，当地售后市场随着地区汽车保有量的上升而快速崛起，已聚集了一批颇具规模的汽配大市场，同时2011年西安市又成功举办了欧亚经济论坛、西安世界园艺博览会、中国国内旅游交易会等多个国际性、全国性著名会展活动。

西安所具备的这些优势，面对如此商机，不仅让广大的参展商能够在这里实现自身的价值诉求，结识更多的业内同仁，更为打开广阔的国际产品市场提供了一个有效的平台。

第71届全国汽车配件交易会选址西安，一定能让所有参展商得到更大的收获，同时也能使这一届全国汽配交易会取得更大的成功。

地址：北京市海淀区阜成路46号（100142）

电话：010–88127419　88130731

传真：010–88116923　88127418

网址：www.qipeihui.com

邮箱：zhongqipeijian@vip.sohu.com

传真:87720536
网址:www. xhu. edu. cn
设置汽车类专业:热能与动力工程(汽车发动机)、交通运输、交通工程、汽车服务工程和物流管理

昆明理工大学交通工程学院
地址:昆明市白龙校区
邮编:600224
电话:0871/3802298
传真:5147915
网址:www. kmust. edu. cn
设置汽车类专业:车辆工程

西安交通大学能源与动力工程学院
地址:西安市咸宁西路28号
邮编:710049
电话:029/82668721
传真:82668789
网址:www. xjtu. edu. cn
设置汽车类专业:热能与动力工程(汽车、汽车发动机、内燃机方向)

★ 长安大学汽车学院
地址:西安市南二环路中段
邮编:710064
电话:029/82334458
传真:82334476
网址:www. chd. edu. cn
电子信箱:qchxybgs@ chd. edu. cn
院长:于强
设置汽车类专业:车辆工程、交通运输(汽车运用工程)、热能与动力工程(汽车机电一体化)、汽车服务工程
☞ 详细情况请参阅彩色宣传版面

四、报刊、杂志

报刊

《中国汽车报》
地址:北京市海淀区阜成路115号1号楼2门4层
邮编:100142
电话:010/88132430
传真:88139648
网址:www. cnautonews. com
出版单位:中国汽车报社
报道内容:汽车工业的方针政策,汽车行业各类信息

《中国工业报》
地址:北京市西城区百万庄葡萄园1号
邮编:100037
电话:010/68321349、68349035
传真:68321356
网址:www. cinn. cn
出版单位:中国工业报社
报道内容:有关机械汽车行业发展动态,政策动态等

《中国工业报·汽车周报》
地址:北京市西城区月坛南街26号
邮编:100825
电话:010/68589193
传真:68531033
网址:www. autoweekly. com. cn
出版单位:中国工业报社
报道内容:汽车方面专题报道

《中国交通报》
地址:北京市安定门外安华西里三区13号楼
邮编:100011
电话:010/64255453、64255452
传真:64250641
网址:www. zgjtb. com
出版单位:中国交通报社
报道内容:交通(包括汽车道路运输等)行业信息

《北京汽车报》
地址:北京市朝阳区东三环南路25号北汽大厦1705室
邮编:100021
电话:010/87665790、87664047
网址:www. banews. com. cn
出版单位:北京汽车集团有限公司
报道内容:公司各方面的情况

《上海汽车报》
地址:上海市威海路489号上海汽车工业大厦10层
邮编:200041
电话:021/22011031、22011568
传真:62554003、62554820
网址:www. shautonews. com
出版单位:上海汽车报社
报道内容:宣传汽车工业方针、政策、科技信息等

《第一汽车集团报》
地址:长春市锦程大街30号
邮编:130011
电话:0431/85768442
出版单位:第一汽车集团公司
报道内容:集团内各方面情况

《东风汽车报》
地址:湖北省十堰市张湾青年广场
邮编:442001
电话:0719/8223197
传真:8217821
出版单位:东风汽车公司
报道内容:公司内各方面情况

《重型汽车报》
地址:济南市无影山中路53号
邮编:250031
电话:0531/85582249
传真:85582239
出版单位:中国重型汽车集团公司
报道内容:集团内各方面情况

《南汽报》
地址:南京市中央路331号
邮编:210037
电话:025/83366588
传真:83433380
出版单位:南京汽车集团公司
报道内容:集团公司各方面情况

《中国商报·汽车导报》
地址:北京市宣武区报国寺1号
邮编:100053
电话:010/63045013、63180875
传真:63180874
网址:www. cb – h. com

《车友报》
地址:北京市东城区安定门外大街58号
邮编:100011
电话:010/84289118
传真:84280801

《解放日报·汽车周刊》
地址:上海市广东路689号209室
邮编:200001
电话:021/63411229
传真:63411227

《汽车时尚报》
地址:上海市丽园路448弄高城苑2号楼201室
邮编:200023
电话:021/63040641
传真:63040641
出版单位:汽车时尚报社
报道内容:是一份杂志化时尚类汽车专业报纸,一直致力于汽车专业信息的传播和汽车新闻的及时深入报道

《经济日报·汽车周刊》
地址:北京市宣武区白纸坊东街2号
邮编:100054
电话:010/58392621
网址:bkdy. ce. cn

《中国消费者报·汽车周刊》
地址:北京市海淀区阜成路北三街8号
邮编:100048
电话:010/68905710、68905857
网址:www. ccn. com. cn

《北京青年报·汽车时代》
地址:北京市朝阳区白家庄东里北京青年报大厦8层
邮编:100026
电话:010/65902200
网址:bjyouth. ynet. com

《北京晚报·汽车周刊》
地址:北京市建国门内大街20号
邮编:100734
电话:010/85201765、85201764
传真:85201767
网址:www.bjd.com.cn

《汽车导报》
地址:广东省深圳市福田区深圳商报社大厦十楼
邮编:518034
电话:0755/83521780
传真:83522811
网址:www.autoemag.com.cn

《新民晚报·汽车版》
地址:上海市威海路755号
邮编:200041
电话:021/52921234
传真:52920133

杂志

《汽车之友》
地址:北京市西城区白云路1号白云大厦12层
邮编:100045
电话:010/63283173－26
传真:63280627
网址:www.autofan.com.cn
出版单位:《汽车之友》杂志社
报道内容:汽车普及知识

《中国汽车导讯》
地址:北京市西城区三里河路46号
邮编:100823
电话:010/68595432
传真:68595523
出版单位:《中国汽车导讯》编辑部
报道内容:汽车工业政策,管理经验等信息

《中国汽车工业产销快讯》
地址:北京市西城区三里河路46号
邮编:100823
电话:010/68594196
传真:68594186
出版单位:中国汽车工业协会
报道内容:全国汽车、汽车发动机生产企业月度产销统计、行业及重点企业集团月度经济效益分析、全国汽车商品月度进出口信息、乘用车分品牌月度产销信息、汽车相关数据信息

《中国汽车工业(摩托车部分)综合信息》
地址:北京市西城区三里河路46号
邮编:100823
电话:010/68595022、68595015
传真:68595023
出版单位:中国汽车工业协会
报道内容:全国摩托车、摩托车发动机生产企业月度产销、经济效益、进出口统计、摩托车工业政策、动态信息

《汽车族》
地址:北京市北三环东路36号环球贸易中心A座8层
邮编:100013
电话:010/58256931
传真:58256868
网址:www.motortrend.com.cn
出版单位:《汽车族》杂志社

《交通世界》
地址:北京市朝阳区惠新里240号
邮编:100013
电话:010/58278973、58278606
传真:58278973
出版单位:《交通世界》杂志社

《中国汽车画报》
地址:北京市朝外大街22号泛利大厦21层《中国汽车画报》编辑部
邮编:100020
电话:010/85650478
传真:85650469
网址:www.cnap.com.cn
出版单位:中国汽车画报社

《时尚·座驾》
地址:北京市朝阳区光华路9号时尚大厦20层
邮编:100020
电话:010/65871611
传真:65871638

《汽车测试报告》
地址:北京市朝外大街18号丰联广场A座19层
邮编:100020
电话:010/65886161－604
传真:65886200

《车王》
地址:北京市朝阳区延静东里8号楼
邮编:100025
电话:010/65069393
传真:64473461
网址:www.chewang.com.cn
报道内容:传递国内外汽车市场的最新动态和信息

《节能与环保》
地址:北京市安定门外小关东里甲2号
邮编:100029
电话:010/52052653
传真:52052653
网址:www.jnhb.net
出版单位:《节能与环保》杂志社

《摩托车趋势》
地址:北京市阜成路115号7号楼701室
邮编:100142
电话:010/88136839
传真:88136482
出版单位:《摩托车趋势》杂志社
报道内容:主要分为新车T台、运动与赛事、经典名车等栏目

《CAD/CAM与制造业信息化》
地址:北京市西城区百万庄大街22号
邮编:100037
电话:010/88379107
传真:68311390
出版单位:《CAD/CAM与制造业信息化》编辑部

《汽车与运动》
地址:北京市海淀区阜成路115号北京印象1号楼2门305室
邮编:100142
电话:010/88144560－882
传真:88144560
出版单位:《汽车与运动》杂志社
报道内容:定位于汽车类高档专业消费杂志,致力于为汽车爱好者、汽车运动爱好者、汽车消费者提供独到而专业的汽车及汽车文化、汽车运动资讯服务

《汽车零部件》
地址:北京市海淀区中关村丹棱街3号A座8层
邮编:100080
电话:010/82606771
传真:82606777
网址:www.qclbjzz.com
出版单位:中国汽车零部件工业公司
报道内容:政策与法规、动态与综述、零部件论坛、技术新视野、产经故事会、检测与标准、研究与开发市场及信息

《汽车维修与保养》
地址:北京市海淀区复兴路65号北京电信实业大厦907室
邮编:100036
电话:010/68278457
传真:68278467
网址:www.motorchina.com
出版单位:《汽车维修与保养》杂志社
报道内容:国际最新汽车产品与技术信息

《现代零部件》
地址:北京市百万庄大街22号
邮编:100037
电话:010/88379790－807
传真:88379862
网址:www.mc1950.com
报道内容:金属加工装备及技术在汽车及零部件制造企业内的应用

《家用汽车》
地址:北京市海淀区阜成路115号北京印象1号楼2门4层
邮编:100142
电话:010/88138478－11
传真:88138478－12
出版单位:《家用汽车》杂志社

《橡胶工业》
地址:北京市海淀区阜石路甲19号
邮编:100143
电话:010/51338149
传真:88636717
网址:www.rubbertire.com.cn
报道内容:橡胶行业发展方向、科技研究成果、产品开发和生产经验以及市场信息

《轮胎工业》
地址:北京市海淀区阜石路甲19号

邮编:100143
电话:010/51338152
传真:51338678
网址:www. rubbertire. com. cn
报道内容:轮胎行业的发展方向、科研成果、产品开发和生产经验以及市场信息

《人民公交》
地址:北京市海淀区车公庄西路甲19号华通大厦A座833室
邮编:100048
电话:010/68459870
传真:68414610
网址:www. cupta. net. cn
出版单位:《人民公交》杂志社

《汽车制造业》
地址:北京市西城区白云路1号11层
邮编:100045
电话:010/63326090/98
传真:63326099
网址:www. vogel. com. cn
出版单位:德国弗戈工业媒体集团

《汽车纵横》
地址:北京市西城区白云路1号601室
邮编:100045
电话:010/63421850
传真:63422822
出版单位:《汽车纵横》杂志社
报道内容:跟踪汽车产业和市场发展中的重要时事

《时代汽车》
地址:北京市西城区月坛南街32号银岛商务楼427室
邮编:100045
电话:010/68512537
传真:68574923
出版单位:《时代汽车》杂志社

《中国汽车界》
地址:北京市广安门外大街甲397号
邮编:100055
电话:010/63329431
传真:63494782
网址:www. china - motor. com. cn
出版单位:《中国汽车界》杂志社
报道内容:集汽车资讯、汽车导购、汽车生活于一体

《摩托车》
地址:北京市崇文区夕照寺街14号
邮编:100061
电话:010/67133910
传真:67161439
出版单位:《摩托车》杂志社

《北京汽车》
地址:北京市丰台区方庄南路9号院
邮编:100079
电话:010/67629682
传真:67629458
出版单位:北京市汽车研究所
报道内容:轻型车及发动机技术经济,科研设计,使用维修等

《汽车导购》
地址:北京市德外北沙滩1号16信箱
邮编:100083
电话:010/64882177
传真:64870803
网址:www. carguide. com. cn
出版单位:《汽车导购》杂志社

《汽车与社会》
地址:北京市海淀区北土城西路165号
邮编:100083
电话:010/62000788
网址:www. auto - society. com. cn
出版单位:《汽车与社会》杂志社

《车主之友》
地址:北京市德胜门外北沙滩1号16号信箱
邮编:100083
电话:010/64882403
传真:64882329
网址:www. carowners. com. cn
出版单位:《车主之友》杂志社

《汽车与驾驶维修》
地址:北京市德胜门外北沙滩1号16信箱
邮编:100083
电话:010/64882627
传真:64882467
网址:www. carservice. com. cn
出版单位:《汽车与驾驶维修》杂志社
报道内容:汽车售后服务及整车资讯

《商用汽车》
地址:北京市德胜门外北沙滩1号16信箱
邮编:100083
电话:010/64882612
传真:64882329
出版单位:《商用汽车》杂志社
报道内容:国内外客车、货车、专用车等商用汽车的企业报道、产品介绍、市场分析和相关动态

《汽车观察》
地址:北京市东城区胜古中路1号蓝宝商务大厦226室
邮编:100029
电话:010/82088721
传真:82028634
网址:www. autoobserver. net
出版单位:《汽车观察》杂志社
报道内容:整合、消化政府、行业内外、学术界等多方资源,融入人文、经济等多种市场上最为活跃的新鲜元素,创造出对专业汽车人有用的信息产品

《汽车知识》
地址:北京市亚运村加利大厦E座406室
邮编:100101
电话:010/64936949
传真:64939104 - 13
出版单位:《汽车知识》杂志社
报道内容:以通俗易懂的语言和图文并茂的形式,介绍赏车、买车、用车、玩车等知识,报道国内外新车信息,聚焦车坛最新热点

《汽车与安全》
地址:北京经济技术开发区荣昌东街甲1号
邮编:100176
电话:010/67806846
传真:67806846
出版单位:《汽车与安全》杂志社
报道内容:汽车安全相关行业动态

《驾驶园》
地址:北京市朝阳区媒体村天居园9号楼905室
邮编:102218
电话:010/64121925、84786083
传真:64121925 - 602
网址:www. jiacheren. com

《城市交通》
地址:北京市三里河路9号中国城市规划设计研究院交通所545室
邮编:100037
电话:010/58323226
传真:58323220
网址:www. chinautc. com
出版单位:《城市交通》杂志社

《汽车运用》
地址:天津市河东区程林庄道东局子1号
邮编:300161
电话:022/84658656、84656385
传真:84658656
出版单位:《汽车运用》杂志社
报道内容:由中国人民解放军军事交通学院主办,面向全国、全军发行

《小型内燃机与摩托车》
地址:天津市南开区卫津路92号天津大学天津内燃机研究所
邮编:300072
电话:022/27400765、27406452
传真:27400806
网址:www. chinamotorcycle. com
出版单位:《小型内燃机与摩托车》编辑部
报道内容:重点报导小型内燃机、摩托车行业的产品开发、科学研究和生产实践中的新成果、新技术、新工艺、新材料以及内燃机、摩托车的行业动态、国家相关政策及内燃机、摩托车的使用、维修等方面的信息

《中国汽车工业年鉴》
地址:天津市河东区程林庄道天山路口
邮编:300162
电话:022/84771231、84771223
传真:84771701
网址:www. autoyearbook. com. cn
出版单位:中国汽车技术研究中心
报道内容:记录我国汽车工业各方面发生的历史事实

《汽车标准化》
地址:天津市59号信箱
邮编:300162
电话:022/84771502
传真:24375353
出版单位:中国汽车技术研究中心标

准所
报道内容:汽车标准化方针政策及信息交流

《汽车情报》
地址:天津市东丽区成林道218号
邮编:300162
电话:022/84772803
传真:84771576
出版单位:中国汽车技术研究中心
报道内容:汽车工业政策、行业信息、汽车技术情报

《摩托车技术》
地址:天津市59号信箱
邮编:300162
电话:022/84771229
传真:24375346
出版单位:《摩托车技术》杂志社
报道内容:以技术性文章为主,兼摩托车普及性趣味性知识

《天津汽车》
地址:天津市南开区天拖北道15号
邮编:300190
电话:022/27030751
传真:27030750
出版单位:天津市汽车研究所
报道内容:微、轻型汽车科技成果

《车用发动机》
地址:山西省大同市第22号信箱
邮编:037036
电话:0352/5362385
传真:5362270
出版单位:中国北方发动机研究所

《汽车维修技师》
地址:沈阳市和平区十一纬路29号
邮编:110003
电话:024/23284373、23284626
传真:23284539
网址:www.atauto.com.cn
出版单位:辽宁科学技术出版社
报道内容:公布国内外新车维修资料,披露中外修车高手修车秘笈

《客车技术》
地址:辽宁省丹东市黄海大街546号
邮编:118008
电话:0415/6272441
传真:6272297
出版单位:《客车技术》编辑部

《润滑油》
地址:辽宁省大连市沙河口区连山街123号A座503室
邮编:116023
电话:0411/84678975
传真:84678974
报道内容:报道润滑油科研、生产、应用全过程

《汽车技术》
地址:长春市创业大街1063号
邮编:130011
电话:0431/85789856
传真:85789810
出版单位:《汽车技术》杂志社
报道内容:以推广汽车、发动机及其零部件的先进设计、试验方法、生产制造工艺、使用维修知识及技巧为核心

《汽车工业研究》
地址:长春市锦城大街30号
邮编:130011
电话:0431/85907709、85901098
传真:85901098
出版单位:《汽车工业研究》杂志社
报道内容:国内外汽车工业软科学研究成果

《汽车工艺与材料》
地址:长春市创业大街1063号
邮编:130011
电话:0431/85789860
传真:85789810
出版单位:《汽车工艺与材料》杂志社
报道内容:国内外汽车行业先进制造技术与材料

《汽车文摘》
地址:长春市创业大街1063号
邮编:130011
电话:0431/85789858
传真:85789810
出版单位:《汽车文摘》杂志社
报道内容:国外汽车刊物文章摘要

《汽车维修》
地址:长春市锦城大街30号
邮编:130011
电话:0431/85901097
传真:85901097
出版单位:《汽车维修》杂志社
报道内容:汽车使用与维修

《大众汽车》
地址:长春市人民大街4646号
邮编:130021
电话:0431/85635181
传真:85635181
出版单位:《大众汽车》杂志社

《汽车与配件》
地址:上海市曹阳路510号9楼
邮编:200063
电话:021/62444745
传真:62164866
出版单位:上海东方汽车杂志社有限公司
网址:www.oauto.com
报道内容:汽车配件产品相关动态

《上海汽车》
地址:上海市逸仙路50号
邮编:200437
电话:021/65361054
传真:65313561
出版单位:上海汽车集团股份有限公司技术中心
报道内容:汽车设计、质量管理、国内外汽车动态

《轻型车技术》
地址:南京市红山路128号
邮编:210028
电话:025/83433993
传真:83433993
出版单位:南京汽车集团有限公司
报道内容:轻型车技术

《汽车维护与修理》
地址:南京市黄埔路2号黄埔花园1幢109室
邮编:210016
电话:025/84803820、84821022
传真:84804002
网址:www.autorepair.com.cn
出版单位:《汽车维护与修理》杂志社

《重型汽车》
地址:济南市英雄山路165号
邮编:250002
电话:0531/85586138
传真:85586000
出版单位:《重型汽车》杂志社
报道内容:重型汽车工业技术、经济信息交流

《拖拉机与农用运输车》
地址:河南省洛阳市涧西区西苑路39号
邮编:471039
电话:0379/62690123
传真:62690002
出版单位:《拖拉机与农用运输车》杂志社
报道内容:报道我国拖拉机产品(包括所用发动机)设计、试验、研究的技术成果

《专用汽车》
地址:武汉市经济技术开发区沌阳大道318号
邮编:430056
电话:027/84298090
传真:84298067
网址:www.hyspv.com.cn
出版单位:《专用汽车》杂志社
报道内容:传播国内外专用汽车科技发展信息

《汽车科技》
地址:武汉市经济技术开发区东风大道10号
邮编:430056
电话:027/84283755
传真:84283757
出版单位:《汽车科技》杂志社
报道内容:以汽车行业实用技术为主

《汽车电器信息》
地址:长沙市五一大道717号五一新干线1415室
邮编:410000
电话:0731/84424716
传真:82272265
网址:www.djdqxh.com
出版单位:《汽车电器信息》杂志社
报道内容:传播中外汽车及零部件的信息;报道世界各著名零部件集团和公司

的产品、技术、市场研究发展

《汽车电器》
地址:长沙市经济技术开发区盼盼路29号
邮编:410100
电话:0731/82798408
传真:82798406
网址:www. qcdq. cn
出版单位:《汽车电器》杂志社
报道内容:国内外汽车电器科研动态,介绍产品基础理论

《摩托车信息》
地址:重庆市渝中区长江二路77号
邮编:400042
电话:023/68811227
传真:68811227
出版单位:《摩托车信息》杂志社

《汽车博览》
地址:成都市致民路36号锦江新园1105室
邮编:610021
电话:028/85452665
传真:85452665
出版单位:《汽车博览》杂志社
报道内容:展示世界汽车品质,反映汽车发展进程,围绕汽车价值链,彰显汽车工业文明、完美技术和文化内涵以及与人类的和谐相处

《汽车杂志》
地址:成都市东胜街8号庄森大厦13层
邮编:610015
电话:028/86635004
传真:86635004
出版单位:《汽车杂志》杂志社

《汽车驾驶员》
地址:西安市南二环路中段长安大学712信箱
邮编:710064
电话:029/82334382
传真:82334536
出版单位:长安大学杂志社
报道内容:驾驶技术、行车安全、故障排除、使用与维修等

《摩托车世界》
地址:西安市灞桥区米秦路6号
邮编:710032
电话:029/86795288-8501
传真:86795296-8506
网址:www. cnmtc. com. cn
出版单位:国家摩托车质量监督检验中心
报道内容:摩托车发展政策、产品、市场、技术等情况

汽车行业网站

★部分专业网站

中国汽车工业信息网
网址:www. autoinfo. gov. cn

中国汽车供应商网
网址:www. chinaautosupplier. com

中国汽车图书资料网
网址:www. autobook. com. cn

中国汽车新网
网址:www. qiche. com. cn

中国汽车网
网址:www. chinacars. com

中国客车网
网址:www. chinabuses. com

中国专用汽车网
网址:www. chinaspcar. com

易车网
网址:www. bitauto. com

万车网
网址:www. webcars. com. cn

网上车市
网址:www. cheshi. com. cn

中国汽车交易网
网址:www. auto18. com

慧聪汽车配件网
网址:www. qipei. hc360. com

慧聪汽车用品网
网址:www. auto-a. hc360. com

中华汽配网
网址:www. auto1688. com. cn

中国进口汽车网
网址:www. at188. com

汽车之家
网址:www. autohome. com. cn

Che168
网址:www. che168. com

★部分综合网站

雅虎汽车
网址:autos. cn. yahoo. com

新浪汽车
网址:auto. sina. com. cn

搜狐汽车
网址:auto. sohu. com

网易汽车
网址:auto. 163. com

中国网络电视台汽车台
网址:auto. cntv. cn

TOM汽车广场
网址:auto. tom. com

太平洋汽车网
网址:www. pcauto. com. cn

爱卡汽车网
网址:www. xcar. com. cn

21CN汽车频道
网址:auto. 21cn. com

中华网汽车频道
网址:auto. china. com

千龙汽车
网址:auto. qianlong. com

新华网汽车频道
网址:www. xinhuanet. com/auto

人民网汽车频道
网址:auto. people. com. cn

南方网汽车频道
网址:www. southcn. com/car

腾讯汽车
网址:auto. qq. com

盖世汽车网
网址:cn. gasgoo. com

《中国汽车工业企事业单位信息大全》
——政府采购汽车及零部件的重要参考用书

中央及地方政府专业采购网站

中国政府采购网	www. ccgp. gov. cn
中央政府采购网	www. zycg. gov. cn
北京市政府采购网	www. ccgp – beijing. gov. cn
天津市政府采购网	www. ccgp – tianjin. gov. cn
上海市政府采购网	www. shzfcg. gov. cn
重庆市政府采购网	www. ccgp – chongqing. gov. cn
河北省政府采购网	www. hebgp. gov. cn
山西省政府采购网	www. ccgp – shanxi. gov. cn
内蒙古自治区政府采购网	www. nmgp. gov. cn
辽宁省政府采购网	www. ccgp – liaoning. gov. cn
吉林省政府采购网	www. ccgp – jilin. gov. cn
黑龙江省政府采购网	www. hljcg. gov. cn
江苏省政府采购网	www. ccgp – jiangsu. gov. cn
浙江省政府采购网	www. zjzfcg. gov. cn
安徽省政府采购网	www. ahzfcg. gov. cn
福建省政府采购网	www. ccgp – fujian. gov. cn
江西省政府采购网	www. ccgp – jiangxi. gov. cn
山东省政府采购网	www. ccgp – shandong. gov. cn
河南省政府采购网	www. hngp. gov. cn
湖北省政府采购网	www. ccgp – hubei. gov. cn
湖南省政府采购网	www. ccgp – hunan. gov. cn
广东省政府采购网	www. ccgp – guangdong. gov. cn
广西壮族自治区政府采购网	www. ccgp – guangxi. gov. cn
海南省政府采购网	www. ccgp – hainan. gov. cn
四川省政府采购网	www. sczfcg. com
贵州省政府采购网	www. ccgp – guizhou. gov. cn
云南省政府采购网	www. yngp. com
陕西省政府采购网	www. ccgp – shaanxi. gov. cn
甘肃省政府采购网	www. ccgp – gansu. gov. cn
青海省政府采购网	www. ccgp – qinghai. gov. cn
宁夏回族自治区政府采购网	www. ccgp – ningxia. gov. cn
新疆维吾尔自治区政府采购网	www. ccgp – xinjiang. gov. cn
西藏自治区政府采购网	www. ccgp – xizang. gov. cn
大连市政府采购网	ccgp. dl. gov. cn
宁波市政府采购网	www. nbzfcg. cn
厦门市政府采购网	www. ccgp – xiamen. gov. cn
青岛市政府采购网	www. ccgp – qingdao. gov. cn
深圳市政府采购网	www. szzfcg. gov. cn
新疆生产建设兵团采购网	xjbt. ccgp. gov. cn
大同市政府采购网	datong. ccgp. gov. cn

第二部分

中国汽车、改装车生产企业

- 汽车生产企业
- 改装车及其他生产企业
- 三轮汽车、低速货车生产企业

汽车生产企业

企业详细介绍

•查询导引•

汽车生产企业

☞ 企业如有变更，请与编辑部联系 ☎ 010/68426043、68420981

北京市

★北京汽车集团有限公司
地址:北京市朝阳区东三环南路25号
邮编:100021
电话:010/67699888
传真:87664048
网址:www.hawtaimotor.com
法人代表:徐和谊
单位人数:40000
产品情况:(北京牌、福田牌、北京现代牌、北京奔驰牌等)
轿车、商用车、越野车等整车制造,汽车零部件制造,汽车服务贸易、研发、教育和投融资等;2011年年产1513695辆

★北京汽车股份有限公司
地址:北京市朝阳区东三环南路25号
邮编:100021
电话:010/67699888-8366
传真:89491531
网址:www.baihc.com
电子信箱:bjqqgs@163.com
法人代表:徐和谊
产品情况:(北京牌)
轻型货车及底盘、厢式运输车等;2011年年产14008辆

★华泰汽车集团
地址:北京市东城区东直门南大街11号中汇广场20层B座
邮编:100007
电话:010/64978666
网址:www.htqc.cn
电子信箱:htqg7586822@126.com
法人代表:张秀根
质量体系:ISO 9000
产品情况:(华泰牌)
华泰B11轿车、华泰圣达菲、华泰特拉卡SUV、华泰宝利格SUV

★北京中大燕京汽车有限公司
地址:北京市朝阳区东三环北路佳程广场A座6层B2
邮编:100027
电话:010/65084752、59796168
传真:65858534、59796168
网址:www.zondayj.com
电子信箱:info@jimxu.com
法人代表:徐连宽
产品情况:(燕京牌)
大中型豪华客车、旅游车、城市客车及汽车底盘、电动客车等;2011年年产1090辆

★北京市司达旅行车公司
地址:北京市丰台区西马场北里甲13号
邮编:100068
电话:010/67568989
传真:67568989
电子信箱:gx616@tom.com
产品情况:(北京牌)
旅行车、改装车、机场摆渡车、各种专业检测勘查车等

★北方华德尼奥普兰客车股份有限公司

地址:北京市丰台区朱家坟五里5号
邮编:100072
电话:010/83801126、83807309
传真:83876753、83806689
网址:www. northbus. com. cn
电子信箱:bfyx618@163. com
负责人:张宝起
质量体系:ISO 9001
产品情况:(北方牌)

高速客运客车、豪华旅游客车、高档城市公交车、卧铺客车及特种车辆;2011年年产855辆

★中国长安汽车集团股份有限公司

地址:北京市海淀区车道沟十号院
邮编:100089
电话:010/68966362
传真:68966383
网址:www. ccag. cn
电子信箱:office@ccag. cn
董事长:徐留平
质量体系:ISO 9001
产品情况:(长安牌、哈飞牌、昌河牌等)

整车、零部件、动力总成、商贸服务等四大业务板块;2011年年产各种车型2003102辆

出口情况:产品销往70多个国家和地区,并在马来西亚、越南、美国、墨西哥、伊朗、埃及、乌克兰等多个国家建有海外基地

★ 北京奔驰汽车有限公司

地址:北京市亦庄经济开发区博兴路8号
邮编:100176
电话:010/67824888
传真:67711363
网址:www. bbac. com. cn
法人代表:徐和谊
负责人:蔡速平
单位人数:3000
质量体系:ISO 9000、GJB 9001A
产品情况:(梅赛德斯-奔驰牌)

梅赛德斯-奔驰E级、C级轿车

☞ 详细情况请参阅彩色宣传版面

★北京汽车制造厂有限公司

地址:北京市顺义区仁和镇双河路南侧
邮编:101300
电话:010/87740916、69489665
网址:www. baw. com. cn
电子信箱:callcenter@baw. com. cn
法人代表:徐和谊
负责人:姚长生
单位人数:3000
质量体系:ISO 9001
产品情况:(北京牌)

勇士、陆霸、域胜、骑士、战旗、角斗士等系列SUV,1041、旗铃、旗龙系列轻中型货车,陆铃、越铃系列皮卡,京城海狮轻型客车,水陆两用车、森林防火等专用车;2011年年产58395辆

出口情况:产品销往欧洲、非洲、南美、中东、东南亚等国家和地区,建立了俄罗斯、南非、柬埔寨等海外基地

★ 北京现代汽车有限公司

地址:北京市顺义区林河工业园开发区顺通路18号
邮编:101300
电话:010/89498100、89490088
传真:89498260
网址:www. beijing-hyundai. com. cn
电子信箱:office@beijing-hyundai. com. cn
法人代表:徐和谊
负责人:白孝钦
单位人数:8767
质量体系:ISO 9001
产品情况:(北京现代牌)

雅绅特、瑞纳、伊兰特、悦动、i30、名驭、索纳塔、途胜、ix35

☞ 详细情况请参阅彩色宣传版面

·数据资料·

2011年中国汽车产销情况

产品名称	产量		销量	
	2011年(辆)	同比增长率(%)	2011年(辆)	同比增长率(%)
汽车总计	18418876	0.84	18505114	2.45
商用车	**3933550**	**-9.94**	**4032698**	**-6.31**
其中:柴油车	3208907	-9.64	3300730	-5.59
汽油车	712470	-11.96	720083	-10.10
其他燃料车	12173	65.57	11885	66.99
其中:货车	2653747	-7.04	2701958	-4.57
·重型货车	248658	-1.76	269907	8.97
·中型货车	195511	11.02	191843	6.92
·轻型货车	1725357	-8.99	1756188	-6.77
·微型货车	484221	-8.61	484020	-7.02
客车	398347	11.07	403384	13.25
·大型客车	68255	12.75	68399	13.97
·中型客车	68555	14.49	69128	17.96
·轻型客车	261537	9.78	265857	11.91
半挂牵引车	244299	-32.61	257574	-27.37
客车底盘	84231	-5.01	84478	-2.76
货车底盘	552926	-21.35	585304	-13.31
乘用车	**14485326**	**4.23**	**14472416**	**5.19**
其中:柴油车	75899	-40.05	77595	-38.20
汽油车	14386728	4.58	14372027	5.53
其他燃料车	22699	69.69	22794	78.48
其中:轿车	10137517	5.87	10122703	6.62
MPV	506232	12.24	497708	11.74
SUV	1602618	19.78	1593714	20.19
交叉型乘用车	2238959	-11.58	2258291	-9.38

★中国航空汽车工业有限公司
地址:北京市交道口南大街67号
邮编:100712
电话:010/57780278
产品情况:主要生产轿车系列、多功能商务车系列、微型客车系列、微型货车系列、新能源车系列产品

★ 北汽福田汽车股份有限公司北京欧曼重型汽车厂

地址:北京市怀柔区红螺东路21号
邮编:101400
电话:010/89692266
传真:89692320
网址:www. foton. com. cn
产品情况:(欧曼牌)
重型货车
☞ 详细情况请参阅彩色宣传版面

◉ 北汽福田汽车股份有限公司

地址:北京市昌平区沙河镇沙阳路
邮编:102206
电话:010/80708888、80708571
传真:80716402
网址:www. foton. com. cn
电子信箱:80722999@ foton. com. cn
法人代表:徐和谊
负责人:王金玉
单位人数:28000
质量体系:ISO 9001
产品情况:(福田牌、奥铃牌、欧曼牌)
乘用车:MP - X 蒙派克、风景、传奇、迷迪、纯电动多用途乘用车;商用车:欧曼、欧马可、奥铃系列载货汽车,欧V客车,混合动力城市客车,萨普皮卡,时代轻型货车,瑞沃中重型货车及工程车,邮政车、救护车、保温车、油罐车等专用汽车
出口情况:20%产品销往西亚、北非、东欧、独联体、南亚、中亚、东南亚、中南美、中南非等地区

★ 北汽福田汽车股份有限公司北京奥铃汽车销售分公司

地址:北京市昌平区沙河镇沙阳路
邮编:102206
电话:010/59917319
网址:ollin. foton. com. cn
产品情况:(奥铃)
奥铃中卡12版、奥铃CTX、奥铃TX、奥铃捷运,2011年国内销售6.2万台;1 ~4t级中轻卡全面满足政府、大中型企业和个体商户的需要
☞ 详细情况请参阅彩色宣传版面

★北汽福田公司北京客车分公司
地址:北京市昌平区沙河镇沙阳路15号
邮编:102206
电话:010/59912588、59912599
传真:59912577
网址:www. foton. com. cn
电子信箱:kcyx@ foton. com. cn
负责人:李洪俊
质量体系:ISO 9001
产品情况:(福田牌)
大中型客车

★重庆长安汽车股份北京长安公司
地址:北京市房山区窦店镇交道东大街5号
邮编:102433
电话:010/89373260、89373709
传真:89373706
产品情况:轿车,新能源乘用车

天津市

★天津汽车工业(集团)有限公司
地址:天津市和平区烟台道78号
邮编:300040
电话:022/23399926、23030093
传真:23310858
电子信箱:master@ china - tjam. com
法人代表:张世堂
负责人:林引
产品情况:轿车、SUV、皮卡、大中型客车

★天津天汽集团美亚汽车有限公司
地址:天津市西青区中北镇大稍直口
邮编:300112
电话:022/27538456、27538457
传真:27538455、27538053
网址:www. tqmy. cn
电子信箱:myzhousy@ 163. com
法人代表:周生源
质量体系:ISO 9000
产品情况:(美亚牌)
海狮TM6490、TM6510系列轻型商务车,瑞程TM6390系列微型客车,奇兵、奇骏系列SUV,陆程皮卡等;2011年年产4497辆
出口情况:销往中国台湾、中国香港等地区

★天津一汽夏利汽车股份有限公司
地址:天津市西青区中北斜乡李楼南
邮编:300380
电话:022/87915010、88130988
传真:28010878、87915226
网址:www. tjfaw. com
电子信箱:tqservice@ vip. 163. com
董事长:徐建一
负责人:王刚
单位人数:7993
质量体系:ISO 9000
产品情况:(夏利牌、威乐牌、威姿牌、威志牌)
夏利、威姿、威乐、威志、威志V2系列轿车,天内系列发动机;2011年年产各种轿车253631辆
出口情况:出口墨西哥、俄罗斯、伊朗、叙利亚、阿尔及利亚、厄瓜多尔等国家

★天津一汽丰田汽车有限公司
地址:天津市经济技术开发区第九大街81号
邮编:300457
电话:022/66230666、64629300
传真:66231364、66230250
网址:www. tftm. com. cn
法人代表:徐建一
负责人:柴川早人
单位人数:12000
质量体系:ISO 9001
产品情况:(丰田牌)
皇冠、锐志、威驰、花冠、卡罗拉系列轿车,RAV4

河北省

★河北长征汽车制造有限公司
地址:河北省邢台市钢铁南路131号
邮编:054000
电话:0319/2677777、2670236
传真:2674439
网址:www. hbcz. net
电子信箱:tatra@ 126. com
单位人数:1200
质量体系:ISO 9001
产品情况:(长征 - 太脱拉牌、长征牌)
载货汽车、越野载货汽车及底盘、自卸车及底盘、仓栅式运输车、厢式运输车及其底盘、加油车、下灰车、洗井车、供水车等;2011年年产4042辆
出口情况:远销尼日利亚、科特迪瓦、叙利亚、马里等多个国家

★河北红星汽车制造有限公司
地址:河北省邢台县会宁镇
邮编:054007
电话:0319/7306077、7306006
传真:7306016
网址:www. hxauto. com. cn
电子信箱:hx_xs@ sohu. com
单位人数:2186
质量体系:ISO 9000
产品情况:(红星牌)
小贵族轿车

★长城汽车股份有限公司
地址:河北省保定市朝阳南大街2266号
邮编:071000
电话:0312/2197855、2197856
传真:2197828、2197902
网址:www. gwm. com. cn
电子信箱:services@ gwm. com. cn
法人代表:魏建军
负责人:王凤英
单位人数:33000
质量体系:ISO 9001
产品情况:(长城牌)
腾翼、凌傲、酷熊、精灵、炫丽系列轿车,嘉誉MPV,哈弗H系列、M系列

SUV,风骏、金迪尔等系列皮卡,专用改装车;2011年年产486562辆
出口情况:出口中东、非洲、中南美洲、欧洲、澳大利亚等120多个国家和地区

★河北中兴汽车制造有限公司
地址:河北省保定市建国路860号
邮编:071000
电话:0312/3313800、3313802
传真:2190508
网址:www.zxauto.com.cn
电子信箱:tyjszx@263.net
负责人:肖伟
单位人数:2300
质量体系:ISO 9001
产品情况:(田野牌)
威虎、旗舰、长铃等系列皮卡,无限V5、无限V7系列SUV,专用改装车;2011年年产61755辆
出口情况:出口中东、非洲、东南亚、南美洲、俄罗斯、西欧、北美等40多个国家和地区,并在俄罗斯、埃及、伊朗、土耳其等地建立了海外工厂

★保定长安客车制造有限公司
地址:河北省定州市定曲路
邮编:073000
电话:0312/2356999、2352401
传真:2356777
网址:www.changanbus.com
质量体系:ISO 9001
产品情况:(长安牌)
6~12m公交、客运、旅游、团体客车,CNG客车,其他专用客车;2011年年产3649辆
出口情况:出口中东、南美、南亚、东欧等多个国家和地区

★河北长安汽车有限公司
地址:河北省定州市定曲路
邮编:073000
电话:0312/2354679、2355486
传真:2356999
网址:www.ccag.cn
电子信箱:changankechefw@163.com
法人代表:宋嘉
负责人:谭杰
质量体系:ISO 9001
产品情况:(长安牌)
长安之星、长安星光、都市彩虹系列微型客车,单、双排小型载货汽车,厢式运输车、邮政车等专用车,载货汽车底盘
出口情况:出口中东、南美、东欧、南亚等地区

山西省

★太原长安重型汽车有限公司
地址:太原市经济开发区化章街5号
邮编:030032
电话:0351/8396888、8396908
传真:8396909、7689028
网址:www.nfzq.net.cn
电子信箱:sxdn@public.ty.sx.cn
法人代表:连刚
质量体系:ISO 9001
产品情况:(远威牌)
牵引车及底盘、自卸车及底盘、中型载货汽车、油罐化工车、起重汽车、环卫车、厢式运输车及底盘、厢式半挂车、沥青路面综合养护车等;2011年年产3096辆
出口情况:出口多个国家

★中信机电制造公司
地址:山西省侯马市浍滨街纺织东巷85号
邮编:043011
电话:0357/3913008
传真:3913007
网址:www.machine.citic.com
电子信箱:citicmmi@public.yc.sx.cn
单位人数:13000
质量体系:ISO/TS 16949、QS 9000
产品情况:(华丰牌)
重型汽车车桥、离合器、扭杆、空气悬架系统、蜗轮蜗杆、制动间隙调整臂;模锻件、铸件、铁合金、模具及冲压件;特种履带车辆、重型机械、大中型客车、电动车等

★山西大运汽车制造有限公司
地址:山西省运城市空港新区通达北路8号
邮编:044000
电话:0359/2537999、2537333
传真:2537209
网址:www.dayunmotor.com
电子信箱:sxdy@dayunmotor.com
法人代表:远勤山
负责人:陈澔利
单位人数:2000
质量体系:ISO 9001
产品情况:(大运牌)
载货车、自卸车、牵引车、专用车、挂车五大系列四百余种车型
出口情况:出口非洲、南美洲、亚洲等地区
☞详细情况请参阅彩色宣传版面

内蒙古

★包头北奔重型汽车有限公司
地址:内蒙古包头市青山区2号信箱
邮编:014032
电话:0472/3117541、3116350
传真:3636370
网址:www.beiben.cn
法人代表:王世宏
质量体系:ISO 9001、GJB 9001A
产品情况:(北奔牌、铁马牌)
载货汽车、自卸车、半挂牵引车、改装车、专用车和全驱动车;2011年年产34758辆
出口情况:远销伊拉克、埃塞俄比亚、尼日利亚、土库曼斯坦、哈萨克斯坦等国家和地区

辽宁省

★沈阳金杯车辆制造有限公司
地址:沈阳市东陵区方南路6号
邮编:110015
电话:024/24823523
传真:24820020
网址:www.jinbei-auto.com
电子信箱:yanqiu.xu@jinbei-auto.com
法人代表:何国华
负责人:陈允禄
质量体系:QS 9000、ISO 9000
产品情况:(金杯牌)
主要生产0.5~3t轻型货车,同时生产厢式车、工程自卸车、特种车、SUV、皮卡、客车等
出口情况:远销俄罗斯、巴西、越南、叙利亚等20多个国家和地区

★广汽日野(沈阳)汽车有限公司
地址:沈阳市经济技术开发区开发大路2号
邮编:110027
电话:024/25779888、25779805
网址:www.ghsmcchina.com
电子信箱:hinoa@online.ln.cn
负责人:中根健人
产品情况:7~12m大、中型客车;2011年年产126辆

★沈阳飞机工业(集团)有限公司
地址:沈阳市皇姑区陵北街1号
邮编:110034
电话:024/86595112
传真:86896689
网址:www.sac.com.cn
电子信箱:21201@sac.com.cn
单位人数:15000
质量体系:ISO 9002
产品情况:(日野牌、沈飞牌)
豪华客车、城市客车、高机动多用途轮式越野车、冷藏车、加油车等

★华晨汽车集团控股有限公司
地址:沈阳市大东区东望街39号
邮编:110044
电话:024/31991111
传真:31991111
网址:www.brilliance-auto.com
电子信箱:services@brilliance-auto.com
法人代表:祁玉民
单位人数:35000
产品情况:(中华牌、金杯牌、华晨宝马牌)
宝马系列、中华系列轿车、SUV,混合动力轿车,金杯阁瑞斯MPV,金杯海狮轻型客车,海星微客,金杯轻型货车,

警务车、邮政车、救护车、无障碍车等特种车,汽车发动机及其他汽车零部件;2011 年年产 553765 辆
出口情况:出口欧洲、俄罗斯、美国和中东等国家和地区

★ 华晨宝马汽车有限公司

地址:沈阳市大东区山嘴子路 14 号
邮编:110044
电话:024/84556000
网址:www. bmw - brilliance. cn
法人代表:祁玉民
负责人:康思远
单位人数:3900
质量体系:ISO 9001、ISO 14001
产品情况:(BMW 牌)
BMW3、BMW5 轿车
☞ 详细情况请参阅彩色宣传版面

★上海通用(沈阳)北盛汽车公司

地址:沈阳市大东区北大营街 15 号
邮编:110044
电话:024/88345678
传真:88345961
网址:www. shanghaigm. com
质量体系:ISO 9001、ISO 14001
产品情况:(别克牌)
别克 GL8 系列中高档商务、公务旅行车;2011 年年产 292836 辆

★沈阳华晨金杯汽车有限公司

地址:沈阳市大东区东望街 39 号
邮编:110044
电话:024/31666666
传真:31661370
网址:www. jinbei. com. cn
法人代表:祁玉民
负责人:王涛
单位人数:8500
质量体系:ISO 9001
产品情况:(金杯牌、中华牌)
金杯海狮轻型客车、金杯阁瑞斯 MPV,中华 H530、尊驰、骏捷、骏捷 Wagon、骏捷 FRV、骏捷 FSV、骏捷 CROSS、酷宝,中华 V5、金杯 S50,特种车
出口情况:出口俄罗斯、美国、欧洲、中东、东南亚、非洲等国家和地区

★一汽客车(大连)有限公司

地址:辽宁省大连市经济技术开发区湾里南街 1 号
邮编:116600
电话:0411/87629476
传真:87629587
网址:www. fawbcc. com. cn
电子信箱:dkbgs@ mail. dlptt. ln. cn
法人代表:姜君
产品情况:(解放牌、远征牌)
大中型城市客车、长途客车、旅游客车、混合动力城市客车、纯电动城市客车等
出口情况:产品出口俄罗斯、巴基斯坦、肯尼亚等国家

◉ 丹东黄海汽车有限责任公司

地址:辽宁省丹东市振安区曙光路 50 号
邮编:118001
电话:0415/4146300、6221318
传真:4138503、4137559
网址:www. sgautomotive. com
电子信箱:company@ hhsales. sina. net
负责人:李海阳
质量体系:QS 9000、ISO 9001
产品情况:(黄海牌、曙光牌)
大中型城市公交、旅游、长途客运、机关团体等各类客车,客车底盘;翱龙 CUV、旗胜 F1、旗胜 V3、挑战者等系列 SUV;大柴神、小柴神、傲骏等系列皮卡;仓栅式半挂车、栏板半挂车、消防车、厢式车等专用车

★ 辽宁曙光汽车集团股份有限公司

地址:辽宁省丹东市振安区曙光路 50 号
邮编:118001
电话:0415/4139272、4139353
传真:4142821
网址:www. sgautomotive. com
电子信箱:shuguang@ automotive. com
法人代表:李进巅
负责人:李海阳
单位人数:7750
质量体系:ISO/TS16949、QS9000
产品情况:(曙光牌、黄海牌)
黄海商用车、乘用车,曙光特种车、车桥、零部件
出口情况:出口国际 OEM 市场
☞ 详细情况请参阅彩色宣传版面

★辽宁凌源凌河汽车制造有限公司

地址:辽宁省凌源市文化路 66 号
邮编:122500
电话:0421/6881252、6881266
传真:6881201、6101128
电子信箱:wangzg@ bgpcn. com
质量体系:ISO 9000
产品情况:(凌河牌)
缸体、缸盖等汽车零部件,轻型货车、半挂车等;2011 年年产 1731 辆

吉林省

★中国第一汽车集团公司

地址:长春市绿园区东风大街 2259 号
邮编:130011
电话:0431/85901140、85730701
传真:85730707、85904628
网址:www. faw. com. cn
电子信箱:sjh_xcb@ faw. com. cn
法人代表:徐建一
单位人数:118000
质量体系:ISO 9000
产品情况:(解放、红旗、远征、太湖、一汽佳星、大众、奥迪、丰田、马自达等)
乘用车、商用车、汽车底盘、发动机及其他汽车零部件;燃料电池轿车、混合动力城市客车、纯电动城市客车等新能源汽车;2011 年年产 2566718 辆

★一汽解放汽车有限公司

地址:长春市绿园区东风大街 76 号
邮编:130011
电话:0431/85732777、87666666
传真:85732011
网址:www. fawjiefang. com. cn
电子信箱:jfgszb_jfgs@ faw. com. cn
董事长:徐建一
负责人:王立志
单位人数:20998
质量体系:ISO 9001、GJB 9001A
产品情况:(解放牌)
轻、中、重系列载货汽车,包括普通载货车、自卸车、牵引车、半挂车、搅拌车、邮政车等,年产能力 20 万辆
出口情况:解放载货汽车出口到欧洲、非洲、亚洲 20 多个国家和地区

★ 一汽 - 大众汽车有限公司

地址:长春市普阳街 3333 - B 座
邮编:130011
电话:0431/85990888、85990114
传真:85750888
网址:www. faw - volkswagen. com
电子信箱:crm. vw@ faw - volkswagen. com
法人代表:徐建一
负责人:安铁成、胡咏
单位人数:12331
质量体系:VDA 6. 1、QS 9000
产品情况:(奥迪牌、大众牌)
捷达、宝来、高尔夫、速腾、迈腾、迈腾旅行车、CC、奥迪 A4L、奥迪 A6L 系列轿车,奥迪 Q5 系列 SUV
☞ 详细情况请参阅彩色宣传版面

★一汽专用汽车有限公司

地址:长春市创业大街 2188 号
邮编:130011
电话:0431/85762988
传真:85763999
网址:www. fawzq. com. cn
电子信箱:xsf_zfc@ faw. com. cn
单位人数:1200
质量体系:ISO 9000
产品情况:(解放牌)
载货汽车、越野车、水泥搅拌车、自卸车、起重机、牵引车、罐式车、起重举升车、特种结构车、仓栅车、军车、消防车等整车,汽车底盘、零部件

★一汽轿车股份有限公司

地址:长春市高新技术产业开发区蔚山路 4888 号

邮编:130012
电话:0431/85781509、85781505
传真:85781000、85781500
网址:www. fawcar. com. cn
电子信箱:fawcar0800@ faw. com. cn
法人代表:徐建一
负责人:张丕杰
单位人数:7734
质量体系:ISO/TS 16949、ISO 9001
产品情况:(红旗牌、马自达牌)
红旗盛世,奔腾 B70、奔腾 B50 及奔腾混合动力轿车,马自达 6 系列轿车,马自达 8 MPV;2011 年年产 239141 辆

★一汽客车有限公司
地址:长春市经济技术开发区昆山路 3969 号
邮编:130033
电话:0431/84626519、84629818
传真:84626226
网址:www. fawbcc. com. cn
电子信箱:zxf_kc@ faw. com. cn
负责人:姜君
单位人数:2249
质量体系:ISO 9001
产品情况:(解放牌、远征牌、太湖牌、华西牌)
6 ~ 14m 公交、旅游、团体、公路客车,客车底盘
出口情况:出口越南、伊朗、津巴布韦、塔吉克斯坦、巴基斯坦等 13 个国家和地区

★一汽通用轻型商用汽车有限公司
地址:长春市经济开发区大连路 999 号
邮编:130033
电话:0431/89105058、89105030
网址:www. fawgm. com. cn
电子信箱:fawgm@ faw - gmldt. com
产品情况:(解放牌)
主要从事轻型载货车类、轻型客车类及相关总成、零部件的研发、生产

★长春一汽轻型车厂
地址:长春市宽城区柳影路 169 号
邮编:130052
电话:0431/82646548
传真:82637652
电子信箱:cqjskfb@ sina. com
产品情况:(解放牌、华凯牌)
轻型客车底盘、厢式运输车、轻型柴油多用底盘、载货汽车

★ 一汽吉林汽车有限公司
地址:吉林省吉林市恒山东路 18 号
邮编:132013
电话:4006068888
传真:64648016
网址:www. fawmc. com
法人代表:徐建一
负责人:胡汉杰
质量体系:ISO/TS 16949
产品情况:一汽佳宝、一汽森雅,目前年产约 18 万辆
出口情况:出口欧洲、中东、东南亚等 50 多个国家和地区
☞ 详细情况请参阅彩色宣传版面

★延边华泰现代客车有限公司
地址:吉林省延吉市河南街 69 号
邮编:133001
电话:0433/2914905
传真:2914903
单位人数:500
产品情况:(康迪牌、格林伯德牌)
大、中型客车

黑龙江省

★中国第一汽车集团哈尔滨轻型车厂
地址:哈尔滨市平房区松花路 88 号
邮编:150060
电话:0451/85712222、85712243
传真:82681848
网址:www. yqhq. com
电子信箱:hqscb@ 163. com
法人代表:安德武
负责人:刘立岩
单位人数:4498
质量体系:ISO/TS 16949
产品情况:(解放牌)
解放系列轻型货车

★ 哈尔滨哈飞汽车工业集团有限公司
地址:哈尔滨市平房区烟台路 1 号
邮编:150060
电话:0451/86589130、86506688
传真:86587822、86501113
网址:www. hafeiauto. com. cn
负责人:刘正均
单位人数:9700
质量体系:ISO/TS 16949
产品情况:(哈飞牌)
哈飞赛马、路宝、赛豹系列轿车,中意、民意、骏意、路尊小霸王系列微型客车,路尊大霸王轻型客车,中意微型货车,汽车发动机,汽车变速器
出口情况:出口 40 多个国家和地区
☞ 详细情况请参阅彩色宣传版面

上海市

★上海汽车集团股份有限公司
地址:上海市威海路 489 号
邮编:200041
电话:021/22011888
传真:22011777
网址:www. saicmotor. com
电子信箱:saicmotor@ saicmotor. com
董事长:胡茂元
负责人:陈虹
单位人数:65000
产品情况:乘用车,燃料电池轿车、混合动力轿车等新能源汽车,商用车,汽车零部件,汽车金融

★上海电车厂
地址:上海市杨浦区许昌路 676 号
邮编:200082
电话:021/65126457
传真:65892843
电子信箱:gx090254@ autoinfo. gov. cn
质量体系:ISO 9000
产品情况:(浦江牌)
客车底盘

★上海汽车商用车有限公司
地址:上海市杨浦区军工路 2500 号
邮编:200438
电话:021/58201188
传真:58204570
网址:www. shac. com. cn
电子信箱:customer@ hzib. com
法人代表:肖国普
负责人:桂龙明
单位人数:6500
质量体系:ISO/TS 16949、VDA 6. 1
产品情况:(汇众牌)
大中轻型客车,自卸车、牵引车、载货车、搅拌车等重型货车,医护车、运兵车、囚车、交通事故勘察车等专用车,轿车底盘系统零部件
出口情况:轿车零部件出口美国通用、美国福特、澳大利亚霍顿公司

★ 上海通用汽车有限公司
地址:上海市浦东区申江路 1500 号
邮编:201206
电话:021/28902890、28941923
传真:50319099
网址:www. shanghaigm. com
法人代表:胡茂元
负责人:叶永明
质量体系:ISO/TS 16949、ISO 14001
产品情况:(别克牌、凯迪拉克牌、雪佛兰牌)
别克昂科雷 Enclave、林荫大道、君越、君威、君威 GS、英朗 GT、英朗 XT,凯越,GL8 商务车;凯迪拉克赛威;雪佛兰景程、科鲁兹、乐风、乐骋、新赛欧、爱唯欧轿车、科帕奇 SUV;混合动力轿车等
出口情况:出口中东等国家和地区
☞ 详细情况请参阅彩色宣传版面

★上海申沃客车有限公司
地址:上海市闵行区光中路 18 号
邮编:201108
电话:021/24160000、24160108
传真:24160416、24160293
网址:www. sunwinbus. com

电子信箱:rdc@ sunwinbus. com
单位人数:1200
产品情况:(申沃牌)
大中型城市客车、城间客车、燃料电池城市客车及其底盘、天然气客车、无轨电车及客车底盘;2011 年年产 3153 辆

★上海华普汽车有限公司
地址:上海市金山区枫泾工业园区
邮编:201501
电话:021/51369990、67356000
网址:www. c - sma. com
电子信箱:server@ c - sma. com
法人代表:杨健
负责人:余卫
单位人数:2200
产品情况:(朗风牌)
海景轿车
出口情况:出口埃及、斯洛文尼亚、也门、叙利亚、俄罗斯、尼日利亚、墨西哥、波兰、乌克兰、黎巴嫩、阿尔及利亚、伊朗、巴西、阿根廷、巴拿马、智利、哥伦比亚、巴拉圭、秘鲁等 24 个国家

★上海英伦帝华汽车部件有限公司
地址:上海市金山区枫泾镇
邮编:201501
电话:021/67356813
传真:67356636
网址:www. engloncar. com
电子信箱:tx4@ c - sma. com
产品情况:(英伦牌)
英伦 TX4、SC5 系列轿车

★ 上海汽车集团股份公司乘用车公司

地址:上海市嘉定区安研路 201 号
邮编:201804
电话:021/61389999、61380000
传真:61389888
网址:www. roewe. com. cn、www. saicmg. com
法人代表:胡茂元
负责人:陈志鑫
质量体系:ISO/TS 16949
产品情况:(荣威牌、名爵牌)
荣威 350、550、750,荣威 W5,名爵 MG6、MG7、MG 3SW、MG3 Xross、MG TF
☞ 详细情况请参阅彩色宣传版面

★ 上海大众汽车有限公司

地址:上海市嘉定区安亭镇洛浦路
邮编:201805
电话:021/59561888
传真:59579101
网址:www. csvw. com
法人代表:胡茂元
负责人:张海亮
质量体系:VDA 6. 1、QS 9000
产品情况:(大众牌、斯柯达牌)
桑塔纳、桑塔纳 Vista 志俊、全新帕萨特、PASSAT 新领驭、波罗 POLO、Cross POLO、朗逸、明锐、明锐 RS、晶锐、昊锐系列轿车,新途安 MPV,途观 SUV,PASSAT 领驭氢燃料电池车,LPG(液化石油气)、CNG(压缩天然气)汽车
☞ 详细情况请参阅彩色宣传版面

江苏省

★南京汽车集团有限公司
地址:南京市中央路 331 号
邮编:210037
电话:025/83437788、58898958
传真:83433526
网址:www. nanqi. com. cn
电子信箱:nac@ nanqi. com. cn
董事长:陈志鑫
单位人数:12900
质量体系:ISO 9001
产品情况:(跃进牌、依维柯牌、名爵(MG)牌)
跃进、依维柯、MG 名爵系列整车,纯电动高压清洗车等新能源汽车;2011 年年产 177614 辆

★东风悦达起亚汽车有限公司
地址:南京市汉中路 1 号南京国际金融中心 27 楼
邮编:210005
电话:025/88882000、88333808
传真:83186999
网址:www. dyk. com. cn
负责人:苏南永
质量体系:ISO 9001
产品情况:(起亚牌)
K5、K2、SOUL、Forte 福瑞迪、赛拉图、赛拉图欧风、RIO 锐欧、远舰系列轿车,狮跑、智跑系列 SUV,嘉华系列 MPV;2011 年年产 431265 辆

★南京南汽专用车有限公司
地址:南京市秦淮区大明路 9 号
邮编:210007
电话:025/52631087、52615787
传真:52613533
网址:www. yjzyc. com
电子信箱:nqzycscb@ 163. com
单位人数:370
质量体系:ISO 9001、GJB 9001A
产品情况:(畅达牌)
工程车、医疗车、军用车、多功能车、商务车、警用车、运钞车、宣传车、厢式冷藏车、市政用车、公路养护机械等

★南京徐工汽车制造有限公司
地址:南京市雨花台区龙西路 518 号
邮编:210012
电话:025/52350848、52891691
传真:52890967、52891795
网址:www. xcmgauto. com
电子信箱:nxa - xsb@ xcmg. com
负责人:杨勇
质量体系:ISO 9001
产品情况:(徐工牌)
仓栅车、厢式车、载货车、篷式车、畜禽车、翼开启、自卸车、牵引车、随车起重运输车、搅拌车、油罐运输车、粉罐运输车、垃圾运输车等;2011 年年产 2928 辆

★ 南京依维柯汽车有限公司

地址:南京市玄武区黑墨营 100 号
邮编:210028
电话:4008281890、4008281893
传真:025/85402794
网址:www. naveco. com. cn
法人代表:肖国普
负责人:周亮
单位人数:6000
质量体系:ISO/TS 16949、ISO 9001
产品情况:(依维柯牌、跃进牌)
依维柯系列轻、中型客车、货车、军用越野车及各类改装专用车,跃进系列轻中重型载货汽车、客车底盘及专用车等,2011 年依维柯品牌销量:39009 辆;跃进品牌销量:74818 辆
出口情况:出口亚洲、欧洲、非洲、南美、北美,2011 年出口依维柯品牌销量:1705 辆;跃进品牌销量:5979 辆
☞ 详细情况请参阅彩色宣传版面

★南京依维柯公司旅行车分公司
地址:南京市鼓楼区芦席营 68 号
邮编:210037
电话:025/83582288、85309554
传真:83582284
网址:www. naveco. com. cn
质量体系:ISO 9001
产品情况:(依维柯牌)
威尼斯系列旅行车
出口情况:出口意大利

★长安福特马自达汽车公司南京公司
地址:南京市江宁经济开发区苏源大道 66 号
邮编:211100
电话:025/51186666
传真:51186218
网址:www. changan. com. cn
单位人数:1416
产品情况:(福特牌、马自达牌)
马自达 2、马自达 3、新嘉年华

★南京长安汽车有限公司
地址:南京市溧水县永阳镇毓秀路 85 号
邮编:211200
电话:025/57424888、57424680
传真:57219888
网址:www. ccag. cn
电子信箱:gx101006@ autoinfo. gov. cn
法人代表:宋嘉
产品情况:(长安牌)
长安之星系列微型客车,轻型货车

及底盘，厢式运输车、警备车、囚车等；2011年年产171173辆

★精功镇江汽车制造有限公司
地址：江苏省镇江市丹徒区上党镇精功工业园
邮编：212121
电话：0511/85577600、85577601
传真：85577571
网址：www.shenyemotor.com
电子信箱：zjqczz@jinggonggroup.com
单位人数：600
质量体系：ISO 9001
产品情况：（神野牌、万国牌、精功牌）
载货汽车、自卸车、牵引车，水泥搅拌车等专用汽车，大中型客车及客车底盘；2011年年产2033辆
出口情况：远销非洲、中东、中亚等地区

★常州黄海汽车有限公司
地址：江苏省常州市高新区韶山路18号
邮编：213000
电话：0519/83066300
传真：83066302
产品情况：（黄海牌）
大、中型城市客车、长途客车等

★常州东风汽车有限公司
地址：江苏省常州市新北区通江北路29号
邮编：213033
电话：0519/83115260、83115220
传真：83115269
网址：www.dfac.com
电子信箱：dfac@dfpk.com
产品情况：（东风牌）
电源车等

★金龙联合汽车工业（苏州）公司
地址：江苏省苏州市工业园区苏虹东路288号
邮编：215026
电话：0512/62581658、62581888
传真：62581679、62581666
网址：www.higer.com.cn
电子信箱：market@higer.com
法人代表：孙建华
负责人：吴文文
单位人数：4380
质量体系：ISO/TS 16949
产品情况：（海格牌、金龙牌）
海格H系、A系、V系、W系、B系、星系客运、旅游、公交、团体客车、混合动力客车、纯电动城市客车、专用客车；2011年年产23104辆
出口情况：出口南亚、中东、非洲、俄罗斯、东欧、美洲等国家和地区

★中大工业集团公司
地址：江苏省盐城市开放大道100号
邮编：224003
电话：0515/88188888、88188888
传真：88333777
网址：www.zonda.com
电子信箱：jimxu@zonda.com
法人代表：徐连国
负责人：徐连宽
单位人数：6900
质量体系：ISO 9001
产品情况：（中大牌、金陵牌、燕京牌）
旅游、客运、公交、团体客车，汽车涂装设备，汽保设备等
出口情况：出口60多个国家和地区，全球市场占有率30%以上

★扬州亚星客车股份有限公司
地址：江苏省扬州市渡江南路41号
邮编：225001
电话：0514/82989099、82989100
传真：87866131、82989198
网址：www.yaxingkeche.com.cn
电子信箱：zongjingban@yaxingkeche.com.cn
法人代表：金长山
负责人：钱栋
单位人数：1500
质量体系：ISO 9001
产品情况：（亚星牌、扬子牌）
大中轻型、高中普档各型公交/公路客车、城市客车、旅游团体客车、专用客车、混合动力城市客车，客车底盘；2011年年产3598辆
出口情况：出口日本、俄罗斯、马来西亚、菲律宾、吉尔吉斯斯坦、伊朗、约旦、阿联酋、越南、孟加拉、尼泊尔、塞浦路斯、安哥拉、埃及、加纳、塞内加尔、津巴布韦等20多个国家

浙江省

★东风日产柴汽车有限公司
地址：杭州市沈半路171号
邮编：310015
电话：0571/88010092、88018888
传真：88013644
网址：www.df-nissandiesel.com
电子信箱：dnd@df-nissandiesel.com
质量体系：ISO 9001
产品情况：（东风日产柴牌）
重型载货车，重型牵引车，重型自卸车，混凝土搅拌运输车等专用车，专用车及客车底盘

★杭州长江客车有限公司
地址：杭州市石桥路308号
邮编：310020
电话：0571/85121772
传真：85121772
电子信箱：mail@hzcjkc.com
质量体系：ISO 9001
产品情况：（先飞牌、长江牌）
中型客车

★东风杭州汽车有限公司
地址：杭州市余杭莫干山路勾庄
邮编：311112
电话：0571/88171819
传真：88171819
网址：www.dfhmc.com
电子信箱：dfhmc@mail.hz.zj.cn
单位人数：2400
质量体系：ISO 9001
产品情况：（东风牌）
以生产高中档客车和客车底盘为主，同时生产中、重型载货汽车和专用车，年生产能力为3万辆
出口情况：出口到10多个国家和地区

★ 浙江吉利控股集团有限公司
地址：杭州市滨江区江陵路1760号
邮编：310051
电话：0571/28001111、87766329
传真：87766217
网址：www.geely.com
电子信箱：luck@geely.com
法人代表：李书福
负责人：杨健
单位人数：12319
质量体系：ISO/TS 16949、ISO 9000
产品情况：（吉利牌、英伦牌、帝豪牌、全球鹰牌、沃尔沃牌）
吉利（远景、金刚、金鹰、中国龙），英伦（TX4、SC5、SC5－RV、SC7、SX5），帝豪（EC7、EC7－RV、EC8），全球鹰（熊猫、GX2、GC7、自由舰）
出口情况：出口乌克兰、俄罗斯、印度尼西亚等国家，拥有300多个销售服务网点
☞ 详细情况请参阅彩色宣传版面

★广汽吉奥汽车有限公司
地址：杭州市萧山区杭州江东工业园江东四路6188号
邮编：311200
电话：0571/82982000、4008269111
传真：82610968
网址：www.gonowauto.com
董事长：曾庆洪
负责人：缪雪中
单位人数：3000
质量体系：ISO 9001
产品情况：（吉奥牌）
皮卡、微型客车、SUV；2011年年产23602辆
出口情况：出口SUV、皮卡，出口到中东、非洲为主的70多个国家和地区

★万向电动汽车有限公司
地址：杭州市萧山经济技术开发区金一路万向钱潮轴承工业园
邮编：311215
电话：0571/82861078、82607593
传真：82606590
网址：www.wxev.com.cn
电子信箱：wxev@wanxiang.com.cn
质量体系：ISO 9000
产品情况：电动轿车、电动公交车、双能

源电车、电动电力服务车、电动电力工程车等车型

★东风裕隆汽车有限公司
地址:杭州市萧山区临江工业园区新世纪大道2688号
邮编:311228
电话:0571/22685888
传真:22685899
电子信箱:gx110026@autoinfo.gov.cn
产品情况:(纳智捷牌)
纳智捷SUV;2011年年产7079辆

★浙江吉利汽车有限公司
地址:浙江省宁波市北仑区经济开发区恒山路1528号
邮编:315800
电话:0574/86853301
传真:86881741
网址:www.geely.com
电子信箱:nbzjb@geely.com
质量体系:ISO/TS 16949
产品情况:(吉利牌)
生产自由舰、远景等系列品牌轿车
出口情况:出口南非、埃及、叙利亚、俄罗斯、乌克兰、委内瑞拉等50多个国家和地区

★浙江豪情汽车制造有限公司
地址:浙江省临海市经济开发区吉利工业园
邮编:317000
电话:0576/85121444
传真:85121555
网址:www.geely.com
电子信箱:lhzjb@geelycars.com
质量体系:ISO/TS 16949、ISO 9001
产品情况:年产吉利豪情、优利欧、美人豹、SRV四大系列的成熟上市车型20多种

★浙江永源汽车有限公司
地址:浙江省台州市三门健跳临港工业园区
邮编:317109
电话:0576/83431668、83431967
传真:83431911、83431968
网址:www.jonwayauto.com
电子信箱:make@jonwayauto.com
负责人:王刚
单位人数:1000
质量体系:ISO 9001
产品情况:(飞碟牌)
轻型客车、轻型货车、SUV、沥青洒布车、环卫机械等

★浙江金刚汽车有限公司
地址:浙江省台州市路桥区灵山西街588号
邮编:318050
电话:0576/82363005
传真:82363333
网址:www.geely.com
电子信箱:lqzjb@geely.com
质量体系:ISO/TS 16949、ISO 9000
产品情况:(吉利牌)
吉利金刚系列车型

★金华青年汽车集团
地址:浙江省金华市八达中路501号
邮编:321016
电话:0579/89186001、89186168
传真:89186161
网址:www.young-man.cn
电子信箱:gx110006@autoinfo.gov.cn
董事长:庞青年
负责人:王淑丹
质量体系:ISO 9001
产品情况:(青年牌)
NEOPLAN客车、混合动力城市客车、MAN重型货车、莲花轿车、牵引车、专用车及底盘、军车、轻型货车、汽车零部件
出口情况:出口美国、欧洲、俄罗斯、韩国、新加坡、中东等国家和地区

★金华青年汽车制造有限公司
地址:浙江省金华市八达中路501号
邮编:321016
电话:0579/89186009、89186195
传真:89186158
法人代表:庞青年
质量体系:ISO 9001
产品情况:(青年曼牌)
年产载货汽车1000辆、工程自卸车500辆、专用特种车底盘200辆,主要用于快速物流、危险品运输、大件运输、水电站、煤矿、油田等
出口情况:出口俄罗斯、阿尔及利亚、伊朗等国家

★金华青年汽车有限公司卡车分公司
地址:浙江省金华市八达中路501号
邮编:321016
电话:0579/89186475、89186133
传真:89186629、89186790
网址:www.yo-man.cn
电子信箱:young-manjxs@young-man.cn
法人代表:庞青年
负责人:吴智勇
质量体系:ISO 9001
产品情况:(青年曼牌)
重型货车、混凝土搅拌运输车、半挂牵引车、自卸车、专用车底盘

★浙江青年乘用车集团有限公司
地址:浙江省金华市八达中路501号
邮编:321016
电话:0579/89186388
传真:89186465
网址:www.youngmanlotus.com
电子信箱:yqkfb@163.net
法人代表:庞青年
负责人:胡湘成
产品情况:(莲花牌)
莲花轿车

安徽省

★安徽江淮汽车集团有限公司
地址:合肥市东流路176号
邮编:230022
电话:0551/2296666
传真:2296999
网址:www.jac.com.cn
电子信箱:jtzl@jac.com.cn
法人代表:安进
单位人数:12000
质量体系:ISO 9001
产品情况:(江淮牌、安凯牌)
全系列乘用车、商用车、汽车零部件;2011年年产汽车485856辆

★安徽江淮汽车股份有限公司
地址:合肥市东流路176号
邮编:230022
电话:0551/2296666
传真:2296999
网址:www.jac.com.cn
电子信箱:jac@jac.com.cn
法人代表:安进
单位人数:16000
质量体系:ISO 9001、ISO 14001
产品情况:(江淮JAC牌)
6~12m客车底盘,0.5~50t重、中、轻、微型货车,6~12座瑞风商务车MPV,两驱、四驱瑞鹰越野车,C级宾悦、B级和悦、和悦RS、A级同悦、同悦RS、A0级悦悦轿车,混合动力及纯电动汽车,星锐客车
出口情况:轻型货车出口量连续10年居全国第一、是国家汽车整车出口基地企业

★合肥昌河汽车有限责任公司
地址:合肥市玉兰大道3号
邮编:230031
电话:0551/5842433、5579147
传真:5842998
负责人:丁少强
单位人数:1778
产品情况:(昌河牌)
福瑞达、福运微型客车

★奇瑞商用车(安徽)有限公司
地址:安徽省芜湖市经济技术开发区长春路16号
邮编:241009
电话:0553/5923681
传真:5923706
电子信箱:gx120004@autoinfo.gov.cn
产品情况:(奇瑞牌、迎客松牌)
轻型客车、轻型载货汽车、多用途货车

★ 奇瑞汽车股份有限公司

地址:安徽省芜湖市经济技术开发区长春路8号
邮编:241006
电话:0553/5923218、5922266
传真:5923838
网址:www.chery.cn
电子信箱:wanglili@mychery.com
法人代表:尹同跃
质量体系:ISO/TS 16949、ISO 9001
产品情况:(奇瑞牌、瑞麒牌、威麟牌和开瑞牌)

家庭轿车、微车、商用车和高端乘用车,(奇瑞A1、A3、旗云、风云、东方之子、QQ me、QQ3、瑞虎,瑞麒M1、G6、G5、G3、X1,威麟V5 X5、H5,开瑞微车,混合动力轿车、纯电动轿车)
出口情况:出口80多个国家和地区,已建或正在建的海外CKD工厂有15个

☞ 详细情况请参阅彩色宣传版面

★安徽华菱汽车有限公司

地址:安徽省马鞍山市经济技术开发区红旗南路
邮编:243061
电话:0555/8323600、8323597
传真:8323531
网址:www.camc.cc
电子信箱:hlzq@camc.biz
法人代表:刘汉如
单位人数:2000
质量体系:ISO 9001
产品情况:(华菱之星牌、湖南牌)

重型载货汽车,自卸车,牵引车,混凝土搅拌运输车、仓栅式运输车、厢式运输车、压缩式垃圾车等专用车

福建省

★福建省汽车工业集团公司

地址:福州市华林路212号6楼
邮编:350003
电话:0591/87847458、87844242
传真:87857174
网址:www.fjmotor.com.cn
电子信箱:fjmg@fjmotor.com.cn
法人代表:廉小强
单位人数:6000
产品情况:(东南牌、三菱牌、金龙牌、福达牌、奔驰牌、南海牌)

大中型客车、轻型客车、轿车、SUV、载货汽车、专用车
出口情况:是整车出口基地企业

★福建新福达汽车工业有限公司

地址:福州市福新路368号
邮编:350014
电话:0591/83672368、83639964
传真:38123553
网址:www.forta.com.cn
电子信箱:fortaxshgs@forta.com.cn
负责人:樊万顺
单位人数:230
质量体系:ISO 9001
产品情况:(福达牌)

轻中重型货车、皮卡,自卸车,厢式车、仓栅式汽车、清障车等专用车,大中轻型客车及客车底盘;2011年年产7864辆

★东南(福建)汽车工业有限公司

地址:福州市闽侯县青口镇东南汽车城
邮编:350119
电话:0591/22766566
传真:22766568
网址:www.soueast-motor.com
电子信箱:admin@soueast-motor.com
法人代表:廉小强
负责人:左自生
质量体系:ISO 9001、ISO 14001
产品情况:(东南牌、三菱牌、克莱斯勒牌、道奇牌)

东南V3菱悦轿车,得利卡轻型客车、希旺微型客车,富利卡菱动SUV;三菱翼神、蓝瑟、戈蓝轿车,君阁MPV;克莱斯勒大捷龙MPV;道奇凯领MPV;救护车、囚车、厢式运输车、血浆运输车、邮政车、指挥车等专用车;2011年年产110442辆

★福建奔驰汽车工业有限公司

地址:福州市闽侯青口投资区奔驰大道1号
邮编:350119
电话:0591/22799999、22799362
产品情况:主要生产轻型客车;2011年年产10563辆

★西虎汽车工业有限公司

地址:福建省泉州市经济技术开发区中国泉州汽车基地一号路三号
邮编:362200
电话:0595/28080725
传真:82038687
法人代表:朱奕红
质量体系:ISO 9001
产品情况:(西虎牌)

轻、中、大型客车及底盘、垃圾车等

·数据资料·

2011年中国轿车企业前10位产销量统计表

单位:辆

企业名称	典型产品	生产量	销售量
上海大众汽车有限公司	桑塔纳、波罗、帕萨特领驭、明锐、朗逸、晶锐、昊锐、NMS	1013042	1005414
一汽-大众汽车有限公司	捷达、宝来、速腾、高尔夫、奥迪、迈腾、CC	959026	976256
东风日产乘用车公司	天籁、骐达、轩逸、骊威、阳光、玛驰	664660	665449
上海通用汽车有限公司	凯迪拉克、别克系列(君威、凯越、君越、林荫大道、英朗)	592175	1118673
北京现代汽车有限公司	伊兰特、雅绅特、悦动、领翔、I30、名驭、瑞纳、索纳塔	591657	585589
奇瑞汽车股份有限公司	旗云、QQ3、东方之子、A1、A3、瑞麒M1、QQme、风云、瑞麒G5、E5、B12、A22	466678	468835
浙江吉利控股集团有限公司	自由舰、熊猫、华普、GC7、吉利金刚、吉利远景、TX4、金鹰、帝豪	435476	432752
长安福特马自达汽车有限公司	嘉年华、蒙迪欧、福克斯、马自达3、马自达2、沃尔沃S40、沃尔沃S80	416220	415405
神龙汽车有限公司	爱丽舍、标致307、凯旋、C2、世嘉、标致207、C5、标致408、标致508、标致308	405935	404139
一汽丰田汽车销售有限公司	威驰、花冠、皇冠、锐志、卡罗拉	398918	399672

★厦门金龙汽车集团股份有限公司
地址:福建省厦门市厦禾路820号帝豪大厦27-28层
邮编:361004
电话:0592/2962988
传真:2960686
网址:www.xmklm.com.cn
电子信箱:kinglong@xmklm.com.cn
法人代表:叶天捷
负责人:孙建华
产品情况:(金龙牌、金旅牌、海格牌)
大、中、轻型客车,汽车零部件;2011年年产客车71167辆
出口情况:远销海外80多个国家和地区

★厦门金龙旅行车有限公司
地址:福建省厦门市湖里区湖里大道69号
邮编:361006
电话:0592/5654488、5608806
传真:5608800、5608802
网址:www.xmjl.com
电子信箱:sales@xmjl.com
负责人:叶宏廷
单位人数:2000
质量体系:ISO 9001、ISO 14001
产品情况:(金旅牌)
大、中型客车及底盘,海狮系列轻型客车,混合动力电动城市客车,摆渡车、校车等专用客车;2011年年产各种客车22811辆
出口情况:远销东欧、远东、中东、东南亚、非洲、中美洲等近40个国家和地区

★厦门金龙联合汽车工业有限公司
地址:福建省厦门市集美区金龙路9号
邮编:361023
电话:0592/6370000、6371777
传真:6371020、6370995
网址:www.king-long.com.cn
电子信箱:jinlong@mail.king-long.com.cn
法人代表:孙建华
负责人:郭仁祥
单位人数:2700
质量体系:ISO/TS 16949、ISO 9001
产品情况:(金龙牌)
4.8~18m各型客运、旅游、团体、公交客车,摆渡车、检测车、采血车等专用客车,混合动力城市客车,客车底盘
出口情况:远销全球70多个国家和地区,包括德国、意大利、法国、俄罗斯、澳大利亚、伊拉克、新加坡等国家和地区

★福建新龙马汽车股份有限公司
地址:福建省龙岩市新罗区东肖经济开发工业西路5号
邮编:364000
电话:0597/2211198、2988656
网址:www.newlongma.com
电子信箱:lwm1698@yahoo.com.cn
董事长:廉小强
负责人:林红勇
单位人数:1000
质量体系:ISO 9000
产品情况:(福建牌、新龙马牌)
微、轻、中、重型货车及底盘,大、中、轻型客车及底盘,低速汽车,电动汽车,环卫、医疗等专用车等;2011年年产2947辆

★中国重汽集团福建海西汽车公司
地址:福建省永安市埔岭99号
邮编:366000
电话:0598/3858678、3819556
传真:3801161
产品情况:重、中、轻型载货汽车

江西省

★江铃汽车集团公司
地址:南昌市迎宾北大道509号
邮编:330001
电话:0791/85266000、85266001
传真:85231032
网址:www.jmcg.com.cn
电子信箱:gsb@jmc.com.cn
法人代表:王锡高
质量体系:ISO/TS 16949、QS 9000
产品情况:(江铃JMC牌)
全顺轻型客车,JMC轻型货车、皮卡,陆风系列乘用车,改装车,汽车零部件
出口情况:是整车出口基地企业

★ 江铃汽车股份有限公司
地址:南昌市迎宾北大道509号
邮编:330001
电话:0791/85266000
传真:85232839
网址:www.jmc.com.cn
电子信箱:relations@jmc.com.cn
法人代表:王锡高
负责人:陈远清
质量体系:ISO/TS 16949
产品情况:(江铃JMC牌、福特全顺牌)
全顺轻型客车,宝典皮卡,江铃驭胜、宝威系列多功能越野车,凯运、江铃轻型货车
出口情况:出口中东、东南亚等地区
☞ 详细情况请参阅彩色宣传版面

★江铃新动力汽车制造有限公司
地址:南昌市迎宾北大道755号
邮编:330001
电话:0791/85215670、85221001
传真:85213101
网址:www.jmcg.com.cn
电子信箱:service@jmcgnp.com
产品情况:(天鹿牌)
工程车、轻型客车、汽车底盘

★江西江铃集团晶马汽车有限公司
地址:江西省新建长堎工业园区创业北路60号
邮编:330101
电话:0791/83712920
传真:83713399
电子信箱:jxkeche@tom.com
法人代表:邱天高
质量体系:ISO 9001
产品情况:(晶马牌)
轻型客车、越野汽车、消防车、农用运输车等;2011年年产344辆

★江铃控股有限公司
地址:南昌市莲塘镇澄湖北大道999号
邮编:330200
电话:0791/85980968、83806666
传真:83877001
网址:www.landwind.com
电子信箱:crm@landwind.com
法人代表:徐留平
负责人:卢水芳
质量体系:ISO 9001
产品情况:(陆风牌)
陆风X8、X9、X6系列SUV,陆风风尚、风华系列轿车,混合动力轿车、纯电动轿车;2011年年产202209辆
出口情况:出口中东、非洲、南美洲等地区

★江西昌河铃木汽车有限责任公司
地址:江西省景德镇市新厂东路206号
邮编:333002
电话:0798/8462609、8462736
传真:8466166、8466192
网址:www.changhe-suzuki.com
单位人数:1877
质量体系:ISO 9001、ISO 14001
产品情况:(昌河铃木牌、北斗星牌)
利亚纳、北斗星、派喜轿车,浪迪多功能MPV,铃木K14B发动机
出口情况:出口产品为CH7100、CH7120、CH6350

★江西昌河汽车有限责任公司
地址:江西省景德镇市新厂东路208号
邮编:333002
电话:0798/8462031、8462032
传真:8466200
网址:www.changheauto.com
电子信箱:webadmin@changheauto.com
负责人:李黎
单位人数:6000
质量体系:ISO 9001、ISO 14001
产品情况:(昌河牌、福瑞达、爱迪尔)
爱迪尔+轿车、福瑞达微型客车/货车、K14B和K12B系列发动机等;2011年年产143276辆
出口情况:年出口爱迪尔、微型车8000台

★江西抚州多尼尔房车有限公司
地址:江西省抚州市钟岭大道318号

邮编:344000
电话:0794/8733590、8733569
网址:www.hxfqmotor.com
电子信箱:sales@fortunemotor.com
单位人数:500
质量体系:ISO 9001
产品情况:(富奇牌)

驭虎 FQ6510 越野车、FQ1021 皮卡、FQ6491 小型 SUV、中档 MPV 商务车等

出口情况:出口到俄罗斯、乌克兰、蒙古、约旦、沙特、南非、安哥拉、埃及、摩洛哥、尼日利亚等多个国家

山东省

★ 中国重型汽车集团有限公司

地址:济南市英雄山路 165 号
邮编:250002
电话:0531/85582168、85582114
网址:www.cnhtc.com.cn
法人代表:马纯济
单位人数:23000
质量体系:ISO 9001
产品情况:(HOWO 牌、斯太尔牌、黄河牌)

重型牵引车、载货车、自卸车、搅拌车等以及使用其底盘改装的其他专用车

出口情况:出口中东、非洲、拉丁美洲、东南亚

☞ 详细情况请参阅彩色宣传版面

★中国重汽集团济南卡车股份公司

地址:济南市党家庄南首
邮编:250116
电话:0531/85587586
传真:85587003
法人代表:王浩涛
负责人:于瑞群
产品情况:(豪泺牌、斯达-斯太尔牌)

重型载货汽车、自卸车、牵引车,厢式运输车、仓栅式运输车、混凝土搅拌运输车等各类专用车

★中国重汽集团济南特种车有限公司

地址:济南市槐荫区济兖公路 583 号
邮编:250117
电话:0531/85582819、85582787
传真:85582369
网址:www.sinosptruck.com
单位人数:500
产品情况:(HOWO 牌、斯达-斯太尔牌)

HOWO 系列全驱重型货车、场地转运车、圆木运输车;豪威系列矿用自卸车、低速牵引车、带式输送车;斯太尔、斯太尔王系列全驱货车、消防车、圆木运输车等

★中国重汽集团济南商用车有限公司

地址:济南市章丘圣井潘王路西
邮编:250220
电话:0531/85582493、85581800
传真:85582490
电子信箱:zhounx@cnhtc.cn
负责人:邹忠厚
产品情况:(斯达-斯太尔牌、黄河牌)

重型载货汽车、自卸车、牵引车、各类专用车

★济南青年汽车有限公司

地址:济南市高新技术开发区
邮编:250101
电话:0531/88756536
产品情况:莲花轿车

★山东时风(集团)有限责任公司

地址:山东省高唐县时风路 1 号
邮编:252800
电话:0635/3953153、3950119
传真:3992845
网址:www.shifeng.com.cn
电子信箱:gx150302@autoinfo.gov.cn
董事长:刘义发
负责人:刘成强
单位人数:30000
质量体系:ISO 9001、ISO 14000
产品情况:(时风牌)

三轮汽车、低速载货车、轻型货车、电动观光车、发动机、轮胎等

出口情况:出口美国、墨西哥、阿尔巴尼亚等 50 多个国家

★山东时风商用车有限公司

地址:山东省高唐县汇鑫路 2 号
邮编:252800
电话:0635/3992845、3992570
电子信箱:gx150302@autoinfo.gov.cn
法人代表:刘成强
质量体系:ISO 9001
产品情况:(时风牌)

自卸汽车、载货汽车、厢式运输车、轻型载货汽车、仓栅式运输车

★山东唐骏欧铃汽车制造有限公司

地址:山东省淄博市淄川经济开发区
邮编:255130
电话:0533/5180043、5419956
传真:5180889
网址:www.tjolauto.com
电子信箱:scjhb@yahoo.com.cn
董事长:薛兴震
单位人数:1500
质量体系:ISO 9001、ISO 14001
产品情况:(欧铃牌)

微/轻/中/重型载货汽车、工程自卸车、散装水泥运输车、起重汽车、加油车、搅拌车及电动汽车;2011 年年产 62758 辆

出口情况:出口东南亚、中南美、非洲、中东、东欧等十几个国家和地区

★山东凯马汽车制造有限公司

地址:山东省寿光市广场东街 288 号
邮编:262703
电话:0536/5221551、5655818
传真:5202830
网址:www.kamaqc.com
电子信箱:kama@kamaqc.com
负责人:董宜顺
质量体系:ISO/TS 16949、ISO 9001
产品情况:(凯马牌、聚宝牌、奥峰牌)

轻型/微型载货汽车、自卸车、仓栅式运输车、厢式运输车等专用车;2011 年年产 82262 辆

出口情况:出口到尼日利亚、埃及、伊朗、斯里兰卡、巴基斯坦、叙利亚、阿尔及利亚、南非、英国、法国等国家

★ 北汽福田汽车股份有限公司诸城奥铃汽车厂

地址:山东省诸城市经济开发区福田工业园时代营销公司
邮编:262200
电话:0536/6171645、6187095
传真:6171888
网址:www.forland.foton.com.cn
电子信箱:ningxin@foton.com.cn
法人代表:徐和谊
负责人:钟明华
质量体系:ISO 9001
产品情况:(时代牌、奥铃牌)

时代汽车、奥铃汽车,具备 30 万辆的年产能;定位于轻卡及微型车目标市场,重点满足城市、农村及城郊结合部用户对中、短途货运物流用车的需求与升级

出口情况:年出口时代汽车、奥铃汽车 3 万辆,主要出口俄罗斯及周边、印度、巴西、东南亚、中东、北非等国家和地区

☞ 详细情况请参阅彩色宣传版面

★上海通用东岳汽车有限公司

地址:山东省烟台市经济开发区长江路 118 号
邮编:264006
电话:0535/6966666、6966822
传真:6398300
网址:www.shanghaigm.com
电子信箱:xinhua_jin@shanghaigm.com
负责人:吴欢
质量体系:ISO/TS 16949、ISO 14001
产品情况:(雪佛兰牌)

雪佛兰乐骋、乐风、景程轿车;2011 年年产 322434 辆

★荣成华泰汽车有限公司

地址:山东省荣成市观海中路 111 号
邮编:264300
电话:0631/7558999
传真:7558619
网址:www.htqc.cn
电子信箱:htqg7586822@126.com
单位人数:1300
质量体系:ISO 9000

产品情况：（华泰圣达菲牌、华泰特拉卡牌）

华泰B11轿车、华泰圣达菲、华泰特拉卡SUV、华泰宝利格SUV；2011年年产18545辆

★山东汽车制造有限公司
地址：山东省莱阳市经济开发区富山路99号
邮编：265200
电话：0535/7997150、7213344
传真：7997150
电子信箱：jszx4765@sina.com.cn
法人代表：孙建设
负责人：刘作进
产品情况：（青年曼牌、燕台牌）

各种半挂车、混凝土搅拌运输车、随车起重运输车、厢式车、畜禽运输车、越野载货汽车、载货汽车、自卸车及底盘；2011年年产2615辆

★一汽解放青岛汽车有限公司
地址：山东省青岛市李沧区娄山路2号
邮编：266043
电话：0532/84913576、84913570
传真：84913564
网址：www.qdfaw.com
法人代表：丁大海
单位人数：3000
质量体系：ISO 9000、ISO 14001
产品情况：（解放牌）

中重型柴油载货汽车、自卸车、牵引车、厢式车和各种改装车、专用车，汽车底盘
出口情况：产品出口非洲、南亚、东南亚、中东、南美洲、俄罗斯等20多个国家

★中国重汽集团济宁商用车有限公司
地址：山东省济宁市诗仙路369号
邮编：272100
电话：0537/2377888、2377999
传真：2377866
网址：www.haoyunzhongka.com
电子信箱：0003@163.com
法人代表：马锡洪
产品情况：（豪运牌）

15～55t重型牵引车、自卸车、载货汽车、混凝土搅拌运输车等

河南省

★海马轿车有限公司
地址：郑州市航海东路1689号第十七大街
邮编：450016
电话：0371/67399797、65372091
传真：65372083
网址：www.hmfstar.com
电子信箱：kfgl@haimazz.sina.net
董事长：景柱
负责人：胡群
单位人数：3100
质量体系：ISO/TS 16949、QS 9000
产品情况：（海马牌）

海马王子系列微型轿车，福仕达、腾达系列微型客车，纯电动车
出口情况：出口阿尔及利亚、菲律宾

★郑州日产汽车有限公司
地址：郑州市经济技术开发区第八大街369号
邮编：450016
电话：0371/66033666、66299555
传真：66321108
网址：www.zznissan.com.cn
电子信箱：zna@zznissan.com.cn
法人代表：朱福寿
负责人：郭振甫
质量体系：ISO/TS 16949、ISO 9001
产品情况：（东风牌、尼桑牌）

NISSAN D22皮卡、ZN6493多功能商务车，DF锐骐皮卡、多功能商用车，NISSAN帕拉丁和DF奥丁系列SUV，DF御轩系列MPV，NISSAN NV2000和DF帅客系列CDV，NISSAN凯普斯达轻型货车，改装特种车，电动汽车

★郑州宇通集团有限公司
地址：郑州市管城区宇通路宇通工业园
邮编：450016
电话：0371/66718887、66806066
传真：66899127
网址：www.yutong.com
电子信箱：ytkf@yutong.com
董事长：汤玉祥
质量体系：ISO/TS 16949、ISO 9001
产品情况：（宇通牌）

大中型客车、专用车、工程机械、汽车零部件及其他投资业务；2011年年产汽车45895辆

★郑州宇通客车股份有限公司
地址：郑州市管城区宇通路宇通工业园
邮编：450016
电话：0371/66806066、66806093
传真：66806000
网址：www.yutong.com
电子信箱：ytkf@yutong.com
法人代表：汤玉祥
负责人：吴项林
单位人数：6140
质量体系：ISO/TS 16949、ISO 9001
产品情况：（宇通牌）

6～25m大中型公路客运、旅游、公交、团体客车，混合动力客车、纯电动城市客车，商务车房车、医疗采血车、流动售货车、工程指挥车、校车、铝车身等专用客车，客车底盘
出口情况：出口古巴、俄罗斯、伊朗、沙特，并销往中国香港、澳门地区

★河南少林汽车股份有限公司
地址：河南省荥阳市京城南路001号
邮编：450100
电话：0371/64610001、64610007
传真：64608586、64610009
网址：www.shaolinbus.com
电子信箱：info@shaolinbus.com
法人代表：周聚民
单位人数：2300
质量体系：ISO 9001
产品情况：（少林牌）

大、中、轻型公路客车、城市客车、旅游专车、乡村专车、团体专车、专用客车、纯电动城市客车等；2011年年产2407辆
出口情况：出口到亚洲、非洲、拉丁美洲30多个国家和地区

★中国一拖集团有限公司
地址：河南省洛阳市建设路154号
邮编：471004
电话：0379/68613865、64966639
传真：68613858、64978649
网址：www.ytogroup.com
电子信箱：yxb@ytzyqc.com
质量体系：ISO 9001
产品情况：（东方红牌）

牵引车、仓栅式车、混凝土搅拌车、半挂车、加油车、洒水车、散装物料运输车、垃圾车、绿化喷洒车、吸污车、载货车、自卸车、皮卡、微型货车、农业机械等；2011年年产9976辆

湖北省

★东风汽车公司
地址：武汉市经济技术开发区东风大道特1号
邮编：430056
电话：027/84285000、84285013
传真：84285288、84285123
网址：www.dfmc.com.cn
电子信箱：wzgl@dfmc.com.cn
董事长：徐平
单位人数：124000
质量体系：ISO 9001
产品情况：（东风牌、神宇牌等）

全系列商用车、乘用车、发动机及汽车零部件；混合动力城市客车、纯电动城市客车、纯电动厢式运输车等新能源汽车；2011年年产3059120辆

★东风汽车股份有限公司
地址：武汉市汉阳经济技术开发区创业路136号
邮编：430056
电话：027/84287900、84287977
传真：84287988、84287982
网址：www.dfac.com
电子信箱：dfaczq@dfac.com
法人代表：徐平
负责人：卢峰
质量体系：ISO 9001、ISO 14001
产品情况：（东风牌、Nissan牌）

轻型货车、轻型客车、客车底盘、皮卡、SUV/MPV、专用车、特种车等,东风康明斯发动机及相关零部件
出口情况:出口俄罗斯、乌克兰、埃及、越南等国家

★东风汽车集团股份有限公司
地址:武汉市经济技术开发区东风大道特1号
邮编:430056
电话:027/84285013
传真:84285057
网址:www. dfmg. com. cn
法人代表:徐平
产品情况:乘用车、商用车、发动机及零部件

★东风渝安(武汉)车辆有限公司
地址:武汉市经济技术开发区二号工业区枫树四路
邮编:430034
电话:027/84258888
传真:84258866
电子信箱:houys@ yeah. net
法人代表:李振华
质量体系:ISO 9001
产品情况:(东风小康牌)
轻型客车

★东风本田汽车有限公司
地址:武汉市经济技术开发区车城东路283号
邮编:430056
电话:027/84286114
传真:84286019
网址:www. wdhac. com. cn
法人代表:周文杰
负责人:水野泰秀
单位人数:4599
产品情况:(东风 Honda 牌)
思铂睿 SPIRIOR 轿车,思域 CIVIC 轿车,思域 CIVIC 混合动力车,思威 CR–V 运动型多功能车;2011 年年产 253854 辆

★东风电动车辆股份有限公司
地址:武汉市经济技术开发区东风大道108号东风电动汽车产业园
邮编:430056
电话:027/84291758、84289888
传真:84291770
网址:www. dfev. com
电子信箱:dfev@ dfev. com
负责人:信继欣
产品情况:纯电动、混合动力、燃料电池等各种电动汽车的研发与生产

★东风汽车有限公司
地址:武汉市经济技术开发区东风大道10号
邮编:430056
电话:027/84283263
传真:84283757、84283619
网址:www. dfl. com. cn
电子信箱:kjb – kjglc@ dfmc. com
法人代表:徐平
负责人:中村公泰
单位人数:70000
质量体系:ISO/TS 16949
产品情况:(东风牌、Nissan 牌)
全系列载货汽车、客车、轻型商用车及乘用车

★湖北三环汉阳特种汽车有限公司
地址:武汉市经济技术开发区万家湖路141号
邮编:430056
电话:027/84892530、84892506
传真:84892506
质量体系:ISO 9000
产品情况:(汉阳牌)
中型货车及底盘、自卸车、半挂车、集装箱运输半挂车、半挂牵引车及底盘、混凝土搅拌运输车、厢式运输车等;2011 年年产 138 辆

★ 神龙汽车有限公司

地址:武汉市经济技术开发区神龙大道165号
邮编:430056
电话:027/84299114、84290090
传真:84290147、84896788
网址:www. dpca. com. cn
电子信箱:shenlong@ dpca. com. cn
法人代表:徐平
负责人:毕高诚(M. Maxime PICAT)
单位人数:6689
质量体系:ISO 9001
产品情况:(东风标致牌、东风雪铁龙牌)
东风雪铁龙世嘉、凯旋、C2、C5、萨拉·毕加索、爱丽舍、富康,东风标致 508、408、308、207、307 系列轿车,东风标致 CROSS
出口情况:出口到伊朗、也门、欧洲等国家和地区
☞ 详细情况请参阅彩色宣传版面

★东风汽车集团股份公司乘用车公司
地址:武汉市经济技术开发区东风大道1969号
邮编:430058
电话:027/84285000、84284000
传真:84284099
网址:www. dfpv. com. cn
法人代表:徐平
负责人:刘卫东
单位人数:1000
产品情况:(东风风神牌)
东风风神 S30、H30、H30 CROSS;2011 年年产 28207 辆

★湖北三江航天万山特种车辆公司
地址:湖北省孝感市北京路69号
邮编:432000
电话:0712/2959654、2950238
传真:2950389
网址:www. wstech. com. cn
电子信箱:ws@ wstech. com. cn
董事长:郑家龙
单位人数:2150
质量体系:ISO 9001
产品情况:重型高机动越野车、重型平板运输车及外延产品、液压组合挂车、自行式模块运输车、非公路矿用自卸车、移动电站、公铁两用车、车载钻修机底盘、汽车零部件、轻型客车等,用于船舶制造、航运、大件物流、油田矿山等行业;2011 年年产 134 辆
出口情况:重型平板运输车及外延产品主要出口韩国、越南、印度、保加利亚、哈萨克斯坦、挪威、荷兰、乌克兰、马来西亚、巴林、新加坡、美国等国家

★三江雷诺汽车有限公司
地址:湖北省孝感市长征路95号
邮编:432100
电话:0712/2315040、2322539
传真:2326845
电子信箱:xgdpls@ public. xg. hb. cn
产品情况:(塔菲克牌)
轻型客车

★东风汽车有限公司商用车公司
地址:湖北省十堰市车城路2号
邮编:442001
电话:0719/8883333、8885555
传真:8884640、8223005
网址:www. dfcv. com. cn
负责人:黄刚
单位人数:35000
质量体系:ISO/TS 16949
产品情况:(东风牌)
中重型载货汽车、客车及其底盘、军车、仓栅车、越野车、牵引车、自卸车、专用车以及发动机、驾驶室、车架、车桥、变速器等关键总成

★东风实业有限公司
地址:湖北省十堰市公园路95号
邮编:442001
电话:0719/8225271
传真:8223133
网址:www. dfsy. com. cn
负责人:罗元红
单位人数:12000
质量体系:ISO/TS 16949、OHSAS 18001
产品情况:(东风牌)
华神系列商用车、东风超龙系列客车、东风轿跑车、东风微型车、东风系列专用车、零部件

★湖北三环专用汽车有限公司
地址:湖北省十堰市武当路3号
邮编:442012
电话:0719/8782079、8781821
传真:8781306

网址:www.sitom.com.cn
电子信箱:stgsb@126.com
法人代表:高红卫
单位人数:2000
质量体系:ISO 9001、ISO 14001
产品情况:(十通牌、十征牌)
重、中、轻型载货汽车、自卸车、仓栅式运输车、平头柴油半挂牵引车、牵引车、厢式运输车等;2011年年产10127辆
出口情况:出口东南亚、南亚、西亚、东北亚、非洲等国家和地区

★东风小康汽车有限公司
地址:湖北省十堰市白浪中路59号
邮编:442013
电话:0719/8315172
传真:8310968
网址:www.dfyuan.com
负责人:张兴海
单位人数:1277
质量体系:ISO/TS 16949
产品情况:(东风小康牌)
微型客车、单/双排货车、厢式运输车、城市多功能车和警务、救护、邮政等特殊车辆
出口情况:出口美洲、非洲、中东、东南亚等约40个国家和地区

湖南省

★中联重科股份有限公司
地址:长沙市银盆南路361号
邮编:410013
电话:0731/88923899、88928166
传真:88807517、88928278
网址:www.zoomlion.com
电子信箱:hwsales@zoomlion.com
法人代表:詹纯新
负责人:方国浩
单位人数:20000
质量体系:ISO 9001、ISO 14001
产品情况:(ZOOMLION牌)
混凝土运输车/泵车、起重机、筑/养路机械、扫路车、清洗车、垃圾处理设备、除雪设备、消防车等
出口情况:出口产品涉及扫路车、清洗车、垃圾处理设备等,年出口额达7000多万元

★广汽长丰汽车股份有限公司
地址:长沙市经济技术开发区漓湘中路15号
邮编:410100
电话:0731/82881800、82881888
传真:82881860、82881861
网址:www.gaccf.com
电子信箱:contactcfmotors@163.com
法人代表:张房有
负责人:付守杰
单位人数:5349
产品情况:(猎豹牌、三菱牌)
骐菱轿车,猎豹飞腾、黑金刚、奇兵、CS6及三菱帕杰罗系列SUV,飞铃皮卡;2011年年产32870辆

★三一集团有限公司
地址:长沙市经济技术开发区三一工业城
邮编:410100
电话:0731/84031888、84031642
传真:84031999、84031527
网址:www.sany.com.cn
电子信箱:sany@sany.com.cn
董事长:梁稳根
负责人:向文波
单位人数:40000
产品情况:(三一牌)
建筑机械、路面机械、挖掘机械、桩工机械、起重机械、非开挖施工设备、港口机械、风电设备等
出口情况:产品出口到110多个国家和地区,目前已在印度、美国、德国、巴西投资建设工程机械研发制造基地

★北汽福田汽车股份公司长沙汽车厂
地址:长沙市经济技术开发区榔梨镇龙华村
邮编:410129
电话:0731/84075203、84075216
传真:84075215
网址:www.foton.com.cn
负责人:解佃峰
单位人数:2000
质量体系:ISO 9000
产品情况:工程自卸车,轻中重型载货汽车,油罐车、洒水车、水泥搅拌运输车等专用汽车

★湖南吉利汽车工业有限公司
地址:湖南省湘潭市九华经济区江南大道
邮编:411100
电话:0731/58368801
传真:58368800
网址:www.geely.com
电子信箱:iori160@163.com
质量体系:ISO/TS 16949、ISO 9001
产品情况:(吉利牌)
金刚、远景轿车

★湖南江南汽车制造有限公司
地址:湖南省湘潭市岳长区吉安路东圆大厦
邮编:411207
电话:0731/58300479、52518018
质量体系:ISO 9001
产品情况:(江南牌)
江南奥拓轿车,纯电动轿车;2011年年产137937辆

★中国兵器工业集团江南机器公司
地址:湖南省湘潭市
邮编:411207
电话:0731/57651114、58300479
传真:57651117
网址:www.jnmgcl.com
电子信箱:jnscb@sina.com
法人代表:赵文海
负责人:齐振伟
单位人数:5000
质量体系:ISO 9000
产品情况:(江南奥拓牌)
江南奥拓、江南精灵、江南传奇轿车

★湖南南车时代电动汽车股份公司
地址:湖南省株洲市国家高新技术开发区栗雨工业园57区
邮编:412007
电话:0731/28494180、28494171
传真:28493788
网址:www.csrev.com
电子信箱:csrev@csrev.net.cn
质量体系:ISO 9001
产品情况:(南车时代牌)
城市客车、混合动力客车、纯电动城市客车等

★湖南中联重科车桥有限公司
地址:湖南省津市市
邮编:415400
电话:0736/4211337、4211363
传真:4211340
网址:www.hncq.com.cn
电子信箱:hnqdpbdgm@vip.163.com
法人代表:殷正富
负责人:彭述东
单位人数:2100
质量体系:ISO 9001
产品情况:(邦乐牌)
汽车车桥、客车底盘、中型客车、城市公交车等;2011年年产668辆

★三一汽车制造有限公司
地址:湖南省邵阳市五里牌
邮编:422001
电话:0739/5231507、5231670
传真:5231397
法人代表:易小刚
质量体系:ISO 9001、ISO 14001
产品情况:(三一牌)
混凝土搅拌运输车

广东省

★广州汽车集团股份有限公司
地址:广州市东风中路448-458号成悦大厦23、15楼
邮编:510030
电话:020/83151139、83151163
传真:83150228、83150335
网址:www.gagc.com.cn
电子信箱:webmaster@gagc.com.cn
法人代表:张房有
负责人:曾庆洪
产品情况:(本田牌、丰田牌、羊城牌)
乘用车、商用车、零部件,汽车销售与物流,汽车金融、保险及相关服务

★广州汽车集团客车有限公司
地址:广州市白云区石沙路451号
邮编:510430
电话:020/36414330、36416236
传真:36415566
网址:www.gadenway.com
电子信箱:zjb@gacbus.com
负责人:邓涛
质量体系:ISO 9000
产品情况:(骏威牌)
5.9~12m大中型、高中普档团体、公交、长途、旅游客车,混合动力城市客车、纯电动城市客车,专用客车
出口情况:出口越南、菲律宾、中东、俄罗斯等国家和地区

★ 广汽本田汽车有限公司

地址:广州市黄浦区广本路1号
邮编:510700
电话:020/62808888
传真:32387620
网址:www.ghac.cn
法人代表:付守杰
单位人数:7000
质量体系:ISO 9001
产品情况:(HONDA牌)
歌诗图、雅阁、奥德赛、锋范、飞度、理念
☞ 详细情况请参阅彩色宣传版面

★ 东风日产乘用车公司

地址:广州市花都区风神大道8号
邮编:510800
电话:8008308899
网址:www.dongfeng-nissan.com.cn
电子信箱:customercare@dfl.com.cn
法人代表:松元史明
负责人:任勇
单位人数:7000
产品情况:(东风日产牌)
天籁、阳光、骐达、颐达、轩逸、骊威、玛驰、逍客、奇骏、楼兰
☞ 详细情况请参阅彩色宣传版面

★ 广汽日野汽车有限公司

地址:广州市从化明珠工业园宝珠大道1号
邮编:510930
电话:020/32328888、32328688
传真:32328100
网址:www.ghmcchina.com
法人代表:袁仲荣
负责人:前田启二
单位人数:1338
质量体系:ISO 9001
产品情况:(日野牌、羊城牌)
日野系列重型货车、牵引车,羊城系列轻型货车和驱动桥关键总成,计划首期形成年产重型货车2万台、轻型货车3万台的规模;2012年专门针对客户高载重要求推出8×4底盘车,适用于冷藏、油罐及危险品运输等
☞ 详细情况请参阅彩色宣传版面

★北汽(广州)汽车有限公司
地址:广州市增城增江街塔山大道168号
邮编:511300
电话:020/22669012
传真:22669040
法人代表:李洪炉
产品情况:北汽自主品牌SUV、MPV中高端乘用车

★ 广州汽车集团乘用车有限公司

地址:广州市番禺区金山大道东路633号
邮编:511434
电话:020/39206615、37085088
传真:39206605
网址:www.gacmotor.com
法人代表:曾庆洪
负责人:吴松
单位人数:1600
产品情况:(传祺牌)
传祺轿车
☞ 详细情况请参阅彩色宣传版面

★广汽丰田汽车有限公司
地址:广州市南沙区市南大道8号
邮编:511455
电话:020/39398888
传真:39398889
网址:www.gac-toyota.com.cn
法人代表:袁仲荣
负责人:小椋邦彦
单位人数:6800
质量体系:ISO 9001
产品情况:(丰田牌)
凯美瑞(含混合动力)、雅力士系列轿车,汉兰达SUV

★深圳东风汽车有限公司
地址:广东省深圳市龙华龙观东路66号
邮编:518109
电话:0755/81715397、27525261
传真:27525285
网址:www.sz-dfl.com
电子信箱:szdf@sz-dfl.com
法人代表:李建刚
负责人:朱东红
质量体系:ISO 9001
产品情况:(东风牌)
环卫车及设备、混凝土搅拌车、厢式运输车、道路清障车等

★长安标致雪铁龙汽车有限公司
地址:广东省深圳市观澜街道观光路1301号
邮编:518110
电话:0755/85287806
传真:85287033
网址:www.ca-psa.com
电子信箱:crm@ca-psa.com
单位人数:455
产品情况:轻型商务车和乘用车

★ 比亚迪汽车有限公司

地址:广东省深圳市坪山新区比亚迪路3009号
邮编:518118
电话:0755/89888888
传真:84202222、89713759
网址:www.byd.com.cn
电子信箱:bydauto@byd.com
法人代表:王传福
单位人数:13000
质量体系:ISO 9001
产品情况:(比亚迪牌)
F3、F3R、F6、F0、G3、G3R、L3等传统燃油汽车,S8运动型硬顶敞篷跑车,高端SUV车型S6和MPV车型M6,以及F6DM、F3DM双模电动汽车和E6纯电动汽车等
出口情况:在美国、欧洲、日本、韩国、印度等国家和地区以及中国台湾地区、中国香港地区设有分公司或办事处
☞ 详细情况请参阅彩色宣传版面

广 西

★桂林客车发展有限责任公司
地址:广西桂林市翠竹路18号
邮编:541000
电话:0773/3835577
传真:3835551
网址:www.wuling.com.cn
质量体系:ISO 9001
产品情况:(五菱牌)
中、轻型客车

★桂林客车工业集团有限公司
地址:广西桂林市空明东路12号
邮编:541004
电话:0773/5852160、5850123
传真:5852163
网址:www.china-quick.com.cn
电子信箱:glmotor@gl.gx.cn
法人代表:姚原
产品情况:(桂林牌、五菱牌)
大中型公路客车、城市客车、旅游客车,轻型客车,特种客车,纯电动城市客车,客车底盘;2011年年产客车3700辆

★柳州五菱汽车工业有限公司
地址:广西柳州市河西路18号
邮编:545007
电话:0772/3750212、3755228
传真:3750018
网址:www.wulingauto.com.cn

电子信箱:lzwl@ wuling. com. cn
产品情况:(奔马牌、五菱牌)
零部件,发动机,休闲车、幼儿校车、警务巡逻车、微货/微客改装等专用车

★ 东风柳州汽车有限公司

地址:广西柳州市屏山大道286号
邮编:545005
电话:0772/3281156、3281965
传真:3281266、3281372
网址:www. dflzm. com. cn
电子信箱:liuqizjb@ 163. com
法人代表:童东城
负责人:程道然
单位人数:3580
质量体系:ISO 9001
产品情况:(东风乘龙、东风霸龙、东风龙卡、东风风行)
霸龙507、乘龙609系列商用车,风行菱智、风行景逸多功能乘用车
出口情况:出口东南亚、中东、北非和南美洲等国家和地区
☞ 详细情况请参阅彩色宣传版面

★柳州五菱汽车有限责任公司

地址:广西柳州市河西路18号
邮编:545007
电话:0772/3750212、3750272
传真:3750018、3755066
网址:www. wuling. com. cn
电子信箱:lzwl@ wuling. com. cn
法人代表:孙少立
负责人:韦宏文
产品情况:(奔马牌、五菱牌)
微型改装车、低速货车、客车等整车,发动机,汽车零部件;汽车前后桥、制动器总成、仪表板等年配套能力达60万台以上,汽车发动机年生产能力达80万台以上,微型专用车年生产能力达2.5万辆

◉ 上汽通用五菱汽车股份有限公司

地址:广西柳州市河西路18号
邮编:545007
电话:0772/3751564、3750301
传真:3711150
网址:www. sgmw. com. cn
电子信箱:sales@ sgmw. com. cn
法人代表:陈虹
负责人:沈阳
单位人数:16000
质量体系:ISO 9001
产品情况:(五菱牌、雪佛兰牌)
五菱宏光紧凑型商务车,五菱之光、五菱荣光、五菱鸿途、五菱兴旺系列微型客车,雪佛兰乐驰、宝骏系列轿车,五菱小旋风、五菱PN系列微型货车,B系列、P-TEC发动机;2011年年产汽车1281118辆
出口情况:商用车出口亚洲、美洲、非洲,约4000台/年

海南省

★一汽海马汽车有限公司

地址:海口市金盘工业区
邮编:570216
电话:0898/66820333、66820222
传真:66820505
网址:www. haima. com
电子信箱:support@ haima. com
法人代表:景柱
负责人:秦全权
单位人数:3600
质量体系:ISO/TS 16949、ISO 9000
产品情况:(海马牌)
福美来、海马3、海福星、欢动、丘比特系列轿车,普利马MPV,骑士SUV;2011年年产152018辆

重庆市

★ 重庆长安汽车股份有限公司

地址:重庆市江北区建新东路260号
邮编:400023
电话:023/67869999、67086666
传真:67870261
网址:www. changan. com. cn
电子信箱:gx221012@ autoinfo. gov. cn
法人代表:徐留平
负责人:张宝林
单位人数:30920
质量体系:ISO 9001
产品情况:(长安牌)
CX30、CX20、悦翔、奔奔MINI、奔奔LOVE系列轿车,杰勋MPV,长安之星、长安星光系列微型客车,小型商用车、轻型货车、大中型客车,纯电动车、混合动力车等新能源汽车,发动机等
出口情况:小型商用车、轻型货车和面包车等出口到亚洲、非洲、北美洲、欧洲的有关国家和地区
☞ 详细情况请参阅彩色宣传版面

★重庆长安跨越车辆有限公司

地址:重庆市江北区铁山坪太平冲长安跨越工业园
邮编:400020
电话:023/89119998、89116370
传真:89116371
网址:www. caky. com. cn
电子信箱:jszx@ caky. com. cn
法人代表:赵鲁川
负责人:韩鸣
质量体系:ISO/TS 16949、ISO 9001
产品情况:(长安牌)
轻中重型载货汽车,各类专用车,客货两用车,低速货车
出口情况:出口美国、俄罗斯、巴基斯坦、叙利亚、孟加拉国、越南等国家

◉ 重庆小康汽车控股有限公司

地址:重庆市沙坪坝上桥工业园
邮编:400037
电话:023/89095666
传真:89091666
网址:www. yuanchina. com
法人代表:张兴海
单位人数:10000
质量体系:ISO/TS 16949、ISO 9001
产品情况:(渝安牌、东风小康牌、小康动力牌、新感觉牌)
小康汽车控股已具备年生产能力微型汽车50万辆、汽车发动机50万台、摩托车30万辆、摩托车减振器500万套/台,汽车减振器40万套/台

★庆铃汽车(集团)有限公司

地址:重庆市九龙坡区中梁山协兴村1号
邮编:400052
电话:023/65262233、65263350
传真:68830397、65262920
网址:www. qingling. com. cn
电子信箱:qinglingqc@ 163. com
法人代表:吴云
单位人数:4100
质量体系:QS 9000
产品情况:(五十铃牌)
轻、中、重型载货汽车、皮卡、多功能越野车,混凝土搅拌运输车、混凝土泵车、罐式车、厢式车、消防车、警用车等专用改装车,发动机及其他汽车零部件;2011年年产汽车94006辆
出口情况:出口日本、欧美等国家和地区

★庆铃汽车股份有限公司

地址:重庆市九龙坡区中梁山协兴村1号
邮编:400052
电话:023/65262233、65263350
传真:68830397
电子信箱:gx221008@ autoinfo. gov. cn
法人代表:吴云
产品情况:(五十铃牌、庆铃牌)
轻型载货汽车及底盘,轻型客车及底盘,半挂牵引车、自卸车,工程车、抢险车、厢式车等专用车

★重庆力帆汽车有限公司

地址:重庆市北碚区梨园村72号
邮编:400700
电话:023/68295008
传真:68863806
网址:www. lifan. com
电子信箱:lifanbus@ lifan. com
法人代表:尹明善
单位人数:1000
质量体系:ISO 9001
产品情况:(力帆牌)
5~8m普通客车及中、高档豪华客车,干/湿式厢式商用车,客货厢式商用车,载货汽车及底盘
出口情况:出口哈萨克斯坦、尼日利亚、

智利、吉尔吉斯斯坦、越南、缅甸、老挝等国家

★重庆长安新能源汽车有限公司
地址:重庆市渝北区双凤桥空港大道589号
邮编:401120
电话:023/67921239、67921241
传真:67921021
网址:www.changannev.com.cn
产品情况:奔奔MINI纯电动轿车、长安志翔油电弱/中度混合动力轿车、纯电动C303、电动观光车等新能源汽车

★长安福特马自达汽车有限公司

地址:重庆市北部新区鸳鸯镇长福西路1号
邮编:401120
电话:023/67458888
传真:67458910
网址:www.ford.com.cn
质量体系:ISO 9001、ISO 14001
产品情况:(福特牌、马自达牌、沃尔沃牌)
福特蒙迪欧-致胜、福克斯、S-MAX、嘉年华马自达3、马自达2福特蒙迪欧-致胜、福克斯、S-MAX、嘉年华、马自达3、马自达2、沃尔沃S80、沃尔沃S40
☞详细情况请参阅彩色宣传版面

★重庆力帆乘用车有限公司

地址:重庆市北部新区经开园金开大道1539号
邮编:401122
电话:023/61663818
传真:61663819
网址:www.lifan.com
法人代表:尹明善
负责人:廖雄辉
单位人数:1719
质量体系:ISO 9001
产品情况:(力帆牌)
力帆320、力帆620、力帆520、力帆520i轿车,力帆X60 SUV,纯电动轿车
出口情况:在俄罗斯、埃塞俄比亚等建立生产基地
☞详细情况请参阅彩色宣传版面

★上汽依维柯红岩商用车有限公司
地址:重庆市经济技术开发区经开园黄茅坪B04号
邮编:401122
电话:023/63119909、63119905
传真:63112316、63119902
网址:www.sih.cq.cn
电子信箱:sih@sih.cq.cn
负责人:熊伟铭
单位人数:4000
质量体系:ISO 9001
产品情况:(红岩牌、斯达-斯太尔牌、依维柯牌)
载货汽车、自卸车、牵引车、厢式运输车、越野车、油田车、消防车、水泥搅拌车、机场加油/运油车等,汽车底盘;2011年年产27005辆
出口情况:出口东南亚、中东、非洲、南美洲等30多个国家和地区

★重庆长安铃木汽车有限公司

地址:重庆市巴南区鱼洞镇
邮编:401321
电话:023/66288623
传真:66280283
网址:www.changansuzuki.com
电子信箱:webmaster@changansuzuki.com
法人代表:徐留平
负责人:近藤唯志
单位人数:3500
质量体系:ISO/TS 16949、QS 9000
产品情况:(长安铃木牌)
拥有天语(天语SX4、天语尚悦、天语SX4锐骑)、雨燕、羚羊和奥拓等四个系列约20个车型,G、M系列两个发动机机型,具备年产20万辆整车和20万台发动机的生产能力。
☞详细情况请参阅彩色宣传版面

四川省

★四川汽车工业股份有限公司
地址:成都市经济技术开发区北京路625号
邮编:610041
电话:028/65987840、65987800
传真:65987887、65987848
网址:www.yemaauto.cn
电子信箱:gongxiujin87@126.com
法人代表(负责人):张欣
单位人数:1000
质量体系:ISO 9001
产品情况:(野马牌)
6~12m公路客车、城市公交车、旅游客车,SQJ6450轿厢车,野马F99城市多用途CUV,双燃料、混全动力、纯电动等新能源动力汽车

★一汽客车(成都)有限公司
地址:成都市武侯区机投镇武青北路5号
邮编:610045
电话:028/87484115、87481482
传真:87482777
网址:www.fawcd.com
单位人数:893
产品情况:(解放牌、川马牌)
6~12m公路客车和旅游客车,6.2~10m城市客车,年生产能力8000辆

★成都新大地汽车有限责任公司
地址:成都市天回镇
邮编:610083
电话:028/83573033
质量体系:ISO 9000
产品情况:(大地牌)
轻型客车、载货汽车、自卸车、仓栅式运输车、囚车等;2011年年产116辆

★四川一汽丰田汽车有限公司
地址:成都市经济技术开发区经开区南三路222号
邮编:610100
电话:028/88435000
传真:88435018
网址:www.sftm.com.cn
电子信箱:sctmqh@mail.china.com
法人代表:徐建一
负责人:加藤昭夫
单位人数:1857
质量体系:ISO 9001、ISO 14001
产品情况:(丰田牌、柯斯达牌)
柯斯达系列中型客车,普拉多、兰德酷路泽系列越野车,普锐斯混合动力轿车

★成都大运汽车集团有限公司
地址:成都市龙泉驿区西河镇明珠西路一号
邮编:610107
电话:028/66602536、66602500
传真:66602566
网址:www.cddayun.com
电子信箱:yinhale@163.com
负责人:远武升
质量体系:ISO 9001
产品情况:(大运牌、川路牌、川交牌)
轻、中、重型载货汽车、牵引车、自卸车、低速货车及半挂车、厢式运输车等专用汽车;2011年年产21285辆
出口情况:出口东南亚、非洲等地区

★中国重汽集团成都王牌商用车公司
地址:成都市青白江区弥牟镇长城路8号
邮编:610300
电话:028/83679110、83672913
传真:83672794
网址:www.wangpai.cn
电子信箱:wangpai@wangpai.cn
法人代表:韦志海
负责人:靳文生
质量体系:ISO 9001
产品情况:(王牌)
重、中、轻、微全系列载货车,自卸车,牵引车,垃圾车、扫路车、混凝土搅拌车、洒水车等专用汽车

★一汽解放青岛汽车厂成都分厂
地址:成都市新都县三河大道
邮编:610503
电话:028/89359888
传真:83905240
网址:www.qdfaw.com
质量体系:ISO 9001
产品情况:(环都牌、西南五十铃牌、解

放牌)

自卸车,载货汽车及底盘,厢式运输车

★东风南充汽车有限公司
地址:四川省南充市嘉陵区嘉南路一段180号
邮编:637000
电话:0817/4986080、4986060
传真:4986111、4986055
网址:www.dfncac.com
电子信箱:dfncxxzx@163.com
质量体系:ISO/TS 16949、ISO 9001
产品情况:(东风牌、嘉龙牌)

自卸车及底盘、中型货车及底盘、中型客车及底盘、厢式运输车及底盘

★四川南骏汽车集团有限公司
地址:四川省资阳市雁江区南骏大道南骏汽车工业园
邮编:641300
电话:028/26182388、26182318
传真:26183628、26181745
网址:www.cnnanjun.com
电子信箱:nanjun@cnnanjun.com
法人代表:孙振田
单位人数:5000
质量体系:ISO 9001
产品情况:(南骏牌)

重、中、轻、微型货车,大、中、轻型客车,自卸汽车、厢式运输车、仓栅式汽车等
出口情况:远销东南亚、中亚、非洲、南美洲等国家和地区

云南省

★东风云南汽车有限公司
地址:昆明市五华区黑林铺滇缅大道2696号
邮编:650100
电话:0871/8187391
传真:8185157
网址:www.dfynqc.com
负责人:胡伟明
质量体系:ISO 9001
产品情况:(东风牌)

东风系列平头和长头轻、中、重型柴油/汽油类载货车、客车和客/货两用车、皮卡车以及汽车底盘;特种专用车(环卫车、邮政车、冷藏车、混凝土搅拌运输车、粉料物料运输车、油罐车、电力检修车、油田专用车、野外生活车、施救车等);混合动力客车、纯电动客车等新能源汽车

★一汽通用红塔云南汽车制造有限公司
地址:云南省曲靖市南宁北路368号
邮编:655000
电话:0874/3145998、3143616
传真:3143098
网址:www.faw-hongta.com.cn
电子信箱:khgxzxi@faw-hongta.com.cn
负责人:王延军
质量体系:ISO 9001
产品情况:(解放牌、蓝箭牌、一汽佳星牌)

轻型货车,重型工程车,幸福使者微型轿车,一汽自由风MPV等
出口情况:出口越南、缅甸、老挝等10多个国家和地区

★云南力帆骏马车辆有限公司
地址:云南省大理市凤仪工业园区
邮编:671005
电话:0872/2494986、2494166
传真:2494166
网址:www.ynlfjm.com
单位人数:8600
质量体系:ISO 9001
产品情况:(力帆牌、时骏、农友牌、云骏牌、农骏牌)

轻、中、重型载货汽车,自卸车、牵引车、平板、厢式、仓栅车
出口情况:出口东南亚、南亚、非洲等地区

贵州省

★贵州航空工业(集团)有限公司
地址:贵阳市经济技术开发区锦江路110号(贵阳市38信箱)
邮编:550009
电话:0851/8317231、8317239
传真:8317214、8317298
网址:www.gaic.com.cn
电子信箱:office@gaic.com.cn
单位人数:51000
质量体系:QS 9000、ISO 9001
产品情况:(云雀牌)

微型轿车、大型客车、环卫车、汽车/摩托车零部件

★贵州航天成功汽车制造有限公司
地址:贵州省遵义市汇川区高科技园区
邮编:563003
电话:0852/8612775
传真:8611283
网址:www.htauto.cn
电子信箱:htvt@vajra.com.cn
单位人数:1000
质量体系:ISO 9001
产品情况:(航天牌)

GHT1020系列货车和GHT6400系列微型客车;2011年年产3524辆

陕西省

★陕西重型汽车有限公司
地址:西安市经济技术开发区泾渭工业园陕汽大道1号
邮编:710200
电话:029/86955331
传真:86955000
网址:www.sxqc.com
法人代表:谭旭光
负责人:方红卫
单位人数:12000
质量体系:ISO 9001
产品情况:(陕汽牌、汉德牌)

重型军用越野车、重型货车、重型车桥、康明斯发动机及汽车零部件等

★陕西汽车集团有限责任公司

地址:西安市经济技术开发区泾渭工业园陕汽大道1号
邮编:710200
电话:029/86955555、86955331
传真:86955000、86956834
网址:www.sxqc.com
电子信箱:jhc@sxqc.com
董事长:方红卫
负责人:袁宏明
单位人数:23000
质量体系:ISO 9001
产品情况:(陕汽牌、华山牌、斯达-斯太尔牌)

重型军用越野车、轻中重型货车、大中型客车及底盘、重型车桥、康明斯发动机及汽车零部件等

☞ 详细情况请参阅彩色宣传版面

★西安西沃客车有限公司
地址:西安市闫良经济开发区
邮编:710089
电话:029/68013000、68018888
传真:68574508、68574518
网址:www.silverbus.com
产品情况:(沃尔沃牌、西沃牌)

大型豪华旅游客车及底盘、大型卧铺客车及底盘;2011年年产226辆

★陕西欧舒特汽车股份有限公司
地址:西安市高新区新型工业园锦业二路26号
邮编:710119
电话:029/68550000、82541221
传真:68668596、68668555
网址:www.eurostarbus.com.cn
电子信箱:eurostar@vip.163.com
法人代表:梁正
质量体系:ISO/TS 16949、ISO 9001
产品情况:大型客车及其底盘
出口情况:出口沙特、伊朗、孟加拉国、加拿大、德国、乌克兰、俄罗斯、苏丹、泰国、智利等国家和地区,并销往中国香港、澳门地区

★陕西重汽专用汽车有限公司
地址:西安市泾渭工业园泾诚路8号
邮编:710201
电话:029/86957395
传真:86957345、86957422
网址:www.szqzyc.com
电子信箱:szqzyc@163.com
法人代表:丁爱华
单位人数:1200

质量体系:ISO/TS 16949、ISO 9001
产品情况:油田注水车、自卸车、侧翻车、仓栅车、城市运输环保车、粉状颗粒运输车、水泥搅拌运输车等各类专用车,汽车零部件

★宝鸡华山工程车辆有限责任公司
地址:陕西省宝鸡市高新大道172号
邮编:721013
电话:0917/3370801、3370928
传真:3370800、3370911
网址:www. hsqc. com. cn
电子信箱:baohuagsb@126. com
法人代表:魏永向
负责人:李衍硕
单位人数:2000
质量体系:ISO 9001
产品情况:(陕汽牌、华山牌)
　　中、重型载货汽车及底盘、工程自卸车、半挂车、专用车等
出口情况:出口安哥拉、越南、哈萨克斯坦、非洲、东南亚、独联体等国家和地区

新　疆

★新疆天山汽车制造有限公司
地址:乌鲁木齐市经济技术开发区融合南路688号
邮编:830009
电话:0991/8790093、3709573
网址:www. tstsq. com
法人代表:王世宏
单位人数:348
质量体系:ISO 9001
产品情况:(天山牌)
　　运油车、散装水泥车、半挂车、自卸车、混凝土搅拌运输车、厢式运输车、运油半挂车等

★东风新疆汽车有限公司
地址:乌鲁木齐市北京北路36号
邮编:830011
电话:0991/7828823、7828487
传真:7828106
网址:www. dfxq. com
电子信箱:lih@xj. cninfo. net
质量体系:ISO 9001
产品情况:(东风牌)
　　中重型载货汽车,自卸车,牵引车,半挂车,沙漠越野车,厢式运输车、仓栅式运输车、沙漠加油/运油车等专用车

改装车及其他生产企业

•查询导引•

企业详细介绍

改装车及其他生产企业

☞ 企业如有变更,请与编辑部联系　☎ 010/68426043、68420981

北京市

★北京北电科林电子有限公司
地址:北京市朝阳区酒仙桥中路18号
邮编:100016
电话:010/64325445
传真:64327111
网址:www.systemtv.com.cn
电子信箱:dssbc@263.net
单位人数:200
质量体系:ISO 9001
产品情况:(新桥牌)
电视车、监测车、指挥车

★北京京城重工机械有限责任公司
地址:北京市通州区台湖镇星湖工业园创业园路2号
邮编:100022
电话:010/61539900、52105932
传真:61539200
网址:www.jchic.com
质量体系:GB/T19001
产品情况:(北起牌)
汽车起重机底盘、轮胎起重机和其他起重机产品、高空作业设备、专用车等

★北京市市政工程管理处机械厂
地址:北京市朝阳区西大望路25号
邮编:100022
电话:010/67705951、67714606
传真:67714606
网址:www.bjsz.cn
电子信箱:xs@bjsz.com.cn
质量体系:ISO 9001
产品情况:(豪特力达牌)
清洗车、吸污车、移动高杆照明灯、内燃式蛙式夯等

★北京路桥机械厂有限公司
地址:北京市朝阳区管庄周家井
邮编:100024
电话:010/65752705、65761516
传真:65752705
网址:www.zjqlc.com
质量体系:ISO 9001
产品情况:(鲸鱼牌)
洒水车等
出口情况:远销非洲、东南亚等国家和地区,出口量达到上百台

★北京科凌电动车辆股份有限公司
地址:北京市东城区新中街68号聚龙花园7号楼3层
邮编:100027
电话:010/65529233、51908997
传真:65536693、51908768
网址:www.clean-ev.com
电子信箱:dj2008@163.com
单位人数:120
质量体系:ISO 9001
产品情况:(科凌牌、科岭牌)
电动大客车、电动中型客车、电动小轿车、电动摩托车、电动送餐车、电动游览车、电动高尔夫球车、电动叉车、电动牵引车、电动机场摆渡车、电动洒水车、电动扫地车、电动割草车和电动车用控制器、充电器、DC-DC电源、能量管理系统、变频电源、电动车运行电脑计费系统等
出口情况:年出口电动高尔夫球车、电动观光车等500辆;出口美国、阿联酋、越南

★北京三辰环卫机械有限公司
地址:北京市朝阳区京顺路
邮编:100028
电话:010/64315299、64317291
传真:64360842
网址:www.bjschw.com.cn
电子信箱:bjschw@126.com
单位人数:49
质量体系:ISO 9001
产品情况:(三辰牌)
垃圾车、洒水车等各种环卫专用车辆、环卫设备、各种机械零件、结构件的加工,年改装车生产能力超过400辆

★北京首钢重型汽车制造股份公司
地址:北京市石景山区阜石路
邮编:100043
电话:010/88909689

网址:www. sghdt. com. cn
电子信箱:888@ sghdt. com. cn
质量体系:ISO 9001
产品情况:矿用车辆、矿用洒水车、废钢运输车、专用半挂拖车等
出口情况:出口越南、印度、南美等国家和地区

★北京市园林机械厂
地址:北京市崇文区天坛公园内
邮编:100050
电话:010/67016257、61279911
传真:67016257、67027083
网址:www. bjttyl. com
电子信箱:bjttyl@ bjttyl. com
质量体系:ISO 9001
产品情况:(园林牌)
　绿化喷洒车、喷药洒水多用车
出口情况:出口美国、突尼斯、俄罗斯、蒙古等国家

★北京华林特装车有限公司
地址:北京市丰台区东老庄 106 号
邮编:100070
电话:010/83628257、67233260
传真:83628191、67233258
网址:www. bjhltzc. com
电子信箱:bjhlt@ 126. com
法人代表:王长德
负责人:郑瑞
质量体系:ISO 9001
产品情况:(华林牌)
　压缩式垃圾车、自装卸式垃圾车、纯电动垃圾车、纯电动洒水车等
出口情况:出口古巴、缅甸等国家

★北京凯特专用汽车有限公司
地址:北京市丰台区丰西路刘庄子 128 号
邮编:100070
电话:010/63734824、63734825
传真:63734824、63792618
网址:www. bjktqc. com
电子信箱:kaite@ bjktqc. com
单位人数:200
质量体系:ISO 9001
产品情况:(凯特牌)
　高空作业车、工程抢险车、应急电源车、随车起重机、电力工程专用车、厢式车等

★北京三兴汽车有限公司
地址:北京市丰台区新村一里 15 号
邮编:100070
电话:010/63716231
传真:63729066
网址:www. bsx3603. com
电子信箱:bsx@ bsx3603. com
法人代表:赵柱
负责人:郭福军
质量体系:ISO 9000
产品情况:(三兴牌)
　运/加油车、高空作业车、自卸车、油罐车、军用装备和多功能吹雪车、真空吸尘车、饲料补给车、扫路车、高压清洗车等

★北京城建重工有限公司
地址:北京市丰台区小屯路 111 号
邮编:100071
电话:010/68634396、68634397
传真:68634395
网址:www. cjjbj. com
电子信箱:bucg - cjj@ tom. com
质量体系:ISO 9002
产品情况:(CJJ 牌)
　混凝土搅拌车、混凝土泵车、散装水泥运输车、混凝土搅拌站、外用施工升降机、混凝土拖式输送泵、大直径短螺旋钻机和各种钢结构产品加工生产,改装车年生产能力可达 500 台

★北京天路通科技有限责任公司
地址:北京市丰台区云岗魏各庄 309 号
邮编:100074
电话:010/83311295、51265399
传真:83311753、63720633
网址:www. tianlutong. com. cn
电子信箱:webmaster@ tianlutong. com. cn
单位人数:170
质量体系:ISO 9001、ISO 14001
产品情况:(天路牌)
　吸尘车、扫路车、特种车

★ 北京市清洁机械厂

地址:北京市丰台区南四环中路 10 号
邮编:100075
电话:010/67221102、67215520
传真:87880062
网址:www. bjcmf. com. cn
电子信箱:jixiechang@ besg. com. cn
法人代表:刘志国
单位人数:200
质量体系:ISO 9001
产品情况:(亚洁牌)
　清扫车、洒水车、吸污吸粪车、垃圾收运车、铲冰除雪车五大系列八十余个品种,2011 年年产 451 辆
☞ 详细情况请参阅彩色宣传版面

★北京环达汽车装配有限公司
地址:北京市大兴区旧宫镇旧忠路 15 号
邮编:100076
电话:010/87912246
传真:87912246
网址:www. sinotrailer. com
电子信箱:bjhuanda@ vip. 163. com
单位人数:358
质量体系:ISO 9001
产品情况:(环达牌)
　车辆运输半挂车、低平板半挂车、厢式运输半挂车、集装箱运输半挂车、自卸运输半挂车、普通半挂车、计量检横车、水泥罐车、油罐车等
出口情况:远销东欧、西亚、中东、南非等国家和地区

★北京天坛海乔客车有限责任公司
地址:北京市大兴区旧宫工业园南区甲 25 - 1 号
邮编:100076
电话:010/87913142、87913143
传真:87913042
网址:www. haiqiao. com
电子信箱:prd@ haiqiao. com
法人代表:金侠
负责人:刘焱
单位人数:81
质量体系:ISO 9001
产品情况:(天坛牌)
　专用特种车辆

★北京中城汽机械设备制造有限公司
地址:北京市大兴区旧宫镇吉庆庄南侧迎宾路 8 号
邮编:100076
电话:010/87963622
传真:87917167
产品情况:(洁星牌)
　垃圾车

★北京诚志北分机电技术有限公司
地址:北京市海淀区清河安宁庄东路 15 号
邮编:100085
电话:010/62936090
传真:62943973
电子信箱:bcf_gonggao@ sina. com
法人代表:陈金雷
产品情况:(诚志牌)
　指挥车、通信车

★北京载通视音频广播技术有限公司
地址:北京市大兴区西红门星光工业区 E 区
邮编:100162
电话:010/60250241
传真:60250507
电子信箱:info@ zaitong. com
单位人数:146
产品情况:(载通牌)
　电视车、厢式车、检测车

★北京北铃专用汽车有限公司
地址:北京市海淀区四季青乡南坞村甲 10 号
邮编:100195
电话:010/88454556、88437963
传真:88438124、88454953
网址:www. chinabeiling. com
电子信箱:bbsa@ chinabeiling. com
单位人数:197
质量体系:ISO 9001
产品情况:(北铃牌)
　厢式运输车、保温车、电视转播车、移动通信车、冷藏车、移动餐车、军用抢修车、发电车、危险品运输车、监测车、邮政车、防弹运钞车等
出口情况:出口俄罗斯、哈萨克斯坦、阿塞拜疆、格鲁吉亚、安哥拉、柬埔寨、越南等国家

★北京京驼伟业挂车有限公司
地址:北京市通州区张家湾镇里二泗工业园区

邮编:101100
电话:010/69542449、61502449
传真:61502421
网址:www. bjjtgc. com. cn
负责人:付连飞
质量体系:ISO 9000
产品情况:(京驼牌)
农用挂车、多功能挂车、自卸挂车、青饲挂车、车辆运输半挂车、集装箱运输半挂车等
出口情况:出口到蒙古、孟加拉国、朝鲜、亚美尼亚、刚果、埃塞俄比亚、喀麦隆、尼日利亚、坦桑尼亚、莫桑比克、塞拉利昂等国家

★中环动力(北京)重型汽车公司
地址:北京市中关村科技园通州园兴光五街15号
邮编:101111
电话:010/81503515、81503510
传真:81503527、81503507
网址:www. chinabzk. com
电子信箱:sales@ chinabzk. com
质量体系:ISO 9001
产品情况:(中环牌)
非公路矿用自卸车、洒水车、港口牵引车、半挂式散装水泥车、半挂式搅拌车、全路面铰接车、其他特种改装车
出口情况:远销东南亚、非洲、中东等国家和地区

★北京市京华客车有限责任公司
地址:北京市通州区张家湾光华路1号
邮编:101113
电话:010/61503396、61502971
传真:61503321
网址:www. bjbus. com
电子信箱:jhkcbgs@ sina. com
单位人数:1400
质量体系:ISO 9001
产品情况:(京华牌、红叶牌)
城市客车、长途客车、旅游客车、电动/混合动力城市客车、特种用途车
出口情况:部分产品出口

★北京攀尼高空作业设备有限公司
地址:北京市通州区半壁店大街9号
邮编:101149
电话:010/81564407、81561834
传真:81563668
网址:www. bjpanni. com
电子信箱:panni@ 163. com
质量体系:ISO 9001
产品情况:(京探牌)
高空作业车
出口情况:出口越南、苏丹等国家

★北京探矿机械厂
地址:北京市通州区半壁店大街9号
邮编:101149
电话:010/81562482、81563022
传真:81564474、81566025
网址:www. bjtk. com. cn
电子信箱:jt - rig@ bjtk. com. cn
质量体系:ISO 9001
产品情况:(京探牌)
地质及工程钻机车、岩土工程施工设备等
出口情况:出口到16个国家和地区

★北京科力威清洁机械厂
地址:北京市东城区新中街聚龙花园68号
邮编:101300
电话:010/64624312、64671714
传真:64613637
网址:www. klwhuanwei. com
电子信箱:hwsa_we2004@ sohu. com
质量体系:ISO 9001
产品情况:(永江牌)
扫路车、城市高速刷洗车等

★北京市威腾专用汽车有限公司
地址:北京市顺义区林河工业开发区双河大街12号
邮编:101300
电话:010/89491683、89491815
传真:89496005
网址:www. bwtw. com. cn
电子信箱:nanqizhang@ sina. com
法人代表:田若南
质量体系:ISO 9001
产品情况:(威腾牌)
栏板半挂车、低平板式半挂车、集装箱运输车、伸缩式半挂车、凹型半挂车、应急电源半挂车、仓栅式运输半挂车、车辆运输半挂车、随车起重运输车、厢式运输半挂车、流动舞台车、旅居野营车、大型彩车、乳化沥青封层车、液氮拖车等

★北京中卓时代消防装备有限公司
地址:北京市顺义区马坡镇聚源中路18号
邮编:101300
电话:010/69400900、69400600
传真:69400232、69409973
网址:www. firefend. com
电子信箱:bjzzsd@ guangtai. com. cn
产品情况:(中卓时代牌)
泡沫消防车、抢险救援消防车、水罐消防车等

★北起多田野(北京)起重机公司
地址:北京市顺义区林河大街36号
邮编:101300
电话:010/89498713、89498718
传真:89498715、89498726
网址:www. bq - tadano. com
电子信箱:sales@ bq - tadano. com
质量体系:ISO 9000
产品情况:(北起多田野牌)
清障车、汽车起重机、摆臂式自装卸垃圾车、车厢可卸式垃圾车、汽车起重机

★北京中冀福庆专用车有限公司
地址:北京市怀柔区杨宋镇凤翔科技开发区二园9号
邮编:101400
电话:010/61675173、61675258
传真:61675308
电子信箱:gx010280@ autoinfo. gov. cn
质量体系:ISO 9001
产品情况:(福庆天王牌)
自卸车、半挂车

★福田重型机械股份有限公司
地址:北京市怀柔区红螺东路21号
邮编:101400
电话:010/51595944、51595714
传真:51595766
网址:www. fotonhm. com. cn
电子信箱:zjscglb@ foton. com. cn
质量体系:ISO 9000
产品情况:(雷沃牌)
搅拌机、泵车、拖式泵、车载泵、搅拌站、汽车起重机,半挂车、自卸车、随车起重机、油罐车、散装水泥车,垃圾车、吸尘车、扫路车等

★四维-约翰逊实业股份有限公司
地址:北京市怀柔区雁栖经济开发区9号
邮编:101407
电话:010/61668516、61668740
传真:61668740
电子信箱:jinbc@ fd - johnson. com. cn
质量体系:ISO 9001
产品情况:(威斯坦牌)
运钞车

★北京事必达汽车有限责任公司
地址:北京市密云县新南路21号
邮编:101500
电话:010/87608599、87608699
传真:87608599
网址:www. bjbsp. com. cn
电子信箱:bjbsp@ 163. com
质量体系:QS 9000、ISO 9001
产品情况:(弛远牌)
自卸车、半挂车、加油车、垃圾车、洒水车、粉粒物料运输车、水泥搅拌车、厢式车、冷藏车、车辆运输车、低温液体运输车

★北京市施工机械厂
地址:北京市昌平区沙河镇沙寨路1号
邮编:102206
电话:010/80761030
传真:80761095
电子信箱:zhf_bcmp@ sina. com
质量体系:ISO 9002
产品情况:(京工牌)
液压升降车

★北京消防器材厂
地址:北京市房山区闫村镇焦庄村
邮编:102413
电话:010/89316632、89319391
传真:89313615
产品情况:(海潮牌)
通信指挥消防车、泡沫消防车等

★北京北重汽车改装有限公司
地址:北京市房山区窦店镇107国道西侧

邮编:102433
电话:010/80202458、80202459
传真:69395817、69395697
网址:www. bjbzzyc. cn
电子信箱:bz. qzcsyb@ 163. com
单位人数:300
质量体系:ISO 9001
产品情况:(北重电牌)
主要生产自卸车、半挂车、罐式车、厢式车等各类改装车
出口情况:远销海外

★北京晨光天云特种车辆有限公司
地址:北京市大兴区埝坛工业开发区天富大街12号
邮编:102600
电话:010/61252671、63967501
传真:61252501、63964503
网址:www. bjtianyun. com
电子信箱:cgty@ bjtianyun. com
质量体系:ISO 9001
产品情况:(三晶-史密斯牌)
普通冷藏保温车、厢式运输车、军用方舱、通信电源车、电视转播车、工程抢险车、赛车维修车、医疗垃圾转运车、地震仪器车、移动销毁车、半挂翼展车和危险品运输车等

★北京和田汽车改装有限公司
地址:北京市大兴区庞各庄镇工业开发区
邮编:102601
电话:010/89282888
传真:89280999
电子信箱:bj_ht@ etang. com
产品情况:(长城牌)
柴油自卸车、厢式运输车

★北京汽车新能源汽车有限公司
地址:北京市大兴区采育经济开发区采和路1号
邮编:102606
电话:010/80278206
传真:80278206
电子信箱:zhaopin@ bjev. com. cn
产品情况:(北京牌)
经营范围覆盖了新能源汽车的核心零部件、纯电动汽车、混合动力汽车的生产销售以及配套的充电系统、电池更换系统的生产销售

★北京市政中燕工程机械有限公司
地址:北京市大兴区长子营开发区
邮编:102615
电话:010/68844786、68844670
传真:88922156、88921209
网址:www. zhongyanauto. com. cn
电子信箱:zhongyanauto@ sina. com
质量体系:ISO 9001
产品情况:(中燕牌)
多功能洒水车、多功能清洗车、运加油车、混凝土搅拌车、大吨位自卸车、厢式运输车、产品展示车、半挂运输车、环卫车辆等

天津市

★天津市华夏车辆制造有限公司
地址:天津市西青区外环线七号桥西
邮编:300112
电话:022/27914602、27944712
传真:27914602
电子信箱:huaxia@ mail. xq. gov. cn
产品情况:(夏利牌)
夏利轿车

★天津市市容环卫机械设备服务中心
地址:天津市南开区长江道375号
邮编:300113
电话:022/27365948
传真:27365948
网址:www. tjsrhwsb. com
电子信箱:tjsrhwsb@ tjsrhwsb. com
单位人数:300
产品情况:(旋风牌)
洒水车、吸粪车、扫路车、自卸式垃圾车、压缩式垃圾车

★天津市天工工程机械有限公司
地址:天津市华苑产业区海泰南北大街5号第三厂区
邮编:300180
电话:022/24930353、58396192
传真:58396192
网址:www. tgem. com. cn
电子信箱:tggc@ tgem. com. cn
单位人数:174
质量体系:ISO 9001
产品情况:(天通牌)
高压清洗车、洒水车、混凝土泵车,YZC12串联振动压路机
出口情况:远销亚非、南美、中东地区

★扫地王(天津)专用车辆装备公司
地址:天津市河北区民权门外赵沽里
邮编:300251
电话:022/26775001、26331776
传真:24220610
网址:www. sweepace. com
电子信箱:saodiwang@ 163. com
质量体系:ISO 9001
产品情况:(华环牌)
扫路车、洗路车、吸污排污车、除雪/融雪车、压缩式垃圾车及转运装置、垃圾焚烧炉等
出口情况:出口到泰国、日本、摩洛哥、印尼等国家

★中国石油大港油田公司
地址:天津市大港区三号院
邮编:300280
电话:022/25918732、25910255
传真:25948426
网址:www. cnpc. com. cn
电子信箱:wangpzhong@ petrochina. com. cn
单位人数:12500
产品情况:(卡瑞特牌)
焊接工程车、石油修井机、输砂车、压裂车等专用车

★天津劳尔工业有限公司
地址:天津市东丽经济开发区三经路四纬路交叉口
邮编:300300
电话:022/24994854、24993992
传真:24994854
网址:www. anda. com. cn
电子信箱:lohr@ anda. com. cn
董事长:崔洪金
质量体系:ISO 9002
产品情况:(劳安牌)
轿运车、厢式车、集装箱车、平板车等特种车辆

★天津凯德实业有限公司
地址:天津市港保税区空港物流加工区保税路350号
邮编:300308
电话:022/24895688-8610
传真:24896196
电子信箱:gx020236@ autoinfo. gov. cn
法人代表:张忠家
产品情况:(凯德特车牌)
压缩机车、氮气增压车、氮气发生车

★天津探矿机械总厂
地址:天津市西青经济技术开发区大任庄工业园
邮编:300385
电话:022/83963450、83963466
传真:83963451、83963456
网址:www. tjzuanji. com
电子信箱:tkefs@ tjzuanji. com
单位人数:174
产品情况:(天探(TT)牌)
各种车载钻机、车装钻机、拖车钻机、散装水文水井钻机、岩心钻机、地质专用泥浆泵、卷扬机及各种钻探工具
出口情况:出口南美、非洲、东南亚等20多个国家和地区

★天津中集专用车有限公司
地址:天津市塘沽区海洋高新技术开发区厦门路510号
邮编:300451
电话:022/25211600-210、25213186
传真:25217179
电子信箱:junmei. xiao@ cimc. com
质量体系:ISO 9001
产品情况:(中集牌)
厢式运输车

★天津清源电动车辆有限责任公司
地址:天津市开发区西区新业五街19号
邮编:300457
电话:022/66320021、66320012
传真:66320013-6615、66211136
网址:www. qyev. com
电子信箱:qyev@ . qyev. com
法人代表:吴志新
产品情况:纯电动汽车(轿车、微型货

目录 CONTENTS

中国优秀整车企业推荐

BMW 5 Series Li

520Li
523Li
530Li
535Li

Sheer
Driving Pleasure

BMW高效动力

BMW Efficient Dynamics

更少尾气排放，更多驾驶乐趣。

乍暖还寒时 用车小贴士
新途安打造有“心”之年

冬去春来，虽然已经进入了名义上的立春节气，但是冬季的寒冷其实并没有因此远离，全国多个地区的早晚温差反而在明显增大。在这冷热交替的时节中，不仅要注意身体上的保护，对于爱车的维护也是不可忽视的头等大事。除了常规的车辆检查之外，在使用过程中，也有很多需要注意的地方。内部的舒适配置、车辆的驱动性能、安全方面的科技，都是考量汽车能否经得起考验的重要方面。作为一款家用MPV车型，上海大众新途安凭借过硬的综合实力，完全能够适应各类天气状况，是家庭最贴心的“避风港”。

暖心配置 打造温暖空间

在温差加剧的环境下，很容易引发感冒、发烧等身体不适的症状，此时，车内空调的性能关系到驾乘人员的舒适程度与身体健康。新途安配备了上海大众引以为豪的Climatronic双温区自动空调，操控简便而布局精致。该系统可感知车内温度和日照强度，精确调节送风量及压缩机排量，打造出舒适随心的车内环境。前排还配有同级中罕见的座椅加热功能，而后排乘客也有独立的空调出风口，无论在前排还是后座，新途安做到了让所有驾乘人员都能在第一时间体验温馨的驾乘感受。

俗语有“下雪不冷化雪冷”，即是指积雪融化时才是温度最低的时候。一夜春雪过后，早晨准备开车出门时，总是会遇到霜结在风窗玻璃上、甚至是刮水器上的尴尬处境，若不及时清理很可能成为安全隐患。大众汽车独创的MAX前风窗除霜功能，只需轻松一键，众多操作即可一步完成，能够在行车途中减少驾驶员操作时间，避免分散注意力，简约的按键设计更有效提升了行车安全。

舒心驾控 节约燃油消耗

倒春寒时节里，天气像是情人的面容，时阴时雨，路面情况也会比平时更加复杂。有车主发现，下雨天车辆会有种跑起来很“累”的感觉，怠速前行、路面摩擦力增大，此时耗油表现就很明显。而作为一款实用为先的家庭MPV车型，新途安自然为车主考虑到了油耗的重担，做到最大程度地减少能源浪费，保护车主的荷包。

数据显示，搭载了“T+D”这一黄金组合的新途安90km/h等速油耗仅为5.3L/100km。与原有2.0L发动机相比，功率增加了9%，而油耗却比手动车型还要降低15%，排放也有明显的下降。新途安配备的TSI发动机在低转速下就能发挥出强劲扭矩，可提供持续的动力。新途安发动机内采用的缸内高压直喷技术，实现了机油的充分均质燃烧，让每一滴油都用得其所，完全展现了其低碳环保的优势。

安心科技 掌握雨天驾驭

初春时节，天气回暖，降雨量明显增多。当在雾天或雨天行驶时，由于雾气而造成的后视镜镜面积雾、或是遭遇雨水侵袭，都可能会造成驾驶员对侧后方的视线不清，需要驾驶员不时地伸出车窗外对镜片表面进行清洁，这样不仅极不安全，而且还只是暂时性措施。而新途安的外后视镜则配备了领先同级车的电加热功能，通过转动外后视镜调节旋钮开启加热器，能迅速清除附着在镜面上的水雾，操控简单方便，为驾驶员提供了最佳的侧后方视野。

另外，在湿滑的路面上行驶已经需要格外小心谨慎，如果碰到紧急的会车或者避让，甚至常常会发生车辆失控的状况。此时，传承德系品质的新途安，凭借各项安全科技配置为消费者带来了360°的可靠放心。新途安采用了“德国大陆”最新版本ESP电子稳定系统，当车辆发生转向不足或转向过度时，该系统能分别对各车轮单独施加制动，甚至调节节气门来保持车辆的行驶稳定性，避免危险情况发生，驾驭之路自然更加安心。同时ESP系统内还集成了从ABS到ROP等众多主动安全功能，已然树立起了在同级别车型中的安全标杆。

上海大众新途安从“心”出发，凭借暖心的舒适性配置、舒心的节油表现、安心的全方位安全科技，在进一步深化其作为家用MPV的典范之余，也成功打动了众多消费者的心，是车主们携手度过“倒春寒”时节的优质伙伴。

上海大众汽车
SHANGHAI VOLKSWAGEN

Das Auto.

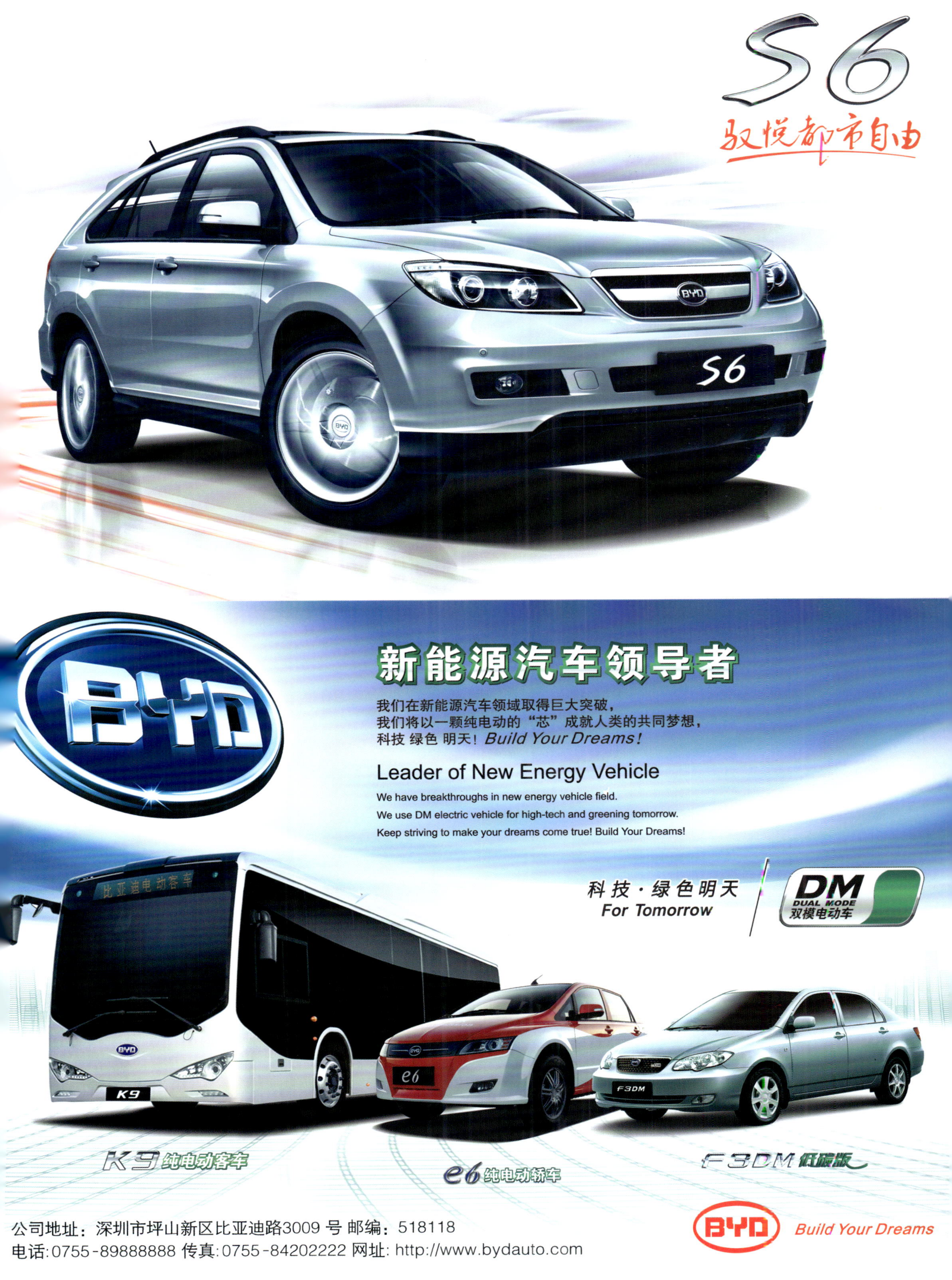
S6
驭悦都市自由
S6
新能源汽车领导者
我们在新能源汽车领域取得巨大突破，
我们将以一颗纯电动的“芯”成就人类的共同梦想，
科技 绿色 明天！Build Your Dreams!
Leader of New Energy Vehicle
We have breakthroughs in new energy vehicle field.
We use DM electric vehicle for high-tech and greening tomorrow.
Keep striving to make your dreams come true! Build Your Dreams!
科技·绿色明天
For Tomorrow
DM
DUAL MODE
双模电动车
比亚迪电动客车
K9
e6
F3DM
K9纯电动客车
e6纯电动轿车
F3DM低碳版
公司地址：深圳市坪山新区比亚迪路3009号 邮编：518118
电话:0755-89888888 传真:0755-84202222 网址: http://www.bydauto.com
Build Your Dreams

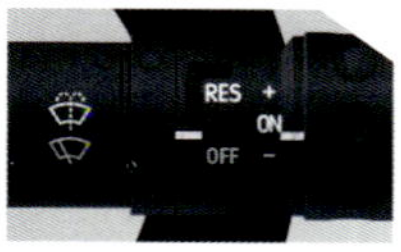

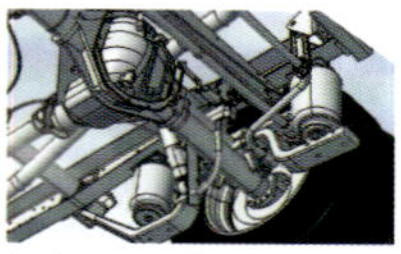

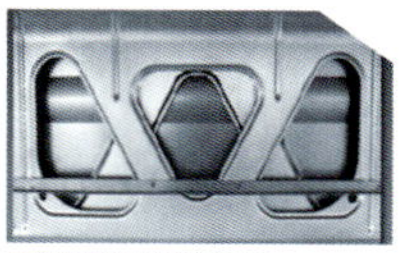

PEUGEOT
508

www.peugeot.com.cn

分别搭载2.0L与2.3L发动机，并配备Tiptronic
显示屏、Info-Drive系统集成控制旋钮等都是

“2011年度中高级车”大奖，其搭载的2.3L自然
助其迅速赢得了众多年轻知性成功者的青睐。

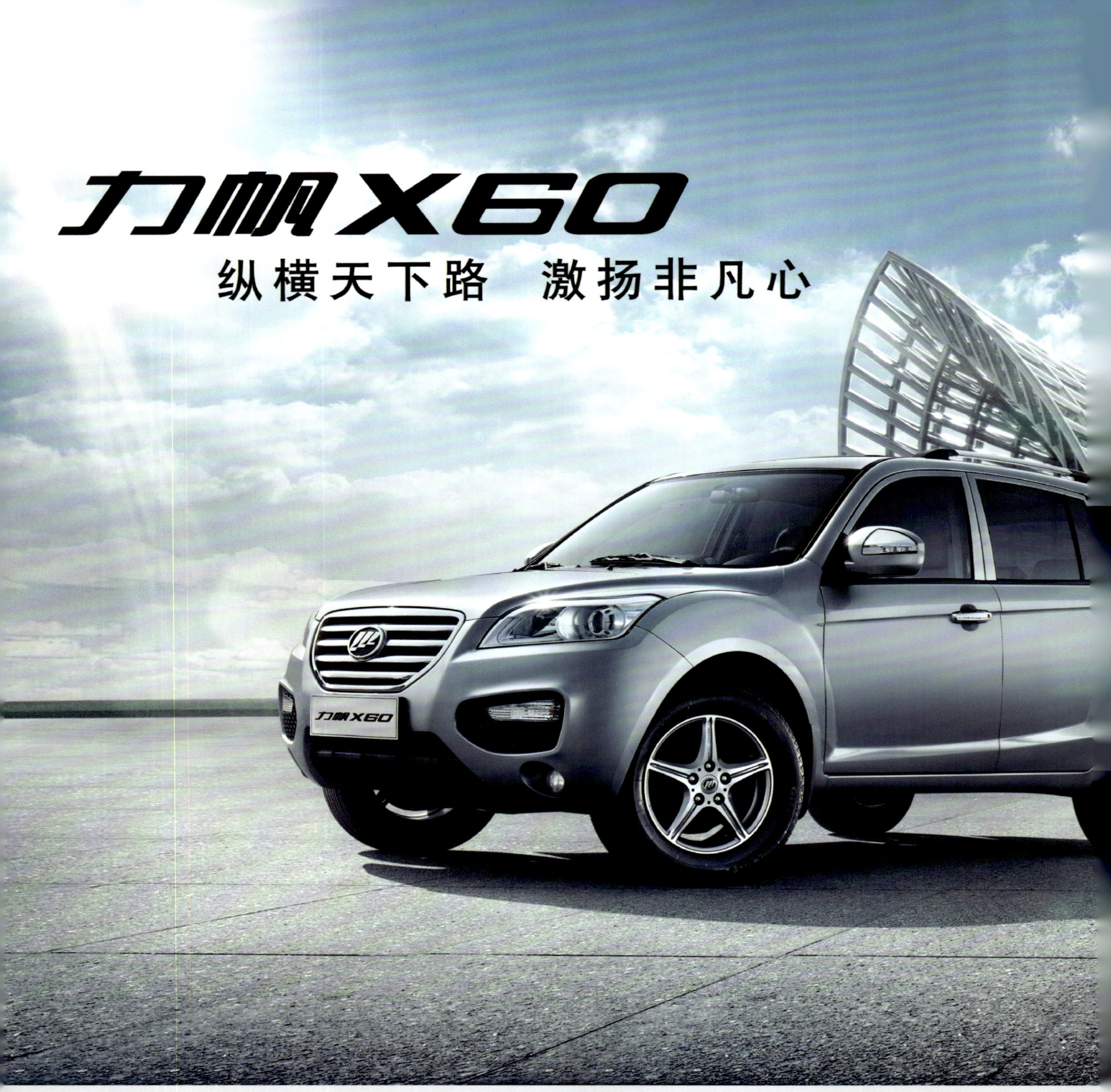

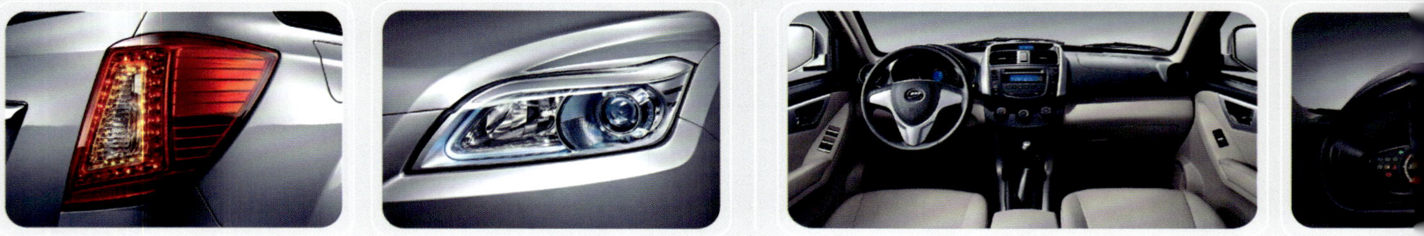

优雅无处不在

优雅，在细节中呈现，温馨，在优雅中弥漫，力帆X60，内饰时尚而典雅，仪表台板新潮而动感，三辐条转向盘高档
是车内人性化便利设计，还是车内N.V.H静音优化措施，抑或高保真多功能音响系统等，都让你在舒适中体验完美和
5MT手动变速器，采用业内先进的三维面同步器，增大同步力矩，缩短同步时间，使换挡操纵更轻便，使驾驶更轻松

2009年7月15日，中国重汽与德国曼公司签署战略合作协议

中国重型汽车集团有限公司
CHINA NATIONAL HEAVY DUTY TRUCK GROUP CO.,LTD.

中国重型汽车集团有限公司董事长、党委书记，中国重汽（香港）有限公司董事局主席：马纯济

中国重型汽车集团有限公司是国内主要的重型汽车生产基地，也是我国重型汽车工业的摇篮，以开发和制造中国第一辆重型汽车——黄河 JN150、成功引进斯太尔重型汽车整车技术项目和自主研发HOWO系列重卡而闻名。

1960年4月，我国第一辆重型汽车——黄河牌JN150八吨载重汽车在中国重汽集团试制成功，结束了中国人不能生产重型汽车的历史。从此，中国人自己制造的重型汽车承载着历代汽车人的光荣与梦想驰骋在祖国的大江南北，见证了中国经济腾飞的光辉历程，为国民经济建设做出了不可磨灭的贡献。

中国重汽集团自2001年改革重组以来，全面实施“国际化、技术领先、产品区域化、高质量低成本”四大战略，立足国内谋求快速发展，面向国际打造“中国重汽SINOTRUK”品牌。通过自主创新，企业核心竞争力不断提高，成功步入跨越式发展新阶段。11年来，产销重卡近90万辆。

2007年11月28日，中国重汽（香港）有限公司在香港联交所主板红筹上市，成为当年制造业在香港联交所上市的排头红筹股。

2009年7月15日，中国重汽与德国曼公司签署了战略合作协议，双方在“技术提升型”卡车和欧Ⅲ、欧Ⅳ、欧Ⅴ发动机的生产制造、质量控制、销售和售后服务等方面展开合作。目前，与曼合作项目全面顺利展开，总投资已达70亿元，主要产品样机已经完成试制。

先进的HOWO－A7焊装线

中国重汽发动机生产线

具有国际先进技术水平的重型车整车道路模拟试验台

2011年，中国重汽出口重卡超2万辆，居行业前列

2011年12月18日，中国重汽高端中重卡HOWO−T5G揭幕

出入境检验检疫
信用管理AA级企业
国家质量监督检验检疫总局
二〇一二年一月

全国文明单位
中央精神文明建设指导委员会
2011年12月

2011年4月19日，中国重汽与德国曼公司在上海联合发布合作开发的卡车品牌——汕德卡(SITRAK)，并推出了新品牌的首个产品——汕德卡T7H。

中国重汽集团坚持实施技术创新，始终走在行业技术创新的前列。目前已开发出具有自主知识产权的HOWO、金王子等九大系列整车产品，车型达3000多个，成为国内重卡行业型谱全的企业。中国重汽现已获授权专利1539项，继续保持全国重卡行业专利总数前列的地位。

“十一五”期间，中国重汽集团投入企业技术改造总额达150亿元，成为国内重卡整车装备水平先进的企业，关键工艺基本与国际先进水平同步。目前中国重汽已形成了包括整车、改装车、关键总成、关键零部件在内的完整的、更加科学合理的产业布局。2010年，中国重汽顺利实现了对成都王牌汽车和福建永安汽车的重组，进一步拓展了公司产品系列及区域化市场布局，开始向全系列商用车生产企业进军。

站在新的起点，中国重汽集团于2011年提出，面向国际水平，全面开展“二次创业”工程，真正实现企业由大到强的转变，打造民族汽车品牌。

2011年末，中国重汽相继推出了HOWO−T5G高端中重卡、HOWO中高端轻卡、长头牵引车和717系列微卡等一系列新产品。中国重汽福建海西、成都王牌工业园相继奠基，新产品陆续下线，济南轻卡基地建成投产，轻卡金三角战略布局初步实现。中国重汽集团在坚持重卡为主导，发展全系列商用车方面已迈出关键性一步。

中国重汽“十二五”的发展目标是，努力打造百万辆级企业，重卡产品达到世界先进水平；建设以重卡产业为主导，中、轻、客、特车辆及工程机械全系列商用车企业，把中国重汽建设成为具有国际影响力的大型商用车企业集团。

正在建设中的中国重汽技术研发中心

地址：山东济南市英雄山路165号
邮编：250002
电话：0531-85582114
网址：http://www.cnhtc.com.cn

中国重汽济南卡车公司自动化大冲线

中国重汽济南商用车生产线

中国重汽济南卡车股份公司总装线

中国一
一汽森雅 超值到家
万元大礼
等你拿
试驾礼 个贷礼 置换礼
购车礼 服务礼上礼
森雅S80
多能家用SUV
森雅M80
多能实用MPV
形象代言人：孙红雷
森雅S80
森雅M80

CHERY 奇瑞汽车股份有限公司

奇瑞汽车股份有限公司于1997年1月8日注册成立，现注册资本为38.8亿元。公司于1997年3月18日动工建设，1999年12月18日实现投产，2011年7月3日，奇瑞实现了第300万辆汽车下线。目前，奇瑞公司已具备年产90万辆整车、90万台发动机、40万套手动变速器及5万套自动变速器的生产能力。

奇瑞公司旗下现有奇瑞、瑞麒、威麟和开瑞四大子品牌，产品覆盖乘用车、商用车、微型车领域，共有十二大系列数十款车型投放市场。奇瑞以“安全、节能、环保”为产品发展目标，先后通过ISO9001、德国莱茵公司ISO/TS16949等国际质量体系认证。2010年，奇瑞全球销量682058辆，同比增长36.3%，其中，自主品牌产品出口9.2万辆，同比增长93.2%。目前，奇瑞累计出口已达60万辆。

“自主创新”和打造“国际名牌”是奇瑞的两大发展战略。在自主创新方面，目前，奇瑞在国内已建成了汽车工程研究总院、中央研究院、规划设计院、汽车试验技术中心以及北京和上海研究分院；在海外，分别于意大利、日本和澳大利亚建立了研发分院；同时和国内大专院校、科研所等进行产、学、研联合开发的健全的研发体系，拥有一支7000余人的研发团队，掌握了一批整车开发和关键零部件的核心技术。凭着在自主创新方面取得的成就，奇瑞成为我国首批“创新型企业”，承担的“节能环保汽车技术平台建设”项目荣获国家科技进步奖一等奖，这也是国内汽车行业的首例。截至2011年6月底，奇瑞已累计申请各类专利6083件，获得授权专利4230件，走在了国内汽车企业的前列。

RIICH G5
RIICH G5

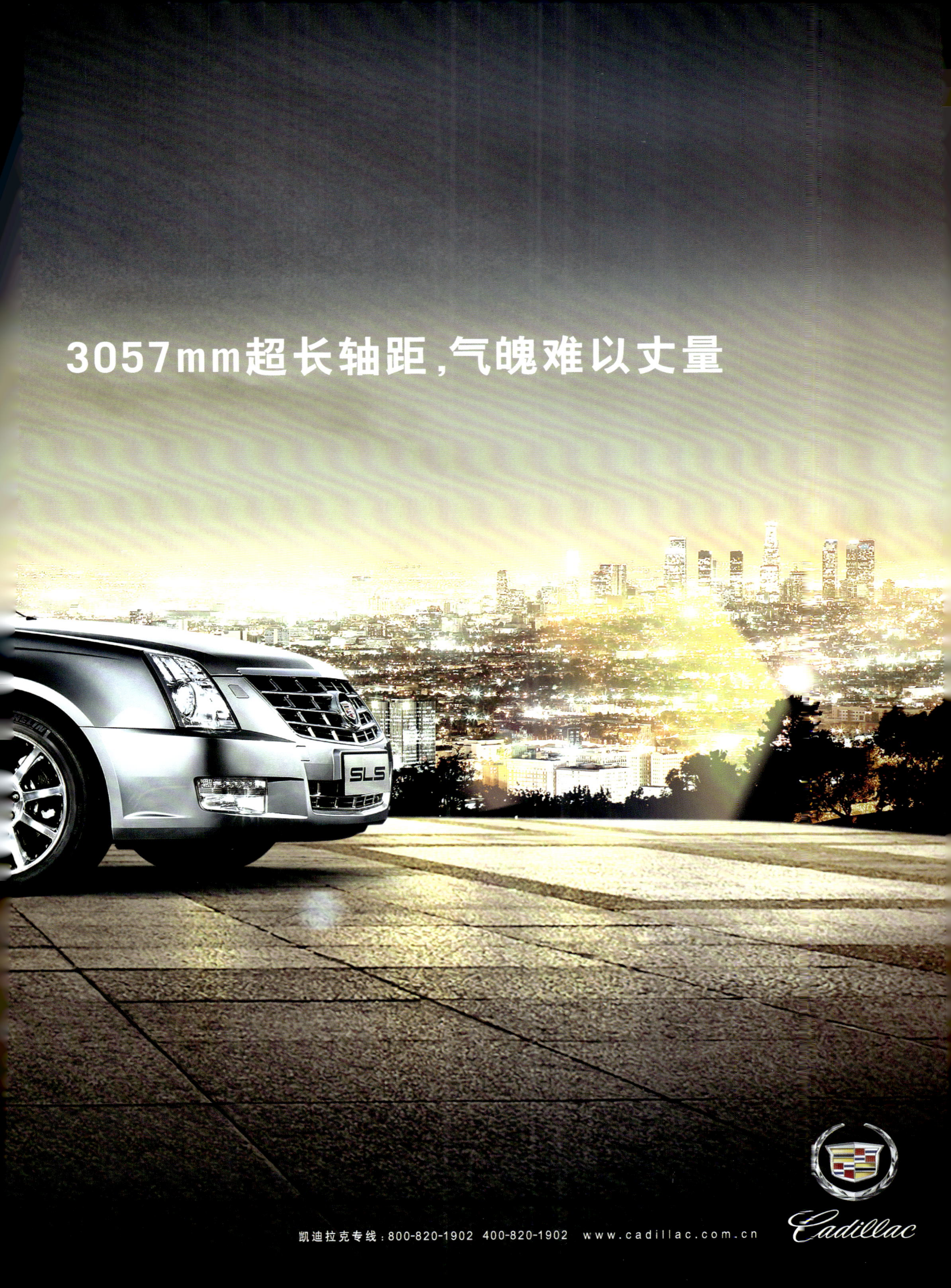
3057mm超长轴距,气魄难以丈量
SLS
凯迪拉克专线:800-820-1902 400-820-1902 www.cadillac.com.cn
Cadillac

广汽传祺
世界智·传祺质
科技·时尚·新力量

内部空间

领先之旅 · 澎湃双芯动力，让商务时代随心所驭。

福特Duratorq TDCi高压共轨发动机

最新DENSO电控系统

喷油压力高达180Mpav；燃油雾化效果更好，燃烧效率更高，从根本上提升发动机功率，降低噪音，排放更环保。百公里油耗最低仅为8.7L，尾气排放达到欧IV的水平，堪称目前领先等级的环保标准。

高效动力，浑厚澎湃。

新世代全顺兼备柴油、汽油优势，从容赢领商务时代。全新一代柴油发动机，采用Duratorq TDCi高压共轨技术，最大功率升至140Ps，最大扭矩可达375N·m，最高安全时速更轻松驰越170km/h。通过涡轮增压、中冷技术，DENSO电控系统，发动机燃烧效率全面升级。

汽油动力更添强健实力。

Duratec I4原装进口汽油发动机，2.3L即可迸发155Ps的巅峰动力，升功率更升至46.5kW/L。

舒适之旅 · 中长途舒适之旅 让商旅成为一路享受

新世代全顺全面导入NVH静音工程；运用一体式中控台设计，将四幅转向盘、仪表板及换挡杆完美结合；悬架系统采用麦弗逊前悬+霍奇斯基后悬，兼具舒适性与承载性，配合航空式安全座椅及大功率冷暖空调，营造出前所未有的轿车化舒适驾乘体验。

安心之旅 · 万全保障 为制胜之道保驾护航

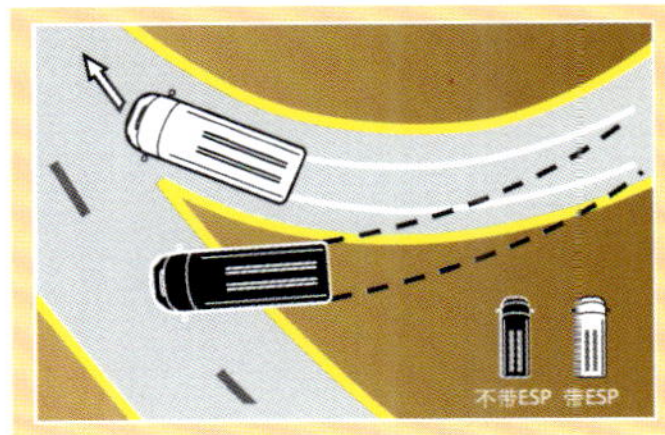

ESP（Electronic Stability Program）

电子稳定操控系统

当车辆在湿滑路面上面临转向过度或转向不足时，ESP系统能自动重新分配每个轮胎的制动力和驱动力，防止车轮打滑、车辆失控，使其拥有高级轿车的极致安全。

超越同级的舒适，源自超越同级的安全。

有新世代全顺万全的安心保障，您的商务之旅已被重新定义。

新世代全顺豪华舱配备四轮碟刹，并在行业内率先采用领先的电子制动系统Bosch 8.0版ABS+EBD+ESP，更拥有X型交叉制动管路设计、倒车雷达等多项主动安全配置；在被动安全方面，新世代全顺豪华舱以3H高刚性车身为载体，配备双安全气囊，防潜滑式座椅、全车预紧式安全带，重新定义了中国轻客的安全标准。

风范之旅 · 开启风尚之先 潮流之中尽显领袖风采

新世代全顺将轿车设计、实用性能及先进科技熔炼于一身，独拥CAN-BUS车载智能网络控制系统。独步轻客领域的柴油动力将动力效能与环保排放都提升到一个更高的境界，同时凝心细节，全面融入轿车品质，无论是轿车式软质四辐条转向盘，还是数字化仪表盘，或是轿车式排挡设计，无不领先同侪；更有硬朗简洁的外观设计，锋芒不显自露，风格自成一派。

在商务新时代，福特新世代全顺豪华舱将激发锐意动力，展现尊荣与睿敏，助阁下拓展广阔事业空间，稳步健行商界。

JMC cares

咨询服务电话：8008691099 4008801099 网址：www.myjmc.com.cn

感受非凡

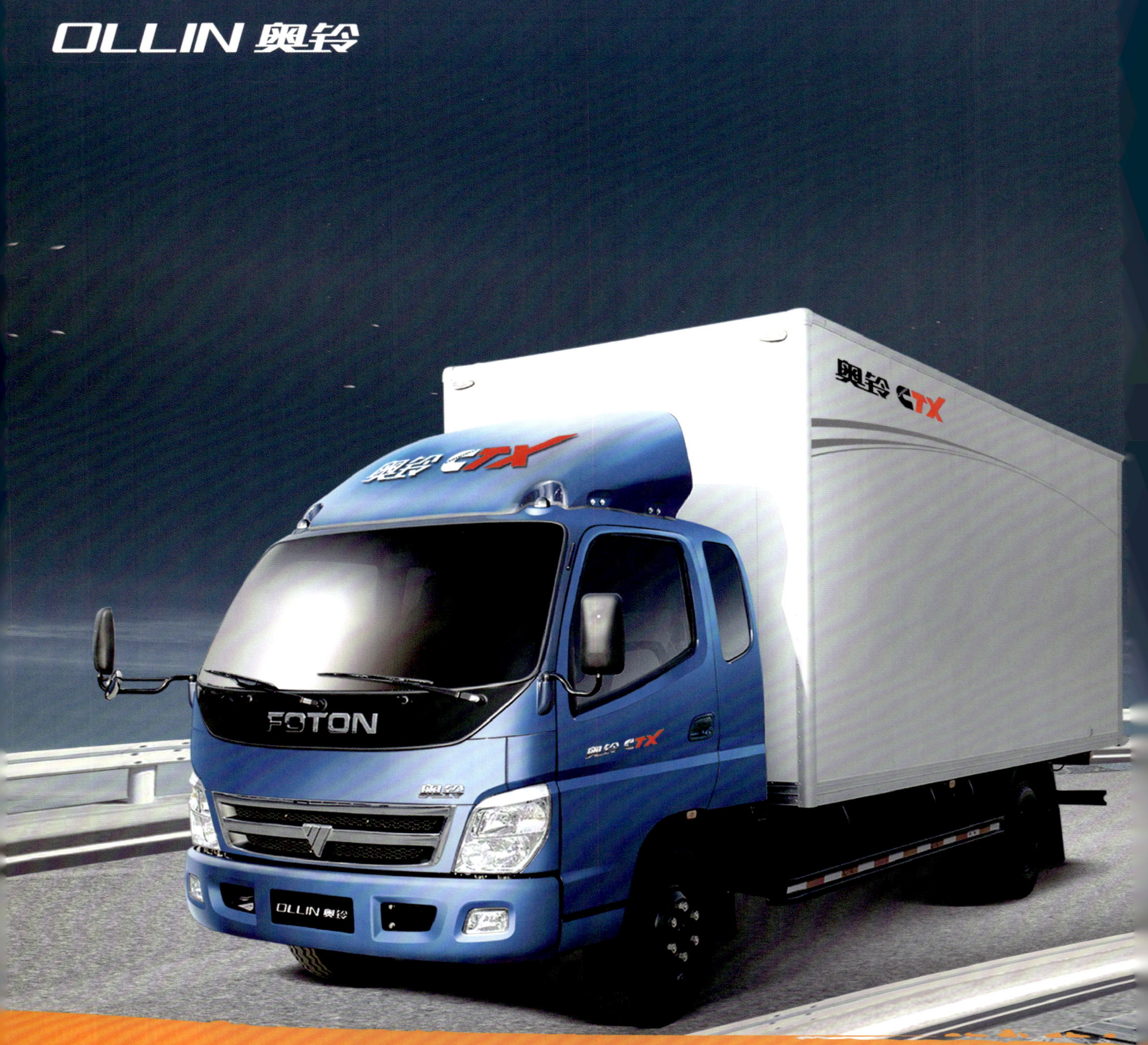

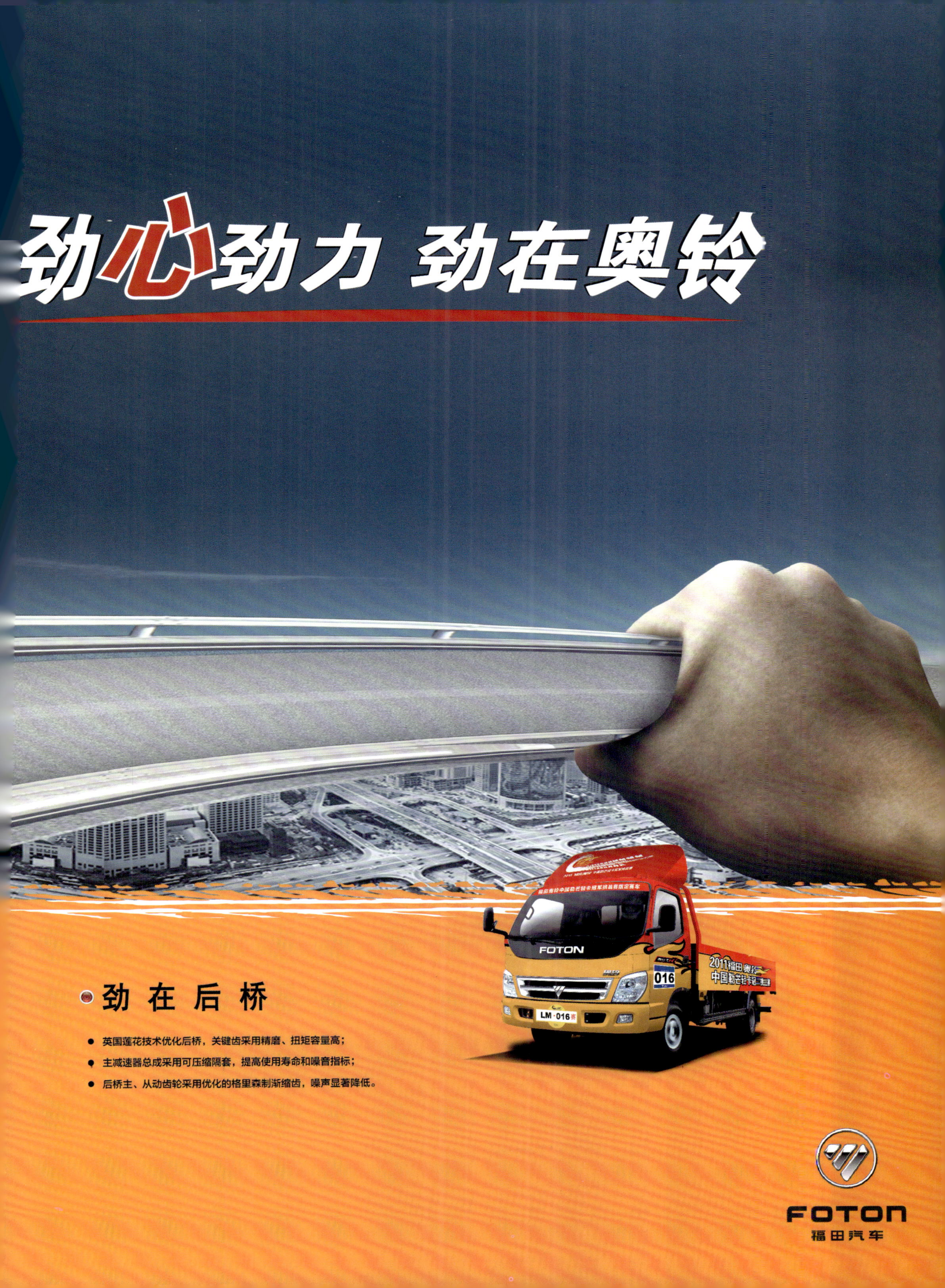

劲心劲力 劲在奥铃
劲在后桥
英国莲花技术优化后桥，关键齿采用精磨、扭矩容量高；
主减速器总成采用可压缩隔套，提高使用寿命和噪音指标；
后桥主、从动齿轮采用优化的格里森制渐缩齿，噪声显著降低。
FOTON
016
LM·016
FOTON
福田汽车

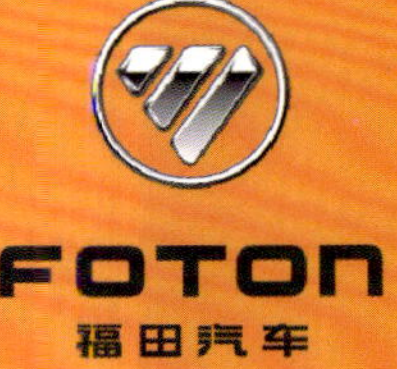

制造装备与试验条件

五征集团已形成年产载货汽车20万辆、农用车60万辆、农业装备年10万台（套）的生产规模。

建有载货汽车、拖拉机桥箱、车架关键零部件生产线，拥有大型冲压中心、模具中心，具备大型覆盖件开发能力、检测能力和逆向设计能力。

配备大中型三坐标测量机、光学影像测量仪等检测设备。建有高标准的汽车整车检测车间、汽车淋雨室和汽车可靠性综合试验道路。

汽车桥箱柔性加工生产线

汽车车身冲压生产线

车身焊装生产线

涂装生产线

模具加工中心

汽车总装线

汽车检测线

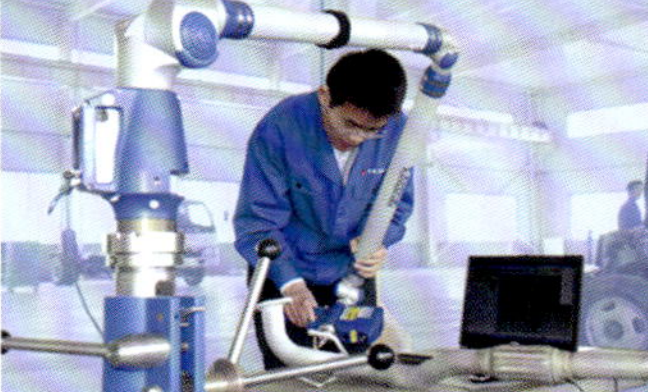
激光扫描测量仪

三坐标测量机

汽车综合性能试验场

销售热线：0633-5326567/5328888　全国服务热线：400-6582-999　网址：www.chinawuzheng.com

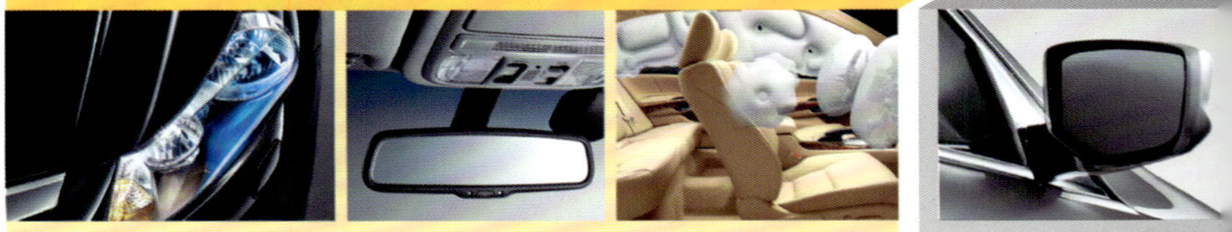

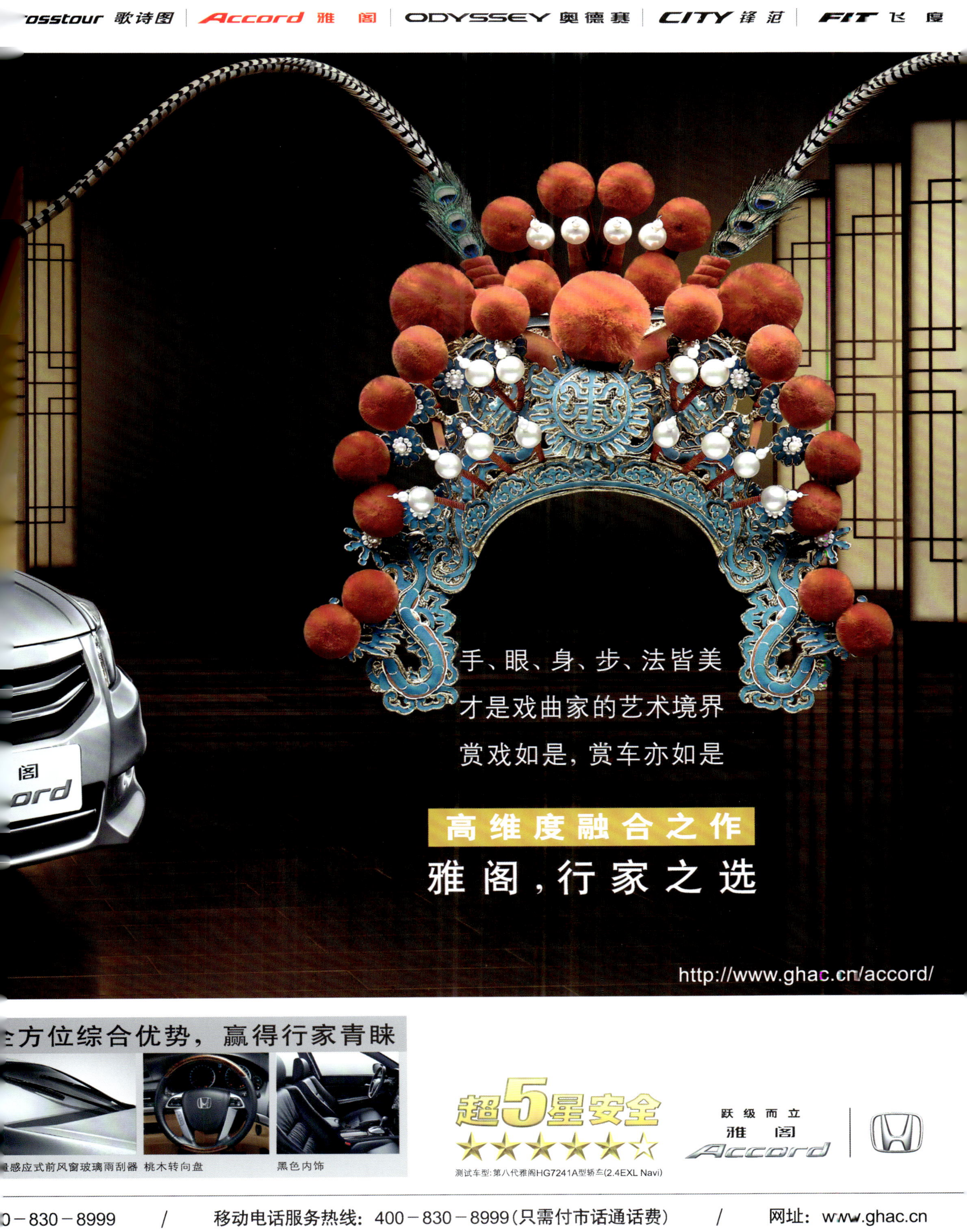
rosstour 歌诗图 | Accord 雅阁 | ODYSSEY 奥德赛 | CITY 锋范 | FIT 飞度
手、眼、身、步、法皆美
才是戏曲家的艺术境界
赏戏如是，赏车亦如是
高维度融合之作
雅阁，行家之选
http://www.ghac.cn/accord/
全方位综合优势，赢得行家青睐
感应式前风窗玻璃雨刮器
桃木转向盘
黑色内饰
超5星安全
测试车型：第八代雅阁HG7241A型轿车(2.4EXL Navi)
跃级而立
雅阁
Accord
0－830－8999 / 移动电话服务热线：400－830－8999（只需付市话通话费） / 网址：www.ghac.cn

东风柳州汽车有限公司

DONGFENG LIUZHOU MOTOR CO., LTD.

发展篇2010~2011

2010

东风柳汽销量突破100亿大关，驶入辉煌新篇章，商用车销售业绩突破5.5万辆，增幅行业前茅。

2010

风行景逸1.5XL上市

2011

2月16日东风柳汽新基正式项目投资16.8亿元，是广车城的重要组成部分。

生产基地

先进的涂装生产线

机器人焊装工艺

遍布全国的服务和配件网络

东风柳州汽车有限公司是东风汽车有限公司和柳州市产业投资有限公司共同持股的有限责任公司，是中国国家大型一档企业和ISO9001质量体系认证企业、3C认证企业。拥有员工3000多人，资产总值70亿元，占地面积101.3万m^2，已形成年产8万辆商用车、10万辆乘用车生产能力，拥有“乘龙”、“霸龙”、“风行”等品牌。

东风柳州汽车有限公司创立于1954年，1969年开始生产汽车，是广西首家汽车生产企业；1981年加入东风汽车集团，成为集团中主要成员之一；1997年率先在集团中实现股份制改革，按公司制要求建立现代企业制度。

东风柳州汽车有限公司具有完备的四大工艺及配套设施。机器人静电喷涂技术引领当今汽车喷漆工艺新潮流；完备的计算机辅助设计、制造系统、大型CAD、CAE、CAPP软件工作站及PDM、MIS系统更是优质的产品开发和管理工作的重要保障。采用SPC控制系统对生产过程质量进行监控，确保了产品质量的稳定性、可靠性。柳汽连续多年荣获中国保护消费者协会“重质守信—3•15放心单位”，2009年荣获“全国五一劳动奖状”、2010年荣获“最佳自主品牌企业”称号等荣誉。

2012~2013~2014

际物流卡车—M7亮相上海

2011 风行景逸LV上市

2011 东风柳汽承办全国中卡极限挑战赛，填补了国内中卡赛事的空白。

2011 10月26日，东风柳州汽车有限公司迁建项目开工仪式。

2011 10月28日，东风柳汽推出6A服务标准，统一行业服务衡量方式。

2012 年底，东风柳汽一期20万辆乘用车新基地将建成投产。到2015年，将力争成为年产销商用车10万辆，乘用车20万辆的中国主流汽车企业。

在东风汽车有限公司的整体发展蓝图和事业计划中，东风柳汽正向商用车、乘用车两方面发展。在商用车方面努力向重型车、轻型车两头拓展，重点发展重型牵引车、重型自卸车及其他重型专用车。在乘用车方面以高档轻型MPV和多功能家庭轿车两驾马车推动乘用车的可持续性发展。2009年，东风柳汽销售收入突破70亿元大关；2010年销售收入取得超过120亿元的辉煌业绩；2011年，销售收入再创130亿元的新高。

随着东风柳州汽车有限公司产能扩建项目的推进，“十二五”发展期间，乘用车将推出数款新车，进入包括都市SUV等细分市场，商用车更是适应市场需求，开发上百种新车型，到2015年，东风柳州汽车有限公司将力争成为年产销商用车10万辆，乘用车20万辆的中国主流汽车企业。

公司地址：广西柳州市屏山大道286号　　邮　编：545005

销售服务电话：4008877668（乘用车）　4008877669（商用车）

公司网站：http://www.dflzm.com.cn

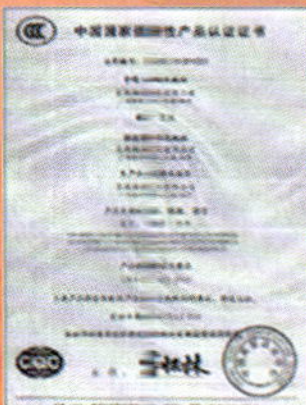

- ISO9001-2000质量认证企业
- 首批通过国家汽车产品强制性产品认证（CCC）的企业
- 获得中国OHSAS18001职业安全健康体系认证、ISO14001环境体系认证

大运·重卡
大运重卡
大运重卡

大运重卡
大运重卡
大运自卸车系列DYX3312

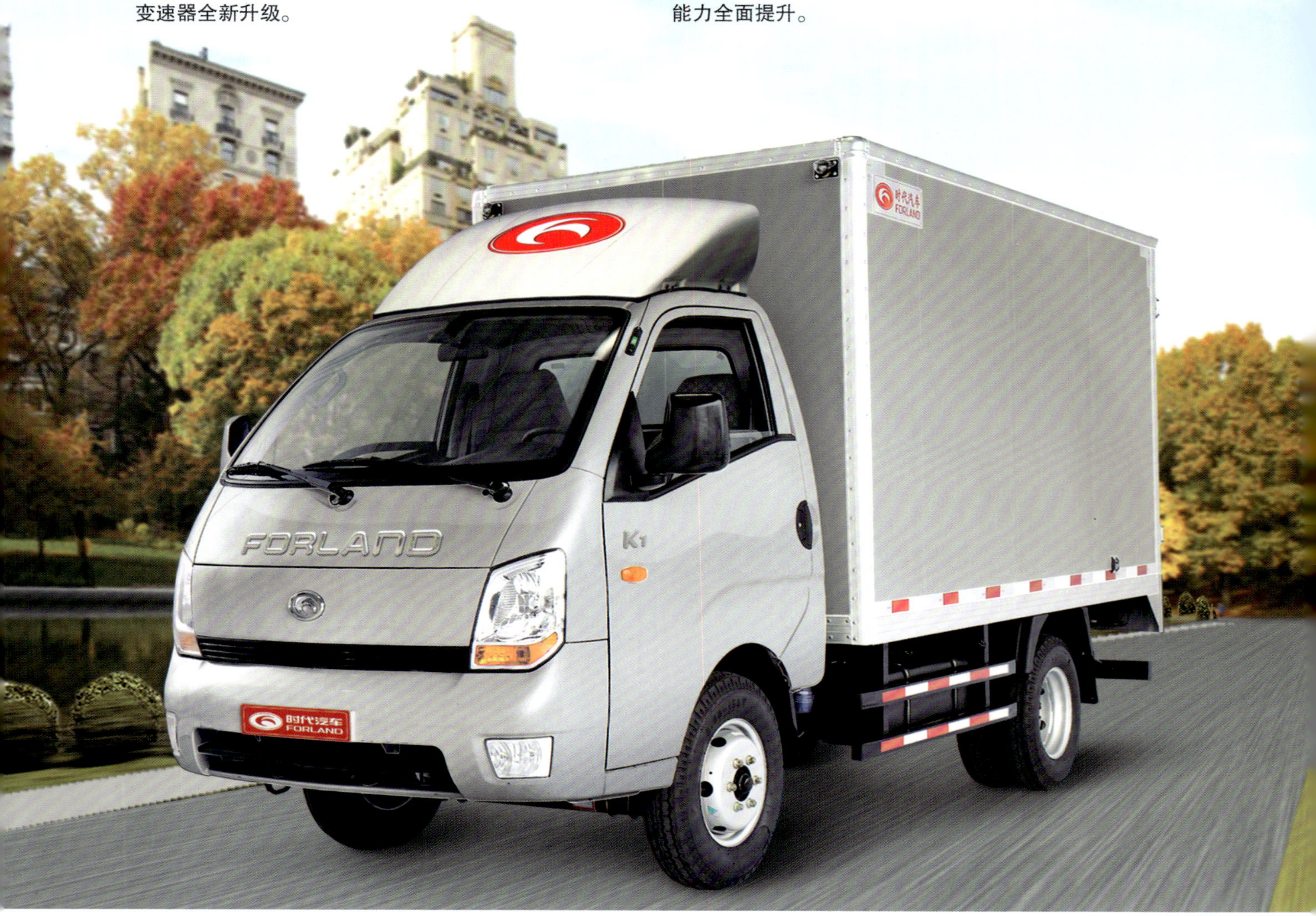

车)、混合动力汽车(轿车)、纯电动垃圾车、纯电动服务车、纯电动邮政车、清洁燃料汽车等
出口情况:出口欧美市场

★天津星马汽车有限公司
地址:天津市经济技术开发区北海路150号
邮编:300457
电话:022/66224884
传真:66224889、66224887
质量体系:ISO 9001
产品情况:(星马牌)
自卸车、混凝土搅拌运输车、散装水泥车等

★天津伊利萨尔客车制造有限公司
地址:天津市港保税区海滨十一路167号
邮编:300461
电话:022/25762788、25762668
传真:25762766
网址:www.irizartj.cn
电子信箱:xiaoshou@irizartj.cn
单位人数:243
质量体系:ISO 9001
产品情况:(伊利萨尔(IRIZAR-TJ)牌)
大型客车、豪华旅游客车、城市客车
出口情况:出口澳大利亚、新西兰,并销往中国香港地区

★中天高科特种车辆有限公司
地址:天津市武清开发区泉发路30号
邮编:301700
电话:022/82120300、82100883
传真:82119157、82128134
网址:www.centechsv.com
电子信箱:info@centechsv.com
质量体系:ISO 9001
产品情况:(中天之星牌)
旅居房车、豪华商务车、移动房屋、军用方舱、加长礼宾车、爆破器材运输车、电视转播车、通信指挥车、流动监测车、检测车、流动诊疗车、旅居半挂车、装甲运兵车、集装箱半挂车、军警特种车辆等
出口情况:出口美国、孟加拉国、澳大利亚等国家

★天津市东方先科石油机械有限公司
地址:天津市武清区福源经济区福旺道1号
邮编:301701
电话:022/29538108、29531688
传真:29535758
网址:www.dfxk.com
电子信箱:dfxk2008@yahoo.com.cn
单位人数:364
质量体系:ISO 9001
产品情况:(津石牌)
石油钻机、修井机、钻采配件、井口工具等

★天津市天挂车辆有限公司
地址:天津市蓟县邦均镇京哈公路南侧
邮编:301901
电话:022/29810033、22819900
传真:29818266
网址:www.tgchl.com
电子信箱:gm@tgchl.com
单位人数:300
质量体系:ISO 9001
产品情况:(天牛牌)
全挂车、半挂车、专用车、各种改装车,年产能力5000台
出口情况:出口美国、南非等多个国家和地区

★天津嵩山挂车有限公司
地址:天津市蓟县邦均镇李庄子村
邮编:301901
电话:022/22888008、22889888
传真:22888888
网址:www.tj-songshan.com
电子信箱:tjsongshan@126.com
董事长:赵石山
单位人数:160
质量体系:ISO 9001
产品情况:(八匹马牌)
自卸全挂车、集装箱运输半挂车、低平板半挂车、厢式半挂车、半挂车、自卸半挂车、自卸车,挂车配件

河北省

★石家庄泰丰车业有限公司
地址:石家庄市裕华区东京北华纺路68号
邮编:050021
电话:0311/85499588
传真:85499566
网址:www.tfddqc.com
电子信箱:tfddqc@126.com
质量体系:ISO/TS 16949、ISO 9002
产品情况:电动货车,电动轿车,汽车零部件

★石家庄煤矿机械有限责任公司
地址:石家庄市跃进路111号
邮编:050031
电话:0311/85916741、85053893
传真:85053656、85672140
网址:www.sjzmj.com.cn
电子信箱:smjgsscb@126.com
单位人数:2300
质量体系:ISO 9001
产品情况:(钻王牌)
煤矿专用设备、工程钻探设备、随车起重机
出口情况:远销20多个国家和地区

★石家庄双环汽车股份有限公司
地址:石家庄市胜利北街368号
邮编:050041
电话:0311/86839003、86839099
传真:86819911
网址:www.hbshauto.com
电子信箱:shichang@hbshauto.com
单位人数:2000
质量体系:ISO 9000
产品情况:(双环牌、红星牌)
小贵族轿车,SCEO

★河北长鹿客车厂
地址:石家庄市北二环西路3号
邮编:050061
电话:0311/87775145、87751912
传真:87785985
网址:www.hebeibus.com
电子信箱:hbbus@vip.163.com
单位人数:1500
质量体系:ISO 9001
产品情况:(长鹿牌)
大中轻型长途客车、城市客车、卧铺客车、游览车、囚车、救护车等

★河北兴发专用汽车制造有限公司
地址:石家庄市西王北街28号
邮编:050061
电话:0311/83625354
传真:83618526
电子信箱:xfcx@mail.edu.cn
质量体系:ISO 9001
产品情况:(可利尔牌)
厢式运输车、厢式运输半挂车、半挂车

★石家庄安瑞科气体机械有限公司
地址:石家庄市高基大街6号
邮编:050061
电话:0311/87759070、87776909
传真:87788485
网址:www.enric-gasequipment.com
电子信箱:sjzmarketing@enricgroup.com
质量体系:ISO 9001、ISO 14001
产品情况:(安瑞科(Enric)牌)
低温液体运输半挂车、高压气体运输半挂车、液化气体运输半挂车等

★石家庄星达汽车有限公司
地址:石家庄市北外环西路369号
邮编:050061
电话:0311/87769020
传真:87769020
网址:www.xingdaauto.com.cn
电子信箱:xdqc2008@163.com
法人代表:孙国富
单位人数:200
质量体系:ISO 9001
产品情况:(星达牌)
自卸车系列、半挂车系列、洒水车、扫雪车、农机检测车等各类专用车

★河北冀川实业总公司
地址:河北省鹿泉市118号信箱
邮编:050202
电话:0311/82215361、82213519
传真:82215360
网址:www.hebjichuan.com
单位人数:1300
产品情况:(冀川骆驼牌)
应急抢救车

★河北金运专用汽车有限公司
地址:河北省鹿泉市黄壁庄镇沿村
邮编:050224
电话:0311/82209111
传真:82201888
质量体系:ISO/TS 16949、ISO 9001
产品情况:厢式运输车、仓栅式运输车等

★河北翼凌机械制造有限公司
地址:石家庄市井陉县15号信箱
邮编:050307
电话:0311/82358555、82358872
传真:82358555
网址:www. hbyiling. com
电子信箱:yilingyxb@ hbyiling. com
单位人数:3000
质量体系:ISO 9001
产品情况:(巍岭牌)
加油车、运油半挂车、自卸车、车辆运输半挂车、普通半挂车、平板半挂车、集装箱运输车、仓栅式半挂车、厢式半挂车、全挂车等

★河北宏昌天马专用车有限公司
地址:石家庄市良村经济技术开发区清源街南端
邮编:052163
电话:0311/83095678、83095600
网址:www. hctm. com. cn
电子信箱:hongchangqipei@ 163. com
质量体系:ISO 9001
产品情况:(宏昌天马牌)
各种自卸车、牵引车、厢式车、水泥搅拌车、散装粉灰罐车等

★河北力钧长恒专用汽车制造公司
地址:河北省无极县大陈工业区
邮编:052461
电话:0311/82209591、82209059
传真:82209591
网址:www. shajiangsb. com
电子信箱:gx030242@ autoinfo. gov. cn
法人代表:白立君
产品情况:(飞花牌)
半挂车、全挂车、自卸车、全封闭厢式车

★河北顺捷汽车制造有限责任公司
地址:河北省衡水市育才北大街699号
邮编:053000
电话:0318/5225009
传真:2163699
电子信箱:hengshushunjie@ sina. com
质量体系:ISO 9000
产品情况:(川腾牌)
超重型半挂车、重型自卸车

★河北驹王专用汽车制造有限公司
地址:河北省衡水市枣强县东外环北路6号
邮编:053100
电话:0318/8260958
传真:8260695
产品情况:(驹王牌)
重型半挂车、自卸车、仓栅车、混凝土搅拌运输车等

★河北路通专用汽车制造有限公司
地址:河北省冀州市工业园区
邮编:053200
电话:0318/8638988
网址:www. ltqiche. com
电子信箱:lutong@ ltqiche. com
单位人数:115
质量体系:ISO 9001
产品情况:散装水泥运输车、水泥搅拌运输车、厢式运输车、低平板半挂车等

★河北九通专用汽车有限公司
地址:河北省阜城县富强东路639号
邮编:053700
电话:0318/4620838
传真:4620316、4632888
质量体系:ISO 9001
产品情况:(福运祥牌)
仓栅式运输半挂车、厢式半挂车、集装箱运输半挂车、车辆运输半挂车、低平板半挂车

★河北福玉专用汽车有限公司
地址:河北省邢台市新兴西大街1616号
邮编:054000
电话:0319/2996601
传真:2996171
产品情况:(福玺牌)
粉粒物料运输车、散装水泥车、化工运输车、运油车、加油车

★河北华旗专用汽车制造有限公司
地址:河北省邢台市郭守敬大道
邮编:054001
电话:0319/3216996
传真:3219996
网址:www. xtqigai. cn
电子信箱:xtqigai@ chengshi114. com
单位人数:300
质量体系:ISO 9001
产品情况:(旗林牌)
运油车、化工原料运输车、自卸车、小型多功能加油车、散装水泥车、混凝土搅拌运输车、多功能洒水车等

★河北御捷马专用车制造有限公司
地址:河北省清河县羊绒科技园区太行南路19号
邮编:054800
电话:0319/8712099
传真:8728088
网址:www. yogomotruck. com
质量体系:ISO 9001
产品情况:翼开启厢式运输车、铝合金厢式半挂车、冷藏保温运输车、厢式保温车及多用途骨架式集装箱运输车等

★重汽集团邢台华通专用汽车公司
地址:河北省邢台市任县河头工业区
邮编:055150
电话:0319/7630082
传真:7630900
电子信箱:gx030294@ autoinfo. gov. cn
质量体系:ISO 9000
产品情况:(华任牌)
保温半挂车、仓栅式运输半挂车、厢式半挂车、自卸车

★新兴能源装备股份有限公司
地址:河北省邯郸市开发区和谐大街99号
邮编:056000
电话:0310/4020041、5797079
传真:5807555、4020041
网址:www. xxzjgs. com
电子信箱:xxhjzjl@ xxhjgs. com
法人代表:王国强
负责人:李建武
质量体系:ISO 14001、OHSMS 28001
产品情况:(宝环牌)
高中压气瓶拖车、LNG液化天然气拖车、LNG低温液体半挂车等

★中国重型汽车集团邯郸市路神专用汽车有限公司

地址:河北省邯郸市309国道369号
邮编:056000
电话:0310/5105555、5105828
传真:5105555
网址:www. zgzqhdls. com. cn
电子信箱:zqhdls@ sina. com
法人代表:王保计
单位人数:1130
质量体系:ISO 9001
产品情况:(路神牌)
改装自卸车、半挂车、厢式车、罐式车、水泥粉式运输车、混凝土搅拌车、布料城市专用车、石油专用车、消防车等十几个系列280个品种的中型专用汽车
☞ 详细情况请参阅彩色宣传版面

★河北利达特种车辆有限公司
地址:河北省邯郸市邯山区马庄工业区
邮编:056001
电话:0310/5503881、5503885
传真:3161621
网址:www. leaderauto. cn
电子信箱:leader@ leader - mail. com. cn
质量体系:ISO 9000
产品情况:(利达牌)
混凝土搅拌运输车、混凝土泵送车、散装水泥车、油罐车、汽车起重机、半挂车、自卸车等

★河北思达实业集团有限公司
地址:河北省邯郸市北环路中段
邮编:056004
电话:0310/5519100、7026661
传真:7026868
网址:www. tuoma. com
电子信箱:sdxs@ tuoma. com
单位人数:600
质量体系:ISO 9001

产品情况:旅居车、普通厢式货车、冷藏保温车、仓栅式运输车、石油勘探车、环境监测车、水泥搅拌车、机场客梯车等

★河北五湖专用汽车制造有限公司
地址:河北省武安市北环东路3000号
邮编:056300
电话:0310/5725909
传真:5725909
网址:www. wuhuzq. com. cn
产品情况:(众骄牌)
半挂车、全挂车、自卸车,磁选清扫车、道路清扫车、洒水车等专用车

★肥乡县远达车辆制造有限公司
地址:河北省邯郸市肥乡县城东3公里309国道路南
邮编:057550
电话:0310/8528119
传真:8528666
网址:www. fxydcl. com
电子信箱:yuandacheliang@163. com
负责人:晁学印
单位人数:800
质量体系:ISO 9001
产品情况:(永康牌)
自卸车、厢式运输半挂车、低平板半挂车、仓栅式运输半挂车、集装箱运输半挂车、铁水运输半挂车、全挂车等

★邯郸宇康集团有限公司
地址:河北省邯郸市广平县东城路南段
邮编:057650
电话:0310/2521242
传真:2523174
网址:www. hbyk. com. cn
电子信箱:hbyk@hbyk. com. cn
单位人数:2800
质量体系:ISO 9001
产品情况:(宇康牌)
轻、中、重型载货汽车、低速货车、专用车、谷物联合收割机等
出口情况:销往中国台湾地区

★河北昌骅专用汽车有限公司
地址:河北省黄骅市城西2公里路北
邮编:061100
电话:0317/5332468、8881122
传真:5336005
网址:www. hhchanghua. com
电子信箱:hhchanghua@sina. com
单位人数:800
质量体系:ISO 9001
产品情况:(昌骅牌)
9~33.5t级各式半挂车、厢式车、仓栅车、低平板车、集装箱车、水泥搅拌车、水泥运输车、矿山自卸车、油罐车、化工罐车、不锈钢罐车、散粮运输车、液化气运输车等

★河北光华专用汽车有限公司
地址:河北省黄骅市经济技术开发区
邮编:061100
电话:0317/5329089、5326867
传真:8881100
网址:www. guanghuazq. com
电子信箱:guanghua_2005@126. com
法人代表:赵月强
单位人数:400
质量体系:ISO 9001
产品情况:自卸车、油罐车、半挂车、厢式车、散装水泥车、玻璃钢罐车、不锈钢罐车、低平板运输车、集装箱运输车等

★河北宏泰专用汽车有限公司
地址:河北省黄骅市机场北205国道西侧
邮编:061100
电话:0317/5985688、5985681
传真:5470444
网址:www. hongtaizq. net
电子信箱:htxiaoshoubu@126. com
单位人数:700
质量体系:ISO 9001
产品情况:(正康宏泰牌)
主要生产运油半挂车、单机上装油罐、单机上装水泥罐、散装水泥半挂车、混凝土搅拌运输车、普通半挂车、低平板半挂车、厢式半挂车等80多个品种;产能达到每年3000台
出口情况:产品销往非洲、中西亚等地区

★河北亚峰专用汽车制造有限公司
地址:河北省黄骅市羊三木工业区
邮编:061100
电话:0317/5985887
传真:5985919
电子信箱:gx030300@autoinfo. gov. cn
质量体系:ISO 9001
产品情况:(亚峰牌)
粉粒物料运输半挂车、化工液体运输半挂车、混凝土搅拌运输车、运油半挂车、油罐车

★沧州汇达重工集团有限公司
地址:河北省盐山县正港路工业区
邮编:061300
电话:0317/6303444、6193304
传真:6193309
电子信箱:baiyubingyu@sohu. com
产品情况:(汇达牌)
低平板、集装箱、轿车运输半挂车、各种栏板式、仓栅式运输半挂车、罐式集装箱,各种化工和食品罐式运输车等,压力容器

★河北渤海石油装备专用车有限公司
地址:河北省任丘市会战道北站西路58号
邮编:062552
电话:0317/2723050
传真:2715649
网址:www. hygzc. com
电子信箱:gzcyyx@163. com
法人代表:李建波
单位人数:205
质量体系:ISO 9001
产品情况:(油龙牌)
2010年生产油田作业供液车191台、固井水泥车4台、下灰车14台、下灰库成套设备47套、随车起重作业车3台、砂罐车9台及热清洗蜡车
出口情况:YL5250GXH3下灰车出口

★唐山市鸿达汽车改装有限公司
地址:河北省唐山市路南区吉祥里
邮编:063000
电话:0315/2962800、2962088
传真:2966033、2963866
网址:www. tshongda. com. cn
电子信箱:hongda-7896@163. com
董事长:王浩涛
单位人数:500
质量体系:ISO 9001
产品情况:(仙达牌)
混凝土搅拌运输车、厢式/仓栏/低平板/集装箱等运输半挂车、运油半挂车、自卸车等
出口情况:出口到非洲、中亚、中东、东南亚地区

★唐山亚特专用汽车有限公司
地址:河北省唐山市高新区贾庵道
邮编:063000
电话:0315/7729556、7729557
传真:7729533
网址:www. yateauto. com
电子信箱:yate@yateauto. com
单位人数:1100
质量体系:ISO 9001
产品情况:(亚特重工牌)
混凝土搅拌运输车、散灰物料运输车、自卸车、油罐车、垃圾车、半挂车等,年产能力8000台

★重汽集团唐山市宏远专用汽车公司
地址:河北省唐山市路南区唐胥路南侧108间
邮编:063000
电话:0315/2810035
传真:2810017
网址:www. tshongyuan. com
电子信箱:hongyuan2008@vip. sina. com
单位人数:130
质量体系:ISO 9000
产品情况:(立一牌)
公路测试车、路面横向力系数检测车、桥梁检测车、机械式清扫车、交通安全设施清洗车等

★唐山冀东专用车有限公司
地址:河北省唐山市滦县新城台商工业园
邮编:063700
电话:0315/7167633
传真:7167633
质量体系:ISO/TS 16949、ISO 9001
产品情况:半挂车、改装车等

★唐山中建二局建筑机械有限公司
地址:河北省唐山市丰润区林荫东路

邮编:064000
电话:0315/3246374、3241271
传真:3246374
网址:www.tsjianji.com
电子信箱:bgs@zhjwantong.com
质量体系:ISO 9001
产品情况:(万通牌)
粉粒物料运输车、油田专用车、建筑工程机械车

★廊坊京联汽车改装有限公司
地址:河北省廊坊市开发区翠青北道8号
邮编:065001
电话:0316/5918909、5918906
传真:5918916、5918918
网址:www.tuoma.com
电子信箱:tuomayingxiao@126.com
质量体系:ISO 9000
产品情况:普通厢式货车、保温车、冷藏车、自卸车、工程车、旅居车等

★廊坊开发区新赛浦石油设备公司
地址:河北省廊坊市经济开发区花园道
邮编:065001
电话:0316/6072686
传真:6072688
网址:www.hmpetro.com
电子信箱:hmpetro@heinfo.net
质量体系:ISO 9001、GJB 9001A
产品情况:(华美牌)
单双滚筒多功能电缆测试车、射孔车、测卡解卡车、随钻测井车、撬装电缆绞车、修井车、试井车、抽汲车、清蜡车等油田专用特种作业设备
出口情况:出口中东、印尼、秘鲁、哈萨克斯坦等国家和地区

★三河市新宏昌专用车有限公司
地址:河北省三河市城东100米
邮编:065200
电话:0316/3181663
传真:3181188
网址:www.xinhongchang.com
电子信箱:xhcren2009@126.com
单位人数:1000
产品情况:(宏昌威龙牌)
半挂车、混凝土搅拌运输车、厢式半挂车、运油车、自卸车

★河北安旭专用汽车有限公司
地址:河北省廊坊市香河县
邮编:065400
电话:0316/8222182、8315928
传真:8222123
产品情况:通信车、电视转播车、医疗车、铝合金翼开启式厢式运输车、铝合金厢式冷藏车等

★北京建安特西维欧特种设备公司
地址:河北省香河县香河经济技术开发区夏安路1号
邮编:065402
电话:0316/8219900
传真:8219900
网址:www.jat-cva.com.cn
电子信箱:office@jat-cva.com.cn
法人代表:付书全
质量体系:ISO 9001
产品情况:(建安特西维欧牌)
低温贮罐、低温汽车罐车和罐式集装箱

★秦皇岛新谊工程有限公司
地址:河北省秦皇岛市海港区北环路118号
邮编:066001
电话:0335/3106303、3101545
传真:3104442
网址:www.qhdxinyi.com
电子信箱:atl@heinfo.net
单位人数:150
质量体系:ISO 9001
产品情况:(旭环牌)
中转站、车厢可卸式垃圾车、后装压缩式垃圾车、医疗垃圾车

★秦皇岛金程汽车制造有限公司
地址:河北省秦皇岛市经济技术开发区黄河西道33号
邮编:066102
电话:0335/5910917、5910998
传真:5311533、5910983
网址:www.jc-auto.net
电子信箱:jcqcxs@163.com
单位人数:1000
质量体系:ISO 9001
产品情况:(金程牌)
金程海狮轻型客车、金程皮卡、SUV、电动小型货车和电动小客车等
出口情况:出口到亚洲、非洲、中东和南美洲等多个国家和地区

★秦皇岛市抚宁县京岛汽车改装厂
地址:河北省抚宁县长征路南街
邮编:066300
电话:0335/6017611
传真:6017611
电子信箱:gx030234@autoinfo.gov.cn
产品情况:(宫美牌)
半挂车、罐车

★秦皇岛市思嘉特专用汽车有限公司
地址:河北省秦皇岛市卢龙工业园迎宾路168号
邮编:066400
电话:0335/7171999、7172999
传真:7111189
网址:www.sijiate.com
电子信箱:sijiate@126.com
质量体系:ISO 9001
产品情况:(思嘉特牌)
智能稀浆封层车、全智能/电子控制沥青洒布车、智能同步碎石封层车、石屑撒布车、移动式沥青加热运输罐车、道路清障车、垃圾车、高空作业车、等公路养护专用车、扫路机等

★昌黎县川港专用汽车制造有限公司
地址:河北省昌黎县京山铁路张家庄车站北
邮编:066600
电话:0335/2181482、2181116
传真:2181482
网址:www.clcgc.com
电子信箱:clcgc@163.com
单位人数:420
质量体系:ISO 9001
产品情况:(华星牌)
半挂车、全挂车、工程机械专用车、粉粒物料运输专用车、铁水运输车、乳化沥青封层车、油罐车、自卸车、起重机、厢式货车、垃圾车、垃圾中转站等

★秦皇岛泰运专用汽车制造有限公司
地址:河北省昌黎县工业园区昌海大道8号
邮编:066609
电话:0335/2081678
传真:2081678
产品情况:汽车起重机、垃圾车、垃圾中转站、普通半挂车、半挂自卸车、厢式半挂运输车、原油运输半挂车、仓栅式运输车、沥青散布车、铁水钢包运输车、粉粒物料运输车、低平板运输车、集装箱运输车、全挂车、全挂自卸车等

★保定北奥石油物探特种车辆公司
地址:河北省保定市徐水县121-9信箱
邮编:072552
电话:0312/8752040、8752041
传真:8752039
网址:www.basv.com.cn
电子信箱:basv@china.com
董事长:蒋滨春
负责人:王晓滨
单位人数:407
质量体系:ISO 9001
产品情况:(沙驼牌)
沙漠车、沙漠工程车、仪器车、物探工程车、住宿车等
出口情况:远销到伊朗、伊拉克、苏丹、格鲁吉亚、俄罗斯、沙特、巴基斯坦、利比亚、阿尔及利亚、尼日尔、墨西哥等国家和地区

★保定宏业石油物探机械有限公司
地址:河北省保定市徐水县121-6信箱
邮编:072553
电话:0312/8649516、8649420
传真:8649334
网址:www.bdhongye.com.cn
电子信箱:yx@bdhongye.com.cn
单位人数:400
质量体系:ISO 9001
产品情况:(物探牌、宏业牌)
浅海钻机、沼泽钻机、车装钻机、拖拉机钻机、人抬/直升机吊装钻机、超轻

型钻机、钻具等
出口情况:出口哈萨克斯坦、阿尔巴尼亚、苏丹、尼日尔、乍得、巴基斯坦、缅甸、伊朗、伊拉克、也门、印度尼西亚、阿联酋、沙特、墨西哥、委内瑞拉等十几个国家

★大迪汽车集团有限公司
地址:河北省定兴县迎宾南街111号
邮编:072650
电话:0312/6921700、6821572
网址:www.bddqc.com.cn
电子信箱:bddqc@bddqc.com.cn
单位人数:1480
质量体系:ISO 9001
产品情况:(大迪牌)
皮卡、SUV、CUV、CRV、自卸车、特种车及农用汽车
出口情况:远销俄罗斯、中东、非洲、美洲中部、东南亚等60多个国家和地区

★天马汽车集团有限公司
地址:河北省保定市107国道定兴环岛南
邮编:072650
电话:0312/6923721、6921999
传真:6923637、6913721
网址:www.tianmaauto.com
电子信箱:qh@tianmaauto.com
单位人数:650
质量体系:ISO 9001
产品情况:(天马牌)
皮卡、SUV、海狮轻型客车、重型货车、车载混凝土泵车、混凝土搅拌运输车等

★河北华运顺通专用汽车有限公司
地址:河北省曲阳县北环路
邮编:073100
电话:0312/4291888、4299868
传真:4299696
网址:www.hbhyst.com
电子信箱:yangxudong0810@yahoo.com.cn
产品情况:集装箱运输车、液压轴线运输车、自卸车、普通半挂车、低平板/仓栅式半挂车等

★新凯汽车集团有限公司
地址:河北省高碑店市南大街79号
邮编:074000
电话:0312/3628525、3628585
传真:2810688、3628516
网址:www.hbxk.com
电子信箱:syjxinkai@163.com
负责人:张振堂
单位人数:2900
质量体系:ISO 9000
产品情况:(新凯牌)
SUV、CUV、皮卡、轻型载货汽车,各类医疗、警用、教练专用车
出口情况:出口到俄罗斯、沙特、巴拿马、叙利亚、南非等近百个国家和地区

★张家口大地专用汽车制造有限公司
地址:河北省张家口市工业中横街25号
邮编:075000
电话:0313/4082026、4082002
传真:4082003
网址:www.zjkdadi.com
电子信箱:zjkdadi@163.com
法人代表(负责人):刘海兵
单位人数:502
质量体系:ISO 9001
产品情况:(张拖牌)
ZTC系列粉粒物料运输车、厢式运输半挂车、半挂车、自卸汽车、散装水泥车、仓栅式运输半挂车、低平板运输半挂车
出口情况:出口俄罗斯、蒙古、沙特等国家100辆半挂车

★张家口中地装备探矿工程机械公司
地址:河北省张家口市工业路4号
邮编:075026
电话:0313/4080494、4080424
传真:4061039、4061211
网址:www.ztjxgs.com
电子信箱:zt4080349@126.com
负责人:任润生
单位人数:1200
产品情况:(张探牌)
各种钻机、钻机车等

★河北富华专用汽车制造有限公司
地址:河北省邯郸市成安工业园区邯大路33号
邮编:567000
电话:0310/5231768
传真:5231768
电子信箱:gx030304@autoinfo.gov.cn
产品情况:(翼马牌)
厢式运输半挂车、铁水运输半挂车、仓栅式运输半挂车、仓栅式半挂车、半挂车

山西省

★太原轻型汽车总厂
地址:太原市建设南路698号
邮编:030006
电话:0351/7061822
传真:7040891
电子信箱:svw0401@public.ty.sx.cn
单位人数:517
质量体系:ISO 9000
产品情况:轻型汽车

★山西宇星客车有限公司
地址:太原市红沟北街18号
邮编:030013
电话:0351/4421403
传真:4427311
网址:www.yxbus.cn
电子信箱:yxkc@pubilc.ly.sx.cn
产品情况:(山西牌)
豪华客车

★山西青特汽车有限公司
地址:太原市经济技术开发区正阳街南
邮编:030060
电话:0351/7560160
传真:7560160
产品情况:自卸车、半挂车

★山西恒成特种车辆制造有限公司
地址:山西省晋中市榆次区东外环建国桥北500米处
邮编:030600
电话:0354/3027288、3106999
传真:3022788
网址:www.jz-hengcheng.com
电子信箱:hengcheng@jz-hengcheng.com
单位人数:203
质量体系:ISO 9001
产品情况:(恒成牌)
全挂车、煤炭专用全挂车、栏板式半挂车、仓栅式半挂车、平板车、厢式运输半挂车、自卸车等

★山西兰田专用车有限公司
地址:山西省晋中市开发区民营经济科技园1号路北
邮编:030600
电话:0354/3961609、3961603
传真:3961604
电子信箱:gx040222@autoinfo.gov.cn
产品情况:(兰田牌)
各类专用车和特种汽车

★山西荣发车辆集团股份有限公司
地址:山西省晋中市榆次工业园区建业街
邮编:030600
电话:0354/2666777、2666788
网址:www.sxrfcl.com
电子信箱:sxrfcl@126.com
单位人数:200
质量体系:ISO 9001
产品情况:(荣发牌)
半挂车、改装车、钻机车、压缩式垃圾车、洒水车、煤炭专用全挂车等

★榆次通用挂车制造有限公司
地址:山西省晋中市开发区108国道高村段
邮编:030600
电话:0354/2458111、2458138
传真:2458187
网址:www.yctygc.com
电子信箱:yctygc@163.com
法人代表:赵春喜
单位人数:150
质量体系:ISO 9001
产品情况:(榆公牌)
自卸车,产量1500台

★山西飞龙挂车有限公司
地址:山西省文水县凤城镇桑村海威大街12号

邮编:032100
电话:0358/3036555
产品情况:(众宝牌)
清障车

★山西省文水县晋凤挂车有限公司
地址:山西省文水县凤城镇桑村
邮编:032100
电话:0358/3407070
传真:3036578
单位人数:150
产品情况:超重型半挂车

★山西北宇专用车有限公司
地址:山西省大同市经济技术开发区金龙大街
邮编:037010
电话:0352/6206888、6206868
传真:6206858
网址:www. sxbyjt. com
电子信箱:sxbyjt@ 126. com
法人代表:杜恒军
质量体系:ISO 9001
产品情况:自卸车、半挂车、罐式车和厢式车

★山西承泰专用车制造有限公司
地址:山西省朔州怀仁县亲和工业开发区
邮编:038300
电话:0349/3070999、3070888
产品情况:仓栅式运输半挂车、厢式运输半挂车、自卸运输半挂车等

★卓里克劳耐商用车厢制造有限公司
地址:山西省运城市临猗县卓里北郊
邮编:044105
电话:0359/4168188、4168288
传真:4168318
网址:www. zhuoli - krone. com
电子信箱:wjwxj7088@ 126. com
质量体系:ISO 9001
产品情况:(卓里 - 克劳耐牌)
半挂车、全挂车、交换式车厢和交换式底盘以及升降系统等

★长治清华机械厂
地址:山西省长治市清华街
邮编:046012
电话:0355/3912222
传真:3028007
网址:www. qhm. cn
电子信箱:qhkfzx@ 163. com
单位人数:3600
质量体系:ISO 9001
产品情况:(沃达特牌)
自卸车、垃圾车、随车起重运输车、高空作业车、机械式停车设备、工程机械等
出口情况:出口日本、中东、欧洲、非洲等国家和地区

★山西惠丰特种汽车有限公司
地址:山西省长治市府后西街338号
邮编:046013
电话:0355/6065041
传真:2168016
单位人数:162
产品情况:炸药混装车、通信车、摆臂式垃圾车

内蒙古

★内蒙古腾驰重汽专用汽车有限公司
地址:呼和浩特市盛乐经济园区九强公司院内
邮编:011500
电话:0471/7390399
传真:7390399
电子信箱:gx050218@ autoinfo. gov. cn
质量体系:QS 9000、ISO 9001
产品情况:(牧利卡牌)
液态食品运输车

★内蒙古北方重型汽车股份有限公司
地址:内蒙古包头市稀土高新技术产业开发区
邮编:014030
电话:0472/2207888、3331144
传真:2207538、3335330
网址:www. chinanhl. com
电子信箱:lp@ chinanhl. com
质量体系:ISO 9001
产品情况:岩斗型自卸车、煤斗型自卸车、矿用洒水车、电动轮矿用汽车、铰接式自卸车、煤矿井下用防爆工程自卸车、侧卸式混凝土运输车、液压挖掘机、旋挖钻机、自行式铲运机等
出口情况:出口达到23个国家

★内蒙古恒通金安股份有限公司
地址:内蒙古包头市稀土高新开发区稀土路4号
邮编:014030
电话:0472/2207156
传真:2207156
质量体系:QS 9000、ISO 9001
产品情况:(银泰牌、银盾牌)
SUV越野车

★包头北方创业专用汽车有限公司
地址:内蒙古包头市稀土高新区第一功能小区
邮编:014032
电话:0472/3118253、3116133
传真:3118253
网址:www. dyjxzyqc. com
电子信箱:gx050004@ autoinfo. gov. cn
单位人数:800
质量体系:ISO 9001
产品情况:(北地牌、北方奔驰牌)
各类自卸车、罐式车、挂车、厢式车、特种车(防弹运钞车、刑事勘察车、警用防暴车、应急指挥车、导弹运输车及雷达天线升降车等)
出口情况:出口阿联酋、沙特、尼日利亚、伊朗、蒙古、俄罗斯等国家

★内蒙古北方重工业集团有限公司
地址:内蒙古包头市青山区
邮编:014033
电话:0472/3386114、3384364
传真:3384363、3386783
网址:www. bfzg. com
电子信箱:yxgl@ bfzg. com
单位人数:16330
质量体系:ISO 9000、ISO 14001
产品情况:(北方重工牌、SIMMACO牌)
混凝土搅拌运输车、多功能铲运机、铰接式自卸车、多功能洒水车、摆臂式垃圾车、后装压缩式垃圾车、真空吸污车等

★荣成华泰公司鄂尔多斯市分公司
地址:内蒙古鄂尔多斯市康巴什新区纬三路北侧
邮编:017000
电话:0477/8583266
传真:8583258
网址:www. htqc. cn
产品情况:(华泰特拉卡牌)
华泰特拉卡 SUV

★呼伦贝尔市海征汽车改装有限公司
地址:内蒙古海拉尔市夹信子路32号
邮编:021000
电话:0470/8340878、8338954
传真:8340878、8335391
质量体系:ISO 9001
产品情况:(海征牌)
自卸车、保温奶槽车、真空吸入式排污车

★扎兰屯市北方专用汽车有限公司
地址:内蒙古扎兰屯市雅鲁西街
邮编:162650
电话:0470/3251122
传真:3250111
电子信箱:gx050214@ autoinfo. gov. cn
产品情况:(万马牌)
半挂车、低平板半挂车、自卸车

辽宁省

★沈阳天鹰专用汽车制造有限公司
地址:沈阳市沈北新区虎石台开发区沈北路99号
邮编:110000
电话:024/86379287、86379558
传真:31419688
网址:www. sytianying. cn
电子信箱:tianying@ sytianying. cn
质量体系:ISO 9001
产品情况:(天野牌)
厢式车、保温车、冷藏车、半挂车、罐车、全挂车、特种车(工程维修车、邮政运输车、翼展车、油槽车、保鲜奶运输车、服装车等)
出口情况:出口韩国、印尼、新加坡、越南、美国、非洲等国家和地区

★沈阳北方交通重工集团有限公司
地址:沈阳市经济技术开发区中央大街16号
邮编:110015
电话:024/31819999
传真:31813100
网址:www.bfjt.com
电子信箱:shenyang@bfjt.com
单位人数:3000
质量体系:ISO 9001
产品情况:(凯帆牌)
道路画线机、道路标线涂料车、道路清障车、高空作业车、沥青路面养护车、稀浆封层车、道路铣刨机、沥青洒布车、汽车起重机、随车起重机、高空消防车、水泥泵车、水泥罐车、环卫车、沥青拌和站等

★际华三五二三特种装备有限公司
地址:沈阳市铁西区北四西路5号
邮编:110026
电话:024/25826042、25826055
传真:25820314
网址:www.china3523.com
电子信箱:info@china3523.com
单位人数:1035
质量体系:ISO 9001
产品情况:(风华牌)
炊事挂车、自卸式炊事车、防弹运钞车、防暴指挥车、防弹攻击车、防弹衣、钢盔、防刺服、野战给养器材单元、不锈钢产品等
出口情况:出口非洲、亚洲等国家和地区

★沈阳探矿机械有限公司
地址:沈阳市于洪区上岗子18号
邮编:110032
电话:024/86629681
传真:86620871
网址:www.sytkjxc.cn
电子信箱:sytkhhb@163.com
负责人:鞠富海
单位人数:117
产品情况:(山山牌)
静力触探车、长螺旋钻孔机、钻机车

★沈阳航天新星机电有限责任公司
地址:沈阳市皇姑区三台子阳山路1号
邮编:110034
电话:024/86584211
传真:86526369
电子信箱:taikong@sytaikong.com
产品情况:(新阳牌)
冷藏车、厢式半挂车、加油车、厢式运输车等

★沈阳市城建机械修造厂
地址:沈阳市大东区东贸路26号
邮编:110043
电话:024/88417591
传真:88443729
产品情况:(强泉牌)
清洗车、吸污车、污泥自卸车、沥青洒布机

★沈阳市万事达汽车改装厂
地址:沈阳市大东区长安路111号
邮编:110043
电话:024/24312607
传真:24312607、24321800
网址:www.wsdauto.cn
质量体系:ISO 9001
产品情况:(万事达牌)
车辆运输半挂车、飞机抽油车、野营车等

★辽宁天信专用汽车制造有限公司
地址:沈阳市苏家屯区丁香街164号
邮编:110101
电话:024/89111268
传真:89111268
产品情况:(天信牌)
除雪车、路面养护车等

★沈阳三山汽车工业集团联营公司
地址:沈阳市和平区竞赛路6号
邮编:110117
电话:024/23700690-801
传真:23700526
网址:www.sysanshan.com
电子信箱:sysanshan@msn.cn
法人代表(负责人):马懿
单位人数:125
质量体系:ISO 9000
产品情况:(三山牌)
半挂车、自卸车、低温液体运输车、厢式车、冷藏车、燃油运输车、集装箱半挂车等专用汽车,年产量2000台
出口情况:年出口200台

★沈阳捷通消防车有限公司
地址:沈阳市道义经济开发区正义三路31-5号
邮编:110136
电话:024/89734458、89738468
传真:89734459
网址:www.syxfc.com
电子信箱:syfie@sohu.com
单位人数:310
产品情况:(金猴牌)
多功能登高平台消防车、多功能云梯消防车、高喷消防车、重型泡沫消防车、破拆消防车

★沈阳美璧斯挂车制造有限公司
地址:沈阳市道义经济开发区京沈西三街28号
邮编:110136
电话:024/89734860、89734861
传真:89734863
网址:www.meibisi.com
电子信箱:admin@meibisi.com
质量体系:ISO 9001
产品情况:(路斯牌)
栏板式半挂车、低平板半挂车、厢式半挂车、集装箱半挂车、仓栅式半挂车、集装箱骨架车、车辆运输车、自卸式半挂车、农用全挂车等

★沈阳铭辰汽车有限公司
地址:沈阳市经济技术开发区七号街九甲1-1号
邮编:110141
电话:024/89736977、25195887
传真:89734118、89734097
网址:www.mingchenauto.cn
电子信箱:mingchenauto@163.com
单位人数:176
质量体系:ISO 9001
产品情况:(麒龙牌)
半挂车、油罐车、自卸车、厢式车和多功能军用方舱、军用清扫车和除雪车等军用特种车

★沈阳市环卫汽车改装有限公司
地址:沈阳市于洪区兴凯湖街16号
邮编:110141
电话:024/23739933
传真:23739922
网址:www.sy-qg.com
电子信箱:shg4070@163.com
单位人数:173
产品情况:(沈环牌)
垃圾车、吸污车、洒水车、除雪车等

★沈阳广成重工有限公司
地址:沈阳市浑南新区金仓路8号
邮编:110179
电话:024/23785107、23785207
传真:23781707
网址:www.kanglim.com.cn
电子信箱:sydc@sydoucheng.com.cn
质量体系:ISO 9001
产品情况:(沈城牌)
工程建设装备专用车、混凝土搅拌车、自卸车、半挂车、粉粒物料运送专用车、液体运送车、高压气体专用车、保温冷藏车、环卫清扫专用车及零部件

★辽宁合力专用汽车制造有限公司
地址:辽宁省铁岭市经济开发区平安大街19号
邮编:112000
电话:024/74986311、74986333
传真:4986300、4986377
网址:www.bfhl8.com
电子信箱:bfhl888@163.com
法人代表:肖群生
质量体系:ISO/TS 16949、ISO 9001
产品情况:混凝土/水泥搅拌车、粉粒物料运输车、运油车、流动加油车、绿化洒水车、农药喷洒车、压缩式垃圾车、摆臂式垃圾车、挂桶式垃圾车、随车起重运输车、随车吊、化工液体运输车、半挂车、高空作业车、清障车、消防车等

出口情况：出口俄罗斯、丹麦、格鲁吉亚、哈萨克斯坦、阿尔及利亚、澳大利亚等国家

★铁岭运达汽车起重机有限公司
地址：辽宁省铁岭市银州工业园区铁抚路8号
邮编：112000
电话：024/72605058、72609933
电子信箱：gx060242@ autoinfo. gov. cn
产品情况：（铁运牌）
汽车起重机、随车起重运输车

★铁岭陆平专用汽车有限责任公司
地址：辽宁省铁岭市银州区岭东街139号
邮编：112001
电话：024/72806888
传真：2824119
网址：www. lpjq. com
质量体系：GJB 9001A
产品情况：（陆平机器牌、三力牌）
油料运输车、化工液体运输车、粉粒物料运输车、沥青运输车、供水车、洒水车、垃圾压缩车、吸污车、抢修抢险工程车、维修工程车、栏板半挂车、低平板半挂车、油田特种车等

★抚顺起重机制造有限责任公司
地址：辽宁省抚顺市顺城区高山路22号
邮编：113006
电话：024/57646792、57646858
传真：57600555
网址：www. fsqzj. com
电子信箱：fsqzj@ 163. com
董事长：陈茂成
单位人数：316
质量体系：ISO 9001
产品情况：（抚起牌）
曲臂登高平台消防车、举高喷射消防车、水罐消防车、高空作业车、轮胎起重机和汽车起重机

★辽宁海诺建设机械集团有限公司
地址：辽宁省鞍山市国家高新区千山中路201号
邮编：114044
电话：0412/5214466、5216111
传真：5216600
网址：www. hainuo. cn
电子信箱：hainuo@ hainuo. com. cn
总裁：齐兴武
单位人数：1500
质量体系：ISO 9001、ISO 14001
产品情况：（海诺牌）
混凝土泵车、混凝土搅拌运输车、混凝土搅拌站、散装水泥车、半挂车等

★鞍山衡业专用汽车制造有限公司
地址：辽宁省鞍山市千山区衡业街3号
邮编：114045
电话：0412/8812301、8823180
传真：8814246
网址：www. ashyzyc. com
电子信箱：lnhyzyc@ 126. com
单位人数：360
产品情况：（鲸象牌）
消防车、运油车、洒水车、吸污车、工程自卸车、混凝土搅拌车、垃圾车等

★鞍山森远路桥股份有限公司
地址：辽宁省鞍山市高新区东区鞍千路281号
邮编：114051
电话：0412/5225728、5223218
传真：5223108
网址：www. assyrb. com
电子信箱：assyrb@ assyrb. com
董事长：郭松森
质量体系：ISO 9001、ISO 14001
产品情况：（森远牌）
沥青路面就地热再生重铺机组、除雪车、综合养护车、灌缝车、废旧沥青混合料再生车、微表处施工车、橡胶沥青喷洒车、高速公路护栏抢修车及矫直机等

★海城市石油机械制造有限公司
地址：辽宁省海城市西四镇
邮编：114218
电话：0412/3674877、3674822
传真：3671868
网址：www. hcsyjx. com
电子信箱：hcsyjx@ sohu. com
单位人数：1200
质量体系：ISO 9001
产品情况：车装钻机、石油修井机、液压动力钳、井口工具等石油钻采设备及相关配套设施
出口情况：远销俄罗斯、哈萨克斯坦、罗马尼亚、加拿大、巴西、尼日利亚、苏丹、南非、印度等国家和地区

★营口奥捷专用汽车制造有限公司
地址：辽宁省营口市金牛山大街东140号
邮编：115004
电话：0417/2832160、2827308
传真：2832167
网址：www. ygp - yk. com
电子信箱：jinniu@ ygp - yk. com
单位人数：600
质量体系：ISO 9001
产品情况：（铮铮牌）
半挂车、集装箱运输半挂车、低平板半挂车、混凝土搅拌运输车、粉粒物料运输半挂车、厢式运输车
出口情况：出口北美、欧洲、大洋洲、东南亚、中东等国家和地区

★营口宝迪专用汽车制造有限公司
地址：辽宁省营口市西市区辽河大街西124号
邮编：115004
电话：0417/4835381、4838484
传真：4838485
网址：www. ykgcc. com
电子信箱：xiaoshou@ ykgcc. com
单位人数：426
质量体系：ISO 9001
产品情况：（神行牌）
集装箱半挂车、低平板半挂车、平(栏)板半挂车、车辆运输车、厢式半挂车、罐式半挂车、特种半挂车、清障车、自卸车等
出口情况：出口美国、俄罗斯、加拿大、非洲、东南亚等国家和地区

★中集车辆(辽宁)有限公司
地址：辽宁省营口市滨海路南88号
邮编：115004
电话：0417/3286900、3298888
传真：3826666
网址：www. lncimc. com
电子信箱：yklncn@ ykcimc. com
单位人数：500
质量体系：ISO 9001
产品情况：（通华牌）
集装箱半挂车、平板半挂车、栏板车、仓栅车、低平板半挂车、混凝土搅拌车、自卸车等
出口情况：远销东南亚、美洲、澳大利亚、非洲、中东等国家和地区

★大连现代轨道交通公司电车工厂
地址：辽宁省大连市甘井子区革镇堡后革街652号
邮编：116035
电话：0411/86459492、86458477
传真：86459367
网址：www. dldcgc. cn
电子信箱：dldcc1909@ sina. com
质量体系：ISO 9001
产品情况：（大连牌、大连人牌）
城市轻轨车辆、有轨电车、无轨电车、公共汽车和工矿电动机车等

★大连叉车有限责任公司
地址：辽宁省大连市甘井子区营祥路18号
邮编：116036
电话：0411/86700888、86700218
传真：86701819
网址：www. dlcc. cn
电子信箱：root@ dlcczc. com
质量体系：ISO 9001
产品情况：（犀牛牌）
0.5～45t各种叉车，清障车

★大连万顺特种车辆制造有限公司
地址：辽宁省大连市旅顺口区龙王塘郭家沟
邮编：116044
电话：0411/86291518
传真：86291518
网址：www. dlwscar. com
电子信箱：dlwscar@ 163. com
产品情况：消防车

★大连冰山集团金州重型机器公司
地址：辽宁省大连市金州区龙湾路5号

邮编:116100
电话:0411/82161888、82161810
传真:82161111、82161808
网址:www.jhm.com.cn
电子信箱:office@mail.dlptt.ln.cn
董事长:王治勇
单位人数:600
质量体系:ISO 9001
产品情况:(金重牌)
低温液体运输车
出口情况:出口德国、美国、英国、法国、日本、韩国等国家

★本溪市平安车业有限责任公司
地址:辽宁省本溪市明山区小堡大峪市场2号厅
邮编:117000
电话:0414/4614000、4614666
传真:4513881、4513897
产品情况:消防车、自卸车、垃圾清运车等

★本溪北方机械重汽有限责任公司
地址:辽宁省本溪市溪湖区彩屯重型路2号
邮编:117019
电话:0414/5885010
传真:5892166
电子信箱:bxbzgs@bxmt.com
单位人数:1125
质量体系:ISO 9001
产品情况:压力容器、汽车配件、装载车、特种车和混凝土搅拌机等

★丹东黄海特种专用车有限责任公司
地址:辽宁省丹东市元宝区古城路8号
邮编:118003
电话:0415/4156222、4157000
传真:4152690
网址:www.sgautomotive.com
产品情况:(黄海牌)
厢式/仓栅式/低平板式/栏板式半挂车、储装箱运输车、罐式车、自卸车等

★辽宁抚挖锦重机械有限公司
地址:辽宁省锦州市太和区重型里20号
邮编:121005
电话:0416/2190311
传真:2190313
网址:www.lnfwjz.com
电子信箱:xsgs@lnfwjz.com
董事长:徐楗元
单位人数:230
产品情况:汽车起重机、越野轮胎起重机、举高平台消防车等

★锦州奥捷专用车制造有限公司
地址:辽宁省北镇市广宁镇北门外
邮编:121300
电话:0416/6622972、6622141
传真:6630222、6639900
网址:www.jzqcc.com
电子信箱:jinniu@jzqcc.com
法人代表:张兆杨
单位人数:628
质量体系:ISO 9001
产品情况:(金牛牌)
半挂车、集装箱运输半挂车、低平板半挂车、厢式运输半挂车、混凝土搅拌运输车、粉粒物料运输半挂车、仓栅式运输车、运油半挂车、运油车、散装水泥运输车、自卸车、自卸半挂车、车辆运输车等
出口情况:出口美国、加拿大、英国、韩国、中东地区、泰国、马来西亚、菲律宾、新加坡、澳大利亚等国家和地区

★阜新洺伟特种车辆有限公司
地址:辽宁省阜新市经济开发区新开二路北海新街西
邮编:123000
电话:0418/6287177
传真:6287177
网址:www.fxmw.net
质量体系:ISO 9001
产品情况:(洺伟牌)
挂车、半挂车、垃圾车等

★盘锦金碧专用汽车制造有限公司
地址:辽宁省盘锦市盘山经济技术开发区金越路1号
邮编:124010
电话:0427/5881111、5889999
传真:5882111
网址:www.pjjb.net
电子信箱:pjjb@163.com
负责人:王树军
单位人数:436
质量体系:ISO 9001
产品情况:(金碧牌)
工程自卸车、洒水车、随车起重运输车、集装箱液体化工产品运输车、散装粮食运输车、水泥搅拌车、散装水泥车、碳钢和不锈钢系列运油车、铝镁合金系列运油车和铝镁合金厢式物流车及液化气体运输车等
出口情况:出口俄罗斯等国家

★盘锦辽河油田环利专用车有限公司
地址:辽宁省盘锦市石油高新技术产业园
邮编:124013
电话:0427/3211777
传真:3211701
电子信箱:gx060252@autoinfo.gov.cn
质量体系:ISO 9001
产品情况:(环利牌)
洗井清蜡车、固井水泥车、输砂车、油水液罐车、随车起重运输车、采油车

★锦西化工机械(集团)有限公司
地址:辽宁省葫芦岛市连山区化机路25号
邮编:125001
电话:0429/2980882、2980417
传真:2980551、2981726
网址:www.jhj.net.cn
电子信箱:yjs@jhj.net.cn
董事长:谷文涛
单位人数:2470
质量体系:ISO 9001
产品情况:(锦化机牌)
透平机械、搅拌设备、压力容器、大型回转设备、储运设备(铁路罐车、半挂式汽车槽车、不锈钢保温罐车等)、传动装置、超重力场设备、工业用泵/阀/锅等

吉林省

★长春汽车改装有限责任公司
地址:长春市绿园区西新镇双丰村富民大街1368号
邮编:130000
电话:0431/87092711、87092755
传真:87091399
网址:www.ccarc.com.cn
电子信箱:tech@ccare.com.cn
单位人数:700
质量体系:ISO 9001
产品情况:(冰花牌)
自卸车、厢式货车、仓栅式运输车、半挂车、水罐车、油罐车、散装混凝土罐车、混凝土搅拌运输车、高压混凝土输送泵车、压缩式垃圾车等

★吉林省高新电动汽车有限公司
地址:长春市高新技术产业开发区越达路999号超达双德工业园
邮编:130010
电话:0431/84716587、84715295
传真:84716587
电子信箱:jinhang_2008@126.com
法人代表:徐星
质量体系:ISO 9000
产品情况:(环菱牌)
大中型客车、压缩式垃圾车、随车起重运输车、高空作业车、自卸车、集装箱运输半挂车、汽车起重机,电动客车

★长春基洋消防车辆有限公司
地址:长春市高新技术开发区硅谷大街4177号
邮编:130012
电话:0431/85531595、85531570
传真:85531343
网址:www.ccjyxf.com
电子信箱:ccjyxf2008@sohu.com
董事长:郭建伟
单位人数:300
质量体系:ISO 9001
产品情况:(飞雁牌)
通信指挥、抢险救援、泡沫、水罐、泵浦、供液、干粉、泡沫干粉联用、高倍泡沫排烟、照明排烟、后勤支援、机场专用、大、小A类泡沫、液氮、举高喷射消防车等各种消防车辆
出口情况:出口缅甸、越南、赞比亚、伊

拉克、苏丹、利比里亚等国家

★长春金马特种车有限公司
地址:长春市朝阳区富锋镇超达路9138号
邮编:130012
电话:0431/85021147
传真:86781771
电子信箱:gx070230@autoinfo.gov.cn
产品情况:(香雪牌)
　　自卸车、仓栅式运输车、半挂车、保温车、冷藏车

★长春三友专用汽车制造有限公司
地址:长春市高新技术产业开发区达新路1999号
邮编:130012
电话:0431/85810489
传真:85810458
网址:www.ccsmm.com
电子信箱:ccsmm@ccsmm.com
单位人数:480
质量体系:ISO 9000
产品情况:(三友牌)
　　自卸车、半挂自卸车、全挂自卸车、市政用车,汽车零部件

★长春吉发特种汽车改装有限公司
地址:长春市南关区幸福街2325号
邮编:130022
电话:0431/85272888、88943777
传真:88943777
网址:www.85272888.com
电子信箱:jf@jf-tzqc.com.cn
产品情况:(东北牌)
　　各种吨位的长平头自卸车、垃圾车、运输车,15t、20t系列半挂车,各种集装箱式车、油罐运输车、高级旅游房车等

★长春万荣汽车改装有限公司
地址:长春市长沈路4666号
邮编:130031
电话:0431/85383492、88774666
传真:85383486
网址:www.ccwr.com.cn
电子信箱:ccwr@ccwr.com.cn
质量体系:ISO 9001
产品情况:(万荣牌)
　　2~25t自卸车、仓栅式运输车、6~8m^3混凝土搅拌运输车、集装箱运输半挂车、厢式运输半挂车、罐式运输半挂车、压缩式和非压缩式垃圾车、医用垃圾车、清雪车、吸污车等

★长春国富汽车改装有限责任公司
地址:长春市经济开发区世纪大街国富科技工业园
邮编:130033
电话:0431/84639958、84662271
传真:84650999
质量体系:ISO 9001
产品情况:(天际牌)
　　厢式运输车、厢式保温车等

★长春华奥汽车制造有限公司
地址:长春市净月经济开发区云友路777号
邮编:130033
电话:0431/88788666
传真:88789615
网址:www.hope-auto.net
质量体系:ISO 9001
产品情况:(金华奥牌)
　　公交车、公务用车、铰接车、低地板公交及机场摆渡车和纯电动客车,载货车

★长春双龙专用汽车制造有限公司
地址:长春市汽车产业开发区长沈路5777号
邮编:130103
电话:0431/85128276
传真:85985222
网址:www.ccslzy.com
电子信箱:13756079898@163.com
法人代表:曹敬武
负责人:刘剑锋
单位人数:265
质量体系:ISO 9001
产品情况:(龙帝牌)
　　混凝土搅拌车、洒水车、加油车、散装水泥车、化工液体运输车、环卫车、吸污车、自卸车等,产量2500台
出口情况:自卸车、加油车、搅拌车出口300台

★长春城市车辆制造有限公司
地址:长春市绿园区迎宾路1392号
邮编:130111
电话:0431/87961100
传真:87961100
电子信箱:cccc@chbip.com
单位人数:526
产品情况:(驰航牌)
　　大、中、轻型客车,自卸车,半挂车,粉粒物料运输车、混凝土搅拌运输车、加油车等专用车

★长春市神骏专用车制造有限公司
地址:长春市绿园经济开发区先进制造业园区沅呈路777号
邮编:130113
电话:0431/82625555、82672222
网址:www.chinaccsj.com
电子信箱:ccsjshenjun2008@163.com
单位人数:220
质量体系:ISO 9001
产品情况:(尚骏牌)
　　随车起重运输车、汽车起重机、压缩式垃圾车、移动式垃圾站、油田特种作业车、军队特种装备车辆等
出口情况:远销中亚和东北亚地区

★吉林前沅专用汽车制造股份公司
地址:吉林省吉林市昆明街75号
邮编:132011
电话:0432/64848956
传真:64848956
电子信箱:gx070220@autoinfo.gov.cn
产品情况:(杰之杰牌)
　　混凝土搅拌运输车

★通化石油化工机械制造有限公司
地址:吉林省通化市建设大街2607号
邮编:134000
电话:0435/3946866、3946898
传真:3616476、3616445
网址:www.thpetro.com
电子信箱:thpetro@gmail.com
董事长(负责人):韩一泉
单位人数:425
质量体系:ISO 9001、ISO 10012
产品情况:(通石牌)
　　15~120t石油修井机及特种修井机、采油车、洗井设备、清蜡设备、洗井液处理车等
出口情况:出口美国、加拿大、哈萨克斯坦、哥伦比亚、委内瑞拉、苏丹等国家和地区

★一汽四平专用汽车有限公司
地址:吉林省四平市铁东区烟厂路2659号
邮编:136001
电话:0434/3389666、3388696
传真:3387208、6963513
网址:www.fawsp.cn
电子信箱:fawsp@fawsp.cn
质量体系:ISO 9001
产品情况:(解放牌、雄风牌)
　　各种半挂车、罐式车、自卸车、厢式车以及吸污车、搅拌车、轿车运输车等特种专用车,各类牵引座总成
出口情况:出口到30多个国家和地区

★四平雄风专用汽车有限公司
地址:吉林省四平市山门经济开发区
邮编:136002
电话:0434/3302320、3303518
传真:3301388
网址:www.spxfqc.com
电子信箱:xiongfeng5681@126.com
单位人数:168
质量体系:ISO 9001
产品情况:(吉平雄风牌)
　　半挂车、罐式车、自卸车、平板运输车、除雪车等
出口情况:远销东南亚、中东、非洲、俄罗斯、朝鲜、蒙古等国家和地区

★公主岭市金优专用汽车改装公司
地址:吉林省公主岭市西公主大街5599号
邮编:136100
电话:0434/6251398、6261006
传真:6251398、6261008
网址:www.jl-jyou.com
电子信箱:jinyou@jl-jyou.com
单位人数:230
质量体系:ISO 9001

产品情况:(金优牌)
自卸车、半挂车、厢式车等

★公主岭市名奇专用汽车改装公司
地址:吉林省公主岭市西石桥街135号
邮编:136100
电话:0434/6214859、6214709
传真:6214709
单位人数:308
产品情况:(奋进牌)
自卸车、车辆运输半挂车、半挂车、厢式运输车

★辽源市汽车改装有限公司
地址:吉林省辽源市扶政大街17号
邮编:136200
电话:0437/6145358
传真:6145358
电子信箱:gx070212@autoinfo.gov.cn
产品情况:(鹰力牌)
半挂车、车辆运输半挂车、自卸车

★吉林石油集团有限责任公司机械厂
地址:吉林省松原市临江区锦江大街600号
邮编:138000
电话:0438/6225101
传真:6225081
电子信箱:gx070218@autoinfo.gov.cn
质量体系:ISO 9001
产品情况:(清泉牌)
含油污水处理车、洗井机、清蜡车、修井车等油田专用车

★吉林石油装备技术工程服务公司
地址:吉林省松原市宁江区雅达虹工业集中区建业大路
邮编:138000
电话:0438/6336488、6337895
传真:6336973
法人代表:宋荣新
产品情况:(吉石牌)
清蜡车、罐车等石油机械

黑龙江省

★哈尔滨建成北方专用车有限公司
地址:哈尔滨市香坊区南直路65号
邮编:150001
电话:0451/55136277、55114557
传真:55102140
网址:www.jcbfzyc.com
电子信箱:hjczy4644@vip.sina.com
质量体系:ISO 9001
产品情况:(建成牌)
各种液化气体运输车、加油车、液态食品运输车、化工产品运输车、爆破器材运输车、冷藏车、平板挂车、轿车运输车、水泥搅拌车、洒水车、吸污车、散装物料车、封闭自卸车等
出口情况:远销国外

★哈尔滨扬天汽车改装有限责任公司
地址:哈尔滨市松北区松北大道159号
邮编:150028
电话:0451/88102738、88072999
传真:88102738
网址:www.ytqcgz.com
电子信箱:ytqcgz@163.com
产品情况:(扬天牌)
仓栅式运输车、复合板式运输车、冷藏车、保温车、厢式货车、垃圾处理车等

★哈尔滨现代环卫设备车辆有限公司
地址:哈尔滨市香坊区成高子镇成环路99号
邮编:150039
电话:0451/82934786、82350309
传真:82350309
网址:www.xiandaihuanwei.com
电子信箱:hxdhw@163.com
质量体系:ISO 9001
产品情况:(哈环牌)
后装式垃圾压缩车、车厢可卸式垃圾车、罐式车、洒水车、吸粪车、交通道路清障车、下水管道疏通车、自卸车等

★哈尔滨工程机械制造有限公司
地址:哈尔滨市香坊区进乡街120号
邮编:150046
电话:0451/82681845、82682867
传真:82681619
网址:www.hgcjx.com
电子信箱:sale.1962@163.com
质量体系:ISO 9001
产品情况:(哈工牌)
用于港口码头、物流行业的轮胎起重机和水平运输设备,如全液压轮胎起重机、下仓起重机、集装箱正面吊运机、码头牵引车等

★哈尔滨汽车改装厂
地址:哈尔滨市先锋路154号
邮编:150056
电话:0451/85925255
传真:85925255
电子信箱:song9172@163.com
法人代表:孙知君
负责人:高成喜
单位人数:121
质量体系:ISO 9001
产品情况:(铁龙牌)
大型电源车、工程车、救援车、指挥车、救护车等特种车,产量500台以上

★哈尔滨万客特种车设备有限公司
地址:黑龙江省双城市新兴工业园区渤海路1号
邮编:150100
电话:0451/55551550
传真:55518318
网址:www.bgzyc.cn
电子信箱:Bgzyc@163.com
法人代表:刘顺平
负责人:唐大平
单位人数:110
质量体系:ISO 9001
产品情况:(一工牌)
市政专用车、军警专用车、油田专用车、运输车类、清雪车、抑尘车,年产800台

★黑龙江北方专用汽车有限公司
地址:黑龙江省牡丹江市西三条路8号
邮编:157000
电话:0453/6293203、6225416
传真:6231559
网址:www.bfzyqc.cn
电子信箱:bfzyqc@mail.hl.cn
质量体系:ISO 9001
产品情况:(希望牌)
爆破器材运输车、油田专用车、军警车、豪华旅游观光车、液态食品(奶罐)运输车、电源(发电)车、化工(油)罐、(危险品)运输车、市政专用(洒水、吸污、管道疏通、高压清洗)车等

★牡丹江森田特种车辆改装有限公司
地址:黑龙江省牡丹江市爱民区东新荣街88号
邮编:157003
电话:0453/6525777、8939188
网址:www.mgstxf.com
单位人数:150
质量体系:ISO 9001
产品情况:(振翔牌)
泡沫水罐消防车、水罐消防车、干粉消防车、二氧化碳消防车、抢险救援消防车、后援消防车、供气消防车、大功率水幕排烟车、大流量供水消防车等

★牡丹江专用汽车制造有限公司
地址:黑龙江省牡丹江市海浪路81-5号
邮编:157003
电话:0453/6443198、6443598
传真:6411138
网址:www.qcqzj.com
电子信箱:mzqscd@sina.com
产品情况:(铁运牌)
汽车起重机、随车起重运输车

★黑龙江省龙城专用车有限公司
地址:黑龙江省鸡西市鸡冠区南山路59号
邮编:158100
电话:0467/8105567
传真:8105567
质量体系:ISO 9001
产品情况:半挂车、厢式车、仓栅车、自卸车等

★鸡西滨港特种汽车有限公司
地址:黑龙江省鸡西市鸡冠区文化路98号
邮编:158100
电话:0467/2622900、2622903
产品情况:消防车、反恐车、水泥罐车、运兵车、油罐车、拖挂车等

★黑龙江龙华汽车有限公司
地址:黑龙江省齐齐哈尔市高新技术开发区
邮编:161000
电话:0452/2348244、2347200
传真:2332239
法人代表:张根发
产品情况:公交客车、客车及专用车,电混合动力新能源电动客车,电动汽车专用电动机及控制器

★黑龙江挂车制造有限责任公司
地址:黑龙江省齐齐哈尔市铁锋区铁锋镇宛屯村
邮编:161002
电话:0452/2537555、2537567
传真:2512555
单位人数:156
质量体系:ISO 9001
产品情况:(北方牌)
半挂车、仓栅式运输半挂车、厢式运输半挂车、低平板半挂车等

★黑龙江农牧车辆股份有限公司
地址:黑龙江省齐齐哈尔市卜奎南大街317号
邮编:161005
电话:0452/2347621
传真:2344506
电子信箱:nmcl@ email. qqhr. gov. cn
质量体系:ISO 9000
产品情况:(农牧牌)
货运半挂车、平板半挂车、厢式车、轿车运输车

★大庆油田石油专用设备有限公司
地址:黑龙江省大庆市萨尔图区登峰村
邮编:163112
电话:0459/5800474、5801468
传真:5801451
电子信箱:liyg@ jxz. dq. cnpc. com. cn
产品情况:(井田牌)
计量车、地锚车、立放井架车、修井机、固井水泥车、清蜡车、工程车、地锚车、加油车等井田用车

★大庆汽车改装厂
地址:黑龙江省大庆市让胡路区乘风庄
邮编:163411
电话:0459/5694624
传真:5697768
电子信箱:allan2002@ 163. com
质量体系:ISO 9001
产品情况:(野驼牌)
测井车、试井车、工程车、排液车、餐车、供液泵车、工程车等专用车、半挂车

上海市

★上海电力环保设备总厂有限公司
地址:上海市共和新路2499号
邮编:200072
电话:021/56655880
传真:56657888
网址:www. sepee. com
电子信箱:main@ sepee. com
负责人:徐健
单位人数:700
质量体系:ISO 9000
产品情况:(双帆牌)
半挂车、纵横拼接式液压挂车、横伸式半挂车、液压挂车、全挂车等

★上海申联专用汽车有限公司
地址:上海市闸北区共和新路3201号
邮编:200072
电话:021/51281374、51290927
传真:51290915
网址:www. sql - spa. com
电子信箱:office@ sql - spa. com
董事长:肖国普
负责人:王荣清
质量体系:ISO 9001
产品情况:(申驰牌、申龙牌)
警务用车、指挥车、工程车、稽查监察车、冷藏运输车、轿车运输车、厢式车、洒水车、吸粪车、垃圾车、扫路车、防弹运钞车、旅居汽车、商务防弹车、军用特种车、新能源车等

★上海阿曼特汽车制造有限公司
地址:上海市浦东新区高科西路1810号
邮编:200125
电话:021/58810246、58810233
电子信箱:cawomoli@ vip. 163. com
质量体系:ISO 9002
产品情况:(海鸥牌)
防弹运钞车

★上海华东建筑机械厂有限公司
地址:上海市浦东新区衡安路1058号
邮编:200137
电话:021/50675858
传真:50416100
网址:www. huajian. com. cn
电子信箱:huajian@ huajian. com. cn
质量体系:ISO 9001
产品情况:(华建牌)
混凝土搅拌运输车、混凝土搅拌站、混凝土输送泵车

★上海杨园压力容器有限公司
地址:上海市浦东新区高东工业园区高翔环路145号
邮编:200137
电话:021/58487866
传真:58486331、58486332
网址:www. sypvm. com
电子信箱:sypvm@ online. sh. cn
董事长:陈孟德
单位人数:368
质量体系:ISO 9001
产品情况:低温液体运输车、压力容器等

★上海高智特种车有限公司
地址:上海市长宁区钦江路123号
邮编:200233
电话:021/64856485
传真:64856789
电子信箱:fangdawei@ gaozhi. com
产品情况:(高智牌)
通信车

★上海新华汽车厂
地址:上海市闵行区江川路2001号
邮编:200245
电话:021/54721334、54722956
传真:54720391
网址:www. peixinqc. com
电子信箱:peixinqc@ peixinqc. com
单位人数:300
产品情况:(培新牌)
半挂车、罐式车、厢式运输车、自卸车、集装箱运输半挂车、工程抢险汽车、客车等

★上海中集专用车有限公司
地址:上海市宝山区扶远路1771号
邮编:200436
电话:021/66866013、66867237
传真:66867217
网址:www. scvc. net. cn
质量体系:ISO 9001
产品情况:普通厢式车、冷藏/保温厢式车、翼展车、栏板车、特种车、集装箱、厢式半挂车及零部件

★上海沪陵(集团)有限公司
地址:上海市邯郸路10号
邮编:200437
电话:021/65167800
传真:65310500
网址:www. chinahuling. com
电子信箱:hulingjt@ online. sh. cn
单位人数:1000
质量体系:GJB9001
产品情况:(沪陵牌)
轻型客车、空调豪华车,救护车、工程抢险车、运钞车、节能监测车、卫生食品运输后开门车、野外淋浴车、边防巡逻车、流动X光车等变型车

★上海同济远征环卫机械工程公司
地址:上海市杨浦区国伟路135号13号楼408室
邮编:200438
电话:021/60955378、60955377
传真:60955379
网址:www. farun. com. cn
电子信箱:sales@ farun. com. cn
质量体系:ISO 9001
产品情况:(宝山牌)
后装式垃圾压缩机、侧装式垃圾压缩机、车厢可卸式垃圾车、垃圾收集车等

★上海市环境卫生车辆设备厂
地址:上海市闵行区莘北路518号
邮编:201100
电话:021/64980241、64982328
网址:www.fsesv.com
质量体系:ISO 9001
产品情况:各种垃圾车、扫路车等环卫专用车辆

★上海乳品机械厂有限公司
地址:上海市吴中路558号
邮编:201103
电话:021/54770117、54774050
传真:54774050
网址:www.sdmf.com.cn
电子信箱:sygdmc@online.sh.cn
单位人数:160
质量体系:ISO 9000
产品情况:(银光牌)
液态食品运输车
出口情况:部分产品出口

★上海申龙客车有限公司
地址:上海市闵行区华宁路2898号
邮编:201108
电话:021/34099000、34099001
传真:64428035
网址:www.sunlongbus.com
电子信箱:sunlong@sunlongbus.com
质量体系:ISO/TS 16949、ISO 9001
产品情况:(骏马牌)
长途客车、旅游客车、团体客车、卧铺客车、城市客车及天然气客车、混合动力客车、氢燃料客车等
出口情况:出口泰国、新加坡、俄罗斯、美国等10多个国家和地区

★上海沪光客车厂
地址:上海市闵行区陈行公路3978号
邮编:201114
电话:021/64292297
传真:64292297
网址:www.shhgkc.com
电子信箱:hgkcc@126.com
单位人数:180
质量体系:ISO 9001
产品情况:(沪光牌)
栏板半挂车、平板半挂车、自卸半挂车、槽罐半挂车、厢式半挂车、自卸车、厢式车、自卸式垃圾车、翼开启厢式车、工程车、半挂吸粪车等

★上海鸿得利重工股份有限公司
地址:上海市浦东新区金丰路277号
邮编:201201
电话:021/58587000、33826798
传真:58587435、58961185
网址:www.holdglobe.com
电子信箱:hold@holdglobe.com
质量体系:ISO 9001
产品情况:(城市猎豹牌)
HBT拖泵、HBC车载泵、THB臂架泵、MP淤泥泵、HZS搅拌站、干粉砂浆搅拌设备、YZH混凝土搅拌输送车等
出口情况:远销亚洲(日本、韩国、朝鲜、泰国、越南、马来西亚、孟加拉、印度、伊朗、伊拉克、卡塔尔、沙特阿拉伯、也门等)、欧洲(俄罗斯、乌克兰、意大利、土耳其、荷兰、芬兰、西班牙)、美洲、非洲(埃及、阿尔及利亚、利比亚、安哥拉、埃塞俄比亚、尼日利亚等10多个国家)、大洋洲(澳大利亚和新西兰)

★上海申宝汽车有限公司
地址:上海市浦东新区合庆镇东川公路7447号
邮编:201201
电话:021/68907183、68911718
传真:68901921
电子信箱:fecpe@sh163c.sta.net.cn
质量体系:ISO 9001
产品情况:(申宝牌)
低平板半挂车、栏板半挂车、集装箱半挂车

★上海通利厢车有限公司
地址:上海市浦东新区合庆镇东川公路5095号
邮编:201201
电话:021/58972858、58975688
传真:38970268
网址:www.tongli.sh.cn
电子信箱:sales@tongli.sh.cn
质量体系:ISO 9000
产品情况:普通厢式货车、移动顶城市小货车、翼开启式厢式车、软篷车、冷藏保温车、升降滚道车、海关监管车、残疾人专用车、特种厢式车

★上海金盾特种车辆装备有限公司
地址:上海市浦东新区书院镇丽正路1515号
邮编:201318
电话:021/68189888、51095888
传真:68066666、68066788
网址:www.shjd.com
电子信箱:market@shjd.com
质量体系:ISO 9001
产品情况:(海盾牌)
泡沫消防车、水罐消防车及消防装置
出口情况:出口亚洲、欧洲、美洲、中东等地区

★上海浦东一汽解放专用车有限公司
地址:上海市南汇区康桥镇川周公路3298号
邮编:201319
电话:021/58137656
传真:58137431
电子信箱:ga090266@autoinfo.gov.cn
质量体系:ISO 9001
产品情况:(速通牌)
半挂车、仓栅式半挂车、低平板半挂车、骨架式集装箱半挂车

★上海电气国际消防装备有限公司
地址:上海市松江区北内路32号
邮编:201600
电话:021/57833768、57830431
传真:57836368、57830472
网址:www.shdqxf.com
电子信箱:sgifec@myfire-sg.com
单位人数:531
质量体系:ISO 9001、GJB 9001
产品情况:泡沫/水罐/干粉消防车、水-干粉联用消防车、泡沫-干粉联用消防车、照明消防车、泵浦消防车、化学救援消防车、隧道救援消防车、举高喷射消防车、登高平台消防车、抢险救援消防车、地震救援消防车等
出口情况:远销南亚、东南亚、美国等国家和地区

★上海格拉曼国际消防装备有限公司
地址:上海市松江区北内路32号
邮编:201600
电话:021/57833768、57830431
传真:57830472
网址:www.myfire-sg.com
电子信箱:sgifec@myfire-sg.com
单位人数:260
质量体系:ISO 9001、GJB 9001
产品情况:(上格牌)
泡沫消防车、水罐消防车、化学洗消消防车、举高喷射消防车等各类消防车

★上海万象汽车制造有限公司
地址:上海市松江区书海路999号
邮编:201611
电话:021/67600657
传真:67602008
网址:www.wxdaewoo.com
电子信箱:info@wxdaewoo.com
质量体系:ISO 9001
产品情况:(万象牌、大宇牌)
大中型、中高档公交客车、旅游团体客车、纯电动城市客车

★普茨迈斯特机械(上海)有限公司
地址:上海市松江工业区洞泾路39号
邮编:201613
电话:021/57741000
传真:57742779
网址:www.putzmeister.com.cn
电子信箱:philipzhu@putzmeister.com.cn
产品情况:(申星牌)
混凝土输送泵车

★上海鑫百勤专用车辆有限公司
地址:上海市松江区中山街道文翔路388号
邮编:201613
电话:021/57782176
传真:57782215
电子信箱:gx090274@autoinfo.gov.cn

法人代表:范兵雷
产品情况:(百勤牌)
畜禽运输车、散装饲料运输车、环保智能型畜禽运输车、电动绞龙散装饲料车等

★中欧汽车有限公司
地址:上海市松江区洞泾工业区振业路188号
邮编:201619
电话:021/67670357、67670360
传真:67670355
网址:www.zoemo.net
电子信箱:gx100322@autoinfo.gov.cn
质量体系:ISO/TS 16949、QS 9000
产品情况:(欧旅牌)
旅居房车,救护车等专用车

★上海航空特种车辆有限责任公司
地址:上海市宝山区富联路758号
邮编:201906
电话:021/51693886、36042262
传真:36042260
网址:www.chsav.com
电子信箱:shichang@chsav.com
产品情况:(赛沃牌)
环卫车、消防车、军用方舱、仪载车、安防车、指挥车、房车

★上海华夏震旦消防设备有限公司
地址:上海市宝山区月罗路2098号
邮编:201908
电话:021/57839052、57839053
传真:57836368、66861791
网址:www.shdqxf.com
单位人数:350
质量体系:ISO 9001
产品情况:(鸡球牌)
重型泡沫、水罐、泡沫－干粉联用、抢险救援等系列消防车

江苏省

★南京东宇汽车集团有限公司
地址:南京市鼓楼区三牌楼大街151号
邮编:210003
电话:025/83478639
传真:83478532
网址:www.dongyugroup.com
电子信箱:dy@dongyugroup.com
董事长:丁星胜
单位人数:6000
产品情况:大中型客车、微型车,自卸车、牵引车、高压清洗车、仓栅式半挂车、集装箱运输半挂车、厢式运输半挂车、应急电源车、通信指挥车、救护车、检测车、洒水车、邮政车等各类专用汽车

★南京客车制造厂
地址:南京市雨花台区铁芯桥镇宁双路
邮编:210011
电话:025/58804237
传真:58802486
产品情况:(雨花牌)
客车、指挥车、宣传服务车、通信指挥车、通信车、囚车、救险车、救护车、检修车、检测车、工程抢险车、工程车、电源车、餐车、保温车

★南京特种汽车制配厂
地址:南京市雨花台区宁双路1号
邮编:210012
电话:025/52895227、52895100
传真:52896541
电子信箱:gx101212@autoinfo.gov.cn
质量体系:ISO 9001
产品情况:(金龙牌)
自卸车、半挂车、集装箱运输半挂车、仓栅式半挂车、低平板半挂车、厢式运输半挂车、翼开启厢式半挂车、散装水泥车、厢式运输车等

★南京市公共交通车辆厂
地址:南京市雨花台区凤台南路166号
邮编:210019
电话:025/86781609、86781633
传真:86781610
电子信箱:webmaster@jiankangbus.com
产品情况:(建康牌)
大、中、轻型客车,工程车

★江苏极东特装车有限公司
地址:南京市栖霞区石埠桥河东里75号
邮编:210033
电话:025/86706592
传真:86706213
电子信箱:nymarket@jlonline.com
质量体系:ISO 9001
产品情况:(顺风牌、极东牌)
熟石灰运输车、散装水泥车
出口情况:远销中东、东南亚、非洲、南美洲、欧洲等地区

★江苏中意汽车有限公司
地址:南京市栖霞区万寿村1－1号
邮编:210038
电话:025/85300892
传真:85300580
网址:www.jszhongyi.com
电子信箱:zhongyi@jszhongyi.com
质量体系:ISO 9001
产品情况:(中意牌)
电力工程车、防弹运钞车、流动银行车、卫星通信指挥车、新闻流动采访车、应急电源车、公安防爆指挥车、刑事勘察车、警犬车、移动通信服务车、高档急救车和防疫型救护车、医用X光机透视车、采血车、电视转播车、雷达车等

★南京市环卫车辆设备厂
地址:南京市栖霞区迈皋桥万寿村18号
邮编:210038
电话:025/85309923
传真:85380199
电子信箱:gx101216@autoinfo.gov.cn
产品情况:(亚宁牌)
压缩式垃圾车、洒水车、路面养护车、公路抢险车、工程车、电源车、通信车、医疗车等

★南京英达公路养护车制造有限公司
地址:南京市经济技术开发区恒飞路9号
邮编:210038
电话:025/85803030、84861010
传真:84271063、84861515
网址:www.freetech.com.hk
电子信箱:gx101234@autoinfo.gov.cn
质量体系:ISO 9001
产品情况:(英达牌)
沥青路面热再生修补车、沥青路面综合修补车、沥青加热恒温设备、沥青路面加热设备、沥青路面现场热再生设备、沥青提升复拌设备、手扶式振动压路机、沥青裂缝修补设备、多功能除雪车、灌料模具等

★南京金长江交通设施有限公司
地址:南京市栖霞区靖安镇太平桥北
邮编:210059
电话:025/85714109、85714579
传真:85714579
网址:www.jcjjt.cn
电子信箱:njjcjjt@163.com
质量体系:ISO 9001
产品情况:(路鑫牌)
公路防撞护栏抢修车、沥青混合料热再生车、沥青路面养护车、沥青路面综合修补车、公路护栏/标牌清洗车、移动标志车、公路安保抢修车、除雪撒布车、高空作业车、背拖式清障车、扫路车、太阳能移动标牌车
出口情况:远销亚洲、欧洲、非洲等国家

★航天晨光股份有限公司
地址:南京市江宁经济开发区天元中路188号
邮编:211100
电话:025/52425501、52826021
传真:52826019
网址:www.aerosun.cn
电子信箱:htcg@aerosun.cn
单位人数:2400
质量体系:ISO 9001
产品情况:(三力牌)
爆破器材运输车、粉粒物料运输车、高空作业车、罐式车、加油车、清洗车、洒水车、扫路车、垃圾车、自卸车、应急通信车、卫星通信车等

★南京金龙客车制造有限公司
地址:南京市江宁区殷巷振兴路88号
邮编:211102
电话:025/52729550、52729505
传真:52895345
网址:www.kinglong－nj.com
电子信箱:njjl@kinglong－nj.com

单位人数:368
质量体系:ISO 9001
产品情况:(东宇牌、金龙牌)
6~8m 低、中、高档系列客车

★南京德兴汽车车辆改装有限公司
地址:南京市麒麟镇宝山路
邮编:211135
电话:025/84121108、84121208
传真:84121491、84121496-812
网址:www.nj-dx.com
电子信箱:scb@nj-dx.com
单位人数:260
质量体系:ISO 9001
产品情况:电源车、军用储运车、军用方舱、军用发电车、测控车、通信指挥车、工程抢险车、路面养护车、静音拖车等

★南京中大金陵双层客车有限公司
地址:南京市六合区龙津路 36 号
邮编:211500
电话:025/57759062、57122788
传真:57750771、57122758
网址:www.jlbus.com.cn
电子信箱:office@jlbus.com
法人代表:徐连国
负责人:王言喜
质量体系:ISO 9001
产品情况:(金陵牌)
城市公交单/双层客车、团体客车、长途客车、旅游客车、特种客车、纯电动客车及底盘
出口情况:出口朝鲜、安哥拉、孟加拉国、越南、土耳其、阿联酋、卡塔尔等国家

★南京天印专用汽车有限公司
地址:南京市浦口经济开发区江苑路 8 号
邮编:211800
电话:025/58289733、58289373
传真:58289994
网址:www.njtianyin.com
电子信箱:shichangbu@njtianyin.com
质量体系:ISO 9001
产品情况:(天印牌)
混凝土搅拌车、散装水泥车、洒水车、垃圾车、吸粪车、扫地车、加/运油车
出口情况:出口东南亚和中东地区

★江苏卡威专用汽车制造有限公司
地址:江苏省丹阳市界牌镇界东工业园
邮编:212000
电话:0511/86378182、86163666
传真:86378638、86378912
网址:www.firechina.net
电子信箱:jskwxf@126.com
质量体系:ISO 9001
产品情况:(扬虹牌)
混凝土搅拌运输车、自卸车、消防车、灾害抢险救援车、散装水泥运输车、半挂车、环卫垃圾车等
出口情况:远销印度、印尼、泰国、越南、土耳其等国家

★镇江专用汽车制造厂
地址:江苏省镇江市丁卯开发区纬三路 1 号
邮编:212009
电话:0511/88880555
传真:88887938
网址:www.jhkanetics.com
电子信箱:zjhuaran@public.zj.js.cn
质量体系:ISO 9001
产品情况:(华通牌)
混凝土搅拌运输车、路面养护车
出口情况:出口亚洲、非洲、美洲等地区

★镇江市特种车辆厂有限公司
地址:江苏省镇江市古阳大道 6 号
邮编:212028
电话:0511/85627701
传真:85627701
电子信箱:zjwxdc@public.zj.js.cn
产品情况:(奥赛牌)
医疗车

★镇江飞驰汽车集团有限责任公司
地址:江苏省镇江市学府路 92 号
邮编:212062
电话:0511/88786336、88786629
传真:88786737
网址:www.fcqc.com
电子信箱:zjl@fcqc.com
质量体系:ISO 9001、GJB 9001A
产品情况:(飞球牌)
0.5~20t 系列冷藏保温车、厢式货车、厢式特种改装车、军/民用方舱、运血车及饮食保障车等

★镇江康飞机器制造有限公司
地址:江苏省镇江市大港新区五峰山路 66 号
邮编:212132
电话:0511/83177915、85116162
传真:83177913、83170788
网址:www.kfmachine.com.cn
电子信箱:kfjq@kfjq.com
单位人数:200
质量体系:ISO 9001、GJB 9001A
产品情况:(康飞牌)
各类方舱系列、毒物检测车、场务工程车、食品保温冷藏车、野战运血车、通信指挥车、侦察指挥作业车、导弹检测扩展方舱、导弹检测车、基地导调车、空投捆绑和急救车、公安器材车、海航检测储运方舱等

★鸿运汽车有限公司
地址:江苏省丹阳市导墅镇
邮编:212361
电话:0511/86658188、86688888
传真:86688493
电子信箱:myx118@sina.com
质量体系:ISO/TS 16949
产品情况:(宏运牌)
自卸车

★常州兰陵特种汽车制造有限公司
地址:江苏省常州市龙城大道 1869 号
邮编:213001
电话:0519/83258855
传真:83258855
单位人数:151
产品情况:(兰陵牌)
殡仪车

★常州中汽商用汽车有限公司
地址:江苏省常州市武进区高新技术产业开发区龙飞路 18 号
邮编:213001
电话:0519/86643914、86693036
传真:86658837
网址:www.czzqs.com
电子信箱:czzqs@163.com
质量体系:ISO 9001
产品情况:(常奇牌)
道路清障车、栏板半挂车、平板半挂车、随车起重运输车、厢式半挂车
出口情况:出口到海外市场,市场占有率接近 20%

★常林股份有限公司
地址:江苏省常州市常林路 10 号
邮编:213002
电话:0519/86751888、86758888
传真:86750025、86753838
网址:www.changlin.com.cn
电子信箱:sales@changlin.com.cn
单位人数:1363
质量体系:ISO 9001、ISO 14001
产品情况:(常林牌)
混凝土泵车、随车起重运输车、垃圾车、装载机、压路机、平地机等
出口情况:出口额持续保持年均 70% 的高速增长

★常州佳卓特种车辆有限公司
地址:江苏省常州市青龙西路 3 号
邮编:213017
电话:0519/85502789、85501289
传真:85502789
网址:www.jiazhuotrailer.com
电子信箱:jztrailer@163.com
法人代表:张湘文
负责人:李雷刚
单位人数:45
质量体系:ISO 9001
产品情况:(嘉倬牌)
载马挂车、旅居挂车、运马车、特种结构专用车,年产 600 台

★常州洪都电动车有限公司
地址:江苏省常州市奔牛镇工业园北区
邮编:213131
电话:0519/83120619、83127950
传真:83219622
网址:www.hongducz.com
电子信箱:hongdu@hongducz.com
产品情况:(洪都牌)

电动汽车、电动自行车/摩托车及电动车用电动机、控制器、充电器等主要部件
出口情况:远销20多个国家和地区

★溧阳二十八所系统装备有限公司
地址:江苏省溧阳市溧城镇平陵东路90号
邮编:213300
电话:0519/87038696、87299128
传真:87299828
网址:www.sheltersystem.cn
电子信箱:master@sheltersystem.cn
单位人数:500
质量体系:GB 19001、GJB 9001A
产品情况:指挥通信车、油田测井专用特种车、监护型防疫车、石油仪表厢式车、大型厢式应急通信车、巡逻车、各种军/民用方舱等

★无锡彩虹专用车有限公司
地址:江苏省无锡市惠山经济开发区阳山配套区天顺路6号
邮编:214000
电话:0510/83958279、83958759
传真:83955335
网址:www.wxch168.cn
电子信箱:sales@wxch168.cn
单位人数:300
质量体系:ISO 9001
产品情况:(天顺牌)
流动厕所车、公路清障车、厢式运输车、垃圾车、运马车
出口情况:出口澳大利亚、欧洲、美国等国家和地区

★一汽解放公司无锡锡柴汽车厂
地址:江苏省无锡市马山七号桥
邮编:214092
电话:0510/85014990、85993156
传真:85997974、85012902
网址:www.wxdew.com
电子信箱:wxdew@wxdew.com
质量体系:ISO/TS 16949、QS 9000
产品情况:(凤凰牌)
自卸车、半挂车、厢式运输车、仓栅式运输车、散装水泥车、压缩式垃圾车、化工液体运输车、混凝土搅拌运输车等各类专用车

★江苏省无锡探矿机械总厂有限公司
地址:江苏省无锡市新区梅村锡达路555号
邮编:214110
电话:0510/85014113、85014492
传真:85013426、85021654
网址:www.wxtkc.com
电子信箱:zlj@wxtkc.com
董事长:朱利根
质量体系:ISO 9001
产品情况:(锡探牌)
钻机车、各类地质钻机、钻探工具、泥浆泵及通用机械
出口情况:远销20多个国家和地区

★无锡南方商用汽车有限公司
地址:江苏省无锡市滨湖区滨湖镇南湖中路128号
邮编:214128
电话:0510/85952805
传真:85952397
电子信箱:webmaster@nfcx.com
产品情况:(倪盛牌)
混凝土搅拌运输车

★无锡华策汽车有限公司
地址:江苏省无锡市惠山经济开发区惠成路6号
邮编:214170
电话:0510/83621571
传真:83621571
法人代表:郑华理
质量体系:ISO 9000
产品情况:(华新牌)
中轻型客车,城市客车,厢式车、殡仪车、采血车、医疗车、工程车等专用车

★无锡锡梅特种汽车有限公司
地址:江苏省无锡市西漳镇锡澄北路98号
邮编:214171
电话:0510/83753625、83751780
传真:83751754
网址:www.wuxiximei.com
电子信箱:service@wuxiximei.com
质量体系:ISO 9001
产品情况:(锡梅牌)
飞机清水车、污水车、食品车、客梯车、垃圾车、行李牵引车、行李传送车、残疾人登机车、行李平板拖车、集装箱平板拖车、飞机牵引车等
出口情况:远销国际市场

★无锡交通汽车股份有限公司
地址:江苏省无锡市惠山经济开发区春惠路568号
邮编:214177
电话:0510/83016588、81019188
传真:83033126、83018321
网址:www.jinnan.com.cn
电子信箱:auto@jinnan.com.cn
质量体系:ISO 9001
产品情况:(二泉牌、金南牌)
车厢可卸式垃圾车、自卸式垃圾车、半挂车、厢式运输车、客车

★一汽客车(无锡)有限公司
地址:江苏省无锡市惠山经济开发区金惠路569号
邮编:214177
电话:0510/82250888、82250588
传真:82250889
网址:www.taihubus.com.cn
电子信箱:master@taihubus.com
法人代表:姜君
单位人数:1000
质量体系:ISO 9001、GJB 9001A
产品情况:(解放牌、太湖牌)
大中轻型6～12m团体旅游客车、公路客车、城市客车,混合动力城市客车,专用客车
出口情况:远销亚洲、非洲、拉丁美洲等20个国家

★江苏金永达工业有限公司
地址:江苏省宜兴市宜兴经济开发区诸桥东路
邮编:214200
电话:0510/87029552、87029556
传真:87029555
网址:www.jsjyd.cn
电子信箱:web@jsjyd.cn
单位人数:500
质量体系:ISO 9001
产品情况:(金望牌)
道路清障车

★江阴市汽车改装厂
地址:江苏省江阴市青阳镇锡澄路1519号
邮编:214401
电话:0510/86503010
传真:86502055
网址:www.chinashentan.com
法人代表:秦安君
单位人数:50
质量体系:ISO 9000
产品情况:(神探牌)
JYG系列勘察车、指挥车等,用于公安部、武警边防,产量150辆
出口情况:出口朝鲜、缅甸

★江苏常隆客车有限公司
地址:江苏省江阴市新澄路2号
邮编:214432
电话:0510/86262304
传真:86262312
网址:www.mgo.com.cn
电子信箱:mgo1688@mgo.com.cn
法人代表:黄坤达
单位人数:450
质量体系:ISO 9001
产品情况:(常隆牌、马可牌)
公交客车、公路旅游客车、纯电动客车、BRT,产量3000辆

★无锡神舟汽车制造有限公司
地址:江苏省江阴市澄江东路58号
邮编:214434
电话:0510/86406328、86404579
传真:86406330
网址:www.wxszauto.com
电子信箱:wxszauto@yahoo.com.cn
质量体系:ISO 9000
产品情况:(宇舟牌)
中高档豪华客车,防暴运兵车、交通指挥车等专用车,防弹运钞车、电动车等

★江苏法瑞德专用汽车有限公司
地址:江苏省靖江市江阴经济开发区靖江园区 E1 地块
邮编:214521
电话:0523/84622198
传真:84622139
网址:www. jsfarid. com
电子信箱:jsfarid@ 126. com
产品情况:(法瑞德牌)
环卫工程应急车、救护车

★江苏海鹏特种车辆有限公司
地址:江苏省江阴市经济开发区靖江园区沿江高等级公路 9 号
邮编:214521
电话:0510/80129627
传真:80129600、80129616
网址:www. jsvehicle. com
电子信箱:gx100320@ autoinfo. gov. cn
产品情况:(海鹏牌)
半挂车、粉粒物料运输车、化工液体运输半挂车、化工液体运输车、冷藏车、面粉运输车、清障车

★苏州江南航天机电工业公司
地址:江苏省苏州市吴中区木渎镇中山东路 14 号
邮编:215101
电话:0512/66261991、66367721
传真:66262350
网址:www. jncasic. com
电子信箱:szjnht@ jncasic. com
法人代表:赵永刚
单位人数:600
质量体系:ISO 9001、GJB 9001A
产品情况:(航天牌)
生产三大系列应急专用车,救护救援系列(远程会诊车、应急急救车、应急手术车、应急 X - 线车、应急处置车、应急卫生防疫车、消毒灭菌车等),通信指挥系列(应急通信指挥车、气象应急通信、消防、森林防火应急通信指挥车等),后勤保障系列(应急作业车、应急修理车、应急仓储车、应急电源车等)
出口情况:手术车、处置车、X - 线车、通信指挥车等产品出口中东、欧美、南非、东南亚地区

★苏州华福低温容器有限公司
地址:江苏省苏州市吴中经济开发区天灵路 18 号
邮编:215128
电话:0512/65276693、65275026
传真:65276396
网址:www. sz - huafu. com. cn
电子信箱:chenqihf@ 126. com
法人代表:张凤华
负责人:肖为东
单位人数:70
质量体系:ISO 9001
产品情况:(HF 牌)
低温罐式集装箱、化工罐式集装箱、低温液体运输车、低温液体贮槽、气化器系列
出口情况:销往俄罗斯、马来西亚、新加坡、印度尼西亚、阿联酋、埃及等国家

★南汽吴江跃进客车厂
地址:江苏省吴江市莘塔镇
邮编:215213
电话:0512/63291948
传真:63291874
质量体系:ISO 9000
产品情况:(多菱牌)
厢式货车

★昆山专用汽车制造厂
地址:江苏省昆山市金茂路 1288 号
邮编:215300
电话:0512/55106808、57303710
传真:55106822、57303710
网址:www. ksspcar. com
电子信箱:derek874@ 126. com
产品情况:(魁士牌)
自卸车、散装水泥车、粉尘车、运油车、厢式车、半挂车、钻井车、集装箱运输车、公路清障车等

★常熟华东汽车有限公司
地址:江苏省常熟市虞山北路 258 号
邮编:215500
电话:0512/52265010
传真:52265075
网址:www. h - d. cn
电子信箱:cszbgs@ h - d. cn
质量体系:ISO 9001
产品情况:(华东牌)
警用车辆、运钞车、垃圾车、移动气象监测车、品牌展示车
出口情况:远销美国、俄罗斯、瑞典等国家

★苏州中欧汽车有限公司
地址:江苏省常熟市东南经济开发区珠泾路 8 号
邮编:215533
电话:0512/52118562
传真:52118586
网址:www. zoeco. com. cn
电子信箱:gx100322@ autoinfo. gov. cn
质量体系:ISO/TS 16949
产品情况:(欧旅牌、奔旅牌)
旅居车、救护车、指挥车、监理车

★苏州市捷达消防车辆装备有限公司
地址:江苏省苏州市常熟辛庄工业园区
邮编:215562
电话:0512/52471111、52478618
传真:52478256
网址:www. jd - fire - industry. com
电子信箱:jdfire@ jd - fire - industry. com
负责人:张建明
单位人数:300
质量体系:ISO 9001
产品情况:(苏捷牌、捷达消防牌)
泵浦、泡沫、水罐、干粉、泡沫干粉联用、各类救(后)援、化学救援、通信指挥、照明排烟、登高高喷消防车以及远距离大流量供水系统、灭火救援机器人等

★张家港市江南汽车制造有限公司
地址:江苏省张家港市南丰镇海丰路 1 号
邮编:215600
电话:0512/58616008、58628608
传真:58628238
网址:www. jiangnanauto. com
电子信箱:sales@ jiangnanauto. com
单位人数:1000
质量体系:ISO 9001
产品情况:(春洲牌)
中轻型客车,自卸车,厢式货车、殡仪车、救护车等专用车
出口情况:出口埃及、洪都拉斯、沙特、尼日利亚、阿尔及利亚、危地马拉、朝鲜、黎巴嫩、马拉维、吉布提、科威特等 20 多个国家

★牡丹汽车股份有限公司
地址:江苏省张家港市乐余镇
邮编:215621
电话:0512/58661234、58660103
传真:58969903
网址:www. mudanauto. com
电子信箱:sales@ mudanauto. com
单位人数:20000
质量体系:ISO 9001
产品情况:(牡丹牌)
旅游客车、公交客车、中巴客车、厢式货车、纯电动客车等
出口情况:出口海外市场

★江苏友谊汽车有限公司
地址:江苏省张家港市乐余镇乐红路22 号
邮编:215622
电话:0512/58651013、58650276
传真:58650869
网址:www. youyiautomobile. com
电子信箱:ysh_youyi@ 163. com
单位人数:1300
质量体系:ISO 9001
产品情况:(友谊牌)
轻型客车,大中型公路客车、城市公交客车,小学生校车等
出口情况:出口亚洲、非洲、美洲、大洋洲等地区

★张家港圣汇气体化工装备有限公司
地址:江苏省张家港市金港镇南沙工业区天永路
邮编:215632
电话:0512/58376503
传真:58376726
电子信箱:gx100336@ autoinfo. gov. cn
质量体系:ISO 9001
产品情况:(圣汇牌)
低温液体运输半挂车

★张家港中集圣达因低温装备公司
地址:江苏省张家港市金港镇经济开发南区港西中路
邮编:215632
电话:0512/58391235、58372993
传真:58370701、58390388
网址:www. sdy – cn. com
电子信箱:sdy@ sdy – cn. com
单位人数:700
质量体系:ISO 9000
产品情况:(圣达因牌)
低温液体贮罐、低温液体运输车、大型常压贮罐、罐式集装箱、低温绝热气瓶和气化设备以及LPG、液氨、丙烯、二甲醚等危化学品储运装备

★张家港韩中深冷科技有限公司
地址:江苏省张家港市杨舍镇晨新村金沙路
邮编:215637
电话:0512/56903925、56903976
传真:56903908、56903990
网址:www. hanjung. cn
电子信箱:jerry@ hanjung. cn
质量体系:ISO 9001
产品情况:(韩中深冷牌)
低温液体储罐、汽化器、低温液体运输车、低温液体罐式集装箱等

★徐州海伦哲专用车辆股份有限公司
地址:江苏省徐州市经济开发区宝莲寺路19号
邮编:221000
电话:0516/87987805、87987798
传真:87987777、87987899
网址:www. xzhlz. com
电子信箱:xzhlz@ sina. com
质量体系:ISO 9001
产品情况:(海伦哲牌)
高空作业车、清障车、机场专用车辆
出口情况:出口国外

★徐州利勃海尔混凝土机械有限公司
地址:江苏省徐州市金山桥经济开发区金工路10号
邮编:221004
电话:0516/87982808
传真:87792300
网址:www. xuzhouliebherr. com
电子信箱:xzhlz@ sina. com
质量体系:ISO 9001
产品情况:(利普赫尔牌)
混凝土搅拌运输车

★徐州工程机械集团有限公司
地址:江苏省徐州市金山桥经济开发区工业一区
邮编:221006
电话:0516/87739106、87738888
传真:87739999
网址:www. xcmg. com
质量体系:ISO 9001
产品情况:(徐工牌、海虹牌)
汽车起重机、高空作业车、混凝土泵车、举高喷射消防车、桥梁检测作业车、清障车、起重机、垃圾车、随车起重运输车
出口情况:已销售到世界130多个国家和地区

★徐州天地重型机械制造有限公司
地址:江苏省徐州市铜山经济开发区黄山路24号(天地重工业园)
邮编:221116
电话:0516/83310507、83310566
传真:83310500、83310577
网址:www. xtdzg. com
电子信箱:tdzgyx@ 163. com
质量体系:ISO 9001
产品情况:(鑫天地重工牌)
混凝土搅拌运输车、混凝土泵车、高空作业车、随车起重运输车等
出口情况:出口到非洲等地区

★徐州徐工特种汽车有限公司
地址:江苏省徐州市铜山新区星月大道2号
邮编:221116
电话:0516/83312982
传真:83312982
网址:www. xzxgtq. com
电子信箱:xzxgtq@ 126. com
产品情况:(劲马牌)
高空作业车、半挂车、矿用车、低速货车、自卸低速货车

★徐州华邦专用汽车有限公司
地址:江苏省邳州市建设北路38号
邮编:221300
电话:0516/86261888、86261777
传真:86268555
网址:www. xzhuabang. com
电子信箱:gx100328@ autoinfo. gov. cn
单位人数:180
质量体系:ISO 9001
产品情况:(国世华邦牌)
多轴线、液压转向大型平板运输车,半挂系列运输类专用车,吸粪车、洒水车等作业类专用车

★连云港东堡专用车有限公司
地址:江苏省连云港市新浦区解放西路60号
邮编:222003
电话:0518/85418520、85418954
传真:85513117
网址:www. tobow. com
电子信箱:zhaojun5758@ 163. com
董事长:周清源
单位人数:400
产品情况:(东堡牌)
20~100t低平板及超低平板半挂车,集装箱半挂车,轿车运输车,10~50t多功能运输半挂车,80~1500t以上可拼接式货台可升降重型全挂车,罐式车、厢式车、自卸车等

★连云港五洲专用车制造有限公司
地址:江苏省连云港市经济技术开发区新光路9号
邮编:222047
电话:0518/82348988、82349109
传真:82349966
网址:www. lyguspv. com
电子信箱:market@ lyguspv. com
产品情况:(连洲牌)
集装箱运输半挂车、三桥栏板车、集装箱自卸车等
出口情况:出口北美洲等地

★江苏天明机械集团有限公司
地址:江苏省连云港市海州经济开发区朐凤路108号
邮编:222062
电话:0518/85916908、85916909
传真:85916900、85916955
网址:www. chinatmco. com
电子信箱:lygtm@ chinatmco. com
董事长:卢明立
质量体系:ISO 9001
产品情况:(天明牌)
框架式煤矿支架搬运车、煤矿综采设备快速搬运车、支架搬运车、无轨胶轮运货车/运人车、煤矿用连采设备快速搬运车、平板车、超低货台框架罐体运输车、连接平台、多功能运输车等

★淮安市专用汽车制造有限公司
地址:江苏省淮安市和平东路10号
邮编:223001
电话:0517/83750818、83750828
传真:83765117
网址:www. hazq – js. com
电子信箱:gx100288@ autoinfo. gov. cn
质量体系:ISO 9002
产品情况:(永旋牌)
多功能联合吸污车、军用炊事车、垃圾运输车、铝合金罐车、粉罐车、低温液体运输车、集装箱运输车、自卸车、厢式车、低平板半挂车、栏板半挂车等
出口情况:远销中东、澳大利亚、南美洲、非洲、东欧等地区

★江苏安华汽车股份有限公司
地址:江苏省淮安市经济开发区迎宾大道39号
邮编:223005
电话:0517/83799001
传真:83799001
网址:www. jsanh. com
电子信箱:liuht@ dlscn. cn
法人代表:俞建新
单位人数:170
质量体系:ISO 9001
产品情况:(大力士牌)

骨架车、半挂车、码头车、吸污车、自卸车等
出口情况：出口自卸车3台、吸污车2台

★江苏淮安威拓公路养护设备公司
地址：江苏省淮安市经济开发区广州北路2号
邮编：223005
电话：0517/83739937
传真：83739241
网址：www.witol.com.cn
法人代表：蔡其武
负责人：张天琦
单位人数：100
质量体系：ISO 9001
产品情况：（威拓瑞牌）
公路养护设备专用汽车及相关零部件

★淮安市苏通市政机械有限公司
地址：江苏省淮安市楚州区经济开发区边寿民路28号
邮编：223232
电话：0517/85989191、85989187
传真：85208982、85989161
网址：www.hasutong.com
电子信箱：master@hasutong.com
质量体系：ISO 9001
产品情况：（苏通牌）
下水道联合疏通车、抓斗式窨井清淤车、沼液沼渣出料车、随车起重机
出口情况：出口国外

★江苏金驰车辆有限公司
地址：江苏省宿迁市经济开发区科工路1号
邮编：223800
电话：0527/84565870
传真：84565990
网址：www.jsjinchi.com
电子信箱：jinchicl@163.com
法人代表（负责人）：金光
单位人数：145
质量体系：ISO 9001
产品情况：（金驰牌）
防爆无轨胶轮车（防爆运输车、防爆指挥车、防爆运人车、防爆皮载货汽车、防爆运料车、防爆运管车等），用于矿山井下，2010年销售84台；公路监督检查车，2010年销售61台

★盐城中威客车有限公司
地址：江苏省盐城市开放大道100号
邮编：224003
电话：0515/88333888
传真：88333777
质量体系：ISO 9001
产品情况：（中大牌）
大中型客车，纯电动客车

★江苏奥新新能源汽车有限公司
地址：江苏省盐城市经济开发区希望大道南路43号
邮编：224007
电话：0515/83350555、83350509
传真：83350111
网址：www.aoxinauto.com
电子信箱：jfqtsl@163.com
法人代表：康立华
质量体系：ISO 9001
产品情况：（达福迪牌）
电动轿车、电动货车，邮政车、环卫车等电动专用车

★江苏悦达专用车有限公司
地址：江苏省盐城市经济开发区希望大道99号
邮编：224007
电话：0515/88119999、88118032
传真：88118808
网址：www.jsydzyc.com
电子信箱：sales@ydzyc.com
质量体系：ISO 9001、ISO 14001
产品情况：（悦达牌）
后装压缩式垃圾车、侧装压缩式垃圾车、密闭式垃圾转运车、扫路车、洒水车、高压冲洗车、多功能扫洗车、厨馀垃圾车、垃圾站等

★中国重汽阜宁东保专用车公司
地址：江苏省盐城市阜宁县阜城镇新港村九组
邮编：224400
电话：0515/87239177
传真：87239188
产品情况：半挂车、专用车等

★扬州柳工建设机械有限公司
地址：江苏省扬州市蜀岗西路8号
邮编：225008
电话：0514/87635448、87309333
传真：87635408
网址：www.yzliugong.com
电子信箱：sales@yzliugong.com
质量体系：ISO 9001
产品情况：（柳工牌）
混凝土搅拌运输车

★扬州中集通华专用车有限公司
地址：江苏省扬州市扬子江中路139号
邮编：225009
电话：0514/87877888、87872905
传真：87870999、87873290
网址：www.chinatrailer.com
电子信箱：yz.tht@public.yz.js.cn
单位人数：2100
质量体系：ISO 9001
产品情况：（通华牌）
罐式车、厢式半挂车、车辆运输车、集装箱半挂车、平板半挂车、低平板半挂车、自卸半挂车、混凝土搅拌车、泵车和特种半挂车等
出口情况：远销日本、东南亚、美洲、澳大利亚、非洲、中东等国家和地区

★扬州跃进通达客车有限公司
地址：江苏省扬州市邗江区槐泗镇陈沟
邮编：225116
电话：0514/87657260、87657086
传真：87651969
单位人数：120
产品情况：（亚星牌、扬子牌、跃进牌）
中高档豪华客车、城市公交车

★扬州三源机械有限公司
地址：江苏省扬州市邗江区方巷镇峰明大道18号
邮编：225117
电话：0514/87381053、87389918
传真：87383603
网址：www.yzsyjx.com
电子信箱：chk@yzsyjx.com
单位人数：300
质量体系：ISO 9001
产品情况：扫路机、汽车车架等

★江苏九龙汽车制造有限公司
地址：江苏省江都市外资工业园
邮编：225200
电话：0514/86517110、86517000
传真：86517111
网址：www.joylong.net
电子信箱：sales@joylong.net
产品情况：轻型客车、救护车、警用车、烟草运输车、无障碍车等

★江苏女神汽车集团公司
地址：江苏省扬州市江都新区舜天路405号
邮编：225200
电话：0514/86898291、86887551
传真：86554700
电子信箱：nvshenqiuzhiwu@163.com
质量体系：ISO 9000
产品情况：（女神牌）
客车，半挂车，散装水泥车、高空作业车、工程车、电源车等专用车

★江苏女神汽车集团公司江都客车厂
地址：江苏省扬州市江都新区舜天路405号
邮编：225200
电话：0514/86976696、86888000
传真：86554700
网址：www.jsnsqc.com
电子信箱：qzw@jsnsqc.com
法人代表：吴宝余
质量体系：ISO 9001
产品情况：（女神牌）
年产JB6122系列大型客车600辆、JB6140大型客车200辆

★江苏银宝专用车有限公司
地址：江苏省扬州市宝应县范水工业区
邮编：225800
电话：0514/88422468
传真：88422468
网址：www.ybzyc.cn

电子信箱:yinbao@ybzyc.cn
单位人数:180
质量体系:ISO 9001
产品情况:(银宝牌)
半挂车、自卸车、厢式运输车、仓栅式运输车、粉粒物料运输车、骨架式/平板式集装箱运输车等

★南通中集交通储运装备制造公司
地址:江苏省南通市城港路159号
邮编:226003
电话:0513/85066397、85066398
传真:85564961
网址:www.cimc-tank.com
电子信箱:chunhui.jiang@cimc.com
产品情况:(中集牌)
低温液体运输半挂车、低温液体罐车、半挂罐车、液化天然气半挂车、液化石油气罐车等

★南通客车厂
地址:江苏省南通市城港路143号
邮编:226006
电话:0513/85605277
传真:85602291
电子信箱:gx100252@autoinfo.gov.cn
质量体系:ISO 9001
产品情况:(文峰牌)
客车、液化石油气运输半挂车

★江苏英田汽车制造有限公司
地址:江苏省如皋市如城镇陆桥村
邮编:226503
电话:0513/87301888、87509430
传真:87301999
网址:www.jsytjt.com
电子信箱:gx100306@autoinfo.gov.cn
质量体系:ISO 9001
产品情况:(英田牌)
低速载货汽车、工程运输车、自卸车,年设计生产能力5万辆

浙江省

★杭州爱知工程车辆有限公司
地址:杭州市经济开发区5号大街17号
邮编:310018
电话:0571/86912645、86851956
传真:86911592、86913744
网址:www.hzaichi.com
电子信箱:xiaoshou@hzaichi.com
法人代表:於晓宇
单位人数:300
质量体系:ISO 9001、ISO 10012
产品情况:(爱知牌)
各种高空作业车、应急电源车、工程抢修车、钻孔立杆车、高空喷药车、电缆车等
出口情况:出口俄罗斯、古巴、朝鲜、菲律宾、澳大利亚、越南、孟加拉国、也门、哈萨克斯坦、蒙古等国家和地区,并销往中国香港地区

★杭州专用汽车有限公司
地址:杭州市经济技术开发区M20-15-1号
邮编:310018
电话:0571/86721821、86721825
传真:86721817
网址:www.hzzqchina.com.cn
电子信箱:hzzq@hzzqchina.com.cn
质量体系:ISO 9001、ISO 14001
产品情况:(宏宙牌)
混凝土臂架泵车、混凝土搅拌车、散装水泥车、自卸车、罐式液体化工车、厢式车、平板车、环保专用车等
出口情况:出口美国等国家

★中汽商用汽车有限公司
地址:杭州市西湖区转塘镇凌家桥
邮编:310024
电话:0571/87099534、87311597
传真:87310590、87099539
网址:www.e-cnca.cn
电子信箱:zhongqi@hzbs.cn
质量体系:ISO 9001
产品情况:(中汽牌)
环卫车、舞台车、电影车、高空作业车、电源车、旅居车、半挂车、自卸车、罐车等

★杭州越西客车制造有限公司
地址:杭州市余杭区临平星桥经济开发区星一路
邮编:311100
电话:0571/86262831、86262832
传真:86262833
网址:www.yuexibus.com
电子信箱:sales@yuexibus.com
质量体系:ISO 9001
产品情况:中、轻型公路客车和城市客车

★杭州恒康专用车辆制造有限公司
地址:杭州市余杭区瓶窑镇彭安路20号
邮编:311115
电话:0571/88523336、88524033
传真:88747625、88523009
网址:www.hzhengkang.com
电子信箱:hzhkgs@hzhengkang.com
单位人数:220
质量体系:ISO 9001
产品情况:(恒康牌)
车厢可卸式垃圾车、密封式垃圾车、拉臂式垃圾车、自(侧)装卸垃圾车、平推后装式垃圾车、工程抢险车、环卫中转设备,年生产3000多辆

★杭州南方半挂车有限公司
地址:杭州市余杭区瓶窑镇彭公村33号信箱
邮编:311115
电话:0571/88548095、88548096
传真:88548097
网址:www.hznf.net
电子信箱:hznf@zj.com
单位人数:100
产品情况:(陆氏牌)
化工液体运输车、散装水泥运输车、洒水车、清洗车、吸粪车、压缩式垃圾车、运油车、集装箱运输半挂车等

★浙江中誉汽车有限公司
地址:杭州市萧山区临江工业园区世纪大道188号
邮编:311228
电话:0571/82952888、82952697
传真:82952788、82874488
网址:www.zhongyugroup.com
电子信箱:auto@zhongyugroup.com
质量体系:ISO 9001
产品情况:(中誉牌)
以奔驰凌特、威霆商用车为主,同时生产豪华商务车、豪华旅居车、MINIBUS、救护车、礼宾车等专用车辆和各类民用特殊车辆

★杭州市政机械制造有限公司
地址:杭州市拱墅区湖州街22号
邮编:311403
电话:0571/85367323
传真:85383498
网址:www.hzszjx.com
电子信箱:hzszjx@163.com
质量体系:ISO 9001
产品情况:(双箭牌)
沥青洒布车、搅拌机、综合养护车等
出口情况:出口东南亚、非洲等地区

★杭州蓝海特种车辆有限公司
地址:杭州市淳安县千岛湖镇经济开发区鼓山园区涌金路369号
邮编:311700
电话:0571/88291193
传真:88291193
质量体系:ISO 9001
产品情况:道路巡逻车、事故勘察车、移动警务车、防弹运钞车等特种车辆,车载光电子系统

★浙江万丰汽车制造有限公司
地址:浙江省新昌工业园区鳌峰路1号
邮编:312500
电话:0575/86298888、86298220
产品情况:皮卡、SUV

★湖州东方汽车有限公司
地址:浙江省湖州市南浔镇虹阳路338号
邮编:313009
电话:0572/3912567
传真:3013473
网址:www.hzeast.net
电子信箱:info@hzeast.com
法人代表:张浙兴
质量体系:ISO 9001
产品情况:(东方牌)
特种修理车、特种方舱、厢式车、客

车、专用挂车、农机检测车、车载式混凝土输送泵车

★浙江美通筑路股份有限公司
地址:浙江省海宁盐仓连杭经济开发区白沙路6号
邮编:314423
电话:0571/87177008、87177009
传真:87177006
网址:www. metong. com
电子信箱:metong@ vip. sina. com
质量体系:ISO 9001
产品情况:(美通牌)
沥青洒布车、沥青碎石同步封层车、稀浆封层车等

★浙江宝成机械科技有限公司
地址:浙江省宁波市江北工业园区C区通惠路788号
邮编:315000
电话:0574/87636688
传真:87630469
网址:www. nbbaocheng. com
电子信箱:nbbc6688@ mail. nbptt. zj. cn
单位人数:120
质量体系:ISO 9001
产品情况:(宝裕牌)
压缩式垃圾车、车厢可卸式垃圾车、车厢封闭式垃圾车、自装卸式垃圾车、洒水车等

★宁波公运汽车修造有限公司
地址:浙江省宁波市江北环城北路东段825号
邮编:315020
电话:0574/87624343、87190107
传真:87634571、87305004
网址:www. nbgy. com
电子信箱:xzc@ nbgy. com
质量体系:ISO 9001
产品情况:(灵桥牌)
公路客车、厢式车、自卸车、无线通信车等

★宁波凯福莱特种汽车有限公司
地址:浙江省宁波市江北区金山路666弄16号
邮编:315033
电话:0574/83092931
传真:87627821
电子信箱:gx111216@ autoinfo. gov. cn
产品情况:(凯福莱牌)
冷藏车、救护车、救护保障车

★宁波吉江汽车制造有限责任公司
地址:浙江省宁波市鄞州投资创业中心金谷中路东9号
邮编:315104
电话:0574/88385578、88328067
传真:88331813、88166369
网址:www. jijiangauto. com
电子信箱:nbjjxsb@ 21cn. com
法人代表:朱峰林宏
单位人数:407
质量体系:ISO 9001
产品情况:(吉江牌)
大中型旅游客车、长途客车、城市客车,混合动力客车,专用客车,电动大客车、游览观光车、电动搬运车、电动微轿、电动巴士、电动吉普车等电动汽车

★宁波三新特种汽车有限公司
地址:浙江省慈溪市慈东工业开发区
邮编:315300
电话:0574/63979076、63789953
传真:63979199
网址:www. sanxinqc. com
电子信箱:gx111214@ autoinfo. gov. cn
质量体系:ISO 9000
产品情况:(宁特牌)
挂车、混凝土搅拌运输车、自卸车等

★浙江雅迪机车有限公司
地址:浙江省慈溪市杭州湾新区滨海大道288号
邮编:315336
电话:0574/63009582、63009156
传真:63009157
网址:www. yadea. com. cn
法人代表:杨亚军
产品情况:(雅迪(YD)牌)
电动车、特种车

★宁波波导汽车科技有限公司
地址:浙江省宁波市奉化市东郊开发区岳林东路499号
邮编:315500
电话:0574/86588700、86581391
传真:86580082
网址:www. qin - ji. com
电子信箱:webmaster@ qin - ji. com
法人代表:徐立华
产品情况:(剑球牌)
静力触探车

★宁波神马汽车制造有限公司
地址:浙江省奉化市东郊开发区岳林东路499号
邮编:315500
电话:0574/88956529
传真:88952810
网址:www. nbsmauto. com
电子信箱:shenmaauto@ 126. com
产品情况:大型客车、城市客车、商务旅游客车、特种车及清洁能源客车

★浙江征远专用汽车有限公司
地址:浙江省临海市江南大道155号
邮编:317000
电话:0576/85122392、85198376
传真:85198201
产品情况:(征远牌)
半挂车、仓栅式半挂车、低平板式半挂车、集装箱运输半挂车、栏板式半挂车、厢式运输半挂车、压缩式垃圾车等

★金华市康迪新能源车辆有限公司
地址:浙江省金华市工业园区康迪汽车城
邮编:321016
电话:0579/82239768、82239778
传真:82239379
网址:www. kandigroup. com
电子信箱:servicecenter@ xiaodianpao. com
质量体系:ISO 9001
产品情况:(康迪牌)
电动汽车、专用汽车、全地形车、农夫车、休闲车等
出口情况:出口欧美、东南亚等地

★永康市富仕达实业有限公司
地址:浙江省永康市五金科技工业园金山东路20号
邮编:321300
电话:0579/87230046、87230146
传真:87230796、87231052
网址:www. chinafourstar. com
电子信箱:sales@ chinafourstar. com
质量体系:ISO 9000
产品情况:高尔夫球车、卡丁车、全地形车及非道路用车等
出口情况:远销欧美、东南亚等30多个国家和地区

★浙江飞神车业有限公司
地址:浙江省永康市五金科技园北湖路98号
邮编:321300
电话:0579/87232886、87226026
传真:87226025
网址:www. feishen. com
电子信箱:fs@ feishen. com
法人代表:陈向阳
单位人数:2000
质量体系:ISO 9001
产品情况:电动滑板车、电动代步车、电动自行车、电动摩托车、四轮电动车和休闲车等
出口情况:出口美国、日本、意大利、德国等20多个国家和地区

★众泰控股集团有限公司
地址:浙江省永康市经济开发区
邮编:321301
电话:0579/87229888、87229900
传真:87229901
网址:www. zotye. com
电子信箱:xiaoshou@ zotye. com
单位人数:3000
产品情况:(众泰牌、江南牌)
M300、Z200、Z200HB、江南TT系列轿车、众泰5008、2008系列SUV,众泰5008EV电动车,V10微型客车
出口情况:批量出口中东、西亚、俄罗斯、拉丁美洲等50多个国家和地区

★浙江南明专用汽车有限公司
地址:浙江省丽水市水阁工业园区枫岭街1号

邮编:323000
电话:0578/2151388、2153627
传真:2158088
网址:www. nmzyqc. com
电子信箱:552114423@163. com
质量体系:ISO 9001
产品情况:(南明牌)
半挂车、厢式汽车、集装箱运输车、自卸汽车、散装水泥车、油罐车、低平板半挂车、垃圾车等

★衢州市华夏专用汽车有限公司
地址:浙江省衢州市常山新都鲁里工业园区
邮编:324002
电话:0570/38505558、3850555
传真:3850555
电子信箱:gx110212@autoinfo. gov. cn
法人代表:邹望云
产品情况:(中商汽车牌)
自卸车、混凝土搅拌运输车、仓栅式载货汽车、自卸货车、半挂车等

★陕西汽车集团温州云顶汽车公司
地址:浙江省瑞安市塘下镇东工业区
邮编:325200
电话:0577/65326164
传真:65326170、65326969
网址:www. cnyunding. com
电子信箱:gx110242@autoinfo. gov. cn
产品情况:(云顶牌)
各种半挂车、粉粒物料运输车、混凝土搅拌运输车、加油车、畜禽运输车、压缩式垃圾车、运油半挂车、自卸车

安徽省

★安徽合力股份有限公司
地址:合肥市望江西路15号
邮编:230022
电话:0551/3648005、3633133
传真:3633431
网址:www. helichina. com
电子信箱:market@helichina. com
质量体系:ISO 9001、ISO 14001
产品情况:(合力(HELI)牌)
叉车、装载机、工程机械、矿山起重运输机械、铸锻件、热处理件等

★合肥通用机械研究院
地址:合肥市长江西路888号
邮编:230031
电话:0551/5335666、5335731
传真:5312185
网址:www. hgmri. com. cn
电子信箱:yuanbao@hgmri. com
产品情况:(通用所牌)
宣传车、机场跑道除胶车等

★安徽安凯汽车股份有限公司
地址:合肥市葛淝路1号
邮编:230051
电话:0551/2297706、2298515
传真:2297710、2298505
网址:www. ankai. com
电子信箱:ankai@ankai. com
单位人数:3000
质量体系:ISO 9001
产品情况:(安凯·赛特拉牌、安凯牌、江淮·现代牌、江淮牌)
豪华大型客车、轻型客车、新能源客车(混合动力、纯电动),用于公路客运、旅游客运、公交客运等;客车底盘;2011年年产7218辆

★安徽江淮客车有限公司
地址:合肥市包河工业区花园大道23号
邮编:230051
电话:0551/3732315、3732120
传真:3732035
网址:www. jac-bus. com
电子信箱:jac_bus@126. com
法人代表:王江安
单位人数:1200
质量体系:ISO/TS 16949、ISO 9001
产品情况:(江淮·现代牌)
中高档轻型客车、大中型客车,涵盖5.6~12m、10~55座的各类车型

★安徽江淮专用汽车有限公司
地址:合肥市包河区工业园经六路与纬二路交叉口江淮重工园
邮编:230051
电话:0551/2297292
传真:2297292
网址:www. jaczyc. com
质量体系:ISO 9001
产品情况:(JAC牌)
厢式运输车、罐式运输车、自卸车、混凝土搅拌运输车、混凝土泵车、散装水泥运输车、加(运)油车、道路清障车、压缩式垃圾车、高空作业车等

★合肥开乐特种车辆有限公司
地址:合肥市安蜀山产业园井岗路西端
邮编:230061
电话:0551/5358078
传真:5358213
网址:www. zhhfkl. com
产品情况:自卸车、垃圾车、扫路车、洒水车、冷藏保温车、民用爆炸物品运输车、翼开式厢式运输车等

★合肥森隆专用汽车有限公司
地址:合肥市经济技术开发区芙蓉路166号
邮编:230600
电话:0551/3515160、3515152
传真:3515108、3840713
网址:www. sifanghuanwei. com
电子信箱:hwc99@163. com
法人代表:陈林
质量体系:ISO 9001
产品情况:(世环牌)
垃圾车、洒水车,吸粪(污)车、压缩式垃圾车、垃圾中转站等

★合肥市富园汽车改装有限公司
地址:安徽省肥西县桃花工业园汤口路9号
邮编:230601
电话:0551/3825288
传真:3825688
电子信箱:gx120274@autoinfo. gov. cn
产品情况:(富园牌)
自卸式垃圾车、宣传车、舞台车、密封式垃圾车、高空作业车、多媒体流动演播车

★蚌埠华隆消防设备有限责任公司
地址:安徽省蚌埠市治淮路345号
邮编:233000
电话:0552/3022618、3011838
传真:3016522
网址:www. bbxf. com
电子信箱:xsc@bbxf. com
产品情况:(隆华牌)
中低压水罐消防车、中低压泡沫消防车、照明消防车、排烟消防车、抢险救援消防车、化学事故抢险救援车、A类泡沫消防车等
出口情况:远销东南亚地区

★安徽柳工起重机有限公司
地址:安徽省蚌埠市柳工大道18号
邮编:233010
电话:0552/4928522
传真:4928470
产品情况:(柳工牌)
汽车起重机、高空作业车,汽车起重机专用底盘

★安瑞科(蚌埠)压缩机有限公司
地址:安徽省蚌埠市燕山路187号
邮编:233052
电话:0552/3139184
传真:3139193
电子信箱:wangjunenric@sina. com
法人代表:王玉锁
产品情况:(双箭牌)
厢式压缩机车

★安徽江淮安驰汽车有限公司
地址:安徽省蒙城县经济开发区园区路1号
邮编:233500
电话:0558/7605999、7605888
传真:7605607
网址:www. jacanchi. com
电子信箱:anchimotor@163. com
法人代表:王志远
质量体系:ISO 9000
产品情况:(江淮牌)
SUV/皮卡、微货、微客和微轿

★安徽兆鑫集团汽车有限公司
地址:安徽省蒙城县307线牛群经济园区

邮编:233500
电话:0558/7652226、7654444
传真:7653766
网址:www.zxqcjt.cn
法人代表:王兆新
单位人数:180
质量体系:ISO 9001
产品情况:(兆鑫牌)
自卸式/厢式/罐式/仓栅式重型半挂车

★蒙城县华威汽车改装有限公司
地址:安徽省蒙城县307线牛群经济园区南侧
邮编:233500
电话:0558/7696355
传真:7691599
质量体系:ISO 9000
产品情况:(吉运牌)
各种半挂车

★宿州瑞通车辆有限公司
地址:安徽省宿州市汴河东路314号
邮编:234000
电话:0557/3339111、3313213
传真:3093366、3313213
网址:www.szdbcl.com
质量体系:ISO 9001
产品情况:栏板式/仓栅式/低平板式/自卸式/集装箱式/罐式半挂车、全挂车、军/民用方舱、轿车运输车、自卸车、冷藏车等,可根据用户需求加工各式特种车辆
出口情况:出口到东南亚、非洲等地区

★阜阳市乐江专用车有限公司
地址:安徽省阜阳市阜蚌路93号
邮编:236000
电话:0558/2329999
传真:2318759
质量体系:ISO 9001
产品情况:(乐江牌)
全挂车

★安徽开乐专用车辆股份有限公司
地址:安徽省阜阳市经济技术开发区105国道21号
邮编:236112
电话:0558/2210158、2210150
传真:2210108
网址:www.ahkaile.com
电子信箱:webmaster@ahkaile.com
单位人数:1500
质量体系:ISO 9001
产品情况:(开乐牌)
半挂车、厢式车、自卸车、罐式车、轿运车、环卫车等

★利辛县江淮扬天汽车有限公司
地址:安徽省利辛县工业园创业路1号
邮编:236700
电话:0558/8852946、8809299
传真:7186666
网址:www.jwan.cn
电子信箱:jinwanyangtian@163.com
质量体系:ISO 9001
产品情况:(金皖牌)
普通半挂车、集装箱半挂车、低平板半挂车、厢式半挂车、轿车运输半挂车、自卸车、冷藏车、保温车、厢式货车、客车防弹运钞车、皮卡变形车等

★利辛县泰鑫专用汽车制造有限公司
地址:安徽省利辛县阜蚌路198号
邮编:236700
电话:0558/8859698、8859688
传真:8859699
网址:www.0558tx.cn
电子信箱:wanbeitaixin@163.com
单位人数:230
产品情况:(泰鑫牌)
各种普通半挂车、阶梯式半挂车、集装箱半挂车、底平板半挂车、厢式半挂车、仓栅栏式半挂车、车辆运输半挂车、自卸半挂车、全挂车、冷藏车、保温车、厢式货车、大型客车、防弹运钞车、皮卡变形车等

★安徽长安专用汽车制造有限公司
地址:安徽省六安市宁平路10号
邮编:237010
电话:0564/3392131
传真:3392131
法人代表:刘克胜
负责人:孙伟
单位人数:177
质量体系:ISO 9001
产品情况:(天柱山牌)
炊事车、卫星转播车、气象雷达车、应急抢险车、半挂车等

★安徽华夏车辆制造有限公司
地址:安徽省六安市大别山西路70号
邮编:237052
电话:0564/3988186、3399711
传真:3988188
质量体系:ISO 9000
产品情况:(华夏牌)
自卸车、加油车、半挂车、殡仪车、厢式运输车、中轻型客车

★安徽省广通汽车制造有限公司
地址:安徽省巢湖市经济技术开发区
邮编:238000
电话:0565/2818999、2358198
传真:2358388
法人代表:王斌海
产品情况:(安通牌、元帅牌)
中型客车、各种半挂车

★安徽江淮扬天汽车股份有限公司
地址:安徽省滁州市南谯区乌衣扬天工业园
邮编:239050
电话:0550/3912222、3912211
传真:3914666
网址:www.yangtianauto.com
电子信箱:sales@yangtianauto.com
单位人数:700
质量体系:ISO 9001
产品情况:(江淮扬天牌)
集装箱运输车、半挂车、自卸车、厢式车、低平板车、油罐车、轿运车、搅拌车、混凝土泵车、环卫垃圾车等

★安徽长丰扬子汽车制造有限责任公司

地址:安徽省滁州市扬子工业区
邮编:239064
电话:0550/3160559、3169498
传真:3160559
网址:www.cfyzmotor.com
法人代表:吴林
负责人:檀俊贤
单位人数:900
质量体系:ISO 9001
产品情况:(猎豹牌)
猎豹皮卡、SUV系列产品,2011年年产销10000辆
出口情况:年出口600辆
☞ 详细情况请参阅彩色宣传版面

★滁州兴扬汽车有限公司
地址:安徽省滁州市城东工业园扬子路666号
邮编:239064
电话:0550/3562211、3562222
传真:3562233
网址:www.zgyzqc.com
电子信箱:czxyqc@czxyqc.com
单位人数:295
质量体系:ISO 9001
产品情况:(兴扬牌)
混凝土搅拌车、化工液体运输半挂车、自卸半挂车、集装箱运输半挂车、散装水泥(半挂)车、厢式(半挂)车、车辆运输半挂车、低平板运输半挂车、粉粒物料运输车、环卫车

★扬子集团滁州客车制造有限公司
地址:安徽省滁州市扬子工业区
邮编:239064
电话:0550/3161320
传真:3162102
单位人数:1000
产品情况:城市客车、豪华旅行车、营运客车等

★明光市浩淼消防科技发展有限公司
地址:安徽省明光市工业园区体育路151号
邮编:239400
电话:0550/8097563、8139271
传真:8097784
网址:www.mgxf.com
电子信箱:mghmxf@126.com

单位人数:300
质量体系:ISO 9001
产品情况:(光通牌)
水罐、泡沫、A 类泡沫、涡喷、三相射流、冷气溶胶、超细水雾、抢险救援、防化消洗、照明指挥、排烟、供气、举高喷射、干粉、泡沫干粉联用等军、民用系列消防车、机场主力消防车和新一代智能化高效环保消防车

★安徽宗申通宝汽车制造有限公司
地址:安徽省芜湖市天门山东路 88 号
邮编:241000
电话:0553/5885292、5863238
传真:5865688
单位人数:485
质量体系:ISO 9001
产品情况:(通宝牌)
轻型客车、厢式运输车等

★芜湖亚夏专用汽车有限公司
地址:安徽省芜湖市汽车零部件工业园区
邮编:241001
电话:0553/7513666、7510008
传真:7510088
网址:www. yaxia. com
电子信箱:gx120206@ autoinfo. gov. cn
单位人数:280
质量体系:ISO 9001
产品情况:(亚夏牌)
混凝土泵车、混凝土搅拌运输车、散装水泥车、加油车、运油车、侧翻半挂自卸车、粉粒物料运输半挂车、封闭式自卸车、半挂车、栅栏车、垃圾车、吸污车、吸尘车、洒水车等

★芜湖中集瑞江汽车有限公司
地址:安徽省芜湖市高新技术产业开发区
邮编:241002
电话:0553/3022666、3022312
传真:3022316
网址:www. whrjqc. com
单位人数:2200
质量体系:ISO/TS 16949
产品情况:(瑞江牌)
搅拌车、罐车、自卸车、低平板半挂车、普通半挂车等
出口情况:年出口液罐车、粉罐车 150 台

★安徽华阳汽车制造有限公司
地址:安徽省芜湖市二环北路 8 号
邮编:241007
电话:0553/5873436、5875615
传真:5877107
网址:www. ahhuayang. com. cn
电子信箱:jsb@ ahhuayang. com. cn
质量体系:ISO 9001
产品情况:(华阳牌)
BHQ6376B2、BHQ6406B 系列微型车,BHQ1020B 系列微型货车

★安徽星马汽车股份有限公司
地址:安徽省马鞍山市经济技术开发区红旗南路
邮编:243061
电话:0555/8323020、8323000
传真:8323031
网址:www. camc. biz
电子信箱:camc@ camc. biz
单位人数:1000
质量体系:ISO 9001
产品情况:(星马牌)
自卸车,半挂车,混凝土搅拌运输车、混凝土泵车、散装水泥运输车、厢式运输车、仓栅式运输车、油罐车、压缩式垃圾运输车等专用车

★黄山市奇峰专用汽车有限公司
地址:安徽省黄山市徽州区徽州西路 55 号
邮编:245061
电话:0559/3512779
传真:3511661
产品情况:(灵光牌)
半挂车、自卸半挂车、低平板半挂车

★池州市大田专用汽车有限公司
地址:安徽省池州市经济技术开发区流金大道
邮编:247000
电话:0566/2622320、5222000
传真:5228686
电子信箱:fql@ vip. 163. com
产品情况:(秋浦牌)
半挂车、自卸车、自卸半挂车、低平板挂车

福建省

★福建海越汽车工业有限公司
地址:福州市湖东路 216 号
邮编:350000
电话:0591/87819229、22777601
传真:87825632、22777602
网址:www. hiyatgroup. com
电子信箱:info@ hiyatgroup. com
质量体系:ISO 9001
产品情况:各类特种、专用汽车及纯电动轻型专用车

★福建常春专用车制造有限公司
地址:福州市滨海工业区江田段
邮编:350206
电话:0591/28788888、28707239
传真:28703239
网址:www. fjchangchun. com
电子信箱:fjchangchun@ 163. com
单位人数:300
质量体系:ISO/TS 16949、ISO 9001
产品情况:(常春宇创牌)
平板式/厢式/栏板式/仓栅式/侧翻自卸式/罐式半挂车,专用集装箱,混凝土搅拌运输车、车载电源车、部队野练车等特种车辆

★重汽集团福建专用车有限公司
地址:福建省宁德市东侨工业集中区漳湾疏港路 11 号
邮编:352106
电话:0593/2315699、2351399
传真:2351533
网址:www. zqfz. com. cn
电子信箱:zqjtfz@ sina. com
法人代表:肖志凯
单位人数:500
质量体系:ISO 9001
产品情况:(威泰尔牌)
罐式专用车、半挂式专用车、自卸车、环卫车

★福建省德峰汽车制造有限公司
地址:福建省建瓯市城东工业园区 5 号
邮编:353100
电话:0599/3854999
传真:3854222
电子信箱:gx130232@ autoinfo. gov. cn
产品情况:(闽峰牌)
各种半挂车、自卸车

★福建武夷汽车制造有限公司
地址:福建省建阳市塔下工业园区
邮编:354200
电话:0599/5834112、5829979
传真:5826608
网址:www. sflq. cn
电子信箱:gx130210@ autoinfo. gov. cn
产品情况:(武夷牌)
篷式运输车、自卸车、厢式运输车等

★龙岩畅丰专用汽车有限公司
地址:福建省龙岩市经济技术开发区东肖镇黄邦村
邮编:361004
电话:0592/2791112、2962135
传真:2790958、2389265
网址:www. fjcfzq. com
电子信箱:fjcfzq@ 163. com
质量体系:ISO 9001
产品情况:(畅丰牌)
枝桠切片专用车、移动应急发电车、应急电源车、工程抢险车等

★厦门厦工汽车有限公司
地址:福建省厦门市集美区铁山路 585 号
邮编:361023
电话:0592/6389368
传真:5681818
网址:www. xmxgzg. com
电子信箱:info@ xmxgzg. com
单位人数:363
质量体系:ISO 9001、ISO 14001
产品情况:(宇威牌)
混凝土搅拌运输车、垃圾压缩运输车、自卸垃圾车、矿用自卸车、多功能高压清洗车、平板半挂车、散装水泥运输半挂车、厢式半挂车、自卸半挂车、低平

板半挂车等

★福建新华旭专用车制造有限公司
地址:福建省泉州市特种汽车基地1号路2号
邮编:362000
电话:0595/82005316、22468111
传真:82005319
电子信箱:gx130220@ autoinfo. gov. cn
质量体系:ISO 9001
产品情况:(新华旭牌)
仓栅式运输车、各种半挂车、混凝土搅拌运输车、厢式运输车、自卸车

★漳州科晖专用汽车制造有限公司
地址:福建省漳州市金峰开发区北斗工业园区金乐路12号
邮编:363000
电话:0596/6106089
传真:2527778
产品情况:(科晖牌)
垃圾车等环卫车辆

★福建泰华交通设备有限公司
地址:福建省漳州市开发区招商大道76号
邮编:363105
电话:0596/6852726、6851088
传真:6851509、2683123
网址:www. dlscn. cn
电子信箱:mail@ dlscn. cn
质量体系:ISO 9001
产品情况:(泰华牌、大力士牌)
集装箱半挂车、仓栅式/栏板式/厢式半挂车、自卸半挂车、罐式车、全挂车、混凝土搅拌运输车、低平板半挂车等
出口情况:远销东南亚、非洲、俄罗斯、澳大利亚、法国等20多个国家和地区

★福建毅宏专用汽车有限公司
地址:福建省龙海市隆教乡流会村
邮编:363106
电话:0592/5769111、5199701
传真:5769815
产品情况:(凯郡牌)
房车

★福建福环专用汽车制造有限公司
地址:福建省平和县迎宾路369号
邮编:363700
电话:0596/5263666
传真:5263900、5263616
电子信箱:gx130228@ autoinfo. gov. cn
产品情况:(福环牌)
半挂车、随车起重运输车、厢式运输车、自卸车

★福建侨龙专用汽车有限公司
地址:福建省龙岩市新罗区东城东宝路421号
邮编:364000
电话:0597/2331592、2331593
传真:5389000
网址:www. fjqiaolong. com
电子信箱:fjlongying@ 263. net
法人代表:章伟民
负责人:林志国
单位人数:190
质量体系:ISO 9001
产品情况:应急电源车、大流量排水抢险车、应急排水车等应急专用车,售货车、垃圾车、医疗废物转运车等民用车

★福建侨龙专用汽车公司龙岩改装厂
地址:福建省龙岩市南环东路44号
邮编:364000
电话:0597/2303106
传真:2331590
电子信箱:fjlongying@ vip. sina. com
法人代表:林志国
质量体系:ISO 9001
产品情况:(龙鹰牌)
自卸式垃圾车、应急排水车、应急电源车、医疗废物转运车、售货车、大流量排水抢险车、摆臂式垃圾车

★福建龙马环卫装备股份有限公司
地址:福建省龙岩市经济技术开发区
邮编:364012
电话:0597/2211018、2293758
传真:2290612、2211018
网址:www. fjlm. com. cn
电子信箱:fjlm@ fjlm. com. cn
单位人数:400
质量体系:ISO 9001、ISO 14001
产品情况:(福龙马牌)
道路清扫车、多功能高压清洗车、清洗扫路车、压缩式垃圾车、垃圾中转压缩站等
出口情况:出口东南亚

★福建凯鲍汽车制造有限公司
地址:福建省长汀县工贸新城新一路16号
邮编:366300
电话:0597/6820996
传真:6835228
电子信箱:gx130218@ autoinfo. gov. cn
产品情况:(凯鲍牌)
运油车、混凝土搅拌运输车

★福建省闽兴专用汽车有限公司
地址:福建省龙岩市长汀县城火车站旁
邮编:366300
电话:0597/6677666、6819858
传真:6819158、6819555
网址:www. 6819999. com
电子信箱:fjmxgs@ 163. com
单位人数:350
质量体系:ISO/TS 16949、ISO 9001
产品情况:(闽兴牌)
自卸车、集装箱运输半挂车、栏板式散装货物运输半挂车、低平板运输半挂车、车辆运输半挂车、罐式车(粉粒物料运输半挂车、混凝土搅拌车)等

江西省

★江西凯马百路佳客车有限公司
地址:南昌市经济开发区玉屏西大街149号
邮编:330013
电话:0791/83980562、88678502
传真:88678522
网址:www. bonluckbus. com
电子信箱:sales@ bonluckbus. com
质量体系:ISO 9001
产品情况:(江西牌)
8~13.7m旅游客车、城市客车、团体客车、公路客车、特种客车、房车以及天然气客车、混合动力客车、锌空气燃料电池城市客车、纯电动城市客车
出口情况:出口美国、澳大利亚等国家

★江西江铃汽车集团改装车有限公司
地址:南昌市迎宾中大道小兰工业园2388号
邮编:330052
电话:0791/85985472、85985210
传真:85985211
网址:www. jmcsv. com
电子信箱:hhe@ jmc. com. cn
产品情况:(江铃牌、江铃全顺牌)
爆破器材运输车、运钞车、服务车、工程车、计划生育车、监测车、救护车、勘察车、囚车、厢式车、邮政车、执法车等,纯电动工程车、纯电动仓栅式运输车

★江西江铃专用车辆厂
地址:南昌市迎宾中大道658号
邮编:330200
电话:0791/85278391、85260911
传真:85278393
电子信箱:qzhou1@ jmc. com. cn
产品情况:(江铃牌)
保温车、爆破器材运输车、仓栅式运输车、电源车、冷藏车、清障车、厢式运输车、医疗废物转运车、邮政车、自卸车等

★江西特种汽车有限责任公司
地址:江西省宜春市袁州区马王塘工业园
邮编:336000
电话:0795/3653908
传真:3653906
网址:www. jxqite. cn
质量体系:ISO 9001
产品情况:(奇特牌)
后装式垃圾压缩车、自卸式全密封垃圾车、拉臂车、医疗废物转运车等

★安源客车制造有限公司
地址:江西省萍乡市经济开发区北区汽车工业园
邮编:337000
电话:0799/6333695、6333439
传真:6331466

网址:www. ayvip. com
电子信箱:service@ ayvip. com
质量体系:ISO 9001
产品情况:(安源牌)
大中型客车,混合动力城市客车
出口情况:出口美国、澳大利亚、爱尔兰、欧洲、中东等国家和地区

★赣州江环汽车制造有限公司
地址:江西省赣州市沙河大道 6 号
邮编:341000
电话:0797/8186811、8186858
传真:8186812、8186859
网址:www. jhqcqz. com
电子信箱:gjgjgj1314@ 126. com
单位人数:335
产品情况:(江环牌)
随车起重运输车、水泥搅拌车、半挂运输车、自卸车、厢式运输车、仓栅式运输车、篷式运输车等

★江西省南方专用汽车有限公司
地址:江西省赣州市经济技术开发区迎宾大道 49 号
邮编:341000
电话:0797/8375786、8375788
传真:8375787
单位人数:180
产品情况:(赣运牌)
厢式运输车、重型半挂车、重型自卸车

★江西志丰机械有限公司
地址:江西省抚州市迎宾大道工业园区 288 号
邮编:344000
电话:0794/8259917、8259913
传真:8259903
网址:www. cjtjx. com. cn
电子信箱:juntian2007@ 163. com
质量体系:ISO 9001
产品情况:民用垃圾车,军用炊事拖车、自行式炊事车和其他军用改装车辆,各类重型液压轴线平板车等
出口情况:远销欧美、东南亚等 20 多个国家和地区

山东省

★济南红旗凯沃特汽车制造有限公司
地址:济南市 220 国道 366 号 老济兖路 488 号
邮编:250017
电话:0531/89000151、87507662
传真:87563702
网址:www. 89000151. com
电子信箱:89000151@ 163. com
负责人:张宇斌
单位人数:680
质量体系:ISO 9001
产品情况:(红旗牌)
加油车、油罐车、半挂油罐车、运/洒水车、食用油车、冷藏保温车、水泥搅拌车等
出口情况:出口赞比亚、埃塞俄比亚、坦桑尼亚、苏丹、俄罗斯、哈萨克斯坦、吉尔吉斯斯坦、蒙古等国家

★山东建设机械股份有限公司
地址:济南市段店南路 268 号
邮编:250022
电话:0531/89815377、89815067
传真:87984270、89815067
网址:www. sdjy. com. cn
电子信箱:janeooscb@ 126. com
单位人数:1300
质量体系:ISO 9001
产品情况:(建友牌)
混凝土搅拌运输车、混凝土泵车、干混砂浆背罐车等
出口情况:出口东南亚、南美、北非等地区,并销往中国香港、澳门、台湾地区

★重汽集团济南万格汽车改装公司
地址:济南市槐荫区南沙工业园济齐路 311 号
邮编:250023
电话:0531/86805273、85600869
传真:85600869
网址:www. zqjnwg. com
电子信箱:zqjnwg@ 163. com
质量体系:ISO 9000
产品情况:各类水泥搅拌车、散装水泥车、加油运输车、多缸双面侧翻自卸车、单(双)缸自卸车、沥青洒布车、路面养护车等

★济南豪瑞通专用汽车有限公司
地址:济南市天桥区蓝翔路 17 号
邮编:250032
电话:0531/85764377
传真:85765577
网址:www. jnhrt. com
产品情况:(圆易牌)
垃圾车、洒水车

★济南中鲁特种汽车有限公司
地址:济南市天桥区济泺路 30 号
邮编:250032
电话:0531/85701462、85701463
传真:85708111
网址:www. jinanzhonglu. cn
电子信箱:zlq. lining@ 163. com
质量体系:ISO 9001
产品情况:(双达牌)
加油车、化工液体运输车、洒水车、运油半挂车

★济南鲁联集团专用汽车有限公司
地址:济南市长清区经十西路 11889 号
邮编:250108
电话:0531/87206083
传真:87206083
网址:www. llzhuanqi. com. cn
电子信箱:gx150266@ autoinfo. gov. cn
产品情况:(鲁泉牌)
自卸汽车、半挂车、罐式车、仓栅车、厢式车及铁水运输半挂车、低平板运输半挂车、集装箱自卸半挂车、粉粒物料运输车等特种车辆

★中国人民解放军第六四五五工厂
地址:济南市市中区党家庄
邮编:250116
电话:0531/87807924
传真:87996401
质量体系:ISO 9000
产品情况:(陆王牌)
半挂车、自卸车、厢式车

★济南普天通信设备厂
地址:济南市章丘明水工业二路 17 号
邮编:250200
电话:0531/83256008、83256026
传真:83256530
网址:www. jnputian. com
电子信箱:sd530@ jn - putian. com
单位人数:700
质量体系:ISO 9001
产品情况:(鸿雁牌)
邮政车、电信用车、电力工程车、电视转播车、微波通信车、应急电源车、应急通信车、后栏板起重运输车、厢式运输车、防弹运钞车、救护车、军用/警用车等
出口情况:出口越南、马来西亚等地

★济南萨博特种汽车有限公司
地址:济南市章丘明水经济开发区明埠西路中段
邮编:250200
电话:0531/83726578、83726579
传真:83726580
网址:www. jnsabo. com
电子信箱:jneqg4907@ vip. sina. com
质量体系:ISO 9001
产品情况:(飓风牌)
半挂车、低平板半挂车、粉粒物料运输半挂车、铁水运输半挂车、渣斗运输半挂车、保温防腐工程车、高等级公路养护车、加油车、清洗车、洒水车、通信车等

★中集车辆(山东)有限公司
地址:济南市章丘市明水经济开发区金石东路 8001 号
邮编:250200
电话:0531/85833000、85833297
传真:85833299
网址:www. cimc - sd. com
电子信箱:jiyin. han@ cimc. com
质量体系:ISO 9001、ISO 14001
产品情况:(国道牌)
自卸车、半挂车(厢式、罐式、集装箱运输等)、厢式车(冷藏保温车、厢式运输车、快换集装箱及各种方舱等)、罐式车(油品、液态食品、颗粒物料运输、

水泥搅拌等)、特种专用车(应急移动通信车、消防车等)、混凝土系列(混凝土搅拌、混凝土泵送设备等)
出口情况:自卸车出口到俄罗斯、中亚、东南亚、非洲等国家和地区

★中国重汽集团济南豪沃客车公司
地址:济南市章丘潘王路19777号
邮编:250220
电话:0531/85582739、85581212
传真:85581211
网址:www.cnhtc.cn
电子信箱:zhangc@cnhtc.cn
法人代表:王浩涛
质量体系:ISO 9001
产品情况:(HOWO牌)
HOWO系列客车整车、客车底盘及零部件等

★中国重汽集团济南专用车有限公司
地址:济南市章丘圣井唐王山路重汽工业园
邮编:250220
电话:0531/85584292、85584298
传真:85584296
网址:www.lvyes.cn
电子信箱:qlkogel-jyj@sohu.com
单位人数:500
质量体系:ISO 9001
产品情况:(绿叶牌)
绿化喷洒车、洒水车、加(运)油车、化工液体运输车、车厢可卸式压缩垃圾车、吸污车、吸粪车、高压清洗车、混凝土搅拌运输车、粉粒物料运输车、自卸车、厢式车等
出口情况:出口到俄罗斯、蒙古、中东、东南亚、南美洲、非洲等国家和地区

★中通客车控股股份有限公司
地址:山东省聊城市建设东路10号
邮编:252000
电话:0635/8321076、8322640
传真:8322340
网址:www.zhongtong.com
电子信箱:xyz@public.lcptt.sd.cn
单位人数:3000
质量体系:ISO 9001
产品情况:(中通牌)
6~18m的公路客车、城市公交客车、旅游客车净、团体客车及纯电动客车、混合动力客车等;2011年年产5667辆
出口情况:出口南亚、中东、非洲、美洲,并销往中国香港等地区

★中通汽车工业集团有限责任公司
地址:山东省聊城市经济开发区中华北路9号
邮编:252000
电话:0635/8518080、8321076
传真:8518000、8516099
网址:www.ztqcjt.com
电子信箱:zhongtong8059@126.com
法人代表:李树朋
单位人数:4000
质量体系:ISO 9001
产品情况:(中通牌)
大、中、轻型客车,混合动力客车、纯电动客车;搅拌运输车、散装物料运输车、半挂车、化工液体运输车、医疗车、采血车、洒水车、垃圾车、警用指挥车、监测车等专用车
出口情况:出口多个国家

★山东阳谷飞轮挂车制造有限公司
地址:山东省阳谷县博济桥办事处费楼村东
邮编:252300
电话:0635/6334129
传真:6334566
电子信箱:gx150338@autoinfo.gov.cn
产品情况:(景阳岗牌)
半挂车、化工液体运输半挂车、混凝土搅拌运输车、吸污车、运油半挂车、运油车、自卸半挂车、自卸车

★山东中通挂车制造有限公司
地址:山东省聊城市阳谷县黄河西路188号
邮编:252300
电话:0635/6322773
传真:6322772
电子信箱:wangbin-2005@163.com
质量体系:ISO 9001
产品情况:(东岳牌)
各种半挂车

★山东迅力特种汽车有限公司
地址:山东省临清市龙山路14号
邮编:252600
电话:0635/2318804、2318126
传真:2318332、2318977
网址:www.lqxunli.com
电子信箱:lqxunli@lqxunli.com
单位人数:2080
质量体系:ISO 9000
产品情况:(迅力牌)
自卸车、挂车、厢式车、罐式车、军车等
出口情况:出口俄罗斯、中亚、非洲等国家和地区

★临清飞翔专用汽车制造有限公司
地址:山东省临清市龙山路
邮编:252609
电话:0635/2317412
传真:2317412
网址:www.lqfx.net
电子信箱:lqfx@vip.sina.com
法人代表:吴建华
单位人数:500
质量体系:ISO 9001
产品情况:粉粒物料运输车,自卸汽车液压举升机构、液压缸、液压阀、液压泵、油箱支座等

★山东长运特种车辆制造有限公司
地址:山东省淄博市博山区山头镇
邮编:255200
电话:0533/4406688
传真:4200551
电子信箱:gx150204@autoinfo.gov.cn
产品情况:(鲁征牌)
液化气体运输半挂车、仓栅式运输半挂车、运输半挂车、低温液体运输半挂车、低温液体运输车

★淄博颜山专用汽车有限公司
地址:山东省淄博市博山区东过境路中段
邮编:255202
电话:0533/4180405、4180462
传真:4184765、4688940
网址:www.sdyszq.com
电子信箱:sdyszq@163.com
产品情况:(颜山牌)
厢式/仓栅/低平板半挂车、集装箱运输半挂车、运油车、散装水泥车、车辆运输半挂车、自卸车等
出口情况:远销非洲、东南亚等多个国家

★山东保水汽车改装有限公司
地址:山东省滨州市博兴县乐安大街1988号
邮编:256500
电话:0543/2266789
传真:2126088
网址:www.baoshuiqc.com
质量体系:ISO 9001
产品情况:(伟佳牌)
清障车、挂车等

★山东东方曼商用车有限公司
地址:山东省东营市东营区府前大街3号
邮编:257000
电话:0546/7761288
传真:7762566
网址:test.tun2.com
电子信箱:dongfangmanqiche@163.com
产品情况:(东方曼牌)
轻型载货汽车、低速载货汽车、混凝土搅拌运输车、洒水车、除雪车、扫路车、公路护栏抢修车、装载机等

★胜利油田孚瑞特石油装备有限公司
地址:山东省东营市南一路203号
邮编:257082
电话:0546/8612581、8611983
传真:8611833、8611482
网址:www.slfrt.com
电子信箱:slfrt@slof.com
董事长:马厚全
负责人:沈忠华
单位人数:1763
质量体系:ISO 9001
产品情况:(胜工牌)

采油车、压缩机车、抽油杆作业车、随车起重运输车、汽车起重机、加油车、运油车、供水车、润滑油净化工程车、试井车、工程车、膜制氮注氮车等

★胜利油田高原石油装备有限公司
地址:山东省东营市东城府前街82号
邮编:257091
电话:0546/8835787、8831395
传真:8831222、8835321
网址:www.chinahighland.com
电子信箱:sales@chinahighland.com
单位人数:2300
质量体系:ISO 9001、ISO 14001
产品情况:石油钻井机械

★潍坊宝利汽车有限公司
地址:山东省潍坊市外商投资开发区北宫西街(西外环西)7号
邮编:261057
电话:0536/8161996
传真:8167833
网址:www.wfblqc.qxw.cc
电子信箱:wfblqc@qxw.cc
单位人数:378
质量体系:ISO 9001
产品情况:(驼山牌)
半挂车、厢式车

★山东荣昊专用汽车有限公司
地址:山东省高密市夏庄工业园A区128号
邮编:261505
电话:0536/2502222、2508107
传真:2502666、2302959
网址:www.rhzyqc.cn
电子信箱:rhwgw@163.com
质量体系:ISO 9001
产品情况:(荣昊牌)
粮食运输专用车、粉物料运输车、轿车运输车、压缩式垃圾车、真空抽吸排污车、水泥搅拌罐车、洒水车、仓栅车、化工罐车、自卸车等

★福田雷沃国际重工股份有限公司
地址:山东省诸城市经济开发区横一路以南纵二路中段东侧
邮编:262200
电话:0536/6175589、6175583
传真:2288631、6439668
网址:www.fotonlovol.com
电子信箱:slsck@lovol.com.cn
质量体系:ISO 9001
产品情况:(雷沃(LOVOL)牌、福田五星(FT)牌)
装载机、液压挖掘机、挖掘装载机、压路机、旋挖钻机等工程机械,三轮汽车,三轮摩托车,电动车,农业装备
出口情况:产品出口全球116个国家和地区

★山东巨环专用汽车有限公司
地址:山东省诸城市密州街道北石桥诸朱路南侧
邮编:262200
电话:0536/6046816、6071889
传真:6071888
网址:www.sdjuhuan.cn
单位人数:600
产品情况:自卸车、半挂车、罐式汽车、厢式车、集装箱运输车、加(运)油车、仓栅汽车等

★山东乾龙专用汽车有限公司
地址:山东省诸城市密州街道办事处工业大道南路一号
邮编:262200
电话:0536/6555999、6556086
传真:6559999
网址:www.sdqianlong.com
电子信箱:sdql06@163.com
质量体系:ISO 9001
产品情况:(荣沃牌)
洒水车、吸污车、垃圾车、载货汽车、仓栅车、厢式车、固井水泥车、自卸车、半挂车、水泥搅拌车、油罐车等特种车

★山东正泰希尔专用汽车有限公司
地址:山东省诸城市密州东路98号
邮编:262200
电话:0536/6055266
传真:6055288
网址:www.xierqiche.com
电子信箱:xier@xierqiche.com
质量体系:ISO/TS 16949、ISO 9001
产品情况:爆破器材运输车、厢式运输车、保温车、冷藏车、医疗垃圾专用车、殡仪车、自卸车、电源车、检修车、仓栅车、篷式车、翼开启厢式车、沼液沼渣出料车等

★诸城市鸿昌机械有限责任公司
地址:山东省诸城市吕标镇西吕标村
邮编:262201
电话:0536/6440458
传真:6440458
网址:www.ylwk-hc.com
电子信箱:hongchang@ylwk-hc.com
质量体系:ISO 9001
产品情况:电动车、观光车、厂(场)内机动车

★山东山工机械有限公司
地址:山东省青州市
邮编:262500
电话:0536/3818666、3818289
传真:3818654
网址:www.shangong.com
电子信箱:sem_sales_helpdesk@cat.com
产品情况:装载机系列、压路机、垃圾压实机、平地机等整机及路面机械结构件、工作机具结构件等

★寿光市树山集团集装箱制造公司
地址:山东省寿光市西二环路68号
邮编:262700
电话:0536/5500889
传真:5500189
电子信箱:gx150378@autoinfo.gov.cn
产品情况:(树山牌)
运油车、运油半挂车、压缩式垃圾车、扫路车、洒水车、集装箱运输半挂车、混凝土搅拌运输车、车辆运输半挂车、仓栅式运输半挂车、摆臂式垃圾车

★山东恒同机车制造有限公司
地址:山东省寿光市羊田路18号
邮编:262703
电话:0536/5671519
传真:5671519
网址:www.hengtongjiche.com
单位人数:500
产品情况:(恒同牌)
扫路机、垃圾收集车、压缩式垃圾车、绿化喷洒车、多用途环卫车、垃圾清扫车、挖掘机等

★重汽集团寿光泰丰专用汽车公司
地址:山东省潍坊寿光市东城工业园羊田路38号
邮编:262705
电话:0536/5671699
传真:5671699
质量体系:ISO 9001
产品情况:挂车、半挂车等

★山东达润专用车有限公司
地址:山东省烟台市芝罘区卧龙园区荆山路6号
邮编:264000
电话:0535/6733806、6733132
传真:6731290
网址:www.daruncar.com
电子信箱:gx150320@autoinfo.gov.cn
单位人数:300
质量体系:ISO 9001
产品情况:(达润牌)
混凝土搅拌车、粉粒物料运输车、铝合金翼展式厢车以及矿用防爆柴油机无轨胶轮车系列等

★烟台杰瑞石油服务集团股份公司
地址:山东省烟台市莱山区澳柯玛大街7号
邮编:264003
电话:0535/6723166、6723209
传真:6723171、6723172
网址:www.jereh.com
电子信箱:mine@jereh.com
质量体系:ISO 9001
产品情况:(杰瑞牌)
固井车、水泥浆混合车、连续油管拖车、液态泵车、热油(水)清蜡车、不压井作业半挂车等

★烟台海德专用汽车有限公司
地址:山东省烟台市牟平区三山大街529号

邮编:264100
电话:0535/4212008、4229929
传真:4212572
网址:www.hdclean.com
电子信箱:cleanauto@163.com
单位人数:500
质量体系:ISO 9001
产品情况:(海德牌)
扫路车、多功能高压清洗车、管道疏通车、自卸式垃圾车、食物垃圾收运车、垃圾压缩站、车厢可卸式垃圾车、推雪铲、扬雪机、随车起重运输车等
出口情况:出口到中东、东南亚、印度、美洲、欧洲等国家和地区

★威海广泰空港设备股份有限公司
地址:山东省威海市古寨南路160号
邮编:264200
电话:0631/3953880
传真:5250824
网址:www.guangtai.com.cn
电子信箱:guangtai@guangtai.com.cn
董事长:李光太
单位人数:700
质量体系:ISO 9001、GJB 9001
产品情况:飞机平台车、大中型飞机牵引车、电源车、飞机气源车、飞机加油车、飞机除冰/清水车、飞机残疾旅客登机车、飞机传送带车、飞机食品车、机场应急作业车、大型平台运输车、机场摆渡车、除雪车等
出口情况:出口到亚洲、非洲、欧洲、大洋洲的30多个国家和地区

★威海开发区汽车改装有限公司
地址:山东省威海市高技术开发区沈阳路291号
邮编:264209
电话:0631/5622347、5625151
传真:5620987
网址:www.sanweiauto.com
电子信箱:info@sanweiauto.com
单位人数:200
质量体系:ISO 9000
产品情况:(三威牌)
电视播收车、医疗诊断车、救护车、旅游居住车、供水车、抢险车、厢式运输车、保温车、电源车、半挂车、仓栅式运输车、厢式运输半挂车、集装箱运输半挂车、轿车运输半挂车

★威海怡和专用车有限公司
地址:山东省威海市雁荡路186号
邮编:264209
电话:0631/5780307
传真:5757879
网址:www.yihe-cn.com
电子信箱:office@yihe-cn.com
单位人数:520
质量体系:ISO 9000、GJB 9001A
产品情况:(前兴牌)
主导产品包括多功能净水车、玻璃运输车、垃圾车等

★山东黑豹集团有限公司
地址:山东省文登市龙山路107号
邮编:264400
电话:0631/8352146、8082238
传真:8357296、8356289
网址:www.heibao.com
电子信箱:wdnyys@public.whptt.sd.cn
单位人数:3000
质量体系:ISO 9001
产品情况:(黑豹牌)
四轮低速货车、微型货车、轻型货车、皮卡、厢式/仓栅式货车、自卸车、电动车等
出口情况:出口埃及、秘鲁、巴基斯坦、阿根廷、巴拉圭、委内瑞拉等10多个国家

★方圆集团有限公司
地址:山东省海阳市经济技术开发区
邮编:265100
电话:0535/3221111、3298120
传真:3298951
网址:www.china-fangyuan.com
电子信箱:gx150296@autoinfo.gov.cn
产品情况:(FYG牌)
混凝土搅拌运输车、混凝土泵车、车厢可卸式垃圾车等

★山东鸿达建工集团有限公司
地址:山东省莱阳市龙门东路26号
邮编:265200
电话:0535/7287521、7287597
传真:7990736
网址:www.sdhd.com.cn
电子信箱:web@sdhd.com.cn
法人代表:于归赫
负责人:周又清
单位人数:3800
质量体系:ISO 9001
产品情况:(铁力士牌)
混凝土搅拌站、混凝土臂架泵车、混凝土输送泵、车载式混凝土泵、混凝土搅拌输送车、沥青混合搅拌设备、稳定土厂拌设备、压路机、液压旋挖钻机、小型挖掘机、垃圾压缩车、塔式起重机、施工升降机等
出口情况:出口亚洲、欧洲、非洲、北美洲等国家和地区

★烟台舒驰客车有限责任公司
地址:山东省莱阳市龙门西路259号
邮编:265200
电话:0535/7458007、7458038
传真:7458017
网址:www.bestbus.cn
电子信箱:manager@bestbus.cn
单位人数:1000
质量体系:ISO 9001
产品情况:(舒驰牌)
大、中、轻型,高、中、普档公路客车、旅游客车、城市客车等,燃气客车
出口情况:销往俄罗斯、阿尔及利亚、新西兰、泰国等国家

★中上汽车有限公司
地址:山东省烟台市福山区高新技术产业区福海路999号
邮编:265500
电话:0535/2609866、2609858
传真:2609898
网址:www.cric.com.cn
电子信箱:0000@cric.com.cn
产品情况:新型环保节能电车、无轨无线城市专用公交电车等

★蓬莱市兴华汽车改装有限公司
地址:山东省蓬莱市北关路776号
邮编:265600
电话:0535/5642808、5648899
传真:5643999、5648808
网址:www.xinghua-china.com
电子信箱:manager@xinghua-china.com
单位人数:300
质量体系:ISO 9001
产品情况:(兴华牌)
半挂车和自卸车

★山东蓬莱汽车改装有限公司
地址:山东省蓬莱市南关路170号
邮编:265600
电话:0535/5610850
传真:5610096
网址:www.pengqigai.com
电子信箱:info@pengqigai.com
单位人数:200
质量体系:ISO 9001、ISO 14001
产品情况:(蓬莱牌)
半挂车、自卸车、罐式车、厢式车等

★山东蓬翔汽车有限公司
地址:山东省蓬莱市南环路5号
邮编:265607
电话:0535/5642687、5630184
传真:5637035
网址:www.sdpxqc.com
电子信箱:zyc@sdpxqc.com
单位人数:1110
质量体系:ISO/TS 16949、ISO 9001
产品情况:(蓬翔牌)
半挂车、自卸车、厢式车、非公路自卸车等,客车、中重型货车桥,液压件
出口情况:出口到南亚、中东、中美洲等地区

★龙口市丛林汽车有限公司
地址:山东省龙口市丛林工业园
邮编:265705
电话:0535/8567983、8567978
传真:8567976
网址:www.conglin.com.cn
电子信箱:tye@conglin.com.cn
单位人数:160
质量体系:ISO 9000

产品情况：（丛林牌）

全铝仓栅半挂车、全铝低平板半挂车、载重货车、运输罐车、军用特种车辆、大型客车等

★众城集团山东龙口汽车改装厂

地址：山东省龙口市新嘉良种场对面
邮编：265711
电话：0535/8559665
传真：8559458
电子信箱：gx150210@ autoinfo. gov. cn
产品情况：（众城牌）
半挂车

★中国人民解放军第4808工厂

地址：山东省青岛市大沙支路5号
邮编：266001
电话：0532/82617611
传真：84851329
产品情况：（旗舰牌）
保温车、冷藏车

★重汽集团专用汽车公司

地址：山东省青岛市瑞昌路141号
邮编：266031
电话：0532/84850209、84855297
传真：84857419、84862320
网址：www. cntruck. com
电子信箱：qdstc@ public. qd. sd. cn
单位人数：1100
质量体系：ISO/TS 16949、ISO 9001
产品情况：（青专牌）

自卸车、半挂车、混凝土搅拌车、粉粒物料运输车、钢厂专用车、扫路车、清洗车、飞机牵引车、军用特种车，自卸车液压举升系统零部件

出口情况：出口东南亚、中东、非洲、独联体、南美等地区

★青岛中油通用机械有限公司

地址：山东省青岛市四方区金华路45号
邮编：266042
电话：0532/84851840
传真：84851840
电子信箱：gx151220@ autoinfo. gov. cn
产品情况：（中油通用牌）
半挂车

★青岛中汽特种汽车有限公司

地址：山东省青岛市城阳区祺阳路1号
邮编：266109
电话：0532/87967535、87757777
传真：87869132
网址：www. qt – group. com
电子信箱：teche@ qingtegroup. com
质量体系：ISO 9001
产品情况：（青特牌）

大吨位载货汽车、高空作业车、工程系列用车、城市环卫用车、军用及特种作业车、市政作业车、施工工程车、机场专用车、油田专用车等

出口情况：远销欧美、东南亚、非洲、中亚等数十个国家和地区

★青特集团有限公司

地址：山东省青岛市城阳区正阳东路777号
邮编：266109
电话：0532/87869605、87865678
传真：87860388
网址：www. qt – group. com
电子信箱：qingtegroup@ qingtegroup. com
单位人数：2100
质量体系：ISO/TS 16949、ISO 9001
产品情况：（青特牌）

粉粒物料运输车、扫路车、高空带电作业车、垃圾车、自卸车、混凝土搅拌运输车、半挂车、厢式运输车

出口情况：年出口驱动桥0.5万套、特种车2000辆、支撑桥1万支、铸件1万套

★青岛索尔汽车集团特种车技术公司

地址：山东省青岛市大沽河工业园
邮编：266300
电话：0532/88205999、88201531
传真：88200642
网址：www. setzc. com
电子信箱：suoerqiche@ 163. com
质量体系：ISO 9001
产品情况：（金马牌、康福佳牌）

老爷车、多用途商务车、公安（巡逻）指挥车、公安（交通）现场勘察车、工程抢险车、应急电源车、高级救护车、采血车、医疗车、X光机体检车、网通（移动通信、电力）流动服务车、石油燃气管网检测抢险车、环境（大气、水质）检测车、消防抢险救援车、消防指挥车、武警防爆（指挥）车、军用被服洗涤车、移动通信综合指挥车、卫星通信车、移动广播电台车、电视转播车、集装箱运输半挂车、仓栅式半挂车、厢式半挂车、重型低平板半挂车等

★青岛胜狮工业车有限公司

地址：山东省青岛市经济技术开发区富源工业园
邮编：266500
电话：0532/86916160、86916169
传真：86916182
网址：www. singamas. com
电子信箱：hui. mu@ qpcl. singamas. com
产品情况：（SINGAMAS牌）
集装箱运输半挂车

★青岛中集环境保护设备有限公司

地址：山东省青岛市经济技术开发区黄河东路1号
邮编：266500
电话：0532/86935712、86915301
传真：86935720
网址：www. qcec. net
电子信箱：lihongxing@ cimc. com
产品情况：压缩式垃圾车、环保机器设备及相关零部件
出口情况：出口中东、东南亚、北美、日本等国家和地区

★青岛中集集装箱有限公司

地址：山东省青岛市经济技术开发区黄河东路1号
邮编：266500
电话：0532/86935702、86935968
传真：86859288
网址：www. cimc. com
电子信箱：zhenwan. bai@ cimc. com
产品情况：（中集牌）
集装箱等

★青岛中集专用车有限公司

地址：山东省青岛市经济技术开发区淮河东路2号
邮编：266500
电话：0532/86935858
传真：86935899
网址：www. cimc. com
电子信箱：huiling. yan_qdsv@ cimc. com
法人代表：李贵平
负责人：翟敬雄
单位人数：300
质量体系：ISO/TS 16949
产品情况：（中集（CIMC）牌）

集装箱运输半挂车、仓栅/栏板运输半挂车、低平板车、厢式车、半挂自卸车、码头车、轿运车等，年产量3000台

出口情况：集装箱运输半挂车、厢式运煤车、平板车等出口800台

★青岛东风汽车改装有限公司

地址：山东省平度市经济开发区东环路20号
邮编：266700
电话：0532/83307106、83307108
传真：83307117、83307108
网址：www. qddf. com. cn
电子信箱：gx15216@ autoinfo. gov. cn
单位人数：570
质量体系：ISO 9001
产品情况：（天翔牌）

半挂车、厢式车、仓栅式半挂车、加油车、低平板挂车、集装箱半挂车、水泥罐车、油罐车、全挂车、自卸车、特种车、轻型载货车

★青岛雅凯汽车工贸有限公司

地址：山东省平度市三城路340号
邮编：266700
电话：0532/88306622
传真：83305588
电子信箱：gx150368@ autoinfo. gov. cn
法人代表：姜涛
质量体系：ISO 9001
产品情况：（青驰牌）

洒水车、冷藏车、车辆运输半挂车、保温车

★青岛金力福工贸有限公司

地址：山东省平度市经济技术开发区
邮编：266705

电话:0532/83307066
电子信箱:gx151218@ autoinfo. gov. cn
产品情况:(华昌牌)
各种厢式、罐式、骨架式半挂车

★青岛同辉汽车技术有限公司
地址:山东省青岛市平度香店街道办事处同辉一路3号
邮编:266705
电话:0532/83301888、83306816
传真:83306811
网址:www. allite – auto. cn
电子信箱:allite_sewon@ 163169. net
单位人数:600
质量体系:ISO 9001
产品情况:(赛哥尔牌)
压缩式垃圾车、扫路车、水罐消防车、化学消防车、道路救援车、高空作业车等特种汽车
出口情况:主要出口欧美30多个国家

★马尼托瓦克东岳重工有限公司
地址:山东省泰安市高新区龙潭路12777号
邮编:271000
电话:0538/8932099、8932058
传真:8932059、8932056
网址:www. chinadongyue. com
电子信箱:dongyue@ chinadongyue. com
单位人数:900
质量体系:ISO 9000
产品情况:(东岳牌、泰起牌)
汽车起重机
出口情况:出口到东南亚、欧美地区

★山东岱阳汽车制造有限公司
地址:山东省泰安市高新技术开发区
邮编:271000
电话:0538/8933066、8933358
传真:8933066
网址:www. tajtqc. com
电子信箱:tajtqc@ 163. com
法人代表:李广敏
单位人数:600
产品情况:(岱阳牌)
半挂车、粉粒物料运输车、自卸车、油罐车、混凝土搅拌车等

★山东鲁峰专用汽车有限责任公司
地址:山东省泰安市长城路北段
邮编:271000
电话:0538/8418830
传真:8423464
网址:www. sdlufeng. cn
电子信箱:lufeng@ sdlufeng. cn
单位人数:2000
质量体系:ISO 9001
产品情况:(鲁峰牌)
栏板式半挂车、集装箱式半挂车、鹅颈式低平板半挂车、车辆运输半挂车、自卸车、自卸半挂车,道路清障车、混凝土搅拌运输车、运油车及运油半挂车、多功能喷洒融雪车、混凝土泵车、压缩式垃圾车等
出口情况:出口美国、俄罗斯、越南、蒙古、哈萨克斯坦、安哥拉、朝鲜、肯尼亚、南非、埃塞俄比亚等近20个国家和地区

★泰安古河随车起重机有限公司
地址:山东省泰安市高新技术产业开发区中天门大街1118号
邮编:271000
电话:0538/8933679
传真:8933652
质量体系:ISO 9001
产品情况:随车吊、履带起重机等

★泰安航天特种车有限公司
地址:山东省泰安市高新技术开发区
邮编:271000
电话:0538/8502311、8502387
传真:8502300、8502338
网址:www. tasv. cn
电子信箱:tasv@ tasv. cn
单位人数:1200
质量体系:ISO 9001
产品情况:(福沃牌)
油田专用车、自卸车、牵引车、粉粒物料运输车、消防车、混凝土搅拌运输车、电动车

★重汽集团泰安五岳专用汽车公司
地址:山东省泰安市高新技术开发区中天门大街266号
邮编:271000
电话:0538/8933918、6618709
传真:8933999、8933926
网址:www. wuyue. com
电子信箱:taianhy@ cnhtc. cn
法人代表:李立先
质量体系:ISO 9001、GJB 9001
产品情况:(五岳牌)
自卸车、半挂车、罐式车、厢式车、垃圾车、起重车、军用装备、专用底盘等

★莱芜市华驰挂车制造有限公司
地址:山东省莱芜市高新技术开发区
邮编:271100
电话:0634/6257688
传真:6257699
网址:www. lwhuachi. cn
电子信箱:lhcqsy@ 126. com
负责人:周长申
单位人数:320
质量体系:ISO 9001
产品情况:(泰骋牌)
半挂车、全挂车、集装箱运输车、厢式货车运输车、自卸车、低平板运输车、仓栅运输车、罐式车、水泥搅拌车及多种特种专用车

★山东昊宇车辆有限公司
地址:山东省莱芜市高新区汶河大街10号
邮编:271100
电话:0634/8817999、8817888
传真:8817777
网址:www. sdhaoyu. net
电子信箱:sdhaoyu@ 126. com
产品情况:(超雷牌)
密封式垃圾车、厢式运输车、自卸车

★山东东岳专用汽车制造有限公司
地址:山东省济宁市金宇路37号
邮编:272000
电话:0537/2360059、2360341
传真:2168540
网址:www. dongyuetruck. com
电子信箱:info@ dongyuetruck. com
单位人数:500
质量体系:ISO 9001
产品情况:(圣岳牌)
自卸车、半挂车、厢式车、散装水泥车、油罐车、混凝土搅拌运输车等
出口情况:出口东南亚、中亚、俄罗斯、非洲等地区和国家,年出口自卸车、半挂车、罐式车、厢式车2000辆

★兖州环亚挂车制造有限公司
地址:山东省兖州市新兖镇官庄村西
邮编:272100
电话:0537/3631400
传真:3631397
电子信箱:gx150318@ autoinfo. gov. cn
产品情况:(新兖牌)
各种半挂车

★山东大力专用汽车制造有限公司
地址:山东省嘉祥县凤凰山经济园区
邮编:272400
电话:0537/6809899
传真:6809899
电子信箱:gx150314@ autoinfo. gov. cn
产品情况:(祥力牌)
各种半挂车、粉粒物料运输车、运油半挂车、自卸半挂车、自卸车

★山东嘉祥萌山专用汽车有限公司
地址:山东省济宁市327国道嘉祥段西关路西(凤凰经济开发区)
邮编:272400
电话:0537/6817777、6689777
传真:6801777
网址:www. sdmscl. com
电子信箱:mengshancheliang@ sdmscl. com. cn
单位人数:388
质量体系:ISO 9001
产品情况:(萌山牌)
栏板半挂车、集装箱半挂车、厢式半挂车、自卸栏板半挂车、自卸厢式半挂车、超低平板半挂车、东方红1000型三桥挂车、拉煤王二桥挂车、农用各种型号挂车等

★山东欧亚专用车辆有限公司
地址:山东省嘉祥县经济开发区嘉诚路

邮编:272400
电话:0537/6615222
传真:6615333
产品情况:沥青洒布车和其他路面机械设备

★汶上县骏马专用汽车制造有限公司
地址:山东省汶上县城西外环路西侧368号
邮编:272500
电话:0537/7290193
传真:7290183
电子信箱:gx150202@ autoinfo. gov. cn
产品情况:(骏王牌)
半挂车、仓栅式运输半挂车、低平板半挂车、框架式集装箱运输半挂车、厢式运输半挂车、运油半挂车、自卸半挂车

★梁山飞驰挂车制造有限公司
地址:山东省梁山县梁山镇工业园
邮编:272600
电话:0537/7734888
传真:7736668
电子信箱:gx150294@ autoinfo. gov. cn
质量体系:ISO/TS 16949、ISO 9001
产品情况:(鲁驰牌)
半挂车、仓栅式半挂车、低平板半挂车、自卸半挂车

★梁山宏达厢式货车制造有限公司
地址:山东省梁山县梁山镇工业园区7号
邮编:272600
电话:0537/7736998
传真:7736998
网址:www. lshdgs. com
电子信箱:gx150352@ autoinfo. gov. cn
质量体系:ISO 9001
产品情况:(开武牌)
半挂运输车、交运车、自卸车、油罐车、仓栅式半挂车、散装水泥车、低平板特种车、全挂车、保温车车厢、冷藏车车厢、邮政车车厢等;具有年产6000辆各种专用车的能力

★梁山汇统交通设备有限公司
地址:山东省梁山县梁山镇工业园区汇统路1号
邮编:272600
电话:0537/7733799、7733099
传真:7737969
网址:www. lshtgc. com
电子信箱:htjtsb@ 126. com
单位人数:296
产品情况:半挂车、全挂车、仓栅式运输半挂车、厢式半挂车、集装箱运输半挂车、自卸半挂车、低平板半挂车、水泥搅拌车、高空作业车、粉粒物料运输半挂车、大型机械设备运输车等,并承接专用车辆的改装与设计业务
出口情况:出口苏丹、阿塞拜疆、俄罗斯、朝鲜等国家

★梁山巨源专用汽车制造有限公司
地址:山东省梁山县梁山镇工业园区
邮编:272600
电话:0537/7736858
传真:7736866
网址:www. sdjygc. com
电子信箱:lsjy668@ 126. com
单位人数:359
质量体系:ISO 9001
产品情况:(骜通牌)
普通半挂车、低平板半挂车、厢式车、自卸车、罐式车、吸污车等

★梁山泰福机械制造有限公司
地址:山东省梁山县拳铺镇泰福路
邮编:272600
电话:0537/7769156、7760291
传真:7767558
网址:www. liangshan - cn. com
电子信箱:webmaster@ liangshan - cn. com
单位人数:200
质量体系:ISO 9001
产品情况:(梁山东岳牌)
半挂车、全挂车、自卸车等
出口情况:出口美国、俄罗斯、巴基斯坦、日本、越南、摩洛哥、缅甸、新加坡、泰国、老挝、印度、马来西亚等国家

★梁山通宇集团专用汽车有限公司
地址:山东省梁山县拳铺镇工业园亚中路2号
邮编:272600
电话:0537/7766519、7767785
传真:7765519
单位人数:556
质量体系:ISO 9001
产品情况:半挂车、全挂车、厢式车、仓栅车、自卸车、水泥散装车、混凝土搅拌车、海港码头低平板特种车、车辆运输车、运煤专用车、油罐车、沥青专用车、水泥散装车、集装箱运输车、低平板半挂车、改装车、特种作业车

★梁山新科特种车辆制造有限公司
地址:山东省梁山县
邮编:272600
电话:0537/7736888、7739111
传真:7736888
网址:www. sdlsxinke. com
电子信箱:gx150300@ autoinfo. gov. cn
单位人数:280
产品情况:(新科牌)
水泥罐车、半挂车、厢式车、自卸车、平板车、罐式车等

★梁山杨嘉挂车制造有限公司
地址:山东省梁山县拳铺工业园区
邮编:272600
电话:0537/7766999
传真:7762024
网址:www. lsyjgc. com
电子信箱:lsyjgc@ 163. com
董事长:杨合连
质量体系:ISO 9001
产品情况:(杨嘉牌)
栏板式半挂车、仓栅式运输半挂车、罐式汽车、厢式运输半挂车、自卸车、低平板半挂车、集装箱运输半挂车、罐式半挂车、自卸半挂车等

★梁山永固挂车制造有限公司
地址:山东省梁山县梁山镇周庄村
邮编:272600
电话:0537/7793266、7790069
传真:7793048
网址:www. ygk. com. cn
电子信箱:sale@ ygk. com. cn
单位人数:616
质量体系:ISO 9001
产品情况:(广科牌)
改装车、半挂车、自卸车、特种车、罐车、全挂车

★山东恩信特种车辆制造有限公司
地址:山东省梁山县拳铺镇工业园区郭堂村
邮编:272600
电话:0537/7766655
传真:7766655
电子信箱:gx150012@ autoinfo. gov. cn
产品情况:(恩信事业牌)
各种半挂车、粉粒物料运输半挂车、化工液体运输半挂车、自卸半挂车

★山东梁山华宇集团汽车有限公司
地址:山东省梁山县梁山街道工业园区
邮编:272600
电话:0537/7736999、7736699
传真:7736959
网址:www. ls - huayu. com
电子信箱:sdlshyd@ 163. com
法人代表:胡桂花
负责人:胡扩林
单位人数:2000
质量体系:ISO 9001
产品情况:(华宇达牌)
改装车、普通半挂车、罐式车、自卸车、混凝土搅拌运输车、加油车、特种车等,年产1万辆

★山东梁山沃德汽车制造有限公司
地址:山东省梁山县拳铺镇工业园区东马路16号
邮编:272600
电话:0537/7707606
传真:7707605
网址:www. wodeqc. cn
质量体系:ISO 9001
产品情况:(沃德利牌)
半挂车、全挂车、厢式车、集装箱平板、自卸车、大型设备运输车

★重汽集团梁山龙腾专用汽车公司
地址:山东省梁山县梁山镇工业园区解放路3号

邮编:272600
电话:0537/7733992
传真:7733992
网址:www.zqlslt.cn
质量体系:ISO 9001
产品情况:(泊龙牌)
挂车、油罐车、自卸车、障碍车等

★梁山华信专用汽车制造有限公司
地址:山东省梁山县拳铺镇工业园区华信路1号
邮编:272613
电话:0537/7761158、7766533
传真:7768128
网址:www.lshuaxin.com
电子信箱:lshuaxin@czkx.com.cn
质量体系:ISO 9001
产品情况:半挂车、低平板半挂车、运油半挂车、厢式运输半挂车、集装箱运输半挂车、车辆运输半挂车、仓栅式挂车、水泥搅拌车、散装水泥运输车等
出口情况:出口南非、俄罗斯、哈萨克斯坦等国家

★梁山瑞发机械制造有限公司
地址:山东省梁山县拳铺镇工业园区拳徐路009号
邮编:272613
电话:0537/7765999
传真:7767468
产品情况:半挂车、仓栅式半挂车、低平板半挂车、厢式半挂车、集装箱运输半挂车、厢式侧翻车、混凝土搅拌车、车辆运输车、运煤专用车、油罐车、特种车辆等

★梁山亚隆机械制造有限公司
地址:山东省梁山县拳铺镇工业园四通路6号
邮编:272613
电话:0537/7768700、7760400
传真:7761400
网址:www.lsyljx.com
电子信箱:lsyljx@163.com
产品情况:集装箱运输车、半挂车、厢式货车、全挂车、上海50、天津60、东方红1000全挂车、挖掘机、装载机、轿运车、各种低平板车,并承接专用车辆的改装与设计业务

★梁山宇通专用汽车制造有限公司
地址:山东省梁山县拳铺镇工业园区泰福路6号
邮编:272613
电话:0537/7762826、7762123
传真:7766298、7769234
网址:www.lslx.com.cn
电子信箱:ytgc@lslx.com.cn
质量体系:ISO 9000
产品情况:(梁兴牌)
自卸车、加油车、厢式运输车、车辆运输车、粉粒物料运输车、垃圾车、清障车、洒水车、散装水泥车、半挂车

★梁山远东交通设备制造有限公司
地址:山东省梁山县拳铺工业园区
邮编:272613
电话:0537/7765569
传真:7760760
网址:www.ydjtsb.com
电子信箱:ydjtsb@czkx.com.cn
董事长(负责人):张兰奎
单位人数:288
产品情况:(劲越牌)
半挂车、集装箱运输车、厢式货车、东风自卸车、上海50挂车、天津60挂车、东方红1000全挂车,并承接专用汽车改装、设计业务

★梁山中集东岳车辆有限公司
地址:山东省梁山县拳铺工业园区
邮编:272613
电话:0537/7762388、7768169
传真:7764888、7762018
网址:www.lsdongyue.com
电子信箱:lsdyit@163.com
负责人:岳增才
单位人数:680
质量体系:ISO 9001
产品情况:(中集东岳牌)
栏板半挂车、厢式半挂车、仓栅式半挂车、罐式车、自卸车及特种车

★山东梁山通亚汽车制造有限公司
地址:山东省梁山县拳铺镇工业园区
邮编:272613
电话:0537/7761126、7607709
传真:7768553
网址:www.chinatongya.com
单位人数:800
质量体系:ISO 9001
产品情况:(通亚达牌)
半挂车、自卸车、油罐车、粉粒物料运输车、散装水泥车、混凝土搅拌运输车、道路清障车等各种专用车、特种车,年产各种车辆5200多辆

★山东万事达专用汽车制造有限公司
地址:山东省济宁市梁山县拳铺工业园
邮编:272613
电话:0537/5108000、5108888
传真:5108999
网址:www.vicmc.com
法人代表:王秋香
负责人:刘现允
单位人数:420
质量体系:ISO 9001
产品情况:(万事达牌)
普通半挂车、罐式半挂车、厢式半挂车等,年产量4000台

★重汽集团梁山四通专用汽车公司
地址:山东省梁山县拳铺工业园
邮编:272613
电话:0537/7586114、7761616
传真:7761716、7761816
网址:www.lsgc.hxuu.com
电子信箱:diaoaimin@sina.com
单位人数:750
质量体系:ISO 9001
产品情况:(陆锋牌)
半挂车、罐式车、车辆运输车、厢式车、自卸车、全挂车、仓栅式半挂车、低平板挂车、化工液体运输半挂车、集装箱半挂车等
出口情况:远销俄罗斯、巴基斯坦、哈萨克斯坦、吉尔吉斯斯坦、刚果、苏丹及非洲地区

★梁山盛鑫集团专用车有限公司
地址:山东省梁山县徐集镇
邮编:272614
电话:0537/7665777、7666638
传真:7668118、7704777
网址:www.shengxinjituan.com
电子信箱:ksc168@163.com
产品情况:(凯事成牌)
半挂车、仓栅式半挂车、车辆运输半挂车、低平板半挂车、集装箱运输半挂车、平板半挂车、厢式半挂车、运油半挂车等

★山东鸿运达专用车有限公司
地址:山东省梁山县徐集镇工业园区289号
邮编:272614
电话:0537/7765877
质量体系:ISO 9001
产品情况:改装车、半挂车、自卸车、特种车、罐式车、全挂车等

★山东郓城成达挂车制造有限公司
地址:山东省郓城县220国道351公里处
邮编:274700
电话:0530/6489955、6489977
传真:6489966
网址:www.chengdaguache.com
电子信箱:cd@chengdaguache.com
负责人:苑斌
产品情况:油罐车、集装箱运输车、主车、半挂自卸车、各种系列半挂车、全挂车、厢式货车、车辆运输车、上海50挂、天津60挂车等

★菏泽京九特种汽车有限公司
地址:山东省巨野县经济技术开发区
邮编:274900
电话:0530/8218667、8218185
传真:2081239
网址:www.hzjulin.com
电子信箱:hzjingjiu@163.com
产品情况:各种罐式/平板运输车、半挂车、多轴线平板车、高附加值特种专用半挂车等

★巨野通达专用车制造有限公司
地址:山东省菏泽市巨野县麒麟镇工业园区1号

邮编:274900
电话:0530/8263456
传真:8262345
质量体系:ISO 9001
产品情况:(麒强牌)
车辆运输半挂车、厢式车、仓栅式运输车、低平板运输半挂车等

★重汽集团山东世运专用汽车公司
地址:山东省巨野县西外环路南段路西
邮编:274900
电话:0530/6139888
传真:8289777
网址:www.zzjyty.cn
电子信箱:sdzzjyty@163.com
产品情况:(世运牌)
集装箱运输车、自卸车系列,10～150t低平板运输车,80～1200t的液压轴线重型货物运输车,特种车

★山东沂星电动汽车有限公司
地址:山东省临沂市高新技术产业开发区
邮编:276000
电话:0539/8279966、8279866
传真:2776966
网址:www.yxddqc.com
电子信箱:yxddqc@126.com
质量体系:ISO 9001
产品情况:(中文牌)
电动汽车(纯电动城市客车、纯电动双层城市客车等)

★山东省临沂消防器材总厂
地址:山东省临沂市工业大道57号
邮编:276006
电话:0539/8354752、8333329
传真:8354753
网址:www.linyi-fire.com
电子信箱:linyi-fire@163.com
单位人数:1000
质量体系:ISO 9001、GJB 9001A
产品情况:(天河牌)
泡沫消防车、机场消防车、高喷射消防车、抢险救援消防车、照明消防车、细水雾消防车、水罐消防车、登高平台消防车、供水消防车、灭氯消防车、消防宣传车等

★山东铁马特种车辆制造有限公司
地址:山东省临沂市高新技术产业开发区沂河路360号
邮编:276017
电话:0539/2928388
传真:2928555
产品情况:半挂车、专用车

★重汽集团临沂华运军兴专用车公司
地址:山东省临沂市沂河大道罗8路东新北工业区
邮编:276017
电话:0539/2928698
传真:2928089
电子信箱:gx150310@autoinfo.gov.cn
法人代表:谢丽丽
质量体系:ISO 9001
产品情况:(宇田牌)
自卸汽车、厢式运输车、厢式半挂车、空载集装箱运输半挂车、集装箱运输半挂车、仓栅式运输车、仓栅式运输半挂车、半挂车

★蒙阴九州机械车辆有限公司
地址:山东省临沂市蒙阴县蒙阴镇新庄村驻地001号
邮编:276200
电话:0539/4758999
传真:4837116
电子信箱:gx150384@autoinfo.gov.cn
法人代表:孙玉忠
产品情况:(通广九州牌)
自卸半挂车、运油半挂车、厢式运输半挂车、平板半挂车、绿化喷洒车、集装箱运输半挂车、低密度粉粒物料运输半挂车、车辆运输半挂车、仓栅式运输半挂车、半挂车

★山东金华飞顺车辆有限公司
地址:山东省枣庄市西集镇驻地
邮编:277233
电话:0632/8511999、8512999
传真:8511318-8888
网址:www.zzjhcl.com
电子信箱:jinshun@zzjhcl.com
董事长:卢金华
单位人数:286
质量体系:ISO 9000
产品情况:(金华飞顺牌)
半挂车、粉粒物料运输车、化工液体运输半挂车、煤粉运输半挂车、厢式/仓栅式运输半挂车、自卸车等

河南省

★郑州宏达汽车工业有限公司
地址:郑州市大河路古荥镇
邮编:450043
电话:0371/63591111、63593333
传真:63592999、63591356
网址:www.hdqc.com
电子信箱:yuanwu@hdqc.com
单位人数:500
质量体系:ISO 9001
产品情况:(银盾牌)
散装水泥运输车、混凝土搅拌运输车、半挂车、集装箱运输车、道路清障车、自卸车、厢式车、篷式车、仓栅车、畜禽车等

★郑州宇通重工有限公司
地址:郑州市高新开发区长椿路8号
邮编:450051
电话:0371/67568884、67568132
传真:66899170
网址:www.yutong.com
电子信箱:gx160242@autoinfo.gov.cn
质量体系:ISO 9000
产品情况:(宇通牌)
高空作业车、混凝土搅拌运输车、清障车、散装水泥半挂车、散装物料半挂车、散装物料运输车、随车起重运输车等专用车,大型军用、民用工程机械

★河南亚隆专用车有限公司
地址:郑州市新郑107国道与轻工路交叉口
邮编:451100
电话:0371/62510000、62511808
传真:62502796、65519255
网址:www.henanyalong.com
产品情况:(亚隆牌、颖马牌、中原牌)
自卸车、栏板半挂车、集装箱运输半挂车等

★郑州红宇专用汽车有限责任公司
地址:郑州市中牟县建设南路32号
邮编:451450
电话:0371/62188279、62191868
传真:62191866、62191868
网址:www.zzhongyu.net
电子信箱:hongyuzhuanqi@163.com
单位人数:400
质量体系:ISO 9001
产品情况:(红宇牌)
冷藏车、保温车、厢式运输车、爆破器材运输车、民用淋浴车、军用淋浴方舱、军用维修方舱、可展缩式房车(舱)、扫路车、应急电源车、医疗废物转运车、半挂车、工程自卸车等
出口情况:出口北美、东南亚等地区

★河南天牛工业机械有限公司
地址:河南省新乡市南环路李村工业园区
邮编:453000
电话:0373/5091553、5110001
传真:5110607、5110003
网址:www.hnhtn.com
电子信箱:gx160246@autoinfo.gov.cn
质量体系:ISO 9001
产品情况:(鸿天牛牌)
自卸车、半挂车、厢式/栏板式/仓栅式/低平板运输半挂车、粉粒物料运输车、混凝土搅拌车、车辆运输车、运油车等

★新乡市骏华专用汽车车辆有限公司
地址:河南省新乡市凤泉区陈堡工业园区
邮编:453000
电话:0373/5419808、5418989
传真:5418989、5419555
网址:www.xxjunhua.com
电子信箱:junhua808@163.com
法人代表:李富军
单位人数:250
质量体系:ISO 9001
产品情况:各式半挂车、厢式车、自卸车、全挂车、粉粒物料运输车(散装水泥车)、混凝土搅拌运输车、沥青洒布车、

碎石封层车以及特种车等

★新乡专用汽车厂
地址:河南省新乡市解放大道南118号
邮编:453000
电话:0373/2827000
传真:3673150
网址:www.xxzq.com.cn
电子信箱:xxzq300@126.com
质量体系:ISO 9001
产品情况:(豫新牌)
粉粒物料运输车、散装水泥车、混凝土搅拌车、半挂车、厢式车、自卸车、油罐车

★河南高远公路养护设备股份公司
地址:河南省新乡市高新开发区新一街367号
邮编:453003
电话:0373/5068666、3536008
传真:5068655
网址:www.gaoyuansg.com
电子信箱:plan@chngaoyuan.com
产品情况:(圣工牌)
全自动沥青洒布车、同步碎石封层车、稀浆封层车、灌缝车、铣刨机、多功能养护车等

★河南新飞专用汽车有限责任公司
地址:河南省新乡市高新技术产业开发区新一街339号
邮编:453700
电话:0373/5066575、5066792
传真:5119859
网址:www.xfzyc.com
电子信箱:XFZQ2003@163.com
法人代表:李爱民
单位人数:450
质量体系:ISO 9001
产品情况:(新飞牌)
冷藏保温车、厢式车、军用方舱、房车、疫苗运输车、防爆车等,年产各类专用车3000辆
出口情况:冷藏车、厢式车出口至欧洲、美洲、非洲10多个国家和地区

★焦作市华众车辆有限公司
地址:河南省武陟县三阳乡东大原村
邮编:454000
电话:0391/7463588
传真:7463588
网址:www.jzhzcl.com
电子信箱:huazhongcheliang@sina.com
单位人数:150
质量体系:ISO 9001
产品情况:半挂式房车、厢式运输半挂车、仓栅式半挂车、自卸半挂车、罐式运输半挂车、平板式和低平板式运输半挂车及各种普通半挂车

★河南皇马车辆有限公司
地址:河南省焦作市武陟县龙源路
邮编:454950
电话:0391/7282561
传真:7271943
网址:www.hnhmcl.com
电子信箱:dan1116@126.com
单位人数:200
质量体系:ISO 9001
产品情况:(老于牌)
普通半挂车、仓栅式半挂车、自卸半挂车、厢式运输半挂车等

★河南省新里程车辆有限公司
地址:河南省焦作市武陟县龙源镇重工业园区工业路
邮编:454950
电话:0391/7207238
传真:7207228
电子信箱:gx160254@autoinfo.gov.cn
产品情况:(云台牌)
低平板式半挂车、厢式半挂车

★河南顺达车辆有限公司
地址:河南省焦作市武陟县城龙源路297号
邮编:454950
电话:0391/7205197
传真:7205197
质量体系:ISO 9001
产品情况:(骏昌牌)
摆臂式垃圾车

★中原特种车辆有限公司
地址:河南省濮阳市大庆路南段
邮编:457001
电话:0393/4751907、4751963
传真:4752431、4754413
网址:www.cnspv.com
电子信箱:shchb@cnspv.com
董事长:戴相富
单位人数:866
质量体系:ISO 9001、ISO 10012
产品情况:(中油牌)
运/加油车、供液车、绞盘式低平板半挂车、运材半挂车、立放井架车、随车起重运输车、输砂车、背罐车、摆臂式自装卸车、下灰车、放射性源车、酸液运输车、工程车、地锚车、照明车、井架安装车、蒸汽解冻车、洗井清蜡车、试井/测井车、氮气发生/增压车、采油车、水泥车等
出口情况:出口美国、加拿大、土库曼斯坦、苏丹、沙特等30多个国家

★鹤壁天马通信股份有限公司
地址:河南省鹤壁市淇滨区
邮编:458000
电话:0392/2698111、2698138
传真:2625461
单位人数:755
质量体系:ISO 9001
产品情况:SY1040系列、SY1060系列等轻型货车,各种改装车

★河南奔马股份有限公司
地址:河南省长葛市人民路北段168号
邮编:461500
电话:0374/6108189、6108169
传真:6108163、6108189
网址:www.cnbenma.com
电子信箱:bmscb@126.net
单位人数:3000
质量体系:ISO 9000
产品情况:(奔马牌)
三轮汽车、低速货车、中/轻型货车、专用车、电动车
出口情况:出口非洲南部和东南亚等国际市场

★河南森源奔马专用汽车有限公司
地址:河南省长葛市魏武路南段东侧
邮编:461500
电话:0374/6108256、6108079
传真:6108256
网址:www.hnsybmzq.com
电子信箱:gx160256@autoinfo.gov.cn
法人代表:楚金甫
单位人数:535
质量体系:ISO 9001
产品情况:(森源牌)
自卸汽车、沼气池吸污车、沼气池服务车、厢式运输车、随车起重运输车、扫路车、洒水车、汽车起重机、混凝土搅拌运输车

★河南须河车辆有限公司
地址:河南省长葛市钟繇大道北段
邮编:461500
电话:0374/6221999、6221199
传真:6219799
网址:www.xuhe688.com
电子信箱:hnxuhe688@126.com
产品情况:(白鸟牌)
流动舞台宣传车、翼开启厢式车、翼开启厢式半挂车、侧开厢式配送车、侧卷帘式配送车、流动图书车、流动售卖车、快餐车、铝合金厢式车等

★漯河车辆总厂
地址:河南省漯河市湘江路346号
邮编:462000
电话:0395/3395686、2122882
传真:3395608
网址:www.lhclzc.cn
电子信箱:hclzc@lhclzc.com
质量体系:ISO 9000
产品情况:(飞轮牌)
半挂车、仓栅式运输半挂车、平板半挂车、畜禽运输车

★驻马店中集华骏车辆有限公司
地址:河南省驻马店市雪松路中段
邮编:463000
电话:0396/2916415、2901703
传真:3811302、3813101
网址:www.hjcl.com
电子信箱:hjcl@hjcl.com

单位人数:3500
质量体系:ISO 9001
产品情况:(华骏牌)
半挂车、自卸车、厢式车、各种罐式车、搅拌车、压缩式垃圾运输车、全挂车
出口情况:出口南非、苏丹、埃及、哈萨克斯坦等国家

★河南航天车辆厂
地址:河南省信阳市北京路187号
邮编:464000
电话:0376/6320016
传真:6334788
单位人数:562
产品情况:电源车、厢式车、电动车、拖车

★中建二局洛阳机械有限公司
地址:河南省洛阳市邙岭路35号
邮编:471001
电话:0379/62303008、62303006
传真:62307028、62302706
网址:www.shilian.com.cn
电子信箱:zjslxsgs@163.com
质量体系:ISO 9001
产品情况:(世联牌)
混凝土搅拌站、混凝土搅拌运输车
出口情况:远销越南、尼日利亚、阿尔及利亚、孟加拉国、文莱等国家

★洛阳中集凌宇汽车有限公司
地址:河南省洛阳市洛龙区关林路与经二路交叉口
邮编:471023
电话:0379/65937666、65937600
传真:65937666
网址:www.lingyu.com
电子信箱:info@lingyu.com
单位人数:2000
质量体系:ISO/TS 16949、ISO 9002
产品情况:(凌宇牌)
大中型城际客车、公交客车、专用客车、混凝土搅拌运输车、粉粒/散装物料运输车、运油/运水罐式车、洒水车、真空吸污车、垃圾车、油田下灰车等
出口情况:出口蒙古、俄罗斯、阿联酋等国家

★河南骏通车辆有限公司
地址:河南省三门峡市西陕县世纪大道北段
邮编:472143
电话:0398/3813333、3809252
传真:3813579
网址:www.hnjtcl.com
电子信箱:hnjtcl@126.com
单位人数:1000
质量体系:ISO 9001
产品情况:(骏通牌)
自卸车、半挂车、粉粒物料运输车、混凝土搅拌车等
出口情况:出口俄罗斯、蒙古、乌兹别克斯坦、吉尔吉斯斯坦、尼日利亚、安哥拉等多个国家和地区

★河南红宇特种汽车有限公司
地址:河南省南阳市高新区二号工业园4号路6号
邮编:473000
电话:0371/62375886
传真:62375880
网址:www.hnhongyu.net
质量体系:ISO 9001
产品情况:(红宇牌)
密封自装卸式垃圾车、垃圾压缩机等

★河南宜和城保装备科技实业公司
地址:河南省南阳市高新区二号工业园
邮编:473000
电话:0377/63559077、63559066
传真:63070068
网址:www.nyyihe.com
电子信箱:sjj@nyyihe.com.cn
产品情况:机场电源车、排涝车、污水车、清水车等

★河南中光学神汽专用车有限公司
地址:河南省南阳市北京路1218号
邮编:473006
电话:0377/63873230、63873526
传真:63551186
网址:www.508jd.com
电子信箱:jdzjb@hn508.com.cn
法人代表:张守启
负责人:仵保政
单位人数:200
质量体系:ISO 9001
产品情况:(风潮牌)
混凝土搅拌车、邮政车、垃圾运输车、半挂散装水泥车、特种作业车,其他货车、半挂车,野营淋浴车、防化淋浴车等军用后勤保障车等,2010年产1000台

★南阳二机石油装备(集团)公司
地址:河南省南阳市中州西路869号
邮编:473006
电话:0377/63577391、63577394
传真:63552942
网址:www.ejpetro.com
电子信箱:ejcxsb@ejpetro.com
单位人数:2000
质量体系:ISO 9001
产品情况:(华石牌)
地锚车、油田维修工程车、洗井车、运泵车、立放运井架车、背罐车、轮式通井机、运政车、抽汲车、固井水泥车、高空作业车、重载挂车等
出口情况:出口英国、美国、加拿大、墨西哥、土库曼斯坦、哈萨克斯坦、印度、伊拉克、埃及、苏丹、尼日利亚、委内瑞拉等20个国家和地区

★奇瑞汽车河南有限公司
地址:河南省开封市宋城路99号
邮编:475000
电话:0378/3330249
法人代表:尹同跃
质量体系:ISO 9000
产品情况:(开瑞牌)
开瑞微型客车

★商丘市通达专用车辆制造有限公司
地址:河南省商丘市平原路与南京路交叉口南100米
邮编:476000
电话:0370/3293898、3298880
传真:3299277、6039039
网址:www.sqtdc.com
电子信箱:gx160250@autoinfo.gov.cn
单位人数:316
质量体系:ISO 9001
产品情况:(智慧树牌)
半挂车、仓栅式运输半挂车、低平板半挂车、粉粒物料运输半挂车、集装箱运输半挂车、厢式运输半挂车、自卸半挂车、自卸车、油罐车、混凝土搅拌车等

★商丘市宇畅挂车制造有限公司
地址:河南省商丘市北海路999号
邮编:476000
电话:0370/3099990、3068888
传真:3091888
网址:www.sqyuchang.com
电子信箱:ycgc@tom.com
单位人数:386
质量体系:ISO 9001
产品情况:(宇畅牌)
全挂车、半挂车、低平板半挂车、自卸半挂车、集装箱运输半挂车、油罐车等
出口情况:出口俄罗斯、哈萨克斯坦等国家

★永城市陆霸车辆有限公司
地址:河南省永城市西城区东大营北
邮编:476600
电话:0370/5266333、5266221
传真:5266111
网址:www.yclbgs.com
电子信箱:gx160244@autoinfo.gov.cn
单位人数:317
质量体系:ISO 9000
产品情况:(骏翔牌)
仓栅式运输半挂车、低平板半挂车、粉粒物料运输半挂车、厢式运输半挂车、翼开启厢式半挂车、自卸车

★河南冰熊专用车辆制造有限公司
地址:河南省民权县产业集聚区
邮编:476800
电话:0370/8506018、8513433
传真:8509999
网址:www.cn-bingxiong.com
电子信箱:liuqing@bingxiong.com.cn
单位人数:360

质量体系:ISO 9001、GJB 9001A
产品情况:(冰熊牌)
冷藏车、保温车、厢式运输车、邮政车、移动通信车、军用宣传文化车、野营淋浴车等系列专用车和军用方舱
出口情况:远销泰国、朝鲜、东南亚等国家和地区

★河南松川专用汽车有限公司
地址:河南省商丘市民权县南环路南侧
邮编:476800
电话:0370/5065666、5066555
传真:5068228、5066566
网址:www. sc - auto. cn
电子信箱:mail@ sc - auto. cn
法人代表:刘飞
单位人数:500
产品情况:(松川牌)
冷藏车、保温车、邮政车、厢式运输车、军用特种车、军用方舱等

湖北省

★武汉汽车改装厂
地址:武汉市江岸区解放大道2855号
邮编:430011
电话:027/82319796、82340536
传真:82341149
网址:www. wh - xf. cn
电子信箱:whxf000@ tom. com
单位人数:200
质量体系:ISO 9002
产品情况:(云鹤牌)
水泥、石灰粉等罐车,加油车、运油车、洒水车等液罐车,消防车

★武汉神骏专用汽车股份有限公司
地址:武汉市解放大道1746号
邮编:430012
电话:027/61865958、82875601
传真:61865959、82922536
网址:www. 027shenjun. com
质量体系:ISO 9001
产品情况:(神骏牌)
液压大吨位组合式多功能运输车、专用运梁车、超长/超宽/超重等特型半挂车和港口专用、集装箱运输、车辆运输、厢式、栏板式运输半挂车等
出口情况:出口至美国、新西兰、波兰、韩国、新加坡、荷兰、菲律宾、刚果、安哥拉、埃及、巴基斯坦、苏丹等国家

★武汉九通汽车厂
地址:武汉市汉西路常码头特2号
邮编:430023
电话:027/83512416、83513617
传真:83512101、83529496
网址:www. wuhanjiutong. com
电子信箱:kx0718@ public. wh. hb. cn
质量体系:ISO 9001
产品情况:(九通牌)
垃圾车、扫路车、自卸式垃圾车、密封式垃圾车

★三江航天集团特种车辆技术中心
地址:武汉市江汉区常青路45号
邮编:430023
电话:027/83562310、83562304
传真:83562310
电子信箱:sjjszx@ vip. 163. com
单位人数:165
质量体系:GJB 9001A
产品情况:特种越野车及底盘,重、中型高机动越野车及底盘,专用车及底盘,车轮、车桥、悬架等零部件

★东风扬子江汽车(武汉)有限公司
地址:武汉市东西湖区金潭路18号
邮编:430040
电话:027/83868755、83826497
传真:83833696、83833831
网址:www. dfyzj. com
电子信箱:dymcxs@ 126. com
法人代表:黄文芳
单位人数:1100
质量体系:ISO 9001
产品情况:(扬子江牌)
天然气车、燃油车、无轨电车、混合动力车等公交车
出口情况:天然气客车远销孟加拉国

★江汉石油管理局第三机械厂潜江厂
地址:武汉市东西湖区吴家山田园路999号
邮编:430040
电话:027/83375021、83248777
传真:83248799
网址:www. jh3j. com
电子信箱:sales@ jh3j. com
单位人数:718
质量体系:ISO 9001
产品情况:(宝涛牌)
钻机车、试井车、采油车、供液泵车、抽油杆作业车、修井机、测井车、运材车、锅炉车、洗井清蜡车等

★武汉市汉福专用车有限公司
地址:武汉市汉阳区江堤中路特8号
邮编:430050
电话:027/84511830、84526393
传真:84511831
网址:www. whhanfu. com
电子信箱:whhfzyc_wuhan@ sina. com
质量体系:ISO 9001
产品情况:(金银湖牌)
洒水车、吸污车、高压清洗车、垃圾车、吸粪车、流动舞台车、多功能广告车
出口情况:出口到越南、朝鲜、缅甸等国家和地区

★武汉新光机械改装车有限公司
地址:武汉市汉阳区老关村工业园长江路特1号
邮编:430050
电话:027/84705799、84705811
传真:84705966、82353313
网址:www. whxgjx. com
电子信箱:whxgjx365@ 163. com
单位人数:300
产品情况:(五环牌)
吸油车、清洗车、洒水车、密封垃圾自卸运输车、吸粪车、加油车、运油车、农药车、酸罐车、食品液化车、厢式货车、自卸车、摆臂式垃圾车

★湖北省消防器材厂
地址:武汉市汉阳区琴断口米粮山新村140号
邮编:430051
电话:027/84657153、84657614
传真:84657285
网址:www. hb - fire. com
电子信箱:xf51183@ 163. com
单位人数:620
产品情况:(汉江牌)
泡沫消防车、水罐消防车、特种消防车

★武汉客车厂
地址:武汉市汉阳大道652号
邮编:430051
电话:027/84882781、84873327
传真:84874295
网址:www. whkc. net. cn
电子信箱:whkcyjs@ sina. com
质量体系:ISO 9001、GJB 9001A
产品情况:(华中牌)
客车、城市公交客车、电力工程车、军用车

★武汉市政环卫机械有限公司
地址:武汉市汉阳区铁桥村代李湾9号
邮编:430051
电话:027/84882133、84864685
传真:84637071
网址:www. szhwjx. com
电子信箱:2784763071@ szhwjx. com
单位人数:426
质量体系:ISO 9001
产品情况:(皇冠牌)
吸污车、清洗车、联合疏通车、洒水车、垃圾车、吸粪车、路面综合养护车、污泥自卸车、冲洒车、路面施工机械、垃圾中转运输设备等
出口情况:出口印度尼西亚、孟加拉国等国家

★武汉楚星专用汽车有限公司
地址:武汉市武昌区白沙洲堤后街416号
邮编:430065
电话:027/88113628
传真:88125094
网址:www. auto - cx. com
电子信箱:whcx@ auto - cx. com
质量体系:ISO 9002
产品情况:(楚星牌)
散装水泥、粉粒物料运输车、洒水

车、摆臂式垃圾车、吸污车、污泥车、吸粪车、清洗车、运油车、加油车、化液车、自卸式垃圾车

★武汉运盛特种汽车制造有限公司
地址:武汉市洪山区张家湾
邮编:430065
电话:027/88138097
传真:88138097
网址:www. vimsomeauto. com
电子信箱:zhangmenglin@ vimsome. cn
单位人数:90
质量体系:ISO 9001
产品情况:(运盛牌)
吸引压送罐车、吸尘车、吸污车、密封式粉粒车、散装水泥车、半挂车等各类特种车

★武汉天捷专用汽车有限公司
地址:武汉市东湖高新技术开发区高新大道6#1-2
邮编:430073
电话:027/81737000、84851777
传真:81737182
网址:www. whtianjie. com
电子信箱:tianjie@ whtianjie. com
单位人数:326
质量体系:ISO 9001
产品情况:(九通牌)
液压模块式组合挂车、重型特制半挂车、桥式运输及大型结构件、自行式重型液压平板车、高空作业车、轿车运输车、混凝土搅拌车等

★武汉龙安集团有限责任公司
地址:武汉市洪山区民院路124号
邮编:430074
电话:027/52111885、52111886
传真:87491728
网址:www. longangroup. com. cn
电子信箱:scb_6907@ 163. com
单位人数:1000
质量体系:ISO 9001
产品情况:卫星车载站、指挥型卫星车载站、综合指挥车、宣传文化车、应急/综合通信车等、反恐工作车等

★武汉中汽四环专用汽车有限公司
地址:武汉市武昌区丁字桥27号
邮编:430074
电话:027/87123049
传真:87816856
网址:www. fr - auto. com. cn
电子信箱:frsa163@ 163. com
产品情况:(四环牌、巨人牌)
吸引压送罐车、真空吸尘车、真空吸污车、化学液罐车、粉粒物料车、特种工程车、市政环卫车

★武汉中正化工设备有限公司
地址:武汉市青山区武东街武东中路18号
邮编:430084
电话:027/68867164、68867147
传真:68867164
网址:www. cjshsb. com
电子信箱:gx171244@ autoinfo. gov. cn
质量体系:ISO 9001
产品情况:(四六牌)
液化气体运输半挂车、液化气体运输车、化工液体运输车、天然气运输车

★武汉玖信汽车有限公司
地址:武汉市蔡甸区姚家山博奇路6号
邮编:430100
电话:027/69813811
传真:69813810
单位人数:300
质量体系:ISO 9000
产品情况:(襄樊牌、玖信牌)
粉粒物料运输车、混凝土搅拌运输车、洒水车、自卸车

★武汉瑞捷专用汽车有限公司
地址:武汉市常福新城工业园常兴路11号
邮编:430120
电话:027/69573418、84873430
传真:69573428
网址:www. whrjgc. com
电子信箱:wangyibo0318@ sina. com
质量体系:ISO 9001
产品情况:(中通牌)
普通半挂车、仓栅式半挂车、厢式半挂车、集装箱半挂车、特种车等

★武汉斯贝卡专用汽车有限公司
地址:武汉市蔡甸区常福新城工业园常兴路
邮编:430120
电话:027/69573301、69573338
传真:69573301、69573318
网址:www. speka. cn
电子信箱:speka@ 163. net
质量体系:ISO 9001
产品情况:(武工牌)
粉粒物料运输车、散装水泥车、专用自卸车、混凝土搅拌车、环卫车、油罐车、半挂车、起重举升汽车、特种车辆等,年生产能力已达到2000多辆

★湖北华舟重工有限责任公司
地址:武汉市江夏经济开发区阳光大道
邮编:430200
电话:027/87970261、87970300
传真:87970222、87970345
网址:www. china - huazhou. com
电子信箱:jianzhongfang@ yahoo. cn
单位人数:1785
质量体系:ISO 9001、ISO 14001
产品情况:(华舟牌)
特种装填车、整体自装卸补给车、软路面铺路车、道路综合保障车等

★山推楚天工程机械有限公司
地址:武汉市东湖新技术开发区光谷3路
邮编:430200
电话:027/86636721
传真:86636711
网址:www. st - ct. cn
电子信箱:mail@ st - ct. cn
质量体系:ISO 9001
产品情况:(楚天牌)
混凝土泵车、混凝土搅拌运输车等混凝土工程机械及其配件

★国营武汉新宇机器厂
地址:武汉市武昌区庙山开发区民族大道特1号
邮编:430223
电话:027/88074358
传真:87922167
单位人数:910
质量体系:ISO 9000
产品情况:(新宇天康牌、中大长天牌)
厢式冷藏车、救护车等

★湖北精功科技有限公司
地址:武汉市黄陂盘龙城经济开发区巨龙大道特1号
邮编:430312
电话:027/61871150、61871395
传真:61871150
网址:www. hbjgkj. com
电子信箱:office@ hbjgkj. com
质量体系:ISO 9001
产品情况:(精工楚天牌)
车厢可卸式垃圾车、混凝土泵车、混凝土搅拌运输车等

★天门市江汉石油三机特车有限公司
地址:湖北省天门市121信箱
邮编:431734
电话:0728/4851111、4851259
传真:4851255
网址:www. jsjtr. com
电子信箱:jsjwangqh@ 163. com
单位人数:220
质量体系:ISO 9001
产品情况:(三机牌)
压裂供液车、下灰车、供砂车、背罐车、油水罐车、酸罐车等
出口情况:出口到中东、中亚、南美等地区

★湖北万力车辆制造有限公司
地址:武汉市汉南区经济开发区兴业大道特1号
邮编:432731
电话:027/84755888、84733699
网址:www. hbwlcl. com
电子信箱:hbwl8@ 163. com
质量体系:ISO 9001
产品情况:(琴台牌)
高压清洗车、洒水车、垃圾车、吸污车、化工液体运输车、粉粒物料运输车、高空作业车、厢式运输车、仓栅式运输车等
出口情况:出口东南亚地区

★湖北程力威专用汽车有限公司
地址:湖北省荆州市金龙路51号

邮编:434000
电话:0716/8943658
传真:8943658
电子信箱:hbclqc@263.net
法人代表:曾鸣
产品情况:(雷星牌)

运油半挂车、厢式运输车、鲜活水产品运输车、洒水车、气钢瓶运输车、流动售货车、检修车、高空作业车、服务车、仓栅式运输车

★中国石油集团钻井工程院江汉所
地址:湖北省荆州市荆州开发区沙岑路9号
邮编:434000
电话:0716/8239445
传真:8222483
电子信箱:gx170304@autoinfo.gov.cn
法人代表:李雪辉
质量体系:ISO 9001
产品情况:(海智达牌)

吸污车、连续管作业车、连续管作业半挂车

★湖北四钻石油设备股份有限公司
地址:湖北省荆州市荆州区西环路39号
邮编:434024
电话:0716/8429683、8429666
传真:8429598
网址:www.hbszpetro.com
电子信箱:gongsi@hbszpetro.com
单位人数:385
质量体系:ISO 9001
产品情况:(四钻牌)

油水罐车、输砂车、热洗清蜡车、固井水泥车、修井车等
出口情况:出口美国、加拿大、哈萨克斯坦、缅甸、中东等国家

★江汉石油管理局第四机械厂
地址:湖北省荆州市荆州区四机路1号
邮编:434024
电话:0716/8429116、8429062
传真:8429069
网址:www.sjpetro.com
电子信箱:bwl@sjpetro.cn
负责人:王峻乔
质量体系:ISO 9001
产品情况:(石油四机牌)

固井水泥车、混砂车、压裂车、修井机、钻机车等
出口情况:出口美国、加拿大、独联体、北非等近30个国家和地区

★四机赛瓦石油钻采设备有限公司
地址:湖北省荆州市荆州区西环路
邮编:434024
电话:0716/8428889、8429434
传真:8016063、8020039
网址:www.sjs.servacorp.com
电子信箱:sjs@servacorp.com
负责人:比尔·奈德
质量体系:ISO 9001
产品情况:(赛瓦牌)

仪表车、固井水泥车、油田专用绞车及其他油田专用车辆
出口情况:出口美国、墨西哥、尼日利亚、新加坡、印度等国家

★荆州华通汽车改装有限公司
地址:湖北省公安县斗湖堤镇华通路1号
邮编:434300
电话:0716/5150947、5156936
传真:5155915、5156936
网址:www.jzhtch.com
电子信箱:huatong@jzhtch.com
单位人数:180
质量体系:ISO 9000
产品情况:(华通牌)

自卸车、混凝土搅拌运输车、半挂车、粉粒物料运输车、厢式运输车、教练车、加油车、洒水车、混凝土泵车等

★襄樊新中昌专用汽车有限公司
地址:湖北省襄樊市汽车开发区
邮编:441004
电话:0710/2841555、2824199
传真:2841888
网址:www.xfxzc.com.cn
电子信箱:hbxfxzc@163.com
产品情况:(中昌牌)

冷藏保温车、油罐车、防爆专用车、邮政车、自卸车、仓栅厢式车、变异厢式车、半挂运输车、吸粪车、洒水车、医疗垃圾专用车、高空作业车、随车吊、环卫垃圾车、清障车、散装水泥车

★襄樊南车专用汽车股份有限公司
地址:湖北省襄樊市高新技术开发区
邮编:441105
电话:0710/2860382、2867079
传真:2867107、2860915
网址:www.csrauto.com
电子信箱:xfnczyqc@163.com
单位人数:140
质量体系:ISO 9001
产品情况:(铁龙牌)

自卸车、半挂车、平板运输车、集装箱运输车、道路清障车等

★湖北福田专用汽车有限公司
地址:湖北省枣阳市新华路56号
邮编:441200
电话:0710/6313778、6317572
传真:6316238、6319702
网址:www.hbftzq.com
单位人数:1062
质量体系:ISO 9000
产品情况:(欧曼牌)

自卸式垃圾车、粉粒物料运输车、混凝土泵车、高空作业车、自卸车、半挂车等

★湖北圣龙专用汽车有限公司
地址:湖北省枣阳市襄阳路67号
邮编:441200
电话:0710/6223904
传真:6222114
网址:www.hbsl.com.cn
电子信箱:hbsl_huhequn@163.com
单位人数:300
质量体系:ISO 9000
产品情况:(圣龙牌)

栏板半挂车、低平板半挂车、平板半挂车、自卸半挂车、厢式运输半挂车、集装箱运输半挂车、散装水泥罐车、粉料物料运输车、运油车、加油车、自卸车、仓栅式半挂车、城市环卫车

★奥龙汽车有限公司
地址:湖北省随州市经济开发区波导大道9号
邮编:441300
电话:0722/3586999
传真:3258519
网址:sz-aolong.com
电子信箱:dtj@sz-aolong.com
法人代表:王瑶
单位人数:300
质量体系:ISO 9001
产品情况:(久龙牌)

混凝土搅拌车、干混砂浆运输车、散装水泥车、液罐车、粉罐车、加(运)油车、环卫车、作业车、通用货车、挂车、客车等
出口情况:出口欧洲、非洲、亚洲等地区

★东风随州专用汽车有限公司
地址:湖北省随州市交通大道267号
邮编:441300
电话:0722/3319170、3319355
传真:3319100
网址:www.dfszzq.com
单位人数:670
质量体系:ISO 9000
产品情况:(东风牌)

粉粒物料运输车、混凝土搅拌运输车、化工液体运输车、加油车、绿化喷洒车、厢式运输车、仓栅式运输车、油气工程车等各类专用车,半挂车,自卸车,牵引车

★湖北奥马专用汽车有限公司
地址:湖北省随州市曾都区经济技术开发区
邮编:441300
电话:0722/3309938、3333000
传真:3309938
网址:www.zy-qc.com
电子信箱:jie.bin@qq.com
法人代表:王立宏
质量体系:ISO 9001
产品情况:园林绿化洒水车、低平板运输车、市政环卫车、公路专用车、油罐车、化工液体运输车、厢式运输车、散装水泥车、液化气槽车、半挂车、自卸车、高空作业车、随车吊等

★湖北成龙威专用汽车有限公司
地址:湖北省随州市两水工业园区
邮编:441300
电话:0722/3321200
传真:3332118
网址:www.tzqcw.com
电子信箱:tzqcw@163.com
质量体系:ISO 9000
产品情况:(楚飞牌)
各种洒水车、油罐车、化工液体运输车、垃圾车、吸粪吸污车、高压清洗车、随车吊、高空作业车、自卸车、粉粒物料运输车、散装水泥车、混凝土搅拌车、道路清障车、半挂车
出口情况:出口东南亚、非洲、拉丁美洲、欧洲等地区

★湖北程力专用汽车有限公司
地址:湖北省随州市南郊平原岗程力汽车工业园
邮编:441300
电话:0722/3801001
传真:3801111
网址:www.hbclqc.com
电子信箱:hbclqc@hbclqc.com
质量体系:ISO 9001
产品情况:(程力威牌)
洒水车、油罐车、垃圾车、吸粪车、吸污车、自卸车、厢式货车、半挂车、清障车、随车吊、高空作业车、教练车、散装水泥车、化工车、消防车、水泥搅拌车、牵引车等

★湖北大力专用汽车制造有限公司
地址:湖北省随州市两水大道大力路特1号
邮编:441300
电话:0722/3309990、3308088
传真:3309990
网址:www.hbdali.com
电子信箱:1322824119@qq.com
法人代表:汪帅兵
负责人:刘锦元
单位人数:680
质量体系:ISO 9001、GJB 9001A
产品情况:(大力牌)
油田专用车系列(运油车、加油车、化工车、液化气体运输车),环卫环保专用车系列(洒水车、吸污车、各类垃圾运输车、扫路车)、市政工程车系列(高空作业车、随车起重运输车、消防车、清障车),截至2011年11月产量已达到5300台
出口情况:2011年出口各类专用车300台

★湖北航天双龙专用汽车有限公司
地址:湖北省随州市经济开发区88号
邮编:441300
电话:0722/3581112、3581177
传真:3581111、3587113
网址:www.hbslzy.com
电子信箱:hbslzy@hbslzy.com
法人代表:曹敬武
质量体系:ISO 9001
产品情况:(龙帝牌)
运油/加油车、液态食品运输车、环卫车、化工介质专用运输车、建设工程专用车、厢式车、起重吊运输车、低平板运输车、半挂车、自卸车等
出口情况:出口到美国、朝鲜、越南、非洲、东南亚等国家和地区

★湖北合力专用汽车制造有限公司
地址:湖北省随州市北郊星光工业园1号
邮编:441300
电话:0722/3330050
传真:3330050
网址:www.hlzyqc.com
电子信箱:hlzyqc8@163.com
质量体系:ISO 9001
产品情况:(神狐牌)
多功能洒水车、园林绿化洒水车、真空吸粪车、真空吸污车、高压清洗车、密封式垃圾车、压缩式垃圾车、自卸式垃圾车、高空作业车、加油车、散装水泥车、混凝土搅拌运输车、半挂车、全挂车等系列改装车

★湖北江南东风专用特种汽车公司
地址:湖北省随州市北郊江南东风汽车工业园
邮编:441300
电话:0722/3328333、3232728
传真:3328578、3308119
网址:www.dfszzy.com
电子信箱:info@dfszzy.com
质量体系:ISO 9001
产品情况:(东风牌、江特牌)
园林绿化喷洒车、石油运输车、化工液罐车、环卫垃圾车、吸粪吸污车、电力高空工程车、散装水泥车、消防车、厢式运输车、半挂车、教练车、自卸车、随车起重运输车、混凝土搅拌运输车等

★湖北新楚风汽车股份有限公司
地址:湖北省随州市列山大道明珠广场北端
邮编:441300
电话:0722/7084777、7098227
传真:3317690
网址:www.dftqzyc.com
电子信箱:hbxcf8@163.com
单位人数:620
质量体系:ISO 9001
产品情况:(楚风牌)
各类自卸车、载货汽车、厢式车、罐式车、环卫车、半挂车、客车,年产能力10000多辆
出口情况:出口到朝鲜、越南、东南亚等国家和地区

★湖北新中绿专用汽车有限公司
地址:湖北省随州市两水工业区8号
邮编:441300
电话:0722/3308988、3308666
传真:3308588
网址:www.hbxzl.com
电子信箱:w6868668@yahoo.com
单位人数:568
质量体系:ISO 9001
产品情况:(中洁牌)
洒水车、环卫垃圾车、高空作业车、随车吊、消防车、自卸车、散装水泥车、清障车、混凝土搅拌车、油罐化工车
出口情况:出口东南亚、非洲、美洲、欧洲等地区

★随州市东风专用汽车有限公司
地址:湖北省随州市南郊平原岗程力汽车工业园
邮编:441300
电话:0722/3811077、3811099
传真:3812333
网址:www.hbdfzy.com
电子信箱:hbdfzy@263.net
质量体系:ISO 9001
产品情况:(东风牌)
园林绿化洒水车、加/运油罐车、吸粪车、摆臂/挂桶式垃圾车、厢式运输车、消防车、半挂车、自卸车、水泥车、随车吊等

★随州市东特汽车有限公司
地址:湖北省随州市两水工业园区
邮编:441300
电话:0722/3308598
传真:3308599
网址:www.szdtqc.com
电子信箱:szdtqc@126.com
质量体系:ISO 9001
产品情况:化工液体运输车、罐式集装箱、加油车、粉粒物料运输车、化工车、运水车、洒水车、保温车、冷藏车、厢式车
出口情况:出口东南亚地区

★随州市东正专用汽车有限公司
地址:湖北省随州市北郊星光工业园
邮编:441300
电话:0722/3330126、3988769
传真:3330379
网址:www.hxzyqc.com
电子信箱:info@hxzyqc.com
单位人数:650
质量体系:ISO 9002
产品情况:加(运)油罐车、洒水车、吸粪车、垃圾车、散装水泥粉粒物料车、消防车、随车吊、清障车、扫路车、自卸车、厢式车、半挂车等

★随州市力神专用汽车有限公司
地址:湖北省随州市解放路西柳树淌工业园
邮编:441300
电话:0722/3915544、3818777

传真:3813333
网址:www. lszyqc. com
电子信箱:lsqc001@163. com
质量体系:ISO 9000
产品情况:(醒狮牌)
加(运)油车、化工液体运输车、洒水车、粉粒物料运输车、集装箱运输半挂车、散装粮食运输车

★厦工楚胜专用汽车有限公司
地址:湖北省随州市解放路西端99号
邮编:441300
电话:0722/7020818
传真:3812358
网址:www. hbcszy. com
电子信箱:hbcsqc@163. com
法人代表:许振明
单位人数:500
质量体系:ISO 9001
产品情况:(楚胜牌)
混凝土搅拌车、油品运输车、化工液体运输车、粉粒物料运输车、随车起重运输车、高空作业车、各种半挂车、全挂车、环卫垃圾车、洒水车、吸污车、扫路车等,年产能力10000多辆

★重汽集团湖北华威专用汽车公司
地址:湖北省随州市曾都区新型工业基地9号
邮编:441300
电话:0722/3308008、3308001
传真:3308007、3308000
网址:www. hua - win. cn
电子信箱:hua - win@hua - win. cn
单位人数:1000
质量体系:ISO 9001
产品情况:(华威驰乐牌)
自卸车、罐式车、厢式运输车、厢式半挂车、垃圾车、洒水车、绿化喷洒车、随车起重运输车、工程维修车、高空作业车、粉粒物料运输车、水泥搅拌车、加油/运油车等
出口情况:出口中东、东欧、东南亚、西亚、非洲、俄罗斯、澳大利亚等多个国家和地区

★湖北宏宇专用汽车有限公司
地址:湖北省随州市曾都区均川镇朝阳街胜利路55号
邮编:441322
电话:0722/4913211、4868243
传真:4868266、4866887
网址:www. hbhyqc. com
电子信箱:hbhyzyqc@163. com
单位人数:168
质量体系:ISO 9001
产品情况:(虹宇牌)
工程车、罐式车、厢式车、环卫车、消防车、混凝土搅拌车、高空作业车、随车起重运输车、散装水泥车、散装物料车、清障车、半挂车、集装箱半挂车、鲜牛奶罐车、化工液体运输车、冷藏车、沥青运输车、洗尘车、自卸车、仓栅车、牵引车、各类平头汽车驾驶室等

★湖北东沃专用汽车有限责任公司
地址:湖北省老河口市经济技术开发区城东大道12号
邮编:441800
电话:0710/8206509
传真:8206699
网址:www. dwzyqc. com
电子信箱:hbdwqc@126. com
法人代表:陈伟
单位人数:150
质量体系:ISO/TS 16949
产品情况:(东驹牌)
自卸车、半挂车、垃圾车、随车起重运输车、多功能绿化喷洒车、粉粒物料运输车、混凝土搅拌运输车等
出口情况:远销非洲、亚洲10多个国家和地区

★老河口东风创普专用汽车公司
地址:湖北省老河口市航空路35号
邮编:441800
电话:0710/8244782、8221618
传真:8221604
产品情况:(东风牌)
中型载货车、中型自卸车、货车非完整车辆

★老河口市特种车辆改装厂
地址:湖北省老河口市汉口路1号
邮编:441800
电话:0710/8221104
传真:8221104
质量体系:ISO 9001
产品情况:(楚光牌)
自卸车、半挂车、仓栅式运输半挂车、厢式运输半挂车、车辆运输半挂车、翼开启厢式半挂车等

★东风神宇车辆有限公司
地址:湖北省十堰市捷达路7号
邮编:442000
电话:0719/8233144、8234490
传真:8246224
网址:www. dfsyqc. com
电子信箱:gaoy@dfmc. com. cn
单位人数:1000
质量体系:ISO/TS 16949、ISO 9000
产品情况:(东风牌)
中型载货汽车,自卸车,专用车底盘,汽车零部件
出口情况:出口伊朗、加纳、越南、阿富汗、伊拉克 、南非等多个国家

★东风征梦(十堰)专用车有限公司
地址:湖北省十堰市朝阳路三堰段销售部1号
邮编:442000
电话:0719/8258922
传真:8258932
网址:www. sydfzm. com
电子信箱:ybz1109@163. com
质量体系:ISO/TS 16949、ISO 9000
产品情况:(东风牌、东实牌、神舰牌)
中重型自卸车,罐类运输车、绿化喷洒车、随车起重运输车等专用车

★湖北神帆专用汽车有限公司
地址:湖北省十堰市白浪中路18号
邮编:442000
电话:0719/8687766、8456555
传真:8687766
电子信箱:huayang@public. sy. hb. cn
质量体系:ISO 9000
产品情况:(神帆牌)
自卸车、厢式运输车等

★十堰汇斯诚专用汽车有限公司
地址:湖北省十堰市许白路158号
邮编:442000
电话:0719/8761387
传真:8888598
电子信箱:gx170294@autoinfo. gov. cn
产品情况:(普诚牌)
压缩式垃圾车

★十堰市驰田汽车有限公司
地址:湖北省十堰市黑龙江路2号
邮编:442000
电话:0719/8887181、8889570
传真:8795285
网址:www. chitianqiche. com
电子信箱:chitianqiche@163. com
质量体系:ISO 9001
产品情况:(驰田牌)
自卸车、半挂车、厢式车、仓栅车、罐式车等
出口情况:出口到非洲、东南亚、中亚等10多个国家和地区

★十堰众隆汽车有限公司
地址:湖北省十堰市东风大道1号
邮编:442000
电话:0719/8788853
传真:8788853
电子信箱:gx170210@autoinfo. gov. cn
产品情况:(运王牌)
粉粒物料运输车、洒水车、厢式运输车、自卸车

★向远汽车改装厂
地址:湖北省十堰市汉江路53号
邮编:442000
电话:0719/8660018
传真:8660018
产品情况:(运王牌)
加油车、自卸车、粉粒物料运输车、厢式运输车

★湖北炎龙汽车有限公司
地址:湖北省十堰市丹江路11号
邮编:442012
电话:0719/8789230、8783911
传真:8782955、8783911

质量体系:ISO 9000
产品情况:(炎龙牌)
自卸车、厢式运输车

★东风特汽(十堰)客车有限公司
地址:湖北省十堰市白浪中路 80 号
邮编:442013
电话:0719/8254051、8318653
传真:8312145、8318678
网址:www.dftqkc.com
电子信箱:dfkc@dftqkc.com
质量体系:ISO 9001
产品情况:(东风牌)
10~47 座中高档系列客车、越野车、天然气客车和厢式货车,广泛用于客运、公交、旅游、物流、石油、矿山等领域
出口情况:远销智利、埃及等 10 多个国家和地区

★东风特种汽车有限公司
地址:湖北省十堰市人民南路 45 号
邮编:442013
电话:0719/8889091
传真:8889092
网址:www.dfqc.com
法人代表:张红
质量体系:ISO 9001
产品情况:(东风牌)
客车及客车底盘、自卸车、油罐车、洒水车、散装水泥车、半挂车、厢式车、随车吊等

★湖北神鹰汽车有限责任公司
地址:湖北省十堰市白浪经济技术开发区中路 166 号
邮编:442013
电话:0719/8311888、8314888
传真:8301166、8200993
网址:www.shenying.com.cn
电子信箱:tongji@shenying.com.cn
单位人数:400
质量体系:ISO 9001
产品情况:(神鹰牌)
重型自卸车、半挂车、油罐车、散装水泥车、厢式车、仓栅车、随车起重运输车等
出口情况:出口到俄罗斯、伊朗、越南、朝鲜、尼日利亚、尼泊尔、缅甸等国家

★湖北世纪中远车辆有限公司
地址:湖北省十堰市高新技术开发区田湖东路 8 号融丰工业园
邮编:442013
电话:0719/8303112、8303118
传真:8303661、8303107
网址:www.hbsjzy.com
电子信箱:gx170290@autoinfo.gov.cn
单位人数:350
质量体系:ISO 9001
产品情况:(中悦牌)
分储现混式混凝土搅拌车、流动舞台车、流动售货车、流动图书车、环卫车、飞翼厢式车、自卸车,车架、车身等总成产品

★十堰安远专用汽车有限公司
地址:湖北省十堰市东城开发区陈罗村 5 组
邮编:442013
电话:0719/8795959
传真:8312249
电子信箱:syaygzc@sina.com
产品情况:(双机牌)
自卸汽车、厢式运输车、粉粒物料运输车、除雪撒布车、仓栅式运输车

★东风(十堰)特种商用车有限公司
地址:湖北省十堰市张湾区镜潭路 17 号
邮编:442021
电话:0719/8239062、8239013
传真:8239061、8238614
网址:www.dftzsyc.com
单位人数:255
质量体系:ISO 9001、ISO 14001
产品情况:(东风牌)
自卸车,牵引车,消防车、天然气汽车、油田用车、森林用车等各种专用车及底盘

★东风专用汽车有限公司
地址:湖北省十堰市朝阳南路 9 号
邮编:442044
电话:0719/8247888、8247918
传真:8247582
网址:www.dfgzc.com
电子信箱:dfgzc@public.sy.hb.cn
单位人数:1200
质量体系:ISO 9001、ISO 14001
产品情况:(东风牌)
厢式运输车、厢容可变车、仓栅式运输车、邮政车、保温车、冷藏车、运粮车、运煤车、混凝土搅拌车、散装水泥车、环卫车、平板自卸车、工程自卸车等,年产普通车箱 8.1 万套、专用车 6000 多辆
出口情况:出口美洲、非洲、东南亚等地区

★东风实业(十堰)车辆有限公司
地址:湖北省十堰市车城南路 33 号
邮编:442055
电话:0719/8283848、8283846
传真:8891060
网址:www.dfcl.net
电子信箱:dongfengcl@163.com
负责人:黄星光
单位人数:500
质量体系:ISO 9001
产品情况:(东风牌、华神牌)
轻、中型载货汽车,牵引车,自卸车,混凝土搅拌运输车、仓栅式运输车、厢式货车、运材车等专用车
出口情况:出口东南亚、南美、东欧、东北亚等 10 多个国家和地区

★湖北神河汽车改装(集团)公司
地址:湖北省十堰市郧县茶店经济开发区
邮编:442512
电话:0719/7580377、7580477
传真:7580149
网址:www.hbshenhe.com
电子信箱:hbshenhe@163.com
法人代表:金元生
单位人数:300
质量体系:ISO 9001
产品情况:(神河牌)
自卸车、厢式车、仓栅式运输车、加油车、洒水车、粉粒物料运输车、半挂车和全挂车等

★十堰至喜车辆有限公司
地址:湖北省十堰市武当山特区工业园
邮编:442710
电话:0719/5661079
法人代表:李帮均
单位人数:700
产品情况:自卸车、洒水车、罐式车、货车等

★湖北丹江特种汽车有限公司
地址:湖北省十堰市武当山开发区蒿口工业园
邮编:442714
电话:0719/5666134、5665656
传真:5663555
网址:www.chinaluba.com
电子信箱:webmaster@chinaluba.com
质量体系:ISO 9001
产品情况:(陆霸牌)
绿化喷洒车、自卸车、半挂车、自装卸式垃圾车、混凝土搅拌运输车、厢式运输车、粉粒物料运输车、随车起重运输车

★宜昌市长江葛洲坝车辆有限公司
地址:湖北省宜昌市上道堤路 3 号
邮编:443002
电话:0717/6722388
传真:6722066
产品情况:(葛汽牌)
沥青路面综合养护车、厢式货车、自卸车等

★荆门宏图特种飞行器制造有限公司
地址:湖北省荆门市东宝区宏图路 1 号
邮编:448134
电话:0724/8889000、8888424
传真:8889379
网址:www.hkhongtu.com
电子信箱:hongtu@enricgroup.com
单位人数:900
质量体系:ISO 9001
产品情况:(宏图牌)
液化气体运输车、各类化工介质运输车、液氨运输车、道路救援清障车、民爆器材运输车、冶金粉尘运输车、散装

水泥(散装物料)运输车、危险废物处理运输车、垃圾运输车、压缩式垃圾运输车、运/加油车
出口情况:远销中东、南美洲、东南亚、东北亚、非洲等国家和地区

湖南省

★中联重科工程起重机分公司
地址:长沙市芙蓉中路三段613号
邮编:410007
电话:0731/85667200、85667235
传真:85582657
网址:www.zoomlion.com
电子信箱:gsb@zoomlion.com
单位人数:5000
质量体系:ISO 9001、ISO 14001
产品情况:(中联牌)
12~150t汽车起重机、180~500t全地面起重机、50~3200t履带起重机
出口情况:远销亚洲、美洲、欧洲、非洲等国家和地区

★长沙市环卫机械厂
地址:长沙市芙蓉区远大一路239号
邮编:410016
电话:0731/82801713、84719614
传真:82801725
网址:www.cszf002.com
电子信箱:cszf001@tom.com
质量体系:ISO 9000
产品情况:(中发牌)
垃圾车、吸粪车、厕所车、洒水车、洒水半挂车、绿化喷洒车、摆臂式垃圾车

★长沙佳利汽车有限公司
地址:长沙市星沙经济技术开发区寿昌路15号
邮编:410100
电话:0731/84067835、84067669
传真:84012069
网址:www.jlqc.cc
电子信箱:jlqc@jlqc18.com
质量体系:ISO 9001
产品情况:(湘陵牌)
流动舞台车、冷藏保温车、军用方舱、多媒体电视移动车、发电车、高档商用厢式运输车及特种专用厢车等

★三一重工股份有限公司
地址:长沙市经济技术开发区三一工业城
邮编:410100
电话:0731/84031888、87873131
传真:84031999、84031527
网址:www.sany.com.cn
电子信箱:syin@sany.com.cn
董事长:梁稳根
质量体系:ISO 9000、ISO 14001
产品情况:(三一牌)
混凝土输送泵、混凝土输送泵车、混凝土搅拌站、沥青搅拌站、压路机、摊铺机、平地机、履带起重机等

★长沙市比亚迪客车有限公司
地址:长沙市雨花区万家丽路二段88号
邮编:410116
电话:0731/88188888
传真:84881018
产品情况:(比亚迪牌、陆胜牌、三湘牌)
城市客车、纯电动城市客车、客车、卧铺客车;2011年年产323辆

★长沙梅花汽车制造有限公司
地址:长沙市东郊江背汽车工业园
邮编:410135
电话:0731/86292028、86292251
传真:86293886、86292137
网址:www.csmhqc.com
电子信箱:meihuaqiche@sina.com
质量体系:ISO 9001
产品情况:(同心牌)
大中型公交、客运、物流、专用客车;洒水车、喷洒车、吸/抽粪车、垃圾车、吸污/排污车、高空作业车、高压清洗车、随车起重运输车、消防车、清障车、施救车、扫路车/清扫车、自卸车等专用汽车
出口情况:远销泰国、刚果、印度、马来西亚等多个国家和地区

★湖南同心实业股份有限公司
地址:长沙市长沙县江背镇
邮编:410135
电话:0731/86264578、86264438
传真:86290047
网址:www.hntx.com
电子信箱:hntx@hntx.com
单位人数:2000
质量体系:ISO 9001
产品情况:(同心牌)
大中型客车及车身
出口情况:出口东南亚、中东等地区

★湖南省赛特汽车厂
地址:长沙市望城县黄金乡金沙村
邮编:410217
电话:0731/88882705
传真:88386881
电子信箱:gx180218@autoinfo.gov.cn
产品情况:(赛特牌)
客车

★湖南湘路机械科技有限公司
地址:长沙市宁乡县经济开发区发展路
邮编:410600
电话:0731/87879081
传真:87879070
网址:www.xtlj.com.cn
质量体系:ISO 9001、ISO 14001
产品情况:(湘路牌)
智能型路面综合养护车,煤转气综合路面养护车、煤转气强制式沥青混合料搅拌设备、煤转气搅拌站、灌缝机、超导加热油罐等

★湖南恒润高科股份有限公司
地址:湖南省湘潭市九华经济区宝马东路3号
邮编:411202
电话:0731/58308093、58308068
传真:52328888
网址:www.hengrunht.com
电子信箱:yingxiao@hengrunht.com
法人代表:陈建平
质量体系:ISO 9001
产品情况:(恒合牌)
多功能清洗车、高速公路路面综合养护车、桥梁检测车、护栏抢修车、扫路车、混凝土路面开槽机、灌缝机等

★湖南飞涛专用汽车制造有限公司
地址:湖南省沅江市经济开发区状元路1号
邮编:413100
电话:0737/2721105、2723964
传真:2723964
网址:www.feitao.com
电子信箱:hnzq@feitao.com
质量体系:ISO 9001
产品情况:(飞涛牌)
随车起重运输车

★湖南宝龙专用汽车有限公司
地址:湖南省常德市汉寿经济开发区
邮编:415907
电话:0736/2721105、2721103
传真:2743869、2721103
网址:www.hnblzq.com
电子信箱:tech@hnblzq.com
质量体系:ISO 9001
产品情况:(独霸牌)
2~12t系列随车起重机、军用新型航空炸弹专用起重机、轮式叉车吊、桁架式桥梁检测作业车

★吉首市宗南重工制造有限公司
地址:湖南省吉首市大田湾工业园
邮编:416000
电话:0743/8235126
传真:8235126
网址:www.jsznzg.com
电子信箱:66081050@qq.com
董事长:李园平
质量体系:ISO 9001
产品情况:(宗南牌混凝土搅拌运输车、粉粒物料运输车、洒水车、垃圾收集车、随车起重吊、自卸车等专用汽车及系列低速载货汽车,年生产能力达15000台

★湖南省金华车辆有限公司
地址:湖南省娄底市乐坪西街

邮编:417000
电话:0738/8873988
传真:8876351
网址:www.hnjhqc.com
电子信箱:hnjhcl@163.com
单位人数:400
质量体系:ISO 9001
产品情况:(汽尔福牌、兰田牌、通程牌、通呈牌、湘中牌)
石油化工车、洒水车、垃圾车、吸粪吸污车、散装水泥车、自卸车、厢式仓栅车等

★衡阳泰豪通信车辆有限公司
地址:湖南省衡阳市高新开发区芙蓉路46号
邮编:421001
电话:0734/8859329
传真:8859639
网址:www.tellhow.com
电子信箱:txcl@tellhow.com
产品情况:军用特种改装车、军用方舱等

★湖南星马汽车有限公司
地址:湖南省衡阳市雁峰区罗金桥2号
邮编:421008
电话:0734/8475841、8475930
传真:8475903
网址:www.camc.biz
单位人数:221
质量体系:ISO 9001
产品情况:(湖南牌)
重型自卸车、混凝土搅拌运输车、垃圾车

★湖南衡山汽车制造有限公司
地址:湖南省衡山县城关镇东风路1号
邮编:421300
电话:0734/5811968、5823968
传真:5811993
网址:www.hszq.com
电子信箱:sale@hszq.com
负责人:刘智毅
质量体系:ISO 9001
产品情况:(衡山牌)
豪华空调大客车、团体客车、长途客车、中轻型客车、飞机加油车、航空附属油料加注车、面包加工车、流动医院车、热力测试车、工程修理车等

★路桥集团郴州筑路机械厂
地址:湖南省郴州市燕泉路68号
邮编:423000
电话:0735/2172032、2172096
传真:2172208
网址:www.lqczzl.com
电子信箱:lqczzl@163.com
质量体系:ISO 9001
产品情况:(泰坦牌)
沥青洒布车、沥青运输车、道路养护车、沥青混凝土搅拌设备
出口情况:远销东南亚、非洲等地区的35个国家

广东省

★广州市环境卫生机械设备厂
地址:广州市白云区江高镇新广花公路塘贝路段
邮编:510450
电话:020/87087297
传真:87088652
网址:www.ghqy.com
电子信箱:guanghuan_gzb@21cn.net
法人代表:李彪
单位人数:230
质量体系:ISO 9001
产品情况:(广环牌)
压缩垃圾车、后装垃圾车、洒水车、桶装垃圾车、餐厨垃圾车、扫路车等市政环卫车辆,年产500辆

★广东信源物流设备有限公司
地址:广州市天河区元岗路399号
邮编:510507
电话:020/37093051、37093730
传真:37091353
网址:www.xinsource.com
电子信箱:xinsource@126.com
单位人数:350
质量体系:ISO 9001
产品情况:(上元牌)
流动舞台车、翼开式运输车、工程车、流动服务车、邮政车、复合板厢式车、冷藏车、工程抢险车、电源车、警备车等

★广州广日专用汽车有限公司
地址:广州市高新技术产业开发区科学城
邮编:510660
电话:020/82063333、82075882
传真:82063336
网址:www.grisun.com.cn
电子信箱:info@grisun.com.cn
产品情况:(广和牌)
后装压缩式垃圾运输车、车厢可卸式垃圾运输车、混凝土搅拌运输车、自卸车、小型垃圾压缩转运站等

★广州汇联专用汽车有限公司
地址:广州市花都区港口工业开发区
邮编:510800
电话:020/36867097、86862004
传真:86861099
网址:www.huistone.com
单位人数:235
质量体系:ISO 9001
产品情况:(圣龙牌)
集装箱运输半挂车、栏板式半挂车、低平板半挂车、厢式运输车和半挂车、厢式冷藏车厢半挂车、自卸车、半挂车、罐式液体运输车及半挂车、粉料物料运输车及半挂车、混凝土搅拌运输车、环保用车辆等
出口情况:出口到东南亚、中东、南美等地区,并销往中国香港地区

★增城中警羊城轻型特种车有限公司
地址:广州市增城新塘镇创新大道29号
邮编:511340
电话:020/82602313、82608313
传真:82606282
网址:www.zjtzc.com
电子信箱:zjyc@zjtzc.com
产品情况:(中警牌)
防暴水炮车、攀登突击车、防弹运兵车、通信指挥车、刑事勘察车、装备运输车、破拆排爆车、宣传照明车、反恐突击车等
出口情况:出口非洲、亚洲等地区

★广州东方宝龙汽车工业股份公司
地址:广东省增城市新塘镇宝龙路1号
邮编:511340
电话:020/82600888
传真:82705911
网址:www.baolongmotors.com
电子信箱:spservice@baolongmotors.com
单位人数:558
质量体系:ISO 9001
产品情况:(宝龙牌)
运钞车、警车等防弹车,压缩式垃圾车、清扫车等环卫车,各类厢式车、冷藏车等物流车,豪华大巴、公交车、幼稚园校车系列客车,同时开发高档救护车、消防车、电信车等

★广州穗景客车制造有限公司
地址:广东省增城市朱村镇广汕公路南边
邮编:511370
电话:020/82854818
传真:82852074
产品情况:(巨鹰牌)
双层客车

★广州港口机械工业有限公司
地址:广州市番禺区南村镇员岗村兴南大道425号
邮编:511442
电话:020/39955872
传真:84766946
网址:www.gzgkjx.com
电子信箱:service@gzgkjx.com
质量体系:ISO 9000
产品情况:(广正牌)
起重机、集装箱运输半挂车、特种半挂车、平板车等
出口情况:出口东南亚地区

★番禺超人运输设备实业有限公司
地址:广州市番禺区石基镇官涌开发区
邮编:511450
电话:020/84855063

传真:84859598
网址:www.pychaoren.com
电子信箱:ghparking@126.com
质量体系:ISO 9001
产品情况:(凌扬(FXB)牌)
各种半挂车、自卸车
出口情况:远销东南亚、日本、中东等国家和地区,并销往中国香港、澳门地区

★广东明威专用汽车有限公司
地址:广州市番禺区石壁街屏山一村
邮编:511495
电话:020/34712777、34711223
传真:84711683
网址:www.mw-trailer.com.cn
电子信箱:sales@mw-trailer.com.cn
单位人数:370
质量体系:ISO 9001
产品情况:(明威牌)
集装箱骨架及平板半挂车、低平板半挂车、码头专用集装箱运输半挂车、散装水泥或粉粒物料罐式汽车及半挂车、大型自卸汽车及半挂车、运加油车及半挂车、车辆运输半挂车、厢式运输半挂车、多轴线液压重型运输车等
出口情况:出口美国、荷兰、中东、非洲、澳大利亚等国家和地区,同时销往中国香港、澳门地区

★韶关市起重机厂有限责任公司
地址:广东省韶关市曲江马坝镇转溪叶屋段
邮编:512025
电话:0751/6653006
传真:6653001
网址:www.gdqz.cn
电子信箱:sgqzj@gdqz.cn
单位人数:200
产品情况:(韶液牌)
汽车起重机、随车起重运输车、起重高空作业车等

★广东力士通机械股份有限公司
地址:广东省韶关市浈江区南郊六公里广韶路
邮编:512027
电话:0751/8261096
传真:8261063
电子信箱:cmh@gdlst.com
法人代表:邱文忠
质量体系:ISO 9001
产品情况:(粤工牌)
汽车起重机、集装箱运输半挂车、混凝土车载泵车、混凝土泵车、高空作业车、低平板半挂车、仓栅式运输半挂车、半挂车

★韶关新宇建设机械有限公司
地址:广东省韶关市北江区十里亭
邮编:512031
电话:0751/8831283、8851328
传真:8858332、8831208
网址:www.sgxy.com
电子信箱:sgxygs@sgxy.com
单位人数:1000
质量体系:ISO 9001
产品情况:(韶挖(SW)牌)
干粉砂浆生产设备、混凝土搅拌站、混凝土搅拌运输车、汽车起重机、高空作业车、建筑垃圾处理成套设备等

★广东云山汽车有限公司
地址:广东省兴宁市东莞石碣(兴宁)产业转移工业园
邮编:514526
电话:0753/3552988、3553128
法人代表:徐毅坚
产品情况:(白云牌)
大、中型客车,专用车

★深圳东风汽车公司大亚湾分公司
地址:广东省惠州市大亚湾新寮东风车城
邮编:516085
电话:0752/5200614
传真:5200598
网址:www.sz-dfl.com
产品情况:(东风牌)
清障车、水泥搅拌车

★广东银龙汽车工业有限公司
地址:广东省河源市明珠开发区力王大道1号
邮编:517000
电话:0762/3831380
传真:3831381
产品情况:(金微牌)
大、中、轻型客车

★蛇口港口机械制造股份有限公司
地址:广东省深圳市蛇口工业区港湾大道20号
邮编:518067
电话:0755/26691257、26696639
传真:26692116
网址:www.spmco.cn
电子信箱:mail@spmco.cn
质量体系:ISO 9001
产品情况:(大力士牌)
各种半挂车、油污车
出口情况:出口东南亚、中东、俄罗斯、非洲,并销往中国香港、台湾地区

★中集车辆(集团)有限公司
地址:广东省深圳市蛇口工业区港湾大道2号
邮编:518067
电话:0755/26691130
传真:26692707
网址:www.cimc.com
电子信箱:email@cimc.com
单位人数:50000
质量体系:ISO 9000
产品情况:(中集牌)
集装箱、道路运输车辆、能源和化工装备、海洋工程、机场设备等
出口情况:出口北美洲、欧洲、亚洲、澳大利亚等国家和地区

★深圳市好时代专用挂车有限公司
地址:广东省深圳市宝安区观澜街道大兴社区大一村
邮编:518110
电话:0755/29508800、28055563
传真:29508545
网址:www.sz-hsd.com.cn
电子信箱:info@hongyatrailer.com
法人代表:吴启车
单位人数:600
质量体系:ISO 9001
产品情况:(港粤牌)
集装箱运输半挂车、平板栏板半挂车、低平板特种半挂车、厢式半挂车、罐式半挂车、自卸半挂车、水泥运输车、油罐车等
出口情况:远销中东、非洲、东南亚、大洋洲、美洲和欧洲等地区,并销往中国香港、澳门、台湾地区

★深圳五洲龙汽车有限公司
地址:广东省深圳市龙岗区宝龙工业城宝龙二路103号
邮编:518116
电话:0755/89933333、89933888
传真:89933019、89926065
网址:www.wzlmotors.com
电子信箱:info@wzlmotors.com
单位人数:800
质量体系:ISO 9001
产品情况:(五洲龙牌)
大中型柴油旅游客车、城市公交车及清洁燃料客车、混合动力客车、纯电动城市客车等
出口情况:出口美国、智利、沙特、伊朗、多哥等国家,并销往中国香港、澳门地区

★深圳中集专用车有限公司
地址:广东省深圳市龙岗区坪山镇锦龙大道1号
邮编:518118
电话:0755/89663098、89663999
传真:89663358、89663298
网址:www.scvc8.com
电子信箱:xuefeng.chen@cimc.com
质量体系:ISO/TS 16949
产品情况:(中集牌)
各种半挂车
出口情况:出口美国、日本和非洲等国家和地区,并销往中国香港地区

★深圳凯丰特种汽车工业有限公司
地址:广东省深圳市龙岗区坂田第三工业区70栋
邮编:518129

电话:0755/82412000、28895304
传真:82414000、28895302
网址:www. kaifengsz. com
电子信箱:ckaifeng@ 126. com
产品情况:(凯丰牌)
冷藏车、保温车、厢式运输车、救护车和其他专用车辆,同时具有开发压缩式垃圾车、清扫车、公路清障车、电信车等的能力

★珠海市广通汽车有限公司
地址:广东省珠海市南屏科技工业园屏北二路18号
邮编:519060
电话:0756/3881333、3829888
传真:3870666、3870659
网址:www. gtbus. com
单位人数:600
质量体系:ISO 9001
产品情况:(广通牌)
大中型客车、卧铺客车、公交客车及混合动力客车、纯电动城市客车、天然气客车、无轨电车等
出口情况:出口意大利、印度、菲律宾、泰国、越南等国家和地区,并销往中国香港、澳门地区

★东莞市永强汽车制造有限公司
地址:广东省东莞市寮步镇塘唇工业区
邮编:523407
电话:0769/83307688
传真:83307873
网址:www. yqqc. com
电子信箱:yqqc@ yqqc. com
单位人数:400
质量体系:ISO 9001
产品情况:(永强牌)
液体运输罐车、粉粒物料运输罐车、罐式集装箱、厢式车、工程车、环卫车、消防车等

★佛山市环卫处环卫机械厂
地址:广东省佛山市佛平路军桥
邮编:528000
电话:0757/86332575、86339067
传真:86339067
网址:www. fscz. com
电子信箱:fsshw@ 163. com
质量体系:ISO 9000
产品情况:(禅珠牌)
压缩式垃圾车、摆臂式垃圾车、侧装自卸式垃圾车、大型垃圾转运车、环卫园林市政用的多功能洒水车、吸粪车

★佛山市飞驰汽车制造有限公司
地址:广东省佛山市禅城区石湾新闾路39号
邮编:528031
电话:0757/82272945、82707501
传真:82272945、82276352
质量体系:ISO 9001
产品情况:(飞驰牌)
大中型客车、豪华旅游客车、城市客车、卧铺客车等

★广东粤海汽车有限公司
地址:广东省佛山市南海区九江镇物流工业园
邮编:528203
电话:0757/81862888
传真:86581022、86581272
网址:www. gdyh. com. cn
电子信箱:yhgs@ vip. 163. com
单位人数:450
质量体系:ISO 9001
产品情况:(粤海牌)
20～60t道路清障车、强光照明车、扫路车、淤泥抓斗车

★广东福迪汽车有限公司
地址:广东省佛山市南海区狮山科技工业园B区博爱东路
邮编:528225
电话:0757/81201038、81201004
传真:81201000
网址:www. fdqc. com
电子信箱:nhfdqc@ 163. net
单位人数:2000
质量体系:ISO 9001
产品情况:(富迪牌)
福迪雄狮、小超人系列皮卡,探索者系列、飞越系列SRV等
出口情况:出口中东、东南亚、西亚、非洲、南美洲的多个国家和地区

★佛山市路之友机械制造有限公司
地址:广东省佛山市南海区罗村上柏元武头工业区1路
邮编:528226
电话:0757/81268323
传真:81268322
网址:www. fslzy. com
电子信箱:lzyrzb@ 126. com
法人代表:肖富斌
单位人数:200
质量体系:ISO 9000
产品情况:(路之友牌)
厢式运输车、扫路车、自卸车、混凝土搅拌运输车、随车起重运输车、厢式检修车、森林救援车、冷藏车,产量8000～10000台

★广东康盈交通设备制造有限公司
地址:广东省佛山市顺德区伦教街道联合工业区工业大道
邮编:528308
电话:0757/27758501、27722663
传真:27727332、27722660
网址:www. yindao - cn. com
电子信箱:sales@ yindao - cn. com
质量体系:ISO 9000
产品情况:(银道牌)
平板半挂车、集装箱半挂车、低平板车、散装物料罐式车、液态介质罐式车、轿车运输车、厢式运输车、冷藏车、保温车、应急通信车、移动发电车、南极科考用的雪橇式餐住两用保温厢体(又称生命保障体系设备)、移动手术车、救护车、流动医疗车、药械车、海关检测车、导弹发射车、防疫检测车等
出口情况:出口东南亚、南美、北非、中亚,并销往中国香港、澳门、台湾地区

★佛山市顺德区富日交通机械公司
地址:广东省佛山市顺德区勒流镇黄连港口路1号
邮编:528323
电话:0757/25664550
传真:25664461
质量体系:ISO 9000
产品情况:(新日钢牌)
半挂车

★中山市海粤汽车工业有限公司
地址:广东省中山市南区城南一路213～233号
邮编:528455
电话:0760/88898888
传真:88893288
网址:www. haiyue. com. cn
产品情况:(海粤牌)
防弹运钞车及特种车

★台山侨星汽车有限公司
地址:广东省台山市水步镇群青工业区
邮编:529262
电话:020/86248813
传真:86249516
电子信箱:gx190214@ autoinfo. gov. cn
法人代表:龚德俊
产品情况:(侨星牌)
混凝土泵车

★广东建成机械设备有限公司
地址:广东省开平市长沙沿江东路74号
邮编:529300
电话:0750/2215273
传真:2288363
网址:www. kppcsem. com
电子信箱:gdkp@ kppcsem. com
法人代表:苗孔友
负责人:余柏健
单位人数:370
产品情况:(久远牌)
专用罐式运输车、贮罐、反应容器、锅炉、非标准容器等,年产6000～8000t
出口情况:远销越南、新加坡及中国香港等地区

★鹤山圣宝汽车有限公司
地址:广东省鹤山市沙坪镇和平路80号
邮编:529700
电话:0750/8776038

传真:8776036
电子信箱:gdsonbo@ 163. com
产品情况:(圣宝牌)
自卸车、罐式运输车、水泥搅拌车、散装水泥运输车等

广　西

★广西玉柴专用汽车有限公司
地址:南宁市高新区总部路 5 号
邮编:530001
电话:0771/3902103、3132267
传真:3902103
网址:yczq. yuchai. com
电子信箱:ycnnok@ 163. com
质量体系:ISO 9001
产品情况:(象力牌)
自卸车、垃圾车、洒水车、吸粪车等

★南宁五菱桂花车辆有限公司
地址:南宁市北湖北路 50 号
邮编:530001
电话:0771/3133125、3922050
传真:3121079
网址:www. china - guihua. com
电子信箱:guihua@ china - guihua. com
法人代表:孙少立
负责人:莫文蔚
单位人数:983
质量体系:ISO 9001
产品情况:(桂花牌、桂通牌)
手扶拖拉机、低速载货车、甘蔗机械、中重型专用车

★广西福达汽车有限公司
地址:广西北海市北海大道工业园区一号
邮编:536000
电话:0779/6818268、6818237
传真:6818296
网址:www. glfuda. com
质量体系:ISO/TS 16949
产品情况:(福达牌)
专用车、特种汽车、低速汽车等

★桂林大宇客车有限公司
地址:广西桂林市象山区净瓶路 10 号
邮编:541003
电话:0773/3626220、3626105
传真:3602928、3605961
网址:www. gldaewoo. com
电子信箱:gldaewoo@ gldaewoo. com
单位人数:1058
质量体系:ISO 9001
产品情况:(桂林大宇牌)
大、中、轻型中高档公路客车、城市公交车、豪华旅游车

★柳州乘龙专用车有限公司
地址:广西柳州市阳和南路 9 号
邮编:545001
电话:0772/3590707、3591908
传真:3591578
网址:www. clzyc. com
电子信箱:clzycgs@ 163. com
法人代表:焦裕松
负责人:冯伟文
单位人数:450
质量体系:ISO/TS 16949、ISO 9001
产品情况:(乘龙牌)
搅拌车、散装水泥车、半挂车、自卸车、保鲜车、仓栅车、油罐车、粉粒物料车

★柳州延龙汽车有限公司
地址:广西柳州市阳和工业新区和悦路北 1 号
邮编:545006
电话:0772/3020888、3022888
传真:3127770、3591233
网址:www. lzylqc. com
电子信箱:lzylgl@ 163. com
单位人数:300
产品情况:(延龙牌)
厢式运输车、客货车、篷式运输车、仓栅式运输车、自卸车、仓栅式商品车运输车、混凝土泵车、垃圾车、观光车、冷藏车、邮政车、囚车、救护车

★一汽解放柳州特种汽车有限公司
地址:广西柳州市社湾路 26 号
邮编:545006
电话:0772/3121243、3124119
传真:3125476
电子信箱:tzqcc@ lz. gx. cninfo. net
法人代表:闫明臣
单位人数:568
质量体系:ISO 9001
产品情况:(柳特神力牌、解放牌)
载货汽车、牵引车、自卸车

★柳州五菱专用汽车有限公司
地址:广西柳州市河西路 18 号
邮编:545007
电话:0772/3755201、3755228
传真:3755208、3755206
网址:www. wuling. com. cn
电子信箱:wulingsm@ wuling. com. cn
法人代表:孙少立
单位人数:263
质量体系:ISO 9001
产品情况:(五菱牌)
保温车、仓栅式运输车、工程车、观光车、救护车、客货车、囚车、厢式运输车、邮政车等
出口情况:出口美国、越南、南非、缅甸等 10 多个国家

★重汽集团柳州运力专用汽车公司
地址:广西柳州市柳江县新兴工业园乐业路 12 号
邮编:545112
电话:0772/3269390、3269391
传真:3269392
网址:www. yunli. cn
电子信箱:lzyl@ cnhtc. cn
法人代表:于有德
负责人:曾庆华
单位人数:780
质量体系:ISO 9001
产品情况:(运力牌)
自卸车、罐式车、重型矿运车等各类专用车,汽车配件
出口情况:出口各类专用车 650 台

重庆市

★重庆长江西重车辆工业有限公司
地址:重庆市九龙坡区杨家坪正街 51 号
邮编:400050
电话:023/68408030、68438692
传真:68434748
网址:www. cqcizg. com
质量体系:ISO 9001
产品情况:自卸车、垃圾车等专用车

★重庆铁马工业集团有限公司
地址:重庆市九龙坡区杨家坪正街 43 号
邮编:400050
电话:023/68062222、68062888
传真:68428499、68422092
网址:www. tiemagroup. com
电子信箱:ctm@ tiemagroup. com
单位人数:4000
质量体系:ISO 9001、GJB 9001A
产品情况:(铁马牌)
粉粒物料运输车、混凝土搅拌车、特种车、油罐车、自卸车等
出口情况:出口泰国

★重庆耐德工业股份有限公司
地址:重庆市北部新区高新园 A - 8 - 2 - 1
邮编:400054
电话:023/62596324
传真:62590266、62595591
网址:www. naide. com. cn
电子信箱:sljyj@ naide. com. cn
质量体系:ISO 9001
产品情况:(山花牌)
救护车、厢式车、工程抢险特种车、仪表流量检测特种车、垃圾车、垃圾压缩中转站等

★重庆耐德新明和工业有限公司
地址:重庆市巴南区土桥王家坝路 100 号
邮编:400054
电话:023/62598558、62590988
传真:62590266、62598558
网址:www. ndxmh. com
电子信箱:sales@ naide - shinmaywa. com
法人代表:山上正
质量体系:ISO 9001、ISO 14001
产品情况:(山花牌)
自卸式垃圾车、液压子站高压气体

长管半挂车、燃气运输半挂车、检测车、后装压缩式垃圾、多功能检修车、车厢可卸式垃圾车、厨余垃圾车

★重庆中远特种车辆有限公司
地址:重庆市南岸金开区双龙路5号
邮编:400060
电话:023/62759875、62753170
传真:62759873、62759879
网址:www.autowo.com
质量体系:ISO 9001
产品情况:(鹤云牌)
吸粪车、自卸式垃圾车、洒水车、摆臂式垃圾车、可卸式压缩垃圾车等

★重庆望江工业有限公司
地址:重庆市江北区郭家沱
邮编:400071
电话:023/67110497、67110021
传真:67110020
网址:www.cqwjgy.com
电子信箱:wj67110046@126.com
单位人数:4000
质量体系:ISO 9001
产品情况:(望江牌)
自卸车、半挂车、车辆运输半挂车等

★重庆重汽集团专用汽车有限公司
地址:重庆市双桥区双龙西路22号
邮编:400900
电话:023/43332286、43333762
传真:43332216
质量体系:ISO 9001
产品情况:(红岩牌)
重型自卸车、城市公路运输自卸车、厢式运输车、半挂车等

★重庆恒通客车有限公司
地址:重庆市渝北区翔宇路888号
邮编:401120
电话:023/67189200、67189218
传真:67189200、67189210
网址:www.hengtongbus.com
电子信箱:bgs@hengtongbus.com
法人代表:邓平
负责人:罗邦初
单位人数:1800
质量体系:ISO/TS 16949
产品情况:(恒通牌)
城市客车、铰接客车、燃气客车、混合动力城市客车、纯电动城市客车;2011年年产408辆
出口情况:出口泰国、菲律宾、孟加拉国、文莱、阿尔及利亚、马拉维、莫桑比克、秘鲁、南非、哈萨克斯坦等20多个国家

★重庆凯瑞特种车有限公司
地址:重庆市经济技术开发区经开园长福西路6号
邮编:401122
电话:023/67193191、67193192
传真:67193196
网址:www.krtzc.com.cn
电子信箱:krtzc@krtz.com.cn
质量体系:ISO 9001
产品情况:(先导牌)
罐装粉粒物料运输车、罐装粉粒物料自卸车、混凝土搅拌运输车、重型自卸车、压缩式垃圾车、多功能清扫车等

★重庆大江工业有限责任公司
地址:重庆市巴南区渔洞镇
邮编:401321
电话:023/66283007、66284025
传真:66283645
电子信箱:gx221224@autoinfo.gov.cn
法人代表:周德福
质量体系:ISO/TS 16949、ISO 9001
产品情况:(迈克牌)
高空作业车、汽车起重机、军用专用车等

★重庆北奔汽车有限公司
地址:重庆市九龙坡区九龙园区C区聚业路117号
邮编:401329
电话:023/65768100、65765095
网址:www.cqbb-truck.com
电子信箱:admin@cqbb-truck.com
单位人数:600
质量体系:ISO 9001、GJB 9001A
产品情况:(铁马牌、北方奔驰牌)
运输车、越野车、自卸车、半挂牵引车和专用车
出口情况:远销泰国、巴基斯坦、斯里兰卡、阿曼、印度尼西亚等12个国家和地区

★重庆迪马工业有限责任公司
地址:重庆市南岸区长电路8号
邮编:401336
电话:023/89021620、89021612
传真:89021710、89021666
网址:www.chinadima.com
法人代表:罗韶颖
质量体系:ISO 9001、ISO 14001
产品情况:(迪马牌)
防弹运钞车、防弹商务车、防暴运兵车、流动银行车等
出口情况:出口东南亚、非洲、美洲等国家和地区

★重庆南方迪马专用车股份有限公司
地址:重庆市南岸区长电路8号
邮编:401336
电话:023/62455385
传真:62455399
网址:www.ccag.cn
产品情况:抢险救援消防车、高空作业车、汽车起重机等

★重庆市迪马实业股份有限公司
地址:重庆市南岸区长电路8号
邮编:401336
电话:023/89021620、89021612
传真:89021710、89021666
网址:www.chinadima.com
电子信箱:yueerlsr@126.com
质量体系:ISO 9001、ISO 14001
产品情况:(迪马牌)
防弹运钞车、防爆运兵车、自助式流动收款车、通信车、新闻直播车、音频转播车、电视转播车、道路清扫车、压缩式垃圾车、地面垃圾站、多功能除雪车、洒水车、电力车、炊事车、检测车、救护车、器材运输车、抢险抢修车、现场工作车、专用工具车、越野房车等
出口情况:出口东南亚、非洲、南美等国家和地区

★重庆五洲龙新能源汽车有限公司
地址:重庆市合川区工业园区核心区
邮编:401520
电话:023/89136796、42720332
传真:67853840
网址:www.vastavehicle.com
电子信箱:vastacar@yahoo.com.cn
法人代表:张景新
质量体系:ISO 9001
产品情况:(九龙牌)
高空带电作业车、多功能电力工程车、移动电源车、多媒体车、工程抢险车等

★重庆市川江车辆制造有限公司
地址:重庆市江津区白沙镇
邮编:402289
电话:023/47331661
传真:47331186
网址:www.cqcjq.com
电子信箱:services@cqcjq.com
单位人数:1000
质量体系:ISO 9001
产品情况:(川江牌)
大中型普通客车、豪华客车、城市公交车、长途卧铺客车、载货汽车、自卸车、厢式运输车等
出口情况:出口欧洲、东南亚等地区

★重庆金冠汽车制造股份有限公司
地址:重庆市高新区科园四街6号金冠大厦
邮编:402760
电话:023/68621679、68621331
传真:68621011
网址:www.jinguankeji.com
电子信箱:web@jinguankeji.com
质量体系:ISO 9001
产品情况:(北泉牌、圣路牌)
运钞车、高级商务防弹车、防弹运钞车、警用车、医务用车、城市道路管理用车

出口情况:出口产品为运钞车、医用车、警用车、消防车、防护制品、DVR 监控系统

四川省

★四川华勋畜牧机械有限责任公司
地址:成都市双流县九江镇草金路 6 号
邮编:610041
电话:028/85063916、85379709
传真:85379709
质量体系:ISO 9001
产品情况:(川牧牌)
自卸车、化工液体运输车、粉粒物料自卸车、地锚车、半挂车、散装饲料运输车等

★四川川宏机械有限公司
地址:成都市崇州市世纪大道 319 号
邮编:610051
电话:028/82185388
传真:82185378
网址:www. sc - chjx. com
单位人数:238
产品情况:(川宏牌)
自卸工程车、混凝土搅拌车、散装物料运输车、洒水车、化工液体运输车、各种挂车等

★四川新路环卫设备制造有限公司
地址:成都市二环路东五段
邮编:610062
电话:028/84533026
传真:84513159
质量体系:ISO/TS 16949、ISO 9001
产品情况:(NEWWAY 牌)
各种型号垃圾车、洒水车、高压冲洗车等

★成都航发特种车有限公司
地址:成都市新都区蜀龙大道中段
邮编:610067
电话:028/67333290、67333291
传真:83963928
网址:www. cdhftc. com
电子信箱:cftc11@ 126. com
单位人数:20000
质量体系:ISO 9001
产品情况:(双燕牌)
固井水泥车、仪表车、混砂车等

★四川建设机械(集团)股份公司
地址:成都市外北洞子口
邮编:610081
电话:028/86472037、86472036
传真:83111429
网址:www. scm - china. com
电子信箱:domestic@ scm - china. com
质量体系:ISO 9001
产品情况:(川建牌)
63 ~2400 吨米系列塔式起重机、施工升降机、HBT 系列混凝土拖式泵、混凝土搅拌输送车、BC130 - 36 混凝土臂架式泵车、HG32 布料杆、HZS120 混凝土搅拌站等
出口情况:出口印度尼西亚、马来西亚、菲律宾、巴基斯坦、越南、泰国、土耳其、沙特、阿联酋、卡塔尔、约旦、哈萨克斯坦、智利、巴拿马、乌克兰、俄罗斯、安哥拉等国家,并销往中国香港、澳门、台湾地区

★成都航天万欣科技有限公司
地址:成都市龙泉驿区航天 062 龙泉基地厂区
邮编:610100
电话:028/84803961
传真:84807982
网址:www. htwxkj. com
电子信箱:wxkj@ htwxkj. com
单位人数:1200
质量体系:ISO 9001
产品情况:(铜江牌)
自卸车、随车起重运输车、消防车、各种垃圾车

★一汽(四川)专用汽车有限公司
地址:成都市龙泉驿汽车城大道 116 号
邮编:610100
电话:028/84513159、84533833
传真:84712783
网址:www. ssmvp. com
电子信箱:sczqc@ ssmvp. com
单位人数:743
质量体系:ISO 9001
产品情况:(远达牌)
加油/运油车、洒水车、吸污车、垃圾车、清洗车、厢式运输车、集装箱运输半挂车、自卸车等

★成都华锐特种车辆有限公司
地址:成都市双流县花月东街 17 号
邮编:610200
电话:028/89162960
传真:85730941
网址:www. huaruiqiche. com
电子信箱:chengduhuarui@ vip. sina. com
质量体系:ISO 9001
产品情况:(华锐牌)
半挂车、垃圾车、吸污车、自卸车和高空作业车等

★四川省客车制造有限责任公司
地址:成都市双流县文星镇四圣村
邮编:610200
电话:028/84713093、84730367
传真:87020200
网址:www. sichuanbus. com
电子信箱:emeikeche@ 163. com
质量体系:ISO 9001
产品情况:(峨嵋牌)
大中型客车

★四川森田消防设备制造有限公司
地址:成都市温江区新华大道一段八号成都海峡两岸科技园
邮编:611130
电话:028/82688777、82688310
传真:82688984、82688200
网址:www. morita. sc. cn
电子信箱:sentian@ morita. sc. cn
法人代表:王德凤
负责人:胡勇
单位人数:500
质量体系:ISO 9001、ISO 14001
产品情况:(青龙牌)
各种消防车

★四川腾中重工机械有限公司
地址:四川省新津县新津工业园区 B 区
邮编:611430
电话:028/82591338、85744080
传真:85744080、82591451
网址:www. sctengzhong. com
单位人数:4800
质量体系:ISO 9001
产品情况:(利州牌)
大中型载重货车、自卸车、挂车、拖车、混凝土运输搅拌车、大型油罐车、油料运输槽车等特种车辆

★成都客车股份有限公司
地址:成都市郫县红光镇成灌路西段 1098 号
邮编:611730
电话:028/87987333、87988777
传真:87980433
网址:www. shudubus. com
电子信箱:cdbus@ 163. com
法人代表:王容坤
负责人:王林
单位人数:669
质量体系:ISO 9001
产品情况:(蜀都牌)
大中型客车、轻型客车

★成都通途交通机械实业有限公司
地址:成都市郫县安靖镇方碑村
邮编:611731
电话:028/87818666、87818318
传真:87813555
网址:www. zgzr - group. com
电子信箱:aaa@ zgzr - group. com
质量体系:ISO 9001
产品情况:(通途牌)
沥青洒布车、沥青路面养护车、集装箱运输半挂车、混凝土搅拌运输车、洒水车、垃圾车、吸粪车
出口情况:出口东南亚等地区

★成都创奇汽车制造有限公司
地址:成都市都江堰崇义镇
邮编:611835
电话:028/87221563、4000684688

传真:87174166
质量体系:ISO 9001
产品情况:(山川牌)
轻、中型客车、轻型货车、半挂车、集装箱运输半挂车、仓栅式运输半挂车等

★眉山车辆厂同升专用汽车公司
地址:四川省眉山市经济技术开发区科工园3路2号
邮编:620010
电话:028/38161800、38161680
传真:38162237
网址:www.msrsco.com
单位人数:170
质量体系:ISO 9001
产品情况:自卸车、半挂车、厢式车、仓栅车、罐式车等

★南车眉山车辆有限公司
地址:四川省眉山市东坡区
邮编:620032
电话:028/38502013、38502112
传真:38502046
网址:www.msrsco.com
电子信箱:gx220234@autoinfo.gov.cn
质量体系:ISO 9001、ISO 14001
产品情况:(迈隆牌)
铁路车辆及配件,自卸车、半挂车、厢式车、仓栅车、长板车等
出口情况:出口亚洲、非洲、澳大利亚、欧洲、南美洲等国家和地区

★绵阳朝阳专用车制造有限责任公司
地址:四川省绵阳市游仙东路88号
邮编:621000
电话:0816/2296388、6280334
传真:2276205
网址:www.saifeng.net
电子信箱:mysfzyc@126.com
法人代表:赵平
负责人:赵伟
单位人数:50
质量体系:ISO 9001
产品情况:(赛风牌)
民用爆破器材运输车,轻型客车

★绵阳华瑞汽车有限公司
地址:四川省绵阳市高新区朝阳东路17号
邮编:621000
电话:0816/7015118、7015123
传真:7015126、7015122
网址:www.my-jinbei.com
单位人数:500
质量体系:ISO 9001
产品情况:(金杯牌)
SUV、皮卡、轻/微型货车、微型客车等
出口情况:出口埃及、秘鲁、尼日利亚、摩洛哥、叙利亚、乌拉圭、泰国、博茨瓦纳、伊朗、南非等国家

★四川坤鼎车业有限公司
地址:四川省遂宁市创新工业园区南环路16号
邮编:629000
电话:0825/2625029
传真:2625088
网址:www.kundingauto.com
电子信箱:gx220214@autoinfo.gov.cn
法人代表:彭彩林
负责人:蒲彩平
单位人数:156
质量体系:ISO 9001
产品情况:(科威达牌、峨眉山牌、坤鼎牌)
5.6~12m公路客车及城市公交客车

★云内动力达州汽车有限公司
地址:四川省达州市南城新桥路55号
邮编:635000
电话:0818/2651247、5358555
传真:5358557
网址:www.huachuancar.com
电子信箱:huachuan@huachuancar.com
单位人数:712
质量体系:ISO 9001
产品情况:(华川牌)
自卸车、载货汽车、厢式车、中重型货车等
出口情况:出口越南、老挝、泰国、尼泊尔、孟加拉国等东南亚国家

★四川嘉宝汽车有限责任公司
地址:四川省蓬安县相如镇建设北路266号
邮编:637000
电话:0817/8622294、8629289
传真:8622459
网址:www.scjiabao.com
电子信箱:jiabao@scjiabao.com
法人代表:梅质军
负责人:沈建
单位人数:529
质量体系:ISO/TS 16949
产品情况:(嘉宝牌)
轻型自卸车、厢式货车及其他改装车

★四川南骏汽车集团有限公司
地址:四川省资阳市雁江区南骏大道南骏汽车工业园
邮编:641300
电话:028/26182388、26182318
传真:6183628
网址:www.cnnanjun.com
电子信箱:nanjun@cnnanjun.com
质量体系:ISO 9001
产品情况:(南骏牌)
自卸汽车、厢式运输车、仓栅式运输车等
出口情况:出口越南、缅甸、哈萨克斯坦、阿尔及利亚等国家

★四川空分设备(集团)有限公司
地址:四川省简阳市建设中路239号
邮编:641400
电话:028/23186011、23186028
传真:27016546
网址:www.saspg.com
电子信箱:kfweb@saspg.com
董事长:单金铭
质量体系:ISO 9001
产品情况:(川空牌、川牌)
低温液体运输车/半挂车、液化气体运输车等
出口情况:远销30多个国家和地区

★乐至熊猫机器制造有限公司
地址:四川省资阳市乐至县天池镇西郊工业园区
邮编:641500
电话:028/23356228、23351779
传真:23351779
网址:www.pandamach.com
电子信箱:hhypanda@126.com
单位人数:400
质量体系:ISO 9001
产品情况:(熊猫牌)
扫路车、高空作业车、运/加油车、化工液体运输车、粉粒物料运输车、混凝土搅拌车、自卸车、多功能洒水车等
出口情况:远销伊拉克、越南等国家

★四川省宜宾岷江专用汽车有限公司
地址:四川省宜宾市上江北大麦坝
邮编:644007
电话:0831/5727188
传真:5727188
网址:www.ybmjsa.com
电子信箱:gongsi@ybmjsa.com
法人代表(负责人):钟富举
单位人数:150
质量体系:ISO 9001、ISO 14001
产品情况:(岷江牌)
运/加油车、运油半挂车、化工液体运输车、液态食品运输车、厢式运输车、粉粒物料及散装水泥运输车、混凝土搅拌运输车、自卸式半挂车等,年产1000辆

★四川长江工程起重机有限责任公司
地址:四川省泸州市茜草坝
邮编:646006
电话:0830/3580202、3581020
传真:3581020
网址:www.cj-crane.com
电子信箱:cj-crane@mail.luzhou.net
单位人数:1900
质量体系:ISO 9001
产品情况:(长江牌)
汽车起重机和其他工程机械

云南省

★云南建筑汽车改装厂
地址:昆明市盘龙区东郊路58号
邮编:650041
电话:0871/3318337
传真:3318337
质量体系:ISO 9001
产品情况:(云建牌)
散装水泥车、粉粒物料运输车,运输车改装

★云南第一汽车工贸有限公司
地址:昆明市安石公路石咀
邮编:650100
电话:0871/8173682、8173565
传真:8173565、8171177
网址:www.yndyqm.qxw.cc
电子信箱:kmqcwx_vip10@yahoo.com
质量体系:ISO 9001
产品情况:(云驰牌)
自卸车、半挂车、厢式运输车、化工液体运输车、加油车等

★云南航天神州汽车有限公司
地址:昆明市经开区大石坝航天城
邮编:650229
电话:0871/7204096
传真:7204225
电子信箱:gx240208@autoinfo.gov.cn
法人代表:肖雅君
产品情况:(神州牌)
旅居车、淋浴车、炊事车、餐车

贵州省

★贵阳金钟医疗仪器厂
地址:贵阳市沙冲路陈庄坝198号
邮编:550003
电话:0851/3619182、3812889
传真:3619182
质量体系:ISO 9001
产品情况:(阳钟牌)
医疗改装车

★贵阳普天物流技术股份有限公司
地址:贵阳市百花大道240号
邮编:550008
电话:0851/4721340、4720087
传真:4720467
网址:www.gyputian.cn
电子信箱:zgs_2001@163.com
法人代表:曹宏斌
单位人数:600
质量体系:ISO 9001
产品情况:(鸿雁牌)
邮政车、厢式运输车等

★贵州万达客车股份有限公司
地址:贵阳市花溪区万达路1号
邮编:550025
电话:0851/3610853、3610025
传真:3612848
网址:www.gzwdkc.com
电子信箱:gzwd@gzwd.com.cn
董事长:林敏智
单位人数:1100
质量体系:ISO 9001
产品情况:(万达牌)
5~12m高中低档客车,覆盖公路客运、旅游、城市公交、团体、专用客车等
出口情况:出口缅甸、哈萨克斯坦

★贵州云马汽车工业公司
地址:贵州省安顺市40号信箱
邮编:561019
电话:0853/3385072、3385284
传真:3385078、3385073
网址:www.gzymqc.com
电子信箱:gx230206@autoinfo.gov.cn
单位人数:4000
质量体系:ISO 9001
产品情况:(云马牌)
压缩式垃圾车、摆臂式垃圾车、洒水车、吸粪车、自卸式垃圾车、车厢可卸式垃圾车、垃圾压缩机、客车
出口情况:出口东亚、东南亚、南美洲等地区

★贵州航天凯山特种车改装有限公司
地址:贵州省遵义县马家湾
邮编:563102
电话:0852/8617312、3385075
传真:8617313
电子信箱:market@cjspace.com.cn
质量体系:ISO/TS 16949、ISO 9001
产品情况:(南风牌)
牲畜运输车、厢式运输车

★西安华强汽车改装厂
地址:西安市北关华强路2号
邮编:710014
电话:029/87788445、6233730
传真:88116163
质量体系:ISO 9001
产品情况:(陕西牌)
改装车、自卸车、沥青混合料再生综合养护车

★西安金州专用汽车有限公司
地址:西安市经济技术开发区民经一路28号
邮编:710016
电话:029/86560130、86560132
传真:86560130-8000
网址:www.jzqzc.com
电子信箱:ld0183@yahoo.com.cn
质量体系:ISO 9000
产品情况:(金州牌)
道路清障车

陕西省

★西安市畜牧乳品机械厂
地址:西安市北郊草滩农场
邮编:710018
电话:029/86602074、86602073
传真:86601682
网址:www.xarjc.com
电子信箱:rjc@xbry.com
法人代表:陈迪
单位人数:65
产品情况:(九陵牌)
液态食品运输车

★西北电力建设器材总厂
地址:西安市东郊电厂东路7号
邮编:710038
电话:029/83512550、83512544
传真:83536693
网址:www.tdp2000.com
质量体系:ISO 9001
产品情况:(西秦牌)
化工液体运输车、灰渣车、洒水车等

★西安达刚路面机械股份有限公司
地址:西安市高新区科技三路60号
邮编:710075
电话:029/88328410
传真:88313375
网址:www.dagang.com.cn
电子信箱:gx260230@autoinfo.gov.cn
法人代表:孙建西
质量体系:ISO 9001
产品情况:(达刚牌)
液态沥青运输车、稀浆封层车、同步封层车、沥青碎石同步封层车、沥青洒布车、沥青路面养护车

★西安特种汽车厂
地址:西安市西郊红光路95号
邮编:710077
电话:029/84265833、84290000
传真:84265833
电子信箱:xaglzc@punline.com
质量体系:ISO 9001
产品情况:(金龙牌)
地面装备加油车、越野加油车、飞机加油车、加油车、运油车

★中车集团西安骊山汽车制造厂
地址:西安市枣园西路90号
邮编:710077
电话:029/84618501、84617945
传真:84615904、84620122
网址:www.lishan-moto.com
电子信箱:lishanqiche@126.com
单位人数:1200
质量体系:ISO 9001
产品情况:(骊山牌)
城市公交车、公路客车、客运教练

车和载货车、工程自卸车、低平板运输车等特种车以及武警指挥车、野战指挥车、无人驾驶飞机发射车等专用车

★西安石油机械有限公司
地址:西安市泾河工业园区泾渭三路9号
邮编:710201
电话:029/86032961、86033186
传真:86033186
网址:www.shyjx.com
电子信箱:xianshyjx@126.com
法人代表:郑秉琦
单位人数:96
质量体系:ISO 9001
产品情况:(西石牌)
地震仪器车、测井车、修井机、采油车、运油车、吸污车、洒水车、工程自卸车等

★中集陕汽重卡(西安)专用车公司
地址:西安市经济技术开发区泾渭工业园中钢路18号
邮编:710201
电话:029/86038888、86038911
传真:86038899、86038801
网址:www.xacimc.com
质量体系:ISO/TS 16949、ISO 9001
产品情况:(中集牌)
重型货车、自卸车、半挂车、罐式车、厢式车等

★陕西长庆专用车制造有限公司
地址:陕西省咸阳市世纪大道中段
邮编:712000
电话:029/33693202、33698692
传真:33698893、86512434
网址:www.cqzyc.com
电子信箱:cqk2004@126.com
质量体系:ISO 9001、ISO 14001
产品情况:(长庆牌)
油罐车、清蜡车、洗井清蜡车、自卸车、运管车、供水车、修井机、运砂车、工程车、下灰车、客车、急救车等

★西安蓝港数字医疗科技股份公司
地址:西安市高新技术产业开发区科技二路65号
邮编:712000
电话:029/33691660、33691679
传真:33691600
网址:www.landcom.com.cn
电子信箱:landcom@landsea.net.cn
质量体系:ISO 9001
产品情况:(八达牌)
救护车、流动体检车、牙科/眼科/采血/医用豪华行政接待用车等特种医疗车

★国营四达机械制造公司
地址:陕西省武功县小村镇
邮编:712201
电话:029/37406888、37406300
传真:37406111
电子信箱:qcc5702@sohu.com
质量体系:ISO 9001
产品情况:(四达牌、威狮牌)
系列客车、豪华客车、卧铺客车、专用车

★延安汽车工业总公司
地址:陕西省延安市宝塔区马家湾
邮编:716000
电话:0911/2134068、2134968
传真:2134068
电子信箱:byw@0911.und.cn
质量体系:ISO 9001
产品情况:(三环牌)
运油车、加油车、吸污车、自卸车、洒水车、沙罐车、垃圾车、改装车

★榆林东方集团专用汽车有限公司
地址:陕西省榆林市经济开发区210国道313公里处
邮编:719000
电话:0912/8193363
传真:3688788
网址:www.yldongfang.com
电子信箱:gx260226@autoinfo.gov.cn
单位人数:100
产品情况:(东方祥骏牌)
自卸车、半挂车、全挂车

★陕西通家汽车股份有限公司
地址:陕西省宝鸡高新技术开发区汽车工业园孔明大道1号
邮编:721000
电话:0917/8765600、8765620
传真:8765952
网址:www.tongjiaauto.com
法人代表:方红卫
单位人数:1500
质量体系:ISO 9001
产品情况:STJ6400A、STJ6400B系列微型客车

★陕西银河消防科技装备有限公司
地址:陕西省宝鸡市东开发区高新20路
邮编:721001
电话:0917/8801116、3555577
传真:8801111
网址:www.bj-fire.com
电子信箱:yhxfgs@163.com
单位人数:400
质量体系:ISO 9001
产品情况:(银河牌)
水罐消防车、泡沫消防车、干粉消防车等
出口情况:出口东欧、非洲、东南亚等20多个国家和地区

★陕西宝鸡专用汽车有限公司
地址:陕西省宝鸡市高新开发区创业路8号
邮编:721006
电话:0917/3321300、3321301
传真:3321362
网址:www.cnnewstar.com
电子信箱:wangbaohe_bj@126.com
质量体系:ISO 9001、GJB 9001A
产品情况:(新星牌)
装甲防暴车,可变型为装甲输送车、指挥车、通信车、侦察车、救护车等
出口情况:出口孟加拉国、韩国、沙特等

★宝鸡宝石特种车辆有限责任公司
地址:陕西省宝鸡市高新大道61号
邮编:721013
电话:0917/3388022、3388018
传真:3388011
网址:www.bomco.cn
电子信箱:bstcgs@china.com
单位人数:6000
质量体系:ISO 9001
产品情况:(宝石机械牌)
测井车、采油车、试井车、压缩式垃圾车、井架安装车、工程车
出口情况:远销美国、加拿大、德国、叙利亚、乌兹别克斯坦、印度、巴基斯坦、印度尼西亚等国家

★陕西华泰交通设备制造有限公司
地址:陕西省宝鸡市陈仓区南环路科技工业园
邮编:721300
电话:0917/3190199、6656812
传真:6656006
网址:www.sxhuatai.net
电子信箱:bdsjsb@mail.sn.cn
单位人数:220
质量体系:ISO 9001
产品情况:(秦岭牌)
半挂车、改装车、水泥搅拌车、罐式车、自卸车、高空作业车等

★陕西通力专用汽车有限责任公司
地址:陕西省宝鸡市岐山县蔡家坡蔡五路8号
邮编:722405
电话:0917/8569176、8569678
传真:8569668
网址:www.sxtongli.com
电子信箱:baojitl@163.com
董事长:袁宏明
负责人:屈满仓
单位人数:2200
质量体系:ISO/TS 16949、ISO 9001
产品情况:(陕汽通力牌)
载货汽车,越野汽车,自卸车,运油罐式车、洒水罐式车、混凝土搅拌运输车、车厢可卸式垃圾车、散装水泥车等专用车,车箱、车架等重型货车配件

★陕西汉中客车有限公司
地址:陕西省汉中市劳动西路17号
邮编:723000

电话:0916/2212828
传真:2211738
电子信箱:shzjszx-tyh@sohu.com
质量体系:ISO 9001
产品情况:(汉龙牌)
轻中型客车

宁 夏

★吴忠市万兴实业有限公司
地址:宁夏吴忠市利通区柴园大道001号
邮编:751100
电话:0953/2222999、2222211
传真:2222999
网址:www.wzwxsygs.com
电子信箱:wzwxsygs@163.com
董事长:李万珍
质量体系:ISO 9001
产品情况:(万风牌)
半挂、专用改装汽车

甘肃省

★兰州电源车辆研究所有限公司
地址:兰州市七里河区民乐路64号
邮编:730050
电话:0931/2868718
传真:2868718
网址:www.lzdys.com
电子信箱:704scjyb@163.com
法人代表:杨俊智
单位人数:400
质量体系:ISO 9001
产品情况:(兰电所牌)
LD5070XGQS电源车、LD5160XXH和LD5250XXH救险车等

★兰州通用机器制造有限公司
地址:兰州市七里河区南湾1号
邮编:730050
电话:0931/2921264、2921245
传真:2563011
网址:www.lantong.com.cn
电子信箱:js@lantong.com.cn
单位人数:3800
质量体系:ISO 9001、GJB 9001
产品情况:(兰通牌)
固井压裂车、洗井清蜡车、油田配液罐车、运砂车、供液泵车等油田特种车
出口情况:远销美国、加拿大、智利、印度、印度尼西亚、沙特、叙利亚、阿塞拜疆、罗马尼亚等国家

★兰州真空设备有限责任公司
地址:兰州市七里河区龚家坪北路29号
邮编:730050
电话:0931/2869011、2833225
传真:2861510
网址:www.clzva.com
电子信箱:lve@clzva.com
质量体系:ISO 9001、GJB 9001A
产品情况:(兰真牌)
低温液体运输车、真空设备、低温设备、压力容器
出口情况:出口韩国、德国、美国、英国、意大利、印度尼西亚、泰国、马来西亚、菲律宾、巴基斯坦、孟加拉国、越南等国家,并销往中国香港地区

★兰州城临石油钻采设备有限公司
地址:兰州市安宁区城临路9号
邮编:730070
电话:0931/7668953
传真:7668963
电子信箱:gx270206@autoinfo.gov.cn
质量体系:ISO 9001
产品情况:(海狮牌)
压裂车、洗井清蜡车、洗井车、混砂车、锅炉车、供液泵车

★兰州矿场机械有限公司
地址:兰州市安宁区城临路10号
邮编:730070
电话:0931/7616811
传真:7616811
电子信箱:gs-lkgs@163.com
法人代表:周宝宁
负责人:戚祖文
单位人数:120
质量体系:ISO 9001、ISO 14001
产品情况:(兰矿牌)
固井水泥车、压裂车、防砂车、混砂车、洗井车、撬装蒸汽发生器、撬装泵系列等油田用特种设备以及海上平台固井系统
出口情况:压裂机组出口7台

★兰州林峰石油机械制造有限公司
地址:兰州市安宁区桃林路68号
邮编:730070
电话:0931/7685808、7685811
传真:7685809
质量体系:ISO 9001
产品情况:压裂车、混砂车、洗井清蜡车、锅炉车、固井水泥车等

★兰州天智机械有限公司
地址:兰州市经济技术开发区高新技术产业园城临路12号
邮编:730070
电话:0931/7660606、7655382
传真:7662255、7839100
网址:www.ltz.com.cn
电子信箱:ltz_bgs@163.com
单位人数:196
质量体系:ISO 9001、ISO 14001
产品情况:(天智牌)
锅炉车、清蜡车、洗井车、固井车、混砂车、压裂车、洗井清蜡车、背罐车等

★甘肃中集华骏车辆有限公司
地址:甘肃省白银市长安路26号
邮编:730900
电话:0943/8250666、8660375
传真:8233286
网址:www.gszjhj.com
电子信箱:xiaoshou@gszjhj.com
单位人数:500
质量体系:ISO 9001
产品情况:(华骏牌)
半挂车、仓栅式运输半挂车、低平板半挂车、全挂车、自卸车

★甘肃华腾石油机械制造有限公司
地址:甘肃省定西市陇西县东郊
邮编:748112
电话:0932/6628663、6628401
传真:6622541、6628669
电子信箱:gx270222@autoinfo.gov.cn
质量体系:ISO 9001
产品情况:(华油牌)
洗井清蜡车、压裂车、油井防砂车

青海省

★青海洁神装备制造集团有限公司
地址:西宁市柴达木路134号
邮编:810017
电话:0971/5225187、5220186
传真:5220037
网址:www.qinghaijieshen.com
电子信箱:paladin_cyt@126.com
单位人数:1300
产品情况:(洁神牌)
吸污车、垃圾车、扫路车、洒水车等
出口情况:出口美国、东南亚、中亚等国家和地区

★青海新路环卫设备制造有限公司
地址:西宁市柴达木路134号
邮编:810017
电话:0971/5224032、5223868
传真:5224029
网址:www.qinghainewway.com
电子信箱:zhangning117@163.com
质量体系:ISO 9001
产品情况:(洁神牌、新路牌)
压缩式垃圾车、摆臂式垃圾车、洒水车

新 疆

★新疆中通客车有限公司
地址:乌鲁木齐市高新区北区阜新街51号
邮编:830013
电话:0991/6531999
传真:6531999
网址:www.zhongtong.com
电子信箱:xj-ztzxs@sina.com
法人代表:李海平
负责人:乙士祥

单位人数:286
质量体系:ISO 9001
产品情况:(中通牌、西域牌)
年产 XJ6108GC 客车 500 辆、XJ6830GC 客车 150 辆、XJ6660TC 客车 600 辆、XJ6120GC 客车 200 辆、XJ6720G 客车 100 辆
出口情况:部分产品出口

★新疆福田广汇专用车有限责任公司
地址:乌鲁木齐市米东区振兴路 1 号
邮编:831400
电话:0991/6556111、6556716
传真:6556655
电子信箱:xjgcc@126.com
法人代表:郭建群
负责人:康界炜
单位人数:90
质量体系:ISO 9001
产品情况:(博格达牌、天禧牌)
中重型自卸车、半挂车、罐式车、厢式运输半挂车、低温液体运输半挂车,产量 500 辆

三轮汽车、低速货车生产企业

·查询导引·

企业详细介绍

三轮汽车、低速货车生产企业

☞ **企业如有变更,请与编辑部联系** ☎ 010/68426043、68420981

北京市

★北汽福田汽车股份有限公司
地址:北京市昌平区沙河镇沙阳路
邮编:102206
电话:010/80708888、80708571
传真:80716402
网址:www. foton. com. cn
电子信箱:80722999@ foton. com. cn
单位人数:28000
质量体系:ISO 9001
产品情况:(北京牌)
BJ1605W、2810、1710、4010 型低速货车,BJ4010D4、2810、5815 型自卸低速货车
出口情况:20% 产品销往西亚、北非、东欧、独联体、南亚、中亚、东南亚、中南美、中南非等地区

河北省

★河北宇康农用机械股份有限公司
地址:河北省邯郸市广平县东城路南段
邮编:057650
电话:0310/2521535、2521242
传真:2527818、2523174
网址:www. hbyk. com. cn
电子信箱:yukangbangong@ 163. com
质量体系:ISO 9001
产品情况:(宇康牌)
低速货车、谷物联合收割机等

山西省

★山西卓里集团有限公司
地址:山西省临猗县卓里工贸区
邮编:044105
电话:0359/4169298、4169771
传真:4169574
网址:www. zhuoli. net
电子信箱:zljt1234@ 126. com
单位人数:2800
质量体系:ISO 9001
产品情况:(双嶷山牌)
农用和矿用三轮汽车、四轮低速货车

辽宁省

★沈阳金杯车辆制造有限公司
地址:沈阳市东陵区方南路 6 号
邮编:110015
电话:024/24823523
传真:24820020
网址:www. jinbei - auto. com
电子信箱:yanqiu. xu@ jinbei - auto. com
质量体系:QS 9000、ISO 9000
产品情况:(巨龙牌、金杯牌、驰田牌)
低速货车等
出口情况:远销到俄罗斯、巴西、越南、叙利亚等 20 多个国家和地区

上海市

★上海劲马车辆有限公司
地址:上海市奉贤区奉城镇川南奉公路 9650 号
邮编:201411
电话:021/57511232、57510078
传真:57522304
网址:www. shjiuma. com
电子信箱:shjiuma@ 263. net
质量体系:ISO 9001
产品情况:(九马牌)
低速货车、柴油轿卡车、自卸车、平板车、敞篷车、厢式车、电动汽车等

江苏省

★江苏跃进农用车有限公司
地址:江苏省镇江市运河路 61 号
邮编:212003
电话:0511/84499076
传真:84412055
质量体系:ISO 9001
产品情况:(跃进牌)
NJ5815、NJ2310、NJ3041、NJ3080、NJ3028、NJ3050、NJ3060 等系列自卸车、低速货车、改装车,以及 NJT1810 等拖拉机变型运输机

★江苏宏运车辆有限公司
地址:江苏省丹阳市导墅镇

邮编:212361
电话:0511/86658188、86688888
传真:86688493
电子信箱:myx118@ sina. com
产品情况:(宏运牌)
低速货车

★常州车辆有限公司
地址:江苏省常州市青龙西路3号
邮编:213017
电话:0519/85500970、85501289
传真:85502789
网址:www. czvc. com. cn
电子信箱:info@ czvc. com. cn
单位人数:250
质量体系:ISO 9001
产品情况:(常柴牌)
载货汽车、厢式运输车、自卸工程车、低速货车等
出口情况:远销东南亚、南美洲、非洲等地区

★一汽解放汽车公司无锡锡柴汽车厂
地址:江苏省无锡市马山区七号桥
邮编:214092
电话:0510/85996349
传真:85994577
电子信箱:xcq@ public1. wx. js. cn
质量体系:ISO 9001
产品情况:(锡柴牌)
自卸低速货车

★张家港市沙洲车辆有限公司
地址:江苏省张家港市现代农业示范园区乐红路81号
邮编:215623
电话:0512/58640921
传真:58640835
网址:www. shazhouauto. com
电子信箱:shazhoucheliang@ 126. com
单位人数:250
质量体系:ISO 9001
产品情况:(众田牌)
轻型客车、轻型载货汽车、四轮农用车,冷藏车、环卫车、天然气车、清障车、殡仪车等专用车
出口情况:销往中东、非洲、南美洲、欧洲等国家和地区

★江苏悦达专用车有限公司
地址:江苏省盐城市经济开发区希望大道99号
邮编:224007
电话:0515/88119999、88118032
传真:88118808
网址:www. jsydzyc. com
电子信箱:sales@ ydzyc. com
质量体系:ISO 9001、ISO 14001
产品情况:(悦达牌)
低速货车;后装压缩式垃圾车、侧装压缩式垃圾车、密闭式垃圾转运车、扫路车、洒水车、高压冲洗车、多功能扫洗车、厨馀垃圾车、垃圾站等
出口情况:远销北美洲、欧洲、南美洲、非洲、东南亚、中东等60多个国家和地区

浙江省

★杭州行地集团有限公司
地址:杭州市西湖区转塘镇凌家桥
邮编:310024
电话:0571/87322311
传真:87098587
电子信箱:bsjd@ mail. hz. zj. cn
质量体系:ISO 9001
产品情况:(宝石牌)
BS2510、5815、4015、2520、4020、5820等系列低速货车

★温岭市吉瑞车辆制造有限公司
地址:浙江省温岭市城南镇岙环工业区内
邮编:317515
电话:0576/86299185
传真:86216669
网址:www. tzjirui. com
电子信箱:sales@ tzjirui. com
董事长:王招详
单位人数:56
产品情况:(吉瑞牌)
客车、低速货车、厢式运输车

安徽省

★安徽中鼎飞彩车辆有限公司
地址:安徽省宣城市经济技术开发区飞彩工业园
邮编:242300
电话:0563/2612271、2612267
电子信箱:zwp@ zhongdinggroup. com
单位人数:800
质量体系:ISO 9001
产品情况:(飞彩牌)
年产农用三轮车20万辆、四轮低速货车3万辆
出口情况:出口欧洲、美洲、大洋洲等地区

★安徽省宁国市鑫马车辆有限公司
地址:安徽省宁国市甲路镇枫山村
邮编:242362
电话:0563/4960626
传真:4960626
电子信箱:zhuguojiatong@ sina. com
产品情况:(甲路牌)
JT2010CD、JT2010PD、JT2810PD、JT5815CD、JT5815PD型自卸低速货车,JT2010、2810、2815、5815低速货车及自卸车

福建省

★福建武夷汽车制造有限公司
地址:福建省建阳市塔下工业园区
邮编:354207
电话:0599/5843801、5826088
传真:5829979
网址:www. sflq. cn
单位人数:400
质量体系:ISO 9000
产品情况:(武夷牌、双富牌、龙强牌)
改装车、低速货车、变型运输机

★福建漳州三龙工业有限公司
地址:福建省漳州市龙文经济开发区
邮编:363000
电话:0596/2172559、2172558
传真:2172556
网址:www. fj - longjiang. com
电子信箱:fjlj@ fj - longjiang. com
产品情况:(龙江牌)
农用运输车(低速汽车)、变形运输机

★福建平和龙溪集团车辆总厂
地址:福建省平和县正兴大道
邮编:363700
电话:0596/5261817
传真:5261827
产品情况:(龙溪牌)
低速货车及自卸车

江西省

★江西英田汽车制造有限公司
地址:江西省宜春市宜丰县良岗工业区
邮编:336300
电话:0795/2900988、2900999
传真:2900358
网址:www. jsytjt. com
质量体系:ISO 9001
产品情况:(英田牌)
低速载货汽车

★江西赣南车辆制造有限公司
地址:江西省赣州市沙河大道8号
邮编:341300
电话:0797/8189089
传真:8378659
质量体系:ISO 9000
产品情况:(赣南牌)
GN4010PD、5820、2810型低速货车及自卸车

山东省

★中通汽车工业集团有限责任公司
地址:山东省聊城市经济开发区中华北路9号
邮编:252000
电话:0635/8518080、8321076
传真:8518000、8516099
网址:www. ztqcjt. com
电子信箱:zhongtong8059@ 126. com
单位人数:4000
质量体系:ISO 9001
产品情况:(中通牌)
客车、专用车、低速货车
出口情况:出口多个国家

★山东双力车辆有限公司
地址:山东省冠县贾镇工业园7号
邮编:252500
电话:0635/5812888
传真:5812999
网址:www.zgshuangli.com
电子信箱:shuangli@zgshuangli.com
单位人数:600
质量体系:ISO 9001
产品情况:(双力牌)
三轮汽车、低速载货车、农业装备

★山东双一力车辆有限公司
地址:山东省冠县英田工业园
邮编:252500
电话:0635/5847998
传真:5847998
网址:www.shuangyili.com
法人代表:姜长华
单位人数:300
产品情况:(双天美力牌)
三轮汽车、低速货车

★山东时风(集团)有限责任公司
地址:山东省高唐县时风路1号
邮编:252800
电话:0635/3953153、3950119
传真:3992845
网址:www.shifeng.com.cn
电子信箱:gx150302@autoinfo.gov.cn
董事长:刘义发
负责人:刘成强
单位人数:30000
质量体系:ISO 9001、ISO 14000
产品情况:(时风牌)
三轮汽车、低速载货车、轻型货车、电动观光车、发动机、轮胎、拖拉机、联合收割机等
出口情况:出口美国、墨西哥、阿尔巴尼亚等50多个国家

★山东唐骏欧铃汽车制造有限公司
地址:山东省淄博市淄川经济开发区
邮编:255130
电话:0533/5180043、5419956
传真:5180889
网址:www.tjolauto.com
电子信箱:scjhb@yahoo.com.cn
董事长:薛兴震
单位人数:1500
质量体系:ISO 9001、ISO 14001
产品情况:(唐骏牌、欧铃牌、轻骑牌、泰山牌)
四轮低速货车、专用改装车
出口情况:出口东南亚、中南美、非洲、中东、东欧等10多个国家和地区

★山东巨力机械有限公司
地址:山东省潍坊市长松路69号
邮编:261021
电话:0536/8185676
传真:8185566
电子信箱:gx150828@autoinfo.gov.cn
产品情况:(巨力牌)
自卸三轮汽车、三轮汽车

★ 山东五征集团有限公司

地址:山东省日照市市北经济开发区五征汽车城
邮编:262300
电话:0633/5321166、5329999
传真:5323562
网址:www.chinawuzheng.com
法人代表:姜卫东
单位人数:14000
质量体系:ISO 9001
产品情况:(五征牌)
载货汽车、三轮汽车、农业装备、电动车、汽车配件
☞ 详细情况请参阅彩色宣传版面

★山东凯马汽车制造有限公司
地址:山东省寿光市广场东街288号
邮编:262703
电话:0536/5221551、5655818
传真:5202830
网址:www.kamaqc.com
电子信箱:kama@kamaqc.com
质量体系:ISO/TS 16949、ISO 9001
产品情况:(凯马牌、聚宝牌、奥峰牌)
低速货车
出口情况:出口到尼日利亚、埃及、伊朗、斯里兰卡、巴基斯坦、叙利亚、阿尔及利亚、南非、英国、法国等国家

★荣成市海山机械制造有限公司
地址:山东省荣成市南沽路8号
邮编:264300
电话:0631/7502288、7522790
传真:7522915、7502188
网址:www.rctlj.com
电子信箱:haishan2188@163.com
单位人数:1000
质量体系:ISO 9001、ISO 14001
产品情况:(海山牌、东宏牌)
四轮农用运输车、三轮摩托车、单缸柴油机等
出口情况:出口东南亚、南美洲、西非、俄罗斯、蒙古等国家和地区

★山东黑豹集团有限公司
地址:山东省文登市龙山路107号
邮编:264400
电话:0631/8352146、8082238
传真:8357296、8356289
网址:www.heibao.com
电子信箱:wdnyys@public.whptt.sd.cn
单位人数:3000
质量体系:ISO 9001
产品情况:(黑豹牌)
HB1605、2310、4815等系列低速货车,HB5815D1、5815D、5820CD自卸运输车
出口情况:出口埃及、秘鲁、巴基斯坦、阿根廷、巴拉圭、委内瑞拉等国家

★山东玉龙车辆股份有限公司
地址:山东省乳山市海阳所银滩旅游开发区
邮编:264512
电话:0631/6752282、6752283
传真:6752338
网址:www.sdyulong.cn
电子信箱:lvxiaogang@tom.com
质量体系:ISO/TS 16949、ISO 9001
产品情况:(玉龙牌)
YL2010CW、4015P系列低速货车

★山东光明机器制造有限公司
地址:山东省泰安市灵山大街6号
邮编:271000
电话:0538/6116618、6121827
传真:6117729、6139989
网址:www.wecanforklift.com
电子信箱:wecan@wecanforklift.com
单位人数:500
质量体系:ISO 9001
产品情况:(光明牌)
农用汽车、多功能装载机、叉车、集装箱起重机、石油机械、出口齿轮箱、汽车零部件等
出口情况:出口美国、加拿大、澳大利亚、韩国、伊朗、俄罗斯、阿联酋等30多个国家和地区

★金杯车辆制造集团有限公司
地址:山东省日照市山海路以北204国道以东(张家楼村段)
邮编:276800
电话:0633/8263008、8263018
传真:8263018
产品情况:(驰田牌)
低速货车、起重式低速货车、三轮汽车、厢式低速货车、自卸低速货车、自卸三轮汽车

河南省

★河南少林汽车股份有限公司
地址:河南省荥阳市京城南路001号
邮编:450100
电话:0371/64610001、64610007
传真:64608586、64610009
网址:www.shaolinbus.com
电子信箱:info@shaolinbus.com
法人代表:周聚民
单位人数:2300
质量体系:ISO 9001
产品情况:(少林牌)
大、中、轻型公路客车、城市客车、旅游专车、乡村专车、团体专车、专用车、纯电动城市客车、低速货车等
出口情况:出口亚洲、非洲、拉丁美洲30多个国家和地区

★长葛市世英机械有限公司
地址:河南省长葛市长社路东段
邮编:461500
电话:0374/6212853、6225797
传真:6225808

网址:www. shiying. net
电子信箱:shiying@ shiying. net
单位人数:800
质量体系:ISO 9001
产品情况:(世杰牌、宇鸽牌)
三轮汽车、窑厂专用车、电动车、多功能洒水车、多功能沼渣沼液吸运车等

★长葛市真马机械有限公司
地址:河南省长葛市京珠高速公路长葛站西300米路北
邮编:461500
电话:0374/6222399、6225465
传真:6225119
网址:www. hnzhenma. com
电子信箱:zhenma@ 126. com
董事长:张金长
质量体系:ISO 9001
产品情况:(真马牌)
三轮汽车、汽油三轮摩托车、助力车、电动车

★河南奔马股份有限公司
地址:河南省长葛市人民路北段168号
邮编:461500
电话:0374/6108189、6108179
传真:6108163
网址:www. cnbenma. com
电子信箱:bmscb@ 126. net
单位人数:3000
质量体系:ISO 9000
产品情况:(奔马牌)
三轮汽车、低速货车
出口情况:出口南部非洲和东南亚等地区

★河南葛天车辆有限公司
地址:河南省长葛市长社路东段
邮编:461500
电话:0374/6215858、6215859
传真:6215866
网址:www. cngetian. cn
电子信箱:cngetian@ 126. com
单位人数:460
产品情况:(葛天牌)
三轮汽车、电动车、环保水车、变型拖拉机、砖厂用车等

★信阳大别山车辆有限公司
地址:河南省信阳市罗山县城关信潢路
邮编:464200
电话:0376/2169378、3801148
传真:3801699
网址:www. dbscl. cn
电子信箱:chenquanzhu@ vip. 371. net
产品情况:(大别山牌)
三轮汽车、低速货车、三轮柴油摩托车、拖拉机运输机及其他改装车辆

湖北省

★湖北金力车辆制造有限责任公司
地址:湖北省随州市南郊平原岗工业园
邮编:441300
电话:0722/7068666、7068606
传真:3227785
网址:www. jlp9. com
质量体系:ISO 9001
产品情况:低速货车、金力王底盘、金力王各类轻型平板车、厢式/栏式货车、洒水车、油罐车(加油车/运油车)、垃圾车、吸粪车、吸污车、自卸车、清障车、扫路车、起重车、高空作业车、教练车、化工车、消防车、高压清洗车、水泥散装运输车、水泥搅拌车、牵引车等
出口情况:远销东南亚和蒙古国等国家和地区

★随州星火农用车制造厂
地址:湖北省随州市陨水南路9号
邮编:441300
电话:0722/3811500
传真:3811500
质量体系:ISO 9000
产品情况:(星火牌)
三轮车

★湖北力神车辆制造有限公司
地址:湖北省十堰市高新区台湾路宏兴里18号
邮编:442013
电话:0719/8303820、8303768
传真:8303826
网址:www. hblishen. cn
电子信箱:hblishen@ 163. com
单位人数:420
质量体系:ISO/TS 16949、ISO 9000
产品情况:(力神牌)
低速农用车,自卸式、平板运输、平板自卸厢式车、厢式车、洒水车、运油车、仓储车、清洁车等低速汽车
出口情况:出口越南、老挝、伊朗等国家

★东风神宇车辆有限公司
地址:湖北省十堰市新疆路23号
邮编:442049
电话:0719/8233144、8234490
传真:8246224
网址:www. dfsyqc. com
电子信箱:gaoy@ dfmc. com. cn
单位人数:1000
质量体系:ISO/TS 16949、ISO 9000
产品情况:(神宇牌)
载货汽车、低速货车
出口情况:出口伊朗、加纳、越南、阿富汗、伊拉克、南非等多个国家

★湖北神河联达车辆制造有限公司
地址:湖北省十堰市郧县茶店经济开发区
邮编:442512
电话:0719/7580861、7580848
传真:7580848
网址:www. hbshenhe. com
产品情况:(联达牌)
低速货车

湖南省

★长沙佳宁农业机械制造有限公司
地址:长沙市宁乡县花明楼镇工业园
邮编:410611
电话:0731/87097918、87097928
传真:87096718
网址:www. hn - jn. com
电子信箱:gx180814@ autoinfo. gov. cn
单位人数:900
质量体系:ISO 9001
产品情况:(白马牌)
低速自卸货车、轻型货车及其他农用机械
出口情况:远销斯里兰卡、孟加拉、朝鲜、马来西亚等国家

★湖南湘乡农用运输车有限责任公司
地址:湖南省湘乡市东山塔子村
邮编:411409
电话:0731/56400998
传真:56401888
电子信箱:hnxtwl@ hnxtbip. com
质量体系:ISO 9001
产品情况:(碧洲牌)
轴传动液压自卸农用运输三轮汽车、低速货车

★双峰县五丰机械有限公司
地址:湖南省双峰县永丰镇
邮编:417700
电话:0738/6821298
传真:6824884
电子信箱:wjp680814@ 163. com
法人代表:王剑平
产品情况:(双峰牌)
自卸三轮汽车、三轮汽车、清洁式三轮汽车、罐式三轮汽车

★衡阳衡拖农机制造有限公司
地址:湖南省衡阳市雁峰区白沙洲联盟山108号
邮编:421007
电话:0734/2882158、2882566
传真:8499865、8480106
网址:www. hytractor. com
电子信箱:ht@ hytractor. com
单位人数:3132
质量体系:ISO 9001
产品情况:(南岳牌)
低速货车、拖拉机、收割机等
出口情况:出口美洲、欧洲、非洲、大洋洲、东南亚、西亚等20多个国家和地区

广　西

★南宁五菱桂花车辆有限公司
地址:南宁市北湖北路50号
邮编:530001
电话:0771/3939233、3131710
传真:3121079
网址:www. china - guihua. com
电子信箱:gh@ wuling - guihua. com

法人代表:孙少立
负责人:莫文蔚
单位人数:983
质量体系:ISO 9001
产品情况:(桂花牌、桂通牌)
手扶拖拉机、低速载货车、甘蔗机械、中重型专用车

★广西都安建兴机械有限公司
地址:广西都安县安阳镇巴谭工业园区
邮编:530700
电话:0778/5116228、5116226
传真:5116227
网址:www.gxdouxing.com
单位人数:600
质量体系:ISO 9001
产品情况:低速载货汽车及小型多功能农用拖拉机等
出口情况:出口东南亚地区

★广西钦州力顺机械有限公司
地址:广西钦州市小江工业园
邮编:535000
电话:0777/2833379、2835225
传真:3608300、2842038
网址:www.lsjx.com.cn
电子信箱:lsjx_export@163.com
质量体系:ISO 9001
产品情况:(钦机牌)
低速货车,多功能拖拉机等农用机械
出口情况:出口越南、印度尼西亚、马来西亚等东南亚国家

★柳州桂泰车辆有限责任公司
地址:广西柳州市柳石路171号
邮编:545005
电话:0772/3176153、3116291
传真:3138868
网址:www.lzguitai.com
电子信箱:guitaigsb@163.com
产品情况:(桂泰牌)
低速货车、自卸低速货车、小型多功能拖拉机、微耕机等

★柳州健龙工业技术有限公司
地址:广西柳州市南环路206号
邮编:545100
电话:0772/3253418
传真:3253428
单位人数:600
质量体系:ISO/TS 16949、ISO 9001
产品情况:(广健牌)
低速载货汽车等

★河池车辆有限责任公司
地址:广西河池市金城区新建东路138号
邮编:547000
电话:0778/2306413
传真:2186988
电子信箱:hcclgs@163.com
产品情况:(河驰牌)
系列低速货车,年产能力2万台

重庆市

★重庆长安跨越车辆有限公司
地址:重庆市江北区铁山坪太平冲长安跨越工业园
邮编:400026
电话:023/89119998、89116370
传真:89116371
网址:www.caky.com.cn
电子信箱:jszx@caky.com.cn
质量体系:ISO/TS 16949、ISO 9001
产品情况:(长安牌)
轻中重型载货汽车,各类专用车,客货两用车,低速货车
出口情况:出口美国、俄罗斯、巴基斯坦、叙利亚、孟加拉国、越南等国家

四川省

★成都市天马汽车有限责任公司
地址:成都市武侯区机头镇业兴北路5号
邮编:610045
电话:028/87481285、87482348
传真:87485189、87482596
网址:www.cdtianma.com.cn
电子信箱:lmqc2009@163.com
单位人数:200
质量体系:ISO 9001
产品情况:(方圆牌)
四轮低速货车、皮卡、农用三轮车等

★成都大运汽车集团有限公司
地址:成都市龙泉驿区西河镇明珠西路一号
邮编:610107
电话:028/66602536、66602558
传真:66602566
网址:www.cddayun.com
电子信箱:yinhale@163.com
质量体系:ISO 9001
产品情况:(川路牌)
低速货车、自卸低速货车等
出口情况:出口东南亚、非洲等地区

★重汽集团成都王牌商用车有限公司
地址:成都市青白江区弥牟镇长城路8号
邮编:610300
电话:028/83679110、83672913
传真:83672794
网址:www.wangpai.cn
电子信箱:wangpai@wangpai.cn
法人代表:韦志海
质量体系:ISO 9001
产品情况:(王牌)
重、中、轻、微全系列商用车,专用车,低速货车

★四川坤鼎车业有限公司
地址:四川省遂宁市创新工业园区南环路16号
邮编:629000
电话:0825/2625029
传真:2625088
网址:www.kundingauto.com
电子信箱:gx220214@autoinfo.gov.cn
法人代表:彭彩林
负责人:蒲彩平
单位人数:156
质量体系:ISO 9001
产品情况:(科威达牌、峨眉山牌、坤鼎牌)
KWD4020CD型自卸低速货车

★遂宁市东乘车辆有限公司
地址:四川省遂宁市创新工业园区南环东路
邮编:629000
电话:0825/2638689、2634998
传真:2637277
网址:www.sndccl.com
电子信箱:sndccl@sina.com
单位人数:180
产品情况:(遂州牌)
三轮汽车、低速货车、摩托车零件

★云内动力达州汽车有限公司
地址:四川省达州市南城新桥路55号
邮编:635000
电话:0818/2651247、5358555
传真:5358557
网址:www.huachuancar.com
电子信箱:huachuan@huachuancar.com
单位人数:712
质量体系:ISO 9001
产品情况:(华川牌)
自卸车、载货汽车、厢式车、中重型货车、低速货车等
出口情况:出口越南、老挝、泰国、尼泊尔、孟加拉国等国家

★四川东风四通车辆制造有限公司
地址:四川省资阳市汽车工业园区
邮编:641300
电话:028/23030827、23030870
传真:23030886
网址:www.zysitong.com
电子信箱:stony@zysitong.com
单位人数:258
质量体系:ISO 9001
产品情况:(华强牌、四通牌)
环卫车及设备、自卸车、混凝土搅拌车、道路清障车

★四川岳城车业有限公司
地址:四川省安岳县岳阳镇工业园双龙路
邮编:642350
电话:028/24581826
传真:24581663
质量体系:ISO/TS 16949、ISO 9001
产品情况:(岳城牌)
低速货车

云南省

★云南力帆骏马车辆有限公司
地址:云南省大理市凤仪工业园区

邮编:671005
电话:0872/2494986、2494166
传真:2494256
网址:www.ynlfjm.com
单位人数:8600
质量体系:ISO 9001
产品情况:(力帆牌、时骏牌、农友牌、云骏牌、农骏牌)
轻、中、重型载货汽车、摩托车、低速货车、拖拉机等
出口情况:出口东南亚、南亚、非洲等地区

贵州省

★黔南山地车辆制造有限公司
地址:贵州省都匀市七星路
邮编:558004
电话:0854/8338893
传真:8338876
电子信箱:qnsdlyc@126.com
质量体系:ISO 9001
产品情况:(山地牌)
自卸低速货车

陕西省

★宝鸡华山工程车辆有限责任公司
地址:陕西省宝鸡市高新大道172号
邮编:721013
电话:0917/3370808、3370911
传真:3370800、3370911
网址:www.hsqc.com.cn
电子信箱:baohuagsb@126.com
单位人数:2000
质量体系:ISO 9001
产品情况:(陕汽牌、华山牌)
中、重型载货汽车及底盘、工程自卸车、半挂车、专用车、低速货车等
出口情况:出口安哥拉、越南、哈萨克斯坦等非洲、东南亚、独联体等国家

甘肃省

★甘肃兰驼集团有限责任公司
地址:兰州市七里河区民乐路8号
邮编:730050
电话:0931/2869326、2130101
传真:2130034
质量体系:ISO 9001
产品情况:(长翼牌、兰驼牌)
三轮汽车、四轮低速货车、正三轮摩托车、专用车改装车、工程机械等

第三部分

中国汽车零部件生产企业

- ❊ 发动机零部件生产企业
- ❊ 底盘零部件生产企业
- ❊ 车身零部件生产企业
- ❊ 电子电器零部件生产企业
- ❊ 通用件和相关工业产品生产企业
- ❊ 汽车用品及工具生产企业

汽车零部件产品分类说明

一、发动机零部件

发动机总成，活塞、活塞环、曲轴、连杆、飞轮、凸轮轴、气门、缸体等机体组件，燃油箱、燃油泵、机油泵、三滤，化油器、电喷系统，散热器、水泵、风扇、节温器，进排气管、消声器、净化器及涡轮增压器等

二、底盘零部件

离合器及附件，变速器及附件，车桥及附件，悬架件，车架、车轮，转向盘、转向机等转向零件，制动器及附件等

三、车身零部件

驾驶室、车门窗及车箱，车锁、铰链、玻璃升降器，座椅、安全带、安全气囊，安全玻璃，刮水器、洗涤器、后视镜、气弹簧，仪表板、保险杠、内饰件，汽车空调、暖风及其组件等

四、电子电器零部件

蓄电池，汽车电机，点火线圈、分电器、火花塞，照明与信号装置，仪表、传感器及警报系统，开关、继电器、中央配电盒，线束、拉索、软轴，汽车音响、喇叭、天线，GPS 导航系统、巡航系统、行车记录仪等

五、通用件和相关工业产品

摩擦材料、密封件、橡胶塑料制品，标准件、紧固件，轴承、弹簧，铸锻、冲压、粉末冶金件，汽车油品、涂料、黏合剂，金属、纺织、皮革等

六、汽车用品及工具

清洁、美容、护理用品，防盗报警用品，车用冰箱、电扇、车载电话等车内用品，护杠、行李架、尾翼、轮眉、大包围、豪华挡泥板等外部装饰，坐垫、座套、窗帘、转向盘套、脚踏垫、地胶、香座、储物箱、桃木内饰等内部装饰，太阳膜、车身彩条、彩贴，赛车装备、倒车雷达、汽车工具等

注：生产线、工业设备、汽车工业专用模具见“汽车制造设备及模具”部分

☞采购汽车零部件请参考 P843——汽车零部件生产企业按产品索引

发动机零部件生产企业

企业详细介绍

●查询导引●

发动机零部件生产企业

☞ 企业如有变更,请与编辑部联系 ☎ 010/68426043、68420981

北京市

★北京联飞翔科技有限公司
地址:北京市东城区安定门东大街28号雍和大厦A710室
邮编:100007
电话:010/64097448、64097224
传真:64097234
网址:www.unifly.com.cn
电子信箱:unifly-service-center@unifly.com.cn
单位人数:80
质量体系:ISO/TS 16949、ISO 9000
产品情况:(联飞翔牌)
汽车滤清器等

★亚新科工业技术有限公司
地址:北京市朝阳区芳园西路5号丽园中心4层
邮编:100015
电话:010/64382750
传真:64382735、64382736
网址:www.asimco.com
电子信箱:general@asimco.com.cn
产品情况:(双环牌)
凸轮轴、缸体、缸盖、活塞环等发动机系统配件;电动机、起动机及车门窗、刮水器系列微电机;制动空压机、制动钳、制动盘、制动鼓、轮毂等制动系统产品;燃油泵、喷油嘴和喷油器等燃油系统产品;缓冲轴套、发动机支座和车身支座等降噪减振产品
配套及出口情况:为康明斯、标致雪铁龙、大众、卡特彼勒、瀚德等供货;远销美国、欧洲和日本等国家和地区

★北内集团总公司
地址:北京市朝阳区广渠路31号
邮编:100022
电话:010/67715588、67711638
传真:67718807
网址:www.beinei.cn
电子信箱:jingliban@hotmail.com
单位人数:1760
质量体系:ISO 9001
产品情况:发动机及零部件
出口情况:出口内燃机到巴基斯坦、印度、澳大利亚、菲律宾、尼日利亚等国家

★北京北内电控发动机有限公司
地址:北京市朝阳区广渠路31号
邮编:100022
电话:010/67792930、67751287
传真:67797670
电子信箱:chyzx@sina.com
产品情况:电控发动机

★北京世纪盖尔科技发展有限公司
地址:北京市朝阳区金蝉西路甲一号酷车小镇D2-10
邮编:100023
电话:010/85522652、85963398
传真:85974088
网址:www.gaierkeji.com
电子信箱:jichangsamlee@163.com
质量体系:ISO 9001
产品情况:盖尔1+1进排气节油涡轮

★北京启星智泽三元催化器有限公司
地址:北京市朝阳区王四营乡工业园区271号
邮编:100023
电话:010/87339164
传真:87330701
电子信箱:qxzz@hc360.com
质量体系:ISO 9001
产品情况:(启星智泽牌)

消声器、催化器

★北京市弹簧厂
地址:北京市石景山区京源路口
邮编:100040
电话:010/68861887、68825889
传真:68861887、68662275
网址:www.bjspring.com.cn
电子信箱:sale@bjspring.com.cn
单位人数:108
质量体系:ISO/TS 16949、QS 9000
产品情况:(独立牌)
汽车发动机气门弹簧及各种卡、拉、扭、压缩弹簧,具有年产气门弹簧600万只、其他各类弹簧2000万只的生产能力
配套情况:为北汽福田、东风汽车公司、北内、一汽集团、美国德尔福、朝柴、沈阳发动机厂、奇瑞汽车、保定长城内燃机配套生产气门弹簧及其他各种弹簧,为北京离合器厂、沈阳离合器厂、北京天纬油泵油嘴、衡阳油泵油嘴等厂家配套离合器弹簧、喷油嘴弹簧、喷油泵弹簧

★北京首拓汽车滤清器制造有限公司
地址:北京市石景山区首钢工业设备修理厂小王庄院内
邮编:100043
电话:010/88295496
传真:88806227
网址:www.bjshoutuo.com
电子信箱:bjshoutuo@163.com
单位人数:60
质量体系:ISO/TS 16949
产品情况:汽车滤清器,多管多级高效除尘器

★北京京仪敬业电工科技有限公司
地址:北京市丰台区右安门外东滨河路2号
邮编:100069
电话:010/63533331
网址:www.jingyekj.com
负责人:杨睦民
单位人数:400
质量体系:ISO 9001、ISO 14001
产品情况:电动汽车动力总成系统

★亚新科铸造(北京)有限公司
地址:北京市丰台区程庄路3号
邮编:100071
电话:010/63803335
传真:63890234
网址:www.asimcocasting.com
电子信箱:sales@asimco－acc.com
单位人数:321
质量体系:ISO/TS 16949、ISO 14001
产品情况:柴油发动机缸体、水泵泵体和空调压缩机配件等铝合金及锌合金材质压铸件
配套及出口情况:常年为GM、Ford、Teleflex、Polaris、Knorr、Bendix、ASIMCO Tianwei、Gilbarco提供产品;大部分产品出口美国、日本

★北京华翔北内汽车发动机公司
地址:北京市丰台区大红门五里店六合庄1号
邮编:100076
电话:010/87882079
传真:87882079
电子信箱:bnfdj@126.com
质量体系:ISO 9001
产品情况:发动机、汽缸体、汽缸盖
配套情况:为厦门金龙、扬子汽车配套

★北京北内柴油机有限责任公司
地址:北京市丰台区永外大红门六合庄1号
邮编:100076
电话:010/87882880
传真:87882890
网址:www.cnbeinei.com
电子信箱:guoyu@cnbeinei.com
单位人数:160
质量体系:ISO 9001
产品情况:道依茨B/FL912/913/C系列风冷柴油机及配件
配套及出口情况:为建筑机械、工程机械、农业机械、特种设备批量配套;出口欧洲、北美洲、南美洲、非洲及南亚地区

★北京汽车研究所有限公司
地址:北京市丰台区方庄南路9号院
邮编:100079
电话:010/67625111、87683211
传真:67629458
网址:www.bari.cn
电子信箱:ywb@bari.cn
单位人数:56
质量体系:ISO/TS 16949
产品情况:发动机曲轴箱强制通风装置(PCV阀)、废气再循环系统(EGR)、汽油车燃油蒸发控制装置(炭罐)、车用传感器、汽车排气制动器、汽车后轮防抱制动系统(HABS)等
配套情况:为北汽福田、北汽有限、一汽海马、长安汽车、吉利汽车、比亚迪汽车、哈飞汽车、东安等配套

★北京绿创环保集团
地址:北京市海淀区苏州街1号绿创大厦
邮编:100080
电话:010/62536435、62532717
传真:82671300、62535986
网址:www.lcbeijing.com.cn
电子信箱:public@greentec.com.cn
产品情况:(科华牌)
闭环电控补气及三元催化净化系统产品
配套情况:为数十个自主品牌车型研发设计并配套生产排气系统

★北京天德勤汽车零部件有限公司
地址:北京市海淀区蓝靛厂东路金源时代商务中心2号楼B座9C
邮编:100097
电话:010/88861011－948
传真:88861056、88861058
网址:www.tantivy.com
电子信箱:root@tantivy.com
质量体系:ISO 9001
产品情况:大众、斯柯达、雷诺系列水泵、滤芯、转向机、底盘胶套、下支臂、车身覆盖件、起动机、电子点火线圈、开关、制动片、变速器配件等

★北京天桥粉末冶金有限责任公司
地址:北京市丰台区花乡白盆窑汾庄
邮编:100160
电话:010/60201486
传真:60201488
网址:www.bfyjc.com
电子信箱:liu@bfyjc.com
单位人数:150
质量体系:ISO/TS 16949
产品情况:(天桥牌)
汽车发动机配套件、汽车变速器配套件
配套情况:为天汽配套

★北京亚新科天纬油泵油嘴股份公司
地址:北京市丰台区程庄路3号
邮编:100166
电话:010/83693255、63812170
传真:63815509
网址:www.asimco－tianwei.com
电子信箱:shenb@asimco－byc.com
单位人数:1698
质量体系:ISO 14001
产品情况:(京牌、BYC牌)
喷油泵、喷油器、喷油嘴、柱塞、出油阀及带轮、轮毂等
配套及出口情况:为玉柴、大柴、康明斯、雷沃动力、华丰、锡柴、云内、扬柴、朝柴、上柴、常柴配套;出口伊朗、韩国、埃及、意大利等国家

★伟业汽车动力机械有限公司
地址:北京市亦庄经济技术开发区宏达北路10号6楼
邮编:100176
电话:010/58039873、58039697
传真:58039721
网址:www.profoundpower.com
电子信箱:info@profoundpower.com
单位人数:185
质量体系:ISO/TS 16949、QS 9000
产品情况:汽油发动机,天然气/液化石油气发动机
配套及出口情况:配套切诺基、欧蓝德、帕杰罗及各型越野车等,天然气/液化石油气发动机系列产品配套各种轻型皮卡;天然气/液化石油气发动机系列产品出口北美市场

★北京航天兴达科技有限公司
地址:北京市大兴区亦庄经济开发区东区科创二街9号A3
邮编:100854
电话:010/87397717

目 录 CONTENTS

中国优秀零部件供应商推荐

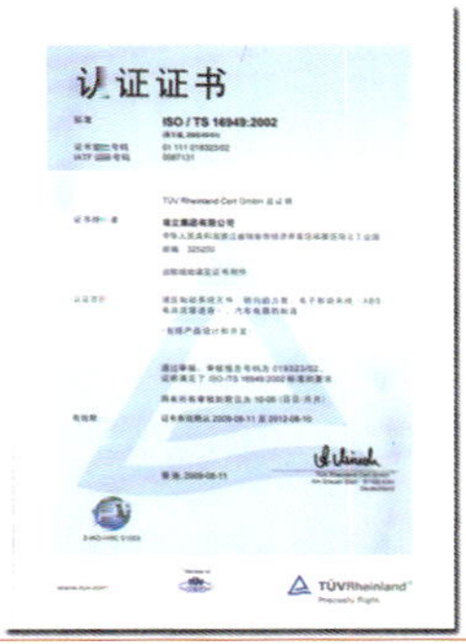

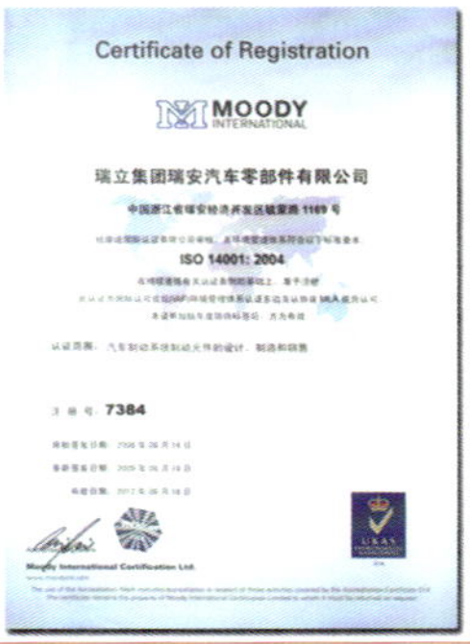

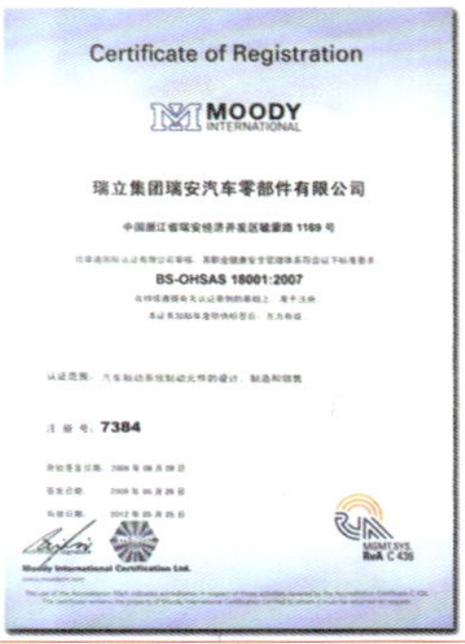

专注于汽车安全、舒适、环保的全球领先科技

惠州市德赛西威汽车电子有限公司，前身为西门子威迪欧汽车电子(惠州）有限公司，近30年来，公司专注于提供全球领先的汽车电子整体解决方案，产品涵盖车载信息娱乐系统、车载空调控制器系列、车载组合仪表等，是国内外主流汽车制造商的长期友好合作伙伴。德赛西威的产品设计理念以安全、舒适、环保为主，注重环保汽车电子的研发与推广，如电动汽车空调控制系统，低功耗控制电路的平台化应用以及车载导航系统的节能路径规划等，多年的积累才有今天的辉煌，德赛西威积极投身环保事业，成就绿色未来！

惠州市德赛西威汽车电子有限公司
HUIZHOU DESAY SV AUTOMOTIVE CO., LTD.
中国广东省惠州市仲恺高新技术开发区珠田路1号
1, Zhutian Road, Huizhou Zhongkai National Hi-tech Industrial Development Zone,Huizhou 516006, Guangdong Province, P.R. China
Tel. +86-752-2655 888
Fax. +86-752-2655 999
http: //svautomotive.desay.com
E-Mail: marketing@desay-svautomotive.com

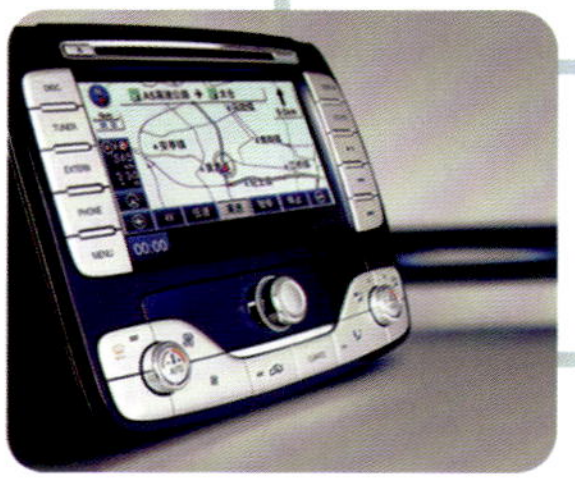

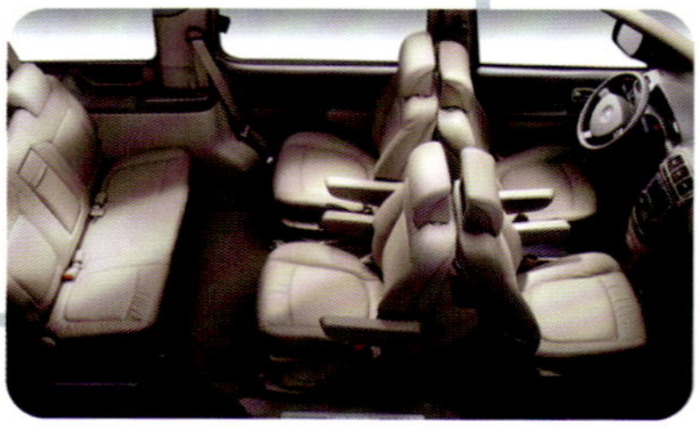

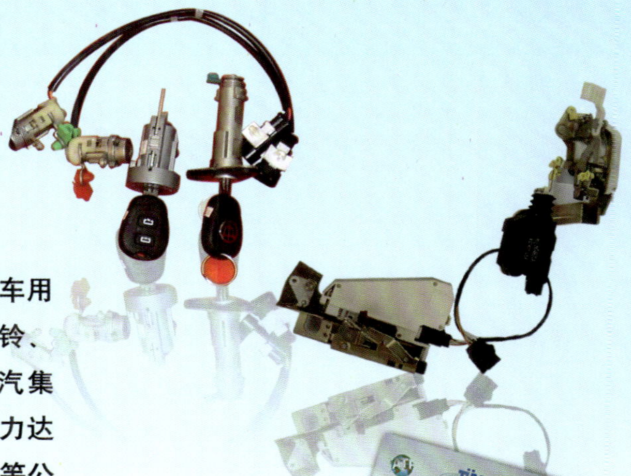

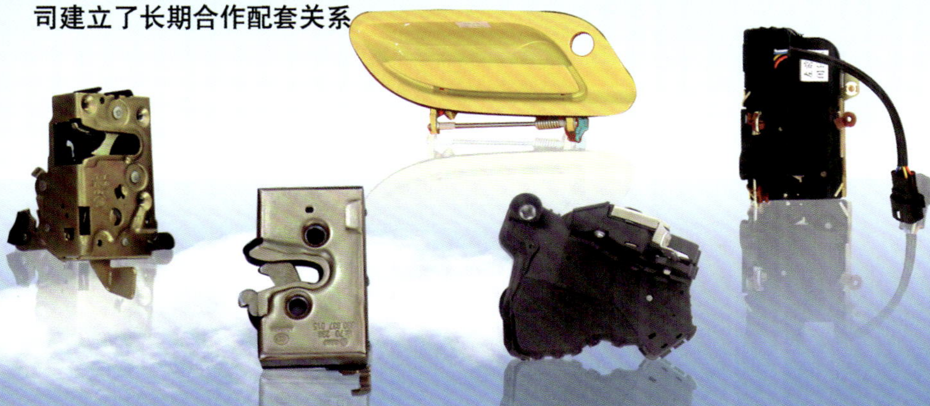

企业简介 Company profile

东风嘉实多油品有限公司是由东风汽车公司、东风汽车股份有限公司、BP（英国石油公司）三方于2005年2月共同出资成立的中外合资经营公司，公司注册资金8000万元。公司由武汉总部和十堰分公司组成。

主要生产、销售车用润滑油及冷却液等车用化工产品；提供产品售后服务及产品技术服务；车用润滑油、工业润滑油等石油化工产品的进口、批发和零售。

武汉总部—武汉经济技术开发区东合中心

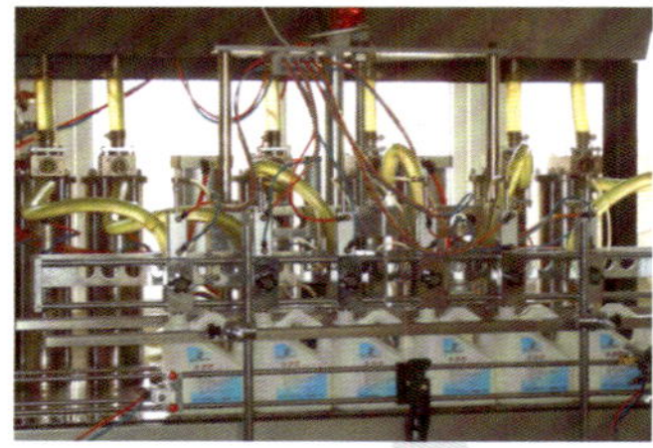

产品灌装线

十堰分公司

公司特质 Company characteristics

1. 品牌优势

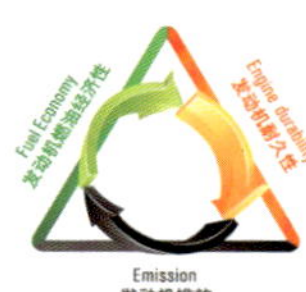

东风嘉实多自成立以来传承“东风”和“嘉实多”两个知名品牌的优良基因，充分发挥“嘉实多”在润滑油领域和“东风”在汽车制造领域上的技术优势和品牌优势，其润滑油配方研发兼顾发动机耐久性、发动机燃油经济性、发动机排放三相指标平衡的理念，为东风汽车等客户量身打造品质卓越的“劲达”、“佳弛”汽车润滑油及“凌浚”发动机冷却液等产品，提供车用化工产品的整体解决方案。

2. 技术优势

东风嘉实多具备独立研制发动机润滑油及冷却液等车用化工产品的技术能力，并与嘉实多签订了长期的《润滑油知识产权和技术许可协议》。嘉实多在英国本格伯恩市（Pangbourne）设有技术研究中心，并在美、法、德、意、日、澳等多个国家设有13个技术研究中心，2010年在中国上海成立了嘉实多中国技术中心，该技术中心的建立为东风嘉实多提供了强有力的产品开发和售后服务的技术支持。

东风嘉实多董事长卢锋受邀嘉实多中国技术中心开幕典礼

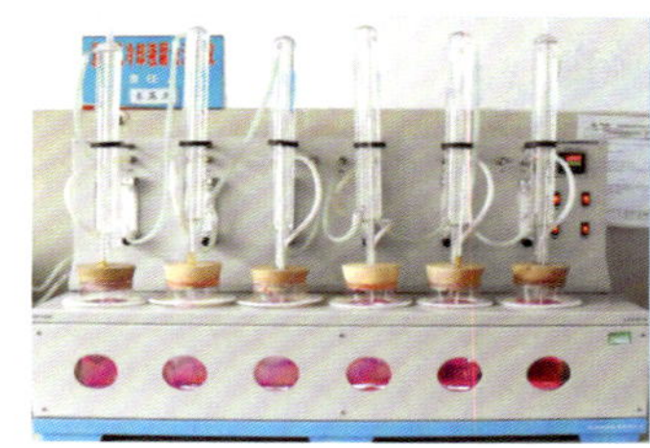

玻璃器皿腐蚀试验设备

技术人员正在进行试验

盛瑞传动股份有限公司

盛瑞传动股份有限公司2003年设立，总部位于潍坊高新区，2008年被首批认定为国家高新技术企业。下设三个全资子公司，是国内品种较全、实力较强的重型柴油机零部件综合制造商，重型柴油机连杆、活塞销、水泵等国内市场占有率超过20%，连续年位居行业前茅，同时远销意大利、英国、法国、美国、加拿大、澳大利亚、斯洛文尼亚等10多个国家。

公司先后通过ISO9001：2008质量管理体系认证和ISO/TS16949:2009汽车行业质量管理体系认证，先后获得全国百家优秀汽车零部件供应商、中国内燃机零部件行业排头兵企业、中国机械管理进步示范企业、AAA级标准化良好行为企业、山东省机械工业百强企业、山东省质量竞争力100强企业等荣誉，企业商标被认定为山东省著名商标、中国驰名商标。

公司高度重视自主创新和研发平台建设，拥有山东省动力传动工程技术研究中心、省级企业技术中心和山东省工业设计中心个省级研发机构，并联合德国、英国、北航优势科技资源共同研发，形成了“三国四地”的研发机构布局。公司拥有有效专利10余项，其中发明专利3项,8AT专利被评为中国专利金奖；8AT项目研发团队被科技部评为“十一五”国家科技计划执行优秀团队。

为进一步提升企业核心竞争力，公司在做强、做大现有柴油零部件产业基础上，正在“以老养新”，整合全球资源开发世界首款前置前驱乘用车8挡自动变速器（8AT）。目前已完成样机装配和样车搭载，通过技术鉴定，实现了我国汽车自动变速器科技领域的重大突破，正在进行相关试验，预计2012年开始量产。

公司始终坚持打造百年企业的发展战略，大力整合世界资源，不断创新发展，逐步提升核心竞争力，规划通过8AT项目的产业化、柴油机零部件产品的技改扩产及对上下游企业的整合，到2015年打造成“中国一流，世界接轨”的高端自动变速器及重型柴油机零部件研发生产基地。

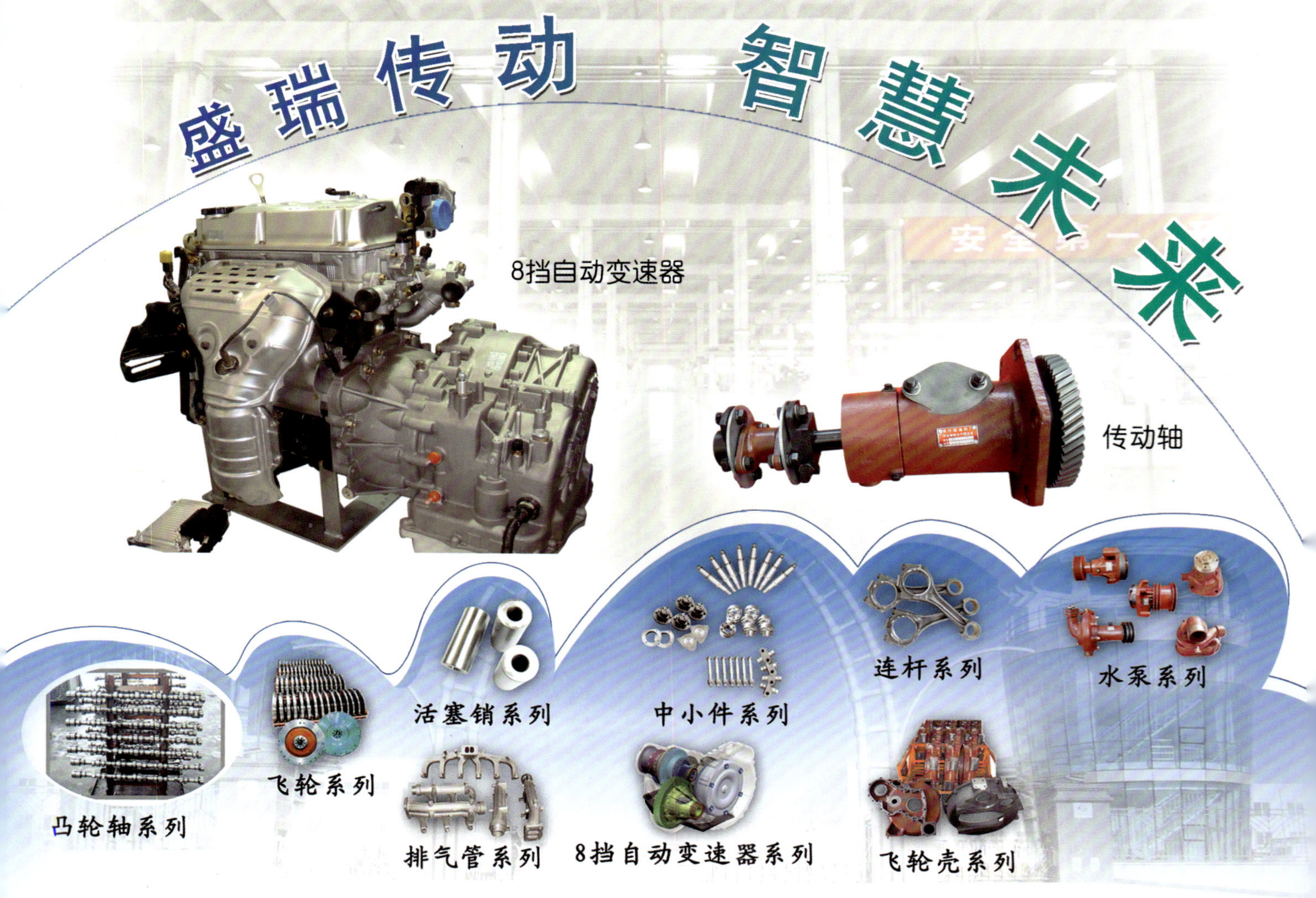

盛瑞传动 智慧未来

8挡自动变速器

传动轴

连杆系列

水泵系列

活塞销系列

中小件系列

飞轮系列

凸轮轴系列

排气管系列

8挡自动变速器系列

飞轮壳系列

地址：潍坊高新区东风街5166号天马国际17层　电话：0536-2297539　E-mail：shengrui@shengrui.cn

网址：www.shengrui.cn　传真：0536-2294567

轻量化 高强度 环保车

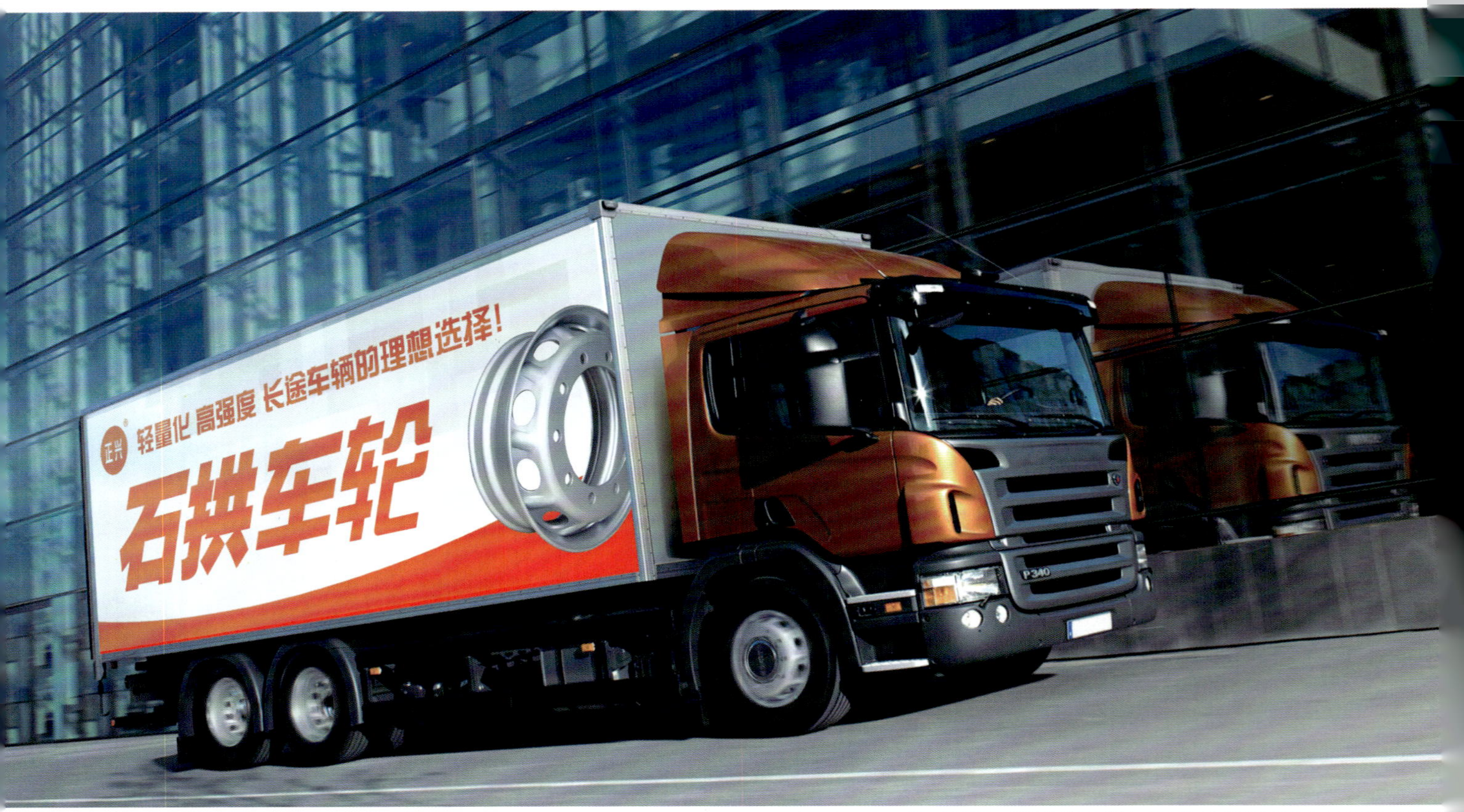

同样的载重不一样的自重
车轮自重节约 20%

正兴 石拱 车轮

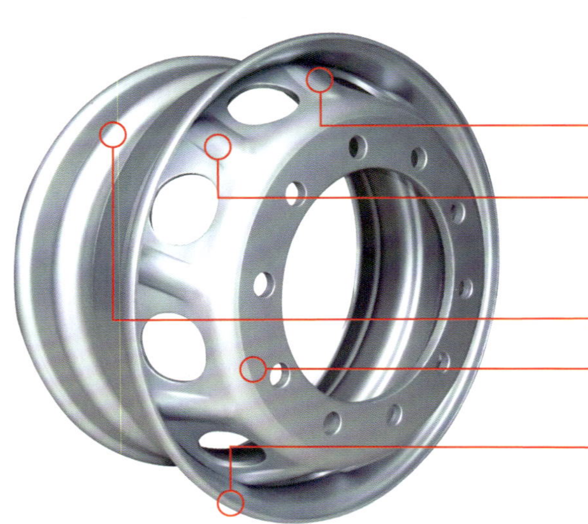

- 辐板采用“拱形”专利设计，有效增加强度，提高承载力，减少风孔炸裂。
- 独特的“风扇形”结构，提高散热能力（实验表明：轮胎温度比普通型钢圈降低2° 以上，轮胎温度每降低1℃名牌轮胎可延长行驶里程5000km ，普通轮胎可延长行驶里程3000km 。
- 轮辋采用“凸筋”专利设计，有效提高轮辋强度。
- 高强度车轮专用钢，独特的拱桥式造型，使其质量比同规格的普通无内胎车轮减轻20%，强度提高25%以上。
- 缘采用“大弧度”专利设计，有效解决了汽车在急转弯行驶中脱胎问题。

全国率先推出轻量化、高强度环保车轮，引领钢制车轮行业新科技

序号	产品型号	具体尺寸(mm)							配用轮胎
		偏距	孔数	螺栓孔直径	中孔直径	分布圆	厚度	气门嘴型号	
1	22.5×9.00	161	10	Φ26	Φ281	Φ335	13	V3-20-6	12R22.5
2	22.5×8.25	151	10	Φ26	Φ281	Φ335	13	V3-20-4	11R22.5,275/80R22.5

公司名称:	远轻铝业（中国）有限公司
Company Name:	Enkei Aluminium Products (China) Co.,Ltd
地址:	江苏省昆山市经济技术开发区远轻路118号 邮编：215300
Address:	No.118 Yuanqing Road Economic & Technical Development Zone of Kunshan, Jiangsu , 215300 China
董事长:	铃木顺一
Chairman:	Junichi Suzuki
总经理:	黄 毅
Managing Director:	Huang Yi
建厂时间:	1992年10月
Date of Establish-	October 1992
生产时间:	1994年12月
Date of Production:	December 1994
注册资金:	2700万美元
Registered Capital:	USD 27000000
职员:	1650人(其中技术人员210名)
Employee :	1650 (210 technicians included)
经营范围:	生产和销售汽车用铝合金轮圈和涡轮增压器用压气机壳 摩托车发动机用汽缸头
Business Scope:	Manufacturing and selling aluminum wheels for automobiles compressor housings for turbochargers and cylinder heads for motorcycle engines
年产能:	汽车轮圈：400万只 发动机部件（压气机壳和汽缸头）：500万个
Annual Capacity:	Aluminum wheels : 4000000 pcs Engine Parts (compressor housing and cylinder head) : 5000000 pcs
电话(Tel):	总机：0086-512-5715 2272 销售：0086-512-5771 0138(国内)、0086-512-5715 2300(国际)
传真(Fax):	0086-512-5771 0007
电子邮件(E-Mail):	sales@enkei.cn

高品质是我们不断追求的目标

远轻中国愿与您携手共进、共创美好未来

High quality products are what we pursue .

Enkei China wants to work with you to create a bright future

更多信息，请查询

For more details , please contact us directly

动力转向 全兴服务

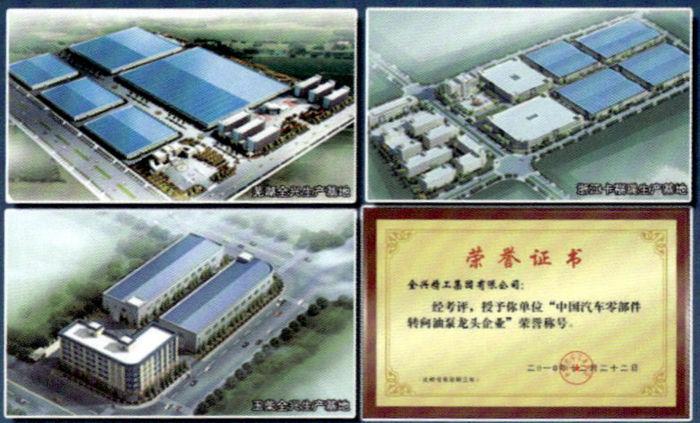

中国·全兴精工集团前身为诸暨市全兴机械厂，成立于2000年7月，2003年8月更名为“浙江全兴机械制造有限公司”，2010年1月26日公司正式升级为“中国·全兴精工集团”。公司主要开发和生产载重车、轻型客车及轿车的转向系统总成。公司现有员工2512名（其中中级职称人员210人，高级职称25人），现已有发明专利10项，实用性专利15项，固定资产6.3亿元。

现公司已具有年产320万台汽车转向泵及30万套转向系统总成的制造能力，是目前国内率先达到现代化的汽车转向泵及转向系统总成制造商。并逐步向不停机的自动化柔性生产系统靠拢。公司在国内汽车转向系统制造行业中名列前茅，出口量占据同行业前列。

公司引进了德国ZF转向系统专业生产制造技术和瑞士、英国等国际先进的技术和设备，制造国内一流的转向系统产品，主要零件均采用数控机床和加工中心加工。检测仪器设备均采用国内外一流的产品，整个加工过程均在高精度、高效率和严格控制下进行。公司研发中心集研发，制造于一体，拥有国内外转向行业的技术精英，配备高精端的检测设备和实力雄厚的实验室，对产品的性能、寿命、高低温、噪声等各项指标检测和实验提供了强有力的保证，确保规模化中的产品质量。

公司先后通过ISO/TS16949：2009质量体系认证、ISO 14001：2004环境管理体系和GB/T 28001-2001职业健康安全管理体系认证，在运行良好的管理体系下，公司现已成为广西玉柴机器股份有限公司、广西玉柴机器专卖发展有限公司、广西玉柴动力机械有限公司、山东潍柴动力股份有限公司、一汽解放无锡柴油机厂、东风朝阳柴油机有限责任公司、扬州柴油机有限责任公司、一拖（姜堰）动力机械有限公司（原扬动股份有限公司）、莱恩(中国)动力科技有限公司、东风南充汽车有限公司、陕西重型汽车有限公司、一汽解放青岛汽车厂、北汽福田汽车股份有限公司、安徽江淮汽车股份有限公司、金华青年汽车制造有限公司、美国纳威司达公司、德尔福（耐世特）汽车系统（苏州）有限公司、印度TATA汽车公司、印度利兰汽车公司、印度爱莎汽车公司、中国重汽集团成都王牌商用车有限公司、四川南骏汽车集团有限公司、一汽通用红塔云南汽车制造有限公司、东风乘用车、奇瑞汽车股份有限公司、浙江吉利汽车有限公司、众泰控股集团有限公司、杭州益维汽车工业有限公司、湖南江南汽车制造有限公司、浙江吉奥汽车零部件有限公司、上海华普汽车有限公司等多家汽车厂及柴油机厂的优秀供应商。

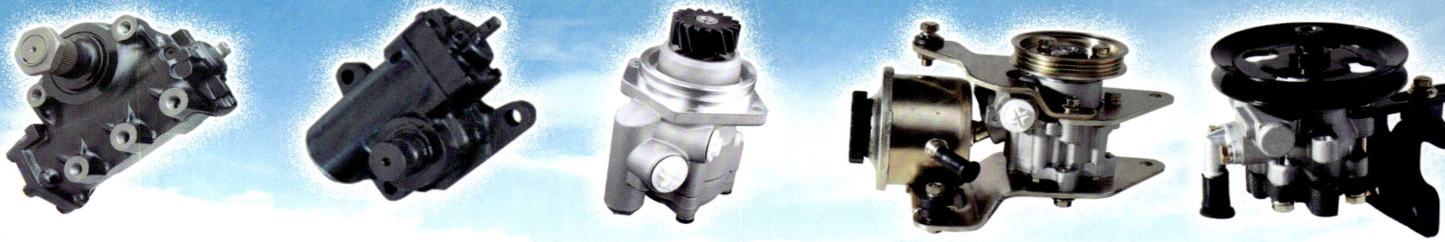

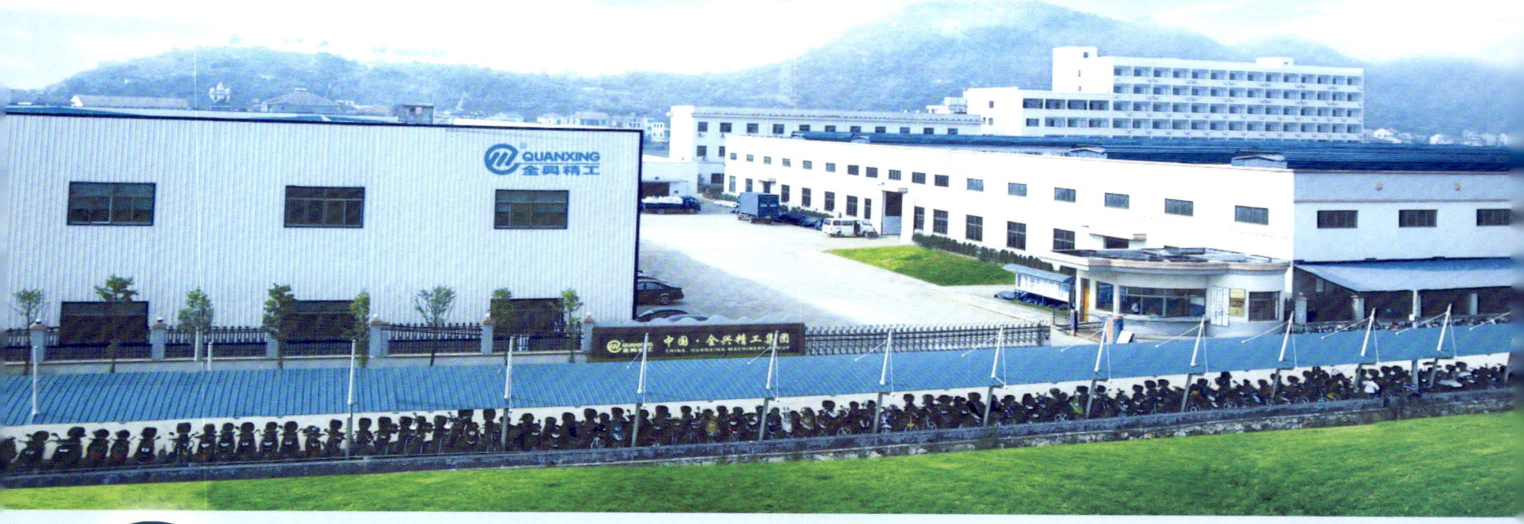

QUANXING®
全興精工

CHINA • QUANXING MACHINING GROUP CO.,LTD.
中国 • 全兴精工集团有限公司 www.china-quanxing.com

Domen Industrial Park,Diankou Town,Zhuji,Zhejiang,China 浙江省诸暨市店口斗门工业区
电话：0575-87061777 87063888 87065999 传真：0575-87068181

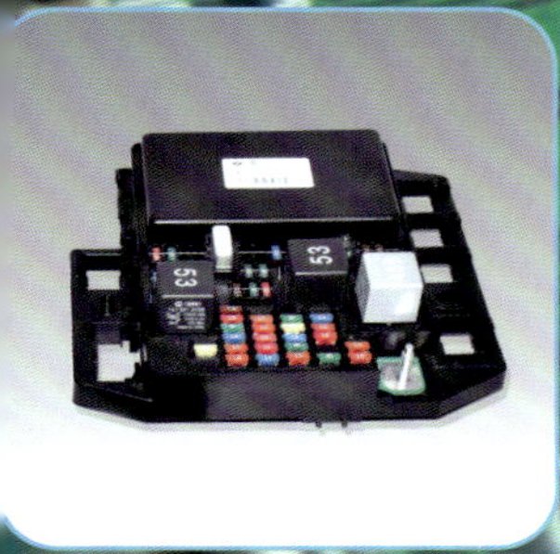

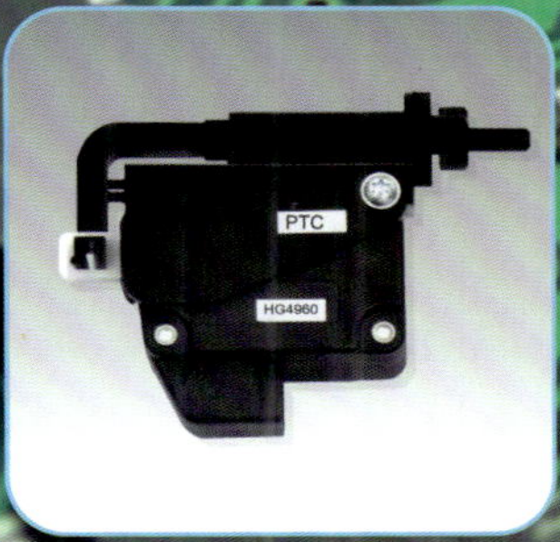

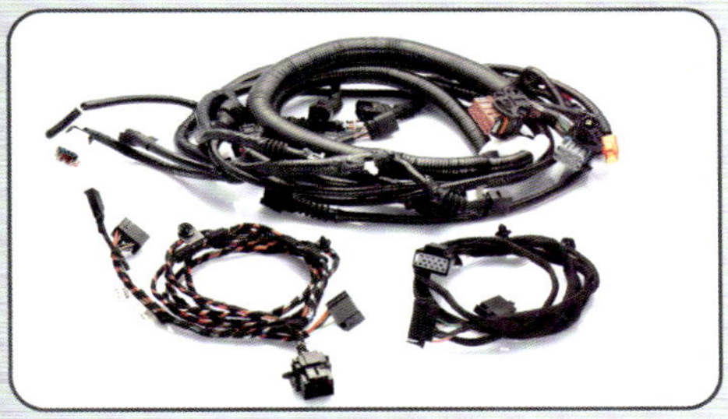

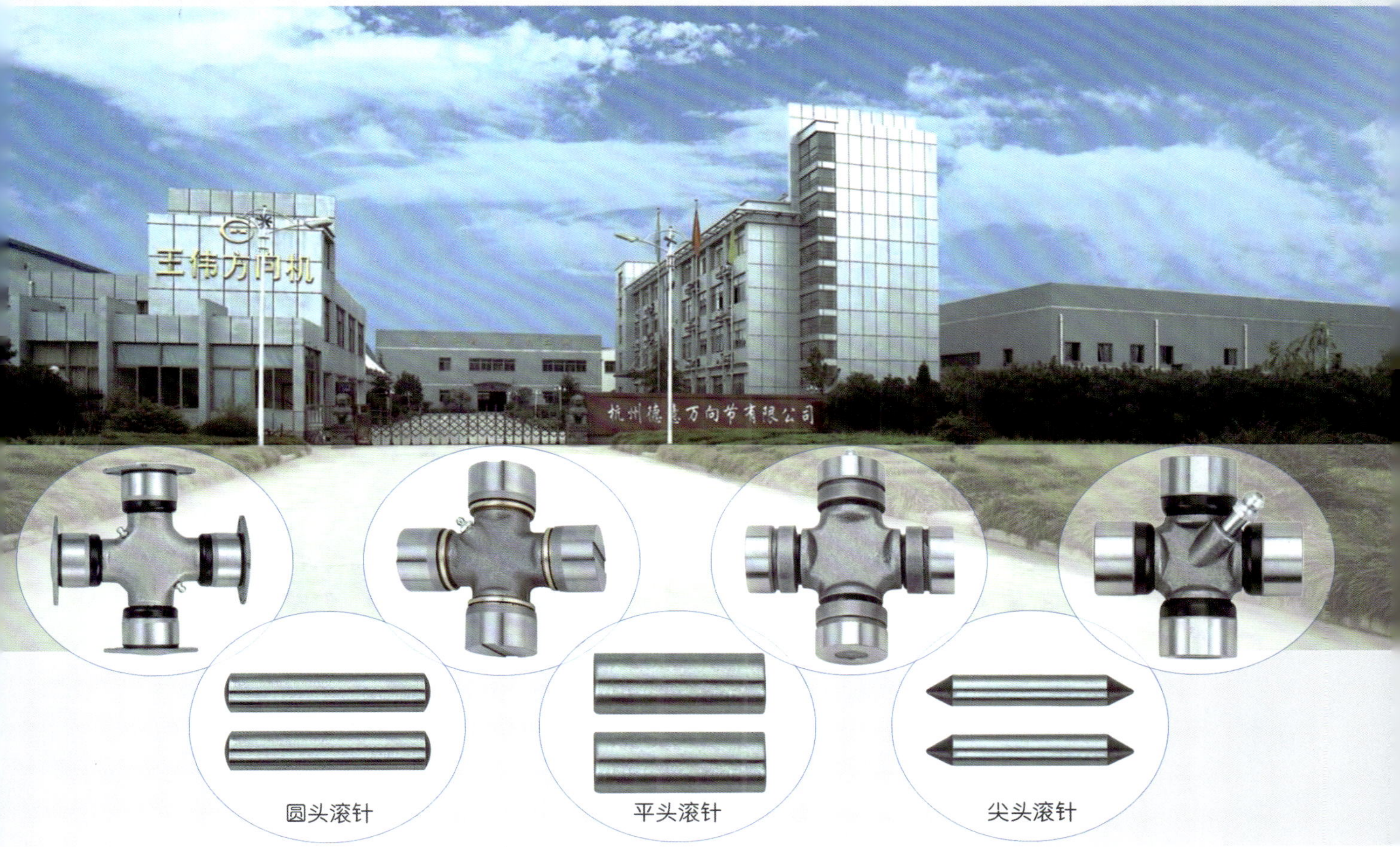

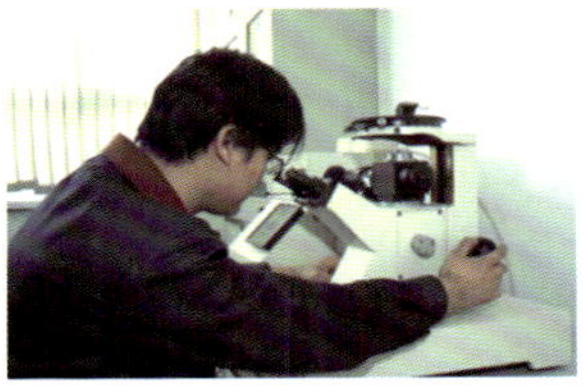

长春市灯泡电线有限公司

长春市灯泡电线有限公司前身是建于1954年的国有大型二类企业，1999年改制为股份制公司。该公司是中国大型汽车电线束生产企业；是中国汽车工业协会汽车电机电器委员会副理事长单位；是中国汽车零部件工业公司汽车电线束专业委员会主任委员单位；是国内汽车电线束行业标准编制起草单位。公司占地面积21.5万m²，现有员工5900人，其中工程技术人员360人，资产2.1亿元，近年来销售额平均递增率达20%以上，2011年销售额达18.5亿元，出口创汇1100多万美元。

国家汽车零部件出口基地企业

中华人民共和国商务部 国家发展和改革委员会

二〇〇六年八月

公司自一汽生产第一辆解放牌汽车开始为其配套生产汽车电线束，至今已成为一汽集团公司、一汽轿车公司、一汽解放卡车公司、一汽一大众公司、上海大众、哈飞汽车公司、保定长城汽车公司、韩国现代起亚汽车公司、江苏东风悦达起亚汽车公司配套生产各种车型电线束，已连续多年成为主机厂的优秀供货商，现年生产达120万辆份的规模。

该公司从1991年开始至今，一直为韩国现代起亚汽车公司大量出口各种汽车电线束，成为国内首家出口汽车电线束的企业，也是国内首家将汽车电线束技术输出给国外（马来西亚）的企业，该公司与德国大众波德耐兹公司合资建立的长春大众汽车线束有限公司经营十分成功。

该公司质量体系运作十分有效，在多年推行ISO9000和VDA6.1、QS9000标准的基础上，又于2004年获得德国南德TUV认证公司的ISO/TS16949质量体系认证证书，并且是连续多年荣获一汽集团公司、一汽一大众公司、一汽轿车公司、一汽解放公司、保定长城汽车公司和韩国现代起亚汽车公司“A”级供货商证书的企业。

面对我国加入WTO后的国际化市场竞争和全球经济一体化的新局面，公司在成功地引进国际当代水平的先进技术、装备、管理的基础上，又以开发生产当代有竞争力的新产品为龙头，进一步与德国、日本和国际上同行业的先进企业合资合作，现该公司已被列入为德国大众公司、德国奥迪公司在中国境内全球采购平台的企业。

展望日趋激烈竞争的汽车市场，公司将以高度的诚信、全新的理念、超前的技术开发、有竞争力的价格、可靠的品质、准时化供货、优质系统的服务为我国汽车工业的发展再创辉煌！

【公司荣誉】

地址：长春市开运街1244号　邮编：130012

电话：0431—85955591 85952987　传真：0431—85951467

上海汽车地毯总厂有限公司

上海汽车地毯总厂有限公司隶属于上海申达股份有限公司，建于1985年，现有职工580人，总资产6.9亿元，企业占地面积61529m^2，建筑面积55595m^2。公司主要产品为针刺地毯内饰材料、轿车地毯、衣帽架、行李舱内饰。具有近20年的汽车地毯生产经验。年生产能力为100万辆轿车地毯。是国家大型企业。公司主要客户为上海大众、上海通用、安徽奇瑞、华晨宝马等。

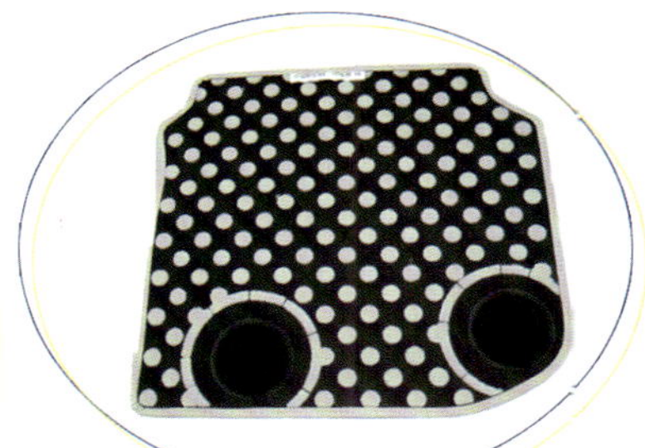

公司先后通过ISO9002、TS16949质量保证体系和ISO14001环境保证体系的认证，公司的生产规模、综合开发能力、技术装备、市场占有率以及主要经济效益指标居国内同行业前列。实验室通过通用公司GP－10认可。公司是中国汽车工业协会相关分会副理事长单位。

公司先后荣获全国质量效益好、社会贡献大，全国纺织行业质量效益先进企业，全国纺织企业文化建议知名企业，上海市推行全国质量管理先进企业，上海市优秀工业企业形象单位、上海市工业企业销售额500强，上海市三A级信用企业，上海市诚信企业，上海市“四无”企业，上海市模范职工之家及上海市文明单位（八连冠）等荣誉称号。

公司拥有的参股公司：江苏中联地毯有限公司。合资公司：上海松江埃驰汽车地毯声学元件有限公司、上海申阳藤纺织汽车内饰件有限公司、上海欣松红纺织装饰有限公司、芜湖尚唯汽车饰件有限公司、长春旭阳毯业有限公司、武汉泰昌汽车内饰件有限公司，专业生产轿车地毯内饰件，轿车内饰件面料，民用地毯等。独资公司：上海汽车地毯总厂有限公司铁岭分公司、上海汽车地毯总厂有限公司南京分公司、上海汽车地毯总厂仪征有限公司。

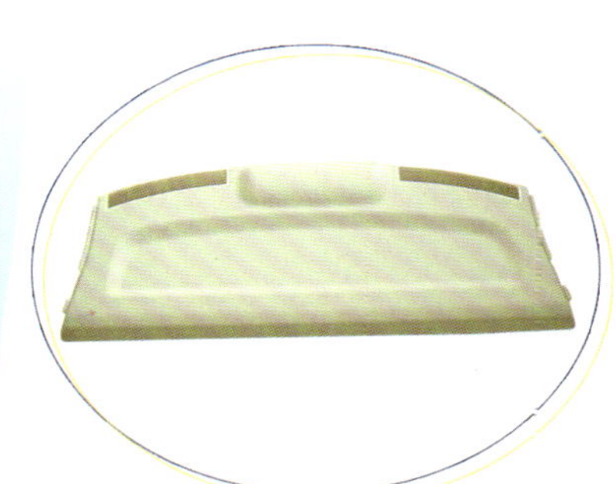

地址：上海市松江区松蒸路189号
邮编：201600
电话：86-21-67727091
传真：86-21-67727989
网址：www.sccp−sj.com
Email：Public@sccp−sj.com

江苏梅花机械有限公司

Jiangsu meihua Machinery Co., LTD

黎民

本公司创建于2000年12月，原名为“丹阳市梅花机械有限公司”，2008年5月更名为“江苏梅花机械有限公司”；公司占地面积30000m²，建筑面积21000多m²，外聘博导1名、博士2名、高级工程师和专业技术人员20余名，拥有多台套真空泵泵体精加工专用数控设备和机械金属切削设备，测试、检测、试验设备齐全，使研发、制造、销售为一体的专业汽车真空泵生产企业。

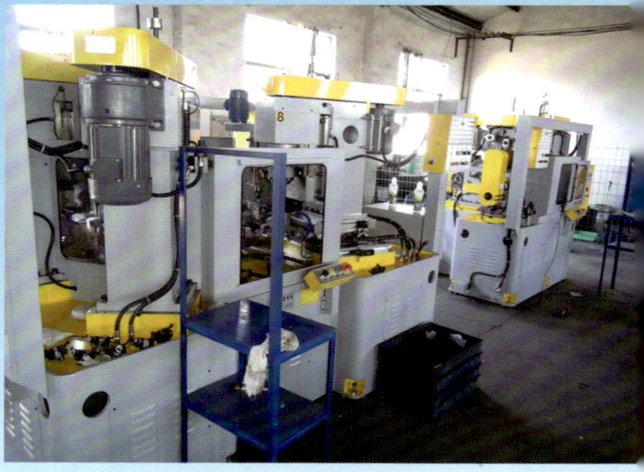

公司主要设计开发生产的排量为25~60mm²“低噪声高灵敏度汽车真空泵”系列产品100多种，主要与五十铃/长城汽车/北京福田/丰田/三菱/江淮/一汽等汽车主机厂相匹配。目前研制开发的新能源电驱动、皮带轮驱动和齿轮驱动的汽车真空泵在有关主机厂进行路试。目前已具备年产80万台的生产能力，目标到2015年达到年产各类汽车真空泵300万台以上的生产规模，成为本行业的龙头企业。

本公司2002年通过ISO9001：2000国际质量体系认证,2007年7月又通过ISO/TS16949的认证。公司2004年被市政府评为“劳动用工诚信单位”,连续7年被市发改委命名为“重合同守信用单位”和中国人民银行南京分行评估为“资信等级A A A级企业”。2006年4月“黎民”牌汽车真空泵获得国家注册商标,该产品被评为江苏省优质产品,获镇江市知名商标，中国质量服务信誉A A A级示范单位和全国质量信得过产品,江苏省质量诚信五星级企业和江苏省民营科技型企业，以及江苏省高新技术产品。被江铃集团河北保定内燃机制造有限公司选用为带泵电机定点配套单位，2010年11月荣获“中国汽车真空泵制造企业10强”。

公司2009年5月经国家工业和信息化部批准负责起草制定的《汽车真空泵性能要求及台架试验方法》行业标准已通过专家审核，报国家有关部门批准，不久将颁布实施。与哈尔滨工业大学等高校合作，中国汽车工程协会和中国汽车工业协会参与的，组建省级汽车真空泵研究中心和国家级汽车真空泵检测中心正在开工建设；目前正在进行新能源电驱动真空泵的研究与开发，立争成为国内知名的汽车真空泵产、学、研基地，为我国走向汽车强国、做好做强汽车真空泵作出不懈的努力和贡献。

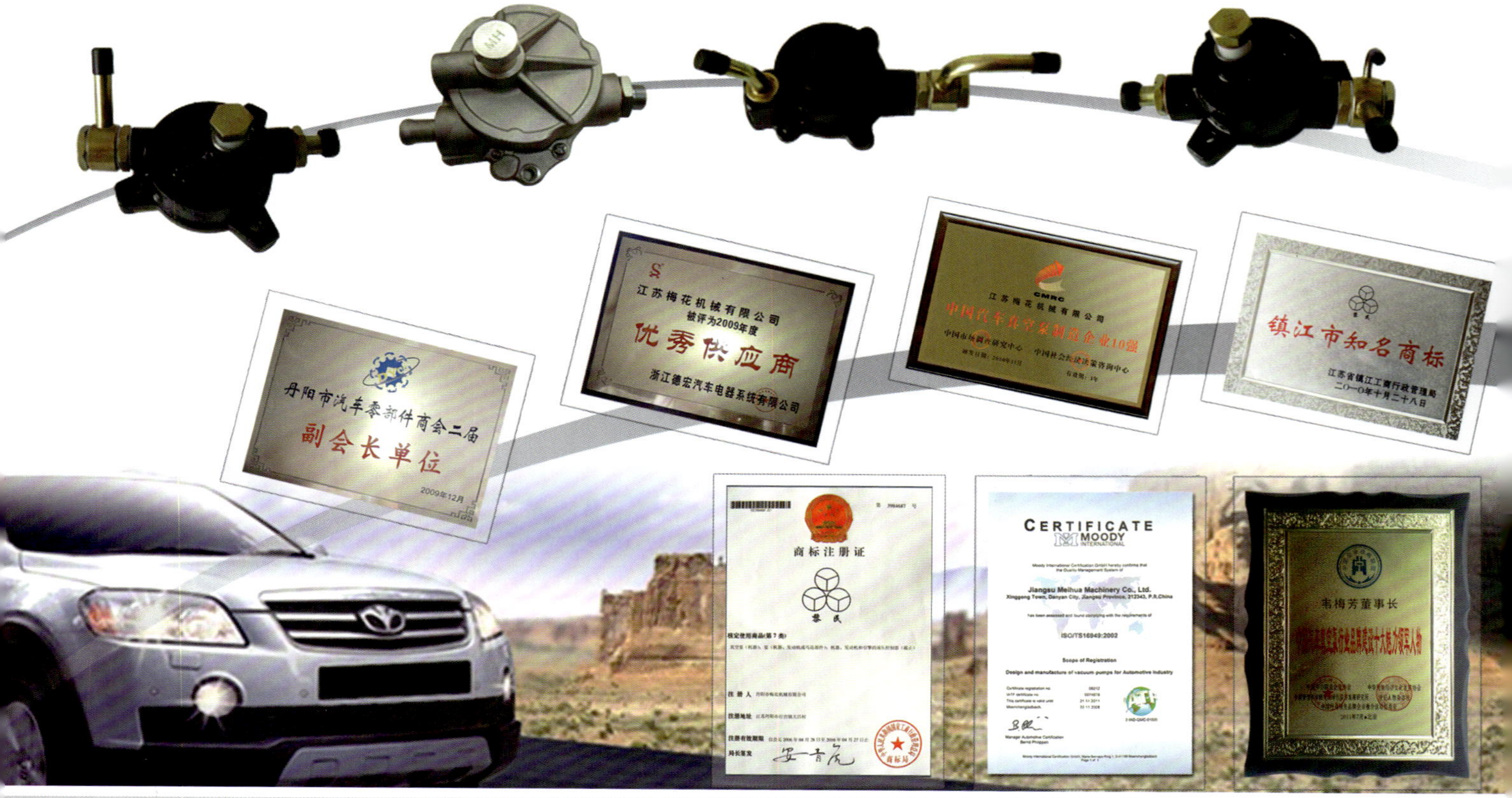

地址：江苏丹阳市行宫镇 邮编：212343 电话：0511-86842052 传真：0511-86845520
http://www.dymhjx.com E-mail:mh@dymhjx.com wmf@dymhjx.com

Long 龙生 Sheng®　浙江龙生汽车

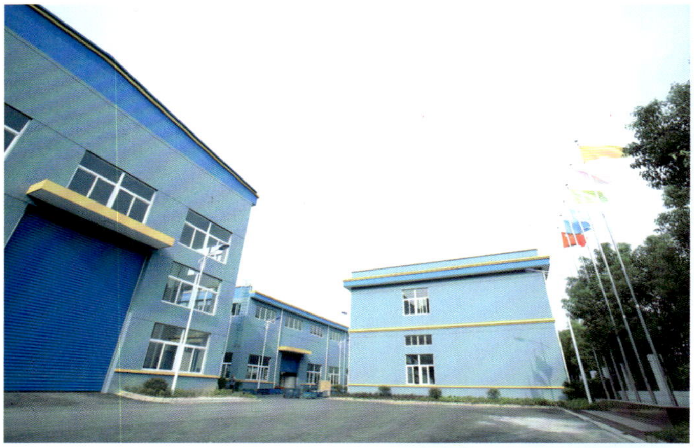

浙江龙生汽车部件股份有限公司（简称龙生股份，股票代码002625），坐落于富春江——千岛湖黄金旅游线中段，浙江省杭州市桐庐县富春江镇机械工业区内。专业制造各类汽车座椅功能件及关键零部件，占地面积15万m²，公司于2011年11月3日在深圳证券交易所中小企业板成功挂牌上市，是国家重点支持的高新技术企业。

历时近20年的发展，公司已成为中国汽车座椅（滑轨）龙头企业。专业设计、研发、生产、销售各类汽车座椅金属冲压功能件及其他零部件，系中国汽车工业协会成员单位、中国汽车工业协会车身附件委员会理事单位、浙江省汽车工业协会常务理事单位。

公司生产设施先进、产品种类齐全。拥有63T—1200T冲压机床200台套，自动焊接机器人50台套，自动阴极电泳涂装线3条，产品装配检测线40余条，自动化滑道生产检测线8条、数控机床12台，自主成功研发高精度、多品种自动换线的大型连续模120套。公司生产汽车座椅功能件有滑轨、调角器、升降器和其他零部件座椅锁、靠背、座盆等20多个系列共100余个品种，承担国家、省、市、县各类重点科技项目20余项。并建有经国家认可委员会认证的行业产品检测中心、省级高新技术企业研究开发中心和模具设计制造中心。滑轨产品国内市场占有率连续三年排名领先。公司产品获浙江省名优产品称号，“Long龙生Sheng”商标是浙江省著名商标。

公司注重科研投入、行业优势明显。每年投入科研经费占年销售收入的5%以上。在新品开发上拥有一系列独特的生产工艺，并采用计算机辅助设计CAD技术和计算机辅助工程CAE技术系统，结合人机工程学设计理念和冲压成型工艺优化技术，设计出的产品性能优良、结构新颖，且已具备高端座椅功能件的研发和生产能力，行业竞争实力强劲，综合实力达到国内同行业领先水平。

“十二五”期间，龙生股份公司将牢牢把握汽车产业发展机遇期，加大资本运作力度，推动产品结构优化调整，坚持质量效益型道路，以品质塑造品牌，为提升民族汽车品质不懈努力。

公司的愿景是：成为全世界最受欢迎的汽车零部件供应商。

地址：浙江省桐庐县富春江镇机械工业区
邮编：311504
电话：0571—64667888　64667288
传真：0571—64651988

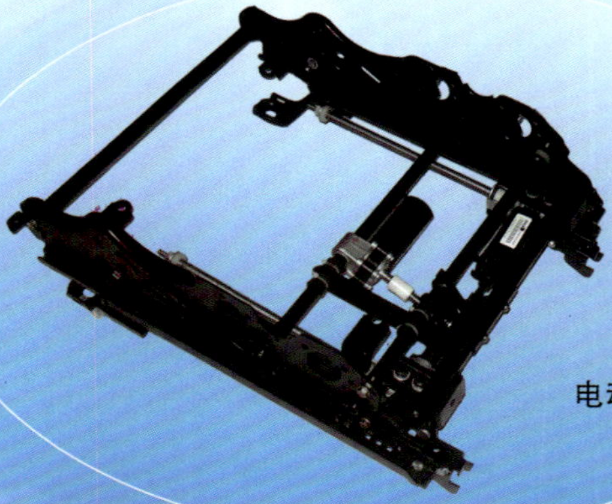

电动滑轨

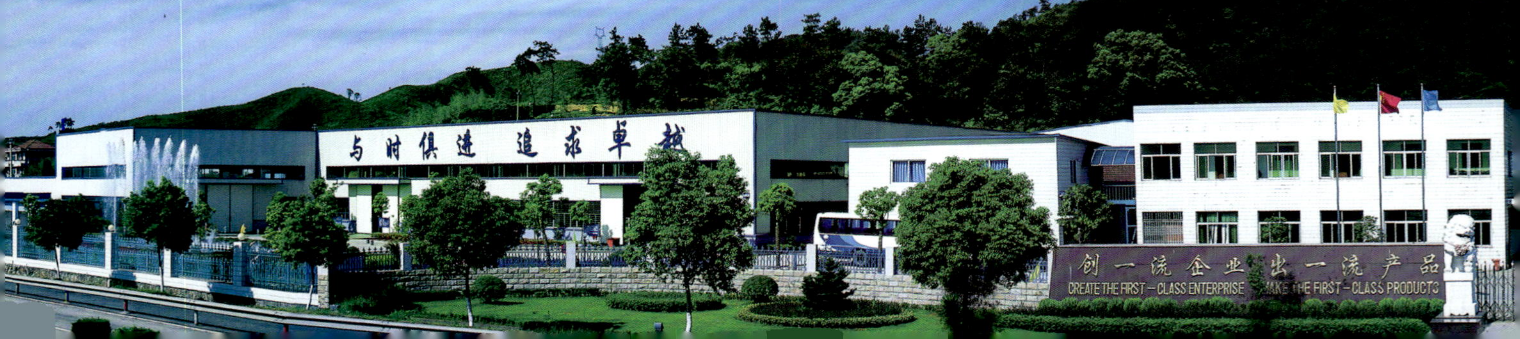

部件股份有限公司

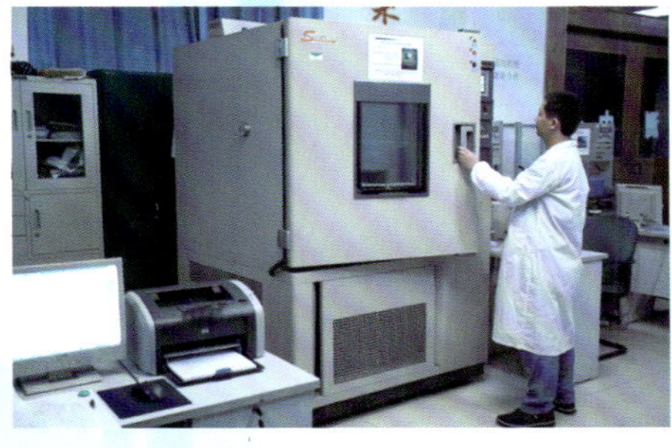

单向器

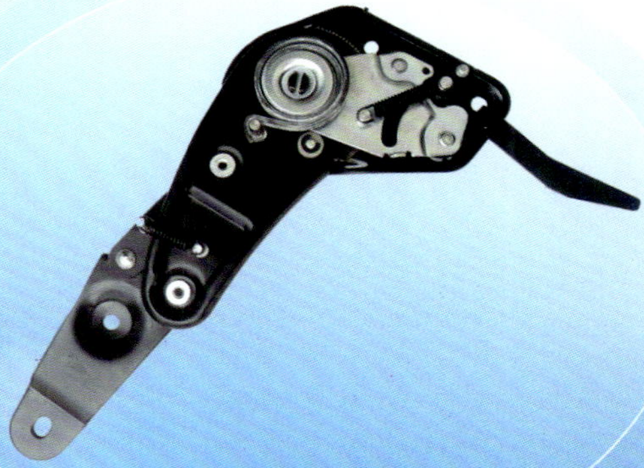

调角器

浙江龙生汽车部件股份

ZHEJIANG LONGSHENG

浙江龙生汽车部件股份有限公司

我们的目标：成为世界最好的汽车零部件供应商

内江金鸿曲轴有限公司

内江金鸿曲轴有限公司位于内江市市中区沱江河畔，是一家汽车发动机曲轴专业生产厂，公司具有30多年生产汽车曲轴的历史，具备成熟的汽车曲轴专有制造技术，拥有日本丰田工机数控曲轴磨床、曲轴圆角滚压机床、曲轴氮化设备、曲轴自动淬火机床、砂带抛光机、美国ADCOLE曲轴综合检测仪、德国轮廓测量仪、日本高度仪、曲轴弯曲疲劳试验机等先进的生产、检测设备，现有12个生产分厂，11条曲轴机械加工生产线，2条热处理线，已形成生产各型汽车曲轴300万件/年的能力，国内汽车市场占有率11%，进入全国汽车曲轴行业前三强。

公司技术中心拥有先进的开发软件，拥有曲轴产品的设计及技术开发能力，拥有成套工装设计制造能力，保证了曲轴产品与主机厂的同步开发。

公司秉承“团结务实、拼搏创新”的精神理念，遵循“工作精益求精、追求顾客满意”的质量方针，取得了良好的成绩。通过了ISO/TS16949：2009质量体系认证。荣获四川省名牌产品、四川省著名商标、AAA质量信誉等级企业、四川省质量管理先进企业等荣誉称号，荣获主机厂“优秀供应商”、“核心供应商”、“最佳供应商”等荣誉称号。

公司产品主要有微车、轻型车、轿车曲轴，三大系列，70余个品种，主要为重庆长安公司、东风渝安公司、哈尔滨东安公司、柳州五菱柳机动力有限公司、奇瑞汽车有限公司、比亚迪汽车有限公司、安徽江淮汽车股份有限公司、保定长城内燃机制造有限公司、浙江吉利汽车有限公司、绵阳新晨动力机械有限公司、江铃汽车股份有限公司、成都成发汽车发动机有限公司、浙江青年莲花发动机有限公司、吉林绰丰发动机有限公司、一汽海马动力有限公司、东风轻型发动机有限公司、浙江吉奥汽车等企业配套。

在未来的发展中公司将继续努力开拓、创新，以一流的质量，最优质的服务回报国内外各界新老客户。

地址：四川省内江市中区牌楼路157号　邮编：641000
电话：0832-2102115　2121185　传真：0832-2107405　2102535

上海耀华大中新材料有限公司

上海耀华大中新材料有限公司是一个充满生机和活力的复合材料企业，致力于发展树脂基复合材料汽车零部件。

公司拥有模压（SMC、GMT、LFT-D）、RTM、SP等生产技术，多年来在复合材料汽车零部件的设计和开发前沿领域不断研制出新的产品，并成功地为上海大众，上汽股份，上海通用，上海汇众，南汽，东风柳汽，长春一汽，陕汽，北汽，延锋江森，延锋伟世通，伟巴斯特，奇瑞等我国知名汽车企业配套，开发的复合材料制品在轨道交通、医疗器械、电器、建筑等领域也得到广泛应用。

公司产品以优异的品质、卓越的性能，给客户创造了价值，为汽车工业的轻量化作出了巨大的贡献。

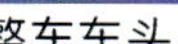

整车车头

天窗基板

底部导流护板

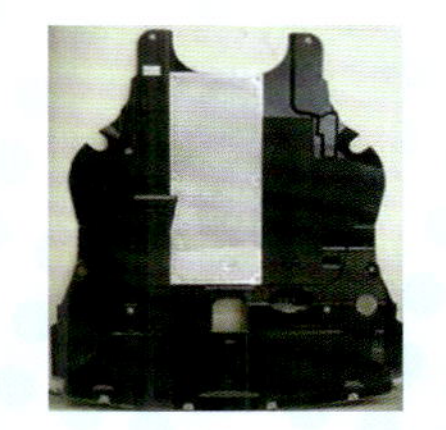

挡泥板

轿跑车车顶

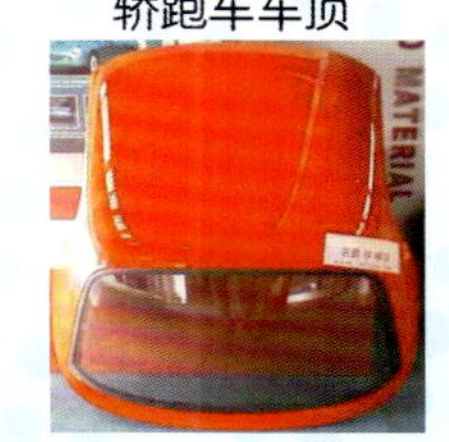

地址：上海市青浦区沪青平公路3828弄118号　　电话：+86 21 69750900　　传真：+86 21 69750638
营销部：+86 21 69751381　　邮编：201703　　网址：www.ydam.com.cn

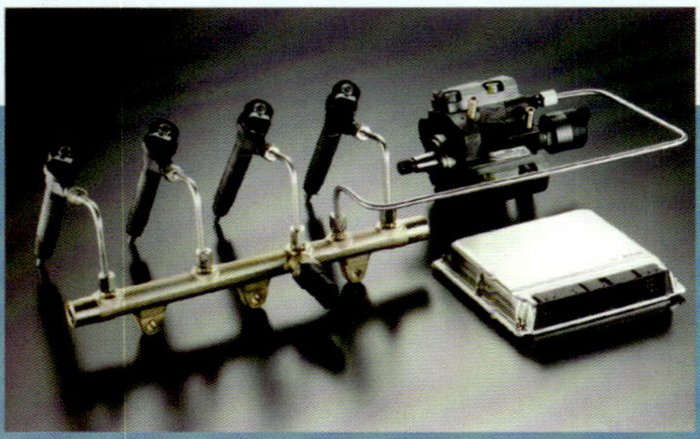

中国兵器工业集团 NORINCO GROUP

北方凌云工业集团有限公司
NORTH LINGYUN INDUSTRIAL GROUP CO.,LTD

北方凌云工业集团有限公司是中国兵器工业集团公司所属军民结合子集团，公司涵盖凌云股份公司、亚大集团公司、凌云驱动轴公司、凌云太行公司、凌云燕兴公司、凌云长城光电公司六大业务板块，是国内汽车零部件制造业及塑料建材行业知名的大型企业集团。目前集团分别与美国、瑞士、韩国、德国合资成立十几家企业，六大业务板块所含分子公司总数已达60家，遍布全国23个省（市）和地区。“凌云”和“亚大”是中国汽车零部件制造业和城市燃气输配业的驰名品牌，亚大商标为中国驰名商标。

汽车零部件产品主要包括：汽车车身结构件、汽车等速万向节前驱动轴、重车零部件、汽车尼龙管路系统、汽车橡胶管路及总成、汽车装饰密封件、汽车摩擦材料七大系列产品。

目前，凌云集团拥有4个国家实验室认可委认可的产品检测中心、5个省级技术中心、一个国家级燃烧器检测试验基地和一个建设部PE管道培训中心、拥有国内唯一一家专业化保险杠低速动态试验室，13家企业通过国家高新技术企业认证。

凌云集团先后获得全国首批“国家职业卫生示范企业”，国资委“先进基层党组织”、“中央企业先进集体”、“河北省诚信企业”、河北省首批“创新型企业”、“河北省企业文化建设示范单位”等荣誉称号，连续5年在“中国机械500强”榜上有名，连续17年荣获河北省“文明单位”称号。2011年7月份，获“全国基层先进党组织”荣誉称号。

2011年公司全年累计实现销售收入63.08亿元，同比增长20.37%，上缴税金4.3亿元。

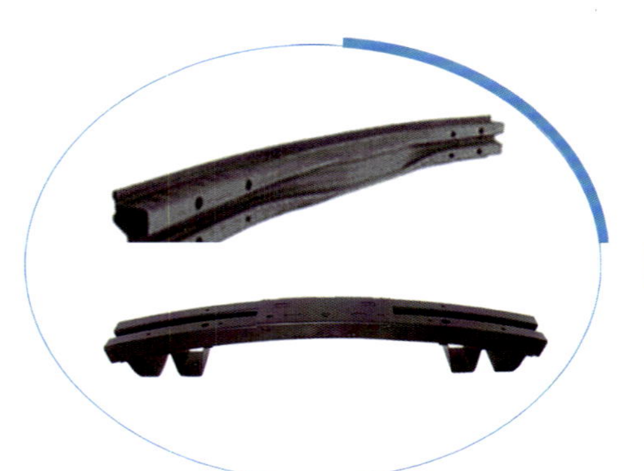

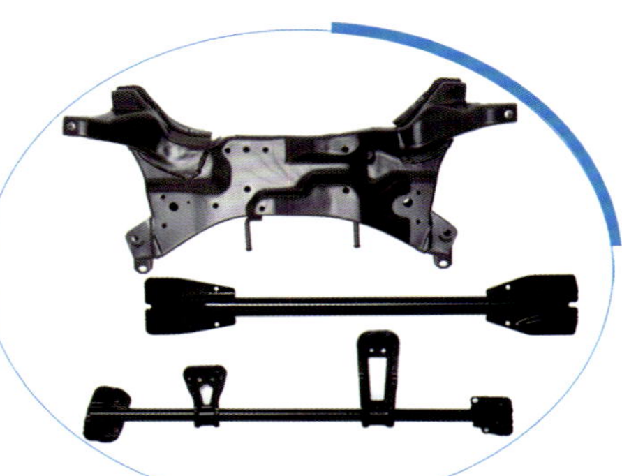

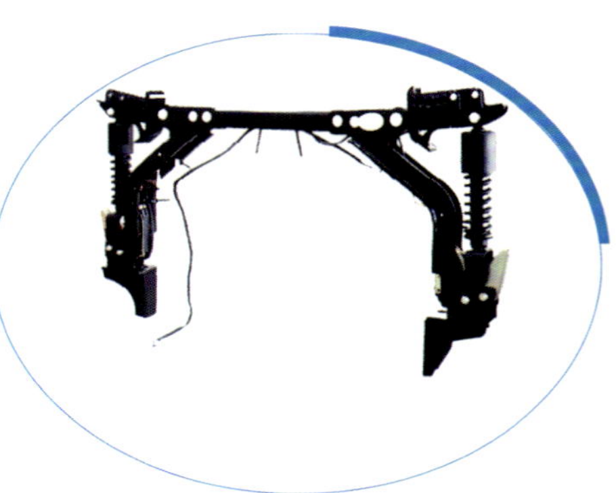

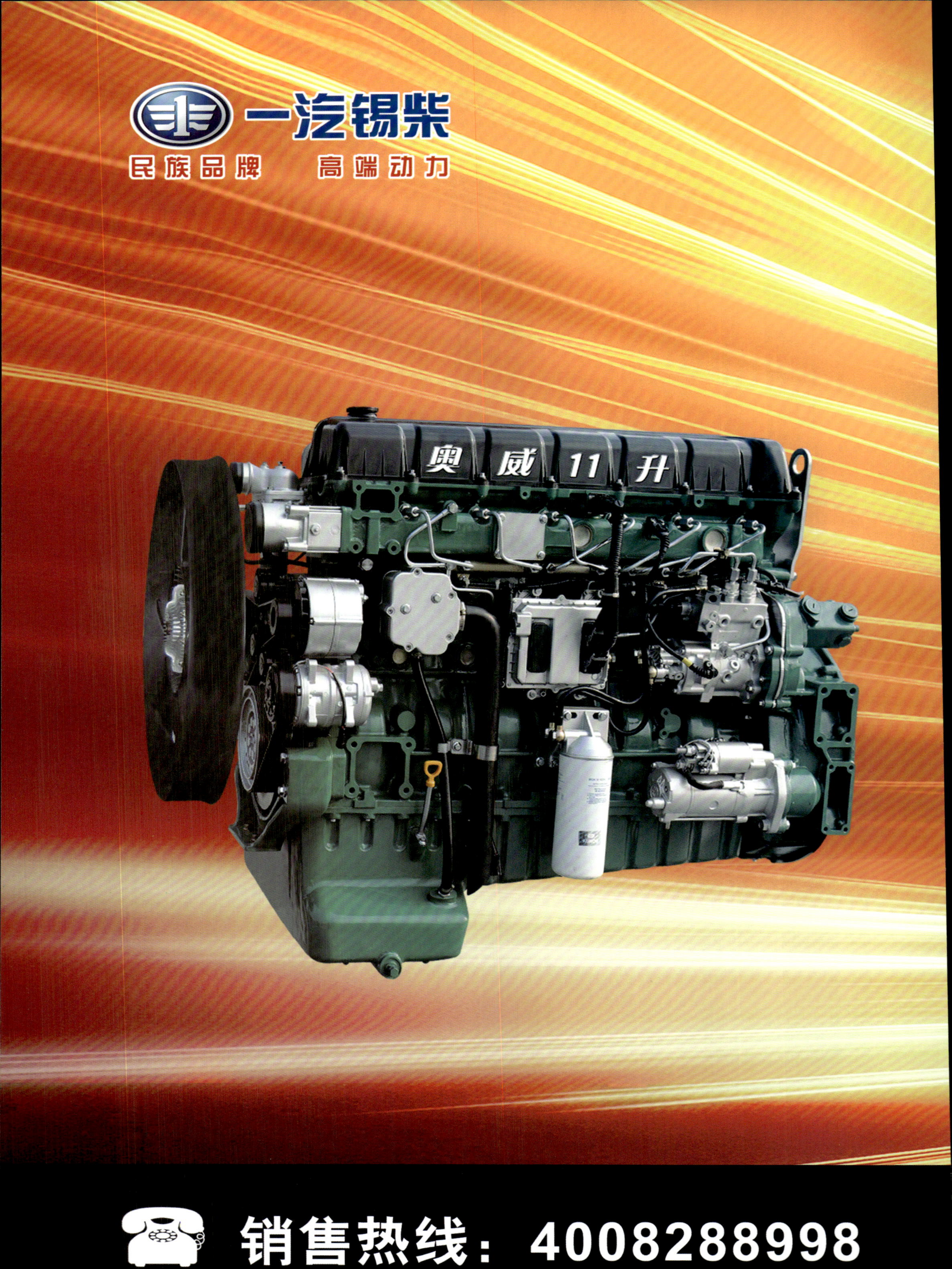
一汽锡柴
民族品牌 高端动力
奥威11升
销售热线：4008288998

有限责任公司

和GB/T24001、GB/T28001环境与职业健康安全管理体系认证；在全行业率先实施了精益制造和ERP系统，拥有精益的装配生产线和国际领先水平的加工、检测、理化、计量仪器等设备。

公司营销网络健全，售后服务及时，具有较高的市场占有率。在全国乘用车市场占有率达15%以上。

公司自1981年持续保持盈利，荣获了“全国五一劳动奖状”“中国汽车零部件百强企业”、“全国设备管理先进单位”、“全国守合同重信用企业”、“全国再就业先进企业”等荣誉称号,并先后17次荣获“重庆工业企业五十强”。

青山公司将秉承“感恩、诚信、自立、超越”的核心价值观，与各界朋友携手并进，精诚合作，为中国民族汽车工业的振兴发展做出贡献。

打造具有自主创新能力和核心竞争力的专业变速器企业

售后服务：023-41819222　800-807-2122　　E-mail：tsingshan@tsingshan.cn　　网址：www.tsingshan.cn

洛阳雅程科贸有限公司成立于2001年，其前身是洛阳市建华座椅厂，地处历史文化名城洛阳南郊，新建市委、市政府北侧，交通便利。

本公司是生产各种重型卡车、工程机械及农业机械座椅等系列产品的专业厂家，技术力量雄厚，自主开发能力强，检测手段完善，有衔接的设备工艺，具备年产80万套座椅及座椅附件的生产能力。产品配套与洛拖、郑工、徐工、临工、山拖等十几个省市的二百多家车辆生产厂家，产品曾出口英国，缅甸等国家，目前已逐步拓展到欧洲的多个国家，在国内也有较高的知名度。

为适应市场需求，我公司投资研发了真空吸塑冷固化一次成型坐垫流水生产线并获国家发明专利。产品荣获国家十余项专利且已通过ISO9001国际质量体系认证、E-MARK认证、3C认证，洛阳雅程始终坚持“质量可靠，顾客至上”的方针；“诚信为本”的原则，继续以优质的产品和良好的公司形象，发扬“团结、勤奋、高效、务实、创新”的企业精神，竭诚为广大用户服务。

欢迎国内外新老用户光临惠顾。愿洛阳雅程科贸有限公司为你的成功助一臂之力，成为您真诚的合作伙伴。

农机座椅

地址：中国·河南省洛阳市洛龙区赵村农科院东300米（471022）
电话：0379-65511569　传真：0379-65511569
联系人：张先生　手机：13903882425 13838869987
E-mail：yachengkemao@163.com
网址：www.lyyckm.com lyyckm.cn.alibaba.com

农机座椅　工程座椅

工程座椅

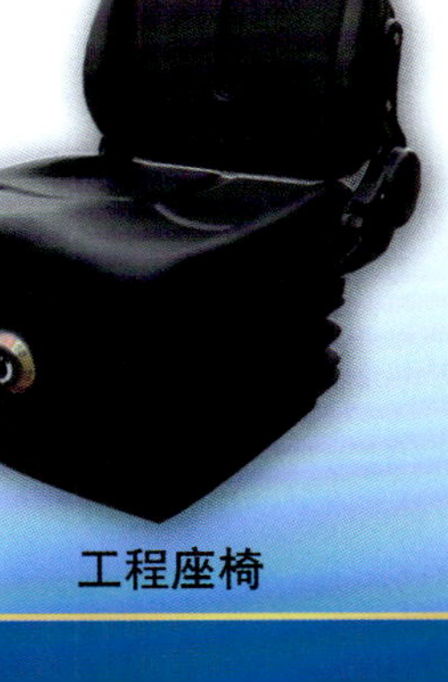

工程座椅

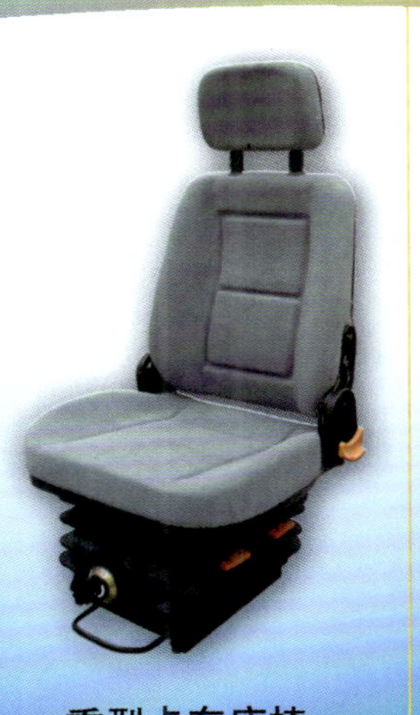

重型卡车座椅

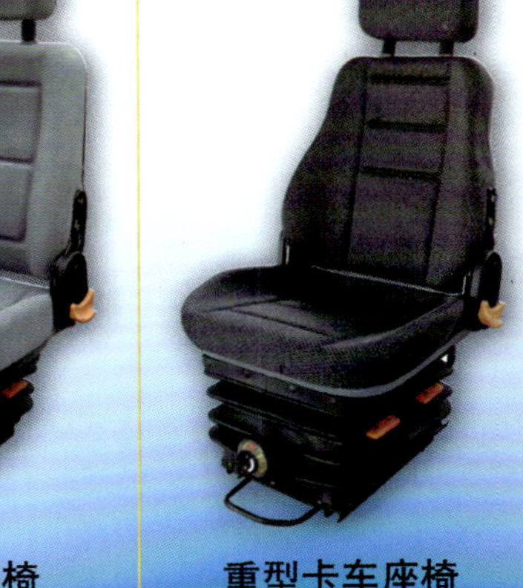

重型卡车座椅

重型卡车座椅

全面展示中国优质汽车供应商

- ◎ 为每一个优秀供应商提供展示空间
- ◎ 为每一个专业采购商提供解决方案
- ◎ 国内外专业采购商高度关注的网站

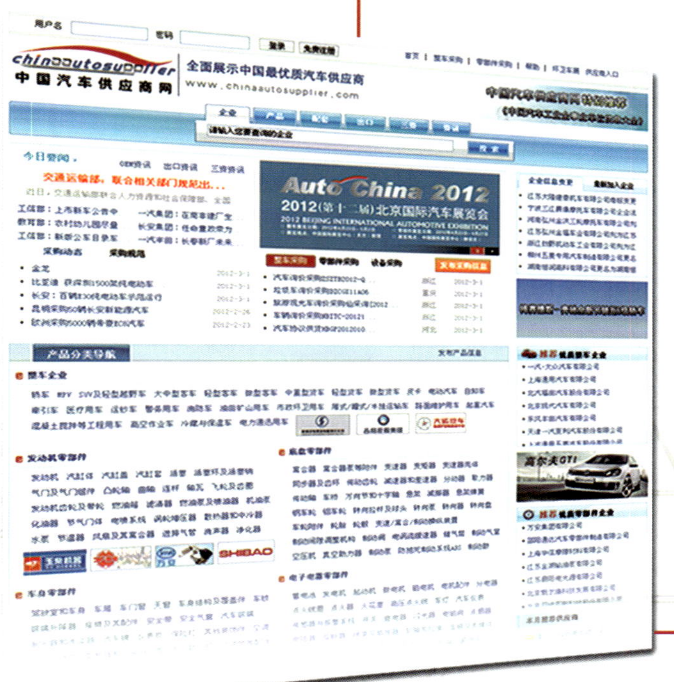

5 秒钟记住网址

汽车供应商—汉语拼音首字母

www.qcgys.com

欢迎免费展示！免费浏览！

中国汽车供应商网 | www.qcgys.com | www.chinaautosupplier.com

地址：北京市海淀区阜成路33号 | 联系电话：010-88560270/1400 | 传真：010-88561149

E-mail：contact@chinaautosupplier.com / info@qcgys.com

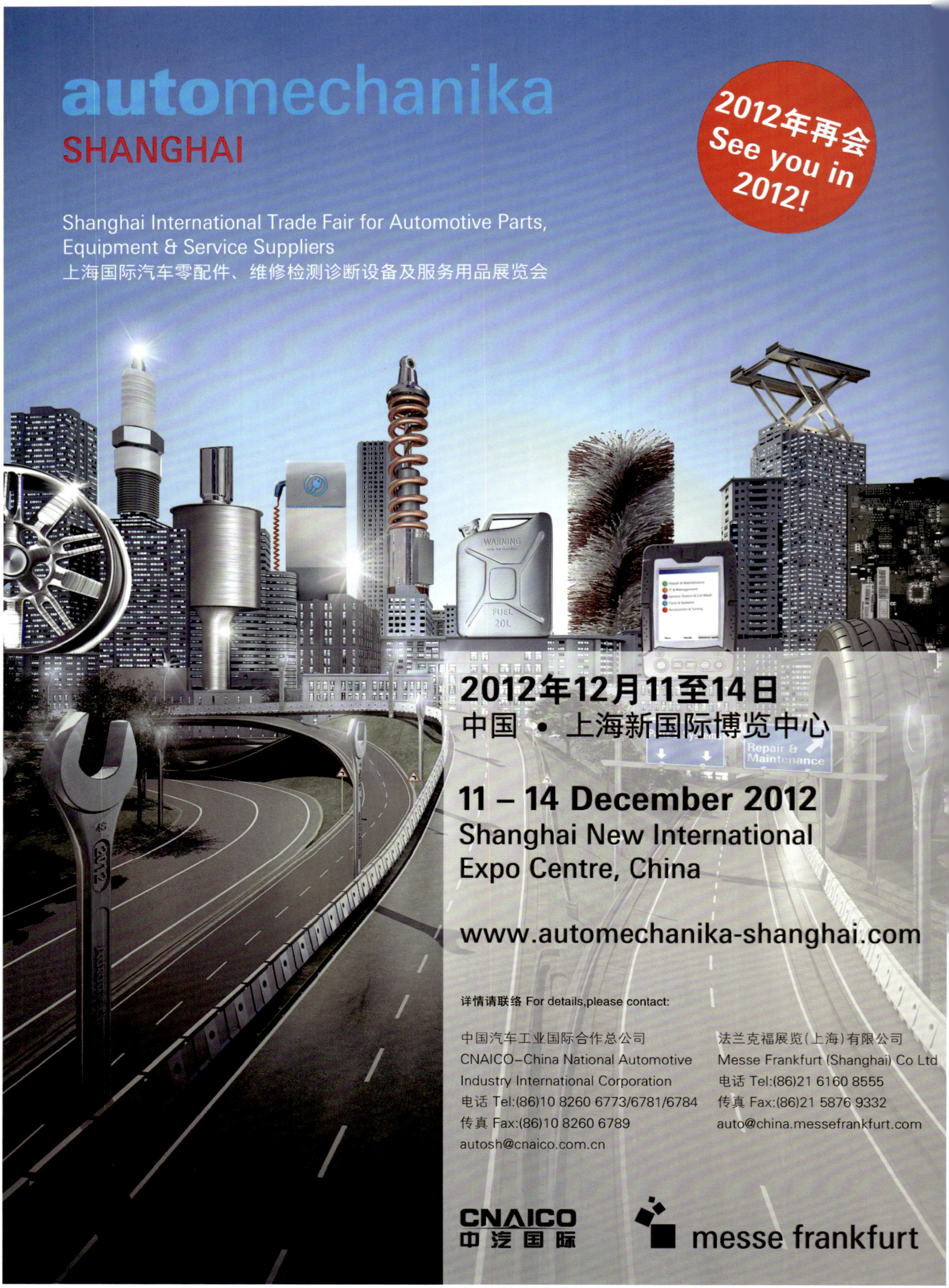

automechanika
SHANGHAI
2012年再会
See you in 2012!
Shanghai International Trade Fair for Automotive Parts, Equipment & Service Suppliers
上海国际汽车零配件、维修检测诊断设备及服务用品展览会
2012年12月11至14日
中国 • 上海新国际博览中心
11 – 14 December 2012
Shanghai New International Expo Centre, China
www.automechanika-shanghai.com
详情请联络 For details,please contact:
中国汽车工业国际合作总公司
CNAICO–China National Automotive Industry International Corporation
电话 Tel:(86)10 8260 6773/6781/6784
传真 Fax:(86)10 8260 6789
autosh@cnaico.com.cn
法兰克福展览(上海)有限公司
Messe Frankfurt (Shanghai) Co Ltd
电话 Tel:(86)21 6160 8555
传真 Fax:(86)21 5876 9332
auto@china.messefrankfurt.com
CNAICO
中汽国际
messe frankfurt

传真:87396950
网址:www. htxd. com
电子信箱:admin@ htxd. com
单位人数:165
质量体系:ISO/TS 16949
产品情况:节流阀体、燃油分配器等汽车电喷系统配件,具有年产节流阀体50万套、燃油分配器50万套、钎焊产品210t的生产能力
配套及出口情况:为美国德尔福、美国科勒、锐意泰克汽车电子、日立集团、新尼杰特、比亚迪汽车、江淮汽车、奇瑞汽车、东安动力、昌河汽车、上汽通用五菱、长春一汽四环等供货;出口德尔福、锐意泰克、德国大陆集团、日本日立、新尼杰特、俄罗斯SOATE公司等企业

★北京市通州迪拉汽车附件有限公司
地址:北京市通州区物资学院路口南
邮编:101101
电话:010/80544287、80544046
传真:80544362
网址:www. dlxsq. com
电子信箱:bjdila@ yahoo. cn
质量体系:ISO 9001
产品情况:(迪拉牌)
消声器、排气系统,年产能力60万台(套)
配套及出口情况:为北汽制造、天汽美亚、河北中兴、长春中兴、江苏九龙等配套;出口英国、德国等国家

★北京中联塑料厂
地址:北京市通州区永禾店镇德仁务村
邮编:101105
电话:010/69568755
质量体系:ISO 9001
产品情况:汽车发动机塑料风扇、散热器塑料护风圈和柴油车三滤等
配套情况:为北汽福田、北汽制造、北内集团、北京汽车水箱厂、江铃集团江西水箱厂、潍坊天信散热器、莱阳市双丰散热器、河南平原水箱等配套

★北京北内发动机零部件有限公司
地址:北京市通州区西集开发区郎府
邮编:101108
电话:010/61553197
传真:61553197
电子信箱:bnlbj@ vip. sina. com. cn
质量体系:ISO/TS 16949
产品情况:汽车发动机凸轮轴和连杆

★北京长胜汽车消声器有限公司
地址:北京市通州区西集镇杜柳棵
邮编:101108
电话:010/61558004
传真:61558177
网址:www. yunle. com
电子信箱:office@ yunle. com
质量体系:ISO 9002
产品情况:汽车消声器及附件,年产能力30万套
配套情况:为北汽制造、北旅、北京轻型汽车公司等厂家配套

★北京科胜内燃机配件制造有限公司
地址:北京市通州区漷县镇漷兴二街4号
邮编:101109
电话:010/61558870、61558163
传真:61557508
网址:www. bjks. com. cn
电子信箱:bjks@ bjks. com. cn
单位人数:210
产品情况:(科胜牌)
缸套、活塞

★北京希蔚创投工贸有限公司
地址:北京市通州区宋庄镇草寺村428号
邮编:101118
电话:010/89560458、89568692
传真:89560458
网址:www. bjxiwei. com
电子信箱:def425@ unsbiz. com
质量体系:ISO 9001
产品情况:发动机凸轮轴、四配套、刀具
配套及出口情况:为北汽福田、沈阳双福、沈阳东基星、北内集团、北京现代等供货;机床零部件出口日本

★北京柳成新和汽车部件有限公司
地址:北京市平谷区开发区M2-5区11号
邮编:101200
电话:010/69956067、69956068
传真:69956038
产品情况:液压挺杆和机械挺杆

★北汽摩公司散热器厂
地址:北京市密云县经济开发区科技路67号
邮编:101500
电话:010/69076670
传真:69076670、69076671
质量体系:ISO/TS 16949
产品情况:汽车散热器、暖风机等
配套情况:为北京奔驰、北汽福田等配套

★北京绿创环保设备股份有限公司
地址:北京市昌平区中关村科技园区振兴路28号
邮编:102200
电话:010/80119702、69704649
传真:80119670
网址:www. greentec - equip. com. cn
电子信箱:zhaokunpeng@ lcbeijing. com. cn
质量体系:ISO/TS 16949、VDA 6. 1
产品情况:(科华牌)
汽车排气系统总成(包括消声器、三元催化器及排气管),年产25万套
配套情况:为一汽轿车、奇瑞汽车、东风柳汽、江铃汽车、曙光汽车、华泰现代、宝龙汽车等配套

★北京弘大汽车空调散热器有限公司
地址:北京市昌平区城区镇西环北口弘大路1号
邮编:102200
电话:010/89782089、89782790
传真:89785720
网址:www. bj - radiator. com
电子信箱:bjhd@ bj - radiator. com
单位人数:172
质量体系:ISO/TS 16949
产品情况:(铜牛牌)
主要产品汽车空调系统、铜/铝散热器、中冷器、暖风机
配套及出口情况:为北京奔驰、北汽福田、北汽有限、北京现代、昌河、哈飞、吉利、保定长城、上汽主机厂配套;出口北美、欧洲等国家和地区

★北京高孚旋压科技有限责任公司
地址:北京市昌平科技园区中兴路10号C207号
邮编:102202
电话:010/80191186、89798996
传真:69782717
网址:www. spincn. com
电子信箱:gf@ spincn. com
单位人数:125
质量体系:ISO/TS 16949、ISO 9001
产品情况:用于汽车发动机、水泵、发电机、转向泵、空调机的旋压带轮、张紧轮、发动机支架等各类旋压制品及数控旋压设备
配套及出口情况:为上柴股份供货;产品远销欧洲和美洲等地区

★北京福田环保动力股份有限公司
地址:北京市昌平区沙河镇沙阳路
邮编:102206
电话:010/69733311-3196、80722999
传真:80716391
网址:www. foton. com. cn
电子信箱:80722999@ foton. com. cn
单位人数:800
质量体系:ISO/TS 16949、QS 9000
产品情况:(奥铃牌)
奥铃4D24、4D22、4JBL、4Y等系列发动机
出口情况:小批量出口,主要出口4JB1系列产品

★北京福田康明斯发动机有限公司
地址:北京市昌平区沙河镇沙阳路15-1号
邮编:102206
电话:010/69738888-8672、80736888
传真:80716402、59912680
网址:www. cummins. com. cn
产品情况:ISF系列2. 8L和3. 8L轻型直列四缸高压直喷式柴油发动机,适用于轻中型货车、轻型客车、皮卡、MPV多功能车、SUV以及小型工程机械、小型发电机组等

★北京迪普首泰高新技术开发公司
地址:北京市门头沟区石龙工业开发区华园路2号
邮编:102300

电话:010/69808548
传真:69806084
质量体系:QS 9000、ISO 14000
产品情况:汽车冷却水软管及总成、暖风水管及总成、中低压输油管、其他以橡塑为基本材料的各类异形管路、橡胶制品等
配套情况:为一汽－大众、一汽轿车、长春轻型车厂等配套

★北京市国兴汽车油泵制造有限公司
地址:北京市门头沟区石龙北路88号
邮编:102308
电话:010/69803819
传真:69801130
电子信箱:gx@ gxqyb. com
质量体系:ISO 9001
产品情况:(国兴牌)
各种型号汽油泵、机油泵、水泵、汽油滤清器、机油滤清器、前轮离合器、传动机构等
配套情况:为沈阳新光、绵阳新晨、沈阳长城富桑、长城汽车、吉利汽车、一汽集团等配套

★北京嘉华汽车技术发展有限公司
地址:北京市大兴区后辛庄铁道北2号
邮编:102600
电话:010/81282362、81282319
传真:81282447
电子信箱:zgj99@ 163. com
质量体系:ISO 9001
产品情况:(名冠牌)
汽车发动机油封、气门油封、O形圈、滤清器
配套情况:成为国内诸多汽车零部件厂商的稳定配套产品供应商

★北京博大滤洁滤清器有限公司
地址:北京市石景山区南宫隆恩寺路旁
邮编:102600
电话:010/88907518
传真:88907518
网址:www. bodalvjie. com. cn
电子信箱:bodalvjie@ 126. com
产品情况:滤清器、滤芯

★北京慨尔康科技发展有限公司
地址:北京市大兴区生物医药基地永大路23号
邮编:102629
电话:010/61253333
传真:61253322
网址:www. krkkj. com
电子信箱:krk6125@ yahoo. cn
法人代表:孙香苓
负责人:石力强
单位人数:360
质量体系:ISO/TS 16949
产品情况:(KRK牌、实强牌)
点火线圈,260万只;传感器,50万只;高压线,150万套;节气门,50万只;微电机,100万只
配套情况:为东安三菱、东安动力、吉利集团、昌河铃木、海马、比亚迪、锐意泰克、东风裕隆配套
☞ 详细情况请参阅彩色宣传版面

天津市

★天津市汽车水箱厂
地址:天津市南开区临潼路52号
邮编:300110
电话:022/27365286、27366017
传真:27365286、27647378
网址:www. tjradiator. com
电子信箱:tianjin_yasheng@ vip. 163. com
单位人数:235
质量体系:ISO/TS 16949
产品情况:TJ7100、TJ7100U、NJ131、TJ130、BJ2021等散热器总成
配套及出口情况:为全国20多家主机厂配套;出口美国、日本、中东、东南亚等国家和地区

★天津一汽夏利内燃机制造公司
地址:天津市西青区杨柳新村钱芳园
邮编:300110
电话:022/27373905
传真:27371708
质量体系:ISO 9001
产品情况:(天内牌)
TJ376QE系列发动机及零部件
配套情况:为天津一汽夏利、天津一汽华利配套

★天津贝鲁斯管业有限公司
地址:天津市天津港保税区海滨十三路136号
邮编:300110
电话:022/66270858、66270866
传真:25760955
产品情况:排气管、软管、汽车感应器部件、导管、滤网、给油管、冲压件、软管密闭性阀门等

★天津市汽车消声器厂
地址:天津市西青区外环线43公里
邮编:300112
电话:022/27512185
传真:27512185
网址:www. tianjin－muffler. com
电子信箱:xjm@ tianjin－muffler. com
单位人数:180
质量体系:ISO 9002
产品情况:具有年产消声器50万套、三元催化转化器30万套、汽油箱20万套的生产能力
配套情况:主要客户有天津一汽夏利、天津一汽丰田、厦门金龙、一汽海马、青岛颐中

★天津空滤汽车滤清器科技有限公司
地址:天津市东丽区世纪大道天增路356号
邮编:300162
电话:022/87612790
传真:87612790
网址:www. tjkl. com
电子信箱:tjkl@ tjkl. com
单位人数:130
质量体系:ISO/TS 16949
产品情况:(天空(TK)牌)
汽车空气滤清器、汽油滤清器、机油滤清器、机油集滤器及各种滤芯
配套情况:为北京切诺基、北汽路霸、北汽福田、天津一汽夏利、华利、天拖、江西五十铃、广州宝龙、广州羊城、郑州日产、哈飞百利、安徽安驰、上汽通用五菱、宁波美日、豪情、厦门金龙等配套

★天津陆盟热敏元器件有限公司
地址:天津市河东区津塘路157号
邮编:300180
电话:022/24965140
传真:24965140
电子信箱:lumengremin@ 163. com
单位人数:537
质量体系:ISO 9001
产品情况:各种型号节温器、活塞环、恒温混水阀、定温放水阀、热敏元器件
配套情况:为天津一汽夏利、天津一汽华利、东安发动机、上柴、长安汽车等配套

★天津市天空滤清器技术开发公司
地址:天津市南开区红旗路华坪路8号
邮编:300190
电话:022/87611518
传真:87611107
网址:www. tkfilter. com
电子信箱:jingying@ tkfilter. com
单位人数:781
质量体系:ISO/TS 16949、QS 9000
产品情况:空气滤清器总成、汽油滤清器总成、燃油滤清器总成及各种滤芯
配套情况:为天津一汽丰田、天津一汽夏利、东风日产乘用车、东风柳汽、奇瑞汽车、哈飞汽车、上汽通用五菱、江淮汽车、重庆力帆、沈阳金杯、厦门金龙等配套

★爱三(天津)汽车部件有限公司
地址:天津市空港区物流加工区西九道169号
邮编:300308
电话:022/24893048
传真:24891145
产品情况:(天爱牌)
汽车节流阀总成、TAT系列炭罐、跨座铝支架、后油封支架、进水管、凸轮轴轴承盖等
配套情况:为天津一汽夏利、天津一汽华利、天津一汽丰田发动机等配套

★天津市亚星散热器有限公司
地址:天津市津南区双港工业园区鑫港三号路9号
邮编:300350
电话:022/88718199

传真:88718199
网址:www. yxseq. com
电子信箱:xuelan. liu@ yaxing – radiator. com
质量体系:ISO/TS 16949、ISO 9001
产品情况:(亚星牌)
汽车散热器、蒸发器、冷凝器等
配套情况:水箱、暖风散热器主要为国内的汽车生产企业配套

★天津华瑞达汽车消声器有限公司
地址:天津市津南区八里台镇北中塘
邮编:300353
电话:022/88527916
传真:88527797
网址:www. huaruida. cn
电子信箱:huaruida@ huaruida. cn
单位人数:280
质量体系:ISO 9001
产品情况:(华瑞达牌)
消声器、三元催化转换器、排气歧管、排气系统附件等,年生产消声器及三元催化转换器30余万件
配套情况:为天津一汽夏利配套

★天津市骏盛汽车油箱有限公司
地址:天津市西青区中北镇西马村
邮编:300380
电话:022/27391868
传真:27394463
网址:www. tj – jsyx. com
电子信箱:jsyx@ tj – jsyx. com
单位人数:160
质量体系:ISO 9002
产品情况:夏利系列金属燃油箱,威姿、威乐燃油箱总成、加油管总成、燃油加油口盖总成,小王子、东风新星轿车油箱、携带式油箱,D82A油箱等
配套及出口情况:为天津一汽夏利配套;携带式油箱出口日本

★天津市格林利福新技术有限公司
地址:天津市西青区杨柳青新华道220号
邮编:300380
电话:022/27942607、27929924
传真:27399874、27485998
网址:www. tjgllf. com
电子信箱:tjgllf@ 126. com
单位人数:98
质量体系:ISO/TS 16949、VDA 6. 1
产品情况:(格林牌)
燃油蒸发控制炭罐
配套情况:为上汽通用五菱、天津一汽夏利、长安汽车、长安铃木、长安福特马自达、河北长安、南京长安、昌河汽车、江淮商务车、长城汽车、一汽海马、河北中兴、北汽福田、江铃控股、一汽轿车等配套

★天津一汽丰田发动机有限公司
地址:天津市西青区西青道杨柳青266号
邮编:300380
电话:022/58685878、27025878
传真:27390960、27914101
网址:www. tfte. com. cn
电子信箱:qihua@ tfte. com. cn
单位人数:1500
质量体系:ISO 9001、ISO 14001
产品情况:A系列、SZ系列、ZZ系列、ZR系列发动机及各种汽车铸件等
配套情况:为天津一汽夏利的威姿、威乐、威志、天津一汽丰田的威驰、花冠、卡罗拉、花冠EX等车型配套

★天津杰特汽车三元催化器有限公司
地址:天津市西青开发区大寺工业园津泰道6号
邮编:300385
电话:022/88829631
传真:88829731
网址:www. tjjiete. com
电子信箱:jiete_yjc@ 163. com
单位人数:100
质量体系:ISO/TS 16949
产品情况:汽车三元催化器、催化剂、消声器
配套及出口情况:为天津天汽美亚配套;远销韩国、日本、欧美等国家和地区

★天津雷沃动力股份有限公司
地址:天津市北辰区津围公路
邮编:300402
电话:022/26992288
传真:86998398
网址:www. lovolengines. com
单位人数:1000
质量体系:ISO/TS 16949
产品情况:(雷沃牌)
柴油发动机,年产量5万台
配套及出口情况:主配福田汽车3~13t载货汽车;主要出口中东、俄罗斯、南美及非洲

★高丘六和(天津)工业有限公司
地址:天津市新技术产业园区北辰科技园津围公路东高新大道37号
邮编:300409
电话:022/86995950
传真:86995951、86995952
网址:www. atl. com. cn
电子信箱:sunjun@ atl. com. cn
质量体系:ISO/TS 16949
产品情况:发动机部品(轴承盖、飞轮、凸缘、支架等);车身部品(侧门防撞钢梁、车顶加固材料、A防撞柱、减振平衡块等);变速器部品(差速器支座、差速器壳、泵体、泵壳、离合器压盘、倒挡拨叉等);制动部品(前桥总成、制动盘、制动钳、制动鼓、转向节、支架等)

★天津信特恩粉末冶金有限公司
地址:天津市经济技术开发区第7大街81号
邮编:300457
电话:022/58781457、58781455
传真:25295519
电子信箱:baixiaosong@ sinteron. cn
质量体系:ISO/TS 16949
产品情况:气门导管、气门座圈、链轮、连杆、油泵转子、齿轮、凸缘毛坯、同步器毂等各种粉末冶金关键零部件

★阿尔泰克斯(天津)汽车零件公司
地址:天津市塘沽开发区丰田路宏泰工业园F1
邮编:300457
电话:022/66206900
传真:66206910
网址:www. uci – china. com
质量体系:ISO/TS 16949、ISO 14001
产品情况:(Airtex牌、Master牌)
燃油泵、发动机管理系统部件

★雅士佳(天津)汽车零件有限公司
地址:天津市汉沽区紫东街88号
邮编:300480
电话:022/67161660
传真:67161657
网址:www. yashijia. cn. biz315. com
电子信箱:ysj@ 163. com
质量体系:ISO/TS 16949、ISO 14001
产品情况:(ALRTEX牌)
水泵
配套情况:为通用、福特、克莱斯勒、陆虎、捷豹等配套

★天津骏腾汽车部件有限公司
地址:天津市静海经济开发区(北区)6号路6号
邮编:301600
电话:022/68111238
传真:68111236
网址:www. tj – junteng. com
电子信箱:zy@ tj – junteng. com
单位人数:160
质量体系:ISO/TS 16949
产品情况:泵支架及总成,年产能力40万台;油管和油泵,年产能力80万件;冲压件,年产能力500万件;节气门轴总成
配套及出口情况:为德尔福、日本电装、珀金斯、美国辉门等配套;出口美国

★马勒东炫滤清器(天津)有限公司
地址:天津市高新技术产业园区武清开发区泉旺路15号
邮编:301700
电话:022/82128770、82132000
传真:82135000
质量体系:ISO/TS 16949
产品情况:(东炫马勒牌)
各种滤清器,月产空气滤清器20万个、机油滤清器30万个
配套及出口情况:为北京现代、东风悦达起亚、常州现代工程机械、长城汽车、天津一汽丰田、华泰等配套;出口欧洲、非洲、韩国等国家和地区

★天津平和汽车配件有限公司
地址:天津市武清区逸仙科学工业园庆铃大路18号
邮编:301712
电话:022/82177000、82177036

传真:82177012
网址:www. tph. com. cn
质量体系:ISO/TS 16949
产品情况:发动机支撑、底盘悬架胶套、橡胶水管等橡胶零部件

★天津认知汽车配件有限公司
地址:天津市经济技术开发区逸仙科学工业园亨运路6号
邮编:301726
电话:022/82170500
传真:82170505
电子信箱:xiechaohui159@163. com
质量体系:ISO/TS 16949、ISO 9001
产品情况:气门室罩盖、进气歧管、节温器总成、温度传感器、水温器控制总成等

★天津市利顺达滤清器有限公司
地址:天津市宝坻区新开口工业区
邮编:301815
电话:022/29614384、29616268
传真:29613226
网址:www. tjlishunda. com
电子信箱:anshunda2002@163. com
单位人数:100
质量体系:QS 9000
产品情况:(永亮牌)
空气滤清器总成、空气滤芯、机油滤清器、燃油滤清器、外饰塑料件及通风管道等,具有年产300万只空气滤清器总成及滤芯的生产能力
出口情况:远销多个国家和地区

河北省

★石家庄赛博机电技术研究所
地址:石家庄市南长街海龙东区5号楼
邮编:050000
电话:0311/83852012
传真:83857039
网址:www. saibowang. com
电子信箱:saibo115@ vip. sohu. com
质量体系:ISO 9001
产品情况:摩托车和汽车节油器,长寿命离子态蓄电池、离子态蓄电池魔力修复剂、蓄电池修复仪器和工具、强力脉冲恒流充电机、蓄电池容量检测仪、纯水机与电导率检测仪等

★石家庄沃德内燃机零部件有限公司
地址:石家庄市谈固南大街224号
邮编:050000
电话:0311/85255529
电子信箱:devor@ sina. com
质量体系:ISO/TS 16949
产品情况:(WODE牌)
缸套、活塞、气门等

★石家庄市华腾动力机械有限公司
地址:石家庄市裕华区石栾路102号
邮编:050031
电话:0311/85494882
传真:85494886、80872157
网址:www. sjzhuateng. cn
电子信箱:sjz5543@ sina. com
质量体系:ISO 9001
产品情况:道依茨风冷、水冷系列柴油机及配件
配套及出口情况:为北内集团、石家庄建筑机械厂、渭阳柴油机厂配套;出口美国、德国、智利、印度、阿尔及利亚、沙特、伊朗、土耳其等国家

★河北华北柴油机有限责任公司
地址:石家庄市中山西路198号信箱
邮编:050081
电话:0311/83989388、83989389
传真:83985050
网址:www. chbdp. com
电子信箱:chbdp@126. com
单位人数:1600
质量体系:ISO 9001、ISO 14001
产品情况:(华柴道依茨牌)
BFL413F/513系列风冷柴油机、BF6M1015/BF8M1015/TCD2015系列水冷柴油机、HC4132直列四缸机,年产量5000台
配套及出口情况:为北奔重汽、浙江金华、陕汽集团、北方华德供货;出口伊朗、印尼、印度、南非、德国、新加坡、俄罗斯、美国、马来西亚等,年出口额500万美元

★石家庄市东方轴瓦有限公司
地址:石家庄市正定陈家疃南口
邮编:050800
电话:0311/82450266、82452369
传真:82450336
网址:www. sjzdfzw. com
电子信箱:sjzdfzw@163. com
质量体系:ISO 9001
产品情况:内燃机曲轴瓦、连杆瓦及轴瓦轴套,年产能力1000多万片
配套情况:为潍柴、玉柴、南京汽车集团、东风汽车公司、天动、北内一拖等配套

★石家庄市东方内燃机零部件公司
地址:河北省赵县赵州工业示范区明珠路2号
邮编:051530
电话:0311/84751558
传真:84751166
网址:www. dongfangjt. com
电子信箱:dongfangjt@ gmail. com
单位人数:500
质量体系:ISO 9002
产品情况:(东方牌)
汽缸套、活塞、活塞环、轴瓦、齿轮、凸轮轴等,年产500多万件
出口情况:部分产品出口

★石家庄金刚内燃机零部件集团公司
地址:石家庄市经济技术开发区世纪大道66号金刚科技工业园
邮编:052165
电话:0311/89651889、89651366
传真:89651369
网址:www. jingang. cn
电子信箱:market@ jingang. cn
单位人数:3000
质量体系:ISO/TS 16949、ISO 9001
产品情况:(金刚牌)
活塞、活塞环、缸套、活塞销、气门、轴瓦
配套及出口情况:为一汽集团、东风汽车公司、重汽集团、北汽、跃进、一拖、玉柴、上柴等配套;出口美国、加拿大、英国等20多个国家和地区

★石家庄泽群汽车配件有限公司
地址:河北省晋州市东兴工业开发区
邮编:052260
电话:0311/84313158、84337098
传真:84313158
网址:www. zequnok. com
电子信箱:admin@ zequnok. com. cn
质量体系:ISO 9001
产品情况:(泽群牌)
飞轮、齿圈等
出口情况:远销美洲、欧洲、非洲、中东

★石家庄东兴汽车配件制造有限公司
地址:河北省晋州市朝阳路东首
邮编:052260
电话:0311/84328363
传真:85125912
网址:www. dx – qp. com
电子信箱:dongxingqipei@ eyou. com
质量体系:ISO 9001
产品情况:(DX(DONGXING)牌)
曲轴、飞轮、缸盖等
出口情况:销往韩国、日本及东南亚一些国家

★石家庄辰泰滤纸有限公司
地址:河北省晋州市后彭头工业区
邮编:052260
电话:0311/84359989、84359099
传真:84359900
网址:www. chentai. net
电子信箱:ctpaper@ hotmail. com
质量体系:ISO 9001
产品情况:(万通牌)
汽车空气滤纸、机油滤纸、燃油滤纸

★石家庄硕飞曲轴有限公司
地址:河北省晋州市工业开发区
邮编:052261
电话:0311/84301240
传真:84301240
网址:www. fengweiqz. com
电子信箱:fengweisf2006@163. com
质量体系:ISO 9001
产品情况:(丰威牌)
各种汽车曲轴
出口情况:远销东欧、东南亚

★辛集市华瑞滤纸有限公司
地址:河北省辛集市新垒头桥西307国道边
邮编:052360
电话:0311/83279838、83279668
传真:83279766
网址:www.huaruilz.com
电子信箱:hrlz@huaruilz.com
质量体系:ISO 9001
产品情况:汽车专用空气滤纸、机油滤纸、燃油滤纸、空调滤纸、阻燃滤纸、皱纹纸及各种化工滤纸
出口情况:出口韩国、美国、西班牙、土耳其、伊朗等国家

★辛集市昌兴滤芯盖厂
地址:河北省辛集市安古城工业区
邮编:052360
电话:0311/83380002
传真:83207589
网址:www.cxlxg.com
电子信箱:changxingliukuo@sina.com
单位人数:138
质量体系:ISO 9001
产品情况:滤芯盖

★辛集市云盛滤网厂
地址:河北省辛集市迎宾路北段
邮编:052360
电话:0311/83380168
传真:83207093
网址:www.yuankongwang.com
电子信箱:yunhenglw@163.com
负责人:靳子云
质量体系:ISO 9001
产品情况:各种孔径的冲孔网、滤清器

★利泽汽车配件厂
地址:石家庄市深泽县府前西路228号
邮编:052560
电话:0311/83526959
传真:83523399
电子信箱:hblz123456@126.com
质量体系:ISO 9001
产品情况:(利泽牌)
进排气门、挺杆、推杆、活塞销
配套及出口情况:为一汽四环轻型发动机厂、北内、北京兴内发动机、宁波汽车发动机厂、大同北岳汽油机厂等配套;出口俄罗斯、越南、缅甸等十几个国家和地区

★石家庄市久凯气门制造有限公司
地址:石家庄市深泽县赵八永济工业区
邮编:052560
电话:0311/83548155、83546006
传真:83546005
网址:www.jiukai.cn
电子信箱:jiukai@jiukai.cn
质量体系:ISO 9001
产品情况:(久凯牌)
内燃机进、排气门

★石家庄义朋汽车配件厂
地址:石家庄市深泽县雾头工业区北街8号
邮编:052560
电话:0311/83548684
传真:83546111
网址:www.enginevalves.net.cn
电子信箱:changhongqimen@vip.163.com
单位人数:80
质量体系:ISO 9001
产品情况:(长兴牌)
各种进口、国产汽车内燃机进排气门、活塞环
出口情况:年出口各种内燃机进排气门100万支

★武邑凯美特特种金属精铸有限公司
地址:河北省武邑县宁武路9号
邮编:053400
电话:0318/5725899
传真:5715155
电子信箱:wuyititanium@163.com
质量体系:ISO 9001
产品情况:汽车增压器、汽车增压器钛合金叶轮、钛铝合金涡轮、汽车增压涡轮、耐热合金涡轮、发动机钛合金连杆、钛合金锭等产品

★河北格娜V型轮有限公司
地址:河北省景县景安西大街31号
邮编:053500
电话:0318/4222268
传真:4223135
网址:www.cnvxl.com
电子信箱:office@cnvxl.com
质量体系:ISO/TS 16949、VDA 6.1
产品情况:(运风牌)
各种旋压带轮
配套及出口情况:为上海大众、上海通用、神龙汽车、长安铃木、北京奔驰、一汽-大众配套;出口日本、美国、东南亚等国家和地区

★河北捷安汽车配件有限公司
地址:河北省衡水市安平县新盈东街236号
邮编:053600
电话:0318/7524277、7061111
传真:7535211
网址:www.hbjiean.com
电子信箱:webmaster@hbjiean.com
单位人数:200
产品情况:(捷安牌)
空气、机油、燃油滤清器,滤芯等
配套及出口情况:为一汽集团、长沙发动机总厂、北岳汽油机厂、胜利客车厂等配套;出口美国、日本等国家

★河北安平宏磊滤清器厂
地址:河北省安平县鹤煌大道路南
邮编:053600
电话:0318/7565833
传真:7565233
网址:www.hllqq.com
电子信箱:hllqq@xh2008.net
质量体系:ISO 9001
产品情况:(宏磊牌)
滤芯、滤清器、滤芯盖、密封垫等

★安平县华瑞滤清器厂
地址:河北省安平县丝网工业园
邮编:053600
电话:0318/7715453、7566818
传真:7566816
网址:www.huaruilvye.com
电子信箱:huaruilvye@163.com
质量体系:ISO 9001
产品情况:(瑞美特牌)
空气滤清器、柴油滤清器、机油滤清器及滤芯
出口情况:远销俄罗斯、澳大利亚、马来西亚等10多个国家

★安平县德赛特滤清器有限公司
地址:河北省安平县城北工业区
邮编:053600
电话:0318/7715988、4006158329
传真:7715988、7715550
网址:www.desaitely.com
电子信箱:filter@desaitely.com
质量体系:ISO 9001
产品情况:机油滤芯、空气滤芯、工业滤清器等

★河北安平虎栋滤芯厂
地址:河北省安平县秦王庄工业开发区158号
邮编:053600
电话:0318/7800555
传真:7800550
网址:www.hbhudong.com
电子信箱:hudong@hbhudong.com
单位人数:300
质量体系:ISO 9000
产品情况:(虎栋牌)
空气滤芯、机械滤芯、柴油滤芯
出口情况:部分产品出口

★河北安平鼎力滤清器厂
地址:河北省安平县白沙庄工业区
邮编:053602
电话:0318/7715485、7715022
传真:7715022
质量体系:ISO/TS 16949
产品情况:(鼎力牌)
各种内燃机滤芯

★河北瑞丰动力缸体有限公司
地址:河北省深州市泰山东路中段路北
邮编:053800
电话:0318/3312629
传真:3399968
单位人数:1300
质量体系:ISO/TS 16949、ISO 9001
产品情况:国内及进口汽油、柴油发动机缸体和各种飞轮总成
配套情况:为江铃汽车、长城汽车、一汽、东风、江淮、玉柴、广汽吉奥、四川成发、无锡开普等配套

★河北省九森滤芯材料厂
地址:河北省深州市城北工业区
邮编:053800
电话:0318/3517976、3519999
传真:3517666
电子信箱:jiusen@ xh2008. com
单位人数:180
质量体系:ISO 9001
产品情况:(九森牌)
滤清器及其端盖,经营滤芯设备、滤芯胶、金属网等滤芯材料
出口情况:远销美国、英国、东南亚、新加坡、韩国等国家和地区

★河北省清河县京津胶管有限公司
地址:河北省清河县城西刘庄工业区
邮编:054800
电话:0319/5532088、8136752
传真:5532077
电子信箱:qhjingjin@ 126. com
单位人数:100
质量体系:ISO/TS 16949、ISO 9001
产品情况:(京津牌)
汽车散热器胶管(年产能力500余万套)、汽摩钢索(年产能力50万套)、安全带、硅胶管等
配套情况:为东风汽车公司、北汽福田、芜湖通宝、时风集团等配套

★中国大陆武松滤清器厂
地址:河北省清河县西关开发区101号
邮编:054800
电话:0319/8050007
质量体系:ISO 9001
产品情况:滤清器

★河北清河鹏立滤清器厂
地址:河北省清河县城关开发区
邮编:054800
电话:0319/8050168
传真:8051166
质量体系:ISO 9001
产品情况:滤清器

★河北远正汽车零部件有限公司
地址:河北省清河县邢清路168号
邮编:054800
电话:0319/8051986
传真:8050151
电子信箱:yililvxin@ 126. com
单位人数:168
质量体系:ISO 9001
产品情况:空气滤清器总成、汽油滤清器、机油滤清器、滤芯、制动操作总成、燃油系统加油口总成等
配套及出口情况:为一汽、东风、北汽福田等配套;远销中东、欧洲等地区

★河北省清河县海杰汽车零部件厂
地址:河北省清河县黄金庄开发区
邮编:054800
电话:0319/8053789
传真:8053789
网址:www. seahero. net
电子信箱:haijiegs@ 163. com
质量体系:ISO 9001
产品情况:滤清器

★河北省邢台洁力滤清器厂
地址:河北省清河县王官庄镇大寨
邮编:054800
电话:0319/8132915、8136710
传真:8132922
网址:www. xtjieli. com
电子信箱:jieli@ xtjieli. com
单位人数:230
质量体系:ISO 9000
产品情况:(洁美牌)
各种滤清器
配套及出口情况:与江南奥拓、上海华普、江铃专用汽车公司等多家汽车制造厂、专用机械厂配套;出口非洲、欧洲、中东、东南亚等地区

★鲁正汽车配件有限公司
地址:河北省清河县王官庄汽配市场北头
邮编:054800
电话:0319/8136580
质量体系:ISO/TS 16949、ISO 9001
产品情况:(杨军(YJ)牌)
汽车缸垫、气门室垫、油底壳垫、变速器垫、废气软管、空气管、天线等配件

★河北亿利橡塑集团有限公司
地址:河北省清河县新世纪大街27号
邮编:054800
电话:0319/8155188
传真:8155266
网址:www. hbyili. com
电子信箱:hbyili@ yahoo. com. cn
质量体系:ISO/TS 16949
产品情况:年产空气滤清器总成20万套、空气滤芯60万套、预滤器总成15万套、变速操纵系统总成10万套、高压硅胶管约30万支
配套情况:为一汽集团配套

★清河县传诚汽车零部件有限公司
地址:河北省清河县张宽工业区
邮编:054800
电话:0319/8268161
传真:8285282
网址:www. cc – filter. com
电子信箱:sgf2010cc@ yahoo. cn
单位人数:86
质量体系:ISO 9001
产品情况:滤清器

★河北昊天滤清器有限公司
地址:河北省清河县甘泉北路西侧
邮编:054800
电话:0319/8296868、8289868
传真:8296866
网址:www. hebhaotian. com
电子信箱:qhhaotian@ 126. com
单位人数:180
质量体系:ISO 9000
产品情况:(浩天牌)
各种国产、进口汽车滤清器、工程机械滤清器、洁净车间过滤器、粉尘滤芯

★清河县博业胶管有限公司
地址:河北省清河县城西大辛庄工业区
邮编:054802
电话:0319/8035686
传真:8035636
单位人数:120
质量体系:ISO 9001
产品情况:(博业牌)
散热器胶管及汽摩钢索,年产能力达600余万套
配套情况:为东风汽车公司、北汽福田、芜湖通宝、时风集团等10多家主机厂配套

★清河县诚旭汽车零部件厂
地址:河北省清河县孙洼工业区红星街3号
邮编:054802
电话:0319/8135168
传真:8135128
网址:www. hbchengxu. com
电子信箱:chengxu@ hbchengxu. com
单位人数:120
质量体系:ISO 9001
产品情况:(千里牌)
尾气净化催化剂、净化器、硅胶管、拉线、挡泥板、橡胶制品等
配套情况:为一汽集团、东风汽车公司、北汽福田、河北新凯、保定天马、长城汽车等配套

★河北邢台光辉缸盖制造有限公司
地址:河北省邢台市任县邢湾镇滏东工业区
邮编:055151
电话:0319/7581366
传真:7581366
网址:www. qiganggai. com
电子信箱:boss@ qiganggai. com
质量体系:ISO 9001
产品情况:康明斯6CT、6BTA、6BTAA、上柴D6114A、D6114B、美国福特V6发动机等汽缸盖,旋切机床,并为客户开发模具及铸造加工

★邢台玉辉汽车缸盖制造有限公司
地址:河北省邢台市邢湾付东工业区
邮编:055151
电话:0319/7582686
传真:5038686
网址:www. yvhui. com
电子信箱:boss@ yvhui. cn
单位人数:160
质量体系:ISO 9001
产品情况:(玉辉牌)
368Q、370Q、376Q、462Q、465Q和丰田2C等铝合金缸盖,6B、6C康明斯铸铁缸盖,年产值1200万元
配套及出口情况:与大发、夏利、长安、昌河、五菱、奥拓、松花江等车型的发动

机(S70、F8A、F10A、F8B)配套;部分产品出口

★河北东黄内燃机配件有限公司
地址:河北省邢台市邢湾镇东黄工业区
邮编:055151
电话:0319/7588027
传真:7582196
电子信箱:info@ cn - donghuang. com
质量体系:ISO 9002
产品情况:(东黄牌)
　　硼合金汽缸,汽车汽缸、摩托车起动杆、制动蹄、球墨曲轴,各类箱体,各类模具
配套及出口情况:为天津本田摩托车配套;部分产品出口韩国、德国、英国等国家

★邢台宏宇机械制造有限公司
地址:河北省宁晋县大陆村工业园区
邮编:055550
电话:0319/5666926、5669566
传真:5666078
单位人数:200
质量体系:ISO 9001
产品情况:曲轴

★河北省龙圣腾宇泵业有限公司
地址:河北省邢台市宁百路工业区 68 号
邮编:055550
电话:0319/5680888、5681999
传真:5680016、5680355
网址:www. longshengbengye. com
单位人数:298
质量体系:ISO 9001
产品情况:(立宁牌)
　　汽车、农用车、工程机械及农机系列冷却水泵
出口情况:出口俄罗斯、越南等国家

★河北天虹机械有限公司
地址:河北省宁晋县北朱家庄工业区
邮编:055550
电话:0319/5986070
传真:5986509
质量体系:ISO 9001
产品情况:(天虹牌)
　　曲轴瓦、连杆瓦、偏心瓦、套、止推瓦

★河北三洋活塞有限公司
地址:河北省宁晋县苏家庄乡北朱家庄工业园 A 区
邮编:055550
电话:0319/5986159、5986568
传真:5986169
网址:www. heb - syhs. com
电子信箱:business@ heb - syhs. com
单位人数:450
质量体系:ISO 9001
产品情况:(三洋牌)
　　活塞、液压齿轮泵、转向助力泵
出口情况:出口越南、俄罗斯等国家

★邢台翔通机械制造有限公司
地址:河北省新河县郜宋工业区
邮编:055650
电话:0319/4845864、4845345
传真:4845117
网址:www. hbxtxtjx. com
单位人数:280
质量体系:ISO 9001
产品情况:空气滤清器、机油滤清器、车桥零部件

★力源活塞工业股份有限公司
地址:河北省沧州市经济开发区渤海路 8 号
邮编:061000
电话:0317/3090666、3090777
传真:3090999
网址:www. liyuangroup. cn
单位人数:600
质量体系:ISO/TS 16949、QS 9000
产品情况:汽车活塞、其他发动机零部件、电子系统
配套情况:为上汽通用五菱、长安汽车、天津一汽夏利汽车、哈飞汽车、松花江汽车、吉利汽车、昌河汽车、奇瑞汽车等配套

★沧州均日缸套有限公司
地址:河北省沧州市经济技术开发区纬二路 18 号
邮编:061000
电话:0317/3091666、3091999
传真:3093666
网址:www. czjunri. com
电子信箱:czjr@ heinfo. net
单位人数:180
质量体系:ISO 9000
产品情况:(均日牌)
　　内燃机干、湿式汽缸套,用于汽车、农机、工程机械等
出口情况:出口东南亚地区

★沧州泰达汽配有限公司
地址:河北省沧州市工业开发区 158 号
邮编:061000
电话:0317/3826686、3192777
传真:3192777
质量体系:ISO 9001
产品情况:机油滤清器、汽油滤清器、免垫片硅酮胶等

★鑫源水箱配件厂
地址:河北省沧州市沧县皂坡东开发区 6 号
邮编:061000
电话:0317/4801632
传真:4801632
质量体系:ISO 9001
产品情况:汽车工程机械散热器加水口、散热器盖、加油口盖等

★沧州津联汽车水箱厂
地址:河北省沧州市沧县兴济镇工业区
邮编:061021
电话:0317/4852463、4852706
传真:4856866
网址:www. jlqcsx. com
电子信箱:jlqcsx@ 163. com
质量体系:ISO 9001
产品情况:(兴达牌)
　　各种汽车、农机散热器、汽车空调散热器及汽车暖风散热器等
配套情况:为苏州金龙、宇通客车、常州客车等配套

★沧州合源散热器有限公司
地址:河北省沧州市兴济镇
邮编:061021
电话:0317/4852688、4852539
网址:www. heyuansx. com
电子信箱:haojunjie223@ 163. com
质量体系:ISO 9001
产品情况:汽车散热器等

★沧州精工活塞工业有限公司
地址:河北省沧州市机场北姚官屯工业区
邮编:061022
电话:0317/4842477
网址:www. czjghs. com
电子信箱:czjghs@ 126. com
质量体系:ISO/TS 16949
产品情况:(志远精工牌)
　　内燃机活塞,年产能力 80 万只以上
出口情况:远销非洲、欧洲

★沧州宇通塑业有限公司
地址:河北省沧州市沧县皂坡工业区两 1 号
邮编:061024
电话:0317/4802278
传真:4809606
网址:www. cxjlsj. com
电子信箱:ok@ cxjlsj. com
产品情况:塑料膨胀水箱,中国重汽、斯太尔、斯太尔王、豪沃、陕汽、德龙、奥龙、红岩、新红岩、东风 151、153、双桥、大威、奥威、焊威、欧曼等塑胶制品
配套情况:与重汽集团、斯太尔、斯太尔王、豪沃、陕汽集团、德龙、奥龙、红岩、新红岩、东风 151、153、双桥、大威、奥威、欧曼等配套

★河间华东汽车排气管厂
地址:河北省河间市米各庄工业园区
邮编:062451
电话:0317/3800111
传真:3805688
质量体系:ISO 9001
产品情况:排气管、后视镜杆、脚踏板支架、尾管、消声器吊架、各种弯管等

★河北蓝天汽车消声器有限公司
地址:河北省河间市米各庄工业园区
邮编:062453
电话:0317/3802288、3199626
传真:3199393、3809566
网址:www. ltxsq. com

电子信箱:hblantian126@126.com
单位人数:300
质量体系:ISO 9001
产品情况:(蓝天(LT)牌)
消声器,年产60万只;滤清器,年产10万只

★沧州双赢汽车零部件有限公司
地址:河北省河间市米各庄镇工业区
邮编:062454
电话:0317/3195969、3195988
传真:3197988
电子信箱:hbsyqp@163.com
质量体系:ISO 9001
产品情况:(天鸿牌、金曲牌)
汽车消声器、催化转化器、排气系统附件等

★河北蓝天汽车滤清器有限公司
地址:河北省河间市米各庄镇工业园区
邮编:062454
电话:0317/3199621、3809388
传真:3809388
网址:www.hblandian.com
单位人数:100
质量体系:ISO 9001
产品情况:(蓝天牌)
滤清器

★沧州奥宇消声器有限公司
地址:河北省河间市米各庄汽配市场二街东
邮编:062454
电话:0317/3802222
传真:3196962
质量体系:ISO/TS 16949、ISO 9000
产品情况:(奥宇牌)
进口、国产消声器

★河间市双马汽车排气管厂
地址:河北省河间市米各庄镇
邮编:062454
电话:0317/3803022
传真:3803022
质量体系:ISO 9001
产品情况:(双马牌)
各种车用消声器弯管、波纹管(软连接)

★任丘市精滤汽车配件厂
地址:河北省任丘市出岸镇出岸三村工业开发区
邮编:062550
电话:0317/2697182
质量体系:ISO 9001
产品情况:(丽海牌)
汽车用汽油滤清器、空气滤清器、机油滤清器

★沧州新旺汽车散热器制造有限公司
地址:河北省青县陈咀乡张楼
邮编:062650
电话:0317/4381068、4383568
传真:4383868
电子信箱:hebeixinwang@163.com
质量体系:ISO 9001
产品情况:(新旺牌)
各种车型散热器、空调散热器、暖风机总成
配套情况:为金龙、宇通、丹东黄海、常州客车、一汽集团、东风汽车公司、北汽集团、重汽集团、陕汽集团、长城汽车、河北中兴、扬子等厂家配套

★唐山爱信汽车零部件有限公司
地址:河北省唐山市高新技术开发区卫国路297号
邮编:063020
电话:0315/3852168
传真:3177982
网址:www.taac.com.cn
电子信箱:fengyanying@taac.com.cn
产品情况:气门室罩盖、凸轮壳、正时链壳、进气歧管、曲轴室、水泵等发动机配件,变速器壳体、阀门主体等配件
配套情况:与天津一汽丰田发动机合作

★唐山北内唐齿机械制造有限公司
地址:河北省唐山市高新技术开发区火炬路199号
邮编:063020
电话:0315/5929157
传真:5929157
网址:www.bntc.cn
单位人数:180
质量体系:ISO/TS 16949、ISO 9001
产品情况:发动机缸体、缸盖、曲轴、凸轮轴、驱动桥、油底壳等
配套及出口情况:为北内、北京日进等配套;驱动桥(球墨铸铁)出口美国

★唐山隆玛驰车用附件有限公司
地址:河北省唐山市唐柏路宋家营
邮编:063303
电话:0315/8598318
传真:8598243
电子信箱:lmc@cnlmc.com
质量体系:ISO 9001
产品情况:汽车附件、摩托车化油器及通用机化油器等,年产化油器300万只、各类制动泵100万套

★唐山龙润机械有限公司
地址:河北省唐山市丰润区林荫东路29号
邮编:064000
电话:0315/3226391
传真:3226021
电子信箱:grar@tscl.cn
质量体系:ISO/TS 16949
产品情况:发动机缸体、驱动桥、飞轮等

★天合汽车零部件(廊坊)有限公司
地址:河北省廊坊市经济技术开发区朗森汽车产业园
邮编:065001
电话:0316/6070851、6070519
传真:6070344
产品情况:发动机气门

★河北三河市永兴福利汽车配件厂
地址:河北省三河市杨庄工业开发区
邮编:065200
电话:0316/3654202
传真:3650362
网址:www.sanheyongxing.com
电子信箱:yangliansheng518@sohu.com
质量体系:ISO/TS 16949、QS 9000
产品情况:燃油箱总成、驻车制动器总成及相关汽车冲压件
配套情况:为北京奔驰、北汽福田、北汽制造、沈飞汽车、上汽通用五菱、秦皇岛金程自动车等配套

★三河市洁神科达洗涤设备有限公司
地址:河北省三河市杨庄镇不老淀
邮编:065200
电话:0316/3655777
传真:3652368
网址:www.jieshen.com
电子信箱:shkedakj@163.com
单位人数:160
质量体系:ISO 9001
产品情况:汽车消声器
出口情况:出口欧洲、亚洲、非洲多个国家和地区

★河北惠明滤清器科技发展有限公司
地址:河北省固安县温泉工业开发区
邮编:065501
电话:0316/6122238、6125638
传真:6125038
网址:www.hmlqq.com
电子信箱:huiminglvye88@sohu.com
质量体系:ISO 9001
产品情况:滤清器、滤芯,年产滤清器、油气分离器、除尘滤化器200万套

★固安远东车辆配件有限公司
地址:河北省固安县曲沟乡
邮编:065506
电话:0316/6146678
传真:6146288
网址:www.china-yuandong.com
电子信箱:china-yuandong@163.com
质量体系:ISO 9001
产品情况:(华鑫远东牌)
汽油滤清器、柴油滤清器、机油滤清器、空气滤清器和工程机械用滤清器

★柳伯安丽活塞环有限公司
地址:河北省廊坊市开发区百合道28号
邮编:065600
电话:0316/5918087、5918088
传真:5918089
网址:www.tpr.co.jp
质量体系:ISO/TS 16949、ISO 14001
产品情况:汽车活塞环

★三议合滤清器有限公司
地址:河北省廊坊市永清县龙虎庄开发区廊霸路2号
邮编:065600
电话:0316/6571325

传真:6571566
网址:www. sanyihe. com. cn
电子信箱:syh@ sanyihe. com. cn
质量体系:ISO/TS 16949、ISO 9001
产品情况:(三议合牌)
空气过滤器、燃油过滤器、机油过滤器、水滤器等四大系列,年产2000万只以上
出口情况:远销俄罗斯、马来西亚、泰国等10多个国家

★廊坊博众过滤器材有限公司
地址:河北省廊坊市永清县燃气工业园
邮编:065600
电话:0316/6657888、6657887
传真:6657885
网址:www. hbochi. com
电子信箱:hbyqwxd@ sina. com
质量体系:ISO 9001
产品情况:(傲驰牌)
液压过滤产品,内燃机三滤及各式滤油装置
出口情况:远销十几个国家和地区

★廊坊生光滤清器有限公司
地址:河北省廊坊市永清县西新民庄
邮编:065600
电话:0316/6681998
传真:6687978
网址:www. lfshengguang. com
电子信箱:sg@ lfshengguang. com
质量体系:ISO 9001
产品情况:(生光牌)
各种滤芯、滤清器、过滤器及除尘净化过滤器等

★廊坊远祥汽车配件有限公司
地址:河北省霸州市东关七街
邮编:065700
电话:0316/7215389
传真:7860986
网址:www. lfyuanxiang. com. cn
质量体系:ISO/TS 16949
产品情况:轿车、SUV、皮卡、微型车和各种摩托车的燃油蒸发控制装置(活性炭罐及附件)、制动助力真空罐、汽车生产用工装夹具、各种注塑件、冲压件等
配套情况:为吉利汽车、长城汽车、丹东黄海、浙江吉奥、重庆力帆、保定天马、上海华普、奇瑞汽车等配套

★秦皇岛泰和精工有限公司
地址:河北省秦皇岛市经济技术开发区都山路16号
邮编:066000
电话:0335/8570900
传真:8570300
网址:www. qhdtpi. com
电子信箱:qhdtpi@ 163. com
质量体系:ISO/TS 16949
产品情况:汽车排气系统用波纹挠性节
配套及出口情况:是韩国大宇、美国通用等的合作伙伴;远销美国、韩国、澳大利亚、德国、南美洲等国家和地区

★秦皇岛津丰发动力机械有限公司
地址:河北省秦皇岛市北戴河开发区金三路6号
邮编:066102
电话:0335/4288087
单位人数:30
产品情况:491Q/474Q/479Q/465Q型汽油机及490、493型柴油机

★承德苏垦银河连杆股份有限公司
地址:河北省承德市双桥区大石庙镇
邮编:067000
电话:0314/2120311
传真:2121525
单位人数:501
质量体系:ISO/TS 16949、ISO 9001
产品情况:汽车、工程机械、农业机械用曲轴、连杆等

★保定华岳汽车零部件制造有限公司
地址:河北省保定市清苑县东安
邮编:071105
电话:0312/8086699、8086611
传真:8085388
电子信箱:yqs@ bdhyly. com
单位人数:300
质量体系:ISO/TS 16949、ISO 9001
产品情况:汽缸盖、下机体、进气歧管、链轮室体、减速器盖等,年产能力10万套
配套情况:为长城汽车等多家汽车发动机制造厂配套

★保定长城内燃机制造有限公司
地址:河北省定兴县开发区迎宾路
邮编:072650
电话:0312/6925301、6925117
传真:6922189
网址:www. gwauto. com
电子信箱:d6925301@ 126. com
单位人数:1000
产品情况:(长城牌)
GW2. 8TC柴油机、GW491QE汽油机和GW2. 8TDI柴油机等
配套及出口情况:为长城汽车、厦门金龙、北汽集团、天汽美亚、福迪、天马等十几家整车厂配套;批量出口国际市场

★河北航标汽车零部件有限公司
地址:河北省定兴县旧107国道东火车站北
邮编:072650
电话:0312/6927733、6923200
传真:6925620
质量体系:ISO/TS 16949、ISO 9001
产品情况:汽车全铝制散热器、蒸发器、冷凝器,年产能力25万套以上

山西省

★山西榆次新天地发动机制造公司
地址:山西省晋中市榆次区建西街中段
邮编:030600
电话:0354/2031092、2032430
传真:2031152
产品情况:汽油机、电喷系统

★山西利民机电有限责任公司
地址:山西省太谷县51信箱
邮编:030800
电话:0354/6207104、6207250
传真:6207904
网址:www. sxlmjd. com
电子信箱:sxlmjdgh@ 163. com
单位人数:907
质量体系:ISO/TS 16949、QS 9000
产品情况:(利民牌)
汽车消声器,年产30万套;金属载体,年产15万件;三元催化转化器,年产30万套
配套情况:为长安铃木、奇瑞汽车、比亚迪汽车、北汽福田、北奔重汽等主机厂配套

★重汽集团大同齿轮有限公司
地址:山西省大同市新开北路81号
邮编:037006
电话:0352/2416352、2416489
传真:2416111、2416444
网址:www. dcgroup. com. cn
电子信箱:dc680@ dcgroup. com. cn
单位人数:2500
质量体系:ISO/TS 16949、QS 9000
产品情况:重型汽车变速器,年产能力12万台;汽车发动机齿轮,年产能力60万件
配套及出口情况:为东风汽车公司、上柴配套;变速器随东风公司整车出口伊朗,发动机齿轮远销美国、英国、日本、巴西、西班牙等国家

★山西柴油机工业有限责任公司
地址:山西省大同市大庆西路97号
邮编:037036
电话:0352/4033616、4032236
传真:4024678、4032318
网址:www. shanxi - engine. com. cn
电子信箱:616@ shanxi - engine. com
单位人数:3000
质量体系:ISO 9001
产品情况:高速大功率柴油机

★侯马市模范机械铸造有限责任公司
地址:山西省侯马市晋生巷19号
邮编:043002
电话:0357/4296797、4296614
传真:3567635
网址:www. mofanjixie. com
质量体系:ISO/TS 16949
产品情况:内燃机曲轴,年产20余万支;工程机械配件
出口情况:出口美国

★三联铸造有限公司
地址:山西省河津市铸造工业园区
邮编:043300
电话:0359/5288151

传真:5288281
网址:www. sxsanlian. com
电子信箱:market@ sxsanlian. com
质量体系:ISO 9001
产品情况:汽车发动机缸体、缸盖,年产能力2万t;重型汽车变速器壳体、离合器壳体等铸件,年产能力8万t

★国营山西锻造厂
地址:山西省翼城县南梁镇庄里村
邮编:043514
电话:0359/6553228、6553264
传真:6553366、6553272
网址:www. sxdzc. com
电子信箱:net@ sxdzc. com
质量体系:ISO/TS 16949、QS 9000
产品情况:曲轴、连杆、车桥、阀体、转向节等锻件

★亚新科国际铸造(山西)有限公司
地址:山西省运城市绛县2#信箱
邮编:043605
电话:0359/6563600－225
传真:6563625、6563623
网址:www. asimco. com. cn
电子信箱:kongdq@ asimco－shanxi. com
质量体系:ISO/TS 16949、ISO 9002
产品情况:发动机缸体、缸盖、飞轮、飞轮壳及齿轮箱盖,各类铸造件年产能力4.5万t
配套情况:主要客户有玉柴、东风康明斯、重庆康明斯、卡特彼勒、三菱重工、日本小松、克拉克工业、上柴、依维柯

★山西千军铝业有限公司
地址:山西省永济市涑水东街工业新区99号
邮编:044500
电话:0359/8086998、8086982
传真:8086966
网址:www. sxqjly. com
电子信箱:sxqjly999@ 163. com
单位人数:198
质量体系:ISO/TS 16949、ISO 9001
产品情况:汽车发动机铝合金缸盖、进气歧管和其他铝合金铸件,年产能力达25万套
配套及出口情况:为沈阳科翔汽车零部件、保定长城内燃机等国内主机厂提供配套;出口北美洲、欧洲、东南亚等地区

★山西成功淮海发动机有限公司
地址:山西省长治市城东路102号
邮编:046012
电话:0355/3035239、3042443
传真:3035239
电子信箱:postmaster@ hhfdj. com
单位人数:689
质量体系:ISO/TS 16949
产品情况:HH368QA1、EE368Q－1E等型号发动机,缸体、缸盖、进气歧管等
配套情况:为比亚迪汽车、上汽通用五菱、昌河汽车、东风客车底盘公司绵阳分公司、安徽华阳汽车等配套

★山西长子丹朱缸套有限公司
地址:山西省长治市长子县鲍店工业园区8号
邮编:046602
电话:0355/8472026
传真:8472192
网址:www. sxdanzhu. com
电子信箱:sxdanzhugt@ 126. com
质量体系:ISO 9001
产品情况:(丹朱牌)
各种柴油机及汽油机汽缸套,年产能力30万只

★山西晋城市东方实业发展有限公司
地址:山西省晋城市东方(巴公)铸造工业园
邮编:048002
电话:0356/3872400、3870402
传真:3871751
网址:www. jcdfsy. com
质量体系:ISO 9001
产品情况:(沃迈尔牌)
内燃机汽缸套毛坯、半成品

内蒙古

★内蒙古一机集团六分公司
地址:内蒙古包头市青山区民主路
邮编:014032
电话:0472/3117438、3116853
网址:www. nmgyj. com
电子信箱:no. 6@ nmgyj. com
单位人数:900
产品情况:重型载货汽车中冷器、散热器,客车悬架系统、车架、车轮轮辐等
配套情况:为北奔重汽等配套

辽宁省

★沈阳五龙动力科技有限公司
地址:沈阳市铁西区北二西路26号
邮编:110000
电话:024/24215988
传真:25829518
质量体系:ISO 9001
产品情况:汽车发动机四配套:活塞、活塞环、活塞销、汽缸套

★沈阳福汽备品汽配有限公司
地址:沈阳市于洪区造化镇大转弯村铁道北
邮编:110000
电话:024/89347136、89347016
传真:89347135
网址:www. fqbp. cn
电子信箱:syfqbp@ fqbp. cn
质量体系:ISO 9001
产品情况:(先超牌、先达牌、飙马牌)
发动机四配套、水泵、气门四组件、半轴、起动机等

★辽宁远朋汽车部件有限公司
地址:沈阳市沈河区小西路87－1号
邮编:110013
电话:024/22782788、22782198
传真:22782181
网址:www. autolyp. com
电子信箱:autolyp@ pub. ln. cninfo. net
质量体系:ISO 9001
产品情况:发动机及其零部件、制动器及其零部件、转向器零部件、变速器零部件、制动钳、汽缸盖、曲轴、凸轮轴、起动机、发电机、化油器、分电器、散热器、车灯、车身件
出口情况:出口中东、非洲、亚洲、欧洲、北美洲、南美洲、澳大利亚等国家和地区

★沈阳汽车滤清器厂
地址:沈阳市铁西新区沈新路79号
邮编:110027
电话:024/25377138
传真:25377136
电子信箱:syqcl@ vip. sina. com
质量体系:ISO/TS 16949、QS 9000
产品情况:各种汽车空气滤清器总成、燃油箱总成、制动、离合踏板支架总成、仪表板横梁总成、发动机摇臂室罩总成、油底壳总成
配套情况:为华晨金杯、沈阳航天三菱、哈尔滨东安发动机、哈尔滨东安动力、大连三洋空调、沈阳华润三洋压缩机等配套

★沈阳玄潭汽车部件有限公司
地址:沈阳市经济技术开发区4号街1甲2号
邮编:110027
电话:024/25377151
传真:25368276
网址:www. hyundam. com. cn
电子信箱:sonic@ hyundam. com
质量体系:ISO/TS 16949、QS 9000
产品情况:燃油泵、燃油过滤器、压力调节器、传感器等
配套情况:为一汽轿车、北京现代、东风悦达起亚、一汽海马、广汽长丰等配套

★金发汽车钢圈制造有限公司
地址:沈阳市皇姑区怒江北街2号
邮编:110036
电话:024/86875913
传真:86876026
质量体系:ISO/TS 16949、ISO 9001
产品情况:SY6480、中顺油箱,年产31580只

★沈阳新光华翔汽车发动机制造公司
地址:沈阳市大东区东塔街3号
邮编:110043
电话:024/24335722、24317805
传真:24320497
网址:www. xgengine. cn
电子信箱:xsb@ xgengine. com
单位人数:200
质量体系:ISO/TS 16949、ISO 9001
产品情况:汽车发动机,缸盖、秃机等零

部件
配套及出口情况:与韩国现代企业合作生产B3、G4EA、G4ED等系列发动机,为东风悦达起亚的普莱特和千里马配套;整机出口西非、中东、欧洲等地区,缸盖、裸机出口北美洲、大洋洲等地区

★沈阳新光华晨汽车发动机有限公司
地址:沈阳市大东区东塔街1号
邮编:110043
电话:024/24832900-5888、24317668
传真:84313599
网址:www.xghc.com
质量体系:ISO/TS 16949、ISO 9001
产品情况:(豹牌)
各种型号发动机、电喷发动机、491Q汽油机(化油器)等
配套情况:为沈阳金杯海狮、河北中兴皮卡、浙江万丰皮卡、沈汽轻型货车等配套

★沈阳新光华旭铸造有限公司
地址:沈阳市大东区东塔街3号
邮编:110043
电话:024/24832900-5921
传真:24831270
网址:www.xghxzz.cn.alibaba.com
电子信箱:111-28@163.com
法人代表:牛养慈
负责人:周保欣
单位人数:318
质量体系:ISO/TS 16949
产品情况:汽缸盖,年产量15万套;进气歧管,年产量12万套;压铸件、支架,年产量10万套
配套及出口情况:为新光华晨、新光华翔、南昌沃尔福、济南轻骑、航天三菱、美国水星公司、日本水星公司、一汽富奥配套;出口美国5万套、日本14万套

★沈阳市黎明增压器制造有限公司
地址:沈阳市东陵区深井子街道民家社区22号
邮编:110043
电话:024/88415205、88066669
传真:88424123
网址:www.lmturbo.com
电子信箱:info@lmturbo.com
单位人数:120
质量体系:ISO 9001
产品情况:(沈黎牌、黎明牌)
涡轮增压器
配套及出口情况:为天津动力机厂、大连柴油机厂、山东富海柴油机厂、湖南柴油机厂、南通柴油机厂、贵阳柴油机厂、广西桂林柴油机厂、广东江门柴油机厂、浙江新柴动力公司等配套;出口日本等

★沈阳阿尔发增压器制造有限公司
地址:沈阳市大东区东贸路七号
邮编:110043
电话:024/88420455、88486829
传真:88431238
网址:www.alphaturbo.com
电子信箱:pdg_sy@163.com
单位人数:300
质量体系:ISO 9001
产品情况:涡轮增压器

★沈阳北泰滤清器制造有限责任公司
地址:沈阳市于洪区鸭绿江街92号
邮编:110045
电话:024/86673325、86671670
传真:86671678
网址:www.sybeitai.com
电子信箱:sybt_2006@163.com
产品情况:汽车机油滤清器、空气滤清器、燃油滤清器及航空、液压、医用过滤设备等

★沈阳东基集团有限公司
地址:沈阳市大东区正新路42号
邮编:110045
电话:024/88261282
传真:88261282
网址:www.dongji.cn
电子信箱:shenyangdongji@hotmail.com
单位人数:10000
质量体系:ISO 9001
产品情况:汽车发动机、汽缸盖、汽缸体、平衡轴,压力容器等

★沈阳东华汽车零部件有限公司
地址:沈阳市虎石台经济开发区兴隆街20号
邮编:110122
电话:024/89713003、89715115
传真:89717575
网址:www.sydonghua.com
电子信箱:hyn@sydonghua.com
单位人数:80
质量体系:QS 9000
产品情况:(东华牌)
汽车发动机平衡轴,年产能力60万件
配套及出口情况:汽车发动机平衡轴为沈阳航天三菱汽车发动机、江淮汽车、奇瑞汽车、沈阳航天新光集团汽车发动机厂等配套;出口美国、马来西亚等国家

★沈阳华铁汽车散热器有限公司
地址:沈阳市沈北新区马刚工业园
邮编:110123
电话:024/89776228
传真:89776228
网址:www.huatie.net
电子信箱:huatiejituan@126.com
单位人数:236
质量体系:ISO/TS 16949
产品情况:(华铁牌)
汽车中冷器、散热器及其铝质冷却管、边板等主要构件
配套及出口情况:在国内主要为一汽哈轻、一汽长春客车、沈阳华晨金杯、金杯车辆、烟台舒驰客车、丹东黄海等汽车主机厂配套;远销美国、英国、德国、加拿大、荷兰、澳大利亚、南非、中东等国家和地区

★沈阳华晨汽车有限公司发动机工厂
地址:沈阳市经济技术开发区8号路12号
邮编:110141
电话:024/31662105
传真:31662220
质量体系:ISO/TS 16949、ISO 9001
产品情况:1.8T发动机、BL1.8/2.0 CVVT发动机
配套情况:为华晨汽车配套

★沈阳博龙汽车部件制造有限公司
地址:沈阳市东陵区白塔镇小羊安西路60号
邮编:110173
电话:024/83750022
传真:23789312
网址:www.libolong.cn
电子信箱:gxb@libolong.cn
单位人数:300
质量体系:ISO/TS 16949
产品情况:汽缸盖、汽缸体等发动机核心零部件,年产汽缸盖组件能力30余万台
配套情况:主机配套客户有韩国大宇、韩国现代、北京福田环保动力、北汽发动机、秦皇岛津丰发动机、绵阳新晨动力、柳州五菱、珀金斯雷沃动力、台州吉奥动力、成都发动机

★沈阳航天三菱汽车发动机制造公司
地址:沈阳市浑南新区航天路6号
邮编:110179
电话:024/24303030
传真:23749000、23749046
网址:www.same.com.cn
电子信箱:junqiu@samen.com.cn
单位人数:800
质量体系:ISO/TS 16949、VDA 6.1
产品情况:汽车发动机,年产能力40万台
配套及出口情况:为国内20多家整车厂配套;发动机出口德国、日本、美国、法国、韩国等国家

◉ 沈阳斯瓦特汽车零部件有限公司

地址:沈阳市浑南新区金仓路
邮编:110179
电话:024/24699996
传真:24699008
网址:www.swatchina.com
法人代表:郑江
负责人:赵成伟
单位人数:150
质量体系:ISO/TS16949
产品情况:(swat牌)
各种发动机排气歧管、废气再循环(EGR)阀及三元催化转化器
配套情况:三菱汽车、广汽集团、上汽集团等

★沈阳洁都滤业有限公司
地址:沈阳市浑南新区新加坡工业园
邮编:110179
电话:024/31482078、31482079
传真:25825489
网址:www.jiedu.com.cn
电子信箱:jiedulvye@163.com
质量体系:ISO 9001、QS 9000
产品情况:机油滤清器、柴油滤清器、汽油滤清器、空气滤清器

★沈阳航天新光三菱重工气门公司
地址:沈阳市浑南新区航天路10号
邮编:110179
电话:024/83783408
网址:www.xmev.cn
电子信箱:kezhi@xmev.cn
质量体系:ISO/TS 16949、ISO 9001
产品情况:发动机进/排气门
出口情况:出口日本

★沈阳航天新光集团有限公司
地址:沈阳市大东区东塔街1号
邮编:110861
电话:024/24832900
传真:24830461
网址:www.ht-xinguang.com
电子信箱:syxgxxzx@163.com
单位人数:3418
质量体系:ISO/TS 16949、GJB 9001A
产品情况:各种汽油、柴油发动机总成,年产能力12万台;水泵、机油泵、缸体、缸盖、歧管、压铸件、高压点火线、塑料件及管件成型等汽车零部件,具备年产歧管40万件、缸盖40万台的生产能力
配套情况:为金杯汽车配套

★辽阳市富祥曲轴有限公司
地址:辽宁省辽阳市东京陵新城
邮编:111000
电话:0419/3160555
网址:www.fsqz.com
电子信箱:lyfsqz@163.com
单位人数:388
质量体系:ISO 9002
产品情况:汽油机、柴油机曲轴
配套情况:491曲轴为沈阳长城富祥内燃机公司生产的长城牌491Q型汽油机配套,装机于长城皮卡汽车

★辽宁新风企业集团有限公司
地址:辽宁省辽阳市首山镇朝阳街
邮编:111200
电话:0419/2638836、2638899
传真:2638836
网址:www.xfjier.com
电子信箱:offi@xfjier.com
单位人数:880
质量体系:ISO/TS 16949、ISO 9001
产品情况:柴油机燃油喷射系统、喷油嘴偶件、柱塞偶件、出油阀偶件、喷油器总成等
配套情况:为中、轻型汽车配套

★天祥钢套制造有限公司
地址:辽宁省开原市城郊街38号
邮编:112300
电话:024/73612121
传真:73600039
网址:www.tx-cylinder.com
电子信箱:feng_687@163.com
质量体系:ISO 9001
产品情况:(天祥牌)
各类汽缸套、活塞、曲轴等,汽缸套年产100万只以上

★鞍山千华轴瓦制造有限公司
地址:辽宁省鞍山市鞍腾路小台子
邮编:114011
电话:0412/8921054、8920871
传真:8920871
网址:www.qfzhw.com
电子信箱:qf@qfzhw.com
质量体系:ISO 9001
产品情况:(千峰牌)
各种柴、汽油机轴瓦
配套情况:为一汽集团配套

★马勒轴瓦(营口)有限公司
地址:辽宁省营口市渤海大街西103号
邮编:115000
电话:0417/4892333
传真:4892322
网址:www.mahle.com
电子信箱:xiaohai.guo@cn.mahle.com
产品情况:汽车发动机轴瓦、轴套,年产能力2000万件

★营口永金实业有限公司
地址:辽宁省营口市经济开发区熊岳镇
邮编:115009
电话:0417/7849599、7849699
传真:7843989、7848499
网址:www.ybauto.com
电子信箱:ybauto@126.com
质量体系:ISO/TS 16949、QS 9000
产品情况:(永金牌)
汽车涡轮增压器、真空助力器、液压制动泵

★盖州市银环轴瓦有限责任公司
地址:辽宁省盖州市太阳升工业园区
邮编:115200
电话:0417/7602379、7604004
传真:7604004
网址:www.gzyinhuan.com
电子信箱:jiangfeng@0417.net
单位人数:180
质量体系:ISO 9001
产品情况:(银环牌)
汽车发动机轴瓦与衬套,具有年产轴瓦570万片、衬套80万只的生产能力
配套情况:为一汽集团、大柴、东风朝柴配套

★盖州市汽车轴瓦有限责任公司
地址:辽宁省盖州市环城工贸园区B区1号
邮编:115200
电话:0417/7821362
传真:7821998-808
网址:www.gzzw.com.cn
电子信箱:lngzzw@vip.163.com
单位人数:100
质量体系:QS 9000、ISO 9002
产品情况:(繁荣牌)
汽车轴瓦、轴套

★营口经济技术开发区正大实业公司
地址:辽宁省营口市经济技术开发区
邮编:115212
电话:0417/7204499、7200515
传真:7204499
电子信箱:zhengdashiye@163.com
质量体系:ISO 9001
产品情况:(郑大牌)
发动机四配套、塑料制品

★大连大机汽车发动机有限公司
地址:辽宁省大连市甘井子区营城子镇
邮编:116036
电话:0411/86690436、86690433
传真:86693308
网址:www.djqcfdj.com
电子信箱:djfdj@djqcfdj.com
单位人数:500
产品情况:汽车发动机总成、汽缸体、汽缸盖,年产发动机总成能力3万台以上
配套情况:为一汽集团配套

★大连泉峰铸件有限公司
地址:辽宁省大连市旅顺区三涧堡镇洪家村
邮编:116043
电话:0411/86267021、86267087
传真:86267132
网址:www.dlqf.com
单位人数:110
产品情况:排气歧管、排气总管、进水连接管、道依茨系列铸造件
配套情况:为一汽集团大连柴油机厂、日本富士电机、日本电产等配套

★天纳克同泰(大连)排气系统公司
地址:辽宁省大连市金州区祥泰路7号
邮编:116100
电话:0411/87830338、87832845
传真:87832061、87832845
网址:www.walker-dalian.com
电子信箱:ttec@tenneco.com
单位人数:590
质量体系:ISO/TS 16949、VDA 6.1
产品情况:消声器、三元催化转化器等汽车排气系统产品
配套情况:为一汽集团、一汽-大众的宝来/捷达/红旗/奥迪、江铃全顺、金杯海狮、中华、国产雪佛兰及河北中兴皮卡等车型配套排气系统

★大连华克-埃贝斯佩歇排气系统公司
地址:辽宁省大连市金州区胜利路481号

邮编:116100
电话:0411/87867863
传真:87833760
网址:www.walker-eberspaecher.com
质量体系:ISO/TS 16949
产品情况:(WALKER 牌)
宝马 E60、318i、325i,奥迪 A4 等汽车排气系统产品
配套情况:主要客户为一汽-大众奥迪 A4、华晨宝马、北京奔驰

★大连三丰换热器有限公司
地址:辽宁省瓦房店市松树镇
邮编:116302
电话:0411/85302368、85302367
传真:85306999
网址:www.wfd-lqq.com
电子信箱:dlsfhrq@yahoo.com.cn
单位人数:180
质量体系:ISO 9001
产品情况:(星月牌)
板翅式机油冷却器、管片式机油冷却器、圆盘式机油冷却器、板式换热器和模块总成,年产能力 50 多万台
配套及出口情况:油冷却器产品为重庆康明斯、珀金斯雷沃动力(天津)、一汽集团、一汽大柴、东风朝柴、青岛水箱厂等主机厂配套;出口 20 多个国家和地区

★大连创新齿轮箱制造有限公司
地址:辽宁省大连市瓦房店复州城镇新城街
邮编:116314
电话:0411/85102288
传真:85102855
网址:www.gearbox.cc
电子信箱:lngear@163.com
单位人数:400
质量体系:ISO/TS 16949
产品情况:(CXC 牌)
发动机正时齿轮,年产量 300 万件
配套情况:为一汽解放无锡柴油机厂、道依茨一汽(大连)柴油机公司、潍柴动力、东风朝柴、中国重汽杭州发动机公司和济南动力公司配套

★大众一汽发动机(大连)有限公司
地址:辽宁省大连市经济技术开发区黄海中路 123 号
邮编:116600
电话:0411/39210000
传真:39210090
质量体系:ISO 9001、ISO 14001
产品情况:缸体、缸盖、曲轴、凸轮轴和连杆等发动机零部件,并进行发动机组装

★道依茨一汽(大连)柴油机公司
地址:辽宁省大连市经济技术开发区黄海中路 117 号
邮编:116600
电话:0411/83631588
传真:83632495
网址:www.deutzdalian.com
单位人数:2000
质量体系:ISO/TS 16949
产品情况:(DEUTZ 牌、DC 牌)
C、E/F、DEUTZ 三大产品平台,轻、中、重三大系列柴油机,各种变型和适应性产品 300 余种,产量 20 万台
配套及出口情况:主要客户是国内外汽车厂、客车厂、工程机械制造厂商;整机及零部件出口欧洲、东南亚

★本溪金恒曲轴厂
地址:辽宁省本溪县小市镇滨河西路 218 号
邮编:117100
电话:0414/6810580、6831908
传真:6830968
质量体系:ISO 9001
产品情况:曲轴,年产 10 万支;半轴,年产 10 万条
配套情况:为沈阳长城富桑、广西柳发、福建力佳、玉柴等内燃机配套

★辽宁北方曲轴有限公司
地址:辽宁省本溪满族自治县小市镇铁东路 70 号
邮编:117100
电话:0414/6825102、6822403
传真:6823020、6825127
网址:www.bfqz.cn
电子信箱:28823988@163.com
单位人数:2200
质量体系:ISO/TS 16949、ISO 9002
产品情况:(BENZI 牌)
各种汽车发动机曲轴
配套及出口情况:为上海拖拉机内燃机公司、大柴、锡柴、昆明云内动力、沈阳新光华晨、沈阳航天新光汽车发动机、朝柴、四川绵阳新晨等 20 多家主机厂配套;出口美国、日本、新加坡、印尼等国家

★辽宁五一八内燃机配件有限公司
地址:辽宁省丹东市北环路 97 号
邮编:118009
电话:0415/6158211、6158212
传真:6155677、6153379
网址:www.dd518c.com
电子信箱:lnwyb@dd518c.com
单位人数:2050
质量体系:ISO/TS 16949、ISO 9001
产品情况:(丹牌)
曲轴、连杆等各种锻件,具有年产曲轴 18 万根、锻件 3 万 t 的生产能力
配套及出口情况:为上海柴油机、潍柴动力、一汽大柴、重庆康明斯发动机、珀金斯动力、陕西汽车制造厂等多家主机厂配套;出口欧美、中东、东南亚等地区

★丹东奥瀚内燃机连杆有限公司
地址:辽宁省丹东市金泉工业园区福金街 8 号
邮编:118009
电话:0415/6158708
传真:6153644
电子信箱:ddah666@163.com
质量体系:ISO 9001
产品情况:发动机连杆

★凤城太平洋神龙增压器有限公司
地址:辽宁省凤城市凤城城区振兴街 9 号
邮编:118100
电话:0415/8133333、6815666
传真:6815777、6888777
网址:www.fcpss.com/cn
电子信箱:shenlong@188.com
单位人数:218
质量体系:ISO/TS 16949、ISO 9001
产品情况:(隆美尔牌)
涡轮增压器
配套及出口情况:为福田、欧曼、上柴、湖南柴油机等配套;出口美国、英国、俄罗斯、马来西亚、也门、非洲等国家和地区

★凤城市格汝特汽研有限责任公司
地址:辽宁省凤城市凤凰城管理区北山路 1 号
邮编:118100
电话:0415/8155157
传真:8155177
质量体系:ISO/TS 16949
产品情况:发动机化油器

★凤城市东方增压器有限责任公司
地址:辽宁省凤城市丝绸厂工业园 2 区 198 号
邮编:118100
电话:0415/8240277
传真:8238922
网址:www.dongfang168.com
电子信箱:dfturbocharger@126.com
单位人数:82
质量体系:ISO 9001
产品情况:车用涡轮增压器
配套情况:为重庆康明斯等各大发动机企业配套

★凤城市黎明实业有限公司
地址:辽宁省凤城市二龙工业园区 193 号
邮编:118100
电话:0415/8263567
传真:8269618
网址:www.lmqipei.com
质量体系:ISO 9001
产品情况:(文信牌)
节气门门体、节气门位置传感器、怠速步进电动机、变速器机油泵等汽车发动机电喷件
配套情况:目前已为国内多家大型主机生产企业配套

★凤城市华增增压器有限公司
地址:辽宁省凤城市凤山龙泽一号楼
邮编:118100
电话:0415/8264777
传真:8264778
质量体系:ISO 9001

产品情况:涡轮增压器
配套及出口情况:为北京北内柴油机、贵州启力柴油机、天津天动等配套;远销欧洲、美洲、中东等多个地区

★凤城市凤凰增压器厂
地址:辽宁省凤城市凤盖路 82 号
邮编:118100
电话:0415/8267686、8267558
传真:8267686
电子信箱:cfj2003@ sohu. com
单位人数:100
质量体系:ISO/TS 16949、ISO 9001
产品情况:涡轮增压器及零配件
配套情况:为大柴、锡柴、朝柴、康明斯、上柴、潍柴、杭发、淄柴、天动、重发康明斯、洛柴、宁波动力机厂、日本小松、沃尔沃、德国奔驰、道依茨配套

★凤城市涡轮增压器制造有限公司
地址:辽宁省凤城市二龙工业园区 A 座 1 号
邮编:118100
电话:0415/8267953、8126007
传真:8267955、8267957
网址:www. zhenyangturbo. com
电子信箱:zhenyangturbs@ yahoo. com. cn
质量体系:ISO/TS 16949
产品情况:各种球轴承增压器、汽油机增压器、工程机械用增压器等
出口情况:出口美国、英国、德国、大洋洲、加拿大、中东等国家和地区,并销往中国台湾地区

★威远油泵油嘴有限公司
地址:辽宁省东港市孤山镇中大街 236 号
邮编:118313
电话:0415/7512477、7512331
传真:7516407
网址:www. dgweiyuan. com
电子信箱:wy2477@ dgweiyuan. com
法人代表:韩伟
负责人:韩若冰
单位人数:220
质量体系:ISO 9002
产品情况:(WY 牌)
2011 年年产柱塞 120 万只、油嘴 20 万只
出口情况:出口 100 万只

★锦州市龙泉汽车水泵厂
地址:辽宁省锦州市锦义街 212 号
邮编:121000
电话:0416/4667188、7167288
传真:4669788
单位人数:215
质量体系:ISO/TS 16949、ISO 9001
产品情况:(奇峰牌)
具有年产汽车冷却水泵 60 万台、机油泵 30 万台的生产能力

★锦州光和密封实业有限公司
地址:辽宁省凌海市双羊镇兴隆中小企业园区
邮编:121213
电话:0416/8305996、8305997
传真:8305991
网址:www. jzghmf. com
电子信箱:jzhmf@ 163. com
单位人数:580
质量体系:ISO/TS 16949、VDA 6. 1
产品情况:(旭光牌)
金属型、复合型汽车内燃机汽缸垫、进气垫、排气垫及各种软垫
配套情况:为一汽大柴、一汽锡柴、东风朝柴、玉柴机器、长安汽车、奇瑞汽车、五菱柳机、保定长城、沈阳新光、沈阳三菱、上柴、东安动力、潍柴动力、江淮汽车、云内动力、昌河铃木等配套

★东风朝柴动力有限公司
地址:辽宁省朝阳市黄河路三段 51 号
邮编:122000
电话:0421/2720189
传真:2720131
网址:www. dcd. com. cn
电子信箱:xsgs_yx@ dcd. com. cn
法人代表:范仲
负责人:赵庄
质量体系:ISO/TS 16949
产品情况:(“CY”牌)
“CY”牌柴油机,拥有 D 系列(4D 6D)102 系列、4A 系列 、3L 系列(NGD3. 0 QD80)、燃气系列(CNG)五大系列产品
配套及出口情况:为东风汽车公司、江淮汽车、南京跃进、福田汽车、金杯汽车配套;出口澳大利亚、俄罗斯、乌克兰、波兰、巴西、委内瑞拉、哥伦比亚、安哥拉、秘鲁、土耳其、肯尼亚、南非、希腊、缅甸、越南、朝鲜、玻利维亚

★朝阳东风柴油机配件有限责任公司
地址:辽宁省朝阳市龙江路四段 207 号
邮编:122000
电话:0421/3710786
传真:3710786
网址:www. dcspj. cn
单位人数:373
质量体系:ISO/TS 16949、ISO 9001
产品情况:飞轮壳、机冷盖、齿轮室、惰轮轴、后油封座、推杆、挺柱、张紧轮、节温器体、齿轮室盖、机冷器总成、离合器壳等柴油机零部件,制动鼓、轮毂等汽车零部件,年产能力 16 万台份
配套及出口情况:为朝柴配套;产品随主机出口美国、法国等 20 多个国家

★朝阳柴油机曲轴有限公司
地址:辽宁省朝阳市西大营街 31 号
邮编:122004
电话:0421/3300818
传真:3300005
质量体系:ISO 9001
产品情况:曲轴

★辽宁戈梅达曲轴有限公司
地址:辽宁省朝阳市西大营街 31 号
邮编:122004
电话:0421/3300818、3300006
传真:3300005
网址:www. lngmd. com
电子信箱:lngmd@ 126. com
质量体系:ISO 9001
产品情况:(朝配牌)
朝柴 6102、4102、大柴 6110、4110、锡柴 6113、4110、南充 6102、风神 6102、扬柴 4102、4105、玉柴、康明斯、斯太尔、云内等 91 种曲轴
配套情况:为东风朝阳柴油机配套

★凌源鸿发曲轴制造有限公司
地址:辽宁省凌源市东城经济开发区
邮编:122500
电话:0421/6921146、6922440
传真:6922441
网址:www. hfqz. com
电子信箱:lyhfqz@ 126. com
单位人数:683
质量体系:ISO/TS 16949、ISO 9001
产品情况:各型号曲轴、缸盖、缸体
配套情况:为重汽集团杭州发动机厂、道依茨一汽(大连)柴油机、东风朝柴配套生产各系列曲轴、缸体、缸盖产品

吉林省

★ 富奥汽车零部件股份有限公司
地址:长春市西新经济技术开发区东风南街 777 号
邮编:130011
电话:0431/85127800
传真:85122776
网址:www. fawer. com. cn
法人代表:滕铁骑
负责人:叶凡
单位人数:10554
质量体系:ISO/TS 16949、VDA 6. 1
产品情况:(富奥牌)
散热器总成、中冷器总成、膨胀箱总成、暖风总成、空调总成、蒸发器总成、冷凝器总成、传动轴总成、变速操纵机构、制动阀类、差速锁总成、离合器总泵、制动凸轮、变速器润滑油泵、制动踏板总成、离合器踏板、差速器壳体、制动盘、驻车制动器总成、减振器、钢板弹簧、空气悬架导向臂、底盘支架、螺旋弹簧、稳定杆、副车架、后桥体、控制臂、稳定杆连接杆、车轮轮毂、后轮毂轴、发动机横梁总成、车轮支架、纵臂、转向节、底盘装配、油泵、水泵、空压机、燃油输油泵总成、电动汽油泵总成、涡轮增压器总成等
配套及出口情况:为一汽 - 大众、一汽轿车、一汽通用、一汽海马、一汽解放、一汽客车、一汽专用车、一汽吉汽、天津丰田、天津夏利、北京奔驰、沈阳华晨、四川丰田、长安福特、上海大众、南京名爵、奇瑞汽车、吉利汽车、神龙汽车、哈

飞汽车、比亚迪、济南重汽、保定长城、北汽福田、太原长安重汽、山西大运、陕西重汽、丹东黄海、厦门金龙、郑州宇通、江淮汽车;出口美国、意大利、瑞典、俄罗斯、中东、韩国等国家和地区

☞ 详细情况请参阅彩色宣传版面

★一汽铸造有限公司铸造一厂

地址:长春市绿园区东风大街 68 号
邮编:130011
电话:0431/85751101、85907539
传真:85901352
网址:www.fawzz.com.cn
电子信箱:yxk_zz@faw.com.cn
单位人数:2281
质量体系:ISO/TS 16949、VDA 6.1
产品情况:主要为一汽集团中重型载货汽车、轻型车、轿车等提供汽缸体、汽缸盖、变速器、排气管、后桥壳、减速器壳、轮毂等铸件毛坯,年产能力 20 万 t
配套及出口情况:主要客户有吉利汽车、一汽富奥、一汽集团、一汽 - 大众、长春一汽四环集团车桥部件厂、新光华晨、丹东曙光车桥、吉林大华机械、大连大机汽车发动机、奇瑞汽车、一汽轿车、上海华普、曙光汽车集团、小松小山(日本)、EATON 公司(美国)、美国 CMP 公司、美国约翰迪尔公司、意大利 DANA 公司;出口日本、美国、意大利等国家

★长春一汽四环集团有限公司

地址:长春市振兴路 593 号
邮编:130011
电话:0431/85759026
电子信箱:jinying@faw - sihuan.com.cn
质量体系:ISO/TS 16949、ISO 14001
产品情况:排气系统、散热器格栅、制动器总成、汽车动力转向泵、动力转向油罐、EPS/电动助力转向、车身线束、车身电子、门扣手、车身标牌、地毯、行李舱等

★长春一汽四环公司吉发零部件厂

地址:长春市绿园区自立街一汽四环自立工业区
邮编:130011
电话:0431/85900614
传真:85903867
质量体系:ISO 9001
产品情况:机油滤清器、汽车附件

★一汽铸造有限公司铸造二厂

地址:长春市绿园区东风大街 153 号
邮编:130011
电话:0431/85901602
传真:85901601
网址:www.faw - foundry.com.cn
电子信箱:jsb_fc@faw.com.cn
质量体系:ISO/TS 16949、VDA 6.1
产品情况:缸体等铸件,年产 5 万 t
配套情况:为一汽集团、一汽 - 大众、一汽轿车、沈阳三菱、天津一汽等配套

★ 一汽巴勒特锻造(长春)有限公司

地址:长春市东风大街 83 号
邮编:130011
电话:0431/85907712
传真:85901775
网址:www.faw - bharatforge.com
电子信箱:jyb2_dz@faw.com.cn
单位人数:1482
质量体系:ISO/TS 16949
产品情况:(一汽牌)
前轴、曲轴、链板节、轿车变速器齿轮、轮毂等
配套情况:前轴为一汽解放配套,曲轴为一汽发动机配套,链板节为天津亚实配套,轿车变速器齿轮为一汽 - 大众配套,轿车轮毂为北京日进配套

★富奥伟士通汽车热交换(长春)公司

地址:长春市绿园区东风大街越野路
邮编:130011
电话:0431/85985420、85982666
传真:85996327
网址:www.fawer.com.cn
质量体系:VDA 6.1、QS 9000
产品情况:轿车和轻型车散热器及暖风
配套及出口情况:为一汽 - 大众、一汽轿车、一汽吉林轻型车厂、一汽海马、昌河飞机工业公司配套;出口欧美市场

★长春市九龙机械有限公司

地址:长春市绿园区西新开发区开源村
邮编:130011
电话:0431/87091858、87099608
传真:87091858
电子信箱:shiyy@52qp.com
质量体系:ISO/TS 16949、ISO 9001
产品情况:无褶皱消声器、进排气管
配套情况:为重型车、中型车、轻型车及客车底盘厂、一汽山东汽车改装厂、一汽锻造公司配套

★大连华克吉来特消声器长春公司

地址:长春市绿园区西新镇大开源浦村
邮编:130011
电话:0431/87095832
传真:87095832
网址:www.walker - dalian.com
电子信箱:dwmc@walker - dalian.com
质量体系:ISO/TS 16949、VDA 6.1
产品情况:各种消声器总成

★一汽铸造有限公司有色铸造厂

地址:长春市绿园区和平大街 19 号
邮编:130011
电话:0431/87977981
传真:87971474
网址:www.faw - foundry.com.cn
电子信箱:qgb1_cqf@faw.com.cn
质量体系:VDA 6.3、QS 9000
产品情况:缸盖、进气歧管、气门室罩盖、齿轮室罩盖、转向器壳体、变速器和离合器外壳等铝合金铸件,年产能力 5000t
配套情况:为一汽 - 大众、一汽轿车等配套

★长春汽车油箱有限责任公司

地址:长春市高新技术产业开发区创新路 1055 号
邮编:130012
电话:0431/87017998
传真:87016558
电子信箱:ccyx0120@sohu.com
单位人数:340
质量体系:ISO/TS 16949、QS 9000
产品情况:(横贯牌)
各种异形汽车燃油箱,年产 25 万台份
配套情况:为一汽集团、一汽哈轻、长春轻型车厂、一汽轿车、丹东黄海、沈飞客车、一汽专用车厂、华晨金杯等配套

★天纳克一汽四环(长春)有限公司

地址:长春市高新区蔚山路 5123 号厂房
邮编:130012
电话:0431/87098716、87095830
传真:87095830
电子信箱:hzhou@tenneco.com
单位人数:308
质量体系:ISO/TS 16949
产品情况:乘用车及商用车用排气系统产品

★一汽解放汽车公司发动机分公司

地址:长春市绿园区双丰东路工业园区
邮编:130013
电话:0431/85907824、85907880
传真:85907824、85907830
网址:www.faw - engine.com
电子信箱:bgs_fdj@faw.com.cn
质量体系:ISO/TS 16949、ISO 9000
产品情况:汽油发动机,年产能力 6.6 万台
配套情况:为解放中重型商用车 6DL、DEUTZ 等系列机型配套

★长春一汽四环发动机制造有限公司

地址:长春市汽车产业开发区腾飞大路 2128 号
邮编:130013
电话:0431/89810020、89810066
传真:89810019、87689969
网址:www.fawengine.com
电子信箱:yqshfdj@163.com
质量体系:ISO/TS 16949、ISO 9001
产品情况:汽油发动机、汽油天然气两用燃料、单燃料天然气发动机、柴油机
配套及出口情况:主要客户有一汽集团哈尔滨轻型车厂、一汽客车公司、重庆宇通、重庆力帆、成都一汽、河北长安、跃进汽车底盘分公司、洛阳宇通、牡丹汽车、江苏友谊汽车、东风襄樊旅行车、东风客车底盘、少林汽车、江淮汽车、万达客车;远销印度

一汽巴勒特锻造（长春）有限公司
FAW BHARAT FORGE (CHANGCHUN) COMPANY LIMITED

一汽巴勒特锻造（长春）有限公司，为中国第一汽车集团与印度卡利亚尼集团于2006年3月合资组建的公司，其前身为长春一汽锻造有限公司。公司通过了ISO/TS16949，ISO14001，OHSAS18001体系认证，具备了完整的质量保证体系。

公司现有员工1289人，其中专业从事锻件工艺及模具设计的工程技术人员41人。公司占地面积100554m²，拥有各类锻压生产线22条，设备种类齐全，其中2台12500T锻造自动线及AMP70热镦机在国内处于领先地位。公司拥有各类先进的质量检测设备（化学分析、直读光谱仪、金相检验、磁粉探伤、磁力测硬、三坐标检验等），用于原材料及锻件的检验，锻件质量有可靠保证。公司不断引进、吸收国内外先进技术和工艺，应用Pro/E、Auto CAD、Forge等软件进行工艺和模具设计，具备较强的工艺开发能力。

公司从事各种汽车及非汽车类锻件的生产及开发，目前配套汽车类中重卡、轻卡、轿车、客车及非汽车类工程机械、石油机械、煤矿机械、铁路等各种锻件500余种。可生产0.5~140kg的各种模锻件、5~2000kg的自由锻件，年生产能力超过10万t。如：前轴、曲轴、半轴、转向节、转向臂、变速器齿轮、轿车轮毂、工程机械用履带链板节、煤矿机械用刮板、销轨等。公司在保证一汽集团需求的基础上，仍有能力为中外客户提供各类优质锻件。多年来，公司先后与美国、德国、瑞士、英国、意大利、日本、韩国、印度和俄罗斯等国家和地区的客商进行商贸洽谈和考察交流活动。

公司坚持"用户第一"的经营理念，热忱欢迎国内外的新老客户来我公司洽谈业务和进行经济技术合作。

一汽巴勒特锻造主要设备列表(List of Main Equipments)

设备类别 Classification	型号 Specification
锻造自动线 Automatic Forging Line	125000kN前轴曲轴自动线 AMP70热镦机自动线
锻压机 Press	40000kN；31500kN；20000kN；16000kN
平锻机 Upsetter	20000kN；12500kN；9000kN；8000kN；6300kN；5000kN
模锻锤 Hammer	10t；5t；3t
楔横轧机 Cross Wedge Rolling Mill	ϕ1500；ϕ800
全自动等温正火线 Automatic Isothemal Normalized Line	

地　址：长春市东风大街83号
一汽巴勒特锻造（长春）有限公司 营销部
联系人：孙业成
电　话：0431-85907712　　0431-85907224
传　真：0431-85907712　　0431-85901775
邮　编：130011
http://www.faw-bharatforge.com
E-mail：jyb2_dz@faw.com.cn

address：No. 83 Dongfeng Street, Changchun City, Jilin, P.R. China
Contact：Mr Sun Yecheng
TEL：0431-85907712　　0431-85907224
FAX：0431-85907712　　0431-85901775
Post Code：130011

★长春佛吉亚排气系统有限公司
地址:长春市朝阳区玉民路2088号
邮编:130022
电话:0431/85021717
传真:85011339
网址:www.faurecia.com
质量体系:ISO/TS 16949
产品情况:轿车消声器及净化器
配套情况:为一汽-大众、一汽轿车配套

★长春市爱信汽车配件有限公司
地址:长春市南关区长吉高速公路(杨家村院内)
邮编:130031
电话:0431/84830285
传真:84830285
质量体系:ISO 9001
产品情况:汽车散热器及其水室、制动软管、各种橡胶制品

★长春富奥汽车机电有限公司
地址:长春市经济技术开发区吉林大路4202号
邮编:130031
电话:0431/84844567
传真:84844565
网址:www.fawer-lion.com
电子信箱:bgs@fawer-lion.com
单位人数:670
质量体系:ISO/TS 16949
产品情况:电动汽油泵、节气门体、压铸件、化油器、涡轮增压器等
配套情况:主要客户有一汽集团、哈尔滨东安发动机、山西淮海机械厂、柳州机械厂

★长春科德宝·宝翎滤清器有限公司
地址:长春市经济技术开发区昆山路3315号
邮编:130033
电话:0431/84612235
传真:84612325
网址:www.micronair.com.cn
单位人数:270
质量体系:ISO/TS 16949、ISO 9001
产品情况:汽车发动机空气滤清器、空调滤清器等
配套情况:为一汽集团、一汽-大众、奇瑞汽车、北汽福田、沈阳金杯、北奔重汽、安徽华菱、南京汽车集团等配套

★长春曼·胡默尔富奥滤清器公司
地址:长春市经济技术开发区昆山路4555号
邮编:130033
电话:0431/84633230
传真:84633230
电子信箱:meiyan.yu@mann-hummel.com
单位人数:134
质量体系:ISO/TS 16949
产品情况:汽车滤清器
配套情况:为一汽解放、一汽-大众、一汽轿车等配套

★一汽丰田(长春)发动机有限公司
地址:长春市经济技术开发区
邮编:130033
电话:0431/84826306
传真:84665352
网址:www.toyota.com.cn
单位人数:740
质量体系:ISO 9001
产品情况:V6汽油发动机,年产能力13万台
配套情况:为天津一汽丰田配套

★长春富奥石川岛增压器有限公司
地址:长春市经济技术开发区洋浦大街3377号
邮编:130033
电话:0431/85823387
传真:85089999
电子信箱:zhuhong_sj@163.com
质量体系:ISO/TS 16949
产品情况:汽车内燃机用涡轮增压器

★马勒东炫滤清器长春公司
地址:长春市工业经济开发区西湖路8577号
邮编:130033
电话:0431/85851900
网址:www.cn.mahle.com
质量体系:ISO/TS 16949
产品情况:各种滤清器

★凯世曼东方铸造(长春)有限公司
地址:长春市绿园区台北大街2511号
邮编:130052
电话:0431/82912263
传真:82919774
网址:www.ksmcastings.com
电子信箱:ksmdf@sina.com
单位人数:600
质量体系:ISO/TS 16949、VDA 6.1
产品情况:丰田轿车转向器,一汽-大众奥迪发动机右支架、一汽-大众捷达变速器壳体、奥迪发动机悬制左支架、宝来变速器支架,东安发动机离合器壳体、捷达转向器壳体等。年产量7300t
配套情况:为一汽-大众、哈尔滨东安发动机、一汽海马动力、一汽光洋转向装置公司和大众一汽发动机(大连)有限公司配套

★长春一汽装备-龙山汽车部件公司
地址:长春市宽城区青年路3458号
邮编:130052
电话:0431/86156537、85805271
传真:86156537
电子信箱:zhc_zdgs@163.com
质量体系:ISO/TS 16949、ISO 9001
产品情况:硅油风扇离合器

★一汽铸造有限公司
地址:长春市绿园区和平大街1281号
邮编:130062
电话:0431/85751179、87961101
传真:85751199
网址:www.faw-foundry.com.cn
电子信箱:market_fc@faw.com.cn
单位人数:6630
质量体系:ISO/TS 16949、VDA 6.1
产品情况:缸体、缸盖、前后桥壳、排气歧管、曲轴、凸轮轴、飞轮及飞轮壳体、变速器壳体、减速器壳、水泵壳、制动盘等铸铁件;缸盖、进气歧管、气门室罩盖、齿轮室罩盖、转向器壳体、变速器和离合器外壳等铝合金件;转向盘骨架、气门室罩盖等镁合金件,凸缘、变速拔叉等铸钢件;年产能力35万t
配套及出口情况:为一汽-大众等配套;出口美国、德国、日本、加拿大、印度等

★长春华翔轿车消声器厂
地址:长春市朝阳区经济开发区育民路2088号
邮编:130103
电话:0431/85011551、85011555
传真:81958588
质量体系:ISO/TS 16949、VDA 6.1
产品情况:消声器总成、前支架纵臂
配套情况:为一汽集团、一汽-大众配套

★吉林大华机械制造有限公司
地址:长春市高新技术产业开发区超然街2555号
邮编:130103
电话:0431/85157888、85157979
传真:85157822
网址:www.dahuajl.com
电子信箱:dahua@dahuajl.com
单位人数:777
质量体系:ISO/TS 16949、VDA 6.1
产品情况:飞轮齿环总成

★吉林瑞鹏汽车电器有限公司
地址:长春市工业经济开发区瑞鹏路1号
邮编:130103
电话:0431/87611482
传真:85025259
电子信箱:ripen@chinaripen.com
单位人数:200
质量体系:ISO/TS 16949、VDA 6.1
产品情况:铝制散热器、中冷器、汽车暖风机总成和控制机构总成
配套及出口情况:为一汽轿车、哈飞汽车、一汽解放、一汽吉轻、天津一汽夏利、一汽华利、沈阳金杯、东风柳汽、一汽红塔云南等配套;出口欧美、澳大利亚、中东、东南亚等20多个国家和地区

★农安县兴达汽车制管厂
地址:长春市汽贸城89栋汽配大厦二楼5排5号

邮编:130216
电话:0431/83432948、87630936
传真:86109707
产品情况:波纹管、消声器、进排气管等
配套情况:为一汽集团配套

★伊通满族自治县汽车附件有限公司
地址:吉林省伊通满族自治县伊通大街5号
邮编:130700
电话:0434/4222960
传真:4222960
质量体系:ISO 9001
产品情况:各型汽车风扇离合器、保险杠及其他汽车配件

★吉林八家子林业局机械厂
地址:吉林省和龙市八家子镇铁北路146号
邮编:133505
电话:0433/4860591
传真:4860591
质量体系:ISO 9001
产品情况:发动机支架

★吉林省俊杰汽配制造有限公司
地址:吉林省辉南县朝阳镇
邮编:135100
电话:0435/8236288
单位人数:40
质量体系:ISO 9001
产品情况:机油滤清器、汽油滤清器、空气滤清器、无骨刮水器片、高压线、制动软管、制动铜管、高压带线耐油胶管及各种卡子等

★公主岭市祥达汽车配件厂
地址:吉林省公主岭市杨大城子东大街8号
邮编:136129
电话:0434/6611728
传真:6612598
网址:www. xiangdaqipei. com
电子信箱:xiangdaqipei@ 126. com
单位人数:100
质量体系:ISO 9001
产品情况:(祥达牌)
硅油风扇离合器
配套及出口情况:为一汽配套轻、中型汽车硅油风扇离合器;远销东南亚、中东、意大利、南非、印度、美国等国家和地区

★辽源市恒元滤清器有限责任公司
地址:吉林省辽源市福镇路114号
邮编:136200
电话:0437/3514838
传真:3514838
电子信箱:yangsheng@ 163. com
质量体系:ISO 9001
产品情况:(东滤牌)
超高分子燃油滤清器总成、滤芯
配套情况:为一汽集团、一汽－大众、东安汽车动力、山东莱动、潍柴、华晨金杯等配套

★富奥汽车零部件股份公司泵业公司
地址:吉林省辽源市福镇大街26号
邮编:136200
电话:0437/6146444、6146559
传真:6146588、6146789
网址:www. fawer. com. cn
单位人数:905
质量体系:ISO/TS 16949、VDA 6.1
产品情况:空压机、水泵、机油泵、离合器操纵机构零件、变速器操纵机构零件、制动泵、差速锁等
配套及出口情况:为捷达、奥迪、宝来、高尔夫、迈腾、速腾、红旗、帕萨特、POLO、斯柯达明锐、奇瑞轿车、解放系列货车、斯太尔重型货车、福田轻型货车等配套;部分产品出口美国、意大利等国家

★白城中一精锻股份有限公司
地址:吉林省白城市明仁北街30号
邮编:137000
电话:0436/3266072、3266037
传真:3266161
网址:www. bc－zhongyi. com
电子信箱:chengbao. guo@ bc－zhongyi. com
单位人数:200
质量体系:ISO/TS 16949、VDA 6.1
产品情况:(中牌)
发动机连杆毛坯精密锻件、连杆总成、精密模具
配套情况:为一汽集团、一汽－大众、上海大众、哈尔滨东安、长安汽车、沈阳航天三菱、奇瑞汽车、东风雪铁龙等配套

黑龙江省

★哈尔滨金溢科技有限公司
地址:哈尔滨市开发区哈平路集中区黄海路25号
邮编:150036
电话:0451/86819333、86818333
传真:86810303
网址:www. hrbjy. net
电子信箱:hrb－jy@ 163. com
单位人数:120
质量体系:ISO/TS 16949
产品情况:(金溢牌)
涡轮增压器、电动车窗控制器、熄火控制器、继电器、闪光器、刮水器间歇器、汽车喇叭、喇叭继电器、ABS传感器、里程表传感器等;汽车保险杠、格栅、车轮装饰罩、拉手及内外装饰件等
配套情况:为一汽集团、哈飞汽车、金杯汽车、北汽福田等配套

★哈尔滨东安力源活塞有限公司
地址:哈尔滨市平房经济技术开发区大连路
邮编:150060
电话:0451/86818188
传真:86816444
单位人数:220
质量体系:ISO/TS 16949、ISO 9001
产品情况:汽车活塞
配套情况:为东安动力、东安三菱配套

★哈尔滨艾瑞汽车排气系统有限公司
地址:哈尔滨市平房区双拥路18号
邮编:150060
电话:0451/88003001、86812762
传真:86812762
网址:www. chinaairui. com
电子信箱:market@ chinaairui. com
质量体系:ISO/TS 16949、ISO 14001
产品情况:(艾瑞牌)
消声器、三元催化器、加油管、排气歧管、差速器壳体、发动机水管等,年产能力50万套
配套情况:为哈飞汽车、一汽轿车、一汽吉林汽车、众泰汽车、江淮汽车、双环汽车、北汽福田、华泰现代、东安动力、东安发动机等配套

★哈尔滨东安汽车动力股份有限公司
地址:哈尔滨市平房区保国大街51号
邮编:150066
电话:0451/86501275
传真:86526770
单位人数:5521
质量体系:ISO/TS 16949
产品情况:(东安牌)
DA462、465Q、468QL、471QL等系列微型汽车电喷发动机
配套及出口情况:为哈飞汽车、昌河汽车、陕西汉江、一汽吉轻、奇瑞汽车等配套;随配套整车出口

★哈尔滨千秋实业有限公司
地址:哈尔滨市平房区平房路238号
邮编:150066
电话:0451/86520228、86520238
传真:86507018
单位人数:170
质量体系:ISO 9001
产品情况:DA465、DA476、DA4G93、DA4G94等曲轴,年产160342根

★哈尔滨东安实业发展有限公司
地址:哈尔滨市平房区集智街1号
邮编:150066
电话:0451/86571777
传真:86513322
网址:www. dasy. cn
电子信箱:dasyfz@ sina. com
单位人数:2000
质量体系:ISO/TS 16949
产品情况:油封、气门油封、高压燃油管、发动机缸盖、摇臂总成、气门室罩、连杆、进气歧管、变速器、涡轮增压器、离合器壳体、换挡手柄总成等
配套情况:为东安集团、哈飞汽车、东安

三菱、上汽通用五菱、一汽轿车、海马汽车、奇瑞汽车、比亚迪等配套

★哈尔滨东安发动机(集团)公司
地址:哈尔滨市平房区保国大街51号
邮编:150066
电话:0451/86572114、86574563
传真:86502266
网址:www.dongangroup.cn
电子信箱:xmb@dongangroup.cn
单位人数:5500
质量体系:ISO 9001
产品情况:(东安牌)
发动机
配套及出口情况:为哈飞汽车、昌河汽车、一汽集团、陕飞、比亚迪汽车、东南汽车等配套;与美国GE公司、GOODRICH公司、英国罗罗公司、法国欧直公司、法国SNFA公司、意大利AVIO公司和德国ZFL公司建立了广泛而密切的联系

★哈尔滨东安液压机械有限公司
地址:哈尔滨市平房区平房镇镇西新村二道街13号
邮编:150066
电话:0451/86576933
传真:86579864
网址:www.donganyy.com
电子信箱:tzq@donganyy.com
质量体系:ISO/TS 16949
产品情况:(TDJ牌)
发动机自动液压张紧器,变速器拨叉、轴,离合器分泵等
配套及出口情况:为东安集团、哈飞汽车、东安三菱、唐山爱信、长城汽车、浙江中马等配套;远销美国、俄罗斯、波兰等国家

★哈尔滨东安华孚机械制造有限公司
地址:哈尔滨市平房区联盟大街139号
邮编:150066
电话:0451/86599146
传真:86599146
单位人数:97
质量体系:ISO 9001
产品情况:DN465、DA468、DA474、东安三菱等进排气歧管

★哈尔滨东安机电制造有限责任公司
地址:哈尔滨市平房区联盟大街70号
邮编:150066
电话:0451/86599641
传真:86599641
网址:www.dajd.cn
电子信箱:dajdjsb@163.com
单位人数:687
质量体系:ISO/TS 16949、ISO 9000
产品情况:汽车发电机、节气门体总成、传感器、分电器、机油泵、水泵、洗涤器等
配套情况:为东安动力、东南汽车、奇瑞汽车、哈飞汽车、一汽佳宝、华晨汽车、比亚迪汽车、昌河汽车、吉利汽车、柳州微型车、唐山齿轮、江陵齿轮等配套

★哈尔滨东安汽车发动机制造公司

地址:哈尔滨市开发区哈平路集中区烟台路6号
邮编:150069
电话:0451/86810210
传真:86810120
网址:www.dae.cc
电子信箱:ghfz@dae.cc
法人代表:邹文超
负责人:赵非
单位人数:1380
质量体系:ISO/TS 16949
产品情况:(DAE牌)
公司主要从事引自日本三菱汽车的4G1和4G9两大系列排量为1.3~2.0L汽油发动机和自动变速器(4AT、5AT)及手动变速器(MT)产品研制、开发、生产和销售,是国内首家同时拥有汽车发动机、自动变速器和手动变速器制造技术的企业
配套及出口情况:为比亚迪汽车F3、F3R、G3;东南汽车蓝瑟、菱悦、希旺;柳汽景逸、风行菱智;哈飞汽车赛马、赛豹、路尊;众泰汽车众泰2008、众泰5008;北汽福田迷迪;广汽长丰猎豹飞腾、CS7;华晨汽车骏捷;江淮汽车同悦、同悦RS、和悦、和悦RS;浙江永源风景线、A380;台湾中华VERYCA;青年莲花L3等国内多家车厂和车型;出口日本,并销往中国台湾地区
☞ 详细情况请参阅彩色宣传版面

★哈尔滨天朗汽车配件有限公司
地址:哈尔滨市道里区机场路4公里处
邮编:150070
电话:0451/84326389
传真:84326380
网址:www.hrbtanlon.com
电子信箱:tanlon1@126.com
质量体系:ISO 9001
产品情况:空气、机油、燃油滤清器,软质PU滤清器、硬质PP滤清器

★哈尔滨瑞成滤清器有限公司
地址:哈尔滨市道里区龙化路
邮编:150070
电话:0451/84366835、84369856
传真:84366836
质量体系:ISO 9001
产品情况:空气、机油、柴油滤清器,软质PU滤清器、硬质PP滤清器等

★哈尔滨爱迪压铸有限公司
地址:哈尔滨市南岗区学府路191号
邮编:150086
电话:0451/86651932
传真:86660154
网址:www.hrb-idyz.com
电子信箱:3889@sohu.com
单位人数:171
质量体系:ISO/TS 16949、ISO 9001
产品情况:(ID牌)
汽车发动机铝合金压铸配套件,2010年产3500t
配套情况:为东安动力配套

★佳木斯畅通汽车零部件有限公司
地址:黑龙江省佳木斯市东风区光复路东段文明巷1号
邮编:154005
电话:0454/8083322、8080888
传真:8121000
网址:www.jmsct.com
电子信箱:jmsct@163.com
质量体系:ISO/TS 16949
产品情况:(龙佳牌)
汽车发动机进/排气歧管及总成
配套及出口情况:为一汽集团、沈阳新光、沈阳金杯、沈阳富桑、沈阳东基星、保定长城、天津雷沃动力、北汽福田、绵阳新晨、柳州五菱等配套;部分产品出口

★黑龙江华安机械有限责任公司
地址:黑龙江省齐齐哈尔市碾指山区
邮编:161046
电话:0452/6687950、6681988
传真:6672292
网址:www.huaanjx.com
电子信箱:hebha123@163.com
质量体系:ISO 9001
产品情况:(华安牌)
汽车凸缘、汽车半轴套
出口情况:出口亚洲、欧洲

上海市

★上海翰洁汽车零部件有限公司
地址:上海市松江区新浜工业区
邮编:200000
电话:021/54377661
电子信箱:shhanjie@yahoo.cn
负责人:周晓珍
质量体系:ISO/TS 16949
产品情况:(翰洁牌)
滤清器

★上海佳洁立滤清器有限公司
地址:上海市浦东新区南昌路200号
邮编:200020
电话:4006689872、0317/3199872
网址:www.shjiajieli.com
质量体系:ISO 9001
产品情况:空气、机油、柴油滤清器
配套及出口情况:为一汽定点配套;出口东南亚、美洲

★五十铃汽车工程柴油机(上海)公司
地址:上海市娄山关路555号长房国际

广场 18F
邮编:200051
电话:021/62368395
传真:62368392
网址:www. isuzupowertrain. com
产品情况:柴油机

★上海科尔本施密特活塞有限公司
地址:上海市普陀区沪定路 271 号
邮编:200062
电话:021/52809361
传真:52802017
网址:www. saicgroup. com
电子信箱:ksspsale@ public1. sta. net. cn
单位人数:616
质量体系:ISO/TS 16949、VDA 6.1
产品情况:汽油机及柴油机活塞、活塞环及销
配套及出口情况:为上海大众、一汽－大众、上海通用、天津一汽丰田、长安福特马自达、东风康明斯等配套;出口德国(道依茨)、欧洲等国家和地区

★上海皮尔博格有色零部件有限公司
地址:上海市嘉定区兴贤路 1288 号
邮编:200062
电话:021/67071888
传真:67071888
网址:www. kpsnc. com
电子信箱:sales@ kpsnc. com
单位人数:1079
质量体系:ISO/TS 16949、VDA 6.1
产品情况:缸体、汽缸盖、进气模块等有色铸造零部件,排气再循环系统,二次空气系统,机油泵、水泵、真空泵等泵类产品,模具和工具
配套情况:为上海大众、沃尔沃、雷诺、长安福特马自达、上海通用、江淮汽车、东风标致、奇瑞汽车、神龙汽车、吉利汽车等配套

★上海菲特尔莫古轴瓦有限公司
地址:上海市闸北区灵石路 697 号
邮编:200072
电话:021/56650266
传真:56651162
网址:www. shanghaifm. com
电子信箱:Bai. xu@ federalmogul. com
单位人数:390
质量体系:ISO/TS 16949、ISO 14001
产品情况:(上轴牌)
汽车、内燃机主轴瓦、连杆瓦、衬套、止推片及轴瓦材料
配套及出口情况:为上海大众、上海通用、上海汽车、一汽－大众、奇瑞汽车、江淮汽车、北京现代、沈阳三菱、上海柴油机、中国重汽、重庆康明斯、无锡柴油机、潍坊柴油机等配套;出口北美洲、韩国、印度等国家和地区

◉ 上海日用－友捷汽车电气有限公司
地址:上海市嘉定区育绿路 260 号
邮编:200083
电话:021/31275988
传真:31273335
网址:www. shry. net
电子信箱:admin@ shry. net
负责人:马宝发
单位人数:587
质量体系:ISO/TS 16949、QS 9000
产品情况:(顺达牌)
汽车散热器风扇总成、空调鼓风机、交直流特殊微电机
配套情况:国内主要客户有上海大众、上海通用、一汽集团、空调国际、长安汽车、长安铃木、一汽－大众、奇瑞汽车、东风派恩、神龙富康、通惠开利;国外客户有 VW(OEM)、Autogamma VW SEAT (OEM)、Viking (OEM)、Davies Craig (OEM)

★上海帕锐骑汽车零配件有限公司
地址:上海市浦东新区陆家嘴花园石桥路 66 号东亚银行金融大厦 1301 室
邮编:200120
电话:021/68886117
传真:33830986、68889793
网址:www. part－rich. com
电子信箱:pr@ zhongzhou. net
质量体系:ISO/TS 16949
产品情况:散热器、离合器、气门、制动片、电动机、刮水器、减振器、点火装置等
出口情况:出口北美洲(美国、加拿大)、欧洲(德国、俄罗斯)、南美洲(巴西、乌拉圭)、澳大利亚等国家和地区

★上海德尔福排气控制系统有限公司
地址:上海市浦东外高桥保税区希雅路 150 号
邮编:200131
电话:021/28968866
传真:50463937
网址:www. delphi. com
产品情况:汽车排放控制系统

◉ 马瑞利动力系统(上海)有限公司
地址:上海市浦东新区外高桥保税区泰谷路 168 号
邮编:200131
电话:021/58669090
传真:58668585
网址:www. magnetimarelli. com
电子信箱:zhoutongbiao@ magnetimarelli. com. cn
负责人:清水孝一
单位人数:200
质量体系:ISO/TS 16949
产品情况:电喷电控单元,进气岐管模块(包括节气门体、传感器等),包含三元催化转化器的全套排气系统
配套情况:为华晨金杯、奇瑞汽车、神龙汽车、上海大众、长安汽车配套

★上海博众汽油机有限公司
地址:上海市浦东区江东路 1992 号
邮编:200137
电话:021/58649500
传真:58649505
网址:www. shbozhong. com
电子信箱:webmaster@ shbozhong. com
单位人数:226
质量体系:ISO/TS 16949、VDA 6.1
产品情况:小型农用汽油机和摩托车发动机;轿车变速器零件和发动机零件(发动机支架、减速器壳体、前油封凸缘、润滑油轨总成、机油盘总成、进气管总成、支架总成、水泵壳体等)
配套及出口情况:为上海大众、一汽－大众、上海采埃孚转向机等配套;为美国 GM 公司进行铝铸件产品的加工生产

★上海市睿昕电子有限公司
地址:上海市漕河泾经济开发区西区田州路 99 号新茂大楼 1101 室
邮编:200233
电话:021/54450151、54450161
传真:54450171、54450173
网址:www. rising－sh. com
电子信箱:risingsh@ online. sh. cn
单位人数:550
产品情况:(睿昕牌)
水泵硅油风扇离合器及其配件、发动机冷却风扇、电子硅油风扇离合器,年产汽车硅油离合器 70 万台
出口情况:远销南美洲、南非、中东、东南亚、欧洲 50 多个国家和地区

★嘉兴泰新汽车零部件制造公司
地址:上海市古美路 1515 号凤凰楼 1002 室
邮编:200233
电话:021/54452226
传真:54452230
网址:www. taixinauto. com
电子信箱:info@ suntechauto. com
质量体系:ISO/TS 16949、ISO 9001
产品情况:汽车水泵及零部件

★上海金海三喜过滤器材有限公司
地址:上海市徐汇区零陵路 899 号飞洲国际大厦 10 楼 F 座
邮编:200235
电话:021/54891280、54891220
传真:54891281
网址:www. goldensea. cn
电子信箱:goldenseamail@ 163. com
单位人数:80
质量体系:ISO/TS 16949、ISO 9001
产品情况:主要产品有高中效过滤器、粗效过滤器、粗效长寿命过滤器、油烟抗病毒过滤器、空气净化用过滤器、集尘机、汽车空调器过滤器,光、冷触媒材

料过滤器等,年生产各类空气过滤器200万只
出口情况:出口日本、韩国、泰国、马来西亚、英国、以色列、意大利、美国等国家,并销往中国香港、台湾地区

★上海盖里特涡轮增压器系统公司
地址:上海市普陀区古浪路1681号
邮编:200331
电话:021/51076070
传真:51076050
网址:www. gerritt. com. cn
电子信箱:gerritt@ tom. com
质量体系:ISO 9001
产品情况:(盖里特牌)
涡轮增压器
出口情况:出口东亚、东南亚

★上海鑫田国际贸易有限公司
地址:上海市杨浦区国权路43号1610室
邮编:200430
电话:021/65109110、2197255
传真:65108077
网址:www. autohy. cn
电子信箱:wangxi0508@ hotmail. com
质量体系:ISO/TS 16949、ISO 9001
产品情况:(合一牌)
汽车进气歧管

★上海伊铭增压器制造有限公司
地址:上海市嘉定区南翔镇科福路300号
邮编:200433
电话:021/39548079、39125928
传真:39548083
网址:www. yimturbo. com
电子信箱:biao@ yimturbo. com
质量体系:ISO 9001
产品情况:废气涡轮增压器
配套情况:为上柴、康明斯、大柴、重汽集团、锡柴、玉柴、云内、南京汽车集团、江铃四达集团等配套

★上海气门厂有限公司
地址:上海市万安路333号
邮编:200434
电话:021/65423225
传真:65422895
质量体系:ISO 9001
产品情况:(七零牌)
各种内燃机进排气门
配套情况:为全国60多家主机厂配套

★上海柴油机股份有限公司
地址:上海市杨浦区军工路2636号
邮编:200438
电话:021/65745656
传真:65749845
网址:www. sdec. com. cn
电子信箱:office@ sdecie. com
单位人数:4000
质量体系:ISO/TS 16949、QS 9000
产品情况:(东风牌)
D114、C121、135(G128)三大系列柴油机,LPG、天然气、二甲醚以及双燃料发动机等

★上海伦群实业有限公司
地址:上海市普陀区真金路577弄13号
邮编:200442
电话:021/66406931、66406932
传真:66406937
网址:www. lunparts. com
电子信箱:autoparts@ lunparts. com
质量体系:ISO/TS 16949
产品情况:汽车缸盖、凸轮轴、曲轴、变速器等

★上海普安柴油机有限公司
地址:上海市宝山区业绩路297号
邮编:200444
电话:021/60959936
传真:60959935
网址:www. shpuan. com
电子信箱:songdm@ shpuan. com
单位人数:23
质量体系:ISO/TS 16949
产品情况:(普安牌)
DV11、DV15系列柴油机,可用于重型载货汽车、豪华大客车、重型工程机械、船用主辅机、发电机组的动力

★上海众力汽车部件有限公司
地址:上海市闵行区顾戴路3099号
邮编:201100
电话:021/54889038
传真:54881810
网址:www. zlc. com. cn
电子信箱:info@ zlc. com. cn
质量体系:ISO/TS 16949、QS 9000
产品情况:(众力(ZhongLi)牌)
发动机悬置、底盘减振件、底盘模块、塑料内外饰件等
配套及出口情况:为一汽海马、天津一汽丰田、广汽丰田、上海通用、美国通用、美国克莱斯勒等配套;产品直接供应北美配套市场

★上海牛章汽车发动机部件有限公司
地址:上海市闵行区沁春路707号
邮编:201100
电话:021/54942963、51760238
传真:54942965、51760239
网址:www. made - info. com
电子信箱:DL689@ vip. 163. com
质量体系:ISO/TS 16949、ISO 9001
产品情况:发动机配件、缸套、缸盖、缸体、曲轴、凸轮轴等
出口情况:出口欧洲、中东、非洲等30多个国家

★上海洁帝欧滤清器有限公司
地址:上海市闵行区红梅南路工业区18号
邮编:201108
电话:021/51699639
传真:51699639
单位人数:380
质量体系:ISO 9001
产品情况:空气滤清器及滤芯

★上海协昌霍宁实业发展有限公司
地址:上海市闵行区景联路189号15号楼
邮编:201108
电话:021/61517981、61517982
传真:61517985
网址:www. xchnco. com
电子信箱:xchnco@ xchnco. com
单位人数:220
质量体系:ISO/TS 16949、QS 9000
产品情况:汽车涡轮增压器中间壳、转向器及支架等
配套及出口情况:汽车涡轮增压器关键零件各类中间壳、阀门轴等为Honeywell公司配套;出口北美洲、日本、韩国、英国、澳大利亚、巴西等国家和地区

★上海三国精密机械有限公司
地址:上海市浦东区王桥路393号
邮编:201200
电话:021/58385289、58384998
传真:58385399
网址:www. mikuni - sh. com. cn
电子信箱:kai_zhang@ mikuni. co. jp
单位人数:420
质量体系:ISO/TS 16949、ISO 9001
产品情况:汽车、摩托车电子燃油喷射装置、排放控制装置、小型化油器、巴士用加热器等,年产能力400万台(件)
配套及出口情况:主要客户有金城集团、金城摩托、江门大长江、轻骑铃木、济南轻骑、长安铃木、昌河铃木、富士常柴、泰州雅马哈、五羊本田、航天三菱、东安汽车、哈飞汽车、长城汽车、长铃集团、春风控股集团、一汽海马、日本三国等;产品50%左右出口日本、东南亚、欧美等国家和地区

★康明斯滤清系统(上海)有限公司
地址:上海市浦东区川沙新镇物流大道268号
邮编:201202
电话:021/61686168、58936060
传真:68781478、68781471
网址:www. cummins. com. cn
产品情况:发动机用冷却液和乘用车燃油滤清器等

★霍尼韦尔涡轮增压系统(上海)公司
地址:上海市浦东新区张江高科技园区牛顿路8号
邮编:201203
电话:021/50801030
传真:50801030
网址:www. honeywell. com
质量体系:QS 9000、ISO 9000
产品情况:涡轮增压器
配套情况:为大柴、锡柴、东风康明斯、朝柴、依维柯、潍柴斯太尔、杭发斯太尔、玉柴、江铃、云内、上柴、天津珀金斯

等配套

★上海维纳特气门有限公司
地址：上海市浦东新区浦建路 1578 弄 8 号
邮编：201204
电话：021/50452367
传真：38770302
网址：www. w－n－t. com
单位人数：1100
质量体系：ISO/TS 16949、ISO 9001
产品情况：（维纳特牌）
　　气门、活塞销
配套及出口情况：为大柴、锡柴、玉柴、上柴、潍柴、南柴、康明斯、杭发、扬柴、朝柴、云内、江淮汽车、湖动、柳发、中国一拖、常柴、扬动、大长江、嘉陵等配套；远销欧美和东南亚

★上海伊顿发动机零部件有限公司
地址：上海市浦东新区芳华路 139 号
邮编：201204
电话：021/58917006
传真：58910904
网址：www. eaton. com
单位人数：470
质量体系：ISO/TS 16949、ISO 9001
产品情况：各类汽车、柴油机、摩托车用发动机气门及液压挺杆等零部件
配套情况：为上海大众、上海通用等配套

★上海汇大机械制造有限公司
地址：上海市浦东新区张桥乐园路 38 号
邮编：201206
电话：021/58990803、58990804
传真：58990805
网址：www. huidajx. com
电子信箱：huida@ huidajx. com
单位人数：270
质量体系：ISO/TS 16949、ISO 14001
产品情况：阀体、下缸体、离合器壳体、变速器壳体、转向机壳体、控制臂、进气歧管、前盖、油底壳、延伸体、支架等
配套情况：与沙基诺转向系统（苏州）公司、采埃孚传动技术（杭州）公司、卡斯马汽车系统（上海）公司等知名汽车零部件全球采购商建立配套合作关系

★上海弗列加滤清器有限公司
地址：上海市浦东区杨高北路 3595 号
邮编：201208
电话：021/58657950
传真：58658066
网址：www. shanghaifleetguard. com
电子信箱：service@ shanghaifleetguard. com
质量体系：ISO/TS 16949、QS 9000
产品情况：（FLEETGUARD 牌）
　　空气滤清器、机油滤清器、燃油滤清器、水滤清器、冷却添加剂等，滤清器年产能力 2100 万只
配套情况：为东风商用车、东风康明斯、一汽解放青岛、江铃、江淮、北奔重汽、东风日产柴、东风标致雪铁龙、宇通客车、苏州金龙、厦门金龙、东风乘用车、上海通用、长安福特马自达、东风本田发动机、东风悦达起亚、三一重工、徐工集团配套

★上海天坤汽车零部件有限公司
地址：上海市浦东南汇区工业园区城东路 23 号
邮编：201300
电话：021/58017479
传真：68030737
电子信箱：shtk021@ 163. com
单位人数：200
质量体系：ISO 9001
产品情况：（天坤牌）
　　活塞、缸套、活塞环、活塞销等
配套情况：为上海大众、一汽－大众等配套

★上海峰亚耐火保温材料有限公司
地址：上海市浦东新区南汇工业园区园春路 106 号
邮编：201300
电话：021/68009522、68009180
传真：58003660
网址：www. shfengya. com
电子信箱：roy@ shfengya. com
法人代表：杨其芳
负责人：董守殷
单位人数：120
质量体系：ISO/TS 16949、ISO 9001
产品情况：汽机车排气系统消声隔热产品、缓冲钢丝衬垫、陶瓷石墨密封圈等
配套及出口情况：为本田、一汽马自达、东风日产、东南三菱、江淮、奇瑞、比亚迪、通用五菱、长城、比亚乔、钱江、新大洲本田、雅马哈、宗申等配套；轧针棉出口

★上海飞力油泵油嘴有限公司
地址：上海市浦东沪南路新场
邮编：201314
电话：021/58176866、58176162
传真：58176866、58176162
网址：www. feili－china. com
电子信箱：feili1998@ yahoo. com. cn
质量体系：ISO 9001
产品情况：（NPC 牌）
　　柴油机喷射系统的三对精密偶件
出口情况：出口东南亚

★上海祥生贝克轴瓦有限公司
地址：上海市南汇区航头镇鹤立西路 88 号
邮编：201318
电话：021/58147001、58147005
传真：58147006
网址：www. beco. com. cn
电子信箱：beco@ beco. com. cn
质量体系：ISO/TS 16949
产品情况：（祥生牌）
　　轴瓦、止推片、衬套
配套及出口情况：为上海大众、东风康明斯、潍柴斯太尔、沈阳三菱等配套；轴瓦产品已进入欧美、日本车系配套系统

★上海马勒滤清系统有限责任公司
地址：上海市奉贤综合开发区环城北路 1199 号
邮编：201400
电话：021/51365705
传真：51365746
网址：www. cn. mahle. com
质量体系：ISO/TS 16949、VDA 6. 1
产品情况：机油、燃油、空气及炭罐滤清器，具有年产 600 万套滤清器的能力
配套情况：为上海大众、一汽－大众、江铃汽车、北汽福田、奇瑞汽车、锡柴、上柴、上海拖内等配套

★上海贤众汽车零部件有限公司
地址：上海市奉贤区南桥镇运河北路 1099 号
邮编：201400
电话：021/57420304
传真：57181428
电子信箱：xianzhong_sh@ 163. com
质量体系：ISO/TS 16949、VDA 6. 1
产品情况：汽车消声器、排气管等
配套及出口情况：为上海大众、上海通用、一汽－大众、上海本特勒等配套；出口美国、加拿大

★上海电装燃油喷射有限公司
地址：上海市奉贤区肖塘镇程普路 118 号
邮编：201401
电话：021/33655850
传真：33655851
网址：www. shdenso. com
质量体系：ISO/TS 16949
产品情况：柴油燃油泵、喷油器总成及其配套的燃油喷射系统零部件

★上海神力科技有限公司
地址：上海市奉浦工业综合开发区远东路 777 弄 28 号
邮编：201401
电话：021/37598699、67104458
传真：37598061、67100759
网址：www. sl－power. com
电子信箱：huliqing@ mail. online. sh. cn
产品情况：燃料电池发动机、燃料电池动力系统、燃料电池发电站、燃料电池测试与评估装置、燃料电池监测与控制器等

★上海三达汽车配件有限公司
地址：上海市奉贤区奉浦陈桥路 1839 号
邮编：201401
电话：021/67106143
传真：67107772
网址：www. shsanda. com
单位人数：193
质量体系：ISO/TS 16949、ISO 9001
产品情况：（海通牌）

汽车发动机冷却、润滑、燃油等管路系统的管件
配套情况:为上海大众、上海通用、上海申沃、上汽罗孚、上海日野发动机、一汽-大众、一汽大连、广东鸿图、奇瑞汽车、江铃汽车、南京依维柯等提供金属冷却水管、集油管、燃油管、进出油管及软硬结合等各类管路管件的配套服务

★上海日野发动机有限公司
地址:上海市奉贤区环城东路179号
邮编:201401
电话:021/67108800
传真:67108496
网址:www.shanghaihino.com
电子信箱:webmaster@shanghaihino.com
产品情况:P11和J系列柴油机及相关产品,主要配套于重型载货汽车、大型客车、水泥搅拌车等
配套情况:为重汽集团、北奔重汽、江淮汽车、三一重工、上海华建、上海汇众、厦门金龙、宇通客车、安徽华菱等配套

★上海粤特机械铸造有限公司
地址:上海市金汇镇金钱公路1635号
邮编:201403
电话:021/57575726
传真:57575339
网址:www.ytjxzz.com.cn
单位人数:180
质量体系:ISO 9001
产品情况:发动机缸体、缸盖、进排气管、油底壳、各类支架铸造件

★上海合拓汽车配件有限公司
地址:上海市奉贤工业区
邮编:201404
电话:021/51086882
质量体系:ISO 9001
产品情况:载货汽车、客车、工程机械、发电机组等各类油水分离器、柴油和机油滤清器、空气干燥器等
配套及出口情况:为多家汽车制造厂配套;远销中东、东南亚、美洲、俄罗斯等国家和地区

★瑞与祺集团
地址:上海市奉贤区金汇镇航南一支路153号
邮编:201405
电话:021/51035518
传真:57587049
电子信箱:sales@reachcooling.com
质量体系:ISO/TS 16949、ISO 9001
产品情况:汽车散热器、冷凝器等发动机散热系统和空调系统及配件

★速必达电子电器制造(上海)公司
地址:上海市奉贤区邵厂镇新杨路1518号
邮编:201413
电话:021/57142988
传真:57143122、57142595
电子信箱:sandra21@21cn.com
质量体系:ISO/TS 16949
产品情况:(速立达牌)
电喷燃油泵、水泵、机油泵、进排气歧管
出口情况:出口欧洲、非洲、南美洲、北美洲、亚洲等地区

★上海利奥实业有限公司
地址:上海市奉贤区青村镇青港工业区
邮编:201414
电话:021/57565598
传真:57565098
电子信箱:liao57565598@yahoo.com.cn
单位人数:308
质量体系:ISO 9001
产品情况:(奥星牌)
汽车油箱、滤清器及汽车气制动元件等

★上海贤华内燃机配件厂
地址:上海市奉贤区南亭公路3198号
邮编:201415
电话:021/57469533
传真:57466544
网址:www.xianhua-sh.com
质量体系:ISO/TS 16949
产品情况:消声器、排气管以及深拉伸冲压件
配套情况:为上柴等配套

★上海爱信汽车部件有限公司
地址:上海市奉贤区拓林镇胡桥兴隆路504号
邮编:201424
电话:4006066863
质量体系:ISO 9001
产品情况:(MF牌)
汽车滤清器

★上海康弗莱尔汽车发动机系统公司
地址:上海市普陀区真南路2548号上海都市型工业园区2号厂房
邮编:201428
电话:021/59181154
传真:62504679
网址:www.camfollower.cn
电子信箱:gongyue2001@163.com
质量体系:ISO 9001
产品情况:汽车发动机液压挺杆、气门挺柱、张紧器等
出口情况:出口德国、英国、美国、俄罗斯、南非、中南美洲、韩国、印尼、中东等国家和地区,并销往中国台湾地区

★上海银河动力金山缸套有限公司
地址:上海市金山区亭枫公路4283号
邮编:201500
电话:021/57325576
传真:57334826
电子信箱:js.gtc@163.com
质量体系:ISO/TS 16949、QS 9000
产品情况:内燃机湿式合金铸铁汽缸套

★上海滤豹汽车零部件有限公司
地址:上海市金山区山阳镇浦卫公路236号
邮编:201500
电话:021/64272533
电子信箱:panwu_07@yahoo.com.cn
质量体系:ISO 9001
产品情况:机油、柴油、空气滤清器
出口情况:远销泰国、中东、南非、韩国、意大利、美国等10多个国家和地区

★上海名真滤清器有限公司
地址:上海市金山区张堰镇松金公路1栋1066号
邮编:201500
电话:4006596180
网址:www.mingzhenlvqingqi.cnalibaba.com
单位人数:152
质量体系:ISO 9001
产品情况:(永真牌)
滤清器
出口情况:远销亚洲、欧洲、美洲等多个地区

★上海银皓汽配制造有限公司
地址:上海市金山区枫泾工业园区王圩路1735号
邮编:201501
电话:021/67356666
网址:www.ben-zone.com
电子信箱:ben-zone@vip.163.com
单位人数:200
质量体系:ISO/TS 16949、ISO 9001
产品情况:(银皓牌)
电喷燃油泵、电子泵、单向器、磁力开关、滤清器、制动片、门锁和球头等
出口情况:远销欧美、中东、东南亚等几十个国家和地区

★上海广凌气门座厂
地址:上海市金山区吕港镇朱吕公路6588号
邮编:201517
电话:021/57374882
传真:57375050、57372745
电子信箱:guanglingt@163.com
质量体系:ISO/TS 16949
产品情况:(GUANGLING牌)
内燃机气门座,年产销气门座2000万只
配套情况:为锡柴、上柴、东风康明斯、潍柴、柳发、江淮动力股份、常柴、南通柴油机、常州亚美柯动力、常发、福建力佳等配套

★上海世德子汽车零部件有限公司
地址:上海市松江区新浜工业园区浩海路9号
邮编:201605
电话:021/67891188、67891199
传真:67891155
网址:www.sdz.com.cn

电子信箱:sdz@ sdz. com. cn
质量体系:ISO/TS 16949、ISO 9001
产品情况:(SDZ 牌)
电喷燃油泵、燃油泵总成、滤网及油管、卡箍、线束、插接件、橡胶件、防振件、塑料件等
出口情况:出口欧洲、美洲、亚洲等地区

★上海郎特汽车净化器有限公司
地址:上海市松江区车墩镇三浜路60号
邮编:201611
电话:021/37601039
传真:37601009
网址:www. langtjhq. com
电子信箱:zjg@ langtjhq. com
质量体系:ISO/TS 16949
产品情况:(郎特牌)
汽车、摩托车等机动车排气三效催化剂和三效催化转化器
配套及出口情况:净化器产品为浙江吉奥汽车、东风朝柴、北旅配套;出口南非、伊朗、俄罗斯、伊拉克、智利、北美洲、欧洲等国家和地区

★上海林泰汽配制造有限公司
地址:上海市松江工业园区
邮编:201611
电话:021/51294898、59185477
传真:59185477
质量体系:ISO 9001
产品情况:(林泰牌)
机油滤清器、制动泵、水泵、组合开关、散热器等

★升灿汽配(上海)有限公司
地址:上海市松江区车墩镇车亭公路138弄莘莘学子创业园区
邮编:201611
电话:021/57601316
传真:57600836
网址:www. peko. com. tw
电子信箱:peko@ ms9. hinet. net
单位人数:200
质量体系:ISO 9001
产品情况:空气滤清器、燃油滤清器、空调滤清器、机油滤清器
出口情况:出口美国、欧洲、拉丁美洲、墨西哥、澳大利亚等国家和地区

★上海可立洁汽车配件有限公司
地址:上海市松江区车墩镇汇桥村汇北公路59号
邮编:201611
电话:021/57605808、57600784
传真:57605987、51069389
网址:www. kelifils. com
电子信箱:manager@ kelifils. com
质量体系:ISO 9000
产品情况:(KLJ 牌、KELIJIE 牌、KELIFILS 牌)
汽车空气滤清器、空调滤清器、燃油滤清器、机油滤清器

出口情况:产品年出口10万套

★上海欧伊恩汽车零部件有限公司
地址:上海市松江区车墩工业园区车泾路278号
邮编:201611
电话:021/57609713、57609714
传真:57609710
网址:www. oem - shanghai. com
电子信箱:oemparts@ sh163. net
质量体系:QS 9000、ISO 9002
产品情况:(OEMG 牌)
硅油风扇离合器、汽车水泵、球笼
出口情况:出口50多个国家

★庄信万丰(上海)化工有限公司
地址:上海市松江区松江工业区东兴路88号
邮编:201613
电话:021/57741234
传真:57744806
质量体系:ISO/TS 16949
产品情况:汽车尾气净化催化剂

★上海骑士汽车配件有限公司
地址:上海市闵行区红梅南路3888号吴中汽配城25区15-17号
邮编:201615
电话:021/54492019
传真:33506792
质量体系:ISO 9001
产品情况:气门、油封、大修包、缸垫、轴瓦及分火线等

★上海雪朗峰滤清器有限公司
地址:上海市松江区车墩工业园区车亭路138号
邮编:201615
电话:021/54942151
传真:54942151
质量体系:ISO 9001
产品情况:机油滤清器、柴油滤清器

★上海博龙汽车配件有限公司
地址:上海市松江区久富经济开发区恒富路98号
邮编:201615
电话:021/67627598、67627599
传真:67627066
网址:www. shbolong. com
电子信箱:songsw@ shbolong. com
质量体系:ISO 9001
产品情况:(博众牌)
活塞环、活塞、缸套、轴瓦、气门、张紧轮等
配套情况:金属陶瓷活塞环为东风康明斯、玉柴、锡柴、大柴、朝柴等配套

★上海德朗汽车零部件制造有限公司
地址:上海市松江区高新科技园区洋河滨路58号
邮编:201615
电话:021/67696908
传真:67696103
网址:www. shdelang. com
电子信箱:info@ shdelang. com
质量体系:ISO/TS 16949
产品情况:汽车散热器、暖风器、中冷器和蒸发器等热交换系列产品,年产175万套
配套及出口情况:为大众、德尔福、法雷奥、AC 德科、贝洱、Modine 等定点配套;远销美国、加拿大、澳大利亚、德国等国家

★上海久田塑胶模具有限公司
地址:上海市松江区港德西路68号
邮编:201616
电话:021/57853775、57852116
传真:57853781
网址:www. sh - jiutian. com
电子信箱:shjiutian@ 163. com
质量体系:ISO/TS 16949、ISO 9001
产品情况:塑胶模具、汽车散热器水室及其他塑料制品
配套情况:为法雷奥、德尔福、奇瑞、一汽海马、南汽集团等企业配套

★上海保隆汽车科技股份有限公司
地址:上海市松江区洞泾镇茂盛路71号
邮编:201619
电话:021/57690000
传真:57690035
网址:www. baolong. biz
电子信箱:sbic@ baolong. biz
单位人数:600
质量体系:ISO/TS 16949、QS 9000
产品情况:(威乐牌、TOPSEAL 牌、DigiTire 牌)
胎压监测系统(TPMS)、温度压力传感器、气压计、气泵等汽车电子产品,气门嘴、气门芯、平衡块、螺母螺栓等车轮附件,排气尾管、消声系统等汽车排气系统
配套及出口情况:为福特汽车、通用汽车、丰田、宝马、标致等配套;远销71个国家和地区

★上海嘉来顿活塞有限公司
地址:上海市松江区沈砖公路5808号
邮编:201619
电话:021/67679448、67679487
传真:67679153、67679528
网址:www. jialaidun. com
电子信箱:shjld@ jinlaidun. com
单位人数:517
质量体系:ISO/TS 16949、ISO 9001
产品情况:(JLD 牌)
活塞、活塞销、销卡簧、活塞环、汽缸套等
配套及出口情况:产品为国内外多家主机厂配套;出口德国

★上海日欣汽车滤清器有限公司
地址:上海市青浦区天一路215号

邮编:201700
电话:021/59228918
传真:59228928
电子信箱:filters@126.com
质量体系:ISO 9001
产品情况:(日欣牌)
柴油滤清器、机油滤清器、空气滤清器
配套情况:为锡柴、浙江新柴动力、扬动、江淮动力等配套

★上海菱重增压器有限公司
地址:上海市青浦区外青松公路5399号高新技术成果转化基地A34号
邮编:201700
电话:021/69210030
传真:69210825
网址:www.smtc.sh.cn
质量体系:ISO/TS 16949
产品情况:涡轮增压器

★上海爱仕达汽车零部件有限公司
地址:上海市青浦区工业园区外青松公路4508号
邮编:201701
电话:021/59223857
传真:59700397
质量体系:ISO/TS 16949、ISO 14001
产品情况:汽车发动机铝合金汽缸体、缸盖

★上海世佳汽车零部件制造有限公司
地址:上海市青浦区青浦工业园区崧盈路1018号
邮编:201706
电话:021/59869666、62707216
传真:59869152
网址:www.autosaga.com
电子信箱:maanwel@sina.com
质量体系:ISO/TS 16949
产品情况:汽车水泵、铝合金压铸件
配套及出口情况:为多家大型汽车制造厂配套;出口欧洲、美洲、日本等国家和地区

★上海东灿汽车配件有限公司
地址:上海市青浦区北青公路9518号
邮编:201707
电话:021/59705280、59705260
传真:59705286
网址:www.shdongcan.com
电子信箱:shengchang@mail.wzptt.zj.cn
质量体系:ISO 9001
产品情况:(钻石牌)
汽车滤清器、自动变速器滤网等

★上海日都汽车配件有限公司
地址:上海市青浦工业园区天盈路98号5号厂房
邮编:201707
电话:021/69206020
传真:69202554
网址:www.nitto-kogyo.co.jp
电子信箱:xjy@shanghai-nitto.com
质量体系:ISO 9001、ISO 14001
产品情况:汽车三滤、过滤器扳手、放油塞、防护手套等

★上海骆氏连杆工业股份有限公司
地址:上海市青浦区华志路1588号
邮编:201708
电话:021/69792082
传真:69791977
网址:www.luoshi.com
产品情况:(骆氏牌)
连杆
配套情况:致力于为全球汽车制造商提供OEM及售后服务

★上海巨东汽车配件有限公司
地址:上海市青浦区练塘镇练东村王家301号
邮编:201715
电话:021/59849617
传真:59849607
网址:www.geauto.com.cn
电子信箱:geauto128@yahoo.com.cn
质量体系:ISO 9001
产品情况:各种发动机铝活塞及活塞销、缸套、活塞环等,年产100万只
出口情况:远销欧洲、美洲、非洲、中东和东南亚

★上海意奔玛滤清器有限公司
地址:上海市青浦区练塘工业园区泖甸路288号
邮编:201716
电话:021/59815555
传真:59815557
网址:www.ybm.com.cn
单位人数:600
质量体系:ISO/TS 16949
产品情况:(YBM牌)
滤清器,年产3000多万只
配套及出口情况:为沈阳华晨新光发动机厂、四川绵阳新晨动力、沈阳双福内燃机、沈阳东基星机械、秦皇岛金程汽车、吉利汽车、厦门金旅、华晨金杯、沈阳中顺、河北中兴、河北大迪、河北天马等配套;产品70%出口欧洲、美洲、大洋洲、非洲、亚洲等40个国家和地区

★上海金箐煌汽车零部件制造公司
地址:上海市真南路4268号
邮编:201802
电话:021/36300113
质量体系:ISO 9001
产品情况:(雀王牌)
各种车辆滤清器

★上海昊牌汽车零部件有限公司
地址:上海市嘉定区南翔扬子路18号
邮编:201802
电话:021/59190795
传真:59190751
网址:www.hao-p.com.cn
电子信箱:wxy_989@vip.163.com
质量体系:QS 9000
产品情况:(Hao-p牌)
车用滤清器等
配套及出口情况:为国内OEM厂家配套;远销欧洲市场

★上海谈立滤清器有限公司
地址:上海市南翔开发区
邮编:201802
电话:021/69122760
质量体系:ISO 9001
产品情况:(金骆驼牌)
机油滤清器、柴油滤清器、汽油滤清器和空气滤清器

★上海珠铃汽车配件厂
地址:上海市嘉定区黄渡工业园区春浓路299号
邮编:201804
电话:021/69590001
传真:69590005
网址:www.zlautoparts.com
质量体系:ISO/TS 16949、QS 9000
产品情况:(日铃牌)
油水分离器、机油散热器水管、暖水控制阀、高压泵电磁阀、柴油滤清器、各种车用减振器等
配套情况:为江铃汽车等配套

★上海佛吉亚红湖排气系统有限公司
地址:上海市闵行区联友路669号6号工业厂房
邮编:201805
电话:021/52261188
传真:62210326
质量体系:VDA 6.1、QS 9000
产品情况:汽车排气管、消声器和净化器
配套情况:为上海大众、上海通用、南京依维柯、东风日产乘用车、奇瑞汽车等配套

★上海奥众汽车部件制造有限公司
地址:上海市嘉定区安亭镇大众工业区安亭镇园区路348号
邮编:201805
电话:021/59507608
传真:59508195
网址:www.auzone.cn
电子信箱:sales@auzone.cn
质量体系:ISO/TS 16949
产品情况:节气门体、节气门怠速电动机、节气门位置传感器等
配套及出口情况:为德尔福公司、西门子VDO的OEM供应商和华普汽车、吉利汽车等主机厂定点配套;半电子节气门体出口美国、德国、波兰、土耳其、以色列等国家

★上海红湖消声器厂
地址:上海市嘉定区安亭镇和静路1200号
邮编:201805
电话:021/59567068、59567058

传真:59565592
网址:www. shhhx. com
电子信箱:shhu@ shhhx. com
单位人数:352
质量体系:ISO/TS 16949、VDA 6.1
产品情况:汽车排气管、消声器和净化器,年产能力 50 万台套
配套情况:为上海大众配套

★上海通协汽车配件有限公司
地址:上海市嘉定区安亭镇百安路 898 号
邮编:201805
电话:021/69573687-212
传真:69573075
质量体系:ISO/TS 16949、VDA 6.1
产品情况:机油滤清器

★德嘉汽车配件(上海)有限公司
地址:上海市嘉定区安亭镇园区路 1128 号
邮编:201805
电话:021/69576177
传真:69576179
网址:www. qscontrol. com
电子信箱:radiator@ qscontrol. com
质量体系:ISO/TS 16949、ISO 9000
产品情况:汽车散热器水槽、主板、配件及模具

★上海大众动力总成有限公司
地址:上海市嘉定区城北路 3598 号
邮编:201807
电话:021/59545678
传真:59543311
单位人数:331
质量体系:ISO/TS 16949
产品情况:POLO1.4、POLO1.6 用汽油机,年产 46078 台

★上海乾通汽车附件有限公司
地址:上海市嘉定区百安公路 168 号
邮编:201814
电话:021/59501800
传真:59501900
网址:www. scaac. com
电子信箱:scaac@ scaac. saic. com. cn
单位人数:1142
质量体系:ISO/TS 16949、VDA 6.1
产品情况:各种有色金属压铸件、机油泵、水泵、活塞销等
配套及出口情况:主要客户有上海大众、上海通用、一汽-大众、长安福特马自达、上汽通用五菱、上海柴油机等;为美国 VISTEON 公司 OEM 配套

★上海永红汽车零部件有限公司
地址:上海市嘉定区安亭镇宝安路 4919 号
邮编:201814
电话:021/59503367、59503368
传真:39500044
网址:www. ghsyh. com
电子信箱:syhwmx@ vip. 163. com
单位人数:200
质量体系:ISO/TS 16949、VDA 6.1
产品情况:空气滤清器、空调过滤器、滤芯等,具有年产空气滤清器总成 80~120 万套的产能力
配套及出口情况:为大众桑塔纳、一汽捷达、通用别克、广汽本田、神龙富康、长安面包、上汽罗孚、南京名爵、奇瑞汽车、永康众泰等配套空气滤清器总成,为南京长安、重庆长安等配套生产多种注塑产品;出口印度、德国、美国、意大利等国家,出口德国宝马汽车冲压零件 10 余个品种

★浙江骆氏减震件股份有限公司
地址:上海市嘉定区安亭镇安晓路 51 号
邮编:201814
电话:021/59509570
传真:59509571
网址:www. luoshi. com
电子信箱:ls@ luoshi. com
单位人数:1150
质量体系:ISO/TS 16949
产品情况:(骆氏牌)
　　发动机悬置、变速器支架、隔振块、防尘罩、衬套、吊环
配套及出口情况:为一汽集团、上汽集团、东风汽车集团、北汽集团、广汽集团、一汽-大众、上海大众、德国大众、宝马汽车、菲亚特、上海通用、福特、丰田、奇瑞、吉利等主机厂均长期配套;出口美国、加拿大、欧洲、日本、中东、南美等国家和地区

★上海天纳克排气系统有限公司
地址:上海市嘉定区嘉松北路园国路 99 号
邮编:201814
电话:021/69573026
传真:69573021
产品情况:三元催化转换器、消声器等汽车排气系统产品
配套情况:为上海大众配套

★上海爱知锻造有限公司
地址:上海市嘉定区嘉安公路 3300 号
邮编:201814
电话:021/69574000、69574587
传真:69574555
网址:www. sh-aichi. com. cn
电子信箱:services@ sh-aichi. com. cn
质量体系:ISO/TS 16949、VDA 6.1
产品情况:连杆、曲轴、转向节、齿坯、钟形外星轮等
配套情况:是广汽丰田、上海大众、上海通用、一汽-大众、北京现代、江西五十铃、奇瑞汽车等汽车厂商及其一级零部件厂商的配套供应商

★上海荣众内燃机配件有限公司
地址:上海市嘉定区定边路 35 号 31 栋 201 号
邮编:201824
电话:021/59190107、59190036
传真:59190036
网址:www. rzgrk. com
电子信箱:rzgrk@ 126. com
单位人数:1079
质量体系:ISO/TS 16949、VDA 6.1
产品情况:活塞、活塞环、活塞销、缸套及四配套

★上海合众工贸实业公司
地址:上海市定边路 35 号 29 幢 201 室
邮编:201824
电话:021/69190567
传真:69190567
产品情况:散热器、冷凝器、减振器、拉杆球头、悬架球头、离合器压盘及从动盘总成、水泵、机油泵、张紧轮、球笼及修理包、燃油泵芯、电子燃油泵总成、刮水器片、车门外拉手、活塞、调节器、空气流量计、节气门、转向助力泵、液压挺杆、下摆臂、导向臂、控制臂、连接杆等产品
配套情况:为上海大众、上海通用、一汽-大众等配套

★上海华森散热器有限公司
地址:上海市嘉定区曹安路 1926 号 33 栋 109 号-110 号
邮编:201824
电话:021/69191622、69190795
传真:69196809
电子信箱:zyq88@ vip. sina. com
质量体系:ISO 9001
产品情况:(鑫华森牌)
　　散热器、冷凝器、铝质暖风机、制动器衬片、离合器从动盘、汽车喇叭等
配套及出口情况:为东风汽车公司、一汽集团配套;出口欧洲、美国、中东、东南亚等国家和地区

★上海拖拉机内燃机公司油嘴油泵厂
地址:上海市宝山区同济路 958 号
邮编:201900
电话:021/56692042、56602222
传真:56601340
网址:www. jinggong-feili. com
电子信箱:server@ jinggong-feili. com
质量体系:VDA 6.1、ISO 9001
产品情况:(精工牌、飞力牌、双安牌)
　　各类柴油机高压喷油泵总成、喷油器总成、喷油嘴偶件、柱塞偶件、出油阀偶件、正时齿轮、离合器液压操纵缸、机油滤清器支架总成等
配套及出口情况:为摩托车行业及上海大众指定替代进口件的国内配套产品;产品随拖拉机、柴油机等出口美国、秘鲁、波兰、南非等 60 多个国家和地区

★上海大统汽配实业有限公司
地址:上海市宝山区宝安公路 325 号
邮编:201906
电话:021/56806261、56806262
传真:56805511、56493015
网址:www. datongauto. com
电子信箱:shdtfan@ yahoo. com. cn

单位人数:180
质量体系:ISO 9002
产品情况:(地球牌、金桨牌、华运牌)
活塞、活塞销、活塞环、缸套组件
出口情况:出口东南亚、中东、南非、欧洲、中南美洲等地区

★上海隆兆汽车零部件有限公司
地址:上海市嘉定区外冈镇汇仁路1500号9幢
邮编:201907
电话:021/51652038、51652031
传真:51652030
网址:www.lzauto.com
电子信箱:shlongzhao@vip.163.com
质量体系:ISO/TS 16949、VDA 6.1
产品情况:汽车排气系统用不锈钢焊管、排气装饰尾管和其他管件,年产不锈钢焊管与不锈钢管件2400t
配套情况:是上海大众、上海通用等整车厂的二级供应商,产品主要配套于上海通用 Wcar、Scar、CMT191,上海大众 Polol.4L、1.6L,帕萨特1.8L、2L、1.8T、T53、B2及奇瑞A15车型等

★上海曼·胡默尔滤清器有限公司
地址:上海市宝山区月罗路1558号
邮编:201908
电话:021/51790700
传真:66861963
质量体系:ISO/TS 16949
产品情况:汽车滤清器

★上海汇众内配缸套厂有限公司
地址:上海市崇明县庙镇大街西首
邮编:202153
电话:021/59361845
传真:59361870
网址:www.hz-gangtao.com
电子信箱:635466874@QQ.com
单位人数:500
质量体系:ISO 9001
产品情况:(中牌、上飞牌)
缸套、活塞等
配套情况:为一拖集团、通柴集团配套

★上海前进轴瓦有限公司
地址:上海市崇明县前进农场
邮编:202179
电话:021/59631474、55785355
传真:59631474、52909410
网址:www.qjzw.com.cn
电子信箱:qjzw@qjzw.com.cn
质量体系:ISO 9001
产品情况:汽车连杆瓦、曲轴瓦、偏心瓦、衬套、止推片等
配套情况:为上海纽荷兰、一汽集团无锡柴油机厂、山东潍坊柴油机厂、天津动力机厂、南通柴油机厂等配套,6110、6130T4、6160、495、4100等系列产品被上述厂家指定为专业配套产品

江苏省

★南京依维柯汽车公司发动机分公司
地址:南京市雨花台区雨花西路123号
邮编:210012
电话:025/52405105、52886286
传真:52430466、52886285
网址:www.sofim.com.cn
电子信箱:sale@sofim.com
质量体系:ISO/TS 16949、ISO 9001
产品情况:SOFIM系列发动机整机,汽缸体、缸盖、曲轴、连杆、凸轮轴、附件箱、电子控制系统、高压油泵、涡轮增压器、可变喷嘴增压器、电控喷油器、共轨系统等零部件
配套及出口情况:为依维柯都灵V系列、欧霸系列、威尼斯系列、越野车系列、厦门金龙、安徽安凯、江西华翔富奇、广州羊城旅行车、苏州金龙等配套;出口欧洲、美洲

★尼玛克(南京)公司
地址:南京市玄武区红山路112号
邮编:210028
电话:025/85400017
传真:85400015
网址:www.nemak.com
电子信箱:nanjing.jobs@nemak.com
产品情况:汽车发动机铝制缸盖、缸体、进气歧管等

★马勒发动机零部件(南京)公司
地址:南京市浦口区泰冯路65-1号
邮编:210032
电话:025/58690800
传真:58740372
网址:www.cn.mahle.com
电子信箱:mahle_cn@hotmail.com
质量体系:ISO/TS 16949、VDA 6.1
产品情况:活塞等发动机配件

★南京汽车零件厂
地址:南京市栖霞区中山门外西岗E-1号
邮编:210033
电话:025/58120600、58120622
传真:58120660
网址:www.chinaapf.com
电子信箱:admin@njautoparts.cn
单位人数:209
质量体系:ISO/TS 16949、ISO 9001
产品情况:排气管带净化器总成、排气管总成、前簧左吊耳总成、后扶手总成、燃油箱加油管、凸缘、驾驶室支承、钢板弹簧支架等
配套情况:为南京汽车集团配套跃进系列、依维柯系列;为东风悦达起亚配套近2万件;为江淮汽车配套排气管等零件近3万套

★南京威孚金宁有限公司
地址:南京市玄武区中央路302号
邮编:210037
电话:025/83430700
传真:83430600
网址:www.njwfjn.com
电子信箱:jnxs@njwfjn.com
质量体系:ISO/TS 16949、QS 9000
产品情况:(金宁牌)
柴油机用VE型分配泵、输油泵、单缸油泵、喷油器总成、喷油嘴、柱塞、出油阀三对精密偶件等

★南京锐鹰活塞环制造有限公司
地址:南京市浦口区盘城工业集中区盘城新街5-11号
邮编:210044
电话:025/58842972、58844233
传真:58742872、58931951
网址:www.njryjl.cn
电子信箱:lisananjingruiying@gmail.com
质量体系:ISO 9001
产品情况:(金陵牌)
活塞环,年生产约6000万片

★南京金鼎汽车零部件有限公司
地址:南京市江宁区经济技术开发区通淮街2号
邮编:211100
电话:025/52105299、52122361
传真:52121713
网址:www.yjjinding.com
电子信箱:jinding@yjjinding.com
质量体系:ISO/TS 16949
产品情况:汽车尾板、发动机气门弹簧、减振器、驻车制动器、汽车拉索等,年产值1.3亿元
配套情况:与上海大众、一汽集团、广汽集团、北汽福田、安徽星马建立友好合作关系

★南京南汽冲压件有限公司
地址:南京市江宁区经济技术开发区秦淮路67号
邮编:211100
电话:025/52124516、52123523
传真:52124325
网址:www.yjcyj.com
电子信箱:nqcyj@yjcyj.com
单位人数:350
质量体系:ISO/TS 16949、ISO 9001
产品情况:货车、客车、轿车系列的中小冲压件、排气消声器总成、净化器总成、燃油箱总成等,生产能力1000套中小冲压件模具、夹具
配套及出口情况:为南京依维柯、南京汽车集团、东风悦达起亚、北汽福田等配套;出口美国

★南京金城三国机械电子有限公司
地址:南京市江宁区江宁科学园至道路9号
邮编:211100
电话:025/85099058、84610779
传真:84990229

网址:www.jcmikuni.com
电子信箱:cjmikuni@sina.com.cn
单位人数:130
质量体系:ISO/TS 16949
产品情况:摩托车机油泵,汽车燃油泵泵芯、涡轮增压器端盖及阀壳、节气门直(弯)管接头等
配套及出口情况:为金城、大长江、轻骑铃木、济南轻骑、建设雅马哈、钱江、嘉陵、隆鑫等配套;出口日本、欧洲等国家和地区

★南京发动机配件厂
地址:南京市江宁区淳化街玉墅区1号
邮编:211122
电话:025/52414033
传真:52414033
电子信箱:njfdjpjcxx0748@sina.com
质量体系:ISO 9001
产品情况:进/排气门、活塞销、气门挺杆、气门推杆、摇臂轴
配套情况:为潍柴、锡柴、重庆发动机厂、扬柴、跃进、淄博柴油机厂、福建机器厂、嘉陵机器厂、南京金城、常柴集团等配套

★南京泰宁铸铁有限公司
地址:南京市江宁开发区空港工业园西经路28号
邮编:211151
电话:025/52733127
传真:52733129
单位人数:517
质量体系:ISO/TS 16949、QS 9000
产品情况:汽车缸体、曲轴、凸轮轴和变速器、桥壳、制动器等汽车铸铁件
配套情况:为南京汽车集团、意大利菲亚特、南京依维柯、伊顿、奇瑞汽车、柳州五菱、重庆红宇(南方天合)、梅州BPW车轴、宁波英特姆等配套

★南京飞燕活塞环股份有限公司
地址:南京市溧水县中山路17号
邮编:211200
电话:025/57226317、57212801
传真:57212406、57226372
网址:www.feiyan.com.cn
电子信箱:xsgs@feiyan.com.cn
单位人数:1500
质量体系:ISO/TS 16949、QS 9000
产品情况:(飞燕牌)
　　内燃机活塞环,年产能超亿片
配套及出口情况:为一汽集团、东风汽车公司、南汽等众多汽车发动机厂家配套;出口亚洲、欧洲、美洲、非洲等国际市场

★南京金牛机械制造股份有限公司
地址:南京市高淳县龙井路8号
邮编:211300
电话:025/57339543、57339956
传真:56816099、57339586
网址:www.njjncn.com
电子信箱:njjncn@njjncn.com
单位人数:126
质量体系:ISO/TS 16949、ISO 9001
产品情况:(飞钻牌)
　　汽车机油泵转子、水泵带轮、链轮、同步器齿毂等
出口情况:部分产品出口

★亚新科凸轮轴(仪征)有限公司
地址:江苏省仪征市汽车工业园区双环路8号
邮编:211400
电话:0514/83429618
传真:88342969
单位人数:212
质量体系:ISO/TS 16949
产品情况:康明斯、XG491Q、IV491Q、IVECO、SGM、锡柴系列凸轮轴,年产171802根

★日环汽车零部件制造(仪征)公司
地址:江苏省仪征市汽车工业园联众路6号
邮编:211400
电话:0514/83429716、83429715
传真:83429711
网址:www.namy.cn
产品情况:钢制活塞环
配套及出口情况:主要客户有丰田、本田、日产及发动机厂家;远销日本、欧洲、美洲等国家和地区

★仪征威业油泵油嘴有限公司
地址:江苏省仪征市工农北路168号
邮编:211400
电话:0514/83441200、83432003
传真:83441200
网址:www.yzweiye.com
电子信箱:zhd@yzweiye.com
单位人数:400
质量体系:ISO 9001
产品情况:(锡字牌、威孚牌、威业牌)
　　年产柱塞偶件350万付、出油阀偶件250万付
配套及出口情况:与国内多家重点汽车、柴油机厂配套;部分产品出口

★仪征双环活塞环有限公司
地址:江苏省仪征市大庆南路5号
邮编:211400
电话:0514/83450601
传真:83453958
网址:www.cypr.com.cn
电子信箱:cypr@asimco-cypr.com
法人代表:汪滨
负责人:吴映雪
单位人数:2059
质量体系:ISO/TS 16949、ISO 9001
产品情况:(双环牌、CYPR牌)
　　活塞环
配套及出口情况:为潍柴、潍柴道依茨、玉柴、一汽(大柴、锡柴)、上柴、重汽、杭发、江铃汽车、保定长城、浙江吉利、扬柴、南通柴油机、南京依维柯、北汽福田、重庆康明斯、云内、华源莱动、江淮汽车、雷沃动力、奇瑞汽车、比亚迪汽车、力帆汽车、浙江康斯特、上海日野,小松,东风日产,泰洲雅马哈,重庆渝安、浙江新柴、华普汽车、新光华晨、东安三菱、名爵汽车等配套;出口欧洲、美洲、印度、孟加拉、巴基斯坦、土耳其、日本、韩国、俄罗斯等国家和地区

★江苏仪征金派内燃机配件有限公司
地址:江苏省仪征市西园北路26号
邮编:211400
电话:0514/85819099、85819068
传真:85819098、83418585
网址:www.jppr.cn
电子信箱:jppr@jppr.cn
单位人数:1000
质量体系:ISO/TS 16949、ISO 9001
产品情况:(金派牌)
　　年产活塞环6000万片、气门座1000万付、螺旋弹簧4000万支
配套及出口情况:活塞环、气门座已为常柴、时风、江动、玉柴、新昌柴油机、四川峨柴、福建龙溪、安徽全柴、上海幸福摩托车等众多主机厂配套;远销中东、东南亚等国际市场

★扬州神驰缸套有限公司
地址:江苏省扬州市仪征马集镇
邮编:211414
电话:0514/83662588、83665588
传真:83660073
网址:www.yzscgt.com
电子信箱:hongbob@126.com
质量体系:ISO 9002
产品情况:汽车缸套
配套情况:与仪征、安庆、南京、福建等活塞环厂家专业配套珩磨套

★江苏仪征威龙活塞环有限公司
地址:江苏省仪征市北郊
邮编:211414
电话:0514/85812088、85812041
传真:85812002
网址:www.wellong.com
电子信箱:root@wellong.com
单位人数:600
质量体系:ISO/TS 16949、ISO 9001
产品情况:(威龙牌)
　　各种活塞环、气门座,年产活塞环5000万件、气门座1000万片
配套及出口情况:为国内30多家主机厂配套;出口欧洲、非洲、美洲、东南亚、中东等18个国家和地区

★南京华勤汽配有限公司
地址:南京市六合区雄州东路158号
邮编:211500
电话:025/57125818、57110942

传真:57500034
网址:www. njhqqp. com
电子信箱:hqqp@ njhqqp. com
法人代表:王发勤
单位人数:210
质量体系:ISO 9001
产品情况:(HQ 牌)
活塞环
出口情况:出口美国、澳大利亚、欧洲、东南亚等国家和地区

★南京力搏精密锻造有限公司
地址:南京市六合区雄州工业园高雄路1号
邮编:211500
电话:025/57501678、68553000
传真:57501678
网址:www. nanjinglibo. com
电子信箱:caishasha@ sumec. com. cn
单位人数:180
质量体系:ISO/TS 16949、ISO 9001
产品情况:曲轴、连杆、下联板、吊钩、拨叉、拨叉轴、集装箱锻件、车门铰链、螺母、调整臂、万向节叉、换挡摇臂、异形件等汽车、摩托车锻件
配套及出口情况:合作伙伴有奔驰、福特、通用、菲亚特、上海大众、南京汽车集团、金城摩托、大长江集团等;远销美国、德国、加拿大、意大利、西班牙、印尼、韩国等国家

★江苏金湖金生油泵厂
地址:江苏省金湖县黎东工业区
邮编:211600
电话:0517/86854510、86854530
传真:86854520
质量体系:ISO 9001
产品情况:(金生牌)
输油泵

★江苏金湖县仕林油泵厂
地址:江苏省金湖县大兴工业园区
邮编:211600
电话:0517/86880907
传真:86853082
产品情况:(金丰牌)
各型输油泵
配套情况:为大柴、锡柴、朝柴、玉柴等配套

◉ 江苏金湖输油泵有限公司

地址:江苏省金湖县建设东路25号
邮编:211600
电话:0517/86886733
传真:86882127
网址:www. jhsyb. cn
电子信箱:sales@ jhsyb. cn
法人代表:黄爱源
单位人数:950
质量体系:ISO/TS 16949
产品情况:(JH 牌)
输油泵、提前器、联轴节
配套及出口情况:配套多缸柴油机的喷油泵;出口美国、日本、印度尼西亚、新加坡、马来西亚等国家

★金湖县南方输油泵厂
地址:江苏省金湖县黎农路50号
邮编:211600
电话:0517/86891423
传真:86892680
质量体系:ISO 9001
产品情况:输油泵、提前器

★银峰铸造(中国)有限公司
地址:江苏省镇江市丁卯经济技术开发区纬一路4号
邮编:212009
电话:0511/88882521、88888311
传真:88882522
网址:www. infunchina. com
电子信箱:infun@ infunchina. com
单位人数:220
质量体系:ISO/TS 16949、QS 9000
产品情况:连杆、曲轴、轴承盖、飞轮、排气歧管、涡轮增压器、差壳、转向节、控制臂、支架、制动钳体、制动轮等
配套及出口情况:客户有上海通用、上海汽车、上海采埃孚、上海纳铁福传动轴、大众汽车、南京跃进汽车、廊坊瑞达汽车、奇瑞汽车、柳州采埃孚、BPW(梅州)车轴、青岛奔达汽车配件、德尔福沙基诺凌云驱动轴、天合富奥商用车、日本法雷奥、汉德汽车产品(苏州)、常熟美桥汽车传动系统、长城汽车;远销法国、西班牙、日本等国家

★江苏省镇江市林森汽配有限公司
地址:江苏省镇江市丹徒镇南路3号
邮编:212014
电话:0511/88781832
传真:88781832
质量体系:ISO/TS 16949、ISO 9001
产品情况:汽车发动机及底盘配件
配套情况:为南京依维柯、南京轻型货车配套

★镇江唯沃特汽车零部件有限公司
地址:江苏省扬中市油坊开发区
邮编:212218
电话:0511/88539683
传真:88539463
网址:www. zjwwt. com
质量体系:ISO 9001
产品情况:(WWT 牌)
内燃机缸套

★镇江维纳特气门有限公司
地址:江苏省扬中市八桥工业区
邮编:212219
电话:0511/88545780
传真:88543688
网址:www. w – n – t. com
电子信箱:fgh@ w – n – t. com
单位人数:860
质量体系:ISO/TS 16949、ISO 9001
产品情况:(维纳特牌、欧尔特牌、扬内牌)
气门、活塞销
配套及出口情况:为一汽大柴、一汽锡柴、广西玉柴、上柴、潍柴、南柴、康明斯、杭发、扬柴、朝柴、云内、江淮汽车、湖动、柳发、中国一拖、常柴、扬动、大长江、嘉陵等配套;远销欧洲、美洲和东南亚

★江苏沃得机电有限公司
地址:江苏省丹阳市埤城工业园
邮编:212311
电话:0511/86341222
传真:86333320
网址:www. worldgroup. com. cn
质量体系:ISO/TS 16949、ISO 9001
产品情况:(WODE 牌)
柴油机曲轴,摩托车曲轴,涡轮增压器
配套及出口情况:为常柴、常发、常工、全柴、江动、时风、扬动等配套;出口中东及东南亚地区

★丹阳市鑫通汽配制造有限公司
地址:江苏省丹阳市访仙镇
邮编:212321
电话:0511/86468168、86028638
传真:86466000
网址:dyxintong. cn. alibaba. com
电子信箱:sbbs88@ 126. com
质量体系:ISO/TS 16949、ISO 9001
产品情况:(精锐牌)
汽车散热器、空调冷凝器、冷却风扇、鼓风机、直流电动机、风窗洗涤器、洗涤泵、翼子板内衬等

★丹阳市常盛机械有限公司
地址:江苏省丹阳市皇塘镇
邮编:212327
电话:0511/86633335
传真:86631919
网址:www. dycsjx. com
电子信箱:csdb18@ 163. com
质量体系:ISO 9001
产品情况:(常得宝牌)
机油滤清器、柴油滤清器、空气滤清器、滤芯、车用空气压缩机等
配套情况:与全国各大主机厂配套

★ 江苏梅花机械有限公司

地址:江苏省丹阳市行宫镇大吕村
邮编:212343
电话:0511/86842052
传真:86845520
网址:www. dymhjx. com
电子信箱:mh@ dymhjx. com
法人代表:韦梅芳
单位人数:90
质量体系:ISO/TS 16949
产品情况:(黎民牌)

汽车真空泵
配套情况:为浙江德宏汽车电子电器股份有限公司配套
☞ 详细情况请参阅彩色宣传版面

★常州博瑞油泵油嘴有限公司
地址:江苏省金坛市经济技术开发区东村东路18号
邮编:213000
电话:0519/82301018、82306588
传真:82301016、82306388
网址:www.cztlcn.com
电子信箱:tl@cztlcn.com
单位人数:400
质量体系:ISO 9001
产品情况:高压电控共轨燃油喷射系统部件、S、P、J系列油嘴、喷油泵出油阀偶件、铅笔式喷油器总成、泵头、喷油泵柱塞偶件
出口情况:出口中东、欧洲、美洲等地区

★常柴股份有限公司
地址:江苏省常州市怀德北路37号
邮编:213002
电话:0519/86600448、86603656
传真:86630954、86670765
网址:www.changchai.com.cn
电子信箱:net@changchai.com
单位人数:3913
质量体系:ISO/TS 16949、ISO 9000
产品情况:(常柴牌)
具有年产120万台单缸柴油机、15万台多缸柴油机、15万台汽油机、近4万t铸件的生产能力
配套及出口情况:为东风汽车、金杯车辆、北汽福田等配套;出口78个国家和地区

★常州震洋活塞环有限公司
地址:江苏省常州市青龙福成青洋北路168-2号
邮编:213021
电话:0519/85502354、85503582
传真:85502349
网址:www.czhuade.com
电子信箱:webmaster@czhuade.com
质量体系:ISO 9001
产品情况:汽车、摩托车、农机和通用机械活塞环
配套及出口情况:与几十家国内主机厂配套;出口欧洲、俄罗斯、中东、东南亚、南美洲、非洲等50多个国家和地区

★江苏常州正兴活塞有限公司
地址:江苏省常州市新北区黄河西路139号
邮编:213022
电话:0519/85101622
传真:85101550
网址:www.cn-piston.com
电子信箱:viquel@cn-piston.com
质量体系:ISO/TS 16949、QS 9000
产品情况:发动机活塞

★常州市莱普拉机械制造有限公司
地址:江苏省常州市高新区金沙江路9号
邮编:213022
电话:0519/85135522、85130050
传真:85132132
电子信箱:hm@laipula.com
单位人数:500
质量体系:ISO 9001
产品情况:(莱普拉牌、CP牌)
单缸柴油机调速器部件、四缸柴油机提前器
配套情况:为全国50多家主机厂配套

★常州市忠旺工艺品有限公司
地址:江苏省常州市横林镇
邮编:213101
电话:0519/88780978、88786388
传真:88786181
电子信箱:info@cn-zhongwang.com
质量体系:ISO 9001
产品情况:(忠旺牌)
增压器零部件及各种类型中间壳

★常州市立新增压器有限公司
地址:江苏省常州市横林镇镇西工业园
邮编:213101
电话:0519/88787338
传真:88781089
网址:www.chinalizeng.com
电子信箱:sale@chinalizeng.com
单位人数:200
质量体系:ISO 9001
产品情况:(立增牌)
涡轮增压器
配套情况:为安徽全柴动力配套

★常州市乐源金属软管有限公司
地址:江苏省常州市洛阳镇安尚工业园
邮编:213104
电话:0519/88797900
传真:88791198
网址:www.czleyuan.com
电子信箱:leyuan@czleyuan.com
单位人数:60
质量体系:ISO/TS 16949、ISO 9001
产品情况:(常源牌)
各种商用车、载货汽车、轿车波纹管,各种发电机组排气管和消声器等
出口情况:远销欧洲、美洲、中东、东南亚、非洲等地区

★ 常州远东连杆集团有限公司

地址:江苏省常州市东门外郑陆镇常焦东青段13号
邮编:213114
电话:0519/88966065
传真:88966062
网址:www.cnydlg.com
电子信箱:qjp630404@163.com
法人代表:童冬勤
负责人:邱建平
单位人数:1200
质量体系:ISO/TS 16949
产品情况:(滆湖牌)
汽车、轿车等发动机连杆总成,年产700万只
配套情况:主要客户有一汽轿车、浙江吉利、常柴、扬动、云内等40多家主机厂
☞ 详细情况请参阅彩色宣传版面

★常州市南国冷却器有限公司
地址:江苏省常州市芙蓉镇
邮编:213118
电话:0519/88764102
传真:88763340
网址:www.cn-nanguo.com
电子信箱:info@cn-nanguo.com
质量体系:QS 9000
产品情况:(芙蓉镇牌)
不锈钢板翅式机油冷却器和中冷器
配套情况:为北内、江铃、洛拖、依维柯等配套

★常州市晨光汽车消声器厂
地址:江苏省常州市新北区孟河镇小河工业园
邮编:213138
电话:0519/83241508、83248357
传真:83241508
电子信箱:czcg2006@sohu.com
质量体系:ISO 9001
产品情况:汽车消声器、进排气管及三元催化转换器

★常州晟威车辆部件厂
地址:江苏省常州市新北区孟河镇头甲里1号
邮编:213139
电话:0519/83530700、83552500
传真:83552501
网址:www.czshengwei.com
质量体系:ISO 9001
产品情况:冷凝器、蒸发器、中冷器、散热器等

★常州市瑞冠机电有限公司
地址:江苏省常州市卜弋镇段庄村
邮编:213141
电话:0519/83317428
传真:83316321
电子信箱:ruiguan@188.com
单位人数:80
质量体系:ISO 9001
产品情况:汽车、摩托车化油器用轴类件、材质有铜材、钢材和不锈钢

★常州常武动力机械有限公司
地址:江苏省常州市湖塘镇聚湖路
邮编:213161
电话:0519/86507352、86507952

传真:68507952、86507352
网址:www. jscw. cn
电子信箱:cw@ jscw. com
单位人数:286
质量体系:ISO 9001
产品情况:(常武牌)
柴油机、车用电涡流缓速器
配套及出口情况:为客车整车厂配套;出口南非、印度、菲律宾、泰国、巴基斯坦、缅甸等国家

★常州市合达油泵有限公司
地址:江苏省常州市武进区高新技术开发区马杭兴隆街77号
邮编:213162
电话:0519/86701131、86706232
传真:86701130
网址:www. czheda. com
电子信箱:Saleinfo@ czheda. com
单位人数:318
质量体系:ISO 9002
产品情况:(WM牌)
年生产喷油泵总成10万台,调速器50余万套,单缸喷油泵及喷油器总成各30余万台
配套及出口情况:为多种动力机械配套;产品随柴油机出口

★常州市宏硕轴承制造有限公司
地址:江苏省常州市武进区礼嘉镇秦巷工业园区
邮编:213176
电话:0519/86329008、86329005
传真:86329006
网址:www. hsb - bearing. com
电子信箱:hsb@ hsb - bearing. com
质量体系:QS 9000、ISO 9001
产品情况:汽车水泵轴连轴承、滚针轴承、曲线滚轮等轴承

★常州环能涡轮动力有限公司
地址:江苏省常州市新区汉江路166号
邮编:213215
电话:0519/85116586
传真:85101697
网址:www. worldturbocharger. com
电子信箱:turbozhang@ yahoo. com. cn
质量体系:ISO 9001
产品情况:(环能牌)
涡轮增压器总成和转子、涡轮轴、压气叶轮等各种零部件
出口情况:出口美国、欧洲、大洋洲、东南亚等国家和地区

★无锡福尔赛特增压器制造有限公司
地址:江苏省无锡市惠山区洛社镇花苑新村
邮编:214000
电话:0510/83308138、82489168
传真:83307155
网址:www. wxforset. com
电子信箱:info@ wxforset. com
产品情况:各种涡轮增压器及柴油发动机用各种电磁铁

★无锡冠越精工动力机械有限公司
地址:江苏省无锡市锡山区安镇街道查桥新世纪工业园先锋路
邮编:214000
电话:0510/88266510
传真:88109038
网址:www. mptco. com
电子信箱:lxh710613@ 163. com
单位人数:160
质量体系:ISO 9000
产品情况:各种小型内燃机和摩托车、全地形车等用发动机
配套及出口情况:为国内几家名牌摩托车企业配套;出口欧洲、美洲、中东、非洲等地区

★无锡泰辰机械设备有限公司
地址:江苏省无锡市解放东路1008号金和大厦11 - 12楼
邮编:214005
电话:0510/82309213、82309217
传真:85053077
网址:www. wa - line. com
电子信箱:sales@ wa - line. com
质量体系:ISO/TS 16949、ISO 9001
产品情况:涡轮增压器、放气阀、中冷器、油冷器、带轮、排挡杆等

★无锡动力工程股份有限公司
地址:江苏省无锡市南长街720号
邮编:214023
电话:0510/85754334、85744274
传真:88536524
网址:www. wdpower. com
电子信箱:wdpower@ wdpower. com
单位人数:1300
质量体系:ISO/TS 16949、ISO 9001
产品情况:(万迪牌)
内燃机、涡轮增压器、柴油发电机组及其零部件

★无锡新得宝金属软管有限公司
地址:江苏省无锡市扬名高新技术产业园C区017号
邮编:214024
电话:0510/85401864
传真:85411472
电子信箱:xdbrg@ 163. com
单位人数:70
质量体系:ISO/TS 16949
产品情况:(新得宝牌)
汽车排气管用波纹管(挠性节),金属软管

★无锡一汽铸造有限公司
地址:江苏省无锡市中南中南路芦村工业园西区
邮编:214024
电话:0510/85435377、85439857
网址:www. faw - mould. com
电子信箱:business@ fawfc. com
质量体系:ISO/TS 16949、ISO 14001
产品情况:发动机缸体、缸盖、曲轴、飞轮、凸轮轴等主要柴油机零部件
出口情况:出口欧洲、美洲、亚洲等地区

★无锡市扬名内燃机配件有限公司
地址:江苏省无锡市扬名高新技术产业园区C区88号
邮编:214024
电话:0510/85751411、85761298
传真:85761298
网址:www. shuntong. cn
电子信箱:yuanjun@ wxnrj. com
单位人数:150
质量体系:ISO/TS 16949、ISO 9001
产品情况:(山缸牌)
柴油机曲轴扭振减振器、带轮、不锈钢进排气管、增压器回油管、金属波纹管、金属软管、金属波纹膨胀节等
配套情况:为一汽锡柴、玉柴、南通柴油机、青岛汽车制造厂配套

★无锡市迈特动力机械有限公司
地址:江苏省无锡市梅村锡泰路578号
邮编:214026
电话:0510/82401033
传真:82418014
网址:www. wxmaite. com
电子信箱:shenda@ wxshenda. cn
质量体系:ISO 9001
产品情况:柴油机连杆,年产60万支;曲轴,年产8万支;飞轮壳,年产12万只;机油冷却器、油底壳,年产14万只
配套情况:为锡柴配套

★一汽解放汽车有限公司无锡柴油机厂

地址:江苏省无锡市塘南一支路9号
邮编:214026
电话:0510/85014990
传真:85013264
网址:www. wxdew. com
电子信箱: Wxdew. faw@ public. wx. jx. cn
单位人数:2000
质量体系:ISO/TS 16949
产品情况:(解放牌)
4缸、6缸高速柴油机,年产15万台
配套情况:为一汽解放等整车厂配套
☞ 详细情况请参阅彩色宣传版面

★无锡永兴机械制造有限公司
地址:江苏省无锡市扬名高新技术产业园B区78号
邮编:214026
电话:0510/85766716、85760596
传真:85760596
网址:www. sy - impeller. com
电子信箱:master@ sy - impeller. com
单位人数:80
质量体系:ISO/TS 16949、ISO 9001

产品情况:(双盈牌)
　　涡轮增压器压气机叶轮及其他叶轮

★无锡标洪汽车挺柱有限公司
地址:江苏省无锡市锡甘路50号
邮编:214027
电话:0510/82111992
传真:82100440
网址:www.cntappet.com
电子信箱:manager@cntappet.com
质量体系:ISO/TS 16949、QS 9000
产品情况:柴油机用冷激挺柱
配套情况:为江铃汽车、北汽福田、锡柴、常柴、扬柴、朝柴、四川汽车发动机、长城内燃机、莱动配套

★康奈可汽车电子(无锡)有限公司
地址:江苏省无锡市高新技术开发区B31-A
邮编:214028
电话:0510/66612666
传真:66612333
网址:www.calsonickansei.co.jp
质量体系:ISO/TS 16949
产品情况:汽车散热器、冷凝器及车用电子零部件

★无锡威孚力达催化净化器有限公司
地址:江苏省无锡市新区灵江路9号
邮编:214028
电话:0510/80186000、80186259
传真:80186241
网址:www.china-wfld.com
电子信箱:wwlcc@public1.wx.js.cn
单位人数:500
质量体系:ISO/TS 16949、ISO 14001
产品情况:(隆达牌、WLD牌)
　　年产催化剂100万L、净化器20万套、消声器15万套
配套情况:为江淮汽车、北汽福田、长城汽车、天津一汽夏利、哈尔滨航空工业、比亚迪汽车、沈阳金杯、荣成华泰现代、山东黑豹、吉利汽车、江南汽车、江门中港宝田摩托车、重庆力帆、重庆建设、重庆宗申配套

★无锡珀金斯动力系统科技有限公司
地址:江苏省无锡市国家高新技术产业开发区
邮编:214028
电话:0510/81020406
网址:china.cat.com
产品情况:珀金斯1100系列发动机

★无锡康明斯涡轮增压技术有限公司
地址:江苏省无锡市新区新锡路28号
邮编:214028
电话:0510/85200800
传真:85200899
网址:www.cummins.com.cn
电子信箱:turbos@cn.holset.com
质量体系:QS 9000、ISO 9001
产品情况:(霍尔塞特牌)
　　涡轮增压器
配套情况:为大柴、锡柴、东风康明斯、重庆康明斯、玉柴等配套

★科特拉(无锡)汽车环保科技公司
地址:江苏省无锡市国家高新技术产业开发区104-A
邮编:214028
电话:0510/85204887
传真:85204889
质量体系:ISO/TS 16949
产品情况:汽车、摩托车用催化剂以及通用发动机用催化剂

★无锡市月亮轴瓦有限公司
地址:江苏省无锡市国家高新技术产业开发区14号地块
邮编:214028
电话:0510/85218040、85212128
传真:85218040
网址:www.wxylzw.com
电子信箱:wxzwc@pub.wx.jsinfo.net
单位人数:258
质量体系:ISO/TS 16949
产品情况:(月亮牌)
　　主轴瓦、连杆瓦、翻边轴瓦、凸轮轴瓦、止推片等,年产量1200万片
配套情况:为哈尔滨东安动力、沈阳新光华晨发动机、江西福华发动机、保定长城内燃机、沈阳长城富桑内燃机、五菱汽车公司柳州机械厂、长安汽车、天津一汽夏利、绵阳新晨动力、常柴、无锡华源凯马、北汽福田、山西淮海机械配套

★唐纳森(无锡)过滤器有限公司
地址:江苏省无锡市新加坡工业园行创八路236号
邮编:214028
电话:0510/85282010
传真:85280542
质量体系:ISO/TS 16949
产品情况:柴油发动机滤清器

★博世汽车柴油系统股份有限公司

地址:江苏省无锡市新区新华路17号
邮编:214028
电话:0510/85333888
传真:85338100
网址:www.bosch.com.cn
电子信箱:rbcn.webmaster@cn.bosch.com
负责人:马儒韬
单位人数:1700
质量体系:ISO/TS16949
产品情况:(BOSCH牌)
　　电控高压柴油直喷系统及尾气后处理系统等
配套情况:为天津珀金斯、潍柴、朝柴、湖南动力、杭发、南京依维柯、东风南充、大柴、上柴、柳柴配套
☞ 详细情况请参阅彩色宣传版面

★无锡珀金斯芝浦发动机有限公司
地址:江苏省无锡市国家高新技术产业开发区
邮编:214028
电话:0510/85372999、85372888
网址:china.cat.com
产品情况:珀金斯400系列发动机
出口情况:出口澳大利亚、亚太等国家和地区

★无锡范尼韦尔工程有限公司
地址:江苏省无锡市新区锡梅路28号
邮编:214028
电话:0510/88553588
传真:85731250
网址:www.cummins.com.cn
产品情况:涡轮增压器叶轮

★无锡威孚奥特凯姆精密机械公司
地址:江苏省无锡市新区华山路6号
邮编:214028
电话:0510/88660630
传真:88660605、88660617
网址:www.weifuautocam.cn
电子信箱:mdwang@weifuautocam.cn
产品情况:喷油器阀体、阀座、阀芯、回油管等零件

★无锡威孚高科技股份有限公司
地址:江苏省无锡市人民西路107号
邮编:214031
电话:0510/82708345、82701305
传真:82702740
网址:www.weifu.com.cn
电子信箱:web@weifu.com.cn
单位人数:2421
质量体系:ISO/TS 16949
产品情况:(锡字牌)
　　电控分配泵、高压共轨、机械分配泵、直列泵、喷油器、三对偶件等
配套及出口情况:为各类载货车、客车、工程机械等配套;出口美洲、中东、东南亚等地区

★无锡市和平冷却器厂
地址:江苏省无锡市滨湖区马山
邮编:214091
电话:0510/85683005、85998885
传真:85689129
网址:www.hpcooler.com
电子信箱:wxhp@vip.163.com
质量体系:ISO/TS 16949、ISO 9001
产品情况:(海雁牌)
　　发动机不锈钢板翅式机油冷却器、水空中冷器、板式换热器、消声器等

★无锡市冠云换热器有限公司
地址:江苏省无锡市滨湖区马山雪云路20号
邮编:214092

电话:0510/85999688、85991188
传真:85994180
网址:www.guanyuncn.com
电子信箱:info@guanyuncn.com
单位人数:300
质量体系:ISO/TS 16949、ISO 14001
产品情况:铝制板翅式换热器
出口情况:出口美国、澳大利亚、德国、新西兰、土耳其、英国、法国、日本、印度等国家

★无锡安尔达活塞环厂
地址:江苏省无锡市锡山区羊尖镇廊下工业园
邮编:214108
电话:0510/88332389、88335588
传真:88332288
网址:www.anerda.com
电子信箱:anerda@anerda.com
单位人数:150
质量体系:ISO/TS 16949
产品情况:(安尔达牌、AED 牌)
发动机活塞环,变速器用金属密封环
配套及出口情况:为国内多家主机厂配套;活塞环、密封环出口

★无锡明珠增压器制造有限公司
地址:江苏省无锡市新区坊前镇峰泉路188 号坊前经济工业园
邮编:214111
电话:0510/88232777、88231569
传真:88230569、88232569
网址:www.wxmz.com
电子信箱:sales@wxmz.com
质量体系:ISO 9000
产品情况:各类车用涡轮增压器

★无锡市锡山环宇金属软管有限公司
地址:江苏省无锡市锡山区鹅湖镇甘露翰林路6 号
邮编:214117
电话:0510/88751037、88753129
传真:88751857、82101158
网址:www.huanyu-hose.com
电子信箱:www@wx-hy.net
质量体系:ISO/TS 16949
产品情况:汽车排气波纹管、金属软管、伸缩管、工业软管、消声器、卡箍等
出口情况:远销西欧、北美洲、东南亚、中东、北非等地区

★无锡市锡联柴油机制造有限公司
地址:江苏省无锡市惠山区堰桥工业园堰祥路6 号
邮编:214118
电话:0510/83570666、83570678
传真:83570789
网址:www.xiliancn.com
电子信箱:zdw@xiliancn.com
质量体系:ISO 9001、QS 9000
产品情况:(锡联牌)
柴油机、天然气发动机
配套及出口情况:为一汽、苏州金龙、重庆恒通、深圳五洲龙、东风扬子江、丹东黄海等客车厂配套;出口泰国等东南亚国家

★无锡荣鑫泵业制造有限公司
地址:江苏省无锡市滨湖开发区华苑路
邮编:214124
电话:0510/85625333、85627820
传真:85628585
网址:www.rongxin-pump.com
电子信箱:wxrxby@sina.com
质量体系:ISO 9002
产品情况:(荣鑫牌)
汽车涡轮增压器

★无锡市机油泵厂
地址:江苏省无锡市滨湖区雪浪镇浪溪路36 号
邮编:214125
电话:0510/85187818、85180818
传真:85190772、85180818
网址:www.xibeng.com
电子信箱:sales@xibeng.com
单位人数:135
质量体系:ISO 9002
产品情况:(雪浪牌)
内燃机冷却水泵、机油泵
配套情况:为一汽锡柴配套

★无锡福斯特汽车工程有限公司
地址:江苏省无锡市滨湖区南泉镇壬港村
邮编:214128
电话:0510/85952224、85952058
传真:85952429
电子信箱:web@fster.com
质量体系:ISO 9001
产品情况:(菲斯通牌)
各种型号涡轮增压器,年产能力3 万台套
配套情况:为锡柴、大柴配套

★无锡富泰尔科技有限公司
地址:江苏省无锡市硕放工业园五期C21-1 号地块
邮编:214128
电话:0510/85956331、85959389
传真:85956999
网址:www.futair.com
电子信箱:futair@futair.com
单位人数:200
质量体系:ISO 9001
产品情况:(富泰尔牌、Futair 牌)
柴油机涡轮增压器、柴油机铅笔型喷油器

★无锡永凯达齿轮有限公司
地址:江苏省无锡市钱桥镇工业集中区景盛路15 号
邮编:214151
电话:0510/83217781、83217782
传真:83217787
网址:www.yongkaida.com
电子信箱:wxec2@pub.wx.jsinfo.net
单位人数:188
质量体系:ISO/TS 16949、VDA 6.1
产品情况:(永凯达牌)
汽车齿轮及配件,年产能力200 万件;汽车自动皮带张紧器,年产能力100 万件
配套及出口情况:为上海大众、一汽-大众、奇瑞汽车等配套;年出口额150 万美元

★无锡绿色动力机械工程有限公司
地址:江苏省无锡市钱桥勤新工业园
邮编:214151
电话:0510/85500927
传真:85298888
网址:www.wx-greenpower.com
电子信箱:winwhole@yahoo.com.cn
质量体系:ISO 9001
产品情况:(华增牌)
涡轮增压器
配套情况:为康明斯、锡柴、大柴、玉柴、朝柴等配套

★无锡奥尔驰动力设备有限公司
地址:江苏省无锡市胡埭工业区北区金桂路23 号
邮编:214161
电话:0510/85502072
传真:85582627
网址:www.aoerchi.com
电子信箱:sales@aoerchi.com
质量体系:ISO 9001
产品情况:(鑫盛牌)
各种汽车涡轮增压器,各种摩托车转向器
配套情况:H1C、WH1C 增压器可与160 马力、180 马力、210 马力、拉煤王等系列发动机增压配套;H1E、WH1E 可与锡柴,玉柴等企业的160 马力、180 马力、210 马力、240 马力发动机增压配套;摩托车方向器和韩国晓星、重庆隆鑫、广州银河、广州比亚乔、福建三力机车、众星摩托、天津三叶、富士达、重庆力帆、宗申、广州天马、浙江钱江等配套

★无锡市铭鑫增压器制造有限公司
地址:江苏省无锡市胡埭工业园区归山88 号
邮编:214161
电话:0510/85590908、85590566
传真:85589258
网址:www.wuximingxin.com
电子信箱:weijm@wuximingxin.com
质量体系:ISO 9001
产品情况:涡轮增压器、各种橡胶制品
配套情况:为一汽集团配套

★无锡市金阳活塞环厂
地址:江苏省无锡市西漳工业园区凤翔北路547 号

邮编:214171
电话:0510/83759518、66030508
传真:83501522
网址:www.gr-pistonring.com
电子信箱:zwq898@sina.com
法人代表:唐霄
负责人:张伟群
单位人数:100
质量体系:ISO 9001
产品情况:(金阳牌、GRPR牌)
活塞环,适用于摩托车、汽车、工程机械、空压机、注塑机等,也可来图或来材定制
出口情况:出口日本、马来西亚、印度尼西亚、印度、巴基斯坦、伊朗、伊拉克、叙利亚、沙特、迪拜、尼日利亚、阿尔及利亚、阿根廷、智利、波兰、乌克兰、斯洛伐克、俄罗斯等国家

★无锡市霍尔斯特汽车部件有限公司
地址:江苏省无锡市惠山区堰桥镇工业区
邮编:214174
电话:0510/83743297
传真:83749509
质量体系:ISO/TS 16949
产品情况:涡轮增压器
配套情况:为一汽集团、东风汽车公司配套

★无锡市力帆活塞有限公司
地址:江苏省无锡市惠山区堰桥镇仓桥工业园区
邮编:214174
电话:0510/83748423
传真:83741259
产品情况:(力帆牌)
各种柴油机、汽油机、摩托车等铝活塞
配套情况:为锡柴、大柴、玉柴、湖动配套

★无锡科杰动力机械制造有限公司
地址:江苏省无锡市西山经济开发区(东亭)芙蓉二路
邮编:214177
电话:0510/81029566、81029567
传真:81029565
网址:www.kjdl.net.cn
电子信箱:sales@kjdl.net.cn
单位人数:85
质量体系:ISO 9001
产品情况:汽车发动机零部件
配套情况:为江苏四达集团、江淮汽车发动机分公司、锡柴配套

★无锡市科博机械电器有限公司
地址:江苏省无锡市惠山区长安东工业园
邮编:214177
电话:0510/83761484、83768841
传真:83761484
网址:www.wxkebo.com
电子信箱:kb@wxkebo.com
质量体系:ISO/TS 16949
产品情况:(科博牌)
涡轮增压器

★无锡市大吉汽车配件有限公司
地址:江苏省无锡市长安镇无畏工业园区
邮编:214177
电话:0510/83769898
传真:83763838
电子信箱:sales@darji.cn
质量体系:ISO/TS 16949、ISO 9001
产品情况:(大吉牌)
各种型号柴油机飞轮总成

★无锡寅谊汽车部件制造有限公司
地址:江苏省无锡市惠山区玉祁镇蓉联开发区
邮编:214183
电话:0510/83586658
传真:83585248
网址:www.wxyinyi.com
电子信箱:yinyi@wxyinyi.com
单位人数:150
质量体系:ISO 9001
产品情况:汽车水泵、水泵轴承、水封和铝合金压铸件

★无锡惠山泵业有限公司
地址:江苏省无锡市玉祁镇工业园区
邮编:214183
电话:0510/83880052、83897182
传真:83889863
网址:www.wxhsqp.com
电子信箱:wxhuishanpump@21cn.com
单位人数:860
质量体系:ISO/TS 16949、QS 9000
产品情况:(惠山牌)
冷却水泵、机油泵、发电机
配套及出口情况:为重庆长安铃木、哈航集团东安、上汽五菱柳机、江铃福特、长城汽车、上海比亚迪、重庆力帆、长城汽车等配套;出口美国、英国、德国、法国、日本、韩国、加拿大、东南亚等10多个国家和地区

★无锡三鑫压铸有限公司
地址:江苏省无锡市惠山区玉祁镇永安路
邮编:214183
电话:0510/83899118、83888181
传真:83887519
网址:www.die-casting.com.cn
电子信箱:sxtools@21cn.com
单位人数:200
质量体系:QS 9000、ISO 9001
产品情况:(惠山牌)
精密锌、铝合金压铸件,汽车机油泵、水泵、汽油泵等
配套及出口情况:为江西五十铃、哈尔滨东安动力、上汽通用五菱等配套;远销美国、英国、德国、瑞典、日本等国家

★江苏无锡市新华轴瓦制造有限公司
地址:江苏省无锡市惠山区玉祁镇万里
邮编:214184
电话:0510/83330937
传真:83330937
电子信箱:sales@xinhuazhouwa.com
产品情况:(万征牌)
柴油机空气压缩机轴瓦、汽车发动机轴瓦
配套情况:为无锡压缩机总厂、江阴压缩机厂、无锡第二压缩机厂、苏州压缩机厂配套

★江苏四达动力机械集团有限公司
地址:江苏省无锡市惠山区洛社中兴东路66号
邮编:214187
电话:0510/83301333
传真:83311390
网址:www.jssida.com
电子信箱:sell@jssida.com
单位人数:1000
质量体系:ISO/TS 16949
产品情况:(四达牌、行星牌、无柴牌)
多缸、单缸系列柴油机及缸体、缸盖、曲轴、增压器、四配套(活塞、活塞环、活塞销、缸套)等发动机配件
配套情况:为农用运输车、轻型货车、皮卡等配套

★无锡锡通增压器制造有限公司
地址:江苏省无锡市惠山区洛社镇华圻
邮编:214187
电话:0510/83323237
传真:38321693
质量体系:ISO 9001
产品情况:增压器、电动机等

★无锡市鸿光汽车零部件制造厂
地址:江苏省无锡市惠山开发区张村路8号
邮编:214187
电话:0510/83500387
传真:83590176
质量体系:ISO 9001
产品情况:飞轮、飞轮齿圈、飞轮总成

★无锡明宇机械有限公司
地址:江苏省无锡市惠山区洛社镇新开河村
邮编:214187
电话:0510/83831285
传真:82259956
电子信箱:han99@pub.wx.jsinfo.net
质量体系:ISO/TS 16949
产品情况:连杆总成

★无锡市二橡胶股份有限公司
地址:江苏省无锡市锡山经济开发区芙蓉东一路99号
邮编:214193
电话:0510/83783770
传真:83789008
网址:www.wxrb2.com
电子信箱:wuai2@wxrb2.com

单位人数:1200
质量体系:ISO/TS 16949、ISO 9001
产品情况:(五爱牌)
发动机进出水管、通风管、通气管、注射管、模压杂件、硅胶管等汽车橡胶制品
配套及出口情况:为上海大众、长安汽车、南京依维柯等配套;出口南美洲、非洲、东南亚、中东等地区,出口量占国内同类产品出口量的90%

★江苏江旭铸造集团有限公司
地址:江苏省宜兴市经济开发区文庄
邮编:214203
电话:0510/87125736、87125956
传真:87124190
网址:www. jsjxzz. com
电子信箱:jx@ jx - casting. com
单位人数:138
质量体系:ISO/TS 16949、ISO 14001
产品情况:飞轮壳、汽缸盖罩、进气歧管、冷却器盖板、出水管等
配套及出口情况:为锡柴、上柴、奇瑞等国内10多家大中型企业配套;远销欧洲、美国、日本等20多个国家和地区

★无锡鹏德汽车配件有限公司
地址:江苏省宜兴市和桥镇北庄
邮编:214211
电话:0510/87816600、87814281
传真:87801631
网址:www. autocarfittings. com
电子信箱:zgqp@ autocarfittings. com
单位人数:200
质量体系:ISO/TS 16949、ISO 9002
产品情况:(鹏德牌)
汽车排气系统、车身系统、底盘减振系统、座椅系统冲压件,年产能力1800万件(套)
配套及出口情况:为大众、通用、福特、马自达、克莱斯勒、标致、现代等配套;出口日本、欧洲、美洲等国家和地区

★无锡市博诺机械有限公司
地址:江苏省宜兴市万石镇黄土寺村
邮编:214217
电话:0510/87852511
传真:87855295
网址:www. bnjx. net
电子信箱:yaoyefeng - cx@ 163. com
质量体系:ISO 9001
产品情况:缸盖、飞轮、飞轮壳、轴承盖、带轮、进排气管、支架、泵壳、减变速机体、液压铸件、各类阀体等,年产能力1万t各类铸件
配套情况:为福特、通用、五菱配套

★宜兴非金属化工机械厂有限公司
地址:江苏省宜兴市丁蜀镇
邮编:214221
电话:0510/87189500、87185248
传真:87185248
网址:www. yxhjc. com
电子信箱:yxhjc@ yxhjc. com
法人代表(负责人):冯家迪
单位人数:500
质量体系:ISO/TS 16949、ISO 9001
产品情况:(宇星牌)
汽油车、柴油车尾气净化器载体,年产量800万L
出口情况:出口300万L/年

★江阴市宏扬汽车制冷设备有限公司
地址:江苏省江阴市青阳镇工业园区B-1区(华澄路3号)
邮编:214401
电话:0510/86517987
传真:86517987
网址:www. hy - qckongtiao. com
电子信箱:gzhdshye@ yahoo. com
单位人数:200
质量体系:ISO 9001
产品情况:平行流冷凝器、蒸发器、散热器、暖风芯子等
出口情况:部分产品出口

★靖江天骄汽车配套有限公司
地址:江苏省靖江市江平路新丰段7号
邮编:214500
电话:0523/84368888、84366777
传真:84366999
网址:www. jjtianjiao. com
电子信箱:jjtj@ vip. 163. com
质量体系:ISO 9001
产品情况:(天骄牌)
缓冲块、发动机油标尺、发动机前机盖撑杆、滤清器、蓄电池挡板、锁勾、密封圈、转向机护罩等
配套情况:为广汽丰田、上海大众、奇瑞、福莱尔、东风悦达起亚、合力股份、华晨金杯等配套

★麦特达因(苏州)汽车部件公司
地址:江苏省苏州市工业园区青丘街178号
邮编:215021
电话:0512/87171600
传真:87171608
网址:www. metaldyne. com
单位人数:68
产品情况:曲轴减振器模块、粉末合金件、连杆、压铸件等发动机及底盘部件制品
配套情况:为北京奔驰、奇瑞汽车、神龙汽车、上海通用、东南汽车等配套

★皆可博(苏州)车辆控制系统公司
地址:江苏省苏州市工业园区港田路99号港田工业坊二期19幢
邮编:215024
电话:0512/62993200
传真:62993066
网址:www. jakebrake. com
质量体系:ISO/TS 16949、QS 9000
产品情况:发动机制动器、排气制动器
配套情况:为上柴、一汽专用汽车等企业配套

★吴县市柴油机配件厂
地址:江苏省苏州市吴县市木渎镇西街
邮编:215101
电话:0512/66261416、66261412
传真:66261187
产品情况:调速器、气门摇臂、高压油管,年销售额0.45亿元
配套情况:为上柴、常柴等配套

★大同精密金属(苏州)有限公司
地址:江苏省苏州市苏州工业园区青丘街246号
邮编:215126
电话:0512/62833513
传真:62833003
网址:www. dpmsz. cn
电子信箱:daido@ dpmsz. cn
质量体系:ISO/TS 16949、ISO 9001
产品情况:发动机轴瓦、轴套

★苏州天浩汽车部件有限公司
地址:江苏省苏州市吴江同里邱舍工业区
邮编:215126
电话:0512/63377777
传真:63377555
电子信箱:thgasket@ vip. sohu. com
质量体系:ISO/TS 16949
产品情况:活塞环
出口情况:远销南美洲、中东、东南亚、非洲等多个地区

★NGK(苏州)环保陶瓷有限公司
地址:江苏省苏州市新区鹿山路58号
邮编:215129
电话:0512/66612000
传真:66614858
网址:www. ngk. com. cn
单位人数:550
质量体系:ISO 9001、ISO 14001
产品情况:汽车尾气净化用蜂窝陶瓷载体、柴油汽车尾气微粒子陶瓷过滤器等

★苏州市事达汽车零部件有限公司
地址:江苏省苏州市相城经济开发区春申湖东路19号
邮编:215131
电话:0512/65768070
传真:65490078
网址:www. sdqy. com
电子信箱:edward. wu@ sdqy. com
单位人数:400
质量体系:ISO/TS 16949、QS 9000
产品情况:汽车消声器以及排气系统用的不锈钢管、排气弯管、消声管、消声器筒体、排气组件等
配套情况:用于上海通用,上海大众、一汽-大众、东南汽车、天津一汽丰田、长安福特、神龙富康、广汽本田、东风悦达起亚、一汽海马等汽车公司生产的车型

二级配套

★苏州申达汽车配件有限公司
地址:江苏省苏州市相城区苏埭路 73 号
邮编:215132
电话:0512/65463088
传真:65463088
网址:www. szshenda. com
电子信箱:shenda@ szshenda. com
单位人数:300
质量体系:ISO/TS 16949、ISO 14001
产品情况:汽车消声器、加油管等
配套情况:为国内数十家知名汽车厂配套

★苏州拓普发动机零部件有限公司
地址:江苏省苏州市吴江经济开发区
邮编:215200
电话:0512/88817776
传真:63911893
网址:www. tople. cn
电子信箱:sztople@ 163. com
质量体系:ISO/TS 16949、ISO 9001
产品情况:(多谱路牌)
发动机进排气门及导管、挺柱、轴瓦等

★冠军汽车零部件(苏州)公司
地址:江苏省苏州市吴江芦墟镇临沪大道北侧 1508 号
邮编:215211
电话:0512/63269030
网址:www. uci - china. com
质量体系:ISO/TS 16949、ISO 14001
产品情况:(Champ 牌、Kleener 牌、Luber - Finer 牌、Petro Clear 牌)
机油滤清器、空气滤清器、燃油滤清器、变速器滤清器、车内空气滤清器、曲轴箱强制通风(PCV)阀、液压滤清器、燃油分配滤清器和油水分离器

★苏州雷冠汽配有限公司
地址:江苏省吴江市同里镇屯村东路 181 号
邮编:215216
电话:0512/63370000
传真:63379999
网址:www. leiguan. com. cn
单位人数:1000
质量体系:ISO/TS 16949、ISO 9001
产品情况:汽车滤清器

★苏州明志科技有限公司
地址:江苏省苏州市吴江同里镇同周公路 1 号
邮编:215217
电话:0512/63329988
传真:63329988 - 7711
网址:www. mingzhi - tech. com
法人代表:邱壑
负责人:吴勤芳
单位人数:471
质量体系:ISO 9001
产品情况:铝合金铸件,如发动机缸盖、缸体、电动汽车电动机壳等
配套情况:为一汽轿车、云内动力、ZF、福依特配套

★苏州多谱路发动机零部件有限公司
地址:江苏省苏州市吴江经济开发区金狮路 108 号
邮编:215217
电话:0512/81556705 - 6010
传真:85160078
电子信箱:sztople@ 163. com
质量体系:ISO/TS 16949、ISO 9001
产品情况:发动机进、排气门
出口情况:出口多个国家和地区

★吴月齿轮制造有限公司
地址:江苏省苏州市盛泽镇怡丘社区双熟工业开发区
邮编:215227
电话:0512/63601827、63606826
传真:63606827
电子信箱:tgybs@ public1. sz. js. cn
质量体系:ISO/TS 16949
产品情况:柴油发动机正时齿轮,年产 20 万台
配套情况:为锡柴、杭发、徐工集团等配套

★汉格斯特滤清系统(昆山)公司
地址:江苏省昆山市开发区平巷路 3 - 1 号
邮编:215300
电话:0512/57723700
传真:57723702
质量体系:ISO/TS 16949
产品情况:汽车滤清器

★ 远轻铝业(中国)有限公司
地址:江苏省昆山市经济技术开发区远轻路 118 号
邮编:215300
电话:0512/57152300
传真:57710007
网址:www. enkei. co. jp
电子信箱:sales@ enkei. cn
法人代表:铃木顺一
负责人:黄毅
单位人数:1200
质量体系:ISO/TS 16949
产品情况:(ENKEI 牌)
年产铝合金轮毂 330 万只,涡轮增压器壳体 350 万套、、发动机汽缸头 20 万套
配套及出口情况:为东风日产、广汽本田、东风本田、霍尼韦尔、博格华纳、康明斯、FIT、MHI、雅马哈、铃木等配套;出口日本、墨西哥、俄罗斯、美国、德国、意大利、法国、英国、罗马尼亚、匈牙利、波兰、马来西亚、越南
☞ 详细情况请参阅彩色宣传版面

★苏州睿昕汽车配件有限公司
地址:江苏省苏州市
邮编:215400
电话:0512/53106655、53108399
传真:53101739
网址:www. risingsz. com
电子信箱:ext08@ risingsz. com
单位人数:150
质量体系:ISO/TS 16949、ISO 9000
产品情况:汽车硅油离合器及风扇等,车灯

★苏州益方动力机械有限公司
地址:江苏省太仓市经济开发区人民北路 168 号
邮编:215400
电话:0512/53996805、53996808
传真:53996868
网址:www. szyifang. net
电子信箱:yifang8668@ 126. com
质量体系:ISO/TS 16949
产品情况:汽车发动机总成、缸体、缸盖等,年产能力发动机总成 8 万台,缸体、缸盖 20 万件
配套情况:为西门子、绵阳新晨动力、重庆宗申汽车发动机、泰兴市菱迪机械、山西成功淮海发动机、GSI 集团、山东海戈工贸、平顶山隆鑫三轮摩托车、山东蓝盾摩托车、轻骑集团青州大金马摩托车、Standard Motor Products(北美主要汽车售后公司)、日本高田汽配、日本三协等配套

★张家港市德发内燃机配件有限公司
地址:江苏省张家港市全港镇后塍解放路 36 号
邮编:215631
电话:0512/58771820
传真:58787695
质量体系:ISO 9001
产品情况:不锈钢板翅式机油冷却器

★江苏爱吉斯海珠机械有限公司
地址:江苏省洪泽县大庆北路 20 号
邮编:223100
电话:0517/87222142、87238409
传真:87222250
网址:www. haizhumachine. com
电子信箱:webmaster@ haizhumachine. com
单位人数:900
质量体系:ISO/TS 16949、ISO 9001
产品情况:(爱吉斯海珠牌)
内燃机汽缸套,年产量 450 万只
配套及出口情况:为锡柴、济柴、潍柴、镇柴等配套;出口东南亚、欧洲、美洲等 20 多个国家和地区

★江苏泗洪油嘴油泵有限公司
地址:江苏省泗洪县泗州西大街 26 号
邮编:223900
电话:0527/86285073、86285609
传真:86285264、86284706

网址:www. js – hb. com
电子信箱:panyue@ js – hb. com
单位人数:1800
质量体系:ISO/TS 16949、ISO 9001
产品情况:(洪泵牌)
喷油泵、喷油器,年产 200 万套;喷油嘴、柱塞、出油阀三对精密偶件,年产 1400 万副
出口情况:出口东南亚、中东、非洲、南美洲等地区

★江苏江淮动力股份有限公司
地址:江苏省盐城市环城西路 213 号
邮编:224001
电话:0515/88881500、88881888
传真:88881999、88881816
网址:www. jdchina. com
电子信箱:sale@ jdchina. com
单位人数:6000
质量体系:ISO 9001
产品情况:(江动(JD)牌)
节能单缸、多缸柴油机和微型通用汽油机
配套及出口情况:为轻型客货车、农用运输车、拖拉机等配套;远销欧洲、美洲、亚洲、非洲等 40 多个国家和地区

★江苏春光汽车配件有限公司
地址:江苏省盐城市南洋经济开发区飞驰大道 7 号附 1 号
邮编:224051
电话:0515/88120700 – 8288
传真:88120702
网址:www. cgfilter. com. cn
电子信箱:13905106313@ 139. com
质量体系:ISO 9001
产品情况:(春光牌)
汽车滤清器
配套情况:为东风轻型货车、五十铃、一汽备品公司等配套

★大丰市海纳机械有限公司
地址:江苏省大丰市益民路 8 号
邮编:224100
电话:0515/83507788、83507781
传真:83507700
网址:www. hana – ind. com
质量体系:ISO/TS 16949、ISO 9001
产品情况:汽车冷却水泵及其零配件、排气管、转向泵等
出口情况:出口美国、德国、西班牙、意大利、荷兰、法国

★盐城多为集团有限公司
地址:江苏省大丰市新团街 10 号
邮编:224115
电话:0515/83683588、83682001
传真:83682058
网址:www. ycdw. com
电子信箱:dwjt@ public. yc. js. cn
单位人数:680
质量体系:QS 9000、ISO 9000
产品情况:汽车冷却水泵、进排气歧管,平面磨床、数控车床,年产各类灰口铸铁和铝合金汽车水泵 300 万只、灰口铸铁和球墨铸铁进排气歧管 100 万只
出口情况:出口澳大利亚、日本、中东、欧洲、美洲等 20 多个国家和地区,并销往中国台湾、香港地区

★江苏鑫悦汽车零部件有限公司
地址:江苏省东台市经济开发区振兴路 18 号
邮编:224200
电话:0515/85212128、85282088
传真:85212795
网址:www. valve – jsdx. com
电子信箱:qmsgp@ pubic. yc. js. cn
单位人数:710
质量体系:ISO/TS 16949
产品情况:(东翔牌)
发动机气门、挺柱、硅油减振器,年产发动机气门 1200 万只
配套及出口情况:为上海华普、潍柴动力、重汽集团、常柴股份、常发集团、江淮动力、日本三菱、日本本田等配套;出口欧洲、美洲、非洲、东南亚

★江苏力牌实业有限公司
地址:江苏省盐城市滨海县经济开发区工业园南区 1 号
邮编:224500
电话:0515/84192288
传真:84192288
网址:www. jslipai. com
电子信箱:jslipai@ 163. com
质量体系:ISO 9001
产品情况:(力牌)
多功能透明油箱

★江苏科力普汽车部件有限公司
地址:江苏省响水县经济开发区汇源路 1 号
邮编:224600
电话:0515/86879180
传真:86888087
网址:www. jsclipper. com
电子信箱:jsclipper@ 163. com
质量体系:ISO/TS 16949、ISO 9001
产品情况:汽车散热器、空调

★扬州嘉和散热器有限公司
地址:江苏省扬州市广陵产意园
邮编:225006
电话:0514/85555975
传真:85110111
网址:www. cnjiahe. com. cn
电子信箱:master@ cnjiahe. com. cn
单位人数:602
质量体系:ISO/TS 16949、QS 9000
产品情况:中冷器、铝散热器,年产能力 60 万台
配套及出口情况:为重汽集团、陕汽集团、一汽哈轻、一汽长轻、东风柳汽、南京汽车集团、北汽轻型货车、北汽欧曼、金龙客车、亚星客车、上汽通用五菱、哈飞汽车、江淮汽车等汽车主机厂配套;出口欧洲、美洲、大洋洲、加拿大、新西兰等国家和地区

★扬州五亭桥缸套有限公司
地址:江苏省扬州市竹西路 54 号
邮编:225007
电话:0514/87621318、87621316
传真:87621309
网址:www. cylinder – liner. com
电子信箱:xsb@ ywcc. com. cn
单位人数:2000
质量体系:ISO/TS 16949、QS 9000
产品情况:(五亭桥牌)
汽车缸套
配套及出口情况:为一汽锡柴、一汽大柴、潍柴动力、上柴、东风汽车、玉柴、扬柴、江苏四达动力机械、北汽福田、天津珀金斯、南汽依维柯、上汽股份等几十家主机厂配套;出口欧洲、美洲、英国、东南亚、非洲等 10 多个国家和地区

★潍柴动力扬州柴油机有限责任公司
地址:江苏省扬州市江阳东路 438 号
邮编:225009
电话:0514/87811652、87982288
传真:87613665
网址:www. yangchai. com. cn
电子信箱:yc@ yangchai. com. cn
质量体系:ISO/TS 16949、ISO 9001
产品情况:485QB、495Q、YZ4102QF、YZ4105ZF、YZ4108Q、YZ4110Q 等系列柴油机
配套情况:为北汽福田、跃进汽车、江淮汽车、一汽集团、东风汽车公司等 20 多家企业配套

★扬州英谛车材实业有限公司
地址:江苏省扬州市广陵产业园
邮编:225009
电话:0514/87812768
传真:87813998
单位人数:400
质量体系:ISO 9000
产品情况:各类散热器、中冷器,车用空调冷凝器、蒸发器等
出口情况:远销美国、加拿大、欧洲、日本、澳大利亚等国家和地区

★扬州通顺散热器有限公司
地址:江苏省扬州市宝塔南路 5 号
邮编:225009
电话:0514/87826278
传真:87817202
网址:www. tongshun. cn
电子信箱:tsr@ tongshun. cn
单位人数:193
质量体系:ISO/TS 16949、QS 9000
产品情况:(三叶牌)
汽车散热器

配套及出口情况：为康明斯、江淮汽车、卡特彼勒、德尔福、亚星等配套；年出口86639台

★亚普汽车部件有限公司
地址：江苏省扬州市扬子江南路508号
邮编：225009
电话：0514/87846666
传真：87846888
网址：www. yapp. com
电子信箱：yapp@ yapp. com
法人代表：邓华
负责人：孙岩
单位人数：1500
质量体系：ISO/TS 16949
产品情况：（亚普牌）
汽车塑料燃油箱总成
配套及出口情况：为上海大众、印度大众、俄罗斯大众、上海通用、长安福特、一汽-大众、捷克大众、印度福特、标致雪铁龙、福建奔驰等配套；出口南非、菲律宾等国家，在印度、澳大利亚、俄罗斯、捷克拥有4家海外工厂

★扬州通洋机油冷却器有限公司
地址：江苏省扬州市沙湾南路31号
邮编：225009
电话：0514/87863749、87863755
传真：87663747
网址：www. yzty. com
电子信箱：dcj@ yzty. com
单位人数：100
质量体系：ISO/TS 16949、QS 9000
产品情况：（三叶牌）
镍铜、铝材板翅式冷却器、铝水/油散热器、中冷器、冷凝器，年产能力150万件
配套及出口情况：为亚星商务车、珀金斯动力（天津）、锡柴等配套；出口美国、中东、东南亚等国家和地区

★扬州金叶水箱有限公司
地址：江苏省扬州市经济开发区施桥镇伟业路10号
邮编：225101
电话：0514/87583845、87587164
传真：87583798
质量体系：ISO 9001
产品情况：（兴叶牌）
汽车散热器等
配套情况：为东风汽车公司、江淮汽车、五十铃等配套

★扬州市邗江开元滤清器厂
地址：江苏省扬州市邗江方巷镇开扬村6号
邮编：225117
电话：0514/87385630、87385145
传真：87385630
网址：www. yzlqq. com
电子信箱：zengyin1986@ hotmail. com
质量体系：ISO 9001
产品情况：（开元牌）
滤清器
配套情况：为扬柴、江淮动力机械厂、如皋柴油机厂、洛阳第一拖拉机制造厂等配套

★扬州市亚王曲轴厂
地址：江苏省扬州市西北甘泉工业园区
邮编：225123
电话：0514/87720367、87725558
传真：87720999
网址：www. ywqz. cn
质量体系：ISO 9001
产品情况：（亚王牌）
年产高牌号球墨铸铁曲轴近20万支、各种铸铁件近1万t
配套情况：为扬柴等配套

★扬州群发换热器有限公司
地址：江苏省扬州市邗江工业园牧羊路21号
邮编：225127
电话：0514/87230296
传真：87210462
网址：www. yzqunfa. cn
电子信箱：qfcool@ 126. com
单位人数：200
质量体系：ISO/TS 16949
产品情况：（群发牌）
汽车中冷器、铝质散热器、板翅式散热器、机油冷却器，年产28万台套中冷器、10万台不锈钢板翘式机油冷却器、10万台水散热器
配套及出口情况：为一汽、东风、重汽集团、南汽、亚星客车、安凯客车、宇通客车、金龙客车、丹东黄海、福田欧V客车等配套；出口欧洲、美洲、俄罗斯、中东等多个国家和地区

★扬州振达曲轴有限公司
地址：江苏省江都市锦西镇锦江东路50号
邮编：225234
电话：0514/86341288
传真：86346826
质量体系：ISO 9001
产品情况：（振达牌）
内燃机曲轴
配套及出口情况：为扬州扬发柴油机、扬内柴油机、宿迁东联动力机械、浙江星月柴油机等配套；远销东南亚、美国等国家和地区

★扬州市长运汽车油箱制造有限公司
地址：江苏省江都市邵伯镇昭关坝
邮编：225261
电话：0514/86581171、86580966
传真：86261777
网址：www. yzcy. com. cn
电子信箱：yzcy@ yzcy. com. cn
单位人数：308
质量体系：ISO/TS 16949、ISO 9002
产品情况：（长运牌）
汽车燃油箱、液压油箱、便携式加油箱、贮气筒、副水箱、油箱托架、加油口盖等，油箱年产能力25万余件
配套情况：为一汽、东风、南汽、江淮、杭汽、亚奔、宇通、金龙、北奔重汽等30多个汽车厂配套

★扬州光辉内燃机配件有限公司
地址：江苏省江都市丁伙镇工业区
邮编：225266
电话：0514/86501381、86504788
传真：86504788
网址：www. yzgh. cn
电子信箱：jdyzgh@ 126. com
单位人数：500
质量体系：ISO/TS 16949、ISO 9001
产品情况：（光辉牌）
各种通用机气门、活塞销
配套及出口情况：为扬柴、扬动、钱江、力帆、众兴、新世纪、林海、轻骑、江动、常通等20多家主机厂配套；出口缅甸、东南亚、南非等国家和地区

★江苏中远汽车零部件有限公司
地址：江苏省江都市丁伙镇工业区
邮编：225266
电话：0514/86505999
传真：86509888
质量体系：ISO 9001
产品情况：汽车零部件，轴瓦
出口情况：远销欧洲、美洲、东南亚、中东

★泰州市环泰电器有限公司
地址：江苏省泰州市刁铺解放西路46号
邮编：225323
电话：0523/86161515、86161411
传真：86161513
网址：www. tzhtdq. com
电子信箱：huantaitz@ pub. tz. jsinfo. net
单位人数：316
质量体系：ISO 9001、QS 9000
产品情况：（环太牌）
发动机气门摇臂、气门挺柱、轴套等

★江苏松林汽车零部件有限公司
地址：江苏省泰兴市向阳路18号
邮编：225400
电话：0523/87683260、87684338
传真：87683354
网址：www. jssonglin. com
电子信箱：jssonglin@ sina. com
单位人数：1850
质量体系：ISO/TS 16949、QS 9000
产品情况：（松林牌）
曲轴、连杆、缸体、飞轮壳、飞轮等
配套及出口情况：为一汽锡柴、东风康明斯、一拖、上柴、北汽福田、重汽杭汽发、扬柴、珀金斯、潍柴等10多家主机厂配套；康明斯等产品出口国际市场

★泰兴市江虹汽车零部件有限公司
地址：江苏省泰兴市滨江镇北

邮编:225442
电话:0523/87510509
传真:87513449
网址:www. txjianghong. com. cn
电子信箱:jianghong@ txjianghong. com
质量体系:ISO 9001
产品情况:(江虹牌)
　　滤清器
配套情况:为江铃汽车、庆铃汽车、江铃发动机厂、北汽福田、长城汽车、成都420厂等配套

★江苏飞月轴瓦有限公司
地址:江苏省兴化市安丰镇沿河路8号
邮编:225700
电话:0523/83543019、83543427
传真:83543018
网址:www. jsfyzw. com
电子信箱:sale@ jsfyzw. com
单位人数:1800
质量体系:ISO/TS 16949、ISO 9001
产品情况:(飞月牌)
　　轴瓦、衬套、止推片,年产能力4000片
配套及出口情况:为一汽锡柴、南汽、常柴、常发、江动、扬柴、全柴等30多家主机厂配套;出口欧洲、非洲、美国、东南亚等国家和地区

★江苏省兴化市飞亚轴瓦有限公司
地址:江苏省兴化市安丰镇
邮编:225766
电话:0523/83547018
传真:83547208
网址:www. cnfyzw. com
电子信箱:xpy@ cnfyzw. com
质量体系:ISO 9000
产品情况:汽车主轴瓦、连杆瓦、衬套、止推片
配套及出口情况:为扬柴、扬动等配套;随主机出口欧洲、非洲、美国、东南亚等国家和地区

★江苏春风动力机械有限公司
地址:江苏省扬州市宝应县苏中北路
邮编:225800
电话:0514/88201111
传真:88231111
网址:www. huzon. com
电子信箱:huzon@ huzon. com
单位人数:300
质量体系:ISO/TS 16949、ISO 9001
产品情况:汽车散热器、农用车散热器、暖风散热器、柴油机冷凝器等
配套及出口情况:为北汽福田、星月集团、春风控股集团、江苏常发集团、江淮动力等配套;远销东南亚、中东、南美市场

★扬州爱尔特汽车零部件制造公司
地址:江苏省宝应县城东工业区(耿耿工业园8号)
邮编:225811
电话:0514/88310577、88316333
传真:88310579、88311633
网址:www. zgalt. com
电子信箱:alt@ autotensioner. com
质量体系:ISO/TS 16949、ISO 9002
产品情况:汽车发动机张紧轮
出口情况:出口欧洲、美洲、韩国、中东等国家和地区

★江苏富通轴瓦股份有限公司
地址:江苏省南通市唐闸南市后园52号
邮编:226002
电话:0513/85544059、85544053
传真:85544981
网址:www. ntbf. com. cn
电子信箱:ntbf@ pub. nt. jsinfo. net
单位人数:300
质量体系:ISO 9001
产品情况:(南通牌)
　　内燃机轴瓦、轴套、止推边及各类滑动轴承
配套情况:配套一汽CA488轴瓦,跃进NJ433、NJ1061、IVECO等轴瓦、轴套,无锡柴油机厂6110轴瓦、轴套,扬柴495、4102Q轴瓦,玉柴、朝柴6105Q、YZ6112轴瓦;为常柴、武柴、江动、扬动、全柴、通柴等配套480、485、490、195、1100、1105、1110机型轴瓦以及160、165、170F、175、135等轴瓦

★南通长江汽车配件制造有限公司
地址:江苏省南通市任港路32号
邮编:226006
电话:0513/83513545
传真:83512748
电子信箱:ntqmc1@ pub. nt. jsinfo. net
质量体系:ISO 9001
产品情况:(长江牌)
　　各种汽车进/排气门、冷激挺杆
配套情况:为南京汽车集团、一汽集团、东风汽车公司、扬柴、朝柴、常柴、莱动、一拖等配套

★南通江华机械有限公司
地址:江苏省通州市金沙北路16号
邮编:226300
电话:0513/86549665、86512548－8039
传真:86521008
网址:www. tdi－nt. com
电子信箱:jh@ nantongjianghua. com
单位人数:67
质量体系:ISO/TS 16949、QS 9000
产品情况:汽车散热器、机油冷却器、冷却水泵、水温调节器、各类旋压带轮、管类零部件等
配套情况:为EHP、Toro、Graco等美国知名公司配套

★南通星维油泵油嘴有限公司
地址:江苏省通州市三余镇工农路40号
邮编:226331
电话:0513/82501041
传真:82501067
网址:www. ntxw. cn
电子信箱:ntxw@ ntxw. cn
质量体系:ISO/TS 16949
产品情况:柴油机燃油系统喷油嘴、柱塞、出油阀三对精密偶件及喷油器总成
出口情况:出口东南亚、欧洲、美洲、非洲等地区

★江苏新象股份有限公司
地址:江苏省南通市高新技术产业化集聚园区内
邮编:226401
电话:0513/84541430、84541431
传真:84541302
网址:www. xingxiang. com. cn
电子信箱:rdxxgs@ public. nt. js. cn
单位人数:500
质量体系:ISO 9001
产品情况:(新象牌、银花牌)
　　汽车汽缸套,年产300万件
配套及出口情况:为上海纽荷兰、美国约克、春兰、北汽福田等配套;出口美国、加拿大、墨西哥、俄罗斯、中东等国家和地区

★江苏优冠汽车配件有限公司
地址:江苏省如皋市经济开发区起凤西路99号
邮编:226500
电话:0513/87568888
传真:87307888
网址:www. auk－filters. com
电子信箱:shirley@ auk－filters. com
质量体系:ISO/TS 16949
产品情况:汽车滤清器、气制动阀
配套及出口情况:为国内主机厂建立OEM配套;60%出口欧洲、美国等国家和地区

★江苏万力机械股份有限公司
地址:江苏省海安县海安城江海西路168号
邮编:226600
电话:0513/88813884、88812363
传真:88820644、88812623
网址:www. suzhong. com. cn
电子信箱:info@ suzhong. cn
单位人数:1380
质量体系:ISO/TS 16949、ISO 9001
产品情况:(万力牌、苏中牌)
　　各类内燃机曲轴(年产300万件)、凸轮轴,振动机械、建材机械等
配套及出口情况:为一汽、上柴、全椒柴油机、南通、常柴、常发集团、莱动、时风集团等20多家大型发动机企业配套;出口欧洲、美洲、东南亚

★海安县万里机械有限公司
地址:江苏省海安县海安镇人民西路151号
邮编:226600
电话:0513/88890210

传真:88890210
电子信箱:haxwljxyxgs@163.com
质量体系:ISO 9001
产品情况:各类柴油机冷却水泵及运输机械配件,年产水泵20万台套
配套情况:为扬动、全柴、如柴、扬内等配套

浙江省

★杭州轴瓦有限公司
地址:杭州市下城区善贤路16号
邮编:310004
电话:0571/85358012、85357970
传真:85358020
网址:www.hzbbc.com
电子信箱:hbbc@hbbc.cn
单位人数:318
质量体系:ISO/TS 16949、VDA 6.1
产品情况:(WESTLAKE牌)
　　内燃机、空压机、制冷机、工程机械用轴瓦、轴套、止推片及材料
配套及出口情况:为上海大众、江西五十铃、南京依维柯、庆铃、亚新科美联、奇瑞汽车、中国一拖、江淮汽车、长城汽车、一汽锡柴、安徽叉车集团、重汽杭州汽车发动机厂、春兰集团等配套;出口美国、日本、西欧、东南亚、中东、非洲、南美洲等国家和地区

★杭州内燃机缸垫有限公司
地址:杭州市东新路善贤路10号
邮编:310004
电话:0571/85374383
传真:85374381
网址:www.hangzhougasket.com
电子信箱:hzd@hangzhougasket.com
单位人数:100
质量体系:ISO/TS 16949
产品情况:(钱江牌)
　　内燃机汽缸垫、密封垫,全金属汽缸垫用涂层钢板,产品覆盖重型车、中型车、轻型车、轿车、摩托车、空压机等领域
配套及出口情况:为国内外30多家主机厂配套;出口欧洲、美洲、东南亚等地区

★杭州星宝汽车配件有限公司
地址:杭州市下城区善贤路6号
邮编:310004
电话:0571/85376563、85363971
传真:85370265
网址:www.hz-xingbao.com
电子信箱:xbxb@hz-xingbao.com
单位人数:150
质量体系:ISO 9002
产品情况:(星宝牌、钱江牌、逸顺牌)
　　散热器、硅油风扇离合器、千斤顶、电动/手动驾驶室翻转泵、后悬置锁止机构及电动车

★杭州雨鑫增压器有限公司
地址:杭州市西湖区混堂巷5号3-102
邮编:310005
电话:0571/88070881
传真:88071894
网址:www.yuxinzyq.com
电子信箱:hfyxzyq@163.com
质量体系:ISO 9001
产品情况:涡轮增压器
配套及出口情况:为河柴重工、宁波中策柴油机、南通柴油机等多家企业配套,其中为河南柴油机配套量占该厂总量的90%;部分产品销往北美及东南亚地区

★杭州万里塑胶有限公司
地址:杭州市莫干山路方家塘路1号
邮编:310011
电话:0571/88095126、88091035
传真:88091071
网址:www.hzwlsj.com
电子信箱:wanli@mail.hz.zj.cn
单位人数:282
质量体系:ISO 9001
产品情况:(万里牌)
　　期太尔风扇总成、依维柯风扇总成、空气进口总成、护罩网格、散热器左右隔板、散热器上密封条
配套情况:为重汽集团、潍柴、杭发、南京依维柯等配套

★杭州东风散热器有限公司
地址:杭州市拱墅区石祥路222号
邮编:310015
电话:0571/88013290、88012873
传真:88014836
网址:www.jinheng.com.cn
电子信箱:webmaster@jinheng.com.cn
单位人数:550
质量体系:ISO/TS 16949、QS 9000
产品情况:(金恒牌)
　　散热器、中冷器、油底壳、风扇、支架、集滤器罩、油气分离器等
出口情况:出口美国、意大利等国家

★浙江广驰汽车零部件有限公司
地址:杭州市拱墅区沈塘桥86号
邮编:310022
电话:0571/81690047
传真:88131879
网址:www.zj-guangchi.cn
电子信箱:service@zj-guangchi.cn
质量体系:ISO/TS 16949
产品情况:汽车及摩托车发动机气门摇臂机构总成
配套情况:为道依茨大连柴油机厂、成都发动机、江淮汽车、北内发动机等配套

★隆运汽车催化器排气系统制造厂
地址:杭州市余杭镇小白菜文化园
邮编:310023
电话:0571/88680665
传真:88680663
电子信箱:web@hzhaisheng.com
质量体系:ISO/TS 16949、ISO 9001
产品情况:(海盛牌)
　　各种型号汽车消声器
配套情况:为南京汽车集团、浙江吉奥汽车等配套

★杭州大同大好轴瓦制造有限公司
地址:杭州市西湖区转塘工业园区
邮编:310024
电话:0571/87320720、87322886
传真:87322887
网址:www.dtdhzw.com
电子信箱:web@dtdhzw.com
质量体系:ISO 9001
产品情况:(TAIHO牌)
　　各类轴瓦、轴承、气门、止推片、曲轴等
出口情况:出口欧洲、北美洲、亚洲等地区

★杭州江南曲轴有限公司
地址:杭州市滨江区浦沿镇
邮编:310053
电话:0571/28006363、86616888
传真:86617026
网址:www.laiyegroup.com
电子信箱:laiyegroup@126.com
单位人数:363
质量体系:ISO/TS 16949、ISO 9001
产品情况:(萧曲牌)
　　中、重型汽车曲轴,年产能力10万支
配套情况:为锡柴、重汽集团、杭发、南京东山发动机厂等配套

★杭州弹簧有限公司
地址:杭州市余杭开发区星桥北路76号
邮编:311100
电话:0571/86262818、86260850
传真:86260851
网址:www.hz-spring.net
电子信箱:hzthccn@mail.hz.zj.cn
质量体系:ISO/TS 16949、VDA 6.1
产品情况:(兰菱牌)
　　专业生产各类内燃机气门弹簧、高压泵和气动液压元件弹簧、调压弹簧、出油阀弹簧、柱塞弹簧、离合器弹簧、悬架弹簧/减振器弹簧、模具强力弹簧、涡卷弹簧、重型机械用弹簧、碟形弹簧以及拉簧、扭簧、卡簧等
配套及出口情况:主要客户有一汽、东风、重汽、长城、华源、华晨、华德、钱摩、春兰、四方、一拖、迅达、奥的斯、道依茨、日本小松、美国福特、美国伊顿、约翰迪尔、韩国斗山等;远销美国、欧洲、日本、东南亚等国家和地区

★浙江泰德汽车零部件有限公司
地址:杭州市余杭区仁和工业园
邮编:311107

电话:0571/86396977
传真:86396966
电子信箱:cwy1970@ msn. com
质量体系:ISO/TS 16949、ISO 9001
产品情况:汽车铝散热器、空调系统、中冷器、暖风芯子、油冷器等汽车热系统产品

★杭州九龙机械制造有限公司
地址:杭州市余杭区仁和镇东山经济园区
邮编:311112
电话:0571/86399710、88749867
传真:88749866
网址:www. hzjiulong. com
电子信箱:hzjiulong@ hzjiulong. com
质量体系:ISO/TS 16949、ISO 9001
产品情况:斯太尔发动机连杆、飞轮壳、取力器壳等配套件,年产连杆能力50万副
配套及出口情况:为杭发配套;出口奥地利、希腊等国家

★杭州申龙杭重车桥有限公司
地址:杭州市余杭区良渚镇杜甫村
邮编:311113
电话:0571/88777308
传真:88767588
单位人数:239
质量体系:ISO/TS 16949
产品情况:摩托车进排气门,年产67万只;EQ1090、EQ1141等车轴,年产2万根

★杭州市气门有限公司
地址:杭州市余杭区瓶窑镇长命桥
邮编:311115
电话:0571/88531126、88531879
传真:88531126、88531774
网址:www. hzqm. net
电子信箱:service@ hzqm. net
质量体系:ISO 9001
产品情况:(观山牌)
各型号内燃机气门,年产能力1000万支
配套情况:为中国王野、星月、绍通、无锡凯马、凯普等60多家主机厂配套

★杭州佳诺滤清器有限公司
地址:杭州市瓶窑凤都工业园区凤都路7号
邮编:311115
电话:0571/88538092、88538093
传真:88538160
网址:www. sq - filter. com
电子信箱:cb@ sq - filter. com
单位人数:81
质量体系:ISO 9001
产品情况:内燃机空气滤清器和工业用过滤器
配套情况:为东风汽车公司、柳州机械、无锡压缩机等配套

★杭州中联内燃机配件制造有限公司
地址:杭州市余杭区瓶窑镇凤都工业园区
邮编:311115
电话:0571/88541503
传真:88541503
电子信箱:xybqh88@ vip. sina. com
质量体系:ISO 9001
产品情况:(吉力牌)
内燃机钢质薄壁汽缸套、真空助力器、液压制动总泵、气制动总泵等
配套及出口情况:为国内整车厂配套;出口东南亚

★杭州天宇油泵油嘴有限公司
地址:杭州市萧山区萧然东路102号
邮编:311201
电话:0571/82726916
传真:82726916
单位人数:376
产品情况:(XZ牌)
柴油机喷油泵柱塞、出油阀、喷油嘴三对偶件,年产500万副
配套及出口情况:为国内有关主机厂供货;出口东南亚、欧洲、美洲

★杭州迪科机械有限公司
地址:杭州市萧山区蜀山街道湖山社区风情大道旁
邮编:311201
电话:0571/82773619、82665899
传真:82773617、82665699
网址:www. hzdyco. com
电子信箱:apgrobter@ xs. hz. zj. cn
质量体系:ISO/TS 16949、ISO 9000
产品情况:水泵及配件
出口情况:出口韩国、北美、欧洲、日本等20多个国家和地区

★杭州江东内燃机配件有限公司
地址:杭州市江东工业区(头蓬)
邮编:311226
电话:0571/82181000
传真:82981000
网址:www. hzjnp. com. cn
电子信箱:hzjnp@ tom. com
质量体系:ISO/TS 16949
产品情况:(茂盛牌)
汽车发动机缸套、活塞、活塞销等

★杭州萧象内燃机配件有限公司
地址:杭州市萧山区南阳经济技术开发区
邮编:311227
电话:0571/82975436、82973717
传真:82975918
质量体系:ISO 9001
产品情况:(萧象牌)
各类活塞销,年产400万只;各类汽缸垫,年产300万片
配套情况:为一汽集团、东风汽车公司、常柴、常发、扬动、上海大众、上柴、杭发、新柴等40多家企业配套

★杭州华春汽车活塞有限公司
地址:杭州市萧山区新湾镇
邮编:311228
电话:0571/82198344、82198353
传真:82195555
网址:www. hzhuachun. com
电子信箱:hcpiston@ 163. com
单位人数:140
质量体系:ISO/TS 16949、ISO 9001
产品情况:(灵乐牌)
汽车活塞,年产能力100万只
配套及出口情况:为杭发配套;部分产品出口

★杭州钱江链传动有限公司
地址:杭州市萧山区钱农西路80号
邮编:311231
电话:0571/82875108
传真:82875105
网址:www. zjhql. com
电子信箱:info@ zjhql. com
质量体系:ISO 9001
产品情况:(钱江QJ牌)
摩托车传动链,汽车时规链及摩托车发动机时规链,年产量300万m
出口情况:传动链等产品80%出口

★中国重汽集团杭州发动机有限公司
地址:杭州市萧山国家经济技术开发区红泰六路699号
邮编:311232
电话:0571/88078888、88838997
传真:88086768、88845519
网址:www. haep. com. cn
电子信箱:haep@ mail. hz. zj. cn
单位人数:1794
质量体系:ISO/TS 16949、ISO 9001
产品情况:6120系列、X6130系列、H493系列、WD415系列及WD615系列柴油发动机,具有年产柴油机6万台的生产能力

★杭州双象汽车零部件有限公司
地址:杭州市萧山区瓜沥镇环东路
邮编:311241
电话:0571/82598088、82551667
传真:82553242
网址:shuang - xiang. com
电子信箱:web@ sx - huosai. com
单位人数:186
质量体系:ISO/TS 16949、ISO 9001
产品情况:(双象牌)
各种活塞销,年产能力600万件
配套及出口情况:为潍柴、重汽集团等配套;远销日本、美国、俄罗斯等国家

★杭州金叶曲轴有限公司
地址:杭州市萧山区义桥镇何家桥
邮编:311256
电话:0571/82215877
传真:82218400
电子信箱:jinyequzhou@ 126. com
质量体系:ISO/TS 16949、ISO 9001
产品情况:曲轴

★杭州萧山义桥铸造有限公司
地址:杭州市萧山区义桥镇山后村
邮编:311256
电话:0571/82301466、82301448
传真:82301467
网址:www. xszz. cn
电子信箱:hwx@ xszz. cn
质量体系:ISO/TS 16949、ISO 9002
产品情况:汽车铝铸进排气管、进出水管、机油冷却器盖、连杆等
配套情况:为杭州汽车发动机厂、潍坊柴油机厂、陕西汽车厂、东风杭汽、柳州五菱配套

★杭州六和曲轴有限公司
地址:杭州市萧山区闻堰镇工业园
邮编:311258
电话:0571/82308150
传真:82308169
网址:www. hzlhqz. com
电子信箱:web@ hzlhqz. com
产品情况:康明斯系列发动机曲轴
配套情况:为东风汽车公司配套

★杭州万达曲轴有限公司
地址:杭州市萧山区闻堰镇长安村
邮编:311258
电话:0571/82308878、82308879
传真:82308879
网址:www. hzwdqz. com. cn
电子信箱:hzwdqz@ 163. com
质量体系:ISO 9001
产品情况:(杭曲牌)
各种型号柴油机、汽车发动机的曲轴
配套情况:为山东华源莱动、扬动、江苏江动等配套

★杭州万里曲轴有限公司
地址:杭州市萧山区闻堰镇黄山工业区
邮编:311258
电话:0571/82313909
传真:82313909、82313173
电子信箱:hzwlqz@ hc360. com. cn
质量体系:ISO 9001
产品情况:各种锻钢、球墨铸铁发动机曲轴

★杭州钱王机械配件有限公司
地址:杭州市临安市保锦路218号
邮编:311300
电话:0571/63735074、63922806
传真:63709866
网址:www. cnthrustwasher. com
电子信箱:qw5968@ cnthrustwasher. com
单位人数:200
质量体系:ISO/TS 16949
产品情况:(钱王牌)
各类厚壁整体翻边瓦、单边/双边凸缘轴套、单金属铝(铜)轴瓦、滑块、止推片以及铜、铝合金的各类滑动轴承等
配套及出口情况:为潍柴、杭发、道依茨、江铃汽车、上柴、朝柴、玉柴、川柴、奇瑞汽车、吉利汽车等配套;远销美国、墨西哥、俄罗斯、韩国、日本、南美洲、中东等国家和地区

★杭州临安德宝汽车配件有限公司
地址:杭州市临安市玲珑卦畈路33号
邮编:311301
电话:0571/63761726、63764498
传真:23615197
质量体系:ISO 9001
产品情况:(徐德宝牌)
消声器

★杭州新安江内燃机配件有限公司
地址:浙江省建德市大慈岩镇
邮编:311600
电话:0571/64549008、64549006
传真:64549009
网址:www. xajnp. com
质量体系:ISO 9001
产品情况:(新安江牌)
缸套、活塞

★浙江省诸暨市中马链条厂
地址:浙江省诸暨市城西工业新城三都路155号
邮编:311800
电话:0575/87316868
传真:87302666
网址:www. zmchain. com
电子信箱:zmchain@ yahoo. com. cn
质量体系:ISO 9001
产品情况:汽车发动机正时链条、紧链器、链条导板、分动箱链条、自动变速器链条、摩托车链条和机械传动链条,年产各种汽车、摩托车链条100余万套
出口情况:远销南亚、南美洲、非洲、中东、东欧

★浙江巨峰汽车零部件有限公司
地址:浙江省诸暨市民营工业区
邮编:311800
电话:0575/87651730、87656732
传真:87650393
网址:www. cn - jufeng. com
电子信箱:jfturbo1@ cn - jufeng. com
质量体系:ISO/TS 16949
产品情况:涡轮增压器
出口情况:出口美国、澳大利亚、伊朗、土耳其、智利等国家

★诸暨市洪邦机械厂
地址:浙江省诸暨市店口镇雁中路89号
邮编:311800
电话:0575/87660988
传真:87652553
质量体系:ISO 9001
产品情况:缸盖、缸体、活塞、连杆、曲轴、气泵等

★浙江露笑集团有限公司
地址:浙江省诸暨市店口镇露笑路38号
邮编:311814
电话:0575/87061688、87065888
传真:87066818
网址:www. windingwires. com
电子信箱:luxiao@ windingwires. com
单位人数:1300
质量体系:ISO/TS 16949、ISO 9001
产品情况:(露笑牌)
各类特种复合漆包线、涡轮增压器、汽车动力转向泵,具有年产特种复合漆包线5万t、涡轮增压器8万台、汽车动力转向泵5万台的生产能力

★诸暨市加之禾机械有限公司
地址:浙江省诸暨市店口工业区
邮编:311814
电话:0575/87665275
传真:87666273
网址:www. jiazhihe. com
电子信箱:kefu@ 114rx. net
质量体系:ISO 9001
产品情况:(军伟牌)
汽车离合器分离轴承座、汽车变速器及发动机零部件等

★浙江万鑫动力机械有限公司
地址:浙江省诸暨市直埠工业区
邮编:311827
电话:0575/87768333、87647333
传真:87647999
网址:www. zjwxdl. com
电子信箱:wanxin@ zjwxdl. com
单位人数:300
质量体系:ISO/TS 16949、ISO 9001
产品情况:汽车、农机轴瓦和连杆、底盘衬套、各类主机专用轴承等
出口情况:远销东南亚、东欧等地区

★浙江省诸暨市电器有限公司
地址:浙江省诸暨市店口镇茶亭路10号
邮编:311835
电话:0575/87166778
传真:87652961
网址:www. yongpei. com
电子信箱:zy@ yongpei. com
单位人数:150
质量体系:ISO 9001
产品情况:汽车、摩托车、通用机械等用散热器、中冷器、空调蒸发器、冷凝器、暖风机芯等
配套及出口情况:为金城集团、黄岩百益、林海集团、重庆力帆等配套;出口美国、日本,并销往中国台湾地区

★浙江精盾汽车零件制造有限公司
地址:浙江省绍兴县杨汛桥镇江桥工业区
邮编:312028
电话:0575/84509597、84505075
传真:84509661
网址:www. sx - jd. com
电子信箱:sxjd@ sx - jd. com

质量体系:QS 9000、ISO 9001
产品情况:(精盾牌、精鑫牌)
汽车发动机张紧轮、惰轮
出口情况:出口北美洲、欧洲、日本、韩国等20多个国家和地区

★浙江雷贝斯散热器有限公司
地址:浙江省绍兴市绍兴县柯岩生态产业集聚区湖南路与镜水南路交叉口
邮编:312030
电话:0575/85596662、84313988
传真:85596657
网址:www.zjropas.com
电子信箱:radiator1@ziropas.com
产品情况:汽车用铝管片式散热器、铝钎焊式散热器、冷凝器、中冷器、层叠式蒸发器,年产能力300万台以上
配套及出口情况:为美国通用、欧宝,德国奔驰、宝马、大众,日本尼桑、本田、丰田,韩国现代、大宇、起亚和国内金杯、微型车系列等300多种车型配套;出口美国、法国、俄罗斯、意大利、英国、德国、南非、印度、波兰、智利、以色列、利比亚、土耳其、科威特、约旦、马来西亚、泰国、阿拉伯等30多个国家和地区

★浙江太阳股份有限公司
地址:浙江省上虞市百官街道城东路258号
邮编:312300
电话:0575/82213728、82075263
传真:82213728、82206289
网址:www.chinacrankshaft.com
电子信箱:sydlcby@163.com
单位人数:669
质量体系:ISO 9001、ISO 14001
产品情况:(太阳牌)
曲轴,年产能力60万支;柴油机,年产能力8万台;优质铸造件,年产能力1.5万t
配套及出口情况:为天津一汽夏利、常柴、一汽锡柴、山东莱动、无锡四达、新昌柴油机厂等发动机厂配套;单缸系列曲轴产品长期出口美国,为美国GENERAC公司配套17年

★上虞市内燃机配件有限公司
地址:浙江省上虞市经济开发区
邮编:312352
电话:0575/82052087
传真:82050968
网址:www.sy-sn.com
电子信箱:web@sy-sn.com
单位人数:300
质量体系:ISO/TS 16949、QS 9000
产品情况:汽车发动机凸轮轴、气门挺柱、气门导管、气门座圈以及斯太尔发动机系列配件
配套情况:为上柴、杭发、重汽济南发动机、玉柴、中国一拖(洛阳)柴油机、东风朝柴、上海日野、潍柴、南通柴油机等国内大中型柴油发动机厂配套

★上虞市振荣橡胶制品有限公司
地址:浙江省上虞市章镇车站路13号
邮编:312363
电话:0575/82096119、82091142
传真:82099957
网址:www.zhenrong.net
电子信箱:info@zhenrong.net
单位人数:110
质量体系:ISO/TS 16949
产品情况:真空增压器、真空助力器、伺服活塞(阀体)、膜片(鼓膜)等橡胶塑品,年产各类伺服活塞100万件、其他橡塑件300万件
配套情况:为浙江万向系统、浙江万安集团、浙江亚太机电、厦门亨东制动系统、万都(哈尔滨)汽车底盘系统等20多家企业配套

★浙江瑞洲汽车配件有限公司
地址:浙江省嵊州市崇仁镇下西山
邮编:312473
电话:0575/83988991、83983555
传真:83988222、83985788
网址:www.skyfil.cn
电子信箱:contact@skyfil.cn
质量体系:ISO/TS 16949、ISO 9001
产品情况:(TEF牌)
滤清器

★新昌县容刚轴承有限公司
地址:浙江省新昌县城东新区
邮编:312500
电话:0575/86176809、86176810
传真:86176808
网址:www.crb-china.com
电子信箱:xcrb@crb-china.com
质量体系:ISO 9001
产品情况:汽车水泵轴承、轮毂轴承、离合器轴承、转向机轴承以及各类非标轴承
出口情况:产品远销多个国家和地区

★浙江新柴股份有限公司
地址:浙江省新昌县新昌大道西路888号
邮编:312500
电话:0575/86230849、86230700
传真:86230895
网址:www.xinchaipower.com
电子信箱:office@xinchaipower.com
单位人数:1000
质量体系:ISO/TS 16949、ISO 9001
产品情况:(新柴牌)
485、490、493、495、498、4105(4108)六大系列柴油机,年产能力30万台
配套及出口情况:为杭州叉车、合肥叉车、TCM叉车、北京现代、烟台大宇、泉州新源、厦工新宇、江西南特、玉柴工程机械、北汽福田、山东时风、常发集团、江苏盐城拖拉机厂等配套;远销欧洲、美洲、中东等地区

★湖州德盛汽车部件有限公司
地址:浙江省湖州市吴兴工业园鑫盛园8号
邮编:313000
电话:0572/2286088、2578222
传真:2079171
网址:www.chinadesheng.net
电子信箱:chinadesheng@hotmail.com
质量体系:ISO/TS 16949、ISO 9001
产品情况:散热器风扇、暖风电动机、刮水器电动机等
出口情况:远销欧洲、美洲、东南亚、澳大利亚、非洲、俄罗斯等国家和地区

★湖州佳士汽车配件有限公司
地址:浙江省湖州市织里工业园区
邮编:313008
电话:0572/3187788、3186067
传真:3187988
网址:www.chinajiashi.com
电子信箱:info@chinajiashi.com
质量体系:ISO 9001
产品情况:各种规格的车用燃油箱
配套情况:主要为东风汽车、跃进汽车、依维柯汽车、金龙客车、久保田等配套

★湖州先登链传动制造有限公司
地址:浙江省湖州市双林向阳工业区
邮编:313012
电话:0572/3485121、3483222
传真:3485303
网址:www.xdzh.com
电子信箱:hzxdzh@126.com
质量体系:ISO 9001
产品情况:(真华牌、先登牌、三槐牌)
汽车及摩托车发动机时规链、启动链、油泵链及平衡链等,年产能力500多万套
出口情况:出口东南亚地区

★湖州双狮汽车链传动有限公司
地址:浙江省湖州市双林镇阳道桥工业区
邮编:313012
电话:0572/3489228、3489898
传真:3489388
网址:www.shuangshi-chain.com
电子信箱:export@shuangshi-chain.com
单位人数:600
质量体系:ISO/TS 16949、ISO 9001
产品情况:(锐狮牌)
汽车发动机正时链、机油泵链、共轨泵链、平衡链、驱动链等,年产汽车及摩托车用链和各种工业及农机链条1200万m以上
配套及出口情况:为国内汽车发动机、摩托车、叉车等生产厂配套;远销欧洲、美洲、东南亚等20多个国家和地区

★嘉兴众恒汽车部件有限公司
地址:浙江省嘉兴市经济开发区塘汇路858号
邮编:314000

电话:0573/82325777
传真:82325666
网址:www.jhparts.com
电子信箱:office5@jhparts.com
单位人数:300
质量体系:ISO/TS 16949、ISO 9001
产品情况:汽车电子燃油泵及其总成、过滤网等
出口情况:远销美国、日本、加拿大、欧洲、大洋洲等国家和地区

★浙江海德曼过滤技术有限公司
地址:浙江省嘉兴市南湖区嘉兴工业园区
邮编:314001
电话:0573/83019999
传真:83019888
网址:www.rongsun.com
电子信箱:rongsun@rongsun.com
单位人数:200
质量体系:ISO/TS 16949
产品情况:(RONGSUN 牌)
燃油滤清器、机油滤清器、空气滤清器、液压油滤清器
配套及出口情况:为韩国斗山集团、杭州前进配套;出口美国、英国、德国、印度、巴西、阿根廷、埃及、瑞士

★嘉善嘉银汽车油箱厂
地址:浙江省嘉善县杨庙镇
邮编:314111
电话:0573/84981904
传真:84985800
网址:www.jiayinyx.com
电子信箱:fxc@jiayinyx.com
质量体系:ISO 9001
产品情况:(嘉银牌)
汽油箱、消声器
配套情况:为上海巴士集团公司、上海汇众、上海华东建筑机械厂、法国 ILD 集团、腾达航勤设备(上海)配套,并为江苏几家农用车制造厂配套

★嘉善欧贝车业有限公司
地址:浙江省嘉善县惠民镇横泾路28号
邮编:314112
电话:0573/84986308
传真:84647989
网址:zjoubei.com
电子信箱:web@zjoubei.com
质量体系:ISO 9002
产品情况:汽缸盖
出口情况:出口欧洲、东南亚

★浙江普礼汽配制造有限公司
地址:浙江省嘉善县里泽工业园18号
邮编:314116
电话:0573/84753048、84753801
传真:84753308
网址:www.poliauto.com
电子信箱:plqp@163.com
单位人数:200
质量体系:ISO/TS 16949
产品情况:(C·T·I 牌、KM 牌)
汽车、摩托车用活塞环、转向盘套、座椅套、车灯等
出口情况:远销美洲、欧洲、中东、南非、东南亚等地区

★宁波正利汽车部件有限公司
地址:浙江省宁波市小港镇五盟工业区姚龙庵86号
邮编:315000
电话:0574/86199988、86197827
传真:86197857
网址:www.filzl.com
电子信箱:rdsh@filzl.com
法人代表(负责人):陈耀千
单位人数:150
质量体系:ISO/TS 16949
产品情况:(FILZL 牌、金正利牌)
滤清器、净化过滤器及滤清器器材
配套情况:为吉利、金杯海星、长安、潍柴配套

★宁波祥悦汽配工贸有限公司
地址:浙江省宁波市慈溪龙山慈东工业开发区
邮编:315000
电话:0574/87630366
传真:87638146
网址:www.nbxyqp.com
电子信箱:damon7795@yahoo.com.cn
质量体系:ISO 9001
产品情况:滤清器、正时皮带、刮水器和挡泥板
出口情况:远销东南亚、非洲、欧洲、美洲等地区

★宁波电热塞厂
地址:浙江省宁波市江北工业区建业街265号
邮编:315021
电话:0574/87637806、87632490
传真:87637806
网址:www.glow-plug.com
电子信箱:yhj@glow-plug.com
单位人数:60
质量体系:QS 9000
产品情况:(火山牌)
柴油机用电热塞、预热塞、火焰预热系统
配套及出口情况:为上海内燃机厂、航空航天部420厂、南昌江铃发动机厂、北京内燃机厂、湖南邵阳汽车发动机厂、湖南建湘柴油机厂、湖南华裕发动机、潍柴、山东莱阳动力机厂、南京汽车厂、杭州汽车发动机厂等配套;出口东南亚、欧洲、美洲等地区

★宁波威孚天力增压技术有限公司
地址:浙江省宁波市江北区海川路168弄1号
邮编:315032
电话:0574/27861785、27861777
传真:27861791
网址:www.nbtlzyq.com
电子信箱:yxb@nbtlzyq.com
单位人数:160
质量体系:ISO/TS 16949
产品情况:(GP 牌)
涡轮增压器
配套情况:为东风朝柴、昆明云内、江淮汽车发动机分公司、常柴、保定长城、成都云内、成都成发等配套

★浙江摩多巴克斯汽配有限公司
地址:浙江省宁波市江北区洪塘工业A区洪兴路8号
邮编:315033
电话:0574/87562808、87562600
传真:87562800
网址:www.motorbacs.com
电子信箱:motorbacs@gmail.com
单位人数:300
质量体系:ISO/TS 16949
产品情况:(摩多巴克斯牌)
汽车发动机排气歧管、排气管、不锈钢弯管
配套及出口情况:为吉利汽车、比亚迪汽车、郑州日产、上汽集团配套;出口欧洲、美洲、日本、澳大利亚等国家和地区

★江北保隆消声系统制造有限公司
地址:浙江省宁波市江北区洪塘镇西江村
邮编:315038
电话:0574/87565228、87565736
传真:87565822
网址:www.bao-long.com.cn
电子信箱:sales@bao-long.com.cn
质量体系:ISO/TS 16949、ISO 9001
产品情况:消声器、尾管、汽车空气净化器等,年产能力20万套

★宁波路润冷却器制造有限公司
地址:浙江省宁波市鄞州区鄞江镇四明东路75号
邮编:315131
电话:0574/88033998、88431236
传真:88031033
网址:www.coolercn.com
电子信箱:lurun@coolercn.com
质量体系:ISO/TS 16949、VDA 6.1
产品情况:(明州牌)
不锈钢板翅式油冷却器、铜板翅式中冷器、铝合金板翅式油冷却器、铝合金中冷器、铝合金油冷却器、不锈钢废气冷却器等
出口情况:出口美国、澳大利亚

★宁波科森净化器制造有限公司
地址:浙江省宁波市鄞州区滨海投资创业中心鄞东北路8号
邮编:315145
电话:0574/28818668、28818666
传真:28818661
网址:www.nbksjh.com

电子信箱:kesensales@ gmail. com
质量体系:ISO/TS 16949
产品情况:(科森牌)
汽车三元催化剂、转化器、消声器等,年产能力 300 万 L 催化剂、50 万套汽车排气系统总成

★宁波四明汽配有限公司
地址:浙江省宁波市集仕港镇集仕东路 208 号
邮编:315171
电话:0574/88023776、88023786
传真:88020867
网址:www. siming - china. com
电子信箱:maosm@ siming - china. com
质量体系:QS 9000、ISO 9001
产品情况:汽车消声器、尾管\轮胎气门嘴、轮胎修理工具等

★宁波东方动力部件有限公司
地址:浙江省宁波市古林镇夏家村
邮编:315177
电话:0574/88290641、88290177
传真:88290149
网址:www. nb - dfdl. com
电子信箱:dfdl@ nb - dfdl. com
质量体系:ISO/TS 16949、ISO 9001
产品情况:气门摇臂连轴总成、水泵总成、汽车空压机等

◉ 东睦新材料集团股份有限公司

地址:浙江省宁波市鄞州工业园区(姜山)景江路 8 号
邮编:315191
电话:0574/87833001、87399810
传真:87831133
网址:www. pm - china. com
电子信箱:nbtm@ pm - china. com
单位人数:705
质量体系:ISO/TS 16949、VDA 6. 1
产品情况:(NBTM 牌)
粉末冶金零件,包括发动机正时带轮、链轮、气门阀座、气门导管、主轴承盖、油泵齿轮、变速器齿毂、转向助力泵转子和定子、ABS 激励环、减振器活塞、导向器、底阀座等
出口情况:出口美国、日本、欧洲等国家和地区

★宁波市鄞州新华汽车部件厂
地址:浙江省宁波市鄞州姜山镇张华山
邮编:315191
电话:0574/88454413
传真:88160078
网址:www. nbxh. net
电子信箱:zxy_xinhua@ yahoo. com
单位人数:120
质量体系:ISO 9001
产品情况:微型汽车千斤顶、随车工具、三元催化转换器外壳、排气系统
配套及出口情况:与江西昌河汽车公司合肥分公司、江西昌嘉汽车环保工程公司、德尔福(上海)动力推进系统、上海红湖爱西亚排气系统等建立配套关系;远销欧洲、美洲

★华纳圣龙(宁波)有限公司
地址:浙江省宁波市鄞州中心区嵩江东路 888 号
邮编:315192
电话:0574/83098319
电子信箱:zwang@ borgwarner. cn
质量体系:QS 9000
产品情况:硅油风扇离合器、塑料风扇、机油泵及水泵等
出口情况:出口离合器、水泵、风扇

★宁波禾呈动力机械有限公司
地址:浙江省宁波市江北区永江街道下家村小区 6 栋附 2
邮编:315200
电话:0574/86279975
传真:86252414
电子信箱:xiaomadangdang@ 163. com
质量体系:ISO 9001
产品情况:柴油机连杆、连杆瓦等

★奉化市动力机械配件有限公司
地址:浙江省奉化市江口镇光德路 33 号
邮编:315200
电话:0574/88557186、88562638
传真:88562638
网址:www. fh - dp. com
电子信箱:manager@ fh - dp. com
质量体系:ISO/TS 16949、ISO 9001
产品情况:摇臂总成、气门导管
配套情况:为锡柴、一汽配套

★宁波镇海邵氏超越离合器制造公司
地址:浙江省宁波市镇海区庄市镇勤勇村
邮编:315201
电话:0574/86698237、86691739
传真:86691196
网址:www. chinashaoshi. com
电子信箱:nshaoshi@ chinashaoshi. com
单位人数:500
质量体系:ISO 9001
产品情况:摩托车超越离合器及小型汽油机曲轴、连杆,汽车配件
配套情况:为大长江集团配套

★宁波市镇海恒发凸轮轴厂
地址:浙江省宁波市镇海区九龙镇长石工业园区
邮编:315202
电话:0574/86525815
传真:86526978
网址:www. hengzhun. cn
电子信箱:sale@ hengzhun. cn
质量体系:ISO 9001
产品情况:(恒准牌)
汽车发动机曲轴、凸轮轴、连杆等
出口情况:远销东欧市场

★宁波海大嘉华汽车零部件公司
地址:浙江省宁波市镇海区九龙湖镇长石村
邮编:315202
电话:0574/86527380
传真:86527383
网址:www. cocome. com. cn
电子信箱:coc@ cocome. com. cn
单位人数:142
质量体系:ISO/TS 16949
产品情况:(COCOME 牌)
汽车水泵

★宁波万里汽车电器有限公司
地址:浙江省宁波市骆驼工业区南一西路 189 号
邮编:315202
电话:0574/86582894、86588771
传真:86588222
网址:www. ningbowanli. com
电子信箱:ningbowanli@ sohu. com
质量体系:ISO 9001
产品情况:曲轴、凸轮轴、摇臂轴及转向修理包等
出口情况:出口东南亚、中东、南美洲等地区

★宁波市镇海奇正发动机部件公司
地址:浙江省宁波市镇海九龙湖三星工业园区
邮编:315203
电话:0574/86525134
传真:86525918
网址:www. nbqizheng. com
电子信箱:ltz@ nbqizheng. com
质量体系:ISO 9001
产品情况:各种型号汽车曲轴和发动机支架,年产汽车曲轴 10 万件、发动机支架 50 万件
配套及出口情况:为吉利汽车配套;远销欧洲、美洲、东南亚

★宁波凯腾汽车风叶有限公司
地址:浙江省慈溪市长河镇余庵西路 84 号
邮编:315300
电话:0574/63404888、63406320
传真:63409678
网址:www. kaitengfan. com
电子信箱:kaitengfan@ kaitengfan. com
单位人数:100
质量体系:ISO/TS 16949
产品情况:(光辉牌)
塑料汽车散热器风扇叶片、塑料模具加工、五金制品、光学仪器、中心仪开模机
出口情况:部分产品出口

★金苹果(宁波)汽车部件有限公司
地址:浙江省慈溪市长河镇南大路金小南路 9 - 11 号
邮编:315300
电话:0574/63405988、63402143

传真:63408218
网址:www. chang - le. com
电子信箱:chang - le@ hotmail. com
单位人数:280
质量体系:ISO/TS 16949、ISO 9002
产品情况:三元催化排气器、电磁控制阀、车门锁、车门限位器、网纹编织管、弯管、油汽管、万能轮胎扳手、万向节卡箍、黄油嘴、排气管喉箍、卡丁车配件、变速器防尘罩、导电柱、液压接头、三通、四通接头,弹簧钢板U形螺栓、各种离合器修理包、车门玻璃托架、机油滤芯器、机盖铰链、液压泵主泵、车库门滑轮、铰链、导轨轮,气动卡钳(喉箍紧固用具)。
出口情况:远销美国、加拿大、日本、德国、意大利、法国、新加坡及东南亚等80多个国家和地区

★慈溪市盛银汽配有限公司
地址:浙江省慈溪市庵东镇余庵公路228号
邮编:315300
电话:0574/63406012、63489222
传真:63409012、63409696
网址:www. nbshengyin. com
电子信箱:fcy@ nbshengyin. com
质量体系:ISO 9001
产品情况:(盛银牌)
输油泵、手压泵、变速器件、暖风机、风扇叶、皮带张紧轮、铝制品、节温器、滤清器、联轴器总成、钢片、精密铸造件等
出口情况:远销中东、东南亚等几十个国家和地区

★慈溪市一桥汽车零部件厂
地址:浙江省慈溪市坎墩工业园区华鹏路151号
邮编:315301
电话:0574/58989097
传真:58989092
网址:www. cxyqqp. cn
单位人数:200
质量体系:ISO/TS 16949、ISO 9001
产品情况:汽车电子燃油泵波纹管等
配套及出口情况:与多家主机用燃油泵总成厂配套,配套企业达60多家;出口欧洲、美洲

★宁波洛卡特汽车零部件有限公司
地址:浙江省慈溪市横河镇龙南工业区
邮编:315318
电话:0574/63263295、63262326
传真:63262315
网址:www. luokate. com
电子信箱:sales@ luokate. com
单位人数:200
质量体系:ISO/TS 16949
产品情况:电动燃油泵、燃油泵总成、调压阀等,具有年产200万支泵芯、100万套燃油泵总成的生产能力
配套及出口情况:为奇瑞、比亚迪、五菱汽车、吉利汽车、力帆汽车、哈飞汽车、昌河铃木、中顺汽车、青年莲花、华泰、众泰、东风渝安配套;远销墨西哥、美国、中东等国家和地区

★宁波麦瑞汽车零部件有限公司
地址:浙江省慈溪市新浦镇南环东路1号
邮编:315322
电话:0574/63591800、63591700
传真:63578108
网址:www. nbmerry. com
电子信箱:nbmerry@ gmail. com
质量体系:ISO 9001
产品情况:汽车发动机液压悬置减振总成、变速器悬置总成、隔振块、抗扭减振器、橡胶金属减振器、控制臂衬套、缓冲块、各种汽车高压点火线、高压橡胶护套制品
出口情况:远销欧洲、北美洲、南美洲、中东等地区

★慈溪市华侨汽车油泵厂
地址:浙江省慈溪市长河镇
邮编:315326
电话:0574/63406385、63406188
传真:63406188
网址:www. dingsheng168. com
电子信箱:manager@ dingsheng168. com
单位人数:300
质量体系:ISO 9001
产品情况:(鼎盛牌)
输油泵、塑料风扇叶、滤清器等
配套及出口情况:为一汽集团、锡柴、大柴、潍柴、玉柴等配套;部分产品出口

★慈溪市仙人油泵有限公司
地址:浙江省慈溪市长河镇沧田
邮编:315326
电话:0574/63406413、63406212
传真:63406338
网址:www. xianren. cn
电子信箱:yb@ xianren. cn
单位人数:280
质量体系:ISO 9002
产品情况:(仙人牌)
输油泵、机油柴油滤清器、风扇叶、硅油离合器、管接头、节温器和制动片等
出口情况:出口东南亚

★慈溪市君诚汽车配件有限公司
地址:浙江省慈溪市长河镇高兴工业区
邮编:315326
电话:0574/63407308
传真:63407348
电子信箱:fuchengxiao@ 163. com
质量体系:ISO 9001
产品情况:(欧达牌)
汽车三滤

★慈溪市玉龙汽车风叶有限公司
地址:浙江省慈溪市长河镇工业开发区镇东路351号
邮编:315326
电话:0574/63410322、63411756
传真:63400202
网址:www. cxyulong. com
电子信箱:yl@ cxyulong. com
质量体系:ISO/TS 16949、ISO 9001
产品情况:(贝福来牌)
汽车塑料冷却风扇、风扇硅油离合器、输油泵、快速接头、滤清器、节温器等
配套及出口情况:为潍柴、东风汽车公司等配套;多种产品远销国外市场

★慈溪市华表机械有限公司
地址:浙江省慈溪市庵东镇沿江路258号
邮编:315327
电话:0574/63471300、63473128
传真:63473688
网址:www. chinahuabiao. com
电子信箱:czmhb@ chinahuabiao. com
单位人数:280
质量体系:ISO/TS 16949、ISO 9001
产品情况:轻型汽、柴油机曲轴、多件装配式曲轴,刮水器轴、节气门轴、驱动轴、球笼三销架滚轮等汽车零部件
出口情况:出口欧洲、美洲

★慈溪市赛兰特橡塑科技有限公司
地址:浙江省慈溪市慈东工业区金海路88号
邮编:315336
电话:0574/63982212、63074296
传真:"63982216、63074300"
网址:www. chinaslt. com
电子信箱:info@ chinaslt. com
质量体系:ISO/TS 16949
产品情况:(赛兰特(SALENT)牌)
涡轮增压器连接管、中冷器连接管及其他机械设备硅胶管等
配套及出口情况:配套生产卡箍;出口多个国家

★宁波泰瑞汽车部件有限公司
地址:浙江省慈溪市慈东工业区慈东大道
邮编:315338
电话:0574/23456996、23456160
传真:23456195、23456161
网址:www. tirri. cn
电子信箱:nbtirri@ yeah. net
质量体系:ISO/TS 16949
产品情况:(腾锐牌)
铝硬钎焊散热器总成、暖风机总成、水泵总成、汽车空调、冷凝器、蒸发器总成、胀管装配式散热器总成、汽车电动机、电风扇总成等,年产能力70万台套

★余姚市舒春机械有限公司
地址:浙江省余姚市经济开发区梁辉茂盛路22号
邮编:315400

电话:0574/62577138、62576132
传真:62576136
网址:www. nb - sc. com
电子信箱:nbsc@ cnool. net
质量体系:ISO/TS 16949、ISO 9001
产品情况:摩托车链条张紧杆、链条张紧臂、气门弹簧座、气门锁夹、活塞销,年产800余万套;汽车、工程机械及船用发动机油嘴油泵、喷油器总成及泵体、针阀/柱塞偶件,年产10万余套
配套及出口情况:为五十铃、依维柯等多家企业配套;出口欧洲、美洲、中东、东南亚等10多个国家和地区

★宁波方圆汽摩发展有限公司
地址:浙江省余姚市经济开发区南区鸿运路11号
邮编:315403
电话:0574/62777754
传真:62777052
网址:www. fangyuanauto. com
电子信箱:sales@ fangyuanauto. com
质量体系:ISO/TS 16949
产品情况:燃油传感器、过滤器、燃油蒸气阀、加油管、加油口盖、张紧轮、储油杯、后视镜支架、管夹、车顶行李架、散热器盖管接头、温控器盖、膨胀箱(盖)等
配套及出口情况:为大众、一汽集团、南汽、沈阳金杯、麦格纳唐纳利等配套;出口欧洲、美洲地区

★宁波舜江汽车部件制造有限公司
地址:浙江省余姚市梁辉经济技术开发区鸿运路3号
邮编:315403
电话:0574/62777797、62777853
传真:62777208
网址:www. nbsjap. com
电子信箱:lzy6754@ sohu. com
质量体系:ISO/TS 16949、QS 9000
产品情况:发动机皮带张紧轮、燃油传感器、车顶行李架、防护栏等
配套情况:为一汽集团、一汽-大众、南京汽车集团、华晨金杯、北京奔驰、上汽通用五菱等配套

★宁波舜田油嘴油泵有限公司
地址:浙江省余姚市梨洲街道竹山工业区2号
邮编:315404
电话:0574/62589288、62589075
传真:62589588
网址:www. nbshuntian. com
电子信箱:shuntian@ cncool. net
单位人数:500
质量体系:ISO/TS 16949、ISO 9001
产品情况:(舜田(SHUNTIAN)牌、姚江(YJ)牌)
柴油机喷油器、喷油泵总成、油嘴、柱塞、出油阀等
配套及出口情况:为上柴、宁波中策动力机电(集团)等配套;远销欧洲、美洲、中东、东南亚、非洲、大洋洲50多个国家和地区

★宁波神通模塑有限公司
地址:浙江省余姚市谭家岭西路788号
邮编:315408
电话:0574/62599809、62599806
传真:62519898
质量体系:ISO/TS 16949、VDA 6.1
产品情况:进排气歧管、仪表板总成、杂物箱总成

★宁波剑龙汽配有限公司
地址:浙江省余姚市洪山工业A区望石坑
邮编:315425
电话:0574/62315222、62315556
传真:62317288
网址:www. nbjlqp. com
质量体系:ISO 9001
产品情况:(万剑牌)
滤清器、加油口盖、散热器盖、油封、各种制动调整臂等
出口情况:部分产品出口

★奉化市箭岭五金厂
地址:浙江省奉化市南大路522号董李开发区
邮编:315500
电话:0574/88970568
传真:88962960
网址:www. fh - jianling. com
电子信箱:zhoujicun@ 126. com
质量体系:ISO 9001
产品情况:各种型号汽车、工程车、拖拉机、摩托车等的散热器盖、加水口和加油口盖
出口情况:部分产品出口

★奉化市江兴汽车部件厂
地址:浙江省奉化市锦屏南大路552号
邮编:315500
电话:0574/88980578、58884688
传真:88970578
网址:www. jx - autoparts. com
电子信箱:web@ jx - autoparts. com
质量体系:ISO 9001
产品情况:汽车散热器盖、出水口、弹簧
出口情况:远销东南亚

★宁波野龙机械有限公司
地址:浙江省宁波市宁海科技工业园区竹山南路6号
邮编:315600
电话:0574/65552936、65552938
传真:65552937
网址:www. yea - long. com
电子信箱:yea - long@ 163. com
单位人数:130
质量体系:ISO/TS 16949、ISO 9001
产品情况:(野龙牌)
各类轴瓦、衬套、止推片等
配套及出口情况:为一汽集团、重汽集团、北奔重汽、中集集团、安凯曙光车桥、青岛青特车桥、上柴集团、奇瑞汽车、长安汽车、浙江四方集团、常州亚美柯集团等配套;远销欧洲、美洲、东南亚20多个国家和地区

★宁波轴瓦厂
地址:浙江省宁波市宁海经济开发区跃龙一路6号
邮编:315600
电话:0574/65582523、65582724
传真:65599312
网址:www. nbfbush. com
电子信箱:nbzwc@ mail. nbptt. zj. cn
质量体系:ISO 9001
产品情况:(NBF牌)
轴瓦、衬套及止推片
出口情况:出口10多个国家和地区

★宁波拓普制动系统有限公司
地址:浙江省宁波市北仑区
邮编:315600
电话:0574/86111952
传真:86111989
网址:www. tuopu. com
质量体系:ISO/TS 16949
产品情况:(拓普(TUOPU)牌)
汽车带轮、控制臂、球头拉杆、液压阀体、冲压件、压铸件、锻铝件等,年配套能力200万辆份
配套情况:为上海通用、长安福特马自达、奇瑞汽车等配套

★宁波缸套厂有限公司
地址:浙江省宁波市大榭开发区东湖路58号
邮编:315800
电话:0574/86768659、86762766
传真:86768887、86768658
网址:www. ninggang. com
电子信箱:wuhanjun01@ yahoo. com. cn
质量体系:ISO 9001
产品情况:(宁缸牌)
汽缸体等,年产260万件
出口情况:出口美国、欧洲、东南亚、中东等国家和地区

◉ 宁波雪龙集团有限公司
地址:浙江省宁波市北仑经济技术开发区黄山西路211号
邮编:315800
电话:0574/86805201、86805202
传真:86805212、86805268
网址:www. xuelong. net. cn
电子信箱:hclin@ xuelong. net. cn
法人代表:贺财霖
单位人数:350
质量体系:ISO/TS 16949、ISO 14001
产品情况:(雪龙牌)
汽车塑料冷却风扇总成、电动机风扇总成、风扇硅油离合器总成、各种吹

塑管道总成
配套及出口情况：为一汽集团、东风汽车公司等供货；出口美国、德国、日本、韩国等国家

★浙江吉利汽车有限公司动力一公司
地址：浙江省宁波市北仑区经济开发区恒山路1528号
邮编：315800
电话：0574/86853165
传真：86867101
质量体系：ISO/TS 16949、ISO 9001
产品情况：（吉利牌）
1.3~1.8L系列汽油机，年产能力15万台
配套情况：为浙江吉利汽车、临海豪情汽车、路桥汽车工业城、兰州吉利汽车等配套

★浙江吉利宁波发动机二厂
地址：浙江省宁波市北仑区经济开发区恒山路1528号
邮编：315800
电话：0574/86853265
传真：86853262
产品情况：（吉利牌）
JL4G18、JL4G15、JL4G10 等发动机，年产能力7.5万台

★浙江吉利国润汽车公司动力分公司
地址：浙江省宁波市经济技术开发区新矸镇恒山路1528号
邮编：315800
电话：0574/86853368、86853006
传真：86853001
网址：www.jily.com
质量体系：ISO/TS 16949
产品情况：（吉利牌）
各类汽油机及零部件，年产能力15万台
配套情况：为上海华普、吉利豪情、吉利美日、美人豹等配套

★宁波北仑仁永塑胶制造有限公司
地址：浙江省宁波市北仑区霞浦工业区
邮编：315807
电话：0574/86905644、86904368
传真：86903123
网址：www.nbrenyong.com
电子信箱：web@nbrenyong.com
单位人数：52
质量体系：ISO 9001
产品情况：汽车塑料风扇、水泵叶轮等汽车零部件，年销售额580万元
配套情况：是博格华纳圣龙、金城铃木、美国尤思艾汽车零件公司、康斯克泵业（苏州）公司等合作伙伴

★宁波北仑澳威斯轴瓦有限公司
地址：浙江省宁波市小港
邮编：315821
电话：0574/86176116
传真：86177112
网址：www.nbaozhou.com
电子信箱：infor@nbaozhou.com
质量体系：ISO 9001
产品情况：（澳轴牌）
连杆瓦、曲轴瓦、止推瓦、偏心瓦
出口情况：出口东南亚和中东地区

★宁波凯达轴瓦有限公司
地址：浙江省宁波市北仑区小港
邮编：315821
电话：0574/86177142、26875006
传真：86177142
网址：www.cnkaida.com
电子信箱：kaida58@hotmail.com
单位人数：200
质量体系：ISO/TS 16949、ISO 9001
产品情况：汽车、机械用内燃机轴瓦、止推片、衬套等
配套及出口情况：为上海通用、大众、上柴、玉柴、一拖、潍柴等配套；远销欧洲、美洲、东南亚、中东、非洲等地区

★浙江黎明发动机零部件有限公司
地址：浙江省舟山市经济开发区B区弘生大道456号
邮编：316000
电话：0580/2680797、2921117
传真：2680975
电子信箱：zjzslm@vip.163.com
单位人数：350
质量体系：ISO/TS 16949
产品情况：（LM牌）
具有年产气门锁片8000万片、气门弹簧座3500万件、气门弹簧下座3500万件、气门挺柱100万件、气门推杆100万件、气门桥500万件、活塞冷却喷嘴200万件、摇臂球头组合件300万套、其他各种冲压件1000万件的生产能力
配套情况：为天津一汽丰田、长春丰田、东风康明斯、福田康明斯、西安康明斯、一汽大柴、一汽锡柴、天津一汽夏利、一汽轿车、东风商用车、东风朝柴、玉柴、潍柴、上柴、上汽通用五菱、东安三菱、东安动力、长城汽车、保定长城内燃机、北汽福田、上海华普、天津雷沃动力、江淮、吉利、奇瑞、华晨、长安、比亚迪、杭发、重汽集团、一汽海马、长丰动力、宗申、力帆、渝安、绵阳新晨等配套

★舟山市气门座厂
地址：浙江省舟山市定海区册子乡
邮编：316056
电话：0580/8770056
传真：8770868
电子信箱：sz@dzhwl.com
质量体系：ISO 9001
产品情况：内燃机气门座
配套情况：为一汽集团、东风汽车公司、玉柴配套

★舟山神鹰滤清器制造有限公司
地址：浙江省岱山县岱东镇丰收工业区
邮编：316200
电话：0580/7680008
传真：7680028
网址：www.paersuo.com
电子信箱：renten6@paersuo.com
质量体系：ISO/TS 16949、ISO 9001
产品情况：汽车发动机滤清器
出口情况：出口东南亚、中东、非洲、南美洲等地区

★临海市江南内燃机附件厂
地址：浙江省临海市城关振兴街259号
邮编：317000
电话：0576/85178321、85177517
传真：85177321
质量体系：ISO/TS 16949
产品情况：（临滤牌）
机油滤清器、柴油滤清器、空气滤清器
配套情况：为一拖、浙江兴柴动力、福建力佳、江苏悦达盐城拖拉机、江苏江淮动力等配套

★临海市伟达汽车部件有限公司
地址：浙江省临海市杜桥镇嵩山路北段
邮编：317016
电话：0576/85528098、85529001
传真：85528488
网址：www.tzwdqp.com
电子信箱：weida@tzwdqp.com
单位人数：180
质量体系：ISO/TS 16949、QS 9000
产品情况：气门摇臂轴、发动机带轮、发电机支架、高强度螺栓、空调张紧轮及支架、压缩机支架、密封垫圈等
配套及出口情况：为江铃福特、江铃VM、庆铃、南京依维柯、北汽福田、江淮汽车、华泰汽车、一汽－大众、沈阳双福、沈阳中顺、保定长城、绵阳新晨、杭州发动机厂、柳州五菱、天津珀金斯、康明斯、成都发动机集团、无锡开普动力等配套；出口日本、意大利、美国等国家

★浙江东星汽车部件有限公司
地址：浙江省临海市杜桥镇上洋桥工业区
邮编：317016
电话：0576/85662888、85528124
传真：85528123
网址：www.dongxing.com
质量体系：ISO/TS 16949、QS 9000
产品情况：汽车发动机带轮、割草机带轮、张紧轮、汽车发电机带轮、橡胶减振带轮、钣制汽车水泵等
配套及出口情况：为一汽－大众、沈阳三菱、奇瑞汽车、上汽通用五菱、哈尔滨东安、江西五十铃、上海法雷奥、雷米、天津电装等配套；55%以上产品远销美国、巴西、墨西哥、德国、法国、日本、东南亚等国家和地区

★临海市环流汽配制造有限公司
地址:浙江省临海市塘渡镇工业区
邮编:317025
电话:0576/85938155、85938458
传真:85938320
网址:www. huanliu. com
电子信箱:huanliu@ huanliu. com
质量体系:ISO 9001
产品情况:(环流牌)
汽车滤清器、高低压输油管、密封件等
配套情况:为比亚迪、一汽轿车、奇瑞汽车、长城汽车、上海大众、东风日产等国内多家汽车厂配套

★浙江金陶活塞环有限公司
地址:浙江省台州市三门县沿海工业区
邮编:317100
电话:0576/83584979
传真:83584977
网址:www. jt - pr. com
电子信箱:sales@ jt - pr. com
质量体系:ISO/TS 16949
产品情况:汽油机和柴油机组活塞环,年产能力1000万片以上
出口情况:远销欧洲、非洲、中东、南美洲、东南亚等地区

★台州博尔汽车泵业有限公司
地址:浙江省三门县亭旁镇前楼村
邮编:317103
电话:0576/83553666、83559922
传真:83553777、83559933
网址:www. tzboer. com
电子信箱:sales@ tzboer. com
质量体系:ISO 9001
产品情况:(Boer牌)
汽车水泵、机油泵,年产80万台
出口情况:出口欧洲

★浙江银轮机械股份有限公司
地址:浙江省台州市天台县福溪街道交通机械工业园区
邮编:317200
电话:0576/83938810、83938811
传真:83938813
网址:www. yinlun. com
电子信箱:master@ yinlun. cn
单位人数:2700
质量体系:ISO/TS 16949、VDA 6.1
产品情况:(银轮牌)
机油冷却器及总成、中冷器、空气冷却器、散热器、废气再循环冷却器、冷却模块总成、铝压铸件,年产能力600万台
配套及出口情况:为一汽大柴、锡柴、东风汽车公司、柳特、东风康明斯、东风朝柴、潍柴动力、玉柴、上柴、云内、红岩、柳汽、金龙客车、宇通客车、南京依维柯、天津珀金斯等发动机和汽车制造企业配套;出口亚洲、欧洲、美洲等国际市场

★台州京宝汽车零部件有限公司
地址:浙江省温岭市南泉二期工业区
邮编:317500
电话:0576/86229228
传真:86220038
网址:www. tzjbyb. com. cn
电子信箱:czd@ jbyb. com
质量体系:ISO 9000
产品情况:汽车油泵、水泵、汽油泵、汽油滤清器、风扇离合器、前轮离合器等
配套及出口情况:为沈阳新光华晨、绵阳新晨、沈阳双福内燃机、浙江吉利发动机、一汽长春发动机等配套;出口欧洲、非洲、澳大利亚、巴西及东南亚等国家和地区

★浙江荣发动力有限公司
地址:浙江省温岭市城南镇林香工业区
邮编:317515
电话:0576/86259718、86259798
传真:86259798
网址:www. chinayeqi. com
电子信箱:yeqi@ chinayeqi. com
单位人数:200
质量体系:ISO/TS 16949、QS 9000
产品情况:(野骑牌)
废气涡轮增压器、摩托车发动机、发动机箱体、小型汽油机箱体、压铸铝合金箱体、工业装配流水线等
出口情况:远销美国、英国、日本等国家

★浙江玉旋泵业有限公司
地址:浙江省玉环县汽摩园区东区
邮编:317600
电话:0576/87131888、87131666
传真:87512798
网址:www. yuxuan. com
电子信箱:sales@ yuxuan. com
单位人数:210
质量体系:ISO 9000
产品情况:水泵、机油泵等
出口情况:出口东南亚、中东、欧洲、美洲等地区

★玉环鑫源长机械有限公司
地址:浙江省玉环县珠港镇城北工业区
邮编:317600
电话:0576/87202170、87205919
传真:87202171
网址:www. cn - xyc. com
电子信箱:info@ cn - xyc. com
质量体系:ISO/TS 16949、ISO 9001
产品情况:气门摇臂、摇臂轴、摇臂总成、气门导管、气门座圈等
出口情况:出口欧洲、美洲、中东、东南亚等地区

★台州爱信汽车零件有限公司
地址:浙江省台州市玉环县机电工业园区
邮编:317600
电话:0576/87203598
传真:87263588
网址:www. asiain. com. cn
电子信箱:asiain@ 163. com
质量体系:ISO 9001
产品情况:(ASIAIN牌、CTR牌)
汽车水泵、悬架总成及球头、拉杆总成等零件
出口情况:出口亚洲、欧洲、美洲、非洲等地区

★玉环锐凯动力制造有限公司
地址:浙江省玉环县三合潭工业园
邮编:317600
电话:0576/87209707
传真:87209706
网址:www. tascamshaft. com
电子信箱:tas@ tascamshaft. com
质量体系:ISO 9001
产品情况:各类汽车、摩托车凸轮轴

★玉环县黄海汽车配件制造有限公司
地址:浙江省玉环县农场汽摩工业园区
邮编:317600
电话:0576/87215366
传真:87232807
电子信箱:yhhuanghai@ 2156. net
质量体系:ISO 9001
产品情况:(斯海牌)
进、排气门摇臂,各种齿轮、连杆螺栓、气门弹簧上座、排气门弹簧下座、里程表二级传动装置、离合器从动盘等

★玉环县东华机器厂
地址:浙江省玉环县环东工业区
邮编:317600
电话:0576/87216189
传真:87562189
电子信箱:cn_jinjin@ yahoo. com. cn
质量体系:ISO 9001
产品情况:(德金牌)
汽车排气阀体等铸钢件、汽车水泵及机油泵等配件

★玉环县新新机械有限公司
地址:浙江省玉环县珠港镇三合潭工业区双港路
邮编:317600
电话:0576/87220835、87255659
传真:87220958
网址:www. xinxinjixie. com
电子信箱:xinxinjixie@ 163. com
质量体系:ISO 9001
产品情况:(恒顺牌)
柴油机供油角度自动提前器与弹性联轴器,提前器年产能力10万台
配套情况:为无锡威孚、锡柴、大柴等三机厂配套

★浙江省玉环辉迈机械有限公司
地址:浙江省玉环县城关环东工业区
邮编:317600
电话:0576/87221778
传真:87221779
网址:www. yhhuimai. com

电子信箱:huimaijixie@163.com
质量体系:ISO 9001
产品情况:汽车水泵凸缘盘
配套及出口情况:为各大汽车水泵企业配套;出口美国、德国、日本等10多个国家

★玉环县强力件制造厂
地址:浙江省玉环县环东工业区
邮编:317600
电话:0576/87222565、87210619
传真:87223462
网址:www.yqlj.com
电子信箱:web@yqlj.com
单位人数:500
质量体系:ISO/TS 16949
产品情况:连杆总成、发动机正时齿轮室、油泵调速器、前轮毂、汽车自动调整器、转向器扭杆、高强度螺栓等
配套及出口情况:为东风汽车公司、一汽轿车、广汽本田、玉柴、潍柴、杭发、上柴、亚新科廊坊美联、陕汽集团、重汽集团等配套;远销北美洲、欧洲等地区

★浙江省台州气门厂
地址:浙江省玉环县珠港镇三合潭工业区
邮编:317600
电话:0576/87222579、87218518
传真:87299918
网址:www.chinaqimen.com
电子信箱:tzv@chinaqimen.com
单位人数:100
质量体系:ISO/TS 16949、ISO 9001
产品情况:(卫平牌)
发动机进排气门、螺栓、螺母等
配套及出口情况:为国内发动机厂配套;出口欧洲、美洲

★玉环同舟机械制造有限公司
地址:浙江省台州市玉环县珠港镇大麦屿龙山路
邮编:317600
电话:0576/87235573
传真:87356179
网址:www.yhtongzhou.com
电子信箱:info@yhtongzhou.com
单位人数:60
质量体系:ISO 9001
产品情况:曲轴、传动轴等

★玉环县现代汽车配件厂
地址:浙江省玉环县坎门科技工业园区
邮编:317600
电话:0576/87239619、87239627
传真:87239618
网址:www.yhxdqp.com
电子信箱:web@xdautoparts.com
质量体系:ISO/TS 16949、ISO 9001
产品情况:(XDqP牌)
冷却风扇驱动装置,离合、制动、加速三组合踏板总成,后置式发动机客车变速操纵器系列,油水杂质分离器系列,手动油泵等

配套情况:为厦门金龙、东风杭汽配套

★台州震华动力有限公司
地址:浙江省玉环县珠港镇后湾村
邮编:317600
电话:0576/87247368
传真:87297711
网址:tzzhenhua.cc
电子信箱:tzlydl@vip.163.com
单位人数:300
质量体系:ISO/TS 16949、QS 9000
产品情况:(LY牌)
发动机气门推杆、摇臂、摇臂轴、张紧器、机械式挺柱及阻尼器等,月产量1000万套
配套及出口情况:承接大量国外OEM摇臂轴及摇臂总成生产;出口摇臂轴、摇臂、气门推杆等产品

★玉环景瑞汽车部件制造有限公司
地址:浙江省玉环县汽摩工业园区
邮编:317600
电话:0576/87248838、87235180
传真:87268488
网址:www.valve-kingre.com
电子信箱:kingre.cn@gmail.com
质量体系:ISO/TS 16949、ISO 9001
产品情况:(长江牌)
汽车、摩托车发动机进排气门和内燃机进排气门
出口情况:出口欧洲、非洲、中美洲、远东等地区

★台州迪普泵业制造有限公司
地址:浙江省台州市玉环县汽摩工业园区
邮编:317600
电话:0576/87257231、87257232
传真:87257230
网址:www.tzdeep.com
电子信箱:7513013@163.com
质量体系:ISO 9001
产品情况:各类汽车水泵
出口情况:远销欧洲、澳大利亚、东南亚、南非、美国等国家和地区

★玉环禾田汽车橡塑有限公司
地址:浙江省玉环县珠港镇三合潭工业区
邮编:317600
电话:0576/87264171、87201107
传真:87235978
网址:www.hetian168.com
电子信箱:sale@hetian168.com
单位人数:600
质量体系:ISO/TS 16949
产品情况:(禾田橡塑牌)
汽车发动机液压悬置总成、变速器悬置总成、隔振块、铝锻控制臂总成、衬套、防尘罩、缓冲块等
出口情况:远销欧洲、北美洲、南美洲、拉丁美洲等地区

★玉环县安兴汽车油泵厂
地址:浙江省玉环县汽摩工业园区
邮编:317600
电话:0576/87277166、87277165
传真:87277167
网址:www.cn-anxing.com
电子信箱:info@cn-anxing.com
质量体系:ISO/TS 16949、ISO 9001
产品情况:(榴岛牌)
水泵、机油泵、制动总泵、转向器总成、摇臂/轴、张紧轮等

★玉环新凯机械制造有限公司
地址:浙江省玉环县汽摩工业园区
邮编:317600
电话:0576/87277300
传真:87252600
网址:www.camshaft.cc
电子信箱:info@camshaft.cc
质量体系:ISO 9001
产品情况:(新凯牌)
发动机凸轮轴
出口情况:出口亚洲、美洲、非洲等地区

★玉环富奥动力机械有限公司
地址:浙江省玉环县小水埠工业区
邮编:317600
电话:0576/87282919
传真:87215550
网址:www.fadl.com.cn
电子信箱:fuao@fadl.com.cn
质量体系:ISO 9001
产品情况:发动机活塞、冷却喷嘴
配套及出口情况:为大柴、锡柴等配套;部分产品出口欧洲、美洲地区

★宝驰汽车部件有限公司
地址:浙江省玉环县珠港镇前塘洋工业区
邮编:317600
电话:0576/87283200
传真:87283244
网址:www.da-jiang.com
电子信箱:zdb@da-jiang.com
单位人数:100
质量体系:ISO 9002
产品情况:齿轮、链轮、汽车同步器、离合器分泵、拨叉、连杆螺栓等
配套及出口情况:为沈阳新光华晨、保定长城内燃机、柳州机械厂、台州吉奥动力等配套;20%的产品出口

★玉环晨辉机械制造有限公司
地址:浙江省玉环县环东工业区
邮编:317600
电话:0576/87284458
传真:87264010
网址:www.zjchenhui.com.cn
电子信箱:chenhui@zjchenhui.com.cn
质量体系:ISO/TS 16949、ISO 9001
产品情况:旋压带轮等,年产能力250万只

★浙江和日摇臂有限公司
地址:浙江省玉环县珠港镇玉坎中路汽

摩工业园112号
邮编:317600
电话:0576/87286098
传真:87286149
网址:www.heri.com.cn
电子信箱:sales@heri.com.cn
单位人数:1000
质量体系:ISO/TS 16949、ISO 9000
产品情况:(HERI牌)
汽车和摩托车等内燃机发动机摇臂、摇臂总成,年产摇臂6000万只、摇臂总成900万套
配套及出口情况:为美国康明斯、福田康明斯、西安康明斯、日本富士重工等主机厂配套;出口美国、日本、印度、东南亚等几十个国家和地区

★浙江省玉环县联谊机械有限公司
地址:浙江省玉环县珠港镇机电工业园区
邮编:317600
电话:0576/87298238、87298051
传真:87298133
网址:www.zjly.com
电子信箱:zjly@zjly.com
单位人数:300
质量体系:ISO 9001
产品情况:(联谊牌)
汽摩动力机轴类、底盘紧固件,汽车调温器、油压报警器
配套及出口情况:为江苏东成、嘉兴业特、重庆力帆、重庆隆鑫、江门天钇、江门气派、广州天马、济南轻骑、重庆宗申等厂配套;出口欧洲、美洲、中亚、东南亚

★玉环县三和机械制造有限公司
地址:浙江省玉环县芦浦镇漩港工业区
邮编:317600
电话:0576/87350158、87350168
传真:87255958
电子信箱:333he@sohu.com
质量体系:ISO/TS 16949
产品情况:汽油泵、机油泵

★大江(玉环)机械制造有限公司
地址:浙江省玉环县珠港坎门科技工业区
邮编:317600
电话:0576/87509088
传真:87509001
电子信箱:asiain@163.com.cn
质量体系:ISO 9001
产品情况:汽车水泵、轴瓦、球头、制动泵
配套情况:为丰田、五十铃、本田、马自达、大发、三菱、一汽-大众、福特等配套

★玉环正隆机械有限公司
地址:浙江省玉环县坎门科技工业园区
邮编:317600
电话:0576/87509688
传真:87508959
网址:www.chinazhenglong.cn
电子信箱:sales@chinazhenglong.cn
质量体系:ISO 9001
产品情况:(正龙牌)
汽车液压挺杆、气门挺柱及皮带张紧轮
出口情况:出口欧洲、美洲、中东等10多个国家和地区,并销往中国台湾地区

★台州帕特汽车配件有限公司
地址:浙江省玉环县城南环东工业区
邮编:317600
电话:0576/87554014
传真:87558002
网址:www.shyby.com
电子信箱:yhhxby@163.com
质量体系:ISO 9001
产品情况:各种轿车、微型车机油泵
配套情况:为多家汽车制造厂配套

★玉环县巨恒机械制造有限公司
地址:浙江省台州市玉环县珠港镇小水埠工业区2路
邮编:317602
电话:0576/87227541
传真:87280666
网址:www.chinajuheng.com
电子信箱:gbl_0576@vip.163.com
质量体系:ISO 9001
产品情况:汽车硅油风扇离合器

★玉环新利众汽车泵厂
地址:浙江省玉环县坎门海城路35号
邮编:317602
电话:0576/87235562
传真:87282406
网址:www.xlzpump.com
电子信箱:xlz@xlzpump.com
质量体系:ISO 9001
产品情况:(历众牌)
轿车机油泵、水泵
出口情况:出口中东、欧洲、美洲等地区,并销往中国台湾地区

★浙江泽威摇臂制造有限公司
地址:浙江省玉环县汽摩工业园区
邮编:317602
电话:0576/87258318
传真:87258308
网址:www.zjzewei.com
电子信箱:zw@zjzewei.com
单位人数:450
质量体系:ISO/TS 16949
产品情况:(泽威牌)
重/轻型车用柴油机和汽油机摇臂总成、摇臂轴、高强度螺栓、气门推杆、惰轮轴等,年产摇臂轴60万台套、摇臂约360万件、气门推杆480万件、高强度螺栓420万件
配套情况:为广西玉柴、洛阳一拖、一汽大柴、常柴、山东潍柴、广西动力机械、河南动力机械等几十家国内企业配套,还为国外主机厂Timken、Doosan、Mahindra合作配套

★台州奔迪气门有限公司
地址:浙江省玉环县汽摩配工业区
邮编:317602
电话:0576/87276188、87281887
传真:87281890
网址:www.cn-bendi.com
电子信箱:webmaster@bendivalve.com
质量体系:ISO/TS 16949、ISO 9001
产品情况:(奔迪牌)
汽车发动机气门
配套及出口情况:为四川绵阳新晨动力、重庆环松工业(集团)、浙江白杨发动机、俄罗斯扎沃尔热(ZMZ)等配套;出口俄罗斯

★浙江九隆机械有限公司
地址:浙江省玉环县汽摩工业园区
邮编:317602
电话:0576/87276600、87277382
传真:87277382
网址:www.jiulongcn.com
电子信箱:lon-nn@163.com
单位人数:700
质量体系:ISO/TS 16949、ISO 14001
产品情况:(九隆牌)
汽车发动机及底盘件
配套情况:为一汽丰田(长春)发动机、广西玉柴、道依茨一汽(大连)柴油机、一汽轿车、锡柴、一汽哈尔滨轻型车厂、一汽红塔云南、天津一汽夏利等配套

★台州威德隆机械有限公司
地址:浙江省玉环县汽摩工业园区
邮编:317602
电话:0576/87281098、87281727
传真:87284818、87281767
网址:www.cn-wonderful.com
电子信箱:chang-zhi@vip.163.com
质量体系:ISO/TS 16949、ISO 9001
产品情况:(威德隆牌)
汽车发动机气门摇臂、摇臂轴、离合器分离杆、离合器拔叉、转向节主销等
出口情况:出口欧洲、美洲、东南亚、中东等地区

★玉环爱信宏强泵业有限公司
地址:浙江省玉环县前塘洋工业区
邮编:317602
电话:0576/87282417
传真:87282417
网址:www.hongqiang.net
电子信箱:office@hongqiang.net
质量体系:ISO 9001
产品情况:各种水泵、机油泵

★浙江陆伯特动力机械有限公司
地址:浙江省玉环县漩门二期玉环经济开发区
邮编:317602
电话:0576/87306866、87570166

传真:87377989
网址:www. robotgenerator. com
电子信箱:www@ cnxdl. com
质量体系:QS 9000、ISO 9001
产品情况:(ROBOT 牌)
通用型汽油机、发电机组、水泵机组、园林机械、农业操作机械
配套及出口情况:为一汽集团、北汽福田、东风汽车公司、安徽全柴集团、日本三菱、上海特毅、上海可润、无锡凯马、长春长铃等配套;出口美国、欧洲、南美洲、中东、东南亚、非洲等国家和地区

★台州易宏实业有限公司
地址:浙江省玉环县坎门榴岛大道346号
邮编:317602
电话:0576/87311398、87311399
传真:87555137
网址:www. cn - yihong. com
电子信箱:yh@ cn. yihong. com
质量体系:ISO/TS 16949、ISO 9001
产品情况:汽车发动机冷却水泵、风扇离合器
配套及出口情况:为一汽集团、吉利汽车等配套;出口欧洲、美洲、大洋洲等地区

★浙江全威机油泵有限公司
地址:浙江省玉环县坎门镇东风工业区海城路182号
邮编:317602
电话:0576/87506777、87566667
传真:87566665
网址:www. sh - quanwei. com
电子信箱:sh - quanwei@ 163. com
单位人数:137
质量体系:ISO/TS 16949
产品情况:(全威(QUANWEI)牌)
机油泵总成,2010年产26万台套
配套及出口情况:为广西玉柴配套;出口18万台套

★台州立众泵业制造有限公司
地址:浙江省玉环县珠港镇坎门科技工业园区
邮编:317602
电话:0576/87508995、87509779
传真:87509787
网址:www. chinalizhong. com
电子信箱:tzlz@ chinalizhong. com
质量体系:ISO 9001
产品情况:(立众牌)
机油泵、水泵等
出口情况:远销欧洲、亚洲、非洲等地区

★玉环县万通泵业有限公司
地址:浙江省玉环县坎门工业区
邮编:317602
电话:0576/87509585、87509595
传真:87509565
网址:www. cnwtby. com
电子信箱:cnwtby@ hotmail. com
质量体系:ISO 9001
产品情况:(WTBY 牌)
汽车水泵、制动总泵、制动分泵、离合器总泵、离合器分泵、铝铸件等

★浙江玉环南洋汽配有限公司
地址:浙江省玉环县坎门水龙工业园
邮编:317602
电话:0576/87509788、87509989
传真:87509566
网址:www. zjnanyang. com
电子信箱:web@ zjnanyang. com
质量体系:ISO 9000
产品情况:各种轿车发动机油底壳、离合器钢片及摆臂

★浙江省玉环县鑫豪机械厂
地址:浙江省玉环县坎门工业区
邮编:317602
电话:0576/87509893
传真:87509915
网址:www. tz - xinhao. com
电子信箱:xinhao@ tz - xinhao. com
质量体系:ISO 9001
产品情况:油管接头、压盖、气门导管、带轮、管套、球头总成、油缸、张紧轮、各种塑料件及塑料球头、螺栓等

★玉环欧兰特机械厂
地址:浙江省玉环县坎门双龙工业区
邮编:317602
电话:0576/87512187、87510445
传真:87556445
网址:www. cn - bx. cn
电子信箱:sales@ cn - bx. cn
质量体系:ISO 9002
产品情况:汽车化油器、水泵、电喷组件等

★玉环县天一摇臂厂
地址:浙江省玉环县坎门花岩礁西港路172号
邮编:317602
电话:0576/87513990、87513799
传真:87513899
网址:www. tianyirocker. com
电子信箱:webmaster@ tianyirocker. com
质量体系:ISO 9001
产品情况:(双坤牌)
气门摇臂

★玉环金正塑胶厂
地址:浙江省玉环县坎门双龙工业区
邮编:317602
电话:0576/87514444
传真:87554188
网址:www. cnjinzheng. net
电子信箱:zjyhjzjjx@ 126. com
质量体系:ISO/TS 16949、ISO 9001
产品情况:发动机液压悬置总成,变速器悬置总成、隔振块、胶套、控制臂、防尘罩、缓冲块等汽车用橡胶金属制品
配套情况:为全球汽车厂商提供 OEM 配套

★玉环福日汽车配件有限公司
地址:浙江省玉环县坎门健康路31号
邮编:317602
电话:0576/87518516、87518515
传真:87518516
网址:www. furicn. cn
电子信箱:yhfuri@ yeah. net
质量体系:ISO/TS 16949
产品情况:机械及液压挺杆、链条张紧器,年产200万只以上
出口情况:出口俄罗斯、乌克兰、美国、德国、中东等国家和地区

★玉环欣达塑胶机电有限公司
地址:浙江省玉环县坎门八角井巷31号
邮编:317602
电话:0576/87550128、87559588
传真:87571128
网址:www. chinajingpin. com
电子信箱:jingpin88@ 163. com
质量体系:ISO 9001
产品情况:(晶品牌)
汽车风扇、阀门、各种修理包、球头、排放旋塞等

★腾仕达机械有限公司
地址:浙江省玉环县坎门双龙工业区工一路6号
邮编:317602
电话:0576/87552209、87513058
传真:87552972
网址:www. cntownstar. com
电子信箱:web@ cntownstar. com
单位人数:80
质量体系:ISO 9001
产品情况:(TOWNSTAR 牌)
各种水泵
配套及出口情况:为北奔重汽配套;出口欧洲、东南亚等地区

★玉环县源光机械制造厂
地址:浙江省玉环县珠港镇坎门工业区
邮编:317602
电话:0576/87552226
传真:87552216
网址:www. zjyhyg. com
电子信箱:zjyhyg@ 163. com
质量体系:ISO 9001
产品情况:发动机各种齿轮等
配套及出口情况:为一汽集团、昌河汽车等配套;出口欧洲、美洲、中东、东南亚等地区

★玉环飞宇汽车配件制造有限公司
地址:浙江省玉环县坎门外码头
邮编:317602
电话:0576/87552243、87552838
传真:87551858
网址:www. cnfygs. com
电子信箱:634063697@ qq. com
质量体系:ISO 9001

产品情况:(乾海牌)
发动机齿轮、气门组件等发动机配件,联轴器系列、离合器分离杠杆、扁轴系列等底盘配件,汽车空压机配件
配套情况:为东风汽车公司、重汽集团等配套

★玉环县联合电子有限公司
地址:浙江省玉环县坎门水龙富康路29号
邮编:317602
电话:0576/87552870
传真:87508396
网址:www.zjues.cn
电子信箱:sale@zjues.cn
质量体系:ISO 9001
产品情况:燃油泵

★玉环汽车零部件有限公司
地址:浙江省玉环县坎门海城路221-228号
邮编:317602
电话:0576/87552998、87552397
传真:87552998、87552397
网址:www.yhqp.zj.cn
电子信箱:yuhuanautoparts@sohu.com
质量体系:ISO 9001
产品情况:冷却水泵,驻车制动操纵机构总成,三踏板(加速踏板、离合器踏板、制动踏板)总成
配套及出口情况:为一汽集团、新柴动力、奇瑞汽车、河北中兴、吉奥汽车、南海富迪、台州本能、宝龙汽车等配套;出口东南亚、中东、欧洲、非洲、南美洲

★浙江金辉机械有限公司
地址:浙江省玉环县珠港镇榴岛大道(坎门)348号
邮编:317602
电话:0576/87553203、87555618
传真:87552314
网址:www.jinhuimachine.com
质量体系:ISO/TS 16949、ISO 9001
产品情况:(金煌(splendid)牌)
汽车、摩托车、通用机械、园林机械曲轴、连杆总成,气门摇臂总成及起动机构组件,汽车动力转向泵等

★台州普罗汽车零部件有限公司
地址:浙江省玉环县坎门镇东风工业区
邮编:317602
电话:0576/87556539、87568087
传真:87556537、87556092
网址:www.chinaprotech.com
电子信箱:proa@mail.tzptt.zj.cn
单位人数:206
质量体系:ISO/TS 16949
产品情况:(普罗牌)
汽车冷却水泵、轴瓦、硅油风扇离合器、球笼、橡胶件
出口情况:远销50多个国家和地区

★台州亚格机械有限公司
地址:浙江省玉环县坎门东风工业区
邮编:317602
电话:0576/87556688、87553827
传真:87552800
网址:www.cn-age.net
电子信箱:age@cn-age.net
质量体系:ISO 9001
产品情况:齿轮、蜗轮蜗杆等,齿轮年产量100万套

★台州波格机械有限公司
地址:浙江省玉环县坎门镇海城路
邮编:317602
电话:0576/87558012
传真:87508012
网址:www.tzbogr.com
电子信箱:zjb8688@yahoo.com.cn
质量体系:ISO/TS 16949
产品情况:汽车硅油风扇离合器
出口情况:远销欧洲、北美洲、中东、亚洲地区

★玉环县交通汽车部件厂
地址:浙江省玉环县坎门镇
邮编:317602
电话:0576/87558828
传真:87566096
网址:www.chinayujiao.com
电子信箱:yujiao558@yahoo.com.cn
单位人数:200
质量体系:ISO/TS 16949
产品情况:机油冷却器、机滤座、汽缸盖罩、机油泵、分电器座、摇臂总成、支座总成、连杆螺栓、汽缸盖螺栓、飞轮螺栓等
配套情况:为长安汽车、哈尔滨东安动力股份、上汽通用五菱、山西淮海机械厂、绵阳新晨动力、云南西仪工业等配套

★浙江省玉环县宏泰泵业有限公司
地址:浙江省玉环县坎门东风工业区
邮编:317602
电话:0576/87559677
传真:87559677
电子信箱:yhoilpump@163.com
质量体系:ISO 9001
产品情况:各种轿车、皮卡车机油泵

★台州永国机械有限公司
地址:浙江省玉环县东风工业区海城路
邮编:317602
电话:0576/87559955、87558121
传真:87553732
网址:www.yongguo.net
电子信箱:fen-0204@126.com
质量体系:ISO 9001
产品情况:(YONGUO牌)
汽车水泵、风扇支架等

★台州永裕工业有限公司
地址:浙江省玉环县珠港镇坎门水龙路6号
邮编:317602
电话:0576/87561608、87561518
传真:87561128
网址:www.yongyu.com
电子信箱:yy@317602.com
单位人数:700
质量体系:ISO/TS 16949、ISO 9002
产品情况:(永裕牌)
各式汽缸盖
出口情况:出口欧洲、北美洲、澳大利亚、中东、东南亚等国家和地区

★玉环县勤优滤清系统有限公司
地址:浙江省玉环县珠港镇坎门科技工业园区
邮编:317602
电话:0576/87562678
传真:87559238
网址:www.yhqinyou.com
电子信箱:qinyou@yhqinyou.com
质量体系:ISO 9001
产品情况:铝壳汽油滤清器

★玉环县昌新机械厂
地址:浙江省玉环县坎门西盛北路44号
邮编:317602
电话:0576/87566131、87553824
传真:87566131
电子信箱:wuxu13777629050@yahoo.com.cn
质量体系:ISO 9001
产品情况:液压挺杆、气门挺柱、气门摇臂、气门间隙调整垫片等
出口情况:出口南非、美国、韩国、中东、印尼、新加坡、泰国等国家和地区

★玉环中本机械有限公司
地址:浙江省玉环县珠港镇坎门东风工业区
邮编:317602
电话:0576/87568069、87568067
传真:87553266
网址:www.zhongben.com
电子信箱:zhongben8019@vip.163.com
单位人数:200
质量体系:ISO/TS 16949、ISO 9001
产品情况:汽车、摩托车发动机链条张紧器及各种轴类和非标准紧固件
配套及出口情况:为新大洲本田、天津-本田、五羊-本田、重庆嘉陵-本田、洛阳北易、成都天兴山田、东风汽车紧固件等配套;出口日本、欧洲、菲律宾等国家和地区

★玉环鸿泽汽车泵业有限公司
地址:浙江省玉环县汽摩产业功能区
邮编:317602
电话:0576/87568712
传真:87512686
网址:www.yhhz.cn
电子信箱:office@yhhz.cn
质量体系:ISO 9001

产品情况:汽车水泵
出口情况:出口美洲、亚洲、非洲、大洋洲等地区

★玉环三和机动车零部件有限公司
地址:浙江省玉环县坎门派出所旁边
邮编:317602
电话:0576/87569486
传真:87556240
电子信箱:gongyue2001@163.com
质量体系:ISO 9001
产品情况:汽车液压挺杆、气门挺柱、气门调整垫片等发动机配气系统精密零部件
出口情况:远销南非、中南美洲、印度尼西亚、迪拜等国家和地区

★浙江省玉环县天发机械有限公司
地址:浙江省玉环县城关解放塘农场
邮编:317604
电话:0576/87234115、87234116
传真:87234117
网址:www.cn-tianfa.com
电子信箱:tf.xuan@163.com
单位人数:300
质量体系:ISO/TS 16949、QS 9000
产品情况:(天发牌)
气门摇臂、摇臂轴、凸轮轴正时链轮、曲轴正时链轮、链条减振板、链条导板、链条张紧器、曲轴带轮、滑轮、减振轮、离合器分离套筒、转向连接球头总成、悬架球头总成等
出口情况:出口东南亚、日本、韩国、南非、欧洲、美洲等国家和地区,并销往中国台湾

★浙江宇太汽车零部件制造有限公司
地址:浙江省玉环县大麦屿经济开发区
邮编:317604
电话:0576/87339572、87337853
传真:87339532
网址:www.yousunny.com
电子信箱:yousunny@yousunny.com
质量体系:ISO/TS 16949
产品情况:摇臂、摇臂座、摇臂轴总成及汽、柴油发动机零部件
配套情况:为国内多家知名内燃机和整车企业配套

★玉环汇裕挺杆有限公司
地址:浙江省玉环县汽摩工业园区
邮编:317604
电话:0576/87356985、87356986
传真:87356980
网址:www.hytg.net
电子信箱:liyupin@mail.tzpt.zj.cn
质量体系:ISO/TS 16949、ISO 9001
产品情况:(汇裕(HUIYU)牌)
汽车发动机液压挺杆、机械式挺杆、垫片等
出口情况:出口英国、俄罗斯、尼日利亚、美国、韩国、委内瑞拉、沙特阿拉伯等国家

★台州罗邦散热系统有限公司
地址:浙江省玉环县汽摩工业区
邮编:317610
电话:0576/87252886、87252885
传真:87252883
网址:www.cnlbr.com
电子信箱:lb@cnlbr.com
质量体系:ISO 9001
产品情况:散热器、暖风器、冷凝器、中冷器、蒸发器等,年产能力60万套
出口情况:出口欧洲、非洲、南美洲、亚洲等地区

★台州三元车辆净化器有限公司
地址:浙江省台州市黄岩区西工业园区金牛路13号
邮编:318025
电话:0576/84859899、84338660
传真:84891117
网址:www.chinaucc.com
电子信箱:wangqi-tz@163.com
质量体系:ISO 9001
产品情况:汽车、摩托车三效催化转换器及催化剂
配套及出口情况:为北汽集团、金龙汽车等配套;远销北美洲、欧洲、日本、中东等国家和地区

★黄岩院桥新兴机械配件厂
地址:浙江省台州市黄岩院桥镇工业区
邮编:318025
电话:0576/84871284
传真:84878001
网址:www.xinxjx.com
电子信箱:sales@xinxing-machinery.com
质量体系:ISO/TS 16949、ISO 9001
产品情况:摩托车汽缸盖、汽车机油泵等零部件

★浙江爱信宏达汽车零部件有限公司
地址:浙江省台州市路桥区机场路一号桥
邮编:318050
电话:0576/82507333、82507222
传真:82507000
网址:www.aisin-hongda.com
电子信箱:zjaha@aisin-hongda.com
单位人数:228
质量体系:ISO/TS 16949、QS 9000
产品情况:(爱信宏达牌)
主要产品为硅油风扇离合器、水泵、机油泵、汽缸盖、正时齿轮链盖总成、铝压铸相关产品和发动机相关产品
配套及出口情况:为天津丰田发动机、东风商用车发动机厂、江铃汽车、哈东安发动机、沈阳航天三菱、一汽丰田(长春)发动机、北京福田环保动力、广汽丰田发动机等配套;部分产品出口日本

★浙江鼎利控股集团有限公司
地址:浙江省台州市路桥区新安西街889号
邮编:318050
电话:0576/82550082、82550080
传真:82550082、82550831
网址:www.dlautoparts.com
电子信箱:dingli@dlgroup.com.cn
质量体系:ISO/TS 16949
产品情况:水泵、电动机、起动机、轴承

★浙江恒勃滤清器有限公司
地址:浙江省台州市路桥区卖芝桥东路888-20号
邮编:318050
电话:0576/82557111
传真:82416628
网址:www.hengbo.cc
电子信箱:hengbo@hengbo.cc
单位人数:470
质量体系:ISO/TS 16949、ISO 9001
产品情况:(恒勃牌)
汽车、摩托车、通用机空气滤清器、油箱、炭罐、发动机塑料件等
配套及出口情况:为本田、雅马哈、广汽、奇瑞、吉利、铃木、大长江、洛北易、钱江、富世华、百力通、科勒、川崎、三菱等配套;出口美国、法国、印度、日本

★台州市华创汽车零部件有限公司
地址:浙江省台州市黄岩区北城工业区康强路37号
邮编:318050
电话:0576/84055029
传真:84055028
网址:www.tzhuachuang.com
电子信箱:tzhuachuang@sina.com
质量体系:ISO/TS 16949
产品情况:汽车/摩托车化油器、电喷节气门及动力转向泵等
配套情况:为华普发动机、沈阳新光华晨、绵阳新晨发动机及吉奥汽车等主机厂配套

★台州市金三环机械铸造有限公司
地址:浙江省台州市路桥区金清镇上塘一区28号
邮编:318058
电话:0576/82890168
传真:82890198
网址:www.jinsanhuan.cn
电子信箱:jinsanhuan@yahoo.com.cn
质量体系:ISO 9001
产品情况:硅油风扇离合器
出口情况:出口东南亚、中东、南部非洲等地区

★浙江金华航宇汽配制造有限公司
地址:浙江省金华市开发区工业园九峰街686号
邮编:321018
电话:0579/82273003、82273001
传真:82273002
网址:www.hy-muffler.com
电子信箱:hy@hy-muffler.com
质量体系:ISO/TS 16949、QS 9000

产品情况:汽车排气管、消声器、三元催化器
配套及出口情况:为青年汽车、东风柳汽、华泰现代、厦门金龙、众泰汽车、江南汽车等整车企业配套;出口北美洲、日本、韩国等国家和地区

★浙江超越实业有限公司
地址:浙江省永康市城西大徐工业区
邮编:321200
电话:0579/87271526
传真:87271333
网址:www.cn-chaoyue.com
电子信箱:chaoyue@cn-chaoyue.com
单位人数:660
质量体系:ISO 9002
产品情况:(超越牌)
割草机、油锯、小型汽油机、汽缸盖、水冷发动机等
出口情况:出口割灌机、油锯等产品,出口额500万美元

★上海兴浩车辆滤清器制造有限公司
地址:浙江省武义市熟溪街道东南工业区
邮编:321200
电话:0579/87980525
传真:87980526
网址:www.shinhow.com.cn
电子信箱:shinhow@alibaba.com.cn
质量体系:ISO/TS 16949
产品情况:(兴浩牌)
各种汽车空气滤清器
出口情况:出口欧洲、美洲、非洲、中东,并销往中国台湾、香港地区

★永康市广园汽车配件有限公司
地址:浙江省永康市城北汤店路3号
邮编:321300
电话:0579/83837758、83837798
传真:87297320
网址:www.cngyqp.com
电子信箱:ykguangyuan@126.com
质量体系:ISO 9001
产品情况:汽车间隙自动/手动调整臂,摩托车、沙滩车曲轴连杆、前后凸缘等
配套情况:为北汽福田、陕西斯太尔、厦门金龙、郑州宇通等配套制动系统

★浙江龙翔曲轴有限公司
地址:浙江省永康市五金科技工业园银川东路30号
邮编:321300
电话:0579/87229704、87229717
传真:87229706
网址:www.lxqz.com
电子信箱:sales@lxqz.com
单位人数:300
质量体系:ISO 9001
产品情况:各种通用汽油机、小型汽油机及摩托车发动机曲轴,年产200万套
出口情况:部分产品出口

★浙江省永康市鸿运实业有限公司
地址:浙江省永康市西城街道大徐工业区
邮编:321300
电话:0579/87270208、87271677
传真:87271678
网址:translate.google.com.hk
电子信箱:ykhy@wjw.cn
单位人数:135
质量体系:ISO/TS 16949、ISO 9001
产品情况:汽车交流发电机,内燃机冷凝式散热器
配套及出口情况:为浙江四方集团、常州常发动力机械等配套;出口东南亚、南美洲等55个国家和地区

★浙江强广剑铝业有限公司
地址:浙江省永康市经济开发区上浦路208号
邮编:321301
电话:0579/87555888、13906792759
传真:87225500
网址:www.qgjco.com
电子信箱:qgj_china@188.com
质量体系:ISO 9002
产品情况:汽缸盖、连杆和柴油机泵体等
配套情况:为五羊-本田、大长江、轻骑铃木、南京金城、韩国晓星等配套

★浙江三人机械有限公司
地址:浙江省永康市石柱镇330国道旁
邮编:321304
电话:0579/87355006、87355814
传真:87356288
网址:www.chinasanren.com
电子信箱:yksanren@mail.jhptt.zj.cn
质量体系:ISO/TS 16949
产品情况:(三人牌)
汽车缸套、通用汽油机镀铬汽缸等

★浙江永康精特缸套有限公司
地址:浙江省永康市堰头工业区
邮编:321306
电话:0579/87430598、87430669
传真:87430323
网址:www.chinajingte.com
电子信箱:yk551006@mail.jhptt.zj.cn
质量体系:ISO/TS 16949、VDA 6.1
产品情况:(精特牌)
汽车及其他强化发动机薄壁钢制镀铬缸套
配套及出口情况:为江西五十铃、北汽福田、朝柴、浙江新柴动力等配套;出口日本

★浙江省缙云动力气缸有限公司
地址:浙江省缙云县上交岭45号
邮编:321400
电话:0578/3122458、3136114
传真:3141750
网址:www.jydongli.com
电子信箱:jydongli@yahoo.com.cn
单位人数:400
质量体系:ISO 9001
产品情况:(JYMCO牌)
汽车发动机汽缸体、摩托车汽缸体、汽车空调压缩机缸体及各类缸套,年产能力120万只
配套及出口情况:为吉利汽车、美国ALMA公司、珠峰光阳、济南轻骑、上海幸福集团等配套;出口东南亚、美国等国家和地区,并销往中国台湾地区

★浙江省缙云县气缸体厂
地址:浙江省缙云县壶镇兴工路199号
邮编:321400
电话:0578/3559303
传真:3559301
电子信箱:master@china-huanzhou.com
质量体系:ISO 9001
产品情况:(环宙牌)
汽油机、摩托车汽缸体
出口情况:出口东南亚等地区

★浙江凯吉汽车零部件制造有限公司
地址:浙江省义乌市春晗路121号
邮编:322018
电话:0579/85262393、85262390
传真:85262185、85262187
网址:www.kaiji1.com
电子信箱:kaiji_auto@hotmail.com
单位人数:140
质量体系:ISO/TS 16949、ISO 9001
产品情况:(凯吉牌)
发动机、汽缸盖、水泵、曲轴、凸轮轴等

★浙江双良汽车零部件有限公司
地址:浙江省丽水市水阁工业园绿谷大道368号
邮编:323000
电话:0578/2995668
传真:2995687
网址:www.dkk.com.cn
电子信箱:info@dkk.com.cn
质量体系:ISO/TS 16949、ISO 9001
产品情况:(电科牌)
电喷汽油泵、热敏开关、点火开关、水温感应塞、暖风开关、汽油浮子等
出口情况:部分产品出口

★浙江圣峰汽车部件有限公司
地址:浙江省丽水市经济开发区(水阁)丽沙路9号
邮编:323000
电话:0578/2995886、2995888
传真:2995889
网址:www.rizuan.com
电子信箱:sf@rizuan.com
单位人数:100
质量体系:ISO 9001
产品情况:(日钻牌)
各种滤清器、变速器滤网、滤芯等
出口情况:出口东南亚、美洲

★浙江三田滤清器有限公司
地址:浙江省龙泉市大沙经济开发区
邮编:323700
电话:0578/7218488
传真:7218058
网址:www.santianfilter.com
电子信箱:zjsantian@yahoo.com.cn
质量体系:ISO 9001
产品情况:各类空气、燃油、机油滤清器
出口情况:远销东南亚、欧洲、美洲等地区

★浙江腾升汽车部件有限公司
地址:浙江省龙泉市金沙新区广源街82号
邮编:323700
电话:0578/7690285
传真:7218606
网址:www.tosen.com.cn
电子信箱:tosen@tosen.com.cn
质量体系:ISO/TS 16949
产品情况:汽车散热器

★浙江衢州永丰金属制品有限公司
地址:浙江省衢州市衢江区滨港大道重阳路5号
邮编:324000
电话:0570/3373315、3377321
传真:3377313
网址:www.yfmetal.com
电子信箱:yfcjs@163.com
单位人数:180
质量体系:ISO/TS 16949、ISO 9001
产品情况:含油轴承、减振器活塞、导向器、气门导管、同步器齿毂、齿轮、油泵转子等

★浙江省鸿基汽配有限公司
地址:浙江省龙游县城北开发区凤山大道6号
邮编:324000
电话:0570/7606888、7606999
传真:7606777
网址:www.hoget.cn
电子信箱:master@hoget.cn
质量体系:ISO/TS 16949、ISO 9001
产品情况:各类滤清器
出口情况:出口东南亚、中东、非洲、北美洲、南美洲等地区

★浙江开山缸套有限公司
地址:浙江省衢州市经济开发区凯旋西路9号
邮编:324002
电话:0570/3857018
传真:3857008、3662357
电子信箱:qzzjh2001@alibaba.com.cn
单位人数:650
质量体系:ISO/TS 16949
产品情况:(古钱牌)
各种缸套
出口情况:出口美国、日本、东南亚等国家和地区,并销往中国香港、台湾地区

★浙江昊洋机动车部件有限公司
地址:浙江省衢州市东港经济开发区东港二路58号
邮编:324022
电话:0570/8888818
传真:8882852
网址:www.china-haoyang.com
电子信箱:web@china-haoyang.com
单位人数:200
质量体系:ISO/TS 16949
产品情况:(昊洋牌)
汽车散热器总成、暖风机总成、冷凝器、蒸发器和大型工程机械冷却系统,产能超过100万套
配套情况:为华泰现代、河北长安、南京长安、东风渝安、重庆渝安、东风汽车股份等配套

★温州安佳汽车零部件有限公司
地址:浙江省温州市经济技术开发区滨海园区滨海三道4339号
邮编:325000
电话:0577/28863669、28778158
传真:28869333
网址:www.chinaanjia.com
电子信箱:jinjiawjg@gmail.com
质量体系:ISO/TS 16949、ISO 14001
产品情况:电喷燃油泵、燃油泵总成、氧传感器、微电机、精密模具、塑料件等
配套及出口情况:为江淮、众泰、川汽、华泰等配套;远销美国、欧洲、南美、东南亚、中东等80多个国家和地区

★温州精工滤清器有限公司
地址:浙江省温州市瓯海区仙岩镇社帆
邮编:325000
电话:0577/85318925、85300925
传真:85300925、85305801
网址:www.wz-jinggong.com
电子信箱:info@wz-jinggong.com
质量体系:ISO 9001
产品情况:(精电牌)
汽车机油滤清器、音响喇叭、机油感应塞等

★温州拓邦汽配有限公司
地址:浙江省温州市经济技术开发区蓝江路75号
邮编:325000
电话:0577/86062172、86062171
传真:86062173
网址:www.tbaparts.com
电子信箱:info@tbaparts.com
质量体系:ISO 9001
产品情况:(TOBA牌)
汽车水泵、油泵、凸轮轴、硅油离合器等
出口情况:出口欧洲、北美洲、中南美洲、亚洲、中东

★温州华强汽配有限公司
地址:浙江省温州市站前东小区国光大厦主楼501室
邮编:325000
电话:0577/86066082、86066584
传真:86066515、86066599
网址:www.hqautoparts.com
电子信箱:hq@hqautoparts.com
单位人数:800
质量体系:ISO/TS 16949、VDA 6.1
产品情况:(H&Q牌)
水泵、油泵、制动器、空气流量传感器、散热器、加热器、张紧轮轴承、起动机、冷凝器、挺杆、风扇电动机、自动调温器及制动系统零部件
出口情况:出口欧洲、美洲、中东、非洲、东南亚等地区

★温州市博耐汽车散热器有限公司
地址:浙江省温州市瓯海区巨溪镇南片工业园康宏西路52号
邮编:325000
电话:0577/86096777-804、86297333
传真:86295318
网址:www.zjbonai.cn
电子信箱:bonai007@yahoo.cn
质量体系:ISO 9001
产品情况:散热器、机油冷却器
出口情况:远销东南亚、中东、澳大利亚、德国等国家和地区

★温州市南亚汽车配件有限公司
地址:浙江省温州市龙湾区状元镇耐宝南路电大路口
邮编:325011
电话:0577/86354444、86358732
传真:86351732
网址:www.cnnanya.com
电子信箱:nanya@cnnanya.com
单位人数:130
质量体系:ISO/TS 16949
产品情况:(南亚牌)
发动机带轮
配套及出口情况:为重庆康明斯、上汽通用五菱、雅士佳(天津)、重庆力帆等配套;远销欧洲、美洲、东南亚

◉ 温州华润电机有限公司
地址:浙江省温州市甬江路55号
邮编:325011
电话:0577/86555557
传真:86532998
网址:www.achr.cn
电子信箱:achr@achr.cn
法人代表:薛肇江
负责人:黄国尧
单位人数:550
质量体系:ISO/TS 16949
产品情况:(ACHR牌)
汽车电动燃油泵及总成,年产500万台
配套及出口情况:为上汽汇众、一汽轿

车、郑州日产等配套;出口北美洲、欧洲、南美洲

★温州福康消声器制造有限公司
地址:浙江省温州市龙湾区永中街道下弯路130号
邮编:325013
电话:0577/86625116、86613116
传真:86613116、86613076
网址:www.cn-muffler.com
电子信箱:office@cn-muffler.com
质量体系:ISO 9000
产品情况:(瑞康牌)
汽车消声器

★台州汇正汽车电机有限公司
地址:浙江省台州市仙居县白塔镇工业集聚区
邮编:325014
电话:0577/86085929、56812830
传真:86362789、86360996
网址:www.bzpump.cn
电子信箱:master@bzpump.cn
质量体系:ISO 9001
产品情况:电喷燃油泵
出口情况:远销德国、欧洲、日本、中东等20个国家和地区

★温州市通得利特钢实业公司
地址:浙江省温州市瓯海区梧田工业基地北区15弄10号
邮编:325014
电话:0577/86366806
传真:86768430
网址:www.wztdl.com
电子信箱:tdl@wztdl.com
质量体系:ISO 9001
产品情况:汽车、摩托车连杆,摩托车曲轴、拉杆球头、拨叉、凸轮轴、齿轮、悬架球头、主/副邦汰等

★温州国鹰汽车电喷系统有限公司
地址:浙江省温州市瞿溪镇东片工业区兴革路32号
邮编:325016
电话:0577/86271588
传真:86271068、88602639
网址:www.guoying.net
电子信箱:wzguoying@yahoo.com.cn
质量体系:ISO/TS 16949、QS 9000
产品情况:(EAP牌、国鹰牌)
电喷泵、电子燃油泵、燃油泵滤网、负压泵、过滤器、燃油开关等
出口情况:出口美国、欧洲、东南亚等国家和地区

★浙江东富汽车部件有限公司
地址:浙江省温州市机场大道502号
邮编:325024
电话:0577/86876558、28883557
传真:86379558、86852888
网址:www.wzdongfu.com
电子信箱:xiaoshoullj@163.com
单位人数:800
质量体系:ISO/TS 16949
产品情况:(东富牌)
滤清器、飞轮壳、冷却器盖板、汽缸盖罩、进气歧管、出水管、铝座、油封座等
配套情况:为一汽大柴、一汽长春变速箱厂、玉柴、大连创新公司、东风朝柴、上海日野、锡柴、洛阳一拖柴油机等配套

★温州新光机车部件有限公司
地址:浙江省温州市龙湾区永中镇新城工业区
邮编:325024
电话:0577/86921158、86931250
传真:86925752
网址:www.wz-xingguang.cn
电子信箱:xinguang@xinguang-byst.com
质量体系:ISO 9001
产品情况:汽车、摩托车化油器配件

★温州市富豪滤清器有限公司
地址:浙江省温州市瓯海仙岩工业区
邮编:325062
电话:0577/85301756、85311568
传真:85311869
网址:www.china-donghao.com
电子信箱:sale@china-donghao.com
质量体系:ISO 9001
产品情况:(东豪牌)
各种汽车滤清器

★温州市瑞派汽车配件有限公司
地址:浙江省温州市瓯海区仙岩区岩一工业区
邮编:325062
电话:0577/85305883
传真:85312127
网址:www.ruipai.com.cn
电子信箱:haze@ruipai.com.cn
质量体系:ISO 9000
产品情况:汽车滤清器、汽车底盘件
出口情况:出口欧洲、美国、中东、亚洲等国家和地区

★瑞安市腾润汽车配件有限公司
地址:浙江省瑞安市汀田镇汀三工业区
邮编:325200
电话:0577/25607000
传真:25666899
质量体系:ISO 9001
产品情况:电动燃油泵

★瑞安市中本车业配件有限公司
地址:浙江省瑞安市塘下鲍六工业区
邮编:325200
电话:0577/58880666、58880566
传真:58880366、65209600
网址:www.zb-filter.com
电子信箱:info@zb-filter.com
质量体系:ISO/TS 16949、ISO 9001
产品情况:(中本牌)
各种滤清器
出口情况:出口欧洲、美洲、东南亚、非洲等地区

★瑞安市美德汽车配件有限公司
地址:浙江省瑞安市上马马前路2号
邮编:325200
电话:0577/58889999、58885698
传真:65395699
网址:www.meiruier.com
电子信箱:meror@meiruier.com
质量体系:ISO/TS 16949、ISO 9001
产品情况:(日王牌)
汽车滤清器

★温州车舟汽车部件有限公司
地址:浙江省瑞安市东新工业区东一路
邮编:325200
电话:0577/58905891、58905892
传真:58901111
网址:www.chezhou.com
电子信箱:salesdept@chezhou.com
单位人数:180
质量体系:ISO/TS 16949
产品情况:(车舟牌)
汽车发动机冷却风扇、硅油风扇离合器、制动气室、电器开关、汽车门锁、门把手等
配套及出口情况:为东风商用车、东风股份、东风柳汽、陕汽集团、奇瑞汽车、雷沃动力、华菱汽车、印度TATA等配套;远销南北美洲、欧洲、东南亚、中东、非洲

★温州磊鑫泵业有限公司
地址:浙江省平阳县榆垟镇工业区
邮编:325200
电话:0577/63795218、65599289
传真:63795216、65599289
网址:www.lx-pump.com
电子信箱:lxpump@vip.163.com
质量体系:ISO/TS 16949、QS 9000
产品情况:发动机机油泵和冷却水泵
出口情况:出口日本、韩国、欧洲、美洲、东南亚

★温州方圆锻造有限公司
地址:浙江省瑞安市安阳镇潘岱前垟工业区
邮编:325200
电话:0577/65090620、65090086
传真:65092686
网址:www.fangyuanforging.com
电子信箱:fangyuan@fangyuanforging.com
单位人数:300
质量体系:ISO/TS 16949、ISO 9001
产品情况:(FY牌)
各类轿车等速万向节(内球笼)、汽车轮毂单元、通用机轴、汽车连杆及汽车底盘部件等锻压件毛坯
配套及出口情况:为上海大众、钱江集团、春兰集团、济南轻骑、海南新大洲、

浙江万向集团等配套;出口欧洲、非洲、北美洲、南美洲等地区

★瑞安市龙虎锻造有限公司
地址:浙江省瑞安市潘岱工业区
邮编:325200
电话:0577/65091575、65090088
传真:65921288
网址:www. chinalonghu. com
电子信箱:forging_ruian@ chinalonghu. com
单位人数:200
质量体系:ISO/TS 16949、QS 9000
产品情况:发动机曲轴、连杆、摇臂、轴头转向节、半轴凸缘、万向节叉、滑动叉、焊接叉、凸缘叉及球壳、拉杆、悬架、十字轴、汽车门铰链、五金工具类锻件
配套及出口情况:为国内外知名的汽车零部件主机厂配套;出口北美洲、欧洲、非洲、中东、东南亚等地区

★瑞安市共创汽车零部件厂
地址:浙江省瑞安市汀田镇工业园区
邮编:325200
电话:0577/65106660
传真:65102266
质量体系:ISO 9001
产品情况:(共创牌)
汽车水泵

★瑞安市奥特西散热器制造有限公司
地址:浙江省瑞安市东山经济开发区大道619号
邮编:325200
电话:0577/65152666、65152858
传真:65152168
网址:www. atxradiators. com
电子信箱:aotexi@ 163. com
质量体系:ISO 9001
产品情况:(奥特西牌、鑫发牌)
上百种铝制散热器、散热器,年产能力达100多万只

★浙江锦佳汽车零部件有限公司
地址:浙江省瑞安市开发区开发一路369号
邮编:325200
电话:0577/65155689、65155699
传真:65151555
网址:www. chinajinjia. com
电子信箱:jinjia@ china. com
单位人数:350
质量体系:ISO/TS 16949、ISO 9001
产品情况:(锦佳牌)
电动燃油泵、转向助力泵总成、燃油滤网、燃油压力阀、传感器、空气流量计
出口情况:出口美国、德国、日本等国家

★瑞安天恩汽配有限公司
地址:浙江省瑞安市薛后工业区
邮编:325200
电话:0577/65199058、65199078
传真:65199068
网址:www. cntianen. com
电子信箱:tianen@ cntianen. com
质量体系:ISO 9001
产品情况:(天恩牌)
汽车电子风扇、鼓风机、塑料膨胀水壶等
出口情况:部分产品出口

★瑞安市宁力汽车滤清器厂
地址:浙江省瑞安市塘下鲍田西二打街
邮编:325200
电话:0577/65218111
传真:65221068
网址:www. china - ningli. com
电子信箱:fuhua@ vip. sohu. com
质量体系:ISO/TS 16949
产品情况:(HASTE牌)
各种滤清器

★浙江一铭机车部件有限公司
地址:浙江省瑞安市塘下镇场桥上灶工业区
邮编:325200
电话:0577/65266588、65267007
传真:65267008
网址:www. zjyiming. cn
电子信箱:65266588@ vip. 163. com
单位人数:260
质量体系:ISO/TS 16949、ISO 9001
产品情况:汽车轴瓦、衬套及双金属材料,年产各种规格衬套3000万件、轴瓦2000万套、双金属材料1000t
出口情况:远销欧洲、北美洲、中东、东南亚、南美洲等地区

★瑞安市盖次汽车传动系统有限公司
地址:浙江省瑞安市马屿镇吉南村坳底
邮编:325200
电话:0577/65353310
传真:65386996
单位人数:100
质量体系:ISO 9001
产品情况:(汇田牌)
张紧器、张紧轮等
出口情况:出口南美洲、南非、中东等地区

★瑞安市冠立机车部件有限公司
地址:浙江省瑞安市曹村镇曹东工业区
邮编:325200
电话:0577/65381999
传真:65381998
网址:www. kenlee. com. cn
电子信箱:fuston@ 163. com
质量体系:ISO 9001
产品情况:机油滤清器、柴油滤清器和汽油滤清器
出口情况:出口非洲、中东、东南亚及美洲

★瑞安市三凌滤清器有限公司
地址:浙江省瑞安市上望工业区
邮编:325200
电话:0577/65511801
传真:65135955
网址:www. cnanma. com
电子信箱:office@ cnanma. com
质量体系:ISO 9001
产品情况:(安马牌)
各类油水分离器,柴油、机油滤清器,空气干燥器、卸载阀、制动阀、感载阀、手动阀、排气制动阀、弹簧制动室、调整臂等,年产能力200万套
配套情况:为多家汽车制造厂配套

★浙江华东活塞环有限公司
地址:浙江省瑞安市安阳镇上望九安东路28号
邮编:325200
电话:0577/65511888、65518999
传真:65511777
网址:www. teruida. com
电子信箱:teruida@ teruida. com
质量体系:ISO/TS 16949、ISO 9001
产品情况:活塞环
出口情况:出口东南亚、中东、非洲、欧洲、美洲等50多个国家和地区

★瑞安市市星活塞环有限公司
地址:浙江省瑞安市安阳镇上望九三工业区
邮编:325200
电话:0577/65517226、65196668
传真:65519687
网址:www. cnshixing. com
电子信箱:office@ cnShixing. com
质量体系:ISO 9001
产品情况:(SHIXING牌、DELIBA牌)
汽车、摩托车活塞环
出口情况:出口东南亚、中东、非洲、南美洲等地区

★傅氏集团
地址:浙江省瑞安市经济开发区南拓展区1号
邮编:325200
电话:0577/65577777、65577988
传真:65577928
网址:www. fsfcm. com
电子信箱:fsfcm@ fsfcm. com
单位人数:800
质量体系:ISO/TS 16949、ISO 9001
产品情况:空气滤清器、赛车椅、转向盘、开关、行李架、车顶行李舱、多音喇叭、顶灯、电动千斤顶、缓冲器、涡轮增压器、连接座、防盗镜、雾灯、后视镜、排气管、HID氙气灯、TPMS轮胎气压监视系统等
出口情况:远销100多个国家

★浙江华森散热器制造有限公司
地址:浙江省瑞安市经济开发区宏远路1099号
邮编:325200

电话:0577/65604185、65600486
传真:65602819
网址:www. xinhuasen. com
电子信箱:boss@ cnzhongma. com
单位人数:380
质量体系:ISO/TS 16949、ISO 9001
产品情况:(XINHUASEN 牌)
汽车散热器、冷凝器、中冷器、层叠式蒸发器、暖风散热器等
配套及出口情况:为东风汽车公司、一汽集团配套;远销欧洲、美国、中东、东南亚等国家和地区

★温州振瑞汽车配件有限公司
地址:浙江省瑞安市玉海街道望东路2号
邮编:325200
电话:0577/65626598
传真:65626778
网址:www. zhrautopart. com
电子信箱:lucky@ zhrautopart. com
质量体系:ISO/TS 16949
产品情况:液压挺杆、机械挺杆、气门摇臂、轿车后视镜、玻璃升降开关等

★瑞安市凡韦机件有限公司
地址:浙江省瑞安市牛伏岭东洋工业区19号
邮编:325200
电话:0577/65656607
传真:65624403
网址:www. chinafanwei. com
电子信箱:fw@ chinafanwei. com
质量体系:ISO 9001
产品情况:汽车电子、电动、电喷燃油泵
出口情况:远销东南亚、中东、非洲、南美洲等10多个国家和地区

★瑞安市丰源汽车配件有限公司
地址:浙江省瑞安市锦湖街道礁石工业区一路1号
邮编:325200
电话:0577/65665718、65668692
传真:65671508、65664473
网址:www. china - fengyuan. com
电子信箱:fengyuan@ china - fengyuan. com
质量体系:ISO 9001
产品情况:(劲霸牌)
燃油泵、电动开关

★浙江高阳汽车电子有限公司
地址:浙江省瑞安市红旗工业区沙河路72号
邮编:325200
电话:0577/65667299、65667522
传真:65667155
网址:www. cnjingli. com
电子信箱:info@ cnjingli. com
质量体系:ISO 9001
产品情况:(精立牌)
燃油泵、滤网等
出口情况:出口中东、日本、韩国、欧洲、美洲等国家和地区

★浙江道森活塞制造有限公司
地址:浙江省瑞安市西门工业区竹排头30号
邮编:325200
电话:0577/65668616、65670098
传真:65675066、65675188
网址:www. daosen. com
电子信箱:daosen@ daosen. com
单位人数:600
质量体系:ISO 9001
产品情况:(道森牌)
摩托车活塞,汽车活塞、活塞环
出口情况:远销欧洲、美洲、非洲、东南亚

★温州巴腾电子科技有限公司
地址:浙江省瑞安市安阳镇上望街道南隅工业区繁茂巷
邮编:325200
电话:0577/65811878
传真:65811878
网址:www. cn - blossom. com
电子信箱:blossomautoparts@ yahoo. cn
质量体系:VDA 6.1、ISO 9000
产品情况:汽车电喷燃油泵及总成

★瑞安市中邦泵业有限公司
地址:浙江省瑞安市国际汽摩配产业园区时代路777号
邮编:325200
电话:0577/66006789、65335888
传真:65921099
网址:www. czbby. com
电子信箱:sales1@ czbby. com
质量体系:ISO/TS 16949
产品情况:汽车发动机用冷却水泵、机油泵及其他铝压铸件
出口情况:80%以上产品出口北美洲、欧洲、俄罗斯、中东、东南亚等国家和地区

★温州市安能机械有限公司
地址:浙江省温州市瓯海区丽岙中片工业区振安路3号
邮编:325202
电话:0577/85388811、85396680
传真:85385085
网址:www. anun. cn
电子信箱:info@ anun. cn
质量体系:ISO 9001
产品情况:(ANUN 牌)
汽车电子燃油泵及其总成、滤网、空气流量传感器、燃油泵测试台、压力传感器等
出口情况:出口北美洲、南美洲市场

★温州欧普汽车部件有限公司
地址:浙江省温州市瓯海仙岩镇河口塘工业区
邮编:325203
电话:0577/56762588、56762688
传真:85321889
网址:www. opautoparts. com
电子信箱:info@ opautoparts. com
质量体系:ISO 9001
产品情况:汽车水泵、机油泵
出口情况:出口中东、南美洲、欧洲、东南亚等地区

★浙江环球滤清器有限公司
地址:浙江省温州市瑞安塘下北工业园区B区
邮编:325203
电话:0577/65386786、65372055
传真:65357728、85308328
网址:www. universefilter. com
电子信箱:info@ universefilter. com
单位人数:500
质量体系:ISO/TS 16949、QS 9000
产品情况:(环球牌、HK 牌)
滤清器
配套及出口情况:为重汽集团及附属分公司、吉利汽车、三一汽车、陕汽集团等主机厂配套;70%的产品出口美国、加拿大、欧洲等国家和地区

★温州华格自动设备有限公司
地址:浙江省温州市仙岩沈岙工业区
邮编:325203
电话:0577/85309830
传真:85308328
电子信箱:info@ universefilter. com
质量体系:ISO/TS 16949、VDA 6.1
产品情况:汽车三滤
出口情况:出口美国、欧洲、俄罗斯、中东等60多个国家和地区

★温州市世特汽配有限公司
地址:浙江省温州市瓯海区仙岩工业区
邮编:325203
电话:0577/65351383
传真:65387528
网址:www. shitefilter. com
电子信箱:st@ shitefiter. com
质量体系:ISO 9001
产品情况:(世特牌)
汽车燃油滤清器
出口情况:出口东南亚、欧洲、美洲

★温州振威滤清器有限公司
地址:浙江省瑞安市塘下镇汽摩配工业园区
邮编:325204
电话:0553/8118111
传真:65395399
网址:www. chinazhenwei. com
电子信箱:filter@ chinazhenwei. com
质量体系:ISO/TS 16949、ISO 9001
产品情况:(振威牌)
各种类型的机油、柴油、汽油、空气滤清器及总成
出口情况:出口加拿大、欧洲、东南亚、非洲等国家和地区

★温州浩特达滤清器有限公司
地址:浙江省瑞安市塘下科技工业园区
邮编:325204
电话:0577/25602726、25602721
传真:25653338
网址:www.haoteda.com
电子信箱:wzhtd@hotmail.com
质量体系:ISO 9001
产品情况:机油滤清器、燃油滤清器、空气滤清器、柴油滤清器
出口情况:出口俄罗斯、美国等国家

★瑞安市瑞霸泵业制造有限公司
地址:浙江省瑞安市塘下镇新华兴华东路35-1号
邮编:325204
电话:0577/25656633
传真:25656611
网址:www.chinaruiba.com
电子信箱:chinaruiba@yahoo.com.cn
质量体系:ISO/TS 16949
产品情况:汽车机械膜片汽油泵、柴油泵等
出口情况:出口中东、东南亚、欧洲、美国、日本等国家和地区

★浙江博瑞车业有限公司
地址:浙江省瑞安市国际汽摩配产业园区
邮编:325204
电话:0577/58801111、65338111
传真:58801128
网址:www.zj-borui.com
电子信箱:info@zj-borui.com
法人代表:邱晓东
负责人:但唐剑
单位人数:500
质量体系:ISO/TS 16949
产品情况:(博瑞牌)
汽车活塞,年产量500万套
出口情况:年出口350万套

★瑞安市圣水滤清器有限公司
地址:浙江省瑞安市塘下镇鲍田下湾工业区
邮编:325204
电话:0577/58886600、65202980
传真:65205180
网址:www.ss-china.com
电子信箱:shengshuifilter@yahoo.cn
质量体系:ISO/TS 16949、ISO 9001
产品情况:(圣水牌)
汽车滤清器,年产能力500万只
出口情况:出口东南亚、美洲市场

★瑞安市德欧汽车部件制造有限公司
地址:浙江省瑞安市塘下镇新陈西路261号
邮编:325204
电话:0577/65123987
传真:65123986
网址:www.deoauto.com
电子信箱:info@deoauto.com
质量体系:ISO/TS 16949、ISO 9001
产品情况:汽车散热器
出口情况:远销中东、欧洲、美洲

★瑞安市圣菲尔汽车部件有限公司
地址:浙江省瑞安市上望镇蔡宅工业区
邮编:325204
电话:0577/65161222
传真:65159222
网址:www.stfeelfilter.com
电子信箱:jstfeel_filter@163.com
质量体系:ISO 9001
产品情况:(圣菲尔(STFEEL)牌)
滤清器
出口情况:出口欧洲、美洲、中东等地区

★瑞安市云欣机车部件有限公司
地址:浙江省瑞安市塘下镇鲍六高星工业区
邮编:325204
电话:0577/65200068
传真:65219880
网址:www.xindelw.com
电子信箱:info@xindelw.com
质量体系:ISO 9001
产品情况:(信德牌)
汽车燃油泵滤网
出口情况:出口美国、日本、东南亚、中东、欧洲等国家和地区

★瑞安市宝捷汽车配件有限公司
地址:浙江省瑞安市鲍一工业区
邮编:325204
电话:0577/65201421
传真:65209838
质量体系:ISO/TS 16949
产品情况:(利泰牌)
空气滤清器、电喷分电器盖、电喷分火头、化油器分火头、车速传感器、油底壳、后制动修理包、转向助力泵泵包等

★温州永钰过滤器有限公司
地址:浙江省瑞安市塘下镇鲍四工业区
邮编:325204
电话:0577/65201430、65211384
传真:65211385、65213384
网址:www.yongyucn.com
电子信箱:sales@yongyucn.com
单位人数:100
质量体系:ISO 9001
产品情况:(永钰牌)
滤清器滤座及过滤器总成
配套及出口情况:为全国部分大型滤清器厂家配套;出口越南、印尼、马来西亚、缅甸、东南亚、非洲等国家和地区

★瑞安市国光散热器有限公司
地址:浙江省瑞安市塘下镇鲍七工业区
邮编:325204
电话:0577/65202878
传真:65201180
电子信箱:zhqp888@yahoo.com.cn
质量体系:ISO 9000
产品情况:(宙华牌)
汽车散热器及各种汽车转向助力泵等

★瑞安新丰汽车配件厂
地址:浙江省瑞安市塘下镇前丰工业区
邮编:325204
电话:0577/65207533
传真:65216033
网址:www.cn-skd.com
电子信箱:xinfengauto@126.com
质量体系:ISO 9001
产品情况:汽车水泵
出口情况:出口波兰、俄罗斯、土耳其、东南亚、非洲、欧洲等多个国家和地区

★瑞安市佳能电机有限公司
地址:浙江省瑞安市塘下镇下湾工业区
邮编:325204
电话:0577/65208883
传真:65209268
网址:www.conam.cn
电子信箱:jn@conam.cn
质量体系:ISO 9001
产品情况:燃油泵
出口情况:出口中东、南美洲、欧洲、东南亚等地区

★意奔玛集团滤清器有限公司
地址:浙江省瑞安市鲍田工业园区新华路口
邮编:325204
电话:0577/65210038、65218329
传真:65210058
网址:www.ybm.com.cn
电子信箱:we_wt@21cn.com
质量体系:ISO/TS 16949、ISO 9002
产品情况:(YBM牌)
滤清器

★瑞安市品豪汽车部件有限公司
地址:浙江省瑞安市塘下镇鲍一工业区
邮编:325204
电话:0577/65210119、82587171
传真:58881119
网址:www.cnpinhao.com
电子信箱:pinhao888@gmail.com
质量体系:ISO 9002
产品情况:(品豪牌)
汽车电动燃油泵及总成、滤网、输油泵、手压泵、太阳行星齿轮、液压挺杆等
出口情况:出口北美洲、南美洲、欧洲、中东、东南亚等地区

★瑞安市金星汽车泵业制造有限公司
地址:浙江省瑞安市塘下镇鲍田工业区
邮编:325204
电话:0577/65210981、65207520
传真:65210985
网址:www.jxgst.com
电子信箱:gst@jxgst.com

单位人数:300
质量体系:ISO/TS 16949、ISO 9002
产品情况:(金星牌)
汽车油泵、离合器、滤网、油水分离器等
出口情况:出口中东、南美洲、非洲、东南亚、欧洲、美国、日本等国家和地区

★瑞安市华奇机车部件有限公司
地址:浙江省瑞安市鲍田镇南河工业区
邮编:325204
电话:0577/65212358、65203358
传真:65213358
网址:www.cnhuaqi.com
电子信箱:master@cnhuaqi.com
质量体系:ISO 9001
产品情况:(华奇牌)
汽车机油泵、摩托车液压制动器(上、下泵)等
出口情况:远销欧洲、美洲、中东、东南亚等地区

★温州新星滤清器有限公司
地址:浙江省瑞安市鲍田东工业园区
邮编:325204
电话:0577/65212886、65350461
传真:65212889
网址:www.luzhixing.com
电子信箱:chinaluzhixing@163.com
质量体系:ISO/TS 16949
产品情况:(滤之星牌、LOTUS 牌)
机油滤清器、柴油滤清器、冷却水滤清器、燃油-水分离器、空气过滤器
出口情况:远销欧洲、美洲、东南亚、非洲等10多个国家和地区

★温州市仁谦汽车油泵有限公司
地址:浙江省瑞安市塘下镇鲍田前进工业区
邮编:325204
电话:0577/65216000
传真:65214000
网址:www.crq.cn
电子信箱:rq-qa@263.net
单位人数:200
质量体系:ISO/TS 16949、ISO 9001
产品情况:(CRQ 牌)
燃油泵、过滤器、汽车附件
出口情况:远销欧洲、中东、美国、日本、韩国等国家和地区

★浙江雷冠实业集团
地址:浙江省瑞安市塘下镇上戴工业区
邮编:325204
电话:0577/65216665
传真:65216661
网址:www.nafil.com
电子信箱:katherine@china.com
质量体系:ISO 9001
产品情况:机油滤清器、燃油滤清器、空气滤清器等
出口情况:远销欧洲、美洲、中东等地区

★浙江中奥泵业有限公司
地址:浙江省瑞安市塘下镇官渎河东工业区
邮编:325204
电话:0577/65217068
传真:65217608
网址:www.zapump.com
电子信箱:sales@zapump.com
质量体系:ISO/TS 16949
产品情况:电喷系统燃油泵及其总成、滤网
出口情况:70%产品出口欧洲、美洲、大洋洲、非洲、亚洲等40多个国家和地区

★瑞安市伟峰机车部件有限公司
地址:浙江省瑞安市塘下镇鲍一工业区
邮编:325204
电话:0577/65219222
传真:65219558
网址:www.zjweifeng.com
电子信箱:sales@zjweifeng.com
质量体系:ISO 9000
产品情况:(伟帆牌)
汽车电喷燃油泵、全车线、传感器、机械泵、电子泵等
出口情况:出口中东、欧洲、美洲

★浙江三工汽车零部件有限公司
地址:浙江省瑞安市塘下镇鲍七工业区
邮编:325204
电话:0577/65222777、65222555
传真:65200191、65215915
网址:www.chinasangong.com
电子信箱:sangong@wzptt.zj.cn
单位人数:260
质量体系:ISO/TS 16949、ISO 9000
产品情况:(R·S·K 牌)
机油泵、水泵、点火开关
出口情况:产品全部出口欧洲、美洲、日本等国家和地区

★瑞安市万里程滤清器有限公司
地址:浙江省瑞安市罗凤山官村繁华路28号
邮编:325204
电话:0577/65269116、65269115
传真:65269117
网址:www.wanlicheng.com
电子信箱:sales1@wanlicheng.com
单位人数:200
质量体系:ISO 9001
产品情况:(WANLC 牌)
机油滤清器、柴油滤清器、汽油滤清器和空气滤清器
出口情况:远销东南亚、中东、非洲、欧洲、美洲等地区

★浙江星昊滤清器有限公司
地址:浙江省瑞安市海安镇东工业区钢圈路2号
邮编:325204
电话:0577/65295288
传真:65295287
网址:www.cnxinghao.com
电子信箱:sales@vkfilter.com
质量体系:ISO/TS 16949、ISO 9002
产品情况:(星昊牌)
机油滤清器、柴油滤清器、空气滤清器
出口情况:出口东南亚、中东、欧洲等地区

★瑞安市中森机车配件有限公司
地址:浙江省瑞安市塘下镇海安工业区
邮编:325204
电话:0577/65299688
传真:65299699
网址:www.zhongsen.cc
电子信箱:info@zhongsen.cc
质量体系:ISO 9002
产品情况:各种发动机缸盖

★浙江东原机车部件有限公司
地址:浙江省瑞安市国际汽摩配工业园区东原路1号
邮编:325204
电话:0577/65320288、65338581
传真:65338580
网址:www.highfil.com
电子信箱:shirley@highfil.com
单位人数:200
质量体系:ISO/TS 16949、ISO 9000
产品情况:(东原牌)
汽车滤清器、干燥器、制动阀等,年产能力达1500万只,年产值超亿元
配套及出口情况:为吉利汽车、玉柴、东风汽车公司、莱动等主机厂直接或间接配套;出口亚洲、欧洲、北美洲等地区

★浙江炬光汽车零部件有限公司
地址:浙江省瑞安市国际汽摩配产业园区
邮编:325204
电话:0577/65320828、65320808
传真:65321238
网址:www.chinahuilong.com
电子信箱:juguang@chinahuilong.com
单位人数:200
质量体系:ISO 9001
产品情况:(炬光牌)
轿车散热器风扇、鼓风机总成、风扇电动机等
出口情况:出口欧洲、美洲、亚洲等地区

★瑞安滤王汽车配件有限公司
地址:浙江省瑞安市罗凤沙岙北工业区溪北路33号
邮编:325204
电话:0577/66008986
传真:66008996
网址:www.kingfilters.com.cn
电子信箱:info@kingfilters.com.cn
产品情况:汽车滤清器
出口情况:产品远销俄罗斯、马来西亚、泰国等10多个国家和地区

★温州福茂德汽车部件制造有限公司
地址:浙江省瑞安市塘下镇国际汽摩配工业园区
邮编:325204
电话:0577/65321666、65320101
传真:65321999、65320016
电子信箱:weisite@ hotmail. com
质量体系:ISO 9001
产品情况:(威斯特牌)
汽车滤清器
出口情况:出口欧洲、美洲、中东、东南亚

★浙江松田汽车电机系统有限公司
地址:浙江省瑞安市北工业园区
邮编:325204
电话:0577/65321888、25628888
传真:65335333
网址:www. chinasongtian. com
电子信箱:chief@ chinasongtian. com
单位人数:300
质量体系:ISO/TS 16949、ISO 9001
产品情况:(松田牌)
轿车散热器风扇、电动玻璃升降器、空调鼓风机总成、刮水器电动机总成、起动机、交流发电机等,年产能力200万台
出口情况:远销欧洲、美洲、亚洲等地区

★瑞安市益华汽车配件有限公司
地址:浙江省瑞安市塘下罗凤北工业区
邮编:325204
电话:0577/65322677
传真:65322655、65323666
网址:www. ehuachina. com
电子信箱:Info@ ehuachina. com
质量体系:ISO 9001
产品情况:(美声牌)
汽车水泵、机油泵、喇叭、调节器、闪光器、电子钟、继电器、玻璃升降器等

★瑞安市锋杰汽配有限公司
地址:浙江省瑞安市国际汽摩配工业园区
邮编:325204
电话:0577/65328055、65328057
传真:65333600
网址:www. chinafengjie. com
电子信箱:celiayang@ 126. com
质量体系:ISO 9001
产品情况:(瑞电牌)
滤清器

★浙江瑞力化油器有限公司
地址:浙江省瑞安市国际汽摩配北工业区
邮编:325204
电话:0577/65328888
传真:65320388
网址:www. ruilicn. com
电子信箱:info@ ruilicn. com
单位人数:500
质量体系:ISO 9001
产品情况:(RUILI 牌)
汽车、摩托车、汽油机化油器,汽车燃油泵,修理包等,年产200多万台
出口情况:出口50多个国家和地区

★瑞安市志信过滤器有限公司
地址:浙江省瑞安市塘下镇罗凤前庄工业区
邮编:325204
电话:0577/65330190
传真:65339198
网址:www. china - zhixin. com
电子信箱:info@ china - zhixin. com
质量体系:ISO 9001
产品情况:(志信牌)
油水分离器、滤清器座、滤清器等

★奥凯嘉集团有限公司
地址:浙江省瑞安市国际汽摩配工业园区大南山北路89号
邮编:325204
电话:0577/65332788、65338716
传真:65333788
网址:www. haogd. com
电子信箱:sales@ haogd. com
单位人数:327
质量体系:ISO/TS 16949、ISO 9001
产品情况:(浩钢达牌)
滤清器、涡轮增压器、空气流量计等,年产滤清器1600万只、涡轮增压器11万只
配套及出口情况:为一汽无锡柴油机厂、大连柴油机厂、大连大机厂等配套;远销中东、南美洲、北美洲、东南亚、非洲地区

★瑞安市万路达汽车部件有限公司
地址:浙江省瑞安市塘下镇前庄工业区
邮编:325204
电话:0577/65332919
传真:65333678
网址:www. wldqp. com
电子信箱:wldcgm@ 126. com
质量体系:ISO/TS 16949
产品情况:(添豪牌)
各种汽车水泵
配套及出口情况:为绵阳新晨动力机械配套;产品80%以上远销国外

★浙江三和销轴有限公司
地址:浙江省瑞安市塘下镇罗凤中路325号
邮编:325204
电话:0577/65335938
传真:65335738
网址:www. falali. com
电子信箱:jiangweiqing@ falali. com
单位人数:274
质量体系:QS 9000、ISO 9001
产品情况:(SUNHO 牌)
汽车、摩托车发动机活塞销,其他高精度异形件、微型轴类产品
配套情况:为汽车发动机、摩托车发动机等行业配套

★温州昊泰汽车零部件有限公司
地址:浙江省瑞安市塘下中北经济开发区
邮编:325204
电话:0577/65338178
传真:65338118
网址:www. cn - haotai. com
电子信箱:manager@ cn - haotai. com
单位人数:300
质量体系:ISO 9000
产品情况:散热器、缸盖、散热器风扇、机油泵、滤清器、鼓风机、发电机、外拉手、全车锁、电动玻璃升降器、球铰链、等速万向节、离合器压盘、制动总泵、前后制动蹄片等
出口情况:远销欧洲、美洲、东南亚等地区

★浙江明通汽车零部件有限公司
地址:浙江省瑞安市塘下镇新坊工业区富新路附1号
邮编:325204
电话:0577/65350226
传真:65363539
网址:www. china - mingtong. com
电子信箱:lily@ mitofil. com
单位人数:500
质量体系:QS 9000、ISO 9001
产品情况:(MITOFIL 牌)
各种类型的机油、柴油、空气滤清器及总成,年产能力500多万套
出口情况:出口欧洲、美洲、东南亚、非洲、中东等地区

★浙江瑞安市超骏汽配有限公司
地址:浙江省瑞安市塘下镇鲍田新坊村昌新路9号
邮编:325204
电话:0577/65350466
传真:65379298
网址:www. cnchaojun. com
电子信箱:chaojun - amy@ cnchaojun. com
质量体系:ISO 9001
产品情况:(超骏牌)
汽车滤清器
配套情况:为国内多家汽车制造厂商配套

★瑞安市丰华汽车电器有限公司
地址:浙江省瑞安市塘下镇韩田奔驰路111号
邮编:325204
电话:0577/65351148、65396060
传真:65391997
网址:www. wz - fh. com
电子信箱:webmaster@ wz - fh. com
单位人数:50
质量体系:QS 9000、ISO 9001
产品情况:(瑞冠牌)
电喷汽油泵、汽车刮水器总成、转向组合开关、空气滤清器总成等
配套及出口情况:为国内汽车主机厂配套;远销欧洲、美洲、中东、非洲、东南亚等地区

★浙江力宝机车部件有限公司
地址:浙江省瑞安市塘下镇韩田村玉河西路28号
邮编:325204
电话:0577/65351922
传真:65358206
网址:www. china - lippo. com
电子信箱:lippo@ china - lippo. com
单位人数:480
产品情况:(LB牌、LIPPO牌)
汽车、摩托车化油器、化油器修理包
配套及出口情况:为浙江钱江集团、浙江星月动力、广州五羊、广州天马、重庆宗申、重庆嘉陵、重庆力帆、江门大长江、江门联合、无锡捷达等配套;远销美国、欧洲、东南亚、中东、南美洲、非洲等国家和地区

★浙江一超散热器有限公司
地址:浙江省瑞安市韩田工业区凤凰西路66号
邮编:325204
电话:0577/65351966
传真:65350966
网址:china - yichao. com
电子信箱:ycradiator@ yahoo. com. cn
单位人数:358
质量体系:ISO/TS 16949、ISO 9001
产品情况:(一超牌)
各种材质汽车散热器、中冷器、冷凝器等
配套及出口情况:为一汽集团、东风汽车公司、合力集团等配套;出口欧洲、美洲、中东、东南亚等地区

★浙江东方齿轮有限公司
地址:浙江省瑞安市塘下镇中村科技工业园区
邮编:325204
电话:0577/65353222、65357000
传真:65354550
电子信箱:spsun@ vip. 163. com
质量体系:ISO 9000
产品情况:凸轮轴、转向器总成、气门摇臂、转向循环球、连杆、气门导管等

★温州贵航散热器有限公司
地址:浙江省瑞安市塘下镇韩田工业区长安路73号
邮编:325204
电话:0577/65353808、65383708
传真:65351428
网址:www. chinaguihang. com
电子信箱:info@ chinaguihang. com
质量体系:ISO 9001
产品情况:(贵航牌)
各种微型汽车铝质散热器,轻型载货汽车、农用车铝质散热器,微型汽车暖风机,汽车空调冷凝器,轻型载货汽车、皮卡点火开关及组合开关

★瑞安市日正汽车部件有限公司
地址:浙江省瑞安市塘下科技园区
邮编:325204
电话:0577/65355355
传真:65351978、65391688
网址:www. rizen. cn
电子信箱:pillar@ rizen. cn
质量体系:ISO/TS 16949、ISO 9001
产品情况:汽车散热器风扇总成、冷凝器风扇、空调鼓风机、刮水器电动机、车库门电动机、直流开门器电动机等;整流桥、调节器、二极管等电子产品
配套及出口情况:为国内主机厂配套;远销欧洲、美洲、东南亚、大洋洲、非洲等地区

★瑞安市金溢丰滤清器制造有限公司
地址:浙江省瑞安市塘下镇岑头工业区
邮编:325204
电话:0577/65355898
传真:65350836
网址:www. rajyf. com
电子信箱:raoulida@ 126. com
质量体系:ISO/TS 16949
产品情况:滤清器

★瑞安市航剑汽车电器有限公司
地址:浙江省瑞安市塘下赵宅工业区
邮编:325204
电话:0577/65356052
传真:65376676
网址:www. hjautoparts. com
电子信箱:sqw0409@ hotmail. com
质量体系:ISO/TS 16949
产品情况:(航剑牌)
水泵
出口情况:远销东南亚、中东、东欧、拉丁美洲等地区

★瑞安市威凯斯滤清器厂
地址:浙江省瑞安市塘下镇花园工业区
邮编:325204
电话:0577/65357384
传真:65392102
电子信箱:info@ weikaisi. com
质量体系:ISO/TS 16949、ISO 9001
产品情况:(WKS牌)
滤清器

★浙江精湛化油器有限公司
地址:浙江省瑞安市塘下镇赵宅工业区天凤大街141号
邮编:325204
电话:0577/65358001、65358002
传真:65357676
网址:www. kinzo. net
电子信箱:sale@ kinzo. net
单位人数:420
质量体系:ISO 9001
产品情况:(精湛牌)
摩托车、汽车及通用机化油器
配套及出口情况:为建设集团、重庆宗申、重庆力帆、隆鑫集团、本州集团、广东豪进、广东奔马、王野动力、无锡富通等配套;出口美国、日本、东南亚、中东、非洲等十几个国家和地区

★瑞安市金田汽车配件有限公司
地址:浙江省瑞安市塘下上金工业区
邮编:325204
电话:0577/65358768、65354011
传真:65350518
网址:www. jtqp. com
电子信箱:admin@ jtqp. com
单位人数:100
质量体系:ISO/TS 16949
产品情况:(NOV、Kingda、Jintian牌)
燃油泵及总成
出口情况:出口美洲

★瑞安市东联机车部件有限公司
地址:浙江省瑞安市塘下镇新坊工业区昌新路38号
邮编:325204
电话:0577/65360666、65360999
传真:65363266
网址:www. zjdonglian. com
电子信箱:china@ zjdonglian. com
质量体系:ISO/TS 16949、ISO 9001
产品情况:节气门体、怠速阀、液压制动总泵、制动分泵、离合器泵、离合器分泵、真空助力器

★温州乔邦汽车部件有限公司
地址:浙江省瑞安市韩田工业区标致路10号
邮编:325204
电话:0577/65361888
传真:65354399
网址:www. zj - qy. com
电子信箱:zj@ zj - qy. com
质量体系:ISO 9001
产品情况:(中佳牌)
加油口盖、散热器盖、汽车灯具、蓄电池夹、接插件、窗门摇把等
出口情况:出口美国、欧洲、东南亚、中东、非洲、南美洲等国家和地区,并销往中国台湾地区

★浙江科劲涡轮增压器有限公司
地址:浙江省瑞安市塘下镇汽摩配工业园区
邮编:325204
电话:0577/65368222、65358566
传真:65390010
网址:www. zjkejin. com
电子信箱:info@ zjkejin. com
质量体系:VDA 6. 1、QS 9000
产品情况:(科劲(KEJIN)牌)
汽车涡轮增压器
配套情况:为东风康明斯、锡柴、大柴、朝柴、玉柴等配套

★温州冠宝汽车泵业有限公司
地址:浙江省瑞安市塘下镇官渎工业区

邮编:325204
电话:0577/65368398、65378398
传真:65372398
网址:www.chinaguanbao.com
电子信箱:master@chinaguanbao.com
质量体系:ISO 9001
产品情况:(GAB 牌)
汽车水泵、机油泵
配套及出口情况:为一汽集团、沈阳海狮等配套;远销波兰、俄罗斯、土耳其、东南亚、非洲、欧洲等多个国家和地区

★温州市康松汽车零部件有限公司
地址:浙江省瑞安市塘下镇肇平垟中村科技工业园区
邮编:325204
电话:0577/65368580、65368082
传真:65366680
网址:www.kangsong.com
电子信箱:kangsong@kangsong.net
质量体系:ISO 9001
产品情况:(康松牌)
汽车电喷燃油泵总成、空气流量计等

★瑞安市保利达机车配件有限公司
地址:浙江省瑞安市塘下镇陈宅工业区
邮编:325204
电话:0577/65369811、65369812
传真:65376311
网址:www.wzbaolida.com
电子信箱:pld@wzbaolida.com
质量体系:ISO 9001
产品情况:(保利达(PLD)牌)
发动机连杆、球头、曲轴、活塞环、垫片等
出口情况:出口欧洲、非洲、南美洲、北美洲等地区

★浙江驰田散热器制造有限公司
地址:浙江省瑞安市塘下镇西南工业区
邮编:325204
电话:0577/65370590、65377118
传真:65371185
网址:www.rachitian.com
电子信箱:info@rachitian.com
质量体系:ISO/TS 16949
产品情况:散热器、中冷器、暖风
出口情况:出口欧洲、美洲、南非、东南亚、中东和拉美地区

★瑞安市达华滤清器有限公司
地址:浙江省瑞安市塘下镇陈宅旺工业区新陈东路30号
邮编:325204
电话:0577/65370629
传真:65378658
网址:www.chinahualu.net
电子信箱:info@chinahualv.com
质量体系:ISO 9001
产品情况:(华滤牌)
汽油滤清器、机油滤清器、空气滤清器
出口情况:出口欧洲

★瑞安市科达汽车配件有限公司
地址:浙江省瑞安市塘下镇赵宅工业区天凤大街139号
邮编:325204
电话:0577/65371750、58857012
传真:65375318
网址:www.keshen.cn
电子信箱:liji1314@vip.sina.com
质量体系:ISO 9001
产品情况:电动燃油泵,月生产能力12000台套
出口情况:出口北美洲、欧洲、中东

★浙江省瑞安市阳光化油器有限公司
地址:浙江省瑞安市塘下镇陈宅工业区
邮编:325204
电话:0577/65372838、65370838
传真:65360838
网址:www.zjshine.com
电子信箱:master@zjshine.com
质量体系:ISO 9001
产品情况:汽车化油器
出口情况:远销南美洲、中东、东南亚等20多个国家和地区

★泰峰滤清器有限公司
地址:浙江省瑞安市塘下镇赵宅工业区
邮编:325204
电话:0577/65373018、65356016
传真:65921068、65373016
网址:www.chinaanfeng.com
电子信箱:info@taifeng.biz
质量体系:ISO 9001
产品情况:(迪光牌、安克牌、AFM 牌、KA-KYNCG 牌、安扬-ANYANG 牌)
滤清器
出口情况:出口东南亚、西欧等地区

★瑞泰动力集团有限公司
地址:浙江省瑞安市塘下镇韩田工业区玉河西路18号
邮编:325204
电话:0577/65378888、65374501
传真:65378088
网址:www.chinaruitai.com
电子信箱:sale@ruitai.net
单位人数:1000
质量体系:ISO 9001
产品情况:(RT 牌)
汽车电喷燃油泵、转向泵、胎压报警器
配套及出口情况:为广州五羊、江门大长江、从化天马、重庆嘉陵、重庆隆鑫集团、法国标致摩托车、轻骑集团、轻骑铃木、钱江集团、建设集团等配套;出口北美洲、南美洲、东欧、西欧、东南亚、东亚

★瑞安市欧赛特汽车部件有限公司
地址:浙江省瑞安市塘下镇鲍田前丰工业区
邮编:325204
电话:0577/65379268
传真:65379978
网址:www.ousaite.com
质量体系:ISO 9001
产品情况:(欧塞特(OU SAI TE)牌)
汽车电喷燃油泵(泵芯)
出口情况:远销欧洲、美洲、中东等地区

★温州金瑞汽车部件有限公司
地址:浙江省瑞安市汽摩配北工业园区
邮编:325204
电话:0577/65385288
传真:65035022
网址:www.jrparts.net
电子信箱:chenaizhen11@126.com
质量体系:ISO 9001、ISO 14001
产品情况:燃油泵、燃油泵过滤网、油位传感器等
出口情况:远销欧洲、美国、中东等20多个国家和地区

★瑞安市健力机动车部件有限公司
地址:浙江省瑞安市塘下镇里北垟大南山路23号
邮编:325204
电话:0577/65385678、65387220
传真:65388822
网址:www.kitaki.cn
电子信箱:sale@kitaki.cn
质量体系:ISO/TS 16949、ISO 9001
产品情况:水泵
出口情况:出口欧洲、美洲、非洲、东南亚、中东等地区

★浙江金鼓散热器有限公司
地址:浙江省瑞安市国际汽摩配北工业园区
邮编:325204
电话:0577/65388860
传真:65388820
网址:www.kingoo.net
电子信箱:kg@kingoo.net
质量体系:ISO/TS 16949、ISO 9001
产品情况:汽车散热器、平行流冷凝器、暖风散热器、层叠式蒸发器、管带式冷凝器、管带式蒸发器、中冷器等

★瑞安市富强汽车配件厂
地址:浙江省瑞安市新坊工业区
邮编:325204
电话:0577/65389828、65360487
传真:25603587
网址:www.chinafuqiang.cn
电子信箱:fuqiangqp@yahoo.com.cn
质量体系:ISO 9001
产品情况:(荣富强牌)
汽车电动油泵、电动水泵、机油滤清器、柴油滤清器、电磁式多功能放水开关、汽车喇叭等
配套及出口情况:为扬柴、康明斯、南昌185发动机、东风发动机等配套;出口东

南亚、欧洲、非洲、南美洲等数 10 个国家和地区

★温州市远泰汽车零部件有限公司
地址:浙江省瑞安市北工业园区
邮编:325204
电话:0577/65390119
传真:65360555
网址:www. ytfilter. com
电子信箱:filter@ zj. com
质量体系:ISO 9001
产品情况:(远泰牌)
各种型号滤清器
出口情况:出口美国、欧洲、东南亚、中东等国家和地区

★瑞安市东联滤清器有限公司
地址:浙江省瑞安市塘下镇官渎工业区小河路 37 号
邮编:325204
电话:0577/65392818、65360567
传真:65361332
网址:www. donglianen. com
电子信箱:china@ donglianen. com
质量体系:ISO/TS 16949
产品情况:(上率牌)
空气滤清器、滤芯等
出口情况:远销美洲、中东、东南亚、非洲、欧洲

★瑞安市宝成汽配有限公司
地址:浙江省瑞安市塘下镇小南山工业区
邮编:325204
电话:0577/65395550
传真:65395557
质量体系:ISO 9002
产品情况:机油滤清器、柴油滤清器、汽油滤清器、空气滤清器、水过滤器、液压油滤清器和发动机涡轮增压器

★浙江省瑞星化油器制造有限公司
地址:浙江省瑞安市韩田凤凰西路 78 号
邮编:325204
电话:0577/65396488、65353868
传真:65369325
网址:www. sinoruixing. com
电子信箱:sales@ rx - cn. com
质量体系:ISO/TS 16949
产品情况:(瑞星牌)
化油器,年产能力 700 万台
出口情况:出口美国、日本、意大利等国家

★瑞明集团有限公司
地址:浙江省瑞安市汽摩配产业基地北区瑞明集团工业园
邮编:325204
电话:0577/65397222、65396868
传真:65396788、65359688
网址:www. chinarm. com
电子信箱:chinarm@ 163. net
单位人数:1800
质量体系:ISO/TS 16949
产品情况:0.6 ~ 5.0L 铝合金发动机汽缸体、汽缸盖、进气歧管、缸盖罩及其他铝部件
配套情况:为上汽通用五菱、长安铃木、哈尔滨东安动力、天津一汽、柳州机械厂、昌河铃木、吉利汽车、奇瑞汽车等配套

★瑞安市金晶滤清器有限公司
地址:浙江省瑞安市塘下镇新渎工业区
邮编:325204
电话:0577/65397358
传真:65397368
网址:www. chinajinjing. cn
电子信箱:panwu_07@ yahoo. com. cn
质量体系:ISO 9001
产品情况:滤清器
出口情况:出口泰国、中东、南非、韩国、意大利、美国等国家和地区

★瑞安市石林车辆部件有限公司
地址:浙江省瑞安市塘下镇海安石岗新兴西街 34 号
邮编:325204
电话:0577/65399020、65387288
传真:65399020、65387078
网址:www. china - shilin. com
电子信箱:sl@ china - shilin. com
质量体系:ISO 9001
产品情况:机油、柴油、汽油滤清器、空气滤清器、汽车油箱等
出口情况:出口欧洲、美洲、中东、非洲等地区

★瑞安市驰润冷挤压有限公司
地址:浙江省瑞安市塘下镇赵宅工业区市场东路 66 号
邮编:325204
电话:0577/65399188、65392773
传真:65367228
网址:www. chirun. cn
电子信箱:info@ chirun. cn
质量体系:ISO 9001
产品情况:滤清器壳、电动燃油泵、闪光器、点火线圈壳、电容器、继电器等

★浙江省瑞安市长生滤清器有限公司
地址:浙江省瑞安市塘下镇韩田岩宕工业区
邮编:325204
电话:0577/65876150、65876192
传真:65357668
网址:www. chinachangsheng. net
电子信箱:changsheng@ chinachangsheng. net
质量体系:ISO 9001
产品情况:(长生牌)
各种滤清器及总成、起动机单向器、喇叭等

★瑞凡汽车发动机附件公司
地址:浙江省瑞安市韩田工业区富强路 112 号
邮编:325204
电话:0577/66000977
传真:66000979
质量体系:ISO/TS 16949、ISO 9001
产品情况:汽车油底壳

★瑞安市以赛亚机车部件有限公司
地址:浙江省瑞安市塘下镇科技工业园区
邮编:325204
电话:0577/66002388、65354468
传真:65376468
网址:www. yisaiya. com
电子信箱:yisaiya_ra@ tom. com
质量体系:ISO 9001
产品情况:(以赛亚牌)
汽车化油器、机油泵
出口情况:出口欧洲、中东、东南亚等地区

★浙江亚美力汽车部件有限公司
地址:浙江省丽水市水阁开发区绿谷大道丽沙路 11 号
邮编:325204
电话:0578/2765555、2765556
传真:2765553
网址:www. ymlzx. net
电子信箱:ymlzj888@ yahoo. com. cn
质量体系:ISO 9001
产品情况:铝质汽车散热器、暖风散热器、热交换器系列
配套及出口情况:为国内多家暖风机制造厂配套;远销北美洲、欧洲、中东、东南亚等地区

★瑞安市日月汽摩配有限公司
地址:浙江省瑞安市海安海光工业区
邮编:325205
电话:0577/58884688、65272678
传真:58884678
网址:www. criyue. com
电子信箱:criyue@ 163. com
质量体系:ISO 9001
产品情况:各种带轮,主要用于汽车曲轴、电动机、水泵、转向助力泵等

★双宇集团有限公司
地址:浙江省瑞安市海安广场路 45 号
邮编:325205
电话:0577/65210002、65200025
传真:65213200、65210001
网址:www. so - yo. cn
电子信箱:soyogroup@ hotmail. com
单位人数:2200
质量体系:ISO/TS 16949
产品情况:滤清器、散热器、发电机、起动机

★瑞安市皇瑞汽车零部件有限公司
地址:浙江省瑞安市鲍田前北望海路 130 号
邮编:325205
电话:0577/65218633
传真:65218733
质量体系:ISO 9001
产品情况:输油泵

★浙江奥泰散热器有限公司
地址:浙江省瑞安市塘下镇场桥上灶工业区
邮编:325205
电话:0577/65262340、65262341
传真:65265480
网址:www.chinaaotai.com
电子信箱:aotai@chinaaotai.com
单位人数:200
质量体系:ISO/TS 16949、ISO 9004
产品情况:(奥泰牌)
散热器、中冷器、冷凝器、蒸发机等,年产能力50万台;灯头、灯座、插头、插座、开关等电器附件
配套及出口情况:为四川华鑫、哈尔滨轻型车厂、浙江吉奥、鞍山海虹、泰安正泰等配套;远销欧洲、美洲、东南亚、中东等20多个国家和地区

★温州风光机车部件有限公司
地址:浙江省瑞安市塘下镇海安商业街
邮编:325205
电话:0577/65270888
传真:65273888
电子信箱:master@chinafengguang.com
质量体系:ISO/TS 16949
产品情况:汽车散热器、康明斯发动机用中冷器、皮带张紧轮等
配套及出口情况:为东风汽车公司、东风康明斯、玉柴、上柴、潍柴、神龙汽车等配套;出口美国、韩国等国家

★瑞安市鑫维车辆附件厂
地址:浙江省瑞安市塘下镇上灶工业区
邮编:325205
电话:0577/65271087
传真:65270850
网址:www.xwlqq.com
电子信箱:info@xwlqq.com
质量体系:ISO 9001
产品情况:(鑫维牌)
汽车滤清器,年产能力达300万只左右

★浙江华夏汽车部件有限公司
地址:浙江省瑞安市海东工业区瑞东路8号
邮编:325205
电话:0577/65271919
传真:65271466
网址:www.zj-huaxia.com
电子信箱:web@zj-huaxia.com
单位人数:186
质量体系:ISO 9001
产品情况:(瓯瑞牌)
各种大型载货汽车空滤器、油箱、塑料制品及冲压件等
配套情况:为一汽集团配套

★浙江骏龙汽车配件有限公司
地址:浙江省瑞安市塘下镇海安大街367-369号
邮编:325205
电话:0577/65272655
传真:65272150
网址:www.cnzjsd.com
电子信箱:roger_w27@yahoo.com
质量体系:ISO/TS 16949、ISO 9001
产品情况:汽车滤清器

★浙江瑞安市南方气门厂
地址:浙江省瑞安市塘下镇场桥埭上工业区
邮编:325205
电话:0577/65275388、65275389
传真:65275389
网址:www.cnwz-valve.com
电子信箱:web@cnwz-valve.com
质量体系:ISO 9001
产品情况:(GONG YING牌)
汽车、摩托车发动机气门

★瑞安市恒丰铝制品有限公司
地址:浙江省瑞安市塘下镇海阳工业区
邮编:325205
电话:0577/65276766
传真:65276755
网址:www.rahfgs.com
电子信箱:rahfgs@163.com
质量体系:ISO 9001
产品情况:滤清器外壳、电喷燃油泵外壳、滤清器成品系列等
出口情况:出口欧洲、美洲、日本等国家和地区

★浙江瑞安市晨豹车辆配件厂
地址:浙江省瑞安市海安海光路55号
邮编:325205
电话:0577/65278777、65278555
传真:65278787
质量体系:ISO 9001
产品情况:(晨豹牌)
滤清器

★瑞安市九洲汽车零部件有限公司
地址:浙江省瑞安市塘下镇下林工业区创新西路32号
邮编:325205
电话:0577/65350096、65364022
传真:65365886
网址:www.zjjiuzhou.com
电子信箱:rajz@263.net
单位人数:100
质量体系:ISO 9001
产品情况:排气歧管隔热罩总成、发动机罩板、汽车门铰链、发动机前吊耳、张紧器拉板总成、发动机调整臂、离合器摇臂、汽车中控锁、传感器、车门锁、驻车制动、钢背及发动机系列冲件、滑轨、链接条、端子、暖风开关、中央接线盒、卡箍、环箍等

★瑞安市华东锻造有限公司
地址:浙江省瑞安市塘下镇下林工业区创新东路119号
邮编:325205
电话:0577/65365147
传真:65366147
网址:www.china-huadong.com
电子信箱:sale@china-huadong.com
质量体系:ISO 9001
产品情况:连杆、花键轴、拔叉、摆臂、轮毂等锻件,铝合金压铸件,闭门器及拖车配件
配套及出口情况:为昌河汽车、上汽通用五菱、长安汽车、天津一汽夏利、广州五羊、本田、嘉陵摩托车等数十家企业配套;远销西欧、东南亚

★温州双剑工业集团有限公司
地址:浙江省瑞安市塘下镇海安广场路45号
邮编:325205
电话:0577/65388518
传真:65275557
网址:www.cnshuangjian.com
电子信箱:ahubo@cncbb.net
单位人数:1300
质量体系:ISO/TS 16949、ISO 9001
产品情况:(双剑牌)
汽车中冷器、散热器、油冷器、滤清器、发电机等
配套及出口情况:为东风汽车公司、一汽集团配套;远销美国、加拿大、欧洲、中东、大洋洲、东南亚等国家和地区

★浙江远征汽摩附件有限公司
地址:浙江省瑞安市莘塍镇工业区富周西路
邮编:325206
电话:0577/58906666、65193168
传真:65192288
网址:www.auto-yuanzheng.com
电子信箱:yuanzheng.zj@vip.163.com
质量体系:ISO 9001
产品情况:汽车汽油泵、减振器、玻璃升降器、汽缸垫、制动片、汽车开关、刮水电动机、起动机、球笼式等速万向节等汽摩配件
出口情况:远销40多个国家

★温州天旗汽车部件有限公司
地址:浙江省瑞安市金前工业区
邮编:325206
电话:0577/65109958、65109918
传真:65113987
网址:www.zjruite.com
电子信箱:info@zjruite.com
质量体系:ISO/TS 16949、ISO 9001
产品情况:(瑞特牌)
汽车电喷燃油泵、燃油泵滤网
出口情况:远销日本、南美洲、欧洲、东南亚等国家和地区

★瑞安市耐力克气门有限公司
地址:浙江省瑞安市汀田镇大典下临余路50号

邮编:325206
电话:0577/65111168、65111166
传真:65110777
网址:www. chinanlk. com
电子信箱:info@ chinalk. com
质量体系:ISO 9001
产品情况:(耐力克牌)
气门、气门导管、气门摇臂等
出口情况:远销东南亚、中东、非洲等地区

★瑞安市奔宇汽车散热器有限公司
地址:浙江省瑞安市汀田镇联中路6号
邮编:325206
电话:0577/65112168、58891117
传真:65507696
质量体系:ISO 9001
产品情况:(余奔牌、傲群牌)
汽车散热器、暖风散热器、后视镜等
出口情况:远销东南亚、非洲、埃及、意大利等国家和地区

★瑞安市奔达汽车配件有限公司
地址:浙江省瑞安市经济开发区渔都路18号
邮编:325206
电话:0577/65112618、65193306
传真:65193309
网址:www. chinabenda. cn
电子信箱:bendapump@ yahoo. com. cn
质量体系:ISO 9001
产品情况:(奔日达牌)
电动燃油泵及总成

★瑞安市百联汽车部件有限公司
地址:浙江省瑞安市上望新桥头新区路
邮编:325206
电话:0577/65165990、65165986
传真:65165990
网址:www. rabailian. com
电子信箱:maycci@ 163. com
质量体系:ISO/TS 16949、ISO 9001
产品情况:汽车燃油泵、燃油泵总成、电子泵、滤网等
出口情况:远销欧洲、非洲、美洲、亚太等地区

★浙江奔腾泵业有限公司
地址:浙江省温州市瑞安莘塍镇前埠工业区
邮编:325206
电话:0577/65182000、65198887
传真:65198889
网址:www. zjbenteng. com
电子信箱:zjbenteng@ zjbenteng. com
质量体系:ISO 9000、ISO/TS 16949
产品情况:各类汽车水泵及零部件
出口情况:出口北美洲、北非、东南亚、东亚、中东等地区

★浙江恒兴汽车零部件有限公司
地址:浙江省瑞安市飞云镇宋家埭奥光工业区
邮编:325206
电话:0577/65191158、65191168
传真:65533836
网址:www. hxparts. com
电子信箱:sales@ hxparts. com
单位人数:380
质量体系:ISO/TS 16949、ISO 9001
产品情况:汽车电喷燃油泵、燃油泵总成、减振器等
出口情况:远销北美洲、南美洲、欧洲、东南亚、中东、非洲等地区

★瑞安市鸿锐汽配有限公司
地址:浙江省瑞安市莘塍镇董五工业区
邮编:325206
电话:0577/65197771、65197733
传真:65197772
网址:www. hraff. com
电子信箱:hongruiaff@ 163. com
质量体系:ISO/TS 16949
产品情况:滤清器、门拉手、制动灯开关、刮水器等
出口情况:出口东南亚、美洲、非洲等地区

★瑞安市瑞强交通配件厂
地址:浙江省瑞安市塘下镇鲍田工业区
邮编:325206
电话:0577/65216531、25601939
传真:65216631
网址:www. ruiqiang. net
电子信箱:rzamokh@ yahoo. com
质量体系:ISO 9001
产品情况:(瑞强牌)
节温器总体、车门把手、机滤器座、空压气盖、发动机支架、工业风叶、变挡器座、加油口盖、车门锁芯、水泵盖、发动机水管、车门扶手、进气管座、铁件、锌件等汽车配件;制动把手等摩托车配件

★温州海纳机车部件有限公司
地址:浙江省瑞安市天汀镇大典下联中路14号
邮编:325206
电话:0577/65387387、65387386
传真:65372121
网址:www. hn - radiator. com
电子信箱:zhangc1124@ yahoo. com. cn
质量体系:ISO 9001
产品情况:铝质汽车散热器、暖风机等

★浙江嘉来顿活塞制造有限公司
地址:浙江省瑞安市火车站南路
邮编:325206
电话:0577/65521666、65533388
传真:65177087
网址:www. jialaidun. com
电子信箱:jld@ jialaidun. com
单位人数:517
质量体系:VDA 6.1、QS 9000
产品情况:(JLD 牌)
各种内燃机、压缩机、空压机的活塞、活塞销、销卡簧
配套及出口情况:同国内外多家主机厂OEM 配套;产品大批量出口

★瑞安市月球摩托车配件厂
地址:浙江省瑞安市莘塍工业园区
邮编:325206
电话:0577/65523211、65538127
传真:65125226
网址:www. cnyueqiu. com
电子信箱:manager@ cnyueqiu. com
质量体系:ISO 9001
产品情况:(精洲(JZ)牌、月球(Y&Q)牌、中洲(ZZ)牌)
气门、气门导管、压力轴承、摇臂等
出口情况:出口东南亚

★浙江奥凯利汽配有限公司
地址:浙江省瑞安市莘塍镇工业区莘华路
邮编:325206
电话:0577/65535123、65180677
传真:65530130、64175088
网址:www. aokaili. com
电子信箱:oklead@ china. com
单位人数:210
质量体系:ISO 9001
产品情况:(OKLEAD 牌)
汽车水泵、燃油泵、机油泵、消声器排气管、汽车电器开关、汽摩防盗锁等
出口情况:出口欧洲、非洲、美洲、亚太等地区

★浙江省瑞安市亲人汽车配件厂
地址:浙江省瑞安市莘塍工业园区
邮编:325206
电话:0577/65856655
传真:65856677
网址:www. qinren2008. com. cn
电子信箱:qinren2008@ 126. com
质量体系:ISO/TS 16949
产品情况:空气干燥器总成、双通 H 阀、空滤调压阀等

★瑞安市景宏汽车部件有限公司
地址:浙江省瑞安市汀田镇后里路
邮编:325206
电话:0577/66500679、58899867
传真:58899869、89736272
网址:www. fuelfilter. cn
电子信箱:58899867@ 163. com
质量体系:ISO/TS 16949
产品情况:汽车滤清器、门拉手

★瑞安市邦众汽车部件有限公司
地址:浙江省瑞安市塘下镇鲍田前北工业园区
邮编:325207
电话:0577/65208798、65205228
传真:65213738
网址:www. anbang. net
电子信箱:info@ anbang. net
质量体系:ISO/TS 16949、ISO 9001

产品情况：（安邦牌、德来福牌）

汽车散热器、暖风散热器、冷凝器及空调离合器

配套及出口情况：为一汽、东风、沈汽等10多家主机厂配套；远销东南亚、非洲、南美洲、埃及、意大利等国家和地区

★浙江纳百川汽车零部件有限公司

地址：浙江省瑞安市安阳镇下湾工业区和平路20－1号
邮编：325216
电话：0577/65096768、65096716
传真：65096748、65096718
网址：www.chinarnbc.com
电子信箱：rnbc@chinarnbc.com
质量体系：ISO/TS 16949
产品情况：车用散热器和暖风热交换器，年产量近100万只
出口情况：出口欧洲、北美洲、南美洲、中东等地区

★瑞安市思普达汽配有限公司

地址：浙江省瑞安市桐浦乡陶吞村
邮编：325216
电话：0577/65221686、65308080
传真：56998985
网址：www.spedafilter.com
电子信箱：sales@spedafilter.com
质量体系：ISO 9001
产品情况：滤清器
出口情况：远销欧洲、美洲等10多个国家和地区

★温州三联锻造有限公司

地址：浙江省瑞安市桐浦工业区
邮编：325216
电话：0577/65430066、65437766
传真：65430632
网址：www.china－sanlian.com
电子信箱：sanlian@188.com
单位人数：400
质量体系：ISO/TS 16949、ISO 9001
产品情况：（SALN牌）

汽车发动机连杆、曲轴、平衡轴、转向节、传动轴、球头、拉杆、齿轮、拨叉、摩擦片等

配套及出口情况：直接或间接配套国内客户有玉柴、一汽－大众、一汽海马、一汽解放、比亚迪汽车、嘉陵本田发动机、柳州五菱、吉利汽车等，国外客户有加拿大Uinmotin、美国Brogwarner、日本水户株式会社、韩国CIR、比利时SIDEM、德国ELBE；出口欧洲、美洲地区

★浙江显峰汽车配件有限公司

地址：浙江省温州市平阳县昆阳镇平塔村
邮编：325400
电话：0577/63018880、63017881
传真：63017111
网址：www.mpszj.com
电子信箱：mps@mpszj.com
质量体系：ISO/TS 16949
产品情况：（MPSPR牌）

活塞环，年产能力2000万片

出口情况：远销北美洲、中东、东南亚

★温州卓人汽车电控有限公司

地址：浙江省平阳县万全轻工基地万盛路79号
邮编：325400
电话：0577/63170990
传真：63170998
网址：www.zoren.cn
电子信箱：yeswit@zoren.cn
单位人数：212
质量体系：ISO/TS 16949、ISO 9001
产品情况：汽车电喷燃油泵及总成
出口情况：出口欧洲、美洲等地区

★温州隆华机械有限公司

地址：浙江省平阳县万全轻工基地机械园
邮编：325400
电话：0577/63171988
传真：63171999
网址：www.longhuachina.com
电子信箱：longhuaproduct@hotmail.com
单位人数：100
质量体系：ISO/TS 16949、ISO 9001
产品情况：滤清器
出口情况：销往南美洲、加拿大、澳大利亚、非洲、中东、东南亚等国家和地区

★万宏集团温州滤清器有限公司

地址：浙江省温州市平阳县宋桥镇孙楼工业区
邮编：325400
电话：0577/63172256、63172258
传真：63172257、63172258
网址：www.zjwenwei.com
电子信箱：haifeng156@163.com
产品情况：滤清器
出口情况：出口东南亚、中亚、俄罗斯

★温州奔宇机车部件有限公司

地址：浙江省平阳县鳌江镇昆鳌大道中段
邮编：325400
电话：0577/63196888
传真：63631588
网址：www.by86.net
电子信箱：by@by86.net
单位人数：200
质量体系：ISO/TS 16949、ISO 9001
产品情况：柴油机油泵、发动机齿轮、飞轮壳、活塞等

★浙江平阳县平动发动机配件厂

地址：浙江省平阳县昆阳镇白洋路191号
邮编：325400
电话：0577/63736033
传真：63736698
电子信箱：pypd@alibaba.com.cn
质量体系：ISO9001
产品情况：（平动牌）

各类发动机气门挺杆、气门推杆、摇臂轴总成、机油泵、分电器传动机构、水泵及汽车转向助力泵

配套情况：为扬柴、常柴、潍柴、扬发配套

★浙江平柴泵业有限公司

地址：浙江省温州市平阳县环城北路6号
邮编：325400
电话：0577/63752268、63752218
传真：63752288
网址：www.pingchai.com
电子信箱：pingchai@pingchai.com
单位人数：200
质量体系：ISO/TS 16949、ISO 9001
产品情况：（平柴牌）

各种机油泵、齿轮室盖、缸盖罩、气门挺杆、气门推杆、气门导管、摇臂轴总成等

配套及出口情况：为玉柴、柳发、湖动、大柴、锡柴、朝柴、南内、云内等主机厂配套；远销欧洲、美洲、东南亚等地区

★浙江兰德马克汽车配件有限公司

地址：浙江省温州市平阳县服饰工业区
邮编：325400
电话：0577/63755678、63756789
传真：63755655
网址：www.landemake.com
电子信箱：landemake@163.com
单位人数：500
质量体系：ISO 9001
产品情况：（兰德马克牌）

活塞环，年产能力2000万片

出口情况：产品出口多个国家和地区

★温州东欧汽车轴瓦有限公司

地址：浙江省温州市平阳县榆垟镇长春南路152号
邮编：325400
电话：0577/63790338、63791628
传真：63791455、63792838
网址：www.cndongou.com
电子信箱：master@cndongou.com
单位人数：400
质量体系：ISO 9002
产品情况：各种汽车轴瓦，年产300万台套
出口情况：远销美国、德国、日本、韩国、南美洲、中东、东南亚等国家和地区

★温州华康汽车配件有限公司

地址：浙江省温州市平阳榆垟镇呈祥中路1号
邮编：325400
电话：0577/63790656、63791808
传真：63790889
网址：www.hk－autoparts.com
电子信箱：wzhk163@yahoo.com.cn
质量体系：ISO/TS 16949、ISO 9001
产品情况：（HK牌）

轴瓦、张紧轮、止推片、轴套等

出口情况：远销英国、美国、中东、拉丁美洲等国家和地区

★温州科达汽车轴瓦有限公司
地址:浙江省平阳县榆垟镇长春南路98号
邮编:325400
电话:0577/63791583、63790088
传真:63791885
网址:www.cnsongfa.com
电子信箱:songfa@sina.com.cn
质量体系:ISO/TS 16949
产品情况:(松发牌)
各种汽车轴瓦
出口情况:产品出口多个国家和地区

★浙江安康汽车零部件有限公司
地址:浙江省温州市平阳县万全工业区
邮编:325400
电话:0577/63791888、63759999
传真:63791688
网址:www.chinaankang.com
电子信箱:master@chinaankang.com
单位人数:300
质量体系:ISO 9001
产品情况:(安康牌)
活塞环、减振器
出口情况:远销中东、欧洲、美洲、南美洲等地区

★温州鑫宝汽车配件有限公司
地址:浙江省平阳县榆垟镇长春南路110号
邮编:325400
电话:0577/63792851
传真:63792853
网址:www.vxb.cc
电子信箱:zhuyifu6@yahoo.com.cn
质量体系:ISO 9001
产品情况:进/排气门、气门导管、气门座、气门弹簧、气门锁夹等
出口情况:出口东南亚、中东,并销往中国香港、澳门、台湾地区

★温州大统活塞水泵有限公司
地址:浙江省温州市平阳县榆垟镇工业区1号
邮编:325400
电话:0577/63792888、63792188
传真:63792185
网址:www.datong-piston.com
电子信箱:dato@datong-piston.com
单位人数:300
质量体系:ISO/TS 16949、ISO 9001
产品情况:(温统牌)
汽车、摩托车以及各种内燃机和空压机的活塞、活塞销和汽缸垫,年产能力活塞100万套、汽缸垫300万套
出口情况:出口德国、日本、韩国、南美洲、中东、东南亚等国家和地区,并销往中国台湾地区

★温州双燕活塞环有限公司
地址:浙江省平阳县榆垟镇永宁路8号
邮编:325400
电话:0577/63793588、63793688
传真:63793988
网址:www.sy-ii.com
电子信箱:sy.piston.ring@gmail.com
产品情况:汽车、摩托车及各种汽油机、内燃机活塞环
出口情况:远销南亚、中东、非洲、欧洲、美洲等地区

★温州万正汽车泵业有限公司
地址:浙江省温州市平阳县榆垟镇镇政府旁
邮编:325400
电话:0577/63795016
传真:63795018
电子信箱:whpump@vip.163.com
质量体系:QS 9000、ISO 9002
产品情况:(万正牌)
汽车水泵、汽车门铰链等
出口情况:远销美国、欧洲和东南亚市场

★温州华联活塞制造有限公司
地址:浙江省平阳县经济开发区A区20幢
邮编:325401
电话:0577/63611501、63611503
传真:63612108
网址:www.pistons.com.cn
电子信箱:gm@pistons.com.cn
质量体系:ISO 9001
产品情况:(ZDB牌)
活塞、活塞环、缸套、活塞销,年产活塞250多万只,四配套20万台套

★美达汽车配件有限公司
地址:浙江省温州市平阳县敖江镇曙光南路118-1号
邮编:325401
电话:0577/63677261、63676869
传真:63677262
网址:www.midabearing.com
电子信箱:mida@midabearing.com
单位人数:360
质量体系:ISO/TS 16949、QS 9000
产品情况:(Y.D.B牌)
发动机轴瓦、衬套、止推片
配套及出口情况:为三菱、本田、一汽集团、东风汽车公司、广西玉柴、南京跃进、北汽等配套;远销俄罗斯、韩国、东南亚、非洲等国家和地区

★温州市平阳瑞博汽车配件公司
地址:浙江省温州市平阳县榆垟镇台头工业区666号
邮编:325401
电话:0577/63708887
传真:63708758
网址:www.wzruibo.com
电子信箱:CYX9530@163.com
单位人数:60
质量体系:ISO/TS 16949
产品情况:汽车水泵
出口情况:90%出口美国、欧洲、澳大利亚、南美、中东等国家和地区

★温州万宏汽车轴瓦泵业有限公司
地址:浙江省平阳县榆垟镇长春南路142号
邮编:325410
电话:0577/63150152、63790580
传真:63150150
网址:www.zj-wanhong.com
电子信箱:wanhong@vip.163.com
质量体系:ISO/TS 16949、ISO 9001
产品情况:(万宏牌)
汽车轴瓦、衬套、止推片、水泵、汽油泵、活塞环、皮带等
出口情况:90%产品出口60多个国家和地区

★浙江尚忠活塞环有限公司
地址:浙江省平阳县榆垟镇京信路8号
邮编:325410
电话:0577/63790097、63790098
传真:63790548
网址:www.zjqipei.com
电子信箱:master@zjqipei.com
单位人数:300
质量体系:ISO 9002
产品情况:(尚忠牌)
内燃机活塞环
出口情况:出口多个国家和地区

★浙江京信汽配有限公司
地址:浙江省温州市平阳县榆垟镇京信路1号
邮编:325410
电话:0577/63791918、63791686
传真:63790838、63791429
网址:www.cnkyungshin.com
电子信箱:yu@cnkyungshin.com
单位人数:500
质量体系:ISO/TS 16949
产品情况:(SMOTECH牌)
专业生产发动机轴瓦,工程机械等配套轴瓦和特殊规格的轴瓦、衬套、止推片,同时还生产活塞、活塞环、皮带等发动机配件
出口情况:远销韩国、中东、东南亚、南美洲、非洲等国家和地区

★温州拉凡宝汽车泵业有限公司
地址:浙江省平阳县榆垟镇工业园区永宁路6号
邮编:325410
电话:0577/63793298、63792298
传真:63792211、63796358
网址:www.lafanbao.com
电子信箱:lfbxkl@126.com
质量体系:ISO/TS 16949
产品情况:(拉凡宝牌)
各种轿车水泵
出口情况:出口东南亚、中东、非洲、南美洲等地区

★温州市新八菱散热器有限公司
地址:浙江省温州市瓯海区仙岩镇下林工业区
邮编:325602
电话:0577/85326998、85301693
传真:85321798
网址:www.wzyouguang.com
电子信箱:info@wzyouguang.com
质量体系:ISO 9001
产品情况:(八菱牌)
汽车散热器
出口情况:出口欧洲、美洲、中东、东南亚等地区

★乐清市华东电子汽配厂
地址:浙江省乐清市石帆工业区
邮编:325608
电话:0577/62317347
传真:62329083
质量体系:ISO 9001
产品情况:汽车油泵、水泵等零部件,变速杆支架总成
配套情况:为一汽集团、东风汽车公司等配套

★五龙控股有限公司
地址:浙江省乐清市清江镇上埠头工业区
邮编:325611
电话:0577/62275922、62276200
传真:62273111
网址:www.wulongchina.com
电子信箱:wulong@china.com
单位人数:1500
质量体系:ISO/TS 16949、ISO 9000
产品情况:(鼎牌)
硅油风扇离合器、中间凸缘、风叶等
配套及出口情况:与杭发、潍柴、上柴、玉柴、川柴、宇通客车、杭汽、陕汽集团、重汽集团等建立合作关系;远销日本、欧洲、美洲、俄罗斯等国家和地区

★浙江省乐清市升华动力机械厂
地址:浙江省乐清市大荆镇下宅垟工业区
邮编:325615
电话:0577/62224791
传真:62237781
网址:www.shengdong.net
质量体系:ISO 9000
产品情况:(升动牌)
发动机飞轮壳、排气管

★浙江乐鼎波纹管有限公司
地址:浙江省乐清市南塘镇享乾口工业区
邮编:325618
电话:0577/62259868、62257867
传真:62250878
网址:www.yueguan.cn
电子信箱:susan@yueguan.cn
单位人数:158
质量体系:ISO 9001
产品情况:(乐管牌)
金属波纹管、金属波纹补偿器、纤维织物补偿器、汽车排气挠性管、高压稠油软管、储罐中央排水装置等,年产值5000多万元
出口情况:出口美国、加拿大、意大利、澳大利亚、俄罗斯等国家

★浙江天马活塞工业有限公司
地址:浙江省苍南县钱库镇钱库大道69号
邮编:325804
电话:0577/64488666、64488555
传真:64492885
电子信箱:tm@tianma-piston.com
单位人数:280
质量体系:VDA 6.1、QS 9000
产品情况:(天马牌)
活塞,年产能力280万只
配套及出口情况:为国内10多家汽车及主机厂配套;出口中东、东南亚等地区

安徽省

★安徽迈顺汽车零部件有限公司
地址:合肥市濉溪路278号财富广场1407号
邮编:230001
电话:0551/5681271、5681272
传真:5681277
网址:www.macsun-motorparts.com
电子信箱:information@macsun-motorparts.com
质量体系:ISO 9001
产品情况:内燃机活塞环、汽缸套、活塞、活塞销、气门、导管、座圈、气门弹簧、汽缸垫、滤清器、制动摩擦片以及汽车维护工具等

★合肥柴油机制造有限责任公司
地址:合肥市金寨南路310号
邮编:230021
电话:0551/3525659、3526009
传真:3525659
电子信箱:hechai@meil.com
单位人数:3000
质量体系:ISO 9001
产品情况:柴油机
配套情况:为上柴、南通柴油等配套

★合肥汇凌汽车零部件有限公司
地址:合肥市东油路JAC凌大塘汽车工业园
邮编:230022
电话:0551/2296132、2296135
传真:2296131
单位人数:132
质量体系:ISO 9001
产品情况:JAC消声器总成,年产12万只;JAC消声器排气管,年产12万只

★合肥恒信汽车发动机部件有限公司
地址:合肥市包河工业区纬三路九号
邮编:230051
电话:0551/3368375、3368388
传真:3368379
网址:www.anhuihx.net
电子信箱:hfhx@hx-aim.com
质量体系:ISO/TS 16949
产品情况:发动机塑料进气歧管、气门室罩盖、油底壳等

★安徽应流机电有限责任公司
地址:合肥市经济技术开发区齐云路26号
邮编:230061
电话:0551/3821999、3822233
传真:3821666
网址:www.yingliugroup.com
电子信箱:mail@yingliu.com.cn
单位人数:3600
质量体系:ISO/TS 16949、ISO 9001
产品情况:阀门类、水泵类、仪表等铸锻件
出口情况:远销北美洲、欧洲等地区28个国家

★合肥威尔燃油系统有限公司
地址:合肥市经济技术开发区佛掌路59号
邮编:230601
电话:0551/3847129、3847109
传真:3847102
网址:www.walfilters.com
电子信箱:juliechen@walfuelsystems.com
质量体系:ISO/TS 16949、ISO 9001
产品情况:燃油滤清器
出口情况:出口欧洲、美洲

★安徽金马凸轮轴制造有限公司
地址:安徽省桐城市桐金路
邮编:231400
电话:0556/6564488、6564499
传真:6563070
电子信箱:jmtlz@sohu.com
单位人数:500
质量体系:ISO 9001
产品情况:(金马牌)
各种型号的凸轮轴

★安徽金庆龙机械制造有限公司
地址:安徽省桐城市经济开发区纬二路
邮编:231401
电话:0556/6567660、6204660
传真:6567466
网址:www.ahjql.com
电子信箱:jql@ahjql.com
质量体系:ISO 9001
产品情况:(金庆龙牌)
内燃机进/排气门、活塞销
配套情况:为一汽集团、吉利汽车、奇瑞汽车、柳发、扬动、AAT、全椒、常发、常柴等40多家发动机厂配套

★安徽华祥实业有限公司
地址:安徽省桐城市孔城镇三里街9号
邮编:231430
电话:0556/6510298、6510006

传真:6513678
网址:www. huaxianggr. com
电子信箱:sell@ huaxianggr. com
单位人数:1600
质量体系:ISO/TS 16949、ISO 9001
产品情况:(白兔湖牌)
内燃机整圆主轴承、连杆轴瓦、气门座、汽缸套、铝活塞、曲轴、凸轮轴、气门、气门导管、汽缸垫等
配套及出口情况:为全柴、时风、常柴、常工、常通、江动、金飞鱼、亚美柯等配套;远销越南、缅甸、印尼、孟加拉、巴基斯坦等东南亚十几个国家和地区,以及欧洲和非洲部分国家

★桐城市汽车部件有限公司
地址:安徽省桐城市经济技术开发区高桥工业园
邮编:231431
电话:0556/6540098、6543922
传真:6541439、6543979
网址:www. ah - st. com
电子信箱:info@ ahstauto. com
单位人数:970
质量体系:ISO/TS 16949、ISO 9001
产品情况:(四通(AHST)牌)
气门座圈、气门导管、气门等
配套及出口情况:为一汽集团等 20 多家主机厂配套;出口欧洲、美洲、中东、东南亚等多个国家和地区

★安徽金光机械集团股份有限公司
地址:安徽省桐城市金神镇
邮编:231440
电话:0556/6665488
传真:6665288
网址:www. ahjinguang. com
电子信箱:ahjg88@ 163. com
单位人数:800
质量体系:ISO/TS 16949
产品情况:(金光牌)
各类发动机凸轮轴和气门等
配套及出口情况:为一汽、江淮汽车、扬柴、朝柴、锡柴、一拖、全柴、新柴等配套;出口新加坡、韩国、印度、孟加拉等国家

★安徽省恒泰活塞制造有限公司
地址:安徽省庐江县风活路 65 号
邮编:231500
电话:0565/7415303、7416649
传真:7416410
网址:www. htpiston. com
电子信箱:sales@ htpiston. com
单位人数:500
质量体系:ISO/TS 16949、ISO 9001
产品情况:内燃机铝活塞(年产能力 300 万只)、发动机缸盖、进气管等
配套情况:为一汽集团、大柴、奇瑞汽车、常发、常柴、亚美柯集团、江动集团、玉柴等配套

★蚌埠市瑞泰汽配制造有限公司
地址:安徽省蚌埠市工业园区
邮编:233000
电话:0552/2821818、2829680
传真:2824126、2825678
网址:www. bbrt. com. cn
电子信箱:sales@ bbrt. com. cn
单位人数:300
质量体系:ISO 9001
产品情况:(曼勒牌)
各种汽车、内燃机用机油、燃油、空气滤清器
配套及出口情况:为 10 多家主机厂配套;出口美国、韩国、欧洲、中东、非洲、东南亚等国家和地区

★蚌埠华泰滤清器有限公司
地址:安徽省蚌埠市工蚌西路 168 号
邮编:233000
电话:0552/2852868
传真:2853858
网址:www. ahbbht. com
质量体系:ISO/TS 16949、ISO 9001
产品情况:(华泰牌)
滤清器

★蚌埠威力达滤清器有限公司
地址:安徽省蚌埠市雪华乡烟墩村一组
邮编:233000
电话:0552/3397528
质量体系:ISO 9001
产品情况:各种类型机油、柴油、工程机械滤清器

★蚌埠市康联汽车配件厂
地址:安徽省蚌埠市圈堤西路 716 号
邮编:233000
电话:0552/4015234
传真:4016290
网址:www. bbklqp. com
电子信箱:bbklqp@ 163. com
质量体系:ISO 9001
产品情况:汽车燃油加油口盖、消声器、异形油箱、油箱传感器及其他汽车零部件
配套情况:为江淮汽车、金龙客车、宇通客车、华菱汽车等配套

★蚌埠市风驰滤清器有限公司
地址:安徽省蚌埠市蚌山区姜桥工业园
邮编:233000
电话:0552/4119601、4119116
传真:4119192
网址:www. bbfengchi. com
电子信箱:bbfengchi@ 163. com
质量体系:ISO 9001
产品情况:(风驰牌)
汽车滤清器等
配套及出口情况:为一汽集团配套;出口中东、非洲、东南亚

★蚌埠市昊业滤清器有限公司
地址:安徽省蚌埠市高新区兴华路 300 号
邮编:233000
电话:0552/4127777、4128000
传真:4128111
网址:www. bclbfilter. com
电子信箱:bclbxs@ yahoo. cn
单位人数:480
质量体系:ISO/TS 16949、ISO 9001
产品情况:(昊业牌)
空气滤清器、机油滤清器、燃油滤清器及滤芯,年产能力 2000 余万只
配套及出口情况:为一汽集团、东风汽车公司、江汽集团、吉利汽车、合肥叉车集团、一拖集团、中收集团、重庆渝安淮海动力等配套;出口美国、日本、欧洲、东南亚等国家和地区

★蚌埠通达汽车零部件有限公司
地址:安徽省蚌埠市高新技术开发区天河路 619 号
邮编:233010
电话:0552/4013654、4923790
传真:4030627、4023507
网址:www. bbtongda. com
电子信箱:lcl@ bbyx. net
单位人数:350
质量体系:ISO/TS 16949
产品情况:汽油箱、柴油箱、液压油箱、电喷油箱等汽车金属燃油箱,年能力 40 万套
配套及出口情况:为江淮汽车、安凯客车、华菱汽车、郑州宇通、苏州金龙、丹东黄海、厦门金旅等配套;随整车出口俄罗斯、伊朗、土耳其、马来西亚等 20 多个国家

★伟业重工(安徽)有限公司
地址:安徽省蚌埠市高新技术产业开发区
邮编:233010
电话:0552/4923320、4921116
传真:4923320
电子信箱:milei@ polosun. com
质量体系:ISO/TS 16949
产品情况:各种型号发动机

★蚌埠德纳森滤清器有限公司
地址:安徽省蚌埠市长城北路 888 号
邮编:233010
电话:0552/4925218
传真:4925219
网址:www. dns - filter. cn
电子信箱:dns123lq@ sohu. com
质量体系:ISO/TS 16949、ISO 9001
产品情况:空气、机油、燃油、液压油等发动机用滤清器

★蚌埠市同升滤清器有限公司
地址:安徽省蚌埠市胜利东路 280 号
邮编:233030
电话:0552/3162512、3163587
传真:3162275、3162772
电子信箱:tslqq@ hc360. com. cn
质量体系:ISO 9001

产品情况：（同升牌）

机油滤清器、柴油滤清器、空气滤清器、液压油滤清器、粉末除尘滤清器

配套情况：为合力叉车集团、大连叉车总厂、南京汽车集团、安凯客车、东汽新疆汽车厂、常州依维柯等配套

★蚌埠金威滤清器有限公司

地址：安徽省蚌埠市凤阳东路224号
邮编：233043
电话：0552/3010464、3038522
传真：3014579、3019766
网址：www.bbfilter.com
电子信箱：public@bbfilter.com
质量体系：VDA 6.1、QS 9000
产品情况：（BB牌）

各种汽车滤清器

配套及出口情况：为上海大众、一汽集团、东风汽车公司、南京汽车集团、重庆长安、北汽福田、江淮汽车、神龙汽车、东风柳汽、上海通用、宇通客车、哈飞汽车、安凯客车、吉利汽车、上汽通用五菱、河北中兴、厦门金旅、昌河汽车、江铃汽车、广州骏威客车、汇众、玉柴、上柴、朝柴、锡柴等配套；出口美国、德国、澳大利亚、印度尼西亚等国家

★蚌埠市龙湖滤清器有限公司

地址：安徽省蚌埠市长淮卫余滩村
邮编：233043
电话：0552/3157879
传真：3155566
网址：www.longhu55.com
质量体系：ISO 9000
产品情况：（龙湖牌）

机油滤清器、柴油滤清器、空气滤清器、液压油滤清器、粉末除尘滤清器等

★蚌埠市范氏滤清器厂

地址：安徽省蚌埠市怀远县邹庙
邮编：233100
电话：0552/8601858
传真：8601375
网址：www.bbfanshi.com
电子信箱：bb@bbfanshi.com
质量体系：ISO 9001
产品情况：（皖北牌）

汽车滤清器，年产800万只

★安徽省凤阳散热器有限公司

地址：安徽省凤阳县临淮关濠梁西路143号
邮编：233122
电话：0550/6562432
传真：6572934
电子信箱：fsxc@ah163.com
单位人数：400
质量体系：ISO 9001
产品情况：（中都牌）

车用散热器，年产20万只

配套情况：为安徽江淮、安徽安凯、厦门金龙、厦门金旅、南京依维柯、上海申龙、江苏常隆配套

★蚌埠威尔特滤清器有限公司

地址：安徽省蚌埠市五河县沫河口工业园区
邮编：233300
电话：0552/5875669
传真：5875669
网址：www.vtfilter.com
电子信箱：welte@vtfilter.com
质量体系：ISO/TS 16949、ISO 9001
产品情况：（WELTE牌）

空气滤清器、空调滤清器、机油滤清器、发动机滤清器等

出口情况：远销美国、俄罗斯、土耳其、马来西亚等国家

★蚌埠市正固滤清器有限公司

地址：安徽省蚌埠市淮上工业区
邮编：233400
电话：0552/2825888
传真：2826462
电子信箱：info@china-zhenggu.com
单位人数：100
质量体系：ISO 9001
产品情况：（正固牌）

汽车三滤

★蚌埠市宏发滤清器有限公司

地址：安徽省蚌埠市怀远工业园
邮编：233400
电话：0552/8502188、8502333
传真：8502399
网址：www.hflqq.com
电子信箱：fzx-888@163.com
单位人数：456
质量体系：ISO/TS 16949、ISO 9001
产品情况：（BV牌）

汽车、工程机械、发电机组等空气、机油、柴油滤清器，年产1500万只

配套及出口情况：为一汽集团、东风汽车公司配套；出口美国、欧洲、东南亚等40多个国家和地区

★蚌埠市捷威滤清器有限公司

地址：安徽省蚌埠市怀远工业园
邮编：233400
电话：0552/8502966、8313887
传真：8502967
网址：www.bblqq.com
电子信箱：1071276051@qq.com
单位人数：150
质量体系：ISO/TS 16949、ISO 9001
产品情况：（维久牌）

滤清器

配套情况：企业为国内多家主机厂做OEM

★蚌埠市中山滤清器有限公司

地址：安徽省蚌埠市怀远邹庙172号
邮编：233418
电话：0552/8602588
传真：8601908
网址：www.8601908.com
电子信箱：zs@8601908.com
单位人数：118
质量体系：ISO 9001
产品情况：汽车、工程机械所用机油、柴油滤清器

★芜湖澳奔玛汽车部件有限公司

地址：安徽省芜湖市工业园区工业大道3518号纬四路
邮编：233600
电话：0553/8768111、8768617
传真：8768518
电子信箱：chinaaobenma@126.com
质量体系：ISO/TS 16949、ISO 9001
产品情况：滤清器

★安徽宝兰泵业有限公司

地址：安徽省界首市工业园区2号
邮编：236500
电话：0558/4887771
传真：4887771
电子信箱：cldyx398@163.com
单位人数：138
质量体系：ISO/TS 16949、VDA 6.1
产品情况：（宝兰牌）

各种型号机油泵、水泵、真空泵等

配套及出口情况：为别克、凯迪拉克、捷达、奥迪、宝来、解放、潍柴、华丰、一汽集团等配套；AW5087水泵、AW5069水泵、AW4044水泵、AW5081水泵、AW5057水泵、2618真空泵产品全部出口美国

★巢湖科越实业有限公司

地址：安徽省巢湖市二坝经济开发区二泉路
邮编：238312
电话：0565/6660558、6661973
传真：6660635
网址：www.keyue-radiator.com
电子信箱：bill@keyue-radiator.com
单位人数：200
质量体系：ISO 9001
产品情况：汽车散热器、暖风机芯

配套及出口情况：为一汽集团、江淮汽车、华晨金杯、郑州日产、长城汽车等配套；出口北美洲

★天长缸盖有限公司

地址：安徽省天长市建设东路78号
邮编：239300
电话：0550/7092166
传真：7092266
网址：www.tcgg.cn
电子信箱：tcgg@tcgg.cn
单位人数：900
质量体系：ISO/TS 16949
产品情况：（梭鱼牌）

柴油机汽缸盖，年产40万台以上

配套情况：为上柴、锡柴、玉柴、扬柴、雷

沃动力、常发、全柴、扬动等配套

★安徽全柴集团有限公司
地址:安徽省全椒县襄河镇吴敬梓路788号
邮编:239500
电话:0550/5018888、5012699
传真:5015888
网址:www.quanchai.com.cn
单位人数:3000
质量体系:ISO 9001
产品情况:(全柴牌)
具有年产30万台车用多缸柴油发动机、50万台单缸柴油机、5万t塑料管材和20万套汽车内饰件的产销能力
配套及出口情况:为北汽福田、江淮汽车、东风汽车、南汽、一汽金杯、一汽红塔云南、长安跨越、唐骏汽车、东安黑豹汽车、合力叉车等配套;出口东南亚、南亚、非洲、欧洲、美洲、欧美等地区

★芜湖杰锋汽车动力系统有限公司
地址:安徽省芜湖市经济技术开发区凤鸣湖北路天门工业园6号厂房
邮编:241000
电话:0553/5932188
传真:5932133
网址:www.japhl.com.cn
电子信箱:japhl@japhl.com.cn
单位人数:200
质量体系:ISO/TS 16949
产品情况:汽车排气系统、发动机可变气门正时系统、涡轮增压器、排气歧管等
配套情况:为奇瑞汽车等配套

★芜湖金仕嘉泵业有限公司
地址:安徽省芜湖县机械工业园
邮编:241000
电话:0553/8733196、8733198
传真:8733197
电子信箱:goldenstar@goldenstar-china.com
质量体系:ISO/TS 16949
产品情况:汽车水泵
出口情况:远销中东、东南亚、南美洲、北非等地区50多个国家

★安徽省芜湖航天汽车连杆有限公司
地址:安徽省芜湖市机械工业园
邮编:241000
电话:0553/8766888、8767277
传真:8767528
网址:www.chinazhenghang.com
电子信箱:lsp@chinazhenghang.com
单位人数:200
质量体系:ISO/TS 16949
产品情况:各种汽车连杆
配套及出口情况:为天津一汽夏利等配套;出口中东、欧洲、美洲等地区

★芜湖金源机械制造有限公司
地址:安徽省芜湖县芜湖机械工业园
邮编:241000
电话:0553/8767708
传真:8767713
网址:www.whjyjx.com
电子信箱:whjyjx@126.com
质量体系:ISO 9001
产品情况:曲轴带轮
出口情况:远销国际市场

★芜湖市中兴机械技术开发有限公司
地址:安徽省芜湖市九华北路杨王工业园区
邮编:241007
电话:0553/2263028
传真:2263023、2263027
网址:www.zhongxing-china.com
电子信箱:zjb@ahzhongxing.com
单位人数:690
质量体系:ISO 9001
产品情况:汽车发动机进气管、起动齿圈、仪表台横梁、踏板机构、换挡机构、驻车制动等总成部件以及车身件,模具、检具、夹具

★芜湖众力部件有限公司
地址:安徽省芜湖市高新技术产业开发区汽配路
邮编:241009
电话:0553/3025206、3021172
传真:3025236
网址:www.zlc.com.cn
电子信箱:wuhu@zlc.com.cn
质量体系:ISO/TS 16949、QS 9000
产品情况:汽车发动机悬置减振系列、汽车底盘减振器系列、塑料装饰件及其他工业橡塑制品等
配套及出口情况:为一汽集团、天津一汽丰田、上汽集团、一汽海马、哈飞汽车、上海华普汽车配套;出口美国、德国、日本、东南亚等国家和地区

★安徽麦卡普荣汽车与动力总成公司
地址:安徽省芜湖市经济技术开发区银湖北路软件园301室
邮编:241009
电话:0553/5659726
传真:5659730
网址:www.mecaprom-vps.com
电子信箱:peng.zhou@cn.mecarom-vps.com
产品情况:汽车动力总成系统

★马瑞利汽车零部件(芜湖)公司
地址:安徽省芜湖市经济技术开发区越秀路10号
邮编:241009
电话:0553/5842788
传真:5844856
质量体系:ISO/TS 16949
产品情况:塑料进气管、喷油嘴、选速器、车灯

★芜湖永达科技有限公司
地址:安徽省芜湖市经济技术开发区
邮编:241009
电话:0553/5845398
传真:5843119
质量体系:ISO/TS 16949
产品情况:缸盖、缸体、进气管、气门室罩盖、油底壳、电控冷却器、齿轮箱壳体、水泵壳体等

★奇瑞发动机公司
地址:安徽省芜湖市经济技术开发区长春路8号
邮编:241009
电话:0553/5923068、5923069
传真:5923747
网址:www.cheryacteco.com
电子信箱:acteco@mychery.com
质量体系:ISO/TS 16949、ISO 9001
产品情况:20多款汽油、柴油、燃气发动机,排量涵盖0.5~3.0L,功率覆盖20~150kW,年产能力65万台,广泛应用于汽车、非道路用车、摩托艇、发电机、农用机械等领域
出口情况:出口美国

★基伊埃工业热交换器系统芜湖公司
地址:安徽省芜湖市鸠江经济开发区盛兴路
邮编:241009
电话:0553/5951222
传真:5846973、5842870
网址:www.geawuhu.com
电子信箱:libo.yue@geagroup.com
单位人数:334
质量体系:ISO 9001
产品情况:热交换器

★安徽沃德气门制造有限公司
地址:安徽省芜湖市机械工业开发区西次五路1096号
邮编:241100
电话:0553/8118777、8118222
传真:8118788
网址:www.ahwode.com
电子信箱:whhanbo@163.com
质量体系:ISO 9001
产品情况:气门、涡轮增压气阀,年产能力1300万支
配套情况:为力帆、宗申、建设新时代、大江、鑫源、江动等配套

★芜湖和泰汽车电机有限公司
地址:安徽省芜湖县机械工业园区工业大道
邮编:241100
电话:0553/8765108、8765116
传真:8765115
网址:www.ht-radiatorfan.com
电子信箱:hotechzm@vip.163.com
质量体系:ISO/TS 16949
产品情况:汽车散热器风扇

★安徽科达汽车轴瓦有限公司
地址:安徽省芜湖县机械工业开发区
邮编:241100
电话:0553/8767280、8767583
传真:8767180
电子信箱:ahkeda@126.com
质量体系:ISO/TS 16949
产品情况:(松发牌)
发动机轴瓦

★芜湖禾田汽车工业有限公司
地址:安徽省芜湖市机械工业开发区工业大道1258号
邮编:241100
电话:0553/8767892
传真:8767890
网址:www.hetian168.com
电子信箱:sale@hetian168.com
单位人数:600
质量体系:ISO/TS 16949
产品情况:汽车发动机液压悬置总成、变速器悬置总成、隔振块、铝锻承载摇臂总成、衬套、防尘罩、缓冲块等
出口情况:远销欧洲、北美洲、南美洲、拉丁美洲等地区

★芜湖中宇散热器有限公司
地址:安徽省芜湖市机械工业园区
邮编:241100
电话:0553/8768565
传真:8727713
网址:www.zhongyucn.com
电子信箱:xiou8888@163.com
单位人数:200
质量体系:ISO/TS 16949
产品情况:(中翔牌)
散热器
配套及出口情况:为各种汽车、摩托车、沙滩车、改装车等OEM配套;远销美国、欧洲、大洋洲、中南亚、中东等国家和地区

★芜湖永裕汽车工业有限公司
地址:安徽省芜湖县机械工业园阳光大道2188号
邮编:241100
电话:0553/8768668
传真:8768777
网址:www.whyongyu.com
电子信箱:bod@whyongyu.com
质量体系:ISO/TS 16949、ISO 9002
产品情况:汽缸盖等发动机零部件

★安徽尚忠活塞环有限公司
地址:安徽省芜湖市机械工业园纬三路中段
邮编:241100
电话:0553/8768817、8768818
传真:8768568
网址:www.zjqipei.com
电子信箱:master@zjqipei.com
单位人数:400
质量体系:ISO/TS 16949、ISO 9002
产品情况:(尚忠牌)
内燃机活塞环等

★黄山科能汽车散热器有限公司
地址:安徽省黄山市黄山经济开发区霞高路21号
邮编:245000
电话:0559/5286610、5286612
传真:5290620
网址:www.knradiator.com
电子信箱:knsales@hs-keneng.com
质量体系:ISO/TS 16949、ISO 9001
产品情况:汽车散热器、空调蒸发器、冷凝器、油冷器、中冷器

★安庆帝伯粉末冶金有限公司
地址:安徽省安庆市经济开发区7-5号
邮编:246005
电话:0556/5257242、5356450
传真:5357385
网址:www.atp.sh
电子信箱:atpgs3@mail.hf.ah.cn
质量体系:ISO/TS 16949、VDA 6.1
产品情况:(ATP牌)
气门座圈及气门导管
配套情况:为东安、一汽集团、上汽通用五菱、沈阳新光、朝柴、五羊-本田、嘉陵本田、重庆宗申等配套

★安庆帝伯格茨缸套有限公司
地址:安徽省安庆市经济技术开发区3.9平方公里工业园24号区
邮编:246005
电话:0556/5305207、5305131
传真:5305105
网址:www.atgl.com.cn
电子信箱:wjl@atgl.com.cn
单位人数:390
质量体系:ISO/TS 16949
产品情况:(ATGL牌)
柴油机汽缸套、汽油机铝包容缸套
配套及出口情况:为一汽丰田、天津丰田、广汽丰田、昌河铃木、长安福特马自达、沈阳三菱、上海汽车、长安汽车、长城汽车、奇瑞、江淮、比亚迪、吉利、东风雪铁龙、玉柴、上柴、上海日野、大柴、锡柴、重庆康明斯、西安康明斯、上海纽荷兰等配套;出口日本、韩国、南非等国家

★安庆环新集团有限公司
地址:安徽省安庆市经济技术开发区迎宾大道16号区
邮编:246005
电话:0556/5305530
传真:5305303、5305798
质量体系:ISO/TS 16949、ISO 14001
产品情况:活塞环、缸套、气门座圈及活塞等
出口情况:出口东南亚、欧洲、南非地区

★安庆帝伯格茨活塞环有限公司
地址:安徽省安庆市经济技术开发区迎宾大道16号区
邮编:246005
电话:0556/5305880、5305722
传真:5305881、5305796
网址:www.aqatg.com
电子信箱:oemsale@aqatg.com
质量体系:ISO/TS 16949、VDA 6.1
产品情况:(ATG牌)
活塞环
配套及出口情况:轿车活塞环为一汽-大众、上海大众、天津一汽丰田、东风本田、神龙汽车、广汽本田、奇瑞汽车、江淮汽车、比亚迪、上汽、长安铃木、长城汽车等配套;微型车活塞环为东安三菱、沈阳三菱、长安汽车、上汽通用五菱、东安动力、昌河动力等配套;柴油车活塞环为潍柴、康明斯、锡柴、大柴、玉柴、依维柯、上柴、江铃、福田、江淮、云内、常柴、全柴等配套;摩托车活塞环为隆鑫、大长江、五羊本田、新大洲本田、金城、宗申、力帆、建设等主机厂配套;出口南非、东南亚等国家和地区

★安庆谢德尔汽车零部件有限公司
地址:安徽省安庆市经济技术开发区3.9平方公里工业园24号区
邮编:246005
电话:0556/5305989
传真:5305990
网址:www.scherdel.com
电子信箱:feng.pan@asp.scherdel.com
法人代表:潘一新
负责人:Alexander Wittig
单位人数:81
质量体系:ISO/TS 16949、ISO 9001
产品情况:汽车用工程弹簧;螺旋弹簧,3400万根/年;气门弹簧,2800万根/年;压缩弹簧,1000万根/年;发条弹簧,1000万根/年
配套情况:螺旋弹簧为ATG、MAHLE、CYPR、NAMY、RKEN等配套;气门弹簧为上海大众、大连大众、一汽-大众、福特、北汽、比亚迪、江淮、奇瑞等配套;压缩弹簧为Borgwarner、TCG Unitech、BYD等配套;发条弹簧为Borgwarner、INA、HILITE等配套

★安庆雅德帝伯活塞有限公司
地址:安徽省安庆市开发区迎宾大道16号区
邮编:246005
电话:0556/5345382
传真:5345482
质量体系:ISO/TS 16949
产品情况:活塞

★安庆市金安汇汽车配件制造公司
地址:安徽省安庆市迎湖工业二园
邮编:246005
电话:0556/5369350
传真:5369565
质量体系:ISO/TS 16949

产品情况：YC、F6L913 风扇，年产4127只

★安庆市德奥特汽车零部件有限公司
地址：安徽省安庆市怀宁工业园石牌大道7号
邮编：246121
电话：0556/5163588、5163566
传真：5163777
网址：www.deaote.com.cn
电子信箱：deaote@sohu.com
质量体系：ISO/TS 16949、ISO 9001
产品情况：（德奥特牌）
汽车、摩托车发动机活塞环系列产品等
出口情况：远销东南亚、中东、非洲、欧洲、美洲等50多个国家和地区

★安庆帝迈德活塞环制造有限公司
地址：安徽省安庆市潜山县南岳路1029号
邮编：246300
电话：0556/8936910
传真：8936909
网址：www.ahaqd.com
电子信箱：744837226@qq.com
法人代表：程谦宜
负责人：梁成奇
单位人数：100
质量体系：ISO/TS 16949、ISO 9001
产品情况：（DMD牌）
活塞环、活塞、汽车四配套
出口情况：出口欧洲、美洲、东南亚等地区和国家

★安徽省岳西缸套有限公司
地址：安徽省岳西县天堂镇建设西路38号
邮编：246600
电话：0556/2172799
传真：2174140
网址：www.ahyxgt.com
电子信箱：yxgtfijx@sina.com
单位人数：550
质量体系：ISO 9001
产品情况：（山鹰牌）
各型号汽车缸套
配套及出口情况：为玉柴、时风、全柴、常工、常发、江动、金飞鱼、英田等配套；远销越南、马来西亚、印度尼西亚、欧洲、中非等国家和地区

★安徽美瑞尔滤清器有限公司
地址：安徽省芜湖县机械工业园东湾路333号
邮编：325200
电话：0553/8118118
传真：8118113
网址：www.meiruier.com
电子信箱：postmaster@mrefilter.com
质量体系：ISO/TS 16949、ISO 9001
产品情况：（日王牌）
汽车滤清器

福建省

★福州南配活塞销有限公司
地址：福州市金山投资区金塘路35号
邮编：350002
电话：0591/83744014、83740024
传真：83744014、83765523
网址：www.china-pin-piston.com
电子信箱：npm2004@yahoo.com.cn
单位人数：123
质量体系：ISO/TS 16949、ISO 9000
产品情况：汽车活塞销，年产370万只
配套及出口情况：为天津一汽夏利、奇瑞汽车、哈尔滨东安、北京奔驰、沈阳三菱、上海华普、吉利汽车、辉门（青岛）、福州钜全、马勒（南京）、安庆雅德帝伯、滨州渤海、沈阳新光等配套；远销欧洲、美洲、东南亚等地区

★福州宜美汽车配件有限公司
地址：福州市仓山镇霞湖工业区
邮编：350007
电话：0591/83562681、87617038
传真：87616028
网址：www.reallyco.com
电子信箱：auto@reallyco.com
质量体系：ISO 9002
产品情况：活塞、活塞环、缸套、制动蹄块、制动盘式片、盘角齿、万向节、离合器片等

★福州钜全汽车配件有限公司
地址：福州市晋安区鼓山镇福兴投资区福新东路245号
邮编：350014
电话：0591/83665556
传真：83624740
网址：www.jcc-parts.com
电子信箱：jcc@jcc-parts.com
单位人数：1500
质量体系：ISO/TS 16949、QS 9000
产品情况：（JCC牌）
各种铝合金活塞和有色金属铸件
配套及出口情况：为神龙汽车、绵阳新晨、沈阳三菱、沈阳新光、柳州五菱、新大洲本田、金城铃木、南方雅马哈、轻骑铃木、厦杏摩托等配套；远销美国、加拿大、意大利等国家

★福州寓群五金制品有限公司
地址：福州市晋安区新店镇泉头农场工业集中区8幢
邮编：350014
电话：0591/87575043-2149
传真：87580404
质量体系：ISO/TS 16949
产品情况：发动机大修包、汽缸垫、油封、O环、自动变速器滤油网

★福州泰维克汽车配件有限公司
地址：福州市闽侯区青口投资区
邮编：350119
电话：0591/22768366、22775571
传真：22775597
网址：www.tevick.com
电子信箱：tvk@tevick.com
单位人数：400
质量体系：ISO/TS 16949
产品情况：（TVK牌）
各种发动机铝合金活塞，年产能力450万只以上
配套及出口情况：为精通天马、江门力擎、江苏众星、黄岩本州、慈溪宗申、重庆松盛等配套；出口欧洲、美洲、东南亚、中东等10多个国家和地区

★福建龙生机械有限公司
地址：福州市青口投资区千家山工业区
邮编：350119
电话：0591/22799696、22789265
传真：22781616
网址：www.fjhongtai.com
电子信箱：hongtai@fjhongtai.com
单位人数：500
质量体系：ISO/TS 16949
产品情况：（HJ牌）
专业生产汽车、工程机械等八大系列890种型号的缸套
出口情况：远销日本、德国、英国、韩国、美国、中东、南美洲、东南亚等国家和地区

★福清市五环车辆部件实业有限公司
地址：福建省福清市港头镇工业区
邮编：350317
电话：0591/87606527、85985555
传真：87672857、85711478
网址：www.cn-wuhuan.cn
电子信箱：master@vano.fjmail.cn
单位人数：1350
质量体系：QS 9000
产品情况：（理研牌、嘉华涛牌、喜力牌）
各类汽车及摩托车活塞、活塞环
配套及出口情况：活塞、活塞环与国内多家发动机厂配套；出口非洲、中东、东南亚等地区

★福清市高民滤清器有限公司
地址：福建省福清市高山镇高华工业区
邮编：350319
电话：0591/85881668、85889999
传真：85891799
网址：www.gaomin.cn
单位人数：86
质量体系：ISO 9001
产品情况：滤清器

★莆田市英龙活塞环厂
地址：福建省莆田市城厢区龙桥石顶
邮编：351100
电话：0594/2794900、2794476
传真：2794900
网址：www.ylhsh.com
单位人数：105

质量体系:QS 9000、ISO 9002
产品情况:(英龙牌)
汽车、农用车、摩托车等各种发动机活塞环
配套情况:为朝柴、玉柴、上柴、大柴、重汽集团、陕汽集团、康明斯、东风汽车公司、天津一汽丰田、南京依维柯、上海大众、一汽轿车、长安汽车、东安、天津一汽华利等配套

★福建省莆田市中涵机动力有限公司
地址:福建省莆田市涵江区国欢镇都邠工业区
邮编:351111
电话:0594/3603380
传真:3600560、3603560
网址:www. chinahanji. com
电子信箱:marketing@ chinahanji. com
质量体系:ISO/TS 16949
产品情况:柴油发动机燃油喷射系统及零配件

★福建莆田中路通配件厂
地址:福建省莆田市涵江区都分工业区
邮编:351111
电话:0594/3605653、3605657
传真:3605652、6365050
网址:www. china - lutong. com
电子信箱:c. h@ china - lutong. net
质量体系:QS 9000、ISO 9001
产品情况:(中路通牌)
泵头、柱塞、出油阀、喷油嘴等

★福建东亚机械有限公司
地址:福建省仙游县木兰街坑尾18号
邮编:351200
电话:0594/8292073
传真:8288266
网址:www. dongya. cn
电子信箱:fjdy@ dongya. cn
单位人数:800
质量体系:ISO/TS 16949、QS 9000
产品情况:(DY牌)
专业生产活塞环
配套情况:为哈尔滨东安、东安三菱、长安汽车、柳州五菱、吉利汽车、奇瑞汽车、绵阳新晨、上海华普、东风渝安、比亚迪、钱江集团、建设集团、力帆集团、宗申集团、隆鑫集团、轻骑集团、望江铃木、百力通等配套

★华闽南配集团股份有限公司
地址:福建省南平市长沙高新区华闽工业园
邮编:353000
电话:0599/8611175、8611183
传真:8628344、8612329
网址:www. npmsun. com
电子信箱:nphmqp@ vip. 163. com
单位人数:1200
质量体系:ISO/TS 16949、ISO 9001
产品情况:(NPM牌)
活塞环、活塞、活塞销、缸套等
配套及出口情况:为沈阳三菱、东安动力、五菱柳机、上汽通用五菱、重汽集团、杭发、兵工集团、奇瑞、一汽轿车、比亚迪、吉利、重庆渝安、绵阳新晨动力、江淮、上海华普、天津一汽夏利、江苏英田、嘉陵摩托、力帆摩托、宗申摩托等配套;出口美国、英国、俄罗斯、加拿大、意大利、瑞典、印尼、马来西亚、日本等国家

★福建华泰汽车零部件工业有限公司
地址:福建省南平市高新开发区华泰工业园
邮编:353000
电话:0599/8626058、8631789
传真:8605087、8626766
网址:www. npht. com. cn
电子信箱:npht@ npht. com. cn
单位人数:600
质量体系:ISO/TS 16949
产品情况:(NPHT牌)
内燃机连杆瓦、曲轴瓦、曲轴止推瓦及各类鼓式、盘式制动片
配套及出口情况:为国内多家主机厂配套;远销东南亚、中东、欧洲、美洲等地区

★福建省建瓯巨力活塞有限公司
地址:福建省建瓯市东瓯街32号
邮编:353100
电话:0599/3832323、3832658
传真:3821910
电子信箱:jianou@ jlpiston. com
质量体系:QS 9000、ISO 9001
产品情况:(巨力牌、福建牌)
各种型号的铝活塞
配套情况:为常柴集团、时风集团、江铃汽车、江淮动力、保定内燃机、双福内燃机、四达柴油机、力佳动力、开普动力等配套

★福建省将乐三华轴瓦股份有限公司
地址:福建省将乐县新将北路15号
邮编:353300
电话:0598/2323509、2323503
传真:2323509
网址:www. fjshzw. com
电子信箱:shzwcsb@ 163. com
单位人数:260
质量体系:ISO/TS 16949、QS 9000
产品情况:(三华牌)
汽车、农机、工程机械、轮船四大系列轴瓦,具有年生产各种内燃机主轴瓦、连杆瓦、衬套、止推瓦、翻边轴瓦等2000万片的生产能力
配套及出口情况:为锡柴、朝柴、潍柴、扬柴、扬动等配套;远销东南亚、欧洲、美洲地区

★福安市德普电器有限公司
地址:福建省福安市秦溪洋工业园区和平路
邮编:355000
电话:0593/6396978、6396977
传真:6396979
网址:www. dp - electric. com
电子信箱:info@ dp - electric. com
单位人数:500
质量体系:ISO 9001
产品情况:(TAGUD牌)
汽车风扇、蒸发风机、暖风机、制动片、空气滤清器、弹簧、尾翼、座椅、踏板等
配套及出口情况:为客车、货车、工程机械、农业机械主机厂配套;出口美国、加拿大、德国、俄罗斯、阿联酋、印度、巴基斯坦、土耳其、日本、韩国、新加坡、马来西亚、泰国等50多个国家,并销往中国台湾地区

★福建省霞浦华威机电有限公司
地址:福建省霞浦县三沙镇奇沙195号
邮编:355101
电话:0593/8691666、8691777
传真:8669999
网址:www. cnhw. com. cn
电子信箱:sansha@ 126. com
单位人数:500
质量体系:ISO 9001
产品情况:(UL牌)
电门开关、加油口盖、汽车滤清器(空气、汽油、机油)、牌照框、轿车转向盘、安全带、减振器、轿车灭火器材等
出口情况:出口东南亚、欧洲、美洲市场

★福鼎新龙机车部件有限公司
地址:福建省福鼎市星火工业园区23号
邮编:355200
电话:0593/6179668、6179333
传真:7912111、6179666
网址:www. fjfdxl. com
电子信箱:fjfdxl@ 163. com
质量体系:ISO 9001
产品情况:(新龙牌)
化油器铝油针、喷嘴、浮子、节气门轴、弯管及各种配套铜件

★福鼎市联君机车部件有限公司
地址:福建省福鼎市贯岭大坪园工业区
邮编:355200
电话:0593/7578799、65214997
网址:www. autorubberchina. com
电子信箱:lianjunrubber@ hotmail. com
质量体系:ISO/TS 16949
产品情况:汽车发动机液压悬置总成、橡胶衬套、机脚胶、防尘套、连接盘、缓冲块、减振系列等橡胶产品
出口情况:出口中亚、中东及北美洲

★福鼎市永盛工程塑料有限公司
地址:福建省福鼎市铁塘工业区
邮编:355200
电话:0593/7817998、6173966
传真:7832798

质量体系:ISO 9001
产品情况:化油器塑料部件

★厦门信源环保科技有限公司
地址:福建省厦门市集美北部工业区天阳路51号
邮编:361021
电话:0592/6155801
传真:6066716
网址:www. setecee. com
电子信箱:syh109@ sentecee. com. cn
质量体系:ISO/TS 16949、ISO 14001
产品情况:摩托车、汽车用催化转换器、二次空气滤清器、汽油滤清器、机油滤清器、空气滤清器、活性炭罐、控制阀、动力油壶等

★厦门固特友橡胶股份有限公司
地址:福建省厦门市集美北部工业区天凤路85-89号
邮编:361021
电话:0592/6683565
传真:6101039
网址:www. xmgoodwill. com. cn
电子信箱:6683565@ 163. com
单位人数:235
质量体系:ISO/TS 16949
产品情况:油路:燃油管、供油管、溢油管、油泵油管、电喷管、符合EPA要求;水路:散风器填充器、排水管、旁路软管;气路:真空管、排气管、传动箱通气管、pvc管、二次补气管、asv管等
配套及出口情况:为广汽长丰、东风柳汽、本田、林海股份、一汽海马、钱江摩托、雅马哈、隆鑫、华南飞鹰、东风裕隆配套;出口美国、越南、日本

★厦门理研工业有限公司
地址:福建省厦门市集美区灌口中路465-469号
邮编:361023
电话:0592/6360076
传真:6360070
网址:www. riken. com. cn
电子信箱:rik@ riken. com. cn
单位人数:700
质量体系:QS 9000、ISO 14001
产品情况:(RIK牌、RIKEN牌)
活塞环、中空凸轮轴、中实凸轮轴、汽缸套、汽缸体等
配套情况:为广汽本田、上汽通用五菱、长安铃木、天津一汽丰田、东南汽车、天津一汽夏利、五羊本田、新大洲本田、江门大长江、重庆建设、建设雅马哈、厦杏摩托、钱江摩托、株洲雅马哈等配套

★厦门玉柴发动机有限公司
地址:福建省厦门市集美区汽车工业园航天路
邮编:361023
电话:0592/6362590、6362589
传真:6362596、6362588
网址:www. yuchai. com
质量体系:ISO/TS 16949、ISO 9001
产品情况:柴油机,设计年产能力10万台
配套情况:为厦门工程机械、厦门金龙、厦门金旅配套

★泉州博强油嘴油泵有限公司
地址:福建省泉州市鲤城区兴贤路霞洲工业大厦
邮编:362000
电话:0595/22355186、22355187
传真:22353089
网址:www. cnboqiang. com
电子信箱:bqo1@ cnboqiang. com
质量体系:ISO 9001
产品情况:油嘴油泵等

★泉州市丰业滤清器制造有限公司
地址:福建省泉州市新门外新宅工业区
邮编:362000
电话:0595/22426688、22412189
传真:22412190
网址:www. qzfilter. com
电子信箱:fy2288@ www. feng-ye. com
质量体系:ISO 9001、OHSAS 18001
产品情况:空气滤清器、机油滤清器、柴油滤清器、油水分离器、液压滤清器、粉尘过滤器

★泉州丰泽远东凸轮轴厂
地址:福建省泉州市丰泽区后茂工业区
邮编:362000
电话:0595/22780388、22968858
传真:22785389
电子信箱:ydwks@ alibaba. com. cn
质量体系:ISO/TS 16949
产品情况:凸轮轴,年产能力200万件
出口情况:产品50%远销欧洲、美洲、东南亚、中东地区

★泉州特库克汽车零部件有限公司
地址:福建省泉州市经济技术开发区清濛园区3-20(D)号
邮编:362000
电话:0595/85921788、22496988
传真:85921866
网址:www. teikuko. com
电子信箱:qzjtp@ teikuko. com
单位人数:85
质量体系:ISO 9001
产品情况:(JTP牌)
各种规格汽缸套、活塞
出口情况:95%的产品出口日本、欧洲、美洲、东南亚

★泉州市双塔汽车零件有限公司
地址:福建省南安市滨江机械装备制造基地金河大道6号
邮编:362000
电话:0595/86268381
传真:86268388
网址:www. qzst. com. cn
电子信箱:shuangta@ vip. 163. com
质量体系:ISO/TS 16949、QS 9000
产品情况:(双塔牌)
汽车发动机冲压深拉伸件、冷却水管总成、保险杠总成、摩托车冲压覆盖件等
配套情况:为江铃汽车、庆铃集团、东风汽车公司、江淮汽车、柳州五菱、北汽福田、济南轻骑铃木、广东大长江、沈阳航天三菱、保定长城内燃机、成都发动机、北内集团、沈阳双福等配套

★威兰(泉州)汽车零部件有限公司
地址:福建省泉州市经济技术开发区清濛园区崇宏街98号
邮编:362005
电话:0595/85992859、85150755
传真:85992869
电子信箱:weilanparts@ 163. com
质量体系:ISO/TS 16949、QS 9000
产品情况:汽车发动机高强度螺栓、螺母、气门摇臂总成、气门导管等
配套情况:为江铃汽车、东风汽车公司、东风康明斯发动机等配套

★晋江市华星电子器件有限公司
地址:福建省晋江市梅岭工业区华星工业大厦
邮编:362200
电话:0595/85685246、85685604
传真:85686264、85667489
电子信箱:huaxing2@ cnqz. com
质量体系:ISO 9001、ISO 14001
产品情况:(华星牌)
压缩机、汽油泵、机油泵、燃油自动阀开关、速度计齿轮箱等

★晋江市闽安活塞工业有限公司
地址:福建省晋江市安海灵水工业区十五号
邮编:362200
电话:0595/85782789、85731789
传真:85731790
网址:www. minan-dhjg. com
电子信箱:wjz@ minan-dhjg. com
质量体系:ISO 9001
产品情况:(东和精工(DHJG)牌)
发动机活塞
出口情况:出口东南亚、欧洲、美洲等地区,并销往中国台湾地区

★晋江均日机器有限公司
地址:福建省晋江市安平开发区
邮编:362261
电话:0595/85788989
传真:85788828
网址:www. junri. com
电子信箱:auto@ junri. com
质量体系:ISO 9001
产品情况:柴油机喷油嘴、柱塞、出油阀、分配泵头、修理包、电子燃油喷射部件等

★泉州市博隆缸套制造厂
地址:福建省泉州市滨江机械制造基地滨江大道5号
邮编:362300
电话:0595/26558838
传真:26559839
网址:www.qzbolong.com
电子信箱:909148986@qq.com
质量体系:ISO/TS 16949
产品情况:(博隆(BOLONG)牌)
缸套

★南安市东南机械消声器有限公司
地址:福建省南安市金淘镇青林格
邮编:362333
电话:0595/86418124、86436803
传真:86430011
网址:www.cndnm.cn
电子信箱:webmaster@cndnm.com
单位人数:200
质量体系:ISO/TS 16949、ISO 9001
产品情况:(金鏖牌)
消声器、排气管、燃油箱、储气筒等
配套及出口情况:为福建龙岩龙马、福建武夷汽车、永安汽车厂、福建拖拉机厂、福建新福达、福建新华旭专用车、南安新民轮拖厂、晋江劲牛机械、江西消防车辆制造厂、漳州三龙工业、南平市中延车辆、深圳五洲龙客车、福建龙岩畅丰专用车、福建力佳股份、漳平和兴机械等配套;远销东南亚、美国、欧洲、日本等国家和地区

★福建省南安市丰州水泵制造厂
地址:福建省南安市西郊丰州金鸡亿达工业区
邮编:362333
电话:0595/86781462、86783462
传真:86789362
网址:www.china-nanjian.com
电子信箱:nj@china-nanjian.com
质量体系:ISO 9001
产品情况:(南建牌)
国产、进口各种车型内燃机离心冷却水泵
配套情况:为玉柴、扬柴、扬动、朝柴、锡柴等配套

★福建力佳股份有限公司
地址:福建省漳州市蓝田经济开发区开放大道
邮编:363000
电话:0596/2972020、2972043
传真:2927380
网址:www.lijia.com.cn
电子信箱:fjlj@lijia.com.cn
单位人数:1000
质量体系:ISO 9001
产品情况:(力佳牌)
SL、LJ等系列柴油机,用于联合收割机、工程机械、船舶、发电机组和各种农副产品加工机械
配套及出口情况:为中国一拖、北汽福田等配套;部分产品出口东南亚、南非、美国等国家和地区

★立邦(福建)滤清器制造有限公司
地址:福建省漳平市工贸新区工业路1号
邮编:364400
电话:0597/7556888
传真:7556999
网址:www.nipponfilter.net
电子信箱:nipponfilter@hotmail.com
质量体系:ISO/TS 16949
产品情况:空气滤清器、空调滤清器、机油滤清器、燃油滤清器
出口情况:远销欧洲、美洲、东南亚等地区

★汇华集团东南汽车缸套有限公司
地址:福建省三明市三元区汇华工业园区6号
邮编:365002
电话:0598/8889198、8889098
传真:8889096
网址:www.fihuihua.cn
电子信箱:fihwadn@163.com
单位人数:300
质量体系:ISO 9001
产品情况:(鹤鸣牌、汇华牌)
汽车、农机、工程机械、船舶等各类汽缸套,年产能力200多万只
出口情况:出口美国、日本、韩国、东南亚等20多个国家和地区

江西省

★江西凯富勤实业发展有限公司
地址:南昌市小蓝工业园玉湖路128号
邮编:330000
电话:0791/85988488-802
传真:85988488-806
网址:www.jxnckfq.cn
电子信箱:jxkfl@126.com
质量体系:ISO/TS 16949
产品情况:(凯富勤牌)
汽车油水分离器、硅油风扇耦合器、高压共轨燃油滤清器、柴油滤清器总成及节温器等
配套及出口情况:为江铃控股、东风朝柴、广汽日野、成发集团汽车发动机公司等国内外汽车厂、发动机厂配套;30%的产品出口

★江西省苏达轴瓦有限公司
地址:南昌市小蓝工业园玉湖路236号
邮编:330000
电话:0791/85989011
传真:85989012
网址:www.cnsuda.com
电子信箱:cnsuda@sina.com
质量体系:ISO 9001
产品情况:轴瓦、衬套和止推片等
出口情况:远销美国、德国、日本、中东、东南亚等国家和地区

★南昌江铃华翔汽车零部件有限公司
地址:南昌市青云谱区昌南工业园内
邮编:330001
电话:0791/87080188
传真:87080166
质量体系:QS 9000、ISO 9000
产品情况:燃油箱、制动器、冲压件、内外装饰和空调器塑料件

★南昌波纹金属软管有限公司
地址:南昌市青山湖区顺外路658号
邮编:330029
电话:0791/88297766
传真:88295539
质量体系:ISO/TS 16949
产品情况:汽车排气管用金属波纹软管

★江铃汽车集团发动机有限责任公司
地址:南昌市小蓝工业园金沙大道366号
邮编:330200
电话:0791/85975888
传真:85975828
网址:www.jmge.com.cn
单位人数:242
质量体系:ISO 14000
产品情况:各种汽车发动机

★江西宏伟汽车部件制造有限公司
地址:江西省奉新县工业园区
邮编:330700
电话:0795/4604809、4509882
传真:4604006
网址:www.jxhongwei.com
电子信箱:hongwei1698@163.com
单位人数:480
质量体系:ISO/TS 16949、ISO 9001
产品情况:汽车发动机缸体、变速器壳体、排气管、差减壳、轮毂、制动鼓等

★樟树市福铃内燃机配件有限公司
地址:江西省樟树市城北经济技术开发区
邮编:331208
电话:0795/7853813、7851333
传真:7851133、7853803
网址:www.jxflqp.com
电子信箱:ctfl@vip.163.com
单位人数:120
质量体系:ISO/TS 16949、QS 9000
产品情况:(福铃牌)
内燃机气门座圈、导管、弹簧座及锁片、涡流室镶块、惰齿轮AB轴、缸体左右加强板、电动机支架、空调支架、飞轮壳等
配套及出口情况:为江铃汽车、庆铃汽车、北汽福田、长城汽车等配套;出口美国、欧洲、东南亚等国家和地区

★江西戈马实业有限公司
地址:江西省樟树市城北工业园
邮编:331208
电话:0795/7858199、7858399
传真:7858299
网址:www.jxgema.com.cn

电子信箱:gema@ cnjxgm. com
单位人数:500
质量体系:ISO/TS 16949
产品情况:(江字牌)
各种汽车活塞环,年产能力 2000 万片
配套及出口情况:为江铃、南柴、莱动、全柴等配套;出口北美洲、西欧、东欧、东亚、东南亚、中东、非洲等地区

★江西佳森机械有限公司
地址:江西省景德镇市高新区梧桐大道南侧
邮编:333000
电话:0798/8387555
传真:8387655
网址:www. cnjiasen. com
电子信箱:sales@ cnjiasen. com
单位人数:200
质量体系:ISO/TS 16949、ISO 9001
产品情况:液压挺杆、机械挺杆、摇臂及张紧器

★江西同欣机械制造有限公司
地址:江西省上饶市广丰芦林工业区
邮编:334600
电话:0793/2652661
传真:2655844
网址:www. tongxin - cn. com
电子信箱:tongxin@ tongxin - cn. com
单位人数:658
质量体系:ISO/TS 16949、ISO 9001
产品情况:汽车、摩托车发动机凸轮轴,油泵凸轮轴及新型干法水泥生产线的熟料槽式输送机、提升机及铸钢件、铸铁件等
配套及出口情况:为神龙汽车、奇瑞汽车、长城汽车、吉利汽车、上海华普、力帆汽车、比亚迪汽车、济南轻骑、无锡开普等配套;远销埃及、越南、泰国、孟加拉等国家

★萍乡赣发动力机械有限公司
地址:江西省萍乡市丹江(南郊)贺家湾
邮编:337034
电话:0799/6672269
传真:6672250
电子信箱:web@ jxpxgf. com
单位人数:600
质量体系:ISO/TS 16949
产品情况:各种柴油机缸体、缸盖
配套情况:为一汽锡柴、江苏四达集团、玉柴等配套

★江西澳力特缸套有限公司
地址:江西省新余市高新开发区澳力特工业园
邮编:338004
电话:0790/6865777、6863777
传真:6865877
网址:www. olite. com. cn
电子信箱:vip@ olite. com. cn
单位人数:1000
质量体系:ISO/TS 16949、ISO 9001
产品情况:(澳力特牌)
汽缸套、活塞缸套组件、活塞环等,汽缸套年产 300 余万只
出口情况:出口日本、泰国、马来西亚、菲律宾、印尼、新加坡等国家,并销往中国台湾地区

★江西辉业曲轴连杆制造有限公司
地址:江西省吉安市吉州工业园人众路
邮编:343000
电话:0796/8251186
传真:8251446
网址:www. jxhuiye. com
电子信箱:hy@ jxhuiye. com
质量体系:ISO 9001
产品情况:(辉业牌)
连杆,年产 30 万支;曲轴,年产 5 万根
配套及出口情况:为成都发动机(集团)发动机分公司、沈阳三菱、南昌凯马、浙江凯吉、江西中发、一汽 - 大众、上汽集团等配套;出口泰国、印度、意大利、美国、日本、德国等国家

山东省

★纵横汽车配件有限公司
地址:济南市兖路 66 号段店汽配城西 1 厅 51 - 53 号
邮编:250000
电话:0531/82341520、82341109
传真:87567368
质量体系:ISO 9001
产品情况:散热器、中冷器、暖风、膨胀水箱、装载机等

★济南鼎鑫汽车散热器有限公司
地址:济南市无影山北路重汽汽车配件城 A6 排 23 号
邮编:250000
电话:0531/85708798
传真:81263510
网址:www. jindingxin. cn
质量体系:ISO 9001
产品情况:铜质、铝质汽车散热器、中冷器、机油冷却器及其盖板等

★济南凯德汽车零部件有限公司
地址:济南市槐荫区经四路 710 号
邮编:250000
电话:0531/87195219
传真:87195298
网址:www. jnkd. net
电子信箱:jnkd@ jnkd. net
质量体系:ISO/TS 16949
产品情况:(盛凯德牌)
发动机进排气门
配套情况:为上海大众、神龙富康、丰田、天津大发、东安铃木等配套

★山东布瑞克斯汽车零部件有限公司
地址:济南市历城区胜利路 30 号
邮编:250000
电话:0531/88777711、88777700
传真:88777722
网址:www. sdbrks. com
电子信箱:brks@ 163. com
质量体系:ISO 9001
产品情况:汽车滤清器、刮水器片

★山东天一机工活塞环有限公司
地址:济南市历城区高新技术开发区世纪大道 112 号
邮编:250013
电话:0531/83157229
传真:83155248
网址:www. sdtyjg. com
电子信箱:sdtianyijigong@ 126. com
单位人数:890
质量体系:QS 9000、ISO 9002
产品情况:内燃机活塞环、活塞,具有年产 2000 万片活塞环、80 万只活塞的生产能力

★盛丰创力汽车配件制造有限公司
地址:济南市济兖路 66 号
邮编:250022
电话:0531/87295588、87295566
网址:www. sfzg168. com
质量体系:ISO 9001、ISO 14001
产品情况:缸套、活塞环、活塞、高压阻尼线、风扇带、十字轴、气门油封、气门、张紧轮、滤清器、火花塞、离合器从动盘总成、油封、离合器片、汽缸垫、真空助力泵、时规带等

★山东慧泰汽车零部件有限公司
地址:济南市济兖路 66 号段店汽配市场东五厅 17、18 号
邮编:250022
电话:0531/87500496、82341396
传真:82341561
质量体系:ISO 9000
产品情况:(慧泰牌)
各种滤清器

★济南沃博汽车零部件有限公司
地址:济南市张庄路 132 号
邮编:250023
电话:0531/85977332
传真:85559298
网址:www. jnwobo. zgqp. com. cn
电子信箱:jnwobo2006@ 163. com
质量体系:QS 9000、VDA 6.1
产品情况:发动机气门

★济南天德汽车零部件有限公司
地址:济南市张庄路 216 号
邮编:250023
电话:0531/85998544
传真:85998544
电子信箱:jinantiande@ 163. com
质量体系:ISO 9001

产品情况：汽车发动机进排气门

★济南铭洋散热器有限公司
地址：济南市北外环重汽配件城 A10－3 号
邮编：250032
电话：0531/80990263
传真：80990263
质量体系：ISO 9001
产品情况：散热器

★济南利德气门有限公司
地址：济南市槐荫区段兴东路 3 号
邮编：250117
电话：0531/86791252、86835977
传真：88300221
质量体系：ISO 9001
产品情况：（华骋牌）
内燃机气门，年产 800 万支

★山东鲁明汽车滤芯制造有限公司
地址：济南市黄河经济开发区
邮编：250200
电话：0531/85500688
网址：www. sdlmlx. com
电子信箱：lmqc_hr@ 126. com
质量体系：ISO 9002
产品情况：空气滤芯

★济南永跃汽车散热器有限公司
地址：济南市章丘龙山工业园潘王路 7 号
邮编：250216
电话：0531/83624766
传真：83624766
网址：www. sdjnyy. com
电子信箱：jnyongyue@ sdjnyy. com
单位人数：363
质量体系：ISO 9001
产品情况：散热器、中冷器、暖风机等
配套及出口情况：为重汽集团、徐工集团、潍柴、浦沅集团、宇通客车、中通客车、安凯客车、北京京华等配套；出口北美洲、东亚、西亚、非洲、俄罗斯等国家和地区，并销往中国台湾地区

★山东新金发汽车零部件有限公司
地址：山东省章丘市龙山工业园潘王路六号
邮编：250216
电话：0531/83628918
传真：83628958
网址：www. xinjinfa. com
电子信箱：jnxjf888@ 163. com
单位人数：90
质量体系：ISO/TS 16949、ISO 9001
产品情况：汽车铝合金燃油箱及托架总成、离合器压盘总成及从动盘总成
配套情况：为中国重汽、陕西重汽、陕西汉德车桥公司、山东汽车改装厂等企业配套

★重汽集团济南复强动力有限公司
地址：济南市章丘圣井重汽工业园 3 号
邮编：250220
电话：0531/85584824
传真：85584822
网址：www. chinajfp. com
电子信箱：huangtie2008@ 126. com
单位人数：1300
质量体系：ISO/TS 16949、ISO 9001
产品情况：（中国重汽牌）
再制造发动机零部件，曲轴、连杆等发动机零部件，柴油发电机组、天然气发电机组，天然气发动机；2010 年再制造发动机 2 万台、发动机零部件 14 万套
配套情况：为中国重汽集团配套

★济南沃德汽车零部件有限公司
地址：济南市长青区经济开发区沃德大道 1 号
邮编：250300
电话：0531/89638111
传真：89638186
网址：www. jwaa. cn
电子信箱：yingxiao@ jwaa. com. cn
单位人数：2000
质量体系：ISO/TS 16949、VDA 6. 1
产品情况：（山河牌、沃德牌）
气门，年产 2500 万支；挺柱，年产 600 万支
配套及出口情况：为上海大众、美国福特、天津一汽丰田、神龙富康、一汽集团、重汽集团、奇瑞、东安、潍柴、玉柴、上柴、锡柴、大柴等几十家汽车厂和主机厂配套；远销北美洲

★济南柴油机股份有限公司
地址：济南市经十西路 11966 号
邮编：250306
电话：0531/87422200、87423328
传真：87422879、87423328
网址：www. jichai. com
电子信箱：liuweijinan@ tom. com
单位人数：2100
质量体系：ISO 9001
产品情况：核心产品为中大功率内燃机，年产 5000 台以上，还包括液力传动装置、电气控制装置、燃气动力集成装置等
出口情况：出口美国、日本、俄罗斯、意大利、印尼、新加坡、苏丹、突尼斯等 40 多个国家

★山东锐智扬汽车零部件有限公司
地址：山东省聊城市经济开发区
邮编：252000
电话：0635/4613777
传真：4613777
质量体系：ISO 9001
产品情况：铜质、铝质汽车散热器、中冷器等
出口情况：出口欧洲、美洲

★山东鑫亚工业股份有限公司
地址：山东省聊城市东昌东路 25 号
邮编：252000
电话：0635/8352595、8353007
传真：8351273
网址：www. sdxy. cn
电子信箱：shandongxinya@ sina. com
单位人数：2600
质量体系：ISO/TS 16949、ISO 9001
产品情况：（亚字牌）
喷油泵总成、喷油器总成、喷油嘴偶件、柱塞偶件、出油阀偶件、输油泵、油泵油嘴等
出口情况：出口欧洲、美洲及东南亚 20 多个国家和地区

★山东聊城德润机电科技有限公司
地址：山东省聊城市凤凰工业园纬二路
邮编：252024
电话：0635/2124588
传真：2124577、8577366
网址：www. lcdrkj. com
电子信箱：zyx@ lcdrkj. com
单位人数：298
质量体系：ISO 9001
产品情况：喷油器定位块、活塞销、气门弹簧座、调整垫片
配套及出口情况：为重庆建设－雅马哈、嘉陵－本田、力帆、宗申、银钢、隆鑫、江门联和、江门力擎、广州天马、广州华林、山东鑫亚、B&S 公司等 30 多家知名企业配套；出口美国、德国、日本、巴基斯坦等国家，并销往中国台湾地区

★山东熙德机械制造有限公司
地址：山东省聊城市经济开发区长江路 56 号
邮编：252061
电话：0635/8346186
传真：8346213、2119118
网址：www. shanhuan. cn
电子信箱：xide－shanhuan@ 163. com
单位人数：686
质量体系：ISO 9002
产品情况：（SDPR 牌、山环牌）
活塞环、活塞、缸套、油缸、四配套、限位键等
配套及出口情况：为常柴、莱动、潍柴、重柴、淄柴等 20 多家知名主机厂装机配套；出口韩国、印尼、孟加拉、巴基斯坦等国家

★茌平金冠汽车零部件有限公司
地址：山东省茌平县振兴路东首
邮编：252100
电话：0635/4231698、4232388
传真：4231166
电子信箱：cpjinguan@ 163. com
质量体系：ISO 9001
产品情况：汽车散热器、中冷器

★茌平鲁冠汽车零部件有限公司
地址：山东省茌平县茌平镇工业园区
邮编：252100

电话:0635/4277777
传真:4288000
质量体系:ISO 9001
产品情况:(亲人牌)
汽车散热器

★聊城市德通交通器材制造有限公司
地址:山东省茌平县热电工业园
邮编:252100
电话:0635/4282086、4286129
传真:4287222、4286110
网址:www. lcdetong. com
电子信箱:sales@ e - detong. com
单位人数:76
质量体系:ISO 9001
产品情况:铝塑散热器、全铝暖风及其他车用配件
配套及出口情况:为一汽集团、东风汽车公司等配套;出口美国、欧洲、澳大利亚、东南亚等国家和地区

★山东嘉鑫换热器有限公司
地址:山东省茌平县工交路201号
邮编:252100
电话:0635/4286128、4287600
传真:4286110
网址:www. jixing. com. cn
电子信箱:jixing@ public. lcptt. sd. cn
单位人数:420
质量体系:ISO/TS 16949、QS 9000
产品情况:(吉星牌)
不锈钢/铝板式油冷器、风冷器、铜/铝管式油冷器、汽车空调蒸发器、冷凝器、汽车散热器、中冷器
配套及出口情况:为一汽集团、东风汽车公司、南汽、北汽等配套;出口美国、加拿大、泰国、澳大利亚、新加坡、约旦、韩国、墨西哥等国家,并销往中国台湾地区

★山东茌平澳星汽车零部件有限公司
地址:山东省聊城市茌平县工业园
邮编:252100
电话:0635/4287166
传真:4287688
质量体系:ISO 9001
产品情况:内燃机机油冷却器、不锈钢板翅式机油冷却器

★山东茌平亨通汽车零部件有限公司
地址:山东省茌平县信发热电工业园
邮编:252100
电话:0635/4288688、4287678
传真:4288689
网址:www. cphengtong. com
电子信箱:cphengtong@ 126. com
单位人数:180
产品情况:(亨通牌)
铜质管带式散热器、全铝散热器、水-空中冷器、空-空中冷器、汽车暖风机等,年产15万台
配套情况:为一汽集团、东风汽车公司等配套

★茌平鲁环汽车散热器有限公司
地址:山东省茌平县热电民营工业园
邮编:252100
电话:0635/4289708、4289710
传真:4289709
网址:www. luhuanrad. comlh. cn
电子信箱:lhsrq@ lhsrq. com
单位人数:405
质量体系:ISO/TS 16949、ISO 9001
产品情况:汽车散热器、中冷器、空调冷凝器、塑胶水室等,年产能力达100多万台
出口情况:出口美国、加拿大、欧洲、中东、澳大利亚、日本、韩国、泰国等国家和地区,并销往中国台湾、香港地区

★茌平双丰热交换器有限公司
地址:山东省茌平县胡屯工业园区
邮编:252100
电话:0635/4884111
传真:4889999、4883111
网址:www. cpsf. cn
电子信箱:cpshangfeng@ yahoo. com. cn
单位人数:300
质量体系:ISO 9001
产品情况:(SHUANGFENG 牌)
各种油冷器、中冷器及散热器
配套及出口情况:为部分主机厂配套;出口美国、加拿大、西班牙、澳大利亚、印尼、东欧、西亚等国家和地区

★聊城奕车汽车机械设备有限公司
地址:山东省聊城市东昌西路新东方名人苑18号楼
邮编:252100
电话:0635/8430386
传真:4882816
网址:www. yes - motor. com
电子信箱:yes - motor@ yes - motor. com
质量体系:ISO/TS 16949
产品情况:油冷器、机油冷却器、风冷器、中冷器、散热器、散热器盖及加水口等
配套及出口情况:为一汽集团、东风汽车公司配套;出口日本、美国、西欧、土耳其、中东等国家和地区,并销往中国台湾地区

★茌平赛耐汽车零部件制造有限公司
地址:山东省茌平县高速路口南8公里
邮编:252126
电话:0635/4612789
传真:4616369
网址:www. sn - qp. com
电子信箱:sainai88@ 126. com
单位人数:99
质量体系:QS 9000
产品情况:(赛耐牌)
机油冷却器、中冷器和板式换热器
出口情况:出口国外多个国家

★阳谷宇星汽具制造有限公司
地址:山东省阳谷县阳金路中段
邮编:252312
电话:0635/6866229
传真:6866688
网址:www. yxqj. com
电子信箱:yxqj@ sohu. com
单位人数:237
质量体系:ISO 9001
产品情况:滤清器

★临沂瑞城三元催化器有限公司
地址:山东省临沂市高新技术开发区
邮编:252600
电话:0539/2988987
传真:2807516
质量体系:ISO 9001
产品情况:汽车尾气三元催化器

★山东省临清市盛旺曲轴厂
地址:山东省临清市松林镇工业园
邮编:252600
电话:0635/2611108
传真:2611488
网址:www. sdswqz. com
电子信箱:swqz@ sdswqz. com
单位人数:150
产品情况:曲轴
配套情况:为潍柴配套

★山东省临朐县精密粉末冶金厂
地址:山东省临朐县城西纸坊工业园
邮编:252602
电话:0536/3490277、3491277
传真:3490277
网址:www. sdfmyj. com. cn
质量体系:ISO 9001
产品情况:气门导管
配套情况:为莱动、华丰、上柴、潍柴、玧柴等配套

★山东省临清市腾飞动力机械厂
地址:山东省临清市松林镇工业园
邮编:252652
电话:0635/2611929、2611126
传真:2611929
网址:www. lqtengfei. com
电子信箱:lqtengfei@ 126. com
单位人数:260
产品情况:(鑫城牌)
汽车内燃机冷却水泵、汽缸套等
配套及出口情况:为巨菱、埠柴、镇发等配套;出口巴基斯坦

★临清市翔宇动力机械制造厂
地址:山东省临清市松林镇工业园
邮编:252652
电话:0635/2616225
传真:2616227
网址:www. lqxysb. com
电子信箱:shandongxiangyu@ 163. com
质量体系:ISO 9001
产品情况:(众恒牌)

冷却水泵及铸件产品

★山东润源实业有限公司
地址:山东省临清市临博路15号润源工业园
邮编:252653
电话:0635/2633128、2639999
传真:2636128、2633336
网址:www. runyuan. com. cn
电子信箱:sdry@ public. lcptt. sd. cn
单位人数:1000
质量体系:ISO/TS 16949
产品情况:(润源(RY)牌)
发动机曲轴、液压油缸
配套及出口情况:为一汽、东风、玉柴、锡柴、潍柴、扬动、莱动、中集、华威、驰乐、驰田等配套;部分产品出口美国、日本、非洲、东南亚等十几个国家和地区

★山东鲁联机械制造有限公司
地址:山东省临清市东环路歇马亭桥南
邮编:252661
电话:0635/2419488、2419898
传真:2419468
网址:www. csdlly. com
电子信箱:sdll@ csdlly. com
单位人数:618
质量体系:ISO/TS 16949、ISO 9001
产品情况:(鲁联牌)
汽车锻件、连杆总成,年产能力360万支
配套及出口情况:与常柴、莱动、锡柴、一汽、重汽、天津一汽夏利、泰柴、潍柴、时风等主机厂配套;出口美国、德国、印尼、巴基斯坦等国家

★山东冰川实业有限公司
地址:山东省宁津县张大庄乡经济开发区
邮编:253400
电话:0534/5685569
传真:5681255、5682875
网址:www. bcsy. net
电子信箱:bcsyyy@ 163. com
单位人数:160
质量体系:ISO 9001
产品情况:(越洋牌)
汽车消声器、空气滤清器

★山东宁津永和汽车消声器有限公司
地址:山东省宁津县开发区
邮编:253400
电话:0534/7070180
传真:7070179
单位人数:130
质量体系:ISO 9001
产品情况:汽车消声器、汽车三元催化器

★山东省宁津县宏业消声器有限公司
地址:山东省宁津县银河开发区
邮编:253400
电话:0534/7074078、7074777
传真:7073777
电子信箱:sdhyxsq@ 163. com
单位人数:300
质量体系:ISO 9001
产品情况:各型消声器、三元催化净化器等,年产30多万只

★德州凯歌汽车配件有限责任公司
地址:山东省德州市宁津银河经济开发区
邮编:253400
电话:0534/7076666、5425666
传真:5425668
网址:www. kgqcpj. com
负责人:张晓明
单位人数:130
质量体系:ISO 9001
产品情况:消声器、钣金件、保险杠

★山东宁津县亨通消声器有限公司
地址:山东省宁津县长官开发区
邮编:253416
电话:0534/5771233
传真:5771007
网址:www. dzhengtong. com
电子信箱:ysl - 0065@ 163. com
单位人数:300
质量体系:ISO 9001
产品情况:各种消声器
出口情况:出口加拿大、澳大利亚、英国、美国等十几个国家

★乐陵市海裕汽车零部件有限公司
地址:山东省乐陵市经济技术开发区开元东大道18号
邮编:253600
电话:0534/6292792、2112096
传真:6292992
网址:www. haiyu. net. cn
电子信箱:Haiyu@ haiyu. net. cn
单位人数:300
质量体系:ISO 9001
产品情况:(海裕牌)
空气滤清器、空调滤清器及环保机油滤清器、燃油滤清器等
出口情况:出口南美洲、中东、欧洲、北美洲等地区

★淄博柴油机总公司
地址:山东省淄博市张店区湖田镇
邮编:255077
电话:0533/2063362
传真:2068064、2072172
网址:www. zichai. com
电子信箱:zichai@ zichai. com
质量体系:ISO 9001
产品情况:(淄柴牌大功率柴油机
出口情况:出口南美洲、非洲、东南亚等20多个国家和地区

★淄博蓝骏动力(机械)有限公司
地址:山东省淄博市博山经济开发区
邮编:255213
电话:0533/4658155
传真:4658455
电子信箱:sang@ zblanjun. com
单位人数:120
质量体系:ISO 9001
产品情况:汽车水泵

★淄博永华滤清器制造有限公司

地址:山东省淄博市沂源经济开发区
邮编:256100
电话:0533/326555
传真:3269999
网址:www. zbyh. net
电子信箱:ziboyonghua@ 126. com
法人代表:李永华
负责人:李映新
单位人数:560
质量体系:ISO/TS 16949
产品情况:(永华牌)
空气滤清器372万/年;机油滤清器501万/年;燃油滤清器402万/年;滤芯180万/年
配套及出口情况:为欧曼、唐骏欧铃、一汽、常柴、潍柴华丰、华源莱动配套;出口美国
☞ 详细情况请参阅彩色宣传版面

★山东淄博振益汽配有限公司
地址:山东省淄博市高新技术开发区寿济路19859号
邮编:256403
电话:13573300823
传真:0533/8880681
网址:www. youhuabao. com
质量体系:ISO 9001
产品情况:油寒宝011自动泵油加热器、汽车油箱油管加热器、内置细虑加热器、汽车燃油泵

★滨州市鑫力活塞有限责任公司
地址:山东省滨州市黄河十二路渤海二路路口
邮编:256600
电话:0543/3290616、3290023
传真:3290066
网址:www. xlpiston. com
电子信箱:xl@ xlpiston. com
产品情况:(鑫力牌)
活塞
配套及出口情况:为上海大众、江铃汽车、广汽本田、上汽通用五菱、天津一汽夏利、哈飞汽车等配套;出口中东、南亚等地区

★滨州海得曲轴有限责任公司
地址:山东省滨州市经济开发区长江三路
邮编:256600
电话:0543/3402808、3402800
传真:3402555、3353888
网址:www. hdqz. com
电子信箱:bgs@ hdqz. com
单位人数:1100
质量体系:ISO/TS 16949、ISO 9001

产品情况:曲轴、球墨铸铁铸件,年产曲轴近30余万支
配套及出口情况:为大柴、朝柴、扬柴、锡柴、南昌柴油机、玉柴、无锡四达动力、北京奔驰、潍柴华丰动力等10多家主机厂配套;出口美国、韩国及东南亚地区

★山东滨州东海龙活塞有限公司
地址:山东省滨州市滨北开发区
邮编:256600
电话:0543/3513158、3512176
传真:3512508、3203206
网址:www.bzdhl.com
电子信箱:dhlwuk@163.com
单位人数:600
质量体系:ISO 9001
产品情况:(东海龙牌)
活塞、活塞环、缸套、轴瓦等

★山东滨州渤海活塞股份有限公司
地址:山东省滨州市渤海二十一路569号
邮编:256602
电话:0543/3288880、3288898
传真:3288777
网址:www.bhpiston.com
电子信箱:bzhs680@163.com
单位人数:3500
质量体系:ISO/TS 16949、VDA 6.1
产品情况:(渤海牌)
各种铝合金活塞、锻钢活塞,广泛用于各种汽车、摩托车、船舶、工程动力机械等领域
配套及出口情况:为一汽集团、一汽锡柴、一汽大柴、中国重汽、潍柴、玉柴、上柴、东风康明斯、重庆康明斯、东风朝柴、云内动力、扬柴、奇瑞汽车、比亚迪汽车、上汽集团、通用汽车、南京汽车集团、北汽福田、北京奔驰、吉利汽车、东安动力、长安汽车、江铃汽车、长城汽车以及美国康明斯、卡特彼勒、科勒、川崎重工、日本小松、韩国DOOSAN等国内外主机和整车生产厂家配套;出口俄罗斯、美国、日本、韩国、伊朗、巴基斯坦等国家

★滨州盟威集团有限公司
地址:山东省滨州市渤海二十一路569号
邮编:256602
电话:0543/3289008
传真:3288899
质量体系:ISO/TS 16949、ISO 9001
产品情况:大柴、潍柴、锡柴、上柴等活塞,年产1303万只;吉利、力帆等摩托车活塞,年产55万只

★山东省滨州市特种合金有限公司
地址:山东省滨州市渤海十五路807号
邮编:256603
电话:0543/5082123
传真:5082123
网址:www.binte.com
电子信箱:bzte@binte.com
单位人数:120
质量体系:ISO/TS 16949
产品情况:铝活塞耐磨镶圈,产量500万只
配套及出口情况:为国内外各活塞厂家配套;出口100万只

★山东亚罗工贸有限公司
地址:山东省东营市黄河口商贸城796号
邮编:257000
电话:0546/8703000
传真:8703111
网址:www.yaluo.net
电子信箱:yaluo@yaluo.net
质量体系:ISO/TS 16949、ISO 9001
产品情况:(亚罗牌)
各种滤芯及工业过滤器

★东营奥瑞特汽车配件有限责任公司
地址:山东省东营市东营区六户镇驻地
邮编:257102
电话:0546/8372855、8768006
传真:8372555
网址:www.sdaoruite.cn
电子信箱:dy.art@163.com
质量体系:ISO 9001
产品情况:(真瀚牌)
汽车排气系统及三元催化转换器、消声器等
配套情况:为山东东方内燃机配套

★东营信拓汽车消声器有限公司
地址:山东省东营市大王经济技术开发区
邮编:257335
电话:0546/6879288
传真:6878821
网址:www.chinamuffler.com.cn
电子信箱:postmaster@chinamuffler.com.cn
质量体系:ISO/TS 16949、ISO 14001
产品情况:消声器、三元催化器、排气管、消声器尾饰管,改装车消声器
配套情况:为上海大众、美国戴-克公司、TRW公司配套

★东营市欧贝特汽车配件有限公司
地址:山东省东营市稻庄工业园区
邮编:257336
电话:0546/6499236
传真:6499318
网址:www.oubeite.cn
质量体系:ISO 9001
产品情况:汽车排气系统及三元催化器

★潍柴动力股份有限公司
地址:山东省潍坊市民生东街26号
邮编:261001
电话:0536/8197777
传真:8197342
网址:www.weichai.com
电子信箱:weichai@weichai.com
法人代表:谭旭光
单位人数:30000
质量体系:ISO/TS 16949
产品情况:(潍柴动力牌)
发动机、变速器、车桥、商用车、汽车零部件
配套及出口情况:应用于国内各大主机厂;产品远销印度、越南、俄罗斯、东南亚、中东等30多个国家和地区
☞ 详细情况请参阅彩色宣传版面

★潍坊潍柴道依茨柴油机有限公司
地址:山东省潍坊市北宫东街121号
邮编:261009
电话:0536/8192870、8662269
传真:8192879
电子信箱:deutz@wftele.net
质量体系:ISO/TS 16949
产品情况:DEUTZ(道依茨)226B柴油机,年产2.5万台

★潍坊恒远油泵油嘴有限公司
地址:山东省潍坊市潍城区胜利西街363号
邮编:261011
电话:0536/8322068
传真:8322068
网址:www.wf-hengyuan.com
电子信箱:hengyuan@wf-hengyuan.com
单位人数:408
质量体系:ISO/TS 16949、ISO 9001
产品情况:柴油机用预燃式、涡流式、直喷式、喷油泵、喷油器及A型、P型、B型各种型号柱塞、喷油嘴、出油阀和汽车用各种偶件

★盛瑞传动股份有限公司
地址:山东省潍坊市高新区天马商务大厦17层
邮编:261031
电话:0536/2253662
传真:2294567
网址:www.shengrui.cn
电子信箱:shengruiwlb@163.com
法人代表(负责人):刘祥伍
单位人数:2600
质量体系:ISO/TS 16949、ISO 9001
产品情况:(盛瑞牌)
乘用车变速器、柴油发动机连杆、水泵、活塞销、凸轮轴、飞轮壳、排气管
配套及出口情况:为潍柴动力、珀金斯动力、中国一拖等配套;出口英国、意大利、澳大利亚
☞ 详细情况请参阅彩色宣传版面

◉ 克拉克过滤器(中国)有限公司
地址:山东省潍坊市经济开发区民主东街7336号
邮编:261031

电话:0536/8656108、2606308
传真:8654806
网址:www. clarcor. com. cn
电子信箱:jzhang@ clarcor – cn. com
法人代表:Norm E. Johnson
负责人:孙德颖
单位人数:410
质量体系:ISO/TS 16949
产品情况:(BALDWIN FILTERS 牌)
内燃机空气滤清器、机油滤清器、燃油滤清器、空气净化器、石油过滤器、铁路机车滤清器
配套及出口情况:为潍柴动力、东风朝柴、一汽集团、济柴、中国重汽、华源莱动、华菱重卡、福田汽车、福田重工、陕汽重卡、深圳寿力、山工机械、卡特彼勒等30多家企业配套;出口美国、英国、比利时、澳大利亚、南非、日本、韩国、印度尼西亚、新加坡、马来西亚、泰国、巴西,并销往中国香港、台湾地区

★潍坊潍柴培新气体发动机有限公司
地址:山东省潍坊市奎文区民生东街26号
邮编:261041
电话:0536/8291003
传真:8211003
网址:www. weichai. com
电子信箱:wwpgas@ public. wfpttsd. cn
质量体系:ISO/TS 16949
产品情况:CNG/LPG 低排放气体发动机及各种燃气发电机组

★潍坊众谊汽车配件有限公司
地址:山东省潍坊市潍城区玉清西街
邮编:261057
电话:0536/2108618、2108607
传真:8166168
网址:www. wfzhongyi. com
电子信箱:zhongyi@ wfzhongyi. com
单位人数:365
质量体系:ISO/TS 16949、ISO 9001
产品情况:(众谊牌)
汽车燃油箱及其附件、汽车钣金冲压产品、汽车门框和车用电子产品等
配套及出口情况:为重汽集团、陕汽集团、上汽依维柯红岩、北奔重汽、上海汇众、丹东黄海、安徽安凯、桂林大宇、郑州宇通等配套;远销日本新明和、多田野

★潍坊宏强汽车零部件有限公司
地址:山东省潍坊市潍城区于河工业园
邮编:261057
电话:0536/8169205
传真:8169205
负责人:王秀强
质量体系:ISO/TS 16949
产品情况:潍柴、重汽各种托架总成、带轮、张紧轮总成、曲轴、凸缘等

★潍坊万丰飞轮齿圈制造有限公司
地址:山东省潍坊市寒亭区开元工业园
邮编:261100
电话:0536/7396646、7391086
传真:7396646
网址:www. wfwfflcq. cn
电子信箱:pilihua666@ yahoo. com. cn
单位人数:580
质量体系:QS 9000、ISO 9001
产品情况:(万丰牌)
各种汽车发动机、柴油机的飞轮齿圈

★潍坊华东发动机有限公司
地址:山东省潍坊市经济开发区民主东街1800号
邮编:261100
电话:0536/8895222、2112395
传真:2109055
网址:www. hdchai. com
电子信箱:webmaster@ hdchai. com
单位人数:400
质量体系:ISO 9001
产品情况:(华东牌)
各型号柴油机及汽缸体、变速器箱体及总成、后桥箱体及总成、飞轮壳等零部件
配套及出口情况:为国内数家大中型拖拉机厂配套变速器、后桥箱箱体、后桥箱总成;部分产品出口

★潍坊裕川内燃机配件有限公司
地址:山东省潍坊市坊子区潍州路3999号
邮编:261200
电话:0536/7519366、7519365
传真:7662283
网址:www. volon. cn
电子信箱:wmb@ volon. cn
单位人数:390
质量体系:ISO 9001
产品情况:(VOLON 牌、鸢城牌、坊内牌、旋风牌)
全表面喷塑中低压橡胶座软密封闸阀、泄流阀、汽缸盖、进排气管等,年产能力1.2万t
出口情况:出口欧洲、美洲、中东、南非、东南亚等地区

★潍坊富源增压器有限公司
地址:山东省潍坊市高新技术开发区
邮编:261205
电话:0536/7618346
传真:7619900
网址:www. fuyuan. net. cn
电子信箱:dbr@ hongshengzhuji. com
质量体系:ISO/TS 16949、ISO 9001
产品情况:废气涡轮增压器
配套及出口情况:为潍柴、杭发等内燃机厂配套;出口欧洲、亚洲多个地区

★潍坊宏达机械制造有限公司
地址:山东省潍坊市凤凰街大街与庄检路交叉口南500米路东
邮编:261206
电话:0536/7600566、2281008
传真:7600569
电子信箱:wyl7600566@ 126. com
单位人数:360
质量体系:ISO/TS 16949、ISO 9001
产品情况:(宏舟牌)
端盖、衬套、油封座、凸缘、发电机支架、风扇驱动轴、风扇托架总成等系列柴油机零部件
配套情况:是国内内燃机生产企业配套

★潍坊宇航机械有限公司
地址:山东省潍坊市坊子新区兴国路9号
邮编:261206
电话:0536/7638736、2280766
传真:7658010、2280759
网址:www. wfyhjx. com
电子信箱:yhjx@ wfyhjx. com
质量体系:ISO/TS 16949、ISO 9001
产品情况:废气涡轮增压器

★潍坊程昊机械制造有限公司
地址:山东省昌邑市宋庄镇王珂工业区8号
邮编:261314
电话:0536/7712148
传真:7711273
网址:www. wfchenghao. com
电子信箱:chenghao@ wfchenghao. com
质量体系:ISO 9001
产品情况:(程昊牌)
飞轮总成、飞轮齿圈,年产45万件

★宏昌汽配制造有限公司
地址:山东省昌邑市宋庄工业园
邮编:261314
电话:0536/7712187、7716817
传真:7718387
网址:www. hcqp. cn
电子信箱:hongchang@ hcqp. cn
单位人数:380
质量体系:ISO 9001
产品情况:(宏昌牌)
汽车发动机飞轮、飞轮齿圈、排气歧管及其配件
配套情况:为大柴、锡柴、玉柴、上柴、潍柴、朝柴、扬柴、康明斯、云内、新昌、江动、杭发、常柴、珀金斯、南汽、沈阳新晨、江铃、庆铃、北汽福田等配套

★昌邑市华龙汽配制造有限公司
地址:山东省昌邑市宋庄工业园
邮编:261314
电话:0536/7717887
传真:7717887
网址:www. hlqp. cn
电子信箱:hualong@ hlqp. cn
单位人数:220
质量体系:ISO/TS 16949、ISO 9001
产品情况:(华龙牌)
发动机飞轮、飞轮齿圈

★山东同强机械有限公司
地址:山东省昌邑市围子镇宋庄工业园
邮编:261314
电话:0536/7850866
传真:7850966
网址:www.sdtqjx.com
电子信箱:tongqiang@sdtqjx.cn
单位人数:483
质量体系:ISO 9001
产品情况:(同强牌)
各种发动机飞轮总成、飞轮齿圈、汽缸套、活塞销等
出口情况:出口日本、美国、东南亚等国家和地区

★山东莱州金泉摇臂有限公司
地址:山东省莱州市文泉东路43号
邮编:261400
电话:0535/2211361
传真:2218195
网址:www.lzyaobilogsplitter.com
电子信箱:office@lzjinquan.cn
单位人数:693
质量体系:ISO/TS 16949
产品情况:(文峰山牌)
气门摇臂、摇臂轴座、摇臂总成
配套及出口情况:为锡柴、大柴、朝柴、潍柴、上柴、玉柴、常柴、全柴、韩国斗山工程机械等各大主机厂配套;出口欧洲、美洲、东南亚等地区

★莱州日进机械有限公司
地址:山东省莱州市城港南路996号
邮编:261411
电话:0535/2296902
传真:2290039
电子信箱:lmc@public.ytptt.sd.cn
质量体系:ISO 9001
产品情况:内燃机气门摇臂,年产200万件

★烟台大丰轴瓦有限责任公司
地址:山东省莱州市城港南路6号
邮编:261423
电话:0535/2177615、2177618
传真:2177618
网址:www.ytdafeng.com
电子信箱:dfgm@ytdafeng.com
单位人数:260
质量体系:ISO/TS 16949、QS 9000
产品情况:汽车轴瓦及轴瓦材料
配套情况:用于潍柴、川柴、杭汽发斯太尔系列、福田493、483、491系列、玉柴柴油机系列、锡柴柴油机系列、东汽康明斯系列、上柴D6114等

★烟台亨圆隆汽车配件有限公司
地址:山东省莱州市沙河镇
邮编:261423
电话:0535/2311182、2311180
传真:2311182
网址:www.ytzhouwa.com
电子信箱:info@ytzhouwa.com
质量体系:ISO/TS 16949
产品情况:发动机用轴瓦、衬套、止推片,年产能力达1500万件
配套情况:为潍柴、重庆潍柴、济柴、淄柴、重汽集团、一汽、一汽天内、吉利、美日、华源莱动、潍柴华丰、山拖等配套

★山东高密润达机油泵有限公司
地址:山东省高密市平安大道西1718
邮编:261500
电话:0536/2352162、2320592
传真:2320592、2355165
网址:www.sdrunda.cn
电子信箱:gmrunda@163.com
单位人数:500
质量体系:ISO/TS 16949、ISO 9001
产品情况:(群欢牌)
机油泵,年产能力50万套;压力机

★潍坊市明冠节能科技有限公司
地址:山东省高密市经济技术开发区
邮编:261502
电话:0536/2589588
传真:2589589
网址:www.cnzengyaqi.com
电子信箱:bikeming2589588@163.com
质量体系:ISO 9001
产品情况:(帕立特牌)
涡轮增压器及其零部件
出口情况:出口美国、日本、韩国、新加坡等国家

★潍坊恒安散热器集团有限公司
地址:山东省安丘市经济开发区莲花山西路
邮编:262123
电话:0536/4366722
传真:4361209
网址:www.henganradiator.com
电子信箱:wfhags@public.wfptt.sd.cn
单位人数:820
质量体系:ISO/TS 16949、ISO 9001
产品情况:(恒安牌)
铜、铝质汽车、工程机械、农用机械、摩托车用散热器、中冷器、高压油散热器、油冷器、车用空调器、蒸发器、冷凝器等,年产能力210万台
配套及出口情况:汽车散热器为北汽福田欧曼、重汽、江淮、陕汽、哈飞、昌河等10大主机厂配套(并为法国标致公司配套),工程机械类散热器为上海龙工、山工、徐工、临工、山推、柳工、宣工、烟台斗山、雷沃重工、成工等主要工程机械厂配套,农机散热器为北汽福田等配套;出口美国、加拿大、非洲等国家和地区

★诸城市海得威机械有限公司
地址:山东省诸城市龙都街办民营工业园
邮编:262200
电话:0536/6169923、6359800
传真:6353405
网址:www.headwaymachine.com
电子信箱:gph@headwaymachine.com
单位人数:892
质量体系:ISO/TS 16949、ISO 9000
产品情况:燃油箱、液压油箱、排气管总成、消声器总成、空气滤清器总成等
配套及出口情况:为北汽福田、重汽集团、济南轻骑集团淄博汽车厂、秦皇岛金程自动车配套;部分产品出口

★潍坊亨斯特不锈钢消声器厂
地址:山东省潍坊市昌乐县高崖镇亨斯特工业区
邮编:262402
电话:0536/6655555、6653333
网址:www.6653333.cn
电子信箱:qcxsq@163.com
质量体系:ISO 9001
产品情况:不锈钢消声器,年配套生产能力100万套

★山东银河动力股份有限公司
地址:山东省临朐县城东城工业区榆钱路
邮编:262600
电话:0536/3186057、3161000
传真:3186057
电子信箱:sdqgt@public.wfptt.sd.cn
单位人数:1600
质量体系:ISO/TS 16949、ISO 9001
产品情况:(沂蒙牌)
各种内燃机汽缸套、四配套、普通铸件等,年产汽缸套300万只
配套及出口情况:为大柴、锡柴、潍柴、重汽杭发、朝柴、常柴、五菱、江动、泰柴、常林等配套;出口欧洲、美洲、东南亚

★山东临朐县沂峰气缸套厂
地址:山东省临朐县纸坊工业园
邮编:262602
电话:0536/3497573
传真:3497573
单位人数:120
质量体系:QS 9000
产品情况:(沂峰牌)
内燃机缸套
出口情况:出口缅甸、印尼、马来西亚、泰国等东南亚国家

★康跃科技股份有限公司
地址:山东省潍坊市寿光开发区
邮编:262711
电话:0536/5583066
传真:5677888
网址:www.chinakangyue.com
电子信箱:kangyue@chinakangyue.com
质量体系:ISO/TS 16949、ISO 9001
产品情况:(康跃牌)
涡轮增压器
配套及出口情况:为潍柴动力、一汽大柴、一汽锡柴、东风朝柴、玉柴、北汽福田、云内、天津珀金斯、上柴等几十家主

机厂配套;出口美国、印度、俄罗斯、乌克兰等国家

★盖茨胜地汽车水泵(烟台)公司
地址:山东省烟台市经济技术开发区嘉陵江路51号
邮编:264006
电话:0535/6384550、6383361
传真:6385997
电子信箱:sales@ winhere. cn
质量体系:ISO/TS 16949
产品情况:汽车发动机冷却水泵,年产200万台

★烟台路通集团
地址:山东省烟台市经济技术开发区嘉陵江路1号
邮编:264006
电话:0535/6399627、6399619
传真:6386120、6386120
网址:www. lutonggroup. com
电子信箱:busi@ LutongGroup. com
单位人数:300
质量体系:ISO/TS 16949、QS 9000
产品情况:汽车、摩托车用铝合金精密铸造模具及铸件、汽车水泵
配套情况:为湖柴等配套

★大丰工业(烟台)有限公司
地址:山东省烟台市经济开发区广州路42号
邮编:264006
电话:0535/6952996、6952998
传真:6372178
网址:www. taihonet. com
电子信箱:taiho@ taihonet. com
单位人数:420
质量体系:ISO/TS 16949
产品情况:(春生牌、大丰牌)
各种汽车发动机用轴瓦、衬套、止推片,年产能力4500万件
配套及出口情况:为东风康明斯、潍柴、大柴、上柴、杭发、一汽丰田、广汽丰田、昌河铃木等20多家汽车及发动机制造厂配套;康明斯系列产品出口美国、东南亚等国家和地区,年出口量100万件

★上海通用东岳动力总成有限公司
地址:山东省烟台市经济开发区长江路116号
邮编:264006
电话:0535/6966666
传真:6966090
质量体系:ISO/TS 16949、VDA 6.1
产品情况:发动机总成
配套情况:为韩国大宇、上汽通用五菱配套

★天润曲轴股份有限公司
地址:山东省文登市天润路2-13号
邮编:264400
电话:0631/8982126、8982035
传真:8451761
网址:www. tianrun. com
电子信箱:zhqb@ tianrun. com
单位人数:2000
质量体系:ISO/TS 16949、QS 9000
产品情况:(天牌)
发动机曲轴
配套及出口情况:为潍柴、东风康明斯、上汽、一汽锡柴、大柴、玉柴、上柴、哈东安等配套;出口韩国、印度、土耳其、英国、意大利、日本、美国等

★乳山市内燃机配件厂
地址:山东省乳山市胜利街西首
邮编:264500
电话:0631/6639997、6621673
传真:6621569
网址:www. rsnrj. com
电子信箱:nrj@ 163169. net
质量体系:ISO/TS 16949、ISO 9002
产品情况:(鹰目牌)
气门座圈、气门导管,年产气门座800万片、气门导管600万支
配套及出口情况:为潍柴、锡柴、大柴、玉柴、杭发、重汽济南发动机、美国科勒等配套;远销50多个国家

★奥迪克不锈钢消声器有限公司
地址:山东省海阳市工业园
邮编:265100
电话:0535/3223233
传真:3227737
网址:www. audik. cn
电子信箱:audik. net@ 163. com
质量体系:ISO 9001
产品情况:消声器

★莱阳市永安散热器有限公司
地址:山东省莱阳市经济开发区南山路
邮编:265200
电话:0535/7181869、7181852
传真:7262566
网址:www. yonganautoparts. cn
电子信箱:laiyangyongan@ sohu. com
质量体系:ISO/TS 16949
产品情况:散热器、中冷器
配套情况:为福田欧曼、一汽解放、东风、重汽斯太尔、福田重工、五征集团、时风集团、凯马汽车等配套

★山东信发集团
地址:山东省莱阳市军民路中段
邮编:265200
电话:0535/7185218、7187166
传真:7185218
网址:www. sdxf. cn
电子信箱:sdxfjt2@ 126. com
单位人数:1300
质量体系:ISO/TS 16949、QS 9000
产品情况:飞轮总成、排气管、飞轮壳等

★山东华源莱动内燃机有限公司
地址:山东省莱阳市五龙北路40号
邮编:265200
电话:0535/7215050
传真:7211177
网址:www. chinalaidong. com
电子信箱:sdld888@ 126. com
法人代表:李彦章
负责人:许允和
单位人数:3407
质量体系:ISO/TS 16949
产品情况:(莱动牌)
车用四缸柴油机,用于低速汽车及微、轻型汽车,产量16万台

★莱阳市永和发动机配件有限公司
地址:山东省莱阳市龙门东路48号
邮编:265200
电话:0535/7237782、7237786
传真:7287378
网址:www. baoshandongli. com
电子信箱:haiyongyu@ sina. com
单位人数:200
质量体系:ISO 9001
产品情况:柴油发动机汽缸体

★烟台万斯特有限公司
地址:山东省莱阳市龙门东路31号
邮编:265200
电话:0535/7291566
传真:7291772
网址:www. vast. com. cn
电子信箱:vast@ vast. com. cn
法人代表(负责人):邹忠平
单位人数:670
质量体系:ISO/TS 16949、ISO 14000
产品情况:(万斯特牌)
缸套、活塞
配套及出口情况:为庆铃、玉柴、锡柴、江淮配套;出口东南亚

★烟台富耐克汽车零部件有限公司
地址:山东省莱阳市古城路13号
邮编:265200
电话:0535/7325176、7315918
传真:7325276、7315918
网址:www. ytfnk. com
电子信箱:ytfnk@ alibaba. com. cn
单位人数:230
质量体系:ISO/TS 16949
产品情况:铝质车用水散热器、油散热器、中冷器、冷凝器、工程机械散热器、发电机组散热器、叉车散热器、农机散热器等,年产能力50万台
配套及出口情况:为山东凯马、时风集团、淄博汽车厂等配套;出口美国、加拿大、西亚等国家和地区

★烟台弘立动力机械有限公司
地址:山东省莱阳市龙虎路8号
邮编:265200
电话:0535/7328329
传真:7328008
网址:www. ythongli. cn
质量体系:ISO 9001

产品情况:发动机汽缸体、汽缸盖等,具有年产万 t 优质铸件的生产能力

★山东大柴缸体缸盖有限公司
地址:山东省莱阳市经济开发区富山路217 号
邮编:265200
电话:0535/7363558、7363720
传真:7363711
网址:www. zldcgt. com
电子信箱:webmaster@ zldcgt. com
单位人数:900
质量体系:ISO/TS 16949、ISO 9001
产品情况:(ZLDC 牌)
汽车发动机汽缸体、汽缸盖
配套及出口情况:为国内多家主机厂配套;出口中东、南美洲、东欧等地区

★莱阳市同辉散热器有限公司
地址:山东省莱阳市柏林庄工业区
邮编:265200
电话:0535/7363888、7362888
传真:7298078
电子信箱:lyjhqp@ 163. com
单位人数:220
质量体系:ISO/TS 16949、ISO 9000
产品情况:散热器

★烟台金双利散热器有限公司
地址:山东省莱阳市经济技术开发区 D 区
邮编:265200
电话:0535/7473868、7473229
传真:7473668
网址:www. ytshuangli. com
电子信箱:7473868@ 163. com
质量体系:ISO/TS 16949、ISO 9001
产品情况:(双丽牌)
各种内燃机水散热器、中冷器、暖风机,年产能力 100 万台套
配套及出口情况:为一汽集团、北汽福田、凯马公司等配套;出口美国、中东等国家和地区

★莱阳市永立精工汽车配件有限公司
地址:山东省莱阳市食品工业园
邮编:265200
电话:0535/7712368
传真:7711766
网址:www. chinayljg. com
电子信箱:chinayljg@ 126. com
单位人数:680
质量体系:ISO/TS 16949、ISO 9001
产品情况:(永立牌)
缸套,年产 200 万只
配套及出口情况:为莱动、时风、潍柴、北汽福田、黑豹等配套;出口美国、韩国、东南亚等国家和地区

★莱阳市宝山缸体缸盖有限责任公司
地址:山东省莱阳市荆山路 83 号
邮编:265202
电话:0535/7320433
传真:7320433、7328938
质量体系:ISO 9001
产品情况:(朝阳牌)
发动机汽缸盖、汽缸体
配套情况:为大柴、锡柴等配套

★烟台富士特汽车配件有限公司
地址:山东省莱阳市食品工业园黄海路7 号
邮编:265209
电话:0535/7711808、7711151
传真:7710636
网址:www. firsd. com
电子信箱:firsd@ 126. com
质量体系:ISO/TS 16949、ISO 9001
产品情况:(FIRSD 牌)
缸套、缸套组件等,年产能力 50 万只
配套及出口情况:为北汽福田配套;出口南美洲、中东、东南亚等地区

★山东烟台振宇铸业总公司
地址:山东省莱阳市经济开发区韶山路2 号
邮编:265215
电话:0535/3365922、3365810
传真:3368388、7267939
网址:www. lyzhenyu. com
电子信箱:laiyangzhenyu@ 163. com
单位人数:400
质量体系:ISO 9001
产品情况:汽车发动机汽缸体、汽缸盖等

★栖霞市银云活塞液压件有限公司
地址:山东省栖霞市商业街 931 号
邮编:265300
电话:0535/5211342、3375388
传真:5215426
网址:www. yinyun. cn
电子信箱:sales@ yinyun. cn
单位人数:1300
质量体系:QS 9000、ISO 9001
产品情况:(银云牌、牙山牌)
活塞,年产 500 万只;液压齿轮泵,年产 80 万台;机油泵,年产 15 万台
配套及出口情况:为上内、潍柴、济柴、一汽集团、锡柴、江动、莱动、东风改装厂、北汽福田配套;出口巴基斯坦、印尼、缅甸、美国、新加坡等国家

★山东天泽昌大缸盖有限公司
地址:山东省招远市蚕庄镇南
邮编:265402
电话:0535/8322173、8322174
传真:8323736
网址:www. tzcdgg. cn
电子信箱:tzcdch@ tzcdgg. cn
单位人数:1200
质量体系:ISO/TS 16949、ISO 9001
产品情况:(昌大牌)
发动机缸体、缸盖等
配套及出口情况:为一汽大柴、山东华源莱动内燃机配套;出口韩国,并销往中国台湾地区

★烟台华龙商用机器有限公司
地址:山东省烟台市福山区回里镇回里工业园
邮编:265500
电话:0535/6492009
传真:6492005
电子信箱:ythlsyjq@ sina. com
质量体系:ISO/TS 16949
产品情况:CBM 系列油车尾气净化系统
配套情况:主要面向国内和欧美的 OEM 及在用车市场

★山东省蓬莱动力机械配件厂
地址:山东省蓬莱市北关路 159 号
邮编:265600
电话:0535/5642010、5642084
传真:5642010 - 8038
网址:www. plqm. cn
电子信箱:plqm@ plqm. cn
单位人数:450
质量体系:ISO 9001
产品情况:(蓬莱牌)
内燃机进/排气门,汽车轴头
配套及出口情况:为一汽大柴、锡柴、东风朝柴、中国一拖、上柴动力、淮海、三柴、江动、潍柴、莱动等国内 20 多家主机厂配套;随主机出口 200 万对

★龙口隆基三泵有限公司
地址:山东省龙口市经济开发区
邮编:265700
电话:0535/8842175、8842648
传真:8842886
电子信箱:ljgs@ ec. com. cn
单位人数:260
质量体系:ISO/TS 16949
产品情况:(隆基牌)
汽车发动机气泵、水泵、机油泵
出口情况:水泵和机油泵出口美国

★山东康达喷油泵有限公司
地址:山东省龙口市北大街 391 号
邮编:265701
电话:0535/8517699、850010l
传真:8518741
网址:www. sdkangda. com
电子信箱:hantrade@ sdkangda. com
质量体系:ISO/TS 16949、ISO 9000
产品情况:柴油发动机高压喷油泵、喷油器、精密偶件,以及精密铸造、橡塑制品、弹簧、出口加工等
出口情况:出口美国、欧洲、东南亚等国家和地区

★龙口市四通三泵有限公司
地址:山东省龙口市海岱开发区工业园政海路
邮编:265702
电话:0535/8926776
传真:8926778
网址:www. sitongsanbeng. com

电子信箱:sitong@ sitongsanbeng. com
产品情况:汽车用水泵、空压机、喷油泵传动轴、进水连接管、机油泵等
配套情况:为大柴、锡柴、玉柴、潍柴、上柴、东风康明斯发动机配套

★龙口市大川活塞有限公司
地址:山东省龙口市烟潍路大川公司站
邮编:265703
电话:0535/8867575、8867488
传真:8862888、8867568
网址:www. dachuanpiston. cn
电子信箱:liuzh@ dachuanpiston. cn
单位人数:1000
质量体系:ISO/TS 16949、ISO 9001
产品情况:(大川牌、百川牌)
汽车、摩托车、压缩机、气泵、空调压缩机及其他通用机械活塞
配套及出口情况:为隆基三泵、吉林富奥制泵、江苏江动集团、廊坊美联制动、奉化天风、柳州机械、重庆宗申、济南轻骑等厂家配套,是美国 CARRIER 压缩机公司,TRANE 压缩机公司、日本的 PEER 的合作伙伴;部分产品出口

★龙口市龙工泵业科技有限公司
地址:山东省龙口市开发区小孙家村
邮编:265703
电话:0535/8868495
传真:8867409
网址:www. chinarongzan. com
电子信箱:webmaster@ chinarongzan. com
质量体系:ISO/TS 16949
产品情况:(荣赞牌)
空压机、水泵、机油泵、皮带张紧轮、驱动装置总成、制动泵、提前器、输油泵等

★华东泵业制造有限公司
地址:山东省龙口市经济开发区沙埠于南
邮编:265716
电话:0535/8889226
传真:8889608
单位人数:110
质量体系:ISO/TS 16949、ISO 9001
产品情况:(顺海牌、信奥牌)
汽车用水泵、机油泵、气泵等

★龙口中宇机械有限公司
地址:山东省龙口市北马镇大陈家
邮编:265717
电话:0535/8981156、8981106
传真:8981156
网址:www. lkzy. com
电子信箱:longkouzhongyu@ 163. net
单位人数:486
质量体系:ISO/TS 16949
产品情况:IVECO 系列、480QA 系列、490QA 系列、4JBI 系列汽车风扇离合器,助力真空泵,自励磁超低速发电机等
配套及出口情况:为南京依维柯、北汽福田、郑州宇通、中通客车、烟台舒驰、丹东黄海、安徽安凯、北奔重汽、一汽、东风、陕汽、北京尼奥普兰、北京公交、济南公交、上柴、扬柴、全柴、朝柴、常柴、莱动、扬动、云内、潍柴等汽车厂、发动机厂配套;制动片产品出口南美洲、北美洲、东南亚、欧洲,出口量已占总产量的 60% 以上;离合器出口俄罗斯,输油泵出口意大利

★龙口市通力汽车配件有限公司
地址:山东省龙口市牟黄路与府西二路交汇
邮编:265718
电话:0535/8665888、8665999
传真:8665387、8660861
网址:www. cepete. com
电子信箱:cepete@ vip. 163. com
单位人数:450
质量体系:ISO/TS 16949、QS 9000
产品情况:(CEPETE 牌)
汽车进排气系统,制动、离合系统,隔音件、隔热件、仪表控制盘、皮革橡塑装饰面罩、阻尼垫等驾驶室内外装饰,汽车工程液压系统、汽车挡泥总成、副水箱总成、玻璃升降器、橡胶制品及钢制薄壁镀铬套等
配套情况:为北汽福田、重汽集团、沈阳金杯、一汽集团、重庆铁马、吉轻、一汽红塔云南、哈轻、安徽华菱、金华青年、玉柴、江淮发动机、大连三洋等配套

★青岛建新齿圈有限公司
地址:山东省青岛市滨海路 14 号
邮编:266043
电话:0532/84812377、84823370
传真:84812377
网址:www. jianxin – gear. com
电子信箱:info@ jianxin – gear. com
单位人数:50
质量体系:ISO/TS 16949
产品情况:飞轮齿圈、飞轮总成
配套及出口情况:为潍柴、天津雷沃配套;远销美国、欧洲、东南亚等国家和地区

★青岛春泰汽车配件有限公司
地址:山东省青岛市李沧区滨海路 11 号
邮编:266043
电话:0532/84813270
传真:84825729
网址:www. qd – chuntai. com
电子信箱:info@ qd – chuntai. com
质量体系:ISO 9001
产品情况:(春泰牌)
汽车飞轮及齿圈

★青岛金环汽配制造有限公司
地址:山东省青岛市李沧区湘潭路 21 号
邮编:266043
电话:0532/84821888、84826666
传真:84811086、84827259
网址:www. jhqp. cn
电子信箱:jinhuan@ jhqp. cn
质量体系:ISO/TS 16949
产品情况:(金环牌)
年产飞轮 30 万套、齿圈 150 万支
出口情况:产品 60% 出口,主要出口美国、德国、日本、东南亚等国家和地区

★青岛征和工业有限公司
地址:山东省青岛市平度华侨科技园香港路 112 号
邮编:266061
电话:0532/83303898、83305900
传真:83303866、83303777
网址:www. chohogroup. com
电子信箱:info@ chohogroup. com
质量体系:ISO/TS 16949、ISO 9001
产品情况:(CHOHO 牌)
摩托车链条、汽车链条、工业链条、农机链条和链轮等
配套及出口情况:为轻骑铃木、钱江摩托、重庆宗申、力帆摩托、大阳摩托、北方易初等国内 50 多家摩托车生产厂家配套;出口韩国、伊朗、印尼、越南、阿联酋、希腊、尼日利亚、巴西、哥伦比亚等 10 多个国家

★青岛汽车散热器有限公司
地址:山东省青岛市虎山路 25 号
邮编:266071
电话:0532/87970036、85016718
传真:85016795、87659787
网址:www. qingdao – radiator. com
电子信箱:sales@ qingdao – radiator. com
单位人数:709
质量体系:QS 9000、ISO 9001
产品情况:(青水牌)
汽车散热器
配套及出口情况:为一汽青岛汽车厂、重汽集团济南汽车厂、济南柴油机厂、重庆发动机厂、上汽依维柯红岩、厦门金龙、柳工、郑州宇通配套;出口美国、加拿大、澳大利亚、欧洲

★青岛金泽嘉工贸有限公司
地址:山东省青岛即墨市龙泉镇石泉三路青岛汽车零部件工业园
邮编:266100
电话:0532/87088152
传真:87520575
网址:www. jinzejia. com
电子信箱:tonybai@ 126. com
单位人数:50
质量体系:ISO/TS 16949、ISO 9001
产品情况:汽车排气系统配件、汽车座椅系统配件、北美载货汽车供应过滤系统配件等
配套情况:做 OEM 二级配套

★青岛鑫安汽车零部件有限公司
地址:山东省青岛市李沧区九水路郑庄
邮编:266100

电话:0532/87602668
传真:87602508
电子信箱:xinan060103@ 163. com
质量体系:ISO 9001
产品情况:管翅式机油冷却器、膨胀水箱、水室、中冷器等

★青岛琴星汽车散热器有限公司
地址:山东省青岛市李沧区九水东路李沧工业园
邮编:266100
电话:0532/87603666、87603777
传真:87603676
网址:www. qd - sanreqi. com
电子信箱:qdqxsrq@ 163. com
质量体系:ISO 9001
产品情况:(琴星牌)
汽车散热器、中冷器、工程散热器、汽车零部件等

★靖和(中日)机械工业有限公司
地址:山东省青岛市李沧区工业园九水东路173号
邮编:266100
电话:0532/87626806
传真:87626807
电子信箱:webmaster@ qdkingcon. com
质量体系:ISO/TS 16949
产品情况:摩托车、汽车等用发动机活塞、活塞环,年产活塞1500万只、活塞环2200万组

★青岛日盛达滤清器厂
地址:山东省青岛市北部工业园内164号
邮编:266107
电话:0532/87598837、81817893
传真:88503767
质量体系:ISO 9001
产品情况:滤清器

★青岛鑫信齿圈厂
地址:山东省青岛市北万工业园
邮编:266111
电话:0532/87763907
传真:87867310
网址:www. xinbeiwang. com
电子信箱:info@ xinbeiwang. com
产品情况:(鑫北旺牌)
飞轮总成、飞轮齿圈
配套情况:为长安汽车、昌河汽车、哈飞汽车、大柴、玉柴、锡柴、朝柴、扬柴、莱动等配套

★青岛东洋热交换器有限公司
地址:山东省青岛市即墨青威北二路
邮编:266200
电话:0532/83503019、83503022
传真:87511522
网址:www. qdtoyo. com
电子信箱:qdtoyo@ public. qd. sd. cn
单位人数:211
质量体系:QS 9000、ISO 9001
产品情况:具有年产商用车散热器30万台、中冷器20万台、油冷器30万台的生产能力
配套情况:为一汽青岛汽车厂、东风汽车公司、南京汽车集团、哈飞汽车、昌河汽车、四川一汽丰田、长安汽车配套

★青岛泉江汽车配件厂
地址:山东省即墨市龙山办事处锦凰工业园
邮编:266205
电话:0532/86592568
传真:86580906、86580907
网址:www. qd - quanjiang. cn
电子信箱:lqy@ qdquanjiang. cn
质量体系:ISO/TS 16949、ISO 9001
产品情况:(泉江牌)
各种内燃机飞轮齿圈及总成,各种压力机系列、半轴套管拆装机、电动轮胎螺母拆装机、电动液压冷铆机、油压机等十几个品种的汽车检修设备
出口情况:部分产品出口

★青岛青山机械有限公司
地址:山东省青岛市店集镇
邮编:266214
电话:0532/85501778
传真:85503206
网址:www. qddachai. com
电子信箱:qddachai@ 126. com
单位人数:206
质量体系:ISO/TS 16949、ISO 9001
产品情况:(瑞星牌)
连杆总成,年产能力180万支
配套情况:为大柴、锡柴、朝柴、康明斯、杭发、洛拖、莱动、泰柴、潍柴等配套

★青岛双龙瑞达汽配制造有限公司
地址:山东省即墨市北安街道办事处双龙埠工业园
邮编:266221
电话:0532/87517072
传真:87516266
网址:www. qdslrd. com
电子信箱:info@ qdslrd. com
单位人数:80
质量体系:ISO 9001
产品情况:(双龙山牌)
汽车缸套

★青岛普天汽车配件有限公司
地址:山东省青岛市胶南铁山路138号
邮编:266400
电话:0532/88138027、88187966
传真:88183772
网址:www. hicorp. cn
电子信箱:qdptqp@ 163. com
质量体系:ISO/TS 16949、ISO 9001
产品情况:中型汽车、高档客车配套汽车燃油箱和钣金冲压件,年产1万台
配套情况:与一汽青岛、陕汽集团、北汽集团等国内主要汽车厂建立长期配套合作关系

★青岛昱方圆汽车配件有限公司
地址:山东省胶南市临港八路临港产业加工区
邮编:266413
电话:0532/87199780
传真:87199810
电子信箱:qdyfy@ 163. com
质量体系:ISO/TS 16949、ISO 9001
产品情况:油冷器、水室、散热器

★青岛茂林橡胶制品有限公司
地址:山东省青岛市胶南灵山工南街138号
邮编:266427
电话:0532/83181129、83181130
传真:83182293、83183298
网址:www. qd - jn. com
电子信箱:hanzhigang@ qd - jn. com
质量体系:ISO/TS 16949、QS 9000
产品情况:发动机油封、减振器油封、气门油封、防尘密封等
配套情况:为汽车、摩托车、内燃机、农机、液压气动、工程机械等行业企业配套

★山东海之冠工贸有限公司
地址:山东省青岛市临港经济开发区临港路588号
邮编:266431
电话:0532/87199939
传真:87199977
网址:www. haizhiguan. com
电子信箱:hzgzqq@ 163169. net
单位人数:200
质量体系:ISO/TS 16949、ISO 9001
产品情况:汽车发动机飞轮总成、飞轮齿圈、发动机各种铸造零部件
配套及出口情况:飞轮齿圈全部为国内主机厂配套;出口美洲、欧洲

★青岛双丰散热器有限公司
地址:山东省莱西市龙口东路58号
邮编:266600
电话:0532/86402267、86402268
传真:88492993、88491339
网址:www. shuangfeng - china. com
电子信箱:webmaster@ shuangfeng - china. com
单位人数:320
质量体系:ISO/TS 16949、ISO 9001
产品情况:散热器、中冷器
配套及出口情况:为一汽集团、东风汽车公司、潍柴动力、山东五征等配套;出口美国、中东、欧洲等国家和地区

★山东泰安红星机器厂
地址:山东省泰安市南外环开发区
邮编:271000
电话:0538/6200957
传真:6200957
质量体系:ISO 9001
产品情况:各种汽车散热器、暖风机等

★泰安鼎鑫冷却器有限公司
地址:山东省泰安市岱岳区大汶口石膏工业园
邮编:271000
电话:0538/8162666
传真:8160906
网址:www.sdtadx.com
电子信箱:tadx2008@126.com
单位人数:102
质量体系:ISO/TS 16949
产品情况:中间冷却器、铜质散热器、铝质散热器、工程机械散热器、汽车空调附件、铝质机油散热器、钢质机油冷却器等
配套及出口情况:为重汽集团、东风汽车公司、陕汽集团、一汽无锡太湖汽车制造厂、郑州宇通、安徽华菱、北奔重汽等配套;出口美国、加拿大、欧洲

★山东厚丰汽车散热器有限公司
地址:山东省泰安市高新技术开发区东区
邮编:271000
电话:0538/8628658、8628617
传真:8628678
网址:www.houfeng.cn
电子信箱:houfengceo@vip.163.com
单位人数:800
质量体系:ISO/TS 16949
产品情况:(厚丰牌、鲁美牌)
汽车散热器、中冷器、油散热器、工程机械散热器、汽车空调等八大门类十大系列共3000多个品种,年产量达170万台,年产能力达400万套
配套及出口情况:为一汽集团、日产汽车、广汽集团、北汽福田、奇瑞、吉利、比亚迪、北方奔驰、金龙、徐工集团等;出口美国、加拿大、澳大利亚、欧洲等14个国家和地区

★泰安东恒机械有限公司
地址:山东省泰安市邱家店镇泰东工业园
邮编:271000
电话:0538/8761588
传真:8761599
电子信箱:dongheng@263.com
质量体系:ISO/TS 16949
产品情况:汽车散热器

★山东同创汽车散热装置股份公司
地址:山东省泰安市磁窑经济技术开发区
邮编:271411
电话:0538/5823777、5610801
传真:5823777
网址:www.sd-tc.com
电子信箱:wq55777@163.com
单位人数:900
质量体系:ISO/TS 16949、QS 9000
产品情况:(TONGCHUANG牌)
汽车散热器、中冷器、冷凝器、蒸发器、冷却器、车用空调等,年产能力300万台
配套及出口情况:为一汽集团、东风汽车公司、上汽集团、北汽福田、陕汽集团、江淮汽车、重汽集团、沈阳金杯、广汽长丰、比亚迪汽车、河北中兴、东安黑豹、吉利汽车、奇瑞汽车等配套;出口美国、中东、韩国、加拿大、欧洲等国家和地区,并销往中国台湾地区

★山东亨昌精工机械有限公司
地址:山东省肥城市边院镇驻地
邮编:271605
电话:0538/3811177、3811619
传真:3811236
网址:www.precision-china.com
电子信箱:taishan519@163.com
质量体系:ISO/TS 16949、ISO 9001
产品情况:汽车水泵、机油泵、排气管、支架等汽车配件以及其他铝镁基和铜基复合材料,汽车水泵年产能力120万台

★山东鲁龙机械工业有限公司
地址:山东省肥城市汶阳镇砖舍
邮编:271606
电话:0538/3857086
传真:3857580
网址:www.l-long.com
电子信箱:sdlljt@yahoo.com
单位人数:1200
质量体系:QS 9000、ISO 9001
产品情况:(鲁龙牌)
汽车水泵、机油泵、万向节、铸铁件
出口情况:产品全部出口美国、日本、欧洲等国家和地区

★山东弘德机械工业有限公司
地址:山东省肥城市汶阳镇砖舍村
邮编:271606
电话:0538/3857138
传真:3857186
网址:www.carautohd.com
电子信箱:llgthd@yahoo.com.cn
单位人数:300
质量体系:ISO/TS 16949、QS 9000
产品情况:汽车水泵、机油泵、发动机缸盖、十字轴、万向节等
出口情况:出口欧洲、美洲

★济宁英克莱泰山散热器有限公司
地址:山东省济宁市复兴街4号
邮编:272005
电话:0537/2289889、2360411
传真:2364044、2213878
网址:www.incalcu.com
电子信箱:info@incalcu.com
质量体系:ISO 9000
产品情况:(英克莱牌)
汽车散热器
配套情况:为一汽集团等配套

★济宁远东良飞净化消声器有限公司
地址:山东省济宁市高新区济大东路远东工业园
邮编:272100
电话:0537/3152888
传真:3152889
网址:www.fareast-liangfei.com
电子信箱:sales@fareast-liangfei.com
质量体系:ISO 9001
产品情况:排气歧管、催化转换器涂装、三元催化器、排气管、消声器、装饰尾管及冲压件等
配套情况:为国内汽车厂配套

★山东麟城齿轮有限公司
地址:山东省嘉祥县麟城工贸园
邮编:272400
电话:0537/6802788、6828199
传真:6808981
网址:www.sdlccl.com
电子信箱:sdlccl001@163.com
单位人数:108
产品情况:(鲁齿牌)
汽车发动机齿轮,年综合产能60万多件
配套及出口情况:为一汽大柴、锡柴、潍柴、玉柴、上柴、江苏英田集团等主机厂配套;部分产品随主机出口十几个国家

★曲阜金皇活塞股份有限公司
地址:山东省曲阜市经济开发区发展大道金皇路
邮编:273100
电话:0537/4719619
传真:4411513
网址:www.qufupiston.com
电子信箱:xsjinhuang@126.com
单位人数:1600
质量体系:ISO/TS 16949、QS 9000
产品情况:(金皇牌)
各型号活塞
配套及出口情况:为广州大长江、钱江集团、新大洲本田、济南轻骑、重庆力帆、重庆隆鑫等配套;出口摩托车发动机及通用汽油机铝活塞,年出口额200万美元

★山东荷泽华星油泵油嘴有限公司
地址:山东省菏泽市北环路东段55号
邮编:274016
电话:0530/5115112、5332514
传真:5336278
网址:www.hezediesel.com
电子信箱:fiftdhz@hz-public.sd.cninfo.net
质量体系:ISO/TS 16949
产品情况:(合众牌、盾牌)
S系列、P系列喷油嘴偶件及总成,单缸、双缸、三缸分式喷油泵总成及柱塞、出油阀偶件等
出口情况:出口德国、意大利、瑞士、美国、东南亚等国家和地区

★临沂兴科环保有限公司
地址:山东省临沂市高新技术开发区
邮编:276017

电话:0539/8242205
电子信箱:wenxuede58@ yahoo. com
质量体系:ISO 9001
产品情况:(保全牌)
三元催化剂和汽车尾气三元催化剂

★山东连杆总厂
地址:山东省沂水县长安中路7号
邮编:276400
电话:0539/2251152、2251161
传真:2317181
质量体系:QS 9000、ISO 9001
产品情况:(沂河牌)
各式发动机连杆总成
配套情况:为一汽集团、锡柴、大柴、朝柴、北汽福田、吉利汽车、扬动、常柴、莱动等配套

★山东众力液压技术有限公司
地址:山东省沂水县经济开发区
邮编:276400
电话:0539/2251405、2218788
传真:2238166
网址:www. szh. com. cn
电子信箱:zlyeya@ 126. com
质量体系:ISO/TS 16949、ISO 9001
产品情况:油箱、油泵、油缸、举升机构及控制阀等
配套情况:与重汽集团、一汽集团、东风集团、湖北驰乐、东岳集团、福田等企业建立了良好的合作关系

★日照金港活塞有限公司
地址:山东省日照市莒县北工业园
邮编:276535
电话:0633/6820788、6820188
传真:6820188
网址:www. sdpiston. com
电子信箱:jgpiston@ 163. com
质量体系:ISO/TS 16949、ISO 9001
产品情况:(JG 牌)
活塞

★日照双港机械电子有限公司
地址:山东省日照市大连路387号
邮编:276826
电话:0633/8358380、8358388
传真:8358380
网址:www. rzsg. com
单位人数:600
质量体系:ISO/TS 16949
产品情况:内燃机铝活塞,活塞用耐磨镶圈,四组件;主要型号有480、485、490、495、4100、4102、4105、4108、4110、4112、6110等、五十铃系列、工程机械、康明斯、斯太尔
配套及出口情况:为安徽全柴、潍柴、哈尔滨东安、合肥朝柴、马勒贸易(上海)有限公司、浙江新柴配套;出口日本、印度、美国、巴基斯坦、越南、柬埔寨等国家

★枣庄市恒兴汽车配件有限公司
地址:山东省枣庄市山亭区西集镇驻地
邮编:277200
电话:0632/8519111、8515188
传真:8515222
电子信箱:zd_228@ 163. com
质量体系:ISO 9001
产品情况:油箱、液压箱、机床防护罩等
配套情况:与各大厂商配套合作

★枣庄市山亭区恒超汽车配件厂
地址:山东省枣庄市西集工业园
邮编:277223
电话:0632/8518899
传真:8511777
网址:www. sdhengchao. com
电子信箱:hengchaoqipei@ 163. com
质量体系:ISO 9001
产品情况:汽车燃油箱、油箱支架、储气筒、消声器等冲压、钣金配件

河南省

★郑州金海滤清器有限公司
地址:郑州市经济技术开发区
邮编:450016
电话:0371/66879007、65389277
传真:66879007
电子信箱:jinhai - cn@ 163. com
质量体系:ISO 9000
产品情况:(金海牌)
机油滤清器、柴油滤清器、空气滤清器等

★荥阳市银顺德内燃机配件有限公司
地址:河南省荥阳市向阳街6号
邮编:450100
电话:0371/64601652
传真:64607089
质量体系:ISO 9001
产品情况:气门座圈、导管
配套情况:为一汽集团、东风汽车公司、玉柴、朝柴、常林等配套

★荥阳市荥飞气门座圈厂
地址:河南省荥阳市金牛路1号孙子工业园
邮编:450100
电话:0371/68151678
传真:64601059
网址:www. xfqmzq. com
电子信箱:xingfeiqmzq@ 163. com
质量体系:ISO 9001
产品情况:(荥飞牌)
内燃机气门座圈
配套情况:为东风朝柴、玉柴、常柴、江淮、大柴、时风集团、淄博柴油机厂、华源莱动、新柴等10多家企业配套

★河南省荥阳市内燃机配件厂
地址:河南省荥阳市开发区龙港大道
邮编:450142
电话:0371/64695199、64855062
传真:64695188、64856568
网址:www. xingyu. ha. cn
电子信箱:xingyu@ xingyu. ha. cn
单位人数:300
质量体系:ISO 9001
产品情况:(荥宇牌)
汽车气门座圈
配套及出口情况:与十大主机厂配套;远销美洲地区

★河南省荥阳市动力机配件厂
地址:河南省荥阳市柏朵工业区
邮编:450142
电话:0371/64851132
传真:64851832
网址:www. doliji. com
电子信箱:mail@ doliji. com
单位人数:400
质量体系:ISO 9002
产品情况:(钻石牌)
气门座圈、气门导管、气门毛坯、汽缸盖等
配套及出口情况:为一汽集团、东风汽车公司、玉柴、朝柴、常林等配套;部分产品出口

★新乡航空工业(集团)新平机械公司
地址:河南省新乡市解放大道中段1号
邮编:453000
电话:0373/2026149
传真:2051032、5825600
网址:www. xhjt. com. cn
电子信箱:xhjtrlzyb@ 126. com
质量体系:ISO/TS 16949、ISO 9001
产品情况:(平原牌)
机油滤清器、燃油滤清器、空气滤清器
配套情况:为潍柴、玉柴、大柴、康明斯、曼海姆发动机、南京依维柯、宇通、金龙、山推、山工、黄河、庆铃汽车等配套

★河南新科隆汽车散热器公司
地址:河南省新乡市化工路中段
邮编:453000
电话:0373/3515618、3515600
网址:www. hnkl. com. cn
电子信箱:kelongsrq@ 163. com
质量体系:ISO/TS 16949、ISO 14001
产品情况:汽车散热器、冷凝器、蒸发器

★新乡航空工业(集团)新平机械公司
地址:河南省新乡市北干道西段31号
邮编:453002
电话:0373/2614513、2658646
传真:2639220
网址:www. xpmachine. com
电子信箱:116xinping@ 163. com
质量体系:ISO 9001
产品情况:(平原牌)
滤清器、过滤装置、消声器等

★河南平和滤清器有限公司
地址：河南省新乡市高新区化工路东段484号
邮编：453003
电话：0373/5066201、5066218
传真：5066258
网址：www.peacefilter.com
电子信箱：sale@peacefilter.com
单位人数：340
质量体系：ISO/TS 16949、ISO 14001
产品情况：（peace牌）
空气滤清器、机油滤清器、燃油滤清器及其相关产品，年产旋装滤清器375万只、燃油滤清器150万只、空气滤清器总成及滤芯200万只
配套及出口情况：为东安发动机、哈飞汽车、昌河汽车、长安汽车、上汽通用五菱、汉江、轻骑铃木、金城铃木配套；出口日本

★平原滤清器有限公司
地址：河南省新乡市解放大道中段1号
邮编：453019
电话：0373/5825600
传真：5825666
网址：www.chinafilter.com.cn
单位人数：701
质量体系：ISO/TS 16949
产品情况：（平原牌）
车用（内燃机）机油滤清器、燃油滤清器、空气滤清器、颗粒捕集器
配套情况：机油滤清器为潍柴、庆铃、依维柯、长城、康明斯、山推、大柴等配套，1300万件/年；燃油滤清器为长城、潍柴、南汽、庆铃、江铃、华柴、郑州日产等配套，400万件/年；空气滤清器为山推、陕汽、宇通、金龙、上柴、潍柴、江铃、江淮等配套，500万套/年

★河南中轴德汇汽车部件股份公司
地址：河南省焦作市高新区南海路西段
邮编：454003
电话：0391/3265688、3565637
传真：3565699
网址：www.zzdhat.com
电子信箱：zzdh@chinazzdh.com
单位人数：860
质量体系：ISO/TS 16949、ISO 9001
产品情况：（中轴牌）
发动机凸轮轴、缸套和车架、车桥等
配套及出口情况：为潍柴、韩国大宇、斯太尔、大柴、玉柴、宇通、陕汽、中国一拖、中通、中集华俊、江铃、长城、一汽海马、奇瑞、吉利、华晨等配套；出口奥地利、韩国、英国、加拿大、美国等国家

★河南中轴集团有限公司
地址：河南省焦作市建设东路137号
邮编：454003
电话：0391/3933051、3901689
传真：3938456
网址：www.zzjt.com
电子信箱：zzjt@zzjt.com
单位人数：2851
质量体系：ISO/TS 16949、ISO 9001
产品情况：（中轴牌）
凸轮轴、模锻件、车桥、车架、传动轴、缸套、半轴、转向节、花键齿轮轴、铸件等
出口情况：出口美国、英国等国家

★河南万盛缸套有限公司
地址：河南省济源市思礼工业区678号
邮编：454650
电话：0391/6768666
传真：6768018
质量体系：ISO/TS 16949、ISO 9002
产品情况：缸套

★河南省中原活塞有限公司
地址：河南省孟州市梧桐南路288号
邮编：454750
电话：0391/8161717、8106002
传真：8162166
网址：www.zypiston.com
电子信箱：zhongyuan@zypiston.com
质量体系：ISO/TS 16949、VDA 6.1
产品情况：（河阳牌）
年产发动机活塞260万只、各类四组件100多万套
配套及出口情况：为20多家主机厂配套；出口美国、英国、俄罗斯、智利、东南亚等国家和地区

★河南省中原内配股份有限公司
地址：河南省孟州市韩愈大街146号
邮编：454750
电话：0391/8190221、8192651
传真：8192423
网址：www.hnzynp.com
电子信箱：zynp@hnzynp.com
单位人数：3686
质量体系：ISO/TS 16949、VDA 6.1
产品情况：（河阳牌）
内燃机汽缸套
配套及出口情况：是美国福特、通用、克莱斯勒、美国康明斯、德国奔驰全球采购系统的发动机零部件企业，并配套东风康明斯；部分产品出口

★河南中原吉凯恩气缸套有限公司
地址：河南省孟州市西虢工业园
邮编：454750
电话：0391/8518598
传真：8518599、8518596
网址：www.gknchina.com
电子信箱：Hongjinfeng@gknzhongyuan.com
质量体系：ISO/TS 16949
产品情况：中型货车及工程机械汽缸套

★安阳市文峰缸套有限责任公司
地址：河南省安阳市文峰区相四路东段
邮编：455000
电话：0372/2964977
传真：2512716
网址：www.wfgangtao.com
电子信箱：info@wfgangtao.com
质量体系：ISO 9001
产品情况：钢质薄壁镀铬汽缸套

★林州市万泉水箱有限责任公司
地址：河南省林州市临淇工业园万泉大道1号
邮编：456575
电话：0372/6716666、6739999
传真：6735555
网址：www.lzwqsx.com
电子信箱：lzwqsx@163.com
质量体系：QS 9000、ISO 9001
产品情况：各式散热器、中冷器

★河南省扶沟隆力汽缸盖有限公司
地址：河南省扶沟县刘岗西路36号
邮编：461300
电话：0394/6220126
传真：6231013
网址：www.hnfgll.com
电子信箱：fg@hnfgll.com
单位人数：236
质量体系：ISO 9001
产品情况：（扶缸牌）
汽缸盖
出口情况：远销中东地区

★华瑞动力机械有限公司
地址：河南省扶沟县迎宾大道86号
邮编：461300
电话：0394/6228030
传真：6225160
电子信箱：huaruijijie@126.com
单位人数：356
质量体系：ISO 9001
产品情况：发动机汽缸盖

★河南天誉动力机械有限公司
地址：河南省扶沟县城文化东路28号
邮编：461300
电话：0394/6228966
传真：6227216
网址：www.hntydl.com
电子信箱：hntydl@hotmail.com
单位人数：720
质量体系：ISO/TS 16949、ISO 9001
产品情况：（天誉牌）
发动机汽缸盖、汽缸体，汽车车桥，精密铸件
配套情况：为广西玉柴、洛阳一拖、中国重汽集团配套

★扶沟县高合金铸造缸盖有限公司
地址：河南省扶沟县花园一路2号
邮编：461300
电话：0394/6235022
传真：6236786

网址:www. tqqgg. com
电子信箱:tqqgg@ sina. com
质量体系:ISO 9001
产品情况:(桐丘(TongQiu)牌)
汽车发动机汽缸盖

★河南省扶沟县锐力气缸盖有限公司
地址:河南省扶沟县纱厂路30号
邮编:461300
电话:0394/6302098
传真:6228612
单位人数:200
质量体系:ISO/TS 16949
产品情况:柴油发动机汽缸盖

★扶沟县大柴动力机械有限公司
地址:河南省扶沟县工业园区18号
邮编:461300
电话:0394/6331388、6331988
传真:6331388
单位人数:460
质量体系:ISO/TS 16949、ISO 9001
产品情况:发动机缸体、缸盖

★扶沟恒力缸盖有限公司
地址:河南省扶沟县大新镇工业园区
邮编:461322
电话:0394/6384168
传真:6393076
网址:www. hengligg. com
电子信箱:hengligg@ yahoo. com. cn
单位人数:800
质量体系:ISO 9002
产品情况:汽缸盖、机体、飞轮壳、过桥箱、齿轮室、中后桥减壳、离合器壳等
出口情况:部分产品出口北非、欧洲、美洲

★信阳贝恩银光活塞销有限公司
地址:河南省信阳市工区路669号
邮编:464000
电话:0376/6596391
传真:6596059
质量体系:ISO/TS 16949
产品情况:(银光牌)
发动机活塞销
配套情况:为一汽集团、一汽大柴、一汽－大众、朝柴、神龙汽车、东风康明斯、东风本田、天津一汽丰田、奇瑞汽车、航天三菱、沈阳新光、江西五十铃、长城汽车、北汽福田、杭发、柳发、上柴、东安动力、中国一拖、成都云内、华源莱动等配套

★河南省万通连杆总厂
地址:河南省项城市莲花西路北段
邮编:466200
电话:0394/4436413
传真:4436726
网址:www. wantongliangan. com
电子信箱:wtlgzc@ 163. com
质量体系:ISO/TS 16949、ISO 9001
产品情况:连杆总成、油嘴、油泵、喷油器总成等

★河南省华瑞连杆总厂
地址:河南省周口市项城市光武区68号
邮编:466200
电话:0394/4561166
传真:4561166
网址:hnhrlg. zgqpc. com
单位人数:185
质量体系:ISO 9001
产品情况:连杆总成、油嘴、油泵、喷油器总成

★河南省豫东连杆总厂
地址:河南省项城市工业区78号
邮编:466239
电话:0394/4565228
传真:4565966
网址:www. ydlgzc. cn
电子信箱:info@ ydlgzc. cn
单位人数:185
质量体系:ISO 9001
产品情况:内燃机连杆,年产能力160万支
出口情况:远销东南亚等地区

★一拖(洛阳)柴油机有限公司
地址:河南省洛阳市涧西区建设路154号
邮编:471004
电话:0379/64967533、64967347
传真:64966764
网址:cyj. ytogroup. com
电子信箱:ytcyjchk@ 163. net
质量体系:ISO/TS 16949、ISO 9001
产品情况:东方红 LR150 系列柴油机,年销售额2.5亿元

★洛阳古城机械有限公司
地址:河南省洛阳市洛龙科技园区
邮编:471023
电话:0379/65597999、65595988
传真:65599688
网址:www. lygcm. com
电子信箱:lygcm01@ 163. com
单位人数:1200
质量体系:ISO/TS 16949、ISO 9001
产品情况:制动盘、制动钳及支架,发动机缸体、缸盖、进排气管等铸件
配套及出口情况:为一汽集团、天汽、南京汽车集团、哈飞汽车、奇瑞汽车、长安汽车、五菱等配套;出口欧洲、美洲

★河南柴油机集团有限责任公司
地址:河南省洛阳市中州西路173号
邮编:471039
电话:0379/64076002、64076289
传真:64225395、64214287
网址:www. hnd. com. cn
电子信箱:407fuwuke@ 163. com
单位人数:2925
产品情况:234、236、604B/620等系列柴油机,广泛应用于石油钻采、特种车辆、船舶、水利、邮电、工程机械等领域
出口情况:出口欧洲、亚洲、非洲、南美洲等16个国家和地区

★洛阳百成内燃机配件有限公司
地址:河南省洛阳市孟津县白鹤工业区
邮编:471112
电话:0379/67866211、67866583
传真:67866585
单位人数:1650
质量体系:ISO/TS 16949、ISO 9001
产品情况:(百成牌)
汽缸套,年产800万只

◉ 河南省西峡汽车水泵股份有限公司

地址:河南省西峡县工业大道299号
邮编:474500
电话:0377/69662240
传真:69661716
网址:www. xixia－waterpump. com
电子信箱:xsb@ xixia－waterpump. com
法人代表:孙耀志
负责人:孙耀忠
单位人数:2300
质量体系:ISO/TS 16949、ISO 14001
产品情况:(飞龙牌)
汽车水泵,分重、中、轻、轿、微五大系列500多个品种;排气管,200多个品种;进气歧管,30多个品种
配套及出口情况:为上海大众、一汽－大众、神龙公司、上海通用、上汽通用五菱、一汽海马、上海汽车、奇瑞、东安、天内、沈阳三菱、江淮、江铃、长城汽车、北汽福田康明斯、陕汽康明斯、重庆康明斯、吉利、玉柴、潍柴、上柴、锡柴、大柴、朝柴、天津雷沃、洛拖、北汽福田等30余家企业配套,并进入美国康明斯、德国道依茨、意大利菲亚特、韩国斗山等汽车公司的全球采购体系;出口美国、德国、意大利、韩国、英国等国家

★西峡县内燃机进排气管有限公司
地址:河南省西峡县工业园区
邮编:474550
电话:0377/69662516、69677588
传真:69669196
网址:www. xipai. com. cn
电子信箱:xpqgc@ vip. 163. com
单位人数:1160
质量体系:ISO/TS 16949、ISO 9002
产品情况:(劲派牌)
发动机进、排气管,年产100万支
配套情况:主要客户有潍柴、一汽－大众、南京依维柯、神龙汽车、杭发、上柴、玉柴、一汽锡柴、奇瑞汽车、重庆康明斯发动机、渭阳动力、绵阳新晨动力、长城内燃机、万丰车业、上海华普发动机、言奥汽车、华晨金杯、华柴动力、扬动、一汽海马、哈尔滨东安动力、昆明云内动

力、榆次新天地发动机、重庆康明斯、沃尔沃汽车、PSA 集团

湖北省

★武汉恒勇动力配件有限公司
地址:武汉市汉口青年路 476 号
邮编:430000
电话:027/85619990、85607770
传真:65659990
网址:www.zyychina.com
电子信箱:seehy@163.net
质量体系:ISO 9000
产品情况:(ZYY 牌)
汽油机、柴油机活塞环
出口情况:出口南亚、中东、非洲等地区

★武汉全威活塞环有限公司
地址:武汉市汉口解放大道 1328 号
邮编:430010
电话:027/82740097、82740096
传真:82740317
网址:www.quanweipr.com.cn
质量体系:QS 9000、ISO 9001
产品情况:活塞环
出口情况:出口东南亚、欧洲、美洲等地区

★欧麦迪机械工业有限公司
地址:武汉市建设大道 645 号
邮编:430015
电话:027/83649117
传真:51521176
网址:almighty.en.gasgoo.com
质量体系:ISO/TS 16949、ISO 9001
产品情况:汽缸套、活塞及组件、活塞环、进排气门、轴瓦、缸垫、密封件及大修包、三滤

★武汉百事得机械有限公司
地址:武汉市江汉区发展大道 227 号华薇商厦 1-402
邮编:430023
电话:027/65650720、85607860
传真:85609987
网址:www.whbest.com.cn
电子信箱:whbestco@yahoo.com
质量体系:ISO/TS 16949
产品情况:(佰事得牌)
汽车活塞环
出口情况:出口南美洲、中东、非洲、东南亚

★武汉园动活塞有限公司
地址:武汉市硚口区古田一路长丰科技园西区 5 号
邮编:430035
电话:027/59522958
传真:59522958
网址:www.wh-yuandong.com
电子信箱:wh-yuandong@126.com
质量体系:ISO 9001
产品情况:镶圈活塞、油冷活塞、钢顶铝裙组合活塞、康明斯系列活塞、卡特彼勒活塞、E150、E160、Z170 系列活塞等

★武汉塑料工业集团股份有限公司
地址:武汉市经济技术开发区工业区
邮编:430056
电话:027/59405200、59405206
传真:59405210
网址:www.wuhanplas.com.cn
单位人数:1052
质量体系:ISO/TS 16949、ISO 9000
产品情况:汽车塑料燃油箱、汽车油管、通风管、管接头、塑料保险杠、车门防水衬垫、汽车座椅塑料件、汽车车门锁塑料件等
配套情况:为神龙汽车、东风汽车公司、奇瑞汽车等汽车厂配套

★康明斯燃油系统(武汉)有限公司
地址:武汉市经济技术开发区科技园东路 1 号
邮编:430056
电话:027/68847188、68847040
传真:68847000
网址:www.cummins.com.cn
产品情况:康明斯共轨燃油泵、CELECT 喷油器、燃油泵等柴油发动机燃油系统产品和相关零部件
配套及出口情况:为东风康明斯 ISL 8.9 L、ISZ13L 和西安康明斯 ISM11L 全电控柴油机配套;出口亚洲、拉丁美洲、欧洲等国际市场

★理研汽车配件(武汉)有限公司
地址:武汉市经济技术开发区 2 号工业区 38MD
邮编:430056
电话:027/84229286
传真:84229381
网址:www.riken-wh.com.cn
电子信箱:rik@riken-wh.com.cn
单位人数:259
质量体系:ISO/TS 16949、ISO 14001
产品情况:活塞环、阀门座、气门调整垫片、气门挺杆、密封环、(压缩机用、动力转向器用)叶片等
配套情况:为东风本田、东风本田发动机、东风汽车、本田汽车(中国)、东风日产发动机、一汽海马、长安铃木、昌河铃木、长安汽车、长安福特马自达发动机、沈阳航天三菱发动机、一汽-大众、上汽通用五菱等配套

★武汉佛吉亚通达排气系统有限公司
地址:武汉市经济技术开发区创业二路 1 号
邮编:430056
电话:027/84893201
传真:84892261
质量体系:ISO/TS 16949、ISO 14001
产品情况:各类轿车排气系统(含催化净化装置)
配套情况:为神龙汽车、东风本田、奇瑞汽车、昌河汽车、长安福特马自达配套

★武汉亚普汽车塑料件有限公司
地址:武汉市经济技术开发区车城大道 81 号
邮编:430056
电话:027/84956803
传真:84956805
网址:www.whyapp.com
电子信箱:tanghaibo@whyapp.com
单位人数:242
质量体系:ISO/TS 16949、VDA 6.1
产品情况:塑料燃油箱、注油管、通风管等,塑料燃油箱总成年产能力 70 万套
配套情况:为神龙汽车、中誉汽车、郑州日产等配套生产供应燃油箱及注油管(装车件和备件)总成等汽车用塑料件

★湖北雷迪特汽车冷却系统有限公司
地址:武汉市汉阳经济技术开发区后官湖大道 8 号
邮编:430058
电话:027/51766228
传真:51766229
网址:www.hbrdt.com
电子信箱:hbrdt@vip.163.com
质量体系:ISO/TS 16949
产品情况:中冷器、铝焊接散热器等汽车铝热交换系统产品,年产能力 40 万套

★武汉康机科技有限公司
地址:武汉市经济技术开发区民营科技工业园南区 17 栋
邮编:430058
电话:027/84252583、84229478
传真:84220463、84229038
网址:www.kjst.com
电子信箱:root@kjst.com
单位人数:400
质量体系:QS 9000
产品情况:缸体、缸盖、曲轴、凸轮轴、连杆、活塞、轴瓦、活塞环
配套情况:为东风康明斯、玉柴、朝柴等系列配套

★武汉美嘉机械塑料有限公司
地址:武汉市洪山区张家湾
邮编:430065
电话:027/88126529
传真:88139742
网址:www.wumeca.com
单位人数:180
质量体系:ISO/TS 16949、ISO 9000
产品情况:标致 307、富康等进排气歧管,年产 10 万只

★武汉东鑫气门制造有限公司
地址:武汉市洪山区青王路 68 号

邮编:430075
电话:027/87636834
传真:87635557
质量体系:ISO/TS 16949、ISO 9001
产品情况:(手牌)
各种内燃机进/排气门,年产 300 万件
配套情况:为东风汽车发动机、东风汽车柴油发动机、东风汽车南充内燃机、柳州发动机、万都内燃机、云南内燃机等 10 多家主机厂配套

★武汉菱电汽车电子有限公司
地址:武汉市江夏纸坊马山工业园
邮编:430200
电话:027/81821900、81821977
传真:81800155、81822580
网址:www.whldqc.com
电子信箱:whldqc@163.com
质量体系:ISO/TS 16949
产品情况:汽油发动机控制单元(ECU)、自动空调控制单元(A/C)、电动转向助力控制单元(EPS)、防盗及中央门锁控制器、汽车直流变频冰箱控制器、汽车故障检测仪、自动变速器控制单元(TCM)、安全气囊系统控制单元(SRS)、防抱死制动系统控制单元(ABS)等
配套情况:为乘用车厂家开发配套各类控制单元

★武汉武配汽车零部件有限公司
地址:武汉市黄陂区滠口时代工业园
邮编:430311
电话:027/61867222
传真:61867222
网址:www.wellfar.biz
电子信箱:marketing@wellfar.biz
质量体系:ISO/TS 16949
产品情况:活塞、活塞环、缸套、轴瓦、气门等
出口情况:远销美国、加拿大、英国、德国、意大利、俄罗斯、巴西等 30 多个国家

★荆州环宇汽车零部件有限公司
地址:湖北省荆州市高新区东方大道48 号
邮编:434000
电话:0716/8332400、8331078
传真:8332401
网址:www.jzga.com
电子信箱:jzgaj@autocrankshaft.com
单位人数:1300
质量体系:QS 9000、ISO 9001
产品情况:(环宇牌)
各种发动机锻钢曲轴和球铁曲轴、各型凸轮轴、连杆、平衡轴、飞轮盘等
配套及出口情况:为一汽、东风、上汽、南汽、锡柴、玉柴、柳工、徐工、朝柴、全柴、美国福特、美国通用等配套;长期销往美国的汽车配件市场

★公安县铜套有限公司
地址:湖北省公安县郑公渡西街 55 号
邮编:434319
电话:0716/5801808、5801152
传真:5801020
网址:gatt1984.com
电子信箱:gatt2008@sina.com
单位人数:308
质量体系:ISO/TS 16949
产品情况:(荆都牌)
汽车衬套(年产 3000 万只)、轴瓦(1000 万组)、拉线(500 万根)电器(100 万只)
配套及出口情况:为东风德纳车桥、玉柴、朝柴、云内动力配套;出口轴瓦 300 万组

★湖北登峰换热器有限公司
地址:湖北省大冶市大冶大道 268 号
邮编:435100
电话:0714/8762884、8762954
传真:8761345
网址:www.hbdengfeng.com
电子信箱:sale@hbdengfeng.com
质量体系:ISO/TS 16949、ISO 9001
产品情况:(登峰牌)
管片式散热器(包括空气冷却器、氢气冷却器等)、管壳式散热器(包括滑油冷却器、淡水冷却器、加热器、冷凝器)、板翅式散热器、板式散热器等
配套及出口情况:为西门子、GE、英格索兰、IHI、库伯、瓦锡兰等配套;先后成功同西门子、GE、英格索兰、IHI、库伯、瓦锡兰等国际大公司进行了配套

★湖北华联泵业有限公司
地址:湖北省黄梅县黄梅镇五祖路 23 号
邮编:435500
电话:0713/3324493
传真:3324493
单位人数:400
质量体系:ISO 9001
产品情况:内燃机润滑油泵和冷却水泵
配套及出口情况:为朝柴、解放、玉柴、东风汽车公司配套;出口东南亚、美国等国家和地区

★湖北飞剑泵业有限公司
地址:湖北省黄梅县大胜工业园区 2 号
邮编:435500
电话:0713/3363636
传真:3363107
网址:www.hbfjby.com
电子信箱:hbfjby@vip.163.com
单位人数:180
质量体系:ISO/TS 16949、ISO 9001
产品情况:(飞剑牌)
汽车发动机冷却水泵、润滑油泵,年产 60 万只

★湖北汇信连杆轴瓦有限公司
地址:湖北省黄石市花湖开发区
邮编:436000
电话:0711/2381066
传真:2382166
网址:www.hxlgzw.com
电子信箱:hxlgzw@hxlgzw.com
质量体系:ISO 9001
产品情况:内燃机连杆、轴瓦等

★武汉巨洲汽配实业有限公司
地址:湖北省黄冈市黄州区堵城镇团贵北路 88 号
邮编:438031
电话:0713/8304888
传真:8304890
网址:www.gepiston.com
电子信箱:geauto128@yahoo.com.cn
质量体系:ISO 9001
产品情况:各种进口柴油车、工程机械活塞、活塞销、活塞环、缸套
出口情况:出口欧洲、美洲、非洲、中东、东南亚等地区,并销往中国台湾地区

★湖北威风汽车配件股份有限公司
地址:湖北省黄冈市浠水经济开发区洪山工业园 6 号
邮编:438200
电话:0713/4241230、4241748
传真:4242195
电子信箱:hbwtuz@163.com
质量体系:ISO/TS 16949
产品情况:(凸威牌)
各种汽车、柴油机、轻型车、农用车及摩托车用凸轮轴,汽车变速器轴和其他轴类产品
出口情况:出口北美洲、东南亚、欧洲等地区

★马勒三环气门驱动(湖北)有限公司
地址:湖北省麻城市将军北路特 1 号
邮编:438300
电话:0713/2933333、2913539
传真:2931313、2912126
电子信箱:tri-ring@163.net
单位人数:1980
质量体系:ISO/TS 16949
产品情况:(三环牌)
内燃机进/排气门,年产能力 1300 万支
配套及出口情况:为一汽集团、北汽福田、东风柴油机、云内、东风康明斯、神龙汽车、哈东安、长安汽车、玉柴、柳州机械厂、江西五十铃配套;出口美国、日本、欧洲等国家和地区

★襄樊航工制造有限公司
地址:湖北省襄樊市襄阳区航空路 1 号
邮编:441000
电话:0710/3122898、2829000
传真:3122818
网址:www.xfhanggong.com

电子信箱:hanggong@ xfhanggong. com
质量体系:ISO/TS 16949、ISO 9001
产品情况:(航工牌)
汽车调温器、汽车门锁
配套情况:为航空航天部航宇救生装备公司、东风汽车公司、天津一汽夏利、吉利汽车、上汽通用五菱等配套

★襄樊恒星活塞环有限责任公司
地址:湖北省襄樊市长征路18号
邮编:441000
电话:0710/3442545、3441186
传真:3441368
网址:www. xfhx. com
电子信箱:sfixed@ yahoo. com. cn
单位人数:540
质量体系:ISO/TS 16949、ISO 9001
产品情况:(恒星牌)
摩托车、汽车、通用汽油机及气泵活塞环
配套及出口情况:为建设集团、轻骑集团、易初、一汽、东风、一拖、廊坊美联、山东华盛集团等国内数十家大中型主机厂配套;出口欧洲、韩国、东南亚等国家和地区

★湖北三六一一机械厂
地址:湖北省襄樊市人民西路168号
邮编:441002
电话:0710/3117315、3114946
传真:3115264
网址:www. 3611. com. cn
电子信箱:3611czhb@ 163. com
单位人数:1234
质量体系:ISO/TS 16949、ISO 9001
产品情况:发动机支架、油底壳、进排气管、飞轮壳、油泵壳体等铝合金及铸铁产品
配套情况:为神龙汽车、东汽商用车、玉柴、东风康明斯发动机等配套

★襄樊市长源东谷实业有限公司
地址:湖北省襄樊市汽车产业开发区
邮编:441004
电话:0710/3397415、3397418
传真:3397416
网址:www. xfcydg. com
电子信箱:cydg2001@ 163. com
单位人数:1000
质量体系:ISO/TS 16949
产品情况:缸体、缸盖、飞轮壳、连杆、主轴承盖、排气管、机油泵、齿轮室、变速器壳体等
配套情况:为东风汽车公司、一汽锡柴、康明斯发动机、神龙汽车、德国道依茨、意大利依维柯配套

★东风康明斯发动机有限公司
地址:湖北省襄樊市高新技术产业开发区
邮编:441004
电话:0710/3399100、3399610
传真:3392893
网址:www. dongfengcummins. com. cn
单位人数:1900
质量体系:ISO/TS 16949、ISO 14001
产品情况:(东风康明斯牌)
康明斯B、C、L系列机械式和ISDe、ISLe系列全电控柴油发动机,B、L系列天然气发动机
配套情况:为安徽华菱、宇通客车、厦门金龙、柳工机器等配套

★江华机械有限公司
地址:湖北省襄樊市襄城区江华路10号
邮编:441021
电话:0710/3538287
传真:3530032
网址:www. 21hb. net
电子信箱:scyx - 111@ vip. 163. com
质量体系:ISO/TS 16949
产品情况:(江华牌)
汽车发动机摇臂及摇臂轴总成
配套情况:为康明斯、东风本田配套

★襄阳京泰汽配有限责任公司
地址:湖北省襄阳市春园东路汽车工业园
邮编:441101
电话:0710/2837888
传真:3337566
电子信箱:salejingtai@ 163. com
单位人数:650
质量体系:ISO/TS 16949
产品情况:飞轮壳、机油泵壳体、带轮、轮毂、水泵壳体、瓦盖
配套情况:为东风汽车、重庆红岩斯太尔等配套

★十堰弗列加科技有限公司
地址:湖北省十堰市高新技术产业开发区
邮编:442000
电话:0719/8255009、8312222
传真:8460277
网址:www. fuliejia. com
电子信箱:syfleetguard@ sina. com
质量体系:ISO 9001
产品情况:汽车滤清器

★湖北福纳车业有限公司
地址:湖北省十堰市白浪开发区东风龙门沟工业园
邮编:442000
电话:0719/8255777
传真:8255777
网址:hbfuna. com
电子信箱:13972508688@ 139. com
质量体系:ISO/TS 16949
产品情况:汽车铝合金燃油箱、铝合金储气筒
配套情况:主要供东风商用车公司、东风特种商用车、陕西重汽、三环专用汽车厂等装车配套

★十堰京凯达汽车零部件有限公司
地址:湖北省十堰市高新技术开发区白浪东路109号
邮编:442000
电话:0719/8311968
传真:8311960
网址:www. syjkd. com
电子信箱:syjkd@ sina. com
单位人数:1000
质量体系:ISO 9001
产品情况:汽车铝散热器、中冷器等,年产能力汽车铝散热器40万台、中冷器30万台

★十堰赛琦物贸有限公司
地址:湖北省十堰市白浪中路19号
邮编:442000
电话:0719/8316730、8310000
传真:8302501
网址:www. cumminsdf. com
质量体系:ISO/TS 16949、ISO 9001
产品情况:康明斯活塞、连杆、机油泵、缸盖、轴瓦、水泵、凸轮轴、叶片泵、排气歧管、气门等

★东风(十堰)汽车热交换器公司
地址:湖北省十堰市车城西路56号
邮编:442002
电话:0719/8243774、8260433
传真:8521337
网址:www. dfm - flying. com
电子信箱:dfflying@ dongfeng. net
单位人数:550
质量体系:QS 9000、ISO 9001
产品情况:(正翔牌)
汽车暖风机、散热器、中冷器、空调、橡塑制品、动力转向泵等
配套及出口情况:为东风公司主机厂(商用车公司、股份公司、客车底盘公司、云南汽车公司、杭州日产柴公司、杭州汽车公司)、北汽福田、神龙富康、长安汽车等配套;部分产品出口美国、法国、印度尼西亚

★东风(十堰)发动机部件有限公司
地址:湖北省十堰市新疆路60号
邮编:442003
电话:0719/8233487、8235001
传真:8235182
网址:www. ds9. com. cn
电子信箱:gsb@ ds9. com. cn
单位人数:560
质量体系:ISO/TS 16949、QS 9000
产品情况:(东风牌)
离合器总成、飞轮齿环总成、飞轮壳、主轴承盖、摇臂轴总成、凸轮轴、活塞销、离合器外壳、进排气管总成、系列端面板,年产离合器盖及压盘总成30万辆份、飞轮齿环总成50万辆份、离合器从动盘总成30万辆份、飞轮壳10万辆份
配套情况:飞轮齿环为东风汽车公司、康明斯、神龙、雷诺、日产配套

★东风(十堰)发动机减震器公司
地址:湖北省十堰市汉江南路40号
邮编:442011
电话:0719/8225146、8217348
传真:8665646
网址:www. dfjzq. com
电子信箱:jsjsjn@ dongfeng. net
单位人数:520
质量体系:ISO/TS 16949、ISO 14001
产品情况:发动机曲轴扭振减振器、发动机托架、转向机支架、带轮等同,具有年产6000t铸件、100万套橡胶减振器、10万套硅油减振器、80万件/支托架的生产能力
配套情况:主要客户有东风商用车、东风商用车公司发动机厂、东风乘用车、东风康明斯发动机、东风汽车公司、东风南充内燃机、奇瑞汽车、江淮发动机分公司、长城汽车、保定长城内燃机、广汽长丰动力等

★东风锻造有限公司
地址:湖北省十堰市辽宁路7号
邮编:442012
电话:0719/8236152、8780239
传真:8237814
网址:www. dffl. com. cn
电子信箱:dfdz@ dffl. com. cn
质量体系:ISO/TS 16949、QS 9000
产品情况:曲轴、连杆、齿轮等锻件,汽车主从动齿轮、前轴、半轴等成品零件,模具
配套情况:为东风汽车公司配套

★湖北通达汽车零部件(集团)公司
地址:湖北省十堰市东风大道118号
邮编:442012
电话:0719/8283808、8782043
传真:8782430
网址:www. tongdagroup. com. cn
电子信箱:tdjszx@ sykd. cn
单位人数:1219
质量体系:ISO/TS 16949、QS 9000
产品情况:(通达牌)
汽车燃油箱、汽车消声器总成、三元催化转化器、硅油风扇离合器等
配套及出口情况:为东风汽车公司、一汽集团、神龙汽车、奇瑞汽车、吉利汽车、陕汽、红金龙汽车、郑州日产、长安福特马自达配套;随整车出口

★十堰楚欣达汽车部件制造有限公司
地址:湖北省十堰市汽配城C区二栋1007号
邮编:442013
电话:0719/8301576、8316856
传真:8319755
网址:www. syxiaoshengqi. com
电子信箱:shiyanxiaoshengqi@ 126. com
质量体系:ISO/TS 16949
产品情况:消声器、进排气系统及各种底盘黑漆件
配套情况:为陕汽、东风实业、东风神宇、东风特种商用车公司、三环汽车、十堰世纪中远、十堰驰田等公司配套

★十堰耀远工贸有限公司
地址:湖北省十堰市红卫镜潭路19号
邮编:442013
电话:0719/8302960、8511150
传真:8511113
网址:www. syyaoyuan. com
质量体系:QS 9000、ISO 9001
产品情况:散热器总成、冲压件、铸造件
配套情况:为东风贝洱系统、东风渝安车辆、美驰华阳汽车制动器、东风派恩等配套

★湖北富友热系统有限公司
地址:湖北省十堰市白浪中路101号
邮编:442013
电话:0719/8311882、8462345
传真:8462345
网址:www. hbfuyongs. com
质量体系:ISO 9001
产品情况:汽车散热器、中冷器、中冷管等,年产能力5万台套
配套情况:为东风、云汽、汉阳、神宇、十通等配套

★湖北车神汽配实业有限公司
地址:湖北省十堰市经济开发区车神路6号
邮编:442013
电话:0719/8312811
传真:8302966
网址:www. sy – cs. com
电子信箱:1042395688@ qq. com
法人代表(负责人):吕自明
单位人数:50
产品情况:(车神牌)
汽车配件
出口情况:出口东南亚地区

★十堰东亚博奥工贸有限公司
地址:湖北省十堰市白浪高新技术产业开发区
邮编:442013
电话:0719/8313448、8368319
传真:8302142
网址:www. sydyba. cn
电子信箱:sydyba@ 126. com
质量体系:ISO 9001
产品情况:东风康明斯B/C系列发动机零部件

★十堰诺克里奇科技有限公司
地址:湖北省十堰市白浪开发区
邮编:442013
电话:0719/8313886
传真:8845668
网址:www. rockrich. com. cn
质量体系:ISO/TS 16949、ISO 9000
产品情况:散热器、中冷器
配套及出口情况:为东风、解放、福田、重汽集团、郑州宇通、金龙等配套;出口东南亚、中东、非洲

★十堰新日汽车零部件有限公司
地址:湖北省十堰市张湾区东环路
邮编:442013
电话:0719/8316776、8618661
传真:8618771
单位人数:100
产品情况:汽车散热器、中冷器、汽车管接头等
配套情况:与东风汽车公司、北汽福田、成都王牌、三环十通等建立合作关系

★十堰市华鹏东风科工贸有限公司
地址:湖北省十堰市白浪中路64号
邮编:442013
电话:0719/8316798、8255012
传真:8317358
质量体系:ISO 9001
产品情况:活塞、活塞环、气泵、连杆、曲轴、凸轮轴、缸套、轴瓦、输油泵、离合器盖及压盘总成等

★东风汽车有限公司专用设备厂
地址:湖北省十堰市红卫镜潭路46号
邮编:442021
电话:0719/8238225
传真:8522470
网址:www. dfzysb. com
电子信箱:master@ dfzysb. com
单位人数:980
质量体系:ISO/TS 16949、QS 9000
产品情况:(东银牌)
发动机摇臂、自卸车油缸、空气悬架、车架等汽车零部件
出口情况:出口智利、埃及、卢旺达等10多个国家和地区

★东风汽车集团股份公司动力设备厂
地址:湖北省十堰市车城西路118号
邮编:442024
电话:0719/8238324
传真:8521949
网址:www. dfmg. com. cn
电子信箱:dfzbc@ mail. dfminfo. com. cn
单位人数:500
质量体系:ISO/TS 16949、QS 9000
产品情况:汽车冷却水泵、机油泵、空压机、底盘零件及管件,年产35万套
配套情况:为东风乘用车、康明斯、神龙汽车、朝柴、扬柴、南充内燃机厂、柳州发动机厂配套

★东风(十堰)通用铸造有限公司
地址:湖北省十堰市花果路2号
邮编:442048
电话:0719/8235289、8248844
传真:8234969
网址:www. dfsy. com. cn

电子信箱:syxiezhi@ sina. com
质量体系:ISO 9001
产品情况:各种系列的泵体、支架、缸套等发动机零部件及制动钳、三角支架、管卡等以灰口铸铁、球墨铸铁、合金铸铁为主的铸件,年产6000t,产值近5000万元
配套及出口情况:为东风汽车公司配套;制动钳、三角支架、管卡等产品出口美国、澳大利亚等国家

★东风汽车有限公司商用车发动机厂
地址:湖北省十堰市新疆路15号
邮编:442049
电话:0719/8234237
传真:8234667
质量体系:ISO/TS 16949、QS 9000
产品情况:汽车发动机,年综合生产能力20余万台
配套情况:为东风汽车公司、东南汽车、宇通客车、金龙、常州依维柯等配套

★东风活塞轴瓦有限公司
地址:湖北省十堰市花果放马坪路2号
邮编:442064
电话:0719/8234184、8234966
传真:8234837、8221521
网址:www. dfap. com. cn
电子信箱:sydfpb@ sy. hb. cninfo. net
单位人数:1675
质量体系:ISO/TS 16949、ISO 9001
产品情况:(DFPB牌)
具有年产汽车发动机活塞300万只、轴瓦1000万片、活塞环2000万片、铝铸件1000t的生产能力
配套情况:为东风、康明斯、神龙汽车、玉柴、锡柴、朝柴、南内、本田、奇瑞等主要发动机及汽车厂配套

★湖北丹江口志成铸造有限公司
地址:湖北省丹江口市姚沟路104号
邮编:442700
电话:0719/5203093、5203522
传真:"52030525203522"
网址:www. djzcgs. com
电子信箱:djzcgs@ djzcgs. com
单位人数:656
质量体系:ISO/TS 16949、ISO 9001
产品情况:EQ1141飞轮总成,年产7627只

湖南省

★长沙湘立机电制造有限公司
地址:长沙市雨花区小林子冲13号
邮编:410007
电话:0731/85540584、85555277
传真:85507182
质量体系:ISO/TS 16949
产品情况:汽车水泵、化油器、电动燃油泵、暖风机等
配套情况:为柳州五菱柳机动力、江南汽车等配套

★湖南正圆动力配件有限公司
地址:长沙市雨花区树木岭路345号
邮编:410014
电话:0731/85583730、85665095
传真:85665105
网址:www. cszy. com. cn
电子信箱:hnzyxs@ vip. 163. com
单位人数:3000
质量体系:ISO/TS 16949、ISO 9001
产品情况:(正圆(CSZY)牌)
各型号活塞环、活塞
配套情况:为一汽重庆发动机厂、玉柴、一汽、上海大众、重庆汽车发动机厂、上柴配套

★湖南长丰动力有限责任公司
地址:长沙市经济技术开发区漓湘路15号
邮编:410100
电话:0731/82880786、82880770
传真:82880790、82880789
网址:www. cfpowertrain. com
单位人数:300
质量体系:ISO/TS 16949、ISO 9001
产品情况:汽油机、柴油机

★湘潭市东风曲轴制造有限公司
地址:湖南省湘潭市雨湖区高岭路7号
邮编:411000
电话:0731/58244308
传真:52370278
网址:www. crankshaft. cn
电子信箱:sales@ crankshaft. cn
单位人数:110
质量体系:ISO 9001
产品情况:内燃机曲轴,年产5万根以上
配套及出口情况:为玉柴、北内、石家庄等主机厂配套;出口30多个国家

★湖南江滨活塞公司
地址:湖南省湘潭市板塘铺
邮编:411102
电话:0731/55560032、55560001
传真:55579683、58583034
网址:www. jbpiston. com
电子信箱:jiangbinxs@ vip. sina. com
单位人数:1200
质量体系:ISO/TS 16949、ISO 9001
产品情况:发动机活塞,年产500万只
配套及出口情况:与广西玉柴、山东潍柴、杭发、重庆康明斯、南京依维柯等国内20多家企业配套;远销欧洲、美洲、东南亚等地区

★湖南威斯特汽车零配件有限公司
地址:湖南省湘潭市高新区德国工业园
邮编:411104
电话:0731/52865680
传真:52865679
网址:www. hnvast. com. cn
电子信箱:hnvast@ vip. sina. com
质量体系:ISO/TS 16949
产品情况:汽车尾气净化及排气系统

★株洲湘火炬机械制造有限责任公司
地址:湖南省株洲市芦淞区董家塅高科园创业一路
邮编:412002
电话:0731/22266710
传真:22266708
质量体系:ISO/TS 16949、QS 9000
产品情况:(工人牌、火炬牌)
各种型号的活塞销、挺杆、推杆、摇臂轴、四配套(活塞、活塞环、活塞销、缸套)等内燃机配件,汽车减振器
配套情况:为玉柴、锡柴、大柴、朝柴等配套

★南方宇航科技股份有限公司
地址:湖南省株洲市高新技术开发区天台西路1号
邮编:412002
电话:0731/28559011、28555427
传真:28559001
网址:www. nfsn. com. cn
电子信箱:sails@ nfsn. com. cn
单位人数:1000
质量体系:ISO/TS 16949、ISO 9001
产品情况:发动机缸体、缸盖,汽车电动助力转向器

★湖南安福气门股份有限公司
地址:湖南省临澧县安福汽配工业园
邮编:415200
电话:0736/5823141、5833348
传真:5823110、5808028
网址:www. afqm. com
电子信箱:anfu@ afqm. com
单位人数:900
质量体系:ISO/TS 16949
产品情况:(安福牌)
汽车发动机气门、气门座、摇臂,年产气门1000万支、气门座800万支、辅助轴50万支
配套及出口情况:为一汽-大众、上海大众、长安汽车、柳州五菱、东风康明斯、潍柴动力、东风汽车公司、玉柴、上柴、扬柴、锡柴、大柴等国内各大汽车发动机厂、内燃机厂及社会维修站提供配套;出口欧洲、美洲、中东、东南亚等地区

★湖南鑫源缸套有限责任公司
地址:湖南省津市蔡家河
邮编:415400
电话:0736/4209635、4236902
传真:4223797、4230219
网址:www. hncylinder. com
电子信箱:hnxy@ vip. 163. com
单位人数:1200
质量体系:ISO 9001

产品情况：（三鑫牌）

各种汽缸套，年产300万只以上

出口情况：出口北美、欧洲、南美、非洲、亚洲等地区

★湖南恒裕汽车零部件有限公司

地址：湖南省怀化市鸭嘴岩工业园怀黔路1号

邮编：418000

电话：0745/2828006

传真：2828949

网址：www. ringgearcn. com

电子信箱：ringgear@ 21cn. com

单位人数：200

质量体系：ISO/TS 16949、ISO 9001

产品情况：（湘园牌）

飞轮总成、飞轮齿圈、信号感应齿圈、信号感应飞轮总成，具有年产飞轮齿圈200万件、飞轮总成50万件的生产能力

配套及出口情况：为重庆康明斯、重汽济南动力、重汽杭发、潍柴动力、潍柴华丰动力，潍柴道依茨、广西玉柴，云内（昆明、成都）动力，中国一拖、东风汽车公司等数十家主机厂配套；出口北美洲、东欧、日本、东南亚等国家和地区

★湖南天雁机械有限责任公司

地址：湖南省衡阳市石鼓区合江套路195号

邮编：421005

电话：0734/8532197、8532001

传真：8532003

网址：www. tyen. com. cn

电子信箱：master@ tyen. com. cn

单位人数：1816

质量体系：ISO/TS 16949、ISO 9001

产品情况：（江雁牌）

涡轮增压器及其配件、气门及其配件、冷却风扇等，具有年产涡轮增压器40万台、气门500万支的生产能力

配套及出口情况：为玉柴、潍柴、锡柴、大柴、华北柴油机、陕西北方动力配套；出口欧洲、美洲、中东

★亚新科南岳（衡阳）有限公司

地址：湖南省衡阳市南区白沙洲

邮编：421007

电话：0734/8497580、8497568

传真：8497579、8401315

网址：www. asimco – nyc. com

电子信箱：nyc@ asimco – nyc. com

单位人数：1400

质量体系：ISO/TS 16949、QS 9000

产品情况：（南岳牌）

柴油汽车高压喷油泵总成及柱塞、出油阀偶件、凸轮轴、提前器、输油泵等配件，燃油泵室、调速器壳及发动机进气管、节温器盖、水泵进水接管、空压机缸盖等铸件

配套情况：为一汽、东风、重型三大汽车集团及全国各大骨干柴油机厂配套，并为美国康明斯公司等配套

★湖南机油泵股份有限公司

地址：湖南省衡东县城关镇北正街69号

邮编：421400

电话：0734/5223504、5232221

传真：5224853

网址：www. hnjyb. com

电子信箱：webmaster@ hnjyb. com

单位人数：1100

质量体系：ISO/TS 16949、QS 9000

产品情况：（湘江牌）

机油泵年产能力350万台、输油泵20万台、液压工程泵10万台、精密齿轮400万台、有色铸件800万t

配套及出口情况：为神龙汽车、奇瑞汽车、上海大众、一汽－大众、一汽轿车、江铃汽车、江淮汽车、天津一汽丰田、东风日产柴、吉利汽车、长城汽车、北汽福田、重汽集团、大柴、锡柴、中国一拖、潍柴等配套；出口美国、意大利、英国、日本、土耳其、巴西等国家

★邵阳神风动力制造有限责任公司

地址：湖南省邵阳市五一路53号

邮编：422001

电话：0739/5238418

电子信箱：sf21000001@ sina. com

质量体系：ISO/TS 16949、ISO 9001

产品情况：汽车用柴油机，年产320台；玉柴汽缸体，年产53245只

★湖南长丰汽车零部件有限责任公司

地址：湖南省永州市冷水滩区张家铺2号

邮编：425000

电话：0746/8456899、8456515

传真：8457056

网址：www. hncfap. com

单位人数：240

质量体系：ISO/TS 16949

产品情况：汽车燃油箱、座椅骨架、副车架、防护栏、仪表板支架、排气管、消声器等汽车金属零部件以及部分小型冲压件

配套情况：为广汽长丰内部市场、北汽福田、东南汽车、江铃汽车、杭州纳智捷、厦门金龙、山东华泰等配套

广东省

★广州光洋汽车散热器有限公司

地址：广州市白云区钟落潭镇广陈东路1388号

邮编：510000

电话：020/87410857、87410858

传真：87410856

网址：www. koyostar. com

电子信箱：koyo@ koyostar. com

质量体系：ISO 9001

产品情况：汽车散热器

出口情况：出口20多个国家和地区

★好美特电子（广州）有限公司

地址：广州市永福路8号永怡新都5楼

邮编：510095

电话：020/37625509、37625510

传真：37625519

网址：www. homotor. com

电子信箱：homotor@ 163. com

产品情况：（HOMOTOR 牌、驾驶者牌、CORVETTE 牌、PUK 牌）

电喷燃油泵、火花塞、喇叭、无骨刮水器、高压阻尼点火线、继电器、滤清器等

出口情况：远销欧洲、美洲及东南亚

★广州滤宝汽车零件制造有限公司

地址：广州市恒福路逄福汽配中心C区210号

邮编：510095

电话：020/82229310、62958012

传真：82001430

网址：www. lvbao – filter. com

电子信箱：linggelingjian@ link – filter. com

产品情况：（领格（LINK）牌）

车用滤清器

★Merit 汽车部件有限公司

地址：广州市海珠区新港东路209号

邮编：510305

电话：020/89251406、89883097

传真：89251323

网址：www. merit – ap. com

电子信箱：merit_ap@ yahoo. com. cn

质量体系：ISO/TS 16949

产品情况：缸套、活塞、活塞环、连杆、轴瓦、气门、气门导管等发动机零部件

配套情况：为沈阳三菱、玉柴、江淮汽车、哈尔滨三菱、朝柴、重庆康明斯、一汽海马、潍柴、长安铃木、东安动力、一汽客车、东风康明斯、大柴等配套

★广州市永友机动车配件有限公司

地址：广州市白云区罗冲围校园路29号罗冲尾工业区五栋

邮编：510315

电话：020/81997213、81980028

传真：81985682

网址：www. gzyog. com

电子信箱：admin@ yogauto. com

质量体系：QS 9000、ISO 9002

产品情况：（YOG 牌）

凸轮、超越离合器、摇臂、气门、气门导管、汽缸、活塞环、化油器、机油泵、空气滤清器、滚子链、曲轴齿、正时齿、轴承、链条调整器、套锁、继电器、闪光器、电喇叭、整流器、磁电机线圈、触发器、挡位显示器、制动开关、高压点火线圈、点火器、分电器、火花塞、全车线、油量计、炭刷、油箱开关、轮胎、传动链、转向轴承、驱动盘、离合蹄块、离合器、轮

毂、制动片、皮带、张紧条、缓冲胶、中轴套、油封、密封垫片等
配套情况:为大型摩托车生产企业 OEM 供货

★广州市滤特洁滤清器有限公司
地址:广州市白云区石中镇大朗工业区
邮编:510425
电话:020/86071208
传真:86070662
网址:www.leetka.com
电子信箱:webmaster@leetka.com
单位人数:200
质量体系:ISO/TS 16949
产品情况:汽车滤清器

★天律汽车滤清器有限公司
地址:广州市越秀区永福路 45 号隆福汽配城 A 区 7～9 号
邮编:510500
电话:020/83497251
传真:83497273
网址:www.tori-filter.com
电子信箱:kt@tori-filter.com
质量体系:ISO/TS 16949
产品情况:(天律牌)
各种汽车滤清器

★广州市汉景散热器实业有限公司
地址:广州市白云区石井大冈西街 33 号
邮编:510500
电话:020/86407312
传真:86407765
网址:www.gzhanjing.cn
电子信箱:info@gzhanjing.com
质量体系:ISO 9001
产品情况:散热器等
出口情况:出口美国、加拿大、澳大利亚、东南亚、中东、远东等国家和地区,并销往中国香港地区

★广州市恒美汽车散热器厂
地址:广州市永福路45号永福汽配城12档
邮编:510500
电话:020/87640335、87640229
传真:37250576
电子信箱:gz-hengmei@163.com
质量体系:ISO 9001
产品情况:汽车、工程机械及发电机用散热器、液压油箱、机油散热器
出口情况:出口美国、加拿大、澳大利亚、中东、远东、东南亚等国家和地区,并销往中国香港地区

★清远市万里丰活塞环有限公司
地址:广州市天河区粤垦路虹侨楼 B 座 1401 室
邮编:510507
电话:020/87292297
传真:87293468
网址:www.wlfpr.com
电子信箱:sale@wlfpr.com
单位人数:300
质量体系:ISO/TS 16949、QS 9000
产品情况:(万里丰(WLF)牌)
汽车及摩托车活塞环
出口情况:出口东南亚地区

★广州日锻汽门有限公司
地址:广州市经济技术开发区东区北片骏业路 79 号
邮编:510530
电话:020/82266139
传真:82266129
质量体系:ISO/TS 16949、ISO 14001
产品情况:汽车气门

★广州市安达汽车零件有限公司
地址:广州市白云区太和镇广州民营科技园内
邮编:510540
电话:020/62853550、37312375
传真:62853556
网址:www.andachina.com
电子信箱:anda@andachina.com
质量体系:ISO/TS 16949
产品情况:发动机轴瓦、衬套、止推片
配套情况:为一汽、东风、玉柴等 30 多家主机厂配套

★广州旗峰气门厂
地址:广州市沙太路金盘岭隧道北上 800 米
邮编:510540
电话:020/87431629
传真:34341190
网址:www.gzqifeng.com
电子信箱:chjacby@126.com
质量体系:ISO 9001
产品情况:进排气门等
配套及出口情况:为顺德柴油机厂、北京内燃机总厂、成都内燃机厂等配套;远销亚洲、非洲、拉丁美洲、欧洲、美国等国家和地区

★广州市东凡汽车配件有限公司
地址:广州市天河区柯木塱工业区
邮编:510620
电话:020/83599813、83599428
传真:83581560
网址:www.gzdofa.com
电子信箱:sales@gzdofa.com
质量体系:QS 9000、ISO 9001
产品情况:(东凡牌、DOFA 牌)
机油滤清器、柴油滤清器、汽油滤清器、空气滤清器、空调滤清器等

★东风本田发动机有限公司
地址:广州市黄埔区横沙广本路 111 号
邮编:510700
电话:020/62808222、62808223
传真:32387675
网址:www.dhec.com.cn
电子信箱:webmaster@dhec.com.cn
单位人数:1251
质量体系:ISO 9001、ISO 14001
产品情况:发动机总成及缸体、缸盖、等速传动轴等零部件
配套情况:产品主要用于广汽本田生产的雅阁、奥德赛、飞度及锋范系列车型

★广州市佳斌实业有限公司
地址:广州市经济技术开发区东区东雅路
邮编:510760
电话:020/61076969、82260550
传真:62952089、62663690
网址:www.jiabin.com.cn
电子信箱:gzjiabin@jiabin.com.cn
单位人数:350
质量体系:ISO/TS 16949、ISO 9001
产品情况:(金光阳牌、CK 牌、百世龙牌)
汽车、摩托车滤清器,特殊泡棉制品
配套情况:为广汽本田、广州日产、广汽丰田、上海通用、长丰猎豹、奇瑞汽车、比亚迪汽车等配套

★广州市花都东捷实业有限公司
地址:广州市花都区花山镇平山民营工业园 16 号
邮编:510800
电话:020/22962939
传真:22962938
网址:www.dong-jie.com
电子信箱:cgw@dong-jie.com
单位人数:300
质量体系:ISO/TS 16949、ISO 9001
产品情况:汽车进/排气歧管、消声器、减振器、凸缘、波纹管、制动分泵、摩托车车架、油箱、汽油罐等
出口情况:远销北美洲、欧洲、大洋洲、东南亚等地区

★广州马勒滤清系统有限公司
地址:广州市花都区东风大道东
邮编:510800
电话:020/86733388
传真:86733386
网址:www.cn.mahle.com
产品情况:汽车空气滤清系统,进气歧管、发动机罩板等
配套情况:为东风日产、广汽丰田等供货

★广州强达汽车零部件制造有限公司
地址:广州市花都区新华街办事处新街大道 1 号
邮编:510800
电话:020/86862898
传真:86862898
网址:www.gzqiangda.com
电子信箱:office@gzqiangda.com
质量体系:QS 9000、ISO 9001
产品情况:消声器,年产 1.2 万套
配套及出口情况:为广汽日野、奔马富

利(佛山)动力设备、标致汽车、中汽宏远汽车、广州客车、广州京安(日产)云豹、广州清远汽车修造厂、广西柳机微型汽车厂、南海汽车厂、上海浦东富奇汽车组装公司等配套;远销美国、欧洲、东南亚等国家和地区

★广州桑迪威汽车部件有限公司
地址:广州市花都区新华镇迎宾大道
邮编:510800
电话:020/86866600、86960800
传真:86877877
网址:www. soundrite. cn
电子信箱:soundrite - sales@ hotmail. com
质量体系:ISO 9001
产品情况:消声器、排气管

★广州市毅峰汽配制造有限公司
地址:广州市花都区汽车城综合加工区岭东路22号
邮编:510800
电话:020/86876881、86876884
传真:86876888
网址:www. yifeng - filter. com
电子信箱:co@ yifeng - filter. com
质量体系:ISO 9001
产品情况:(ASPIRE牌)
各种汽车滤清器
出口情况:出口美国、中东、东欧、非洲、东南亚等国家和地区

★广州竞标汽车零部件制造有限公司
地址:广州市花都区花山镇华侨科技工业园龙腾路6号
邮编:510880
电话:020/86788288、86788281
传真:86788280
网址:www. campiu. com
电子信箱:campiu8@ cnautopart. com. cn
质量体系:ISO/TS 16949、ISO 9001
产品情况:汽车燃油泵等

★广东坤江投资实业有限公司
地址:广东省从化市经济技术开发区广从大道18号
邮编:510900
电话:020/87819033、87813721
传真:87819013、87819033
网址:www. kunjiang. com
电子信箱:kunjiang888@ 163. net
质量体系:ISO 9001
产品情况:散热器、电子扇、散热网、灯具、钣金件及塑胶件等

★广州一通活塞环有限公司
地址:广东省增城市新塘镇冶金工业区卫山路41号
邮编:511340
电话:020/82882153、82882156
传真:61242300
网址:www. eatonring. com
电子信箱:eatonring@ 163. com
单位人数:150
质量体系:QS 9000、ISO 14001
产品情况:(FUNA牌、LIDE牌)
各种型号摩托车、汽车、柴油机活塞环
配套及出口情况:为重庆嘉陵、大阳、隆鑫、洪亮机械设备配套;出口中东,并销往中国台湾地区

★广州市海柯力汽车配件有限公司
地址:广州市经济技术开发区永和区田园路84号H、G栋
邮编:511356
电话:020/32223095、32223096
传真:32223098
质量体系:ISO/TS 16949、ISO 9002
产品情况:(HAICOLY牌)
水泵、机油泵、转向助力泵、硅油离合器、张紧轮等
出口情况:远销欧洲、美洲、亚洲、非洲等20多个国家和地区

★广州市正锐汽车配件有限公司
地址:广州市番禺区石基镇新桥泰安路92-1
邮编:511400
电话:020/39962190
传真:33961978
网址:www. pcpr. com. cn
电子信箱:pcpr1943@ yahoo. com. cn
产品情况:(PCPR牌)
各种汽车发动机活塞环
出口情况:远销欧洲、美洲、中东、东南亚地区

★广汽丰田发动机有限公司
地址:广州市南沙区市南大道6号
邮编:511455
电话:020/39396688
传真:39396689
网址:www. gtec. com. cn
产品情况:汽车发动机及配件
配套情况:为天津一汽丰田配套

★广州市金通达滤清器制造有限公司
地址:广州市番禺区沙湾镇福涌工业区
邮编:511483
电话:020/34734255、34875801
传真:34734257
网址:www. xtdfilter. com
电子信箱:tongdafilter@ 163. com
质量体系:ISO/TS 16949
产品情况:(XTD牌)
汽车空气滤清器、燃油滤清器、机油滤清器及空调滤清器,年产能力600万只
配套及出口情况:与国内多家知名企业配套;远销欧洲、美洲、日本、大洋洲、中东、非洲等50多个国家和地区

★广东法拉达汽车散热器有限公司
地址:广州市番禺区禺山西路南双玉村工业区2路北1号
邮编:511490
电话:020/39991829
传真:39991896
网址:www. kbjxr. com
电子信箱:office@ faret. cn
质量体系:QS 9000、ISO 9001
产品情况:(BEIJIXIONG牌)
汽车、农机、工程机械用铜、铝散热器,汽车暖风散热器、中冷器,摩托车散热器
出口情况:出口北美洲、南美洲、欧洲、亚太、非洲、大洋洲等60多个国家和地区,并销往中国香港、澳门、台湾地区

★广州全程车辆配件实业有限公司
地址:广州市番禺区钟村镇钟屏岔道17号
邮编:511495
电话:020/84710307
传真:84718040
网址:www. tcfco. com
电子信箱:tcfilter@ 21cn. com
单位人数:165
质量体系:ISO 9001
产品情况:汽车、摩托车空气滤清器,年产能力1500万只
配套及出口情况:三滤产品适用于台湾OEM专业重车、工程机械、汽车等;远销莫斯科、巴黎、柏林、开罗、好望角、新加坡、吉隆坡、悉尼、东京、新西兰、温哥华、纽约、墨西哥、巴西等国家和地区

★广东鑫统仕汽车散热器有限公司
地址:广东省清远市佛冈县汤塘镇106国道联和村
邮编:511600
电话:0763/4631728
传真:4632899
网址:www. 163qp. com
电子信箱:xf0815@ 163. com
质量体系:ISO 9001
产品情况:(统仕牌)
汽车散热器、小暖风、中冷器、冷凝器
出口情况:远销中东、中南美洲、尼日利亚、俄罗斯、东南亚、以色列、尼日利亚、北非等国家和地区

★邝记(清新)环保排气系统公司
地址:广东省清远市清新县山塘工业园
邮编:511848
电话:0763/5387368、5387288
传真:5387222
网址:www. muffler. com. cn
电子信箱:info@ auto - muffler. com
单位人数:300
质量体系:ISO/TS 16949、ISO 9001
产品情况:汽车排气管、消声器、催化转换器、五金制品等
出口情况:远销欧洲、美洲

★广东韶配动力机械有限公司
地址:广东省韶关市韶南大道六公里
邮编:512023
电话:0751/8261222
传真:8261211
网址:www.shaopei.cn
电子信箱:shaopei@shaopei.cn
质量体系:ISO/TS 16949
产品情况:各类发动机轴瓦、衬套、止推片、活塞环
配套情况:为国内多家主机厂配套

★广东省韶关油泵油嘴厂
地址:广东省韶关市十里亭
邮编:512031
电话:0751/8834821
传真:8834819
单位人数:585
质量体系:ISO 9001
产品情况:年产高压油泵总成120900只、喷油器总成101500只、偶件59万件

★东风本田汽车零部件有限公司
地址:广东省惠州市大亚湾经济技术开发区新寮
邮编:516085
电话:0752/5200394
传真:5200640
网址:www.dhac.cn
电子信箱:dhac@dhac.cn
单位人数:2030
质量体系:ISO 9002
产品情况:本田轿车曲轴、连杆、缸套、凸轮轴、轴承座等发动机零部件,转向节、叉臂、制动盘、前盘毂合件、轮轴等底盘零部件
配套及出口情况:为多家汽车主机厂配套;出口欧洲

★深圳沃尔卡汽车零部件有限公司
地址:广东省深圳市罗湖区金稻田路理想新城14栋407室
邮编:518000
电话:0755/26300335
传真:4008110110-802
网址:www.voolco.com
电子信箱:9222@voolco.com
质量体系:ISO/TS 16949、ISO 9001
产品情况:机油滤清器、燃油滤清器、空气滤清器
配套及出口情况:为日本三菱、日产、丰田、五十铃、马自达、本田、铃木、韩国现代、大宇、美国福特、通用、克莱斯勒、宝马、大众、沃尔沃、奔驰配套;出口美国、欧洲、东南亚等国家和地区

★深圳市东诚滤清器有限公司
地址:广东省深圳市宝安区龙华镇大浪华昌路华英达工业区
邮编:518100
电话:0755/27993351
传真:27993073
网址:www.szdcf.com
电子信箱:xunxun5_1@hotmail.com
质量体系:ISO 9002
产品情况:轿车滤清器
出口情况:出口美国、日本、德国、东南亚等国家和地区,并销往中国香港地区

★汉江机电(深圳)有限公司
地址:广东省深圳市宝安区23区大宝路1巷1号1号厂房一层
邮编:518101
电话:0755/33930695、33930696
传真:33930692
网址:www.hmecl.com
电子信箱:main@hmecl.com
质量体系:ISO/TS 16949
产品情况:电子燃油泵总成、泵芯及滤网
出口情况:远销亚洲、欧洲、南美洲等地区

★深圳市鑫得昌电子有限公司
地址:广东省深圳市龙华大浪街道办华繁路金城园工业区3栋8楼
邮编:518109
电话:0755/28072389、28176672
传真:28072563
网址:www.szxdc.net
电子信箱:szxdc@szxdc.net
单位人数:200
质量体系:ISO 9001
产品情况:汽车滤清器、喇叭

★华盛滤清器(深圳)有限公司
地址:广东省深圳市宝安区龙华街道东环二路48号
邮编:518109
电话:0755/28134938、29025188
传真:28134542、29025029
网址:www.watsun.com
电子信箱:watsun@szonline.net
质量体系:ISO/TS 16949、QS 9000
产品情况:各种滤清器,年产200万件
出口情况:出口德国、英国、俄罗斯、波兰、日本、韩国等国家

★深圳东信滤清器有限公司
地址:广东省深圳市宝安区观澜镇街道松元村荔城工业区
邮编:518110
电话:0755/28035281、28035280
传真:28035282
网址:www.jtoshin.com
电子信箱:jtoshin@163.com
质量体系:ISO 9001
产品情况:滤清器
出口情况:出口日本、美国、俄罗斯,并销往中国香港地区

★深圳益宝实业有限公司
地址:广东省深圳市宝安区沙井镇上南工业区黄埔路130号
邮编:518125
电话:0755/27295907
传真:27295902
网址:www.sanyco-china.com
电子信箱:sanyco@szonline.net
单位人数:183
质量体系:ISO/TS 16949、ISO 9001
产品情况:(LIGAO牌)
机油泵、水泵、摇臂、燃油管、进排气歧管、油底壳等铝合金及铸铁件
配套及出口情况:为上汽、东安发动机、新晨动力、上海通用、沈阳三菱、沈阳航天新光、福建华擎等主机厂配套;部分产品出口

★和瑞过滤器(深圳)有限公司
地址:广东省深圳市宝安区沙井镇后亭第三工业区北亭路11号
邮编:518125
电话:0755/33663288、33663272
传真:33663268
网址:www.towafilter.com
电子信箱:towamax@szonline.net
质量体系:ISO 14001
产品情况:(FREX牌)
汽车空气、机油、燃油、空调滤清器
配套及出口情况:为一汽海马、广汽长丰等配套;远销日本、欧洲、美洲等国家和地区

★深圳永吉滤清器有限公司
地址:广东省深圳市宝安区新安镇黄田鹤洲恒丰工业城C1栋1-4楼
邮编:518216
电话:0755/89810080
传真:89810081
网址:www.yokychina.com
电子信箱:yoky@yokyfilters.com
质量体系:ISO/TS 16949
产品情况:机油滤清器、燃油滤清器、空气滤清器、空调滤清器、特种滤清器、减振器,年产能力8000多万只

★珠海经济特区红湖消声器企业公司
地址:广东省珠海市吉大石花西路115号红湖大厦
邮编:519015
电话:0756/3330572、3364950
传真:3331596
网址:www.zhhonghu.com
质量体系:ISO 9001
产品情况:排气管总成,年产4700套;消声器总成,年产1000套;排气消声器总成,年产3.1万套
配套情况:为东风日产乘用车、宝龙等配套

★珠海光阳汽车配件有限公司
地址:广东省珠海市南屏高科技工业园
邮编:519060
电话:0756/8518389、8519633
传真:8519633

网址:www.ky－tnk.com
电子信箱:ky_tnk@sina.com
单位人数:800
质量体系:ISO/TS 16949、VDA 6.1
产品情况:汽车、摩托车汽缸体、活塞环、铝合金活塞和有色金属压铸件等
配套及出口情况:为台湾KYMCO、台湾三阳、钱江集团、轻骑集团、大长江集团、新大洲本田、江门力擎等厂家配套;出口东南亚、南美洲、中东、欧洲等地区

★东莞盛联滤清器制造有限公司
地址:广东省东莞市万汇区严屋创新路8号
邮编:523000
电话:020/37366041、37366043
传真:61025723、88812519
网址:www.shenglian－filter.com
电子信箱:shenglianfilter@yahoo.com.cn
单位人数:450
质量体系:ISO/TS 16949、ISO 9001
产品情况:(盛联牌)
空气滤清器、空调滤清器、机油滤清器、燃油滤清器等,年产能力超过800万只
出口情况:远销亚洲、欧洲、美洲多个国家和地区

★东莞市箭冠汽车配件制造有限公司
地址:广东省东莞市茶山镇超朗工业区新塘村
邮编:523000
电话:0769/81860196、81855638
传真:81860108
网址:www.janguan.com
电子信箱:janguan@126.com
质量体系:ISO/TS 16949
产品情况:(箭牌)
汽车PP、PU、环保型滤清器、空调滤清器、欧美纸芯、油箱内汽油滤清器等,年产600多万件
出口情况:远销德国、美国、加拿大、欧洲、澳大利亚、东南亚等国家和地区

★东莞宜安科技股份有限公司
地址:广东省东莞市清溪银泉工业区
邮编:523000
电话:0769/87737777
传真:87337777
网址:www.e－ande.com
电子信箱:sales@e－ande.com
单位人数:1000
质量体系:ISO/TS 16949、ISO 9001
产品情况:轻合金镁合金和铝合金发动机箱体、变速器箱体、镁转向盘、仪表盘架、镁轮毂、镁合金门体等

★东莞市罗兰汽车配件制造有限公司
地址:广东省东莞市中堂镇东泊管理区北潢路
邮编:523000
电话:0769/88181693
传真:88185363
电子信箱:0769filter@163.com
质量体系:ISO 9001
产品情况:汽车、工程机械、工业用滤清器

★东莞海德曼滤清器制造有限公司
地址:广东省东莞市万江区金龙街106号
邮编:523063
电话:0769/22183718、22183728
传真:22171065
网址:www.rongsun.com
电子信箱:rongsun@rongsun.com
质量体系:QS 9000、ISO 9001
产品情况:滤清器
出口情况:出口欧洲、美洲、日本等几十个国家和地区

★东莞市万江富通滤清器厂
地址:广东省东莞市万江大莲塘工业区
邮编:523063
电话:0769/22288798、22708300
传真:22705487
网址:www.dgfutong.com
电子信箱:dgfutong888@163.com
质量体系:ISO/TS 16949
产品情况:汽车滤清器

★东莞科达起重机械有限公司
地址:广东省东莞市企石镇清湖工业区东平村
邮编:523112
电话:0769/86769765
传真:86769769
网址:www.dgkeda.com
电子信箱:dgkdlzs@tom.com
单位人数:120
质量体系:QS 9000、ISO 9001
产品情况:(科达牌)
发动机冷却系统水管、油管、气管
配套情况:为江铃汽车、长安汽车、柳微、羊城、广汽长丰等配套

★东莞京滨汽车电喷装置有限公司
地址:广东省东莞市莞城区莞龙路段狮龙路莞城科技园
邮编:523119
电话:0769/22658230、22658160
传真:22655622
网址:www.keihin－kdg.cn
电子信箱:jingbin@keihin－kdg.com
单位人数:1114
质量体系:ISO/TS 16949、ISO 9001
产品情况:(KEIHIN牌)
进气歧管产量359213台、燃油管401976台、废气循环阀321944台、电子式节流阀118262台、空调压缩机373438台、空调送气总成155698台、电子控制单元552788台
配套及出口情况:主要客户有广汽本田、东风本田、东风本田发动机、本田(中国)、海外KEHIN－M2JAPAN;出口英国、泰国、马来西亚、印尼、印度,并销往中国台湾(电子式节流阀28440台、空调压缩机28115台、前碰传感器1146396台、侧碰传感器297560台、SRS电子控制单元187215台、电子控制单元28337台)

★东莞市旗丰消声器有限公司
地址:广东省东莞市东城区牛山东城外经工业园
邮编:523128
电话:0769/22658795、22657375
传真:22657295
网址:www.qf－muffler.com
电子信箱:qfdxsq@yahoo.com.cn
单位人数:200
质量体系:ISO 9001
产品情况:(DC牌)
汽车、摩托车消声器
配套及出口情况:主要客户有五羊－本田摩托(广州)、意大利比亚乔摩托车、东风柳汽;远销美国、欧洲、日本、东南亚等国家和地区

★富滤盛滤清器(东莞)有限公司
地址:广东省东莞市寮步镇横坑三星工业区松溪路
邮编:523400
电话:0769/81109511、81109522
传真:81109433
网址:www.filtersun.cn
质量体系:ISO 9001
产品情况:空气滤芯、机油滤芯、柴油滤芯、液压油滤芯、空调滤芯、油水分离器滤芯/总成等
出口情况:远销欧洲、美洲、日本、新加坡、澳大利亚、中东等国家和地区

★东莞通驰过滤器配件厂
地址:广东省东莞市横沥镇新园工业区41栋
邮编:523478
电话:0769/83712880、83712881
传真:83737066
网址:www.tongchi2008.com
电子信箱:tongchiwang2008@163.com
产品情况:汽车过滤器及其配件

★东莞市富特滤芯厂
地址:广东省东莞市塘厦镇环市东路东六横路
邮编:523712
电话:0769/87948866、87916866
传真:87849866
网址:www.flourishedfilter.com
电子信箱:flourished@flourishedfilter.com
质量体系:ISO 9001
产品情况:(flourished牌)
空气滤芯、机油滤芯、柴油滤芯、液

压油滤芯、油气分离滤芯、油水分离滤芯、精密滤芯、E. D. M 线切割滤芯、喷涂回收、空气净化滤芯
出口情况:出口日本、东南亚等国家和地区,并销往中国香港地区

★东莞吉旺汽车零件有限公司
地址:广东省东莞市长安镇乌沙村第六工业大道
邮编:523806
电话:0769/86068936、86068933
传真:86068932
网址:www. coolmax - way. com
电子信箱:sales@ coolmax - way. com
法人代表:刘彦狄
单位人数:300
质量体系:ISO/TS 16949、ISO 9001
产品情况:(Cryomax 牌)
汽车散热器、油冷器、中冷器
出口情况:重型载货汽车散热器出口欧洲、美洲,20000 台/年

★保捷集团东莞保泰器材厂
地址:广东省东莞市长安镇新安工业区
邮编:523881
电话:0769/85541900、85542144
传真:85542572
网址:www. boshifilter. com. cn
电子信箱:sales@ fujitoyofilter. com
质量体系:ISO/TS 16949、QS 9000
产品情况:(富士牌)
机油滤清器、空气滤清器、燃油滤清器、空调滤清器等
出口情况:出口美国、英国、加拿大、澳大利亚、韩国、日本等 40 多个国家,并销往中国台湾地区

★东莞市长安明和消声器厂有限公司
地址:广东省东莞市长安镇街口管理区横岗头村
邮编:523882
电话:0769/85314880、85398678
传真:85314668
网址:www. minghoe. com
电子信箱:gszyx@ minghoe. com
单位人数:126
质量体系:ISO/TS 16949、QS 9000
产品情况:汽车消声器、三元催化器、排气管
配套情况:为一汽海马配套

★律奥过滤器有限公司
地址:广东省东莞市东城区牛山涡岭工业园 6 号厂房
邮编:523950
电话:0769/22904159、22666845
传真:22904372、22666846
网址:www. phoenix - filter. com
电子信箱:luaofilter@ yahoo. com. cn
单位人数:300
质量体系:ISO 9001
产品情况:(动力(DL)牌)
轿车、重型车用空气滤清器、柴油滤清器、机油滤清器、空调滤清器等
出口情况:出口日本、美国、新加坡、加拿大等国家,并销往中国香港、台湾地区

★德信消声器有限公司
地址:广东省湛江市霞山区志满路华港小区 2 号
邮编:524000
电话:0759/2681979
传真:2681976
网址:www. dexin. cc
电子信箱:dexin168@ 163. net
单位人数:100
质量体系:ISO 9001
产品情况:排气管、三元催化器、消声器、波纹管等各类轿车排气系统,设计年产量为 25 万套
配套及出口情况:为北汽福田、广东福迪汽车、贵州圆通汽车等厂家配套供应消声器;远销澳大利亚、加拿大、美国、越南

★湛江德利化油器有限公司
地址:广东省湛江市赤坎海田路 27 号
邮编:524043
电话:0759/3320714、3150933
传真:3314374、3150935
网址:www. dekni. com
电子信箱:deni @ dekni. com
单位人数:1550
质量体系:ISO/TS 16949、VDA 6. 1
产品情况:(DENI 牌)
摩托车及小型汽油机化油器,年产 450 万只;汽车零部件年产值 2300 万元
配套情况:汽车零部件产品分别为澳大利亚德尔福、日产、西门子、北美福特、东风本田等多家主机厂配套

★湛江市华夏消声器有限公司
地址:广东省湛江市麻章区金川路 55 号
邮编:524094
电话:0759/2708218
传真:2708483、2708498
网址:www. zjhxm. com. cn
质量体系:ISO/TS 16949
产品情况:各类车型、各种规格的消声器
配套及出口情况:为一汽海马配套;部分产品出口

★肇庆本田金属有限公司
地址:广东省肇庆市三榕港工业加工区巩东路
邮编:526020
电话:0758/2903328、2903555
传真:2903390
网址:www. zhondaf. com. cn
电子信箱:lgh@ zhondaf. com
单位人数:1900
质量体系:ISO/TS 16949、QS 9000
产品情况:各类汽车缸盖,年产 50 多万只;各类活塞,年产 300 多万只;歧管,年产 10 万套
配套及出口情况:为广州五羊本田、大长江、广州东风本田等配套;出口日本、意大利、印度等国家

★广东肇庆动力配件有限公司
地址:广东省肇庆市巩东路
邮编:526020
电话:0758/2903373、2903892
传真:2903375
网址:www. zpa. gd. cn
电子信箱:gdzpa@ 163. net
单位人数:738
质量体系:ISO/TS 16949、QS 9000
产品情况:(鼎湖牌)
具有年产 300 万只各型发动机汽缸套、300 万只缸盖、100 万件活塞的生产能力
配套及出口情况:为玉柴、一汽大柴、北汽福田、长安汽车、长安铃木、上汽通用五菱配套,主要客户还有美国克莱斯勒、美国福特、日本丰田、日本康明斯、铃木、科勒、巴西万国、朝柴、广汽本田、哈雷、一汽海马、大柴、台湾介玮公司;出口美国、意大利等国家

★广东肇庆动力技研有限公司
地址:广东省肇庆市巩东路
邮编:526020
电话:0758/2903892
传真:2903433
网址:www. gdzpa. com
电子信箱:zpaexport@ vip. 163. com
单位人数:1500
质量体系:ISO/TS 16949、QS 9000
产品情况:发动机汽缸套、汽缸盖、链箱盖、油泵盖、水泵壳、进气歧管、制动器支架等零部件
配套情况:为克莱斯勒、福特、玉柴、广汽集团、广汽本田、海马等配套

★肇庆市丰驰精密金属制品有限公司
地址:广东省肇庆市端州一路二桥脚高速公路入口处北侧
邮编:526040
电话:0758/6193399、2550556
传真:6193398
网址:www. zqfcjm. com
电子信箱:zcqgyl@ yahoo. com. cn
单位人数:255
质量体系:ISO/TS 16949、ISO 9001
产品情况:发动机进气歧管、缸盖罩、张紧轮支架、转向器配件等铝合金零部件,整体模具及模具配件
配套情况:主要客户有广汽丰田、东风日产、广汽本田、东风本田、东风本田发动机、广汽乘用车、阿雷斯提、美国迪生

泵业等

★肇庆鸿特精密压铸有限公司
地址:广东省肇庆市鼎湖区新城北十区
邮编:526070
电话:0758/2698016
传真:2698605
电子信箱:hongteosales@ tom. com
质量体系:ISO/TS 16949、ISO 14001
产品情况:汽车发动机、变速器铝合金压铸件
配套及出口情况:为福特汽车配套;出口欧美等地区

★广州鸿图科技股份有限公司
地址:广东省高要市金渡世纪大道168号
邮编:526108
电话:0758/8512923、8512898
传真:8512996
网址:www. ght - china. com
电子信箱:office@ ght - china. com
单位人数:1013
质量体系:ISO/TS 16949、ISO 9001
产品情况:发动机箱体、箱盖,变速器、链轮室、正时齿轮室盖板、连接桥等铝合金压铸件
配套情况:为北京奔驰、法雷奥、广汽本田、东风日产乘用车、东风康明斯等配套

★广东四会实力连杆有限公司
地址:广东省四会市贞山大道中
邮编:526200
电话:0758/3324145、3334351
传真:3319124
网址:www. slconrod. com
电子信箱:kitten@ pub. zhaoqing. gd. cn
单位人数:800
质量体系:ISO/TS 16949、QS 9000
产品情况:(实力牌)
具有年产300万条连杆、10000t精密锻件的生产能力
配套情况:为玉柴、东风汽车发动机厂等配套

★ 怀集登云汽配股份有限公司

地址:广东省怀集县城登云亭
邮编:526400
电话:0758/5522482
传真:5523481、5529019
网址:www. huaijivalve. com
电子信箱:sales@ huaijivalve. com
法人代表:张弢
负责人:欧洪先
单位人数:1200
质量体系:ISO/TS 16949
产品情况:(登云牌)
产品覆盖了商用车、乘用车、赛跑车、工程机械、石油钻探、发电机、船用发动机等发动机进排气门配套及出口情况:为重庆康明斯、东风康明斯、道依茨大柴、一汽锡柴、玉柴机器、潍柴动力、东风朝柴、哈尔滨东安三菱、长安汽车、海马汽车、奇瑞汽车、江淮汽车、比亚迪汽车以及美国科勒发动机配套;出口美国、意大利、英国、日本、巴西、阿根廷、墨西哥、德国、中东及东南亚等国家和地区
☞ 详细情况请参阅彩色宣传版面

★佛山名奥弹簧开发有限公司
地址:广东省佛山市禅城区港口路22号
邮编:528041
电话:0757/88042796、83831416
传真:83831696
网址:www. meioku. com
电子信箱:yingxiaobu_123@ 163. com
法人代表:陈国强
单位人数:150
质量体系:ISO/TS 16949、ISO 9001
产品情况:发动机气门弹簧、汽车摩托车用的各类弹簧、离合器弹簧、柴油机用的弹簧、电器弹簧、各种拉扭类异型弹簧
配套及出口情况:主要为丰田汽车系列、本田汽车系列、日产汽车系列、马自达汽车系列、比亚迪汽车系列、江门大长江、广州豪进、广州大阳、重庆宗申、嘉陵本田配套;出口日本

★佛山市丰富汽配有限公司
地址:广东省佛山市禅城区华宝南路6号
邮编:528051
电话:0757/82100086
传真:82100085
网址:www. ugcff. com. cn
电子信箱:fengfu@ fengfu - foshan. com
单位人数:416
产品情况:排气歧管、消声器、三元催化转换器等
配套情况:为广汽本田配套

★佛山市锵鸣塑胶制品有限公司
地址:广东省佛山市禅城区南庄镇梧村工业区
邮编:528061
电话:0757/82528872、82528873
传真:85310555
网址:www. gdfscm. com
电子信箱:changming@ gdfscm. com
质量体系:ISO 9001
产品情况:(科朗牌)
高分子滤清器、空气滤清器、空调滤清器、机油滤清器、燃油滤清器
出口情况:远销欧洲、非洲、中东、东南亚等地区

★大宽过滤器(三水)有限公司
地址:广东省佛山市三水区西南民营科技工业园
邮编:528100
电话:0757/87705857
传真:87709361
电子信箱:sstone@ pub. foshan. gd. cn
质量体系:ISO/TS 16949、QS 9000
产品情况:机油滤清器、柴油滤清器
出口情况:出口日本、欧洲、北非等国家和地区,并销往中国台湾地区

★佛山市阿尔巴马发动机配件公司
地址:广东省佛山市秀华四路创意产业园
邮编:528213
电话:0757/82782789、82782799
传真:82782778
网址:www. albama. biz
电子信箱:paula@ albama. biz
质量体系:ISO/TS 16949、ISO 9001
产品情况:活塞、活塞环、轴瓦、汽缸套
出口情况:远销欧洲、美国、中东、东南亚等国家和地区

★佛山丰田纺织汽车零部件有限公司
地址:广东省佛山市南海区狮山镇南海科技工业园北区
邮编:528225
电话:0757/81203968、81203988
传真:81203963
质量体系:ISO/TS 16949
产品情况:汽车滤油器
配套及出口情况:为丰田汽车配套;出口欧洲、美洲、日本等国家和地区

★佛山市豹王滤芯制造有限公司
地址:广东省佛山市南海区和顺镇官和路南23号
邮编:528241
电话:0757/85114888
传真:85114999
网址:www. filter - tora. com
电子信箱:service@ filter - tora. com
质量体系:ISO/TS 16949、QS 9000
产品情况:(豹王牌)
汽车、工程机械滤清器、油封、滤芯、制动片、火花塞、皮带
出口情况:出口美国、澳大利亚、南非、丹麦、中东、东南亚等国家和地区,并销往中国香港地区

★南海和信福莱克思金属制品公司
地址:广东省佛山市南海里水和桂工业园二期顺景大道十八号
邮编:528247
电话:0757/85123196、85777009
传真:85123197、85762334
网址:www. nhhx - flex. com
电子信箱:nhhx@ 21cn. com
质量体系:ISO 9001
产品情况:汽车排气系统软管,年产量超过100万支
出口情况:远销欧洲、美洲、俄罗斯、东南亚等国家和地区

★广东省顺德市德力柴油机有限公司
地址:广东省佛山市顺德区容桂区工业路23号
邮编:528303
电话:0757/26682296、26682428
传真:26689001
网址:www.delux.com.cn
电子信箱:delux@delux.com.cn
质量体系:ISO 9001
产品情况:(德力牌、松德力牌)
立式水冷单缸柴油机
出口情况:出口东南亚、日本、欧洲、美洲、澳大利亚、俄罗斯等国家和地区

★佛山市顺德区顺发活塞厂
地址:广东省佛山市顺德区勒流镇江村工业区
邮编:528322
电话:0757/25663599、25664782
传真:25666898
网址:www.cn-shunfa.com
电子信箱:manager@cn-shunfa.com
质量体系:ISO 9001
产品情况:(奔茵牌)
内燃机铝活塞、活塞环
配套情况:为江西南昌内燃机、广东江门内燃机、韶关内燃机、湘柴柴油机、顺柴等主机厂配套

★爱三(佛山)汽车部件有限公司
地址:广东省佛山市顺德区顺德工业园北1-2
邮编:528333
电话:0757/22800582
传真:22800581
网址:www.aisan-ind.co.jp
质量体系:ISO 9001
产品情况:汽车节气门、炭罐、进/排气门、压铸件等
配套情况:为广汽丰田、广汽丰田发动机等配套

★中山市正洲汽门有限公司
地址:广东省中山市东升镇永胜工业区
邮编:528414
电话:0760/23371237、23371226
传真:22226438、23372356
网址:www.zhenzho.com
电子信箱:yanghao@zhenzho.com
单位人数:1400
质量体系:ISO/TS 16949
产品情况:(VTC牌)
气门、锁夹、弹簧座,具有年产气门3000支、锁夹6000万片、弹簧座1000万片的生产能力
配套及出口情况:为国内各大汽车、摩托车生产厂商供货;出口多个国家和地区

★东洋热交换器(中山)有限公司
地址:广东省中山市火炬开发区丹丽路8号
邮编:528437
电话:0760/85311003、85338022
传真:85335189
质量体系:ISO 9000
产品情况:热交换器

★江门长江活塞有限公司
地址:广东省江门市双龙天翔路2号
邮编:529000
电话:0750/3223192
传真:3223193
质量体系:ISO 9001
产品情况:专业制造活塞、活塞环、活塞销及扣环、连杆、火花塞等汽摩配件
出口情况:远销30多个国家和地区

★富飞净化消声器(台山)有限公司
地址:广东省台山市台城南兴路9号
邮编:529200
电话:0750/5626558
传真:5626559
网址:www.liangfei.com.tw
电子信箱:fufei-exhaust@umail.hinet.net
质量体系:ISO 9002
产品情况:汽车及摩托车消声器、排气管、三元催化器、排气歧管

广　西

★南宁八菱科技股份有限公司
地址:广西南宁市高新工业园区科德路1号
邮编:530003
电话:0771/3216538、3216528
传真:3211338
网址:www.baling.com.cn
电子信箱:guiyu@baling.com.cn
单位人数:460
质量体系:ISO/TS 16949、QS 9000
产品情况:管带式铜质或铝质热交换器产品
配套情况:为一汽解放、一汽柳州特种汽车厂、东风载重车、东风柳汽、上汽通用五菱、奇瑞汽车、长安汽车、长安铃木、徐工、柳工、玉柴、上柴等配套

★广西玉林市宇科机器配件有限公司
地址:广西玉林市玉州区岭塘工业区
邮编:537004
电话:0775/2302032-8002
传真:3835977
网址:www.yuke.net.cn
电子信箱:kechuang2007@gmail.com
单位人数:400
质量体系:ISO/TS 16949、ISO 9001
产品情况:(宇科牌)
水泵总成、飞轮及齿圈总成、齿轮室、排气管、出水管焊接件、滤清器、节温器座、空压机、冷却器、风扇轴等
配套情况:为玉柴、云内等配套

★ 广西玉柴机器股份有限公司

地址:广西玉林市天桥西路88号
邮编:537005
电话:0775/3288000、3289000
传真:3288168
网址:www.yuchai.com
法人代表:晏平
负责人:李天生
单位人数:8522
质量体系:ISO/TS 16949
产品情况:(玉柴牌)
6T、6M、6L、6G、6A、6J、4G、4A、4B、4D、4E、4F、4W等13大系列发动机
配套及出口情况:主要客户有东风商用、东风柳汽、湖北三环、福田诸城、福田长沙、江淮股份、郑州宇通、苏州金龙、厦门金龙、厦门金旅、中通客车、扬州亚星、厦工、柳工、徐工、临工、福田农装等;出口亚洲、欧洲、非洲、拉丁美洲等150多个国家和地区
☞ 详细情况请参阅彩色宣传版面

★广西玉林玉柴机器配件制造公司
地址:广西玉林市天桥路168号
邮编:537005
电话:0775/3227634、3287634
传真:3228009
网址:www.yuchai.com
电子信箱:zjls@fawtyg.com
单位人数:1000
质量体系:ISO/TS 16949、ISO 9001
产品情况:柴油机曲轴、飞轮壳、飞轮齿圈、离合器壳、转向泵体、齿轮室等
配套及出口情况:为玉柴等配套;部分产品出口

★广西玉林市永路汽车配件有限公司
地址:广西玉林市天桥西路53号金创公司仓库
邮编:537005
电话:0775/3283181
传真:3127202
质量体系:ISO 9001
产品情况:飞轮壳、离合器壳、飞轮总成、油底壳、出水管、全车垫

★广西玉柴动力机械有限公司
地址:广西玉林市天桥路168号
邮编:537005
电话:0775/3285610
传真:3286107
网址:www.yuchai.com/gyyc
电子信箱:ycdy@yuchai.cn
单位人数:800
质量体系:ISO/TS 16949
产品情况:小缸径多缸柴油机,年产能力30万台,广泛应用于轻型货车、轻客、低速汽车、拖拉机、变型拖拉机、收

获机械、小型工程机械、叉车、发电机组和船用动力等领域
出口情况:远销东南亚地区

★玉柴华原机械(玉林)有限公司
地址:广西玉林市玉柴工业园
邮编:537005
电话:0775/3287075、3813333
传真:3813111、3813222
网址:www.yuchai.com
质量体系:QS 9000
产品情况:空气、燃油、机油滤清器和内燃机配附件

★广西金创汽车零部件制造有限公司
地址:广西陆川县米场工业区
邮编:537713
电话:0775/7027496
传真:7027251
网址:www.yuchai.com
电子信箱:gxjc2006@163.com
质量体系:ISO/TS 16949、QS 9000
产品情况:油底壳、离合器壳、飞轮壳、飞轮齿圈、前盖板、飞轮总成、汽缸盖罩、轴承盖、转向器、出水管总成、各类金属模具等
配套情况:为玉柴、昆明云内动力、柳机动力、玉柴、采埃孚、河池玉动车辆、贵港福达车辆等配套

★桂林市山水交通机械有限责任公司
地址:广西桂林市翠竹路八号
邮编:541002
电话:0773/3117895、3117892
传真:3117893
质量体系:ISO/TS 16949
产品情况:汽车旋压带轮、冲压件、焊接件等
配套情况:为上汽通用五菱、柳州五菱、柳州机械厂、柳州天驰水泵配套

★桂林福达集团有限公司
地址:广西桂林市西城工业区
邮编:541100
电话:0773/3662606、3662509
传真:3662609、3662509
网址:www.glfuda.com
电子信箱:foto@gl.gx.cninfo.net
单位人数:3000
质量体系:ISO/TS 16949、ISO 9001
产品情况:(福达牌)
发动机曲轴、离合器、齿轮、变速器等汽车零部件和低速汽车,具有年产发动机曲轴70万根、汽车离合器100万套、齿轮40万件(套)、变速器5万台、低速汽车2万辆的生产能力
配套及出口情况:为东风、解放、陕汽集团、重汽、北汽、郑州日产、长城汽车、上汽通用五菱、福田、玉柴、东风康明斯、东风朝柴、上柴、昆明云内等近50家企业配套;出口美国、意大利、印度等国家

★柳州五菱柳机动力有限公司
地址:广西柳州市鸡喇路16号
邮编:545005
电话:0772/3150908
传真:3150984
网址:www.wlfdj.cn
单位人数:1600
质量体系:ISO/TS 16949、QS 9000
产品情况:(柳机牌)
0.6~2.4L排量发动机,包括摩托车发动机、微型汽车发动机、轻型汽车发动机
配套及出口情况:为上汽通用五菱、一汽海马、一汽佳宝、比亚迪福莱尔、北汽福田等整车企业配套;出口印尼、土耳其、巴基斯坦、泰国、美国

★柳州源创电喷技术有限公司
地址:广西柳州市桂柳路36号
邮编:545006
电话:0772/2619018、2635077
传真:2631578
网址:www.lzgjsy.com
电子信箱:lz-gjgs@163.com
单位人数:140
质量体系:ISO/TS 16949
产品情况:(龙头牌)
汽油机电磁阀式喷油器、电喷系统等汽车、摩托车关键零部件和热超导产品

★柳州日高滤清器有限责任公司
地址:广西柳州市鱼峰区雒容盘古工业区
邮编:545006
电话:0772/6517966
传真:6517966
网址:www.risun-filter.com
电子信箱:lzlqc@public.lzptt.gx.cn
单位人数:400
质量体系:ISO/TS 16949、ISO 9001
产品情况:机油、柴油、空气滤清器,各类滤芯,车用水泵,各种工业橡塑制品等
配套情况:为广西玉州汽车、一汽集团柳州特种汽车厂、柳州机械厂、一拖(洛阳)柴油机、昆明云内动力、一汽锡柴、广西柳发等配套

★柳州绰丰柳机内燃机有限公司
地址:广西柳州市柳江县穿山镇绰丰路1号
邮编:545107
电话:0772/7488226、7489586
传真:7489998、7489986
质量体系:ISO/TS 16949
产品情况:多型号发动机
配套情况:为上汽通用五菱配套

★柳州金鸿橡塑有限公司
地址:广西柳州市柳江县基隆开发区中杨路7号
邮编:545116
电话:0772/3258725、3252831
传真:3257900
网址:www.jinhongrubber.com
电子信箱:lzjhtyx@sohu.com
单位人数:200
质量体系:ISO/TS 16949
产品情况:汽车发动机悬置
配套情况:主要客户有一汽海马、上汽通用五菱、东风柳州、广西柳工

重庆市

★重庆江利圣特机械制造有限公司
地址:重庆市江北区大石坝二村
邮编:400021
电话:023/67932437、67078403
传真:67931221
网址:www.jansant.cn
电子信箱:office@cqjiangli.com
质量体系:ISO/TS 16949、QS 9000
产品情况:水泵总成、摇臂总成、汽缸盖罩总成、机油泵总成、悬架总成、进出水管总成、油位计总成等,年配套能力达100万台套
配套情况:为长安汽车、长安铃木、长安福特马自达、上汽通用五菱、上海比亚迪、重庆渝安、北京华泰汽车等配套

★长安发动机制造厂
地址:重庆市江北区大石坝正街1号
邮编:400021
电话:023/67933303
传真:67608737
质量体系:ISO/TS 16949、ISO 9001
产品情况:(江陵牌)
微型汽车发动机,年产能力60万台
配套情况:为长安汽车配套

★重庆汇浦液压动力制造有限公司
地址:重庆市江北区寸滩工业园17号
邮编:400025
电话:023/67092635、67093221
传真:67092635
网址:www.cqhuipu.com
电子信箱:huipu@cqhuipu.com
单位人数:300
质量体系:ISO 9001
产品情况:内燃机用机油泵、水泵、电喷燃油泵;重、中型汽车制动系统;重型汽车轮式装载机、轮式步兵战车气液联合制动系统
配套及出口情况:为东风汽车公司、柳工股份、云内动力、重汽集团、建设雅马哈、隆鑫集团、宗申集团、钱江集团等配套;出口东南亚、非洲、拉丁美洲、伊朗等20多个国家和地区

★重庆康明斯发动机有限公司
地址:重庆市沙坪坝区烈士墓壮志路

100号
邮编:400031
电话:023/65335888
传真:65315379
网址:www.cummins-cq.com
电子信箱:webmaster@cummins-cq.com
单位人数:1400
质量体系:OHSAS 18001、ISO 14001
产品情况:(康明斯牌)
康明斯N、K、M三大系列柴油发动机、发电机组及其他动力机组,年产能力15000台
配套及出口情况:适用于重型汽车、大型客车;出口产值171.57万美元

★重汽集团重庆燃油喷射系统公司
地址:重庆市沙坪坝区先锋街78号
邮编:400033
电话:023/65294642、65294499
传真:65294638
网址:www.cnhtc.net
电子信箱:cqfsc@cnhtc.cn
单位人数:830
质量体系:ISO/TS 16949
产品情况:年产PS8500系列燃油喷射泵6万台、P系列喷油器30万支、PS7100系列燃油喷射泵1万台、PT燃油泵1万台、PT喷油器7万支
配套及出口情况:为杭发、重汽集团章丘动力、玉柴、上柴、重庆康明斯、珀金斯动力(天津)等配套;喷油器用油杯出口美国

★重庆明达机车配件制造有限公司
地址:重庆市沙坪区新桥工业园
邮编:400037
电话:023/65225559
传真:65215928
网址:www.ming-da.com.cn
电子信箱:mingdaliangan@126.com
质量体系:ISO 9000
产品情况:汽车、摩托车连杆
出口情况:出口日本、印尼、越南等国家

◉ 重庆华孚工业股份有限公司

地址:重庆市沙坪坝区凤天大道18号
邮编:400038
电话:023/65202728
传真:65219459
网址:www.huafu.com
电子信箱:huafu@hfgyoa.com
法人代表:李庆安
单位人数:1050
质量体系:ISO/TS 16949
产品情况:(华孚牌)
汽车带轮系列、链轮系列、气门导管、气门阀座、齿毂、曲轴轴承盖、气门摇臂、机油泵链罩总成、进气歧管总成、同步器总成、凸轮轴总成、缸盖总成
配套及出口情况:为一汽轿车、天津一汽丰田、长安福特、上汽集团、长安集团、东风汽车、比亚迪、奇瑞、江铃、华泰、长城、上汽通用五菱等众多汽车厂家配套,2010年销售产值达到4.5亿元;出口德国、美国、日本、伊朗、巴基斯坦等国家

★重庆普耐燃气发动机有限公司
地址:重庆市九龙坡区二郎科城路留学生创业园C区2号一、二楼
邮编:400039
电话:023/68198871
网址:www.china-gasengine.cn
电子信箱:cqpncng@163.com
质量体系:ISO/TS 16949
产品情况:燃气发动机及缸盖、齿轮室、减压阀、喷气嘴总成、节气门、进气歧管、缸线、燃气滤清器、活塞、活塞环等

★百力通(重庆)发动机有限公司
地址:重庆市北部新区经开园出口加工区3路10号
邮编:400039
电话:023/86116111
传真:86116110
电子信箱:puyibs@public.cta.cq.cn
质量体系:ISO 9000
产品情况:7.35kW和11.77kW单缸风冷四冲程通用型汽油机

★重庆方圆汽摩配件有限公司
地址:重庆市北部新区
邮编:400039
电话:023/86830220、67719502
传真:67862733
网址:www.cqfoyo.com
电子信箱:lsl@cqfoyo.com
质量体系:ISO/TS 16949、ISO 9001
产品情况:汽车、摩托车、通用机械活塞环
出口情况:出口东南亚、欧洲、美洲、非洲等地区

★重庆平安滤清器有限公司
地址:重庆市高新区石新路218号附50号
邮编:400039
电话:023/89128080、89064007
传真:89064007
质量体系:ISO 9001
产品情况:(三众牌)
汽车、工程机械及设备滤清器,年产500万只
出口情况:远销东南亚地区

★重庆隆创动力有限公司
地址:重庆市九龙坡区盘龙四村69-1号
邮编:400051
电话:023/89805401、89805426
传真:89805432、89805466
网址:www.lonchon.cn
电子信箱:xxb@lonchon.cn
单位人数:1500
质量体系:ISO/TS 16949、ISO 9001
产品情况:汽车、摩托车缸盖、油冷器、机油泵、水泵、进气歧管、叶轮等,年产各类铝合金铸件1.5万t以上
配套及出口情况:为隆鑫摩托、力帆摩托、建设摩托等配套;出口北美洲、欧洲等地区

★重庆圣道滑动轴承制造有限公司
地址:重庆市巴南区鹿角工业园区凤舞街
邮编:400056
电话:023/66415186、66425958
传真:66425356、62986134
网址:www.cqbearing.com
质量体系:ISO 9001
产品情况:铜铅双金属轴承、铝基双金属轴承、自润滑复合材料轴承
出口情况:出口东南亚

★重庆华恩实业有限公司
地址:重庆市南岸区南坪双峰山工人塘
邮编:400060
电话:023/62305299、62304863
传真:62305820
电子信箱:huaen5299@tom.com
质量体系:ISO/TS 16949
产品情况:年产暖风机50万台、散热器60万台、水阀80万台
配套情况:为长安铃木、上汽通用五菱、沈阳三电、昌河铃木、东南汽车、华晨金杯、东风柳汽、比亚迪汽车、嘉陵本田、江南汽车等配套

★重庆长江电工集团汽车部品制造厂
地址:重庆市经济技术开发区大石支路3号
邮编:400060
电话:023/62766260
传真:62763500
网址:www.sfqcpj.com.cn
质量体系:ISO 9001
产品情况:散热器、暖风机,摩托车散热器
配套情况:为长安汽车、长安铃木、重庆长安跨越、南京长安、比亚迪汽车、昌河汽车、哈飞汽车、一汽红塔云南、重庆重汽配套

★嘉陵-本田发动机有限公司
地址:重庆市南岸区南坪白鹤路45号
邮编:400060
电话:023/62793100
传真:62808670
网址:www.jlhonda.com
单位人数:1100
质量体系:ISO 9001、ISO 14000
产品情况:(HONDA牌)
GX、GXV系列通用汽油发动机、草坪机、水泵等系列通用动力产品
出口情况:出口欧洲、澳大利亚、日本、美国等国家和地区

★重庆汽车消声器有限责任公司
地址:重庆市九龙坡区龙泉村73号
邮编:400080
电话:023/68439872
传真:68438500
电子信箱:auto@junri.com
单位人数:138
质量体系:ISO 9001
产品情况:(LVSHENG牌)
消声器总成

★重庆佳利德汽车部件有限公司
地址:重庆市大渡口区建桥工业园镁桥路1号
邮编:400084
电话:023/68911675、68921766
传真:68920055、68921897
网址:www.cqjlde.cn
电子信箱:lideindustry@online.cq.cn
质量体系:ISO/TS 16949
产品情况:汽车曲轴,年产能力15万支
配套及出口情况:为玉柴配套;出口韩国

★重庆德格科技发展有限公司
地址:重庆市北碚区蔡家工业园盈田工谷29栋
邮编:400707
电话:023/68269512
传真:68269511
电子信箱:chengqiandj@126.com
质量体系:ISO/TS 16949
产品情况:汽车、摩托车燃油泵泵芯及总成
配套情况:为力帆汽车、东风渝安、比亚迪、华晨金杯、宗申集团、韩国大宇等配套

★重庆市渝北区内燃机配件有限公司
地址:重庆市渝北区空港工业园
邮编:401120
电话:023/63663857
传真:67161125、63663631
产品情况:活塞
配套及出口情况:为宗申摩托、隆鑫摩托、银翔摩托、大长江集团、福柴、重庆发电机等配套;出口南非、东欧等国家和地区

★重庆东方滤清器有限公司
地址:重庆市渝北区空港工业园高堡湖路31号
邮编:401120
电话:023/67181381、68181382
传真:67181383
网址:www.eastfilter.com
电子信箱:cqdf1818@sina.com
单位人数:109
质量体系:ISO/TS 16949、QS 9000
产品情况:(东方(DF)牌)
汽车、摩托车汽油滤清器、空气滤清器、机油滤清器、空调进风过滤器、排挡滤油器
配套及出口情况:为长安汽车、长安铃木、河北长安、比亚迪汽车、江铃控股、重庆宗申汽车发动机、四川汽车工业集团、江南汽车制造、东风渝安车辆、重庆超力配套;随整车出口

★ 重庆光大产业有限公司

地址:重庆市渝北区空港工业园区长翔路8号
邮编:401120
电话:023/67182666
传真:67182555
网址:www.cqgdcy.com
电子信箱:txyn123@126.com
法人代表:刘世勇
负责人:卢川
单位人数:1900
质量体系:ISO/TS 16949、GB/T 24001
产品情况:汽车安全带总成、汽车发动机飞轮总成
配套及出口情况:为东风股份、一汽、长安汽车、广汽、丰田、江淮、上汽通用五菱、长安铃木、江铃汽车、长城汽车、等配套;出口英国、西班牙、土耳其等国家
☞ 详细情况请参阅彩色宣传版面

★重庆永丰气门厂
地址:重庆市渝北区回兴工业园区
邮编:401120
电话:023/67459132、67451065
传真:67451051
网址:www.cqyongfeng.com
电子信箱:office@cqyongfeng.com
单位人数:300
质量体系:ISO 9001
产品情况:(永丰牌)
各种摩托车、通机用进/排气门,年产100万套
配套情况:为宗申摩托、力帆集团等配套

★马勒发动机零部件(重庆)公司
地址:重庆市渝北区两路镇汉渝路125号
邮编:401120
电话:023/67837700
传真:67837254
网址:www.mahle.com
电子信箱:cncq@cn.mahle.com
质量体系:ISO/TS 16949、VDA 6.1
产品情况:(灯塔牌)
各类柴油机、汽油机活塞
配套及出口情况:为锡柴、大柴、朝柴、玉柴、庆铃汽车、江铃汽车、北汽福田、长安汽车、东安、上汽通用五菱、嘉陵、嘉陵本田、新大洲本田、五羊-本田、建设、建设-雅马哈、金城、力帆、宗申、隆鑫等配套;出口欧洲、美洲、日本、中东、东南亚等国家和地区

★上汽菲亚特红岩动力总成有限公司
地址:重庆市北部新区黄茅坪B07号地块
邮编:401122
电话:023/63212888、63212889
传真:63212898
网址:www.sfhengine.com
电子信箱:sales@sfhengine.com
单位人数:1200
质量体系:ISO/TS 16949、ISO 14001
产品情况:(FPT牌)
CURSOR、NEF两大系列,排量从3.9~8.7 L、最大功率从70~294kW、最大扭矩从360~1600 N·m的各个系列柴油机
配套及出口情况:为上汽依维柯红岩、宇通、CNH、申沃、金旅、南京依维柯配套;出口美国、巴西、欧洲等国家和地区

★长安伟世通发动机控制系统公司
地址:重庆市渝北区经开园云枣路3号
邮编:401122
电话:023/67257188
传真:67196778
质量体系:ISO/TS 16949、ISO 14001
产品情况:汽车、摩托车发动机控制系统
配套情况:为长安股份、长安福特、长安福特马自达及国内其他汽车OEM厂和摩托车企业配套

★天纳克陵川(重庆)排气系统公司
地址:重庆市北部新区经开园长福西路2号
邮编:401122
电话:023/67455588
传真:67257388
网址:www.tenneco.cn
质量体系:ISO/TS 16949、ISO 14001
产品情况:总成焊接弯管等汽车排气系统装置,产能30万套
配套情况:为长安福特马自达、长安铃木配套

★重庆市仁和压铸有限公司
地址:重庆市渝北区大竹林镇
邮编:401123
电话:023/67682368
传真:67682933
单位人数:917
质量体系:ISO 9001
产品情况:汽车、摩托车、通用汽油机发动机箱体、箱盖系列产品500余种
配套情况:为宗申摩托配套

★重庆吉尔法渝美压铸有限公司
地址:重庆市北部新区大竹林镇天山大道东段
邮编:401123
电话:023/67683688、67683588
传真:67683588、86835000
网址:www.jlfrench-yumei.com

电子信箱:larrylai@ jlfrench - yumei. com
单位人数:90
质量体系:ISO/TS 16949
产品情况:发动机缸盖、缸体、轴承桥、支架、高硅壳体、链轮室盖等高压铝合金压铸件
配套及出口情况:主要客户有大众、奥迪、奥地利 TCG、采埃孚、利纳玛、博格华纳、朝柴、哈尔滨东安等;出口欧洲

★重庆耀勇汽车发动机部件有限公司
地址:重庆市九龙坡区西彭镇铝城大道76号
邮编:401326
电话:023/86328619
传真:86328606、86328616
网址:www. yy - ganggai. com
电子信箱:yaoyong@ yy - ganggai. com
单位人数:600
质量体系:ISO/TS 16949、ISO 9001
产品情况:(耀勇牌)
　　462QE1、465QE1、465QIAE1、474Q、368Q 系列微车缸盖,465Q 系列微车进气歧管
配套情况:为宗申摩托、长安、五菱、昌河汽车、哈飞汽车等配套

★重庆金桥机器制造有限责任公司
地址:重庆市九龙坡区白市驿镇黄金桥5号
邮编:401329
电话:023/65701910
传真:65701910
网址:www. cqjinqiao. cn
电子信箱:office@ cqjinqiao. cn
单位人数:385
质量体系:ISO/TS 16949、ISO 9001
产品情况:(金桥牌)
　　汽车配气凸轮轴、喷油泵凸轮轴,摩托车凸轮轴,年产能力 700 万套
出口情况:出口欧洲、东南亚等地区

★重庆创升机械制造有限公司
地址:重庆市九龙坡区白市驿镇海龙村十二社
邮编:401329
电话:023/65711199、60923666
传真:65711066
网址:www. cqcs168. com
电子信箱:wy@ cqcs168. com
单位人数:200
质量体系:ISO 9001
产品情况:(科业 - ky 牌、动霸 - db 牌)
　　摩托车曲轴、通用汽油机曲轴、进排气门导管、通用动力机械
出口情况:远销巴基斯坦、土耳其

★重庆华达汽车配件制造有限公司
地址:重庆市沙坪坝区西永镇香蕉园新村8号
邮编:401332
电话:023/65660666、65662380
传真:65661333
电子信箱:admin@ cqhuada. com
单位人数:150
质量体系:ISO/TS 16949、ISO 9001
产品情况:(和众牌)
　　汽车燃油箱总成、汽车座椅骨架、汽车玻璃升降器、汽车燃油蒸发污染物控制炭罐及各种冲压件等
配套及出口情况:为庆铃汽车、郑州日产配套;出口伊朗

★重庆市青辰电器仪表有限公司
地址:重庆市沙坪坝区青木关镇新青路473号
邮编:401334
电话:023/65600428、65600868
传真:65600428
网址:www. cqqingchen. com
电子信箱:lcp@ cqqingchen. com
质量体系:ISO 9001
产品情况:(青辰牌)
　　电喷节气门总成、燃气节气门总成、通用汽油机油箱总成、调速器总成、燃气发电机减压阀总成等
配套及出口情况:为重庆宗申、力帆、隆鑫、大江、弘愿、运达等配套;出口东南亚、欧洲、美洲市场

★重庆市巨力冶金制品有限公司
地址:重庆市綦江县三江镇明家沟
邮编:401431
电话:023/48200558、48201988
传真:48200558
网址:www. cqjuli. com
电子信箱:sale@ cqjuli. com
单位人数:105
质量体系:ISO 9001
产品情况:汽车、摩托车、通用机械中高强度粉末冶金结构零配件(如链轮、机油泵齿轮等),各种铜铁基含油轴承
配套及出口情况:为嘉陵、建设集团、四川江华机器厂、晋林机械厂、广东精通天马、江门迪豪等配套;出口印度尼西亚

★重庆海通机械制造集团
地址:重庆市永川区人民东路599号
邮编:402160
电话:023/49849599、49585555
传真:49849988
网址:www. cqhtmachine. com
电子信箱:cqhait@ cqhtmachine. com
单位人数:850
质量体系:ISO/TS 16949、ISO 9001
产品情况:具备年产汽车发动机齿圈 200 万套、飞轮 100 万套、机油泵 80 万套、水泵 80 万套、真空泵 50 万套、齿轮泵 30 万套、斜齿轮 30 万件的生产规模
配套情况:为重庆长安、长安铃木、上汽通用五菱、东风朝柴、江淮汽车、无锡华源、绵阳新晨、吉利汽车、奇瑞汽车、长城汽车、重庆渝安、重庆力帆、东安、上汽通用五菱、廊坊科森等 20 多家汽车发动机厂配套

★重庆西源凸轮轴有限公司
地址:重庆市永川区东外街233号
邮编:402160
电话:023/85366026
传真:49804662
网址:www. camchn. com
电子信箱:cq_xiyuan@ 163. com
单位人数:730
质量体系:ISO/TS 16949
产品情况:各种凸轮轴
配套及出口情况:为长安汽车、日本雅马哈等配套;出口北美洲、西欧

★重庆市荣成压铸有限公司
地址:重庆市高新技术开发园区九龙工业园区115号
邮编:402260
电话:023/68825896、68866186
传真:68824252
网址:www. rong - cheng. com
电子信箱:sales@ rong - cheng. com
质量体系:ISO 9001
产品情况:摩托车缸体、汽车空调配件及通机缸头等
配套情况:为宗申摩托、隆鑫摩托、嘉陵摩托、建设摩托配套

★重庆潍柴发动机厂
地址:重庆市江津区德感镇前进街
邮编:402262
电话:023/47858815
传真:47859767
质量体系:ISO/TS 16949、ISO 9000
产品情况:WD615、61A、67A 系列柴油机零部件,WD615 系列柴油机,CW6200ZC/CW8200ZC 柴油机,12VE、230ZC 系列柴油机零部件
配套情况:为潍柴、陕汽集团等配套

★重庆径流增压器厂有限公司
地址:重庆市江津区德感镇工业园区
邮编:402263
电话:023/47221234
传真:47852382
网址:www. jl. cnjtp. com
电子信箱:cqrjt@ 163. com
单位人数:120
质量体系:ISO/TS 16949
产品情况:J37、J44、J50、J56、J68、J92、J120、JTH130 等径流增压器

★重庆都成荣锋机械制造有限公司
地址:重庆市荣昌县板桥工业园区

邮编:402460
电话:023/46761266、46761166
传真:46780996
电子信箱:dcrf888@163.com
单位人数:310
质量体系:ISO/TS 16949、QS 9000
产品情况:汽车发动机曲轴
配套情况:465Q5 主配长安各微车车型;465Q1 主配长安,并广泛适用于五菱、昌河、松花江;465QF 主配渝安,并适用于五菱、松花江;474 主配长安羚羊及相关交叉型乘用车

★重庆华星实业公司
地址:重庆市荣昌县安富镇
邮编:402468
电话:023/46323193
传真:46322983
电子信箱:huaxing8885@sina.com
质量体系:ISO 9001
产品情况:微型汽车曲轴,年产 12 万只;重型车制动气室,年产 8 万只
配套情况:为长安汽车、哈飞汽车、昌河汽车、上汽通用五菱、汉江等微车发动机配套

★ 重庆沃特尔粉末冶金有限公司

地址:重庆市铜梁县工业园区玉泉路 11 号
邮编:402560
电话:023/45436833、45613858
传真:45862999、45613859
网址:www.woteer.cn
电子信箱:office@woteer.cn
质量体系:ISO/TS 16949
产品情况:(沃特尔 WTR 牌)
年产气门座圈 2300 万件、气门导管 1500 万件、气门锁夹 2000 万件、气门弹簧座 1000 万件
配套及出口情况:为上汽通用五菱、比亚迪汽车、上海华普、新光华晨、北汽福田、绵阳华晨、潍柴动力、天津珀金斯、东风渝安、众泰汽车、华泰汽车、美国百力通、建设雅马哈等 20 多家主机厂配套;出口德国、美国、新加坡、俄罗斯等国家

★重庆红旗缸盖制造有限公司
地址:重庆市璧山县特色工业园区
邮编:402760
电话:023/41639057、41639059
传真:41639058
网址:www.hqgg.com.cn
电子信箱:office@hqgg.com.cn
单位人数:1500
质量体系:ISO/TS 16949
产品情况:汽车发动机汽缸盖,年产 40 万件;进/排气歧管,年产 20 万件;曲轴箱体,年产 2 万件
配套及出口情况:为长安汽车、东风渝安、重庆康明斯发动机、长城汽车、上汽集团、法国法雷奥、美国法雷奥、美国 TSM CORPORATION 公司、美国 NSI 公司等配套;出口法国、美国等国家

★重庆市云阳曲轴有限责任公司
地址:重庆市云阳县新县城东郊
邮编:404500
电话:023/55159766、55159765
传真:55159767
网址:www.yyqz.com
电子信箱:yunchuan@yyqz.com
单位人数:1200
质量体系:ISO/TS 16949、ISO 9001
产品情况:摩托车、沙滩车曲轴和通用汽油机曲轴,年产能力 400 万套

★重庆大东隆腾汽车摩托车气门公司
地址:重庆市九龙坡区黄桷坪铁路新村 2 号
邮编:408000
电话:023/68512501
传真:68508304
网址:www.cqdadongqimen.com
电子信箱:879716925@qq.com
质量体系:ISO/TS 16949、ISO 9001
产品情况:气门、弹簧座
配套及出口情况:为建设、隆鑫、宗申、力帆、洛阳北易、济南轻骑、银翔、嘉陵、望江铃木、大阳等配套;出口巴基斯坦、印度等国家

★重庆海陵活塞环有限公司
地址:重庆市涪陵区桥南路 18 号
邮编:408000
电话:023/72892188、72892177
传真:72892111
网址:www.chinahailing.com
电子信箱:cqhl@chinahailing.com
单位人数:258
产品情况:(海山牌)
摩托车活塞环,年产 800 万片,车用及通用机活塞环,年产 600 万片
配套及出口情况:为玉柴、洛拖等国内 10 多家柴油机厂家配套;远销东欧、南美洲、南亚、非洲

★重庆三爱海陵实业有限责任公司
地址:重庆市涪陵区人民东路 50 号
邮编:408000
电话:023/85686608
传真:85686518、85686564
网址:www.cqsahl.com
电子信箱:seller@cq172.com
质量体系:ISO/TS 16949
产品情况:(海陵牌)
汽车、摩托车及小型通用汽、柴油发动机进、排气门,年产能力 2200 万只
配套及出口情况:为长安汽车、长安铃木、哈东安、天津一汽夏利内燃机、日本三菱重工、百力通(重庆)发动机、泰州雅马哈动力、锡柴、大柴、嘉陵、建设摩托等配套;出口美国、日本等国家

★重庆海特实业有限公司
地址:重庆市丰都县三合镇龙河东工业区
邮编:408200
电话:023/70706196、70706178
传真:70706258
网址:www.cqhaite.net
质量体系:ISO/TS 16949、ISO 9001
产品情况:三元催化器、消声器、电子燃油泵等

四川省

★成都市西岭汽车配件有限责任公司
地址:成都市大邑县悦来镇新街
邮编:610081
电话:028/83502307、88376245
传真:83502307
网址:www.xilingqp.com
电子信箱:qingyu5321@126.com
单位人数:200
质量体系:ISO 9001
产品情况:(雪岭牌)
汽车水泵、排气歧管等
配套情况:为浙江新柴动力、福建力佳、广西柳发等主机厂配套

★成都成内柴油机公司
地址:成都市富森汽配城 A 区 10 栋 11 号
邮编:610081
电话:028/83516100
传真:83516100
产品情况:(成内牌)
内燃机及零部件
配套情况:为成内动力设备公司等配套

★成都天回气门导管制造有限公司
地址:成都市金牛高科技产业园北区隆安路
邮编:610083
电话:028/83586258、83588676
传真:83570381
网址:www.cd-tp.com
电子信箱:tpcompany@163.com
单位人数:200
质量体系:ISO/TS 16949、QS 9000
产品情况:气门导管、摇臂、预燃烧室、气门座圈、摇臂轴总成五大系列产品
配套及出口情况:预燃烧室产品为国内出口缸盖厂配套;出口欧洲、美洲

★中国航天科技集团公司长征机械厂
地址:成都市龙泉航天工业区
邮编:610100
电话:028/84801425
传真:84804618
网址:www.czscaic.com.cn
质量体系:ISO/TS 16949
产品情况:硅油风扇离合器、水泵等 20 多种汽车发动机零配件

★成都市西菱汽车配件有限责任公司
地址:成都市青羊工业集中发展区腾飞大道298号
邮编:610091
电话:028/87074109、87076982
传真:87074109
网址:www.xlqp.com
电子信箱:xsb@xlqp.com
单位人数:600
质量体系:ISO/TS 16949、ISO 9001
产品情况:各型汽车发动机主机配套连杆、减振带轮、凸轮轴
配套及出口情况:与一汽集团、东南大学、成飞集团等建立了长期技术合作关系;出口欧洲、美洲、东南亚等地区

★四川江华泵业有限公司
地址:成都市龙泉驿区十陵镇
邮编:610106
电话:028/84614696、84614187
传真:84614271
网址:www.scjhby.com
电子信箱:scjhby123@163.com
单位人数:200
质量体系:ISO/TS 16949、QS 9000
产品情况:各类微型汽车、轿车机油泵等产品
配套情况:为长安汽车、吉利汽车、比亚迪等配套

★成都陵川车用油箱有限公司
地址:成都市龙泉驿区洪河三桥村
邮编:610110
电话:028/84632486
传真:84632485
电子信箱:cdlc2004@sina.com
单位人数:300
质量体系:ISO/TS 16949
产品情况:(营星牌)
燃油箱
配套情况:为长安汽车、上汽通用五菱、重庆长安铃木、长城汽车、南京长安、东风汽车公司等配套

★成都飞亚曲轴有限公司
地址:成都市青白江区大同镇
邮编:610300
电话:028/83626335、83626920
传真:83625990
网址:www.pacrank.com.cn
电子信箱:fy.by@163.com
单位人数:700
质量体系:ISO/TS 16949、ISO 9000
产品情况:(宝亚牌)
汽油发动机和柴油发动机曲轴、连杆、平衡轴,年产曲轴30万支、连杆15万件、平衡轴25万件
配套及出口情况:主要客户有保定长城内燃机、沈阳航天三菱发动机、华晨金杯、绵阳新晨动力、北汽福田环保动力、四川一汽丰田、江淮汽车、江西五十铃、台州吉奥、上海万丰、天津一汽、奇瑞汽车、吉利汽车、长安汽车、台湾华裕汽车、东风悦达起亚、南汽、福特、大众、戴姆勒·克莱斯勒、本田等;赛车用连杆及雪佛兰(350、454)、大众VW4系列曲轴、连杆等产品出口美国、法国、德国、日本、澳大利亚、瑞典

★成都万友滤机有限公司
地址:成都市新都区桂林路111号
邮编:610500
电话:028/83048308、83048290
传真:83048400
网址:www.ctr.com.cn
电子信箱:yyb@ctr.com.cn
单位人数:160
质量体系:ISO/TS 16949、ISO 14001
产品情况:(CTR牌)
专业生产车用空气滤清器、塑料进气歧管、汽油滤清器、机油滤清器、动力转向油杯、进气谐振器炭罐等
配套及出口情况:为广汽本田、长安福特马自达、长安铃木、长安工业、江铃、嘉陵本田、嘉陵工业等配套;出口美国、英国、意大利等国家

★中航工业成都发动机(集团)公司
地址:成都市新都区蜀龙大道
邮编:610503
电话:028/89358555
传真:89358585
网址:www.cf-group.com
电子信箱:admi@cf-group.com
质量体系:ISO 9001、GJB 9001A
产品情况:4JB1柴油机
配套情况:与美国GE、PW、英国RR等企业建立了长期的战略合作关系

★ 中汽成都配件有限公司
地址:成都市新都区大丰镇南丰工业园中汽大道
邮编:610504
电话:028/83914588、83910518
传真:83910596
网址:www.zqcp.cn
电子信箱:zhongqizl@126.com
法人代表:宋浩
负责人:刘谟林
单位人数:780
质量体系:ISO/TS 16949、ISO 14004
产品情况:(金顶牌)
汽车发动机凸轮轴,年产300万支
配套及出口情况:为上海通用、一汽海马、哈尔滨东安三菱、东风悦达起亚、中国重汽、北汽福田、潍柴、锡柴、重庆康明斯、东风康明斯、西安康明斯、通用五菱等配套;出口美国、日本、欧洲、东南亚等国家和地区

☞ 详细情况请参阅彩色宣传版面

★成都正恒动力配件有限公司
地址:成都市外北大丰镇南丰国际工业城
邮编:610504
电话:028/83912135、83911174
传真:83912135
网址:www.zhengine.com
电子信箱:yxb@zhengine.com
单位人数:500
质量体系:ISO/TS 16949、ISO 14001
产品情况:汽车发动机汽缸体
配套情况:为长安汽车、天津一汽夏利、绵阳新晨、上汽通用五菱、无锡凯马动力、成都发动机(集团)配套

★成都银河动力股份有限公司
地址:成都市新都区龙桥镇
邮编:610505
电话:028/83068818、83068882
传真:83068800、83068883
网址:www.yhdle.com
电子信箱:webmaster@yhdle.com
单位人数:1600
质量体系:ISO/TS 16949
产品情况:各类汽缸套、铝活塞
配套及出口情况:为重庆康明斯、玉柴机器、云内动力、洛拖集团、上柴、建设雅马哈、日本三菱、意大利依维柯等配套;出口日本、美国、东南亚等国家和地区

★成都宁良实业有限公司
地址:成都市大邑县安仁镇迎宾东路东段
邮编:611331
电话:028/88315116、88315417
传真:88315418
网址:www.ningliang.com
电子信箱:ningliang@ningliang.com
单位人数:386
质量体系:ISO/TS 16949、ISO 9002
产品情况:(DT牌、宁良牌)
机油、柴油、空气滤清器总成和部件,机油冷却过滤模块、带轮、节温器、消声器和铝合金压铸件等
配套情况:为昆明云内动力、成都云内动力、东风康明斯、常柴、扬柴、扬动、长安汽车、力帆汽车、成都王牌、一汽客车(成都)、贵州万达客车配套

★成都市泽仁实业有限责任公司
地址:成都市大邑县安仁镇迎宾路中段
邮编:611331
电话:028/88315425、88315548
传真:88315268
网址:www.dayi-manor.com.cn
电子信箱:dyqipei@mail.sc.cninfo.net
单位人数:300
质量体系:ISO 9001
产品情况:(庄园牌三滤(空气滤清器总成、机油滤清器总成、柴油滤清器总

成)系列、旋压带轮系列、消声器系列、起动器系列、燃油箱系列及板材冲压件
配套情况:为昆明云内、成都云内、福建力佳、成都王牌车辆、四川旅行车、北汽福田、资阳南骏、成都川交实业配套

★成都桐林铸造实业有限公司
地址:成都市大邑县新场镇桐林工业区
邮编:611337
电话:028/88345019
传真:88344140、88344372
网址:www. tonglin. com
电子信箱:slaes@ tonglin. com
质量体系:ISO/TS 16949、ISO 9002
产品情况:发动机缸体和其他铸件,年铸造能力5万t
配套情况:为华晨金杯、长安汽车、吉利汽车、奇瑞汽车、长城汽车等配套

★四川红光汽车机电有限公司
地址:成都市郫县望从东路19号
邮编:611730
电话:028/87887012、87863347
传真:87887021、87887441
网址:www. schg. com. cn
电子信箱:market@ schg. com. cn
单位人数:1100
质量体系:ISO/TS 16949、QS 9000
产品情况:(红光牌)
汽车化油器、节气门体,摩托车化油器、节气门体,通机化油器,小型通用汽油机化油器
配套及出口情况:主要客户有 DELPHI、UAES、长安汽车(含长安铃木、长安福特马自达)、奇瑞汽车、上汽通用五菱、华晨集团、天津一汽等;年出口量157台

★成都威特电喷有限责任公司
地址:成都市高新西区起步区新达路12号
邮编:611731
电话:028/87838088
传真:87838008、87838088
电子信箱:qingjing@ cdwit. cn
产品情况:柴油机电喷系统、直喷汽油机电喷系统、汽车油-电混合动力系统

★四川中自尾气净化有限公司
地址:成都市高新区西区西芯大道12号
邮编:611731
电话:028/87838155、87838165
传真:87838895
网址:www. zzjh. com. cn
电子信箱:zzjh@ zzjh. com. cn
质量体系:ISO/TS 16949
产品情况:尾气净化催化转化器

★成都嘉陵华西光学精密机械公司
地址:成都市现代工业港北区港通北三路663号
邮编:611743
电话:028/82997327、82997371
传真:87862631
网址:www. cdhx. com. cn
电子信箱:hua. xi@ cdhx. com. cn
单位人数:800
质量体系:ISO/TS 16949、ISO 9001
产品情况:汽车皮带张紧轮、风扇支架、真空制动泵,摩托车轴承、车镜等
配套及出口情况:为东风汽车有限公司、东风康明斯发动机、长安汽车、广西玉柴、上柴等配套;远销美洲、欧洲、东南亚地区

★四川四方铸造有限责任公司
地址:四川省乐山市沙湾区加农镇
邮编:614900
电话:0833/3683777、3683164
传真:3683164
电子信箱:274614566@ qq. com
单位人数:650
质量体系:ISO/TS 16949、ISO 9001
产品情况:汽车发动机缸体、缸盖等铸铁件,碳素钢、高中低合金钢、B级钢、C级钢等铸钢材料

★四川阳光机械集团有限公司
地址:四川省德阳市泰山北路三段425号
邮编:618000
电话:0838/2421321、2420427
传真:2421327
网址:www. chinasunray. com
电子信箱:sunray@ chinasunray. com
单位人数:520
质量体系:ISO/TS 16949
产品情况:(阳光(SUNREY)牌)
曲轴、连杆
出口情况:出口美国

★绵竹鑫坤机械制造有限公司
地址:四川省绵竹市江苏工业园南通路1号
邮编:618200
电话:0838/6602110
传真:6604896
网址:www. scxinkun. com
电子信箱:sales@ scxinkun. com
单位人数:300
质量体系:ISO/TS 16949
产品情况:汽车曲轴、连杆
出口情况:出口美国、日本、欧洲等国家和地区

★四川广汉贝斯特配件有限公司
地址:四川省广汉市玉溪路
邮编:618300
电话:0838/5222347
传真:5222367
质量体系:ISO/TS 16949
产品情况:(远程牌)
各种多、单缸机铝活塞,汽缸套

★绵阳新晨动力机械有限公司
地址:四川省绵阳市剑门路西段228号
邮编:621000
电话:0816/2370038
传真:2367705、2364007
网址:www. xce. com. cn
电子信箱:xce@ xce. com. cn
单位人数:1498
质量体系:ISO/TS 16949
产品情况:(剑门牌)
轻型汽油机、轻型柴油机、小排量发动机,用于轻/微型客车、SUV、MPV、皮卡、轻型货车、轿车等
配套情况:为轻客、SUV、MPV、皮卡、轻型货车、微客、微轿等配套

★绵阳市天旋气门组件有限公司
地址:四川省绵阳市经济开发区塘汛南街155号
邮编:621000
电话:0816/2843548、2841274
传真:2840804、2843549
网址:www. woteer. cn
电子信箱:office@ woteer. cn
单位人数:207
质量体系:ISO/TS 16949、ISO 9001
产品情况:(沃特尔牌、WTR牌)
内燃机气门座圈、气门导管、锁夹、弹簧座、气门旋转机构、气门挺杆等气门系统组件
配套及出口情况:为百力通(重庆)公司、航天三菱、新光华晨、北汽福田、绵阳新晨、保定长城、上柴、锡柴、潍柴、云内、华柴、渭柴、潍坊道依茨、天津珀金斯等配套;出口芬兰、德国、美国、英国、新加坡等国家,并销往中国台湾地区(年出口气门座圈52万件、气门弹簧座38万件、气门锁夹120万片、气门旋转机构40万件)

★绵阳富临精工机械有限公司
地址:四川省绵阳市板桥街268号
邮编:621000
电话:0816/6800668、6800699
传真:6800660
网址:www. fulinpm. com
电子信箱:postmaster@ fulinpm. com
单位人数:300
质量体系:ISO/TS 16949、QS 9000
产品情况:各型汽车发动机用液压挺柱、张紧器、摇臂及其他精密机械产品
配套及出口情况:为美国卡特彼勒、美国辉门等配套;出口欧洲、美洲、日本、东南亚等国家和地区

★绵阳市万欣汽车配件有限公司
地址:四川省绵阳市花荄镇金鸿路延伸段
邮编:622651
电话:0816/4326999
传真:4326016

网址:www. mywanxin. com
电子信箱:wys@ mywanxin. com
单位人数:300
质量体系:ISO/TS 16949、ISO 9001
产品情况:(车欣牌)
主要产品有空气滤清器总成、油底壳、气门室罩盖
配套情况:为一汽海马、沈阳新光、绵阳新晨、长城汽车等整车及发动机生产厂配套

★恩比贝克飞虹汽车零部件四川公司
地址:四川省遂宁市创新工业园区南环路6号
邮编:629000
电话:0825/2311475、2311677
传真:2311849
网址:www. nbfbearing. com
电子信箱:info@ nbfbearing. com
单位人数:500
质量体系:ISO/TS 16949
产品情况:(NBF牌、FH牌、NB牌、TDC牌)
各型内燃机专用精密轴瓦、衬套、止推片及轴瓦材料
配套及出口情况:JL462轴瓦(年产2000万片)为长安公司、东安公司、五菱柳机配套;DA471轴瓦(年产1500万片)为东安三菱、东安公司配套;4A9轴瓦(年产800万片)为航天三菱配套;372轴瓦(年产800万片)为奇瑞公司配套;4G24/4G22D4(年产1000万片)为新晨动力、沈阳新光配套;B10轴瓦(年产1000万片)为上汽通用五菱配套;各型轴瓦出口美国、欧洲,出口量2000万片

★四川省中胜实业集团有限公司
地址:四川省遂宁市创新工业园区南环路16号
邮编:629000
电话:0825/2311613、2311677
传真:2313691、2311849
网址:www. sn - zhongsheng. com
电子信箱:sn - zhongs@ sn - zhongsheng. com
单位人数:500
质量体系:ISO/TS 16949、ISO 9002
产品情况:(飞虹牌)
各型柴油机、汽油机主轴瓦、连杆瓦、偏心瓦、衬套、止推片
配套及出口情况:为重庆长安、一汽、东风汽车公司、柳州五菱、绵阳新晨、沈阳新光、成都云内等30多家主机厂配套;出口巴基斯坦、美国、越南等国家

★四川遂宁市明瑞轴瓦有限公司
地址:四川省遂宁市船山区银河路262号
邮编:629000
电话:0825/2645303、2645494
传真:2645745、2646463
质量体系:ISO 9001
产品情况:各型汽车轴瓦

★ 四川川环科技股份有限公司

地址:四川省大竹县东柳工业区
邮编:635100
电话:0818/6923358
传真:6231544
网址:www. chuanhuan. com
电子信箱:chkj@ chuanhuan. com
法人代表:文谟统
单位人数:1761
质量体系:ISO/TS 16949、ISO 14001
产品情况:(川环牌)
燃油软管及总成、尼龙燃油管及总成、空调管及总成、动力转向管及总成、涡轮增压管及总成、制动软管及总成、水管及总成、橡塑类模压制品
配套及出口情况:公司与一汽-大众、上海大众、东风、长安、长安福特、江淮、吉利、奇瑞、华普、北汽、上汽五菱、保定长城、建设、雅马哈、嘉陵、力帆、大长江、本田等300多家知名企业建立了稳定供配关系;出口美国、日本、印度、意大利、越南等国家,并销往中国台湾地区
☞ 详细情况请参阅彩色宣传版面

★四川南充康达汽车配件有限公司
地址:四川省南充市顺庆区西华路二段133号
邮编:637000
电话:0817/2583839
传真:2583839
电子信箱:nckangda@ 163. com
质量体系:ISO/TS 16949
产品情况:年产中冷器2万台、水散热器5万台、三滤10万只
配套情况:为重汽集团、陕汽集团等配套

★南充市攀峰滤清器有限公司
地址:四川省南充市嘉陵区春江路16号
邮编:637005
电话:0817/3662556、3662559
传真:3662558
网址:www. nclqq. com
电子信箱:scnl@ sohu. com
质量体系:ISO/TS 16949
产品情况:(攀峰牌)
重型车空气滤清器、机油滤清器、柴油滤清器、空气干燥筒、油水分离器、膨胀箱等
配套情况:为四川汽车制造厂、陕西汽车制造厂、厦门金龙、济南重型汽车制造厂、上海柴油机厂、北汽福田、德国克诺尔制动设备等配套

★四川三鑫南蕾气门座制造有限公司
地址:四川省南部县工业集中区梁家垭大道
邮编:637300
电话:0817/5522971
传真:5523496
网址:www. nanlei. com. cn
电子信箱:webmaster@ nanlei. com. cn
单位人数:400
质量体系:ISO/TS 16949、QS 9000
产品情况:(南蕾牌)
各型内燃机气门座、摇臂轴总成、气门导管和主轴承盖等
配套及出口情况:为重庆康明斯、玉柴、锡柴、洛拖、北汽福田、天津珀金斯、东风南内、昆明云内、成都云内、绵阳新晨等主机厂配套;出口美国、欧洲、东南亚等国家和地区

★邻水县精工动力机械厂
地址:四川省邻水县工业集中发展区
邮编:638500
电话:0826/3252761
传真:3253555
单位人数:160
质量体系:ISO/TS 16949
产品情况:曲轴箱总成,年产3万件

★四川内江富鹏机械制造有限公司
地址:四川省内江市中区壕子口花园滩路201号
邮编:641000
电话:0832/2083155
传真:2085156
网址:www. sc - yunheng. com
单位人数:200
质量体系:ISO/TS 16949、ISO 9001
产品情况:微车、轿车曲轴及飞轮齿圈

★ 内江金鸿曲轴有限公司

地址:四川省内江市牌楼路157号
邮编:641000
电话:0832/2121185、2112333
传真:2107405
电子信箱:hongyx1997@ 163. com
法人代表(负责人):田斌
单位人数:1800
质量体系:ISO/TS 16949、QS 9000
产品情况:(内齿牌)
微车、轻型车、轿车汽车发动机曲轴,三大系列,70余个品种,具有300万件/年的生产能力
配套及出口情况:为重庆长安公司、东风渝安公司、哈尔滨东安公司、柳州五菱柳机动力有限公司、奇瑞汽车有限公司、比亚迪汽车有限公司、安徽江淮汽车股份有限公司、保定长城内燃机制造有限公司、浙江吉利汽车有限公司、绵阳新晨动力机械有限公司、江铃汽车股份有限公司、成都成发汽车发动机有限公司、浙江青年莲花发动机有限公司、吉林绰丰发动机有限公司、一汽海马动力有限公司、东风轻型发动机有限公

司、浙江吉奥汽车等企业配套；出口各种型号曲轴
☞详细情况请参阅彩色宣传版面

★四川方向汽车零部件有限公司
地址：四川省内江市椑木镇
邮编：641000
电话：0832/2411083、2414711
传真：2414606
电子信箱：wsscnjzyp@sohu.com
质量体系：ISO 9001
产品情况：（方向牌）
　　汽车发动机缸体、连杆
出口情况：出口康明斯6B系列缸体

★四川内江金德汽车配件有限公司
地址：四川省内江市中区太子路340号
邮编：641001
电话：0832/2202439、2203606
传真：2201125
电子信箱：coco131421@yahoo.com
质量体系：ISO 9000
产品情况：汽车发动机、内燃机进、排气门及汽缸套

★四川省内江永杰活塞制造有限公司
地址：四川省内江市东兴区红光路323号
邮编：641100
电话：0832/2150960
传真：2151118
质量体系：ISO/TS 16949、ISO 9001
产品情况：发动机活塞
出口情况：出口东南亚、南美洲

★隆昌爱朋精密工业有限公司
地址：四川省隆昌县山川工业园区
邮编：642177
电话：0832/3896333、3896288
传真：3896506
电子信箱：apmyhk@126.com
质量体系：ISO/TS 16949
产品情况：（爱朋牌）
　　汽车、摩托车等用水泵带轮、发动机油泵转子齿轮、机油泵总成、气门导管、水泵凸缘盘等粉末冶金汽车零部件

★四川安岳宇良汽车水泵有限公司
地址：四川省资阳市安岳县镇子镇天河街158号
邮编：642364
电话：028/24620255、24620102
传真：24620530
网址：www.scylcl.com
单位人数：298
质量体系：ISO/TS 16949、ISO 9001
产品情况：（天府牌）
　　各种汽车水泵，包括云内动力4100QB、YN33、4D42ZL系列，广西玉柴YC2108Q、YC2105、1AQ000等系列，成都云内490QA、495ZQL、490QB系列，五十铃4JB1系列，东风EQ145、EQD6102Q系列等水泵60余个品种；4105Q、6105Q、YC2108、YC2105、4100QBZL等柴油机正时齿轮室盖和490Q排气管等，年产量80万台
配套及出口情况：主要与昆明云内动力股份有限公司、广西玉柴动力机械有限公司、一汽解放汽车有限公司无锡柴油机厂、福建力佳股份有限公司、成都云内动力有限公司、成都发动机（集团）有限公司汽车发动机分公司、广西柳发股份有限责任公司、广西柳柴动力有限责任公司、东风南充汽车有限公司等多家主机厂配套；随主机出口科威特

★宜宾天工机械股份有限公司
地址：四川省宜宾市柏溪镇
邮编：644600
电话：0831/6258188、6255635
传真：6881456
网址：www.tiangongauto.com
单位人数：400
质量体系：ISO/TS 16949、ISO 14001
产品情况：（天工牌）
　　气门挺杆、滚轮式摇臂、废气再循环（EGR）系统、连续可变气门正时系统（VVT）
配套情况：主要配套客户有一汽轿车、天津一汽丰田、长安福特马自达、长安汽车、上汽通用五菱、奇瑞汽车、江淮汽车、一汽海马、北汽福田、长城汽车、天津一汽夏利、吉利汽车、华普汽车、新光华晨、绵阳新晨等

★四川泸州金鑫活塞动力有限公司
地址：四川省泸县工业园
邮编：646000
电话：0830/3300918、2500930
传真：3300917
网址：www.lzjinxin.com
电子信箱：jxhuosai@126.com
质量体系：ISO 9001
产品情况：内燃机铝活塞，年产80万只
出口情况：出口东南亚

★兵器集团泸州北方化学工业公司
地址：四川省泸州市龙马潭区高坝
邮编：646003
电话：0830/2796688、2796663
传真：2796114、2796255
网址：www.luzhou-north.com
电子信箱：office@luzhou-north.com
单位人数：4000
质量体系：ISO 9001
产品情况：（双五牌）
　　微车油箱等
配套及出口情况：为长安汽车配套；远销20多个国家和地区

★四川恒威活塞环有限公司
地址：四川省泸州市泸县工业园区
邮编：646100
电话：0830/8192111、8171260
传真：8172411、3990780
网址：www.lzhwpr.cn
电子信箱：lzpr@mail.luzhou.net
单位人数：258
质量体系：ISO/TS 16949、ISO 9001
产品情况：（恒威牌、长沱牌）
　　活塞环，年产能力2000万片
配套情况：为潍柴、洛阳一拖、玉柴、朝柴、大柴、四川峨眉柴油机、云内成柴、马勒发动机零部件（重庆）公司、百力通（重庆）发动机公司、康明斯、重庆市凯米尔动力机械、重庆青山变速器、重庆长江轴承、重庆拓普柴油机、重庆长渝活塞配套

云南省

★云南西仪工业股份有限公司
地址：昆明市西山区海口镇
邮编：650114
电话：0871/8598426
传真：8598426
网址：www.ynxygf.com
单位人数：3100
质量体系：ISO/TS 16949、ISO 9001
产品情况：（西仪牌）
　　汽车发动机连杆
配套及出口情况：为长安汽车、哈尔滨东安、上汽通用五菱、上汽、一汽集团、南京汽车集团、云内等10多家主机厂定点配套；出口美国、日本

★昆明云内动力股份有限公司
地址：昆明市穿金路715号
邮编：650224
电话：0871/5633185
传真：5633176
网址：www.yunneidongli.com
电子信箱：public@yunneidongli.com
单位人数：3234
质量体系：ISO/TS 16949
产品情况：（云内牌）
　　汽车用柴油机
配套及出口情况：为北汽福田、东风、一汽集团、江淮、跃进、北京汽车、资阳南骏、成都王牌等多家汽车厂配套；出口泰国、越南、马来西亚、巴基斯坦、伊朗、埃及、阿尔及利亚、俄罗斯等国家

★楚雄活塞销有限公司
地址：云南省楚雄市开发区乡镇企业园
邮编：675000
电话：0878/8989027、8989097
传真：8989027
网址：www.cxhsx.com
电子信箱：sales@cxhsx.com
单位人数：158

质量体系:ISO/TS 16949
产品情况:(山茶牌)
年生产缸径在200mm以内的国内外各型内燃机活塞销500万件、轴销类配件100万件
配套及出口情况:为昆明云内动力、广西玉柴、成都云内动力、四川峨柴、一汽红塔云南、大理力帆骏马集团等配套;出口美国、日本、德国、俄罗斯、澳大利亚、东南亚等国家和地区

贵州省

★中航工业贵航股份永红散热器公司
地址:贵阳市小河区清水江路1号
邮编:550009
电话:0851/3836112、3839043
传真:3832887
网址:www.yhcooler.com
电子信箱:manager@yhcooler.com
单位人数:769
质量体系:ISO/TS 16949、ISO 14001
产品情况:散热器、中冷器、变速器油冷器、发动机机油冷却器、汽车冷凝器、蒸发器、汽车鼓暖风机系统等
配套及出口情况:主要客户有上海大众、一汽-大众、南京依维柯、江铃汽车、上汽、奇瑞汽车、长丰猎豹、昌河铃木、长安汽车、上汽通用五菱、长城汽车、美国福特、哈雷摩托、意大利比亚乔摩托等;出口欧洲、美洲等地区

★贵阳白云合金熔铸厂
地址:贵阳市白云经济开发区
邮编:550014
电话:0851/4831712
传真:4485612
质量体系:ISO 9001
产品情况:主要生产S195曲轴、汽车发动机曲轴

★贵州安吉有色铸造有限责任公司
地址:贵州省安顺市16号信箱
邮编:561003
电话:0853/2208023、2208427
传真:2208003
网址:www.gzaj.com.cn
电子信箱:ajysgs@126.com
单位人数:352
质量体系:ISO/TS 16949、QS 9000
产品情况:汽车缸盖、进气歧管和工程机械发动机缸盖
配套情况:为上海通用、上海大众、南京依维柯配套

★贵州航天3408厂
地址:贵州省遵义市大连路江南航天高科技工业园区
邮编:563000
电话:0852/8694310、8694199
传真:8694111、8694188
电子信箱:kaihong888-@tom.com
质量体系:ISO 9001
产品情况:铜质汽车散热器,年产20万台;铝质汽车散热器,年产5万台;铝质汽车中冷器,年产5万台
配套情况:为一汽红塔云南、重庆力帆、云南洱源骏马集团、重庆长安跨越、四川王牌、云南美的、江南奥拓等配套

陕西省

★陕西银河滤清器有限公司
地址:西安市潘家村198号
邮编:710082
电话:029/88628243
传真:84360585
质量体系:ISO 9001
产品情况:汽车滤清器

★西安康明斯发动机有限公司
地址:西安市经济技术开发区泾渭工业园西金路西段18号
邮编:710200
电话:029/68932222、68932067
传真:68932021
网址:www.xcec.com.cn
质量体系:ISO/TS 16949、ISO 9001
产品情况:康明斯ISM系列11升全电控重型柴油发动机
配套及出口情况:为万国、肯沃驰、彼得布尔特、陕汽集团、上汽依维柯红岩、北汽福田、华菱、金龙、宇通客车、安凯、江淮客车、中通客车、徐工等配套;部分产品出口

★陕西德仕汽车部件(集团)公司
地址:西安市经济技术开发区泾渭工业园泾诚路中段8号
邮编:710201
电话:029/86957313
传真:86957366
网址:www.ssqlbj.com
电子信箱:sszqlbj@163.com
单位人数:1500
质量体系:ISO 9001
产品情况:汽车消声器、空滤器、车门锁、电子加速踏板、空滤器、灯具、燃油箱、轮毂、储气筒等重型商用车零部件,年配套能力10万辆份;专用车,年产能力3000辆
配套情况:为各重型商用车制造企业配套

◉ 陕西北方动力有限责任公司
地址:陕西省宝鸡市陈仓区
邮编:721300
电话:0917/6239103、6239104
传真:6296065
网址:www.sndc.com.cn
电子信箱:fzghb@sndc.com.cn
法人代表:吴浙
负责人:张宏伟
单位人数:2048
质量体系:ISO/TS 16949、GJB 9001B
产品情况:(北动牌)
道依茨413F、513系列风冷柴油机,曲轴箱、缸盖、曲轴、凸轮轴、泵滤等发动机零部件,冲压件、锻件、焊接件等汽车零部件,风力电机轴,发电机组,钛关节,煤矿机械等产品
配套及出口情况:发动机曲轴箱主要配套重庆科克、无锡开普动力、无锡动力等公司;发动机凸轮轴主要配套重庆康明斯、山西柴油机等公司;发动机曲轴主要配套河北华北柴油机有限公司,及德国BF公司;汽车冲压件、锻件、焊接件主要配套法士特集团、陕汽集团等公司;泵滤主要配套特种车辆,特种工程机械等;出口德国、美国

★宝鸡秦益科技开发有限公司
地址:陕西省宝鸡市陈仓区105号
邮编:721300
电话:0917/6291899
传真:6295004
电子信箱:qinyiqipei@tom.com
质量体系:ISO/TS 16949
产品情况:(秦益牌)
沙漠空气滤清器
配套情况:为重汽集团配套

★陕西同创华亨散热器装置有限公司
地址:陕西省岐山县蔡家坡经济开发区蔡五路南段98号
邮编:722405
电话:0917/8588298
传真:8588593
质量体系:ISO/TS 16949、ISO 9001
产品情况:汽车、农用车及工程机械用散热器、中冷器、玻璃钢制品等零部件
配套及出口情况:部分产品为国内OEM配套;部分产品出口

甘肃省

★天水腾跃活塞汽修有限公司
地址:甘肃省天水市秦州区东十里工业示范园区
邮编:741000
电话:0938/8389992、8389963
传真:8389674
网址:www.tstyhs.com
电子信箱:tygs@tianshui.net.cn
产品情况:(秦州牌)
各种铝活塞
配套情况:为一汽集团等主机厂配套

青海省

★青海洁神曲轴有限责任公司
地址:西宁市南川东路137号
邮编:810021
电话:0971/6274014
传真:6272292
电子信箱:jsqzzzxs@163.com
单位人数:340
质量体系:ISO 9001
产品情况:(QTP牌、洁神牌)
　　东风公司6BT、EQD180－10等锻钢、球铁曲轴,东风朝柴CY4150、LR6105、CY6102BQ锻钢曲轴等
配套及出口情况:为朝柴、东风汽车公司、锡柴、哈飞汽车、长安汽车、潍柴、一拖、江拖、北内配套;出口东南亚、美国、欧洲等国家和地区

底盘零部件生产企业

• 查询导引 •

企业详细介绍

底盘零部件生产企业

☞ **企业如有变更,请与编辑部联系** ☎ 010/68426043、68420981

北京市

★北京汽车传动轴厂
地址:北京市朝阳区广顺北大街5号
邮编:100012
电话:010/84903452、84913025
传真:84904528
网址:www.bjcd.com.cn
电子信箱:office@bjcd.com.cn
单位人数:110
产品情况:传动轴,年产能力30万套
配套情况:为北京轻型汽车有限公司BJ1021、BJ1022、BJ1061系列传动轴配套

★北京建东车桥有限公司
地址:北京市朝阳区王四营乡盛华汽配城13区17号
邮编:100023
电话:010/65571105、65570265
传真:65568341
网址:www.jiandongcheqiao.com
质量体系:ISO/TS 16949
产品情况:汽车前后桥总成
配套及出口情况:为多家主机厂配套;部分产品出口

★北京市双桥汽车齿轮厂
地址:北京市朝阳区大柳树京东活动房厂院内
邮编:100023
电话:010/67371657
传真:67376912
产品情况:(青松牌)
各种轻型汽车变速器总成及差减速器总成
配套情况:为北旅、北轻汽、北京齿轮总厂、江西赣州齿轮厂等配套

★北京京齿桥工贸有限公司
地址:北京市朝阳区十八里店村高标站261号
邮编:100023
电话:010/67478968
传真:67478968
产品情况:变速器及零配件
配套情况:为北汽福田欧曼配套

★北京环驰车桥厂
地址:北京市朝阳区广渠东路半壁店
邮编:100023
电话:010/67717189、67717188
传真:67717189
网址:www.huanchi.net
电子信箱:huanchi@huanchi.net
单位人数:600
质量体系:QS 9000、ISO 9001
产品情况:设计制造各种轻型客货车、越野车及电动车前后桥总成、主减速器总成等及相关汽车零部件
配套及出口情况:为一汽海马、五十铃N系列等配套;出口东南亚

★中国公路车辆机械有限公司
地址:北京市朝阳区十八里店吕家营9-2号东
邮编:100023
电话:010/87697556、87694703
传真:87695292
网址:www.j-ride.com
电子信箱:rababj@china.com
质量体系:ISO 9000
产品情况:汽车空气悬架系统,商用汽车零部件,兼营汽车底盘

配套及出口情况：为国内客车、货车企业配套；远销美国、法国、日本、意大利、中东、东欧、东南亚、非洲等国家和地区

★北京艾思吉汽车制动泵有限公司
地址：北京市朝阳区双桥农场重兴寺南
邮编：100024
电话：010/65486568、65730366
传真：65730396
网址：www.bjsqb.com.cn
电子信箱：bingjian_wu@bjsqb.com.cn
单位人数：84
质量体系：ISO/TS 16949
产品情况：（双桥牌）
真空助力器、制动泵、阀类，2010年产100万台套
配套及出口情况：为凯马汽车等企业配套；出口真空助力器和制动泵1万台套

★北京齿轮总厂
地址：北京市朝阳区定福庄西里2号
邮编：100024
电话：010/65765471
传真：65763925
网址：www.bgw.com.cn
电子信箱：office@bgw.com.cn
单位人数：2060
质量体系：ISO/TS 16949、QS 9000
产品情况：轻型汽车变速器、分动器，重型变速器，汽车驱动桥齿轮，具有年产螺旋锥齿轮31万套、变速器10万台，分动器6万台的生产能力
出口情况：齿轮箱出口美国、意大利、欧洲、南非等国家和地区

★北京柯布克科技开发有限公司
地址：北京市朝阳区京顺东街6号18楼1-101
邮编：100027
电话：010/64106518、84306768
传真：64106515、84306718
网址：www.corpco-china.com
电子信箱：corpco@corpco-china.com
单位人数：170
质量体系：ISO 9001
产品情况：空气悬架，年产3万套
配套情况：为厦门金龙、厦门金旅、苏州金龙、安凯汽车、金华尼奥普兰、陕汽集团、川汽、北奔重汽、扬州通华等供货

★北京北齿前锋传动产品有限公司
地址：北京市丰台区科学城恒富中街2号院1号楼6008室
邮编：100072
电话：010/83807023
传真：83865959
电子信箱：bcqfoffice@sina.com
单位人数：144
产品情况：变速器、减速器、分动箱、举升车

★北泰汽车工业有限公司
地址：北京市亦庄经济技术开发区锦绣街7号
邮编：100176
电话：010/58039999
传真：58039700
网址：www.norstarcn.com
电子信箱：info@norstarcn.com
质量体系：ISO/TS 16949、QS 9000
产品情况：汽车前后桥总成、悬架系统总成及关键零部件，汽车减振器、球头销、底盘冲压件、摩擦材料、制动器总成等
配套及出口情况：主要客户为天津一汽；出口北美洲、欧洲、澳大利亚、南美洲等国家和地区

★ 北京京西重工有限公司

地址：北京市海淀区西直门北大街60号首钢国际大厦17层
邮编：100088
电话：010/58810323、58810320
传真：58810325
网址：www.bwigroup.com
法人代表：方建一
质量体系：ISO/TS 16949
产品情况：（京西重工牌）
磁流变减振器、主动式稳定杆、ABS、ESC、制动盘、制动鼓、转向节等
配套情况：为奥迪、宝马等配套
☞ 详细情况请参阅彩色宣传版面

★北京市海淀区四季青汽车液压件厂
地址：北京市海淀区杏石口路55号北门四季青锅炉厂院内
邮编：100195
电话：010/88854698
传真：62858698
网址：www.bj-sijiqing.com
电子信箱：yyjc@bj-sijiqing.com
单位人数：370
产品情况：（BEISHAN牌）
年产BJ1040、BJ1028等离合器总泵8.9万只，FOTON制动比例阀6.15万只，BJ1040、BJ1028等离合器分泵5.63万只
配套情况：为北汽福田配套

★北京森迪·龙井汽车制动系统公司
地址：北京市通州区马驹桥镇景盛南四街联东峪工业园13号3D
邮编：101102
电话：010/52350239
传真：52350208-1005
网址：www.bjsendi.com
电子信箱：trade@bjsendi.com
质量体系：ISO 9001
产品情况：制动盘、制动鼓等
配套及出口情况：为北京奔驰、北京环驰车桥厂、武汉凌云集团特种汽车制造有限公司、哈飞万向汽车底盘系统有限公司、浙江亚太机械电器有限公司等企业配套；出口北美、欧洲等地区

★北京摩比斯变速器有限公司
地址：北京市通州区中关村科技园光机电一体化产业基地嘉创路2号
邮编：101111
电话：010/51652212
传真：69500814
网址：www.mobis.co.kr
单位人数：590
质量体系：ISO/TS 16949
产品情况：手动、自动汽车变速器，年产能力20万台；其他汽车零部件
配套情况：为北京现代、东风悦达起亚配套

★北京星火环宇汽车制动泵有限公司
地址：北京市通州区漷县镇
邮编：101112
电话：010/80590913、80590926
传真：80599535
网址：www.bj-huanyu.com
电子信箱：dige@bj-huanyu.com
质量体系：QS 9000、ISO 9000
产品情况：（迪鸽牌）
汽车制动泵和真空助力器，具有年产60万只制动泵和15万只真空助力器的生产能力
配套及出口情况：为国内多家汽车整车厂配套；出口欧洲、美洲和东南亚地区

★天纳克（北京）汽车减振器公司
地址：北京市通州区工业开发区梧桐路
邮编：101113
电话：010/61505700
传真：61505711
网址：www.bhap.com.cn
电子信箱：bmsc@mx.cei.gov.cn
质量体系：ISO/TS 16949、QS 9000
产品情况：（蒙诺牌）
汽车减振器
配套及出口情况：为奥迪A6、捷达、桑塔纳、丰田海狮、神龙富康、标致307、福特全顺、福特福克斯等产品配套；出口东南亚各国

★北京博格华纳汽车传动器有限公司
地址：北京市通州区潞城镇召里工业区2号
邮编：101117
电话：010/69599902
传真：69599909
网址：www.bhap.com.cn
电子信箱：shelleyyu2006@126.com
单位人数：80
产品情况：4760、1708、4424TOD、ITM等系列四轮驱动分动器
配套情况：为南京依维柯、北京奔驰配套

★北京日进汽车系统有限公司
地址：北京市平谷区兴谷开发区西路15号
邮编：101200
电话：010/69950805
传真：69950639
电子信箱：lilianwang123@126.com
产品情况：转向节总成、底盘总成、飞

轮、车门限位器、球头销等
配套情况:为北京现代、东风悦达起亚配套

★北京同创汽车部件有限公司
地址:北京市平谷区兴谷开发区11号
邮编:101200
电话:010/69956071、69956072
传真:69956290
单位人数:300
质量体系:ISO/TS 16949
产品情况:底盘部件、油箱、制动支架、橡胶密封条、冲压件、焊接件、涂装件等

★北京永信发谷汽车部件有限公司
地址:北京市平谷区兴谷工业开发区M2-6号
邮编:101200
电话:010/69959810
传真:89991459
产品情况:转向助力泵
配套情况:客户有北京现代、上海通用、东风悦达起亚、长安福特马自达、长城汽车等

★北京停易制动器有限公司
地址:北京市平谷区兴谷经济开发区M2-5区3号厂房
邮编:101200
电话:010/89985533
传真:89997070、89985533
网址:www.tingyibraking.com
电子信箱:tlq_6615@126.com
质量体系:ISO 9001
产品情况:(停易牌)
鼓式制动器总成、制动气室、气压ABS应急制动系统

★北京北汽兴华汽车弹簧有限公司
地址:北京市顺义区李桥镇张辛庄村北
邮编:101300
电话:010/89427716
传真:89427716
网址:www.bhap.com.cn
电子信箱:bqxh_2007@126.com
产品情况:汽车板簧,年产40000t
配套情况:主要供北汽福田、北汽制造、长城汽车、河北中兴等汽车主机厂

★北京北汽远东汽车传动部件公司
地址:北京市顺义区杨镇
邮编:101309
电话:010/84913022、61666995
传真:84913020
网址:www.bhap.com.cn
产品情况:各种汽车及械机用传动轴
配套情况:为北汽福田(欧曼、欧马可、奥铃、南海、长沙、诸城、风景、欧V八个厂家)、北京奔驰、北汽制造、长丰扬子、长丰猎豹等主机厂配套

★北京亚太汽车底盘系统有限公司
地址:北京市顺义区铁匠营村西后沙峪段14号
邮编:101318
电话:010/80493503
传真:80493102、80477632
网址:www.bhap.com.cn
产品情况:鼓式制动器总成、驻车制动器总成、制动踏板总成等
配套情况:为北京奔驰、北汽福田、北汽有限、沈阳中顺等配套

★北京北方汽车弹簧厂
地址:北京市昌平区马池口
邮编:102200
电话:010/60774210、60771643
传真:60771643、60772457
电子信箱:mck_leaf-spring@vip.163.com
质量体系:ISO 9001
产品情况:(京腾牌)
汽车板簧,年产量达3万t
配套及出口情况:为福田汽车配套;出口美国、加拿大等国家

★北京金久远程汽车配件有限公司
地址:北京市昌平区回龙观镇北郊汽配市场6厅M24号
邮编:102200
电话:010/81795843
传真:80772506
产品情况:(金久牌)
重型运输车辆、大型客车、工程机械等用离合器及从动盘、压盘总成

★北京首钢红冶钢厂汽车板簧分厂
地址:北京市昌平区昌平火车站西
邮编:102249
电话:010/60756714、60756466
传真:60756441、60756484
网址:www.hongyeweb.com.cn
电子信箱:zjg928@sohu.com
单位人数:150
质量体系:ISO 9001
产品情况:汽车钢板弹簧
出口情况:红冶钢材产品出口日本、韩国、中东、英国、德国等国家和地区,红冶板簧出口美国、加拿大等国家

★北京首创轮胎有限责任公司
地址:北京市房山区城关街道顾八路二区1号
邮编:102400
电话:010/81306066、81306088
传真:62638085、62639080
网址:www.capitaltyre.com
电子信箱:zonghebu@capitaltyre.com
单位人数:2067
质量体系:ISO/TS 16949、ISO 9001
产品情况:(京轮牌、盾牌、奥特嘉牌、BCT牌)
子午胎、斜交胎,年产能力为710万条
配套及出口情况:为一汽集团、南京依维柯、跃进轻型汽车、天汽、哈飞汽车、昌河铃木、上汽通用五菱、重汽集团、亚星客车、华晨金杯、陕汽集团、北汽福田、北奔重汽、重庆五十铃等配套;产品远销美洲、欧洲、大洋洲、非洲、中东、东南亚等地区

★北京进联汽车刹车泵有限责任公司
地址:北京市房山区琉璃河地区平各庄
邮编:102403
电话:010/89381386
传真:89383734、89382325
网址:www.bjjlgs.com
电子信箱:jinlianzhidong@126.com
单位人数:350
质量体系:ISO/TS 16949、ISO 9002
产品情况:各种制动总泵、制动分泵、离合器总泵、离合器分泵、真空储气筒、气制动阀、弹簧制动室、制动踏板支架、离合踏板支架
配套及出口情况:为北汽、北汽福田等配套;出口北美、欧洲、澳大利亚等国家和地区

天津市

★天津国际联合轮胎橡胶有限公司
地址:天津市河西区东江道50号
邮编:300220
电话:022/28041218、23022729
传真:28041353
网址:www.tutrictire.com
电子信箱:tutric@public.tpt.tj.cn
质量体系:ISO 9001
产品情况:工程轮胎
出口情况:远销北美洲、南美洲、欧洲、大洋洲、中东、东南亚等30多个国家和地区

★天津丰田汽车锻造部件有限公司
地址:天津市东丽区经济开发区三经路三纬路
邮编:300300
电话:022/24995151
传真:24997373
网址:www.toyota.com.cn
单位人数:228
质量体系:ISO/TS 16949、ISO 9001
产品情况:等速万向节用锻造毛坯,年产能力120万台;曲轴锻造毛坯,年产能力40万台;前桥轮毂
配套及出口情况:为天津一汽夏利配套;部分产品出口

★天津丰津汽车传动部件有限公司
地址:天津市东丽区先锋东路81号
邮编:300300
电话:022/24997777
传真:24990338
网址:www.toyota.com.cn
单位人数:820
质量体系:ISO 9000、ISO 14001
产品情况:等速万向节、传动轴、前桥、后桥、差速器、转向管柱,等速万向节年产能力60万台
配套情况:为天津一汽夏利、天津一汽

丰田等配套

★天津澳美橡胶轮胎有限公司
地址:天津市东丽区大毕庄镇南何庄村
邮编:300300
电话:022/26796011、26796012
传真:84816451
网址:www.aomeityre.com
电子信箱:xudong@aomeityre.com
产品情况:实心轮胎、全钢子午线载重轮胎、斜胶载重轮胎、工业叉车轮胎、工程轮胎等

★天津诺曼地橡胶有限公司
地址:天津市西青区杨柳青镇桥三道
邮编:300380
电话:022/27392539、27394125
传真:27394125
网址:www.kingstire.com.cn
电子信箱:kingstire@kingstire.com.cn
质量体系:ISO 9000
产品情况:汽车及摩托车轮胎
出口情况:出口欧洲、美国、澳大利亚、新西兰等国家和地区

★天津市先达汽车工贸公司
地址:天津市西青区杨柳青镇前桑园
邮编:300380
电话:022/27990035
传真:27993704
网址:www.cnxianda.cn
电子信箱:xianda@cnxianda.cn
单位人数:256
质量体系:ISO/TS 16949、ISO 9001
产品情况:汽车变速器壳体、换挡叉轴、齿轮衬套、传动齿轮/轴等,具有年产夏利变速器专用件15万套、铝合金成品80万件的能力
配套情况:为长春一汽、天津一汽夏利、吉利汽车、昌河汽车等厂家配套数十种铝合金压铸件产品

★天津客车桥有限公司
地址:天津市西青区津静公路十字渠桥北
邮编:300381
电话:022/23792228、23792329
传真:23792037
质量体系:ISO/TS 16949、QS 9000
产品情况:前后桥总成、制动钳总成、转向节总成等
配套情况:为天津一汽丰田、上汽通用五菱、福州汽车厂、吉林轻型汽车厂配套

★天津汽车桥有限公司
地址:天津市北辰区京津公路302号
邮编:300400
电话:022/26341408、26343971
传真:26341408
网址:www.tjqicheqiao.com
电子信箱:gts@tjqicheqiao.com
单位人数:801
质量体系:ISO/TS 16949、QS 9000
产品情况:(TAG牌)
驱动桥总成、制动器总成、制动手柄等
配套情况:为天津一汽夏利、神龙汽车、一汽轻型汽车、东风悦达起亚配套

★普利司通(天津)轮胎有限公司
地址:天津市北辰区引河桥北铁道东
邮编:300400
电话:022/26881111
传真:26974024
网址:www.bridgestone.com.cn
电子信箱:bstj@bridgestonetj.com
单位人数:1389
质量体系:ISO/TS 16949、ISO 9002
产品情况:主要生产乘用车、轻型载货汽车子午线轮胎,年产能力470万条

★锦湖轮胎(天津)有限公司
地址:天津市经济技术开发区中南二街333号
邮编:300457
电话:022/59825555、66320899
传真:66320899
网址:www.kumhotire.com.cn
质量体系:ISO/TS 16949、ISO 14001
产品情况:子午线轮胎,年产700万套

★天津丰通汽车零部件装配有限公司
地址:天津市经济技术开发区
邮编:300457
电话:022/66230280
传真:66230277
产品情况:汽车轮胎

★天津艾达自动变速器有限公司
地址:天津市经济技术开发区西区
邮编:300457
电话:022/66320101、66320236
传真:66320133
产品情况:自动变速器
配套情况:为一汽集团、天津一汽丰田配套

★勤威(天津)工业有限公司
地址:天津市经济技术开发区西区光华街55号
邮编:300462
电话:022/66320600
传真:66320619、66320620
网址:www.cmi-group.com.cn
质量体系:ISO/TS 16949、ISO 14001
产品情况:汽车制动盘等铸铁制品

★天津汇丰汽车部件有限公司
地址:天津市经济技术开发区西区新业七街19号
邮编:300462
电话:022/66320950
传真:66320956
电子信箱:tj-huifeng@163.com
质量体系:ISO/TS 16949、ISO 14001
产品情况:汽车制动软管,年配套生产能力50万辆

★天津天德减震器有限公司
地址:天津市汉沽区新开北路5号
邮编:300480
电话:022/25694471、25689947
传真:25692333
网址:www.tdssc.com
电子信箱:xsb@tdssc.com.cn
单位人数:313
质量体系:ISO/TS 16949、ISO 14001
产品情况:(飞字牌)
汽车减振器,年产能力250万支
配套情况:为天津一汽夏利等国内外9家主机生产厂配套

★天津天海同步器有限公司
地址:天津市静海经济开发区金海道5号
邮编:301600
电话:022/68688088
传真:68688816
网址:www.tanhas.com
电子信箱:bgs@tanhas.com
单位人数:1300
质量体系:ISO/TS 16949、QS 9000
产品情况:(天鸿牌)
轿车、微型车、轻型车、中型车、重型载货汽车等多种型号同步器,年产量800万件以上
配套情况:为博格华纳、卡拉罗、摩比斯变速器、法士特、东风汽车公司、江铃汽车、江淮汽车、奇瑞汽车、天津一汽夏利、东安的定点生产厂,并为全国40多家重点变速箱主机厂配套

★万都(天津)汽车零部件有限公司
地址:天津市武清区逸仙科学工业园亨远路20号
邮编:301726
电话:022/82170666、82103114
传真:82102144
网址:www.mando.com
产品情况:制动钳、制动盘、转向节、轴承盖等汽车铸造件
配套情况:为北京现代、东风悦达起亚、上海通用、长安汽车、哈飞汽车、奇瑞汽车、昌河汽车、庆铃集团等配套

河北省

★石家庄市华兴平衡块厂
地址:石家庄市桥西区西简良村
邮编:050081
电话:0311/83615735
传真:83600589
网址:www.hxphk.com,www.hbphk.org
电子信箱:huang_hhy@hxphk.com
单位人数:58
质量体系:ISO 9001
产品情况:平衡块,月产量60万块
配套及出口情况:为5家大中型汽车制造企业配套;远销北美洲、西欧、中南亚、中东等地区

★石家庄鹿鼎汽车部件有限公司
地址:河北省鹿泉市铜冶镇

邮编:050221
电话:0311/82130555、82130777
传真:82139995、82139998
网址:www. land - d. com
电子信箱:info@ land - d. com
质量体系:ISO/TS 16949
产品情况:(鹿鼎牌)
年生产挂车车轴 20000 余根、铸钢牵引座 5000 余台、各种冲压和铸造悬架 5000 余套

★石家庄市龙马铸造有限公司
地址:河北省鹿泉市铜冶镇南铜冶
邮编:050221
电话:0311/82237235、82239567
传真:82237490、82130000
网址:www. road - master. cn
电子信箱:info@ road - master. cn
单位人数:700
质量体系:ISO/TS 16949、ISO 9002
产品情况:车桥制动支架、半挂车悬架、空气悬架、汽车拖车配件、传动叉、各种精密铸钢件、齿轮、集装箱锁具、铸钢牵引座等铸件
出口情况:90% 的产品出口美国、德国、日本、法国、英国、加拿大、东南亚等国家和地区

★石家庄永鑫铸造有限公司
地址:河北省鹿泉市铜冶镇
邮编:050221
电话:0311/82237480
传真:82237779
网址:www. yxzz. com. cn
电子信箱:yxzz@ yxzz. com. cn
质量体系:ISO 9002
产品情况:(永鑫牌)
牵引车、自卸车、半挂车及集装箱底盘铸造件

★石家庄佳信汽车制动系统有限公司
地址:河北省辛集市建设街东段天文巷
邮编:052360
电话:0311/83222309、83215126
传真:83222309
网址:www. jxzd. com
电子信箱:jianzhong_lee@ sohu. com
质量体系:ISO 9001
产品情况:真空助力器、总泵油杯、塑料阀体、各种橡胶件、冲压拉伸件等
配套及出口情况:为奇瑞、捷达、宝来、桑塔纳等配套;部分产品出口

★河北省衡水远征铸造有限公司
地址:河北省衡水市广川开发区
邮编:053000
电话:0318/4439979、4438979
传真:4439919
网址:www. zg - yz. com
电子信箱:zg@ zg - yz. com
单位人数:200
质量体系:ISO 9001
产品情况:各种半挂车、重型车悬架、鞍座、牵引销及各种铸钢件,年产能力 3000t
配套及出口情况:为中集集团、重汽集团、北汽福田、中通集团、中国兵器集团等配套;部分产品出口

★冀州安特制动有限公司
地址:河北省冀州市魏屯工业区魏齐路 110 号
邮编:053200
电话:0318/7080204、8973666
传真:7080596、8974666
网址:www. antch. net. cn
电子信箱:antch2010@ hotmail. com
质量体系:ISO/TS 16949
产品情况:各种制动器、制动片等
出口情况:产品 90% 出口欧洲、美洲、非洲、澳大利亚、中东等 60 多个国家和地区

★冀州市金星橡胶制品有限责任公司
地址:河北省冀州市长安东路 800 号
邮编:053200
电话:0318/8638566
传真:8638599
网址:www. jxrubber. com
电子信箱:jxrubber@ 03188. net
单位人数:210
质量体系:ISO/TS 16949、ISO 9001
产品情况:(金星牌)
汽车液压制动软管及总成
出口情况:远销北美洲、亚洲、欧洲地区

★春风铸造有限责任公司
地址:河北省冀州市西环路 1 号
邮编:053200
电话:0318/8686458、8686516
传真:8686458
网址:www. cfzz - foundry. com
电子信箱:cfzz@ vip. sina. com
质量体系:ISO/TS 16949
产品情况:转向节、飞轮、制动盘、减速器壳体、制动蹄铁、制动钳体、桥壳、减速器壳、差速器壳体等铸件,具有年产各类铸件 5 万多 t、优质球墨铸铁 50 万 t 的生产能力
配套及出口情况:为一汽集团、北京奔驰、长城汽车、奇瑞汽车、美国通用、德国宝马等配套;出口美国、乌克兰、约旦、英国、韩国、德国

★景县丰源制管有限公司
地址:河北省景县钻井路钻井西巷 9 号
邮编:053500
电话:0318/7765866、7153266
传真:4263758
网址:www. hsaoxun. com
电子信箱:fengyuanzhiguan@ 163. com
单位人数:300
产品情况:(奥迅牌)
微型车和解放系列离合器从动盘总成
配套及出口情况:为一汽集团配套;出口欧洲、美洲、东南亚等地区

★河北衡水乾源汽车配件有限公司
地址:河北省安平县马店镇
邮编:053600
电话:0318/7735888、7736888
传真:7735555
网址:www. hsqianyuan. com
质量体系:ISO 9001
产品情况:转向拉杆、接头总成及零部件,年产能力 60 万套以上

★鑫龙汽车配件厂
地址:河北省衡水市安平县马店工业区周村
邮编:053600
电话:0318/7736396、7738866
传真:7736396
质量体系:ISO/TS 16949
产品情况:(楠兴康牌)
拉杆、接头、转向器、变速器顶盖、转向器连接杆、连接叉

★河北安平新凯汽车转向器厂
地址:河北省衡水市安平县马店开发区
邮编:053600
电话:0318/7737164
传真:7735777
质量体系:ISO 9001
产品情况:(毅凯牌)
转向器、工字梁、拉杆接头

★衡水华建机械配件有限公司
地址:河北省衡水市安平县马店镇
邮编:053600
电话:0318/7737675
传真:7738188
质量体系:ISO 9001
产品情况:(华建牌)
汽车转向拉杆总成、发动机硅油风扇离合器
配套情况:为多家车桥厂配套

★衡水市潴龙万向有限公司
地址:河北省衡水市安平县北郭村开发区
邮编:053600
电话:0318/7738288、7737288
传真:7737399
网址:www. apyeliouheqi. com
电子信箱:zhulong@ china. com
质量体系:ISO 9001
产品情况:(潴龙牌)
汽车万向节总成、冷却水泵总成

★河北安平县元昌汽车零部件厂
地址:河北省安平县周村工业区 22 号
邮编:053600
电话:0318/7738886
传真:7736781
网址:www. ycqipei. com
电子信箱:yuanchang@ ycqipei. com
质量体系:ISO 9001
产品情况:(程元(CHENGYUAN)牌)

球销、接头总成、转向拉杆总成

★**河北程杰汽车转向机制造有限公司**
地址:河北省衡水市安平县马庄工业区
邮编:053600
电话:0318/7738888、7736118
传真:7737648
网址:www. hbchengjie. com
电子信箱:hbcjzxq@ 163. com
单位人数:460
质量体系:ISO/TS 16949
产品情况:(程杰牌)
　　动力/机械循环球转向器,转向操纵机构总成等
配套及出口情况:与一汽集团、东风汽车公司、江淮汽车、沈阳金杯、北汽福田、山东轻骑、山东凯马、山东五征、山东时风等配套;出口东南亚

★**河北宇龙汽车传动轴有限公司**
地址:河北省衡水市安平县马店开发区
邮编:053600
电话:0318/7738999、7737999
传真:7737548
网址:www. ylcdz. com
电子信箱:yulong@ ylcdz. com
质量体系:ISO/TS 16949、ISO 9001
产品情况:汽车传动轴,年产 25 万支
配套及出口情况:为金杯、天津一汽夏利、奥拓、保定天马、保定大迪、新凯汽车、北汽福田、曙光汽车、吉奥汽车、长安客车、上海万丰汽车等配套;部分产品出口

★**衡水金衡汽车减震器制造有限公司**
地址:河北省衡水市安平县马店工业区
邮编:053602
电话:0318/7736168
传真:7739599
网址:www. hsjinheng. cn. alibaba. com
电子信箱:hsjinheng888@ 163. com
质量体系:ISO 9001
产品情况:减振器
出口情况:远销俄罗斯、越南等国家

★**河北鲸龙汽配有限公司**
地址:河北省衡水市安平县马店工业区
邮编:053602
电话:0318/7737666、7736188
传真:7735222
网址:www. hbjinglong. com
电子信箱:jinglong@ hbjinglong. com
单位人数:480
质量体系:ISO 9001
产品情况:(鲸龙牌)
　　汽车转向器
配套情况:为农用车配套

★**河北星月制动元件有限公司**
地址:河北省故城县青年街北段
邮编:053800
电话:0318/5322114、5361637
传真:5322705
网址:www. hbxingyue. com
电子信箱:market@ hbxingyue. com
单位人数:170
质量体系:ISO/TS 16949、ISO 9002
产品情况:(星月牌)
　　鼓式制动蹄、盘式制动片、制动器总成
配套及出口情况:为一汽小解放、夏利、松花江、金杯海狮、佳宝、马自达、嘉陵、铃木等配套;出口英国、美国、意大利等国家,并销往中国台湾地区

★**衡水神通汽车方向盘有限公司**
地址:河北省深州市马兰井工业区
邮编:053873
电话:0318/3281108
传真:3282168
网址:www. hebeishentong. com
电子信箱:shentong@ 03188. net
单位人数:220
质量体系:ISO/TS 16949、ISO 9001
产品情况:(深通牌)
　　转向盘、遮阳板、拉手、手柄球、注塑件等
配套情况:为长城汽车、山东华泰现代、重庆力帆、一汽集团、上海东方久乐、北汽制造、沈阳金杯、山东东安黑豹、山东轻骑、山东凯马、宇通客车、山东临工、天津约翰迪尔天拖等配套

★**邢台市太行汽车配件厂**
地址:河北省邢台市桥西区南大郭村293 号
邮编:054000
电话:0319/2679885
传真:2623084
网址:www. th815. com
电子信箱:shw@ th815. com
单位人数:600
质量体系:ISO 9001
产品情况:中、重型汽车离合器压盘、飞轮组件、分离轴承等

★**邢台海博粉末冶金有限责任公司**
地址:河北省邢台市顺德北路 369 号
邮编:054001
电话:0319/7615966、7615967
传真:7615969
电子信箱:haibo@ xthaibo. cn
单位人数:150
质量体系:ISO 9001
产品情况:各种衬套、含油轴承、气门导管、汽车转向拉杆球座、变速器配件、齿轮、高强度件等,年产铁、铜基粉末冶金制品 1000 余万件,产值 600 万元

★**河北奥华机车部件有限公司**
地址:河北省邢台市威县常庄工业开发区
邮编:054704
电话:0319/6393555、6393666
传真:6393888、6393999
网址:www. aohua. qp. cn
电子信箱:aohua@ hb - aohua. com
质量体系:ISO 9001
产品情况:扭杆弹簧、底盘件、冲压件、机加工件、转向配件、橡塑件、密封件、软轴拉索等

★**清河县天顺弹簧有限公司**
地址:河北省邢台市清河县红星街 1 号
邮编:054800
电话:0319/8130040
传真:8130050
网址:www. qhtianshun. com
电子信箱:tianshun@ qhtianshun. com
质量体系:ISO 9001
产品情况:(超顺牌)
　　汽车钢板弹簧
配套情况:为一汽哈轻、河北新凯、山东时风等配套

★**河北清河科超汽车配件有限公司**
地址:河北省清河县王官庄工业区
邮编:054802
电话:0319/8139870
传真:8139871
网址:www. kingsuper. cn
电子信箱:kf@ kingsuper. cn
质量体系:QS 9000、ISO 9001
产品情况:汽车变速操纵器、离合器拉线、换挡软轴(推拉软轴)、拉线、橡胶件及小电器等

★**河北亿泰克轴承汽配有限公司**
地址:河北省临西县河西镇相庄工业区
邮编:054901
电话:0319/8590668
传真:8542059
网址:www. ETKbearing. com
电子信箱:whyyqp@ 163. com
质量体系:ISO 9001
产品情况:(ETK 牌)
　　轴承、液压件、液压阀、链式开合机构等
配套情况:为国内多个主机厂配套

★**邢台市凯力德机械制造有限公司**
地址:河北省邢台市西刘工业区 8 号
邮编:055153
电话:0319/7565114
传真:7639996
网址:www. kailide. com. cn
电子信箱:yuxiang@ kailide. com. cn
单位人数:120
质量体系:ISO 9001
产品情况:(凯力德(KLD)牌)
　　摩托车减振器,年产 200 万支;汽车减振器,年产 50 万支;摩托车制动蹄块
出口情况:出口非洲、中东、南美洲、东南亚等地区

★**邢台众工汽车配件有限公司**
地址:河北省邢台市巨鹿县工业园区
邮编:055250
电话:0319/4310525
传真:4310525
网址:www. hbxtzg. cn
质量体系:ISO 9001

产品情况:制动阀、干燥器等

★邢台众达制动器厂
地址:河北省邢台市巨鹿县城风清西路
邮编:055250
电话:0319/4312546
传真:4361152
电子信箱:hbzdzd@ sina. com
质量体系:ISO 9001
产品情况:气制动继动阀、制动总泵、手控阀、挂车阀、节流式挂车阀、同步阀

★河北百龙汽车配件制造有限公司
地址:河北省隆尧县固城镇孟村
邮编:055350
电话:0319/6506688、6506658
传真:6506166
单位人数:360
质量体系:ISO 9001
产品情况:(中优百龙牌)
汽车制动鼓、轮毂
出口情况:出口美国、德国等国家

★河北省帅维工贸有限公司
地址:河北省隆尧县孟村工业区
邮编:055350
电话:0319/6605688、6605699
传真:6605218
质量体系:ISO 9002
产品情况:(帅维牌)
制动鼓、轮毂等

★河北隆尧华光汽车后配件厂
地址:河北省隆尧县大张庄乡小王庄村轮毂生产基地
邮编:055350
电话:0319/6727396、6727888
传真:6727396
网址:www. lyhuaguang. com
电子信箱:huaguang@ lyhuaguang. com
质量体系:ISO 9001
产品情况:(孚祥牌)
汽车轮壳、制动鼓等,年产量3000t

★河北省隆尧县翔宇汽车配件厂
地址:河北省隆尧县固城镇汽配工业园区
邮编:055350
电话:0319/6781456、6788788
传真:6780666
质量体系:ISO 9001
产品情况:半挂车、全挂车制动鼓、轮毂等

★河北奥世特工贸有限公司
地址:河北省隆尧县固城镇工业开发区
邮编:055350
电话:0319/6785036、6605598
传真:6607888
网址:www. astgm. com
电子信箱:ast@ astgm. com
质量体系:ISO 9001
产品情况:各种制动鼓、轮壳、制动蹄等
出口情况:出口欧洲、美洲、非洲、中东、东南亚等36个国家和地区

★河北安鼓机械制造(集团)公司
地址:河北省隆尧县固城镇配件工业区北1000米
邮编:055350
电话:0319/6785118、6786188
传真:6786066
网址:www. hbag. cn
电子信箱:yanbinag@ 163. com
单位人数:600
质量体系:ISO 9001
产品情况:(安鼓(AG)牌)
制动鼓、轮毂、车桥、制动盘、蹄铁,年产能力4万t
配套及出口情况:与北京公交总公司、北汽福田欧曼公司、龙岩畅丰车桥、山东机器(集团)公司、上海公交等大型集团公司建立了长期稳定的合作关系;部分产品销往美国、德国、意大利、新加坡、马来西亚、荷兰、阿联酋、俄罗斯等20多个国家

★河北省隆尧县宝琛汽车配件厂
地址:河北省隆尧县固城镇工业园区5号
邮编:055350
电话:0319/6785371
传真:6780068
网址:www. bchqp. com
电子信箱:bchqp@ 163. com
质量体系:ISO 9001
产品情况:(宝琛牌)
汽车制动鼓和轮毂
配套及出口情况:为一汽集团、东风汽车公司等配套;部分产品出口

★河北隆尧双鑫汽车配件厂
地址:河北省隆尧县固城镇
邮编:055350
电话:0319/6785419
传真:6607298
质量体系:ISO 9001
产品情况:(双鑫牌)
各种球墨铸件、包括轮毂、制动鼓及相关底盘件

★河北隆尧固城汽车联营附件厂
地址:河北省隆尧县固城镇工业园区西10号
邮编:055350
电话:0319/6785530
传真:6787666
网址:www. shachegu. com
电子信箱:cqh@ shachegu. com
质量体系:ISO 9001
产品情况:(毕升牌)
各种轮毂、制动鼓
配套情况:为多家底盘车桥厂配套

★隆尧鑫远重汽配件有限公司
地址:河北省隆尧县固城镇汽配工业园区1号
邮编:055350
电话:0319/6786668
传真:6787878
质量体系:ISO 9001
产品情况:(翼鑫远牌)
汽车制动鼓、轮毂等

★河北隆尧隆信德汽车配件厂
地址:河北省隆尧县固城镇工业区
邮编:055350
电话:0319/6787788
传真:6505566
质量体系:ISO 9001
产品情况:(隆信德牌)
制动鼓、轮毂,年产能力3000t以上

★河北省隆尧县正隆汽车配件厂
地址:河北省隆尧县固城镇工业园区
邮编:055350
电话:0319/6788898
传真:6787188
网址:www. lyzlqp. com
电子信箱:hb@ lyzlqp. com
质量体系:ISO 9001
产品情况:(正隆牌)
轮毂、制动鼓等底盘件

★河北日升液压技术有限公司
地址:河北省宁晋县三芝兰工业区
邮编:055550
电话:0319/5933528
传真:5934528
电子信箱:hsh@ eyou. com
单位人数:186
质量体系:ISO 9001
产品情况:(日升牌)
液压控制元件

★河北众邦液压件有限公司
地址:河北省宁晋县朱家庄北一公里处
邮编:055550
电话:0319/5986292
传真:5986556
电子信箱:zbyyj@ zc. cn
单位人数:200
质量体系:ISO 9001
产品情况:(润邦牌)
液压泵、液压电动机等

★河北鑫隆铸造有限公司
地址:河北省邢台市任县三里桥工业区
邮编:055550
电话:0319/7517858
传真:7517920
网址:www. hebxinlong. com
质量体系:ISO 9001
产品情况:制动鼓、轮毂,年产5000t

★河北新河县龙驰汽车部件有限公司
地址:河北省新河县郜宋工业区
邮编:055650
电话:0319/4845645、4845145
传真:4845125
网址:www. hblongchi. cn
电子信箱:xx@ xtxinxing. com

单位人数:180
质量体系:ISO 9001
产品情况:(新星牌)
调整垫、半轴齿轮垫、行星齿轮垫、锁止件、防尘盖等汽车车桥零部件
配套情况:为一汽集团、东风汽车公司、青特、北汽福田、丹东黄海、重汽集团等配套

★河北省新河县新兴冲压件厂
地址:河北省新河县六户工业区
邮编:055650
电话:0319/4892868
传真:4892866
网址:www. xinheqp. com
电子信箱:xhxxqp@ 163. com
单位人数:110
质量体系:ISO 9001
产品情况:汽车前后桥冲压件

★河北省永年县施庄综合修配厂
地址:河北省永年县施庄富强路
邮编:057150
电话:0310/5135719
传真:6603076
网址:www. ynxpc. com
电子信箱:business@ ynxpc. com
质量体系:ISO 9001
产品情况:各种挂车转盘、重型车轮毂、制动鼓及底盘配件
出口情况:出口欧洲、美洲、东南亚等地区

★河北省永年县精良实业有限公司
地址:河北省邯郸市永年高新区健康街北
邮编:057150
电话:0310/6863211、6863271
传真:6883978
网址:www. jlgs. net
电子信箱:Jingliang0310@ 163. com
单位人数:160
质量体系:ISO/TS 16949
产品情况:(精良牌)
各种制动盘、制动鼓、轮毂等汽车零部件
出口情况:出口德国、美国、俄罗斯、欧洲、东南亚等国家和地区

★沧州飞驰汽车附件有限公司
地址:河北省沧州市郭庄工业区
邮编:061000
电话:0317/4452898
传真:4451898
网址:www. hbcz - fc. com
电子信箱:czfc5560@ 163. com
质量体系:ISO 9001
产品情况:各种车轮平衡块
配套及出口情况:为长城汽车、福田汽车、金龙汽车等众多汽车厂配套;远销欧洲、美洲、日本、韩国等国家和地区

★沧州富华铸业有限公司
地址:河北省沧州市南十公里 104 国道东侧张官屯工业园区
邮编:061000
电话:0317/4710346
传真:4710398
网址:www. fuhuazhuye. com
电子信箱:jinguowang0779@ 163. com
单位人数:228
质量体系:ISO 9001
产品情况:中、重型汽车离合器压盘、汽车变速器部件等
配套及出口情况:为一汽集团、北京现代配套;出口德国、法国、西班牙、俄罗斯等国家

★河北省沧县恒通汽车配件厂
地址:河北省沧州市沧县皂坡东门外 1 号
邮编:061000
电话:0317/4802158
传真:4808499
网址:www. hengtongauto. com
电子信箱:sales@ hengtongauto. com
质量体系:ISO 9001
产品情况:减振器冲压件、制动器操纵杆、斯太尔天窗盖冲压件、保险杠支架、制动泵端盖、蓄电池支架、张紧轮、后桥壳等冲压件
配套及出口情况:为一汽集团、东风汽车公司配套;部分产品出口

★沧州海润机械制造有限公司
地址:河北省沧州市杜林工业园区
邮编:061020
电话:0317/4940166
传真:4940223
网址:www. czhrjx. com
电子信箱:czhrjx@ 126. com
单位人数:180
质量体系:ISO 9001
产品情况:主齿凸缘盘、凸缘、制动器、后桥盖、锁片等,年产值 5000 多万元
配套情况:为多家汽车制造厂配套

★沧州市鑫业汽车配件有限公司
地址:河北省沧州市沧县皂坡工业区 188 号
邮编:061024
电话:0317/4800188、4808668
传真:4808188
网址:www. czxinye. com
电子信箱:web@ czxinye. com
质量体系:QS 9000
产品情况:(鑫业牌)
一汽、东风、斯太尔、欧曼等系列元宝梁、散热器、雾灯支架、减振器支架、后桥壳盖、平衡轴盖、变速器上盖、制动盘、挡尘盘、保险杠、储气罐、脚踏板、挡泥板等
配套情况:为一汽集团、东风汽车公司、重汽集团配套

★沧县第二汽车配件厂
地址:河北省沧州市皂坡工业开发区
邮编:061024
电话:0317/4802039、4828888
传真:4829878
网址:www. cxdrqp. com
电子信箱:cxdrqp@ cxdrqp. com
质量体系:ISO 9001
产品情况:(海狮牌)
各种车型冲压件、制动器等

★沧县胜利汽车配件厂
地址:河北省沧县李天木乡皂坡工业开发区
邮编:061024
电话:0317/4802057
传真:4808866
网址:www. slqipei. com
电子信箱:slqipei@ slqipei. com
单位人数:50
质量体系:ISO 9001
产品情况:变速座、加速踏板总成、脚踏圈、离合器拨叉、转向器锁母、变速器托架、拉杆卡子、传动轴吊架、冲压件
配套情况:为河北宇康、长征汽车、河北程杰、河北宇龙等配套

★沧州华建工程机械有限公司
地址:河北省沧州市皂坡工业区 88 号
邮编:061024
电话:0317/4802336
传真:4808211
网址:www. czhjjx. com
电子信箱:czhjjx@ 126. com
产品情况:制动器、后桥壳盖、垫片、车箱门锁、合页、备胎吊架等
配套情况:为山东山工机械、山东德州生建机械厂、保定大迪、肥城云宇工程机械、肥城金城车桥等配套

★沧州天马交通机械制造有限公司
地址:河北省沧州市皂坡工业区 88 号
邮编:061024
电话:0317/4813777、4800888
网址:www. hbtma. com
电子信箱:sale@ hbtma. com
质量体系:ISO 9001
产品情况:(天翼马牌)
汽车底盘件、空滤底盖、减振器支架、横梁、油箱支架、防尘套等
配套及出口情况:为一汽集团、东风汽车公司、重汽集团配套;部分产品出口

★沧州纳川机械配件有限公司
地址:河北省沧州市沧县皂坡北环路 1 号
邮编:061024
电话:0317/4819555、4812789
传真:4802729
网址:www. hbdf. com
电子信箱:dongfeng@ hbdf. com
质量体系:ISO 9001
产品情况:(东神牌)
载货汽车前桥、后桥、减速器总成、整车底盘、冲压件、轮胎升降器、挂车铰链、紧绳器等各种汽车配件
配套及出口情况:与东风汽车公司、玉柴、柳汽、一拖、合肥汽车制造厂等配套;出口东南亚、欧洲、美洲等地区

★沧县四通汽车配件有限公司
地址:河北省沧州市皂坡站前1号
邮编:061024
电话:0317/4829999
传真:4802035
网址:www.sitongqp.com
质量体系:ISO 9001
产品情况:(四通牌)
汽车变速器摇臂、变速器侧盖、后桥壳盖、贯屋桥壳盖、轮毂盖、轴头盖、挡泥板、挡油盘、制动盘、大小侧板、悬梁、脚踏圈、塞片、垫圈等
配套情况:为湖北十堰成庆工贸、山东临工桥箱、山东临沂罗塔特汽车齿轮、广东何氏协力机械、山东德州齿轮配套

★河北兴浦汽车制动器有限公司
地址:河北省沧州市沧县纸房头工业区
邮编:061026
电话:0317/4048282、4958895
传真:4958895
网址:www.hbxingpu.com
电子信箱:xpbrake@126.com
单位人数:500
质量体系:ISO/TS 16949
产品情况:(星普牌)
制动片、总泵、助力器
配套及出口情况:为美日汽车、时风集团等配套;产品80%出口美洲、欧洲、东南亚等50个国家和地区

★沧州市合信汽车配件有限公司
地址:河北省沧州市纸房头工业区
邮编:061026
电话:0317/4048880、4958256
传真:4958817
网址:www.czhxgs.com
电子信箱:wanggang0624@126.com
单位人数:80
质量体系:ISO 9001
产品情况:(合信牌)
散热器盖、轮毂盖、紧绳器、备胎升降器、加速踏板、制动器、车箱锁扣、分离叉、加油口盖、防尘套、铰齿凸缘等

★沧州德圣汽车配件有限公司
地址:河北省沧州市沧县杜林镇
邮编:061028
电话:0317/4042118、4942488
传真:4941085
网址:www.czqichefujian.com
电子信箱:dulingifu@126.com
单位人数:180
质量体系:ISO/TS 16949、ISO 9001
产品情况:(沧州杜林牌)
制动器、分离叉、球形支柱、减振器轴、钢板销、二轴凸缘、后桥凸缘、货厢锁扣等

★沧州杜林机械有限公司
地址:河北省沧州市沧县杜林镇北街
邮编:061028
电话:0317/4042163
传真:4941141
电子信箱:cz@dulinjixie163.com
单位人数:125
质量体系:ISO/TS 16949、ISO 9000
产品情况:制动踏板、离合踏板、变速器吊挂件、车架底盘配件、车桥配件等
配套情况:为东风汽车公司、中通客车、福田重工、时风集团、五征集团、天同集团、沧化集团、天津港机等配套

★黄骅市宝旭机动车配件有限公司
地址:河北省黄骅市开发区
邮编:061100
电话:0317/5556096、5323336
传真:5323336
电子信箱:baoxu666@126.com
质量体系:ISO 9001
产品情况:制动总成、换挡操纵器、驾驶室锁止机构、真空罐、各种车镜、车灯及各种汽配产品

★黄骅市腾达汽车配件有限公司
地址:河北省黄骅市常郭镇工业区
邮编:061112
电话:0317/5965999、5620000
传真:5965999
网址:www.hhtengda.com
电子信箱:hhtengda@126.com
质量体系:ISO 9001
产品情况:各种汽车、改装车、农用车、特种车用轮胎升降器、储气筒、合页,半挂车支撑装置,厢式货车、集装箱车锁具、灯具,各种冲压件等

★河北士达齿轮有限责任公司
地址:河北省南皮县城北工业园区
邮编:061500
电话:0317/8565002、8565006
传真:8565002
网址:www.hbsdcl.com
单位人数:350
质量体系:ISO 9001
产品情况:汽车变速器齿轮、农机齿轮等,年产能力500万件
配套情况:为一汽集团、莱动、陕西法士特齿轮、徐州美驰车桥、山东山工机械、山东山推集团等配套

★南皮县伟达五金制造有限公司
地址:河北省南皮县大树金开发区
邮编:061500
电话:0317/8796152
传真:8798158
网址:www.hebeiweida.com
电子信箱:czzbz@126.com
质量体系:ISO 9001
产品情况:制动片附件和制动系统冲压件
出口情况:出口欧洲、美国、中南美洲等国家和地区

★南皮县翔晨机动车配件有限公司
地址:河北省南皮县大树金工业园区
邮编:061550
电话:0317/8797388
传真:8796113
网址:www.zhiy.net/npxinhai
电子信箱:npxinhai@126.com
质量体系:ISO 9001
产品情况:汽车真空助力器、止回阀(塑料)不锈钢止回阀、节流阀及各种金属精密冲压件、塑件等

★河北科润机械配件有限责任公司
地址:河北省泊头市富镇开发区
邮编:062157
电话:0317/8341915
传真:8345363
网址:www.btkerun.com
电子信箱:btkerun2008@yahoo.com.cn
单位人数:68
质量体系:ISO 9002
产品情况:三轮车轮辋、五金冲压件等

★河北省河间市金腾汽车配件厂
地址:河北省河间市西庄
邮编:062400
电话:0317/3899143
传真:3893108
质量体系:ISO 9001
产品情况:汽车离合器片盘毂

★河间市云翔汽车配件厂
地址:河北省河间市李庄物流园西4幢A8
邮编:062450
电话:0317/3198619
传真:3802643
网址:www.15831883389.com
电子信箱:773482875@qq.com
单位人数:258
质量体系:ISO 9001
产品情况:差速器总成、离合器、传动轴、半轴、压盘、车桥、变速器

★河北立众传动轴厂
地址:河北省河间市枯树活开发区
邮编:062450
电话:0317/3808906、3805803
传真:3805803
网址:www.hblizhong.com
电子信箱:lizhong@hblizhogn.com
单位人数:200
质量体系:ISO 9001
产品情况:(立众牌)
各种汽车装载机、工程机械、农用车传动轴

★沧州兴达汽车配件有限公司
地址:河北省沧州市西庄工业区
邮编:062450
电话:0317/3892918、3898136
传真:3893168
网址:www.czxingda.com.cn
电子信箱:czxingda@163.com
质量体系:ISO 9001
产品情况:(金利合牌)
汽车离合器压盘、离合器片等

★河间市神州行汽车配件厂
地址:河北省河间市行别营乡前修罗开发区
邮编:062450
电话:0317/3896166、4006876003
传真:3893988
质量体系:ISO/TS 16949
产品情况:解放、东风、重汽、陕汽、北奔欧曼、福田江淮工程机械专用车等车型离合器

★华存离合器有限公司
地址:河北省河间市行别营开发区
邮编:062450
电话:0317/3899322、3760286
网址:www. hjhuacun. com
电子信箱:hjhuacun@ 163. com
单位人数:100
质量体系:ISO/TS 16949
产品情况:离合器从动盘、压盘及盖总成

★河北省河间市华夏汽车配件公司
地址:河北省河间市东郊西庄工业区
邮编:062451
电话:0317/3897606
传真:3897606
质量体系:ISO 9002
产品情况:汽车离合器从动盘总成、压盘总成

★沧州华夏车轮有限公司
地址:河北省河间市米各庄镇李庄工业区
邮编:062453
电话:0317/3802658、3196258
传真:3804766
电子信箱:jingui@ hbjingui. com
单位人数:160
质量体系:ISO/TS 16949、ISO 9001
产品情况:(金龟牌、沧牛牌)
年产各种车轮总成50万套、挡圈150万支

★河间市刘氏兄弟板簧附件有限公司
地址:河北省河间市米西路14号
邮编:062453
电话:0317/3821766
传真:3829988
网址:www. liushixiongdi. com
电子信箱:kefu@ liushixiongdi. com
单位人数:80
质量体系:ISO 9001
产品情况:(LS牌)
板簧、板簧附件等
出口情况:出口东南亚、中东等地区

★河间市长兴弹簧厂
地址:河北省河间市卧佛堂工业区
邮编:062453
电话:0317/3824634
传真:3824634
质量体系:ISO 9001
产品情况:加速踏板簧、离合器踏板簧、制动蹄铁簧、调整臂簧、气门弹簧、球头簧、制动踏板簧、分泵簧、轴承座复位簧等

★沧州京华传动轴有限责任公司
地址:河北省河间市米各庄汽配市场
邮编:062454
电话:0317/3195066、3803077
传真:3807077
电子信箱:hbjinghua@ hbjinghua. com
质量体系:ISO 9001
产品情况:(冀传牌)
各种汽车、装载机、工程机械、农用车传动轴

★河北金堆山工贸有限公司
地址:河北省河间市米各庄汽配市场金堆山街1号
邮编:062454
电话:0317/3197868、3805288
传真:3802323、3809198
网址:www. jinguan. net
电子信箱:ceo@ jinguan. net
质量体系:ISO 9001
产品情况:(金堆山牌、金贯牌)
板簧
出口情况:出口南非、中东、东南亚

★河北一传汽车传动轴有限公司
地址:河北省河间市米各庄开发区
邮编:062454
电话:0317/3199001、3800800
传真:3195123、3199002
网址:www. yi – chuan. net
电子信箱:yichuan888@ 126. com
单位人数:180
质量体系:ISO 9001
产品情况:(一传牌)
各种汽车、工程机械及农用车传动轴及零部件

★沧州华康汽车传动轴有限公司
地址:河北省河间市米各庄工业园区
邮编:062454
电话:0317/3199666、3198666
传真:3803160
质量体系:ISO 9002
产品情况:(衡动牌)
汽车传动轴

★河北百吉汽车配件有限公司
地址:河北省河间市米各庄镇富奥大街
邮编:062454
电话:0317/3802561、3199532
传真:"38088883198599"
网址:www. shachepian. net
电子信箱:sales@ shachepian. net
单位人数:245
质量体系:ISO 9001
产品情况:(百吉牌)
制动片、制动调整臂、制动蹄等,年产制动片9000t
出口情况:远销东南亚、北美洲、南非等地区

★河间市展鹏汽车配件厂
地址:河北省河间市米各庄开发区
邮编:062454
电话:0317/3802986
质量体系:ISO 9001
产品情况:汽车离合器钢片总成、压盘总成

★河北奥丰工贸有限公司
地址:河北省河间市米各庄镇
邮编:062454
电话:0317/3805124、3199518
传真:3195160
电子信箱:ok@ shachepian. com
质量体系:ISO 9001
产品情况:(百吉花牌)
汽车离合器

★河北省腾飞汽车配件有限公司
地址:河北省沧州市米各庄汽配市场3街
邮编:062454
电话:0317/3806140、3802616
传真:3806140
网址:www. tf868. com
电子信箱:tengfei@ tf868. com
质量体系:QS 9000
产品情况:牵引座、悬架系统、半挂支撑装置、备胎架、储气筒、锁具、制动分泵、紧绳器、后灯架、铰链、挡泥板等

★沧州重运车轮有限公司
地址:河北省河间市米各庄镇工业开发区
邮编:062454
电话:0317/3806828、3196988
传真:3806588
网址:www. czzhongyun. com
电子信箱:guangquan@ czzhongyun. com
单位人数:286
质量体系:ISO 9001
产品情况:(驰程牌)
各类车轮

★沧州汇中汽车部件有限公司
地址:河北省河间市米各庄镇工业园区
邮编:062454
电话:0317/3807238、3807538
传真:3807538
质量体系:ISO 9000
产品情况:汽车车轮、半轴套管

★河间市宏亚传动轴厂
地址:河北省河间市米各庄镇汽配市场三街东
邮编:062454
电话:0317/3807437
传真:3807437
质量体系:ISO 9001
产品情况:(鸿亚牌)
传动轴

★河北精轴传动轴厂
地址:河北省河间市米各庄镇华北汽配城西侧
邮编:062454

电话:0317/3808111
传真:3197197
网址:www. hbjingzhou. com
电子信箱:ok@ hbjingzhou. com
质量体系:ISO 9001
产品情况:汽车传动轴总成和传动轴零部件,离合器片

★沧州春发传动轴制造有限公司
地址:河北省河间市米各庄汽配城4街西
邮编:062454
电话:0317/3808600、3803619
传真:3802310
网址:www. hb - chunfa. com
电子信箱:chunfa@ hb - chunfa. com
单位人数:200
质量体系:ISO 9001
产品情况:(春发牌)
传动轴及其零部件

★河北劲速车轮有限公司
地址:河北省河间市米各庄镇劲速大街
邮编:062454
电话:0317/3808928、3808188
传真:3802395
网址:www. jinsu. cn
电子信箱:jinsu@ 163. com
单位人数:800
质量体系:ISO 9002
产品情况:(劲速牌、泰钢牌、泰燊牌)
各类车轮
配套情况:为东风汽车公司、三菱、重汽集团、陕汽集团、重庆重汽、北京奔驰等配套

★河北省河间市亚龙汽车零部件厂
地址:河北省河间市米各庄镇李家庄工业区
邮编:062545
电话:0317/3802511
传真:3801288
质量体系:ISO 9001
产品情况:(新星牌)
汽车、农用车用离合器从动盘总成、压盘总成、制动蹄总成

★唐山长丰齿轮厂
地址:河北省唐山市高新技术开发区大庆道付104号
邮编:063000
电话:0315/7815010、3222277
传真:3858787
网址:www. changfengcl. com
电子信箱:fanshuq. 66@ 163. com
质量体系:ISO 9001
产品情况:变速器总成及配件

★唐山通力齿轮有限公司
地址:河北省唐山市开发区火炬路206号
邮编:063020
电话:0315/5925858、5925890
传真:5925868
电子信箱:tsuf@ tcgear. com. cn
单位人数:1000
质量体系:ISO/TS 16949
产品情况:汽车变速器总成及零配件,年产能力8~10万台(套)

★唐山爱信齿轮有限责任公司
地址:河北省唐山市中润区幸福道48号
邮编:063033
电话:0315/3086114
传真:3242352
网址:www. tagc168. com. cn
电子信箱:admin@ tagc. com. cn
单位人数:2000
质量体系:ISO/TS 16949、ISO 9001
产品情况:(TAGC 牌)
FR型变速器:5M系列、038系列、035系列、G(Y)系列、R04系列;FF型变速器:F041A系列、C系列、037系列
配套及出口情况:为天津一汽丰田、四川一汽丰田、华晨金杯、长城汽车、东南汽车、北京奔驰、郑州日产、北汽福田、东风柳汽、广汽长丰、北京汽车等提供产品;为台湾中华提供R04系列变速器

★唐山丞起汽车零部件有限公司
地址:河北省乐亭县富强街
邮编:063600
电话:0315/4690773、4690712
传真:4690773
电子信箱:hbxd6699@ sina. com
单位人数:1000
质量体系:ISO/TS 16949、ISO 9001
产品情况:汽车变速器壳体、冲压件、汽车塑料燃油箱、发动机隔板、进气歧管等
配套情况:为哈飞中意、天津一汽夏利、一汽伊顿变速箱、长城汽车等配套

★唐山爱特精密机器制造有限公司
地址:河北省唐山市丰润区韩城镇南外环
邮编:064002
电话:0315/5525988
传真:5528768
网址:www. tsait. cn
电子信箱:aitg@ aitg. info
单位人数:50
质量体系:ISO 9001
产品情况:变速器总成及配件
配套情况:与唐山爱信齿轮、上海汽车齿轮合作

★玉田县恒通弹簧减震器有限公司
地址:河北省玉田县兴玉工业区
邮编:064100
电话:0315/6163987
传真:6162286
网址:www. tshtth. cn
电子信箱:hrrh@ tshx. net
单位人数:180
质量体系:ISO/TS 16949、ISO 9001
产品情况:(恒通牌)
汽车悬架弹簧、单体液压支柱复位拉簧及各种机械弹簧

★唐山拓新齿轮厂
地址:河北省玉田县陈家铺乡
邮编:064103
电话:0315/6511230
电子信箱:tuoxinchilun@ sina. com
质量体系:ISO 9002
产品情况:(拓新牌)
变速器总成及其齿轮、轴、同步器、换挡轴油封、圆柱销、前盖、中联板等

★唐山华玉齿轮厂
地址:河北省唐山市玉田县城南
邮编:064103
电话:0315/6511376
传真:6513118
质量体系:ISO 9001
产品情况:(华罡牌)
变速器及相关齿轮件、齿轴件等

★廊坊市恒鑫泵业有限公司
地址:河北省廊坊市光明东道
邮编:065000
电话:0316/2051651、2037157
传真:2037157
网址:www. lfhxby. com
电子信箱:lfhxby@ 163. com
单位人数:100
质量体系:ISO/TS 16949、ISO 9001
产品情况:各种汽车、工业机械空压机及配件,适配于玉柴、上柴、锡柴、朝柴、康明斯等发动机
配套情况:为潍柴、渭柴、华柴、洛拖、天拖等发动机厂配套

★河北廊坊兰海特种气泵厂
地址:河北省廊坊市董常甫常甫东道6号
邮编:065000
电话:0316/2660161、2666658
传真:2660161
网址:www. lhqb. com
电子信箱:hblhqb@ 126. com
产品情况:进口、国产特种汽车、工程车等制动空压机
配套及出口情况:为潍柴、廊坊美联配套;出口斯里兰卡

★河北前锋机器有限责任公司
地址:河北省廊坊市瑞丰道1号
邮编:065000
电话:0316/2665858-2280
传真:2666813
网址:www. qfgs. com. cn
电子信箱:qfjs@ qfgs. com. cn
单位人数:450
质量体系:ISO/TS 16949、ISO 9001
产品情况:各类车用扭杆弹簧、稳定杆、推力杆等底盘零部件,专用车辆液压油缸等

★亚新科美联(廊坊)制动系统公司
地址:河北省廊坊市光明西道1号
邮编:065000
电话:0316/2684026
传真:2681124
网址:www. asimcolf. com

电子信箱:info@ asimco - lf. com
单位人数:1530
质量体系:ISO/TS 16949、QS 9000
产品情况:(LF 牌)

车用空压机,年产 80 万台;轿车制动器,年产 200 万件;制动间隙调整器,年产 60 万件

配套及出口情况:为一汽集团、东风汽车公司、重汽集团、康明斯、玉柴、上柴、大柴、潍柴、朝柴、华柴等配套;制动器为一汽-大众奥迪配套;制动盘为北京奔驰配套;出口欧洲、美洲

★廊坊开发区康太斯空压机有限公司

地址:河北省廊坊市开发区创业路 89 号
邮编:065000
电话:0316/6088888
传真:6066209
网址:www. lfkts. com. cn
质量体系:ISO/TS 16949、ISO 9001
产品情况:(巨牛牌)

各类中重型载货汽车、大型轿车制动空压机

配套情况:为东风康明斯、天津珀金斯、玉柴动力、宇通客车、华菱汽车配套

★三河市精益机械制造有限公司

地址:河北省三河市李旗庄工业园区
邮编:065206
电话:0316/3450483、3457093
传真:3450807
网址:www. cnjingyi. cn
电子信箱:jingyijixie@ vip. 163. com
单位人数:800
质量体系:ISO/TS 16949、ISO 9001
产品情况:混凝土搅拌车拖轮总成及零部件,齿轮箱总成;制动鼓;重型货车减速器壳总成、差速器壳总成、主动锥齿轮轴承座总成(包括中桥、后桥部分、转向节部分和 20 多种规格型号总成与零部件总成);混凝土搅拌车用减速机总成;457 中桥、后桥和军车桥等

配套及出口情况:为美国 AXLETEK 公司配套生产 10 多种制动毂系列产品;远销美国、法国、南非、沙特、西班牙

★廊坊永胜弹簧有限公司

地址:河北省廊坊市南赵扶镇大流庄村
邮编:065900
电话:0316/5659701
传真:5659701
电子信箱:lfysgs@ 126. com
质量体系:ISO 9001
产品情况:(海鹰牌)

各种汽车、农用车及挂车板簧

出口情况:远销南非、越南、缅甸、尼泊尔等国家

★廊坊利达弹簧有限公司

地址:河北省大城县大流庄工业区
邮编:065901
电话:0316/5655192、5650666
传真:5506111
网址:www. qwbh. cn
电子信箱:lflida@ sina. com
单位人数:480
质量体系:ISO 9002
产品情况:(青旺牌、正风牌)

年产汽车板簧 6000 余 t、车轮 50 万套

出口情况:部分产品出口

★ 中信戴卡轮毂制造股份有限公司

地址:河北省秦皇岛市海港区东港路 355 号
邮编:066003
电话:0335/3107288、3019977
传真:3163718
网址:www. dicastal. com
电子信箱:sales@ dicastal. com
法人代表:王炯
负责人:徐佐
单位人数:1252
质量体系:ISO/TS 16949、VDA 6. 1
产品情况:(戴卡(Dicastal)牌)

汽车铝合金轮毂,年产能力 1500 万件

配套及出口情况:独家供货企业有北京奔驰、沈阳宝马、一汽奥迪、天津丰田、四川丰田、日产天籁;主要供货企业有一汽-大众、广汽本田、上海大众、上海通用、一汽轿车、沈阳中华;其他供货企业天津夏利、长安铃木、通用五菱;50%以上的产品出口国际市场,为世界排名前 12 家汽车厂配套

☞ 详细情况请参阅彩色宣传版面

★秦皇岛戴卡美铝车轮有限公司

地址:河北省秦皇岛市经济技术开发区金山北路 15 号
邮编:066004
电话:0335/5910227
传真:5910333
网址:www. lzwheel. com
电子信箱:postmaster@ dicamry. com. cn
质量体系:ISO/TS 16949、ISO 14001
产品情况:汽车铝合金车轮

★秦皇岛兴龙轮毂有限公司

地址:河北省秦皇岛市开发区黑龙江西道 7 号
邮编:066004
电话:0335/8016518、8581008
传真:8581105
网址:www. xinglongwheels. com. cn
电子信箱:huibocheng2001@ 163. com
质量体系:ISO/TS 16949、ISO 14001
产品情况:铝合金汽车轮毂

★秦皇岛市吉欧车轮制造有限公司

地址:河北省秦皇岛市山海关区石河桥西
邮编:066200
电话:0335/5038150、5077567
传真:5038150
网址:www. jioucl. com
单位人数:246
质量体系:ISO/TS 16949
产品情况:(吉欧牌)

解放、东风、重汽等系列载货汽车车轮总成

★保定长城汽车桥业有限公司

地址:河北省保定市太行路 39 号
邮编:071000
电话:0312/2192980
传真:2192923、2192922
网址:www. gwm. com. cn
电子信箱:gwmqiao@ vip. 163. com
产品情况:汽车车桥
配套情况:为长城汽车独家配套

★立中车轮集团有限公司

地址:河北省保定市七一东路 948 号立中大厦
邮编:071000
电话:0312/5997688
传真:5997666
网址:www. bdlzwheel. com
电子信箱:lzwheelgroup@ lzwheel. com
单位人数:1645
质量体系:ISO/TS 16949、QS 9000
产品情况:(欧马、TG、Racing、AOEM 牌)

12 ~ 26 英寸铝合金车轮,年产 660 万只

配套及出口情况:主要为中国汽车制造商配套;出口美国、欧洲、日本、韩国等国家和地区

★保定市格瑞机械有限公司

地址:河北省保定市高开区云杉路 126 号
邮编:071051
电话:0312/3336869、3336862
传真:3336868
网址:www. greatmachinery. com. cn
电子信箱:grjx126@ 126. com
质量体系:QS 9000
产品情况:(长城牌)

汽车前独立悬架球销、转向拉杆、稳定杆连接件等汽车转向系零部件,年产能力 300 万套

配套情况:为长城汽车、胜利、乘龙等车型配套

★保定永兴汽车同步器制造有限公司

地址:河北省清苑县石桥乡北石桥
邮编:071100
电话:0312/8041868
传真:8041868
网址:www. yopul. cn
电子信箱:rgx@ yxjd. com. cn
质量体系:ISO/TS 16949、ISO 9001
产品情况:汽车同步器齿环

★安国市佳宇汽车传动轴有限公司

地址:河北省安国市前李街 13 号
邮编:071200
电话:0312/3405327、3406789

传真:3405326
网址:www. hbjiayu. com
电子信箱:jiayu@ hbjiayu. com
质量体系:ISO 9001
产品情况:(佳宇牌)
汽车、工程机械传动轴、变速器盖等

★保定金龙汽车同步器齿环有限公司
地址:河北省保定市安新县老河头工业区
邮编:071602
电话:0312/5186318、5185198
传真:5189668
网址:www. hengyali. com
电子信箱:baodingjinlong@ 163. com
单位人数:160
质量体系:ISO 9001
产品情况:同步器总成、同步器齿环等
配套情况:为东风汽车公司变速箱分公司配套

★保定维德汽车铸件有限公司
地址:河北省保定市徐水县复兴路西
邮编:072550
电话:0312/8683427、8683418
传真:8683427、8683418
网址:www. bdweide. com
电子信箱:bdwd@ tom. com
单位人数:642
质量体系:ISO 9001
产品情况:中、重型汽车变速器壳体、离合器壳体、变速器上盖、发动机机体等,年铸造能力2万t
配套情况:为一汽集团哈尔滨变速箱厂、一汽伊顿变速箱、大同齿轮集团、陕西法士特齿轮、玉柴安达变速器等配套

★保定华建机械有限公司
地址:河北省定兴县开发区华建路198号
邮编:072650
电话:0312/6829888
传真:6925493
网址:www. hbj. com. cn
电子信箱:huajian@ heinfo. net
质量体系:ISO/TS 16949
产品情况:(华建牌)
年产桥壳8万支、半轴50万支
配套情况:为长丰猎豹汽车配套桥壳和半轴,为金杯汽车配套桥壳,为长城汽车配套半轴

★定兴县盛德机械部件有限公司
地址:河北省定兴县国道南大街12号
邮编:072650
电话:0312/6929978
传真:6929978
网址:www. shde. net
电子信箱:shde@ shde. net
质量体系:ISO/TS 16949、ISO 14001
产品情况:转向拉杆球头销、悬架摆臂球头销、前后稳定连杆球头销、控制臂球销、随动臂总成等
配套及出口情况:为多家整车厂及车桥厂配套生产皮卡、SUV车型的球头销和转向拉杆;远销大洋洲

★德尔福沙基诺凌云驱动轴有限公司
地址:河北省涿州市松林店三义路
邮编:072761
电话:0312/3952126、3676589
传真:3952197
网址:www. dsly. cn
电子信箱:sales@ dsly. com. cn
单位人数:305
质量体系:ISO/TS 16949、VDA 6. 1
产品情况:汽车用等速半轴及其零件
配套情况:为天津一汽夏利、奇瑞汽车、一汽-大众、长安汽车、昌河北斗星、上海通用北盛等配套

★定州市四新工业有限公司
地址:河北省定州市定曲路桥西3号
邮编:073000
电话:0312/2354752、2354751
传真:2352863、2358202
网址:www. sixincasting. com
电子信箱:sixin@ sixincasting. com
法人代表(负责人):刘成群
单位人数:380
质量体系:ISO/TS 16949、ISO 9001
产品情况:(四新牌)
拨叉总成、变速器拨叉及操纵机构零部件、不锈钢及有色金属铸件的生产制造
配套及出口情况:为一汽解放、一汽长春轿车齿轮厂、株洲欧格瑞、哈尔滨变速箱厂、山东临工桥箱变速箱厂、浙江金华万里扬变速器股份有限公司、重庆蓝黛科博传动技术公司配套;出口伊朗、欧洲、美洲、日本、韩国、东南亚、中东等国家和地区

★河北惠众汽车传动轴制造有限公司
地址:河北省定州市西城区陈庄子村北107国道
邮编:073000
电话:0312/2360000
传真:2360037
网址:www. hbhzcdz. com
电子信箱:hbhzcdz@ 126. com
单位人数:60
质量体系:ISO 9000
产品情况:(惠传牌)
载货汽车传动轴,年产10万支

★定州市孟生球铁有限公司
地址:河北省定州市西城区韩家洼
邮编:073000
电话:0312/2379478
传真:2379654
网址:www. dfqiutie. cn
电子信箱:dongfeng@ dfqiutie. cn
单位人数:286
质量体系:ISO 9002
产品情况:汽车离合器、动力转向器、车桥底盘铸件、制动器、曲轴、齿轮等各种球铁件、合金铸铁件和灰铁件
配套及出口情况:为东风东传公司苏州汽配分公司定点配套离合器铸件;远销美国、德国等国家

★宇鹏汽车拨叉有限公司
地址:河北省定州市仓门口街小学东4排1号
邮编:073000
电话:0312/2391558
传真:2391556
网址:www. dzyupeng. com
电子信箱:yupeng@ dzyupeng. com
质量体系:QS 9000
产品情况:(宇鹏牌)
变速器拨叉、顶盖、叉轴等

★定州市天力钢板弹簧有限公司
地址:河北省定州市叮咛店双天工业园
邮编:073000
电话:0312/2613555、2612777
传真:2612788
网址:www. tlth. com
电子信箱:a263@ 263. net
质量体系:ISO 9001
产品情况:(集成牌)
汽车钢板弹簧
配套及出口情况:为奔驰、铁马、五十铃、太脱拉、斯太尔、美国万国、东风、解放等配套;出口阿拉伯、东南亚地区

★涞水鑫发汽车零部件制造有限公司
地址:河北省涞水县冲之大街21号
邮编:074100
电话:0312/4522496
传真:4531577
网址:www. xinfa168. com. cn
电子信箱:xin. fa168@ 163. com
质量体系:ISO 9001
产品情况:汽车制动鼓、前后轮毂、转向节、减速器、差速器
配套情况:为福田轻型货车、一汽小解放、东风小霸王、天津一汽夏利威志等车型配套

★河北省张家口市元强锻压有限公司
地址:河北省张家口市桥西区白家沟53号
邮编:075000
电话:0313/8024234
传真:8024234
电子信箱:zduanya@ 126. com
单位人数:200
质量体系:ISO/TS 16949、ISO 9001
产品情况:各种汽车拖勾、后桥轴管及各类锻压件,年产能力8000t

山西省

★山西太钢不锈钢股份有限公司
地址:太原市解放北路113号
邮编:030003

电话:0351/3011762
传真:3012716
网址:www. tisco. com. cn
产品情况:高强度汽车钢板
配套情况:为一汽、东风、陕汽、重汽、福田、华菱等配套

★双喜轮胎工业股份有限公司
地址:太原市清徐县凤仪街9号
邮编:030400
电话:0351/7041912、8089199
传真:7041234
网址:www. dhtyre. com
电子信箱:sxlt@ dhtyre. com
质量体系:ISO/TS 16949
产品情况:(中轮牌、双喜牌、龙城牌、同辉牌)
　　工程机械轮胎、载货汽车轮胎、工业车辆轮胎、农业轮胎、轿车轮胎等
配套及出口情况:为一汽集团、东风汽车、重汽集团、一汽红塔等配套;出口东南亚、北美洲、非洲、中东等地区

★中车双喜轮胎有限公司
地址:山西省清徐县凤仪街9号
邮编:030400
电话:0351/7073207
传真:7068134、7051194
网址:www. cadhtyre. com. cn
电子信箱:sxlt@ cadhtyre. com. cn
质量体系:ISO 9001
产品情况:(双喜牌、倍速牌)
　　全钢载重子午线轮胎
出口情况:出口美国、欧洲、澳大利亚等国家和地区

★榆次液压集团有限公司
地址:山西省晋中市榆次区经纬路258号
邮编:030600
电话:0354/2426077
传真:2426077
网址:www. ychgc. com. cn
电子信箱:yuyeg@ public. yz. cn
质量体系:ISO 9000
产品情况:各种液压泵(如汽车转向叶片泵、自卸车专用齿轮泵等)、液压阀、液压油缸及液压机具
配套及出口情况:为一汽集团、东风汽车公司、洛拖、宝钢、首钢、吉化、南化、厦工、成工、徐工等厂家配套液压元件及系统产品;出口欧洲、日本、东南亚、中东等国家和地区

★利民精密机械制造有限公司
地址:山西省忻州市108国道547公里处
邮编:034000
电话:0350/2640888
传真:2640088
网址:www. cvj. cn
电子信箱:cvj@ cvj. cn
质量体系:ISO/TS 16949
产品情况:汽车球笼式万向节及保持架、星型套、钢球等部件,年产能力保持架100万件以上,星型套100万件以上
出口情况:远销德国、美国、日本

★襄汾县恒泰制动器有限公司
地址:山西省襄汾县南辛店乡南临夏线18号
邮编:041505
电话:0357/3681388
传真:3681468
网址:www. xf - hengtai. com. cn
电子信箱:hengtai@ vip. 163. com
单位人数:330
质量体系:ISO 9001
产品情况:载货汽车、轿车、轻型客车等车型的制动盘、制动鼓、轮毂,年产能力5万t
配套及出口情况:为美国、德国、意大利的汽车制造公司直接配套,同时也给国内汽车制造厂直接配套;远销美国、德国、加拿大、意大利、墨西哥、以色列、韩国等国家

★山西建邦集团有限公司
地址:山西省侯马市北郊工业园区
邮编:043000
电话:0357/4035315
传真:4035315
网址:www. sxjbjt. com
电子信箱:liyj@ sxjbjt. com
董事长:吴晓年
负责人:张锐
单位人数:5000
质量体系:ISO 9001、ISO 14001
产品情况:(JB牌、实优牌)
　　钢材、制动鼓、轮毂等

★山西汤荣汽车配件制造集团公司
地址:山西省侯马市风雷街168号
邮编:043013
电话:0357/4092035、4093583
传真:4092013、4092036
网址:www. cnsxtr. com
电子信箱:trgs@ 263. net
单位人数:1000
质量体系:ISO/TS 16949
产品情况:(实优牌)
　　汽车制动鼓、轮毂、辐轮、内燃机曲轴等
配套及出口情况:与美国凯尔喜、威博、阿文美驰车辆系统、英国克兰、R. O. R公司、澳大利亚马克特恩公司、东风德纳车桥、陕汽集团、一汽底盘、江淮、重汽集团、中集、安凯、丹东黄海、曙光汽车等国内外50多家知名OEM客户建立合作关系;为宇通客车、厦门金龙、安凯、桂林大宇、沈飞、京华客车、上海申沃、中威、黄海客车、亚星、长江、太湖、东风、斯太尔等供货;出口美国、加拿大、英国、德国、澳大利亚、新加坡等20多个国家和地区

★中信机电车桥有限公司
地址:山西省运城市绛县4号信箱
邮编:043608
电话:0359/6884151、6884593
传真:6884632
网址:www. zhxcq. com
电子信箱:wlzx@ zhxcq. com
单位人数:1689
质量体系:ISO/TS 16949、ISO 9000
产品情况:(晋南牌)
　　具有年产重型车离合器8万台,轻、重型车桥7万台,扭杆弹簧8万套的生产能力
配套及出口情况:为一汽集团、东风汽车公司、北汽福田、三一重工、江淮汽车、陕汽集团、山汽集团、南京金龙、广西玉柴、北奔重汽、宇通客车等配套;出口韩国

★山西华恩机械制造有限公司
地址:山西省临猗县东环南路279号
邮编:044100
电话:0359/4068125
传真:4068115
网址:www. huaengroup. com. cn
电子信箱:huaen@ vip. 163. com
单位人数:1000
质量体系:ISO/TS 16949、ISO 9000
产品情况:汽车变速器外壳、上盖、离合器壳、发动机进气歧管、柴油机分动箱等,黑色铸件年产能力3万t,铝合金铸件年产4000t
配套及出口情况:为一汽集团、东风汽车公司、上汽齿轮总厂、陕西法士特、广西玉柴、吉利汽车、江淮汽车、江铃汽车、南京汽车集团、大同齿轮厂、綦江齿轮厂等配套;出口美国(纽荷兰公司)

★长治市九鼎汽车配件有限公司
地址:山西省长治市东大街358号
邮编:046000
电话:0355/3082116、3080374
传真:3082900、3082460
网址:www. czjiuding. com
电子信箱:czqcpic@ 126. com
单位人数:700
质量体系:ISO 9001
产品情况:重、轻、轿车制动器总成及零部件,年铸造能力2万t以上,出口汽车制动鼓、盘年产能力达200万件以上
出口情况:汽车制动鼓、制动盘出口美国、加拿大、韩国、澳大利亚、英国等国家

★长治液压有限公司
地址:山西省长治市太行西街52号
邮编:046011
电话:0355/6028013、6028016
传真:2082733、6028019
网址:www. changye. net
电子信箱:cywuliu@ 163. com
单位人数:1200

质量体系:ISO/TS 16949、QS 9000
产品情况:(CHANGZIYEYA 牌)
汽车转向助力泵(年产能力30万台)、中高压齿轮泵、液压破碎锤、转向齿轮泵、高低压内啮合齿轮泵、摆线齿轮泵、威格斯泵、变量泵、液压油缸和阀以及液压辅件等
配套及出口情况:为玉柴、东风汽车公司、扬柴、一汽集团、沈阳金杯、郑州日产、北汽福田、宁波美日、柳州采埃孚、山推、黄工、内蒙一机、首钢、鞍钢等配套;出口东南亚、意大利、德国等20多个国家和地区

★山西太重长兴机械制造有限公司
地址:山西省长治市潞城市南舍工业园区
邮编:047500
电话:0388/6985866、3563005
传真:6986017
网址:www.sxtzcx.com
电子信箱:tzcxmachinery@yahoo.cn
质量体系:ISO/TS 16949、ISO 14001
产品情况:汽车制动盘、制动鼓为主导产品,年产能力150余万件

★山西益新制动部件有限公司
地址:山西省晋城市泽州路3548号
邮编:048000
电话:0356/2185352、2185090
传真:2185352、2185090
电子信箱:sxyx@vip.sina.com
法人代表:董瑜
负责人:田红
单位人数:58
质量体系:ISO/TS 16949
产品情况:(晋摩牌)
20余种汽车制动件
配套情况:为奇瑞、比亚迪F3、北斗星、长安之星、金杯海狮、长城皮卡、长丰猎豹、瑞丰配套

★晋城路宝汽车铝部件制造有限公司
地址:山西省晋城市泽州县金村镇东蜀村
邮编:048011
电话:0356/3957111、3957188
传真:3957038
网址:www.rbwheel.com
电子信箱:wangchan2006@126.com
质量体系:ISO/TS 16949
产品情况:汽车铝合金轮毂
出口情况:销往欧洲、美洲、中东和东南亚等地区

内蒙古

★内蒙古一机集团北方实业有限公司

地址:内蒙古包头市青山区民主路北
邮编:014032
电话:0472/3116019、3117080
传真:3116019
电子信箱:bfsyyxb@163.com
法人代表(负责人):席世军
单位人数:1100
质量体系:ISO/TS 16949、ISO 9001
产品情况:(北实牌)
商用车制动器、离合器、车轮、车架及各类冲压结构件
配套情况:主要为北奔重汽、陕汽集团等配套
☞ 详细情况请参阅彩色宣传版面

★包头北驰车轮有限责任公司
地址:内蒙古包头市东河区巴彦塔拉东大街
邮编:014040
电话:0472/4364707
传真:4351010
质量体系:ISO 9000
产品情况:汽车车轮
配套情况:为北奔重汽配套

★内蒙古宏达压铸有限责任公司
地址:内蒙古乌兰浩特市铁西区先锋路15号
邮编:137400
电话:0482/8390735
传真:8390735
电子信箱:wlqqcxpc@public.hh.nm.cn
单位人数:180
质量体系:ISO/TS 16949、VDA 6.1
产品情况:变速器壳体及盖
配套情况:为一汽集团、一汽-大众、一汽伊顿变速箱、大同齿轮、长春齿轮、哈尔滨变速箱、东安发动机等主机厂配套

辽宁省

★沈阳金通汽车零部件制造有限公司
地址:沈阳市经济技术开发区冶金七街10号
邮编:110000
电话:024/27791221、27791223
传真:27791212
网址:www.jtqp.cn
电子信箱:office@jtqp.cn
单位人数:200
质量体系:ISO/TS 16949、QS 9000
产品情况:(助安牌真空助力器、液压制动主缸、轮缸,离合器主缸、轮缸,比例阀等四大系列
配套及出口情况:为长城汽车、沈阳金杯配套;出口美洲、东南亚、中东、非洲、欧洲等30多个国家和地区

★沈阳汽车车轮厂
地址:沈阳市皇姑区怒江北街甲1号
邮编:110015
电话:024/86872442、86870581
传真:24801798
网址:www.syjbauto.com.cn
电子信箱:jbstar@syjbauto.com.cn
单位人数:252
质量体系:ISO 9001
产品情况:汽车车轮,年产能力达到100万套

★沈阳市王玉汽车部件厂
地址:沈阳市铁西新区翟家工业园
邮编:110021
电话:024/86051469
传真:86051562
网址:www.syw888.net
电子信箱:syw800@sina.com
质量体系:ISO 9001
产品情况:汽车制动总泵、分泵,真空助力器,离合器总泵、分泵
配套情况:为解放军7407工厂、北汽福田、北京环驰车桥、丹东曙光制动器、解放军7417工厂、一汽富奥制泵分公司、一汽备品资源公司等配套

★沈阳上汽金杯汽车变速器有限公司
地址:沈阳市经技术开发区开发大路8号
邮编:110027
电话:024/25378950、25378909
传真:25378999、25378897
网址:www.sagw.com
电子信箱:sssbat999@163.com
质量体系:ISO/TS 16949
产品情况:金杯系列变速器总成、阁瑞斯后桥、中华轿车变速器等,年产30万套
配套情况:为华晨金杯、长城汽车、上海通用别克、厦门金龙、上海大众、中华汽车等配套

★沈阳一东四环离合器有限责任公司
地址:沈阳市皇姑区岐山中路48号
邮编:110031
电话:024/86750451
传真:86871364
网址:www.syydsh.com
单位人数:104
质量体系:ISO/TS 16949、QS 9000
产品情况:(四环牌)
汽车离合器
配套及出口情况:为沈阳航天三菱4G6系列发动机,江淮汽车、哈尔滨东安汽车发动机、中华汽车、长丰猎豹、长城汽车配套;部分产品出口

★沈阳都瑞轮毂有限公司
地址:沈阳市皇姑区怒江北街2-1号
邮编:110034
电话:024/31083534、31083527
传真:25819386
网址:www.sydooray.com
质量体系:ISO/TS 16949、VDA 6.1
产品情况:汽车铝合金轮毂,年产能力180万只
配套情况:为美国通用、北京现代、华晨金杯、一汽-大众等整车厂配套

★沈阳市田丰汽车轴件制造公司
地址:沈阳市于洪区梅江北街15-2号

邮编:110034
电话:024/86511237
传真:86546768
质量体系:ISO/TS 16949、QS 9000
产品情况:汽车半轴
配套情况:为一汽集团、华晨金杯、丹东曙光、北汽等配套

★普利司通(沈阳)钢丝帘线公司
地址:沈阳市经济技术开发区十一号路四号
邮编:110035
电话:024/25378700
传真:25378701
网址:www. bridgestone. com. cn
单位人数:260
产品情况:(普利司通牌)
客车及载货汽车用全钢丝载重子午线轮胎

★沈阳丰运汽车零部件厂
地址:沈阳市苏家屯区枫杨路163号
邮编:110036
电话:024/89816506
传真:89109039
网址:www. syfy55. com
电子信箱:niefeng. fe@ 126. com
质量体系:ISO/TS 16949
产品情况:(丰运牌)
制动真空助力器、液压制动主缸、轮缸、离合器主缸等,具有年产制动真空助力器50万台,各类液压主缸、轮缸50万只的生产能力
配套及出口情况:为国内部分整车厂配套;出口多个国家和地区

★沈阳金亚汽车传动轴有限公司
地址:沈阳市东陵区榆林大街5-19号
邮编:110045
电话:024/88201915
传真:88214828
电子信箱:kitty@ shenyang - spicer. com. cn
质量体系:ISO/TS 16949、QS 9000
产品情况:轻型、中型车传动轴总成、后桥半轴、桥管及单件
配套及出口情况:为东南汽车、福建台亚、华晨金杯、河北中兴等配套;传动轴叉件出口哥伦比亚

★沈阳金杯华集汽车部件有限公司
地址:沈阳市东陵区榆林大街5-18号
邮编:110045
电话:024/88217017、88217011
传真:88217016
网址:www. syjbauto. com. cn
电子信箱:zym299@ syjbhj. cn
质量体系:QS 9000
产品情况:(里牌)
真空助力器及制动总泵
配套情况:为金杯海狮客车配套

★沈阳林凯汽车制动有限公司
地址:沈阳市沈北新区前进农场
邮编:110121
电话:024/89668666、89668119
传真:89668046
网址:www. linkai168. com
电子信箱:shenyanglinkai@ 163. com
单位人数:153
质量体系:ISO 9001
产品情况:汽车半轴、真空助力器、离合器总泵、分泵等
配套情况:为一汽哈轻、东风汽车公司、河北中兴、东安黑豹、北汽福田、保定天马、保定大迪、浙江吉奥、台州中能、长丰扬子、沈阳中顺、四川绵阳、无锡跃进等配套

★沈阳韩柏锻压有限公司
地址:沈阳市经济技术开发区6号路10甲3号
邮编:110141
电话:024/25195688
传真:25195988
网址:www. hbeforge. com
电子信箱:hbeforge@ 163. com
质量体系:ISO 9001
产品情况:铝锻造轮毂

★沈阳金杯永信橡塑有限公司
地址:沈阳市经济技术开发区开发大路十甲3号
邮编:110141
电话:024/25373807
传真:25373736
电子信箱:jinbeiyongxin@ yongxingroup. com
质量体系:ISO/TS 16949、QS 9000
产品情况:汽车转向机构、变速操纵机构、多连杆后悬总成(球销类)、减振器和橡胶、塑料零部件等

★采埃孚伦福德汽车系统(沈阳)公司
地址:沈阳市经济技术开发区开发大路8甲3号
邮编:110141
电话:024/25376969
传真:25370930
网址:www. sachs. com. cn
单位人数:65
质量体系:ISO/TS 16949、ISO 9000
产品情况:(采埃孚伦福德牌)
轿车底盘、前后桥及其他相关底盘部件
配套情况:为华晨宝马配套

★沈阳金杯恒隆汽车转向系统公司
地址:沈阳市经济开发区云海路15号
邮编:110141
电话:024/25377031
传真:25815649
电子信箱:jbstar@ syjbauto. com. cn
质量体系:ISO/TS 16949、QS 9000
产品情况:转向器、转向助力器等汽车动力转向系统产品
配套情况:为金杯海狮客车配套

★普利司通(沈阳)轮胎有限公司
地址:沈阳市经济技术开发区昆明湖街17号
邮编:110141
电话:024/25816200、25370019
传真:25819049、25367756
网址:www. bridgestone. com. cn
单位人数:1306
质量体系:QS 9000、ISO 9000
产品情况:(BS牌)
载货汽车、巴士用全钢丝子午线轮胎
配套情况:为一汽集团配套

★沈阳三花戴卡轮毂有限公司
地址:沈阳市经济技术开发区中央大街18号
邮编:110141
电话:024/31083509、31083515
传真:25812619
网址:www. sydooray. com
电子信箱:tech@ sydooray. com
单位人数:550
质量体系:ISO/TS 16949、VDA 6.1
产品情况:汽车铝合金轮毂
配套情况:为美国通用、北京现代、华晨金杯、一汽-大众等配套

★沈阳彤福汽车零部件有限公司
地址:沈阳市经济技术开发区民营工业园民旺街2号
邮编:110141
电话:024/89255626
传真:89255626
质量体系:ISO/TS 16949
产品情况:脚踏板系列
配套情况:为长城汽车、哈尔滨轻型汽车等配套

★沈阳中航飞汽车部件制造有限公司
地址:沈阳市于洪区光辉乡东龙边村
邮编:110146
电话:024/89263538、89261622
传真:89261622
电子信箱:xiaoshou@ zhfbrake. com
质量体系:ISO 9001
产品情况:汽车制动盘、制动鼓、制动钳、摩擦片
配套情况:为华晨金杯、天津一汽丰田、长城汽车、扬子汽车、河北中兴、北汽福田、长安汽车、哈飞汽车等配套

★沈阳市北方弹簧钢板厂
地址:沈阳市东陵区王滨本街
邮编:110175
电话:024/24750795
传真:24750795
电子信箱:webmaster@ sydl. gov. cn
质量体系:ISO 9001
产品情况:各种汽车钢板弹簧

★富奥辽宁汽车弹簧有限公司
地址:辽宁省辽阳市胜利路61号

邮编:111000
电话:0419/2121284、2268208
传真:2124913、2154047
网址:www.fawer.com.cn
单位人数:946
质量体系:ISO/TS 16949、VDA 6.1
产品情况:(向阳牌)
轻、中、重型载货汽车弹簧,客车、轿车及各种挂车弹簧等
配套及出口情况:为一汽解放、北奔重汽、中国重汽、安徽华菱等国内20多家汽车厂配套;出口中东、欧洲市场

★蒂森克虏伯富奥辽阳弹簧有限公司
地址:辽宁省辽阳市双胜路168号
邮编:111000
电话:0419/2194807、2190910
传真:2190710
网址:www.lks-springs.com
电子信箱:lisawang@lks-springs.com
质量体系:ISO/TS 16949、ISO 14001
产品情况:螺旋弹簧、稳定杆、扭杆等,具有年产240万只螺旋弹簧、90万只稳定杆、38万只扭杆的生产能力
配套及出口情况:为一汽集团、一汽-大众、通用三菱等提供奥迪、红旗、捷达及宝来的悬浮配件;出口亚洲、东南亚、土耳其等国家和地区

★辽阳大乘新华齿轮有限责任公司
地址:辽宁省辽阳市首山镇胜利路18号
邮编:111000
电话:0419/7173298
传真:7173298
单位人数:760
质量体系:ISO 9002
产品情况:汽车变速器及其齿轮、轴

★鞍山太阳锻造实业有限公司
地址:辽宁省鞍山市千山区衡业街9号
邮编:114016
电话:0412/8244521、8214886
传真:8230544、8217506
网址:www.atd-forging.com
电子信箱:yrf@atd-forging.com
单位人数:600
质量体系:ISO/TS 16949、ISO 9001
产品情况:汽车前轴、连杆、转向节等各类锻件,汽车前轴年产能力40万支以上

★鞍山市钜丰弹簧制造有限公司
地址:辽宁省鞍山市腾鳌经济开发区福安工业区
邮编:114225
电话:0412/8315109
传真:8314251
质量体系:ISO 9001
产品情况:汽车钢板弹簧

★营口市熊岳轻型汽车制动泵总厂
地址:辽宁省营口市熊岳西关
邮编:115009
电话:0417/7023663
传真:7195733
质量体系:ISO 9001
产品情况:(红太阳牌)
汽车制动泵

★辽宁省熊岳四通重型车部件厂
地址:辽宁省盖州市陈屯镇和平村
邮编:115226
电话:0417/7152338
传真:7152338
质量体系:ISO 9001
产品情况:重型汽车后悬架总成及部件
配套情况:为一汽集团、东风汽车公司等配套

★大连液压件厂
地址:辽宁省大连市甘井子区香周路11号
邮编:116033
电话:0411/86641118、86666247
传真:86645674
网址:www.dalian888.biz
电子信箱:dy@dalian888.com.cn
质量体系:ISO/TS 16949、QS 9000
产品情况:汽车转向助力泵、液压阀、液压缸、液压系统、液压附件、汽车驾驶室翻转装置、汽车管件液压机械等
配套及出口情况:为解放牌、东风牌各种车型转向助力泵配套;部分产品远销日本、美国、加拿大、东南亚等国家和地区

★大连固特异轮胎有限公司
地址:辽宁省大连市沙河口区石桥街25号
邮编:116033
电话:0411/86669999
传真:86661938
网址:www.goodyear.com.cn
单位人数:1000
质量体系:ISO/TS 16949、QS 9000
产品情况:(GOODYEAR牌)
轿车、轻型载货汽车子午线轮胎
配套情况:为包括宝马5系列、奥迪A6L、奥迪A4、大众迈腾、新宝来、本田思域、丰田卡罗拉、马自达3、福特福克斯两厢/三厢、福特S-MAX、新蒙迪欧、雪铁龙新标致307、长城哈弗、长城嘉誉、凯迪拉克SLS、君悦Hybrid、名爵MG TF、名爵MG 7、荣威750/550等多款主流车型配套

★大连正达车轮有限公司
地址:辽宁省大连市辛寨子镇前革村
邮编:116039
电话:0411/86425588
传真:86427788
单位人数:350
质量体系:ISO 9001
产品情况:汽车车轮

★大连易斯达汽车转向系统公司
地址:辽宁省大连市金州区站前街道友好街117号光明工业园内
邮编:116100
电话:0411/87678296
传真:87678246
网址:www.estar2010.com
电子信箱:wei_liu819@yahoo.co.jp
质量体系:ISO 9001
产品情况:汽车转向助力泵

★大连鸿源机械制造有限公司
地址:辽宁省普兰店市杨树房镇经济技术开发小区
邮编:116215
电话:0411/83459200
传真:83459202
网址:dlhyjxzz.cn.alibaba.com
单位人数:540
质量体系:ISO/TS 16949、ISO 9001
产品情况:制动盘、制动鼓、制动支架、制动钳体、带轮、后板、阀体、铜铸件、铝铸件,设计年产30000t精密的铜、铁、铝铸件
配套情况:为国外大型汽车制造商OEM配套

★瓦房店宏达等速万向节制造公司
地址:辽宁省瓦房店市北共济街1号
邮编:116300
电话:0411/85509860
传真:85517999、85504389
网址:www.zwz-whcc.cn
电子信箱:cvj@zwz-whcc.cn
质量体系:ISO/TS 16949、ISO 9001
产品情况:球笼式等速万向节和传动轴总成
配套情况:为一汽CA141K2T5型4*4越野货车、北汽霸道、南汽军车、江南奥拓、吉利(美日、优利欧、自由舰)轿车、徐工集团工程车等配套

★大连喜盛悦汽车部件制造有限公司
地址:辽宁省瓦房店市北共济街河南路18号
邮编:116300
电话:0411/85509973、85503230
传真:85503230
网址:www.dlxsy.com
单位人数:300
质量体系:ISO 9001
产品情况:复合关节轴承、等速中心叉、焊接叉、双U-等速中心叉总成、双U-等速万向节传动轴承等
出口情况:出口欧洲、美洲、非洲、大洋洲

★大连永君汽车转向器制造有限公司
地址:辽宁省瓦房店市大街1号
邮编:116300
电话:0411/85570057
传真:85570057
网址:www.dlruigu.cn
质量体系:ISO/TS 16949、ISO 9001
产品情况:汽车转向器

配套情况:为一汽哈轻、四川都江堰岷江车辆、四川都江堰巨龙车辆配套

★瓦房店市复州城镇通用机械厂
地址:辽宁省瓦房店市复州城镇永丰
邮编:116314
电话:0411/85102160
传真:85102160
质量体系:ISO 9001
产品情况:汽车取力器

★瓦房店万向锻造有限公司
地址:辽宁省瓦房店市太阳元宝工业园区
邮编:116323
电话:0411/85366078
传真:85366211
网址:www.wfdwx.com
单位人数:260
质量体系:ISO 9001
产品情况:各种规格的万向节、齿轮、轴承套圈的锻件和机械加工件,年产锻件2万t
出口情况:星形齿轮出口日本(KYB公司),回转轴承套圈出口日本(土肥研磨公司),万向节壳体、瓦轴出口美国,轴承套圈出口韩国

★大连金华齿轮箱制造有限公司
地址:辽宁省瓦房店市杨家满族乡台后工业园区
邮编:116331
电话:0411/85386558
传真:85386557
网址:www.jhclx.cn
电子信箱:jinhuachilun@163.com
质量体系:ISO 9001
产品情况:齿轮

★克诺尔制动系统(大连)有限公司
地址:辽宁省大连市经济技术开发区48号汽车零部件工业园
邮编:116620
电话:0411/87545923、87545957
传真:87545950、87545954
网址:www.knorr-bremse.com.cn
电子信箱:tinghai.fang@knorr-bremse.com
产品情况:空气压缩机等制动系统零部件

★大连创新零部件制造公司
地址:辽宁省大连市经济技术开发区48号地创新零部件工业园
邮编:116620
电话:0411/87586900
传真:87338555
网址:www.dipmc.com
单位人数:700
质量体系:ISO/TS 16949、QS 9000
产品情况:柴油机零件、液压件、硅油减振器零件、空压机零件、工程机械变速器轴承笼、离合器壳体等
配套及出口情况:为德国道依茨、美国康明斯、德国克诺尔、一汽大柴、美国水星、美国伊顿配套;出口日本、德国、美国、孟加拉国、朝鲜等国家

◉ 辽宁曙光车桥有限责任公司

地址:辽宁省丹东市振安区曙光路50号
邮编:118001
电话:0415/4139203
传真:4139203
网址:www.sgautomotive.com
电子信箱:ddzxq@sgautomotive.com
质量体系:ISO/TS 16949、QS 9000
产品情况:客车车桥、货车车桥、挂车车桥、工程车桥
配套情况:为丹东黄海、福田欧V客车、福田欧曼重型货车、厦门金龙、北奔重汽、美国德纳等配套

★辽宁曙光集团车桥及零部件事业部
地址:辽宁省丹东市振安区曙光路50号
邮编:118001
电话:0415/4139353
传真:4143139
网址:www.sgautomotive.com
电子信箱:sgaxle@sgautomotive.com
质量体系:ISO/TS 16949、QS 9000
产品情况:轿车悬架,轻/中/重型车桥,主减速器壳、差速器、齿轮、半轴、转向节等零部件
配套及出口情况:为华晨汽车、福田汽车、江淮汽车、黄海汽车、奇瑞汽车等配套;出口美国

★丹东市通泰汽车部件有限公司
地址:辽宁省丹东市五龙背工业园
邮编:118005
电话:0415/4101727、4109528
传真:4109328
网址:www.tong-tai.cn
电子信箱:tongtai@tong-tai.cn
单位人数:238
质量体系:ISO 9001
产品情况:汽车底盘润滑系统及轻型汽车车架
配套情况:为丹东曙光车桥、长城汽车、保定长城华北汽车、保定大迪等配套生产约40种规格的轻型汽车车架

★辽宁通达轴业有限公司
地址:辽宁省凤城市凤山路123号
邮编:118100
电话:0415/3516803、8123754
传真:3516808
网址:www.tongdaaxle.com
电子信箱:tongda@tongdaaxle.com
单位人数:386
质量体系:ISO/TS 16949、ISO 9001
产品情况:(TONGDA牌)
全浮式、半浮式后桥半轴
配套情况:为北奔重汽、东风德纳车桥、安徽安凯、福田曙光车桥等配套

★凤城市曙光汽车半轴有限责任公司
地址:辽宁省凤城市凤山路242号
邮编:118100
电话:0415/8153013、8180140
传真:8153011、8153000
网址:www.sgautomotive.com
电子信箱:sgbz_office@sgautomotive.com
质量体系:ISO/TS 16949、QS 9000
产品情况:轻、中、重型汽车后桥半轴,轿车及轻型车转向节、半轴套管、驱动桥主齿凸缘等
配套情况:为一汽集团、东风汽车公司、南京汽车集团、北京奔驰、五十铃配套

★丹东市振华橡胶制品有限公司
地址:辽宁省丹东市东港汤池镇集贤工业区
邮编:118303
电话:0415/6255691、6252313
传真:6255692
网址:www.zhrubber.com
电子信箱:zhenhuaxiangjiao@chemnet.com
质量体系:ISO 9001
产品情况:农用车轮胎、汽车用胶管及其他橡胶杂件
配套情况:为丹东黄海配套生产橡胶、橡塑制品

★锦州市日兴汽车泵业有限公司
地址:辽宁省锦州市太和区新民乡郭家村
邮编:121001
电话:0416/3493439、3493392
传真:3493441
网址:www.jzrixing.com
电子信箱:rixing@jzrixing.com
质量体系:ISO 9001
产品情况:汽车转向助力泵
配套情况:为一汽平头柴油汽车、东风康明斯、玉柴柴油发动机、斯太尔系列产品配套生产转向助力泵

★锦州万友机械部件有限公司
地址:辽宁省锦州市经济技术开发区渤海大街
邮编:121007
电话:0416/3588530、3579071
传真:3588541
网址:www.wonderwanyou.com
电子信箱:wonderauto@vip.sohu.com
质量体系:ISO/TS 16949
产品情况:减振器活塞杆、气弹簧活塞杆等
配套情况:为阿文美驰、万都、巴西Cofap、天纳克、比亚迪等供货

★锦州立德减振器有限公司
地址:辽宁省锦州市经济技术开发区渤海大街
邮编:121007
电话:0416/3588542、3579016
传真:3588541
网址:www.wandeauto.com
电子信箱:wande@wandeauto.com

单位人数:500
质量体系:ISO/TS 16949
产品情况:减振器、汽车悬架用螺旋弹簧、气弹簧
配套及出口情况:为一汽吉轻、华晨金杯、吉利汽车、长城汽车等20多家整车厂配套;产品远销欧洲、美洲、中东、东南亚30多个国家和地区,并与美国的阿文美驰和天纳克、意大利马瑞利、韩国万都等建立了合作关系

★朝阳汽车转向器有限公司
地址:辽宁省朝阳市海河路五段87号
邮编:122000
电话:0421/3393335
传真:3391221
网址:www.cyzxq.cn
电子信箱:zhang.junyan@163.com
单位人数:390
质量体系:ISO/TS 16949、ISO 9001
产品情况:循环球式汽车转向器
配套情况:为国内26家汽车整车及底盘厂配套

★朝阳浪马轮胎有限责任公司
地址:辽宁省朝阳市龙城区向阳路1号
邮编:122009
电话:0421/3621991、3621990
传真:3621989
网址:www.lmtyre.com
电子信箱:lmsle@lmtyre.com
质量体系:ISO/TS 16949、ISO 9001
产品情况:(路力士牌、新马牌、Longmarch牌、Roadlux牌)
全钢丝载重子午线轮胎,年产能力100万套
配套及出口情况:为东风汽车、北奔重汽、中海物流等配套;出口美国、俄罗斯等70多个国家和地区

★朝阳飞马铸造有限责任公司
地址:辽宁省朝阳市喀左县北公营子大街24号
邮编:122304
电话:0421/4164509
传真:4162582
电子信箱:liujing@trailermaster.com
单位人数:4000
质量体系:QS 9000
产品情况:汽车制动鼓、轮毂、制动盘

★一汽凌源汽车车架制造有限公司
地址:辽宁省凌源市城北街91-2号
邮编:122500
电话:0421/6952152
传真:6952016
网址:www.yqlycj.com
电子信箱:yiqilingyuan@sohu.com
单位人数:486
质量体系:ISO/TS 16949、ISO 9001
产品情况:欧曼、解放、金杯、黑豹等车架总成,年产101275台

★阜新北鑫星液压有限公司
地址:辽宁省阜新市高新技术产业园区
邮编:123000
电话:0418/2195901、2195902
传真:2195903
网址:www.bxyy.com.cn
电子信箱:bxyy@163.com
质量体系:ISO 9001
产品情况:高压齿轮油泵、齿轮电动机
配套情况:为一汽六厂、一汽专用车、长春恒力、沈阳铭晨、绥中改装、四平奋进、内蒙亿阳、凌源鸿凌、中集集团、北京和田、福田重机、大迪汽车、天马汽车、山东东岳、江淮扬天等配套

★辽宁太克液压机械集团有限公司
地址:辽宁省阜新市细河区四合大街44-5号
邮编:123000
电话:0418/2983777
传真:2987171
网址:www.lntaike.com
电子信箱:info@lntaike.com
质量体系:ISO/TS 16949、ISO 9001
产品情况:汽车助力转向泵、PVF高压低噪音叶片泵、威格士子母叶片泵、齿轮泵、变量泵等,具备年产20万台液压泵及5万t铸件的生产能力
配套及出口情况:为一汽集团等主机厂配套;出口欧洲、美洲

★阜新德尔汽车转向泵有限公司
地址:辽宁省阜新市经济开发区E路55号
邮编:123000
电话:0418/3333377
传真:3311728
网址:www.fzb.com.cn
电子信箱:fzb@fzb.com.cn
单位人数:550
质量体系:ISO/TS 16949、QS 9000
产品情况:汽车动力转向泵及配套件
配套及出口情况:为国内众多汽车、发动机厂商配套;产品批量出口国外

★阜新恒百达机械有限公司
地址:辽宁省阜新市经济开发区海河街新开5路
邮编:123000
电话:0418/6643888、6643899
传真:6643886
网址:www.fxhbdjx.com
电子信箱:fxhbdjx@163.com
单位人数:120
质量体系:ISO 9001
产品情况:自卸车举升泵、齿轮泵

吉林省

★长春一东汽车零部件制造有限公司
地址:长春市高新区超然街2555号
邮编:130000
电话:0431/85197759
传真:85197751
质量体系:ISO/TS 16949
产品情况:驾驶室翻转机构

★长春昌盛汽车底盘零部件有限公司
地址:长春市绿园区城西镇跃进村拐脖店屯
邮编:130000
电话:0431/85399811
传真:87865461
质量体系:ISO 9001
产品情况:货车差减总成及齿轮

★一汽东机工减振器有限公司
地址:长春市绿园区东风大街5762号
邮编:130001
电话:0431/85751219、85751235
传真:85783653、85759490
网址:www.faw-tokico.com
电子信箱:master@faw-tokico.com
单位人数:595
质量体系:ISO/TS 16949、VDA 6.1
产品情况:汽车减振器
配套及出口情况:一汽集团、一汽-大众、一汽轿车、广汽本田、一汽丰田、奇瑞汽车、一汽海马、华晨金杯等14个整车厂;出口美国、新加坡、俄罗斯、中东等国家和地区的备件市场

★长春鹏程友联汽车零部件有限公司
地址:长春市荣光路59号
邮编:130011
电话:0431/84857228
传真:84830079
电子信箱:pcylmq@126.com
单位人数:280
质量体系:ISO 9001
产品情况:(PCYL牌)
前桥总成、前轴、转向节、轮毂、制动鼓、制动蹄铁等汽车零部件
配套情况:为一汽集团、东风汽车公司、重汽集团、北汽福田、奔驰等配套

★吉林省寰宇箱桥备品有限公司
地址:长春市一汽汽车产业开发区
邮编:130011
电话:0431/85033855
传真:85033855
质量体系:ISO 9001
产品情况:各类重型汽车底盘齿轮、汽车变速器总成、差速器总成、后桥总成

★吉林省博纳汽车零部件有限公司
地址:长春市汽车产业开发区丙八路
邮编:130011
电话:0431/85171122
传真:85175813
电子信箱:brdjlxs@163.com
质量体系:ISO/TS 16949、ISO 14001
产品情况:(博纳牌)
汽车转向助力泵
配套情况:为济南重汽配套

★长春东升重型汽车配件厂
地址:长春市长沈公路 2182 号
邮编:130011
电话:0431/85518082
质量体系:ISO 9001
产品情况:解放六平柴、CA141 钢圈

★长春市科海实业有限公司
地址:长春市朝阳区孟家光谷大街 1345 号
邮编:130011
电话:0431/85519046
电子信箱:khxwf@ sina. com
质量体系:ISO/TS 16949、QS 9000
产品情况:具有年产转向桥、驱动桥总成 3 万辆份,高精度传动轴 5 万根的生产能力
配套情况:为一汽集团配套

★长春市金龙底盘零部件厂
地址:长春市南湖大路电台街 57 号
邮编:130011
电话:0431/85526066
传真:85526066
质量体系:ISO 9001
产品情况:转向节及转向节臂

★长春市国源实业有限责任公司
地址:长春市绿园区创业大街 3098 号
邮编:130011
电话:0431/85752222
传真:85763999
质量体系:ISO/TS 16949、VDA 6. 1
产品情况:(国源牌)
汽车齿轮,中、重型货车底盘
配套情况:为一汽集团配套

★长春塔奥金环汽车制品有限公司
地址:长春市高新技术产业开发区
邮编:130011
电话:0431/85774214、85774222
传真:85982446
质量体系:ISO/TS 16949、ISO 14001
产品情况:汽车底盘焊接总成、模块装配和车身结构件等
配套情况:为一汽－大众、一汽轿车、大众一汽平台零部件、天津一汽丰田、一汽丰田(长春)发动机、天津一汽丰田发动机、蒂森克虏伯富奥汽车转向柱长春公司、长春博泽汽车部件、伟巴斯特车顶系统(长春)公司、天津一汽夏利等配套

★长春一汽车城零部件制造有限公司
地址:长春市正阳街汽车配件贸易城 83 栋 102 号
邮编:130011
电话:0431/85809136
传真:85809136
质量体系:ISO 9001
产品情况:变速器总成及零部件,滤清器

★一汽解放公司变速箱分公司
地址:长春市绿园区东风大街 1398 号
邮编:130011
电话:0431/85904716、85904087
传真:85901422、85904006
网址:www. fawbsx. com
电子信箱:yjh_bsx@ faw. com. cn
单位人数:1766
质量体系:ISO/TS 16949、ISO 14001
产品情况:中重型载货汽车、客车变速器
配套情况:为一汽解放货车厂、一汽解放青岛汽车厂、一汽解放内蒙分公司、长春一汽轻型车厂、一汽专用车公司、江淮汽车、一汽客车底盘厂、一汽客车无锡汽车厂、黄海汽车、烟台舒驰客车、重庆恒通客车、安凯汽车、厦门金龙、北汽福田北京客车分公司、中通客车、巴西伊顿公司、美国伊顿公司等配套

★一汽光洋转向装置有限公司
地址:长春市东风大街 122 号
邮编:130011
电话:0431/85977538
传真:85977404
网址:www. fawer. com. cn
电子信箱:fks@ public. cc. jl. cn
质量体系:VDA 6. 1、ISO 9001
产品情况:(FAW－KYO 牌)
轿车用齿轮齿条式动力及机械转向器,年产 45 万套
配套情况:为一汽集团小红旗、红旗世纪星,一汽－大众捷达、奥迪、宝来,天汽华利微型车等配套

★长春解放汽车底盘有限公司
地址:长春市绿园区西新工业园开源大街
邮编:130011
电话:0431/87095357、87095999
传真:87096999、87099787
网址:www. qichedipan. cn
电子信箱:ldf@ qichedipan. cn
单位人数:220
质量体系:ISO/TS 16949、ISO 9001
产品情况:(解放牌)
商用车底盘类桥总成、差速器及减速器总成、减速器壳、差速器壳等汽车底盘类铸铁件
配套及出口情况:为一汽集团、曙光集团配套;出口韩国、德国

★长春共同发展汽车零部件有限公司
地址:长春市正阳街汽贸城 89 栋
邮编:130011
电话:0431/87611133
传真:86109691
网址:www. htonglm. com
质量体系:ISO 9001
产品情况:(环通牌)
标准件系列制品、橡胶制品、液压油泵、转向助力油泵
配套情况:为国内几十家知名企业配套

★一汽欣欣变速箱零部件有限公司
地址:长春市汽车产业开发区 1000 号
邮编:130011
电话:0431/87691585、85809732
传真:85809733
质量体系:ISO 9001
产品情况:中、重型变速器及零部件
配套情况:为一汽－大众配套

★长春长东离合器有限公司
地址:长春市绿园区汽贸城正阳街 86 栋 1－8 号
邮编:130011
电话:0431/87951999、87951078
传真:87951080
电子信箱:cdlhq@ cccdlhq. com
质量体系:ISO/TS 16949
产品情况:(东光牌)
汽车离合器、轮毂、制动鼓等

★长春华盛实业有限公司
地址:长春市卡伦工业园区
邮编:130012
电话:0431/82557496
传真:82558607
负责人:王柏林
质量体系:ISO 9001
产品情况:变速机构座、变速叉轴、拨叉、选挡轴、换挡轴、换挡拨块等
配套情况:为一汽集团长春齿轮厂、沈阳汽车齿轮厂、辽阳大乘齿轮厂配套

★吉林汽车制动器厂
地址:长春市高新技术产业开发区卫明街 999 号
邮编:130012
电话:0431/85157011、85157095
传真:85106394、85108041
网址:www. jabf. cn
电子信箱:info@ jabf. cn
单位人数:1274
质量体系:ISO/TS 16949
产品情况:(奥威牌)
真空助力器带制动主缸总成、盘式制动器
配套及出口情况:真空助力器带制动主缸产品和盘式制动器产品为一汽－大众、一汽轿车、天津一汽夏利、神龙汽车、华晨、奇瑞汽车、上汽通用五菱、长城汽车、长安铃木、昌河铃木、哈飞汽车、吉利汽车、上海华普、比亚迪汽车等 20 多家汽车制造厂的众多车型批量供货;制动系产品远销美国、俄罗斯等市场

★一汽四环集团车桥制动器分公司
地址:长春市朝阳区孟家一路 40－19 号
邮编:130012
电话:0431/85514866、85524678
传真:85517551、85520007
网址:www. fawsh. com. cn
单位人数:1528

质量体系:ISO/TS 16949
产品情况:制动器总成、制动鼓总成、轮毂及半轴、凸缘等
配套情况:为一汽集团等配套

★天合富奥汽车安全系统(长春)公司
地址:长春市高新技术开发区硅谷大街4579号
邮编:130012
电话:0431/85542635
传真:85542600
网址:www.fawer.com.cn
电子信箱:fawkh@public.cc.jl.cn
质量体系:ISO/TS 16949、VDA 6.1
产品情况:底盘模块、驻车制动总成、转向节、车轮支架和控制臂、制动盘、制动鼓、轮毂、安全气囊、各种转向盘
配套情况:为一汽-大众、一汽轿车、华晨宝马、沈阳华晨、北京奔驰、上海大众、上汽集团、奇瑞汽车、南京福特、长安福特马自达、江淮汽车配套

★大众一汽平台零部件有限公司
地址:长春市高新区光谷大街3999号
邮编:130012
电话:0431/85787916
传真:85787911
质量体系:ISO 9001
产品情况:轿车用前桥及副车架总成、后桥总成,包括汽车的悬架系统、转向系统、制动系统等
配套情况:为一汽-大众、上海大众配套

★一汽四环金仑汽车零部件有限公司
地址:长春市高新开发区佳园路2088号
邮编:130012
电话:0431/85837006
传真:85837001、85837077
电子信箱:qiguifeng6677@163.com
质量体系:ISO 9001
产品情况:汽车传动器齿轮、齿套、半轴、凸缘、换挡轴、分离臂轴等

★长春市迪奥汽车减震器厂
地址:长春市绿园区西新镇西新村
邮编:130012
电话:0431/88117539
传真:86109023
质量体系:ISO 9001
产品情况:汽车减振器

★长春重汽解放商用车备品有限公司
地址:长春市汽车产业开发区西新三社
邮编:130013
电话:0431/86109618、86109015
电子信箱:czxingda@163.com
产品情况:离合器、制动片
配套及出口情况:与国内多家主机厂配套;远销南美洲、中东、东南亚等地区

★一汽实业长春精密弹簧厂
地址:长春市南关区幸福乡八一村曲家屯
邮编:130022
电话:0431/85380175
传真:85380175、85301134
电子信箱:jyb@jmth-sygs.com
质量体系:VDA 6.1、ISO 9001
产品情况:各种中、轻、轿车用弹簧

★长春市乐华车轮厂
地址:长春市经济技术开发区金川街28号
邮编:130031
电话:0431/84660163
传真:84660162
质量体系:ISO 9001
产品情况:汽车滚型车轮,年产能力60万件
配套情况:为哈飞汽车、一汽集团配套

★富奥股份公司传动轴分公司
地址:长春市二道区吉林大路2815号
邮编:130031
电话:0431/84857773
传真:84842965
网址:www.fawer.com.cn
质量体系:ISO/TS 16949、VDA 6.1
产品情况:轻、中、重型商用车和客车传动轴、转向传动轴、转向助力泵等
配套及出口情况:为一汽集团配套,同时为长城汽车、双环汽车、河北中兴、北奔重汽、重汽集团、宇通客车、武汉客车底盘、工程机械类厂家等供货;传动轴产品出口韩国、美国、俄罗斯、伊朗

★长春市中德车桥有限公司
地址:长春市二道区和顺街5条62号
邮编:130031
电话:0431/84949222、88853152
传真:84949222
质量体系:ISO 9000
产品情况:转向节、前轴等前桥零部件
配套情况:为一汽集团配套

★天合富奥商用车转向器(长春)公司
地址:长春市南关区吉林大路2815号
邮编:130031
电话:0431/87053500、87053508
传真:87053501
网址:"www.trwauto.com"
电子信箱:bhw_fa@faw.com.cn
单位人数:289
质量体系:ISO/TS 16949、ISO 9001
产品情况:(FAWER牌、TRW牌)
FAWER转向器,年产10万辆;TRW转向器,年产5万辆
配套情况:为一汽解放、北奔重汽、专用车厂、客车底盘公司、柳州特种车厂配套

★一汽轿车股份有限公司长春齿轮厂
地址:长春市二道区八里堡新荣街2号
邮编:130032
电话:0431/84732944
传真:84717967
电子信箱:ccgwdss@public.cc.ji.cn
质量体系:ISO/TS 16949、ISO 9001
产品情况:汽车变速器
配套情况:为一汽轿车、北汽福田、南京汽车集团、东风汽车公司、北轻汽、一汽红塔云南、一汽哈尔滨轻型车厂、江淮汽车等30多家汽车厂供货

★一汽客车有限公司底盘厂
地址:长春市技术开发区昆山路3969号
邮编:130033
电话:0431/84626050、84626051
传真:84626226
网址:www.fawbcc.com.cn
电子信箱:zxf_kc@faw.com.cn
质量体系:ISO 9001
产品情况:汽车前后桥

★采埃孚富奥底盘技术(长春)公司
地址:长春市二道区东南湖大路5000号
邮编:130033
电话:0431/85800888
传真:85800988
网址:www.fawer.com.cn
单位人数:182
质量体系:ISO/TS 16949
产品情况:轿车前后桥及部件、悬架系统及部件、转向系统及部件
配套情况:为一汽-大众、一汽解放、一汽客车底盘配套

★长春一汽四环专机汽车零部件厂
地址:长春市绿园区
邮编:130033
电话:0431/86109755
传真:85126766
质量体系:ISO 9001
产品情况、各种重型汽车离合器
出口情况:部分产品出口

★长春一汽四环专用车工业公司
地址:长春市宽城区永宁街
邮编:130052
电话:0431/84596348
传真:84582547
电子信箱:zyc_jgc@faw.com.cn
质量体系:ISO 9001
产品情况:汽车车架、机加工件、客车底盘等

★长春一汽富维公司车轮分公司
地址:长春市宽城区青年路3458号
邮编:130052
电话:0431/85805550、85805320
传真:85805324、85805579
网址:www.fawwheel.com
电子信箱:yxb_clgs@faw.com.cn
单位人数:1217
质量体系:ISO/TS 16949、VDA 6.1
产品情况:(FAW牌)
型钢、滚型、旋压三大系列钢车轮,年产将达到400万件/套
配套及出口情况:为一汽-大众、上海大众等配套滚型车轮;为宇通客车、杭

州日产等30多家豪华大客、重型货车企业配套中重无内胎车轮;出口欧洲、美洲及东南亚地区

★长春市五环汽车配件厂
地址:长春市绿园区四间工业区
邮编:130062
电话:0431/82617691、82617689
质量体系:ISO 9001
产品情况:各种规格的车轮、轮辋、轮辐、半轴套管、车厢横梁、制动盘等

★长春永固汽车车桥有限公司
地址:长春市绿园区城西镇大营子村盛添路888号
邮编:130062
电话:0431/82625222
传真:82622967
电子信箱:yonggu@ccyonggu.cn
质量体系:ISO/TS 16949、ISO 9001
产品情况:各种汽车差速器壳、平衡支架、钢板弹簧座
配套情况:为一汽解放底盘、长春客车底盘、长春一汽专用汽车、青岛一汽车桥、丹东曙光重型车桥配套

★长春市长城汽车齿轮箱有限公司
地址:长春市二道区苇子工业园区
邮编:130102
电话:0431/84583999
传真:84583999
单位人数:298
质量体系:ISO 9001
产品情况:(FAW牌)
汽车齿轮、轴类件、汽车变速器等,年产变速器达10余万台、零部件达75万台套

★长春市华维汽车零部件有限公司
地址:长春市朝阳区经济开发区
邮编:130103
电话:0431/85025555
传真:85029128
质量体系:ISO/TS 16949、ISO 9001
产品情况:中、重型货车车轮,年产能力20万套

★长春市汇锋汽车齿轮股份有限公司
地址:长春市朝阳区经济开发区育民路888号
邮编:130103
电话:0431/85025880、85011228
传真:85025881、85023222
网址:www.hfgear.com.cn
电子信箱:huifengshouhou@hfgear.com
单位人数:1100
质量体系:ISO/TS 16949、QS 9000
产品情况:(汇锋牌)
中重型车后桥齿轮和差减总成,现已形成年产30万套桥齿轮、3万台减速器总成的生产能力,年产值3.2亿元人民币
配套及出口情况:OEM客户有一汽集团(一汽客车、一汽车桥、一汽长轻、一汽伊顿、一汽哈齿)、东风汽车公司、青岛青特集团、北汽福田、中信机电车桥、丹东曙光车桥、北奔重汽等;国外客户有美国EAGLEPICHER、JOHNDEERE、VANTAGE公司等厂家

★长春市英驰汽车转向节有限公司
地址:长春市朝阳区育民路1569号
邮编:130103
电话:0431/85036918、85042666
传真:85023636
网址:www.yczxj.com
电子信箱:changchun@yczxj.com
单位人数:116
质量体系:ISO/TS 16949、ISO 9001
产品情况:动力转向器、转向机芯、转向臂轴、转向垂臂、转向助力油泵、转向节臂、变速器总成、差减总成、传动齿轮、减振器、制动凸轮轴、半轴套管、传动轴总成、中间轴总成、离合器、油品、散热器、中冷器等底盘系列、变速器系列、涡轮增压器系列、重型传动轴等产品

★吉林东光集团有限公司
地址:长春市高新技术产业开发区超然街2555号
邮编:130103
电话:0431/85158285
传真:85157776
网址:www.dgjt.com
电子信箱:nickliu.dahua@gmaiil.com
单位人数:6000
质量体系:ISO/TS 16949
产品情况:(蓬翔牌、吉华牌、奥威牌、一东牌)
离合器250万套、制动器250万套、飞轮齿圈总成400万套、齿圈700万件、汽车驱动桥20万根、专用车2万辆
配套及出口情况:为一汽、上汽、长安、东风、广汽、北汽、奇瑞、江淮及比亚迪等配套;出口美国、德国、俄罗斯、法国、意大利、巴西、伊朗

★长春一东离合器股份有限公司
地址:长春市高新技术产业开发区超然街2555号
邮编:130103
电话:0431/85158488、85181636
传真:85174234
网址:www.ccyd.com.cn
单位人数:1029
质量体系:ISO/TS 16949、ISO 9002
产品情况:(一东牌)
汽车离合器,年产能力130万套;重型车驾驶室液压翻转机构,年产能力10万件
配套情况:为柳州五菱、绰丰柳机、大柴、北奔重汽、郑州宇通配套

★长春市红兴汽车冲压件厂
地址:长春市正阳街汽车配件贸易城3城金街3栋217室
邮编:130103
电话:0431/85809345
传真:85809089
质量体系:ISO/TS 16949、ISO 9001
产品情况:限位板、转向节、前桥等

★长春华众离合器有限公司
地址:长春市朝阳经济开发区旷达路635号
邮编:130103
电话:0431/86109601、87619418
传真:87626147
网址:www.clutch.com.cn
电子信箱:huazhongm@126.com
质量体系:ISO/TS 16949、ISO 9001
产品情况:(华众牌)
汽车离合器
配套情况:为一汽集团配套

★长春市二发汽车备品有限公司
地址:长春市正阳街汽贸城89栋一楼二排6号
邮编:130111
电话:0431/85809358
传真:85809699
质量体系:ISO 9001
产品情况:汽车离合器总成
配套情况:为解放、斯太尔、东风系列等重型车配套

★长春市朝阳区兴盛模具厂
地址:长春市绿园区城西乡四季青村
邮编:130111
电话:0431/87869552
传真:87875052
质量体系:ISO 9001
产品情况:自卸车举升臂总成、油缸及其他相关配件

★长春天达汽车同步器齿轮制造公司
地址:长春市绿园区合心镇
邮编:130113
电话:0431/87851155、87851188
传真:87851166
网址:www.cctianda.cn
电子信箱:tianda@cctianda.cn
质量体系:ISO 9001
产品情况:汽车变速器同步器
配套情况:为一汽集团、时风集团、沈阳汽车齿轮厂、长春汽车齿轮等配套

★长春市东光离合器厂
地址:长春市绿园经济开发区
邮编:130113
电话:0431/87859588、87856566
传真:87858388
网址:www.dglhq.com
电子信箱:dongguang-vip@163.com
单位人数:120
质量体系:ISO/TS 16949、ISO 9001

产品情况:(东光牌)
离合器,年产50万套
配套及出口情况:为一汽专用车、轻型车、汽研联合改装车、一汽客车等厂家的DS350、DS380、DS395、DS430等机型配套;微轿车系列离合器产品出口俄罗斯、东欧等国家和地区

★长春市东兴离合器有限公司
地址:长春市绿园经济开发区
邮编:130113
电话:0431/87859588、87859688
传真:87858388
单位人数:100
质量体系:ISO/TS 16949
产品情况:汽车离合器

★长春一汽四环汽车泵有限公司
地址:长春市净月旅游经济开发区福祉路1685号
邮编:130122
电话:0431/84520269
传真:84520260
网址:www. faw – steeringpump. cn
电子信箱:lss_cxf@ 126. com
质量体系:ISO/TS 16949、VDA 6. 1
产品情况:年产各种转向泵85000只、各种型号消声器总成69535只
配套及出口情况:为一汽解放、一汽–大众、一汽集团青岛汽车厂、锡柴、大连柴油机厂、柳州特种车厂、四川专用车厂、新疆汽车厂、哈尔滨轻型车厂、河北中兴等配套;动力转向储油罐产品出口美国(哈兰公司)

★长春市建邦汽车零部件有限公司
地址:吉林省九台市卡伦镇经济开发区卡伦湖大街87号
邮编:130507
电话:0431/82555699
传真:82555699
质量体系:ISO/TS 16949
产品情况:(建邦牌)
商用车传动轴、橡胶接头及推力杆总成、橡胶减振件、发动机扭振减振器
配套情况:为一汽集团、东风汽车公司、青岛汽车公司等配套

★九台宏达通用机械厂
地址:吉林省九台市西营城填
邮编:130524
电话:0431/82408377
传真:82407078
质量体系:ISO 9001
产品情况:轿车制动盘、制动鼓,小解放1026、1046、大解放141、151等制动鼓及其调整环、侧盖,151、六平柴等分泵支架,160、190、210龙门架等

★伊通满族自治县平安车轮制造公司
地址:吉林省四平市伊通县伊通镇东营子开发区9号
邮编:130700
电话:0434/4221186
传真:4221186
质量体系:ISO 9001
产品情况:汽车钢圈总成

★伊通满族自治县东达车轮厂
地址:吉林省四平市伊通县伊通镇示范西路1号
邮编:130700
电话:0434/4229552
传真:4242999
质量体系:ISO/TS 16949、ISO 9001
产品情况:钢圈

★伊通满族自治县三合汽车部件厂
地址:吉林省四平市伊通县伊通镇河北村
邮编:130700
电话:0434/4235066
传真:4235006
单位人数:84
质量体系:ISO 9001
产品情况:钢圈总成

★伊通车身部件制造有限公司
地址:吉林省伊通满族自治县东营开发区666号
邮编:130700
电话:0434/4255555、4250000
传真:4229203
网址:www. yscl. net
电子信箱:jyjt8848@ 163. com
单位人数:500
质量体系:ISO 9001
产品情况:车轮,年产100万套
配套及出口情况:为全国十几家汽车制造厂配套;出口东南亚多个国家和地区

★吉林省四通车轮制造厂
地址:吉林省伊通满族自治县东营子开发区
邮编:130700
电话:0434/4267777、4221999
传真:4267777
质量体系:ISO/TS 16949、ISO 9001
产品情况:(驷通王子牌)
各种汽车车轮,年产60万套

★吉林市吉恒汽车部件有限公司
地址:吉林省吉林市高新区汽车工业园
邮编:132001
电话:0432/64887281
传真:64886859
电子信箱:jijhgs@ 126. com
质量体系:ISO 9001
产品情况:(吉恒牌)
转向拉杆
配套及出口情况:主要客户有长春一汽专用车公司、长春汽车有限公司、一汽哈轻厂、北京公交集团等;远销日本、韩国、俄罗斯

★吉林市大龙汽车零部件制造公司
地址:吉林省吉林市西安路148号
邮编:132012
电话:0432/64866951
传真:64866951
电子信箱:jilongqipei@ sina. com. cn
质量体系:ISO/TS 16949、VDA 6. 1
产品情况:车型转向器总成、转向管柱、转向纵横拉杆总成、稳定拉杆总成
配套情况:为一汽集团、一汽吉轻、长春轻型车厂、哈尔滨轻型车厂、一汽红塔云南、奇瑞汽车等配套

★吉林市神驭自动调整臂有限公司
地址:吉林省吉林市龙潭区龙行街919号
邮编:132013
电话:0432/62765727
传真:65089796、65094666
电子信箱:jlsy@ jlsy. com. cn
质量体系:ISO/TS 16949、ISO 9001
产品情况:(神驭牌)
汽车自动间隙调整臂,年产能力50万只

★吉林市长征汽车减振器有限公司
地址:吉林省吉林市丰满区恒山东路1–3号
邮编:132013
电话:0432/64662369
传真:64686699
电子信箱:jilinchangzheng@ 163. com
质量体系:ISO 9001
产品情况:减振器
配套情况:为一汽轻型车厂佳宝配套减振器

★吉林江北机械制造有限责任公司
地址:吉林省吉林市龙潭区遵义西路17号
邮编:132021
电话:0432/63039386
传真:63039340
网址:www. 524jmm. com
电子信箱:jljbjx@ 163. com
单位人数:2879
质量体系:ISO 9001
产品情况:万向节、传动轴、工业管件、各种机加工零件、电表等

★吉林市江机调整臂有限公司
地址:吉林省吉林市遵义西路17号
邮编:132021
电话:0432/63044666
传真:63044016
网址:www. jl – angel. com
电子信箱:angel@ jl – angel. com
质量体系:ISO/TS 16949
产品情况:(神驭牌)
制动调整臂,年产50万只

◉ 吉林圆方机械集团有限公司

地址:吉林省桦甸市经济技术开发区北区
邮编:132400
电话:0432/66249133
传真:66249166

网址:www.jlyfgroup.com
电子信箱:txj_924@126.com
法人代表:钟景旭
单位人数:690
质量体系:ISO/TS 16949
产品情况:(银桥牌)
汽车后桥传动半轴、轴头
配套情况:第一汽车集团公司半轴产品定点批量配套生产单位,同时还为中国重汽集团、东风柳州、南京跃进汽车集、广西方盛、安徽安凯车桥等国内主要中、重型汽车厂配套加工

★舒兰市起重机配件有限责任公司
地址:吉林省舒兰市舒兰大街6137号
邮编:132600
电话:0432/68256006、68256024
传真:68223612
电子信箱:jlshuchi@163.com
单位人数:390
质量体系:ISO 9001
产品情况:(舒起牌)
载货汽车后桥齿轮、变速器、差减总成等

★吉林市吉轻制动器制造有限公司
地址:吉林省舒兰市人民大路3177号
邮编:132600
电话:0432/68258901
传真:68222921
质量体系:QS 9000、ISO 9001
产品情况:离合器总成、鼓式制动器总成、盘式制动器总成、货箱总成
配套情况:为一汽集团、一汽吉林汽车配套

★恒巨铝业(白山)有限公司
地址:吉林省白山市八道江区白山大街666号
邮编:134300
电话:0439/5116951、5116982
传真:5116444
单位人数:300
质量体系:ISO/TS 16949
产品情况:铝车轮,年产70万件
配套情况:为一汽佳宝配套,配套量50%;为一汽轿车有限公司马自达配套,配套量50%;为奇瑞QQ配套,配套量10%;为奇瑞旗云配套,配套量20%;为一汽轿车有限公司奔腾配套,配套量为25%

★四平市方向机械有限公司
地址:吉林省四平市铁东区长发路369号
邮编:136001
电话:0434/3523899、3535930
传真:3515057、3513577
网址:www.spfxj.com
电子信箱:jlspfxj@mail.jl.cn
质量体系:ISO/TS 16949、VDA 6.1
产品情况:整体式动力转向器总成、转向助力缸总成、滑柱筒及转向节总成、异步伺服控制器等
配套情况:为一汽集团、一汽轿车、一汽-大众、青汽、丹汽、南汽等全国30多家汽车厂配套

★公主岭安宝有限责任公司
地址:吉林省公主岭市工业大街345号
邮编:136100
电话:0434/6205106、6205121
传真:6214742
网址:www.gzlab.com.cn
电子信箱:000@gzlab.com.cn
单位人数:572
质量体系:ISO/TS 16949、QS 9000
产品情况:双膜片式弹簧制动缸总成、活塞式弹簧制动缸总成、制动气室、盘式制动缸及制动气室、铰链总成、多路接头、后视镜支座、油冷却座等各种铝合金压铸件和冲压件
配套及出口情况:为一汽解放、一汽客车、一汽专用车、重汽集团卡车公司、重汽集团商用车公司、东风柳汽、东风车桥、东风德纳车桥、青岛汽车厂、海通车桥、方盛车桥、曙光车桥等配套;出口俄罗斯

★公主岭市东利汽车特种件厂
地址:吉林省公主岭市观测站北200米处
邮编:136100
电话:0434/6278185
传真:6278185
质量体系:ISO 9001
产品情况:制动调整臂总成、传动轴支架总成、拉臂胶套及机械加工等

★吉林省一东离合器制造有限公司
地址:吉林省公主岭市岭西开发区岭西六路
邮编:136100
电话:0434/6330999
传真:6330999
单位人数:152
质量体系:ISO/TS 16949
产品情况:离合器片及压盘总成

★辽源一汽四环正兴汽车制动泵公司
地址:吉林省辽源市西宁大路61号
邮编:136201
电话:0437/3239606
传真:3239606
质量体系:ISO 9001
产品情况:制动泵

黑龙江省

★万向哈飞汽车底盘系统有限公司
地址:哈尔滨市经济开发区青岛路与东海路交叉口
邮编:150000
电话:0451/86545013
传真:86545013
网址:www.wanxiang.com.cn
质量体系:ISO/TS 16949、QS 9000
产品情况:汽车前悬架总成、制动器总成、传动轴总成及其零配件
配套情况:为哈飞汽车配套

★哈尔滨华运机械制造有限公司
地址:哈尔滨市道里区群力开发区刑警四中队右侧
邮编:150001
电话:0451/86363377、86335777
传真:86364255
网址:www.hrbhyjx.cn
电子信箱:lizhiyun3377@sohu.com
质量体系:ISO 9001
产品情况:专业生产及进出口克拉斯、玛斯、卡玛斯、别拉斯等车型变速器、前后桥总成及全车零部件
出口情况:远销欧洲、东南亚等地区

★哈尔滨惠良汽车轮胎翻新有限公司
地址:哈尔滨市动力区哈平路2号
邮编:150040
电话:0451/82688666
传真:82688666
质量体系:ISO 9001
产品情况:汽车轮胎翻新

★哈尔滨众恒实业有限公司
地址:哈尔滨市太平区天恒大街24号
邮编:150059
电话:0451/82040153、83031683
传真:82040153
电子信箱:heiou0452@163.com
质量体系:ISO 9001
产品情况:(众恒牌)
转向器
配套情况:为哈尔滨动力集团、一汽解放配套

★哈尔滨哈飞传动轴有限责任公司
地址:哈尔滨市平房区经济技术开发区渤海路32号
邮编:150060
电话:0451/86589833
传真:86513044
质量体系:ISO/TS 16949
产品情况:传动轴

★万都(哈尔滨)汽车底盘系统公司
地址:哈尔滨市开发区哈平路集中区烟台路8号
邮编:150060
电话:0451/86810150、86810152
传真:86810062
网址:www.mando.com
质量体系:ISO/TS 16949
产品情况:制动钳、鼓式制动器、制动总泵、真空助力器、制动角模块等汽车制动系统零部件
配套情况:为北京现代、东风悦达起亚、上海通用、长安汽车、哈飞汽车、奇瑞汽车、昌河汽车、庆铃集团等配套

★哈尔滨伟建制动器制造厂
地址:哈尔滨市平房区新疆街1号
邮编:150060
电话:0451/86812979
传真:86811990
质量体系:ISO 9001
产品情况:制动器

★哈尔滨嘉皓汽车消声器系统公司
地址:哈尔滨市平房区
邮编:150066
电话:0451/86582581
质量体系:ISO 9001
产品情况:汽车消声器、传动轴

★哈耐力汽车减震器制造有限公司
地址:哈尔滨市道里区城乡四街道42号
邮编:150070
电话:0451/84303188、84366337
传真:84328977
网址:www. hanaisa. com
电子信箱:ceo@ hanaisa. com
单位人数:410
质量体系:QS 9000
产品情况:(哈耐牌)
减振器
配套及出口情况:为国内多家汽车厂配套;远销欧洲、中东、美洲、北非等地区

★哈尔滨晶石机械制造有限公司
地址:哈尔滨市道里区工农大街278-1号
邮编:150070
电话:0451/84314058
传真:84316755
网址:www. js - ltd. com. cn
电子信箱:wilsons_shi@ 163. com
质量体系:ISO/TS 16949、ISO 9001
产品情况:汽车变速轴类、换挡轴、顶盖总成、里程表、凸缘等变速器零部件
配套情况:为一汽集团配套生产汽车变速箱零部件

★哈尔滨一汽变速箱股份有限公司
地址:哈尔滨市道里区城乡路280号
邮编:150070
电话:0451/86773344、84331424
传真:86773216
网址:www. fawhc. com
电子信箱:xsb@ fawhc. com
单位人数:1191
质量体系:ISO/TS 16949、ISO 9001
产品情况:(哈齿牌)
汽车变速器、车桥齿轮、取力器
配套及出口情况:为宇通客车、苏州金龙、厦门金旅、一汽客车、丹东黄海、北奔重汽等配套;GA5-38系列变速箱出口韩国

★哈尔滨市伊顿汽车齿轮有限公司
地址:哈尔滨市松北开发区
邮编:150076
电话:0451/88890158、88890377
传真:84858717
单位人数:160
产品情况:(哈伊顿牌)
汽车离合器总成、从动盘、离合器压盘、变速器齿轮、齿轮

★哈尔滨顺源机械制造有限公司
地址:哈尔滨市南岗区学府路388号
邮编:150086
电话:0451/82136278、82136338
传真:82136238
质量体系:ISO/TS 16949、ISO 9001
产品情况:汽车、拖拉机、工程机械、矿山机械齿轮
配套情况:为中车集团、长城汽车、曙光集团、北汽福田等配套

★哈尔滨汇隆汽车箱桥有限公司
地址:哈尔滨市道里区新航道1号
邮编:150088
电话:0451/87640688
传真:87640788
网址:www. hlxq138. com
电子信箱:hlxq138@ 163. com
单位人数:230
质量体系:ISO/TS 16949、ISO 9001
产品情况:中、重型汽车后桥齿轮、变速器、差减总成
配套情况:为一汽后桥专业厂等配套

★哈飞集团汽车转向器有限责任公司
地址:黑龙江省依兰县通河路10号
邮编:154800
电话:0451/57283699
传真:57283651
单位人数:1000
质量体系:ISO/TS 16949、ISO 9001
产品情况:(佳箭牌)
微轿、微客货车及各种农用车转向器
配套情况:为哈飞汽车、吉利汽车等配套

★黑龙江富锦凯马车轮制造有限公司
地址:黑龙江省佳木斯市富锦市城关社区正大街
邮编:156100
电话:0454/2346090、2339250
传真:2346090
电子信箱:kamaclbgs@ yahoo. com. cn
质量体系:ISO/TS 16949、ISO 9001
产品情况:微型车钢圈、轻型载货汽车钢圈、联合收割机钢圈、农用车钢圈等,年产能力150万只
配套情况:为哈飞汽车、哈飞实业总公司汽车厂、一汽车轮、凯马富拖等配套,是中国航空工业微型车钢圈定点生产单位

★牡丹江嘉隆轮胎有限公司
地址:黑龙江省牡丹江市矿山北街2号
邮编:157000
电话:0453/6385757
传真:6382929、6385858
单位人数:102
质量体系:ISO 9001
产品情况:汽车轮胎外胎,年产3.7万条

★牡丹江伯瑞克金属制品有限公司
地址:黑龙江省牡丹江市文化街九号
邮编:157011
电话:0453/6593006、6598235
传真:6592793
网址:www. mdjbryco. com
电子信箱:mdjbryco@ 163. com
质量体系:ISO/TS 16949、QS 9000
产品情况:离合器分离轴承,自动变速器中的钢片
出口情况:主要出口美国

★桦林家通轮胎有限公司
地址:黑龙江省牡丹江市郊区桦林镇
邮编:157032
电话:0453/6304048
传真:6304100
单位人数:4787
质量体系:ISO/TS 16949、ISO 9001
产品情况:汽车轮胎外胎,年产684万条

★大庆高新区飞驰减振器制造公司
地址:黑龙江省大庆市高新区安萨路19号
邮编:163316
电话:0459/4300931、4300930
传真:4300924
网址:www. dqfeichi. com
单位人数:153
质量体系:ISO/TS 16949
产品情况:(万驰牌)
各种轿车、微型车、轻型载货汽车减振器
配套及出口情况:为哈飞汽车、一汽集团、陕飞集团、沈汽、新凯、大迪等汽车厂配套;减振器远销欧洲、中东、美洲、北非、印度、俄罗斯等国家和地区

上海市

★双钱集团股份有限公司
地址:上海市广浦区四川中路63号
邮编:200002
电话:021/33024666
传真:63290960、63736684
网址:www. cstarc. com
电子信箱:jerryliu@ cstarc. com
单位人数:3586
质量体系:ISO/TS 16949、ISO 9001
产品情况:(回力牌、双钱牌)
全钢子午线载货汽车轮胎、全钢子午线轻型货车轮胎、全钢子午线工程轮胎、斜交载货汽车轮胎、斜交轻型货车轮胎、农用车胎
配套及出口情况:为郑州宇通、厦门金龙、扬州中集、沃尔沃、约翰迪尔、卡特彼勒、国际货车、国际集团等汽车厂商

配套;出口南美洲、北美洲、亚洲、欧洲等地区

★普利司通(中国)投资有限公司
地址:上海市卢湾区淮海中路98号金钟广场8楼
邮编:200021
电话:021/61321888、51311888
传真:61912725、50270188
网址:www.bridgestone.com.cn
产品情况:汽车轮胎
出口情况:远销150多个国家和地区

★上海隆中国际贸易有限公司
地址:上海市徐汇区漕溪北路18号13楼A座
邮编:200030
电话:021/64275560、64275561
传真:64283970
电子信箱:shnmb@longzhong.com
质量体系:ISO/TS 16949、ISO 9001
产品情况:(隆中牌)
制动间隙自动调整臂

★上海交运股份有限公司
地址:上海市长宁区平武路38号
邮编:200056
电话:021/60850601、62520140
传真:62116123
网址:www.jygf.cn
电子信箱:jygf@sh163.net
质量体系:ISO/TS 16949、QS 9000
产品情况:轿车精冲及复杂型面金属结构件、车身冲压件和发动机连杆、凸轮轴调节机构总成及自动变速器换挡机构等动力系统零部件
配套及出口情况:为上海通用、上海大众、一汽-大众等厂商配套;远销北美洲

★上海齐创汽车零配件有限公司
地址:上海市普陀区长寿路652号4号楼3A
邮编:200060
电话:021/51552689、62998250
传真:51552612、62998353
网址:www.oetexparts.com
电子信箱:oetexauto@yahoo.com.cn
质量体系:ISO/TS 16949、ISO 9001
产品情况:制动盘、制动片、制动蹄等
出口情况:出口美国、欧洲、日本等国家和地区

★盐城世嘉恒业汽车配件有限公司
地址:上海市丹巴路28弄旭汇世纪广场5号楼308室
邮编:200062
电话:021/60899516
传真:32500183
电子信箱:skarauto@skar-auto.com
质量体系:ISO/TS 16949
产品情况:离合器钢片、压盘总成
出口情况:销往北美、南美、欧洲、中东、东南亚等地区40多个国家

★上海宝钢车轮有限公司
地址:上海市闸北区和田路121号
邮编:200070
电话:021/56628000
传真:56977328
网址:www.baosteel-wheels.com
电子信箱:baosteel-wheels@163.com
单位人数:2000
质量体系:QS 9000、ISO 9002
产品情况:乘用车钢轮及商用车无内胎车轮
配套及出口情况:为上海大众、上海通用、上汽汽车等配套;远销多个国家和地区

★上海本特勒汇众汽车零部件公司
地址:上海市闸北区汶水路251号
邮编:200072
电话:021/56037771
传真:56772889
质量体系:ISO/TS 16949、ISO 14001
产品情况:驱动桥,发动机排放控制装置
配套情况:为上海大众、上海通用、一汽-大众等配套

★上海汇众公司轿车底盘厂
地址:上海市闸北区汶水路251号
邮编:200072
电话:021/56650055
传真:68752384
网址:www.shac.com.cn
电子信箱:customer@hzib.com
质量体系:ISO/TS 16949、VDA 6.1
产品情况:汽车底盘零部件

★中国长城工业(上海)公司
地址:上海市四川北路525号宇航大厦26层
邮编:200085
电话:021/63579498
传真:63579478
电子信箱:anma@vip.163.com
质量体系:ISO 9001
产品情况:汽车减振器、后视镜、儿童座椅、轮盖、脚垫、灯具等汽车用品
出口情况:远销欧洲、美洲、中东、东南亚等40多个国家和地区

★东普汽车工业(上海)有限公司
地址:上海市嘉定区大众汽车工业园宝安公路4111号
邮编:200122
电话:021/58300077
传真:39501171、68764321
网址:www.suntechsh.com
电子信箱:info@suntechsh.com
质量体系:ISO/TS 16949
产品情况:变速器、传动轴、转向器
出口情况:远销欧洲、美洲、东南亚等地区

★上海轮福德汽车配件有限公司
地址:上海市浦东新区三林路97号
邮编:200124
电话:021/58412266
传真:58410900
网址:www.zfsachs.com.cn
单位人数:550
质量体系:ISO/TS 16949、VDA 6.1
产品情况:汽车转向拉杆总成、悬架球铰链总成等

★天合汽车部件技术服务(上海)公司
地址:上海市外高桥保税区日樱北路353号11号楼C座
邮编:200131
电话:021/61201166、50461222
传真:50461333
网址:www.trw-eos.com
电子信箱:salesap@trw.com
质量体系:ISO 9001
产品情况:(TRW牌)
乘用车制动盘、制动钳、制动蹄片、车轮制动分泵等制动系统零部件,转向泵、转向齿条、拉杆球头、转向控制臂、平衡杆、轴杆等转向、悬架系统零部件;转向机、减振器、转向悬架等商用车辆零部件
配套情况:为北京奔驰、上海大众、神龙汽车、南京依维柯、一汽轿车、一汽-大众配套

★上海韩泰轮胎销售有限公司
地址:上海市徐汇区钦州北路1001号12幢光启大厦10楼
邮编:200233
电话:021/33636888
传真:33637180
网址:www.hankooktire.cn
质量体系:VDA 6.1、QS 9000
产品情况:(HANKOOK牌)
乘用车、轻型载货汽车(SUV、RV等)、载货汽车及客车用子午线轮胎
配套情况:为一汽-大众、上海大众、一汽海马、福特、北京现代、江铃福特、东风日产乘用车、郑州日产、哈飞汽车、上海汇众、一汽轿车、一汽大发、一汽红塔云南、福迪汽车、神龙汽车、长城汽车、丹东黄海曙光、广汽本田、江淮汽车、石家庄双环、重庆力帆配套

★佳通轮胎(中国)投资有限公司
地址:上海市长宁区临虹路280-2号
邮编:200335
电话:021/22073333、22073132
传真:22073000、22073002
网址:www.gititire.com
电子信箱:sales@giti.com
产品情况:轮胎
配套及出口情况:为通用汽车配套;远销北美洲、欧洲

★伊顿卡车客车零部件(上海)公司
地址:上海市长宁区临虹路280弄3号楼
邮编:200335

电话:021/52000099、4008201621
传真:50461953
网址:www. eaton. com. cn/truck
电子信箱:truckserice@ eaton. com
质量体系:QS 9000
产品情况:(富勒牌)
汽车变速器
配套及出口情况:为一汽集团、东风日产乘用车、北奔重汽配套;出口澳大利亚、日本、韩国等国家

★上海飞翎汽车配件有限公司
地址:上海市杨浦区市光路299号
邮编:200433
电话:021/65277988
传真:65272880
网址:www. shflqp. com
电子信箱:zxd@ shflqp. com
质量体系:ISO/TS 16949
产品情况:汽车前后制动室

★上海奔达机电有限公司
地址:上海市南汇区六灶鹿吉路188号
邮编:200654
电话:021/58166888、58166889
传真:58166920
网址:www. sh - benda. com
电子信箱:benda@ sh - benda. com
单位人数:180
质量体系:ISO/TS 16949、QS 9000
产品情况:(山宝牌)
汽车制动踏板、离合器踏板、加速踏板、非标紧固件、拖钩总成等
配套情况:为江铃汽车、庆铃汽车、广州日野、福特全顺、北汽福田、江淮汽车等配套

★上海老司机汽车配件有限公司
地址:上海市闵行区七莘路3011号
邮编:201100
电话:021/64381187
传真:64381187
网址:www. laoshiji. com
质量体系:ISO/TS 16949
产品情况:离合器钢片、离合器压盖、制动片
出口情况:远销欧洲、美洲、非洲、东南亚、中东等地区50多个国家

★上海佳弗德汽车零部件有限公司
地址:上海市莘庄工业区申北一弄
邮编:201100
电话:021/67649742、67649743
传真:67649149
电子信箱:sh. gift@ vip. 163. com
质量体系:ISO 9001
产品情况:减振器、离合器、轴承、转向器、水泵、活塞、挺杆、气门、发电机、起动机、电动燃油泵、继电器、冷凝器、空调管、电磁离合器、干燥器、后视镜、门把手、电动玻璃升降器等

★上海百强汽车摩托车零配件公司
地址:上海市闵行区七莘路1879号
邮编:201101
电话:021/64191355、64191351
传真:64191353
电子信箱:weeya@ sh - weiya. com
质量体系:ISO 9001
产品情况:(BAIQIANG牌)
万向节、汽车轴承、轮毂单元、排气系统组件等

★上海航空电器有限公司
地址:上海市闵行区中春路6629号
邮编:201101
电话:021/64796600
传真:64791602
单位人数:731
质量体系:ISO/TS 16949、ISO 9001
产品情况:金城摩托车离合器盖、中压板、压盘、从动盘总成

★雅泛迪铝业(上海)有限公司
地址:上海市莘庄工业区申富路611号
邮编:201108
电话:021/34074121
传真:64896326
网址:www. yhichina. com
电子信箱:rim@ yhias. com
产品情况:(YHI牌)
各种汽车轮辋
配套情况:为各种国产和进口的轿车提供轮胎、轮圈的升级配套服务

◉ 上海汇众萨克斯减振器有限公司

地址:上海市莘庄工业区申旺路280号
邮编:201108
电话:021/51795188、51795202
传真:54422102
网址:www. zf - world. com
电子信箱:huan. zhang@ zf. com
法人代表: Rainer Nowak
负责人:徐焕新
单位人数:810
质量体系:ISO/TS 16949、ISO 9000
产品情况:(ZF牌、Sachs牌、汇众牌)
减振器支柱、减振器、减振器支柱总成及减振器总成
配套及出口情况:上海大众与一汽-大众的A级供应商,同时为18家客户配套,包括上汽、北京奔驰、上海汇众、上海通用、华晨宝马、江铃、福建戴姆勒、长安福特、神龙汽车、北京现代、北汽、奇瑞、郑州日产等;出口德国

★威伯科(上海)管理有限公司
地址:上海市徐汇区虹桥路1号港汇中心1座35楼
邮编:201108
电话:021/54068888
传真:61138238
电子信箱:info. cn@ wabco - auto. com
质量体系:QS 9000
产品情况:(WABCO牌)
空气压缩机、空气干燥器、四回路保护阀、空气处理单元、制动阀、继动阀、自动感载阀、挂车控制阀、离合器总泵、离合器助力缸、制动气室、制动器、防抱死制动系统、空气悬架、电子控制制动系统等

★萨克斯汽车零部件系统(上海)公司
地址:上海市闵行区元江路4440号
邮编:201111
电话:021/24169544
传真:24169402
网址:www. sachs. com. cn
电子信箱:contact. sas@ zf. com
单位人数:200
产品情况:商用车减振器、离合器及双质量飞轮等
配套情况:为长春客车厂、大众和奥迪集团、上海通用、北京奔驰、一汽集团、东风日产乘用车、重汽集团、金龙客车等配套

★上海萨克斯动力总成部件系统公司
地址:上海市青浦区华新镇纪鹤路3189号
邮编:201111
电话:021/59796666
传真:59795141
网址:www. zfsachs. com. cn
电子信箱:service@ zf. com
单位人数:200
质量体系:ISO/TS 16949
产品情况:(SACHS牌、LUOTUO牌)
汽车离合器、液力变矩器,具有年产82万套离合器和10万套液力变矩器的生产能力
配套情况:离合器产品为上海大众、上海通用、一汽集团、一汽-大众、东风标致雪铁龙、江铃汽车、沈阳航天三菱、奇瑞汽车、沈阳新光华晨、绵阳新晨动力等国内整车及发动机厂配套,轿车冲压件液力变矩器为上海通用配套

★上海浦东有祥汽配制造有限公司
地址:上海市浦东区机场镇施新路1133号
邮编:201200
电话:021/68968999
传真:68965599
电子信箱:vincent@ shap. com. tw
质量体系:ISO 9001
产品情况:悬架系统、转向系统

★上海欧雷法弹簧有限公司
地址:上海市浦东新区川南奉公路3655弄1号
邮编:201202
电话:021/68961012
传真:68960855
质量体系:ISO/TS 16949、ISO 14001
产品情况:悬架螺旋弹簧,年产100万件;扭杆、稳定杆,年产各80万件
配套情况:为神龙汽车、东南汽车、江铃、万通、郑州日产、广汽长丰配套

★上海华信摩擦材料有限公司
地址:上海市浦东新区军民公路1601号
邮编:201203
电话:021/50202270
传真:50200450
网址:www.shhxmccl.com
电子信箱:0707@shhxmccl.com
单位人数:170
质量体系:ISO/TS 16949
产品情况:(SHHX牌)

公司生产的摩擦材料全部为汽车主机配套(OE)件,涉及种类有轿车、SUV、商务车、微车及客车等盘式制动器衬片和轨道交通地铁闸瓦等;主要产品为长城系列、奇瑞A3、QQ、比亚迪、北汽B40、华泰圣达菲、东风日产、长安等100多种盘式制动器衬片以及上汽专用轻量化制动衬片

配套及出口情况:公司自成立起一直致力于主机配套业务,并与浙江亚太、南方天合、万向系统等20几家主要制动器公司保持密切的配套合作关系,配套车型涉及国内几十家汽车主机厂;公司与同济大学、上海交通大学、华东理工大学合作组成研发团队,针对国内制动系统、对偶副的特点,以及行业关注的制动噪音、对偶件损伤、抖动等难题进行了立项攻克,并取得了效果,利用材料配方机理特点来弥补对偶件的缺点;经过十几年的配套实践以及主机车型的不同特点,公司已开发多种类型机理的材料配方:低金属、无石棉有机材料(NAO)、陶瓷基复合材料等多种高性能摩擦材料;出口澳大利亚

★上海岱美汽车内饰件有限公司
地址:上海市浦东新区莲溪路1299号
邮编:201204
电话:021/58917962
传真:50913435
网址:www.daimay.com
电子信箱:daimay@daimay.com
单位人数:3000
质量体系:ISO/TS 16949、OHSAS 18001
产品情况:具备年产遮阳板1200万只、转向盘300万只、座椅及附件50万辆的生产能力
配套情况:为北美通用、欧洲福特、沃尔沃、戴姆勒-克莱斯勒、日本三菱、上海通用、长安福特马自达、东风悦达起亚、奇瑞汽车、一汽集团、东风汽车公司、江铃集团、哈飞汽车等配套

★上海递嘉汽车零部件有限公司
地址:上海市浦东新区金桥路58号29楼F座
邮编:201206
电话:021/50308969
传真:50308869
网址:www.edijia.com
电子信箱:sales@edijia.com
单位人数:586
质量体系:ISO/TS 16949
产品情况:球头、悬架臂、前轮离合器、球笼、制动器总成、风扇耦合器系列、减振器等

★上海交运汽车动力系统有限公司
地址:上海市浦东新区永宁路10号
邮编:201206
电话:021/50310300
传真:58993700
网址:www.jyclutch.com
电子信箱:jyclutch@vip.sina.com
质量体系:ISO/TS 16949、QS 9000
产品情况:凸轮轴调节机构、自动变速器换挡机构、输入挡活塞、四挡活塞、手动轴总成、传感器轮、四挡主动片、四挡从动盘等
配套情况:主要客户有上海大众、上海通用、一汽-大众

★上海崴崖实业有限公司
地址:上海市浦东新区金新路58号银桥大厦12楼
邮编:201206
电话:021/58540259
传真:58543993
电子信箱:weeya@sh-weiya.com
质量体系:QS 9000、ISO 9001
产品情况:万向节、汽车轴承、轮毂单元、排气系统组件等各类配件

★上海航天汽车机电公司金桥分公司
地址:上海市浦东新区金桥金吉路568号
邮编:201206
电话:021/58541707、58541367
传真:58999000
网址:www.saae-ch.com
电子信箱:jqcgq@online.sh.cn
单位人数:200
质量体系:VDA 6.1、QS 9000
产品情况:离合器液压泵,霍尔车速传感器、温度传感器等系列传感器,热敏开关,冷却风扇控制器等

★上海汇众汽车制造公司轿车车桥厂
地址:上海市浦东新区申江路1800号
邮编:201206
电话:021/58992222
传真:58204570
网址:www.shac.com.cn
质量体系:ISO 9001
产品情况:汽车车桥

★上海蒂森克虏伯汇众汽车零部件公司
地址:上海市浦东区金桥申江路1900号
邮编:201206
电话:021/61602199
传真:50326565
电子信箱:shaoling.qiu@thyssenkrupp.com
单位人数:110
质量体系:ISO/TS 16949
产品情况:汽车转向管柱、组装式发动机凸轮轴,年产转向柱能力达100万件
配套情况:为上海大众配套

★上海瑞展实业发展有限责任公司
地址:上海市南汇区工业园区陶桥路28号
邮编:201300
电话:021/33895151
传真:33895109
网址:www.ruizhangear.com
质量体系:ISO/TS 16949
产品情况:(RZG牌)
传动轴后桥弧齿锥齿轮
出口情况:远销美国、韩国、印度、日本、德国

★泰乐玛汽车制动系统(上海)公司

地址:上海市南汇区南汇工业园区园中路533号9号工厂
邮编:201300
电话:021/68015801
传真:68015807
网址:www.telma-retarder.com.cn
电子信箱:hua.li@telma.com
法人代表:陈耀哲
负责人:李飞
单位人数:300
质量体系:ISO/TS 16949
产品情况:(Telma牌)
F系列、AC系列、AD系列缓速器
配套及出口情况:与客车、卡车配套使用;产品销往全球五大洲
☞ 详细情况请参阅彩色宣传版面

★上海振怡汽车齿轮有限公司
地址:上海市南汇区南芦公路大治河桥北首
邮编:201314
电话:021/58181286、58181291
传真:58181291
网址:www.shzhengyi-cl.com.cn
负责人:顾正军
质量体系:ISO 9001
产品情况:螺旋锥齿轮、圆柱齿轮、直伞齿轮、变速器花键轴

★延锋百利得(上海)安全系统公司
地址:上海市浦东区康桥工业区秀浦路426号
邮编:201315
电话:021/38118111、68060111
传真:68060333
网址:www.yfkey.com
电子信箱:info@yfkey.com
单位人数:300
质量体系:ISO/TS 16949、ISO 14001
产品情况:安全气囊、转向盘、安全带等
配套及出口情况:为上海大众、上海通用、上汽股份、上汽通用五菱、一汽-大众、一汽集团、长安福特马自达、长安铃木、北京现代、北京奔驰、郑州日产、上海汇众、江淮汽车、奇瑞汽车、北汽福

田、神龙汽车等配套;出口韩国

★上海纳铁福传动轴有限公司
地址:上海市浦东新区康桥工业区康沈路900号
邮编:201315
电话:021/58121690
传真:58120975
网址:www.saicgroup.com
电子信箱:service@shhadc.com.cn
单位人数:1027
质量体系:ISO/TS 16949
产品情况:等速传动轴、十字万向节传动轴、十字万向节、偏心轴、精锻件
配套情况:为上海大众、神龙汽车、上汽通用五菱、江铃汽车、长安福特马自达、广汽本田、江淮汽车、华晨金杯、厦门金龙、北京奔驰、奇瑞汽车、东风日产乘用车、一汽-大众、一汽轿车配套

★上海泰利福汽车零部件有限公司
地址:上海市浦东区康桥工业区康意路406号
邮编:201315
电话:021/68122342、38120081
传真:68122343
电子信箱:stfx@shtfx.com
单位人数:390
质量体系:ISO/TS 16949、VDA 6.1
产品情况:自动/手动换挡器类、推拉索、轻型拉索类
配套及出口情况:为上海通用、天汽、日本马自达、东南汽车、北京奔驰、长城汽车、沃尔沃、标致雪铁龙、雷诺、广汽本田、东风日产乘用车等配套;各种产品均有出口,出口量占总销售额的60%

★上海神汇汽车转向器公司
地址:上海市南汇区康桥东路888号
邮编:201319
电话:021/58135253
传真:58135089
网址:www.shec.gov.cn
电子信箱:shenhuigear@online.sh.cn
质量体系:ISO/TS 16949
产品情况:汽车转向器
配套情况:为神龙汽车、吉利汽车等配套

★上海信义恒业汽车零部件有限公司
地址:上海市奉贤区金汇经济开发区
邮编:201400
电话:021/56307407
网址:www.sdxinyiauto.com.cn
电子信箱:zcs302@126.com
质量体系:ISO/TS 16949、QS 9000
产品情况:制动片、制动盘等汽车制动产品以及防冻液、玻璃水等汽车养护产品

★上海达耐时汽车配件有限公司
地址:上海市奉贤区工业综合开发区奉贤陈桥路1399号2栋厂房
邮编:201400
电话:021/57749834
传真:57748389
单位人数:228
质量体系:ISO/TS 16949、ISO 9001
产品情况:自动变速器用离合器总成、摩擦片、手动变速器用同步环等
配套情况:客户有戴姆勒-奔驰、通用大宇、现代汽车、上海通用、天津艾达自动变速器、韩国威亚株式会社、浙江吉利变速器等

★恩斯克华纳变速器(上海)公司
地址:上海市奉贤区环城西路2518号
邮编:201401
电话:021/33655757、57433737
传真:33655252、57432323
网址:www.nsk.com.cn
质量体系:ISO/TS 16949、ISO 14001
产品情况:变速器零部件

★上海采埃孚伦福德底盘技术公司
地址:上海市奉贤区环城北路1088号
邮编:201401
电话:021/37100600、37107316
质量体系:ISO 9001
产品情况:汽车转向拉杆、稳定杆、悬架球铰链、控制臂等汽车底盘零部件

★采埃孚商用车底盘技术(上海)公司
地址:上海市奉贤区环城北路1088号
邮编:201401
电话:021/37100666、57436070
传真:33655070
网址:www.sachs.com.cn
产品情况:主要生产客车、货车及各种特种车辆底盘系统总成和零部件,包括各种球铰链、转向直拉杆、转向横拉杆、悬架直推力杆、V形推力杆、十字推力杆、稳定杆连接杆等

★上海奥托立夫汽车方向盘有限公司
地址:上海市综合工业开发区M16地块
邮编:201401
电话:021/57437349
传真:67106845
质量体系:ISO 9001
产品情况:汽车转向盘系统及其相关零部件

★奥林必亚机械(上海)有限公司
地址:上海市奉贤区奉城镇航塘公路4658号
邮编:201408
电话:021/57175481
传真:57175490
电子信箱:juliana@olympiaautoparts.com
质量体系:ISO 9001
产品情况:品种涵盖12~24英寸涂装轮、电镀轮、亮面轮等高级铝合金轮毂、底盘控制臂

★上海全菱汽车离合器有限公司
地址:上海市奉贤区胡桥镇永革路312号A
邮编:201417
电话:021/56881624
传真:56837814
网址:www.shql-clutch.com
电子信箱:web@shql-clutch.com
质量体系:ISO/TS 16949、ISO 9001
产品情况:汽车离合器从动盘总成、离合器盖总成
配套及出口情况:为一汽集团、东风汽车公司、重汽集团等配套系列汽车离合器从动盘总成、汽车离合器盖总成;部分产品出口

★上海奥捷汽车零部件有限公司
地址:上海市金山区
邮编:201500
电话:021/51099085
传真:51099085
质量体系:ISO 9001
产品情况:气制动阀、泵等

★上海远途汽车离合器制造有限公司
地址:上海市金山区枫泾工业园前明东路33号
邮编:201501
电话:021/51368008
传真:51368009
质量体系:ISO 9001
产品情况:汽车离合器压盘、从动盘总成

★上海长特锻造有限公司
地址:上海市金山区枫泾镇兴塔工业区兴桂路28号D幢
邮编:201501
电话:021/67361222
传真:67361333
网址:www.forgect.com.cn
电子信箱:shanghaichangte@163.com
质量体系:ISO/TS 16949、ISO 9001
产品情况:汽车传动轴内外星轮、球笼、转向节臂、轮毂单元、发动机连杆、曲轴等
配套及出口情况:为上海大众、通用、奔驰、比亚迪、五菱、吉利等配套;出口日本、意大利、美国等国家

★上海舒创机械有限公司
地址:上海市金山区漕泾经济开发区
邮编:201507
电话:021/62579301
传真:62579301
电子信箱:shuchuanghwh@vip.163.com
单位人数:400
质量体系:ISO/TS 16949、ISO 9001
产品情况:(舒创牌)
叶片泵、齿轮泵、工程机械泵

★上海方科汽车部件有限公司
地址:上海市金山区亭卫公路平业路99号
邮编:201507

电话:021/67256611
传真:67256825
网址:www. fangleautoparts. com
电子信箱:fanglesh@ mw - sw. com
质量体系:ISO/TS 16949
产品情况:转向盘、变速杆球形把手、车位限位器、座椅、座套、铝合金及皮制汽车用品
配套及出口情况:为 OEM 客户配套木壳方向盘;出口 20 多个国家

★上海翔潮离合器片厂
地址:上海市松江区泗泾镇经济开发区
邮编:201600
电话:021/57618542
网址:www. shxslhq. com
电子信箱:xs@ shxslhq. com
单位人数:50
产品情况:(翔实牌)
汽车离合器

★上海耀源精机有限公司
地址:上海市松江区泗泾镇九干路 158 号
邮编:201601
电话:021/57617573
传真:57617972
质量体系:ISO/TS 16949、QS 9000
产品情况:汽车球笼式等速万向节传动轴各部件及总成等,年产 70 万套(组)
出口情况:出口美洲市场

★上海恩梯恩精密机电有限公司
地址:上海市松江区工业区南乐路666 号
邮编:201611
电话:021/57748666
传真:57748555
网址:www. ntn. co. jp
质量体系:ISO/TS 16949
产品情况:等速万向节、汽车轮毂轴承、滚针轴承等

★上海一阳五金制造有限公司
地址:上海市松江区松江进出口加工区民益路 46 号
邮编:201612
电话:021/57686322、57687726
传真:57686487
网址:www. arays. com. cn
电子信箱:arays@ arays. com. cn
单位人数:278
质量体系:ISO/TS 16949、ISO 14001
产品情况:(ARAYS 牌)
轿车铝合金轮辋
配套及出口情况:与北汽福田、江西江铃、意大利 MOMO、美国 MAMBA、英国 WOLFACE、日本共丰等国内外众多知名企业建立了合作关系;部分产品出口

★上海丰瑞转向泵有限公司
地址:上海市松江区松江出口新桥镇新中街 119 弄 5 号楼 901 室
邮编:201612
电话:021/57686751、57686752
传真:57686753
电子信箱:webmaster@ zxypb. com
单位人数:500
质量体系:VDA 6.1、QS 9000
产品情况:(智力牌)
各类重型、中型、轿车等系列转向泵、驾驶室手压泵、举升缸和备胎架举升缸
配套情况:为陕汽集团、上汽依维柯红岩、徐工、厦工等配套

★拓扑思(上海)汽车配件有限公司
地址:上海市松江区洞泾镇茂盛路 116 号
邮编:201619
电话:021/57690000
传真:57677824
电子信箱:hlhzyx84271009@ 163. com
质量体系:ISO/TS 16949、VDA 6.1
产品情况:汽车轮胎气门嘴、平衡块等轮胎附件

★上海广濑关勒铭精密机械有限公司
地址:上海市青浦区徐泾西郊经济技术开发区徐民路 618 号
邮编:201702
电话:021/59767177
传真:59766639
电子信箱:shgr@ public2. sta. net. cn
产品情况:汽车离合器、发动机零件、铝合金压铸件

★上海联谊汽车拖拉机工贸有限公司
地址:上海市青浦区谢卫路 1129 号
邮编:201702
电话:021/59768545
传真:59765003
网址:www. suait. com. cn
质量体系:ISO 9001
产品情况:汽车动力转向系统、滤清器及高、低压管路件和功能性注塑件,年产 50 万辆轿车配套件
配套及出口情况:为上海大众、上海通用配套;部分产品出口

★上海精元重工机械有限公司
地址:上海市青浦区西郊经济开发区盈港东路 888 号
邮编:201702
电话:021/69768308
传真:69768589
网址:www. saw - wheel. com
电子信箱:juicy@ saw - wheel. com
质量体系:ISO/TS 16949、VDA 6.1
产品情况:(佳通牌)
铝轮辋
出口情况:出口美国、欧洲、中东、亚洲

★上海久耐汽车离合器有限公司
地址:上海市青浦区青浦工业园区崧绣路 500 号
邮编:201703
电话:021/59758899、69758641
传真:69758699、69758643
网址:www. shjiunai. com
电子信箱:jiunai@ jiunai. com
单位人数:220
质量体系:ISO/TS 16949
产品情况:(久中久牌)
离合器从动盘总成,产量 150 万套;压盘总成,产量 50 万套
配套及出口情况:主要针对客户为国内外售后市场及主机厂;出口欧洲、亚洲(离合器从动盘总成 50 万套,压盘总成 15 万套)

★上海铁流离合器有限公司
地址:上海市青浦区青浦新城工业园
邮编:201703
电话:021/69758550
传真:69758560
网址:www. shtieliu. com
电子信箱:tieliu@ shtieliu. com
单位人数:200
质量体系:ISO/TS 16949
产品情况:各种中、重型汽车离合器
出口情况:出口欧洲、亚洲等十几个国家和地区

★上海宝典离合器有限公司
地址:上海市青浦区赵巷崧绣路 500 号
邮编:201703
电话:021/69758641
网址:www. shbaodian. com
质量体系:ISO/TS 16949
产品情况:(信耐力牌)
轻、中、重型汽车离合器、离合器从动盘、压盘

★上海大众联翔汽车零部件有限公司
地址:上海市青浦区香花桥镇北青公路 9735 号
邮编:201707
电话:021/59700970
传真:59701576
网址:www. svwlx. com
电子信箱:webmaster@ svwlx. cn
单位人数:153
质量体系:ISO/TS 16949、VDA 6.1
产品情况:转向系统附件、内外饰件、变速系统附件、发动机系统附件
配套情况:为上海大众、神龙汽车、上海汇众、上汽仪征、江淮汽车、河北中兴、华晨金杯等配套

★上海怡飞柯精密机械有限公司
地址:上海市青浦区工业园区天一路 388 号
邮编:201712
电话:021/59228626
传真:59228631
网址:www. e - fic. com. cn
电子信箱:info_sh@ e - fic. com. cn
单位人数:96
质量体系:ISO/TS 16949、ISO 9001
产品情况:驱动轴、齿轮、壳体、托架等

配套情况:主要客户有久保田/苏州、纳博特斯克/上海、洋马/无锡、米国久保田(KMA、KIE)、美诺精密压铸/上海、川崎精密机械/苏州、BOSCH、日商有色/PMG、逢都富琉、派克丹尼逊、海德堡、小松、神钢建机、日产汽车、奔驰、奥迪、沃尔沃、BOMAG、柳工、三一等

★上海泰密克电子有限公司
地址:上海市嘉定区招贤路1280号
邮编:201800
电话:021/59169696、59163007
传真:59169286
质量体系:ISO/TS 16949、ISO 14001
产品情况:ABS电子控制器
配套情况:为上海大众配套

★上海科曼车辆部件系统公司
地址:上海市嘉定区新甸路1399号
邮编:201800
电话:021/60822567、69968585
传真:60822669、69968745
网址:www.komman.com
电子信箱:komman@komman.com
质量体系:ISO/TS 16949
产品情况:商用车空气悬架系统
配套及出口情况:为苏州金龙、厦门金龙、东风杭汽、欧V客车、重汽集团等近30家汽车企业配套;大中型旅游客车、一级踏步的公交车空气悬架系统等产品远销印尼、马来西亚、印度、埃及、叙利亚、哈萨克斯坦、澳大利亚等国家

★上海三磊汽车底盘件制造有限公司
地址:上海市安亭区大众工业园区零部件配套基地百安公路985号
邮编:201800
电话:021/69573388、69573068
传真:69574027
网址:www.sanleiautoparts.com
电子信箱:sanlei@sanleiautoparts.com
质量体系:ISO/TS 16949
产品情况:拉杆、球头、控制臂等
配套情况:为国内部分厂家配套

★上海三立汇众汽车零部件有限公司
地址:上海市嘉定区安亭镇园国路409号
邮编:201800
电话:021/69574039
传真:69574038
质量体系:ISO/TS 16949
产品情况:轿车驻车制动操纵机构、踏板操纵机构、换挡机构及相关产品
配套情况:为上海大众、上海通用、华晨金杯、北京现代、东风悦达起亚等配套

★上海大众液压技术有限公司
地址:上海市嘉定区马陆镇宝安公路2633号
邮编:201801
电话:021/59108888、59108866
传真:59108666
网址:www.sdh-hyd.com
电子信箱:sdh@sdh-hyd.com
单位人数:260
质量体系:ISO/TS 16949、QS 9000
产品情况:(大众牌)
液压齿轮泵、叶片泵、汽车动力转向泵等

★上海冀昆离合器有限公司
地址:上海市普陀区银杏路659号利仕达工业园区7号楼202室
邮编:201802
电话:021/66278418、66278428
传真:66278458
网址:www.pra-wolf.com
电子信箱:europarts@pra-wolf.com
产品情况:离合器及其压盘、分离轴承、离合器片等
配套及出口情况:为一汽、福田、东风、豪沃配套;出口德国、英国、意大利、西班牙、俄罗斯、南非、中东、南美洲等国家和地区

★上海钦盛传动机械制造有限公司
地址:上海市真南路4970号
邮编:201802
电话:021/69120339
传真:69122467
电子信箱:postmaster@sh-qinsheng.com
质量体系:ISO 9001
产品情况:(环宇牌)
汽车万向节

★上海温格乐汽车零部件制造公司
地址:上海市嘉定区黄渡工业园区春归路189号
邮编:201804
电话:021/69596552、69597078
传真:69592618
网址:www.shwgl.com
电子信箱:panwenbi@shwgl.com
质量体系:ISO/TS 16949
产品情况:汽车轮毂轴承单元
出口情况:出口北美洲、欧洲、中东等地区

★天合汽车零部件(上海)有限公司
地址:上海市嘉定区安亭镇宝安公路188号
邮编:201805
电话:021/39575000
传真:59502200
电子信箱:hr.shanghaianting@trw.com
产品情况:汽车转向器

★上海瑞尔实业有限公司
地址:上海市嘉定区安亭大众工业园区一区米泉南路625号
邮编:201805
电话:021/59571515
传真:59571616
网址:www.sh-real.com
电子信箱:sales@sh-real.com
单位人数:1300
质量体系:ISO/TS 16949、VDA 6.1
产品情况:汽车ABS控制器阀体、车轮装饰盖、车身防擦条、门槛饰板、制动总泵缸体及其他功能性铝合金铸件等
配套情况:为上海大众、一汽-大众、上海通用、北美通用等主机厂及10多家企业供货

★上海智源汽车部件有限公司
地址:上海市嘉定区宝钱公路5888弄25号
邮编:201806
电话:021/69932455、58654922
传真:69931949
网址:www.shzhiyuan.com
电子信箱:xaom@shzhiyuan.cn
质量体系:ISO/TS 16949、ISO 9001
产品情况:汽车制动系统用空气干燥器、空调系统干燥器、卸载阀
配套及出口情况:主要客户有北汽福田、亚星客车、东风汽车公司、东风杭州日产柴、湖北三环集团专用车、扬州杰信车用空调等;GD-7出口韩国、AD-9空气干燥器出口美国及加拿大

★上海汽车制动器有限公司
地址:上海市嘉定区安亭百安路238号
邮编:201814
电话:021/59501450
传真:59501451
网址:www.sh-sabc.com.cn
电子信箱:sabc@shzdq.com.cn
质量体系:ISO/TS 16949
产品情况:各规格带串列双腔制动总泵等各类制动总泵、真空助力器、制动软、硬管,拉索,有色金属铸件和冲压件
配套情况:为上海大众、上海通用配套

★上海骆氏减震件有限公司
地址:上海市嘉定区安亭安晓路51号
邮编:201814
电话:021/59501656、59501659
传真:59501661
网址:www.chinaluoshi.com
电子信箱:luoshi@chinaluoshi.com
单位人数:600
质量体系:ISO/TS 16949、VDA 6.1
产品情况:(骆氏牌、Luos牌、TRL牌)
汽车用悬架衬套、减振衬套、控制臂衬套,液压和机械式发动机支承及其他橡胶、塑料零件
配套及出口情况:为上海大众、一汽-大众、一汽集团、一汽丰田、华晨汽车、奇瑞汽车、德尔福、法雷奥、萨克斯、一汽光洋、一汽-东机工、一汽-天合、一汽-塔奥等配套;出口欧洲、美国、日本、南美洲、非洲、东南亚等国家和地区

★上海镁镁合金压铸有限公司
地址:上海市嘉定区安亭镇泰顺路777号
邮编:201814
电话:021/59504044、59502388
传真:59502399

网址:www. meridian – mag. com
电子信箱:smmpbd@ meridian – mag. com
单位人数:73
质量体系:ISO/TS 16949
产品情况:汽车及摩托车用镁合金压铸件,包括变速器壳体、壳盖、转向柱支架、仪表板支架、座位框架等
配套情况:为上海大众、上海通用、南京依维柯、南京春兰、一汽集团、一汽–大众、东风汽车公司、北京奔驰、上柴、玉柴、杭发、上海易初摩托等配套

★ 上海汽车制动系统有限公司

地址:上海市嘉定区招贤路385号
邮编:201821
电话:021/39163311
传真:39163333
网址:www. sabs. sh. cn
电子信箱:zhaopin@ sabs. com
法人代表:张海涛
负责人:蔡增伟
单位人数:1300
质量体系:ISO/TS 16949
产品情况:EBS电子控制制动系统85万只、制动钳530万只、总泵助力器259万只、制动软管730万只
配套情况:向上海大众、一汽–大众、上海汽车、长安福特、华晨宝马、北京奔驰等汽车制造厂批量供货
☞ 详细情况请参阅彩色宣传版面

★上海采埃孚转向机有限公司
地址:上海市嘉定区工业开发区永盛路2001号
邮编:201821
电话:021/59163888、69529738
传真:59163518、59163974
网址:www. zfss. com
电子信箱:public@ zfss. com
单位人数:210
质量体系:ISO/TS 16949、QS 9000
产品情况:(ZF牌)
轿车、轻型客车转向器、转向泵、转向阀等
配套及出口情况:为上海大众、上海通用、一汽–大众等配套;出口北美洲、日本、韩国、澳大利亚、巴西等国家和地区

★上海隆润动力机械有限公司
地址:上海市嘉定区菊城路1号
邮编:201821
电话:021/69168700、69160962
传真:69168843
网址:www. longrun. cn
电子信箱:longrun@ 188. com
单位人数:500
质量体系:ISO/TS 16949、NST – ISR
产品情况:(隆润牌)
汽车空压机及相关配件
配套情况:为朝柴、玉柴、云动、扬动、锡柴、扬柴、珀金斯动力(天津)、美国AFA公司等配套

★上海汽车变速器有限公司
地址:上海市嘉定区嘉罗公路189号
邮编:201822
电话:021/59165858、59166661
传真:59167122
网址:www. sagw. com
电子信箱:sagw1@ sagw. com
单位人数:2000
质量体系:ISO/TS 16949、QS 9000
产品情况:各类手动变速器和自动变速器,年产能力50万台
配套及出口情况:为上海大众、上海通用、华晨金杯、长丰猎豹、上海通用东岳、上汽通用五菱等国内外30家厂家配套变速器产品;部分产品远销国际市场

★大众汽车变速器(上海)有限公司
地址:上海市嘉定区博乐南路100号
邮编:201822
电话:021/69520000
传真:69521919
电子信箱:hr@ transmission. com
质量体系:ISO 9001
产品情况:变速器
配套情况:为上海大众、一汽–大众配套

★上海采埃孚变速器有限公司
地址:上海市嘉定区叶城路488号
邮编:201822
电话:021/69526327
传真:69529619
网址:www. zfsachs. com. cn
电子信箱:sghss. marketing@ sgh – china. com
单位人数:800
质量体系:ISO/TS 16949
产品情况:轿车自动变速器
配套情况:为上海大众配套

★上海欧致汽车零部件有限公司
地址:上海市青浦区赵中路688号
邮编:201824
电话:021/33511648
传真:33511649
网址:www. ouzhioe. com
电子信箱:shanghaioe@ 126. com
质量体系:ISO/TS 16949
产品情况:汽车底盘件、覆盖件、发动机件、空调件及油品、防冻液等
出口情况:出口韩国、日本、美国

★上海托邦汽车配件有限公司
地址:上海市嘉定区曹安路1926号东方汽配城主楼316室
邮编:201824
电话:021/59188208、59188210
传真:69191635
网址:www. topon. cn
电子信箱:shanghai@ topon. cn
质量体系:ISO/TS 16949
产品情况:控制臂、球笼、减振器、液压挺杆、前轮壳、后桥短轴等

★上海车普机械有限公司
地址:上海市嘉定区定边路99弄2# 1101室
邮编:201824
电话:021/69105477
传真:69105447
网址:www. shchepu. cn
质量体系:ISO 9001
产品情况:(极限牌)
减振器
出口情况:远销日本、韩国、中东、欧洲等国家和地区

★上海博尔德汽车零部件有限公司
地址:上海市嘉定区曹安公路1926号
邮编:201824
电话:021/69180380
传真:69180300
网址:www. poweredgermany. com
电子信箱:cnpowered8@ hotmail. com
单位人数:100
质量体系:ISO 9001
产品情况:(POWERED牌)
制动阀门、车身件、液压泵、空气干燥系统、冷却系统、转向系统等
配套及出口情况:为MAN、VOLVO、SCANIA、BPW等配套;阀门、液压泵、车轴、空气弹簧、车身件、增压器、电气、发动机、车灯等产品出口

★上海中国弹簧制造有限公司
地址:上海市宝山区蕴川路291号
邮编:201901
电话:021/61736999
传真:56808004
网址:www. chinaspring. com. cn
电子信箱:hr@ shzt. saic. com. cn
单位人数:283
质量体系:ISO/TS 16949
产品情况:汽车悬架弹簧、发动机气门弹簧、稳定杆、模具弹簧、异形弹簧、碟型弹簧、热卷弹簧、机车弹簧、各类冲压件、精密弹簧及其他各类弹簧
配套情况:与多家国际汽车厂商配套

★上海运良锻造实业有限公司
地址:上海市崇明县工业园区秀山路1号
邮编:202150
电话:021/39621028、69626252
传真:39621058
网址:www. forgetech. com
电子信箱:yldzc@ trade. sh. cn
单位人数:1000
质量体系:ISO/TS 16949、ISO 9001
产品情况:转向节等模锻件,年产2万t
配套及出口情况:为通用汽车,福特汽车、一汽–大众、上海大众、上海通用、

上海汇众、奇瑞汽车、小松、卡特彼勒、沃尔沃、住友、德国 Schaeffler 集团、上海纳铁福传动轴、桂林福达集团、广州五羊本田配套;出口日本、美国、德国、印度等国家

江苏省

★南京采孚汽车零部件有限公司
地址:南京市雨花区铁心桥工业园 199-1 号
邮编:210001
电话:025/85358828、83613012
传真:52353562、85358838
电子信箱:ss@ cfhps. com
质量体系:ISO 9001
产品情况:转向泵
配套情况:为国内数家车厂配套

★南京法雷奥离合器有限公司
地址:南京市秦淮区节制闸路 11 号
邮编:210001
电话:025/86912598
传真:84597604
网址:www. valeo. com. cn
电子信箱:zuo - yi. wang@ valeo. com
质量体系:ISO/TS 16949、VDA 6.1
产品情况:离合器、从动盘总成
配套情况:主要客户包括南京依维柯、南京汽车集团、上海通用、神龙汽车、重汽集团、吉利汽车、一汽-大众等

★丹纳赫汽车零部件有限公司
地址:南京市白下区太平南路 1 号
邮编:210002
电话:025/84710672、84710193
传真:84710673
网址:www. danahercn. com
电子信箱:sales@ danahercn. com
质量体系:ISO/TS 16949、VDA 6.1
产品情况:轿车、商用车用制动片、制动蹄、制动盘、制动鼓等产品
出口情况:远销北美洲、欧洲、大洋洲、南美洲、中东等地区

★南京联动汽车零部件有限公司
地址:南京市白下区户部街 15 号
邮编:210002
电话:025/86892501、86892502
传真:86892444、86892511
电子信箱:david@ unibrakes. com
质量体系:ISO/TS 16949
产品情况:制动片、制动蹄、制动盘、制动鼓等
出口情况:出口北美洲、欧洲、大洋洲、南美洲、非洲、中东等地区

★南京宏峰汽车配件厂
地址:南京市雨花区中华门铁心桥大定坊工业园 3 号
邮编:210012
电话:025/52897831
传真:52898921
网址:www. jinmao - brake. com
电子信箱:hfqpnj@ 126. com
单位人数:784
质量体系:ISO/TS 16949、QS 9000
产品情况:(金猫牌)
汽车、农用车驻车制动器、变速操纵机构及驻车制动器操纵机构等汽车零部件
配套情况:为江西五十铃、全顺、陆风(JMC)、江淮汽车、一汽集团、北汽福田、南京依维柯、广汽日野等配套

★南京驰力汽车转向传动装置公司
地址:南京市建邺区湖西街 60 号
邮编:210017
电话:025/86410803
传真:86402240
电子信箱:diao@ standard - china. com
质量体系:ISO/TS 16949
产品情况:可调式、吸能式转向管柱总成,转向传动总成,冷冲压及锻造转向万向节总成,电动转向管柱总成
配套情况:为一汽集团、东风汽车公司、南京汽车集团、一汽海马、哈飞汽车、昌河汽车、上汽通用五菱、长城汽车、荣成华泰、奇瑞汽车、吉利汽车、厦门金龙、江淮汽车、江苏春兰等配套

★南京依维柯汽车公司变速箱分公司
地址:南京市玄武区黑墨营 54 号
邮编:210028
电话:025/85417351
传真:85417351
网址:www. naveco - bsx. com
电子信箱:gbs@ naveco - bsx. com
质量体系:ISO/TS 16949、ISO 9001
产品情况:(IVECO 牌)
汽车变速器总成、变速器带分动器总成
配套及出口情况:为 SOFIM、QD32 等柴油发动机和 4G64 汽油发动机配套;出口美国

★南京南汽传动轴有限公司
地址:南京市玄武区红山路 122 号
邮编:210028
电话:025/85417491
传真:85417450
网址:www. njf - ds. com
单位人数:143
质量体系:QS 9000、ISO 9001
产品情况:依维柯旅行车、跃进载货汽车等速传动轴总成、工程机械传动轴总成以及零部件
出口情况:出口德国、意大利、荷兰、美国、韩国等国家

★南京轴承有限公司
地址:南京市中央门外沈阳村 43 号
邮编:210028
电话:025/85417495
传真:85417189
网址:www. njjnzc. com
电子信箱:njjnzc@ njjzc. com
单位人数:346
质量体系:ISO/TS 16949
产品情况:(精宁牌)
汽车离合器分离轴承系列,年产 220 万套;深沟球轴承、圆锥滚子轴承
配套及出口情况:汽车离合器分离轴承为解放、东风、跃进、福田欧曼、斯太尔、陕汽、重汽、广州日野、金龙等及其零部件主机厂配套;出口欧洲、美洲、中东、俄罗斯等国家和地区

★南京华舜轮毂有限公司
地址:南京市浦口区浦珠中路 298 号
邮编:210031
电话:025/58409001
传真:58851842
网址:www. sinowheels. com
电子信箱:nhdaaws@ publicl. ptt. js. cn
单位人数:601
质量体系:ISO/TS 16949、VDA 6.1
产品情况:铸造铝合金车轮,年产 100 万只
出口情况:出口美国、欧洲、日本等

★南京正大减振器有限责任公司
地址:南京市玄武区龙蟠路 53 号
邮编:210037
电话:025/85413484
传真:85429108
网址:www. zhengdanj. com
电子信箱:zhengdanj@ 163. com
单位人数:218
质量体系:ISO/TS 16949、ISO 9000
产品情况:(正众牌)
各种汽车用减振器,年产 240 万支
出口情况:远销东南亚

★南京锦湖轮胎有限公司
地址:南京市下关区和燕路 418 号
邮编:210038
电话:025/85319999、84530327
传真:85313102
网址:www. kumhotire. com. cn
电子信箱:nktmgmnt@ public1. ptt. js. cn
单位人数:1800
质量体系:VDA 6.1、QS 9000
产品情况:(锦湖牌)
轮胎
配套情况:为北京现代、东风悦达起亚、奇瑞汽车、华晨金杯、一汽轿车、哈飞汽车、长安汽车、吉利汽车等配套

★采埃孚转向泵金城(南京)公司
地址:南京市经济开发区尧新路 341 号
邮编:210038
电话:025/85803366
传真:85803485
网址:www. zfsjn. com

电子信箱:info. iscnn@ zf - lenksysteme. com
单位人数:152
质量体系:ISO/TS 16949、VDA 6.1
产品情况:(采埃孚金城牌)
轿车和轻型商用车转向叶片泵
配套情况:主要客户有一汽-大众、上海大众、上海通用、上汽股份、奇瑞汽车、华晨金杯、东风日产乘用车、东南汽车、长城汽车、河北中兴、南京汽车集团、北汽福田、重汽集团、北奔重汽、南京跃进、江淮汽车等

★南京东华汽车转向器有限公司
地址:南京市江宁区经济技术开发区秦淮路71号
邮编:211101
电话:025/68576333、68576519
传真:68576597
网址:www. njzxq. com
电子信箱:webmaster@ china - dirs. com
单位人数:390
质量体系:ISO/TS 16949
产品情况:循环球式转向器、齿轮齿条式转向器、可溃电助力式转向管柱总成,液压助力转阀等
配套情况:为南京依维柯、依维柯跃进、北汽福田、昌河铃木、南京长安、东风渝安、一汽佳宝、河北双环等数十家企业配套

★南京亨发达汽配制造有限公司
地址:南京市溧水县和凤镇工业集中区凤翔路13号
邮编:211218
电话:025/85577017、85577053
传真:85577049
单位人数:205
质量体系:ISO/TS 16949、ISO 9001
产品情况:(华达牌)
各种车型变速器及差速器凸缘、差速器十字轴、前后轮胎螺栓、密封圈等
配套情况:为南汽车桥、山东临工汽车桥箱、山东时风集团、杭州汇丰车桥、江苏英田集团等配套

★仪征跃进车桥有限责任公司
地址:江苏省仪征市大庆南路32号
邮编:211400
电话:0514/83452987
传真:83452283
质量体系:ISO/TS 16949
产品情况:前后桥总成、车轴

★仪征市金太阳传动轴制造有限公司
地址:江苏省仪征市谢集南街18号
邮编:211413
电话:0514/83810031、83810030
传真:83810078
网址:www. yzjty. cn
电子信箱:info@ yzjty. cn
单位人数:128
质量体系:ISO 9001
产品情况:各种汽车传动轴、钢圈等

★江苏航利汽车零部件有限公司
地址:江苏省金湖县金湖广场西侧
邮编:211600
电话:0517/80908688、80906788
传真:80907666
电子信箱:jiangsuhangli@ 163. com
负责人:李进亮
质量体系:ISO 9001
产品情况:多工位冷镦球销、球头拉杆、拉杆总成、主邦汰、副邦汰、控制臂总成、连接杆等

★江苏强泰机械有限公司
地址:江苏省金湖县经济开发区理士大道2号
邮编:211600
电话:0517/86869198
传真:86869197
网址:www. yhqtjx. com
电子信箱:shaoheping@ 126. com
质量体系:ISO/TS 16949、ISO 9001
产品情况:各类轿车球笼保持架

★江苏博昌汽车部件有限公司
地址:江苏省淮阴市金湖县神华大道288号
邮编:211600
电话:0517/86869966、86991234
传真:86869965
电子信箱:bochang188@ 163. com
单位人数:100
质量体系:ISO/TS 16949、ISO 9001
产品情况:(BOCHANG 牌)
轮毂轴承单元
出口情况:远销南美洲、东南亚、中东等地区

★南京华创汽车配件有限公司
地址:南京市浦口区经济开发区浦珠南路3号
邮编:211800
电话:025/58288389、58288316
传真:58288386
网址:www. njtvf. com
电子信箱:service@ njtvf. com
质量体系:ISO 9001
产品情况:(TVF 牌)
汽车离合器分离轴承座
配套情况:为汽车行业和轴承行业配套

★镇江市宝华半挂车配件有限公司
地址:江苏省镇江市九里街东
邮编:212003
电话:0511/88838888、88808888
传真:88822448
网址:www. bao - hua. net. cn
电子信箱:zjbaohua@ public. zj. js. cn
单位人数:500
质量体系:QS 9000、ISO 9001
产品情况:(宝明牌)
挂车车桥、车轴、牵引座、支承装置、悬架系统、牵引销等,年产鞍式牵引座7.5万台、悬架系统2.5万套、支承装置7万副、挂车车桥9万根
配套及出口情况:为全国多家挂车企业配套;出口中东、南美洲、东南亚、澳大利亚等国家和地区,并销往中国香港地区

★镇江江大春光齿轮有限公司
地址:江苏省镇江市学府路301号
邮编:212016
电话:0511/88799392
传真:88799391
电子信箱:jdchunguang@ 163. com
质量体系:ISO/TS 16949
产品情况:齿轮
配套情况:为北汽福田环保动力、南京威孚金宁、江铃汽车、南京汽车集团等配套

★南京弹簧有限公司
地址:南京市江临区湖熟镇工业集中区
邮编:212111
电话:025/52350490
传真:52350438
网址:www. brakespring. com
电子信箱:njspring@ jlonline. com
单位人数:120
质量体系:QS 9000
产品情况:(手牌)
各种汽车制动器弹簧以及制动器组件成套配置
配套及出口情况:为各国汽车、拖车、挂车、牵引车等配套;出口美国、英国、德国、法国、土耳其、澳大利亚、新加坡等国家

★镇江华瑞液压机械有限公司
地址:江苏省镇江市南郊三山湖山路79号
邮编:212143
电话:0511/84561110、84562618
传真:84560688
网址:www. dtyyjx. com
单位人数:414
质量体系:ISO 9002
产品情况:单路稳定分流阀、优先流量控制阀、多路换向阀、限速阀、转向杆、手动液压分配器等
出口情况:随主机远销日本、东南亚、欧洲、南美洲等国家和地区

★大亚车轮制造有限公司
地址:江苏省丹阳市经济技术开发区金陵西路95号
邮编:212300
电话:0511/86969105
传真:86982228
网址:www. darewheel. com
电子信箱:sales@ darewheel. com
质量体系:ISO/TS 16949、ISO 9001
产品情况:汽车铝合金轮毂,年产能力200万件

出口情况:出口美国、欧洲、中东等国家和地区

★江苏罗伯特汽车配件有限公司
地址:江苏省丹阳市新桥镇金桥工业区
邮编:212322
电话:0511/86355555、86362555
传真:86362999
网址:www. cn - robot. com
电子信箱:robot@ cn - robot. com
单位人数:160
质量体系:ISO/TS 16949、ISO 9001
产品情况:斯太尔、东风、解放汽车用气动元件,客车用气制动系统元件等
配套情况:与徐工集团、三一重工、山推等重型机械厂家供货

★江苏圆通汽车零部件有限责任公司
地址:江苏省丹阳市窦庄工业区
邮编:212325
电话:0511/86411227、86411228
传真:86418652
网址:www. auto - rose. com
电子信箱:yuantong@ auto - rose. com
单位人数:860
质量体系:ISO/TS 16949、ISO 9001
产品情况:铝合金车轮、轮毂等
配套及出口情况:主要和本田、新大洲、金城配套;出口美国、欧洲、中东等国家和地区

★丹阳市可达汽车配件有限公司
地址:江苏省丹阳市吕城镇圣旨西路90号
邮编:212351
电话:0511/86476210、86828258
传真:86828578
网址:www. kdap. com
电子信箱:dykd@ pub. zj. jsinfo. net
质量体系:ISO/TS 16949
产品情况:轿车前制动钳活塞
配套情况:与红旗、奥迪A6、桑塔纳、捷达、通用别克、帕萨特B5、尼桑、奇瑞等配套制动钳活塞及冷冲压件

★常州金花汽车零部件有限公司
地址:江苏省常州市常焦路6号
邮编:213004
电话:0519/85330269
网址:www. czspring. com
电子信箱:market@ czspring. com
单位人数:280
质量体系:ISO 9001
产品情况:汽车离合器从动盘总成、压盘总成
配套情况:为常柴、常拖、常客、朝柴、扬客、郑汽等几十家大中型企业主机配套

★常州开发减震器有限公司
地址:江苏省常州市高新技术开发区泰山路210号
邮编:213022
电话:0519/85101566、85109910
传真:85101565
电子信箱:ckfjzq@ bentium. net
单位人数:148
质量体系:ISO 9000
产品情况:汽、机车减振器及油、气压相关车辆零部件
出口情况:出口泰国、越南、美国等国家

★常州市第二齿轮厂有限公司
地址:江苏省常州市新北区嵩山路23号
邮编:213022
电话:0519/85113688、85116666
传真:85115664
网址:www. cz - ecl. com
电子信箱:gxb@ ecl. com
质量体系:ISO/TS 16949、ISO 9001
产品情况:(CE牌)
齿轮、齿圈等
配套情况:为一汽集团、扬柴、扬动、安徽全柴、时风洋马定点配套

★江苏凯特汽车部件有限公司
地址:江苏省常州市高新技术开发区空港工业园(汤庄)
邮编:213133
电话:0519/83204889、83204898
传真:83206800
网址:www. kaitewheel. com
电子信箱:mail@ kaitewheel. com
单位人数:160
质量体系:ISO/TS 16949、ISO 9001
产品情况:汽车、摩托车铝合金车轮、轮毂
出口情况:出口美国、日本、欧洲、中东等国家和地区

★常州协力汽车零部件有限公司
地址:江苏省常州市小河工业园区
邮编:213138
电话:0519/85088909
传真:83507878
网址:www. global - concord. cn
电子信箱:annychen2008@ yahoo. cn
单位人数:110
质量体系:ISO/TS 16949
产品情况:汽车减振器、驾驶室翻转机构,年产能力300万套
配套及出口情况:为重汽集团、北汽福田、上汽依维柯红岩、陕汽集团等国内各大主机厂配套;出口中东、东欧等多个国家和地区

★常州超宇机械制造有限公司
地址:江苏省常州市前黄镇丁舍
邮编:213172
电话:0519/86515606、86518387
传真:86515779
网址:www. juehong. com
电子信箱:whf@ juehong. com
质量体系:ISO 9001
产品情况:(CFT牌)
球笼式等速万向节、内外球笼、行星齿轮、保持架冷锻毛坯及各型汽车ABS系统感应圈

出口情况:远销美国、日本、韩国、智利等国家

★ 江苏金榆科技集团有限公司

地址:江苏省金坛市丹阳门北路张角山8号
邮编:213200
电话:0519/82850115
传真:82853344
网址:www. jhjd. com
电子信箱:jyjhlby@ yahoo. com. cn
法人代表:刘柏榆
负责人:刘妍
单位人数:120
质量体系:ISO/TS 16949、ISO 9001
产品情况:(金榆牌)
汽车传感器、防抱死控制系统ABS、ABS线束、ABS电磁阀、行驶记录仪、轮胎压力检测系统TPMS等
配套情况:为四川客车、江淮汽车、九龙客车、上海大众、一汽解放等配套
☞ 详细情况请参阅彩色宣传版面

★江苏上齿集团有限公司
地址:江苏省溧阳市天目湖工业园区溪缘路6号
邮编:213333
电话:0532/88301189
传真:87229638
网址:www. sqcwc. com
电子信箱:8301189@ 163. com
单位人数:500
质量体系:ISO/TS 16949、ISO 9001
产品情况:(上溧牌)
各种汽车齿轮
配套及出口情况:为江西江铃、东风、合肥车桥、庆铃汽车、南京汽车集团、安徽合力等国内10多家主机厂和200多家汽配经销商等配套;远销欧洲、美洲

★无锡萨克斯动力汽车部件有限公司
地址:江苏省无锡市钱湖路88号
邮编:214000
电话:0510/83217791
传真:83217792
电子信箱:wx_sakes@ 126. com
质量体系:ISO/TS 16949
产品情况:(大众动力牌)
减振器、离合器片、压盘、活塞、球笼、水泵等

★无锡凯迩必拓普减震器有限公司
地址:江苏省无锡市新区新加坡工业园锡坤北路2号
邮编:214028
电话:0510/85280225、85280118
传真:85280616
单位人数:428
质量体系:ISO 9001
产品情况:摩托车减振器
配套及出口情况:为国内外摩托车整车

厂配套;出口 120 万台套

★相信制动系统(无锡)有限公司
地址:江苏省无锡市国家高新技术产业开发区
邮编:214028
电话:0510/85322089、85322087
传真:85322093
网址:www. sangsin. com
电子信箱:hanhan8850@ hotmail. com
单位人数:95
质量体系:ISO/TS 16949、QS 9000
产品情况:(SB 牌)
制动器总成等汽车关键零部件
配套情况:为现代、起亚、通用 – 大宇、雷诺 – 三星等配套

★普利司通(无锡)轮胎有限公司
地址:江苏省无锡市国家高新技术产业开发区新梅路 67 号
邮编:214028
电话:0510/85322288
传真:85322199
网址:www. bridgestone. com. cn
单位人数:600
产品情况:汽车子午线轮胎

★无锡英特帕普威孚液压有限公司
地址:江苏省无锡市城南路 202 号
邮编:214028
电话:0510/85368255、85368288
传真:85368612、85368255
网址:www. interpump. net. cn
电子信箱:xs@ interpump. net. cn
质量体系:ISO/TS 16949、ISO 9001
产品情况:取力器、高压齿轮泵、柱塞泵、液压阀等
配套及出口情况:为依维柯、沃尔沃、斯堪尼亚、雷诺、伊顿、采埃孚、MASCOTT、三菱、艾里逊等配套;远销北美洲、欧洲、印度等市场

★仓佑(无锡)汽车配件有限公司
地址:江苏省无锡市国家高新技术产业开发区
邮编:214028
电话:0510/88156188
传真:88156288
电子信箱:hr@ tsangyow. com. cn
质量体系:ISO/TS 16949
产品情况:自动变速器配件、机油泵及其配件、重型车离合器配件、越野车传动器、手动变速器及其配件等

★无锡市元丰减震器有限公司
地址:江苏省无锡市滨湖区马山雪云路
邮编:214092
电话:0510/85998960、85999956
传真:85998960
网址:www. yuanfengchina. com
电子信箱:dragon_k709@ yahoo. com. cn
质量体系:ISO 9001
产品情况:减振器

★青志(无锡)粉末铸锻有限公司
地址:江苏省无锡市锡山经济开发区华发路 11 号
邮编:214101
电话:0510/88709662
传真:88700619
网址:www. chinchih. com. cn
电子信箱:ccmcn@ ccmetal. com. tw
单位人数:300
质量体系:ISO/TS 16949
产品情况:汽车零部件、电动工具零件、气动工具零件、金属零部件,如齿轮、油泵转子
出口情况:出口美国、日本、欧洲等国家和地区,并销往中国台湾

★无锡和大精密齿轮有限公司
地址:江苏省无锡市查桥镇锡沪东路 27 号
邮编:214104
电话:0510/88716057、88712493
传真:88712485
网址:www. wxhota. com
电子信箱:hota@ wxhota. com
单位人数:220
质量体系:ISO/TS 16949、QS 9000
产品情况:汽车及摩托车传动齿轮、油泵齿轮、飞轮组件、转向齿轴、行星超速器、单向离合器等,年产各类齿轮 300 万件,年产值 6000 万元
出口情况:出口美国、日本、加拿大、新加坡等国家

★无锡市万旋金属制品有限公司
地址:江苏省无锡市锡山区安镇镇西工业园
邮编:214105
电话:0510/88784887、88789008
传真:88787228
网址:www. wanxuan. cn
电子信箱:wanxuan@ wanxuan. com
单位人数:800
质量体系:ISO/TS 16949、ISO 9001
产品情况:(万旋牌)
铝合金汽车车轮,年产 100 万件
配套及出口情况:为重庆力帆、北方易初、广东大阳、南京金城、北京汽车等摩托车、汽车生产厂家配套;远销南美洲、北美洲、欧洲、中东等地区

★无锡市德力液压有限公司
地址:江苏省无锡市新区(梅村)锡泰路 225 号
邮编:214112
电话:0510/88550118、85021581
传真:88551809、88551810
网址:www. wx – dl. com
电子信箱:sales@ wx – dl. com
单位人数:210
质量体系:ISO 9001
产品情况:(锡液牌)
齿轮泵、液压动力单元、液压阀过滤器、油缸、液压系统等
配套及出口情况:为机床、汽车、汽车保修设备、塑料机械、纺织、装载机、矿山机械、扫雪车等行业提供配套;远销美国、加拿大、意大利等国家和地区

★格尔顿传动轴(无锡)有限公司
地址:江苏省无锡市新区硕放工业园 65 号
邮编:214142
电话:0510/85311988、85310599
传真:85310939
网址:www. jsgolden. com
电子信箱:sales@ jsgolden. com
质量体系:QS 9000、ISO 9001
产品情况:年产传动轴总成 50 万根、转向传动装置总成 60 万套、自动间隙调整臂 80 万只
配套及出口情况:为亚星、江淮、一汽、东风、北奔重汽、欧舒特、北汽福田、郑州宇通等全国数十家主机厂配套;出口东南亚地区和美国

★无锡市凯华减震器厂
地址:江苏省无锡市新区硕放镇杨家湾村
邮编:214143
电话:0510/85262252
传真:85261979
质量体系:ISO 9001
产品情况:(凯华牌)
各类减振器
配套情况:为锡柴、苏州金龙、春兰等配套

★无锡法斯特管业有限公司
地址:江苏省无锡市惠山区钱桥新街 103 号
邮编:214151
电话:0510/83236000
传真:84060077
网址:www. sujiagroup. com
电子信箱:99@ sujia. biz
单位人数:300
质量体系:ISO 9001、ISO 14001
产品情况:传动轴、排气管、减振器、转向器、保险杠、护套、车门防撞等用管,年产成品油管 5 万 t、无缝钢管 15 万 t,ERW 焊管近 20 万 t
配套及出口情况:为一汽集团、东风汽车公司、济汽、陕汽、川汽、柳汽、上海纳铁福、许昌远东、重庆传动轴、万向传动轴、丹江口传动轴等公司配套;冷拔 ERW 管出口东欧各国传动轴厂和汽车厂

★无锡市恒盛车轮有限公司
地址:江苏省无锡市钱桥镇恒源祥工业园 15 号
邮编:214153
电话:0510/83272871
传真:83270015
电子信箱:denny@ winswheel. com
单位人数:200
质量体系:ISO/TS 16949

产品情况：（WINS 牌）
车轮
出口情况：远销美国、澳大利亚、欧洲、非洲等国家和地区

★无锡市德昶精密铸造有限公司
地址：江苏省无锡市惠山区钱桥镇藕塘锡陆路 105 号
邮编：214153
电话：0510/83296018、83296028
传真：83293709
网址：www. wxdechang. com
电子信箱：dechang@ wxdechang. com
法人代表（负责人）：冯志伟
质量体系：ISO/TS 16949
产品情况：（DC 牌）
变速器精密铸件，月产量 150t
配套情况：为东风精冲配套

★无锡市双福液压活塞杆有限公司
地址：江苏省无锡市惠山区洛社镇勤余村
邮编：214154
电话：0510/83552846、83555796
传真：83559276
网址：www. cn - shuangfu. com
电子信箱：shuangfu@ cn - shuangfu. com
质量体系：ISO 9001
产品情况：汽车、摩托车用液压活塞杆、汽车筒式减振器等
配套情况：为一汽集团所属单位配套

★无锡德宾汽车变速器有限公司
地址：江苏省无锡市新区锡梅路 69 号
邮编：214183
电话：0510/83587060、83587070
传真：83587080
网址：www. aufauto. com
电子信箱：debin@ aufauto. com
质量体系：ISO 9001
产品情况：自动变速器、液力变扭器、阀体总成等

★无锡戴卡轮毂制造有限公司
地址：江苏省无锡市惠山区玉祁工业园
邮编：214183
电话：0510/83888666
传真：83889222
电子信箱：wxdk168@ tom. com
产品情况：低压铸造汽车铝合金轮毂

★无锡晶华汽车制动器有限公司
地址：江苏省无锡市惠山经济开发区洛社配套区
邮编：214187
电话：0510/82259966、82259986
传真：82259877
网址：www. wx - jn. com
电子信箱：sales@ wx - jn. com
单位人数：310
质量体系：ISO/TS 16949、ISO 9001
产品情况：鼓式制动器总成

★无锡鑫隆车辆配件厂
地址：江苏省无锡市洛社镇张镇桥村
邮编：214187
电话：0510/83340133
传真：83311438
网址：www. xinlongchina. cn
电子信箱：sales@ xinlongchina. cn
质量体系：ISO/TS 16949
产品情况：汽车离合器、发动机油管

★无锡市宏达汽车减震器有限公司
地址：江苏省无锡市锡山区东北塘镇
邮编：214191
电话：0510/83771423
传真：83774203
网址：www. hdjzq. com
电子信箱：mxm@ hdjzq. com
质量体系：ISO 9000
产品情况：（精昌牌）
汽车减振器
配套及出口情况：为一汽集团无锡汽车厂、江淮汽车、常州依维柯、张家港客车、牡丹集团等 20 多家单位配套；出口东欧、南美洲等地区

★无锡中马汽车配件制造有限公司
地址：江苏省江阴市青阳镇青阳工业园
邮编：214401
电话：0510/86503388、86518383
传真：86985265
网址：www. zomaabsorber. cn
电子信箱：myhuku@ gmail. com
产品情况：减振器

★江阴市创新气门嘴有限公司
地址：江苏省江阴市华士镇
邮编：214421
电话：0510/86213271、86204929
传真：86204926
网址：www. sanliang. com
电子信箱：cx@ sanliang. com
单位人数：580
质量体系：ISO 9001、ISO 14001
产品情况：（三良牌）
各种型号规格的气门嘴、气门芯
配套及出口情况：为上海轮胎橡胶集团、安徽佳通轮胎、安固（张家港）橡胶、华丰橡胶（中国）等配套；出口韩国、泰国、马来西亚、越南、中东等国家和地区

★江阴市天一气门芯有限公司
地址：江苏省江阴市华士镇穿山路 61 号
邮编：214421
电话：0510/86218585
传真：86218581
网址：www. tianyi - qmx. com
电子信箱：info@ tianyi - qmx. com
单位人数：450
质量体系：ISO 9002
产品情况：各种型号气门芯和系列气门嘴
出口情况：产品 70% 以上远销美国、欧洲、东南亚等国家和地区

★江阴市长江汽车离合器有限公司
地址：江苏省江阴市皮弄村富民工业园区
邮编：214433
电话：0510/86270615
传真：86270613
网址：www. cjclutch. com
电子信箱：info@ cjclutch. com
单位人数：65
质量体系：ISO 9001
产品情况：汽车离合器从动盘及压盘总成
配套情况：为金龙、亚星、宇通等客车厂配套

★江阴圣世杰机械制造有限公司
地址：江苏省江阴市滨江开发区定山路 55 号
邮编：214434
电话：0510/86402359
传真：86408359
网址：www. jyssj. com. cn
电子信箱：postmaster@ yssj. com. cn
单位人数：102
质量体系：ISO 9001
产品情况：驾驶室悬置系统

★江阴全华丰精锻有限公司
地址：江苏省江阴市山观镇石山路 98 号
邮编：214437
电话：0510/86131327
传真：86992737
网址：www. chail - qhf. com
电子信箱：zhoulian788@ hotmail. com
单位人数，170
质量体系：ISO/TS 16949
产品情况：各种轿车、轻型车、摩托车传动件和异形件，如差速器行星齿轮、半轴齿轮、起动齿轮、同步器齿环、万向节、VE 泵凸轮、凸缘等
配套情况：为江门大长江、济南铃木、新大洲本田、五羊 - 本田、曙光企业、金杯客车及轻型货车、昌河汽车、东风微车、江淮汽车、金龙客车等配套

★无锡市联信离合器有限公司
地址：江苏省江阴市申港镇镇澄路 1201 号
邮编：214443
电话：0510/86685198、86687538
传真：86685200
网址：www. wjclutch. com
电子信箱：wjclutch@ 163. com
质量体系：ISO 9001
产品情况：（万嘉牌）
离合器从动盘总成和压盘总成
配套及出口情况：为扬柴、北汽福田、柳工集团、常林集团等配套；出口北美洲、南美洲、非洲、亚洲、澳大利亚等国家和地区

★江苏恒力制动器制造有限公司
地址：江苏省靖江市经济开发区城南园

区苏源热电路
邮编:214500
电话:0523/84241736、84244198
传真:84244198
网址:www.js-hengli.com
电子信箱:webmaster@js-hengli.com
单位人数:1500
质量体系:QS 9000
产品情况:(恒力牌)
各类鼓式制动器、气压盘式制动器、各类转向管柱、汽车转向装置总成及各种型号的凸轮轴、调整臂、支架、气室、推力杆、限位支架、气室支架、角转向器等
配套情况:为一汽、东风、江淮、柳汽、安凯、陕汽、北汽福田、北奔重汽、广西方盛、江铃、依维柯、宇通、金龙、黄海客车、华菱、徐工集团等30多家主机厂配套

★江苏恒义汽配制造有限公司
地址:江苏省靖江市开发区中洲西路6号
邮编:214500
电话:0523/84601256、88973000
传真:84506370、84855280
网址:www.hengyi-qp.com
电子信箱:hy4501236@163.com
单位人数:420
质量体系:ISO/TS 16949、ISO 9001
产品情况:(恒义牌)
汽车及工程机械用差速器壳总成、变速器零部件、支架总成、拨叉、齿圈、前壳体、轴、盖、轴间差速锁及操纵机构总成等
配套及出口情况:为陕汽集团、一汽山东汽车改装厂、重汽集团、北奔重汽、徐工集团、安凯集团等汽车厂配套;部分产品出口

★江苏宇山万向传动轴制造有限公司
地址:江苏省靖江市经济技术开发区靖江园区E1地块
邮编:214500
电话:0523/84622118、84622108
传真:84622126、84622169
网址:www.wanxiangjie.com
电子信箱:yushan@wanxiangjie.com
单位人数:800
质量体系:ISO/TS 16949、ISO 9001
产品情况:(宇山牌)
各种车型传动轴总成、万向节十字轴总成及球笼式等速万向节
配套及出口情况:为南京汽车集团、北汽、扬州亚星、一汽、东风汽车公司、柳汽、柳工、金龙、徐工集团等配套;出口美国、韩国、东南亚等国家和地区

★江苏格尔顿传动有限公司
地址:江苏省江阴市开发区靖江园区沿江高等级公路北
邮编:214500
电话:0523/84818853、84813078
传真:84833540
网址:www.chngld.com
电子信箱:jsgld@vip.163.com
单位人数:420
质量体系:ISO/TS 16949、QS 9000
产品情况:(格尔顿牌)
汽车传动轴、转向传动管柱、电子加速踏板、电磁驱动器总成等
配套情况:传动轴总成为厦门金龙、宇通客车、苏州金龙配套,转向管柱总成为北汽福田、陕汽、奇瑞配套

★靖江三鹏汽车模具制造有限公司
地址:江苏省靖江市经济开发区公所桥南
邮编:214500
电话:0523/88971595
传真:84633338
网址:www.jjspmj.com
电子信箱:jjspmj@126.com
单位人数:300
质量体系:ISO/TS 16949
产品情况:汽车离合器压盖、踏板支架总成、钢片、盖板、冲压模具
配套情况:主要为上海萨克斯、德国采埃孚、湖北三环、长春一东、重庆EXEDY、桂林福达等配套;间接客户有上海大众、一汽-大众、上海通用、广汽本田、盐城悦达等

★靖江市迎江汽车配件厂
地址:江苏省靖江市惠丰封头坝南路19号
邮编:214532
电话:0523/84665388
传真:84668268
网址:www.jjyingjiang.com
电子信箱:jjyj@jjyingjiang.com
单位人数:85
质量体系:ISO 9001
产品情况:各种汽车传动轴万向节总成、转向系列万向节总成、工程机械万向节总成、转向连接叉总成

★靖江市富奥重型万向节制造厂
地址:江苏省靖江市东兴镇惠丰镇吉祥路16号
邮编:214532
电话:0523/84665558、84661858
传真:84666899
网址:www.jsgaosu.com
电子信箱:gaosufa@yahoo.com.cn
单位人数:200
质量体系:QS 9000
产品情况:(高速牌)
万向节(年产80万套)、传动轴、联轴器、锻件(毛坯年产800t)
出口情况:出口美国、日本、韩国等国家

★无锡中策减震器有限公司
地址:江苏省无锡市惠山区玉祁镇荣中
邮编:214813
电话:0510/83880072
传真:83898072
电子信箱:zcjz@public1.wx.js.cn
质量体系:ISO/TS 16949、VDA 6.1
产品情况:(锡震牌)
橡胶金属减振器、金属波形膨胀节和沥青阻尼材料三大类;具有年产2000万只橡胶金属减振器和4000t阻尼材料的能力
配套情况:为一汽-大众、上海大众、上海通用、长安汽车、一汽轿车、南京依维柯、神龙汽车、奇瑞汽车等配套

★东风汽车传动轴苏州汽车配件公司
地址:江苏省苏州市广济路86号
邮编:215008
电话:0512/65333193、65570863
传真:67239135
网址:www.szclutch.com
电子信箱:zg_sqp@szclutch.com
单位人数:407
质量体系:ISO/TS 16949
产品情况:(圆菱牌)
弹簧离合器盖总成、离合器从动盘总成、离合器分离轴承等
配套及出口情况:为东风汽车、一汽解放、东风康明斯、大柴、朝柴、锡柴、东风杭汽、苏州金龙、徐工、安凯客车、上汽依维柯红岩、郑州宇通、北汽福田、扬州亚星等配套;出口美国、乌克兰、土耳其、埃及、印度、加纳等国家

★苏州虎丘汽车配件有限公司
地址:江苏省苏州市金阊区虎丘西路40号
邮编:215008
电话:0512/65344127、65334296
传真:65335401、65337289
网址:www.hqclutch.com
电子信箱:webmaster@hqclutch.com
质量体系:ISO 9001
产品情况:(虎丘牌)
汽车离合器总成
配套情况:为东风、解放全系列车型的离合器配套

★苏州市润升金属氧化有限公司
地址:江苏省苏州市金阊区新渔村
邮编:215008
电话:0512/65351956、65354229
传真:65353455
网址:www.rsyh.cn
电子信箱:szrunsheng@163.com
单位人数:126
质量体系:ISO 9001
产品情况:(金锣牌)
汽车离合器盖、膜片、弹簧等
配套及出口情况:表面处理产品为苏州法拉鼎电机、苏州阿海珐开关、克诺尔车辆设备(苏州)、泰兴龙溢端子、林氏弹簧(苏州)等配套;冲压件为东风汽车传动轴、上海萨克斯动力总成部件系统、上海优利福汽车部件、上海久耐汽车离合器、无锡联信离合器等配套;产品80%远销欧洲、美洲及东南亚

★乔治费歇尔汽车产品(苏州)公司
地址:江苏省苏州市工业园区长阳街
邮编:215021
电话:0512/62836333
传真:62836062
网址:www.georgfischer.com
电子信箱:mujia.zhang@georgfischer.com
质量体系:ISO/TS 16949、ISO 9001
产品情况:变速器横梁、转向节、制动卡钳及备件、底盘摆臂、车桥、发动机曲轴等
配套情况:为奇瑞汽车、长城汽车等配套

★采埃孚传动技术(苏州)有限公司
地址:江苏省苏州市工业园区百合街18号
邮编:215021
电话:0512/67166559
传真:67166357
网址:www.zf.com
电子信箱:wenguang.hu@zf-suzhou.com
质量体系:ISO/TS 16949
产品情况:(ZF牌)
机械变速器、自动变速器、客车车桥总成、转向器等
配套情况:为厦门金龙、苏州金龙、苏州金旅、安凯汽车等配套

◉ 博世汽车部件(苏州)有限公司
地址:江苏省苏州市工业园区星龙街455号
邮编:215024
电话:0512/67676999、67676130
传真:62655200
网址:www.bosch.com.cn
电子信箱:Jingfang.Jiang@cn.bosch.com
法人代表:UWE CURT RASCHKE
负责人:Bentz Manfred
单位人数:796
质量体系:ISO/TS 16949、ISO 9000
产品情况:(Bosch牌)
防抱死制动系统ABS、牵引力控制系统TCS、电子稳定程序ESP、轮速传感器、安全气囊电控单元及其他传感器等
配套及出口情况:为乘用车及轻型商用车提供配套产品及服务;出口亚洲、欧洲、美洲

★东风汽车传动轴有限公司
地址:江苏省苏州市跨塘娄江东路36号
邮编:215122
电话:0512/62756188
传真:62756288
网址:www.dfps.com.cn
电子信箱:jsb@dfps.com.cn
单位人数:1602
质量体系:ISO/TS 16949、ISO 9001
产品情况:汽车传动轴、转向器、转向传动装置、离合器等四大总成及零部件,公司已形成商用车动力转向器、机械式转向器23万台/年,传动轴50万根/年,转向传动装置30万根/年,离合器30万套/年的生产能力
配套情况:为东风汽车公司等配套

★东机工汽车部件(苏州)有限公司
地址:江苏省苏州市苏州工业园区星龙街177号
邮编:215126
电话:0512/62833400
传真:62833513
网址:www.hitachi.com.cn
质量体系:ISO/TS 16949
产品情况:(TOKICO牌)
制动钳、真空助力器、制动总泵、独立悬架减振器、普通减振器等
配套及出口情况:前制动钳为东风日产全系列轿车、东南汽车君阁、昌河铃木配套,后制动钳为一汽轿车马自达6睿翼配套,真空助力器和制动总泵为东风日产全系列轿车、昌河铃木配套,减振器为广汽丰田雅力仕、汉兰达(独立悬架减振器)和东风日产逍客、奇骏配套;出口日本、美国、韩国

★万都(苏州)汽车底盘系统公司
地址:江苏省苏州市高新区马运路328号
邮编:215129
电话:0512/66659888
传真:66653022
网址:www.mando.com
质量体系:QS 9000
产品情况:防抱死制动装置(ABS),转向器、转向柱、中间轴等转向系统产品
配套情况:为北京现代、东风悦达起亚、上海通用、长安汽车、哈飞汽车、奇瑞汽车、昌河汽车、庆铃汽车等配套

★苏州西诺泛斯橡胶制品有限公司
地址:江苏省苏州市新区泰山路向街2号
邮编:215129
电话:0512/69372623、67226086
传真:67226076、69370652
网址:www.sinofas.com
电子信箱:sinofas@sinofas.com
质量体系:ISO/TS 16949、ISO 9001
产品情况:减振器、PU轴承等橡胶、注塑产品
出口情况:出口欧洲

★苏州源成铝制品制造有限公司
地址:江苏省苏州市高新区出口加工区
邮编:215129
电话:0512/88876985
传真:88876995
产品情况:铝合金汽车轮辋,年产能力200万件以上
配套及出口情况:为美国通用、福特、克莱斯勒、日本铃木、马自达、本田等配套;出口欧洲、美洲、日本

★苏州苏万万向节有限公司
地址:江苏省吴江市交通路4279号
邮编:215200
电话:0512/63453946
传真:63454482、63455302
网址:www.sz-universaljoint.com
电子信箱:lujinming@sz-suwan.com
单位人数:400
质量体系:ISO/TS 16949、ISO 9001
产品情况:汽车、工程机械万向节、载货汽车万向节和工程机械传动轴
配套及出口情况:为山推总厂小松系列推土机配套;出口东南亚、欧洲、美洲、非洲

★昆山安卡轮圈有限公司
地址:江苏省昆山市巴城镇西牌逸品路168号
邮编:215300
电话:0512/55113271
传真:55113275
网址:www.ankawheel.com
电子信箱:catherine_chou@yahoo.cn
产品情况:铝合金轮辋

★欧凯普底盘配件(昆山)有限公司
地址:江苏省昆山市昆山开发区环娄路218号
邮编:215300
电话:0512/57030678
传真:57971898
网址:www.ocap.it
电子信箱:allen.zhang@ocap.cn
质量体系:ISO/TS 16949、ISO 9001
产品情况:汽车底盘配件

★昆山六丰机械工业有限公司
地址:江苏省昆山市庆丰西路179号
邮编:215300
电话:0512/57312278
传真:57312178
网址:www.liufeng.com.cn
电子信箱:homark@liufeng.com.cn
单位人数:1400
质量体系:ISO/TS 16949、VDA 6.1
产品情况:(豪马牌)
汽车铝合金轮毂,铝、镁、锌压铸件
配套及出口情况:为上海通用、上海大众、天津一汽丰田、长安福特、GM、MAZDA、HONDA等配套;出口日本、欧洲、美洲

★富成金属科技股份有限公司
地址:江苏省昆山市马鞍山中路267号
邮编:215300
电话:0512/57503363
传真:57503363
电子信箱:motoforge@163.com
质量体系:QS 9000、ISO 9001
产品情况:锻造铝车轮辋

★富士和机械工业(昆山)有限公司
地址:江苏省昆山市南河路988号
邮编:215300
电话:0512/57715858
传真:57715859

网址:www. fjw. com. cn
电子信箱:sales@ fjw. com. cn
单位人数:1180
质量体系:ISO/TS 16949、ISO 9002
产品情况:制动盘、制动鼓、转向节、轮毂、排气歧管、主减速器、差速器、飞轮、涡轮壳等
配套及出口情况:为美国福特、伊顿、上汽通用五菱、东风汽车公司、东风日产乘用车、上海汇众、上海德尔福、天津一汽丰田、艾默生电器、霍尼韦尔、北京奔驰、广汽长丰、郑州日产配套;25%的产品出口

★正新橡胶(中国)有限公司
地址:江苏省昆山市陆家镇合丰路8号
邮编:215301
电话:0512/57673888
传真:57672342
网址:www. cst. com. cn
电子信箱:whhuang@ mail. cst. com. cn
质量体系:ISO/TS 16949、QS 9000
产品情况:轿车子午线轮胎,客车斜交轮胎
配套情况:为上海通用、长安福特马自达、东风汽车、一汽丰田、东南汽车、江铃汽车、郑州日产、北京奔驰等配套

★昆山正大新成精密锻造有限公司
地址:江苏省昆山市精密机械产业园百灵路
邮编:215331
电话:0512/57671757
传真:57870880、57670964
网址:www. aapico. com
电子信箱:aapicokunshan@ aapico. com
单位人数:400
质量体系:ISO/TS 16949
产品情况:各种轻型、微型汽车变速器同步器齿环,汽车空调机齿轮,汽车及摩托车连杆以及拨叉、摇臂等精密锻件
配套情况:为奇瑞汽车、上汽通用五菱等汽车主机厂配套

★库博建大轮胎(昆山)有限公司
地址:江苏省昆山市开发区精密科技园百灵路168号
邮编:215331
电话:0512/57727630、57727600
传真:57727665
网址:www. coopertire. com. cn
产品情况:乘用车子午线轮胎

★御林国际有限公司
地址:江苏省昆山市花桥镇曹安经济技术开发区双华路12号
邮编:215332
电话:0512/57603799
传真:57603992
电子信箱:randy@ xiaolun – t. com
质量体系:ISO 9001
产品情况:铝轮辋
出口情况:出口日本、欧洲、中东等国家和地区

★克恩–里伯斯(太仓)有限公司
地址:江苏省太仓市南京路88号
邮编:215400
电话:0512/53578996–203
传真:53578997
网址:www. kern – liebers. com. cn
电子信箱:klpcn@ kern – liebers. com. cn
单位人数:230
质量体系:ISO/TS 16949、ISO 9001
产品情况:汽车底盘卡环

★慕贝尔汽车部件(太仓)有限公司
地址:江苏省太仓市上海东路105号A12
邮编:215400
电话:0512/53950900
传真:53950901
网址:www. mubea. com
电子信箱:info. mubea. taicang@ mubea. com
单位人数:140
质量体系:ISO/TS 16949
产品情况:(MUBEA牌)
弹簧卡箍、悬架弹簧、碟型弹簧、皮带张紧轮
配套及出口情况:为上海大众、一汽–大众、上海通用、韩国现代、日本日产、MBL等配套;弹簧卡箍、皮带涨紧轮出口印度、日本、韩国、德国、美国等国家

★江兴(太仓)金属制品有限公司
地址:江苏省太仓市陆渡镇郑和中路48号
邮编:215412
电话:0512/53450111
传真:53450113
电子信箱:sales@ ch – forging. com. cn
质量体系:ISO/TS 16949、QS 9000
产品情况:前轮转动主件、齿轮、锥齿轮、BJ内轮、DOJ内轮、传动承座、磁极、传动接头、排挡齿轮、起动齿轮、各类轴件等

★华丰橡胶(中国)有限公司
地址:江苏省常熟市长江路1号
邮编:215500
电话:0512/52811788
传真:52813323
质量体系:ISO 9001
产品情况:汽车轮胎

★凯斯乐汽车配件(常熟)有限公司
地址:江苏省常熟市虞山镇方浜工业园谢塘路36号
邮编:215500
电话:0512/88800777
传真:88800778
网址:www. ksrint. com
质量体系:ISO/TS 16949、ISO 14001
产品情况:汽车踏板模块、制动踏板、加速踏板、离合踏板、各种电子传感器和门锁机构总成
配套情况:为福特马自达南京公司、福特亚太地区、上海通用等汽车主机厂配套

★住友橡胶(常熟)有限公司
地址:江苏省常熟市经济开发区兴华港区大道1号
邮编:215513
电话:0512/52695000、52695033
传真:52695022
网址:www. dunlop. com. cn
电子信箱:info@ tyrepacific. com. cn
单位人数:450
质量体系:ISO 14001
产品情况:(邓禄普牌)
汽车轮胎,日产5000条
配套情况:为天津一汽丰田、东风日产乘用车等配套

★常熟美桥汽车传动系统技术公司
地址:江苏省常熟市经济技术开发区通联路16号
邮编:215537
电话:0512/52256000
电子信箱:webmaster@ hefeiaam. com
单位人数:80
质量体系:ISO/TS 16949
产品情况:前后桥、后驱动模组、取力器、驱动轴等高精度传动与驱动系统产品,年产50万件传动系统产品
配套及出口情况:为国内外主机厂配套;出口韩国、北美洲、南美洲等国家和地区

★安固(张家港)橡胶工业有限公司
地址:江苏省张家港市凤凰镇港口街道办事处
邮编:215612
电话:0512/58480156、58485307
传真:58480582、58488331
网址:www. goodtire. com. cn
电子信箱:goodtire@ public1. sz. js. cn
单位人数:1800
质量体系:ISO 9001
产品情况:(安固牌)
丁基内胎、垫带、翻新胎
配套及出口情况:为米其林、普利司通、上海轮胎厂配套;出口丁基内胎、垫带

★南港橡胶工业有限公司
地址:江苏省张家港市保税区上海路
邮编:215634
电话:0512/58320228
传真:58320229
电子信箱:nankang@ publicl. sz. js. cn
质量体系:ISO/TS 16949、ISO 14001
产品情况:轮胎

★丰田合成(张家港)科技有限公司
地址:江苏省张家港市保税区
邮编:215634
电话:0512/58389351
传真:58389358
质量体系:ISO 9001
产品情况:高级别的汽车转向盘、安全

气囊等汽车安全系统产品

◉ 江苏盛昌隆联合科技有限公司

地址:江苏省徐州市铜山区浦江路中断8号
邮编:221000
电话:0516/87795333
传真:87790333
网址:www. tsabs. com
电子信箱:dg@ tsabs. com
法人代表:任兆和
负责人:杨德新
单位人数:500
质量体系:ISO/TS 16949
产品情况:汽车 ABS 防抱死防滑系统和无石棉低金属制动衬片

★徐州光环传动轴制造有限公司

地址:江苏省徐州市经济开发区黄石路
邮编:221004
电话:0516/85533869、85533866
传真:85533869
电子信箱:ghcdwlx@ 163. com
质量体系:ISO/TS 16949、ISO 9001
产品情况:传动轴

★徐工集团徐工轮胎有限公司

地址:江苏省徐州市工业园区徐轮路1号
邮编:221005
电话:0516/83732938、87608260
传真:83757731、83726020
网址:www. xzlt. com
电子信箱:xglt@ xzlt. com
单位人数:3700
产品情况:(徐工牌、甲字牌、丰收牌)
载货汽车轮胎,轿车轮胎
配套及出口情况:为工程机械、农业机械、汽车制造厂配套;远销美国、西欧、澳大利亚、新西兰等国家和地区

★徐州美驰车桥有限公司

地址:江苏省徐州市铜山新区珠江路9号
邮编:221116
电话:0516/83911088、83911176
传真:83911188、83911175
网址:www. xzmeritor. com. cn
电子信箱:wenjun. xing@ arvinmeritor. com
单位人数:1000
质量体系:ISO 9001、ISO 14001
产品情况:刚性桥、从动桥、转向驱动桥、转向贯通驱动桥、贯通桥等
出口情况:车桥零部件出口北美及欧洲(美驰工厂)

★徐州义强钢圈制造有限公司

地址:江苏省徐州市北郊郑集工业园
邮编:221143
电话:0516/85076076
传真:85078486
电子信箱:xzyqgq@ 163. com
质量体系:ISO 9001
产品情况:车轮
配套情况:为安徽飞彩、江苏正宇、徐工特汽等配套

★连云港华阳机械制造有限公司

地址:江苏省连云港市洪门工业园区华阳路
邮编:222023
电话:0518/85280687、85287090
传真:85287091
网址:www. lygflcq. com
电子信箱:lyghyjx@ 126. com
单位人数:258
质量体系:ISO/TS 16949、ISO 9001
产品情况:大型自走式半挂车车桥及悬架系统;大型多轴线运输车车桥及悬架系统;动力鹅颈半挂车车桥及悬架系统;低平板用一线双桥;车辆运输车用凹式车桥;普通半挂车用8~20t普通优质车桥等
配套情况:为郑州大方桥梁机械等企业配套

★连云港北方变速器有限责任公司

地址:江苏省连云港市开发区昆仑山路10号
邮编:222047
电话:0518/82342132、82342499
传真:82342120
电子信箱:bfbsq@ bfbsq. com
质量体系:ISO/TS 16949、QS 9000
产品情况:微车变速器,摩托车零部件
配套及出口情况:为铃木系列发动机配套;出口韩国、美国

★江苏省东海县兰天汽车车轮厂

地址:江苏省连云港市东海县桃林镇开发区
邮编:222334
电话:0518/87672130、87675688
传真:87672130
网址:www. ltqccl. com
电子信箱:lantian@ ltwheel. com
单位人数:270
质量体系:ISO/TS 16949
产品情况:(正环牌)
汽车车轮、钢圈,拥有年产60万套车轮、钢圈及150万片车轮轮辐的能力
配套情况:为陕汽等多家国内知名汽车厂配套

★连云港市艾伦钢铁有限公司

地址:江苏省连云港市东海县桃林经济开发区
邮编:222334
电话:0518/87674168、87677777
传真:87672371
网址:www. ailun888. com
电子信箱:ailunsteel@ 126. com
单位人数:200
质量体系:ISO 9001
产品情况:(艾伦牌、魁星牌)
各种汽车车轮
出口情况:出口加拿大、澳大利亚、秘鲁及东南亚各国,并销往中国香港、台湾地区

★洪泽县汽车半轴制造有限公司

地址:江苏省洪泽县工业园区东五街5号
邮编:223100
电话:0517/87229666、87801561
传真:87210066、87445689
网址:www. jshzbz. com
电子信箱:jshzhch@ 163. com
单位人数:120
质量体系:ISO/TS 16949、ISO 9001
产品情况:(鼎立牌)
汽车半轴及其套管,自动门泵,电动车零部件
配套及出口情况:为南京汽车集团配套汽车半轴;年出口半轴约1000根

★江苏意奔玛机械有限公司

地址:江苏省淮安市楚州经济开发区华西路南、经十五路西
邮编:223200
电话:0517/85866666
传真:85151111
网址:www. ybm. com. cn
质量体系:ISO/TS 16949
产品情况:汽车制动盘,年产200多万套

★江苏飞驰股份有限公司

地址:江苏省盐城市开放大道158号
邮编:224000
电话:0515/88551088
传真:88555318、88554298
网址:www. china - feichi. com
电子信箱:service@ china - feichi. com
质量体系:ISO 9001、ISO 14001
产品情况:(飞驰牌)
汽车及摩托车轮胎
配套情况:为金城、嘉陵、春兰摩托车配套

★盐城信泰汽车配件有限公司

地址:江苏省盐城市人民北路356号
邮编:224002
电话:0515/68889666、68889665
传真:68889660
网址:www. xintaibrake. cn
电子信箱:xtliwj@ 163. com
质量体系:ISO/TS 16949
产品情况:汽车鼓式制动蹄
出口情况:远销欧洲、美洲、澳大利亚、韩国、日本、中东、东南亚等国家和地区

★盐城通宇摩擦器材有限公司

地址:江苏省盐城市开放大道28号
邮编:224002
电话:0515/88202558、88201132
网址:www. veectory. com
电子信箱:veectory@ veectory. com. cn
质量体系:ISO 9002
产品情况:(威特牌)

各类汽车离合器从动盘总成，年产能力达200万套
出口情况：远销美国、法国、英国、南非、日本、韩国等50多个国家

★江苏顺驰汽车部件有限公司
地址：江苏省盐城市亭湖经济开发区恒太路6号
邮编：224002
电话：0515/88899128
传真：88899238
电子信箱：shunchi_china@163.com
质量体系：ISO 9001
产品情况：离合器从动盘总成、压盘总成、制动片、制动蹄

★江苏名豪汽车零部件有限公司
地址：江苏省盐城市亭湖区新洋经济区都市工业园
邮编：224003
电话：0515/83351599
传真：83351566
网址：www.mensch.cn
电子信箱：mensch9199@126.com
质量体系：ISO/TS 16949、ISO 14001
产品情况：离合器从动盘总成、离合器压盖总成、分离轴承等
配套及出口情况：为一汽－大众、东风、奇瑞、三菱、北汽、长安、长城、富田、哈飞、江淮、上海通用、江铃、北汽、南汽、宝马等配套；出口亚洲、非洲、欧洲、美洲等地区

★盐城市金鑫离合器厂
地址：江苏省盐城市潘黄镇吴杨工业园
邮编：224055
电话：0515/88466371、88858055
传真：88466371
网址：www.16805168.com
电子信箱：ycjx6@126.com
单位人数：50
质量体系：ISO/TS 16949
产品情况：（伯瑞特牌、金大金(JDJ)牌）
离合器从动盘总成

★江苏森威集团有限责任公司
地址：江苏省大丰市飞达东路9号
邮编：224100
电话：0515/83513313、83525400
传真：83510548、83512313
网址：www.js－sunway.com
电子信箱：sunwaycn@pub.yc.jsinfo.net
单位人数：1100
质量体系：ISO 9001
产品情况：（森威牌、飞达牌）
等速万向节精锻毛坯、变速器输入输出轴冷锻毛坯、变速器倒挡齿轮、汽车起动机单向器总成等
配套情况：为一汽－大众、上海大众、神龙汽车、德尔福（北方凌云）、吉凯恩（上海）、卡特彼勒（天津）、德尔福（上海）、采埃孚（上海）公司配套

★盐城恒昌汽车配件有限公司
地址：江苏省大丰市三圩建业路2号
邮编：224112
电话：0515/83662049
传真：83662448
网址：www.hcjtqpnj.com
电子信箱：hcjt@hcjtqpnj.com
质量体系：ISO 9001
产品情况：（云马牌、驰王牌）
各种系列离合器成品花键盘毂，各种汽车制动自动调整臂等
配套情况：为一汽、东风、西湖、三环等企业配套

★东台市黄海汽车配件厂
地址：江苏省东台市农干桥
邮编：224236
电话：0515/85681371
传真：85682371
网址：www.dthq.com
单位人数：100
产品情况：（双仙牌）
中重型汽车制动阀类、门泵等
配套及出口情况：为一汽集团、亚星商务车、春兰汽车等配套；远销印尼、菲律宾等国家

★江苏省阜宁减振器厂
地址：江苏省阜宁县通榆北路118号
邮编：224400
电话：0515/87237447
传真：87237447
质量体系：ISO 9000
产品情况：各种规格曲轴减振器、减振无磨损球形止回阀

★海沃机械（扬州）有限公司
地址：江苏省扬州市经济技术开发区广陵产业园沙湾路18号
邮编：225006
电话：0514/87259999
传真：87252299
网址：www.hyva.com.cn
电子信箱：sales@hyva.com.cn
单位人数：300
质量体系：ISO 9001
产品情况：（HYVA牌）
自卸车油缸、垃圾处理设备（移动箱和固定站）、拉臂、随车吊等
配套及出口情况：油缸为重汽集团、陕汽集团、红岩、欧曼、北奔重汽等配套，配套量为55000；随车吊为中石油、中石化、云南水电、河北物探等配套；产品出口多个国家和地区

★扬州金世纪车轮制造有限公司
地址：江苏省江都市外资工业园区舜天东路128号
邮编：225200
电话：0514/86441088、86188188
传真：86441222、86830758
网址：www.jsj－wheel.com
电子信箱：jsj－wheel@jsj－wheel.com
单位人数：180
质量体系：ISO 9001
产品情况：（江威牌）
各种车轮，年产100万套以上
出口情况：出口美国、中东、澳大利亚、马来西亚等国家和地区

★扬州市洪泉实业有限公司
地址：江苏省江都市外资工业园
邮编：225200
电话：0514/86977807
传真：85308902
质量体系：ISO/TS 16949、ISO 9000
产品情况：缓速器

★立德粉末冶金有限责任公司
地址：江苏省江都市宜陵七里振兴路6号
邮编：225225
电话：0514/86951111、86731447
传真：86739507
网址：www.pm－leader.com
电子信箱：sale@pm－leader.com
质量体系：ISO 9001
产品情况：汽车减振器导向器、底阀、活塞等；摩托车减振器杆座、齿环、齿环套、活塞、导向座、阻尼套等，生产各种铁基粉末冶金零件1500t
配套情况：为汽车、摩托车、电动工具等厂家配套

★扬州福克斯减震器有限公司
地址：江苏省江都市邵伯镇工业园区
邮编：225261
电话：0514/86582777
传真：86582333
网址：www.focusautoparts.com
电子信箱：ceo@focusautoparts.com
质量体系：ISO/TS 16949
产品情况：汽车减振器，年产200万只

★江苏明星减震器有限公司
地址：江苏省泰州市九龙工业区
邮编：225312
电话：0523/82108115、82108198
传真：86268268
网址：www.js－star.com
电子信箱：mingxing@js－star.cn
单位人数：1100
质量体系：ISO 9001
产品情况：（君友牌）
摩托车减振器，年产1600万支
配套及出口情况：为新大洲本田、大长江、轻骑铃木等配套；远销欧洲、印度等国家和地区

★泰州市港城齿轮有限公司
地址：江苏省泰州市高港区口岸工业园发展大道17号
邮编：225321
电话：0523/86908089
传真：86911649
网址：www.cn－leidong.com

单位人数:100
质量体系:ISO 9001
产品情况:(雷东牌)
各种同步器总成,包括 CA142、CA 6-75、EQ145、MAS 五十铃、EQ153、CA 7-950/980、大同 85、綦齿 505/315/805/90/705、法士特 130T~160T 系列主副箱同步器总成等

★贺尔碧格东方齿轮(泰州)公司
地址:江苏省泰州市高港区振北路北侧
邮编:225323
电话:0523/86117002
传真:86117000
电子信箱:info@hoghoerbiger.com
单位人数:293
质量体系:ISO/TS 16949、ISO 9001
产品情况:(天鸽牌)
汽车变速器同步器及相关零部件
配套情况:为一汽伊顿变速器、哈尔滨变速器、杭州前进变速器、上汽齿轮、江淮齿轮配套

★泰州市金鹰齿轮有限公司
地址:江苏省泰州市刁铺镇
邮编:225323
电话:0523/86166855
传真:86166855
网址:www.shli.net
电子信箱:jinying@shli.net
单位人数:100
质量体系:ISO 9002
产品情况:(金鹰牌)
汽车变速器及系列同步器

★江苏追日汽车同步器有限公司
地址:江苏省泰州市刁铺镇
邮编:225323
电话:0523/86172000、86170227
传真:86170454
网址:www.cn-zhuiri.com
电子信箱:zhuri@shli.net
单位人数:300
质量体系:ISO 9002
产品情况:(追日牌)
同步器
配套情况:为一汽、东风汽车公司等配套

★泰州启泰齿轮制造有限公司
地址:江苏省泰兴市过船镇通江南路 13 号
邮编:225442
电话:0523/87511116、87513891
传真:87510016
网址:www.tzqitai.com
电子信箱:qitai@tzqitai.com
质量体系:ISO 9000
产品情况:(QT 牌)
同步器

★江苏太平洋精锻科技股份有限公司
地址:江苏省姜堰市经济开发区姜堰大道 91 号
邮编:225500
电话:0523/88814827、88813968
传真:88812353、88814570
网址:www.ppforging.com
电子信箱:ppf@ppforging.com
单位人数:600
质量体系:ISO/TS 16949、QS 9000
产品情况:汽车差速器直齿锥齿轮、结合齿轮、同步器接合齿环及轴类冷挤成形件,空调压缩机齿轮、等速万向节内星轮(星形套)等
配套及出口情况:为上海通用、上海大众、一汽-大众、大连大众、一汽丰田、天津一汽夏利、东南汽车、江淮、上汽通用五菱、烟台通用、一汽海马、华晨金杯、奇瑞汽车、长安汽车、重庆庆铃、江西昌河、哈飞汽车、长丰猎豹等配套;出口欧洲、美洲(OEM 市场)

★泰州市兴华齿轮制造有限公司
地址:江苏省泰州市北郊华港镇
邮编:225516
电话:0523/88751023、88758801
传真:88751024
网址:www.tzdwl.cn
电子信箱:tzxh@tzdwl.cn
单位人数:165
质量体系:ISO 9001
产品情况:(德维力牌)
精锻齿轮

★泰州格里森齿轮制造有限公司
地址:江苏省泰州市北郊
邮编:225516
电话:0523/88756055
传真:88755701
网址:www.tzgls.com
电子信箱:hanhuadong@tom.com
单位人数:500
质量体系:ISO/TS 16949、ISO 9001
产品情况:圆柱齿轮、齿圈、支架等
配套情况:为重汽集团济南桥箱公司、泰安航天特种车公司等配套

★江苏飞船股份有限公司
地址:江苏省姜堰市华港镇岳古路一号
邮编:225516
电话:0523/88758951
传真:88751899
网址:www.fcgears.com
电子信箱:fccl@fcgears.com
单位人数:1200
质量体系:ISO/TS 16949、QS 9000
产品情况:(飞船牌)
年产精锻直齿锥齿轮 1500 万件、切削加工螺旋锥齿轮 60 万套、汽车双桥圆柱齿轮 20 万套
配套及出口情况:为北奔重汽、微型车、轻型货车、工程机械企业供货;出口美国、意大利、巴西、德国、日本等国家

★江苏罡阳动力转向器厂
地址:江苏省泰州市北郊罡阳工业园区
邮编:225541
电话:0523/88764556、88761027
传真:88761721、88761608
网址:www.china-crankshaft.com
电子信箱:xsb@china-crankshaft.com
质量体系:ISO/TS 16949、QS 9000
产品情况:(罡阳牌)
具有年产动力转向器 30 万台、转向垂臂 80 万套、吊耳 80 万套、钢板弹簧销 200 万只的生产能力
配套及出口情况:为陕汽集团、北汽福田、重汽集团、苏州金龙、东风柳汽、郑州宇通、安徽华菱等配套;出口美国、泰国、印度等 20 多个国家和地区

★高邮市新高明动力机械有限公司
地址:江苏省高邮市通湖路 138 号
邮编:225600
电话:0514/84635796、84611119
传真:84635729
网址:www.yzgm.com
电子信箱:master@yzgm.com
单位人数:220
产品情况:汽车变速器壳体
配套及出口情况:为上汽集团、奇瑞汽车等配套;远销欧洲、美洲、东南亚等地区

★扬州市别克机电有限公司
地址:江苏省高邮市经济开发区屏淮北路
邮编:225600
电话:0514/85606998、85606999
传真:85606990、84611799
网址:www.jingjiagroup.com
电子信箱:jingjiagroup@126.com
单位人数:800
质量体系:ISO 9000
产品情况:铝合金汽车轮毂、摩托车制动器、中小型发电机、铝合金汽车车轮等
出口情况:出口北美洲、西欧、东亚等地区

★扬州汇众萨克斯车业制造有限公司
地址:江苏省宝应县城南工业区莲花路
邮编:225800
电话:0514/88272211、88272282
传真:88272299
网址:www.hzsachs.com
电子信箱:hzsachs@163.com
负责人:戴正宏
质量体系:ISO/TS 16949、ISO 9001
产品情况:减振器、制动片、球笼、半轴总成、转向节、油底壳、轮毂单元、离合器总成、控制臂
出口情况:出口欧洲、美洲、中东地区

★南通富达液压有限公司
地址:江苏省南通市唐闸北耳闸巷 19 号
邮编:226002
电话:0513/85544336、85544834
传真:85541017
质量体系:ISO 9001

产品情况:自卸车油缸、多路换向操纵阀、特型调速阀等

★南通环球转向器制造有限公司
地址:江苏省南通市经济技术开发区
邮编:226016
电话:0513/85918248、85912988
传真:85918988
网址:www. hqzxq. com
电子信箱:nthqzxq@163. com
单位人数:380
质量体系:ISO/TS 16949
产品情况:(环球牌)
NT66-NT120系列整体式动力转向器总成,ZL40、50装载机液压助力转向器总成,各种规格循环球齿扇齿条式机械转向器等,年产各类转向器总成15万台

★江苏黄海汽配股份有限公司
地址:江苏省如东县掘港镇人民南路203号
邮编:226400
电话:0513/84513411、84118500
传真:84512110
网址:www. hhauto. com
电子信箱:rdc003@pub. nt. jsinfo. net
单位人数:1120
质量体系:ISO/TS 16949
产品情况:制动阀、ABS、离合器总分泵、结构件、发动机配件、黄油枪、车轮配件
配套及出口情况:为一汽-大众、神龙汽车、南京依维柯、南京采埃孚、江西五十铃、沈阳金杯、一汽轻客、河北长城、东风柳汽、日产、吉利、江淮等配套;为美国约翰迪尔、丹麦萨奥丹佛斯公司、德国大众集团、克诺尔公司、莱歇尔、意大利奥哥尼班尼公司等配套关键零部件

★江苏汤臣汽车零部件有限公司
地址:江苏省南通市江安镇工业南区
邮编:226534
电话:0513/87950336、87950188
传真:87950988
网址:www. tclbj. com
电子信箱:tc@tclbj. com
单位人数:500
质量体系:ISO/TS 16949、ISO 9001
产品情况:(汤臣牌)
鼓式制动器、气压盘式制动器、凸轮轴、调整臂、支架、圆柱齿轮、差速器壳总成、齿圈支架
配套及出口情况:为东风汽车公司、北奔重汽配套;出口日本、韩国、沙特、古巴、朝鲜、伊朗、越南、印度等国家

★常州金凌达汽车零部件有限公司
地址:江苏省常州市新北区薛家船坊
邮编:228888
电话:0519/85955969
传真:85955835
网址:www. czjld. com
电子信箱:yingchuangang@yahoo. com. cn
质量体系:ISO 9001
产品情况:汽车横拉杆内外球头、悬架上下球头及控制臂、横直拉杆总成、汽车轮毂等
出口情况:出口东南亚、非洲、中东、欧洲、美洲

浙江省

★杭州奇耐特汽车轴承有限公司
地址:杭州市石路8号
邮编:310000
电话:0571/88137138
传真:88139829
质量体系:ISO 9001
产品情况:(QNT牌)
汽车离合器分离轴承

★杭州中策橡胶有限公司
地址:杭州市上城区海潮路1号
邮编:310008
电话:0571/86053939、86060160
传真:86079070
网址:www. chaoyang. com
单位人数:16000
质量体系:ISO/TS 16949、ISO 9001
产品情况:(朝阳牌)
年产720万套全钢子午线轮胎、1650万套轿车子午线轮胎、500万套斜交轮胎、8000万套自行车胎、340万套摩托车胎、20万条橡胶履带
配套及出口情况:为北奔重汽配套;远销美洲、亚洲、非洲、欧洲、大洋洲等65个国家和地区

★杭州汇同实业有限公司
地址:杭州市拱康路李佛桥
邮编:310015
电话:0571/56790908、56790880
传真:56790908
网址:www. htcq. cn
电子信箱:88017277@sohu. com
质量体系:ISO 9001
产品情况:(汇同牌)
前后桥总成

★杭州轻型汽车底盘厂
地址:杭州市蔡马东路7号
邮编:310015
电话:0571/88013334、88013947
传真:88013431、88013947
网址:www. qxqcdp. com
电子信箱:web@qxqcdp. com
单位人数:160
质量体系:ISO 9001
产品情况:轻型汽车前轴、后桥总成,轿车后桥总成,农用运输车和拖拉机变型机前轴、后桥总成,大中型客车铝合金侧窗总成
配套情况:为江苏、浙江、上海、福建、江西、安徽等省、市20多家整车厂配套

★杭州冠英汽车零部件有限公司
地址:杭州市拱墅区花园岗街111号
邮编:310015
电话:0571/88325228、88325218
传真:88325238
网址:www. kooying. cn
电子信箱:zgl@kooying. com
单位人数:600
质量体系:ISO/TS 16949、QS 9000
产品情况:汽车制动片、制动蹄总成、离合器从动盘及压盘总成
出口情况:出口欧洲、美洲、非洲、中东、东南亚等多个国家和地区

◉ 浙江世宝控股集团有限公司
地址:杭州市经济技术开发区17号大街6号
邮编:310018
电话:0571/28025690
传真:28025691
网址:www. shibaogroup. com
法人代表:张世权
负责人:张宝义
单位人数:1600
质量体系:ISO/TS 16949
产品情况:(世宝牌)
年产循环球转向机40万台套、齿轮齿条转向机30万台套、电动转向器1000台套、转向节20万台套、转向垂臂10万台套
配套及出口情况:为一汽集团、东风汽车、江淮汽车、北汽福田、陕汽集团、一汽轿车、奇瑞汽车、吉利汽车、昌河汽车、伊朗SAIPA等配套;出口伊朗

★ 钱江弹簧有限公司
地址:杭州市经济技术开发区22号大街78号
邮编:310018
电话:0571/86781887
传真:86721878
网址:www. qjspring. com
电子信箱:qianjiang@qjspring. com
法人代表:张涌森
单位人数:600
质量体系:ISO/TS 16949、ISO 9001
产品情况:(钱江牌)
小轿车悬架弹簧、发动机气门弹簧、传动系统弹簧、执行系统弹簧、汽车稳定杆、其他汽车零部件弹簧等
出口情况:出口北美、欧洲、韩国及东南亚等国家和地区
☞ 详细情况请参阅彩色宣传版面

★杭州正力汽车配件有限公司
地址:杭州市石桥路-俞章路进800米
邮编:310021

电话:0571/88137687、88137657
传真:88153397
网址:www.hzlauto.com
电子信箱:88370117@vip.163.com
质量体系:ISO 9001
产品情况:(正球牌)
汽车无石棉制动器衬片、制动蹄总成、轮毂盖等
出口情况:远销美国、欧洲、东南亚等国家和地区

★杭州兴意金属制造有限公司
地址:杭州市下城区康宁路8号
邮编:310022
电话:0571/88133388
传真:88133188
网址:www.xingyimetal.com
电子信箱:xingyi@xingyimetal.com
质量体系:ISO/TS 16949
产品情况:(兴意牌)
制动蹄系列、气室系列、凸轮轴系列

★杭州联合国际汽车部件有限公司
地址:杭州市西湖区转塘镇象山工业区
邮编:310024
电话:0571/86580972、86581790
传真:86085117、86581925
网址:www.uni-asco.com
电子信箱:uia@uni-asco.com
质量体系:ISO/TS 16949、ISO 9001
产品情况:(UNI-ASCO 牌)
集装箱半挂车及重型车车桥、机械及空气悬架系统、钢板弹簧、牵引座牵引销支承、自动及手动调整臂总成等

★杭州汽车部件有限公司
地址:杭州市转塘镇象山工业区
邮编:310024
电话:0571/87094877、87093966
传真:87090219
网址:www.hzap.cn
电子信箱:ap@hzap.cn
单位人数:280
质量体系:ISO/TS 16949、ISO 9002
产品情况:各类汽车钢板弹簧、紧固件、悬架系统配件等
配套及出口情况:为东风杭州汽车等配套;出口美国、德国、法国、英国、意大利、澳大利亚、加拿大、荷兰、比利时、西班牙、埃及、马来西亚、新加坡、芬兰、沙特、阿联酋、约旦、尼日利亚、叙利亚、南非、韩国等国家,并销往中国台湾地区

★杭州金马离合器有限公司
地址:杭州市西湖区袁浦镇小江路浦东114号
邮编:310024
电话:0571/87640203、87648316
传真:87640983
网址:www.jmlhq.com
电子信箱:jm@jmlhq.com
单位人数:150
质量体系:ISO 9001
产品情况:(虎腾牌)
汽车离合器,具有年产从动盘100万套、压盘50万套的生产能力
出口情况:远销北美洲、东南亚、西亚等地区

★杭州一达离合器有限公司
地址:杭州市西湖区袁浦镇
邮编:310024
电话:0571/87647686
传真:87647689
网址:www.ydlhq.com
电子信箱:yd@ydlhq.com
单位人数:150
质量体系:ISO 9001
产品情况:(一达牌)
离合器从动盘总成,年产150万套;压盘总成,年产70万套

★杭州诚信汽车轴承有限公司
地址:杭州市袁浦工业园区
邮编:310024
电话:0571/87830555、87648931
传真:87831899、87648932
网址:www.clutch-bearing.com
电子信箱:sales@clutch-bearing.com
单位人数:150
质量体系:ISO 9001
产品情况:汽车离合器分离轴承、汽车张紧轮轴承和其他特种非标轴承

★杭州合流制动调整臂制造有限公司
地址:杭州市三墩镇西湖经济园区西侧马家塘25号
邮编:310030
电话:0571/88944351
传真:88944352
网址:www.hz-hl.cn
电子信箱:web@hz-hl.cn
质量体系:ISO 9001
产品情况:(合流牌)
间隙自动调整臂

★ 杭州德意万向节有限公司
地址:杭州市滨江区长河科技经济园长江路399号
邮编:310052
电话:0571/86602080
传真:86602089
网址:www.hzdeyi.com
电子信箱:hedywx@163.com
法人代表(负责人):王芳
质量体系:ISO/TS 16949
产品情况:(意王牌)
滚针、十字轴总成
配套情况:主要配套单位有中国重汽、陕汽、许昌远东传动轴等全国各大传动轴公司
☞ 详细情况请参阅彩色宣传版面

★杭州华翔摩擦材料有限公司
地址:杭州市滨江区长河镇
邮编:310052
电话:0571/86609050
传真:86603748
网址:www.hx-hz.com
电子信箱:web@hx-hz.com
质量体系:ISO 9001
产品情况:(杭翔牌、昌欣牌)
汽车石棉及无石棉制动片、万向节十字轴总成、半金属制动蹄铁总成,年产5000t以上

★杭州中鼎汽车零部件有限公司
地址:杭州市萧山区经济技术开发区
邮编:311000
电话:0571/82860985
传真:82860985
网址:www.tp-autoparts.com
电子信箱:exportuj@163.com
单位人数:100
质量体系:ISO 9001
产品情况:汽车万向节
出口情况:出口意大利、巴西、俄罗斯等国家

★杭州豪沃汽车零部件有限公司
地址:杭州市余杭区五叉路1-8号
邮编:311100
电话:0571/86122888
网址:www.liheqi.net
电子信箱:hzliheqi@163.com
质量体系:ISO 9001
产品情况:离合器从动盘总成及压盘总成

★杭州万通气门嘴有限公司
地址:杭州市余杭区临平振兴东路12号
邮编:311100
电话:0571/89361222
传真:89361222
电子信箱:jrgirl@hamaton.com.cn
法人代表(负责人):张健儿
单位人数:520
质量体系:ISO/TS 16949
产品情况:(恒迈特牌)
相关汽车计数仪表、气门嘴(全年产量,售后加OEM部分,2.08亿套)、气压表(年产量130万只)、汽车配件制造
配套及出口情况:气门嘴为通用、铃木、奇瑞、美铝、FIRESTONE配套;气压表为上海大众配套;气门嘴出口美国9000万套、欧洲7000万套;气压表出口美国90万只、巴西25万只

★杭州友爱工贸有限公司
地址:杭州市余杭区乔莫西路35号
邮编:311101
电话:0571/89278612
传真:86299897

网址:www. hzyouai. com. cn
单位人数:160
质量体系:ISO/TS 16949、ISO 9001
产品情况:汽车及摩托车制动片精冲钢背、蹄铁等,年产量 4000 ~ 6000 万片
出口情况:出口北美洲、南美洲、西欧、东欧、东南亚、中东

★杭州汇丰车桥有限公司
地址:杭州市余杭区仁和镇仁和开发区三星路 19 号
邮编:311107
电话:0571/86397852、88173752 – 804
传真:86397852、88172378
网址:www. hzhfcq. com
电子信箱:postmaster@ hzhfcq. com
单位人数:350
质量体系:ISO/TS 16949、ISO 9001
产品情况:0. 5 ~ 16t 轴荷的各类转向前桥、后驱动桥、前驱动桥、承载桥等,年产能力车桥 15 万台套
配套情况:为江淮汽车、东风汽车、北汽福田、一汽金杯、云南力帆、南京跃进等大型汽车生产厂配套

★杭州余杭正达机械有限公司
地址:杭州市余杭区勾庄工业园区勾运路 45 号
邮编:311112
电话:0571/88750898
传真:88753515
网址:www. hzyhzd. com
电子信箱:zdxzs@ hzyhzd. com
质量体系:ISO 9001
产品情况:(宇衡牌)
重型汽车(挂车)制动系统总成及零部件
配套及出口情况:为东风杭汽、广州华劲、杭州福玛、东汽三花车桥配套;出口美国、德国、意大利、俄罗斯、土耳其、澳大利亚等国家

★杭州百胜汽车部件有限公司
地址:杭州市余杭区良渚镇勾庄吴王路
邮编:311112
电话:0571/88752555
传真:88750385
电子信箱:nsc8976@ 163. com
质量体系:ISO 9001
产品情况:汽车真空助力器、制动总泵、分泵、离合器助力器、增压器

★浙江飞舟车业有限公司
地址:杭州市余杭区瓶窑凤都工业区
邮编:311115
电话:0571/88554111、88538895
传真:88538118
网址:www. zjfeizhou. com
电子信箱:fzvehicle@ 188. com
单位人数:325
质量体系:ISO/TS 16949、ISO 9001
产品情况:内外球笼、驱动轴总成、油泵及油水分离器等
出口情况:出口欧洲、美洲、东南亚、非洲等地区

★杭州德尔福汽车零部件有限公司
地址:杭州市萧山区通惠南路蜀山工业区
邮编:311200
电话:0571/82361282
传真:82392123
网址:www. delfu. com
电子信箱:manager@ delfu. com. cn
质量体系:ISO/TS 16949
产品情况:(DELFU 牌)
汽车轮毂单元及轮毂轴承
配套及出口情况:为现代、起亚、大宇、大众、本田、福特、菲亚特、马自达、奥迪、雷诺等配套;远销欧洲、美洲、中东等 10 多个国家和地区

★杭州恒科精工机电有限公司
地址:杭州市萧山经济技术开发区高新九路 120 号
邮编:311200
电话:0571/82695753
传真:82869958
质量体系:ISO/TS 16949
产品情况:(RSK 牌)
汽车轮毂轴承

★杭州潇湘汽车零部件制造有限公司
地址:杭州市萧山区新塘街琴山下
邮编:311200
电话:0571/82737972
传真:82724008
网址:www. hzxxqp. com
电子信箱:web@ hzxxqp. com
质量体系:ISO 9001
产品情况:(潇湘牌)
万向节,工程机械配件

★杭州萧山万强汽车配件厂
地址:杭州市萧山区通惠路北干山北口
邮编:311200
电话:0571/82751338、82705280
传真:82704828
网址:www. cn – wq. com
电子信箱:wanqiangqipei@ 163. com
质量体系:QS 9000
产品情况:万向节、滚针系列
出口情况:出口欧洲、美洲、中东、东南亚等地区

★杭州正强万向节有限公司
地址:杭州市萧山区蜀山街道犁头金工业区
邮编:311201
电话:0571/82392329、82391360
传真:82367420
网址:www. zhengqiang. com
电子信箱:xuzq@ zhengqiang. com
单位人数:515
质量体系:ISO/TS 16949
产品情况:(正强牌)
万向节
配套及出口情况:为一汽集团、东风传动轴、长安金陵汽车零部件等配套;部分产品出口

★杭州顺奇汽车零部件有限公司
地址:杭州市萧山区蜀山街道湖东村
邮编:311201
电话:0571/82765008、82765908
传真:82764675
网址:www. hzsqtlhq. com
电子信箱:web@ hzsqtlhq. com
质量体系:ISO 9001
产品情况:(赛奇特牌)
汽车弹簧制动室总成、离合器从动盘总成、压盘及盖总成等
出口情况:出口澳大利亚、越南、菲律宾、苏丹、南非等国家

★浙江万向精工有限公司
地址:杭州市萧山经济技术开发区建设一路 78 号
邮编:311202
电话:0571/82837668、82833832
传真:82835780
网址:www. cnwxpi. com
电子信箱:wxjg02@ wanxiang. com. cn
质量体系:ISO/TS 16949、QS 9000
产品情况:汽车轮毂轴承单元、轮毂轴承、汽车防抱死制动系统 ABS 等
配套及出口情况:与多家微型车厂、轿车厂实现独家配套,并已进入多家国际一流主机厂配套体系;远销美国、欧洲、东南亚、中东等 40 多个国家和地区

★杭州万向传动轴有限公司
地址:杭州市萧山经济技术开发区建设一路 139 号
邮编:311202
电话:0571/82861265、82861267
传真:82835501
网址:www. wxcdz. com
电子信箱:wxcdz@ wanxiang. com. cn
单位人数:800
质量体系:ISO/TS 16949、ISO 14001
产品情况:(钱潮 QC 牌)
各类传动轴、电涡流缓速器、转向管柱等
配套及出口情况:为国内各大主机厂配套;50% 的产品出口美国、意大利、荷兰、伊朗等 10 多个国家

★钱潮传动轴有限公司
地址:杭州市萧山区经济技术开发区建设一路 139 号
邮编:311202
电话:0571/82861267、82861265
网址:www. wxqc. com. cn
电子信箱:wxcdz@ xs. hz. zj. cn
质量体系:ISO/TS 16949、ISO 14001
产品情况:(万向牌)
各类传动轴、电涡流缓速器、转向

管柱等,年产能力200万根

★杭州依维柯汽车变速器有限公司
地址:杭州市萧山区湘湖路45号
邮编:311203
电话:0571/82672380、82673888
传真:82672380
网址:www.chinagearbox.com
电子信箱:market@haveco.cn
单位人数:490
质量体系:ISO/TS 16949、ISO 9000
产品情况:轻型载货汽车、轻型客车、轿车变速器以及自动变速器
配套及出口情况:为南京依维柯、意大利依维柯、巴西依维柯、奇瑞汽车、重庆力帆、长城汽车等配套;出口欧洲、南美洲、中东等地区

★杭州前进齿轮箱集团股份有限公司
地址:杭州市萧山区萧金路45号
邮编:311203
电话:0571/82673888、82682982
传真:82675966、82673877
网址:www.chinaadvance.com
电子信箱:office@chinaadvance.com
单位人数:2800
质量体系:ISO 9002、ISO 14001
产品情况:(前进牌)
工程机械变速器及驱动轿、汽车变速器、工业齿轮箱、农业机械变速器、摩擦材料及摩擦片、大型精密齿轮等
配套及出口情况:为一汽集团、南京依维柯、东风汽车公司、青汽等配套;远销40多个国家和地区

★杭州康新轴承制造有限公司
地址:杭州市萧山区通惠南路蜀山工业区
邮编:311203
电话:0571/82681833、82702811
传真:82681811、82393555
网址:www.auto-bearings.com.cn
电子信箱:Public@cnzjzy.com
质量体系:ISO 9001
产品情况:离合器分离轴承及总成,发动机皮带张紧轮
配套及出口情况:部分产品为OEM配套;销往多个国家和地区

◉ 浙江亚太机电股份有限公司

地址:杭州市萧山区蜀山街道亚太路1399号
邮编:311203
电话:0571/82761888、82761396
传真:82761666、82761347
网址:www.apg.cn
电子信箱:wxy@apg.cn
法人代表:黄伟潮
单位人数:1536
质量体系:ISO/TS 16949、VDA 6.1
产品情况:(湘湖牌、APG牌)
100多个系列500多个品种的盘式制动器总成,鼓式制动器总成,真空助力器总成,汽车防抱制动系统(ABS),制动主缸、轮缸,离合器主缸、工作缸,独立悬架系统等产品
配套及出口情况:一汽-大众、一汽轿车、上海通用、上海大众、北汽控股、奇瑞汽车、东风汽车、神龙汽车、华晨金杯、长安汽车、上汽通用五菱、江铃汽车、郑州日产、江淮汽车等;制动器、制动泵、真空加力器出口美国、欧洲、澳大利亚等国家和地区

★杭州亚太特必克汽车制动系统公司
地址:杭州市萧山区蜀山街道亚太路
邮编:311203
电话:0571/82762807
传真:82766487
网址:www.apg-tbk.com
电子信箱:web@apg-tbk.com
产品情况:中、重型商用车气压鼓式制动器、气压盘式制动器、缓速器等
配套情况:为东风日产柴、华菱重汽、五十铃、北奔重汽、东风汽车公司等配套

★杭州亚太埃伯恩汽车部件有限公司
地址:杭州市萧山区蜀山街道亚太路1399号
邮编:311203
电话:0571/82766109
传真:82766109、82761347
网址:www.apg.cn
电子信箱:apg-fte@vip.sina.com
单位人数:60
质量体系:ISO/TS 16949
产品情况:汽车轮缸、离合器管路等
配套情况:为德尔福上海动力推进系统有限公司、一汽-大众、上海大众配套

★杭州萧山伟刚汽车零件有限公司
地址:杭州市萧山区宁围镇
邮编:311215
电话:0571/82601088、82871288
传真:82603633
网址:www.lb-gimbal.com
电子信箱:lb@lb-gimbal.com
质量体系:ISO 9002
产品情况:(浪波牌)
万向节、轴承等汽车零部件
出口情况:出口欧洲、美洲,并销往中国香港、澳门、台湾地区

★杭州玛瑙机动车部件有限公司
地址:杭州市萧山区宁围镇
邮编:311215
电话:0571/82602107、82866198
传真:82601988
电子信箱:hzmanao@alibaba.com.cn
质量体系:ISO/TS 16949、ISO 9001
产品情况:(玛瑙牌)
汽车传动轴及零部件,工程机械传动轴,摩托车前后挡泥板、保险杠等

★万向钱潮等速驱动轴有限公司
地址:杭州市萧山区万向路
邮编:311215
电话:0571/82603915
传真:82602718
网址:www.wxqc.com.cn
质量体系:ISO/TS 16949、QS 9000
产品情况:(钱潮牌)
各种球笼式等速万向节,等速驱动轴总成年产能力100万支
配套及出口情况:为一汽海马、南京汽车集团、奇瑞汽车、长安汽车、昌河汽车、秦川、长丰猎豹、哈飞汽车等配套;出口欧洲、美洲、大洋洲、东南亚等

★杭州菲亚迪传动机械有限公司
地址:杭州市萧山区宁围镇73021部队农副业基地
邮编:311215
电话:0571/82604958、82878837
传真:82607591
网址:www.hzyjqp.com
电子信箱:web@hzyjqp.com
单位人数:350
质量体系:ISO/TS 16949、ISO 9001
产品情况:(万富(WF)牌)
汽车传动轴、万向节联轴器、农机用传动轴、工程机械传动轴、工业重型传动轴及各类车型横(直)拉杆总成等,年产传动轴总成100万根
配套及出口情况:为国内外多家主机厂配套;远销美国、巴西、意大利、澳大利亚、俄罗斯、中东等国家和地区

★杭州万康机械厂
地址:杭州市萧山区宁围镇利群路
邮编:311215
电话:0571/82605879
传真:82694501
网址:www.wkjx.com
电子信箱:wankang@wkjx.com
质量体系:ISO 9001
产品情况:万向节传动轴总成、传动轴支架等,年产量400多万套
出口情况:远销美国、西欧、南美洲、中东等国家和地区

★浙江四和机械有限公司
地址:杭州市萧山区宁围镇钱江基地拥军路1号
邮编:311215
电话:0571/82607668
传真:82607678
网址:www.sihemachine.com
电子信箱:gcc2001@163.com
法人代表(负责人):郭长春
单位人数:150
质量体系:ISO/TS 16949
产品情况:(四和牌)
汽车轮毂轴承单元
出口情况:出口欧洲、美洲、中东、东南亚

★杭州萧山中亚汽配有限公司
地址:杭州市萧山经济技术开发区宁围镇宁木村
邮编:311215
电话:0571/82767333、82873111
传真:82767123
网址:www. xszy. com
电子信箱:xszy@ xszy. com
单位人数:100
质量体系:ISO/TS 16949、ISO 9001
产品情况:汽车万向节总成,年产 800 余万套
配套及出口情况:为一汽集团、东风汽车公司、北汽福田、长安汽车、哈飞汽车等配套;出口美国、俄罗斯、德国、澳大利亚、巴西、韩国等多个国家

★杭州萧山鼎立机械有限公司
地址:杭州市萧山区宁围镇新安村桥园路 28 号
邮编:311215
电话:0571/82778825
传真:22806766
网址:www. steadyway. cn
电子信箱:steadyway@ gmail. com
单位人数:100
质量体系:ISO/TS 16949、ISO 9001
产品情况:汽车轮毂单元,月产 3 万套

★万向集团公司
地址:杭州市萧山区万向路
邮编:311215
电话:0571/82832999
传真:82833999
网址:www. wanxiang. com. cn
电子信箱:wanxiang@ wanxiang. com. cn
法人代表:鲁冠球
负责人:鲁伟鼎
单位人数:28600
质量体系:ISO/TS 16949
产品情况:(万向牌、钱潮牌、QC 牌)
汽车底盘及悬架系统、制动系统及 ABS、传动系统、排气消声系统、轿车前后保险杠总成、燃油箱、轿车轮毂单元、轿车减振器、汽车轴承及工程机械零部件等汽车系统零部件及总成
配套及出口情况:为通用、福特、大众、菲亚特、一汽集团、东风汽车、上汽集团、北汽集团、长安汽车、神龙汽车、江淮汽车、海马汽车、哈飞汽车、昌河汽车、奇瑞汽车、江铃汽车、海南汽车、天津汽车、广汽集团、华晨汽车、重汽集团、陕汽集团等配套;出口美国、英国、韩国、日本、德国、法国、加拿大、伊朗、印度、澳大利亚、埃及、墨西哥等 50 多个国家,并销往中国香港地区

★万向钱潮股份有限公司
地址:杭州市萧山经济技术开发区万向路 1 号
邮编:311215
电话:0571/82832999
传真:82602132
网址:www. wxqc. com. cn
电子信箱:wxqc@ wanxiang. com. cn
单位人数:11452
质量体系:ISO/TS 16949、ISO 14001
产品情况:(钱潮牌、万向牌)
汽车底盘及悬架系统、制动系统、传动系统、橡胶密封件、轴承、滚动体、工程机械零部件等
配套及出口情况:为北奔重汽配套;部分产品出口

★万向系统有限公司
地址:杭州市萧山区建设二路
邮编:311215
电话:0571/82833197、82831988
传真:82832686
网址:www. wanxiang. com. cn
质量体系:ISO/TS 16949、QS 9000
产品情况:汽车悬架总成、后轴总成、盘式制动器总成、鼓式制动器总成、真空助力器及泵总成、离合器总泵、分泵、比例阀、制动片等
配套情况:为上海德尔福、一汽海马、神龙汽车、广汽长丰、长安汽车、上汽通用五菱、哈飞汽车、昌河汽车、长城汽车、丹东曙光、吉利汽车、江西五十铃、江淮汽车、一汽天津、北汽福田等配套

★杭州仁源汽配有限公司
地址:杭州市萧山区宁围镇
邮编:311215
电话:0571/82835237
传真:82602339
网址:www. hzryqp. com
电子信箱:web@ hzryqp. com
质量体系:ISO 9001
产品情况:汽车轮毂轴承及单元

★杭州萧山通绿机械厂
地址:杭州市萧山区通惠北路
邮编:311215
电话:0571/82838686
传真:82863837
单位人数:300
质量体系:ISO/TS 16949、ISO 9001
产品情况:等速驱动轴总成

★杭州力亿轴承有限公司
地址:杭州市萧山区宁围镇 73021 部队利群路
邮编:311215
电话:0571/82869576
传真:82864692
网址:www. hzly - bearing. com
电子信箱:hdb_bearing@ 126. com. cn
质量体系:ISO 9000
产品情况:汽车轮毂单元轴承

★杭州丰波机械有限公司
地址:杭州市萧山经济技术开发区
邮编:311215
电话:0571/82871588、82830578
传真:82690023、82767268
网址:www. sbfastener. com
电子信箱:info@ sbfastener. com
质量体系:ISO 9001
产品情况:轮毂单元、轮毂轴承
出口情况:出口美国、欧洲、东南亚等国家和地区

★杭州双佳汽车部件制造有限公司
地址:杭州市萧山钱江农场 73021 部队
邮编:311215
电话:0571/82871928
传真:82864085
电子信箱:shuangjiagongsi@ 126. com
质量体系:ISO 9001
产品情况:(双佳牌)
汽车万向节、轴承、差速器、密封件等
配套及出口情况:为国内多家企业配套;出口美国、欧洲、东南亚等国家和地区

★杭州董氏汽车配件制造有限公司
地址:杭州市萧山区宁围镇宁牧村
邮编:311215
电话:0571/82873700、82602735
传真:82601735
网址:www. chinau - joint. com
电子信箱:dsqp@ hotmail. com
质量体系:ISO 9001
产品情况:传动轴、万向节、汽车轴承及相关汽车零配件
出口情况:出口美国、日本、韩国、意大利、俄罗斯、巴西、伊朗、澳大利亚、非洲等国家和地区

★杭州科峰轴承有限公司
地址:杭州市萧山经济技术开发区
邮编:311215
电话:0571/82874811、82834789
传真:82602170
网址:www. hzkfzc. com
电子信箱:lisq@ hzkfzc. com
单位人数:200
质量体系:ISO 9001
产品情况:(科峰牌)
汽车轮毂轴承、轮毂单元、圆锥双列轴承、滚子单元等
出口情况:远销欧洲、美洲等地区

★杭州萧山万传汽车配件有限公司
地址:杭州市萧山区宁围
邮编:311215
电话:0571/82875828、82601778
传真:82875827
网址:www. hzwcqp. com
电子信箱:web@ hzwcqp. com
质量体系:ISO 9001
产品情况:(万传牌)
汽车、工程机械、农机等万向节十字轴总成、汽车差速器十字轴、三叉万向节、万向节活动叉、轿车轮毂轴承、汽

车分离轴承、轴承滚针、轴承滚柱等

★杭州天宝汽车零部件有限公司
地址:杭州市萧山区宁围镇二桥村桥园路10号
邮编:311215
电话:0571/83864112
传真:82863388
网址:www. autocvj. com
电子信箱:tbj@ autocvj. com
质量体系:QS 9000、ISO 9001
产品情况:等速万向节、驱动轴、内燃机气门、气门摇臂机构
配套情况:汽车、摩托车发动机气门摇臂机构总成产品为一汽集团大连柴油机厂、一汽集团第二发动机厂、成都发动机(集团)汽车发动机厂等配套

★杭州永固汽车零部件有限公司
地址:杭州市萧山区新街工业区
邮编:311217
电话:0571/82619018
传真:82852998
网址:www. zjtoyou. com
电子信箱:market@ zjtoyou. com
质量体系:ISO/TS 16949
产品情况:(永固牌)
汽车轮毂轴承、汽车轮毂单元、变速器轴承、深沟球轴承
配套情况:为日本松下、德国博世电动工具、杭州万向集团、英国GMS公司等配套

★杭州科伦汽车轴承有限公司
地址:杭州市萧山区党湾镇团结村38号
邮编:311221
电话:0571/82667668
传真:82875692
电子信箱:kelun386@ 163. com
质量体系:ISO 9001
产品情况:汽车轮毂轴承、轮毂轴承单元等
出口情况:出口欧洲、美洲、韩国、东南亚等国家和地区

★杭州顺源轮胎制造有限公司
地址:杭州市萧山区义蓬镇北董家桥
邮编:311226
电话:0571/82985633、82181386
传真:82181417
网址:www. shunyuan - tire. com
电子信箱:jianfeisheng@ 126. com
质量体系:ISO 9001
产品情况:(杭轮牌)
主要生产丁基胶内胎
配套及出口情况:与全国各大轮胎公司配套;出口埃及、泰国、马来西亚、美国等国家

★杭州兆丰汽车零部件制造有限公司
地址:杭州市萧山经济技术开发区桥南区块兆丰路6号
邮编:311232
电话:0571/22803999、22801122
传真:22801188
网址:www. hzfb. com
电子信箱:hzf@ hzfb. com
单位人数:200
质量体系:ISO/TS 16949、QS 9000
产品情况:(HZF牌)
汽车轮毂轴承单元(带ABS),单、双列圆锥滚子轴承及双列球角接触轮毂轴承,年产能力600万套
出口情况:是国家汽车零部件出口基地企业

★杭州迈特汽配有限公司
地址:杭州市萧山区坎山镇振华村
邮编:311243
电话:0571/82580917
传真:83510532
电子信箱:maite_zgx@ yahoo. com. cn
单位人数:200
质量体系:ISO/TS 16949
产品情况:汽车三球销万向节、外球笼、十字轴、半轴行星锥齿轮等
配套及出口情况:为纳铁福、浙江万向集团配套;远销东南亚、非洲、欧洲等地区

★杭州新世纪万向节有限公司
地址:杭州市萧山区党山镇解放村
邮编:311245
电话:0571/82535999、82539708
传真:82535998、82539707
网址:www. xsjbearing. com
电子信箱:web@ xsjbering. com
单位人数:818
质量体系:ISO 9001
产品情况:万向节、轴承、传动轴
出口情况:远销欧洲、非洲、东南亚等地区

★杭州科友汽车零部件有限公司
地址:杭州市萧山区党湾
邮编:311245
电话:0571/82896773
传真:82896772
网址:www. koyou. cn
电子信箱:donray@ koyou. cn
质量体系:QS 9000
产品情况:(KOYOU牌)
汽车十字轴万向节
出口情况:出口美国、欧洲、中东、尼日利亚、韩国、澳大利亚、巴基斯坦、马来西亚、越南等20多个国家和地区

★杭州杰克万向节有限公司
地址:杭州市萧山区经济技术开发区临浦配套园区
邮编:311251
电话:0571/82481999
传真:82481888
网址:universaljointjack. com
电子信箱:jkwxj@ xs. hz. zj. cn
单位人数:300
质量体系:ISO/TS 16949、ISO 9001
产品情况:汽车万向节,年产300万套
出口情况:远销美国、日本、印尼、中东等国家和地区

★杭州宝利嘉轴承有限公司
地址:杭州市萧山区所前工业园区飞翔路21号
邮编:311254
电话:0571/82765868、82765878
传真:82765688
网址:www. hzbljb. com
电子信箱:info@ hzbljb. com
质量体系:ISO/TS 16949
产品情况:汽车离合器分离轴承、皮带张紧轮轴承、轮毂轴承、电动机轴承、圆锥轴承和其他非标轴承等
出口情况:远销亚洲、欧洲、美洲等地区

★杭州建定方向机有限公司
地址:杭州市萧山区义桥镇湘东村
邮编:311256
电话:0571/82306598
传真:82302092
网址:www. hz - jianding. com
电子信箱:hzjianding@ yahoo. cn
质量体系:ISO 9001
产品情况:(建定牌)
循环球转向器总成、螺杆螺母总成、转向传动总成、滚珠丝杆总成及角转向器总成
出口情况:出口欧洲、美洲、非洲、东南亚地区

★杭州萧山万利方向机制造有限公司
地址:杭州市萧山区义桥镇民丰工业区
邮编:311256
电话:0571/82409510
传真:82408178
电子信箱:wanlifxj@ sohu. com
单位人数:150
质量体系:ISO/TS 16949
产品情况:(万利牌)
动力转向器总成、机械循环球转向器总成、摇臂轴、传动轴,各种转向器总成年产能力5万套

★浙江万达汽车方向机有限公司
地址:杭州市萧山区闻堰镇亚太路1833号
邮编:311258
电话:0571/82302288、82302679
传真:82301060、82302690
网址:www. wanda - zj. com
电子信箱:sxsgw@ xs. hz. zj. cn
单位人数:520
质量体系:ISO/TS 16949、VDA 6.1
产品情况:(循环牌)
转向器、转向管柱等转向系统部件
配套情况:为一汽集团、一汽-大众、东风汽车公司、上汽通用五菱、江西五十铃、奇瑞汽车、江铃、江淮汽车、上海万丰、北汽等配套

★杭州琳达汽配有限公司
地址:杭州市萧山区闻堰镇东汪
邮编:311258
电话:0571/82302290
传真:82304788
电子信箱:sdjx@ qipei. com
质量体系:QS 9000
产品情况:各种车型的汽车转向传动装置、汽车随车工具和汽车分配阀等
配套情况:为一汽集团、东风汽车公司、柳汽、杭汽、广西河池车辆厂、钦州中力等配套

★杭州萧山万通汽配制造有限公司
地址:杭州市萧山闻堰镇万达中路
邮编:311258
电话:0571/82306008
传真:82305246
网址:www. zj－wantong. com
电子信箱:hjg@ zj－wantong. com
质量体系:QS 9000
产品情况:传动轴、转向器、万向节总成及联轴器等
配套及出口情况:为东风杭州汽车公司等10 多家主机厂配套;出口欧洲、美洲、日本、韩国等国家和地区

★杭州万兴汽车零部件公司
地址:杭州市萧山区闻堰镇
邮编:311258
电话:0571/82307252
传真:82308708
单位人数:50
质量体系:ISO 9000
产品情况:(万兴牌)
转向器、转向传动配件和汽车随车工具,年产能力18 万台套
配套情况:为一汽集团、东风汽车公司等配套

◉ 杭州万利达汽车转向系统有限公司

地址:杭州市萧山区闻堰镇王家里工业区
邮编:311258
电话:0571/82309237
传真:82304267
法人代表:孙亚梅
负责人:赵聪岳
单位人数:35
质量体系:ISO 9001
产品情况:循环球转向器、角转向器总成、转向传动装置

★杭州奇碟离合器有限公司
地址:杭州市萧山区闻堰镇湘湖农场
邮编:311258
电话:0571/82311287
传真:82311287
网址:www. qidie. com
电子信箱:qidiexsk@ 163. com
法人代表(负责人):闻吾其
单位人数:280
质量体系:ISO/TS 16949
产品情况:(奇碟牌)
离合器总成及万向节总成
配套及出口情况:为中国重汽、云内动力、约翰迪尔、陕西蓝通配套;出口英国、巴西、中东等国家和地区

★杭州精通汽车零部件有限公司
地址:杭州市萧山区闻堰工业园区五金路1 号
邮编:311258
电话:0571/82312218、82310768
传真:82310658
网址:www. hzjingtong. com
电子信箱:ywx@ hzjingtong. com
质量体系:ISO/TS 16949、ISO 9001
产品情况:汽车转向管柱及其零部件

★杭州胜华汽车配件有限公司
地址:杭州市萧山区闻堰镇黄山村小农场
邮编:311258
电话:0571/82313903
传真:82313903
质量体系:ISO/TS 16949、QS 9000
产品情况:汽车转向传动装置及叉车转向传动装置:滑动套带尼龙轴总成、滑动套带万向节叉总成、滑动套带传动轴总成等
配套情况:为一汽集团、东风汽车公司、柳汽、友佳公司等配套

★杭州天奇汽车零部件有限公司
地址:杭州市绕城高速义桥出口处
邮编:311258
电话:0571/82760150
传真:82766568
单位人数:400
质量体系:ISO/TS 16949、ISO 9001
产品情况:(EASTDRAGON 牌)
汽车离合器从动盘总成、压盘总成、万向节等
出口情况:远销欧洲、美洲、非洲、东南亚、中东等地区

★杭州重型机械有限公司
地址:杭州市临安青山湖街道王家山路5 号
邮编:311305
电话:0571/85365501、23618597
传真:23618596
网址:www. hzhm. com
电子信箱:master@ hzhm. com
质量体系:ISO 9001
产品情况:前桥总成、车轴

★浙江金固股份有限公司
地址:浙江省富阳市富春街道丰收路28 号
邮编:311400
电话:0571/63129633、63133927
传真:63368133、63369981
网址:www. jgwheel. com
电子信箱:info@ jgwheel. com
单位人数:650
质量体系:ISO/TS 16949、QS 9000
产品情况:(金固牌)
车轮,年产能力1500 万套
配套及出口情况:为上海通用、柳州五菱、北京奔驰、厦门金龙、东风柳汽、长安汽车、北汽福田等配套;是中国汽车零部件出口基地企业

★杭州华东转向节有限公司
地址:浙江省富阳市富春街道劳动路58 号
邮编:311400
电话:0571/63365836
传真:63367860
电子信箱:webmaster@ hdzxj. com
质量体系:ISO 9000
产品情况:各种中吨位汽车后桥、制动凸轮轴、转向摇臂总成,叉车半轴、转向节总成及其他锻件
配套情况:为东风汽车公司、五十铃等配套

★杭州兴发弹簧有限公司
地址:杭州市富阳高桥镇
邮编:311402
电话:0571/63427085、63426666
传真:63426398
网址:www. xfspring. com
电子信箱:manager@ xfspring. com
单位人数:350
质量体系:ISO/TS 16949、ISO 9001
产品情况:(富春牌)
具有年产大型弹簧10000t、汽车悬架弹簧及制动阀弹簧180 万件的生产能力
出口情况:出口15 个国家和地区

★富阳市富春轮胎有限公司
地址:浙江省富阳市永昌工业开发区
邮编:311423
电话:0571/63202888、63202666
传真:63202688
网址:www. fuchuntyre. com
电子信箱:sun@ fuchuntyre. com
质量体系:ISO 9001
产品情况:汽车内外胎

★诸暨市雄达汽配有限公司
地址:浙江省诸暨市枫桥镇工业区
邮编:311800
电话:0575/87041938
传真:87041938
网址:www. xdbrake. com
电子信箱:zjxdqp@ yahoo. cn
质量体系:ISO 9001
产品情况:(雄达牌)
各种汽车制动阀、安全阀、快放阀、气压调节阀、制动泵、弹簧制动室、液压制动软管、尼龙制动软管、高压胶管等

★诸暨安驰机械有限公司
地址:浙江省诸暨市望云西路30 号
邮编:311800
电话:0575/87101617、87102206

传真:87101816、87101513
网址:www.chinatruckparts.com
电子信箱:anchichina@tom.com
单位人数:160
质量体系:ISO 9001
产品情况:(诸暨牌)
凸轮轴、蹄铁、半轴
出口情况:部分产品出口

★诸暨市晨阳汽车配件制造有限公司
地址:浙江省诸暨市枫桥镇工业区
邮编:311800
电话:0575/87438176、85593179
传真:87166307
网址:www.yuewangcn.com
电子信箱:yuewangcn@yahoo.cn
单位人数:100
质量体系:ISO 9001
产品情况:(晨阳牌)
气制动元件、离合器助力器、弹簧制动缸、手控阀、制动总泵、继动阀等,年产能力30万套

★浙江诸暨市车桥附件厂
地址:浙江省诸暨市枫桥镇东三工业区
邮编:311800
电话:0575/87438196、87652616
传真:87439572
网址:www.chinakaiai.com
电子信箱:zhujikaiai@126.com
质量体系:ISO 9000
产品情况:(凯爱牌)
空气干燥器、弹簧制动气室、调压阀、总阀、驻车制动阀、回路保护阀、继动阀、带节流挂车阀、高度阀、握手阀、离合器助力器、螺旋管、七芯线、调整臂等
配套及出口情况:中、重型汽车、半挂车制动阀系列产品为张家口拖车总厂、省汽车进出口公司等单位定点配套;出口东南亚地区

★浙江宏亮汽车零部件有限公司
地址:浙江省诸暨市枫桥工业区
邮编:311800
电话:0575/87438777、87653363
传真:87439656
网址:www.zjhongli56.com
电子信箱:china@zjhongli56.com
质量体系:ISO/TS 16949、ISO 9001
产品情况:汽车制动阀、继动阀、手控阀、排气制动阀、弹簧制动室、离合器助力器等
配套情况:为国内几家大型汽车制造企业定点配套

★诸暨解放汽配制造有限公司
地址:浙江省诸暨市店口中央大道汽配园区
邮编:311800
电话:0575/87625385、87625386
传真:87625389
网址:www.chinajiefang.com
电子信箱:chinajiafang@163.com
质量体系:ISO 9001
产品情况:(佳强牌)
弹簧制动室、离合器助力器、空气干燥器总成、制动泵、继动阀、手控阀、气制动分泵、排气制动阀总成、连接头、调整臂等
配套及出口情况:为东风汽车公司、江淮汽车、解放汽车等配套;出口中东、东南亚等地区

★诸暨市旭锋汽车零部件有限公司
地址:浙江省诸暨市店口小六村
邮编:311800
电话:0575/87653152
传真:87650859
质量体系:ISO 9001
产品情况:汽车底盘接头、空气干燥器配件、弹簧抽动缸配件、制动总泵配件等

★杭州创佳汽车零部件有限公司
地址:浙江省诸暨市店口汽配城7单元6号
邮编:311800
电话:0575/88108133、87163569
传真:88698319
质量体系:ISO 9001
产品情况:(志德牌)
空气干燥器、制动气室、弹簧制动缸、离合器助力器总成、哈齿换挡助力器、手控阀、继动阀、排气制动阀等
配套及出口情况:为解放、东风等20多个厂家配套;远销东南亚、中东、南美洲

★诸暨金宝汽车弹簧制造有限公司
地址:浙江省诸暨市大唐镇开元东路387号
邮编:311801
电话:0575/87163777、87742772
传真:87755835
网址:www.jbspring.cn
电子信箱:jinbao772@vip.163.com
单位人数:170
质量体系:ISO/TS 16949、ISO 9001
产品情况:(金宝牌)
汽车悬架弹簧及其他各种弹簧
配套及出口情况:为上汽通用五菱、昌河汽车、韩国大宇电器、上海大众、通用配套;远销欧洲、美洲、东南亚、中东

★绍兴铁安汽配制造有限公司
地址:浙江省诸暨市阮市镇董公
邮编:311802
电话:0575/87608686、88736688
传真:87608687、88736687
网址:www.sxgdqp.com
电子信箱:gdqp@sxgdqp.com
单位人数:320
质量体系:ISO 9001
产品情况:(安卡牌)
汽车制动手动、自动间隙调整臂
配套及出口情况:为多家大型车桥厂、制动器厂配套;远销欧洲、美洲、东南亚

★诸暨市东神汽车零部件制造厂
地址:浙江省诸暨市枫桥步森大道423号
邮编:311811
电话:0575/87048999
传真:87048889
电子信箱:fuao@www.chinafuao.com
质量体系:ISO/TS 16949、ISO 9001
产品情况:(FAQP牌)
制动泵、控制阀、调整臂等

★诸暨市富易达机械有限公司
地址:浙江省诸暨市枫桥镇东三工业区
邮编:311811
电话:0575/87306228、87438228
传真:87215360、87438047
网址:www.cnfuyida.com
电子信箱:cnfuyida@gmail.com
质量体系:ISO 9001
产品情况:(富宜达牌)
中、重型汽车、半挂车制动阀及弹簧制动室
出口情况:远销欧洲、北美洲、南美洲、非洲、中东等地区

★浙江双祥汽配制造有限公司
地址:浙江省诸暨市枫桥镇东三工业区
邮编:311811
电话:0575/87433158、87437158
传真:87433000
网址:www.cn-sx.com
电子信箱:hyj2002010@163.com
单位人数:50
产品情况:汽车弹簧制动气室(年产20万只)、制动阀、调整臂、干燥器、链接元件等
配套及出口情况:为东风汽车公司、亚星客车、南京汽车集团、安凯汽车、苏州金龙、江淮汽车等配套;产品90%以上出口,远销美洲、中东、东南亚、西欧、非洲等地区

★浙江省诸暨市交通阀门厂
地址:浙江省诸暨市东一工业区
邮编:311811
电话:0575/87438201、87889826
传真:87438201
质量体系:ISO 9001
产品情况:(JIAO牌)
汽车制动阀、离合器助力器、空气干燥器等汽车配件

★诸暨市江华汽车配套厂
地址:浙江省诸暨市枫桥东三工业区
邮编:311811
电话:0575/87438379
传真:87438379
质量体系:ISO 9001
产品情况:一汽、东风、斯太尔汽车及半挂车气制动继动阀、快放阀、手控阀等

制动系统配件

★浙江诸暨市飞旺汽车制动器厂
地址:浙江省诸暨市枫桥工业区
邮编:311811
电话:0575/87438384、87041252
传真:87425229
网址:www.zjfeiwang.com
电子信箱:china@zjfeiwang.com
质量体系:ISO 9001
产品情况:(飞旺牌、前旺牌)
　　制动总泵、挂车制动阀、继动阀、手控阀、离合器助力器、空气干燥器、弹簧制动室、离合器总泵、离合器分泵、调整臂等

★浙江东星科技有限公司
地址:浙江省诸暨市枫桥工业区
邮编:311811
电话:0575/87438768、87438981
传真:87439235
网址:www.zjdfzx.com
电子信箱:dx@zjdfzx.com
质量体系:ISO/TS 16949、ISO 9001
产品情况:(东方之星牌)
　　重型汽车、半挂车制动阀、继动阀、弹簧制动气室、手控阀等制动系统零部件
配套及出口情况:为亚星集团盛达特种车、扬州通华专用车、安特汽车、唐山卡玛斯专用车、深圳宏亚挂车等20多家企业配套;出口美国、东南亚等国家和地区

★诸暨市华光液压附件厂
地址:浙江省诸暨市枫桥镇东三工业区
邮编:311811
电话:0575/87438888
传真:87438989
质量体系:ISO 9001
产品情况:(LIJIN牌)
　　各型号制动总泵、继动阀、双路阀、单路阀、制动气室等
配套及出口情况:为轻骑集团、河南奔马、一汽红塔云南、江淮汽车、天山汽车等配套;出口东南亚等地区

★浙江诸暨东港液压机械有限公司
地址:浙江省诸暨市枫桥青龙畈工业区
邮编:311811
电话:0575/87438932、87426568
传真:87438032
网址:www.chinatkl.com
电子信箱:zjdgco@vip.sohu.com
单位人数:128
质量体系:ISO 9001
产品情况:(东港牌、佳安牌)
　　中、重型双腔串联总泵、继动阀、驻车制动阀和半挂车用紧急继动阀、美式紧急继动阀、同步紧急继动阀、七孔插座、汽接头、手制阀、快放阀等产品
配套及出口情况:为东风汽车公司、江淮汽车、中集集团等配套;出口东南亚、中东、南美洲地区

★浙江工正汽车配件厂
地址:浙江省诸暨市枫桥工业园区
邮编:311811
电话:0575/87599266、87599288
传真:87599222
网址:www.china-gongzheng.com
电子信箱:gongzheng@china-gongzheng.com
质量体系:ISO 9001
产品情况:制动总泵、继动阀、驻车制动阀、保护阀、拖车控制阀、卸荷阀、空气干燥器、快放阀、高度阀等
配套及出口情况:为重汽集团、东风汽车公司、北汽福田、江淮重卡等多家主机厂配套;出口东南亚、美洲、中东、非洲等地区

★诸暨市剑灵机械厂
地址:浙江省诸暨市枫桥镇工业区
邮编:311811
电话:0575/87659829、87438487
传真:87439178
网址:www.zjfyfm.com
电子信箱:zjfyfm0575@126.com
质量体系:ISO 9001
产品情况:(工联牌、江鄂牌)
　　汽车气制动阀、制动气室、离合器助力器、手控阀、空气干燥器、继动阀等

★浙江三A弹簧有限公司
地址:浙江省诸暨市草塔镇府洲路113号
邮编:311812
电话:0575/87071568
传真:87071577
网址:www.cn3a.cn
电子信箱:zhangyan1618@163.com
单位人数:250
质量体系:ISO/TS 16949
产品情况:(三A牌、双金牌)
　　汽车悬架弹簧、汽车稳定杆及大弹簧
配套及出口情况:为安徽奇瑞、浙江吉利、长城汽车、比亚迪、浙江众泰等配套;出口日本、马来西亚,并销往中国台湾地区

★杭州立久汽车零部件有限公司
地址:浙江省诸暨市店口镇三江工业园内
邮编:311814
电话:0571/82451350
传真:82451320
网址:www.zjjiuyuan.com
电子信箱:jy@zjjuyuan.com
产品情况:(久远牌)
　　汽车制动尼龙管、输油管、PP、PE、PA等材料生产的电子线束用波纹护套管、各种管路接头、低压阀门
配套情况:为一汽、东风、中集车辆等主机厂配套

★诸暨市伟林机械厂
地址:浙江省诸暨市店口镇湄池江东路106号
邮编:311814
电话:0575/87061915
传真:87062620
网址:www.zjweilin.cn
电子信箱:weilinjixie@sohu.com
质量体系:ISO 9001
产品情况:制动调整臂、制动气室、制动阀、继动阀、快放阀、手控阀、干燥器、气连接头、电连接头、放水阀、分离开关、排气波纹管等
出口情况:出口北美洲、南美洲、西欧、东欧、南非、中东、东南亚等地区

★浙江诸暨市三木汽车零部件厂
地址:浙江省诸暨市店口镇金五路82号
邮编:311814
电话:0575/87066698、87066958
传真:87066958
电子信箱:zjhuisen@163.com
质量体系:ISO 9001
产品情况:(木雅牌)
　　半轴套管
配套情况:为一汽集团、东风汽车公司及其他各大车桥厂配套

★浙江诸暨市乐洋机械有限公司
地址:浙江省诸暨市南联村333号
邮编:311814
电话:0575/87619798
传真:87659286
电子信箱:skf1237777@163.com
单位人数:150
质量体系:ISO 9001
产品情况:汽车制动系列
配套及出口情况:为东风汽车公司、一汽集团、江淮汽车等配套;出口俄罗斯、哈萨克斯坦、韩国、东南亚等国家和地区

★诸暨市稳远机械制造有限公司
地址:浙江省诸暨市店口镇湄池工业区
邮编:311814
电话:0575/87659693
传真:87067055
单位人数:80
质量体系:ISO 9001
产品情况:(稳远牌)
　　汽车调整臂等,年产制动调整臂50万套以上

★浙江枫叶机械有限公司
地址:浙江省诸暨市店口镇枫叶路61号
邮编:311814
电话:0575/87768336、87068509
传真:87068872、87063379
网址:www.fengyegroup.com
电子信箱:fengye@fengyegroup.com
质量体系:ISO/TS 16949、ISO 9001
产品情况:(枫叶牌)

汽车转向助力泵
配套及出口情况：为国内7个整车厂和汽车发动机厂配套；出口亚洲、非洲、欧洲、美洲、中东等地区

★诸暨市伟成汽车配件厂
地址：浙江省诸暨市店口工业区
邮编：311814
电话：13587300065
传真：0575/87616386
质量体系：ISO 9001
产品情况：（伟成牌）
气制动阀、离合器助力器等

★诸暨镭迪机械有限公司
地址：浙江省诸暨市江藻镇江藻村
邮编：311822
电话：0575/87653736
传真：87659537
网址：www.leidiparts.com
电子信箱：sales@leidiparts.com
质量体系：ISO 9001
产品情况：重型货车离合器助力器、真空制动助力器、调压阀、比例阀、按钮阀、气接头等
出口情况：出口美国、欧洲、中南美洲、土耳其、巴西、伊朗、沙特、泰国等国家和地区

★绍兴君奇汽配有限公司
地址：浙江省诸暨市阮市镇包村
邮编：311826
电话：0575/87625179、87690999
传真：87690527
网址：www.cnjunqi.com
电子信箱：sxjunqi@163.com
质量体系：ISO 9001
产品情况：离合器助力器、空气干燥器、驻车制动阀、四回路保护阀等，年产能力50万套

★怀创汽车零部件有限公司
地址：浙江省诸暨市阮市镇工业区
邮编：311826
电话：0575/87694188、87609198
传真：87609158
网址：www.zj-hc.cn
电子信箱：foxtux@sina.com
产品情况：（怀创牌）
汽车制动调整臂
配套及出口情况：为重汽集团、陕汽集团、一汽客车、东风柳汽、北奔重汽、徐工集团等配套；出口美国、东南亚等国家和地区

★浙江三中机械有限公司
地址：浙江省诸暨市阮市镇三中工业区
邮编：311826
电话：0575/87694888、87694818
传真：87694613
网址：www.szzd.net
电子信箱：sz@szzd.net
质量体系：ISO/TS 16949
产品情况：（三中牌）
汽车制动阀、液压制动元件、制动气室、制动调整臂、离合器助力器等
配套情况：为东风汽车公司、一汽集团等配套

★ 全兴精工集团有限公司

地址：浙江省诸暨市店口斗门工业区
邮编：311835
电话：0575/87063888、87066555
传真：87068181
网址：www.china-quanxing.com
电子信箱：lyj@zjquanxing.com
法人代表：金方明
负责人：李飞鹏
单位人数：2512
质量体系：ISO/TS 16949、ISO 9001
产品情况：（全兴精工）
汽车转向助力泵，转向器，动力转身系统油品
配套情况：主要配套单位广西玉柴、广西玉柴动力机械、山东潍柴动力、东风朝柴、山东潍柴、扬州柴油机、莱恩（中国）动力科技、东风南充汽车、陕汽集团、一汽解放、北汽福田、江淮集团、金华青年、美国纳维司、德尔福（耐世特）汽车系统苏州、印度TATA\印度利兰、印度爱莎、中国重汽集团成都王牌商用车、四川南骏汽车、成都王牌、东风乘用车，奇瑞汽车、吉利集团、众泰控股集团、上海华普、等多家汽车厂及柴油机厂配套。
☞ 详细情况请参阅彩色宣传版面

★浙江店口天盛汽配有限公司
地址：浙江省诸暨市店口镇南方五金城
邮编：311835
电话：0575/87166744
传真：88108818
质量体系：ISO 9001
产品情况：制动系统、气制动分泵、弹簧制动室、离合器助力器等

★浙江中盾机械有限公司
地址：浙江省诸暨市阮市镇桃源工业区
邮编：311835
电话：0575/87609585、87609586
传真：87609222、88108558
网址：www.airbrakevalve.com
电子信箱：fushumiao@tom.com
质量体系：ISO 9001
产品情况：（中盾牌）
汽车气制动阀、液压制动元件、制动气室、离合器助力器

★浙江省诸暨市江南汽配厂
地址：浙江省诸暨市店口工业区祝家坞路南188号
邮编：311835
电话：0575/87617081
传真：87617328
质量体系：ISO 9000
产品情况：（华钢牌）
汽车传动轴、离合器

★浙江三叶机械有限公司
地址：浙江省诸暨市店口镇达江路18号
邮编：311835
电话：0575/87617318、87616878
传真：87659768
网址：www.cnmingjie.com
电子信箱：chinasanye@cnmingjie.com
质量体系：ISO/TS 16949、ISO 9001
产品情况：（茗捷牌）
汽车底盘气路接头、尼龙制动软管、液压制动软管、动力转向压力软管、高压胶管、快速接头管卡等
配套及出口情况：为多家主机企业配套；出口欧洲、东南亚、中东等地区

★浙江力源液压技术有限公司
地址：浙江省诸暨市店口工业区
邮编：311835
电话：0575/87619888
传真：87619888
电子信箱：liyuanyeya888@163.com
质量体系：ISO/TS 16949、ISO 9001
产品情况：（杭泰牌）
高压齿轮油泵、汽车转向泵、齿轮电动机、多联齿轮油泵和液压控制阀、液压系统装置等

★诸暨市恒泰汽车部件有限公司
地址：浙江省诸暨市店口镇万通路21号
邮编：311835
电话：0575/87651962
传真：87662278
网址：www.htzd.cn
质量体系：ISO 9001
产品情况：（恒泰牌）
各种车型串联制动阀、继动阀、卸荷调压阀、手控制动阀、离合器助力器、安全阀、止回阀等汽车制动系列件和有色金属铸造加工件
配套情况：为多家汽车制造厂定点配套

★华佳控股集团有限公司
地址：浙江省诸暨市店口镇华佳路109号
邮编：311835
电话：0575/87652211、87657302
传真：87655312
网址：www.zjhuajia.com
电子信箱：huajia@cnhuajiagroup.com
质量体系：ISO 9001
产品情况：（华佳牌）
汽车空压机、PA-11尼龙软管及总成、气制动管路、纺织输油管、铜开关等

★浙江企成机械集团有限公司
地址：浙江省诸暨市店口工业区
邮编：311835
电话：0575/87655188
传真：87657088

网址:www. qichengjt. com. cn
电子信箱:qichengjt@ 126. com
单位人数:320
质量体系:ISO 9001
产品情况:(企成牌)
制动调整臂、制动凸轮轴、横直拉杆、支重轮和工程机械零部件,各种衬套
配套及出口情况:为一汽集团、东风汽车公司、重汽集团等配套;30% 的产品出口东南亚

★ 万安集团有限公司

地址:浙江省诸暨市店口镇万安科技园区
邮编:311835
电话:0575/87652992
传真:87653237
网址:www. vie. com. cn
电子信箱:wa@ vie. com. cn
法人代表:陈利祥
单位人数:2800
质量体系:ISO/TS 16949
产品情况:(万安牌、VIE 牌)
年产气制动元件 760 万件、液压制动总泵 90. 38 万件、液压盘式制动器 38. 2 万件、离合器总泵 78. 8 万件
配套及出口情况:为一汽、东风、福田、宇通、陕汽、江淮、金龙、奇瑞、长城、力帆、吉利、金杯、柳汽等配套;出口欧洲、美洲、巴西、俄罗斯等国家和地区
☞ 详细情况请参阅彩色宣传版面

★浙江中伟汽车部件有限公司
地址:浙江省诸暨市店口镇盾安路 117 号
邮编:311835
电话:0575/87656668、87651116
传真:87653633
网址:www. chinazhongwei. com
电子信箱:123zzww@ alibaba. com. cn
单位人数:300
质量体系:ISO/TS 16949、ISO 9001
产品情况:(中伟牌)
汽车转向泵,汽车、自卸车液压举升系统,多路阀,齿轮油泵及油缸,离合器总泵、分泵,制动泵等
配套情况:为一汽集团、东风汽车公司、陕汽、洛阳拖拉机等配套

★浙江恒隆万安泵业有限公司
地址:浙江省诸暨市店口镇万安科技园区
邮编:311835
电话:0575/87659180、87659183
传真:87659181、87662166
网址:www. cn16. com. cn
电子信箱:info@ cn16. com. cn
单位人数:250
质量体系:QS 9000、ISO 9001
产品情况:(恒隆万安牌)
汽车动力转向泵
配套情况:为国内的 30 多家主机厂配套

★浙江诸暨万宝机械有限公司
地址:浙江省诸暨市店口镇万安科技园区
邮编:311835
电话:0575/87662718
传真:87165800
网址:www. vie. com. cn
电子信箱:wanbao@ vie. com. cn
质量体系:ISO/TS 16949、VDA 6. 1
产品情况:(万安牌)
各类液压和气压盘式制动器、制动钳、制动盘、轮毂、转向节总成等
出口情况:出口德国、美国、意大利、韩国

★诸暨市长荣机械有限公司
地址:浙江省诸暨市店口镇工业区
邮编:311835
电话:0575/87668612
传真:87667309
网址:www. chinachangrong. com. cn
电子信箱:changrong@ chinachangrong. com. cn
质量体系:ISO/TS 16949、ISO 9001
产品情况:(长荣牌)
各种汽车用管接头和汽车气压制动软管总成等
配套情况:与东风汽车公司配套

★绍兴县福全方杰汽车配件厂
地址:浙江省绍兴县福全镇双山村上娄
邮编:312000
电话:0575/84620897
传真:84620896
网址:www. fjqp. cn
电子信箱:zhou131@ vip. sohu. com
质量体系:ISO 9001
产品情况:汽车制动间隙调整臂
出口情况:远销东南亚、欧洲、美洲地区

★绍兴市嘉坤汽车配件有限公司
地址:浙江省绍兴市灵芝镇工业园区
邮编:312000
电话:0575/85169399、85169993
传真:85170227
网址:www. jiakun - qipei. cn
电子信箱:wanghg25@ 163. com
质量体系:ISO/TS 16949
产品情况:离合器助力器、放水阀、手控阀、弹簧制动缸、气制动阀等
出口情况:远销中东、南美洲、东南亚等地区

★绍兴市三鑫五金制造有限公司
地址:浙江省绍兴市镜湖区灵芝镇工业区
邮编:312000
电话:0575/85357988、85172813
传真:85176353
网址:www. sanxinbrakechamber. com
电子信箱:sanxinwujin@ yahoo. cn
质量体系:ISO 9001
产品情况:汽车制动阀、制动间隙调整臂等

★绍兴美特驰汽车配件有限公司
地址:浙江省绍兴县夏履镇工业园
邮编:312000
电话:0575/85913677
传真:84559618
电子信箱:sxmeitec@ 163. com
质量体系:ISO/TS 16949、ISO 9001
产品情况:各类车型的转向拉杆、悬架摆臂球头、稳定杆连杆等,年产汽车转向拉杆和摆臂球头总成 70 万台套
配套及出口情况:为一汽、东风、北汽福田、江西五十铃、长丰猎豹、华晨金杯配套;远销东南亚、欧洲、美洲

★绍兴市精团机械有限公司
地址:浙江省绍兴市东湖迎宾路 166 号
邮编:312000
电话:0575/88601154
传真:88612739
网址:www. sx - jdcl. com
电子信箱:gs@ sx - jdcl. com
单位人数:105
质量体系:ISO 9001
产品情况:(金盾牌)
同步器、汽车变速器齿轮、轴
配套及出口情况:为一汽长春齿轮、山东时风等配套;出口欧洲、美洲等地区

★浙江绍兴市东洲汽车齿轮有限公司
地址:浙江省绍兴市东湖镇塘下赵村
邮编:312003
电话:0575/88752200、88649625
传真:88607797、88604017
网址:www. zjdongzhou. com
电子信箱:zjzpc@ tom. com
质量体系:ISO 9001
产品情况:(东洲牌)
汽车同步器齿环及铜制品
配套及出口情况:与国内知名厂家配套;出口欧洲、大洋洲、巴基斯坦、越南、马来西亚、印尼、菲律宾等国家和地区

★绍兴天顺汽配有限公司
地址:浙江省绍兴市越城区鉴湖镇虞江工业区
邮编:312008
电话:0575/85150878、87657975
传真:88052858
网址:www. zjunionsky. com
电子信箱:sxtusb@ 163. com
单位人数:50
质量体系:ISO 9001
产品情况:汽车制动系列
配套及出口情况:为东风汽车公司、一汽集团、江淮汽车等配套;出口欧洲、美洲、东南亚等多个地区

★绍兴市平水汽车齿轮厂
地址:浙江省绍兴市鉴湖南池
邮编:312011
电话:0575/88372692
传真:88372691

电子信箱:zjpinchi@126.com
质量体系:ISO 9001
产品情况:汽车变速器齿轮、齿轮轴、农用机械齿轮、工程机械齿轮等

★绍兴明博汽车配件有限公司
地址:浙江省绍兴市杨汛桥镇江桥街道
邮编:312028
电话:0575/84216578
传真:81172027、88702208
网址:www.sxmingbo.com
电子信箱:zxqp188@163.com
质量体系:ISO 9001
产品情况:各类万向节、轴承等
出口情况:远销欧洲、非洲、东南亚等地区

★浙江展望股份有限公司
地址:浙江省绍兴县杨汛桥镇
邮编:312028
电话:0575/84501080、84509879
传真:84501017
网址:www.zhejiangprospect.com
电子信箱:zwfgy@zhanwanggroup.com
单位人数:310
质量体系:ISO/TS 16949
产品情况:(展望(ZW)牌)
汽车十字轴万向节、工程机械万向节、等速器十字轴等
配套及出口情况:为国内主机厂配套;远销欧洲、美国、巴西、日本、俄罗斯、印度等20多个国家和地区

★绍兴华兴汽车零部件有限公司
地址:浙江省绍兴市柯岩街道柯东工业区
邮编:312030
电话:0575/84311666、84310000
传真:84314626
网址:www.sxhuaxing.com
电子信箱:chifang@sxhuaxing.com
质量体系:ISO 9001
产品情况:(驰方牌)
各种车型制动调整臂
出口情况:出口美国、德国、哥伦比亚、土耳其、中东等国家和地区

★绍兴驰达汽车配件制造有限公司
地址:浙江省绍兴市柯岩秋湖工业区
邮编:312030
电话:0575/84311988
传真:84311273
网址:www.sxchida.com
电子信箱:pjs@sxchida.com
单位人数:216
质量体系:ISO 9001
产品情况:(驰达牌)
制动调整臂、制动凸轮轴等,年产能力200余万套

★索密克汽车配件有限公司
地址:浙江省绍兴市柯岩街道丁巷
邮编:312030
电话:0575/84311990、84311989
传真:84313372
网址:www.somic.com.cn
电子信箱:sx@somic.com.cn
单位人数:1500
质量体系:ISO/TS 16949
产品情况:(SOMIC牌)
汽车用转向拉杆总成、悬架摆臂及球头总成、稳定杆连杆总成、轮边锁止器总成,年产值15亿元
配套及出口情况:为一汽集团、东风集团、广汽集团、上汽集团、奇瑞、江淮等150多家主机配套厂配套;稳定杆连杆、悬架摆臂球头、锁止器等产品出口东南亚、欧洲、美洲、中东等地区,年出口金额5000万元

★浙江长泰机械有限公司
地址:浙江省绍兴县华舍街道
邮编:312033
电话:0575/84081585、84081304
传真:84083967
单位人数:380
质量体系:ISO/TS 16949、ISO 9001
产品情况:(SHAOCHI牌)
主要产品有汽车变速器、分动器、及重型汽车变速器、工程机械变速器等齿轴类零部件
配套情况:总成产品为一汽解放、湖北三环十通、东风随州专汽、徐工集团、东风嘉泰、云南力帆骏马、四川王牌、福建永安等汽车主机厂配套;齿轴类零部件为上海汽车齿轮总厂、杭州前进齿轮箱集团、意大利COMER公司、美国INGERSOLL RAND配套

★浙江绍兴县精致机械制造有限公司
地址:浙江省绍兴兰亭花街312省道旁
邮编:312045
电话:0575/84609236、84605328
传真:84605168
网址:www.zjjzjx.com
电子信箱:web@zhejiangjingzhi.com
单位人数:138
质量体系:ISO 9001
产品情况:(精致牌)
空气加力器、真空助力器、弹簧制动室、离合助力器、制动总泵、制动分泵、离合器总泵、离合器分泵、踏板支架总成等

★浙江省绍兴县星光液压泵厂
地址:浙江省绍兴县阳嘉龙小桥弄1号
邮编:312066
电话:0575/85575006
传真:85520771
网址:www.sxxingguang.com.cn
单位人数:200
质量体系:ISO 9001
产品情况:(飞前牌)
各种汽车转向助力泵
出口情况:出口南美洲、东欧、东南亚、中东、非洲多个国家和地区

★绍兴市盛隆汽车制动器厂
地址:浙江省绍兴市越城区马山镇豆姜
邮编:312087
电话:0575/88153473
传真:88153559
电子信箱:shenglong@china-shenglong.com
质量体系:ISO 9001
产品情况:汽车制动泵、真空助力器及汽车电动机真空泵
配套及出口情况:为杭州汽车配件厂、江淮汽车配件公司、北方汽车配件公司配套;汽车电机真空泵出口泰国、新加坡

★浙江绍兴汇天机械有限公司
地址:浙江省绍兴市袍江工业区越兴路
邮编:312088
电话:0575/87657975
传真:85553378
电子信箱:sales@un-sky.com
单位人数:150
质量体系:ISO 9001
产品情况:(汇天牌)
制动气室、制动阀、继动阀、离合器助力器、空气干燥器、手控阀、感载阀等汽车制动系列产品
出口情况:出口俄罗斯、哈萨克斯坦、韩国

★绍兴金江机械有限公司
地址:浙江省绍兴市袍江工业区越英路口东
邮编:312088
电话:0575/88030973、88157926
传真:88157901
单位人数:299
质量体系:ISO/TS 16949
产品情况:EQ、江铃、NKR等转向横直拉杆,年产35.79万件;汽车球头销,年产250.05万只;JAC、IVECO等转向节主销,年产99.01万只

★浙江春晖智能控制股份有限公司
地址:浙江省上虞市春晖工业大道288号
邮编:312300
电话:0575/82155188
传真:82158515-8507
网址:www.chunhuizk.com
电子信箱:zzl@zjchunhui.com
单位人数:1200
质量体系:ISO/TS 16949、ISO 9001
产品情况:(春晖牌)
汽车ABS液压调节器、空调热力膨胀阀、四通电磁换向阀、燃气调压控制系统、税控电脑加油机比例阀等
配套及出口情况:为力帆、比亚迪、长安汽车、东南、吉利、奇瑞、重庆空调厂、美国开利、英格索兰等企业配套;出口欧洲、美洲、日本、韩国等国家和地区

★浙江优联汽车轴承有限公司
地址:浙江省嵊州市三江业园

邮编:312400
电话:0575/83268206、83268207
传真:83268202
网址:www. unifarbearings. com
电子信箱:unifarbearing@ sina. com
质量体系:ISO/TS 16949
产品情况:汽车离合器分离轴承及单元

★新昌县林泉轴承有限公司
地址:浙江省新昌县青山工业区
邮编:312500
电话:0575/86175588、86177558
传真:86175618、86175260
网址:www. cnlinquan. com
电子信箱:cnlinquan@ cnlinquan. com
单位人数:500
质量体系:ISO/TS 16949、ISO 9001
产品情况:汽车轮毂轴承、汽车空调机轴承、张紧轮轴承、离合器轴承、圆锥轴承、深沟球轴承及各种非标准特殊轴承,年产量1000万套,产值1亿元
出口情况:出口欧洲、美洲、亚洲等多个国家和地区

★新昌县双菱汽车轴承有限公司
地址:浙江省新昌县高新技术产业区
邮编:312500
电话:0575/86177888
传真:86177002
网址:www. slbearings. com
电子信箱:slbearing@ 126. com
质量体系:ISO 9001
产品情况:汽车轮毂轴承、空调机轴承、转向机轴承、非标球轴承、单列深沟球轴承系列等

★浙江五峰汽车轴承制造有限公司
地址:浙江省新昌县高新技术产业园区
邮编:312500
电话:0575/86282008、86282009
传真:86282005、86320555
网址:www. wf – bearings. com
电子信箱:xczmq@ 163. com
质量体系:ISO/TS 16949、ISO 9001
产品情况:(WF牌)
　　轮毂轴承、圆锥滚子轴承、空调器轴承及各类非标轴承
出口情况:出口阿根廷、巴西、意大利、德国、墨西哥、土耳其、叙利亚、俄罗斯、伊朗、韩国等国家

★万丰奥特控股集团有限公司
地址:浙江省新昌县万丰科技园
邮编:312500
电话:0575/86296293
传真:86297550
网址:www. wfjt. com
电子信箱:xufd@ wfjt. com
单位人数:6000
质量体系:ISO/TS 16949、VDA 6. 1
产品情况:(ZCW牌、万丰牌)
　　汽车、摩托车铝合金车轮、镁合金车轮、进气歧管以及有色合金铸造自动化装备单元,年产销铝轮2500万件
配套及出口情况:是大众、丰田、宝马、菲亚特、福特、通用、尼桑、PSA等一级供应商;出口北美洲、南美洲、欧洲、亚洲、大洋洲等30多个国家和地区

★浙江万丰奥威汽轮股份有限公司
地址:浙江省新昌县万丰科技园
邮编:312500
电话:0575/86298392、86298432
传真:86297218
网址:www. wfaw. com. cn
电子信箱:wfaw@ wfjt. com
质量体系:ISO/TS 16949、QS 9000
产品情况:汽车铝合金车轮
配套及出口情况:为通用、福特、大众、丰田、PSA、现代等配套;出口欧洲、美洲、亚洲等地区

★浙江创盛汽车配件有限公司
地址:浙江省湖州市菱湖镇西庄桥堍
邮编:313018
电话:0572/3301001、3301014
传真:3301005
网址:www. chuangying. com
电子信箱:hzchuangsheng@ sohu. com
单位人数:244
质量体系:ISO/TS 16949、ISO 9001
产品情况:汽车钢板弹簧及其他底盘系统零部件,年产能力2万余t
配套及出口情况:为国内10多家整车企业配套;出口多个国家和地区

★浙江凯迪汽车部件工业有限公司
地址:浙江省长兴县经济技术开发区C区经三路东侧中央大道北侧
邮编:313100
电话:0576/87510028
传真:87570758
网址:www. autokdd. cn
电子信箱:kaidi@ vip. 163. com
单位人数:500
质量体系:ISO 9001
产品情况:汽车等速万向节年产能力200万只,传动轴30万支
出口情况:远销欧洲、美洲、俄罗斯、东南亚、中东等国家和地区

★湖州亿兴汽车零部件有限公司
地址:浙江省湖州市长兴经济开发区经四路
邮编:313199
电话:0572/6521966
传真:6522666
网址:www. yixingcn. com
电子信箱:yixing211@ 126. com
质量体系:ISO/TS 16949、ISO 9001
产品情况:汽车控制臂
配套情况:为一汽集团、北汽集团等配套

★浙江蒙力减振器有限公司
地址:浙江省湖州市德清县雷甸镇临杭工业园白云南路1201号
邮编:313219
电话:0572/8388200、8388222
传真:8388216
网址:www. monre. com. cn
电子信箱:monre@ monre. com. cn
单位人数:300
质量体系:ISO/TS 16949、ISO 9001
产品情况:车辆悬架用减振器、车辆非悬架用减振器、液压阻尼器(缓冲器)、支承杆气弹簧、减振器零件等
配套及出口情况:为北汽福田、北汽制造、一汽红塔云南、山东淄博汽车制造厂、北奔重汽等10多家汽车厂配套;远销中东、东南亚、南美洲、北美洲、欧洲等地区

★浙江瑞朗锻造有限公司
地址:浙江省湖州市德清县钟管镇工业区
邮编:313220
电话:0572/8239999、8239886
传真:8239718
网址:www. cnruilang. com
电子信箱:info@ cnruilang. com
单位人数:118
质量体系:ISO 9001
产品情况:汽车拉杆球头和万向节,柴油机及汽车连杆毛坯,摩托车配件,其他中小型复杂精密锻造零件
配套及出口情况:为一汽集团配套;远销中东、非洲、东南亚等地区

★杭州豪迈汽车悬架系统有限公司
地址:浙江省湖州市安吉递铺镇霞泉村
邮编:313300
电话:0572/5015000、13735896751
传真:5015899、5015566
网址:www. roadtamer. com
电子信箱:fdi@ founding. com. cn
质量体系:ISO/TS 16949、ISO 9001
产品情况:(福鼎牌)
　　汽车减振器、气弹簧、油压缸
配套情况:为哈飞汽车、北汽福田等配套

★浙江天瑞汽车零部件有限公司
地址:浙江省嘉兴市秀州工业区中山西路加创路1758号
邮编:314000
电话:0573/82799222、82799796
传真:82799795
网址:www. teenray. com
电子信箱:info@ teenray. com
质量体系:ISO/TS 16949
产品情况:各种汽车悬架支臂、龙门架、推力杆等
出口情况:出口欧洲、美洲、中东、东南亚

★宁波自由者轮毂有限公司
地址:浙江省宁波市海曙区环城西路南段1087号

邮编:314000
电话:0574/87489222
传真:87482333
网址:www.freemanwheels.net
电子信箱:sales@freemanwheels.net
质量体系:ISO/TS 16949
产品情况:(FREEMAN 牌)
　　铝合金轮毂
出口情况:出口欧洲、美洲、日本、俄罗斯、南非等国家和地区

★嘉兴市四通车轮制造有限公司
地址:浙江省嘉兴市工业园区步交路528号118号
邮编:314001
电话:0573/82572900、82572211
传真:82572990
网址:www.cnruitong.com
电子信箱:master@cnruitong.com
质量体系:ISO/TS 16949
产品情况:(瑞通牌)
　　各种汽车车轮
出口情况:出口美国、印度、加拿大、新加坡、德国、印度尼西亚、伊朗、韩国、日本、西班牙、丹麦、法国、意大利、巴基斯坦、泰国、马来西亚,并销往中国香港、台湾地区

★嘉兴峰牌钢圈有限公司
地址:浙江省嘉兴市亚澳路725号
邮编:314006
电话:0573/82583277
传真:82583388
网址:www.fengpaiwheel.com
电子信箱:zhou610903@163.com
法人代表:宋济隆
负责人:姜引娣
单位人数:185
质量体系:ISO/TS 16949、ISO 9001
产品情况:(峰牌)
　　汽车钢圈、工程车钢圈,年产358930套
配套及出口情况:为徐工集团、上汽依维柯、中联重科、东风裕隆杭州商用车公司、汉阳特种汽车厂、宇通重工、众泰集团及军工企业配套;汽车钢圈出口美国、欧洲、东南亚等国家和地区53189套

★嘉兴盛鼎机械有限公司
地址:浙江省嘉兴市南湖区新篁工业园
邮编:314008
电话:0573/83147053、83143238
传真:83143553
网址:www.chinasand.net
电子信箱:sale@chinasand.net
单位人数:100
质量体系:ISO 9001
产品情况:制动气室、离合器助力器、离合器总分泵及挂车气接头零件

★嘉兴嘉嘉汽车零部件制造有限公司
地址:浙江省嘉兴市秀州区新塍镇南工业区
邮编:314015
电话:13957390299
传真:0573/83411871
网址:www.cn-absorber.com
电子信箱:web@cn-absorber.com
质量体系:ISO 9000
产品情况:(DIG 牌)
　　S20、S30、S40、S45、S50、S65 各种筒式减振器
配套情况:为东风杭汽、东风柳汽、东风日产柴、东风云南汽车、苏州金龙、亚星商务车、亚星客车、南京春兰汽车、徐州重型机械厂、安徽安凯汽车、上海客车厂、丹东黄海、厦门金旅、上海汇众、陕西汽车制造总厂、郑州日产、江淮汽车厂、东风新疆汽车厂等配套

★嘉兴新中南汽车零部件制造公司
地址:浙江省嘉兴市秀洲工业区新农路1号
邮编:314031
电话:0573/82779880、82799113
传真:82799882
网址:www.xzn.com.cn
电子信箱:jsb@xzn.com.cn
质量体系:ISO/TS 16949、ISO 9001
产品情况:重型载货汽车离合器助力器、离合器总泵、弹簧制动气室、气制动总阀等
配套情况:为中国重汽济南货车公司(斯太尔王、HOWO)、商用车公司(黄河王子)、陕汽集团(德龙 F2000、奥龙)、东风柳汽商用车公司(乘龙、霸龙等)、北奔重汽、重庆铁马、上汽依维柯红岩(T车、斯太尔)、一汽客车、中通客车、徐工集团、中国龙工等配套

★嘉兴市贝得机械有限公司
地址:浙江省嘉兴市东栅经济园区富润路118号
邮编:314050
电话:0573/82069928
传真:82062968
网址:www.beda.com.cn
电子信箱:beda@beda.com.cn
质量体系:ISO/TS 16949
产品情况:动力转向泵
出口情况:产品全部出口

★承田汽车配件工业(浙江)公司
地址:浙江省嘉善县人民大道2355号
邮编:314100
电话:0573/84830533、84830935
传真:84830267
网址:www.shoda-tw.com
电子信箱:shoda-ho@360sky.com
质量体系:ISO 9001
产品情况:汽车制动器总成、变速器、摩托车高速齿轮、电动工具齿轮、减速机齿轮及电动机齿轮

★嘉兴市纽曼机械有限公司
地址:浙江省嘉善县干窑镇范泾大道2号
邮编:314115
电话:0573/84517327、84517326
传真:84517201、84517339
网址:www.zjnewman.com
电子信箱:ljbf@163.com
单位人数:420
质量体系:QS 9000、ISO 9001
产品情况:(纽曼牌)
　　汽车电涡流缓速器

★嘉善峰立汽车零部件制造有限公司
地址:浙江省嘉善县姚庄镇工业园
邮编:314117
电话:0573/84776985、84823288
传真:84778798
网址:www.jsfengli.com
电子信箱:fengli@zjbiz.cn
质量体系:ISO 9001
产品情况:汽车取力器总成,年产5万余台
配套情况:为国内各大汽车改装厂、专用车制造公司、变速器厂等配套

★嘉善顺达汽车配件制造有限公司
地址:浙江省嘉善县姚庄经济开发区
邮编:314117
电话:0573/84777638
传真:84777018
网址:www.zjsdqp.com
电子信箱:sale@zjsdqp.com
单位人数:141
质量体系:ISO 9001
产品情况:具有年产各类汽车取力器30000台、各类传动轴20000套、各类液压传动绞盘1000套、起升机构400套的生产能力

★德西福格汽车配件(平湖)公司
地址:浙江省嘉兴市平湖经济开发区新群路2558号
邮编:314200
电话:0573/85072558
传真:85072552
网址:www.hirschvogel.com
电子信箱:hac@hirschvogel.cn
质量体系:ISO/TS 16949
产品情况:凸轮轴、球笼、制动泵、变速器轴、齿轮轴、轮毂等

★浙江欧迪恩汽车零部件有限公司
地址:浙江省平湖经济开发区兴平四路688号
邮编:314200
电话:0573/85076666
网址:www.odmaxle.com
单位人数:1200
质量体系:ISO/TS 16949、VDA 6.1
产品情况:球笼和传动轴
出口情况:出口美洲、欧洲、东南亚、中东等50余个国家和地区

★海盐三维冷挤压成型有限公司
地址:浙江省嘉兴市海盐县沈荡镇工业园区
邮编:314311
电话:0573/86722165、86722166
传真:86722232
网址:www.coldextrusion.com
电子信箱:hylj@coldextrusion.com
质量体系:ISO/TS 16949、ISO 9001
产品情况:管件螺母、外套、柱塞套、凸轮轴套、挺柱体、凸缘、液压制动器活塞,汽车变速器花键套、输出轴,电磁铁芯,电气配套连接件及齿形、异形件等

★海宁佳盛汽车零部件有限公司
地址:浙江省海宁市长安镇修川北路
邮编:314408
电话:0573/87489178
传真:87489168
网址:www.nfcauto.com
电子信箱:sales@nfcauto.com
质量体系:ISO/TS 16949
产品情况:轮毂单元

★浙江雄鹰机电有限公司
地址:浙江省海宁市盐官镇工业园区
邮编:314411
电话:0573/87615338、87617070
传真:87617071
网址:www.detent.cn
电子信箱:web@detent.cn
单位人数:186
质量体系:ISO 9001
产品情况:(蹄王牌)
汽车制动器总成、后桥壳及其配件,年产汽车制动器总成12万只,后桥壳4万支
配套情况:为一汽红塔云南、东风湖南车桥厂、万向集团、湖北车桥厂、河北宇田、河南向东、杭州轻型等配套

★浙江前锦离合器有限公司
地址:浙江省海宁市盐仓镇对外综合开发区启潮路中堤桥头
邮编:314422
电话:0573/87967368
传真:87967358
网址:www.auto-clutch.com
电子信箱:why767311@163.com
质量体系:ISO/TS 16949
产品情况:(前锦牌)
离合器压盘、离合器从动盘等,年产能力50万台套
配套及出口情况:为一汽解放、北汽福田、东风汽车等配套;出口北美洲、欧洲、东南亚、中东、拉丁美洲等地区

★浙江龙华汽配制造有限公司
地址:浙江省海宁市农业开发区中堤路9号
邮编:314423
电话:0573/87968715
传真:87968716
网址:www.longhua.biz
电子信箱:root@longhua.biz
单位人数:260
质量体系:ISO/TS 16949
产品情况:(龙华牌)
离合器膜片弹簧
配套及出口情况:为长春一东离合器股份有限公司、中国重汽集团济南港信零部件有限公司、上海萨克斯动力总成有限公司、南京法雷奥离合器有限公司配套;50%产品出口

★宁波市鄞州思可达传动件有限公司
地址:浙江省宁波市鄞州区五乡工业区
邮编:315000
电话:0574/56700506、83062380
传真:88474358、83062390
网址:www.hkaok.com
电子信箱:aok@hkaok.com
质量体系:ISO/TS 16949、QS 9000
产品情况:关节轴承、球头轴接、拉杆连杆、拖车球、拖车罩、平衡杆、变速操纵、U形叉、转向盘、液压管件等
出口情况:远销美国、法国、德国、西班牙、英国、中东和南亚等国家和地区

★宁波派斯马克汽车部件有限公司
地址:浙江省宁波市大庆北路283号
邮编:315000
电话:0574/87677588
传真:87628488
网址:www.nbthc.com
电子信箱:sales@nbthc.com
质量体系:ISO 9001
产品情况:(PCMK牌)
具有年产5万台牵引座、8万只牵引销、2千台单点悬架、2万付支腿、6万套集装箱锁具、12万套扭力杆的生产能力
配套及出口情况:为扬州中集通华、上海中集、天津中集、新疆中集、深圳中集、宁波中集、扬州特种车辆厂、一汽山东汽车改装厂、江淮扬天、驻马店华骏、青特集团、淮阴汽车改装厂、浦东一汽青岛专用车厂等配套;出口欧洲、非洲、亚洲几十个国家和地区

★宁波市聚星橡塑有限公司
地址:浙江省宁波市段塘丁家街56号
邮编:315012
电话:0574/87463957
传真:87467244
网址:www.juxing.cn
电子信箱:nbjx@juxing.cn
质量体系:ISO 9001
产品情况:(聚星牌)
聚氨酯缓冲块、聚氨酯轮胎、化油器软垫等
出口情况:出口欧洲、美洲、东南亚等几十个国家和地区

★宁波跃进汽车前桥有限公司
地址:浙江省宁波市环城北路东段369号
邮编:315021
电话:0574/27910012
传真:27910011
网址:www.nbnafa.com
电子信箱:market@nbnafa.com
单位人数:780
质量体系:ISO/TS 16949、QS 9000
产品情况:(纳发牌)
汽车悬架总成类产量30万台套、汽车转向节80万只、汽车扭杆120万根
配套及出口情况:为依维柯、江淮、上汽荣威、吉利、金杯、奇瑞、长城、江铃配套;出口美国、澳大利亚、马来西亚、意大利、波兰

★浙江向隆机械有限公司
地址:浙江省宁波市江北区振甬路89号
邮编:315021
电话:0574/87232288、87633877
传真:87638398
网址:www.cn-sps.com
电子信箱:sale@cn-sps.com
质量体系:ISO/TS 16949
产品情况:(SPS牌、万向牌)
汽车传动轴、等速万向节等
配套及出口情况:是国内外主要OEM市场配套生产厂商之一;远销欧洲、美国等OEM市场

★宁波嘉隆工业有限公司
地址:浙江省宁波市江北区宝成路22号
邮编:315021
电话:0574/87633188、87633877
传真:87633388
网址:www.cn-jialong.com
电子信箱:fmcl@mail.nbptt.zj.cn
质量体系:ISO/TS 16949、ISO 9000
产品情况:(飞敏牌)
轿车前轮驱动轴、等速万向节

★宁波市金波工贸有限公司
地址:浙江省宁波市江北区甬江镇(夏家)工业开发区
邮编:315021
电话:0574/87635959、87626215
传真:87627011
网址:www.jinbo88.com
电子信箱:sale@jiabo88.sina.net
质量体系:ISO/TS 16949、ISO 9001
产品情况:(金波牌)
汽车减振器
出口情况:出口北美洲、南美洲、欧洲、中东、非洲

★宁波豪锋企业有限公司
地址:浙江省宁波市江北区北海路150弄38号
邮编:315032
电话:0574/87561638、87577696

传真:87561891、87227946
网址:www. haofeng - ind. com
电子信箱:liyx@ haofeng - ind. com
单位人数:600
质量体系:ISO 9001
产品情况:气门嘴芯及其工具、车轮配件、附件及其装配维修工具
配套及出口情况:与国内多家汽车厂、车轮厂、汽车底盘厂配套;90%以上的产品出口欧洲、美洲等20多个国家和地区

★宁波祥生摩擦材料有限公司
地址:浙江省宁波市江北区庄桥镇
邮编:315032
电话:0574/87712888、27860788
传真:87710698、27828399
网址:www. jcl68. com
电子信箱:xiangsheng@ cnool. net
质量体系:ISO 9001
产品情况:汽车离合器从动盘,各种摩擦材料

★宁波宝迪轮毂制造有限公司
地址:浙江省宁波市鄞州滨海投资创业中心合兴路345号
邮编:315100
电话:0574/88021658
传真:88023098
电子信箱:lh@ baodywheel. com
质量体系:ISO 9000
产品情况:汽车铝合金轮毂

★宁波太星减振器有限公司
地址:浙江省宁波市鄞州区集仕港镇卖面桥
邮编:315100
电话:0574/88440008、88089823
传真:88440005
网址:www. sunstarshocks. com
电子信箱:ningbohuaying@ 163. com
质量体系:ISO/TS 16949
产品情况:汽车、摩托车减振器
配套及出口情况:为国内外许多汽配商家配套;远销美国、法国、英国、欧洲、南美洲、中东等国家和地区

★奉化市祥和机械制造有限公司
地址:浙江省宁波市奉化市莼湖镇桐照
邮编:315100
电话:0574/88756444
传真:88752328
网址:www. nbxihe. com
电子信箱:fhxhjx3344@ 163. com
质量体系:ISO/TS 16949、ISO 9001
产品情况:汽车轮毂螺母、螺栓、轮锁等
出口情况:出口欧洲、美国等国家和地区

★宁波卓越圣龙工业技术有限公司
地址:浙江省宁波市鄞州区投资创业中心金达路789号
邮编:315104
电话:0574/83097997、83097888
传真:83097996
网址:www. shenglongsr. com
电子信箱:martin. xu@ shenglongsr. com
质量体系:ISO/TS 16949、ISO 14001
产品情况:汽车轮毂
出口情况:远销东欧、北美、非洲、东南亚、中东等地区

★宁波大江汽车动力转向器有限公司
地址:浙江省宁波市鄞州区五乡镇沙堰工业区
邮编:315111
电话:0574/88383518
传真:88383798
网址:www. ningbodajiang. com
单位人数:150
质量体系:ISO/TS 16949、ISO 9001
产品情况:动力转向器,广泛用于重型运输车和矿用自卸车

★宁波市鄞州横溪福兴汽配厂
地址:浙江省宁波市横溪禄广桥工业区
邮编:315131
电话:0574/88064623
传真:88471040
网址:www. nbfx. com. cn
电子信箱:zjnbzfd@ hotmail. com
产品情况:汽车操纵杆、连接臂、支架、转向横直拉杆、纵向杆、换挡臂、操纵臂、球头、手柄、凸缘等
配套情况:为一汽解放配套

★宁波通达精密铸造有限公司
地址:浙江省宁波市云龙镇荷花桥
邮编:315135
电话:0574/88345758、27861876
传真:88474088
网址:www. nbtdcasting. com
质量体系:ISO/TS 16949、QS 9000
产品情况:汽车底盘铸造件,年产量15000t以上
出口情况:出口美国、加拿大、大洋洲、英国、法国、葡萄牙、马来西亚、新加坡等国家和地区,并销往中国香港地区

★宁波培源汽车配件制造有限公司
地址:浙江省宁波市鄞州区姜山镇蔡郎桥姜丽路126号
邮编:315136
电话:0574/88475171、88096248
传真:88475688、88097751
网址:www. peiyuan. com. cn
电子信箱:zpq@ peiyuan. com. cn
单位人数:570
质量体系:ISO/TS 16949
产品情况:汽车及摩托车减振器,五金配件和非标高强度螺栓、螺母
出口情况:远销美国、欧洲、中东、东南亚等国家和地区

★宁波优适捷传动件有限公司
地址:浙江省宁波市鄞州区云龙镇梅池工业园区
邮编:315137
电话:0574/88345679、88473465
传真:88474809
网址:www. usj. com. cn
电子信箱:usj@ usj. com. cn
质量体系:ISO/TS 16949、ISO 9001
产品情况:(优适捷牌)
汽车球头、球接、球铰链、关节轴承、转向悬架、控制臂等
配套及出口情况:为北汽福田、一汽重卡、北奔重汽、郑州宇通、东风汽车公司、厦门金龙等配套;出口美国、德国、日本、西班牙、东南亚等国家和地区

★宁波市鄞州五环金属制品有限公司
地址:浙江省宁波市集仕港工业园区工贸一路198-208号
邮编:315171
电话:0574/88022690
传真:88022698
网址:www. cn - wuhuan. com
电子信箱:sales@ cn - wuhuan. com
单位人数:150
质量体系:ISO 9001
产品情况:气门嘴、货架
出口情况:远销欧洲、美洲

★宁波方友汽车零部件有限公司
地址:浙江省宁波市望春工业区迎春路8号A座
邮编:315175
电话:0574/88006331、88006329
传真:88006327
网址:www. china - ccr. com
电子信箱:ccr@ china - ccr. com
质量体系:ISO 9001
产品情况:悬架件、轮毂、水泵
出口情况:出口欧洲、美国、南美洲、中东等国家和地区

★宁波市鄞州云龙恒丰汽车配件厂
地址:浙江省宁波市鄞州区云龙镇荷花桥工业区
邮编:315175
电话:0574/88344418
传真:88473805
网址:www. nbhfqp. com
电子信箱:ykz1688@ 163. com
质量体系:ISO 9001
产品情况:汽车换挡拉杆球头球接、推拉软轴球头球接、车门平衡杆总成、门泵球头、球头杆端关节轴承

★宁波华盛汽车部件有限公司
地址:浙江省宁波市鄞州区姜山镇明曙路3号
邮编:315191
电话:0574/88070005、88070006
传真:88098892
网址:www. nbhsqp. com

电子信箱:feng. gao@ nbhsqp. com
单位人数:200
质量体系:ISO/TS 16949、ISO 9001
产品情况:转向横直拉杆总成、上下推力杆总成、平衡轴壳、转向节总成、前轴叉总成、间隙调整臂总成、轮毂、制动鼓等
配套情况:为陕汽集团、重汽集团、珠海广通、郑州猛狮、中通客车配套

★宁波明佳汽车内饰有限公司
地址:浙江省宁波市鄞州区姜山镇科技园区
邮编:315191
电话:0574/88458988、88456688
传真:88458368、88458988
网址:www. mecai. com
电子信箱:hym@ mecai. com
单位人数:508
质量体系:ISO/TS 16949、ISO 9000
产品情况:(明佳牌)
汽车转向盘、扶手、拉手、遮阳板、汽车门锁
配套情况:为吉利汽车、奇瑞汽车、上海华普、长城汽车、丹东曙光、山东华泰、厦门金龙、浙江吉奥等配套

★宁波南方减震器制造有限公司
地址:浙江省宁波市钟公庙三里村
邮编:315194
电话:0574/88660900、88329662
传真:88660989、88329233
电子信箱:export3@ nb - nf. com
单位人数:300
质量体系:ISO/TS 16949、QS 9000
产品情况:(NBNF 牌)
汽车减振器及其零部件
出口情况:出口欧洲、东南亚、中东等地区

★宁波市镇海成业机械附件厂
地址:浙江省宁波市镇海区九龙湖镇
邮编:315205
电话:0574/86532798
传真:86531675
网址:www. chengye. cn
电子信箱:chengye@ chengye. cn
质量体系:ISO 9001
产品情况:(HJYB 牌)
减振器、活塞环全包缚及各种复合衬套

★浙江立群汽车配件制造有限公司
地址:浙江省宁波市镇海区蛟川街道俞范新河里周
邮编:315207
电话:0574/86362276、86362218
传真:86362411
网址:www. cnlqco. com
电子信箱:whj@ cnlqco. com
单位人数:150
质量体系:ISO/TS 16949
产品情况:(立群牌、润群牌)
汽车万向节、转向器总成及传动轴配件等
配套及出口情况:为主机厂配套;汽车万向节、方向机、传动轴出口中东、南美洲等地区

★宁波市镇海新隆汽车零部件厂
地址:浙江省宁波市镇海蟹浦工业开发区
邮编:315300
电话:0574/86503278
传真:86503279
单位人数:100
质量体系:ISO 9001
产品情况:汽车减振器,年产 80 万支

★宁波普泽机电有限公司
地址:浙江省慈溪市宗汉街道百两村
邮编:315301
电话:0574/63206318
传真:63212928
网址:www. nbpuze. com
电子信箱:work@ nbpuze. com
质量体系:ISO/TS 16949、ISO 9001
产品情况:汽车、工程机械单向器、传动轴、齿轮、起动机等

★宁波布雷泰汽车制动系统有限公司
地址:浙江省慈溪市坎墩工业区
邮编:315303
电话:0574/23883001
传真:23883009
网址:www. braketch. com
电子信箱:braketch@ 163. com
质量体系:VDA 6.1、QS 9000
产品情况:制动片、离合器、火花塞等
出口情况:远销北美洲、南美洲、非洲、中东等地区

★宁波斯派特减震器制造有限公司
地址:浙江省慈溪市横河镇乌玉桥 26 号
邮编:315308
电话:0574/63256780
传真:63894866
网址:cxlfeng. cn. alibaba. com
负责人:胡利民
单位人数:150
质量体系:ISO/TS 16949
产品情况:减振器
出口情况:远销东南亚、欧洲、美洲、日本、澳大利亚等国家和地区

★宁波五菱工贸实业有限公司
地址:浙江省慈溪市范市工业区纬二路
邮编:315312
电话:0574/63706508、63701650
传真:63710503
网址:www. nbwuling. com
电子信箱:sewing@ nbwuling. com
质量体系:ISO/TS 16949
产品情况:减振器配件、涡轮增压回路接头等

★宁波凯瑞汽车零部件有限公司
地址:浙江省慈溪市横河镇龙南
邮编:315318
电话:0574/63263988、63263313
传真:63263138
网址:www. nbkr. cn
电子信箱:sales@ nbkr. cn
单位人数:100
质量体系:ISO 9001
产品情况:减振器、波纹管和塑料制品
出口情况:出口欧洲、美洲、东南亚、中东、非洲等地区

★宁波萨克斯汽车零部件有限公司
地址:浙江省慈溪市横河镇中兴路 118 号
邮编:315318
电话:0574/87286121、87285610
传真:87283161
网址:www. nbsakesi. com
电子信箱:nbsakesi@ gmail. com
单位人数:300
质量体系:ISO/TS 16949、QS 9000
产品情况:(SHAQIU 牌)
汽车减振器,年产 150 万支
配套及出口情况:为一汽海马配套;远销南美洲、北美洲、欧洲、亚洲等地区

★慈溪市晨凯制动器有限公司
地址:浙江省慈溪市新浦工业区
邮编:315322
电话:0574/63574223、63579223
传真:63578023
网址:www. chenkai. com
电子信箱:ckgs@ vip. 163. com
质量体系:ISO 9001
产品情况:(晨凯牌)
轻型汽车制动总泵、分泵,离合器总泵、分泵
配套及出口情况:为江铃汽车、长城汽车、吉奥汽车等配套;出口欧洲、美洲、中东、南非等地区

★宁波锦海汽车制动系统有限公司
地址:浙江省慈溪市新浦工业区工二路 4 号
邮编:315322
电话:0574/63989888
传真:63572528
网址:www. jinhaichina. com
电子信箱:jinhai@ jinhaichina. com
质量体系:ISO 9002
产品情况:汽车真空助力器及液压制动泵

★宁波三钻工业有限公司
地址:浙江省慈溪市胜山镇工业开发区
邮编:315323
电话:0574/63529020、63544789
传真:63549671
网址:www. china - freewheel. com
电子信箱:szqq@ public. cx. nbptt. zj. cn
单位人数:550

质量体系:ISO/TS 16949、ISO 9001
产品情况:三柱槽壳、筒形壳、凸缘、半轴、星形套、沙滩车球笼、工程机械和矿山机械精密锻件等
配套及出口情况:为一汽-大众、上海大众、一汽海马、奇瑞汽车、北京现代、沈阳金杯、天津一汽夏利、广汽本田等配套;出口美国、意大利、印度、韩国、俄罗斯等国家

★慈溪宏康汽车零部件有限公司
地址:浙江省慈溪市天元镇芦庵公路205号
邮编:315325
电话:0574/63458967
传真:63458171
网址:www.hongkang-hk.com
电子信箱:hongkang-hk@163.com
质量体系:ISO/TS 16949
产品情况:汽车用前驱等速万向节总成及其零部件
出口情况:出口欧洲、美洲、大洋洲、日本等国家和地区

★余姚市新兴制动元件有限公司
地址:浙江省余姚市南雷开发区
邮编:315400
电话:0574/62320866
传真:62320281
单位人数:106
质量体系:ISO 9001
产品情况:离合器助力器、离合器总泵、弹簧制动室及各种阀类汽车零部件
配套情况:为重汽济南卡车、东风柳汽、东风杭汽、一汽红塔云南、四川嘉泰汽车配套

★宁波航达汽配有限公司
地址:浙江省余姚市谭家岭西路1268号
邮编:315400
电话:0574/62384378、62385234
传真:62385378
网址:www.cnhangda.com
电子信箱:cnhangda@cnhangda.com
单位人数:300
质量体系:ISO 9001
产品情况:(航达牌)
离合器泵、制动泵、气制动阀、离合器助力器、制动室、转向机接叉、球头、万向节及差速器等
出口情况:出口俄罗斯、欧洲、中东等国家和地区

★宁波神丰汽车制动系统有限公司
地址:浙江省余姚市阳明科技园区兴业路21号
邮编:315400
电话:0574/62501888、60501888
传真:62501818
网址:www.sf-brake.com
电子信箱:sales@sf-brake.com
单位人数:2450
质量体系:ISO/TS 16949、ISO 14001
产品情况:弹簧制动室,离合器总泵、分泵,离合器助力器,各式阀类,轮胎螺栓,标准件等
配套情况:为东风汽车公司、江淮汽车、南京春兰汽车等配套

★宁波正虹万向节有限公司
地址:浙江省余姚市经济开发区茂盛路20号
邮编:315400
电话:0574/62575162、62575161
传真:62577358
网址:www.zhenghong.biz
电子信箱:zhenghong@zhenghong.biz
质量体系:ISO 9001
产品情况:(剑虹牌)
万向节、差速器十字轴、齿轮、轴承、传动轴支架、轮胎螺栓等,年产量200万套
出口情况:出口20多个国家和地区

★宁波神丰汽车部件有限公司
地址:浙江省余姚市长安路185号
邮编:315400
电话:0574/62811588、62811688
传真:62822888
网址:www.china-nbsf.com
电子信箱:wgc2828@mail.nbptt.zj.cn
单位人数:260
质量体系:ISO/TS 16949、ISO 9000
产品情况:(丰牌)
汽车离合器助力器、离合器总泵、分泵、弹簧制动室、各种高强度螺栓、各式阀类和制动管路接头等
配套情况:为东风汽车公司、东风柳汽、东风杭汽、云南汽车厂、扬州亚星、江淮汽车、厦门金龙、南京春兰等主机厂配套

★余姚市飞翔汽车配件厂
地址:浙江省余姚市马渚工业管去北兴路198号
邮编:315400
电话:0574/62818366
传真:62817479
网址:www.madeinzj.com
质量体系:ISO/TS 16949
产品情况:前梁焊接总成、上下摆臂、推杆支架、各种支架、轮芯、不锈钢冲压件、轮毂盖、密封盖、各种挡泥板

★余姚市安统五金有限公司
地址:浙江省余姚市三七市镇安捷西路8号
邮编:315400
电话:0574/62935772、62938188
传真:62937401
网址:www.yyatwj.cn
电子信箱:antongwujin@sina.com
单位人数:300
质量体系:ISO/TS 16949、ISO 9001
产品情况:制动总泵、分泵,离合器总泵、分泵

★余姚市晨捷制动器厂
地址:浙江省余姚市三七市镇
邮编:315412
电话:0574/62932288、62932222
传真:62932272
质量体系:ISO 9000
产品情况:(舜捷牌)
汽车制动总泵、分泵,离合器总泵、分泵,真空助力器等

★宁波安捷制动器有限公司
地址:浙江省余姚市三七市镇安捷东路103号
邮编:315412
电话:0574/62935368
传真:62936268
网址:www.anjie.com
电子信箱:ajbrake@mail.nbptt.zj.cn
单位人数:302
质量体系:ISO/TS 16949、QS 9000
产品情况:(安捷牌)
轻型汽车、轿车液压制动总泵,STN、SY1040制动分泵,离合器泵等配件
配套及出口情况:为江铃、江淮、TCM、合力、杭州叉车、林德、台励福等汽车、叉车厂配套;出口美国、澳大利亚、日本等国家,并销往中国台湾地区

★宁波日安制动器有限公司
地址:浙江省余姚市三七市镇工业园区
邮编:315412
电话:0574/62939800、62936800
传真:62938800
网址:www.rianchina.com
电子信箱:rian@rianchina.com
质量体系:ISO/TS 16949、ISO 9001
产品情况:(日安牌)
制动总泵、分泵,离合器总泵、分泵
出口情况:出口欧洲、北美洲、东南亚

★宁波方灵汽车泵业有限公司
地址:浙江省余姚市陆埠镇加油站对面
邮编:315420
电话:0574/62386758、62383688
传真:62386755、62385238
网址:www.nb-fl.net
电子信箱:web@nb-fl.net
质量体系:ISO 9001
产品情况:(方灵牌、汉诺牌)
汽车转向助力泵及其配油盘、转子定子、轴等配件

★宁波康达泵业有限公司
地址:浙江省余姚市陆埠工业区
邮编:315420
电话:0574/62398042、62398222
传真:62398842
网址:www.china-konda.com
电子信箱:marketing@china-konda.com
单位人数:200

质量体系:ISO 9001
产品情况:(康吉牌)
汽车制动泵、真空助力器、离合器助力器、汽车制动室,年产制动泵200万只
出口情况:出口越南、欧洲、美洲等国家和地区

★余姚市吉顺汽车零部件有限公司
地址:浙江省余姚市陆埠开发区
邮编:315420
电话:0574/62398288、62398567
传真:62398860
网址:www. cn - jishun. com
单位人数:200
质量体系:ISO/TS 16949
产品情况:汽车制动调整臂总成,汽车离合助力器总成
配套情况:为重汽底盘厂、东风柳汽、一汽红塔云南、山东时风集团等主机厂配套

★余姚市天润机械有限公司
地址:浙江省余姚市大隐镇山王北路89号
邮编:315423
电话:0574/62914088
传真:62913608
网址:www. yytianrun. com
电子信箱:yuyaotianrun@ 163. com
质量体系:ISO 9001
产品情况:汽车变速器零部件、电动机轴等,年产能力100万件

★余姚市博凯汽车制动器厂
地址:浙江省余姚市三七市镇
邮编:315423
电话:0574/62915625
传真:62915717
质量体系:ISO 9001
产品情况:(安信牌)
汽车制动总泵、制动分泵、离合器总泵、离合器分泵

★余姚市康利锻件有限责任公司
地址:浙江省余姚市牟山镇青港
邮编:315456
电话:0574/62490913
传真:62490719
网址:www. cnkangli. com
电子信箱:kangli@ cnkangli. com
质量体系:ISO/TS 16949、QS 9000
产品情况:汽车悬架系统球铰链接头,转向系统拉杆接头、球头销及各式摩托车曲轴、连杆的锻件坯
配套情况:为上海大众、上海通用、一汽-大众等配套

★宁波卡西可减震器制造有限公司
地址:浙江省宁波市奉化南山路153号
邮编:315500
电话:0574/88585567
传真:88570255
网址:www. kasico. cn
电子信箱:kasico@ kasico. cn
质量体系:ISO/TS 16949
产品情况:轿车减振器、货车减振器、转向机减振器、发动机减振器、带轮减振器等
配套及出口情况:为北汽福田、吉利集团等配套;出口欧洲、俄罗斯、美洲等国家和地区

★爱科汽车零部件(宁波)有限公司
地址:浙江省奉化市经济开发区四明东路328号
邮编:315500
电话:0574/88585908
传真:88584980
网址:www. al - ko. com
电子信箱:jane. zhou@ al - ko. cn
产品情况:汽车减振器、工业用减振装置、气弹簧等

★奉化市鼎立汽车空压机厂
地址:浙江省奉化市东郊工业开发区圆峰路
邮编:315500
电话:0574/88926130、88933490
传真:88933490
网址:www. fhdingli. com
电子信箱:dingli@ fhdingli. com
质量体系:ISO 9001
产品情况:(鼎联牌)
汽车空压机
配套情况:为潍柴、杭汽发、上柴、锡柴等配套

★奉化市汇仁汽车部件制造有限公司
地址:浙江省奉化市西坞街道西宁路46号
邮编:315505
电话:0574/88534465、88536388
传真:88536495
网址:www. auto - fittings. com
电子信箱:sales@ auto - fittings. com
质量体系:ISO 9001
产品情况:重型汽车液压转向、举升控制、减振系列部件及桑塔纳轿车配件

★奉化市正大汽车轴承厂
地址:浙江省奉化市尚田工业园区尚兴路5-1号
邮编:315511
电话:0574/88616222、88615777
传真:88616558
网址:www. nbfdz. com
电子信箱:nbfdz@ 126. com
单位人数:58
质量体系:ISO 9001
产品情况:(奉大牌)
汽车离合器轴承和转向节轴承

★奉化市开林汽车空压机有限公司
地址:浙江省奉化市尚田工业园区尚兴路10号
邮编:315511
电话:0574/88637862、88632366
传真:88633377
网址:www. kl - power. com
电子信箱:kl - power@ 163. com
单位人数:116
质量体系:ISO/TS 16949
产品情况:(开林牌)
汽车空压机
配套情况:为潍柴、杭发、重汽济南动力等配套

★奉化市天风汽车空压机有限公司
地址:浙江省奉化市尚田镇开城西街3号
邮编:315511
电话:0574/88637990、88637980
传真:88633990
网址:www. fhtf. cn
电子信箱:fhtf@ fhtf. cn
单位人数:230
质量体系:ISO/TS 16949
产品情况:(天风牌)
汽车空压机
配套情况:为北汽福田、陕西汽车制造总厂、上柴、玉柴、潍柴、杭发、天动、重庆柴油机、南通柴油机厂等配套

★宁波许宇机械制造有限公司
地址:浙江省奉化市西坞镇南岙工业区
邮编:315558
电话:0574/88545671
传真:88545676
网址:www. xy - bearing. cn
单位人数:150
质量体系:ISO/TS 16949、ISO 9001
产品情况:(球头牌)
球头、球接、锻件等
出口情况:出口美国、欧洲、东南亚等国家和地区

★宁波宝德轮业有限公司
地址:浙江省宁海县大佳何镇工业区
邮编:315613
电话:0574/65153322、65153339
传真:65153399
网址:www. pdwheel. com
电子信箱:Steven@ pdwheel. com
质量体系:ISO/TS 16949
产品情况:铝合金轮辋

★宁海西店轻工综合厂
地址:浙江省宁海县西店镇五丰路12号
邮编:315613
电话:0574/65176655
传真:25552637、65176662
网址:www. cnunin. com
电子信箱:info@ cnunin. com
质量体系:ISO 9001
产品情况:球头、减振器连杆、卷钉枪等
出口情况:部分产品出口

★浙江三浪工业股份有限公司
地址:浙江省象山县蓬莱路309号
邮编:315700
电话:0574/65780060、65780061
传真:65780289

网址:www. san - lang. com
电子信箱:nbxssl@ zjnb. cnuninet. net
单位人数:350
质量体系:ISO/TS 16949、ISO 9001
产品情况:(三浪(SANLANG)牌)
汽车底盘润滑系统、机械润滑、车辆部件制动间隙自动调整臂、气压盘式制动器、汽车电子、全球定位系统、工程机械等
出口情况:部分产品出口

★宁波合力汽车零部件有限公司
地址:浙江省宁波市象山工业园区蓬莱路307号
邮编:315700
电话:0574/65780137、65782892
传真:65782897、65780114
网址:www. helimachinery. com
电子信箱:jswb@ nbheli. net
单位人数:230
质量体系:ISO/TS 16949
产品情况:制动间隙自动调整臂、制动气室和气压式盘式制动器等,年产能力40万套
配套及出口情况:为厦门金龙、苏州金龙、北奔重汽、郑州宇通、江淮汽车、东风汽车公司等配套;出口欧洲、北美洲、中东、东南亚

★宁波拓普减震系统股份有限公司
地址:浙江省宁波市北仑区黄山西路215号
邮编:315800
电话:0574/86800899
传真:86800838
网址:www. tuopu. com
电子信箱:tuopu@ tuopu. com
单位人数:760
质量体系:ISO/TS 16949、VDA 6.1
产品情况:(拓普(TUOPU)牌)
各类液压悬置减振器、底盘系统减振器、橡胶减振器、排气管吊耳、塑料件、控制臂、车身密封条、ABS线束、压铸件、锻铝件等
配套及出口情况:为上汽集团、上海通用、上海大众、一汽集团、一汽-大众、长安福特马自达、长安集团、神龙汽车、华晨集团及法雷奥、麦格纳等供货;出口美国、德国、法国等国家

★浙江吉利变速器有限公司
地址:浙江省宁波市北仑区经济开发区
邮编:315800
电话:0574/86853005、86863171
网址:www. geely. com
质量体系:ISO 9000
产品情况:手动变速器(年产20万台),自动变速器(年产1万台),手动/自动轿车变速前驱动桥
配套情况:为吉利汽车临海、路桥、华普、美日、湘潭、兰州六大基地配套

★宁波万航实业有限公司
地址:浙江省宁波市北仑区沿山河北路21号
邮编:315806
电话:0574/56113108、56113140
传真:86102876
网址:www. wonhparts. com
电子信箱:export12@ wonhparts. com
单位人数:500
质量体系:ISO/TS 16949、ISO 9001
产品情况:(万航(WONH)牌)
传动轴、等速万向节等
配套及出口情况:为国内6家汽车主机厂及10家ATV(沙滩车)厂配套;出口欧洲、美国等国家和地区

★宁波市北仑明州机电制造有限公司
地址:浙江省宁波市北仑大矸工业区万荣路38号
邮编:315806
电话:0574/86109766
传真:86109728
网址:www. mzjd. net
电子信箱:zhoucunkui@ mzjd. net
质量体系:ISO 9001
产品情况:汽车变速器
配套及出口情况:为大同齿轮、一汽集团哈尔滨变速箱、东风汽车变速箱、六安江淮汽车齿轮等配套;出口欧洲、美洲

★宁波宏协机械制造有限公司
地址:浙江省宁波市北仑区霞浦工业区
邮编:315807
电话:0574/86906600、86900938
传真:86906500
网址:www. hongxie. com
电子信箱:sales@ hongxie. com
单位人数:230
质量体系:ISO/TS 16949、QS 9000
产品情况:(东菱牌)
汽车离合器总成
配套及出口情况:产品30%与整车厂配套;产品70%以上出口欧洲、北美洲及中东地区

★浙江永乐铝轮制造有限公司
地址:浙江省舟山市岱山县东沙镇岱北工业区
邮编:316215
电话:0580/4773079、4773000
传真:4773078
网址:www. yonglewheel. com
电子信箱:yonglewheel@ yonglewhee. com
单位人数:400
质量体系:ISO/TS 16949
产品情况:汽车铝合金轮毂,年产能力超120万只
出口情况:产品批量出口

★台州中际汽车零部件有限公司
地址:浙江省台州市临海两水工业区
邮编:317000
电话:0576/85958928、89391898
传真:85958929
网址:www. auto - compressors. com
电子信箱:kongyaji@ vip. sina. com
法人代表(负责人):江新军
单位人数:220
质量体系:ISO 9001
产品情况:(天廊牌)
沃尔沃、奔驰、斯堪尼亚、依维柯、雷诺等重型货车制动空压机
出口情况:出口欧洲、东南亚、中东、非洲

★玉环博行机械有限公司
地址:浙江省玉环县城关镇环城工业区
邮编:317000
电话:0576/87281282
传真:87216596、87253138
网址:www. yhboxing. com
质量体系:ISO 9001
产品情况:制动泵、盘式制动器部件、鼓式制动器部件和紧固件

★浙江名震机械制造有限公司
地址:浙江省临海市杜桥南工业发展区
邮编:317015
电话:0576/85589088、89392009
传真:85589567、89392000
网址:www. qilichina. com
电子信箱:sales@ Qilichina. com
质量体系:ISO/TS 16949、ISO 9001
产品情况:(名震牌)
汽车、摩托车减振器
出口情况:出口泰国、马来西亚、日本等国家,并销往中国台湾地区

★浙江国威橡胶有限公司
地址:浙江省台州市杜桥化工园区东海第二大道
邮编:317016
电话:0576/85583268
传真:85583258
网址:www. gwrubb. com
电子信箱:gwxj2009@ 163. com
质量体系:ISO 9001
产品情况:充气式轮辋、叉车橡胶实心轮胎

★三门顺通汽配有限公司
地址:浙江省三门县珠岙镇坎头路8号
邮编:317101
电话:0576/83112002、83112003
传真:83112005
网址:www. sasco. cn
电子信箱:sms@ sasco. cn
质量体系:ISO/TS 16949、ISO 9001
产品情况:汽车离合器从动盘、制动盘、制动片、制动管

★台州维多离合器有限公司
地址:浙江省三门县珠岙镇
邮编:317101
电话:0576/83112023

传真:83112025
网址:www. stcoclutch. com
电子信箱:stco88@ vip. 163. com
质量体系:ISO/TS 16949、ISO 9001
产品情况:汽车离合器压盘总成和离合器钢片
出口情况:出口欧洲、美洲、中东、东南亚等地区

◉ 西格玛集团有限公司

地址:浙江省台州市三门沿海工业城
邮编:317108
电话:0576/83581111、83582888
传真:83581999、83581880
网址:www. xgmjt. com
电子信箱:info@ xgmjt. com
单位人数:1000
质量体系:ISO/TS 16949、ISO 9001
产品情况:汽车减振器,摩托车液压制动盘
配套及出口情况:为国内多家大型汽车、摩托车生产企业配套;部分产品出口

★浙江天台优派特汽车泵业有限公司

地址:浙江省天台县高新工业园区
邮编:317200
电话:0576/83937511
传真:83937521
网址:www. cn－upt. com
电子信箱:upt@ cn－upt. com
质量体系:QS 9000、ISO 9000
产品情况:(优派特牌)
汽车空气压缩机

★浙江凯斯特液压有限公司

地址:浙江省仙居县安洲街道高新园区西三路
邮编:317300
电话:0576/87725018
传真:87725068
网址:www. kstyy. com
电子信箱:kstyy@ 126. com
质量体系:ISO 9001
产品情况:PV2R 系列高压低噪声叶片泵、KP 系列汽车举升齿轮泵、KZP4 系列和 SGP 系列叉车用齿轮泵
出口情况:出口国外

★浙江省仙居县黎明机械厂

地址:浙江省仙居县城关下园
邮编:317300
电话:0576/87733908
传真:87719094
网址:www. xjjx. com. cn
电子信箱:lmjx@ msn. com
质量体系:ISO 9001
产品情况:(凯阳牌)
液压齿轮泵、液压举升系统
出口情况:远销欧洲、美洲、东南亚等地区

★台州创一汽车零部件有限公司

地址:浙江省台州市温岭经济开发区二期
邮编:317500
电话:0576/86049228、86049227
传真:86049226
网址:www. zjcyt. cn
电子信箱:jzp0604@ 163. com
质量体系:ISO/TS 16949、ISO 9001
产品情况:汽车球笼式等速万向节、驱动轴总成等
出口情况:远销欧洲、美洲等多个国家和地区

★中马集团

地址:浙江省温岭市万昌中路
邮编:317500
电话:0576/86051718
传真:86051511
网址:www. chinazomax. com
电子信箱:zomax@ chinazomax. com
单位人数:1500
质量体系:ISO/TS 16949、ISO 9001
产品情况:(ZOMAX 牌)
汽车变速器,汽车、摩托车齿轮及其他零部件
出口情况:远销中东、西欧、东南亚、美洲等 30 多个国家和地区

★正田汽车桥业有限公司

地址:浙江省温岭市东辉南路正田工业园
邮编:317500
电话:0576/86111788
传真:86224710
网址:www. zhengtiangroup. com
电子信箱:ztgroup@ 163. com
单位人数:200
质量体系:ISO/TS 16949
产品情况:轻型皮卡汽车用前、后桥总成
出口情况:出口美国、欧洲、中东等国家和地区

★正田汽车制动器制造有限公司

地址:浙江省温岭市东辉南路正田工业园
邮编:317500
电话:0576/86111788
传真:86224710
网址:www. zhengtiangroup. com
电子信箱:ztgroup@ 163. com
单位人数:800
质量体系:ISO/TS 16949
产品情况:各类汽车制动器
配套及出口情况:为国内 20 多家大型汽车厂家配套;出口美国、欧洲、中东等国家和地区

★正田永安铸造有限公司

地址:浙江省温岭市东辉南路正田工业园
邮编:317500
电话:0576/86115167、86115825
网址:www. zhengtiangroup. com
单位人数:170
质量体系:ISO/TS 16949
产品情况:汽车制动器和变速器的铸铁件

★温岭市鸿雨汽车配件有限公司

地址:浙江省温岭市太平工业区
邮编:317500
电话:0576/86115977
传真:86126658
网址:www. wlhongyu. com
电子信箱:sales@ wlhongyu. com
单位人数:300
质量体系:ISO 9001
产品情况:(ZHIXIN 牌)
汽车转向叶片泵

★正田汽车变速器有限公司

地址:浙江省温岭市东辉南路正田工业园 298 号
邮编:317500
电话:0576/86125804
传真:86115275
网址:www. zhengtiangroup. com
电子信箱:ztgroup2010@ 163. com
单位人数:400
质量体系:ISO/TS 16949
产品情况:变速器总成
出口情况:出口美国、欧洲、中东等国家和地区

★浙江中马汽车变速器股份有限公司

地址:浙江省温岭市万昌中路
邮编:317500
电话:0576/86146516
传真:86146526
网址:www. chinazomax. com
电子信箱:zomax@ chinazomax. com
单位人数:928
质量体系:ISO/TS 16949、ISO 9001
产品情况:(ZOMAX 牌)
汽车变速器
配套及出口情况:为河北中兴、金杯、长丰猎豹、金城摩托、豪爵摩托等配套;出口中东、欧洲、东南亚、美洲等地区

★温岭市耀鼎机械有限公司

地址:浙江省温岭市经济开发区二期
邮编:317500
电话:0576/86175859
传真:86184488
网址:www. yd－wheel. com
质量体系:ISO 9001
产品情况:铁轮辋
配套及出口情况:为钱江集团、济南轻骑等配套;远销美国、英国、加拿大、法国、澳大利亚、日本、韩国等国家

★台州斯曼机械制造有限公司

地址:浙江省温岭市工业园区九龙大道
邮编:317500
电话:0576/86219588、86219888
传真:86083888、86210389
网址:www. tzsmar. com
电子信箱:tzsmar@ yahoo. com. cn
单位人数:368
质量体系:ISO 9001

产品情况:差速器总成、半轴、传动轴、变速器齿轮、轴及其他底盘配件
配套及出口情况:为主机厂配套;出口东南亚、非洲、巴拿马、欧洲、中东等国家和地区

★温岭市奥达机械有限公司
地址:浙江省温岭市城南镇竹坑工业区
邮编:317500
电话:0576/86275748、86275693
传真:86275932
网址:www.aoyida.com
电子信箱:info@aoyida.com
单位人数:100
质量体系:ISO 9001
产品情况:(富驰牌)
真空助力器、制动总泵、分泵,离合器总泵、分泵,离合和制动踏板支架,铝铸加工件,无级变速器等
配套及出口情况:为多家主机厂配套;出口东南亚、中东、欧洲、美国等国家和地区

★台州华隆弹簧制造有限公司
地址:浙江省温岭市泽国镇高坦工业区
邮编:317500
电话:0576/86942028
传真:86942300
网址:www.zjhualong.com.cn
电子信箱:hualongcn@163.com
质量体系:ISO 9001
产品情况:螺旋弹簧、异形弹簧、板簧、碟形弹簧及弹性冲压件和无骨簧片系列

★浙江联合齿轮有限公司
地址:浙江省温岭市新河镇中厢工业园区
邮编:317502
电话:0576/86573358、86573229
传真:86046899、86573380
网址:www.ungroupcn.com
电子信箱:un@ungroupcn.com
单位人数:300
质量体系:ISO 9001
产品情况:(联合牌)
汽车后桥螺旋锥齿轮(盆角齿)、圆柱齿轮、直伞齿、直齿等,螺旋锥齿轮年产能力40万套
出口情况:出口美洲、欧洲、东南亚、非洲、中东等国际市场

★台州华跃工贸有限公司
地址:浙江省温岭市新河镇城北工业区
邮编:317502
电话:0576/86575889、86575788
传真:86575897
网址:www.tzhuayue.com
电子信箱:sales@tzhuayue.com
单位人数:500
质量体系:ISO 9001
产品情况:(华跃牌)
变速器齿轮、传动轴、主减速器及半轴等

★温岭市华鑫工具厂
地址:浙江省温岭市新河镇上莫工业区
邮编:317502
电话:0576/86577927、86578688
传真:86578699
电子信箱:connie8013@vip.163.com
单位人数:240
质量体系:ISO/TS 16949、ISO 9001
产品情况:变速器零部件、差速器壳体、差速器半轴齿轮、行星齿轮、蜗轮蜗杆、花键轴等
配套情况:为国内外汽车变速器厂配套

★玉环县锦辉制动器有限公司
地址:浙江省玉环县三合潭工业区
邮编:317505
电话:0576/87297368、87137676
传真:87297358
网址:www.jhzdq.com
电子信箱:jhzdq123@163.com
单位人数:120
质量体系:ISO 9001
产品情况:(鼎辉牌)
汽车横拉杆接头、直拉杆总成及球头、转向万向轴、转向节、驱动轴等
出口情况:出口欧洲、美洲、东南亚、非洲及中东地区

★台州市罗保机械制造有限公司
地址:浙江省温岭市箬横镇人民南路东
邮编:317507
电话:0576/86818558
传真:86815428
网址:www.tzluobao.com
电子信箱:sales@tzluobao.com
质量体系:ISO 9001
产品情况:汽车盆角齿轮、行星齿轮、锥齿轮等
出口情况:远销韩国、日本、东南亚等国家和地区

★浙江省温岭市中齿机械厂
地址:浙江省温岭市箬横镇下朱619号
邮编:317507
电话:0576/86828042
传真:86816520
电子信箱:zhongchijx@163.com
质量体系:ISO 9001
产品情况:齿轮

★浙江申林汽车部件有限公司
地址:浙江省温岭市箬横镇石宅工业区
邮编:317507
电话:0576/86828620、86828725
传真:86828512
网址:www.shinyauto.com
电子信箱:sh.lin@china.com
单位人数:800
质量体系:ISO/TS 16949、VDA 6.1
产品情况:轿车变速器精冲、深拉伸零部件(选挡轴、齿轮轴、后盖、导向套、同步器滑块等);发动机零部件(摇臂等);操纵器盖总成;汽车减振器
配套及出口情况:为上海通用、上海大众、上汽变速器公司、大众汽车变速器(上海)公司、上海采埃孚变速器、无锡铁姆肯、一汽、苏州博世等配套;远销欧洲、美洲、东南亚等地区

★温岭市富力泵业有限公司
地址:浙江省温岭市箬横镇汽配工业园区广场路
邮编:317507
电话:0576/86837188
传真:86837198
电子信箱:sales@fuliby.com
单位人数:200
质量体系:ISO/TS 16949
产品情况:载货汽车、轻型客车及轿车的转向助力泵及其零配件
出口情况:远销欧洲、美洲、中东、非洲、东南亚

★温岭市星洲机械厂
地址:浙江省温岭市箬横镇东大街东侧318号
邮编:317507
电话:0576/86841278、86816000
传真:86817380、86840736
网址:www.boli-an.com
电子信箱:sales@boli-an.com
单位人数:2000
质量体系:ISO 9001
产品情况:变速器、齿轮、车位锁、数控机床等

★台州市信协汽车零部件有限公司
地址:浙江省温岭市松门镇淋川工业区
邮编:317511
电话:0576/86677516
传真:86630861
网址:www.tzxinxie.com
质量体系:ISO 9001
产品情况:(信协牌)
重、中、轻型汽车空压机及其配件
配套情况:与国内10多家大型汽车公司配套

★温岭市振华车辆配件有限公司
地址:浙江省温岭市山市杭温路45号
邮编:317522
电话:0576/86388398、86382398
传真:86382569
网址:www.zwzh.com
电子信箱:zwzh2000@vip.sina.com
质量体系:ISO 9001
产品情况:50、90、125等系列摩托车离合器(主动轮、从动轮),年产能力100万套;汽车水泵和汽车发电机
配套情况:配套国内外流行车型

★台州吉克汽车零部件有限公司
地址:浙江省台州市温岭市泽国镇杭温北路259号
邮编:317523

电话:0576/86298119
传真:86442280
网址:www. cnjkauto. com
电子信箱:linbijin@ hotmail. com
质量体系:ISO/TS 16949
产品情况:车用空压机及零部件
配套情况:为重庆康明斯公司配套

★浙江跃岭轮毂制造有限公司
地址:浙江省温岭市泽国镇丹崖工业区
邮编:317523
电话:0576/86402579、86448228
传真:86402683
网址:www. yueling. com. cn
电子信箱:wheels@ yueling. com. cn
单位人数:450
质量体系:ISO/TS 16949、QS 9000
产品情况:(跃岭牌)
摩托车、汽车铝合金轮毂
出口情况:出口美国、日本、韩国、南非、澳大利亚、欧洲、中东、南亚等国家和地区

★浙江温岭东风汽车配件厂
地址:浙江省温岭市泽国镇水仓工业区后仓路289号
邮编:317523
电话:0576/86451765
传真:86452680
网址:www. wangyouauto. com
电子信箱:admin@ wangyouauto. com
质量体系:ISO/TS 16949
产品情况:(旺友牌)
汽车转向器系列、汽车空压机系列,419Q、丰田8A等汽缸盖、进气歧管,摩托车发动机全套箱体等
配套情况:为玉柴、锡柴、大柴等配套

★浙江泰丰轴承有限公司
地址:浙江省温岭市泽国水仓工业园区后仓路555号
邮编:317523
电话:0576/86454800
传真:86421228
网址:www. zjtaifeng. cn
电子信箱:wmy@ zjtaifeng. cn
质量体系:ISO/TS 16949
产品情况:(泰牌)
汽车变速器轴承
配套情况:为天津一汽、吉利、台湾振晰、奇瑞、韩国KOPARS、重庆力帆、重庆蓝黛等国内外大型汽车变速箱公司配套

★浙江大发齿轮有限公司
地址:浙江省温岭市泽国镇水仓工业区后仓路509号
邮编:317523
电话:0576/86495555
传真:86454880
网址:www. tzdf. com
电子信箱:tzdf@ tzdf. com
单位人数:300
质量体系:ISO/TS 16949、ISO 9001
产品情况:(大发牌)
汽车、摩托车变速器齿轮、轴
配套及出口情况:为济南轻骑、上海汽车变速器厂、株洲欧格瑞汽车变速器公司等配套;出口美国、英国等国家

★玉环沃顿汽车零部件有限公司
地址:浙江省玉环县坎门科技工业园区
邮编:317600
电话:0576/87133111
传真:87130829
网址:www. lpprubber. com
电子信箱:lpprubber@ 163. com
质量体系:ISO 9001
产品情况:球笼防尘罩、球笼修理包、球笼润滑脂等
配套情况:为全球汽车厂商提供OEM配套

★玉环科众机械有限公司
地址:浙江省台州市玉环县
邮编:317600
电话:0576/87173868
传真:87351116
网址:www. yhkezhong. com
电子信箱:yh_kezhong@ 126. com
质量体系:ISO 9001
产品情况:汽车盘式制动器总成及制动钳、制动总泵、后分泵等

★台州肯特汽车传动系统有限公司
地址:浙江省玉环县双龙工一路3号
邮编:317600
电话:0576/87175333
传真:87175332
网址:www. kentdriveline. com
电子信箱:kebo@ vip. 163. com
质量体系:ISO/TS 16949
产品情况:汽车用前驱动轴总成及等速万向节等

★浙江长宏机电有限公司
地址:浙江省玉环县汽摩工业园区
邮编:317600
电话:0576/87200666
传真:87202108
网址:www. cnzjch. com
电子信箱:web@ cnzjch. com
单位人数:600
质量体系:ISO/TS 16949、ISO 9001
产品情况:(CHP牌)
汽车转向器和通用汽油机曲轴
出口情况:出口欧美、东南亚地区

★隆中控股集团有限公司
地址:浙江省玉环县城北工业区城关岭脚村
邮编:317600
电话:0576/87202887、87202931
传真:87201499
网址:www. longzhong. com
电子信箱:master@ longzhong. com
单位人数:330
质量体系:ISO/TS 16949、ISO 9001
产品情况:(隆中牌)
汽车制动间隙自动调整臂、摩托车制动盘、汽车发动机气门挺柱、汽车盘式制动器等
配套及出口情况:为宇通客车、东风车桥、厦门金旅、一汽车桥、重汽集团、东风汽车公司、江淮汽车等配套;出口美洲、非洲、欧洲、亚洲等地区

★浙江正德制动器有限公司
地址:浙江省玉环县汽摩工业园区
邮编:317600
电话:0576/87203999、87203988
传真:87203977
网址:www. zdbrake. com
电子信箱:zd@ zdbrake. com
单位人数:220
质量体系:ISO/TS 16949、ISO 9001
产品情况:汽车盘式制动器总成及制动钳、制动总泵、后分泵、离合器总泵等
配套及出口情况:为一汽佳宝、哈飞汽车、昌河铃木、吉奥汽车等配套;远销美国及欧洲市场

★浙江双环传动机械股份有限公司
地址:浙江省玉环县机电工业园区1-14号
邮编:317600
电话:0576/87204000、87239801
传真:87239800
网址:www. gearsnet. com
电子信箱:server@ gearsnet. com
单位人数:1300
质量体系:ISO/TS 16949、ISO 14001
产品情况:汽车及摩托车齿轮
配套及出口情况:为一汽-大众、东风汽车公司、重汽集团、三菱、奔驰、奇瑞汽车、江铃汽车等配套;出口北美洲、南美洲、欧洲等

★玉环威斯特离合器制造有限公司
地址:浙江省玉环县后湾工业园区
邮编:317600
电话:0576/87207328
传真:87207338
网址:www. weishite. com
电子信箱:web@ weishite. com
质量体系:ISO 9000
产品情况:(威斯特牌)
汽车离合器

★玉环县台技汽车电器有限公司
地址:浙江省玉环县珠港镇西青塘桥头
邮编:317600
电话:0576/87208286
传真:87207976
网址:www. tatcn. com
电子信箱:hanliu@ 263. net
质量体系:ISO 9001

产品情况:起动机单向器总成,各种规格的齿轮

★台州威科特汽车零部件有限公司
地址:浙江省玉环县机电工业园区
邮编:317600
电话:0576/87209518、87198169
传真:87558396
电子信箱:liyhhs@126.com
单位人数:58
质量体系:ISO 9001
产品情况:三踏板总成、驻车制动操纵装置总成、纵向摆臂总成、前悬支臂总成、横向压力杆总成、前稳定杆总成、稳定杆接头等
配套情况:为一汽红塔云南、吉奥汽车、汉中吉奥、浙江永源、台州中能等配套

★玉环县中环机械厂
地址:浙江省玉环县机电工业园区
邮编:317600
电话:0576/87215117
传真:87210695
网址:www.cnzhonghuan.com
电子信箱:zhxds@vip.sina.com
单位人数:200
质量体系:ISO 9001
产品情况:(中环牌)
重型车辆轮毂螺栓,挖掘机、推土机的履带板螺栓,刀片刀角螺栓,齿块螺栓等
配套及出口情况:为玉柴、大柴、锡柴、湖动、柳发、朝柴、扬柴等配套;远销欧洲、美洲、中东等地区

★玉环金陵汽车部件厂
地址:浙江省玉环县后塘洋工业区
邮编:317600
电话:0576/87215598
质量体系:ISO 9001
产品情况:(董氏发牌)
轮毂、传动轴等
出口情况:远销欧洲、美洲、中东、东南亚

★玉环县坎门永兴机械铸件厂
地址:浙江省玉环县前塘洋工业区
邮编:317600
电话:0576/87219998
传真:87282329
网址:www.cnyongxing.com
电子信箱:yhwah1116@sina.com
质量体系:ISO 9001
产品情况:变速器机油泵、换挡汽缸汽阀总成、空调压缩机活塞等

★台州天玺离合器有限公司
地址:浙江省玉环县珠港镇小水埠工业区
邮编:317600
电话:0576/87220580、87280680
传真:87220680
网址:www.txclutch.com
电子信箱:tianxi-cd@263.net
质量体系:ISO 9001
产品情况:(PROSPERITY 牌)
离合器从动盘总成
出口情况:出口欧洲、美洲、法国、加拿大、俄罗斯、阿根廷、巴西、东南亚、中东、印尼、南非等国家和地区

★台州永正汽车零部件有限公司
地址:浙江省玉环县珠港镇城关南大岙工业区
邮编:317600
电话:0576/87221128
传真:87249079
网址:www.swaybar.cn
电子信箱:cyz@swaybar.cn
单位人数:80
质量体系:ISO/TS 16949
产品情况:(CYZ 牌)
横向稳定杆、稳定杆连接杆、稳定杆铁支架、冲压件以及稳定杆相关零配件
配套及出口情况:为国内知名轿车、微车整车厂作一、二级配套;出口美国、欧洲、中东、大洋洲、南美洲、非洲等国家和地区

★玉环机械制造有限公司
地址:浙江省玉环县珠港镇城关三合潭工业区
邮编:317600
电话:0576/87221190、87225631
传真:87227510
网址:www.yhdf.com
电子信箱:dongfeng@yhdf.com
质量体系:ISO/TS 16949
产品情况:东风系列前后桥和发动机配件
配套及出口情况:为东风汽车公司等配套;出口欧洲、美国、非洲等国家和地区

★玉环县鼎立华汽车减震器有限公司
地址:浙江省玉环县珠港镇城关龟山工业区
邮编:317600
电话:0576/87222399
传真:87221377
网址:www.dinglihua.com
电子信箱:dty980822@163.com
质量体系:ISO 9001
产品情况:汽车减振器

★玉环凯腾汽车零部件有限公司
地址:浙江省玉环县城北工业区
邮编:317600
电话:0576/87230578
传真:87230559
质量体系:ISO/TS 16949、ISO 9001
产品情况:固定式等速万向节、半轴

★浙江路杰机械有限公司
地址:浙江省玉环县城关镇三合潭工业区
邮编:317600
电话:0576/87230996、87229533
传真:87229529
网址:www.road-age.com
单位人数:300
质量体系:ISO/TS 16949、ISO 9001
产品情况:(Roadage(路杰)牌)
手动、自动制动间隙调整臂,制动凸轮轴及修理包,弹簧制动气室,制动蹄及修理包,气路连接阀,快速释放阀总成,快速接头总成,高强度螺栓、螺母等,年产 100 万套
出口情况:远销南美洲、北美洲、欧洲等地区

★玉环联合汽车部件有限公司
地址:浙江省玉环县城关镇三合潭工业区
邮编:317600
电话:0576/87232840、87223654
传真:87215502
网址:www.lianhecn.com
电子信箱:lianhe@mail.tzptt.zj.cn
单位人数:600
质量体系:ISO 9001
产品情况:(玉联牌)
汽车液压制动泵、真空助力器、动力转向泵、制动鼓等
配套及出口情况:为国内数十家主机厂配套;产品部分出口美国、东欧、中东等国家和地区

★玉环耀拓机械有限公司
地址:浙江省玉环县珠港镇西青塘村
邮编:317600
电话:0576/87232960
传真:87233670
网址:www.cn-yaotuo.com
电子信箱:sales@cn-yaotuo.com
质量体系:ISO/TS 16949、ISO 9001
产品情况:摆臂
出口情况:远销德国、美国、俄罗斯、委内瑞拉等国家

★台州超远机械有限公司
地址:浙江省玉环县环东工业区
邮编:317600
电话:0576/87234505、87278336
传真:87278335
网址:www.cntzcy.com
电子信箱:05866773@163.com
质量体系:ISO 9002
产品情况:(超远牌、Panc 牌、潘弛牌、潘力牌)
超越离合器总成、单向器、起动机头、超越离合器单盘、单向轴承、加大起动珠、滚针等,年产能力 300 万套

★玉环世纪星机械制造有限公司
地址:浙江省玉环县玉环漩门工业区
邮编:317600
电话:0576/87235907、87238498
传真:87235906
网址:www.zj-sjx.com
电子信箱:sale_allen@zj-sjx.com
质量体系:ISO 9001
产品情况:悬架球头、拉杆总成、拉杆球

头等汽车转向零件
出口情况：出口东南亚、中东、南非等国家和地区

★台州清文机械有限公司
地址：浙江省玉环县珠港镇鳝湾村
邮编：317600
电话：0576/87239508、87310555
传真：87239505
网址：www.cnqingwen.com
电子信箱：qingwen@cnqingwen.com
单位人数：100
质量体系：ISO 9001
产品情况：各种车型的轮毂单元、前轮毂轴承、前轴毂、后桥短轴等
出口情况：出口美国、加拿大、德国、英国、波兰、巴西、阿根廷、迪拜、伊朗、印度尼西亚、马来西亚等国家

★浙江创元汽车零部件有限公司
地址：浙江省玉环县汽摩工业园区
邮编：317600
电话：0576/87239522、87239523
传真：87239525
网址：www.cnzhy.cn
电子信箱：info@cnzhy.cn
质量体系：ISO 9001
产品情况：（创元牌）
各种汽车悬架、控制臂、元宝梁、后桥等
配套及出口情况：为国内多家大型知名商家配套；出口东南亚、欧洲、美洲

★玉环津力汽车配件有限公司
地址：浙江省玉环县汽摩工业园区
邮编：317600
电话：0576/87243866、87243886
传真：87243867
网址：www.yhjinli.com
电子信箱：jinli_com@163.com
单位人数：300
质量体系：ISO/TS 16949、ISO 9001
产品情况：悬架球头、拉杆球头、拉杆总成、摆臂、单拉杆、吊杆、主邦汰、副邦汰
出口情况：出口欧洲、美国、东南亚、非洲、中东等国家和地区

★玉泰汽车制动有限公司
地址：浙江省玉环县玉环后湾工业区
邮编：317600
电话：0576/87252966、87280558
传真：87280559
网址：www.china-yutai.com
电子信箱：www@china-yutai.com
单位人数：160
质量体系：ISO 9001
产品情况：各种制动总泵、制动分泵、离合器总泵、离合器分泵、U形螺栓、各种车型轮胎螺栓、前后吊耳、带轮、张紧轮、长螺杆、螺母和发动机压缩机支架等
配套及出口情况：为一汽红塔云南、上海万丰、杭州万向、萧山标准件等配套；出口欧美、东南亚、中东、南非等国家和地区

★浙江迪尔制动器有限公司
地址：浙江省玉环县汽摩工业园区
邮编：317600
电话：0576/87256160、87256150
传真：87239900、87562800
网址：www.zj-diero.com
电子信箱：diero@zj-diero.com
质量体系：ISO/TS 16949
产品情况：（迪尔荣牌）
真空助力器、横拉杆球头、直拉杆等
配套及出口情况：为上汽通用五菱配套；远销东南亚、中东、北美洲、中南美洲等地区

★台州嘉源发机械有限公司
地址：浙江省玉环县珠港镇后湾工业园区
邮编：317600
电话：0576/87257550、87257556
传真：87232000
网址：www.jyf-shock.com
电子信箱：info@jyf-shock.com
单位人数：120
质量体系：ISO/TS 16949、ISO 9001
产品情况：（JYF 牌）
汽车减振器

★浙江科尔博机械有限公司
地址：浙江省玉环县珠港镇汽摩工业园区
邮编：317600
电话：0576/87258796、87509527
传真：87509528、87555565
网址：www.keboauto.com
电子信箱：www@kebo.zj.cn
单位人数：170
质量体系：ISO/TS 16949
产品情况：汽车前驱动轴、等速万向节
出口情况：出口美洲、欧洲、东南亚等地区

★玉环县锐利机械有限公司
地址：浙江省玉环县机电工业园 A17 号
邮编：317600
电话：0576/87259508、87259507
传真：87280167、87259555
网址：www.suspension-parts.com
电子信箱：sales@suspension-parts.com
单位人数：508
质量体系：QS 9000
产品情况：（STEEL 牌）
汽车悬架球头、连杆、控制臂等汽车转向部件
出口情况：90% 的产品出口，出口量达 1000 万件

★玉环凯凌集团有限公司
地址：浙江省玉环县机电工业园区
邮编：317600
电话：0576/87259990、87132651
传真：87259980、87259993
网址：www.kailingcn.com
电子信箱：sale@kailingcn.com
单位人数：500
质量体系：ISO/TS 16949、ISO 9001
产品情况：（凯凌牌）
汽车、摩托车液压盘式制动器
配套及出口情况：为大长江、新大洲·本田、嘉陵、轻骑、金城、力帆、宗申、隆鑫、洛阳北易等配套，与欧洲西班牙 J.JUAN 公司建立合作关系；出口美国、欧洲、韩国和东南亚等国家和地区

★浙江滨海汽车零部件有限公司
地址：浙江省玉环县机电工业园区 12A
邮编：317600
电话：0576/87264209、87256126
传真：87256123
电子信箱：web@bhqp.com
质量体系：ISO/TS 16949
产品情况：汽车变速器配件、里程表二级传动装置
配套情况：为陕西法士特齿轮、綦江齿轮传动、上汽依维柯红岩、北奔重汽重庆变速器分公司等配套

★玉环龙峰机械有限公司
地址：浙江省玉环县汽摩配工业园区
邮编：317600
电话：0576/87264853、87277099
传真：87277075
网址：www.zjlongfeng.com
电子信箱：longfeng_cn@163.com
单位人数：200
质量体系：ISO 9001
产品情况：拉杆、球头、悬架臂、球壳、球销、球座、橡胶件、密封件等

★台州德隆泰机械有限公司
地址：浙江省玉环县城关三合潭工业区
邮编：317600
电话：0576/87266586、87243246
传真：87278966
网址：www.dltmachine.com
电子信箱：web@dltmachine.com
质量体系：ISO 9001
产品情况：（珠港牌）
汽车等速万向节和驱动轴总成
出口情况：远销欧洲、美洲、中东、中南亚等地区

★台州凯毅动力机械有限公司
地址：浙江省玉环县汽摩配工业园区
邮编：317600
电话：0576/87274788
传真：87283898
网址：www.zjkaiyi.com.cn
电子信箱：kaiyi@zjkaiyi.com.cn
单位人数：200
质量体系：ISO/TS 16949、ISO 9001
产品情况：内球笼、钟型壳、星型套、保持架、半轴杆、传动连接器、等速万向节等

配套情况:为宁波万航零部件、台州宏利零部件、南洋集团、温州冠盛等配套

★玉环中威机械实业有限公司
地址:浙江省玉环县解放塘汽摩工业园区
邮编:317600
电话:0576/87277317、87277318
传真:87277319
网址:www. cnzhongwei. com
电子信箱:zhongwei@ cnzhongwei. com
单位人数:600
质量体系:ISO 9001
产品情况:整体锻造式转向横拉杆总成、转向传动轴带管柱总成等汽车零配件
配套及出口情况:为一汽集团配套;出口阿联酋等国家

★浙江万邦汽车动力系统有限公司
地址:浙江省玉环县汽摩工业园区
邮编:317600
电话:0576/87277388
传真:87277338
网址:www. wanbangm. com
电子信箱:wanbang@ wanbangm. com
单位人数:160
质量体系:ISO/TS 16949
产品情况:(WANBANG 牌)
汽车离合器总成、盘毂、花健毂及套、分离杆总成、垫环、支承环、支承铆钉、冷挤压盘毂芯、液压变扭器盖板、绕性飞轮、冲压件等
配套及出口情况:为东风汽车公司、一汽集团、南京汽车集团(跃进)等配套;部分产品出口欧洲、中东、东南亚等地区

★浙江正裕工业有限公司
地址:浙江省玉环县城关镇双港路 38 – 88 号
邮编:317600
电话:0576/87278888
传真:87278880、87278887
网址:www. addchina. com
电子信箱:add@ addchina. com
单位人数:800
质量体系:ISO/TS 16949
产品情况:(正裕牌)
汽车减振器、大修包
出口情况:出口多个国家和地区

★浙江玉环远豪机械厂
地址:浙江省玉环县珠港镇小水埠工业区二路
邮编:317600
电话:0576/87279432、87279436
传真:87235501
网址:www. yushengqp. com
电子信箱:info@ yushengqp. com
质量体系:ISO 9001
产品情况:(誉胜牌)
各种球头、拉杆、摆臂、曲轴带轮等
出口情况:出口中东、美洲、东南亚、土耳其、尼日利亚等国家和地区

★玉环卓越制动器有限公司
地址:浙江省玉环县前塘洋工业区南路 28 号
邮编:317600
电话:0576/87279495、87279497
传真:87279496
网址:www. guangshengcn. com
电子信箱:sclwrj@ 163. com
单位人数:200
质量体系:ISO 9001
产品情况:(广圣牌)
制动总泵、分泵、水泵、离合器总成、压盘总成、球头横拉杆总成等
配套及出口情况:为万向、哈飞汽车等配套;出口欧洲、美洲、东南亚等地区

★台州欧尔达汽车零部件有限公司
地址:浙江省玉环县城关沙鳝工业区
邮编:317600
电话:0576/87279682
传真:87279692
电子信箱:office@ oedauto. com
质量体系:ISO/TS 16949、QS 9000
产品情况:控制臂、摆臂、前悬臂总成等

★玉环恒力泵业有限公司
地址:浙江省玉环县珠港镇后塘洋工业区
邮编:317600
电话:0576/87280378、87280308
传真:87283018
单位人数:100
质量体系:ISO 9001
产品情况:(良力牌)
汽车齿轮转向油泵,汽车、工程机械用齿轮液压油泵,汽车、工程机械自卸车用液压阀、操纵阀,年产 5 万台套
配套及出口情况:为一汽六厂、一汽重型车厂配套;年出口 4 千台(套)

★玉环威宇汽车部件有限公司
地址:浙江省玉环县城关下斗门工业区
邮编:317600
电话:0576/87282074
传真:87282094
网址:www. weiyuauto. com
电子信箱:weiyugongshi@ 163. com
单位人数:280
质量体系:ISO/TS 16949、ISO 9001
产品情况:(玉联牌)
汽车液压制动泵、真空助力器、制动钳等制动系统产品
配套及出口情况:为哈飞汽车、昌河汽车、一汽佳宝、东风汽车公司等配套;出口东欧、美国、中东等国家和地区

★玉环县金峰实业有限公司
地址:浙江省玉环县珠港镇城关下斗门工业区
邮编:317600
电话:0576/87282097、87283295
传真:87280299
网址:www. jin – fengcn. com
电子信箱:jinfeng@ mail. tzptt. zj. cn
单位人数:120
产品情况:制动总泵总成、制动主缸带真空助力器总成、感载比例阀、转向拉杆、端接头、前悬架压杆总成、前轴摆臂总成、制动器总成、管接头等
配套情况:为长安汽车、长安铃木、哈飞汽车、昌河汽车等配套

★浙江省玉环县尚利汽车零部件厂
地址:浙江省玉环县珠港镇塘里工业区万兴路 18 号
邮编:317600
电话:0576/87282201、87286758
传真:87286757
网址:www. cnshangli. com
负责人:陈珠才
单位人数:150
质量体系:ISO 9001
产品情况:球笼
出口情况:销往西欧、美国等国家和地区

★浙江省玉环县东海汽车部件厂
地址:浙江省玉环县下陡门工业区
邮编:317600
电话:0576/87282529、87282531
传真:87282530
网址:www. world – donghai. com
电子信箱:bangnai209@ yahoo. com. cn
质量体系:ISO 9001
产品情况:(邦耐牌)
汽车转向油泵和液压动力油泵

★玉环县海通汽车部件有限公司
地址:浙江省玉环县城关镇后塘垟村工业区
邮编:317600
电话:0576/87283016
传真:87283026
电子信箱:yhhtqc@ 21cn. com
质量体系:ISO/TS 16949
产品情况:转向助力泵配件(泵芯、三件套)、ABS 齿圈、盘式制动器部件

★浙江恒鼎机械有限公司
地址:浙江省玉环县南大岙工业区
邮编:317600
电话:0576/87283177、87556105
传真:87283187
网址:www. hengweian. com
电子信箱:zhu3177@ yahoo. com. cn
单位人数:108
质量体系:ISO/TS 16949
产品情况:(恒鼎牌、霆达牌、ZQD 牌)
汽车轮毂单元、轮毂轴承、后桥短轴等

★浙江格力威机械有限公司
地址:浙江省玉环县机电工业园
邮编:317600

电话:0576/87283347
传真:87205633
网址:www.glwjx.com
电子信箱:web@glwjx.com
质量体系:ISO 9000
产品情况:横直拉杆总成、球头总成、钢板销、轮胎螺栓、大小螺母等,年产能力1000万套

★玉环县广臻汽车零部件有限公司
地址:浙江省玉环县珠港镇环东工业区
邮编:317600
电话:0576/87283511、87283522
传真:87283522、87283533
网址:www.guang-zhen.com
电子信箱:info@guang-zhen.com
单位人数:110
质量体系:ISO 9001
产品情况:第一代轮毂单元、第二代轮毂单元、第三代轮毂单元及各类球笼
出口情况:出口美国、英国、法国、意大利、澳大利亚、新西兰、加拿大、俄罗斯等国家

★玉环县黎燕汽车拉杆制造有限公司
地址:浙江省玉环县珠港镇城关小水埠工业区
邮编:317600
电话:0576/87283617
传真:87283615
网址:www.liyancn.com
电子信箱:info@liyancn.com
质量体系:ISO/TS 16949
产品情况:(玉燕牌)
横直拉杆总成及接头总成

★台州鑫鼎离合器有限公司
地址:浙江省玉环县小水埠工业区
邮编:317600
电话:0576/87283699、87283799
传真:87220983
网址:www.xdclutch.com
电子信箱:zhiyong@tzxinding.com
质量体系:ISO 9001
产品情况:(XD牌)
汽车离合器压盘、离合器从动盘总成
出口情况:出口东南亚、非洲、欧美

★浙江省玉环博海机械有限公司
地址:浙江省玉环县珠港镇机电工业园
邮编:317600
电话:0576/87284518、87278579
传真:87278578
网址:www.yhbohai.com
电子信箱:service@yhbohai.com
单位人数:60
质量体系:ISO 9001
产品情况:汽车、摩托车制动钳活塞、轮毂

★浙江玉发汽配有限公司
地址:浙江省玉环县城关环东工业区
邮编:317600
电话:0576/87284559、87227906
传真:87219894
网址:www.zjyufa.com
电子信箱:yf@zjyufa.com
单位人数:300
质量体系:ISO/TS 16949、ISO 9001
产品情况:(玉发牌)
汽车齿轮、横拉杆接头总成、贯通轴、球头销、轮胎螺栓、惰轮轴、高强度紧固件、防尘罩、铆钉等
配套情况:为东风车桥公司配套

★浙江鑫泽机械有限公司
地址:浙江省玉环县汽摩工业园区
邮编:317600
电话:0576/87284999、87234011
传真:87234022
网址:www.cnxinze.com
电子信箱:zjxinze@china.com
单位人数:208
质量体系:ISO/TS 16949、ISO 9002
产品情况:(鑫泽牌)
高强度螺栓、自动调整臂、曲轴减振带轮、汽车悬架系统等
配套及出口情况:为无锡柴油机厂、无锡动力工程、无锡四达动力集团等10多家国内外企业配套;出口欧美、澳大利亚、东南亚、中东等国家和地区

★浙江奥缔机械制造有限公司
地址:浙江省玉环县汽摩工业园
邮编:317600
电话:0576/87286058、87286157
传真:87286087
网址:www.zjaodi.com
电子信箱:info@tzanjie.com
质量体系:ISO/TS 16949、ISO 9001
产品情况:汽车制动间隙自动调整臂系列产品,年产能力40万件以上
配套情况:为北奔重汽、一汽解放卡车、安凯汽车、陕汽汉德车桥、北汽福田、东风杭汽等配套

★玉环威固德汽车部件有限公司
地址:浙江省玉环县珠港镇环东工业区
邮编:317600
电话:0576/87287987
传真:87278606
网址:www.yh-wgd.com
电子信箱:xhjx8866@163.com
质量体系:ISO 9001
产品情况:横直拉杆、悬架球头等

★玉环金泰汽车部件有限公司
地址:浙江省玉环县机电工业园区
邮编:317600
电话:0576/87298280、87282360
传真:87282398
网址:www.jtqpcn.com
电子信箱:info@jtqpcn.com
单位人数:1200
质量体系:ISO 9001
产品情况:(金水仙牌、恒球牌、利基牌)
前桥悬架球头、横向拉杆球头、制动泵类、转向系列等底盘零配件,发动机零配件
配套及出口情况:为南京依维柯、一汽中顺、东风汽车公司、山东华泰、江西五十铃配套;远销欧美、东南亚、南非、中东等国家和地区

★浙江耐士伦机械有限公司
地址:浙江省玉环县机电工业园
邮编:317600
电话:0576/87298876、87298868
传真:87298866
网址:www.nessral.com
电子信箱:nessral@nessral.com
单位人数:510
质量体系:ISO/TS 16949
产品情况:(耐士伦牌)
转向管柱及支架总成等汽车转向传动装置、客车冷却风扇传动机构总成等
配套及出口情况:为北汽福田、宇通客车、中通客车、苏州金龙、中大汽车、东风汽车公司、安徽华菱汽车、江淮汽车、厦门金龙、R&B INC、SPEEDWAY MOTORS、DriveSol配套;出口亚洲、欧洲、美洲、大洋洲、非洲等几十个国家和地区

★浙江玉环玉城齿轮有限公司
地址:浙江省玉环县珠港镇黄泥坎工业区
邮编:317600
电话:0576/87299371、87299373
传真:87299372
网址:www.yc-gear.com
电子信箱:info@yc-gear.com
质量体系:ISO 9002
产品情况:(玉城牌)
专业生产重、中、轻型载货汽车后桥差速器半轴齿轮、行星齿轮、十字轴、差速器各种紧固件螺栓等

★玉环县全菱汽车配件有限公司
地址:浙江省台州市玉环县机电工业园区
邮编:317600
电话:0576/87299677
传真:87234576
网址:www.shql-clutch.com
电子信箱:web@shql-clutch.com
质量体系:ISO/TS 16949、ISO 9001
产品情况:汽车离合器从动盘总成、离合器盖总成

★台州宏利汽车零部件有限公司
地址:浙江省玉环县汽摩工业园区
邮编:317600
电话:0576/87317777
传真:87277218
网址:www.honglee.cn

电子信箱:lee@ honglee. cn
单位人数:1000
质量体系:ISO/TS 16949、ISO 9001
产品情况:(LEE 牌)
汽车球笼式等速万向节、驱动轴总成
出口情况:远销美洲、大洋洲、东南亚、中东等 20 多个国家和地区

★浙江中兴减震器制造有限公司
地址:浙江省玉环县汽摩工业区
邮编:317600
电话:0576/87350558、87209855
传真:87238161
网址:www. zxshock. cn
电子信箱:meiaw@ zxshock. cn
质量体系:ISO/TS 16949、VDA 6. 1
产品情况:(ZXSHOCK 牌)
汽车减振器
出口情况:出口欧美市场

★台州万洲机械有限公司
地址:浙江省玉环县珠港镇坎门科技工业园区
邮编:317600
电话:0576/87352777
传真:87235520
网址:www. wzbrake. com
电子信箱:sales@ wzbrake. com
单位人数:218
质量体系:ISO/TS 16949、ISO 9001
产品情况:制动钳活塞、制动钳紧固件、真空助力器部件、杠臂、压力臂、活塞杆、耳环、缸盖和其他高强度螺栓等
配套及出口情况:为江铃、陆风、上汽、华晨、金杯、三菱、长城汽车、北汽福田、天津珀金斯等配套;远销南非、西班牙、加拿大等国家

★玉环县正奥汽配实业有限公司
地址:浙江省玉环县大麦屿对台贸易区
邮编:317600
电话:0576/87373918、87373830
传真:87373911
网址:www. zjzhenyu. com
电子信箱:za@ 317602. com
质量体系:ISO/TS 16949、ISO 9001
产品情况:(正奥牌)
前轮控制臂、横拉杆总成、横拉杆球头、前轮壳、后轮壳、后桥短轴等
配套及出口情况:为一汽轿车、上海英伦汽车配套;出口德国、美国、俄罗斯、委内瑞拉等国家

★玉环奥恒机械厂
地址:浙江省玉环县环东工业区
邮编:317600
电话:0576/87388876
传真:87567977
电子信箱:yhaoh@ 163. com
质量体系:ISO/TS 16949
产品情况:(奥恒牌)
制动系列、离合系列、转向系列等

★台州方科汽车部件有限公司
地址:浙江省玉环县楚门镇直塘
邮编:317600
电话:0576/87420337、87420319
传真:87420307
网址:www. fangleautoparts. com
电子信箱:berry@ fangleautoparts. com
单位人数:750
质量体系:ISO/TS 16949、ISO 14001
产品情况:(F 牌、木王牌)
转向盘、换挡手柄、座椅、排气筒、连接器、脚踏板、动力件、内饰、空气滤清器、铝合金件等
配套及出口情况:为上海通用、柳州五菱、宇通客车、北京奔驰、北汽福田、南京名爵等配套;远销 30 多个国家和地区

★玉环万佳机械制造有限公司
地址:浙江省玉环县机电工业园区
邮编:317600
电话:0576/87507636、87555368
传真:87508315
网址:www. wanjiajx. com
电子信箱:web@ wanjiajx. com
质量体系:ISO/TS 16949
产品情况:汽车动力转向泵、轮毂单元等
出口情况:出口美国、英国、德国、意大利、西班牙、土耳其、东南亚等国家和地区

★玉环优势汽配有限公司
地址:浙江省玉环县坎门科技工业园区
邮编:317600
电话:0576/87509080
传真:87552616
网址:www. usqy. net
电子信箱:hhdh@ vip. 163. com
单位人数:300
质量体系:ISO/TS 16949、ISO 9001
产品情况:汽车悬架摆臂、球头拉杆等
配套及出口情况:为主机厂配套;远销美洲、非洲、亚洲、欧洲、中东、大洋洲等

★玉环县坎门富环汽车配件厂
地址:浙江省玉环县坎门花岩礁工业区
邮编:317600
电话:0576/87510127
传真:87505226
质量体系:ISO 9001
产品情况:(富环(FUHUAN)牌)
汽车底盘悬架球头、拉杆球头、平衡杆球头、拉杆、中拉杆、摇臂、曲轴带轮、主/副邦汰、紧固件

★玉环县建鸿机械制造有限公司
地址:浙江省台州市玉环县芦蒲漩门工业城
邮编:317600
电话:0576/87512600
传真:87562571
网址:www. jhcagongyi. com
电子信箱:jhca@ vip. 163. com
单位人数:200
质量体系:ISO 9001
产品情况:(建鸿牌)
汽车悬架控制臂

★玉环县巨安机电制造有限公司
地址:浙江省玉环县汽摩工业园区
邮编:317600
电话:0576/87551972、87276988
传真:87553147
网址:www. chinajuan. com
电子信箱:webmaster@ chinajuan. com
质量体系:ISO 9000
产品情况:(巨安牌)
自动/手动调整臂、单气室分泵、双气室分泵、紧急继动阀、超前继动阀、快放阀、三通阀、气接头、连接器总成、凸轮轴修理包等
出口情况:远销欧美等地区

★玉环县坎门超拓汽车配件厂
地址:浙江省玉环县机电工业园区
邮编:317600
电话:0576/87553920、87276980
传真:87512213
网址:www. chaotuo508. com
电子信箱:chaotuo508@ yahoo. com. cn
质量体系:ISO 9002
产品情况:轮毂

★玉环县纳辉汽车配件有限公司
地址:浙江省玉环县东风工业区建洲路
邮编:317600
电话:0576/87555488
传真:87513616
网址:www. nahui. com. cn
电子信箱:nahui@ nahui. com. cn
质量体系:ISO 9000
产品情况:汽车转向拉杆球头、制动钳、离合器总泵、离合器分泵等
出口情况:远销东南亚、中东及欧洲等地区

★台州凌荣机械有限公司
地址:浙江省台州市玉环县坎门科技园区
邮编:317600
电话:0576/87563328
传真:87508997
网址:www. lingrongjixie. com. cn
质量体系:ISO/TS 16949
产品情况:重型车底盘配件,轮胎螺栓总成、调整臂、制动凸轮轴、支撑销、各种六角螺栓等
配套情况:为重汽配套

★玉环戴安制动装置有限公司
地址:浙江省玉环县漩门工业城
邮编:317600
电话:0576/87572688
传真:87572689

网址:www.daian.cc
电子信箱:daisongyh@163.com
质量体系:ISO/TS 16949、ISO 9001
产品情况:(DAIAN 牌)
　　手动、自动调整臂、S-凸轮轴、轴头螺母、滚轮、调整臂蜗轮、蜗杆、端盖、推杆等
出口情况:远销北美洲

★台州凯迪汽车零部件有限公司
地址:浙江省玉环县坎门科技工业园区勤优北3幢
邮编:317602
电话:0572/6129786、6129788
传真:6129787
网址:www.autokdd.com
电子信箱:sale09@autokdd.com
单位人数:500
质量体系:ISO 9001
产品情况:传动轴、等速万向节、轮毂
出口情况:主要销往欧美、俄罗斯、中南美洲、东南亚、中东等国家和地区

★浙江省玉环华港机械有限公司
地址:浙江省玉环县坎门东风工业区
邮编:317602
电话:0576/87157889
传真:87282700
网址:www.hgjix.com
电子信箱:info@hgjix.com
质量体系:ISO 9001
产品情况:汽车同步器与锥齿等
配套情况:与多家主机厂配套

★台州奥纳尔机械有限公司
地址:浙江省玉环县坎门科技工业园
邮编:317602
电话:0576/87208388、87555268
传真:87208268
网址:www.aonaer.com
电子信箱:aonaer@aonaer.com
质量体系:ISO 9001
产品情况:(ANER 牌)
　　悬架摆臂等
出口情况:出口欧洲、美国、中东等国家和地区

★玉环帝德利转向部件有限公司
地址:浙江省玉环县汽摩工业园区
邮编:317602
电话:0576/87208907、87219447
传真:87208906
网址:www.cn-ddl.com
电子信箱:ddl@cn-ddl.com
质量体系:ISO 9001
产品情况:(帝德利牌)
　　拉杆球头、悬架球头、连接杆、横拉杆、控制臂、中间拉杆等
出口情况:远销欧洲、中东、俄罗斯、非洲等国家和地区

★浙江玉环县发业汽配厂
地址:浙江省玉环县小水埠工业区
邮编:317602
电话:0576/87210092
传真:87210586
网址:www.cn-faye.com
电子信箱:sales@cn-faye.com
单位人数:108
质量体系:ISO 9001
产品情况:(FY 牌)
　　各种汽车制动总泵、离合器分泵、水泵,年产能力10万只
配套及出口情况:为浙江亚太机电、航天部上海精密机械、台湾永裕等配套;出口美洲、欧洲、非洲等地区

★台州东龙精密机械有限公司
地址:浙江省玉环县小水埠工业区
邮编:317602
电话:0576/87210780
传真:87210770
网址:www.cn-donglong.com
电子信箱:donglong888@yahoo.com.cn
质量体系:ISO 9002
产品情况:汽车制动总泵、分泵,离合器总泵、分泵等系列产品,年产汽车制动总泵20万套、分泵30万套
出口情况:远销北美洲、东南亚、中东

★浙江玉环迪奥机械制造有限公司
地址:浙江省玉环县前塘洋工业区
邮编:317602
电话:0576/87216100、87175718
传真:87217200
网址:www.yhdiao.com
电子信箱:yhdiao@126.com
质量体系:ISO 9001
产品情况:汽车前后悬架摆臂总成、托架总成、元宝梁总成、后桥总成等

★玉环县三井爱特汽车零部件制造厂
地址:浙江省玉环县坎门科技工业园区
邮编:317602
电话:0576/87221148
传真:87240322
网址:www.brakecaliper.net.cn
单位人数:50
质量体系:ISO 9001
产品情况:各种汽车盘式制动器、带轮等
出口情况:远销美国、欧洲等国家和地区

★台州普盛机械有限公司
地址:浙江省玉环县前塘洋工业区
邮编:317602
电话:0576/87233047、87233893
传真:87233045
网址:www.zjpusheng.com
电子信箱:pushengjixie@163.com
质量体系:ISO 9001
产品情况:球笼、轮毂

★台州新宏声机械有限公司
地址:浙江省玉环县小水埠工业区
邮编:317602
电话:0576/87238183、87238186
传真:87255881
网址:www.xhs-universal.com
电子信箱:office@xhs-universal.com
质量体系:QS 9000
产品情况:(GIVIB 牌)
　　万向节十字轴总成、轮毂、传动轴、扳手,年产万向节200万套
出口情况:产品80%远销美洲、欧洲、中东、东南亚等地区

★浙江省玉环县东海汽车配件厂
地址:浙江省玉环县汽摩工业园区
邮编:317602
电话:0576/87238358
传真:87238355
网址:www.cnyhtz.com
电子信箱:dingfeng111@vip.163.com
质量体系:ISO/TS 16949、ISO 9001
产品情况:(正海牌)
　　汽车转向传动装置总成,转向横、直拉杆总成,转向垂臂、转向节臂、转向摇臂等
配套及出口情况:为东风汽车公司、一汽集团、安徽华菱、厦门金龙、苏州金龙等配套;远销欧美及东南亚

★玉环友捷制动器有限公司
地址:浙江省玉环县三合潭工业区
邮编:317602
电话:0576/87243213、87243212
传真:87211831、87243212
网址:www.cnyoujie.com
电子信箱:youjie111@126.com
质量体系:ISO 9001
产品情况:制动总泵、分泵,离合器总泵、分泵

★玉环一飞机械工业有限公司
地址:浙江省玉环县汽摩配工业园
邮编:317602
电话:0576/87243666、87276767
传真:87232196
网址:www.yfgy.com
电子信箱:yfgy@yfgy.com
质量体系:ISO/TS 16949
产品情况:(法龙牌)
　　传动轴、后摆臂总成、后轴管支架总成、转向节、前制动卡钳、前轮毂等
配套及出口情况:为多家汽车制造厂配套;远销美国、澳大利亚、欧洲、拉丁美洲等国家和地区

★玉环宇强机械有限公司
地址:浙江省玉环县珠港镇汽摩工业园区
邮编:317602
电话:0576/87249511、87249522
传真:87249533
网址:www.yhyqjx.cn
质量体系:ISO/TS 16949、ISO 9001

产品情况：轮毂单元、轮毂轴承

★浙江省玉环县华亮制动器有限公司
地址：浙江省玉环县珠港镇后湾工业园区
邮编：317602
电话：0576/87250480、87250482
传真：87250481、87250489
网址：www. cnhualiang. com
电子信箱：web@ cnhualiang. com
质量体系：ISO 9001
产品情况：（BGF 牌）
制动总泵、分泵，离合器泵
配套及出口情况：为吉林、江苏等部分整车厂配套；出口国际市场

★台州德力奥汽车部件制造有限公司
地址：浙江省玉环县汽摩配工业园区
邮编：317602
电话：0576/87251728、87210638
传真：87252880
网址：www. zjdeliao. com
电子信箱：deliao@ vip. 163. com
单位人数：360
质量体系：ISO/TS 16949、QS 9000
产品情况：（星德隆牌）
前后悬臂总成、转向拉杆总成、稳定杆组件、连接杆组件、推力杆总成、连接器等，年综合生产能力 150 万套
配套及出口情况：为北京现代、华泰现代、江铃、昌河铃木、长安汽车、重庆力帆、比亚迪等配套；远销东南亚、中东、欧美等地区

★浙江华邦机械有限公司
地址：浙江省玉环县汽摩配工业园区
邮编：317602
电话：0576/87253700
传真：87264999
网址：www. huabang. cn
电子信箱：web@ huabang. cn
质量体系：ISO/TS 16949、QS 9000
产品情况：横、直拉杆总成、变速操纵机构总成、转向柱管总成、备胎升降器总成、加速踏板总成等
配套及出口情况：为江淮汽车、一汽、东风、北奔重汽、长安汽车、昌河汽车、北汽福田、北汽制造等配套；出口欧洲、非洲、拉丁美洲等地区

★浙江长进减振器有限公司
地址：浙江省玉环县汽摩工业园区
邮编：317602
电话：0576/87264898、87231076
传真：87231073
网址：www. kjkshock. com
电子信箱：jasmine@ kjkshock. com
单位人数：100
质量体系：ISO/TS 16949
产品情况：减振器
出口情况：出口欧洲、美洲、东南亚等地区，并销往中国台湾地区

★台州博锐机械工业有限公司
地址：浙江省玉环县坎门科技工业园区
邮编：317602
电话：0576/87274006
传真：87274009
网址：www. brccn. cn
电子信箱：sales@ brccn. cn
质量体系：ISO/TS 16949、ISO 9001
产品情况：汽车离合器，年产能力 80 万套
出口情况：出口欧美、非洲、东南亚、中东等地区

★玉环天利汽车配件实业有限公司
地址：浙江省玉环县汽摩工业园区
邮编：317602
电话：0576/87277308、87277307
传真：87277309
网址：www. tl – cvjoint. com
电子信箱：yhqp@ yhqp. cn
质量体系：ISO/TS 16949、ISO 9002
产品情况：（里航牌）
球笼式等速万向节、传动轴总成
出口情况：出口美洲、欧洲、大洋洲、东南亚、中东等国家和地区

★玉环县锦裕汽车零部件制造厂
地址：浙江省玉环县里黄东营路 82 弄 6 号
邮编：317602
电话：0576/87279475、87279480
传真：87279570
网址：www. yhjycvjoint. com
电子信箱：yhjinyu@ 163. com
质量体系：ISO 9001
产品情况：（锦裕（JINYU）牌）
汽车球笼式等速万向节
出口情况：出口欧美、中东、东南亚等地区

★浙江宏森汽车底盘有限公司
地址：浙江省玉环县机电工业园区
邮编：317602
电话：0576/87280750、87210821
传真：87210831、87232681
网址：www. honssion. com
电子信箱：honssion@ honssion. com
质量体系：ISO 9001
产品情况：（HONSSION 牌、HSN 牌）
汽车转向悬架配件、悬架球头、拉杆球头、拉杆、拉杆总成、控制臂、稳定杆等，还生产部分泵类部件；日产能力超过 1.5 万只

★玉环坎门烽火机械有限公司
地址：浙江省玉环县小水埠工业区
邮编：317602
电话：0576/87283688、87283611
传真：87283616
网址：www. fenghuo – machine. com
电子信箱：web@ fenghuo – machine. com
质量体系：ISO 9001
产品情况：（JP 牌）
液压制动总泵、前后制动分泵，离合器总泵、分泵，风扇驱动装置、冷却水泵等
配套及出口情况：为一汽四环轻型发动机、长春一汽备品制造公司配套；出口东南亚等地区

★浙江鑫溢机械有限公司
地址：浙江省玉环县珠港镇后蛟工业区
邮编：317602
电话：0576/87283698、87568012
传真：87568016
网址：www. cn – xinyi. com
电子信箱：web@ cn – xinyi. com
单位人数：200
质量体系：ISO/TS 16949
产品情况：离合器部件及车桥配件
配套情况：为一汽集团、东风汽车公司、重汽集团等配套

★台州利福德机械有限公司
地址：浙江省玉环县玉坎中路
邮编：317602
电话：0576/87287687、87233879
网址：www. lifude. com. cn
电子信箱：chenshoufu8@ gmail. com
质量体系：ISO 9001
产品情况：（日宇牌）
汽车前悬架摆臂、托架总成等
出口情况：出口欧洲、东南亚

★浙江天元机电有限公司
地址：浙江省玉环县坎门科技工业园区
邮编：317602
电话：0576/87303333、87300100
传真：87300122、87300133
网址：www. cnyhty. com
电子信箱：trade@ cnyhty. com
单位人数：800
质量体系：ISO/TS 16949
产品情况：重型车、客车、半挂车自动调整臂、手动调整臂、凸轮轴、车轮螺栓螺母、蹄铁、防尘罩、轴头螺母、滚轮、发动机配件、变速器配件等，年产凸轮轴 80 万根、制动蹄铁 80 万片、调整臂总成 200 万件、轮胎螺栓总成 1500 万套
配套情况：为一汽集团、重汽集团、广东富华、广东力泰、镇江约克、济南塞夫、阿文美驰等主机厂配套

★玉环江宏机械有限公司
地址：浙江省玉环县珠港镇坎门科技工业园区
邮编：317602
电话：0576/87308808、87308822
传真：87308822、36335868
网址：www. jhbrakes. com
电子信箱：sales@ jhbrakes. com
质量体系：ISO/TS 16949、ISO 9001
产品情况：（江宏牌）
汽车制动钳，年产 60 万台套
出口情况：远销美国、加拿大、德国、俄罗斯、英国、澳大利亚、南非、土耳其、河

根廷以及东南亚等国家和地区

★浙江省玉环县晨翔机械有限公司
地址:浙江省玉环县珠港镇坎门里岙工业区
邮编:317602
电话:0576/87502228、87502209
传真:87502227
网址:www.cncxjx.com
电子信箱:web@cncxjx.com
质量体系:ISO 9001
产品情况:横直拉杆、悬架球头等汽车转向系统产品
出口情况:出口中南美洲、东南亚、欧洲等地区

★玉环博纳汽配有限公司
地址:浙江省玉环县坎门镇双丰工业区
邮编:317602
电话:0576/87505102、87505046
传真:87505046
网址:www.chinabona.com
电子信箱:web@chinabona.com
质量体系:ISO 9001
产品情况:离合器泵、制动泵、制动调整器、左右连接拉杆总成、离合器分离叉、活塞销、气门导管及座圈、油封等
配套及出口情况:为一汽集团配套;出口日本、韩国、中(东)欧等国家和地区

★浙江玉环明信重型汽车配件厂
地址:浙江省玉环县东风工业区
邮编:317602
电话:0576/87507072
传真:87560166
质量体系:ISO 9001
产品情况:后调整臂、行星轮齿轮、气门推杆、凸轮轴等

★玉环县坎门进口汽车部件厂
地址:浙江省玉环县坎门东风工业区
邮编:317602
电话:0576/87507138、87557576
传真:87552081
网址:www.jkqcbj.com
电子信箱:office@jkqcbj.com
质量体系:ISO 9001
产品情况:悬架球头、拉杆球头、控制臂球头、转向拉杆球头、拉杆总成、主邦汰、副邦汰等
出口情况:出口东南亚、欧美、中东、非洲等地区,并销往中国台湾地区

★玉环金诺机械有限公司
地址:浙江省玉环县小水埠工业区1路
邮编:317602
电话:0576/87507507、87252827
传真:87507223
网址:www.yuhuanjinnuo.cn
电子信箱:yhjinnuo@sina.com
质量体系:ISO 9001
产品情况:(金诺牌)
　　轮胎螺栓等紧固件、制动调整臂、制动蹄轴等
配套及出口情况:长期为全国众多厂家提供配套产品;远销东南亚

★玉环普利加汽车配件制造有限公司
地址:浙江省玉环县珠港镇坎门东风工业区
邮编:317602
电话:0576/87508342
传真:87508321
网址:www.pljap.com
电子信箱:service@pljap.com
单位人数:100
质量体系:ISO 9001
产品情况:底盘控制臂、连杆球接头
出口情况:出口北美洲、南美洲、欧洲、非洲、亚洲、大洋洲等地区

★浙江双辉剑机械有限公司
地址:浙江省玉环县汽摩工业园东区
邮编:317602
电话:0576/87509163、87509478
传真:87509153
网址:www.shuanghuijian.com
电子信箱:shjautoparts@yahoo.com.cn
单位人数:165
质量体系:ISO/TS 16949、ISO 9001
产品情况:(双辉剑牌)
　　各种汽车前梁总成、制动踏板支架总成、真空助力及制动泵总成、横直拉杆中央摇臂总成、转向节、炭罐总成、前稳定杆、各种汽车专用橡胶配件和紧固件
配套及出口情况:为东南汽车、长安汽车、奇瑞汽车、哈飞汽车、昌河汽车、华泰汽车等配套;出口拉丁美洲、东南亚、中东、非洲等地区

★玉环长利汽车零部件有限公司
地址:浙江省玉环县坎门交通路
邮编:317602
电话:0576/87509262、87518111
传真:87578016
网址:www.cnyhcl.com
电子信箱:cnyhcl@163.com
质量体系:ISO 9001
产品情况:球笼和传动轴等
出口情况:出口美国、欧洲、东南亚、中东等国家和地区

★玉环县柯隆机械有限公司
地址:浙江省玉环县坎门科技工业园
邮编:317602
电话:0576/87509306
传真:87509307
网址:www.pumpkl.com
电子信箱:kelonggs@163.com
质量体系:ISO 9001
产品情况:转向助力泵

★浙江省台州银丰有限公司
地址:浙江省玉环县珠港镇坎门科技工业园区
邮编:317602
电话:0576/87509311
传真:87509322
单位人数:200
质量体系:ISO 9002
产品情况:(银丰牌)
　　球笼和整轴等

★台州山源汽车零部件有限公司
地址:浙江省玉环县珠港镇坎门科技工业园区
邮编:317602
电话:0576/87509333、87509139
传真:87509369
网址:www.tzshyu.com
电子信箱:tzshyu@vip.sina.com
单位人数:155
质量体系:ISO 9001
产品情况:(TZSHYU牌)
　　离合器传动缸、助力缸、分离杆总成、发动机零部件、各种规格球头及高强度螺栓
配套情况:为重汽集团、陕汽集团配套

★浙江远东汽车零部件制造有限公司
地址:浙江省玉环县坎门科技工业园区
邮编:317602
电话:0576/87509515、87509517
传真:87509516
网址:www.china-ydg.com
电子信箱:ydg@china-ydg.com
单位人数:120
质量体系:ISO/TS 16949、ISO 9001
产品情况:(东鑫牌)
　　转向器、拉杆球头、制动管路接头、加油口颈、发动机进出水管总成
配套及出口情况:为哈飞汽车、华泰现代汽车、东安黑豹汽车、一汽吉轻、邦迪管路系统等配套;出口中东、欧洲、美洲、东南亚

★台州意豪转向机有限公司
地址:浙江省玉环县坎门科技工业园区
邮编:317602
电话:0576/87509551、87509552
传真:87509383
网址:www.china-yihao.com
电子信箱:yihao1991@vip.163.com
单位人数:480
质量体系:ISO/TS 16949、ISO 9001
产品情况:(意豪牌)
　　汽车转向器、连接器、十字节、三星轴承、后轮传动轴、拨叉、前分泵、气门等
出口情况:远销欧洲、中南美洲、中东、非洲、东南亚等地区

★浙江盛大汽摩工业有限公司
地址:浙江省玉环县汽摩工业园东区
邮编:317602
电话:0576/87509577、87509576
传真:87509575

网址:www.zjsd.cn
电子信箱:zysd@vip.163.com
质量体系:ISO/TS 16949
产品情况:(ZYSD 牌)
汽车铝合金车轮,年产能力 50 万件
出口情况:出口美国、日本、意大利、东南亚等国家和地区,并销往中国香港、台湾地区

★浙江德利众机械制造有限公司
地址:浙江省玉环县坎门科技工业园区
邮编:317602
电话:0576/87509587、87509937
传真:87509927
网址:www.dlz.com.cn
电子信箱:zjdlz08@dlz.com.cn
质量体系:ISO 9001
产品情况:(DLZ 牌)
横直拉杆、悬架球头等汽车转向系统产品
出口情况:出口中南美洲、东南亚、欧洲等地区

★台州建伟机械有限公司
地址:浙江省玉环县坎门科技工业园区
邮编:317602
电话:0576/87509591
传真:87509315
网址:www.jianwei.zj.cn
电子信箱:yh_jianwei@126.com
质量体系:ISO/TS 16949、ISO 9000
产品情况:汽车球笼式等速万向节、驱动轴总成
出口情况:出口美洲、大洋洲、东南亚、中东等地区

★浙江省玉环县金宝达机械配件厂
地址:浙江省玉环县珠港镇坎门科技工业园区
邮编:317602
电话:0576/87509818、87509166
传真:87509701
网址:www.autojbd.com
电子信箱:sales@autojbd.com
产品情况:(金宝达牌)
汽车悬架球头总成、横直拉杆总成、摆臂总成、托架总成
配套及出口情况:为国内几家生产厂配套;远销中南亚、欧美等地区

★玉环县正大机械有限公司
地址:浙江省玉环县坎门科技工业园区
邮编:317602
电话:0576/87509850、87509458
传真:87509498
网址:www.square.com.cn
电子信箱:taizhouzhengda@263.net
质量体系:ISO 9001
产品情况:(正大牌)
精密轴类和齿轴类总成,发动机缸盖等铸造件

★玉环积裕汽车配件有限公司
地址:浙江省玉环县坎门交通路
邮编:317602
电话:0576/87509917、87509317
传真:87509560
电子信箱:wfeng_abc@163.com
质量体系:ISO/TS 16949
产品情况:各类汽车球头、摆臂等底盘件
出口情况:销往美洲、欧洲、东南亚

★浙江玉环伟盛机械有限公司
地址:浙江省玉环县珠港镇新科技工业园区
邮编:317602
电话:0576/87509926、87509816
传真:87509998、87215358
网址:www.yhweisheng.com
电子信箱:weisheng.yh@163.com
单位人数:200
质量体系:ISO 9001
产品情况:(伟盛牌)
转向传动装置总成、变速操纵机构总成、驻车制动器总成、变速器换挡上盖总成、换挡顶盖总成

★台州中元动力机械有限公司
地址:浙江省玉环县坎门科技工业园区
邮编:317602
电话:0576/87509968、87509988
传真:87509588
网址:www.zjzhongyuan.com
电子信箱:autoparts@zjzhongyuan.com
质量体系:ISO/TS 16949
产品情况:(纪元牌)
汽车助力转向泵、气门摇臂及总成、汽车柴油发动机主油道调压阀、稳压阀等
配套情况:为大柴、朝柴、绵阳新晨、航天新光华晨等主机厂配套

★玉环县锦航制动器有限公司
地址:浙江省玉环县坎门双龙工一路
邮编:317602
电话:0576/87510283、87556883
传真:87510282
网址:www.yhnanfang.com
电子信箱:jinhang@zjjinhang.com
单位人数:120
质量体系:ISO/TS 16949
产品情况:(JINHANG 牌)
各类汽车制动钳及配件

★玉环日意机械有限公司
地址:浙江省台州市玉环县双龙工业区
邮编:317602
电话:0576/87510321
传真:87566622
网址:www.chinariyi.com
电子信箱:info@chinariyi.com
质量体系:ISO 9001
产品情况:(日意牌)
汽车离合器压盘、从动盘、发动机罩、翼子板、前灯蒙皮、后灯蒙皮、后行李舱蒙皮、发动机风罩、裙边蒙皮等
配套及出口情况:为中国一拖、南京汽车集团、一汽集团等配套;出口中东、东南亚、非洲、欧洲等地区

★玉环县坎门盛达汽配厂
地址:浙江省玉环县坎门红旗工业区新塘路
邮编:317602
电话:0576/87510377、87558617
传真:87553629、87513313
网址:www.yhsdauto.com
电子信箱:sdauto629@163.com
质量体系:ISO 9001
产品情况:悬架系统和转向球头零部件

★玉环铭驰机械有限公司
地址:浙江省玉环县砍门水龙工业区
邮编:317602
电话:0576/87510506
传真:87555262
网址:www.mingchicn.com
质量体系:ISO 9001
产品情况:各种横拉杆、连接杆、平行杆、拉杆球头、悬架球头等

★浙江沪环机械有限公司
地址:浙江省玉环县坎门科技工业区
邮编:317602
电话:0576/87512616
传真:87512616
电子信箱:hhdh@vip.163.com
质量体系:ISO/TS 16949、ISO 9001
产品情况:汽车悬架控制臂、托架总成、球头链接等
出口情况:出口美洲、中东、欧洲等十几个国家和地区

★玉环郑氏机械有限责任公司
地址:浙江省玉环县汽摩工业园东区
邮编:317602
电话:0576/87513228
传真:87514000
网址:www.zjzhs.cn
电子信箱:zhedahong@zjzhs.cn
单位人数:220
质量体系:ISO/TS 16949、ISO 9001
产品情况:轿车、载货汽车专用悬架控制臂、球头,汽车轮毂螺栓及螺母、油管接头、标准及非标准紧固件
出口情况:出口美国、意大利、英国、法国、韩国、东南亚、中东等国家和地区

★台州安顺机械有限公司
地址:浙江省玉环县双龙工业区
邮编:317602
电话:0576/87513310、87505200
传真:87551310
网址:www.chinaanshun.com
电子信箱:anshun@chinaanshun.com
单位人数:200

质量体系:ISO/TS 16949、ISO 9000
产品情况:(ANSHUN 牌)
汽车悬架球头、拉杆总成、拉杆球头、横拉杆、邦钛、控制臂、连接杆等
出口情况:出口东南亚、中东、非洲、南美洲、欧洲等地区

★玉环县神舟离合器厂
地址:浙江省玉环县珠港镇双龙工业区
邮编:317602
电话:0576/87513421、87520421
传真:87513431
网址:www.shenzhou-china.com
电子信箱:www@shenzhou-china.com
质量体系:ISO 9001
产品情况:(丹舟牌)
各种离合器

★玉环县正基离合器制造有限公司
地址:浙江省玉环县珠港镇双龙工一路51号
邮编:317602
电话:0576/87513489、87513089
传真:87560511、87513079
网址:www.zjclutch.com
电子信箱:jlx_luo@yahoo.com
质量体系:ISO 9001
产品情况:(万都牌)
离合器总成、制动片等
出口情况:出口中东、东南亚地区

★玉环越众机械有限公司
地址:浙江省玉环县珠港镇坎门双龙工业区
邮编:317602
电话:0576/87514585
传真:87508058
电子信箱:1332606553@zj165.com
质量体系:ISO 9001
产品情况:汽车离合器压盘总成、制动总泵、前轮毂、半轴凸缘等

★玉环创裕机械有限公司
地址:浙江省玉环县坎门镇前台玉岙工业区
邮编:317602
电话:0576/87515157
传真:87510077
网址:www.yhcyjx.com
电子信箱:info@yhcyjx.com
质量体系:ISO 9001
产品情况:汽车转向节

★玉环县联立机电零部件厂
地址:浙江省玉环县珠港镇坎门水龙工业区
邮编:317602
电话:0576/87517957、87554166
传真:87569876
产品情况:变速器换挡上盖总成、换挡顶盖总成、换挡助力器总成及零部件
配套情况:为山西大齿、哈尔滨齿轮厂、东风变速器厂、株洲齿轮等配套

★玉环县耀杰制动部件有限公司
地址:浙江省玉环县坎门科技园区
邮编:317602
电话:0576/87518377
传真:87518299
网址:www.yaojiecn.cn
电子信箱:751849919@163.com
单位人数:95
质量体系:ISO/TS 16949
产品情况:(耀杰牌)
汽车用制动主缸、制动轮缸
配套情况:为国内多家微型车制造公司配套

★玉环县东部汽车配件厂
地址:浙江省玉环县坎门彩艺巷44号
邮编:317602
电话:0576/87551443
传真:87552339
质量体系:QS 9000
产品情况:(海阔牌)
汽车底盘横直拉杆、拉杆接头、悬架球头、前制动钳等
配套情况:为一汽集团配套

★玉环金宏汽车附件有限公司
地址:浙江省玉环县坎门镇工业区
邮编:317602
电话:0576/87552028
传真:87564523
网址:www.zj-jinhong.com
电子信箱:office@zj-jinhong.com
质量体系:ISO 9001
产品情况:(金宏牌)
制动阀、感载阀、放水阀、排气制动阀、制动灯开关、安全阀等
配套情况:为一汽集团及属下8个分公司、浙江万安集团出口产品配套

★浙江省台州兴裕机械有限公司
地址:浙江省玉环县坎门红旗工业区
邮编:317602
电话:0576/87552047、87571047
传真:87554740
网址:www.tzxingyu.com
电子信箱:xingyu@tzxingyu.com
质量体系:ISO/TS 16949、ISO 9002
产品情况:(BPCP 牌)
各种汽车制动总泵、分泵,离合器总泵、分泵等

★玉环富甲汽车配件制造厂
地址:浙江省玉环县坎门红旗工业区
邮编:317602
电话:0576/87552686
传真:87506313
网址:www.tzfujia.com
质量体系:ISO 9001
产品情况:汽车摆臂、球头、拉杆、万向节、衬套、防尘套、塑料件、其他底盘件

★浙江玉环长城交通机械有限公司
地址:浙江省玉环县坎门镇后沙街222号
邮编:317602
电话:0576/87552967、87553596
传真:87553595
网址:www.yhccjt.com
电子信箱:yhcc@yhccjt.com
法人代表(负责人):陈必正
单位人数:52
质量体系:ISO 9001
产品情况:(EP 牌)
专业生产制动总泵、制动分泵、离合器总泵、离合器分泵等,年产50~80万只
配套及出口情况:为哈飞、江淮等厂家配套;出口欧洲、东南亚、北美、丹麦等国家和地区

★台州亿铭汽车零部件有限公司
地址:浙江省玉环县汽摩工业园区
邮编:317602
电话:0576/87553080
传真:87559080
网址:www.cndeyue.com
电子信箱:webmaster@cndeyue.com
质量体系:ISO/TS 16949
产品情况:(YOTO 牌)
汽车轮毂、后轮轴等
出口情况:出口中南亚、东南亚、欧洲等地区

★玉环威龙汽车零部件制造有限公司
地址:浙江省玉环县水龙工业区富康路3号
邮编:317602
电话:0576/87553259、87553258
传真:87556277
电子信箱:cj3046@sohu.com
质量体系:ISO/TS 16949、ISO 9001
产品情况:拉杆总成、悬架摇臂、传动轴、球头及底盘冲压件等
配套情况:为一汽集团、一汽哈轻、江淮汽车、安凯客车、厦门金龙、东风杭汽等配套

★台州盛鹏动力有限公司
地址:浙江省玉环县芦浦工业区
邮编:317602
电话:0576/87553416
传真:87566066
网址:www.weightautofitting.com
电子信箱:webmaster@spdl.cn
产品情况:重型汽车U形螺栓、制动踏板总成、离合器踏板总成、加速踏板总成及销轴,发动机摇臂总成等,年产能力8000万元
配套情况:为北奔重汽等配套

★玉环县天辉离合器厂
地址:浙江省玉环县珠港镇富康路7号
邮编:317602
电话:0576/87553750
传真:87553022

网址:www. tianhuiclutch. com
电子信箱:thclutch@ yahoo. cn
质量体系:ISO 9001
产品情况:(天辉牌)
汽车离合器压盘
出口情况:销往欧洲、美洲、中东及东南亚等地区

★浙江玉环盖普机械有限公司
地址:浙江省玉环县珠港镇坎门富康路48号
邮编:317602
电话:0576/87555062、87553151
传真:87555063
网址:www. yhgp. com. cn
电子信箱:yhgaipu@ yahoo. com. cn
质量体系:ISO 9001
产品情况:制动总泵、离合器泵、后分泵、水泵、半轴凸缘等

★台州汇昌机电有限公司
地址:浙江省玉环县坎门海城路
邮编:317602
电话:0576/87555888、87561697
传真:87564754
网址:www. hczf. com
电子信箱:tzhc@ mail. tzptt. zj. cn
质量体系:ISO/TS 16949
产品情况:(HUICHANG 牌)
汽车转向助力泵
出口情况:远销欧洲、北美洲、东南亚等地区

★玉环县金宝陵机械制造有限公司
地址:浙江省玉环县坎门里澳中兴路92号
邮编:317602
电话:0576/87555908、87501399
传真:87501388
电子信箱:jbl908@ 168. com. cn
质量体系:ISO 9001
产品情况:汽车拉杆、球头等底盘配件

★台州宏发汽车零部件有限公司
地址:浙江省玉环县珠港镇坎门海港大坝
邮编:317602
电话:0576/87556203、87559203
传真:87550860
网址:www. hfqp. com
电子信箱:info@ hfqp. com
质量体系:ISO 9001
产品情况:(宏宇牌)
汽车液压制动泵
配套及出口情况:为一汽集团、浙江万安配套;出口欧洲、北美洲、东南亚、中东等地区

★台州恒亚汽车部件有限公司
地址:浙江省玉环县坎门东风工业区建工路
邮编:317602
电话:0576/87556806、87556801
传真:87552931
网址:www. yhshuntong. com
电子信箱:sales@ yhshuntong. com
单位人数:150
质量体系:ISO/TS 16949、ISO 9001
产品情况:离合器配件

★玉环德孚转向泵有限公司
地址:浙江省玉环县坎门东风工业区
邮编:317602
电话:0576/87557141
传真:87564464
网址:www. dfpsp. com
电子信箱:df001@ dfpsp. com
质量体系:ISO/TS 16949、ISO 9001
产品情况:转向助力泵
配套情况:为多家汽车制造主机厂配套

★台州纳铁福机械有限公司
地址:浙江省玉环县坎门镇东风工业区
邮编:317602
电话:0576/87557237、87507198
传真:87507198
网址:www. chinantf. com
电子信箱:ntf@ chinantf. com
质量体系:ISO 9001
产品情况:(NTF 牌)
汽车等速万向节系列(球笼总成)、球头拉杆总成系列及精密机械零部件产品
出口情况:出口欧洲、美洲、中东、东南亚等地区

★台州万华机械有限公司
地址:浙江省玉环县坎门镇工人路23号
邮编:317602
电话:0576/87557888、87551180
传真:87568688
网址:www. zjwhjx. com
电子信箱:tzwanhua@ yahoo. cn
质量体系:ISO 9001
产品情况:等速万向节
出口情况:出口欧洲、中东、非洲等地区

★玉环县青年汽配有限公司
地址:浙江省玉环县珠港镇坎门海城路20-22号
邮编:317602
电话:0576/87558088
传真:87559088
网址:www. qingnian - auto. com
电子信箱:Office@ qingnian - auto. com
质量体系:ISO 9001
产品情况:(YIPING 牌)
转向机、悬架控制臂、球头拉杆、制动分泵、离合器从动盘、制动盘、轮毂单元、平衡杆、球笼万向节等

★玉环三裕机械制造厂
地址:浙江省玉环县坎门科技工业园
邮编:317602
电话:0576/87558268
传真:87557666
网址:www. sanyujx. com
电子信箱:sanyu0576@ yahoo. com. cn
单位人数:200
质量体系:ISO 9001
产品情况:三球销万向节、球笼及总成、摆臂及球头等
出口情况:远销美洲、亚洲、欧洲、中东、大洋洲等

★玉环荣达机械有限公司
地址:浙江省玉环县坎门海城路东风工业区
邮编:317602
电话:0576/87558303、87552361
传真:87559276
网址:www. rongda_zj. com
电子信箱:www@ rongda_zj. com
单位人数:100
质量体系:ISO 9001
产品情况:(荣天牌)
驻车制动器总成、变速器上盖、顶盖总成、变速操纵机构总成、转向装置总成、盘式制动钳、制动总泵、分泵、离合器总泵、分泵、球头、拉杆、叉车前制动器、制动鼓、飞轮、消声器等
配套及出口情况:为东风汽车公司、重庆嘉卡、江苏英田等配套;出口美国、欧洲等国家和地区

★玉环博宇机械有限公司
地址:浙江省玉环县坎门东风工业区
邮编:317602
电话:0576/87558334、87197017
传真:87512335
网址:www. cnboyu. cn
电子信箱:info@ cnboyu. cn
质量体系:ISO 9001
产品情况:(B&Y 牌)
制动钳、转向机、蜗轮蜗杆
配套及出口情况:配套于多家汽车改装厂;出口欧洲、美洲、俄罗斯、东南亚等国家和地区

★台州恒灿汽车配件有限公司
地址:浙江省玉环县坎门松树脚160号
邮编:317602
电话:0576/87560599
传真:87552435
网址:www. hengcan. com
电子信箱:ceo@ hengcan. com
质量体系:ISO 9001
产品情况:汽车传动轴、制动及离合液压泵
出口情况:远销国际市场

★台州联升汽车零部件有限公司
地址:浙江省玉环县坎门海港西路43号
邮编:317602
电话:0576/87562577、87518187
传真:87565659
网址:www. zjliansheng. com
电子信箱:web@ zjliansheng. com
单位人数:200
质量体系:ISO 9001

产品情况：(联升牌)
自动/手动调整臂、干燥器、排气制动阀、离合器助力器、凸轮轴、康明斯发动机零部件等
配套及出口情况：为各大汽车主机厂、专业车桥厂、制动器厂及客车厂配套；出口欧洲、美洲、亚洲、非洲等30多个国家和地区

★玉环博瑞机械有限公司
地址：浙江省玉环县坎门水龙村交通路
邮编：317602
电话：0576/87564649
传真：87508049
网址：www.boruicn.com
电子信箱：web@boruicn.com
质量体系：ISO/TS 16949
产品情况：(BORUI牌)
液压式分离轴承、离合器总泵、分泵、节气门体

★浙江嘉元机械制造有限公司
地址：浙江省玉环县坎门科技工业园区
邮编：317602
电话：0576/87564666、87296568
传真：87564699、87507007
网址：www.jyjxzz.cn
电子信箱：info@jy-auto.com
质量体系：ISO/TS 16949、ISO 9001
产品情况：悬架球头、拉杆球头、横拉杆、中间拉杆、拖车球头、主副邦汰、控制臂、半轴系列等
出口情况：出口日本、中东、菲律宾、印度尼西亚、美国、英国、德国、波兰、意大利、墨西哥等国家和地区，并销往中国台湾地区

★玉环臣菱汽车泵业有限公司
地址：浙江省玉环县坎门东安工业区
邮编：317602
电话：0576/87564913、87569319
传真：87518213
网址：www.shqpump.com
电子信箱：web@shqpump.com
质量体系：ISO/TS 16949、ISO 9001
产品情况：(双琴牌、臣菱牌)
离合器总泵、分泵、制动主缸、轮缸

★玉环陆通机械有限公司
地址：浙江省玉环县珠港镇钱塘垟中路105号
邮编：317602
电话：0576/87566088
传真：87578012
网址：www.lu-tong.cn
电子信箱：lto@lu-tong.cn
质量体系：ISO 9001
产品情况：(康莱斯牌)
制动调整臂、制动凸轮轴、紧固件等
配套及出口情况：为徐工、中联重科、杭重、柳工等各大主机厂配套；远销欧洲、美洲、非洲等地区

★玉环传尔力离合器制造有限公司
地址：浙江省玉环县珠港镇坎门后岙
邮编：317602
电话：0576/87566099
传真：87566221
网址：www.chuanerli.com
电子信箱：www@chuanerli.com
单位人数：100
质量体系：ISO 9001
产品情况：(传尔力牌)
离合器总成、离合器从动盘、压盘
出口情况：出口东南亚、中东、俄罗斯等国家和地区

★玉环凯鲍汽车部件有限公司
地址：浙江省台州市玉环坎门后沙工业区
邮编：317602
电话：0576/87566161
传真：87556661
网址：www.cnkeybol.com
电子信箱：sales@cnkeybol.com
质量体系：ISO 9001
产品情况：拉杆球头、摆臂、制动钢背等
配套及出口情况：为国内外知名主机厂配套；远销欧洲、南美、中东等地区

★玉环金奥丰机械有限公司
地址：浙江省玉环县坎门科技工业区
邮编：317602
电话：0576/87568321、87552986
传真：87506421
网址：www.jafjx.com
电子信箱：lxp1855@vip.163.com
质量体系：ISO/TS 16949、ISO 9001
产品情况：制动总泵、分泵、离合总泵、分泵、气门摇臂和摇臂轴等
出口情况：远销东南亚、欧美及中东

★浙江红箭橡塑有限公司
地址：浙江省玉环县科技工业园区
邮编：317602
电话：0576/87568585、87508408
传真：87508485
网址：www.gerrrt.com
电子信箱：xry_wgd1@vip.163.com
单位人数：200
质量体系：ISO/TS 16949、ISO 9001
产品情况：(红箭牌、RRT牌)
控制臂、液压悬置减振器、橡胶金属减振器、防尘罩
配套及出口情况：为一汽-大众、上海大众、上海通用、德尔福等配套；出口美国、德国、法国等国家

★玉环广亚汽车零部件有限公司
地址：浙江省玉环县科技工业园区
邮编：317602
电话：0576/87569173、87556296
传真：87510768、87516762
网址：www.yhgy.cn
电子信箱：yhgy@yhgy.cn
单位人数：200
质量体系：ISO 9001
产品情况：(广亚牌)
变速器换挡上盖总成、换挡顶盖总成、换挡助力器总成及零部件
配套情况：为山西大齿、哈尔滨齿轮、东风变速箱、株洲齿轮等配套

★台州佳先工业有限公司
地址：浙江省玉环县坎门玉坎路
邮编：317602
电话：0576/87569656、87508346
传真：87508296
网址：www.cnjxa.com
电子信箱：tzjiaxian@vip.163.com
单位人数：500
质量体系：ISO/TS 16949、ISO 9001
产品情况：球笼、传动轴等
出口情况：远销美洲、欧洲、澳大利亚、非洲、东南亚等50多个国家和地区

★玉环县奔程汽配有限公司
地址：浙江省玉环县坎门榴岛大道
邮编：317602
电话：0576/87569788、87556728
传真：87560488
网址：www.bcauto.com.cn
电子信箱：chun_zhen@163.com
单位人数：200
质量体系：ISO 9001
产品情况：汽车悬架总成、拉杆球头、橡胶减振块、悬架球头、悬架胶套等
出口情况：出口欧洲、美洲、韩国等国家和地区

★浙江建环机械有限公司
地址：浙江省玉环县经济开发区明珠大道
邮编：317602
电话：0576/87572888、87550100
传真：87551120
网址：www.jianhuan.com
电子信箱：wang@jianhuan.com
质量体系：ISO 9001
产品情况：(JIANHUAN牌)
控制臂、杆等悬架配件，各种发动机橡胶垫等橡胶配件，空气弹簧、水泵、减振器等
配套及出口情况：为国内主机厂配套；出口美洲、欧洲、中东等地区

★台州中圣汽车零部件有限公司
地址：浙江省玉环县坎门工业区
邮编：317602
电话：0576/87578801、87578802
传真：87578803
网址：www.hhjx.cn
电子信箱：office@zhongshengbus.com
质量体系：ISO 9001
产品情况：(中圣牌)
汽车离合器助力器、总泵、继动阀、电磁阀、空气干燥器、电控变速操纵机械等

配套情况:为一汽集团、丹东黄海、东风杭汽、北汽福田、常州长江客车、宇通客车等配套

★玉环科源机械有限公司
地址:浙江省玉环县芦普璇门工业区
邮编:317603
电话:0576/87382810
传真:87382811
网址:www.zjkeyuan.com
电子信箱:keyuan@zjkeyuan.com
质量体系:ISO/TS 16949、ISO 9001
产品情况:各种汽车制动踏板总成、悬架控制臂
配套及出口情况:为国内知名汽车厂商配套;出口欧美、中东、东南亚等地区

★玉环福纳汽车零部件厂
地址:浙江省玉环县大麦屿经济开发区
邮编:317604
电话:0576/87305188、87337838
传真:87305187
网址:www.fine-cvjoint.com
电子信箱:office@fine-cvjoint.com
单位人数:350
质量体系:ISO 9001
产品情况:(冠顺牌)
各种汽车球笼、半轴、轮毂单元
出口情况:远销欧洲、美洲、日本、东南亚等国家和地区

★台州索特汽车零部件有限公司
地址:浙江省玉环县大麦屿经济开发区
邮编:317604
电话:0576/87376058、87376059
传真:87378712
网址:www.zjsoto.com
电子信箱:root@zjsoto.com
质量体系:ISO 9001
产品情况:(SOTO 牌)
各种汽车等速万向节(球笼)及传动轴总成
出口情况:出口北美洲、欧洲等海外市场

★玉环振奋汽车配件厂
地址:浙江省玉环县大麦屿经济开发区新塘路
邮编:317604
电话:0576/87378398
传真:87378698
网址:www.chinazhenfen.com
电子信箱:webmaster@chinazhenfen.com
单位人数:200
质量体系:ISO/TS 16949、ISO 9001
产品情况:(振奋牌)
前轮控制臂、悬架托架(摇臂)、球笼、减振器、左右转向节臂、左右扭杆、转向摇臂、横拉杆总成、制动凸轮轴等
配套及出口情况:为东风柳汽、柳工机械、重汽集团、南京依维柯、一汽解放等国内 10 多家大型企业配套;出口欧洲、美洲等地区

★台州耐力特汽车传动轴有限公司
地址:浙江省玉环县珠港镇古城工业区
邮编:317604
电话:0576/87381335、87382858
传真:87381235
网址:www.tznlt.com
电子信箱:xsjx@mail.tzptt.zj.cn
单位人数:150
质量体系:ISO 9001
产品情况:(XS 牌)
汽车转向管柱、转向传动轴、底盘传动轴、门铰链、转向器总成、驱动轴等零部件
配套情况:为昌河汽车、春风摩托、朗晴电动车等主机厂配套

★台州锦辉机械有限公司
地址:浙江省台州市玉环县芦浦镇漩门工业区
邮编:317605
电话:0576/87204699、87207300
传真:87204737
网址:www.tzjinhui.com
电子信箱:jinhui_tz@163.net
质量体系:ISO 9001
产品情况:汽车横拉杆接头、直拉杆总成及球头、转向万向轴、转向节、驱动轴等
出口情况:出口欧洲、美洲、东南亚、非洲、中东等地区

★浙江省玉环汽车齿轮厂
地址:浙江省玉环县干江镇工业区
邮编:317605
电话:0576/87451123
传真:87452918
网址:www.zqpre-for.com
电子信箱:zqprey@163.com
质量体系:ISO 9001
产品情况:(正强牌)
精锻汽车差速器行星齿轮、半轴齿轮及其他传动机械锥齿轮
出口情况:出口欧洲、美洲等地区

★玉环鸿基离合器厂
地址:浙江省玉环县清港镇礁西工业区
邮编:317606
电话:0576/87116522、87112232
传真:87112216
电子信箱:hj.clutch@gmail.com
质量体系:ISO/TS 16949、ISO 9001
产品情况:离合器压盘
配套情况:为长春一东离合器股份有限公司配套

★浙江童氏汽车部件有限公司
地址:浙江省玉环县沙门滨港工业城
邮编:317606
电话:0576/87280165、87219577
传真:87280926
网址:www.tsbj-cn.com
电子信箱:yhtsgs@163.com
单位人数:350
质量体系:ISO/TS 16949
产品情况:(TSBJ 牌)
拉杆、球杆、球壳、球销、平衡杆、球头等转向系统零部件

★台州特耐尔轮毂轴承有限公司
地址:浙江省玉环县清港科技园
邮编:317606
电话:0576/87371488
传真:87377558
单位人数:200
质量体系:ISO/TS 16949
产品情况:轮毂轴承,年产 4 万套

★玉环鑫特力汽车部件厂
地址:浙江省玉环县沙门镇沙门工业区
邮编:317607
电话:0576/87163555
传真:87161388
网址:www.xtlcn.com
电子信箱:xtlcn@163.com
质量体系:QS 9000、ISO 9001
产品情况:排挡杆总成、拉索、转向机调节支架、换挡线、熄火拉线、加速拉线五金配件等

★浙江科裕制动器有限公司
地址:浙江省玉环县坎门漩门工业城
邮编:317608
电话:0576/87130966、87130967
传真:87130976
网址:www.keyucn.com
电子信箱:sales@keyucn.com
单位人数:200
质量体系:ISO/TS 16949、ISO 9001
产品情况:各类汽车盘式制动器,年产 100 余万套
出口情况:出口欧洲、北美洲、亚洲、澳大利亚等国家和地区

★浙江国昌机械有限公司
地址:浙江省玉环县芦蒲漩门工业城
邮编:317608
电话:0576/87139666、87139606
传真:87139615
网址:www.cn-brilliant.com
电子信箱:web@cn-brilliant.com
质量体系:ISO 9001
产品情况:(BRILLIANT 牌)
各种制动凸轮轴、调整臂、鼓式制动器、滚轮、支架、支承销、转向节主销、贯通轴、轮毂以及车轮螺栓等高强度紧固件系列产品
配套及出口情况:为重汽集团、一汽集团、安凯集团、上汽依维柯红岩、北奔重汽、阿文美驰、采埃孚等配套;出口北美洲、欧洲、东南亚等地区

★玉环县寿源机械有限公司
地址:浙江省玉环县芦蒲镇漩门工业区
邮编:317608

电话:0576/87204567、87204568
传真:87204698
网址:www.sycclutch.com
电子信箱:web@chinashouyuan.com
质量体系:ISO/TS 16949、ISO 9001
产品情况:汽车离合器从动盘总成、压盘总成
出口情况:90%的产品出口海外

★玉环传动机械有限公司
地址:浙江省玉环县芦蒲镇漩门工业城
邮编:317608
电话:0576/87222482、87210546
传真:87210547
网址:www.drivercn.com
电子信箱:govern@drivercn.com
质量体系:ISO 9001
产品情况:汽车液压动力转向器,发动机齿轮、曲轴、凸轮轴等

★奥星纳机械有限公司
地址:浙江省玉环县漩港工业区
邮编:317608
电话:0576/87227681、87233658
传真:87232328
网址:www.xingna.com
电子信箱:sihai@xingna.com
质量体系:ISO/TS 16949、ISO 9001
产品情况:(ASSP 牌)
拉杆球头、悬架球头、横拉杆、拉杆总成、主邦肽、副邦肽、控制臂总成、三角臂总成、连接杆等
配套及出口情况:为国内外 OEM 配套;出口欧洲、美洲

★台州金纳车桥有限公司
地址:浙江省玉环县芦蒲漩港工业区
邮编:317608
电话:0576/87281881
传真:87281882
网址:www.jinnaaxle.com
电子信箱:jncqgs@163.com
质量体系:ISO/TS 16949
产品情况:车桥总成
出口情况:远销欧洲、美洲

★浙江金斗离合器制造有限公司
地址:浙江省玉环县漩门二期工业园区
邮编:317608
电话:0576/87287850、87219826
传真:87210251
网址:www.zjfeilong.com
电子信箱:flqp7219826@126.com
质量体系:ISO 9001
产品情况:(迈亚牌)
轿车、微型车离合器压盘总成、从动盘总成
配套情况:为哈飞汽车配套

★台州永安转向器有限公司
地址:浙江省玉环县漩门工业区
邮编:317608
电话:0576/87507147、87561295
传真:87561195
网址:www.yas.com.cn
电子信箱:yhllj@yas.com.cn
单位人数:350
质量体系:ISO/TS 16949、QS 9000
产品情况:(YAS 牌)
轿车液压助力转向器和机械转向器,年产量超过 80 万台
出口情况:远销欧美、亚洲、非洲、拉丁美洲等市场

★台州英克尔传动轴有限公司
地址:浙江省玉环县漩门工业城
邮编:317608
电话:0576/87507171、87130909
传真:87507305
网址:www.tzyke.com
电子信箱:yke@tzyke.com
质量体系:VDA 6.1、QS 9000
产品情况:球笼万向节、传动轴总成

★台州骏腾汽车零部件有限公司
地址:浙江省玉环县漩门工业区
邮编:317608
电话:0576/87508902
传真:87508903
网址:www.yhjunteng.com
电子信箱:master@yhjunteng.com
质量体系:ISO/TS 16949
产品情况:汽车轮毂轴承、轮毂单元、前轮壳、后桥短轴

★台州市百强机械有限公司
地址:浙江省玉环县漩门工业城
邮编:317608
电话:0576/87565355、87562228
传真:87552810
网址:www.punchcn.com
电子信箱:tzbaiqiangauto@vip.163.com
单位人数:268
质量体系:ISO/TS 16949
产品情况:转向器、离合器从动盘、离合器压盘、下摇臂、副车架、不锈钢中门滑轨、滑轮支架、加速器、各种微型汽车冲压件及紧固件
配套及出口情况:为哈飞汽车配套;出口德国、法国、韩国、中东等国家和地区

★玉环艺禾汽车配件制造厂
地址:浙江省玉环县卢浦镇医药包装工业园
邮编:317608
电话:0576/87578538
传真:87578499
网址:www.sino-yihe.com
电子信箱:yihe@sino-yihe.com
质量体系:ISO/TS 16949
产品情况:转向控制臂

★浙江利中实业有限公司
地址:浙江省玉环县经济技术开发区漩门工业城明珠大道
邮编:317608
电话:0576/89901888、89901887
传真:89901889
网址:www.lizhong.com
电子信箱:oem@lizhong.com
质量体系:ISO/TS 16949、QS 9000
产品情况:(利众牌)
驱动轴总成(球笼)、球头、横直拉杆、前悬臂总成、油箱口盖、储液罐及汽车大型吹塑件等
配套及出口情况:为上汽通用五菱、昌河汽车、长安汽车、哈飞汽车、一汽集团等配套;出口北美洲、欧洲

★台州巨泰汽车配件有限公司
地址:浙江省玉环县楚门镇小王路西
邮编:317609
电话:0576/87412858、87412798
传真:87412868
网址:www.bik.com.cn
电子信箱:bik@bik.com.cn
质量体系:QS 9000、ISO 9002
产品情况:(BIK 牌)
等速万向节、半轴总成、转向器、转向助力泵等
出口情况:远销东南亚、欧美、大洋洲等地区

★玉环振华精锻齿轮有限公司
地址:浙江省玉环县干江工业区
邮编:317610
电话:0576/87455555、87451038
传真:87452888
网址:www.cn-xinwang.com
电子信箱:web@cn-xinwang.com
质量体系:ISO/TS 16949
产品情况:(信旺牌)
专业生产汽车、农用车后桥差速器齿轮,年产能力 30 万套
配套及出口情况:为山东时风、巨力集团等配套;产品出口美国、东南亚等国家和地区

★台州市圣泰弹簧有限公司
地址:浙江省台州市滨海工业区海丰路
邮编:318000
电话:0576/82365788
传真:82367979
单位人数:300
质量体系:ISO/TS 16949
产品情况:汽车、摩托车、电动车减振弹簧

★浙江台州浙龙机械制造有限公司
地址:浙江省台州市椒江纬五路 199 号
邮编:318000
电话:0576/88555551、88555552
传真:88558089
网址:www.zhelong.cn
电子信箱:sales@zhelong.cn
质量体系:ISO/TS 16949、ISO 14001
产品情况:自动制动间隙调整臂
配套及出口情况:为北奔重汽、厦门金龙、郑州宇通等配套;出口北美洲、南美

洲、澳大利亚、东南亚、欧洲等国家和地区

★台州椒星传动设备有限公司
地址:浙江省台州市椒江区工人路245号
邮编:318013
电话:0576/88224998、88886529
传真:88882874
网址:www.jiaoxing.com
电子信箱:sales@jiaoxing.com
质量体系:ISO 9000
产品情况:(椒星牌)
无级变速器、各种减速器
出口情况:出口美国、马来西亚等国家

★浙江戴卡宏鑫科技有限公司
地址:浙江省台州市黄岩区食品工业永固路
邮编:318020
电话:0576/84161812、84161817
传真:84280501
网址:www.hxwheel.com
电子信箱:yield@hxtwheel.com
质量体系:ISO 9001
产品情况:锻造铝合金轮辋
出口情况:销往北美洲、欧洲、澳大利亚等国家和地区

★浙江丰立机电有限公司
地址:浙江省台州市黄岩区院桥工业区
邮编:318025
电话:0576/84841111、84180361
传真:84183518、84833559
网址:www.cn-fore.com
电子信箱:fore@cn-fore.com
单位人数:650
质量体系:ISO 9001、ISO 14001
产品情况:(FORE牌)
螺旋锥齿轮、直斜柱齿轮、工业级气动工具

★浙江台州巨轮轮胎有限公司
地址:浙江省台州市路桥区路南街道长浦司城村1区43号
邮编:318050
电话:0576/82417880
传真:82417676
网址:www.juluntyre.com
电子信箱:sell@juluntyre.com
质量体系:ISO 9001
产品情况:(巨大牌)
工程机械轮胎,大型矿山轮胎

★浙江福林国润汽车零部件有限公司
地址:浙江省台州市路桥区螺洋街道双庙村吉利汽车城
邮编:318050
电话:0576/82520328
传真:82441230
电子信箱:zjflgr0576@163.com
质量体系:ISO/TS 16949、ISO 9001
产品情况:汽车制动器总成、电动助力转向器、汽车摩擦片

★台州市东协汽车配件有限公司
地址:浙江省台州市路桥金清林家工业区
邮编:318058
电话:0576/82706583、82706581
传真:82706582
网址:www.chinadongxie.com
电子信箱:dongxie188@163.com
单位人数:200
质量体系:ISO/TS 16949、ISO 9001
产品情况:(东协牌)
空压机、冷却水泵总成、机油泵等

★金华市三联变速箱制造有限公司
地址:浙江省金华市白龙桥镇洞溪工业园区
邮编:321000
电话:0579/82271842、82276226
传真:82271842
质量体系:ISO 9001
产品情况:汽车变速器齿轮
出口情况:远销东南亚、非洲、南美洲等地区

★浙江今飞控股集团有限公司
地址:浙江省金华市工业园区仙华南街800号
邮编:321000
电话:0579/82523262
传真:82523293
网址:www.jinfei.com.cn
电子信箱:jinfei@jinfei.cn
负责人:葛炳灶
单位人数:4000
质量体系:ISO/TS 16949
产品情况:(今飞牌、金蜂牌、飞驰牌)
形成1200万件摩托车铝合金轮毂、500万件汽车铝合金轮毂、300万件电动车轮毂的生产规模
配套及出口情况:汽车铝合金轮毂为北京奔驰、一汽轿车、神龙、一汽海马、昌河铃木、一汽夏利、长安汽车、东风汽车、奇瑞汽车、吉利汽车等配套;摩托车轮毂为五羊本田、印度本田、新大洲本田、大长江铃木、轻骑铃木、建设雅马哈、意大利比亚乔、钱江摩托等配套;远销北美洲、欧洲、日本、俄罗斯、东南亚、中东等十几个国家和地区

★浙江今飞凯达轮毂有限公司
地址:浙江省金华市工业园区仙华南街800号
邮编:321000
电话:0579/82523262、82239011
传真:82523293
网址:www.jinfeiwheels.com
电子信箱:jinfei@jinfei.cn
单位人数:1800
质量体系:ISO/TS 16949、ISO 14001
产品情况:(今飞牌)
各种汽车铝合金轮毂
配套及出口情况:为天津一汽夏利、北京奔驰、丹东曙光、奇瑞汽车、长安福特马自达等配套;远销美国、日本、英国、东南亚、中东等十几个国家和地区

★浙江巨久轮毂股份有限公司
地址:浙江省磐山县尖山镇磐安工业园区环城南路78号
邮编:321000
电话:0579/84793533、84793591
传真:84793533
网址:www.cnjujiu.com
电子信箱:jujiuwheel@cnjujiu.com
单位人数:300
质量体系:ISO/TS 16949、ISO 9001
产品情况:铝合金轮毂
出口情况:远销欧洲、南美洲、中东、澳大利亚、俄罗斯等10多个国家和地区

★金华汤齿齿轮箱有限公司
地址:浙江省金华市大黄山工业区
邮编:321007
电话:0579/82271938、82271918
传真:82271610
网址:www.tangchi.cn
电子信箱:tc0579@163.com
单位人数:250
质量体系:ISO/TS 16949、ISO 9001
产品情况:(汤齿牌)
2~8t系列汽车变速器、后桥主从动锥齿轮及各类齿轴零件
配套及出口情况:为东风汽车公司、东风专用汽车厂、亚星商用车、亚星客车、东风杭汽、郑州日产、湖南车桥厂、成都王牌等40多家企业配套;出口越南、泰国、哈萨克斯坦、土库曼斯坦、美国、新加坡、马来西亚等国家

★金华市彦亭齿轮有限公司
地址:浙江省金华市环城南路东段清盈街6号
邮编:321015
电话:0579/82160061、89177896
传真:82160476
网址:www.zjyanting.com
电子信箱:zjgear@126.com
单位人数:60
质量体系:ISO 9001
产品情况:(彦亭牌)
东风、解放、五十铃、江淮、福田、沈齿、哈齿系列配套的中小型变速器及齿轮配件
配套情况:为东风汽车公司、五十铃、沈齿、哈齿系列配套

★金华恒安汽车制动技术有限公司
地址:浙江省金华市上古井仁芳街59号
邮编:321015
电话:0579/82172468、82170121
传真:82172468
质量体系:ISO 9001
产品情况:制动总阀、快速继动阀、超前继动阀等

★浙江东风齿轮有限公司
地址:浙江省金华市工业园区白沙路151号
邮编:321016
电话:0579/82272270、82272208
传真:89150800
网址:www. dfgear. com
电子信箱:dr@ dfgear. com
质量体系:ISO/TS 16949、ISO 9001
产品情况:(金东牌)
东风、解放等各种大中型汽车变速器及其配件

★金华市新华齿轮有限公司
地址:浙江省金华市白龙桥洞溪工业园
邮编:321025
电话:0579/82206933
传真:82206711
网址:www. xhcl. com
电子信箱:xinhua@ xhcl. com
质量体系:ISO 9001
产品情况:汽车齿轮
配套及出口情况:为国内变速箱厂家配套;远销欧美、东南亚、非洲等地区

★金华市东联汽车齿轮有限公司
地址:浙江省金华市白龙桥洞溪工业区
邮编:321025
电话:0579/82207757、82206083
传真:82207757
电子信箱:donglian@ 86579. cn
质量体系:ISO 9001
产品情况:(金东联华牌)
变速器总成及轴、齿轮等配件,具有年产变速器总成5000台、零部件30万件的能力

★金华市东联汽车变速箱厂
地址:浙江省金华市白龙桥洞溪工业园区
邮编:321025
电话:0579/82207846、82207850
传真:82207788
质量体系:ISO 9001
产品情况:各种车型变速器总成、变速器轴、齿轮等配件

★慈溪晟途电器有限公司
地址:浙江省金华市白龙桥镇工业街77号
邮编:321025
电话:0579/82210129
传真:82220616
网址:www. xfauto. com
电子信箱:xiafeng129@ sohu. com
质量体系:ISO/TS 16949、ISO 9001
产品情况:汽车前后制动盘、制动鼓
配套情况:为中华骏捷、一汽奔腾、重庆力帆、柳州五菱、北汽福田、奇瑞、一汽海马、萧山万向制动器等配套

★浙江万里扬变速器股份有限公司
地址:浙江省金华市婺城工业区
邮编:321025
电话:0579/82217058
传真:82216780
网址:www. zjwly. com
电子信箱:wlyjt@ zjwly. com
单位人数:3000
质量体系:ISO/TS 16949、ISO 14001
产品情况:(万里扬牌)
汽车变速器总成及其配件,包括齿轮、轴、同步器、铸件等
配套及出口情况:为北汽福田、东风汽车公司、江淮汽车、南京汽车集团等配套;年出口齿轮、轴、汽车铸件等产品300万美元

★金华市詹士汽车配件有限公司
地址:浙江省金华市金西开发区
邮编:321075
电话:0579/82660268
传真:82660218
电子信箱:zllcarrie@ sohu. com
单位人数:120
质量体系:ISO 9001
产品情况:(詹士牌)
汽车变速器拨叉及零部件
配套情况:为浙江万里扬集团、金华汤齿集团、株齿、一汽集团、东风汽车公司等配套

★浙江鑫宝工贸有限公司
地址:浙江省武义县杨家工业区
邮编:321200
电话:0579/87601585、87601977
传真:87601817、87601919
网址:www. xinbao. com
电子信箱:kicoohu@ xinbao. com
质量体系:ISO 9001
产品情况:汽车制动盘

★浙江金齿机械有限公司
地址:浙江省武义县文教旅游工业园区
邮编:321200
电话:0579/87611988、87611688
传真:87611698
网址:www. chinajinchi. com
电子信箱:168@ chinajinchi. com
单位人数:500
质量体系:ISO/TS 16949、QS 9000
产品情况:(金齿牌)
汽车齿轮及其他机械齿轮,汽车电动工具
配套情况:为一汽集团、北汽集团、柳汽、徐工、厦工、宜工等配套

★浙江恒友齿轮有限公司
地址:浙江省武义县开发大道19号
邮编:321200
电话:0579/87616320
传真:87616319
网址:www. hengyougears. cn
电子信箱:hengyougears@ yahoo. com. cn
单位人数:900
质量体系:ISO/TS 16949
产品情况:后桥主从动齿轮、减速机弧齿锥齿轮及其他齿轮
配套情况:为北奔重汽等配套

★浙江曙光实业有限公司
地址:浙江省武义县泉溪工业区
邮编:321200
电话:0579/87960808
传真:87960809
网址:www. dawningwheels. com
电子信箱:sales@ dawningwww. com
质量体系:ISO/TS 16949
产品情况:铝合金轮毂,具有月产10万只汽车轮毂和8万套摩托车轮毂的生产能力

★浙江奥通铝轮有限公司
地址:浙江省武义县桐琴工业区
邮编:321201
电话:0579/87918986
传真:87918981
网址:www. automwheel. com
电子信箱:info@ automwheel. com
单位人数:900
产品情况:汽车铝轮
出口情况:远销美国、加拿大、日本、澳大利亚、欧洲、中东、亚洲等国家和地区

★浙江法德利齿轮有限公司
地址:浙江省永康市城西新区李店区利康创业园
邮编:321300
电话:0579/87156155、89298866
传真:87156166
网址:www. cnfdl. com
质量体系:ISO 9001
产品情况:汽车中、后桥齿轮
配套情况:为一汽、株齿等国内几个大型厂家配套

★浙江庆大空气弹簧有限公司
地址:浙江省永康市城本新区花城东路288号
邮编:321300
电话:0579/87205111、87205222
传真:87205277
网址:www. qindairspring. com
电子信箱:qind@ qindairspring. com
质量体系:ISO/TS 16949、ISO 9001
产品情况:橡胶空气弹簧

★浙江泰龙铝轮有限公司
地址:浙江省永康市五金科技工业园银川东路18号
邮编:321300
电话:0579/87228296、87228298
传真:87228222
电子信箱:tai - long@ tai - long. com
质量体系:ISO/TS 16949、ISO 9001
产品情况:铝轮

★浙江郑泰汽轮制造有限公司
地址:浙江省永康市经济开发区名园南大道27号

邮编:321300
电话:0579/87233618、87233978
传真:87233971、87229695
网址:www.zentgroup.com
电子信箱:zentwheel@yahoo.com
单位人数:500
质量体系:ISO/TS 16949、ISO 9001
产品情况:(金星牌)
汽车铝车轮
出口情况:出口欧洲、美国、日本、中东、澳大利亚等国家和地区

★金华磐荣汽配制造有限公司
地址:浙江省永康市西城工业区玉桂路11号
邮编:321300
电话:0579/87385888
传真:87270123
网址:www.pr-autoparts.com
电子信箱:panrong_gm@yahoo.com.cn
质量体系:ISO/TS 16949、ISO 9001
产品情况:制动管路总成、油封、减振橡胶、橡胶密封件、聚氨酯、塑料配件等
配套情况:为一汽集团配套

★浙江永康市通用机电制造有限公司
地址:浙江省永康市五金科技园锡山路233号
邮编:321300
电话:0579/87585779
传真:87585789
电子信箱:cntongyong@vip.sina.com
单位人数:200
质量体系:QS 9000、ISO 9001
产品情况:(通用牌)
汽车变速器壳体、变速器上盖及上盖总成、变速器顶盖、变速器前盖、中间轴、后轴承轴盖,水泵壳、机油泵配件、柴油机齿轮室盖、汽缸盖罩
配套及出口情况:为东风汽车公司、浙江万向、山东临工、四川峨柴、莱动等配套;出口欧洲、美洲地区

★永康市佳隆泵业有限公司
地址:浙江省永康市龙山镇前珠山工业区
邮编:321312
电话:0579/87475769、87475766
传真:87475768
网址:www.zjjialong.com
电子信箱:chenshilin0574@163.com
质量体系:ISO/TS 16949、ISO 9001
产品情况:汽车制动泵总成

★平安汽车配件有限公司
地址:浙江省浦江县浦阳镇平安
邮编:322201
电话:0579/84249336、84249678
传真:84249678
网址:www.camshaftcn.com
电子信箱:info@camshaftcn.com
质量体系:ISO/TS 16949、ISO 9002
产品情况:(平安牌)
挂车驱动桥、支承桥的制动凸轮轴、调整臂
配套情况:为杭州、萧山、金华、广东、广西、湖北等地齿轮厂配套

★浙江德明汽车部件有限公司
地址:浙江省丽水市经济开发区遂松路331号
邮编:323000
电话:0578/2976666、2976667
传真:2976688
网址:www.adiou.cn
电子信箱:dm88@adiou.cn
质量体系:ISO 9001
产品情况:汽车摆臂、悬架臂、拉杆球头、车身及附件等
出口情况:远销东南亚、欧洲、美洲、中东、非洲等地区

★浙江龙电汽车零部件制造有限公司
地址:浙江省龙泉市经济开发区龙电汽配科技园
邮编:323700
电话:0578/7218182
传真:7218285
产品情况:(龙电牌)
气制动阀、万向节、离合器、调整臂、空调设备等
配套及出口情况:为一汽集团、东风汽车公司配套;出口东南亚、欧洲

★浙江省肯特汽车零部件有限公司
地址:浙江省衢州市龙游县城北工业园区龙山路3号
邮编:324000
电话:0570/7139999、7139586
传真:7139998
网址:www.rakente.com
电子信箱:zjkente@yahoo.cn
质量体系:ISO/TS 16949、ISO 9001
产品情况:各种轿车的升降器、前桥、后桥等底盘件
出口情况:远销北美洲、东亚、中东、欧洲等地区

★浙江通顺科技集团有限公司
地址:浙江省衢州市经济开发区东港工业园东港3路36号
邮编:324002
电话:0570/3688016、3688058
传真:3688033
网址:www.zjtoso.cn
电子信箱:admin@toso.cn
质量体系:ISO/TS 16949
产品情况:汽车制动真空助力器、制动主泵、制动钳、比例阀、离合器总泵、分泵
配套及出口情况:为吉利汽车、上海华普、河北长安、江南汽车等配套;出口美国、欧洲、中东、东南亚等国家和地区

★浙江精科汽车零部件有限公司
地址:浙江省衢州市东港经济开发区东港一路26号
邮编:324022
电话:0570/8888101
传真:8888102
电子信箱:gkoautoparts@163.com
单位人数:200
质量体系:ISO/TS 16949
产品情况:离合器总泵、分泵,制动总泵、分泵
配套及出口情况:为长安汽车、昌河铃木、长安铃木、东风渝安、重庆力帆、北汽福田等配套;出口美国、欧洲、中东等国家和地区

★浙江科力汽车配件有限公司
地址:浙江省江山市经济开发区(江东区)兴工路29号
邮编:324100
电话:0575/84332299、84332288
传真:84333468
网址:www.pener.net
电子信箱:sales@pener.net
单位人数:465
质量体系:ISO/TS 16949、ISO 9001
产品情况:(百能牌)
具有年产气制动阀240万只、离合器助力器40万只、液压泵及离合器总泵60万只、汽车冷却水泵30万台的生产能力
配套及出口情况:为陕汽集团、上汽依维柯红岩、三一重工、沈阳金杯、美的客车配套;出口美国、欧洲、中南美洲、土耳其、伊朗、沙特、迪拜等国家和地区

★浙江熔原制动液压系统有限公司
地址:浙江省江山市经济开发区
邮编:324102
电话:0570/4328999、4008265398
质量体系:ISO/TS 16949、ISO 9001
产品情况:气制动阀、离合器助力器、液压泵、离合器总泵
出口情况:出口德国、意大利、西班牙、波兰、土耳其、伊朗、巴西、南非、阿联酋等20多个国家

★浙江迪澳汽车配件有限公司
地址:浙江省江山市淤头镇淤头岗
邮编:324111
电话:0570/4721398、4722398
传真:4721338
网址:www.diaoqp.com
电子信箱:diaoqp0570@163.com
负责人:王国水
质量体系:ISO/TS 16949
产品情况:气制动阀、离合器助力器、离合器总泵、自动调整臂等
出口情况:出口美国、朝鲜、迪拜等国家

★温州松豪车辆部件有限公司
地址:浙江省瑞安市塘下镇三都新陈西路259号
邮编:325000

电话:0577/65388858、65379998
传真:65388885、65362559
网址:www.sohold-cn.com
电子信箱:sohold@263.net
质量体系:ISO 9001
产品情况:(SOHOLD 牌)
汽车离合器总成
出口情况:远销欧美、中东、东南亚、非洲等 20 多个国家和地区

★温州通顺机动车部件有限公司
地址:浙江省瑞安市塘下镇赵宅工业区1号
邮编:325000
电话:0577/65392606、65392646
网址:www.toso.cn
电子信箱:linwu@toso.cn
单位人数:800
质量体系:ISO/TS 16949、VDA 6.1
产品情况:(TOS 牌)
汽车制动真空助力器、制动主泵、制动钳、比例阀、离合器总泵、分泵
配套及出口情况:为吉利汽车、上海华普、河北长安、江南汽车等配套;出口美国、欧洲、南美洲、中东、非洲、东南亚等国家和地区

★温州冠盛汽车零部件集团股份公司
地址:浙江省温州市瓯海高新技术产业园区高翔路1号
邮编:325006
电话:0577/86293262、86291871
传真:86293313
网址:www.gsp.cn
电子信箱:qinlh@gsp.cn
单位人数:1400
质量体系:ISO/TS 16949、VDA 6.1
产品情况:(GS·P 牌)
具有年产等速万向节 750 万只、传动轴总成 240 万套、轮毂轴承单元 40 万只的生产能力
配套及出口情况:主要客户是国际汽车零部件零售商;出口等速万向节 2569 万美元,传动轴总成 1501 万美元;出口美国、加拿大、日本、澳大利亚、欧洲等 80 多个国家和地区

★温州市瓯海康泰汽车零部件厂
地址:浙江省温州市瓯海梧田街道南堡路7弄11号
邮编:325014
电话:0577/86198989、86198686
传真:86783608
网址:www.sokt.com.cn
电子信箱:sokt@sokt.com.cn
质量体系:ISO/TS 16949
产品情况:快速阀、控制阀、安全阀、继动阀等气制动阀类及空气干燥器、离合器助力器、连接头、接线盒、开关等
出口情况:出口北美洲、澳大利亚、西欧、东南亚等国家和地区

★温州市正华汽车零部件有限公司
地址:浙江省温州市湾区海滨蟾钟工业区
邮编:325024
电话:0577/86374519
传真:86379768
网址:www.zhenghuaqipei.com
电子信箱:sales@wzzhyz.cn
质量体系:ISO/TS 16949
产品情况:(正能牌)
离合器助力器、离合器泵、换挡汽缸、变速杆总成等

★温州博泰汽车减震器有限公司
地址:浙江省温州市龙湾海城人民南路148号
邮编:325055
电话:0577/85228042、28854611
传真:85228043
网址:www.wzbotai.com
电子信箱:manager@wzbotai.com
质量体系:ISO 9001
产品情况:(CHBOTAI 牌)
轿车减振器,月产能力3万只
出口情况:出口欧洲、中东、韩国、南非、印度、南美洲等国家和地区

★温州市明兴机车部件有限公司
地址:浙江省温州市欧海区丽岙下章工业区
邮编:325060
电话:0577/85380866、85388798
传真:85380867
网址:www.mxmotor.com
电子信箱:wenzhoumingxing@yahoo.com.cn
产品情况:(众驰达牌)
踏板车离合器
出口情况:远销东南亚、南美洲、非洲等地区

★温州一东离合器有限公司
地址:浙江省温州市瓯海区仙岩镇工业区
邮编:325062
电话:0577/85313033、85308482
传真:85301433
网址:www.yd-qp.com
电子信箱:ydqp@yd-qp.com
产品情况:(CHYD 牌)
离合器

★浙江省大龙机动车部件有限公司
地址:浙江省温州市瓯海仙岩温霞路204号
邮编:325062
电话:0577/85318006
传真:85318006
网址:www.zjdalong.net
电子信箱:dl@zjdalong.net
质量体系:ISO 9001
产品情况:(铸丰牌汽车转向器
出口情况:远销东南亚地区

★浙江戈尔德减振器有限公司
地址:浙江省瑞安市国际汽摩配产业基地
邮编:325200
电话:0577/63039999
传真:63039888
网址:www.zj-gold.com
电子信箱:zjgold@yahoo.cn
质量体系:ISO/TS 16949、ISO 9001
产品情况:汽车减振器
出口情况:远销东南亚、中东、欧洲、北美洲及南美洲等世界各地区

★浙江益鑫汽车零部件有限公司
地址:浙江省温州市平阳县昆阳镇溪坑店
邮编:325200
电话:0577/63189777、65177707
传真:63189990、65537788
网址:www.wzyixin.com
电子信箱:yixinauto@21cn.com
单位人数:200
质量体系:ISO/TS 16949、ISO 9001
产品情况:扭力杆、稳定杆、转向节臂、控制臂、拉杆、球头、传动轴、轮毂等
出口情况:出口英国、法国、美国、澳大利亚、日本等国家

★瑞安宝泰轻工机械有限公司
地址:浙江省瑞安市潘岱街道瑞湾工业区
邮编:325200
电话:0577/65098911、65098999
传真:65098922
网址:www.86baotai.com
电子信箱:baotai5566@163.com
质量体系:ISO 9001
产品情况:汽车万向节

★温州仁义达汽车配件有限公司
地址:浙江省瑞安市经济开发区新河路8号
邮编:325200
电话:0577/65138599
传真:65138699
质量体系:ISO 9000
产品情况:(仁义牌、车泰牌、航泰牌)
汽车球笼、传动轴总成

★瑞安市鑫隆汽车配件有限公司
地址:浙江省瑞安市东山下埠经济开发区新埠路501号
邮编:325200
电话:0577/65152006
传真:65152004
网址:www.raxinlong.com
电子信箱:xinlongauto@yahoo.cn
质量体系:ISO 9001
产品情况:汽车拉杆球头、悬架球头、横拉杆、拉杆总成、连接杆球头、主邦汰、副邦汰、三角臂总成、控制臂总成等
出口情况:远销东南亚、欧洲、南美洲、北美洲等地区

★瑞安市朝阳汽车钢圈有限公司
地址:浙江省瑞安市塘下镇海安城东工业区8号

邮编:325200
电话:0577/65271563
传真:65270563
网址:www. benzhiwang. com
电子信箱:info@ benzhiwang. com
质量体系:ISO 9001
产品情况:(奔之王牌)
雷诺、马自达、标致、丰田、日产、斯柯达、东风小康、桑塔纳、金杯、皮卡、富康等国内外轿车及微型车钢圈
配套及出口情况:为北汽配套100万套;出口中东、欧洲、俄罗斯、南美洲、北美洲等国家和地区

★温州赛洋汽车零部件有限公司
地址:浙江省瑞安市塘下镇海安西门工业区旺阳路6号
邮编:325200
电话:0577/65295021
传真:65295022
网址:www. syparts. cn
电子信箱:sy@ syparts. cn
质量体系:ISO 9001
产品情况:汽车动力转向器

★浙江国威汽车配件有限公司
地址:浙江省瑞安市塘下镇海安凤山村
邮编:325200
电话:0577/65296111、65292171
传真:65276668、66000855
网址:www. china – goodway. com
电子信箱:chinagoodway@ vip. 163. com
质量体系:ISO 9001
产品情况:汽车悬架臂、球头、拉杆、汽车发电机、电子调节器、点火模块
配套及出口情况:为五羊本田摩托(广州)配套;出口东南亚地区

★瑞安市奇特汽车轴承制造有限公司
地址:浙江省瑞安市国际汽车零部件北工业园区
邮编:325200
电话:0577/65323965、65323967
传真:65323966
网址:www. cnqite. cn
电子信箱:info@ cnqite. cn
质量体系:ISO 9001
产品情况:汽车离合器分离轴承、张紧轮轴承、带轮轴承及第一代轮毂轴承等

★瑞安市法斯尔汽车零部件厂
地址:浙江省瑞安市汀田镇镇中路387号
邮编:325200
电话:0577/65503563
传真:65101010
质量体系:ISO 9001
产品情况:(法斯尔(FASIER)牌)
斯太尔副箱同步器,8JS85E、16JS200T、8JS130T、12J160T同步器等

★瑞安市长城齿轮厂
地址:浙江省瑞安市莘塍仙甲季路
邮编:325200
电话:0577/65530359、65536359
传真:65175359
网址:www. greatwallgear. cn
电子信箱:168jc@ china. com
产品情况:齿轮、主副轴、连杆等
配套情况:为国内多家企业配套

★温州天和汽车部件有限公司
地址:浙江省瑞安市飞云镇八达路66号
邮编:325200
电话:0577/65597186
网址:www. zjthe. com
电子信箱:Tianhe@ zjthe. com
质量体系:ISO/TS 16949、ISO 9001
产品情况:拨叉为主的各种汽车拖拉机变速器系列零部件
配套及出口情况:为陕西法士特齿轮、陕西汽车齿轮总厂、北京齿轮总厂、约翰·迪尔(天津)产品研究开发公司、约翰·迪尔天拖公司、北方车辆集团、唐齿集团、上汽集团等配套;出口美国、墨西哥、西班牙、俄罗斯、伊朗

★浙江安固汽车配件有限公司
地址:浙江省瑞安市飞云镇华明路333号
邮编:325200
电话:0577/65602949、65603310
传真:65605671
网址:www. chinaangu. com
电子信箱:info@ chinaangu. com
单位人数:421
质量体系:ISO/TS 16949、ISO 9001
产品情况:(安固牌)
弹簧制动缸、制动阀、手动阀、感载阀、继动阀、离合器助力器等;玻璃升降器、点火开关等
配套及出口情况:为一汽集团、东风车桥、重庆重汽集团、北汽福田等大型整车厂配套;出口东南亚、欧洲、美洲、非洲等地区

★瑞立汽车液压制动有限公司
地址:浙江省瑞安市经济开发区毓蒙路1169号瑞立工业园
邮编:325200
电话:0577/65609583、65008000
传真:65609031
网址:www. sorl. com. cn
电子信箱:info@ sorl. com. cn
质量体系:ISO/TS 16949、VDA 6. 1
产品情况:(瑞立牌)
汽车液压制动主缸、轮缸、离合器总泵、分泵、真空助力器、感载比例阀、制动卡钳等
配套及出口情况:为一汽集团、东风汽车公司、重汽集团、陕汽集团、川汽、北奔重汽、北汽福田、江淮汽车、金龙、南京春兰、厦工、德工、上汽仪征等配套;出口欧洲、拉丁美洲、非洲、东南亚等地区

★ 瑞立集团有限公司
地址:浙江省瑞安市经济开发区毓蒙路1169号
邮编:325200
电话:0577/65609900
传真:65609000
网址:www. sorl. com. cn
电子信箱:rlbgs@ sorl. com. cn
法人代表:张晓平
单位人数:3300
质量体系:ISO/TS 16949
产品情况:(SORL牌)
年产汽车气制动元件800万只、液压制动元件300万只、转向助力泵30万只、电器2000万只、汽车防抱制动系统(ABS)5万套、汽车缓速器2万台
配套及出口情况:为一汽集团、东风汽车、上汽集团等汽车企业配套;汽车气制动元件销往五大洲,汽车液压制动元件出口美国,转向助力泵出口北美洲和欧洲,电器出口中东、东南亚、非洲,ABS传感器出口美国、中东、东南亚等国家和地区
☞ 详细情况请参阅彩色宣传版面

★瑞立汽车制动电子科技有限公司
地址:浙江省瑞安市经济开发区毓蒙路1169号瑞立工业园
邮编:325200
电话:0577/65609900、65608962
传真:65604782
网址:www. sorl. com. cn
电子信箱:sori – abs@ sorl. com. cn
质量体系:ISO/TS 16949
产品情况:RX系列电涡流缓速器
出口情况:出口欧美、中东等地区

★成源汽车部件制造有限公司
地址:浙江省温州市瓯海区仙岩工业区
邮编:325200
电话:0577/81388555、81333777
传真:85339917、85339918
网址:www. cnchengyuan. com
电子信箱:info@ cyautoparts. com
质量体系:ISO/TS 16949、ISO 9001
产品情况:(成源牌)
元宝梁、悬架摆臂、摆臂胶套等汽车底盘冲压焊接件
配套及出口情况:为长安汽车配套;出口美洲、欧洲

★瑞安市世纪日丰汽车配件厂
地址:浙江省瑞安市滨海大道前埠工业区
邮编:325202
电话:0577/65162299
传真:65131155
电子信箱:anchiruitong@ 163. com
质量体系:ISO 9001
产品情况:现代、丰田轿车底盘悬架三角臂、四轮真空器、胶套、球头、离合器拨叉

★温州市吉隆汽车零部件有限公司
地址:浙江省温州市瓯海区仙岩工业区
邮编:325203
电话:0577/85301123
传真:85326767
网址:www. wzjilong. com
电子信箱:jilong@ wzjilong. com
单位人数:180
质量体系:ISO/TS 16949
产品情况:转向机

★温州市佳威汽摩配件有限公司
地址:浙江省温州市瓯海区仙岩镇沈岙工业区南洋路 11 号
邮编:325203
电话:0577/85308066
传真:85303788
网址:www. zuan. cc
电子信箱:market@ zuan. cc
质量体系:ISO 9001
产品情况:制动总泵、离合器总泵等
出口情况:出口中东、非洲、东南亚等地区

★温州市盛保罗汽车部件有限公司
地址:浙江省温州市瓯海区岩二工业区振虹路 2 号
邮编:325203
电话:0577/85315388、85326880
传真:85326882
网址:www. cn - snblo. com
电子信箱:snblo@ cn - snblo. com
单位人数:200
质量体系:ISO 9000
产品情况:球笼式等速万向节、传动轴总成等
出口情况:出口欧洲、美洲、中东、东南亚等地区

★温州力邦企业有限公司
地址:浙江省瑞安市塘下镇花园工业区
邮编:325204
电话:0577/25689999、65359999
传真:65396955
网址:www. sinolb. com
电子信箱:lbn@ chinalbn. com
单位人数:500
质量体系:ISO/TS 16949、ISO 9001
产品情况:(L · B · N 牌)
　　摩托车制动器、汽车制动器及汽车制动泵系列
配套及出口情况:摩托车制动器主要与重庆建设、宗申、恒胜、力帆、隆鑫、广东海利、三雅、奔马民隆等配套,汽车制动器及汽车制动泵主要与丹东曙光、荣成华泰等主机厂配套;部分产品出口欧洲、美洲等地区

★温州市哈佛汽车减震器有限公司
地址:浙江省瑞安市塘下镇鲍田龙华路 208 号
邮编:325204
电话:0577/58887666
传真:65215186
网址:www. cn - harvard. net
电子信箱:cn - harvard@ 163. com
质量体系:ISO/TS 16949、ISO 9001
产品情况:汽车减振器

★瑞安市中铃汽车配件厂
地址:浙江省瑞安市塘下镇鲍一工业区
邮编:325204
电话:0577/65200176
传真:65212111
网址:www. razr. com. cn
电子信箱:zr@ razr. com. cn
质量体系:ISO/TS 16949、ISO 9000
产品情况:(中仁牌)
　　变速器盖、离合器壳体等,年产铝压铸件达 200 万件
配套情况:为一汽集团配套

★浙江力通机械部件有限公司
地址:浙江省瑞安市塘下南河工业园区
邮编:325204
电话:0577/65201206
传真:65212097
网址:www. cnlitong. com
电子信箱:cnlitong@ hotmail. com
质量体系:ISO 9001
产品情况:(力通牌)
　　轮毂、离合器配件等

★瑞安市元通汽车配件厂
地址:浙江省瑞安市塘下镇凰湾龙华工业区
邮编:325204
电话:0577/65201575
传真:65212682
电子信箱:qianlongqy@ sina. com
质量体系:ISO 9000
产品情况:(钱隆牌)
　　转向支架总成、离合器踏板、加速踏板、汽车备胎升降器、聚氨酯接头总成等

★浙江迅达汽车部件有限公司
地址:浙江省瑞安市鲍田工业园区
邮编:325204
电话:0577/65203788、65203085
传真:65206445
网址:www. xundaqiye. com
电子信箱:xd@ chinaxunda. cn
单位人数:350
质量体系:ISO/TS 16949
产品情况:(创迅牌)
　　年产同步器 200 万件、铁基粉末冶金零件 700 万件、标准件 3000t
配套情况:为上汽集团、一汽集团、长安汽车、青山公司、长安铃木、上汽依维柯红岩、比亚迪汽车等配套

★瑞安市瑞丰达机动车部件有限公司
地址:浙江省瑞安市塘下镇上戴工业区
邮编:325204
电话:0577/65207862、65321600
传真:65321300
网址:www. rymondautoparts. com
电子信箱:daizf2002@ yahoo. com. cn
质量体系:ISO 9001
产品情况:(RD 牌、GMG 牌、GM8 牌)
　　十字万向节、球笼三叉万向节、差速器和其他传动装置部件
出口情况:产品 90% 以上远销东南亚、中东、非洲、欧洲、美洲

★瑞安市力邦科众制动器有限公司
地址:浙江省瑞安市唐下镇鲍一工业区
邮编:325204
电话:0577/65208889
传真:65208886
网址:www. autobrake. cn
电子信箱:sales@ autobrake. cn
单位人数:160
质量体系:ISO/TS 16949、ISO 9001
产品情况:(科众牌)
　　汽车制动总分泵,离合器总分泵,汽车感载比例阀,汽车换挡助力器

★瑞安博欧汽配有限公司
地址:浙江省瑞安市塘下镇北工业园区时代路 505 号
邮编:325204
电话:0577/65211888、65210688
传真:65216388、65327081
网址:www. chinaboou. com
电子信箱:boou@ chinaboou. com
单位人数:116
质量体系:ISO 9001
产品情况:(BOOU 牌)
　　转向器、分电器、分电器盖、分火头、水泵、点火模块等
出口情况:出口美国、加拿大、南美洲、拉丁美洲、欧洲、中东、东南亚等国家和地区

★瑞安市名洲汽车零部件有限公司
地址:浙江省瑞安市塘下镇上马工业区
邮编:325204
电话:0577/65220558、65208701
传真:65217087
网址:www. sinomz. com
电子信箱:info@ sinomz. com
质量体系:ISO/TS 16949、ISO 9001
产品情况:(名洲牌)
　　汽车转向助力泵

★浙江华信汽车零部件有限公司
地址:浙江省瑞安市国际汽摩配产业基地
邮编:325204
电话:0577/65325888、65335752
传真:65326555、25885588
网址:www. lukaiclutch. com
电子信箱:lukaiclutch@ vip. 163. com
质量体系:ISO/TS 16949、ISO 9002
产品情况:(GENGSHENG 牌)
　　汽车离合器

配套及出口情况:为国内多家企业配套;60%产品远销东南亚、中东、非洲、南美洲等70多个国家和地区

★瑞安市凯驰汽车部件有限公司
地址:浙江省瑞安市塘下镇双桥工业区
邮编:325204
电话:0577/65328899、65337468
传真:65320199
网址:www.kcuvc.com
电子信箱:kaikai20003@163.com
单位人数:100
质量体系:ISO 9001
产品情况:(UVC牌)
　　球笼及传动轴总成
出口情况:远销东南亚、欧洲、非洲、南美洲等地区

★温州玛斯特汽车悬挂总成有限公司
地址:浙江省瑞安市国际汽摩配工业园区罗山大道
邮编:325204
电话:0577/65333648
传真:65335648
网址:www.masite.com
电子信箱:masite@wz.zj.cn
负责人:周成水
单位人数:110
质量体系:ISO/TS 16949
产品情况:汽车扭杆弹簧总成、横向稳定杆、固定臂(座)、调整臂总成等
配套情况:为东风风行、江淮汽车、上海华普、沈阳金杯、长丰扬子等主机厂配套

★瑞安市润正汽车部件有限公司
地址:浙江省瑞安市塘下镇罗凤塘口北工业区
邮编:325204
电话:0577/65335586
传真:65321619
网址:www.cnjutai.com
电子信箱:xh5894@vip.sohu.com
质量体系:ISO 9001
产品情况:同步器齿环、节温器、机油泵、机油集滤器、离合器转臂等
配套及出口情况:配套于成都青山实业有限责任公司、山东临工汽车车桥有限公司;远销韩国、非洲、东南亚等国家和地区

★浙江雷牌机件有限公司
地址:浙江省瑞安市塘下镇汽摩配工业园区
邮编:325204
电话:0577/65355555、65366660
传真:65355565、65388009
网址:www.leipai.com
电子信箱:leipai@leipai.com
单位人数:450
质量体系:ISO/TS 16949、ISO 9001
产品情况:(雷牌)
　　离合器压盘总成、从动盘总成
配套及出口情况:为本田制锁、力帆、宗申、隆鑫、嘉陵、轻骑、吉利汽车等配套;出口东南亚、中东、非洲、南美洲等地区,并销往中国台湾地区

★瑞安市圣联汽摩配有限公司
地址:浙江省瑞安市塘下工业区
邮编:325204
电话:0577/65356068、65369619
传真:65356068
电子信箱:shenglian@sy71.com
质量体系:ISO 9001
产品情况:(圣联牌)
　　汽车底盘件,汽车、摩托车制动片
出口情况:出口俄罗斯、日本、韩国、印尼、马来西亚、英国、尼日利亚、墨西哥等国家,并销往中国台湾地区

★浙江瑞安峰都汽摩配有限公司
地址:浙江省瑞安市塘下镇汽摩配城市场东路68号
邮编:325204
电话:0577/65356085、65399766
传真:65371822
网址:www.wzfdu.com
电子信箱:fengdu@wzfdu.com
质量体系:ISO/TS 16949
产品情况:汽车球笼式等速万向节、驱动轴总成等
出口情况:远销中北美洲、东南亚、中东等地区

★浙江恒力制动阀有限公司
地址:浙江省瑞安市塘下镇韩田工业区凤凰西路59号
邮编:325204
电话:0577/65358198、65383820
传真:65368598
网址:www.china-gkussade.com
电子信箱:zjhlzdf@hlbrake.com
质量体系:ISO/TS 16949、QS 9000
产品情况:(恒力牌)
　　各类制动阀、空气干燥器、制动气室、离合器助力器、离合器泵、点火开关、电器插座等
配套及出口情况:为东风汽车公司、东风客车底盘公司、北汽福田、柳汽等配套;出口南美洲、中东、东南亚等地区

★浙江省银星汽车配件有限公司
地址:浙江省瑞安市塘下镇后朱村朱马路21-23号
邮编:325204
电话:0577/65360751
传真:65363251
网址:www.wzyinxing.com
电子信箱:zhejiangyinxing@126.com
单位人数:150
质量体系:ISO/TS 16949、ISO 9001
产品情况:踏板、转向管柱、操纵机构总成、发动机配件、门铰链、前机盖铰链、手/电动玻璃升降器总成及汽车刮水器
配套情况:为江淮汽车、一汽红塔云南、江西五十铃等配套

★浙江瑞安长虹车辆配件有限公司
地址:浙江省瑞安市国际汽摩配工业园区
邮编:325204
电话:0577/65360778、65383955
传真:65350493
网址:www.cn-rongwei.com
电子信箱:rachanghong@alibaba.com.cn
质量体系:ISO 9001
产品情况:(荣伟牌)
　　动力转向器、转向助力泵、张紧轮、离合器分离轴承、起动机单向离合器等
出口情况:远销北美洲、东南亚等地区

★瑞安市衡泰传动轴有限公司
地址:浙江省瑞安市塘下镇韩田工业区解放路78号
邮编:325204
电话:0577/65363933
传真:65363937
网址:www.htshaft.com
电子信箱:hengtaishaft@gmail.com
质量体系:ISO 9001
产品情况:传动轴
出口情况:出口美国、中东、乌克兰、波兰等国家和地区

★瑞安市贝路内燃机系统有限公司
地址:浙江省瑞安市塘下镇韩田工业区
邮编:325204
电话:0577/65367777
传真:65353342
网址:www.chinagoup.com
电子信箱:jingk@wz.zj.cn
质量体系:ISO 9001
产品情况:汽车转向助力泵、预热塞、排气管垫圈、喉箍、电喇叭等
出口情况:远销欧洲、中东、东南亚等地区

★浙江稳达减振器有限公司
地址:浙江省瑞安市塘下镇岑头工业区
邮编:325204
电话:0577/65374567、25695555
传真:25610777、65359668
网址:www.wenli.com.cn
电子信箱:wenda@wenli.com.cn
单位人数:300
质量体系:ISO/TS 16949、ISO 9001
产品情况:(稳立牌、WOLB牌)
　　汽车减振器
出口情况:远销欧洲、东南亚、中东、美洲、非洲等地区

★温州瑞正电工器材有限公司
地址:浙江省瑞安市北工业园区罗凤西路888号
邮编:325204
电话:0577/65375398、65377887
传真:65398968、65329222

网址:www. ruizheng. com
电子信箱:zhao@ ruizheng. com
单位人数:300
质量体系:ISO/TS 16949、ISO 9001
产品情况:漆包线、汽车离合器压盘总成、从动盘总成等
出口情况:出口东南亚、中东、俄罗斯等国家和地区

★瑞安市万铭汽摩部件有限公司
地址:浙江省瑞安市塘下镇汽摩工业园区
邮编:325204
电话:0577/65378818
传真:65388818
网址:www. chinawanming. com
电子信箱:chinawanming@ yahoo. com. cn
质量体系:ISO/TS 16949
产品情况:(万铭牌)
汽车离合器片、压盘系列
出口情况:远销东南亚、中东、非洲、南美洲等地区

★瑞安市润峰汽车部件有限公司
地址:浙江省瑞安市鲍田镇官渎工业区
邮编:325204
电话:0577/65388889
传真:65368886
网址:www. zjrarf. com
电子信箱:runfeng@ zjrarf. com
质量体系:ISO 9001
产品情况:(润峰牌)
循环球式、齿轮齿条式汽车动力转向器及转向器系统附属配件
配套及出口情况:为主机厂及改装车配套;出口东南亚地区

★浙江铃丰离合器有限公司
地址:浙江省瑞安市塘下镇花园工业区
邮编:325204
电话:0577/65393000、65380866
传真:65365725
网址:www. fenglingcn. com
电子信箱:info@ fenglingcn. com
单位人数:150
质量体系:ISO/TS 16949
产品情况:(FENGLING 牌)
汽车离合器、从动盘、真空助力器以及各种汽车制动器冲压件
出口情况:70% 以上产品远销欧洲、中东、东南亚等地区

★瑞立汽车零部件有限公司
地址:浙江省瑞安市经济开发区毓蒙路1169 号瑞立工业园
邮编:325204
电话:0577/65606662、65609032
传真:65608962、65005123
网址:www. sorl. com. cn
电子信箱:info@ sorl. com. cn
单位人数:2000
质量体系:ISO/TS 16949、VDA 6. 1
产品情况:汽车气/液压制动、电器、仪表、转向助力泵、电涡流缓速器、ABS、电子燃油泵、自动间隙调整臂等
配套及出口情况:为一汽集团、东风汽车公司、上汽集团、重汽集团、北汽福田、江淮、北奔重汽、杭州日产柴等 39 家汽车厂配套;出口欧洲、美洲、非洲、亚洲、中东等 60 多个国家和地区

★瑞立汽车气制动系统公司
地址:浙江省瑞安市经济开发区
邮编:325204
电话:0577/65607011
传真:65609000
网址:www. sorl. com. cn
质量体系:ISO/TS 16949、VDA 6. 1
产品情况:(SORL 牌)
气制动阀类产品
配套及出口情况:为一汽集团、东风汽车公司、重汽集团、陕汽集团等配套;出口欧洲、拉丁美洲、非洲、东南亚等 10 多个国家和地区

★浙江福尔德减振器有限公司
地址:浙江省瑞安市塘下镇肇平垟工业园区中路
邮编:325204
电话:0577/65782222
传真:66001155
网址:www. fuerdeabsb. com
电子信箱:info@ fuerdeabsb. com
质量体系:QS 9000、ISO 9001
产品情况:减振器

★浙江森森汽车零部件有限公司
地址:浙江省瑞安市塘下镇国际汽摩配工业园区里北垟里新路
邮编:325204
电话:0577/66002308、66002311
传真:65216989
网址:www. absorber. cn
电子信箱:service@ sensen. cn
单位人数:1058
质量体系:ISO/TS 16949
产品情况:(森森牌)
各类汽车减振器,年产能力 700 万支
配套及出口情况:为一汽集团、东风汽车公司、四川资阳南骏汽车、山东时风集团等配套;出口欧洲、东南亚、中东、中南美洲、北美洲、大洋洲、非洲,并销往中国香港、台湾地区

★浙江春城汽车配件有限公司
地址:浙江省瑞安市塘下镇市国际汽摩配工业园区
邮编:325204
电话:0577/66008889
传真:66008885
网址:www. xycc. com. cn
电子信箱:lrm_xycc@ 126. com
质量体系:ISO/TS 16949、ISO 9001
产品情况:传动轴、凸缘、凸缘叉、转向节、轴间差速器、桥壳、凸轮轴、悬架及汽车底盘铸锻零件
配套及出口情况:为一汽解放、一汽轻型车厂、一汽解放车桥分公司、一汽重型车厂、一汽四环公司、一汽专用车厂、青岛青特众力车桥、柳州方盛车桥等企业配套;销往欧洲、美洲、非洲、亚洲及中东等 30 多个国家和地区

★浙江华明汽车制动器有限公司
地址:浙江省瑞安市罗凤汽摩配产业基地北区
邮编:325204
电话:0577/68338222、25886888
传真:65339111
网址:www. hmb. com. cn
电子信箱:info@ hmb. com. cn
单位人数:185
质量体系:ISO/TS 16949
产品情况:制动器总成及零部件
配套情况:为一汽集团、东风汽车公司、南京汽车集团、北汽福田、哈飞汽车、江铃汽车、江淮汽车、厦门金龙、上汽通用五菱、奇瑞汽车、昌河汽车、长安汽车、吉利汽车、美国通用、克莱斯勒等配套

★浙江瑞安双国汽车配件厂
地址:浙江省瑞安市塘下镇海光工业区51 号
邮编:325205
电话:0577/65272193
传真:65270852
网址:www. rasg. cn
电子信箱:rasg@ hc360. com. cn
质量体系:ISO 9001
产品情况:(双国牌)
各类汽车元宝梁、后桥、摆臂底盘件等

★瑞安市悦华汽车单向器有限公司
地址:浙江省瑞安市塘下镇海安城西中路 26 号
邮编:325205
电话:0577/65275989
传真:65271623
网址:www. radahua. com
电子信箱:dh - drive@ 163. com
质量体系:ISO 9001
产品情况:单向器、驱动轴
配套及出口情况:为全国多家专业起动机生产企业配套;出口欧洲、美洲

★浙江耐霸泵业制造有限公司
地址:浙江省瑞安市海安镇海光工业区
邮编:325205
电话:0577/65277177、65272305
传真:65277277
网址:www. chinanaiba. com
电子信箱:naiba@ chinanaiba. com
单位人数:200
质量体系:ISO/TS 16949
产品情况:(耐霸牌)

汽车液压制动总泵、制动分泵、离合器总泵、离合器分泵、真空助力器及汽车转向助力泵等
配套及出口情况:为湘潭汽车制造厂OEM配套;远销欧洲、南美洲、中东、俄罗斯等国家和地区

★瑞安市亿兴汽车部件有限公司
地址:浙江省瑞安市塘下镇海安城东路58号
邮编:325205
电话:0577/65296888、65270878
传真:65291898
网址:www. yixingcn. com
电子信箱:yixing211@126. com
单位人数:586
质量体系:ISO 9001
产品情况:汽车控制臂
配套及出口情况:为一汽集团、北汽集团等配套;先后在中东阿联酋、非洲尼日利亚等国家和地区建立海外分支机构

★浙江中铁机车部件有限公司
地址:浙江省瑞安市塘下镇下林工业区创新路12号
邮编:325205
电话:0577/65350019
传真:65366011
网址:www. zhongtie. net
电子信箱:sales@zjzhongtie. com
质量体系:ISO/TS 16949
产品情况:汽车制动系统、滤清器系列、油罐系列
配套情况:为一汽、东风、南汽、上汽通用五菱,江铃五十铃、北汽福田、江淮、南京春兰等配套

★瑞安东业汽车配件有限公司
地址:浙江省瑞安市海安工业区
邮编:325205
电话:0577/65364898、65374898
传真:65374898
网址:www. cndrwy. com
电子信箱:drwy@cndrwy. com
质量体系:ISO/TS 16949、ISO 9001
产品情况:汽车制动泵、离合器泵

★瑞安瑞鑫汽车配件厂
地址:浙江省瑞安市蔡宅工业园区
邮编:325206
电话:0577/65165518
传真:65165519
网址:www. raruixin. com
电子信箱:rxqp88@yahoo. com
质量体系:ISO/TS 16949
产品情况:(瑞挺牌)
空气干燥器、气制动部件及用品等
出口情况:出口欧洲、美洲、东南亚、非洲等地区

★浙江欧瑞泰汽配有限公司
地址:浙江省瑞安市莘塍工业园区
邮编:325206
电话:0577/65187722、65176000
传真:65176333、65186711
网址:www. ouruitai. com
电子信箱:sale@ourruitai. com
质量体系:ISO 9001
产品情况:(欧瑞泰牌)
气制动系统、离合器系统、总线控制电器系统、汽车干燥器、机油滤清器等
配套及出口情况:产品大部分供应中国重汽、陕西重汽及中国变速器厂等;部分产品出口

★瑞安市大恒汽车部件有限公司
地址:浙江省瑞安市莘塍镇东新工业园
邮编:325206
电话:0577/65188191、65188182
传真:65189882
网址:www. chinadahen. com
电子信箱:info@chinadqp. com
质量体系:ISO 9001
产品情况:各种减振器

★瑞安市凯泰转向机有限公司
地址:浙江省瑞安市莘塍东新工业区
邮编:325206
电话:0577/65190188
传真:65193308
网址:www. kirtye. com
电子信箱:kaitai163. @126. com
质量体系:ISO/TS 16949
产品情况:汽车动力、机械转向器
出口情况:远销欧洲、北美洲、非洲、南美洲

★瑞安市盛鼎汽车零部件有限公司
地址:浙江省瑞安市莘塍华表人民路
邮编:325206
电话:0577/65191788、65070222
传真:65198777
网址:www. cn - shengding. com
电子信箱:sales@cnshengding. net
质量体系:ISO/TS 16949
产品情况:手动液压油泵和翻转油缸总成
出口情况:出口欧洲、非洲、中东、东南亚

★瑞安市超欧汽配有限公司
地址:浙江省瑞安市莘塍工业园区振兴东路14巷51号
邮编:325206
电话:0577/65193287
传真:65178930
网址:www. chaoou. com. cn
电子信箱:chaoouqi@hotmail. com
质量体系:ISO 9001
产品情况:驻车制动阀、空气干燥器、双通H阀、止回阀、安全阀、制动总泵、快放阀、弹簧制动分室、继动阀、离合器助力器等

★瑞安市奥众汽车齿轮有限公司
地址:浙江省瑞安市汀田工业区
邮编:325206
电话:0577/65507161、65113161
传真:58891118、65110051
网址:www. azcl. cn
电子信箱:raaozhong@yahoo. com. cn
质量体系:ISO 9001
产品情况:小型汽车变速器、内齿轮轴、齿轮等零部件
配套情况:为中国南方航空动力机械、株洲齿轮、奇瑞汽车变速器公司、上汽变速器公司等配套

★瑞安市快乐树汽车部件有限公司
地址:浙江省瑞安市飞云镇云周上埠工业区望江东路1号
邮编:325207
电话:0577/65056138、65056238
传真:65056038
网址:www. kuaileshu. com
电子信箱:kuaileshu@vip. 163. com
单位人数:100
质量体系:ISO 9001
产品情况:各种汽车减振器、非标准件及美制、英制气动工具配件
配套及出口情况:为美国英格索兰工具有限公司配套;远销中东、韩国、东南亚、欧洲、美洲等国家和地区

★瑞安市安阳汽车钢圈厂
地址:浙江省瑞安市飞云江大桥南端
邮编:325207
电话:0577/65575380、65560211
传真:65560402
网址:www. china - jubang. com
电子信箱:ayqcgqc@mail. wzptt. zj. cn
单位人数:80
质量体系:ISO/TS 16949
产品情况:(巨邦牌)
钢制车轮
配套及出口情况:与全国多个大型知名企业配套;部分产品出口

★温州德瑞克润滑设备有限公司
地址:浙江省瑞安市林垟工业区林郑路9号
邮编:325207
电话:0577/65596855、65591817
传真:65591808
网址:www. deruike. com
电子信箱:drk@deruike. com
质量体系:ISO 9001
产品情况:(德瑞克(DERUIKE)牌)
汽车底盘集中润滑系统
配套情况:为厦门金旅、上海申沃、沈阳沈飞等客车厂配套

★浙江昌利锻造有限公司
地址:浙江省瑞安市潘岱工业区
邮编:325216
电话:0577/65095000、65095999

传真:65095003
网址:www. xizheng. com
电子信箱:sale3@ xizheng. com
单位人数:560
质量体系:ISO/TS 16949
产品情况:汽车换挡拨叉、离合器分离叉、轮毂、变速器配件、转向节臂、轴类、安全带扣系列;摩托车换挡拨叉、下联板、曲轴、连杆、起动蹬杆;矿山机械、建筑机械、纺织机械锻压配件及特种锻压件,年产能力15000t锻压件和550万只机械加工零部件,年产值1.5个亿元
配套及出口情况:与国内大型汽车、摩托车企业配套;远销美国、西欧、日本、中东等国家和地区

★华健制动泵有限公司
地址:浙江省温州市平阳县昆阳城南
邮编:325400
电话:0577/63014888
传真:63014888
网址:www. huajianbc. com
电子信箱:info@ huajianbc. com
质量体系:ISO/TS 16949
产品情况:汽车制动总泵、制动分泵、离合器总泵、离合器分泵
出口情况:远销欧洲、美洲、东南亚、中东地区

★温州市宋达减震器有限公司
地址:浙江省温州市龙湾区梅头东门工业区2号
邮编:325505
电话:0577/85223898
传真:85226222
网址:www. sdjzq. com
电子信箱:tuguanglin88@ tom. com
单位人数:200
质量体系:ISO 9001
产品情况:(宋达牌)
汽车、摩托车减振器,年产200多万支
配套及出口情况:为国内大型摩托车集团配套;远销欧洲、美洲、中东、非洲、东南亚等20多个国家和地区

★浙江中昌汽车零部件有限公司
地址:浙江省乐清市黄华镇工业区
邮编:325605
电话:0577/62652058
传真:62652058
网址:www. cnzhonchang. com
电子信箱:master@ cnzhonchang. com
质量体系:ISO 9001
产品情况:汽车真空助力器、液压制动总泵、液压制动分泵和比例阀等
配套情况:为一汽、东风汽车公司、昌飞、哈飞汽车、合肥昌河、陕飞等配套

★乐清市华隆机械配件厂
地址:浙江省乐清市虹桥镇溪车工业区
邮编:325608
电话:0577/62300688
传真:62300766
网址:www. hualongjx. cn
电子信箱:hl@ hualongjx. cn
质量体系:ISO/TS 16949
产品情况:(华隆牌)
举升缸、举升泵、驾驶室翻转机构等

★温州市东启汽车零部件有限公司
地址:浙江省洞头县北岙镇杨文工业区A-01地块
邮编:325700
电话:0577/63471728
传真:63471738
网址:www. djp. cn
电子信箱:sale@ djp. cn
单位人数:374
质量体系:ISO/TS 16949、ISO 14001
产品情况:(djp牌)
制动泵、离合器泵、助力器、卡钳、拖车连接器
出口情况:出口南北美洲、中东、东南亚、非洲、欧洲等地区

★温州鸿鹏汽配制造有限公司
地址:浙江省温州市洞头县杨文工业区创新路
邮编:325700
电话:0577/63480268、63382366
传真:63485282
网址:www. wzhengguan. com
电子信箱:linzhenchang1688@ 163. com
质量体系:ISO 9001
产品情况:(恒冠牌)
汽车拉杆总成、拉杆球头、下摆臂球头、带轮、张紧轮、制动总泵、分泵、水泵、连杆、十字轴、气门摇臂、倒车灯开关等
出口情况:远销欧洲、美洲、中东等地区

安徽省

★合肥车桥有限责任公司
地址:合肥市瑶海区铜陵路305号
邮编:230011
电话:0551/2293888、2293602
网址:www. hfcq. com
电子信箱:hfcq@ hfcq. com
单位人数:1100
质量体系:ISO/TS 16949、ISO 9001
产品情况:(JAC牌)
汽车前后桥,轿车悬架
配套情况:为江淮汽车配套

★合肥常青机械制造有限公司
地址:合肥市包河区东流路18号
邮编:230022
电话:0551/3442168
传真:3442168
单位人数:458
质量体系:ISO/TS 16949
产品情况:JAC轻型载货汽车车架,车身冲压件

★合肥力威汽车油泵有限公司
地址:合肥市庐阳区庐阳产业园汲桥路53号
邮编:230041
电话:0551/5654837、5550618
传真:5554934
网址:www. hfliwei. com
电子信箱:liwei@ hfliwei. com
单位人数:346
质量体系:ISO/TS 16949、ISO 9001
产品情况:(天力牌)
转向油泵、动力油泵、阀、齿轮齿条转向器四大系列产品
配套及出口情况:为一汽集团、东风汽车公司、重汽集团、江淮汽车、北汽福田、金龙客车、宇通客车、上客、黄海、常客、安凯客车、北奔重汽、徐重、柳工、日本TCM、韩国斗山大宇、台湾台励福、杭叉、上柴、锡柴、玉柴、潍柴、昌河等配套;出口欧洲、亚洲、美洲

★安徽安凯福田曙光车桥有限公司
地址:合肥市包河区葛淝路97号
邮编:230051
电话:0551/2297774
传真:2297771、2297763
网址:www. akcq. com
电子信箱:cheqiao@ ankai. com
单位人数:594
质量体系:ISO/TS 16949、ISO 9001
产品情况:产品主要有斯太尔前、中、后桥总成,大、中型客车用前、后桥总成,大型豪华高速客车用前、后桥总成
配套情况:主要客户有福田欧曼重卡、江淮重卡、福田诸城汽车、东风柳汽重卡、南汽凌野重卡、华菱重卡、安凯客车、江淮客车、欧V客车、扬州亚星客车、厦门金旅、中通客车等

★合肥瑞星机械制造有限公司
地址:合肥市包河区南淝河路96号
邮编:230051
电话:0551/4855939
传真:4855939
单位人数:140
质量体系:ISO/TS 16949
产品情况:JAC后桥部件

★合肥宏圆机械有限公司
地址:合肥市高新区金桂路中段
邮编:230088
电话:0551/5329667
传真:5328577-8802
单位人数:65
质量体系:ISO/TS 16949
产品情况:JAC横梁、吊耳、挡泥板等

★合肥美桥汽车传动及底盘系统公司
地址:合肥市经济技术开发区始信路62号
邮编:230601

电话:0551/2297136
单位人数:180
质量体系:ISO/TS 16949
产品情况:SUV 和 MPV 的后驱动桥、前桥、取力器、主减速器总成及轿车悬架模块
配套情况:悬架模块产品为江淮汽车配套,10 万份/年;动力传动系统产品为江淮、奇瑞汽车、北汽福田、上汽通用五菱配套,14 万份/年

★安徽安凯华夏汽车配件制造公司
地址:合肥市经济开发区青龙潭路与汤口路 133 号
邮编:230601
电话:0551/2580158、2580139
传真:3876910
网址:www. ahakhx. com
质量体系:ISO 9001
产品情况:(华夏牌)
重、中、轻型前悬架及翻转机构、后悬架、挡泥板支架、贮气罐支架、挡泥板支架及组合灯支架、A 横梁;乘用车中间吊挂支架、油箱支架、滤清器支架等
配套情况:为江淮汽车、北汽福田等配套

★佳通轮胎安徽工厂
地址:合肥市经济技术开发区始信路 8 号
邮编:230601
电话:0551/3811555
传真:3811666
质量体系:ISO/TS 16949、ISO 9001
产品情况:轮胎

★安徽宝能机械有限公司
地址:合肥市经济技术开发区青鸾路 29 号、方兴大道 666 号
邮编:230601
电话:0551/3848999
传真:3848919
网址:www. ahbnjx. com
电子信箱:postmaster@ ahbnjx. com
单位人数:300
质量体系:ISO/TS 16949、ISO 9001
产品情况:上中下支架总成、变速操纵杆、驻车制动器总成、制动及离合器踏板总成、开度限制器组件、汽车门铰链等
配套情况:为昌河汽车、比亚迪汽车、华泰汽车等配套

★安徽舒城汇同实业有限责任公司
地址:安徽省舒城县城关镇工业区三里河路
邮编:231300
电话:0564/7229771、8663859
传真:8624892
网址:www. ahscht. com
电子信箱:sczkyyh@ 163. com
质量体系:ISO 9001
产品情况:(云恒牌)
农用车车桥,兼营各种汽车配件
配套情况:为农用载重车、装载机、挖掘机、三轮车等生产企业配套

★蚌埠江淮车轮有限公司
地址:安徽省蚌埠市大庆一路 61 号
邮编:233010
电话:0552/4928855、4928652
传真:4928652
网址:www. jiang – huai. com
电子信箱:qy@ jiang – huai. com
单位人数:500
质量体系:ISO/TS 16949、QS 9000
产品情况:汽车车轮、工程车轮、汽车横梁
配套情况:为江淮汽车配套

★安徽车桥有限公司
地址:安徽省宿州市汴河路 3 号
邮编:234000
电话:0557/3310950
传真:3323744
网址:www. anqiao. com. cn
电子信箱:sale@ anqiao. com. cn
质量体系:ISO 9001
产品情况:(ANQIAO 牌)
具有年产半挂车车轴总成 15 万根、制动器 50 万套、特种车桥 2 万套的生产能力
出口情况:出口非洲、亚洲、欧洲等地区

★安徽省阜阳市汽车配件厂
地址:安徽省阜阳市工业园管庄路 355 号
邮编:236065
电话:0558/2264584、2263704
传真:2263704
网址:www. fyqp688. com
电子信箱:fyqp688@ 163. com
单位人数:186
质量体系:ISO/TS 16949
产品情况:三踏板系列产品及第三横梁系列产品
配套情况:从 1972 年开始为江淮汽车集团配套至今

★六安市振华汽车变速箱有限公司
地址:安徽省六安市裕安区私营经济园家园路
邮编:237008
电话:0564/3266279、3309926
传真:3266259
网址:www. zhbsx. com
电子信箱:web@ zhbsx. com
质量体系:ISO 9001
产品情况:EQ140、EQ145、ZH528、ZH131V、NJ131 系列汽车变速器总成
配套情况:为一拖、中国龙工、合力叉车、洛阳路捷等企业配套

★六安江淮汽车齿轮制造有限公司
地址:安徽省六安市新河东路 10 号
邮编:237010
电话:0564/3311213、3313471
传真:3331429、3331429
网址:www. laqccl. com
电子信箱:laqccl@ laqccl. com
单位人数:1500
质量体系:ISO/TS 16949、ISO 14001
产品情况:(六齿牌)
微、轻、中、重型商用车变速器总成及配件;LC5T80、MF86(A/B)系列乘用车变速器总成及配件;3 ~ 10t 叉车变速器;SH500/504/650/700 等系列农用机械变速器总成及配件
配套及出口情况:为江淮汽车、南京汽车集团、北汽福田、一汽集团、东风汽车公司等配套;出口 LC5T97、LC5T30、LC5T88、LC6T46、MSC – 5S 等产品 3000 台(套)

★安徽星瑞齿轮传动有限公司
地址:安徽省六安市新河东路 10 号
邮编:237010
电话:0564/3339412、3697423
传真:3331429
网址:www. ahxrcl. com
电子信箱:zhaohouhua@ sohu. com
质量体系:ISO/TS 16949、ISO 9001
产品情况:汽车变速器总成
配套情况:为江淮、江铃、福田、华泰、奇瑞、合力叉车、上海纽荷兰农机等配套

★安徽省辉煌机械制造有限公司
地址:安徽省巢湖市林头工业区
邮编:238161
电话:0565/4718038
传真:4351068
网址:www. hh – machine. net
电子信箱:hhfoundry@ sohu. com
单位人数:200
质量体系:ISO 9001
产品情况:万向节、制动鼓、弹簧吊耳、支架、变速器壳体、垫圈、飞轮壳、离合器盖、离合器压盘、泵阀、花键轴、凸缘、弯直臂、轴承座、轴管、减速机等
出口情况:出口欧洲、美洲市场

★安徽省德鸿机件制造有限公司
地址:安徽省滁州市来安工业新区 B 区
邮编:239200
电话:0550/5685811
传真:5685822
网址:www. wzdehong. com
电子信箱:dehong@ wzdehong. com
单位人数:47
质量体系:ISO/TS 16949、ISO 9001
产品情况:汽车手动、电动泵、驾驶室翻转油缸总成、汽车转向油泵等
配套及出口情况:为北奔重汽等配套;出口欧洲、非洲、中东、东南亚等地区

★来安富达离合器厂
地址:安徽省来安县扬郢镇南街工业园区 10 号

邮编:239213
电话:0550/5765008
传真:5766599
质量体系:ISO 9001
产品情况:(随达牌)
离合器总成及其零部件

★安徽省金阳铸造有限公司
地址:安徽省全椒县二郎口镇
邮编:239531
电话:0550/5261888
传真:5261388
网址:www.ahjinyang.com
电子信箱:web@ahjinyang.com
质量体系:ISO/TS 16949
产品情况:汽车制动鼓、轮毂、后簧吊耳、转向支架、制动盘、平衡块等铸件
配套情况:为上汽集团、NAVECO 车桥公司、美菱公司等配套

★芜湖稳乐制动系统有限公司
地址:安徽省芜湖市汽车零部件工业园稳乐路
邮编:241000
电话:0553/2862088、2861018
传真:2111991
网址:www.wenle.com
电子信箱:pfy@wenle.com
单位人数:188
质量体系:ISO/TS 16949、ISO 9001
产品情况:(稳乐牌)
汽车制动总泵、分泵,离合器总泵、分泵,鼓式制动器及盘式制动器等,具有年产各种制动总分泵120万只、鼓式制动器15万套、盘式制动器1万套的生产能力
配套及出口情况:为江淮汽车、合肥车桥、江铃汽车、苏州邦乐、北汽福田、雷沃重工、洛阳一拖、合肥叉车、杭州叉车等配套;出口美国、日本、加拿大、马来西亚等国家

★芜湖万通汽车部件有限公司
地址:安徽省芜湖市弋江北路花塘8号
邮编:241000
电话:0553/2866628
传真:2862908
网址:www.wh-wantong.com
电子信箱:office@wh-wantong.com
单位人数:386
质量体系:ISO/TS 16949
产品情况:(万通牌)
制动总分泵、离合器总分泵及底盘冲压件等
出口情况:远销欧洲、美洲、东南亚

★芜湖聚达汽车零部件有限公司
地址:安徽省芜湖市赭山东路神山口东
邮编:241000
电话:0553/2868313、2868595
传真:2860554、2870158
网址:www.juda-china.com
电子信箱:juda_china@vip.163.com
单位人数:500
质量体系:ISO/TS 16949、ISO 9001
产品情况:(聚达牌)
橡塑密封件,制动泵、真空助力器等汽车制动部件
出口情况:出口欧洲、北美洲、大洋洲、东南亚等地区

★芜湖市轻型汽车配件有限公司
地址:安徽省芜湖市高新技术开发区南区火龙岗
邮编:241000
电话:0553/3022028、3022046
传真:3022045
网址:www.qxchina.com
电子信箱:aix_mike@yahoo.com.cn
单位人数:200
质量体系:ISO 9001
产品情况:各种轻型汽车液压制动总分泵、真空增压器、真空助力器、各种传动轴支架总成等

★芜湖新达汽车锻造有限公司
地址:安徽省芜湖市高新技术产业开发区金山中路
邮编:241000
电话:0553/3025476、3025770
传真:3025476
网址:www.Wh-xinda.com
电子信箱:xddz@wh-xinda.com
单位人数:180
质量体系:ISO 9001
产品情况:汽车转向节臂、传动轴、各类模锻件,具有年产30万套转向节臂、2万套汽车传动轴、8000t 模锻件的生产能力
配套情况:与江汽、北汽、南汽等配套

★芜湖黄燕实业有限公司
地址:安徽省芜湖市高新技术开发区
邮编:241000
电话:0553/5650356
传真:5650366
网址:www.hywheel.com.cn
电子信箱:hywheels@yahoo.cn
质量体系:ISO/TS 16949
产品情况:铝合金轮毂

★芜湖博格汽车零部件有限公司
地址:安徽省芜湖市鸠江经济开发区创新路6号
邮编:241000
电话:0553/5716057
传真:5716056
电子信箱:bacoahou@yahoo.com.cn
质量体系:ISO/TS 16949、ISO 9001
产品情况:汽车制动主缸、轮缸、汽车制动活塞、离合助力器等
出口情况:出口东南亚、中东市场

★芜湖众发汽车制动系统有限公司
地址:安徽省芜湖市鸠江经济开发区鸠兹大道纬五路1号
邮编:241000
电话:0553/5716906、5716910-807
传真:5716907
网址:www.zhongfa-autoparts.com
电子信箱:sales@zhongfa-autoparts.com
单位人数:386
质量体系:ISO/TS 16949、ISO 9001
产品情况:制动总泵、分泵,离合器总泵、分泵
出口情况:远销欧洲、美洲及东南亚地区

★芜湖恒坤汽车部件有限公司
地址:安徽省芜湖市南阳大道鲁李19号
邮编:241000
电话:0553/5811688、5811640
传真:5813697
网址:www.hkqp.com
电子信箱:xujun138@sohu.com
质量体系:ISO/TS 16949
产品情况:(恒坤牌)
制动总泵、分泵,离合器总泵、分泵,橡胶密封件及各类修理包等
出口情况:出口美国、欧洲、东南亚、非洲等国家和地区

★芜湖恒隆汽车转向系统有限公司
地址:安徽省芜湖市经济技术开发区凤鸣湖北路龙山隧道北200米
邮编:241000
电话:0553/5935125、5935555
传真:5935100、5849593
网址:www.henryauto.cn
电子信箱:whl@henryauto.cn
质量体系:ISO/TS 16949
产品情况:汽车动力转向系统,电动、电液转向系统,动力转向器年产能力65万台(套)
配套情况:为奇瑞汽车配套

★芜湖诚润汽车工业有限公司
地址:安徽省芜湖县机械工业园纬三路
邮编:241000
电话:0553/8768080
传真:8766000
质量体系:ISO/TS 16949
产品情况:商用车转向横拉杆、球头、拉杆总成、控制臂等
出口情况:远销美洲、欧洲、非洲、东南亚等地区

★芜湖鸿耀汽车工业有限公司
地址:安徽省芜湖县机械工业园纬三路
邮编:241000
电话:0553/8768205
传真:8768215
网址:www.whhongyao.cn
电子信箱:yuyongheng@sina.com
质量体系:ISO 9001
产品情况:离合器从动盘、压盘
出口情况:远销中东、欧洲、美洲、东南

亚等20多个国家和地区

★芜湖玉泰汽车制动有限公司
地址:安徽省芜湖县机械工业园
邮编:241000
电话:0553/8768881
传真:8768685
网址:www. china - yutai. com
电子信箱:www@ china - yutai. com
单位人数:160
质量体系:ISO 9001
产品情况:各种制动主缸、制动分缸、离合器总泵、离合器分泵、U形螺栓、轮胎螺栓、前后吊耳、带轮、张紧轮、长螺杆、螺母和发动机压缩机支架等

★芜湖市宏达汽配橡胶密封件厂
地址:安徽省芜湖市高新区星火工业园
邮编:241002
电话:0553/3021008
传真:3023308
质量体系:ISO 9001
产品情况:制动气室橡胶隔膜、真空泵皮膜、总分泵离合器修理包、座椅密封套、防尘罩、传动轴胶圈、O形圈等
配套情况:为青汽集团配套

★芜湖盛力制动有限公司
地址:安徽省芜湖市高新技术产业开发区金山路8号
邮编:241002
电话:0553/3026186、3026188
传真:3026111、2862914
网址:www. slzd. com
电子信箱:wuhu@ slzd. com
质量体系:ISO/TS 16949、QS 9000
产品情况:(安湖牌)
汽车及工程机械气制动元器件、真空助力器和液压制动元器件
配套情况:为重汽集团、江淮汽车等配套

★芜湖天佑汽车技术有限公司
地址:安徽省芜湖市经济技术开发区凤鸣湖北路2号
邮编:241009
电话:0553/5658358、5658368
传真:5658555
网址:www. atlindustry. com
电子信箱:whty@ atlindustry. com
单位人数:200
质量体系:ISO/TS 16949
产品情况:汽车减振器等底盘零部件
配套及出口情况:为奇瑞公司等配套;远销欧洲、中东等地区

★芜湖伯特利汽车安全系统有限公司
地址:安徽省芜湖市经济技术开发区泰山路19号
邮编:241009
电话:0553/5681290、5681185
传真:5658228
网址:www. btl - auto. com
电子信箱:marketing@ btl - auto. com
质量体系:ISO/TS 16949、ISO 9001
产品情况:各种液压前后盘式制动器、后鼓式制动器、综合驻车制动钳、后盘带鼓式制动器等
配套及出口情况:配套客户包括奇瑞汽车、通用汽车、乌克兰汽车集团;出口乌克兰

★芜湖华亨汽车部件有限公司
地址:安徽省芜湖市经济技术开发区
邮编:241009
电话:0553/5846222、5847222
传真:5846522
网址:www. whhuaheng. com
电子信箱:sales@ whhuaheng. com
单位人数:67
质量体系:ISO/TS 16949、ISO 9001
产品情况:轿车、微型车、轻型车真空助力器带主缸总成系列产品,具备年生产30万台套的能力
配套情况:为一汽 - 大众、一汽轿车、奇瑞汽车、一汽集团、南京跃进、南京依维柯、昌河汽车、青岛爱地车辆、上海华普、吉利汽车、安徽华阳、陕西汉江等配套

★顺达(芜湖)汽车饰件有限公司
地址:安徽省芜湖市经济技术开发区银湖北路239号
邮编:241009
电话:0553/5846456、2221806
传真:5846446、2221805
网址:www. shundags. com
电子信箱:shundags@ 163. com
质量体系:ISO/TS 16949、ISO 9001
产品情况:镁合金骨架转向盘和汽车仿桃木饰件,年产转向盘60万只、桃木内饰件8万套
配套情况:为奇瑞汽车等配套

★芜湖三瑞汽车零部件有限公司
地址:安徽省芜湖市经济技术开发区汽经二路兴发工业园
邮编:241009
电话:0553/5848989
传真:5848811
网址:www. wuhusr. com
质量体系:ISO 9000
产品情况:发动机汽缸盖、曲轴、凸轮轴、活塞、活塞销、滤清器、制动泵、离合器、拉杆球头、制动片、高压点火线、刮水器等配件

★沙基诺凌云驱动轴(芜湖)公司
地址:安徽省芜湖市经济技术开发区
邮编:241019
电话:0553/5935801、5935388
传真:5935222
网址:www. delphi. com
质量体系:ISO/TS 16949
产品情况:等速万向节前驱动轴

★芜湖锐可德汽车工业有限公司
地址:安徽省芜湖市机械工业园区
邮编:241100
电话:0553/8767558、8767562
传真:8767567
网址:www. cnopp. com
电子信箱:info@ cnopp. com
单位人数:150
质量体系:ISO/TS 16949、ISO 9001
产品情况:(锐可德牌)
各种汽车减振器
出口情况:出口欧洲、北美洲、亚洲等地区

★芜湖中升汽车转向节制造有限公司
地址:安徽省芜湖县机械工业园区
邮编:241100
电话:0553/8767578、8767579
传真:8767575、8767975
网址:www. chinasteeringknuckle. com
电子信箱:web@ chinasteeringknuckle. com
质量体系:ISO 9000
产品情况:(昶阳牌)
各种汽车转向节
出口情况:出口中南美洲、中东等地区

★芜湖大捷离合器有限公司
地址:安徽省芜湖市机械工业园纬二路
邮编:241100
电话:0553/8767841、8767936
传真:8767692
网址:www. dajieclutch. com
电子信箱:djo@ djclutch. net
质量体系:ISO/TS 16949
产品情况:(大捷牌)
年产离合器压盘90.8万只、离合器从动盘40万只
配套及出口情况:为五菱、长安、江淮等配套;出口东欧、中东、南欧、北美(离合器压盘66万只、离合器从动盘18万只)

★芜湖汉马汽配有限公司
地址:安徽省芜湖县工业园东区西次6号
邮编:241100
电话:0553/8767865
传真:8767765
网址:www. hanma. cc
电子信箱:hmqp666@ 126. com
质量体系:ISO/TS 16949、ISO 9001
产品情况:轮毂及轴承

★东星汽车部件有限公司
地址:安徽省芜湖市机械工业园园区经西路
邮编:241100
电话:0553/8768100
传真:8768190
电子信箱:info@ china - eastar. cn
质量体系:ISO/TS 16949
产品情况:汽车底盘模块总成、汽车发动机悬置、底盘减振件、冲压件等

★芜湖弘祥汽车减振器工业有限公司
地址:安徽省芜湖市芜湖县机械工业园

纬三路
邮编:241100
电话:0553/8768188、8768181
传真:8768188、8767622
网址:www. cn - eps. cn
电子信箱:info@ cn - eps. cn
质量体系:ISO/TS 16949、ISO 9001
产品情况:汽车减振器
出口情况:远销欧洲、中东、南美洲、大洋洲等地区

★芜湖泰吉机械有限公司
地址:安徽省芜湖县机械工业园区
邮编:241100
电话:0553/8768193、8768183
传真:8768173
网址:www. chinatjjx. com
电子信箱:tjjx. 2008@ 163. com
单位人数:200
质量体系:ISO/TS 16949
产品情况:(通达牌)
汽车气压盘式制动器、轮毂、轮毂轴、压力臂、转向节、惯性环、螺栓销套、弹簧片、活塞、制动钳、支撑轴等,年产能力120万辆份

★安徽省鑫达汽车部件有限公司
地址:安徽省芜湖市机械工业园阳光大道1388号
邮编:241100
电话:"0553/8768399、8768387"
传真:8768398
网址:www. chinaxinda. cn
电子信箱:linheping@ vip. 163. com
质量体系:ISO 9001
产品情况:(鑫信牌)
制动片钢背、附件、卡簧、报警器等,生产能力400万片以上

★芜湖禾丰离合器有限公司
地址:安徽省芜湖县机械工业园区
邮编:241100
电话:0553/8768656、8768527
传真:8767706、8768650
网址:www. hefengchina. com
电子信箱:web@ hefengchina. com
质量体系:ISO/TS 16949
产品情况:(GSTPD牌)
汽车离合器从动盘,年产180万套;离合器压盖总成,年产60万套
出口情况:出口欧洲、中东、非洲、东南亚、南美洲、印尼等国家和地区

★芜湖升泰汽车工业有限公司
地址:安徽省芜湖县芜湖机械工业园区工业大道1156号
邮编:241100
电话:0553/8795205
传真:8767833
网址:www. whshengtai. cn
单位人数:80
质量体系:ISO 9001
产品情况:控制臂、拉杆球头、前轮毂、球笼等
出口情况:出口东南亚、欧美等地区

★芜湖依格森汽车部件有限公司
地址:安徽省芜湖市六郎镇工业园依格森路1号
邮编:241111
电话:0553/8524168、8524018
传真:8524158
网址:www. wh - exc. com
电子信箱:sales@ wh - exc. com
法人代表:陶能林
负责人:陶能俊
单位人数:128
质量体系:ISO 9002
产品情况:(EXC牌)
汽车配件、汽车制动泵、离合器泵、卡钳、制动钳、汽车修理包(年产量500万套)等
配套及出口情况:为奇瑞、江淮配套;95%产品出口中东、南美洲、东南亚

★芜湖市鑫安特制泵有限公司
地址:安徽省芜湖市镜湖区荆山工业园东5号
邮编:241122
电话:0553/8213188
传真:2818109、8213198
网址:www. xinante. com
电子信箱:office@ xinante. com
质量体系:ISO 9001
产品情况:(鑫安牌)
各种制动器总泵、分泵,离合器总泵、分泵及其他汽车部件
配套及出口情况:生产跃进系列、金宝系列、江淮系列、北汽系列、东风系列和解放系列等各种汽车液压制动泵、真空增压器、真空助力器、真空桶等;出口东南亚、中东、非洲、南美洲等地区

★宣城市振华汽车零部件厂
地址:安徽省宣城市宣州区杨柳镇华村工业园
邮编:242000
电话:0563/3777066
传真:3030701、3777077
网址:www. xchpa. com
电子信箱:tlxiao - 123@ 163. com
质量体系:ISO 9001
产品情况:(平安牌)
驻车制动器,年产15万台套
配套情况:为一汽集团、东风汽车公司、江淮汽车、合肥安凯、宣城飞彩、山东五征、沈阳天菱等配套

★宁国飞鹰汽车零部件股份有限公司
地址:安徽省宁国市经济技术开发区外环西路128号
邮编:242300
电话:0563/4186000、4186208
传真:4186211、4186248
电子信箱:qw58207798@ 163. com
质量体系:ISO/TS 16949、ISO 9001
产品情况:离合器从动盘总成及盖总成

★马鞍山嘉华汽车零部件有限公司
地址:安徽省马鞍山市经济技术开发区
邮编:243041
电话:0555/2108386
传真:2108537
单位人数:159
质量体系:ISO/TS 16949
产品情况:JAC、NJ储气筒,年产37371只;JAC、NJ液压举升翻转装置,年产9322只

★瑞慈(马鞍山)传动机械有限公司
地址:安徽省马鞍山市经济技术开发区湖西南路159号
邮编:243041
电话:0555/8323651、8323659
传真:8323883、8323653
网址:www. richmc. com
电子信箱:rmc@ richmc. com
质量体系:ISO 9001、ISO 14001
产品情况:汽车传动轴、减速器、联轴器
配套及出口情况:为江淮汽车、奇瑞汽车、安徽星马等配套;出口德国、意大利、美国、中东、东南亚等国家和地区

★铜陵万象汽车零部件有限公司
地址:安徽省铜陵市金桥工业园
邮编:244121
电话:0562/8294436、8291391
传真:8293119
网址:www. tlwanxiang. com
电子信箱:web@ tlwanxiang. com
单位人数:285
质量体系:ISO 9001
产品情况:汽车变速器壳体、上盖、副箱、缸体、飞轮壳、阀体等,年产能力20万件
配套情况:为东风汽车公司、南京汽车集团配套

★黄山奔马集团有限公司
地址:安徽省黄山市徽州区徽州东路168号
邮编:245061
电话:0559/3588077、3379293
传真:3588200、3588900
网址:www. benmagroup. com
单位人数:760
质量体系:ISO 9002
产品情况:汽车离合器总成、从动盘总成、压盖总成、摩托车离合器从动盘、蹄块及配件
配套及出口情况:为多家摩托车离合器生产厂家配套;出口欧洲、美洲、东南亚

★安徽省绩溪县徽洋车桥有限公司
地址:安徽省绩溪县红星工业园区金川路12号
邮编:245300

电话:0563/8153368
传真:8168240
网址:www. huiyangcq. cn. alibaba. com
电子信箱:huiyangcq@ alibaba. com. cn
质量体系:ISO 9000
产品情况:汽车、低速货车、三轮汽车车桥总成
配套情况:低速货车前后桥,供全国各地配套厂家;BJ130 后桥,供三轮汽车厂家

★安徽福斯特汽车部件有限公司
地址:安徽省怀宁县经济开发区工业园
邮编:246000
电话:0556/4648321
传真:4648201
网址:www. faster – wheel. com
电子信箱:fas_whb@ 163. com
质量体系:ISO/TS 16949、ISO 9001
产品情况:汽车铝合金轮毂
出口情况:出口美国、欧洲、日本、韩国等国家和地区

★安徽安簧机械股份有限公司
地址:安徽省安庆市经济技术开发区 3.9km² 工业园
邮编:246005
电话:0556/5305705
传真:5305695
网址:www. aqbh. com
电子信箱:aqbh@ aqbh. com
单位人数:80
质量体系:ISO/TS 16949、ISO 9001
产品情况:(安簧牌、百协牌)
汽车板簧及弹性元件、转向节及发动机活塞等精密锻件、叉车前后桥等
配套情况:为南京依维柯、华晨金杯、长城皮卡、江淮瑞风、郑州日产、东南汽车、勇士军车等轻型车、奇瑞、克莱斯勒 300C 轿车等配套

★安庆市安簧汽车零部件有限公司
地址:安徽省安庆市经济技术开发区 3.9km² 工业园
邮编:246005
电话:0556/5305715、4053908
传真:5305720
网址:www. aqbh. com
电子信箱:xs@ aqbh. com
质量体系:ISO 9001
产品情况:汽车钢板弹簧、弹性元件、汽车精密锻件
配套情况:为南京汽车集团、江淮汽车、安凯、亚星商用车、昌河汽车、华晨金杯、奇瑞汽车、长城汽车等配套

★安徽精科机器有限公司
地址:安徽省潜山县西街路 84 号
邮编:246300
电话:0556/8931538
传真:8931565
网址:www. finetechs. com
电子信箱:finetech@ finetech. com. cn
单位人数:610
质量体系:QS 9000、ISO 9001
产品情况:(精科牌)
汽车转向器总成、转向器管柱总成、转向传动轴总成
配套及出口情况:为江淮汽车、一汽集团、安凯、济南轻骑、北汽福田、江铃汽车等配套;出口美国、比利时、澳大利亚、叙利亚、阿联酋等国家

★安徽岳塑汽车工业有限公司
地址:安徽省岳西县建设东路
邮编:246600
电话:0556/2184588、2171268
传真:2182888
网址:www. ahyxxs. com
电子信箱:web@ ahyxxs. com
单位人数:285
质量体系:ISO/TS 16949、ISO 9001
产品情况:(岳塑牌)
汽车变速操纵杆及座总成、橡胶塑料板簧衬套、稳定杆衬套、减振器衬套、板簧垫片,工程机械用操纵杆、驻车制动以及橡胶塑料配件等
配套情况:为一汽集团、厦门金龙、东风汽车公司、江淮汽车、奇瑞汽车、英田集团等配套

福建省

★福建源兴东碧汽车零件有限公司
地址:福州市闽侯区青口镇投资区
邮编:350119
电话:0591/22768398
传真:22768258
电子信箱:coahrlang@ 126. com
质量体系:ISO 9000、ISO 14001
产品情况:汽车钢、铝圈等
出口情况:出口日本、美国,并销往中国台湾地区

★正道汽车配件(福州)有限公司
地址:福州市闽侯区青口投资区
邮编:350119
电话:0591/22768886
传真:22772337
单位人数:315
质量体系:ISO/TS 16949
产品情况:一汽海马、普力马、福美来稳定杆,年产 18 万只;普力马、福美来球头销,年产 18 万只;连杆总成,年产2.88万只

★福州六和机械有限公司
地址:福州市闽侯区青口镇白水路
邮编:350119
电话:0591/22772231、38205818
传真:22772230
网址:www. flm. com. cn
电子信箱:flm@ liufeng. com. cn
单位人数:210
质量体系:ISO/TS 16949、QS 9000
产品情况:(LIOHO 牌)
汽车前轴总成、制动盘、制动鼓、转向节、轮毂、制动钳、控制臂、联轴器等底盘类配件,发动机排气管、飞轮,空压机壳体等零部件

★福建台亚汽车工业有限公司
地址:福州市闽侯区青口镇投资区
邮编:350119
电话:0591/22778850
传真:22766227
电子信箱:yunbing. lei@ dana. com
单位人数:230
质量体系:ISO/TS 16949、ISO 14001
产品情况:微、轻型汽车后桥总成及齿轮、差速器壳、主减速器壳、轴管等零部件
配套情况:为东南汽车、东风柳汽、华晨金杯汽车等配套

★丰生(福州)制动器有限公司
地址:福州市闽侯区青口镇投资区
邮编:350119
电话:0591/87013868 – 2225
质量体系:ISO/TS 16949
产品情况:汽车制动器及其配件
配套情况:为东南汽车配套

★福州福享汽车工业有限公司
地址:福州市闽侯区青口镇东南汽车城
邮编:350119
电话:0591/87015088
传真:87015002
网址:www. fushiang. com
电子信箱:fsm@ fushiang. com
单位人数:540
质量体系:ISO/TS 16949
产品情况:汽车车架、大梁、横梁、前桥、上下臂悬吊组件、车门等
配套情况:为东南汽车配套

★福建佳通轮胎有限公司
地址:福建省莆田市秀屿区笏石红埔工业区
邮编:351146
电话:0594/5898385
传真:5898688
单位人数:3177
质量体系:ISO/TS 16949
产品情况:汽车轮胎外胎,年产 934. 98 万条

★福建福通金属有限公司
地址:福建省莆田县郊尾镇东路 69 号
邮编:351253
电话:0594/7398518
传真:7381558
网址:www. fjpr. com
电子信箱:fjftgs@ alibaba. com. cn
质量体系:ISO 9000
产品情况:(莆兴牌)
制动蹄块、制动器总成、铝压铸件
出口情况:远销亚洲、中东、非洲、欧洲、美洲等地区

★福建华日汽车配件有限公司
地址:福建省福安市东泰路 50 号
邮编:355000
电话:0593/6583348
传真:6338966
网址:www. fjhuari. com
电子信箱:brake@ fjhuari. com
法人代表:林梅生
负责人:林沧
单位人数:300
质量体系:ISO/TS 16949、ISO 9001
产品情况:(华日牌)
汽车盘式制动片、汽车鼓式制动片、货车制动衬片
出口情况:出口北美洲、南美洲、中东、东南亚、欧洲、澳大利亚等国家和地区

★厦门日上车轮集团有限公司
地址:福建省厦门市集美区杏北路 30 号
邮编:361000
电话:0592/6666888、6666877
传真:6076726
网址:www. rswheels. com
电子信箱:rishang@ vip. 163. com
单位人数:1600
质量体系:ISO/TS 16949
产品情况:载货汽车、客车钢圈,年产能力 400 万套,年产值 15 亿元
出口情况:60% 产品远销欧洲、美洲、东南亚、中东与非洲等地区

★厦门正新海燕轮胎有限公司
地址:福建省厦门市海沧区新阳工业区
邮编:361004
电话:0592/6885333
传真:6537356
网址:www. xcs. com. cn
质量体系:ISO/TS 16949
产品情况:(海燕牌)
全钢、半钢子午线轮胎及其他轮胎

★厦门万迪汽车配件有限公司
地址:福建省厦门市南山路 353 号 502 室
邮编:361006
电话:0592/5745970、5629109
传真:6024109
网址:www. wondee. com
电子信箱:wondee@ wondee. com
质量体系:ISO/TS 16949、ISO 9001
产品情况:(wondee 牌)
汽车板簧、传动轴、转向盘、轮毂、悬架、空气悬架、安全气囊、继动阀等

★协富光洋(厦门)机械工业公司
地址:福建省厦门市海仓区新阳工业区西片 9 号
邮编:361009
电话:0592/6804380、2655881
传真:6804382、2665878
网址:www. jtekt. com. cn
质量体系:ISO/TS 16949
产品情况:齿轮齿条式液压动力转向器、齿轮齿条式机械转向器、电动转向系统、转向管柱等
配套情况:为日本丰田、日产、本田系列、东南汽车等配套

★厦门开发减震器有限公司
地址:福建省厦门市集美北部工业区连胜路 333 号
邮编:361021
电话:0592/6066761
传真:6100235
电子信箱:kaifa@ public. xm. fj. cn
质量体系:ISO/TS 16949、ISO 9001
产品情况:汽车减振器及尾门撑杆

★厦门白马橡塑金属工业有限公司
地址:福建省厦门市集美区董任路 8 号
邮编:361022
电话:0592/6076575
传真:6076576
网址:www. whitehorsevalves. com
电子信箱:xwhrpms@ public. xm. fj. cn
单位人数:700
质量体系:QS 9000
产品情况:(W. H 牌)
各式轮胎内胎配套用气门嘴
出口情况:出口轮胎用气门嘴,年出口量 1 亿支

★厦门正新橡胶工业有限公司
地址:福建省厦门市集美区杏林西滨路 15 号
邮编:361022
电话:0592/6211606
传真:6214649
网址:www. xcs. com. cn
电子信箱:xcsp@ mail. xcs. com. cn
单位人数:4960
质量体系:QS 9000、ISO 9002
产品情况:(正新牌、CST 牌)
汽车内胎、外胎

★捷太格特转向系统(厦门)公司
地址:福建省厦门市海沧区新阳工业区西园路 90 号
邮编:361026
电话:0592/6274715、6530888
传真:6530966
网址:www. jtekt. com. cn
产品情况:各种电动转向系统产品,年产量约 60 万台套

★厦门永裕机械工业有限公司
地址:福建省厦门市同安区同安工业集中区思明园 5 号
邮编:361100
电话:0592/5932999、7239688
传真:5930299、7235188
网址:www. yusin. com
电子信箱:yusin@ yusin. com
质量体系:ISO/TS 16949
产品情况:制动总泵、分泵,离合器总泵、分泵,橡胶制品

★华孚汽车配件有限公司
地址:福建省泉州市洛江区河市镇白洋工业区
邮编:362000
电话:0595/22039555、22039666
传真:22033058
网址:www. huafuartomobile. com
电子信箱:yzhao3@ 126. com
质量体系:ISO 9001
产品情况:(HUAFU 牌)
制动片、制动器、电线束等
出口情况:产品以出口为主

★泉州市精工齿轮有限公司
地址:福建省泉州市机场边滨阳路 96 号
邮编:362000
电话:0595/22368999、22828999
传真:82899888
质量体系:ISO 9001
产品情况:(DALUJINGGONG 牌)
变速器总成及其轴、齿轮等配件,适用于东风、解放等车型

★泉州银泉汽车配件工业有限公司
地址:福建省泉州市城南环路中段 998 号
邮编:362000
电话:0595/22410092、22410095
传真:22450093
网址:www. fjyq. com. cn
电子信箱:fjyqco@ sina. com
质量体系:ISO 9001
产品情况:汽车钢板弹簧、U 形螺栓等,年产能力达 8000t 以上
出口情况:出口东南亚、美国等国家和地区

★泉州恒劲机械有限公司
地址:福建省泉州市树兜工业区奇树路 59 号、61 号
邮编:362000
电话:0595/22411111、22429999
传真:22422999
网址:www. china - hengjing. com
电子信箱:hj@ china - hengjing. com
单位人数:150
质量体系:ISO/TS 16949、ISO 9001
产品情况:(QJC 牌)
汽车、半挂车制动凸轮轴、销轴、凸缘、调整臂、螺母、转向器等
配套情况:为一汽集团、东风汽车公司、江铃汽车、重汽集团、Arvin Meritor、BPW、Knorr - bremse 等各成员厂配套

★泉州市鲤城宝树机械制造有限公司
地址:福建省泉州市金龙街后坑工业区
邮编:362000
电话:0595/22453032
传真:22454042
网址:www. baoshushijia. com
电子信箱:xie@ baoshushijia. com
质量体系:ISO 9001
产品情况:汽车修理包、拉杆接头、传动

轴支架总成
出口情况:远销东南亚等地区

★泉州市国翔机械配件制造有限公司
地址:福建省泉州市江南古店工业区
邮编:362000
电话:0595/22453319、22452091
传真:22452091
网址:www. china - guoxiang. com
电子信箱:gx@ china - guoxiang. com
质量体系:ISO 9001
产品情况:汽车凸缘、球接头总成、拉杆总成等

★泉州江滨汽配有限公司
地址:福建省泉州市鲤城区南环路临江工业区
邮编:362000
电话:0595/22466528、22466527
传真:22486678
网址:www. qzjb. cn
电子信箱:qzjb@ qzjb. cn
质量体系:ISO 9000
产品情况:悬架臂、摆臂、保险杠、制动器总成、离合器总成、稳定座总成等

★泉州金冠球轴承制造有限公司
地址:福建省泉州市江南高新技术园区华锦路8号
邮编:362000
电话:0595/22473688
传真:22472688
网址:www. jinguanqiu. com
电子信箱:jgq@ jinguanqiu. com
质量体系:ISO 9001
产品情况:(金冠球牌、奇强牌)
转向节、转向节主销修理包等

★泉州鲤城福辉汽车配件有限公司
地址:福建省泉州市鲤城江南高新园区福辉大厦
邮编:362000
电话:0595/22478130、22467716
传真:22467557
网址:www. qzfuhui. com
电子信箱:fh@ qzfuhui. com
质量体系:ISO 9001、ISO 14001
产品情况:制动凸轮轴、车轮螺栓总成、蹄销、滚轮、滚轮轴、螺母、十字轴、凸缘、吊环等
配套情况:为一汽集团、东风汽车公司、厦门金龙、苏州金龙等配套

★泉州市明达机械配件有限公司
地址:福建省泉州市延陵工业区明达工业楼A座
邮编:362000
电话:0595/22483385
传真:22469919
网址:www. mdqz. com
电子信箱:mingda@ pub2. qz. fj. cn
单位人数:250
质量体系:ISO 9001
产品情况:(明达牌)
重型车轮胎螺栓、螺母、主销等
配套情况:为湖北车桥、三环车桥、中信车桥、北汽福田等配套

★泉州市鑫利达机械制造有限公司
地址:福建省南安市滨江工业区
邮编:362000
电话:0595/22600666、28837666
传真:22600666 - 838
网址:www. qzxld. com
电子信箱:csqc518@ 163. com
质量体系:ISO 9001
产品情况:(XILID牌)
汽车转向节系列产品
出口情况:出口东南亚、欧美等地区

★泉州华创机械有限公司
地址:福建省南安市霞美镇山美工业区
邮编:362000
电话:0595/26551115、26551116
传真:26551112
网址:www. qzhc. net
质量体系:ISO 9001、ISO 14001
产品情况:万向节十字轴、差速器十字轴

★泉州市辉冠机械配件有限公司
地址:福建省泉州市鲤城区江南高新园区华星路
邮编:362000
电话:0595/28034588
传真:28034688
网址:www. abl99. com
质量体系:ISO 9000
产品情况:(奇马王牌、奥比力牌)
轮毂螺栓、转向节主销修理包、传动轴中间支架总成、拉杆接头总成等

★泉州市德诚齿轮工贸有限公司
地址:福建省泉州市江南高新园区七号路
邮编:362000
电话:0595/28051666、22421666
传真:28050555
网址:www. de - cheng. com
电子信箱:lnfo@ qzdecheng. com
质量体系:ISO 9001
产品情况:北京方奔驰、铁马、奥威等重型汽车差速器齿轮及总成,底盘件

★福建省泉州市万泰汽配公司
地址:福建省泉州市晋江罗裳开发区
邮编:362000
电话:0595/88185751、88185849
传真:88175751
网址:www. wtauto. com
质量体系:ISO 9001
产品情况:推力杆、半挂车制动蹄、变速器螺母、传动轴凸缘、调整轴螺母、横拉杆接头、扭力杆、胶套、扭力杆修理包等
出口情况:出口欧洲、美洲等地区

★泉州市瑞升机械工贸有限公司
地址:福建省泉州市新门外高山工业区
邮编:362005
电话:0595/22338387、22484531
传真:22487381
网址:www. qzlsgm. com
电子信箱:whr@ qzlsgm. com
质量体系:ISO 9001
产品情况:(雷升牌)
转向节、吊环等

★福建泉州立明汽车配件有限公司
地址:福建省泉州市新门外高山工业区同中巷28栋
邮编:362005
电话:0595/22486056
传真:22486056
电子信箱:xumingcong@ qzleisheng. com
质量体系:ISO 9001
产品情况:(立明牌)
传动轴总成、传动轴吊胶、空调轮、转向节主销修理包等

★福建泉州汉德汽车配件有限公司
地址:福建省泉州市福厦公路洛阳白沙路口
邮编:362100
电话:0595/87481098
传真:87482098
电子信箱:hap@ winmail. cn
单位人数:200
质量体系:ISO 9001
产品情况:汽车轮胎螺栓、转向球接头、悬臂、十字轴,摩托车起动轴、变速轴等

★泉州凤顺汽车零部件有限公司
地址:福建省晋江市内坑工业区
邮编:362200
电话:0595/68585555、85680023
传真:68588555、85658823
电子信箱:fensun@ fensun. cc
质量体系:ISO/TS 16949
产品情况:(培力(PL)牌、力顿(LIDUN)牌、索力(SUOLI)牌)
多种车型的半轴、U形螺栓、扭力胶芯、轮胎螺栓、钢板销等
出口情况:远销东南亚、中东等地区

★晋江宏辉汽车配件制造有限公司
地址:福建省晋江市罗山镇罗裳开发区
邮编:362200
电话:0595/82100888、82100999
传真:82100777
网址:www. fjhonhui. com
电子信箱:info@ fjhhqp. com
质量体系:ISO 9001
产品情况:(象标牌、新象标牌)
万向节十字轴总成、差速器十字轴等
配套及出口情况:为部分汽车企业配套;出口欧洲、美洲

★晋江市新南方汽车零部件有限公司
地址:福建省晋江市类坑市政府工业区

邮编:362200
电话:0595/85151971
传真:85656971
网址:www.85151971.cn
质量体系:ISO 9001
产品情况:(南峰牌)
转向节主销、角齿凸缘、二轴凸缘等

★五星大拇指汽配有限公司
地址:福建省晋江市双沟工业区
邮编:362200
电话:0595/85562519
传真:85612619
网址:www.wxdmz.com
电子信箱:wxdmz@gmail.com
质量体系:ISO 9001
产品情况:汽车高强度轮胎螺栓、钢板U形螺栓、扭力胶芯、万向节十字轴、横拉杆接头总成、转向节主销、钢板销、各类修理包、高强度标准螺栓及各种汽车底盘零部件

★晋江西园全顺汽车配件制造公司
地址:福建省晋江市赖厝工业东区181号
邮编:362200
电话:0595/85608007
传真:85685278
网址:www.ysqp.com
电子信箱:web@ysqp.com
质量体系:ISO 9001
产品情况:转向节主销修理包、转向节主销、钢板销、螺栓螺母、同步器、半轴齿轮、凸缘、转向节垂臂、万向十字轴、球头销、横直拉杆、制动气室等

★晋江市青阳东安微型汽车配件厂
地址:福建省晋江市洪山综合区文化路180号
邮编:362200
电话:0595/85621317、85621223
传真:85689316
网址:www.donganqp.com
电子信箱:sales@donganqp.com
法人代表:林清江
单位人数:78
质量体系:ISO 9000
产品情况:微型汽车直拉杆总成、横拉杆接头总成、前悬架臂总成

★晋江市青阳明扬汽配制造有限公司
地址:福建省晋江市青阳普照工业区
邮编:362200
电话:0595/85621971、85691971
传真:85626978
网址:www.fjmingyang.com.cn
电子信箱:fjmingyang@126.com
质量体系:ISO 9001
产品情况:(明扬牌、拳头王牌、澳梦牌)
轮胎螺栓、转向节主销、横直拉杆、拉杆球头、万向节十字轴、同步器、角齿凸缘、齿轮等

配套及出口情况:为一汽集团等国内众多厂家配套;出口欧洲、中东、东南亚

★晋江市明辉汽车配件制造有限公司
地址:福建省晋江市五里科技工业园区
邮编:362200
电话:0595/85625579
传真:85629679
质量体系:ISO 9001
产品情况:(明丰牌)
轮胎螺栓、转向节主销修理包、横拉杆及接头总成、转向节主销、前钢板销、传动轴支架总成、万向节十字轴等

★晋江友诚齿轮箱制造有限公司
地址:福建省晋江市西园赖厝东区196号
邮编:362200
电话:0595/85634666、85656188
传真:85634688
网址:www.you-cheng.com
单位人数:56
质量体系:ISO 9001
产品情况:(富跃牌、连牌)
各类汽车、工程机械差速十字轴,各种凸缘部件及高强度后轮螺栓等
配套及出口情况:为国内几大车桥改装厂配套;出口菲律宾

★福建省晋江市梅岭新华汽车配件厂
地址:福建省晋江市西滨农场
邮编:362200
电话:0595/85651446
传真:85680768
网址:www.xinghuaqipei.com
电子信箱:jmqp@jmqp.com
质量体系:ISO 9001
产品情况:(双发牌、双双发牌、双田牌)
转向节主销、转向节主销修理包、钢板销、轴
配套情况:为北汽福田、江淮汽车等配套

★晋江市通兴汽车部件制造有限公司
地址:福建省晋江市西园街道王厝工业区15号
邮编:362200
电话:0595/85655688、85655788
传真:85681984
网址:www.txqp.cn
电子信箱:85655688.qz.cn@163.com
质量体系:ISO 9001
产品情况:(通兴牌、通鑫牌、恒泰牌)
轮胎螺栓、汽车紧固件、汽车底盘等系统零部件
配套情况:为一汽集团轻型车厂配套

★泉州万潮汽配有限公司
地址:福建省晋江市西园街道砌田开发区
邮编:362200
电话:0595/85661552、85852088
传真:85661890
网址:www.qzwcqp.com
电子信箱:qzwcqp@qzwcqp.com

质量体系:ISO 9001
产品情况:(万潮牌)
NJ130变速器、副变速器总成、后驱动等
配套情况:为多家汽车制造厂、车桥厂配套

★晋江市华茂汽车配件有限公司
地址:福建省晋江市梅岭工业园区华星工业大厦
邮编:362200
电话:0595/85669691
传真:85667489
网址:www.huamaocn.net
电子信箱:huaxing-group@hotmail.com
单位人数:200
质量体系:ISO/TS 16949、ISO 9001
产品情况:动力转向器及转向系统、液压转向机
配套及出口情况:为多家汽车主机厂配套;出口俄罗斯、美国、欧洲、土耳其、东南亚等国家和地区

★福建晋江厦森汽配有限公司
地址:福建省晋江市莲屿公安局对面
邮编:362200
电话:0595/85681438、85621438
传真:85622438
网址:www.85622438.cn
电子信箱:xiasen@85622438.cn
单位人数:200
质量体系:ISO 9001
产品情况:(厦森牌)
汽车驱动桥壳总成、汽车备胎架总成、换挡及传动轴总成
出口情况:远销南美洲、东南亚

★晋江市征途汽车部件制造有限公司
地址:福建省晋江市西园街道赖厝高新科技工业区
邮编:362200
电话:0595/85683631、85658555
传真:85696282
网址:www.zhengtu.com
电子信箱:zhengtu@pub2.qz.fj.cn
单位人数:80
质量体系:ISO 9001
产品情况:(顺途牌、科农牌、索密克牌)
悬架臂体总成、悬架球头、转向拉杆球头、转向节主销修理包、控制臂体、十字轴等底盘配件
配套情况:为北汽福田配套

★晋江市青阳跃新机械配件有限公司
地址:福建省晋江市机场小区普照崎林27号
邮编:362200
电话:0595/85684775
传真:85692775
网址:www.yxqp.com.cn
电子信箱:yuexinqipei@163.com

质量体系:ISO 9001
产品情况:(紫晖牌、辉鸿牌斯太尔91系列、红岩及半挂车系列各种调整臂、推力杆总成、制动蹄总成、转向球头总成等

★晋江市万宏汽车部件有限公司
地址:福建省晋江市内坑镇上方村工业区
邮编:362200
电话:0595/85685739、85685739
传真:85651739
产品情况:扭力胶芯、调整臂

★晋江市闽升汽车配件有限公司
地址:福建省晋江市西园赖厝工业区
邮编:362200
电话:0595/85695087、85675087
传真:85673087
电子信箱:fjmsqp@163.com
质量体系:ISO 9000
产品情况:(闽升牌、材泉牌)
中重型汽车中心螺栓、传动轴螺栓、后半轴螺栓、驻车制动鼓螺栓、钢板销、弓板U形螺栓等系列汽车底盘件
出口情况:出口东南亚

★晋江市恒驰汽车配件有限公司
地址:福建省泉州市清濛高科技开发区潘湖东环南区5号
邮编:362200
电话:0595/85985470
传真:85989508
网址:www.zwqy.com.cn
电子信箱:zhongwang@zwqy.com.cn
质量体系:ISO 9001
产品情况:(中旺牌、DQT牌、恒驰牌)
悬架上、下球头、横拉内、外球头、前桥、稳定杆、元宝梁、摆臂、平行杆、稳定杆座、车箱扣、传动轴支架、侧拉杆、助力器张紧轮总成、离合器拨叉、加速踏板、车箱链条等
出口情况:产品批量出口

★雄泰汽车配件制造有限公司
地址:福建省晋江市潘湖东环南区78号
邮编:362200
电话:0595/85985579
传真:85984402
质量体系:ISO 9001
产品情况:(雄狮牌)
汽车球头总成、拉杆总成、悬架总成等零部件、机械配件、减振系列等

★晋江市中亚汽车配件有限公司
地址:福建省晋江市池店潘湖东环路107号
邮编:362200
电话:0595/85986778
传真:85991778
网址:www.easthuge.com
电子信箱:zhongya@easthuge.com
质量体系:ISO 9001
产品情况:(东宏牌)
悬架臂、机架、内外拉杆上下球头、横拉杆球头总成等汽车底盘冲压件、焊接件
出口情况:出口欧洲、东南亚等地区

★福建省晋江市鸿星汽配有限公司
地址:福建省晋江市罗山街道办许坑东区58号
邮编:362200
电话:0595/88182752、82899777
传真:88195752
网址:www.fjhongxing.com
电子信箱:hongxing@fjhongxing.com
质量体系:ISO 9001
产品情况:(鸿星牌)
各种车型差速器角齿凸缘、传动轴凸缘、变速器二轴凸缘、前后制动凸轮轴、转向节垂臂、驻车制动器总成、钢板支架、前后吊耳、钢板衬套等
配套及出口情况:为多家车桥厂、变速器生产厂家配套;出口东南亚地区

★建新橡胶(福建)有限公司
地址:福建省晋江市灵源街道办事处小浯塘工业区
邮编:362200
电话:0595/88183185
传真:88198185
网址:www.ysxj.com
电子信箱:ys@ysxj.com
质量体系:ISO 9001
产品情况:(建新牌)
汽车丁基胶内胎和天然胶内胎、摩托车、电动车、自行车内胎;低温预硫化胎面胶、中垫胶,低温预硫化内胎、垫带等
出口情况:出口欧洲、美洲、东南亚等地区

★福建省晋江市益祥汽车配件制造厂
地址:福建省晋江市新塘街道沙塘工业区
邮编:362200
电话:0595/88191363、88192362
传真:88191363
网址:www.qzyixiang.com
电子信箱:root@qzyixiang.com
产品情况:(YT牌)
汽车及半挂车销轴、连杆销、制动滚轮销、轴头螺母、拉力杆总成
配套及出口情况:为多家汽车制造厂配套;远销东南亚地区

★晋江市华龙机械配件有限公司
地址:福建省晋江市陈埭镇坊脚滨阳路23号
邮编:362211
电话:0595/85184866、82977888
传真:85182829
网址:www.jjhl.net
电子信箱:jjhl@jjhl.net
质量体系:ISO 9001
产品情况:(金鼎牌)
主、副变速器及驻车制动鼓总成(中、边挂),前、后驱动分动器,传动轴头、凸缘等
出口情况:出口东南亚

★晋江市中亚南汽车配件有限公司
地址:福建省泉州市池店潘湖工业区东环南路87号
邮编:362212
电话:0595/85984763、85980047
传真:85980047
电子信箱:jiannan@suomide.com
质量体系:ISO 9001
产品情况:各类球头、转向拉杆悬架臂总成、底盘配件、各类配件螺栓等
出口情况:出口欧洲、中东、南非等国家和地区

★晋江市超宇汽配制造有限公司
地址:福建省晋江市潘湖东环路南区113号
邮编:362212
电话:0595/85989672、22925111
传真:85985202
网址:www.cyqpzz.com
电子信箱:hyf@cyqpzz.com
质量体系:ISO 9001
产品情况:(超宇牌、耐弛牌、柯桥牌、虹雁牌)
各种微型车、皮卡车、轿车、轻载货汽车悬架臂、转向球头、横直拉杆及其他零部件
出口情况:出口东南亚市场

★恒发(晋江)汽车零部件有限公司
地址:福建省晋江市罗山杏田工业区18号
邮编:362216
电话:0595/88125118、88125008
传真:88125228
网址:www.heng-fa.net
电子信箱:fugfis08@163.com
质量体系:ISO/TS 16949、QS 9000
产品情况:汽车变速操纵机构,吊环销总成,离合、制动踏板机构等
配套情况:为沈阳金杯、吉利汽车、长安铃木、哈轻、芜湖扬子等配套

★晋江市罗山上郭汽车配件厂
地址:福建省晋江市罗山镇上郭塘边工业区
邮编:362216
电话:0595/88126849
传真:88181849
质量体系:ISO 9001
产品情况:(恒顺牌、上顺牌、王中王牌)
汽车差速器、同步器等

★晋江市沙透机械配件有限公司
地址:福建省晋江市新塘办事处沙透南一工业区95号
邮编:362216
电话:0595/88188927、88182722
传真:88199890
电子信箱:shatou@cnshatou.com
单位人数:150

质量体系:ISO 9001
产品情况:(沙顺牌、权力牌、金甲王牌)
各种型号球头、球头销、球头修理包、横(直)拉杆总成、变速机构总成
配套及出口情况:为湖北襄樊车桥厂、湖南车桥厂等配套;远销东南亚地区

★晋江市安海蓬浦钢圈有限公司
地址:福建省晋江市安海镇浦边工业园
邮编:362261
电话:0595/85700200
传真:85727139
网址:www.ppgq.com
电子信箱:pengpu@pengpu.net
质量体系:ISO 9001
产品情况:汽车钢圈,重、中、轻型汽车车轮等
出口情况:出口东南亚、中东等地区

★晋江科华汽车配件有限公司
地址:福建省晋江市安海坝头工业区
邮编:362261
电话:0595/85792713
传真:85763713
网址:www.fjkh.cn
电子信箱:fjkh@fjkh.cn
质量体系:ISO 9001
产品情况:副变速器、取力器等
配套情况:为主机厂配套

★晋江市泉盛汽车零部件有限公司
地址:福建省晋江市五里工业园区
邮编:362263
电话:0595/85738588、85738599
传真:85734777
网址:www.qsqp.com
电子信箱:qzqsqp@163.com
质量体系:ISO 9001、ISO 14001
产品情况:(泉盛牌)
各种螺钉、螺栓、传动轴、横拉杆接头总成等

★福建晋江市泉工万向制造有限公司
地址:福建省晋江市陈埭涵口工业区
邮编:362268
电话:0595/85179688、85179788
传真:85179699
电子信箱:cnqgwx@tom.com
单位人数:500
质量体系:ISO 9001
产品情况:(QUANGONG牌)
万向节总成、差速器十字轴主销、钢板销等汽车配件

★晋江市立新汽车配件有限公司
地址:福建省晋江市东石镇塔头孙工业路47号
邮编:362271
电话:0595/85507858、85585552
传真:85507859、85520966
网址:www.fjlxqp.com
质量体系:ISO 9001
产品情况:(励鑫(LIXIN)牌、闵锻(MINDUAN)牌)
汽车转向拉杆球头总成、底盘锻压件、五金锻压件

★晋江连盛液压机械有限公司
地址:福建省晋江市东石镇肖下安东区19号
邮编:362271
电话:0595/85585006、85580238
传真:85581303
网址:www.sjliansheng.com
电子信箱:liansheng@sjliansheng.com
单位人数:500
质量体系:ISO/TS 16949、ISO 9001
产品情况:(连盛牌)
齿轮油泵、汽车转向泵、液压马达、液压油缸、液压阀等;变速器及齿轮零部件;转向驱动桥等
配套及出口情况:为一汽集团、北汽福田、重汽集团等配套;远销东南亚、中东、非洲、欧洲等地区

★晋江科纳精锻有限公司
地址:福建省晋江市东石镇平坑工业区西区70号
邮编:362271
电话:0595/85586650
传真:85581358
网址:www.china-kena.com
电子信箱:kena@china-kena.com
单位人数:120
产品情况:(科纳牌)
汽车齿轮、凸缘、半轴齿轮、行星齿轮、同步器
配套情况:为龙工集团、江铃汽车等配套

★福建晋江市正先万向制造有限公司
地址:福建省晋江市东石洪塘工业园区
邮编:362271
电话:0595/85587885、85523885
传真:85520885
网址:www.zheng-xian.com
电子信箱:zx@zheng-xian.com
质量体系:ISO 9001、ISO 14001
产品情况:(万钻牌、正先牌)
差速器十字轴、万向节、轮胎螺栓、半轴齿轮、扭力胶芯、转向节主销及其修理包

★福建明佳机械科技股份有限公司
地址:福建省泉州市新门外四黄工业区
邮编:362302
电话:0595/86769999、86750803
传真:86758877
网址:www.cnacr.com
电子信箱:acr@cnacr.com
单位人数:300
质量体系:QS 9000、ISO 9001
产品情况:(ACR牌)
各类汽车橡胶减振器、橡胶衬套、聚氨酯弹性体
配套及出口情况:为东风汽车公司、春兰汽车厂、重庆铁马汽车厂、山西汽车厂、新疆汽车厂等配套;出口东南亚、美国、加拿大、欧洲等国家和地区

★泉州长通汽车配件有限公司
地址:福建省泉州市清濛经济开发区迎宾大道
邮编:362332
电话:0595/85930213
传真:85923213
网址:www.qzctqp.com
质量体系:ISO 9001
产品情况:轮胎螺栓、半轴螺栓、中心螺栓、中吊总成、转向节主销修理包、横直拉杆接头及总成、各种底盘紧固件

★福建省石狮市同兴齿轮有限公司
地址:福建省石狮市九龙山工业区
邮编:362700
电话:0595/88681081、88653081
传真:88651081
网址:www.tongxingcl.com
电子信箱:tongxing@tongxingcl.com
质量体系:ISO 9001
产品情况:(同兴牌)
各种车型同步器总成、差速器半轴齿轮、行星齿轮及十字轴等
配套及出口情况:为一汽集团、东风汽车公司配套;出口东南亚、中东、俄罗斯、欧洲、美洲等国家和地区

★福建省万众汽车配件有限公司
地址:福建省石狮市曾坑新兴五路35号
邮编:362700
电话:0595/88708151
传真:88708252
网址:www.wzap.net.cn
电子信箱:WZAP168@WZAP.net.cn
质量体系:ISO/TS 16949
产品情况:(万众牌)
汽车离合器总成
配套及出口情况:为多个主机厂配套;远销东南亚和中东等地区

★石狮万众离合器有限公司
地址:福建省石狮市外北环路港塘村段鹏龙工业大厦
邮编:362700
电话:0595/88950588、88950788
传真:83081268
网址:www.wzlhq.com
电子信箱:2008wzlhq@163.com
质量体系:ISO 9001
产品情况:(万众牌、福胜牌)
离合器从动盘及压盘总成
配套及出口情况:为陕汽集团、厦门金龙等配套;出口东南亚、中东等地区

★福建洪流汽车悬架有限公司
地址:福建省漳州市郭坑下洋开发区
邮编:363006
电话:0596/2186968

传真:2187802
网址:www. hongliu - spring. com
电子信箱:info@ hongliu - spring. com
质量体系:ISO 9001
产品情况:各种汽车钢板弹簧

★ 正兴车轮集团有限公司

地址:福建省漳州市北环城路1608号
邮编:363000
电话:0596/2601107
传真:2601013
网址:www. zenixauto. com
电子信箱:rf. nian@ zenixauto. com
法人代表(负责人):赖建辉
单位人数:3300
质量体系:ISO/TS 16949
产品情况:(正兴牌)
型钢车轮、15° DC 碗型无内胎车轮、工程车车轮等3大系列产品
配套及出口情况:为印度塔塔、日野、普利司通、邓普禄、大宇、中国重汽、重庆红岩、北奔重卡、郑州宇通、金龙客车、江淮、一汽客车、福田汽车等配套;出口日本、韩国、印度、美国及东南亚、欧洲、非洲、中美洲等30多个国家和地区
☞ 详细情况请参阅彩色宣传版面

★福建利龙汽配锻造有限公司
地址:福建省漳州市南靖县丰田镇凤安村
邮编:363612
电话:0596/7672108
传真:7672107
网址:www. cnlinan. com. cn
电子信箱:fjlilongforging@ 163. com
单位人数:260
质量体系:ISO/TS 16949、ISO 9001
产品情况:拉杆球头、悬架球头、正/副邦呔、控制臂、中心拉杆、转向轴、连杆、轮毂、下联板、推力杆、转向臂等

★漳州恒忆锻造工业有限公司
地址:福建省漳州市长泰县兴泰工业园区
邮编:363900
电话:0596/8317139
传真:8318456
网址:www. hengyiduanzao. com
电子信箱:red_hot@ tom. com
单位人数:80
质量体系:ISO/TS 16949、ISO 9001
产品情况:汽车底盘件、拉杆球头、悬架球头、转向球头、中心拉杆、正副帮汰、转向轴、连杆轮毂,机车下联板、摇臂、起动杆、叉齿轴等,年产量4000t

★旭丰汽车配件有限公司
地址:福建省漳州市长泰县兴泰工业园区
邮编:363900
电话:0596/8317328
传真:8317329
质量体系:ISO/TS 16949
产品情况:各种车型底盘零部件、转向盘杆

★漳州常山品兴汽配有限公司
地址:福建省漳州市常山华侨农场工业区7号
邮编:363900
电话:0596/8629189、8629833
传真:8627481
网址:www. pinsin. net
电子信箱:sales@ pinsin. net
质量体系:ISO/TS 16949、ISO 9001
产品情况:(品兴牌)
汽车用制动总泵、分泵,离合器总泵、分泵等

★龙岩市万腾车桥制造有限公司
地址:福建省龙岩市新罗区龙州工业园
邮编:364000
电话:0597/2267999、2268999
传真:2267888
网址:www. fjwtcq. net
电子信箱:wtcq1098@ 163. com
质量体系:ISO/TS 16949、ISO 9001
产品情况:(万腾牌)
汽车、农用车、工程机械前后驱动桥,前转向驱动桥总成
配套情况:可为全国各地汽车厂、改装厂、客车厂、农用车厂及工程机械厂供货

★福建省龙岩市中林工业有限公司
地址:福建省龙岩市新罗区工业西路68号
邮编:364000
电话:0597/2268688、2295777
传真:2268686、2268695
网址:www. ly - zhonglin. com
电子信箱:zm2717@ 163. com
单位人数:166
质量体系:ISO 9001
产品情况:(中林牌)
汽车钢板弹簧
配套情况:为主机厂配套

★福建畅丰车桥制造有限公司
地址:福建省龙岩市经济技术开发区
邮编:364000
电话:0597/2566766
传真:2991907
网址:www. fjchangfeng. com
电子信箱:maquanwen@ 126. com
单位人数:2200
质量体系:ISO/TS 16949
产品情况:(畅丰牌)
重型货车车桥及底盘零部件
配套及出口情况:为一汽集团、东风汽车公司、安徽华菱汽车、北汽福田、厦门金旅、陕汽集团宝鸡华山工程车辆、厦工机械、东风;出口东南亚、非洲、欧美

★中恒通(福建)机械制造有限公司
地址:福建省龙岩市东肖经济技术开发区
邮编:364000
电话:0597/3228199、2799168
传真:2799268
网址:www. zhonghengtong. com
电子信箱:zhtjx@ zhtjx. com. cn
质量体系:ISO/TS 16949
产品情况:(中恒通牌)
车桥总成及零部件、制动鼓
配套情况:供给沃尔沃、奔驰等国外知名汽车企业

★福建伍旗机械有限公司
地址:福建省龙岩市新罗区东宝路419号
邮编:364000
电话:0597/5319235、5319231
传真:2333838
网址:www. wqjx. com
电子信箱:wqjx@ wqjx. com
质量体系:ISO 9001、ISO 14001
产品情况:(伍旗牌)
各类载货汽车、装载机后桥壳、变速器壳体等铸钢、铸铁件
配套情况:为厦门集团、龙工集团、东风汽车公司等配套

★福建龙岩成龙机械有限公司
地址:福建省龙岩市永定莲花工业园区
邮编:364101
电话:0597/5639588
传真:5639588
网址:www. fjcljx. com
电子信箱:cljx@ fjcljx. com
质量体系:ISO 9001
产品情况:(金成龙牌)
平衡悬架,年产3万台
配套情况:为多家知名汽车制造厂指定配套装车

★福建省三环汽车配件制造有限公司
地址:福建省上杭县南岗工业开发区
邮编:364200
电话:0597/3842742
传真:3991053
电子信箱:fsapf@ tom. com
质量体系:ISO 9000
产品情况:制动总泵、分泵总成,离合器操纵总泵、分泵等

江西省

★江西八达汽车弹簧有限公司
地址:南昌市青山湖区罗家镇霸桥
邮编:330012
电话:0791/88369618
传真:88367645
质量体系:ISO 9001
产品情况:汽车板簧

★江西徐力汽车板簧有限公司
地址:南昌市青山湖区罗家镇前湖
邮编:330012
电话:0791/88370191
传真:88373765
网址:www. xlqcbh. com

电子信箱:jiangxixuli@ 163. com
单位人数:200
质量体系:ISO 9002
产品情况:各类板簧,年产能力达 2.5 万 t

★格特拉克(江西)传动系统公司
地址:南昌市经济技术开发区白水湖工业园区梅林大道 169 号
邮编:330013
电话:0791/88555000
传真:88555100
网址:www. getrag. com. cn
电子信箱:getrag@ getrag. com. cn
单位人数:5000
质量体系:ISO/TS 16949、ISO 14001
产品情况:机械式手自一体变速器、乘用车变速器、商用车变速器及齿轮等变速器配件
配套情况:客户有美国福特、美国通用、江铃股份、华晨汽车、海马汽车、奇瑞汽车、东风汽车、东南汽车、郑州日产等

★格特拉克(江西)传动系统南昌厂
地址:南昌市经济技术开发区梅林大街 169 号
邮编:330013
电话:0791/88538866 - 8009
传真:88538866 - 8009
网址:www. china - gearbox. com
电子信箱:getrag@ getrag. com. cn
质量体系:ISO/TS 16949、ISO 14001
产品情况:汽车变速器、工程机械变速器总成及配件
配套及出口情况:客户有美国福特、美国通用、江铃汽车、华晨汽车、一汽海马、奇瑞汽车、东风汽车公司、东南汽车、郑州日产等;出口美国

★南昌齿轮有限责任公司
地址:南昌市经济技术开发区蛟桥
邮编:330044
电话:0791/83876888、83877923
传真:83876899、83876686
网址:www. ncgear. com. cn
电子信箱:office@ ncgear. com. cn
单位人数:1347
质量体系:ISO/TS 16949、ISO 14001
产品情况:(金刚石牌、南齿牌)
　　汽车变速器、齿轮及锻件
配套及出口情况:为江铃汽车、南京汽车集团、长城汽车、河北中兴、洛阳一拖等配套;远销亚洲、欧洲、美洲

★江西王力汽车板簧有限公司
地址:南昌市高新区紫阳大道创新三路
邮编:330096
电话:0791/88122899
传真:88122799
质量体系:ISO/TS 16949
产品情况:各类汽车板簧
出口情况:出口欧洲、美洲

★江西方大长力汽车零部件有限公司
地址:南昌市高新开发区艾溪湖一路长力工业园
邮编:330096
电话:0791/88386634
传真:88396634
网址:www. changli - steels. com
电子信箱:zhiplee@ 163. com
单位人数:700
质量体系:ISO/TS 16949、ISO 9002
产品情况:(长力牌)
　　汽车钢板弹簧、稳定杆、扭杆
配套及出口情况:钢板弹簧总成为江铃、郑州日产、海马、上汽、东南汽车、长城汽车、河北中兴、北汽福田、柳州五菱、上汽通用五菱、昌河、江淮、奇瑞、郑州宇通、中集集团、中联重科、杭州行地等配套;稳定杆为东南汽车、众泰、海马、华泰、奇瑞、长安、东风柳汽、江铃配套;扭杆为江铃、北汽福田、东风裕隆、长城汽车配套;板簧产品主要销往中国香港、澳门、台湾,并出口北美洲、英国、德国、波兰、东南亚、中东、非洲、南美洲等国家和地区

★江西远成汽车板簧有限公司
地址:江西省新建县长堎工业区(二区)物华东路东侧
邮编:330100
电话:0791/83671066、83671266
传真:83671166
网址:www. yuanchen - jx. com
电子信箱:dnvypmypm198379@ yahoo. com. cn
质量体系:ISO/TS 16949、ISO 9001
产品情况:(昌力牌)
　　汽车钢板弹簧
出口情况:出口欧洲、美洲、东南亚、中东地区

★江西汽车钢板弹簧有限公司
地址:江西省高安市高安大道 20 号
邮编:330800
电话:0795/5289200
传真:5289768、5289195
网址:jiangxibanhuang. qianyan. biz
电子信箱:jiangxibanhuang@ sina. com
单位人数:5786
产品情况:汽车钢板弹簧

★江西赣铃齿轮有限责任公司
地址:江西省吉安市新干县城南工业园区
邮编:331300
电话:0796/2681259、2621259
传真:2682856
网址:www. gc - gears. com
电子信箱:jiangxiganling@ 163. com
单位人数:100
质量体系:ISO 9001
产品情况:(赣齿牌)
　　各种汽车变速器总成,包括五十铃系列、江铃凯运、江铃宝典两驱系列、东风小霸王 520T23/520T24 系列、北汽福田 526T3A、526T3E、521T3G 系列、江淮 5T88、5T97、5T30、6T46 等系列、庆铃天皇 100P 系列变速器总成

★江西新裕隆汽车零部件有限公司
地址:江西省都昌县新妙湖大道 36 号
邮编:332600
电话:0792/5230668
传真:5230709、5236988
网址:www. yulongnew. com
电子信箱:ylk@ yulongnew. com
单位人数:200
质量体系:ISO/TS 16949
产品情况:(YLK 牌)
　　汽车轴承、轮毂单元等,年产能力 120 万套
出口情况:远销东南亚、欧洲、美洲等国家和地区

★江西万向昌河汽车底盘系统公司
地址:江西省景德镇市高新技术开发区
邮编:333039
电话:0798/8466181
传真:8441888
网址:www. wanxiang. com. cn
质量体系:ISO/TS 16949
产品情况:减振器、转向节、制动器、轮毂单元、轮毂轴承等汽车前悬架系统、制动系统、传动系统产品
配套情况:为昌河汽车配套

★江西省超华转向器有限公司
地址:江西省余江县工业园区五湖经济开发区
邮编:335211
电话:0701/5322555
传真:5323866
网址:www. jxchaohua. com
电子信箱:master@ jxchaohua. com
质量体系:ISO/TS 16949、ISO 9001
产品情况:各种汽车转向器总成
配套及出口情况:适用车型有夏利、奥拓、昌河北斗星、桑塔纳、富康、松花江、五菱、长安之星、斯柯达、捷达、拉达、金杯、中意、民意、百利、羚羊、五菱之光、标致、雷诺、依维柯等;出口意大利、捷克、波兰、瑞典、俄罗斯、印度等国家

★江西天岳汽车电器有限公司
地址:江西省宜春市经济技术开发区
邮编:336000
电话:0795/2197239
传真:2197210
网址:www. tian - yue. com
电子信箱:zjty@ vip. 163. com
单位人数:228
质量体系:ISO/TS 16949
产品情况:(天岳牌)
　　汽车转向管柱总成、转向伸缩轴总成

★江西弘悦汽车减振器有限公司
地址:江西省宜春市环城南路工业园南区

邮编:336000
电话:0795/3246666、3247888
传真:3241899
网址:www. jxhongyue. com
电子信箱:jxhongyue@ 163. com
质量体系:QS 9000、ISO 9002
产品情况:(HOYES 牌)
各类汽车减振器
配套情况:为国内各大汽车厂商配套

★江西省安源万向实业有限公司
地址:江西省萍乡市朝阳中路 99 号
邮编:337000
电话:0799/6337570
传真:6325388
网址:www. jx – xzy. com
电子信箱:xzy@ jx – xzy. com
质量体系:ISO 9001
产品情况:(XZY 牌)
汽车万向节、连杆、齿轮轴等锻造件
配套情况:为一汽集团、东风汽车公司、北汽福田、江淮汽车、青特集团、北奔重汽等配套

★新余市华理机械铸造有限公司
地址:江西省新余市高新开发区新城大道南端
邮编:338004
电话:0790/6454968
传真:6454968
网址:www. machiney – casting. com
电子信箱:xinyuhualijz@ 163. com
质量体系:ISO 9001
产品情况:汽车离合器压盘、压盖铸件

★格特拉克(江西)传动系统赣州工厂
地址:江西省赣州市经济技术开发区迎宾大道 38 号
邮编:341000
电话:0797/8069000
传真:8166288
网址:www. getrag. com. cn
电子信箱:ganzhou@ getrag. com. cn
单位人数:1400
质量体系:ISO/TS 16949、ISO 14001
产品情况:汽车变速器、工程机械变速器总成及配件
配套及出口情况:为美国福特、美国通用、江铃汽车、华晨汽车、一汽海马、奇瑞汽车、东风汽车公司、东南汽车、郑州日产等配套;出口美国

★赣州五环机器有限责任公司
地址:江西省赣州市经济技术开发区金坪工业大道 3 号
邮编:341009
电话:0797/8371690、8371693
传真:8371678
网址:www. gzwh – machine. com
电子信箱:webmaster@ gzwh – machine. com
质量体系:QS 9000、ISO 9001
产品情况:叉车变速器总成、高尔夫电动车减速桥、小型挖掘机行走减速箱、叉车前桥和汽车变速器连接凸缘、取力器等
配套及出口情况:为合力叉车、杭州叉车、斗山工程机械、玉柴机器、北京现代、杭州友高、中国一拖、格特拉克(江西)传动系统、江铃 VM 发动机等配套;部分产品通过主机厂家出口欧洲、美洲

★格特拉克(江西)传动系统有限公司于都工厂
地址:江西省于都县工业园区
邮编:342300
电话:0797/6329568
传真:6329696
网址:www. getrag. com. cn
电子信箱:yudu@ getrag. com. cn
单位人数:760
质量体系:ISO/TS 16949、ISO 14001
产品情况:汽车及摩托车齿轮
配套情况:客户有华晨汽车、长安汽车、广汽长丰、昌河铃木、奇瑞汽车、中华汽车、哈尔滨东安、东风汽车、福特、福田汽车、吉利汽车、长城汽车、海马汽车、江淮汽车、江铃控股、江铃汽车、宝腾汽车、双环汽车、东南汽车、郑州日产、中兴汽车等

★国兴集团兴国齿轮箱拨叉有限公司
地址:江西省兴国县红门工业园 C 区
邮编:342400
电话:0797/5342616、5342619
传真:5342619、5313215
网址:www. jxxgbc. com
电子信箱:guoxingbc@ jx163. com
单位人数:310
质量体系:ISO/TS 16949、QS 9000
产品情况:(国兴牌、贡江牌)
年产精密铸件 1000t、各类拨叉成品 300 万件、拨叉轴 200 万件以、拨叉轴组件 100 万套
出口情况:出口印度、意大利、东南亚、非洲等国家和地区

★江西吉安环中汽车零部件有限公司
地址:江西省吉安市吉州区工业园
邮编:343000
电话:0796/8251615
传真:8251635
网址:www. jahuanzhong. com
单位人数:380
质量体系:ISO/TS 16949、ISO 9001
产品情况:(中字牌)
各种型号载货汽车半轴套管、钢圈、轮辐等
配套情况:为东风汽车公司、河南安阳配件总厂、林洲汽车零部件、湖北车桥厂等配套

★江西江铃底盘股份有限公司
地址:江西省抚州市金根大道 168 号
邮编:344000
电话:0794/8623192
传真:8222182
网址:WWW. JLCHASSIS. COM
电子信箱:qslf9@ 163. com
单位人数:1200
质量体系:ISO/TS 16949
产品情况:5.0 ~ 7.0T 各类轻型客货汽车及工程车驱动桥及各类汽车半轴
配套情况:主要为江铃汽车、北汽福田、郑州日产、东风汽车、一汽红塔、广汽日野、厦门金龙等企业配套

★黎川县日峰汽车配件制造有限公司
地址:江西省黎川县城郊余庆亭 88 号
邮编:344600
电话:0794/7465888
传真:7465888
单位人数:40
产品情况:各种轻型货车及中型客车驻车制动器

山东省

★济南新中安重汽零部件有限公司
地址:济南市天桥区 218 号
邮编:250001
电话:0531/68827808
传真:68826088
网址:www. xinzhongan. net
电子信箱:xinzhongan@ 126. com
质量体系:ISO/TS 16949、ISO 9001
产品情况:(新中安牌)
差速器总成、凸缘、齿轮、十字轴、齿圈、半轴管、轮边壳体、中后桥中段/后段等
配套情况:为各军工企业专业配套

★济南汇九齿轮有限公司
地址:济南市平阴县孝直镇
邮编:250001
电话:0531/87719999、87866666
传真:87716742
网址:www. huijiu. net
电子信箱:huijiu@ huijiu. net
质量体系:ISO/TS 16949
产品情况:齿轮

★济南液压泵有限责任公司
地址:济南市中区文庄路 22 号
邮编:250022
电话:0531/87169808、87169807
传真:87169701
网址:www. jnyyb. cn
电子信箱:xiaoshouzx@ jnyyb. cn
质量体系:ISO 9001
产品情况:(泉城牌)
液压齿轮油泵及齿轮电动机,年产能力 10 万台
配套情况:为柳工集团、福建龙岩工程机械、常林股份、山东临沂工程机械、徐州装载机、成都工程机械、山东工程机

械等 18 家主机厂配套

★济南市槐荫区重型汽车配件厂
地址:济南市槐荫区段北办事处孔村 34 号
邮编:250022
电话:0531/87983134、89078881
传真:87582256
质量体系:ISO 9001
产品情况:斯太尔、豪沃、斯太尔王等转向轴衬套、波纹管、防尘套、翻转胶套等

★济南三联五菱汽车配件有限公司
地址:济南市张庄路 258 号东 1 – 5 号
邮编:250023
电话:0531/83166599、85965050
传真:83166599
电子信箱:sdslwl588@126.com
质量体系:ISO 9001
产品情况:汽车减振器
配套情况:为上汽通用五菱、东风柳汽、北汽福田等配套

★济南闽兴重汽配件有限公司
地址:济南市无影山北路北首 2 号重汽配件城 C2 排 1 ~ 4 号
邮编:250031
电话:0531/81266399
传真:81266599
质量体系:ISO 9001
产品情况:重型汽车变速器、底盘总成及零部件

★济南跃驰汽车桥箱制造有限公司
地址:山东省章丘市宁家埠镇政府驻地西首路南
邮编:250031
电话:0531/83436016、83436018
传真:83436017
网址:www.ycqiaoxiang.com
电子信箱:yc_ssb@163.com
单位人数:200
质量体系:ISO 9001
产品情况:(跃驰牌)
车桥总成、桥壳、主减速器壳、差速器壳、轮边减速器等
配套情况:为中国重汽集团配套

★山东太阳车轮有限公司
地址:济南市天桥区鲁亚工业园 2 区 2 号
邮编:250031
电话:0531/85766188、81263666
传真:85709898、85814002
单位人数:200
质量体系:ISO/TS 16949、ISO 9001
产品情况:汽车钢圈

★济南信海工贸有限责任公司
地址:济南市天桥区无影山中路 147 号
邮编:250031
电话:0531/85961245
传真:85961244、85977197
网址:www.jinanxinhai.com
电子信箱:jnxhgm@sina.com.cn
单位人数:80
产品情况:元宝梁、推力杆总成等重型汽车配件
配套情况:为重汽集团配套

★济南天联车架制造有限公司
地址:济南市天桥工业开发区
邮编:250032
电话:0531/85708060、85761048
传真:85761936
网址:www.tianlianqipei.com
电子信箱:tlcar@163.com
质量体系:ISO 9000
产品情况:斯太尔、飞龙、黄河、川汽、陕汽等系列各种车型的车架总成及斯太尔系列的各种驾驶室总成等

★山东修健重卡车桥制造有限公司
地址:济南市天桥区天桥工业园南翔路 11 – 9 号
邮编:250032
电话:0531/85763581、85767287
传真:85767287
网址:www.jnxjjx.com
电子信箱:069616@163.com
单位人数:300
质量体系:ISO/TS 16949、ISO 9001
产品情况:驱动桥桥壳、差速器壳、主减速器壳、轮边减速器、中后桥过桥箱等 STR 重型汽车底盘件,年产值 1.2 亿元
配套情况:为重汽集团、安凯车桥、华凌重卡等配套

★济南龙翔铸造机械有限公司
地址:济南市天桥开发区
邮编:250032
电话:0531/85768108、85710619
传真:85768108、85710619
质量体系:ISO 9001
产品情况:(龙翔牌)
行星轮垫片、半轴齿轮垫、调整垫片、隔圈、压板、端盖顶销、差速器锁销、隔套、后轮毂、后主减速器总成等

★济南市天桥重型汽车配件厂
地址:济南市无影山北路 2 号重汽配件城 A12 – 13 排西首
邮编:250032
电话:0531/85958350、85739366
传真:85814002
网址:www.tqzxqp.com
单位人数:180
质量体系:ISO/TS 16949、ISO 9001
产品情况:(天桥牌)
重型汽车用钢圈、主从动锥齿轮、差速器壳等,汽车钢圈年产能力 50 万套

★济南鑫瑞熙汽车配件有限公司
地址:济南市无影山北路重汽配件城 A – 1
邮编:250101
电话:0531/85719678、85762926
传真:85719678
质量体系:ISO 9000
产品情况:斯太尔(王)、豪沃、飞龙、陕汽、川汽的各种车架总成 200 余种,年产能力 2000 台
配套情况:为重汽集团配套

★山东威明汽车产品有限公司
地址:济南市高新技术产业开发区天辰大街
邮编:250101
电话:0531/88875806
传真:88875875
电子信箱:xin.xu@wabco – auto.com
单位人数:210
质量体系:ISO/TS 16949、QS 9000
产品情况:空气压缩机、空气干燥器、四回路保护阀、空气处理单元、制动阀、继动阀、自动感载阀、挂车控制阀、离合器总泵、离合器助力缸、制动气室、制动器、防抱死制动系统、空气悬架、电子控制制动系统等

★济南塞夫·爱科车桥有限公司
地址:济南市历下区贤文南路 9 号
邮编:250101
电话:0531/88876384
传真:88871978
网址:www.saf – alko.com
电子信箱:saf@saf – alko.com
单位人数:3800
质量体系:ISO 9001
产品情况:(SAF 牌)
重型半挂车车桥,小型挂车底盘
出口情况:出口澳大利亚、韩国、马来西亚、德国等国家

★济南沃德机械制造有限公司
地址:济南市历城区王舍人庄 415 号
邮编:250101
电话:0531/88982214
传真:88821804
网址:www.jnword.com
电子信箱:cheshenchang@yahoo.com.cn
单位人数:500
质量体系:ISO/TS 16949
产品情况:斯太尔、豪沃重型货重汽车底盘零部件及驾驶室附件,豪沃 70 型、50 型矿车驾驶室等

★山东采埃孚商用车转向机公司
地址:济南市历城区遥墙镇临港开发区机场路 4647 号
邮编:250107
电话:0531/81628888
传真:81628999
单位人数:130
产品情况:商用车的电动液压循环球转向机及相关产品和零部件

★中国重汽集团济南桥箱有限公司
地址:济南市高新区孙村镇西顿邱
邮编:250117
电话:0531/85587369

传真:85588046、85588047
网址:www. cnhtcaxle. com
单位人数:2397
质量体系:ISO/TS 16949、ISO 9000
产品情况:(CNHTC 牌)
中重型货车、大中型客车车桥、离合器总成及铸钢桥壳,曲轴、连杆等锻件

★济南威成汽车零部件有限公司
地址:山东省章丘市明水镇经济开发区赭山工业园内
邮编:250200
电话:0531/58902601、58902608
传真:58902600
网址:www. jnweili. cn
电子信箱:cuidianb@ 163. com
单位人数:100
质量体系:ISO/TS 16949、ISO 9001
产品情况:ABS 齿圈、ABS 传感器及气制动阀类产品

★山东明水汽车配件厂
地址:济南市章丘市明水经济开发区世纪大道 2712 号
邮编:250200
电话:0531/83250554、83250520
传真:83214912
网址:www. mqp. com. cn
单位人数:1000
质量体系:ISO/TS 16949
产品情况:(明水牌)
空气干燥器、空气处理单元、卸荷阀、油水组合阀等气制动元件,空气加力泵等液压制动元件,离合踏板操纵总成,ABS 系统、电子空气悬架系统、气压信号灯开关等汽车电子系统,间隙自动调整臂等制动系统零部件
配套及出口情况:为重汽集团、一汽集团、陕汽集团、北奔重汽、北汽福田、安凯客车、宇通客车等国内 80 多家主机厂配套;出口欧洲、北美洲等地区

◉ 济南中森机械制造有限公司

地址:山东省章丘赭山工业园
邮编:250200
电话:0531/83270388
传真:83270319
网址:www. znsn. cn.
电子信箱:zs@ znsn. cn
法人代表:崔健
单位人数:150
质量体系:ISO/TS 16949
产品情况:(中森)
主要产品为汽车半轴套管、平衡轴壳、铸造横梁、电子式燃油传感器及变速箱主轴、输入轴等轴类产品近 50 个品种
配套情况:为中国重汽、陕西重汽、重庆红岩、潍柴动力、东风汽车等重型汽车主机及部件生产企业配套

★章丘市林海汽车配件厂
地址:济南市章丘市明水赭山工业园
邮编:250200
电话:0531/83273688、83635073
传真:83210977
网址:www. linhaizq. com
电子信箱:linhai@ linhaizq. com
质量体系:ISO 9001
产品情况:半轴、输出轴、输入轴、空心轴、气泵轴、凸轮等
配套情况:为斯太尔、红岩配套

★山东济南腾岳机械有限公司
地址:山东省章丘市相公庄镇寨子村工业园
邮编:250200
电话:0531/83836337
传真:83836337
质量体系:ISO/TS 16949、ISO 9001
产品情况:(腾岳牌)
汽车差速器壳等
出口情况:远销东南亚等地区

★重汽集团济南商用车公司车轮厂
地址:济南市章丘市圣井镇重汽工业区
邮编:250220
电话:0531/85584328
传真:85584326
质量体系:ISO/TS 16949
产品情况:车轮

★重汽集团济南商用车有限公司
地址:济南市章丘市圣井潘王路西
邮编:250220
电话:0531/85589611、85589600
传真:85589866
质量体系:ISO/TS 16949
产品情况:重型汽车传动轴、车轮等底盘零件,发动机零部件,座椅,橡胶密封件,各类铸铁、铸钢、精密铸造件
配套情况:为重汽集团、陕汽集团、重庆重汽配套

★济南第二汽车配件有限公司
地址:济南市长青区平安北路
邮编:250306
电话:0531/87412088、87402116
传真:87412322
网址:www. jneq. com
电子信箱:cw@ jneq. com
单位人数:480
质量体系:ISO/TS 16949、ISO 9001
产品情况:(平安牌)
斯太尔制动蹄铁总成、轮毂、制动鼓、轮边减速器总成、差速器壳、转向拉杆、左右支架等
配套情况:为重汽集团、青岛青特集团、一汽山东汽车改装厂、广西方盛车桥厂、陕汽汉德车桥、安徽安凯、北汽福田、曙光车桥等 10 多家企业配套

★鲁银集团禹城粉末冶金制品公司
地址:山东省禹城市高新区鲁银工业园
邮编:251200
电话:0534/2128089
传真:2128096
质量体系:ISO/TS 16949
产品情况:汽车同步器齿毂,年产 100 万套;铁基粉末冶金件,年产 3000t

◉ 山东光岳转向节总厂

地址:山东省聊城市光岳路 1 号
邮编:252000
电话:0635/8527665、8529039
传真:8528698
网址:www. guangyue. sd. cn
电子信箱:one@ guangyue. sd. cn
法人代表:朱贵堂
单位人数:800
质量体系:ISO/TS 16949
产品情况:(聊生牌)
主导产品汽车转向节品种达 100 余种,涵盖国内重、中、轻、微、客、轿、农用等系列车型
配套情况:为一汽集团、东风汽车公司、南京汽车集团、江淮汽车、北奔重汽、青岛海通车桥、重汽集团、北汽福田、时风集团等配套

◉ 山东光岳集团

地址:山东省聊城市光岳路 1 号
邮编:252000
电话:0635/8528684、8528646
传真:8528698
网址:www. guangyue. com
法人代表:朱贵堂
单位人数:800
质量体系:ISO/TS 16949
产品情况:(聊生牌)
以汽车转向节生产为主导产业,辐射汽车、农用车前后桥、冲压件、铸造件、橡胶轮胎、传送带等相关产品
配套情况:为一汽汽车集团、东风汽车公司、跃进汽车集团、丹东曙光汽车集团、安徽江淮汽车公司、北方奔驰有限公司、重汽集团、北汽福田有限公司、时风集团等全国各大汽车制造厂配套

★聊城市东海铸锻有限公司
地址:山东省聊城市经济技术开发区贺海工业园
邮编:252000
电话:0635/8885023、8886345
传真:8885327
网址:www. lcdhzd. com
电子信箱:donghaizhuduan@ 163. com
单位人数:1200
质量体系:ISO/TS 16949、ISO 9001
产品情况:汽车底盘、发动机、工程机械、农业机械部件等,包括变速器及其壳体、飞轮壳、主减速器壳、过桥箱、支架等
配套情况:与中国重汽、陕汽、川汽、一

汽、天津约翰迪尔等建立了稳固的协作关系

★山东聊城义林专用设备制造厂
地址:山东省聊城市东昌府区郑家工业园
邮编:252035
电话:0635/8631888
传真:8630886
网址:www.lcyilin.cn
电子信箱:lcyilin@126.com
质量体系:ISO 9001
产品情况:汽车离合器分离轴承、张紧轮轴承、轮毂轴承、其他轴承、冲压件等

★茌平信发铝制品有限公司
地址:山东省茌平县热电工业园西园区
邮编:252100
电话:0635/2981197、2981189
传真:2981161
网址:www.xinfawheels.com
电子信箱:info@xinfawheels.com
质量体系:ISO/TS 16949
产品情况:铝轮毂
出口情况:远销欧美、日本、中东、澳大利亚、东南亚、俄罗斯等30多个国家和地区

★山东金正大机械制造有限公司
地址:山东省临沂市工业大道69号临沂汽摩配城B区388号
邮编:252600
电话:0539/2800726
传真:2800726
网址:www.lyjzd.com
电子信箱:jzqpsh888@163.com
质量体系:ISO/TS 16949、QS 9000
产品情况:(JZD牌)
变速器及其壳体、齿轮、轴等变速器配件

★临清迅力液压机械有限公司
地址:山东省临清市大众路更道街7号
邮编:252600
电话:0635/2972160、2972886
传真:2340179
网址:www.sdxunli.com
电子信箱:xlyy@sdxunli.com
质量体系:ISO 9001
产品情况:(迅力牌)
液压油缸、泵、阀等液压元件
配套情况:为自卸车辆、工程机械等生产厂家配套

★山东祥泰液压机械有限公司
地址:山东省临清市松林工业园166号
邮编:252652
电话:0635/2618222
传真:2618822
网址:www.xtya.com.cn
电子信箱:xiangtaiyeya@163.com
质量体系:ISO 9001
产品情况:(祥泰牌)
高中压齿轮泵

★德州智钢机械厂
地址:山东省德州市天衢西路西首运河工业园
邮编:253000
电话:0534/2463866、2460619
传真:2460111
网址:www.sdzhigang.com
电子信箱:dzzgjx@163.com
单位人数:200
质量体系:ISO/TS 16949
产品情况:车桥、制动鼓、轮边减速壳等,年产能力1.2万t
配套情况:为重汽斯太尔配套

★德州齿轮有限公司
地址:山东省德州市大学西路1956号
邮编:253018
电话:0534/2312666、2312610
传真:2329388
网址:www.dzcl.com
电子信箱:dzcl@sohu.com
单位人数:709
质量体系:ISO/TS 16949、ISO 9001
产品情况:具有年产各种圆柱齿轮260万只,各类汽车变速器、取力器等齿轮传动箱3万台的能力
配套情况:为一汽集团、重汽集团、徐工集团、临工集团、五征集团、新大洲本田等配套

★山东德方液压机械股份有限公司
地址:山东省德州市迎宾路99号
邮编:253025
电话:0534/2323036、2318207
传真:2342631
网址:www.dzfxjc.cn
电子信箱:dzfxj@163.com
单位人数:750
质量体系:ISO 9001
产品情况:转向垂臂、转向助力缸、转向减振器、汽车驾驶室液压翻转机构、液压基础件、中重型自卸汽车全套液压件等汽车底盘零部件
配套及出口情况:为重汽、陕汽、一汽集团、东风汽车公司、北汽福田、北奔重汽、厦门金龙、丹东黄海等多家公司配套;出口德国、土耳其、苏丹等国家

★山东省宁津县五金标准件有限公司
地址:山东省宁津县大柳镇工业区南首
邮编:253416
电话:0534/5866989、5867777
传真:5864477
电子信箱:yidingding@yeah.net
质量体系:ISO 9000
产品情况:(吉照牌)
液压锁总成、上下水管、横梁总成等
出口情况:出口日本、美国

★山东淄博汇丰汽车配件有限公司
地址:山东省淄博市开发区铭波路38号
邮编:255000
电话:0533/3580674
传真:3580674
电子信箱:wyi_huifeng@yahoo.com.cn
质量体系:ISO 9001
产品情况:汽车、农用车液压制动泵、离合泵,年产100万只

★淄博嘉禾机械有限公司
地址:山东省淄博市高新技术产业开发区外商工业园嘉禾路1号
邮编:255000
电话:0533/6216899、6216666
传真:6216668
网址:www.gh-autoparts.com
电子信箱:ghsales@163169.net
质量体系:ISO 9000
产品情况:(晨曦牌)
制动盘、制动鼓、制动片、制动蹄、消声器、制动泵、离合器
配套及出口情况:产品适用于各种轿车、货车、轻型车的OES线配套和维修服务;90%的产品出口美国、加拿大、欧洲、中东等国家和地区

★山东汽车弹簧厂
地址:山东省淄博市张店区人民东路19号
邮编:255030
电话:0533/2601600、2601622
传真:2601607、2601623
网址:www.sdspring.com
单位人数:750
质量体系:ISO/TS 16949、VDA 6.1
产品情况:(山川牌)
年产钢板弹簧5万t、轿车悬架弹簧200万件、发动机气门弹簧5000万件、稳定杆80万条
配套情况:为重汽集团、北汽福田、陕汽集团、江淮汽车、四川一汽丰田、一汽集团、东风汽车公司、奇瑞汽车、长安汽车、哈飞汽车等配套

★山东诺华东方汽车配件公司
地址:山东省淄博市张店经济开发区(中埠镇)松花江路一号
邮编:255080
电话:0533/3083666-8008/8019
传真:3082756
网址:regalfriction.en.alibaba.com
电子信箱:shandong@regalfriction.com
单位人数:70
质量体系:ISO/TS 16949
产品情况:制动蹄、制动片、鼓式制动器总成、摩擦材料及各种冲压件等
出口情况:远销北美洲、南美洲、欧洲、亚洲等地区

★淄博一伟汽车配件有限公司
地址:山东省淄博市淄川区西河镇东岭
邮编:255161
电话:0533/5518206、5519986
传真:6229898

网址:www. sdyiwei. com
电子信箱:sdzbyw@ 126. com
单位人数:100
质量体系:ISO 9001
产品情况:(亿伟牌)
气制动元件、变速操纵杆、散热器出水弯管等
配套情况:为重汽集团、北奔重汽、一汽解放青岛汽车、青岛中汽特种汽车、中集集团、山东东岳专用车等配套

★山东博山国家板簧厂
地址:山东省淄博市博山区大海眼
邮编:255200
电话:0533/4680486、4680116
传真:4683169
网址:www. gjbh. com
电子信箱:bhc@ gjbh. com
质量体系:ISO 9001
产品情况:(国弹牌、飞龙牌)
重型汽车板簧,农用车钢板弹簧,变截面客车板簧三大系列产品
出口情况:出口东南亚

★山东博山长征汽车板簧制造公司
地址:山东省淄博市博山区北外环路万山工业园
邮编:255200
电话:0533/4683658
传真:4683867
网址:www. zbchangzheng. com
电子信箱:changzhengbh@ 163. com
质量体系:ISO 9001
产品情况:(奎山牌)
汽车板簧
出口情况:出口中欧、中东、东南亚

★淄博博山华晟弹簧制造有限公司
地址:山东省淄博市博山白塔邮电局东首
邮编:255200
电话:0533/4685595、4684598
传真:4685595
网址:www. hsth. china315. com
电子信箱:hsth@ china315. com
单位人数:80
产品情况:钢板弹簧
配套情况:主要销往全国各地大中型汽车配套厂家

★山东宝隆汽车部件有限公司
地址:山东省淄博市山区石炭坞红旗坡
邮编:255201
电话:0533/4510487、4508788
传真:4516260
网址:www. sd - baolong. com
电子信箱:baolong5177@ sina. com
质量体系:ISO 9001
产品情况:制动鼓、轮毂、挂车车轴、车轿及其零部件等

★淄博贝尼托金属制品有限公司
地址:山东省淄博市博山区博沂路1号
邮编:255201
电话:0533/4518609
传真:4515789
电子信箱:hongyan - ly@ 163. com
单位人数:50
质量体系:ISO/TS 16949、QS 9000
产品情况:板簧

★山东机器(集团)有限公司
地址:山东省淄博市博山区石炭坞
邮编:255201
电话:0533/4520732、4520705
传真:4508802
网址:www. sdjq. com. cn
电子信箱:office@ sdjq. com. cn
单位人数:2930
质量体系:ISO/TS 16949、ISO 9001
产品情况:各型号焊接方轴管、整体挂车车轴等

★淄博市博山三星汽车板簧厂
地址:山东省淄博市博山区白塔镇小店村
邮编:255202
电话:0533/4680427
传真:4680427
网址:www. zbsxbh. com
电子信箱:sdzbdnc@ sina. com. cn
质量体系:ISO 9001
产品情况:重型车板簧

★淄博市金龙弹簧制造有限公司
地址:山东省淄博市博山区北外环中段白塔镇政府东50米路北
邮编:255202
电话:0533/4681029
传真:4680225
电子信箱:qcpj@ sina. com
单位人数:160
质量体系:ISO 9001
产品情况:(金龙牌)
各种汽车钢板弹簧
配套情况:为北汽福田诸城汽车厂、山东华宇、重汽商用车、江苏科驰配套

★山东博山跃进汽车板簧厂
地址:山东省淄博市博山区白塔工业园
邮编:255202
电话:0533/4681322
传真:4681518
网址:www. banhuang. cn
电子信箱:banhuang@ banhuang. cn
质量体系:ISO 9001
产品情况:重型车钢板弹簧,年产能力6000t

★淄博春秋汽车弹簧有限公司
地址:山东省淄博市博山区白塔工业园
邮编:255202
电话:0533/4681758
网址:www. zbchunqiu. cn
单位人数:76
质量体系:ISO 9001
产品情况:汽车板簧、半挂车板簧、少片变截面板簧、空气悬架导向臂等
配套及出口情况:客户有济南重汽、中集集团、北汽集团;出口印度、阿联酋、乌克兰等国家

★淄博亚辰汽车板簧有限公司
地址:山东省淄博市博山区颜北路549号
邮编:255202
电话:0533/4681909、4681648
传真:4680061
网址:www. cnbaita. cn
电子信箱:thc@ cnbaita. cn
单位人数:368
质量体系:ISO 9001
产品情况:(白塔牌)
汽车弹簧
配套及出口情况:为省内外30多家主机厂配套;随30多家主机厂出口

★山东博山颜龙汽车板簧厂
地址:山东省淄博市博山区白塔工业园
邮编:255202
电话:0533/4682000
传真:4684396
电子信箱:yanlongbh@ 163. com
质量体系:ISO 9001
产品情况:重型汽车板簧、农用车板簧、拖拉机板簧等

★淄博鲁升汽车板簧厂
地址:山东省淄博市博山区白塔镇白石路
邮编:255202
电话:0533/4683866
传真:4685866
网址:www. qichebanhuang. com
单位人数:200
质量体系:ISO 9001
产品情况:(博塔牌)
各种重型汽车板簧、客车板簧等
出口情况:出口东南亚、亚洲部分地区

★淄博博山恒升达板簧有限公司
地址:山东省淄博市博山区白塔工业园
邮编:255202
电话:0533/4685637
传真:4682077
质量体系:ISO 9001
产品情况:汽车板簧

★淄博博山国家汽车配件厂
地址:山东省淄博市博山区大海眼东路
邮编:255202
电话:0533/4689000
传真:4689111
网址:www. gjqipei. com
电子信箱:banhuang@ gjqipei. com
单位人数:106
质量体系:ISO 9001
产品情况:(神鸽牌)
各种汽车板簧
配套及出口情况:为重汽集团、山东巨力、石家庄天同、石家庄双环、营口挂车、保定大迪、中客、新凯、天马等配套;出口越南、澳大利亚等国家

★淄博鲁桥板簧有限公司
地址：山东省淄博市博山区白塔镇小店村
邮编：255202
电话：0533/4689577
传真：4692698
质量体系：ISO 9001
产品情况：（鲁桥牌）
　　汽车板簧，年产 1.5 万 t

★淄博海涛汽车配件有限公司
地址：山东省淄博市博山区石马工业园
邮编：255208
电话：0533/4568204
质量体系：ISO 9001
产品情况：加重型平衡悬架及底盘系列球墨铸铁件

★山东博岳变速箱有限公司
地址：山东省淄博市博山区岳庄镇
邮编：255211
电话：0533/4518603
传真：4518603
质量体系：ISO 9001
产品情况：变速器系列、半轴壳、轴承盖、油封座等

★山东汽车齿轮总厂锻造二分厂
地址：山东省淄博市博山区崮山镇东首
邮编：255216
电话：0533/4821402、4820072
传真：4821401
电子信箱：dzefc@ sina. com
单位人数：560
质量体系：ISO 9001
产品情况：汽车后桥螺旋齿轮坯和齿轮，内燃机曲轴、连杆，铸钢齿轮、桥壳坯等锻造件

★淄博市周村钢圈厂
地址：山东省淄博市周村区东门路 1529 号
邮编：255300
电话：0533/6181470、6156676
传真：6187259
网址：www. diamondswheel. com
电子信箱：gangquan@ diamondswheel. com
单位人数：100
质量体系：ISO 9002
产品情况：（金钢石牌）
　　载货汽车及农用车钢圈
出口情况：出口东南亚

★淄博博泰机械制造有限公司
地址：山东省淄博市周村区北郊镇大姜
邮编：255314
电话：0533/6506199、6500612
传真：6500083
网址：www. btjx. com
电子信箱：botai@ vip. 163. com
质量体系：ISO 9002
产品情况：汽车制动盘等
出口情况：远销美国、日本、英国、加拿大等国家

★淄博格尔齿轮有限公司
地址：山东省淄博市桓台县果里镇和济路西首
邮编：256410
电话：0533/8404016
传真：8404015
网址：www. zbgeer. com
电子信箱：zbgr8404016@ 163. com
法人代表：王力军
负责人：黄良骥
单位人数：1200
质量体系：ISO/TS 16949
产品情况：（JD 牌）
　　圆柱齿轮，产量 410 万件；螺旋锥齿轮，产量 35 万套
配套及出口情况：圆柱齿轮主要用户为潍柴、锡柴、中国重汽、卡特·山工、沃尔沃·临工等；螺旋锥齿轮主要用户为龙工、徐州美驰车桥、曙光集团、江淮汽车集团；出口螺旋锥齿轮 3 万套

★山东汽车齿轮总厂
地址:山东省淄博市桓台县付山路西首
邮编:256400
电话:0533/8404000、8404011
传真:8404040
网址:www.sdgear.com
电子信箱:sdcl@sdgear.cn
单位人数:800
质量体系:ISO 9001
产品情况:汽车后桥螺旋锥齿轮、变速器,斯太尔等系列柴油发动机齿轮
配套情况:为一汽集团、重汽集团、北汽等配套

★山东淄博鸿润汽车配件有限公司
地址:山东省淄博市恒台县周家经济开发区
邮编:256411
电话:0533/8483676
传真:8482646
网址:www.honrun.com
电子信箱:gaozihui@yahoo.cn
单位人数:168
质量体系:ISO 9001
产品情况:年产汽车半轴套管(轴头)50万件、铸钢件1500t、各类特殊铸件600t
配套及出口情况:为汽车车桥厂配套;远销美国、德国、日本、意大利、澳大利亚、加拿大

★山东东营正宇车轮有限公司
地址:山东省东营市广饶西水工业园
邮编:257330
电话:0546/6497111、6497166
传真:6506855、6497368
网址:www.zhengyuwheel.com
电子信箱:zhengyu@zhengyuwheel.com
质量体系:ISO/TS 16949、ISO 9001
产品情况:载货汽车型钢轮辋,轻型载货汽车系列、50 DC、150 DC以及工程机械类车轮
配套及出口情况:为部分主机企业配套;出口非洲、东南亚、中东、南美洲等国家和地区

★山东金山汽配有限公司
地址:山东省东营市大王经济开发区
邮编:257335
电话:0546/6875599、6875899
传真:6895102
网址:www.jinshangroup.cn
电子信箱:shandong@jinshangroup.cn
质量体系:ISO/TS 16949、ISO 9001
产品情况:汽车制动盘、制动鼓、制动片、制动器总成、工程轮胎、车桥等

★东营万迪诺制动系统有限公司
地址:山东省东营市大王经济开发区
邮编:257335
电话:0546/6879788、6883198
传真:6878486
网址:www.winset.com.cn
单位人数:400
质量体系:ISO/TS 16949
产品情况:(万迪诺牌)
制动盘、制动鼓
出口情况:出口中东、欧洲、拉丁美洲

★山东金宇轮胎有限公司
地址:山东省东营市广饶县大王镇青垦路260号
邮编:257335
电话:0546/6881015、6858833
传真:6882376、6878135
网址:www.jinyutyres.com
电子信箱:jinyu@jinyutyres.com
单位人数:1200
质量体系:ISO/TS 16949
产品情况:(金宇牌、金路牌)
农用车、载货汽车轮胎
配套及出口情况:为一汽集团等配套;出口几十个国家和地区

★信义集团
地址:山东省东营市广饶县大王镇常春路6号
邮编:257335
电话:0546/6882930
传真:6881189
网址:www.xinyis.com
电子信箱:xinyi6881189@126.com
质量体系:ISO/TS 16949、VDA 6.1
产品情况:(信义牌)
制动片、制动器总成
配套及出口情况:为重汽集团、上海大众、首钢重汽等27家汽车生产企业配套;出口欧洲、美洲等国际市场,出口量占到公司总销售量的60%,出口创汇3000万美元

★东营信义汽车配件有限公司
地址:山东省东营市大王经济技术开发区
邮编:257335
电话:0546/6883616、6881361
传真:6881592
网址:www.xinyiauto.com
电子信箱:xinyiqihuabu@163.com
质量体系:ISO/TS 16949、VDA 6.1
产品情况:(信义牌)
汽车制动片、制动蹄、制动盘、制动鼓等
配套及出口情况:为戴姆勒-克莱斯勒、上海大众、上海通用、一汽集团、天津一汽、南京汽车集团、厦门金龙、郑州日产、哈飞汽车、吉利汽车、奇瑞汽车、上汽通用五菱、江铃汽车、江淮、华泰现代、长城汽车、广汽长丰、重汽集团、北汽福田等国内外20多家汽车公司、50多种车型主机配套;出口北美洲、南美洲、欧洲、中东等地区

★山东省双王橡胶有限公司
地址:山东省东营市广饶县大王镇高新经济开发区
邮编:257335
电话:0546/6891376、6893588
传真:6893169
网址:www.shuangwang.com
电子信箱:sdswjt@126.com
质量体系:ISO/TS 16949、ISO 9001
产品情况:(双王牌、路易通牌)
汽车轮胎、农用车轮胎及摩托车轮胎
出口情况:出口50多个国家和地区

★山东国风橡塑有限公司
地址:山东省广饶县大王工业园
邮编:257335
电话:0546/6892133、6891597
传真:6891197
网址:www.sdguofeng.cn
电子信箱:sddyguofeng@163.com
单位人数:300
质量体系:ISO 9001
产品情况:(国风牌、鑫达牌)
汽车轮胎、叉车轮胎、工程轮胎、农用车轮胎
出口情况:出口十几个国家

★山东宏盛橡胶有限公司
地址:山东省东营市大王工业区
邮编:257335
电话:0546/6892888、6893338
传真:6892666、6877898
网址:www.hstyre.com
电子信箱:hongsheng@hstyre.com
单位人数:2200
质量体系:ISO 9001
产品情况:(华盛牌、金鑫牌、宏图牌、盛弛牌)
轻、中、重型载货汽车轮胎、农用轮胎、工程轮胎、摩托车内外胎、胶管等
出口情况:出口欧洲、美洲、东南亚、中东

★山东盛泰车轮有限公司
地址:山东省东营市大王经济开发区
邮编:257335
电话:0546/6898666
传真:6898777
网址:www.stwheel.cn
电子信箱:stchelun@163.com
单位人数:316
质量体系:ISO/TS 16949
产品情况:(盛卓牌、大陆星牌)
可生产直径12~38英寸无内胎、有内胎等五大系列200余个品种车轮,广泛应用于各种汽车、拖拉机、农业机械、工程机械
配套及出口情况:产品主要配套大型豪华客车,轻、中、重型载货汽车制造公司和农用机械等;出口美国、加拿大、澳大利亚、德国、中东及东南亚等国家和地区

★东营信义集团汇丰汽车配件公司
地址:山东省东营市大王经济技术开发区

邮编:257335
电话:0546/7727288、7727698
传真:6877999
网址:www. hufs - auto. com
质量体系:ISO/TS 16949
产品情况:各种球笼式等速万向节、等速万向节传动轴总成、交叉滚道式等速万向节、双偏置式等速万向节等
出口情况:产品80%销往美国、德国、意大利、沙特、俄罗斯等多个国家

★广饶永正汽车配件有限责任公司
地址:山东省东营市广饶县西水工业园
邮编:257336
电话:0546/6497568
传真:6497568
网址:www. yzwheel. cn
电子信箱:yongzheng01@ 126. com
质量体系:ISO/TS 16949、ISO 9001
产品情况:无内胎车轮和型钢车轮

★兴源集团
地址:山东省东营市广饶县西水工业区
邮编:257336
电话:0546/6506839、6506660
传真:6506568、6497311
网址:www. xingyuangroup. com
单位人数:5000
质量体系:ISO/TS 16949、ISO 9001
产品情况:(华鲁(HILO)牌、国宝牌、安耐特牌、强威牌、广大牌、兴源牌)
全钢载重子午胎、全钢工程子午胎、全钢巨型工程子午胎、斜交工程胎

★东营市华侨橡塑有限责任公司
地址:山东省东营市广饶县大王经济开发区
邮编:257336
电话:0546/6891017、6892998
传真:6891017
网址:www. huaqiaorubber. cn
电子信箱:dyhuaqiaogongsi@ 126. com
单位人数:460
质量体系:ISO 9001
产品情况:(迪高牌、超王牌、捷源牌)
轮胎、胶管

★盛泰集团
地址:山东省东营市广饶县西水工业区
邮编:257336
电话:4006003131
传真:0546/6506016
网址:www. shengtaigroup. com
单位人数:4000
质量体系:ISO 9001、ISO 14001
产品情况:(三A牌)
轮胎、内胎、胶囊、胎圈钢丝

★山东万达宝通轮胎有限公司
地址:山东省东营市永莘路68号
邮编:257506
电话:0546/2073958
传真:2073598
网址:www. baotongtrye. com
单位人数:4400
质量体系:ISO 9001
产品情况:(万达宝通牌、易程德牌、永通牌、易仕通牌)
全钢子午线轮胎
出口情况:远销美洲、欧洲、非洲等100多个国家和地区

★潍坊市瑞沃汽车部件有限公司
地址:山东省潍坊市北宫西街友爱路2298-8号
邮编:261021
电话:0536/8385779、8324779
传真:8372636
网址:www. hong - yuan. com
电子信箱:wflonglite@ 126. com
单位人数:200
质量体系:ISO 9001
产品情况:汽车转向器、螺杆、螺母、转向器壳体
配套情况:为北汽福田、黑豹、江淮、哈飞等配套

★大铁(潍坊)汽车工业有限公司
地址:山东省潍坊市符山镇官路村
邮编:261055
电话:0536/8113051、8113052
传真:8113004
电子信箱:tcic3001@ yahoo. com. cn
质量体系:ISO/TS 16949
产品情况:制动总泵、制动分泵、制动盘

★山东潍坊通达齿轮箱有限责任公司
地址:山东省潍坊市经济开发区长松路1699号
邮编:261061
电话:0536/7590678、7590668
传真:7590679
网址:www. wftdgear. com
电子信箱:wftd@ wftdgear. cn
单位人数:200
质量体系:ISO/TS 16949、ISO 9001
产品情况:(鲁通牌)
变速器、各种齿轮、后桥齿轮

★潍坊埃锐制动系统有限公司
地址:山东省潍坊市经济开发区泰祥街6号
邮编:261061
电话:0536/8673108
传真:8669567
电子信箱:airuibrake@ 163. com
质量体系:ISO/TS 16949、ISO 9001
产品情况:制动片、制动器等

★山东省潍北机械厂
地址:山东省潍坊市寒亭区
邮编:261109
电话:0536/7548860、7548868
传真:7548880
网址:www. sdwbjxc. com
电子信箱:wkl3318@ 163. com
单位人数:300
质量体系:ISO/TS 16949、ISO 9001
产品情况:(淮北牌)
车用备胎升降器、半挂车支承装置、悬架系统、牵引销、锁具、汽车轴承座、分离轴承及套筒总成等
配套情况:为北汽福田、一汽集团、重汽集团、山东鲁峰、一汽荣昊、潍坊宝利等配套

★山东浩信集团
地址:山东省昌邑市围子经济开发区
邮编:261307
电话:0536/7795656、7875999
传真:7873888、7878999
网址:www. sd - haoxin. com
电子信箱:info@ sd - haoxin. com
单位人数:3600
质量体系:ISO/TS 16949、ISO 9001
产品情况:汽车轮毂、制动鼓等
配套及出口情况:为一汽集团、东风汽车公司、重汽集团、陕汽集团、北奔重汽、北汽福田、江汽集团、南京汽车集团、潍柴动力、卡特彼勒山工等配套;出口北美洲、西欧、东南亚等地区

★莱州赛路汽车配件有限公司
地址:山东省莱州市文昌南路162号
邮编:261400
电话:0535/2090611
传真:2090622
网址:www. sinobrake. net
电子信箱:mail@ sinobrake. net
单位人数:800
质量体系:ISO/TS 16949
产品情况:制动盘、制动鼓等
出口情况:远销欧洲、美洲及中东等地区

★莱州华汽机械有限公司
地址:山东省莱州市文昌北路368号
邮编:261400
电话:0535/2260666、2228228
传真:2211464
网址:www. lzcapco. com
电子信箱:info@ disc - brake - rotor. com
单位人数:800
质量体系:ISO/TS 16949
产品情况:汽车制动盘、制动鼓、制动片

★莱州新安达汽车零部件有限公司
地址:山东省莱州市文昌北路368号
邮编:261400
电话:0535/2290149、2172149
传真:2291149
网址:www. china - anda. com
电子信箱:xanda@ vip. 163. com
单位人数:300
质量体系:ISO/TS 16949、QS 9000
产品情况:空气干燥器、变速器箱体、发动机缸盖、机油冷却器、进出水管等铸造件
出口情况:出口欧洲、俄罗斯、美国、英

国等国家和地区

★莱州金捷利科技有限公司
地址:山东省莱州市开发区开宝路1088号
邮编:261400
电话:0535/2290787
传真:2290247
网址:www.goldenmastery.com
电子信箱:goldenmastery@goldenmastery.com
质量体系:ISO/TS 16949、ISO 9001
产品情况:制动盘、减振器等

★莱州双力机械制造有限公司
地址:山东省莱州市朱桥镇朱桥村
邮编:261400
电话:0535/2392294
传真:2392284
电子信箱:lzsijxgs@163169.net
质量体系:ISO 9001
产品情况:汽车制动盘,年产300余万件
出口情况:远销北美洲、欧洲

★山东鲁达轿车配件股份有限公司
地址:山东省莱州市经济技术开发区朱旺前路258号
邮编:261400
电话:0535/3077852、3073885
传真:3077983、3073879
网址:www.ludachina.com
电子信箱:ludapads@189.com
单位人数:3000
质量体系:ISO/TS 16949、QS 9000
产品情况:制动盘、制动鼓、制动片、制动蹄片
配套及出口情况:为奇瑞、长城等四家汽车公司配套;部分产品出口

★莱州鲁源汽车配件有限公司
地址:山东省莱州市土山镇
邮编:261413
电话:0535/2331034、2331035
传真:2332616
网址:www.luyuan-china.com
电子信箱:info@luyuan-china.com
单位人数:1200
质量体系:ISO/TS 16949、QS 9000
产品情况:汽车制动盘

★莱州鸿源台钳制造有限公司
地址:山东省莱州市平里店镇
邮编:261414
电话:0535/2616865、2615562
传真:2615563
网址:www.laizhouhongyuanvise.com
电子信箱:lzhybv@public.ytptt.sd.cn
单位人数:730
质量体系:ISO/TS 16949、ISO 9001
产品情况:制动鼓、轮毂、球铁铸件等

★莱州市义信机械有限公司
地址:山东省莱州市朱桥镇驻地
邮编:261419
电话:0535/2391038
传真:2391832
网址:www.yixin-cn.com
电子信箱:huiyuan-hy@263.net
单位人数:520
质量体系:ISO 9002
产品情况:汽车制动盘、制动鼓
出口情况:出口美国、日本、韩国、英国、澳大利亚等20多个国家,并销往中国台湾地区

★莱州汽车制动器有限公司
地址:山东省莱州市朱桥镇驻地
邮编:261419
电话:0535/2391094
传真:2391093
单位人数:300
质量体系:ISO/TS 16949
产品情况:汽车制动盘、制动鼓

★莱州三力汽车配件有限公司
地址:山东省莱州市朱桥镇
邮编:261419
电话:0535/2391155、2391094
传真:2391093、2391866
网址:www.sanliauto.com
电子信箱:jackyqiu@sanliauto.com
单位人数:2500
质量体系:ISO/TS 16949、QS 9000
产品情况:汽车制动盘、制动鼓等
出口情况:出口欧洲、北美洲、中东、南非等国家和地区

★莱州市文昌汽车配件厂
地址:山东省莱州市仲院
邮编:261422
电话:0535/2503008
传真:2503008
质量体系:ISO/TS 16949
产品情况:JN150、JN162及斯太尔汽车离合器压盘和盖总成,EQ140、CA142驻车制动器总成,年产1万台套
配套情况:为济汽、青岛专汽等配套

★烟台三星制动盘有限公司
地址:山东省莱州市沙河镇丰竹街1号
邮编:261423
电话:0535/2310899、6248244
传真:2310706
电子信箱:yantaisanxing@163.com
质量体系:ISO 9001
产品情况:(SANXING牌)
制动盘、制动鼓、飞轮总成、前轮壳、后短轴等汽车零部件及制动盘生产设备
出口情况:出口五大洲20多个国家和地区

★莱州华鲁汽车配件有限公司
地址:山东省莱州市驿道镇驻地
邮编:261426
电话:0535/2531056
传真:2532981
网址:www.hualuqipei.com
电子信箱:hlzhc1797@163.com
法人代表(负责人):赵浩材
单位人数:600
质量体系:ISO/TS 16949
产品情况:汽车制动盘,年产量350万件;制动鼓,年产量50万件
出口情况:出口美国、加拿大、墨西哥、西欧等国家和地区

★莱州方圆汽车配件有限公司
地址:山东省莱州市虎头崖工业园区
邮编:261428
电话:0535/2522188
传真:2522188
网址:www.fangyuan-lz.com
电子信箱:fyauto@yahoo.cn
单位人数:300
质量体系:ISO 9002
产品情况:(泳陶牌)
汽车制动盘、制动鼓、水泵等

★山东泰利汽车部件有限公司
地址:山东省诸城市人民东路145号
邮编:262200
电话:0536/6062568、6057512
传真:6056028、6062568
网址:tltp.net
电子信箱:tailitp@163.com
单位人数:420
质量体系:ISO/TS 16949、QS 9000
产品情况:各种规格类型的变速操纵机构、驾驶室翻转锁止系列、储气筒、车用油箱、制动离合器操纵支架总成等
配套情况:为北汽福田配套

★潍坊宏盛铸造机械(集团)公司
地址:山东省诸城市北外环路534号
邮编:262200
电话:0536/6213508、6051666
传真:6212171
网址:www.hongshengzhuji.com
电子信箱:dbr@hongshengzhuji.com
质量体系:ISO 9001
产品情况:变速器箱体及汽车后桥齿轮
配套及出口情况:为一汽、北汽、时风等配套;出口东南亚、非洲等地区

★诸城市义和车桥有限公司
地址:山东省诸城市密州路5号
邮编:262200
电话:0536/6213932、6121421
传真:6110875
网址:www.yihecheqiao.com
电子信箱:yihe@yihecheqiao.com
单位人数:670
质量体系:ISO/TS 16949
产品情况:轻型车、中型车、重型车、工程车、乘用车等车桥总成、空气悬架转向桥总成及独立悬架桥总成
配套及出口情况:为北汽福田、一汽集

团、重汽集团、华晨金杯配套；出口墨西哥、菲律宾等国家

★ 山东通力车轮有限公司

地址：山东省诸城市龙都街道驻地
邮编：262200
电话：0536/6447427
传真：6448551
网址：www. tongliwheel. com
电子信箱：office@ tongliwheel. com
法人代表：胡东海
负责人：胡方森
单位人数：1200
质量体系：ISO/TS 16949
产品情况：（诸龙（ZHULONG）牌商用车、乘用车、工程运输车、摩托车等车辆专用车轮
配套及出口情况：为北汽有限、济南重汽、陕汽、长安集团、吉利集团、江淮汽车、比亚迪、北汽福田、上汽通用五菱、沈阳金杯、山东凯马、山东五征、哈飞汽车、福迪汽车等配套；出口俄罗斯、英国、东南亚、南非等多个国家和地区
☞ 详细情况请参阅彩色宣传版面

★山东泸河集团有限公司
地址：山东省诸城市昌城镇泸河工业区
邮编：262216
电话：0536/6333333、6336066
传真：6401038、6401168
网址：www. luhe. com
电子信箱：luheone@ public. wfptt. sd. cn
单位人数：2000
质量体系：ISO/TS 16949
产品情况：（泸河牌）
摩托车内外胎、农用车内外胎、轻型载货汽车内外胎、中型载货汽车内外胎、工程工业车辆内外胎、橡胶机械等
配套及出口情况：为北汽福田配套；部分产品出口

★山东三工橡胶有限公司
地址：山东省诸城市皇华镇驻地
邮编：262229
电话：0536/6581258、6343800
传真：6581388、6581257
网址：www. sangongcn. com
电子信箱：bg1388@ sangongcn. com
单位人数：2200
质量体系：ISO 9001
产品情况：（三工牌）
全钢载货汽车子午胎，农用车、摩托车、轻型车、载货汽车斜交轮胎
出口情况：出口 20 多个国家和地区

★诸城市曙光车桥有限责任公司
地址：山东省诸城市经济开发区西首
邮编：262233
电话：0536/6079288
传真：6438410
质量体系：ISO/TS 16949
产品情况：黄海、曙光全系列车桥及半轴、齿轮、制动器、转向节、拨叉、差速器等

★山东遨游汽车部件有限公司
地址：山东省五莲县松柏乡遨游工业园
邮编：262302
电话：0633/5511114、5538696
传真：5511120
网址：www. chinaaoyou. cn
电子信箱：sdaoyou@ 126. com
单位人数：2300
质量体系：ISO/TS 16949、ISO 9001
产品情况：（遨游牌）
制动器、真空助力器、制动总泵、分泵、汽车灯具等汽车零部件
配套情况：为五征、福田、江淮、凯马、宗申、义和等厂家配套

★日照市北业制动泵有限公司
地址：山东省日照市五莲县松柏工业园
邮编：262302
电话：0633/5511711
传真：5511137
网址：www. rzbeiye. com
电子信箱：byxsb@ rzbeiye. com
质量体系：ISO/TS 16949、ISO 9001
产品情况：液压制动泵、气制动泵和机电产品

★山东青州市富坤车桥配件有限公司
地址：山东省青州市开发区时代二路 2999 号
邮编：262500
电话：0536/3295661、3295682
传真：3295665
网址：www. qzfukun. com
单位人数：180
质量体系：ISO 9001
产品情况：锥齿轮
出口情况：部分产品出口

★青州市连刚汽车配件有限公司
地址：山东省青州市八喜路东路 3488 号
邮编：262500
电话：0536/3702989、3292129
传真：3266343
网址：www. lgpeijian. com
质量体系：ISO 9001
产品情况：汽车制动器、中央制动器、凸缘等

★青州市华源机械厂
地址：山东省青州市北外环路东 10 公里处
邮编：262514
电话：0536/3501988
传真：3501988
网址：www. huayuanjx. com
电子信箱：huayuanjixie@ sina. com. cn
单位人数：200
质量体系：ISO 9001
产品情况：汽车、农用车等用后桥、发动机飞轮壳等

★山东省青州市亚昊车桥有限公司
地址：山东省青州市黄楼南于工贸区
邮编：262514
电话：0536/3502232、3502788
网址：www. sdyahao. com
电子信箱：sdyahao@ 126. com
质量体系：ISO/TS 16949、ISO 9001
产品情况：重型车桥及桥壳
配套情况：为重汽集团、陕汽集团、北汽福田、北奔重汽配套

★青州市建富齿轮有限公司
地址：山东省青州市东方北路 3886 号
邮编：262515
电话：0536/3295306、3295301
传真：3295303
网址：www. jianfu - gear. com
电子信箱：jianfu@ jianfu - gear. com
单位人数：500
质量体系：ISO/TS 16949、QS 9000
产品情况：（JIANFU 牌）
汽车系列和工程机械系列后桥盆角齿轮
配套情况：为一汽集团、东风汽车公司、北汽福田、重汽集团、安凯福田曙光车桥、青特众力车桥等配套

★青州市长江轮胎有限公司
地址：山东省青州市开发区
邮编：262517
电话：0536/3536166、3536176
传真：3532958
网址：www. pusitetyre. com
电子信箱：info@ pusitetyre. com
单位人数：300
质量体系：ISO 9000
产品情况：（恒盾牌、恒泰牌、普斯特牌、科尔牌）
各种汽车及工程机械轮胎

★山东泰丰汽车底盘制造集团
地址：山东省寿光市留吕工业园
邮编：262734
电话：0536/5636988
传真：5636988
网址：www. taifenggroup. com
电子信箱：taifeng@ taifenggroup. com
质量体系：ISO/TS 16949、ISO 9001
产品情况：汽车用行车制动器总成、驻车制动器总成、传动轴总成、燃油箱总成、消声器总成、助力器总成、车架总成及汽车专用纵梁等
出口情况：部分产品出口澳大利亚

★山东银宝轮胎集团
地址：山东省潍坊市寿光市台头镇工业园
邮编：262735
电话：0536/2150666、2154888
传真：2154001
网址：www. yinbaotyre. com
质量体系：ISO 9001、ISO 10012

产品情况：（银宝牌）
全钢载重子午线轮胎、轻型货车轮胎、工程机械轮胎、农业轮胎等
配套及出口情况：为中国重汽、北汽福田等汽车厂配套；出口欧洲、美洲、澳大利亚、中东等地区

★潍坊市跃龙橡胶有限公司
地址：山东省寿光市台头工业园
邮编：262735
电话：0536/5528888、2231158
传真：5529188、5519456
网址：www. yuelong. cc
电子信箱：yuelong@ yuelong. cc
质量体系：ISO 9001
产品情况：（跃龙牌）
工程轮胎、汽车轮胎、农用车轮胎等
配套及出口情况：为北汽福田、时风集团等配套；出口中东、东南亚等地区

★烟台市清泉特钢锻造制品有限公司
地址：山东省烟台市高新技术产业园区博斯纳路南首
邮编：264000
电话：0535/6758067、6758068
传真：6758068、6758031
网址：www. yt－qingte. com
电子信箱：info@ yt－qingte. com
单位人数：282
质量体系：ISO 9001、ISO 14001
产品情况：（清泉寨牌）
汽车前桥、平衡轴、连通轴、差速器壳、轴头等，年产能力达15000t

★烟台辉轮工业有限公司
地址：山东省烟台市出口加工区
邮编：264000
电话：0535/6838300
传真：6838301
质量体系：ISO/TS 16949
产品情况：汽车铝轮毂

★烟台宏田汽车配件有限公司
地址：山东省烟台市高新技术产业区纬四路9号
邮编：264000
电话：0535/6896218、6893638
传真：6893878
网址：www. ytmasterparts. com
电子信箱：master@ ytmasterparts. com
单位人数：200
质量体系：ISO/TS 16949、QS 9000
产品情况：汽车制动盘、制动鼓
出口情况：出口欧洲、美国等国家和地区

★烟台塞夫·爱科车辆技术有限公司
地址：山东省烟台市莱山区盛泉工业园广场北路1号
邮编：264003
电话：0535/6727776、6727797
传真：6727778
网址：www. saf－alko. com
电子信箱：lide@ saf－alko. com
质量体系：ISO 9001
产品情况：重型车桥、车轴、钢板悬架、空气悬架、小型挂车底盘

★烟台胜地汽车零部件制造有限公司
地址：山东省烟台市经济技术开发区泰山路80号
邮编：264006
电话：0532/85761111
传真：85768370
网址：www. winhere. com. cn
电子信箱：autoparts@ winhere. com. cn
质量体系：ISO/TS 16949、ISO 14001
产品情况：制动盘、制动鼓
出口情况：出口欧洲、澳大利亚、日本、韩国、中东、东南亚、南北美洲、非洲等国家和地区

★烟台川琦汽车配件有限公司
地址：山东省烟台市福山区福海路1000号
邮编：264006
电话：0535/2953330、2953332
传真：2953331
产品情况：五十铃系列全车配件，各种车型制动盘

★烟台鸿安实业有限公司
地址：山东省烟台市开发区广州路2号
邮编：264006
电话：0535/6951756
传真：6950383
网址：www. hongangroup. cn
电子信箱：sdkd－wjm@ 163. com
质量体系：ISO/TS 16949
产品情况：转向助力泵
出口情况：出口欧洲、美洲、中东地区

★烟台海德汽车系统有限公司
地址：山东省烟台市牟平区安德鲁8号
邮编：264100
电话：0535/4710169
传真：4710166
电子信箱：hdjoo255@ public. ytptt. sd. cn
质量体系：ISO/TS 16949
产品情况：汽车动力转向泵

★烟台鸿源机械有限公司
地址：山东省烟台市牟平区玉林店镇西圈村东
邮编：264111
电话：0535/4628689、4628688
传真：4628688
单位人数：300
质量体系：ISO/TS 16949
产品情况：（昆嵛牌）
汽车制动盘、制动鼓
出口情况：出口美国、加拿大、德国、英国、韩国等国家

★三角集团有限公司
地址：山东省威海市青岛中路56号
邮编：264200
电话：0631/5305500、5311549
传真：5321246
网址：www. triangle. com. cn
电子信箱：triangle@ public. whptt. sd. cn
单位人数：5300
质量体系：ISO/TS 16949、ISO 9001
产品情况：（三角牌）
各种汽车及工程机械轮胎
配套及出口情况：为重汽集团、北奔重汽、一汽集团、东风汽车公司、陕汽集团、上汽通用五菱、长安汽车、铃木、奇瑞汽车、华泰现代、临工、山工、厦工、柳工等配套；出口160多个国家和地区

★腾森橡胶轮胎（威海）有限公司
地址：山东省威海市经济技术开发区环山路第一工业园腾森路1号
邮编：264209
电话：0631/3639588、4000079599
传真：3639599
网址：www. tiumsun. com
单位人数：600
质量体系：ISO/TS 16949、ISO 14001
产品情况：（腾森牌、奥利森牌、朗森牌）
丁基内胎，摩托车、电动车轮胎

★威海万丰奥威汽轮有限公司
地址：山东省威海市高新技术开发区火炬路218号
邮编：264209
电话：0631/5621989
传真：5621989
网址：www. wfjt. com
电子信箱：whwf@ wfjt. com
单位人数：542
质量体系：ISO/TS 16949
产品情况：（ZCW牌）
汽车铝合金车轮，年产200万件
配套情况：与武汉神龙、奇瑞汽车、郑州日产、江淮汽车等建立合作关系，为德国DBV、ROD等配套

★威海万丰镁业科技发展有限公司
地址：山东省威海市高新技术开发区唐山路8号
邮编：264209
电话：0631/5625526、5666718
传真：5625586
网址：www. wanfengmagnesium. com
电子信箱：wangql@ wfjt. com
质量体系：ISO/TS 16949、ISO 9001
产品情况：汽车及摩托车车轮、铝制摆臂、镁合金铸件、气门室罩盖、转向盘骨架、变速器壳体、发动机部件等
出口情况：远销美国、日本、德国、法国、澳大利亚

★成山集团有限公司
地址：山东省荣成市南山北路98号
邮编：264300
电话：0631/7523999

传真:7523888
网址:www. chengshan. com
电子信箱:chengshan@ chengshan. com
单位人数:7000
质量体系:ISO/TS 16949、VDA 6. 1
产品情况:(成山牌)
各种车用子午线轮胎、斜交轮胎
配套情况:为国内 30 多家汽车制造商配套

★固铂成山(山东)轮胎有限公司
地址:山东省荣成市南山北路 98 号
邮编:264300
电话:0631/7523999、7523205
传真:7523888
网址:www. cooperchengshan. com
电子信箱:info@ chengshan. com
质量体系:ISO 9001
产品情况:(成山牌)
半钢轮胎、全钢子午线轮胎、斜交轮胎等
配套情况:为北奔重汽配套

★荣成荣鹰橡胶制品有限公司
地址:山东省荣成市经济技术开发区秀水街 3 号
邮编:264300
电话:0631/7550054、7551231
传真:7557938
网址:www. rongying. com
电子信箱:sdchina@ mail. china. com
单位人数:400
质量体系:ISO 9001
产品情况:(迅腾牌、荣鹰牌)
汽车、摩托车内外胎,年产能力 1500 万条(套)
出口情况:出口亚洲、非洲、欧洲等 10 多个国家和地区

★荣成市黄海离合器有限公司
地址:山东省荣成市黎明南路 601 号
邮编:264300
电话:0631/7551286、7551297
传真:7551286
网址:www. hhclutch. cn
电子信箱:huanghai@ hhclutch. cn
单位人数:209
质量体系:ISO/TS 16949
产品情况:(黄海牌)
汽车离合器总成,年产能力 60 万套
配套情况:为北汽福田、北奔重汽、丹东汽车厂、重汽集团、川汽、陕汽、常柴、扬动、莱动、锡柴、云内、全柴、洛阳一拖、东风悦达起亚、福田重工、常发集团、常州东风等配套

★文登市三峰轮胎有限公司
地址:山东省文登市龙山路 148 号
邮编:264400
电话:0631/8086998、8358698
传真:8358798
网址:www. sanfengchina. cn
电子信箱:sanfeng@ sanfengchina. cn
单位人数:544
质量体系:ISO 9000
产品情况:载重轮胎、农业轮胎、工程胎,三大系列 80 多个规格品种
出口情况:远销东南亚、欧洲、美洲等 20 多个国家和地区

★山东省文登市双力板簧有限公司
地址:山东省文登市高村镇兴高路 10 号
邮编:264408
电话:0631/8761078
传真:8767199
网址:www. shuanglibanhuang. com
电子信箱:i59878@ 126. com
单位人数:700
质量体系:ISO/TS 16949、ISO 9001
产品情况:各种汽车板簧,年产 5 万 t;弹簧扁钢,年产 15 万 t
配套及出口情况:为北汽配套;出口菲律宾、新加坡等国家

★文登东风斯凯特克车桥有限公司
地址:山东省威海市工业新区尚山镇北郊
邮编:264416
电话:0631/8571281、8577688
传真:8571078
网址:www. dfcheqiao. com
电子信箱:info@ dfcheqiao. com
质量体系:ISO 9001
产品情况:汽车前后桥、主减速器总成等

★山东省威海市文峰集团有限公司
地址:山东省威海市工业新区汪疃镇西永兴路 14 号
邮编:264417
电话:0631/8561096、8560288
传真:8561096、8578988
网址:www. sdwenfeng. cn
单位人数:700
质量体系:QS 9000、ISO 9001
产品情况:(文峰牌)
汽车半轴、半轴套管、前后桥壳总成等
配套及出口情况:为一汽集团、东风汽车公司配套;出口新加坡、韩国、美国等国家

★山东日信工业有限公司
地址:山东省乳山市四级大道
邮编:264500
电话:0631/6681246
传真:6681358
质量体系:ISO/TS 16949
产品情况:制动系统

★山东昊安汽车部件制造有限公司
地址:山东省乳山市下初镇驻地
邮编:264501
电话:0631/6441888、6442888
传真:6441037、6442777
网址:www. china - haoan. com
电子信箱:haoan@ china - haoan. com
单位人数:210
质量体系:ISO/TS 16949、ISO 9001
产品情况:(昊安牌、HAOAN 牌、迈利牌、MAILI 牌)
制动盘、制动鼓、发动机飞轮齿圈、飞轮总成、前轮毂、后轮毂轴等
配套及出口情况:为吉利汽车、江西五十铃、福特全顺、华晨金杯、长安福特马自达、福特、通用配套;出口美国、韩国、日本、尼日利亚、意大利等国家,并销往中国台湾、香港地区

★烟台美丰机械有限公司
地址:山东省海阳市盘石店镇工业园
邮编:265112
电话:0535/3642512
传真:3642613
网址:www. ytmefine. com
电子信箱:wangs@ mefine. cn
法人代表:李小燕
负责人:王勇
单位人数:700
质量体系:ISO/TS 16949
产品情况:(磐石牌、途朗宝牌)
汽车制动盘、制动鼓
配套及出口情况:为上汽、东风、福田配套;出口北美洲、欧洲、中东
☞ 详细情况请参阅彩色宣传版面

★烟台鲁阳车轮有限责任公司
地址:山东省海阳市方圆工业园
邮编:265150
电话:0535/3791068、3791039
传真:3791022
网址:www. luyangwheel. com
电子信箱:luyangwheel@ sohu. com
产品情况:(鲁阳牌)
各种钢车轮
配套情况:为江苏牡丹集团、烟台汽车制造厂、淄博汽车制造厂、福建龙马集团、寿光聚宝、聊城客车等配套

★山东玲珑橡胶有限公司
地址:山东省招远市金龙路 777 号
邮编:265400
电话:0535/8242600、8242727
传真:8242612
网址:www. linglong. cn
电子信箱:sale@ linglong. cn
单位人数:8000
质量体系:ISO/TS 16949、VDA 6. 1
产品情况:(玲珑牌、山玲牌、利奥牌)
全钢子午胎、半钢子午胎、斜交胎
配套及出口情况:为一汽集团、重汽集团、陕汽集团、北汽集团、天津一汽夏利等配套;远销欧洲、美洲、中东、东南亚、非洲等 120 多个国家和地区

★山东上汽汽车变速器有限公司
地址:山东省烟台市福山高新区永达街969号
邮编:265500
电话:0535/2609051
传真:2609090
质量体系:ISO/TS 16949
产品情况:汽车横置变速器总成和各类汽车变速器部件
配套情况:为上海通用、上海通用东岳等配套

★蓬莱宏升汽车配件有限公司
地址:山东省蓬莱市沙河路
邮编:265600
电话:0535/5612923、3351296
电子信箱:098-1100000@163.com
质量体系:ISO 9002
产品情况:反作用杆、连接轴、限位块、拉力杆总成、密封圈、稳定杆衬套等
配套情况:为一汽、东风汽车公司配套

★一汽山东改装厂蓬翔汽车配件公司
地址:山东省蓬莱市北关路139号
邮编:265600
电话:0535/5644309
传真:5644309
质量体系:ISO/TS 16949
产品情况:(蓬翔牌)
SQ系列车桥总成及零部件,一汽蓬翔系列自卸车、半挂车配件

★蓬莱荣达机械配件有限公司
地址:山东省蓬莱市北方奔驰工业园区
邮编:265600
电话:0535/5756222
质量体系:ISO 9001
产品情况:中重型系列离合器、从动盘总成、离合器压盘及盖总成
配套及出口情况:为北方奔驰配套;销往东欧、西欧、南美洲、中东、非洲等地区

★蓬莱万寿机械有限公司
地址:山东省蓬莱市经济开发区上海路181号
邮编:265607
电话:0535/3358028
传真:5604309
网址:www.wanshou.cn
电子信箱:wanshou@wanshou.cn
单位人数:700
质量体系:ISO/TS 16949、ISO 9001
产品情况:无缝钢管整体式驱动桥壳、强制散热汽车制动鼓、轮毂总成,悬架总成、差减壳总成及工程机械驱动桥配件等
配套情况:为国内厂家配套

★蓬莱天日聚氨酯有限公司
地址:山东省蓬莱市经济开发区北京路6号
邮编:265607
电话:0535/5622989、5979799
传真:5970852、5981889
网址:www.trjaz.cn
电子信箱:info@trjaz.cn
单位人数:400
质量体系:ISO/TS 16949、QS 9000
产品情况:重型汽车推力杆总成和各种接头,密封件、减振件等聚氨酯制品,具有年产聚氨酯弹性体及复合体800t、推力杆50多万支的生产能力
配套及出口情况:为一汽集团、东风汽车公司、北汽集团、重汽集团、柳汽、柳特、陕汽集团、华菱、日产柴等配套;出口美国、日本、韩国等国家

★龙口天兴工贸有限公司
地址:山东省龙口市东莱街道淳于
邮编:265700
电话:0535/8521759
传真:8522659
网址:www.lktianxing.com
电子信箱:lktianxing@lktianxing.com
单位人数:80
质量体系:ISO 9001
产品情况:(兴年牌)
汽车传动轴吊架、推力杆总成、弹簧制动气室等底盘件

★山东隆基机械股份有限公司
地址:山东省龙口市隆基路1号
邮编:265700
电话:0535/8812727、8836966
网址:www.longjigroup.cn
电子信箱:longji@longjigroup.cn
质量体系:ISO/TS 16949、VDA 6.1
产品情况:制动盘、制动片、制动蹄、轮毂等
配套及出口情况:为道依茨、大柴、锡柴、东风柴油机、玉柴、云内、上柴、潍柴等柴油机厂配套;出口美洲、欧洲、澳大利亚、东南亚、中东、非洲等国家和地区

★山东隆基集团有限公司
地址:山东省龙口市经济开发区
邮编:265700
电话:0535/8841279、8836977
传真:8842886
网址:www.longjigroup.cn
电子信箱:longji@longjigroup.cn
单位人数:4000
质量体系:ISO/TS 16949、VDA 6.1
产品情况:(JILONG牌)
轮毂、气泵、水泵、机油泵、制动鼓、制动盘、制动片等
配套及出口情况:主要为道依茨一汽(大连)柴油机、无锡柴油机厂、东风朝柴、广西玉柴、昆明云内动力、上柴、潍柴动力等柴油机厂配套;远销美洲、欧洲、大洋洲、东南亚、中东、非洲等地区

★山东龙口隆基制泵有限公司
地址:山东省龙口市龙口开发区龙东路1号
邮编:265700
电话:0535/8842316、8842016
传真:8844855
网址:www.ljzb.cn
电子信箱:ljzb.cn@163.com
单位人数:500
质量体系:ISO/TS 16949
产品情况:(隆泵牌)
车用空压机、水泵、机油泵、供油角度提前器等
配套情况:为大柴、锡柴、朝柴、玉柴、潍柴华丰动力、洛阳柴油机、扬动、无锡威孚、大连油泵油嘴厂配套

★山东龙口富元机械有限公司
地址:山东省龙口市黄城北环路483号
邮编:265701
电话:0535/8526058、3127165
传真:8526058
网址:www.cnbrakecn.com
电子信箱:brakecn@brakecn.com
质量体系:ISO/TS 16949、ISO 9001
产品情况:制动盘、制动鼓等
出口情况:远销南北美洲、欧洲、中东、东南亚地区

★龙口市新利达机械制造有限公司
地址:山东省龙口市北马镇花园路18号
邮编:265702
电话:0535/8926838、8926836
传真:8926836
网址:www.lkxld.cn
电子信箱:sale@lkxld.cn
质量体系:ISO/TS 16949、ISO 9002
产品情况:汽车板簧压板、吊耳总成、驻车制动总成、各种加油管总成、电动升降器、手动升降器总成等

★龙口泰尔斯机械有限公司
地址:山东省龙口市开发区
邮编:265703
电话:0535/8860316、8860336
传真:8861777
网址:www.lktlc.com
电子信箱:lktlc@vip.sina.com
质量体系:ISO/TS 16949
产品情况:汽车制动盘、制动鼓

★龙口市裕东机械制造厂
地址:山东省龙口市龙口开发区东首
邮编:265703
电话:0535/8863466、8863329
传真:8863328
网址:www.sdlkyd.com.cn
电子信箱:rxyzh@163.com
单位人数:258
质量体系:ISO/TS 16949、ISO 9001
产品情况:(裕东牌)
轿车用制动盘、制动鼓、制动片、前轮毂、后短轴、飞轮总成等
出口情况:出口美国、加拿大、日本、韩国、西欧、中东等国家和地区

★龙口兴隆轮胎有限公司
地址:山东省龙口市经济开发区
邮编:265703
电话:0535/8868215、8861036
传真:8862768
网址:www.longlingroup.com
电子信箱:xinglongtyrezhang@163.com
单位人数:550
质量体系:ISO 9001
产品情况:(龙林牌、兴隆牌)
　各种轮胎
出口情况:出口美国、菲律宾、印尼、巴拿马等10多个国家

★龙口市荣地机械配件有限公司
地址:山东省龙口市芦头镇麻家工业园
邮编:265704
电话:0535/8641020、8643619
传真:8643619
网址:www.lkhexing.com
电子信箱:lkhxgs@163.com
单位人数:500
质量体系:ISO 9001
产品情况:汽车制动盘、制动鼓等

★龙口市富洋机械配件有限公司
地址:山东省龙口市芦头镇麻家
邮编:265704
电话:0535/8646118
传真:8648966
网址:www.fuyangautoparts.cn
电子信箱:lk_fuyang@126.com
单位人数:200
质量体系:ISO/TS 16949
产品情况:汽车制动盘、制动鼓等

★龙口市旭鑫机械有限公司
地址:山东省龙口市石良镇驻地
邮编:265707
电话:0535/8751291、8751172
传真:8762166
网址:www.sd-xuxin.com
电子信箱:sd-xuxin@tom.com
单位人数:1000
质量体系:ISO/TS 16949、ISO 9002
产品情况:(金珠牌)
　载货汽车制动总成、转向器托架、铰链支架件、悬架件、轮毂等球墨铸件、灰口铸件,生产能力3万t
配套及出口情况:为重汽集团、一汽青岛汽车厂、一汽山东汽车改装厂、北汽福田车辆公司配套;出口北美洲、南美洲、欧洲、非洲、中东、亚洲等30多个国家和地区

★龙口金正机械有限公司
地址:山东省龙口市徐福镇官曲村东临
邮编:265713
电话:0535/8592929、8592888
传真:8605688、8605688
网址:www.brakerotor.cc
电子信箱:webmaster@brakerotor.cc
单位人数:1500
质量体系:ISO/TS 16949
产品情况:汽车制动盘年产490万件、制动鼓210万件
配套及出口情况:为美国克莱斯勒、通用配套;出口美国(制动盘147万件、制动鼓63万件)

◉ 山东兴民钢圈股份有限公司
地址:山东省龙口市经济开发区
邮编:265716
电话:0535/8880188
传真:8886708
网址:www.xingmin.com
电子信箱:master@xingmin.com
法人代表:高贺男
负责人:姜开学
单位人数:1300
质量体系:ISO/TS 16949
产品情况:(兴民牌)
　汽车钢制车轮,包括无内胎钢制车轮、工程机械钢制车轮、载货汽车钢制车轮、农用运输钢制车轮等
配套情况:国内目前车轮行业中品种最全、销量最大的企业,产品形成十大系列、1000多个品种,年生产能力预计达到1200万件,主要配套国内知名汽车制造厂及国际知名汽车零部件供应商

★山东省龙口市禾丰传动轴厂
地址:山东省龙口市龙口经济开发区
邮编:265716
电话:0535/8885333
传真:8885331
网址:www.china-hefeng.com
电子信箱:manager@china-hefeng.com
质量体系:ISO 9001
产品情况:(禾丰牌)
　汽车传动轴
出口情况:部分产品出口

★龙口海盟机械有限公司
地址:山东省龙口市经济开发区
邮编:265716
电话:0535/8887366、8887188
传真:8880266
网址:www.haimeng.com
电子信箱:sales@haimeng.com
质量体系:ISO/TS 16949、QS 9000
产品情况:(海盟牌)
　制动盘、制动鼓、制动蹄、轮毂和车桥等
出口情况:出口美国、欧洲等30多个国家和地区

★龙口市龙海实业有限公司
地址:山东省烟台市龙口北马镇南首
邮编:265717
电话:0535/8981538
传真:8981198
网址:www.china-longhai.com
电子信箱:china-longhai@163.com
质量体系:ISO/TS 16949、ISO 9001
产品情况:汽车制动产品、真空助力器、车用油品、车用养护品、车用环保用品等
配套及出口情况:为多家汽车制造厂配套;远销俄罗斯、东南亚等国家和地区

★青岛金盛集团有限公司
地址:山东省即墨市金口镇
邮编:266000
电话:0532/85521639、84838678
传真:85521069
网址:www.qdjsjt.com
电子信箱:jsjt@qdjsjt.com
质量体系:ISO 9001
产品情况:(金口牌)
　轻、中、重型各种规格的汽车传动轴,豪华汽车驾驶员座椅及各种铸锻零部件
配套及出口情况:为一汽青岛汽车厂、柳州特种汽车厂、东风柳汽配套;出口美国、日本、韩国,并销往中国香港地区

★四方车辆研究所有限公司
地址:山东省青岛市四方区瑞昌路231号
邮编:266031
电话:0532/86083238、86083268
传真:84992961
网址:www.srsri.com
电子信箱:shichangbu@srsri.com
单位人数:600
质量体系:ISO 9001、ISO 14001
产品情况:年产空气弹簧、橡胶减振件等

★青岛海祥机械有限公司
地址:山东省青岛市四方区周口路香里
邮编:266033
电话:0532/84011477、84820990
传真:84810990
质量体系:ISO/TS 16949、ISO 9001
产品情况:汽车用后桥差减总成、轴头、后桥轴间差速器、固定环、后桥壳、加强圈、凸轮轴支架座、螺纹接头、飞轮总成、飞轮齿圈和油封座圈等

★青岛黄海橡胶股份有限公司
地址:山东省青岛市李沧区沧安路1号
邮编:266041
电话:0532/84678202、84678516
传真:84678777、84678288
网址:www.yellowsea.com.cn
电子信箱:yellowsea@yellowsea.com.cn
单位人数:9042
质量体系:ISO/TS 16949、ISO 9000
产品情况:(黄海牌、力霸牌、路通达牌)
　农用车轮胎、轻型车轮胎、轻型载货汽车轮胎
出口情况:远销欧洲、北美洲、东南亚、大洋洲、非洲等地区

★青岛派田得汽车齿轮有限公司
地址:山东省青岛市李沧区安顺路35-A号
邮编:266043
电话:0532/84811188
传真:84810098
网址:www.ptdcl.com
电子信箱:qdptd@163.com
质量体系:ISO 9001
产品情况:重型汽车后桥齿轮及主减速器总成

★青岛帅潮实业有限公司
地址:山东省青岛市李沧区娄山路1号
邮编:266043
电话:0532/84832999、84831717
传真:84832028
电子信箱:chlchl105@163.Com
单位人数:653
质量体系:ISO/TS 16949
产品情况:钢板弹簧、销轴、制动盘、支撑腿

★青岛海神轮胎制造有限公司
地址:山东省青岛市李沧区瑞金路19号
邮编:266043
电话:0532/84916678
传真:84916677
网址:www.seagod.cn
电子信箱:sales@seagod.cn
单位人数:300
质量体系:ISO 9001
产品情况:(海神牌、SEAGOD牌)
工程机械轮胎、摩托车轮胎、农用车轮胎、自行车轮胎、汽车轮胎
出口情况:远销北美洲、南美洲、东亚、东南亚、中东、非洲

★青岛瑞诺轮胎有限公司
地址:山东省青岛市海尔路东侧182-6号地恩地财富大厦1502室
邮编:266061
电话:0532/86077816、80662967
传真:86077817、80662976
网址:www.rhinotyre.com
电子信箱:rhino@rhinotyre.com
产品情况:载货汽车轮胎、工程轮胎、农业轮胎、半钢轮胎、工业轮胎以及车轮等

★青岛敦惠机电有限公司
地址:山东省青岛市山东路2A号
邮编:266071
电话:0532/83096572、83096571
传真:83096517、83096518
网址:www.uumg.com
电子信箱:gordon66@china.com
质量体系:ISO 9001
产品情况:制动室、悬架总成、车桥、制动阀、轴承、轴套等

★山东宏宇轮胎集团
地址:山东省青岛市香港中路10号颐和国际大厦811室
邮编:266071
电话:0532/85026292、85039132
传真:85030700
网址:www.hongyutyre.com
电子信箱:info@uf-china.cn
单位人数:1200
质量体系:ISO 9001
产品情况:斜交工程轮胎、子午工程轮胎、子午载货汽车轮胎
出口情况:出口美洲、欧洲、非洲等地区

★胜地汽车零部件制造有限公司
地址:山东省青岛市香港中路18号福田太广场
邮编:266071
电话:0532/85761111、85768339
传真:85768370
网址:www.winhere.com.cn
电子信箱:autoparts@winhere.com.cn
质量体系:ISO/TS 16949、VDA 6.1
产品情况:制动盘、制动鼓、水泵等
出口情况:出口欧洲、澳大利亚、日本、韩国、中东、东南亚、南北美洲、非洲等国家和地区

★青岛福临轮胎有限公司
地址:山东省青岛市闽江路二号国华大厦B座11F
邮编:266071
电话:0532/85936917、85936967
传真:85936969、85936955
网址:www.fullruntyre.com
质量体系:ISO 9001
产品情况:(FULLRUN牌、ANTYRE牌、FULLWAY牌、CLEAR牌)
轮胎
出口情况:产品90%出口

★青岛方正机械集团有限公司
地址:山东省青岛市李沧区郑佛路17号
邮编:266100
电话:0532/82287905、87687813
传真:82287928、87682027
网址:www.chinaqf.com
电子信箱:fxj@chinaqf.com
质量体系:ISO/TS 16949、ISO 9001
产品情况:驱动桥空气悬架、随动桥空气悬架、可提升桥空气悬架,特种车桥,专用汽车,具有年产各种空气悬架4万台份、特种车桥3万根和各种专用汽车2000辆的生产能力
配套情况:为一汽集团、北汽福田、东风汽车公司等配套

★韩瑞汽车零部件(青岛)有限公司
地址:山东省青岛市李沧区虎山路79号
邮编:266100
电话:0532/87658699、87658516
传真:87658599
网址:www.hanseoclutch.com
电子信箱:hanseosuper@hotmail.com
产品情况:(韩瑞牌)
韩系、日系、欧系及重型货车离合器
出口情况:出口世界20多个国家和地区

★青岛海通车桥有限公司
地址:山东省青岛市李沧区京口路90号
邮编:266100
电话:0532/87896230、87627578
传真:87895211
网址:www.cheqiao.cn
电子信箱:bgs@cheqiao.cn
单位人数:572
质量体系:ISO/TS 16949
产品情况:(HT牌)
轻、中、重型载货汽车车桥总成
配套及出口情况:为一汽青岛汽车厂、北汽福田欧曼重型汽车厂、重汽集团、青岛申沃客车、五征集团等配套;出口德国、法国等国家

★青岛约克运输设备有限公司
地址:山东省青岛市城阳区正阳东路青特产业园25号
邮编:266106
电话:0532/87885757
传真:87884666
网址:www.qdyuek.com
电子信箱:yuek@qingtegroup.com
单位人数:2100
质量体系:ISO/TS 16949
产品情况:(YUEK牌)
支承桥
配套及出口情况:为各大汽车改装厂配套;出口欧洲、北美洲、中东、非洲、澳大利亚、东南亚等地区,年出口额1568万元

★青岛喜盈门双驼轮胎有限公司
地址:山东省青岛市城阳区惜福镇东铁村
邮编:266106
电话:0532/87889263、87889778
传真:87889213
网址:www.doublecamel.com
电子信箱:zhsh@doublecamel.com
质量体系:ISO/TS 16949、ISO 9001
产品情况:(双驼牌、犀牛牌、奥耐特牌)
具备年产摩托车轮胎1000万套、载货汽车轮胎100万套的生产能力

★青岛市元通汽车传动轴厂
地址:山东省青岛市城阳区正阳东路1号
邮编:266106
电话:0532/87987706、87987708
传真:87987706
电子信箱:qdyuantong@qdyuantong.com
单位人数:218
质量体系:ISO/TS 16949、ISO 9001
产品情况:汽车传动轴总成及凸缘盘
配套情况:为北奔重汽、一汽集团、西安伊顿法士特、南京依维柯、重汽济南卡车、一汽山东汽车改装厂、一汽青岛汽

车厂等配套

★青岛青特铸造有限公司
地址:山东省青岛市城阳区青特工业园
邮编:266108
电话:0532/81158797、87980222
传真:87980333
网址:www. qt - group. com
电子信箱:qtgroup@ public. qd. sd. cn
质量体系:ISO/TS 16949、ISO 9001
产品情况:(青特牌)
各种中、重型载货汽车车桥的灰铁、球铁铸件毛坯,减速器壳、差速器壳、轮毂、制动鼓等铸件,发动机缸体、缸盖等铸件,年产各种铸件5万t

★青岛锐德世达科技有限公司
地址:山东省青岛市李沧区湘潭路47号乙
邮编:266109
电话:0532/84681078
传真:84918995
网址:www. ridestarqd. com
电子信箱:ridestar@ 163. com
质量体系:ISO 9001
产品情况:(Ridestar牌)
商用车桥、车辆空气悬架系统、载货汽车驾驶室空气悬置等
配套情况:与义和车桥、格兰莱特公司建立战略合作关系

★青岛青特众力车桥有限公司
地址:山东省青岛市城阳区不其路25号
邮编:266109
电话:0532/87869219、87766666
传真:87860388
网址:www. qt - group. com
电子信箱:qtgroup@ public. qd. sd. cn
单位人数:100
质量体系:ISO/TS 16949、ISO 9001
产品情况:(青特牌)
驱动桥
配套及出口情况:为一汽集团、东风汽车公司、中国重汽、北汽福田等配套;出口驱动桥总货值800万元

★青岛加力汽车制动器有限公司
地址:山东省青岛市城阳区棘洪滩街道
邮编:266111
电话:0532/55676927、55676928
网址:www. jialirotors. com
电子信箱:Webmaster@ jialirotors. com
质量体系:ISO 9001
产品情况:汽车制动器及零配件
出口情况:远销美国、加拿大、日本及欧洲等国家和地区

★青岛黄海轮胎厂
地址:山东省即墨市龙山办事处团彪
邮编:266205
电话:0532/86580178
传真:86580868
网址:www. qdystyre. com
电子信箱:sales@ qdystyre. com
单位人数:500
质量体系:ISO 9001
产品情况:(双池山牌、海湾牌、凯凯牌)
载货汽车轮胎、工程机械轮胎、农用机械轮胎
出口情况:远销欧洲、美洲、中东、拉丁美洲等80多个国家和地区

★青岛丰宝汽车离合器有限公司
地址:山东省青岛即墨市大信镇丰宝路1号
邮编:266229
电话:0532/82537999
传真:82530999
网址:www. qdfengbao. com
电子信箱:info@ qdfengbao. com
单位人数:128
质量体系:ISO/TS 16949、ISO 9001
产品情况:(丰宝牌)
汽车离合器总成
配套及出口情况:为陕汽、北汽欧曼、重汽集团、泰安专汽等配套;出口欧洲地区,每年远销产品约占公司总量的25%

★青岛三星精锻齿轮有限公司
地址:山东省青岛胶州市广州北路300号
邮编:266300
电话:0532/82290665、82290801
传真:82292700
网址:www. qdjdcl. cn
电子信箱:qdjdcl@ public. qd. sd. cn
单位人数:442
质量体系:ISO/TS 16949、ISO 9001
产品情况:(三星牌)
精锻差速器齿轮、精密圆柱齿轮、汽车变速器同步齿环、传动轴、精密锻件、气液减振器等
配套情况:为国内外大型汽车厂配套

★青岛精益精锻齿轮有限公司
地址:山东省胶州市滨州路5号
邮编:266300
电话:0532/82292395、82298535
传真:82290996
网址:www. forginggear. com
电子信箱:jingyijingduan@ 163. com
单位人数:300
质量体系:ISO 9001
产品情况:(一心牌)
精锻行星齿轮、半轴齿轮、锥齿轮以及各种精密锻件
配套及出口情况:主要为一汽集团、一汽哈尔滨轻型车厂、福田雷沃重工、山东工程机械厂、台励福叉车(青岛)公司、山东时风等配套;部分产品出口欧洲、美洲地区

★青岛双星轮胎工业有限公司
地址:山东省胶南市青岛路
邮编:266400
电话:0532/86116560、86160670
传真:86163978
网址:www. doublestartyre. com
负责人:汪海
质量体系:ISO/TS 16949
产品情况:全钢载重子午胎、半钢子午胎、斜胶载重轮胎、轻型农用车轮胎、工程轮胎、内胎垫带、特种轮胎等
出口情况:远销欧洲、美洲、东南亚、中东等140多个国家和地区

★青岛道安工贸有限公司
地址:山东省青岛市胶南市黄山道安路1号
邮编:266424
电话:0532/86760666
传真:86760555
质量体系:ISO 9001
产品情况:丁基内胎

★ 青岛盛博机电有限公司
地址:山东省胶南市临港路2527号
邮编:266431
电话:0532/83195050
传真:83191962
网址:www. xyyauto. com
电子信箱:hr@ chinabrakepad. cn
法人代表:杜效德
负责人:周晓明
单位人数:300
质量体系:ISO/TS 16949、ISO 9001
产品情况:(VQDX牌)研发制造各类汽车、柴油车的制动片及制动系统,年产310万套
配套及出口情况:为奇瑞汽车、天津一汽、重庆力帆配套;出口美国、加拿大、墨西哥、智利、韩国,汽车制动片年出口200万套
☞ 详细情况请参阅彩色宣传版面

★东营盛宇工贸有限公司
地址:山东省青岛市经济技术开发区保税区北京路63号天智大厦8楼G室
邮编:266500
电话:0532/86767033
传真:86766293
网址:www. sunwitbrake. com
电子信箱:info@ sunwitbrake. com
质量体系:ISO/TS 16949
产品情况:汽车制动盘、制动鼓等

★青岛华瑞汽车零部件有限公司
地址:山东省青岛市经济技术开发区辛安工业园
邮编:266510
电话:0532/86829600、86829700
传真:86829701
网址:www. hrap. cn
电子信箱:hr@ hrap. cn
单位人数:413
质量体系:ISO/TS 16949、QS 9000
产品情况:液压盘式、气压鼓式和气压

盘式制动器总成;汽车用前桥总成等;农业装备用离合器;行星架、轴承座、差速器壳体、板材件等;气压盘式制动块、油压盘式制动块和油压鼓式制动蹄总成
配套及出口情况:为一汽集团、东风汽车公司、上海通用、北汽福田等配套;远销欧洲、美洲、澳大利亚等国家和地区

★威伯科汽车控制系统(中国)公司
地址:山东省青岛市经济技术开发区渭河路917号
邮编:266510
电话:0532/86861000
传真:86837899
单位人数:240
质量体系:ISO/TS 16949
产品情况:空气压缩机、空气干燥器、四回路保护阀、空气处理单元、制动阀、继动阀、自动感载阀、挂车控制阀、离合器总泵、离合器助力缸、制动气室、制动器、防抱死制动系统、空气悬架、电子控制制动系统等

★青岛欧美亚橡胶工业有限公司
地址:山东省平度市白埠镇小张家村
邮编:266700
电话:0532/82390000、82399898
传真:82390999、82399999
网址:www.chinatyre.net
电子信箱:eaa@worldeaa.com
单位人数:1500
质量体系:ISO/TS 16949、ISO 9001
产品情况:轮胎、履带等橡胶产品
出口情况:远销澳大利亚、德国、美国、西班牙、韩国等国家

★青岛淄柴飞华齿轮有限公司
地址:山东省平度市华侨科技园阳光大道99号
邮编:266700
电话:0532/88306809、88306810
传真:88306805、88306812
网址:www.qdfeihua.com
电子信箱:info@qdfeihua.com
单位人数:700
质量体系:ISO 9000
产品情况:(飞华牌)
年产汽车后桥齿轮10万套、工程机械驱动桥总成5000支、舰艇机械及其他零部件100万件
配套及出口情况:为卡特彼勒、山东山工机械、山东时风、山东汇金、泰安鲁能机械、山东常林、意大利卡拉罗传动公司、西班牙奥萨公司等配套;出口美国、韩国、意大利等

★青岛市平度齐鲁车架厂
地址:山东省平度市华侨科技工业园台湾路中段101号
邮编:266700
电话:0532/89005872、87365158
传真:87360468
网址:www.qdqilu.com
电子信箱:qdqilu@czkx.com.cn
质量体系:ISO 9001
产品情况:车架

★青岛博尔玛汽车配件有限公司
地址:山东省平度市同和工业园圣达路18号
邮编:266706
电话:0532/87315956
传真:87310995
网址:www.bermqp.com
电子信箱:qdboom@163169.com
质量体系:ISO 9001
产品情况:(BOOM牌)
转向器、传动轴等

★青岛百特交通器材有限公司
地址:山东省平度市门村镇工业园
邮编:266708
电话:0532/87321865、87329798
传真:87321865
网址:www.qdbaite.com
电子信箱:qdbaite@czkx.com.cn
单位人数:100
质量体系:ISO 9001
产品情况:汽车车轮、车架,具有年产车轮20万套、车架5000台的能力

★青岛弘盛汽车配件有限公司
地址:山东省平度市唐田工业园
邮编:266709
电话:0532/85301188、85301178
传真:85301818
网址:www.hsqipei.com
电子信箱:info@hsqipei.com
单位人数:298
质量体系:ISO/TS 16949、ISO 9001
产品情况:各种汽车制动调整臂总成
配套及出口情况:为东风汽车公司等配套;出口美国、英国、德国、意大利、日本、韩国、新加坡、西班牙等国家

★光明轮胎集团
地址:山东省青岛市秦岭路海韵东方605
邮编:266724
电话:0532/86311999、80821115
传真:86311777、80821111
网址:www.guangmingtyre.cn
电子信箱:guangmingtyre@hotmail.com
单位人数:1600
质量体系:ISO 9001
产品情况:(河山牌、超音速牌、光明使者牌、游子神牌)
工程轮胎、载货汽车全钢子午轮胎、微型汽车斜交轮胎等
出口情况:远销亚洲、非洲、欧洲、大洋洲、美洲等五大洲30多个国家和地区

★青岛恒达轮胎有限公司
地址:山东省平度市前楼工业园
邮编:266724
电话:0532/86316788、85893391
传真:86316898、85893392
网址:www.hengdatyre.com
电子信箱:info@hengdatyre.com
单位人数:800
质量体系:ISO 9001
产品情况:(FOREVER牌、HENGTAR牌)
工程机械轮胎,载货汽车、农业和叉车轮胎等,年产能力80万套
出口情况:出口欧洲、美洲、非洲、中东、东南亚等20多个国家和地区

★泰安华泰铝轮毂有限公司
地址:山东省泰安市泰山区东湖路1号
邮编:271000
电话:0538/6133067
传真:6133018
网址:www.cnwheel.com
电子信箱:info@cnwheel.com
单位人数:800
质量体系:ISO/TS 16949、ISO 9001
产品情况:铝合金轮毂

★泰安市亿力液压机械有限公司
地址:山东省泰安市泰山区徐家楼街道办事处宅子村
邮编:271000
电话:0538/6217143
传真:6209699
网址:www.sdyili.com
电子信箱:tasyliyyjxyxgs@126.com
单位人数:106
质量体系:ISO 9001
产品情况:(双飞牌)
直推前置式液压缸、单作用活塞式液压缸、侧翻液压缸等

★山东丰润机械制造有限公司
地址:山东省莱芜市高新区滨河工业园
邮编:271100
电话:0634/6020999、6020667
传真:6020677、6020668
网址:www.sd-fengrun.com
单位人数:600
质量体系:ISO/TS 16949
产品情况:工程机械、汽车用弧齿锥齿轮,金属锻造及加工,液压油缸
配套情况:主要合作伙伴有VOLVO、中国重汽、青特集团、陕西重汽、畅丰车桥、北方奔驰、曙光集团、湖北三环、一汽蓬翔、一汽、安凯车桥

★山东汇金股份有限公司
地址:山东省莱芜市莱城区口镇
邮编:271114
电话:0634/6650658、6650258
传真:6650266、6650061
网址:www.huijinfoundry.com
电子信箱:huijinmail@163.com
单位人数:2000
质量体系:ISO/TS 16949、QS 9000

产品情况:(TUSIKOU 牌)
车桥
配套及出口情况:为北汽福田、淄博汽车厂、浙江临海、河北新凯、重汽集团等配套;出口汽车零部件主要为美国福特、沃尔沃集团、美国玛克、韩国现代、日本三菱等配套;出口西欧、北美洲等地区

★山东泰山轮胎有限公司
地址:山东省肥城市泰西大街1号
邮编:271600
电话:0538/3269616、3269341
传真:3269678、3260511
网址:www.taishantyre.com
电子信箱:tstyregsb@126.com
单位人数:2000
质量体系:ISO 9001、ISO 14001
产品情况:(泰山牌)
载货汽车轮胎,工程轮胎、农业轮胎等
配套及出口情况:为北汽福田、徐工起重机械、重庆重汽、北奔重汽、宝鸡华山车辆厂、常林工程机械、成都工程机械、江苏盐城悦达拖拉机厂、宁波拖拉机厂、佳木斯约翰迪尔、天津约翰迪尔、洛阳一拖等配套;出口70多个国家和地区

★泰安瑞泰达机械有限公司
地址:山东省肥城市湖屯镇工业园
邮编:271613
电话:0538/3610989、3610997
传真:3610965
网址:www.ruitaida.cn
电子信箱:ruitaidafhg@163.com
单位人数:100
质量体系:ISO 9001
产品情况:各种半挂车悬架系统(德式、美式及单点悬架),厢式垃圾车配件,工程机械挖斗、前铲、支腿等
配套及出口情况:提供配件加工或组装的OEM配套服务;出口美国、欧洲、非洲、中东等国家和地区

★济宁精益轴承有限公司
地址:山东省济宁市高新区新元路58号
邮编:272000
电话:0537/2313443
传真:2313443
网址:www.jy-bearing.com
电子信箱:info@jy-bearing.com
单位人数:590
质量体系:ISO/TS 16949、ISO 9001
产品情况:(精益牌)
"4"类型滚针轴承、"2"类型滚子轴承系列,主要用于汽车变速器、车桥、工程机械变速器、液压泵、卷扬机等,产品规格60余种
配套情况:为国内大型主机企业定点配套

★嘉祥县汽车配件制造厂
地址:山东省嘉祥县孟姑集工业园区
邮编:272000
电话:0537/6471163
传真:6478666
网址:www.sdqp.net
电子信箱:sdqp666@sina.com
单位人数:200
质量体系:ISO 9001
产品情况:(通华牌)
半挂车支承装置、悬架系统
出口情况:出口国外多个国家

★山东嘉祥宝华汽车配件有限公司
地址:山东省嘉祥县孟姑集经济开发区
邮编:272000
电话:0537/6477668
传真:6477668
质量体系:ISO 9001
产品情况:挂车支撑装置、悬架系统、储气筒、大箱合页等

★济宁市隆发车轮厂
地址:山东省济宁市老327国道与机械路交汇处东100米路南
邮编:272000
电话:0537/6803656
传真:6803656、6808788
电子信箱:dyf@lfpj.com
单位人数:182
质量体系:ISO 9001
产品情况:(五冠牌)
各型号车轮

★山东济宁车轮厂
地址:山东省济宁市太白东路23号
邮编:272035
电话:0537/2353798、2353786
传真:2317934
网址:www.jiningwheel.com
电子信箱:sales@jiningwheel.com
单位人数:786
质量体系:ISO/TS 16949、QS 9000
产品情况:(JC牌)
各种规格的钢制车轮,年产能力150万套
配套及出口情况:为一汽集团、南京汽车集团、东风汽车公司、中集集团、重汽集团、宇通客车、安凯客车、江淮汽车、金龙客车、北京华德尼奥普兰、中国一拖集团、上海纽荷兰、北汽福田、山工集团、徐工集团等配套;出口美国、韩国、马来西亚、日本等国家,并销往中国香港、台湾地区

★兖州市环宇车轮有限公司
地址:山东省兖州市大安镇辛北庄
邮编:272114
电话:0537/3839666、3839999
传真:3839666
质量体系:ISO/TS 16949、ISO 9001
产品情况:重型载货汽车和拖拉机钢圈,年产能力200万只
配套及出口情况:为陕汽集团、重汽集团、上汽依维柯红岩、福田汽车、上海纽荷兰等配套;出口欧洲、美洲、中东、东南亚等地区

★济宁市太东工贸有限公司
地址:山东省济宁市中区太白东路65号
邮编:272117
电话:0537/2316968、3156903
传真:2313251
网址:www.jntdgm.com
单位人数:216
质量体系:ISO 9000
产品情况:钢板弹簧

★梁山亨通公司摩擦密封材料总厂
地址:山东省梁山县水泊西路44号
邮编:272600
电话:0537/7320386
传真:7318248
网址:www.htsyqp.com
电子信箱:htsyqp@126.com
单位人数:127
质量体系:ISO/TS 16949、QS 9000
产品情况:(水泊梁山牌、重集安卡牌)
汽车制动器衬片、密封垫片、离合器减振阻尼片、工程机械、通用机械制动块等
配套及出口情况:为一汽解放、东风、重汽斯太尔、豪沃、陕汽德龙、汉德、北方奔驰、欧曼、富华、BPW、约克等配套;出口美国及中东一些国家和地区

★山东梁山常在机械制造有限公司
地址:山东省梁山县公明路西段
邮编:272600
电话:0537/7524777
传真:7523333
质量体系:ISO 9001
产品情况:(常在牌)
半挂车支承装置、牵引销、储气筒、鞍式牵引座悬架系统、制动分泵、集装箱转锁、各式锁具及各类合页等
出口情况:远销韩国、美国、马来西亚、卡尔代夫、拉丁美洲等国家和地区

★山东梁山宝通汽车配件制造公司
地址:山东省梁山县梁山镇工业园区
邮编:272600
电话:0537/7736288
传真:7735199
网址:www.sdbaotong.com
电子信箱:sd-lsbaotong@163.com
单位人数:200
质量体系:ISO 9001
产品情况:牵引座、牵引销、悬架系统、半挂支承装置、备胎架、储气筒、集装箱转锁、锁具、制动分泵、箱、紧绳器、后灯架、边灯架、摇把架、平合页、鼓合页、绳钩、挡泥板、备胎支承架及各种橡胶制品等

★梁山顺安达汽车配件制造有限公司
地址:山东省梁山县梁山镇工业园区
邮编:272600
电话:0537/7736856
传真:7736398
网址:www.lssad.com
电子信箱:shun_anda@163.com
质量体系:ISO 9001
产品情况:汽车制动系统(各种制动阀、弹簧制动气室等)

★梁山大荣交通机械有限公司
地址:山东省梁山县拳铺镇工业园区
邮编:272600
电话:0537/7761196
传真:7761196
网址:rscaxle.en.alibaba.com
电子信箱:darongaxle@163.com
质量体系:ISO 9001
产品情况:(大荣牌)
车轴、车桥总成

★梁山四平亿利德专用汽车配件公司
地址:山东省梁山县拳铺镇工业园区
邮编:272613
电话:0537/7763198、7765819
传真:7765489
网址:www.spyld.com
单位人数:150
质量体系:ISO 9000
产品情况:90 型、50 型鞍式牵引座板总成,90 型、50 型牵引销总成,30 型储能弹簧制动气室,半挂车悬架装置总成等
配套情况:为部分汽车生产厂配套

★梁山县金盛车桥有限公司
地址:山东省梁山县拳铺镇工业园区
邮编:272613
电话:0537/7763998、7763996
传真:7666366
网址:www.jinshengcheqiao.com
电子信箱:js-axle@163.com
单位人数:300
质量体系:ISO/TS 16949、ISO 9001
产品情况:(金盛桥牌)
具有年产半挂车车轴 6 万只、悬架总成 5 万套的生产能力
配套及出口情况:为国内挂车生产企业、汽车生产企业配套;出口东南亚、中东、拉丁美洲等多个国家和地区

★梁山县三星机械制造有限公司
地址:山东省梁山县杨营镇经济开发区
邮编:272620
电话:0537/7528997、7528998
传真:7366126
网址:www.lssxjx.com
单位人数:150
质量体系:ISO 9001
产品情况:(SX 牌)
半挂车悬架系统、鞍式索引座、牵引销、冷成型牵引座连接板(波纹板)及水泥罐车罐盖总成等
出口情况:远销欧美和东南亚等地区

★山东临工汽车桥箱有限公司
地址:山东省平邑县财源大道北首
邮编:273300
电话:0539/4211637
传真:4232161
网址:www.lgqx.cn
电子信箱:sdlgqx@163.com
单位人数:1200
质量体系:QS 9000、ISO 9001
产品情况:(SDLG 牌)
轻型汽车变速器、工程机械液力变矩器、变速器、前后桥总成及其零部件
配套及出口情况:为一汽红塔云南、东风轻型车、北汽福田、合肥江淮、沈阳金杯、长安跨越、东安黑豹、淄汽唐骏、凯马汽车等配套;出口美国、日本、俄罗斯、印度、伊朗、阿尔及利亚等国家

★菏泽恒顺汽摩配件有限公司
地址:山东省菏泽市开发区太湖路
邮编:274000
电话:0530/5334710、5192918
传真:5333359
单位人数:200
质量体系:ISO/TS 16949、ISO 9001
产品情况:(景峰牌)
各种汽车减振器,五大类 30 多个品种,年产能力达 50 万只

★山东省三利轮胎制造有限公司
地址:山东省曹县中兴路东 3 号
邮编:274400
电话:0530/3232666、3232888
传真:3231972
网址:www.sanlityre.com
电子信箱:sanli@sanlitire.com
单位人数:1087
质量体系:ISO/TS 16949、ISO 9001
产品情况:(三立牌)
工程机械轮胎、载重轮胎、轻型载重轮胎、农用车轮胎,橡胶水胎、橡胶内胎及胶座气门嘴、气门嘴铜体等
出口情况:出口东南亚、中东、南美洲、非洲等地区

★临沂市顺成机械有限公司
地址:山东省临沂市河东区郑旺镇北
邮编:276017
电话:0539/8825188、8825388
传真:8825388
网址:www.scbg.com.cn
电子信箱:616@scbg.com.cn
质量体系:ISO 9001
产品情况:(顺成牌)
重型车车桥及各种制动鼓、轮毂

★临沂市第三汽车配件厂
地址:山东省临沂市河东区河东工业园利源街 1813 号
邮编:276026
电话:0539/8369666、8053626
传真:8053627、8056368
网址:www.linyiauto.com
电子信箱:linyiauto@yahoo.com.cn
质量体系:ISO 9001
产品情况:汽车制动盘、制动鼓

★山东蒙凌工程机械股份有限公司
地址:山东省临沂市河东区
邮编:276032
电话:0539/8830506、8830308
传真:8830110
网址:www.menglinggroup.com
电子信箱:trade@menglinggroup.com
单位人数:2300
质量体系:ISO 9001
产品情况:(蒙凌牌)
汽车桥壳,装载机及其桥壳、副车架,箱体壳体等
配套情况:与北汽福田、华菱汽车、汉德等重卡企业建立了长期配套关系

★沂水县永达液压机械有限公司
地址:山东省沂水县城沂博路 16 号
邮编:276400
电话:0539/2253703、2226767
传真:2264014
网址:www.ydco.com.cn
电子信箱:ydco@sina315.com
单位人数:280
质量体系:ISO 9001
产品情况:(永达牌)
各种液压油缸
配套及出口情况:为国内几大农用车辆厂配套;出口东南亚

★山东省日照市松柏汽配厂
地址:山东省日照市东港区高新一路 72 号
邮编:276801
电话:0633/2218217
质量体系:ISO 9001
产品情况:驻车制动器、玻璃升降器

★山东金马工业集团股份有限公司
地址:山东省日照市上海路 399 号
邮编:276826
电话:0633/8879229、8786657
传真:8785887
网址:www.sdjinma.cn
电子信箱:sdjinma@sdjinma.cn
单位人数:2500
质量体系:ISO/TS 16949、ISO 9001
产品情况:汽车转向机活塞、曲轴、凸缘、轮毂、控制臂、拉杆球壳、拨叉、球座、车钩、尾钩等
出口情况:远销欧洲、亚洲、美洲等 40 多个国家和地区

★枣庄汽车运输公司汽车配件制造厂
地址:山东省枣庄市中区东河路 6 号
邮编:277101
电话:0632/3309450

传真:3309459
电子信箱:zzqcjlb@163.com
质量体系:ISO 9001、QS 9000
产品情况:各种车型U形螺栓、销轴、半轴套管、半挂车悬架总成、紧绳器、厢式车门锁总成、车用螺母套筒扳手和冲压密封件等

河南省

★河南省郑州市沃尔德机械公司
地址:郑州市107国道姚庄国产汽配城C区9号
邮编:450000
电话:0371/66736308、63198888
传真:66736318、63198999
网址:www.zzwoerde.com.cn
单位人数:500
质量体系:ISO 9001
产品情况:汽车轮辋、轮辐、型钢车轮

★郑州八钢板簧有限公司
地址:郑州市金岱工业园
邮编:450000
电话:0371/66838408、66838409
单位人数:40
质量体系:ISO 9001
产品情况:汽车板簧、垫板、盖板、支架、螺栓等

★安联(郑州)工程机械有限公司
地址:郑州市高新技术产业开发区冬青西街和紫竹路交叉口
邮编:450001
电话:0371/67853996、67853997
传真:67853995
网址:www.alionaxles.com
电子信箱:wang@safpart.com
单位人数:120
质量体系:ISO 9001
产品情况:(ASAF牌)
车桥、制动鼓、轮毂等
出口情况:出口车桥、制动鼓、轮毂、惰轮调节器

★郑州交通汽配有限公司
地址:郑州市南三环河南汽贸园B1区6排18号
邮编:450003
电话:0371/66832151、66827746
传真:66811419
电子信箱:zzjtqp@tom.com
质量体系:ISO 9001
产品情况:(交统牌)
汽车板簧

★郑州凯通汽配有限公司
地址:郑州市中州大道与南三环交叉口东南角南2号
邮编:450009
电话:0371/69110652
传真:60273906
网址:www.zzkaitong.com
电子信箱:zzkaitong@126.com
质量体系:ISO/TS 16949
产品情况:(凯畅牌)
汽车钢板弹簧,兼营钢板卡子、中心螺栓、挂车吊耳等配件
配套及出口情况:与车辆制造厂家配套;出口俄罗斯、印度、非洲等国家和地区

★郑州永昌实业有限公司
地址:河南省巩义市经济开发区永安路南段
邮编:451252
电话:0371/64134829、64134777
传真:64134359
网址:www.banhuang.org
电子信箱:zzycsy@126.com
质量体系:ISO 9001
产品情况:汽车板簧等

★河南昌通科技有限公司
地址:河南省巩义市工业示范区
邮编:451252
电话:0371/64136538、64134118
传真:64134128
网址:www.cn-changtong.com
电子信箱:ct@cn-changtong.com
单位人数:600
质量体系:ISO/TS 16949、ISO 9001
产品情况:(昌通牌)
汽车板簧、轧制弹簧扁钢及型材、汽车制动器、凸缘成品及毛坯、自蔓延合成陶瓷钢管等,年产能力汽车板簧30000t、弹簧扁钢及型材16000t、汽车制动器150万台、凸缘成品及毛坯20000t
配套及出口情况:汽车板簧为黔南农用运输车制造厂EQ140SD180T、SD150T配套,汽车板簧为玉动车辆有限公司EQ140HCA配套,汽车板簧为河池车辆厂EQ140HCA配套;远销泰国、波兰、丹麦、南非等国家

★郑州景瑞汽车板簧有限公司
地址:郑州市中牟县白沙镇工业园区36号
邮编:451464
电话:0371/62360610、62360612
传真:62360601
网址:www.zzjingrui.com
电子信箱:info@zzjingrui.com
单位人数:62
质量体系:ISO/TS 16949、QS 9000
产品情况:(Jingrui牌)
专业生产汽车板簧,年产能力1.5万t
配套及出口情况:为中集集团、北京环达、青岛胜狮、天津劳尔、扬州盛达、扬天汽车、北京威腾等OEM配套供应JRX301、JRX402、JRX405、JRX408,JTG-25等半挂、全挂车系列板簧,以及JRD1390-10,JRD1390-12,JRD1390-13,JRD1690-7,JRD1690-12等半挂车系列板簧,JRD14(16)90-12等全挂车系列汽车板簧;出口美国、加拿大、巴拿马、危地马拉、秘鲁、哥斯达黎加、洪都拉斯、智利、意大利、韩国等国家,出口50多种型号的汽车板簧

★河南省德金齿轮有限公司
地址:河南省长葛市南环路西段
邮编:451500
电话:0374/6432199、6636446
传真:6432299、6638198
网址:www.hnzhuocheng.com
电子信箱:hncgdj@126.com
单位人数:300
质量体系:ISO 9001
产品情况:汽车中后桥螺旋锥齿轮及减速器总成

★郑州华威齿轮有限公司
地址:河南省新密市嵩山大道289号
邮编:452370
电话:0371/69992168
传真:69995599
网址:www.zzhw.com.cn
电子信箱:hwdjsb@sina.com
单位人数:386
质量体系:ISO/TS 16949
产品情况:(华威牌)
汽车前后桥齿轮;CC1020系列前后桥齿轮年产16万套,SY6480系列后桥齿轮年产8万套,猎豹系列前后桥齿轮年产5万套,北汽系列、五十铃系列、东风系列等后桥齿轮年产3万套
配套情况:CC1020系列为长城汽车、大迪汽车等配套,SY6480系列为金杯汽车、长丰猎豹、北汽、吉奥等配套,猎豹系列为长丰猎豹、长城哈弗等配套

★新乡市平原汽车技术有限公司
地址:河南省新乡市解放路中段1号
邮编:453003
电话:0373/2055382
传真:2055282
网址:www.xxpyqc.com
电子信箱:pingyuanqc@163.com
质量体系:ISO/TS 16949
产品情况:(平原牌)
车用电涡流缓速器

★豫北(新乡)汽车动力转向器公司
地址:河南省新乡市和平路322号
邮编:453003
电话:0373/5088736、5087550
传真:5088703
网址:www.yb103.com.cn
电子信箱:scb@yb103.com.cn
单位人数:1204
质量体系:ISO/TS 16949
产品情况:(翼寰牌)
汽车转向器
配套及出口情况:为郑州日产、保定长城、江淮、江铃、北汽福田、庆铃、长丰猎

豹、一汽、东风、哈飞、郑州宇通、南京依维柯、比亚迪、厦门金龙等配套;出口俄罗斯、墨西哥、美国、土耳其、巴西,出口量2.1万台

★新乡市天风汽车空压机厂
地址:河南省新乡市居厢季庄工业区
邮编:453301
电话:0373/8513111、8513888
传真:8513009
网址:www.xxkyj.cn
电子信箱:xxkyj@126.com
质量体系:ISO 9001
产品情况:汽车制动空压机
配套情况:为重汽集团、陕汽、潍柴、杭发、济柴、上柴、大柴、玉柴、一拖等配套

★新乡市增强汽车配件有限公司
地址:河南省长恒县位庄工业区
邮编:453400
电话:0373/8611588、8611366
传真:8611488
网址:www.zqqp.com
电子信箱:xxzqqp@163.com
质量体系:ISO 9001
产品情况:各种汽车减振器

★河南省华腾实业发展有限公司
地址:河南省长垣县起重工业园区纬四路
邮编:453400
电话:0373/8716001、8927743
传真:8927742、8716044
网址:www.htsygs.com
电子信箱:htsyfzgs@163.com
产品情况:(豪晟牌)
汽车减振器及其他零部件
配套及出口情况:为北奔重汽等企业配套;远销部分国家和地区

★河南泰稳减振器有限公司
地址:河南省长垣县起重工业园区华豫大道
邮编:453400
电话:0373/8718888、8718999
传真:8717777
网址:www.hntwgs.com
电子信箱:taiwen888@126.com
质量体系:ISO 9001
产品情况:(泰稳牌)
s20、s25、s30、s40、s50、s65等系列汽车减振器
配套及出口情况:为一汽集团、宇通集团、沈阳金杯、广西五菱集团、重汽集团等国内20多家企业配套;出口越南、老挝等国家

★河南五一机械有限公司
地址:河南省长垣县城南工业区位大路8号
邮编:453424
电话:0373/8718459、7624002
传真:8719408
网址:www.hn51.com.cn
电子信箱:hn51jx@163.com
单位人数:398
质量体系:ISO/TS 16949、ISO 9001
产品情况:各种汽车减振器
配套及出口情况:为一汽集团、沈阳金杯等配套;出口东南亚、非洲等地区

★河南万向系统制动器有限公司
地址:河南省原阳县黄河大道西段
邮编:453500
电话:0373/7294888、7295909
传真:7295906
网址:www.wanxiang.com.cn
电子信箱:henanwanxiang@126.com
单位人数:1400
质量体系:ISO/TS 16949、QS 9000
产品情况:(JIXING牌)
重、中、轻、微、轿车及工程车六大系列制动器总成,具有年产鼓式制动器160万只、钳盘式制动器35万只、气刹制动器50万只、各种轮缸250万只、球墨铸件7000t的生产能力
配套情况:为一汽集团、东风汽车公司、北汽福田、长安、昌河、松花江、奥拓、比亚迪、天津一汽夏利、东南汽车等主机厂配套

★原阳县伟航制动器有限公司
地址:河南省原阳县西衙寺
邮编:453500
电话:0373/7431055、7431011
传真:7432880
网址:www.yywhzd.com
电子信箱:yuanyangweihang@163.com
质量体系:ISO 9001
产品情况:各种轻、中型载货汽车制动器总成

★原阳县汽车配件二厂
地址:河南省原阳县太平镇乡西衙寺村
邮编:453500
电话:0373/7431368、7432000
传真:7431158
网址:www.qcpjec.com
质量体系:ISO 9002
产品情况:制动器、汽车后桥

★辉县市汽车配件有限责任公司
地址:河南省辉县市西环路158号
邮编:453600
电话:0373/6232590、6232585
传真:6294685
网址:www.hnhqp.com
电子信箱:hnhqp@vip.163.com
单位人数:1700
质量体系:ISO/TS 16949
产品情况:转向器壳等各种球墨铸铁和灰铁铸件,年产能力35000t
配套及出口情况:为一汽集团、东风汽车公司、柳汽、杭汽、湖北车桥厂等配套;出口美国、日本、意大利、加拿大、墨西哥、比利时、丹麦等国家

★欧玛(中国)汽车部件有限公司
地址:河南省辉县市城西工业园西外环路中段
邮编:453600
电话:0373/6629600、6629668
传真:6629668
网址:www.omrc-automotive.com
电子信箱:Xa_lzy@hotmail.com
单位人数:600
质量体系:ISO/TS 16949
产品情况:汽车、工程机械、农机的铸铁桥壳和转向节的铸造和机加工,挖掘机的支架的铸造和机加工,各类底盘箱体
配套及出口情况:为约翰·迪尔、凯斯·纽荷兰、爱科、小松、卡特皮勒、菲亚特、北方奔驰、洛阳一拖、陕西重汽等配套;出口美国、意大利、日本、印度等

★焦作制动器股份有限公司
地址:河南省焦作市博爱县人民路北侧
邮编:454000
电话:0391/2088888、2085555
传真:2086666、2087777
网址:www.jzbrakes.com
电子信箱:jzbrakeyxb@sina.com
单位人数:1145
质量体系:ISO 9001
产品情况:(金箍牌)
汽车防抱死系统(ABS)、工业制动器、盘式制动器
配套及出口情况:为洛阳福赛特汽车、无锡神州客车、安徽江淮扬天汽车、山西文水县晋凤挂车等配套;年出口工业制动器、石油泥浆泵等600多万美元

★风神轮胎股份有限公司
地址:河南省焦作市焦东南路48号
邮编:454003
电话:0391/3999011、3999084
传真:3999095、3933952
网址:www.aeolustyre.com
电子信箱:company@aeolustyre.com
质量体系:ISO 9002
产品情况:(风神牌、河南牌)
斜交工程机械轮胎、全钢工程子午胎、全钢载货汽车子午胎、斜交载货汽车轮胎、特种轮胎、农用轮胎、工业轮胎,年产能力500多万套
配套及出口情况:为东风汽车公司、东风柳汽、北汽福田、北京欧曼重型车厂、驻马店中集华骏车辆、重汽集团、安徽华菱、丹东黄海等配套载重胎;为中国龙工、广西柳工、厦工、徐工物资供应公司、山东工程机械等配套工程机械轮胎;出口美国、加拿大、澳大利亚、欧洲、巴拿马、南非、印度尼西亚等120多个国家和地区

★焦作市赛尔汽车配件制造有限公司
地址:河南省焦作市博爱县泗沟工业区
邮编:454450
电话:0391/8684500、8661733

传真:8812634、8812858
网址:www. china - wheel. com. cn
电子信箱:www. thb12@ 371. net
单位人数:1000
质量体系:ISO/TS 16949、ISO 9001
产品情况:(Saier 牌)
载货汽车型钢钢圈、无内胎钢圈,年产能力达 200 万套
配套及出口情况:为一汽集团、东风汽车公司、陕汽集团、重汽集团、洛阳一拖等 20 多家企业配套;出口澳大利亚、新加坡、马来西亚、缅甸、越南、老挝、印度、印度尼西亚、韩国、日本、泰国、美国、德国等国家

★河南省天阳铝合金车轮有限公司
地址:河南省温县城北新洛路中段 188 号
邮编:454850
电话:0391/3821015、3821010
传真:3821000
网址:www. hntianyang. cn
单位人数:460
质量体系:ISO/TS 16949
产品情况:BYD、JL、日产等铝车轮总成,年产 40 万只;大阳、大运、新大洋、海兰德摩托车铝车轮总成,年产 46 万只

★焦作市鑫华丰汽车弹簧厂
地址:河南省焦作市西滑封开发区
邮编:454981
电话:0391/7566777
传真:7566555
网址:xhf. chinaepu. com
电子信箱:wxj2966@ sohu. com
单位人数:186
质量体系:QS 9000
产品情况:高应力少片变截面汽车钢板弹簧,年产量 1 万 t
配套及出口情况:为江淮汽车、郑州宇通等配套;出口以色列、美国等国家,年出口量 3000t

★河南省宏源车轮有限公司
地址:河南省安阳市开发区光明路南段
邮编:455000
电话:0372/2532630
传真:2514098
网址:www. ayhyxg. com
电子信箱:fx7222@ 163. com
单位人数:420
质量体系:ISO 9001
产品情况:(宏源牌)
汽车、工程机械型钢及配件,年产型钢 6 万 t,配件 600 万件
配套及出口情况:为江淮汽车配套汽车挡圈 559913 件,工程机械车轮配件 1450 套,为东风公司配套汽车挡圈 84100 件、工程机械车轮配件 3400 套,为正兴配套汽车挡圈 1146880 件;出口美国、英国、印度、南非

★林州市东风汽车部件有限公司
地址:河南省林州市姚村镇西丰村
邮编:455002
电话:0372/6517588
传真:6511391
网址:www. lzdfqcbj. com
电子信箱:ay114@ 99114. com
单位人数:360
质量体系:ISO 9002
产品情况:重型车前后轮毂、制动鼓、制动蹄铁、差速器壳、减速器壳、后桥等

★河南省汤阴县汽车零部件有限公司
地址:河南省汤阴县人民路东段
邮编:456150
电话:0372/6208336、6208338
传真:6217234
网址:www. tyqcbj. com
电子信箱:tyqclbj@ 126. com
单位人数:350
质量体系:ISO/TS 16949、ISO 9001
产品情况:(宏连牌)
环保型汽车用制动器衬片、制动蹄、鞍式牵引座、牵引销、悬架等,年产值 4 千万元
配套情况:为陕汽集团、北奔重汽、北汽福田、湖南车桥等供货

★河南汤阴县华兴机械制造有限公司
地址:河南省汤阴县宜沟镇车站路
邮编:456174
电话:0372/6371181、6373988
传真:6371187
网址:www. huaxingzhuzao. com
电子信箱:tyhxgs@ 163. com
单位人数:300
质量体系:ISO/TS 16949、ISO 9001
产品情况:轮毂、制动鼓、差速器壳、减速器壳、球墨铸铁车轮、机动车制动器总成等

★河南环燕轮胎股份有限公司
地址:河南省鹤壁市浚县黄河路南段
邮编:456250
电话:0392/5524834、5522606
传真:5529001
网址:www. huanyan. com
电子信箱:hehanhuayan@ sohu. com
单位人数:1000
质量体系:ISO 9001
产品情况:(环燕牌、神农牌、川云牌)
农用车、轻型载货汽车轮胎,年产 130 万套

★林州市第二汽车配件有限公司
地址:河南省林州市东岗镇
邮编:456562
电话:0372/6061101、6061495
传真:6061493
网址:www. ld - qp. com
电子信箱:ldqp@ ld - qp. com
单位人数:170
质量体系:ISO 9002
产品情况:东风、解放、乘龙系列车用配件,后桥壳、减速器、差速器、制动件、悬架件及各种工程机械零部件,年铸造能力 10000 余 t
配套及出口情况:为东风柳汽配套;出口美国、加拿大、韩国等国家

★林州市合鑫铸业有限公司
地址:河南省林州市工业园区
邮编:456581
电话:0372/6581006
传真:6581910
网址:www. lzhxzy. com
电子信箱:yuantongzhuye@ 163. com
单位人数:500
质量体系:ISO/TS 16949、ISO 9001
产品情况:重型车、轿车制动鼓、轮毂、桥壳、差减壳体、转向器壳体等铸件
出口情况:出口俄罗斯、欧洲、东南亚等国家和地区

★河南龙鼎铸业股份有限公司
地址:河南省林州市姚村镇大柳滩村东
邮编:456592
电话:0372/6500103、6500888
传真:6500105
网址:www. longdingcasting. com. cn
电子信箱:LongDingCasting@ 263. net
单位人数:260
质量体系:ISO 9002
产品情况:汽车差速器壳体、飞轮、制动盘、变速器壳体等铸造件
出口情况:出口欧洲、美洲、日本、澳大利亚等国家和地区

★林州市汇银汽车配件厂
地址:河南省林州市姚村镇史家河工业区
邮编:456592
电话:0372/6501578
传真:6501578
质量体系:ISO 9001
产品情况:减速器壳、差速器壳

★林州市通达汽车配件厂
地址:河南省林州市姚村师街村南边
邮编:456592
电话:0372/6510337
网址:www. lztdqp. com
电子信箱:lztdqp@ lztdqp. com
质量体系:ISO 9001
产品情况:平衡轴支架、板簧座、支架等及配套成品

★林州市交通配件有限公司
地址:河南省林州市姚村镇超石板工业区
邮编:456592
电话:0372/6511323、6527777
传真:6517900
网址:www. jtpjgs. com
电子信箱:jtpjgs@ jtpjgs. com
单位人数:200
质量体系:ISO/TS 16949、ISO 9001
产品情况:(共发牌)

汽车变速器壳体、制动蹄、车桥配件等铸件
配套情况：为上汽依维柯红岩、柳州汽车、福华车桥、安徽车桥、德纳车桥、曙光重型车桥等配套

★林州市车桥有限公司
地址：河南省林州市姚村镇冯家口村南
邮编：456592
电话：0372/6511387、13323722907
传真：6511387
网址：www.lzjinqiao.com
电子信箱：lzcq6511387@163.com
单位人数：340
质量体系：ISO 9001
产品情况：（金桥牌）
汽车、工程机械后桥壳总成，年生12万余条驱动桥壳
配套情况：与湖南车桥厂、湖北车桥厂、山东光岳集团、杭州汇丰车桥、浙江万向集团等供货

★安阳市古龙汽车底盘部件有限公司
地址：河南省林州市姚村镇李家岗
邮编：456592
电话：0372/6511627
传真：6512000
网址：www.ayglgs.com
电子信箱：ayglgs@yahoo.com.cn
质量体系：ISO 9001
产品情况：汽车制动鼓

★林州北方机械厂
地址：河南省林州市姚村镇坟头
邮编：456592
电话：0372/6511741
单位人数：160
质量体系：ISO 9001
产品情况：（北方帅星牌）
各类汽车制动鼓

★林州市定角挂车部件有限公司
地址：河南省林州市定角工业园区
邮编：456592
电话：0372/6512213、6518863
传真：6518861
网址：www.lzdjgc.com
电子信箱：lzdjgc@126.com
单位人数：280
质量体系：ISO/TS 16949
产品情况：（定角(DJ)牌）
半挂车鞍式牵引座、支撑装置、平衡悬架、牵引销（座），年产能力30000套
配套情况：为北奔重汽、陕西重汽、北汽福田等配套

★安阳市东风钢板弹簧有限公司
地址：河南省林州市定角工业区
邮编：456592
电话：0372/6512235、6518729
传真：6518467
网址：www.dfbhat.com
电子信箱：dfbh@dfbh.com
单位人数：360
质量体系：ISO 9001
产品情况：汽车钢板弹簧，年产能力1.2万t
配套及出口情况：为东风汽车公司配套；出口伊朗、巴拿马等国家

★安阳市豫安汽车配件铸造厂
地址：河南省林州市姚村镇李家岗
邮编：456592
电话：0372/6516166
传真：6536366
质量体系：ISO 9001
产品情况：制动鼓

★林州市定角长胜汽车部件厂
地址：河南省林州市定角工业区
邮编：456592
电话：0372/6518032
传真：6518566
质量体系：ISO 9001
产品情况：（长胜牌）
汽车制动器，年产能力10万台

★安阳市汽车配件厂有限公司
地址：河南省林州市姚村镇定角村
邮编：456592
电话：0372/6518629、6518626
传真：6513539
单位人数：500
质量体系：ISO 9001
产品情况：（AZ牌）
后桥壳、差速器壳、减速器壳、变速器壳、离合器壳等传动及悬架件
配套情况：为四川都江机械、江苏如皋柴油机厂、浙江汇丰机械设备、湖北三环车桥厂等配套

★安阳市车桥有限公司
地址：河南省林州市姚村镇定角
邮编：456592
电话：0372/6518998、6518999
传真：6518111
网址：www.aycheqiao.com
电子信箱：admin@aycheqiao.com
单位人数：2000
质量体系：ISO 9001
产品情况：（DJ牌）
EQ140、EQ145、EQ153、半挂车等车型铸钢、钢制系列桥壳及其总成，EQ140、CA142、CA151车型的减速器壳、差速器壳、变速器壳、离合器壳及各种传动悬架件等
配套情况：为一汽集团等配套

★林州市岐山汽车部件厂
地址：河南省林州市姚村镇西环工业区
邮编：456592
电话：0372/6521358
传真：6521188
电子信箱：lzhqzy@lzhqzy.com
单位人数：150
质量体系：ISO 9001
产品情况：（宏岐牌）
减速器壳、差速器壳及部分底盘配件

★林州市远洋汽车部件厂
地址：河南省林州市姚村镇西环路中段
邮编：456592
电话：0372/6521488
传真：6514388
网址：www.hnlzhyed.cn
电子信箱：hnlzhyed@163.com
单位人数：300
质量体系：ISO 9001
产品情况：（远扬牌）
汽车钢板支架、吊耳、滑块等

★林州市华诚汽车零部件有限公司
地址：河南省林州市寨底工业区
邮编：456592
电话：0372/6521628
传真：6521222
电子信箱：ayhczy@ayhczy.com
质量体系：ISO 9001
产品情况：各种差速器壳、减速器壳、轮壳、支架及配套成品与毛坯件等

★林州市富神汽车零部件有限公司
地址：河南省林州市姚村镇南环路
邮编：456592
电话：0372/6521789
传真：6527666
电子信箱：lzfszz@126.com
单位人数：100
质量体系：ISO 9000
产品情况：（富神牌）
解放、东风等重型货车差速壳、减速壳、轮壳、中桥差减壳、圆柱齿轮壳及轴间外壳、轴承座，蹄铁、底板等铸件产品
配套及出口情况：为一汽和东风公司的车桥厂、曙光车桥厂、湖南车桥厂等企业配套；销往中国台湾地区

★安阳市天创汽车零部件有限公司
地址：河南省林州市史家河
邮编：456592
电话：0372/6522036
传真：6522499
网址：www.tcqp.com
电子信箱：aytcqp@yahoo.com.cn
单位人数：400
质量体系：ISO 9001
产品情况：（ZHOULV牌）
东风、解放及斯太尔系列车型的差速器壳、减速器壳、后桥壳、圆柱齿轮外壳等各种工程精密铸件
配套及出口情况：为东风德纳车桥、湖南车桥、湖北车桥、合肥车桥等配套；部分产品出口

★林州市洹河汽配有限公司
地址：河南省林州市史家河

邮编:456592
电话:0372/6522431
传真:6522022
网址:www. lzhhcq. com
电子信箱:lzhuanhe@ 126. com
单位人数:200
质量体系:QS 9000、ISO 9001
产品情况:(洹河牌)
重型汽车车桥桥壳
配套及出口情况:为东风德纳、合肥车桥、十通汽车、北汽福田、湖南车桥、龙马汽车等配套;出口国外多个国家

★林州市华龙汽车底盘部件厂
地址:河南省林州市史家河
邮编:456592
电话:0372/6522819
传真:6522698
网址:www. lzhualong. com
电子信箱:jing630912@ 163. com
单位人数:110
质量体系:ISO 9001
产品情况:制动鼓、飞轮壳、离合器壳、轮毂、变速器壳及底盘悬架件等
配套情况:为国内多个厂家配套

★林州市新丰汽配有限公司
地址:河南省林州市申家泊工业园区
邮编:456592
电话:0372/6535033、6536777
传真:6533777
网址:www. lzxfqp. com
电子信箱:lzxfqp@ sohu. com
单位人数:200
质量体系:ISO 9001
产品情况:(XF 牌)
各种汽车轮毂

★林州市合圆汽车制动器厂
地址:河南省林州市姚村镇刘家港村
邮编:456592
电话:0372/6535108、6518292
传真:6517292
网址:www. lz - hy. com
质量体系:ISO 9001
产品情况:(合圆牌)
汽车制动器总成及其零部件
配套情况:为一汽集团、东风部分车桥厂配套

★林州市鸿德汽车配件厂
地址:河南省林州市姚村镇申家岗村
邮编:456592
电话:0372/6537916
网址:www. lzhdqp. com
电子信箱:lzhdqp@ lzhdqp. com
质量体系:ISO 9001
产品情况:各种车型的制动器总成及制动蹄铁、制动底板、分泵支架

★林州市富田车桥有限公司
地址:河南省林州市姚村镇汽配工业园申家泊
邮编:456592
电话:0372/6539222
传真:6516136
网址:www. hnlzft. com
电子信箱:hnlzft@ 163. com
单位人数:320
质量体系:ISO 9000
产品情况:(鑫富田牌)
中、后桥外壳及减速器、差速器外壳

★林州市鑫鑫汽车部件厂
地址:河南省安阳市林州市姚村镇河西工业区
邮编:456592
电话:0372/6539980
传真:6501666
质量体系:ISO 9001
产品情况:解放、东风、装载机系列差速器壳体、减速器壳体、后桥壳,并铸造各种牌号的毛坯

★许昌中汽传动轴有限公司
地址:河南省许昌市许繁路北段
邮编:461000
电话:0374/3186296
传真:3186018
电子信箱:xu - zhongqi@ 163. com
质量体系:ISO/TS 16949、ISO 9001
产品情况:传动轴总成,38 个系列 2000 多个品种

★许昌县奔康重型汽配公司
地址:河南省许昌县尚集镇开发区
邮编:461000
电话:0374/5650919
质量体系:ISO/TS 16949、ISO 9001
产品情况:汽车传动轴

★河南许昌伟力传动轴有限公司
地址:河南省许昌市北郊尚集工业园区
邮编:461000
电话:0374/5651296
传真:5651969
电子信箱:wlcdz@ 163. com
质量体系:ISO 9001
产品情况:(尹力牌)
传动轴及其配件

★许昌通达汽车车轮有限公司
地址:河南省许昌市魏都区民营科技园区 1 号
邮编:461000
电话:0374/8319600、8319601
传真:8319600
网址:www. xctd. cn
电子信箱:web@ tongdawheel. com
单位人数:200
质量体系:ISO/TS 16949、ISO 9001
产品情况:年产各类重型车轮 50 万套,真空车轮 100 万套,农林和工程用车轮 30 万套
配套情况:为中集集团、扬天集团、梁山汽车、安徽星马等配套

★许昌豫汽传动轴有限公司
地址:河南省许昌市北郊尚集镇高新技术开发区
邮编:461111
电话:0374/5651056、5653669
传真:5650966
网址:www. yqcdz. com
电子信箱:yqgs666@ sina. com
单位人数:216
质量体系:ISO 9001
产品情况:(豫汽牌)
各类型汽车传动轴、联轴器、过桥总成、凸缘等,具有年产各类型传动轴 10 万套生产能力

★许昌县鑫旭铸造机械有限责任公司
地址:河南省许昌县尚集镇西街村
邮编:461111
电话:0374/5651087
传真:5651375
网址:www. xxgs. cn
电子信箱:xcxxgs@ 126. com
单位人数:200
质量体系:ISO 9001
产品情况:传动轴及零部件、联轴器等
配套及出口情况:为许昌汽车传动轴总厂(远东公司)、东风精铸等提供各种规格传动轴零部件及铸件;产品随主机远销国外

◉ 许昌远东传动轴股份有限公司

地址:河南省许昌市北郊尚集镇
邮编:461111
电话:0374/5654034、5651333
传真:5651320
网址:www. xcyuandong. com
电子信箱:zxhckx@ 126. com
法人代表:刘延生
单位人数:1960
质量体系:ISO/TS 16949、QS 9000
产品情况:(许传牌、许汽传牌)
各类车用传动轴总成,年产量 281 万套
配套及出口情况:为北汽福田、陕西重汽、江淮汽车、江铃、北方奔驰、东风柳汽、广西柳工、厦门工程、三江航天、徐州重型、日产、宇通、山工、临工等配套;出口传动轴零部件,出口值 500 万元

★河南耀鑫齿轮有限公司
地址:河南省长葛市八一路中段
邮编:461500
电话:0374/6123526
传真:6163778
单位人数:100
质量体系:ISO 9001
产品情况:一汽解放、东风、北汽福田、五十铃等各种汽车盆角齿轮和矿用锥齿轮

★长葛市长交机械制造有限公司
地址:河南省长葛市钟繇大道
邮编:461500
电话:0374/6229312
传真:6220303
网址:www. cgcjjx. com
电子信箱:changjiao@ cgcjjx. com
质量体系:ISO 9000
产品情况:(长交牌)
变速器外壳、离合器外壳、发动机配件及底盘配件

★河南省许昌恒星汽车传动轴厂
地址:河南省长葛市坡胡工业区
邮编:461500
电话:0374/6620985
传真:6625558、6620985
质量体系:ISO 9001
产品情况:汽车传动轴配件

★河南省长葛市长鹏机器制造厂
地址:河南省长葛市后河龙泉北路26号
邮编:461503
电话:0374/6611544
传真:6613988
质量体系:ISO 9001
产品情况:载货汽车差速器壳、离合器壳、大支架、平衡轴吊挂、反作用杆、圆柱齿轮壳、平衡轴座、153驻车制动器、151制动盘、龙门架、凸缘等底盘配件

★许昌元特汽车配件有限公司
地址:河南省许昌市长葛后河镇榆林村五组
邮编:461503
电话:0374/6615728
传真:6815988
网址:www. ytqp. cn
电子信箱:xuchangyuante@ 163. com
质量体系:ISO 9001
产品情况:(兴缘牌)
传动轴伸缩叉、凸缘叉、变速器凸缘、传动轴凸缘、角齿凸缘、前后伸缩齿、焊接叉、变速器一轴/二轴盖、分离轴承座、拨叉轴、后桥差速器壳等

★许昌市祥达汽车零部件有限公司
地址:河南省许昌市长葛市后河工业区14号
邮编:461503
电话:0374/6615866
传真:6611886
网址:www. xcxdqp. com
电子信箱:xiangdaqp@ 126. com
质量体系:ISO 9001
产品情况:(祥达牌)
汽车平衡悬架轴总成、各种板簧座、离合器壳、传动轴轴头、凸缘、差速器壳、变速器壳、平衡轴

★许昌四方通宝汽车配件有限公司
地址:河南省长葛市后河工业区
邮编:461503
电话:0374/6616668
传真:6611589
网址:www. xctbqp. com
电子信箱:hntongbao@ 126. com
质量体系:ISO 9001
产品情况:汽车制动鼓、轮毂、差速器壳、变速器壳、双桥大支架、平衡轴座等

★河南省长葛市劲翔汽车配件厂
地址:河南省长葛市后河三角工业区
邮编:461503
电话:0374/6811202
传真:6811202
网址:www. xcjinxiang. cn
电子信箱:xcjinxiang@ 126. com
产品情况:轴间差壳、带轮等
配套情况:为一汽集团、东风汽车公司、陕汽集团、重汽集团、北奔重汽配套轴间差壳和各种皮带轮配件

★许昌市惠通机械部件有限公司
地址:河南省长葛市后河工业区
邮编:461503
电话:0374/6811908、6811008
传真:6813818
网址:www. xchuitong. cn
电子信箱:xuchanghuitong@ 163. com
单位人数:300
质量体系:ISO 9001
产品情况:(耀德牌)
各种车型差速器壳、减速器壳、减速器总成、前后轮毂及其他铸造件

★许昌市葛天山峰机械配件有限公司
地址:河南省长葛市后河路工业区
邮编:461503
电话:0374/6811911
传真:6811911
网址:www. gtsfjx. com
电子信箱:shanfeng@ hnsfjx. com
质量体系:ISO 9001
产品情况:液压取力器

★河南昊天精锻齿轮有限公司
地址:河南省长葛市后河工业区
邮编:461503
电话:0374/6817996
传真:6817996
质量体系:ISO 9001
产品情况:轻型汽车行星半轴齿轮

★长葛市日月神车桥有限公司
地址:河南省长葛市坡胡镇西刘工业园4区
邮编:461504
电话:0374/6416169、6416168
传真:6621484
质量体系:ISO/TS 16949
产品情况:(赛丹牌)
各种汽车后桥壳、变速器壳体、离合器壳体

★河南精刚汽配有限公司
地址:河南省长葛市坡胡镇坡马工业区
邮编:461504
电话:0374/6620910
传真:6620006
网址:www. hnjinggang. com
电子信箱:admin@ hnjinggang. com
质量体系:ISO 9001、ISO 14001
产品情况:底盘件、传动轴

★河南福瑞特齿轮有限公司
地址:河南省长葛市石固镇朝阳经济开发区
邮编:461505
电话:0374/6637089
传真:6636658
电子信箱:cxqc2006@ 163. com
单位人数:230
质量体系:ISO/TS 16949、ISO 9001
产品情况:(CHENXU牌)
中、后桥螺旋锥齿轮

★禹州市天奇汽车配件有限公司
地址:河南省禹州市火龙镇西王庄
邮编:461690
电话:0374/8638039
传真:8637222
网址:www. hnyztq. com
电子信箱:hnyz2006@ 126. com
单位人数:200
质量体系:ISO 9001
产品情况:(天奇牌)
各种型号汽车后桥壳、变速器壳系列和球墨铸铁件

★驻马店中集华骏铸造有限公司
地址:河南省驻马店市雪松路西段
邮编:463000
电话:0396/3678811
传真:3678866
网址:www. zmdhjzz. com
质量体系:ISO/TS 16949、ISO 9001
产品情况:轮毂、制动鼓、制动盘,年产400万件
配套情况:是一汽、东风、重汽、富华、汉德等主要供应商

★神马集团橡胶轮胎有限责任公司
地址:河南省平顶山市湛河区荆山路18号
邮编:467001
电话:0375/4857200、4857225
传真:4857202
质量体系:ISO/TS 16949、ISO 9000
产品情况:各种汽车内外轮胎

★汝州全兴液压机械厂
地址:河南省汝州市西郊王堂开发区118号
邮编:467500
电话:0375/6963109
传真:6963518
网址:www. rzqxyy. com

电子信箱:rzqxyy@ 163. com
质量体系:ISO 9001
产品情况:取力器及其配件、传动轴等

★汝州市鹏程液压配件有限公司
地址:河南省汝州市西郊王堂开发区188号
邮编:467500
电话:0375/6963368
传真:6963368
质量体系:ISO 9000
产品情况:汽车取力器及液压配件

★凯迈(洛阳)机电有限公司
地址:河南省洛阳市涧西区丽春西路中段
邮编:471003
电话:0379/63382348、63382988
传真:63382166
网址:www. lynf. cn
电子信箱:nf_gh01@ lynf. cn
单位人数:400
质量体系:ISO 9001、ISO 14001
产品情况:(南峰牌)
电涡流缓速器、内燃机检测设备、精密智能包装设备、聚合物造粒装备
出口情况:远销20多个国家和地区

★洛阳铭迪传动轴有限公司
地址:河南省洛阳市高新开发区华夏路
邮编:471031
电话:0379/64183737
传真:64836911
网址:www. ydqp. cn
电子信箱:yide666@ tom. com
质量体系:ISO 9001
产品情况:(易得牌)
传动轴及花键轴叉、花键套、花键轴等传动轴零部件

★洛阳华冠齿轮股份有限公司
地址:河南省洛阳市孟津县朝阳镇
邮编:471131
电话:0379/67877126、67877124
传真:67879203
网址:www. lyhgcl. com
电子信箱:lyghxsb@ 163. com
单位人数:800
质量体系:ISO/TS 16949、ISO 9000
产品情况:(冠华牌)
直齿圆锥差速器、轮边减速齿轮、主从动齿轮、过桥箱齿轮等
配套及出口情况:为一汽集团、东风汽车公司、重汽集团、陕汽集团、北奔重汽、青特、北汽福田、广西柳汽、中国一拖、山东时风、厦工、山工、徐工等配套;出口意大利、俄罗斯等国家

★洛阳河科大齿轮制造有限公司
地址:河南省洛阳市洛新工业区双湘南路
邮编:471822
电话:0379/65190757
传真:65190757
网址:www. lgchilun. com
电子信箱:lgchilun@ 163. com
单位人数:230
质量体系:ISO 9001
产品情况:重型、高精度弧齿锥齿轮的铁齿和磨齿
配套情况:为西航、哈飞汽车、重齿、太重等供货

★三门峡戴卡轮毂制造有限公司
地址:河南省三门峡市宋会路十号
邮编:472000
电话:0398/2916771、2916422
传真:2917154、2861275
网址:www. smxwheel. com
电子信箱:SMX@ smxwheel. com
单位人数:1650
质量体系:ISO/TS 16949、QS 9000
产品情况:各种规格的涂装、抛光、电镀车轮
配套及出口情况:主要客户有上海通用、上海大众、一汽-大众、天津一汽、长安福特马自达、华泰现代、上汽通用五菱、美国通用、美国AR等;出口北美洲、欧洲、大洋洲

★唐河县东联汽车变速箱厂
地址:河南省唐河县城关镇新春街691号
邮编:473000
电话:0377/68930386
传真:68923807
网址:www. thdonglian. com. cn
质量体系:ISO 9001
产品情况:(唐河牌)
汽车变速器壳体,年产能力30万只;灰铁铸件,年铸造能力5000t
配套情况:为山东临工、浙江金华汤齿、浙江万里扬、重庆綦齿、重庆嘉卡、广东韶关、襄樊江山、广西华泰、浙江长泰等20多个厂家配套

★南阳市亚星平衡轴轴管有限公司
地址:河南省南阳市人民北路168号
邮编:473083
电话:0377/63290288
传真:63290299
单位人数:200
质量体系:ISO 9000
产品情况:汽车轮毂、轴管、双桥平衡轴

★南阳淅减汽车减振器公司淅川厂
地址:河南省淅川县老街76号
邮编:474450
电话:0377/69219869、69219882
传真:69213107、69219937
网址:www. china-shock-absorber. com
电子信箱:linglinjie@ xicjzq. cn
单位人数:1218
质量体系:ISO/TS 16949、VDA 6.1
产品情况:(丹江牌)
轿车、重型车、客车、轻型车减振器
配套及出口情况:主要为一汽-大众、上汽集团、一汽海马、神龙汽车、奇瑞、比亚迪、吉利、江淮、郑州宇通等40多家企业配套;随主机厂的20多种车型出口美国、俄罗斯、伊朗等国家

★淅川丹江减振器公司
地址:河南省淅川县罗池贯工业区
邮编:474450
电话:0377/69265928、69265929
传真:69262790
网址:www. xcdjjz. com
电子信箱:dizhu@ xcdjjz. com
质量体系:ISO/TS 16949、ISO 9001
产品情况:各类减振器

★西峡县西泵特种铸造有限公司
地址:河南省西峡县民营生态工业园
邮编:474500
电话:0377/65170111、65107128
传真:65107123
网址:xbtzzz. com. cn
电子信箱:xbtzzz@ 126. com
单位人数:700
质量体系:ISO/TS 16949、ISO 14001
产品情况:排气歧管、双质量飞轮、压盘、制动底板、桥壳等
配套情况:为上海大众、一汽-大众、天津夏利、奇瑞、东安动力等配套

★河南南召和平制动器有限公司
地址:河南省南召县城东滨河路8号
邮编:474650
电话:0377/66922555、66921123
传真:66922111
网址:www. heping-auto. com
电子信箱:heping@ auto1688. com
单位人数:383
质量体系:QS 9000
产品情况:盘式制动器、轮毂

★河南德信兆友实业有限公司
地址:河南省夏邑县工业开发区
邮编:476400
电话:0370/6221888、6221777
传真:6221777
网址:www. dxzy. com. cn
电子信箱:xydexin@ china. com
质量体系:ISO/TS 16949、ISO 9001
产品情况:汽车制动间隙自动调整臂、气压盘式制动器总成、轮毂、制动鼓总成、排气制动阀
配套情况:刹车间隙自动调整臂为一汽解放、东风、北奔重汽、北汽福田、陕西重汽等配套,气压盘式制动器总成为北奔重汽配套,汽车轮毂制动鼓总成为一汽集团配套,并与一汽专用车厂、一汽客车、一汽山东汽车改装厂、一汽车桥分公司、一汽青岛汽车厂、青岛海通车桥、东风汽车公司、湖南车桥厂、湖北车桥厂、重庆大江车桥、北奔重汽等合作

湖北省

★武汉市双人汽车配件有限公司
地址:武汉市汉口解放大道545号
邮编:430000
电话:027/83884686、83986121
传真:83884686、83986121
质量体系:ISO/TS 16949
产品情况:富康、桑塔纳、捷达汽车转向器液压助力泵、车门锁块、发动机支架、前后轮轴心、车门玻璃升降器、变速杆总成、横拉杆、传动轴总成、后轴管、半轴球笼、散热器总成等
配套情况:为湖动、玉柴、南充、康明斯等配套

★约斯特(中国)汽车部件有限公司
地址:武汉市汉阳大道888号
邮编:430051
电话:027/84874881
传真:84874889
网址:www.jost-china.com
产品情况:牵引座、牵引销和支腿等牵引半挂车安全连接部件
配套及出口情况:为国内部分重型车、牵引车企业配套;出口欧洲、美洲、南非、澳大利亚等国家和地区

★武汉泛洲机械制造有限公司
地址:武汉市经济技术开发区锦龙路8号
邮编:430056
电话:027/84211257
传真:84211257
网址:www.whpfb.com
电子信箱:fzchuetsu@sina.com
质量体系:ISO/TS 16949
产品情况:精冲拨叉、同步器齿环、铜合金制品
配套及出口情况:为一汽-大众、奇瑞汽车、长安汽车、江铃汽车、天津一汽夏利、哈东安、北京奔驰、沈阳航天三菱配套;部分产品出口

★武汉达普科汽车配件有限公司
地址:武汉市经济技术开发区三角湖路3号东合中心B座6楼
邮编:430056
电话:027/84259700、84797279
传真:84259799
网址:www.dapcoparts.com
电子信箱:dap@dapco.com.cn
质量体系:ISO/TS 16949、VDA 6.1
产品情况:制动片、离合器、节温器等

★中日合资武汉协和齿环有限公司
地址:武汉市经济技术开发区伟业路6号
邮编:430056
电话:027/84899959、84892690
传真:84892686
网址:www.wuhankyowa.com
电子信箱:whkyowa@public.wh.hb.cn
单位人数:300
质量体系:ISO/TS 16949、VDA 6.1
产品情况:(WHKYOWA 牌)
汽车同步器齿环,年产2300万件
配套及出口情况:主要客户有一汽-大众、一汽轿车、一汽解放、长春齿轮厂、一汽哈尔滨变速箱、天津一汽夏利变速器、长安铃木、唐山爱信齿轮、哈东安发动机、重庆青山工业、法士特齿轮、北京齿轮总厂、杭州依维柯汽车变速器、江铃齿轮、奇瑞、吉利、南京依维柯变速箱、江淮、比亚迪、南昌齿轮、日产(日本)、日本协和合金株式会社(日本)、Hoerbiger(德国);出口日本、美国、德国、东南亚等国家和地区,齿环精锻模具出口日本

★武汉元丰汽车零部件有限公司
地址:武汉市经济技术开发区创业路128号
邮编:430058
电话:027/81889177
传真:81650458
网址:www.youfin.cn
电子信箱:admin@youfin.cn
单位人数:450
质量体系:ISO/TS 16949
产品情况:(元丰牌)
汽车气压盘式制动器,年产32万套(其中关键部件50万套/年);液压盘式制动器,年产200万套
配套及出口情况:为江淮汽车、上汽通用五菱、长城汽车、陕汽集团、一汽客车、福田汽车、金龙客车配套;汽车气压盘式制动器出口澳大利亚,出口产值2万美元

★湖北东峻工贸有限公司
地址:武汉市经济技术开发区后官湖大道88号
邮编:430058
电话:027/84220762
传真:51766160
网址:www.hbdongjun.com
电子信箱:qhb@hbdongjun.com
单位人数:1200
质量体系:ISO/TS 16949
产品情况:(杰星、湛卢、雷迪特牌)
中冷器、上体、下体、阀座、助力器、变速器前壳、车轮、转向机总成、油泵、限位器总成、汽车翻转支架、操纵手柄等
配套情况:为东风汽车、神龙汽车、奇瑞汽车、比亚迪汽车和力帆汽车等配套

★湖北佳旺汽车制动系统制造公司
地址:武汉市蔡甸区新农街黄陵铺4-1号
邮编:430101
电话:027/84929898、84927228
传真:84927288、84929333
网址:www.chinajwp.com
电子信箱:jiawang@chinajwp.com
单位人数:350
质量体系:ISO/TS 16949、ISO 9001
产品情况:(JWP 牌)
汽车制动阀、制动调整臂、空气干燥器、液压制动元件、转向器
配套及出口情况:为东风载重车、东风汽车股份、东风南充汽车、一汽红塔云南、南京依维柯车桥、山东时风、三环集团十通专用汽车、南京春兰汽车、厦门金旅、宇通客车等配套;出口亚洲、欧洲、非洲等地区

★武汉市运发汽配制造有限公司
地址:武汉市经济技术开发区军山街黄陵小街341号
邮编:430109
电话:027/84973297、69370608
传真:84973248
网址:www.whyunfa.com
电子信箱:whyfqp@vip.sina.com
单位人数:128
质量体系:ISO/TS 16949、ISO 9001
产品情况:横向稳定杆及其总成
配套情况:为东风汽车公司、宇通客车、金龙汽车、陕西欧舒特汽车等配套

★湖北东风钢板弹簧有限公司
地址:武汉市蔡甸区张湾街
邮编:430117
电话:027/84912090
传真:84912088
网址:www.hb-df.com
电子信箱:hbdf@hb-df.com
单位人数:218
质量体系:ISO 9001
产品情况:(金璜泰牌)
汽车钢板弹簧
配套及出口情况:为东风汽车公司、北汽福田、上汽通用五菱等配套;出口意大利、法国、阿联酋等国家

★武汉万向汽车制动器有限公司
地址:武汉市江夏区纸坊镇武昌大道2号
邮编:430201
电话:027/87021305、87021326
传真:87021303
网址:www.wanxiang.com.cn
质量体系:ISO/TS 16949、QS 9000
产品情况:汽车制动器
配套情况:为神龙富康、哈飞民意、路宝、厦门金龙、长丰猎豹、武汉万通、一汽海马等配套

★东风捷祥汽车减振器有限公司
地址:湖北省钟祥市经济技术开发区西环路8号
邮编:431900
电话:0724/4225668
传真:4225698
网址:www.autopart-ww.com

电子信箱：gz – office@ autopart – ww. com
质量体系：ISO/TS 16949、QS 9000
产品情况：汽车减振器、减振弹簧、球头、盘式制动片、轮毂等
配套及出口情况：与国内多家 OEM 厂家配套；远销美国、西欧、南非、中东、越南、泰国、新加坡、荷兰、西班牙等十几个国家和地区

★东风钟祥汽车弹簧有限公司
地址：湖北省钟祥市皇庄街 18 号
邮编：431900
电话：0724/4265807、4285056
传真：4265807
网址：www. dfzxas. com. cn
电子信箱：postmaster@ dfzxas. com. cn
单位人数：280
质量体系：ISO/TS 16949、QS 9000
产品情况：汽车钢板弹簧
配套情况：为东风轻型车、江铃全顺、湖南车桥、江淮底盘、南京汽车集团、厦门金旅等配套

★钟祥市金祥汽车半轴有限公司
地址：湖北省钟祥市双河镇
邮编：431913
电话：0724/4836503、4838274
传真：4836539
网址：www. hbjybz. com
电子信箱：jybz@ hbjybz. com
单位人数：275
质量体系：ISO/TS 16949、ISO 9001
产品情况：（金祥牌）
　　半轴
配套及出口情况：汽车半轴为东风、解放、北汽福田、五十铃等主机配套；每年都随东风轻卡大批量出口国外

★湖北亚川汽车齿轮集团有限公司
地址：湖北省云梦县城关建设西路 89 号
邮编：432500
电话：0712/4330186
传真：4330119
网址：www. hubeigear. com
电子信箱：office@ hubeigear. com
单位人数：412
质量体系：ISO/TS 16949
产品情况：（轻菱牌）
　　取力器、分动器、发动机齿轮、后桥主从动齿轮、贯通桥齿轮等
配套及出口情况：取力器、分动箱直供一汽集团、东风汽车公司、重汽集团、柳州五菱汽车等 32 家企业，部分产品供军车配套和出口国外；贯通桥系列齿轮直接配套东风德纳车桥，康明斯发动机齿轮直接配套东风康明斯发动机；部分产品出口国外

★仙桃市天轮机械有限公司
地址：湖北省仙桃市工业园创业路 1 号
邮编：433000
电话：0728/3268744
传真：3268881
电子信箱：hbxttl@ 163. com
质量体系：ISO/TS 16949、QS 9000
产品情况：年产汽车半轴 6 万件、发动机飞轮齿环 50 万件、飞轮总成 30 万套
配套情况：为神龙汽车、东风康明斯、东风汽车公司、德国大众、宝马配套

★荆州荆福汽车零部件有限公司
地址：湖北省荆州市沙市区西湖路 98 号
邮编：434000
电话：0716/8263931、8107119
传真：8520119
网址：www. jzjingfu. com
电子信箱：info@ jzjingfu. com
单位人数：308
质量体系：ISO/TS 16949、ISO 9001
产品情况：汽车转向拉杆、悬架摆臂球头
出口情况：出口北美洲、中南美洲、东南亚、非洲、中东、欧洲

★ 沙市久隆汽车动力转向器有限公司

地址：湖北省荆州市沙市区沙岑路与东方大道交汇处
邮编：434000
电话：0716/8321643
传真：8325538
网址：www. chl. com. cn
电子信箱：www. shashijiulong@ chl. com. cn
法人代表：汪爱民
负责人：肖小明
单位人数：996
质量体系：ISO/TS 16949
产品情况：（久隆牌）
　　汽车动力转向器，为皮卡车型配套的 P. K 系列产品及为中重型货车及客车配套的 C. D. Z 系列产品
配套及出口情况：为一汽集团、东风商用车、重汽集团、江铃汽车、福田南海、陕汽、欧曼、宇通、长沙诸城、印度通用配套；年出口量达 5 万台
☞ 详细情况请参阅彩色宣传版面

★荆州恒隆汽车零部件制造有限公司
地址：湖北省荆州市玉桥开发区恒隆路
邮编：434000
电话：0716/8327814、8327922
传真：8327827
网址：www. chl. com. cn
电子信箱：henglong@ chl. com. cn
单位人数：512
质量体系：ISO/TS 16949、VDA 6. 1
产品情况：汽车动力转向器，年产能力 55 万台套
配套及出口情况：为华晨金杯、武汉万通、东南汽车、南京依维柯、神龙汽车、河北中兴、安徽扬子、一汽哈轻、广汽长丰、一汽集团、东风汽车公司、奇瑞汽车、青岛汽车厂等配套；已被多家国际著名汽车制造商及零部件系统制造商列为战略合作伙伴及供应商

★ 湖北恒隆企业集团

地址：湖北省荆州市沙市区经济开发区恒隆路 1 号
邮编：434000
电话：0716/8327848
传真：8329196
网址：www. chl. com. cn
电子信箱：jiangxue@ chl. com. cn
法人代表：陈涵霖
负责人：吴其洲
单位人数：4580
质量体系：ISO/TS 16949、VDA 6. 1
产品情况：（恒隆牌、久隆牌）
　　齿轮齿条动力转向器、循环球动力转向器、电动及手动转向器、转向管柱、转向油泵、转向油管
配套及出口情况：一汽 – 大众、一汽轿车、长城汽车、比亚迪、吉利、神龙、东风乘用车、长安、海马、江淮、东风柳汽、通用五菱、北汽集团、东风商用车、东风股份、郑州宇通、江铃汽车、济南重汽等；出口美国、俄罗斯、巴西、墨西哥、印度等国家，并销往中国台湾地区
☞ 详细情况请参阅彩色宣传版面

★荆州庆洋机械有限公司
地址：湖北省荆州市玉桥开发区恒隆路 8 号
邮编：434000
电话：0716/8334466
传真：8334166
电子信箱：jzchingyang@ 263. net
质量体系：ISO/TS 16949、ISO 9000
产品情况：等速万向节

★湖北车桥有限公司
地址：湖北省公安县荆江大道 168 号
邮编：434300
电话：0716/5225925、5226671
传真：5228925、5234264
质量体系：ISO/TS 16949、ISO 9001
产品情况：后桥总成、主从动锥齿轮、前桥总成、后桥壳总成、减速器总成、行星齿轮、半轴齿轮、差速壳、减速器壳、多片鼓式制动器
配套情况：为神龙汽车、华晨金杯、南京依维柯、长城汽车、亚星商用车、东风汽车公司配套

★湖北博盈投资股份有限公司
地址：湖北省公安县荆江大道 178 号
邮编：434300
电话：0716/5226671、5238066
传真：5234264
质量体系：ISO 9001
产品情况：车桥
配套情况：为神龙汽车、华晨金杯、南京

依维柯、长城汽车、亚星商用车、东风汽车公司配套

★湖北三众车桥有限责任公司
地址:湖北省公安县南平镇新南路1号
邮编:434318
电话:0716/5820968
传真:5818116
网址:www. chinaszcq. com
电子信箱:sanzhongcq@163. com
单位人数:253
质量体系:ISO/TS 16949
产品情况:(三众牌)
"三众"牌系列前后桥总成,主要产品为东风系列 SZ1080、SZS1、SZ1090、SZ1118、SZ1094、SZ1141、SZ1053 等 7 大型号 608 种规格和五十铃系列 SZ1043、SZ1058、SZ1059 等 3 大型号 45 种规格的汽车前后桥总成
配套及出口情况:为东风公司、北汽福田、山东五征、吉奥、长安、重汽、四川大运、成都王牌等配套;出口越南

★湖北万向汽车零部件有限公司
地址:湖北省石首市中山路188号
邮编:434400
电话:0716/7819198、7819166
传真:7819199
网址:www. wanxiang. com. cn
电子信箱:dirkzhu@yahoo. com
质量体系:ISO/TS 16949、QS 9000
产品情况:(银盾牌、四联牌)
年产汽车制动阀 80 万套、电动刮水器 80 万套、微电机 80 万只
配套及出口情况:为东风汽车公司、神龙汽车、天津一汽、一汽集团、陕汽集团、重汽集团、北汽福田等配套;部分产品出口美国、法国、德国、意大利、印度等国家

★湖北金驰机器有限公司
地址:湖北省石首市江北工业园
邮编:434401
电话:0716/7613518
传真:7612186
网址:www. hbjcjqnit. com
电子信箱:hbjinchi@126. com
单位人数:268
产品情况:(金驰牌)
汽车制动元件,包括储气筒、组合储气筒、各类阀产品、气室
配套情况:为东风股份有限公司、北汽福田股份有限公司等企业配套

★石首市乘风汽车零部件有限公司
地址:湖北省石首市高陵镇杨溥路8号
邮编:434414
电话:0716/7882988、7882818
传真:7882966、7882666
网址:www. hb - cfeng. com
电子信箱:cf966@126. com
单位人数:245
质量体系:ISO 9001
产品情况:(剑豪牌、赛科牌)
自动间隙调整臂、离合器助力器及消声器等
配套情况:为一汽、东风、柳汽、北汽等整车厂配套

★湖北三环离合器有限公司
地址:湖北省黄石市沈下路616号
邮编:435002
电话:0714/6359741、6367336
传真:6353585、6353466
网址:www. triringclutch. com
电子信箱:shpjjying0688@163. com
单位人数:500
质量体系:ISO/TS 16949、ISO 9001
产品情况:(TRI - RING 牌)
各种型号离合器
配套及出口情况:是一汽集团、东风汽车公司、江淮汽车、长安汽车、神龙汽车、玉柴、上柴等 30 多家主机独家和主要配套商;出口西亚、欧洲、东南亚、南美洲

★湖北神风汽车弹簧有限公司
地址:湖北省蕲春县九棵松工业区8号
邮编:435317
电话:0713/7648636
传真:7648596
网址:www. chinasfth. com
电子信箱:sf@chinasfth. com
单位人数:380
质量体系:ISO/TS 16949
产品情况:(鄂簧牌)
东风系列、解放系列汽车钢板弹簧
配套及出口情况:为东风汽车公司、东风柳汽、江淮商用车制造公司、江淮专用车、武汉市公用客车厂、柳州五菱等几家大型汽车厂配套;随整车出口俄罗斯、东南亚等国家和地区

★湖北鄂钢驰久钢板弹簧有限公司
地址:湖北省鄂州市经济开发区樊口旭光大道31号
邮编:436000
电话:0711/3616320、3613188
传真:3613188
网址:www. egbh. hb. cn
电子信箱:eglsc@126. com
质量体系:ISO 9001
产品情况:(鄂钢牌)
钢板弹簧

★湖北新力板簧有限公司
地址:湖北省鄂州市经济开发区旭光大道35号
邮编:436000
电话:0711/5918140
传真:5918141
网址:www. ccots. com. cn
单位人数:200
质量体系:ISO 9001
产品情况:(新力牌)
载货汽车板簧

★鄂州市万特马车轮制造有限公司
地址:湖北省鄂州市樊川大道169号
邮编:436001
电话:0711/3615159
传真:3615059
网址:www. wantema. com
电子信箱:wtm@wantema. com
单位人数:120
质量体系:ISO 9001
产品情况:(万特马牌)
斯太尔等载货汽车车轮

★湖北三环汽车方向机有限公司
地址:湖北省咸宁市永安东路5号
邮编:437000
电话:0715/8899203
传真:8899200
网址:www. forni. com. cn
电子信箱:hbfn2002@163. com
单位人数:1160
质量体系:ISO/TS 16949
产品情况:(飞宁牌)
汽车转向器、转向柱管、转向垂臂、横直拉杆等,年产能力 60 万台套
配套及出口情况:为印度 TATA、伊朗、东风、云汽、柳汽、杭汽、北汽福田、金龙客车等 30 多家汽车厂配套;出口韩国、印度等国家

★北辰汽车转向系统有限公司
地址:湖北省咸宁市金桂大道18号
邮编:437100
电话:0715/8152313
传真:8152301
网址:www. northstars. cn
电子信箱:webmaster@northstars. cn
质量体系:ISO/TS 16949
产品情况:转向系统
配套情况:为东风公司十堰、襄樊基地和子公司配套

★湖北华特汽车零部件有限公司
地址:湖北省麻城市北环西路龙池工业园
邮编:438300
电话:0713/2921701
传真:2921702
网址:www. htlbj. com
电子信箱:sales@htlbj. com
质量体系:ISO/TS 16949、ISO 9001
产品情况:(双保牌)
重、中、轻型汽车离合器和传动轴

★湖北力美制动元件有限公司
地址:湖北省麻城市宋埠镇宋埠大道61号
邮编:438307
电话:0713/2062354、2062329
传真:2061084
网址:www. limeibrake. com
电子信箱:foreignrelations@limeibrake. com
单位人数:1013

质量体系:ISO/TS 16949、ISO 9001
产品情况:(力美牌)
各种汽车制动阀、制动器、制动泵和容器类产品
配套情况:为一汽集团、东风汽车公司等配套

★湖北庆达科技有限责任公司
地址:湖北省襄阳市高新区追日路15号
邮编:441000
电话:0710/3058700
传真:3058717
网址:www.kindway.cn
电子信箱:jy21hdjd@163.com
单位人数:100
质量体系:ISO/TS 16949
产品情况:(庆达牌)
主要产品有东风BF后悬臂、东风BF后横梁座、富康转向节和后悬臂、标致206后悬臂、T33/T31后悬臂、毕加索后悬臂、火花塞护套;公司还从事电子、电动机产品的研发和制造,主要产品有高精度数字云台、无刷电动机、楼宇监控系统、各种型号电动车轮毂电动机
配套情况:是神龙公司和东风乘用车公司的指定供应商

★东风德纳车桥有限公司
地址:湖北省襄樊市米公路68号
邮编:441001
电话:0710/3440111、3485916
传真:3457633
网址:www.df-dana.com
电子信箱:ganbing@vip.mailme.cn
单位人数:8284
质量体系:ISO/TS 16949
产品情况:各种汽车车桥
配套情况:为东风汽车公司,宇通客车、厦门金龙等大型客车和卡车整车、底盘生产企业提供6~12m客车系列车桥总成及轻、中、重型货车、农用车系列车桥总成

★襄樊加泰尔汽车部件制造有限公司
地址:湖北省襄樊市春园东路汽车工业园
邮编:441004
电话:0710/3337185、3337616
传真:3337715
网址:www.ctlautoparts.com
电子信箱:sales@ctlautoparts.com
质量体系:ISO/TS 16949、ISO 9001
产品情况:汽车轮毂单元、轮毂轴承以及其他汽车零部件

★东风汽车股份有限公司铸造分公司
地址:湖北省襄樊市东风汽车大道1号
邮编:441004
电话:0710/3392490
传真:3392396、3392493
网址:www.dfac.com
电子信箱:office@dfac-foundry.com
质量体系:ISO/TS 16949、QS 9000
产品情况:汽缸体、汽缸盖、排气歧管、曲轴、后桥主减速器壳、制动鼓、轮毂、差速器壳、制动蹄片、阀类铸件、气门导管、含油轴承、机油泵转子齿轮等
配套及出口情况:为东风康明斯、东风汽车公司配套;出口新加坡、日本

★湖北新火炬科技股份有限公司
地址:湖北省襄樊市高新技术产业开发区汽车工业园
邮编:441021
电话:0710/3332678、3332217
传真:3332725、3332988
网址:www.uuu-china.com
电子信箱:webmaster@uuu-china.com
单位人数:1019
质量体系:ISO/TS 16949、QS 9000
产品情况:(NTP牌)
汽车轴承,年产能力800万套;轿车轮毂单元,年产能力400万套
出口情况:远销美国、加拿大、墨西哥、德国、法国、意大利、波兰、西班牙、巴西、澳大利亚、英国、土耳其

★襄樊江山汽车变速箱有限责任公司
地址:湖北省襄樊市高新技术开发区长虹北路43号
邮编:441057
电话:0710/3340376、3343702
传真:3343419、3340287
网址:www.jiangshan-gear.com
电子信箱:jsxs8@163.com
单位人数:512
质量体系:ISO/TS 16949、ISO 14001
产品情况:(江山牌)
JS5-750型、JS6-650型、JS6-850型、JS6-1200型、JS9-1600型变速器
配套情况:为北奔重汽配套

★随州市随通机械有限公司
地址:湖北省随州市曾都新型工业基地
邮编:441300
电话:0722/3308538
传真:3308559
电子信箱:suitong2004@163.com
质量体系:ISO 9001
产品情况:半挂车后桥总成及配件、自卸车放大架和液压缸总成、油泵壳体、通用机械铸件等

★东风汽车车轮有限公司随州车轮厂
地址:湖北省随州市交通大道382号
邮编:441300
电话:0722/3313677
传真:3313901
电子信箱:szclcb@sina.com
质量体系:ISO/TS 16949
产品情况:汽车车轮

★湖北楚威车桥股份有限公司
地址:湖北省随州市交通大道188号
邮编:441300
电话:0722/3580550
传真:3580280
网址:www.hbchuwei.com.cn
电子信箱:ceo@hbchuwei.com.cn
单位人数:1200
质量体系:ISO/TS 16949
产品情况:(楚威牌)
后桥壳、轮毂、减速器壳、差速器壳
配套情况:重点客户有东风汽车公司、一汽集团、东风柳汽、重汽集团、江淮汽车、四川成都成工工程机械、龙工、陕西汉德车桥、安徽安凯汽车

★随州市宏业汽车取力器厂
地址:湖北省随州市擂鼓墩大道工业区内
邮编:441300
电话:0722/3811246
传真:3816895
网址:www.hyquli.com
质量体系:ISO/TS 16949、ISO 9001
产品情况:取力器总成
配套情况:为东风专用车厂、山东临工、北汽福田、浙江金华、四川亿龙等变速器厂配套

★湖北全力铸造有限责任公司
地址:湖北省随州市曾都区柳林镇交通大道160号
邮编:441323
电话:0722/4882235、4882538
传真:4882235
网址:www.hbql.cn
电子信箱:lxq5709@vip.163.com
单位人数:2500
质量体系:ISO/TS 16949、ISO 9000
产品情况:汽车底盘铸件,包括轮毂、制动鼓、制动盘、制动蹄、制动底板、差速器壳、中桥主减速器壳、后桥主减速器壳、平衡轴壳、轮边减速器壳、过桥箱盖、支架、调整螺母、轴承座、行星架、滑板、垫板、端盖等
配套及出口情况:为重汽集团、东风汽车、陕汽集团、上汽依维柯红岩、北汽福田、江铃汽车、江淮汽车、安徽华菱、广东富华等配套;出口美国、加拿大、英国、德国、法国、意大利、澳大利亚等20多个国家

★随州市万鑫专用汽车部件有限公司
地址:湖北省随州市何店中兴大道25号
邮编:441332
电话:0722/4892140
传真:4893588
单位人数:160
质量体系:ISO 9001
产品情况:取力器、转向阀等
配套及出口情况:为一汽伊顿变速箱、杭州前进、重庆嘉卡、浙江长泰、桂林福达等变速箱公司及全国专业汽车改装厂配套;出口东南亚地区

★随州市大成液压机械制造有限公司
地址:湖北省随州市何店镇荷花路20号
邮编:441332
电话:0722/4892426
传真:4894568
电子信箱:jixia@ vip. sina. com
质量体系:ISO/TS 16949、ISO 9001
产品情况:取力器总成、开关(转阀)等液压件

★随州市阀业制造厂
地址:湖北省随州市何店镇响堂街
邮编:441332
电话:0722/4894538
传真:4894538
质量体系:ISO 9001
产品情况:东风45T、75T、10T及解放系列液压转阀、限位阀;12V、24V电磁气阀,气动换向阀,限位气阀;洒水车、油车及石油管道用球阀系列、凸缘及管道连接件

★湖北三环锻造有限公司
地址:湖北省谷城县城关镇筑阳路8号
邮编:441700
电话:0710/7232310、7231510
传真:7241753、7247033
网址:www. hbshdz. cn
电子信箱:hbshdz@ 263. net
单位人数:1100
质量体系:ISO/TS 16949、ISO 9001
产品情况:(东银牌)
各类汽车转向节、汽车吊耳、转向节臂、曲轴、垫板、凸缘、齿轮等
配套及出口情况:为东风汽车公司、东风德纳车桥、三环车桥、东风柳汽、汉德车桥、江淮汽车、重庆重汽、北奔重汽、厦门金龙等配套;出口印度、美国、韩国、意大利等国家,并销往中国台湾地区

★湖北三环车桥有限公司
地址:湖北省谷城县城关镇后街34号
邮编:441700
电话:0710/7232476、7234532
传真:7234069
网址:www. zggccq. cn
电子信箱:cheqiao@ gccq. cn
单位人数:3000
质量体系:ISO/TS 16949、ISO 9001
产品情况:(三环牌)
汽车前轴年产100万件、车桥总成30万台
配套及出口情况:为北汽福田、东风德纳、一汽、山东义和、陕汽、中国重汽、安徽江淮、四川南骏、重庆恒通等配套;出口美国、印度等(出口前轴10万件)

★老河口楚润科技(集团)有限公司
地址:湖北省老河口市仁和路7号
邮编:441800
电话:0710/8224899、8511115
传真:8231111
网址:www. chu - run. com
电子信箱:churun2009@ 163. com
质量体系:ISO/TS 16949
产品情况:(仁和牌、鑫威牌)
自动调整臂、轮毂轴承单元、发动机前端齿轮室、汽缸盖罩、上车脚踏板、无线电基站腔体等镁合金成型零件,铁型覆砂铸件等
配套情况:为东风汽车公司、金龙客车、福田汽车、万达客车等配套

★十堰瑞锦重卡零部件有限公司
地址:湖北省十堰市六里坪工业园
邮编:442000
电话:0719/5712976
传真:5712779
网址:www. syrjzk. com
质量体系:ISO 9001
产品情况:汽车差速器、减速器、轮毂、平衡桥支架、制动器、离合器压盘盖、飞轮盘等

★百事达重型汽车零部件厂
地址:湖北省十堰市白浪汽配城复桥区8018号
邮编:442000
电话:0719/8302739、8872778
传真:8310537
网址:www. wudangwang. ebigchina. com
电子信箱:86776352@ 163. com
单位人数:128
质量体系:ISO 9001
产品情况:橡胶衬套总成、离合器从动盘、平衡轴支架及总成、惰轮、主、从动圆柱齿轮、轴间差速器总成、圆柱齿轮外壳、凸缘叉、桥间传动轴、平衡轴衬套、止推片、平衡轴等

★十堰市亨运通工贸有限公司
地址:湖北省十堰市白浪汽配城A区3栋005号
邮编:442000
电话:0719/8316390
传真:8461678
网址:www. syhyt. com
质量体系:ISO 9001
产品情况:(博丰牌)
专业生产离合器

★湖北亨达汽车零部件有限公司
地址:湖北省十堰市白浪汽配城顺发精品园
邮编:442000
电话:0719/8318000、8303686
传真:8303665
网址:www. hbhengda. net
电子信箱:hbhengda@ 163. com
质量体系:ISO 9001
产品情况:(亨达牌、紫东牌)
东风载货汽车传动轴及转向装置
配套情况:为东风贝洱热系统、东风液压动力、东风活塞轴瓦、东风康明斯、陕西法士特齿轮等配套

★东翼翔实业有限公司
地址:湖北省十堰市白浪汽配城富桥区5118号
邮编:442000
电话:0719/8319900
传真:8319908
网址:www. dyxgj. com
电子信箱:dyxgjjt@ 163. com
质量体系:ISO/TS 16949、ISO 9001
产品情况:生产轮胎螺栓、转向节主销修理包、钢板U形螺栓、各种橡胶衬套、转向接头总成及修理包、制动凸轮轴等产品
配套及出口情况:为一汽集团、东风汽车公司配套;远销中东、东南亚、南非、欧洲等国家和地区

★东风客车底盘有限公司
地址:湖北省十堰市镜潭路5号
邮编:442000
电话:0719/8511127、8511333
传真:8523666、8230707
网址:www. dfbc. com. cn
电子信箱:mail@ dfbc. com. cn
单位人数:356
质量体系:ISO 9001、ISO 14001
产品情况:东风系列专用汽车底盘
配套情况:为东风汽车公司等配套

★十堰市金骥汽车部件有限公司
地址:湖北省十堰市西城开发区草店村98号
邮编:442000
电话:0719/8584626、8541810
传真:8584616
网址:www. syjj. com. cn
电子信箱:sy1997jj@ 163. com
单位人数:220
质量体系:ISO 9001
产品情况:商用车车架、车桥

★十堰格润工贸有限公司
地址:湖北省十堰市马家河路10号前5米
邮编:442000
电话:0719/8783529
传真:8783529
网址:www. chinagerun. cn
质量体系:ISO/TS 16949、ISO 9001
产品情况:东风系列制动器总成、制动底板、制动蹄铁、重型车轮毂,年产各种制动器总成5万只、制动器底板8万只、制动器蹄铁36万只、重型车轮毂2万件
配套情况:主要为东风德纳车桥、陕汽汉德车桥配套

★美驰华阳汽车制动器有限公司
地址:湖北省十堰市车城南路32-1号
邮编:442000
电话:0719/8896297、8876107
传真:8882714、8876111

网址:www. symeritor. com
电子信箱:fei@ 0719. und. cn
质量体系:ISO/TS 16949、ISO 9001
产品情况:商用车制动器总成及其零部件,年产能力25万只
出口情况:部分产品出口国外

★东风汽车零部件(集团)有限公司
地址:湖北省十堰市车城路东岳古台8号
邮编:442001
电话:0719/8221934
传真:8221521
网址:www. dfap. com. cn
电子信箱:dflbj@ dfmc. com. cn
质量体系:ISO/TS 16949、ISO 9001
产品情况:蓄电池框系列总成、离合器、助力器及支架系列总成、备胎升降器、自卸车三角臂/拉杆、气控分配阀、转阀及其支架、减速器总成、主从动齿轮、变速器系列、半轴齿轮、行星齿轮等
配套情况:为东风汽车公司配套

★东风汽车泵业有限公司
地址:湖北省十堰市张湾区车城路66号
邮编:442001
电话:0719/8224506、8221528
传真:8224508
网址:www. dfap. com. cn
电子信箱:dfzbc@ mail. dfminfo. com. cn
单位人数:1012
质量体系:ISO/TS 16949、QS 9000
产品情况:重中轻型汽车和轿车用空压机、机油泵、水泵、离合器分泵、总泵、转向直拉杆、燃油管件和其他底盘零部件,年产能力35万套

★东风(十堰)车身部件有限公司
地址:湖北省十堰市贵州路23号
邮编:442001
电话:0719/8670048、8241309
传真:8238886
网址:www. dfcpcs. com
电子信箱:armilla@ mail. dfminfo. com. cn
质量体系:ISO/TS 16949、ISO 9001
产品情况:汽车踏板支架、转向盘、仪表板、座椅总成、电子传感器、闪光器、继电器和组合开关等

★十堰市华迪汽车零部件有限公司
地址:湖北省十堰市花果放马坪路54号
邮编:442003
电话:0719/8232875
传真:8545768
网址:www. huadiauto. com
质量体系:ISO/TS 16949、ISO 9000
产品情况:(华迪牌)
空气干燥器、制动器、车门限位器及汽车冲压件
配套情况:为东风商用车配套

★东风汽车变速箱有限公司
地址:湖北省十堰市新疆路7号
邮编:442003
电话:0719/8235915、8235888
传真:8234127、8235724
网址:www. dfmbsx. com
电子信箱:dfbsxxsb@ china. com
单位人数:1640
质量体系:ISO/TS 16949、ISO 9001
产品情况:(东风牌)
商用车变速器,年综合生产能力16.5万辆份
配套情况:为东风商用车及所属子公司、东风汽车公司所属其他各整车厂,及国内其他主要载货车、客车生产厂配套

★十堰市金轮子车桥有限公司
地址:湖北省十堰市汉江路42号
邮编:442011
电话:0719/8665542
传真:8665542
电子信箱:sycqgp@ sy – mail. hb. cninfo. net
质量体系:ISO/TS 16949、QS 9000
产品情况:(安风牌)
年产制动蹄70万片、汽车前后桥2万辆份、制动器4万套
配套情况:为东风汽车公司、湖北三环、东风柳汽、东风车桥、北汽福田车桥公司、一汽集团配套

★十堰精海工贸有限公司
地址:湖北省十堰市白浪开发区台湾路119号海力工业园
邮编:442012
电话:0719/8302503
传真:8310110
质量体系:ISO/TS 16949
产品情况:汽车传动系统零部件、载货汽车后桥减速器总成及零部件

★十堰神力车桥有限公司
地址:湖北省十堰市马赛路2号
邮编:442012
电话:0719/8319472
传真:8319472
单位人数:450
质量体系:ISO 9001
产品情况:各种车型车桥、减速器总成、制动鼓、轮毂
配套情况:为东风农用车、三环集团汽车厂及多家汽车改装厂配套

★十堰兆伟制动阀有限公司
地址:湖北省十堰市北京路
邮编:442012
电话:0719/8491585
传真:8315519
网址:www. syzwzdfyxgs. cn
电子信箱:syzwzd@ yahoo. com. cn
质量体系:ISO 9001
产品情况:商用车驾驶室液压举升油泵油缸系列产品及制动阀系列产品
配套情况:为东风汽车公司配套

★十堰同创工贸有限公司
地址:湖北省十堰市武当路18号
邮编:442012
电话:0719/8780413
传真:8782710
网址:www. tcsync. com. cn
电子信箱:tcsync@ vip. 163. com
质量体系:ISO/TS 16949、ISO 9001
产品情况:汽车变速器同步器齿环、齿座、滑套、锥毂、精锻结合齿、粉末冶金齿座及自动变速器相关零部件,具有年产汽车同步器钢环100万件、铜环100万件、同步器总成50万套的生产能力
配套情况:为一汽哈齿、一汽伊顿、东风、江淮、西安法士特、大同齿轮厂、綦江齿轮厂、Hoerbiger等国内外20多家企业配套

★东风汽车公司一中电气公司
地址:湖北省十堰市普林工业园普林1路19号
邮编:442012
电话:0719/8784545、8784646
传真:8783335
网址:www. dfyzdq. com
电子信箱:dqyzdqgs@ 163. com
单位人数:158
质量体系:ISO 9001
产品情况:涡轮增压器、离合器助力器、差动式继动阀、离合器总泵、分泵、手控阀等阀泵类产品
配套情况:为东风商用车公司配套

★湖北大旗液压有限公司
地址:湖北省十堰市重庆路5号
邮编:442012
电话:0719/8794396
传真:8794396
网址:www. sydaqi. com
电子信箱:sydaqi@ 163. com
单位人数:100
质量体系:ISO 9001
产品情况:汽车液压系统部件,有齿轮泵系列、取力器系列、气控分配阀系列、气动液压控制器系列等
配套情况:为东风汽车公司配套

★十堰市华友工贸有限公司
地址:湖北省十堰市重庆路36号
邮编:442013
电话:0719/6869713、8795272
传真:8317681
质量体系:ISO 9001
产品情况:(成庆牌)
汽车后桥壳及桥壳附属产品:桥盖及加强圈等
配套情况:为东风德纳车桥、湖北博北博盈投资、湖南义和车桥、青岛海通车桥、河南向东车桥、湖北荆州车桥等配套

★东风十堰汽车液压动力有限公司
地址:湖北省十堰市白浪中路17号

邮编:442013
电话:0719/8236516、8287238
传真:8251698
网址:www. dfpxy. com
电子信箱:dongye@ vip. 163. com
单位人数:300
质量体系:ISO/TS 16949、QS 9000
产品情况:电动、手动汽车驾驶室翻转升降机构及动力转向器、手动油泵总成、电动泵、油缸总成、油管、助力器等
配套情况:为东风汽车公司配套

★东风汽车有限公司商用车铸造二厂
地址:湖北省十堰市白浪西路65号
邮编:442013
电话:0719/8250000、8251994
传真:8237654
网址:www. dfzzec. cn
电子信箱:cv5817@ dfl. com. cn
质量体系:QS 9000、ISO 9001
产品情况:桥壳、减速器壳、转向器壳、前后轮毂、左右差速器等汽车底盘零件,铸件年产能力达90000t
配套及出口情况:为神龙汽车、东风本田、东风康明斯、EIPC、JLF、美国车桥、美国维它利公司等多家公司配套;多种外贸铸件出口欧洲、美洲等地区

★十堰湖桥实业有限公司
地址:湖北省十堰市季林路56号
邮编:442013
电话:0719/8250789、8316356
传真:8316356、8301306
电子信箱:sy. zt@ 163. com
质量体系:ISO/TS 16949、ISO 9001
产品情况:(湖桥牌)
差减壳、双桥、减速器总成、主从动齿轮、支架、半轴套管、十字轴、转向节等
配套情况:为东风柳汽、东风嘉龙汽车厂、湖北三环集团配套

★十堰龙腾达工业有限公司
地址:湖北省十堰市汽配城广州路D区汽配城超市10808号
邮编:442013
电话:0719/8255188
传真:8318722
网址:www. syltd. com. cn
单位人数:108
质量体系:ISO 9001
产品情况:(龙福牌)
载货汽车车桥及车轴、轮毂、制动鼓、减速器、制动器等配件
配套情况:为东风汽车公司配套

★十堰大华康桥工贸有限公司
地址:湖北省十堰市汽配城振业区二栋207-1号
邮编:442013
电话:0719/8255315
传真:8491502
电子信箱:331997946@ QQ. com
质量体系:ISO 9001
产品情况:减速器总成
配套情况:为金龙客车、宇通客车配套

★十堰民生汽车零部件有限公司
地址:湖北省十堰市白浪汽配城银桥12号
邮编:442013
电话:0719/8255863、8316766
传真:8316767
网址:www. sy-ms. com
电子信箱:sy-ms@ 163. com
产品情况:(SYMS牌)
变速器总成、同步器、壳体、上盖总成、顶盖等变速器配件
配套情况:为东风汽车公司、三环集团配套

★十堰嘉凯工贸有限公司
地址:湖北省十堰市白浪高新技术产业开发区
邮编:442013
电话:0719/8255886、8314178
传真:8462078
网址:www. syjk. net
电子信箱:syjk2008@ 163. com
质量体系:ISO 9001
产品情况:(嘉凯牌)
减速器总成、双桥、平衡轴、差速器垫片、差速器齿轮、十字轴、差减壳、主从动齿轮、行星齿、各种支承垫片
配套情况:为康明斯系列车型配套

★十堰三桥汽车齿轮厂
地址:湖北省十堰市白浪高新技术产业开发区
邮编:442013
电话:0719/8301509
传真:8301901
质量体系:ISO/TS 16949
产品情况:(太刚牌)
减速器总成、行星齿、半轴齿、十字轴

★十堰车来车往汽车零部件制造公司
地址:湖北省十堰市白浪中路50号中国(十堰)汽配城富桥区4118号
邮编:442013
电话:0719/8302121、8287362
传真:8287363
网址:www. syclcw. com. cn
电子信箱:jxw@ jxwqp. com
单位人数:200
质量体系:ISO 9001
产品情况:减速器总成、主从动锥齿轮总成、总减壳总成、散热器总成等
配套及出口情况:为东风云汽、楚风汽车、汉阳汽车、大地汽车等配套;出口缅甸、非洲等国家和地区

★十堰市创时零部件有限公司
地址:湖北省十堰市汽配城富桥区1058号
邮编:442013
电话:0719/8302126、8255687
传真:8316148
网址:www. cslbj. com
电子信箱:cslbj@ sina. com
质量体系:ISO 9000
产品情况:制动总泵、卸载阀、手控阀、继动阀、挂车阀、四回路保护阀、弹簧制动室、排气制动阀、感载阀等制动系统零部件;离合器助力器、离合器总泵等离合器零部件:皮带张紧轮、齿轮室、气泵、水泵、机油滤清器座、输油泵等发动机零部件
配套情况:为东风汽车公司、东风客车底盘、丹江特汽、湖南中联重工等配套

★十堰精制东风齿轮有限公司
地址:湖北省十堰市白浪高新技术产业开发区普林东路1号
邮编:442013
电话:0719/8310499、8302222
传真:8461499
网址:www. jzdfcl. com
单位人数:200
质量体系:ISO 9001
产品情况:(亨利牌)
行星齿轮、半轴齿轮、十字轴、行星齿轮垫片、半轴齿轮垫片、差速器壳总成、减速器壳总成等,年产能力60万件
配套情况:为东风汽车公司配套

★十堰奔宝汽车零部件有限公司
地址:湖北省十堰市白浪高新技术产业开发区
邮编:442013
电话:0719/8310829
传真:8310829
质量体系:ISO 9001
产品情况:(恒波牌)
中、重型汽车、半挂车制动阀、手控阀、干燥器、排气阀、助力器、离合器、变速器等

★十堰代尔汽车零部件有限公司
地址:湖北省十堰市白浪汽配城新华强区15-3
邮编:442013
电话:0719/8312201
传真:8301202
网址:www. sydaier. com
电子信箱:china@ sydaier. com
质量体系:ISO 9001
产品情况:空气干燥器、手控阀、排气制动阀、继动阀、挂车阀、弹簧制动器室、离合器助力器

★十堰超群汽车制动阀有限公司
地址:湖北省十堰市白浪高新技术产业开发区
邮编:442013
电话:0719/8313005
传真:8313005
质量体系:ISO 9001

产品情况:(前旺牌)

汽车制动阀、继动阀、手控阀、排气制动阀、弹簧制动室、离合器助力器、调整臂等

配套情况:为国内外多家大型汽车生产厂家配套

★十堰巨名好特汽车备件制造公司

地址:湖北省十堰市白浪高新技术开发区汽配城振亚区201号
邮编:442013
电话:0719/8314555
传真:8314222、8314999
网址:www.syjmht.com
电子信箱:hwpxl@syjmht.com
质量体系:ISO 9001
产品情况:离合器从动盘、压盘总成、飞轮总成、离合器助力器、泵阀、橡胶衬套总成等
配套情况:为东风、解放、乘龙、斯太尔、上汽依维柯红岩、陕汽、春兰、欧曼、富康、大众等配套

★湖北十堰安凯汽车零部件有限公司

地址:湖北省十堰市白浪中观西路6号
邮编:442013
电话:0719/8315128、8368530
传真:8312900
网址:syakqz.cn.alibaba.com
质量体系:ISO 9001
产品情况:传动轴、叶片泵、高压油管及各种制动阀等
配套情况:为十通汽车、东风渝安、华阳农用车等配套

★湖北万联达汽车零部件有限公司

地址:湖北省十堰市经济开发区白浪中路164号
邮编:442013
电话:0719/8315999、8315238
传真:8315238
网址:www.hbwld.com.cn
电子信箱:wld888@163.com
单位人数:300
质量体系:ISO/TS 16949、ISO 9001
产品情况:传动轴总成、转向拉杆总成、转向垂臂总成、销轴等转向系统配件;散热器、冷凝器等热交换器配件
配套情况:为东风汽车、湖北三环专用车、东风德纳车桥、成都王牌汽车、云南力帆汽车、陕西宝鸡华山汽车、江淮汽车等30余家企业配套

★湖北十堰白浪顺达汽车配件厂

地址:湖北省十堰市白浪中路45号
邮编:442013
电话:0719/8316400
传真:8346400
网址:www.hbqipei.com
质量体系:ISO/TS 16949
产品情况:中、重型汽车离合器
配套情况:为汽车制造厂配套

★十堰市神冠工贸有限公司

地址:湖北省十堰市汽配城震洋B区1栋1018号
邮编:442013
电话:0719/8316528
传真:8302468
质量体系:ISO 9001
产品情况:(神威牌)

汽车底盘铸钢件

★十堰杰伦丰工贸有限公司

地址:湖北省十堰市汽配城M区1栋1号
邮编:442013
电话:0719/8316568、8254132
传真:8302589
网址:www.jielunfeng.com
电子信箱:jielunfeng@sina.com
质量体系:ISO 9001
产品情况:(杰伦丰牌)

各类汽车转向垂臂、转向助力油缸总成、转向传动装置及康明斯齿轮室,年产能力6万套

配套情况:为湖北北辰汽车转向系统、东风襄樊旅行车、广东江门兴江转向器等配套

★十堰市定红工贸有限公司

地址:湖北省十堰市白浪开发区汇合工业园
邮编:442013
电话:0719/8316718
传真:8302012
单位人数:100
质量体系:ISO 9001
产品情况:东风公司各种车型的驾驶室转向器支架、翻转支架、扭力杆、扭力臂、钢板吊耳、减振器支架、前后钢板盖板、中垫板、U形螺栓底板、发动机支架等车身悬架件以及各种车型平衡悬架总成等
配套情况:为东风南充、陕汽华山、成都新大地、湖北力神等10余家主机厂配套

★十堰海亮工贸有限公司

地址:湖北省十堰市白浪高新技术产业开发区
邮编:442013
电话:0719/8316816、8255993
传真:8462207
网址:www.syhl.com.cn
电子信箱:sykld@126.com
质量体系:ISO 9000
产品情况:(康力达牌)

离合器助力器、各种制动阀、叶片泵、制动气室、机油泵、空压机、调整臂、扭力胶芯、干燥器、离合器分泵等

★十堰东鄂汽车零部件有限公司

地址:湖北省十堰市白浪广州路银桥区0010号
邮编:442013
电话:0719/8316958
传真:8302498
质量体系:ISO/TS 16949、ISO 9001
产品情况:(东鄂牌)

前、后、中传动轴、后蹄总成、后分泵支架等

★湖北红岩车桥实业有限公司

地址:湖北省十堰市白浪东路40号
邮编:442013
电话:0719/8317779、8303678
传真:8311161
电子信箱:hycqdn@163.com
单位人数:200
质量体系:ISO/TS 16949、ISO 9001
产品情况:行星齿轮、半轴齿轮、十字轴、行星齿轮垫片、半轴齿轮垫片、差速器壳、减速器壳、减速器总成等

★十堰东风汽车零部件制造有限公司

地址:湖北省十堰市白浪经济开发区
邮编:442013
电话:0719/8317979、8317976
传真:8319663
电子信箱:dongshucheqiao@163.com
质量体系:ISO 9000
产品情况:专业制造各型前后桥总成
配套情况:为东风南充汽车、东风襄樊专用汽车、陕汽宝鸡华山工程车辆等配套

★十堰精密制造有限公司

地址:湖北省十堰市白浪高新技术产业开发区白浪东路9号
邮编:442013
电话:0719/8318088
传真:8315666、8363585
网址:www.jmzzsy.com
电子信箱:mail@jmzzsy.com
单位人数:400
质量体系:ISO/TS 16949
产品情况:(传神牌)

汽车中、后桥减速器总成及零件,平衡悬架总成及零件,同步器,离合器从动盘及压盘等

配套情况:为东风汽车公司、山东时风集团、湖南车桥厂等配套

★十堰东商汽车零部件有限公司

地址:湖北省十堰市白浪汽配城大明区2栋1022号
邮编:442013
电话:0719/8319665
传真:8319100
网址:www.sydsqc.com
质量体系:ISO 9001
产品情况:(东商牌)

减速器总成、主从动齿轮、减速器外壳、十字轴、变速器齿轮等

配套情况:为东风汽车公司配套

★十堰邦正汽车零部件制造有限公司

地址:湖北省十堰市白浪高新技术产业

开发区
邮编:442013
电话:0719/8368345
传真:8368321
电子信箱:sybangzheng@163.com
质量体系:ISO 9000
产品情况:差速器壳、平衡轴支架、平衡轴、平衡轴承毂、膨胀水箱以及底盘件、黑漆件

★湖北车博世工业发展有限公司
地址:湖北省十堰市经济开发区车神路6号
邮编:442013
电话:0719/8368518
传真:8363666
网址:www.cheboshi.net
法人代表(负责人):吕自明
单位人数:150
质量体系:ISO/TS 16949、ISO 9001
产品情况:(车博世牌)
精品名牌汽车离合器压盘总成、从动盘总成、飞轮总成;东风小康车桥桥壳、半轴、主减总成、冲压件等零部件
配套及出口情况:为东风、三环改装厂、陕汽配套;出口东南亚地区

★雄达汽车制动阀有限公司
地址:湖北省十堰市白浪汽配城
邮编:442013
电话:0719/8461367
传真:8461367
质量体系:ISO/TS 16949、ISO 9001
产品情况:(企隆牌、安叶牌)
空气干燥器、助力缸、制动总泵、继动阀、手控阀、弹簧制动室、调整臂等

★十堰军桥工贸有限公司
地址:湖北省十堰市茅箭区顾家岗四组
邮编:442013
电话:0719/8490863
传真:8490863
单位人数:82
质量体系:ISO 9001
产品情况:车桥、轮毂、制动鼓、支架及总成、减差速器总成及主从动齿轮、前后桥等

★十堰瑞程传动轴有限公司
地址:湖北省十堰市白浪高新技术开发区白东路88号
邮编:442013
电话:0719/8761266、8761260
传真:8761267
网址:www.hbrc.net.cn
质量体系:ISO 9001
产品情况:(瑞程牌)
汽车传动轴、滑动叉、花键轴、凸缘、凸缘叉、中间支承座、工程机械联轴器等
配套及出口情况:传动轴总成与多家汽车厂配套;部分产品出口东南亚

★十堰超力达工贸有限公司
地址:湖北省十堰市东城开发区汉十高速入口处
邮编:442013
电话:0719/8761486、8255928
传真:8317689
网址:www.sycld.cn
电子信箱:syyqp202@sina.com
单位人数:100
质量体系:ISO 9001
产品情况:(超力达牌)
变速器总成及其同步器、同步器齿环、上盖、顶盖、齿座、齿套、齿轮轴等零部件,变速器总成年产能力6万台

★东风(十堰)汽车灯具有限公司
地址:湖北省十堰市车城路西283号
邮编:442023
电话:0719/8245983
传真:8521034
电子信箱:lyyzlzz@mail.dfminfo.com.cn
质量体系:ISO 9000
产品情况:汽车变速器齿轮、车桥、传动轴、变速器上配套的多种凸缘产品,刃具、量具、磨具,轻型车用板簧销,军车专用件
配套情况:为东风汽车、一汽海马、春兰汽车、柳州汽车、四川农用车等配套

★东风(十堰)底盘部件有限公司
地址:湖北省十堰市云南路15号
邮编:442041
电话:0719/8264674
传真:8202541
网址:www.dfdpbj.com
电子信箱:dpbjbgs@dfdpbj.com
单位人数:409
质量体系:ISO 9001
产品情况:储气筒、消声器、驻车制动蹄、中厚板冲焊支架等

★东风汽车车轮有限公司
地址:湖北省十堰市广东路2号
邮编:442042
电话:0719/8223648、8225518
传真:8666004、8225518
网址:www.dongfengwheel.com
电子信箱:cl-sale@dfmc.com.cn
质量体系:ISO/TS 16949、QS 9000
产品情况:(东风牌)
重、中、轻、轿、微等汽车车轮,钢制车轮年产能力700万套、铝合金车轮年产能力100万套;各类旋压带轮,年产能力150万只;中厚板材冲压件
配套及出口情况:为东风汽车公司、奇瑞汽车、长安汽车等十几个主机厂配套;出口马来西亚、巴基斯坦、北美洲等国家和地区

★东风汽车悬架弹簧有限公司
地址:湖北省十堰市张湾区大岭路15号
邮编:442046
电话:0719/8242688
传真:8223462
网址:www.dfl.com.cn
电子信箱:xjthgs@dfmssc.com.cn
单位人数:1175
质量体系:ISO 9001
产品情况:(东风牌)
钢板弹簧、空气悬架、圆簧、扭杆、稳定杆等,具有年产10万t钢板弹簧、1万套空气悬架、200万套乘用车悬架的生产能力
出口情况:出口美国、意大利、加拿大、菲律宾等国家

★东风(十堰)汽车钢板弹簧有限公司
地址:湖北省十堰市张湾区大岭路15号
邮编:442046
电话:0719/8242713、8142934
传真:8242808、8242884
网址:www.dfspring.com
质量体系:ISO/TS 16949、ISO18000
产品情况:钢板弹簧、衬套、保护套、汽车零部件

★东风车桥有限公司
地址:湖北省十堰市辽宁路23号
邮编:442051
电话:0710/3485916
传真:3482500
网址:www.dfap.com.cn
单位人数:8284
质量体系:ISO/TS 16949、ISO 9000
产品情况:主从动齿轮、减速器、后桥减速器总成、后轮毂制动总成、贯通桥中桥、减速器总成
配套情况:为东风汽车公司配套

★东风(十堰)汽车锻钢件有限公司
地址:湖北省十堰市顾家岗辽宁路11号
邮编:442052
电话:0719/8236374
传真:8236016
质量体系:ISO/TS 16949、ISO 9001
产品情况:(超力达牌)
各类汽车悬架吊耳,传动轴凸缘叉、凸缘、万向节叉,车桥转向节,转向机齿条活塞、摇臂轴,转向垂臂,发动机气门等零件,U形螺栓,减振器下销,横向稳定杆,变速器齿轮,前上控制臂及后轴销支座,横拉杆接头体,推力杆头、外止推板、盖板等零件及毛坯

★双星东风轮胎有限公司
地址:湖北省十堰市汉江北路21号
邮编:442053
电话:0719/8615377、8615338
传真:8615377
网址:www.doublestar.com.cn
电子信箱:dfjsltgs@sme.cn
质量体系:ISO/TS 16949、ISO 9000
产品情况:(东风牌)
轿车子午线轮胎,汽车斜交轮胎

★东风(十堰)有色铸件有限公司
地址:湖北省十堰市花果放马坪路4号
邮编:442062
电话:0719/8208828、8246201
传真:8208808、8208881
网址:www.dfnfc.com
电子信箱:dfnfc@dfnfc.com
单位人数:600
质量体系:ISO/TS 16949、QS 9000
产品情况:离合器壳体、变速器壳体、机油冷却器座总成、油底壳、阀体曲轴后油封座等各类有色金属压铸件,年产能力9000t
配套及出口情况:为东风系列汽车全部压铸件及部分神龙汽车、康明斯公司压铸件配套;部分产品批量出口

★东风(十堰)汽车制动件有限公司
地址:湖北省十堰市花果区放马坪
邮编:442062
电话:0719/8234163
传真:8234163
网址:www.dfzdj.cn
电子信箱:scb@dfzdj.cn
质量体系:ISO/TS 16949
产品情况:制动系统阀类产品

★东风电子科技股份公司制动系统公司
地址:湖北省十堰市花果放马坪路40号
邮编:442062
电话:0719/8246404、8246504
传真:8235511
网址:www.dfzd.com
电子信箱:scb@dfzd.com
单位人数:665
质量体系:ISO/TS 16949、ISO 14001
产品情况:汽车制动系产品(商用车气压制动元件,如串联阀、感载阀、继动阀、气压式防抱死制动系统ABS等),各类发动机燃油泵、机油滤清器座、发动机ECU冷却器及发动机排气制动产品
配套情况:主要用户有东风商用车、福田欧曼、厦门金龙、陕西重汽、华菱重卡、北方奔驰、上汽依维柯红岩、大运汽车、长安重汽、桂林大宇、康明斯等

★湖北兴升科技发展有限公司
地址:湖北省郧县民营工业园
邮编:442500
电话:0719/7200818、7200318
传真:7200118
网址:www.syxsgm.com
电子信箱:xsgslzd@163.com
单位人数:300
质量体系:ISO/TS 16949、ISO 9001
产品情况:东风系列车型的变速器轴类产品、离合器压盘及从动盘总成,康明斯系列飞轮总成、平衡悬架系列总成等

★十堰市郧齿汽车零部件有限公司
地址:湖北省十堰市郧县城关镇东岭街30号
邮编:442500
电话:0719/7230262、7234239
传真:7232182
电子信箱:yc@qpcity.com.cn
质量体系:ISO/TS 16949、QS 9000
产品情况:(郧齿牌)
汽车发动机正时齿轮、油泵齿轮、制动鼓、制动凸轮等
配套情况:为东风、江铃、福田、江淮、长城、成发、南京威孚等企业配套

★十堰凯琦铸造有限公司
地址:湖北省十堰市郧县城关镇解放路西11号
邮编:442500
电话:0719/7232781
传真:7232581
网址:www.sykaiqi.com
电子信箱:kaiqi@sykaiqi.com
单位人数:996
质量体系:QS 9000、ISO 9001
产品情况:汽车制动鼓、轮毂、离合器压盘(盖)、制动器、发动机齿轮室盖(座)、齿轮及变速器上盖等
配套情况:为东风车桥、湖北车桥、北汽福田、江淮汽车、江西五十铃汽车等公司配套

★湖北省华阳汽车拨叉股份有限公司
地址:湖北省十堰市郧县城关镇大桥南路2号
邮编:442500
电话:0719/7300066
传真:7300068
网址:www.hybc.com.cn
电子信箱:hhybcxsb@263.net
质量体系:ISO/TS 16949、QS 9000
产品情况:汽车拨叉系列
配套情况:为东风载重车、东风轻型车、康明斯发动机、东风各改装车厂、湖北三环、长安汽车、一汽长春齿轮、益阳齿轮、湖南三一汽车、广东韶关齿轮、山西大同齿轮等厂家配套

★十堰市德沃汽车零部件有限公司
地址:湖北省十堰市郧县长岭开发区东盟工业园
邮编:442500
电话:0719/7591059
传真:7591059
网址:www.sydewo.com
电子信箱:sydewo@126.com
质量体系:ISO/TS 16949
产品情况:推力杆总成、橡胶衬套总成、转向接头、黑橡胶球头等,推力杆总成月产能力达3000辆份
配套及出口情况:为东风汽车商用车公司、陕汽集团、重汽集团、上汽依维柯红岩配套;远销欧盟、东盟

★丹江汽车传动轴有限公司
地址:湖北省丹江口市丹江大道495号
邮编:442700
电话:0719/5221069
传真:5221069
质量体系:ISO/TS 16949、ISO 14001
产品情况:驱动轴、凸缘盘、铸钢件
配套情况:为东风汽车公司、宇通客车、北汽福田等配套

★湖北神力锻造有限责任公司
地址:湖北省丹江口市新港大道15号
邮编:442700
电话:0719/5221454、5228849
传真:5221715、5228849
网址:www.dfsl.com.cn
电子信箱:hdxsb@126.com
单位人数:320
质量体系:ISO/TS 16949、ISO 14001
产品情况:汽车前桥、曲轴、中小型锻件
配套情况:为东风汽车、重汽集团、沃尔沃等配套

★东风汽车精工齿轮厂
地址:湖北省丹江口市六里坪镇工业园
邮编:442716
电话:0719/5711772
传真:5713123
电子信箱:master@df-gear.net
单位人数:250
质量体系:ISO/TS 16949、ISO 9001
产品情况:全系列载货汽车驱动桥差速器行星齿轮、半轴齿轮
配套情况:为东风汽车公司配套

★远安永安车桥有限责任公司
地址:湖北省远安县鸣凤镇解放路313号
邮编:444200
电话:0717/3812932
传真:3812932
网址:www.yacq.com
电子信箱:hbyacq@sohu.com
单位人数:520
质量体系:ISO/TS 16949、ISO 9002
产品情况:桥壳总成、减速器壳、差速器壳、轮毂、制动鼓、前轴等
配套情况:为北汽福田长沙汽车厂和山东诸城汽车厂配套

★湖北鄂弓汽车悬架弹簧有限公司
地址:湖北省襄樊市高新技术开发区日产工业园区
邮编:445000
电话:0710/3390796
传真:3396601、3396602
网址:www.egongspring.com
电子信箱:egong@yuanchen-jx.com
质量体系:ISO 9002
产品情况:(鄂弹牌)
汽车钢板弹簧及空气悬架弹簧导向臂,年产能力5万t

★荆门航特有色金属铸造有限公司
地址:湖北省荆门市掇刀高新技术开发区航特科技工业园

邮编:448000
电话:0724/2499105
传真:2499122、2499104
网址:www. hz605. com. cn
电子信箱:webmaster@ hz605. com. cn
单位人数:240
质量体系:ISO/TS 16949、ISO 9001
产品情况:汽车转向器壳体、阀体、支架、汽车制动总泵、分泵、制动钳体等
配套及出口情况:为 OEM 供应商配套,并直接出口配套欧美 OEM;出口欧洲、美洲地区

★湖北航特机械工业有限公司
地址:湖北省荆门市航空路 8 号
邮编:448035
电话:0724/2328263、2328203
传真:2329090
网址:www. hangte. com
电子信箱:webmaster@ hangte. com
单位人数:440
质量体系:ISO/TS 16949、ISO 9001
产品情况:摩托车盘式液压制动器,汽车转向器等铝合金铸件,以及汽车摩托车等专用催化剂、催化器
配套及出口情况:为本田、铃木、雅马哈在中国的合资企业、大长江、轻骑、嘉陵、建设、新大洲、金城、隆鑫等配套;出口美国、日本、韩国、意大利、法国、印度等国际市场

★荆门市东神汽车部件制造有限公司
地址:湖北省荆门市掇刀高新技术产业开发区创业一路 2 号
邮编:448124
电话:0724/2441299
传真:2447399
质量体系:ISO/TS 16949
产品情况:半轴、凸轮轴等,年产能力 40 万支

湖南省

★湖南长沙南方压铸厂
地址:长沙市芙蓉区东岸乡西垅
邮编:410126
电话:0731/84612809
传真:84613120
质量体系:ISO 9001
产品情况:(阳昇牌、创亿牌)
铝合金轮毂、跨式车轮毂、踏板车系列轮毂、离合器、活塞、活塞环等,汽车发动机支架,年生产铝铸件 600t
配套情况:为广汽长丰、光南摩托车、玛琪摩托车等配套

★易通汽车配件科技发展有限公司
地址:长沙市经济开发区黄花工业园
邮编:410137
电话:0731/86399858、86390182
传真:86399858、86390182
网址:www. ytqp. com. cn
电子信箱:ytyx@ ytqp. com. cn
单位人数:215
质量体系:ISO/TS 16949、QS 9000
产品情况:(易科牌)
钢板弹簧
配套及出口情况:为东风汽车公司、北汽福田、北汽、广汽长丰、一汽红塔云南、中联重科等配套;出口美国、澳大利亚、新西兰、巴拿马等国家

★长沙宝泰克传动技术有限公司
地址:湖南省长沙县春华镇金鼎山村
邮编:410139
电话:0731/86384060
传真:86384616
网址:www. cs – powertech. net
电子信箱:powertechnology@ yahoo. cn
质量体系:ISO/TS 16949、ISO 9001
产品情况:汽车制动器及其配件、齿轮、连杆、其他铸件
出口情况:出口德国、法国、日本、美国等国家

★湖南江麓容大车辆传动有限公司
地址:长沙市岳麓区杜容路 68 号
邮编:410205
电话:0731/88337965
传真:88337991
网址:www. icvt. com
电子信箱:rundar@ icvt. com
单位人数:1000
质量体系:ISO/TS 16949、ISO 9001
产品情况:轿车无级变速器(CVT)

★株洲齿轮有限责任公司
地址:湖南省株洲市新华西路 119 号
邮编:412000
电话:0731/28496358、28496361
传真:28411274
网址:www. chinese – gear. com
电子信箱:xiaosgs@ chinese – gear. com
单位人数:1764
质量体系:ISO/TS 16949、QS 9000
产品情况:(株齿牌)
轿车变速器、中重型汽车变速器、分动器、桥齿轮,年产轿车变速器 20 万台、中重型变速器 10 万台,重型汽车锥齿轮 40 万套
配套及出口情况:为一汽集团、陕汽集团、重汽集团、北汽福田、北奔重汽、潍柴动力、力帆汽车、华晨金杯、东风汽车公司、重庆重汽、宇通客车、奇瑞汽车、安凯车桥、一汽海马,吉利汽车等配套;是 VOLVO、Arvinmeritor 等世界 500 强企业的全球战略采购点

★株洲汽车零部件实业有限公司
地址:湖南省株洲市石峰区龙头铺
邮编:412006
电话:0731/28700174、28701575
传真:28705999
网址:www. zzlbj. com
电子信箱:sf@ zzlbj. com
单位人数:230
质量体系:ISO 9001
产品情况:(石峰牌)
传动轴总成、制动器、伸缩套、二轴盖、三轴盖、变速器上盖等
配套及出口情况:为陕西汽车制造厂、汉阳特种汽车厂、湖南三湘客车厂、长沙汽车制造厂、长沙中联重科等配套;出口美国、越南等国家

★ 株洲易力达机电有限公司
地址:湖南省株洲市芦淞区董家段高科技工业园
邮编:412002
电话:0731/28557661
传真:28557661
网址:www. nfelite. com
电子信箱:elite_eps@ 163. com
法人代表:彭天祥
负责人:付伟
单位人数:384
质量体系:ISO/TS16949
产品情况:(易力达牌)
电动助力转向器
配套及出口情况:为中国一汽、中国长安、昌河铃木、东南汽车、东风汽车、大帆汽车、北汽福田、长城汽车等配套;产品销往全球范围
☞ 详细情况请参阅彩色宣传版面

★益阳康益机械发展有限公司
地址:湖南省益阳市高新区梅林路康益园区
邮编:413000
电话:0737/4219448、4221918
传真:4219427
网址:www. yiyang – gears. com. cn
电子信箱:sales@ yiyang – gears. com
单位人数:900
质量体系:ISO 9001
产品情况:(益隆牌)
中、轻型汽车变速器,工程、农机齿轮等
配套及出口情况:为东风汽车公司等配套;出口北美洲、东南亚、西亚等地区

★湖南省益阳华满汽车配件厂
地址:湖南省益阳市赫山区大丰工业区
邮编:413002
电话:0737/4445230
传真:4445230
质量体系:ISO 9001
产品情况:(华满牌)
变速器配件、驻车制动器
配套情况:为益齿、汤齿等配套

★湖南飞桥汽车板簧有限公司
地址:湖南省常德市德山开发区
邮编:415001
电话:0736/7308906、7318231

传真:7308775
网址:www. hnfq. com
电子信箱:hnfqbh@ 126. com
单位人数:400
质量体系:ISO 9001
产品情况:(FEIQIAO 牌)
汽车钢板弹簧、U 形螺栓、轮胎螺栓、钢圈等,年产能力 6 万 t

★安乡芳源汽车零部件厂
地址:湖南省安乡县城关镇健康巷 23 号
邮编:415600
电话:0736/4317378
传真:4315649
网址:www. axfangyuan. com
质量体系:ISO 9001
产品情况:各类型号汽车差速器、减速器壳、轮毂、支架、主减速器
配套情况:为东风汽车公司、湖南汽车车桥厂、四川南骏集团、金龙客车等配套

★湖南省洪江市安达有限责任公司
地址:湖南省洪江市安江镇黄花坪
邮编:418100
电话:0745/7212082、7211406
传真:7212082
电子信箱:hjadqp@ 126. com
单位人数:52
质量体系:ISO/TS 16949、ISO 9001
产品情况:(AP 牌)
汽车转向节臂

★衡阳风顺车桥有限公司
地址:湖南省衡阳市华新开发区长丰大道 18 号
邮编:421001
电话:0734/8117366、8117389
传真:8117399
单位人数:500
质量体系:ISO/TS 16949
产品情况:汽车车桥、悬架、变速器、分动器等
配套情况:为长丰猎豹、长丰扬子、河北中兴、南海福迪、北汽福田、石家庄双环等配套

★湖南凌风车架有限责任公司
地址:湖南省衡阳市雁峰区罗金桥二号
邮编:421008
电话:0734/8414315、8475706
传真:8414315
网址:www. lingfeng. cn
电子信箱:lfgs@ lingfeng. cn
单位人数:820
质量体系:ISO/TS 16949、ISO 9001
产品情况:SUV、皮卡系列车架,年产能力 10 万台;中、轻型汽车前轴,年产能力 10 万根
配套情况:为广汽长丰、北汽福田、安徽扬子、浙江吉奥、南海福迪、绵阳华瑞、东风车桥等配套

★湖南省重型离合器有限责任公司
地址:湖南省永州市零陵区何家坪 16 号
邮编:425006
电话:0746/2889765、6356187
传真:6356187
电子信箱:hnzxlhq@ 126. com
单位人数:701
质量体系:ISO 9001
产品情况:各种汽车离合器总成及离合器分离机构
配套情况:为厦门金龙、丹东黄海、美的三湘、东风柳汽、徐工、徐重、洛建、三一重工、中联重科、重汽泰安专汽等配套

★广州戴卡旭铝铸件有限公司
地址:广东省增城市新塘镇永和开发区
邮编:510000
电话:020/32981266
传真:82983003
网址:www. gzdaa. com
电子信箱:info@ gzdaa. com
单位人数:520
质量体系:ISO/TS 16949、VDA 6. 1
产品情况:汽车铝合金轮毂,设计年产量 120 万件
配套情况:与日本本田、东风本田、广汽本田、广汽丰田等建立长期合作关系,专供汽车铝合金轮毂

广东省

★ 广州市江隆进出口有限公司

地址:广州市广园中路 283 号
邮编:510045
电话:020/86559108、86558232
传真:22257288
网址:www. hyautoparts. com
电子信箱:gzhy999@ hyautoparts. com
法人代表(负责人):江妙咯
单位人数:300
质量体系:ISO 9001
产品情况:产品有球头拉杆、制动片、汽缸垫、橡胶类滤清器、带轮轴承、离合器、减振器、水泵等,同时经营奔驰、宝马、奥迪、丰田、标致和重型货车等国际品牌汽车的配件
出口情况:出口亚洲、欧洲、美洲、非洲、中东等国际市场
☞ 详细情况请参阅彩色宣传版面

★广州市梯欧科小轿车传动轴公司
地址:广州市白云区人和镇云和工业园鹤亭 168 号
邮编:510470
电话:020/36251539、36251991
网址:www. tok - qp. com
电子信箱:tok - qp@ 126. com
质量体系:ISO/TS 16949、ISO 9001
产品情况:(梯欧科牌)
球笼式等速万向节、半轴、防尘套、修理包等
配套及出口情况:为国内众多厂家配套;销往世界五大洲 186 个国家和地区

★广州金河汽车零部件有限公司
地址:广州市白云区广源东路 1540 号致友汽配城 C 区 3 档
邮编:510500
电话:020/87211399、28242382
传真:28242383
网址:www. jinhecn. net
电子信箱:jinhecn@ 163. com
质量体系:ISO/TS 16949、ISO 9001
产品情况:转向机、助力泵、冷气泵等

★广州旭晶实业发展有限公司
地址:广州市越秀区永福路 79 号倚云广场 6 楼
邮编:510500
电话:020/87797406
传真:87725675
电子信箱:root@ suntun. cn
质量体系:ISO/TS 16949、QS 9000
产品情况:汽车减振器、减振器弹簧、减振器附件

★广州市溢滔橡胶有限公司
地址:广州市白云区太和第一工业区建业中路 8 号
邮编:510540
电话:020/62834180、62834181
传真:62834182
网址:www. ytairspring. com
电子信箱:china@ ytairspring. com
质量体系:ISO 9001
产品情况:(VIGOR 牌)
各式橡胶空气弹簧、制动皮膜等
配套及出口情况:为一汽集团、东风集团、重汽集团、金龙客车、宇通客车、金华青年的重要合作伙伴;出口亚洲

★宝仕达汽车配件实业有限公司
地址:广州市天河区黄埔大道西 505 号易通大厦 A 栋 1102 - 1103
邮编:510630
电话:020/22007828
传真:22007823
网址:www. baostep. com
电子信箱:sales@ baostep. com
质量体系:ISO 9001
产品情况:(BAOSTEP 牌)
车轮、制动片、螺栓等

★中博制动系统(广州)有限公司
地址:广州市经济开发区开发大道 686 号
邮编:510730
电话:020/32225666
传真:32225166
单位人数:80
质量体系:ISO/TS 16949、VDA 6. 1
产品情况:(ASIMCO 牌)
真空助力器、鼓式制动器、盘式制

动器及其零部件
配套情况:为江铃汽车、东风日产乘用车、神龙汽车等配套

★广州昭和汽车零部件有限公司
地址:广州市经济技术开发区东区宏明路6号
邮编:510760
电话:020/82268480、82268289
传真:82269066
网址:www.gzshowa.com
电子信箱:mishu@gzshowa.com
单位人数:700
质量体系:ISO 9001、ISO 14001
产品情况:(SHOWA牌)
汽车、摩托车减振器总成,汽车转向器总成
配套及出口情况:为广汽本田、五羊本田、新大洲本田、东风本田等配套;出口欧洲和东南亚等地区

★广州珠江轮胎有限公司
地址:广州市花都区炭步镇
邮编:510828
电话:020/86748188、86748183
传真:86748039
网址:www.pearlrivertyres.com
电子信箱:maggie@pearlrivertyres.com
单位人数:1996
质量体系:ISO 9001
产品情况:(珠江牌、顺通(SUNSTONE)牌、力格(REGAL)牌、骑士(RANGER)牌、方元牌、易通牌)
斜交轮胎、子午线轮胎、巨型轮胎、港口轮胎等,年产能力200万套
出口情况:部分产品出口

★广州跨越汽车零部件工贸公司
地址:广州市花都区狮岭镇南航大道奇才新村
邮编:510850
电话:020/86581051
传真:86565269
网址:www.ky-auto.com
电子信箱:auto@ky-auto.com
单位人数:150
质量体系:ISO 9000
产品情况:(跨越牌)
2010年产转向器54000台、助力泵112800个、电子助力转向系统6000套

★广州大钧离合器有限公司
地址:广州市花都区汽车城车城大道南
邮编:510880
电话:020/28610996
传真:87633082
电子信箱:sdeclutch@163.com
质量体系:ISO/TS 16949
产品情况:(大钧牌)
汽车离合器
出口情况:出口欧洲、美洲、东南亚、中东等地区,并销往中国台湾地区

◉ 广州白云钢板弹簧厂有限公司
地址:广州市从化明珠工业园区奥太路5号
邮编:510931
电话:020/87232101、87232672
传真:87232002
网址:www.baiyunspring.com
电子信箱:baiyunspring@baiyunspring.com
法人代表(负责人):朱智斌
单位人数:50
质量体系:ISO 9001
产品情况:(白云牌)
专业生产各类进口、国产汽车钢板弹簧,主要供应国内汽车维修市场及配套厂
配套及出口情况:是广东省机械工业厅汽车及农用车钢板弹簧配件定点生产厂;每年都有批量出口新加坡、马来西亚、泰国、越南等国家,并销往中国香港地区

★广州华德汽车弹簧有限公司
地址:广东省增城市永和镇凤凰开发区汽车城东路75号
邮编:511356
电话:020/82972770、82983613
传真:82979142
网址:www.huadespring.com
电子信箱:product@huadespring.com
质量体系:ISO/TS 16949、ISO 14001
产品情况:轿车悬架弹簧、稳定杆、气门弹簧、摩托车减振弹簧、异形弹簧、汽车座椅骨架线成型件、汽车座椅弯管等
配套及出口情况:为广汽本田、广汽丰田、上海通用、长安汽车、一汽海马等配套;出口英国、日本、东南亚等国家和地区,并销往中国香港地区

★广州曙光制动器有限公司
地址:广州市经济开发区永和开发区禾丰街8号
邮编:511356
电话:020/82986818
传真:82986820
质量体系:ISO/TS 16949
产品情况:盘式、鼓式制动器

★广州市华劲机械制造有限公司
地址:广东省增城市新塘镇永和翟洞村榄园公路边
邮编:511356
电话:020/82989980、32989128
传真:82989381
网址:www.hj-machine.com
电子信箱:huajing@hj-machine.com
单位人数:600
质量体系:ISO/TS 16949、ISO 9001
产品情况:(华劲牌)
半挂车(挂车)车轴总成、悬架系统及零部件
出口情况:部分产品出口

★广州实利汽车零部件制造有限公司
地址:广州市番禺区石楼工业园莲花西路60-62号
邮编:511400
电话:020/61936179
传真:61936178
网址:www.ci-lee.com
电子信箱:info@ci-lee.com
单位人数:300
质量体系:ISO 9001
产品情况:制动片、制动鼓年产量为60万套,离合器年产量为36万件,离合器压板年产量为36万件,机油滤清器、空气滤清器、汽油滤清器年产量100万套
出口情况:出口中东、非洲、美洲、俄罗斯等国家和地区

★广州市华南橡胶轮胎有限公司
地址:广州市番禺区东环路116号
邮编:511400
电话:020/84693743、84692339
传真:84610302、84692852
网址:www.wanlitire.com
电子信箱:wanli@wanlitire.cn
单位人数:5000
质量体系:ISO/TS 16949、VDA 6.1
产品情况:(万力牌)
各种汽车子午线轮胎
配套及出口情况:为上海大众、一汽奔腾、一汽-大众、一汽红旗、一汽解放、东风、长丰猎豹、比亚迪汽车、一汽海马、郑州日产、广州五十铃等配套;远销欧洲、美洲、大洋洲等120多个国家和地区

★广州中精汽车部件有限公司
地址:广州市南沙开发区黄阁镇汽配园
邮编:511455
电话:020/34973666
传真:34973601
质量体系:ISO 9000
产品情况:铝轮辋及车轮总成,年产100万个
配套及出口情况:为广汽丰田配套;部分铝轮圈出口

★广州市润浩汽车配件有限公司
地址:广州市番禺区太石工业区一区
邮编:511475
电话:020/34913995、34913996
传真:34913909
网址:www.rhctgl.com
电子信箱:rhc@rhctgl.com
质量体系:ISO/TS 16949
产品情况:(TGL牌)
载货汽车自动/手动调节臂、制动气室及相关零部件
出口情况:远销亚洲、美国、欧洲等国家和地区

★韶关宏大齿轮有限公司
地址:广东省韶关市武江区工业西路
邮编:512028

电话:0751/8172004
传真:8172005
网址:www. sg - gear. com
电子信箱:sggfzong@ vip. 163. com
单位人数:1090
质量体系:ISO/TS 16949、ISO 9001
产品情况:各类齿轮,变速器总成及其配件、减速器、后桥,工模具
配套情况:为东风汽车公司配套

★广东省韶铸集团有限公司

地址:广东省韶关市北江区十里亭镇
邮编:512031
电话:0751/8851069、8832611
传真:8853784、8851553
网址:www. sffg. com. cn
电子信箱:zbs_szjt@ 126. com
单位人数:2500
质量体系:QS 9000、ISO 9001
产品情况:(韶铸牌、双拳牌、宇航牌)
拖车底盘、转盘、转向节、拖卡件等汽车铸造件
出口情况:出口美国、日本、韩国、马来西亚、英国、芬兰、德国、印度尼西亚、斯里兰卡、泰国、以色列、瑞典、荷兰、墨西哥、法国、柬埔寨等国家

★韶关市正星车轮有限公司

地址:广东省韶关市曲江区马坝大道北128号
邮编:512100
电话:0751/6691777、6691666
传真:6690618
网址:www. zxchelun. com
电子信箱:sgzx@ zxchelun. com
质量体系:ISO/TS 16949、ISO 9001
产品情况:汽车车轮、单点悬架、车轴、机械悬架、制动鼓、轮毂、单双气室、牵引销总成、集装箱锁、支承装置、牵引座总成等

★梅州市梅工齿轮有限公司

地址:广东省梅州市大浪口
邮编:514016
电话:0753/2350583
传真:2351587
网址:www. mzgear. com
电子信箱:mzgear@ 126. com
单位人数:700
质量体系:ISO/TS 16949、ISO 9001
产品情况:(MEIGONG 牌)
汽车驱动桥螺旋锥齿轮、变速器齿轮、圆柱齿轮、直齿锥齿轮等
配套及出口情况:为上汽通用五菱、厦门工程机械、山东台励福、台湾台励福、沈阳金杯、柳州汽车厂等配套;出口美国、欧洲、中东、西亚、东南亚等国家和地区,并销往中国香港、台湾地区

★梅州市劲达汽车部件有限公司

地址:广东省丰顺县狮山路17号
邮编:514300
电话:0753/6620938、6623667
传真:6621198
网址:www. jinda - clutch. com
电子信箱:mzfsqpc@ pub. meizhou. gd. cn
单位人数:290
产品情况:汽车离合器
配套及出口情况:与多家国内主机厂配套;远销美国、加拿大、日本、中东、非洲、大洋洲、东南亚等20多个国家和地区

★BPW(梅州)车轴有限公司

地址:广东省梅州市城东
邮编:514743
电话:0753/2651883、2651869
传真:2651889
网址:www. bpw. cn
电子信箱:bpwchina@ bpw. cn
产品情况:车轴

★上海羽崎汽车零部件有限公司

地址:广东省汕头市升平工业区金业路10号
邮编:515000
电话:0754/88138936、88138939
传真:88138939
网址:www. uki. com. cn
电子信箱:mj@ uki. com. cn
产品情况:(老师傅牌)
转向节主销修理包、转向节轴承、离合器轴承

★广东省汕头市第一轴承厂

地址:广东省汕头市光华北一路
邮编:515021
电话:0754/88205328、88226538
传真:88226538
网址:www. stghzc. com
电子信箱:stghzc@ stghzc. com
质量体系:ISO 9000
产品情况:(KD牌、万强牌、光华牌)
汽车离合器轴承、转向器轴承及“0”、“2”、“4”、“6”、“7”、“8”类及各种非标准轴承,各种汽车主销修理包
配套情况:为东风汽车公司、一汽集团配套

★汕头南方汽车配件厂有限公司

地址:广东省汕头市金园工业城
邮编:515064
电话:0754/88225159
传真:88223565
网址:www. nfgear. com
电子信箱:nanfang@ nfgear. com
质量体系:ISO 9001
产品情况:(顺利牌)
汽车变速器齿轮、轴

★广东省汽车钢板弹簧制造有限公司

地址:广东省揭西县城河江大道汽车城
邮编:515400
电话:0663/5511988
传真:5520333
网址:www. fuda - gd. com
电子信箱:info@ fuda - gd. com
质量体系:ISO 9001
产品情况:(MODERN SPRING 牌)
汽车钢板弹簧
配套及出口情况:为中集集团、广州羊城汽车、广州宝龙汽车、一汽客车底盘厂、陕西欧舒特客车、广东佛山飞驰客车、蛇口港口机械等配套;出口澳大利亚、新加坡、西班牙、苏丹、伊拉克等国家

★普利司通(惠州)轮胎有限公司

地址:广东省惠州市惠澳大道数码工业园南区惠泰路8号
邮编:516000
电话:0752/2056688、2671717
传真:2056699、2372488
网址:www. bridgestone. com. cn
单位人数:553
产品情况:载货汽车、巴士用全钢丝子午线轮胎,日产能力5000条

★长丰汽车(惠州)公司

地址:广东省惠州市仲恺高科技开发区
邮编:516006
电话:0752/2616995
传真:2614262
网址:www. cfmotors. com
产品情况:(猎豹牌)
循环球式转向器
配套情况:配套猎豹系列越野汽车

★秩父精密产业(深圳)有限公司

地址:广东省深圳市蛇口工业八路华园大厦三楼
邮编:518067
电话:0755/26815430、26886396
传真:26815445、26673370
网址:www. chi - chi - bu. com
电子信箱:cf@ chi - chi - bu. com
质量体系:ISO/TS 16949、ISO 9002
产品情况:各种金属轴类件,高速精密自动车床、数控车床及自动铣床
配套及出口情况:为广汽本田配套;远销欧洲、日本、新加坡、马来西亚、韩国等国家和地区

★深圳市特尔佳科技股份有限公司

地址:广东省深圳市宝安区观澜高新技术产业园特尔佳厂区
邮编:518101
电话:0755/26513588
传真:26519166
网址:www. terca. cn
电子信箱:tech@ terca. cn
质量体系:ISO/TS 16949、QS 9000
产品情况:500~3500NM 共三大系列18个规格40个品种的电涡流缓速器
出口情况:出口泰国、菲律宾、韩国、越南、澳大利亚、意大利、加纳、古巴、土耳其、阿曼等国家,并销往中国台湾地区

★深圳市凯卓立液压设备有限公司
地址:广东省深圳市南山区西白芝村北14号
邮编:518108
电话:0755/26517000、26517707
传真:26517672、26517900
网址:www.cadrolift.com
电子信箱:sales.cadro@gmail.com
单位人数:98
质量体系:ISO 9001
产品情况:(凯卓立牌)
各式车载液压起重尾板、自卸车密闭式车盖系统、各型厢式车翼开系统、残疾人车轮椅升降系统、可控液压支撑平衡系统、流动演出车辆舞台扩展系统、野战用伸缩方舱控制系统等
出口情况:出口东南亚、中东和欧洲市场

★力野精密工业(深圳)有限公司
地址:广东省深圳市龙岗区坪地街道坪西社区龙岗北路39号
邮编:518117
电话:0755/89949771、89949772
传真:89949936、89949976
网址:www.gdasic.com
电子信箱:iso@gdasic.com
质量体系:ISO/TS 16949、ISO 9001
产品情况:转向系统、变速器系统、空调系统、发动机系统等精密锻件

★华越汽车制动技术(深圳)公司
地址:广东省深圳市宝安区沙井镇新桥芙蓉工业区岗仔工业园1栋
邮编:518125
电话:0755/25602688、27286788
传真:27286488
网址:www.vaueo.com
电子信箱:vaueo@163.com
产品情况:汽车电涡流缓速器主机及其控制系统

★力派尔(珠海)汽车配件有限公司
地址:广东省珠海市三灶镇青湾工业区湖滨路中段
邮编:519000
电话:0756/7632000
传真:7362004、7362005
网址:www.lprautoparts.cn
质量体系:ISO/TS 16949
产品情况:(LPR牌)
制动片、制动蹄、制动盘、制动总泵、制动分泵、制动液、软管、水泵、球笼、万向轴、卡钳等,月产量盘式制动片100万件、鼓式制动蹄120万件

★珠海华粤离合器有限公司
地址:广东省珠海市南屏镇洪湾兴湾七路1号
邮编:519000
电话:0756/8819200、8819210
传真:8819218
网址:www.cncclutch.com
电子信箱:nx@cncclutch.com
质量体系:ISO/TS 16949、VDA 6.1
产品情况:(CNC牌)
汽车离合器,具有为主机配套100万套、售后市场从动盘150万台、盖总成80万台的生产能力
出口情况:出口欧洲、北美洲、南美洲、中东、非洲等70多个国家

★珠海美信汽车配件有限公司
地址:广东省珠海市红山路288国际科技大厦601室
邮编:519075
电话:0756/8126715、2628562
传真:8126735
网址:www.maxeen-auto.com
电子信箱:maxeen@maxeen-auto.com
质量体系:VDA 6.1、QS 9000
产品情况:(MAXEEN牌)
离合器配件、制动配件、减振器、汽车电子产品、悬架零部件等

★珠海市仁智电子有限公司
地址:广东省珠海市香洲区界涌工业区厂房
邮编:519076
电话:0756/8631662
传真:8626501
网址:www.renzauto.com
电子信箱:sales@renzauto.com
质量体系:QS 9000、ISO 9001
产品情况:转向盘、刮水器、车灯、逆电流、脚踏板等

★东莞恩斯克转向器有限公司
地址:广东省东莞市城区莞龙路段狮龙路莞城科技园
邮编:523119
电话:0769/22620960
传真:23162867
网址:www.nsk.com.cn
电子信箱:cgp@nsk-bearing.com
单位人数:150
产品情况:等速万向节等转向相关配件

★东莞金洲齿轮机械有限公司
地址:广东省东莞市沙田镇西太隆工业区
邮编:523992
电话:0769/88802801、88688001
传真:88803225
网址:www.goldenstategear.com.cn
电子信箱:ywang4@msn.com
质量体系:ISO/TS 16949
产品情况:各种螺旋锥齿轮等

★肇庆骏鸿实业有限公司
地址:广东省肇庆市高新工业区临江工业园
邮编:526238
电话:0758/3130187
传真:3130186
网址:www.sonnytyres.com
电子信箱:info@sonnytyres.com
单位人数:500
产品情况:(新迪牌、JHJ牌)
半钢子午线轮胎
出口情况:出口美国、南美、欧洲、中东等国家和地区

★佛山市华驰五金配件有限公司
地址:广东省佛山市禅城区扶西工业区
邮编:528000
电话:0757/82806773
传真:82807348
网址:www.fshuachi.com
电子信箱:liyaoqiang@live.cn
单位人数:150
质量体系:ISO 9001
产品情况:车轴端盖、车轴配件

★广东省佛山市永力泰车轴有限公司
地址:广东省佛山市禅城区石湾镇镇中二路12号
邮编:528031
电话:0757/83650210、82706516
传真:82665518
网址:www.ltcmc.com
电子信箱:sales@ltcmc.com
单位人数:480
质量体系:ISO/TS 16949
产品情况:(L1牌)
美式车轴、德式车轴、串联悬架、单点悬架、刚性悬架、空气悬架、支腿、牵引座和牵引销等各种拖车配件,具有年产半挂车车轴15万根、各种悬架5万余套的生产能力
出口情况:出口30多个国家和地区

★河谷(佛山)汽车润滑系统公司
地址:广东省佛山市禅城区高新技术开发区罗格园一期工业区
邮编:528061
电话:0757/82011888-8032
传真:82817096
网址:www.herg.com.cn
电子信箱:info@herg.com.cn
法人代表(负责人):姚燕业
单位人数:220
质量体系:ISO 9001
产品情况:(HERG牌)
汽车底盘集中润滑系统
配套及出口情况:为厦门金旅、中通、宇通、飞驰、金龙等客车厂配套;出口美国、德国、韩国、印度、巴西等国家,并销往中国香港、台湾地区,自投产至2011年底大约4.5万套

★佛山市南海安驰铝合金车轮公司
地址:广东省佛山市南海区大沥镇有色金属产业园
邮编:528231
电话:0757/85509966
传真:85505512
网址:www.anchiwheel.com

电子信箱:sales@ anchiwheel. com
单位人数:600
质量体系:ISO/TS 16949
产品情况:(AC 牌、ACW 牌)
铝合金汽车轮毂
配套及出口情况:为广州五羊集团、重庆望江铃木等配套;出口北美洲、欧洲、大洋洲、非洲、中东及日本等国家和地区

★佛山市帝盟汽车零部件有限公司
地址:广东省佛山市南海区官窑永和开发区 1 号
邮编:528237
电话:0757/81002219、81199228
传真:81854228
网址:www. gddkm. com
电子信箱:yx@ gddkm. com
质量体系:ISO/TS 16949
产品情况:(JD 牌)
汽车动力转向器(齿轮齿条式转向器、循环球式转向器)、转向器阀芯、阀套、齿条、转向管柱、高低压油管等
配套情况:为北汽制造厂配套陆霸越野车转向系统,为天津一汽夏利配套轿车转向系统

★本田汽车零部件制造有限公司
地址:广东省佛山市南海区南海科技工业园本田路 1 号
邮编:528237
电话:0757/81198888
传真:81198889
网址:www. honda. com. cn
产品情况:变速器、传动轴、曲轴、连杆等

★佛山市南海中南铝车轮制造有限公司
地址:广东省佛山市南海区盐步广佛一路 239 号
邮编:528247
电话:0757/85773123
传真:85771372
网址:www. znlwheel. com
电子信箱:pub@ znlwheel. com
单位人数:1200
质量体系:ISO/TS 16949、QS 9000
产品情况:(ZNL 牌、FNZ 牌)
汽车、摩托车铝合金轮毂
配套及出口情况:为一汽 - 大众、神龙汽车、天津一汽夏利、长安汽车等 10 多家汽车厂,以及嘉陵、五羊本田、嘉陵本田、南方雅马哈、大长江、新大洲等 20 多家摩托车厂提供轮毂配套;远销美国、加拿大、日本、澳大利亚、欧洲、东南亚等国家和地区

★俊加华实业有限公司
地址:广东省佛山市南海区平洲工业园
邮编:528251
电话:0757/86702888、86703883
传真:86709821
网址:www. joinfair. cn
电子信箱:febijsme@ joinfair. cn
质量体系:ISO 9001
产品情况:(Joinfair 牌、俊一(JSME)牌、飞比(febi)牌)
底盘橡胶件、制动片

★佛山市南平汽车零部件制造公司
地址:广东省佛山市南海区平洲平东工业区
邮编:528251
电话:0757/86761198、86776122
传真:86776576
网址:www. nwk. cn
电子信箱:nwk@ nwk. cn
单位人数:200
质量体系:ISO/TS 16949、ISO 9001
产品情况:(NWK 牌、FAIRLY 牌)
汽车用制动衬片、制动蹄总成、离合器从动盘总成、离合器压盘总成等

★金的汽车零部件制造有限公司
地址:广东省佛山市顺德大良解放军七八一七工厂19 栋
邮编:528300
电话:0757/22621661
传真:22631661
网址:www. usa - aov. com. cn
电子信箱:aov@ aov. com. cn
质量体系:ISO 9001
产品情况:制动片、制动盘
出口情况:出口美国、加拿大、澳大利亚、日本、以色列、东南亚等国家和地区,并销往中国香港地区

★广东亚新汽车传动有限公司
地址:广东省佛山市顺德高新区(容桂)新发路 9 号
邮编:528305
电话:0757/28398998
传真:28399998
网址:www. accel. cn
电子信箱:yaxin@ accel. com. cn
单位人数:500
质量体系:ISO/TS 16949、VDA 6. 1
产品情况:(ACCEL 牌)
汽车离合器从动盘(年产能力 150 万片)、压盘(年产能力 60 万片)、制动片等
出口情况:远销欧洲、美洲、非洲、东南亚、中东等 50 多个国家和地区

★富盈汽车配件有限公司
地址:广东省佛山市顺德区勒流镇黄连工业区港口路 1 号
邮编:528323
电话:0757/25521630、25521638
传真:25521631
网址:www. fuwabtc. com
电子信箱:btc3@ fuwabtc. com
单位人数:200
质量体系:ISO/TS 16949
产品情况:汽车制动气室、汽车制动调整臂
出口情况:远销北美洲、欧洲、大洋洲、南美洲等

★广东富华工程机械制造有限公司
地址:广东省佛山市顺德区勒流镇黄连工业大道 3 号
邮编:528323
电话:0757/25667398
传真:25666121
网址:www. fuwa. cn
电子信箱:sh@ fuwa. cn
单位人数:1500
质量体系:ISO/TS 16949、ISO 9001
产品情况:(Fuwa 牌)
年产半挂车车轴 80 万支、支撑装置 20 万对、悬架空气弹簧 10 万套、制动片 700 万片,另有鞍座、牵引销等零部件
出口情况:出口亚洲、中东、欧洲、北美洲、南美洲、大洋洲、非洲等 40 多个国家和地区

★捷太格特(佛山)汽车部件公司
地址:广东省佛山市顺德区大良街道五沙新辉路 2 号
邮编:528333
电话:0757/22325881
传真:22325885
质量体系:ISO 14001
产品情况:主要生产液压动力转向系统零部件

★中山市翔宇汽车零件制造有限公司
地址:广东省中山市阜沙镇上南工业区
邮编:528400
电话:0760/23400172
传真:23400173
网址:www. xy - filter. com
电子信箱:xy - filter@ 163. com
质量体系:ISO 9000
产品情况:汽车滤清器、减振器,具有年产滤清器 300 万只、减振器 50 万条的生产能力
配套及出口情况:为广汽长丰猎豹、江铃公司等配套;出口欧洲、美洲、东南亚

★武藏汽车配件(中山)有限公司
地址:广东省中山市火炬高技术开发区沿江东四路 40 - 42 号
邮编:528437
电话:0760/85336689
传真:85337689
质量体系:ISO 9000
产品情况:汽车转向与悬架系统零部件
配套情况:为广汽本田、东风本田、本田汽车(中国)、东风本田发动机、东风本田汽车零部件、广州昭和汽车零部件配套

★中山日信工业有限公司
地址:广东省中山市火炬高技术开发区建业路 34 号

邮编:528437
电话:0760/85338330
传真:85338331
产品情况:制动系统

★恒威汽车动力转向器有限公司
地址:广东省佛山市高明区西安河江开发区跃华路广德街5号
邮编:528500
电话:0757/88513388
传真:88513389
网址:www. autopower. cn
电子信箱:fsgmhwqc@ 126. com
质量体系:ISO 9001
产品情况:汽车转向器及配套件
配套情况:为天津一汽、一汽红塔云南、北京福田、长城汽车、华泰现代、北汽等配套

★何氏协力机械制造(佛山)公司
地址:广东省佛山市高明区杨和镇杨梅第三工业区
邮编:528515
电话:0757/88853222
传真:88853000
网址:www. hos－unite. com
电子信箱:ho－s@ hos－unite. com
单位人数:210
质量体系:ISO 9001
产品情况:(HOS牌)
年产单点悬架5000套、车轴总成30000支、三轴悬架2500套
配套及出口情况:国内为中集集团、福建泰华等厂家配套;产品主要销往国外市场

★江门市兴江转向器有限公司
地址:广东省江门市蓬江区发展大道32号
邮编:529030
电话:0750/3397726、3397729
传真:3381498
网址:www. xingjiang. com. cn
电子信箱:xingjiang@ xingjiang. com
单位人数:450
质量体系:ISO/TS 16949
产品情况:GX、ZJ两大系列汽车整体式动力转向器,年产10万台
配套情况:为陕汽集团、东风柳汽、重汽集团、宇通客车、厦门金龙、徐州重工、中联等配套

★捷仕克汽车配件有限公司
地址:广东省鹤山市共和镇工业东区共建路22号
邮编:529700
电话:0750/8318224、8303822
传真:8303922
网址:www. gck. com
电子信箱:sales@ gck. cn
质量体系:QS 9000、ISO 9002
产品情况:(GCK牌)
汽车传动轴、等速万向节总成及其零部件

广　西

★玉柴安达变速器有限公司
地址:广西玉林市玉柴工业园
邮编:537005
电话:0775/3283259
传真:3283259
网址:www. yuchai. com
质量体系:ISO/TS 16949
产品情况:重型车用变速器

★万向钱潮(桂林)汽车底盘部件公司
地址:广西桂林市铁山路18号
邮编:541004
电话:0773/5615920
传真:5615921
网址:www. glwanxiang. com
电子信箱:glwx@ china. com
法人代表:周建群
负责人:劳乃光
单位人数:650
质量体系:ISO/TS 16949
产品情况:钢制车轮、鼓式制动器、转向拉杆总成、后桥总成、汽车摆臂
配套及出口情况:为上汽通用五菱汽车股份有限公司、东风柳州汽车有限公司、一汽解放柳州特种汽车有限公司、三一重工集团、浙江万向系统海南分公司、郑州国基机械设备有限公司配套;出口美国、澳大利亚、日本、荷兰、韩国等国家

★桂林星火机械制造有限公司
地址:广西桂林市七里店路1号
邮编:541004
电话:0773/5812716
传真:5812716
电子信箱:glwind@ public. glptt. gx. cn
质量体系:ISO/TS 16949、ISO 9001
产品情况:汽车同步器

★广西桂林南方橡胶有限公司
地址:广西桂林市七星路36号
邮编:541004
电话:0773/5815653
传真:5815652
质量体系:ISO/TS 16949
产品情况:汽车及摩托车轮胎

★广西桂林英柴公司
地址:广西桂林市横塘路74号
邮编:541004
电话:0773/5865258
传真:5862952
质量体系:ISO 9001
产品情况:(英山牌)
轴承座、差速器壳、前后轮毂、压盘
配套情况:为柳州五菱、桂林福达等配套

★中国化工橡胶桂林有限公司
地址:广西桂林市七星区横塘路80号
邮编:541004
电话:0773/5883569、5889997
传真:5889366
网址:www. zxgl. net
电子信箱:zxgl@ zxgl. net
质量体系:ISO/TS 16949、ISO 9001
产品情况:工程机械、载货汽车、乘用车及农用车子午线轮胎和丁基胶内胎
出口情况:出口欧洲、非洲、美洲、亚洲等地区

★柳州市恒力传动轴有限责任公司
地址:广西柳州市柳北区沙塘镇沙塘街102号之三
邮编:545003
电话:0772/2711110、2710048
传真:2711115
网址:www. lzcdzc. com
电子信箱:cdc@ lzcdz. com
单位人数:160
质量体系:ISO/TS 16949、QS 9000
产品情况:微车传动轴总成、后桥连接凸缘
配套及出口情况:为上汽通用五菱、广西柳工配套;出口转向节产品和载重货车传动轴

★柳州克雷拉减振器有限公司
地址:广西柳州市柳石路151号
邮编:545005
电话:0772/3116285、3118553
传真:3121421
网址:www. lz－huali. com
电子信箱:kll@ lz－huali. com
单位人数:270
质量体系:ISO/TS 16949、QS 9000
产品情况:(克雷拉牌)
各类汽车减振器,年产能力200万支
配套情况:为上汽通用五菱、东风柳汽、北汽福田、长丰猎豹、一汽佳宝、哈飞汽车等配套

★柳南正菱集团公司
地址:广西柳州市柳邕路273号
邮编:545005
电话:0772/3227168
传真:3227305
质量体系:ISO/TS 16949、QS 9000
产品情况:变速器齿轮、机油泵总成、油底壳、风扇叶、飞轮壳、出水总管等
配套情况:为柳州机械厂、柳州汽车发动机厂、玉柴等配套

★广西方盛实业股份有限公司
地址:广西柳州市屏山大道286号
邮编:545005
电话:0772/3838171
传真:3820545

电子信箱:gxfssy@ 21cn. com
质量体系:ISO/TS 16949
产品情况:汽车车桥

★广西华力集团有限公司
地址:广西柳州阳和工业新区阳旭路9号
邮编:545006
电话:0772/3113196、3118557
传真:3113196
网址:www. gxhualicn. com
电子信箱:jtzonghe@ gxhualicn. com
单位人数:1300
质量体系:QS 9000
产品情况:五菱汽车支承板与防尘板焊合件、制动器底板焊合件、左右稳定板支座焊合件;各类汽车减振器;工程机械结构件、机械加工件、公路机械及配件;机动车安全技术检测等

★浙江万向系统有限公司柳州工厂
地址:广西柳州市阳和工业新区工业园 B-22-2B-22-4
邮编:545006
电话:0772/3514131、3515329
传真:3514161、3515265"
网址:www. wanxiang. com. cn
产品情况:SPARK 车型底盘系统零部件
配套情况:为上汽通用五菱配套

★柳州市银兴车轮制造有限公司
地址:广西柳州市河西工业园
邮编:545007
电话:0772/3645029
传真:3645029
网址:www. chineserim. com
电子信箱:sales@ chineserim. com
质量体系:ISO/TS 16949
产品情况:轮辋、车轮

★柳州采埃孚机械有限公司
地址:广西柳州市和平路143号
邮编:545007
电话:0772/3691588、3691589
传真:3691518、3691519
网址:www. lzzf. com
电子信箱:wenhong. huang@ zf. com
单位人数:163
产品情况:(ZF 牌)
变速器、驱动桥及其零部件

★柳州市精锻方盛工业有限公司
地址:广西柳江县拉堡镇莲塘
邮编:545100
电话:0772/7213831
传真:7215106
电子信箱:fangsheng@ ctiwt. com
质量体系:ISO 9001
产品情况:汽车前轴、后桥壳体、连通轴等
配套情况:为东风柳汽、上汽通用五菱等配套

海南省

★海南玉柴机器有限责任公司
地址:海南省琼海市加积镇富乔路34号
邮编:571400
电话:0898/62828985、62828876
传真:62824104
网址:www. yuchai. com
质量体系:ISO/TS 16949、ISO 9001
产品情况:各类汽车柴油机、工程机械、变速器等配套的齿轮和花键轴,年产能力为350万件

重庆市

★重庆清平机械厂
地址:重庆市江北区南桥寺4227信箱
邮编:400021
电话:023/86067365、86067436
传真:86067368、86067401
网址:www. cqqp. com
电子信箱:cqqp489@ 163. com
单位人数:500
质量体系:ISO 9001
产品情况:(清平牌、QP 牌)
圆柱齿轮、直齿内齿轮、螺旋圆锥齿轮、蜗轮、蜗杆、变节圆齿轮、齿条、特殊形状齿轮、组合齿轮等,年产600万只齿轮的生产能力

★重庆大帝重工机械有限公司
地址:重庆市江北区港城东路99号
邮编:400026
电话:023/67781191、67782832
传真:67781191、67782832
网址:www. cqdfdy. com
电子信箱:cqdftd@ vip. sina. com
单位人数:300
质量体系:ISO/TS 16949、ISO 9001
产品情况:汽车太阳轮、行星轮、汽车半轴、贯通轴、齿轮及各种锻件
出口情况:出口日本,并销往中国香港地区

★重庆市赛瑞汽车配件厂
地址:重庆市沙坪坝区渝碚路131-41号
邮编:400030
电话:023/66397897
网址:www. srlhq. 299home. com
单位人数:300
质量体系:ISO/TS 16949、ISO 9000
产品情况:微型车、轿车、轻/重型货车离合器

★重庆驰宇机械制造有限责任公司
地址:重庆市沙坪坝区井口月古村46号
邮编:400033
电话:023/65184071、65184091
传真:65184097
网址:www. cyqz. com
电子信箱:office@ cyqz. com
单位人数:280
质量体系:QS 9000
产品情况:各型汽车转向节(SC6350、CM8、S11、CH6350、CH6370、HFJ6352、HFJ6370、CV6、V70)、曲轴(含通机球铁曲轴)、拨叉、螺环、各型沙滩摩托转向节、轮毂、碟刹支撑座及总成,摩托车气门座、导管、凸轮轴等

★重庆创鸿机电(轴承)有限公司
地址:重庆市沙平坝区山洞工业园
邮编:400035
电话:023/65530351
传真:65530351
电子信箱:wangjian9. 15@ 163. com
质量体系:ISO/TS 16949、ISO 9001
产品情况:前桥转向节用阻尼轴承、汽车轮毂轴承等
配套情况:合作伙伴有一汽集团、东风汽车股份、欧曼重卡、上汽依维柯红岩、重庆铁马、北奔重汽、湖北三环车桥、柳州汽车、湖南中联重科、义和车桥、安徽华菱等

★渝安创新科技(集团)有限公司
地址:重庆市沙坪坝区上桥工业园区
邮编:400037
电话:023/65230020、89095666
传真:65230020、65230075
网址:www. yuanchina. com
电子信箱:yxb@ yuanchina. com
单位人数:5000
质量体系:ISO 9001
产品情况:(渝安牌、新感觉牌)
具有年产摩托车减振器500万套/台、汽车减振器30万套/台、汽车发动机10万台、摩托车30万辆、微型汽车10万辆的能力
配套及出口情况:摩托车减振器为力帆、宗申、隆鑫、豪爵等配套;汽车减振器为东风汽车公司、东风渝安、汉江汽车、长安汽车等配套;出口东南亚、欧洲、美洲、非洲等65个国家

★重庆渝安减震器有限公司
地址:重庆市沙坪坝区上桥工业园
邮编:400037
电话:023/89095535、89095568
传真:65230889、65230883
网址:www. cajzyuan. com
电子信箱:cajz@ cajzyuan. com
单位人数:1500
质量体系:ISO/TS 16949、ISO 9001
产品情况:(渝安牌)
轻、微型汽车、轿车减振器及 ATV500 型减振器等
配套及出口情况:为国内主机厂配套;远销南美洲、中东、东南亚等10多个国家和地区

★重庆长江轴承工业有限公司
地址:重庆市沙坪坝区联芳桥5号
邮编:400039
电话:023/68617025、68616550
传真:68618027
网址:www.cjb.com.cn
电子信箱:master@cjb.com.cn
单位人数:850
质量体系:ISO/TS 16949、VDA 6.1
产品情况:(CJB牌)
高品质低噪声密封深沟球轴承(单列及双列)、角接触球轴承、轮毂单元、圆锥滚子轴承及变型品种
出口情况:出口北美洲、欧洲、非洲、东南亚等地区

★重庆众联齿轮传动有限公司
地址:重庆市高新区石新路121-24号
邮编:400039
电话:023/68626296、68030523
传真:68030523、68626632
网址:www.cqzl.cn
电子信箱:office@cqzl.cn
质量体系:ISO/TS 16949
产品情况:汽车及船舶用齿轮、传动轴、分动器

★重庆天谛倍进机电制造有限公司
地址:重庆市石桥铺高庙村张坪社198号
邮编:400039
电话:023/68631744、68882718
传真:68621616
网址:www.cq-huajun.com
电子信箱:huajun@cq-huajun.com
单位人数:200
质量体系:ISO 9001
产品情况:汽车、摩托车离合器
配套及出口情况:为长安汽车、长安跨越、重庆力帆、重庆宗申发动机、山西淮海汽车发动机、上汽配套;出口越南、东南亚、伊朗等国家和地区

★重庆杜克高压密封件有限公司
地址:重庆市高新区科园四路170号E座
邮编:400041
电话:023/68636164
传真:68617092
网址:www.dukeseal.com
电子信箱:marketing@dukeseal.com
单位人数:460
质量体系:ISO/TS 16949
产品情况:(杜克牌)
斯太尔车桥、轮毂及主减速速器油封,乘用车、商用车动力转向器油封,奔驰车桥油封
配套情况:为中国重汽、北汽福田、红岩汽车、华菱汽车、豫北机械、四平转向机、恒隆集团、南京汽车等配套

★重庆富川机电有限公司
地址:重庆市九龙坡区白市驿工业园区
邮编:400050
电话:023/65702059
传真:65708211
网址:www.china-fuchuan.com
电子信箱:fcdz@china-fuchuan.com
单位人数:1000
质量体系:ISO/TS 16949
产品情况:大长江、宗申、嘉陵等摩托车磁电机、变速器、分动器、取力器的齿轮,法士特齿轮,汽车磁电机、齿轮等
配套情况:为大长江、宗申、嘉陵、法士特、本田等配套

★重庆北方奔驰变速器有限责任公司
地址:重庆市九龙坡区杨家坪正街43号
邮编:400050
电话:023/88167877、88167878
传真:86501300
网址:www.bbtgearbox.com.cn
电子信箱:xsgs@bbtgearbox.com.cn
单位人数:700
质量体系:ISO/TS 16949、ISO 9001
产品情况:(北方奔驰牌)
轻型履带式装甲车变速器、轮式装甲车变速器、重型汽车变速器、大型客车变速器、分动器和取力器等
配套情况:为军用车辆、宇通、安凯、金龙、金旅、黄海、北奔重汽、长江起重机等20多家大型客车和重型汽车企业配套

★重庆佳通轮胎有限公司
地址:重庆市九龙坡区中梁山玉清寺街道华玉路888号
邮编:400052
电话:023/65266100、68154003
传真:65266800
网址:www.gititire.com
电子信箱:gm/cq@giti.com
单位人数:1400
质量体系:ISO/TS 16949、ISO 9001
产品情况:全钢丝载重子午线轮胎
出口情况:出口欧洲、美洲、东南亚

★重庆川渝精工机械配件开发公司
地址:重庆市巴南区花溪镇花溪工业园
邮编:400054
电话:023/62581272、62581051
传真:62581105、62581051
网址:www.cy-jg.com
电子信箱:motor@cy-jg.com
单位人数:1000
质量体系:ISO/TS 16949、ISO 9001
产品情况:(精工牌、锐克牌)
ATV车及高尔夫车起动机构、倒挡器及后桥总成、摩托车轴传动机构
配套及出口情况:为日本本田、雅马哈以及全国多家摩托车制造厂、汽车厂配套;出口日本、东南亚、南亚、南美洲等国家和地区

★重庆三四零三汽车零部件有限公司
地址:重庆市巴南区土桥王家坝100号
邮编:400054
电话:023/62593700
传真:62598223
质量体系:ISO 9001
产品情况:汽车钢板弹簧总成、散热器总成

★重庆神箭汽车传动件有限责任公司
地址:重庆市巴南区花溪镇莲花一村一号
邮编:400055
电话:023/62555350
传真:62555411
电子信箱:sjgs@126.com
单位人数:500
质量体系:ISO 9001
产品情况:青山、法士特变速器、分动器、取力器的齿轮及轴
配套情况:为青山工业、奇瑞汽车、苏州齿轮等配套

★重庆制钳厂
地址:重庆市南岸区四公里广黔路70号
邮编:400060
电话:023/62755677、62750343
传真:62752595
单位人数:824
质量体系:ISO/TS 16949
产品情况:汽车转向节,年产577806只;6350等半轴,年产344586根

★重庆零一精密机械有限公司
地址:重庆市南岸区茶园新城区长江工业园江溪路7号
邮编:400064
电话:023/62871367、62871770
传真:62895630、62873410
网址:www.cq01.cn
电子信箱:office@cq01.cn
质量体系:ISO 9001
产品情况:汽车减振器活塞杆、汽车摇臂轴、电动机轴等轴类零部件
配套及出口情况:为日本、韩国、德国、美国及中国的知名整机企业和跨国公司配套;出口日本、韩国、德国、美国,并销往中国台湾地区

★重庆望江铸造有限公司
地址:重庆市江北区郭家沱
邮编:400071
电话:023/67110831
传真:67110834
电子信箱:cqwangjiang@cta.cq.cn
单位人数:8000
质量体系:ISO/TS 16949、ISO 9001
产品情况:(望江牌)
制动钳体、制动钳支架、转向节、曲轴等铸件
配套及出口情况:为长安汽车、万向集团、昌河汽车、奇瑞汽车、哈飞汽车、美国SWC公司配套;出口美国

★重庆江北利峰工业制造有限公司
地址:重庆市江北区郭家沱正街
邮编:400071
电话:023/67731065、67107584
传真:67731065
网址:www.cn-lifeng.com
电子信箱:sales@cn-lifeng.com
单位人数:500
质量体系:ISO 9002
产品情况:摩托车离合器,汽车、工程机械等用湿式纸基摩擦片,年生产摩托车离合器总成200余万套、汽车自动变速摩擦片3000万片
配套及出口情况:为嘉陵、隆鑫、力帆、宗申、银翔、广州天马、力擎等配套;远销英国、美国、韩国、越南、印尼、印度、马来西亚等国家

★重庆奥美机械制造有限公司
地址:重庆市南岸区峡口镇大石村
邮编:400072
电话:023/62390206
传真:62390206
网址:www.aumell.com
电子信箱:gearbox@public.cta.eq.cn
质量体系:ISO 9001
产品情况:ZF变速器齿轮、轴、同步器,也可独立测绘、开发重/轻微型货车、摩托车及农用车变速器齿轮、轴及总成
配套及出口情况:为长安、力帆、嘉陵、綦齿等配套;出口德国、美国、意大利等国家

★重庆新工汽车零部件有限公司
地址:重庆市大渡口区钢铁路66号
邮编:400084
电话:023/68834947
传真:68834947
网址:www.xingong-cq.com
产品情况:轻、微型汽车和轿车的转向横直拉杆总成、摇臂总成、前悬支臂总成等
配套情况:为重庆长安、昌飞集团、南京长安、陕西汉江汽车、重庆长江电工厂、安徽江南机械、豫北光洋转向器等配套

★重庆市高远汽车部件制造有限公司
地址:重庆市双桥区双南路踏水桥
邮编:400900
电话:023/43330159、43330588
传真:43336779
质量体系:ISO/TS 16949、ISO 9001
产品情况:取力器总成、差速器十字轴、半轴、贯通轴、液压件等底盘件

★重庆重汽集团传动轴有限公司
地址:重庆市双桥区敬业大道20号
邮编:400900
电话:023/43382713、43321966
传真:43383113
网址:www.hycdz.cn
电子信箱:office@hycdz.cn
单位人数:100
质量体系:ISO/TS 16949、ISO 9001
产品情况:(红岩牌、斯太尔牌)
汽车、工程机械等传动轴总成、制动器、端面啮合齿传动轴、取力器传动轴、EQ140传动轴、EQ153传动轴,具有年产8万~10万套传动轴总成的生产能力
配套情况:为上汽依维柯红岩、陕西重汽、斯太尔汽车和军车等配套

★鞍钢贝卡尔特轮胎帘线(重庆)公司
地址:重庆市双桥工业园区
邮编:400900
电话:023/43386000、43386002
传真:43386111
网址:www.bekaert.com
产品情况:(贝卡尔特牌)
轮胎钢帘线

★重庆斯钛轩汽车车桥有限公司
地址:重庆市高新区兰美路11号附7号
邮编:401100
电话:023/89063293
传真:89063293
产品情况:半轴齿轮、盆角齿、半轴齿、差速器总成、差速器壳、减速器壳、减速器总成、轮毂、轮边壳、过桥箱盖、平衡轴壳、飞轮壳、钢板弹簧座、空心花键轴、传动轴、制动鼓、支架、离合器壳、汽缸盖、转向节、制动凸轮轴、离合器片及压盘、贯通轴、凸缘、推力杆、十字轴、拨叉、转向拉杆臂、举升泵、主从动齿轮、同步器、衬套、球头等

★重庆中意减振器有限责任公司
地址:重庆市渝北区长安工业园长室路306号
邮编:401120
电话:023/67187111、67180918
传真:67180900
网址:www.cqzyjz.com
电子信箱:ceo@cqzyjz.com
单位人数:410
质量体系:ISO/TS 16949、QS 9000
产品情况:(耐德牌、华意牌、华美牌、华科牌)
各型汽车减振器,2008年产220万支
配套及出口情况:为华晨汽车、吉利汽车、长安汽车、奇瑞汽车、哈飞汽车、上汽通用五菱、安徽安凯客车、重庆恒通客车等配套;出口德国、美国、南非、中东等国家和地区

★重庆驰骋轻型汽车部件股份公司
地址:重庆市渝北区科技产业园兴科大道2号块地
邮编:401120
电话:023/67457400
传真:67457391、67457398
电子信箱:cqcc_kfb@163.com
质量体系:ISO/TS 16949、QS 9000
产品情况:前悬架总成、左右臂、后轴总成、发动机支架、车身覆盖件
配套情况:为长安汽车、昌河汽车、哈飞汽车等配套

★重庆红岩方大汽车悬架有限公司
地址:重庆市渝北区国家农业科技园区金果大道308号
邮编:401122
电话:023/67468800
传真:67468818
网址:www.leafspring.cn
电子信箱:office@leafspring.cn
负责人:詹兴兵
单位人数:1200
质量体系:ISO/TS 16949、ISO 9001
产品情况:(红岩牌)
汽车钢板弹簧、横向稳定杆、油气悬架、空气悬架系统
配套及出口情况:为中国重汽、上汽依维柯红岩、陕西重汽、北方奔驰、北汽福田、广汽日野、安徽华菱等重卡和中卡重庆五十铃配套;为郑州宇通、厦门金龙、苏州金龙、厦门金旅、欧V客车、重庆恒通、安徽安凯等客车配套;取得了英国约克公司和奔驰公司生产许可证绿卡,产品出口到到德国、意大利、英国、爱尔兰、土耳其、澳大利亚、新加坡、马来西亚等国家
☞ 详细情况请参阅彩色宣传版面

★重庆聚能汽车技术有限责任公司
地址:重庆市北部新区经开园金渝大道99号重庆汽博大厦25层
邮编:401122
电话:023/63115660、63859469
传真:67881453
网址:www.jnabs.com
电子信箱:jnabs@jnabs.com
质量体系:ISO/TS 16949、ISO 9001
产品情况:液压制动ABS和气压制动ABS系列产品
配套情况:为金龙客车、海格客车、重汽集团等配套

★纳铁福传动轴(重庆)有限公司
地址:重庆市经济技术开发区汽车园区
邮编:401122
电话:023/67038192
传真:67038192
网址:www.gkndriveline.com
产品情况:各种汽车传动轴

★重庆卡福汽车制动转向系统公司
地址:重庆市渝北区金开大道长福西路10号
邮编:401122

电话:023/89053664、89053665
传真:89053666
网址:www. cqcaff. com
电子信箱:xsgs@ cqcaff. com
单位人数:1550
质量体系:ISO/TS 16949、ISO 14001
产品情况:(CAFF 牌)
年产气制动元件 400 万件以上、转向拉杆和推力杆 200 万件以上、液压制动元件 120 万件以上、乘用车悬架系统 10 万套以上
配套及出口情况:为中国重汽、陕西重汽、上汽依维柯红岩、上汽通用五菱、东风渝安、五十铃、北京吉普、东风越野车等配套;出口欧洲、美洲、东南亚地区

★重庆博奥铝镁金属制造有限公司
地址:重庆市经济技术开发区经开园 D25
邮编:401122
电话:023/89110697、89110688
传真:89110677、89110688
网址:www. cqmbm. com
电子信箱:jufee@ cqmbm. com
单位人数:160
质量体系:ISO/TS 16949、ISO 14001
产品情况:汽车变速器壳体、转向盘骨架、仪表板骨架、汽车中控支架、座椅骨架、汽缸盖、齿轮室、齿轮室盖等汽车产品,镁合金轮毂、曲轴箱体、曲轴箱盖、摩托车后背架等摩托车产品,年产镁合金压铸产品 700 多万件
配套情况:为 BMW、KSS、福特、上海通用、重庆延锋江森座椅、PIAGGIO、长安、力帆等供货

★爱思帝(重庆)驱动系统有限公司
地址:重庆市北部新区鸳鸯龙景路 4 号
邮编:401142
电话:023/62900350
传真:62900348
网址:www. exedy. com. cn
电子信箱:clctch@ exedy. com. cn
单位人数:650
质量体系:ISO/TS 16949、ISO 14001
产品情况:(EXEDY 牌)
汽车离合器、飞轮减振器
配套及出口情况:与长安集团、东风本田、东风日产、一汽轿车、比亚迪、庆铃汽车、东安发动机等整车和发动机厂配套;出口美国、日本

★重庆渝江压铸有限公司
地址:重庆市北部新区大竹林镇
邮编:401233
电话:023/67682938
传真:67682938
电子信箱:admin@ cq - yj. com
单位人数:5300
质量体系:ISO/TS 16949、ISO 9001
产品情况:汽车变速器壳、电动机外壳、摩托车缸体、缸盖等铸造件
出口情况:出口美国、日本、巴基斯坦等国家

★重庆大江美利信压铸有限责任公司
地址:重庆市巴南区鱼洞镇大江工业园区
邮编:401321
电话:023/66283015、66283857
传真:66283016
网址:www. djmillison. com
电子信箱:djmlx@ djmillison. com
单位人数:500
质量体系:ISO/TS 16949、ISO 14001
产品情况:变速器壳体、机油泵体、泵盖、汽车干燥器本体、齿轮箱体、齿轮箱盖等压铸件
配套情况:为东风汽车公司、长安汽车、神龙汽车、铃木、长安福特马自达等配套

★重庆大江信达车辆股份零部件公司
地址:重庆市巴南区鱼洞镇大江工业园区
邮编:401321
电话:023/66283038、66289196
传真:66288562、66283042
网址:www. 107qc. com
电子信箱:cqdajiang@ 126. com
单位人数:2100
质量体系:ISO/TS 16949、ISO 9001
产品情况:(迈克牌、渝齿牌)
重型汽车车桥及传动轴,汽车齿轮,转向器
配套及出口情况:为北奔重汽、江汉四机、徐工集团、中联集团、一汽青岛等配套;出口俄罗斯、意大利、巴基斯坦等十几个国家和地区

★重庆江达铝合金车轮有限公司
地址:重庆市巴南区鱼洞镇
邮编:401321
电话:023/66284470
传真:66284747
质量体系:ISO/TS 16949
产品情况:铝轮

★重庆华义摩托车配件制造有限公司
地址:重庆市九龙坡区含谷净龙工业园区
邮编:401329
电话:023/65531283、65531629
传真:65530782
网址:www. cq - huayi. com
电子信箱:wencoihuang@ hotmail. com
质量体系:ISO 9001
产品情况:各型摩托车车架及重型汽车、客车助力器,微型车前桥、前轴本体
配套情况:为力帆、宗申、隆鑫、银钢、吉龙等配套

★重庆聚兴交通工业集团公司
地址:重庆市九龙坡区九龙工业园 C 区
邮编:401329
电话:023/65701995、65765280
传真:65703093、68601654
网址:www. chinajuxing. com. cn
电子信箱:cqjuxing1234@ 126. com
单位人数:1500
质量体系:ISO/TS 16949、ISO 14001
产品情况:(JX 牌、起飞牌)
气门摇臂、换挡拨叉、变速毂、摇臂轴、拨叉轴、汽车变速器、单向器、传动齿轮、蜗轮蜗杆、高精减速电动机小模数齿轮、各类模锻毛坯等
配套情况:为广东大长江、五羊 - 本田、钱江摩托、济南轻骑铃木、嘉陵 - 本田、新大洲 - 本田、洛阳北方易初、重庆大帆、庆铃汽车、长安汽车、台湾光阳、台湾三阳、中国嘉陵、建设、隆鑫、宗申、广汽日野、北奔重汽等配套

★重庆中奥离合器制造有限公司
地址:重庆市九龙坡区金凤镇大盐村
邮编:401329
电话:023/65742219
传真:65742145
网址:www. cqyuzhongao. com
电子信箱:cqzadh@ 163. com
单位人数:50
质量体系:ISO/TS 16949
产品情况:(渝中奥牌)
操纵器、选换挡软轴、手柄球及挡位铭牌、STEYR 制动底板、STEYR 和 LIPE 离合器总成、QJ400 取力器总成等

★重庆红旗弹簧有限公司
地址:重庆市沙坪坝区曾家镇龙荫工业园
邮编:401331
电话:023/65351266
传真:65351266
电子信箱:hqthcchenqin@ online. cq. cn
单位人数:680
质量体系:ISO/TS 16949
产品情况:红岩斯太尔、东风、解放、奔驰、铁马、五十铃、江淮、大宇、金龙、长安等系列钢板弹簧总成和零片
配套及出口情况:主要为重庆庆铃、重庆长安、重庆长安跨越、重庆红岩、北方奔驰重庆分公司、重庆铁马、东风渝安等配套;出口日本、俄罗斯

★重庆传动轴股份有限公司
地址:重庆市沙坪坝区陈家桥镇陈电路 97 号
邮编:401331
电话:023/65633201、65633205
传真:65633201
网址:www. cqcdz. com
电子信箱:cqcdz202@ 163. com
单位人数:600
质量体系:ISO/TS 16949
产品情况:(华华牌)
专业生产重、中、轻、微及专用汽车传动轴
配套及出口情况:为庆铃汽车、长安汽车、浦沅集团、东风柳汽、北汽福田等配套;出口传动轴 6 万套、零部件 60 万件

★ 重庆红旗钢圈有限公司

地址:重庆市沙坪坝区大学城覃家岗企业拓展园
邮编:401331
电话:023/65751398
传真:65751518
电子信箱:liu－18188@163.com
法人代表:罗建伟
单位人数:264
质量体系:ISO/TS 16949
产品情况:(渝圈牌、红旗牌)

专业生产微型、轻型、中型、重型及工程车类钢圈

★重庆长安离合器制造有限公司

地址:重庆市铜梁县旧县镇永兴村
邮编:401334
电话:023/65600366
传真:65601197
网址:www.myclutch.cn
电子信箱:86083011@163.com
单位人数:300
质量体系:ISO/TS 16949
产品情况:(茂源牌)

汽车离合器总成、飞轮总成、张紧轮、转向器、齿圈、活塞销等

配套情况:为微车、奥拓、夏利、羚羊、五十铃、长安之星、桑塔纳等配套

★綦江大力神齿轮有限公司

地址:重庆市綦江县古南镇黄木湾
邮编:401420
电话:023/48622210
传真:48670636
网址:www.dlscl.com
电子信箱:market@dlscl.com
单位人数:300
质量体系:ISO 9001
产品情况:(大力神牌)

汽车变速器齿轮和高动力汽车变速器总成,年产量16余万只

★重庆荆江汽车半轴有限公司

地址:重庆市綦江县文龙街道办事处铁路新村113号
邮编:401420
电话:023/48642179、48641483
传真:48641212
网址:www.cqjjbz.com
电子信箱:cqqlbz@126.com
单位人数:400
质量体系:ISO/TS 16949、ISO 9001
产品情况:(綦铃牌)

汽车、农用车半轴

配套及出口情况:已与中国重汽集团济南桥箱有限公司、陕西汉德车桥有限公司、包头北奔重汽车桥有限公司、安徽福田曙光车桥有限公司、东风柳州汽车有限公司、广西方盛实业股份有限公司、四川一汽丰田汽车有限公司、庆铃汽车股份有限公司、江西江铃底盘股份有限公司、河北保定信诚汽车发展有限公司、山东蓬翔汽车有限公司等国内多家著名企业达成合作配套关系;远销越南、泰国、印度、印度尼西亚、欧洲等国家和地区

★重庆耀恒齿轮有限公司

地址:重庆市綦江县新盛工业园
邮编:401420
电话:023/48628171、48621555
传真:48628171、48628172
网址:www.cqqjjm.com
质量体系:ISO/TS 16949、ISO 9001
产品情况:(綦正牌)

主要生产EQ140、EQ145、EQ145/6、QZ6－50、DC6J85TZ等汽车变速器总成及齿轮

★重庆綦江齿轮公司重型汽车齿轮厂

地址:重庆市綦江县古南镇
邮编:401420
电话:023/48658769、48664415
传真:48664415
电子信箱:7062644@sohu.com
质量体系:ISO 9001
产品情况:重型、中型汽车齿轮和变速器总成

★綦江长风齿轮有限公司
地址:重庆市綦江县古南镇桥河春光村
邮编:401420
电话:023/48662468、48663372
传真:48662238、48663372
网址:www.qijianggear.com
电子信箱:office@qijianggear.com
单位人数:900
质量体系:ISO/TS 16949、ISO 9001
产品情况:年产重型汽车齿轮、桥齿轮120万件以上,中重型弧锥齿轮15万套,以及各型汽车零件锻件逾万t
配套情况:为重汽集团、重庆重汽、安凯集团、东风汽车公司、一汽集团等配套

★綦江重配齿轮有限公司
地址:重庆市綦江县古南镇北街6号
邮编:401420
电话:023/48665688、48653288
传真:48669588
网址:www.cnqczp.cn
电子信箱:ybz2118@163.com
质量体系:ISO 9001
产品情况:(綦齿牌)
重型汽车、工程机械、客车变速器、取力器、中后桥齿轮及总成以及各型弧锥齿轮
配套情况:为重汽斯太尔、重庆铁马、上汽依维柯红岩、北奔重汽、綦江ZF变速箱、一汽奥威300型AOE系列等配套

★綦江齿轮传动有限公司
地址:重庆市綦江县桥河
邮编:401421
电话:023/48609442、48609682
传真:48609001
网址:www.qjgt.com
电子信箱:zjb@qjgt.com
单位人数:2537
质量体系:ISO/TS 16949
产品情况:(綦江牌)
重型汽车变速器、取力器、分动器、弧形锥齿轮,现已形成年产重型汽车变速器6万台、各式弧形锥齿轮15万套、锻件2万t的生产能力
配套及出口情况:为各种大型客车、载货汽车配套;出口美国、加拿大、西班牙、东南亚等20多个国家和地区

★重庆克诺斯齿轮制造有限公司
地址:重庆市綦江县永新镇永新北街141号
邮编:401422
电话:023/48460040、48460888
传真:48462268
网址:www.qjcl.com
电子信箱:chorus@163.com
单位人数:300
质量体系:ISO/TS 16949、ISO 9001
产品情况:(綦配牌)
重型汽车变速器齿轮、轴、同步器等
配套及出口情况:为綦江齿轮传动、中国一拖集团、中国三江航天工业集团、浙江彪马集团等配套;出口欧洲、北美洲等地区

★重庆市渝电汽车弹簧有限公司
地址:重庆市永川区胜利路塘皇坝
邮编:402160
电话:023/49839555、49839966
传真:49839606、49839555
网址:www.ydth.com
电子信箱:ozx@ydth.com
质量体系:ISO/TS 16949、ISO 9001
产品情况:(山峡牌)
导向臂、客车簧、重车簧、异车簧等汽车钢板弹簧
配套及出口情况:为上汽依维柯红岩(金刚)、斯太尔(王)、铁马、奔驰、沃尔沃、金龙、金旅、宇通、江淮、杭汽、大宇、安凯、广骏、东风、解放等配套;出口德国、意大利、伊朗、约旦、土耳其、俄罗斯等国家

★重庆创精温锻成型有限公司
地址:重庆市江津区双幅工业园区
邮编:402247
电话:023/47261421
传真:47261409
电子信箱:cjwdscb@163.com
质量体系:ISO/TS 16949、ISO 9001
产品情况:精锻结合齿轮、锥齿轮、齿轴、AT花键齿、同步环、轮毂等

★重庆齿轮箱有限责任公司
地址:重庆市江津区东方红工业区
邮编:402263
电话:023/47211468、47211015
传真:47211011
网址:www.chongchi.com
电子信箱:sc@chongchi.com
单位人数:2300
质量体系:ISO 9001、ISO 14001
产品情况:(重齿牌)
齿轮箱、联轴器、减振器、摩擦片、润滑设备、风力发电齿轮成套设备、减速机及备件、汽车齿轮及配件、滚珠丝杠等

★江津永进齿轮有限公司
地址:重庆市江津区德感镇前进街
邮编:402263
电话:023/47231327、47231469
传真:47231113
质量体系:ISO/TS 16949
产品情况:CUMMINS、PERKINS齿轮,年产525400件

★重庆长风基铨机械有限公司
地址:重庆市江津区东门社区88号
邮编:402264
电话:023/47512059、47511638
传真:47511630
质量体系:ISO/TS 16949、ISO 14001
产品情况:长安铃木、众泰、长城、SC等制动、离合、加速踏板
配套情况:为长安铃木、众泰汽车、长城汽车、SC等企业配套

★长安集团重庆长风转向器分公司
地址:重庆市江津区长风路88号
邮编:402264
电话:023/47512115
传真:47513585
质量体系:ISO/TS 16949、ISO 9001
产品情况:齿轮齿条式液压动力转向器总成
配套情况:为长安汽车、东南汽车、重庆力帆、比亚迪汽车等配套

★重庆长风机器有限责任公司
地址:重庆市江津区长风路
邮编:402264
电话:023/47513749
传真:47513585、47516747
电子信箱:cfcorp@cqchangfeng.com
质量体系:ISO/TS 16949
产品情况:(长微牌)
传动轴、转向柱、转向器、脚踏板
配套情况:为长安集团、哈飞汽车、长安铃木、比亚迪汽车、湖南江南等配套

★重庆黎明汽车配件有限公司
地址:重庆市铜梁县安居镇小南街17号
邮编:402564
电话:023/45856446
传真:45855446
电子信箱:cqlm@vip.sina.com
单位人数:167
产品情况:各型轿车、微型车制动鼓、制动分泵
配套情况:为长安汽车、奇瑞汽车、昌河汽车、哈飞汽车、南方天合底盘系统等配套

★蓝黛动力传动机械股份有限公司
地址:重庆市璧山县双星大道8号
邮编:402760
电话:023/41410185、41410199
传真:41410197
网址:www.cqld.com
电子信箱:sale@cqld.com
单位人数:1400
质量体系:ISO/TS 16949、ISO 9001
产品情况:(蓝黛牌)
汽车变速器总成、变速器齿轮(轴)、变速器壳体、发动机缸体和摩托车主副轴
配套情况:为重庆长安、山西淮海机械、广西柳机、绵丰、一汽佳宝、力帆集团、隆鑫摩托、宗申摩托、银钢集团、钱江集团配套

★重庆红宇精密工业有限责任公司
地址:重庆市璧山县红宇大道9号
邮编:402760
电话:023/45585000、45587999
传真:45511555
网址:www.hyjg.com
电子信箱:info@hongyu.com
单位人数:1446
质量体系:ISO/TS 16949
产品情况:汽车制动片、制动蹄、制动钳等制动零部件;液力变矩器、离合器、双离合器、油泵等传动系统部件

★南方天合底盘系统有限公司
地址:重庆市璧山县璧城镇红宇大道9号
邮编:402760
电话:023/45587777、45586010
传真:45511555
网址:www.hyjg.com
电子信箱:info@hongyu.com
单位人数:2000
质量体系:ISO/TS 16949
产品情况:(川宇牌)
盘式制动器总成、制动钳总成、鼓式制动器、制动鼓、制动分泵等制动系统零部件
配套情况:为长安汽车、长安铃木、长安福特马自达、重庆庆铃、昌河汽车、哈飞汽车、北汽福田、奇瑞汽车、一汽集团、东风汽车公司、上汽通用五菱等配套

★重庆红宇摩擦制品有限公司
地址:重庆市璧山县璧城镇北二环路
邮编:402760
电话:023/45587908
传真:45580175
网址:www.hongyufriction.com
电子信箱:denny_yang@hongyufriction.com
单位人数:198
质量体系:ISO/TS 16949、ISO 14001
产品情况:(川宇牌)
盘式制动片、鼓式制动片,中重型车摩擦材料
配套及出口情况:为长安汽车、长安铃木、长安福特马自达、奇瑞汽车、上汽通用五菱、哈飞汽车、昌河汽车、东风汽车、长城汽车、庆铃汽车、江铃汽车、北汽福田、长丰猎豹等主机配套;出口东南亚、中东、南美洲、北美洲

★重庆龙润汽车转向器有限公司
地址:重庆市璧山县青杠工业园
邮编:402761
电话:023/41476888、41461888
传真:41478666
网址:www.cqlongrun.cn
电子信箱:cqlongrun@163.com
单位人数:300
质量体系:ISO/TS 16949
产品情况:轿车、微车转向器总成、转向柱上轴总成和下轴总成等

★重庆市璧山顺山机械有限公司
地址:重庆市璧山县青杠镇开发区
邮编:402761
电话:023/41781666、41782306
传真:41782818
网址:www.ss1996.com
电子信箱:shunshan2008@163.com
单位人数:600
质量体系:ISO/TS 16949、ISO 9001
产品情况:具有年产同步器总成100万套,年产齿轮、齿轮轴60万件的生产能力
配套情况:为重庆青山工业、长安汽车金陵汽车零部件、连云港北方变速器、上海汽车齿轮厂、哈尔滨东安等配套

◉ 长安集团重庆青山变速器分公司
地址:重庆市璧山县青杠经济开发区
邮编:402761
电话:023/41819111、41819222
传真:41819666、41819333
网址:www.tsingshan.cn
电子信箱:Tsingshan@tsingshan.cn
法人代表:朱华荣
负责人:李培军
单位人数:2394
质量体系:ISO/TS 16949、ISO 14001
产品情况:(青山牌)
年产465系列变速器30万台、474系列变速器20万台、SCHO变速器10万台、CV6变速器10万台
配套及出口情况:为长安汽车、上汽集团、一汽集团 、东风汽车公司、海马、江淮汽车等配套;年出口MR514产品2000件、HS603产品3000件;出口日本、美国等国家,并销往中国台湾地区

★ 重庆青山工业有限责任公司

地址:重庆市璧山县青杠经济开发区
邮编:402761
电话:023/41819137
传真:41819666、41819333
网址:www.tsingshan.cn
电子信箱:ofsice@tsingshan.cn
法人代表:朱华荣
负责人:李培军
单位人数:2349
质量体系:ISO/TS 16949、ISO 14001
产品情况:(青山牌)
微型汽车变速器、轿车变速器、自动变速器(AMT.DCT)
配套及出口情况:为长安汽车、上汽集团、一汽集团 、东风汽车公司、海马、江淮、哈飞汽车等配套;年出口MR514产品2000件、HS603产品3000件;出口日本、美国等国家,并销往中国台湾地区
☞ 详细情况请参阅彩色宣传版面

★重庆市星极齿轮有限责任公司
地址:重庆市璧山县青杠来凤解放东路299号
邮编:402763
电话:023/41476990、41476136
传真:41476985
网址:www.xjcl.cn
电子信箱:xj.li.gang@163.com
单位人数:380
质量体系:ISO/TS 16949、ISO 9002
产品情况:微型汽车、轿车变速器以及中重型汽车、船用发动机、变速器全套齿轮、轴齿轮、同步器,年产能力200万件
配套情况:为长安汽车、重庆青山工业、四川江华机器厂等配套

四川省

★四川庆玲汽车零部件有限责任公司
地址:成都市红星路一段9号庆玲实业楼8楼
邮编:610017
电话:028/86920071、86910749
传真:86926130
网址:www.qinglingg.com
电子信箱:business@qinglingg.com
质量体系:ISO 9001
产品情况:(庆玲牌、金甲兵牌)
球头、拉杆、球笼、离合器、紧固件
配套情况:客户有四川都江机械有限责任公司等

★成都飞跃达制动系统有限公司
地址:成都市少陵路281号
邮编:610041
电话:028/85051660、88833888
传真:85052660
网址:www.fyd21.com
电子信箱:zdxt@fyd21.com
质量体系:ISO 9002
产品情况:(飞跃达牌)
制动蹄片、制动盘、制动鼓、飞轮、盘式制动卡钳、制动总泵、真空助力器等
出口情况:远销东南亚、欧洲、美洲等地区

★成都市金蓉齿轮有限责任公司
地址:成都市南延线视高工业开发区
邮编:610066
电话:028/36069623、36465062
传真:36465063
网址:www.cdjrcl.com
电子信箱:yzw@cdjrcl.com
单位人数:180
质量体系:ISO 9002
产品情况:(金叶牌)
汽车盆角齿、柴油机齿轮、汽车齿轮、摩托车齿轮、汽车变速器、弹簧及弹簧支吊架,金属制品、非标准设备,各种锻件
配套及出口情况:为都江车桥、四川峨眉柴油机等配套;部分产品出口

★成都川安机械有限公司
地址:成都市外西蔡桥工业区
邮编:610091
电话:028/87075670、87074826
传真:87074826
电子信箱:root@ cuanqp. com
单位人数:200
质量体系:ISO 9001
产品情况:(川安牌)
汽车底盘悬架、转向横直拉杆总成、接头总成、前轴支臂总成、横向稳定杆总成、横向压力杆总成、横拉杆中部、端部球节组件、转向头分总成、后轴总成、中央杆臂衬套总成和拉力杆总成
配套及出口情况:为东风渝安、比亚迪汽车、湖南江南汽车、陕西汉江汽车、河北长安、南京长安、吉林通田、哈飞汽车等配套;出口巴基斯坦、越南等东南亚国家

★成都九鼎科技(集团)有限公司
地址:成都市龙泉驿区航天工业区
邮编:610100
电话:028/84806225、84804536
传真:88421567
网址:www. nine - ding. com
电子信箱:9ding@ 21cn. com
单位人数:600
质量体系:ISO/TS 16949、QS 9000
产品情况:汽车减振器
配套情况:为江铃汽车、江铃控股、一汽吉汽、江淮汽车、郑州日产、东风股份、华晨金杯、长丰猎豹、长城汽车、庆铃汽车、上汽通用五菱、北京奔驰、厦门金龙等配套

★成都宁江昭和汽车零部件有限公司
地址:成都市龙泉驿区十陵镇蜀王路8号
邮编:610106
电话:028/82858990
传真:82858999
网址:www. cnshowa. com
电子信箱:cns@ cnshowa. com
质量体系:ISO/TS 16949、QS 9000
产品情况:摩托车、汽车减振器以及汽车电子助力转向器
配套情况:为长安铃木、长安汽车、昌河铃木、长安福特马自达南京公司、嘉陵工业股份、雅马哈、宗申等配套

★成都永华富士离合器有限公司
地址:成都市龙泉驿区外东十陵镇江华路
邮编:610106
电话:028/84600049、84600321
传真:84600025
质量体系:ISO 9001、ISO 14001
产品情况:汽车、摩托车离合器
出口情况:出口美国、英国、东南亚等国家和地区

★四川宁江精密工业有限责任公司
地址:成都市龙泉驿区外东十陵蜀王大道18号
邮编:610106
电话:028/84611409、84611518
传真:84611736
网址:www. scnjjg. com. cn
单位人数:2000
质量体系:ISO/TS 16949、QS 9000
产品情况:减振器、转向节、弹簧
配套情况:为嘉陵、重庆建设、重庆宗申、重庆隆鑫、重庆力帆、轻骑集团、新大洲本田、立峰集团、洛阳北方易初、洛阳洛嘉海兰、重庆豪威德、重庆隆鼎等配套

★成都宁兴汽车弹簧有限公司
地址:成都市外东十陵镇蜀王大道564厂内
邮编:610106
电话:028/84611481、84611489
传真:84611482
网址:www. cdningxing. com
电子信箱:cdnx@ cdningxing. com
单位人数:100
质量体系:ISO/TS 16949、ISO 9001
产品情况:各种汽车悬架螺旋弹簧
配套情况:为长安铃木、长安汽车、南京长安、昌河汽车、江铃陆风、吉利、奇瑞、陕飞、哈飞、东风小康等品牌汽车提供一次或二次配套

★四川宁江山川机械有限责任公司
地址:成都市外东十陵镇蜀王大道
邮编:610106
电话:028/84611788、84600561
传真:84600226、84600097
网址:www. ningda. com. cn
电子信箱:njxs@ ningda. com. cn
质量体系:ISO/TS 16949、QS 9000
产品情况:(宁达牌)
车用减振器为主,同时生产背门支撑、车用弹簧、精密焊管等产品
配套及出口情况:为一汽集团、东风汽车公司、上汽集团、长安汽车等配套;出口美国、伊朗、巴基斯坦等国家

★成都联创精密机械有限公司
地址:成都市龙泉驿区经济技术开发区
邮编:610106
电话:028/84622438
传真:84622423
网址:www. leacree. com
电子信箱:hr@ reacree. com
单位人数:300
质量体系:ISO/TS 16949
产品情况:(LEACREE 牌)
汽车减振器,年产280万支
出口情况:产品80%出口欧洲、南美洲、中东等地区

★成都陵川特种工业有限责任公司
地址:成都市龙泉驿区大面镇
邮编:610110
电话:028/84633515、84633585
传真:84630546
电子信箱:167xsc@ vip. 163. com
单位人数:2381
质量体系:ISO/TS 16949
产品情况:年产汽车车轮120万件、消声器40万套、燃油箱总成50万只
配套情况:为长安汽车所属企业、吉利汽车、上汽通用五菱、一汽海马、比亚迪汽车、重庆华克、重庆力帆等配套

★四川望锦机械有限公司
地址:成都市双流县九江镇双羽工业园区A区
邮编:610200
电话:028/85754522、85754416
传真:85754419、85754522
网址:www. wjshy. com
电子信箱:wj@ wjshy. com
单位人数:300
质量体系:ISO/TS 16949
产品情况:(望锦牌)
各种转向拉杆总成、悬架左右摆臂总成、侧向拉杆、稳定杆、连接杆、球头总成等
配套情况:为上海通用、德尔福、TRW、长安汽车、长安铃木、奇瑞、比亚迪、昌河、东风柳汽、一汽光洋、豫北光洋、恒隆等配套

★四川村田机械制造有限公司
地址:成都市华阳华府大道二段1158号川开工业园
邮编:610213
电话:028/61906250、61906252
传真:85645749、85766928
网址:www. sccmmc. com
电子信箱:gongxueyu@ vip. sina. com
单位人数:400
质量体系:ISO 9001
产品情况:(村田牌)
各型齿轮,工业减速器,重型汽车同步器总成、变速器轴、拔叉、制动阀、干燥器、放水阀、螺母等配件,各种机械零件
配套情况:与德国NPS公司、英国AAF公司、美国WAGNER、JEVCO、GE公司、法国WARNER公司合作

★成都西马汽配制造有限责任公司
地址:成都市金堂县三星镇天灯村一组
邮编:610400
电话:028/84984900
传真:84993063
单位人数:80
质量体系:ISO/TS 16949
产品情况:等速万向节内球笼精锻毛坯

★四川金雕离合器有限公司
地址:成都市新繁外南街136号
邮编:610501
电话:028/83080042、83081846
传真:83080843、83093335
网址:www.jindiao.com.cn
电子信箱:office@jindiao.com
质量体系:ISO 9001
产品情况:(金雕牌、华都牌)
汽车离合器从动盘总成、离合器总成
配套及出口情况:为重汽集团配套;远销美国、加拿大、古巴、意大利、南非、德国等国家

★成都明皓机械制造有限公司
地址:成都市新都区新繁镇正南街15号
邮编:610501
电话:028/83081116、83081083
传真:83080006
电子信箱:cd.mh@163.com
质量体系:ISO 9001
产品情况:各种型号制动器总成、变速器轴盖、盖总成、副变速器壳及轴盖等总成
配套情况:为株洲齿轮、浙江彪马集团、重庆大江汽车零部件、重庆嘉卡变速箱、重庆綦江齿轮、南充齿轮等主机厂配套

★成都银利汽车零部件有限公司
地址:成都市新都区大丰工业园
邮编:610504
电话:028/83918636
传真:83918861
网址:www.cduyl.com
电子信箱:cdylqc@126.com
单位人数:300
质量体系:ISO/TS 16949、ISO 9001
产品情况:(银利牌)
汽车铝合金车轮、铝车轮、铝合金镀铬包真皮手柄、车顶行李架、汽车铝铸件
配套情况:为重庆五十铃、长安铃木、昌河汽车、汉江、江南奥拓、野马等配套

★成都奥兴汽配制造有限公司
地址:成都市郫县郫筒镇成灌东路天台村
邮编:611730
电话:028/67501601
传真:87886611
电子信箱:L89959405@yahoo.com.cn
单位人数:200
质量体系:ISO/TS 16949、ISO 9001
产品情况:汽车变速器壳等

★成都嘉陵兴光工业科技有限公司
地址:成都市郫县南街三段125号
邮编:611730
电话:028/82353018、87925981
传真:87920952、87927568
网址:www.cd-xg.com
电子信箱:webmaster@cd-xg.com
质量体系:ISO/TS 16949、ISO 9001
产品情况:(兴光牌)
微车各型变速器壳体,延伸箱体,换挡箱,汽车调速器油泵壳体,滤清器座总成,汽缸盖罩及各类铝合金压铸件等
配套情况:为一汽集团、东风汽车公司、上汽集团、长安汽车等配套

★四川郫县离合器有限公司
地址:成都市现代工业港南区通港路189号
邮编:611730
电话:028/87911328
传真:87862766
电子信箱:chuanli@cn-chuanli.com
单位人数:130
质量体系:ISO/TS 16949、ISO 9001
产品情况:(川离牌、明月牌)
重型车离合器压盘及盖总成、离合器从动盘总成
配套情况:为湖南浦沅工程机械厂、北奔重汽、成都工程机械厂、长江起重机厂、南京金陵双层客车等配套

★四川都江机械有限责任公司
地址:四川省都江堰市灌温路72号
邮编:611830
电话:028/87284772
传真:87284772
网址:www.duji.com.cn
电子信箱:scdj@public.cd.sc.cn
单位人数:645
质量体系:ISO/TS 16949
产品情况:(都机牌)
主要生产各类汽车前后桥,年产量80000套
配套及出口情况:262W为四川一汽丰田配套,130-1053系列为资阳南骏汽车配套,1028-1060系列为重庆长安跨越配套;1040TA及1058系列车桥出口印度及东南亚

★四川华庆机械有限责任公司
地址:成都市115信箱
邮编:611930
电话:028/83452000
传真:83451216
网址:www.schq.cn
电子信箱:office@schq.cn
质量体系:ISO 9001
产品情况:(CHANGQING牌)
传动轴
出口情况:出口日本、东南亚、中东、欧洲、美洲等国家和地区

★成都红岩长力汽车弹簧有限公司
地址:四川省彭州市葛阳镇
邮编:611934
电话:028/83820318
传真:83829276
单位人数:97
质量体系:ISO/TS 16949
产品情况:钢板弹簧总成

★成都晋林工业制造有限责任公司
地址:四川省彭州市天府路东段558号
邮编:611937
电话:028/83751743、83751742
传真:83751738
网址:www.jlgy.com.cn
电子信箱:jlgy@jlgy.sina.net
质量体系:ISO 9001
产品情况:专业生产摩托车减振器、汽车减振器

★德阳川德交通机械有限公司
地址:四川省德阳市旌阳区工业集中发展区青云山路南段18号
邮编:618000
电话:0838/2800404、2800281
传真:2800172
网址:www.dychuande.com
电子信箱:chuande@dychuande.com
单位人数:600
质量体系:ISO 9001
产品情况:(川德牌)
具有年产各类汽车车架5万台、车轮15万只、货厢5000个、铜质管路连接件600t的生产能力

★眉山华凯铝轮毂科技有限公司
地址:四川省眉山市铝硅产业园区
邮编:620020
电话:028/38088099
传真:38088066
网址:www.schaw.com
电子信箱:schkaw@yahoo.com
质量体系:ISO/TS 16949
产品情况:汽车、摩托车铝合金轮毂
出口情况:远销美国、欧洲、加拿大、中东、东南亚等国家和地区

★中车集团四川丹齿零部件有限公司
地址:四川省丹棱县丹棱镇外北路1号
邮编:620020
电话:0833/7201307
传真:7207544、7202287
网址:www.chonche-dc.com
电子信箱:office@zcscdc.com
单位人数:400
质量体系:ISO/TS 16949
产品情况:各型主从动弧齿锥齿轮、齿轴、发动机齿轮、变速器齿轮
配套及出口情况:主要客户有长安汽车、吉利汽车、奇瑞汽车、陕西法士特、曙光车桥、四川建安等;出口美国CMA-CO公司和ILM公司

★四川绵阳华驰方向机有限公司
地址：四川省绵阳市高新区三堆路13号
邮编：621000
电话：0816/2533050、2535061
传真：2535060、2538892
网址：www.mysteering.com
电子信箱：ceo@mysteering.com
单位人数：400
质量体系：ISO/TS 16949、QS 9000
产品情况：（克野牌）
多种规格的循环球机械、动力转向器，齿轮齿条机械、动力转向器
配套情况：为东风汽车公司、长安汽车、一汽红塔云南、北汽福田等配套

★四川绵阳德鑫机械有限公司
地址：四川省绵阳市高新去永兴镇玉龙院村
邮编：621000
电话：0816/2570038
传真：2570578
网址：www.dxjx.cn
电子信箱：mgdxjx@163.com
质量体系：ISO/TS 16949
产品情况：（DX牌）
汽车转向传动装置总成，年产能力50万台，产品涵盖中、重、轻、微型货车和客车、轿车等，目前10大系列150多个品种
配套情况：为东风汽车公司、商用车公司、东风汽车股份有限公司、一汽通用轻型商用汽车有限公司、一汽解放青岛汽车厂、上汽依维柯红岩商用车有限公司、安徽华菱汽车股份有限公司、四川南骏汽车集团有限公司等汽车主机企业配套

★亚新科双泰（四川）零部件公司
地址：四川省三台县潼川镇南河路231号
邮编：621100
电话：0816/5221163
传真：5224470
网址：www.asimco－st.com
电子信箱：ssw@asimco－st.com
单位人数：650
质量体系：ISO/TS 16949、QS 9000
产品情况：摩托车、汽车车轮及其他零部件
配套及出口情况：为雅马哈、嘉陵本田、新大洲本田、济南轻骑铃木、铃木大长江、林海雅马哈等摩托车制造商配套；大排量摩托车车轮产品远销美国、欧洲及东南亚等国家和地区

★中国南方汽车公司建安车桥公司
地址：四川省雅安市雨城区康藏路139号
邮编：625000
电话：0835/2635502、2635399
传真：2620365
网址：www.ja－auto.com
电子信箱：info@ja－auto.com
质量体系：ISO/TS 16949、VDA 6.1
产品情况：（JIANAN牌）
微型汽车后桥，轻型汽车前后桥，轿车悬架、后轴等零部件
配套情况：主要供应长安汽车（包括重庆长安、河北长安、南京长安）、上汽通用五菱、昌河汽车、哈飞汽车、东风渝安、重庆渝安、一汽吉轻、郑州海马、浙江众泰、长安铃木、奇瑞汽车、比亚迪汽车、东风汽车公司、北汽福田、资阳南骏、绵阳华润等微型汽车、轻型汽车及轿车生产厂家

★四川联茂机械制造有限公司
地址：四川省雅安市工业园区卫干路1号
邮编：625100
电话：0835/3222368
传真：3222368
网址：www.sclmjx.com
电子信箱：smxsjx@263.net
单位人数：208
质量体系：ISO/TS 16949、ISO 9001
产品情况：重型汽车、工程机械取力器、推力杆、贯通轴、啮合套、凸缘、十字轴等
配套情况：与重汽济南桥箱公司、北奔重汽车桥、重庆北奔变速器、陕西汉德车桥、上汽依维柯红岩、安徽华菱、安徽安凯福田曙光车桥等国内整车、车桥、变速器、发动机企业配套

★四川名齿齿轮制造有限公司
地址：四川省雅安市工业园区
邮编：625100
电话：0835/3222759、3222919
传真：3222759、3222919
网址：www.scmccl.com
电子信箱：scmccl@163.com
质量体系：ISO/TS 16949、ISO 9001
产品情况：EQ1090、BJ1041、SC1010等汽车半轴齿轮

★雅安市羌江机械有限责任公司
地址：四川省雅安市生态科技工业园区
邮编：625100
电话：0835/3236111、3236361
传真：3236362
网址：www.qjjx.com
电子信箱：rsm@qjjx.com
单位人数：200
质量体系：ISO 9001
产品情况：（羌江牌）
各型载货汽车后桥差速器十字轴、盆角齿、角齿凸缘及制动调节臂
配套情况：为一汽、东风、重汽、青岛青特众力、四川一汽丰田柯斯特、山东肥城云宇等国内知名车桥厂及工程机械企业配套

★四川鑫锐齿轮有限公司
地址：四川省巴中市回风路68号
邮编：636000
电话：0827/2230588、2230334
传真：2230588、2230334
单位人数：380
质量体系：ISO 9002
产品情况：汽车后桥锥齿轮、减速器总成、工程机械盆角齿轮

★营山五四机械有限责任公司
地址：四川省营山县磨子街35号
邮编：637700
电话：0817/8221484
传真：8221153
质量体系：ISO/TS 16949、ISO 9001
产品情况：皮卡及五十铃等车箱、车架，越野车冲压件、轿车组件等

★四川省岳池汽车弹簧有限责任公司
地址：四川省岳池县岳光路118号
邮编：638000
电话：0826/5220434、5222517
传真：5222106
网址：www.scyueguang118.cn
电子信箱：yts@scyueguang118.cn
质量体系：ISO 9001
产品情况：汽车钢板弹簧

★内江市华丰汽车配件厂
地址：四川省内江市华丰街51号
邮编：641000
电话：0832/2201069
传真：2203989
网址：www.njhfqp.com
电子信箱：hf@bk0832.com
负责人：童斌
质量体系：ISO 9001
产品情况：专业生产东风车系列变速器配件
配套情况：为綦江齿轮厂、重庆大江集团渝州齿轮厂、韶关宏大齿轮公司、益阳天力公司、广西正菱集团合浦齿轮厂配套

★内江市神峰汽车配件厂
地址：四川省内江市东兴区东九路235号
邮编：641000
电话：0832/2381086
传真：2381596
质量体系：ISO 9001
产品情况：汽车变速器卡环、挡圈键、齿轮轴套、锁紧螺母、轴承座圈等配件
配套情况：为大同齿轮、哈齿、杭齿等配套

★山川减振器工业有限公司
地址：四川省隆昌县

邮编:642177
电话:0832/3896173、3896471
传真:3891622、3891818
网址:www.cnscsc.com
电子信箱:sckyb1965@sina.com
单位人数:1000
质量体系:ISO/TS 16949、QS 9000
产品情况:(山川牌)

各种汽车减振器、轿车/微车后门支撑杆总成、推力杆总成

配套情况:为长安汽车、长安铃木、南京长安、江西昌河铃木、上汽通用五菱、一汽解放、重汽集团、北汽福田、上汽依维柯红岩、比亚迪汽车、吉利汽车等18家汽车制造厂配套减振器

★ 宜宾三江机械有限责任公司

地址:四川省宜宾市岷江北路72号
邮编:644007
电话:0831/3522196、3522000
传真:3522570、3522180
网址:www.sjjx.cn
电子信箱:sjjx@sjjx.cn
单位人数:800
质量体系:ISO/TS 16949、ISO 9001
产品情况:(SANJIANG牌)

中重型载货汽车及客车传动、制动配件:空气干燥器、各种制动阀、调节阀、弹簧制动气室;轮胎充放气系统附件;汽车离合器、变速、加速操纵机构;汽车悬架及其他系统附件等

配套情况:为北奔重汽配套

☞ 详细情况请参阅彩色宣传版面

★泸州长江机械有限公司

地址:四川省泸州市前进中路190号
邮编:646000
电话:0830/3100002、3104092
传真:3195411、3197312
网址:www.cjmp.com.cn
电子信箱:cjmp@vip.sina.com
质量体系:ISO/TS 16949、VDA 6.1
产品情况:汽车同步器齿环,年产能力铜质同步器齿环1500万件、钢质同步器齿环300万件
配套及出口情况:为一汽伊顿变速器、一汽-大众、东风汽车变速箱、东安动力、一汽哈尔滨变速箱厂、唐山爱信齿轮、重庆青山工业、大众汽车变速器(上海)公司、杭州前进齿轮箱厂、六安齿轮厂等配套;远销欧洲、美国、日本、东南亚等国家和地区

云南省

★昆明方大春鹰板簧有限公司

地址:昆明市五华区普吉路200号
邮编:650101
电话:0871/5397166、5397163
传真:5397167
网址:www.clchunying.com
电子信箱:chunying@clchunying.com
单位人数:455
质量体系:ISO/TS 16949、ISO 9001
产品情况:(春鹰牌)

重、中、轻、微型和变截面等系列钢板弹簧

配套及出口情况:为东风柳汽、柳州五菱、一汽红塔云南、云南力帆骏马、东风云南汽车、万达客车、美的客车、四川达州汽车、云南省楚雄华力汽车机械制造公司等配套;出口欧洲、美洲和缅甸等国家和地区

★个旧市南天汽车半轴有限公司

地址:云南省个旧市建设路120号
邮编:661000
电话:0873/2212796
传真:2217336
网址:www.gjnt.com
电子信箱:gjntbz@sina.com
单位人数:106
质量体系:ISO/TS 16949、ISO 9001
产品情况:(南天牌)

生产汽车后桥、半轴及减速器、主销等产品

配套及出口情况:为一汽红塔云南、四川都江堰机械等配套;出口印度尼西亚、新加坡等国家

贵州省

★贵州轮胎股份有限公司

地址:贵阳市云岩区百花大道41号
邮编:550008
电话:0851/4767826、4767316
传真:4764248
网址:www.gztire.com
电子信箱:dmc@gztire.com
单位人数:7312
质量体系:ISO 9001
产品情况:(前进牌)

专业生产汽车斜交轮胎、半钢子午线轮胎、全钢载重子午线轮胎、工程机械轮胎、农业机械轮胎、工业车辆轮胎、实心轮胎和橡胶空气弹簧,年产能力460万条

出口情况:出口韩国、英国、意大利、澳大利亚、南非、美国、加拿大等70多个国家

★贵州西南工具(集团)有限公司

地址:贵阳市小河区清水江路66号
邮编:550009
电话:0851/8314006、8314008
传真:3834807
网址:www.swt.com.cn
电子信箱:gswtg@163.com
单位人数:3000
质量体系:ISO 9001、ISO 14001
产品情况:(SWT牌)

专业生产汽车转向助力泵叶片、工程机械液压泵用叶片、摇摆式转子压缩机叶片、转子式压缩机用滚子(环、转子)等产品

出口情况:出口欧洲、非洲、中亚、西亚、南亚、东南亚、韩国、日本、大洋洲、北美洲等国家和地区

★贵州力源液压股份有限公司

地址:贵阳市新添寨北衙路
邮编:550018
电话:0851/6320101、6320501
传真:6321501、6321001
网址:www.liyuanhydraulic.com
单位人数:864
质量体系:ISO 9001
产品情况:生产高压柱塞液压泵/电动机、轿车球笼式等速万向节及液压系统产品
配套及出口情况:为国内工程机械、工业机械等行业的液压系统配套;出口北美洲、南美洲、欧洲、东南亚、南亚、中东等地区

★贵州新安航空机械有限责任公司

地址:贵州省安顺市第60号信箱
邮编:561003
电话:0853/3390520、3390590
传真:3390126
网址:www.xinan.net.cn
电子信箱:ghxac@163.com
质量体系:ISO/TS 16949
产品情况:汽车电磁阀、双向阀、止回阀、真空执行器、制动总泵、离合器总泵、压力调节阀等
配套情况:为上海大众、一汽-大众、奇瑞汽车、吉利汽车等配套

★贵州群建精密机械有限公司

地址:贵州省遵义市大连路江南航天高科技工业园区
邮编:563003
电话:0852/8612343、8612173
传真:8612325、8636247
网址:www.cjspace.com.cn
电子信箱:qj3247@sina.com
单位人数:674
质量体系:ISO/TS 16949、QS 9000
产品情况:高精度齿轮、传动部件,大中型塑料模具及塑件
出口情况:出口北美洲

★贵州航天红光机械制造有限公司

地址:贵州省遵义市大连路高新科技产业园区
邮编:563003

电话:0852/8693133
传真:8693533
单位人数:631
质量体系:ISO/TS 16949
产品情况:汽车前后桥、重型车桥(壳)、电动车桥

陕西省

★陕西力之泉工贸有限责任公司
地址:西安市北二环西段10号金泰财富中心B座7层
邮编:710016
电话:029/68932525、68932626
传真:68932727
网址:www.lizhiquan.com
电子信箱:lizhiquan-lhq@163.com
质量体系:ISO/TS 16949、ISO 9001
产品情况:(军魂牌)
重型货车离合器总成及制动衬片等传动、制动机械和摩擦材料
配套及出口情况:为陕西重汽集团、陕西汉德车桥公司、宝鸡华山汽车公司等配套;出口俄罗斯、中亚、非洲、欧洲等国家和地区

★西安海红轴承总厂
地址:西安市经济技术开发区凤城二路45号
邮编:710016
电话:029/86513788
传真:86513788
网址:www.haihongbearing.com
电子信箱:hhl@haihongbearing.com
单位人数:2870
质量体系:ISO 9001
产品情况:(HH牌)
轿车轮毂轴承、斯太尔重型汽车轴承等,汽车轮毂配件
出口情况:出口欧洲、美洲、东南亚等20多个国家和地区

★西安三鸣汽车零部件有限公司
地址:西安市新城区万寿北路115号
邮编:710043
电话:029/82542004、82555114
传真:82512355
网址:www.xasm.com.cn
电子信箱:sanming@xasm.com.cn
质量体系:ISO/TS 16949、QS 9000
产品情况:(三鸣牌)
各种货车、客车车轮钢圈
配套情况:为陕汽集团、郑州宇通、包头一机等配套

★西安欧德橡塑技术有限公司
地址:西安市幸福北路25号
邮编:710043
电话:029/83388468
传真:82540535
电子信箱:od888@126.com
质量体系:ISO 9001
产品情况:汽车转向器支架、弹簧座、门窗密封条、橡胶制品等汽车零件

★西安鸿信齿轮传动有限公司
地址:西安市和平工业园区南区五号
邮编:710054
电话:029/84368216
传真:84368429
网址:www.hongxinchilun.com
单位人数:200
质量体系:ISO 9001
产品情况:(鸿信牌)
主要生产汽车变速器齿轮、同步器、取力器、供油角度提前器、输油泵等产品,年产各类配件28万套,年产值5000多万元

★西安博华机电股份有限公司
地址:西安市高新技术产业开发区火炬路4号楼6层B区
邮编:710075
电话:029/82682814、82681246
传真:82683943
网址:www.xabohua.com.cn
电子信箱:xabohua@126.com
单位人数:100
质量体系:ISO 9001
产品情况:汽车防抱死系统(ABS)、电涡流缓速器、ZTB01型自动间隙调整臂及空气悬架系统

★雷迈特机械工业有限责任公司
地址:西安市高新区科技路37号海星城市广场B座805室
邮编:710075
电话:029/88153695
网址:www.co-brake.com
电子信箱:sales@co-brake.com
质量体系:ISO/TS 16949、ISO 9002
产品情况:调整臂、空气制动总成、汽车配件铸钢件

★陕西航天动力高科技股份有限公司
地址:西安市高新技术产业开发区锦业路78号
邮编:710077
电话:029/81881835-8830、81881811
传真:81881812、85615742
网址:www.china-htdl.com
电子信箱:power@china-htdl.com
质量体系:ISO 9001
产品情况:液力变速器、液力变矩器、车用消防泵

★陕西法士特齿轮有限责任公司
地址:西安市西郊大庆路西段
邮编:710077
电话:029/84625500、84625511
传真:84623110
网址:www.chinafastgear.com
电子信箱:fastgear@saggw.com
单位人数:3000
质量体系:ISO/TS 16949、QS 9000
产品情况:重型汽车变速器、分动器、取力器、齿轮及相关产品
配套及出口情况:为一汽集团公司、东风汽车公司、北汽福田、中国重汽集团、陕汽集团、重庆重汽、柳汽、丹东黄海、北奔重汽等配套;出口美国、日本、德国、澳大利亚、南美洲、东南亚等十几个国家和地区

★西安法士特汽车传动集团公司
地址:西安市西郊大庆路西段
邮编:710077
电话:029/84625500、84625511
传真:84623110
网址:www.chinafastgear.com
电子信箱:fastgear@saggw.com
法人代表(负责人):李大开
质量体系:ISO/TS 16949、QS 9000
产品情况:(法士特牌)
汽车变速器产品在4挡~20挡市场领域实现全方位覆盖,广泛匹配于输入扭矩300~3000 N·m,载质量2~60t之间的重型车、大客车、中轻型载货汽车、工程用车等
配套及出口情况:产品被国内企业一汽、东风、重汽、陕汽、北汽福田等60余家主机厂的上千种车型选为定点配套产品;出口美国、澳大利亚、东欧、南美洲、东南亚、中东等10多个国家和地区

★陕西秦川汽车液压有限责任公司
地址:西安市建华路10号
邮编:710082
电话:029/88629054
传真:88629323
质量体系:ISO 9001
产品情况:汽车转向油泵
配套情况:为东风汽车公司、上柴、玉柴、陕汽集团、亚星商用车、北汽福田、北京奔驰、杭发等配套

★西安正昌电子有限责任公司
地址:西安市高新区新型工业园创业大道六号
邮编:710119
电话:029/88328530
传真:65660095
网址:www.xazc.com
电子信箱:xazc090910@126.com

质量体系:ISO/TS 16949
产品情况:(内齿牌)
二、四、六、八通道气制动汽车制动防抱死系统(ABS)

★西安市蓝田汽车传动轴厂
地址:西安市蓝田县工业园区
邮编:710500
电话:029/82721255
传真:82721120
质量体系:ISO/TS 16949、ISO 9001
产品情况:汽车传动轴
配套情况:为陕汽集团配套

★陕西蓝通传动轴有限公司
地址:西安市蓝田县工业园区西威路中段
邮编:710500
电话:029/82721355、82738086
传真:82721355、82733224
网址:www. sqltgs. com
质量体系:ISO/TS 16949、ISO 9001
产品情况:汽车传动轴总成,年产能力30万套以上

★西安航空制动科技有限公司
地址:陕西省兴平市48号信箱300分箱
邮编:713106
电话:029/38249176
传真:38249177
质量体系:QS 9000
产品情况:(华兴牌)
汽车制动盘、制动鼓、制动总成、汽车制动防抱死系统装置等
配套情况:为一汽-大众、东风汽车公司、上海大众、上汽汇众等配套

★秦川液压件厂
地址:陕西省宝鸡市姜谭路22号
邮编:721009
电话:0917/3394313、3670761
传真:3393842
网址:www. qcyy. com
电子信箱:qcyy@ qinchuan. com
单位人数:300
质量体系:ISO 9001
产品情况:(秦川牌)
汽车动力转向油泵,年产能力10万台
配套情况:为上柴、玉柴、东风朝柴、东风汽车公司发动机厂、陕西汽车制造总厂、河北华北柴油机厂、亚星商务车、扬州发动机厂、西南车辆制造厂、杭州汽车发动机厂、东风杭汽、上汽依维柯红岩、潍柴、北方动力等配套

★陕西秦川机械发展股份有限公司
地址:陕西省宝鸡市姜谭路22号
邮编:721009
电话:0917/3670761
传真:3394313
网址:www. qcfzyy. com
电子信箱:qcfzyy@ vip. 163. com
单位人数:300
质量体系:ISO/TS 16949
产品情况:转向助力泵,2010年年产30万台
配套及出口情况:为陕汽、福田、玉柴、东风公司等配套;出口10万台

★陕西汉德车桥有限公司
地址:陕西省宝鸡市国家高新开发区
邮编:722408
电话:0917/8742352、8742615
传真:8742726
网址:www. hdcq. com. cn
电子信箱:hd@ hdcq. com
单位人数:2600
质量体系:ISO/TS 16949、ISO 9001
产品情况:(汉德牌)
斯太尔系列驱动桥、MAN前轴、单极桥、承载轴、军用越野车驱动桥
配套及出口情况:与陕汽集团、东风商用车、上海汇众、安徽华菱、郑州宇通等重型汽车及客车制造企业建立合作关系;出口欧洲、亚洲、北美洲等10多个国家和地区

★宝鸡瑞泰尔汽车零部件有限公司
地址:陕西省岐山县曹家镇
邮编:722408
电话:0917/8742942
传真:8742998
网址:www. bjrtr. com
电子信箱:yazi800214@ 163. com
单位人数:320
质量体系:ISO/TS 16949、ISO 9001
产品情况:(瑞泰尔牌)
板簧支架、SX2150K、SX2190、STR桥系列、STR离合器总成,GMFZ ¢420、¢430膜片弹簧离合器总成,F2000、F3000德龙、奥龙系列汽车零部件
配套情况:为陕西重汽集团、陕西法士特公司、陕西三鸣汽车零部件公司、陕西欧舒特汽车公司、陕西汉德车桥公司、陕西德仕汽车零部件公司等配套

★陕西燎原液压股份有限公司
地址:陕西省汉中市城固县张骞路18号
邮编:723200
电话:0916/7207021、7207071
传真:7207027
电子信箱:ly@ sxlyyy. com
单位人数:470
质量体系:ISO 9001
产品情况:(燎原牌)
各类油缸、泵阀,年产能力150万套;各类橡塑制品,年产能力500万件
配套情况:为东风汽车公司、北京重型汽车厂、中国重汽集团、陕汽集团、重庆重汽公司、青岛专用汽车制造厂、柳汽公司配套

★陕西东风车桥传动系统股份公司
地址:陕西省铜川市王家河南路31号
邮编:727000
电话:0919/2881000、2881424
传真:2882960、2881491
网址:www. dfchcq. com
电子信箱:sxdfchcq@ 163. com
单位人数:1600
质量体系:ISO/TS 16949、ISO 9001
产品情况:(路遥牌)
微型车驱动后桥、农用运输车前后桥、电动车桥、微型轿车后轴、摩托车桥、沙滩车桥及机械加工零部件
配套及出口情况:为昌河、东风小康、陕汽集团、法士特、比亚迪、河北中兴、奇瑞汽车、众泰、哈飞、长安、北汽福田等厂家配套;产品随整车出口欧美市场

宁　夏

★银川佳通轮胎有限公司
地址:银川市兴庆区丽景北街
邮编:750004
电话:0951/2966967、2966868
传真:2966429、3015691
质量体系:ISO/TS 16949
产品情况:轮胎

★佳通轮胎银川长城有限公司
地址:银川市北京西路79号
邮编:750021
电话:0951/2966821
传真:2966868
质量体系:ISO 9001
产品情况:轮胎

甘肃省

★兰州汽车钢圈厂
地址:兰州市七里河区大滩村187号
邮编:730050
电话:0931/2510616
传真:2510616
产品情况:各种汽车、工程车、农用车、联合收割机车轮

新　疆

★新疆八钢板簧有限公司
地址:乌鲁木齐市头屯河区新钢路南端
邮编:830022
电话:0991/3967088
传真:3883062
电子信箱:bhgs@ygt.com.cn
单位人数:260
质量体系:ISO/TS 16949、ISO 9001
产品情况:(互力牌)
　　汽车板簧等,年产1.2万t
配套情况:为陕汽集团、新疆汽车厂等配套

★新疆昆仑股份有限公司
地址:新疆库尔勒市塔什店南路
邮编:841011
电话:0996/2182311
传真:2182311
网址:www.china-kunlun.com
电子信箱:kl-zch@163.com
质量体系:ISO/TS 16949、ISO 9001
产品情况:(昆仑牌、新力牌)
　　专业生产各种汽车轮胎,年产量140万套
出口情况:远销巴基斯坦、阿富汗、马来西亚、印度、缅甸、苏丹、越南、老挝等国家

车身零部件生产企业

·查询导引·

企业详细介绍

车身零部件生产企业

☞ 企业如有变更,请与编辑部联系　☎ 010/68426043、68420981

北京市

★北京海纳川汽车部件股份有限公司
地址:北京市朝阳区东三环中路24号乐成中心B座19层
邮编:100022
电话:010/63173722、63035765
传真:63132253
网址:www.bhap.com.cn
电子信箱:hnc@bhap.com.cn
单位人数:10000
质量体系:ISO/TS 16949
产品情况:汽车模块化产品、汽车内外饰系统、汽车座椅系统、汽车电子系统、汽车热交换系统、汽车底盘及其他系统
配套情况:为北京现代、北京奔驰、北汽福田、北汽有限、一汽-大众、奇瑞、长城汽车、江淮汽车、中国重汽等国内外20多家大型汽车企业配套配套

★北京京威汽车设备有限公司
地址:北京市朝阳区建国门外灵通观1号
邮编:100022
电话:010/65683266、65672399
传真:65685481、65679180
网址:www.bjjingwei.com
电子信箱:jwsale@bjjingwei.com
产品情况:(京威牌)
空气和液体式车用采暖设备
配套及出口情况:为厦门金龙、厦门金旅、苏州金龙、宇通客车、丹东黄海、安凯汽车等配套;部分产品出口

★北京凡士通空气弹簧有限公司
地址:北京市亦庄经济技术开发区东区新瀛工业园一区A4-2
邮编:100023
电话:010/67892106
传真:67892108
网址:www.firestoneindustrial.com
电子信箱:zhangjohn@fsipasia.com
质量体系:ISO/TS 16949、ISO 9001
产品情况:货车、客车用空气弹簧

★埃贝赫汽车技术(北京)有限公司
地址:北京市经济技术开发区科创二街新城工业园B1-1厂房
邮编:100023
电话:010/67892686
传真:67892636
网址:www.aibeihe.com.cn
电子信箱:china@eberspaecher.com
单位人数:20
质量体系:ISO/TS 16949
产品情况:(埃贝赫牌)
独立式燃油风暖及水暖加热器,PTC加热器
配套及出口情况:PTC加热器为Valeo配套;出口日本

★北京市正和工贸有限公司
地址:北京市朝阳区东苇路马各庄南工业区A区43号
邮编:100024
电话:010/65418204、65418104
传真:65418104
网址:www.bjzhenghe.com
电子信箱:zhenghеg@eyou.com
质量体系:ISO/TS 16949、ISO 9001
产品情况:(恒力牌)
气弹簧,年产60万支
配套及出口情况:为长沙车身、福田欧V客车、京通客车、京华客车、北京起重机厂、北人股份等配套;气弹簧出口韩国

★北京北方旅居车辆有限责任公司
地址:北京市丰台区长辛店朱家坟5里5号
邮编:100072
电话:010/83860024
传真:83860024
单位人数:50
产品情况:尼奥普兰座椅总成,年产3328只

★北京吉信气弹簧制品有限公司
地址:北京市海淀区中关村东路89号恒兴大厦11C
邮编:100080
电话:010/62639735
传真:62529544
电子信箱:citiben@263.net
单位人数:100
质量体系:ISO/TS 16949、QS 9000

产品情况:(吉信牌)
减振弹簧、支撑杆、调节杆等气弹簧系列产品,年产量100万只
配套情况:为北京北方尼奥普兰、桂林大宇、华晨金杯、南京依维柯配套

★北京市交客汽车配件厂
地址:北京市朝阳区德胜门外双泉堡
邮编:100085
电话:010/62933148
传真:62925349
电子信箱:jkqp@ jtbus. com
质量体系:ISO 9001
产品情况:客车乘客门系统,YWPⅡ汽车尾气抽排装置

★北京青云航空仪表有限公司
地址:北京市海淀区北三环西路43号
邮编:100086
电话:010/82134139、82134490
传真:82134525
网址:www. keeven. com
单位人数:54
质量体系:ISO 9001
产品情况:(青云牌)
汽车暖风机、仪表板及塑料制品
配套情况:为哈飞汽车、昌河汽车、长安汽车、贵州云雀等配套

★北京龙苑伟业新材料有限公司
地址:北京市海淀区永丰科技园
邮编:100094
电话:010/62478528、62479452
传真:62478221
网址:www. bjlongyuan. com
电子信箱:myclererdog@ sina. com
单位人数:95
质量体系:ISO/TS 16949、ISO 9001
产品情况:汽车手动玻璃升降器

★北京赛德车门制造有限公司
地址:北京市海淀区太阳园小区B1座805室
邮编:100098
电话:010/82138553、60241920
传真:82138552、60241925
网址:www. sadedoor. com
电子信箱:btjd@ vip. sina. com
单位人数:160
质量体系:ISO 9001
产品情况:各种客车用自动车门系列
配套情况:为北京客车总厂、丹东黄海客车、天津客车总厂、厦门金旅、广州五十铃客车、宇通客车、北奔重汽、南京依维柯等供货

★北京市福斯特汽车装饰件厂
地址:北京市朝阳区望京湖光中街8号
邮编:100102
电话:010/64738672
传真:64724113
电子信箱:sunjiguo@ sohu. com
质量体系:QS 9000
产品情况:成型地毯、顶衬、门板、后隔板等
配套情况:为北京奔驰、一汽集团(货车)、神龙富康、沈阳金杯(开拓者)等配套

★比泽尔制冷技术(中国)有限公司
地址:北京市亦庄经济技术开发区经海四路20号
邮编:100176
电话:010/67819000
传真:67819002、69574544
网址:www. bitzer. cn
电子信箱:info@ bitzer. cn
产品情况:车辆空调制冷压缩机

★北京世进汽车部件有限公司
地址:北京市通州区漷县镇金三角开发区
邮编:101112
电话:010/80567044
传真:80561817
网址:www. samsong. co. kr
电子信箱:dai－tao@ samsong. co. kr
质量体系:ISO 9001
产品情况:安全带

★伟巴斯特东熙汽配(北京)公司
地址:北京市平谷区兴谷开发区M2－5区9号
邮编:101200
电话:010/69958786
传真:69958785
网址:www. webastochina. com
电子信箱:info@ webastochina. com
质量体系:ISO/TS 16949、ISO 14001
产品情况:汽车天窗、车身及其他汽车电子设备系统
配套情况:为北京奔驰、华晨宝马、上海通用、上海大众、一汽－大众、长安福特马自达、神龙汽车、上海汽车、一汽轿车、奇瑞汽车、长城汽车等供货

★北京光华杰通汽车部件有限公司
地址:北京市顺义区南法信镇东支路南法信段1号
邮编:101300
电话:010/69476458
传真:69472003
网址:www. bhap. com. cn
电子信箱:bqgh@ 263. net
产品情况:汽车座椅泡沫总成、汽车座椅面套总成、汽车座椅头枕总成
配套情况:为北京江森汽车部件有限公司、北京光华荣昌汽车部件有限公司、保定信诚汽车发展有限公司等厂家配套

★北京江森汽车部件有限公司
地址:北京市顺义区林河工业开区林河南大街一号
邮编:101300
电话:010/89407755
传真:89407551
网址:www. bhap. com. cn
产品情况:汽车座椅及汽车内饰,年产50万辆份
配套情况:主要客户有北京奔驰、北京现代、北汽福田等

★延锋伟世通(北京)汽车饰件公司
地址:北京市顺义区林河工业开发区顺通路55号
邮编:101300
电话:010/89407766
传真:89407277
网址:www. bhap. com. cn
单位人数:240
质量体系:ISO/TS 16949
产品情况:(延锋牌)
座舱系统、内饰系统、外饰系统、座椅系统和转向盘、遮阳板及内饰电子产品等
配套情况:为北京现代、北汽福田、北京奔驰等整车制造商配套

★北京现代摩比斯汽车零部件公司
地址:北京市顺义区双河路59号
邮编:101300
电话:010/89448860
传真:89445107
网址:www. mobis. com. cn
单位人数:922
质量体系:ISO/TS 16949、ISO 14001
产品情况:底盘模块、驾驶舱模块、制动零件、安全气囊、变速器、保险杠等

★伟世通汽车空调(北京)有限公司
地址:北京市顺义区南彩镇前俸伯
邮编:101300
电话:010/89478080
传真:89473408
网址:www. bhap. com. cn
单位人数:390
质量体系:ISO/TS 16949、ISO 14001
产品情况:(Visteon牌)
汽车空调、汽车散热器及相关配套产品
配套及出口情况:为北京现代、华泰汽车、东风悦达起亚、长安汽车等配套;出口韩国、美国、捷克等国家

★北京李尔岱摩斯汽车系统有限公司
地址:北京市顺义区仁和镇河南村村委会南500米
邮编:101300
电话:010/89491121
传真:89491211
网址:www. lear. com
单位人数:204
质量体系:ISO/TS 16949、ISO 14001
产品情况:汽车座椅及内饰件

★北京韩一汽车饰件有限公司
地址:北京市顺义区仁和镇二、三产业发展基地
邮编:101300
电话:010/89495755
传真:89451621
产品情况:车门内护板、内顶板、仪表

板、座椅、遮阳板、地毯、后厢板、柱装饰板、车内灯具及其他汽车饰件

★北京永和玻璃制品有限公司
地址:北京市顺义区杨镇顺平路沙岭段85号
邮编:101309
电话:010/61441698、61442540
传真:61442213
网址:www.bjyonghe.com
电子信箱:dzyonghe@sina.com
单位人数:400
质量体系:ISO 9001
产品情况:(永皓牌)
汽车、摩托车后视镜,硅质耐火热化型模砖,年产值1000千万元
配套及出口情况:为国内外各大汽车、摩托车生产经销单位配套;远销东南亚、欧洲、美洲

★北京世东凌云汽车饰件有限公司
地址:北京市怀柔区凤翔科技开发区二园11号
邮编:101401
电话:010/61677911
传真:61678011
网址:www.lingyun.com.cn
单位人数:245
质量体系:ISO/TS 16949
产品情况:汽车装饰件和密封件,年产能力50万套
配套及出口情况:为北京现代、上海通用、延锋伟世通、哈飞汽车、北京韩一汽车饰件等配套;出口韩国

★北京北方凌云悬置系统科技公司
地址:北京市怀柔区雁栖开发区北三街16号
邮编:101407
电话:010/69667120
传真:69667125
单位人数:58
质量体系:ISO/TS 16949、ISO 14001
产品情况:驾驶室悬置系统

★北京大世英提尔汽车机械附件公司
地址:北京市密云县经济开发区科技路c9-1号
邮编:101500
电话:010/69075111
传真:69076309
产品情况:汽车座椅滑道

★北京中材汽车复合材料有限公司
地址:北京市延庆县八达岭经济开发区康西路261号
邮编:102101
电话:010/61163250
传真:61163250
网址:www.autocomposites.com.cn
质量体系:ISO/TS 16949
产品情况:汽车内外饰件、顶棚、导流罩、载货汽车发动机罩、保险杠、轿车后尾门、行李舱盖、散热器面罩等;油底壳、发动机阀盖罩;SMC片材等
配套情况:已和中国重汽、陕西重汽、北汽福田、上汽依维柯红岩、东风、一汽、康明斯等汽车及发动机制造商建立了长期合作伙伴关系

★北京汽车玻璃钢有限公司
地址:北京市延庆县八达岭经济开发区3555信箱
邮编:102101
电话:010/61163618、61163658
传真:61161144
网址:www.bj-frp.com
电子信箱:bfrp@bfrp.com.cn
单位人数:300
质量体系:ISO/TS 16949、ISO 9001
产品情况:保险杠、散热器板、前散热器罩、后举升门、左右防撞板、8t平台柴油机前围板、ZB导流罩等汽车玻璃钢零部件
配套情况:为北汽福田、北汽制造、南京依维柯、郑州日产、东风汽车公司、江铃汽车、北奔重汽等供货

★北京奥托立夫汽车安全系统公司
地址:北京市中关村科技园昌平园永安路38号
邮编:102200
电话:010/58823890
传真:58823899
网址:www.autoliv.com
质量体系:ISO/TS 16949、ISO 14001
产品情况:安全带及其他汽车安全产品

★北京光华荣昌汽车零部件公司
地址:北京市昌平区流村工业园区
邮编:102204
电话:010/89774766、89774862
传真:89774311、89774858
网址:www.bjghrc.com
电子信箱:info@bjghrc.com
单位人数:300
质量体系:ISO/TS 16949
产品情况:具有年产50万台套汽车座椅、50万台套座椅骨架、80万台汽车后视镜和内视镜的生产能力
配套情况:为北汽福田、重汽集团、北奔重汽、北汽制造、陕汽集团、东风柳汽等大型汽车主机厂的重/轻型货车、皮卡、SUV、MPV、轻型客车、大型客车、轿车等配套

★北京中用汽车配件有限公司
地址:北京市房山区良乡东阎村南
邮编:102488
电话:010/61351199、61351133
传真:61351777
网址:www.zhongyong.cn
电子信箱:info@zhongyong.cn
单位人数:307
质量体系:ISO/TS 16949、ISO 9002
产品情况:汽车内饰件、吸音隔热复合垫、车用地垫、密封件以及车用胶管等

天津市

★天津市益中汽车安全带厂
地址:天津市西青经济开发区大寺工业园鸿泽路5号
邮编:300051
电话:022/23883303
传真:23883301
网址:www.tjyz.com
电子信箱:tjyz@tjyz.com
单位人数:300
质量体系:ISO/TS 16949、QS 9000
产品情况:(益中牌)
汽车安全带,年产能力300万条
配套情况:主要客户有天津一汽夏利、神龙汽车、奇瑞汽车、哈飞汽车、长城华北汽车、长城汽车、长安汽车、一汽红塔云南、厦门金龙、北奔重汽、长安铃木、江铃汽车、跃进轻型汽车、福田汽车、宇通客车、丹东曙光专用车、重汽济南卡车公司、广汽长丰

★天津电装空调管路有限公司
地址:天津市西青经济开发区赛达国际工业城B-1号
邮编:300100
电话:022/23883738
传真:23883739
网址:www.denso.com.cn
电子信箱:zixun@dich.denso.com.cn
单位人数:340
质量体系:ISO 9001
产品情况:汽车空调软管、配管、热水管、内配管
配套情况:主要为花冠、皇冠、霸道、陆地巡洋舰、锐志、大发、铃木、红旗、奥迪、凯迪拉克等系列车型配套空调配件

★天津市恒特气弹簧有限公司
地址:天津市西青区志成工业园
邮编:300112
电话:022/27322584
传真:27731880
网址:www.tjhtth.com.cn
电子信箱:tjhtth@126.com
质量体系:ISO 9001
产品情况:QD系列气弹簧、KQD系列可锁气弹簧、缓降气弹簧(阻尼器)
出口情况:出口欧洲、东南亚等地区

★天津津信汽车塑料制品有限公司
地址:天津市西青区杨柳青镇二经路93号
邮编:300380
电话:022/27950369、27950758
传真:27950856
网址:www.jxmpp.com
电子信箱:office@jxmpp.com
质量体系:ISO/TS 16949、ISO 9002
产品情况:仪表板、保险杠、门内饰板、聚氨酯发泡仪表板等塑料、发泡制品,注塑产品年产能力150余万件,发泡产品年产能力20余万套
配套情况:为天津一汽夏利、华晨金杯、

北汽福田等配套汽车仪表板、保险杠、门内饰板等塑料制品

★天津电装空调有限公司
地址:天津市西青区杨柳青镇前桑园
邮编:300380
电话:022/27994877
传真:27994347
单位人数:304
质量体系:ISO/TS 16949
产品情况:汽车空调、散热器

★天津富奥电装空调有限公司
地址:天津市西青经济开发区赛达世纪大道22号
邮编:300385
电话:022/23889188
传真:23889199
电子信箱:tfda@ public. tpt. tj. cn
质量体系:ISO/TS 16949、ISO 9001
产品情况:(DENSO牌)
汽车空调系统、HVAC部品成形、HVAC组装
配套情况:为天津一汽丰田、四川一汽丰田、一汽-大众、一汽轿车、上海通用等配套

★天津三电汽车空调有限公司
地址:天津市西青经济开发区赛达二大道8号
邮编:300385
电话:022/23889988、23889955-8151
传真:23889986
网址:www. china-tsac. com
质量体系:ISO/TS 16949、ISO 9001
产品情况:层叠式蒸发器、平行流冷凝器、管带式蒸发器和冷凝器、多元平行流冷凝器、过冷式冷凝器、超级多元平行流冷凝器等,年产能力50万套
配套及出口情况:为一汽集团、一汽-大众、神龙汽车、奇瑞汽车、天津一汽夏利等配套;部分产品出口

★天津盛洋汽车部件厂
地址:天津市北辰区津霸公路杨家嘴
邮编:300400
电话:022/26649721、26651030
传真:26651939
网址:www. auto-lock. com
电子信箱:shengyang666888@ 126. com
单位人数:108
质量体系:ISO 9001
产品情况:各种汽车门锁,年产30万套
配套情况:主要客户有天津一汽、吉林轻型车厂、哈尔滨轻型车厂、吉利汽车、一汽红塔云南、小松山推工程机械

★天津丰爱汽车座椅部件有限公司
地址:天津市经济技术开发区泰丰路135号
邮编:300457
电话:022/66233030
传真:66231811
单位人数:350
质量体系:ISO 14001
产品情况:汽车座椅骨架、调角器、滑轨以及汽车冲压件、焊接件、涂装件等
配套情况:为天津一汽丰田配套

★天津三联工业技术玻璃有限公司
地址:天津市宁河县宁河镇南
邮编:301504
电话:022/69419618、69419549
传真:69419105
网址:www. tjsanlian. com
电子信箱:bangongshi@ tjsanlian88. cn
质量体系:ISO 9000
产品情况:玻璃,年产能力30万套
配套及出口情况:为天汽等配套;部分产品出口

★信义玻璃(天津)有限公司
地址:天津市武清开发区泉发路33号
邮编:301700
电话:022/82192222
传真:82177773
产品情况:汽车玻璃

★天津市邦均汽车车身有限公司
地址:天津市蓟县邦均镇京哈路北5号
邮编:301901
电话:022/29818348
传真:29818726
网址:www. tjbj. com
电子信箱:yuanjiansheng1963@ hotmail. com
质量体系:ISO 9001
产品情况:东风、斯太尔、解放、福田欧曼、庆铃五十铃型消防车门及各种车型的前后车门立柱,上下车门槛,各种汽车驾驶室等

河北省

★河北拓达车门有限公司
地址:石家庄市裕华区方兴路68号
邮编:050031
电话:0311/85494023、85495875
传真:85494823
电子信箱:hebtuoda@ 163. com
单位人数:215
质量体系:ISO/TS 16949、ISO 9001
产品情况:(拓达牌)
客车门机系列产品
配套及出口情况:为全国客车厂家配套;客车门泵等产品出口东南亚地区

★河北通用玻璃工业有限公司
地址:石家庄市桥东区石正公路88号
邮编:050041
电话:0311/86827952
传真:86827952
网址:www. tyglass. com
电子信箱:ty088@ 126. com
质量体系:VDA 6. 1、QS 9000
产品情况:各种汽车玻璃,年销售收入1000万元
配套及出口情况:为长城汽车、宇通客车等十几家整车生产厂配套;出口北美洲、欧洲、东南亚、大洋洲等地区

★东方久乐汽车安全设备有限公司
地址:河北省新乐市南环路132号
邮编:050700
电话:0311/88582666
传真:88582591
网址:www. eastjoylong. net
电子信箱:dfjl@ eastjoylong. net
单位人数:420
质量体系:ISO/TS 16949
产品情况:(东方久乐牌)
汽车安全气囊及相关零部件
配套情况:为奇瑞汽车、吉利汽车、一汽华利、江淮汽车、北汽等配套

★石家庄市东华特种型材厂
地址:石家庄市裕翔街与南三环交叉口
邮编:051430
电话:0311/88218208
传真:88218415
网址:www. dhxc. cn
电子信箱:dhxc@ dhxc. cn
单位人数:180
质量体系:ISO/TS 16949、ISO 14001
产品情况:(银石牌)
汽车门窗框组件、玻璃导轨、雨檐、玻璃托架等各种汽车专用配件
配套情况:为一汽集团、天津一汽夏利、一汽轻型货车、上海大众、江铃五十铃、江铃控股、庆铃汽车等配套

★河北省冀州市汽车装饰件厂
地址:河北省冀州市北内
邮编:053200
电话:0318/8788582
传真:8788506
网址:www. jzbnsy. com
电子信箱:jzbnsy@ public. hsptt. he. cn
单位人数:1230
质量体系:ISO/TS 16949、QS 9000
产品情况:各种汽车内装饰产品
配套情况:为一汽集团、南京汽车集团、江铃汽车、江淮汽车、奇瑞汽车等配套

★河北衡水金轮塑业有限公司
地址:河北省武邑县武小路13号
邮编:053400
电话:0318/5736707、5736502
传真:5736707
网址:www. hb-jlsy. com
电子信箱:jlsy@ hb-jlsy. com
单位人数:300
质量体系:ISO 9001
产品情况:(金轮牌)
空调器外壳、仪表板、保险杠、过滤器、挡泥板等;汽车材料

★沙河市宏成汽车型材有限公司
地址:河北省沙河市京广路32号
邮编:054100
电话:0319/8821553
传真:8829005

网址:www. hb – hc. com
电子信箱:hongchenggs@ yahoo. com. cn
质量体系:ISO 9001、ISO 9002
产品情况:(宏成牌)
桑塔纳轿车玻璃滑轨,各类轻型客车钢塑复合中导轨、不锈钢导轨,各种车型玻璃升降器导轨及正副驾驶员门上框等薄板异型材及其产品
配套情况:为神龙汽车、华晨金杯、哈飞汽车、河北长安、上海宏成汽车配件等配套

★清河县星星汽配制造有限公司
地址:河北省清河县城西工贸区
邮编:054800
电话:0319/8050320
传真:8050392
网址:www. hbxingxing. com
电子信箱:xingxingqipei@ 126. com
单位人数:136
质量体系:ISO/TS 16949、ISO 9001
产品情况:(驶乐牌)
汽车玻璃钢件、橡胶件、拉线、软轴等
配套情况:为长城汽车、陕汽集团、重庆重汽、重庆铁马、西南工业公司等10多个大中型汽车主机厂配套

★邢台昊森冷机制造有限公司
地址:河北省邢台市西刘工业区
邮编:055152
电话:0319/7566633
传真:7565082
网址:www. haosen633. com
电子信箱:xthaosen@ yahoo. cn
质量体系:ISO 9001
产品情况:汽车空调压缩机
出口情况:出口非洲、东南亚、南美洲等

★广龙汽车空调暖风有限公司
地址:河北省沧州市南外环307国道王御史汽配城5排A面9–12号
邮编:061000
电话:0317/3585444
传真:3585444
电子信箱:guanglongkt@ yahoo. com. cn
质量体系:ISO 9001
产品情况:铜制通用型空调冷凝器、铁壳塑壳暖风机总成、大巴中巴暖风机除霜器总成、暖风散热器、空调散热器等

★沧州市世久机械制造有限公司
地址:河北省沧州市运河区朝阳南路168号
邮编:061001
电话:0317/2053631
传真:2052931
网址:www. bt – ql. net
电子信箱:cangzhoushijiu@ 126. com
单位人数:60
质量体系:ISO 9001
产品情况:(清岚牌)
汽车、摩托车拉索等五金冲压件,汽车不锈钢轮罩、后仓门铰链、加油口盖铰链、轮胎升降器、变速杆防尘罩压圈等
配套及出口情况:为重庆利时德、广州利时德、上海泰利福、十堰达峰、无锡共成、江阴元丰、广州富田、许瑞兴(福州、上海)、海南台丰等配套;出口日本、欧洲、美洲等国家和地区

★沧州远通汽车配件有限公司
地址:河北省沧州市皂坡工业园区
邮编:061024
电话:0317/4801528
传真:4801528
网址:www. yuantongqp. com
电子信箱:info@ yuantongqp. com
质量体系:ISO 9001
产品情况:半挂车支撑装置、轮胎升降器、门锁、挂车合页、轴头盖、拉杆座、分泵盖、备胎支架、平衡梁等

★沧县重型汽车部件厂
地址:河北省沧州市沧县皂坡工业开发区
邮编:061024
电话:0317/4801599、4802599
传真:4820599
网址:www. hbzxqp. com
电子信箱:info@ hbhbzxqp. com
质量体系:ISO 9001
产品情况:冲压件、车门锁件铰链
配套情况:为一汽集团、北汽福田、重汽集团等配套

★黄骅市交通汽车配件有限公司
地址:河北省黄骅市滕庄子企业家园
邮编:061108
电话:0317/5478999
传真:5479999
网址:www. czjiaotong. com
电子信箱:webmaster@ czjiaotong. com
质量体系:ISO 9001
产品情况:(安进牌)
半挂车的牵引座总成和支承装置,各种汽车冲压件、汽车轮胎升降器
配套情况:为一汽集团、东风汽车公司、重汽集团等配套

★沧州三星微特电机有限责任公司
地址:河北省南皮县城西环南路18号
邮编:061500
电话:0317/8851013
传真:8854573
网址:www. czsanxing. com
电子信箱:tzq@ czsanxing. com
质量体系:ISO 9001
产品情况:(水晶牌、神风牌)
汽车刮水器、暖风除霜器、暖风散热器
配套及出口情况:为国内机车、客车、货车、微型车、工程车制造厂配套;随国内名牌客车配套出口

★南皮县双庙汽车配件厂
地址:河北省南皮县城南王庄工业小区
邮编:061500
电话:0317/8890167
传真:8890656
网址:www. smqcpjc. com
电子信箱:xyr@ smqcpjc. com
单位人数:98
产品情况:车门铰链、前风窗玻璃铰链及部分汽车冲压件,年产值390万元
配套情况:为长城汽车、北轻汽、山东聚宝等配套

★河北南风汽车设备集团有限公司
地址:河北省南皮县乌马营工业区
邮编:061503
电话:0317/8616410、8616759
传真:8616759
网址:www. hbnf. com
电子信箱:info@ hbnf. com
质量体系:ISO/TS 16949、ISO 9001
产品情况:(南风牌)
车用除霜器、加热器、空气滤清器等
配套及出口情况:为厦门金龙、宇通客车、丹东黄海、扬州亚星、上海申沃、安徽安凯等配套;出口俄罗斯、乌克兰、哈萨克斯坦、古巴、沙特阿拉伯、伊拉克、新加坡、泰国等国家

★河北宏业机械股份有限公司
地址:河北省泊头市南仓街461号
邮编:062150
电话:0317/8262212、8262288
传真:8262299、8288812
网址:www. hbhongye. com
电子信箱:hbhy@ hbhongye. com
质量体系:ISO/TS 16949、ISO 9001
产品情况:FJH、YJP、YJ、YJH系列暖风机、CS系列除霜器、SR系列散热器等
出口情况:出口美国、日本、韩国、欧洲等10多个国家和地区

★泊头市华兴汽车部件有限责任公司
地址:河北省泊头市西环路
邮编:062150
电话:0317/8292238
传真:8292238
网址:www. chinahuaxing. net
电子信箱:chinahuaxinggongsi@ 163. com
质量体系:ISO/TS 16949、ISO 9001
产品情况:汽车安全带

★任丘飞翔汽车塑料件有限公司
地址:河北省任丘市经济技术开发区
邮编:062550
电话:0317/2296498、2296190
传真:2296248
电子信箱:rszp@ rszp. com
质量体系:ISO 9001
产品情况:汽车暖风机、空调通风管道等

★任丘市第一汽车灯镜厂
地址:河北省任丘市长丰工业园区
邮编:062552
电话:0317/2968881、2968882

传真:2968478
网址:www.zhijing001.com
电子信箱:rqa188@163.com
产品情况:(合兴牌)
各种后视镜
配套情况:为长春解放商用车备品配套

★遵化市金阳汽车部件有限公司
地址:河北省遵化市马兰峪镇
邮编:064206
电话:0315/6944404
质量体系:ISO/TS 16949
产品情况:吉普车的底盘、车身、悬架、内衬装饰等
配套情况:为北京奔驰配套

★廊坊市金色时光科技发展有限公司
地址:河北省廊坊市新开路194号
邮编:065000
电话:0316/7668600
传真:2204833
网址:www.seatheater.cn
电子信箱:jinfengcn@163.com
质量体系:ISO/TS 16949、ISO 9001
产品情况:(AEW牌、舒安牌)
汽车座椅加热系统产品
出口情况:出口AEW座椅加热系统

★威意特汽车系统(中国)有限公司
地址:河北省廊坊市经济技术开发区金源路
邮编:065001
电话:0316/6071100
传真:6071060
网址:www.wet-group.com
电子信箱:info@wet-group.com
单位人数:3500
质量体系:ISO/TS 16949
产品情况:汽车座椅加热器、座椅温度技术、转向盘加热、温度控制器、汽车线缆加工技术等

★廊坊华安汽车装备有限公司
地址:河北省廊坊市经济技术开发区山特维克道8号
邮编:065001
电话:0316/6088000
传真:6086778
电子信箱:huaanauto@huaanauto.com
单位人数:300
质量体系:ISO/TS 16949
产品情况:(HUAAN牌)
汽车燃油蒸发控制系统(炭罐总成)、防护条、扰流板、格栅、油箱口盖、门把手等外饰件,手套箱、扶手、座椅轨道盖板等内饰件
配套情况:为一汽-大众、上海大众、上海通用、长安福特马自达、北京奔驰、上汽集团、神龙汽车、一汽海马、长城汽车、广汽长丰等配套

★鑫悦塑料制品有限公司
地址:河北省廊坊市经济技术开发区景明道
邮编:065001
电话:0316/6088753
传真:6086746
电子信箱:xinyue@xy-plastic.com
产品情况:空调器外壳总成、暖风机总成、除霜器总成、散热器塑料水室总成
配套情况:为北京奔驰、北汽制造、北轻汽、天津一汽夏利等多家汽车制造厂配套

★河北省霸州市宏光汽车部件厂
地址:河北省霸州市胜芳镇开发区
邮编:065700
电话:0316/7539858
传真:7532363
单位人数:100
质量体系:ISO 9001
产品情况:(宏光牌)
各种汽车钣金件

★霸州市汇行塑胶制品有限公司
地址:河北省霸州市王庄子乡圪垯村
邮编:065701
电话:0316/7432109
传真:7432407
网址:www.bzhhsj.com
电子信箱:hh@bzhhsj.com
单位人数:90
质量体系:QS 9000
产品情况:挡泥板、发动机底护板、发电机导热罩、保护盖、转向轴护盖、下型板、衬板等
配套及出口情况:为一汽集团、沈阳汽车制造厂、北汽制造、北人集团、美国才通公司、中通控股、福耀集团、旭硝子汽车玻璃中国公司、江西消防车辆厂、东风汽车公司等配套;出口美国

★秦皇岛燕大汽车附件厂
地址:河北省秦皇岛市开发区雪山路6号
邮编:066000
电话:0335/8501626
传真:8501628
电子信箱:info@qhdbip.com
质量体系:ISO/TS 16949、QS 9000
产品情况:BTC213吉普车前门角窗总成及后门玻璃滑道梁总成,夏利电动玻璃升降器,解放151平头货车车门框总成,汽车转向器连杆,哈飞锐意车架总成
配套情况:为一汽集团、青岛汽车厂、北京奔驰、天津一汽夏利、哈飞汽车配套

★北戴河渤海安全玻璃有限公司
地址:河北省秦皇岛市北戴河区联峰北路26号
邮编:066100
电话:0335/4042506、4049459
传真:4042506
电子信箱:bdh_bh88@yahoo.com.cn
质量体系:ISO/TS 16949
产品情况:(渤海牌)
汽车安全玻璃
出口情况:出口夹层玻璃

★保定市博伟汽车配件有限公司
地址:河北省保定市
邮编:071000
电话:0312/2838866
传真:2906007
网址:www.bdsczc.com
电子信箱:bwqpxsb2838866@163.com
质量体系:ISO 9000
产品情况:长城汽车前照灯、雾灯、雾灯框、前杠、中网、下网格、机盖、翼子板、车门等

★保定亿新汽车零部件有限公司
地址:河北省保定市朝阳南大街2288号汽车部件园区
邮编:071051
电话:0312/2197176
传真:2197993
网址:www.bdhq.com.cn
电子信箱:bdhq@163.com
质量体系:ISO/TS 16949
产品情况:隔音、隔振、隔热及表面装饰件
配套情况:为长城汽车、上海大众、一汽-大众、上海通用、神龙汽车、广汽本田等配套

★保定杰华汽车零部件有限公司
地址:河北省保定市朝阳南大街2288号汽车部件园区
邮编:071051
电话:0312/2197701
传真:2197708
电子信箱:jhhrd@126.com
质量体系:ISO/TS 16949、ISO 9001
产品情况:汽车座椅和其他汽车饰件
配套情况:为长城汽车配套

★麦克斯(保定)汽车空调系统公司
地址:河北省保定市朝阳南大街2288号
邮编:071051
电话:0312/2197889
传真:2197666
质量体系:ISO/TS 16949、ISO 14001
产品情况:汽车空调系统及零部件
配套情况:为长城汽车配套

★保定市永大玻璃钢制品厂
地址:河北省保定市新保满路16号
邮编:071051
电话:0312/3329391
传真:3329508
网址:www.bdyongda.com
电子信箱:yongdaqipei@126.com
产品情况:玻璃钢附件,皮卡新款防雨棚、风叶总装机舱罩、房车外壳等
配套及出口情况:为长城汽车、河北中兴、北汽福田等供货;出口南非、古巴、俄罗斯等国家

★涿州市盛弘机械有限责任公司
地址:河北省涿州市长空路504号

邮编:072750
电话:0312/3985226、3985586
传真:3985226
电子信箱:zzsyjskfb@ zzsyjs. sina. net
质量体系:ISO/TS 16949、ISO 9001
产品情况:汽车车门窗框、车门外饰板、车门滑道、玻璃滑轨、流水檐等辊压件、冲压件、异形弯管、锁杠及车门铰链等汽车车身零部件
配套情况:为郑州日产、长安汽车、北奔重汽、东风渝安、飞碟五征、石家庄双环、吉奥汽车等厂家配套

★ 河北凌云工业集团有限公司

地址:河北省涿州市松林店镇
邮编:072761
电话:0312/3676616
传真:3952235
网址:www. lyig. com. cn
电子信箱:webmaster@ lyig. com. cn
法人代表:安富荣
单位人数:4500
质量体系:ISO/TS 16949、VDA 6.1
产品情况:(凌云牌、亚大牌)
汽车辊压件、冲压件、保险杠、防撞杆、汽车等速万向节前驱动轴、汽车尼龙管路、汽车橡胶管及总成、汽车装饰密封件等
配套及出口情况:为一汽集团、一汽-大众、一汽轿车、上海通用、上汽通用五菱、上海大众、天津一汽夏利、天津一汽丰田、神龙汽车、北京奔驰、长安集团、奇瑞汽车、上海汽车、北京现代、江铃汽车、江淮汽车、吉利汽车、昌河铃木、哈飞汽车、沈阳华晨金杯、重庆长安铃木、长城汽车、比亚迪汽车、东南克莱斯勒、中国重汽、东风汽车、上海汽车、北汽福田、众泰、柳州汽车、上汽红岩菲亚特、东风悦达起亚、法国雷诺、瑞典 VOLVO、欧洲福特及天津英泰汽车饰件、天津丰田发动机、天津丰爱座椅部件等公司配套;出口美国、丹麦、澳大利亚、巴西、韩国、南非、玻利维亚、马来西亚等国家,并销往中国香港地区
☞ 详细情况请参阅彩色宣传版面

辽宁省

★沈阳金杯裕鑫汽车部件制造公司

地址:沈阳市东陵区竞赛街2-8号
邮编:110117
电话:024/23700542
传真:23701578
网址:www. jinbeiyuxin. com
电子信箱:syjbyx@ jinbeiyuxin. com
单位人数:112
质量体系:ISO/TS 16949、ISO 9001
产品情况:汽车玻璃升降器及其电动机、开关
配套情况:为华晨金杯、河北中兴等配套

★沈阳金杯广振汽车部件有限公司

地址:沈阳市经济技术开发区开发大路10号街12号
邮编:110141
电话:024/25396261
传真:25396263
网址:www. syjbauto. com. cn
质量体系:ISO/TS 16949
产品情况:电动、手动玻璃升降器
配套情况:为国内汽车制造厂配套

★沈阳汽车暖风机厂

地址:沈阳市于洪区洪湖北街6号
邮编:110141
电话:024/25834277
传真:25313429
网址:www. syqcnf. com
电子信箱:syqcnf@ 126. com
单位人数:222
质量体系:ISO/TS 16949、QS 9000
产品情况:(金杯牌)
汽车暖风机总成、汽车散热器总成、汽车管路、汽车空调、汽车冲压、焊接件,汽车注塑件
配套情况:为华晨金杯、沈阳金杯、北京福田环保动力、北奔重汽、厦门金龙、沈阳航天三菱汽车发动机、沈阳新光华晨等配套

★沈阳福达汽车零部件有限公司

地址:沈阳市浑南新区高科路12号
邮编:110179
电话:024/23787038、23787037
传真:23787135
网址:www. syfuda. com
电子信箱:office@ syfuda. com
单位人数:200
质量体系:ISO/TS 16949、VDA 6.1
产品情况:汽车门窗框、前后保险杠、各类导轨、仪表板横梁等,以及各种滚压成型、滚压弯曲类零件,各种中小金属冲压件及焊装件,年产能力30万台套
配套及出口情况:为长城汽车、一汽哈尔滨轻型车、安徽长丰扬子、哈飞汽车配套;销往中国台湾地区

★辽阳金兴汽车内饰件有限公司

地址:辽宁省辽阳市振兴路158号
邮编:111000
电话:0419/3305196、3990808
传真:3990805
网址:www. china-jx. com. cn
电子信箱:lyjxqc@ 126. com
单位人数:430
质量体系:ISO/TS 16949、QS 9000
产品情况:汽车仪表板、车门饰板、组合通道盒、转向盘、立柱板、顶棚、地毯等内饰产品
配套及出口情况:为一汽集团、一汽吉轻、天津一汽夏利、天津一汽华利、一汽青岛、东风柳汽、沈阳金杯、金杯轿车厂、北汽福田、厦门金龙、丹东黄海等配套;出口日本、美国、德国等国家,并销往中国台湾地区

★富士客车空调(大连)有限公司

地址:辽宁省大连市经济技术开发区淮河西三路5号
邮编:116600
电话:0411/87300866
传真:87300896
网址:www. fujidl. com
电子信箱:fjacdl@ mail. dlptt. ln. cn
质量体系:ISO 9001
产品情况:客车空调系统及零部件

★大洋昭和汽车空调(大连)公司

地址:辽宁省大连市经济技术开发区31区辽河西二路28号
邮编:116600
电话:0411/87301071
传真:87301075
电子信箱:sales@ grandocean-showa. com
质量体系:ISO/TS 16949、VDA 6.1
产品情况:(大洋昭和牌)
汽车冷凝器、蒸发器

★旭硝子特种玻璃(大连)有限公司

地址:辽宁省大连市经济技术开发区铁山西路5号
邮编:116600
电话:0411/87614190
传真:87614197
网址:www. agc. co. jp
产品情况:建筑、汽车用浮法玻璃、镜面玻璃、热反射玻璃等

★丹东市黄海汽车内饰件制造公司

地址:辽宁省丹东市振兴区浪头镇申和村
邮编:118008
电话:0415/6154641、6157004
传真:6155191
单位人数:120
质量体系:ISO 9001
产品情况:客车玻璃钢座椅、仪表台、大客车地板内饰板、客车顶棚装饰板、高回弹海绵
配套情况:为丹东黄海、丹东黄海座椅、南京金陵、牡丹客车、大连电车等配套

★丹东黄海汽车配件制造有限公司

地址:辽宁省丹东市外环路汤池工业园28号
邮编:118008
电话:0415/6227247、6272497
传真:6221313
网址:www. hhseat. com
电子信箱:hhseat@ 163. com
单位人数:265
质量体系:ISO/TS 16949
产品情况:各类汽车座椅、储气筒、消声器尾管及扶手管、前罩、中罩、仪表台等内饰件、橡胶件
配套情况:为众多国内主流整车企业配套

★东港市聚丰汽车缓冲器座椅公司

地址:辽宁省东港市迎宾大街87号
邮编:118300

电话:0415/7186416、7186551
传真:7175733
网址:www.jfzuoyi.cn
电子信箱:jufengzuoyi@163.com
质量体系:ISO 9001
产品情况:汽车缓冲器驾驶员座椅、专用车驾驶员座椅及座椅配件
配套情况:为中国一汽、黄海、重汽等企业配套

★锦州锦恒汽车安全系统有限公司
地址:辽宁省锦州市经济技术开发区渤海大街4段16号
邮编:121007
电话:0416/3575200、3575052
传真:3585717
网址:www.jinhengairbag.com
电子信箱:business@jinhengairbag.com
单位人数:233
质量体系:ISO/TS 16949、ISO 14001
产品情况:汽车安全气囊、安全带、转向盘、ECU等
配套及出口情况:为一汽红旗、明仕、神龙富康、天津一汽夏利、长安汽车、华翔富奇、哈飞汽车、华晨金杯、吉利汽车、上汽通用五菱、一汽海马、河北中兴、保定长城、重庆力帆等配套安全气囊;出口中东、东南亚

吉林省

★长春西博汽车塑料技术有限公司
地址:长春市经济技术开发区浦东路3281号
邮编:130000
电话:0431/84666900
传真:84666904
电子信箱:csapt@sina.com
质量体系:ISO/TS 16949
产品情况:门内护板总成,年产量可达10万套
配套情况:为一汽－大众配套

★长春联发汽车车身制造有限公司
地址:长春市长沈路1043公里处路南
邮编:130000
电话:0431/85023788
传真:85022788
网址:www.cclfcs.86114.cn
电子信箱:lianfa@86114.com.cn
单位人数:200
质量体系:ISO 9001
产品情况:解放系列驾驶室总成、漆壳、全车钣金、内饰件等
配套情况:TSP7型高顶驾驶室(轿车内饰)为一汽配套

★长春挺宇汽车零部件有限公司
地址:长春市绿园区昌驰路9号
邮编:130000
电话:0431/87090011
传真:87095058
质量体系:ISO/TS 16949、ISO 9001
产品情况:汽车车门铰链,年产2.48万件

★一汽四环正兴公司驾驶室分公司
地址:长春市经济开发区育民路8号
邮编:130011
电话:0431/85025359
传真:85025359
单位人数:283
产品情况:载货汽车驾驶室
配套情况:为一汽集团配套

★长春旭升重型汽车挂车车厢制造公司
地址:长春市长沈公路2302号
邮编:130011
电话:0431/85558555
传真:85552555
质量体系:ISO 9001
产品情况:汽车货厢总成,年产390台

★伟巴斯特车顶系统(长春)公司
地址:长春市汽车产业开发区富奥大路(乙二路)1398号
邮编:130011
电话:0431/85742168、88605066
传真:85742158、84649343
网址:www.webasto.cn
电子信箱:info@webastochina.com
质量体系:ISO/TS 16949、ISO 9001
产品情况:汽车天窗、供暖系统
配套情况:为一汽轿车、一汽－大众、哈飞汽车等配套

★长春一汽富维汽车零部件股份公司
地址:长春市汽车产业开发区东风南街1399号
邮编:130011
电话:0431/85765337、85765685
传真:85765336、85765338
网址:www.fawsh.com.cn
电子信箱:cyz_shgf@faw.com.cn
质量体系:ISO/TS 16949
产品情况:车身冲压件、内饰座椅,转向系统、制动系统零部件,滤清器、消声器总成,随车工具

★一汽－法雷奥汽车空调有限公司
地址:长春市绿园区东风大街5508号
邮编:130011
电话:0431/85903364
传真:85998444
电子信箱:zvcc_changchun@valeo.com.cn
单位人数:300
质量体系:ISO/TS 16949、QS 9000
产品情况:汽车空调总成、暖风机、冷凝器、蒸发器等空调系统产品
配套情况:为一汽集团、郑州日产配套

★一汽四环汽车股份公司车箱分公司
地址:长春市绿园区东风南街1398号
邮编:130011
电话:0431/85909348
传真:85901707
电子信箱:lgq_cx@faw.com.cn
质量体系:ISO 9001
产品情况:各种车型车箱及其零部件,年产各种改装车车箱6.5万台
配套情况:为一汽集团配套

★长春骏捷龙汽车饰件制品有限公司
地址:长春市汽车产业开发区繁荣村
邮编:130011
电话:0431/86109865
传真:86109863
电子信箱:ccjjlautoparts@163.com
质量体系:ISO/TS 16949
产品情况:汽车内饰件与整车隔音隔热配套产品
配套情况:为一汽－大众、一汽轿车配套

★吉林一汽实业东光汽车镜有限公司
地址:长春市朝阳区繁荣路17号
邮编:130012
电话:0431/85158645
传真:85158645
网址:www.dgqcj.com
电子信箱:shichang@dgqcj.com
单位人数:125
质量体系:ISO/TS 16949、VDA 6.1
产品情况:汽车外后视镜、内视镜
配套情况:为一汽轿车的红旗世纪星、奇瑞汽车、天津一汽夏利、比亚迪汽车、重庆力帆配套

★长春佳林汽车内饰复合材料公司
地址:长春市高新开发区火炬路928号
邮编:130012
电话:0431/85178001、85100283
传真:85178015
网址:www.jialin.com
电子信箱:jialin@public.cc.jl.cn
质量体系:ISO/TS 16949、VDA 6.1
产品情况:仪表板、门板及护板、柱护板、遮阳板、顶棚、衣帽架、地毯和行李舱衬板等汽车内饰产品,毯材、板材等内饰材料
配套情况:为上汽通用五菱、长安福特马自达、上海大众、神龙汽车、华晨金杯、三菱、桂林大宇、北京奔驰等配套

★长春富奥东阳塑料制品有限公司
地址:长春市光谷大街2555号
邮编:130012
电话:0431/85886515
传真:85886523
网址:www.fawsh.com.cn
电子信箱:zjls@fawtyg.com
产品情况:保险杠,仪表板
配套情况:为一汽－大众、一汽轿车等配套

★长春力得汽车工程塑料制品公司
地址:长春市二道区岭东路1888号
邮编:130031
电话:0431/84666693、84671017
传真:84632784
质量体系:ISO/TS 16949、VDA 6.1

产品情况:汽车塑料保险杠、塑料内饰
配套情况:为一汽-大众、一汽轿车、一汽海马、天津一汽丰田等配套

★长春皮尔金顿安全玻璃有限公司
地址:长春市吉林大路4356号
邮编:130031
电话:0431/84842061
传真:84843667
电子信箱:cps@cpsglass.com
质量体系:ISO/TS 16949、VDA 6.1
产品情况:车、船及建筑用平、弯钢化玻璃、夹层玻璃等
配套情况:为一汽集团、一汽-大众、哈飞汽车、奇瑞汽车等配套

★长春旭阳富奥江森汽车座椅骨架公司
地址:长春市净月开发区千朋路388号
邮编:130031
电话:0431/85078180、85876885
传真:85078298
网址:www.xuyangfjc.com
电子信箱:jq.li@xuyangjfc.com
单位人数:995
质量体系:ISO/TS 16949
产品情况:汽车座椅骨架、仪表板骨架、冲压件等
配套情况:客户有一汽-大众、一汽轿车、一汽解放、富维-江森、长春李尔、长春佛吉亚旭阳座椅、上海西德科东昌公司、一汽吉林汽车以及中兴长春分公司等多家企业

★长春德而塔-富奥江森高新科技公司
地址:长春市经济技术开发区武汉路1808号
邮编:130031
电话:0431/87062065
传真:87062071
网址:www.ccdfj.com
电子信箱:webmaster@ccdfj.com
单位人数:180
质量体系:ISO/TS 16949、ISO 14000
产品情况:汽车座椅

★长春佛吉亚旭阳汽车座椅有限公司
地址:长春市二道区和顺街1015号
邮编:130031
电话:0431/89851966
传真:89851966
网址:www.faurecia.com
质量体系:ISO/TS 16949
产品情况:轿车座椅
配套情况:为一汽-大众、一汽轿车等配套

★长春奥托立夫贸鸿汽车安全系统公司
地址:长春市经济技术开发区世纪大街1831号
邮编:130033
电话:0431/84642688
传真:84634688
网址:www.autoliv.com
电子信箱:info@autoliv.com
产品情况:安全带和安全气囊,具有年产100万套安全带、30万套安全气囊的生产能力
配套情况:为一汽-大众、哈飞汽车等配套

★福耀集团长春有限公司
地址:长春市经济技术开发区浦东路4499号
邮编:130033
电话:0431/84659288、84667070
传真:84659223
网址:www.fuyaogroup.com
质量体系:ISO/TS 16949、ISO 9001
产品情况:汽车玻璃
配套情况:为一汽-大众、一汽轿车、天津一汽丰田、天津一汽夏利、哈飞汽车、华晨金杯、北京现代、北京奔驰、北汽福田、长城汽车、宇通客车等配套

★盈佳科技(长春)有限公司
地址:长春市经济技术开发区东南湖大路2899号
邮编:130033
电话:0431/84678888
传真:84678889
网址:www.itranspace.com
单位人数:146
质量体系:ISO/TS 16949、QS 9000
产品情况:汽车中央控制门锁、门板系统、电动窗、行李舱锁、燃油箱锁、电动天线、防盗报警器、DVD车载系统和其他相关电子产品
配套及出口情况:为一汽-大众、一汽轿车、上海大众、奇瑞汽车、天津一汽夏利等配套;远销欧洲、美洲

★李尔长春汽车内饰件系统有限公司
地址:长春市经济技术开发区苏州北街270号
邮编:130033
电话:0431/84699020
传真:84611832
电子信箱:caroline@lear-china.com
单位人数:254
质量体系:ISO 9001
产品情况:奥迪C5、C6座椅

★法雷奥压缩机(长春)有限公司
地址:长春市经济技术开发区世纪大街2677号
邮编:130033
电话:0431/84992066、84992006
传真:84992004
网址:www.valeo.com.cn
电子信箱:mum_vfc@yahoo.com
单位人数:200
质量体系:ISO/TS 16949、ISO 9001
产品情况:(Valeo牌)
汽车空调压缩机
配套情况:主要客户有一汽-大众、一汽轿车、东风日产、北京奔驰

★长春藤仓电装有限公司
地址:长春市经济技术开发区浦东路25号
邮编:130033
电话:0431/85800010
传真:85800789
电子信箱:hansx@facl.com.cn
单位人数:700
质量体系:ISO/TS 16949、ISO 9001
产品情况:汽车车身电子控制系统

★长春旭阳工业(集团)股份公司
地址:长春市净月开发区千朋路800号
邮编:130033
电话:0431/88608311
传真:88608100
网址:www.cnxyjt.com
电子信箱:xuyang@cnxyjt.com
单位人数:2318
质量体系:VDA 6.1、QS 9000
产品情况:轿车座椅总成、骨架总成及其他零件,汽车地毯,汽车密封条、防雨条、膜压件、减振悬置等橡胶件,PVC/ABS材料、轿车顶棚尼、无纺布等内饰材料,儿童安全座椅、轿车顶棚、门内板、遮阳板、防擦条等内外装饰件,年产能力150万辆份
配套情况:为一汽集团、一汽-大众、华晨金杯、北汽福田、一汽华利、哈飞汽车、奇瑞汽车等配套

★长春富维-江森自控饰件系统公司
地址:长春市经济技术开发区东南湖大路4736号
邮编:130033
电话:0431/88700000
传真:82931744
网址:www.ccfjc.com.cn
单位人数:2098
质量体系:ISO/TS 16949、ISO 14001
产品情况:汽车座椅、仪表板、副仪表板、门板、顶棚、车身电子及饰件
配套及出口情况:主要客户有一汽-大众、一汽轿车、一汽卡车、重汽集团;部分产品出口

★长春宏光-奥托立夫汽车安全装备公司
地址:长春市宽城区铁北四路1545号
邮编:130052
电话:0431/82688968
传真:82688967
网址:www.autoliv.com
电子信箱:diana.liu@autoliv.com.cn
质量体系:ISO/TS 16949、QS 9000
产品情况:汽车安全带、安全气囊
配套情况:为一汽-大众配套

★长春永升实业有限公司
地址:长春市绿园区正阳街665号
邮编:130062
电话:0431/87998896、87968359
传真:87973827
网址:www.ccyongsheng.com
电子信箱:webmaster@ccyongsheng.com
质量体系:ISO/TS 16949、VDA 6.1
产品情况:汽车桃木装饰板、桃木真皮

转向盘、挡杆头等汽车内饰件
配套情况:为一汽集团、东风汽车公司、上海大众、神龙汽车、郑州日产、奇瑞汽车、哈飞汽车、广州宝龙等配套

★长春英利汽车部件有限公司
地址:长春市朝阳区育民路 567 号
邮编:130103
电话:0431/85022771、85022776
传真:85031995
网址:www. engley. com
电子信箱:engley@ engley. net
质量体系:ISO/TS 16949、ISO 14001
产品情况:底部护板、前端框架、备胎仓、门内板、电平支架、车灯支架等长玻璃纤维热塑零件,保险杠、仪表板骨架等车身金属冲压、滚压零件
配套情况:主要客户有一汽 - 大众、上海大众、一汽轿车(红旗、马自达)、天津一汽、富奥 - 江森自控、北京奔驰、上海通用、东风日产等

★长春高新汽车饰件材料制造公司
地址:长春市朝阳区经济开发区育民路 1666 号
邮编:130103
电话:0431/85026666、85027777
传真:85024555
电子信箱:gaoxin@ ccgaoxin. com
质量体系:VDA 6. 1、QS 9000
产品情况:汽车塑料电镀件,主要有散热器面罩总成和后牌照板等

★泰德汽车车身制造有限责任公司
地址:长春市汽车产业开发区
邮编:130103
电话:0431/87629578、86109264
传真:87683688、85020800
网址:www. tdcs. com. cn
电子信箱:jltdcs@ sina. com
单位人数:200
产品情况:汽车车身及零部件
配套情况:为一汽轻型车厂、一汽专用车厂、一汽汽联改配套

★吉林市易成汽车附件有限公司
地址:吉林省吉林市船营经济开发区园区内
邮编:132011
电话:0432/62737779、62059767
负责人:张树彬
质量体系:ISO 9000
产品情况:(双仁牌)
　保险杠

★吉林市长征锁匙有限公司
地址:吉林省吉林市丰满区恒山东路 1 -3 号
邮编:132013
电话:0432/64662369
传真:64686699
质量体系:ISO 9001
产品情况:汽车锁具
配套及出口情况:为一汽吉林轻型车厂配套;远销日本

★吉林省东风化工有限责任公司
地址:吉林省吉林市龙潭区黎明路 145 号
邮编:132021
电话:0432/63039363
传真:63039089
电子信箱:ewchem@ jldongfeng. com
单位人数:583
质量体系:ISO 9001、QS 9000
产品情况:红旗保险杠 15220 件;CA 三效催化转化器 54716 只

★吉林市兴隆汽车部件制造有限公司
地址:吉林省吉林市永吉经济开发区吉桦路 385 号
邮编:132200
电话:0432/64205978
传真:64205978
电子信箱:jlxlpj@ jlxlpj. com
质量体系:ISO/TS 16949、ISO 9001
产品情况:驾驶室总成、驾驶室侧围
配套情况:为一汽吉林轻型车厂、一汽长春轻型车厂、一汽哈尔滨轻型车厂、安徽华阳汽车厂配套

★舒兰市通用机械有限责任公司
地址:吉林省舒兰市舒兰大街 1128 号
邮编:132600
电话:0432/68258860、68258863
传真:68223654
网址:www. jlslty. cn
电子信箱:jlsltyqg@ 163. com
单位人数:295
质量体系:ISO/TS 16949、QS 9000
产品情况:车门窗框、滑道、流水槽等辊压件,踏板总成,车厢
配套情况:为一汽轿车、一汽吉林、一汽哈尔滨轻型车厂、一汽青岛汽车制造厂、北汽福田、沈阳金杯的微型、轻型、中型、重型货车配套

★公主岭市春林机械有限公司
地址:吉林省公主岭市西公主大街 106 号
邮编:136100
电话:0434/6215770、6215774
传真:6214282
质量体系:ISO/TS 16949、QS 9000
产品情况:汽车门锁、车头锁、点火锁及外手柄总成、加水口盖总成、机油标尺总成、平头车车门限位器及各种制动鼓总成、制动支架、制动盘、制动蹄总成等
配套情况:为一汽集团、一汽轿车、一汽长春轻型车厂配套

★公主岭中大股份有限公司
地址:吉林省公主岭市工业大街 1177 号
邮编:136100
电话:0434/6257865
传真:6213159
网址:www. gzl - core. com
质量体系:ISO/TS 16949
产品情况:(前进牌)
　CA1091 刮水器总成、气压制动总泵、汽车轮胎气门芯

★吉林省恒辉集团有限公司
地址:吉林省公主岭市 102 国道 998 公里处
邮编:136100
电话:0434/6278888、6279666
传真:6279599
网址:www. hh - jt. com
电子信箱:sales@ hh - jt. com
单位人数:675
质量体系:ISO 9001
产品情况:气动、电动刮水器、电动洗涤器、遮阳(雨)帘、气门芯等
出口情况:随机车销售到马来西亚、南非、古巴、委内瑞拉、越南、加纳、土库曼斯坦等 10 多个国家

★吉林港德汽车内饰件制造有限公司
地址:吉林省公主岭市东四长路
邮编:136100
电话:0434/6279586
传真:6279584
电子信箱:jlgzckdc@ public. sp. jl. cn
质量体系:ISO/TS 16949、VDA 6. 1
产品情况:顶棚件
配套情况:为一汽 - 大众、华晨金杯、天津一汽夏利等配套

★白城盛华汽车零部件制造股份公司
地址:吉林省白城市海明西路 145 号
邮编:137000
电话:0436/3322134
传真:3322134
单位人数:350
质量体系:ISO 9001
产品情况:BORA、SQR、长城等车门铰链,年产 2428160 件

黑龙江省

★哈尔滨市锁厂
地址:哈尔滨市道里区地节街 63 号
邮编:150016
电话:0451/84513935
传真:84517103
网址:www. hasuotn. com
单位人数:228
质量体系:ISO 9001
产品情况:(铁牛牌)
　汽车油箱锁

★哈尔滨松花江汽车内饰件有限公司
地址:哈尔滨市平房区渤海路 32 号
邮编:150060
电话:0451/86589683
传真:86529885
网址:www. shjseat. com
质量体系:ISO/TS 16949
产品情况:座椅总成

★哈尔滨深航汽车空调有限公司
地址:哈尔滨市平房区新五路 20 号
邮编:150060

电话:0451/86808035、86809058
传真:86809058
质量体系:ISO 9001
产品情况:(暖风王牌)
高热量汽车暖风机
配套情况:为哈飞汽车配套

★哈尔滨齐塑汽车饰件有限公司
地址:哈尔滨市平房区经济技术开发区黄海路6号
邮编:150060
电话:0451/86810573
传真:86810532
网址:www.hqisu.cn
电子信箱:hqisu_mehr@163.com
质量体系:ISO/TS 16949
产品情况:汽车塑料内、外饰件,年产能力50万套
配套情况:为一汽-大众、哈飞汽车、奇瑞汽车配套

★哈尔滨龙兴汽车零部件有限公司
地址:哈尔滨市平房区龙滨路68号
邮编:150060
电话:0451/87106006-203
传真:87106005
单位人数:180
质量体系:ISO/TS 16949
产品情况:年产HF3座椅门板6000台、HF5座椅门板3000台、路宝座椅8000台、中意和民意遮阳板75000台
配套及出口情况:为哈飞汽车配套;出口俄罗斯

★哈飞机电产品制造有限责任公司
地址:哈尔滨市平房区友协大街15号
邮编:150066
电话:0451/86582385
传真:86508858
电子信箱:bgs@hafeijd.com
质量体系:ISO/TS 16949
产品情况:汽车空调、转向器、内外装饰件、内外覆盖件、传动轴、半轴、尾气净化系统标准件、车灯、内燃机活塞、汽车曲轴等
配套情况:为哈飞汽车配套

★哈尔滨哈轻塑胶有限公司
地址:哈尔滨市道里区通达街469号
邮编:150076
电话:0451/84825372
传真:84601071
网址:www.hqsj.com.cn
电子信箱:linhong1986@126.com
法人代表:刘军
负责人:贾丽萍
单位人数:302
质量体系:ISO/TS 16949
产品情况:(安宜牌)
汽车塑料内外饰件
配套及出口情况:为中国长安汽车股份有限公司、中国长安北京分公司、中国长安重庆分公司、佛吉亚公司、哈尔滨东安发动机制造有限公司等配套;配件产品随主机厂出口到世界很多国家

★哈尔滨兴启汽配工贸有限公司
地址:哈尔滨市道里区通达街314号
邮编:150076
电话:0451/84833862、84839764
传真:84831329
质量体系:ISO 9001
产品情况:(兴启牌)
暖风机、空调冷凝器、散热器等

★哈尔滨北耀钢化玻璃有限责任公司
地址:哈尔滨市南岗区学府路243号
邮编:150086
电话:0451/86623424、86658842
传真:86655854
单位人数:76
质量体系:ISO 9001
产品情况:汽车玻璃

★牡丹江富通汽车空调有限公司
地址:黑龙江省牡丹江市西十二条路
邮编:157003
电话:0453/6173012、6173050
传真:6421779
网址:www.fotonac.com
电子信箱:fotonac@fotonac.com
单位人数:521
质量体系:ISO/TS 16949、VDA 6.1
产品情况:V-5系列、SP系列、FM10G(S)系列汽车空调压缩机,年产100万台
配套及出口情况:为一汽集团、华晨金杯、一汽海马、奇瑞汽车、上汽通用五菱、天汽、东风汽车公司、江铃汽车、吉利汽车等配套;远销欧洲、美洲地区

上海市

★圣戈班安全玻璃(上海)有限公司
地址:上海市黄浦区延安东路550号海洋大厦1701室
邮编:200001
电话:021/63618899
传真:63222909
网址:www.saint-gobain.com.cn
电子信箱:sgssh@saint-gobain.com
质量体系:ISO/TS 16949、VDA 6.1
产品情况:汽车玻璃模块化总成
配套情况:为上海大众(波罗、帕萨特、桑塔纳)、上海通用别克君威、东风雪铁龙标致307配套

★上海三电贝洱汽车空调有限公司
地址:上海市卢湾区马当路347号
邮编:200025
电话:021/63843220
传真:63840914
网址:www.ssb.com.cn
电子信箱:gmo@ssb.com.cn
单位人数:1400
质量体系:ISO/TS 16949
产品情况:(易通牌、SSB牌)
空调压缩机
配套及出口情况:为上海大众、上海通用、上海汽车、上汽通用五菱、长城、一汽等配套;出口印度

★上海交运股份公司汽车零部件公司
地址:上海市徐汇区中山南二路555号
邮编:200032
电话:021/64433644
传真:64049044
网址:www.jygf.cn
电子信箱:lbjgs@cnsjy.com
质量体系:ISO/TS 16949、QS 9000
产品情况:汽车座椅总成及其骨架等
配套情况:为上海大众、上海通用、沈阳华晨、一汽-大众、一汽轿车、上汽ROVER、奇瑞汽车、上汽仪征配套,配套的产品包括桑塔纳、帕萨特、途安、凯迪拉克、别克、雪佛兰、赛宝、上汽荣威、华晨骏捷、奇瑞旗云等十几种车型

★上海天合汽车安全系统有限公司
地址:上海市嘉定区安亭镇园耀路168号
邮编:200052
电话:021/61422000、62821010
传真:61422001、62824306
网址:www.trw.cc
电子信箱:stass.hr@trw.com
单位人数:705
质量体系:VDA 6.1、QS 9000
产品情况:安全带、安全气囊等汽车安全系统产品
配套情况:产品主要应用于上海大众、上海通用、上汽制造、长安福特马自达、一汽-大众、北京奔驰、华晨宝马、奇瑞汽车等企业

★上海申达股份公司汽车内饰事业部
地址:上海市长宁区新华路345号3号楼底楼
邮编:200052
电话:021/62822425
传真:62823177
质量体系:ISO/TS 16949、ISO 14001
产品情况:汽车地毯、内饰织物、座椅面料、安全带、隔音垫及车用顶棚、内板
配套情况:为上海大众、上海通用、一汽-大众、东风汽车公司、广汽本田等配套

★上海双飞车辆雨刮器有限公司
地址:上海市四平路421弄91号
邮编:200081
电话:021/65210683、65218600
传真:65210626
网址:www.shshuangfei.com
质量体系:ISO 9001
产品情况:(上飞牌)
汽车刮水器及其电动机、传动机构等

★上海丰田纺织汽车零部件有限公司
地址:上海市浦东新区浦东南路1111号新世纪商厦16层

邮编:200120
电话:021/58350040、50460799
传真:58350062、50460799
网址:www.toyota-boshoku.co.jp
质量体系:ISO 9001
产品情况:汽车座椅、内饰

★麦格纳唐纳利(上海)汽车系统公司
地址:上海市金山区金张公路2998号
邮编:200120
电话:021/61651500
传真:57205487
网址:www.magnadon.com
电子信箱:sale@czqiujing.com
质量体系:ISO/TS 16949
产品情况:(求精牌)
内外后视镜
配套情况:为上海大众、上海通用、神龙汽车、天津一汽丰田、长安福特马自达、东风日产乘用车、华晨金杯等配套

★上海双桦汽车零部件股份有限公司
地址:上海市浦东富山路458号同盛大厦9楼
邮编:200122
电话:021/50588005、50812831
传真:50586365、50812325
网址:www.shshuanghua.com
电子信箱:shuanghua800@163.com
单位人数:1000
质量体系:ISO/TS 16949、ISO 9001
产品情况:(双桦牌)
蒸发器、冷凝器、油冷器、暖风、中冷器等汽车空调关键零部件
配套及出口情况:通过35家汽车空调系统总成企业为上海汽车、奇瑞汽车、长城汽车、长安汽车、东风汽车、重汽集团等整车厂配套;50%以上产品出口美国、德国、意大利、荷兰、韩国、日本、菲律宾、澳大利亚、泰国、以色列、阿联酋、黎巴嫩等几十个国家,并销往中国香港和台湾地区

★上海耀华皮尔金顿玻璃股份有限公司
地址:上海市浦东新区莲溪路1210号1号楼
邮编:200126
电话:021/61633599、58839305
传真:58801554
网址:www.sypglass.com
电子信箱:office@sypglass.com
质量体系:ISO/TS 16949、ISO 9002
产品情况:(耀皮牌)
钢化玻璃、夹层玻璃

★依必安派特风机(上海)有限公司
地址:上海市浦东新区杨高北路2001号外高桥保税区华京路418号
邮编:200131
电话:021/50460183
传真:50461119
网址:www.ebmpapst.com.cn
电子信箱:sales@ebmpapst.com
质量体系:ISO/TS 16949、ISO 9001
产品情况:风机

★伊顿-盛士达流体连接器(上海)公司
地址:上海市浦东新区外高桥保税区爱都路388号
邮编:200131
电话:021/50460606
传真:50463596
电子信箱:info@yiming.cn
质量体系:ISO/TS 16949
产品情况:汽车空调器软管及管件、汽车转向装置软管及管件
出口情况:远销东南亚、中东、东欧等地区

★上海德尔福汽车门锁防盗系统公司
地址:上海市浦东新区外高桥保税区富特中路401号
邮编:200131
电话:021/64285656
传真:64285656
电子信箱:jennifer.qu@delphil.com
单位人数:150
质量体系:ISO/TS 16949、VDA 6.1
产品情况:(声佳牌、伟绩牌)
汽车门锁、中央闭锁装置和汽车防盗系统
配套情况:为上海通用、上海大众、华晨金杯、厦门金龙配套

★ 延锋伟世通汽车饰件系统有限公司

地址:上海市徐汇区钦州北路1001号
邮编:200233
电话:021/24015000
传真:24015111
网址:www.yf.sh.cn
电子信箱:info@mail.yf.sh.cn
法人代表:沈建华
负责人: Robert Pyle
单位人数:2790
质量体系:ISO/TS 16949、VDA 6.1
产品情况:(延锋牌)
汽车内饰系统、外饰系统、电子系统、座椅系统、安全系统
配套及出口情况:为上海大众、上海通用、上海汽车、东风神龙、东风日产、长安福特马自达、北京现代、奇瑞汽车、北汽福田、北京汽车、江淮汽车、华晨汽车、克莱斯勒等配套;出口美国、德国、英国、法国、比利时、意大利、印度、泰国、澳大利亚、墨西哥、韩国、日本等
☞ 详细情况请参阅彩色宣传版面

★贺尔碧格(上海)有限公司
地址:上海市闵行区漕河泾新兴技术开发区贺阀路39号
邮编:200233
电话:021/64850855
传真:64850958
网址:www.hoerbiger.cn
电子信箱:info-hoesha@hoerbiger.com
质量体系:ISO/TS 16949、ISO 9001
产品情况:汽车压缩机
出口情况:出口新加坡、日本、澳大利亚、新西兰、韩国、泰国、印尼等国家,并销往中国台湾地区

★上海天原集团胜德塑料有限公司
地址:上海市闵行区龙吴路4747号
邮编:200241
电话:021/62581460、64341042
传真:62530585
网址:www.tyshengde.com
电子信箱:tysd@tyshengde.com
单位人数:600
质量体系:ISO/TS 16949、VDA 6.1
产品情况:仪表板及其配件、门板、散热器隔栅、轮罩、储液罐、油管等汽车塑料件
配套情况:主要客户为上海通用、上海大众、一汽集团、重庆福特、北汽福田、奇瑞汽车等

★赫兹空调压缩机(上海)有限公司
地址:上海市闵行区龙吴路5235-2号
邮编:200241
电话:021/64509502
传真:64509812
网址:www.hezcomp.cn
电子信箱:hezcomp@126.com
产品情况:(HEZ牌)
空调压缩机

★上海圣戈班韩格拉斯世固锐特公司
地址:上海市闵行经济技术开发区文井路18号
邮编:200245
电话:021/64630016
传真:64630061
网址:www.saint-gobain.com.cn
电子信箱:sghss.marketing@sgh-china.com
单位人数:800
质量体系:ISO/TS 16949
产品情况:夹层玻璃、前风窗玻璃、钢化玻璃、侧窗和后窗玻璃及天窗、小客车玻璃、工程汽车玻璃
配套情况:为韩国起亚、神龙汽车、一汽轿车等配套

★上海法雷奥汽车电机雨刮系统公司
地址:上海市闵行区剑川路2281号
邮编:200245
电话:021/64634886
传真:64307584
网址:www.valeo.com.cn
电子信箱:zhaobin.zhu@valeo.com
质量体系:ISO/TS 16949、VDA 6.1
产品情况:刮水器(年产能力150万套)、无骨刮片、汽车微电机等
配套情况:主要客户有上海大众、上海通用、一汽集团、一汽-大众、长安福特马自达、奇瑞汽车、华晨宝马、上海汽

车、福建戴克、华晨金杯、一汽海马、长丰猎豹等

★三菱重工汽车空调系统(上海)公司
地址:上海市长宁区延安西路2299号上海世贸商城2903－2906号
邮编:200336
电话:021/58763030
传真:58996329
网址:www.mhi.com.cn
质量体系:ISO/TS 16949、ISO 9001
产品情况:空调压缩机、空调总成、冷凝器、热保护器、风扇组件、控制面板

★上海奉涛实业有限公司
地址:上海市杨浦区黄兴路1669弄1号101室
邮编:200433
电话:021/55051820、55051259
传真:55051820
网址:www.shfengtao.com
电子信箱:fengtao@shfengtao.com
质量体系:ISO 9000
产品情况:发动机罩、翼子板、油底壳、气门室盖等各种轿车钣金件系列;副车架总成、下摇臂总成、前悬架总成、后桥总成等底盘件系列

★上海爱德夏机械有限公司
地址:上海市闸北区江扬南路2号
邮编:200434
电话:021/56815681
传真:56881727、56881031
网址:www.edscha.de
电子信箱:eschavr@public.sta.net.cn
质量体系:ISO/TS 16949、VDA 6.1
产品情况:车辆门铰链、前后盖铰链、车门限位器、驻车制动器、油箱扣盖等

★上海华申埃列纳自动门机械公司
地址:上海市场中路595号
邮编:200434
电话:021/65313349
传真:65600615、55393596
网址:www.hsela.com
电子信箱:hsela@online.sh.cn
产品情况:(华申牌)
内摆、外摆式客车乘客门系统
配套情况:为江铃全顺、南京依维柯、上海申沃、北汽福田、厦门金龙、上海大众、德国大众、东风悦达起亚、东南汽车、华晨金杯、一汽海马、意大利菲亚特等配套

★上海华申汽配制造有限公司
地址:上海市虹口区场中路595号
邮编:200434
电话:021/65427264
传真:65427264
网址:www.auto－hs.com
电子信箱:hr@auto－hs.com
法人代表(负责人):陶建德
单位人数:200
质量体系:ISO/TS 16949
产品情况:(华申牌)
主要生产汽车用铝合金侧窗,年产量20万套;铝合金车门系统,年产量2000套
配套及出口情况:铝合金侧窗为南京依维柯、都灵V、江铃、全顺V83、上海申沃、申豪配套;铝合金车门为上海申跃、申豪配套;铝合金侧窗出口美国(Freightliner)10万扇、铝合金车门出口加拿大(Bluebird)200套、日本(小松工程机械)200套

★吉尧汽车零配件(上海)有限公司
地址:上海市南大路475弄3号
邮编:200436
电话:021/63639250、63634776
传真:32051393
网址:www.fortunef.com
电子信箱:swallow@fortunef.com
单位人数:200
质量体系:ISO 9001
产品情况:(JY牌)
厢式车后门锁机械、埋藏式侧门锁、门铰链、门挂钩、门封条、不锈钢厢包角、铝型材以及软篷车滑轮、搭扣、轨道、车厢内护板、捆紧装置、拉紧器冷冻机、汽车尾板、厢板等,2010年产值1个亿
出口情况:出口产值8千万

★西德科东昌汽车座椅技术有限公司
地址:上海市宝山城市工业区山连路609号
邮编:200444
电话:021/36161600
传真:36161606、36161623
网址:www.sitech－dongchang.com
电子信箱:info@sitech－dongchang.com
单位人数:373
质量体系:ISO/TS 16949
产品情况:汽车座椅及座椅零部件
配套情况:主要客户有上海大众、一汽－大众

★上海霍富汽车锁具有限公司
地址:上海市宝山区宝山城市工业园区园泰路396号
邮编:200444
电话:021/36161956
传真:36161933
网址:www.huf－sh.com.cn
电子信箱:info@huf－sh.com
单位人数:260
质量体系:ISO/TS 16949、ISO 14001
产品情况:汽车锁
配套及出口情况:为大众、通用、菲亚特、标致、上汽Rover、东风柳汽、江淮汽车等配套;出口伊朗、美国等国家

★上海胜僖汽车配件有限公司
地址:上海市闵行区浦江镇鲁南路201号
邮编:201100
电话:021/64917717
传真:64917679
网址:www.sh－shengxi.com
电子信箱:z－jx@sh－shengxi.com
单位人数:350
质量体系:ISO/TS 16949、ISO 9001
产品情况:后视镜、制动片、活塞、座椅头枕等压铸配件
出口情况:远销日本、美国、欧洲等国家和地区

★伟巴斯特车顶供暖系统(上海)公司
地址:上海市闵行区银都路466弄33号
邮编:201108
电话:021/33577000
传真:33577071、33577072
网址:www.webastochina.com
电子信箱:info@webastochina.com
质量体系:ISO/TS 16949、ISO 14001
产品情况:汽车天窗、供暖系统
配套情况:为上海大众、一汽－大众、一汽轿车、上海通用、奇瑞汽车、上海华普、东风悦达起亚、江铃控股、吉利汽车等配套

★空调国际(上海)有限公司
地址:上海市闵行区莘庄工业区春光路108号
邮编:201108
电话:021/54422590
传真:54425926
网址:www.airinter.com.cn
电子信箱:airinter@airinter.com.cn
单位人数:270
质量体系:ISO/TS 16949
产品情况:汽车空调系统和冷却系统HVAC、制冷管路、冷凝器,各类汽车热交换器(暖风芯体、蒸发器芯体、冷凝器芯体、散热器等),风道及空调控制器
配套及出口情况:为华晨金杯、南京依维柯、南京汽车集团、一汽海马、东风柳汽、上海通用、长安福特马自达、美国通用、南非通用汽车等配套;出口印度、马来西亚、泰国、北美洲、英国等国家和地区

★上海加冷松芝汽车空调有限公司
地址:上海市闵行区莘庄工业区华宁路4999号
邮编:201108
电话:021/54423785、54424998
传真:54422478
网址:www.shsongz.com.cn
电子信箱:info@shsongz.com.cn
单位人数:1000
质量体系:ISO/TS 16949、ISO 9001
产品情况:(SONGZ牌)
大中型客车和乘用车空调装置
配套及出口情况:合作伙伴有京华客车、中通客车、宇通客车、依维柯、长安汽车、东南汽车、北汽福田、东风汽车、金杯汽车、江淮汽车、金龙客车、申沃客

车等；远销美国、日本、意大利、韩国、东南亚等国家和地区

★上海陈立实业有限公司
地址：上海市沪闵路3458弄66号
邮编：201108
电话：021/64893831
传真：34074196
网址：www.chenli.com.cn
电子信箱：sclicl@online.sh.cn
单位人数：500
质量体系：ISO 9001、ISO 14001
产品情况：汽车内饰件、散热器、燃油箱及车用进出风管，贯流、轴流、离心叶轮等空调配件
配套及出口情况：与一汽海马、昌河汽车、上海通用、海尔集团、海信集团等建立长期合作关系；水管、高精度风叶远销美国、德国、日本

★上海侨宝机械厂
地址：上海市闵行区北松公路2288号
邮编：201111
电话：021/54825108、54825677
传真：54825017、64345017
网址：www.qiao-bao.com
电子信箱：msd@shmeishida.com
单位人数：106
质量体系：VDA 6.1、QS 9000
产品情况：汽车风窗洗涤器
配套情况：为上海大众配套洗涤器总成，配套车型有桑塔纳2000型、3000型，并为哈飞汽车等配套生产各种零部件

★上海赛科利汽车模具技术应用公司
地址：上海市浦东新区金穗路775号
邮编：201200
电话：021/50211888
传真：50212950
网址：www.ssdt.com.cn
电子信箱：purchase@ssdt.com.cn
单位人数：900
质量体系：ISO/TS 16949、ISO 14001
产品情况：公司已形成年产45万套白车身四门两盖冲压焊接能力、500万冲次带清洗的开卷落料能力、年产300副白车身大型覆盖件的模具设计制造能力和原型车白车身样件制作与模具开发能力

◉ 上海东方久乐汽车安全气囊公司

地址：上海市浦东新区张江高科技产业园区东区庆达路219号
邮编：201201
电话：021/58973277、58976659
传真：58976993
网址：www.eastjoylong.net
电子信箱：dfjl@eastjoylong.net
负责人：尉丽峰
单位人数：425
质量体系：ISO/TS 16949
产品情况：（东方久乐牌）
汽车安全气囊及其配件
配套情况：为奇瑞汽车配套

★上海格邦·阿耐金属制品有限公司
地址：上海市浦东新区川六公路1326号
邮编：201202
电话：021/58599896
传真：58599896
电子信箱：market@shagam.com
单位人数：300
质量体系：ISO 9002
产品情况：厢式车门锁、铰链、门阻、密封条、护板、护栏、箱板、箱门、转动顶棚、活动侧篷等全套配件，年产30万台套
配套情况：为国内外汽车改装车厂供货

★上海德尔福汽车空调系统有限公司
地址：上海市浦东区沪南路1768号
邮编：201204
电话：021/38663000、58912275
传真：58912279
网址：www.sdaac.com
单位人数：912
质量体系：VDA 6.1、QS 9000
产品情况：（爱斯牌、爱维牌）
HVAC系统，管片式、管带式和平行流式冷凝器，层叠式蒸发器、暖风和其他热交换零件，年产能力50万套
配套及出口情况：主要OEM客户是上海大众、上海通用、一汽-大众、神龙富康、重庆五十铃、长安铃木、昌河铃木、沈阳金杯等；出口东南亚、北美洲地区

★上海汽车空调配件有限公司
地址：上海市浦东新区北蔡莲溪路1188号
邮编：201204
电话：021/58912477
传真：58911559
网址：www.saaa.com.cn
电子信箱：saaa@saaa.com.cn
单位人数：450
质量体系：ISO/TS 16949、VDA 6.1
产品情况：汽车用空调管路总成、发动机吸油管、动力转向管等
配套及出口情况：主要客户有上海通用、上海大众、一汽-大众、神龙富康、本田、奇瑞汽车等汽车制造商和DELPHI、BEHR等系统供应商；远销加拿大、日本、瑞典等国际市场

★上海新力机器厂
地址：上海市闵行区召楼路3392号
邮编：201204
电话：021/68948677、58890770
传真：58811491
网址：www.xxjq.com.cn
电子信箱：xxjq@xxjq.com.cn
单位人数：349
质量体系：QS 9000、ISO 9002
产品情况：（飞菱牌）
汽车空调系统

★延锋伟世通金桥汽车饰件系统公司
地址：上海市浦东新区巨峰路2166号
邮编：201206
电话：021/38613000、38613111
传真：38613222、38613009
网址：www.yf.sh.cn
单位人数：700
质量体系：ISO/TS 16949、ISO 9001
产品情况：（延锋牌）
座舱系统、仪表板、门内外饰件、其他汽车内饰产品
配套及出口情况：为上海通用、华晨金杯配套；出口北美洲通用

★上海三电汽车空调有限公司
地址：上海市浦东新区金穗路1900号
邮编：201206
电话：021/38984500
传真：58996866
电子信箱：inquiry@sanden-shanghai.com
质量体系：ISO/TS 16949
产品情况：（三电牌）
SD6V、SD7V变排量斜盘式压缩机，涡旋式压缩机
配套情况：为一汽-大众、神龙汽车、广汽本田、上海德尔福、芜湖博耐尔等配套

★麦格纳唐纳利（上海）汽车科技公司
地址：上海市浦东新区金桥出口加工区秦桥路211号
邮编：201206
电话：021/58996600
传真：58997600
网址：www.magnadon.com
质量体系：ISO/TS 16949
产品情况：汽车后视镜、转向灯
配套情况：为上海通用、德国大众、戴姆勒·克莱斯勒等整车厂配套

★上海贝洱热系统有限公司
地址：上海市浦东新区陇桥路355号
邮编：201206
电话：021/68654510
传真：58546100
网址：www.sbts-co.com
单位人数：900
质量体系：ISO/TS 16949、VDA 6.1
产品情况：汽车空调系统和发动机冷却系统零部件，包括空调总成、蒸发器、冷凝器、暖风芯体、冷却模块、散热器、中冷器、油冷器、塑料件、电子电气零件、鼓风机叶轮和控制面板等
配套及出口情况：客户有北京奔驰、长安福特马自达、伟世通、一汽轿车、一汽-大众、华晨金杯、华晨宝马、上海大众、上海通用、上汽汽车、东南汽车、福建戴姆勒等配套；远销泰国、日本、韩国、印度

★上海浦东亚成汽车配件有限公司
地址：上海市浦东新区顾曹路 288 号
邮编：201209
电话：021/58631542、58630808
传真：58631383
电子信箱：yacheng_2006@ yahoo. com. cn
单位人数：120
质量体系：ISO/TS 16949、QS 9000
产品情况：（冷堡牌、提登牌）
汽车空调系统及管片式蒸发器、冷凝器
配套情况：为北汽福田、厦门金龙、华晨金杯、中顺汽车等配套

★上海泰晔汽车座椅有限公司
地址：上海市浦东新区上川公路 688 号
邮编：201209
电话：021/58638842
传真：58638578
质量体系：ISO/TS 16949、QS 9000
产品情况：各类汽车座椅及相关产品

★上海李尔汽车内饰件有限公司
地址：上海市浦东新区上川公路 289 号
邮编：201219
电话：021/54880606
传真：50216626
质量体系：ISO/TS 16949
产品情况：各种汽车座椅蒙面总成、门板等，塑料注塑模具
配套情况：为上海通用配套

★上海吉翔汽车车顶饰件有限公司
地址：上海市浦东新区康桥工业区
邮编：201315
电话：021/58136969
传真：58135507
质量体系：ISO/TS 16949、VDA 6.1
产品情况：车顶内饰件，聚氨酯板材
配套情况：为上海大众、上海通用、一汽集团、江铃汽车、庆铃汽车配套

★上海延锋江森座椅有限公司
地址：上海市浦东区康桥工业区康安路 669 号
邮编：201315
电话：021/68079000、68121818
传真：68121919
网址：www. yf. sh. cn
单位人数：2720
质量体系：ISO/TS 16949、VDA 6.1
产品情况：（延锋牌）
座椅总成、座椅发泡、座椅面套、头枕及顶饰系统等
配套及出口情况：为一汽集团、一汽－大众、上海大众、上海通用、华晨汽车、天津一汽丰田、东风本田、神龙汽车、东风日产、广汽本田、奇瑞汽车、江淮汽车、吉利汽车、长安铃木、长城汽车等配套；2008 年出口 12362 万美元

★上海耀皮康桥汽车玻璃有限公司
地址：上海市浦东区康桥工业区康柳路 55 号
邮编：201315
电话：021/68193000
传真：68194622
网址：www. sypautoglass. net
电子信箱：xma@ syp. sfhglass. com
单位人数：1000
质量体系：ISO/TS 16949
产品情况：（耀皮牌）
汽车玻璃
配套及出口情况：为通用、大众、福特、克莱斯勒等配套；出口澳大利亚、法国、德国、西班牙等国家

★上海宏宝汽配有限公司
地址：上海市奉贤区头桥镇奉新公路 3961 号
邮编：201409
电话：021/57552000
传真：57554843
网址：www. hbqp. com. cn
单位人数：160
质量体系：ISO/TS 16949、VDA 6.1
产品情况：轿车玻璃升降器、车门限位器
配套情况：客户主要有上海大众、奇瑞汽车、上实交通、张家港博泽、东风悦达起亚、上海德尔福、吉利汽车、江淮汽车、广汽长丰等

★上海吉士达汽车部件有限公司
地址：上海市奉贤区奉城民昌路 350 号
邮编：201411
电话：021/57175577、57170923
传真：57175665
电子信箱：sales@ jassda. com
质量体系：ISO/TS 16949
产品情况：（JSD 牌）
汽车空调压缩机，设计年产能力 50 万台

★人本集团·上海卡尔空调有限公司
地址：上海市奉贤区奉城经济技术开发区神州路 1155 号
邮编：201411
电话：021/57513322
传真：57512929
网址：www. cugroup. com
电子信箱：rbqpyfd@ cugroup. com
质量体系：ISO/TS 16949
产品情况：汽车空调压缩机
配套情况：为雪铁龙－富康、克莱斯勒、江铃汽车、上海大众、一汽、一汽－大众、东风等配套

★上海奔原汽车后视镜有限公司
地址：上海市奉贤区奉贤县柘林镇新寺新林路 180 号
邮编：201416
电话：021/33653177、33653246
传真：33653164
网址：www. benyuan. biz
电子信箱：info@ benyuan. biz
质量体系：ISO/TS 16949、VDA 6.1
产品情况：汽车后视镜、排挡操纵系统等汽车零部件
配套及出口情况：为上海大众、上海通用、一汽海马、天津一汽夏利、长安福特马自达、神龙汽车、吉利汽车、上汽仪征、上海华普、上汽通用五菱等配套供应汽车后视镜、排挡操纵系统等汽车零部件；出口西班牙 Ficosa 等公司

★上海开林空调设备制造有限公司
地址：上海市奉贤区浦卫公路 6301 号
邮编：201417
电话：021/57459580、57459666
传真：57459689
电子信箱：kailin@ sh－kailin. com
质量体系：ISO 9001
产品情况：（开丰牌）
汽车空调专用回风格栅、变风量、组装式空调器、风机箱、静压箱、消声器、铝合金风口、过滤网、调节阀、余压阀等

★上海华涛汽车部件有限公司
地址：上海市枫泾工业区王圩路 155 号
邮编：201501
电话：021/67356110、67356370
传真：67356371
网址：www. chinahubun. com
电子信箱：info@ chinahubun. com
法人代表（负责人）：钱晓华
质量体系：ISO/TS 16949
产品情况：（HUBUN 牌、HUALITAO 牌）
车辆后视镜（轿车后视镜、皮卡后视镜、大车后视镜）
出口情况：车镜总成出口

★上海雨宝实业有限公司
地址：上海市金山区枫泾工业园区王圩东路 1755 号
邮编：201501
电话：021/67356262、67356168
传真：67356161
网址：www. yealb. com
电子信箱：cqs@ yealb. com
单位人数：350
质量体系：ISO 9001
产品情况：（Yealb 牌）
刮水器
出口情况：出口欧洲、美洲、日本、东南亚等十几个国家和地区

★上海中鹏车视镜有限公司
地址：上海市金山区金山工业区山阳镇金康东路 3888 号
邮编：201508
电话：021/57243333
传真：57245959
网址：www. champon. com. cn
电子信箱：daiyingjun@ gmail. com
单位人数：258

质量体系:ISO/TS 16949、ISO 9001
产品情况:(中鹏牌)
后视镜、后视镜转向器
配套及出口情况:电动后视镜转向器为国内(包括台湾)众多汽车后视镜厂家配套;出口美国、英国、巴西、伊朗、马来西亚等国家

★上海盈田车镜有限公司
地址:上海市金山区张埝镇张漕公路97号
邮编:201514
电话:021/57214666
传真:57218555
网址:www.yingtian.net
电子信箱:dickson415@vip.sohu.com
质量体系:ISO/TS 16949、ISO 9001
产品情况:汽车后视镜镜片和总成,年产各类后视镜镜片350万片和后视镜总成50万只
配套及出口情况:为上海大众、通用、天津一汽丰田、一汽海马等配套各类车用反光镜片;部分后视镜总成自营出口日本、马来西亚、埃及等国家

★上海干巷汽车镜(集团)有限公司
地址:上海市金山区干巷镇朱吕公路4000号
邮编:201518
电话:021/57200225、57202016
传真:57202622
质量体系:ISO/TS 16949、VDA 6.1
产品情况:(蝴蝶牌)
汽车后视镜、换挡机构、轿车操纵器总成、轿车管横梁总成及其他零部件
配套及出口情况:为上海大众、上海通用、一汽-大众、神龙汽车、一汽集团、东风汽车公司、南京汽车集团等配套;出口德国、日本、韩国等国家

★上海辉碟车镜有限公司
地址:上海市金山区干巷镇干林路1808号
邮编:201518
电话:021/57201340、57201219
传真:57208065
网址:www.huidie.com
电子信箱:gujinhui0000@sina.com
单位人数:300
质量体系:ISO/TS 16949
产品情况:轿车、载货汽车、客车和摩托车内、外后视镜的玻璃镜片,年生产镀铝镜800万件以上,镀铬镜600万件以上
配套及出口情况:产品供应给麦格纳-唐纳利、干巷车镜等主要一级供应商,为上海通用、大众、长安福特马自达、丰田、北京现代、广汽本田、一汽等配套;产品60%以上直接出口,为江森自控、雪弗莱克、法克赛等配套

★上海霍费贝特汽车部件有限公司
地址:上海市金山区干巷镇和平工业区
邮编:201518
电话:021/57202112
传真:57202722
质量体系:ISO/TS 16949、ISO 9001
产品情况:汽车后视镜、仪表板、操纵机构和供油系统的注塑件
配套情况:为西门子(上海)、西门子VDO(芜湖)、上海梅克朗汽车镜、上海干巷汽车镜集团汽配分公司等配套

★上海梅克朗汽车镜有限公司
地址:上海市金山区干巷工业区
邮编:201518
电话:021/57202689
传真:57202692
网址:www.mekra-lang.com.cn
质量体系:ISO/TS 16949、QS 9000
产品情况:商用车后视镜系统和各种后视镜镜片

★上海三井复合塑料有限公司
地址:上海市松江区松江工业区俞塘路511号
邮编:201600
电话:021/57741111
传真:57740055
网址:www.shmpc.com.cn
质量体系:ISO/TS 16949、ISO 9001
产品情况:汽车发动机舱零件、内外饰塑料件
配套情况:用户有上汽集团、上海大众、丰田、本田、马自达、上海通用等

★上海东兴科技有限公司
地址:上海市松江区松江高科技科技园区港业西路158号
邮编:201600
电话:021/57855131
传真:57855140
网址:www.tunghsing.com.cn
电子信箱:sales@tunghsing.com.cn
质量体系:ISO/TS 16949、ISO 9001
产品情况:汽车前翻转盖板、导流板、翼子板、保险杠、侧裙板、巴士前后围总成等复合材料覆盖件

★上海湘俊气弹簧有限公司
地址:上海市松江区盐平路18号仓平工业区B-3
邮编:201600
电话:021/67714172、67714173
传真:67714175
网址:www.xiangjunsh.com
电子信箱:xjun006@xiangjunsh.com
质量体系:ISO/TS 16949、ISO 9001
产品情况:(湘俊牌)
压缩气弹簧、平衡气弹簧、角调可锁定气弹簧等

★上海联达汽车安全气囊袋有限公司
地址:上海市松江区玉佳路100号
邮编:201600
电话:021/67727413
传真:67723065
质量体系:ISO/TS 16949
产品情况:汽车安全气囊袋
配套情况:为奇瑞、比亚迪、吉利等配套

★上海汽车地毯总厂有限公司
地址:上海市松江区松蒸路189号
邮编:201600
电话:021/67727098
传真:67727989
网址:www.sccp-sj.com
电子信箱:public@sccp-sj.com
法人代表:姚明华
单位人数:820
质量体系:ISO/TS 16949
产品情况:(SCCP牌)
轿车地毯、衣帽架、行李舱内饰、隔音机、汽车地毯、行李舱产品专用生产线
配套及出口情况:主要客户有上海大众、上海通用、一汽-大众、华晨宝马、吉利汽车、江淮汽车;出口美国、芬兰
☞ 详细情况请参阅彩色宣传版面

★上海中欧汽车电器有限公司
地址:上海市松江区洞泾工业区莘砖公路3888号
邮编:201609
电话:021/57678580、57678570
传真:57678586、57678585
网址:www.zhongou.com
电子信箱:shzo@zhongou.com
单位人数:528
质量体系:ISO/TS 16949、ISO 14001
产品情况:刮水器总成、电动机总成、车门锁总成、玻璃升降器总成、暖风电动机、散热风扇等
配套及出口情况:为一汽、东风、重汽、长城汽车、春兰、江淮汽车等主机厂配套;出口欧洲、美洲、中东、东南亚等20多个国家和地区

★上海鑫毅交通工业有限公司
地址:上海市松江区车墩镇车新公路368号
邮编:201611
电话:021/57609090
传真:57609595
网址:www.simyi.com
电子信箱:oem01@simyi.com
单位人数:850
质量体系:ISO/TS 16949、QS 9000
产品情况:(科伟达牌、南吉牌)
发动机罩、翼子板、车门、行李舱盖、保险杠等汽车车身覆盖件及其模具、冶具、检具的开发设计和制造
出口情况:远销中南美洲、欧洲、中东、东南亚地区

★上海昭和汽车配件有限公司
地址:上海市松江出口加工区南乐路1395号

邮编:201611
电话:021/57748158
传真:57748091
质量体系:ISO 9001
产品情况:气弹簧撑杆、减振器

★上海威乐汽车空调器有限公司
地址:上海市松江区九亭镇久富开发区威乐路1号
邮编:201615
电话:021/67627934、67627134
传真:67627298
网址:www. sh - velle. com
电子信箱:sales@ sh - velle. com
质量体系:ISO/TS 16949、ISO 9001
产品情况:(威乐牌)
各种排量的压缩机、蒸发器、冷凝器、智能空调控制系统、热力膨胀阀及空调管路等
配套及出口情况:为吉利汽车、上海华普汽车配套;出口美国、巴西、墨西哥、委内瑞拉、澳大利亚、新加坡等国家

★上海现代摩比斯汽车零部件公司
地址:上海市松江高科技园区九泾路1011号
邮编:201615
电话:021/67696769
传真:67696611
网址:www. mobis. com. cn
单位人数:170
质量体系:ISO 14001
产品情况:安全气囊,委托生产HANDSFREE、DVD、CDC、KEYLESS等产品

★上海邦德汽车零部件制造有限公司
地址:上海市松江高科技园区寅青路669号
邮编:201615
电话:021/67697735、67697763
传真:67697736
网址:www. shbd. cn
电子信箱:bangdeqipei@ 126. com
质量体系:ISO/TS 16949、ISO 9001
产品情况:(邦德牌)
油冷器、冷凝器、蒸发器、中冷器、散热器等
配套及出口情况:为国内及美国、日本、韩国、德国等企业配套;远销加拿大、美国、巴西、阿根廷、英国、法国、西班牙、埃及、南非、沙特阿拉伯、俄罗斯、韩国、澳大利亚

★中欧国际集团
地址:上海市松江区洞泾镇莘砖公路3888号
邮编:201619
电话:021/57678581
传真:57678586
网址:www. zhongou. com
单位人数:826
质量体系:ISO/TS 16949、VDA 6. 1
产品情况:驾驶室翻转器、刮水器总成、电动玻璃升降器、电子风扇、暖风(鼓风)电动机、车门锁、EGR阀、空调风门伺服器、中欧旅居车、汽车减振器、汽车电喷燃油泵

★凯博(上海)车辆座椅技术公司
地址:上海市青浦工业园区天盈路66号2号厂房
邮编:201700
电话:021/39202207
网址:www. keiper. com
单位人数:70
产品情况:座椅骨架、靠背锁系统等
出口情况:远销韩国、日本、印度

★ 上海耀华大中新材料有限公司
地址:上海市青浦区沪青平公路3828号118号
邮编:201703
电话:021/69750900
传真:69751381
网址:www. ydam. com. cn
法人代表(负责人):陈宗来
单位人数:200
质量体系:ISO/TS 16949
产品情况:底部护板、导流板、前端模块、备胎仓、座椅骨架、天窗板、尾门、载货汽车面板、保险杠、行李架托板
配套情况:为上海大众、上汽股份、上海通用、上海汇众、东风柳汽、长春一汽、延峰江森、延峰伟世通配套
☞ 详细情况请参阅彩色宣传版面

★上海曙新汽车配件有限公司
地址:上海市青浦区北青公路4729号
邮编:201705
电话:021/59770014
传真:59772939
单位人数:130
质量体系:ISO/TS 16949
产品情况:上汽通用五菱仪表板支架、车门导轨,年产50台套

★高田(上海)汽配制造有限公司
地址:上海市青浦工业区崧泽大道8000号
邮编:201707
电话:021/69212880
传真:69212778
网址:www. takata. com
产品情况:汽车安全气囊、安全带、转向盘、气囊气体发生器等汽车安全装置及其零配件

★上海三盾汽车饰件有限公司
地址:上海市青浦区华新镇纪鹤路3188号
邮编:201708
电话:021/59790588、59793288
传真:59791298
网址:www. sdautoparts. com
电子信箱:mail@ sdautoparts. com
单位人数:180
质量体系:ISO/TS 16949、VDA 6. 1
产品情况:汽车拉手、保险杠、杂物箱总成、转向盘总成、车门板及其他饰件,零件植绒,模具加工
配套及出口情况:为主机厂间接和直接开发配套产品有200多种;出口产品为奔驰、福特等车型配套

★上海泖峰汽车塑料有限公司
地址:上海市青浦区练塘镇练新西路261号
邮编:201715
电话:021/59251221
传真:59253480
网址:www. maofeng. com. cn
电子信箱:secmao@ online. sh. cn
单位人数:918
质量体系:ISO/TS 16949
产品情况:六层油箱、仪表台总成、门膜、风道、格栅板、门板、水壶、保护套、轮毂罩等
配套情况:为上海大众、上海通用、一汽-大众、一汽集团、奇瑞、神龙、海马、五菱、吉利、北汽福田、保定长城、力帆、华晨等主机厂配套

★上海万超汽车天窗有限公司
地址:上海市嘉定区北工业区城北路新和路789号
邮编:201800
电话:021/39538338、39538328
传真:39538606
网址:www. wanchao - sh. com
电子信箱:info@ wanchao - sh. com
质量体系:ISO/TS 16949、QS 9000
产品情况:(万超牌)
汽车天窗等,年产能力30万台
配套情况:天窗产品为沈阳华晨的骏捷、尊驰、阁瑞斯和M3跑车,天津一汽的威姿,东风汽车的风行,奇瑞的QQ,双环汽车的SUV等配套

★上海易虹机械有限公司
地址:上海市嘉定区马陆镇丰茂路258号
邮编:201801
电话:021/39109901、53520187
传真:69153465、53521849
网址:www. shyh. com
电子信箱:shytm@ online. sh. cn
质量体系:ISO 9001
产品情况:(易虹牌)
空调压缩机

★东炬汽车零配件(上海)有限公司
地址:上海市嘉定区马陆镇希望路588号
邮编:201801
电话:021/59101789、58343554
传真:59101789
电子信箱:easterntorch@ online. sh. cn
单位人数:200

质量体系:ISO/TS 16949、ISO 9001
产品情况:自排锁和仪表板、空调面板、灯框等汽车附件,年产排挡锁52800组
配套情况:为上汽通用五菱、上海通用、上海大众、一汽－大众、奇瑞汽车、广汽本田、三菱、东南汽车、东风日产乘用车、神龙汽车、天津一汽丰田、华晨金杯配套

★上海恒安空调设备有限公司
地址:上海市嘉定区安亭镇墨玉南路869号
邮编:201805
电话:021/59560100、59573522
传真:59573622
网址:www.shhengan.com
电子信箱:hengan@shhengan.com
单位人数:145
质量体系:ISO/TS 16949、VDA 6.1
产品情况:空调系统、蒸发器、冷凝器、暖风机和暖风水阀
配套及出口情况:汽车空调为上海大众、一汽轿车、广汽长丰、北汽福田、哈飞汽车、吉利汽车等配套;出口美国和欧洲等国家和地区

★上海新安汽车隔音毡总厂
地址:上海市嘉定区安亭镇宝安公路5355号
邮编:201805
电话:021/59565307
传真:39570368
网址:www.xinansh.com
电子信箱:renke@xinansh.com
单位人数:189
质量体系:VDA 6.1、QS 9000
产品情况:各类隔音毡、隔音垫
配套情况:为桑塔纳B2、桑塔纳2000、帕萨特B5、POLO A04、GOL和一汽－大众BORA A4配套各类隔音毡、隔音垫

★上海舒安汽车空调设备有限公司
地址:上海市嘉定区安亭镇墨玉北路501号
邮编:201805
电话:021/59574597、59562909
传真:59567478
网址:shuan.chinaepu.com
电子信箱:zhang536@163.com
质量体系:ISO/TS 16949、ISO 9001
产品情况:(舒安牌)
散热器、中冷器、机油冷却器、节温器、加热器、空调及其他配件
配套及出口情况:为北奔重汽、北奔重汽重庆公司供货;随车出口安哥拉、古巴、蒙古、俄罗斯、叙利亚、南非、阿曼、阿尔及利亚、马来西亚、巴基斯坦等国家

★福耀集团(上海)汽车玻璃公司
地址:上海市嘉定区安亭镇园福路588号
邮编:201814
电话:021/69573333
传真:69573380
网址:www.fuyaogroup.com
质量体系:ISO/TS 16949、VDA 6.1
产品情况:(福耀牌)
轿车、大巴夹层前挡、钢化玻璃和中空玻璃
配套情况:为上海大众、上海通用、上海华普、上海汇众、神龙汽车、昌河汽车、江铃福特、江淮汽车、奇瑞汽车、东风悦达起亚等配套

★上海震飞汽车零部件有限公司
地址:上海市嘉定区浏翔公路3389号
邮编:201818
电话:021/59516007
传真:59516222
网址:www.zhenfeish.com
电子信箱:zhenfei@zhenfeish.com
质量体系:ISO/TS 16949、QS 9000
产品情况:气体弹簧、工程机械液压油缸、汽车和摩托车减振器
出口情况:远销加拿大、美国、英国、西班牙、德国、法国、意大利、日本、韩国、澳大利亚、新西兰

★韩华综化(上海)塑料有限公司
地址:上海市嘉定工业区兴荣路1201号
邮编:201821
电话:021/39963996
传真:39963922
产品情况:上海通用、凯越前、后防撞杆,上海大众、桑塔纳、帕萨特隔音板,上海通用备胎罩
配套情况:为上海大众、上海通用配套

★上海奥托立夫汽车安全系统公司
地址:上海市嘉定工业区胜辛路5号桥块
邮编:201821
电话:021/69928991
传真:69928991
网址:www.autoliv.com
质量体系:ISO/TS 16949、ISO 14001
产品情况:安全气囊

★上海华特汽车配件有限公司
地址:上海市嘉定区安亭镇园国路1388号
邮编:201822
电话:021/69574264
传真:69574262
网址:www.sh－huate.com
电子信箱:ms@sh－huate.com
质量体系:ISO/TS 16949、ISO 14001
产品情况:遮阳板、隔音隔振垫、中间扶手、座椅发泡、门内把手、换挡罩盖、EPP发泡产品
配套情况:为上海大众、上海通用、天津一汽丰田、南京汽车集团、一汽海马等配套

★上海久立汽车配件制造有限公司
地址:上海市宝山区宝安公路2185号－2
邮编:201907
电话:021/56023631
传真:56025226
网址:www.sh－jlqp.com
电子信箱:webmaster@sh－jlqp.com
质量体系:ISO/TS 16949、ISO 9001
产品情况:(上久牌)
电动、手动遮阳帘
配套及出口情况:JL－DB电动摇臂帘、JL－D电动帘、JL－B摇臂帘、JL－S自锁帘、JL－Z止回帘、JL－F自卷帘等产品为西沃客车、金龙客车、上海申沃、安凯等众多厂商配套;出口东南亚、欧洲、美洲等地区

★上海利用锁具有限公司
地址:上海市宝山区罗店镇东西巷街128号
邮编:201908
电话:021/56861169、56864633
传真:56866835
网址:www.lylock.com
电子信箱:lylockbs@online.sh.cn
质量体系:VDA 6.1、QS 9000
产品情况:(马牌、利用牌)
各类锁具
配套及出口情况:主要客户有上海大众、广汽本田、昌河铃木、长城汽车、安凯汽车;远销日本、英国、东南亚、欧洲、美洲等国家和地区

江苏省

★南京际华三五二一特种装备公司
地址:南京市军农路1号东
邮编:210007
电话:025/84593521
传真:84583521
网址:www.nj3521.com
电子信箱:3521@nj3521.com
单位人数:1298
质量体系:ISO 9001
产品情况:汽车仪表板专用表皮(PVC/ABS);汽车门护板、地板垫、座椅专用PU、PVC人造革;PVC压延薄膜
配套及出口情况:为一汽集团、东风汽车公司、北汽福田、厦门金龙、南京汽车集团等配套;远销亚洲、非洲、欧洲、美洲、中东30多个国家和地区

★南京奥特佳冷机有限公司
地址:南京市秦淮区大明路103号
邮编:210022
电话:025/52602600
传真:52600072
网址:www.aotecar.com
电子信箱:atc@aotecar.com
单位人数:650
质量体系:ISO/TS 16949
产品情况:(奥特佳牌、ATC牌)
涡旋式汽车空调压缩机,年产100

万台
配套及出口情况:为比亚迪汽车、奇瑞汽车、天津一汽、哈飞汽车、北汽福田、华晨金杯、依维柯、力帆汽车、上汽通用五菱等配套;出口北美洲、东南亚等地区,出口量10万台

★南京宏光空降设备厂
地址:南京市秦淮区双桥新村
邮编:210022
电话:025/52623513
传真:52632902
网址:www.nj513.com
电子信箱:nhg@publicl.ptt.js.cn
单位人数:2500
质量体系:QS 9000
产品情况:汽车安全带及其零部件、弹性夹箍和汽车燃油吸附装置等

★南京世冀汽车实业有限公司
地址:南京市栖霞经济开发区江乘大道19号
邮编:210024
电话:025/83725213
传真:83731887
产品情况:汽车变速杆软化手柄头、门拉手、扶手、冷固化高回弹泡沫塑料坐垫、靠背等非金属件
配套情况:为一汽集团、南京汽车集团、重汽集团等配套

★南京大全汽车零部件公司
地址:南京市中央门外黑墨营100号
邮编:210028
电话:025/85414505
传真:85414505
网址:www.dql-china.com
电子信箱:nql@nql-china.com
质量体系:ISO 9000
产品情况:汽车侧窗、汽油车燃油蒸发污染物控制装置等环保产品
配套情况:为南京汽车集团配套汽油车燃油蒸发污染物控制装置等环保产品、依维柯车窗、南汽进出口CKD、SKD件及整车包装、钢材开卷、下料等

★南京汽车装饰总公司
地址:南京市下关区中央北路73号
邮编:210037
电话:025/85531956、85518814
传真:85504832
电子信箱:biaopai@public1.ptt.js.cn
质量体系:ISO/TS 16949
产品情况:(金星牌)
汽车及摩托车标牌、后视镜、遮阳板、空调出风口、客货车顶窗、转向盘、汽车装饰条、安全带、汽车轮毂盖、仪表盘、仪器仪表标牌等
配套情况:为一汽-大众、上海大众、上海通用、南京汽车集团、神龙汽车、东风汽车公司、亚星商用车、厦门金龙、上汽通用五菱、东南汽车、上汽仪征、南京金城、天津本田、洛阳易初、山东华日、无锡轻骑等配套

★南京延锋江森座椅有限公司
地址:南京市江宁经济技术开发区科宁路318号
邮编:211100
电话:025/87186501、87186502
产品情况:汽车座椅总成
配套情况:为上海大众南京分公司、南京名爵、南京依维柯、众泰公司等配套

★南京豫新世通汽车空调有限公司
地址:南京市江宁区秣陵街道爱陵路8号南京明月科技产业园04幢
邮编:211111
电话:025/52107236、52107476
传真:52107316
网址:www.njyxst.com
电子信箱:changban@njyxst.com
质量体系:ISO 9001
产品情况:(钟山牌)
大、中型客车空调
配套情况:为南京金龙、南京依维柯、宇通客车、扬州亚星、厦门金龙、东风特汽、一汽太湖客车、东风襄旅、东风杭汽等配套

★金湖县通达客车门业有限公司
地址:江苏省金湖县戴楼镇工业园区
邮编:211600
电话:0517/86882802
传真:86990543
质量体系:ISO/TS 16949、ISO 9001
产品情况:(金钱牛牌)
MB-N内摆门泵,MB-100C气动外摆旋转门泵,MB-D电动门泵,DTB、FR803、SK644门泵、自动踏步及客车门板等

★江苏省金湖县华威汽车配件厂
地址:江苏省金湖县园林南路205号
邮编:211600
电话:0517/86886758
传真:86886758
质量体系:ISO 9001
产品情况:(华威牌)
客车门泵、输油泵、电磁阀、电磁开关、手控阀等

★江苏省金湖县鹏达汽车配件厂
地址:江苏省金湖县科技创业园
邮编:211600
电话:0517/86982469
传真:86982468
质量体系:ISO 9001
产品情况:(鹏达牌)
门阀、手拨开关、门泵、电磁开关、电动门控制器等客车车门控制器,适用于有气源的大中型客车

★南京丽德塑料有限责任公司
地址:南京市浦口区珠江工业园1号
邮编:211800
电话:025/58257918、58257948
传真:58257909、58257902
网址:www.lide.cn
电子信箱:linping@lide.cn
质量体系:ISO/TS 16949
产品情况:汽车副水箱、汽车仪表板、高架板、门护板、内饰件
配套及出口情况:为东风柳汽、一汽红塔云南、厦门金龙、江淮瑞风、比亚迪电动车、JCB英国、河北中兴、长春军星专用车厂等配套;部分产品出口

★广荣机电(南京)有限公司
地址:南京市浦口开发区天浦路11号
邮编:211800
电话:025/58287388
传真:58194006
质量体系:ISO/TS 16949
产品情况:汽车空调管路及其零部件

★江苏菱威汽车配件有限公司
地址:江苏省丹阳市界牌镇界东工业规划园
邮编:212000
电话:0511/86365566、86388804
传真:86367030
网址:www.jslingwei.com
电子信箱:web@jslingwei.com
质量体系:ISO/TS 16949、ISO 9001
产品情况:汽车灯具、塑件、钣金、SUV车身
配套及出口情况:与国内多家主机厂配套;出口日本、韩国、泰国、中东等多个国家和地区

★镇江美驰轻型车系统第二有限公司
地址:江苏省镇江市丁卯经济开发区经五路2号
邮编:212009
电话:0511/88885999
传真:88885111
网址:www.arvinmeritor.com
质量体系:ISO/TS 16949
产品情况:汽车门锁、电控器、玻璃升降器等汽车零部件,年产门锁65万只、电控器230万只、玻璃升降器100万只
配套及出口情况:为国内部分企业配套;70%的产品出口

★扬中市丰华塑电有限公司
地址:江苏省扬中市八桥镇西
邮编:212219
电话:0511/88195599
传真:88195588
网址:www.yzfhsd.com
电子信箱:fh0511@163.com
单位人数:150
质量体系:ISO/TS 16949
产品情况:各种汽车保险杠、汽车轮罩、内外装饰件及各种电热器材、聚四氟乙烯制品

★扬中市新达能汽车配件有限公司
地址:江苏省扬中市西来桥镇港南东路
邮编:212221
电话:0511/88562228、88565508
传真:88566228
网址:www.xindaneng.com
电子信箱:daneng@xindaneng.com
单位人数:128
质量体系:ISO 9002
产品情况:汽车安全带和儿童安全带
配套及出口情况:与北京客车总厂、北汽福田、沈阳金杯、山东黑豹、中通集团、时风集团、河南少林、新凯集团、万丰集团、华泰集团、重庆长安、江南奥拓、浙江飞碟、牡丹集团、江淮汽车等20多家汽车制造厂建立了业务关系,与30多家汽车座椅厂配套安全带;出口美国

★丹阳市豪星饰件有限公司
地址:江苏省丹阳市后巷镇童兴工业园
邮编:212312
电话:0511/86321558、86322835
传真:86310488
网址:www.chinaqcsj.com
电子信箱:wed@chinaqcsj.com
质量体系:ISO 9001
产品情况:(豪星牌)
　　各类汽车顶棚、遮阳板、车门板及冲压件
配套及出口情况:与国内多家汽车制造厂定点配套;出口北美洲、德国、英国、中东等多个国家和地区

★丹阳市飞越车辆附件有限公司
地址:江苏省丹阳市访仙镇
邮编:212321
电话:0511/86462088
传真:86785668
网址:www.jsdyfy.com
电子信箱:jsdyfy@126.com
质量体系:ISO 9001
产品情况:客车空调出风口系列、各种顶灯、聚氨酯发泡系列、行李舱锁、各种塑料内饰件等
配套情况:为中通客车、宇通客车等配套

★丹阳市荣文车辆附件有限公司
地址:江苏省丹阳市访仙镇访仙镇豆庄迎宾大道
邮编:212321
电话:0511/86462203
传真:86788818
网址:www.jsdyrw.com
电子信箱:jsdyrw@126.com
质量体系:ISO 9001
产品情况:冷暖空调出风系列、行李舱锁、行李架等

★丹阳市车船装饰件有限公司
地址:江苏省丹阳市访仙镇独山村
邮编:212321
电话:0511/86462864、86788290
传真:86462570
网址:www.jsdy.com
电子信箱:info@jsdy.com
质量体系:ISO/TS 16949、ISO 9001
产品情况:汽车安全顶窗、换气天窗、换气扇、内行李架、灯具、不锈钢轮罩、空调出风口、座椅、客车防护栏、空气悬架系统等
配套及出口情况:为宇通客车、丹东黄海、安凯客车、江淮汽车、中通客车、厦门金旅、苏州金龙、桂林大宇、北汽福田、中通客车、武汉公用客车、一汽海马供货;出口新加坡、马来西亚、巴基斯坦、越南等国家

★江苏晨宇车业有限公司
地址:江苏省丹阳市新桥镇为民西路9号
邮编:212322
电话:0511/86306111、86357339
传真:86357369
网址:www.cn-chenyu.com
电子信箱:ktsbc@163.com
质量体系:ISO/TS 16949
产品情况:汽车空调冷凝器、蒸发器、中冷器,汽车整套取暖装置及配件,汽车发动机铝质散热器,汽车用直流电动机,汽车铝质燃油箱

★丹阳市永昌车辆部件有限公司
地址:江苏省丹阳市新桥镇
邮编:212322
电话:0511/86306823、86357031
传真:86306825、86306821
网址:www.china-yongchang.com
电子信箱:web@china-yongchang.com
质量体系:ISO/TS 16949
产品情况:保险杠、仪表板、门板等汽车内外装饰件
配套情况:与北汽福田、厦门金龙、沈阳金杯等建立了长期合作关系

★江苏丹阳佳通车辆配件有限公司
地址:江苏省丹阳市新桥镇中心工业园
邮编:212322
电话:0511/86308633
传真:86308633
电子信箱:topman_gr@hotmail.com
单位人数:85
质量体系:ISO/TS 16949、ISO 9001
产品情况:(佳通牌)
　　北方奔驰外饰件,其他轻、重型载货汽车、皮卡、SUV内外饰件,年产量6.5万台套
配套情况:为北奔重汽等配套

★江苏新昌汽车部件有限公司
地址:江苏省丹阳市新桥外资工业园002号
邮编:212322
电话:0511/86308686、86308680
传真:86352928
电子信箱:yinxiaobu188@126.com
单位人数:350
质量体系:ISO/TS 16949、QS 9000
产品情况:汽车仪表板(年产30余万台套)、暖风机、车门板、内饰板、风罩、保险杠等
配套情况:为江淮汽车、一汽轻型车、比亚迪汽车、重庆力帆乘用车、上汽集团、韩国现代、安凯客车等配套

★江苏晨光汽摩配件有限公司
地址:江苏省丹阳市新桥镇群益工业园区
邮编:212322
电话:0511/86351962
传真:86351952
网址:www.jscgqp.com
电子信箱:info@jscgqp.com
质量体系:ISO 9002
产品情况:汽车前后保险杠、前散热器罩、前保险杠灯、后组合灯

★江苏秦龙车灯有限公司
地址:江苏省丹阳市新桥镇
邮编:212322
电话:0511/86353680、86357206
传真:86357366
网址:www.js-qinlong.com
电子信箱:jsqlcd@pub.zj.jsinfo.net
单位人数:158
质量体系:QS 9000、ISO 9002
产品情况:(秦龙牌)
　　汽车灯具、仪表台、塑料装饰件、座椅、钣金件、空调压缩机支架、空气悬架系统金属件、后视镜
配套情况:为重汽集团、北奔重汽、北汽福田、贵州万达、苏州金龙、中汽客车、上汽通用五菱、长安汽车配套

★丹阳金城配件有限公司
地址:江苏省丹阳市新桥镇姚家弄工业园
邮编:212322
电话:0511/86360300、86308566
传真:86359944
网址:www.jincheng-cn.com
电子信箱:jincheng-cn@vip.163.com
质量体系:ISO/TS 16949、ISO 14001
产品情况:汽车和摩托车灯具、汽车智能天窗、保险杠、面罩、支架、挡泥板、遮阳板、翼子板、汽车内外装饰件
配套情况:为江淮汽车、华泰汽车、江都九龙汽车、南京金城摩托车等配套

★江苏建邦车业有限公司
地址:江苏省丹阳市界牌镇北大街28号
邮编:212323
电话:0511/83509930、86368331
传真:86369096
电子信箱:sales@dylianbang.cn
质量体系:ISO 9001
产品情况:上海大众、一汽-大众等车型用灯具、保险杠、中网、后视镜及其镜

片、空气滤清器壳、冷凝器、轮眉、塑件等

★江苏德翔聚氨酯塑胶有限公司
地址:江苏省丹阳市界牌镇德翔路8号
邮编:212323
电话:0511/85167351、85167311
传真:86382860
网址:www.jsdexiang.cn
电子信箱:dexiang@jsdexiang.cn
质量体系:ISO/TS 16949、QS 9000
产品情况:汽车内饰件、汽车塑件、汽车座椅、各种聚氨酯产品
出口情况:出口东南亚、欧洲、美洲等地区20多个国家

★丹阳市界牌镇浩鑫汽车塑件厂
地址:江苏省丹阳市界牌镇中心南路4号
邮编:212323
电话:0511/86035081
传真:86370681、86378379
质量体系:ISO 9001
产品情况:(HUANYI牌)
汽车灯具、中网、保险杠、脚踏板、面罩等塑件

★丹阳市福跃汽配有限公司
地址:江苏省丹阳市界牌镇灯城大街
邮编:212323
电话:0511/86081188、86081166
传真:86382481
网址:www.zjfuyue.com
电子信箱:liyue@zjfuyue.com
单位人数:100
质量体系:ISO 9002
产品情况:汽车灯具、保险杠、中网、支架、护板、空气滤清器、翼子板内衬、后视镜、前后杠骨架、塑料件

★江苏海狮汽车部件有限公司
地址:江苏省丹阳市界牌镇界西工业园
邮编:212323
电话:0511/86161698、86161798
传真:86366198
电子信箱:jiangsuhaishi@163.com
单位人数:140
质量体系:ISO 9001
产品情况:(HIACE牌)
保险杠、灯具、前后视镜等

★江苏省丹阳市东兴汽配有限公司
地址:江苏省丹阳市界牌镇中新区工业园
邮编:212323
电话:0511/86162999、86162777
传真:86388926
电子信箱:dxqp-@163.com
质量体系:ISO 9001
产品情况:(明镜牌)
平头货车汽车保险杠、仪表板、灯具、轮罩、外侧板、后视镜、杂物箱体、左右车门总成、暖风机总成、鼓风机总成、转向盘总成等
配套及出口情况:为东风汽车公司、厦门金龙配套;出口新加坡、马来西亚

★丹阳市天洋汽车零部件有限公司
地址:江苏省丹阳市界牌镇旭日路88号
邮编:212323
电话:0511/86308188、86388188
传真:86386088
网址:www.xintianyang.com
电子信箱:info@xintianyang.com
单位人数:300
质量体系:ISO/TS 16949、QS 9000
产品情况:汽车仪表台、汽车吹塑件、保险杠、汽车发动机用注塑件、汽车隔声板、隔热板等环保复合材料模压件、汽车发动机油底壳、进气口等金属材料冲压件
配套及出口情况:为南京汽车集团、东风汽车公司等配套;远销欧美

★丹阳市坤华汽配有限公司
地址:江苏省丹阳市界牌镇界西工业规划区
邮编:212323
电话:0511/86365576、86368300
传真:86388375
网址:www.cn-kunhua.com
电子信箱:khauto@cn-kunhua.com
单位人数:100
质量体系:ISO/TS 16949、ISO 9001
产品情况:(坤华牌)
汽车冲压覆盖件、灯具、保险杠、中网、后视镜、轮帽、车门、发动机罩、翼子板、风扇叶、仪表台、工具盒、遮阳板、护杠等SUV、皮卡车配件
配套情况:为北京汽车、沈阳中顺、浙江吉奥、河北中兴、石家庄双环等10多家汽车厂配套

★苏州五洲塑件有限公司
地址:江苏省丹阳市界牌镇红旗工业园
邮编:212323
电话:0511/86366667
传真:86382172
网址:www.wzapc.cn
电子信箱:wzapc-cn@hotmail.com
质量体系:QS 9000、ISO 9001
产品情况:汽车车灯和车身塑料附件
配套及出口情况:为本田、丰田、通用等配套;出口中东、东南亚、欧洲、非洲等地区,并销往中国台湾地区

★丹阳镇威汽配有限公司
地址:江苏省丹阳市界牌镇大成桥工业区
邮编:212323
电话:0511/86366701
传真:86380700
网址:www.wiper-upc.com
电子信箱:zh@wiper-upc.com
质量体系:ISO/TS 16949、ISO 9001
产品情况:(佰视佳牌)
汽车刮水器,年产量3000万支以上
出口情况:远销美国、德国、日本、泰国、意大利、南美洲、东南亚、马来西亚等国家和地区

★丹阳市日昌汽配有限公司
地址:江苏省丹阳市界牌镇红灯工业园
邮编:212323
电话:0511/86367962、86388960
传真:86382607
网址:www.chinarichang.com
电子信箱:rc@chinarichang.com
单位人数:166
质量体系:ISO/TS 16949
产品情况:(日昌牌)
汽车保险杠及其支架、后视镜、车灯、脚踏板、车身防擦条、门内饰板、车身内两侧饰板、鼓风机总成及机壳、暖风机总成等
配套情况:为沈阳金杯配套

★丹阳市兴达镜业有限公司
地址:江苏省丹阳市界牌中学西侧
邮编:212323
电话:0511/86367996
传真:86373996
网址:www.xingdamirror.com
电子信箱:webmaster@xingdamirror.com
产品情况:后视镜、后面镜、盲区镜、室内镜
配套及出口情况:为山东鲁贝德车灯等车灯生产厂配套;远销东南亚地区

★丹阳市界牌恒东汽车配件厂
地址:江苏省丹阳市界牌镇界北工业园
邮编:212323
电话:0511/86368019
传真:86377370
质量体系:ISO 9001
产品情况:灯具、车镜、塑件、冲压覆盖件

★丹阳市界牌镇东红车镜厂
地址:江苏省丹阳市界碑镇中心南路167号
邮编:212323
电话:0511/86368559
传真:86382268
电子信箱:info@yihong-mirror.com
质量体系:ISO 9001
产品情况:(亿红牌)
各种车镜及前照灯、脚踏板、挡泥板、风叶、侧板等

★镇江市宇鹏车业有限公司
地址:江苏省镇江市东门外界牌镇中工业园区
邮编:212323
电话:0511/86368800
传真:86366678
网址:www.zjyupeng.cn
电子信箱:info@zjyupeng.cn
质量体系:ISO 9001
产品情况:(宇鹏牌)

汽车后视镜、灯具、塑料件
出口情况:灯具的塑件远销非洲、南亚市场

★丹阳市明兴汽车部件有限公司
地址:江苏省丹阳市界牌镇育才路86号
邮编:212323
电话:0511/86369876、86377876
传真:86384876
网址:www.js-mingxing.com
电子信箱:info@js-mingxing.com
单位人数:158
质量体系:ISO 9001
产品情况:(明兴牌)
仪表台、车门饰板、汽车塑料保险杠、灯具、中网、地毯、仪表台骨架、面罩、门内饰板、挡泥板等内外饰件
配套情况:为江苏英田等配套

★丹阳市华舜汽摩配件有限公司
地址:江苏省丹阳市界牌镇
邮编:212323
电话:0511/86370880
传真:86387365
网址:www.dyhuashun.cn
电子信箱:dyhuashun@163.com
产品情况:汽车、摩托车车灯、车身塑件、附件
配套情况:为汽车行业企业配套

★丹阳市振兴车件有限公司
地址:江苏省丹阳市界牌镇
邮编:212323
电话:0511/86371178、86388950
传真:86369989
电子信箱:dysanyu@alibaba.com.cn
质量体系:ISO 9001
产品情况:欧曼重型载货汽车系列灯具、后视镜、保险杠、仪表台、内外饰件等塑料件

★丹阳市华晨汽配有限公司
地址:江苏省丹阳市界牌镇工业园区
邮编:212323
电话:0511/86376522
传真:86368902
网址:www.dyhuachen.com
电子信箱:727924619@qq.com
质量体系:ISO 9001
产品情况:各种汽车灯具、装饰条、后视镜、保险杠等塑件

★丹阳市勤发车辆附件厂
地址:江苏省丹阳市界牌迎江开发区
邮编:212323
电话:0511/86377059
传真:86377059
电子信箱:weixiaoyong88@hotmail.com
质量体系:ISO/TS 16949
产品情况:国产重型载货汽车塑件、玻璃钢产品,汽车保险杠、面罩、后视镜、冲压覆盖件、仪表台及车用塑料件

★丹阳市鼎新塑件有限公司
地址:江苏省丹阳市界牌镇黑木桥工业园
邮编:212323
电话:0511/86377666
传真:85168444
网址:www.ding-xin.com.cn
质量体系:ISO 9001
产品情况:(美特靓牌)
汽车车灯、信号灯、后视镜、保险杠、仪表台、车用塑料件等

★丹阳市界牌俊松灯具厂
地址:江苏省丹阳市界牌镇南大街11号
邮编:212323
电话:0511/86378578、86386497
传真:86367578
质量体系:ISO/TS 16949
产品情况:(俊松牌)
汽车灯具、保险杠、面罩、后视镜、翼子板等内外饰件

★丹阳市吉隆覆盖配件厂
地址:江苏省丹阳市界牌镇大成桥开发区
邮编:212323
电话:0511/86380526
传真:86380455
质量体系:ISO 9001
产品情况:汽车机盖、翼子板、前中门、散热器框架、下边梁、下边梁内衬等

★丹阳市界牌晨怡内饰件厂
地址:江苏省丹阳市界牌镇中心南路16号
邮编:212323
电话:0511/86380619
传真:86370920
质量体系:ISO 9001
产品情况:汽车灯具、内外塑料装饰件

★丹阳市北奔汽车附件厂
地址:江苏省丹阳市界牌镇
邮编:212323
电话:0511/86381119
传真:86381119
网址:www.chinabeiben.com
电子信箱:beiben@126.com
质量体系:ISO/TS 16949
产品情况:车灯、信号灯、后视镜、遮阳板、冲压覆盖件、保险杠等
出口情况:汽车车灯、信号灯、后视镜、遮阳板、冲压覆盖件、保险杠、仪表台、车用塑料件等系列产品出口中东、东南亚、欧洲、非洲、北美洲等地区,并销往中国台湾

★丹阳市亚泰汽车灯具厂
地址:江苏省丹阳市界牌镇东风路
邮编:212323
电话:0511/86381233
质量体系:ISO/TS 16949
产品情况:(凌泰牌)
仪表台及内饰件

★江苏省丹阳市亿利达塑件有限公司
地址:江苏省丹阳市界牌镇安乐工业园
邮编:212323
电话:0511/86381668
传真:86369658
质量体系:ISO 9001
产品情况:(佰超牌)
汽车保险杠、塑料件、灯具、轮帽、挡泥板、后视镜、空滤壳等塑料件

★丹阳市红峰塑业有限公司
地址:江苏省丹阳市界牌镇红烛工业区
邮编:212323
电话:0511/86381818、86367128
传真:86388099
网址:www.hongfeng-cn.com
电子信箱:web@hongfeng-cn.com
单位人数:188
质量体系:ISO 9001
产品情况:(红峰牌)
汽车灯具、仪表台、保险杠、后视镜、中网等塑料件

★丹阳市界牌华隆汽车配件厂
地址:江苏省丹阳市界牌镇安民工业区
邮编:212323
电话:0511/86381883
传真:86371883
网址:www.hlqp.com
电子信箱:gunyao@sohu.com
单位人数:100
质量体系:ISO 9001
产品情况:(龙辉牌)
汽车仪表板、塑料件、车灯、车镜等
配套情况:与江淮汽车、山东华源凯马、淄博轻骑、时风集团等多家企业配套

★江苏丹阳市东兴汽配有限公司
地址:江苏省丹阳市界牌镇
邮编:212323
电话:0511/86382168、85167665
传真:86365708、86386166
网址:www.dxmirror.com
电子信箱:dx@truckspareparts.com.cn
质量体系:ISO/TS 16949、ISO 9001
产品情况:后视镜、灯具及汽车塑料电子制品等
配套及出口情况:为一汽集团、北汽福田、豪沃配套;出口中东、欧洲、南非等国家和地区

★丹阳市云鹏车辆配件厂
地址:江苏省丹阳市界牌镇东风西路58号
邮编:212323
电话:0511/86382549
传真:86384549
网址:www.dyyunpeng.com
电子信箱:dyyunpeng@qp365.net
质量体系:ISO 9001
产品情况:(云超牌)
汽车后视镜、镜杆、灯具、保险杠、内外装饰件等

配套情况:部分产品与汽车制造厂配套

★丹阳市三宇车灯有限公司
地址:江苏省丹阳市界牌镇武阳村
邮编:212323
电话:0511/86382777
传真:86381377
产品情况:欧曼重型载货汽车 ETX 灯具及覆盖件、装饰件
配套情况:为柳工、徐工、宇通等配套

★丹阳市惠风车辆配件厂
地址:江苏省丹阳市界牌镇安乐工业园
邮编:212323
电话:0511/86383869
传真:86386736、86382811
质量体系:ISO 9001
产品情况:(惠杰牌)
各种汽车灯具、面罩、保险杠、仪表台、转向盘总成、暖风机总成、鼓风机总成、蒸发器总成等塑料件
配套情况:为东风汽车公司配套

★丹阳市界牌镇凯莱车件厂
地址:江苏省丹阳市界牌镇灯城大街
邮编:212323
电话:0511/86384286、86375611
质量体系:ISO 9001
产品情况:全车灯具、保险杠、面罩、内外饰件等

★丹阳市江龙汽配有限公司
地址:江苏省丹阳市界牌镇富民西路
邮编:212323
电话:0511/86385282
传真:86385298
网址:www. jianglong - cn. cn
电子信箱:jianglong - cn@ 163. com
质量体系:ISO 9001
产品情况:汽车灯具、仪表台、车门内饰板、中网、翼子板等塑料件

★江苏卡威汽配有限公司
地址:江苏省丹阳市界牌镇界东工业规划园
邮编:212323
电话:0511/86385368、86387331
传真:86382838
网址:www. kaiweigroup. com
电子信箱:chinakawei@ 163. com
质量体系:ISO/TS 16949、ISO 9001
产品情况:(卡威牌)
汽车灯具、塑件、钣金、SUV 车身
配套及出口情况:为国内多家主机厂配套;出口日本、韩国、泰国、中东等多个国家和地区

★丹阳市界牌宏天宇灯饰厂
地址:江苏省丹阳市界牌镇武阳工业园
邮编:212323
电话:0511/86386978
传真:86388369
网址:htyds. com
电子信箱:188922175@ qq. com
负责人:钱俊宇
质量体系:ISO/TS 16949
产品情况:前后保险杠、内外饰件

★江苏丹阳市新兴注塑制品厂
地址:江苏省丹阳市界牌镇双丰南路 15 号
邮编:212323
电话:0511/86387403
传真:86387008
网址:www. dyxxzs. com
单位人数:70
质量体系:ISO/TS 16949、QS 9000
产品情况:(冬旭牌)
各种类型的车灯、面罩、后视镜及塑料配件
配套情况:为吉利汽车、武汉东风新星汽车厂、江西朝日集团等数家国内汽车厂配套

★江苏吉祥车业有限公司
地址:江苏省丹阳市新桥镇上游路上游桥北
邮编:212323
电话:0511/86387418
传真:86366990
网址:www. jx918. com
电子信箱:yongxiang@ jx918. com
单位人数:150
质量体系:ISO/TS 16949、ISO 9001
产品情况:(永祥牌)
汽车遮阳板、内外装饰件、灯具
配套情况:为河北中兴、长城汽车、双环汽车、扬子汽车、北汽制造、保定天马、保定大迪、山东黑豹、南海福迪等配套

★丹阳市界牌登峰灯具厂
地址:江苏省丹阳市界牌镇南大街 39 号
邮编:212323
电话:0511/86387446、82308390
传真:86385322
网址:www. df - lamp. com
电子信箱:info@ df - lamp. com
质量体系:ISO 9001
产品情况:(丹峰牌)
汽车后视镜、内视镜、面板、保险杠等内外装饰件

★丹阳市鹏凌塑业有限公司
地址:江苏省丹阳市界牌镇镇中路 63 - 65 号
邮编:212323
电话:0511/86387501
传真:86388719
网址:www. cn - pengling. com
电子信箱:admin@ cn - pengling. com
单位人数:100
质量体系:ISO 9002
产品情况:灯具、塑料件、各种规格密封条
配套及出口情况:为上海拖拉机厂、南京长安、山东临工、合肥客车、山东常林、常州林业机械、韩国现代工程车配套;出口日本

★丹阳盛吉瑞汽车配件有限公司
地址:江苏省丹阳市界牌镇武阳工业园
邮编:212323
电话:0511/86387606
传真:86384978
网址:www. yjqp. com
电子信箱:yj - qp@ 163. com
质量体系:ISO/TS 16949、ISO 9001
产品情况:(迎江牌)
汽车天窗、风窗洗涤器及各种塑料装饰件
配套情况:为江淮汽车、沈阳金杯、一汽哈尔滨轻型车厂、一汽红塔云南、山东五征集团、奇瑞汽车等配套

★丹阳市界牌镇丹辉汽车饰件厂
地址:江苏省丹阳市界牌镇南大街 28 号
邮编:212323
电话:0511/86387611
网址:www. cn - danhui. cn
电子信箱:info@ cn - danhui. com
质量体系:ISO 9001
产品情况:车镜、灯具、后杠等

★丹阳市汽配五厂
地址:江苏省丹阳市界牌镇工业园区
邮编:212323
电话:0511/86387659
传真:86383589
网址:www. dyqipei. com
电子信箱:570087304@ qq. com
质量体系:ISO 9001
产品情况:有机玻璃遮阳罩、外饰件、玻璃钢(SMC)、保险杠、前脸、上车踏板、翼子板、内饰件、灯具、挡泥板、铝合金油箱
配套情况:主要为陕西重汽配套

★丹阳市辉达塑件有限公司
地址:江苏省丹阳市界牌镇富民西路界中创业园
邮编:212323
电话:0511/86387860
传真:86388444
网址:www. huidasujian. com
电子信箱:info@ huidasujian. com
质量体系:ISO 9001
产品情况:(辉达牌)
汽车后视镜、轮盖、中网、保险杠、灯具等
出口情况:出口美国、日本等国家,并销往中国台湾地区

★丹阳市华升汽车部件有限公司
地址:江苏省丹阳市界牌武阳开发区
邮编:212323
电话:0511/86387998、86366388
传真:86382378
网址:www. huamei - suowei. com
电子信箱:huashengautoparts@ gmail. com

质量体系:ISO/TS 16949、ISO 9001
产品情况:(索威牌)
汽车内饰件、灯具和注塑件
配套情况:产品 98% 与国内各大主机厂配套

★丹阳市民康汽车内饰件有限公司
地址:江苏省丹阳市界牌镇富民西路
邮编:212323
电话:0511/86388034
传真:86388024
网址:www.mkautopart.com
电子信箱:info@mkautopart.com
单位人数:160
质量体系:ISO 9001
产品情况:(民康牌)
聚氨酯汽车仪表板,各种塑料装饰件,年产仪表板 10 万台、塑料装饰件 100 余万台
配套情况:为松辽、山东山工、北汽福田、一汽红塔云南等配套

★丹阳市界牌镇奇宇汽车配件厂
地址:江苏省丹阳市界牌镇安乐工业园
邮编:212323
电话:0511/86388131、82218131
传真:86377977、86378818
网址:www.cnqiyu.com
电子信箱:qiyu977@126.com
质量体系:ISO 9001
产品情况:(奇宇牌)
汽车车镜、灯具等塑料件,适用于奇瑞 QQ、东方之子、旗云等

★丹阳市界牌镇超强汽配厂
地址:江苏省丹阳市界牌自来水厂南
邮编:212323
电话:0511/86388638
传真:86372622
质量体系:ISO 9001
产品情况:(超强牌)
全车灯具、保险杠、面罩及各种塑件、铁件

★江苏丹阳市胜洲汽车部件有限公司
地址:江苏省丹阳市界牌镇双丰路 131 号
邮编:212323
电话:0511/86388980
传真:86367980
电子信箱:yaolidehao@hotmail.com
质量体系:ISO/TS 16949
产品情况:汽车车灯、保险杠、仪表台、塑料通风管、后视镜等
配套情况:为一汽集团、南京长安、昌河汽车、重汽集团、安徽华阳汽车、通宝汽车、新凯汽车、陕西汉江、广州宝龙汽车、清远奔得汽车等配套

★江苏文光车辆附件有限公司
地址:江苏省丹阳市访仙镇窦庄工业园
邮编:212325
电话:0511/86410186
传真:86410777
质量体系:ISO/TS 16949
产品情况:玻璃升降器、门锁、排气系统零部件、驻车制动装置、天窗
配套情况:为上海大众、一汽-大众、神龙汽车配套

★江苏文光集团有限公司
地址:江苏省丹阳市访仙镇窦庄永兴路 2 号
邮编:212325
电话:0511/86418118、86416466
传真:86419096
网址:www.jswenguang.com
电子信箱:info@jswenguang.com
单位人数:1000
质量体系:ISO/TS 16949
产品情况:汽车的前脸面罩灯框、豪华型天窗、前照灯、组合后尾灯、雾灯等
配套情况:为宇通客车、金龙客车、合肥现代、南京依维柯、江淮客车、阿尔文美驰、北汽福田、五菱汽车、厦门金旅、东风汽车公司、中通客车、一汽海马、福耀集团等配套

★句容联泰机电有限公司
地址:江苏省句容市黄梅镇工业园
邮编:212426
电话:0511/87382288、87383236
传真:87382345
网址:www.yopin.cc
电子信箱:winking5@163.com
质量体系:ISO/TS 16949、ISO 9000
产品情况:各种汽车电动窗、电动机、开关、中控锁
配套及出口情况:直接或间接为主机厂配套中控锁(长安、五菱、富利卡、风行、标致、猎豹)、电动玻璃升降器(五菱、风行、猎豹、起亚、瑞风);远销 30 多个国家和地区

★句容建荣汽配有限公司
地址:江苏省句容市后白镇工业集中区
邮编:212444
电话:0511/85978700
传真:85978719
网址:www.cpj.com.tw
电子信箱:jianrong.sales@gmail.com
质量体系:ISO 9001
产品情况:不锈钢刮水器弹簧片

★句容市东升汽车附件有限公司
地址:江苏省句容市后白工业园区
邮编:212444
电话:0511/87401266、87401111
传真:87401288
网址:www.jrds.com.cn
电子信箱:jrds@jrds.com.cn
质量体系:ISO 9001
产品情况:(茅山牌)
汽车门锁总成、门铰链
配套情况:为杭州飞碟、金龙、安凯、三迪、东风汽车公司、一汽客车、南京依维柯等配套

★常州市峰日车辆配件有限公司
地址:江苏省常州市新北区孟河镇
邮编:213000
电话:0511/86305958、86355878
传真:86361020、86362228
网址:www.czfengri.com
电子信箱:sales1@fengriautoparts.cn
质量体系:ISO/TS 16949
产品情况:灯具、保险杠总成、中网、仪表台、塑件、冲压覆盖件

★常州市瑞悦车业有限公司
地址:江苏省常州市小河镇
邮编:213000
电话:0519/83241135
传真:83244868
网址:www.fumanchina.com
电子信箱:zhenhua@fumanchina.com
单位人数:280
质量体系:QS 9000、ISO 9001
产品情况:汽车保险杠、门板、仪表台、灯具、内外后视镜,皮卡车身、灯具及塑料件
配套情况:为一汽、东风汽车公司、上汽、江铃、福田、南汽、长城、扬子、万丰等 20 多家汽车主机厂配套

★常州市中鲁泰车辆附件厂
地址:江苏省常州市新北区孟河镇
邮编:213000
电话:0519/83530628、83530828
传真:83534033
网址:www.zhonglutai.com
电子信箱:zhonglutai@126.com
质量体系:ISO 9001
产品情况:(先泰牌)
汽车灯具、保险杠、杂物箱、车门内饰板、车顶内饰板、侧围饰板、排气管、后视镜、油底壳、面罩等塑料件

★常州市南洋轿车配件厂
地址:江苏省常州市新北区孟河镇卧龙开发区
邮编:213000
电话:0519/83552588、83552688
传真:83533729
网址:www.cz-nanyang.com
电子信箱:czjiarui@126.com
质量体系:ISO 9000
产品情况:(佳瑞牌)
汽车灯具、保险杠、后视镜、面罩等塑料件

★常州工业技术玻璃有限公司
地址:江苏省常州市新北区顺园路 35 号
邮编:213002
电话:0519/86603962、86603120
传真:86603342
网址:www.cnsafeglass.com
电子信箱:info@cnsafeglass.com
单位人数:500

质量体系:ISO/TS 16949、ISO 9002
产品情况:(长江牌)
钢化、夹层、中空汽车安全玻璃
配套情况:是北京公交控股(集团)公司的指定配套商,与近百家大中型客车生产厂家配套

★常州昊邦汽车零部件有限公司
地址:江苏省常州市新冶路25-1号
邮编:213012
电话:0519/83268669、68880777
传真:83268556
网址:www. hbcn. com. cn
电子信箱:hb@ hbcn. com. cn
单位人数:420
质量体系:ISO/TS 16949
产品情况:(HAOB牌)
载货汽车座椅、工程车座椅以及座椅零部件
配套及出口情况:为东风、一汽、北汽、陕汽、柳汽、现代、海马、力帆、长城、南汽、奇瑞、日野、北奔、中联重科、临工、福田、三一、沃德、徐工等50多个大型企业车辆配套;远销欧洲、美国、巴西等国家和地区

★常州新泉汽车内饰件有限公司
地址:江苏省常州新区河海工业园漓江路18号
邮编:213022
电话:0511/86350666
传真:86359390
网址:www. xinquan. cn
电子信箱:info@ xinquan. cn
单位人数:320
质量体系:ISO/TS 16949、QS 9000
产品情况:CA、EQ、FOTON、长城、郑州日产等仪表板总成
配套情况:为一汽集团、东风汽车公司、奇瑞汽车、北汽福田、郑州日产、昌河汽车、金龙联合、上海汇众、长城汽车、东风柳汽、东风杭州、浙江飞碟等配套

★常州市盛士达汽车空调有限公司
地址:江苏省常州市新北区创业中心A座二楼
邮编:213022
电话:0519/85105452
传真:85105077
网址:www. senstargroup. com
单位人数:450
质量体系:ISO/TS 16949、VDA 6.1
产品情况:汽车空调连接管、动力转向管、压力传感器
配套情况:主要客户有一汽集团、一汽-大众、东风汽车公司、东风日产乘用车、神龙汽车、广州电装、上汽集团、上海大众、沈阳金杯、一汽海马、天津一汽丰田、奇瑞汽车、吉利汽车、法雷奥集团等

★常州华阳汽车附件有限公司
地址:江苏省常州市西林凌家塘1号
邮编:213024
电话:0519/83881133、83887022
传真:83881555
网址:www. jsczhy. com
电子信箱:jsczhy@ jsczhy. com
单位人数:440
质量体系:ISO/TS 16949、ISO 9001
产品情况:(其大牌)
汽车座椅升降器、减振器、滑轨、调角器等,年产减振器1.2万台套、滑轨11万台套、调角器3万台套,其他年产4万台套
配套及出口情况:为新迪李尔汽车内饰系统、武汉李尔云鹤汽车内饰系统、芜湖江森云鹤汽车座椅、重汽集团商用车、扬州亚星、安凯客车、比亚迪汽车、东风李尔、铁牛集团、一汽海马、中航精机、永康众泰配套;主要为瑞典沃尔沃,美国卡特彼勒工程车,CVG商务汽车集团等配套,主要配套车型为小松工程车、日立工程车

★常州市亚丰汽车配件制造有限公司
地址:江苏省常州市新堂北路318号
邮编:213028
电话:0519/85501766、85500473
传真:85502837
网址:www. yafengauto. com
电子信箱:yafeng@ yafengauto. com
单位人数:168
质量体系:ISO/TS 16949、ISO 9001
产品情况:汽车保险杠、车门饰板、保险杠铁支架、雾灯、中网及摩托车塑件等
配套情况:为北汽福田、厦门金旅、厦门金龙、河北中兴、天津天汽美亚、少林客车、一汽红塔云南、吉利汽车、沈阳金杯、重庆建设等配套

★常州市桑迪汽车配件制造有限公司
地址:江苏省常州市新北区春江镇百丈徐墅
邮编:213034
电话:0519/85861371
传真:85862253
网址:www. sangdi88. com
电子信箱:fd125988@ pub. cz. jsinfo. net
质量体系:ISO 9001
产品情况:(常申牌、桑迪牌)
挡泥板、减振器、制动片、减振器防尘套系列、暖气阀门总成系列、稳定杆橡胶支承、缓冲止位系列等橡胶件
配套及出口情况:为上海大众配套,专业配套普桑、2000、3000、帕萨特B5、领驭、高尔挡泥板,并生产捷达、捷达王、奥迪、A6、红旗、别克世纪、皇朝、赛欧等其他轿车用挡泥板;远销中东、东南亚、非洲、东欧、南美洲等地区

★常州市润博车辆配件厂
地址:江苏省常州市新北区小河工业园
邮编:213100
电话:0519/83247999、83247678
传真:83241645
电子信箱:zfj28281@ 163. com
质量体系:ISO 9001
产品情况:仪表台、前后杠及总成、雾灯、后视镜、散热器框架、中网、护板等

★常州市鸿协安全玻璃有限公司
地址:江苏省常州市横林镇
邮编:213101
电话:0519/88789018、88787988
传真:88787118、88785968
网址:www. hongxie - cn. com
电子信箱:master@ hongxie - cn. com
单位人数:500
质量体系:ISO/TS 16949
产品情况:大巴、轿车安全玻璃

★常州市宇达汽车配件有限公司
地址:江苏省常州市武进区焦溪镇
邮编:213116
电话:0519/88902223、88900899
传真:88908265
网址:www. wjxingyu. com
电子信箱:lbp@ wjxingyu. com
单位人数:175
质量体系:ISO 9001
产品情况:(XINGYU牌)
各种汽车门锁、扬声器、车灯
配套情况:为扬州亚星、桂林大宇 郑州宇通、常州客车、东风客车及苏州金龙等配套

★常州市俊丰兰天车业有限公司
地址:江苏省常州市新北区魏村镇
邮编:213127
电话:0519/85711520、85715520
传真:85716520
网址:www. ltcy. cn
电子信箱:ltcy@ ltcy. cn
产品情况:各种卡丁车座椅及其配件、汽车及摩托车座椅及其坐垫、塑料装饰件、注塑件、烫金件等
配套情况:为多家主机厂配套

★常州华茂车辆部件有限公司
地址:江苏省常州市新北区孟河苗圃南场
邮编:213129
电话:0519/83501729、83505729
传真:83535930
网址:www. cz - huamao. com
电子信箱:czhuamao@ 163. com
质量体系:ISO 9001
产品情况:各种散热器框架、车灯、后视镜、铝合金轮毂头盖、前后杠、护板等

★常州市西格尔汽车内饰件有限公司
地址:江苏省常州市西夏墅工业园
邮编:213135
电话:0519/83438009、83443582
传真:83443583
网址:www. seagull - china. com
电子信箱:market@ seagull - china. com

产品情况：机动车座椅及其附件（包括赛车座椅、儿童座椅）、塑料内饰件

★**常州海拓汽车部件有限公司**
地址：江苏省常州市西夏墅镇工业园区银山路8号
邮编：213135
电话：0519/83438123、83438502
传真：83439558、83438557
网址：www.haituo.cn
电子信箱：sale@haituo.cn
质量体系：ISO 9001
产品情况：灯具、风扇、后视镜、保险杠、中网、空滤壳、水壶、饰条、轮辋盖、升降器、摆臂、减振器、传动轴、球笼、制动片、拉杆、球头、膨胀阀、干燥瓶、水泵等
出口情况：部分产品出口

★**江苏锐光车业有限公司**
地址：江苏省丹阳市新桥镇上游路
邮编：213138
电话：0511/86301656、86384136
传真：86301659
网址：www.rgcy.com
电子信箱：535873738@qq.com
质量体系：ISO 9001
产品情况：车灯、车镜、塑件、内外饰件
出口情况：部分产品出口

★**常州市小河特种镜杆厂**
地址：江苏省常州市新北区小河镇九龙开发区
邮编：213138
电话：0511/86386893
传真：86388225
网址：www.cn-gongming.com
电子信箱：info@cn-gongming.com
产品情况：（功明牌）
各种汽车镜杆和车镜
配套及出口情况：为国内多家汽车厂配套；出口中东、欧洲、美洲等地区

★**常州市联顺车辆配件厂**
地址：江苏省常州市新北区小河镇安静路8号
邮编：213138
电话：0519/83241209
传真：83501699
网址：www.lianshun-cn.com
电子信箱：czlianshun@sohu.com
质量体系：QS 9000
产品情况：（联顺牌）
汽车后视镜、保险杠、中网、灯具等塑料制品
配套及出口情况：为郑州日产、四川一汽丰田、五十铃皮卡、庆铃、福特全顺、江铃陆风、长城汽车等配套；远销东南亚、非洲、中东、南美洲等十几个国家和地区

★**常州市永光车业有限公司**
地址：江苏省常州市新北区孟河镇小河工业开发区
邮编：213138
电话：0519/83241343、85038888
传真：83244800
网址：www.czyongguang.com
电子信箱：czyg@czyongguang.com
单位人数：228
产品情况：（永兆牌）
各种灯具、塑件、后视镜等
配套情况：为常州光阳、湖南光阳、广州大阳、浙江春风控股、华南飞鹰、济南轻骑、德国E-MAX等配套

★**常州市凯凌车配有限公司**
地址：江苏省常州市新北区小河镇
邮编：213138
电话：0519/83241731、85088881
传真：83508113
网址：www.klchepei.com
电子信箱：czkailing@gmail.com
单位人数：86
质量体系：ISO/TS 16949、ISO 9001
产品情况：（凯视牌）
汽车后视镜、塑件、灯具、内饰件、车椅等
配套及出口情况：为宇通客车、金龙客车、丹东黄海、安凯客车等配套；出口南非、巴西、北美洲、东南亚、俄罗斯、中欧、东欧等国家和地区

★**常州飞华车辆部件有限公司**
地址：江苏省常州市新北区小河镇环镇北路
邮编：213138
电话：0519/83241812
传真：83500812
网址：www.fh-zj.com
电子信箱：info@fh-zj.com
质量体系：ISO 9001
产品情况：（锦视牌）
汽车及摩托车反光镜镜面，汽车后视镜
配套及出口情况：为南京依维柯、重汽集团、徐工集团、一汽红塔云南、宗申摩托车等配套；出口日本、韩国、尼日利亚、印尼等国家

★**常州市鹏源塑业有限公司**
地址：江苏省常州市小河工业园
邮编：213138
电话：0519/83241849、83246019
传真：83243818
单位人数：180
质量体系：ISO 9002
产品情况：（永瑞牌）
保险杠、中网、支架、灯具、进气歧管、后视镜、后视镜片、发动机底板、喷水壶及其盖和滤网、轮帽、集风罩、挡泥板、蓄电池接线板、空滤总成、内衬、三元催化、消声器中节、挡油底壳、时规罩等，年产能力60万套
配套情况：为国内10多家厂商配套

★**常州美高塑件有限公司**
地址：江苏省常州市孟河镇斜桥工业园区1号
邮编：213138
电话：0519/83242152、83505679
传真：83500585
网址：www.cnmeigao.com
电子信箱：mg@cnmeigao.com
质量体系：ISO/TS 16949、ISO 9002
产品情况：（龙伊柯牌）
汽车车灯、车镜、保险杠、中网、内外饰件等

★**常州恒河车辆部件有限公司**
地址：江苏省常州市新北区孟河镇小河通江工业园
邮编：213138
电话：0519/83242510
传真：83510196
网址：www.hnh-auto.com
电子信箱：master@hnh-auto.com
质量体系：ISO 9001
产品情况：油壶、水壶、空滤壳、车灯、保险杠、中网、支架、加油口盖

★**常州市建铃车辆配件厂**
地址：江苏省常州市小河兴镇路340号
邮编：213138
电话：0519/83242677
传真：85039677
网址：www.china-jianling.com
电子信箱：jl@china-jianling.com
产品情况：（建铃牌）
中网、包角、保险杠、仪表板、工具箱、车灯、后视镜、车门饰板、风扇叶、车门把手等
配套及出口情况：为江铃凯运、全顺、宝典、五十铃汽车配套；出口东南亚、非洲、中东、南美洲等十几个国家和地区

★**常州苏强飞达车辆配件厂**
地址：江苏省常州市新北区小河工业开发区
邮编：213138
电话：0519/83243837
传真：83504022
质量体系：ISO/TS 16949
产品情况：（苏强牌）
汽车灯具、保险杠、中网、仪表台等塑料件

★**常州卡威特车辆部件厂**
地址：江苏省常州市新北区小河富民开发区汤家二路
邮编：213138
电话：0519/83244206
传真：83242212
网址：www.kaweite.com.cn
电子信箱：czkaweite@163.com
质量体系：ISO 9001
产品情况：（拓明牌）
各种汽车后视镜

出口情况:出口俄罗斯、中东、非洲、东南亚等多个国家和地区

★常州市源鑫车业有限公司
地址:江苏省常州市小河镇工业开发北区
邮编:213138
电话:0519/83244231
传真:83244299
网址:jspingheng. cn. alibaba. com
质量体系:ISO 9001
产品情况:汽车灯具、保险杠、空滤总成、中网、翼子板、车镜、拉手等

★常州华鼎车辆配件厂
地址:江苏省常州市新北区小河镇
邮编:213138
电话:0519/83244301
传真:83504301
网址:www. rizhen. cn
产品情况:(日臻牌)
汽车内外饰件、灯具及其他零配件
配套及出口情况:为一汽集团、北汽福田、上汽依维柯红岩、新龙马股份永安汽车厂、浦沅集团、福建新福达等国内众多汽车厂配套;出口东南亚地区,并销往中国台湾地区

★常州市天佐车业有限公司
地址:江苏省常州市新北区小河工业开发区富平路26号
邮编:213138
电话:0519/83244950、83244958
传真:83244499、83241192
网址:www. tianzuocn. com
电子信箱:info@ tianzuocn. com
单位人数:100
质量体系:QS 9000、ISO 9000
产品情况:(天佐牌)
轿车保险杠、中网、灯具、挡泥板等塑料件及注塑模具
配套情况:为一汽集团、一汽轿车、山东华泰现代、沈阳中顺、安徽华阳等配套

★常州易达奇车辆部件有限公司
地址:江苏省常州市新北区小河工业园
邮编:213138
电话:0519/83245062、86066222
传真:83507650
网址:www. fupingqipei. com
电子信箱:fupingqipei@ 126. com
质量体系:ISO 9001
产品情况:(福平牌)
汽车灯具、塑件、内外装饰件、冲压覆盖件
出口情况:远销多个国家和地区

★常州顺铃车辆配件厂
地址:江苏省常州市小河工业园开发区
邮编:213138
电话:0519/83245838
传真:83505599
网址:www. czshunling. com
电子信箱:1264624939@ qq. com
质量体系:ISO 9001
产品情况:(汇铃牌)
车灯、保险杠、塑件等

★常州市海霞车辆配件厂
地址:江苏省常州市新北区小河
邮编:213138
电话:0519/83245922
传真:83248922
网址:www. china - haixia. com
电子信箱:info@ china - haixia. com
质量体系:ISO/TS 16949
产品情况:(海霞牌)
翼子板、发动机罩、前杠骨架、元宝梁、散热器上下横梁、燃油箱、前照灯框架
配套及出口情况:摩托车配件国内主要给广州大阳、天马集团、金城集团、光阳集团、林海摩托等十几家知名摩托车厂家配套;远销中东、非洲、南美洲、欧洲、美洲等几十个国家和地区

★常州市飞拓模塑有限公司
地址:江苏省常州市新北区小河镇九龙开发区88号
邮编:213138
电话:0519/83246008、83245008
传真:83249008、83243298
网址:www. cn - feituo. com
电子信箱:qyfqwm@ jsmail. com. cn
质量体系:ISO/TS 16949、ISO 14001
产品情况:(飞拓牌)
汽车装饰件、后视镜、保险杠、车灯、射灯、信号灯等
出口情况:远销中东、东南亚、非洲、欧洲、美洲等几十个国家和地区

★江苏常州正力制镜有限公司
地址:江苏省常州市新北区小河镇九龙开发区
邮编:213138
电话:0519/83246483
传真:83244578
电子信箱:info@ jszhenli. com
质量体系:ISO 9001
产品情况:汽车、摩托车后视镜,汽车防眩目内视镜,车用多层膜后视镜,车用阳光控制车窗玻璃
配套情况:为江铃汽车、安徽扬子等配套

★常州永庆车辆配件有限公司
地址:江苏省常州市新北区西夏墅丽江路一号
邮编:213138
电话:0519/83246658、85088851
传真:85088889
电子信箱:dengchenyangcz@ 163. com
质量体系:ISO 9001
产品情况:(嘉骏牌)
汽车元宝梁、散热器框架、油箱、油底壳、左右翼子板、前机盖、前纵梁、后视镜等

★常州九鼎车业有限公司
地址:江苏省常州市新北区高新技术开发区
邮编:213138
电话:0519/83246678、83506528
传真:83245528
网址:www. jiu - ding. cn
电子信箱:root@ jiu - ding. cn
单位人数:166
质量体系:ISO/TS 16949、ISO 9001
产品情况:(九鼎牌)
汽车后视镜、保险杠、灯具及其他汽车饰件
配套及出口情况:为广汽长丰、长丰扬子汽车、东风汽车公司配套,国外为菲亚特集团、克莱斯勒、印尼丰田配套;出口欧洲、美洲等30多个国家和地区

★常州市宇豪车业有限公司
地址:江苏省常州市小河镇经济开发区
邮编:213138
电话:0519/83246798
传真:83246798
质量体系:QS 9000、ISO 9001
产品情况:汽车车灯、中网、保险杠、翼子板内衬、后视镜、挡泥板、饰条等

★常州市通宇汽车配件厂
地址:江苏省常州市新北区孟河镇小河工业开发区
邮编:213138
电话:0519/83246878
传真:83241571
质量体系:ISO 9001
产品情况:(佳艺牌)
汽车灯具、内饰件、后视镜及各种塑料件

★常州市沿江车辆配件厂
地址:江苏省常州市新北区小河镇通江路
邮编:213138
电话:0519/83247022
传真:83240702
质量体系:ISO 9002
产品情况:(沿江牌)
汽车灯具、后视镜、塑料件等

★常州市英迪汽车配件厂
地址:江苏省常州市新北区小河镇
邮编:213138
电话:0519/83248635、83248636
传真:83508333
电子信箱:czyingdi@ sina. com
质量体系:ISO 9001
产品情况:汽车灯具、塑件、冲压覆盖件
配套情况:为吉利汽车配套

★常州亨达车业部件有限公司
地址:江苏省常州市新北区孟河镇小河北路278号
邮编:213138

电话:0519/83248706、83248612
传真:83241702
网址:www. hengdachepei. com
电子信箱:zjh@ hengdacheye. com
质量体系:ISO 9001、ISO 14001
产品情况:(一帆顺牌)
汽车车灯、保险杠、机盖、翼子板、散热器总成、电动机、内外饰件等
出口情况:出口中东、非洲、南美洲、欧洲、东南亚地区

★常州欧达车辆配件厂
地址:江苏省常州市新北区小河镇兴镇路
邮编:213138
电话:0519/83249565
传真:83243927
网址:www. autoouda. com
电子信箱:ouda@ oudacom. cn
质量体系:ISO 9001
产品情况:(欧达牌)
汽车灯具及塑件、仪表板、保险杠等
出口情况:远销东欧、南美洲、非洲、中东地区等

★常州市东晨车辆部件有限公司
地址:江苏省常州市新北区孟河镇环镇北路225－227号
邮编:213138
电话:0519/83500888
传真:83500111
网址:www. dongchen－cn. com
电子信箱:dongchen－cn@ vip. 163. com
质量体系:ISO/TS 16949
产品情况:(霞叶牌)
汽车安全带、汽车灯具、后视镜、内装饰塑件等
出口情况:远销欧洲、美国、南美洲、中亚等国家和地区

★常州市鑫跃灯业有限公司
地址:江苏省常州市新北区小河镇
邮编:213138
电话:0519/83501279、83507118
传真:83245248
网址:www. czxinyue. com
电子信箱:xinyue@ czxinyue. com
质量体系:ISO 9001
产品情况:汽车灯具、内饰件、仪表台、后视镜、保险杠、遮阳板、挡泥板等
配套及出口情况:为国内多家知名大中型汽车企业配套;出口欧洲、美洲、东南亚

★江苏先昌电能部件有限公司
地址:江苏省常州市小河镇富平路30号
邮编:213138
电话:0519/83501888
传真:83503581
网址:www. jsxch. net
电子信箱:ldy@ jsxch. com
单位人数:280
质量体系:ISO 9001
产品情况:换气顶窗、安全顶窗、行李架、座椅、护栏、灯具、空调风道及风嘴、各类轮罩、内饰覆盖件、装饰条等

★常州市亚能车业有限公司
地址:江苏省常州市小河镇环镇北路89号
邮编:213138
电话:0519/83502260
传真:85030055
电子信箱:rongjiachedeng@ vip. 163. com
质量体系:ISO/TS 16949、ISO 9001
产品情况:汽车车灯、保险杠、散热器总成、内外饰件等

★常州市希锐车辆部件厂
地址:江苏省常州市新北区孟河镇
邮编:213138
电话:0519/83502508
传真:83503508
网址:www. xrcl. com
电子信箱:xr@ xrcl. com
负责人:李建明
质量体系:ISO/TS 16949
产品情况:汽车内外后视镜、保险杠、中网、雾灯、轮罩、膨胀水箱、塑料件等
配套及出口情况:为南京依维柯、南汽跃进、柳汽五菱、江苏跃农等配套;出口马来西亚、土耳其、伊朗等国家和地区

★常州市小河康发车辆配件厂
地址:江苏省常州市新北区小河工业园区
邮编:213138
电话:0519/83503633
传真:85039318
电子信箱:huanshikangfa@ 126. com
质量体系:ISO 9001
产品情况:(宝臣牌)
汽车后视镜、灯具、保险杠、中网等塑料覆盖件

★常州市银华车饰件制造有限公司
地址:江苏省常州市小河工业区
邮编:213138
电话:0519/83505288、83505588
传真:83241219
网址:www. yinhua－cn. com
电子信箱:yinhua@ yinhua－cn. com
质量体系:ISO 9001
产品情况:(立辉牌)
汽车装饰件、塑料件、灯具及钣金件

★江苏常州市陈氏凯达车业有限公司
地址:江苏省常州市孟河镇小河庙边凯达路18号
邮编:213138
电话:0519/83506298
传真:83249268
电子信箱:cskd@ cskd. cn
质量体系:ISO/TS 16949、ISO 9001
产品情况:(CSKD牌)
汽车后视镜、车灯、装饰件
配套及出口情况:为昌河汽车、上海华普、吉利汽车、北汽等配套;远销东南亚、中东、欧洲、美洲等地区

★常州市小河鹏翔汽车装饰厂
地址:江苏省常州市新北区小河镇
邮编:213138
电话:0519/83506997
传真:83508997
电子信箱:info@ cn－px. com
质量体系:ISO 9000
产品情况:汽车前后杠、前照灯、后视镜、暖风机及其他的塑料件

★常州市明宇交通器材有限公司
地址:江苏省常州市小河工业园安定路6号
邮编:213138
电话:0519/83508008、83242008
传真:83507008
网址:www. yonghao. net
电子信箱:mingyu@ vip. 163. com
单位人数:280
质量体系:ISO 9002
产品情况:汽车灯具、后视镜
配套及出口情况:为国内10多家主机厂配套;出口美国、东南亚等国家和地区

★常州市良宇车辆配件厂
地址:江苏省常州市新北区孟河镇开发区
邮编:213138
电话:0519/83508998、83508786
传真:83508785
网址:www. cnliangyu. com
电子信箱:cnliangyu@ 126. com
质量体系:ISO 9001
产品情况:(良宇牌)
灯具、后视镜、塑料装饰件等
配套情况:与国内十几家制造厂家配套

★常州新北区小河斌峰塑件厂
地址:江苏省常州市新北区小河镇工业开发区
邮编:213138
电话:0519/83509122
传真:83509126
网址:www. czbinfeng. com
质量体系:ISO 9001
产品情况:灯具、塑料覆盖件

★常州成业车辆附件厂
地址:江苏省常州市孟河镇小河环镇北路145号
邮编:213138
电话:0519/83509382
传真:83242666
电子信箱:hdantoparts@ 163. com
质量体系:ISO 9002
产品情况:汽车灯具、保险杠、中网、挡泥板、后视镜、加油口盖板、前杠骨架、翼子板内衬、塑件

★常州东胜汽车饰件有限公司
地址:江苏省常州市孟河开发区

邮编:213138
电话:0519/83552162
传真:83552163
电子信箱:dsqs168@163.com
质量体系:ISO/TS 16949
产品情况:汽车灯具、塑件、内外装饰件、冲压覆盖件、保险杠

★常州市业达车辆配件厂

地址:江苏省常州市新北区小河工业区
邮编:213138
电话:0519/85030321
传真:83241063
电子信箱:czyjh2008@hotmail.com
产品情况:(业达牌)
汽车灯具、塑件、冲压覆盖件等
配套情况:为长城、天马、大迪、新凯等主机厂配套

★常州市银河明磊车辆配件厂

地址:江苏省常州市新北区小河工业园区小河汽摩一路
邮编:213138
电话:0519/85038429、85038427
传真:83241429
网址:www.yhml.com
电子信箱:sales@yhml.com
质量体系:ISO 9001
产品情况:(明磊牌)
前照灯、雾灯、保险杠、中网、摩托车灯具、塑料件等

★常州市郭氏车辆配件有限公司

地址:江苏省常州市新北区小河环镇北路238号
邮编:213138
电话:0519/85088361、83242172
传真:83503730
网址:www.gsautolamp.com
电子信箱:gsautolamp@126.com
质量体系:ISO 9001
产品情况:汽车灯具、保险杠、仪表台、中网、风扇叶、后视镜、内视镜等塑料件、内外装饰件、冲压覆盖件
出口情况:部分产品出口

★常州市发路利汽配有限公司

地址:江苏省常州市新北区猛将工业园
邮编:213139
电话:0519/83531469、83535785
传真:83535898
网址:www.faluli.com
电子信箱:cjffll2008@163.com
质量体系:ISO 9001
产品情况:汽车保险杠、装饰条、边梁等

★常州腾龙汽车零部件制造有限公司

地址:江苏省常州市武进经济开发区延政西路腾龙路1号
邮编:213149
电话:0519/86363508
传真:86363500
网址:www.cztl.com
电子信箱:jxz@czjesda.com
法人代表:蒋学真
质量体系:ISO/TS 16949
产品情况:汽车空调三器的进出管加工;汽车空调管路的连接件加工及充注阀阀体、模具、工装制作;经营汽车、摩托车、工程车用各系统(发动机、空调器、变速器、底盘)传感器
配套情况:汽车空调三器的进出管现有主要客户为VALEO、德尔福、美国万国、武汉神龙、奇瑞、沈阳金杯、保定长城、通用五菱、海马汽车、重庆英特;各类传感器已被长城、哈飞、神龙、奇瑞等20多家汽车生产厂商认可并采用;汽车空调管路的连接件及充注阀阀体的主要客户为贝洱、伟世通、比亚迪、天津三电、VALEO(沙市)、博耐尔、湖北美标等

★常州市长明塑料配件有限公司
地址:江苏省常州市新北区小河
邮编:213138
电话:0519/86387175、83244057
传真:86383662
网址:www.gangqiang.com
电子信箱:info@gangqiang.com
质量体系:ISO 9002
产品情况:(钢强牌)
　　前后保险杠、仪表罩、翼子板内衬、前照灯、后视镜等
配套情况:为昌河汽车、长安汽车、汉江汽车等配套,专业生产长安之星前照灯、仪表板、保险杠等全套系列:410 工作台、1018 前后保险杠等配套产品

★常州华尔达车辆部件有限公司
地址:江苏省常州市新北区孟河镇
邮编:213139
电话:0519/83552198、83534877
传真:83552199
网址:www.czhrd.cn
电子信箱:hrd@czhrd.cn
产品情况:(华弗牌)
　　汽车车灯、保险杠、内饰件等塑料制品
配套及出口情况:部分产品与厂家直接配套;部分产品出口

★常州永鼎车辆配件厂
地址:江苏省常州市新北区孟河镇
邮编:213139
电话:0519/83244223
传真:83244843
电子信箱:czyongding@126.com
质量体系:ISO/TS 16949、ISO 9001
产品情况:前保险杠、单孔后保险杠、后牌照板、前角灯、前防雾灯总成、后尾灯、水晶前照灯总成
出口情况:出口南美洲、东南亚、中东、非洲等地区

★常州三博金属制品有限公司
地址:江苏省常州市西郊邹区镇龙潭
邮编:213144
电话:0519/83631465
传真:83630016
网址:www.czwjgj.com
电子信箱:master@czwjgj.com
质量体系:ISO 9001
产品情况:(SB 牌)
　　汽车座椅调角器,各种汽车工具
出口情况:远销欧洲、美洲、日本、东南亚等国家和地区

★常州特斯克精密注塑有限公司
地址:江苏省常州市武进区新城区东方路 173 号
邮编:213161
电话:0519/86551409、86553039
传真:86556884
网址:www.tskplastic.com
电子信箱:sales@cztsk.com
单位人数:100
质量体系:ISO/TS 16949、ISO 9001
产品情况:仪表板等汽车塑料件
配套及出口情况:为长城汽车、河北中兴、广汽长丰、曙光汽车、双环汽车、美国 SPX、Enerpac、日本 JRM、Hitachi、Matoba、久保田、Sanken 等配套;出口日本、美国、菲律宾、中东等国家和地区

★常州气弹簧有限公司
地址:江苏省常州市武进区鸣凰街
邮编:213164
电话:0519/86531449
传真:86532501
网址:www.gasspring-cn.com
电子信箱:gasspring@vip.sina.com
质量体系:ISO/TS 16949、ISO 9002
产品情况:(常弹牌)
　　JKQ 系列可锁定气弹簧、BQ 及 YQ 系列压缩气弹簧、可折叠扶手和脚踏等
配套情况:为东风、金龙、金杯、宇通、西沃、南汽、依维柯、比亚迪等配套

★常州博万达汽车安全设备有限公司
地址:江苏省常州市武进高新区龙惠路 7 号
邮编:213166
电话:0519/86531252
传真:86538998
网址:www.czbwd.com
电子信箱:czbwd@czbawd.com
法人代表(负责人):周玉娟
单位人数:160
质量体系:ISO/TS 16949
产品情况:(博万达之星牌)
　　预张紧汽车安全带、限力安全带等汽车安全带、消防和建筑用特种安全带、儿童安全带、儿童座椅
配套及出口情况:为沈阳华晨金杯、一汽红塔、北京汽车制造厂、北汽福田、厦门金龙、苏州金龙、济南重卡、沃尔沃、三一重工、马可波罗、重庆北方奔驰配套;出口南非、俄罗斯、澳大利亚、美国、马来西亚、智利等国家

★江苏旷达汽车织物(集团)公司
地址:江苏省常州市湖塘镇武进纺织工业园区江东路 28 号
邮编:213179
电话:0519/86540259、86702819
传真:86543841
网址:www.kuangdacn.com
电子信箱:lch_sh@kuangda.com
质量体系:ISO/TS 16949
产品情况:(旷达牌)
　　汽车内饰织物,年产 1000 万 m
配套情况:为一汽-大众、上海大众、上海通用、神龙汽车、奇瑞汽车配套

★常州旷达化纤有限公司
地址:江苏省常州市武进区潘家镇永新路 85 号
邮编:213179
电话:0519/86547308
传真:86546893
网址:www.kuangdacn.com
质量体系:ISO/TS 16949
产品情况:汽车内饰织物
配套情况:为一汽-大众、上海大众、上海通用、神龙汽车、奇瑞汽车配套

★金坛市金鹏汽车座椅有限公司
地址:江苏省金坛市丹凤路 15 号
邮编:213200
电话:0519/82896688、82897182
传真:82895555
网址:www.chengpeng.com
电子信箱:sale@chengpeng.com
单位人数:200
质量体系:ISO/TS 16949、ISO 9001
产品情况:(成鹏牌)
　　乘客座椅、商务座椅、驾驶员座椅、导游座椅、城市巴士座椅、会议座椅、火车座椅、救护车座椅、工程车座椅、座椅部件
配套及出口情况:为合肥戴姆勒·克莱斯勒、西安西沃、北京尼奥普兰、中通勃发、丹东黄海、上海汇众等各大客车制造商配套;出口土耳其、澳大利亚、俄罗斯、南美洲、乌克兰、巴西、加拿大、美国、墨西哥、英国、德国、法国、摩洛哥、孟加拉国等国家和地区,并销往中国台湾地区

★江苏省溧阳市汽车座椅调角器总厂
地址:江苏省溧阳市绸缪镇建设南路 1 号
邮编:213324
电话:0519/87820082、87820051
传真:87821707
网址:www.lile.com.cn
电子信箱:info@lile.com.cn
质量体系:ISO/TS 16949
产品情况:(力乐牌)
　　汽车座椅调角器、滑轨、减振器、精冲件、骨架、泡沫和各类汽车座椅等
配套及出口情况:为一汽-大众、奇瑞、哈飞、华晨、长城、北汽福田、比亚迪、东风、江淮、上汽通用五菱、昌河铃木、东南三菱、双环等配套;远销中东、南亚等地区

★无锡市锡春汽车部件有限公司
地址:江苏省无锡市扬名高新技术产业园 B 区 105 号
邮编:214023
电话:0510/85422588
传真:85422688
质量体系:ISO/TS 16949
产品情况:后视镜、支架及总成
配套情况:为一汽集团配套

★荣理研(无锡)科技有限公司
地址:江苏省无锡市新梅路 71 号
邮编:214028

电话:0510/85323111
传真:85323033
质量体系:ISO/TS 16949
产品情况:后视镜

★伟盈精密模具(无锡)有限公司
地址:江苏省无锡市新区92号地块
邮编:214028
电话:0510/85344998、85344268
传真:85344368
网址:www. wellgainwuxi. com
电子信箱:sales@ wellgainwuxi. com
产品情况:汽车后视镜、天窗、保险杠、仪表板总成;轮毂、缸盖、支架、转向盘、安全带、滑槽、各种注塑类内饰件等;精密轴类零件检测设备;精密模具
出口情况:在法国、泰国等地区设有分公司和分支机构

★佛吉亚(无锡)座椅部件有限公司
地址:江苏省无锡市新区梅村梅育路86号
邮编:214028
电话:0510/88159688
传真:88157756
电子信箱:mwu@ wuxi. faurecia. com
质量体系:ISO/TS 16949
产品情况:汽车座椅调节装置

★无锡市巨龙塑化有限公司
地址:江苏省无锡市滨湖区胡埭工业园联合路12号
邮编:214035
电话:0510/88707331、83702495
传真:83703864
网址:www. wuxijulong. com
电子信箱:admin@ wuxijulong. com
单位人数:380
质量体系:ISO 9001
产品情况:(巨龙牌)
副仪表板、加长件、内饰件、转向柱护套、空气导流板、前照灯罩、前格栅、后保险杠、汽缸隔音罩
配套情况:为上海大众、南京依维柯、青岛汽车厂配套

★法雷奥汽车安全系统(无锡)公司
地址:江苏省无锡市高新技术产业开发区锡协路B11号厂房
邮编:214112
电话:0510/82993000
传真:82993008
网址:www. valeo. com. cn
电子信箱:guangshan. ni@ valeo. com
质量体系:ISO/TS 16949
产品情况:遥控控制门锁、无钥匙进入系统、防盗安全电子产品、转向轴锁、锁芯和把手
配套情况:主要客户有本田、神龙汽车、雷诺-三星、上汽股份、通用、奇瑞汽车、日产、长安福特马自达等

★无锡海特铝业有限公司
地址:江苏省无锡市滨湖区周新东路72号
邮编:214121
电话:0510/85069506
传真:85061423
网址:www. hatal. com. cn
电子信箱:sales@ hatal. com. cn
质量体系:ISO/TS 16949
产品情况:(海德鲁牌)
用于空调、水加热/冷却和汽车液体交换的精密铝挤压管材,如空调管、散热器管和其他管件
配套情况:为德尔福、法雷奥、日本电装、美国伟世通等配套

★无锡明芳汽车部件工业有限公司
地址:江苏省无锡市华庄镇明芳路
邮编:214131
电话:0510/85601662
传真:85602713、85605338
单位人数:300
质量体系:ISO 9000
产品情况:汽车安全带、门铰链、限位器、玻璃升降器、滑槽调角器等
配套情况:为东南汽车、南京汽车集团、东风悦达起亚、上汽通用五菱、广汽本田配套

★无锡井上华光汽车部件有限公司
地址:江苏省无锡市惠山区杨市镇
邮编:214154
电话:0510/83553817
传真:83557067
质量体系:ISO/TS 16949、QS 9000
产品情况:(IHA牌)
捷达车顶条,BORA窗台内密封条,风窗外侧密封条,东洋座椅
配套情况:为一汽-大众、上海大众、天津一汽丰田、奇瑞汽车等配套

★江阴亚成制冷设备有限公司
地址:江苏省江阴市青阳镇南环路21号
邮编:214401
电话:0510/86501088
传真:86915610
电子信箱:coolberg@ pub. wx. jsinfo. net
质量体系:ISO/TS 16949
产品情况:轻、微及中型客车空调、刮水器

★无锡澄昌座椅有限公司
地址:江苏省江阴市青阳镇南环路10号
邮编:214401
电话:0510/86501398
传真:86502299
网址:www. apmtc. cn
电子信箱:apmseat@ public1. wx. js. cn
单位人数:80
质量体系:ISO/TS 16949、ISO 9001
产品情况:(APM牌)
大中型客车座椅、驾驶人座椅、工程机械座椅、农机座椅
出口情况:出口客车座椅、工程机械座椅、农机椅

★江苏裕华汽车零部件有限公司
地址:江苏省江阴市青阳镇工业园区圣杨路11号
邮编:214401
电话:0510/86517668
传真:86506228
网址:www. jy-yuhua. com
电子信箱:sales@ jy-yuhua. com
单位人数:950
质量体系:ISO/TS 16949、QS 9000
产品情况:(怡程牌)
汽车座椅、成型地垫、仪表板等
配套情况:为一汽集团、现代华泰、陕汽集团、东风柳汽、北汽福田、长城华北、南汽等10多家企业配套

★江阴德鑫汽车零部件座椅有限公司
地址:江苏省江阴市青阳镇旌阳北路211号
邮编:214401
电话:0510/86518785
传真:86513100、86516878
网址:www. dx-racer. com
电子信箱:info@ dx-racer. com
质量体系:ISO 9001
产品情况:汽车座椅

◉ 江阴协统汽车附件有限公司

地址:江苏省江阴市月城镇双泾工业园
邮编:214404
电话:0510/86592961
传真:86593696
网址:www. jsxietong. com
电子信箱:jsxt@ jsxietong. com
法人代表:钱德洪
单位人数:405
质量体系:ISO/TS 16949
产品情况:(协统牌)
重型货车、轻型货车、乘用车、商用车、工程车内饰件(内顶棚、前围、侧围、后围、地毯、行李架、卧铺板、注塑件等)及外覆盖件(外顶盖、前围外板、侧板、保险杠、导流板、发动机罩、脚踏板、翼子板等)
配套情况:为一汽青岛汽车厂、一汽长春解放汽车有限公司、一汽海马汽车有限公司、南京依维柯汽车有限公司、中国重汽集团济南卡车股份有限公司、东风柳州汽车有限公司、包头北奔重型汽车有限公司、山东临工工程机械有限公司、山东山工机械有限公司、徐州卡特彼勒、雷诺、沃尔沃等配套

★江阴市华士汽车座椅有限公司
地址:江苏省江阴市华西一村
邮编:214421
电话:0510/86206118
传真:86206111
网址:www. jyhuashen. com
电子信箱:mail@ jyhuashen. com
单位人数:150

质量体系:ISO 9001、ISO 13485
产品情况:(华申牌)
　汽车座椅

★江南模塑科技股份有限公司
地址:江苏省江阴市周庄镇长青路8号
邮编:214423
电话:0510/86222318
传真:86222380
电子信箱:jnms@ public1. wx. js. cn
质量体系:VDA 6.1、QS 9000
产品情况:汽车保险杠、油漆外饰件、防擦条、各种注塑零部件及精密注塑模具、注塑机械等
配套情况:为上汽通用五菱、一汽-大众、神龙汽车、华晨金杯等配套

★江阴奥派联盛汽车部件有限公司
地址:江苏省江阴市周庄镇科技工业园区欧洲工业园
邮编:214423
电话:0510/86901928
传真:86901958
质量体系:ISO/TS 16949、ISO 9001
产品情况:汽车保险杠、车门装饰板、轮眉、中网等装饰件及发动机护板、散热器架

★江阴模塑集团有限公司
地址:江苏省江阴市澄江中路167号
邮编:214434
电话:0510/86401458
传真:86401459
网址:www. jymosu. com
电子信箱:manager@ jymosu. com
质量体系:VDA 6.1、QS 9000
产品情况:保险杠、仪表盘、防擦条、饰条、轮罩等塑件及模具
配套及出口情况:为上海大众、上海通用、一汽集团、东风汽车公司等配套;出口大洋洲、欧洲、美洲等地区

★华轮汽车配件制造有限公司
地址:江苏省靖江市靖城人民南路121号
邮编:214500
电话:0523/84621893
传真:84621895
单位人数:260
质量体系:ISO/TS 16949、ISO 9001
产品情况:年产NJ、IVECO、长丰车门铰链6万件;NJ、IVECO U形螺栓36万只

★江苏旭顺东明汽配有限公司
地址:江苏省靖江市东兴镇通江路9号
邮编:214533
电话:0523/84681498、84680999
传真:84685298
网址:www. jsdongming. com
电子信箱:dongming_js@ vip. 163. com
单位人数:320
质量体系:ISO/TS 16949、QS 9000
产品情况:(旭顺牌)
　汽车门锁(包含厢式车门锁)、发动机罩锁、门铰链(包含厢式车铰链)和车门限位器,年产能力500万台套
配套及出口情况:为江铃汽车、江铃控股、南京依维柯、北汽福田、上海汇众、北奔重汽、陕汽集团、上汽依维柯红岩、重庆长安跨越、安徽华菱、保定长城华北、比亚迪汽车等大型整车厂配套;出口汽车门锁、摩托车配件等产品,出口欧洲、美洲市场

★江苏皓月汽车锁股份有限公司

地址:江苏省靖江市东兴镇南路14号
邮编:214533
电话:0523/84680039
传真:84681287
网址:www. haoyue. com
电子信箱:qm-dai@ haoyue. com
法人代表:曹茂盛
单位人数:1200
质量体系:ISO/TS 16949
产品情况:(皓月牌)
　160多种规格的各种商用车和乘用车用锁
配套及出口情况:为一汽集团、上海大众、东风汽车公司、神龙、沈阳金杯、江铃、北汽福田、哈飞、南汽、江淮、庆铃、上汽通用五菱、长城、河北中兴、郑州日产、重汽集团等配套;为美国Emerson、Hanson、Tri-Mark和加拿大Magna配套
☞ 详细情况请参阅彩色宣传版面

★苏州红荔汽车零部件有限公司
地址:江苏省苏州市吴中区经济开发区越湖路999号
邮编:215000
电话:0512/65619875
传真:65259811
网址:www. hongliauto. com
电子信箱:zhao@ hongliauto. com
单位人数:300
质量体系:ISO/TS 16949
产品情况:汽车座椅骨架、汽车安全气囊支架、空气净化系列及五金冲压件等
配套及出口情况:为FAURECIA、TRW、FEDDERS、FU GE DRIVES、INTIER等公司配套;出口美国、德国、欧洲等国家和地区

★苏州楷模汽车座椅有限公司
地址:江苏省苏州市东吴南路179号
邮编:215007
电话:0512/65257155
传真:65257147
电子信箱:camon@ public1. szjs. cn
质量体系:ISO 9001
产品情况:各种汽车座椅总成

★苏州新智机电工业有限公司
地址:江苏省苏州市木渎镇木东路15号
邮编:215101
电话:0512/66510988、66518532
传真:66261353
网址:www. szxinzhi. com
电子信箱:feiwenxue@ szxinzhi. com
质量体系:ISO/TS 16949、VDA 6.1
产品情况:汽车空调用储液干燥器、气液分离器、变排量压缩机控制阀、膨胀阀等
配套及出口情况:为奥迪、别克君威、别克GL8、帕萨特、捷达、福特嘉年华、福特蒙迪欧、日产、雪佛兰SPARK、马自达3、马自达6、一汽海马323、标致307,途胜、比亚迪F3、沃尔沃S40、欧蓝德、夏利、奇瑞、吉利、千里马、长安雨燕、江铃系列、长城系列等配套;出口日本、东南亚、大洋洲、欧洲、北美洲、中东等国家和地区,并销往中国香港、台湾

★旭硝子特种玻璃(苏州)有限公司
地址:江苏省苏州市工业园区望江路158号
邮编:215121
电话:0512/62852501、62852516
传真:62852502、62852505
网址:www. agc-flatglass. cn
产品情况:汽车浮法玻璃

★西哲罗伯特汽车制品(苏州)公司
地址:江苏省苏州市工业园区出口加工区B区
邮编:215126
电话:0512/62622000
传真:62622050
网址:www. siegelrobert. com
质量体系:ISO/TS 16949、ISO 9001
产品情况:(SR牌)
　散热格栅、开关座、油漆、灯和照明部件等
出口情况:出口欧洲、美洲、亚洲

★苏州工业园区雅式汽车零部件公司
地址:江苏省苏州市工业园区胜浦分区兴浦路109号
邮编:215126
电话:0512/62826678、62826679
传真:62826680
网址:www. arsale-sz. com
电子信箱:simon_chen@ arsale-sz. com
单位人数:100
质量体系:ISO/TS 16949、ISO 9001
产品情况:商用车乘客座椅及配件
出口情况:出口中东、俄罗斯、东南亚、美洲等国家和地区

★特瑞科汽车系统(苏州)有限公司
地址:江苏省苏州市工业园区新林街57号
邮编:215126
电话:0512/62831688
传真:62831600
网址:www. tricoproducts. com
质量体系:ISO/TS 16949、ISO 9001
产品情况:刮水片、刮水器刮臂、连杆
配套情况:为北京奔驰、南京汽车集团、

上海通用等配套

★苏州市万达汽车内饰件厂
地址:江苏省苏州市渭塘镇渭中路85号
邮编:215134
电话:0512/65905605、65405474
传真:65402250
网址:www.szwanda.cn
电子信箱:wanda@szwanda.cn
单位人数:720
质量体系:ISO/TS 16949、QS 9000
产品情况:(WANDA牌)
各类汽车仪表板总成、保险杠、门内饰板总成等汽车内外饰件
配套情况:为南京依维柯、郑州日产、东风柳汽、哈飞汽车、一汽集团、东风汽车公司、江西五十铃、江淮汽车、一汽海马、北汽福田等配套

★苏州中成汽车空调压缩机有限公司
地址:江苏省吴江市江兴东路同里段
邮编:215217
电话:0512/63326699
传真:63331680
电子信箱:sales@zcparts.com
质量体系:ISO/TS 16949、ISO 9001
产品情况:汽车空调压缩机

★长亨汽配工业(昆山)有限公司
地址:江苏省昆山市玉山镇江浦路489号
邮编:215300
电话:0512/57591993、57590791
传真:57591992、57590762
网址:www.bumpers.com.tw
电子信箱:bumpers@188.com
质量体系:ISO/TS 16949、QS 9000
产品情况:保险杠、翼子板、中网、车身饰条、内饰板等汽车注塑零部件

★丰田工业电装空调压缩机(昆山)公司
地址:江苏省昆山市经济技术开发区三巷路
邮编:215300
电话:0512/57630771、57639372
传真:57630771
网址:www.denso.com.cn
电子信箱:zixun@dich.denso.com.cn
单位人数:86
产品情况:可变容量汽车空调压缩机

★昆山麦格纳汽车系统有限公司
地址:江苏省昆山市出口加工区A区第三大道8号
邮编:215301
电话:0512/57332700
传真:57332772
网址:www.magna.com
产品情况:汽车门锁-侧门系统
出口情况:出口欧洲、南美洲

★台新纤维制品(苏州)有限公司
地址:江苏省太仓市洛阳路57号
邮编:215400
电话:0512/53564751、53564741
传真:53564775
电子信箱:tsyw@taisin.com.cn
质量体系:ISO 9001
产品情况:地毯、行李舱毯、轮盖毯、顶棚毯等汽车内装材料

★江苏中联地毯有限公司
地址:江苏省太仓市洛阳东路81号
邮编:215400
电话:0512/82705000
传真:82705656
网址:www.zhongliancarpet.com.cn
电子信箱:zlb@zhongliancarpet.com.cn
法人代表:姚明华
负责人:吕品
单位人数:240
质量体系:ISO/TS 16949
产品情况:(中联牌)
公司主要生产和销售各类涂层的汽车针刺地毯及汽车成型地毯产品,是目前国内名列前茅的专业生产汽车针刺地毯企业
配套及出口情况:公司产品广泛应用于上海大众、上海通用、东风雪铁龙、东风标致、东风本田、一汽-大众、北京奔驰、长安福特、广汽本田、奇瑞、比亚迪等各种车型;出口印度尼西亚(本田CRV)

★常熟市汽车饰件有限公司
地址:江苏省常熟市海虞北路288号
邮编:215500
电话:0512/52335233
传真:52330234
网址:www.caip.com.cn
电子信箱:caip@caip.com.cn
单位人数:500
质量体系:ISO/TS 16949、QS 9000
产品情况:(CAIP牌)
轿车门内护板总成、后窗饰板总成及其他内饰零部件
配套情况:为一汽-大众、上海通用、奇瑞汽车、北京奔驰、神龙汽车、上汽汽车、上海大众等汽车厂配套

★江苏中翼汽车新材料科技有限公司
地址:江苏省常熟市东南经济开发区
邮编:215542
电话:0512/52578268
传真:52578938
网址:www.zyqc.com.cn
电子信箱:zhongyi@zyqc.com.cn
单位人数:92
质量体系:ISO/TS 16949、ISO 9001
产品情况:安全气囊、转向盘
配套情况:为一汽红塔云南、上汽通用五菱、吉利汽车、郑州日产、一汽-大众、上海大众、富士康集团、苏州宝时得、南京得朔等配套

★江苏孚冈汽车发展集团有限公司
地址:江苏省张家港市长安路世纪大厦B座2202室
邮编:215600
电话:0512/58157602
传真:58156666
网址:www.fuganggroup.com
电子信箱:sales@fugangguop.com
质量体系:QS 9000、ISO 9001
产品情况:汽车手动、电动玻璃升降器及电动机、中央门锁、电动座椅调角电动机及电子控制模块电动机等
配套情况:为上海大众、上海通用、华晨宝马、吉利汽车、佛吉亚、奇瑞汽车等配套

★张家港合众汽车部件有限公司
地址:江苏省张家港市小河坝路117号
邮编:215600
电话:0512/58236007、58150952
传真:58237880、58150952
网址:www.frankness.net.cn
电子信箱:sales@frankness.net.cn
单位人数:102
质量体系:ISO/TS 16949、QS 9000
产品情况:汽车玻璃升降器、中央集控闭锁器等
配套情况:为东风日产、奇瑞、哈飞、江淮、中兴、双环、长丰、长城、福汽、南汽等配套

★伟巴斯特东熙汽车(张家港)公司
地址:江苏省张家港市经济开发区国泰路23号
邮编:215600
电话:0512/58543724、58563722
传真:58543718
网址:www.donghee.co.kr
电子信箱:ybai@donghee.co.kr
产品情况:汽车天窗

★张家港市牡丹汽车附件有限公司
地址:江苏省张家港市乐余镇
邮编:215621
电话:0512/58662402
传真:58966025
网址:www.tfsb.cn
电子信箱:cdg@mdfj.com.cn
质量体系:ISO 9001
产品情况:各种客车车窗、汽车安全玻璃、汽车线束、车用钢化玻璃、大型丝印钢化外贴玻璃、电气控制盒、倒车监视器等,年产能力2万套
配套情况:为一汽集团、南京汽车集团、杭汽、东风汽车公司、江淮汽车等配套

★江苏摩比斯汽车零部件有限公司
地址:江苏省盐城市希望大道南路2号
邮编:224002
电话:0515/88278003
传真:88278099
网址:www.mobis.com.cn
单位人数:532

质量体系：ISO/TS 16949、ISO 14001
产品情况：发动机模块、驾驶舱模块、底盘模块、前围模块、汽车仪表台发泡及骨架、汽车水晶前照灯
配套情况：为东风悦达起亚配套

★扬州中基机电有限公司
地址：江苏省扬州市江阳工业园蜀岗西路
邮编：225008
电话：0514/87305299
传真：87300848
网址：www. yzzhongji. com
电子信箱：znm0303@ vip. 163. com
单位人数：260
质量体系：ISO/TS 16949、ISO 9002
产品情况：（中基牌）
汽车门锁总成、座椅及焊接件、装饰件
配套情况：为长安汽车、哈飞汽车配套

★扬州杰信车用空调有限公司
地址：江苏省江都市经济开发区扬泰路
邮编：225200
电话：0514/86974127
传真：86974119
电子信箱：xsb@ jiexin. net
质量体系：ISO/TS 16949
产品情况：（杰信牌）
客车空调
配套情况：为厦门金龙、东风汽车公司、合肥客车、扬州江淮宏运客车、杭州江淮信腾等配套

★江苏昌明车身制造有限公司
地址：江苏省扬州市宝应县环城路宝射河桥南
邮编：225215
电话：13952580708
传真：0514/88236118
网址：www. jscmqp. com
电子信箱：boyzcj@ sina. com
质量体系：ISO 9001
产品情况：（清水口牌）
汽车平头驾驶室、车门总成、保险杠、暖风机、立柱、车身底板及其他钣金、塑料覆盖件

★江都市精达气动件制造有限公司
地址：江苏省江都市浦头镇江灵路南首
邮编：225218
电话：0514/86421246、86421023
传真：86424390
网址：www. jdqdj. com
电子信箱：jdqdj@ jdqdj. com
单位人数：96
质量体系：ISO/TS 16949、ISO 9001
产品情况：可锁定气弹簧系列、压缩气弹簧系列产品
配套情况：为郑州宇通、南京依维柯、扬州亚星、厦门金龙、东风、桂林大宇等配套

★扬州神舟汽车内饰件有限公司
地址：江苏省江都市小纪镇宗村宜武路1号
邮编：225245
电话：0514/86631138
传真：86631037
网址：www. cnshiyun. com
电子信箱：webmaster@ cnshiyun. com
单位人数：650
质量体系：ISO/TS 16949、ISO 9001
产品情况：（时运牌）
汽车内饰件、注塑件、灯具和玻璃钢车身制品
配套情况：为郑州宇通、苏州金龙、厦门金龙、上海申龙、北汽福田、中通客车、江铃五十铃、江淮客车、福田重工、上海龙工、三一重工、中国柳工、玉柴机械等配套

★江都市东南机电部件厂
地址：江苏省江都市樊川镇
邮编：225255
电话：0514/86626008
传真：86626360
电子信箱：dnjd1127@ yahoo. com. cn
单位人数：400
质量体系：ISO 9001
产品情况：铝合金侧仓门、江淮车架、配置6～12米豪华客车电动及手动后视镜、车身侧窗、各种玻璃钢仓门、前后围、前后保险杠、空调机壳等玻璃钢制品、豪华客车蹲式、座式卫生间、汽车座椅、汽车缓速器等

★扬州市华鑫金属制品有限公司
地址：江苏省江都市永安镇工业园区
邮编：225256
电话：0514/86252818
传真：86253666
网址：www. yzhxjs. com
电子信箱：hxjs@ yzhuaxin. com
单位人数：119
质量体系：ISO 9001
产品情况：系列门泵、锻造（热镀）、精密铸造及二氧化碳气体保护焊丝

★泰州劲松股份有限公司
地址：江苏省泰州市海阳路40号
邮编：225300
电话：0523/82848888、82848036
传真：82848083
网址：www. jinsong. com. cn
电子信箱：chenjun@ jinsong. com. cn
单位人数：467
质量体系：ISO/TS 16949、QS 9000
产品情况：座舱系统（含仪表板总成）、内饰系统（含门内板、门柱内饰）、外饰系统（含涂装外装饰件）等，年产能力90万台（套）
配套情况：为上海大众、奇瑞汽车、上海通用、昌河汽车、北汽福田、上海汇众等配套

★泰州市韩新汽车配件有限公司
地址：江苏省泰州市经济开发区民营科技园建设路
邮编：225300
电话：0523/82906318
传真：82096110
网址：www. hanxinauto. com. cn
电子信箱：sales@ hanxinauto. com. cn
单位人数：500
质量体系：ISO/TS 16949、QS 9000
产品情况：汽车内饰件、汽车保温材料
配套及出口情况：为三星、现代、起亚、双龙等配套；出口韩国

★江苏省泰州市飞达气动液压件厂
地址：江苏省泰州市海林区城东窑头工业区
邮编：225313
电话：0523/86285699
传真：86288359
电子信箱：fd@ tz－feida. com
质量体系：ISO 9001
产品情况：汽车后门撑杆、印染机等所需气弹簧
配套情况：为牡丹客车、扬子、河北中兴、亚星等配套

★泰州市高港区鸿运汽车配件厂
地址：江苏省泰州市刁铺西工业园二桥村
邮编：225323
电话：0523/86170687
传真：86171058
质量体系：ISO 9001
产品情况：（鸿运牌）
气弹簧（支撑杆）
出口情况：出口东南亚、欧洲等地区

★扬州天元座椅有限公司
地址：江苏省扬州市西北郊天山镇
邮编：225653
电话：0514/84222012、84226318
传真：84224417
网址：www. tychair. com
电子信箱：master@ tychair. com
产品情况：汽车座椅、工程机械驾驶座椅、玻璃钢座椅等
配套情况：为南京长安、宇通重工、徐工、临工、常林、三一重机等主机厂配套

★江苏科达车业有限公司
地址：江苏省宝应县开发区金湾路205号
邮编：225801
电话：0514/88266067、88264656
传真：88266067
网址：www. by－keda. com
电子信箱：bykeda@ yahoo. com. cn
质量体系：ISO/TS 16949、ISO 14001
产品情况：（盈科牌）
SUV汽车行李架、尾翼、背门拉手、侧护杠等汽车装饰件和钣金覆盖件
配套及出口情况：为多家主机厂配套；出口美洲、亚洲、非洲、大洋洲等地区

★江苏奥顿车业有限公司
地址:江苏省扬州市宝应县经济开发区东阳路201号
邮编:225801
电话:0514/88326858、88310858
传真:88326308
网址:www.aodun.cn
电子信箱:xs@aodun.cn
质量体系:ISO/TS 16949、ISO 9001
产品情况:(奥顿牌)
前发动机罩、后行李舱盖、散热器框架、前照灯饰条、前左右翼子板、油底壳等钣金覆盖件
配套情况:为一汽轿车、一汽-大众、一汽海马、奇瑞汽车、上汽通用五菱等配套

★宝应县华宇汽配制造有限公司
地址:江苏省宝应县黄塍工业区
邮编:225807
电话:0514/88603588
传真:88601999
电子信箱:jfmilan@sina.com
质量体系:ISO 9001
产品情况:(FAW-SIFANG牌)
车身覆盖件、驾驶室

★扬州阳曼车身厂
地址:江苏省宝应县望直港镇耿耿工业园沪港路2号
邮编:225811
电话:0514/88311008、88323368
传真:88323378
网址:www.jhqp.com.cn
电子信箱:yzcncsqc@hotmail.com
质量体系:ISO 9001
产品情况:斯太尔、斯太尔王、豪沃覆盖件(钣金件),斯太尔(王)驾驶室壳体、车门壳(总成)、半高顶顶盖、后围、立柱、发动机罩、侧围、前围大板、豪沃车门、立柱、侧围等钣金件

★江苏省宝应县曙光汽车配件厂
地址:江苏省扬州市宝应县望直港汽配工业园
邮编:225811
电话:0514/88312888
传真:88321898
网址:www.byshuguang.com
电子信箱:bysgqp@sina.com
产品情况:各种汽车钣金覆盖件、车身总成
配套情况:与多家汽车厂配套

★扬州宇联车辆配件制造有限公司
地址:江苏省扬州市宝应县望直港耿耿工业园
邮编:225811
电话:0514/88321668
单位人数:152
质量体系:ISO/TS 16949
产品情况:侧围总成、底板、工具箱盖板、车门壳等驾驶室钣金件及驾驶室总成

★江苏省宝应县润扬汽配厂
地址:江苏省扬州市宝应县望直港镇汽配工业区
邮编:225811
电话:0514/88322969
传真:88322921
质量体系:ISO 9001
产品情况:汽车钣金件、覆盖件、保险杠、车门、后背门、机盖等零配件

★江苏铁锚玻璃股份有限公司
地址:江苏省南通市海安县长江西路128号
邮编:226600
电话:0513/88789695、88814008
传真:88789696
网址:www.tiemao.cn
电子信箱:tmbl@tiemao.cn
单位人数:400
质量体系:ISO/TS 16949、ISO 9001
产品情况:(铁锚牌)
夹胶玻璃、钢化玻璃等
配套情况:为一汽解放、东风、北汽福田、重汽集团、南京依维柯、上汽通用五菱等配套

★南通光大汽配有限公司
地址:江苏省海安县双楼工业园区
邮编:226671
电话:0513/88792474
传真:88792474
电子信箱:hazhgm@pub.nt.jsinfo.net
单位人数:80
质量体系:ISO 9001
产品情况:城市公交车内扶手支座

★江苏南汽常随汽车零部件有限公司
地址:江苏省常州市新北区薛家工业园奥园路50号
邮编:228888
电话:0519/85335723
传真:85311783
网址:www.windowregulator.com.cn
电子信箱:windowlift@vip.163.com
单位人数:200
质量体系:QS 9000、ISO 9001
产品情况:玻璃升降器、驻车制动操纵杆总成、驾驶室翻转机构、各类衬垫等及专用维修工具

浙江省

★杭州精达弹簧有限公司
地址:杭州市大兜路188号
邮编:310014
电话:0571/88106332、88383586
传真:88106332
质量体系:ISO 9001
产品情况:汽车玻璃升降机平衡弹簧、汽车座椅调角器弹簧(平面涡卷弹簧)
配套及出口情况:为上海交运、上海宏宝、中欧国际、宁波世通等40多家企业配套;产品50%出口欧洲、美洲及东南亚地区

★杭州钱江汽配电器有限公司
地址:杭州市余杭区良渚镇运河村勾庄工业区
邮编:310023
电话:0571/88734166
传真:88734166
电子信箱:nibose@163.com
质量体系:ISO/TS 16949
产品情况:(德荣牌)
风窗玻璃电动洗涤器总成
配套情况:为长安汽车、长安铃木、比亚迪汽车等配套

★杭州市杭星汽车空调制造厂
地址:杭州市滨江区长河镇长一花园周388号
邮编:310052
电话:0571/86601167、86600511
传真:86601167
网址:www.hz-hangxing.com
质量体系:ISO/TS 16949
产品情况:客车空调器、热交换器

★浙江远翅控股集团有限公司
地址:杭州市萧山区新街镇
邮编:311217
电话:0571/82613923
传真:82618000
网址:www.zjyuanchi.com
电子信箱:yuanchi@vip.163.com
单位人数:1200
质量体系:ISO/TS 16949
产品情况:(远翅牌)
年产汽车仪表板总成44万套、汽车保险杠56万只、汽车转向盘10万只、其他汽车塑料件110万件
配套情况:为上汽通用五菱、重庆长安、昌河铃木配套

★浙江欧力达液压机械有限公司
地址:浙江省富阳市高桥工业开发区盛大路19号
邮编:311400
电话:0571/63373029
传真:63373019
网址:www.lidayy.com
电子信箱:webmaster@lidayy.com
质量体系:ISO/TS 16949、QS 9000
产品情况:(力达牌)
气弹簧、液压油缸、离合器主缸、制动油泵、离合器助力缸
出口情况:批量出口日本、德国

★浙江鸿森机械有限公司
地址:浙江省诸暨市阮市镇董公开发区
邮编:311802
电话:0575/87696107、87607883
传真:87698985

网址:www. zjhsjx. com
电子信箱:hongsen@ zjhsjx. com
单位人数:200
质量体系:ISO 9001、ISO 14000
产品情况:(鸿森牌)
空调系统用各类阀门
出口情况:远销到国外著名企业

★ 浙江龙生汽车部件股份有限公司

地址:浙江省桐庐县富春江镇机械工业区
邮编:311504
电话:0571/64667288、64667888
传真:64651988
网址:www. longsheng988. com
电子信箱:longsheng@ longsheng988. com
法人代表:俞龙生
负责人:郑玉英
单位人数:588
质量体系:ISO/TS 16949、ISO 9001
产品情况:(龙生牌)
滑轨、调角器和其他零部件座椅、靠背、座盒等20多个系列共100余个品种
配套情况:公司与中国汽车座椅领域多家知名厂商建立稳定的合作关系,并多次评为"优秀供应商",此外,公司还为国内众多著名汽车企业提供配套产品
☞ 详细情况请参阅彩色宣传版面

★诸暨金海三喜空调网业有限公司
地址:浙江省诸暨市应店街工业区
邮编:311817
电话:0575/87385295
传真:87212635
网址:www. goldensea. cn
电子信箱:auto@ goldensea. cn
质量体系:ISO/TS 16949
产品情况:(金海牌)
汽车空调过滤网、网板、汽车空调过滤器、吸尘器过滤器、空气净化过滤器、空气净化机、塑胶制品等(精密模具等空气净化相关产品)

★浙江春晖汽车空调压缩机有限公司
地址:浙江省上虞市春晖工业大道288号
邮编:312300
电话:0575/82156611
传真:82151008
网址:www. zjchunhui. com
电子信箱:zjchunhui@ zjchunhui. com
质量体系:ISO/TS 16949、QS 9000
产品情况:汽车空调压缩机

★浙江新龙实业有限公司
地址:浙江省新昌县七星街道5楼2号
邮编:312500
电话:0575/86296968、86296628
传真:86296628
网址:www. zjxinlong. com
电子信箱:xinlong@ zjxlindustry. com
单位人数:800
质量体系:ISO/TS 16949、QS 9000
产品情况:(新龙牌)
空调管组件

★浙江中宝实业控股股份有限公司
地址:浙江省新昌县省级高新区南岩
邮编:312500
电话:0575/86299666、86299200
传真:86299222、86299156
网址:www. myzbao. com
电子信箱:zbao@ myzbao. com
单位人数:500
质量体系:ISO/TS 16949、ISO 9000
产品情况:(中宝牌)
旋叶式车用空调压缩机、汽车杂物箱、保险杠总成、车轮饰盖、电子膨胀阀、电磁阀等
配套及出口情况:为神龙汽车、华晨金杯、长安汽车、上汽通用五菱、昌河汽车、哈飞汽车、北汽福田、杭州东风等配套;远销美国、日本、欧洲、东南亚、中东等国家和地区

★湖州埭溪振华工贸有限公司
地址:浙江省湖州市埭溪镇104国道旁
邮编:313023
电话:0572/3983038、3983128
传真:3981419
网址:www. zhenghuagm. com
电子信箱:zhenghuagm@ vip. 163. com
单位人数:298
质量体系:ISO 9002
产品情况:各种座椅及调节器、水泵带轮、转向泵带轮、风扇带轮及空调机带轮,各种摩托车燃油箱、车架
出口情况:出口欧洲、美洲及东南亚等20多个国家和地区

★浙江华瑞祥汽车空调有限公司
地址:浙江省德清县经济开发区丰庆街598号
邮编:313200
电话:0572/8823988
传真:8823268
网址:www. hrxchina. com
电子信箱:hrxsales@ gmail. com
单位人数:250
质量体系:ISO/TS 16949
产品情况:汽车蒸发器、冷凝器和散热器等,年产能力150万套汽车空调配件产品
出口情况:远销美洲、亚洲、非洲、大洋洲等地区

★康脉精机科技(嘉兴)有限公司
地址:浙江省嘉善县魏中路368号
邮编:314100
电话:0573/84755069
传真:84755076
质量体系:ISO/TS 16949、ISO 9001
产品情况:汽车空调压缩机的阀板及阀板总成

★嘉兴大友汽车座椅有限公司
地址:浙江省平湖市新仓镇金星路158号
邮编:314205
电话:0573/85719000、85704660
传真:85708333
电子信箱:phdaiyu@ mail. jzptt. zj. cn
质量体系:ISO 9001、ISO 14001
产品情况:本田、三菱、TAKATA、COMBI等车型座椅
出口情况:产品全部出口

★宁波汉德汽车配件有限公司
地址:浙江省宁波市鄞州宋诏桥工业区兴宋路166号
邮编:315000
电话:0574/87279301
传真:87279637
网址:www. head - china. com
电子信箱:hd@ head - china. com
质量体系:ISO/TS 16949、ISO 9001
产品情况:汽车用软滑刮水器

★宁波江北德工汽车零部件有限公司
地址:浙江省宁波市江北区谢家工业区亚达路1、2、3号
邮编:315000
电话:0574/87582393
传真:87582396
网址:www. yada - wiper. com
电子信箱:sales@ yada - wiper. com
质量体系:ISO 9001
产品情况:汽车刮水器
出口情况:雨刷远销120多个国家和地区

★宁波飞翔兴业汽配有限公司
地址:浙江省宁波市鄞州潘火工业园凤起路88号
邮编:315000
电话:0574/88320040、88320043
传真:88320052
网址:www. fxqp. com
电子信箱:nbfx79@ fxqp. com
单位人数:100
质量体系:ISO/TS 16949、ISO 9001
产品情况:汽车镜、汽车装饰件、汽车用品、汽车灯具、汽车装饰件等
配套及出口情况:为东风汽车公司、长城汽车、扬子集团、吉利汽车、吉奥汽车等配套;出口美国、英国、南非、俄罗斯、埃及、迪拜等国家

★宁波江北东保汽车电器有限公司
地址:浙江省宁波市江北区庄桥费市西街28号
邮编:315029
电话:0574/83029918、87580718
传真:83029917、87579997
网址:www. eastbao. com
电子信箱:wiper@ eastbao. com
质量体系:ISO 9001

产品情况:刮水器片、刮水器杆等
出口情况:远销欧洲、东南亚、美洲、非洲等地区

★宁波昌祺塑料有限公司
地址:浙江省宁波市江北区金山路727号
邮编:315033
电话:0574/56202766、56202888
传真:56202666
网址:www.nbcq.cn
电子信箱:sales@nbcq.cn
单位人数:200
质量体系:ISO/TS 16949、ISO 9001
产品情况:(昌祺牌)
汽车前后保险杠、内外饰件等注塑件、座椅总成、线束总成等零部件

★慈溪市龙山威博汽车配件厂
地址:浙江省宁波市高新区江南路创新大厦
邮编:315040
电话:0574/27902168
传真:63780778、27907818
网址:www.wipex.com.cn
电子信箱:sales@wipex.com.cn
单位人数:100
质量体系:ISO 9001
产品情况:汽车刮水器、刮水器臂等
出口情况:出口北美洲、西欧、日本等国家和地区

★宁波双圆不锈钢制品有限公司
地址:浙江省宁波市江东区周宿渡路16号
邮编:315040
电话:0574/87879603
传真:87884099
质量体系:ISO 9000
产品情况:不锈钢汽车轮毂装饰件
出口情况:出口美国

★宁波伊斯特赛机械制造有限公司
地址:浙江省宁波市丈东路延伸段(邱隘)东海工业园
邮编:315101
电话:0574/88356528、88393455
传真:88356698
网址:www.eastseamachinery.com.cn
电子信箱:amyqian@eastseamachiney.com.cn
单位人数:400
质量体系:ISO 9001
产品情况:车锁、锌合金产品、铸钢件等

★宁波新露聚氨酯实业有限公司
地址:浙江省宁波市五乡工业园区园区路23号
邮编:315111
电话:0574/88485044、88332643
传真:88385044
网址:www.nbxinlu.com
电子信箱:webmaster@nbxinlu.com
质量体系:ISO 9001
产品情况:汽车座椅、消声器、空调进气通风口
出口情况:远销美国、日本、德国、加拿大、法国、马来西亚、墨西哥等20多个国家

★宁波市鄞州云龙兴达汽车配件厂
地址:浙江省宁波市鄞州云龙镇陈歧村
邮编:315135
电话:0574/88345945、88344045
传真:88344637
网址:www.xdqp.com
电子信箱:sales@xdqp.com
质量体系:ISO 9001
产品情况:各种客车自动门球接总成、客车底盘球接总成、农用车底盘球接总成、微型车底盘球接总成

★宁波市鄞州唯搏气动机制造公司
地址:浙江省宁波市鄞州区瞻岐镇瞻西工业区
邮编:315145
电话:0574/88308012
传真:88194396
网址:www.wbgasspring.net
电子信箱:bsy5679@188.com
质量体系:ISO 9001
产品情况:气动支撑杆

★宁波帅特龙车辆部件有限公司
地址:浙江省宁波市明州工业园区洞桥镇元贞桥
邮编:315157
电话:0574/89201660
传真:"89201600"
网址:www.nbstl.cn
电子信箱:sys@nbstl.cn
单位人数:760
质量体系:ISO/TS 16949、ISO 14001
产品情况:塑料、电器产品如烟灰盒总成、饮料杯支架总成、储物盒总成、门内手柄总成、顶棚拉手总成、阅读灯总成、导流板、排风口、遮阳窗帘、紧固件、阻尼器等汽车内饰功能件
配套情况:为一汽轿车、一汽-大众、一汽解放、上海大众、上海通用、广汽本田、天津一汽丰田、北京奔驰、北京现代、奇瑞汽车、沈阳金杯等配套

★宁波市翔龙金属制品有限公司
地址:浙江省宁波市高桥镇江南工业区翔龙路1号
邮编:315173
电话:0574/88007577
传真:88018168
网址:www.xlnb.cn
电子信箱:sales@xlnb.cn
单位人数:100
质量体系:ISO 9001、ISO 14001
产品情况:冲压件、支架、焊接件、钣金件、塑料件、铸件、门铰链、滑轮、管子、座椅骨架等
配套及出口情况:为FMC TECH、ISUZU配套;产品90%以上出口欧洲、美洲、日本、大洋洲等国家和地区

★宁波明望汽车饰件有限公司
地址:浙江省宁波市高桥古庵开发区
邮编:315175
电话:0574/88449118
传真:88449187
网址:www.nb-mw.com
电子信箱:mingwang@vip.163.com
单位人数:140
质量体系:ISO/TS 16949、ISO 9002
产品情况:风行商务车座椅、金杯海狮座椅、金龙大客车座椅、江淮商务车座椅等
配套情况:为金杯海狮客车、青汽、福汽、杭汽、江淮汽车厂、厦门金旅、江苏悦达起亚等配套

★宁波恒特汽车零部件有限公司
地址:浙江省宁波市鄞州区古林镇振兴路29号
邮编:315177
电话:0574/88427838
传真:88294810
网址:www.nb-hengte.com
电子信箱:sales@nb-hengte.com
质量体系:ISO/TS 16949
产品情况:(HUAXIANG牌)
汽车电动玻璃升降器总成、升降器电动机和车窗玻璃自动关闭器
配套及出口情况:为一汽-大众、神龙富康、吉利汽车、奇瑞汽车、通用、长安等多家汽车厂配套;出口欧洲、北美洲、中东、东南亚等地区

★宁波扬胜汽车配件有限公司
地址:浙江省宁波市骆驼工业区九龙大道南段1号
邮编:315202
电话:0574/86534122、86534123
传真:86534121
网址:www.chinawiper.net
电子信箱:Youngsun03@hotmail.com
质量体系:ISO/TS 16949
产品情况:刮水器
配套情况:为一汽集团等汽车制造企业配套

★宁波世通汽车零部件有限公司
地址:浙江省宁波市骆驼机电工业园区通园北路268号
邮编:315202
电话:0574/86571122
网址:www.stonemotor.com
电子信箱:zjm1199@126.com
单位人数:200
质量体系:ISO/TS 16949、ISO 9001
产品情况:(顺发牌)
汽车电动玻璃升降器及其电动机,具有年产20万套电动玻璃升降器、100万只电动机的生产能力
配套情况:为比亚迪、吉利、力帆、猎豹

等配套

★宁波爱多汽车雨刷制造有限公司
地址:浙江省宁波市镇海区骆驼机电工园
邮编:315202
电话:0574/86572666、86572686
传真:86585927、86572685
网址:www.aiduo-wiper.com
电子信箱:cnaiduo@yahoo.com.cn
质量体系:ISO/TS 16949、ISO 9001
产品情况:汽车刮水片、刮水器杆

★宁波市阳光交通器材有限公司
地址:浙江省宁波市镇海临俞工业区石柱路589号
邮编:315207
电话:0574/26267088、26267087
传真:26267086
网址:www.sunshine-wiper.com
电子信箱:sales@sunshine-wiper.com
质量体系:ISO/TS 16949、ISO 9001
产品情况:刮水器、刮水片等
出口情况:出口美国、欧洲、东南亚等国家和地区

★宁波明州汽车塑料件有限公司
地址:浙江省慈溪市新江路243号
邮编:315300
电话:0574/63243580
传真:63243580
网址:www.riyue-motor.com
电子信箱:chendy@riyue-motor.com
单位人数:86
质量体系:QS 9000、ISO 9000
产品情况:仪表板、空调出风口、车门把手等各种汽车塑料件
配套情况:为天汽、哈飞汽车、金龙汽车、吉利汽车等配套

★慈溪市福尔达实业有限公司
地址:浙江省慈溪市道林镇樟新南路
邮编:315321
电话:0574/63516008
传真:63516588
电子信箱:fuerda@public.cx.nbptt.zj.cn
质量体系:VDA 6.1、QS 9000
产品情况:空调出风口总成及控制机构、车厢内饰拉手、内饰灯
配套情况:为一汽集团、一汽-大众、一汽丰田、上海大众、上海通用、奇瑞汽车、华晨金杯、长安福特马自达等配套

◉ 慈溪市钶迪车辆装饰件有限公司
地址:浙江省慈溪市匡堰镇经济开发区
邮编:315333
电话:0574/63535357、63530278
传真:63531808
法人代表:陈映萍
负责人:罗旭良
单位人数:336
质量体系:ISO/TS 16949
产品情况:(钶迪牌)

各种塑料标牌、出风口、散热器格栅、车轮盖等内外饰件,年产能力200万套
配套情况:为一汽集团、上汽通用五菱、北汽福田、郑州日产、一汽红塔云南、昌河铃木、长安铃木、昌河股份、长城汽车、郑州宇通、东风柳汽、重庆力帆、沈阳中顺等配套

★慈溪市振惠转向器后视镜有限公司
地址:浙江省慈溪市杭州湾新区金溪路三站
邮编:315336
电话:0574/63073866
传真:63073868
网址:www.chinazhenhui.com
电子信箱:wzh-cixi@vip.sina.com
单位人数:204
质量体系:ISO/TS 16949、ISO 9001
产品情况:(振惠(ZHENHUI)牌)
汽车电动后视镜及其电动转向器、内视镜
配套及出口情况:为长丰猎豹、东风日产乘用车、郑州日产、北汽福田、一汽集团、华泰公司等配套;出口美国、德国、巴西、日本、澳大利亚、加拿大、韩国等国家

★宁波华德汽车零部件有限公司
地址:浙江省慈溪市杭州湾新区滨海2号新慈6路路口
邮编:315336
电话:0574/63253888
传真:63253999
网址:www.chinahuade.com
电子信箱:huade@chinahuade.com
质量体系:ISO/TS 16949、QS 9000
产品情况:汽车塑料内外饰件、电器开关
配套情况:为一汽集团、一汽一大众、东风汽车公司、神龙汽车、上海通用、上海大众配套

★宁波市锦艺汽车零部件有限公司
地址:浙江省慈溪市慈东工业区海丰路
邮编:315338
电话:0574/63293998
传真:63293598
网址:www.jinyiauto.com.cn
电子信箱:ysk88@21cn.com
质量体系:ISO/TS 16949
产品情况:保险带装置、发动机罩、油箱隔热罩、行李舱尾端板、轮胎罩、无纺棉产品、金属制品等
配套及出口情况:为美国GM、Ford、Chrysler三大汽车公司的二级配套外观件供应商配套;100%出口美国、加拿大等国家

★浙江余姚鑫星汽摩装饰件有限公司
地址:浙江省余姚市高新技术开发区南区磨刀桥路57号
邮编:315400
电话:0574/62738888、62708248
传真:62710487
网址:www.xinxing-china.com
电子信箱:sales@xinxing-china.com
质量体系:ISO/TS 16949、ISO 9001
产品情况:(鑫星牌)
汽车标牌、中网、门拉手、轮毂罩、内饰件、紧固件等
配套及出口情况:为庆铃汽车、长安汽车、长安铃木、上汽通用五菱、广汽长丰、长城汽车、长安福特马自达等配套;出口美国、法国、西班牙、德国等国家

★宁波宇润电器有限公司
地址:浙江省余姚市泗门镇工业区同济路8号
邮编:315470
电话:0574/62156068、62132661
传真:62156367、62132663
网址:www.nbyr.com.cn
电子信箱:smkd@mail.nbptt.zj.cn
质量体系:ISO 9001
产品情况:(宇润(yurun)牌)
汽车内外饰件、发动机配件、塑料模具、铝压铸件、橡胶塑料产品
配套及出口情况:主要客户有挪威Plasto、Glamox、意大利Camozzi、瑞典沃尔沃、墨西哥MAG等;出口挪威、意大利、瑞典、墨西哥

★宁波欣晖制冷设备有限公司
地址:浙江省宁波市奉化高新技术开发区龙津路8号
邮编:315500
电话:0574/88939789、88917753
传真:88917753、88939789
网址:www.nb-xinhui.com
电子信箱:nbxh@nb-xinhui.com
单位人数:144
质量体系:ISO/TS 16949、QS 9000
产品情况:(冷神牌)
XH-32、XH-40系列汽车空调压缩机,年产10万台
配套及出口情况:被国内主要车用空调生产厂作为首选国产配套产品;出口欧洲、美洲市场

★奉化市仁龙机械有限公司
地址:浙江省奉化市尚田镇尚兴路12-2号
邮编:315511
电话:0574/88637738、88637737
传真:88632325
网址:www.renlong-cn.com
电子信箱:manager@renlong-cn.com
法人代表:董喜刚
单位人数:70
质量体系:ISO/TS 16949
产品情况:(仁龙牌)
气弹簧、汽车用遮阳蓬
出口情况:出口气弹簧300万支

★宁波乾方汽车配件有限公司
地址:浙江省奉化市尚田工业开发区
邮编:315511
电话:0574/88637846、88632846
传真:88630456
网址:www. qianfang - cn. com
电子信箱:boboin@ 126. com
单位人数:102
质量体系:ISO/TS 16949、ISO 9001
产品情况:(乾方牌)
汽车门铰链、车门限位器、冲压件、机加工件等
配套情况:为吉利汽车、江淮汽车、金龙客车、金旅客车、青年汽车、桂林大宇、宇通客车、三一集团、南京依维柯、东风杭汽、广州五十铃等配套

★宁波力品格工业机械有限公司
地址:浙江省奉化市莼湖镇鲒奇工业开发园区
邮编:315528
电话:0574/88768901、88765369
传真:88767666
网址:www. fhyanghai. com
电子信箱:web@ fhyanghai. com
单位人数:180
质量体系:ISO/TS 16949、ISO 9001
产品情况:(力品格(LIPINGE)牌)
气弹簧支撑系列、可控簧系列、闭门器系列、减振器连杆轴类系列等四大系列产品
出口情况:出口美国、欧洲、澳大利亚、东南亚等国家和地区

★宁海县春雷模具制造有限公司
地址:浙江省宁波市宁海县兴宁百路500号
邮编:315600
电话:0574/65531663、65531660
传真:65531658
网址:www. chunleimould. com
电子信箱:chunleimj9129@ 163. com
单位人数:106
质量体系:ISO 9001
产品情况:(春雷牌)
汽车车门外拉手、仪表板、保险杠等
配套及出口情况:为上海大众、上海通用、上海申贝集团、富士通将军(上海)、印度马哈拉加电器公司等配套;出口欧洲、美洲地区

★宁海县金凌模塑有限公司
地址:浙江省宁海县跃龙街道上枫槎村
邮编:315600
电话:0574/65533688
传真:65573308
网址:www. nb - jinling. com
电子信箱:nbjinling@ 163. com
质量体系:ISO 9001
产品情况:门外手柄、门内手柄、烟灰盒、饮料杯支架、中网、储液罐、橡胶等

★宁波松鹰汽车空调配件有限公司
地址:浙江省宁波市宁海县科技园区科园北路9号
邮编:315600
电话:0574/65598005
传真:65585861
网址:www. songying - txv. com
电子信箱:nbsyev@ mail. nbptt. zj. cn
质量体系:ISO/TS 16949、ISO 9001
产品情况:(松鹰牌)
汽车空调热力膨胀阀
出口情况:远销美国、欧洲、日本、印度、东南亚、南美洲等国家和地区

★宁波沃特汽车部件有限公司
地址:浙江省宁海县深圳南溪
邮编:315614
电话:0574/65289989、65289996
传真:65289995
网址:www. nbwote. com
电子信箱:shuangshui@ nbwote. com
单位人数:250
质量体系:ISO/TS 16949、ISO 9001
产品情况:暖风机
配套及出口情况:为一汽富奥、东风贝洱、上海贝洱、华晨金杯、新大洲本田、宁波前桥、宁波拓普等配套;出口欧洲、美洲地区

★宁波恒富汽车部件发展有限公司
地址:浙江省宁波象山县西周镇象西工业园区
邮编:315722
电话:0574/65831118、65839898
传真:65832126、65837863
网址:www. china - hengfu. com
电子信箱:zkaij@ china - hengfu. com
单位人数:250
质量体系:ISO/TS 16949
产品情况:(恒富牌)
汽车空调壳体、空调电动机壳体、控制面板、暖风水阀、线束、空调叶轮、油泵支架、绝缘拉杆等
配套及出口情况:为上海大众、一汽-大众奥迪、江铃汽车、重汽集团、上海通用、科士达-华阳、比亚迪汽车、德国西门子、美国库柏、艾特等配套;出口美国、德国、荷兰、意大利

★宁波华翔集团股份有限公司
地址:浙江省象山县西周镇镇安路104号
邮编:315722
电话:0574/65837888
传真:65837000
网址:www. huaxianggroup. com
电子信箱:huaxiang@ mail. nbptt. zj. cn
单位人数:150
质量体系:ISO/TS 16949、VDA 6.1
产品情况:汽车车身塑料件、发动机、车桥、汽车电子产品等
配套情况:为上海大众、上海通用、一汽-大众和一汽丰田等国内主要整车厂配套

★宁波诗兰姆汽车零部件有限公司
地址:浙江省象山县西周经济开发区
邮编:315722
电话:0574/65839257、65835602
传真:65839259
电子信箱:maoming@ schlemmer. com. cn
质量体系:ISO/TS 16949
产品情况:汽车内饰件、功能件

★宁波拓普集团股份有限公司
地址:浙江省宁波市北仑区黄山西路215号
邮编:315800
电话:0574/86800899
传真:86800838
网址:www. tuopu. com
电子信箱:tuopu@ tuopu. com
质量体系:ISO/TS 16949、VDA 6.1
产品情况:(拓普(TUOPU)牌)
减振系列、内饰系列、悬架系列及其他系列四大类产品,共2000多个品种
配套情况:主要客户有上海通用、上海大众、一汽-大众、上汽通用五菱、北京奔驰、长安福特马自达、江铃汽车、神龙汽车、华晨汽车、北美通用、德国奥迪、德国大众等

★宁波裕民机械工业有限公司
地址:浙江省宁波市小港经济技术开发区义成路78号
邮编:315803
电话:0574/26850555、26850567
传真:26850500
网址:www. yumin - co. com
电子信箱:admin@ yumin - co. com
质量体系:ISO/TS 16949、VDA 6.1
产品情况:汽车侧窗总成、门框、前桥总成、内外后视镜、整车密封条、内外水切、装饰条等

★浙江三门茂盛交通器材有限公司
地址:浙江省三门县沙柳工业区
邮编:317113
电话:0576/83200909、83200019
传真:83200293
网址:www. smmaosheng. com
电子信箱:root@ smmaosheng. com
质量体系:ISO 9001
产品情况:赛车座椅、摩托车坐垫等
出口情况:70%产品出口欧洲、美洲市场

★浙江天成座椅有限公司
地址:浙江省天台县经济开发区
邮编:317200
电话:0576/83737685、83737706
传真:83737895
网址:www. china - tc. com
电子信箱:ttcbr@ china - tc. com
单位人数:510
质量体系:ISO 14000

产品情况：汽车座椅、工程机械车辆座椅和座椅调角器，具有年产20万席座椅、20万台套调角器的生产能力
配套及出口情况：为龙工、山工、柳工、宇通、金龙、金华尼奥普兰等50多家国内大型主机厂配套；出口美国、英国、意大利、加拿大、澳大利亚、新加坡、荷兰等20多个国家

★温岭市寰宇汽车配件有限公司
地址：浙江省温岭市南泉工业区
邮编：317500
电话：0576/86114630、86222731
传真：86222376
网址：www.cwqp.com
电子信箱：cwqp@mail.tzptt.zj.cn
质量体系：ISO 9001
产品情况：各种型号汽车刮水器及其零配件、洗涤器、电动燃油泵、暖风电动机、冷水阀、自动车门电动机、门锁电动机等
配套及出口情况：为东风、一汽、跃进、长城等20多家汽车厂配套；出口美国

★浙江飞越机电有限公司
地址：浙江省温岭市陈西工业区九龙大道
邮编：317500
电话：0576/86191959、86191958
传真：86191957
网址：www.over-flying.com
电子信箱：fyjyr@mail.szptt.zj.cn
质量体系：ISO 9001
产品情况：真空泵系列、汽车空调压缩机系列产品

★温岭欣达汽车配件厂
地址：浙江省温岭市太平镇南泉工业区
邮编：317500
电话：0576/86223082
传真：86223093
网址：www.wlsinda.com
电子信箱：sales@wlsinda.com
质量体系：ISO 9002
产品情况：（爱仕傅牌、督督牌）
汽车刮水器、刮水器刮臂

★法雷奥温岭汽车零部件有限公司
地址：浙江省温岭市万寿路258号
邮编：317500
电话：0576/86223924
传真：86223671
网址：www.valeo.com.cn
电子信箱：james.xi@valeo.com
单位人数：560
质量体系：ISO/TS 16949、QS 9000
产品情况：（VALEO牌）
汽车刮水器、洗涤器
配套及出口情况：为一汽、一汽-大众、华晨金杯、河北中兴、长城汽车、郑州日产、神龙汽车、南京依维柯、上海通用、奇瑞汽车、江淮汽车、江铃汽车、重庆铃木、东风日产乘用车等配套；刮水器刮片由法雷奥集团销售到欧洲、美洲等地区

★温岭市永杭汽车电器厂
地址：浙江省温岭市太坪镇南泉一期工业区
邮编：317500
电话：0576/86224854
传真：86126153
网址：www.cnyonghang.com
电子信箱：market@cnyonghang.com
质量体系：ISO 9001
产品情况：汽车洗涤泵、刮水器片等
出口情况：出口南美洲、东欧、北美洲、东南亚、中东，并销往中国台湾地区

★温岭市通驰汽车空调制造有限公司
地址：浙江省温岭市城西工业区
邮编：317515
电话：0576/86259388、86655555
传真：86259008
网址：www.chinatongchi.com
电子信箱：chinatongchi@126.com
产品情况：（通驰牌）
空调冷凝器风扇、散热器风扇、空调清洗罐等
配套及出口情况：为国内多家知名品牌汽车厂配套；出口欧洲、美洲、中东、东南亚等地区

★温岭市真奇汽车零部件有限公司
地址：浙江省温岭市石桥头镇工业园区
邮编：317515
电话：0576/86288027、86280188
传真：86289088
网址：www.washerpumps.com
电子信箱：market@washerpumps.com
质量体系：ISO/TS 16949、ISO 9001
产品情况：风窗玻璃电动洗涤器总成及其电动机，年产80万台套以上
出口情况：出口南美洲、东欧、东南亚、中东等地区，并销往中国台湾地区

★浙江大元汽车空调有限公司
地址：浙江省温岭市泽国大元工业区
邮编：317523
电话：0576/86425181、86425388
传真：86425068
网址：www.chinadyne.com
电子信箱：sales@chinadyne.com
质量体系：ISO/TS 16949、ISO 9001
产品情况：（达因牌）
汽车空调压缩机
出口情况：出口东南亚、新加坡等国家和地区

★温岭市恒发空调部件有限公司
地址：浙江省温岭市泽国水仓工业区后仓路228号
邮编：317523
电话：0576/86451188、86451877
传真：86451260
电子信箱：wl-hf@126.com
质量体系：ISO 9001
产品情况：空调截止阀、球阀、止回阀，各类管接件、储液器、消声器、过滤器等
出口情况：远销北美洲、南美洲、大洋洲、东南亚、西亚、非洲

★玉环县益丰汽配有限公司
地址：浙江省玉环县珠港镇城关龟山工业区
邮编：317600
电话：0576/87205128
传真：87205198
网址：www.cnyifeng.com
电子信箱：info@cnyifeng.com
质量体系：QS 9000、ISO 9002
产品情况：汽车玻璃升降器
配套情况：为江西五十铃、一汽红塔云南、广州羊城汽车、北汽福田、北轻汽等配套

★浙江天环机械有限公司
地址：浙江省玉环县城关城中路68号
邮编：317600
电话：0576/87223067、87279663
传真：87222315
网址：www.tianhuan.com
电子信箱：info@tainhuan.com
单位人数：268
质量体系：ISO 9001
产品情况：分体式中央汽车空调系列
出口情况：出口欧洲、美洲、东南亚、中东等地区

★玉环鳌力液压件有限公司
地址：浙江省玉环县坎门科技工业园
邮编：317602
电话：0576/87509829
传真：87509827
电子信箱：weizhong@yhaoli.com
质量体系：ISO 9001
产品情况：（鳌力牌）
客车门锁、轮向齿轮泵等

★浙江省玉环县易利鸿机械厂
地址：浙江省玉环县玉环坎门科技工业园区
邮编：317602
电话：0576/87578552
传真：87518066
网址：www.yilihong.cn
电子信箱：ylh@yilihong.cn
质量体系：ISO 9001
产品情况：（EPCOS牌）
气弹簧支撑杆，年产能力100万条以上
出口情况：70%以上出口国际市场

★浙江永峰塑业有限公司
地址：浙江省台州市临海上盘北洋工业区
邮编：318013
电话：0576/85725725、85077333
传真：85075111
网址：www.yongfengchina.com
电子信箱：sales@yongfengchina.com

单位人数:208
质量体系:ISO 9001
产品情况:(永峰牌)
汽车内、外饰件、保险杠、油壶、仪表台及汽车塑料件
配套情况:为北汽、长城汽车、丹东曙光、上海万丰等配套

★浙江俱进汽摩配件有限公司
地址:浙江省台州市椒江区三甲街道青龙开发区
邮编:318014
电话:0576/88120898
传真:88120998
电子信箱:jujin@ chinajujin. com
单位人数:450
质量体系:ISO/TS 16949、ISO 9001
产品情况:汽车座椅总成、摩托车坐垫、调角器滑轨、遮阳板、拉手、塑料内饰件、汽车座椅年产能力 30 万台套,摩托车坐垫年产能力 100 万只

★浙江凯华模具有限公司
地址:浙江省台州市黄岩经济开发区西工业园区经四(2)路
邮编:318020
电话:0576/84025717、84025727
传真:84025707、84025929
网址:www. china - kaihua. com
电子信箱:kaihuamould@ 188. com
单位人数:200
质量体系:ISO 9001
产品情况:(KAIHUA 牌)
汽车内饰件、仪表板、门板、保险杠、汽车散热器风扇、风扇罩等汽车配件,摩托车,童车全套塑件,电动自行车全套塑件,汽车地毯等橡胶模具
配套及出口情况:为法雷奥、法国哈金森、台湾东阳事业集团、哈飞汽车、大众汽车等配套;出口欧洲、美洲、非洲、中东、东南亚等 30 多个国家和地区

★浙江黄岩电塑模具厂
地址:浙江省台州市黄岩区黄长路 469 号
邮编:318020
电话:0576/84225497、84117955
传真:84115048
网址:www. chinalihua. com
电子信箱:sales@ chinalihua. com
单位人数:320
质量体系:ISO 9001
产品情况:汽车门板、车灯、保险杠及模具,摩托车前板、挡板及模具
出口情况:出口美国、菲律宾,并销往中国台湾地区

★浙江黄岩冲模厂
地址:浙江省台州市黄岩区西城新堂路 26 号
邮编:318020
电话:0576/84227084
传真:84117076
网址:www. chinadie. com
电子信箱:hyfbz@ 163. com
质量体系:VDA 6. 4、ISO 9001
产品情况:汽车覆盖件,摩托车钣金冷冲压模具

★浙江亨达塑料模具有限公司
地址:浙江省台州市黄岩西城模具城
邮编:318020
电话:0576/84229918、84111918
传真:84225969
网址:www. hyhd. com
电子信箱:china. mould@ vip. 163. com
单位人数:220
质量体系:ISO 9001
产品情况:专业制造后视镜、汽车内外饰件、风叶、压铸等模具
配套及出口情况:主要客户有艾默生、东芝、开利、麦格纳、海信、轻骑等;出口美国、日本、马来西亚、越南、西班牙等国家

★台州市黄岩济豪模具有限公司
地址:浙江省台州市黄岩区澄江镇星江工业区
邮编:318020
电话:0576/84316222、84316228
传真:84316229
网址:www. chinajihao. com
电子信箱:jhmj@ chinajihao. com
单位人数:120
质量体系:ISO 9001
产品情况:大中型汽车保险杠、仪表台、面罩、前照灯、装饰件等塑料模具及注塑件
出口情况:出口马来西亚、日本、韩国、泰国、德国、意大利等国家,并销往中国台湾地区

★浙江台州市黄岩科力塑料模具厂
地址:浙江省台州市黄岩西工业园区金牛路 2 号
邮编:318020
电话:0576/84351612
传真:84251712
网址:www. kelimould. com
电子信箱:hykeli@ sina. com
质量体系:ISO 9001
产品情况:空调风轮、风叶、风罩、水室等塑料制品
配套及出口情况:为厦门金龙、郑州宇通、青年客车、哈飞汽车、奇瑞汽车、河北中兴、长城汽车、江铃汽车等配套;出口东南亚、欧洲、美洲等地区

★台州市路桥区江南内燃机配件厂
地址:浙江省台州市路桥区螺洋街道双庙村吉利汽车城
邮编:318050
电话:0576/82368878、82368989
传真:82368789
单位人数:350
质量体系:ISO/TS 16949、ISO 9001
产品情况:仪表台中央横梁总成、加油管总成、仪表台固定板总成、后纵拉力杆总成、前舱导水主板总成、发动机支架焊接总成、稳定杆焊接支架总成、加速踏板带支架总成、加速踏板带支架总成、离合及制动踏板带支架总成等
配套情况:为吉利集团配套

★浙江俏宇机车部件有限公司
地址:浙江省台州市路桥区横街海滨大道
邮编:318050
电话:0576/82620888、82622228
传真:82620881、82461678
网址:www. cnqiaoyu. com
电子信箱:info@ cnqiaoyu. com
单位人数:400
质量体系:ISO 9001
产品情况:(俏宇牌)
摩托车、汽车后视镜
配套及出口情况:为吉利汽车、钱江集团、济南轻骑、轻骑铃木、大阳、嘉陵集团、豪剑集团、华南集团等配套;出口欧洲、东南亚等地区

★台州市图腾汽车用品制造有限公司
地址:浙江省台州市路桥区丁香园区五号厂房
邮编:318050
电话:0576/82900381、82919393
传真:82429939
网址:www. fukoku. net. cn
电子信箱:totem@ 188. com
质量体系:ISO/TS 16949
产品情况:刮水器

★金华亚曼车辆有限公司
地址:浙江省金华市工业园八达中路 83 号
邮编:321017
电话:0579/82256199
传真:82256152
质量体系:ISO 9001
产品情况:(亚曼牌)
车用卫生间、空调、导游椅、天窗、仪表台、后视镜、座椅、机加工件及玻璃钢件
配套情况:为豪华客车生产企业配套

★浙江东峰制冷配件有限公司
地址:浙江省东阳市横店工业区后大路
邮编:322000
电话:0579/86558222、86558188
传真:86558666
网址:www. dyrc. com. cn
电子信箱:Jimmy@ dyrc. com. cn
质量体系:ISO/TS 16949、ISO 9001
产品情况:(东峰牌)
蒸发器、空调软管及接头、空调硬管等
配套及出口情况:为汽车空调、商用空调及冷冻冷藏设备配套;远销美国、加拿大、巴西、墨西哥、英国、法国、德国、

意大利、西班牙、瑞典、土耳其、以色列、沙特、南非、巴林、日本、韩国、新加坡、马来西亚、印度等国家

★浙江双荣汽车空调制造有限公司
地址:浙江省龙泉市金沙新区广济街86号
邮编:323700
电话:0578/7125670、7690260
传真:7122588
网址:www.zjsrkt.com
电子信箱:lqsq789@126.com
质量体系:ISO 9001
产品情况:各种车型的汽车空调管路总成及管接头
配套及出口情况:为多家国内主机厂配套;远销美国、欧洲、南美洲等国家和地区

★浙江山风汽车空调电机有限公司
地址:浙江省龙泉市大沙五金工业园
邮编:323700
电话:0578/7218137、7218147
传真:7218157、7218277
网址:www.autocondition.com
电子信箱:huzijian@263.net
质量体系:ISO/TS 16949、ISO 9001
产品情况:(岚牌)
　　超薄型冷凝器、电子扇、暖风机等
出口情况:出口亚洲、欧洲、美洲、中东、东南亚等地区

★浙江博威汽车空调有限公司
地址:浙江省龙泉市大沙经济开发区
邮编:323700
电话:0578/7218198、7218090
传真:7218509
网址:www.autocondition.cn
电子信箱:xjq@autocondition.cn
质量体系:ISO/TS 16949、ISO 9001
产品情况:(博威牌、B&W牌)
　　汽车空调热力膨胀阀、管路、接头及相关电器
出口情况:远销东南亚、中东、北美洲、南非等国家和地区

★浙江新劲空调设备有限公司
地址:浙江省龙泉市大沙工业园区
邮编:323700
电话:0578/7218359
传真:7218579
网址:www.lqxj.com
电子信箱:zjlqxj@163.com
单位人数:168
质量体系:ISO/TS 16949
产品情况:(新劲牌)
　　各种空调膨胀阀、电磁阀、四通换向阀、冷凝器、蒸发器等
配套及出口情况:为美国通用等配套;远销东南亚、中东、欧洲、美洲等地区

★浙江龙泉博高汽车空调有限公司
地址:浙江省龙泉市大沙工业区1路5号
邮编:323700
电话:0578/7218368、7218398
传真:2207298
网址:www.bgkt.com
电子信箱:bgqckt@163.com
质量体系:ISO 9001、ISO 14001
产品情况:(九太阳牌)
　　汽车空调管路接头、AC开关

★浙江创新汽车空调有限公司
地址:浙江省龙泉市开发区广通街83号
邮编:323700
电话:0578/7218591
传真:7218052
网址:www.zjlqcx.com
电子信箱:creat1188@hotmail.com
质量体系:ISO 9001
产品情况:(创新牌)
　　汽车空调层叠式蒸发器、平行流冷凝器和管带式冷凝器等
出口情况:出口中东、美洲、亚洲等地区

★浙江龙腾空调有限公司
地址:浙江省龙泉市大沙经济开发区
邮编:323700
电话:0578/7218603
传真:7218604
网址:www.lontium.cn
电子信箱:lqlt721603@163.com
质量体系:ISO 9001、ISO 14001
产品情况:汽车空调管路、空调接咀、空调电磁阀等零部件
配套情况:为宇通客车、北汽福田、一汽哈飞、一汽小解放、上汽通用五菱、奇瑞汽车、依维柯、皮卡等配套

★浙江兰通空调设备有限公司
地址:浙江省龙泉市大沙工业区大沙二路15号
邮编:323700
电话:0578/7218619、7218618
传真:7218620
网址:www.ltkt.com
电子信箱:lqltkt@yahoo.cn
质量体系:ISO 9001
产品情况:(兰通牌)
　　各种型号规格的蒸发器、冷凝器、中冷器、铝制水散热器、汽车空调储液器、膨胀阀、电子扇、空调管接头、管路总成等
出口情况:部分产品出口

★浙江创立汽车空调有限公司
地址:浙江省龙泉市大沙工业区
邮编:323700
电话:0578/7218773
传真:7218783
网址:www.zjclkt.com
电子信箱:lqhuiyou@yahoo.com.cn
质量体系:ISO 9002
产品情况:(创立牌)
　　汽车空调管路、管接头

★浙江龙泉恒丰汽车空调配件公司
地址:浙江省龙泉市大沙经济开发区
邮编:323703
电话:0578/7218357
传真:7218358
网址:www.lqhengfeng.com
电子信箱:zjlqhengfeng@163.com
单位人数:138
质量体系:ISO 9001
产品情况:(兴丰牌)
　　汽车空调储液器及压力开关
出口情况:出口东南亚及欧洲、美洲市场

★龙泉艾瑞丝汽车配件有限公司
地址:浙江省龙泉市大沙经济开发区
邮编:323703
电话:0578/7218599
传真:7218533
电子信箱:lqglgs@mail.lsptt.zj.cn
质量体系:ISO 9000
产品情况:(劲个牌)
　　各种汽车冷凝器、蒸发器、铝接头、铁接头

★浙江松信汽车空调有限公司
地址:浙江省龙泉市茶丰工业园区
邮编:323704
电话:0578/7242222、7243268
传真:7243138
网址:www.songxin.cn
电子信箱:songxinkt@sina.com
单位人数:108
质量体系:ISO 9001
产品情况:(松信牌)
　　汽车空调冷凝器、蒸发器、管路、干燥瓶、膨胀阀等
出口情况:出口东南亚、南美洲等地区

★浙江爽凯汽车空调有限公司
地址:浙江省青田县温溪镇港头工业区
邮编:323903
电话:0578/6071931、6071932
传真:6071927
网址:www.zjshuangkai.com
电子信箱:sk@sjshuangkai.com
质量体系:ISO/TS 16949
产品情况:(爽凯牌)
　　汽车空调蒸发器、冷凝器,年产60万件
出口情况:远销北美洲、南美洲、欧洲、亚洲、大洋洲、非洲等30个国家和地区

★浙江华尔达汽车空调有限公司
地址:浙江省瑞安市经济开发区大道688号
邮编:325000
电话:0577/25668800、25668811
传真:25668855
网址:www.automan.cn
电子信箱:auto888888@hotmail.com
质量体系:ISO/TS 16949、ISO 9001
产品情况:层叠式蒸发器、平行流冷凝器、中冷器、油冷器和散热器等

★温州市兴伟镜业厂
地址:浙江省温州市龙湾机场路薄州屿田村
邮编:325000
电话:0577/86550776
传真:86550775
网址:www.xingwei.cn.china.cn
质量体系:ISO 9001
产品情况:后视镜、镜片等

★温州乐泰汽配有限公司
地址:浙江省温州市瓯海区南白象金竹工业区霞金路431号
邮编:325000
电话:0577/86755359、86755356
传真:86755367
网址:www.cnletai.com
电子信箱:auto@cnletai.com
质量体系:ISO 9001
产品情况:汽车附件、装饰件
出口情况:远销欧洲、美洲、东南亚、中东等地区

★温州市汽车附件二厂
地址:浙江省温州市鹿城区龙方工业区8号
邮编:325000
电话:0577/88625858、88625181
传真:88625858
网址:www.jinyidianqi.com
电子信箱:jane1130@tom.com
产品情况:(JINYI牌)
电动折叠门泵、汽车电扇、室内镜等
配套情况:为一汽集团、华西客车、大连客车、芜湖迎客松、长安轻型客车、贵州万达、春兰集团等30多家汽车厂配套

★温州市建达汽车零部件有限公司
地址:浙江省温州市瓯海区南白巷金竹工业园霞竹路12号
邮编:325000
电话:0577/88631882、88631882
传真:88631772
网址:www.pulte.auto1688.com.cn
电子信箱:pulte@auto1688.com
单位人数:100
质量体系:ISO 9001
产品情况:(普特牌)
暖风机总成、暖风机开关总成、车门锁系列、控制器总成、点火器总成

★温州市环球汽车衬垫有限公司
地址:浙江省温州市新桥前花工业区六虹桥路1205号
邮编:325006
电话:0577/88411889、88412875
传真:88425188
网址:www.feili.com.cn
电子信箱:wzhq@chinafeili.com.cn
单位人数:287
质量体系:ISO/TS 16949、VDA 6.1
产品情况:(飞利牌)
汽车和空调用隔音材料及汽车内饰件
配套情况:为上海大众、上海通用、一汽-大众、神龙汽车、广汽本田等配套

★浙江超达汽车配件有限公司
地址:浙江省温州市瓯海经济开发区大鹏路3号
邮编:325014
电话:0577/86362551、86763895
传真:86783577
网址:www.chinachaoda.com
电子信箱:sales@chinachaoda.com
单位人数:500
质量体系:ISO/TS 16949
产品情况:(超达牌)
年生产汽车门锁80万套、组合开关100万套、点火开关100万套、电喇叭60万只
配套及出口情况:为重庆力帆、依维柯、长安、东风、陕汽集团、江淮汽车、北汽福田、时风、五征、黑豹等主机厂配套;出口西欧、东南亚

★温州市蓝天汽车门窗机械有限公司
地址:浙江省温州市永兴工业区
邮编:325024
电话:0577/86927567、86937085
传真:86928938
网址:www.elantian.com
电子信箱:mq988@126.com
单位人数:58
质量体系:ISO/TS 16949、ISO 9001
产品情况:(蓝天彩虹牌)
汽车门窗、门窗辊压件、冲压件、玻璃升降器、玻璃导槽、滑轨等
配套情况:为一汽集团、东风汽车、春兰集团、吉利汽车、力帆集团等配套

★温州市东风通用机电厂
地址:浙江省温州市鹿城区炬光园工业区炬光园中路2号
邮编:325029
电话:0577/89615188
传真:89612988
网址:www.wzdf.com
电子信箱:master@wzdf.com
单位人数:290
质量体系:ISO/TS 16949
产品情况:(鹿城牌)
各种汽车门锁、中控门锁、门锁遥控器和控制器、组合开关、带点火开关的转向锁及全车锁芯、玻璃升降器、车门内、外把手等
配套情况:为长安汽车、昌河汽车、昌河铃木、吉利汽车等配套

★温州市丽豹汽车配件有限公司
地址:浙江省温州市瓯海区丽岙镇泊岙工业区
邮编:325060
电话:0577/85382628、85389928
传真:85382638
网址:www.chinalibao.com
电子信箱:chinalibao@21cn.com
质量体系:ISO/TS 16949、ISO 9001
产品情况:(丽豹牌)
不锈钢装饰条、塑料电镀装饰、消声器、冷光装饰条、带灯后视镜盖、桃木装饰件、车牌架、挡泥板、专用零部件等
配套及出口情况:为广汽本田、上海大众、一汽-大众、东风日产乘用车、上海通用、奇瑞汽车等配套;部分产品出口国外

★温州市兆翔汽摩配件有限公司
地址:浙江省温州市瓯海仙岩竹溪工业区
邮编:325062
电话:0577/85318888、85315555
传真:85303444、85315000
网址:www.sinozx.com
电子信箱:master@sinozx.com
质量体系:ISO 9001、ISO 17025
产品情况:(富翔牌)
汽车、摩托车后视镜
出口情况:出口非洲、中东、印尼、马来西亚等国家和地区

★浙江银宏汽摩附件有限公司
地址:浙江省瑞安市经济开发区发展区开发六路388号
邮编:325200
电话:0577/65152801、65152988
传真:65152800
网址:www.yinhong.com
电子信箱:master@yinhong.com
单位人数:290
质量体系:ISO 9002
产品情况:(YINHONG牌)
汽车、摩托车防盗锁、汽车雾灯、后视镜、报警器、中控锁等
出口情况:出口欧洲、美国、东南亚、非洲等十几个国家和地区

★瑞安市金奥宇汽车配件有限公司
地址:浙江省瑞安市上望镇雅儒工业区86号
邮编:325200
电话:0577/65161555
传真:65515587
网址:www.jinaoyu.cn
电子信箱:jinaoyu123@163.com
产品情况:(远球牌)
刮水器电动机、客车暖风水泵、暖风电动机、连动杆臂片等
配套及出口情况:为厦门金龙、厦门金旅、苏州金龙、郑州宇通、盐城中威、扬州亚星、安徽安凯等配套;出口俄罗斯、美国等国家

★瑞安市佳福汽车电机有限公司
地址:浙江省瑞安市鲍田
邮编:325200

电话:0577/65261175
传真:65267118
电子信箱:zjjiafu888@163.com
质量体系:ISO 9001
产品情况:(佳福达牌)
电动玻璃升降器、散热器风扇、刮水器电动机及总成

★瑞安市胜凯汽车配件厂
地址:浙江省瑞安市新坊工业区凤尾路8弄8号
邮编:325200
电话:0577/65360954
传真:65362954
电子信箱:zj-kaikai@163.com
产品情况:(胜凯牌)
汽车刮水器及其臂片、制动灯、机油塞、刮水电动机、暖风电动机、蜡式节温器等
配套及出口情况:为上海大众、一汽-大众、神龙汽车等配套;远销美国、西欧、东南亚等国家和地区

★浙江瑞安市通力汽车部件有限公司
地址:浙江省瑞安市韩田后垟工业区
邮编:325200
电话:0577/65385058、65365204
传真:65385078
电子信箱:ratlqp@163.com
单位人数:158
质量体系:ISO 9001
产品情况:(通力牌)
汽车门锁总成、玻璃升降器、蜗牛电喇叭、电磁式电源总开关、电动机电磁开关等
配套及出口情况:为时风集团、巨力集团、飞彩集团、常林集团等配套;出口欧洲、拉丁美洲、非洲等地区

★瑞安市华宇汽车电器有限公司
地址:浙江省瑞安市经济开发区
邮编:325200
电话:0577/65600234、65600345
传真:65921616
网址:www.hearud.com
电子信箱:huayu@hearud.com
单位人数:80
质量体系:ISO 9000
产品情况:(华瑞德牌)
汽车暖风机总成、蒸发器风机、冷凝器风机、暖风电动机、空调电动机、刮水电动机
配套情况:为一汽集团、东风汽车公司、重汽集团、北汽集团、长安汽车、昌河汽车、哈飞汽车、杭汽等配套

★瑞安市光得明交通电器有限公司
地址:浙江省瑞安市安阳镇东山上埠工业区
邮编:325200
电话:0577/65607530、65608530
传真:65608530
网址:www.china-goldmine.com
电子信箱:goldmine@wz.zj.cn
单位人数:60
质量体系:ISO/TS 16949
产品情况:(拓金牌)
各类后视镜

★中欧(浙江)汽车电器有限公司
地址:浙江省瑞安市滨江大道1306号
邮编:325200
电话:0577/65609638、65609268
传真:65609668
网址:www.zhongou.com
电子信箱:zo@zhongou.com
单位人数:560
质量体系:ISO/TS 16949、VDA 6.1
产品情况:(中欧牌)
三刮刮水器总成、玻璃升降器总成、车门锁总成、暖风电动机、车用开关等
配套及出口情况:为一汽集团、东风汽车公司等10多家主机厂配套;出口美国、德国、韩国、东南亚等国家和地区的OEM市场和散件市场

★郑源机械电器有限公司
地址:浙江省瑞安市安阳镇涌泉巷39号
邮编:325200
电话:0577/65637231
传真:65801904
网址:www.wzzyjd.com
电子信箱:wzzyjd@wz.zj.cn
质量体系:ISO 9001
产品情况:(郑源牌)
汽车后视镜、汽车暖风机及电器等产品

★瑞安市神博汽车电器有限公司
地址:浙江省瑞安市安阳镇沿江西路32号
邮编:325200
电话:0577/65677318、65677218
传真:65677218
网址:www.shenbowz.com.cn
电子信箱:heguangchun_wz@hotmail.com
质量体系:ISO/TS 16949
产品情况:各种后视镜

★浙江万里安全器材制造有限公司
地址:浙江省瑞安市经济开发区发展区开发三路488号
邮编:325200
电话:0577/65814912、65821320
传真:65814673
网址:www.wanli-autoparts.com
电子信箱:manager@warrn.cn
单位人数:103
质量体系:ISO/TS 16949、ISO 9001
产品情况:(万里安泰(Wanliantai)牌、汽车挚友(Autofriend)牌)
汽车安全带,年产能力达150万条
配套及出口情况:为一汽集团、东风汽车公司、重汽集团、青岛汽车厂等重型车、轿车企业配套;出口欧洲、美洲、中东、非洲及东南亚

★瑞安市华欧织带有限公司
地址:浙江省瑞安市塘下镇科技工业区
邮编:325200
电话:0577/66001000
传真:66001010、65364005
网址:www.wzhuaou.com
电子信箱:huaou@wzhuaou.com
质量体系:QS 9000、ISO 9001
产品情况:(华欧牌)
汽车安全带、汽车锁捆带、吊带、拉紧器带、头盔带、箱包带、五金金配套带等
配套情况:4N型汽车安全带配套东风公司特种车

★海鸥汽车锁系统有限公司
地址:浙江省温州市仙岩穗丰工业区
邮编:325203
电话:0577/58901558、85329111
传真:85329222
网址:www.chinahaiou.com
电子信箱:haiousuoye@126.com
产品情况:(晋亿牌)
门锁总成、点火开关总成
配套及出口情况:为一汽集团、哈尔滨轻型车厂、中国一拖、广州羊城、彪马、正宇、英田等配套;出口中东、美洲,并销往中国台湾地区

★温州安祥汽车零件有限公司
地址:浙江省温州市平阳县榆垟工业区
邮编:325203
电话:0577/63793055
传真:63793066
电子信箱:wangliangan@163.com
质量体系:ISO 9001
产品情况:汽车无骨刮水器、连动杆等
出口情况:出口欧洲、美洲、中东、东南亚等地区

★瑞安市欧田汽车零部件有限公司
地址:浙江省瑞安市塘下镇石岗路35号
邮编:325204
电话:0577/58888665、65365368
传真:65366278
网址:www.zjoutian.com
电子信箱:apple@chinaoutian.com
质量体系:ISO 9001
产品情况:(OTEN牌)
全车锁芯、点火锁芯、车门拉手、加油口盖锁、后备箱锁、刮水片
出口情况:出口欧洲、中东、东南亚等地区

★瑞安市风驰轿车配件有限公司
地址:浙江省瑞安市塘下镇鲍二中心西路31-33号
邮编:325204
电话:0577/65202095、65200894
传真:65202095、58885688

网址:www. fengchi – ap. com
电子信箱:info@ fengchi – ap. com
质量体系:ISO 9001
产品情况:(鲍驰牌)
刮水器、机盖锁、夹箍、铰链、排气管垫等各种冲压件
出口情况:远销中东、东南亚等地区

★瑞安市宏昊汽车部件有限公司
地址:浙江省瑞安市塘下镇鲍田工业区
邮编:325204
电话:0577/65208111
传真:65209685
网址:www. raxianghong. com
电子信箱:honghao886@ yahoo. com. cn
质量体系:ISO 9001
产品情况:(正昊牌、宏昊牌)
汽车玻璃升降器、门窗用电动机、车用各类继电器

★瑞安市昌荣汽车玻璃升降器公司
地址:浙江省瑞安市塘下镇鲍二工业区昌荣路 47 号
邮编:325204
电话:0577/65211688
传真:65211698
网址:www. china – cr. com
电子信箱:changjindai@ 163. com
质量体系:ISO 9001
产品情况:(昌荣王牌)
汽车玻璃升降器
出口情况:远销东南亚、非洲、阿拉伯等地区

★温州宝尔特汽车部件有限公司
地址:浙江省瑞安市塘下镇场桥上叶罗山东路 168 号
邮编:325204
电话:0577/65292078
传真:65292068
网址:www. baoerte. cn
电子信箱:info@ baoerte. cn
质量体系:ISO 9001
产品情况:各种汽车前、后盖支撑杆(气弹簧)、座椅升降器、可锁定角调器、汽车带轮、摩托车变挡杆等
出口情况:远销东南亚、中东、欧洲等 20 多个国家和地区

★温州焕发机车部件有限公司
地址:浙江省瑞安市北工业园区东片区 2 号路
邮编:325204
电话:0577/65323118
传真:65323228
电子信箱:huanfa@ vip. 163. com
单位人数:258
质量体系:ISO 9001
产品情况:(焕发牌)
汽车全车锁芯、门锁机构、车门内外拉手、传感器,摩托车和电动车套锁等,年产汽车全车锁芯 50 万套、门锁机构和门外拉手 50 万套、传感器 20 万套、摩托车和电动车套锁 200 万套
出口情况:远销东南亚等地区

★浙江宇航车辆配件有限公司
地址:浙江省瑞安市塘下镇工业区
邮编:325204
电话:0577/65337858、65337898
传真:65337858
网址:www. chinazhanyu. com
电子信箱:ruianyuhang@ 163. com
质量体系:ISO/TS 16949、ISO 9002
产品情况:(展宇牌)
汽车电动玻璃升降器、组合开关、全车锁芯、电动机、门锁装置等
配套及出口情况:为比亚迪汽车、重汽集团、上汽通用五菱、长沙平头车等配套;远销欧洲、美洲、中东等地区

★浙江旺亮锁业有限公司
地址:浙江省瑞安市国际汽摩配园区广场路 2 号
邮编:325204
电话:0577/65338055、65338011
传真:65332736、65338066
网址:www. wangliang. com
电子信箱:wangliang666@ vip. 163. com
质量体系:ISO 9001
产品情况:汽车、摩托车、电动车锁具
出口情况:远销中东、非洲、东南亚等地区

★瑞安市明亮汽车零部件有限公司
地址:浙江省瑞安市塘下镇罗凤工业园区
邮编:325204
电话:0577/65338257、65338280
传真:65923611
网址:china – mingliang. com
电子信箱:mingliang@ china – mingliang. com
质量体系:ISO 9001
产品情况:(亮博士牌)
汽车刮水器,摩托车配件
出口情况:远销美国、中东、东南亚、南美洲等 20 多个国家和地区

★浙江望德远机车部件有限公司
地址:浙江省瑞安市塘下镇新坊工业区
邮编:325204
电话:0577/65350410
传真:65363738
质量体系:ISO/TS 16949
产品情况:汽车刮水器总成、滤清器纸
出口情况:出口马来西亚、中东等国家和地区

★瑞安市洛特斯汽配有限公司
地址:浙江省瑞安市新方工业区盛新路 14 – 15 号
邮编:325204
电话:0577/65350416
传真:65364064
网址:www. lotuce. com
电子信箱:wiper@ lotuce. com
单位人数:137
质量体系:ISO 9001
产品情况:(德泰牌)
刮水器总成及刮水器刮臂、电动机、连动杆,暖风电动机,玻璃升降器总成及电动机,蜗牛喇叭等
出口情况:出口 10 多个国家和地区

★瑞安市珍荣电机有限公司
地址:浙江省瑞安市塘下镇工业区天凤大街 79 号
邮编:325204
电话:0577/65350458、65376298
传真:65372458
网址:www. cn – zr. com
电子信箱:zhr@ cn – zr. com
单位人数:200
质量体系:ISO 9001
产品情况:(珍荣牌)
汽车电动玻璃升降器及各种微特电动机
出口情况:出口美国、英国、意大利、俄罗斯、伊朗、马来西亚、韩国等国家,并销往中国香港地区

★瑞安市精华汽车配件厂
地址:浙江省瑞安市塘下镇韩田凤凰西路 28 号
邮编:325204
电话:0577/65350778、65373778
传真:65373198
网址:www. shangfan. com
电子信箱:info@ shangfan. com
质量体系:ISO 9001
产品情况:(上帆牌)
汽车门锁总成、内外拉手等
出口情况:出口东欧、美洲等地区

★浙江开拓汽车电器有限公司
地址:浙江省瑞安市塘下镇上京经济开发区
邮编:325204
电话:0577/65351188、65373898
传真:65377770
网址:www. kaikaichina. com
电子信箱:kkchina2002@ hotmail. com
单位人数:280
质量体系:ISO 9002
产品情况:(KK 牌)
各类汽车刮水器总成、风扇电动机、冷凝器电动机、门锁体、点火开关及门锁芯等
配套及出口情况:为北汽福田、江苏金蛙、徐工集团、山东凯马汽车厂、山东轻骑汽车制造厂、安徽通宝汽车、江南机器汽车制造厂、一汽金杯汽车制造厂等配套;远销东南亚、欧洲、美洲

★瑞安市共拓汽车零部件有限公司
地址:浙江省瑞安市塘下镇韩田工业区岩宕 7 号
邮编:325204

电话:0577/65352897、25653888
传真:25653886
网址:www.chinagongtuo.com
电子信箱:gongtuo@vip.163.com
质量体系:ISO 9001
产品情况:(威帆牌)
汽车玻璃升降器总成、刮水电动机、各种开关、摇把、刮水器连动杆
出口情况:出口西欧、东欧、东南亚、非洲、北美洲、南美洲、中东等地区

★瑞安市友谊汽车雨刷有限公司
地址:浙江省瑞安市韩田工业区金杯路74号
邮编:325204
电话:0577/65353051
传真:65390851
电子信箱:chinayouyi@yahoo.com.cn
质量体系:ISO 9001
产品情况:汽车刮水器、刮水器杆等

★瑞安市长虹刮水器厂
地址:浙江省瑞安市韩田工业区金杯路49号
邮编:325204
电话:0577/65353239、65395839
传真:58881225
网址:www.zheng-da.com
电子信箱:info@zheng-da.com
质量体系:ISO 9001
产品情况:(正达牌)
汽车刮水器、臂片、洗涤器总成、电器等
配套及出口情况:为各种轿车、客车、货车及微型车配套;出口欧洲、美洲、东南亚、中东等几十个国家和地区

★瑞安市荣邦汽车部件有限公司
地址:浙江省瑞安市赵宅工业区天凤大街29号
邮编:325204
电话:0577/65353558、65377998
传真:65358658
网址:www.chinarongbang.com
电子信箱:info@chnrb.com
单位人数:200
质量体系:ISO 9001
产品情况:(荣邦牌、沃仑牌、Volun牌)
门锁体以及内外拉手、中门滑轮、各种汽车曲轴瓦、连杆瓦等
出口情况:出口东欧、美洲、中东、东南亚等地区

★瑞安市大球汽车锁厂
地址:浙江省瑞安市塘下镇时代路55号
邮编:325204
电话:0577/65353830、66003830
传真:65378956
网址:www.cnbaoqiu.com
电子信箱:info@cnbaoqiu.com
质量体系:ISO 9001
产品情况:(宝球牌)
汽车、农用车等用门锁及玻璃扣、镜座
配套及出口情况:与国内多家知名企业配套;出口中东、越南、老挝、缅甸、非洲、美国等国家和地区,并销往中国台湾地区

★温州兴瑞驾驶室部件有限公司
地址:浙江省瑞安市马屿镇双屿南路288号
邮编:325204
电话:0577/65358381
传真:65368781
网址:www.chinaxingrui.com
电子信箱:xr@chinaxingrui.com
质量体系:ISO 9001
产品情况:各种汽车驾驶室配件,汽车门锁、后视镜支架与镜总成、变速杆操纵机构与防尘罩、加速踏板与传动装置总成、五十铃、100铰链、限位器总成、各种车型塑料卡扣、侧窗手柄合件总成内饰件配件、汽车标准件、异形件
出口情况:出口东南亚

★瑞安市雷迪森汽车部件有限公司
地址:浙江省瑞安市塘下镇岑头西路113号
邮编:325204
电话:0577/65358518
传真:65398578
网址:www.ladison.com
电子信箱:info@ladison.com
质量体系:ISO 9001
产品情况:汽车刮水器总成、风窗洗涤器总成、中央电器盒、空滤进气管等
配套情况:为北汽福田、南京汽车集团、湖南同心、杭州杭挂、浙江正宇等配套

★鑫田集团有限公司
地址:浙江省瑞安市韩田工业区飞凤北路2号
邮编:325204
电话:0577/65358883、65376873
传真:65353348
网址:www.chinaxintian.com
电子信箱:xintian@mail.wzptt.zj.cn
单位人数:713
质量体系:ISO/TS 16949、VDA 6.1
产品情况:汽车空调总成、冷凝器、蒸发器、管路;汽车发动机用铜(铝)散热器、仪表、传感器;电子倒车雷达;全车线束;电子风扇总成
配套及出口情况:为一汽、东风汽车公司、上汽等10多家大型主机厂配套;远销欧洲、美洲、亚洲、非洲等20多个国家和地区

★瑞安市星华汽配厂
地址:浙江省瑞安市新方工业区强新路5号
邮编:325204
电话:0577/65360700
传真:65362700
网址:www.cunzhixing.cn
电子信箱:chenziyi@163.com
法人代表:陈子宜
单位人数:100
质量体系:ISO/TS 16949、ISO 9001
产品情况:(存之星(Salient Cunzhixing)牌)
汽车中控门锁、门锁执行器
出口情况:出口北美洲、南美洲、西欧、东欧、东南亚等地区

★浙江正东机车部件有限公司
地址:浙江省瑞安市塘下镇新坊工业区
邮编:325204
电话:0577/65363688、65390098
传真:65362397
网址:www.chinazhengdong.com
电子信箱:sales@chinazhengdong.cn
董事长:王兴明
负责人:姜林芳
单位人数:800
质量体系:ISO/TS 16949、ISO 9001
产品情况:(正东牌)
汽车、摩托车、点头锁、套锁、门锁、汽车灯具等系列产品
配套及出口情况:为一汽、东风、柳汽、吉利、力帆、湖南江南、川汽、三环、比亚迪配套;出口印度、巴基斯坦、伊朗、巴西、法国、西班牙、中东、欧洲、美洲等国家和地区

★浙江省瑞安市贸华汽车零部件公司
地址:浙江省瑞安市塘下镇石岗路33号
邮编:325204
电话:0577/65365228
传真:65393688
电子信箱:zjmaohua@126.com
质量体系:ISO 9001
产品情况:(益众牌)
汽车门把手、点火锁、门锁块及行李舱锁、全车锁等
出口情况:远销欧洲、美洲、东南亚等地区

★浙江瑞安市罗南车辆电器厂
地址:浙江省瑞安市塘下镇吴岙工业区香山路14号
邮编:325204
电话:0577/65366177、65350160
传真:65366133
网址:www.chinahaixu.com
电子信箱:chinahaixu@mail.wzptt.zj.cn
质量体系:ISO 9001
产品情况:(海旭牌)
各种汽车电动刮水器、电器开关
配套及出口情况:为一汽红塔云南、华晨金杯、山东时风、吉利汽车、浙江吉奥、云内、华晨中顺等配套;出口亚洲、东欧、英国、非洲等国家和地区

★瑞安美力华车镜有限公司
地址:浙江省瑞安市韩田工业区金杯路83-85号
邮编:325204

电话:0577/65368555、58887655
传真:65353554
网址:www. meilihua. net
电子信箱:info@ meilihua. net
质量体系:ISO 9001
产品情况:(美力华牌)
汽车灯具、后视镜
配套及出口情况:为哈飞汽车、上汽通用五菱等配套;出口东南亚、美洲、非洲等地区

★瑞安汤姆森汽车配件厂
地址:浙江省瑞安市塘下镇赵宅工业区天凤大街107号
邮编:325204
电话:0577/65369082
传真:65375995
网址:www. ratms. com
电子信箱:info@ ratms. com
质量体系:QS 9000
产品情况:(TOMSN牌)
各种汽车刮水片、蜡式节温器、连动杆、玻璃升降器等
出口情况:出口意大利,并销往中国香港、台湾地区

★瑞安市名冠电气有限公司
地址:浙江省瑞安市塘下镇陈宅工业区海光路1-2号
邮编:325204
电话:0577/65371168
传真:65370678
网址:www. mingguan. com. cn
电子信箱:mg@ mingguan. com. cn
产品情况:汽车空调系统风机、双燃料LPG装置、电子油泵和电喇叭
配套情况:为一汽集团、东风汽车公司、上汽通用五菱、江淮汽车、金龙汽车、宇通客车、锡柴、大柴、朝柴、上柴、玉柴、扬柴、美国捷纳瑞克等配套

★瑞安市中星机械有限公司
地址:浙江省瑞安市塘下肇平洋中村工业区
邮编:325204
电话:0577/65371722、66003958
传真:65370227
网址:www. cn - xz. com
电子信箱:raxz@ cn - xz. com
质量体系:ISO 9001
产品情况:(星中牌)
汽车刮水器连动杆,液压及气动铆接机机械设备
出口情况:出口欧洲、美洲、东南亚等地区

★瑞安市胜通汽车配件有限公司
地址:浙江省瑞安市塘下镇广场西路工业区
邮编:325204
电话:0577/65376996、65378896
传真:65372678
网址:www. zjwzshengtong. com
电子信箱:shengtongqpgs@ sohu. com
质量体系:ISO 9001
产品情况:(微彩牌)
汽车门锁、张紧轮、中门滑轮总成,组合开关等汽车电器产品
出口情况:出口欧洲、美洲、中东、东南亚

★温州中成化油器制造有限公司
地址:浙江省瑞安市塘下镇陈宅工业区
邮编:325204
电话:0577/65378318、65378319
传真:65371880
电子信箱:info@ ezhongcheng. com
单位人数:600
质量体系:ISO 9001
产品情况:(科申牌)
汽车空调压缩机、摩托车化油器,年产化油器220万只
配套及出口情况:为广州大长江、新大洲本田、重庆宗申集团、重庆隆鑫集团、济南轻骑集团、绍兴通用公司等配套;出口美国、欧洲、中东、东南亚等国家和地区

★瑞安市春天汽车配件厂
地址:浙江省瑞安市塘下镇罗凤北工业区
邮编:325204
电话:0577/65388880
传真:65386938
网址:www. springchina. cn
电子信箱:chinachuntian@ 163. com
质量体系:ISO/TS 16949、ISO 9001
产品情况:汽车玻璃电动升降器

★浙江瑞峰汽车零部件有限公司
地址:浙江省瑞安市罗凤北工业区南塘大道广场路
邮编:325204
电话:0577/65390001、65361234
传真:65390006、65363132
网址:www. chinariffle. com
电子信箱:outland@ vip. sohu. com
单位人数:150
质量体系:ISO 9001
产品情况:(瑞峰牌)
汽车刮水器、电动燃油泵、暖风电动机、断油电磁阀、启动停止控制器、玻璃升降器等
配套及出口情况:与国内多家汽车厂配套;出口欧洲、美洲、中东、东南亚等地区

★浙江万德远机车部件有限公司
地址:浙江省瑞安市新方工业区颖新大街100号
邮编:325204
电话:0577/65390588、65390688
传真:65363738、65390788
网址:www. wandeyuan. com
电子信箱:wdy@ wandeyuan. com
质量体系:ISO/TS 16949、ISO 9001
产品情况:(万德远牌)
汽车刮水器电动机、传动杆、臂片,暖风电动机,汽车滤纸
配套及出口情况:为大、中、重型客货汽车及轿车、农用车等配套;出口马来西亚、中东等国家和地区

★瑞安市广盛汽车零部件有限公司
地址:浙江省温州市平阳县万全家具工业区万祥路261号
邮编:325204
电话:0577/65391698
网址:www. cnruihao. com
电子信箱:info@ cnruihao. com
质量体系:ISO/TS 16949、ISO 9001
产品情况:(瑞浩牌)
汽车蒸发器、通用型冷凝器、铁壳塑壳附加暖风机总成、中巴大巴车除霜器总成、暖风散热器、空调散热器等

★瑞安市明程机车部件有限公司
地址:浙江省瑞安市塘下肇平垟工业园区
邮编:325204
电话:0577/66002909
传真:65373878
网址:www. mingcheng - wiper. com
电子信箱:mingcheng@ 163. com
质量体系:ISO 9001
产品情况:汽车刮水臂、片

★瑞安市华益汽车配件有限公司
地址:浙江省瑞安市董田工业区堤塘路边
邮编:325205
电话:0577/65522795
传真:65177688
网址:huayi. biz
电子信箱:info@ huayi. biz
单位人数:80
质量体系:ISO 9001
产品情况:(华益牌)
汽车双速刮水器电动机、暖风机、玻璃升降器、连动杆机构、刮水器臂片

★瑞安市汽车附件厂
地址:浙江省瑞安市莘塍镇东新工业区
邮编:325206
电话:0577/25650188、25650187
传真:65522332
网址:www. ruiang. cn
电子信箱:ruiang@ ruiang. cn
质量体系:ISO 9001
产品情况:(瑞昂牌)
玻璃升降器、车门锁、发动机冲压件等
配套情况:发动机配件配套北汽、保定长城发动机等;软轴升降器配套奔驰商务车、斯太尔、切诺基、菲亚特、大众等

★瑞安市日宇汽车空调有限公司
地址:浙江省瑞安市汀田工业园区
邮编:325206
电话:0577/25652888、25652777
传真:65110897
网址:www. riyukongtiao. com

电子信箱:riyukongtiao@163.com
质量体系:ISO/TS 16949
产品情况:(日宇牌)
汽车空调压缩机

★温州安利车辆部件有限公司
地址:浙江省瑞安市汀田镇北凤淒工业区
邮编:325206
电话:0577/65103388
传真:65100122
电子信箱:anli@rayp.com
质量体系:ISO/TS 16949
产品情况:(桑罗特牌)
后翼子板、后行李舱盖、后围板、中柱总成、行李舱底板、散热器框架、后大梁、车门、前机盖等钣金件
配套情况:为上海大众配套

★瑞安市张氏机车部件有限公司
地址:浙江省瑞安市汀田镇汀十工业区镇府东路1号
邮编:325206
电话:0577/65108282
传真:65108181
网址:www.zsautoparts.com
电子信箱:565002463@qq.com
质量体系:ISO 9001
产品情况:汽车安全带配件、汽车牌照、摩托车配件、紧固件、冲压件、橡胶凸缘等

★瑞安市华尔汽车饰件有限公司
地址:浙江省瑞安市汀田镇寨下公园路
邮编:325206
电话:0577/65109808
传真:65103999
电子信箱:info@cn-huar.com
质量体系:ISO 9001
产品情况:汽车内饰面料
配套情况:为上海通用、一汽集团、一汽海马、长安汽车等直接或间接配套

★瑞安市联众汽车零部件有限公司
地址:浙江省瑞安市汀田镇大典下联中路185号对面
邮编:325206
电话:0577/65119666、65118866
传真:65504858
网址:www.chinalianzhong.com
电子信箱:lianzhong88@163.com
质量体系:ISO 9001、ISO 14001
产品情况:(傲群牌)
汽车外后视镜、内后视镜、排气歧管、车轮轴套管、汽车内饰件等
出口情况:远销东南亚、非洲、南美洲、埃及、意大利等国家和地区

★浙江诚义达汽车部件有限公司
地址:浙江省瑞安市曹村镇宋岙工业区
邮编:325206
电话:0577/65187681、65187682
传真:65187686
网址:www.autocyd.com
电子信箱:wzcydqp@163.com
质量体系:ISO/TS 16949、ISO 9001
产品情况:层叠式蒸发器、管带式、平行流冷凝器、中冷器、油冷器、蒸发器总成和暖风系列等
出口情况:主要远销欧洲、美洲、中东

★瑞安市一通汽车部件有限公司
地址:浙江省瑞安市莘塍西街110号
邮编:325206
电话:0577/65196578
传真:65187338
网址:www.zgyitong.cn
单位人数:80
质量体系:ISO 9001
产品情况:金杯驻车制动拉杆、金杯中门滑轮、金杯手动升降器等

★浙江瑞鹏汽车电器有限公司
地址:浙江省瑞安市经济开发区飞云新区下厂村
邮编:325206
电话:0577/65513688、65513333
传真:65512222
网址:www.chinaruipeng.com
电子信箱:sales@chinaruipeng.com
单位人数:500
质量体系:ISO/TS 16949、VDA 6.1
产品情况:(瑞鹏(RPSY)牌)
汽车刮水器总成、暖风电动机总成、鼓风电动机总成、玻璃升降器总成、暖风散热器、重型配件、泵阀、电器
配套及出口情况:为一汽集团、重汽集团、陕西重汽、上汽依维柯红岩、东风汽车公司、长安汽车、哈飞汽车、现代特拉卡、华晨金杯、河北中兴、吉利汽车等20多家汽车生产企业配套;出口欧洲、美国、俄罗斯、中东、东南亚等20多个国家和地区

★瑞安市众品汽车配件制造有限公司
地址:浙江省瑞安市莘塍镇东新工业区
邮编:325206
电话:0577/65520282
传真:65531357
网址:www.zhong-pin.com
电子信箱:zhongpin@zhong-pin.com
质量体系:ISO 9001
产品情况:(众品牌)
刮水器电动机、手动/电动玻璃升降器、车门锁机构等
配套情况:为上海大众、一汽-大众、一汽轿车等配套

★温州林泰汽车配件有限公司
地址:浙江省温州市安阳工业区C区华尔达路
邮编:325206
电话:0577/65539581、65534396
传真:65539582
网址:www.chinalintai.com
电子信箱:Edith@chinalintai.com
质量体系:ISO/TS 16949、ISO 9001
产品情况:(林泰牌)
汽车座椅、空气滤清器、汽车防盗锁、电子开关、仪表罩等
出口情况:远销欧洲、美洲、中东、亚洲等地区

★浙江一统汽配制造有限公司
地址:浙江省瑞安市飞云镇云周工业区
邮编:325207
电话:0577/65055055、65055099
传真:65055088
网址:www.yito333.com
电子信箱:yito333@163.com
单位人数:150
质量体系:ISO 9001
产品情况:汽车刮水器,年产能力500万只以上

★温州贝特机电实业有限公司
地址:浙江省瑞安市马屿镇江桥村
邮编:325208
电话:0577/65756686
传真:65756685
网址:www.china-better.com
电子信箱:sales@china-better.com
单位人数:100
质量体系:ISO 9001
产品情况:(贝特牌)
汽车电动玻璃升降器、刮水器、电喷燃油泵、风扇、起动机、发电机等
出口情况:远销欧洲、美洲

★龙德汽车配件制造有限公司
地址:浙江省平阳县宋桥镇沿河东路129号
邮编:325400
电话:0577/63772811
传真:63772800
电子信箱:longdeqipei@126.com
质量体系:ISO 9001
产品情况:驾驶员座椅、刮水器总成、气动内外摆门泵、气动行李舱门泵系列;轿车用开关、各类升降器总成及其电动机、车速传感器等
出口情况:出口中东、日本、韩国、欧洲、美洲等国家和地区

★浙江雷力汽车零部件有限公司
地址:浙江省温州市平阳榆垟工业区
邮编:325400
电话:0577/63790658、63790918
传真:63791758
网址:www.leili.com.cn
电子信箱:leili@wz.zj.cn
单位人数:160
质量体系:ISO/TS 16949、ISO 9001
产品情况:(雷力牌)
电动刮水器及其电动机、连动杆、洗涤器、豪华客车驾驶窗玻璃升降器、车用锁具、气撑杆、门泵等
配套及出口情况:为扬州亚星、扬州亚星商务车、常州依维柯、厦门金龙、重庆

宇通客车配套;出口泰国、马来西亚、印尼、菲律宾、美国、韩国、中东等国家和地区,并销往中国台湾

★乐清市长城制冷密封垫厂
地址:浙江省乐清市乐成镇宁康西路352弄3号
邮编:325600
电话:0577/62513946、62513690
传真:62517234
网址:www.gasket.net.cn
电子信箱:yqscczlmfdc@vip.163.com
单位人数:260
质量体系:ISO 9002
产品情况:制冷压缩机、汽车空调机、摩托车及电器类密封垫和各种冲压件、塑胶件等
配套情况:为沈阳谷轮、大连三洋压缩机、华达杰克赛尔、上海扎努西、加西贝拉等国内20多家大中型企业配套

★乐清市白象汽车附件厂
地址:浙江省乐清市温州大桥工业园区
邮编:325603
电话:0577/62866559、62882297
传真:62888865
网址:www.china-wiper.com
电子信箱:w.e@china-wiper.com
法人代表(负责人):蒋瀛
单位人数:248
质量体系:ISO/TS 16949
产品情况:(白象牌、异特牌)
刮水器总成、直流电动机,年产量46万台/套
配套及出口情况:为国内各大主机厂配套;出口欧洲、美洲、中东、亚洲等地区,并销往中国台湾、香港地区,年出口20万台/套

★乐清市金星汽车安全带有限公司
地址:浙江省乐清市虹桥镇钱家洋工业区
邮编:325608
电话:0577/62373800、62373801
传真:62373808
网址:www.jinxing-cn.com
电子信箱:sbwu@jinxing-cn.com
质量体系:ISO/TS 16949、ISO 9001
产品情况:汽车安全带
配套情况:为一汽集团、东风汽车公司配套

★乐清市雁荡山汽车配件厂
地址:浙江省乐清市大荆镇肖包周工业区
邮编:325615
电话:0577/62221589
传真:62228876
网址:www.chinayandang.com
电子信箱:xuyuanfu@mail.wzptt.zj.cn
单位人数:72
质量体系:ISO 9001
产品情况:(大荆牌)
汽车刮水器及其配件

★温州光大汽配制造有限公司
地址:浙江省通头县岭背工业区福荣路15号
邮编:325700
电话:0577/63486691、63478853
传真:63487317
电子信箱:dtzp@163.com
负责人:甘良鹏
质量体系:ISO/TS 16949
产品情况:(洞球牌)
保险杠、车门饰板、挡泥板、上下车踏板、门窗密封条等重型车、轿车配件
出口情况:出口东欧、美洲等地区

★浙江科锋汽车电器有限公司
地址:浙江省瑞安市苍南县灵溪镇苍南工业区经二路
邮编:325800
电话:0577/68005188、68859662
传真:65266688、68005118
网址:www.kefon.com
电子信箱:info@kefon.com
质量体系:ISO/TS 16949
产品情况:(科峰牌)
刮水器总成、座椅电动机、玻璃升降电动机、起动机、发电机及卷门电动机(工业门电机)等
配套及出口情况:和上海大众、上海交运、延锋-江森、奇瑞汽车、长安汽车、北汽福田、上海通用、五菱、Irest等多家企业建立长期伙伴关系;出口英国、西班牙、摩洛哥、尼日利亚、科特迪瓦、南非、丹麦、波兰、立陶宛、德国、意大利、以色列、土耳其、中东、伊朗、马来西亚、新加坡、尼日利亚、韩国、日本、菲律宾、澳大利亚、新西兰、加拿大、美国、墨西哥、巴拿马、委内瑞拉、厄瓜多尔、巴西、阿根廷、智利等国家和地区,并销往中国台湾地区

★浙江中特力制锁有限公司
地址:浙江省瑞安市经济开发区安阳南路58号
邮编:333100
电话:0577/65351367、65608686
传真:65358088
网址:www.zhongteli.com
电子信箱:zhongtelisale@163.com
单位人数:226
质量体系:ISO/TS 16949、ISO 9001
产品情况:(中正牌)
各种汽车门锁和摩托车套锁
配套及出口情况:为金龙客车、宇通客车、金华青年、北汽福田、长安汽车、吉奥汽车、上海华普、众泰汽车、玉柴集团、柳工等主机厂配套;标志、雷诺系列点火开关出口欧洲、中东等

安徽省

★合肥安信通用阀片制造有限公司
地址:合肥市大杨产业园新台路6号
邮编:230031
电话:0551/5715718
传真:5715711
网址:www.axfp.com
电子信箱:axfp@axfp.com
质量体系:ISO 9001
产品情况:压缩机吸/排气阀片、制冷空调压缩机吸/排气阀片
配套及出口情况:为多家主机企业配套;出口日本、美国等国家

★安徽江南机械有限责任公司
地址:合肥市高新技术开发区玉兰大道一号
邮编:230031
电话:0551/5841002
传真:5841868
网址:www.ahjn.com
电子信箱:jiangnan@mail.hf.ah.cn
单位人数:400
质量体系:ISO/TS 16949、ISO 9001
产品情况:轿车铰链类组件、移门支架总成、轿车侧门防撞杆、前罩锁扣总成、撞杆总成、机械工具等,年产能力80万份
配套情况:为上海大众、神龙汽车、奇瑞汽车、上海通用、一汽-大众、昌飞公司等汽车厂配套

★安徽爱德夏汽车零部件有限公司
地址:合肥市高新技术开发区玉兰大道一号
邮编:230031
电话:0551/5841057
传真:5842948
电子信箱:ysmo@edscha-anhui.com
质量体系:ISO/TS 16949
产品情况:轿车门铰链、门限位器、前盖和后盖铰链、停车制动器等
配套情况:为上海大众、上海通用、一汽集团、一汽-大众、神龙汽车、奇瑞汽车等配套

★合肥华瑞汽车零部件有限公司
地址:合肥市包河工业区纬五路9号
邮编:230051
电话:0551/3358707、3358758
传真:3358707
网址:www.hfhuarui.com.cn
电子信箱:huarui@hfhuafui.com.cn
单位人数:326
质量体系:ISO/TS 16949、ISO 9001
产品情况:车身件、底盘件、汽车后视镜、空气滤清器、座椅件、中冷器、护罩,年产量30万台套
配套情况:为江淮汽车、安徽安凯、安徽安凯金达工贸、安徽汇金汽车零件等配套

★合肥市富园汽车车厢制造有限公司
地址:合肥市经济开发区桃花工业园汤口路9号
邮编:230601

电话:0551/3825988、3825688
传真:3825778
网址:www. hffy. net. cn
电子信箱:fy968@126. com
质量体系:ISO 9001
产品情况:货厢总成

★合肥汇通汽车零部件有限公司
地址:合肥市经济技术开发区汤口路99号
邮编:230601
电话:0551/3845618、3829288
传真:3845666、3845777
网址:www. hfht. ah. cn
电子信箱:httx_sc@163. com
单位人数:500
质量体系:ISO/TS 16949、ISO 9001
产品情况:电镀格栅、标牌、车轮护罩、车门扶手、副仪表板及仪表板装饰件、转向盘真皮缝制、变速操纵机构装饰等装饰件;加热器壳体总成、顶蒸发器总成、电子风扇总成、洗涤器壶总成等汽车功能件;前机盖隔热隔音垫、前舱隔热垫、前挡板减振垫、A、B、C、D柱减振垫、翼子板减振垫等汽车NVH产品
配套情况:为JAC、奇瑞、大众、长城、昌河、安凯等配套

★安徽金诚汽车科技有限公司
地址:合肥市双凤工业区魏武路008号
邮编:231131
电话:0551/6391234、6391188
传真:6391288
网址:www. jincen－cn. com
电子信箱:fyuancheng@163. com
单位人数:400
质量体系:ISO/TS 16949、ISO 9001
产品情况:汽车内外饰件、车载卫生间、车载冰柜
配套及出口情况:主要合作伙伴有安徽江淮、安凯股份、厦门金龙、苏州金龙、宇通客车、西安沃尔沃、北汽福田、厦门金旅、中通博发、丹东黄海、星马股份等;出口德国、韩国、乌克兰、美国、澳大利亚、东南亚等国家和地区

★芜湖幼狮东阳汽车塑料零部件公司
地址:安徽省芜湖市经济技术开发区
邮编:241000
电话:0553/5659088
单位人数:326
质量体系:ISO/TS 16949
产品情况:年产奇瑞保险杠24.2万件、奇瑞车门内护板2万件,年产能可达30万台套
配套情况:为奇瑞汽车配套

★上海江森鹤华有限公司芜湖分公司
地址:安徽省芜湖市大桥镇大桥工业园
邮编:241001
电话:0553/5313118
传真:5313118
产品情况:汽车座椅相关金属零部件

★芜湖奕安汽车空调有限公司
地址:安徽省芜湖县机械工业园主干道与纬四路交叉口
邮编:241001
电话:0553/8768288
传真:8768279
电子信箱:wuhu_yian@yahoo. com. cn
质量体系:ISO 9001
产品情况:汽车空调冷凝器、蒸发器等

★温州环球汽车衬垫公司芜湖分公司
地址:安徽省芜湖市马塘区经济开发区
邮编:241009
电话:0553/3022366、3022377
传真:3022388
电子信箱:hrns@msn. com
质量体系:ISO/TS 16949、VDA 6.1
产品情况:(飞利牌)
汽车地毯总成、行李舱总成、车顶总成、PU发泡产品等
配套情况:为上海大众、上海通用、一汽－大众、神龙汽车、广汽本田配套

★信义汽车部件(芜湖)有限公司
地址:安徽省芜湖市经济开发区泰山路
邮编:241009
电话:0553/5317111
传真:5317099
网址:www. xinyiglass. com
产品情况:汽车安全玻璃、特种密封材料、特种玻璃及其他汽车零部件
配套情况:为华东地区汽车制造厂商进行OEM配套

★芜湖荣事达塑胶有限责任公司
地址:安徽省芜湖市经济技术开发区银湖北路
邮编:241009
电话:0553/5843486
传真:5843486
网址:www. rsdsj. com
电子信箱:whsj@rsd. com. cn
单位人数:400
质量体系:ISO/TS 16949、ISO 9001
产品情况:保险杠

★芜湖博耐尔汽车电气系统有限公司
地址:安徽省芜湖市经济技术开发区凤鸣湖南路2－8号
邮编:241009
电话:0553/5846968
传真:2221829
网址:www. bonaire. cn
电子信箱:sales@bonaire. cn
单位人数:355
质量体系:ISO/TS 16949、ISO 14001
产品情况:汽车空调系统、发动机冷却系统、前端模块等
配套情况:为奇瑞汽车等配套

★芜湖常裕机电有限公司
地址:安徽省芜湖市经济技术开发区银湖北路248号
邮编:241009
电话:0553/5849006
传真:5848556
质量体系:ISO/TS 16949
产品情况:汽车电动窗、中控锁、门铰链、制动总成及模具等

★芜湖通和汽车管路系统有限公司
地址:安徽省芜湖市经济技术开发区衡山路26号
邮编:241009
电话:0553/5932068
传真:5932069
网址:www. whtonhe. com
电子信箱:office@whtonhe. com
质量体系:ISO/TS 16949
产品情况:汽车空调管路、制动管路等,年产能力80万辆份
配套情况:为奇瑞汽车配套

★芜湖莫森泰克汽车科技有限公司
地址:安徽省芜湖市经济技术开发区凤鸣湖路
邮编:241009
电话:0553/5962360
传真:5962378
网址:www. motiontec. cn
电子信箱:master@motiontec. sina. net
质量体系:ISO/TS 16949
产品情况:内藏、外滑、手动上掀等系列汽车天窗、摇窗机、电动滑门、玻璃升降器及硬顶等
配套情况:为奇瑞汽车配套

★安徽文鼎机械有限公司
地址:安徽省宣城市经济开发区创业路
邮编:242000
电话:0563/2611137
传真:2611637
网址:www. ah－wd. com
电子信箱:ah－wd@vip. 163. com
单位人数:221
质量体系:ISO/TS 16949
产品情况:(文鼎牌)
汽车铰链、限位器
配套情况:为芜湖奇瑞、浙江吉利、比亚迪、长城、东风小康、重庆力帆、北汽、中兴、扬子、上海英伦等配套

★铜陵华源汽车内饰材料有限公司
地址:安徽省铜陵市经济技术开发区泰山大道南段289号
邮编:244061
电话:0562/2658864
传真:2658864
网址:www. hyns. com. cn
电子信箱:web@hyns. com. cn
单位人数:400
质量体系:ISO/TS 16949
产品情况:(华源牌)
麻纤维板、汽车内饰零件
配套情况:麻纤维板产品配套于江淮货

车、中国重汽、陕西重汽、黄海客车、金龙客车、江淮客车、奇瑞轿车、华晨轿车、上海大众轿车、上海通用轿车；汽车内饰零件配套于丹东黄海客车、江淮客车

★华信博伟(安徽)车辆部件公司
地址：安徽省安庆市怀宁工业园创新路8号
邮编：246121
电话：0556/5155555
传真：5156666
电子信箱：hxbw_hk_1@163.com
单位人数：300
质量体系：ISO/TS 16949、ISO 9001
产品情况：汽车内饰顶篷、后备舱内饰板、地毯、遮阳板及消声隔热垫等

★安庆市盛泰汽配制造有限责任公司
地址：安徽省安庆市太湖县经济开发区
邮编：246400
电话：0556/4189833
传真：4189733
网址：www.aqstqp.com
单位人数：60
质量体系：ISO 9001
产品情况：汽车安全带卷收器塑料件、内饰件

★安徽天风汽车零部件有限公司
地址：安徽省枞阳县横埠镇汽车配件工业园
邮编：246725
电话：0556/2027688
传真：2027666
质量体系：ISO/TS 16949
产品情况：(天风牌)
空气压缩机、汽车操纵杆等

福建省

★福州康信精密机电有限公司
地址：福州市五四路89号置地广场110楼1103
邮编：350003
电话：0591/28087668
传真：87830377
网址：www.conssin.com.cn
电子信箱：sales@universel-locks.com
质量体系：ISO 9000
产品情况：汽车锁具
出口情况：出口欧洲、东南亚、中东等地区

★福州市华联汽车配件有限公司
地址：福州市鼓山镇福兴投资区福光路61号
邮编：350014
电话：0591/83623628、83623138
传真：83623324
网址：www.hl1988.com
电子信箱：info@hl1988.com
单位人数：850
质量体系：ISO/TS 16949、QS 9000
产品情况：汽车保险杠、仪表板总成、门内饰、前中后柱、通风管、风向调节器等整车内饰件、塑料件
配套及出口情况：为一汽集团、天津一汽夏利、吉利汽车、上海华普汽车、比亚迪汽车、东风悦达起亚配套；远销欧洲、中东、巴基斯坦、印度、马来西亚、韩国、日本、美国等国家和地区

◉ 福州联泓交通器材有限公司
地址：福州市闽侯区青口镇投资区
邮编：350119
电话：0591/22762833-3581
传真：22762833-2123
网址：www.lianhong.com.cn
电子信箱：weicaihong@lianhong.com.cn
法人代表：林顺益
单位人数：400
质量体系：ISO/TS 16949
产品情况：年产座椅8万台份、顶篷8万台份
配套及出口情况：为东南汽车、福建戴姆勒汽车、友联车材制造股份有限公司配套；销往中国台湾地区

★福州和胜汽车配件有限公司
地址：福建省闽侯县青口镇投资区
邮编：350119
电话：0591/22765066
传真：22760315
网址：www.hersheen.com
电子信箱：sale@hersheen.com
单位人数：115
质量体系：ISO/TS 16949、QS 9000
产品情况：地毯、顶篷、隔音、隔热、吸塑、真空成型以及热压塑料件、内饰件等
配套情况：为东南汽车、东风日产、华晨金杯、郑州日产、东风柳汽等配套

★福州福光橡塑有限公司
地址：福建省闽侯县青口投资区
邮编：350199
电话：0591/22769755
传真：22769754
电子信箱：zhuli@fukwang.com
单位人数：394
质量体系：ISO/TS 16949、QS 9000
产品情况：车体产品包括玻璃导槽、车门密封条、导水槽、后箱防水条；防振部品包括发动机支架、阻撞垫；胶管部品包括水系、油系；挤出部品包括玻璃导槽、内外水切、风窗玻璃饰条等
配套及出口情况：为东风汽车有限公司天籁、阳光、蓝鸟、轩逸、俊逸，广汽本田飞度、奥德赛，东南汽车得利卡、富利卡、菱帅，北京吉普奥蓝德，长安福特蒙迪欧-致胜、福克斯等国内知名汽车厂配套；出口日本、墨西哥、英国等国家，并销往中国台湾地区

★福建省万达汽车玻璃工业有限公司
地址：福建省福清市宏路镇福禄工业村
邮编：350301
电话：0591/85382726
传真：85363983
质量体系：ISO/TS 16949
产品情况：汽车安全玻璃

★福耀玻璃工业集团股份有限公司
地址：福建省福清市福耀工业村二区
邮编：350301
电话：0591/85383777
传真：85363983
网址：www.fuyaogroup.com
电子信箱：fuyao@fuyaogroup.com
单位人数：10000
质量体系：ISO/TS 16949、VDA 6.1
产品情况：(福耀(FY)牌)
汽车前风窗玻璃、后风窗玻璃、侧窗玻璃、三角窗玻璃、防弹玻璃
配套及出口情况：为一汽集团、一汽-大众、华晨金杯、神龙汽车、北京奔驰、上海大众、长城汽车、上汽通用五菱、郑州宇通、广汽本田、长安汽车、长安铃木、长安福特马自达配套；出口美国、日本、韩国、澳大利亚、俄罗斯、德国等国家

★福建省霞浦县景禾机电有限公司
地址：福建省霞浦县三沙镇斗门头125号
邮编：355101
电话：0593/8661199、8671777
传真：8671188
网址：www.cnjhjd.com
电子信箱：fjcqs@cnjhjd.com
质量体系：ISO 9001
产品情况：汽车玻璃升降器、高压点火线圈、电子点火模块、电子整流器等
出口情况：90%产品出口欧洲、美洲、中东、东南亚等地区

★福建省霞浦三沙华美公司华景分公司
地址：福建省霞浦县三沙陇头工业园区
邮编：355101
电话：0593/8692988、8671777
传真：8692777
网址：www.autohj.com
电子信箱：hj@autohj.com
质量体系：ISO/TS 16949、ISO 9000
产品情况：汽车玻璃升降器等
配套及出口情况：为国内外汽车厂做二级配套；出口美国、欧洲、东南亚、南美洲、中东等国家和地区

★厦门市美途汽车配件有限公司
地址：福建省厦门市沧海区新阳工业区新吕路39号
邮编：361000
电话：0592/6036328、6039191
传真：6036329
网址：www.meto.com.cn

电子信箱:china@ meto. com. cn
单位人数:150
质量体系:ISO 9001
产品情况:汽车无骨刮水器
出口情况:远销欧洲、美洲、东南亚等30多个国家和地区

★厦门金龙汽车空调有限公司
地址:福建省厦门市集美区金龙路805号
邮编:361000
电话:0592/6378680、6378683
传真:6378699、6378683
网址:www. xmklm. com. cn
电子信箱:kinglong@ xmklm. com. cn
质量体系:ISO 9001
产品情况:汽车空调、工业空调和汽车零部件
出口情况:出口80多个国家和地区

★雄顺交通器材(厦门)有限公司
地址:福建省厦门市何厝工业区D栋13号
邮编:361009
电话:0592/5024675、5024676
传真:5025215
网址:www. shown - wiper. com
电子信箱:shown2@ public. xm. fj. cn
单位人数:450
质量体系:QS 9000、ISO 9001
产品情况:(Shown牌)
专业生产汽车刮水器
出口情况:90%产品出口

★厦门卢卡斯汽车配件有限公司
地址:福建省厦门市湖里区县后坂上335号
邮编:361009
电话:0592/5796820、5796821
传真:5796819
网址:www. carall - wiper. com
电子信箱:chinbby@ carall - wiper. com
产品情况:(Carall牌)
汽车刮水片
出口情况:远销欧洲、美洲、中东、东南亚等地区

★厦门健秀镜业有限公司
地址:福建省厦门市集美北部工业区天安路95-99号
邮编:361021
电话:0592/6680180
传真:6684868
网址:www. ksource. com. cn
电子信箱:ksource@ 163. com
质量体系:ISO/TS 16949、ISO 14001
产品情况:后视镜等

★厦门金龙汽车座椅有限公司
地址:福建省厦门市集美区杏林新源路39号
邮编:361022
电话:0592/6227682、6661680
传真:6210122
网址:www. autoseat. com. cn
电子信箱:autoseat@ public. xm. fj. cn
单位人数:117
质量体系:ISO/TS 16949、ISO 9001
产品情况:汽车座椅,年产能力30万套
配套情况:为厦门金龙等配套

★厦门金龙汽车车身有限公司
地址:福建省厦门市集美区汽车工业城灌中路169号
邮编:361023
电话:0592/6025747
传真:5621910
网址:www. xmgdab. com
电子信箱:xmgdab@ 126. com
单位人数:147
质量体系:ISO 9000
产品情况:XML6390、XML1020、XML6460、XML6480型车身总成、冲压散件
配套情况:为北汽福田、厦门金旅、沈阳中顺、长城汽车、一汽红塔云南等配套

★厦门金龙橡塑制品有限公司
地址:福建省厦门市海沧区新阳工业区新昌路39号
邮编:361026
电话:0592/6804719、6804718
传真:6539988
网址:www. xmgrp. com. cn
电子信箱:sales@ xmgrp. com. cn
质量体系:QS 9000、ISO 9002
产品情况:各种汽车内外装饰件、行李架、后视镜、高位制动灯、挤塑及注塑件、玻璃钢制件、发泡件、电器类等
配套情况:为上汽通用五菱、厦门金旅等配套

★厦门福来德汽配有限公司
地址:福建省厦门市同安区祥平街道瑶头工业区11-12号第6层601座
邮编:361100
电话:0592/7895931、7895228
传真:7895932、7895117
网址:www. flatech. cn
电子信箱:nancy@ flatech. cn
质量体系:ISO 9001
产品情况:汽车无骨刮水器
出口情况:远销日本、欧洲、美洲、东南亚等国家和地区

★泉州国胜汽车部件实业有限公司
地址:福建省泉州市鲤城区浮桥王宫工业区国胜大厦
邮编:362000
电话:0595/22484621、22411801
传真:22484620
网址:www. qzguoshengco. com
电子信箱:qz - ks@ tom. com
单位人数:200
质量体系:ISO/TS 16949、QS 9000
产品情况:(KS牌)
汽车安全带、汽车尾气催化净化器、汽车警告三角标志牌
配套及出口情况:为北京奔驰、一汽海马、南京依维柯、江铃汽车、江淮汽车、上汽通用五菱、厦门金旅、厦门金龙、奇瑞汽车、北汽福田、广汽长丰、昌河汽车、东风汽车公司、一汽解放青岛、陕汽集团、重汽集团等配套;远销美国、法国、东南亚等国家和地区

★福建省晋江市恒利塑料有限公司
地址:福建省晋江市东石镇井林开发区
邮编:362271
电话:0595/85789193
传真:85706956、85729323
网址:www. henglichair. com
电子信箱:hengli@ henglichair. com
单位人数:100
质量体系:ISO 9001
产品情况:(HENGLI牌)
汽车座椅
配套及出口情况:为一汽海马、厦门金旅、安徽扬子、武汉万通、广州福迪等配套;远销新加坡

★漳州宝辉汽车自动备胎架有限公司
地址:福建省漳州市芗城区竹林工业园
邮编:363000
电话:0596/2652705、2652703
传真:2652702
网址:www. fjbaohui. com
电子信箱:fjbao_hui@ 163. com
产品情况:(宝辉牌)
自动备胎架
出口情况:远销欧洲、美洲、东南亚

江西省

★江铃汽车集团公司车厢内饰件厂
地址:南昌市青云谱区迎宾北大道417号
邮编:330001
电话:0791/85261377
传真:85277200
网址:www. jlcxns. com
电子信箱:jlcxns@ jlcxns. com
单位人数:1680
质量体系:ISO/TS 16949、QS 9000
产品情况:货车车身、座椅
配套情况:为江铃汽车配套

★江西新电汽车空调系统有限公司
地址:南昌市小蓝工业园汇仁大道399号
邮编:330052
电话:0791/85982026
传真:85982028
网址:www. jxxindian. com
电子信箱:jxxindian@ 126. com
单位人数:410
质量体系:ISO/TS 16949、ISO 14001
产品情况:(新电牌)
NHR、TFR、SUV、重货、轻型客车、微车、轿车等汽车空调系统和散热器
配套情况:为江铃汽车、北汽福田、一汽

海马、上汽通用五菱、昌河汽车、长城汽车、南京长安等配套

★江铃集团天人汽车零部件有限公司
地址:南昌市小蓝经济开发区
邮编:330200
电话:0791/85975909
传真:85975900
网址:www.jmskyman.com
电子信箱:jt@landwind.com
单位人数:220
质量体系:ISO/TS 16949、ISO 14001
产品情况:座椅骨架、车身结构件、焊接件
配套情况:为江铃汽车配套

★江铃集团梅克朗汽车后视镜公司
地址:南昌市小蓝经济开发区富山三路
邮编:330200
电话:0791/85988873
传真:85988870
质量体系:ISO/TS 16949
产品情况:汽车后视镜

★瑞昌市人民冲压有限公司
地址:江西省瑞昌市人民北路138号
邮编:332200
电话:0792/4226625
传真:4221403
网址:www.rmcy.com
电子信箱:jjrmcy@vip.163.com
法人代表(负责人):李雪虎
单位人数:150
质量体系:ISO/TS 16949、ISO 14001
产品情况:汽车配件,如前防撞梁支架、后联接板、左右支架、防尘盖等
配套情况:多年来一直稳定地为江铃、庆铃、江淮、福田等供应商配套生产各类产品

★都昌县安达汽车零部件有限公司
地址:江西省都昌县芙蓉山工业园
邮编:332600
电话:0792/5230958
传真:5230989
单位人数:90
质量体系:ISO/TS 16949
产品情况:汽车刮水器总成,年产34250只

★中国直升机研究所汽车安全设备厂
地址:江西省景德镇市825信箱
邮编:333001
电话:0798/8465265
传真:8465693
网址:www.602.com.cn
电子信箱:aqd602@126.com
单位人数:140
质量体系:QS 9000、ISO 9001
产品情况:(航空牌)
汽车安全带
配套情况:为江铃汽车、庆铃汽车、昌河汽车、南京依维柯、哈飞汽车、西安西沃配套

★景德镇市通福实业有限公司
地址:江西省景德镇市陶瓷工业园洪源路A001号
邮编:333426
电话:0798/8512288、8530698
传真:8533626
法人代表:王焱文
单位人数:65
质量体系:ISO/TS 16949
产品情况:汽车钣金件、底盘件、汽车座椅骨架、发动机罩、车门、前翼子板、元宝梁、三角臂、后桥
配套情况:为上汽安帕斯、柳汽五菱配套

★江西上饶市索密特实业有限公司
地址:江西省上饶市三江工业园工业大道201号
邮编:334000
电话:0793/8159073、8159079
传真:8159079
网址:www.chinaswet.com
电子信箱:bangongshi@chinaswet.com
单位人数:150
质量体系:ISO/TS 16949、ISO 9001
产品情况:(索美(SWOET)特牌)
各种手动、电动玻璃升降器,年产量达60万台套

★江西行新汽车工程塑料公司
地址:江西省吉安市高新技术产业开发区赣中大道9号
邮编:343100
电话:0796/8402282、8401433
传真:8402111
网址:www.jxxxc.com
电子信箱:zjz@jxxxc.com
单位人数:168
质量体系:ISO/TS 16949、ISO 9001
产品情况:(行新牌)
汽车仪表板、保险杠、转向盘、内外饰件、坐垫等,年产转向盘40万台套、内外饰件20万台套
配套情况:为江铃汽车、跃进汽车、上汽通用五菱、北奔重汽、青年客车、北汽福田、陕汽集团、广州羊城、力帆汽车、川汽、河北长安等配套

山东省

★济南存鑫钣金制造厂
地址:济南市市中区
邮编:250022
电话:0531/87595113
传真:87595113
网址:www.jncxpj.com
质量体系:ISO 9001
产品情况:钣金件、车厢、车门

★济南济重汽车配件有限公司
地址:济南市天桥区无影山北路2号重汽配件城C3-1
邮编:250032
电话:0531/85802366
传真:85958112
网址:www.jnjizhong.com.cn
质量体系:ISO 9001
产品情况:驾驶室

★山东银座海亚科技有限公司
地址:济南市高新区舜华路1号齐鲁软件园创业广场C座305室
邮编:250101
电话:0531/88876286、88872828
传真:88876009
网址:www.yhai.net
电子信箱:yinzuohaiya@126.com
单位人数:60
质量体系:ISO/TS 16949、ISO 9001
产品情况:(YHAI牌)
自动防眩后视镜

★济南润友模塑有限公司
地址:济南市章丘明水经济开发区圣井高科技园
邮编:250200
电话:0531/61321188、61322288
传真:61325577、61326677
电子信箱:jnry2009@126.com
质量体系:ISO/TS 16949
产品情况:内外饰塑料件、玻璃钢件、冲压件、内外后视镜等

★章丘鲁铭风机有限公司
地址:济南市章丘市绣惠镇中路23号
邮编:250201
电话:0531/83471279、83471102
传真:83471567
网址:www.zqluming.com
电子信箱:787978111@163.com
单位人数:668
质量体系:ISO 9001
产品情况:(鲁铭牌)
鼓风机和真空泵

★临沂海琳汽车电器空调设备厂
地址:山东省临沂市兰山区白沙埠工业园
邮编:252666
电话:0539/8352898、8358638
电子信箱:sdlqtx@.163.com
质量体系:ISO 9001
产品情况:(海琳牌)
空调支架、空调自动压管机、空周回收机、真空泵等汽车空调设备及配件,汽车充电机、硅整流电动机、可控硅充电动机、恒流充电机及起动充电机设备

★格瑞德集团
地址:山东省德州市天衢工业园格瑞德路6号
邮编:253023

电话:0534/2730818
传真:2730777
电子信箱:crystal_dz@ 126. com
质量体系:ISO/TS 16949、ISO 9001
产品情况:保险杠、面罩、导流罩、脚踏板、翼子板、发动机隔音罩等

★山东丰达汽车内饰有限公司
地址:山东省宁津县正阳路工业园区 49 号
邮编:253400
电话:0534/5211368
传真:5215028
网址:www. sdfengda. com
电子信箱:sdfengda66@ tom. com
单位人数:122
质量体系:ISO 9001、ISO 14001
产品情况:(丰达牌)
汽车消声隔热衬垫,大型冲压拉伸件
配套情况:为一汽集团、天津一汽丰田、华晨金杯、厦门金龙、东风汽车公司、柳汽等配套

★山东三岭汽车内饰有限公司
地址:山东省宁津县银河开发区
邮编:253400
电话:0534/5861052
传真:5864289
网址:www. slqcgs. net
电子信箱:saslqc@ 126. com
单位人数:1500
质量体系:ISO/TS 16949、ISO 9001
产品情况:(倪岭牌)
座椅、遮阳板、地垫、侧围、后围、顶衬、车门压条、发动机罩、地板垫、隔音板、防尘罩等重型汽车驾驶室内饰件

★山东重达汽车配件有限公司
地址:山东省宁津县时集开发区
邮编:253400
电话:0534/5917977
传真:5912087
网址:www. njzdqp. com
单位人数:161
质量体系:ISO/TS 16949、ISO 9001
产品情况:汽车内饰件

★淄博广丰达实业有限公司
地址:山东省淄博市高新区民营工业园
邮编:255000
电话:0533/3583737
传真:3583737
电子信箱:guangfengda@ 163. com
单位人数:160
质量体系:ISO 9001
产品情况:(熊仔牌)
重型车空调、工程车空调、特种车空调和各种专用空调,年产量 5000 台
配套及出口情况:为北奔重汽、北奔蓬莱分公司、重庆铁马、重汽集团、长沙三一重工、山东工程机械厂、烟台海德专用汽车厂、德州工程机械厂等配套;部分产品出口

★淄博昌胜汽车配件制造有限公司
地址:山东省淄博市淄川经济开发区
邮编:255144
电话:0533/5433718
传真:5433718
单位人数:118
质量体系:ISO/TS 16949
产品情况:重型载货汽车牵引座总成、顶推拉杆
配套情况:与福田重工、中国重汽、梁山华亚、一汽解放、陕西重汽建立了长期的合作关系

★淄博黑山玻璃有限公司
地址:山东省淄博市博山区八陡黑山前 384 号
邮编:255203
电话:0533/4590600、4590788
传真:4590888
网址:www. heishanglass. com
电子信箱:lee@ heishanglass. com
单位人数:1550
质量体系:ISO 9000
产品情况:(CREST 牌)
汽车及摩托车前照灯玻璃配光镜系列等
出口情况:远销亚洲、美洲、欧洲等 20 多个国家和地区

★山东高密高锻机械有限公司
地址:山东省高密市百脉湖大街 796 号
邮编:261500
电话:0536/2314820、2322690
传真:2314814
网址:www. gaoduan. com
电子信箱:info@ gaoduan. com
单位人数:2100
质量体系:ISO/TS 16949、ISO 9001
产品情况:(高锻牌)
轻型载货汽车驾驶室,各种轿车覆盖件
出口情况:出口东南亚、非洲

★诸城市恒信基电器制造有限公司
地址:山东省诸城市舜王街道办事处外商投资创业园
邮编:262233
电话:0536/6010288
传真:6010288
单位人数:1057
质量体系:ISO/TS 16949
产品情况:FOTON 货厢总成,年产 49760 台;FOTON 车身冲压件,年产 4336350 件

★烟台三环锁业集团有限公司
地址:山东省烟台市新桥西路 15 号
邮编:264000
电话:0535/6834138、6291063
传真:6834140、6693353
网址:www. tri - circle. com
单位人数:3380
质量体系:ISO/TS 16949
产品情况:机械及电动汽车门锁、发动机罩锁、后行李舱锁、内外拉手、拉杆、冲压件等
配套情况:为一汽 - 大众、一汽轿车、一汽解放、天津一汽、奇瑞汽车、江西富奇、阿文美驰、上海德尔福、昆山儒亿等配套

★烟台汽车内饰集团公司
地址:山东省烟台市芝罘区烟福路 2 号
邮编:264002
电话:0535/6533541、6529616
传真:6510494
质量体系:ISO/TS 16949
产品情况:汽车内饰材料、内饰件
配套情况:为一汽集团配套

★烟台只楚名盛汽车饰件有限公司
地址:山东省烟台市芝罘科技工业园东岳路 7 号
邮编:264002
电话:0535/6857516、6857508
传真:6857507
网址:www. zhichums. cn
电子信箱:zlzmx@ 163. com
单位人数:107
质量体系:ISO/TS 16949
产品情况:汽车内饰件、仪表板
配套情况:为上海通用、上海通用东岳、上海大众等配套

★山东只楚民营科技园股份有限公司
地址:山东省烟台市(芝罘)科技工业园汇宾路 8 - 2 号
邮编:264002
电话:0535/6877161
传真:6877162
网址:www. zcmykj. com
电子信箱:zzh@ zcmykj. com
质量体系:ISO/TS 16949、QS 9000
产品情况:轿车门板总成、仪表板、座椅总成、保险杠、顶棚、地毯、安全带护板、汽车组合灯饰等
配套情况:为一汽集团、一汽 - 大众、上海通用、长城汽车、一汽海马等国内 14 家汽车厂配套

★烟台首钢东星集团有限公司
地址:山东省烟台市经济技术开发区珠江路 20 号
邮编:264006
电话:0535/6375234
传真:6371341
网址:www. dongxing - group. com. cn
电子信箱:webmaster@ dongxing - group. com. cn
单位人数:2600
质量体系:QS 9000、ISO 9002
产品情况:汽车空调压缩机、冷凝器、蒸发器等,年销售额 2.4 亿元

配套及出口情况：主要客户有美国卡特彼勒、GE、丰田、本田、索尼、松下、安川、德国贝洱、法国法雷奥、韩国现代、三星、LG、斗山机械、东洋机电、一汽集团、上汽集团、广汽集团、北汽福田等；出口棒材打捆机产品

★烟台霍富汽车锁有限公司
地址：山东省烟台市经济技术开发区五指山路9号
邮编：264006
电话：0535/6378608
传真：6378609
网址：www.huf-group.com
电子信箱：info@ythuf.com
单位人数：764
质量体系：ISO/TS 16949
产品情况：（HUF牌）
汽车整车锁、门把手、支架及类似零部件

★烟台首钢电装有限公司
地址：山东省烟台市经济技术开发区珠江路20号
邮编：264006
电话：0535/6383697
传真：6373390
单位人数：402
产品情况：年产NONDA、TOYOTA、VW空调压缩机438360台，TOYOTA空调装置23904台

◉ 烟台三环锁业集团轿车锁分公司
地址：山东省烟台市新桥西路15号
邮编：264014
电话：0535/6834138
传真：6834140
网址：www.autolock.cn
电子信箱：ytshjcs@autolock.cn
董事长：解维坤
负责人：丛龙政
单位人数：620
质量体系：ISO/TS 16949、ISO 14001
产品情况：（三环牌）
汽车门锁（电动、机械）、发动机罩锁、行李舱锁、拉杆、冲压件等
配套及出口情况：为一汽-大众、上海大众、上海通用、一汽轿车、天津一汽、吉林一汽、天津一汽丰田、四川丰田、奇瑞、长城、北京汽车、一汽解放、中国重汽等配套；出口美国、墨西哥

★荣成爱士玻璃钢有限责任公司
地址：山东省荣成市汇泽街6号
邮编：264300
电话：0631/7506398、7516590
传真：7574267
网址：www.aishi-china.com
电子信箱：info@aishi-china.com
单位人数：458
质量体系：ISO/TS 16949、ISO 9001
产品情况：玻璃钢汽车车身覆盖件
配套及出口情况：为重汽集团、重庆重汽、陕汽集团、北汽福田、东风汽车公司、北奔重汽等配套；出口美国

★文登市明池安全玻璃有限公司
地址：山东省文登市小观镇明池路3号
邮编：264402
电话：0631/8853999
传真：8853999
网址：www.ming-chi.com
电子信箱：factory@ming-chi.com
质量体系：ISO/TS 16949、ISO 9000
产品情况：汽车玻璃

★山东野夼集团公司
地址：山东省栖霞市桃村镇烟青路32号
邮编：265301
电话：0535/5481214
传真：5480458
网址：www.yekuang.com
质量体系：ISO 9001
产品情况：汽车驾驶室、车身冲压件

★山东康泰实业有限公司
地址：山东省招远市金城路398号
邮编：265400
电话：0535/8112831
传真：8112965
网址：www.kangtaigroup.com
电子信箱：917220@163.com
质量体系：ISO/TS 16949、ISO 9001
产品情况：（荣康牌）
改装车用按摩座椅、汽车座椅的车用按摩装置、上海通用T300前架、后桥、控制臂、车用按摩垫

★烟台正海兴源汽车内饰件有限公司
地址：山东省烟台市福山高新区祥福街57号
邮编：265500
电话：0535/6303916
传真：6303579
网址：www.zhenghai.com
单位人数：352
质量体系：ISO/TS 16949、ISO 9000
产品情况：汽车顶棚、玻纤布、免玻纤DVD、座椅后护板等

★龙口市宏兴机械车辆配套有限公司
地址：山东省龙口市市府驻地牟黄路南
邮编：265700
电话：0535/8660868
传真：8660876
网址：hongxingchanye.com.cn
电子信箱：manager@hongxingchanye.com.cn
质量体系：QS 9000、ISO 9001
产品情况：（宏兴牌）
汽车钣金件、轮胎装饰罩等
配套情况：与北奔重汽、一汽红塔云南高唐公司、聊城中通客车、重汽集团等合作

★山东春龙集团工业自动化有限公司
地址：山东省龙口市振兴中路396号
邮编：265701
电话：0535/8819588、8812345
传真：8813188、8888728
网址：www.chunlongzdh.com
电子信箱：clgm001@chunlong.com.cn
单位人数：1200
质量体系：ISO 9001
产品情况：（春龙牌）
各种汽车自动系统、自动门系列

★龙口泰进机械有限公司
地址：山东省龙口市北马唐家泊1号
邮编：265702
电话：0535/8911357
传真：8918885
网址：www.chinataijin.com
电子信箱：taijin1357@163.com
单位人数：180
质量体系：ISO/TS 16949
产品情况：（龙升牌）
手动、电动汽车玻璃升降器
配套情况：为一汽集团、奇瑞汽车、沈阳金杯、比亚迪汽车、吉利汽车、长安汽车、长城汽车、北汽福田、郑州日产、现代华泰等40多个汽车厂配套

★青岛统帅车辆配件有限公司
地址：山东省青岛市城阳区秋阳路108号
邮编：266109
电话：0532/87963171
传真：87963171
网址：www.cnntap.com
电子信箱：admin@cnntap.com
单位人数：100
质量体系：ISO 9001
产品情况：（好视野牌、康捺特牌、美特牌）
汽车刮水片、冲压件、压铸件等
出口情况：出口美国、日本、欧洲、中东、亚洲

★泰安晟泰汽车零部件有限公司
地址：山东省泰安市宁阳县华丰工业园泰龙路
邮编：271413
电话：0538/5853379
传真：5852023
网址：www.sdshengtai.com
电子信箱：nytaianst@163.com
质量体系：ISO/TS 16949
产品情况：（晟泰牌）
各种汽车玻璃电动升降器、软轴式升降器
配套情况：为一汽集团、哈飞汽车、昌河汽车、长安汽车、汉江、五十铃等10多家企业配套

★梁山赛强机械制造有限公司
地址：山东省梁山县拳铺镇工业园区
邮编：272600
电话：0537/7768983

传真:7768033
网址:www.segems.cn
电子信箱:info@segems.cn
质量体系:ISO 9001
产品情况:(赛强牌)
牵引座、牵引销、悬架系统、半挂支承装置、储气筒、集装箱转锁、锁具、制动分泵、工具箱、紧绳器、后灯架、边灯架、摇把架、平合页、鼓合页、门刀、绳钩、挡泥板、备胎支架及各种橡胶制品等
出口情况:部分产品出口

★山东旭日汽车饰件集团
地址:山东省日照市昭阳北路338号
邮编:276800
电话:0633/3918558
传真:3385758
网址:www.xurigroup.com
电子信箱:xuri@xurigroup.com
法人代表(负责人):刘旭祥
单位人数:430
质量体系:ISO/TS 16949
产品情况:(旭祥牌)
汽车仪表板、面板、保险杠、格栅、汽车门饰板、汽车灯具、汽车护罩、汽车顶棚、地毯等、数控模具
配套及出口情况:主要为北汽福田、北汽有限、东风、中国重汽、唐骏奥铃、五征等多个厂家的轻卡、重卡、轻客、大客、SUV、轿车等配套;015灯具系列出口俄罗斯

河南省

★河南大井星光汽车零部件制造公司
地址:郑州市中原区须水工贸园区
邮编:450042
电话:0371/67813811
传真:67813111
质量体系:ISO/TS 16949
产品情况:汽车门锁、发动机罩锁等汽车零部件,年产40万套

★河南开开特星光锁系统有限公司
地址:郑州市中原区郑上路882号
邮编:450042
电话:0371/67823133、67822906
传真:67823100
网址:www.kiekertxg.cn
电子信箱:kkt@kiekertxg.cn
单位人数:300
质量体系:ISO/TS 16949
产品情况:(KXG牌)
各类汽车锁
配套及出口情况:为一汽集团、一汽－大众、东风汽车公司、神龙汽车、长安、长安铃木、长安福特马自达、奇瑞汽车、比亚迪汽车、江铃汽车、江铃控股等配套;出口德国、伊朗等国家

★郑州市金根汽车零部件有限公司
地址:河南省荥阳市郑源路001号
邮编:450100
电话:0371/64970991、64970092
传真:64970993
网址:www.jingen.com
电子信箱:zhw@jingen.com
质量体系:ISO/TS 16949
产品情况:(金根牌)
聚氨酯软化仪表台、高中低档客车座椅、客车空调、汽车内饰件、汽车注塑件、汽车线束、汽车仪表、灯具
配套及出口情况:为河南少林汽车股份有限公司、郑州宇通客车股份有限公司、东风旅行车、万山特种车辆有限公司等配套;出口亚洲、非洲、拉丁美洲30多个国家和地区

★新乡市荣泰锁业有限责任公司
地址:河南省新乡市和平路南段
邮编:453000
电话:0373/5115371、5115683
传真:5115371
单位人数:162
质量体系:ISO 9002
产品情况:HFJ、东风渝安、SC等汽车锁,年产516万只

★豫新汽车空调股份有限公司
地址:河南省新乡市建设中路168号
邮编:453049
电话:0373/3862911
传真:3862912
网址:www.hk134.com.cn
电子信箱:yx2912@126.com
单位人数:1675
质量体系:ISO/TS 16949
产品情况:(豫新牌)
微型车、轿车、大巴、中巴、货车、特种车用空调系统与空调蒸发器、冷凝器、暖风芯体、散热器
配套及出口情况:为东风日产、神龙汽车、上汽荣威、上汽通用五菱、哈飞、昌河、众泰、宇通客车、北方华德尼奥普兰、黄海客、少林客车、盐城中威、扬州亚星、柳工、厦工、中联重科、徐工、三一重工、福田雷沃重工、东风柳汽、青岛一汽、宇通重工、集瑞重工配套;出口东南亚、南美洲

★焦作平光开元汽车部件有限公司
地址:河南省焦作市工业路1号
邮编:454001
电话:0391/2609135
传真:2620323
网址:www.jzpgky.cn
电子信箱:pgky@163.com
质量体系:ISO/TS 16949
产品情况:汽车外后视镜、内视镜
配套情况:为重庆铃木、奇瑞汽车、比亚迪汽车、江南汽车配套

★河南平原光电有限公司
地址:河南省焦作市工业路1号
邮编:454001
电话:0391/2609258
传真:2625782
网址:www.pyoe.com.cn
电子信箱:pyoe@pyoe.net.cn
单位人数:2000
质量体系:ISO/TS 16949
产品情况:汽车后视镜

★固始华瑞汽车内饰件有限公司
地址:河南省固始县城关安居路18号
邮编:462000
电话:0376/4620233、4155315
传真:4620796、4155315
网址:www.huaqiauto.com
电子信箱:huarui1688@yahoo.com.cn
单位人数:240
质量体系:ISO/TS 16949、ISO 9001
产品情况:汽车内饰件和汽车内饰材料、空调隔音棉及材料

★洛阳雅程科贸有限公司

地址:河南省洛阳市洛龙路农科院东
邮编:471023
电话:0379/65511569
传真:65511569
网址:www.lyyckm.cn
电子信箱:yachengkemao@163.com
法人代表(负责人):张建欣
单位人数:200
质量体系:ISO 9001
产品情况:(雅程牌)
重型货车、工程机械、农业机械座椅总成及配件,车辆用各种注塑件、附件等
配套情况:为国内各大特种车身厂及重型车厂配套
☞ 详细情况请参阅彩色宣传版面

★河南北方星光机电有限责任公司
地址:河南省邓州市古城路001号
邮编:474150
电话:0377/62286210、62286236
传真:62287000
网址:www.hnxingguang.com.cn
单位人数:2300
质量体系:ISO/TS 16949、VDA 6.1
产品情况:汽车锁
配套及出口情况:为一汽集团、一汽－大众、神龙汽车等配套;部分产品出口

湖北省

★中国人民解放军第3303工厂
地址:武汉市江夏区石洞街
邮编:430000
电话:027/88101303、88101302
传真:88101171
单位人数:2378

质量体系:ISO/TS 16949
产品情况:汽车座椅总成,年产 26 万只;汽车座椅骨架,年产 10.6 万只

★武汉辉弘汽车车身附件有限公司
地址:武汉市江岸区汉黄路 35 号
邮编:430011
电话:027/82340605
传真:82340605
网址:www. whhz - car. com
电子信箱:hz3188@ 126. com
质量体系:ISO/TS 16949、ISO 9001
产品情况:汽车门锁控制杆
配套及出口情况:为河南开开特星光、襄樊航宇、岳阳万力、陕汽集团德龙 F2000、重汽集团豪骏配套;出口欧美等地区

★东风伟世通汽车饰件系统有限公司
地址:武汉市沌口经济技术开发区
邮编:430056
电话:027/68845001
传真:68845122
电子信箱:zjmao@ mail. dfv. com. cn
单位人数:220
质量体系:ISO/TS 16949
产品情况:(东风伟世通牌)
汽车内外饰件,年产仪表板 12 万套、门板 15 万套、保险杠 5 万套
配套情况:为东风日产乘用车、东风本田、神龙汽车等配套

★广泽(武汉)汽车饰件有限公司
地址:武汉市经济技术开发区民营科技工业区东区 C 栋
邮编:430056
电话:027/84222998
传真:84231135
网址:www. hirosawa. com. cn
单位人数:110
质量体系:ISO/TS 16949、QS 9000
产品情况:汽车饰件
配套情况:为广汽本田、东风日产乘用车、一汽海马、郑州日产、东南汽车、长安福特马自达、北京奔驰、华晨金杯、广西柳州汽车等配套

★武汉提爱思全兴汽车零部件公司
地址:武汉市经济技术开发区万家湖路 187 号
邮编:430056
电话:027/84236388
传真:84236597
电子信箱:liupanky@ 126. com
质量体系:ISO 9000
产品情况:汽车座椅、门内饰板等汽车零部件
配套情况:为东风本田配套

★武汉汉联汽车配件有限公司
地址:武汉市经济技术开发区新民新村特 1 号
邮编:430056
电话:027/84259187、84259173
传真:84259227
网址:www. whhl. org
电子信箱:hllh0303@ public. wh. hb. cn
质量体系:QS 9000、ISO 9001
产品情况:汽车保险杠、内外饰件,各种塑料件,模具
配套情况:为上海大众、一汽 - 大众、神龙汽车配套

★佛吉亚全兴(武汉)汽车座椅公司
地址:武汉市汉阳经济开发区
邮编:430056
电话:027/84470266
传真:84213601
质量体系:ISO 9001
产品情况:汽车座椅

★武汉万兴汽车零部件有限公司
地址:武汉市经济技术开发区车城东路 309 号
邮编:430056
电话:027/84473578
传真:84473526、84891886
网址:www. wanhine - gsk. com
电子信箱:guanli@ wanhine - gsk. com. cn
单位人数:421
质量体系:ISO/TS 16949、QS 9000
产品情况:轿车座椅及头枕
配套情况:为东风日产乘用车、一汽海马等配套

★武汉耀华皮尔金顿安全玻璃公司
地址:武汉市经济技术开发区车城东道 276 号
邮编:430056
电话:027/84892112
传真:84892085
网址:www. wypglass. com
电子信箱:wyp@ wypglass. com
质量体系:ISO/TS 16949、QS 9000
产品情况:(WYP 牌)
钢化玻璃、夹层玻璃、中空玻璃
配套情况:为雷诺、标致、雪铁龙、日产、本田等配套

★武汉飞亚汽车工程塑料有限公司
地址:武汉市经济技术开发区珠山湖大道 111 号
邮编:430056
电话:027/84893021、84891325
传真:84891325
网址:www. hbsojt. com
单位人数:244
质量体系:ISO/TS 16949
产品情况:神龙、众泰仪表板总成,年产 99738 只;众泰保险杠,年产 7991 件

★武汉东环车身系统有限公司
地址:武汉市经济技术开发区枫树三路 38 号
邮编:430056
电话:027/84897457、84897469
传真:84305958、84305995
网址:www. wdacs. com
电子信箱:market@ wdacs. com
单位人数:80
质量体系:ISO/TS 16949
产品情况:汽车电动、手动玻璃升降器、驻车制动操纵臂、活动天窗及电动座椅调节器
配套情况:为神龙汽车、东风乘用车、东风商用车、奇瑞汽车、长城汽车、重庆力帆集团、安徽华菱集团、佛吉亚通达等配套

★三环集团公司
地址:武汉市东湖新技术开发区东信路 16 号
邮编:430074
电话:027/87609333
传真:87609666
网址:www. triring. cn
电子信箱:bangongshi@ triring. cn
单位人数:2500
产品情况:车身、玻璃升降器及冲压件、线束总成、特种微电机、转向节与其他模锻件、前轴与前后桥、离合器

★湖北三江航天江河橡塑有限公司
地址:湖北省孝感市长征路 95 号
邮编:432000
电话:0712/2322285、2951777
传真:2322285
质量体系:ISO/TS 16949
产品情况:汽车内饰件

★湖北美标汽车制冷系统有限公司
地址:湖北省荆州市沙市区太岳路 25 号
邮编:434007
电话:0716/8253166
传真:8510528
网址:www. mbac. com. cn
电子信箱:mbac1@ mbac. com. cn
单位人数:162
质量体系:ISO/TS 16949、ISO 9001
产品情况:(MB 牌)
货车空调系统、客车空调系统(顶置、半顶置、内置客车空调系统及微型客车空调系统)和轿车空调系统,产量 20 万套;管片式蒸发器和平行流冷凝器,产量 60 万台;汽车空调管路,产量 15 万套;汽车空调电子控制系统,产量 20 万套
配套及出口情况:为一汽解放、一汽青岛、东风汽车、厦门金旅、安徽奇瑞、江南汽车、洛阳凌宇、美的客车、天津夏利、Vale、华菱、王牌等厂家批量供货;汽车空调系统、管片式蒸发器、平行流冷凝器及汽车空调管路出口到印度、美国、法国等国家,年出口量 8 万台/套

★中航一集团航宇救生装备有限公司
地址:湖北省襄樊市新华路 29 号
邮编:441003

电话:0710/3224145
传真:3224010
网址:www. china - ali. com
电子信箱:hanjianginfo@ xf. hb. cninfo. net
单位人数:6000
质量体系:ISO/TS 16949
产品情况:(汉江牌)
　　汽车门锁、锁芯及钥匙、行李包锁
配套情况:为天津一汽夏利、吉利汽车、长安汽车、贵州云雀、上汽通用五菱、厦门金龙、西沃、安凯客车、五十铃配套

★湖北中航精机科技股份有限公司
地址:湖北省襄樊市高新区追日路8号
邮编:441003
电话:0710/3345433
传真:3345024
网址:www. hapm. cn
电子信箱:auto@ hapm. cn
单位人数:600
质量体系:ISO/TS 16949、VDA 6.1
产品情况:轿车座椅调角器,具备200万辆份轿车座椅调角器、80万辆份滑轨、40万辆份变速器拨叉以及2000万件精冲件的生产能力
配套情况:为国内50%主流轿车车型配套

★湖北万众(集团)股份有限公司
地址:湖北省襄樊市汽车产业经济技术开发区车城大道168号
邮编:441004
电话:0710/3312998、3320568
传真:3310128
电子信箱:hbwzjt@ xf. hb. cninfo. net
质量体系:ISO/TS 16949
产品情况:汽车玻璃

★汉水车辆制冷有限公司
地址:湖北省襄樊市高新区通汉路9号科技工业园
邮编:441021
电话:0710/3513022、3607012
传真:3347191
产品情况:汽车制冷机组,汽车旋压带轮

★湖北省齐星汽车车身股份有限公司
地址:湖北省随州市经济开发区十里铺
邮编:441300
电话:0722/3262673、3587029
传真:3587097、3262673
网址:www. hbqx. com. cn
电子信箱:hbqxgs@ qx - auto. cn
单位人数:2000
质量体系:ISO 9001
产品情况:(齐星牌)
　　汽车底盘、货车平头驾驶室、内饰件、改装房车等
出口情况:出口多个国家和地区

★随州市瑞斯达汽车配件有限公司
地址:湖北省随州市解放路西端
邮编:441300
电话:0722/7096777
传真:3813077
质量体系:ISO/TS 16949、ISO 9001
产品情况:(瑞斯达牌)
　　红岩汽车驾驶室、驾驶室覆盖件、内饰件、外饰件等

★老河口圣德汽车附件有限公司
地址:湖北省老河口市商业街228号
邮编:441800
电话:0710/8302868
传真:8308717
网址:www. lhksdgs. com
电子信箱:lhksdgdq@ sina. com
单位人数:180
质量体系:ISO/TS 16949、ISO 9001
产品情况:汽车门锁、门铰链、附件
配套情况:为东风汽车公司配套

★东风林泓汽车配套件有限公司
地址:湖北省十堰市朝阳中路79号
邮编:442000
电话:0719/8223478
传真:8223776
质量体系:ISO/TS 16949
产品情况:东风轻型载货汽车后视镜支杆、内视镜、后视镜、下视镜、聚氨酯衬套
配套情况:为东风汽车公司配套

★十堰市新百强工贸有限公司
地址:湖北省十堰市富桥区8018号
邮编:442000
电话:0719/8254037
传真:8665605
质量体系:ISO 9001
产品情况:全车覆盖件、底盘件

★十堰高山工贸有限公司
地址:湖北省十堰市白浪开发区白浪村4组
邮编:442000
电话:0719/8317746、8301449
传真:8310183
单位人数:130
质量体系:ISO 9001
产品情况:保险杠、燃油箱、油箱托架、储气筒框架等汽车冲压黑漆件

★十堰正和车身有限公司
地址:湖北省十堰市东风大道66号
邮编:442000
电话:0719/8781366、8787555
传真:8797490
网址:www. syzhcs. com. cn
电子信箱:zhhcompany@ zhhchsh. mail. sohu. net
单位人数:700
质量体系:ISO/TS 16949、ISO 9001
产品情况:车身总成及车身零部件,具有年产3万套车身总成、5万套车身零部件的生产能力
配套情况:为东风南充汽车、东风(十堰)改装车、重汽集团济南商用车、陕汽宝鸡华山工程车辆等配套

★双鸥汽车工程塑料(集团)公司
地址:湖北省十堰市车城南路18号
邮编:442000
电话:0719/8871001、8881314
传真:8881113
网址:www. hbsojt. com
电子信箱:jtb@ hbsojt. com
单位人数:1200
质量体系:ISO/TS 16949、ISO 14001
产品情况:(双鸥牌、武当山牌)
　　仪表盘、转向盘等系列塑料制品
配套情况:为东风汽车公司、神龙汽车、柳汽、柳微、江淮汽车、奇瑞汽车、亚星商务车、厦门金龙、长安跨越等各大主机厂配套

★十堰市鑫亚车身部件有限公司
地址:湖北省十堰市贵州路37号
邮编:442001
电话:0719/8239130
传真:8260344
网址:www. syxycsbj. cn
单位人数:400
质量体系:ISO 9001
产品情况:定点生产东风汽车公司车身零部件,年产15万辆份,此外还具有年产5000辆汽车车身总成和2000台驱动桥的生产能力
配套情况:为东风汽车公司配套

★湖北三环车身系统有限公司
地址:湖北省十堰市车城南路23号
邮编:442001
电话:0719/8883818、8872228
传真:8893641
网址:www. triring. cn
电子信箱:cheshen@ triring. cn
单位人数:800
质量体系:ISO/TS 16949、ISO 9000
产品情况:汽车驾驶室总成、玻璃升降器总成和车身系统冲压零部件
配套情况:为东风汽车公司、神龙汽车等配套

★东风贝洱热系统有限公司
地址:湖北省十堰市车城西路56号
邮编:442002
电话:0719/8238927
传真:8522111
网址:www. dbfs. cn
电子信箱:zhoufz@ dfmc. com. cn
单位人数:1005
质量体系:ISO/TS 16949、VDA 6.1
产品情况:发动机冷却系统、空调热交换器、中冷器、硅油风扇离合器等
配套情况:为东风汽车公司、神龙汽车等配套

★东风 - 派恩汽车铝热交换器公司
地址:湖北省十堰市车城西路56号

邮编:442002
电话:0719/8238937、8520633
传真:8260864、8522425
网址:www. paninco. com. cn
单位人数:370
质量体系:ISO/TS 16949、ISO 9001
产品情况:冷凝器、蒸发器、汽车空调系统
配套情况:为东风商用车、东风汽车股份、东风康明斯发动机、东风日产柴、陕汽集团、东风特汽(十堰)客车、东风客车底盘、安徽华菱、吉利汽车等配套

★十堰冠达汽车零部件有限公司
地址:湖北省十堰市襄阳路10号
邮编:442012
电话:0719/8781535
传真:8781537
电子信箱:gdslyxgs@ public. sy. hb. cn
质量体系:QS 9000、ISO 9001
产品情况:(冠达牌)
仪表板总成、车门内护板、转向盘总成、聚氨酯系列、散热器面罩、后视镜、汽车安全玻璃等,年产塑料制品800t、安全玻璃40万m^2

★十堰市十金车箱有限责任公司
地址:湖北省十堰市马家河路9号
邮编:442012
电话:0719/8783359
传真:8782419
电子信箱:postmaster@ hbsjcx. com. cn
质量体系:ISO/TS 16949、ISO 9001
产品情况:汽车车箱、车架、消声器、进气管等
配套情况:为东风公司配套

★十堰方鼎汽车车身有限公司
地址:湖北省十堰市白浪高新技术产业开发区中观路89号
邮编:442013
电话:0719/8255809
传真:8255867
网址:www. jia – nan. cn
电子信箱:mail@ jia – nan. cn
单位人数:300
质量体系:ISO/TS 16949、ISO 9000
产品情况:(武当星牌)
重、中、轻型汽车、农用车系统列车身、内饰、冲压件
配套情况:为东风专用汽车底盘厂、东风嘉泰汽车公司等配套

★十堰金泰丰汽车零部件有限公司
地址:湖北省十堰市汽配城银桥区13号
邮编:442013
电话:0719/8287147、8287148
传真:8462350
网址:www. jtf. net. cn
电子信箱:syjtf@ 126. com
质量体系:ISO 9001
产品情况:EQ140车身总成及全车覆盖件、农用车驾驶室及其覆盖件、EQ平头驾驶室
配套情况:为湖北随州、湖南临武、郴州、东风云汽、一汽红塔云南等20多家企业配套

★东风(十堰)美瑞特汽车空调公司
地址:湖北省十堰市经济开发区科技园路2号
邮编:442013
电话:0719/8312622、8288016
传真:8312622
网址:www. mrtjt. com
电子信箱:xfhmdwm@ 163. com
单位人数:220
质量体系:ISO/TS 16949
产品情况:汽车温控产品及相关零部件,包括汽车空调、暖风机、鼓风机、冷凝器、蒸发器等

★十堰祯兴热交换器有限公司
地址:湖北省十堰市白浪高新技术产业开发区
邮编:442013
电话:0719/8313463
传真:8313805
质量体系:ISO 9001
产品情况:(祯兴牌)
汽车暖风机、散热器、仪表台
配套情况:为东风汽车公司配套

★十堰市欧费尔汽车空调有限公司
地址:湖北省十堰市白浪高新技术开发区
邮编:442013
电话:0719/8368376
传真:8368833
网址:www. aofair. com
质量体系:ISO 9001
产品情况:蒸发器、压缩机、冷凝器、空调管路、空调系统附件

★十堰市聚朋车身厂
地址:湖北省十堰市东城开发区东环路129号
邮编:442013
电话:0719/8761550、8761556
传真:8761564
网址:www. syjp. com
电子信箱:jp@ qpcity. com. cn
质量体系:ISO 9001
产品情况:车身
配套情况:为一汽红塔云南配套

★东风汽车公司车身厂
地址:湖北省十堰市贵州路3号
邮编:442040
电话:0719/8239644、8238877
网址:www. dftruck. com. cn
电子信箱:z – csc – xxb@ dfmc. com. cn
产品情况:汽车驾驶室及附件、车身覆盖件

★东风伟世通(十堰)汽车饰件系统公司
地址:湖北省十堰市武当路29号
邮编:442047
电话:0719/8237142、8236948
传真:8237142
网址:www. yf. sh. cn
电子信箱:dfm47@ 21cn. com
质量体系:ISO/TS 16949、ISO 14001
产品情况:商用车及乘用车仪表板、门护板、保险杠等各类饰件
配套情况:为东风装车原装配套

★东风汽车部件厂
地址:湖北省十堰市六里坪工业园
邮编:442176
电话:0719/5714053
传真:5713204
网址:www. dqbc. cn
质量体系:ISO/TS 16949、ISO 9001
产品情况:大型冲压件,年产200万件;轿车车身,年产50000辆份

★福耀玻璃(湖北)有限公司
地址:湖北省荆门市经济开发区交通大道
邮编:448124
电话:0724/8686888
传真:2498777
网址:www. fuyaogroup. com
单位人数:865
质量体系:ISO/TS 16949
产品情况:(福耀(FUYAO)牌)
汽车用夹层前风窗玻璃、钢化边窗、后风窗玻璃,以及采用PU、PVC包边工艺生产的包边玻璃
配套情况:为神龙汽车、东风本田、东风乘用车、东风商用车、东风渝安、江淮汽车、奇瑞汽车、昌河汽车、江铃汽车、北汽株洲等厂家配套

湖南省

★磐吉奥(湖南)工业有限公司
地址:长沙市暮云工业园暮云大道8号
邮编:410119
电话:0731/82969266
传真:82969260
网址:www. pangeo. com
电子信箱:pangeohr@ pangeo. com
质量体系:ISO/TS 16949、ISO 14001
产品情况:汽车锁系统、玻璃升降系统、脚踏板连接系统、驻车系统、各类模具和自动化设备

★湖南奔陆车身制造有限公司
地址:长沙市东郊榔梨何家山
邮编:410129
电话:0731/86805999、86802861
传真:86802157
网址:www. hnbenlu. com
电子信箱:benlu@ hnbenlu. com
单位人数:300
质量体系:ISO 9000

产品情况：（奔陆牌）
汽车覆盖件、燃油箱、商用车驾驶室
配套情况：为东风汽车公司、一汽集团、一拖集团等大型主机厂配套装车

★湖南长沙平头汽车车身制造厂
地址：长沙市东郊榔梨镇
邮编：410129
电话：0731/86808253、86802338
传真：86802088、86802966
网址：www. cp – china. net
电子信箱：hncp@ cp – china. net
单位人数：620
质量体系：ISO/TS 16949、ISO 9001
产品情况：平头驾驶室总成及外壳，年产驾驶室总成 2 万台
配套情况：为柳汽、川汽、上海汇众、汉阳特种汽车等配套

★湖南同心实业有限责任公司
地址：长沙市东郊江背镇
邮编：410135
电话：0731/86264578、86264438
传真：86290048
网址：www. hntx. com
电子信箱：hntx@ hntx. com
单位人数：2300
质量体系：ISO 9001
产品情况：（TX 牌）
各类汽车驾驶室总成、汽车配件、模具等，产量 20 万台套/年
配套及出口情况：与全国大批知名主机厂配套；出口驾驶室总成、汽车配件，出口额过亿元

★湖南长沙果福车业有限公司
地址：长沙市长沙县果园镇
邮编：410157
电话：0731/86183077、86184138
传真：86183189
网址：www. cguofu. com
电子信箱：cgf@ cguofu. com
单位人数：2000
质量体系：ISO/TS 16949、ISO 9001
产品情况：汽车驾驶室及车厢

★株洲时代新材料科技股份有限公司
地址：湖南省株洲市天元区海天路 18 号
邮编：412007
电话：0731/22837786
传真：22837760、22837788
网址：www. trp. com. cn
电子信箱：tmt@ teg. cn
质量体系：ISO/TS 16949、QS 9000
产品情况：推力杆、球铰、空气弹簧等

★株洲湘火炬汽车灯具有限责任公司
地址：湖南省株洲市黄河南路 268 号
邮编：412007
电话：0731/22882346、22881101
传真：22881359、22881231
网址：www. tapalamp. com
电子信箱：faxian@ vip. 163. com
单位人数：250
质量体系：ISO/TS 16949、QS 9000
产品情况：（DGI 牌、泰普牌）
汽车灯具、后视镜、汽车线束及其附件产品，年产能力 5000 万件
配套及出口情况：为中集车辆、陕汽集团、重汽集团、长丰猎豹汽车、东风越野车、东风特种车身厂、十堰正和车身、北汽福田、江南汽车、江铃陆风、柳工股份、山推股份、中联重科、杭叉股份、合叉股份等配套；出口产值约 1000 万美元

★岳阳恒立冷气设备股份有限公司
地址：湖南省岳阳市青年中路
邮编：414000
电话：0730/8245169、8245175
传真：8221311、8219616
网址：www. yyhengli. com
电子信箱：fx2919@ 163. com
单位人数：240
质量体系：VDA 6. 1、QS 9000
产品情况：汽车空调装置，年产大型客车空调 5000 套、中轻型客车空调 2 万套、轿车空调 40 万套
配套情况：为上海大众桑塔纳、一汽红旗、金杯海狮、广汽长丰猎豹、江淮万都、宇通汽车、厦门金龙、北汽福田、中联重科等配套

★华达汽车空调（湖南）有限公司
地址：湖南省娄底市乐坪大道
邮编：417000
电话：0738/8871861
传真：8872922
单位人数：146
质量体系：ISO/TS 16949
产品情况：（HZ 牌）
汽车空调压缩机
配套情况：为一汽集团、东风汽车公司、重庆五十铃、郑州日产、东南汽车、长城汽车等配套

★湖南长丰汽车空调有限公司
地址：湖南省永州市长丰工业园
邮编：425000
电话：0746/8453991、8453992
传真：8453968
质量体系：ISO/TS 16949
产品情况：空调，年产 50 万台

★湖南长丰汽车塑料制品有限公司
地址：湖南省永州市冷水滩区仁湾镇张家铺路 1 号
邮编：425000
电话：0746/8456738
传真：8457738
电子信箱：cfsl@ vip. sina. com
质量体系：ISO/TS 16949
产品情况：猎豹车内外饰件

★ 邵阳通达汽车零部件制造有限公司

地址：湖南省邵阳市宝庆西路 443 号
邮编：422000
电话：0739/5324654、2359890
传真：5324473
网址：www. sytd. net
电子信箱：sytd@ vip. 163. com
法人代表（负责人）：王邵军
单位人数：180
质量体系：ISO/TS 16949
产品情况：（SHAOLING）
气弹簧，可调气弹簧，拉升气弹簧；汽车用折弯件及机加工零部件
配套及出口情况：上汽通用五菱汽车公司，上汽依维柯红岩汽车公司，一汽轿车公司，中国长安集团哈飞汽车公司，东风小康汽车公司，东风神龙汽车公司，郑州宇通客车有限公司，厦门金龙联合汽车工业有限公司，广西柳工机械股份有限公司等；出口南美、中东、俄罗斯、印度
☞ 详细情况请参阅彩色宣传版面

★湖南长丰汽车沙发有限责任公司
地址：湖南省永州市冷水滩区张家铺 1 号
邮编：425001
电话：0746/8456019 – 3539
传真：8456811、8457679
网址：www. cfasofa. com
电子信箱：zhb@ cfasofa. com
单位人数：300
质量体系：ISO/TS 16949、QS 9000
产品情况：（长丰牌）
汽车座椅、天窗、玻璃升降器等
配套情况：为广汽长丰配套

广东省

★广州枝华后视镜制造有限公司
地址：广州市花都区新华街镜湖大道与雅瑶中路交汇处
邮编：510000
电话：020/61812362、61812379
传真：61812369
网址：www. gzzhihua. com
电子信箱：sales@ gzzhihua. com
质量体系：ISO 9001
产品情况：摩托车后视镜
配套及出口情况：为大长江集团、大阳摩托车等全国 50 多家摩托车生产企业提供后视镜及风窗玻璃；销往意大利、美国、日本、韩国、中东、东南亚等国家和地区

★广州汽车集团零部件有限公司
地址：广州市东风东路 555 号粤海集团大厦 28 楼
邮编：510050
电话：020/83882608
传真：83858481

网址:www.gacc.com.cn
电子信箱:gacc@gacc.com.cn
单位人数:3000
产品情况:座椅、坐垫、门饰板、成型地毯、灯具、汽车冷凝器、蒸发器、气门弹簧等
配套及出口情况:主要供给广汽本田、广汽丰田、东风本田(武汉)、东风日产乘用车、一汽海马等;出口美国、德国、日本、东南亚等国家和地区

★广州市奥亚汽车电器有限公司
地址:广州市三元里大道715号
邮编:510403
电话:020/36220767、36332703
传真:36220939、36296306
网址:www.gzaoya.cn
电子信箱:daishengguo@nf-aoya.com
质量体系:ISO 9001
产品情况:(OURCAR牌)
空调压缩机、空调电磁离合器、电子点火器、电子调节器、汽车喇叭、继电器、闪光器、传感器等汽车空调、电子电器系列产品
出口情况:远销欧洲、东南亚等20多个国家和地区

★广州市一鸣汽配有限公司
地址:广州市白云区广源中路283号
邮编:510405
电话:020/86560358
传真:86560538、83506768
质量体系:ISO/TS 16949
产品情况:本田系列前杠、中网、前照灯、后视镜、雾灯、翼子板灯、后盖饰条、空气胶罐、后尾灯、轮胎帽、车内顶棚、内门拉手等
配套及出口情况:为广汽本田配套;出口非洲、欧洲、美洲等地区

★广州市科立汽车电器有限公司
地址:广州市白云区黄石路陈田工业区西街79号
邮编:510420
电话:020/36402803、36402257
传真:36402803
电子信箱:kelidianqi@126.com
单位人数:1600
质量体系:ISO/TS 16949、ISO 9001
产品情况:(KEYI牌)
汽车电动玻璃升降器、刮水器电动机及各种微特电动机、喇叭、开关及线索系列产品
配套及出口情况:为长城、奇瑞QQ、一汽红塔云南配套;出口美国、泰国、迪拜、意大利、尼日利亚、法国等国家,并销往中国台湾地区

★广州市佳鑫汽车零部件有限公司
地址:广州市白云区太和镇龙归园夏村工业大道东D区3号之一
邮编:510445
电话:020/86049518
传真:86048730
网址:www.gd-jiaxin.com
电子信箱:jiaxin@gd-jiaxin.com
质量体系:ISO/TS 16949
产品情况:汽车电动天窗等
配套情况:给多个汽车厂家配套

★广州市乐业永丰企业有限公司
地址:广州市永福路79号倚云广场后楼3层
邮编:510500
电话:020/87703727、87702808
传真:87715191
网址:www.lyyongfeng.com
电子信箱:gzyongfeng@163.com
质量体系:ISO 9001
产品情况:(威利斯尔牌)
汽车装饰精品、转向盘套、安全带、制动灯、防撞胶、拖车绳、汽车音响、注塑制品等,模具
出口情况:部分产品出口

★百丰(中国)电子科技有限公司
地址:广州市越秀区永福路49号福怡大厦419室
邮编:510500
电话:020/87792468、87641969
传真:87733853
网址:www.bfqy.com
电子信箱:gzbfqy@126.com
质量体系:QS 9000、ISO 9000
产品情况:(百丰牌)
各类汽车中控锁、音响喇叭、低音炮、自动天线、车用开关、玻璃升降器等

★四维尔丸井(广州)汽车零部件公司
地址:广州市萝岗区东区骏功路15号
邮编:510530
电话:020/62959018
传真:62959019
网址:www.swellmarui.com
电子信箱:hr@swellmarui.com
质量体系:ISO/TS 16949、ISO 14001
产品情况:汽车标牌、散热器格栅、车轮盖、装饰条、门把手等内外饰件
配套情况:主要客户有广汽本田、本田汽车(中国)、本田汽车用品(广东)、东风日产乘用车、日产投资(中国)、东风阳光汽车服务、天津一汽丰田、广汽丰田、长春丰越汽车、丰田通商(上海)、一汽海马、广汽长丰

★广州三兴精密模具塑料工程有限公司
地址:广州市经济开发区开创大道399号
邮编:510530
电话:020/82264470
传真:82264651
质量体系:ISO/TS 16949、ISO 9000
产品情况:门手柄、玻璃升降器、摇杆、门锁、面板、仪表、音响、内饰灯、指示灯等
配套情况:为神龙汽车、东风汽车公司、法雷奥、德尔福、玛格纳、阿文美驰、英提尔等配套

★广州柏琳汽车零件制造有限公司
地址:广州市白云区竹料镇工业区正亮路16号
邮编:510545
电话:020/87481655、87483858
传真:87481766
网址:www.gzberlin.com
电子信箱:dick@gzberlin.com
单位人数:200
质量体系:ISO/TS 16949、ISO 9001
产品情况:压缩机,年产能力30万台以上
出口情况:出口欧美、韩国、东南亚等国家和地区

★欧姆龙(广州)汽车电子有限公司
地址:广州市高新技术科技产业开发区科学城南翔一路
邮编:510663
电话:020/82075333
传真:82075386
网址:www.omron.com.cn
单位人数:635
质量体系:ISO 9001、ISO 14001
产品情况:汽车智能防盗遥控钥匙、车门窗开关

★广州广爱兴汽车零部件有限公司
地址:广州市经济技术开发区东区骏业路261号
邮编:510700
电话:020/82265138
传真:82265118
网址:www.g-tsk.com
电子信箱:210@g-tsk.com
单位人数:320
质量体系:ISO/TS 16949、ISO 9001
产品情况:汽车门内饰板、遮阳板、开关饰板总成等

★广州三叶电机有限公司
地址:广州市经济技术开发区东区联广路263号
邮编:510730
电话:020/32020168
传真:32020600
网址:www.mitsuba.cn
电子信箱:gzmitsubams@126.com
单位人数:346
质量体系:ISO 9001
产品情况:(MITSUBA牌)
汽车刮水器总成、玻璃升降器电动机、清洗器总成、刮水臂及胶条等,摩托车磁电机、起动机等
配套及出口情况:为广汽本田、东风本田、本田(中国)、东风日产、五羊本田、新大洲本田、江门大长江等配套;出口汽车刮水器总成、刮水器刮臂及胶条、

清洗器总成、摩托车起动机等产品

★伟巴斯特(广州)车顶系统公司
地址:广州市经济技术开发区东区宏景路67-8
邮编:510760
电话:020/32066383
传真:32066255
网址:www.webastochina.com
电子信箱:info@webastochina.com
质量体系:ISO/TS 16949
产品情况:汽车天窗
配套情况:为一汽-大众、长安福特马自达、长城汽车、上海通用等配套

★广州市花都必胜汽车空调器厂
地址:广州市花都区汽车城岭东路29号
邮编:510800
电话:020/36867588、36867586
传真:36867585、36867587
网址:www.gz-hbs.com
电子信箱:siyun0820@21cn.com
质量体系:ISO 9001
产品情况:汽车空调的管带式冷凝器、蒸发器、平行流式冷凝器、层叠式蒸发器、各类空调管等
出口情况:出口北美洲、东欧、大洋洲、东南亚、中东等地区

★康奈可(广州)汽车科技有限公司
地址:广州市花都区东风大道
邮编:510800
电话:020/86733188
传真:86733266
网址:www.calsonickansei.co.jp
产品情况:汽车前端模块及空调、仪表盘模块组合

★广州泰李汽车座椅有限公司
地址:广州市花都区汽车城东风大道东
邮编:510880
电话:020/86733996、86733558
传真:86733553
质量体系:ISO/TS 16949
产品情况:汽车座椅及其他零部件
配套情况:为东风日产乘用车配套

★广州精益汽车空调有限公司
地址:广州市花都区花山镇坪山工业区5-7号
邮编:510880
电话:020/86789018、86184293
传真:86789023
网址:www.jingyikt.com
电子信箱:manager@jingyikt.com
单位人数:500
质量体系:ISO/TS 16949、ISO 9001
产品情况:6~14m客车空调,冷藏车空调,压缩机、线束、铜管等汽车空调零部件
出口情况:CNG独立机组远销亚洲、中东地区

★广州爱机汽车配件有限公司
地址:广州市花都区花山镇华侨科技工业园
邮编:510880
电话:020/86948151
传真:86948152
网址:www.ghapii.com.cn
电子信箱:tangqi@ghapii.com.cn
质量体系:ISO/TS 16949、ISO 9001
产品情况:本田汽车车身骨架及配件

★广州基业汽车空调制造有限公司
地址:广东省增城市江街一环路东区工业园
邮编:511300
电话:020/82719750、82719751
传真:82719752
网址:www.gzjiye.cn
电子信箱:gzjiye@126.com
单位人数:100
质量体系:ISO 9001
产品情况:重型汽车空调器总成、SUV空调总成、冷凝器、蒸发器、空调电路系统等
配套情况:为重庆重汽、北汽福田、特种车厂、改装车厂等配套

★广州龙冠汽车空调制造有限公司
地址:广东省增城市龙冠工业开发区233号
邮编:511300
电话:020/82755028、82757088
传真:82758868
质量体系:QS 9000、ISO 9001
产品情况:(三菱牌)
汽车空调压缩机,汽车护理产品

★广州林骏汽车内饰件有限公司
地址:广州市经济技术开发区永和经济区新安路333号
邮编:511356
电话:020/32223100
传真:32221819
网址:www.linjun.com.cn
电子信箱:linjun@linjun.com.cn
质量体系:ISO 9001、ISO 14001
产品情况:汽车地毯等内饰
配套情况:为广汽本田、天津一汽丰田、东风日产乘用车等配套

★广州奥托立夫汽车安全系统公司
地址:广州市经济技术开发区永和经济开发区新业路66号
邮编:511356
电话:020/32223333
传真:32223326
网址:www.autoliv.com
电子信箱:autolivhr@yahoo.com.cn
质量体系:ISO/TS 16949
产品情况:汽车安全带和安全气囊

★广州提爱思汽车内饰系统有限公司
地址:广东省增城市永和镇广州汽配城广华东路1号
邮编:511356
电话:020/82704792
传真:82705304
网址:www.gztst.com
电子信箱:postmaster@gztst.com
单位人数:1500
质量体系:ISO 9001、ISO 14001
产品情况:轿车座椅,年产能力42万台
配套情况:为广汽本田配套

★广州庆成金属工业有限公司
地址:广州市经济技术开发区永和经济开发区新庄三路9号
邮编:511356
电话:020/82978558
传真:82978658
网址:www.gzqingcheng.com
电子信箱:yewu@qingcheng.sina.net
质量体系:ISO/TS 16949、ISO 9001
产品情况:冲压模夹、汽车覆盖件、底盘件等

★广州电装有限公司
地址:广东省增城市永和镇广州汽车配件工业城
邮编:511356
电话:020/82981198
传真:82970955
电子信箱:231654259@qq.com
质量体系:ISO/TS 16949、ISO 9001
产品情况:平行流型轿车空调用冷凝器
配套情况:为烟台首钢电装有限公司配套

★广州市吉中汽车装饰有限公司
地址:广州市番禺大石南浦广州碧桂园路口恒达工业园第一栋一楼
邮编:511400
电话:020/22860619、22860615
传真:34509153
网址:www.gzjizhong.com
电子信箱:w.luo@gzjizhong.com
质量体系:ISO/TS 16949
产品情况:汽车真皮座椅、仿皮座套、绒布座套等
配套情况:为奥迪、红旗、福特、桑塔纳、欧蓝德等多个汽车品牌配套

★丰爱(广州)汽车座椅部件公司
地址:广州市南沙区黄阁镇乌洲山北路一号
邮编:511455
电话:020/34682662
传真:3468275
质量体系:ISO 9000
产品情况:汽车座椅骨架、座椅调角器、滑轨、汽车冲压件、焊接件和涂装件
配套情况:为丰田汽车配套

★广州市番禺盈力气弹簧制造公司
地址:广州市番禺区市广路228号
邮编:511490

电话:020/84878610、34512438
传真:34801265
网址:www. pyyl. com
电子信箱:ronzhx@ vip. 163. com
质量体系:ISO 9001
产品情况:各类气弹簧,年产能力 50 万支
配套及出口情况:与多个厂家配套;出口东南亚及欧美地区

★松下·万宝(广州)压缩机公司
地址:广州市番禺区钟村街万宝基地
邮编:511495
电话:020/84778123
传真:34712140
网址:www. gzwanbao. com
电子信箱:pwcg_sales@ cn. panasonic. com
单位人数:5000
质量体系:ISO/TS 16949、QS 9000
产品情况:房间空调器和汽车空调用旋转式压缩机,年产 20 万台

★劲达(集团)有限公司
地址:广东省河源市明珠开发区力王大道 1 号
邮编:517000
电话:0762/3832345、3831380
传真:3831381、2288889
网址:www. kingtec. com. cn
电子信箱:service@ kingtec. com. cn
质量体系:ISO 9001
产品情况:各种大型商用车空调、汽车运输冷冻机等

★深圳市精臻达实业有限公司
地址:广东省深圳市福田区景田商报路 80 号天健工业区 13 栋 4 楼
邮编:518034
电话:0755/83121693、83118657
传真:83163867
网址:www. zhenda - auto. com
电子信箱:szzhenda@ 163. net
单位人数:130
质量体系:ISO/TS 16949、ISO 9001
产品情况:(臻达牌)
汽车电动玻璃升降器、中控锁、防盗器、倒车雷达、车载免提、关窗器

★维克多精密工业(深圳)有限公司
地址:广东省深圳市宝安区福永镇桥头村富桥工业区三区龙辉工业城 2 栋
邮编:518103
电话:0755/27347095、27347096
传真:27335860
网址:www. vem - tooling. com
电子信箱:mail@ vem - ltd. com
单位人数:200
产品情况:汽车天窗配件、车用开关、过滤器、气阀壳体、刮水器、汽车仪表盘底壳等

★深圳市著牌实业有限公司
地址:广东省深圳市宝安区龙华民治向南村宝山工业区 B 栋
邮编:518131
电话:0755/28196108
传真:28196769
网址:www. zhupai. com
电子信箱:supa@ zhupai. com
单位人数:180
质量体系:ISO/TS 16949、ISO 9001
产品情况:汽车电动玻璃升降器、中央控制门锁及其电控系统
配套情况:为长城汽车、河北中兴、北汽福田、一汽海马、吉利汽车、陕汽集团、奇瑞汽车、东风汽车公司等配套

★信义集团奔迅汽车玻璃有限公司
地址:广东省深圳市宝安区柳仙路 6 号
邮编:518133
电话:0755/27599998
传真:27599993
质量体系:ISO/TS 16949
产品情况:汽车玻璃
出口情况:产品 70% 销往北美洲、欧洲、东南亚等 30 多个国家和地区

★珠海鸥顿气弹簧厂
地址:广东省珠海市前山镇梅溪工业区
邮编:519000
电话:0756/8523112、8523113
传真:8523119
电子信箱:odchinese@ hotmail. com
单位人数:60
质量体系:ISO 9001
产品情况:角调气弹簧系列、支撑气弹簧系列、升降气弹簧系列年产 50 万支
配套及出口情况:为东风汽车公司、江西宜春客车厂、珠海广通、郑州宇通配套;出口德国、爱尔兰、俄罗斯、印尼、日本

★珠海华尚汽车玻璃工业有限公司
地址:广东省珠海市三灶科技园琴石工业区
邮编:519040
电话:0756/7622973、7622972
传真:7622909、7622939
网址:www. bsgautoglass. net
电子信箱:sales@ bsgautoglass. net
质量体系:ISO/TS 16949、ISO 14001
产品情况:汽车玻璃
出口情况:出口 100 多个国家和地区

★小仓离合机(东莞)有限公司
地址:广东省东莞市石碣镇科技工业园
邮编:523290
电话:0769/86361603
传真:86324531
质量体系:ISO/TS 16949
产品情况:汽车空调用离合器
配套情况:为松下万宝(广州)压缩机、华达杰克赛尔、重庆建设车用空调器等配套

★东莞轮博仕汽车配件有限公司
地址:广东省东莞市茶山镇民营工业园九、十一区
邮编:523300
电话:0769/87020087
传真:87020089
质量体系:ISO/TS 16949
产品情况:(轮博士(RAINBOX)牌)
汽车刮水器

★东莞山多力汽车配件有限公司
地址:广东省东莞市企石镇永发工业区
邮编:523511
电话:0769/86715908、86784777
传真:86715986
网址:www. sandolly. com. cn
电子信箱:sales@ sandolly. com. cn
单位人数:300
质量体系:ISO/TS 16949、QS 9000
产品情况:(SANDOLLY 牌)
汽车刮水器及臂片
配套及出口情况:为江淮瑞风、瑞风现代、东风风行、长丰猎豹、威驰、威姿、威乐、吉利远景 FC－1、福田欧马可轻型货车、江铃福特全顺、瑞风祥和、江淮瑞鹰、长安杰勋、比亚迪 F6、一汽奔腾、华晨酷宝(M3)、北汽福田蒙派克、比亚迪 F0、长安悦翔、志翔、福田迷迪、中兴无限 V3 等配套;出口日本等国家

★东莞茂森金属冲压有限公司
地址:广东省东莞市塘厦镇林村新太阳工业城第 105 栋
邮编:523711
电话:0769/87933602
传真:87933609
网址:www. mansfield. com. cn
电子信箱:info@ mansfield. com. cn
单位人数:500
质量体系:ISO/TS 16949、ISO 9001
产品情况:汽车骨架、汽车座椅配件
出口情况:出口日本、马来西亚、欧美等国家和地区

★信义玻璃控股有限公司
地址:广东省东莞市虎门镇路东信义玻璃工业园
邮编:523935
电话:0769/85266666、85263100
传真:85265533
网址:www. xinyiglass. com
电子信箱:marketing@ xinyiglass. com
单位人数:8000
质量体系:VDA 6. 1、QS 9000
产品情况:(XYG 牌)
汽车玻璃、密封胶条
配套及出口情况:与奇瑞汽车、宇通客车、北汽福田等结为战略合作伙伴关系;出口 100 多个国家

★东莞广泽汽车饰件有限公司
地址:广东省东莞市厚街镇桥头第三工

业区
邮编:523950
电话:0769/85903898
传真:85903818
网址:www. hirosawa. com. cn
电子信箱:info@ hirosawa. com. cn
单位人数:1980
质量体系:ISO/TS 16949、ISO 9001
产品情况:汽车仪表盘、饰板、转向盘,摩托车挡板
配套情况:为广汽本田、东风日产乘用车、一汽海马、郑州日产、东南汽车、长安汽车、北京奔驰、华晨金杯、武汉万通、广西柳汽等配套

★久和模具(东莞)有限公司
地址:广东省东莞市厚街镇溪头工业区
邮编:523952
电话:0769/85924302
传真:85924301
电子信箱:as3002@ gmail. com
产品情况:各式载货汽车、拖车车身零件、面板、面罩、脚踏板、挡泥板、车灯、后视镜

★佛山市澜石机械厂
地址:广东省佛山市禅城区澜石镇澜普路15号
邮编:528041
电话:0757/83315199
传真:83316877
网址:www. lsjxc. cn
电子信箱:ztm@ kyzljx. com
质量体系:ISO 9001
产品情况:汽车车厢、电动千斤顶、轮胎装拆机

★爱信精机(佛山)车身零部件公司
地址:广东省佛山市南海区高新产业园小塘三环西路A区5号
邮编:528200
电话:0757/86650317
传真:86650300
网址:www. asfb. cn
质量体系:ISO/TS 16949
产品情况:汽车天窗、座椅电动机,
配套情况:为广汽丰田、慧国工业股份、丰爱(广州)汽车座椅部件等配套

★康迪盛汽车空调配件有限公司
地址:广东省佛山市南海狮山镇松岗大坑庄
邮编:528234
电话:0757/85213316
传真:85213316-806
网址:www. kdsauto. com
质量体系:ISO/TS 16949
产品情况:汽车空调冷凝器

★广东伦教汽车玻璃有限公司
地址:广东省佛山市顺德区伦教区新兴路9号
邮编:528300
电话:0757/27721203、27721208
传真:27738880
网址:www. famousglass. com
电子信箱:allyli519@ hotmail. com
质量体系:ISO 9002
产品情况:(GT牌、US牌)
各类玻璃
出口情况:出口美国、亚洲、非洲等国家和地区

★广东顺德市太昌客车空调有限公司
地址:广东省佛山市顺德区大良凤翔工业区顺翔路20号
邮编:528300
电话:0757/28666995、28666996
传真:28666993
网址:www. sdtaichang. com
电子信箱:sdtaichang@ sdtaichang. com
单位人数:520
质量体系:ISO 9001
产品情况:汽车空调机
配套及出口情况:与全国几十家企业配套;出口欧美、澳大利亚等国家和地区

★广东多纳勒振华汽车系统有限公司
地址:广东省佛山市顺德区容桂容港路9号
邮编:528303
电话:0757/26383751
传真:26623575
电子信箱:office. magnadzh@ vip. 163. com
单位人数:570
质量体系:ISO/TS 16949、VDA 6. 1
产品情况:内外后视镜以及车顶灯、内外门把手、侧三角窗、车窗玻璃导轨等,年产各类后视镜能力达270万台套
配套情况:为广汽本田、东风本田、广汽丰田、奇瑞汽车、长城汽车、哈飞、神龙、庆铃、江铃、长安铃木、昌河、华晨金杯、北汽福田、广汽长丰、河北中兴、江淮、一汽海马、一汽-大众、一汽集团、北京奔驰、比亚迪等配套

★顺德赛威实业有限公司
地址:广东省佛山市顺德区大良凤翔工业园银翔路5号永坚工业中心
邮编:528309
电话:0757/22309931、22309932
传真:22309930
网址:www. safeway. com. cn
电子信箱:sales@ safeway. com. cn
质量体系:ISO 9001
产品情况:液晶车载后视镜、电子显示屏、逆变器
出口情况:出口荷兰、芬兰、丹麦、德国、英国、美国、加拿大等国家

★佛山东海理化汽车部件有限公司
地址:广东省佛山市顺德区大良顺番公路五沙段10号顺德工业园
邮编:528333
电话:0757/22320191
传真:22320198
网址:www. tokai-rika. co. jp
质量体系:ISO 14001
产品情况:(著牌汽车安全锁等汽车安全防护配件

★丰田合成(佛山)汽车部品公司
地址:广东省佛山市顺德区大良街道顺番公路五沙段3号
邮编:528333
电话:0757/22813371
传真:22813370
单位人数:370
质量体系:ISO/TS 16949
产品情况:(TOYODA牌)
汽车内外装饰塑料部件,包括仪表板、排挡箱、音响盖、名牌标志装饰板、发动机罩等,年产88000台
配套情况:为广汽丰田、东风日产乘用车、广汽丰田发动机、日产中国、广州樱泰汽车装饰等配套

★中山市耀华汽车部件实业有限公司
地址:广东省中山市黄圃镇大岑工业区
邮编:528429
电话:0760/23225533
传真:23213378
网址:www. zsyaohua. com
电子信箱:cb@ zsyaohua. com
单位人数:300
质量体系:ISO/TS 16949、ISO 9001
产品情况:各类汽车后视镜及装饰用排气管、排挡头、脚踏板,摩托车后视镜、后尾箱
配套及出口情况:主要客户有奇瑞汽车、丹东曙光、长城汽车、天马汽车、福迪汽车、广州宝龙汽车、天津美亚汽车、新大洲本田、大长江集团、豪进摩托等;远销欧美市场

★伟福科技工业(中山)有限公司
地址:广东省中山市火炬开发区火炬大道16号
邮编:528437
电话:0760/85311770
传真:85335007
电子信箱:meiko_kin@ ftz. com. cn
质量体系:ISO/TS 16949、ISO 9000
产品情况:车身、底盘、制动器总成、驱动桥总成等

★中山火炬开发区嘉映制镜厂
地址:广东省中山市火炬开发区小引村工业区5号
邮编:528437
电话:0760/85314581、85314582
传真:85314583
网址:www. zsjiaying. com
电子信箱:webmaster@ zsjiaying. com
质量体系:ISO 9001
产品情况:(佳视牌)
车用后视镜

出口情况:出口欧美、日本、南非、澳大利亚等国家和地区

★千代达电子制造(中山)有限公司
地址:广东省中山市火炬高技术产业开发区勤业路8号
邮编:528437
电话:0760/85592747
传真:85331777
产品情况:指针盘相关部件、客舱用的垫片、后视镜和制动器相关部件

★锐科汽车配件有限公司
地址:广东省中山市坦洲镇乐怡路2号
邮编:528467
电话:0760/86733137
传真:86747886
网址:www. raiktrp. com
电子信箱:sinoparts@ yahoo. com. cn
质量体系:ISO 9001
产品情况:客车空调压缩机离合器

★江门市福莱利汽车配件有限公司
地址:广东省江门市新会区芦洲镇三牙工业区
邮编:529143
电话:0750/6226666、6229936
传真:6223996
网址:www. fullchina. com
电子信箱:full@ fullchina. com
单位人数:327
质量体系:ISO/TS 16949
产品情况:(福莱利牌、Full 牌)
汽车刮水器总成
配套及出口情况:合作伙伴有东风柳汽、天津一汽夏利、一汽-大众、一汽海马、荣城华泰汽车、北汽制造;50%的产品出口

★开平春明汽车座椅有限公司
地址:广东省开平市长沙良园路变电站西侧
邮编:529300
电话:0750/2233079、2233081
传真:2233080
网址:www. kpchunming. com
电子信箱:kpchunshan@ 163. com
单位人数:150
质量体系:ISO/TS 16949、QS 9000
产品情况:(春山牌)
汽车座椅
出口情况:出口东南亚,并销往中国香港、澳门、台湾地区

★阳江市宝马利汽车空调设备公司
地址:广东省阳江市江城区麻演工业区中路10号
邮编:529565
电话:0662/3657888、3171018
传真:3172457、3175838
网址:www. bml. com. cn
电子信箱:webmaster@ bml. com. cn
单位人数:400
质量体系:ISO/TS 16949、ISO 9001
产品情况:(BML 牌)
汽车空调冷凝器、蒸发器、散热器、油冷器等
出口情况:80%产品出口30多个国家

广　西

★桂林纯正工业有限公司
地址:广西桂林市平山工业区净瓶路10号
邮编:541003
电话:0773/3602888、3603757
传真:3603761
电子信箱:midway99@ sohu. com
质量体系:ISO 9001
产品情况:各种豪华座椅、液压座椅、汽车空调等
配套情况:为桂林客车配套

★桂林皮尔金顿安全玻璃有限公司
地址:广西桂林市高新九号区
邮编:541004
电话:0773/5820988
传真:5820889
电子信箱:gchen@ coolsite. net
质量体系:ISO/TS 16949、QS 9000
产品情况:钢化玻璃、夹层玻璃

★柳州市方鑫汽车装饰件有限公司
地址:广西柳州市西江路北二巷39号
邮编:545000
电话:0772/3163268、3160618
传真:3161298
网址:www. lzfx. com. cn
电子信箱:lzfx@ vip. 163. com
单位人数:350
质量体系:ISO/TS 16949
产品情况:仪表板本体及总成、车门内护板、侧护板、后门内护板总成、A/B/C/D立柱、顶盖内衬总成、消声隔热系统等内饰零部件;涂装前后保险杠总成、车身裙板总成、涂装扰流板总成、防擦条、后门装饰板、后门拉手、挡泥板等外饰零部件
配套情况:为上汽通用五菱、东风柳汽、柳工、柳州特种汽车厂、东风渝安等配套

★柳州市中铨机械制造有限公司
地址:广西柳州市柳长路12号
邮编:545003
电话:0772/2735888
传真:2738889
电子信箱:lzzq@ vip. 163. com
质量体系:ISO/TS 16949、QS 9000
产品情况:导轨、铰链、金属载体、防夹装置门
配套情况:为上汽通用五菱、东风柳州、重庆力帆、湖南湘潭联众汽车、湖南江南汽车等配套

★柳州市华力汽车零部件有限公司
地址:广西柳州市柳石路151号
邮编:545005
电话:0772/3118557、3146779
传真:3136329
网址:www. lz - huali. com
电子信箱:kllqp@ lz - huali. com
单位人数:85
质量体系:ISO/TS 16949
产品情况:支承板与防尘板焊合件系列、制动器底板焊合件系列、左右稳定板支座焊合件、左右护板、副车架等零部件产品
配套情况:为上汽通用五菱、柳工集团配套

★柳州易舟汽车空调有限公司
地址:广西柳州市阳和工业新区阳泰路东3号
邮编:545006
电话:0772/3591333
传真:3591208
网址:www. yi - zhou. com
电子信箱:pufa@ yi - zhou. com
质量体系:ISO/TS 16949
产品情况:(易舟牌)
涡旋式汽车空调压缩机和车用空调
配套情况:为国内10多家知名车辆主机厂配套

★柳州市腾龙汽车配件制造有限公司
地址:广西柳州市石烂路7号
邮编:545007
电话:0772/3653906、3996990
传真:3652987
网址:lztlqp. pinsou. com
单位人数:410
质量体系:ISO/TS 16949
产品情况:LZW、大宇客车车门铰链,年产35万件

★柳州艾特吉安全玻璃股份有限公司
地址:广西柳州市西环路9号
邮编:545007
电话:0772/3711114、3712334
传真:3719414
电子信箱:gxltg@ gxltg. com. cn
质量体系:QS 9000
产品情况:钢化玻璃、夹层玻璃、中空玻璃、装饰玻璃

★柳州柳新汽车冲压件有限公司
地址:广西柳州市下屏山大道286号
邮编:545116
电话:0772/3283247、3283249
传真:3252564、3250451
网址:www. lxco. com. cn
电子信箱:lzlxyxb@ sina. com
单位人数:580
质量体系:ISO 9001
产品情况:中、重型载货汽车平头驾驶室,轻型客车车身;具有年产平头车驾

驶室2万台、轻型客车车身2万台的生产能力
配套情况:为东风柳汽配套

重庆市

★重庆李尔长安汽车内饰件公司
地址:重庆市江北区鲤鱼池路三村42号
邮编:400020
电话:023/67738818
传真:67701382
质量体系:ISO/TS 16949、QS 9000
产品情况:年产汽车座椅20万套,汽车顶盖、地毯、门饰板、遮阳板、内立柱全包件10万套
配套情况:为长安汽车、长安铃木、长安福特马自达等配套

★重庆精铁机械有限责任公司
地址:重庆市沙坪坝中梁镇茅山峡工业园区
邮编:400022
电话:023/65542208、65540496
传真:65542208
网址:www.cq-jt.com
电子信箱:cqjt@vip.163.com
质量体系:ISO/TS 16949、ISO 9001
产品情况:汽车内、外塑料装饰部件及汽车用各类工程塑料制品
配套情况:为长安汽车、东风渝安、长安铃木、河北长安、江铃控股等配套

★重庆长安空港汽车配件有限公司
地址:重庆市江北区港城路36号
邮编:400023
电话:023/67566027
传真:67566138
单位人数:330
质量体系:ISO/TS 16949、QS 9000
产品情况:微型汽车系列背门撑杆、制动油管、千斤顶等,发动机舱中置构件、侧围顶上内蒙皮等冲焊件
配套情况:为长安汽车配套

★重庆长安福铃汽车铰链有限公司
地址:重庆市江北区建新东路260号
邮编:400023
电话:023/67592019、67593355
传真:67014200
网址:www.cqjl.com
电子信箱:jlc@cqjl.com
单位人数:320
质量体系:QS 9000
产品情况:汽车车门铰链、后悬架横向拉力杆、后杆纵横梁总成
配套情况:为长安汽车配套

★重庆天人汽车车身制造有限公司
地址:重庆市江北区唐家沱港城工业园C区
邮编:400026
电话:023/67783888
传真:67783999
网址:www.skyman.com.cn
电子信箱:skyman@skyman.com.cn
单位人数:300
质量体系:ISO/TS 16949、ISO 14001
产品情况:汽车座椅骨架总成、汽车底盘件及总成、重型车驾驶室总成、其他冲焊零部件
配套情况:为长安汽车、长安福特马自达、长安铃木、广汽本田、新迪李尔、延峰伟世通、台湾塔奥、江铃控股等配套

★重庆光能汽车配件有限公司
地址:重庆市九龙坡区石桥铺高庙村张坪社27号
邮编:400039
电话:023/68602627、68626564
传真:68606098
网址:www.guangneng.com.cn
电子信箱:sales@guangneng.com.cn
单位人数:161
质量体系:ISO/TS 16949、ISO 14001
产品情况:车门内护板
配套情况:为重庆长安福特马自达、长安铃木、上汽依维柯红岩、重庆铁马、庆铃汽车等配套

★重庆建设车用空调器有限责任公司
地址:重庆市九龙坡区华建支路1号
邮编:400052
电话:023/68719234、68127010
传真:68801807
网址:www.jscomp.com.cn
电子信箱:jsyx296@126.com
单位人数:400
质量体系:ISO/TS 16949、QS 9000
产品情况:(建设牌、JSS牌)
72系列、83系列、120系列、150系列、170系列、320系列压缩机
配套及出口情况:为微车、经济性轿车、SUV等几十种车型配套;远销中东、日本、北美洲等国家和地区

★南方英特空调有限公司
地址:重庆市经济技术开发区回龙工业园区大石支路1号
邮编:400060
电话:023/61911600
传真:61911666
网址:www.s-ai.com.cn
电子信箱:marketing@s-ai.com.cn
质量体系:ISO/TS 16949、QS 9000
产品情况:车用空调系统、蒸发器、冷凝器、暖风机、散热器、油冷器等
配套情况:为长安汽车、长安福特马自达配套

★联伟汽车零部件(重庆)有限公司
地址:重庆市经济技术开发区加工区六路一号
邮编:400060
电话:023/67463926、67465249
传真:67463488
网址:www.pwjt.com
电子信箱:lw@pwjt.com
产品情况:前后底板、门柱总成、脚踏板、后墙板、前悬吊梁、汽车车门等金属冲压与焊接件
配套及出口情况:为广东华冠、武汉恒冠、长安汽车、长安铃木、长安福特马自达等配套;出口欧洲、美洲、东南亚,并销往中国香港、台湾地区

★重庆长江电工(集团)有限公司
地址:重庆市南岸区茶园工业园
邮编:400069
电话:023/62300335、62489153
传真:62489555
网址:www.cjdgg.com
电子信箱:dzbgs@cjdgg.com
质量体系:ISO 9001、GJB 9001A
产品情况:暖风机、冷凝器、蒸发器、水泵、空调系统、散热器等
配套情况:为长安、铃木、比亚迪等配套

★重庆宏美制冷设备有限公司
地址:重庆市北碚区童家溪镇同兴横街47号
邮编:400709
电话:023/68327608、68327602
传真:68278589、68278566
电子信箱:office@cqhomer.com
质量体系:ISO 9000
产品情况:汽车空调冷凝器、蒸发器、散热器、中冷器、暖风机芯,摩托车油冷却器、散热器等
出口情况:出口欧洲、美洲、东南亚、澳大利亚等国家和地区

★重庆安通林拓普车顶系统有限公司
地址:重庆市渝北区工业园区理正园
邮编:401120
电话:023/67455975、67455969
传真:67457188
质量体系:ISO 9001
产品情况:汽车顶棚系统
配套情况:主要客户是长安福特马自达

★重庆延锋伟世通汽车饰件系统公司
地址:重庆市北部新区金开大道1999号
邮编:401120
电话:023/67457210
传真:67457208
网址:www.yf.sh.cn
电子信箱:info@mail.yf.sh.cn
单位人数:380
质量体系:ISO/TS 16949、ISO 14001
产品情况:(延锋牌)
汽车座舱系统、内饰系统
配套及出口情况:为长安福特马自达、长安铃木、广汽长丰等配套;汽车饰件出口墨西哥、菲律宾、南非等国家

★重庆长泰汽车零部件有限公司
地址:重庆市渝北区科技产业园区兴科

四路
邮编:401120
电话:023/67457880
传真:67457900
网址:www.minth.com.cn
单位人数:171
质量体系:ISO/TS 16949、VDA 6.1
产品情况:各种密封装饰件、饰条、车身结构件
配套情况:为长安福特马自达、长安铃木、四川一汽丰田、长安汽车、一汽海马等配套

★伟巴斯特车顶系统(重庆)公司
地址:重庆市经济技术开发区经开园A27小区B栋底楼
邮编:401122
电话:023/67880808
传真:67880388、67880801
网址:www.webastochina.com
电子信箱:info@webastochina.com
单位人数:83
质量体系:ISO/TS 16949、ISO 14001
产品情况:汽车天窗

★重庆延锋江森座椅有限公司
地址:重庆市渝北工业园长福西路4号
邮编:401122
电话:023/86001988、86001708
传真:86000002
质量体系:ISO/TS 16949
产品情况:座椅总成

★重庆超力高科技有限责任公司
地址:重庆市渝北区鸳鸯镇金开大道2001号
邮编:401122
电话:023/89110201、89110226
传真:89110278、89110285
网址:www.sinocl.com
电子信箱:chaoli@sinocl.com
单位人数:700
质量体系:ISO/TS 16949、ISO 14001
产品情况:(超力牌)
汽车空调、冷凝器、蒸发器、散热器、全自动智能空调控制器及其控制面板等
配套及出口情况:为上海通用、上汽通用五菱、一汽海马、长安汽车、奇瑞汽车、吉利汽车、比亚迪等国内汽车制造商以及GM-Uzbekistan(通用乌兹)、GM(通用)、福特澳大利亚公司、法雷奥、拜耳、三菱重工热交换事业部北美分部、澳大利亚三电、日本信林等国外汽车制造商和一级零部件供应商配套;出口西欧、北美洲、大洋洲、中亚等地区

★重庆大江杰信锻造有限公司
地址:重庆市巴南区鱼洞镇大江工业园区
邮编:401321
电话:023/66283465
传真:66283465
质量体系:ISO/TS 16949、QS 9000
产品情况:羚羊轿车前侧构件总成、后地板第二横梁,奥拓轿车前侧构件总成
配套情况:为长安铃木等配套

★重庆市顺华安全玻璃有限公司
地址:重庆市永川区陈食镇土桥三社
邮编:402183
电话:023/49835526、49441488
传真:49835526
网址:www.cqshbl.com
电子信箱:cqshbl@vip.sina.com
质量体系:ISO 9001
产品情况:汽车安全玻璃

★重庆益鑫复合材料制品公司
地址:重庆市荣昌县板桥工业园区
邮编:402460
电话:023/46760506
传真:46760111
电子信箱:yixinco@163.com
质量体系:ISO 9001、ISO 14001
产品情况:保险杠、脚踏板、导流罩、散热器面罩,侧护板等重型车零部件,适用于红岩、奥龙、新大康、德龙等系列车型

★重庆市潼南大佛塑料厂
地址:重庆市潼南县凉风垭工业园区
邮编:402660
电话:023/44552187
传真:44552187
网址:www.dfplas.net
质量体系:ISO 9001
产品情况:(大福牌)
各种车型保险杠、中网、风扇叶

四川省

★成都高新区华汇实业有限公司
地址:成都市成华区龙潭工业园成济路1号
邮编:610052
电话:028/84215336
传真:84215339
电子信箱:renxf1215@163.com
单位人数:93
质量体系:ISO 9001
产品情况:汽车空调执行器、真空阀等空调配件

★崇州市听江车身厂
地址:四川省崇州市三江镇
邮编:611246
电话:028/82249138、82249168
传真:82249168
单位人数:185
质量体系:ISO 9001
产品情况:低速货车驾驶室,年产1.5万台

★成都国弘汽车内饰件有限公司
地址:成都市郫县团结镇平安村6组
邮编:611745
电话:028/87953886、87953882
传真:87954888
网址:cdguohong.com
质量体系:ISO 9001
产品情况:仪表台、玻钢成型件、吸塑成型件等汽车内装饰产品
配套情况:为四川一汽丰田、桂林大宇、成都客车、一汽客车、四川南骏、四川汽车工业集团、武汉客车公司、贵州万达客车公司等配套

★四川富士电机有限公司
地址:四川省遂宁市射洪县太和镇虹桥路
邮编:629200
电话:0825/6982409、028/86617192
传真:6983173
网址:www.scfsdj.com
电子信箱:zhb@scfj.mail.sohu.net
单位人数:823
质量体系:ISO/TS 16949、ISO 9001
产品情况:汽车刮水器总成、冷凝器风扇总成、散热器风扇总成、玻璃升降器(含电动)总成、电流互感器、铝防盗盖等
配套情况:为长安汽车、上汽通用五菱等配套

★四川圣锦风机有限公司
地址:四川省邻水县经济开发区二区
邮编:638500
电话:023/67160730、0826/3267949
传真:67160726
网址:www.cqsjqp.cn
电子信箱:sjqpw@sina.com
质量体系:ISO/TS 16949、ISO 9001
产品情况:汽车空调送风系统

贵州省

★贵州华工工具注塑公司华昌公司
地址:贵阳市花溪区上板桥
邮编:550001
电话:0851/3871147
传真:3871624
网址:www.gzhc-gy.cn
电子信箱:lims@gzhc-gy.cn
单位人数:370
质量体系:QS 9000、ISO 9002
产品情况:汽车仪表板总成、前后保险杠总成、左右前灯框及塑料装饰件
配套情况:为五十铃、上汽通用五菱、贵州云雀、一汽红塔云南等配套

★贵州华烽电器有限公司
地址:贵阳市小河经济技术开发区121号
邮编:550006
电话:0851/3404906、3404794
传真:3404906
网址:www.gzhf.com.cn
电子信箱:xsb@gzhfdq.cn

单位人数:1733
质量体系:ISO/TS 16949、ISO 9001
产品情况:汽车风窗玻璃洗涤器和汽车中央电器
配套及出口情况:为一汽集团、一汽-大众、上海大众、奇瑞汽车、神龙汽车、一汽海马、柳州五菱、广汽长丰、金华尼奥普兰等配套;出口美国、德国、英国、法国、丹麦、印尼、澳大利亚、新西兰等国家

★三井华阳汽车配件有限公司
地址:贵阳市小河经济技术开发区黄河东路81号
邮编:550009
电话:0851/3830276、3834492
传真:3841783
电子信箱:jmbc@public.gz.cn
质量体系:ISO/TS 16949、QS 9000
产品情况:燃油加油口盖锁、电动门锁、座椅锁、门把手
配套及出口情况:为广汽本田、上海大众、长安铃木、长安汽车配套;出口日本、美国等国家

★贵州华昌汽车电器有限公司
地址:贵阳市小河经济技术开发区黄河东路81号
邮编:550009
电话:0851/8657885
传真:3842724
网址:gzhc.sina.net
电子信箱:gzhc@gzhc.sina.net
单位人数:363
质量体系:ISO/TS 16949
产品情况:锁匙总体、内外门把手、加油口盖等,年产200万套锁匙总体及内外门把手
配套及出口情况:客户有上海大众、神龙汽车、广汽集团、海马汽车、一汽集团、比亚迪汽车、东风乘用车、长安集团、吉利汽车、长城汽车、力帆汽车等;锁匙总体出口伊朗,年出口20万套

★贵阳万江航空机电有限公司
地址:贵阳市新添寨高新科技开发区
邮编:550018
电话:0851/6310328、6303408
传真:6310456
网址:www.wjec.cn
电子信箱:mail@wjec.cn
质量体系:ISO/TS 16949、VDA 6.1
产品情况:刮水器、玻璃升降器和电动机轴,具有电动刮水器电动机100万套、刮架400万件、刮水器总成100万套、手摇升降器50万套、电动升降器40万套的生产能力
配套情况:为上海大众、一汽集团、一汽-大众、神龙汽车、上海通用、一汽海马、奇瑞汽车等国内主要汽车企业的桑塔纳、POLO、宝来A4、高尔夫、捷达、小红旗、一汽换代货车、一汽奔腾、富康、标致206、307、凯旋、通用新景程、福美来、福美来2代、马自达、奇瑞QQ6、旗云等20多种车型配套

陕西省

★艾尔希庆华(西安)汽车有限公司
地址:西安市灞桥区田洪正街一号
邮编:710025
电话:029/62895066、62895006
传真:62895099
质量体系:ISO/TS 16949
产品情况:汽车安全气囊气体发生器

★西安伊思灵华泰汽车座椅有限公司
地址:西安市莲湖区红光路22号
邮编:710077
电话:029/84247095
传真:84207283
网址:www.isriht.com
电子信箱:isrihuatai@isriht.com
质量体系:ISO/TS 16949、ISO 14001
产品情况:(华泰牌)
汽车座椅
配套情况:为北奔重汽配套

★西安庆安电气控制有限责任公司
地址:西安市沣镐东路140号
邮编:710077
电话:029/84257413
传真:84257393
网址:www.diankonggongsi.com
电子信箱:liufengchang@diankonggongsi.com
单位人数:593
质量体系:ISO 9001
产品情况:越野吉普车、轿车、微型车等系列电动刮水器及风窗洗澡罐,年产10万台
配套情况:为北京汽车制造厂有限公司(勇士、骑士等)、重庆跨越(轻型货车)、比亚迪汽车(F3)配套

★西安杰出实业有限公司
地址:西安市阎良区人民东路北朱市场东
邮编:710089
电话:029/86863134
传真:86205307
网址:www.xianjiechu.com
电子信箱:xianjiechu@yahoo.com.cn
质量体系:ISO 9001
产品情况:客车用散热器、除霜器、车门、行李舱门等系列产品
配套情况:为西安西沃客车、郑州宇通客车配套

★中化近代环保化工(西安)公司
地址:西安市经济技术开发区泾河工业园区泾渭路
邮编:710201
电话:029/86030128、86031134
传真:86030181、86030128
网址:www.jincool.com
电子信箱:jincool@sinochem.com
质量体系:ISO/TS 16949、ISO 9001
产品情况:(金冷牌)
环保型制冷剂HFC-134a

电子电器零部件生产企业

•查询导引•

企业详细介绍

电子电器零部件生产企业

☞ 企业如有变更,请与编辑部联系 ☎ 010/68426043、68420981

北京市

★北京元业隆科技发展有限公司
地址:北京市朝阳区五方桥盛华汽配城7区6号
邮编:100012
电话:010/67208512、67208370
传真:67208512
网址:www.bjyyl.com
电子信箱:yyl.bjyyl@163.com
产品情况:汽车电脑、节气门阀体总成、喷油嘴、汽油泵总成、氧传感器、节气门位置传感器、曲轴位置传感器、压力传感器、水温传感器、点火线圈、步进电动机、汽油泵芯、炭罐电磁阀等电喷配件
配套情况:与部分发动机厂配套

★北京合众思壮科技有限责任公司
地址:北京市朝阳区酒仙桥东路9号电子城A2座东6层
邮编:100015
电话:010/58275000
传真:58275100
网址:www.unistrong.com
电子信箱:unistrong@unistrong.com
单位人数:1000
产品情况:车载导航

★北京图新经纬导航系统有限公司
地址:北京市朝阳区东三环中路乙10号艾维克大厦702-704
邮编:100022
电话:010/65667779
传真:65679071
网址:www.navisystem.com.cn
产品情况:电子导航地图

★北京市声辉昊宇电子科技有限公司
地址:北京市朝阳区王四营五方天雅汽配用品大厦2018-2020号
邮编:100023
电话:010/57416621、4000317818
网址:www.shenghui.com
电子信箱:shenghui86@163.com
单位人数:120
质量体系:ISO/TS 16949
产品情况:汽车喇叭

★北京中纺恒远汽车电器有限公司
地址:北京市朝阳区延静西里2号华商大厦516室
邮编:100025
电话:010/65866067
传真:65002103
网址:www.cta.cn
电子信箱:cta001@vip.sohu.com
单位人数:1300
质量体系:ISO 9001
产品情况:(CTA牌)
汽车电子调节器
出口情况:出口博世系列、电装系列、佩特来系列调节器

★冲击波实业集团
地址:北京市朝阳区北四环中路6号华亭嘉园A座4F
邮编:100029
电话:010/82848111、82848333
传真:82848880
网址:shockwave.pinsou.com
电子信箱:sales@shockwave.com.cn

质量体系:ISO 9000
产品情况:(Shockwave 牌、冲击波牌)
汽车音响
出口情况:产品 70% 出口 40 多个国家和地区

★ 北京四维图新科技股份有限公司

地址:北京市朝阳区曙光西里甲五号(北京凤凰置地广场 A 座写字楼 10-17 号)
邮编:100028
电话:010/82306399
传真:82306519
网址:www. navinfo. com
电子信箱:info@ navinfo. com
法人代表:芮晓武
负责人:孙玉国
单位人数:1500
质量体系:ISO/TS 16949
产品情况:(四维图新牌)
导航电子地图,动态交通信息服务
配套情况:车载导航:丰田、日产、本田、通用、大众、奔驰、沃尔沃、现代、上汽、一汽、奇瑞等全球 11 大主流汽车集团的 20 家汽车厂商百余款车型,大部分国内高端车型(丰田雷克萨斯、日产英菲尼迪、本田讴歌、通用卡迪拉克、别克林荫大道、现代劳恩斯等)都选择预装四维图新地图数据
☞ 详细情况请参阅彩色宣传版面

★北京林河仪表有限公司
地址:北京市西城区西四北二条 21 号
邮编:100034
电话:010/66185419
传真:66182155
网址:www. lhybbj. com
电子信箱:lhyb@ bjlhyb. com
单位人数:156
质量体系:QS 9000、ISO 9001
产品情况:(越野牌)
具有年产汽车仪表 30 万台套、汽车电器及各种车用传感器 70 万套的生产能力
配套及出口情况:为北汽制造、北汽福田、郑州中收等配套;部分产品出口

★北京城际高科信息技术有限公司
地址:北京市海淀区三里河路 21 号甘家口大厦 1506 室
邮编:100037
电话:010/51266011
传真:68354626
网址:www. cityonmap. com
电子信箱:Info@ cityonmap. com
质量体系:ISO 9001
产品情况:(城际通牌)
GPS 导航系统

★北京米开罗那机电技术有限公司
地址:北京市西城区南礼士路丙 3 号海通大厦写字楼 A 座 6B
邮编:100037
电话:010/68588245、68588246
传真:68587629
网址:www. mikrouna. com
电子信箱:sales@ mikrouna. com
质量体系:ISO/TS 16949、ISO 9001
产品情况:超级净化手套箱、真空镀膜系统、汽车氙气灯生产线、汽车氙气金卤灯、陶瓷金卤灯及配套的电子镇流器等
出口情况:出口欧洲、美洲、亚洲

★北京同力电通技术有限公司
地址:北京市石景山区八大处亚疗桥南河沿 2 号
邮编:100041
电话:010/88799969
传真:88799969
产品情况:电压调节器
配套情况:为仙游电机总厂、遥光电机厂等配套

★北京瑞图万方科技股份有限公司
地址:北京市石景山区古城大街 1 号领秀大厦 B 座
邮编:100043
电话:010/68655520、68896889
传真:68668021
网址:www. ritu. cn
单位人数:1400
产品情况:电子导航地图

★北京奥博华电子电器有限责任公司
地址:北京市石景山区京源路 15 号
邮编:100043
电话:010/88912852
传真:68652817
网址:www. aobohua. com
电子信箱:abh@ aobohua. com
质量体系:ISO/TS 16949、QS 9000
产品情况:(AOBOHUA 牌)
汽车电动机用电子调节器和硅整流桥等,适用于夏利、切诺基、卢卡斯、康明斯、奔驰、时代超人、长安之星等
配套及出口情况:为国内知名电机厂配套;部分产品远销法国、美国、俄罗斯和东南亚等国家和地区

★北灯汽车灯具有限公司
地址:北京市宣武区陶然亭路 12 号
邮编:100054
电话:010/63567275
传真:63523689
产品情况:汽车灯具

★易图通科技(北京)有限公司
地址:北京市丰台区科学城海鹰路 8 号 2 号楼 4 层
邮编:100070
电话:010/63711098、63715891
传真:63710896、63713831
网址:www. emapgo. com. cn
电子信箱:cust_service@ emapgo. com. cn
单位人数:800
质量体系:ISO 9001
产品情况:车载导航电子地图
配套情况:为长城汽车、长安铃木等供货

★神州畅游导航科技(北京)公司
地址:北京市中关村科技园丰台园富丰路 4 号工商联科技大厦 B 座 12 层
邮编:100070
电话:010/63742919、63748289
传真:63742919
网址:www. cygps. com
电子信箱:sos_zy@ 126. com
质量体系:ISO 9001
产品情况:汽车行驶记录仪、卫星导航定位系统等产品

★北京锐意泰克汽车电子有限公司
地址:北京市经济技术开发区西环南路 18 号汇龙森国际企业科技园 A 座 420 室
邮编:100076
电话:010/59394496
传真:59456272
网址:www. troitec. com. cn
电子信箱:info@ troitec. com
单位人数:200
产品情况:汽车 EMS 系统、TCU、ABS 等
配套情况:为奇瑞汽车、一汽四环发动机、天津一汽夏利、通宝汽车、东风渝安、哈飞汽车、江苏常发、重庆力帆、金华青年、上海汇众、长城汽车、长安汽车、天汽美亚、沈阳金杯、一汽海马、吉奥汽车、一汽佳宝、吉利汽车、郑州日产、河北中兴、华普汽车等供货

★北京科尼汽车电器有限公司
地址:北京市大兴工业开发区
邮编:100076
电话:010/60294929
传真:60294929
网址:www. bjkeni. com
电子信箱:kn@ bjkeni. com
质量体系:ISO 9001
产品情况:(科尼牌)
各种汽车高压阻尼点火线总成
配套情况:为北内配套

★北京久久顺电器有限公司
地址:北京市丰台区小红门东马路经开万佳国际机械城 D507 号
邮编:100076
电话:010/63408900
传真:67633546、63426118
网址:www. jjsdq. com
电子信箱:jjs6666@ sohu. com
质量体系:ISO 9001
产品情况:汽车起动机、发电机、分电器、点火线圈、开关、调节器

★北京新峰天霁科技有限公司
地址:北京市丰台区方庄南路9号院
邮编:100079
电话:010/67625111-3310
传真:67629676
网址:xinfeng. bari. cn
电子信箱:bari-xf@163. com
单位人数:60
质量体系:ISO/TS 16949
产品情况:(新峰牌)
汽车、摩托车排放、安全和电子系列产品,主要有曲轴箱强制通风装置(PCV阀)、废气再循环装置(EGR阀)、车用传感器、防抱死制动系统(HABS)、排气制动器、汽油车燃油蒸发污染物控制装置(炭罐)等
配套情况:为长安、东安、柳机、北汽福田、北汽有限、吉利、长城、金杯、海马、江淮、比亚迪、力帆等发动机和整车企业配套,250万套(件)/年

★北京艾迪菲导航科技有限公司
地址:北京市海淀区苏州街3号大恒科技大厦南座18层
邮编:100080
电话:010/59859800
传真:59859900
网址:www. fujitsu. com. cn
单位人数:19
产品情况:汽车导航仪

★北京长城无线电厂
地址:北京市海淀区学院南路30号
邮编:100082
电话:010/62253344、62250747
传真:62250376
网址:www. bgwr. com. cn
电子信箱:bgwr@china. com
单位人数:600
质量体系:ISO 9001
产品情况:汽车点火系列产品,汽油混合装置,清洁空气阀门

★北京奥特易电子科技有限责任公司
地址:北京市海淀区知春路1号学院国际大厦1205室
邮编:100083
电话:010/82332462、62778248
传真:82332462-600
网址:www. autoeasy. cn
电子信箱:autoeasy@autoeasy. cn
单位人数:315
质量体系:ISO/TS 16949
产品情况:(奥特易牌)
汽车感应刮水器控制系统
配套及出口情况:主要客户是汽车主机厂;出口欧洲及北美洲地区

★北斗星通卫星导航科技有限公司
地址:北京市海淀区上地信息产业基地三街9号金隅嘉华大厦A座10层
邮编:100085
电话:010/62969966
传真:62966646
网址:www. navchina. com
电子信箱:bdstar@navchina. com
质量体系:ISO 9001
产品情况:卫星导航定位产品

★北京汇众实业总公司
地址:北京市海淀区上地七街1号
邮编:100085
电话:010/62973423、62974051
传真:62974057
网址:www. huizhong. com. cn
电子信箱:hj@huizhong. com. cn
单位人数:300
质量体系:ISO 9001
产品情况:车载逆变电源

★北京祈艾特电子科技有限公司
地址:北京市丰台区角门18号枫竹苑二区未来假日花园二期1号楼706室
邮编:100086
电话:010/87581275、87582731
传真:87581273
网址:www. king-auto. net
电子信箱:qitwj@yahoo. com. cn
产品情况:汽车点火系统的混合集成电路(HIC)、点火模块、点火线圈、点火分电器

★远望创新科技(北京)有限公司
地址:北京市海淀区花园路12号时代玉成写字楼206A
邮编:100088
电话:010/82275010
传真:82275303
网址:www. ywbattery. com
电子信箱:info@ywbattery. com
产品情况:高新技术铅酸电池(混合动力车、纯电动车用)、无刷交/直流发电机及其辅助动力单元、电源管理系统等

★北京伟航新技术开发有限公司
地址:北京市朝阳区安翔路2号光环电信楼8层
邮编:100101
电话:010/64856747、64864518
传真:64851616、64856747
网址:www. wayongroup. com
电子信箱:market@wayongroup. com
质量体系:ISO 9001
产品情况:(Way-on牌)
IBB型汽车行驶记录仪
配套情况:为北京公交集团、宇通客车、北京巴士旅游汽车运输公司、湖北长途客运公司、北京凯立达长途客运公司、云南昆明交通集团、北京公交八方达长途客运公司、金龙客车等供货

★天合导航通信技术有限公司
地址:北京市亦庄经济技术开发区锦绣街6号航天科技园A座10层
邮编:100176
电话:010/68199400
传真:68199401
网址:www. tianhechina. com
电子信箱:tianhe@tianhechina. com
单位人数:600
质量体系:ISO 9001、ISO 14001
产品情况:汽车安全驾驶导航仪、车载多媒体导航影音系统、汽车行驶记录仪

★北京朗威汽车零部件有限公司
地址:北京市通州区马驹桥镇小周易工业园33号
邮编:101102
电话:010/60507508、60507884
传真:60507365
电子信箱:langway2003@126. com
质量体系:ISO/TS 16949
产品情况:燃油分配器、节流阀体总成、油泵支架和燃油压力调节器、传感器、线束、炭罐电磁阀等
配套情况:客户有长安汽车、奇瑞汽车、一汽吉林汽车、长城汽车、哈飞汽车、比亚迪汽车、力帆汽车、猎豹汽车、北内集团、沈阳新光、中兴汽车、北汽制造等

★北京佩特来电器有限公司
地址:北京市通州区宋庄
邮编:101118
电话:010/69596333
传真:80856299
网址:www. prestolite-bj. com
电子信箱:marketing@prestolite-bj. com
质量体系:QS 9000、ISO 9001
产品情况:具有年产发电机60万台、起动机20万台的生产能力
配套情况:为国内大型柴油机、大中型客车、中重型货车、中高档工程机械等企业配套

★北京顺恒达汽车零部件制造公司
地址:北京市通州区宋庄小堡工业区
邮编:101118
电话:010/69597544、69595524
传真:69591119
网址:www. shunhengda. com
电子信箱:powerwindow@vip. sina. com
质量体系:ISO/TS 16949、QS 9000
产品情况:(SHD牌)
汽车电动、手动玻璃升降器、中控锁、电动窗自动关闭器、ONE-TOUCH控制器、电动开关、防夹电动升降器、遥控器、防盗器等汽车电器产品;年产升降器300万只、其他电器100万套
配套情况:为长安铃木、沈阳金杯、江铃汽车、江铃陆风、北汽福田、比亚迪汽车、昌河铃木等配套

★北京鑫凯利汽车电机有限公司
地址:北京市通州区宋庄小堡工业区
邮编:101118
电话:010/69599988、69595655
传真:69599966

网址:www. bjxkl. com
电子信箱:info@ bjxkl. com
单位人数:70
质量体系:ISO 9001
产品情况:(XKL 牌)
汽车暖风电动机、空调电动机、电子扇总成等
配套及出口情况:为国内多家汽车专业生产厂家提供配套;部分产品远销欧洲、美洲、东南亚市场

★北京三立车灯有限公司
地址:北京市顺义区林河工业区林河大街 32 号
邮编:101300
电话:010/89448511
传真:89476938
网址:www. slcorp. co. kr
产品情况:汽车灯具

★北京斯普乐电线电缆有限公司
地址:北京市怀柔区雁栖经济开发区雁东二路 58 号
邮编:101407
电话:010/61665369、61669908
传真:61667272
网址:www. spl - cable. com
电子信箱:yxy@ spl - cable. com
质量体系:ISO/TS 16949
产品情况:各种汽车电线
配套情况:为一汽集团、天汽、北汽控股等配套

★北京福斯汽车电线有限公司
地址:北京市怀柔区北京雁栖经济开发区雁栖大街 39 号
邮编:101407
电话:010/61667047、61667841
传真:61667794、61665861
网址:www. bj - force. com
电子信箱:business@ bj - force. com
质量体系:ISO/TS 16949、VDA 6. 1
产品情况:(福斯(ORCE)牌)
汽车电线电缆
配套情况:为上海大众、福特、日产、雪铁龙、菲亚特、通用、马自达、丰田、现代、克莱斯勒、一汽集团、一汽 - 大众等配套

★北京裕罗电器装配有限公司
地址:北京市密云县经济开发区 B 区科技路 13 号
邮编:101500
电话:010/69076801 - 106
传真:69075212
网址:www. yura. co. kr
单位人数:1000
质量体系:ISO/TS 16949
产品情况:汽车线束、火花塞、点火线圈、预热塞等

★高德软件有限公司
地址:北京市昌平科技园区昌盛路 18 号 CEC 中国电子基地 B1 座
邮编:102200
电话:010/62800099
传真:62800500
网址:www. autonavi. com
质量体系:ISO 9001
产品情况:AUTONAVI 导航地理信息系统,汽车自主导航电子地图

★北京北汽飞驰汽车电器科技公司
地址:北京市昌平区科技园区永安路 38 号
邮编:102200
电话:010/69748647
传真:69748642
网址:www. bhap. com. cn
电子信箱:qidongji@ 263. net
单位人数:84
质量体系:ISO/TS 16949
产品情况:汽车起动机、发电机、油泵电动机及电动机零部件
配套情况:为北京福田环保动力、中国机械进出口集团公司、北汽进出口公司等供货

★北大先行科技产业有限公司
地址:北京市昌平区科技园区创新路 35 号
邮编:102200
电话:010/88093567 - 162、89713747
传真:69745746
网址:www. pulead. com. cn
电子信箱:pulead@ pulead. com. cn
质量体系:ISO 9001、ISO 14000
产品情况:锂离子电池正极材料,具有年产钴酸锂 1500t、磷酸亚铁锂 500t、三元素 300t 的生产能力
出口情况:出口韩国,并销往中国台湾地区

★北京八大处奥博科技发展有限公司
地址:北京市房山区阎村镇张庄工业区 8 号
邮编:102412
电话:010/60303832、60303830
传真:60303833、60303830
网址:www. bdcaobo. com. cn
电子信箱:bdcaobo@ vip. 163. com
单位人数:100
产品情况:(BADACHU 牌)
汽车电子电器
配套情况:为一汽解放、一汽解放青岛、锡柴、大柴、一汽红塔云南、北汽福田、北京欧曼重型汽车厂、珀金斯动力、北京福田环保动力、北京客车厂、天津一汽华利、丹东黄海、沈汽、一汽吉轻、一汽哈尔滨轻型车厂等配套

★北京台裕汽车电机工业有限公司
地址:北京市房山区长阳镇公议庄村 888 号
邮编:102445
电话:010/60358229、60358230
传真:60358122、60358133
网址:www. txcty. com
电子信箱:txc - 888@ 163. com
单位人数:500
质量体系:ISO 9001
产品情况:(TXC 牌)
起动电动机、发电机、汽车空调压缩机等
出口情况:远销欧洲、美洲、亚洲

天津市

★天津诺威汽车电气有限公司
地址:天津市西青区中北工业园星光路 31 号
邮编:300112
电话:022/27984810、27984809
传真:27984816
电子信箱:tjnuowei@ 126. com
单位人数:165
质量体系:ISO/TS 16949、ISO 9001
产品情况:汽车暖风机、点火线圈、点烟器、开关、汽车发电机等,年产能力汽车暖风机 50 万台、点火线圈 100 万只、汽车微电机 100 万台
配套情况:为天津一汽夏利、五十铃、北汽、广州羊城、哈飞、本田配套

★天津津住汽车线束有限公司
地址:天津市西青区曹庄子火车站对面
邮编:300112
电话:022/87912668
传真:87911908
电子信箱:jzqc@ ctiwt. com
产品情况:汽车线束
配套及出口情况:为天津一汽夏利、天津一汽丰田、天津一汽丰田发动机、一汽海马、华晨金杯、昌河汽车、广汽长丰、北京奔驰、哈飞汽车、丰田(日本)、大发(日本)配套;出口日本

★天津通信广播集团有限公司
地址:天津市河北区新大路 185 号通广集团
邮编:300140
电话:022/26237430
传真:26237557
网址:www. tcb. com. cn
电子信箱:marketing@ tcb. com. cn
质量体系:ISO 9001
产品情况:GPS 车载定位器等
出口情况:出口荷兰、西班牙等国家

★天津内燃机磁电机有限公司
地址:天津市东丽区空港物流加工区西Ⅱ道 69 号
邮编:300142
电话:022/58218168、58218156
传真:58218168
电子信箱:office@ tjcdj. com
单位人数:181
产品情况:夏利冷却风扇带电动机总成、冷凝器风扇总成、散热器风扇及空

调继电器、汽车空调电磁离合器和拖拉机C系列磁电机
配套情况:为天津微型汽车厂、天拖、洛拖等配套

★天津市沃达汽车电子有限公司
地址:天津市河西区永安道罗马花园B-2-1701号
邮编:300204
电话:022/23283121、23283129
传真:23282016
网址:www.tj-twt.com
电子信箱:twt@tj-twt.com
质量体系:ISO 9002
产品情况:汽车起动机、发电机及其配件
出口情况:出口欧洲、南美洲、北美洲、中东

★天津中发华冠机械有限公司
地址:天津市河西区郁江道65号
邮编:300221
电话:022/88253342
传真:88251640
电子信箱:hg@tjhuaguangongsi.mail.sohu.net
产品情况:软轴、拉线
配套情况:为天津一汽夏利、天津一汽丰田配套

★天津津裕电业有限公司
地址:天津市河北区南口路12号
邮编:300232
电话:022/26265794、26351555
传真:26272055
网址:www.tj-jy.com
电子信箱:yw@tj-jy.com
单位人数:450
质量体系:ISO/TS 16949、ISO 9002
产品情况:各种汽车、摩托车、农业机械、工程机械电线束等
配套及出口情况:为天津本田、天津NEC、北京切诺基、小松山推、小松常工、合肥日立挖掘机、安徽TCM叉车、日本久保田配套;出口日本等国家

★天津新韩精机有限公司
地址:天津市大港经济技术开发区
邮编:300270
电话:022/59715003、59715009
传真:59715100
电子信箱:yncho@ad-haan.com
单位人数:1200
质量体系:ISO/TS 16949、ISO 9001
产品情况:车载多媒体影音系统
出口情况:出口美国、韩国、欧洲、美洲、东南亚等国家和地区

★天津机床电器有限公司
地址:天津市东丽开发区七经路八号
邮编:300300
电话:022/24985315、24985336
传真:24985316
网址:www.dclhq.com
电子信箱:tjecb@tjecb.com
单位人数:400
质量体系:ISO 9001
产品情况:(天字牌)
各种机床用电磁离合(制动)器、汽车空调电磁离合器
配套及出口情况:为国内各主机厂配套;随机出口欧洲、美洲及亚太地区,单机出口至欧洲、亚洲

★天津五洲元通实业有限公司
地址:天津市东丽区驯海路新乡道168号
邮编:300300
电话:022/24991380、24995248
传真:24998425
网址:www.lilongkok.com
电子信箱:lilongkok@126.com
质量体系:ISO/TS 16949、ISO 9001
产品情况:(利龙牌)
机动车线束
配套及出口情况:为天汽、东风汽车公司、中天特种车辆集团、劳尔特种车辆集团、潍柴动力、欧姆宁发动机、天津ECS公司、美国约翰迪尔公司、美国德尔福公司供货;出口美国、英国、法国、新西兰等国家

★天津耐迪实业有限公司
地址:天津市东丽区无瑕街新袁村
邮编:300301
电话:022/84366211、84366212
传真:84366220
网址:www.nedec.com
电子信箱:zhaoyang_t@nedec.com
负责人:黄世晙
质量体系:ISO/TS 16949、ISO 9001
产品情况:控制器外壳、电控装置外壳、汽车水泵外壳
出口情况:销往美国、德国、日本、加拿大、墨西哥等国家

★天津市丰霸照明电器有限公司
地址:天津市津南区津沽路58号
邮编:300350
电话:022/28393688、28392689
传真:28537250
网址:www.fblighting.com
电子信箱:fengba@fblighting.com
质量体系:ISO 9001
产品情况:(丰霸牌)
汽车、摩托车用系列灯泡,年产能力3000万只
出口情况:远销中东、南美洲、东南亚等地区

★天津市精志诚拉线厂
地址:天津市双港工业园
邮编:300350
电话:022/28594367、28580617
传真:88828629
网址:www.tjjzc.com
电子信箱:tjjzc@sina.com
质量体系:ISO 9001
产品情况:汽车拉线、空调拉线、座椅拉线、后视镜拉线等

★天津市新阳电子有限公司
地址:天津市津南区白万路新桥工业区
邮编:300350
电话:022/88823149
传真:88823123
网址:www.sunelec-auto.com
电子信箱:sun@sunautocn.com
质量体系:ISO 9001
产品情况:汽车点火线圈

★天津津河电工有限公司
地址:天津市西青经济开发区中北工业园南园海光路13号
邮编:300380
电话:022/27396830
传真:27396850
网址:www.tjjhdg.com
电子信箱:jinhe@tjjhdg.com
单位人数:136
质量体系:ISO/TS 16949、ISO 9001
产品情况:汽车安全气囊旋转连接器、线束、插接件及相关配线、保险盒等,年销售额1.5亿元人民币
配套及出口情况:为天津一汽夏利配套;部分产品出口

★图尔克(天津)传感器有限公司
地址:天津市西青经济开发区兴华四支路18号
邮编:300381
电话:022/83988188、83988199
传真:83988111
网址:www.turck.com.cn
电子信箱:marketing@turck.com
质量体系:ISO 9000
产品情况:各类传感器、工业现场总线、处理器控制开关及监控装置
配套情况:为哈飞汽车配套

★天津蓝天电源公司
地址:天津市新技术产业园区华苑产业区(环外)海泰发展四道15号
邮编:300384
电话:022/23786609、23786621
传真:23786605
网址:www.lthitech.com
电子信箱:off@lthitech.com
质量体系:ISO 9001
产品情况:储能型、动力型铅酸电池,镍氢、镍镉电池,锂离子电池和充电器
出口情况:部分产品出口欧美

★天津力神电池股份有限公司
地址:天津市华苑产业园区兰苑路6号
邮编:300384
电话:022/83710366、23866002
传真:83710375、23866800
网址:www.lishen.com.cn

电子信箱：webmaster@ lishen. com. cn
质量体系：ISO 9001、ISO 14001
产品情况：（力神牌）
电池，年产能力 2.5 亿只

★天津市三星伟业汽车电器有限公司
地址：天津市北辰区宜兴埠东马道园林队
邮编：300402
电话：022/26300789、26795651
传真：26306430
网址：www. tsx – starter. com
电子信箱：sanxingqipei@ eyou. com
单位人数：150
质量体系：ISO/TS 16949
产品情况：（TSX 牌）
汽车起动机、发电机、电磁阀、转子、定子、起动机五金冲压件等，年产能力达 50 万台以上
配套及出口情况：汽车起动机为天津汽车制造厂配套；起动电磁开关，起动机转子等出口菲律宾、马来西亚、新加坡、美国等国家

★天津市百利纽泰克电器科技公司
地址：天津市北辰区科技园环外拓展区高新大道 68 号
邮编：300409
电话：022/86996716、86996718
传真：86996717
网址：www. baili – ntk. com
质量体系：ISO 9001
产品情况：互感器

★天津市斯巴克瑞电子技术有限公司
地址：天津市塘沽海洋高新区金江路 1885 号
邮编：300451
电话：022/28261722、25217910
传真：88250416、25217909
网址：www. ignition – coil. com
电子信箱：tecfa@ ignition – coil. com
单位人数：380
质量体系：ISO/TS 16949、QS 9000
产品情况：（泰可发牌、TOEC 牌）
点火线圈、高压点火线、传感器、燃油泵、起动机和发电机、分电器等
配套及出口情况：主要客户有天津一汽夏利、天津三电、海南新大洲、中国轻骑集团、东风汽车公司、玉柴、比亚迪汽车、重汽集团、俄罗斯拉达汽车、乌兹别克斯坦大宇汽车、印度塔塔等；出口北美洲、南美洲、欧洲、大洋洲、东南亚、中东、非洲等 38 个国家和地区，并销往中国台湾、香港地区

★川田通商（天津）电气有限公司
地址：天津市经济技术开发区微山路 A5 – 3 – 15
邮编：300457
电话：022/23988112
传真：23985536
网址：www. kawata – tsusyo. com
电子信箱：sales@ kawata – tsusyo. com
质量体系：ISO 9002
产品情况：汽车插接件
配套及出口情况：为川田（KWT）YAZAKI、SUMITOMO、古河电工、太平洋精工、日本航空电子、东海理化、日本端子、大和化成、美国 DELPHI、TYCO（AMP）、德国 GHW、韩国 KET、KUM 等供货；部分产品出口

★天津东海理化汽车部件有限公司
地址：天津市经济技术开发区黄海路 200 号
邮编：300457
电话：022/25320790
传真：25322643
质量体系：ISO/TS 16949
产品情况：汽车组合开关、中央控制板总成、自动窗开关等
配套情况：为天津一汽丰田、天津一汽夏利、北京奔驰等配套

★现代高新电子（天津）有限公司
地址：天津市经济技术开发区第 9 大街 12 号
邮编：300457
电话：022/25325672、25325673
传真：25325673
网址：www. hyundaiautonet. com
电子信箱：hert@ public. com. cn
单位人数：424
质量体系：ISO/TS 16949
产品情况：汽车音响多媒体、安全气囊、巡航定位系统
配套情况：为北京现代、东风悦达起亚、东风日产、一汽集团配套

★天津统一工业有限公司
地址：天津市经济技术开发区黄海路 189 号
邮编：300457
电话：022/25325681 – 90
传真：25328527
网址：www. tongyeebattery. com. cn
电子信箱：ttyoem@ tongyeebattery. com. cn
质量体系：VDA 6.1、QS 9000
产品情况：（统一牌）
汽车蓄电池，摩托车蓄电池，UPS 电源用中小型密闭电池
配套情况：为丰田、福特、通用、日产、马自达、华晨金杯、东南汽车、天津一汽夏利、广汽本田、嘉陵、宗申、雅马哈、光阳等国内外企业配套

★大陆汽车系统（天津）有限公司
地址：天津市泰达经济技术开发区中心工业区
邮编：300457
电话：022/25327450
传真：25295990
网址：www. conti – online. com
质量体系：ISO/TS 16949
产品情况：汽车控制系统、传感器、车身电子和车载通信系统等

★天津电装电子有限公司
地址：天津市经济技术开发区洞庭路 166 号
邮编：300457
电话：022/25327684
传真：25327683
质量体系：ISO/TS 16949
产品情况：汽车导航系统

★天津富士通天电子有限公司
地址：天津市经济开发区黄海二街 5 号
邮编：300457
电话：022/25328520
传真：25290778
电子信箱：sec@ public. tpt. tj. cn
质量体系：ISO/TS 16949、QS 9000
产品情况：CD/DVD 机芯、扬声器、一体机
配套及出口情况：为天津一汽丰田配套；CD/DVD 机芯、扬声器、一体机产品出口，出口量占 95%

★天津胜源汽车配件有限公司
地址：天津市静海县
邮编：301600
电话：022/68952018、68951229
传真：68951229
单位人数：150
质量体系：ISO 9001
产品情况：（胜达牌）
直流暖风电动机等

★天津市一剑汽车电器厂
地址：天津市静海县唐官屯工业经济开发区
邮编：301608
电话：13785737405
质量体系：ISO 9001
产品情况：（一剑牌）
汽车点火线、点火电缆、点火线橡胶护套等
出口情况：出口欧洲、美洲、中东、东南亚，并销往中国台湾地区

河北省

★石家庄华北蓄电池有限公司
地址：石家庄市裕华区东二环南路 268 号
邮编：050031
电话：0311/85055796、85681124
传真：87161166、85055796
网址：www. hbxdc. com
电子信箱：hbsatt@ sohu. com
单位人数：460
质量体系：QS 9000、ISO 9001
产品情况：各种汽车蓄电池
配套及出口情况：为东风汽车公司配套；远销南美洲、北美洲、欧洲等 10 多个国家和地区

★石家庄博亚汽车电器有限公司
地址:石家庄市工农路390号
邮编:050051
电话:0311/83652606、87303580
传真:83656115
网址:www.boya168.com
电子信箱:webmaster@boya168.com
质量体系:ISO 9001
产品情况:(博亚牌)
重型汽车、豪华客车、特种车辆及工程机械用起动电机、发电机,内燃机配件
配套及出口情况:为北奔重汽、铁马、克莱斯勒、福特、曼、斯堪尼亚、依维柯、现代、沃尔沃、凯斯鲍尔、尼奥普兰北方、亚星、金龙、伊利萨尔、宝马、大宇、道依茨、康明斯、珀金斯等供货;出口欧洲、中东等地区,并销往中国台湾地区

★邢台市嘉正汽车配件有限公司
地址:河北省邢台市开发区振兴路2号
邮编:054001
电话:0319/3975858、3975855
传真:3975856
电子信箱:jzcofu@yahoo.com
质量体系:ISO/TS 16949
产品情况:汽车点火线、汽车点火线总成及各种零部件
出口情况:出口美国

★河北清河骏升汽摩配件有限公司
地址:河北省清河县王官庄工业开发区8号汽车站南
邮编:054800
电话:0319/8136073、8138679
传真:8138718
网址:www.hbxincheng.com
电子信箱:xincheng@hbxincheng.com
单位人数:280
质量体系:ISO 9001
产品情况:(鑫程牌、鑫翼牌)
摩托车、自行车、汽车及工程机械操纵拉索、软轴、制动拉杆等
出口情况:远销南美洲、中东、非洲、日本、马来西亚、印尼、菲律宾等国家和地区

★清河县亚华汽摩部件制造有限公司
地址:河北省邢台市清河县大寨北路
邮编:054800
电话:0319/8136709
传真:8136986
网址:www.china-yahua.com
电子信箱:business@china-yahua.com
单位人数:85
质量体系:ISO/TS 16949、ISO 9001
产品情况:(大寨牌)
轿车拉线、微型车拉线、SUV拉线
出口情况:出口50多个国家和地区

★清河县威特汽车零部件有限公司
地址:河北省清河县王官庄镇
邮编:054802
电话:0319/8133318
传真:8133088
质量体系:ISO 9001
产品情况:(延清牌)
换挡线、选挡线、变速杆防尘套、高压线等

★河北省清河县工程机械汽车配件厂
地址:河北省清河县城西南杨庄工业区
邮编:054802
电话:0319/8136649
传真:8138598
电子信箱:qinghegongpei@inhe.net
质量体系:ISO 9001
产品情况:各种推拉式软轴、密封垫和橡胶制品

★清河杨军拉索胶业有限公司
地址:河北省清河县王官庄
邮编:054802
电话:0319/8136726
传真:8136725
网址:www.hbyangjun.com.cn
质量体系:ISO 9001
产品情况:(YJ牌)
换挡拉线、加速拉线、硅胶管
出口情况:远销中东、东南亚、欧洲、南美、非洲等地区30多个国家

★河北清河景丰汽车配件厂
地址:河北省清河县王官庄工业区
邮编:054802
电话:0319/8138168
传真:5533127
网址:www.dz-pj.cn
电子信箱:dazhong-2007@tom.com
单位人数:70
质量体系:ISO/TS 16949、QS 9000
产品情况:拉索、软轴、滤芯等汽车配件

★河北华威电子有限公司
地址:河北省沧州市后上桥工业园区
邮编:061000
电话:0317/8796868、8798888
传真:8797686
网址:www.npxhwdz.cn
电子信箱:nphwdz@126.com
单位人数:100
质量体系:ISO/TS 16949、ISO 9001
产品情况:(声辉牌)
汽车喇叭

★黄骅市故县汽车附件厂
地址:河北省黄骅市城南故县工业区
邮编:061100
电话:0317/5622504
传真:5965881
质量体系:ISO 9001
产品情况:(驰明牌)
汽车灯具
配套情况:为北汽、天汽等配套

★河北江津五金制品有限公司
地址:河北省南皮县东环工业园
邮编:061500
电话:0317/8662908、8771888
传真:8862758
网址:www.hbjjwj.com
电子信箱:ywz@hbjjwj.com
单位人数:236
质量体系:ISO/TS 16949、ISO 9001
产品情况:一汽奥迪、捷达轿车扬声器、导磁上板、盆架、网罩、点烟器、五金配件,天津一汽的左、右后翼板角板、上框、2号支架、离合器支架总成、脚踏板总成等

★河北省南皮县鑫鑫电子电器配件厂
地址:河北省南皮县冯家口镇博古于
邮编:061505
电话:0317/8783698
传真:8783987
网址:www.npxinxin.com
电子信箱:jyz@npxinxin.com
质量体系:ISO 9002
产品情况:汽车调节器外壳、继电器附件、散热器盖、电器盒插件片系列等

★日光汽车电器有限公司
地址:河北省河间市新区江轮工业园
邮编:062450
电话:0317/3601234、3616789
传真:3611234
网址:www.jianglun.com
电子信箱:sale@jianglun.com
单位人数:280
产品情况:(江轮牌)
车用发电机、起动机
配套情况:为多个发动机主产厂家配套

★河北迎辉汽车电器有限公司
地址:河北省河间市新区建设大街16号
邮编:062450
电话:0317/3611111、3626756
传真:3602999
网址:www.yinghuicn.com
电子信箱:sale@yinghuicn.com
单位人数:150
质量体系:ISO 9001
产品情况:(迎辉牌)
起动机、发电机
配套情况:与桑塔纳、奥迪、金杯、富康、捷达、丰田、现代、别克等配套

★沧州宏悦车灯塑业有限公司
地址:河北省河间市卧佛堂镇安东路9号
邮编:062453
电话:0317/3194666
电子信箱:21hongyue@163.com
单位人数:168
质量体系:ISO/TS 16949
产品情况:(宏悦牌)
汽车内外后视镜,灯具等,年产能力15万台套

配套情况:为长城汽车、长城华北、长丰扬子、北汽福田、浙江吉奥、浙江众泰、广东福迪、河北双环、常州东风、天汽美亚、金杯华瑞、新凯等配套

★河北长立汽车配件有限公司
地址:河北省河间市时村乡经济技术开发区
邮编:062453
电话:0317/3675999
传真:3677888
网址:www. china – starter. com. cn
电子信箱:sale2@ china – starter. cn
质量体系:ISO 9001
产品情况:汽车起动机、发电机
出口情况:出口日本和东南亚等国家和地区

★沧州市鑫翔宇汽车点火线有限公司
地址:河北省河间市卧佛堂大朱村工业区
邮编:062453
电话:0317/3820951
传真:3820951
网址:www. hbxxy. com
电子信箱:hbxxy@ hbxxy. com
质量体系:ISO 9001
产品情况:汽车高压点火线
出口情况:销往伊朗、巴基斯坦、马来西亚、印度尼西亚、尼日利亚、欧洲等国家和地区

★河间市昆仑电线厂
地址:河北省河间市卧佛堂镇大朱村工业区
邮编:062453
电话:0317/3821691
传真:3821691
电子信箱:kunlun@ hjkldx. com. cn
单位人数:70
质量体系:ISO 9002
产品情况:汽车用低压电线、电动机线、搭铁线、连接线、电线束用波纹管等

★河北省河间市双强电线厂
地址:河北省河间市卧佛堂镇大朱村工业区
邮编:062453
电话:0317/3821922
传真:3821922
质量体系:ISO 9001
产品情况:(双强牌)
各种汽车电线、电缆等
出口情况:出口东南亚等地区

★河北河间市华中电线厂
地址:河北省河间市卧佛堂镇工业区
邮编:062453
电话:0317/3822070、3821027
传真:3822070、3827787
网址:www. hjhuazhong. com
电子信箱:sales@ hjhuazhong. com
单位人数:50
质量体系:ISO 9001
产品情况:汽车电线

★河北亚龙保险丝专业制造厂
地址:河北省河间市卧佛堂开发区
邮编:062453
电话:0317/3822786
传真:3822786
电子信箱:hbyly@ tom. com
质量体系:ISO 9001
产品情况:微型插片式熔断丝、通用型插片式熔断丝、大型插片式熔断丝、东欧式熔断丝等

★沧州双友汽车配件有限公司
地址:河北省河间市卧佛堂镇大朱村工业园
邮编:062453
电话:0317/3823808、3193678
传真:3829155
电子信箱:czsy8888@ sina. com
质量体系:ISO 9001
产品情况:(双友牌)
汽车线束接插件、铜端子、车用熔断丝盒、汽车点火线接线端子及各种微型汽车挡泥板

★河北省河间市京明插接器厂
地址:河北省河间市卧佛堂大朱村开发区
邮编:062453
电话:0317/3824858
传真:3824858
质量体系:ISO 9001
产品情况:(精明牌)
各种电线接插件、端子、高压点火线接头、蓄电池线接头、熔断丝、保险片、橡胶件、尼龙扎带等
配套情况:为多家汽车厂配套

★河北新华腾汽车零部件股份公司
地址:河北省河间市卧佛堂镇
邮编:062453
电话:0317/3828216、3826282
传真:3820136
质量体系:ISO 9001
产品情况:高压阻尼点火线

★河间市重鑫汽车电机厂
地址:河北省河间市行别营开发区
邮编:062453
电话:0317/3899806
传真:3899806
电子信箱:shanghainuojin@ 163. com
质量体系:ISO 9001
产品情况:(诺进牌)
各种国产汽车、农用车起动机、发电机及相关配件等

★沧州盛泰汽车零部件有限公司
地址:河北省河间市米各庄镇新区
邮编:062454
电话:0317/3197266
传真:3197268
网址:www. datsu. cn
单位人数:100
质量体系:ISO 9001
产品情况:(SNTA 牌)
汽车高压点火线、橡胶件
出口情况:出口日本、北美洲、南美洲、西欧、东欧、东亚、东南亚、中东、非洲、大洋洲等国家和地区

★河北河间市雷宇拉线厂
地址:河北省河间市米各庄工业园区
邮编:062454
电话:0317/3198386、3803240
传真:3196226
网址:www. hbleiyu. com
电子信箱:leiyu@ hbleiyu. com
质量体系:ISO 9001
产品情况:(雷宇牌)
汽车操纵拉索总成

★河间市津华金属制品有限公司
地址:河北省河间市尊祖庄工业开发区
邮编:062454
电话:0317/3198777、3803377
传真:3800658
网址:www. cn – jinhua. com
质量体系:ISO 9001
产品情况:汽车蓄电池夹、接线端子、汽车线束、蓄电池附件等
出口情况:远销美洲、欧洲、东南亚、中东及非洲

★河间市跃华汽车配件厂
地址:河北省河间市米各庄镇汽配市场一街路东北 20 米
邮编:062454
电话:0317/3802664、3802246
传真:3802664
电子信箱:yll268@ 163. com
质量体系:ISO 9001
产品情况:(蓝盾牌)
各种汽车灯具、后视镜、备胎架、全车线、各种连接线、汽车凉垫、牌照架

★新来汽车附件厂
地址:河北省河间市米各庄镇汽配市场二街中段路西
邮编:062454
电话:0317/3803836
传真:3803836
质量体系:ISO 9001
产品情况:蓄电池线、蓄电池夹、接线鼻子、灯座、插台、不锈钢喉箍、卡子等

★河间市飞达汽配制造有限公司
地址:河北省河间市北留路西 221 号
邮编:062454
电话:0317/3821158、3828168
传真:3828668
电子信箱:hjfd980@ sohu. com
质量体系:ISO 9001
产品情况:(实强牌)
点火高压尼阻线
配套情况:为东安微发、东安三菱、宁波

美日等十几家企业配套

★河间市华园车辆附件厂
地址:河北省河间市开发新区
邮编:062461
电话:0317/3605106
传真:3605106
质量体系:ISO 9001
产品情况:(华园牌)
各类发电机

★任丘市聚星科技电子有限公司
地址:河北省任丘市经济技术开发区紫金道401号
邮编:062550
电话:0317/2296862、2296784
传真:2296784
网址:www.kuailedy.com
电子信箱:kuailedy@sohu.com
质量体系:ISO 9001
产品情况:(快乐牌)
稳压电源、充电电源、逆变电源、应急电源
出口情况:远销中东、非洲、东南亚等地区

★任丘市光明电碳有限公司
地址:河北省任丘市经济开发区泰山北道503号
邮编:062550
电话:0317/2297928、2299663
传真:2299661
电子信箱:gmdt2006@yahoo.com
质量体系:ISO/TS 16949、ISO 9001
产品情况:(GUANGMING牌)
汽车用各类炭刷:起动机炭刷、发电机耐炭刷、风机炭刷、刮水器电动机炭刷、车窗炭刷、油泵电机炭刷及其他辅助电机炭刷

★河北任丘双楼电碳制品有限公司
地址:河北省任丘市经济开发区林兴路8号
邮编:062550
电话:0317/2320099、2320818
传真:2320858、2911186
网址:www.shuanglou.com
电子信箱:keyi_wang@shuanglou.com
质量体系:ISO 9002
产品情况:汽车、摩托车系列电动机电刷
出口情况:远销东南亚、西亚、非洲、欧洲等地区

★河北骏达汽车电器有限公司
地址:河北省任丘市牛村工业区龙潭路2号
邮编:062550
电话:0317/2911123、2911123
传真:2912345
网址:www.junda18.com
电子信箱:webmaster@junda18.com
单位人数:165
质量体系:ISO/TS 16949、ISO 9001
产品情况:起动机线、低压线、线束、起动机、发电机及转子、单向器、点火开关等

★任丘市冀中齿轮厂
地址:河北省任丘市梁召镇大江工业区
邮编:062557
电话:0317/2911496、2911700
传真:2912333
网址:www.rqjizhong.cn
电子信箱:jizhong@rqjizhong.com
质量体系:ISO9002
产品情况:(安球牌)
重、中、轻、微及轿车起动机单向离合器

★任丘市朝辉汽配制造有限公司
地址:河北省任丘市大江开发区
邮编:062557
电话:0317/2911789
传真:2913789
网址:hbzhaohui.com
电子信箱:zhaohuidianqi@126.com
单位人数:260
质量体系:ISO/TS 16949、ISO 9001
产品情况:(赤阳牌)
起动机电磁开关

★河北成城汽车电机制造有限公司
地址:河北省任丘市梁召镇辛安庄工业区
邮编:062557
电话:0317/2912571
传真:2912571
网址:www.peidelai.cn
电子信箱:chengchengqd@eyou.com
质量体系:ISO/TS 16949、ISO 9001
产品情况:(佩德莱牌、信铸牌、成城牌)
冷挤压件、单向离合器、部分电动机配件
配套及出口情况:为重庆博耐特、无锡闵仙、浙江三宁、瑞安中博等起动机公司配套;出口美国、韩国、东南亚等国家和地区

★河北星辰电子电器有限公司
地址:河北省任丘市梁召镇辛安村
邮编:062557
电话:0317/2913666、2913318
传真:2912266
网址:www.xc366.com.cn
电子信箱:xc366@sohu.com
质量体系:ISO 9001
产品情况:(星辰牌)
汽车电子电压调节器,调节器相关检测器等

★任丘市华润汽车电器厂
地址:河北省任丘市梁召镇辛安庄工业区
邮编:062557
电话:0317/2913888、2911508
传真:2971310
网址:www.hb-huarun.com
电子信箱:webmaster@hb-huarun.com
质量体系:ISO 9000
产品情况:(润科牌)
汽车调节器、整流桥、电子闪光器、电刷及刷架、铜套等
出口情况:出口亚洲、非洲、东欧

★河北省任丘市魁隆蓄电池厂
地址:河北省任丘市梁召镇正洛工业区
邮编:062557
电话:0317/3368888
传真:3368888
质量体系:ISO 9001
产品情况:(赛诺牌、禹王牌)
阀控密封型蓄电池、摩托车用蓄电池、电动车用蓄电池及汽车起动用蓄电池

★三河因派克汽车部件有限公司
地址:河北省三河市燕郊开发区
邮编:065200
电话:0316/3313455
传真:3313455-189
单位人数:280
产品情况:各种汽车拉线

★北京市海拉车灯有限公司
地址:河北省三河市燕郊经济技术开发区神威北路6号燕郊精工园
邮编:065201
电话:010/58411188、89432600
传真:58411133
网址:www.hella.com.cn
质量体系:QS 9000
产品情况:(海拉牌)
车灯总成,年产180万只
配套及出口情况:为北京奔驰、一汽解放、北轻汽、北汽福田、华晨金杯配套;部分产品远销美国

★廊坊华龙摩托车配件有限公司
地址:河北省廊坊市大城县阜草摩配市场
邮编:065901
电话:0316/5803828
传真:5803828
质量体系:ISO 9001
产品情况:(猛增牌)
各种汽车及摩托车点火线圈、点火器、磁电机、充电线圈、照明线圈、调压器、闪光器等
出口情况:出口美洲、非洲、东南亚等地区

★秦皇岛金昌电子科技有限公司
地址:河北省秦皇岛市经济技术开发区巫山路8号
邮编:066004
电话:0335/8500658、8500698
传真:8500618
网址:www.qhdjcdz.com
电子信箱:jinchangdianz@163.com
单位人数:60
质量体系:ISO 9001
产品情况:汽车发电机电压调节器等,

年产能力 50 万只
配套情况:为国内多家汽车相关企业配套

★秦皇岛环星汽车电子有限责任公司
地址:河北省秦皇岛市昌黎县黄金海岸经济技术开发区
邮编:066600
电话:0335/2081115
传真:2081115
电子信箱:qhdhxdz@163.com
质量体系:ISO/TS 16949、ISO 9001
产品情况:电子电压调节器、闪光器、制动灯断丝报警器及各种控制器等
配套情况:为一汽集团、东风汽车公司、长城汽车、北汽福田、沈飞日野、上汽通用五菱、洛阳一拖、绵阳新晨、上海法雷奥、博山电机厂、聊城电机厂、锦州电机厂等配套

★保定巨威电器有限公司
地址:河北省保定市富阳路
邮编:071051
电话:0312/3232157
传真:3212467
电子信箱:juweimail157@sina.com
质量体系:VDA 6.1、QS 9000
产品情况:各种汽车继电器、调节器、电器开关
配套及出口情况:为奥迪 V6、东南得利卡、厦门金龙、东风 145、长城皮卡等配套;远销美国、巴西、丹麦、东南亚等国家和地区

★风帆股份有限公司
地址:河北省保定市富昌路 8 号
邮编:071057
电话:0312/3208556、3208571
传真:3208550、3208572
网址:www.sail.com.cn
电子信箱:ff@sail.com.cn
单位人数:2933
质量体系:ISO/TS 16949、QS 9000
产品情况:(风帆牌)
蓄电池,年产能力 1000 万只
配套及出口情况:为奥迪 A6、帕萨特领驭、别克荣御、北京奔驰 300C、上汽荣威、南汽名爵、现代途胜、桑塔纳、依维柯等国内大多数主流车型配套;出口 30 多个国家和地区

★容城来福灯泡有限公司
地址:河北省保定市容城县城东开发区容津路 3 号
邮编:071700
电话:0312/5613165
传真:5611652
网址:www.lifelamp.com.cn
电子信箱:xiaoshou@lifelamp.com.cn
法人代表(负责人):杨利亚
单位人数:600
质量体系:ISO/TS 16949
产品情况:(LIFE 牌)
汽车照明产品,汽车灯泡,年产量 1.2 亿只
配套及出口情况:为丰田、日产、保定长城、奇瑞汽车配套;出口美国、日本、法国、印尼,4000 万只

山西省

★太原太航汽车电子有限公司
地址:太原市并州南路 137 号
邮编:030006
电话:0351/7053734
传真:7042050
网址:www.thae.cn
电子信箱:taihang18@126.com
单位人数:180
质量体系:ISO/TS 16949
产品情况:(太航牌)
汽车仪表、汽车空调及汽车发动机传感器
配套及出口情况:公司产品配套于江淮汽车、奇瑞汽车、猎豹、陆风、神龙等众多国内整车厂,汽车空调及发动机传感器则配套于国内众多发动机及压缩机生产厂家;出口韩国、东南亚等国家和地区

★山西荣长汽车部件有限公司
地址:太原市经济技术开发区武洛街 12 号
邮编:030032
电话:0351/7560415
传真:7560415
质量体系:ISO/TS 16949
产品情况:汽车安全气囊用气体发生器

内蒙古

★内蒙古一机集团宏远电器有限公司
地址:内蒙古包头市稀土高新开发区青工南路 5 号
邮编:014030
电话:0472/5913008、5913018
传真:5122167、5913010
网址:www.nmgyj.com
电子信箱:no.17@nmgyj.com
单位人数:234
质量体系:ISO 9001
产品情况:控制盒、仪器仪表等

辽宁省

★沈阳东北蓄电池有限公司
地址:沈阳市经济技术开发区混河 20 街 39 号
邮编:110026
电话:024/25840449、25877420
传真:25850217
网址:www.dbbattery.com
单位人数:1200
质量体系:QS 9000、ISO 9001
产品情况:(东北牌)
蓄电池,生产能力 160 万 KVAH
配套及出口情况:为一汽集团、华晨金杯、丹东黄海、南京依维柯、陕汽集团、宇通客车、重汽集团等配套;出口俄罗斯、澳大利亚、东欧各国及东南亚等 40 多个国家和地区

★沈阳盛德汽车部件有限公司
地址:沈阳市皇姑区黄河北大街千山西路 2 号
邮编:110034
电话:024/86537122、86500335
传真:86534231、86533871
网址:www.hdaec.cn
单位人数:160
质量体系:ISO/TS 16949、ISO 9001
产品情况:(E 牌)
机油压力传感器、车速传感器、水温传感器、倒车灯开关总成
配套情况:为哈尔滨东安、东安三菱、柳州五菱等配套

★沈阳市航帆汽车电器有限公司
地址:沈阳市皇姑区昆山西路 238 号东北汽配市场 3-05-15
邮编:110035
电话:024/86051136
电子信箱:zhangfan1958@126.com
质量体系:ISO 9001
产品情况:电子调节器、闪光器、继电器、传感器、点烟器、节温器、各种开关、高压线、洗涤器总成及其电动机、喷嘴等

★沈阳市游龙汽车配件制造有限公司
地址:沈阳市于洪区造化乡大方士村
邮编:110035
电话:024/86373328、82665995
传真:86373597
电子信箱:chinayl666@163.com
产品情况:汽车软轴拉索、传动轴吊架等
配套情况:为一汽集团、东风汽车公司、华晨金杯等配套

★沈阳市汽车开关厂
地址:沈阳市大东区大东路 178 号
邮编:110042
电话:024/24833709、24832056
传真:24833709
电子信箱:syasp@mail.sy.ln.cn
单位人数:543
质量体系:QS 9000、ISO 9001
产品情况:(追风牌)
年产汽车组合开关 50 万只、各种转向器转向管柱 15 万只
配套情况:组合开关为一汽集团、北汽制造、沈阳金杯、沈阳汽车制造厂、河北中兴、北汽福田、安徽扬子、陕汽集团、重汽集团等配套,转向机、转向管柱为国内多家企业的皮卡、轻型货车、吉普车等车型配套

★沈阳航天新光集团公司橡塑制品厂
地址:沈阳市大东区东塔街3号
邮编:110043
电话:024/24832900-3428
传真:24312020、24830461
单位人数:110
产品情况:汽车高压点火线总成、线束为主导的系列橡胶、塑料件,年产能力10万套
配套情况:为新光华晨、航天新光、沈阳航天三菱等配套

★辽宁金通电器有限公司
地址:沈阳市苏家屯区鲍家工业园
邮编:110101
电话:024/89524728
传真:89524777
网址:www.lnjtdq.com
质量体系:ISO/TS 16949
产品情况:汽车电子电压调节器、电子点火器、电子闪光器、继电器、逆变电源、刮水器总成、全车线束及各类熔断器等
配套及出口情况:为一汽吉轻、哈飞汽车、沈阳汽车制造厂、一汽农用车、长城汽车、一汽轻型发动机、解放军总后车辆厂、凌源汽车制造厂等配套;出口东南亚、欧洲市场

★沈阳新阳光机电科技有限公司
地址:沈阳市沈北新区辉山大街123-24号
邮编:110164
电话:024/24501390、24532719
传真:24533127
网址:www.smest.com
电子信箱:smest@smest.com
单位人数:150
质量体系:ISO 9001、GJB 9001
产品情况:无轨电车、有轨电车电气设备,各种电源、专用变频器、高性能客车和军用荧光灯逆变器等
出口情况:出口亚洲、美国、欧洲等多个国家和地区

★沈阳长足电气系统有限公司
地址:沈阳市浑南新区高歌路8-1号
邮编:110179
电话:024/83787043、83787426
传真:83787435
网址:www.sczes.com
电子信箱:sczes@sczes.com
质量体系:ISO/TS 16949
产品情况:线束等

★铁岭陆原科技开发研究所
地址:辽宁省铁岭市银州区岭东街188号
邮编:112000
电话:024/72810025
传真:72810025
质量体系:ISO 9001
产品情况:年产捷达汽车天线5万套、一汽平头载货汽车天线5万套
配套情况:为一汽集团配套

★鞍山亚赛电池设备有限公司
地址:辽宁省鞍山市高新区千山路318号
邮编:114044
电话:0412/5217030
传真:5217021
网址:www.yasaieme.com
电子信箱:yasaieme@online.ln.cn
质量体系:ISO 9001
产品情况:汽车喇叭

★营口文化配线有限公司
地址:辽宁省营口市渤海大街西43号
邮编:115003
电话:0417/4814540、4806063
传真:4814584
电子信箱:webmaster@ykbk.com
单位人数:213
质量体系:ISO/TS 16949、QS 9000
产品情况:汽车线束
配套及出口情况:配套车型有本田、哈飞、奇瑞、威驰、红旗、捷达、夏利、北京吉普、马自达等;出口日本、美国、德国等国家

★大连原田工业有限公司
地址:辽宁省大连市经济技术开发区金马路101号
邮编:116000
电话:0411/87612111
传真:87612117、87628654
网址:www.harada.cn
电子信箱:info@harada.com.cn
单位人数:1800
质量体系:ISO/TS 16949、ISO 14001
产品情况:汽车天线、中继导线、车内电视天线、各种机器用棒状天线、天线部品、各种电动控制器、不锈钢管、各种电线、电线束等
配套及出口情况:为广汽本田、东风本田、天津一汽丰田、郑州日产、南京福特供货;出口日本、美国、欧洲和东南亚等国家和地区

★大连松下汽车电子系统有限公司
地址:辽宁省大连市甘井子区虹港路300号
邮编:116030
电话:0411/86304354
传真:86304347
网址:www.panasonic.com.cn
产品情况:汽车音响、汽车音响用系统,月产约20万台
出口情况:50%的产品出口

★新源动力股份有限公司
地址:辽宁省大连市高新技术产业园区黄浦路907号
邮编:116085
电话:0411/84753000、84617000
传真:84753456、84795078
网址:www.fuelcell.com.cn
电子信箱:sunrise@fuelcell.com.cn
产品情况:(新源动力牌)
质子交换膜燃料电池及相关零部件

★大连阿尔派电子有限公司
地址:辽宁省大连市金州经济开发区迎宾路2号
邮编:116100
电话:0411/87683131
传真:87675820
网址:www.alpine.com.cn
质量体系:QS 9000
产品情况:汽车通信导航设备、汽车音响
配套及出口情况:为广汽本田配套;出口美国、欧洲、日本等国家和地区

★大连恒田永磁电机有限公司
地址:辽宁省大连市经济技术开发区董家沟街道大树村
邮编:116600
电话:0411/87382426、87382168
传真:87380808
网址:www.htddjc.com
电子信箱:dlht8@yahoo.cn
单位人数:416
质量体系:ISO 9001
产品情况:(恒田牌)
各种铅酸蓄电池
配套情况:为大连恒田旗下纯电动汽车配套

★丹东亨达电子有限公司
地址:辽宁省丹东市新城区仪表园区11号楼
邮编:118000
电话:0415/3172808
传真:3172707
质量体系:ISO 9001
产品情况:(春城牌)
芯片、电子点火器

★丹东华颖电器有限责任公司
地址:辽宁省丹东市振兴区兴一路95号
邮编:118000
电话:0415/3180162
传真:3193133
网址:www.hydq.com
单位人数:50
产品情况:汽车拖车尾灯控制器、电子闪光器、各种继电器、传感器、调节器等
配套情况:为金杯、中华、宝马、丹东黄海等供货

★丹东盛达汽车电子有限公司
地址:辽宁省丹东市桃source街113号
邮编:118002
电话:0415/2154526
传真:2534966
网址:www.shengdadianzi.com
电子信箱:sddz@shengdadianzi.com
产品情况:汽车发电机调节器、点火器、

传感器、闪光器、电子水温表、电动机绕组短路测试仪、厚膜电路芯片等
配套及出口情况：为多家汽车厂配套；部分产品出口

★丹东文大照明电器有限公司
地址：辽宁省丹东市振安区套外街78号
邮编：118006
电话：0415/4138133
传真：4134575
电子信箱：ddwdzm@ tom. com
质量体系：ISO 9001
产品情况：汽车卤钨灯

★辽宁承业汽车零部件制造有限公司
地址：辽宁省凤城市迎宾路18号
邮编：118100
电话：0415/3518885
传真：3518885
网址：www. lnchengye. com
电子信箱：lncy@ lnchengye. com
单位人数：182
质量体系：ISO/TS 16949
产品情况：起动机、发电机、带轮等
配套情况：为道依茨－大连柴油机厂、一汽无锡柴油机厂、上柴动力、东风朝柴等配套

★辽宁金伟汽车电机电器有限公司
地址：辽宁省凤城市凤凰城经济管理区凤山路1356号
邮编：118100
电话：0415/8238701、8234336
传真：8238796
网址：www. jwqp. com
电子信箱：jwqp@ jwqp. com
单位人数：200
质量体系：ISO 9001
产品情况：（巨蟒牌）
汽车起动机、电磁开关、齿合器
出口情况：部分产品出口

★凤城市富达汽车传感器有限公司
地址：辽宁省凤城市二龙工业园区208号
邮编：118100
电话：0415/8268166、8262166
传真：6888239、8262166
网址：www. fcfuda. com
电子信箱：fchyc@ 163. com
质量体系：ISO 9001
产品情况：汽车电喷节气门位置传感器、怠速阀步进电动机、节气门阀体总成、霍尔传感器、曲轴位置传感器、凸轮轴传感器、里程表传感器、氧传感器等

★锦州海伯伦汽车电子有限公司
地址：辽宁省锦州市经济技术开发区西海国际工业园万得工业园
邮编：121000
电话：0416/2705998
传真：3570701
网址：www. jhae. com
质量体系：ISO/TS 16949
产品情况：汽车用混合集成电路、汽车发电控制芯片
配套及出口情况：汽车发电控制芯片产品供给锦州汉拿电机公司等国内发电机生产厂；随着发电机产品出口

★锦州华汇电子有限公司
地址：辽宁省锦州市凌河区上海路七段3－187号
邮编：121000
电话：0416/2993325
传真：2993325
电子信箱：jz777qd@ 126. com
质量体系：ISO 9001
产品情况：发电机调节器、整流桥等汽车电器，汽车交流发电机调节器测试仪
配套情况：为济南汽车制造厂、沈阳金杯、锦州汉拿电机等十几家汽车厂配套电子调节器、整流桥等汽车电器产品，为全国众多开关企业配套阻容过电压吸收器，为相关企业配套晶闸管产品等

★锦州斯必德汽车电机有限公司
地址：辽宁省锦州市太和区解放西路75－1号
邮编：121000
电话：0416/3480999
传真：3499111
网址：www. ruilong. net
电子信箱：jzsl1972@ yahoo. com. cn
质量体系：ISO 9001
产品情况：汽车发电机

★锦州交通电器厂
地址：辽宁省锦州市高新技术产业开发区凌南东里99号
邮编：121000
电话：0416/3883191、3882019
传真：3883191
电子信箱：youmail@ 163. com
质量体系：ISO 9001
产品情况：（顺达牌）
汽车发电机、电子点火控制器、电压调节器、电子闪光器、继电器、开关等

★锦州信友瑞龙实业集团有限公司
地址：辽宁省锦州市太和区锦义路162号
邮编：121000
电话：0416/7173860、4186377
传真：4189388
网址：www. ruilong. net
电子信箱：xyrl2003@ 163. com
单位人数：90
质量体系：ISO/TS 16949
产品情况：汽车发电机励磁线圈总成、发电机整流桥的铝合金压铸件、发电机调节器与整流桥、起动机绝缘套等，具有年产发电机励磁线圈、整流桥、调节器注塑件500万套、起动机注塑件50万套的生产能力
配套及出口情况：为锦州汉拿电机有限公司配套；向韩国批量出口

★辽宁启明汽车电器有限公司
地址：辽宁省锦州市滨海新区汽车零部件产业园区
邮编：121000
电话：0416/7988688
传真：7988680
电子信箱：qining@ alternatorandstarter. com
单位人数：106
质量体系：ISO/TS 16949、ISO 9001
产品情况：汽车用发电机及其零部件
配套及出口情况：为道依茨（大连）、东风朝柴、合肥朝柴等配套；出口北美、欧洲

★锦州华一汽车部件有限公司
地址：辽宁省锦州市南站新区黄海大街8号
邮编：121003
电话：0416/3317333、3317588
传真：3317599
网址：www. jzqp. com
电子信箱：ssh@ jzqp. com
质量体系：ISO/TS 16949、ISO 9001
产品情况：汽车发电机旋压带轮，汽车用助力泵、水泵、空调旋压带轮，汽车起动机永磁定子等
配套及出口情况：为各大汽车主机厂配套；出口美洲、非洲、亚洲、大洋洲等地区

★锦州东佑精工有限公司
地址：辽宁省锦州市经济技术开发区渤海大街4－15号
邮编：121007
电话：0416/2930010、2930039
传真：2930035、2930041
网址：www. jzdwp. com
电子信箱：jzdwp@ jzdwp. com
单位人数：150
质量体系：ISO/TS 16949
产品情况：（东佑精工牌）
汽车交流发电机电压调节器和整流桥，年产300万只
配套及出口情况：为锦州汉拿电机配套；远销韩国、欧洲及东南亚等国家和地区

★锦州韩华电装有限公司
地址：辽宁省锦州市经济技术开发区渤海大街4段2号
邮编：121007
电话：0416/2930050
传真：2930099
电子信箱：hhdz_sales@ 163. com
质量体系：ISO/TS 16949
产品情况：汽车起动机电枢、发电机转子、油泵电机电枢等
配套情况：客户有锦州汉拿机电、沈阳玄潭汽车部件、台湾士林电机、欧洲ISKRA等

★锦州佳岚电装有限公司
地址:辽宁省锦州市经济技术开发区渤海大街
邮编:121007
电话:0416/3575600
传真:3575602
网址:www.jzkarham.com
质量体系:ISO/TS 16949、ISO 9001
产品情况:汽车电动机炭刷架总成
配套及出口情况:为锦州汉拿电机有限公司配套;远销欧洲、东南亚等几十个国家和地区

★锦州正兴电机有限公司
地址:辽宁省锦州市经济技术开发区辽阳路8号
邮编:121007
电话:0416/3951005、3951009
传真:3951033
网址:www.jzrising.com
电子信箱:fortune@fortune-elec.com
质量体系:ISO/TS 16949
产品情况:汽车发电机、起动机、整流桥、电压调节器等汽车电子产品,年产能力100万套
配套及出口情况:为绵阳华晨、长城汽车、北京汽车厂、厦门金龙等配套;随主机远销美国、南非、俄罗斯等国家

★万得汽车技术股份有限公司
地址:辽宁省锦州市南站新区黄山路99号
邮编:121013
电话:0416/3588542、2646325
网址:www.jzxwd.com
电子信箱:jzxwd@jzxwd.com
质量体系:ISO 9001
产品情况:汽车发电机、起动机、减振器、活塞杆、调节器、整流桥、电枢、炭刷等
配套及出口情况:为锦州汉拿电机、山东聊城五岳汽车电机、广东强华汽车无刷发电机、成都华川电装等汽车电机生产厂配套;出口韩国及日本市场

★锦州汉拿电机有限公司
地址:辽宁省锦州市雨露街16号
邮编:121013
电话:0416/3880061、3880052
传真:3880059
网址:www.jzhn.com
电子信箱:jheco@jzhn.com
单位人数:365
质量体系:ISO/TS 16949、QS 9000
产品情况:(JHECO牌)
汽车用发电机、起动机
配套情况:为北京现代、东风悦达起亚、沈阳三菱、哈东安、东安动力、华晨金杯、东南汽车、一汽轿车、奇瑞汽车、天津一汽夏利、比亚迪汽车、沈阳金杯、荣城华泰、重庆力帆、福建华擎、北京奔驰、上海通用、南京名爵、一汽-大众、上汽通用五菱、天津一汽丰田、一汽解放等配套

★锦州汽车电器厂
地址:辽宁省锦州市高新技术产业开发区雨露街27号
邮编:121013
电话:0416/5186737
传真:5186957、2698257
电子信箱:jqdczsl@263.net
单位人数:70
质量体系:ISO 9001
产品情况:(万肯牌)
汽车发电机电压调节器、闪光器等
配套及出口情况:为国内十几家发电机厂和主机厂配套;年出口电压调节器、闪光器4万只

★锦州启明电机电器有限公司
地址:辽宁省锦州市太和区平和里286号
邮编:121016
电话:0416/5178837、5179454
传真:5179913
网址:www.qmdj.com.cn
电子信箱:jzqmdj@126.com
单位人数:204
质量体系:ISO/TS 16949、ISO 9001
产品情况:(启明牌)
汽车电动机、电器
配套及出口情况:为一汽集团、东风汽车公司、大柴、朝柴、沈发、长春轻型车厂、天发、长沙发动机公司等配套;出口美国和东南亚等国家和地区

吉林省

★一汽四环化油器滤清器厂
地址:长春市绿园区建安路177号
邮编:130000
电话:0431/87863177
传真:87863177
质量体系:ISO/TS 16949、ISO 9001
产品情况:灯具、拉线、暖风设备等
配套情况:为一汽集团、一汽轿车配套

★长春一汽徐港电子有限公司
地址:长春市绿园区东风大街148号
邮编:130011
电话:0431/85765308、85763623
传真:85998068、85763623
电子信箱:yqxg-sygs@fawcom.com.cn
质量体系:VDA 6.1、QS 9000
产品情况:(天宝牌)
各类汽车音响、闪光器、刮水器控制器等汽车电子产品
配套情况:为一汽集团、一汽-大众、一汽轿车等配套

★长春春原汽车电线有限公司
地址:长春市开运街1244号
邮编:130011
电话:0431/85922948
传真:85929913
质量体系:ISO/TS 16949
产品情况:汽车电线束

★启明信息技术股份有限公司
地址:长春市绿园区东风大街89号
邮编:130011
电话:0431/89603500、85986699
网址:www.faw-qm.com.cn
电子信箱:lgk@engwfaw.com
单位人数:1208
质量体系:ISO 9001
产品情况:汽车行业管理软件、车载信息系统、汽车电子控制系统等
配套情况:为一汽轿车供应导航等车载电子零部件

★长春一汽四环TYC车灯有限公司
地址:长春市高新技术产业开发区
邮编:130012
电话:0431/85881885
传真:85881881
质量体系:ISO/TS 16949
产品情况:汽车车灯总成及相关零配件
配套情况:为一汽集团、一汽-大众等配套

★ 长春市灯泡电线有限公司
地址:长春市朝阳区开运街1244号
邮编:130012
电话:0431/85952987
传真:85951467
法人代表:孙玉德
单位人数:2700
质量体系:ISO/TS 16949
产品情况:(CHANGMING牌)
汽车电线束
配套及出口情况:为全国各主要汽车厂配套;出口韩国、马来西亚
☞ 详细情况请参阅彩色宣传版面

★富奥股份公司电子电器分公司
地址:长春市经济技术开发区浦东路2258号
邮编:130031
电话:0431/84612050、84512955
传真:84610938
网址:www.fawer.com.cn
产品情况:车身电子、底盘电子等系统

★长春古河金山汽车线束有限公司
地址:长春市经济技术开发区浦东路25号
邮编:130031
电话:0431/84613301
传真:85888875
单位人数:125
质量体系:ISO 9001
产品情况:汽车线束

★长春诗兰姆汽车零部件有限公司
地址:长春市经济技术开发区连云港街449号
邮编:130032

电话:0431/84615544
传真:84619944
电子信箱:admin@ ccslm. com
单位人数:500
质量体系:ISO/TS 16949
产品情况:各类波纹管(套管),汽车线束保护产品,各类气液管路,商用车机械电子零件,波纹管自动切割设备(波峰处切割)

★长春海拉车灯有限公司
地址:长春市经济技术开发区昆山路593号
邮编:130033
电话:0431/84643179
传真:84643180
网址:www. hella. cn
电子信箱:info@ hella. cn
单位人数:1000
质量体系:VDA 6.1、QS 9000
产品情况:(海拉牌)
前照灯、信号灯、室内灯等各类汽车车灯及电子产品

★长春市夸克普精汽车电子公司
地址:长春市经济技术开发区自由大路7689号
邮编:130033
电话:0431/84650482、84650483
网址:www. hxbest. com
电子信箱:hxxs@ hxbest. com
质量体系:ISO/TS 16949、ISO 9001
产品情况:汽车座椅电加热系统、汽车外后视镜防雾除霜加热等
配套及出口情况:主要配套车型有福特、马自达、路霸、圣达菲、红旗、长城、中华、奇瑞、猎豹、比亚迪等;出口美国、荷兰、德国、乌克兰、丹麦、加拿大、阿联酋、黎巴嫩、韩国、俄罗斯、土耳其、罗马尼亚等国家

★长春长海车灯有限公司
地址:长春市经济技术开发区金川街745号
邮编:130033
电话:0431/84654094、84654063
传真:84658006
网址:www. hella. cn
电子信箱:cscdc@ public. cc. jl. cn
单位人数:190
质量体系:VDA 6.1、QS 9000
产品情况:各种汽车车灯
配套情况:为一汽轿车、一汽-大众、一汽集团等配套

★西门子威迪欧汽车电子(长春)公司
地址:长春市经济开发区武汉路1981号
邮编:130033
电话:0431/84684000
传真:84613783
网址:www. svcc. cn
单位人数:1000
质量体系:ISO/TS 16949、VDA 6.1
产品情况:(Siemens 牌)
电子控制单元、传感器、燃油导轨、喷油器、变速器控制单元;安全气囊电子控制单元、ABS电子控制单元和汽车轮速传感器;车身电子控制单元、防盗器、遥控钥匙、座椅加热、车窗升降防夹电子控制单元等
配套及出口情况:为一汽-大众、上海大众、一汽集团、广汽本田、华晨金杯、韩国大宇、北京现代、雷诺三星配套;出口传感器、防盗器、安全气囊

★莱尼线束系统(长春)有限公司
地址:长春市长春市经济开发区东环路10110号
邮编:130036
电话:0431/85807967
传真:85807970
网址:www. leoni. com
单位人数:200
质量体系:ISO/TS 16949
产品情况:发动机线束

★长春市热浪暖风机有限责任公司
地址:长春市宽城区团山街团山花园小区15号
邮编:130052
电话:0431/82683161
传真:82681505
质量体系:ISO 9001
产品情况:(热浪牌)
各种空调、暖风电动机及零件

★长春市光明车灯制造有限公司
地址:长春市绿园区隆化路西侧
邮编:130062
电话:0431/87974184
传真:87975061
电子信箱:changbancd@ sohu. com
质量体系:ISO 9001
产品情况:(长阪(CHANG BAN)牌)
汽车灯具,其他汽车零部件

★吉林市吉达软轴有限公司
地址:吉林省吉林市龙潭区阿拉底管理区
邮编:132227
电话:0432/63019232、63019388
传真:63019858
网址:www. ruanzhou. net
电子信箱:jidanets@ public. jl. jl. cn
质量体系:ISO/TS 16949、VDA 6.1
产品情况:各种汽车软轴拉索,年产能力200万件
配套情况:为一汽解放、一汽吉林轻型车厂、一汽红塔云南、一汽哈尔滨轻型车厂、一汽长春轻型车厂、一汽客车、一汽专用车、比亚迪汽车、天津一汽夏利等厂家配套生产400多种产品

★白山市浩阳汽车零部件有限公司
地址:吉林省白山市喜丰路9号
邮编:134300
电话:0439/3285158
传真:3285158
单位人数:180
质量体系:ISO/TS 16949、ISO 9001
产品情况:AUDI18 蓄电池管,年产50万套;JETTA连接管,年产20万套

★四平市德嘉电子仪表有限公司
地址:吉林省四平市铁西区海丰科技园
邮编:136000
电话:0434/5079426、5079427
传真:5079429
电子信箱:jlspyb@ sina. com
单位人数:158
质量体系:ISO/TS 16949、ISO 9001
产品情况:汽车仪表
配套情况:为一汽集团哈轻、吉轻、沈阳汽车集团配套

★一汽辽源汽车电器制造有限公司
地址:吉林省辽源市新兴路817号
邮编:136200
电话:0437/3316410
传真:3316409
电子信箱:lyau@ lyau. cn
单位人数:980
质量体系:ISO/TS 16949、ISO 9001
产品情况:永磁减速起动机、大功率发电机
配套情况:为一汽集团、大柴、锡柴、沈发、东安、柳机等配套

★吉林省鹰力汽车股份有限公司
地址:吉林省辽源市东辽县东交大街98号
邮编:136600
电话:0437/5075533、5075555
传真:5075588
电子信箱:sales@ eaglepower. cn
单位人数:1200
质量体系:ISO/TS 16949
产品情况:(EAGLEPOWER 牌)
二极管、整流桥、调节器、点火模块、发电机、起动机等汽车电器,改装车

★吉林汽车集团白城红钻股份公司
地址:吉林省白城市新华西大路2号
邮编:137000
电话:0436/3662702
传真:3670634
网址:www. bchz. net
电子信箱:hzgfgs@ 163. net
单位人数:451
质量体系:ISO/TS 16949、VDA 6.1
产品情况:(红钻牌)
智能化玻璃升降器、玻璃升降器、中央接线器、继电器、组合开关等汽车零部件,年综合生产能力达到80万辆
配套情况:为一汽集团、一汽-大众、神龙汽车、青岛汽车、青岛颐中汽车、哈飞汽车配套

★金事达电气有限公司
地址:吉林省白城市开发大街669号

邮编:137000
电话:0436/3679786
传真:3667676
网址:www.jinshida.cn
电子信箱:admin@jinshida.cn
单位人数:115
质量体系:ISO/TS 16949、QS 9000
产品情况:汽车用汽、柴油电喷发动机电控线束
配套情况:为一汽丰田、玉柴、一汽锡柴、一汽天内、东风朝柴、杭发、云内、上柴、常柴等配套

黑龙江省

★哈尔滨奥通汽车电器有限公司
地址:哈尔滨市道外区天恒大街1017号
邮编:150050
电话:0451/57681163
传真:57676188
网址:www.aositeng.com
电子信箱:aositeng@126.com
质量体系:ISO 9001
产品情况:(奥斯腾牌)
各种油浸式点火线圈、干式点火线圈、车载电源等
配套及出口情况:为一汽集团配套;远销欧洲、美洲、中东、俄罗斯、东南亚等多个国家和地区

★哈尔滨泰富电气有限公司
地址:哈尔滨市开发区哈平西路9号
邮编:150060
电话:0451/86116782、86116780
传真:86116799
单位人数:300
质量体系:ISO 9001
产品情况:汽车微电机,年产5.48万台

★哈尔滨市新伟汽车电器厂
地址:哈尔滨市平房区新伟街18号
邮编:150060
电话:0451/86510333
传真:86510333
质量体系:ISO 9001
产品情况:全车线束、调节器、闪光器等

★航天科技控股集团股份有限公司
地址:哈尔滨市平房区哈平西路45号
邮编:150060
电话:0451/86781088
传真:86781009
网址:www.htkjgroup.com
电子信箱:htkj@htkjgroup.com
单位人数:1200
质量体系:ISO/TS 16949、QS 9000
产品情况:汽车组合仪表、倒车雷达、行车记录仪、电控燃油泵

★哈尔滨东安志阳汽车电气有限公司
地址:哈尔滨市开发区哈平路集中区大连北路7号
邮编:150060
电话:0451/86782600、86782654
传真:86782653
网址:www.chiyeung.com
质量体系:ISO/TS 16949、QS 9000
产品情况:汽车点火线圈、电喷系统中曲轴位置传感器、炭罐电磁阀、节气门位置传感器等

★哈尔滨万宇科技股份有限公司
地址:哈尔滨市开发区哈平路集中区渤海路2号
邮编:150060
电话:0451/86810843、86810841
传真:86810840
网址:www.wanyu.com
电子信箱:hxsb@wanyu.com
质量体系:ISO/TS 16949、ISO 14001
产品情况:汽车电脑稳频喇叭
配套情况:为上海通用、重庆福特、南汽名爵、广汽本田、华晨汽车、神龙汽车、南京依维柯、北京奔驰、河北中兴、奇瑞汽车、哈飞汽车、长城汽车、上汽仪征、江西富奇等配套

★哈尔滨工业大学固泰电子有限公司
地址:哈尔滨市开发区哈平路集中区大连北路1号
邮编:150060
电话:0451/86812549
传真:86815757
网址:www.hitgt.com
电子信箱:wangshujun@hitgt.com
质量体系:VDA 6.1、QS 9000
产品情况:车用无触点喇叭、全自动空调控制器、液晶背投影机
配套情况:为一汽集团、丰田、奥迪、大众、马自达、奇瑞、沈阳金杯、长城皮卡、杰克赛尔、法雷奥等配套

★哈尔滨威帝汽车电子有限公司
地址:哈尔滨市开发区哈平西路11号
邮编:150060
电话:0451/87101888、87101777
传真:87100888
网址:www.viti.net.cn
质量体系:ISO/TS 16949
产品情况:CAN总线、组合仪表、汽车行驶记录仪、中央处理器、中央电器盒、传感器、ECU控制单元、缓速器电源开关等
配套情况:与金龙客车、宇通客车等企业建立了长期合作关系

★黑龙江天有为电子有限责任公司
地址:黑龙江省绥化市工业开发区
邮编:152000
电话:0455/8396630、8396670
传真:8396620
网址:www.hljtyw.com
电子信箱:hljtyw_cgb@163.com
质量体系:ISO/TS 16949
产品情况:汽车组合仪表及配套产品

上海市

★上海实业交通电器有限公司
地址:上海市徐汇区漕溪北路400号
邮编:200030
电话:021/64394151
传真:64384862
网址:www.stec-cn.com
电子信箱:stec@stec-cn.com
单位人数:1079
质量体系:ISO/TS 16949、VDA 6.1
产品情况:(声佳牌)
年产防盗系统42万套、电动玻璃升降器215万门、电喇叭427万只
配套情况:国内为上海大众、上海通用、一汽-大众等配套,电喇叭为美国通用汽车配套57万只

★上海汽车软轴厂
地址:上海市徐汇区小木桥路814弄161号
邮编:200032
电话:021/64174730
传真:64171437
网址:www.shdongfei.com
电子信箱:dongfei@shdongfei.com
质量体系:ISO 9002
产品情况:(东飞牌)
汽车、摩托车及工程车控制拉索,里程表、转速表软轴软管,换、选挡推拉钢索,年产120万套
配套情况:是中汽公司定点专业厂,也是上海大众唯一的软轴软管定点厂

★上海元琪科技发展有限公司
地址:上海市澳门路519弄1号华生大厦2043室
邮编:200060
电话:021/51075008
传真:51075009
网址:www.yuanqikj.com
电子信箱:info@yuanqikj.com
质量体系:ISO 9001
产品情况:汽车空调智能化全自动电子控制面板、传感器、调速模块、伺服电动机

★上海东风汽车电器厂
地址:上海市虹口区东长治路690弄62号
邮编:200080
电话:021/65461852、65756596
传真:65120034、65756597
网址:www.dongfengsh.com
电子信箱:dongfengsh@sohu.com
产品情况:(精灵牌)
各类喊话器、汽车低压电器、扬声器、电脑报站器等
配套情况:为上海客车制造公司、无锡汽车厂、萍乡客车厂、北京客车总厂、北

京京通客车厂、长春客车厂、鞍山客车厂、安徽扬子客车厂、安徽省客车总厂等配套

★ 东风电子科技股份有限公司

地址:上海市普陀区中山北路 2000 号中期大厦 22 层
邮编:200063
电话:021/62033003
传真:62032133
网址:www. detc. com. cn
电子信箱:postmaster@ detc. com. cn
法人代表:欧阳洁
负责人:严方敏
单位人数:3327
质量体系:ISO/TS 16949
产品情况:汽车仪表、传感器及电子产品、气压制动元器件、ABS/ASR、内外饰件、仪表板模块、座舱模块、车载蓝牙系统以及供油系产品、有色金属铸造、控制索等
配套及出口情况:为东风股份、神龙、北汽福田欧曼重型汽车厂、陕汽集团、潍柴动力、厦门金龙、东风商用车、东风日产乘用车、东风本田、东风康明斯、东风风神、玉柴、广汽本田、郑州日产等配套;出口美国、法国、巴西等国家
☞ 详细情况请参阅彩色宣传版面

★上海航天汽车机电舒航电器公司

地址:上海市浦东新区金吉路 568 号
邮编:200082
电话:021/65893800、58342081
传真:58341778
电子信箱:shuhang@ public7. sta. net. cn
质量体系:VDA 6. 1、QS 9000
产品情况:汽车空调直流电动机,蒸发、冷凝风机,自动天线、顶置放大天线、空调无刷变频电动机,年产汽车空调蒸发器、冷却风机和各类电动机 100 万台,汽车自动升降天线 30 万根
配套情况:为上海大众、奇瑞汽车、华晨金杯、上海德尔福等配套

★矢崎(中国)投资有限公司

地址:上海市浦东南路 999 号新梅联合广场 28 楼
邮编:200120
电话:021/58774747
传真:58776747
网址:www. yazaki - group. com
单位人数:120
产品情况:(YAZAKI 牌、矢崎牌)
　　汽车线束、仪表,汽车配件
配套及出口情况:为天津一汽丰田、广汽本田、广汽丰田、东风日产、一汽轿车等配套;出口日本、美国、加拿大等国家

★上海弗卡实业有限公司

地址:上海市浦东商城路 660 号乐凯大厦 2020 室
邮编:200125
电话:021/50779798、50779618
传真:50775037
电子信箱:sales@ focargroup. cn
质量体系:ISO/TS 16949、ISO 9001
产品情况:汽车电动机轴、刮水器电动机轴、行星齿轮轴、摇窗电动机轴

★上海新光汽车电器有限公司

地址:上海市浦东新区北艾路 1111 号
邮编:200125
电话:021/58531435
传真:58532329
网址:www. shxgae. com
电子信箱:xgae@ shxgae. com
单位人数:180
质量体系:ISO/TS 16949、VDA 6. 1
产品情况:汽车中央电器、熔断丝盒、电器线束、精密冲制零件、精密注塑零件、高精度模具等
配套情况:为上海大众、上海通用、奇瑞汽车、一汽 - 大众、上海汇众、联合电子、德尔福派克等配套

★上海南北机械电气工程有限公司

地址:上海市浦东新区杨高南路 1998 号
邮编:200125
电话:021/58897750
传真:58756315
电子信箱:nscosh@ public2. sta. net. cn
质量体系:QS 9000、ISO 9001
产品情况:(NS 牌、南北牌)
　　LED 高效固体光源组合后灯、后雾灯、LED 汽车开关指示灯内芯
配套情况:为一汽集团专用车厂、庆铃汽车、一汽富奥一江森饰件公司等配套

★上海耀康电器有限公司

地址:上海市嘉定区曹安路 1926 号
邮编:200126
电话:021/59197112
传真:59197112
电子信箱:ykchinachuangfeng@ alibaba. com. cn
质量体系:ISO 9001
产品情况:(申卫牌)
　　汽车交流发电机、电磁开关、空调压缩机、反光材料

★上海宏意低压电器合作公司

地址:上海市浦东三林镇归泾村余家宅 75 号
邮编:200126
电话:021/63770244
传真:58416621
网址:www. jingweichem. net
电子信箱:yhy@ hydydq. com
单位人数:59
质量体系:ISO 9001
产品情况:(上海牌)
　　汽车、摩托车及拖拉机车灯开关、点火开关、熔断丝盒、分电器总成、汽车电源总开关、离心开关等
出口情况:远销东南亚、美国及中东等国家和地区

★上海三智汽配实业有限公司

地址:上海市浦东新区峨山路 91 弄 28 号
邮编:200127
电话:021/58739950、58736452
传真:58759921、58392993
网址:www. shsanzhi. com
电子信箱:sanzhi@ online. sh. cn
单位人数:200
质量体系:ISO/TS 16949、VDA 6. 1
产品情况:蓄电池线束总成、烟灰盒总成、塑料件、内饰品、发动机塑料件、热压件、橡胶密封件
配套情况:为上海大众、上海通用、一汽 - 大众、上汽股份、烟台东岳、奇瑞汽车、华晨金杯等配套

★畅博电子(上海)有限公司

地址:上海市浦东新区外高桥保税区德堡路 215 号
邮编:200131
电话:021/50482700
传真:50482722
电子信箱:johnwayne@ transpo - sha. cn
质量体系:QS 9000、ISO 9001
产品情况:发电机、起动机、电压调节器、整流桥、点火模块、点火线圈、氧传感器、空气压力传感器、起动齿轮、电磁开关、炭刷支架总成、炭刷、轴承等

★ 上海新跃联汇电子科技有限公司

地址:上海市徐汇区宜山路 710 号 17 幢
邮编:200233
电话:021/60839577、60839537
传真:60839574
网址:www. aeroxy. com
电子信箱:sales@ aeroxy. com
法人代表:张春明
负责人:蔡向东
单位人数:258
质量体系:ISO/TS 16949、ISO 9001
产品情况:(XINYUE 牌)
　　汽车位置传感器、导电塑料电位计、税控收款机等
配套及出口情况:为 BOSCH 博世(德国)、UAES 联合汽车电子、恒隆集团、株洲易力达配套;出口德国
☞ 详细情况请参阅彩色宣传版面

★美特斯工业系统(中国)有限公司

地址:上海市桂平路 481 号 23 号楼
邮编:200233
电话:021/54271122、64952860
传真:64956330
网址:www. mtschina. com
电子信箱:info@ mtschina. com
单位人数:700

质量体系:ISO 9001
产品情况:(MTS 牌)
力学性能测试、模拟系统和位移传感器等
配套情况:产品和服务主供奔驰、丰田、通用、福特、大众、一汽集团、东风汽车公司、上海大众、上海通用等

★上海航天汽车机电股份有限公司
地址:上海市徐汇区漕溪路 222 号航天大厦
邮编:200235
电话:021/64826368
传真:64822300
网址:www.saae-ch.com
电子信箱:saae@saae-ch.com
质量体系:ISO/TS 16949、VDA 6.1
产品情况:(SAAE 牌)
汽车空调器,熔断丝盒、中央电器、轮速传感器、车速传感器、热敏开关、各种控制器等车用电子产品,离合器液压泵
配套情况:为上海大众(帕萨特、桑塔纳 3000)、一汽-大众宝来、比亚迪 F3、福莱尔、奇瑞 QQ、东方之子、上海通用别克、一汽海马、金龙中巴、一汽红旗、江铃皮卡,长城皮卡、田野皮卡、金杯面包车等配套

★上海沃巴弗电子科技有限公司
地址:上海市闵行区兴梅路 425 号
邮编:200237
电话:021/51877098
传真:64108682
网址:www.volboff.cn
电子信箱:sales@volboff.cn
质量体系:ISO 9001
产品情况:直线位移传感器、角度位移传感器、电子加速传感器、节气门位置传感器、电刷、工业无线遥控器等

★上海三车汽车零部件有限公司
地址:上海市古浪路 415 弄 11 号 1 楼
邮编:200311
电话:021/52844655、52844656
传真:52844665、36331385
网址:www.scdq.com.cn
电子信箱:sance@scdq.com.cn
单位人数:1348
质量体系:ISO 9001、ISO 14001
产品情况:(SANCHE 牌)
汽车仪表、中央控制盒、刮水器电动机、燃油泵、点火线圈、组合开关、喇叭、起动机等电器配件;玻璃升降器、门锁块、外拉手等车身件;水泵、散热器及其风扇;转向助力泵、制动泵、离合器泵等
出口情况:出口中东、欧洲、南美洲等地区

★上海浦成传感器有限公司
地址:上海市兰溪路 808 号
邮编:200333
电话:021/52803871、52826242
传真:52819468
网址:www.pucheng.com.cn
电子信箱:root@pucheng.com.cn
产品情况:(PUCHENG 牌)
各种氧传感器
配套及出口情况:为汽车发电机厂配套;远销北美洲、欧洲、南美及中东地区

★上海准时汽车配件有限公司
地址:上海市嘉定区东方汽配城 5 栋 207 号
邮编:200333
电话:021/59189237
传真:59180231
质量体系:ISO/TS 16949、ISO 9001
产品情况:(准时牌)
汽车分电器、点火线圈、油泵芯等
配套情况:为一汽集团、上海大众、北内集团、南汽发动机厂配套

★万宝至马达(上海)有限公司
地址:上海市长宁区古北路 666 号嘉麒大厦 1901 室
邮编:200336
电话:021/62085666
传真:62088466
网址:www.mabuchi-motor.co.jp
产品情况:(万宝至牌)
电动后视镜电动机、门锁电动机、自动巡航器等汽车电动机

★上海欧罗克电器系统有限公司
地址:上海市杨浦区翔殷路 120 号 1 幢 2 楼
邮编:200433
电话:021/65511289
传真:65511361
电子信箱:orock@hotmail.com
质量体系:ISO/TS 16949、QS 9000
产品情况:(OROCK 牌)
汽车永磁减速式起动机、大功率起动机、发电机、油泵电动机及相关配件
出口情况:出口欧洲、美洲、中东、东南亚等地区

★上海宇宙电器有限公司
地址:上海市虹口区场中路 685 弄 105 号
邮编:200434
电话:021/56882374、56833840
传真:56834207
网址:www.yu-zhou.com
电子信箱:10156@yu-zhou.com
质量体系:ISO/TS 16949
产品情况:(申新牌)
冷却风扇控制器、电子组合式汽车继电器等
配套及出口情况:为上海大众、一汽-大众、沈阳金杯、长安汽车等配套;远销美国、加拿大、澳大利亚

★上海联宙汽车电器有限公司
地址:上海市车站南路 237 号 220 室
邮编:200434
电话:021/65360666、65618965
传真:65618965
电子信箱:cce10066@81890.net
质量体系:ISO 9000
产品情况:(申新牌)
电动燃油泵芯、油泵总成、转速传感器、继电器、电磁阀、换向阀、控制器、门锁控制器、燃油泵进口过滤网
配套及出口情况:为上海大众、一汽-大众配套;部分产品出口

★上海宏钻照明电器有限公司
地址:上海市共和新路 3699 号 A 楼 417 室
邮编:200435
电话:021/56630924
传真:61075753
网址:www.hz-diamond.com
电子信箱:yyh@hz-diamond.com
产品情况:(钻石牌)
汽车灯
出口情况:封闭式圆形汽车灯泡远销东南亚各国家

★上海金亭汽车线束有限公司
地址:上海市宝山区城市工业园区山连路 168 号
邮编:200444
电话:021/36160606
传真:36160101
网址:www.sjahl.com.cn
电子信箱:sjahl@sjahl.com
单位人数:2479
质量体系:ISO/TS 16949、VDA 6.1
产品情况:(JAH 牌)
车身总成线束、仪表板线束总成、发动机线束总成、变速器线束总成、门板线束总成、蓄电池线束总成等各类轿车线束
配套情况:轿车线束为上海大众、上海通用、日本丰田、铃木、北美通用、实用动力等配套

★上海南大集团德首实业有限公司
地址:上海市中春路 500 号南大工业园
邮编:201100
电话:021/62888828、61666777
传真:54177775、64145447
网址:www.deso.com.cn
电子信箱:sale@deso.com.cn
质量体系:ISO 9001、ISO 14001
产品情况:(DESO 牌)
驻车传感器、报警器、轮胎压力监视系统、车载 DVD/LCD、中控锁等
出口情况:出口欧洲、中东、东南亚、非洲、美洲、澳大利亚、韩国、印度等国家和地区

★上海威耀腾汽车零部件有限公司
地址:上海市闵行区邕星路 299 弄 17 号 101 室
邮编:201101

电话:021/54479162、54479193
传真:54478327
网址:www. daiwa - motor. com
电子信箱:daiwa_motor@ online. sh. cn
质量体系:ISO/TS 16949、ISO 9001
产品情况:前照灯、尾灯、后保险杠等

★上海好光传感器有限公司
地址:上海市闵行区中春路 7335 号
邮编:201101
电话:021/64784536、64784427
传真:64784759、64784536
网址:www. shhggs. com
电子信箱:sales@ shhggs. com
质量体系:ISO/TS 16949、ISO 9001
产品情况:各类 ABS 轮速传感器、凸轮曲轴传感器和其他车用传感器
配套及出口情况:为国内外知名的汽车传感器 OEM 配套;远销欧洲、美洲市场

★上海喜乐车辆配件有限公司
地址:上海市虹梅南路 3888 号
邮编:201102
电话:021/34682010
传真:34682010
质量体系:ISO 9001
产品情况:(猛狮牌)
汽车及摩托车蓄电池

★迪克斯实业(上海)有限公司
地址:上海市闵行区梅陇镇顾戴路 825 弄 98 号
邮编:201102
电话:021/54802121、54803131
传真:54809292
网址:www. dixie. com. cn
电子信箱:sales@ dixie. com. cn
单位人数:200
质量体系:ISO/TS 16949
产品情况:发电机、起动机及其电磁开关、转子、定子、炭刷架、单向器等零部件,年产整机 35 万台、各类零部件 70 万套
配套及出口情况:为厦门金龙、安凯客车、江苏亚星、丹东黄海、上柴配套;出口欧洲、美洲、大洋洲、非洲、亚洲等 40 多个国家和地区

★上海闵原电器有限公司
地址:上海市闵行区诸翟镇朱家泾朱建路 168 号
邮编:201107
电话:021/62211498、62216849
传真:62214755、62214356
网址:www. minyuan. cn
电子信箱:happyminyuan2010 @ yahoo. com. cn
单位人数:400
质量体系:ISO 9001
产品情况:各种节能灯、启辉器、电容等
出口情况:出口欧洲、美国、中亚、东南亚等 20 多个国家和地区

★上海海拉电子有限公司
地址:上海市浦东新区建业路 411 号
邮编:201201
电话:021/58382167
传真:58382899
电子信箱:info@ hellash. com
单位人数:250
质量体系:ISO 9001
产品情况:(HELLA 牌)
车身电子、传感器、中央锁定执行器、照明电子、空调系统执行器、前照灯校准系统等

★马夸特开关(上海)有限公司
地址:上海市浦东区合庆工业开发区庆达路 650 号
邮编:201201
电话:021/58973302
传真:58972399
电子信箱:mscsh@ marquardt. com. cn
质量体系:ISO 9001
产品情况:汽车开关、电动工具开关、器具开关、微动开关、传感器和系统解决方案

★上海浦东车灯有限公司
地址:上海市浦东新区机场镇远航路 662 号
邮编:201201
电话:021/68969720
传真:68969720
单位人数:300
质量体系:ISO/TS 16949、VDA 6. 1
产品情况:(海光牌、双猫牌)
各类机动车灯具及饰件,年产能力 150 万只
配套情况:为江西五十铃、上海大众、东风汽车公司、一汽 - 大众、重庆五十铃、上海通用等配套

★上海畅星智能系统有限公司
地址:上海市浦东新区张江高科技园区碧波路 888 号
邮编:201203
电话:021/38984558
传真:61054333
网址:www. sis. sh. cn
电子信箱:marketing@ sis. sh. cn
单位人数:366
质量体系:ISO 9001
产品情况:导航电子地图

★上海法雷奥汽车电器系统有限公司
地址:上海市浦东新区张江高科技园区科苑路 501 号
邮编:201203
电话:021/50800088
传真:50800200
电子信箱:yipinghua@ shanghai - valeo. com
单位人数:955
质量体系:ISO/TS 16949、VDA 6. 1
产品情况:轿车、轻型货车及柴油机配套的起动机、发电机,年产 80 万台
配套及出口情况:配套的主要车型上海大众(桑塔纳、帕萨特、波罗、高尔、途安)、上海通用(别克、赛欧、凯越)一汽集团(小红旗、小解放)、一汽 - 大众(捷达、奥迪、宝来)、神龙汽车(毕加索、标致 307)长安奥拓、长安福特马自达、奇瑞风云等,并为上柴、潍柴、锡柴、大柴、康明斯等多家柴油机及工程机械、拖拉机生产厂家配套;远销法国、伊朗、东南亚等国家和地区

★上海泰好电子科技有限公司
地址:上海市张江高科技园区祖冲之路 887 弄 84 号 403 室
邮编:201203
电话:021/51317007
传真:51317009
网址:www. shtaihao. com
电子信箱:taihao@ shtaihao. com
产品情况:(泰好牌)
汽车轮胎气压监视系统(TPMS)等
配套情况:为上海大众 09 款 PASSAT facelift 车型提供标配 TPMS

★ 联合汽车电子有限公司
地址:上海市浦东新区金桥工业城榕桥路 555 号
邮编:201206
电话:021/61688888
传真:58994093
网址:www. uaes. com
电子信箱:uaes@ uaes. com
负责人:陈贤章
单位人数:1348
质量体系:ISO/TS 16949
产品情况:电子控制器、喷油器、燃油分配管总成、燃油泵支架总成、节气门位置传感器、炭罐控制阀、加速踏板块、氧传感器、压力传感器、速度传感器、电子燃油泵、爆震传感器、怠速调节器、压力调节器、电子节气门、点火线圈、空气质量流量计、相位传感器、空气温度传感器、水温传感器
配套情况:为一汽集团、一汽 - 大众、哈航集团、吉林吉轻、一汽夏利、上海通用(东岳)、上海大众、上海通用、奇瑞汽车、吉利汽车、合肥昌河、昌河铃木、华晨汽车、上海通用(北盛)、北汽福田、河北长城、东风汽车(襄樊)、长安铃木、长安福特、长安集团、神龙汽车、上汽通用五菱、一汽海马、东风汽车(广州)、东南汽车、比亚迪等配套
☞ 详细情况请参阅彩色宣传版面

★上海本安仪表系统有限公司
地址:上海市浦东新区金桥出口加工区金沪路 1099 号(本安工业园)
邮编:201206
电话:021/50328060、50318583
传真:50328061

网址:www. isinstruments. com
质量体系:ISO/TS 16949、ISO 9001
产品情况:汽车总线数据记录及诊断分析系统
配套情况:为北汽福田、宇通客车、厦门金旅、桂林大宇、安徽安凯、重汽集团、陕汽集团等配套行驶记录仪

★依必安派特电机(上海)有限公司
地址:上海市南汇区工业园区宣中路289号24幢厂房
邮编:201300
电话:021/58182568
传真:58188115
质量体系:ISO/TS 16949、ISO 9001
产品情况:电动机

★上海新兴车灯厂
地址:上海市南汇新港新府路95号
邮编:201304
电话:021/58196314
传真:58196871
单位人数:300
质量体系:ISO 9001
产品情况:汽车、摩托车系列车灯

★上海安都华照明电器有限公司
地址:上海市浦东康桥工业区
邮编:201315
电话:021/51290057
网址:www. jindalai. com
质量体系:ISO/TS 16949
产品情况:汽车灯泡
出口情况:出口欧洲、美洲、东南亚、中东等地区

★米开罗那(中国)有限公司
地址:上海市浦东区康桥工业区康桥东路1388号4A厂房
邮编:201315
电话:021/68182712、68183325
传真:68183055
网址:www. mikrouna. com
电子信箱:sales@ mikrouna. com
质量体系:ISO/TS 16949、ISO 9001
产品情况:超级净化手套箱和气体净化系统、真空镀膜系统、特种灯产品(HID灯)及其生产线
出口情况:部分产品出口欧洲、美洲、亚洲等地区

★上海逸航汽车零部件有限公司
地址:上海市南汇区航头镇航帆路5号
邮编:201316
电话:021/58221131
传真:58222259
网址:www. shyh. cn
电子信箱:yihang@ shyh. cn
单位人数:150
质量体系:ISO/TS 16949
产品情况:电子温控器、调速电阻器、A/C开关及放大器、控制面板、线束
配套情况:为上海德尔福汽车空调系统、长春一汽杰克赛尔汽车空调、重庆英特空调、联合汽车电子、延锋伟世通、东南汽车、天津电装空调等配套

★上海赛露达汽车部件有限公司
地址:上海市浦东新区周浦镇沈梅路186号
邮编:201318
电话:021/68131696、68066833
传真:68131562
网址:www. sailuda. com
电子信箱:sqx122@ sailuda. com
质量体系:ISO/TS 16949、ISO 9001
产品情况:(赛露达牌)
汽车内饰发泡成型、特殊聚氨酯汽车吸音泡沫、EVA汽车隔音片材、汽车内饰吸音毡、坐椅电动机、刮水器总成、燃油泵电动机、电动门窗升降器、电子风扇、暖风机、微波吸收材料等
配套及出口情况:为华晨汽车、东风汽车公司、比亚迪汽车、跃进正宇汽车等配套;出口欧洲、美洲、中东、东南亚地区

★上海江森自控国际蓄电池有限公司
地址:上海市浦东新区康桥路700-800号
邮编:201319
电话:021/58122888
传真:58123789
网址:www. varta. com. cn
质量体系:ISO/TS 16949、QS 9000
产品情况:免维护汽车蓄电池,年产量250万只
配套及出口情况:为上海大众、上海通用、广汽本田、一汽-大众、天津一汽夏利、天津一汽华利、哈飞汽车、一汽海马、北京奔驰、厦门金龙、上海拖内等配套;70%的产品出口

★上海东风泰利福莫尔斯控制公司
地址:上海市南汇区康桥东路1288号
邮编:201319
电话:021/58134400、58134022
传真:58134433、58133320
网址:www. stmdf. com
电子信箱:stmdfs@ stmdf. com
单位人数:390
质量体系:ISO/TS 16949、QS 9000
产品情况:推拉索、拉索、控制器、踏板及油气管等

★上海鸣众汽配制造有限公司
地址:上海市南汇区瓦弄路建设路105号
邮编:201321
电话:021/58151378
传真:58150750
网址:www. soncrowd. com
电子信箱:daijizhong@ soncrowd. com
质量体系:ISO 9001
产品情况:(鸣众牌)
汽车发电机调节器、整流器等
出口情况:出口东南亚、日本、欧洲、美洲等国家和地区

★上海为彪汽配制造有限公司
地址:上海市浦东新区祝桥镇金闻路51号
邮编:201323
电话:021/33756999
传真:33756100
质量体系:ISO/TS 16949
产品情况:汽车开关、传感器、冲压件及塑胶件

★上海海誉实业有限公司
地址:上海市奉贤区金汇镇工业路777号海誉园
邮编:201404
电话:021/37566111
传真:37566222、37566333
网址:www. autohi. com
电子信箱:autohi@ autohi. com
质量体系:ISO 9001
产品情况:起动机、发电机及其配件、减振器、转向器、拉杆球头、滤清器、散热器、制动片等汽车配件,汽车内外附件、装饰用品、摩托车附件等

★QAP汽车工业(中国)有限公司
地址:上海市奉贤区奉城镇城中路319号
邮编:201411
电话:021/50309282、50325600
传真:50325617
网址:www. qap. com. cn
电子信箱:qap@ qap. com. cn
单位人数:500
质量体系:ISO/TS 16949、ISO 9001
产品情况:起动机、燃油泵、水泵、气泵、三滤、喷油泵

★上海西恩迪蓄电池有限公司
地址:上海市奉贤区星火开发区莲都路55号
邮编:201419
电话:021/57505786
传真:57505956
网址:www. cdtechno. com. cn
电子信箱:sales@ cdtechno. com. cn
单位人数:448
质量体系:QS 9000、ISO 9001
产品情况:(LIBERTYTM牌)
蓄电池
配套及出口情况:与LUCENT、APC-MGE、EMERSON、KEHUA、KSTAR等知名公司建立密切合作关系;出口欧洲、美洲、大洋洲及亚洲等地区

★上海嘉尔成汽车部件有限公司
地址:上海市金山区枫泾工业园区钱明东路2100号
邮编:201501
电话:021/67355555、67355000
传真:67355777
网址:www. cnjec. com
电子信箱:sales@ cnjec. com
质量体系:QS 9000
产品情况:汽车、摩托车点火线圈

配套及出口情况:为国内摩托车、汽车发动机生产厂配套;部分产品出口

★上海特鹰汽车电器有限公司
地址:上海市枫泾工业园区环枫北路99号
邮编:201501
电话:021/67356618、67356628
传真:67356677
网址:www.chinateying.com
电子信箱:teying@chinateying.com
单位人数:100
质量体系:ISO 9001
产品情况:(特鹰牌)
各种汽车、摩托车用喇叭
出口情况:远销美国、日本、东南亚等十几个国家和地区

★延锋伟世通汽车电子有限公司
地址:上海市松江区松江工业区美能达路300号
邮编:201600
电话:021/37742000
传真:57741271
网址:www.yf.sh.cn
单位人数:150
质量体系:ISO/TS 16949、ISO 14001
产品情况:驾驶信息系统、音响娱乐系统、中控集成电子、车身控制模块、动力控制模块、功率放大器等
配套及出口情况:为上海大众、上海通用、长安福特马自达、一汽-大众、美国福特、菲亚特、北美马自达、加拿大通用、日本铃木、日本日产等配套;2008年出口6928万美元

★上海荣泰电器有限公司
地址:上海市松江区金玉路1155号
邮编:201600
电话:021/67725721
传真:67725731
质量体系:ISO/TS 16949、ISO 9001
产品情况:汽车氙气灯

★上海克拉电子有限公司
地址:上海市松江区泗泾镇高新技术开发区陈泾镇路565号
邮编:201601
电话:021/57629737、57629722
传真:57629705
电子信箱:skemgr@ske.com.cn
质量体系:ISO/TS 16949、ISO 9001
产品情况:功率型线绕电阻器

★上海鹰峰电子科技有限公司
地址:上海市松江区石湖荡工业园唐明路158号
邮编:201604
电话:021/57842298、57845718
传真:57847517
网址:www.eagtop.com
电子信箱:zhaozhanglong@eagtop.com
质量体系:ISO 9001
产品情况:电抗器、电阻器等

★迪邦传感器(上海)有限公司
地址:上海市松江区茸北路88号C栋
邮编:201611
电话:021/37628301
传真:37628301-823
网址:www.sts-sensors.com.cn
质量体系:ISO/TS 16949
产品情况:氧气传感器

★上海东洋电装有限公司
地址:上海市松江区荣乐东路1988号
邮编:201613
电话:021/57741332
传真:57741346
电子信箱:stee@citiz.net
质量体系:ISO/TS 16949
产品情况:汽车各类开关、线束、点火模块、点火线圈等各类电装产品

★上海特殊陶业有限公司
地址:上海市松江工业区松胜路736号
邮编:201613
电话:021/67740987
传真:67740997
网址:www.ngkntk.com.cn
电子信箱:sales@ngkntk.com.cn
单位人数:220
质量体系:ISO/TS 16949、ISO 14001
产品情况:汽车、摩托车、通用机用火花塞和传感器

★上海孚容铜材导线有限公司
地址:上海市松江区石湖荡镇东渔村189号-6号厂房
邮编:201617
电话:021/57847275、57847229
传真:57847329
网址:www.copper-wire.com.cn
电子信箱:jack_0725@126.com
质量体系:ISO 9001
产品情况:铜电刷线、铜编织导线、工业绞线、工业编织线、镀锡线、导电带、软连接和汽车接插件等

★上海熊猫线缆股份有限公司
地址:上海市松江区洞泾镇张泾路505号
邮编:201619
电话:021/57675838、63010860
传真:57675848
网址:www.pandawire.cn
电子信箱:cspwf@online.sh.cn
质量体系:ISO/TS 16949、QS 9000
产品情况:(熊猫牌)
塑料绝缘电线电缆
配套及出口情况:是上海大众、一汽-大众、江苏春兰等的合作伙伴;远销几十个国家和地区

★上海李尔实业交通汽车部件公司
地址:上海市嘉定区安亭镇泰顺路111号
邮编:201702
电话:021/59508000
传真:59508884
质量体系:ISO/TS 16949、ISO 9000
产品情况:汽车控制器、分配系统和智能控制盒等
配套情况:为上海通用、上海大众等配套

★上海泰全电机有限公司
地址:上海市青浦区华新镇嵩山村131号
邮编:201705
电话:021/39873762
传真:39873540
单位人数:120
质量体系:ISO 9001
产品情况:电动机、冷凝器等

★上海纽福克斯汽车配件有限公司
地址:上海市青浦区外青松公路4589号
邮编:201707
电话:021/59224688、59224512
传真:59224808
网址:www.nfa-cn.com
电子信箱:it@nfa-cn.com
质量体系:ISO/TS 16949、QS 9000
产品情况:汽车雾灯、工作灯、转换器、防滑链、蓄电池线等
出口情况:出口北美洲、欧洲、日本等国家和地区

★日立海立汽车部件(上海)公司
地址:上海市青浦区北青公路8228号青浦出口加工区二区8号
邮编:201707
电话:021/59701234
传真:59701991
网址:www.hitachi.com.cn
产品情况:汽车起动机
出口情况:大部分产品远销欧美各国家

★上海新朋实业股份有限公司
地址:上海市青浦区华新镇嘉松中路518号
邮编:201708
电话:021/59798238、59798330
传真:59798331
网址:www.xinpeng.com
电子信箱:steel.zhao@xinpeng.com
质量体系:ISO/TS 16949、ISO 9001
产品情况:精密金属冲压件、模具和DC/AC微特电动机等

★中国意奔玛集团
地址:上海市青浦区练塘工业园区泖甸路288号
邮编:201716
电话:021/59815555
传真:59815557
网址:www.ybm.com.cn
电子信箱:ybm@ybm.com.cn
单位人数:2000
质量体系:ISO/TS 16949、ISO 9001
产品情况:(YBM牌)
汽车滤清器,年产2000多万只;汽车起动机,年产50万台;燃油泵,年产

70 万只;皮带,年产 1000 万条;制动盘,年产 240 万套
配套及出口情况:为沈阳新光华晨发动机、沈阳双福内燃机、沈阳东基星、四川绵阳新晨动力、秦皇岛金程汽车、吉利汽车、厦门金龙、华晨金杯、中顺汽车、北京奔驰、河北中兴、大迪汽车、天马汽车等配套 491Q、4Y、493、462、4G22D4 汽/柴油发动机;产品 70% 出口欧洲、美洲、大洋洲、非洲、亚洲等 40 个国家和地区

★上海博异齿轮有限公司
地址:上海市嘉定区南翔镇从仁路 505 号 B 区 130
邮编:201800
电话:021/31268708、31268707
网址:www. rqhaote. cn
电子信箱:jizhongchilun@ rqjizhong. cn
质量体系:ISO 9000
产品情况:汽车减速起动机、行星减速起动机

★大陆泰密克汽车系统(上海)公司
地址:上海市嘉定工业区兴协路 600 号
邮编:201800
电话:021/39163916
传真:69527270
产品情况:EBS 电子控制模块、汽车门窗控制模块及网关等

★上海航盛实业有限公司
地址:上海市嘉定区谢春路 1111 号
邮编:201800
电话:021/69922158
传真:69922150
网址:www. hangsheng - sh. com
电子信箱:hse@ hellash. com
质量体系:ISO/TS 16949、ISO 9001
产品情况:(HSAE 牌、BRAINY 牌)
DVD、VCD 等娱乐系统,GPS 系统、倒车监视系统、行车记录仪等安全系统;智能交通管理系统,客运管理系统和物流管理系统等
配套情况:与宇通客车、苏州金龙、厦门金旅、金龙、亚星商务车、中通客车、西安西沃、青年客车、上海申沃、安凯客车、少林客车等建立长期合作关系

★上海海华传感器有限公司
地址:上海市嘉定区马陆工业园区陈安路 101 号
邮编:201801
电话:021/59102329、59100076
传真:59102132
网址:www. hhsensor. com
电子信箱:office@ hhsensor. com
质量体系:ISO/TS 16949、VDA 6. 1
产品情况:压力传感器、液位传感器、速度传感器、温度传感器和加热器
配套情况:主要客户有上海大众、上海通用、上汽股份、一汽 - 大众、奇瑞汽车、北京德尔福万源发动机管理系统、长安伟世通发动机控制系统、上海弗列加滤清器、上海永红汽车零部件、上海曼·胡默尔滤清器、重庆力帆、四川绵阳、吉利汽车、钱江摩托、立峰集团、豪进集团等

★西门子威迪欧电机(上海)公司
地址:上海市嘉定区马陆镇嘉新公路 1266 号
邮编:201801
电话:021/60957888
传真:59153048
电子信箱:info@ xianzhong. biz
单位人数:300
质量体系:ISO/TS 16949、ISO 14001
产品情况:电动玻璃升降器电动机、空调/供暖系统鼓风机、发电机、冷却风扇模块和 ABS 电动机
配套情况:为上海大众、上海通用、一汽 - 大众、神龙汽车配套

★上海鼎杰电子有限公司
地址:上海市嘉定区宝安公路 2760 号
邮编:201801
电话:021/69156266、69156391
传真:69156314
网址:www. fairsun. com
电子信箱:shanghai@ fairsun. com
单位人数:200
质量体系:ISO/TS 16949、ISO 14001
产品情况:(Fairsun 牌)
汽车转向开关、继电器、点火线圈、车锁、车用电子调节器及汽车灯具等
配套及出口情况:为北奔重汽、重庆铁马等配套;出口美国、德国、日本、中东等国家和地区

★ 上海沪工汽车电器有限公司
地址:上海市嘉定区黄渡工业园区谢春路 1288 号
邮编:201804
电话:021/69592666
传真:69595229
网址:www. hg - china. com
电子信箱:shgae@ hg - china. com
法人代表:刘家维
负责人:邱忠成
单位人数:580
质量体系:ISO/TS 16949、ISO 14001
产品情况:(沪工牌)
车用继电器、开关、控制器、执行器、汽车熔断丝盒总成、汽车电线束总成
配套及出口情况:为上海大众、一汽 - 大众、上海通用、沈阳华晨、一汽集团、一汽海马、哈飞汽车、北汽福田、江淮汽车、安徽奇瑞、江西昌河、昌河铃木等厂家配套;出口美国、欧洲等国家和地区,并销往中国香港、台湾地区
☞ 详细情况请参阅彩色宣传版面

★上海城邦汽车配件制造有限公司
地址:上海市嘉定区联西开发区曹联路 13 号
邮编:201804
电话:021/69597058、69597042
传真:69597056、69597046
网址:www. chengbangauto. com
电子信箱:chengbang@ chengbangauto. com
质量体系:ISO 9001
产品情况:发电机及其定子、转子配件,起动机
出口情况:远销英国、法国、土耳其、突尼斯、埃及、伊朗、阿联酋、印度、泰国、俄罗斯、韩国日本、马来西亚、新加坡、美国、墨西哥、萨尔瓦多、委内瑞拉、尼加拉瓜、哥伦比亚、巴西

★上海合璧电子电器有限公司
地址:上海市嘉定区安亭镇安晓路 318 号
邮编:201805
电话:021/59505466
传真:59505477
网址:www. hoppy. com. tw
电子信箱:sales@ hoppy. com. cn
质量体系:ISO/TS 16949、ISO 9000
产品情况:插接器、接线端子等

★上海天义汽车电器有限公司
地址:上海市嘉定区安亭镇于田路 85 号
邮编:201805
电话:021/59567376
传真:59569877
网址:www. auto - relay. net
电子信箱:act_relay@ wz. zj. cn
质量体系:ISO/TS 16949
产品情况:继电器、节温器、温度传感器、电动窗开关
配套情况:为上海大众、南京依维柯、神龙富康配套

★上海硕大电子科技有限公司
地址:上海市嘉定区安亭镇园区路 388 号
邮编:201805
电话:021/69574111、69574222
传真:69574333
网址:www. sogreat. cn
电子信箱:office@ sogreat. cn
质量体系:ISO/TS 16949
产品情况:点火线圈
出口情况:出口汽车点火线圈产品

★上海新安电磁阀有限公司
地址:上海市嘉定区安亭镇于塘路 1015 号
邮编:201805
电话:021/69576073
传真:69576075
网址:www. sxasv. com
电子信箱:shxasvf@ online. sh. cn
质量体系:VDA 6. 1、QS 9000
产品情况:电磁阀、止回阀、真空膜盒、炭罐阀、各种电磁铁、暖风水阀、真空助力器、制动总泵、制动鼓以及各类粉末

冶金零件、橡塑件等,年产能力100万套
配套情况:为上海桑塔纳、一汽捷达、奥迪、小红旗、神龙富康、长安奥拓、美国GHSP公司配套,为美国CIMI公司批量供货电磁铁

★莱尼电气系统(上海)有限公司
地址:上海市嘉定区嘉松北路1288号
邮编:201806
电话:021/39939000
传真:39939500
网址:www.leoni.com
质量体系:ISO/TS 16949
产品情况:线束

★德尔福派克电气系统有限公司
地址:上海市嘉定区安亭镇园国路200号
邮编:201814
电话:021/59562200、59579860
传真:59572064
网址:www.delphi.com
电子信箱:majdiabulaban@delphiauto.com
单位人数:3000
质量体系:ISO/TS 16949、VDA 6.1
产品情况:线束总成、车用薄壁导线、高压点火线、接插件和端子等
配套情况:为上海大众、上海通用、一汽-大众等配套

★科世达(上海)管理有限公司
地址:上海市嘉定区安亭镇园高路77号
邮编:201814
电话:021/59570077
传真:59578294
网址:www.kostal.com
电子信箱:wei.zhang@kostal.com
法人代表:HELMUT KOSTAL
负责人:吕克勤
单位人数:2000
质量体系:ISO/TS 16949、VDA 6.1
产品情况:(KOSTAL牌)
组合开关、电动窗开关及门模块、雨量灯光传感器、无钥匙进入与启动、座椅调节开关及记忆模块、仪表板开关、车身控制模块
配套及出口情况:为上海大众、上海通用、一汽-大众、长安福特、一汽轿车、中华、东风标致、东风雪铁龙、日本马自达、奇瑞等配套;出口日本、德国、爱尔兰、意大利、巴西、西班牙、韩国等国家
☞详细情况请参阅彩色宣传版面

★上海昌辉集团
地址:上海市嘉定区安亭汽车城百安公路1558号
邮编:201814
电话:021/69573088
传真:69573555
网址:www.changhui.com
电子信箱:ch@changhui.com
单位人数:1000
质量体系:ISO/TS 16949、VDA 6.1
产品情况:(昌辉牌)
年产各种汽车电子电器开关300万套、精密模具1000余副
配套及出口情况:主要与国内20多家汽车主机原装配套;出口50多个国家和地区

★上海湖电汽车电器有限公司
地址:上海市安亭区国际汽车城零部件配套园区园贸路150号
邮编:201814
电话:021/69573318
传真:69573328
网址:www.hudian.com
电子信箱:info@hudian.com
质量体系:ISO/TS 16949、QS 9000
产品情况:(三工牌)
无触点霍尔式喇叭、多功能电子调节器、传感器、继电器等汽车配件

★上海福太隆汽车电子科技有限公司
地址:上海市嘉定区安亭镇园耀路51号
邮编:201814
电话:021/69573749、69573767
传真:69573070、69573640
网址:www.sh-ftl.com.cn
电子信箱:ftl_xz@tom.com
质量体系:ISO/TS 16949
产品情况:汽车空调控制器、空调风门电动机等汽车电子产品
配套情况:为一汽集团、上汽集团、华晨金杯、奇瑞汽车、长城汽车等汽车生产厂商配套

★中国神奇电碳集团上海有限公司
地址:上海市嘉定区宝钱公路1988号
邮编:201816
电话:021/59951222
传真:59956200
网址:www.sunki.cn
电子信箱:sh@sunki.cn
质量体系:ISO/TS 16949
产品情况:吸尘器炭刷、汽车电动机电刷、微型电动机电刷等
出口情况:出口德国、美国、西欧、东南亚等10多个国家和地区

★上海小糸车灯有限公司
地址:上海市嘉定区叶城路767号
邮编:201821
电话:021/59161899
传真:59162899
网址:www.skoito.com
单位人数:787
质量体系:ISO/TS 16949
产品情况:(S·Koito牌)
乘用车灯具、电子照明系统
配套及出口情况:为一汽、上汽、长安、东风、奇瑞、江淮、华晨、广汽等集团配套;为一汽-大众、一汽奥迪、上海大众、上海通用、一汽丰田、东风日产、日本丰田、美国通用、美国克莱斯勒、北京奔驰等主机厂配套;出口美国、日本、欧洲等国家和地区

★上海宇鹏车灯有限公司
地址:上海市嘉定区曹安路1926号
邮编:201824
电话:021/59185307
传真:59180269
电子信箱:yupeng@yupeng-cn.com
质量体系:ISO/TS 16949、ISO 9001
产品情况:(宇鹏牌)
汽车灯具、车镜、保险杠
配套及出口情况:为华晨金杯、华泰现代汽车、广汽长丰配套;出口非洲、南亚等地区

★上海耀通电子仪表有限公司
地址:上海市崇明县工业园区西门路699号
邮编:202150
电话:021/69626316、69625513
传真:69625721
网址:www.yaotongsh.com
电子信箱:yzpch@126.com
单位人数:120
质量体系:ISO/TS 16949
产品情况:(YAOTONG牌)
汽车仪表、传感器及船用监视仪,年产值5000万元
配套情况:为北奔重汽等配套

★上海德科电子仪表有限公司
地址:上海市崇明县长江大街218号
邮编:202178
电话:021/59666140
传真:59666583
网址:www.sde-cn.com
电子信箱:sdezjb@online.sh.cn
单位人数:1092
质量体系:VDA 6.1、QS 9000
产品情况:(SDE牌)
桑塔纳、桑塔纳2000型、GOL轿车仪表,别克系列轿车、商务车等用组合仪表及空调控制器等
配套及出口情况:为上海大众、上海通用、一汽-大众等配套;出口泰国五十铃I-190空调控制器等产品18万套

★上海长江仪表厂
地址:上海市崇明长江大街
邮编:202178
电话:021/59666380、56661838
传真:59668151、56661838
网址:www.sh-scy.com
质量体系:ISO 9001
产品情况:(SCY牌、黄河牌)
汽车、摩托车、工程机械及农用机械仪表、传感器及相关配件
配套情况:近200个品种为国内部分主

机厂配套

江苏省

★南京大中电极实业有限公司
地址:南京市江宁淳化镇淳化工业园路
邮编:210001
电话:025/52705035
传真:52705072
网址:www.ndazhong.com
电子信箱:zhou@ndazhong.com
质量体系:ISO 9001
产品情况:电阻焊系列电极材料——铬锆铜、镍铍铜合金及其制品,广泛用于汽车、航空等领域
出口情况:远销美国、德国、俄罗斯、日本、东南亚等国家和地区

★南京三环忠义汽车零部件制造公司
地址:南京市玄武区珠江路88号新世界中心B座3411室
邮编:210008
电话:025/84068122、84068732
传真:84068734
网址:www.zhongyi-group.net
电子信箱:zhongyi@zhongyi-group.net
单位人数:72
质量体系:ISO/TS 16949、ISO 9001
产品情况:(忠义牌)
货车、客车、轿车及农用机械用各种控制拉索、变速操纵系统
配套及出口情况:为一汽集团等多家主机厂配套;远销中东、欧洲、美洲、非洲等地区

★南京华敏电子有限公司
地址:南京市江宁麒麟门西村养殖场中心路
邮编:210014
电话:025/84233073
传真:84233152
网址:www.hme99.com
电子信箱:hmemail@public1.ptt.js.cn
单位人数:80
质量体系:ISO 9001
产品情况:(HME牌)
霍尔式轴位传感器,霍尔式车速里程表传感器,霍尔式、光电式、电感式、磁电式曲轴、凸轮轴位置传感器、轮速传感器、压力传感器、超速报警器、车速记录仪、车速比例调整器、步进电动机式怠速控制器、柴油滤清积水传感器、汽车电动仪表、尾气净化系统传感器等
配套及出口情况:为重庆长安、依维柯、北汽福田、沈阳三菱、大众、一汽集团、东安二次配套;传感器出口北美洲、欧洲等地区

★南京三维汽车电器有限公司
地址:南京市高新开发区小柳工业园
邮编:210031
电话:025/58493505
传真:58490105
网址:www.njsw.com.cn
电子信箱:njsw@njsw.com.cn
质量体系:ISO/TS 16949
产品情况:火花塞、高压点火线、点火线圈等
配套情况:为江淮JAC、上汽名爵、奇瑞、菲亚特、东风南充、广汽长丰、铜陵锐展等配套

★南京电气集团南京电器六厂公司
地址:南京市栖霞区太新路63号
邮编:210038
电话:025/85323772、85320091
传真:85493181
网址:www.ldcns.com
电子信箱:ldcns@163.com
质量体系:ISO 9001
产品情况:(雷电牌)
隔离开关、熔断器、穿墙套管、避雷器、真空断路器等
配套情况:为国内部分大主机企业配套

★南京电气(集团)有限责任公司
地址:南京市太新路63号
邮编:210038
电话:025/85372220、85372282
传真:85514012
网址:www.ld-cn.com
电子信箱:webmaster@LD-cn.com
单位人数:2700
质量体系:ISO 9001
产品情况:(雷电牌)
汽车火花塞
出口情况:远销60多个国家和地区

★博世汽车部件(南京)有限公司
地址:南京市栖霞区中央门外吉祥庵
邮编:210038
电话:025/85392698
传真:85392582
网址:www.nhsp-ld.com
电子信箱:info.hd@cn.bosch.com
单位人数:678
质量体系:ISO/TS 16949、VDA 6.1
产品情况:(雷电牌、博世牌)
汽车、摩托车火花塞,年产能力6000万只
配套情况:为上海大众、一汽-大众、中国嘉陵等配套

★南京双环电器制造有限公司
地址:南京市经济开发区恒竞路23号
邮编:210046
电话:025/85307752、85325649
传真:85323293
网址:www.shuanghuan.cn
电子信箱:shuanghuan@vip.163.com
质量体系:ISO/TS 16949
产品情况:(驾宁牌)
电热塞、水温塞、机油塞、报警器、油量传感器、电子调节器、继电器、闪光器、电磁开关、组合开关、仪表等汽车电器
配套及出口情况:主要用户有北汽福田(欧曼汽车厂、欧V客车、雷沃重工、雷沃动力、奥铃汽车、环保动力)、重汽集团、玉柴机器、玉柴动力、玉柴重工、扬柴、全柴、朝柴、常柴、常发、莱动等;出口美国、德国、韩国、丹麦、中东等国家和地区

★南京紫燕科技有限公司
地址:南京市尧化街233-1号
邮编:210046
电话:025/85568995
传真:85568995
质量体系:ISO 9001
产品情况:汽车火花塞工装备件、高压点火线等
配套情况:为一汽轿车、一汽四环配套

★南京奥联汽车电子电器有限公司
地址:南京市江宁开发区将军大道秣周路
邮编:211100
电话:025/52745422、52745403
传真:52745405
网址:www.njaolian.com
电子信箱:sc@njaolian.com
单位人数:380
质量体系:ISO/TS 16949、ISO 9001
产品情况:汽车空调控制系统、电子加速踏板、柴油发动机低温起动系统、独立式YJ系列燃油加热器、车窗自动控制器、电子闪光控制器、转向辅助照明控制器、模具等
配套情况:为奇瑞汽车、一汽解放、东风汽车公司、北汽福田、重汽集团、陕汽集团、北奔重汽、金龙客车、亚星客车、宇通客车、潍柴、玉柴、上柴、大柴、锡柴、东风康明斯、湖北法雷奥、上海德尔福、上海空调国际等40多家汽车厂、发动机厂和汽车空调厂配套

★苏澳电子(南京)有限公司
地址:南京市江宁区汤山黄栗墅
邮编:211122
电话:025/84108887
传真:84108885
电子信箱:fuses@ms58.hinet.net
质量体系:ISO/TS 16949、QS 9000
产品情况:汽车及电子产品用熔断丝及熔断丝座

★南京胜捷电机制造有限公司
地址:南京市溧水县经济开发区溧水洪蓝渔歌潭村1号
邮编:211221
电话:025/57432222、57432333
传真:57432199
网址:www.simco.com.cn
电子信箱:njsimco@126.com
质量体系:ISO/TS 16949、QS 9000
产品情况:汽车空调电动机和散热器风机

出口情况：出口日本、美国、法国、阿根廷等国家

★江苏恒德汽车零部件制造有限公司
地址：江苏省淮阴市金湖县工业园区
邮编：211600
电话：0517/86992198
传真：86992808
网址：www. jshdqp. com. cn
电子信箱：jshd@ jshdqp. com. cn
质量体系：ISO 9001
产品情况：汽车拉索、推拉索及底盘件等

★丹阳市格铃汽车塑件有限公司
地址：江苏省丹阳市界牌镇界中（武阳）工业园
邮编：212000
电话：0511/86365886
传真：86388612
网址：www. cngeling. cn
电子信箱：chinageling@ hotmail. com
质量体系：ISO 9002
产品情况：（格铃牌）
汽车车灯、后视镜、保险杠、机盖、翼子板、中网、内外饰件等
配套及出口情况：与江铃、五十铃、一汽集团、东风汽车公司等配套；出口欧洲、美洲、中东、东南亚等地区

★镇江市厦泰照明电器有限公司
地址：江苏省镇江市丹徒区黄墟工业区
邮编：212006
电话：0511/83355088、88784598
传真：83355066、88788273
网址：www. xtlamp. com
电子信箱：xt@ xtlamp. com
质量体系：ISO 9001
产品情况：灯泡
出口情况：70% 产品出口

★镇江惠翔光电有限公司
地址：江苏省镇江市谏壁工业区
邮编：212006
电话：0511/83366511
传真：83352820
网址：www. hxlight. cn
电子信箱：hxlight@ hotmail. com
单位人数：300
质量体系：ISO 9001
产品情况：汽车、摩托车灯泡及各种灯泡材料
出口情况：部分产品出口

★镇江金象照明电器有限责任公司
地址：江苏省镇江市谏壁工业区
邮编：212006
电话：0511/83369820、83354633
传真：83361579
网址：www. jxlighting. com
电子信箱：jinxiang@ jxlighting. com
单位人数：300
质量体系：ISO 9000
产品情况：摩托车卤素前灯，汽车、摩托车灯泡
配套及出口情况：摩托车灯泡为力帆、隆鑫、宗申等多家摩托车厂家配套；远销欧洲、美洲、日本、韩国、澳大利亚等十几个国家和地区

★镇江震东电光源有限公司
地址：江苏省镇江市京口工业园区金阳大道 1 号
邮编：212014
电话：0511/85585551、88788777
传真：88782013
网址：www. sinlete. com
电子信箱：jianqianghu@ vip. sina. com
单位人数：1410
质量体系：ISO 9001、ISO 14001
产品情况：（SINLETE 牌）
汽车、摩托车灯泡
出口情况：出口日本、印尼等国家，并销往中国台湾地区

★镇江市天源蓄电池有限责任公司
地址：江苏省镇江市丹徒区上会镇伏牛山
邮编：212124
电话：0511/84316308、84316300
传真：68661123、84316307
网址：www. 0511ty. com
电子信箱：tysale@ 0511ty. com
单位人数：647
质量体系：ISO 9001
产品情况：（源升牌）
蓄电池、电动车电池
出口情况：主要出口东南亚、日本、欧洲、美国、大洋洲、中东、非洲等国家和地区，并销往中国台湾地区

★镇江夏泰照明电器有限公司
地址：江苏省镇江市辛丰镇
邮编：212142
电话：0511/88784598
传真：88788273
网址：www. jyzm. com
电子信箱：zyl@ jyzm. com
质量体系：ISO 9002
产品情况：具有年产汽车及摩托车卤钨灯 800 万只，中、小灯泡 2500 万只的能力
出口情况：70% 产品出口

★江苏海纳机电集团有限公司
地址：江苏省扬州市长旺镇
邮编：212216
电话：0511/88522576、88522566
传真：88522608
网址：www. taipingzhou. com
电子信箱：sales@ taipingzhou. com
单位人数：500
质量体系：ISO 9001、ISO 14001
产品情况：（太平洲牌）
仪表阀门和保护箱
配套及出口情况：为扬子化工仪表配套；远销美国、韩国、日本等 20 多个国家

★江苏佳诚汽车零部件有限公司
地址：江苏省丹阳市界牌镇灯城大街 287 号
邮编：212300
电话：0511/86373538
传真：86373538
网址：www. jsjcap. com
质量体系：QS 9000、ISO 9002
产品情况：灯具、外饰件及膨胀水箱

★江苏源冠汽车配件有限公司
地址：江苏省丹阳市新桥镇木桥工业园
邮编：212300
电话：0511/86387988
传真：86387988
质量体系：ISO/TS 16949
产品情况：客车 LED 阅读灯、出风口、顶灯、后灯、中央控制盒等

★丹阳市协众汽车配件有限公司
地址：江苏省丹阳市新桥镇工业园区
邮编：212300
电话：0511/88157999
传真：86302858
质量体系：ISO/TS 16949、ISO 9001
产品情况：汽车灯具、前照灯透镜组等
配套情况：客户有江苏晨扬交通器材有限公司、丹阳谊善车灯设备制造有限公司、江苏彤明车灯有限公司、常州晨宇车灯有限公司、福州大亿汽车有限公司、台湾 TYC、台湾建机、帝宝车灯、龙锋企业股份有限公司，韩国摩比斯等二十几个厂家

★丹阳市擎天塑件有限公司
地址：江苏省丹阳市新桥镇
邮编：212300
电话：0511/88159888
传真：86377779
电子信箱：etimeup@ 163. com
质量体系：ISO 9001
产品情况：（SHIHONG 牌）
车灯

★丹阳市东华车辆配件厂
地址：江苏省丹阳市界牌镇灯城大街
邮编：212313
电话：0511/86385327
传真：86035128
网址：www. cn - zhantuo. com
电子信箱：info@ cn - zhantuo. com
质量体系：ISO 9001
产品情况：（展拓牌）
汽车灯具、中网等

★江苏超力电器有限公司
地址：江苏省丹阳市访仙镇访高路 59 号
邮编：212321
电话：0511/86462594、86469615
传真：86462968

网址:www. chaoli - electric. com
电子信箱:jschaoli@ jsmail. com. cn
单位人数:230
质量体系:ISO/TS 16949、VDA 6.1
产品情况:(超力牌、盛隆牌)
汽车永磁直流电动机、无刷电动机、空调用蒸发风机、冷凝风机、散热器风机、电动助力转向系统 EPS 用无刷电动机及控制、车门电动玻璃升降器总成、风窗洗涤器、客车用电涡流缓速器、燃油加热器等,年产 150 多万台(套)
配套及出口情况:为一汽海马、金杯海狮、中华轿车、南京依维柯、厦门金龙、重庆长安、昌河、柳州五菱、宇通客车、张家港牡丹、东风悦达起亚、长丰猎豹、华泰特拉卡、法雷奥、德尔福等配套;出口美国、瑞典、加拿大、日本、韩国等国家

★江苏超力集团
地址:江苏省丹阳市访仙镇访高路 59 号
邮编:212321
电话:0511/86462594、86469888
传真:86462968
网址:www. chaoli - electric. com
电子信箱:jschaoli@ jsmail. com. cn
质量体系:ISO/TS 16949、VDA 6.1
产品情况:各类汽车电器、散热器等
配套及出口情况:为一汽海马、金杯海狮、中华轿车、南京依维柯、厦门金龙、重庆长安、昌河、柳州五菱、宇通客车、张家港牡丹、东风悦达起亚、长丰猎豹、华泰特拉卡、法雷奥、德尔福等配套;批量出口美国、瑞典、加拿大、日本、韩国等国家

★江苏上钺汽车部件有限公司
地址:江苏省丹阳市新桥镇 101 省道旁
邮编:212322
电话:0511/86308299、86308295
传真:86362898
网址:www. sy - autolamp. com
电子信箱:sales@ sy - autolamp. com
单位人数:40
质量体系:ISO/TS 16949、ISO 9001
产品情况:汽车灯具、中网、面罩、保险杠等塑料件
出口情况:出口欧洲、美洲、中东、东南亚

★丹阳谊善车灯设备制造有限公司
地址:江苏省丹阳市新桥镇东环路 1 号
邮编:212322
电话:0511/86308888、86308887
传真:86352831
网址:www. jsyishan. cn
电子信箱:yishan@ jsyishan. cn
单位人数:180
质量体系:ISO/TS 16949
产品情况:汽车灯具
配套及出口情况:为吉利汽车、韩国 MOBIS、东风汽车公司、北汽、上汽依维柯红岩、菲亚特等主机厂和全球采购公司配套;远销意大利、韩国、马来西亚

★江苏远洋车灯有限公司
地址:江苏省丹阳市新桥镇
邮编:212322
电话:0511/86356780、86350016
传真:86358162
网址:www. yylamp. com. cn
电子信箱:yylamp@ yuanyanglamp. com
单位人数:102
质量体系:QS 9000
产品情况:(远航牌)
汽车灯具、仪表台、饰件等
配套情况:为上海申沃、宇通客车、厦门金龙、厦门金旅、桂林大宇等配套

★江苏新通达科技集团
地址:江苏省丹阳市新桥镇新南村一号
邮编:212322
电话:0511/86361886、86353921
传真:86352106、86361885
网址:www. tongdajs. com
电子信箱:web@ tongdajs. com
质量体系:ISO/TS 16949、ISO 9001
产品情况:CAN 总线系统、汽车控制模块
配套情况:为江淮、一汽、东风悦达起亚、南汽、东风、南京金城、长安、扬子、昌河、奇瑞、江铃福特、上海通用、北奔重汽、北京现代、南京名爵、北汽福田、力帆轿车、重汽集团配套

★丹阳市界牌镇华侃灯具厂
地址:江苏省丹阳市界牌镇大华阳工业园
邮编:212322
电话:0511/86386723、86367616
传真:86384741
网址:www. dyhuakan. cn
电子信箱:sales@ dyhuakan. cn
质量体系:ISO 9001
产品情况:(华侃牌)
汽车车灯、保险杠、中网、内外饰件

★江苏晨扬交通器材有限公司
地址:江苏省丹阳市新桥镇晨阳路 35 号
邮编:212322
电话:0511/88039866 - 2101
传真:88039899
网址:www. cytm. cn
电子信箱:sales@ cyautolamp. com
单位人数:300
质量体系:QS 9000、ISO 9001
产品情况:(晨扬牌)
汽车灯具
配套情况:为上海大众、神龙富康、南京依维柯、北京奔驰、吉利汽车、长城汽车等配套

★江苏天聚灯业有限公司
地址:江苏省丹阳市界牌镇安乐工业园
邮编:212323
电话:0511/85167883
传真:86389383
网址:www. cntianju. com. cn
电子信箱:don. leo@ cntianju. com. cn
质量体系:ISO/TS 16949、ISO 9001
产品情况:汽车及摩托车灯具、后视镜、中网、内饰、保险杠、空气滤清器、挡泥板等
配套情况:为主机厂及二级配套商配套

★江苏常诚汽车部件有限公司
地址:江苏省丹阳市新桥镇外资工业园 001 号
邮编:212323
电话:0511/86055858、86359956
传真:86355879
网址:www. cccl. com. cn
电子信箱:info@ cccl. com. cn
单位人数:300
质量体系:ISO/TS 16949
产品情况:东风、福田、红塔、江淮等车灯总成
配套情况:为一汽集团、东风汽车公司、北汽福田、南京汽车集团、江淮汽车、奇瑞汽车、上海大众、上海通用、美国通月等配套

★丹阳洲润汽车塑件厂
地址:江苏省丹阳市界牌镇
邮编:212323
电话:0511/86163588
传真:86373568
质量体系:ISO 9001
产品情况:汽车灯具、塑件
出口情况:远销东南亚、欧洲、非洲、中东等地区

★丹阳市界牌镇鸿霞车灯厂
地址:江苏省丹阳市界牌镇中心南路 3 号
邮编:212323
电话:0511/86359857
传真:85168900
质量体系:ISO 9001
产品情况:汽车灯具、杂物箱、防冻壶、保险杠、中网、仪表台等塑件

★丹阳市东港灯具有限公司
地址:江苏省丹阳市界牌镇
邮编:212323
电话:0511/86365288、86365266
传真:86387615
网址:www. dongganglamp. com
电子信箱:dongganglamp@ 163. com
单位人数:200
质量体系:ISO/TS 16949
产品情况:(丹港牌)
灯具、后视镜、仪表台、保险杠、塑料件等,年产能力 5 万台套
配套及出口情况:为厦门金旅、厦门金龙、苏州金龙、丹东黄海、重庆恒通、江淮客车、东风汽车公司、一汽(成都)、安凯客车、河北长安等 70 多家大中小客车企业配套,SUV 领域与浙江吉奥、河北大迪、四川汽车工业集团、河北中

兴等各主机厂配套;出口澳大利亚、西班牙、印尼、马来西亚、日本、韩国、新加坡、泰国、越南、中东、印度、巴西,并销往中国香港地区

★丹阳威菱汽车部件有限公司
地址:江苏省丹阳市界牌镇德翔路
邮编:212323
电话:0511/86367709
传真:86367709
网址:www.wlautoparts.com
电子信箱:wlautoparts@139.com
质量体系:QS 9000、ISO 9002
产品情况:欧系和日系载货汽车的照明灯、保险杠、汽车仪表台和后视镜等
出口情况:远销到欧洲、美洲、中东、非洲等地区

★丹阳市皇达车辆配件有限公司
地址:江苏省丹阳市界牌灯城大街永盛西路233号
邮编:212323
电话:0511/86369522
传真:86381700
电子信箱:arer_228@163.com
质量体系:ISO 9001
产品情况:车灯、塑件

★丹阳市界牌镇宏达车灯厂
地址:江苏省丹阳市界牌镇红灯开发区
邮编:212323
电话:0511/86373111、86388368
传真:86366036、86365652
网址:www.hongda58.com
电子信箱:info@hongda58.com
质量体系:ISO 9001
产品情况:(胜宇牌)
全车灯具及内外饰件

★丹阳凯鑫车业有限公司
地址:江苏省丹阳市界牌富阳大道18号
邮编:212323
电话:0511/86375186
传真:86369858
网址:www.kxautoparts.com
电子信箱:info@kxautoparts.com
质量体系:ISO 9001
产品情况:(雲凯牌)
灯具及饰件
出口情况:远销中东、东南亚、欧洲、非洲、美洲等地区

★丹阳顶发塑业有限公司
地址:江苏省丹阳市界牌镇界东工业园
邮编:212323
电话:0511/86377258
传真:86377268、86366448
网址:www.dydfsy.com
电子信箱:hdf@dydfsy.com
单位人数:80
质量体系:ISO 9001
产品情况:各种汽车灯具、中网、塑件
配套情况:与扬子汽车、长城汽车、上海浦东、一汽集团等企业长期合作

★丹阳市彤达车件有限公司
地址:江苏省丹阳市新桥镇中兴路北首
邮编:212323
电话:0511/86378161、86378181
传真:86378171
网址:www.cntongda.com
质量体系:ISO 9001
产品情况:(九信牌)
汽车灯具、保险杠、中网、风扇叶、后视镜支架等

★丹阳市晶晶玻璃有限公司
地址:江苏省丹阳市界牌镇大成桥
邮编:212323
电话:0511/86380860
传真:86380861
网址:www.cnjjbl.com
电子信箱:webmaster@cnjjbl.com
质量体系:ISO 9001
产品情况:汽车、摩托车车灯配光镜(玻璃灯罩)、雾灯、民用灯
出口情况:远销欧洲、美洲、东南亚、中东地区

★丹阳市华泰仪表台厂
地址:江苏省丹阳市界牌镇灯城大街北首
邮编:212323
电话:0511/86381100、86368308
传真:86381102、86368307
网址:www.htybt.cn
电子信箱:sales@dyhuatai.com
负责人:瞿华平
质量体系:ISO 9001
产品情况:全车灯具、覆盖件及内外装饰件

★丹阳市界牌镇金富灯具厂
地址:江苏省丹阳市界牌镇红光工业园
邮编:212323
电话:0511/86381129
传真:86389660
网址:www.dyguangyi.cn
电子信箱:sales@dyguangyi.cn
质量体系:ISO 9002
产品情况:重型载货汽车、农用车、工程车、叉车全车灯具

★丹阳市天龙车灯镀膜有限公司
地址:江苏省丹阳市界牌镇镇中工业园
邮编:212323
电话:0511/86381738、86367238
传真:86381398
网址:www.tianlongdumo.com
电子信箱:tianlong@jsemail.net
质量体系:ISO 9001
产品情况:汽车灯具反射体及其他饰件
配套情况:为北汽福田、东风汽车公司、江淮汽车、奇瑞汽车、江铃陆风、一汽红塔云南等配套

★丹阳市富奥模塑有限公司
地址:江苏省丹阳市界牌镇界北工业规划区
邮编:212323
电话:0511/86381998、86369388
传真:86378111
网址:www.cnfuao.com
质量体系:ISO 9001
产品情况:(漠锐牌)
车灯、车镜、塑件、内外饰件

★丹阳市镇红汽车灯具有限公司
地址:江苏省丹阳市界牌镇武阳工业园
邮编:212323
电话:0511/86382382、86365118
传真:86383628
电子信箱:zhenghong@chinazhenghong.com
质量体系:ISO 9001
产品情况:灯具、后视镜、装饰件、塑料件等
配套情况:为江淮汽车、安凯客车、扬州亚星、东南汽车、江西富奇、长春长铃、镇江汽车等配套

★丹阳市伯良灯具厂
地址:江苏省丹阳市界牌镇永红路109号
邮编:212323
电话:0511/86382992、86388280
传真:86385528
电子信箱:lm-zll-3@163.com
质量体系:QS 9000、ISO 9002
产品情况:(伯良(BOLIANG)牌)
汽车灯具、保险杠、仪表台、车门内饰板等各类塑件
配套情况:为一汽、东风、北汽福田、安徽江淮、保定长城、河北中兴、新凯、长风扬子、安徽安驰、金杯汽车、郑州日产等企业配套

★江苏丹阳市红光汽车配件有限公司
地址:江苏省丹阳市界牌镇红光工业区
邮编:212323
电话:0511/86384536、86378888
传真:86366328
网址:www.autolamps.com.cn
电子信箱:qwnsouth@263.net
质量体系:ISO 9001
产品情况:(芬发牌)
覆盖件、灯具及内饰件
配套及出口情况:为长城汽车、河北中兴、万丰、曙光、五十铃、天津一汽丰田、郑州日产等配套;出口中东、欧洲、美洲等地区

★江苏丹阳市通用车灯厂
地址:江苏省丹阳市界牌镇南大街92号
邮编:212323
电话:0511/86385672
传真:86385672
网址:www.dytjcd.com
电子信箱:webmaster@dytjcd.com
质量体系:ISO 9001
产品情况:汽车灯具、中网、装饰板、扶

手、摇手、隔热板、后视镜等塑料件
出口情况:远销东南亚、欧洲、美洲等地区

★丹阳市界牌镇祥英车灯厂
地址:江苏省丹阳市界牌镇南大街6号
邮编:212323
电话:0511/86386326
传真:86386326
质量体系:ISO 9001
产品情况:(祥英牌)
汽车灯具、中网、侧板、脚踏板、仪表台、保险杠等塑料件

★丹阳市创盈灯具厂
地址:江苏省丹阳市界牌镇精工工业园区
邮编:212323
电话:0511/86386389、86371309
传真:86366389
网址:www. jglamp. com
质量体系:ISO/TS 16949
产品情况:各种大客车、中巴车灯具
出口情况:部分产品出口

★丹阳市海德莱特汽车部件有限公司
地址:江苏省丹阳市界牌镇中心南路139-141号
邮编:212323
电话:0511/86386783、86366500
传真:86384086、86366600
网址:www. hdlt. cn
电子信箱:info@ hdlt. cn
质量体系:ISO 9001
产品情况:(海德莱特牌)
氙气灯、道路机动车辆前照灯、各种信号灯、前后保险杠等外饰件,仪表台等内饰件,一汽解放等灯具及塑料件
配套情况:为一汽集团、江淮汽车、河北中兴、万丰等配套

★丹阳市翔宇车灯厂
地址:江苏省丹阳市界牌镇中心南路59号
邮编:212323
电话:0511/86386926
传真:86381190
网址:www. js - xiangyu. com
电子信箱:info@ js - xiangyu. com
质量体系:ISO/TS 16949、ISO 9001
产品情况:(翔宇牌)
夏利、吉利豪情及美日全套车灯,塑料件
配套情况:为吉利汽车、吉利豪情、上海华普国润、昌河汽车、合肥昌河配套

★丹阳市兴建灯具厂
地址:江苏省丹阳市华东灯具城武阳工业经济开发区
邮编:212323
电话:0511/86386967
传真:86387243
网址:www. xj - lamp. com
电子信箱:xj - lamp@ 163. com
质量体系:ISO 9001
产品情况:(幸建牌)
汽车灯具、车镜、保险杠、中网、扶手、仪表台等塑件
出口情况:部分产品出口

★丹阳市凯帝亚汽车附件厂
地址:江苏省丹阳市界牌镇迎江村55号
邮编:212323
电话:0511/86387056
传真:86377637
网址:www. qh - dengju. com
质量体系:ISO 9001
产品情况:(琦华牌)
乘龙、乘龙王、楚风、解放巨能王、欧曼重型载货汽车等车型的全车灯具及内外饰件

★丹阳市浩源灯具厂
地址:江苏省丹阳市界牌镇安乐工业园
邮编:212323
电话:0511/86387072、85168776
传真:86383778
网址:www. haoyuancn. com
电子信箱:info@ haoyuancn. com
质量体系:ISO 9001
产品情况:(浩源牌)
汽车灯具、保险杠、中网、塑料装饰件

★江苏省丹阳市东亚灯具厂
地址:江苏省丹阳市界牌镇富民西路11号
邮编:212323
电话:0511/86387353
传真:86388967
网址:www. cn - zixiang. com
质量体系:ISO 9001
产品情况:(紫祥牌)
各种车型的灯具、保险杠、仪表台、车门内饰板等塑件

★江苏星乐照明科技有限公司
地址:江苏省丹阳市界牌镇安乐工业园
邮编:212323
电话:0511/86387368、85168768
传真:86388016
网址:www. cnxingle. com
电子信箱:info@ cnxingle. com
单位人数:128
质量体系:ISO 9001
产品情况:(明乐牌)
汽车塑料灯具
配套情况:为沈阳金杯、厦门金旅、厦门金龙、福田欧曼等配套

★江苏丹阳欧国立车业有限公司
地址:江苏省丹阳市界牌镇
邮编:212323
电话:0511/86387805
传真:86367805
质量体系:ISO 9001
产品情况:汽车灯具、塑料件

★丹阳市界牌镇霞祥灯具厂
地址:江苏省丹阳市界牌镇东头港开发区
邮编:212323
电话:0511/86388002
传真:86367555、86384659
网址:www. dyxiaxiang. cn
电子信箱:xiaj@ dyxiaxiang. cn
质量体系:ISO 9001
产品情况:灯具、塑料件、后视镜、保险杠、内外装饰件等

★丹阳市鸿翔车灯有限公司
地址:江苏省丹阳市界牌镇安民工业园
邮编:212323
电话:0511/86388061、86382688
传真:86382288
网址:www. hongxiang - auto - lamp. cn
电子信箱:mfdj@ pub. zj. jsinfo. net
质量体系:ISO 9002
产品情况:车灯
配套情况:为国内外大中型汽车厂家配套

★丹阳市华东消声器厂
地址:江苏省丹阳市界牌镇界中创业园
邮编:212323
电话:0511/86388199
传真:86383199
网址:www. cn - qili. com
电子信箱:info@ cn - qili. com
单位人数:160
质量体系:ISO 9001
产品情况:汽车灯具,摩托车消声器
配套及出口情况:为常州惠东(供新大洲本田出口车型、五羊本田出口车型)、济南轻骑、轻骑标致出口车型、杭州春风出口车型、上海钊辉等配套;出口日本、欧洲、美洲等国家和地区

★丹阳市振兴车灯有限公司
地址:江苏省丹阳市界牌镇武阳工业区
邮编:212323
电话:0511/86388302
传真:86369166
网址:www. danzhen. cn
电子信箱:info@ danzhen. cn
单位人数:185
质量体系:ISO/TS 16949、ISO 9001
产品情况:(丹振牌)
汽车灯具、前后保险杠、车门内饰板、仪表板等塑料件
配套情况:为北汽福田、东安黑豹、山东时风、华源凯马、柳工、徐工等配套

★丹阳市锦绣车灯厂
地址:江苏省丹阳市界牌镇中工业园
邮编:212323
电话:0511/86388313
传真:86381833、86387675
网址:www. cn - jinxiu. com
电子信箱:info@ cn - jinxiu. com
产品情况:汽车灯具、仪表台、保险杠、装饰件、后视镜、通风装置等

配套情况:为金龙客车、宇通客车、合客系列配套

★丹阳市界牌解放汽车灯具厂
地址:江苏省丹阳市界牌镇南大街56号
邮编:212323
电话:0511/86388912
传真:86388912
网址:www.jfqcdj.com
电子信箱:web@jfqcdj.com
产品情况:(春舟牌)
汽车灯具、后视镜、面罩、保险杠、各种塑料装饰件

★丹阳市界牌光荣灯具厂
地址:江苏省丹阳市界牌镇红灯工业园
邮编:212323
电话:0511/86389398、86366568
传真:86366181
电子信箱:guangrong2088@126.com
质量体系:ISO 9001
产品情况:汽车灯具、保险杠

★丹阳市华亨车业有限公司
地址:江苏省丹阳市界牌镇界南开发区
邮编:212323
电话:0511/86389612、86035106
传真:86373899、86162399
网址:www.jshuaheng.cn
质量体系:ISO 9001
产品情况:(华亨牌)
灯具、面罩、保险杠、脚踏护板、进气总管、风扇叶、脚踏板支架、挡泥板、轮罩等塑料件

★常州金亚灯具有限公司
地址:江苏省丹阳市界牌镇南大街69号
邮编:212323
电话:13862463230
质量体系:ISO 9001
产品情况:汽车灯具、保险杠及装饰件

★江苏路通电器有限公司
地址:江苏省丹阳市里庄镇镇北路33号
邮编:212363
电话:0511/86672901、86676103
传真:86672901
网址:www.chinakailida.com
电子信箱:kld@chinakailida.com
单位人数:120
质量体系:ISO 9000
产品情况:各种蓄电池电动车、大巴电动车、牵引车等配套的电控元件、直流电器产品
出口情况:部分产品出口

★常州铭瑞顺天电器有限公司
地址:江苏省常州市新北区高新科技工业园338省道103号
邮编:213000
电话:0519/85718789
传真:85717789
网址:www.mrst.ebdoor.com
电子信箱:czmrst@sina.com
质量体系:ISO 9001
产品情况:汽车空调压力开关

★常州市振晖电子有限公司
地址:江苏省常州市牛塘镇沈家弄
邮编:213000
电话:0519/86393847、86981785
传真:86398298
网址:www.chinafuse.com
电子信箱:sales@chinafuse.com
质量体系:ISO 9001
产品情况:(振晖牌)
各种熔断丝管、熔断丝座、汽车插片熔断器、陶瓷熔断器、电池和电池盒等电子元件
配套及出口情况:与国内电子电器厂商配套;出口欧洲、美洲及东南亚地区,并销往中国香港、澳门地区

★常州新华陵汽车电器有限公司
地址:江苏省常州市天宁区中吴大道1485号
邮编:213001
电话:0519/86643816
传真:86643840
网址:www.czhualing.com
电子信箱:info@czhualing.com
单位人数:420
质量体系:ISO/TS 16949、QS 9000
产品情况:(超灵牌)
组合开关、点火开关、琴键开关、电喇叭及车用电器
配套情况:为东风汽车、北汽福田、南京依维柯、跃进集团、北京现代、一汽红塔、荣成华泰、丹东曙光、安徽江淮、沈阳华晨金杯等整车厂原装配套

★常州常银电机电器有限公司
地址:江苏省常州市武进区姚关镇钱家工业园
邮编:213001
电话:0519/88389830
传真:88770888
电子信箱:ozcyem@pub.cz.jsinfo.net
质量体系:ISO 9000
产品情况:车辆用永磁电动机、油泵及各种小型直流电动机
出口情况:出口欧洲、美洲、非洲、东南亚等地区

★江苏新科电子集团有限公司
地址:江苏省常州市洛阳新科工业园
邮编:213002
电话:0519/88790626、85206333
传真:85201555、88791257
网址:www.shinco.com
电子信箱:market@shinco.com
质量体系:ISO 14001、ISO 9001
产品情况:车载导航器等

★常州市丰源微特电机有限公司
地址:江苏省常州市戚墅堰采菱路黄河桥东堍
邮编:213011
电话:0519/88350578、88388308
传真:88380578
网址:www.fy-motor.com
电子信箱:info@fy-motor.com
质量体系:ISO/TS 16949、ISO 9001
产品情况:PM系列永磁式步进电动机,汽车怠速控制电动机
出口情况:远销英国、德国、意大利、美国、东南亚等国家和地区

★常州市阿迪汽车空调配件有限公司
地址:江苏省常州市戚墅堰泡桐路378号
邮编:213011
电话:0519/88353505
传真:88355978
网址:www.adi-auto.com
电子信箱:webmaster@adi-auto.com
单位人数:150
质量体系:ISO/TS 16949、QS 9000
产品情况:YK系列汽车空调用压力控制器(高低压开关)
配套情况:主要配套长安福特马自达、长安之星、奇瑞汽车、江铃、庆铃、天津一汽夏利、奥拓、吉利汽车、云雀、哈飞汽车、五菱、昌河、福田轻型货车、欧曼重型货车、一汽海马、帕萨特、桑塔纳2000、神龙富康、捷达王、一汽佳宝等车型

★常州亚美柯宝马电机有限公司
地址:江苏省常州市劳动东路10号
邮编:213011
电话:0519/88373990
传真:88355468
网址:www.gbmcn.com
电子信箱:gbm6787@gbmcn.com
单位人数:500
质量体系:ISO/TS 16949、ISO 9001
产品情况:(GBM牌、宝马牌)
步进电动机、直流电动机、交流电动机等
出口情况:远销欧洲、美洲、中东等地区

★常州必能信汽车电器有限公司
地址:江苏省常州市新闸新龙路27号
邮编:213012
电话:0519/83266885
传真:83263150
网址:www.china-changjing.com
电子信箱:autoparts@belesen.com
质量体系:ISO/TS 16949
产品情况:汽车高压点火线圈总成、点火线橡胶护套、高压阻尼点火线
配套情况:合作伙伴有一汽-大众、东风汽车公司、奇瑞汽车、台湾光阳机车等

★常州市松泽电器有限公司
地址:江苏省常州市武进区洛阳工业区
邮编:213014

电话:0519/88522599
传真:88522077
网址:www. czszdq. com
电子信箱:czszdq@ 126. com
负责人:顾千虎
单位人数:100
质量体系:ISO/TS 16949、ISO 9001
产品情况:(松泽牌)
起动机
配套情况:主要客户有华源莱动、江淮动力、安徽上柴、浙江新柴等

★常州东洋建苍电机有限公司
地址:江苏省常州市新区衡山路19号
邮编:213022
电话:0519/85101631、85108313
传真:85111700
网址:www. toyo - ctj. com
电子信箱:toyo - ctj@ 163. com
质量体系:QS 9000、ISO 9001
产品情况:手把开关、线束、制动开关及挡位开关等

★常州常捷交通器材有限公司
地址:江苏省常州市新北区秦岭路8号
邮编:213022
电话:0519/85102222、85116219
传真:85110666、85127953
网址:www. cjvcc. com
电子信箱:info@ cjvcc. com
单位人数:400
质量体系:ISO/TS 16949、ISO 9001
产品情况:(常捷牌)
汽车电喇叭、摩托车电动机、电动车电动机及电动高尔夫球车
配套及出口情况:电喇叭及电动车电机为30多家主机厂配套;远销美洲、欧洲、大洋洲、东南亚等地区

★常州市声易通电子有限公司
地址:江苏省常州市新北区黄河路199号
邮编:213022
电话:0519/85103228
质量体系:QS 9000、ISO 9001
产品情况:蜂鸣器、报警器、扬声器等

★莱尼金属导体(常州)有限公司
地址:江苏省常州市国家高新技术产业开发区华山路209号
邮编:213022
电话:0519/85103456、85102447
传真:85104313
网址:www. lcwwire. com
电子信箱:lcwsales@ leoni. com
质量体系:ISO 9001
产品情况:汽车线束
出口情况:远销东亚、东南亚等地区

★大茂伟世通车灯有限公司
地址:江苏省常州市新北区泰山路228号
邮编:213022
电话:0519/85111180
传真:85158595
单位人数:600
质量体系:ISO/TS 16949、QS 9000
产品情况:汽车、机车灯具
配套情况:为长安福特马自达、一汽海马、河北中兴、郑州日产、奇瑞汽车、江铃汽车、常州光阳、株洲建设雅马哈、南京金城、广州大长江、广州五羊本田、上海新大洲本田、济南轻骑等配套

★常州久铁灯具有限公司
地址:江苏省常州市新北区黄河中路137号
邮编:213022
电话:0519/85111289、85102007
传真:85102001
网址:www. czjute. com
电子信箱:czjutedj@ jsmail. com. cn
单位人数:100
质量体系:QS 9000、ISO 9002
产品情况:汽车、机车及摩托车各种前照灯、前后转向灯、尾灯
配套及出口情况:主要与光阳、新大洲本田、南京金城、YAMAHA、力帆、宗申、济南轻骑等配套;出口欧洲、美国、日本等国家和地区

★常州星宇车灯股份有限公司
地址:江苏省常州市新北区汉江路398号
邮编:213022
电话:0519/85115588、85156061
传真:85113616
电子信箱:david. wu@ xingyu - lighting. com
单位人数:150
质量体系:ISO/TS 16949、QS 9000
产品情况:CA7220系列、CA7202E3系列、CA6350系列及150P系列车用灯具
配套情况:为一汽集团、东风汽车公司、奇瑞汽车、上海大众、上海通用、北汽福田等配套

★莱尼电气线缆(常州)有限公司
地址:江苏省常州市新北区长江中路6号
邮编:213022
电话:0519/85138866
传真:85138866
网址:www. leoni. com
质量体系:ISO/TS 16949、VDA 6. 1
产品情况:汽车线束
配套情况:为通用汽车、欧宝等配套

★常州市凯宇汽车电器有限公司
地址:江苏省常州市戚墅堰经济开发区东方东路156号
邮编:213025
电话:0519/88411620、88400506
传真:88411276、88411620
网址:www. czkaiyu. com
电子信箱:fdsfd@ czkaiyu. com
单位人数:200
产品情况:(洛凯牌)
汽车直流电动机,包括汽车热交换系统风机、电动助力转向系统有刷及无刷电动机、ABS电动机等
配套及出口情况:为华晨、比亚迪汽车、奇瑞汽车、天津一汽夏利、吉利汽车、哈飞汽车、江铃福特、江淮汽车、北汽福田、长城汽车、河北中兴等配套;部分产品为美国、欧洲等国家和地区的厂家OEM配套

★常州市东宇汽车电器电机有限公司
地址:江苏省常州市戚墅堰经济开发区东方东路156号
邮编:213025
电话:0519/88850517、8841620
传真:88411276、88857207
网址:www. czdongyu. com
电子信箱:czdongyu@ czdongyu. com
单位人数:936
质量体系:QS 9000、ISO 9001
产品情况:(东电牌)
汽车发电机、起动机、蒸发风机、冷凝风机、空调暖风电动机等
配套及出口情况:主要客户包括空调:江西新电、江西福昌、大连大洋、南京协众、重庆超力、天津三电、东风派恩、芜湖博耐尔、河南豫新、上海亚成、江苏汇中等;水箱电子扇:河北中兴、北汽制造、华晨金杯、长城汽车、昌河铃木、青岛东洋、江西新电、重庆超力、国外的OEM市场;EPS电机:株洲南方动力(易力达)、浙江福林国河;起动电机:国外的OEM市场;部分产品出口

★常州市武进东鑫电器有限公司
地址:江苏省常州市武进区嘉泽丰杨村委
邮编:213100
电话:0519/83660589
传真:83662884、83805681
网址:www. dongxindq. com
电子信箱:dongxin@ jsmail. com. cn
质量体系:ISO 9001
产品情况:汽车、摩托车灯泡、熔断丝、仪表灯、制动灯、冷光速卤素灯、卤素反射灯、高低压卤钨灯、灯饰条

★常州市德力碳制品有限公司
地址:江苏省常州市武进区横林镇孟墅
邮编:213101
电话:0519/88461333
传真:88461039
网址:www. jsdeli. cn
电子信箱:zdp@ jsdeli. cn
质量体系:ISO 9001
产品情况:汽车、摩托车电动机用炭刷,微型DC电动机用炭刷,电动工具类高电阻炭刷,各种型号炭刷架总成及电动机用冲件等,还可根据用户的要求开发、生产各种不同型号规格的非标产品

★常州市遥光电机有限公司
地址:江苏省常州市武进区遥观镇塘桥
邮编:213102
电话:0519/88700268

传真:88700258
网址:www. czygdj. com
电子信箱:shulingna1@ 126. com
质量体系:ISO 9001
产品情况:(遥光牌)
汽车、拖拉机及内燃机用发电机、起动电机等,年产各类电机40万台套
配套及出口情况:为常柴、朝柴、玉柴等主机厂配套;出口东南亚地区

★常州市武进华光电机有限公司
地址:江苏省常州市武进区遥观镇留道工业区
邮编:213102
电话:0519/88701292、88232658
传真:88701292
网址:www. icp. valu. cn
电子信箱:huaguangdianji@ 163. com
质量体系:ISO 9001
产品情况:(新华光牌)
汽车硅整流发电机、真空泵无刷交流发电机、真空泵有刷交流发电机、起动机及零配件
配套情况:为常柴、江柴、杭发、莱动等配套

★常州市金乐电机厂
地址:江苏省常州市洛阳镇232省道武南路交界处
邮编:213104
电话:0519/88792299、88525999
传真:88790178
网址:www. cn - yinquan. com
电子信箱:czjinle@ 163. com
质量体系:ISO/TS 16949
产品情况:(常鹿牌)
发电机、转子、定子、冲压件等
出口情况:远销欧洲、美洲、东南亚等地区

★常州日盈电器有限公司
地址:江苏省常州市武进区横山桥镇
邮编:213119
电话:0519/88601541、88601610
传真:88610739
网址:www. china - aa. com
电子信箱:sales@ china - aa. com
单位人数:500
质量体系:ISO/TS 16949、ISO 14001
产品情况:(日盈牌)
插接件、线束、汽油喷嘴、熔断丝盒、电控板、继电器盒等
配套情况:主要客户有一汽 - 大众、上海大众、MAGNADOLLY、上海申沃、扬州亚星、大长江铃木、新大洲本田、南京金城、常州新科等

★江苏江南电机有限公司
地址:江苏省常州市横山桥
邮编:213119
电话:0519/88607236
传真:88605288
网址:www. jnmotor. com
电子信箱:jnmotor@ pub. cz. jsinfo. net
单位人数:568
质量体系:QS 9000
产品情况:具有年产电枢100万只、起动机60万台、发电机20万台,转子、定子、单向器、刷架、磁场线圈等起动机配件的生产能力
配套及出口情况:为锡柴、一拖、常发、常柴、莱动等多家主机厂配套;远销欧洲、美洲及东南亚市场

★常州市正宇汽车电器有限公司
地址:江苏省常州市新北区
邮编:213133
电话:0519/83207613、83202625
传真:83204922
网址:www. huanqiu - cn. com
电子信箱:info@ huanqiu - cn. com
质量体系:ISO 9000
产品情况:汽车点火线圈、火花塞等
出口情况:出口美国、英国、日本、东南亚、中东、非洲等国家和地区

★常州市王朝车业有限公司
地址:江苏省常州市新北区孟河镇小河环镇路
邮编:213138
电话:0519/83241018
传真:83249018
网址:www. cz - wpc. com
电子信箱:admin@ cz - wpc. com
质量体系:ISO/TS 16949、ISO 9001
产品情况:(WPC牌)
各种车用灯具
配套情况:为宇通客车、一汽无锡汽车、大连客车、丹东黄海、桂林大宇、少林客车、盐城中威、滁州客车、重庆专用、成都安达、郑州轻型、重客总厂等配套

★常州市黄河车灯厂
地址:江苏省常州市新北区小河镇北路18号
邮编:213138
电话:0519/83241075、83503629
传真:83248711
网址:www. awing. com
电子信箱:awing@ awing. com
单位人数:125
质量体系:ISO 9001
产品情况:162灯具、斯太尔灯具、保险杠、燃油箱、后视镜等塑料饰件、玻璃钢有机类产品
配套情况:为重汽集团、陕汽集团、川汽、北奔重汽配套

★常州市五一灯具有限公司
地址:江苏省常州市新北区孟河镇汤家一路
邮编:213138
电话:0519/83241245、83503817
传真:83241141
网址:www. cn - wy. com
电子信箱:cn - wy@ vip. sohu. com
质量体系:ISO/TS 16949
产品情况:大中型客车、中型货车全套系列灯具、后视镜、软硬吸塑仪表台、内顶装饰件、大小应急出口天窗等
配套及出口情况:重型载货汽车产品主要为北汽福田、上海汇众、安徽华菱、洛阳福赛特等主机厂配套;大中型客产品主要为福田欧V、厦门金龙、江淮客车、江苏牡丹、东风杭汽、河南少林、中国扬子客车等全国几十个主机厂配套;远销欧洲、美洲、大洋洲、中东、东南亚和非洲等几十个国家和地区

★常州佳得利车辆部件有限公司
地址:江苏省常州市新北区孟河石桥西路
邮编:213138
电话:0519/83241312
传真:83245227
网址:www. czjiaxing. com
电子信箱:jiaxing@ czjiaxing. com
单位人数:50
质量体系:ISO 9000
产品情况:汽车灯具、保险杠、中网、面罩、后视镜及支架、门内饰板、挡泥板等塑料件
配套及出口情况:为沈阳金杯、一汽哈轻等配套;部分产品出口

★常州良盛车业有限公司
地址:江苏省常州市新北区小河庙边工业区158号
邮编:213138
电话:0519/83241364
传真:83246112
网址:www. luoliya. com
电子信箱:cbl@ cz - ls. com
质量体系:ISO 9001
产品情况:(LUOLIYA牌)
灯具、塑件及后视镜等

★常州市巨峰车灯厂
地址:江苏省常州市新北区小河环镇北路207号
邮编:213138
电话:0519/83241572
传真:83505350
网址:www. jufeng - lamp. com
电子信箱:info@ jufeng - lamp. com
质量体系:ISO 9001
产品情况:(巨峰牌)
各型汽车灯具、保险杠、后视镜、内外装饰塑料件
配套情况:为一汽 - 大众、天津一汽夏利、吉利汽车、长安福特马自达、天津一汽丰田等配套

★常州市小河轿车配件厂
地址:江苏省常州市新北区小河开发区
邮编:213138
电话:0519/83241592

传真:85095099
质量体系:ISO/TS 16949
产品情况:汽车车灯、射灯、信号灯、后视镜、冲压覆盖件、保险杠、仪表台等塑料件
出口情况:出口中东、东南亚、欧洲、非洲、北美洲,并销往中国台湾地区

★常州市华杰塑件厂
地址:江苏省常州市新区庙边工业园
邮编:213138
电话:0519/83241980
传真:83500108
网址:www.hj-cz.com
电子信箱:76968556@qq.com
质量体系:ISO 9001
产品情况:(华杰牌)
汽车灯具、塑件、冲压覆盖件
出口情况:出口俄罗斯、中东、非洲、东南亚等国家和地区

★常州绿洲车辆部件有限公司
地址:江苏省常州市孟河镇小河工业园
邮编:213138
电话:0519/83242278、83242298
传真:83241183
网址:www.sixthland.com
电子信箱:sixthland@163.com
质量体系:ISO/TS 16949
产品情况:(六洲牌)
汽车车灯、射灯、信号灯、后视镜、冲压覆盖件、保险杠、仪表台及车用塑料件等
配套及出口情况:为主机厂配套;汽车车灯、射灯、信号灯、后视镜、冲压覆盖件、保险杠、仪表台及车用塑料件等系列产品出口中东、东南亚、欧洲、非洲、北美洲等地区,并销往中国台湾

★常州市华龙灯具厂
地址:江苏省常州市新北区小河环镇北路
邮编:213138
电话:0519/83242680、83500273
传真:83241143
网址:www.hualonglamp.com
电子信箱:hualonglamp@126.com
质量体系:ISO 9001
产品情况:(常塑牌)
汽车塑料保险杠、内外装饰件、仪表台、冲压覆盖件,适用于沈阳金杯、五十铃、江铃凯运、江淮、普力马、一汽红塔等车型

★常州市九龙汽车灯具厂
地址:江苏省常州市新北区小河镇九龙工业开发区
邮编:213138
电话:0519/83246238
传真:83243259
网址:www.jieyin.com
电子信箱:jieyin@js365.com
质量体系:ISO/TS 16949、ISO 9001
产品情况:(结银牌)
汽车灯具及塑件、保险杠等,适用于切诺基、三菱等车型
出口情况:出口中东地区,并销往中国台湾

★常州市长江创迪车灯仪表厂
地址:江苏省常州市新北区小河镇
邮编:213138
电话:0519/83247542
传真:83241542
网址:www.chuangdi.com
电子信箱:chuangdi-@163.com
单位人数:80
质量体系:ISO 9002
产品情况:车灯仪表

★常州市乐业车灯厂
地址:江苏省常州市新北区小河九龙工业开发区
邮编:213138
电话:0519/83500805、83508875
传真:83508870
电子信箱:czleye@163.com
质量体系:ISO 9001
产品情况:(成林牌)
汽车灯具、后视镜、保险杠、塑件装饰件

★常州市永明车辆配件厂
地址:江苏省常州市新北区孟河镇通江花苑西首
邮编:213138
电话:0519/83502558、83502058
传真:83241520
网址:www.czyongming.com
电子信箱:ycm@czyongming.com
质量体系:ISO 9001
产品情况:(明祥牌)
半挂车、专用车灯具、注塑挡泥板,年产20余万台套
配套及出口情况:与国内数百家挂车厂定点配套;半圆挡泥板出口中东、北美洲、东南亚等地区

★常州市太平洋电镀有限公司
地址:江苏省常州市小河镇通江路1号
邮编:213138
电话:0519/83508556、85039688
传真:83240626、85088885
网址:www.china-taiping.com
电子信箱:sales@china-taiping.com
质量体系:ISO 9001
产品情况:汽车灯具、塑料件、保险杠等
配套及出口情况:配套产品有金杯、金龙汽车的塑料电镀件和镀锌件,南京金城、浙江钱江、重庆雅马哈、嘉陵、宗申、力帆摩托车等塑料金属电镀件、大长江集团、别克轿车、羚羊轿车配件,日本独资企业、台商企业等配套的电镀件;电镀产品80%以上出口

★常州求真灯业有限公司
地址:江苏省常州市新北区小河工业园区环镇北路250号
邮编:213138
电话:0519/83510019
传真:83510218
网址:www.chinaqiuzhen.com
电子信箱:market@qiuzhen.net
质量体系:ISO 9001
产品情况:(求真牌)
汽车灯具、后视镜、保险杠、塑料装饰件

★常州市永拓车灯厂
地址:江苏省常州市新北区小河镇黄山路18号
邮编:213138
电话:0519/85038599
传真:83500599
网址:www.yongtuochedeng.com
电子信箱:yongtuochedeng@163.com
单位人数:50
质量体系:ISO 9001
产品情况:汽车及摩托车灯具、塑料件、铁件
出口情况:远销东南亚、非洲、中东、欧洲、美洲等地区

★常州市南挂车辆部件有限公司
地址:江苏省常州市新北区孟河镇工业区
邮编:213139
电话:0519/83550298、83550590
传真:83550198
网址:www.nangua-cn.com
电子信箱:nangua@nangua-cn.com
单位人数:120
质量体系:ISO 9001
产品情况:(南挂牌)
前后示角灯、侧标志灯、后灯、顶灯、牌照灯、全套反射器及挂车用的挡泥罩及挡泥罩组合件
配套情况:主要配套厂家有中集车辆(CIMC深圳、扬州通华、山东、青岛中集等)、阜阳开乐、东风商用车等

★常州市豪佳电器有限公司
地址:江苏省常州市西郊卜弋镇新桥
邮编:213141
电话:0519/83315029、83317035
传真:83310761
网址:www.cz-xingda.com
电子信箱:webmaster@cz-xingda.com
质量体系:ISO 9001
产品情况:(豪佳牌)
汽车发电机、起动机、电子电器用熔断器座、汽车插片熔断器、接线柱、各类小型管状熔断器及电动车专用熔断器座、熔断器等,年产发电机及起动机80万台套、熔断器管及座系列1.5亿只
出口情况:80%的产品远销东南亚和欧洲、美洲地区

★常州市武进恒威汽车电器有限公司
地址:江苏省常州市邹区镇南工业园长汀路16号
邮编:213145
电话:0519/83665656
传真:83665655
网址:www.jshw.cn
电子信箱:xwj@jshw.cn
质量体系:ISO 9001
产品情况:(恒维牌)
汽车起动机、发电机、电磁开关、电枢等
配套情况:为主机厂配套

★常州市宇征车辆电器有限公司
地址:江苏省常州市武进区湟里镇东安工业园区国冶路1号
邮编:213155
电话:0519/83731036
传真:83735369
网址:www.yuzheng.cn
电子信箱:yuzheng@yuzheng.cn
法人代表(负责人):戴国庆
单位人数:300
质量体系:ISO/TS 16949、ISO 14001
产品情况:(宇征牌)
起动机用电磁开关、汽车用点火线圈
配套及出口情况:为上海法雷奥、北京佩特莱、成都华川、无锡罗特、北汽飞驰、浙江万世特、永康博宇、常州天发、台湾士林配套;出口欧洲、美洲、东南亚

★常州市申光电机有限公司
地址:江苏省常州市湖塘镇周家巷84号
邮编:213161
电话:0519/86553137
传真:86570279
网址:www.czsgdj.com
单位人数:86
质量体系:ISO 9001
产品情况:(生发牌)
车用发电机、起动机,年产量25万台套
配套情况:为常州常柴股份有限公司配套

★江苏恒力电机集团股份有限公司
地址:江苏省常州市武进区武宜路237号
邮编:213161
电话:0519/86553365、86553373
传真:86552468
电子信箱:jshengdian@jshengdian.com
单位人数:736
质量体系:ISO/TS 16949、QS 9000
产品情况:(武电牌)
起动机、发电机,年产能力200万台
配套及出口情况:为锡柴、扬动、上柴、扬柴、常柴等60多家主机厂配套;出口美国、新加坡等国家

★常州市武起汽车电机有限公司
地址:江苏省常州市湖塘礼嘉工业园
邮编:213161
电话:0519/88230207、88316558
传真:88230205、86555498
网址:www.changlestarter.com
电子信箱:baofang@changlestarter.com
单位人数:500
质量体系:ISO/TS 16949、ISO 9002
产品情况:(常乐牌)
各种车用起动机、发电机,年产50多万台
配套及出口情况:为洛阳一拖、安徽全柴、扬柴、江淮动力、扬动、时风集团、天津珀金斯、沈阳华晨、沈阳航天三菱、重庆宗申等配套;20%产品远销欧洲、美洲和东南亚地区

★常州市武进建达汽车电机厂
地址:江苏省常州市武进区湖塘镇
邮编:213161
电话:0519/88319866
传真:86704728
产品情况:(宝石花牌)
发电机及零配件,起动机铜套、铁套,起动机电磁开关
配套情况:为南京汽车集团、云内、扬柴、北汽福田等配套

★常州常利来电子有限公司
地址:江苏省常州市武进区牛塘镇湖滨路
邮编:213163
电话:0519/86380868、86380818
传真:86579777
网址:www.fpc-china.com
电子信箱:samlu@fpc-china.com
质量体系:ISO 9001
产品情况:(恒创牌)
各种熔断丝,FPC挠性印制电路板
配套及出口情况:为新大洲配套;远销欧洲、美洲等地区

★常州市百信汽车电器系统有限公司
地址:江苏省常州市牛塘镇湖滨路
邮编:213163
电话:0519/86390677、86390626
传真:86390683
网址:www.100bx.com
电子信箱:baixin@100bx.com
质量体系:ISO/TS 16949、ISO 9001
产品情况:(百信牌)
减速起动机、电磁开关、单向离合器、含油衬套
配套及出口情况:为国内多家大型起动机生产厂配套;出口中东、美国等国家和地区

★常州信发汽车配件有限公司
地址:江苏省常州市牛塘镇漕溪路8号
邮编:213163
电话:0519/86391146
传真:86391069
网址:www.czxinfa.com
电子信箱:wxz001@public.cz.js.cn
质量体系:QS 9000
产品情况:电磁开关
出口情况:出口美国、加拿大、德国、中东、东南亚等国家和地区

★常州市武进惠丰电机厂
地址:江苏省常州市牛塘镇湖滨路
邮编:213163
电话:0519/86391452、86391223
传真:86392566
网址:www.czhfjs.com
电子信箱:xzf7100@jsmail.com.cn
单位人数:452
质量体系:ISO 9001
产品情况:(惠丰牌)
车用电动机、发电机、单向离合器、齿轮、电机开关
配套及出口情况:为10个主机厂配套;远销欧洲和东南亚

★常州市永恒起动机开关厂
地址:江苏省常州市武进经济开发区
邮编:213163
电话:0519/86392065
传真:88319002
网址:www.czyh168.cn
电子信箱:2008@163.com
质量体系:ISO 9001
产品情况:汽车起动机开关、起动机继电器、开关配件
配套情况:为国内多家主机厂配套

★常州恒达汽车零部件制造有限公司
地址:江苏省常州市牛塘镇工业园区
邮编:213163
电话:0519/86392098、88232212
传真:86398439
网址:www.hd-sdg.com
电子信箱:czhd2004@163.com
产品情况:(恒瑞牌)
汽车起动机单向离合器,年产量280万只
配套情况:为东风汽车公司、神龙汽车、朝柴、扬柴、云内等配套

★常州市得超汽车电机厂
地址:江苏省常州市牛塘镇青莲籍家村
邮编:213163
电话:0519/86397087、88237062
传真:86399050
网址:www.dechaodianji.com
质量体系:ISO 9001
产品情况:(盛达牌、青莲牌、百灵牌、得超牌)
电磁开关

★常州市沈雄电子有限公司
地址:江苏省常州市武进区牛塘镇高家村沈家工业园
邮编:213163
电话:0519/86398989、86399595

传真:86398237、86393654
网址:www. shen - xiong. com
电子信箱:shengjdz@ jsmail. com. cn
质量体系:ISO 9001
产品情况:(沈雄牌)
汽车熔断丝、熔断丝管、管座等
出口情况:远销欧洲、美洲、东南亚、西亚、非洲及拉丁美洲各地区

★江苏常州宁洋电机有限公司
地址:江苏省常州市武进区湖塘镇北庙桥工业区
邮编:213164
电话:0519/86536226
传真:86528803
质量体系:ISO 9001
产品情况:起动机、发电机,年产能力80万台
配套及出口情况:为多家柴油机厂配套;产品随配套柴油机出口

◉ 江苏龙城精锻有限公司

地址:江苏省常州市武进区礼嘉镇工业园区
邮编:213165
电话:0519/86733750
传真:86735109
网址:www. longchengforging. com
电子信箱:zlx@ longchengforging. com
法人代表:庄龙兴
单位人数:760
质量体系:ISO/TS 16949、ISO 14001
产品情况:摩托车齿坯精锻件,汽车发电机爪极、带轮、小型异形精锻件和有色金属锻件等
配套及出口情况:为法雷奥集团、佩特来电器、雷米国际、日本泽藤、伊斯克拉、舍弗勒、英格索兰等配套;70%产品出口欧洲、美国、中南美洲等国家和地区

★常州市宝瑞电机厂
地址:江苏省常州市高新技术开发区南区
邮编:213166
电话:0519/86483377
传真:86486377
网址:www. baoruidianji. com
电子信箱:baoruidianji@ 126. com
质量体系:ISO 9001
产品情况:(湖塘牌)
汽车发电机、起动机及零配件,年产能力20万台套
出口情况:远销东南亚、欧洲、美洲地区

★常州市亚达照明电器有限公司
地址:江苏省常州市武进区牛塘镇卢家巷工业路4号
邮编:213168
电话:0519/86351353
传真:86353388
网址:www. auto - bulb. com
电子信箱:yadalamp@ pub. cz. jsinfo. net
质量体系:ISO 9000
产品情况:(华真牌)
汽车、摩托车灯泡

★常州苏南离合器有限公司
地址:江苏省常州市湖滨大道10号
邮编:213168
电话:0519/86351583、86351156
传真:86350219
网址:www. jssunan. com
电子信箱:market@ jssunan. com
质量体系:ISO 9001
产品情况:汽车起动机用单向器
配套及出口情况:为全国数十家知名起动机厂配套;出口欧洲、美洲等地区

★常州市永达光源有限公司
地址:江苏省常州市牛塘镇卢家巷卢淹路8号
邮编:213168
电话:0519/86351695、86355528
传真:86353018
网址:www. cz - yongda. net
电子信箱:czzhang88@ 126. com
质量体系:ISO 9001
产品情况:(百莱特牌)
汽车灯泡
出口情况:产品80%出口

★常州市新光灯光厂
地址:江苏省常州市卢家巷西工业园
邮编:213168
电话:0519/86351799
传真:86350165
网址:www. jiama. com
电子信箱:jiama@ jiama. com
质量体系:ISO 9001
产品情况:(佳马牌)
灯泡
出口情况:产品80%以上出口

★常州市武进城区机械配件有限公司
地址:江苏省常州市武进区牛塘镇高家村
邮编:213168
电话:0519/86352089
传真:86352089
网址:www. wjcqjx. com
单位人数:180
质量体系:ISO 9001
产品情况:减速电动机驱动齿轮、转子轮、一体内齿轮、齿圈、行星轴等

★常州光明灯泡有限公司
地址:江苏省常州市武进区工业区路2号
邮编:213168
电话:0519/86355189、86351589
传真:86351207
网址:www. gmautolamp. com
电子信箱:yzhuan@ public. cz. js. cn
单位人数:180
质量体系:ISO 9001
产品情况:(开源牌、光明牌)
各种汽车灯泡
配套及出口情况:为多家汽车厂配套;出口欧洲、美洲、日本、韩国等国家和地区

★常州市新宇天丽光源厂
地址:江苏省常州市武进区牛塘镇卢家巷
邮编:213168
电话:0519/86355338、86350179
传真:86355538
网址:www. chinafilight. com
电子信箱:davidbulb@ gmail. com
单位人数:300
质量体系:ISO/TS 16949、ISC 9001
产品情况:汽车卤素灯、灯具、转向灯、制动灯及双尖泡仪表灯等
配套及出口情况:为美国WAGNER公司、GE公司及SYLVANIA公司配套;销往欧洲、美国、南美洲、东南亚等国家和地区

★常州天发动力总成制造有限公司
地址:江苏省常州市武进区牛塘卢西工业园1-11号
邮编:213168
电话:0519/86355685、86558881
传真:86355860、86565339
网址:www. changweichina. com
电子信箱:changwei@ changweichina. com
单位人数:250
质量体系:ISO/TS 16949、ISO 9001
产品情况:(常威牌)
汽车起动机
配套及出口情况:为吉利汽车、上海华普发动机、浙江万丰车业、一拖集团、南汽菲亚特发动机、长城皮卡、跃进汽车发动机、杭州双马柴油机厂、华源莱动内燃机、山东莱柴、玉柴动力、扬柴、江苏常发等多家发动机厂配套;随主机出口

★常州市拓新机械有限公司
地址:江苏省常州市前黄镇钱灵路25号
邮编:213172
电话:0519/86511172
传真:86517385
质量体系:ISO 9001
产品情况:汽车起动机及相关配件

★常州市武进前黄阳光发动机配件厂
地址:江苏省常州市武进区前黄镇文雅路
邮编:213172
电话:0519/86511885
传真:86510929
电子信箱:czyg@ vip. 163. com
单位人数:56
质量体系:ISO 9001
产品情况:(常暖牌)
水温表、传感器、调温器、温控开关、燃油传感器、阳光传感器等
出口情况:出口调温器等2万套

★常州市荣茂汽车电器有限公司
地址:江苏省常州市武进潘家尚公村
邮编:213178

电话:0519/86200865
传真:86205610
网址:www. czrongmao. com
电子信箱:xuzr@ czrongmao. com
质量体系:ISO 9001
产品情况:汽车电枢、汽车起动机、汽车绞盘电动机、定子、线圈等
配套及出口情况:为国内多家知名企业配套;出口国外多家知名企业

★江苏凯灵汽车电器有限公司
地址:江苏省金坛市经济开发区金胜东路8号
邮编:213200
电话:0519/82317989
传真:82311285
网址:www. js - kailing. com
电子信箱:admin@ js - kailing. com
质量体系:ISO/TS 16949、QS 9000
产品情况:(凯灵牌)
JK系列组合开关、DL系列电喇叭
配套情况:为一汽、东风、日产、奇瑞、猎豹、中兴、现代、金杯、长安、南汽、北汽等数十家汽车厂配套

★江苏金榆汽车电子有限公司
地址:江苏省金坛市丹阳北路张角山10号
邮编:213200
电话:0519/82872879
传真:82872877
网址:www. jhjd. com
电子信箱:jyjhlby@ yahoo. com. cn
单位人数:120
质量体系:ISO/TS 16949
产品情况:汽车传感器、防抱死制动控制系统(ABS)、ABS线束、轮胎压力监测系统(TPMS)等

★常州市威宏电器有限公司
地址:江苏省常州市北郊薛家镇
邮编:213225
电话:0519/85953782
传真:85951951
电子信箱:zhangwei. china@ 990. net
质量体系:ISO 9001
产品情况:(长威牌)
电度表(生产能力30万只)、智能仪表、线束及其配件
配套情况:为一汽、宇通客车、沃尔沃客车、金龙客车等配套

★常州奔马电机有限公司
地址:江苏省常州市武进奔牛镇
邮编:213232
电话:0519/83132985
传真:83132985
网址:www. czsmdj. com
质量体系:ISO 9001
产品情况:(双马牌)
发电机、减速起动机及定子、电枢、电磁开关、单向器、刷架等相关配件,年产能力10万套

★常州市利云汽车电机有限公司
地址:江苏省常州市卢家港卢西工业区
邮编:213268
电话:0519/86356188、86352739
传真:86355688
电子信箱:liyundianji@ 126. com
质量体系:ISO 9001
产品情况:(常佳牌、利云牌)
起动机、发电机,减速起动机及其电枢、定子、刷架、电磁开关、转子、单向器、发电机线圈等相关配件,年产能力50万套

★无锡市新新空气加热器厂
地址:江苏省无锡市新惠路9号
邮编:214000
电话:0510/85733981
传真:85109131
网址:www. xxjrq. com
电子信箱:xxjrq@ 163. com
质量体系:ISO 9001
产品情况:柴油机空气加热器,年产50万只
配套情况:为一汽锡柴、东风朝柴、洛阳一拖、天津天动、玉柴、无锡动力、南通柴油机、金龙客车等配套

★无锡佳耐电器制造有限公司
地址:江苏省无锡市春晖西路15号
邮编:214000
电话:0510/88260961
传真:88262118
电子信箱:beyond2000@ email. com. cn
质量体系:ISO 9001
产品情况:(蓝宇牌)
车用无触点电喇叭

★江苏晶石科技集团有限公司
地址:江苏省无锡市新区汉江路九号
邮编:214028
电话:0510/85229588
传真:85226658
网址:www. wxjewel. com
电子信箱:auto@ wxjewel. com
单位人数:5000
质量体系:ISO/TS 16949、ISO 9001
产品情况:汽车传感器等

★无锡电装阪神汽车部件有限公司
地址:江苏省无锡市国家高新技术产业开发区梅育路97号
邮编:214028
电话:0510/88156611
传真:88153250
网址:www. denso. com. cn
单位人数:240
质量体系:ISO/TS 16949、VDA 6. 1
产品情况:点火线圈

★富士通天电子(无锡)有限公司
地址:江苏省无锡市国家高新技术产业开发区新华路19号
邮编:214028
电话:0510/88662288
传真:88662233
电子信箱:wxfujitsu@ vip. 163. com
质量体系:ISO/TS 16949
产品情况:汽车导航仪等车载电子设备

★中美合资无锡爱邦高聚物有限公司
地址:江苏省无锡市新惠路14号
邮编:214035
电话:0510/83701246
传真:83702507
产品情况:各种耐温系列绝缘电线

★无锡市苏盛汽车部件有限公司
地址:江苏省无锡市滨湖区青龙山路查巷38号大箕山工业园
邮编:214064
电话:0510/85505988、85515068
传真:85515848
网址:www. wxsusun. com
电子信箱:sjm@ wxsusun. com
法人代表(负责人):苏建明
单位人数:260
质量体系:ISO/TS 16949、ISO 9001
产品情况:(susun牌)
汽车起动机、发电机
出口情况:出口美国、英国、新加坡、墨西哥、韩国,并销往中国台湾地区

★无锡彩登电子有限公司
地址:江苏省无锡市蠡园经济开发区隐秀路
邮编:214073
电话:0510/85130078
传真:85130378
网址:www. tridentchina. com
电子信箱:manager@ tridentchina. com
单位人数:300
质量体系:ISO/TS 16949、QS 9000
产品情况:汽车CD机、收放音机、电气机械及器材、电子及汽车通信设备等
配套情况:为一汽、江苏友谊汽车、北汽福田、北奔重汽、广汽长丰、奇瑞汽车、长城汽车、上海万丰等配套

★无锡市明怡电器仪表有限公司
地址:江苏省无锡市锡山区厚桥镇
邮编:214106
电话:0510/88721307、88725288
传真:88721065
网址:www. wxmingyi. com
电子信箱:sales@ wxmingyi. com
质量体系:ISO 9001
产品情况:汽车、摩托车散热器、仪表
配套及出口情况:为重庆力帆、隆鑫、广州天马、大阳、江苏莱宝驰、无锡众星等摩托车企业配套;远销印尼、泰国、马来西亚等国家

★无锡市立科汽车部件有限公司
地址:江苏省无锡市场市镇杨北路8号
邮编:214154
电话:0510/83551463

传真:83557451
网址:www. reco. net. cn
电子信箱:info@ reco. net. cn
质量体系:ISO/TS 16949、ISO 9001
产品情况:(RECO 牌)
汽车发电机整流器
出口情况:出口泰国等国家

★无锡新中北汽车电机制造有限公司
地址:江苏省无锡市惠山区堰桥镇
邮编:214174
电话:0510/83746452、83742747
传真:83746493
网址:www. xinzhongbei. com
电子信箱:info@ xinzhongbei. com
质量体系:ISO 9002
产品情况:(堰岭牌)
汽车发电机、起动机
配套及出口情况:为锡柴、长安汽车、上汽通用五菱、柳州机械厂等配套;出口美国、欧洲、东南亚等国家和地区

★日兴(无锡)电机有限公司
地址:江苏省无锡市惠山区前州镇工业园区北区
邮编:214181
电话:0510/83399333
传真:83391927
单位人数:50
质量体系:ISO/TS 16949
产品情况:柴油发动机用发电机、起动机
配套及出口情况:主要客户有日本五十铃、三菱重工、美国雷米公司、小松产业机械、日立建筑机械等;销往世界各大汽车制造厂商

★无锡市华星汽车电器有限公司
地址:江苏省无锡市玉祁镇开发区祁北路
邮编:214183
电话:0510/83333157、83333273
传真:83332523
网址:www. hxaep. com
电子信箱:sales@ hxaep. com
单位人数:220
质量体系:ISO/TS 16949、ISO 9001
产品情况:(锡星牌)
各种汽车、拖拉机及内燃机用电磁开关及起动机,年产电磁开关70万只、起动机10万台
配套情况:为广西玉柴动力、上海法雷奥汽车电器系统、深圳(长春)依斯克拉汽车电器、江苏恒力集团、浙江松田集团、浙江博宇(钜翔)、江苏江动集团等配套

★无锡市金宇汽车电器厂
地址:江苏省无锡市玉祁镇蓉联
邮编:214183
电话:0510/83585427
传真:83585201
质量体系:ISO 9002
产品情况:(金宇牌)
汽车起动机、发电机及零配件,年产能力50万台

★无锡神速汽车电器有限公司
地址:江苏省无锡市惠山区玉东开发区
邮编:214183
电话:0510/83880034、83899988
传真:83880655
电子信箱:chinashensu@ 126. com
质量体系:ISO/TS 16949
产品情况:(SHENSU 牌)
起动机、发电机、电磁开关、单向离合器齿轮、电枢等
配套及出口情况:为一汽集团、潍柴华丰动力、锡柴四达、山东时风、上海法雷奥、柳州发动机厂、常州客车、无锡客车、重庆客车、萍乡客车、东风杭汽、亚星客车、盐城中威客车、南京公交车辆厂配套;出口美国、加拿大、印度、伊朗等国家,并销往中国台湾地区

★无锡锡达汽车灯泡有限公司
地址:江苏省无锡市惠山区玉祁镇
邮编:214183
电话:0510/83880206、83888819
传真:83883234
电子信箱:xidacn@ vip. 163. com
单位人数:200
质量体系:ISO 9001
产品情况:(锡达牌)
汽车、摩托车灯具及配件
出口情况:远销欧洲、美洲、非洲、中东、东南亚

★无锡新云汽车电器有限公司
地址:江苏省无锡市玉祁镇民主路2号
邮编:214183
电话:0510/83880216、83884069
传真:83880215、83898992
网址:www. xyqcdq. com
电子信箱:xyqcdq@ 163. com
质量体系:ISO 9001
产品情况:(碧翔牌、新云牌)
起动机、发电机,年产能力50万台
出口情况:部分产品出口

★无锡市建明汽车附件厂
地址:江苏省无锡市惠山区玉祁镇曙光村
邮编:214183
电话:0510/83885720
质量体系:ISO/TS 16949
产品情况:(明宽牌)
起动机、发电机及其零部件

★无锡金阳电机有限公司
地址:江苏省无锡市惠山区玉祁镇祁北路
邮编:214183
电话:0510/83887209
传真:83881108
网址:www. wuxijy. cn
电子信箱:wuxi. jy@ pub. wx. jsinfo. net
单位人数:300
质量体系:ISO 9001
产品情况:汽车起动机、起动机转子、定子、线圈、电磁开关等
配套及出口情况:为哈尔滨东安、柳州五菱等配套;出口美国、东南亚、欧洲等国家和地区

★无锡市闽仙汽车电器有限公司
地址:江苏省无锡市惠山区玉祁镇工业园
邮编:214183
电话:0510/83890666
传真:83897859
网址:www. minxian. com
电子信箱:minxian@ minxian. com
单位人数:890
质量体系:ISO/TS 16949
产品情况:(闽仙牌)
起动机、发电机
配套情况:为无锡柴油机厂、新昌柴油机厂、云内动力、全柴动力、玉柴动力等配套

★无锡市三亿汽车电机厂
地址:江苏省无锡市惠山区玉祁经济技术开发区
邮编:214183
电话:0510/83898988
传真:83898988
质量体系:ISO 9001
产品情况:各种起动机

★无锡市晟达汽车附件厂
地址:江苏省无锡市惠山区玉祁村永安路33号
邮编:214183
电话:0510/83899786、83884785
传真:83899785
网址:www. wx - cd. cn
电子信箱:tiezuodao@ 163. com
质量体系:ISO/TS 16949、ISO 9001
产品情况:电动机相关配件、变速器及其配件
配套情况:主要为国内外起动电机厂提供配套

★无锡市新高汽车电机厂
地址:江苏省无锡市惠山区洛社镇花苑
邮编:214187
电话:0510/83313456、83315456
传真:83300456
网址:www. wxxingao. com
电子信箱:sales@ wxxingao. com
质量体系:ISO/TS 16949、ISO 9001
产品情况:(花明牌、新高牌)
汽车、柴油机配套用硅整流交流发电机
出口情况:出口欧洲、美洲及东南亚地区

★无锡市洛社镇昊盛汽车电机厂
地址:江苏省无锡市惠山区洛社镇雅西村
邮编:214187
电话:0510/83830800
传真:83830800

网址:www. wxhsdj. com
电子信箱:Sales@ wxhsdj. com
质量体系:ISO 9001
产品情况:(昊盛牌)
发电机
出口情况:远销部分国家和地区

★无锡市华纳汽车电子电器有限公司
地址:江苏省无锡市东北塘严埭村天池巷西路
邮编:214191
电话:0510/83102218、83102217
传真:83102219、83123571
网址:www. sgwx. com
电子信箱:sg@ sgwx. com
质量体系:ISO 9002
产品情况:(申光牌)
汽车高压点火线、点火线圈外壳总成、点火器外壳及皮套、调压外壳及杆件、起动继电器、电阻限流器等
配套及出口情况:为国内数十家主机厂配套;远销东南亚地区

★无锡华锋车业部件有限公司
地址:江苏省无锡市港下工业园 A 区
邮编:214196
电话:0510/88790256、88767008
传真:88792256
网址:www. huafengqp. com
电子信箱:hf@ huafengqp. com
质量体系:ISO 9001
产品情况:汽车、摩托车操纵拉索、各类机械用线等
出口情况:远销东南亚、中东、南美洲、非洲等地区

★无锡市神力齿轮冷挤有限公司
地址:江苏省无锡市锡山区东港镇东升工业区
邮编:214196
电话:0510/88792342、88797480
传真:88790989
网址:www. chinashenligear. com
电子信箱:gear88@ 126. com
单位人数:280
质量体系:ISO/TS 16949、ISO 9001
产品情况:(ZGL 牌)
专业生产汽车、内燃机用起动机单向器,年产 300 万只
配套及出口情况:为国内外启动电机厂配套;70% 产品出口美洲、欧洲、东南亚、非洲、大洋洲等地区

★宜兴市恒宇汽车电机有限公司
地址:江苏省宜兴市和桥镇西锄工业开发区
邮编:214215
电话:0510/87871111
传真:87876011
电子信箱:hengyu@ yxhengyu. com
质量体系:ISO/TS 16949、ISO 9001
产品情况:汽车电机、起动机,年产 15 万~20 万台发电机、10 万台起动机、100 万件铝合金铸件和 1500t 合金铝锭
配套情况:为杭发、浙江新柴动力、常柴、重汽集团动力公司、潍柴、莱动、扬柴等配套

★宜兴市明甫汽车配件有限公司
地址:江苏省宜兴市周铁镇竺西工业集中区兴业路
邮编:214261
电话:0510/80751169
传真:80751170
网址:www. mingpuzhuaji. com
电子信箱:web@ mingpuzhuaji. com
单位人数:75
质量体系:ISO/TS 16949、ISO 9001
产品情况:各类型号汽车发电机爪极、单向离合器
配套情况:为北京佩特来电器、美国佩特来、博世等配套

★宜兴市鑫达汽车电器有限公司
地址:江苏省宜兴市洋溪镇南
邮编:214263
电话:0510/87571211
传真:87571211、87578521
网址:www. yixingxinda. com
电子信箱:yixingxinda@ yixingxinda. com
质量体系:ISO 9001
产品情况:汽车高压点火线总成及橡胶护套
配套情况:为一汽集团配套

★宜兴市宏宇汽车电器有限公司
地址:江苏省宜兴市周铁镇洋溪徐渎村
邮编:214263
电话:0510/87571713、87576713
传真:87570713
网址:www. jshyec. com
电子信箱:web@ jshyec. com
单位人数:300
质量体系:ISO/TS 16949
产品情况:高压阻尼线总成及相关的全套零部件(年产 60 万套),摩托车抗干扰抑制器,汽车电子加速踏板等
配套及出口情况:为一汽集团配套;出口欧洲、美洲

★江苏省江阴市晓维车业有限公司
地址:江苏省江阴市长泾镇泾新村
邮编:214411
电话:0510/86302902
传真:86307114
网址:www. chinaxiaowei. com
电子信箱:xiaowei@ chinaxiaowei. com
产品情况:各种油门线、制动线、离合线、里程线等
配套及出口情况:为春兰、洪都、捷达等摩托车厂配套;出口非洲、东南亚、中东、南美洲、日本等国家和地区

★江阴市富达车业有限公司
地址:江苏省江阴市长泾镇苏巷路
邮编:214411
电话:0510/86304035、86300830
传真:86303615
网址:www. fd – cable. com
电子信箱:jyfuda@ 126. com
质量体系:ISO 9001
产品情况:汽车及摩托车操纵拉索
配套及出口情况:为钱江集团、春兰集团、金城集团等配套;远销东南亚、非洲、印尼、日本等国家和地区

★江阴市明珠车业有限公司
地址:江苏省江阴市长泾镇交警中队旁
邮编:214411
电话:0510/86304101、86819065
传真:86313933
网址:www. jymz. com
电子信箱:jwm@ jymz. com
质量体系:ISO 9002
产品情况:汽车、摩托车、自行车拉线、操纵拉线
配套及出口情况:为江西洪都、济南轻骑、株州南方等配套;出口印尼、菲律宾、越南、印度、巴基斯坦、伊朗、叙利亚、埃及、尼日利亚、巴西、阿根廷等国家

★江阴市新世纪汽摩配件有限公司
地址:江苏省江阴市长泾镇云顾路
邮编:214411
电话:0510/86304888
传真:86308388
网址:www. chinaxsj. com
单位人数:85
质量体系:ISO/TS 16949、ISO 9001
产品情况:(新索王牌、索王牌)
摩托车、汽车操纵钢索、里程表软轴等
配套及出口情况:为新世纪摩托车、建设、吉利汽车、钱江、金城、珠江等配套;出口南美洲、东欧、东南亚、非洲、中东、东亚

★无锡共成控制线有限公司
地址:江苏省江阴市长泾镇共青路 17 号
邮编:214411
电话:0510/86316051、86316061
传真:86304048
网址:www. wks – cn. com
电子信箱:wys@ wks – cn. com
单位人数:420
质量体系:ISO/TS 16949、ISO 9001
产品情况:各类车辆和农业机械用控制线及套管
配套及出口情况:为上海大众、一汽 – 大众、长安福特马自达、一汽海马等配套;产品 80% 以上远销日本、欧洲、美洲等国家和地区

★江苏江阴市恒达车辆配件有限公司
地址:江苏省江阴市长泾镇工业园南区
邮编:214419

电话:0510/86332586、86338586
传真:86336371
网址:www. jy - hengda. com
电子信箱:hengda@ jy - hengda. com
质量体系:ISO 9001
产品情况:(力龙牌、东妮亚牌)
汽车、摩托车操纵拉索
配套及出口情况:为国内外多家大公司配套;出口日本、美国、非洲、意大利等国家和地区,并销往中国香港、澳门、台湾地区

★江阴昌达电机有限公司
地址:江苏省江阴市周庄镇龙西路开发区
邮编:214423
电话:0510/86221173
传真:86238173
网址:www. jdstarter. com
电子信箱:jychangda@ 126. com
质量体系:ISO 9001
产品情况:(昌达牌)
电动机
配套及出口情况:为江苏省汽车工业公司、无锡动力机厂、天津动力机厂等多家大型企业配套;出口东南亚各国家

★江阴长仪集团有限公司
地址:江苏省江阴市澄江镇新华工业园
邮编:214432
电话:0510/86256307、86256300
传真:86256309
网址:www. cyjt. cn
电子信箱:cytx@ cyjt. cn
单位人数:750
质量体系:ISO 9000
产品情况:(长仪牌)
汽车仪表、传感器、电子电器、内饰件、多功能钣金结构件

★江苏富天江电子电器有限公司
地址:江苏省靖江市经济技术开发区江洲路8号
邮编:214500
电话:0523/84807819、84807838
传真:84807818
网址:www. fgls. com. cn
电子信箱:fgls@ fgls. com. cn
质量体系:ISO 9001、ISO 14001
产品情况:新型电子元器件和变频电动机,年设计生产能力300万台

★ 江苏晨阳电光源有限公司
地址:江苏省靖江市公所桥街71号
邮编:214527
电话:0523/84611162、84611007
传真:84613710
网址:cn. cydgy. com
电子信箱:chenyang22@ 163. com
法人代表(负责人):沈谦益
单位人数:600
质量体系:ISO 9001
产品情况:(晨阳牌)
汽车、摩托车灯泡
配套情况:为重庆嘉陵、隆鑫、南京金城、北汽福田等国内大中型汽车、摩托车厂配套
☞ 详细情况请参阅彩色宣传版面

★苏州福特斯汽车电子有限公司
地址:江苏省苏州市工业园区中新科技城展业路2号
邮编:215000
电话:0512/87187777
传真:82175006
网址:www. volkse. com
电子信箱:info@ volkse. com
质量体系:ISO/TS 16949
产品情况:(Volkse 牌)
汽车、摩托车氧传感器
配套及出口情况:为国内多家汽车制造商、电喷摩托车系统厂家配套;出口至欧洲、美洲、东南亚和中东等地区

★苏州市永固电子有限公司
地址:江苏省苏州市相城区太平工业园振太路3号
邮编:215007
电话:0512/65328891、65328892
传真:65328893
网址:www. solid - china. com
电子信箱:szyonggu@ pub. sz. jsinfo. net
单位人数:150
质量体系:ISO 9001
产品情况:(永固牌)
汽车风机,各类电子产品,各类模具、治具及机械加工
配套情况:为十几家知名企业配套

★苏州汽车电器制造有限公司
地址:江苏省苏州市虎丘路9号
邮编:215008
电话:0512/65576698
传真:65577066
电子信箱:szqd@ pub. sz. jsinfo. net
质量体系:ISO/TS 16949、QS 9000
产品情况:(里程牌)
汽车JK系列翘板式开关、组合开关、暖风开关、电子钟等电子产品
配套情况:为东风汽车公司、一汽集团、重汽集团、上汽、南京汽车集团、北汽集团、郑州宇通、金龙等配套

★天合(苏州)汽车电子有限公司
地址:江苏省苏州市苏浒路43号
邮编:215008
电话:0512/67232294
传真:65833922
电子信箱:beily@ public1. sz. js. cn
质量体系:ISO 9001
产品情况:(TRW 牌)
汽车组合开关、点火锁开关、后视镜开关等各种开关和RKE(遥控器)
配套情况:为上海大众、上海通用、一汽集团、东风汽车公司、南京汽车集团、南京依维柯等配套

★江苏苏州星恒电源有限公司
地址:江苏省苏州市新区向阳路81号
邮编:215011
电话:0512/68094266、68418041
传真:68418341、68418140
网址:www. xingheng. com. cn
电子信箱:support@ xingheng. com. cn
单位人数:500
产品情况:(星恒牌)
大容量、高功率型锂离子动力电池,应用在电动自行车、照明设备、医疗设备、电动工具等领域

★驶安特汽车电子有限公司
地址:江苏省苏州市工业园区杨泰路娄葑创投工业坊36栋
邮编:215021
电话:0512/62805858
传真:67900173
网址:www. sate. com. cn
电子信箱:sate@ sate. com. cn
质量体系:ISO/TS 16949、ISO 9001
产品情况:TPMS 等汽车功能性电子产品
配套及出口情况:为国内外轿车、客车、货车、摩托车、工程机械等各类车辆的生产企业提供OEM用TPMS组件或全套产品;驶安特TPMS产品出口国外

★苏州驰辰马电机有限公司
地址:江苏省苏州市吴中区东山镇漾家桥路188号
邮编:215107
电话:0512/66282116
传真:66304559
网址:www. sz - gydj. com
电子信箱:jsccmdj@ jsccmdj. com. cn
单位人数:100
质量体系:ISO 9001
产品情况:直枢铃木(微型)起动机、行星减速(电装型)起动机、永磁行星减速(三菱型)起动机等

★苏州丰安机电有限公司
地址:江苏省苏州市工业园区跨塘镇至和东路8号
邮编:215122
电话:0512/62749127
传真:62742889
电子信箱:jh9859@ hanmail. net
质量体系:ISO/TS 16949
产品情况:主要生产汽车用模具、汽车电子装置系统(车身电子控制系统)、汽车关键零部件(电动助力转向系统)、汽车用仪表盘开关、汽车用锁具及上述产品的相关零部件、电子调节装置、接插件以及相关模具和零部件

★苏州安固电器有限公司
地址:江苏省苏州市工业园区东旺路6号
邮编:215123

电话:0512/62653559、62653669
传真:67414881
网址:www. angu. com
电子信箱:angu@ angu. com
单位人数:400
质量体系:QS 9000、ISO 9001
产品情况:(AG 牌)
换向器,年产 2500 万只
出口情况:出口美国、欧洲、东南亚等国家和地区,并销往中国香港、台湾地区

★德尔福电子(苏州)有限公司
地址:江苏省苏州市工业园区长阳街123 号
邮编:215126
电话:0512/62831888
传真:62836306
电子信箱:recruit. sz@ delphi. com
质量体系:VDA 6.1、QS 9000
产品情况:音响、动力总成及安全系统等多种高科技汽车电子设备
配套情况:为上海大众、上海通用、一汽集团、一汽－大众配套

★日立汽车部件(苏州)有限公司
地址:江苏省苏州市工业园区星龙街255 号
邮编:215126
电话:0512/62833600
传真:62833700
网址:www. hitachi. com. cn
产品情况:汽车电子控制产品

★爱乐联接(苏州)有限公司
地址:江苏省苏州市工业园区港田路港田工业园 21 号厂房
邮编:215126
电话:0512/62991800
传真:62991830、62884977
网址:www. bremi. de
电子信箱:sales@ era－ct. com
质量体系:ISO/TS 16949
产品情况:(BREMI 牌)
分配器盖、转子、火花塞
配套及出口情况:为 AUDI、BMW、VW、BENTLEY、ROLLS－ROYCE 等企业配套;出口欧洲、美洲等国家和地区

★苏州市汉达工业自动化有限公司
地址:江苏省苏州市新区湘江(南)路创业街 8 号
邮编:215129
电话:0512/68071267、68071270
传真:68071259
网址:www. handa－china. com
电子信箱:htindaut@ handa－china. com
单位人数:120
质量体系:ISO 9001
产品情况:(汉达牌)
汽车行驶记录仪、滤波器(汽车电动机)、限速保护装置、汽车底盘集中润滑系统控制器等

出口情况:出口西欧、北美洲等地区

★苏州上声电子有限公司
地址:江苏省苏州市相城区元和镇万里路 88 号
邮编:215133
电话:0512/65451499、65792890
传真:65451641
质量体系:ISO/TS 16949、VDA 6.1
产品情况:汽车扬声器,年产能力 1200 万只
配套情况:为上海大众、南京依维柯、上海通用、北京奔驰、江铃汽车、长安汽车、天津一汽夏利、法国雷诺、意大利菲亚特等配套

★苏州科固电器有限公司
地址:江苏省苏州市相城大道元和科技园富元路 1 号
邮编:215133
电话:0512/65497888
传真:65495858
网址:www. kegu. cn
电子信箱:sales@ szkegu. com
单位人数:1500
质量体系:ISO/TS 16949
产品情况:(KEGU 牌)
电动机换向器

★苏州凯迪尔照明科技有限公司
地址:江苏省苏州市相城区渭塘镇玉盘路北工业小区第七幢
邮编:215134
电话:0512/65908871、65908872
传真:65908873
网址:www. cklamp. com
电子信箱:cklamp@ 163. com
质量体系:ISO/TS 16949、ISO 9001
产品情况:汽车灯泡及灯泡机械设备

★苏州住电装有限公司
地址:江苏省苏州市相城区潘阳工业园春秋路 15 号
邮编:215143
电话:0512/65710060、65718111
传真:65710065、65710035
网址:www. sdm－s. com
质量体系:ISO 9001、ISO 14001
产品情况:汽车线束,机电用线束

★苏州市光福电讯器材厂
地址:江苏省苏州市光福工业园南区
邮编:215159
电话:0512/66237990
传真:66231316
电子信箱:jsszwxf@ 163. com
质量体系:ISO 9001
产品情况:(光兴牌)
线绕电阻器及铝壳电阻器

★苏州科赫节能火花塞有限公司
地址:江苏省苏州市吴江长安路科技创业园 504 室
邮编:215200
电话:0512/63179770、63179588
传真:63179770、63179199
网址:www. wjhhs. com
电子信箱:szkehe8@ 139. com
质量体系:ISO/TS 16949、ISO 9001
产品情况:汽车火花塞、铱金火花塞、燃气火花塞、工业火花塞
出口情况:远销美国、阿根廷、印度、意大利、俄罗斯等 20 个国家和地区

★怡利电子科技(江苏)有限公司
地址:江苏省吴江市松陵锦湖西路 167 号
邮编:215200
电话:0512/63404789
传真:63404533
网址:www. e－lead. com. tw
电子信箱:tian@ e－lead. com. cn
质量体系:ISO/TS 16949、ISO 9001
产品情况:(E－LEAD 牌)
车载通信音响装置、汽车导航、防盗系统

★苏州飞乐汽车控制系统有限公司
地址:江苏省吴江市芦墟镇汾湖经济开发区汾湖大道 217 号
邮编:215211
电话:0512/63262827、63262829
传真:63261855
网址:www. fl－dai－ichi. com
单位人数:280
质量体系:ISO/TS 16949、ISO 14001
产品情况:汽车传感系统、连接器和线束、电子产品线束、电子产品组件、电源线、电气自动化系统控制组件等
配套情况:为长春西门子 VDO、法国西门子、博世集团、联合汽车电子、伟世通等配套

★昆山凯迪汽车电器有限公司
地址:江苏省昆山市青阳支路 100 号
邮编:215300
电话:0512/55122888、55122958
传真:55161599
网址:www. cadic. com. cn
电子信箱:cadic@ cadic. com. cn
单位人数:200
质量体系:ISO/TS 16949
产品情况:(Cadic 牌)
汽车点火线圈等
出口情况:出口美国、欧洲、中南美洲、中东、非洲等国家和地区

★昆山金发液压机械有限公司
地址:江苏省昆山市庆丰西路 555 号
邮编:215300
电话:0512/57304356
传真:57303781
电子信箱:kymd1215@ pub. sz. jsinfo. net
单位人数:200
质量体系:ISO/TS 16949、ISO 9001
产品情况:(金冠牌)

年产液压电动机 3000 台、气弹簧 150 万套
配套及出口情况:气弹簧为金龙、亚星、江淮、中威、黄海、牡丹、曙光、北京奔驰等配套;SKQ 升降气弹簧、YQ 压缩气弹簧出口美国

★帝宝交通器材(昆山)有限公司
地址:江苏省昆山市虹桥路 1185 号
邮编:215300
电话:0512/57755678
传真:57755658
电子信箱:depo@ vip. 163. com
产品情况:汽车灯具
配套情况:客户有一汽海马、东南汽车、厦门金龙、一汽红塔云南、东风柳汽、江西五十铃、长城汽车、克莱斯勒等

★昆山星陶汽车电子有限公司
地址:江苏省昆山市朱市镇新镇路 188 号
邮编:215300
电话:0512/81638313
传真:57640262
网址:www. ceradex. com. tw
电子信箱:ceradex. cn@ ceradex. com. tw
质量体系:ISO/TS 16949、ISO 9000
产品情况:氧气传感器

★昆山火凤凰线缆有限公司
地址:江苏省昆山市张浦镇振新东路
邮编:215321
电话:0512/57274111
传真:57274000
网址:www. f – phoenix. com
电子信箱:phoenix@ f – phoenix. com
质量体系:ISO/TS 16949、ISO 9001
产品情况:TEFLON 绝缘系列电线

★泰科电子(昆山)有限公司
地址:江苏省昆山市张浦镇苏虹机场路
邮编:215321
电话:0512/57443999
传真:57445000
网址:www. tycoelectronics. com
电子信箱:taikedz@ taikedz. com
质量体系:QS 9000、ISO 9001
产品情况:连接器及电缆组件、汽车线束

★仁仁电机有限公司
地址:江苏省昆山市南港镇增光路 1 号
邮编:215326
电话:0512/57421126
传真:57423540
质量体系:ISO 9000
产品情况:(LIKW 牌)
汽车、机车类发电机、起动电机总成及零部件
配套情况:为上海通用、长安福特马自达等配套

★富士康集团
地址:江苏省昆山市玉山镇南淞路 299 号富士康富翔厂区
邮编:215361
电话:0512/57785888
网址:www. anthai. com. tw
质量体系:ISO/TS 16949、ISO 14001
产品情况:线束、高感度视讯接收器、车用电源供应器、倒车雷达系统、天窗控制器等

★太仓阿尔派电子有限公司
地址:江苏省太仓市经济开发区上海东路 200 号
邮编:215400
电话:0512/53568111
传真:53568112
电子信箱:aota@ alpine. com. cn
产品情况:汽车音响、导航系统设备及相关电子产品
配套情况:为福特、克莱斯勒、奔驰、宝马、本田等配套

★苏州依斯克拉汽车电器有限公司
地址:江苏省太仓市双凤镇温州工业园
邮编:215416
电话:0512/81606886
传真:81606885
网址:www. iskra – ae. com. cn
质量体系:QS 9000、ISO 9001
产品情况:起动电机、发电机、直流电机、交流电机及控制系统等
配套情况:为中国重汽、长城汽车、福田雷沃重工等配套

★苏州东南碳制品有限公司
地址:江苏省太仓市双凤镇温州工业园
邮编:215416
电话:0512/81611111、81611888
传真:81611112
网址:www. donon. cn
电子信箱:donon@ donon. com. cn
单位人数:563
质量体系:ISO/TS 16949、ISO 9001
产品情况:炭刷、炭刷架
配套及出口情况:是世界知名电机公司的供应商;远销美国、日本、欧洲、东南亚等国家和地区

★太仓百朗星灯具有限公司
地址:江苏省太仓市新唐新谊东路 17 号
邮编:215436
电话:0512/53681899、53681897
传真:53681885
电子信箱:5278181@ vip. sina. com
质量体系:ISO 9001
产品情况:高强度气体放电式前照灯

★无锡神威汽车配件有限公司
地址:江苏省无锡市东港镇湖塘桥村工业园
邮编:215500
电话:0510/88770218
传真:88770215
网址:www. cs – shenlong. com
电子信箱:cs – shenlong@ cs – shenlong. com
单位人数:100
质量体系:ISO 9001
产品情况:汽车、摩托车起动齿轮及机械传动的单向器

★苏州平方实业有限公司
地址:江苏省常熟市尚湖镇冶塘工业园尚湖大道
邮编:215500
电话:0512/52409663、52409800
传真:52409505
网址:www. pfkeji. com
电子信箱:liuyang@ cn – pingfang. com
单位人数:400
质量体系:ISO 9001
产品情况:磷酸铁锂电池
出口情况:出口欧洲、美洲等地区

★常熟市八达齿轮有限公司
地址:江苏省常熟市尚湖镇塘湾工业园
邮编:215500
电话:0512/52430900
传真:52433911
网址:www. badachilun. com
电子信箱:badachilum@ 163. com
质量体系:ISO 9001
产品情况:起动齿轮及机械传动单向器

★柏科(常熟)电机有限公司
地址:江苏省苏州市常熟市北门外三峰工业区
邮编:215500
电话:0512/52840501、52840502
传真:52848378
网址:www. pico. com. cn
电子信箱:LuisTeng@ pico. com. cn
产品情况:汽车发电机、起动机及其零部件

★常熟林芝电子技术有限公司
地址:江苏省常熟市经济开发区高新技术园通林路 88 号
邮编:215500
电话:0512/52849181、52842666
传真:52841166、52846916
网址:www. leeshr. com
电子信箱:sale@ leeshr. com
单位人数:1000
质量体系:ISO/TS 16949、ISO 9001
产品情况:(林芝牌)
H 系列、9000 系列汽车卤钨灯
配套及出口情况:为国内外 OEM 配套;出口北美洲、欧洲、俄罗斯、韩国等国家和地区

★张家港孚冈合力电器有限公司
地址:江苏省张家港市经济开发区振兴中路 5 号
邮编:215600
电话:0512/58186709
传真:58186706

网址：www. fuganggroup. com
电子信箱：sales@ heli - elec. com
质量体系：ISO/TS 16949
产品情况：（合力牌）
散热器风扇总成、玻璃升降器电动机、天窗电动机
配套情况：为一汽 - 大众、上海大众、一汽轿车、天津一汽夏利、奇瑞汽车、华晨金杯、郑州日产等厂家的众多车型配套

★张家港市九洲软轴软管有限公司
地址：江苏省张家港市欧洲工业园
邮编：215618
电话：0512/58595564、58596118
传真：58592799
电子信箱：chinajiuzhou@ yahoo. com. cn
质量体系：ISO/TS 16949
产品情况：选换挡推拉索、里程表软轴、离合器拉索、加速拉索、前后制动拉索、副箱及分配阀控制器、机械传动软轴及其他控制索
出口情况：出口东南亚、欧洲、非洲、南美洲等地区

★泰乙机械（张家港）有限公司
地址：江苏省张家港市乐余镇兆丰工业园人民路
邮编：215622
电话：0512/58523270、58523370
传真：58523470
网址：www. tmxcable. com
电子信箱：te_zjg@ telematrx. com. tw
质量体系：ISO 9001
产品情况：推拉索芯（覆甲钢索）、拉索索芯、覆甲式推拉软轴外管等
配套及出口情况：为福特、雷诺、雪铁龙、大众、欧宝、奔驰、日产、宝马、捷豹、西亚特等配套；出口欧美市场

★张家港神光汽摩零配件制造公司
地址：江苏省张家港市锦丰镇杨锦路 2 号
邮编：215625
电话：0512/58550520
传真：58562517、58562537
网址：www. sgqm. com
电子信箱：office@ cn - shenguang. com
质量体系：ISO 9001
产品情况：（神光牌、郁桥牌）
火花塞，年产 500 万只；镍 - 铜复合中心电极，年产 3000 万支
配套及出口情况：为南京华德火花塞、株洲火花塞配套；出口新加坡、印尼等国家

★张家港市国泰华荣化工新材料公司
地址：江苏省张家港市金港镇后塍塍东路 112 号
邮编：215631
电话：0512/58780118、58770531
传真：58783699
网址：www. gthr. com. cn
电子信箱：market@ gthr. com. cn
质量体系：ISO 9001、ISO 14001
产品情况：锂电池材料、有机硅材料
出口情况：出口日本、美国、欧洲、澳大利亚等国家和地区，并销往中国台湾地区

★常州市博士达电子有限公司
地址：江苏省常州市新区黄河西路 199 号
邮编：216022
电话：0519/88222567、88222388
传真：88222551、8822250
网址：www. bestargroups. com
电子信箱：wu@ be - star. com
产品情况：汽车仪表板用讯号器、智能探测报警器及超声传感器

★江苏高标科技发展有限公司
地址：江苏省丹阳市界牌镇工业园
邮编：221000
电话：0511/86161158、86367333
传真：86381849
网址：www. cn - gaobiao. com
电子信箱：info@ cn - gaobiao. com
质量体系：ISO/TS 16949、ISO 9001
产品情况：汽车灯具及塑料装饰件

★徐州奥尼克电气有限公司
地址：江苏省徐州市贾汪区大吴镇锦程工业区 6 号
邮编：221000
电话：0516/87238998、87239268
传真：87239368、87238978
网址：www. autonic. cn
电子信箱：autonic@ vip. 163. com
质量体系：ISO/TS 16949、ISO 14001
产品情况：（奥尼克牌）
汽车发电机硅整流器、电子调节器

★徐州徐整汽车电器有限公司
地址：江苏省徐州市复兴南路 247 号
邮编：221003
电话：0516/83841427、83854455
传真：83843012
网址：www. xu - zheng. com
电子信箱：xzzlqc@ public. xz. js. cn
质量体系：ISO 9001
产品情况：（徐整牌）
汽车整流器、电压调节器、整流二极管
出口情况：部分产品出口

★徐州华夏电子有限公司
地址：江苏省徐州市同山新区园中路东崔庄南路北
邮编：221003
电话：0516/87370989
传真：83701992、87371001
网址：www. hxh. js. cn
电子信箱：yq@ hxh. js. cn
质量体系：ISO/TS 16949
产品情况：汽车接插件、电子线束、汽车天线、精密五金冲压件、注塑件等
配套及出口情况：为伟士通、上海大众等配套；出口欧洲、东南亚等地区

★徐州翔跃电子有限公司
地址：江苏省徐州市经济开发区庙山路 11 号
邮编：221004
电话：0516/87735190、85539803
传真：85539805
网址：www. wi - tek. com. cn
电子信箱：wi - tek@ vip. 163. com
质量体系：ISO/TS 16949
产品情况：电压调节器及车用整流桥等
出口情况：出口南美洲、北美洲、亚洲、欧洲、澳大利亚等国家和地区

★江苏天宝汽车电子有限公司
地址：江苏省徐州市金山桥开发区四区天宝工业园
邮编：221004
电话：0516/87791700
传真：87731091
单位人数：2290
质量体系：ISO/TS 16949
产品情况：卡带机、CD 机、VCD、DVD 音响系统，年产 45 万套
配套及出口情况：为上海大众、奇瑞汽车、天津一汽夏利、江淮汽车、江西五十铃、吉利汽车等配套；音响系统出口北美洲

★徐州市黄河仪器仪表厂
地址：江苏省徐州市环城路 81 号
邮编：221005
电话：0516/83571121
传真：82380245
电子信箱：jsxcdaijun@ msn. com
质量体系：ISO 9001
产品情况：汽缸压力表、轮胎压力表、燃油表、水温表、机油表、自动变速器机油压力表、电子喷射系统测试套件、汽车工作灯、打气软管等
配套情况：为多家汽车厂配套

★徐州市嘉迪汽车电器有限公司
地址：江苏省徐州市湖北路西段
邮编：221006
电话：0516/85611988
传真：85611788
网址：www. autorectifier. com
电子信箱：xzjd@ 163. com
质量体系：ISO 9001
产品情况：（JD 牌）
各种车型整流器
出口情况：出口美国、加拿大、欧洲等国家和地区

★徐州整流汽车元件有限公司
地址：江苏省徐州市铜山经济开发区第三工业园（驿城）康平路南
邮编：221116
电话：0516/82300200、82300207
传真：83537726、82300310
网址：www. xzq. com. cn
电子信箱：rectifiers@ 163. com

质量体系:ISO 9001
产品情况:汽车发电机整流器、整流二极管,汽车发电机测试设备

★徐州环海中意机电实业有限公司
地址:江苏省徐州市铜山新区北京南路166号
邮编:221116
电话:0516/85756761、85555990
传真:85853335、85852663
网址:www. hhzyjd. net
单位人数:400
质量体系:ISO 9001
产品情况:汽车空调散热器、冷凝扇、冷暖风机用电动机及总成
配套及出口情况:为国内主要汽车厂、电动自行车厂配套;出口东南亚、美国、法国、英国等国家和地区,并销往中国台湾地区

★徐州市中义汽车仪表厂
地址:江苏省徐州市西三环路大孤山二处
邮编:221163
电话:0516/85776452
传真:85878012
单位人数:50
质量体系:ISO 9001
产品情况:水温表、机油表、电流表等各种仪表

★江苏建威电子科技有限公司
地址:江苏省睢宁县经济开发区前进路99-1号
邮编:221200
电话:0516/88463966
传真:88461220
质量体系:ISO/TS 16949、ISO 9001
产品情况:汽车整流器
出口情况:销往北美、欧洲、中东、东南亚等地区

★连云港博莱顿汽车电子有限公司
地址:江苏省连云港赣榆县环城东路
邮编:222100
电话:0518/86721777、86018102
传真:86018113
网址:www. platonen. com
电子信箱:linjunlj079@163. com
质量体系:ISO/TS 16949、ISO 9001
产品情况:起动机、发电机及零配件
出口情况:出口南北美洲、墨西哥及欧洲等国家和地区

★盐城杰明斯灯泡厂
地址:江苏省盐城市中兴沿河路11号
邮编:224013
电话:0515/89897789、88785918
传真:88782325、88783400
网址:www. jmsdp. com
电子信箱:webmaster@ jmsdp. com
质量体系:ISO/TS 16949、ISO 9001
产品情况:(杰明斯牌、杰明斯卡特牌、杰明斯神8牌)
汽车、摩托车灯泡

★盐城市勇驰汽车电器有限公司
地址:江苏省盐城市亭湖区黄尖镇工业园区
邮编:224331
电话:0515/82602202
传真:82604400
网址:www. chinayongchi. com
电子信箱:yongchi@ chinayongchi. com
质量体系:ISO 9001
产品情况:(勇电牌)
线束总成、电动机刷架、注塑件、冲压件
配套及出口情况:为庆铃汽车、江铃汽车配套;出口美国、东南亚等国家和地区

★江苏尚扬电子科技有限公司
地址:江苏省扬州市经济开发区维扬路19号
邮编:225009
电话:0514/87952888
传真:87957997
网址:www. ultra - view. com
电子信箱:uvt@ mail - view. com
质量体系:ISO/TS 16949、ISO 9001
产品情况:车载液晶显示器、车载影音娱乐系统、车载卫星智能导航系统及车载多媒体系统等
配套情况:为国内外各著名汽车厂稳定配套供货

★扬州奥力威传感器有限公司
地址:江苏省扬州市邗江工业园区
邮编:225127
电话:0514/85881520
传真:85881563
电子信箱:yos@ yos. net. cn
单位人数:300
质量体系:ISO/TS 16949、VDA 6.1
产品情况:汽车油位传感器、电阻片、凸缘、注塑产品、吹塑产品

★扬州阿波罗蓄电池有限公司
地址:江苏省扬州市扬子江南路18号
邮编:225131
电话:0514/87528888、87528886
传真:87528999、87528880
网址:www. apollo - battery. com
电子信箱:apollo@ apollo - battery. com
单位人数:500
质量体系:ISO 9001、ISO 14001
产品情况:(DF牌)
起动用铅酸蓄电池,年设计产能300万只
配套及出口情况:为卡特彼勒、亚星集团等配套;出口欧洲、大洋洲、北美洲、中东、非洲,并销往中国台湾地区

★江都市亚泰机电有限公司
地址:江苏省江都市丁沟镇振兴东路28号
邮编:225235
电话:0514/86381278
传真:86383505
网址:www. wanshun - group. cn
产品情况:汽车空调蒸发电机、冷凝风机、冷暖风机、电子风扇、微型直流电机和汽车暖风散热器、货车紧绳器、箱式车门锁、汽车随车工具等
出口情况:出口美国、德国、马来西亚等国家

★江苏兴龙金属制品股份有限公司
地址:江苏省兴化市戴南镇董北村
邮编:225300
电话:0523/83786100、83781571
传真:83782808
网址:www. chinaxlzp. com
电子信箱:info@ cn - xinglong. com
单位人数:680
质量体系:ISO 9001
产品情况:(兴龙牌)
换挡软轴总成、选挡软轴总成、驻车制动钢丝绳总成、加速传动操作线总成、熄火操作索总成、变速器换挡选挡软轴总成、刹线、拉丝里程表等
配套及出口情况:为一汽集团、东风汽车公司、上海大众、柳微、扬客、沈阳金杯等配套;产品70%出口美国、加拿大、挪威等国家

★泰兴市永诚车灯塑件有限公司
地址:江苏省泰兴市城区工业园
邮编:225400
电话:0523/87632711
传真:87633939
电子信箱:jstxdj@ sohu. com
质量体系:ISO/TS 16949
产品情况:汽车灯具、后保险杠、后装饰板等塑料件
配套情况:为一汽 - 大众、南京汽车集团、昌河汽车、南京依维柯、天津一汽夏利、一汽华利、长安汽车配套

★南通友星机电工业有限公司
地址:江苏省南通市工农路388号
邮编:226001
电话:0513/83566812、83562343
传真:83588191
网址:www. unistar - cn. com
电子信箱:kf@ unistar - nt. com
单位人数:432
质量体系:ISO/TS 16949、QS 9000
产品情况:汽车线束总成、接插件、端子及其他附件等
配套情况:为吉利汽车、江铃汽车、长安汽车配套

★南通友星线束有限公司
地址:江苏省南通市科兴路11号
邮编:226009
电话:0513/85929068、85929069
传真:85929067
网址:www. unistar - harness. com

电子信箱:market@ unistar - harness. com
质量体系:ISO/TS 16949
产品情况:(友星牌)
汽车线束,年产能力 40 万套

★南通大地电气有限公司
地址:江苏省南通市港闸区永和路 8 号
邮编:226011
电话:0513/85670979
传真:85663600
网址:www. ntdadi. com
电子信箱:ntgec@ ntdadi. sina. net
单位人数:230
质量体系:ISO/TS 16949
产品情况:(DD 牌)
汽车线束等
配套及出口情况:为北汽福田、安徽星马、南海富迪、上海万丰、吉利汽车等配套;出口小线束,年出口量为 20 万套

★海门市富永碳业有限公司
地址:江苏省海门市包场镇滨北工业园区 A 座 2 号
邮编:226151
电话:0513/82670609
传真:82771170
网址:www. fy - carbon. com
电子信箱:fuyong@ fy - carbon. com
质量体系:ISO/TS 16949、ISO 9001
产品情况:(富永牌)
各种电动机电炭、炭刷架
出口情况:炭刷年出口量 4 万只,出口美国、欧洲、东南亚等国家和地区

★南通市杰利达碳业有限公司
地址:江苏省海门市包场镇西工业区
邮编:226151
电话:0513/82860458
传真:82671230
电子信箱:ntjld@ yahoo. cn
质量体系:ISO 9001
产品情况:(杰利达牌)
汽车、摩托车电刷及其刷架总成

★海门市华联电碳有限公司
地址:江苏省海门市包场镇
邮编:226151
电话:0513/82861888
传真:82671094
网址:www. jin - tan. com
电子信箱:hualian@ vip. sina. com
质量体系:ISO 9001
产品情况:(金旺牌)
各种汽车、摩托车、电动工具等用电动机电刷、刷架、弹簧、接线片及工业用炭石墨密封圈
出口情况:出口欧洲、美国、中东等国家和地区

★江苏海门市三友碳业有限公司
地址:江苏省海门市包场镇新运工业楼
邮编:226151
电话:0513/82863111、82770000
传真:82861777
网址:www. sanyou - china. com
电子信箱:sanyouz@ vip. sina. com
质量体系:ISO/TS 16949
产品情况:汽车电动机、摩托车电动机用电刷及工业密封圈
配套及出口情况:为几十个知名厂家配套;远销欧洲、美洲、澳大利亚、新加坡等国家和地区

★江苏华宇碳素有限公司
地址:江苏省海门市包场工业区
邮编:226151
电话:0513/82868888、82671363
传真:82860000
网址:www. hy - carbon. com
电子信箱:zhoubin@ hy - carbon. com
质量体系:ISO 9001
产品情况:各种炭刷、石墨制品,年产电刷 1000 多万只、石墨制品 100 多万件
出口情况:出口欧洲、美洲等地区,并销往中国台湾、香港地区

★南通海林汽车橡塑制品有限公司
地址:江苏省海门市正余镇
邮编:226153
电话:0513/82674088
传真:82790988
网址:www. nthl. com. cn
电子信箱:ntty@ nthi. com. cn
单位人数:280
质量体系:ISO/TS 16949、VDA 6. 1
产品情况:车灯及车灯密封件,各类车用橡胶配件
配套及出口情况:为上海大众配套;出口美国、德国等国家

★海门市康斯达碳业有限公司
地址:江苏省海门市正余镇工业园区
邮编:226153
电话:0513/82797588
传真:82673308
网址:www. ksdty. com
电子信箱:ksdty@ ksdty. com
质量体系:ISO 9001
产品情况:(康斯达牌)
电炭坯料、电炭制品及一次性模压成型各种炭刷等
出口情况:出口美国、韩国、中东等国家和地区

★南通通灵汽车软轴软管有限公司
地址:江苏省通州市二甲镇新市街 130 号
邮编:226321
电话:0513/82541068
传真:82541068
网址:www. rzrg. cn
电子信箱:zyc@ rzrg. cn
单位人数:220
质量体系:ISO/TS 16949
产品情况:各种操纵拉索、紧固件(钢丝环箍、管夹)
配套及出口情况:为南汽、江淮、中博、干巷、长城等主机厂配套;出口韩国、荷兰、美国等国家,并销往中国香港地区

★南通金菱电器有限公司
地址:江苏省通州市三余镇人民路 18 号
邮编:226331
电话:0513/86918280
传真:82577180、86918296
网址:www. jin - ling. cn
电子信箱:jinling@ jin - ling. cn
单位人数:800
质量体系:ISO 9001
产品情况:(金菱牌)
各种电动机用电刷
配套及出口情况:为国内许多知名企业配套;出口美国、欧洲、越南、巴西、土耳其、印度等国家和地区,并销往中国台湾地区

★南通超盾机电科技有限公司
地址:江苏省如皋市经济开发区起凤西路 9 号
邮编:226503
电话:0513/87307880
传真:87504880
网址:www. chaodun. com
电子信箱:oem@ chaodun. com
质量体系:ISO 9000
产品情况:汽车洗涤泵、洗涤器、刮水电动机、暖风电动机、微电机等
配套及出口情况:为山东时风配套;出口美国等国家

浙江省

★浙江锦慈电器有限公司
地址:杭州市上城区延安路 126 号耀江大厦
邮编:310002
电话:0571/87790649、87790687
传真:87790613
网址:www. china - jinci. com
单位人数:230
质量体系:ISO/TS 16949、QS 9000
产品情况:(锦慈牌)
汽车大功率起动机、发电机
出口情况:出口俄罗斯、芬兰、丹麦、荷兰、德国、法国、韩国、加拿大、美国、墨西哥等国家

★杭州人人集团有限公司
地址:杭州市下城区东新路 588 号
邮编:310004
电话:0571/85370373、85372124
传真:85370370
网址:www. renren. com. cn
电子信箱:renren@ mail. hz. zj. cn
单位人数:380
质量体系:ISO/TS 16949、VDA 6. 1
产品情况:(人人牌)
汽车组合开关、锁芯组总成、熔断器、点烟器、继电器、喇叭、电源总开关、

电缆线等电器产品
配套及出口情况：为一汽、东风（乘用车、商用车）、广汽本田、神龙、华晨金杯、南京依维柯、江铃、跃进、上汽通用五菱、济汽、江淮、哈飞等配套；出口日本、美国等国家

★康迪集团杭州邦得力科技有限公司
地址：杭州市江城路887号联银大厦西楼605室
邮编：310009
电话：0571/56829199、56829197
传真：56829199、56829198
网址：www.bangdeli.com
电子信箱：bd156829199@163.com
质量体系：ISO/TS 16949、ISO 9001
产品情况：（帮得力牌）
汽车发电机和起动机

★杭州中导科技开发有限责任公司
地址：杭州市天目山路160号国际花园B楼14层
邮编：310012
电话：0571/88211882、88211883
传真：88872060
网址：www.sunleads.com
电子信箱：sales@sunleads.com
质量体系：ISO 9001
产品情况：汽车行驶记录仪

★杭州汇同对外贸易有限公司
地址：杭州市拱墅区温州路69号南北商务港B座8楼
邮编：310015
电话：0571/28802677、28802678
传真：88315408
网址：www.autobikeparts.com
电子信箱：xinghu0805@vip.sina.com
单位人数：1200
质量体系：ISO 9001、ISO 14001
产品情况：（美高美、欧达、山水、钱潮牌）
汽车蓄电池、摩托车蓄电池、电动车用蓄电池

★杭州润峰汽车电器有限公司
地址：杭州市莫干山路（拱墅工业功能区）祥盛路15号
邮编：310015
电话：0571/88360178
传真：88265300
网址：www.rundahz.cn
单位人数：50
质量体系：ISO 9001
产品情况：起动机

★杭州铁流汽车零部件有限公司
地址：杭州市高新技术（滨江）工业区
邮编：310053
电话：0571/86632103、85667440
传真：86958631
网址：www.hztieliu.com
电子信箱：wxlwj@163.com
质量体系：ISO 9001
产品情况：汽车机电轴承、传动轴万向节、传动轴支架总成、差速器齿轮、转向万向节叉总成、主销修理包等

★浙江杰斯特电器有限公司
地址：杭州市滨江区江南大道3888号信雅达5楼
邮编：310053
电话：0571/87177601
传真：87177610
网址：www.zjjust.com
电子信箱：zjjust@vip.sina.com
质量体系：ISO/TS 16949、ISO 9000
产品情况：（西湖牌、杰斯特牌）
汽车蓄电池，日均产能1万只，7.8万kV安时，年产值达10亿元
出口情况：出口亚洲、非洲、拉丁美洲以及欧洲地区

★杭州鼎盛科技仪器有限公司
地址：杭州市通运路77号6号、8号楼
邮编：311112
电话：0571/88752765、88752761
传真：88752761
网址：www.dingshengkeji.com
电子信箱：dingshengkeji@dingshengkeji.com
产品情况：光电检测及智能化仪表、机动车灯具检测设备
配套情况：为一汽集团、东风汽车公司、南京汽车集团、江苏冠东车灯、上海钻石车灯分公司、上海辉碟车镜、上海盈田车镜、浙江车灯、浙江嘉利工业、湖南株洲湘火炬汽车灯具、重庆隆鑫集团等配套

★杭州南华汽车配件有限公司
地址：杭州市余杭区瓶窑凤都工业园区国辅路4号
邮编：311115
电话：0571/88534618、88534555
传真：88545163、88532555
网址：www.hznanhua.com
电子信箱：hznanhua@vip.163.com
质量体系：ISO 9001
产品情况：汽车线束、前风窗玻璃电动刮水器、组合开关、臂架泵车分动箱、混凝土搅拌车减速机等
配套情况：为一汽集团、三一重工、北汽福田、东风杭州、厦门金龙、桂林大宇客车、南京依维柯、京华客车、浙江金华青年汽车、衡山汽车等几十家整车厂配套

★杭州雄丰汽车配件有限公司
地址：杭州市瓶窑凤都工业园区
邮编：311115
电话：0571/88538777
传真：88538000
网址：www.hzxiongfeng.com
电子信箱：hzxiongfeng@163.com
质量体系：ISO 9001
产品情况：空气流量传感器
出口情况：出口欧洲、美洲、中东以及亚洲地区

★杭州梵隆方向盘有限公司
地址：杭州市萧山区新塘街道城东涝湖村
邮编：311201
电话：0571/22866510、22866520
传真：22866508
网址：www.yourfellow.cn
电子信箱：sale@yourfellow.com
单位人数：248
质量体系：ISO/TS 16949、QS 9000
产品情况：（梵隆FELLOW牌）
转向盘、内饰件、汽车电子产品
配套及出口情况：为江淮、厦门金龙、苏州金龙、厦门金旅、郑州宇通、湖南三一重工、重庆红岩、南京依维柯、上汽依维柯红岩等配套；出口日本、澳大利亚、伊朗等国家

★杭州永富电子仪表有限公司
地址：杭州市萧山永富路口
邮编：311261
电话：0571/82231175
传真：82231176
网址：www.yongfudz.com
电子信箱：gryxinxiang@163.com
质量体系：ISO/TS 16949
产品情况：（永富（YF）牌）
汽车传感器、电子钟、磁性材料、线束、汽车监控系统、仪表等
配套情况：为广大电机厂、电表厂、汽车仪表厂等配套

★杭州广安汽车电器有限公司
地址：浙江省富阳市鹿山工业园区裕阳路6号
邮编：311400
电话：0571/23231011、23231002
传真：23231006
网址：www.guangan.com
电子信箱：mail@guangan.com
单位人数：230
质量体系：ISO/TS 16949、QS 9000
产品情况：汽车空调操纵器、电控盒、线束、继电器
配套情况：为奇瑞东方之子、奇瑞A5、华晨M3、华晨M1 07款尊驰、东风风行、江淮瑞风Ⅱ代、瑞风Ⅲ代、福特全顺V348、华泰现代圣达菲、吉利金刚、吉利东方龙、重庆力帆520、宇通客车等配套

★杭州富阳恒泰汽车电器有限公司
地址：浙江省富阳市经济技术开发区高新园区高尔夫路201号
邮编：311400
电话：0571/63167831、63432182
传真：63432710、63167833
网址：www.hzhengtai.com
电子信箱：hzhengtai@vip.163.com
单位人数：200
质量体系：ISO/TS 16949

产品情况:汽车电器
配套情况:为东风贝洱配套 D310 空调控制面板,并成为德国贝洱全球采购供应商;为神龙富康标致 307 轿车配套空调控制面板

★浙江钱杨软轴软管有限公司
地址:浙江省诸暨市店口南方五金城工业开发区
邮编:311835
电话:0575/87651526、87667083
传真:87656118、87667087
网址:www. cnqianyang. com
电子信箱:qianyang@ qianyang. com
质量体系:ISO/TS 16949、ISO 9001
产品情况:(钱杨牌)
　　里程表软轴、离合器操纵软轴、加速传动线、驻车制动操纵索、推拉索软轴等
配套及出口情况:为一汽集团、东风汽车公司等配套;远销亚洲、欧洲、中东、非洲等地区

★浙江车灯有限公司
地址:浙江省绍兴市云东路 379 号
邮编:312000
电话:0575/88667188
传真:88667288
网址:www. autolight. com. cn
电子信箱:okljj@ 21cn. com
单位人数:300
质量体系:ISO 9001
产品情况:(越光牌)
　　汽车及摩托车前部照明灯、转向信号灯、内部照明灯
配套情况:为广汽长丰、金龙集团、常州大长江、新大洲等配套

★绍兴伟光电子电器有限公司
地址:浙江省绍兴市越城区昌安街段家汇
邮编:312000
电话:0575/88966889
网址:www. sxwg. com
电子信箱:xiaoming8cn@ yahoo. com. cn
质量体系:ISO 9000
产品情况:汽车灯及其配件
出口情况:出口美国、欧洲等国家和地区

★延锋伟世通怡东汽车仪表有限公司
地址:浙江省绍兴市柯桥经济开发区曙光路 56 号
邮编:312030
电话:0575/84090358、84317417
传真:84091103
网址:www. sby. com. cn
单位人数:1300
质量体系:ISO/TS 16949、ISO 14001
产品情况:(经纬牌、怡东牌)
　　汽车仪表,年产 120 万套
配套情况:为一汽、江铃、福特等配套

★浙江汽车仪表有限公司
地址:浙江省绍兴市袍江工业区洋江东路 21 号
邮编:312088
电话:0575/88207186、88207136
传真:88207158、88207138
网址:www. qcyb. com
电子信箱:zqyb@ vip. sina. com
单位人数:450
质量体系:QS 9000、ISO 9001
产品情况:(诞海牌)
　　汽车组合仪表、传感器,具有年产汽车组合仪表 60 万套的生产能力
配套情况:为一汽集团、东风汽车公司、上汽集团、北汽福田、长城汽车、重汽集团、厦门金龙等 100 多家企业配套

★卧龙控股集团股份有限公司
地址:浙江省上虞市人民路 1801 号
邮编:312300
电话:0575/82111888
传真:82176921、82176718
网址:www. wolong. com
电子信箱:mail@ wolong. com
单位人数:7000
质量体系:ISO/TS 16949
产品情况:(卧龙牌)
　　电动机、电子控制装置、电动车、机电一体化及电源产品

★上虞华昌电子企业有限公司
地址:浙江省上虞市百官工业园区
邮编:312300
电话:0575/82124203、82132589
传真:82136071、82120619
网址:www. hqspk. com
电子信箱:kingbirdchina@ gmail. com
质量体系:ISO 9000
产品情况:各类扬声器
配套情况:为国际品牌公司提供 OEM/ODM 服务

★中澳合资上虞奥龙电源有限公司
地址:浙江省上虞市杭州湾精细化工园区纬三东路
邮编:312369
电话:0575/82739968、82739966
传真:82739806
网址:www. zjgd. com
电子信箱:xs@ zjgd. com
质量体系:ISO 9001、ISO 14001
产品情况:(金龙牌、鑫奥龙牌)
　　蓄电池
配套及出口情况:为广东大长江、浙江钱江摩托、洛阳北易大阳摩托车等国内知名摩托车企业配套;远销东南亚、欧洲、美洲等地区

★浙江大东吴汽车电机有限公司
地址:浙江省湖州市湖织大道 2599 号
邮编:313000
电话:0572/2568072、2569066
传真:2569066
电子信箱:dj@ dadongwu. com
单位人数:180
质量体系:ISO/TS 16949
产品情况:(大东吴牌)
　　汽车发电机,年产 20 万台;起动机,年产 10 万台
配套及出口情况:为扬柴、珀金斯(福田)、成发集团、保定长城、昆明云内、江淮等配套;出口欧洲、北美洲、东南亚等地区

★ 浙江安美德汽车配件有限公司
地址:浙江省湖州市腊山路 288 号
邮编:313000
电话:0572/2280588
传真:2280268
电子信箱:add_china@ 163. com
法人代表(负责人):黄会平
单位人数:180
质量体系:ISO/TS 16949
产品情况:(安美德牌)
　　汽车发电机
出口情况:出口欧洲、美洲地区
☞ 详细情况请参阅彩色宣传版面

★浙江德宏汽车电器系统有限公司
地址:浙江省湖州市东部新区经八路与纬四路交界处
邮编:313000
电话:0572/2756127、2103112
传真:2105906
网址:www. dehong. com. cn
电子信箱:dhxs@ dehong. com. cn
单位人数:315
质量体系:ISO/TS 16949、VDA 6.1
产品情况:(申湖牌)
　　汽车交流发电机、起动机等
配套及出口情况:为江铃股份、一汽大柴、玉柴、重汽杭发、朝柴、北汽福田、北汽福田康明斯发动机、云内、常柴、潍柴、潍柴道依茨柴油机、郑州日产、绵阳新晨、成都发动机、一汽青岛、锡柴、全柴、扬柴、新柴、桂林大宇客车配套;出口北美洲、东南亚等地区

★湖州德宏爱科泰克汽车电器公司
地址:浙江省湖州市东部新区经八路与纬四路交界处
邮编:313000
电话:0572/2756160
传真:2756161
网址:www. dehong. com. cn
电子信箱:workmail. wt _ zyy @ yahoo. com. cn
产品情况:交流发电机
出口情况:出口美国

★天能动力国际有限公司
地址:浙江省长兴县雉城工业园
邮编:313100
电话:0572/6709836

传真:6058159、6709836
网址:www. cn – tn. com
电子信箱:yoyo@ tiannengpower. com
产品情况:电动车动力电池

★浙江海久电池股份有限公司
地址:浙江省湖州市德清县工业园区海久路1号
邮编:313201
电话:0571/88144451、88144028
传真:88144436、8440988
网址:www. haijiu. com
电子信箱:sales@ haijiu. com
单位人数:1500
质量体系:ISO 9001、ISO 14001
产品情况:(海久牌)
汽车、摩托车及电动自行车铅酸蓄电池
配套及出口情况:与嘉陵、建设、北易、轻骑、新大洲本田、五羊本田、林海雅马哈、宗申、力帆、隆鑫等大型摩托车厂建立业务伙伴关系;远销欧洲、美洲、大洋洲、东南亚等62个国家和地区

★嘉兴嘉顺电声音响有限公司
地址:浙江省嘉兴市经济开发区万历路
邮编:314001
电话:0573/82623066、82622986
传真:82622976
电子信箱:jxjs@ jxjs. com. cn
质量体系:ISO 9001
产品情况:汽车扬声器
出口情况:出口中东、德国、埃及、俄国等国家和地区,并销往中国香港地区

★浙江优普生精密电子有限公司
地址:浙江省嘉善县经济开发区城西分区金秀路108号
邮编:314100
电话:0573/84062990
传真:84062889
网址:www. upsan. com. cn
电子信箱:upsan@ 126. com
质量体系:ISO 9001
产品情况:微型振动电动机外壳、步进电动机外壳、热敏电阻外壳、电子体温计感应头等各种五金冲压、拉伸产品

★嘉善县凌嘉电声有限公司
地址:浙江省嘉善县经济开发区晋亿大道12号
邮编:314100
电话:0573/84185718、84187515
传真:84185428
网址:www. jslinjia. com
电子信箱:ljdsgs@ yahoo. cn
质量体系:ISO 9001
产品情况:各种音箱、扬声器
出口情况:产品95%出口

★浙江赛尔汽车部件制造有限公司
地址:浙江省平湖经济开发区兴平四路1288号
邮编:314200
电话:0573/85225222、85225028
传真:85225038
网址:www. xior. cn
电子信箱:xior@ xior. cn
质量体系:ISO/TS 16949、ISO 9001
产品情况:(中驰(ZHONGCHI)牌)
汽车各种传感器、报警器、电磁阀等
配套及出口情况:为全国各大汽车主机厂配套;为多家欧美企业提供配套

★平湖市云明五金电器配件有限公司
地址:浙江省平湖市黄姑镇五金科技创业区
邮编:314200
电话:0573/85862699
传真:85867854
电子信箱:phynwj123@ 163. com
质量体系:ISO 9001
产品情况:电枢、磁极、紧固件等

★浙江星宙电气有限公司
地址:浙江省海盐县盐北路211号科技创业园
邮编:314300
电话:0573/86988588
传真:86988868
网址:www. otshid. com
电子信箱:sales@ otshid. com
质量体系:ISO/TS 16949、ISO 9001
产品情况:(星都牌)
HID汽车灯具及配套电子镇流器等

★海盐永伟电子器材有限公司
地址:浙江省海盐县长安路129号
邮编:314304
电话:0573/86857968
传真:86859160、86169800
网址:www. hy – yongwei. com
电子信箱:yongwei@ mail. jxptt. zj. cn
质量体系:ISO 9001
产品情况:(永迪牌、申迪牌)
汽车封闭灯泡、卤素灯泡,年产能力1000万只
出口情况:出口美洲、欧洲、亚洲等20多个国家和地区

★嘉兴协丰汽车电器有限公司
地址:浙江省嘉兴市杭州湾跨海大桥开发区海湾街
邮编:314305
电话:0573/86852888
传真:86852898
网址:www. xielicar. com
电子信箱:nbxieli@ xielicar. com
质量体系:ISO 9001
产品情况:点火线圈、点火模块、喇叭、喇叭插头、传感器、分电器、汽油泵、分电器外壳
配套及出口情况:为上海德律风根微电子、哈尔滨志阳集团、山东由阜汽车配件厂配套;出口北美洲、亚洲、大洋洲等地区

★嘉兴市光泰照明有限公司
地址:浙江省嘉兴市海盐县沈荡镇宋坡西路1号
邮编:314311
电话:0573/86720723、86722390
传真:86722252
网址:www. gt – light. com
电子信箱:csgt@ china. com
单位人数:800
质量体系:ISO 9001、E – MARK
产品情况:HID氙气灯、H系列和900系列的汽车卤素灯、封闭式灯泡、半封闭前照灯、中灯
出口情况:出口北美洲、欧洲、俄罗斯、澳大利亚、亚洲、中东、非洲等国家和地区

★海盐县爱建汽车电器有限责任公司
地址:浙江省海盐县西塘桥镇永福工业园区
邮编:314317
电话:0573/86888856
传真:86888683
网址:www. hj – auto. com
电子信箱:hj@ hj – auto. com
单位人数:200
质量体系:ISO 9001
产品情况:(海建牌)
汽车、摩托车点火线圈、滤清器等
出口情况:远销南美洲、北美洲、欧洲、东南亚等地区

★海宁市耐特有限公司
地址:浙江省海宁市峡石街道联和村康桥组3号
邮编:314400
电话:0573/87129399、87045977
传真:87045829
网址:www. netautopart. cn
电子信箱:xialeitext@ china. com
质量体系:ISO/TS 16949、ISO 9002
产品情况:汽车、摩托车电喇叭
出口情况:产品100%出口欧洲、美国、南美洲、中东、东南亚等国家和地区

★浙江欧亚光电科技有限公司
地址:浙江省海宁市袁花镇工业园区
邮编:314400
电话:0573/87870780
传真:87372828
网址:www. cnoya. net
单位人数:260
质量体系:ISO 9001
产品情况:氙气灯泡及HID套件
出口情况:远销加拿大、美国、俄罗斯、韩国、中东等国家和地区

★海宁华宁灯泡有限责任公司
地址:浙江省海宁市周王庙镇工业园区
邮编:314407

电话:0573/87533079、87539059
传真:87535288
网址:www.hnlights.com
电子信箱:info@hnlights.com
单位人数:100
质量体系:ISO 9001
产品情况:汽车、摩托车卤素前照灯及HID氙气前照灯灯泡
出口情况:远销东南亚、欧洲、美洲等地区

★海宁远大照明有限公司
地址:浙江省海宁市新仓镇
邮编:314414
电话:0573/87831519、87835999
传真:87836898
网址:www.ydlighting.com
电子信箱:ydlighting@gmail.com
质量体系:ISO 9001
产品情况:灯泡、电子产品、电器

★杭州半球汽车配件有限公司
地址:浙江省海宁市许村镇红旗村
邮编:314422
电话:0573/87902105、87902108
传真:87902106
网址:www.huohuasai.cc
电子信箱:sparkplug@163.com
单位人数:200
质量体系:ISO 9001
产品情况:各种型号火花塞
配套及出口情况:客户有E3、OREGON、AT等;远销东南亚、非洲、美洲、中东

★宁波精华电子科技有限公司
地址:浙江省宁波市鄞州区下应街道潘火桥村
邮编:315000
电话:0574/55006917、88239088
传真:88239084
网址:www.jinghuacn.net
电子信箱:frank@jinghuacn.net
法人代表:康晴
负责人:黄堃
单位人数:114
质量体系:ISO/TS 16949、ISO 9001
产品情况:汽车前照灯调光电动机
配套及出口情况:为福特、标致、奇瑞、长城等国内外10多家汽车主机厂二级配套;出口印度、泰国、伊朗、巴西等国家

★宁波耐特电器有限公司
地址:浙江省宁波市江北区私营工业区新横七路7号
邮编:315000
电话:0574/87329393
传真:87293589
网址:www.netmotor.com.cn
电子信箱:netmotor@mail.nbptt.zj.cn
质量体系:ISO 9001
产品情况:(NET牌)
　汽车电器、汽车零部件、空调及零部件、电动机、风扇、风机及配件、塑料制品、金属制品
出口情况:出口美国、欧洲和亚洲等国家和地区

★宁波海通汽车配件有限公司
地址:浙江省宁波市江北区庄桥冯家村工业区
邮编:315000
电话:0574/87561749、87319378
传真:87584277、87292008
网址:www.ht-pulley.com
电子信箱:lujun8@mail.nbptt.zj.cn
单位人数:180
质量体系:ISO/TS 16949、ISO 9001
产品情况:汽车发电机带轮等,月产能力30万个
出口情况:出口北美和欧洲市场

★浙江三荣电机有限公司
地址:浙江省宁波市江北大道88号
邮编:315000
电话:0574/87588888、87588798
传真:87588196、87588988
网址:www.chinasanrong.com
电子信箱:sanrong@sanrong.com.cn
质量体系:ISO 9001
产品情况:(三荣牌)
　汽车起动机、发电机及牵引电机
配套及出口情况:为宁波生命力电器、浙江润华机电等配套;油泵电动机、绞盘电动机远销美国、大洋洲、东南亚、英国、法国等国家和地区

★爱博特电子(宁波)有限公司
地址:浙江省宁波市科技园区景宁大楼
邮编:315000
电话:0574/88369838、88482833
传真:88352702、88352270
网址:www.everbright21.com
电子信箱:everbright@everbright21.com
质量体系:ISO/TS 16949、ISO 9001
产品情况:(CEBT牌)
　汽车氙气前照灯
出口情况:出口美国、日本、韩国、俄罗斯、德国、西班牙、泰国、巴西、肯尼亚等70多个国家

★宁波鄞州雪利曼电子仪表有限公司
地址:浙江省宁波市高桥工业区陆家庄
邮编:315000
电话:0574/88446845、88053368
传真:88446268
网址:www.xueliman.com
电子信箱:nbxlm@163.com
单位人数:128
质量体系:ISO/TS 16949、ISO 9001
产品情况:(雪利曼牌)
　组合仪表、车速里程表、电子转速表、水温表、电压表、燃油表、油压表及配套传感器等
配套及出口情况:同国内外100多家汽车生产商建立配套合作关系;ZB系列汽车组合仪表批量出口非洲、中东、瑞典等国家和地区,并销往中国台湾地区

★宁波市正谊电子电器科技有限公司
地址:浙江省宁波市海曙区翠柏路108号
邮编:315010
电话:0574/87312081、87310985
传真:87313990
网址:www.chinazhengyi.com
电子信箱:jenniferqin@zhengyigorden.cn
质量体系:ISO 9001
产品情况:LED汽车尾灯

★新希尔实业有限公司
地址:浙江省宁波市海曙区常青路98弄111号
邮编:315012
电话:0574/87132095
传真:87133095
网址:www.hi-kingcn.com
电子信箱:manager@hi-kingcn.com
质量体系:ISO/TS 16949
产品情况:汽车发电机、起动机及其配件

★宁波市艾奇艾火花塞有限公司
地址:浙江省宁波市新马路123号
邮编:315020
电话:0574/87065537
传真:87065315
网址:www.aganb.com
电子信箱:aga@nbip.net
单位人数:100
质量体系:ISO/TS 16949、ISO 9001
产品情况:(AGA牌)
　汽车、摩托车火花塞
出口情况:出口欧洲、美洲、东南亚等地区

★宁波市江北国茂电器厂
地址:浙江省宁波市江北区甬江镇外漕工业开发区
邮编:315032
电话:0574/87350450、87638132
传真:87638132
网址:www.nbguomao.net
电子信箱:info@nbguomao.net
质量体系:ISO 9001
产品情况:汽车起动机电磁开关、减速式转子、永磁式定子及一整套起动机零部件
配套及出口情况:为贵阳航空电机有限责任公司、浙江达可尔汽车电子科技有限公司、宁波华腾电机有限公司、宁波甬洪电机有限公司等企业配套;远销美国、欧洲、东南亚等国家和地区

★宁波市贤龙汽车配件有限公司
地址:浙江省宁波市江北区庄桥宁慈公路东邵车站旁
邮编:315032
电话:0574/87584533、83021509
传真:87561218

网址:www. cnxianlong. com
电子信箱:nbxl@ cnxianlong. com
单位人数:400
质量体系:ISO/TS 16949、ISO 9001
产品情况:汽车分电器、汽车空调压缩机、电磁离合器等
配套及出口情况:为长安汽车、保定长城等多家主机厂配套;出口美国、欧洲、东南亚等国家和地区

★宁波永驰微型泵业有限公司
地址:浙江省宁波市江北大道20弄246号
邮编:315032
电话:0574/87585008
传真:87582877
网址:www. auto - micropump. com
电子信箱:nbworldwise@ yahoo. com. cn
质量体系:ISO/TS 16949、ISO 9001
产品情况:汽车洗涤泵、洗涤器、微电机、中控锁、塑料件、橡胶塞、油壶等

★宁波恒帅微电机有限公司
地址:浙江省宁波市江北科技创业园区C区通宁路399号
邮编:315032
电话:0574/87585866、87585528
传真:87585898
网址:www. motorpump. com
电子信箱:hengsuav@ mail. nbptt. zj. cn
质量体系:ISO 9000
产品情况:汽车风扇电动机、风窗电动洗涤泵、喷水嘴、电子循环泵、前照灯泵、前照灯清洗喷嘴等

★宁波 Skyward 工业有限公司
地址:浙江省宁波市中山东路93号
邮编:315040
电话:0574/27866810、87283827
传真:27666880
网址:www. askyward. com
电子信箱:master@ askyward. com
质量体系:VDA 6. 1、QS 9000
产品情况:开关、滤清器、离合器、交流发电机、起动机、悬架及转向系统配件、冷却系统、轴承及张紧器、橡胶件等

★宁波韵升电机有限公司
地址:浙江省宁波市科技园区明珠路428号
邮编:315040
电话:0574/27952527
传真:27952517
网址:www. ysae. cn
电子信箱:ysae@ ysweb. com
单位人数:400
质量体系:ISO/TS 16949
产品情况:发电机和起动机,年产发电机100万台、起动机50万台
出口情况:出口美洲、欧洲、中东、东南亚等地区

★宁波市欣新电器科技有限公司
地址:浙江省宁波市江东区百宁街101号
邮编:315040
电话:0574/87889538
传真:87881275
网址:www. xxdqkj. com
电子信箱:motor75@ mail. nbptt. zj. cn
质量体系:ISO/TS 16949、ISO 9001
产品情况:电动机
出口情况:出口欧洲、美洲、日本、东南亚等国家和地区

★宁波鄞州正洋电子工艺有限公司
地址:浙江省宁波市鄞州下应街道东兴工业厂区206
邮编:315104
电话:0574/88009900
传真:88392112
网址:www. xenon. com. cn
电子信箱:tony@ autolumen. cn
质量体系:ISO 9001
产品情况:车用氙气套装、白天行车灯、泊车辅助系统、汽车防盗系统

★宁波向阳坦科斯特电子有限公司
地址:浙江省宁波市鄞州区下应镇
邮编:315105
电话:0574/88230001
传真:88230603
网址:www. xiangyangchina. com
电子信箱:sale@ xiangyangchina. com
单位人数:7000
质量体系:ISO 9001
产品情况:扬声器配件,包括盆架、铝压铸、蹄铁、后罩、汽车音响网罩等
出口情况:远销欧洲、美洲及东南亚的30多个国家和地区

★宁波思创机电有限公司
地址:浙江省宁波市鄞州区潘火工业园区春晖路155号
邮编:315105
电话:0574/88235866、88238525
传真:88235878
网址:www. strongteck. com
电子信箱:sales@ strongteck. com
单位人数:70
质量体系:ISO/TS 16949、ISO 9001
产品情况:汽车传感器、电子电气控制器和汽车电磁阀类产品
配套及出口情况:为上海华普、吉利汽车、重庆力帆、浙江万向精工、浙江万安集团、西安正昌电子、美国R&B、美国CAG等配套;批量出口美国、欧洲、南非、中东等国家和地区

★宁波精成车业有限公司
地址:浙江省宁波市鄞州区中河街道潘火工业区
邮编:315105
电话:0574/88239091
传真:88239075
网址:www. nbjingcheng. com
电子信箱:jc@ nbjingcheng. com
单位人数:500
质量体系:ISO/TS 16949
产品情况:(JC牌)
镜面驱动器,年产800多万只;微型直流电动机,年产2000万只
配套及出口情况:镜面驱动器为上海大众、上海通用、FORD等配套,配套量600多万只/年;后视镜总成为浙江吉利汽车配套,配套量200多万只/年;镜面驱动器出口美国、东南亚、东欧、中东、南美洲等国家和地区

★宁波高发汽车拉索有限公司
地址:浙江省宁波市鄞州投资创业中心下应北路717号
邮编:315105
电话:0574/88413428、88413438
传真:88413377
网址:www. gaofacable. com
电子信箱:web@ gaofacable. com
质量体系:ISO/TS 16949
产品情况:汽车拉索、变速软轴、变速操纵器、电子加速踏板等
配套及出口情况:为上汽集团、上海大众、上海通用、一汽集团、一汽-大众、东风汽车公司、比亚迪汽车、吉利汽车、郑州宇通、厦门金龙、北汽福田、玉柴等40多家企业定点配套;出口德国大众、美国通用等欧美汽车公司

★宁波家琦电子有限公司
地址:浙江省宁波市鄞州工业园区下应北路359号
邮编:315105
电话:0574/88495212、88239532
传真:88495343
网址:www. jiaqi. net
电子信箱:jiaqi@ jiaqi. net
质量体系:ISO/TS 16949、ISO 9001
产品情况:起动机、发电机、分电器、点火线圈、传感器、调节器、点火模块
配套情况:为上汽通用五菱、东安动力、吉利汽车、奇瑞汽车等配套

★宁波东风暖风机厂
地址:浙江省宁波市江东潘火桥
邮编:315105
电话:0574/88495391、88495134
传真:88495631
网址:www. dongfeng - nb. com
电子信箱:cnnb@ dongfeng - nb. com
单位人数:160
质量体系:ISO 9001
产品情况:(东友牌)
汽车水暖式暖风装置及各种单相串激电动机、永磁直流电动机、电动千斤顶、电动充气泵和各种车型散热器
配套及出口情况:与东风汽车公司配套;部分产品出口

★宁波京都汽车部件有限公司
地址:浙江省宁波市鄞州区五乡镇

邮编:315111
电话:0574/87065258、87065268
传真:87065278
网址:www. kn – auto. com
电子信箱:hbd@ kn – auto. com
质量体系:ISO/TS 16949
产品情况:汽车点火系统
配套情况:为国内 OEM 厂家和国际买家配套

★宁波奥华汽车配件有限公司
地址:浙江省宁波市五乡镇博奥工业园高老庄
邮编:315111
电话:0574/88166512、88328769
传真:88166516
网址:www. aopec. cn
电子信箱:sales@ aopec. cn
质量体系:ISO 9001
产品情况:继电器、闪光器、电子控制模块、电动燃油泵、化油器、传输系统、点火系统、操纵、悬架系统、冷却系统、制动系统、车身零部件

★宁波日兴电子有限公司
地址:浙江省宁波市五乡镇工业园区
邮编:315111
电话:0574/88335178、88333595
传真:88486443
电子信箱:rixing01@ nb – redsun. com
单位人数:620
质量体系:ISO 9001、ISO 14001
产品情况:汽车音箱、功放,汽车、摩托车蜗牛电喇叭
出口情况:出口美国、欧洲、中东、巴基斯坦、东南亚等国家和地区

★宁波史丹利汽车部件有限公司
地址:浙江省宁波市鄞州区五乡镇工业区
邮编:315111
电话:0574/88486779、88485616
传真:88486222
网址:www. starlit – china. com
电子信箱:sales@ starlit – china. com
单位人数:81
质量体系:ISO 9001
产品情况:(STARLIT 牌)
汽车车灯、座椅、线束等
配套情况:为 20 多家固定客户配套

★宁波永诚汽车电器有限公司
地址:浙江省宁波市东钱湖旅游度假区工业园区
邮编:315121
电话:0574/88373118
传真:88373647
网址:www. nb – yongcheng. com
电子信箱:nbyc@ nb – yongcheng. com
质量体系:ISO 9001
产品情况:(永尔诚牌)
汽车点火线圈,摩托车点火线圈,汽车塑料配件
出口情况:点火线圈远销欧美

★宁波汽车软轴软管有限公司
地址:浙江省宁波市东钱湖工业园区
邮编:315124
电话:0574/88327772
传真:88327782
网址:www. nbcable. com
电子信箱:nbcable@ nbcable. com
单位人数:500
质量体系:ISO/TS 16949、VDA 6. 1
产品情况:(鹏程牌)
汽车用操纵拉索
配套及出口情况:为一汽集团、上汽集团、上海通用、东风汽车公司、北汽集团、南京汽车集团、江淮、江铃、广汽本田、奇瑞汽车、华晨中华、昌河铃木、郑州日产、法国 VALEO、美国通用、美国 TDM、德国欧宝、加拿大 Flexngate 等配套;出口美国、欧洲、日本、东南亚等国家和地区

★宁波正茂电子有限公司
地址:浙江省宁波市鄞州横溪镇工业区
邮编:315131
电话:0574/88062938、88472384
传真:88472806
网址:www. china – zhengmao. com
电子信箱:zm@ china – zhengmao. com
质量体系:ISO 9001
产品情况:开关放电管、气体放电管等

★宁波市鄞州永林电子电器有限公司
地址:浙江省宁波市鄞州横溪工业区
邮编:315131
电话:0574/88066188、88065188
传真:88068180
网址:www. ylerelays. com
电子信箱:manager@ ylerelays. com
质量体系:ISO 9001
产品情况:(YLE 牌)
汽车继电器
出口情况:出口新加坡、马来西亚、加拿大、美国等国家,并销往中国香港、澳门、台湾地区

★姜山高荣汽车软轴软管有限公司
地址:浙江省宁波市鄞州姜山镇蔡郎桥
邮编:315136
电话:0574/88475213
传真:88475240
单位人数:80
质量体系:ISO 9001
产品情况:(父子牌)
汽车及摩托车软轴芯、软管等

★宁波今棱汽车零件有限公司
地址:浙江省宁波市鄞州区集仕港工业园区工贸二路 1 号
邮编:315171
电话:0574/88021201
传真:88021216
网址:www. chinlang – autoparts. com
电子信箱:sales@ chinlang – autoparts. com
质量体系:ISO/TS 16949、ISO 9001
产品情况:(CHINLANG 牌)
散热器冷却风扇总成、冷凝器冷却风扇总成、直流电动机、喷水壶总成及副水箱等

★宁波惠山汽配制造有限公司
地址:浙江省宁波市鄞州区集仕港镇南路 47 号
邮编:315171
电话:0574/88421128、88421723
传真:88422128
网址:www. cnjuhang. net
电子信箱:juhang@ cnjuhang. net
单位人数:300
质量体系:ISO 9001
产品情况:(巨航牌)
汽车单向器总成和其他汽车零部件
配套及出口情况:为长安汽车、柳州五菱、天津一汽夏利等配套;远销美国、欧洲、东南亚、俄罗斯等国家和地区

★宁波市鄞州天星汽车电器厂
地址:浙江省宁波市鄞州区高桥镇岐山村岐山巷 2 号
邮编:315173
电话:0574/88007786
传真:88448024
网址:www. china – tianxing. com
电子信箱:ctx@ china – tianxing. com
单位人数:528
质量体系:QS 9000、ISO 9001
产品情况:磁力开关、点火线圈、电子配件、汽车灯具、汽车发电机及起动机配件,年产 800 万套,年产值 8000 万元
出口情况:产品 80% 远销欧美

★宁波爱姆奇汽车配件有限公司
地址:浙江省宁波市鄞州区高桥工业园区秀丰路 157 号
邮编:315175
电话:0574/88052338
传真:27915608、88052488
网址:www. amgeecn. com
电子信箱:wisdom@ amgeecn. com
质量体系:ISO/TS 16949
产品情况:(AMGEE 牌)
汽车电喷发动机干式高能点火线圈、炭罐电磁阀、传感器等
配套及出口情况:成为大陆公司等世界五百强企业的供应商;远销欧美

★宁波捷达汽车零部件制造有限公司
地址:浙江省宁波市鄞州区古林镇陈横楼工业区云林东路 1 号
邮编:315176
电话:0574/88008000、88438450
传真:88025425
网址:www. nbjieda. cn
电子信箱:zhuang@ nbjieda. cn
质量体系:ISO/TS 16949

产品情况:汽车电动燃油泵及总成、电子点火分电器

★宁波华瑞电器有限公司
地址:浙江省宁波市鄞州区姜山镇科技园区
邮编:315191
电话:0574/88458899、27718617
传真:88454022、27718619
网址:www. china - commutator. com
电子信箱:sales@ hrdq. cn
单位人数:1200
质量体系:ISO/TS 16949、ISO 14001
产品情况:插片式钩型、插片式槽型、卷板型和平面型换向器,月生产能力800万只以上
出口情况:出口欧洲、美洲、日本、韩国等国家和地区,并销往中国香港、台湾地区

★宁波海高利汽车电器制造有限公司
地址:浙江省宁波市镇海姣川街道棉丰村德利路218号
邮编:315200
电话:0574/86264991、86261844
传真:86264843
网址:www. haigaoli. com
电子信箱:hubo7561@ mail. nbptt. zj. cn
单位人数:160
质量体系:QS 9000、ISO 9002
产品情况:汽车、摩托车分电器及其配件
配套情况:为长安、东安、柳州五菱、金杯海狮、东风、长城皮卡等配套

★宁波广良电器有限公司
地址:浙江省宁波市镇海蟹浦工业区
邮编:315201
电话:0574/86506062、86508997
传真:86509288
网址:www. guangliang. com. cn
电子信箱:nbgl2007@ yahoo. cn
质量体系:ISO/TS 16949
产品情况:汽车起动机用电刷及电刷总成等

★宁波绅乐电子有限公司
地址:浙江省宁波市镇海区骆驼工业区汇水路128号
邮编:315201
电话:0574/86571999、86571993
传真:86571998、87249291
网址:www. sanowcaraudio. com
电子信箱:Zhengzq@ mail. nbptt. zj. cn
单位人数:170
质量体系:ISO 9001
产品情况:各种液晶显示器、影音配套件、各种汽车喇叭、线材
出口情况:产品95%出口美国、欧洲、东南亚、大洋洲等国家和地区

★宁波诺士敦机电有限公司
地址:浙江省宁波市镇海骆驼工业区盛兴路338号
邮编:315202
电话:0574/86578700
传真:86578705
网址:www. nse - china. com
电子信箱:sales@ nse - china. com
质量体系:ISO/TS 16949、ISO 9001
产品情况:燃油泵电枢、线圈、磁体、外壳、传感器、端子、浮子臂、电动机转子、燃油泵定子等
出口情况:出口北美洲

★宁波市镇海正时汽车零部件公司
地址:浙江省宁波市镇海区骆驼街道昌兴路2号
邮编:315202
电话:0574/86580214、86561368
传真:86580214
网址:www. zhengshi. net
电子信箱:shgf1211@ yahoo. com. cn
单位人数:50
质量体系:ISO 9001
产品情况:(正时牌)
汽油发动机用分电器总成、电子点火器等,以及无骨刮水器片
配套及出口情况:为沈阳新光集团、长城集团直接或间接配套;出口产值约30万元

★宁波骆驼东港电热塞厂
地址:浙江省宁波市骆驼镇骆西路248号
邮编:315202
电话:0574/86581061
网址:www. heatingplug. com
电子信箱:manager@ heatingplug. com
质量体系:ISO 9000
产品情况:电热塞,年产能力100万只
出口情况:出口东南亚、中东地区

★宁波金腾摩多卡汽车电器有限公司
地址:浙江省宁波市镇海区蟹浦工业开发区
邮编:315204
电话:0574/86509143、86506218
传真:86508578
网址:www. jtstarter. com
电子信箱:busi@ cn - commutator. com
质量体系:ISO/TS 16949、ISO 9000
产品情况:汽车起动机、起动机电枢、换向器、滑环、磁场线圈及相关配件
出口情况:出口欧美、东南亚等地区

★慈溪市耀发电器有限公司
地址:浙江省慈溪市浒山街道高河塘村
邮编:315300
电话:0574/63031097
传真:63031097
网址:www. cnyaofa. com
电子信箱:yaofa@ cnyaofa. com
质量体系:ISO/TS 16949、ISO 9001
产品情况:传感器、分电器、霍尔传感器、分电器盖、插接件等
配套情况:为长安汽车、柳州五菱等配套

★慈溪市中航汽车零部件公司
地址:浙江省慈溪市金沙路299号
邮编:315300
电话:0574/63810049、23570728
传真:63810482
网址:www. cnzhonghang. com
电子信箱:yang@ cnzhonghang. com
单位人数:86
质量体系:ISO/TS 16949、ISO 9001
产品情况:汽车分电器、紧固件、冲压件、膨胀螺栓等
出口情况:出口美国、荷兰、德国、澳大利亚等十几个国家和地区

★宁波雷自达电器有限公司
地址:浙江省慈溪市宗汉镇工业开发区
邮编:315301
电话:0574/62258896
传真:62258899
网址:www. lezd. com
电子信箱:sales@ lezd. com
质量体系:ISO 9001
产品情况:(LEZD牌)
汽车起动机及其配件,交流发电机
出口情况:出口北美洲、亚洲、大洋洲等地区

★慈溪市欧德曼汽车电机厂
地址:浙江省慈溪市宗汉西外环南路
邮编:315301
电话:0574/62277988、62277987
传真:62277986
网址:www. cxaudiman. com
电子信箱:audiman@ cxaudiman. com
质量体系:ISO/TS 16949
产品情况:汽车电器、起动机及配件

★宁波普浙机电有限公司
地址:浙江省慈溪市宗汉街道百两村
邮编:315301
电话:0574/63212988、63204314
电子信箱:work@ cxjinda. com
质量体系:ISO 9001
产品情况:(艺达牌)
各类减速型汽车起动机

★慈溪奥博汽车电器有限公司
地址:浙江省慈溪市宗汉街道潮塘工业开发区
邮编:315301
电话:0574/63227687、58586951
传真:63227070
网址:www. aobochina. com. cn
电子信箱:aobor_gjr@ vip. 163. com
质量体系:ISO 9002
产品情况:(奥博牌)
汽车起动机及相关配件,年产汽车起动机300万套、起动机电枢100万只、电磁产品100万套
配套情况:为上海大众、神龙汽车、一汽-大众、一汽轿车等配套

★慈溪市坎墩至超汽车配件厂
地址:浙江省宁波市慈溪坎墩坎胜路919号
邮编:315303
电话:0574/63270271
传真:63280272
网址:www.kdzc4197.cn
单位人数:300
质量体系:ISO 9001
产品情况:(广丰(GUANGFENG)牌)
火花塞
出口情况:远销东南亚、欧美等地区20多个国家

★宁波华泰汽车电器总厂
地址:浙江省慈溪市坎墩镇兴镇街1155号
邮编:315303
电话:0574/63288017、63283148
传真:63288071
网址:www.nbhuatai.com
电子信箱:huatai@nbhuatai.com
单位人数:300
质量体系:ISO 9001
产品情况:(华泰牌)
汽车起动机、发电机、单缸柴油机、柴油发电机组等
配套及出口情况:为一拖集团、山东潍柴华丰、昆明云内动力、成都云内动力、江淮动力、浙江新柴、福建力佳、山东华源莱动、上海纽荷兰、常柴股份、江西马恒达等主机厂配套;出口欧美等多个国家和地区

★宁波纽时达火花塞有限公司
地址:浙江省宁波市坎墩工业园区
邮编:315303
电话:0574/63288200、63288230
传真:63287204
网址:www.chinanst.com
电子信箱:nstsp@cnnb.net
质量体系:ISO 9001
产品情况:(纽时达牌)
火花塞、LED车灯等
配套及出口情况:为一汽集团及多家发动机制造厂配套;远销欧洲、美洲、东南亚、大洋洲、中东等多个国家和地区

★宁波兴慈热动电器有限公司
地址:浙江省慈溪市坎墩街道永安西路398号
邮编:315303
电话:0574/63288244
传真:63282338
网址:www.xingci.com
电子信箱:sicq@163.com
单位人数:385
质量体系:ISO/TS 16949
产品情况:(兴慈牌)
各类调温器、电热塞、空气加热器、水温传感器、油压报警器、转速传感器、火焰预热塞、热敏开关、感应元件、低温快速起动电子控制器、电动熄火控制器、散热器盖、节温器壳等
配套及出口情况:为东风朝柴、北汽福田、天津一汽夏利、一汽锡柴、哈飞、保定长城、上柴、比亚迪、上海华普、重庆嘉陵、吉利等50多家主机厂定点配套;出口日本、俄罗斯、美国、英国、德国、伊朗、印度等国家

★慈溪市大大制冷电器有限公司
地址:浙江省慈溪市古塘街道新潮塘村
邮编:315303
电话:0574/63288518、63286971
传真:63282407
网址:www.cxdada.com
电子信箱:cixidada@163.com
质量体系:ISO/TS 16949、ISO 9001
产品情况:(大大牌)
制冷业专用快速接头、精密铸造件、汽车起动机、调温器、空气加热器等
出口情况:部分产品出口

★慈溪市华兴汽车电器有限公司
地址:浙江省慈溪市坎墩街道
邮编:315303
电话:0574/63288902、63287777
传真:63283319
网址:www.nbhxdq.com
电子信箱:cxshx@163.com
质量体系:QS 9000
产品情况:(华溪牌)
汽车发电机(整体式无刷带泵交流发电机)

★宁波中创机电有限公司
地址:浙江省慈溪市坎墩工业区华鹏路151号
邮编:315303
电话:0574/63818912
网址:www.nbzcjd.cn
电子信箱:hua4186@126.com
质量体系:ISO 9001
产品情况:(意仕特牌)
汽车起动机电磁开关

★慈溪市博宇电器有限公司
地址:浙江省慈溪市伏龙路慈东工业区
邮编:315311
电话:0574/63974018
传真:63974000
网址:www.bo-yu.com
电子信箱:cjm8@vip.sina.com
单位人数:150
质量体系:ISO 9001
产品情况:(博宇牌)
汽车电动玻璃升降器及其电动机,其他汽车配件

★慈溪裕盛电子有限公司
地址:浙江省慈溪市掌起镇工业园区
邮编:315313
电话:0574/63744016、63741647
传真:63741512
网址:www.yusheng.com
电子信箱:sales@yusheng.com
质量体系:ISO 9001
产品情况:警报器、喊话器、扬声器、电源盒等
出口情况:出口美国、加拿大、欧洲、南非等国家和地区,并销往中国台湾地区

★慈溪市锦辉仪表指针厂
地址:浙江省慈溪市横河镇东畈村
邮编:315318
电话:0574/63191118
传真:63191278
网址:www.cxjinhui.com
电子信箱:sales@cxjinhui.com
单位人数:120
质量体系:ISO/TS 16949
产品情况:(锦辉牌)
汽车、摩托车仪表指针及导光板
配套及出口情况:已进入延锋伟世通(上海、怡东)、上海日精、重庆矢崎、大陆汽车电子、印度伟世通、泰国伟世通、浙江汽车、江苏新通达、芜湖埃泰克、宁波雪利曼、黄山金马、绍兴同怡、法国欧科佳、美国实用动力下属品牌MAXIMA仪表公司等汽车仪表公司以及挪威威马公司、韩国大林公司等国内外著名仪表公司和游艇表公司的配套体系;远销印度、泰国、韩国、日本、欧美等国家和地区

★宁波市柏诺斯电器有限公司
地址:浙江省慈溪市横河镇孙家境
邮编:315318
电话:0574/63264599、63263809
传真:63263803
网址:www.nbpromise.com
电子信箱:sales@cxhengli.com
质量体系:ISO/TS 16949、ISO 9001
产品情况:汽车点火线圈
出口情况:出口德国、欧洲、北美洲等国家和地区

★宁波钧乔行汽车配件有限公司
地址:浙江省慈溪市横河工业开发区
邮编:315318
电话:0574/63833108、63834159
传真:63833266
网址:www.yshsp.com
电子信箱:ysh@yshsp.com
质量体系:ISO 9001
产品情况:(MS牌)
各种火花塞,年产1000万支
出口情况:出口东南亚、中东、南美洲等地区

★宁波凯尔汽车电器有限公司
地址:浙江省慈溪市逍林镇樟新北路1538号
邮编:315321
电话:0574/63510509、63510600
传真:63510515
网址:www.nb-kr.com
电子信箱:sc@nb-kr.com

单位人数:200
质量体系:ISO/TS 16949
产品情况:起动机、起动机电枢、油泵电动机、座椅电动机、各种电动机相关零配件
出口情况:远销北美洲、南美洲、欧洲等地区

★宁波轻飞特汽车零部件有限公司
地址:浙江省慈溪市新浦镇工业开发区西区
邮编:315322
电话:0574/23677795、63545111
传真:23677793
网址:www. chinacift. com
电子信箱:sales@ cift. cn
质量体系:ISO 9001
产品情况:(轻飞特牌)
里程表软轴、离合器操纵索、加速踏板操纵索、驻车制动操纵索、推拉索等汽摩操纵拉索,年产能力800万台套
出口情况:远销美洲、亚洲、欧洲、中东、非洲等地区

★慈溪市摩仕达火花塞厂
地址:浙江省慈溪市新浦镇工业区
邮编:315322
电话:0574/63578567、63574628
传真:63578567
质量体系:ISO 9002
产品情况:(摩仕达牌)
火花塞,年产500万支

★宁波市博德艾普电气有限公司
地址:浙江省慈溪市新浦镇新浦工业开发区
邮编:315322
电话:0574/63578567、63590938
传真:63574628
网址:www. moshida. com
电子信箱:msd@ moshida. com
质量体系:ISO 9001
产品情况:(摩仕达牌)
火花塞,年产3000万支
配套及出口情况:为重庆建设、雅马哈等配套;出口南美洲、中东、东南亚、非洲等地区

★宁波浩华车件有限公司
地址:浙江省慈溪市新浦镇
邮编:315322
电话:0574/63578711
传真:63575282
电子信箱:haohua@ china - haohua. com
质量体系:ISO/TS 16949、ISO 9001
产品情况:(浩华牌)
操纵拉索、里程表软轴及配件

★宁波贝尔达控制拉索有限公司
地址:浙江省慈溪市胜山工业区
邮编:315323
电话:0574/23631777、23631888
传真:63547858
网址:www. berda. cn
电子信箱:berda@ berda. com. cn
单位人数:100
质量体系:ISO/TS 16949、ISO 9001
产品情况:(贝尔达牌)
汽车拉索,年产1200万套;火花塞,年产360万套
配套及出口情况:为长安汽车配套;出口东南亚、中东、欧美等地区

★慈溪市三箭车业有限公司
地址:浙江省慈溪市胜山工业开发区
邮编:315323
电话:0574/63549428、63526988
传真:63526978
网址:www. nbsjdzgm. com
电子信箱:nbsjdzgm@ 163. com
质量体系:ISO/TS 16949
产品情况:电动机铁芯、漆包线,年产各种型号电动机铁芯300万台

★慈溪市启明汽车电器有限公司
地址:浙江省慈溪市周巷工业园区企业路678号
邮编:315324
电话:0574/63219196、63305861
传真:63219197
网址:www. kmstarter. com
电子信箱:info@ kmstarter. com
单位人数:400
质量体系:ISO/TS 16949、ISO 9000
产品情况:(艺迪牌)
汽车减速型起动机、发电机,年产50余万台
配套及出口情况:为本田、铃木、雅马哈、玉柴集团等配套;出口日本

★宁波宏辉电器有限公司
地址:浙江省慈溪市周巷镇开发东路258号
邮编:315324
电话:0574/63322226、63321288
传真:63301578
网址:www. honghuicn. com
电子信箱:honghui@ honghuicn. com
质量体系:ISO 9001
产品情况:(宏辉牌)
逆变电源、高频充电器、应急电源、电脑控制单片机等
配套及出口情况:为国内外知名企业专业配套;远销欧美、东南亚等地区

★慈溪市勤盛五金电器厂
地址:浙江省慈溪市长河镇大义房南路7号
邮编:315326
电话:0574/63401534
传真:63410690
网址:www. qs - wujin. com
电子信箱:web@ qs - wujin. com
质量体系:ISO 9000
产品情况:汽车起动机转子、电动机管夹系列、连接杆系列、接线柱系列
配套情况:配套多家OEM厂家

★宁波东隆光电科技有限公司
地址:浙江省慈溪市庵东镇庵余路218号
邮编:315327
电话:0574/63478982、63479498
传真:63472245
网址:www. dlteck. com
电子信箱:donglonghid@ dlteck. com
质量体系:ISO/TS 16949
产品情况:汽车HID氙气灯、安定器、氙气灯套装、双光透镜灯套装、AMP接头、解码器、HID包装盒等

★慈溪冠宏电子有限公司
地址:浙江省慈溪市龙山镇三北工业区新联路
邮编:315331
电话:0574/63752880
传真:63752881
网址:www. cxguanhong. com
电子信箱:sales@ cxguanhong. com
质量体系:ISO 9001
产品情况:蜂鸣警报器、电子警报器、自备电池警报器、号角喇叭、报警频闪灯、防盗门磁开关等

★宁波法雷奥汽车配件有限公司
地址:浙江省宁波市杭州湾新区滨海二路237号
邮编:315336
电话:0574/23613333、23688880
传真:63526978
网址:www. faleor. com
电子信箱:wujing128@ hotmail. com
负责人:方柏君
单位人数:230
质量体系:ISO/TS 16949、ISO 9000
产品情况:汽车发电机、起动机

★宁波威猛汽车部件有限公司
地址:浙江省慈溪市慈东工业区秦渡路887号
邮编:315338
电话:0574/63266988、63252288
传真:63268875
网址:www. powermoto. cn
电子信箱:powermoto@ powermoto. cn
质量体系:ISO/TS 16949
产品情况:火花塞、轴承等
出口情况:远销欧洲、美洲、南亚、中东、非洲等地区

★浙江佳贝思绿色能源有限公司
地址:浙江省余姚市北环东路6号
邮编:315400
电话:0574/58122559、58122555
传真:62655552
网址:www. gbsystem. com
电子信箱:sharon@ gbsystem. com. cn
质量体系:ISO 9001、ISO 14000
产品情况:专业制造LiFeMnPO4(磷酸

亚铁锰锂)锂离子电池组

★余姚市舜烨电器有限公司
地址:浙江省余姚市泗门工业园区汝湖西路1号
邮编:315400
电话:0574/62160410、62161683
传真:62164068
网址:www.cnshunye.com
电子信箱:shunye@cnshunye.com
产品情况:聚光灯、充气泵、车用冰箱等
出口情况:出口欧洲、美洲、大洋洲、东南亚、中东等30多个国家和地区

★余姚市荣科汽车电器有限公司
地址:浙江省余姚市梨洲街道三溪村西溪路266号
邮编:315400
电话:0574/62568919
传真:62568919
电子信箱:danielzheng186@gmail.com
质量体系:ISO 9001
产品情况:汽车电子调节器、点火模块、传感器、电动车电子配件等
出口情况:出口德国

★宁波唯尔电器有限公司
地址:浙江省余姚市西环南路565号
邮编:315400
电话:0574/62599999、62593088
传真:62598888
网址:www.nbwell.com
电子信箱:andy@nbwell.com
单位人数:1200
质量体系:ISO 9001
产品情况:PVC胶粒、PVC及橡皮绝缘电线电缆、电源线、延长线、绕线盘、转换插座、小型灯具等产品
配套及出口情况:主要客户有美国GE(通用电气)、HOMEDEPOT、COSTCO、沃尔玛、开玛等;出口北美洲、欧洲、澳大利亚、韩国、日本等国家和地区

★余姚市灵光汽车电器有限公司
地址:浙江省余姚市北沿河路47号
邮编:315400
电话:0574/62623801
传真:62621785
网址:www.nblingguang.com
电子信箱:lgy@nblingguang.com
质量体系:ISO 9001
产品情况:(灵舜牌)
汽车电器开关、电器塑料件等

★余姚斯威克电器有限公司
地址:浙江省余姚市长元路308号
邮编:315400
电话:0574/62624118
传真:62623211
电子信箱:joan@swi-tech.com
质量体系:ISO 9001
产品情况:汽车开关、其他汽车电器

★宁波松乐继电器有限公司
地址:浙江省余姚市浙江远东工业城A区CW7
邮编:315400
电话:0574/62717777、62762658
传真:62721978
网址:www.songle.com
电子信箱:sale@songle.com
质量体系:ISO 9001
产品情况:各种继电器
配套情况:为国内外众多汽车电器等生产厂商配套

★车王电子(宁波)有限公司
地址:浙江省余姚市经济开发区A区远东工业城内C6地块
邮编:315400
电话:0574/62760669
传真:62700583
网址:www.more.com.tw
电子信箱:sales@ningbo.more.com.tw
质量体系:QS 9000、ISO 9001
产品情况:(MORE牌)
调节器、整流桥、点火模块、无线胎压监测系统

★宁波三锐精密工业有限责任公司
地址:浙江省余姚市胜堰三角站西200米
邮编:315401
电话:0574/62295230、62295228
传真:62295226
网址:www.sunlead.org
电子信箱:sunlead@sunlead.org
单位人数:150
质量体系:ISO/TS 16949、ISO 9001
产品情况:精密电动机轴、电枢轴、输出轴、齿轮、刮水器球轴等
配套情况:客户有德国的BOSCH、SIEMENS、GGP、法国的VALEO等国际知名企业

★宁波科达仪表有限公司
地址:浙江省余姚市茂盛路11号
邮编:315403
电话:0574/22683868、22683888
传真:22683855
网址:www.ningbo-keda.com
法人代表:叶解军
负责人:黄启模
单位人数:1280
质量体系:ISO/TS 16949、ISO 9001
产品情况:(科皇牌)
年产销摩托车仪表250万套,汽车仪表55万套
配套及出口情况:为大长江集团、铃木、新大洲本田、隆鑫、宗申、力帆、南方、大阳、钱江等摩托车企业配套;出口印度及韩国20万套

★宁波友信电器有限公司
地址:浙江省余姚市梁辉开发区振兴西路
邮编:315403
电话:0574/62575938、62575936
传真:62575937
网址:www.victor-thermostat.com
电子信箱:victor666178@hotmail.com
质量体系:ISO 9001
产品情况:恒温器、温度开关、电动机保护器等各类型温控器元件
出口情况:出口美国、欧洲、日本、东南亚等国家和地区,并销往中国台湾、香港地区

★宁波博润电讯有限公司
地址:浙江省余姚市西南街道郭相桥
邮编:315409
电话:0574/62515555、62597058
传真:62515788
网址:www.chinabosom.com
电子信箱:info@chinabosom.com
单位人数:500
质量体系:ISO 9001
产品情况:各种汽车天线

★宁波舜兴汽车电器有限公司
地址:浙江省余姚市陆埠镇五马工业区
邮编:315420
电话:0574/62320507、62386767
传真:62320606
网址:www.cnshunxing.com
电子信箱:shunxingmotor@gmail.com
质量体系:ISO 9001
产品情况:(舜兴牌)
汽车发电机、分电器、点火控制器
配套及出口情况:与国内多家主机厂配套;出口东南亚、欧美等地区

★宁波华邦汽配有限公司
地址:浙江省余姚市陆埠镇水暖城舜孙南路1号
邮编:315420
电话:0574/62390511
传真:62390483
网址:www.xingsheng-nb.com
质量体系:ISO 9000
产品情况:各种继电器、继电器插座、冷却风扇、各档熔丝盒、碰撞开关等汽车电器
出口情况:产品90%出口

★宁波华腾电机有限公司
地址:浙江省余姚市大隐镇山王南路
邮编:315423
电话:0574/62913271、62915398
传真:62914528
网址:www.yongxiangcn.com
电子信箱:stf@yongxiangcn.com
单位人数:130
质量体系:ISO/TS 16949、QS 9000
产品情况:(甬翔牌)
起动机
配套情况:电枢已配套多家OME厂家

★余姚市远州汽车电器有限公司
地址:浙江省余姚市马渚工业开发区渚

北东路
邮编:315450
电话:0574/62450430、62450888
传真:62450888
网址:www. yuanzhou. com
电子信箱:xbn@ yuanzhou. com
单位人数:300
质量体系:ISO 9001
产品情况:(远州牌)
发电机、起动机,具有年产发电机100万台、起动机20万台的生产能力
配套及出口情况:为各大汽车主机厂配套;远销俄罗斯、印度、德国、美国等国家

★宁波正耀汽车电器有限公司
地址:浙江省余姚市马渚镇马云路1号
邮编:315450
电话:0574/62465403
传真:62460222
网址:www. yyae. com. cn
电子信箱:yyae@ mail. nbptt. zj. cn
质量体系:ISO/TS 16949、VDA 6.1
产品情况:(YY牌)
汽车电器接插件
配套情况:为一汽集团、东风汽车公司、北汽福田、华晨金杯、奇瑞汽车、江淮汽车、东南汽车、长安、长城汽车、比亚迪汽车等配套

★余姚市立天电器电源有限公司
地址:浙江省余姚市马渚镇新顺路2号
邮编:315450
电话:0574/62466188、62461038
传真:62466736
网址:www. yaohu - pile. com
电子信箱:yhu@ mail. nbptt. zj. cn
质量体系:ISO 9001
产品情况:(新顺(XS)牌、瑶湖牌)
全密封免维护和起动型铅酸蓄电池
出口情况:部分产品出口

★宁波庆昌镒万汽车配件有限公司
地址:浙江省余姚市牟山镇新东吴村西吴180号
邮编:315456
电话:0574/62890278
传真:62890280
单位人数:350
质量体系:ISO/TS 16949
产品情况:各种车用控制拉索
出口情况:出口韩国

★宁波海湖蓄电池有限公司
地址:浙江省余姚市临山镇湖堤工业区
邮编:315461
电话:0574/62060666、0571/88999299
传真:62060456
网址:www. sealake. com
电子信箱:sealake@ mail. nbptt. zj. cn
单位人数:800
质量体系:ISO 9001
产品情况:汽车及摩托车蓄电池

★宁波天瑞电器有限公司
地址:浙江省余姚市泗门镇工业园区
邮编:315470
电话:0574/62132768、62132799
传真:62131720、62132222
网址:www. cntianli. com
电子信箱:tony@ cntianli. com
质量体系:ISO 9001
产品情况:聚光灯、应急灯等

★余姚市金盛电子有限公司
地址:浙江省余姚市泗门镇下庙山路5弄4号
邮编:315472
电话:0574/62160577
传真:62169566
网址:www. plugchina. cn
电子信箱:info@ yyjsdz. com
质量体系:ISO 9001
产品情况:各国标准电线电缆、AC/DC插头插座、汽车附件等

★浙江省余姚市伯钿电器厂
地址:浙江省余姚市朗霞街道新新工业村
邮编:315480
电话:0574/62197269
传真:62195168
电子信箱:web@ cn - jdh. com
质量体系:ISO 9001
产品情况:发电机集电环、骨架及塑料配件
出口情况:出口韩国、德国等国家

★宁波大光汽车零部件有限公司
地址:浙江省余姚市低塘街道镇南路85号
邮编:315490
电话:0574/62260690、62269999
传真:62263218、62264318
网址:www. autodaiko. com
电子信箱:daiko@ autodaiko. com
单位人数:336
质量体系:ISO/TS 16949、ISO 9001
产品情况:分电器及分电器盖、分火头、断电触点、电容
出口情况:远销日本、美国、加拿大、英国、欧洲、中东、东南亚、非洲、南美洲等国家和地区

★浙江阳明汽车部件有限公司
地址:浙江省余姚市低塘镇环镇北路46号
邮编:315490
电话:0574/62263670、62261028
传真:62263360
网址:www. ymchina. com
电子信箱:ym@ ymchina. com
单位人数:300
质量体系:ISO/TS 16949、ISO 9001
产品情况:(阳明牌)
汽车电器开关、继电器和塑料部件
配套及出口情况:为多家整车厂配套;出口欧洲、北美洲、南美洲

★余姚市准时电器有限公司
地址:浙江省余姚市低塘街道历山工业区
邮编:315491
电话:0574/62241261、62245177
传真:62245177
网址:www. nb - jiuling. com
电子信箱:jiuling@ nb - jiuling. com
质量体系:ISO 9001
产品情况:汽车分电器总成、高能电子点火器、分电器盖、分火头、张紧轮、断电触点、火花塞、蜗牛电喇叭、高压阻尼线等
出口情况:部分产品出口

★宁波久灵汽车零部件有限公司
地址:浙江省余姚市低塘街道剑山工业园区
邮编:315492
电话:0574/62292218、62295098
传真:62293188
网址:www. 90baijin. com
电子信箱:baijin@ 90baijin. com
单位人数:150
质量体系:ISO 9001
产品情况:(JORIN牌)
汽车断电器总成(断电触点)、火花塞、分电器、高压阻尼线、蜗牛电喇叭、高能电子点火器、张紧轮、分电盖、分火头、桑塔纳开关等
配套及出口情况:(12R)白金为发动机主机厂配套;出口10多个国家和地区

★余姚市海泰汽车零部件有限公司
地址:浙江省余姚市低塘镇剑山工业园区86号
邮编:315492
电话:0574/62292328、62295038
传真:62294328
网址:www. htap. com. cn
电子信箱:htap@ htap. com. cn
单位人数:100
质量体系:ISO 9001
产品情况:(球福牌、HTAP牌)
双音蜗牛电喇叭、喇叭继电器、起动继电器、喷水电动机、高压线、开关等
出口情况:出口中东、东南亚、日本、西欧、美洲等10多个国家和地区

★余姚市韩泰汽车电器厂
地址:浙江省余姚市低塘郑巷北路110号
邮编:315492
电话:0574/62295558、62295588
传真:62295559
网址:www. cn - hantai. com
电子信箱:hantai_autoparts@yahoo. com. cn
质量体系:ISO 9001
产品情况:(90牌)
硅橡胶汽车点火线、喇叭
出口情况:出口美国、欧洲、中东、东南亚等国家和地区

★奉化市汉特汽车仪表有限公司
地址:浙江省奉化市广平路229号
邮编:315500
电话:0574/88525601
传真:88525018
网址:www.heartymeter.com
电子信箱:hhxp@mail.nbptt.zj.cn
单位人数:100
质量体系:ISO/TS 16949、ISO 9000
产品情况:(汉特(HEARTY)牌)
汽车压力表、温度表、燃油表、电压表、电流表及工程车辆仪表盘
出口情况:出口北美洲、南美洲、欧洲、大洋洲、中东、东南亚等地区

★奉化市圆合汽车空调部件有限公司
地址:浙江省奉化市西坞街道聚源路2号
邮编:315558
电话:0574/88540555、88534258
传真:88534218、88534248
网址:www.qcktbj.com
电子信箱:web@qcktbj.com
质量体系:ISO 9001
产品情况:汽车空调电磁离合器
配套情况:为岳阳恒立、宁波欣晖、帕尔玛等汽车空调压缩机企业配套

★宁波拓普电器有限公司
地址:浙江省宁波市北仑区龙潭山路1号
邮编:315600
电话:0574/86889791
传真:86874691
质量体系:ISO/TS 16949
产品情况:(拓普(TUOPU)牌)
汽车各种特殊线束、线束橡胶护套、塑料件等
配套情况:主要客户有上海大众、长安福特马自达、德尔福派克、上海金亭、通用、MAGNAS INTIER、三菱、法雷奥等

★象山华泰模塑电器有限公司
地址:浙江省宁波市象山县西周工业区
邮编:315721
电话:0574/65871618、65873333
传真:65872333
网址:www.huataiinc.com
单位人数:300
质量体系:ISO/TS 16949、ISO 9001
产品情况:汽车电线、接插件、开关、排气管、汽车内饰件、中央门锁、紧固件、胶木产品、波纹管、高精度塑料模具等
出口情况:远销欧洲、美洲、东南亚、大洋洲、非洲等地区

★宁波亚福仪表制造有限公司
地址:浙江省宁波市开发区金沙江路1号
邮编:315800
电话:0574/86881306
传真:86882315
网址:www.yafumeter.com
电子信箱:zhuchengdong@nbyafu.com
质量体系:ISO 9001
产品情况:(亚福牌)
汽车组合仪表、传感器、压力表、压力表机芯、减压器等
出口情况:出口东南亚及欧洲、美洲等地区

★宁波华甬汽车零部件有限公司
地址:浙江省宁波市北仑区小港经济技术开发区G1区
邮编:315803
电话:0574/86223442
传真:86221515
网址:www.nbhyql.com
电子信箱:sales@nbhyql.com
单位人数:120
质量体系:ISO/TS 16949、QS 9000
产品情况:汽车组合开关、变光开关、转向开关、翘板开关、电源总开关、点火开关、点火锁、车门锁、油箱锁、行李舱锁、全车锁芯及各类按钮开关等
配套情况:为上汽通用五菱、长春一汽客车、东风杭汽、奇瑞汽车、吉利汽车、南京春兰、沈阳金杯、丹东黄海、金华青年尼奥普兰、北汽福田等十几家汽车厂配套

★宁波市北仑机械电器有限公司
地址:浙江省宁波市柴桥工业区2号
邮编:315809
电话:0574/86062539
传真:86062631
网址:www.bljd.com
电子信箱:yye@bljd.com
单位人数:100
质量体系:ISO 9001
产品情况:传感器
出口情况:出口德国

★浙江台州中信汽车电器有限公司
地址:浙江省临海市泉井洋路8号
邮编:317000
电话:0576/85183777
传真:85183728
质量体系:ISO 9001
产品情况:(LINWEI牌)
永磁减速起动机

★台州通达机电有限公司
地址:浙江省三门县沙田洋开发区光明中路333号
邮编:317100
电话:0576/83373198、83373346
传真:83373365、83230518
网址:www.chinakailong.com
电子信箱:user@chinakailong.com
单位人数:187
质量体系:ISO 9001
产品情况:(凯龙牌、裕龙牌)
汽车暖风电动机、空调电动机、刮水器、电动玻璃升降器等
配套及出口情况:为长安汽车、上汽通用五菱、昌河汽车、松花江、一汽佳宝、东风汽车公司等配套;农机产品出口东南亚

★温岭大发微电机有限公司
地址:浙江省温岭市第一经济开发区
邮编:317500
电话:0576/86118979、86220056
传真:86220506
电子信箱:info@washermotor.com
质量体系:ISO 9001
产品情况:风窗洗涤器、喷水电动机、前照灯调节电动机、后视镜电动机

★浙江承康机电制造有限公司
地址:浙江省温岭市高新科技园区胜潘路
邮编:317500
电话:0576/86120238、86120538
传真:86223710
网址:www.chengkang.com
电子信箱:chengkang@vip.163.com
单位人数:380
质量体系:ISO 9001、ISO 14001
产品情况:(承康牌)
直流电动机、汽车抛光机、气动电动机、燃油蒸汽净化器、真空吸尘器、电动扳手、橡胶脚垫等
出口情况:出口美国、日本、欧洲、澳大利亚、东南亚等10多个国家和地区

★温岭市达昌电器厂
地址:浙江省温岭市太平街道东湖工业区
邮编:317500
电话:0576/86138534
传真:86138788
网址:www.chinadachang.com
电子信箱:wzfb@hotmail.com
质量体系:ISO/TS 16949、ISO 9001
产品情况:换向器等
出口情况:出口欧洲、美洲、亚洲,并销往中国台湾地区

★温岭市永赢机械部件厂
地址:浙江省温岭市新河前蔡工业区
邮编:317502
电话:0576/86563600、86563088
传真:86563700
网址:www.cn-yongying.com
电子信箱:yongyingqiye-xsb@163.com
质量体系:ISO/TS 16949、ISO 9001
产品情况:起动机、发电机、发电机调节器整流器结构件,汽车点火模块结构件和起动机加固环等

★台州市黄龙机电有限公司
地址:浙江省温岭市大溪镇泵业园区
邮编:317525
电话:0576/86331113、86388865
传真:86340678
网址:www.qianxilongtools.com
电子信箱:qxl@qianxilongtools.com
质量体系:ISO 9001
产品情况:卷绕式汽车锭铁芯、铝压铸电动机壳、水泵壳、空压机壳等
出口情况:出口东南亚、中东

★浙江玉环锦泓机械部件厂
地址:浙江省玉环县珠港镇城关后湾工业区泽坎路85号
邮编:317600
电话:0576/87204798
传真:87243837
网址:www.yhjhjx.com
电子信箱:yhjhjx@126.com
质量体系:ISO/TS 16949、ISO 9001
产品情况:行星减速轴、转子轴、电枢轴、省力扳手

★台州锦地圆汽车配件有限公司
地址:浙江省玉环县珠港镇汽摩工业园区
邮编:317600
电话:0576/87216755、87216722
传真:87216733
网址:www.vedohfm.com
电子信箱:vedo@163.com
质量体系:ISO 9001
产品情况:汽车空气质量流量计
出口情况:出口产品占90%,主要远销中东、非洲、东南亚、中南美洲、欧洲

★浙江省台州敬炜塑料齿轮有限公司
地址:浙江省玉环县机电工业园区
邮编:317600
电话:0576/87232999、87272448
传真:87232448
网址:www.jwslcl.com
电子信箱:jw@jwslcl.com
质量体系:ISO 9001
产品情况:通用汽油机配件、起动机配件外护套等
配套及出口情况:为浙江华邦机械有限公司配套;远销东南亚、中东、南美洲等国际市场

★台州艾纳特电子有限公司
地址:浙江省玉环县后湾工业区
邮编:317600
电话:0576/87253521、87253115
传真:87250209
网址:www.ignchina.com
电子信箱:suanna1985@gmail.com
质量体系:ISO/TS 16949
产品情况:(IGN牌)
各类汽车干式、笔式点火线圈,年产50万只

★浙江康林实业发展有限公司
地址:浙江省玉环县下斗门工业区
邮编:317600
电话:0576/87280277
传真:87280551
网址:www.cnkanglin.com
电子信箱:webmaster@cnkanglin.com
质量体系:ISO/TS 16949
产品情况:汽车发动机电喷燃油泵传感器、燃油泵和燃油箱组件总成,年产能力300万台套
配套情况:为北京奔驰、北汽集团、北汽福田、东风渝安、五菱等配套

★浙江玉环佰川机电有限公司
地址:浙江省玉环县坎门科技工业园区
邮编:317602
电话:0576/87508980
传真:87508982
网址:www.cnbaichuan.com
电子信箱:sales@cnbaichuan.com
质量体系:ISO 9000
产品情况:永磁减速起动机,年产能力20万台以上
出口情况:90%产品出口欧美、东南亚、中东等地区,并销往中国台湾地区

★玉环普天单向器有限公司
地址:浙江省玉环县坎门科技工业园区
邮编:317602
电话:0576/87509820、87509806
传真:87509811
网址:www.putian-cn.com
电子信箱:guoping_huang@putian-cn.com
单位人数:650
质量体系:ISO/TS 16949
产品情况:(普天牌)
汽车单向器
配套及出口情况:为天津电装、锦州汉拿、四川东方、成都华川、贵阳航空、长沙日立、湖北神电、美国WAI、博世中国、伊斯克拉等配套;出口欧洲、北美洲、南亚等地区

★台州振鹏单向器有限公司
地址:浙江省玉环县坎门科技工业园区
邮编:317602
电话:0576/87509878、87509876
传真:87509879
网址:www.cn-zp.com
电子信箱:zhenpeng@znp.cc
单位人数:200
质量体系:ISO 9001
产品情况:(振鹏牌)
起动机单向器、单向带轮,单向器年产能力250余万套
出口情况:出口美国、加拿大、欧洲、印度、东欧等国家和地区,并销往中国香港、澳门、台湾地区

★台州新起飞机械有限公司
地址:浙江省玉环县坎门街道红旗工业区
邮编:317602
电话:0576/87551737
传真:87506317
网址:www.cnyxjx.com
电子信箱:web@cnyxjx.com
法人代表(负责人):庄道引
单位人数:85
质量体系:ISO/TS 16949
产品情况:(XQF牌)
电枢轴年产200万只,皮带轮年产10万只
出口情况:年出口皮带轮5万只、电枢轴50万只

★玉环县坎门得利机械厂
地址:浙江省玉环县珠港镇坎门红旗工业区
邮编:317602
电话:0576/87556996
传真:87506231
网址:www.autodeli.com.cn
电子信箱:zrb751@hotmail.com
单位人数:150
质量体系:ISO 9001
产品情况:(寰世牌)
发电机单向器
出口情况:出口东南亚等地区,并销往中国台湾地区

★浙江环方汽车电器有限公司
地址:浙江省玉环县坎门红旗工业区
邮编:317602
电话:0576/87565158
传真:87556116
网址:www.huanfang.com
电子信箱:lzguo@huanfang.com
单位人数:720
质量体系:ISO/TS 16949
产品情况:(环方牌)
电磁开关、继电器、电磁阀等
配套及出口情况:为一汽、东风、丰田、本田、奔驰、宝马、福特、现代、起亚等配套;出口亚洲、美洲、欧洲

★浙江玉环玉科电气厂
地址:浙江省玉环县大麦屿经济开发区
邮编:317604
电话:0576/87377995
传真:87377993
网址:www.yhykdj.com
电子信箱:info@yhykdj.com
质量体系:ISO/TS 16949
产品情况:汽车散热器风扇电动机、玻璃升降器电动机、刮水器电动机等汽车直流电动机

★台州博得汽车零部件有限公司
地址:浙江省台州市开发大道558号
邮编:318000
电话:0576/88206838、88201838
传真:88205888、88205838
网址:www.broadauto.com
电子信箱:hgt@broadauto.com
质量体系:ISO/TS 16949、QS 9000
产品情况:(博得牌)
汽车起动机及其零部件,具有年产起动机整机40万台、各类起动机零部件60万套的生产能力
出口情况:90%产品出口北美洲、欧洲、中东、南亚等地区

★台州伟博汽车零部件有限公司
地址:浙江省台州市开发区经一路439号
邮编:318000

电话:0576/88817089
传真:88203858
网址:www. weiboauto. com
电子信箱:sales@ weiboauto. com
质量体系:ISO/TS 16949
产品情况:驱动轴、电枢轴、单项器等

★信质电机有限公司
地址:浙江省台州市椒江区前所街道信质路28号
邮编:318016
电话:0576/88923198
传真:88926198
电子信箱:sales@ motor - auto. com
单位人数:800
质量体系:ISO/TS 16949
产品情况:电动机定子铁芯等
出口情况:出口美国、中东等国家和地区

★新大洋机电集团有限公司
地址:浙江省台州市黄岩经济开发区拱新大道8号
邮编:318020
电话:0576/84068811、84068822
传真:84068833
网址:www. xdy. com
电子信箱:sales@ xdygroup. com
单位人数:2000
质量体系:ISO/TS 16949、QS 9000
产品情况:电动车用无刷电动机、控制器、模具、塑件;摩托车配件,各类塑料模具
出口情况:出口意大利、马来西亚、越南等国家

★浙江天翀车灯集团有限公司
地址:浙江省台州市黄岩西工业区新屿路68号
邮编:318020
电话:0576/84350888、84350588
传真:84350889
网址:www. tchong. com
电子信箱:techarm@ vip. 163. com
单位人数:782
质量体系:ISO/TS 16949、QS 9000
产品情况:汽车及摩托车车灯,汽车内外装饰件,各种模具

★浙江海威电器有限公司
地址:浙江省台州市路桥区卖芝桥888-8号
邮编:318050
电话:0576/82425333
传真:82402211
网址:www. chinahaiwei. com
电子信箱:sales@ Chinahaiwei. com
质量体系:ISO/TS 16949、ISO 9001
产品情况:起动机
出口情况:出口欧洲、中东、美国、德国、加拿大、马来西亚、伊朗等国家和地区,并销往中国台湾地区

★浙江中科正方电子技术有限公司
地址:浙江省金华市婺城新区临江工业园龙乾南街999号
邮编:321025
电话:0579/82258205、82258156
传真:82258165、82258166
网址:www. zkzf. com
电子信箱:liumh_gh@ sia. cn
质量体系:ISO/TS 16949
产品情况:汽车总线控制系统、数字仪表、汽车车身监控平台、轮胎胎压监测系统及多媒体控制中心等

★浙江正统电源有限公司
地址:浙江省兰溪市经济开发区创业大道28-30号
邮编:321103
电话:0579/88988005
传真:88988007
网址:www. zjztpower. com
电子信箱:zhengtong188@ yahoo. com
单位人数:500
质量体系:ISO/TS 16949、ISO 9001
产品情况:(正统牌)
　　蓄电池,年产100万kVA
配套及出口情况:客户有山东凯马汽车厂、吉利控股集团、陕汽;部分产品出口

★浙江巨江电源制造有限公司
地址:浙江省金华市兰溪游埠工业园区巨江大道
邮编:321106
电话:0579/88666666
传真:88666762
网址:www. chinajeje. com
电子信箱:sales@ chinajeje. com
质量体系:ISO/TS 16949、ISO 9001
产品情况:汽车铅酸蓄电池

★浙江正立电机有限公司
地址:浙江省武义县桐琴镇倪桥工业区
邮编:321200
电话:0579/87707678、87707679
传真:87707677
网址:www. zhengli - china. com
电子信箱:sale@ zhengli - china. com
质量体系:ISO 9001
产品情况:(正立牌)
　　交流发电机
出口情况:出口欧洲、美国、中东、东南亚等国家和地区

★浙江省金华市第一特种灯泡厂
地址:浙江省武义县东南工业园区
邮编:321200
电话:0579/87950786、87950798
传真:87950787
网址:www. jinte - china. com
电子信箱:jinte - china@ 163. com
质量体系:ISO/TS 16949
产品情况:(金特牌)
　　水晶灯、卤素灯、仪表灯等各种汽车灯
配套情况:为主机厂配套

★永康东方起动电器厂
地址:浙江省永康市兴达一路8号(新厂:武义县泉溪镇湖沿工业区湖沿路口)
邮编:321200
电话:0579/87966067、87296725
传真:87966090、87296700
网址:www. ykdongfang. com
电子信箱:ykjunfeng@ yahoo. com. cn
质量体系:ISO 9001
产品情况:(申卫牌)
　　汽车交流发电机、起动电磁开关等

★浙江戴尔维动力系统有限公司
地址:浙江省永康市经济技术开发区哈尔斯路5号
邮编:321200
电话:0579/88025903
传真:88025916
网址:www. delpowersys. com. cn
电子信箱:chen@ zhejiangdps. com
质量体系:ISO/TS 16949
产品情况:通用电池模块

★浙江钜翔电器有限公司
地址:浙江省武义县桐琴五金机械工业园纬六东路
邮编:321201
电话:0579/87918788
传真:87918786
网址:www. chinaboyu. com
电子信箱:wang@ chiaboyu. com
单位人数:300
质量体系:ISO/TS 16949、ISO 9001
产品情况:(钜翔牌)
　　发电机、起动机,年产量100多万台

★永康市俊尔通用机械有限公司
地址:浙江省永康市永拖路35号
邮编:321300
电话:0579/87156779
传真:83848048
网址:www. juner. com. cn
质量体系:ISO/TS 16949、ISO 9001
产品情况:汽车起动机、发电机端盖

★永康市铁能工贸有限公司
地址:浙江省永康市白云工业区云6路5号
邮编:321300
电话:0579/87192878
传真:87192886
网址:www. yktinen. com
单位人数:120
质量体系:ISO/TS 16949
产品情况:发电机定子铁芯、发电机风叶、发电机冲压件、起动机电枢片、起动机机壳等

★浙江博宇实业有限公司
地址:浙江省永康市哈尔斯路5号
邮编:321300
电话:0579/87231177
传真:87231273
网址:www.chinaboyu.com
电子信箱:adammao@chinaboyu.com
质量体系:ISO/TS 16949、ISO 9001
产品情况:(BOYU牌)
汽车发电机、起动机、绞盘电机、微电机、电动自行车电动机、轮毂电机、工程物流机械电动机及起动机等

★浙江永康宏运控制索有限公司
地址:浙江省永康市前花园52号
邮编:321300
电话:0579/87236786、87236976
传真:87237297
网址:www.ykhy.com
电子信箱:fxy@263.net
质量体系:ISO 9001
产品情况:(宏永牌)
加速软轴拉线、熄火软轴拉线、操纵软轴、制动软轴、行驶操纵软轴等
配套情况:为徐工、厦工等国内外100多个企业配套

★永康市伟龙电机有限公司
地址:浙江省永康市花川工业区丹桂南路35号
邮编:321300
电话:0579/87256087、87255357
传真:87255238
网址:www.cnwldj.com
电子信箱:www@cnwldj.com
单位人数:300
质量体系:ISO/TS 16949
产品情况:(伟龙牌)
硅整流发电机

★浙江大超工贸有限公司
地址:浙江省永康市九铃西路1030号
邮编:321300
电话:0579/87270110
传真:87270310
网址:www.name.cn,www.naen.cn
电子信箱:ykwren@163.com
单位人数:200
质量体系:ISO 9001
产品情况:各类汽车发电机,年产50万台以上

★永康市捷虎汽车电器有限公司
地址:浙江省永康市西城烈桥工业区正大路108号
邮编:321300
电话:0579/87277622、87277809
传真:87277819
网址:www.chinajiehu.com
电子信箱:jiehu@chinajiehu.com
质量体系:ISO/TS 16949
产品情况:(捷虎牌)
各种发电机

★永康市永博汽车电器厂
地址:浙江省永康市西城工业区
邮编:321300
电话:0579/87291388、87294566
传真:87291680、87208153
网址:ataicn.cn.alibaba.com
电子信箱:aotaicn@alibaba.com.cn
质量体系:ISO/TS 16949
产品情况:汽车发电机、起动机

★浙江省永康市康福特实业有限公司
地址:浙江省永康市花街工业基地
邮编:321300
电话:0579/87560011、87062228
传真:87065688
网址:www.china-kft.com
电子信箱:web@china-kft.com
单位人数:100
质量体系:ISO 9001
产品情况:(康福特(KFT)牌)
起动机单向器
配套及出口情况:为一汽集团、莱动、新昌、扬柴、成内、柳发等间接配套;出口美国及东南亚等国家和地区

★永康市荣丰单向器有限公司
地址:浙江省永康市石柱镇姓傅工业区
邮编:321304
电话:0579/87350038、87350808
传真:87350360
质量体系:ISO/TS 16949、ISO 9001
产品情况:(普创牌)
单向器

★浙江康灵实业有限公司
地址:浙江省永康市石柱镇下里溪工业区
邮编:321304
电话:0579/87350388、87358520
传真:87350823、87376066
单位人数:586
质量体系:ISO/TS 16949、ISO 9001
产品情况:(灵山湖牌)
汽车发电机、起动机单向器、电磁开关
配套及出口情况:为加拿大RCP、上海法雷奥、台湾泰祥、泉州艺达、无锡金阳等30多家主机厂配套;40%产品出口国际市场

★永康市灵山电机有限公司
地址:浙江省永康市石柱镇下里溪工业区
邮编:321304
电话:0579/87358521、87355877
传真:87355884
网址:www.cnlingshan.com
电子信箱:lingshan@cnlingshan.com
单位人数:386
质量体系:ISO/TS 16949
产品情况:(灵山牌)
交流发电机,年产50万台
出口情况:出口欧洲、北美洲、韩国、巴西、东南亚、中东等国家和地区

★浙江博星电子有限公司
地址:浙江省缙云县城大桥南路317号
邮编:321400
电话:0578/3130998
传真:3135978
网址:www.zjboxing.com
电子信箱:boxing@zjboxing.com
单位人数:200
质量体系:ISO/TS 16949
产品情况:车用整流管、整流桥
配套及出口情况:为国内外车用发电机配套;年出口产值500万元

★浙江固驰电子有限公司
地址:浙江省缙云县新建镇洋山工业区
邮编:321402
电话:0578/3175778、3171201
传真:3175111
网址:www.guerte.com
电子信箱:guerte@guerte.com
质量体系:ISO 9001
产品情况:(固尔特牌)
车用桥式整流器、二极管、模块、晶闸管、芯片等

★浙江朕炜电器有限公司
地址:浙江省东阳市经济开发区甑山路8号
邮编:322100
电话:0579/86880592
传真:86880592
网址:www.zjzhenwei.cn
电子信箱:dyqcdq@vip.sina.com
质量体系:ISO/TS 16949、ISO 9001
产品情况:汽车及摩托车系列点火线圈、发电机,摩托车电装品、电容器等,年产线圈150万只
配套及出口情况:为长安汽车、哈尔滨东安动力等配套;出口欧美、中东、东南亚

★横店集团东磁股份有限公司
地址:浙江省东阳市横店工业区
邮编:322118
电话:0579/86588888
传真:86551157
网址:www.chinadmegc.com
电子信箱:zhang_deqi@dmegc.com.cn
单位人数:960
质量体系:ISO/TS 16949、QS 9000
产品情况:(东磁牌)
磁性电子元件,用于汽车、摩托车起动机、发电机、喇叭等电器件

★横店集团联宜电机有限公司
地址:浙江省东阳市横店电子工业园工业大道196号
邮编:322118
电话:0579/86622113

传真:86630757
网址:www. linix. com. cn
电子信箱:001@ linix. com. cn
单位人数:1000
质量体系:ISO/TS 16949、ISO 9001
产品情况:(LINIX 牌)
发电机、减速器、电子配件等

★磐安县广信通讯材料厂
地址:浙江省磐安县安文工业园区九峰路 33 号
邮编:322300
电话:0579/84664799
传真:84664699
电子信箱:9495dym@ 163. com
质量体系:ISO 9001
产品情况:超声波传感器、倒车雷达

★丽水市昌盛单向器有限公司
地址:浙江省丽水市天宁工业区微电机园区 17 幢
邮编:323000
电话:0578/2121739、2232077
传真:2137153
质量体系:ISO 9001
产品情况:(泰顶(TAIDING)牌)
汽车起动机单向器及零件

★浙江丽水信毅单向器有限公司
地址:浙江省丽水市水阁经济开发区枫岭街 3 号
邮编:323000
电话:0578/2138142、2266716
传真:2178119、2959827
网址:www. zpsf. net
电子信箱:lschm@ zpsf. cn
单位人数:300
质量体系:ISO/TS 16949
产品情况:(赛普神飞牌)
汽车及摩托车起动机齿轮、单向离合器总成及部件,年产 280 万套以上
配套及出口情况:为锦州汉拿、佩特来、成都华川、美国 WAI、博世中国等配套;出口欧美、东南亚等地区

★丽水市雄鹰电子有限公司
地址:浙江省丽水市水阁工业区
邮编:323000
电话:0578/2201778、2201324
传真:2532776
网址:www. xy - motor. com
电子信箱:zjxy@ xy - motor. com
单位人数:200
质量体系:ISO/TS 16949、ISO 9001
产品情况:机动车用整流桥和硅整流二极管
配套及出口情况:为湖州德宏、杭州西湖、福建仙游、锦州启明等配套;部分产品出口新加坡、美国、菲律宾等国家,并销往中国台湾地区

★浙江耐斯特电机有限公司
地址:浙江省龙泉市金沙工业区广达街 98 号
邮编:323000
电话:0578/7125439
传真:7115175
网址:www. zjnicety. com
电子信箱:zjlqnicety@ yahoo. com. cn
质量体系:ISO/TS 16949、ISO 9001
产品情况:(耐源牌)
汽车空调冷凝器风扇电动机、散热器风扇电动机、蒸发器鼓风电动机、空调器总成等
出口情况:出口欧洲、非洲、东南亚

★浙江毅力汽车空调有限公司
地址:浙江省龙泉市大沙五金工业园区大沙一路
邮编:323700
电话:0578/7228866、7228855
传真:7219048、7218339
网址:www. zj - yl. com
电子信箱:info@ zj - yl. com
质量体系:ISO/TS 16949、ISO 9001
产品情况:汽车空调压力开关、压力传感器、油封、调速电阻模块、空调维修工具、干燥过滤器等空调零配件
出口情况:远销北美洲、南美洲、欧洲、东南亚、非洲等地区

★龙泉市茶丰四海汽车电器厂
地址:浙江省龙泉市茶丰工业区
邮编:323700
电话:0578/7242757
传真:7243488
网址:www. sihai - ae. com. cn
电子信箱:sihai757@ 163. com
质量体系:ISO 9001
产品情况:(四海牌)
汽车线束、线组、插座、开关、继电器、闪光器、调节器、电子式水温表、保险片、前照灯增亮器、增光线组、灯座、灯头等汽车电器件

★浙江晶钻电子科技有限公司
地址:浙江省丽水市水阁工业区绿谷大道 370 号
邮编:323800
电话:0577/65377758
传真:65359996
网址:www. jingzuan. com
电子信箱:sales@ jingzuan. com
质量体系:ISO 9002
产品情况:(晶钻牌)
电喇叭、倒车雷达、刮水片
配套及出口情况:为国内厂家配套;出口欧美、中东、东南亚等十几个国家和地区,并销往中国香港地区

★浙江欧派电装有限公司
地址:浙江省丽水市庆元县工业园区
邮编:323800
电话:0578/6228866、6229999
传真:6228777
网址:www. zjoupai. com
电子信箱:zjopdz@ 126. com
质量体系:ISO/TS 16949、ISO 9001
产品情况:(欧派牌)
汽车空调电磁离合器
出口情况:远销印尼、东南亚、欧美、非洲等国家和地区

★衢州宇杰机械有限公司
地址:浙江省衢州市衢江区沈家开发区宾港中路
邮编:324022
电话:0570/3867033、3375756
传真:3867033
网址:www. qzyujie. com
电子信箱:yujie@ qzyujie. com
质量体系:ISO/TS 16949、QS 9000
产品情况:(锦杰牌)
汽车发电机、电子电器

★温州奔翔汽配有限公司
地址:浙江省瑞安市莘塍镇北片工业区金瓯路 8 号
邮编:325000
电话:0577/65128777
传真:65179666
电子信箱:wzbenxiang@ 126. com
单位人数:100
质量体系:ISO 9001
产品情况:刮水电动机
出口情况:远销欧洲、南美洲、东南亚

★瑞安市伟东汽车电器有限公司
地址:浙江省瑞安市罗凤双桥工业区
邮编:325000
电话:0577/66075555、65338377
传真:65338399
网址:www. china - horn. com
电子信箱:weidong@ china - weidong. com
质量体系:ISO 9001
产品情况:(伟东牌)
电子调节器、汽车喇叭、倒车雷达等
出口情况:远销欧洲、美洲、亚洲、非洲等地区

★温州一川电气有限公司
地址:浙江省温州市瓯海大道 314 弄 6 号
邮编:325000
电话:0577/86082555
传真:86086099
电子信箱:w. z. h. f@ 163. com
单位人数:120
质量体系:ISO/TS 16949
产品情况:(宏发牌)
开关、高位制动灯、炭罐、暖风机、车饰塑料件等
配套情况:为一汽集团、上汽通用五菱、比亚迪汽车、陕汽集团、陕西汉江等配套

★宏正警安设备有限公司
地址:浙江省温州市瓯海慈湖南村幸福

路152号
邮编:325000
电话:0577/86086788
传真:86085788
电子信箱:hgzg@ mail. wzptt. zj. cn
质量体系:ISO 9001
产品情况:车载电子警报器、长排警示灯、小型警示灯、扬声器等
出口情况:出口西欧、中东、南美洲、东南亚

★温州瑞利嘉汽车电器有限公司
地址:浙江省温州市瓯海泽雅工业区戈恬路1号
邮编:325000
电话:0577/86312661
传真:86312559
网址:www. reelcar - parts. com
电子信箱:pinpin@ reelcar - parts. com
质量体系:ISO 9001
产品情况:(REALCAR 牌)
汽车点火线圈
出口情况:远销美国、欧洲、中南美洲、中东、非洲等几十个国家和地区

★浙江新亚电子科技有限公司
地址:浙江省温州市经济技术开展区温州大道620号
邮编:325000
电话:0577/86522888、62866888
传真:86528922
网址:www. xinya - wz. com
电子信箱:achun@ xinya - cn. com
单位人数:1100
质量体系:ISO 9001、ISO 14001
产品情况:电子线、电脑线、电源线、区域网络电缆(UTP)、圣诞装饰灯线、汽车线、连接器、电源插头线、PVC 塑胶
配套及出口情况:为国内外多家主机厂配套;部分产品出口

★浙江利尔电气有限公司
地址:浙江省温州市中国鞋都三期
邮编:325000
电话:0577/88337377
传真:88347075
网址:www. lear. com. cn
电子信箱:lear@ lear. com. cn
质量体系:ISO/TS 16949、ISO 9001
产品情况:汽车用各类型传感器、新能源汽车超级电容、电动车 ECU 控制系统

★瑞安市曙光汽车配件厂
地址:浙江省瑞安市塘下镇鲍四工业区
邮编:325000
电话:13958870909
传真:0577/65203255
网址:www. zjsgqp. com
质量体系:ISO 9001
产品情况:各类开关、齿轮传动钮、排挡头、仪表罩等

★浙江利益安防有限公司
地址:浙江省温州市江滨中路高田路99号
邮编:325003
电话:0577/88353388、88362888
传真:88339642、88371226
网址:www. chinaflashes. com
电子信箱:liyi@ chinaflashes. com
单位人数:150
质量体系:ISO 9001
产品情况:(利益牌)
警示灯具、警报器、防盗警用器材、扬声器等
配套及出口情况:为特种车辆厂及改装厂配套;年出口各类警示灯、警报器8万件(套),出口额度为1400万元

★温州市鹿东汽车配件厂
地址:浙江省温州市鹿城工业区星际路32弄9号
邮编:325003
电话:0577/88912630、86783958
传真:88915767
网址:www. rotocn. com
电子信箱:roto@ wz. zj. cn
质量体系:ISO 9001
产品情况:(ROTO 牌)
主导产品有盆形喇叭、蜗牛喇叭、电子闪光器、继电器、电子集成调节器
出口情况:远销欧洲、美洲、非洲、亚洲等30多个国家和地区

★温州胜威汽车冷暖机设备有限公司
地址:浙江省温州市经济技术开发区滨海园区丁香路527号
邮编:325007
电话:0577/88781797、86801780
传真:88781799
网址:www. songtaicn. com
电子信箱:webmaster@ songtaicn. com
质量体系:ISO/TS 16949、ISO 9001
产品情况:(松台牌)
进口重型汽车与客车燃油加热器
配套及出口情况:为重汽集团(豪沃、斯太尔)、陕汽集团、上汽依维柯红岩、北奔重汽、北汽福田等重型车及工程机械厂配套;部分产品出口国外

★温州市明达电器有限公司
地址:浙江省温州市经济技术开发区西片15号小区
邮编:325011
电话:0577/86525058、86524775
传真:86525050
网址:www. mberelay. com
电子信箱:mingbang@ mingbang. cn
单位人数:100
质量体系:ISO/TS 16949、ISO 9001
产品情况:(明邦牌)
各类继电器,年产能力2000万只

★温州华科工业发展有限公司
地址:浙江省温州市开发区机场大道5135号
邮编:325011
电话:0577/86527041、86523700
传真:86523606
网址:www. hua - ke. com
电子信箱:wzhk@ hua - ke. com
单位人数:500
质量体系:ISO/TS 16949、VDA 6.1
产品情况:点烟器、车载电源、电阻器、前照灯清洗系统、空调伺服机构、电子加速踏板等汽车电器件,预热器、调节阀等发动机附件,油泵,不锈钢卡箍
配套情况:为上海大众、北京奔驰、一汽轿车、奇瑞汽车、东南汽车、美国通用、德国大众等配套

★浙江正泰汽车零部件有限公司
地址:浙江省温州市经济技术开发区飞云江路45号
邮编:325011
电话:0577/86532977、64869097
传真:86533708、64867511
网址:www. chintautoparts. com
电子信箱:ztqp@ wz. zj. cn
单位人数:275
质量体系:ISO/TS 16949、QS 9000
产品情况:(CHNT 牌)
汽车继电器、电磁式电源总开关、汽车喇叭、电子闪光器、电子调节器、传感器、电涡流缓速器控制系统、电子中央控制系统等
配套及出口情况:为一汽集团、东风汽车公司、北汽福田、长城汽车、庆铃汽车、金龙客车、黄海客车、三一重工、奇瑞汽车、吉利汽车、力帆汽车等配套;远销东南亚、欧美、南美洲、中东等地区

★温州泰尔汽车零件有限公司
地址:浙江省温州市经济技术开发区富春江路51号
邮编:325011
电话:0577/86553958、86553968
传真:86553928
网址:www. chinatier. com
电子信箱:taier@ wz. zj. cn
质量体系:ISO 9001
产品情况:(TAIER 牌)
各型号风扇及电动机
出口情况:远销欧洲、美洲、东南亚、中东

★温州汉工汽车传感器有限公司
地址:浙江省温州市高新技术园区10号小区D幢
邮编:325011
电话:0577/86580581
传真:86580580
网址:www. oxsen. cn
电子信箱:hankon@ yahoo. cn
质量体系:ISO 9001
产品情况:(OXSEN 牌)
汽车氧传感器

★温州欧博电气有限公司
地址:浙江省温州市文昌路高新园区 F4
邮编:325011
电话:0577/86589188
传真:86589189
网址:www. rainbow - electric. cn
电子信箱:simon@ chinalingen. com
质量体系:ISO/TS 16949、ISO 9001
产品情况:燃油泵、汽车电动机等

★浙江省温州市天马电器有限公司
地址:浙江省温州市瓯海经济开发区大鹏路 1 号
邮编:325014
电话:0577/86362806
传真:86362807
电子信箱:tianma@ mail. wzptt. zj. cn
单位人数:100
质量体系:ISO 9001
产品情况:(天马牌)
汽车电器、电磁离合器、空调压缩机
配套及出口情况:为上海东子汽车电动机系统、广州万宝压缩机、中宝实业等配套;年出口 800 万元

★浙江嘉利工业有限公司
地址:浙江省温州市慈湖南村工业园
邮编:325014
电话:0577/86367308
传真:86367142
网址:www. cnjiali. com
电子信箱:jialidg@ vip. 163. com
质量体系:ISO/TS 16949
产品情况:汽车及摩托车灯具总成,年产 250 万套
配套情况:为一汽集团、东风汽车公司、重汽集团、奇瑞汽车、长安汽车、哈飞汽车、昌河汽车、本田、铃木、雅马哈等主机厂配套

★温州奥泰克汽车电器有限公司
地址:浙江省温州市瓯海经济开发区蛟凤北路 23 号
邮编:325014
电话:0577/86786010、86739559
传真:86786020
网址:www. atc - relay. com
电子信箱:atc_relay@ wz. zj. cn
单位人数:300
质量体系:ISO/TS 16949、ISO 9001
产品情况:继电器、温度传感器、调温器(节温器)、报警器、各类汽车灯开关及其他车用开关等
配套及出口情况:为上海大众等配套;产品销往世界各地

★浙江万超电器有限公司
地址:浙江省温州市瓯海瞿溪镇南片工业区
邮编:325016
电话:0577/86269629、86265265
传真:86266886
网址:www. wanchao. com. cn
电子信箱:info@ wanchao. com. cn
单位人数:620
质量体系:ISO/TS 16949、VDA 6. 1
产品情况:(万超牌)
倒车雷达、升降器开关、电动天窗、电动玻璃升降器、汽车组合开关、点火开关等
配套及出口情况:为一汽解放、天津一汽华利、天津一汽夏利、天津一汽大发、一汽集团吉林轻型车厂、东风柳汽、上汽通用五菱、昌河汽车、哈飞汽车、四川重型汽车制造厂等配套;出口欧洲、美洲、非洲、亚洲

★温州润达汽车电器有限公司
地址:浙江省温州市瞿溪镇宁前路 146 号
邮编:325016
电话:0577/86273397、86273398
传真:86273396
网址:www. wzrunda. cn
电子信箱:sales@ wzrunda. cn
单位人数:100
质量体系:ISO/TS 16949、ISO 9001
产品情况:(博润(Borun)牌、华忠牌、法奥(Farout)牌、ECKART 牌)
汽车起动机、发电机、电枢、定子、线圈等,月产起动机、发电机 3 万台
出口情况:出口北美洲、南美洲、东南亚、东欧、西欧、中东等地区

★浙江达利仕实业有限公司
地址:浙江省温州市瓯海区娄桥镇娄东工业区
邮编:325016
电话:0577/86281095
传真:86288828
网址:www. cn - dls. com
电子信箱:sales@ cn - dls. com
质量体系:ISO/TS 16949、ISO 9001
产品情况:(DLS 牌)
汽车仪表,汽车传感器

★温州长江汽车电子有限公司
地址:浙江省温州市经济技术开发区滨海园区 2 道 289 号
邮编:325025
电话:0577/86525808、86527859
传真:86527583
网址:www. cncaea. cn
电子信箱:caea@ cncaea. cn
单位人数:1700
质量体系:ISO/TS 16949、VDA 6. 1
产品情况:各种汽车电器开关控制器、空调操纵机构及电子钟
配套情况:为美国通用、德国大众、一汽-大众、上海大众、上海通用、上海汽车、长安福特马自达、北京现代、北京奔驰、一汽轿车、奇瑞汽车、哈飞汽车等国内外 40 多家汽车主机厂配套

★温州市奥立达电器有限公司
地址:浙江省温州市南郊工业园洛河路 7 号
邮编:325028
电话:0577/89610028
传真:89611558
网址:www. autoleader. cn
电子信箱:qanen@ wz. zj. cn
质量体系:ISO 9001
产品情况:汽车发电机调节器、高压阻尼线、电容器
出口情况:远销欧美等 50 多个国家和地区

★温州欧菱汽车电机有限公司
地址:浙江省温州市龙湾区瑶溪镇龙永路 25 - 1 号
邮编:325038
电话:0577/86622559
传真:86622117
网址:www. onlyqp. com
电子信箱:onlyqp@ 126. com
质量体系:ISO/TS 16949
产品情况:(TENGJUN 牌)
重型汽车、工程机械起动机
出口情况:产品 90% 出口欧洲、美国、日本、东南亚、中东等国家和地区

★温州市三喜车业部件有限公司
地址:浙江省温州市龙湾区海城工业区
邮编:325055
电话:0577/85230988、85238888
传真:85233886
网址:www. 3xi. cn
电子信箱:sanxi@ 3xi. cn
质量体系:ISO 9001
产品情况:(三喜牌、劲电牌)
汽车及摩托车火花塞,汽车维修用密封胶

★温州中野交通电器有限公司
地址:浙江省温州市瓯海区丽岙镇白门工业区
邮编:325060
电话:0577/85388388
传真:85381397、85388288
网址:www. wzzhongye. com
电子信箱:zhongye@ wzzhongye. com
单位人数:300
质量体系:ISO 9001
产品情况:(中野牌、彩云飞牌)
汽车、摩托车电喇叭
配套及出口情况:为大长江集团、宗申、隆鑫、嘉陵、力帆、大阳、本田等配套;出口欧洲、美洲、中东、东南亚等地区

★温州路路通电子配件有限公司
地址:浙江省温州市瓯海区岩工业区
邮编:325062
电话:0577/85303786
传真:85321112
网址:www. luluton123. cn

质量体系:ISO 9001
产品情况:点火器、点火线圈、油泵、油嘴、喷水电动机等

★温州市沪泰电子线缆有限公司
地址:浙江省永嘉县乌牛镇工业区
邮编:325103
电话:0577/67397218、67301777
传真:67397058
网址:www.china-hutai.com
电子信箱:hutai@china-hutai.com
质量体系:ISO 9000
产品情况:汽车连接线
配套情况:为国内外大中型企业提供配套服务

★华尔达集团有限公司
地址:浙江省瑞安市经济开发区大道688号
邮编:325200
电话:0577/25660858、65156077
传真:25663333、65156066
网址:www.huaerda.com
电子信箱:abcd688@tom.com
质量体系:ISO 9001
产品情况:(金泰牌)
各种规格电线

★浙江博德汽车电子股份有限公司
地址:浙江省瑞安市经济开发区大道688号
邮编:325200
电话:0577/25660888、25662020
传真:25662222、25661166
网址:www.zjbode.com
电子信箱:bddhh@zjbode.com
质量体系:ISO/TS 16949、ISO 9001
产品情况:发动机电子控制单元ECU、氧传感器、节气门位置传感器、爆震传感器、进气温度传感器、压力调节器、炭罐控制阀、水温传感器、空气流量计、燃油泵总成、节气门阀体、步进电动机、点火线圈、供油导轨、喷油器、线束等

★瑞安市正昊汽车部件有限公司
地址:浙江省瑞安市上戴工业区
邮编:325200
电话:0577/58881819
传真:28881315
质量体系:ISO 9001
产品情况:(华达牌)
刮水器电动机、暖风电动机、车库门电动机等,年产能力刮水器电动机及电动机150万套
出口情况:出口东南亚等地区

★瑞安宏创汽车配件有限公司
地址:浙江省瑞安市红旗工业区康大路1号
邮编:325200
电话:0577/65061190、58895833
传真:65061360
网址:www.hchcar.com
电子信箱:nf2200@163.com
质量体系:ISO 9001
产品情况:(宏创牌)
汽车空气流量传感器、空调风机调节器、油位传感器
出口情况:80%的产品出口10多个国家

★浙江三禾机电有限公司
地址:浙江省瑞安市沿江西路163号
邮编:325200
电话:0577/65061888、65060788
传真:65091777、65062111
网址:www.sanhe.us
电子信箱:sales@sanhe.us
质量体系:ISO 9001
产品情况:各类直流电动机、串激电动机用的槽型、钩型、平面型换向器(整流子),年产1000万只
出口情况:出口欧洲、东南亚等地区,并销往中国香港、台湾地区

★浙江天风汽车零部件有限公司
地址:浙江省瑞安市潘岱街道下湾和平路20号
邮编:325200
电话:0577/65091666
传真:65096030
网址:www.china-anlida.com
电子信箱:tf@china-anlida.com
单位人数:158
质量体系:ISO 9002
产品情况:汽车喇叭、换向器、锻压件等
出口情况:销往中东、南美、南非等国家和地区

★温州市佳固电器有限公司
地址:浙江省瑞安市潘岱街道谢呑村
邮编:325200
电话:0577/65098829、65667568
传真:65668139
网址:www.chinajiagu.com
电子信箱:jiagu@wz.zj.cn
单位人数:700
质量体系:ISO 9001
产品情况:换向器,年产能力8000万只
出口情况:远销美国、日本、韩国、印度等国家

★瑞安市天瑞换向器有限公司
地址:浙江省瑞安市潘岱芦浦工业区北路
邮编:325200
电话:0577/65099298、65067555
传真:65099198
网址:www.tianrui-china.cn
电子信箱:tianrui@tianrui-china.cn
质量体系:ISO 9001
产品情况:各类直流电动机,串激电动机用的槽形、钩形、平面形换向器
出口情况:远销欧洲、美洲、东南亚

★瑞安宏发电器有限公司
地址:浙江省瑞安市经济开发区开发二路518号
邮编:325200
电话:0577/65153888、65155296
传真:65155288、65155281
网址:www.china-hf.com
电子信箱:master@china-hf.com
质量体系:ISO 9001
产品情况:电动机换向器及电动工具开关等,年产能力换向器1200万只、电动工具开关200万只
出口情况:出口欧洲、非洲、美洲、东南亚,并销往中国台湾地区

★中国利达机电有限公司
地址:浙江省瑞安市经济开发区大道685号
邮编:325200
电话:0577/65155986、65155985
传真:65155988
网址:www.lida-rq.com
电子信箱:master@lida-rq.com
单位人数:500
质量体系:ISO/TS 16949、ISO 9001
产品情况:(利达牌)
电动机换向器(整流子),电动工具开关
出口情况:远销东南亚、北美洲、欧洲

★浙江长城换向器有限公司
地址:浙江省瑞安市经济开发区开发大道511号
邮编:325200
电话:0577/65156888
传真:65156688
网址:www.chinacgw.cn
电子信箱:cgw@chinacgw.cn
单位人数:1300
质量体系:ISO/TS 16949、ISO 14000
产品情况:(GW牌、CGW牌)
换向器,年产能力9000余万只
出口情况:出口欧洲、美洲、大洋洲、非洲、日本、韩国等国家和地区,并销往中国香港、台湾地区

★温州博科汽车零部件有限公司
地址:浙江省瑞安市经济开发区大道619号
邮编:325200
电话:0577/65157671、65137158
传真:65137168
电子信箱:bokel@bokel.cn
单位人数:80
质量体系:ISO/TS 16949、QS 9000
产品情况:(云通牌)
汽车起动机、发电机、机油泵、水泵、气泵、油泵、油缸、汽车门锁体、节温器等,年产能力为80万台套
配套及出口情况:为奇瑞轿车、吉利轿车、东风康明斯等主机厂提供汽车电机配套;出口汽车电机及零部件

★浙江顺达机电有限公司
地址:浙江省瑞安市经济开发区上东路

1288 号
邮编:325200
电话:0577/65159987、65662414
传真:65671955
网址:www. shundalneca. com
电子信箱:shun - da@ shun - da. cn
质量体系:ISO/TS 16949、ISO 9001
产品情况:各种槽形、钩形、平面形、加固型换向器和集电环
出口情况:出口东南亚、美国、英国、西班牙、意大利等国家和地区,并销往中国香港、台湾地区

★浙江汉博汽配制造有限公司
地址:浙江省瑞安市东新工业区
邮编:325200
电话:0577/65187003
传真:65177300
网址:www. aborn. cn
电子信箱:sales@ aborn. cn
单位人数:150
质量体系:ISO/TS 16949、ISO 9001
产品情况:(ABORN 牌)
ABS 传感器、曲轴位置传感器、凸轮轴位置传感器
配套及出口情况:与世界 500 强企业配套合作;出口美国、德国、英国、波兰、俄罗斯、巴西、中东等国家和地区

★瑞安市特迩翡汽车配件厂
地址:浙江省瑞安市人民路南垟工业区
邮编:325200
电话:0577/65191391
传真:65191393
电子信箱:dellfei@ 163. com
质量体系:ISO 9001
产品情况:(特迩翡牌)
熄火电磁阀、闪光器、传感器、各种开关、继电器等电器产品

★浙江同升汽车电器有限公司
地址:浙江省瑞安市安阳 C 区华尔达路
邮编:325200
电话:0577/65192869、65859919
传真:65527999、65852999
网址:www. tosuc. com
电子信箱:tosuc@ 163. com
质量体系:ISO/TS 16949、ISO 9001
产品情况:(同升牌)
各种汽车开关、门拉手、门锁、点火头、锁芯、加油口盖、制动灯、空气流量计、油压传感器、点烟器、油压报警器、水温感应塞、闪光器、继电器、熔断丝盒、线头总成、接线端口、喇叭、橡胶件等,年产各种汽车开关 500 多万套
出口情况:80% 以上产品出口 30 多个国家

★浙江省瑞安市博超汽车电器公司
地址:浙江省瑞安市安阳上望南隅经济开发区繁茂巷 18 号
邮编:325200
电话:0577/65202888
传真:65515878、65208997
电子信箱:qiushiwz@ 163. com
质量体系:ISO 9001
产品情况:干式点火线圈、电子点火控制器

★瑞安佩特来汽车电器有限公司
地址:浙江省瑞安市塘下镇罗凤北工业区
邮编:325200
电话:0577/65329908、65329907
传真:65329909
网址:WWW. zjptl. com
质量体系:ISO 9001
产品情况:汽车起动机

★温州市智通汽车配件有限公司
地址:浙江省瑞安市塘下上马前工业园区 1 号
邮编:325200
电话:0577/65350238、65350738
传真:65350638
网址:www. cnzhitong. com
电子信箱:info@ cnzhitong. com
质量体系:ISO 9001
产品情况:电磁气阀、电源开关、熄火电磁阀等
配套及出口情况:为一汽集团、东风汽车公司、北汽福田等配套;出口东南亚、南美洲等地区

★浙江恒光汽车部件有限公司
地址:浙江省瑞安市经济开发区导航路 1989 号
邮编:325200
电话:0577/65514888、65514777
传真:65514666
网址:www. henkoparts. com
电子信箱:info@ henkoparts. com
单位人数:500
质量体系:ISO 9001、ISO 14001
产品情况:(恒光牌)
汽车空气流量计、燃油泵、传感器等
配套及出口情况:为美国 GB、R&D 公司定牌生产(OEM),汽车轮辐主要与美国汽车制造厂二次配套;出口美国、巴西、墨西哥、德国、英国、韩国、澳大利亚等 10 多个国家

★温州市华隆汽车电子有限公司
地址:浙江省瑞安市经济开发区上东路 1311 号
邮编:325200
电话:0577/65517668、65510983
传真:65517838、65755005
网址:www. hllb. com
电子信箱:halo@ hllb. com
单位人数:350
质量体系:ISO/TS 16949、ISO 9001
产品情况:(华隆路宝牌)
主要生产 IC 调节器、智能数字点火器、无触点分电器总成、电子燃油泵、汽车铝件等
配套及出口情况:为美国机械中心、台湾 NC 维修配套;出口美国、欧洲等国家和地区

★浙江利丰电器股份有限公司
地址:浙江省瑞安市经济开发区毓蒙路 998 号
邮编:325200
电话:0577/65607518
传真:65607508
网址:www. chinalifeng. com
电子信箱:lifeng@ mail. wzptt. zj. cn
质量体系:ISO/TS 16949
产品情况:(利丰牌)
各种规格的插片式、卷铜式电动机换向器和集电环,年产能力在 1 亿只以上
出口情况:出口美国、英国、日本,并销往中国香港、台湾地区

★瑞安市雷曼汽车电器有限公司
地址:浙江省瑞安市登高巷 2 号
邮编:325200
电话:0577/65623949
传真:65900016
网址:www. cnzye. com
电子信箱:leijiecn@ hotmail. com
质量体系:ISO 9001
产品情况:(ZYE 牌)
刮水器电动机、继电器、仪表、传感器、底盘件、各种开关等汽车电子配件
配套情况:为一汽集团、东风汽车公司等配套

★瑞安市亚星汽车配件有限公司
地址:浙江省瑞安市巾子山路 1 号
邮编:325200
电话:0577/65625263、25605666
传真:65808248、65875771
网址:www. cnyxqp. com
电子信箱:rayaxing@ 163. com
单位人数:258
质量体系:ISO 9002
产品情况:(MAOYI 牌)
内外摆门泵、卧式刮水器、大功率汽车发电机、电喷燃油泵、液压气门挺杆
出口情况:出口东南亚、欧洲、北美洲等地区,并销往中国台湾地区

★瑞安市超声电器厂
地址:浙江省瑞安市沙河新村龙新路 1 巷 14 号
邮编:325200
电话:0577/65663337、65664425
传真:65675557
质量体系:ISO/TS 16949、ISO 9001
产品情况:汽车电磁阀,汽车电喷系统附件,卡扣、接头等汽车配件
配套情况:为哈东安汽车动力、一汽 -

大众、福特中国采购中心、华晨集团、上海宇宙电器、德尔福派克电气等配套

★中国安固集团有限公司
地址:浙江省瑞安市沿江西路509号
邮编:325200
电话:0577/65663846、65672862
传真:65665949
网址:www.angu.com
质量体系:ISO/TS 16949、QS 9000
产品情况:(AG牌)
汽车电动机换向器
出口情况:65%的产品出口美国、欧洲、东南亚等国家和地区,并远销中国香港、台湾地区

★瑞立集团瑞莱特汽车照明有限公司
地址:浙江省瑞安市瑞立路4号
邮编:325200
电话:0577/65665530
传真:65265529
网址:www.realight.cn
电子信箱:info@realight.cn
质量体系:ISO/TS 16949、ISO 14001
产品情况:汽车车灯

★浙江卓进电器有限公司
地址:浙江省瑞安市锦湖西岙东路56号
邮编:325200
电话:0577/65666581
传真:65667619
网址:www.chinazhuojin.com
电子信箱:webmaster@chinazhuojin.com
单位人数:212
质量体系:ISO/TS 16949、VDA 6.1
产品情况:(卓进牌、卓人牌)
汽车电动机、电磁铁、伺服电动机等
配套及出口情况:为北汽福田、上柴动力、新柴动力、诸暨凯达等主机厂配套;出口巴西、加拿大、俄罗斯、意大利、法国、泰国、澳大利亚等国家

★瑞安市红旗换向器有限公司
地址:浙江省瑞安市沿江西路498-1号
邮编:325200
电话:0577/65666959、65675893
传真:65660004
网址:www.cn-redflag.com
电子信箱:webmaster@cn-redflag.com
单位人数:350
质量体系:ISO/TS 16949、ISO 9001
产品情况:(HJ牌)
电动机换向器
配套及出口情况:为国内许多知名企业配套;出口美国、德国、英国、意大利、越南,并销往中国台湾地区

★瑞安市飞跃汽车电器有限公司
地址:浙江省瑞安市锦湖北路河埭桥205号
邮编:325200
电话:0577/65669838、65669877
传真:65669837
网址:www.efeiyue.com
电子信箱:efeiyue@163.com
质量体系:ISO 9001
产品情况:(Feiyue牌)
各种汽车电器配件、附件
出口情况:远销南美洲、西欧、东南亚等20多个国家和地区

★瑞安市途安汽车配件厂
地址:浙江省瑞安市红旗工业区康大路
邮编:325200
电话:0577/65670922
传真:65062250
网址:www.taqp.cn
电子信箱:tuanqp@163.com
质量体系:ISO 9001
产品情况:(龙浩牌)
电磁阀、传感器、开关

★温州安固电器有限公司
地址:浙江省瑞安市沿江西路509号
邮编:325200
电话:0577/65672862、65663846
传真:65665949
网址:www.angu.com
电子信箱:angu@mail.wzptt.zj.cn
单位人数:1108
质量体系:ISO/TS 16949、QS 9000
产品情况:(AG牌)
电动机换向器
出口情况:65%的产品出口美国、欧洲、东南亚等国家和地区,并销往中国香港和台湾地区

★瑞安市亿通电器有限公司
地址:浙江省瑞安市红旗工业园区沙河路3号
邮编:325200
电话:0577/65673301
网址:www.sjetong.com
电子信箱:info@sjetong.com
质量体系:ISO 9001
产品情况:(ETOHG牌)
车用喇叭、继电器、电动机、中高频电热设备
出口情况:出口东南亚、中东地区

★瑞安市长虹仪表有限公司
地址:浙江省瑞安市锦湖街道虹桥北路东洋工业区
邮编:325200
电话:0577/65902038、65099999
传真:65902237
网址:www.rachyb.com
电子信箱:ra_chyb@yahoo.com.cn
质量体系:ISO 9001
产品情况:(汇杰牌)
汽车仪表
配套情况:为上海大众、一汽-大众等配套

★浙江瑞申汽配有限公司
地址:浙江省瑞安市塘下镇北工业园区凯旋一路85号
邮编:325200
电话:0577/66000088
传真:65328606
网址:www.ruishen.com
电子信箱:ruishen@ruishen.com
单位人数:200
质量体系:ISO/TS 16949、ISO 9001
产品情况:(瑞申牌)
起动机、发电机、制动泵、节温器、发电机整流器、散热器、继电器等
出口情况:出口南美洲、南非、中东等国家和地区

★温州卓瑞汽车传感器有限公司
地址:浙江省瑞安市锦湖街道西岙东路56号
邮编:325200
电话:0577/66618278
传真:58871542
网址:www.cnzhuorui.com
电子信箱:lijing.mcb@163.com
负责人:李静
质量体系:ISO/TS 16949、ISO 9001
产品情况:汽车压力/位移/曲轴/车速/ABS/节气门等传感器、电子加速踏板、电磁阀等

★固特威汽车配件有限公司
地址:浙江省瑞安市北工业区如意路
邮编:325203
电话:0577/66000858
传真:66000855
电子信箱:goodway1688@vip.163.com
质量体系:ISO/TS 16949
产品情况:汽车发电机调节器、点火模块及相关零部件

★浙江搏奥汽摩部件有限公司
地址:浙江省温州市瓯海区经济开发区翔凤路
邮编:325203
电话:0577/85317777
传真:85309551
网址:www.cn-jxlb.com
电子信箱:mocc5336@vip.163.com
产品情况:(鸣一牌)
汽车、摩托车电喇叭
出口情况:出口东南亚、非洲、中东等地区

★浙江奥冠电子科技有限公司
地址:浙江省龙游县城北工业区北斗大道(A-1)
邮编:325204
电话:0570/7258818、7258828
传真:7258858、7392881
网址:www.autoone.cn
电子信箱:sales@autoone.cn
单位人数:500
质量体系:ISO 9001
产品情况:(AUTOONE牌)
点火模块、正弦波逆变器、传感器、

电容、高压线、调节器、点火线圈、点火器等
出口情况:远销欧洲、美洲和中东等 10 多个国家和地区

★瑞安市戴立汽车电器有限公司
地址:浙江省瑞安市塘下镇上潘村新发路 19 - 33 号
邮编:325204
电话:0577/25605155
传真:25605156
网址:www. wzdaili. com
电子信箱:daili3918@ 126. com
产品情况:汽车喇叭、玻璃升降器、刮水器及其电动机、冲压件、标准件及非标准件等
配套及出口情况:为东风汽车公司、重庆宗申、龙口新力达机械等配套;出口欧洲、非洲、东南亚等地区

★瑞安市科光汽车零部件有限公司
地址:浙江省瑞安市塘下镇鲍田工业区
邮编:325204
电话:0577/25655880
传真:25655880
网址:www. keg - qipei. com. cn
电子信箱:sales@ 86keg. com
质量体系:ISO 9001
产品情况:汽车节门怠速电动机、节温器、开关等

★浙江杰程机车部件有限公司
地址:浙江省瑞安市塘下镇陈宅工业区
邮编:325204
电话:0577/58850588、65395666
传真:65395777
网址:www. chinajiecheng. com
电子信箱:jc@ chinajiecheng. com
质量体系:ISO 9001
产品情况:(杰程牌)
汽车点火开关
配套及出口情况:为重庆宗申、力帆等多家摩托车主机厂配套;出口美国、德国、印度、土耳其、巴基斯坦、巴西、马来西亚、埃及等国家

★瑞安市科丰电子仪表有限公司
地址:浙江省瑞安市塘下镇鲍田鲍五朝阳路 252 号
邮编:325204
电话:0577/58883999、65399066
传真:58883399
网址:www. chinakf. cn
电子信箱:info@ chinakf. cn
质量体系:ISO 9001
产品情况:(科丰牌)
车速传感器、转速传感器、曲轴位置传感器、速度传感器、相位传感器、流量传感器、爆振传感器、温度传感器、前轮传感器、后轮传感器、压力传感器、节气门传感器等各种电子汽车传感器
出口情况:出口东南亚、美国、中东、非洲等国家和地区

★浙江天岳汽车电器有限公司
地址:浙江省瑞安市塘下镇韩田村沿河北路 3 号
邮编:325204
电话:0577/58886399、58886369
传真:65356126
网址:www. tian - yue. com
电子信箱:zjty@ vip. 163. com
单位人数:150
质量体系:ISO/TS 16949
产品情况:(天岳牌)
汽车电动门锁、空调冷凝风扇、散热器风扇、转向管柱、点火组合开关
配套及出口情况:为天津一汽夏利、北汽制造、一汽海马、长城汽车、石家庄双环汽车、天津三电汽车空调、一汽杰克赛尔汽车空调、一汽富奥集团散热器等配套;远销欧美、东南亚、中东

★温州沪宏汽车电器有限公司
地址:浙江省平阳县郑楼万全工业区万盛路 1 号
邮编:325204
电话:0577/63176228、65350297
传真:63176229、65362096
网址:www. wzhuhong. com
电子信箱:master@ wzhuhong. com
单位人数:100
质量体系:ISO 9001
产品情况:汽车刮水器电动机、暖风电动机、刮水器臂、刮水片
配套及出口情况:为山东时风集团、山东五征集团、东风汽车、北汽福田等配套;远销俄罗斯、美国、印度、中东等国家和地区

★浙江捷加汽车零部件有限公司
地址:浙江省瑞安市平阳县榆垟镇茶亭村工业区 1 号
邮编:325204
电话:0577/63796888、63796887
传真:63796885
网址:www. china - xintong. com
电子信箱:china - xintong@ vip. 163. com
质量体系:ISO 9001
产品情况:(声通牌)
汽车电动、电控气喇叭、电磁阀、加油口盖、门锁芯等
出口情况:远销美国、日本、中东、东南亚等国家和地区

★瑞安市夸克汽车电子有限公司
地址:浙江省瑞安市塘下镇罗凤北工业区
邮编:325204
电话:0577/65113566
传真:65113568
质量体系:ISO 9001
产品情况:汽车空气流量计、点火线圈

★浙江宝通电器有限公司
地址:浙江省瑞安市塘下镇鲍田鲍三工业区
邮编:325204
电话:0577/65200809
传真:65210878
网址:www. chinabaotong. cn
电子信箱:manger@ chinajinleng. com
质量体系:ISO 9001
产品情况:各类开关
出口情况:出口欧洲、美国、瑞典、英国、东南亚、中东等国家和地区

★瑞安市银通电器有限公司
地址:浙江省瑞安市塘下镇鲍四工业区站东路 22 号
邮编:325204
电话:0577/65201001、58883366
传真:65211001
网址:www. wzyintong. com
电子信箱:cnyintong@ yahoo. com. cn
质量体系:ISO 9002
产品情况:(高田牌)
银合金材料及触点、汽车熔断丝盒、中央电器装置盒、尾灯架线路板、挡灯开关等
出口情况:出口欧美、东南亚等地区

★瑞安市宏业电器有限公司
地址:浙江省瑞安市鲍田工业区
邮编:325204
电话:0577/65201140、65212262
传真:65212262
网址:www. fj - tx. com
电子信箱:hongye@ fj - tx. com
质量体系:ISO 9000
产品情况:(福加牌)
轿车及轻型货车发电机、起动机、电喷燃油泵、刮水电动机、自动升降天线
出口情况:部分产品出口

★温州超航机电有限公司
地址:浙江省瑞安市罗凤北区高横路 288 号
邮编:325204
电话:0577/65201168
传真:65211168
网址:www. wzchaohang. com
电子信箱:dxl@ wzchaohang. com
质量体系:ISO/TS 16949、ISO 9001
产品情况:(亚达牌)
汽车空调风机、散热器风机、暖风机、刮水电动机、玻璃升降器电动机和电子燃油泵等直流类型电动机与风机,年产能力 80 万台
配套情况:为天津汽车、长城汽车、东风易进、广汽长丰、奇瑞汽车等配套

★瑞安市和平仪表厂
地址:浙江省瑞安市鲍二工业区
邮编:325204
电话:0577/65201182、65201751

传真:65211118
网址:www. biaoyi. cc
电子信箱:biaoyi@ hotmail. com
单位人数:210
质量体系:ISO 9001
产品情况:(标一牌)
汽车组合仪表

★浙江赛杰电器有限公司
地址:浙江省瑞安市塘下镇鲍田鲍五村
邮编:325204
电话:0577/65201454、65219887
传真:65210999
网址:www. cn - ruixu. com
电子信箱:info@ cn - ruixu. com
质量体系:ISO 9001
产品情况:(瑞旭牌)
汽车喇叭、刮水器电动机、电磁阀
出口情况:出口东南亚、非洲、南美洲、中东等地区

★瑞安市一洲汽车零部件有限公司
地址:浙江省瑞安市塘下镇鲍七工业区
邮编:325204
电话:0577/65201907、65218155
传真:65218255
网址:www. cnyizhou. com
电子信箱:info@ cnyizhou. com
质量体系:ISO/TS 16949、ISO 9001
产品情况:(劲耐牌)
汽车起动机单向器、燃油滤清器、转向盘等
配套及出口情况:为国内多家主机厂配套;远销东欧、西欧、中东、东南亚等地区

★瑞安市敬立汽配有限公司
地址:浙江省瑞安市塘下新华南街5弄9号
邮编:325204
电话:0577/65206088
传真:65211173
网址:www. chinajingli. com
电子信箱:jl@ chinajingli. com
质量体系:ISO 9001
产品情况:(顺腾牌)
电子点火线圈、高压电火线、分火头、分电器盖
出口情况:出口英国、波兰、匈牙利、意大利、约旦、伊朗、埃及、沙特阿拉伯、南非、尼泊尔、缅甸、俄罗斯、越南、柬埔寨、马来西亚、新加坡、澳大利亚、韩国、加拿大、美国、古巴、巴西,并销往中国台湾地区

★瑞安市伟达汽车配件有限公司
地址:浙江省瑞安市塘下镇鲍田前进工业区
邮编:325204
电话:0577/65209698、65209180
传真:65213838
网址:www. luoerte. com
电子信箱:info@ weida - china. net
质量体系:ISO/TS 16949
产品情况:(LOYALTY 牌)
汽车点火线圈、机械式汽油泵

★瑞安市东南仪表元件厂
地址:浙江省瑞安市鲍田镇鲍一工业区
邮编:325204
电话:0577/65211933、65218933
传真:65216933、65200933
网址:www. zhongjie - cn. com
电子信箱:zhongjie18@ mail. wzptt. zj. cn
质量体系:ISO 9001
产品情况:(中杰牌)
仪表及传感器
出口情况:出口东南亚、中东、非洲等地区

★瑞安市金鹏电器厂
地址:浙江省瑞安市鲍二工业区
邮编:325204
电话:0577/65213619
传真:65201178
网址:www. wzjinpeng. com
电子信箱:info@ wzjinpeng. com
质量体系:ISO 9001
产品情况:(精雕牌)
各种车型电磁气阀、门泵电磁气阀、电磁开关、喇叭、化油器电磁阀、机油报警器、水温感应塞、起动继电器、皮带张紧轮、小型继电器等
配套及出口情况:为一汽集团、东风汽车公司配套;部分产品出口

★瑞安市瓯江电机有限公司
地址:浙江省瑞安市塘下镇前桥工业区育英路88号
邮编:325204
电话:0577/65215686
传真:65212328
网址:www. ojdj. com
电子信箱:web@ ojdj. com
单位人数:300
质量体系:ISO/TS 16949、ISO 9001
产品情况:汽车玻璃升降器、刮水器、中央控制门锁、风扇电动机
配套及出口情况:为神龙、华泰现代、吉利、比亚迪、徐工、起亚、标致等主机厂定点配套;远销欧美、亚洲、非洲等20余个国家和地区

★瑞安市圣雷汽车部件有限公司
地址:浙江省瑞安市塘下镇新华工业区
邮编:325204
电话:0577/65218886、65221886
传真:65218885
网址:www. cnshenglei. com
电子信箱:limandai@ hotmail. com
质量体系:ISO 9001
产品情况:(圣雷牌)
汽车发电机

★瑞安市龙和汽车电器有限公司
地址:浙江省瑞安市塘下鲍田工业区
邮编:325204
电话:0577/65220303
传真:65220383
网址:www. ralonghe. cn
电子信箱:ralonghe@ 163. com
质量体系:ISO 9001
产品情况:(龙和牌)
汽车继电器

★瑞安市长新汽车配件有限公司
地址:浙江省瑞安市塘下镇场桥代上工业区
邮编:325204
电话:0577/65268886
传真:65268887
网址:www. chinachangxin. com
电子信箱:master@ chinachangxin. com
单位人数:160
质量体系:ISO 9002
产品情况:(长新牌)
汽车暖风电动机、空调冷凝器风扇及电动机、空调蒸发器风机等
配套及出口情况:为一汽佳宝、重庆长安等各大主机厂配套;40%产品出口欧洲、美洲、东南亚等地区

★浙江康翔汽车部件制造有限公司
地址:浙江省瑞安市塘下镇场桥上叶工业区罗山路146号
邮编:325204
电话:0577/65299001
传真:65299003
网址:wzkx. com. cn
电子信箱:xn@ wzkx. com. cn
单位人数:160
质量体系:ISO/TS 16949、ISO 9001
产品情况:(康翔牌)
汽车风扇电动机、燃油泵、线路板
出口情况:远销欧洲、美国、巴西、中东、俄罗斯、东南亚等国家和地区

★瑞安市雄马机动车部件有限公司
地址:浙江省瑞安市塘下镇水河潭工业区
邮编:325204
电话:0577/65321818、65321717
传真:65321718
网址:www. auto - motor. cn
电子信箱:cqq7007@ 163. com
质量体系:QS 9000
产品情况:(ZON 牌)
汽车空气流量计,摩托车制动防抱死装置(ABS)、装饰品,电动车控制器等

★瑞安市赛巨汽车电器有限公司
地址:浙江省瑞安市国际汽摩配园区罗山大道兴瑞路
邮编:325204
电话:0577/65325008、65353007
传真:65325007
网址:www. cnsaiju. cn

电子信箱:cnsaiju@163. com
质量体系:ISO 9001
产品情况:(赛巨牌)
汽车组合开关、点火开关、智能电子调节器、闪光器等

★温州美亚特汽车部件有限公司
地址:浙江省瑞安市塘下镇里北洋村工业区
邮编:325204
电话:0577/65325687
传真:65367568、65325685
网址:www. meiyate. com
电子信箱:ywmyt@163. com
产品情况:(美雅特牌)
组合开关、门锁、点火线圈等
配套情况:为重汽集团、陕汽集团、苏州金龙、厦门金龙、北汽福田等配套

★温州市光泰汽车部件有限公司
地址:浙江省瑞安市塘下镇双桥虹镜西路1号
邮编:325204
电话:0577/65326668、65326669
传真:65326667
网址:www. gtqp. com
电子信箱:info@gtqp. com
质量体系:ISO 9001
产品情况:(松松牌)
组合开关、传感器
配套及出口情况:为山东时风、江苏英田集团等配套;产品出口国外

★瑞安湖电汽车电器有限公司
地址:浙江省瑞安市国际汽摩配产业基地(北区)罗山大道
邮编:325204
电话:0577/65330557
传真:65332557
网址:www. hudian. com
电子信箱:xsb@hudian. com
质量体系:ISO/TS 16949、QS 9000
产品情况:(三工牌)
调节器、闪光器、继电器、熔断丝盒、喇叭、电磁阀、分电器及点火系统、开关、点火开关、传感器、报警器、发电机整流系列、前照灯增亮器、汽车刮水器电动机、刮水器刮臂、刮水片、汽车暖风电动机、组合开关等
出口情况:远销东南亚及欧美地区

★瑞安市风帆机车部件有限公司
地址:浙江省瑞安市塘下镇罗凤工业园区
邮编:325204
电话:0577/65333058、25650666
传真:65330058
网址:www. raxinfan. com
电子信箱:kelaijia@126. com
质量体系:ISO 9001
产品情况:电磁阀、点火开关、喇叭、组合开关、车速/转速/水温/水位/油压/气压传感器、机油压力传感器等重型货车电器
出口情况:出口东南亚、中东、非洲等地区

★瑞安顺普汽车配件有限公司
地址:浙江省瑞安市马屿曹村宋岙顺普路一号
邮编:325204
电话:0577/65335153
传真:65336187
网址:www. cn - sunup. com
电子信箱:info@cn - sunup. com
质量体系:ISO 9002
产品情况:起动机磁力开关、磁力开关盖、油水分离器、滤清器、滤芯、起动机单向器、干燥罐、分离轴承、机油塞、分离叉、手油泵、加油口盖、散热器盖、熔断丝盒、表、锁、门把手、拉线、喉箍、接口垫、闪光器、喇叭、制动灯开关、刮水器臂及臂片、机油冷却器、燃油泵、机油盖、电风扇等
出口情况:出口菲律宾、印度尼西亚、新加坡、中东、南美洲等国家和地区

★瑞安市以罗欣电器有限公司
地址:浙江省瑞安市塘下镇罗凤工业区
邮编:325204
电话:0577/65335277、65330227
传真:65332557
网址:www. yiluoxin. net
电子信箱:yiluoxin@mail. wzptt. zj. cn
质量体系:ISO 9001
产品情况:(以罗欣牌)
汽车电子调节器、喇叭、前照灯增亮器、闪光器、继电器、传感器、开关、滤清器、组合开关、熔断丝盒、门锁、刮水器电动机以及智能防盗器等

★瑞安市瑞日汽车电器有限公司
地址:浙江省瑞安市新坊南工业区
邮编:325204
电话:0577/65335533、65338533
传真:65338522、65335566
网址:www. cnruiri. com
电子信箱:sales@cnruiri. com
质量体系:ISO 9001
产品情况:(Rerai 牌)
汽车电子闪光器、刮水器间歇继电器、断油电磁阀、发电机调节器等
配套及出口情况:为主机厂配套;出口东南亚

★温州市维赛克汽车部件有限公司
地址:浙江省瑞安市塘下镇双桥工业区
邮编:325204
电话:0577/65336998、65320738
传真:65392303
网址:www. weisaike. com
电子信箱:info@weisaike. com
质量体系:ISO/TS 16949
产品情况:(维赛克斯牌)
汽车点火器、球笼万向节、点火线圈、转向连接轴等
出口情况:出口欧美、南美洲、中东等地区

★瑞安市万泰汽车电器有限公司
地址:浙江省瑞安市罗凤中南街6号
邮编:325204
电话:0577/65338985、65331288
传真:65331066
网址:www. ruianwantai. com
电子信箱:wantai@ruiantantai. com
质量体系:ISO 9001
产品情况:(罗南牌)
汽车化油器电磁阀、温控开关、调温器、水温感应器、机油感应器、机油滤清器、燃油箱浮子

★瑞安市奥神汽车配件有限公司
地址:浙江省瑞安市塘下镇北工业园区凯旋一路88号
邮编:325204
电话:0577/65350229、65363128
传真:65387158
网址:www. airflowsensor. cn
电子信箱:sales@airflowmeter. cn
单位人数:200
质量体系:ISO/TS 16949、ISO 9001
产品情况:(奥神牌)
汽车空气流量器、刮水器电动机、暖风电动机、轿车传感器、张紧器等
出口情况:远销欧洲、南美洲、中东等地区

★瑞安市亚瑞汽车电器有限公司
地址:浙江省瑞安市新坊工业区盛新路23号
邮编:325204
电话:0577/65350247、65360781
传真:65358380
网址:www. china - yarui. com
电子信箱:info@china - yarui. com
质量体系:ISO 9002
产品情况:(亚瑞牌)
汽车点火开关、语言倒车报警器、摩托车点火继电器、稳压器等
配套及出口情况:为一汽集团、东风汽车公司、北汽福田、柳州五菱、临海宝马、长安汽车等配套;出口欧洲、非洲、东南亚等地区

★瑞安市登峰福利汽配厂
地址:浙江省瑞安市罗凤北工业区
邮编:325204
电话:0577/65350286
传真:65363718
网址:www. ruiandengfeng. com
电子信箱:zjdengfeng@163. com
质量体系:ISO/TS 16949、ISO 9001
产品情况:(瑞峰牌)
空气流量计
出口情况:出口欧洲、北美洲、南美洲、中东、澳大利亚、南非等国家和地区

★瑞安市福达汽车部件有限公司
地址:浙江省瑞安市新坊工业区
邮编:325204
电话:0577/65350348、65363349
传真:65363348
网址:www.cnfuda.com
电子信箱:master@cnfuda.com
质量体系:ISO 9000
产品情况:(福达牌)
调节器、继电器、闪光器、倒车开关、电磁阀、刮水器电动机、储液器等

★浙江固久汽车电器有限公司
地址:浙江省瑞安市塘下镇官渎工业区
邮编:325204
电话:0577/65350380、65361588
传真:65361588
网址:www.gujiu.com
电子信箱:sale@gujiu.com
质量体系:ISO 9002
产品情况:(固久牌)
汽车电喇叭
出口情况:出口南美洲、南非、中东等国家和地区

★南洋汽摩集团有限公司
地址:浙江省瑞安市新坊工业区
邮编:325204
电话:0577/65350395
传真:65360495
网址:www.nanyangchina.com
单位人数:1400
质量体系:ISO/TS 16949、ISO 9001
产品情况:(HONT牌)
汽车组合开关、汽车暖风机、汽车散热器、汽车空调、汽车等速万向节等
配套情况:为一汽集团、东风汽车公司、奇瑞汽车、北汽福田、嘉陵、宗申等配套

★瑞安市金谷汽车配件厂
地址:浙江省瑞安市新坊南工业园区
邮编:325204
电话:0577/65350456、65362583
传真:65360533
网址:www.jinguauto.com
电子信箱:info@jinguauto.com
质量体系:ISO 9002
产品情况:(JIAOBAO牌)
电动燃油泵、各类传感器、电器开关、驻车制动器总成等;具有年产电动窗开关10万套、驻车制动器总成5万只、传感器20万只的生产能力

★瑞安市佳宇机车部件有限公司
地址:浙江省瑞安市塘下镇韩田工业区
邮编:325204
电话:0577/65350718
传真:65368718
网址:www.jiayucn.com
电子信箱:info@jiayucn.com
质量体系:ISO 9001
产品情况:(万佳牌)
汽车组合开关、点火开关、翘板开关等

★瑞安市迪科汽车电器有限公司
地址:浙江省瑞安市韩田工业区东风路52号
邮编:325204
电话:0577/65350940、65391838
传真:65391883
电子信箱:dikeqp@126.com
质量体系:ISO 9001
产品情况:(澳迪科牌)
汽车制动灯开关、倒车灯开关等
出口情况:出口东南亚、中东、非洲、欧美等地区

★瑞安市永安汽车电器有限公司
地址:浙江省瑞安市塘下镇赵宅工业区天凤大街119弄
邮编:325204
电话:0577/65350974、65390976
传真:65369975
网址:www.yonganchina.com
电子信箱:yongan@wz.zj.cn
质量体系:ISO 9001
产品情况:传感器、机油感应塞、水温感应塞、闪光器等
出口情况:远销欧美、日本、东南亚、中东、非洲等国家和地区

★瑞安市东瓯汽车电器实业公司
地址:浙江省瑞安市塘下镇韩田工业区金杯路75号
邮编:325204
电话:0577/65351103
传真:65369560
网址:www.chinaruijing.com
电子信箱:info@chinaruijing.com
质量体系:ISO 9001
产品情况:(瑞京牌)
各种汽车刮水器电动机、暖风电动机及五十铃、金杯6480、东南得利卡系列全车配件
配套及出口情况:为五十铃、华晨金杯、东南汽车等配套;出口欧美、东南亚

★瑞安市炜炜车业部件有限公司
地址:浙江省瑞安市塘下镇韩田工业区凤凰西路100号
邮编:325204
电话:0577/65351264、65388800
传真:65396264
网址:www.wwcy.com.cn
电子信箱:thermoswitch@163.com
质量体系:ISO 9001
产品情况:(东田牌)
温控开关、油压开关、传感器等
配套及出口情况:为国内大型主机厂配套;出口东南亚、韩国、日本、东欧、中东、南美洲、欧美等国家和地区

★浙江省瑞安市韩田汽车电器厂
地址:浙江省瑞安市韩田工业区南大门路100号
邮编:325204
电话:0577/65351352、65357025
传真:65393070
网址:www.yilushun.com
电子信箱:huanya2009@yahoo.cn
质量体系:ISO 9002
产品情况:汽车、摩托车电喇叭、风窗洗涤器、后视镜

★浙江超阳仪表有限公司
地址:浙江省瑞安市韩田工业区玉河西路68号
邮编:325204
电话:0577/65351356
传真:65356586
电子信箱:chance.cn@163.com
质量体系:ISO/TS 16949
产品情况:汽车仪表、减振器

★瑞安宇天汽车部件有限公司
地址:浙江省瑞安市塘下镇花园工业区
邮编:325204
电话:0577/65351368、82590011
传真:65399010、65391389
网址:www.yutiancn.com
电子信箱:yutian3688@hotmail.com
质量体系:ISO 9001
产品情况:(宇天牌)
分电器总成、制动总分泵、真空泵、全车门锁、分电器盖、汽车电器开关
配套及出口情况:与日本某公司做原厂配套;远销30多个国家和地区

★温州市日益机车部件有限公司
地址:浙江省瑞安市北工业园区新北路
邮编:325204
电话:0577/65351768、65372555
传真:65326585、65379837
网址:www.ryidianqi.com
电子信箱:ryi@ryidianqi.com
质量体系:ISO 9001
产品情况:汽车空气流量计、曲轴位置传感器、废气再循环阀、爆震传感器、进气压力传感器及风机变速电阻
出口情况:远销英国、德国、法国、意大利、美国、加拿大、巴西等80多个国家

★瑞安市华东汽车继电器厂
地址:浙江省瑞安市韩田工业区
邮编:325204
电话:0577/65352275
传真:65373885
网址:www.chinariben.com
电子信箱:riben88@21cn.com
质量体系:ISO 9001
产品情况:(日奔牌)
汽车继电器
出口情况:出口中东、非洲、东南亚等地区

★瑞安市泰安车辆配件有限公司
地址:浙江省瑞安市塘下镇赵宅工业区
邮编:325204
电话:0577/65352296
传真:65373286
网址:www. chinataiyue. com
电子信箱:sales@ chinataiyue. com
质量体系:ISO 9001
产品情况:(泰岳牌)
汽车刮水电动机、暖风电动机、空调电动机、玻璃升降器电动机等
出口情况:出口东南亚等地区

★浙江三宁电器有限公司
地址:浙江省瑞安市韩田工业区凤凰西路68号
邮编:325204
电话:0577/65352427
传真:65368468
电子信箱:sanning@ mail. zsera. zj. cn
质量体系:ISO/TS 16949
产品情况:(三宁牌)
汽车起动机、风扇电动机等系列电动机,摩托车磁电机

★温州高科汽车电器有限公司
地址:浙江省瑞安市塘下田凤大街125号
邮编:325204
电话:0577/65352440
网址:www. egaoke. com
电子信箱:gaoke551@ mail. wzptt. zj. cn
质量体系:ISO 9002
产品情况:(高科牌)
汽车点火线、火花塞等点火系统配件,继电器、汽车门锁、水泵、机油滤清器等汽车配件
出口情况:出口非洲、中东、东南亚、欧美等地区,并销往中国香港地区

★瑞安市新跃汽配有限公司
地址:浙江省瑞安市塘下镇汽摩配城花园工业区
邮编:325204
电话:0577/65353028、65368028
传真:65359028
网址:www. yuekun. com
电子信箱:master@ yuekun. com
质量体系:ISO 9001
产品情况:(跃坤牌)
硅油风扇离合器、断油电磁阀、风窗洗涤泵、传感器及各类汽车配件
出口情况:出口多个国家和地区

★瑞安市长征汽车电器厂
地址:浙江省瑞安市塘下镇东风路134号
邮编:325204
电话:0577/65353646、65201454
传真:65353646、65378646
网址:www. cn - changzheng. com
电子信箱:webmaster@ cn - changzheng. com
质量体系:ISO 9001
产品情况:汽车仪表、汽油滤清器、刮水器臂片、喇叭、线插头、各种开关、门锁
出口情况:远销东南亚、中东、非洲、欧美等地区

★瑞安市建利佳汽车部件有限公司
地址:浙江省瑞安市塘下镇韩田工业区东风路108号
邮编:325204
电话:0577/65353704、65355872
传真:65390226
网址:www. jianlijia. com
电子信箱:info@ jianlijia. com
质量体系:ISO 9001
产品情况:(建利佳牌)
刮水器电动机、刮水器刮臂、刮水片、喇叭、玻璃升降器等
配套及出口情况:为国内部分大型汽车制造厂配套;远销欧洲、东南亚、非洲

★瑞安市胜王汽车电器有限公司
地址:浙江省瑞安市韩田飞凤中路101－123号
邮编:325204
电话:0577/65353890、65383985
传真:65369988
网址:www. cenwan. com
电子信箱:sale@ cenwan. com
质量体系:ISO 9001
产品情况:(胜王牌)
机油量过低报警器、机油压力传感器、起动继电器、断油电磁阀、转向灯开关、预热起动开关、制动灯开关及其他汽车电器
出口情况:出口北美洲、东南亚等地区

★瑞安市内利汽车配件有限公司
地址:浙江省瑞安市塘下镇浃东路12－13号
邮编:325204
电话:0577/65353951、65290951
传真:65369951
网址:www. zjyili. com
电子信箱:info@ zjyili. com
产品情况:电子调节器、电子闪光器、继电器、断电触点、制动修理包、报警器等
配套及出口情况:与多家大型汽车企业配套;出口东南亚地区

★浙江瑞安市华联仪表有限公司
地址:浙江省瑞安市塘下镇韩田金杯路79－81号
邮编:325204
电话:0577/65354212、65351885
传真:65373922
网址:www. hualianchina. com
电子信箱:hl@ hualianchina. com
单位人数:80
质量体系:ISO 9002
产品情况:(中仪牌)
汽车仪表
出口情况:出口东南亚、欧美、中东、非洲等地区

★瑞安市盛泰汽车部件有限公司
地址:浙江省瑞安市汽摩配工业园区塘下大道北段
邮编:325204
电话:0577/65354566
传真:65369266
网址:www. zjshengtai. com
电子信箱:zjbotai@ 163. com
单位人数:120
质量体系:ISO 9001
产品情况:(博泰牌)
汽车及摩托车盆形喇叭、蜗牛喇叭、电控汽喇叭、U盘、SD插卡机、有源低音炮、高压线、球头、拉杆总成等,年产各种型号喇叭100多万只
出口情况:出口中东、东南亚、马来西亚等10多个国家和地区

★瑞安市声派汽车配件厂
地址:浙江省瑞安市塘下镇赵宅工业区
邮编:325204
电话:0577/65354682
传真:65380682
网址:www. sphorn. com
电子信箱:sales@ sphorn. com
单位人数:100
产品情况:(声派(SEPAI)牌)
盆形、蜗牛等系列喇叭,年产能力200多万只
出口情况:远销中东、非洲、东南亚、南美等20余个国家和地区

★浙江亿邦汽车电器有限公司
地址:浙江省瑞安市汽摩配产业基地凤都六路118号
邮编:325204
电话:0577/65355358、65351441
传真:65377441
网址:www. cndasheng. com
电子信箱:sale@ cnyisen. biz
质量体系:ISO/TS 16949、ISO 9001
产品情况:(大盛牌)
各种汽车继电器、电磁(气)阀、电控断油缸、电子闪光器、调节器、刮水器间歇继电器、控制阀门、各车型电子控制器、开关及喇叭等
配套及出口情况:为国内多家大型企业配套;出口东南亚、南美洲、南非、中东等国家和地区

★瑞安市禾华汽车电子有限公司
地址:浙江省瑞安市塘下镇韩田工业区
邮编:325204
电话:0577/65355852
传真:65399582
网址:www. china - hehua. com
电子信箱:china - hehua@ 163. com
质量体系:ISO 9001
产品情况:(禾华牌)
汽车传感器,摩托车米表齿轮

★浙江三华车业有限公司
地址:浙江省瑞安市隆山东路鸿瑛大厦
邮编:325204
电话:0577/65356000、65399622
传真:65372003
网址:www.sanhua.com.cn
电子信箱:sanhua@sanhuahid.com
单位人数:300
质量体系:ISO 9001
产品情况:(三华(SANHUA)牌)
汽车氙气灯、中控锁、防盗器、点火器、电压调节器、电源转换器、进步电动机、传感器、电子喇叭,摩托车磁电机、点火器、整流器、闪光器、防盗报警、喇叭等
出口情况:出口南美洲、北美洲、欧洲、中东、东南亚等20多个国家和地区

★瑞安市晶佳车业有限公司
地址:浙江省瑞安市塘下镇赵宅工业区
邮编:325204
电话:0577/65356022、65375333
传真:65375689
网址:www.cnjingjia.com
电子信箱:info@cnjingjia.com
质量体系:ISO 9001
产品情况:(晶佳牌)
汽车电喇叭、电子油泵、空调系统风机,汽车用双燃料LPG装置
配套及出口情况:部分产品为汽车制造厂配套;部分产品出口

★瑞安市源圣汽车电器有限公司
地址:浙江省瑞安市塘下汽摩配商城9幢21号
邮编:325204
电话:0577/65356083、65331775
传真:65322188、25651789
网址:www.shengdacn.com
电子信箱:info@shengdacn.com
质量体系:ISO 9001
产品情况:(源正牌)
点烟器、点火开关、电磁式电源总开关、发电机整流器、继电器、刮水臂及片、电喇叭、水温塞等电器产品

★瑞安市中洲电器厂
地址:浙江省瑞安市塘下镇韩田工业区
邮编:325204
电话:0577/65356589
传真:58889589
网址:www.cn-ruixing.com
电子信箱:rx@cn-ruixing.com
单位人数:150
质量体系:ISO 9001
产品情况:(特鹰牌)
汽车电喇叭、气喇叭、汽车门锁、喇叭继电器、起动机继电器等
配套及出口情况:为国内各中大型主机厂配套;远销欧洲、日本、东南亚等国家和地区

★瑞安市超盾机动车部件有限公司
地址:浙江省瑞安市韩田工业区长安路56号
邮编:325204
电话:0577/65356880、65392828
传真:65376880
网址:www.chaodun.net
电子信箱:hanichd01@126.com
单位人数:120
质量体系:ISO/TS 16949、ISO 9001
产品情况:(超盾牌)
汽车刮水器电动机、暖风电动机、风窗洗涤器、蜗牛喇叭、喷水嘴、喷水机等
配套及出口情况:为山东时风配套;出口北美洲、中东、东南亚地区

★瑞安市中韩传感器有限公司
地址:浙江省瑞安市韩田工业区长安路4号
邮编:325204
电话:0577/65357357
传真:65331115
网址:www.cnzhonghan.com
电子信箱:cnzhonghan@163.com
质量体系:VDA 6.1、QS 9000
产品情况:(中韩牌)
汽车传感器等
配套及出口情况:为北汽、江淮汽车配套;出口亚洲、非洲、欧洲20多个国家和地区

★瑞安市华电机车电器有限公司
地址:浙江省瑞安市塘下韩田工业区长安东路9-11号
邮编:325204
电话:0577/65357687
传真:65351176
网址:www.huadiancn.com
电子信箱:wzzj0110@163.com
质量体系:ISO 9001
产品情况:(华电牌)
汽车智能电子调节器、电子闪光器、刮水器间歇继电器、喇叭、继电器、防盗器,摩托车电子点火器、整流器、点火线圈等
出口情况:出口东欧、中东、东南亚、南美洲等50多个国家和地区

★瑞安市塘川汽摩配件有限公司
地址:浙江省瑞安市塘下镇鲍三工业区站东路17-1号
邮编:325204
电话:0577/65358153
传真:65395278
网址:www.tanshua.com
电子信箱:carbonbrush@vip.163.com
质量体系:ISO 9001
产品情况:(塘川牌)
炭刷、炭刷架、齿轮、调节器

★瑞安市塘下环球汽车配件厂
地址:浙江省瑞安市韩田工业区东风路67号
邮编:325204
电话:0577/65358311
传真:65372311
网址:www.chinashengwang.com
电子信箱:shengwang@wzci.com
质量体系:ISO 9001
产品情况:(胜望牌)
汽车智能电子调节器、电子闪光器、刮水器间歇继电器等
出口情况:出口东南亚、中东、非洲等地区

★温州汇众汽车电器有限公司
地址:浙江省瑞安市塘下镇官渎工业区
邮编:325204
电话:0577/65358385、65359638
传真:65378938
网址:www.hui-zhong.com
电子信箱:master@hui-zhong.com
质量体系:ISO 9001
产品情况:点火线圈、分电器总成、电子点火控制器和组合开关等

★温州盛诺汽车电器有限公司
地址:浙江省瑞安市新坊工业区
邮编:325204
电话:0577/65360151、58899189
传真:65378148
网址:www.cnsnuo.com
电子信箱:sales@cnsnuo.com
单位人数:200
质量体系:ISO/TS 16949、ISO 9001
产品情况:(盛诺牌、SNUO牌)
机油压力传感器、智能电子调节器、车速里程表传感器、温度报警传感器、电子闪光器、刮水器及刮水器电动机及各种汽车仪表
配套及出口情况:机油压力传感器等产品为一汽集团、东风汽车公司等配套;出口美洲、欧洲、东南亚等地区

★瑞安市超浩特机动车电器厂
地址:浙江省瑞安市塘下新坊工业技术开发区昌新路10号
邮编:325204
电话:0577/65360291、58886218
传真:58886238
质量体系:ISO 9001
产品情况:(瑞升牌)
汽车温控开关、水温传感器、真空过低报警器、水位过低报警器等

★瑞安市勇扬浩汽车部件厂
地址:浙江省瑞安市塘下镇新坊工业区昌新路25号
邮编:325204
电话:0577/65360337、65362027
传真:65362027、65398337
网址:www.chin-yongyanghao.com
电子信箱:yyh@rayp.com

质量体系:ISO 9001
产品情况:(勇扬浩牌)
各种汽车喇叭
出口情况:出口东南亚、非洲、印尼等国家和地区

★瑞安市追越汽车零部件有限公司
地址:浙江省瑞安市马屿镇黄桥村
邮编:325204
电话:0577/65361338
传真:65363020
网址:www.cnzhuiyue.com
电子信箱:info@cnzhuiyue.com
质量体系:ISO 9002
产品情况:开关、全车锁、烟灰缸、点烟器、组合开关、散热器左右护板、空调面板、驻车制动指示灯、活性炭罐、车门拉手、电子插头等

★瑞安市宇宙汽车部件有限公司
地址:浙江省瑞安市塘下镇鲍田工业区兴华东路35号
邮编:325204
电话:0577/65361558、65204168
传真:25652345、25662567
网址:www.yudeli.com
电子信箱:info@yudeli.com
质量体系:ISO 9001
产品情况:(宇得利牌、瑞宇牌)
电磁式电源总开关、制动灯开关、倒车灯开关
出口情况:远销欧美、东南亚、中东等地区

★浙江亚伯兰电器有限公司
地址:浙江省瑞安市塘下镇新坊工业区
邮编:325204
电话:0577/65362818
传真:65362828
网址:www.chinakaihao.com
电子信箱:sale@yabailan.cn
单位人数:400
质量体系:ISO/TS 16949、ISO 9001
产品情况:各种汽车组合开关、翘板开关、点火开关、制动开关、电源开关、刮水器总成、小型继电器、熔断丝盒、电子调节器、电子闪光器等汽车电器产品
配套及出口情况:为一汽集团、东风汽车公司、日本有信等国内外知名汽车制造厂配套;出口欧美、中东、东南亚等地区

★瑞安市科威汽车配件责任有限公司
地址:浙江省瑞安市塘下镇新坊工业区
邮编:325204
电话:0577/65362866
传真:65392856
网址:www.keweichina.com
电子信箱:kw@keweichina.com
质量体系:ISO 9002
产品情况:(昂峰牌)
汽车继电器、开关、传感器等

★温州市铃恩电装品制造有限公司
地址:浙江省瑞安市新坊南工业区
邮编:325204
电话:0577/65362988、65363234
传真:65360235
网址:www.chinalingen.com
电子信箱:helen@chinalingen.com
质量体系:ISO 9001
产品情况:(铃恩牌、虹牌)
汽车及摩托车电动机、起动机、点火线圈、继电器等

★瑞安市声宝车业部件有限公司
地址:浙江省瑞安市塘下镇官渎工业区
邮编:325204
电话:0577/65363863、65363763
传真:65363762
网址:www.sbhorn.com
电子信箱:info@sbhorn.com
质量体系:ISO 9002
产品情况:(SHENGBAO 牌)
各种汽车、摩托车电喇叭、化油器
出口情况:远销欧洲、美洲、中东、东南亚等地区

★瑞安市阳宇机动车零部件有限公司
地址:浙江省瑞安市罗凤镇吴岙新街107号
邮编:325204
电话:0577/65365566
传真:65390935
网址:www.rayangyu.com
电子信箱:rayangyu@vip.163.com
质量体系:ISO/TS 16949、ISO 9002
产品情况:(YANGYU 牌)
汽车节气门怠速阀电动机,离合器压盘
配套及出口情况:与国内外汽车厂OEM 配套;远销欧美等地区

★超阳集团有限公司
地址:浙江省瑞安市塘下镇韩田工业区玉河西路68号
邮编:325204
电话:0577/65365888、65391661
传真:65371399、65356586
网址:www.spsun.com
电子信箱:spsun.cn@163.com
单位人数:1000
质量体系:ISO 9001
产品情况:(超阳牌)
汽车及摩托车仪表、摇臂、齿轮、电子点火器、点火开关、高压点火线圈、机油泵、减振器、滤清器、喇叭等
配套及出口情况:为宗申摩托、力帆公司、隆鑫摩托配套;出口美国、东南亚、中东、非洲、南美洲等国家和地区,并销往中国台湾、香港地区

★瑞安市万胜汽车电器配件厂
地址:浙江省瑞安市塘下镇前庄工业区
邮编:325204
电话:0577/65366644
传真:25636868
网址:www.chinawansheng.com
电子信箱:wanshengdianqi@163.com
质量体系:ISO 9001
产品情况:电子闪光器、继电器、电子调节器、电子水温表、点火开关、车速/转速传感器、刮水器继电器、机油传感器、机油/气压/水位/水温报警器电源、电磁式电源总开关、电磁气阀、倒车灯开关、制动灯开关、加油口盖、喷水电动机、点烟器、喇叭、翘板开关等
出口情况:远销中东、欧美

★温州伟力汽车部件有限公司
地址:浙江省瑞安市塘下镇韩田工业区长安路48号
邮编:325204
电话:0577/65366889、58889778
传真:65376889
网址:www.chinaweili.cn
电子信箱:root@chinaweili.cn
质量体系:ISO/TS 16949
产品情况:ABS 传感器
出口情况:出口欧洲、美国、中东等国家和地区

★瑞安市德安汽车零部件有限公司
地址:浙江省瑞安市塘下镇场桥太山后工业区
邮编:325204
电话:0577/65368488、65290818
传真:65216883、65355580
网址:www.china-dean.com
电子信箱:chinadean88@163.com
质量体系:ISO 9001
产品情况:空气流量计、电子闪光器、汽车前照灯增亮器、高压阻热线、氧传感器;车速、里程表传感器

★瑞安市安庆机动车配件有限公司
地址:浙江省瑞安市104国道边温瑞段肇平垟中村工业区
邮编:325204
电话:0577/65369771
传真:87655561
网址:www.cnruiqing.com
质量体系:ISO 9001
产品情况:(瑞庆牌)
电器开关、感应塞、刮水器电动机、仪表、油箱浮子及加油口盖、全车线束、全车门锁、玻璃升降器、起动机、发电机、起动机开关、单向器、泵阀、滤清器

★温州东捷汽配有限公司
地址:浙江省瑞安市塘下镇塘下大道花园工业区
邮编:325204
电话:0577/65369868、25606887
传真:65351454
网址:www.dongjiecn.com
电子信箱:way.chen@yahoo.com.cn

质量体系:ISO 9001
产品情况:(东捷牌)
各种汽车电子调节器、电子闪光器、电子点火器等电子电器产品
出口情况:远销东南亚地区

★瑞安市福尔特电气有限公司
地址:浙江省瑞安市塘下镇赵宅工业区
邮编:325204
电话:0577/65371111、65372222
传真:65374444
网址:www. fuert. com
电子信箱:fuert@ fuert. com
质量体系:ISO 9001
产品情况:(福尔特牌)
汽车点火线圈、水泵、调节器、闪光器

★潜华汽车仪表有限公司
地址:浙江省瑞安市塘下镇下村文明路109号
邮编:325204
电话:0577/65371510
电子信箱:yibiao_car@ 163. com
质量体系:ISO/TS 16949、QS 9000
产品情况:动磁式、电子式、步进式电动机,各类汽车组合仪表

★瑞安市中博起动机制造有限公司
地址:浙江省瑞安市塘下镇肇平垟科技工业区
邮编:325204
电话:0577/65371511、25618308
传真:65393828
网址:www. china - zhongbo. com
电子信箱:tracy@ china - zhongbo. com
质量体系:ISO 9001
产品情况:(选博牌)
起动机、转子、开关、定子线圈、单向器、炭刷架、换向器、炭刷、离合器等

★瑞安市豪王汽车零部件有限公司
地址:浙江省瑞安市塘下镇肇平垟工业区
邮编:325204
电话:0577/65371828、65372858
传真:65921357
网址:www. haowang. com
电子信箱:hwrowin8@ 163. com
质量体系:ISO 9000
产品情况:(豪王牌、拓搏牌、herowin 牌)
汽车组合开关、洗涤器总成、雾灯开关等汽车电器
配套及出口情况:为一汽、上海通用、一汽佳宝、金杯海狮、金杯小解放、安徽安凯等主机厂配套;出口欧洲、美洲、东南亚等地区

★瑞安市塘下意得利电器厂
地址:浙江省瑞安市韩田凤翔路13号
邮编:325204
电话:0577/65371999
传真:65356853
质量体系:ISO 9001
产品情况:(正春牌)
电子调节器、电子闪光器
出口情况:出口东南亚

★瑞安市永基伟业汽摩部件有限公司
地址:浙江省瑞安市国际汽摩配产业基地(北区)登峰路555号
邮编:325204
电话:0577/65372870、65376662
传真:65369620
网址:www. yjwy. com
电子信箱:sales@ yjwy. com
单位人数:200
质量体系:ISO 9001
产品情况:(超豪牌、yjwy 牌)
散热器风扇、刮水器电动机、鼓风机、汽车电动机等
配套及出口情况:是国内桑塔纳、捷达、红旗、奥迪、依维柯、奇瑞汽车、各种微型汽车、国内外汽车零部件主要的配套部件生产商;远销欧洲、美洲、中东、南非、东南亚等国家和地区

★瑞安市耐特汽车电子有限公司
地址:浙江省瑞安市塘下镇沙渎村罗凤北工业区登高路328号
邮编:325204
电话:0577/65373118、65368318
传真:65370018
网址:www. yibon. com. cn
电子信箱:autoparts@ yibon. com. cn
单位人数:380
质量体系:ISO/TS 16949、ISO 9001
产品情况:(亿邦牌)
点火线圈、各种传感器、怠速电机、点火模块、电子调节器、发电机整流器、电子点火器、稳压整流器、闪光器、点火线圈、继电器等
配套及出口情况:为一汽集团、哈飞汽车、力帆、宗申等配套;出口欧洲、南美洲、北美洲、中东、东南亚等地区

★瑞安市武振起动机开关厂
地址:浙江省瑞安市塘下镇赵宅工业区天凤大街75弄1-10号
邮编:325204
电话:0577/65373655、65352654
传真:65373655
网址:www. cnwuzhen. com
电子信箱:chinawuzhen@ 163. com
单位人数:50
质量体系:ISO 9001
产品情况:(武振牌)
柴油汽车起动熄火装置、电磁起动开关、刮水器

★浙江正田电机制造有限公司
地址:浙江省瑞安市韩田工业区凤凰西路69号
邮编:325204
电话:0577/65373881、65353881
传真:65353338
网址:www. zheng - tian. com
电子信箱:sales@ zheng - tian. com
单位人数:115
质量体系:ISO/TS 16949、ISO 9001
产品情况:(正田牌)
汽车交流发电机,年产能力30多万台
出口情况:部分产品出口

★瑞安市佳鸿伟业汽车电器有限公司
地址:浙江省瑞安市塘下镇陈宅工业园区塘下北街252号
邮编:325204
电话:0577/65375628
传真:25602638
网址:www. jiahongweiye. com. cn
电子信箱:judy162@ hotmail. com
单位人数:50
产品情况:电磁式电源总开关
配套及出口情况:为一汽集团、东风汽车公司、北汽福田等主机厂配套;远销东南亚、中东、南美洲等地区

★瑞安市力天车业部件有限公司
地址:浙江省瑞安市韩田工业区
邮编:325204
电话:0577/65376199
传真:65376299
网址:www. lt - litian. com
电子信箱:zhushaoting@ wz. zj. cn
质量体系:ISO 9001
产品情况:点烟器、点火开关、点火锁、车门锁、散热器盖、机油压力开关、水温开关、节温器、继电器、仪表、喇叭等
配套情况:产品98%供主机厂配套

★瑞安市川龙汽车部件有限公司
地址:浙江省瑞安市韩田工业区标致路40号
邮编:325204
电话:0577/65376666
传真:65350890
网址:www. chuanba. cn
电子信箱:chuanba888@ yahoo. com. cn
质量体系:ISO 9001
产品情况:(川霸牌、川友牌)
点火开关、全车锁芯、内外门拉手等
出口情况:远销东南亚、欧洲、非洲、南美洲等几十个国家和地区

★瑞安市新林汽车电器有限公司
地址:浙江省瑞安市塘下镇汽摩配工业园区
邮编:325204
电话:0577/65377828、65353208
传真:65369208
网址:www. xinlin. com
电子信箱:master@ xinlin. com
质量体系:ISO 9001
产品情况:(XINLIN 牌)
汽车继电器、电子调节器、电磁阀、

喇叭、开关等
出口情况:远销中东、欧美

★中申汽车配件有限公司
地址:浙江省瑞安市韩田工业区
邮编:325204
电话:0577/65379980、65382225
传真:65921688、65368970
网址:www. chinazhongshen. com
电子信箱:zhongshen@ wz. zj. cn
质量体系:ISO 9001
产品情况:(中申牌)
熔断丝盒、油压开关、水温感应塞、温控开关、闪光器、继电器、燃油表传感器、倒车灯开关、制动灯开关、喇叭等
出口情况:出口欧洲、东南亚、中东、非洲等20多个国家和地区

★浙江瑞安大明车辆电器有限公司
地址:浙江省瑞安市塘下镇小南山工业区
邮编:325204
电话:0577/65380191、65380194
传真:65380193
网址:www. daming. biz
电子信箱:master@ daming. biz
质量体系:ISO/TS 16949
产品情况:(鸣迪牌)
各类汽车用电喷燃油系统电动机、刮水器电动机、暖风电动机、冷风电动机、玻璃升降器等
出口情况:远销美国、欧洲、东南亚等国家和地区

★瑞安市兆达机车部件有限公司
地址:浙江省瑞安市塘下镇岑头工业区3路20号
邮编:325204
电话:0577/65386319
传真:65351849
质量体系:ISO 9001
产品情况:制动报警传感器、电子连接器等

★瑞安市利海车辆配件有限公司
地址:浙江省瑞安市汽摩配产业基地北工业区
邮编:325204
电话:0577/65386658、65387888
传真:65386698、65386008
网址:www. li－hai. com
电子信箱:ralh@163. com
单位人数:200
质量体系:QS 9000、ISO 9001
产品情况:(利海牌、如祥牌、欧浩莱牌、卡洛斯牌)
汽车灯泡、油封,摩托车及电动车配件
出口情况:远销欧洲、南美洲、东南亚、南亚、中东、非洲等50多个国家和地区

★瑞安市佳宝汽车电器有限公司
地址:浙江省瑞安市塘下镇吴岙工业区
邮编:325204
电话:0577/65388005、65356116
传真:65395759
网址:www. zjjb. com
电子信箱:info@ zjjb. com
质量体系:ISO/TS 16949、ISO 9001
产品情况:(JBEC牌)
各种汽车散热器风扇、散热器单电动机、玻璃升降器、暖风电动机、蓄电池夹、喷水电动机、全车门锁、电喇叭等
出口情况:远销欧洲、非洲、东南亚等地区

★温州强邦汽车配件有限公司
地址:浙江省瑞安市塘下大道
邮编:325204
电话:0577/65388898
传真:65388098
网址:www. jbon. com. cn
电子信箱:jbon@ jbon. com. cn
质量体系:ISO/TS 16949、VDA 6. 1
产品情况:汽车灯座、熔断丝、汽车油泵、刮水器、汽车电子设备等
出口情况:出口欧洲、美国、中东、亚洲、非洲等国家和地区

★胜华波集团有限公司
地址:浙江省瑞安市新方工业区
邮编:325204
电话:0577/65389888、65322998
传真:65361968、65322568
网址:www. china－shb. com
电子信箱:shbxk@ chinashb. com
单位人数:2400
质量体系:ISO/TS 16949
产品情况:(胜华波牌)
汽车电动刮水器总成、座椅电动机等
配套及出口情况:为一汽、东风汽车公司等国内几十家知名主机厂配套;出口北美洲、欧洲等地区

★瑞安市中胜汽车电器有限公司
地址:浙江省瑞安市韩田工业区飞凤中路39号
邮编:325204
电话:0577/65391459、65351459
传真:65351459
网址:www. zzhongshengchina. com
电子信箱:1609060@ qq. com
质量体系:ISO 9002
产品情况:(中胜牌)
汽车组合开关、点火开关、智能电子调节器、闪光器等开关电器

★浙江奥派克汽车配件有限公司
地址:浙江省瑞安市花园工业区塘下大道
邮编:325204
电话:0577/65392769、65398688
传真:65365898
网址:www. jghorn. com
电子信箱:jintai813@21cn. com
质量体系:ISO 9001
产品情况:(金鼓牌)
各种汽车喇叭及声光双警示器、制动灯开关、电磁阀及电子盒系列、闪光器、点烟器、电流表、排气消声器、安全气囊等
配套及出口情况:与国内外知名汽车制造厂配套;出口欧洲、美国、东南亚、中东等国家和地区

★温州科明汽车部件有限公司
地址:浙江省温州市文成
邮编:325204
电话:0577/65392898
传真:65392868
网址:www. china－supplieris. com
电子信箱:wzkeming@ yahoo. com. cn
质量体系:ISO 9001
产品情况:(科明牌)
起动机、氙气灯、前照灯增光器、柴油加热系列、空气加热系列、钨灯泡、组合开关、喇叭、点火开关、制动灯与倒车灯、传感器、电磁气阀与断油气阀、熔断丝盒、继电器

★瑞安市三星汽摩配件有限公司
地址:浙江省瑞安市塘下镇市场东路11号
邮编:325204
电话:0577/65397888、65353318
传真:65355886、65385511
网址:www. china－sx. com
电子信箱:jianxing@ china－sx. com
质量体系:ISO 9001
产品情况:(箭星牌)
摩托车全车电器,汽车高压线圈、继电器、喇叭、闪光器、点火器、电子调节器等
出口情况:出口非洲、中东、东南亚等地区

★瑞安市巨飞汽车配件厂
地址:浙江省瑞安市鲍田上马马前路10号
邮编:325204
电话:0577/65397896
传真:65397895
网址:www. jfqcpj. cn
电子信箱:jfqcpj@ yahoo. cn
质量体系:ISO 9001
产品情况:(巨飞(JUFEI)牌、华汽(HUAQI)牌)
起动机单向器

★温州德力汽摩部件有限公司
地址:浙江省瑞安市塘下工业区环城大道
邮编:325204
电话:0577/65398288、65366655
传真:65353891
网址:www. fanbo. com
电子信箱:info@ fanbo. com
单位人数:300
质量体系:ISO 9001
产品情况:(绿环牌、远力牌、帆波牌、DKY牌)

电器控制盒、汽车继电器、电子调节器、闪光器、喇叭、开关、标准件等
配套及出口情况:汽、摩配件及标准件系列为山东时风集团、上海凯马、江淮汽车等配套;远销东南亚、非洲等10多个国家和地区

★浙江省瑞安市满诚汽车配件厂
地址:浙江省瑞安市马屿工业区
邮编:325204
电话:0577/65790583、65363583
传真:65795583
网址:www.man-cheng.com
电子信箱:cn@man-cheng.com
质量体系:ISO 9001
产品情况:(满诚牌)
轿车电器开关,各类水、燃油、机油、空气流量及温度变化传感器,年产能力20万套

★瑞安市绿茵汽车配件厂
地址:浙江省瑞安市塘下镇吴岙工业区香山路14-1号
邮编:325204
电话:0577/66005686
传真:66005685
网址:www.weiyangcn.com
电子信箱:weiyanghorn@126.com
质量体系:ISO 9001
产品情况:汽车喇叭,主要有蜗牛、盆形、电控气喇叭三大类
出口情况:出口南美、东南亚、中东等地区

★浙江力威汽车电器有限公司
地址:浙江省丽水市经济开发区水阁工业区遂松路331号
邮编:325204
电话:0578/2907555、2698908
传真:2698907
网址:www.lwaep.com
电子信箱:lwaep@lwaep.com
质量体系:ISO 9001
产品情况:(LWAEP牌)
轿车永磁减速起动机及其配件、排气管密封垫等
出口情况:部分产品出口

★瑞安市华昊汽车部件有限公司
地址:浙江省瑞安市场桥五林工业区
邮编:325205
电话:0577/65262762
传真:65292762
质量体系:ISO/TS 16949、ISO 9002
产品情况:各种水温传感器、温控开关、里程表传感器、节气门阀体、皮带张紧轮等
配套及出口情况:为江南奥拓、东风汽车、东风康明斯、玉柴、上柴、潍柴、神龙汽车配套;出口美国、韩国等国家

★浙江台兴汽车部件有限公司
地址:浙江省瑞安市海安镇工业区城西南路62号
邮编:325205
电话:0577/65270001、65270666
传真:65276600
网址:www.tai-xing.com
电子信箱:motorfan@126.com
质量体系:ISO 9001
产品情况:(台兴牌)
汽车空调冷凝及蒸发风机、冷暖风机,汽车空调、暖风、刮水器及摇窗机用直流电动机,各类微电机及配件
出口情况:出口美国、澳大利亚、东南亚等国家和地区

★中国·银皓汽配有限公司
地址:浙江省瑞安市塘下镇海安大街428号
邮编:325205
电话:0577/65270699
传真:65270266
网址:www.ben-zone.com
电子信箱:ben-zone@vip.163.com
单位人数:500
质量体系:ISO/TS 16949
产品情况:电喷燃油泵、单向器、电磁开关,年产能力将达800万只
出口情况:出口欧洲、东南亚、中东、北美洲、澳大利亚、非洲等国家和地区,并销往中国香港、台湾地区

★浙江省瑞安市速马汽车电器开关厂
地址:浙江省瑞安市塘下镇海光工业区
邮编:325205
电话:0577/65271163
传真:65277920
质量体系:ISO 9002
产品情况:(速马(SUMA)牌)
轿车点火开关等
出口情况:出口东欧、中东

★瑞安市纪龙汽车电器有限公司
地址:浙江省瑞安市海安工业区
邮编:325205
电话:0577/65271383
传真:65270383
网址:www.chinastarter.com
电子信箱:jl2008@chinastarter.com
质量体系:ISO 9001
产品情况:(纪龙牌)
起动机、转子、电枢等
出口情况:远销东南亚、非洲、欧美等地区

★温州鸿腾汽车电器有限公司
地址:浙江省瑞安市塘下镇海安海光路14号
邮编:325205
电话:0577/65276885、65295555
传真:65271885
网址:www.shuangxiu.com
电子信箱:hoto@shuangxiu.com
质量体系:ISO 9001
产品情况:(双秀牌)
汽车发电机调节器、传感器、电子点火器、转向闪光器、断电器等

★温州宾阳汽车电器有限公司
地址:浙江省瑞安市塘下海安海阳工业区景阳路1号
邮编:325205
电话:0577/65277662、65272716
传真:65270156
网址:www.chinadianhuan.com
电子信箱:by@chinadianhuan.com
质量体系:ISO 9001
产品情况:(电环牌、欧力派牌)
发电机、起动机、电喷燃油泵,具有年产各种电机50万台的生产能力

★特霸汽车零部件有限公司
地址:浙江省瑞安市海光工业区85号
邮编:325205
电话:0577/65277867
传真:65270267
网址:www.china-fengte.com
电子信箱:info@China-fengte.com
质量体系:ISO 9001
产品情况:点火线圈,年产50万只以上

★瑞安市豪博汽车零部件有限公司
地址:浙江省瑞安市塘下镇海安工业区高岗路14号
邮编:325205
电话:0577/65278278、65270278
传真:65270780
网址:www.wzhaobo.com
电子信箱:haobodj@126.com
质量体系:ISO 9000
产品情况:电子扇、风扇电动机、风扇总成等
出口情况:出口日本、韩国、东南亚等国家和地区

★温州浩源汽车部件有限公司
地址:浙江省瑞安市塘下镇陈宅旺工业区
邮编:325205
电话:0577/65381178
传真:65381158
网址:www.cnbaoerte.com
电子信箱:autohaoyuan@yahoo.cn
质量体系:ISO/TS 16949、ISO 9001
产品情况:干式汽车点火线圈
出口情况:出口欧洲、美洲、中东、日本、俄罗斯、韩国等国家和地区

★浙江瑞虹空调配件有限公司
地址:浙江省长兴县林城经济开发区瑞虹路1号
邮编:325206
电话:0572/6871822
传真:6873999
网址:www.zjruihong.cn
电子信箱:sales@zjruihong.com
单位人数:82
质量体系:ISO/TS 16949、ISO 9001
产品情况:空调电动机端盖、空调压缩机离合器线圈壳体、压缩机活塞、空调

铝制储液干燥器、液气分离器等

★瑞安市高鹏汽车电器有限公司
地址:浙江省瑞安市大典下工业区
邮编:325206
电话:0577/25602836、65502135
传真:65102666
网址:www. gpgaopeng. com
电子信箱:gp@ gaopeng. com
质量体系:ISO 9001
产品情况:(高鹏牌)
　　挡灯开关、车门拉手、刮水器电动机、刮水臂等
出口情况:远销北美洲、东南亚等地区

★瑞安市宏光电子电器有限公司
地址:浙江省瑞安市汀田镇汀八村钢铁市场
邮编:325206
电话:0577/65116587、65503213
传真:65501588
网址:www. cn - hongliang. com
电子信箱:rahongguang@ yahoo. com. cn
质量体系:ISO 9001
产品情况:(宏良牌)
　　继电器、开关、电子调节器、电子闪光器等汽车电子产品
出口情况:远销东南亚、非洲、南美洲、埃及、意大利等国家和地区

★瑞安市达丰汽车部件有限公司
地址:浙江省瑞安市安阳镇薛前工业区
邮编:325206
电话:0577/65137718
传真:65137708
网址:www. cn - dafeng. com
电子信箱:office@ cn - dafeng. com
质量体系:ISO 9001
产品情况:(FanShun 牌)
　　电动机、传感器、开关、全车线束、车身附件
配套及出口情况:与几家国内主机厂建立长期一、二级配套关系;出口欧美、中东、东南亚等地区

★瑞安市东宇汽配有限公司
地址:浙江省瑞安市莘塍镇前埠工业区
邮编:325206
电话:0577/65181282、65186733
传真:65189672
网址:www. radongyu. com
电子信箱:sales@ radongyu. com
质量体系:ISO 9001
产品情况:重型车油量感应器、油水分离器、玻璃升降器、开关、摇把等

★瑞安市博莱汽车部件有限公司
地址:浙江省瑞安市莘塍镇市场南路 22 号
邮编:325206
电话:0577/65188883、65522690
传真:65177856
网址:www. wzbolai. com
电子信箱:sale@ wzbolai. com
质量体系:ISO 9001
产品情况:各种电器开关、皮带张紧轮、点火系统产品
出口情况:出口欧美、中东和东南亚等地区

★瑞安市华友汽车部件有限公司
地址:浙江省瑞安市东兴工业区和平路边
邮编:325206
电话:0577/65190366、65190399
传真:65190399
网址:www. huayouqipei. com
电子信箱:rahyqc@ lootong. com
质量体系:ISO 9001
产品情况:(华友牌)
　　电动闭锁器、电动机继电器、电动升降器、锁体、上中下滑轮
出口情况:出口中东、非洲、东南亚等地区

★浙江创佳汽车部件有限公司
地址:浙江省瑞安市莘塍镇双岙工业区
邮编:325206
电话:0577/65195552、65532984
传真:65188222、65173969
网址:chuangjiagroup. zgqpc. com
电子信箱:chuangjia@ chuangjiagroup. com
质量体系:ISO 9001
产品情况:组合开关、汽车门锁、车门铰链、电动玻璃升降器、刮水器总成、柴油机起动熄火控制器、各型继电器、汽车加速踏板、制动踏板及总成等
配套及出口情况:为江淮汽车、南京汽车集团等配套;出口欧美、东南亚、中东等地区

★瑞安市嘉荣汽车配件有限公司
地址:浙江省瑞安市汀田工业园区
邮编:325206
电话:0577/65196561
网址:www. jiaronghid. com
电子信箱:sales@ jiaronghid. com
质量体系:ISO 9001
产品情况:汽车 HID 氙气灯,HID 安定器

★瑞安市耐铁福汽车零部件有限公司
地址:浙江省瑞安市汀田镇大典下工业区
邮编:325206
电话:0577/65500081、65109333
传真:65505829
电子信箱:info@ chinaxinhai. com
单位人数:108
质量体系:ISO 9001
产品情况:继电器、闭锁器、调节器、点火器、电动窗开关、汽车灯具等

★瑞大集团有限公司
地址:浙江省瑞安市汀田镇联中路 131 号
邮编:325206
电话:0577/65500518、65500519
传真:65500618
网址:www. ldqy. cn
电子信箱:ldqy@ ldqy. cn
质量体系:VDA 6. 1、QS 9000
产品情况:(联大牌)
　　物位仪表、流量仪表、自动化仪表、液位变送器、变送器、液位控制器、仪表阀门等

★瑞安市东欧汽车仪表厂
地址:浙江省瑞安市莘塍镇仙桥东路 3 号
邮编:325206
电话:0577/65520929、65196529
传真:65170330、65531575
网址:www. doyb. net
电子信箱:chenxianda@ hotmail. com
单位人数:186
质量体系:ISO 9000
产品情况:汽车里程表、油压表、温度表、油量表、电压表、电流表及发动机转速表、工作小时表及传感器等
出口情况:产品 90% 出口

★瑞安市志远汽车电器有限公司
地址:浙江省瑞安市莘塍工业园区 C5 段
邮编:325206
电话:0577/65529799
传真:65170005
网址:www. cn - zhiyuan. com
电子信箱:zy@ cn - zhiyuan. com
质量体系:ISO 9001
产品情况:汽车起动机电磁开关
出口情况:远销亚洲、美洲、非洲、大洋洲等地区

★瑞安市三川汽车电器有限公司
地址:浙江省瑞安市东山经济开发区开发三路 488 号
邮编:325206
电话:0577/65533555、65185011
传真:65181221
网址:www. scele. com. cn
电子信箱:scdqcn@ 163. com
单位人数:188
质量体系:ISO/TS 16949
产品情况:(三川牌)
　　汽车组合开关、翘板开关、点火开关、起动开关、电源开关、小型继电器、熔断丝盒、中央配电装置、电子闪光器等
出口情况:远销德国、波兰、土耳其、伊朗、马来西亚等国家

★瑞安市三龙汽车配件有限公司
地址:浙江省瑞安市飞云镇浦口工业区
邮编:325207
电话:0577/65022333
传真:65579333
网址:www. mousebc. com
电子信箱:tracymin823@ hotmail. com
单位人数:50
质量体系:ISO 9001
产品情况:(mouse 牌)
　　汽车蓄电池夹
出口情况:出口中东、东南亚、非洲、欧

洲、中南美洲

★瑞安市博宇电器有限公司
地址:浙江省瑞安市飞云镇中洲中兴路188号
邮编:325207
电话:0577/65576299、65577666
传真:65576199
网址:www.boreyu.com
电子信箱:boreyu188@163.com
质量体系:ISO/TS 16949、ISO 9001
产品情况:(博宇牌)
电器换向器,年产2500万只
配套及出口情况:为全国各大电机工业市场配套;出口北美洲、东南亚、西欧等地区,并销往中国台湾、香港地区

★瑞安市瑞鑫电器有限公司
地址:浙江省瑞安市飞云经济开发区华顺路289号
邮编:325207
电话:0577/65671991、65675333
传真:65661995
网址:www.rx-dq.com
电子信箱:rxdq@mail.wzptt.zj.cn
单位人数:300
质量体系:ISO/TS 16949、ISO 9001
产品情况:汽车、摩托车电动机炭刷架,2010年产1000万只
配套情况:客户有长沙日立、上海海立、温州超航、玉环航空(配日本本田)、镇江特耐斯(配长沙博世)、北京佩特来

★瑞安市大众汽车组合开关厂
地址:浙江省文成县百丈漈生态工业园奔驰路6号
邮编:325300
电话:0577/65322288、67789999
传真:65201082
网址:www.chinafangtian.com
电子信箱:info@chinafangtian.com
质量体系:ISO 9001
产品情况:(方田牌)
各种轿车、豪华客车、城市公交车、载货汽车、微型车、农用车等转向管柱上的组合开关、点火开关
配套情况:为国内多家汽车整车厂配套

★温州凯皓汽车零部件有限公司
地址:浙江省文成县工业园区
邮编:325300
电话:0577/67785555、67786666
传真:65362889
网址:www.cn-kaihao.com
电子信箱:info@cn-kaihao.com
质量体系:ISO/TS 16949、ISO 9001
产品情况:(凯皓牌)
电子点火线圈、电子点火器、离合器小压盘、传感器、张紧器、点火线束总成、散热器盖及机油盖等
出口情况:远销五大洲多个国家和地区

★纯德汽车配件有限公司
地址:浙江省温州市平阳县万全工业区
邮编:325400
电话:0577/63771258、63772758
传真:63772778
电子信箱:longdeqipei@126.com
质量体系:ISO 9001
产品情况:(纯德牌)
轿车用开关、各类升降器总成、升器电动机及支架、车速传感器、刮水器总成、气动内外摆门泵等

★中国飞鹏车辆配件有限公司
地址:浙江省平阳县宋桥镇孙楼工业区
邮编:325400
电话:0577/63775988、63775986
传真:63775990
网址:www.globalfeipeng.com
电子信箱:sales@globalfeipeng.com
单位人数:230
质量体系:ISO/TS 16949、ISO 9001
产品情况:(飞鹏牌)
发电机等
配套及出口情况:为金龙客车、宇通客车、安凯客车、中通客车等配套;出口欧洲、美国、加拿大、巴西、印度、墨西哥、英国等国家和地区

★温州威特汽车配件有限公司
地址:浙江省温州市平阳县榆垟镇长春南路100号
邮编:325400
电话:0577/63791198、63790113
传真:63790068
网址:www.wzweite.com
电子信箱:master@wzweite.com
质量体系:ISO 9001
产品情况:(威特牌)
汽车点火线圈、活塞环
配套及出口情况:为全国多家汽车生产厂配套;出口中东、东南亚、非洲、南美洲等地区

★平阳县琳瑞汽车电器有限公司
地址:浙江省平阳县榆垟榆西路1-3号
邮编:325400
电话:0577/63791358
传真:63793178
网址:www.wzlinrui.com
电子信箱:linrui@wzlinrui.com
质量体系:ISO 9001
产品情况:(劲松牌)
暖风电动机、水泵总成、除霜机、散热器、冷凝风机、蒸发机等
配套及出口情况:为众多知名品牌的客车车型进行一、二次配套;出口美国、俄罗斯、东南亚等国家和地区,批量供货给北美洲、中东、非洲、东南亚配套市场

★平阳县安心达汽车电器有限公司
地址:浙江省平阳县宋埠工业区
邮编:325400
电话:0577/65369016
传真:65373556
电子信箱:wzaxd@126.com
质量体系:ISO 9001
产品情况:(鞍心达牌)
汽车电子调节器、电子闪光器、刮水器间歇继电器、蜗牛喇叭、点火开关、制动灯开关、倒车灯开关、电源总开关、电磁式电源开关、翘板开关、电风扇和继电器等
出口情况:远销东南亚、中东、非洲等地区

★国威科技有限公司
地址:浙江省乐清市经济开发区纬四路
邮编:325600
电话:0577/27859555、27859999
传真:62666680
网址:www.kuwe.com.cn
电子信箱:business@kuwe.com.cn
单位人数:1000
质量体系:ISO/TS 16949、VDA 6.1
产品情况:(V-HAND牌)
汽车组合开关、转向锁、点火锁、全车锁芯、中央接线盒总成、各类按钮开关等
配套及出口情况:为一汽-大众、上海大众、一汽集团、上海汽车、一汽海马、东风汽车公司、现代华泰、华晨汽车、奇瑞汽车、东南汽车、上汽通用五菱、重庆铃木、哈飞汽车、昌河铃木、长城汽车、厦门金龙、江西五十铃等配套;出口日本、美国、德国、东南亚等国家和地区

★浙江正通电子有限公司
地址:浙江省乐清市白象三洲工业园
邮编:325600
电话:0577/27875550
传真:27873567
网址:www.zento.cn
电子信箱:zento@zento.cn
质量体系:ISO/TS 16949
产品情况:车用开关、接插件、线束、电子部件等
出口情况:远销北美洲、东南亚等地区

★温州益能电器有限公司
地址:浙江省乐清市磐石镇东街230号
邮编:325600
电话:0577/62831785、62842785
传真:62849785
网址:www.yn-china.com
电子信箱:webmaster@yn-china.com
质量体系:ISO/TS 16949
产品情况:汽车、家用电器接插件
配套及出口情况:为一汽集团、东风汽车公司、奇瑞汽车、吉利汽车、江淮汽车、哈飞汽车、天海集团等配套;远销日本、韩国、东南亚、欧洲等国家和地区

◉ 中国·黄河汽配集团有限公司
地址:浙江省乐清市磐石镇黄河工业园区

邮编:325602
电话:0577/62990011
传真:62990022
网址:www. huanghe. net. cn
电子信箱:honha@ 126. com
法人代表:陈德岳
单位人数:1100
质量体系:ISO/TS 16949
产品情况:汽车接插件、汽车线束、保险盒、连接器护套、发电机、蓄电池栓及接线端子、水泵等
配套及出口情况:为一汽集团、东风集团、上汽五菱、华晨汽车、比亚迪汽车、长安汽车、南汽集团、厦门金龙、广汽集团、重汽集团、奇瑞汽车、昌河汽车、吉利集团、吉奥汽车等;出口美国、德国、日本、加拿大、意大利、巴西、印度等国家,并销往中国台湾、香港地区

★温州耶力汽车电机有限公司
地址:浙江省乐清市白象镇东大街695号
邮编:325603
电话:0577/61890977、61890978
传真:61890979
网址:www. cnyeli. com
电子信箱:le@ cnyeli. com
质量体系:ISO/TS 16949、ISO 9001
产品情况:汽车起动机用电磁开关
配套及出口情况:为国内外客户长期配套;远销欧洲、美洲、亚洲等地区

★温州同力汽车电器有限公司
地址:浙江省温州市北白象金炉工业区开创路518号
邮编:325603
电话:0577/62890055、62893055
传真:62897769
网址:www. china - hongri. com
电子信箱:haef@ china - hongri. com
质量体系:ISO 9001
产品情况:汽车发电机、起动机零配件,主要有塑料件、铜套类、套管、铜铁件、塑料类、插件类、开关盖、垫圈、静触头、集电环等
配套及出口情况:与国内外几十家企业配套;出口欧洲、美洲、新加坡、马来西亚等国家和地区,并销往中国台湾地区

★浙江柏思德电气有限公司
地址:浙江省乐清市北白象镇中方江心路13号
邮编:325603
电话:0577/62962303
传真:62965518
网址:www. bsdele. com
电子信箱:baiside@ 163. com
质量体系:ISO 9001
产品情况:(BAISIDE牌)
汽车、摩托车电器插接器、线束、端子、定制塑料件、冲压件等
配套及出口情况:为全国几十家汽车厂配套;部分产品出口东南亚

★浙江星普汽车配件有限公司
地址:浙江省乐清市北白象电子工业区
邮编:325603
电话:0577/62996719、62996396
传真:62992993
网址:www. cn - spd. com
电子信箱:cnspd@ 163. com
质量体系:ISO/TS 16949、ISO 9001
产品情况:包括继电器、继电器插座、电子闪光继电器、电子调节器、低压开关、电线接头等汽车电器
配套及出口情况:主要客户有重汽集团(卡车公司、商务车公司)、陕汽集团、北奔重汽、一拖(洛阳)彪马汽车基地、金华青年尼奥普兰、北京华德、东风杭汽、吉利汽车、莲花、比亚迪汽车等;出口英国、德国、日本、美国、澳大利亚、巴西等国家,并销往中国香港地区

★浙江威想电器有限公司
地址:浙江省乐清市柳市镇新光工业区西岙路18号
邮编:325604
电话:0577/61716666、62796666
传真:61716588
网址:www. yqwx. cn
电子信箱:info@ yqwx. cn
质量体系:ISO/TS 16949、ISO 9001
产品情况:电动机起动开关、线束、TSM系列电刷、塑料件、接插件等
出口情况:出口亚洲、北美洲、欧洲等地区

★乐清市锦豪汽车部件有限公司
地址:浙江省乐青市柳市新光工业区
邮编:325604
电话:0577/62797203
传真:62797203
电子信箱:jhqp@ china - joho. com
质量体系:ISO/TS 16949、ISO 9001
产品情况:玻璃升降器开关

★温州东南碳制品有限公司
地址:浙江省乐清市柳市镇新光工业园新光大道148号
邮编:325604
电话:0577/62798282、62790333
传真:62798281、62793222
网址:www. donon. cn
电子信箱:donon@ donon. cn
单位人数:563
质量体系:ISO 9001
产品情况:(DONON牌)
汽车及摩托车电动机炭刷、刷架
配套及出口情况:是世界知名电机公司的供应商;远销美国、日本、欧洲、东南亚等国家和地区

★神奇电碳集团有限公司
地址:浙江省温州市七里港工业区
邮编:325605
电话:0577/62670000、62671111
传真:62671208
网址:www. sunki. cn
电子信箱:sunki@ sunki. cn
单位人数:1000
质量体系:QS 9000、ISO 9001
产品情况:(SUNKL牌)
汽车、摩托车用电刷及其刷架总成、电动工具电刷、工业牵引电刷、电动机滑环及高纯石墨、石墨密封环等
出口情况:远销40多个国家和地区

★乐清市七里港汽车电器厂
地址:浙江省乐清市七里港镇排岩头村
邮编:325605
电话:0577/62679079
传真:62679055
单位人数:160
质量体系:ISO 9001
产品情况:汽车接插件

★浙江泰康电子有限公司
地址:浙江省乐清市翁垟镇祥安北路
邮编:325606
电话:0577/62812222、62815559
传真:62812318
网址:www. taiking. cn
电子信箱:taiking@ taiking. cn
单位人数:586
质量体系:ISO/TS 16949、VDA 6. 1
产品情况:(TAIKING牌)
开关、连接器、装饰件、机加工件等
配套及出口情况:为上海大众、上海通用、美国李尔、瑞典奥托立夫等配套;出口美国、韩国、德国、土耳其、日本、捷克、奥地利、印度等国家

★浙江乐清市新兴工业有限公司
地址:浙江省乐清市虹桥溪西工业区
邮编:325608
电话:0577/55771199、62335219
传真:62335209
网址:www. rise88. com
电子信箱:cnrise@ cnrise. cc
质量体系:ISO 9001
产品情况:汽车及摩托车用热敏开关、微动开关等

★浙江安欣电业有限公司
地址:浙江省乐清市虹桥镇四都工业区
邮编:325608
电话:0577/61302612、61302686
传真:61302676
网址:www. china - ax. com
电子信箱:zhejianganxin@ 163. com
质量体系:ISO 9001
产品情况:汽车及摩托车系列连接器、压接端子、橡胶件、轻触开关、电源开关
出口情况:出口欧洲、东南亚等地区

★浙江亦佳汽车电子有限公司
地址:浙江省乐清市石帆镇天成工业区
邮编:325608
电话:0577/61383377

传真:57156668
网址:www. yjpart. com
电子信箱:switch@ yjpart. com
质量体系:ISO/TS 16949、ISO 9001
产品情况:汽车组合开关、车窗升降开关、空调开关、制动灯开关、油压开关、传感器等
出口情况:出口中东、欧洲、美洲等地区

★浙江大明电子有限公司
地址:浙江省乐清市虹桥镇西工业区 M-1 号
邮编:325608
电话:0577/62326688、62316688
传真:62316788
网址:www. daming. com
电子信箱:daming@ mail. wzptt. zj. cn
单位人数:560
质量体系:ISO/TS 16949
产品情况:(大明牌)
汽车电器开关、汽车空调系统和汽车音响系统,具有年产开关 500 万套、电位器 300 万套、空调配件 150 万套、调谐器 200 万套的生产能力
配套及出口情况:客户有美国通用、日本铃木、长安汽车、长城汽车等;出口美国、日本,并销往中国香港地区

★浙江合兴电子有限公司
地址:浙江省乐清市虹桥高新工业园区 A-8 号
邮编:325608
电话:0577/62336888、62336111
传真:62375522
电子信箱:cwb@ cwb. com. cn
单位人数:1800
质量体系:ISO/TS 16949、QS 9000
产品情况:汽车电器插接件

★钻宝电子有限公司
地址:浙江省乐清市虹桥镇溪西工业区
邮编:325608
电话:0577/62337208、62337209
传真:62337205
网址:www. zbwind. com
电子信箱:zuanbao@ vip. sohu. com
质量体系:ISO 9001、ISO 14001
产品情况:永磁交流发电机

★浙江程逸汽车电器有限公司
地址:浙江省乐清市虹桥镇连桥村新建南路
邮编:325608
电话:0577/62368299、62362300
传真:62358299
网址:www. cyelec. com. cn
电子信箱:cyelec@ 163. com
单位人数:78
质量体系:ISO/TS 16949、QS 9000
产品情况:汽车玻璃升降器开关、前后雾灯开关、后视镜开关、线束总成、前照灯线束总成、车内小冲压件、小塑料件等
配套情况:为湖北中生、湖北法雷奥、湖北开特、长安汽车配套

★乐清市琪昌电子电器有限公司
地址:浙江省乐清市虹桥镇霞雪工业区
邮编:325608
电话:0577/62380855、62382888
传真:62382666
网址:www. qichang. net
电子信箱:qichang@ mail. wzptt. zj. cn
质量体系:ISO/TS 16949
产品情况:汽车电子电器
配套情况:为上海大众、一汽集团、青岛东阳等配套

★浙江通升电子有限公司
地址:浙江省乐清市淡溪镇第二工业区
邮编:325608
电话:0577/62395789、62395799
传真:62395787、62395887
网址:www. tscn. com. cn
电子信箱:ts@ tscn. com. cn
质量体系:ISO/TS 16949、ISO 9001
产品情况:车用线束、连接器、端子等

★乐清市星火汽车电子有限公司
地址:浙江省乐清市淡溪第二工业园区
邮编:325608
电话:0577/62396888、62396818
传真:62396777
网址:www. xinghuo. com
电子信箱:xinghuo@ xinghuo. com
单位人数:300
质量体系:ISO/TS 16949、ISO 9001
产品情况:汽车开关、制动报警器、接插件、汽车线束、制动片附件、汽车传感器等
配套情况:为上海德科电子仪表、浙江恒科电子、浙江新星光电、广州霍尼韦尔摩擦材料、延锋伟世通怡东汽车仪表、哈尔滨航天科技控股集团、深圳万德仕电子、广州国光电器集团等企业配套

★浙江恒威电子科技有限公司
地址:浙江省洞头县杨文工业区特 1 号
邮编:325700
电话:0577/63387522、63487869
传真:63470316
网址:www. wz-hengwei. com
电子信箱:info@ wz-hengwei. com
质量体系:ISO 9001
产品情况:加速电动机、液压电子控制系统、传感器等
出口情况:出口北美洲、欧洲、东南亚等地区

安徽省

★合肥海泰克汽车电子有限公司
地址:合肥市蜀山区湖光路百帮创业园
邮编:230088
电话:0551/5380751
传真:5380351
网址:www. hfhtk. com
电子信箱:hfhtk@ hfhtk. com
单位人数:166
质量体系:ISO 9001
产品情况:(海泰克牌)
各类汽车组合仪表、传感器、转换器、报警器、控制器等,年产 1 万套
配套情况:配套国内主要客车厂家

★合肥昌辉汽车电子有限公司
地址:合肥市经济技术开发区桃源路 27 号
邮编:230601
电话:0551/5735700、5735706
传真:5735701
网址:www. changhui. com
电子信箱:chhf@ changhui. com
单位人数:72
质量体系:ISO/TS 16949、ISO 9001
产品情况:汽车泊车辅助系统、电动车窗控制器、组合开关及其他汽车电子产品
配套情况:为江淮汽车、奇瑞汽车等配套

★安徽省微威胶件有限公司
地址:安徽省桐城市范岗镇
邮编:231460
电话:0556/6021289、6010088
传真:6010888
网址:www. china-ww. com
电子信箱:ww88888@ 188. com
质量体系:ISO/TS 16949
产品情况:(微威牌)
汽车线束、密封件、防尘套、橡胶减振块等橡胶制品

★ 合肥邦立电子股份有限公司
地址:安徽省合肥市高新区柏堰科技园香蒲路 3 号
邮编:231202
电话:0551/3846519
传真:5328714
网址:www. hfbldz. com
电子信箱:k_y_o@ 163. com
法人代表:方锡邦
负责人:张肖康
单位人数:180
质量体系:ISO/TS 16949
产品情况:(工大邦立牌)
ABS 轮速传感器、燃油传感器、汽车车身控制器、汽车挡位传感器、汽车天线放大器、整车线束等传感器和控制器类产品
配套情况:与北汽福田、江淮汽车、奇瑞汽车、华菱汽车、东风汽车等建立了合作关系
☞ 详细情况请参阅彩色宣传版面

★安徽昊方机电股份有限公司
地址:安徽省蚌埠市高新区兴华路58号
邮编:233010
电话:0552/4088888、4096368
传真:4091616
网址:www. hofo - em. com
电子信箱:sale@ hofo. sina. net
单位人数:542
质量体系:ISO/TS 16949
产品情况:(HOFO牌)
各种型号空调压缩机用电磁离合器
出口情况:出口欧洲、美洲、日本、东南亚等国家和地区,并销往中国台湾地区

★安徽祈艾特电子科技有限公司
地址:安徽省蚌埠市高新开发区工业园长征路1135号
邮编:233010
电话:0552/4116116、4111176
传真:4116117
网址:www. saihua. net. cn
电子信箱:bbshdz@ 163. com
质量体系:ISO 9001
产品情况:汽车点火系统
出口情况:远销西欧、北美洲、东南亚

★蚌埠市双环电子集团有限公司
地址:安徽省蚌埠市高新技术开发区兴中路818号
邮编:233010
电话:0552/4910268
传真:4910398
网址:www. doublecircle. com
电子信箱:cc@ doublecircle. com
质量体系:ISO/TS 16949、ISO 9001
产品情况:汽车空调调速器电阻器、高压阻尼电阻器,摩托车电阻器
配套情况:为上海大众、上海通用、南京依维柯、华晨金杯、东风悦达起亚、新大洲、宗申、济南轻骑、宁波建设、永康长铃等配套

★天富科技发展有限公司
地址:安徽省天长市永福东路888号
邮编:239300
电话:0550/7093103、7093105
传真:7093118
网址:www. zgtf. cn
电子信箱:tfkj@ zgtf. cn
单位人数:970
质量体系:ISO/TS 16949、ISO 9001
产品情况:电视机显示器用行输出变压器、液晶电视显示器用背光源变压器、遥控器、电动车充电器、汽车电器组件以及汽车制动片和精工铜线、铝线及电缆

★安徽省天富电子(集团)有限公司
地址:安徽省天长市秦栏镇秦香北路
邮编:239300
电话:0550/7814550、7813279
传真:7811216、7813550
网址:www. tianfu. cc
电子信箱:tianfu@ tianfu. cc
质量体系:ISO 9001
产品情况:电动车充电器、汽车干式点火线圈以及汽车制动片

★芜湖德威汽车电机有限公司
地址:安徽省芜湖市鸠江区官陡镇汽车部件工业园
邮编:241000
电话:0553/2112175
传真:2112070、2111555
电子信箱:deweqiche@ sohu. com
质量体系:ISO/TS 16949
产品情况:(大威牌)
起动电机、发电机
出口情况:远销欧洲、美国、日本、东南亚、中东等国家和地区

★芜湖市博顿汽车零部件厂
地址:安徽省芜湖市鸠江经济开发区阳明路10号
邮编:241007
电话:0553/5716221
传真:5716239、5854687
网址:www. whbodun. com
电子信箱:bodun@ whbodun. com
质量体系:ISO 9001
产品情况:(博顿牌)
热双金属感温器、感温元器件、汽车玻璃升降器电动机保护器、汽车发电机调节器
配套及出口情况:为一汽集团、东风汽车公司、华晨金杯、北汽福田、奇瑞汽车、朝柴、玉柴等配套;出口欧洲、美洲、中东、日本等国家和地区

★埃泰克汽车电子(芜湖)有限公司
地址:安徽省芜湖市经济技术开发区银湖北路206号
邮编:241009
电话:0553/5663298
传真:5663221
网址:www. atech - automotive. com
电子信箱:sales@ atech - automotive. com
单位人数:2801
质量体系:ISO/TS 16949、ISO 14001
产品情况:(ATECH牌)
组合仪表、车身控制器、汽车音响、车载多媒体等

★大陆汽车电子(芜湖)有限公司
地址:安徽省芜湖市经济技术开发区银湖北路27号
邮编:241009
电话:0553/5844088
传真:5844288
电子信箱:hr. 07 - wh - fa@ continental - corporation. com
质量体系:ISO/TS 16949
产品情况:组合仪表、供油系统、节气门体、怠速稳定控制阀、废气控制阀、行驶记录仪等

★安徽昭通汽车电器制造有限公司
地址:安徽省芜湖市南陵经济技术开发区
邮编:241300
电话:0553/6811398、6811520
传真:6811366、6811530
网址:www. cnzhaotong. com
电子信箱:chunhe@ cnchunhe. net
单位人数:350
质量体系:ISO/TS 16949、ISO 9001
产品情况:(昭通牌)
汽车微电机

★杰华 - 依斯克拉机电(安徽)公司
地址:安徽省泾县园林民营企业开发园区
邮编:242500
电话:0563/5070018
传真:5070618
电子信箱:matevz@ cnjiehua. com
质量体系:QS 9000、ISO 9001
产品情况:(依斯克拉牌)
汽车电动机
配套情况:为扬州动力、北汽福田、常柴等配套

★马鞍山立信电气有限公司
地址:安徽省马鞍山市经济技术开发区红旗南路6号
邮编:243000
电话:0555/8323276、8323277
传真:8323211
网址:www. lixintech. com
电子信箱:lixintech@ 126. com
质量体系:ISO 9001
产品情况:(立信牌)
LYZ系列电子加速传感器、LSB系列速度表示器、LMF系列脉冲分配器、LB系列直流荧光灯逆变器等汽车电子产品
配套及出口情况:为华菱重卡、三菱、五十铃等配套;部分产品出口

★黄山金马股份有限公司
地址:安徽省黄山市歙县经济开发区
邮编:245200
电话:0559/6537889
传真:6537888
网址:www. hsjinma. com
电子信箱:jinma@ hsjinma. com
单位人数:850
质量体系:ISO/TS 16949、ISO 9001
产品情况:汽车、摩托车仪表

★黄山市汽车电器有限公司
地址:安徽省黄山市休宁县溪口镇
邮编:245436
电话:0559/7581086、7581087
传真:7581269

网址:www. changhui. com
电子信箱:chhs@ changhui. com
单位人数:550
质量体系:ISO/TS 16949、QS 9000
产品情况:(CHANGHUI 牌)
组合开关、点火开关、车锁、喇叭、模具和阀门
配套情况:为一汽集团、江淮汽车、江铃汽车、奇瑞汽车、北汽福田等配套

★安徽迅启蓄电池有限公司
地址:安徽省岳西县建设路 69 号
邮编:246600
电话:0556/2182100、2186772
传真:2186790、2186792
网址:www. xunqi. com
电子信箱:info@ xunqi. com
单位人数:307
质量体系:ISO 9001
产品情况:(迅启牌)
汽车蓄电池

福建省

★福州祥泰电子有限公司
地址:福州市鼓楼区西洪路 528 号 4 号楼
邮编:350002
电话:0591/83751644、83758021
传真:83759812 - 803
网址:www. suntekcn. com
电子信箱:sales@ suntekcn. com
质量体系:ISO/TS 16949
产品情况:汽车后视镜换向执行机构和控制开关、前照灯电动调整机构、后视镜电热防雾除霜加热片、车用日光灯电子逆变器等
配套及出口情况:为各类车型生产厂配套;出口欧洲、美洲、东南亚、西亚等地区,并销往中国台湾地区

★福州名品电子科技有限公司
地址:福州市仓山区金山工业区金州北路 7 号 6 座
邮编:350002
电话:0591/83766466、83843916
传真:83766377
网址:www. minpn. com
电子信箱:sales@ minpn. com
质量体系:ISO/TS 16949、ISO 9001
产品情况:各种显示器、语音系列等汽车电子产品
出口情况:出口东南亚、俄罗斯、中东、欧洲、美洲等国家和地区,并销往中国台湾地区

★福州西诚电子有限公司
地址:福州市鼓楼区铜盘软件大道 89 号福州软件园 C 区 19 号楼
邮编:350003
电话:0591/83712495、87882050
传真:83717147
网址:www. xcfz. cn
电子信箱:fzxcdz@ xcfz. cn
单位人数:108
质量体系:ISO/TS 16949、VDA 6.1
产品情况:(西诚牌)
空调面板、车载电器开关、电子控制产品等
配套情况:为上海大众、一汽 - 大众、神龙汽车、上汽集团、东南汽车、法雷奥、上海三花、上海德尔福等配套

★福建源光电装有限公司
地址:福州市仓山区白湖亭仓山科技园 2 区 4 号
邮编:350007
电话:0591/83432949
传真:83447804
单位人数:1000
质量体系:ISO 9001
产品情况:(JK 牌)
汽车电路控制装置、线束等电装品
配套及出口情况:为日产 NISSIAN 轿车配套;产品全部出口

★福州万德电气有限公司
地址:福州市开发区长安投资区长洋路 120 号
邮编:350017
电话:0591/83998756、83998899
传真:83998666、83699958
网址:www. wonderfz. com
电子信箱:wonder@ wonderfz. com
质量体系:ISO 14001
产品情况:(万德牌)
电动机、水泵
配套及出口情况:成为国际知名品牌 OEM 制造商;远销欧洲、北美洲、日本、韩国、新加坡等国家和地区

★福建万达电机有限公司
地址:福州市开发区长安投资区长洋路 120 号
邮编:350017
电话:0591/83998899、83998756
传真:83998666
网址:www. wonder - cn. com
电子信箱:wonder@ public. ndptt. cn
单位人数:1600
质量体系:ISO 9001、ISO 14001
产品情况:(万德(WONDER)牌)
各种电动机
出口情况:出口美国、德国、澳大利亚、荷兰、英国、意大利、加拿大、中东、东南亚等国家和地区

★许瑞兴(福州)交通器材有限公司
地址:福州市闽侯区青口投资区东南汽车城
邮编:350119
电话:0591/22761105
传真:22761107
电子信箱:hshfzap@ pub5. fz. fj. cn
质量体系:ISO/TS 16949、ISO 9000
产品情况:车辆操纵线及其相关零部件

★福州泰全电机有限公司
地址:福州市闽侯区青口投资区
邮编:350119
电话:0591/22771915
传真:22761126
电子信箱:taigene@ pub5. fz. fj. cn
质量体系:ISO/TS 16949、QS 9000
产品情况:汽车及摩托车用电动机、汽车空调及鼓风机、蒸发器、温度调节器、压缩机、储液干燥器、冷媒管等配件

★福州和兴电机有限公司
地址:福州市闽侯区青口投资区陶精路 8 号
邮编:350119
电话:0591/87012101
传真:87012098
网址:www. ts - motor. com. tw
电子信箱:hse@ fzhosing. com
质量体系:ISO 9001、ISO 14001
产品情况:交流/直流电动机及其驱动器、风扇、电磁离合器等
配套情况:为东南汽车配套

★莆田市三箭塑胶五金有限公司
地址:福建省莆田市荔城区黄石镇
邮编:351144
电话:0594/2177222
传真:2176368
网址:www. caspauto. com
质量体系:ISO 9000
产品情况:(CASP 牌)
汽车车灯及相关配件

★福建省仙游电机股份有限公司
地址:福建省仙游县鲤城街道南大路 96 号
邮编:351200
电话:0594/8292455、8292457
传真:8292456
网址:fjxydj. com
电子信箱:xydj - mz@ 163. com
单位人数:380
质量体系:ISO/TS 16949
产品情况:(闽中牌)
无刷发电机和减速起动机,年产量 22 万台
配套及出口情况:为东风汽车公司、朝柴、玉柴、锡柴、扬柴、一汽集团、南汽等配套;出口美国、日本、东南亚等国家和地区

★福建仙游闽仙汽车电器有限公司
地址:福建省仙游县城关新桥路 55 号
邮编:351200
电话:0594/8296159、8399332
传真:8592819
网址:www. minxian. com
电子信箱:minxian@ minxian. com
单位人数:350

质量体系:ISO/TS 16949、ISO 9001
产品情况:(闽仙牌)
起动机、发电机,年产各30万台
配套及出口情况:为朝柴、东风康明斯、上柴、锡柴、一汽柴油机厂、东风柴发厂、广西玉柴、丰田、凌田、北京现代、奇瑞汽车、厦门大金龙、常州客车总厂等配套;出口东欧、日本、东南亚等国家和地区

★福建宁德大扬工业有限公司
地址:福建省宁德市六都工业区1号
邮编:352107
电话:0593/2388001
传真:2388005
电子信箱:tony@ ms. captain. net. cn
单位人数:150
质量体系:ISO 9001
产品情况:(船长牌)
各车型点火线圈、抗干扰高压阻尼线线体、端子及总成

★福建南平太阳电缆股份有限公司
地址:福建省南平市工业路102号
邮编:353000
电话:0599/8736588、8735866
传真:8735870、8735172
网址:www. npcable. com
电子信箱:npcable@ public. npptt. fj. cn
单位人数:896
质量体系:ISO 9001、ISO 14001
产品情况:(太阳牌)
汽车线束等

★福建一华电机有限公司
地址:福建省福安市小溪边工业区8号
邮编:355000
电话:0593/6395333、6382948
传真:6582997
网址:www. e - yihua. com
电子信箱:yihua@ e - yihua. com
单位人数:268
质量体系:ISO 9001
产品情况:发电机和发电机组
出口情况:远销东南亚、中东、南美洲、非洲、欧洲、美国等国家和地区

★福建振中电器制造有限公司
地址:福建省福安市秦溪洋工业园区
邮编:355000
电话:0593/6584318、6573998
传真:6512288
网址:www. zz - elec. com
电子信箱:zzdq@ zz - elec. cn
单位人数:526
质量体系:ISO/TS 16949、ISO 9001
产品情况:汽车、通用内燃机用起动机、发电机、直流电动机等

★福安市鑫宇电机有限公司
地址:福建省福安市罗江经济开发区小留工业区
邮编:355001
电话:0593/6977918、6932918
传真:6932918
网址:www. xinyuem. com
电子信箱:faxy@ live. cn
单位人数:315
质量体系:ISO 9001
产品情况:(鑫宇牌、闽莲牌)
汽车电风扇、空调冷凝器风扇、微型电动机等,年产能力60万台套
出口情况:出口东南亚

★普力生(厦门)机电有限公司
地址:福建省厦门市集美区杏林广兴南路9号
邮编:360122
电话:0592/6212074、6215436
传真:6212814
网址:www. plassen. com. cn
电子信箱:apple@ plassen. com. cn
单位人数:60
质量体系:ISO/TS 16949、ISO 9001
产品情况:汽车用仪表总成、汽油传感器,摩托车用速度表、发动机转速表、油量表、温度表、汽油传感器、机油油量计、电子点火器、电压稳压器、仪表内机
出口情况:远销日本 YAMAHA、越南 VMEP、意大利 APRILLIA、英国 TRUMPH

★厦门市欧声电子科技有限公司
地址:福建省厦门市湖里区高崎新村中埔工业园B栋2层
邮编:361000
电话:0592/5623717、5623718
传真:5623719
网址:www. osuntech. net. cn
单位人数:50
质量体系:ISO 9000
产品情况:汽车电喇叭、无骨刮水器等
出口情况:出口南美洲、东欧、东南亚,并销往中国香港、澳门、台湾地区

★厦门厦华新技术有限公司
地址:福建省厦门市湖里区新丰路178号
邮编:361006
电话:0592/5687137、5687190
传真:5687761
网址:www. likego. com
电子信箱:xiaoshou@ likego. com
质量体系:ISO/TS 16949、ISO 14001
产品情况:车载视听系统、后视系统、通信系统、智能管理系统、环境控制系统、数字移动电视接收系统等
配套及出口情况:为沃尔沃、郑州宇通、金龙客车、厦门金旅、申沃客车、黄海客车、西沃客车、中通客车、牡丹客车、桂林大宇、江淮客车、安凯客车、北奔重汽、镇江汽车、骏威客车、亚星客车、安源客车、申龙客车、青年汽车、郑州日产、北汽福田、中国南车集团等配套;出口东南亚、中东、欧洲、美洲等地区

★吉门保险丝制造(厦门)有限公司
地址:福建省厦门市湖里区悦华路157号3号厂房6楼
邮编:361006
电话:0592/5748435、5653600
传真:5748436
网址:www. zeeman. com. tw
电子信箱:zeeman@ vip. sina. com
质量体系:ISO/TS 16949
产品情况:(吉门牌)
熔断丝,月产2000万只
配套及出口情况:为一汽-大众配套;产品95%远销国外

★厦门锐阳电子有限公司
地址:福建省厦门市思明区观音山国际商务营运中心1号楼5A
邮编:361008
电话:0592/5189977
传真:5189677
网址:www. lkk - ae. com
电子信箱:LKK@ lkk - ae. com
质量体系:ISO/TS 16949、QS 9000
产品情况:(LKK牌)
继电器、变压器线圈、熔断丝、汽车电子器件等

★厦门汉纳森线控科技有限公司
地址:福建省厦门市软件园观日路28号501室
邮编:361009
电话:0592/3923862、3923861
传真:3923860
网址:www. hnst. com. cn
电子信箱:xmhns@ hnst. com. cn
质量体系:ISO 9001
产品情况:(汉纳森牌)
HZK系列车用智能总线控制系统(CAN - LIN)
配套情况:为整车厂供货

★竹森电子工业有限公司
地址:福建省厦门市龙山工业区龙山南路107号2号厂房3楼
邮编:361009
电话:0592/5527818、5527828
传真:5527808
网址:www. atlec. com. cn
电子信箱:atec@ atlec. com. cn
质量体系:ISO 9001
产品情况:(狮王牌)
电气喇叭、高音喇叭、变音喇叭、蜂鸣器、制动辅助灯、开关灯及各种电装产品
出口情况:远销日本、韩国、欧洲、美洲等国家和地区

★厦门金龙汽车电器有限公司
地址:福建省厦门市集美区灌口南路593号503单元
邮编:361012

电话:0592/6025080
传真:6030497
网址:www. xmklm. com. cn
单位人数:200
质量体系:ISO 9001
产品情况:(金龙牌)
汽车线束、电子线束、电线等
配套情况:为金龙客车配套

★厦门宏发电声股份有限公司
地址:福建省厦门市集美北部工业区孙坂南路91-101号
邮编:361021
电话:0592/6106688
传真:6106678
网址:www. hongfa. com
电子信箱:webmaster@ hongfa. com
单位人数:2200
质量体系:ISO/TS 16949、ISO 9001
产品情况:(宏发牌)
继电器、低压电器、温控器、电子开关、传感器等,年产能力8.5亿只
出口情况:53%的产品销往国际市场

★海拉宏发(厦门)汽车电子公司
地址:福建省厦门市海沧出口加工区海景东二路
邮编:361026
电话:0592/3162888-271
传真:3163028
网址:www. hella. com. cn
电子信箱:maggie. liu@ haechina. com
质量体系:ISO/TS 16949
产品情况:汽车继电器
出口情况:出口欧美地区

★厦门市三利通用机电有限公司
地址:福建省厦门市海沧区新阳工业区霞阳路39号
邮编:361026
电话:0592/6273710、5226668
传真:5226669
网址:www. xm-sunny. com
电子信箱:sunny168@ public. xm. fj. cn
单位人数:180
质量体系:ISO 9001、ISO 14001
产品情况:汽车发电机、起动机

★三立(厦门)汽车配件有限公司
地址:福建省厦门市集美区灌口镇集美北大道519号一号厂区A厂房
邮编:361026
电话:0592/6368556、6368584
传真:6368599
网址:www. sankaku. com. cn
电子信箱:sankaku@ public. xm. fj. cn
单位人数:460
质量体系:ISO/TS 16949、ISO 9001
产品情况:汽车发电机、起动机
出口情况:出口美国、英国、丹麦、挪威

★厦门市勤贤工贸发展有限公司
地址:福建省厦门市海沧东孚工业区诗山中路3号
邮编:361027
电话:0592/6316666、6319999
传真:6313333
网址:www. xmqx. com
电子信箱:xmqx@ xmqx. com
单位人数:180
质量体系:ISO 9001
产品情况:起动机、发电机等各类铝端盖,年产238万个

★铨柯(厦门)电子科技有限公司
地址:福建省厦门市同安工业集中区思明园195号
邮编:361100
电话:0592/5790339、5790369
传真:5564224
网址:www. q-solutions. com. cn
质量体系:ISO/TS 16949、ISO 9001
产品情况:无线发射模块、超音波无线侦测系统、无线视频系统等

★厦门达真电机有限公司
地址:福建省厦门市同安区洪塘头一路142号
邮编:361100
电话:0592/6023839、6023812
传真:5620712、6022091
网址:www. xmdazhen. com
电子信箱:romen@ xmdazhen. com
质量体系:ISO 9001、ISO 14001
产品情况:后视镜电动机组件、前照灯调节器组件、微电机、直流电动机、步进电动机、磁头、电磁阀
出口情况:主要销往日本、韩国、美国、墨西哥、印度等国家

★厦门歌乐电子企业有限公司
地址:福建省厦门市同安区城东工业区榕泉路15号
邮编:361100
电话:0592/7132350
传真:7132650
网址:www. clarion. com. cn
电子信箱:hr@ clarion. com. cn
质量体系:ISO/TS 16949、QS 9000
产品情况:汽车音响

★泉州市艺达车用电器有限公司
地址:福建省泉州市经济技术开发区玉狮路20号
邮编:362005
电话:0595/22463588、22491397
传真:22463587
网址:www. yida. cc
电子信箱:yida@ yida-co. com
质量体系:ISO/TS 16949、ISO 14001
产品情况:(金笛牌)
减速起动机、整体式交流发电机
配套及出口情况:为一汽集团、锡柴、厦门金龙、玉柴、北奔重汽等配套;远销美国、加拿大、日本、韩国、中东、欧洲、东南亚等国家和地区

★泉州恒昌电器有限公司
地址:福建省泉州市经济开发区清濛园区兴泰路2-5B号
邮编:362005
电话:0595/22490888、22490999
传真:22490777
网址:www. yumgree. com
电子信箱:yumgree@ pub2. qz. fj. cn
质量体系:ISO/TS 16949、ISO 9001
产品情况:(RV牌、YUMGREE牌、号角牌)
车用气喇叭、电喇叭、转向闪光继电器、减速型起动机、各种继电器等
配套及出口情况:为重汽集团、厦门金龙、江淮汽车、安徽华菱、重庆重汽、北方汽车、广州五十铃、成都王牌、资阳南骏、四川银河、珠海广通等配套;出口东南亚、中东、南北美洲、欧洲等地区

★福建晋江华威电源有限公司
地址:福建省晋江市五里科技园区
邮编:362200
电话:0595/36306666
传真:36306688、36306699
网址:www. huawei-battery. com
电子信箱:hw@ huawei-battery. com
单位人数:560
质量体系:ISO 9001、ISO 14001
产品情况:各种铅酸蓄电池
出口情况:远销欧美、东南亚等地区

★泉州三特电源有限公司
地址:福建省泉州市鲤城金龙街道高山工业区浮桥街593-1
邮编:362213
电话:0595/85930866、85984924
传真:85930877、85952692
网址:www. fjwa. com
电子信箱:battery118@ sina. com
质量体系:ISO 9001
产品情况:汽车、摩托车用铅酸蓄电池、极板

★欧赛(中国)汽车电子器件公司
地址:福建省泉州市安平开发区14区5号
邮编:362261
电话:0595/85720617、85720618
传真:85720619
网址:www. osad-cn. com
电子信箱:cnosai@ live. cn
质量体系:ISO/TS 16949
产品情况:车用氧传感器等

★福建晋江安海豪发摩托车配件公司
地址:福建省晋江市安海安平工业区14区5号
邮编:362262

电话:0595/85721550、85721919
传真:85788136
网址:www.haofaccessories.com.cn
电子信箱:xyy168@vip.sina.com
质量体系:ISO 9001、ISO 14001
产品情况:(DSK 牌、TSK 牌)
汽车拉线
出口情况:出口东南亚、南美洲、中东、非洲等地区

★诗来福汽车电机制造有限公司
地址:福建省南安市码头仙美留安工业区
邮编:362312
电话:0595/86460276、86453988
传真:86460275
网址:www.slfdj.net
电子信箱:slfdj@slfdj.net
质量体系:ISO/TS 16949、ISO 9001
产品情况:(诗来福牌、闽南牌)
各种车型大功率发电机及各种国产大中型客货车发电机
配套及出口情况:为北奔重汽、德国曼底盘、沃尔沃客车、北方尼奥普兰、凯斯鲍尔、桂林大宇、厦门金龙、郑州宇通、中通客车、广通、扬子、扬州亚星、少林客车、海门客车、江淮汽车、合肥客车、友谊客车、华新客车、牡丹客车、浙江飞蝶客车、上海客车等配套;出口欧美、东南亚等地区

★福建省安溪闽华电池有限公司
地址:福建省安溪县经济开发区龙桥工业园
邮编:362442
电话:0595/23235550、23013823
传真:23235321
网址:www.chinaminhua.com
电子信箱:minhuadc@pub1.qz.fj.cn
单位人数:1700
质量体系:ISO 9001、ISO 14001
产品情况:(闽华牌)
阀控(免维护)铅酸蓄电池及蓄电池用极板
出口情况:出口东南亚、中东,并销往中国香港、台湾地区

★博士达电子有限公司
地址:福建省石狮市子芳路金丘国贸大厦 3 幢 6 层
邮编:362700
电话:0595/88584726
传真:88584727
网址:www.bosetar.com
电子信箱:bosetar@.163.com
产品情况:(博士达牌)
汽车扬声器、功放、低音炮

★龙岩剑桥电器有限公司
地址:福建省龙岩市经济开发区
邮编:364000
电话:0597/2790039、2792783
传真:2795805
网址:www.lyjqdq.com
质量体系:ISO/TS 16949
产品情况:汽车交流发电机

★龙岩市佳鑫机械有限公司
地址:福建省龙岩市东肖经济开发区
邮编:364000
电话:0597/2799806、2799936
传真:2799892
网址:www.fjjxjx.com
电子信箱:jx@fjjxjx.com
法人代表(负责人):连幼朋
单位人数:200
质量体系:ISO 9001
产品情况:(连宇牌)
汽车交流发电机、全车线、油缸
配套及出口情况:为龙工集团、厦工、漳州三龙配套;年出口发电机 1000 多台

★三明市德尔森蓄电池有限公司
地址:福建省三明市沙县水南桥南西路 4 号
邮编:365500
电话:0598/5851666、5850999
传真:5852111
网址:www.delson-battery.com
电子信箱:delson@delson-battery.com
质量体系:QS 9000、ISO 9001
产品情况:免维护汽车蓄电池

江西省

★江西江铃秦川电器有限公司
地址:南昌市小兰工业园富山大道与金沙一路交汇处
邮编:330001
电话:0791/85989666、85989218
传真:85989366
网址:www.cq-qc.com
电子信箱:33xln@163.com
单位人数:80
质量体系:ISO/TS 16949、QS 9000
产品情况:汽车线束
配套情况:为江铃汽车配套

★南昌天元汽车配件工业有限公司
地址:南昌市湾里区幸福路 128 号
邮编:330004
电话:0791/83791351、83791316
传真:83791298
网址:www.tyaai.com
电子信箱:chenhao72772@126.com
质量体系:ISO 9001
产品情况:汽车发电机、起动机及调节器、整流器、真空泵、转子、定子、电磁开关、电枢、线圈等零部件
出口情况:出口东南亚、南非、中东等国家和地区

★江西凯源科技有限公司
地址:南昌市高新区京东大道 698 号高新五路北端
邮编:330096
电话:0791/88383197、88383295
传真:88383292
网址:www.kysonix.com
电子信箱:sales@kysonix.com
单位人数:50
质量体系:ISO/TS 16949
产品情况:(SecuTire 胎安特牌)
膜片压力式、电子式轮胎智能监测系统
出口情况:出口美国

★江西德尔盛汽车电机有限公司
地址:江西省宜春市经济开发区工业一路
邮编:336000
电话:0795/3666300、3991555
传真:3919988
网址:www.dellsun.com.cn
电子信箱:export@dellsun.cn
单位人数:200
质量体系:ISO/TS 16949
产品情况:汽车微电机、玻璃升降器
出口情况:出口美国、法国、意大利、俄罗斯、加拿大、伊朗、马来西亚、韩国等国家

★江西浩风电器有限公司
地址:江西省宜春市经济开发区工业 1 路 A1-9
邮编:336000
电话:0795/3668811
传真:3668788
网址:www.ehaofeng.com
电子信箱:ehaofeng@126.com
质量体系:ISO/TS 16949、ISO 9001
产品情况:水温传感器、温控开关、机油压力开关、燃油泵总成、玻璃升降器、汽车用管路等
配套及出口情况:为北汽集团配套;出口欧洲、北美洲、印度、中东等国家和地区

★江西大吉汽车天线有限公司
地址:江西省赣州市水南新区长塘工业园
邮编:341000
电话:0797/8382989
传真:8382696
网址:www.jxdajitx.com.cn
电子信箱:sales@pjxdajitx.com
单位人数:166
质量体系:ISO/TS 16949、ISO 9001
产品情况:(大吉牌)
汽车收放机天线、天线插座、汽车连接器、汽车接插件
配套情况:为一汽集团、东风汽车公司、南京汽车集团、江汽、北汽集团、柳汽、华晨金杯、昌河汽车、东南汽车等配套

山东省

★济南亲卡重型汽车配件有限公司
地址:济南市槐荫区经三路
邮编:250000
电话:0531/66726548
传真:66726549
质量体系:ISO/TS 16949、ISO 9000
产品情况:(亲仁牌)
重型汽车泵阀、刮水器、散热器、暖风电动机总成、鼓风电动机总成、风扇电动机总成、玻璃升降器等
配套及出口情况:为中国重汽、陕汽、一汽集团、东风、上汽依维柯红岩、金杯汽车等配套;出口欧洲、美洲、澳大利亚、中东、东南亚等20多个国家和地区

★济南鑫极光汽车配件有限公司
地址:济南市白马西路21号
邮编:250021
电话:0531/82533126、68661719
传真:87568299
网址:www.xinjiguang.cn
电子信箱:jinanluan@yahoo.com.cn
质量体系:ISO 9001
产品情况:汽车温度传感器、温控开关、压力传感器、继电器、电磁阀等

★济南鲁联汽车低温起动装置公司
地址:济南市铁配路3号
邮编:250022
电话:0531/87982327
传真:87982326
网址:www.lldwqd.com
电子信箱:jnjcg@jn-public.sd.cninfo.net
单位人数:500
质量体系:ISO 9001
产品情况:汽油车水温传感器、油压开关、热敏开关,柴油车低温起动装置
配套情况:为上海大众、一汽集团、东风汽车公司、重汽集团、奇瑞汽车、北汽福田等20多家40多种汽车、发动机配套

★山东鲁得贝车灯股份有限公司
地址:济南市高新技术开发区开拓路777号
邮编:250101
电话:0531/88879699、88879719
传真:88879680、88879689
网址:www.ldb.com.cn
电子信箱:service@ldb.com.cn
单位人数:400
质量体系:ISO/TS 16949、QS 9000
产品情况:(鲁的贝牌)
汽车灯具、后视镜及锁具,年产能力500万只车灯
配套情况:客户有一汽集团、东风汽车公司、重汽集团、重庆重汽、陕西汽车制造厂、跃进汽车、北汽福田、奇瑞轿车、尼奥普兰、哈飞、西安秦川、比亚迪汽车等

★山东宝雅新能源汽车股份有限公司
地址:济南市历城区华龙路1825号嘉恒商务大厦A座2503
邮编:250102
电话:0531/88885880
传真:88888722
网址:www.baoya-ev.com
单位人数:600
质量体系:ISO 9001
产品情况:新能源车燃料电池、电动汽车高能动力系统及专用传动机构等
出口情况:出口东南亚、欧洲、美洲

★济南瑞云科信电器有限公司
地址:济南市历城区高而乡邢家村
邮编:250114
电话:0531/82802995、82802987
传真:82800188
网址:www.ruiyunkx.com
电子信箱:jnhxdq@gmail.com
法人代表:高瑞云
负责人:高莉
单位人数:120
质量体系:ISO/TS 16949
产品情况:(RUIYUN牌)
公司主要生产汽车高压线总成、传感器(包括水湿、空气、油压、轮速、车速传热器)、压开关、大功率继电器等产品,最早实现汽车电子点火器和各类传感器的国产化,其中HX-1点火控制器荣获"国家级重点新产品"称号
配套及出口情况:主要为奇瑞汽车有限公司配套生产高压线总成和油压开关,是奇瑞公司的"优秀备件供应商"和"核心供应商";出口美国、英国、黎巴嫩等国家

★山东聊城东岳电机有限公司
地址:山东省聊城市凤凰工业园纬三路2号
邮编:252000
电话:0635/8577616、8577618
传真:8577619
网址:www.liaodian.net
电子信箱:liaodian@liaodian.net
单位人数:300
质量体系:ISO 9001
产品情况:(聊电牌)
汽车起动机、发电机
配套情况:为一汽大柴、一汽锡柴、一拖集团、东风汽车公司、东风朝柴、玉柴、北汽福田、潍柴、扬柴等配套

★山东聊城鲁豫汽车电气有限公司
地址:山东省聊城市凤凰工业园
邮编:252000
电话:0635/8577979
传真:8577676
网址:www.luyuch.cn
电子信箱:cnluyu@hotmail.com
质量体系:ISO 9000
产品情况:起动机、发电机及零部件
出口情况:大部产品销往欧洲、中东、南美等地区

★聊城汇创电机有限公司
地址:山东省聊城市经济开发区中华南路6号
邮编:252024
电话:0635/8510222、8510002
传真:8510005、6198928
网址:www.lchuichuang.com
电子信箱:lc-huichuang@163.com
质量体系:ISO/TS 16949
产品情况:(慧创牌)
减速起动机及其零部件,年产能力20万台
配套情况:为淄博柴油机厂配套

★聊城昌利电器有限公司
地址:山东省聊城市花园南路83号
邮编:252058
电话:0635/2185269、2185268
传真:8213542
质量体系:ISO/TS 16949
产品情况:汽车电动机

★山东聊城五岳电机有限公司
地址:山东省聊城市花园南路83号
邮编:252058
电话:0635/8229027
传真:8217234
电子信箱:wuyuedj@163.com
质量体系:ISO/TS 16949、ISO 9001
产品情况:(五岳牌)
汽车、拖拉机及摩托车用起动机、发电机
配套及出口情况:为一汽轿车第二发动机厂、大柴、锡柴、一拖柴油机、朝柴、常柴、北汽福田、扬动、成内、江淮动力、莱动、潍柴、扬柴等配套;出口东南亚、南非

★聊城一君电机技术开发中心
地址:山东省聊城市花园南路83号
邮编:252058
电话:0635/8996018
传真:8211839
电子信箱:sdlczyf@yeah.net
质量体系:ISO/TS 16949、ISO 9001
产品情况:交流发电机、起动机

★聊城杰孚电机有限公司
地址:山东省临清市东环路南首路东
邮编:252600
电话:0635/2419188
传真:2419788
网址:www.lcjf.com
电子信箱:fcg20040823@163.com
单位人数:260
质量体系:ISO 9001
产品情况:(杰孚牌)
年产起动机50万台、发电机30万

台、电磁开关60万只,年产值2亿元
配套及出口情况:为玉柴、潍柴、洛拖、南柴、莱动、常发等配套;部分产品出口澳大利亚、东南亚等国家和地区

★山东风帆电机有限公司
地址:山东省高唐县经济技术开发区风帆路
邮编:252800
电话:0635/3991795
传真:3991795
网址:www.fengfandj.com
电子信箱:info@fengfandj.com
单位人数:420
质量体系:ISO/TS 16949、ISO 9001
产品情况:(风帆牌)
发电机、起动机

★德州天宇汽车电子有限公司
地址:山东省德州市新湖北路31号
邮编:253016
电话:0534/2513005、2326636
传真:2347950
网址:www.tyae.com
电子信箱:tianyu@tyae.com
质量体系:ISO/TS 16949
产品情况:汽车点火线圈、特殊用途线圈、点火模块和多种汽车电子产品
配套及出口情况:主要为绵阳新晨发动机厂、一汽客车配套;出口欧洲市场

★德州大众电子有限责任公司
地址:山东省德州市新湖北路31号
邮编:253018
电话:0534/2323048
传真:2347662
网址:www.dzdzdz.cn
电子信箱:zhonghui.gd@163.com
产品情况:汽车高能点火线圈、霓虹灯电源、工程塑料制品和五金制品等
出口情况:出口美国、东南亚、中东、欧洲、中北美洲

★山东宁津鑫源汽车电器有限公司
地址:山东省宁津县工业区黄河东大道8号
邮编:253400
电话:0534/5216877
传真:5217028
网址:www.dzxinyuan.com
电子信箱:qtdjc@sohu.com
单位人数:300
产品情况:汽车用发电机、起动机
配套及出口情况:为中国莱动、东风朝柴、广西玉柴、扬动等10多家主机厂配套;部分产品随主机出口东南亚等地区

★淄博市新志电器有限公司
地址:山东省淄博市淄川区城南镇樊家1号
邮编:255100
电话:0533/5182765
传真:5182170
网址:www.zbxinzhi.com.cn
电子信箱:sunwenzhi2200@163.com
单位人数:54
质量体系:ISO/TS 16949
产品情况:(新志牌)
汽车里程表传感器、分电器、启动预热继电器、电源总开关、调节器、电源盒总成
配套情况:为一汽柳特、奇瑞汽车、东安动力、大运汽车、唐骏欧铃、柳机配套

★淄博永泰电机有限公司
地址:山东省淄博市淄川区磁村工业开发区
邮编:255192
电话:0533/5558099、5559099
传真:5554511、5557037
网址:www.yongtaidianji.cn
电子信箱:zbyt@zbyongtai.com
单位人数:225
质量体系:QS 9000、ISO 9000
产品情况:(永泰牌)
汽车发电机、起动机,年产40万台
配套及出口情况:为东风朝柴、锡柴四达、江苏扬动、华源莱动、北汽福田、五征农用车、山东拖拉厂、淄博汽车制造厂等厂家配套;出口东南亚、拉丁美洲等地区

★山东淄博博山科圣电机有限公司
地址:山东省淄博市博山区人民路171号
邮编:255200
电话:0533/4168088、4162088
传真:4162088
网址:www.zbksdj.com
电子信箱:kesheng@zbksdj.com
质量体系:ISO 9001
产品情况:直流控制微电机、交流电动机、汽车电动机、重型车辆电动机、摩托车电动机、齿轮减速电动机、真空泵等
出口情况:出口亚洲、非洲、欧洲、美洲、大洋洲等50多个国家和地区

★淄博博山弘立微电机有限公司
地址:山东省淄博市博山开发区西过镜路西
邮编:255200
电话:0533/4172373、4170616
传真:4159302
网址:www.hlwdj.com
电子信箱:whl@hlwdj.com
质量体系:ISO 9001
产品情况:汽车用直流电动机、直流减速电动机
出口情况:远销英国、美国、澳大利亚等国家

★淄博博世汽车电机有限公司
地址:山东省淄博市桓台县果里镇泰山路239号
邮编:256410
电话:0533/2623786
传真:2623787
网址:www.zbshunfeng.com
电子信箱:zb13561620407@vip.163.com
单位人数:160
质量体系:ISO 9001
产品情况:(SHUNFENG牌)
汽车起动机、发电机、电动机配件
配套及出口情况:为奔驰、北奔重汽、沃尔沃、斯堪尼亚、依维柯、道依茨等配套;出口欧洲、中东、南美洲、非洲等地区

★潍坊万隆电气有限公司
地址:山东省潍坊市高新技术开发区玉清东街
邮编:261061
电话:0536/8865380、8865380
传真:8865381
网址:www.wanlongdianqi.com
电子信箱:wanlongdianqi@163.com
单位人数:126
质量体系:ISO 9001
产品情况:汽车发电机、柴油机发电机、收放音系统、电子闪光器、电子调节器
配套情况:与北汽福田、五征集团、时风集团柴油机、山东巨力汽车、荣成海山集团柴油机、华东柴油机、天和柴油机、里卡多柴油机、华信柴油机等公司建立长期合作关系

★莱州市金声汽车电器有限公司
地址:山东省莱州市过西
邮编:261417
电话:0535/2301021
传真:2301141
网址:www.jinsheng-china.com
电子信箱:jinsheng@jinsheng-china.com
单位人数:260
质量体系:ISO/TS 16949
产品情况:(金声牌)
电喇叭、电控气喇叭、倒车蜂鸣器、转向闪光器、语音倒车雷达、电子调节器、硅整流调节器、扬声器
出口情况:出口英国、美国等国家

★潍坊威能环保电源有限公司
地址:山东省寿光市东城工业园
邮编:262700
电话:0536/5671669、5671918
传真:5675088
电子信箱:market@winapower.com.cn
质量体系:ISO/TS 16949、ISO 9001
产品情况:锂离子动力电池

★大韩电子(烟台)有限公司
地址:山东省烟台市福山区永达街962号
邮编:264000
电话:0535/6307137
传真:6307135

质量体系:ISO/TS 16949、ISO 14001
产品情况:汽车信号传输线束,年产 15 万套
配套情况:为美国通用、韩国大宇、双龙、现代等配套

★烟台麦克迈斯汽车科技有限公司
地址:山东省烟台市机场路 383 号
邮编:264000
电话:0535/6747280
传真:6747277
电子信箱:uber@ seed. net. tw
质量体系:ISO/TS 16949
产品情况:汽车灯具
配套及出口情况:为主机厂配套;出口欧美等地区

★威海威嘉电气有限责任公司
地址:山东省威海市高新技术产业开发区火炬路 197 号
邮编:264209
电话:0631/5625505、5625501
传真:5625510
网址:www. sdwje. com
电子信箱:zhj@ sdwje. com
单位人数:400
质量体系:ISO/TS 16949、QS 9000
产品情况:汽车电线束等
配套情况:为一汽青岛汽车厂、一汽轿车、东风汽车公司发动机厂、韩国大宇重工业烟台公司等配套

★东洋机电(烟台)有限公司
地址:山东省烟台市福山高新技术产业区
邮编:265500
电话:0535/6302700
传真:6302700
网址:www. dy. co. kr
电子信箱:nujil@ xiasp. com
质量体系:ISO/TS 16949、ISO 9001
产品情况:挖掘机用液压油缸、叉车用液压油缸、小型液压油缸、洗车机;汽车前后刮水器电动机及总成、电动玻璃升降器电动机、风扇电动机等

★烟台矢崎汽车配件有限公司
地址:山东省烟台市福山区高新技术产业区永达街西首
邮编:265500
电话:0535/6329901
传真:6329919
质量体系:ISO 9001、ISO 14001
产品情况:汽车用线束

★德尔福派克电气有限公司烟台分公司
地址:山东省烟台市福山区永达街 980 号
邮编:265500
电话:0535/6363300
传真:6363300
质量体系:ISO/TS 16949、ISO 14001
产品情况:汽车线束

★三立(烟台)车灯有限公司
地址:山东省烟台市福山区永达街 982 号
邮编:265500
电话:0535/6438511
传真:6438512
网址:www. sl. co. kr
电子信箱:slcorp - yt@ hotmail. com
质量体系:ISO/TS 16949、ISO 14001
产品情况:汽车电子装置、灯具及模具
配套及出口情况:为北京现代索纳塔、伊兰特、御翔、途胜、雅绅特等车型配套;出口韩国、美国、墨西哥、澳大利亚等国家

★山东新焦点龙盛汽车配件有限公司
地址:山东省龙口市诸由观镇羊岚街
邮编:265712
电话:0535/8582166、8582066
传真:8581230
网址:www. shanlong. com
电子信箱:robert@ shanlong. com
质量体系:ISO/TS 16949、ISO 9001
产品情况:(山龙牌)
蓄电池线、线束总成、汽车应急电源、逆变器、蓄电池测试仪等随车工具
出口情况:出口美国、欧洲、日本、大洋洲、南美洲、东南亚等国家和地区

★青岛晶星汽车电子装备有限公司
地址:山东省青岛市长山路 50 号
邮编:266012
电话:0532/83812031
传真:83836409
网址:www. qdc - star. com
电子信箱:qdjtg@ qdjtg. com
单位人数:130
质量体系:QS 9000、ISO 9001
产品情况:(晶星牌、C - STAR 牌)
电源配电盒总成、熔断器盒总成、240 - 32 路熔断器总成、240 - 控制器总成、电子闪光器总成、车辆限速控制器、车辆限速报警器、起动保护控制器、冷却液液位控制器、制动灯断丝报警器、DC/AC 转换器、电子调压器系列、预热控制器、汽车大功率继电器、工程机械类电器
配套情况:为一汽解放配套

★青岛唯杰机电有限公司
地址:山东省青岛市平度张戈庄镇清泉路 158 号
邮编:266071
电话:0532/82311008
传真:82311356
电子信箱:nelsonliu_ch@ hotmail. com
质量体系:ISO/TS 16949、ISO 9001
产品情况:(唯杰牌)
起动机、发电机、火花塞
出口情况:出口起动机、发电机 25 万台

★青岛悠进电装有限公司
地址:山东省青岛市城阳区惜福镇空港路
邮编:266106
电话:0532/87931857
传真:87931868
网址:www. qdsanyuan. com/yujin
电子信箱:wangbo83526@ 126. com
质量体系:ISO/TS 16949、ISO 14001
产品情况:汽车整车线束及零部件线束,年产 50 万套整车线束
配套及出口情况:为韩国现代、上汽通用五菱、河北中兴、GM - HOLDEN 汽车等配套;出口韩国、美国、大洋洲等国家和地区

★青岛利泰克照明有限公司
地址:山东省青岛市保税区吉隆坡路 7 号
邮编:266555
电话:0532/86766020、86768090
传真:86766303
网址:www. chinalee - tech. com
电子信箱:sales@ chinalee - tech. com
质量体系:ISO 9001
产品情况:汽车灯泡

★青岛莱特电器有限公司
地址:山东省青岛市保税区上海路 12 号莱特大厦
邮编:266555
电话:0532/86768920、86768950
传真:86767073
网址:www. qingdaolitech. com
电子信箱:qdlitech@ 163. com
质量体系:ISO 9001
产品情况:灯泡
配套及出口情况:是美国 GE 公司的合作伙伴;远销 40 多个国家

★莱芜银桥交通器材有限公司
地址:山东省莱芜市高新技术开发区
邮编:271100
电话:0634/5969808
传真:8808008
电子信箱:laiwuyingqiao@ sina. com
单位人数:120
质量体系:ISO 9001
产品情况:各种控制索、里程表、软轴等

★泰安泰龙软轴软管厂
地址:山东省宁阳县华丰火车站南
邮编:271413
电话:0538/5851028
传真:5851029
网址:www. tatailong. com
电子信箱:tailong@ intek. com. cn
单位人数:760
质量体系:QS 9000、ISO 9002
产品情况:(泰龙牌)
软操纵钢索,年产 50 多万台套;推拉软轴、门窗升降系统
配套情况:为哈飞汽车、昌河汽车、一汽吉林、上汽通用五菱、一汽海马、陕西汉

江、华晨金杯、山东工程机械厂、临工集团、柳工集团、江铃集团等配套

★济宁远征电源有限责任公司
地址:山东省济宁市任城开发区远兴路1号
邮编:272071
电话:0537/2619956、2613029
传真:2618356、2613028
网址:www.yuan-zheng.com
电子信箱:yzdy@yuan-zheng.com
单位人数:323
质量体系:ISO/TS 16949、ISO 9001
产品情况:(远征牌)
各种汽车、电动自行车用蓄电池
配套情况:为北汽福田配套

★曲阜天博集团
地址:山东省曲阜市经济开发区天博路1号
邮编:273100
电话:0537/4411776、4436301
传真:4412775、4436865
网址:www.qftemb.com
电子信箱:marketing@qftemb.com
单位人数:520
质量体系:ISO/TS 16949、QS 9000
产品情况:(天博牌)
调温器、热敏开关、传感器、轮速传感器、油压开关、制动片、电喇叭、加浓阀等
配套及出口情况:为上海通用、上海大众、广汽本田、一汽-大众、天津一汽丰田、沈阳三菱、东安、五菱、神龙富康、大柴、锡柴、玉柴等配套;出口北美洲、中东、欧洲、东南亚等地区

★裕罗(日照)电子科技有限公司
地址:山东省日照市日照经济开发区临沂南路391号
邮编:276826
电话:0633/2279902
传真:2279923
网址:www.yura.co.kr
法人代表:严大烈
负责人:金钟哲
单位人数:110
质量体系:ISO/TS 16949
产品情况:点火线圈、点火火花塞

★临沂市国连电子有限公司
地址:山东省临沂市高新区宝山路151号
邮编:276000
电话:0539/7102667、7102668
传真:7102669、8121667
网址:www.lyguolian.com
电子信箱:guolian_cgx@vip.163.com
质量体系:ISO 9001
产品情况:制动报警传感器、电子连接器等

★临沂天一电子有限公司
地址:山东省临沂市河东工业园区109路2号
邮编:276034
电话:0539/8094070、8389098
传真:8389097
网址:www.lytydz.cn
电子信箱:ty8094070@163.net
质量体系:ISO 9001
产品情况:汽车制动片报警传感器(报警线)、汽车用接插件塑料件
出口情况:出口欧洲、美洲、中东等地区

★山东润峰集团新能源科技有限公司
地址:山东省济宁市微山经济开发区润峰工业园
邮编:277600
电话:0537/8699997、8699998
传真:8699916
网址:www.realforce.com.cn
电子信箱:sales@realforce.com.cn
单位人数:2200
质量体系:ISO 9001、ISO 14001
产品情况:磷酸铁锂、锰酸锂、钴酸锂和锰钴镍新能源电池,保护模块及管理系统、充电器、控制器、逆变器、备用电源等,具有年产6000万安时动力锂电池、配套电子产品100万套的生产能力
出口情况:在美国、德国、韩国等国家设立销售分支机构

★山东海特电子科技有限公司
地址:山东省枣庄市高新区泰国工业园
邮编:277800
电话:0632/5199988、5199968
传真:5199218
网址:www.heterbattery.com
电子信箱:gavin.zhang111@163.com
单位人数:600
质量体系:ISO 9001
产品情况:动力电池

河南省

★郑州科利电子有限公司
地址:郑州市技术开发区第二大街110号
邮编:450016
电话:0371/66032181、66032182
传真:66032828
网址:www.zzkldz.com
电子信箱:kelidz@163.com
质量体系:ISO/TS 16949、ISO 9001
产品情况:立柱式油箱油位传感器,温度/压力/时速传感器、各种仪表件
配套及出口情况:与全国汽车、农用车、工程机械、油箱、仪表等100多个生产厂家供货,与将近200种车型配套使用;部分产品出口

★郑州跃博汽车电器有限公司
地址:河南省登封市中岳办事处东十里铺
邮编:452470
电话:0371/62800800
传真:62800600
网址:www.ybqcdq.com
电子信箱:13603826092@vip.163.com
单位人数:450
质量体系:ISO/TS 16949、ISO 9002
产品情况:汽车开关、电子模块、CAN总线、LIN总线系统、中央配电装置、电动车窗控制系统及遥控无钥匙进入系统、汽车线束等
配套情况:为宇通客车、厦门金龙、东风、奇瑞汽车、江铃汽车、比亚迪汽车、长城汽车、双环、北汽福田等30多家汽车制造企业配套

★新乡市荣泰电器有限公司
地址:河南省新乡市高新技术开发区创业园
邮编:453000
电话:0373/3520526
传真:3520626
网址:www.rongtaigs.com
电子信箱:rtdq@263.net
质量体系:ISO 9001
产品情况:汽车中央电器控制盒
配套情况:为国内多家汽车生产厂配套

★新乡市亚洲电源股份有限公司
地址:河南省新乡市国家化学与物理电源产业园北二环路2号
邮编:453000
电话:0373/5808666
传真:5830696
网址:www.asiady.com
电子信箱:zhuowei1997@126.com
质量体系:ISO/TS 16949、ISO 9001
产品情况:用于交通运输、通信电力、太阳能系统、计算机系统、国防军工等各个领域的各种类型的电池

★河南环宇集团有限公司
地址:河南省新乡市环宇大道北段
邮编:453002
电话:0373/2688002、2688008
传真:2688012
网址:www.huanyugroup.com.cn
电子信箱:manager@hyg.com.cn
单位人数:10000
质量体系:ISO 9001、ISO 14001
产品情况:聚合物电池、锂离子电池、镍氢电池、镍镉电池、铅酸电池、电池配件
出口情况:出口欧洲、美洲、东南亚等30多个国家和地区

★新乡市精铸实业有限公司
地址:河南省新乡市小店工业开发区
邮编:453242
电话:0373/7772777、7772445
传真:7772187
网址:www.xxjz.cn
电子信箱:sales@xxjz.cn

质量体系:ISO 9001
产品情况:(精铸牌)
汽车发电机磁极、起动机单向离合器、起动机电磁开关等
配套及出口情况:为北京奥博、佩莱特、成都华川、无锡闽仙、湖北神电等配套;出口欧美地区

★新乡辉簧弹簧有限公司
地址:河南省辉县市经济技术开发区西外环路北段
邮编:453600
电话:0373/6213189、6213185
传真:6213187
网址:www.hxspring.com
电子信箱:hxspring@hxspring.com
质量体系:ISO 9002
产品情况:(五岳牌、辉簧牌)
汽车和摩托车电机电器、各类弹簧
配套及出口情况:为德国博世(长沙)公司、日立(长沙)公司、北京佩特来、上海迪克斯、东风电气公司、神电公司、深圳泰祥(台湾)、航宇救生、无锡神力等配套;出口美国、日本、韩国、东南亚等国家和地区

★河南省辉县市建风弹簧有限公司
地址:河南省辉县市北流工业区
邮编:453648
电话:0373/6736436
传真:6736612
质量体系:ISO 9001
产品情况:汽车电器、继电器、单向器、滤清器以及汽车、拖拉机和各种机械配套的拉簧、扭簧、压簧、扁簧等异形弹簧

★新乡市双利机械传动有限公司
地址:河南省新乡市新城区华垣路中段
邮编:453700
电话:0373/8885072
传真:8886702
网址:www.shuanglicd.com
质量体系:ISO 9001
产品情况:(双利牌)
汽车前灯、后灯、雾灯、离合器轴承、工业万向轮、手柄及其他汽车配件
出口情况:出口美国、德国、加拿大、新加坡、澳大利亚、印度、韩国、菲律宾、伊朗、巴基斯坦、印度尼西亚等国家,并销往中国香港地区

★金蝉汽车电器有限公司
地址:河南省濮阳市台前县葛集工业区
邮编:457600
电话:0393/2712188
传真:2712168
网址:www.jinchandianqi.com
电子信箱:you7629@sina.com
质量体系:ISO 9001
产品情况:电子充电机、车载电源转换器、车载逆变器等

★濮阳市立圆汽车电器有限公司
地址:河南省濮阳市台前县产业集聚区
邮编:457600
电话:0393/2806983
单位人数:260
质量体系:ISO/TS 16949、ISO 9001
产品情况:汽车起动机、车载逆变器、电源开关

★台前县龙泉汽车电器有限公司
地址:河南省台前县马楼工业区
邮编:457600
电话:0393/2829088、2829366
传真:2829188
网址:www.longquanwang.com
质量体系:ISO 9001
产品情况:(龙泉王牌)
汽车蓄电池、电子调节器、继电器、喇叭、电磁阀、各种车用开关

★濮阳市建永实业有限公司
地址:河南省濮阳市台前县马楼工业区
邮编:457631
电话:0393/2238888、2808999
传真:2808998
网址:www.pyjianyong.com
电子信箱:hajianyong@126.com
质量体系:ISO 9001
产品情况:纯铜基、铜含铁基、铜包铁基、青铜基、黄铜基、硬质合金、钢套、铁套等各类起动机铜套及低压线、电动机线、泵芯、泵头等

★鹤壁市恒泰电器公司
地址:河南省鹤壁市山城区春雷路南段25号
邮编:458000
电话:0392/2679502
传真:2659236
网址:www.hengtaidq.com
电子信箱:hbliujun2008@sina.com
单位人数:220
质量体系:ISO/TS 16949
产品情况:汽车插接件、中央配电盒、熔断丝盒、汽车线束总成、ABS线束、汽车用低压电线、电缆等
配套情况:为中国重汽集团、陕汽集团、郑州宇通集团、东风等配套

★天海雪城汽车电子集团公司
地址:河南省鹤壁市淇滨开发区淇滨大道215号
邮编:458000
电话:0392/3314522
传真:3335171
网址:www.thb.com.cn
电子信箱:sale@thb.com.cn
单位人数:1563
质量体系:ISO/TS 16949、ISO 14001
产品情况:插接器、熔断丝盒、中央配电装置、保险片、电线束、点火线圈、汽车发动机管理系统及相关汽车零部件;电线压接机、剪剥机、电线束流水线等线束生产专用设备
配套及出口情况:合作伙伴有通用、一汽-大众、比亚迪汽车、长城汽车、奇瑞汽车、上海大众、河北中兴、昌河汽车、华晨汽车、南京依维柯、三菱汽车、北汽福田、东风汽车公司、哈飞汽车、江淮汽车、金杯、宇通客车、金龙客车、重汽集团、黄海汽车、上汽通用三菱等;出口美国、澳大利亚、意大利等国家

★鹤壁欧派克电气有限公司
地址:河南省鹤壁市经济技术开发区东海路18号
邮编:458030
电话:0392/2655555、3389077
传真:3333111、3389076
网址:www.hbopk.com
电子信箱:hbopk@vip.163.com
质量体系:ISO/TS 16949、ISO 9001
产品情况:汽车电器连接器、线束等
配套情况:为东风汽车公司、川汽、陕汽集团、上汽通用五菱等配套

★鹤壁君隆电气有限公司
地址:河南省鹤壁市淇滨区海河路东段
邮编:458030
电话:0392/3325000
传真:3313222
网址:www.junloog.cn
电子信箱:junloog2008@163.com
单位人数:200
质量体系:ISO/TS 16949
产品情况:汽车线束、摩托车线束、家用电器线束、电线插接件
配套情况:为中国一拖、浙江吉奥、安徽安驰等配套

★河南邦德电子电器有限公司
地址:河南省鹤壁市工业开发区西
邮编:458030
电话:0392/3326803
传真:3326803、6891100
网址:www.hongyide.com
电子信箱:hongyide@sohu.com
单位人数:136
质量体系:ISO/TS 16949、QS 9000
产品情况:电线束总成、ABS传感器/电磁阀电缆总成、连接器、汽车电子开关、汽车熔断器
配套情况:为一汽集团、东风汽车公司等配套

★洛阳市振盛强软轴软管有限公司
地址:河南省洛阳市春都路289号
邮编:471001
电话:0379/62311242、62318163
传真:62322135
网址:www.lyzsq.com
电子信箱:ericup@vip.163.com

质量体系:ISO 9001
产品情况:(振盛强牌)
推拉式操纵轴、拉线、拉索、控制器

★洛阳冠杰软轴控制器有限公司
地址:河南省洛阳市涧西区华山路
邮编:471003
电话:0379/64262653
传真:64262270
网址:www.lyguanjie.com
电子信箱:lygjrz@163.com
质量体系:ISO 9001
产品情况:软轴控制器及其配件,拉力软轴

★洛阳黄河软轴控制器有限公司
地址:河南省洛阳市高新区侯天路6号
邮编:471003
电话:0379/64322464
传真:64319114
电子信箱:lyhhrznc@163.com
单位人数:300
质量体系:ISO/TS 16949、QS 9000
产品情况:(RKC牌)
变速操纵控制器及软轴
配套及出口情况:为国内的500多家大中型汽车和工程机械厂配套;出口美国、俄罗斯、丹麦等12个国家

湖北省

★武汉瑞康鑫电气有限公司
地址:武汉市东西湖区东光工业园2号楼4楼
邮编:430040
电话:027/83389020、83298017
传真:83389025
网址:www.whrkx.cn
电子信箱:whrkxfjj@yahoo.cn
质量体系:ISO/TS 16949、ISO 9001
产品情况:(瑞康鑫(RKX)牌、泰通(TT)牌)
汽车发电机
配套情况:为东风朝柴等发动机厂家配套

★湖北法雷奥车灯有限公司
地址:武汉市经济技术开发区耀华路6号
邮编:430056
电话:027/59408208、59408285
传真:84896732
网址:www.valeo.com.cn
电子信箱:zhifa.qi@valeo.com
单位人数:63
质量体系:QS 9000、ISO 9001
产品情况:前照灯、尾灯、转向信号灯、雾灯、室内灯等
配套情况:为神龙汽车(富康、爱丽舍、毕加索)、一汽-大众(奥迪)、天津一汽丰田(皇冠)、东风日产乘用车(天籁、颐达)、上海大众、长安奥拓(羚羊)、华晨金杯(中华轿车)等配套

★武汉友德汽车电器有限公司
地址:武汉市经济技术开发区车城东道128号
邮编:430056
电话:027/68847777
传真:68847778
质量体系:ISO 9001
产品情况:汽车电线束、汽车电器及相关零部件,年产汽车电线束15万套
配套情况:为神龙汽车配套

★武汉东江阀业制造有限公司
地址:武汉市经济技术开发区创业四路47号
邮编:430056
电话:027/84211729
传真:84212495
网址:www.wh-dongjiang.com
电子信箱:djzbo@163.com
质量体系:ISO/TS 16949
产品情况:电磁气阀、液压阀
配套及出口情况:为东风汽车公司、北汽福田、江淮汽车等大型汽车制造厂配套;进入欧美OEM市场

★武汉银泰科技电源股份有限公司
地址:武汉市汉阳经济开发区沌口小区特2号银泰科技工业园
邮编:430056
电话:027/84220888、84220652
传真:88181790
网址:www.intepower.com
电子信箱:group@intepower.com
质量体系:ISO 14001、ISO 9001
产品情况:蓄电池
出口情况:出口亚洲、欧洲、非洲等13个国家和地区

★武汉诚盛电子有限公司
地址:武汉市经济技术开发区万家湖路189号
邮编:430056
电话:027/84236588
传真:84236577
网址:www.whcs.com.cn
电子信箱:gxb@whcs.com.cn
单位人数:52
质量体系:ISO/TS 16949
产品情况:电子钟、车灯、注塑件等汽车零部件
配套情况:为神龙汽车、江铃汽车、东风日产乘用车、东南汽车、奇瑞汽车等汽车厂配套,并通过法国标致、雪铁龙集团全球采购供应商资格审核

★武汉正丰汽车零部件系统有限公司
地址:武汉市经济技术开发区汉津街92号高新科技园18栋4层
邮编:430056
电话:027/84254858、84254862
传真:84254476、84897458
网址:www.zhengfeng.cn
电子信箱:zf@zhengfeng.cn
质量体系:ISO/TS 16949、ISO 9000
产品情况:汽车电子控制器、多功能时钟显示器

★东风富士汤姆森调温器有限公司
地址:武汉市经济技术开发区沌口街枫树二路10号
邮编:430056
电话:027/84281592、84281595
传真:84281599
网址:www.dftc.com.cn
电子信箱:sales@dftc.com.cn
质量体系:ISO/TS 16949、VDA 6.1
产品情况:调温器、温控开关、热动元件、散热器盖等,年产能力800万只以上
配套及出口情况:为通用、大众、康明斯、福特、丰田、本田、雪铁龙、铃木、五十铃等世界知名汽车厂家在华的合资厂配套;出口美国、英国、德国、俄罗斯等多个国家

★艾菲发动机零件(武汉)有限公司
地址:武汉市经济技术开发区全力南路60号
邮编:430056
电话:027/84294943
传真:84294816
网址:www.electricfil.com.cn
电子信箱:info.efec@electricfil.com
单位人数:100
产品情况:(electricfil牌)
汽车发动机点火线束、传感器
配套情况:为大众大连发动机、大众上海发动机及大众墨西哥发动机厂、福特集团(包括欧洲和美国的数十家工厂)、上海通用、神龙汽车、长安福特马自达、澳大利亚HOLDEN等主机厂和德尔福、恩福、法雷奥等汽车行业知名系统供应商配套

★武汉长光电源有限公司
地址:武汉市经济技术开发区车城大道155号
邮编:430056
电话:027/84891323、84898322
传真:84891320、84891924
网址:www.cgb.com.cn
电子信箱:sales@cgbbattery.com
质量体系:ISO 9001、ISO 14001
产品情况:(卫新牌)
阀控式铅酸蓄电池
出口情况:部分产品出口

★湖北三环汽车电器有限公司
地址:武汉市经济技术开发区沌阳大道371号
邮编:430056

电话:027/84899457
传真:84891920
网址:www. triring - zs. com
电子信箱:jszx@ triring - zs. com
单位人数:1700
质量体系:ISO/TS 16949、ISO 14001
产品情况:(中生牌)
喇叭、开关、车锁、电子、车阀等
配套及出口情况:为一汽集团、东风汽车公司、神龙汽车、长安汽车、奇瑞汽车、东风日产、吉利、比亚迪、江铃、江淮、众泰、中国重汽、陕汽等配套;出口日本、伊朗、印度及随主机出口

★湖北开特汽车电子电器系统公司
地址:武汉市武昌区白沙洲堤后街52号
邮编:430064
电话:027/88139606、88139649
传真:88139715
网址:www. kait. com. cn
电子信箱:marketing@ kait. com. cn
单位人数:240
质量体系:ISO/TS 16949
产品情况:各种汽车电子元件,包括热敏电阻、传感器、执行器、控制单元等
配套及出口情况:为东风汽车公司、东风标致雪铁龙、一汽-大众、长安汽车、吉利汽车、奇瑞汽车、江淮汽车等配套;出口欧洲

★武汉高德红外股份有限公司
地址:武汉市洪山区书城路26号
邮编:430070
电话:027/87223230、87671949
传真:87671956、87671986
网址:www. wuhan - guide. com
电子信箱:marketing@ guide - infrared. com
单位人数:600
质量体系:ISO 9001
产品情况:(GuideIR 牌、MobIR 牌、Thermo Pro 牌)
车载红外夜视系统
出口情况:在全球70多个国家和地区拥有经销商,并在比利时开办了分公司

★湖北泓盈传感技术有限公司
地址:武汉市关山一路1号光谷软件园恒隆大楼一楼
邮编:430073
电话:027/59818574、59818584
传真:59818575
网址:www. usisensor. com
电子信箱:wming@ usisensor. com
质量体系:ISO/TS 16949
产品情况:汽车传感器
配套情况:为一汽集团、长安汽车、哈飞汽车、奇瑞汽车、吉利汽车、京华客车、英格索兰、复盛机械等配套

★武汉汉升汽车传感系统有限公司
地址:武汉市蔡甸区大集正街85号
邮编:430113
电话:027/69164902、69165122
传真:69164902、69165120
网址:www. han - sheng. com
电子信箱:hs@ han - sheng. com
单位人数:560
质量体系:ISO/TS 16949、ISO 9001
产品情况:(汉升牌)
水温感应塞、机油压力传感器、车速传感器、油量传感器、油(气)压报警器等汽车仪表传感器、电子调节器、刮水器总成、桥式整流器、继电器及JK开关等各类汽车小型电器
配套及出口情况:为一汽大柴、一汽锡柴、扬柴、玉柴、朝柴、东风汽车公司、北汽福田、延锋伟世通(绍兴)仪表公司、上海德科等全国大中型柴油机及汽车仪表专业生产厂家配套;远销美国、英国、日本、澳大利亚等国家

★湖北孝感华中车灯有限公司
地址:湖北省孝感市长征路199号
邮编:432000
电话:0712/2322144、2322183
传真:2322163
网址:www. hzcd. com. cn
电子信箱:hzcd@ hzcd. com. cn
单位人数:320
质量体系:ISO/TS 16949、QS 9000
产品情况:(华中牌)
汽车灯具、汽车空调热保护器及散热器温控开关
配套情况:为长安汽车、长安铃木、河北长安、陕汽集团、比亚迪汽车配套

★湖北华中光电科技有限公司
地址:湖北省孝感市长征路199号
邮编:432000
电话:0712/2873901、2873868
传真:2323238
网址:www. hb238. com. cn
电子信箱:238@ hb238. com. cn
单位人数:1700
质量体系:QS 9000、ISO 9000
产品情况:汽车灯具(年产能力120万套)、特种光电、光电仪器、光学元件、枪用瞄准镜及望远镜、固体激光器等

★湖北汉光照明股份有限公司
地址:湖北省孝感市长征路257号
邮编:432104
电话:0712/2682345、2324404
传真:2323495、2323424
网址:www. autolightings. com
电子信箱:xgsglamp@ autolightings. com
单位人数:500
质量体系:ISO 9001
产品情况:(三工牌)
汽车灯
出口情况:部分产品出口

★湖北烨和电子科技有限公司
地址:湖北省孝昌县经济开发区城南工业园站前二路八号
邮编:432900
电话:0712/4767777-8840
传真:4777999
网址:www. auto - part. com. cn
电子信箱:service@ mail. pntronic. com
单位人数:200
质量体系:ISO/TS 16949、ISO 9001
产品情况:各式二极管、SMD贴片式车用二极体、硅片、调节器、整流稳压电子产品,整流桥及发电机模组等
出口情况:出口美国、德国、俄罗斯、印度、巴西等10多个国家,并销往中国香港、台湾地区

★雷米电机湖北有限公司
地址:湖北省荆州市开发东方大道
邮编:434002
电话:0716/8882000
传真:8255523、8257483
电子信箱:jim. cao@ 263. net
质量体系:ISO/TS 16949、ISO 9001
产品情况:发电机

★荆州神电实业有限公司
地址:湖北省荆州市高新区燎原路8号
邮编:434100
电话:0716/8333606、8333607
传真:8333603
网址:www. jzsdsy. com
电子信箱:sales@ jzsdsy. com
产品情况:汽车电动机
配套情况:为一汽集团、重汽集团、奇瑞汽车、南京汽车集团、五菱、博世、康明斯、西门子、第一电通、泽藤等国内外近百家汽车零部件制造商配套

★飞利浦汽车照明湖北有限公司
地址:湖北省松滋市飞利浦路10号
邮编:434200
电话:0716/6222921
传真:6223921
电子信箱:yun. zhao@ philips. com
质量体系:ISO 9001
产品情况:各种型号灯具
配套情况:为上海大众、一汽轿车、东风汽车公司、北京奔驰、天津一汽夏利、神龙汽车、上汽通用五菱、长安汽车、昌河汽车、哈飞汽车、南京依维柯配套

★湖北三环微特电机有限公司
地址:湖北省黄冈市新港大道138号
邮编:438000
电话:0713/8824096、8823277
传真:8823060
网址:www. triringmotor. com
电子信箱:esoulmotor@ esoulmotor. com
单位人数:100
质量体系:ISO/TS 16949、ISO 9001

产品情况：(ESOUL 牌)
汽车无刷暖风机、直流永磁盘式电动机、冷凝风扇及散热器风扇
配套及出口情况：为美国卡迪拉克、天津一汽夏利、长安汽车配套；出口美国、欧洲、南美洲、东南亚、大洋洲等国家和地区

★东风襄樊仪表系统有限公司

地址：湖北省襄阳市大庆东路 227 号
邮编：441001
电话：0710/3709901－95009
传真：3400824
网址：www. dfyb. com
法人代表：严方敏
负责人：王太斌
单位人数：720
质量体系：ISO/TS 16949
产品情况：(东风牌)
汽车用组合仪表、传感器、汽车用电子产品
配套及出口情况：为东风商用车公司、东风股份公司、东风康明斯、陕汽、柳汽、玉柴、潍柴、北方奔驰配套；出口东南亚
☞ 详细情况请参阅彩色宣传版面

★湖北瑞德汽车零部件有限公司

地址：湖北省襄樊市高新技术开发区
邮编：441004
电话：0710/3344833
传真：3344277
网址：www. redbizing. com
电子信箱：red9297@ 163. com
质量体系：ISO/TS 16949、QS 9000
产品情况：(RED 牌)
各类熄火电磁阀、电控气动断油阀、电子加速踏板、冷起动装置等
配套及出口情况：为国内多家知名企业配套；出口美国、德国、中东等国家和地区

★襄樊仪元汽车电子有限公司

地址：湖北省襄樊市胜利街 186 号
邮编：441021
电话：0710/3502109
传真：3500847
电子信箱：zjxunh@ public. xf. hb. cn
质量体系：ISO/TS 16949、ISO 9001
产品情况：(岘峰牌)
电压调节器、电磁开关、刮水器电动机、点火模块、硅整流元件、各种继电器等
配套情况：为柳发、上海大众、长安汽车、南京汽车集团等配套

★东风汽车电气有限责任公司

地址：湖北省襄阳市襄城区环山路 38 号
邮编：441021
电话：0710/3601618、3601288
传真：3514129、3601087
网址：www. dfmec. com. cn
电子信箱：dfmec_xf@ xf. hb. cninfo. net
质量体系：ISO/TS 16949、ISO 14001
产品情况：起动机、发电机、电涡流缓速器、汽车行驶记录仪和汽车电子电器产品
配套情况：为东风康明斯、东风发动机厂、玉柴、朝柴、上柴等国内主要发动机厂配套

★湖北环宇车灯有限公司

地址：湖北省襄樊市襄城环山路 45 号
邮编：441021
电话：0710/3604651、3604974
传真：3605312
网址：www. hycd. com. cn
电子信箱：hycd_hb@ tom. com
单位人数：500
质量体系：ISO/TS 16949、ISO 9001
产品情况：(环宇牌)
各种商用车、乘用车灯具，年产能力 40 万辆份
配套情况：为东风商用车、东风股份、重汽集团、上汽依维柯红岩、陕汽集团、柳汽、华菱、三环、北奔重汽、神龙汽车、华晨集团等配套

★襄樊东车电子有限公司

地址：湖北省襄樊市高新区汉江北路 25 号
邮编：441057
电话：0710/3347311
传真：2828256、3340066
网址：www. tosunec. com
电子信箱：tosunec@ sina. com
产品情况：(东车牌)
发电机电子电压调节器、硅整流器、蓄电池充电机、汽车里程表传感器、速度传感器、水温传感器、机油压力传感器等传感器，电动机调速器
配套情况：为东风电气、湖北神电、永康博宇等汽车电机厂配套

★湖北华龙车灯有限公司

地址：湖北省随州市经济开发区 19 号
邮编：441300
电话：0722/3587309
传真：3587300
电子信箱：szhl@ szhl. com
单位人数：200
质量体系：ISO/TS 16949
产品情况：各类汽车灯具、转向盘，各类工程塑料覆盖件、包装箱及工位器具，年产汽车灯具 15 万辆份、摩托车灯具 30 万辆份

★湖北骆驼蓄电池股份有限公司

地址：湖北省襄阳市追日路 4 号
邮编：441705
电话：0710/7611540、3344082
传真：7611032
网址：www. chinacamel. com
电子信箱：camelxs@ vip. 163. com
单位人数：1500
质量体系：ISO/TS 16949、ISO 9001
产品情况：(骆驼牌)
汽车蓄电池
配套及出口情况：为通用、东风、雪铁龙、福特、北京现代、江铃、纽荷兰、宇通客车、重汽集团、吉利汽车、比亚迪汽车、江淮汽车、长安汽车、时风、五征等配套；出口英国、意大利、澳大利亚、亚洲等国家和地区

★湖北新飞祥电子科技有限公司

地址：湖北省老河口市红山嘴
邮编：441800
电话：0710/8512330、8511474
传真：8512990、8511474
质量体系：ISO/TS 16949
产品情况：东风系列电磁阀、分电器、闪光器、蜂鸣器
配套情况：为东风汽车公司、神龙汽车配套

★十堰达峰软轴有限公司

地址：湖北省十堰市黑龙江路 6 号
邮编：442012
电话：0719/8316317
传真：8301992
网址：www. dfruanzhou. com
单位人数：200
质量体系：ISO/TS 16949、QS 9000
产品情况：各种车用软轴
配套情况：为一汽、东风、上汽、奇瑞汽车、广汽长丰等配套

★东风三立车灯有限公司

地址：湖北省十堰市白浪东路 51 号
邮编：442013
电话：0719/8303530
传真：8303523
质量体系：ISO/TS 16949
产品情况：汽车灯具

★湖北天运汽车电器系统有限公司

地址：湖北省十堰市白浪高新技术开发区科技园路 1 号
邮编：442013
电话：0719/8313633
传真：8255697
网址：www. hbtianyun. com
电子信箱：tianyunelec@ tom. com
单位人数：200
质量体系：ISO/TS 16949、QS 9000
产品情况：汽车灯光检测器、电熄火器、闪光器、报警器、刮水器、喇叭等汽车电子电器产品
配套情况：为东风汽车公司配套

★中生汽车电器有限公司

地址：湖北省丹江口市六里坪镇
邮编：442716
电话：0719/5713102

传真:5713333
电子信箱:hbqcdqc@ sy. hb. cninfo. net
质量体系:QS 9000
产品情况:(中生牌)
汽车组合开关、喇叭、继电器、保险装置、连接件,年产能力160万套
配套情况:为五十铃、东风汽车公司、神龙汽车、长安汽车、一汽集团配套

湖南省

★长沙汽电汽车零部件有限公司
地址:长沙市经济技术开发区盼盼路29号
邮编:410000
电话:0731/82798416、82798489
传真:82798412
网址:www. csqidian. com
电子信箱:zengjie@ csaep. com
质量体系:ISO/TS 16949、ISO 9001
产品情况:汽车起动机、发电机
配套及出口情况:空调离合器长期为上海松芝、大连富士、岳阳恒力等车用空调厂家配套;出口美国、欧洲、以色列、伊朗、韩国等国家和地区

★湖南海福来汽车零部件有限公司
地址:长沙市雨花区黎托工业区杨子武路广铁路桥东50米
邮编:410000
电话:0731/84412036
传真:85569303
网址:www. hnhfl. com
电子信箱:overseas@ hnhfi. com
单位人数:46
质量体系:ISO/TS 16949、ISO 9001
产品情况:汽车干式点火线圈

★博世汽车部件(长沙)有限公司
地址:长沙市星沙漓湘中路26号
邮编:410100
电话:0731/82929203、82929110
传真:82929018
网址:www. bosch. com. cn
电子信箱:career. rbcc@ cn. bosch. com
单位人数:1400
质量体系:ISO 9001
产品情况:刮水器、车身电子系统、微电机、热能系统、发电机、起动机等
配套情况:为一汽集团、一汽轿车、上海大众、南京汽车集团、东风汽车公司、神龙汽车、大柴、南京依维柯、锡柴、北京奔驰、重汽集团、江铃汽车、重庆康明斯、四川绵阳、沈阳新光等配套

★长沙安瑞电器有限公司
地址:长沙市星沙经济技术开发区漓湘路98号和祥科技园J栋
邮编:410100
电话:0731/84066995、84066996
传真:84066982-888
网址:www. csanrui. com
电子信箱:myd5565@ 163. com
质量体系:ISO/TS 16949、ISO 9001
产品情况:汽车线束、插接件等
配套情况:主要客户为三一重工股份、中联浦沅底盘公司、深圳东风汽车公司、株洲南车时代电动汽车公司、中联重工科技发展公司、江南奥拓汽车公司等

★长沙市纳川汽车电器有限公司
地址:长沙市岳麓区望城坡安塑路中圆科技园
邮编:410205
电话:0731/88680108
传真:88944258
网址:www. ncdq. net
电子信箱:csnc@ sohu. com
质量体系:QS 9000
产品情况:汽车发电机

★长沙日立汽车电器有限公司
地址:长沙市岳麓区桐梓坡西路218号
邮编:410205
电话:0731/88948988
传真:88948999、88948997
网址:www. hitachi. com. cn
质量体系:QS 9000
产品情况:汽车起动机、发电机及其他零部件
配套及出口情况:为庆铃、江铃、郑州日立等主机厂配套;出口美国市场

★湖南科力远新能源股份有限公司
地址:长沙市高新技术产业开发区桐梓坡西路348号
邮编:410205
电话:0731/88983611
网址:www. corun. com
质量体系:ISO 9000、ISO 14001
产品情况:镍氢动力电池、镍锌动力电池、先进储能材料等
出口情况:出口日本、美国、韩国,并销往中国香港地区

★长沙宇名汽车电器有限责任公司
地址:长沙市望城区茶亭镇洪开桥村
邮编:410212
电话:0731/88252998、88252996
传真:88252997
网址:www. csym. com
电子信箱:csyuming@ 163. com
质量体系:ISO 9001
产品情况:起动机、发电机

★长沙奥斯凯汽车零部件有限公司
地址:湖南省浏阳市永安产业制造园纬二路
邮编:410323
电话:0731/83613409
传真:83663122
网址:www. aoskycn. com
电子信箱:aosky_golden@ hotmail. com
质量体系:ISO/TS 16949、ISO 9001
产品情况:点火线圈
出口情况:远销美国、欧洲、亚洲、非洲、澳大利亚等国家和地区

★株洲湘火炬火花塞有限责任公司
地址:湖南省株洲市红旗北路68号
邮编:412001
电话:0731/28450218、28450034
传真:28450227
网址:www. torchsparkplug. com
电子信箱:torchsd@ cntorch. com
单位人数:1100
质量体系:ISO/TS 16949、ISO 9001
产品情况:(火炬牌)
火花塞、点火线圈、高压线、水封件
配套及出口情况:国内各车型;出口北美洲、欧洲、东南亚、中美洲、非洲、中东等地区

★株洲微特电刷有限公司
地址:湖南省株洲市高新技术开发区天台科技园
邮编:412007
电话:0731/22888667、22888567
传真:22888967
网址:www. zzwtds. com
电子信箱:zzweite@ 163. com
质量体系:ISO/TS 16949、ISO 9001
产品情况:(株微牌)
汽车及摩托车用各种微特电动机电刷

★湖南长沙天义汽车电器有限公司
地址:长沙市雨花区高桥友谊汽配城临建A068
邮编:410000
电话:0731/88230220
传真:82488616
产品情况:继电器、开关、氙气灯、座椅

★湖南特种电机有限责任公司
地址:湖南省沅江市南嘴镇
邮编:413100
电话:0737/2288899
传真:2286958
网址:www. htmotor. com
电子信箱:htdj@ htmotor. com
质量体系:ISO 9001
产品情况:起重、冶金、变频、中型低压、中型高压等特种电动机

★湖南神舟科技股份有限公司
地址:湖南省衡阳市衡南县云集大道云集工业园2号
邮编:421100
电话:0734/8552779
传真:8552789
网址:www. szbatt. com
质量体系:ISO 9001、ISO 14001
产品情况:镍氢动力电池,应用于电动

自行车、电动摩托车、电动汽车、电动滑板车及电动工具等
配套情况：为长安、一汽、东风、奇瑞汽车、吉利汽车、时代华通等配套

★湖南科力电机股份有限公司
地址：湖南省祁阳县黎家坪南正北路49号
邮编：426181
电话：0746/3815582、3826999－8041
传真：3815578
网址：www.kelimotor.com
电子信箱：lhmotor@163.net
单位人数：1500
质量体系：ISO 9001、ISO 14001
产品情况：电动机
出口情况：出口美国、日本、韩国、德国、意大利、西班牙、波兰、伊朗、土耳其、叙利亚等国家

广东省

★广州市博电火花塞有限公司
地址：广州市白云区罗冲围工业区螺涌北路23号
邮编：510000
电话：020/81814487、81816260
传真：81791559
网址：www.gzbodian.com
电子信箱：923317189@qq.com
质量体系：ISO 9001
产品情况：火花塞
出口情况：出口东南亚、欧洲、中东等地区

★广州市超白光电子科技有限公司
地址：广州市永福中心35号永福中心汽车用品广场709－710
邮编：510000
电话：020/87740057、37623457
传真：87740050、37623650
网址：www.hidxenonlamp.cn
质量体系：ISO 9001
产品情况：（超白牌）
HID灯、增光器
出口情况：部分产品出口

★广东省佛山市千海机电有限公司
地址：广东省佛山市南海区大沥镇永宁路5号之3
邮编：510000
电话：0757/85523161
传真：83699317
网址：www.cnqianhai.com
电子信箱：cnqianhai@163.com
质量体系：ISO 9001
产品情况：（千海牌）
汽车起动机

★广州市信立达汽车零配件有限公司
地址：广州市越秀区永福路35号永福中心707－708室
邮编：510070
电话：020/83501130
传真：83503070
网址：xinlidahid.cn.nowec.com
电子信箱：xld168a@yahoo.com.cn
质量体系：ISO 9001
产品情况：HID氙气灯、双光透镜投影灯、GPS导航、无骨刮水器片、车载MP3/MP4/MP5、闪光器、逆变电源、汽车电子点火器、降压器24V－12V等

★广州天河智能电子有限公司
地址：广州市东山区天河路36号
邮编：510075
电话：020/38210604、38320431
网址：www.zhinengnet.com
电子信箱：38210604@163.com
单位人数：200
质量体系：ISO 9001
产品情况：（威信牌）
车用水温控制盒、空调控制盒、温控器、风机调速模块、汽车空调操纵机构试验台、车载多媒体导航系统、汽车充电器

★广州杰赛科技股份有限公司
地址：广州市新港中路381号
邮编：510310
电话：020/84118000、84119755
传真：84284508
网址：www.chinagci.com
电子信箱：marketing@chinagci.com
质量体系：ISO 9001、ISO 14001
产品情况：（杰赛（JIESAI）牌）
GPS定位系统

★广州维高集团有限公司
地址：广州市白云区神山镇神山大道8号
邮编：510400
电话：020/36418228
传真：36418008
网址：www.vigogroup.com
电子信箱：qhb@vigogroup.com
质量体系：QS 9000、ISO 9001
产品情况：汽车及摩托车仪表、油开关、标牌、电线束、灯具、后视镜、油感器、指示开关、操纵总成、发动机配件等
配套及出口情况：为广汽本田、广汽丰田、天津一汽夏利、广州樱泰、广州电装、广州提爱思、五羊本田、上海新大洲、中国嘉陵、建设雅马哈、南方雅马哈等配套；出口意大利、加拿大、美国等国家

★广州宝来宝汽车电器有限公司
地址：广州市广园中路283号C323－C323A
邮编：510405
电话：020/86178068、22257400
传真：86179588
网址：www.eagleyehid.com
电子信箱：rachel.poleipo@eagleyehid.com
产品情况：（EAGLEYE牌、MAMMOTH牌、POLI牌、UNI－LITE牌）
汽车灯泡、防雾灯具

★广州市华特实业有限公司
地址：广州市白云区下塘西路644号
邮编：510405
电话：020/86560273、86588338
传真：86381169
网址：www.gzhuate.com.cn
电子信箱：gz_wlqp@vip.163.com
质量体系：QS 9000、ISO 9001
产品情况：（HUATE牌）
汽车灯具、塑料附件
出口情况：出口南非、东欧、东南亚、非洲、中东、东亚、西欧等地区

★广州索哥波灯具有限公司
地址：广州市白云区竹料镇
邮编：510430
电话：020/36382101、36382180
传真：62856081
电子信箱：speedril@163.com
质量体系：ISO/TS 16949
产品情况：汽车顶灯、牌照灯、行李舱灯、侧转向灯、高位制动灯等灯具
配套情况：为神龙汽车、湖北法雷奥车灯、广州宝龙等配套

★广州市凯拓电子（集团）有限公司
地址：广州市白云区石井街张村石潭西路132号
邮编：510430
电话：020/86422603、86422953
传真：86410060
网址：www.canttro.com
电子信箱：gzkaituo_02@126.com
单位人数：500
质量体系：ISO 9001、ISO 14000
产品情况：汽车、摩托车线束
配套情况：与日产汽车、五羊本田摩托、华林摩托等数十家客户建立长期战略合作关系

★广州市奥迪诗音响科技有限公司
地址：广州市白云区均禾街石马奥迪诗工业园
邮编：510440
电话：020/36091288、36409666
传真：36092123、36409999
网址：www.adst.cc
电子信箱：ads@cn－ads.cn
质量体系：ISO 9001
产品情况：（奥迪诗（ADS）牌）
汽车音响等
出口情况：远销30多个国家和地区

★中国梦阳汽车电机有限公司
地址：广州市白云区白云大道北113号新广从汽配城862档

邮编:510440
电话:020/36238805、36238260
传真:36238920
网址:www. myqcdj. com
电子信箱:gz@ mymotor800. com
单位人数:300
质量体系:ISO/TS 16949
产品情况:起动机、发电机、转子及线圈等
配套及出口情况:为美国 WAI 公司、美国 REAMY 公司、台湾士林公司、台湾杨生实业等多家企业配套;出口欧洲、美洲、大洋洲、亚洲、非洲

★广州市欧牌电子有限公司
地址:广州市白云区永泰新村工业区
邮编:510440
电话:020/86058056
传真:86059567、86059561
网址:www. gzopai. com
电子信箱:fulaitechina@ sina. com
质量体系:ISO 9001
产品情况:(福莱特牌)
车用扬声器、功率放大器
出口情况:出口欧洲、美国、韩国、中东等国家和地区

★广州鹰华电子电器厂
地址:广州市白云区江人路 243 号
邮编:510450
电话:020/86600510、86600926
传真:86600512
网址:www. gz - yinghua. com
电子信箱:sale@ gz - yinghua. com
单位人数:300
质量体系:ISO 9001
产品情况:汽车轮胎温度压力监测系统、汽车各类闪灯、车用香水、温度计等
出口情况:出口亚洲、欧洲、北美洲等地区

★广州市白云区百新电器厂
地址:广州市白云区黄石街陈田村三社第一工业区 18 号
邮编:510470
电话:020/36401580
传真:36402483
网址:www. bxdlt. com
电子信箱:dlt@ gzdlt. cn
单位人数:50
质量体系:ISO 9001
产品情况:多路通 - 智能前照灯增光器
出口情况:出口部分国家和地区

★山本机车部件(广州)有限公司
地址:广州市永福路 45 号隆福写字楼 E603A
邮编:510500
电话:020/37221968
传真:37221928
网址:www. gzsanben. com
电子信箱:alanzhang2006@ yahoo. com. cn
产品情况:(SunBen 牌)
火花塞、制动片、活塞以及汽车同步带、多楔带、切边式 V 带
配套及出口情况:为美国福特、通用、德国大众等配套;出口欧美、东南亚等地区

★广州金诺电子科技有限公司
地址:广州市白云区钟落潭镇九佛西路 623 号 - 广州金诺科技园
邮编:510500
电话:020/37813362、85666559
传真:87437165、85668546
网址:www. gzjinnuo. com
电子信箱:sales@ gzjinnuo. com
质量体系:ISO 9001
产品情况:(黑霸牌、奇舰牌)
汽车氙气前照灯
出口情况:出口东南亚、欧洲、美洲等地区

★广州鸣悦电子有限公司
地址:广州市永福路盛大广场 1 楼 A6 号
邮编:510500
电话:020/61083310、83578692
传真:61083310、62682851
质量体系:ISO 9000
产品情况:汽车音响线材

★广州澳得林电子有限公司
地址:广州市越秀区永福路 49 号福怡大厦 720 室
邮编:510500
电话:020/62804070
传真:87737384
质量体系:ISO/TS 16949
产品情况:汽车氙气前照灯、增光器

★广州市赛歌汽车零配件有限公司
地址:广州市白云区太和镇大沥村一社大塘路厂房
邮编:510540
电话:020/87467189、87467152
传真:87467356
网址:www. seger. com. cn
电子信箱:sales@ seger. com. cn
单位人数:100
质量体系:ISO/TS 16949
产品情况:(赛歌牌)
各种汽车电、气喇叭
配套及出口情况:为土耳其、欧洲地区 OEM 主机厂提供喇叭配套;远销欧洲、中东、非洲等 60 个国家和地区

★广州品力高控制索有限公司
地址:广州市白云区广从路钟落潭镇五龙岗村大园
邮编:510550
电话:020/87404164、87403109
传真:87408783
网址:www. blaki. com
单位人数:300
质量体系:ISO/TS 16949、ISO 9001
产品情况:(BLAKI 牌)
各型汽车、摩托车操纵拉索、里程表软轴
配套情况:长期与五羊、大阳、大运、海利、奔马、宗申 · 比亚乔、韩国大林、珠峰、嘉陵、雅迪、深铃、天马、台铃、中摩科技、赛德玛等国内 100 多家摩托车制造企业配套

★广东金华达电子有限公司
地址:广州市天河区棠下涌东路大地工业区 C 栋 5 楼
邮编:510630
电话:020/61031498
传真:61031486
网址:www. 020k. com
电子信箱:master@ 020k. com
单位人数:300
质量体系:ISO 9000
产品情况:(金华达牌)
高压氙气车灯
出口情况:远销 60 多个国家和地区

★广州市宏星电器有限责任公司
地址:广州市东圃镇大观路小新塘新园新村 E 区 5 巷 1 号
邮编:510663
电话:020/82372438
传真:82357879
质量体系:ISO 9001
产品情况:汽车功放、车载显示器、分频器

★广州恒利达电路有限公司
地址:广州市黄埔区南岗镇庙头工业区第二栋
邮编:510730
电话:020/82087388、82037250
传真:82087148
网址:www. gzhenglida. com
电子信箱:marketing@ henglida. 21cn. com
单位人数:200
质量体系:ISO/TS 16949、ISO 9001
产品情况:电子显示屏

★广州三洋汽车电子有限公司
地址:广州市黄埔区兴达路 3 号
邮编:510760
电话:020/82251086
传真:82251060
网址:www. gzsanyoce. com. cn
电子信箱:admin@ gzsanyoce. com. cn
质量体系:ISO/TS 16949、ISO 9001
产品情况:汽车音响、导航系统、显示器等
配套情况:主要客户有长安福特马自达、上海通用等

★德尔福派克电气系统广州公司
地址:广州市经济技术开发区东区沧联一路 1 号

邮编:510760
电话:020/82268388
传真:82268715
网址:www. delphi. com
质量体系:ISO/TS 16949
产品情况:动力和信号传输系统产品、线束等
配套情况:为德国欧宝配套

★马瑞利汽车电子(广州)有限公司
地址:广州市花都区新华镇镜湖大道8号国光工业园B10栋
邮编:510800
电话:020/28609644
传真:28609626
网址:www. magnetimarelli. com
电子信箱:andy. huang@ magnetimarelli. com. cn
单位人数:450
质量体系:ISO/TS 16949、ISO 9002
产品情况:汽车仪表、车身电脑及控制系统、多媒体导航系统、远程信息控制系统

★广州万润电器有限公司
地址:广州市花都区新华镇团结村广汇四楼
邮编:510800
电话:020/36827599
传真:36828849
网址:www. wiring. com. cn
电子信箱:wiring@ 163. com
单位人数:200
质量体系:ISO/TS 16949
产品情况:汽车、摩托车线束、插接件

★广州市花都区兆星电子厂
地址:广州市花都区新华镇东镜工业区
邮编:510800
电话:020/38823413、86449490
传真:38818431、36814212
网址:www. chaoyin. cn
电子信箱:hr@ chaoyin. cn
质量体系:ISO 9001
产品情况:(CHAOYIN 牌、B&B 牌)
汽车音响
出口情况:远销欧洲、美洲、亚洲、非洲等地区

★广州市宝骑机动车配件有限公司
地址:广东省从化市温泉镇灌村石坑工业区
邮编:510978
电话:020/61796856
传真:87892208
网址:www. gzbq168. com
电子信箱:lilvde888@ 126. com
质量体系:ISO 9001
产品情况:(福迪湃牌)
汽车操纵拉线、软轴等
配套及出口情况:为嘉陵、劲隆、银钢、松铃、新动力、陆康、广州五羊等多个厂商配套;远销东南亚、中东、非洲、南美洲等地区

★广州市增城精质汽车电机厂
地址:广州市增城新塘镇太平洋工业区38号
邮编:511340
电话:020/32912669
传真:32911963
网址:www. jzqcdj. cn. alibaba. com
质量体系:ISO 9001
产品情况:汽车空调电动机、电风扇总成等
出口情况:出口欧美、非洲、东南亚等地区

★广州市通力蓄电池有限公司
地址:广东省增城市朱村镇南岗村
邮编:511370
电话:020/82857887、82857386
传真:82857369、82858899
网址:www. guangzhoutongli. com
单位人数:200
质量体系:ISO 9001
产品情况:(力都牌)
蓄电池
出口情况:远销蒙古、朝鲜、俄罗斯等国家

★广州耀朋电子科技有限公司
地址:广州市番禺区石基镇市莲路181号
邮编:511400
电话:020/84556486
传真:84857741
网址:www. yiaoupan. com
电子信箱:friendten@ china. com
单位人数:600
质量体系:ISO 9001
产品情况:汽车导航、DVD播放机、电视接收器、收音和液晶显示器等汽车影音器材产品
出口情况:出口美国、西欧、东南亚等国家和地区,并销往中国台湾

★广州番禺奥迪威电子有限公司
地址:广州市番禺区迎宾路东升工业区
邮编:511400
电话:020/84802041、84802045
传真:84665207、84802046
网址:www. audiowell. com
电子信箱:market@ audiowell. com
质量体系:ISO/TS 16949、QS 9000
产品情况:(AUDIOWELL 牌)
车用传感器
出口情况:出口东欧、北美洲、中东、非洲、中南美洲、亚洲、西欧、澳大利亚等国家和地区

★广州君悦电子有限公司
地址:广州市番禺区钟村镇新105国道韦涌路段致业科技中心A座5楼
邮编:511400
电话:020/84899999、84892999
传真:84872999
网址:www. grandhigh. cn
电子信箱:service@ gh - grandhigh. com
质量体系:ISO/TS 16949、ISO 9000
产品情况:电子数码产品

★广州市广宏佳电子有限公司
地址:广州市番禺大石东乡恒达工业园D1栋2-4楼
邮编:511430
电话:020/84594556
传真:84594557
网址:www. gzghj. com
电子信箱:ghjdzgs@ 126. com
质量体系:ISO 9001
产品情况:铝电解电容器

★广州兴辉五金有限公司
地址:广州市番禺区大石镇植村工业二路7号
邮编:511430
电话:020/84780681
传真:3478517
网址:www. primaautocraft. com
电子信箱:primaco@ ms28hinet. net
单位人数:300
质量体系:ISO 9001
产品情况:汽车、摩托车灯具、后视镜等
出口情况:出口欧洲、德国、英国、荷兰、瑞士、美国、日本等国家和地区,并销往中国台湾地区

★崇德通用电碳(广州)有限公司
地址:广州市番禺区钟村镇韦涌村
邮编:511495
电话:020/34634888
传真:34716122
网址:www. schunkchina. com
电子信箱:sales@ schunkchina. com
质量体系:ISO/TS 16949、ISO 9001
产品情况:汽车电动机用炭刷及刷架总成

★广东则良蓄电池有限公司
地址:广东省清远市银源开发区
邮编:511800
电话:0763/3682299、3682209
传真:3682300
网址:www. dad - battery. com
电子信箱:sales@ dad - battery. com
质量体系:ISO 9001、ISO 14001
产品情况:(新大地牌、大地牌、奥克牌、山海牌、南韩牌)
干荷式铅酸起动型蓄电池、全密闭免维护汽车及摩托车蓄电池、UPS不间断电源以及高尔夫球车和其他蓄电池电动车专用电池
出口情况:部分产品出口

★广东井得电机有限公司
地址:广东省五华县转水镇枫林村188号
邮编:514479
电话:0753/4888888
传真:4888168
网址:www.kingtecgroup.com
电子信箱:business@kingtecgroup.com
质量体系:ISO/TS 16949
产品情况:(莲花牌)
重型汽车、工程机械、柴油发电机组用起动机和发电机
配套及出口情况:为上柴、潍柴、重庆康明斯、重汽杭发、河北华北柴油机、南通柴油机、无锡动力工程、洛阳河柴发动机等配套;出口欧洲、美洲、东南亚等20多个国家和地区

★广汽强华(梅州)汽车零部件公司
地址:广东省梅州市梅县畲江镇广州(梅州)产业转移工业园
邮编:514779
电话:0753/2316893
传真:2321778
网址:www.qhgd.com
电子信箱:qhgd@qhgd.com
单位人数:300
质量体系:ISO/TS 16949
产品情况:(强华牌)
汽车、柴油机组等充电用无刷发电机,年产能力50万台套
配套及出口情况:为重庆康明斯发动机、潍柴、杭发、上柴等配套;产品40%出口欧美

★广东省汕头市开达实业有限公司
地址:广东省汕头市大学路升平工业区金升五路30幢
邮编:515021
电话:0754/82541764、82541593
传真:82541592
网址:www.st-kaida.com
电子信箱:shantoukaida@126.com
单位人数:200
产品情况:(凯隆牌、开先达牌)
电喇叭、闪光器、整流器等
配套及出口情况:为大长江、五羊本田、新大洲本田、越南本田、湖南光南、厦杏、麦科特等配套;出口日本、东南亚、非洲等国家和地区

★汕头东京电子有限公司
地址:广东省汕头市华山路34号龙湖工业区7栋3楼东侧
邮编:515041
电话:0754/88178567
传真:88464492
单位人数:1000
质量体系:ISO/TS 16949、ISO 9001
产品情况:车载空调用伺服电动机、汽车转向系统及车把手周边的各种开关

★汕头高新区东奇汽车科技有限公司
地址:广东省汕头市高新区科技西路6号
邮编:515044
电话:0754/88481498、88360228
传真:86318933
电子信箱:tonki888@tonki-tpms.com
质量体系:ISO/TS 16949、ISO 9001
产品情况:(东奇牌、Tonki牌)
新一代间接式轮胎气压监测系统

★汕头市金茂电光源实业有限公司
地址:广东省汕头市潮阳区谷饶镇横山工业区
邮编:515159
电话:0754/87621122
传真:87621187、87617951
网址:www.jinmaolamp.cn
电子信箱:gm668@163.net
质量体系:ISO 9001
产品情况:(金茂牌)
汽车及摩托车灯泡,年产能力8000万只

★广东猛狮电源科技股份有限公司
地址:广东省汕头市澄海区莲河西路(华富工业区)
邮编:515800
电话:0754/85882888、85719789
传真:85881788
网址:www.dynavolt.net
电子信箱:sales@dynavolt.net
单位人数:560
质量体系:ISO 9001、ISO 14001
产品情况:(MENSHY牌、DYNAVOLT牌)
各类铅酸蓄电池
出口情况:远销欧洲、美国等70多个国家和地区

★ 广东骑光车灯工业有限公司
地址:广东省汕头市澄海区澄华街道岭亭东埭
邮编:515800
电话:0754/85862811
传真:85869617
网址:www.qiguang-cn.com
电子信箱:qgpcd@163.com
法人代表:蔡锦辉
负责人:蔡灿群
单位人数:420
质量体系:ISO 9001
产品情况:(骑光牌)
汽车及摩托车灯具、塑料外覆盖件
配套及出口情况:广州大运、广州大阳、广州日雅、广东大冶等公司;出口东南亚、中东、非洲、南美洲、北美洲
☞ 详细情况请参阅彩色宣传版面

★惠州市凯越电子有限公司
地址:广东省惠州市水口镇通城大道洛塘二区3号
邮编:516000
电话:0752/2075132、2075103
传真:2075160
网址:www.hzrotiss.com
电子信箱:luowei@hzrotiss.com
单位人数:1000
质量体系:ISO/TS 16949
产品情况:(路特仕牌)
CD/MP3/MP4/VCD/DVD/GPS 等车载影音产品

★惠州三华工业有限公司
地址:广东省惠州市仲恺高新技术开发区14号小区三华工业园
邮编:516001
电话:0752/2771190、2392099
传真:2771199
网址:www.cnsanhua.com
电子信箱:Sanhua@cnsanhua.com
单位人数:2000
质量体系:ISO 9001、ISO 14001
产品情况:车载电源

★惠州住润电装有限公司
地址:广东省惠州市小金镇九龙高新科技工业园
邮编:516001
电话:0752/2820000
传真:2295065、2821526
网址:www.hzr.net.cn
产品情况:汽车、摩托车专用配线

★惠州住润汽车线业有限公司
地址:广东省惠州市小金镇九龙高新科技工业园
邮编:516001
电话:0752/2821600、2821611
传真:2821625
网址:www.sei.co.jp
产品情况:汽车线束

◉ 惠州市华阳多媒体电子有限公司
地址:广东省惠州市东江高新科技产业园霞北路1号
邮编:516005
电话:0752/5300888
传真:5300888
网址:www.foryoumedia.com.cn
电子信箱:sales@foryouemdia.com.cn
法人代表:邹淦荣
负责人:彭向阳
单位人数:5000
质量体系:ISO/TS 16949、ISO 9001
产品情况:(FORYOU牌)
DVD机芯及软件、激光头及其配件、测试仪器、工模具、精密压铸、注塑及真空吸塑产品
配套及出口情况:为丰田、福特、铃木、三菱、一汽集团、比亚迪等配套;汽车音响出口35万台、DVD光头100%出口、

POS 机 100% 出口

★ 惠州华阳通用电子有限公司

地址:广东省惠州市东江高新科技产业园霞北路 1 号华阳工业园·A 区
邮编:516005
电话:0752/2629882
传真:2616128
网址:www. foryouge. com
电子信箱:service@ foryouge. com. cn
法人代表:邹淦荣
负责人:曾仁武
单位人数:3000
质量体系:ISO/TS 16949
产品情况:(FORYOU 牌)

车载 CD/MP3、车载 DVD、GPS 导航系统、便携式电子产品

配套及出口情况:国内客户包括一汽、长丰猎豹、东南汽车、长城汽车等,国外包括三菱、丰田、福特、现代、建伍、飞利浦、Audiovox、Delphi 等;出口欧洲、美洲、东南亚

☞ 详细情况请参阅彩色宣传版面

★ 惠州市德赛西威汽车电子有限公司

地址:广东省惠州市仲恺高新技术产业开发区珠田路 1 号
邮编:516006
电话:0752/2655888
传真:2655999
网址:svautomotive. desay. com
电子信箱:marketing@ desay – svautomotive. com
法人代表(负责人):陈春霖
单位人数:1300
质量体系:ISO/TS 16949、QS 9000
产品情况:(德赛西威牌、SVAUTO 牌)

车载导航信息娱乐系统、空调控制器、组合仪表、汽车安全系统等

配套及出口情况:为一汽 – 大众、上海大众、上海通用、一汽轿车、北京现代、福田汽车、奇瑞、吉利、神龙、海马、长城、广汽、马自达、沃尔沃、卡特彼勒等国内外主要整车及工程机械厂商配套;出口欧洲、美洲、中东等地区

☞ 详细情况请参阅彩色宣传版面

★信华精机有限公司

地址:广东省惠州市仲恺高新区惠风西二路 26 号
邮编:516006
电话:0752/2602373
传真:2602401
网址:www. shinwa. com. cn
电子信箱:sales@ shinwa. com. cn
质量体系:ISO/TS 16949、ISO 9001
产品情况:汽车音响机芯
配套情况:客户有大陆、西门子威迪欧、伟世通、德尔福等

★惠州市津惠汽车线束有限公司

地址:广东省惠州市仲恺三路
邮编:516006
电话:0752/2616919
传真:2616130
单位人数:177
质量体系:ISO/TS 16949
产品情况:长丰 PAJERO 汽车线束,年产 2 万套

★惠州市正牌科电有限公司

地址:广东省惠州市惠城区小金口
邮编:516006
电话:0752/5828888、2835126
传真:2835129、2835138
网址:www. ttc – switch. com
电子信箱:sales@ ttc – switch. com
质量体系:ISO/TS 16949、ISO 9001
产品情况:连接器、数字编码器及电子开关等,年产量达 5 亿只

★华阳集团有限公司

地址:广东省惠州市演达一路 9 号华阳大厦 23 楼
邮编:516007
电话:0752/2556666
传真:2556888
网址:www. foryougroup. com
产品情况:汽车音响、GPS 导航、TPMS 胎压监测系统等

★德赛视听科技有限公司

地址:广东省惠州市陈江德赛第三工业区
邮编:516229
电话:0752/2619888
传真:2619880 – 828
网址:www. chinadesay. com
电子信箱:market@ chinadesay. com
质量体系:ISO/TS 16949、ISO 9001
产品情况:(DESAY 牌)

汽车音响

出口情况:远销 50 多个国家和地区

★广隆电子部件(惠州)有限公司

地址:广东省惠州市陈江镇陈江大道中 100 号
邮编:516229
电话:0752/3897988
传真:3897986
质量体系:ISO 9001
产品情况:电子开关

★深圳贝特瑞新能源材料股份公司

地址:广东省深圳市光明新区公明街道上村莲塘工业城 A8 栋
邮编:518000
电话:0755/26735397、26735401
传真:26735402
网址:www. btrchina. com
电子信箱:master@ btrchina. com
产品情况:电池材料
出口情况:出口日本、韩国、美国、法国、德国、加拿大、丹麦、印度等国家

★谷林电器(深圳)有限公司

地址:广东省深圳市龙岗区爱联村龙腾工业城
邮编:518000
电话:0755/28981885
传真:28981922
网址:www. valley – wood. com
电子信箱:vwsz@ valley – wood. com
单位人数:1000
质量体系:ISO/TS 16949、ISO 9001
产品情况:汽车 CD 机芯、音响机芯、随身听机芯等
出口情况:100% 产品出口

★深圳市先一汽车电子有限公司

地址:广东省深圳市宝安 35 区塘坊花园一巷 5 楼
邮编:518000
电话:0755/29707662、29707660
传真:29707695
网址:www. kaifengav. com
电子信箱:sales@ kaifengav. com
质量体系:ISO 9001
产品情况:(凯锋牌)

汽车车载 VCD、CD、DVD

★深圳市赛特光电开发有限公司

地址:广东省深圳市福田区振华路航天立业 1108
邮编:518000
电话:0755/83775818、83685948
传真:83775918
网址:www. scitek. com. cn
电子信箱:sci@ scitek. com. cn
产品情况:车载摄像机、倒车可视后视镜、车载电脑、车载电视、车载广告机、导航 GPS 等汽车安全产品
配套情况:为国际市场和国内知名汽车厂家及汽车售后市场提供配套服务

★深圳市中聚泰光电科技有限公司

地址:广东省深圳市南山区蛇口沿山路 23 号胜发大厦 B 栋 4 楼
邮编:518001
电话:0755/26741986
传真:26741182
网址:www. sunet – sz. com
电子信箱:cao@ sunet – sz. com
质量体系:ISO/TS 16949、ISO 9001
产品情况:FAKRA、射频同轴、控制模块
配套情况:客户有 NOKIA、MOTO、BMW、VW、GE、BENZ、NISSAN 等

★深圳市京华电子股份有限公司

地址:广东省深圳市福田区华发北路 1 号京华大院 4 栋 3 楼
邮编:518031
电话:0755/83350504、83229736
传真:83351507、83348791
网址:www. jingwah. com

电子信箱:jingwah@ jingwah. com
单位人数:3000
质量体系:ISO/TS 16949、ISO 9002
产品情况:(京华(JW)牌)
车载 CD、VCD
出口情况:远销美国、加拿大、日本、韩国、德国、俄罗斯等国家

★深圳市飞音科技有限公司
地址:广东省深圳市福田区车公庙创新科技广场 A－1601 室
邮编:518040
电话:0755/83434059、83434060
传真:83434061
网址:www. samwell－tec. com
电子信箱:master@ samwell－tec. com
单位人数:50
产品情况:汽车音响主机、显示娱乐系统、CAN 总线及车载仪表盘系统
配套情况:为东风日产乘用车、一汽－大众、上海大众、东风标致雪铁龙、上汽荣威等配套

★深圳市凯立德科技股份有限公司
地址:广东省深圳市福田区天安数码城创新科技广场. B－907/B－908
邮编:518040
电话:0755/83434629、83439261
传真:83434621
网址:www. careland. com. cn
电子信箱:sales@ careland. com. cn
质量体系:ISO 9001
产品情况:GPS 自主导航系统、导航电子地图等

★深圳市正鼎科技有限公司
地址:广东省深圳市宝安区石岩镇南岗第三工业区 12 栋 4 楼 5 楼
邮编:518048
电话:0755/29680159、29680456
传真:29680243
网址:www. chinazdt. com
电子信箱:export@ chinazdt. com
单位人数:110
质量体系:ISO 9001
产品情况:(金像王牌)
月产解码器 8500 台、解码板 11000 片、功放 500 台、液晶显示屏 3000 台、DVD1000 台、电源 400 台
配套及出口情况:是厦门金龙、郑州宇通、扬州亚星、一汽海马、别克君威等的合作伙伴;出口东南亚,月出口功放 500 台、DVD800 台、液晶显示屏 800 台

★深圳市秀波实业有限公司
地址:广东省深圳市南山区西丽镇珠光北路 142 号众冠红花岭工业西区二栋 3 楼
邮编:518048
电话:0755/86238881、86238982
传真:86238880
网址:www. suprl. com
电子信箱:suprl@ suprl. com
质量体系:ISO 9001
产品情况:车载彩色液晶显示器、液晶电视、遮阳板液晶显示器、数码广告机等
出口情况:液晶数码相框、3D 液晶数码相框、液晶数码广告机、数码多媒体播放器、彩色液晶显示器、液晶模组、液晶电视等产品出口欧洲、美洲、大洋洲、中东、日本、韩国等多个国家和地区,并销往中国台湾地区

★康佳集团股份有限公司
地址:广东省深圳市镇华侨城
邮编:518053
电话:0755/26608866
传真:26600082
网址:www. konka. com
电子信箱:hjzxgdsl@ konka. com
质量体系:ISO 9001、ISO 14001
产品情况:(康佳(KONKA)牌)
多媒体影音、头枕显示器、吸顶式液晶显示器
出口情况:远销 100 多个国家和地区

★深圳市日理江澍实业有限公司
地址:广东省深圳市龙岗区龙岗街道同乐社区浪背工业区 28 号工业园 C 栋
邮编:518053
电话:0755/89714901、59714909
传真:89714916、26758152
网址:www. hirih. com. cn
电子信箱:jiang. shu@ hirih. com
质量体系:ISO/TS 16949
产品情况:氧传感器、火花塞
出口情况:出口日本、德国、英国等国家

★深圳市华宝电子科技有限公司
地址:广东省深圳市南山区登良路南油天安工业区 6 栋 3 楼 B 座
邮编:518054
电话:0755/26066918、26455800
传真:26066918
网址:www. sinohb. com
电子信箱:cs@ sinohb. com
质量体系:ISO 9000
产品情况:汽车行驶记录仪、油耗记录仪、车载 GPS 监控系统等
配套情况:为国内知名客车厂、重型货车厂配套

★深圳凯创电子设备有限公司
地址:广东省深圳市华侨城东部工业区 A5 栋 4－6 楼
邮编:518055
电话:0755/26928817、26928816
传真:26907708
网址:www. chinakcl. com
电子信箱:market@ chinakcl. com
质量体系:ISO 9001
产品情况:(KCL 牌)
车用各类 DVD、电子监控系统等
出口情况:出口欧美、东南亚等地区

★深圳市顶晶电子有限公司
地址:广东省深圳市南山区西丽镇麻勘村永桦工业园区 B 栋二楼
邮编:518055
电话:0755/26973655、26973451
传真:26973459
网址:www. e－dinky. com
电子信箱:dinkysz@ 163. com
质量体系:ISO 9001
产品情况:(顶晶牌)
车载液晶影音系列产品
出口情况:出口北美洲、中东

★深圳市光大佳廉电子有限公司
地址:广东省深圳市宝安区石岩镇应人石文韬科技园 C 栋四层
邮编:518055
电话:0755/29685616、26623111
传真:29685636、29685896
网址:www. tgdd－gd. com
电子信箱:gd－rf@ 163. com
质量体系:ISO 9001
产品情况:无线遥控器、超外差接收模块、主控板、控制器等电子产品

★深圳市鑫九鼎光电科技有限公司
地址:广东省深圳市南山区西丽红花岭工业区闽利达工业园
邮编:518055
电话:0755/86016102、86016101
传真:86011954
网址:www. szsjd. com
电子信箱:jiuding@ szsjiuding. com
质量体系:ISO 9001
产品情况:彩色液晶监视器模块系列

★深圳市航天微电机有限公司
地址:广东省深圳市南山区高新科技产业园北区 2 号路
邮编:518057
电话:0755/26980394、26794093
传真:26980397
网址:www. asmmc. com
电子信箱:gaixiaodong@ asmmc. com
质量体系:ISO 9001
产品情况:微特电动机及机电一体化产品
出口情况:远销日本(松下和三洋公司)、美国、德国、伊朗、巴西等国家

★深圳市同洲电子股份有限公司
地址:广东省深圳市南山区高新科技园北区彩虹科技大厦
邮编:518057
电话:0755/26990000、26525266
传真:26722666、26733777
网址:www. coship. com

电子信箱:lianzheng@ coship. com
单位人数:3000
质量体系:ISO 9001、ISO 14001
产品情况:(COSHIP 牌)
汽车 DVD、GPS 等汽车电子用品
出口情况:出口欧洲、中东、北美洲、澳大利亚、东南亚、非洲等国家和地区

★莹久光电股份有限公司
地址:广东省深圳市盐田区沙头角建工大厦5楼514室
邮编:518081
电话:0755/25558419、25554520
传真:25362022
网址:www. aecvox. cn. com
电子信箱:zhong@ necvox. com. cn
质量体系:ISO 9001
产品情况:(耐傲世牌)
车用影音多媒体

★深圳蓝骑士电子有限公司
地址:广东省深圳市宝安区西乡鹤洲鸿翔工业园4B5
邮编:518100
电话:0755/29586331、29586332
传真:29586332
网址:www. wks. com. cn
电子信箱:wks@ wks. com. cn
质量体系:ISO 9001
产品情况:便携式播放器、车载液晶显示器、播放器等
出口情况:出口多个国家和地区

★盛禄能源科技(深圳)有限公司
地址:广东省深圳市福田保税区红棉道8号英达利科技数码园B栋6楼
邮编:518100
电话:0755/61363898
传真:61363899
网址:www. topinbattery. com
电子信箱:topin@ topin. com. hk
质量体系:ISO 9001
产品情况:(盛禄(TOPIN)牌)
阀控式密闭铅酸蓄电池、长寿命胶体电池、高功率卷绕阀控式密闭铅酸蓄电池、超强启动汽车必备应急电源等

★深圳市宝安区盐田鸿舜电子厂
地址:广东省深圳市宝安区西乡镇盐田村银田工业区C4栋
邮编:518101
电话:0755/23494935
传真:23492932
电子信箱:Eliza_chen@ twhongshun. com
质量体系:ISO/TS 16949
产品情况:后视镜转向器、室内灯开关系列、电动折叠器系列等

★深圳市车龙电子科技有限公司
地址:广东省深圳市宝安七十二区宝石路口环联工业园五楼
邮编:518101
电话:0755/27572672、29953977
传真:27572587
网址:www. chelong. com. cn
电子信箱:info@ chelong. com. cn
单位人数:100
质量体系:ISO 9001
产品情况:(车龙(chelong)牌)
各类尺寸液晶显示器,汽车音响
出口情况:出口30多个国家和地区

★深圳市亚辉电子有限公司
地址:广东省深圳市宝安82区裕丰工业园
邮编:518102
电话:0755/27367704
传真:27666367
网址:www. yeahui - china. com
电子信箱:sales@ yeahui - china. com
质量体系:ISO 9001
产品情况:各种线束、电池配件等

★深圳市宝凌电子股份有限公司
地址:广东省深圳市宝安区西乡宝凌路8号
邮编:518102
电话:0755/27955115、27955174
传真:27955330
网址:www. carradio. com. cn
电子信箱:baoling@ baoling. net
单位人数:920
质量体系:ISO/TS 16949、QS 9000
产品情况:汽车音响、车载导航、车用电子地图、其他汽车电子产品
配套及出口情况:主要客户有宇通汽车、奇瑞汽车、比亚迪、一汽集团、东南福建、中国重汽、厦门金旅、南京菲亚特、上汽通用五菱、北汽福田、华晨金杯、南京依维柯、吉利汽车、中兴汽车等;部分产品出口

★深圳市嘉铭仁电子有限公司
地址:广东省深圳市宝安区观澜镇松元村粮食集团工业园18栋
邮编:518102
电话:0755/27993980、27993806
传真:27993723
网址:www. kovan. cn
电子信箱:kovan88@ 163. com
单位人数:300
质量体系:ISO 9001
产品情况:(KOVAN 牌)
车载GPS语音导航系统,车载移动数字TV,单/双DIN/DVD/MP4带TFT高清显示播放机,DVD、VCD、MP3、CD播放机等
出口情况:出口多个国家和地区

★天派电子(深圳)有限公司
地址:广东省深圳市宝安区福永镇新和村新兴工业园6区A1栋
邮编:518103
电话:0755/61501545、61501506
传真:61501501
网址:www. skypine. cn
电子信箱:jswang@ vapine. com
单位人数:2000
质量体系:ISO/TS 16949、ISO 9001
产品情况:(天派牌)
车载DVD、车载GPS导航、车载数字电视、车载PC等

★深圳市航盛电子股份有限公司
地址:广东省深圳市宝安区福永福园一路航盛工业园
邮编:518103
电话:0755/29776666、29776822
传真:29776785
网址:www. hangsheng. com. cn
电子信箱:hsyx@ hangsheng. com. cn
法人代表:杨洪
单位人数:3000
质量体系:ISO/TS 16949、VDA 6. 1
产品情况:(航盛牌)
车载娱乐系统、智能导航及防盗系统、车身控制系统、驻车辅助系统、主动安全系统、空调控制系统、自动变速器、混合动力控制模块等
配套及出口情况:被东风汽车公司、东风汽车乘用车公司、神龙汽车、一汽吉轻、上汽通用五菱、江铃汽车、昌河汽车、庆铃汽车、天津一汽夏利等评为"优秀供应商";出口北美洲、南亚、中东、俄罗斯、日本等国家和地区
☞ 详细情况请参阅彩色宣传版面

★积架宝威汽车配件(深圳)公司
地址:广东省深圳市宝安区沙井街道沙四居委会高新科技园B栋
邮编:518104
电话:0755/81768399
传真:81768366
网址:www. jaeger - poway. com
电子信箱:marketing@ jaeger - poway. com
单位人数:500
质量体系:ISO/TS 16949、ISO 9001
产品情况:(积架宝威牌、JAEGERPOWAY 牌)
电路连接器、汽车和拖车间电路连接专用线束组合、电子模组、车灯系统、公众工业用途的线束和零件、车内娱乐系统
配套及出口情况:为重型汽车、特种车、商用车底盘、改装车、半挂车等配套;95%以上产品出口,出口额约500万美元

★深圳市东仪电子有限公司
地址:广东省深圳市宝安区沙井镇长兴高新技术工业园16栋3楼
邮编:518104
电话:0755/81773309、81773306
传真:81773992

网址:www. chinatoyi. net
电子信箱:chinatoyi@ 21cn. com
质量体系:ISO/TS 16949、ISO 9001
产品情况:(TOYI 牌)
主动式汽车智能电子避振系统、汽车组合数字电子仪表、ABS 汽车防抱制动系统、ABS 系统综合功能测试仪

★温斯顿电池制造有限公司
地址:广东省深圳市光明新区公明镇李松蓢第三工业区温斯顿工业园
邮编:518106
电话:0755/86026789
传真:86026678
网址:www. thunder - sky. com
电子信箱:winston@ winston - battery. com
单位人数:500
质量体系:ISO 9001
产品情况:稀土钇铁锂正极材料、钇铁锂动力电池、稀土永磁无刷直流电动机及电控器、纯电动车动力总成等

★深圳市拓邦汽车电子技术有限公司
地址:广东省深圳市宝安区石岩梨园工业区拓邦工业园
邮编:518108
电话:0755/27651888
传真:29826211
网址:www. tp - slan. com
电子信箱:topband@ topband. com. cn
单位人数:2000
质量体系:ISO/TS 16949、ISO 9001
产品情况:(Topband 牌)
安定器及其套装、氙气灯等,月产量 20 万只

★伟力驱动技术(深圳)有限公司
地址:广东省深圳市石岩镇镇宝工业区 5 栋 5 楼
邮编:518108
电话:0755/86106536、86106692
传真:86106783、27658036
网址:www. vid. wellgain. com
电子信箱:info@ vidmotion. com
质量体系:ISO/TS 16949、ISO 9001
产品情况:仪表步进电动机、汽车时钟步进电动机、电动机驱动芯片、电动机卡座等

★深圳伍歌电器有限公司
地址:广东省深圳市宝安区西乡镇航城工业区黄岗岭 A 栋五楼
邮编:518109
电话:0755/27490788、27496008
传真:27492000
网址:www. woogspeaker. com
电子信箱:woog@ woogspeaker. com
质量体系:ISO 9001
产品情况:(伍歌牌)
汽车喇叭、扬声器、多媒体喇叭
出口情况:出口中东

★深圳市速维科技有限公司
地址:广东省深圳市龙华镇和平东路振华工业园六楼
邮编:518109
电话:0755/28159666
传真:28159166
网址:www. suui. com
质量体系:ISO 9001
产品情况:汽车行驶记录仪

★深圳市索菱实业有限公司
地址:广东省深圳市观澜镇福民茜坑索菱科技工业园
邮编:518110
电话:0755/28028099、28028084
传真:28028077、28028468
网址:www. szsoling. com
电子信箱:soling@ szsoling. com
质量体系:ISO 9001
产品情况:(索菱(SOLING)牌、素莱特派牌、DHD 牌)
汽车扬声器、低音炮、播放机、导航等
出口情况:出口欧洲、美洲、东南亚等 30 多个国家和地区

★深圳市茂邦实业有限公司
地址:广东省深圳市宝安区观澜镇君子布村凌屋工业区茂邦工业园
邮编:518110
电话:0755/28057512、28057514
传真:28057504
网址:www. motocable. com
电子信箱:motocable@ 126. com
质量体系:ISO 9001
产品情况:(国昌牌、GCP 牌、动感 8.0 牌)
碳芯阻尼高压分火线
出口情况:出口美洲、欧洲、俄罗斯、中东、东南亚等国家和地区

★深圳市欧华电子有限公司
地址:广东省深圳市福田区深南大道 2008 号中国凤凰大厦 1 栋 2 层
邮编:518110
电话:0755/82575366、28035187
传真:82903377
网址:www. szowa. com
电子信箱:owa@ szowa. com
单位人数:200
质量体系:ISO 9001
产品情况:(欧华牌)
车载 DVD、GPS、液晶电视、液晶显示器
出口情况:部分产品出口

★深圳市佳艺田电子有限公司
地址:广东省深圳市龙岗区平湖上木古宝来工业区 30 号
邮编:518111
电话:0755/84256233、84256133
传真:84255227
网址:www. jiayitian. com
电子信箱:jiayunzhq@ 163. com
单位人数:500
质量体系:ISO/TS 16949、ISO 9001
产品情况:(JYT 牌)
车载卡带机、CD、VCD、DVD 及 MP3
配套及出口情况:为一汽集团、东风汽车公司等配套;出口美洲、东南亚、中东,并销往中国台湾地区

★深圳市凯振电子有限公司
地址:广东省深圳市布吉镇三联村和生工业区东座
邮编:518112
电话:0755/89971501、84723958
传真:84723220
网址:www. kaizhen. com
电子信箱:sz - kaizhen@ 163. com
单位人数:600
质量体系:ISO 9001
产品情况:(凯振牌)
音响喇叭、车载 DVD

★天丽汽车用品有限公司
地址:广东省深圳市龙岗区龙岗街道新生社区井田路 13 号
邮编:518116
电话:0755/89884598、28450444
传真:28401404
网址:www. tianlico. com
电子信箱:Tianlicocn@ 163. com
法人代表:杨鹤鸣
负责人:林慧
单位人数:310
质量体系:ISO/TS 16949
产品情况:(TRONIX 牌)
天线
配套情况:为比亚迪配套

★深圳市比克电池有限公司
地址:广东省深圳市龙岗区葵涌街道比克工业园
邮编:518119
电话:0755/89770088
传真:89770014
网址:www. bak. com. cn
电子信箱:info@ bak. com. cn
单位人数:6000
质量体系:ISO 9001、ISO 14001
产品情况:(比克牌)
动力电池
出口情况:出口欧洲、北美洲、南美洲、东南亚、韩国等国家和地区,并销往中国台湾地区

★凯中电机整流子厂
地址:广东省深圳市宝安区沙井镇新桥芙蓉工业区
邮编:518125
电话:0755/27255619

传真:27255617
网址:www. kaizhong. com
电子信箱:sales@ kaizhong. com
质量体系:ISO/TS 16949
产品情况:(凯中牌)
制造 AC、DC 电动机用各种整流子

★深圳市华田汽车电器有限公司
地址:广东省深圳市宝安区福永镇塘尾凤塘大道华丰科技园 10 栋 E 座 5 楼
邮编:518126
电话:0755/27319483、27478393
传真:27478133
网址:www. szwatt. com
电子信箱:sales@ szwatt. com
质量体系:ISO 9001
产品情况:LED 及 LED 应用照明产品
配套及出口情况:与多个厂家配套;出口美国、德国、土耳其、韩国、日本、澳大利亚、墨西哥、西班牙、英国、波兰、捷克、沙特、阿联酋、印度等国家,并销往中国台湾地区

★深圳市合衡电声有限公司
地址:广东省深圳市宝安区西乡鹤州恒丰工业区 B11 栋三楼
邮编:518126
电话:0755/27325315、27325460
传真:27325017
网址:www. balance - cn. com
电子信箱:szc@ balance - cn. com
单位人数:380
质量体系:ISO 9001、ISO 14001
产品情况:汽车扬声器、中高级 AV 扬声器、超薄扬声器、PA 扬声器、卡拉 OK 扬声器、桌面迷你音箱等
配套及出口情况:成为 GRADIENTE、SANYO、TCL、VIFA、CAV、BBK 等公司的供应商;出口美国、巴西、欧洲、日本、东南亚等国家和地区

★深圳市艾丽声电子有限公司
地址:广东省深圳市宝安区西乡前进二路航城工业区 B 栋
邮编:518126
电话:0755/29962666、29962009
传真:29962211
网址:www. alenson. com
电子信箱:info@ alenson. com
单位人数:600
质量体系:ISO 9001
产品情况:电源转换器
出口情况:远销欧洲、美洲、东南亚、中东、非洲多个国家和地区

★深圳艾科电子科技有限公司
地址:广东省深圳市宝安区西乡镇簕竹角村鸿业工业园二栋 2 栋
邮编:518129
电话:0755/29785086、29785303
传真:29785302
网址:www. ioonvdo. com
电子信箱:info@ ioonvdo. com
单位人数:200
质量体系:ISO 9001、ISO 14001
产品情况:轿车及巴士车载液晶显示器

★深圳市奥拓普科技有限公司
地址:广东省深圳市宝安区石岩塘头宏发科技园 A 区 H2 栋
邮编:518131
电话:0755/27651188
传真:81790759
网址:www. autoprocn. com
电子信箱:sales@ autoprocn. com
单位人数:300
质量体系:ISO 9001
产品情况:(Autopro 牌)
DVBT 系列、车载 DVD、显示屏等系列产品
出口情况:出口欧洲、美国、中东、东南亚等国家和地区

★深圳市雅迪威电子有限公司
地址:广东省深圳市宝安区民治街道上塘社区龙屋工业区 2 栋
邮编:518131
电话:0755/29822782、29822780
传真:29822801
网址:www. actiway. com. cn
电子信箱:sale6@ actiway. com. cn
单位人数:400
质量体系:ISO 9001
产品情况:(雅迪威(Actiway)牌、威声(Wellsonic)牌)
汽车功放、喇叭,摩托车音响
出口情况:年出口 20 万套

★深圳杰成电子有限公司
地址:广东省深圳市宝安区公明镇长圳第四工业区 6 - 7 号
邮编:518132
电话:0755/86252228、86252670
传真:86252747
网址:www. jensor. com
电子信箱:service@ jensor. com
单位人数:500
质量体系:ISO 9001
产品情况:(JENSOR 牌)
DVD 机、电子狗、GPS 车载导航、车载电脑等
出口情况:远销美洲、欧洲、中东、东南亚、俄罗斯等多个国家和地区

★安信光电有限公司
地址:广东省深圳市龙岗爱联工业区晨光路一巷二号
邮编:518172
电话:020/62682971
传真:89915289
网址:www. onsunled. com
电子信箱:onsunauto@ yahoo. com
产品情况:灯条、灯具等

★珠海共电有限公司
地址:广东省珠海市香洲区工业北区兴华路 176 号
邮编:519000
电话:0756/2267003、2267144
传真:2267006
质量体系:ISO 9001、ISO 14001
产品情况:继电器、OA 机器零配件、注塑品等

★珠海藤仓电装有限公司
地址:广东省珠海市吉大石花西路 161 号
邮编:519015
电话:0756/3331111
传真:3331430
网址:www. fujikurabj. com. cn
电子信箱:zxw@ fzl. com. cn
质量体系:ISO/TS 16949、QS 9000
产品情况:汽车线束及其短路盒、熔断丝盒、接插件、胶夹、密封圈等橡胶塑料配件

★珠海凯邦电机制造有限公司
地址:广东省珠海市斗门区龙山二路西 6 号
邮编:519110
电话:0756/5790684
传真:5786677
网址:www. gree - kb. com
电子信箱:kbqgb@ gree. com. cn
单位人数:5000
质量体系:ISO/TS 16949、ISO 9001
产品情况:微特电动机

★潮州市展宏电子有限公司
地址:广东省潮州市枫溪区前进三脚松工业区
邮编:521000
电话:0768/6874002、6889938
传真:6873091
网址:www. zhan - hong. com
电子信箱:sales@ zhan - hong. com
产品情况:(ZHANHONG 牌)
汽车显示器支架
配套情况:为欧美、日韩很多大型 GPS/PDA、LCD/DVD 商家配套

★揭阳市天籁电声器材有限公司
地址:广东省揭阳市榕城区仙滘工业区
邮编:522000
电话:0663/8817328、8818328
传真:8812318
网址:www. tinly. com
电子信箱:lrh@ tinly. com
质量体系:ISO 9001
产品情况:(天籁(TINLY)牌)
车载 DVD、显示屏、扬声器、汽车功放、低音炮、分频器等
配套及出口情况:为汽车影音后市场、

汽车厂供货;出口40多个国家和地区

★伟盈汽车科技有限公司
地址:广东省东莞市东城区东科路东城科技工业园第四区
邮编:523000
电话:0769/38894031、38894032
传真:38894003、38894033
网址:www.royceed.com
质量体系:ISO/TS 16949
产品情况:汽车轮胎压力监测系统等汽车智能电子产品

★东莞歌乐东方电子有限公司
地址:广东省东莞市东坑镇中兴大道骏达工业区
邮编:523000
电话:0769/83387001
传真:83385604、83387006
网址:www.clarionchina.com
电子信箱:jleung@clarionchina.com
单位人数:2300
质量体系:ISO/TS 16949、QS 9000
产品情况:(Clarion牌)
汽车音响、AV显示监控系统、车载导航及电脑网络系统、车用功放及喇叭

★东莞汇和电子有限公司
地址:广东省东莞市谢岗镇花园工业区广场北路
邮编:523000
电话:0769/87768410
传真:87768420
网址:www.huiho.com
电子信箱:candy@huiho.com
单位人数:2000
质量体系:QS 9000、ISO 14001
产品情况:电路板等
出口情况:远销美洲、欧洲、亚洲地区

★东莞新能源科技有限公司
地址:广东省东莞市松山湖科技产业园北部科技工业园区
邮编:523000
电话:0769/88989338
传真:88989483
网址:www.atlbattery.com
电子信箱:Marketing@ATLbattery.com
质量体系:ISO 9001、ISO 14001
产品情况:电动车电池

★东莞友华通信配件有限公司
地址:广东省东莞市南城区周溪隆溪工业区一环路2号
邮编:523077
电话:0769/22982285
传真:22982295
网址:www.yokowo-testsocketchina.com
电子信箱:sales@yokowo.com.cn
质量体系:ISO/TS 16949、ISO 9001
产品情况:车载通信天线

★东莞桂氏咏华汽车线束开关公司
地址:广东省东莞市东城温塘联益工业园内
邮编:523121
电话:0769/26620333
传真:26620222
网址:www.winweal.com
电子信箱:jayleke.zhang@winweal.com
质量体系:ISO 9001、ISO 14000
产品情况:汽车电子式防尘/防水开关、线束、电子产品

★通用蓄电池有限公司
地址:广东省东莞市石排镇燕窝管理区
邮编:523331
电话:0769/86527518
传真:86525202
网址:www.tet-battery.com
电子信箱:tet@tet-battery.com
单位人数:600
质量体系:ISO 9001
产品情况:(T.E.T牌、展龙牌)
汽车、摩托车用铅酸蓄电池及蓄电池极板、塑胶池壳等配件
出口情况:出口北美洲、欧洲、亚洲地区

★日立蓄电池(东莞)有限公司
地址:广东省东莞市茶山镇茶山工业园
邮编:523380
电话:0769/86400790
传真:86400956
网址:www.hitachi-sbd.com.cn
质量体系:ISO 9001
产品情况:蓄电池
配套情况:为日系汽车制造商配套

★东莞友华电子有限公司
地址:广东省东莞市寮步镇富竹山友华汽配城
邮编:523406
电话:0769/83326171
传真:83326160
质量体系:ISO/TS 16949
产品情况:汽车中继导线及配件、天线及配件、电子元件及配件

★绿源电子厂
地址:广东省东莞市常平镇沿河东路1号
邮编:523556
电话:0769/83556698
传真:83556699
质量体系:ISO/TS 16949、ISO 9001
产品情况:汽车喇叭

★东莞市梅记电子有限公司
地址:广东省东莞市常平镇元江元工业区
邮编:523556
电话:0769/83916841
传真:83810439
电子信箱:hopochina@hopochina.com
质量体系:ISO 9001
产品情况:燃油表、电压表、水温表、液位表等

★东莞神威电子有限公司
地址:广东省东莞市常平镇歃旧工业区
邮编:523569
电话:0769/83820816
传真:83904922
网址:www.k-way.cn
电子信箱:lym@k-way.cn
单位人数:150
产品情况:汽车故障检测线束、ECU检测线束、车载线束,塑胶模具
配套情况:主要客户有电装(中国)投资上海分公司、广州电装、神荣株式会社香港支店、电装(广州南沙)、大荣中国(香港)、天津富奥电装空调、东莞大泉传感器、天津电装电子、汕头东京电子、电装(天津)空调部件、汕头东京电器、烟台首钢电装、比亚迪汽车、沈阳航天三菱、广汽长丰、东南汽车、日野汽车(中国)公司上海分公司、冲速(亚洲)公司

★深圳市圣斗士电子科技有限公司
地址:广东省东莞市塘厦镇138工业区裕华街55号
邮编:523710
电话:0769/86856777
传真:86858855
网址:www.china-saint.com
电子信箱:shengze2000@163.com
单位人数:600
质量体系:ISO/TS 16949、ISO 9001
产品情况:(圣斗士(SAINT)牌)
汽车防盗喇叭、电子产品、警示灯等
配套情况:为世技电子、航盛电子、天能电子、科铭特电子、比亚迪汽车、东南汽车、吉利汽车等配套

★东莞正扬电子机械有限公司
地址:广东省东莞市黄江镇合路工业大道鸡啼岗第二工业区
邮编:523750
电话:0769/83533290、82300912
传真:83669597、82300910
网址:www.wemachina.com
电子信箱:sales@wewenachina.com
单位人数:2000
质量体系:ISO/TS 16949、ISO 14001
产品情况:液位、温度、压力、尿素等传感器;油位、水位、油压、转速等仪表;不锈钢管
配套情况:客户有沃尔沃、奔驰、曼、依维柯、中国重汽、福田汽车等

★东莞市三友联众电器有限公司
地址:广东省东莞市厚街镇溪头工业区博览大道
邮编:523952
电话:0755/83638699、83629370

传真:83630796
网址:www. sanyourelay. com
电子信箱:sanyou. shenzhen@ sanyourelay. com
单位人数:3000
质量体系:ISO/TS 16949、ISO 9001
产品情况:电磁继电器、汽车继电器、磁保持继电器

★肇庆宏丰电子有限公司
地址:广东省德庆县肇庆黄岗河旁河苑公园内
邮编:526060
电话:0758/2701811、2722556
传真:2701856
网址:www. zqhf. com
电子信箱:hope - fortune@ 21cn. com
质量体系:ISO/TS 16949、ISO 9001
产品情况:汽车音响
配套情况:为一汽青岛汽车厂、一汽哈轻、华晨金杯、沈阳汽车制造厂、跃进轻型、南海汽车厂、东莞中汽宏远等配套

★肇庆市声光电子器材有限公司
地址:广东省肇庆市黄岗镇河旁河苑公园内北面楼
邮编:526060
电话:0758/2791055
传真:2791223
网址:zq - sinkon. com
电子信箱:zq. sinkon@ 163. com
质量体系:ISO/TS 16949
产品情况:非接触式汽车电子油门、发动机电子节气门、传感器等

★佛山克莱汽车照明有限公司
地址:广东省佛山市汾江北路64号
邮编:528000
电话:0757/82807006、82966104
传真:82807092、82824747
网址:www. chinafsl. com
电子信箱:fs - lgw@ 163. com
质量体系:ISO 9001
产品情况:(汾江牌、FSL牌)
汽车及摩托车灯泡
出口情况:部分产品出口

★佛山市尤尼电池有限公司
地址:广东省佛山市佛罗路36号
邮编:528000
电话:0757/82823738、82828151
传真:82813135
网址:www. unionbattery. com. cn
电子信箱:fsunion@ 163. com
质量体系:ISO 9001
产品情况:(UNION牌)
阀控式密封铅酸蓄电池,年产近百万只电池
出口情况:80%以上产品出口

★佛山市高宝照明电器厂有限公司
地址:广东省佛山市南海区狮山镇小塘洞边工业区
邮编:528000
电话:0757/86635648、86635466
传真:86635393
网址:www. autolamp - cn. com
电子信箱:kobo@ autolamp - cn. com
单位人数:200
产品情况:(高宝牌)
汽车灯泡
出口情况:远销中东、北美洲、南美洲、欧洲等地区

★佛山市奔宝光电有限公司
地址:广东省佛山市禅城区汾江北路24号国星光电工业园11号楼
邮编:528041
电话:0757/83130049、83131449
传真:83130049、83109849
网址:www. 4300k. com
电子信箱:4300k@ 4300k. com
单位人数:220
质量体系:ISO 9001
产品情况:(奔宝(BANBO)牌、公牛(OX)牌、太阳(SUN)牌、八道牌、王旗(V - WAY)牌、跑宝牌)
氙气灯
出口情况:部分产品出口

★苏浦士汽车电器(佛山)有限公司
地址:广东省佛山市禅城区澜石镇奇槎圣堂工业区323号
邮编:528041
电话:0757/83833428
传真:83201290
电子信箱:zhanggy301@ 163. com
单位人数:300
质量体系:ISO/TS 16949、ISO 9001
产品情况:(苏浦士牌)
汽车灯泡

★佛山市茂森电子有限公司
地址:广东省佛山市南海区里水洲村工业区3号
邮编:528100
电话:0757/85958939
传真:85958939
网址:www. gmc100. com
电子信箱:ms@ gmc100. com
产品情况:全自动显示器、车载DVD、吸顶式显示器、头枕显示器、遮阳板、车载汽车功放、车载DVD套机等
出口情况:以OEM出口外销为主

★佛山市三水好帮手电子科技公司
地址:广东省佛山市三水区西南工业园C区
邮编:528100
电话:0757/87823585
传真:87838700
网址:www. coagent. cn
电子信箱:sshbs@ 163. net
单位人数:1100
质量体系:ISO/TS 16949
产品情况:(卡仕达(CASKA)牌、科骏达(KOGND)牌)
汽车DVD、汽车VCD、汽车GPS等
配套及出口情况:为一汽轿车、上海汇众、江淮汽车、东风汽车、奇瑞汽车等配套;远销欧美、中东、东南亚等地区

★佛山市华雕照明电器有限公司
地址:广东省佛山市南海区罗村镇联星旺南工业区旺达路21号
邮编:528200
电话:0757/86400767、81261806
传真:86400594
网址:www. g - huadiao. com
电子信箱:gaojian888@ 21cn. com
质量体系:ISO 9001
产品情况:(禅光牌、精贝壳牌、琼丽牌)
汽车及摩托车灯泡、卤素灯
出口情况:远销中东、南美洲、欧洲等多个国家和地区

★佛山市南海区华日照明电器公司
地址:广东省佛山市南海区狮山科技工业园A区
邮编:528200
电话:0757/86696611、86696612
传真:86696811
网址:www. huarilighting. com
电子信箱:webmaster@ huarilighting. com
质量体系:ISO 9001、ISO 14001
产品情况:(HR牌)
汽车HID氙气灯,高、低压卤素灯,冷反光杯灯,金属卤化物灯,火封PAR灯,特种规格电光源,月产量1000万只以上

★佛山市南海华星照明电器厂
地址:广东省佛山市禅城区广佛路9-15号快捷汽配市场A区10座1001-1002号
邮编:528225
电话:0757/82817227、82819843
传真:82824439
网址:www. huaxingjc. com
电子信箱:sales@ huaxingjc. com
单位人数:300
质量体系:ISO 9001
产品情况:汽车卤素灯、摩托车灯等
出口情况:90%产品远销欧洲、美国、日本、韩国等国家和地区

★佛山市电庄电器有限公司
地址:广东省佛山市南海狮山科技工业园B区科韵中路
邮编:528225
电话:0757/86352551、86352552
传真:22804789
网址:www. eagldenso. com
电子信箱:ivy@ eagldenso. com

油压阀、熔断丝、连接器、线束、垫片、端子、电器控制设备及其他配件、模具等
出口情况:远销多个国家和地区

★鹤山市信成配件有限公司
地址:广东省鹤山市共和镇铁岗工业区聚龙路2号
邮编:529728
电话:0750/8318896、8416885
传真:8416885
网址:www.xinchengco.com
电子信箱:xincheng@xinchengco.com
单位人数:900
质量体系:ISO/TS 16949、ISO 9001
产品情况:(力响牌、信成牌)
汽车、摩托车电喇叭、防盗器,汽车电喇叭、防盗器、中控锁、倒车雷达等
配套及出口情况:配套客户有五羊-本田、新大洲-本田、南方-雅马哈、建设-雅马哈、林海-雅马哈、豪爵-铃木、轻骑-铃木、金城-铃木、望江-铃木、比亚乔、轻骑、法国标致等;出口欧美、中东、东南亚等地区

广　西

★南宁燎旺车灯有限责任公司
地址:广西南宁市望州南路94号
邮编:530001
电话:0771/5630808、5636531
传真:5623099
网址:www.lwcd.com.cn
电子信箱:gxlwcd@vip.sina.com
单位人数:300
质量体系:QS 9000、ISO 9002
产品情况:(瞭望牌)
各种汽车、摩托车灯具
配套情况:为长安汽车、上汽通用五菱、东风柳汽、中国嘉陵、昌河汽车、昌河铃木、柳州工程机械、大宇客车等配套

★玉柴博耐特电器公司
地址:广西玉林市塘步岭工业区15号
邮编:537002
电话:0775/2668029、2666508
传真:2666508、2668017
网址:www.yuchai.com
质量体系:ISO/TS 16949
产品情况:汽车发电机、起动机以及相关汽车电器产品
配套情况:为玉柴及全国汽车厂、发动机厂配套

★桂林迪吉特电子有限公司
地址:广西桂林市国家高新区信息产业园
邮编:541004
电话:0773/5827999、5837999
传真:5827666
网址:www.dijite.com
电子信箱:sales@dijite.com
质量体系:ISO 9001
产品情况:(Dijite牌)
数显胎纹尺、数显温度计、电池检测计、迷你数显倾角仪、数显倾角仪、电子水平尺、交流电压检测计、简易胎纹尺、数显轮距仪等
出口情况:出口欧洲、美洲等30多个国家和地区

★广西天鹅蓄电池有限责任公司
地址:广西梧州市万秀区城东镇思扶村冲口组68号
邮编:543001
电话:0774/3827613、3827220
传真:3823700
网址:www.gxswan.com
电子信箱:gxswan@gxswan.com
单位人数:388
质量体系:ISO/TS 16949、ISO 9001
产品情况:(天鹅牌)
各种蓄电池
配套及出口情况:为上汽通用五菱、东风汽车公司、柳工、江铃汽车、全顺等配套;出口东南亚、非洲等国家和地区

★柳州杭盛科技有限公司
地址:广西柳州市学院路静兰工业开发区
邮编:545005
电话:0772/3163131
传真:3162212
产品情况:汽车随车检修仪表及汽车电子电器

★柳州双飞汽车电器配件公司
地址:广西柳州市柳石路27号
邮编:545112
电话:0772/7507268
传真:7507278、7507269
网址:www.lzsfdq.com
电子信箱:scb@lzsfdq.com
单位人数:900
质量体系:ISO/TS 16949、QS 9000
产品情况:各类车型整车线束
配套情况:为上海通用配套

海南省

★海南台丰交通器材有限公司
地址:海口市美兰区桂林洋经济开发区
邮编:571127
电话:0898/65710259
传真:65710255
质量体系:ISO/TS 16949
产品情况:汽车及摩托车离合器操纵线、油门线、制动线、里程表线、阻风门线

重庆市

★重庆平江实业有限责任公司
地址:重庆市渝北区龙山路68号
邮编:400021
电话:023/67660380、67669616
传真:67660404
网址:www.cqxxdj.com
电子信箱:xxdj@cqxxdj.com
质量体系:ISO/TS 16949
产品情况:车用微特电动机、电喷燃油泵、汽车液压制动ABS回油泵电动机、无刷电动机、真空泵电动机以及各类车用风扇电动机及总成
配套及出口情况:国内外各大汽车制造厂配套;销往海内外

★重庆祥盛实业发展有限公司
地址:重庆市江北区南桥寺18号
邮编:400021
电话:023/67669821
传真:67669821
网址:www.cqshinesun.com.cn
电子信箱:a67651011@cta.cq.cn
单位人数:300
质量体系:ISO/TS 16949、QS 9000
产品情况:汽车全车灯具、后视镜、车身附件及其他制品
配套情况:为长安汽车、江铃控股、陕汽制造、长安福特马自达、延锋伟世通(重庆)汽车饰件系统等多家企业配套

★重庆长安宜而奇汽车零部件公司
地址:重庆市江北区建新东路260号
邮编:400023
电话:023/67726224、67866588
传真:67726224
质量体系:ISO/TS 16949
产品情况:汽车拉索拉线、火花塞、轴承

★重庆徐港电子有限公司
地址:重庆市江北区(寸滩)港城工业园D区
邮编:400025
电话:023/88161001
传真:88161068
网址:www.cqxge.com
电子信箱:yaojin@cqxge.com
单位人数:550
质量体系:ISO/TS 16949、QS 9000
产品情况:汽车音响
配套情况:为长安汽车 、长安铃木、长安福特马自达、南京马自达、神龙汽车等配套

★重庆地质仪器厂
地址:重庆市沙坪坝区井口镇先峰街2号
邮编:400033
电话:023/89863750、65291522
传真:65291750
网址:www.cgif.cn
电子信箱:cdy@cgif.com.cn
质量体系:ISO 9001
产品情况:(星球牌)
汽车、摩托车电喇叭、电镀制版加

工、地勘仪器和配套的精密机械产品
配套及出口情况:为嘉陵、嘉陵本田、新大洲本田、北方易初、北方企业集团等供货;出口日本、加拿大、法国、非洲等国家和地区

★重庆鑫磁科技有限公司
地址:重庆市高新区科园三街139号金果园E2-4-3
邮编:400039
电话:023/68185656
传真:68185083
电子信箱:shaodanrip@yahoo.com.cn
单位人数:726
质量体系:ISO 9001
产品情况:(KMAG牌)
磁性材料、电枢轴、炭刷及刷架、机壳、铁芯、压铸件、弹簧等电极配件
出口情况:远销欧美

★重庆国美汽车零部件制造有限公司
地址:重庆市经济技术开发区巴山老顶坡
邮编:400039
电话:023/89064012
传真:89084799
电子信箱:cqgmstarter@hotmail.com
质量体系:ISO 9001
产品情况:起动机

★重庆三信电子有限公司
地址:重庆市九龙坡区创新大道68号
邮编:400041
电话:023/68460555
传真:68460055
网址:www.sanxin.com.cn
电子信箱:yxb@sanxin.com.cn
单位人数:600
质量体系:QS 9000、ISO 9001
产品情况:汽车胎压监测系统(TPMS)、防盗器(RKE)、机油压力传感器
配套情况:为嘉陵-本田、建设-雅马哈、轻骑-铃木、大长江、望江-铃木、嘉陵、金城、钱江、大阳、轻骑、力帆、宗申、隆鑫、银钢、比亚乔、众星、精通天马、春风摩托等配套

★重庆矢崎仪表有限公司
地址:重庆市高新区科园四路172号标准厂房E、F幢
邮编:400041
电话:023/68612048、86208888
传真:68605217、89064013
网址:www.cqyazaki.com.cn
电子信箱:cqyazaki@online.cq.cn
单位人数:246
质量体系:ISO/TS 16949、ISO 14001
产品情况:汽车仪表及零部件
配套及出口情况:为日本丰田、日本三菱、庆铃、四川一汽丰田、长安福特马自达等配套;出口日本(丰田汽车、三菱汽车)等

★重庆百美实业有限公司
地址:重庆市高新区科园四路D幢五楼
邮编:400041
电话:023/68691567
传真:68606523
质量体系:QS 9000、ISO 9001
产品情况:汽车组合开关,汽车电器零件及附件

★重庆华洋单向器制造有限公司
地址:重庆市九龙坡区华岩镇中梁村
邮编:400052
电话:023/65531953、65534217
传真:65531953、65531916
网址:www.huayangzz.com
电子信箱:huayangzz@163.com
质量体系:ISO/TS 16949、ISO 9001
产品情况:(腾飞(TF)牌)
各种型号汽车起动机单向器

★重庆万里蓄电池股份有限公司
地址:重庆市巴南区苦竹坝31号
邮编:400054
电话:023/62597905
传真:62594936、62591155
质量体系:ISO/TS 16949、ISO 9001
产品情况:(万里牌)
汽车蓄电池
配套情况:为东风汽车公司、长安汽车、庆铃汽车、川汽、一汽柳特等配套

★重庆电装有限公司
地址:重庆市经济技术开发区南坪白鹤路55号
邮编:400060
电话:023/62817109
传真:62817114
网址:www.denso.com.cn
电子信箱:zixun@dich.denso.com.cn
单位人数:198
产品情况:摩托车点火控制单元

★重庆三本车灯有限公司
地址:重庆市南岸区南坪丹龙路20号
邮编:400060
电话:023/62817485
传真:62929500
网址:www.sbcd-lhq.com
电子信箱:sbcd@sbcd-lhq.com
质量体系:ISO 9002、QS 9000
产品情况:汽车灯具、备胎升降器、换挡操纵总成、汽车空调电磁离合器等

★重庆集诚汽车电子有限公司
地址:重庆市南岸区南坪花园路14号
邮编:400060
电话:023/62834018、62834300
传真:62834280、67033858
网址:www.cjae.com.cn
电子信箱:cjae@cjae.com.cn
单位人数:85
质量体系:ISO/TS 16949
产品情况:各型车用传感器、车用EDU功率驱动组件及ECU电子控制组件
配套情况:为长安汽车、一汽轿车、海马汽车、昌河汽车、力帆汽车、吉利汽车等配套

★中电科技第二十四研究所
地址:重庆市经济技术开发区南坪花园路14号
邮编:400060
电话:023/62834300、62803160
传真:62805385、62805357
网址:www.analog.com.cn
电子信箱:siscmarket@126.com
质量体系:ISO 9001
产品情况:电子点火电路

★重庆三达电器厂
地址:重庆市南平罗家坝向家坡59号
邮编:400066
电话:023/62908838
传真:62908838
质量体系:ISO 9001
产品情况:电装产品、点火器等

★重庆安达电气实业有限公司
地址:重庆市九龙坡区哈谷镇净龙村4社
邮编:400300
电话:023/68420712
传真:68439464
质量体系:ISO 9001
产品情况:汽车线、塑料接插件、铜端子

★重庆世新电器有限责任公司
地址:重庆市北碚区童家溪镇同兴北路148号
邮编:400709
电话:023/68279008、68278918
传真:68279882
电子信箱:sxgs@cqsxgs.com
质量体系:ISO 9001
产品情况:挡位显示器、开关线
配套情况:为宗申摩托、力帆、建设、海南新大洲、大长江、广州新动力、吉利汽车、南京金城、济南轻骑等50多家厂配套

★重庆远博机械有限公司
地址:重庆市北碚区歇马镇卫星村
邮编:400712
电话:023/68240175、68242832
传真:68240924
质量体系:ISO 9001
产品情况:汽车及摩托车起动机和通用发动机起动机端齿盖及其他铝合金制品,起动机端齿盖年产量达500万套
配套及出口情况:为嘉陵、建设、隆鑫、力帆、宗申等配套;远销欧美

★重庆远旭机械有限公司
地址:重庆市北碚区歇马镇卫星村
邮编:400712
电话:023/68248099

传真:68248299
网址:www. cq - shaft. com
单位人数:100
质量体系:ISO 9001
产品情况:伺服电机电枢轴、汽车及摩托车启动电机电枢轴、汽车发电机电枢轴、输出轴、行星齿轮、小模数齿轮等

★重庆深渝电子有限公司
地址:重庆市渝北区回兴街道服装城大道83号
邮编:401120
电话:023/67378879、67378878
传真:67378876
网址:www. sydz. com. cn
电子信箱:sydz@ sydz. com. cn
单位人数:1200
质量体系:ISO/TS 16949、QS 9000
产品情况:(波宇牌)
24V 电调卡带机、车载时钟、车载DVD、中央门锁控制器、倒车雷达、蓝牙免提双层CD机等
配套及出口情况:为长安铃木、庆铃、重庆力帆、重庆宇通客车、重庆重汽等配套;出口东南亚、俄罗斯等国家和地区

★重庆海德世拉索系统集团有限公司
地址:重庆市北部新区云端街6号
邮编:401120
电话:023/67410898、67410760
传真:67410899
电子信箱:cqtskc@ email. cta. cq. cn
单位人数:849
质量体系:ISO/TS 16949、QS 9000
产品情况:车用拉索、玻璃升降器;形成年产各型操纵拉索、推拉索、仪表软轴及摩托车拉索、软轴2000万条,玻璃升降器200万台的生产能力
配套情况:为一汽集团、东风汽车公司、长安集团、长安铃木、中国重汽、广汽本田、哈飞汽车、三江雷诺等配套

★重庆长安志阳汽车电气有限公司
地址:重庆市渝北区双凤桥街道飞宏路5号
邮编:401120
电话:023/86001020、86001050
传真:86001001
网址:www. cachiyeung. com
电子信箱:admin@ cachiyeung. com
质量体系:ISO/TS 16949、QS 9000
产品情况:年产干式点火线圈80万只,PCV阀、炭罐控制阀100万只,传感器50万只
配套及出口情况:为长安汽车、长安铃木、长安福特马自达、锐意泰克、渝安淮海、中顺电子、重庆力帆、比亚迪汽车等多家主机厂配套;与国内外电喷巨头摩托罗拉公司、联合电子公司、伟世通公司、西门子公司等实现合作

★重庆恒伟林汽车零部件有限公司
地址:重庆市渝北区民营经济开发区6号
邮编:401120
电话:023/89110066、89110011
传真:89110077
网址:www. hwl. com. cn
电子信箱:hwl@ hwl. com. cn
单位人数:450
质量体系:ISO/TS 16949、ISO 9001
产品情况:橡胶零部件,主要用于汽车摩托车成车及其拉索、减振、空调、电器、转向、底盘等系统
配套情况:主要为天津一汽丰田、广汽丰田、广汽本田、新大洲本田、上海通用、上海大众、东风雪铁龙、东风标致、东风日产、长安福特马自达、一汽-大众、雅马哈、奔驰、法国雷诺、瑞典沃尔沃、英国铃木、英国丰田、德国宝马、德国福特等配套

★重庆瑞阳科技开发有限公司
地址:重庆市渝北区空港工业园茂林路99号
邮编:401120
电话:023/89139177
传真:89139180
电子信箱:ruiyang - kf@ vip. 163. com
质量体系:ISO/TS 16949、QS 9000
产品情况:汽车用空调控制器、各类电子控制开关、暖风机、水阀
配套情况:与长安集团、长安铃木、长安跨越、上海通用五菱、江铃控股、江铃集团、奇瑞汽车、哈飞汽车、东风汽车、力帆汽车、马来西亚普腾汽车、UCM公司等建立了长期合作

★重庆华宇实业有限责任公司
地址:重庆市北部新区人和天龙路
邮编:401121
电话:023/67639682、67639684
传真:67639681
电子信箱:market@ cq - huayu. com
质量体系:ISO/TS 16949、ISO 9001
产品情况:(华宇牌)
摩托车起动机、汽车空调电动机、电动工具电动机等微特电动机
配套情况:为嘉陵、建设、力帆、轻骑、长安汽车、一汽集团、哈飞汽车等配套

★重庆渝南鑫光灯具有限公司
地址:重庆市巴南区鱼洞镇大同工业区
邮编:401321
电话:023/66272237
传真:66271668
电子信箱:office@ xingguang - dm. com
单位人数:180
质量体系:ISO/TS 16949
产品情况:(代木牌)
摩托车反射器、车灯,高速公路反射器标志(三角警告牌),汽车转向柱管
配套情况:为宗申摩托、嘉陵摩托、力帆公司、长安减振、恒胜摩托等配套

★重庆中冈电器有限公司
地址:重庆市南岸区茶园新城区玉马池工业园47-72号
邮编:401336
电话:023/62452235、62454127
传真:62451863
网址:www. cnzonko. com
电子信箱:office@ cnzonko. com
单位人数:500
质量体系:ISO 9001
产品情况:交流发电机、电压调节器、干式点火线圈
配套情况:为嘉陵本田、五羊本田、建设雅马哈、力帆、隆鑫、宗申、银翔、嘉爵、大长江、迪豪、金城等配套

★重庆市爱华机电有限公司
地址:重庆市江津区双福新区同创路8号
邮编:402247
电话:023/47268237
传真:47268239
网址:www. cqaihua. cn
电子信箱:fus@ vip. 163. com
单位人数:1000
质量体系:ISO/TS 16949、ISO 9001
产品情况:摩托车起动机,汽车用直流电动机
配套情况:为嘉陵集团、大长江集团、望江铃木发动机、重庆力帆、重庆宗申等配套

★重庆神驰电池有限责任公司
地址:重庆市江津区德感工业园
邮编:402289
电话:023/65530486、47852988
传真:65534063、47852993
网址:www. cqscdc. cn
质量体系:ISO 9001
产品情况:(神驰牌、祥驰牌、航驰牌、星驰牌、远驰牌)
蓄电池
配套及出口情况:为嘉陵、建设、银钢、巴山、银翔等摩托车企业配套;部分产品出口

四川省

★成都市伟杰塑胶有限责任公司
地址:成都市高新区西区天宇路2号天府创意产业园10幢3号
邮编:610000
电话:028/87505068、66695068
传真:87502900
网址:www. wjqq. net
电子信箱:scwjsj@ vip. 163. com
质量体系:ISO 9001
产品情况:电器塑料配件
配套及出口情况:为一汽大柴、四川丰田、成都云内、成都成发、绵阳新晨动

力、南京威孚、山东龙泵、江苏四达、东风发动机等发动机厂配套；远销美国、欧洲、东南亚等国家和地区

★四川极道电装实业有限公司
地址：成都市高新西区西华大学南侧
邮编：610039
电话：028/87720888
传真：87985898
电子信箱：jidao@ tfol. com
单位人数：300
质量体系：ISO/TS 16949
产品情况：（极道牌）
　汽车及通用动力起动机、发电机

★成都明意科技发展有限公司
地址：成都市高新区科园二路 1 号
邮编：610041
电话：028/66052726、85149576
传真：85149575
网址：www. hongtak. com
电子信箱：gmj@ hongtak. com
质量体系：ISO 9001
产品情况：车用氧传感器

★成都有为科技有限公司
地址：成都市科华南路 33 号美丽南庭 5 幢一单元 2 层
邮编：610041
电话：028/85251301、85253852
传真：85251302
网址：www. youweikj. com
电子信箱：youweikj@ 126. com
质量体系：ISO 9001
产品情况：汽车继电器
配套情况：为北奔重汽、北汽、东风汽车公司、东风雪铁龙、红岩斯太尔、宇通、一汽海马、铃木、江铃、上汽通用五菱、长安汽车等国内大型汽车厂商直接或间接配套

★成都远旺汽车电器有限公司
地址：成都市武侯区簇桥马家河村 3 组
邮编：610043
电话：028/85040486、85044359
传真：85040219
网址：www. sidaode. com
电子信箱：sccdylw@ sohu. com
质量体系：ISO/TS 16949、ISO 9001
产品情况：汽车电动机总成及其核心件、定子、转子、电刷架总成等
配套情况：为长安、昌河等微型汽车、奥拓、云雀等微型轿车配套

★成都国海汽车电器有限公司
地址：成都市武侯区武青南路 33 号
邮编：610045
电话：028/27515902、27515900
传真：85371497
网址：www. cdghqd. com. cn
电子信箱：ghqd777@ 163. com
法人代表（负责人）：朱国斌
单位人数：78
质量体系：ISO 9001
产品情况：（国海牌）
　汽车发电机、起动机、定子和转子、倒车雷达、GPS、中控锁，年产 200 万台

★成都锦江电器制造有限公司
地址：成都市建设北路三段 168 号
邮编：610051
电话：028/84395351、84394232
传真：84394353
网址：www. jec784. com
电子信箱：jd784100@ 163. com
单位人数：3000
质量体系：ISO 9001
产品情况：汽车电子组合仪表、影音产品、天线，摩托车数字组合仪表等

★成都成航车辆仪表有限责任公司
地址：成都市青羊区黄田坝
邮编：610091
电话：028/87409264、87409903
传真：87409275
网址：www. zhccaic. com
电子信箱：zhccaic@ 126. com
单位人数：300
质量体系：ISO 9001、GJB 9001A
产品情况：车辆仪表、传感器、电喷传感器及发动机调速器
配套情况：为重汽集团、上汽依维柯红岩、陕西汽车制造厂、北奔重汽、重庆铁马、安徽凯斯鲍尔客车、亚星商务车、潍柴、无锡威孚、北京亚新科天纬等配套

★中航工业成都航凯天电子股份公司
地址：成都市青羊区黄田坝
邮编：610091
电话：028/87409888、87409011
传真：87409158
网址：www. caic - china. com
电子信箱：info@ caic - china. com
单位人数：2000
质量体系：ISO/TS 16949、ISO 9001
产品情况：电子转速表、开关、指示器、组合仪表、电子车速里程表、继电器、传感器、机械调速器、五通比例阀、感载比例阀、气动阀
配套及出口情况：为重汽集团、重庆重汽、陕汽集团、北奔重汽、安凯客车、亚星商用车、吉利汽车、昌河汽车、庆铃汽车、重庆铁马、玉柴发动机、东风康明斯、哈飞汽车、长安铃木等配套；出口美国、德国等国家

★成都长迪传感技术有限公司
地址：成都市龙泉驿区航天北路 818 - 40 号
邮编：610100
电话：028/88431219、88431686
传真：88431686
电子信箱：cd@ evertek. sina. net
单位人数：85
质量体系：ISO/TS 16949
产品情况：（EVERTEK 牌）
　汽车 ABS 轮速传感器、发动机曲轴位置传感器
配套及出口情况：为一汽集团、东风汽车公司、吉利汽车、比亚迪汽车、浙江万向等配套；出口美国

★成都天兴仪表(集团)有限公司
地址：成都市外东十陵镇
邮编：610106
电话：028/84600845、84613723
传真：84600342、84600760
网址：www. txyb. com. cn
电子信箱：txyb5004@ sina. com
单位人数：1500
质量体系：ISO/TS 16949
产品情况：（天兴牌）
　汽车仪表、摩托车仪表，具有年产 200 万套的综合生产能力；汽车电子燃油泵、轿车油泵、水泵、摩托车油量传感器、自动变速器、齿轮减速器、电量隔离传感器等车用部品
出口情况：出口欧美、日本、东南亚等国家和地区

★成都华川电装有限责任公司
地址：成都市外东十陵镇
邮编：610106
电话：028/84612779、84612000
传真：84612137、84612348
网址：www. hc - cn. com
电子信箱：hcxsgs@ hc - cn. com
单位人数：1200
质量体系：ISO/TS 16949、QS 9000
产品情况：汽车起动机、交流发电机、刮水器电动机总成、风扇电动机总成及电动机相关零件
配套情况：汽车电装系列产品主要为长安汽车、长安福特马自达、长安铃木、奇瑞汽车、一汽海马、昌河铃木、金杯汽车、哈飞汽车、天津一汽华利等轿车和微车配套

★成都天兴仪表股份有限公司
地址：成都市外东十陵镇
邮编：610106
电话：028/84613721、84613722
传真：84600581
网址：www. txyb. com. cn
质量体系：ISO/TS 16949
产品情况：（天兴牌、天一牌）
　各种型号汽车仪表、摩托车仪表
配套及出口情况：为长安汽车、重庆嘉陵、重庆雅马哈、南京金城、上海新大洲等配套；出口欧美、日本、东南亚等国家和地区

★四川崇州华蜀蓄电池工业有限公司
地址：四川省崇州市隆兴工业区

邮编:611230
电话:028/82221989、82221685
传真:82221989、82222656
网址:www.schuashu.com.cn
电子信箱:wangjun4004@163.com
单位人数:200
质量体系:ISO/TS 16949、ISO 9001
产品情况:(HS牌、华蜀牌、海啸牌、金枝牌、玉叶牌)
汽车起动用铅酸蓄电池、密封型铅酸蓄电池
配套情况:为资阳南骏、四川川龙拖拉机、广西都安建兴机械、广西河池车辆、广西力顺机械、一汽客车(成都)公司等配套

★乐山东风汽车电器有限公司
地址:四川省乐山市高新区迎宾大道9号附7号
邮编:614000
电话:0833/2596888
传真:2596777、2631555
网址:www.ls-dongfeng.com.cn
电子信箱:lsdf@ls-dongfeng.com.cn
单位人数:120
质量体系:ISO 9001
产品情况:汽车起动机、发电机,摩托车起动机
出口情况:远销美国、加拿大、英国、德国等

★绵阳市万欣测控技术有限公司
地址:四川省绵阳市游仙经济实验区游仙西路89号
邮编:621000
电话:0816/2273391
传真:2273300
网址:www.wanxin.cn
电子信箱:mr.xieheng@126.com
质量体系:ISO/TS 16949
产品情况:(绿柳牌、车欣牌)
直通式、插入式热式气体质量流量传感器、汽车空气流量计、压力传感器、曲轴位置传感器、温度传感器等

★四川华丰企业集团有限公司
地址:四川省绵阳市跃进路36号
邮编:621000
电话:0816/2316251、2316130
传真:2335606、2332716
网址:www.huafeng796.com
电子信箱:auto@huafeng796.com
单位人数:2810
质量体系:ISO/TS 16949、ISO 9001
产品情况:(华丰牌)
汽车及摩托车连接器、线束
配套及出口情况:为北京奔驰、一汽轿车配套;远销德国、英国、法国、美国、芬兰、俄罗斯等国家

★绵阳市博蓝科技有限责任公司
地址:四川省绵阳市经济开发区三江信息工业园
邮编:621000
电话:0816/6391208
传真:6391178
网址:myblkj.pinsou.com
电子信箱:xbo@myblkj.com
质量体系:ISO 9001
产品情况:汽车收放机
配套及出口情况:为一汽、东风、长安、吉利等20多家汽车制造厂配套;远销欧美、东南亚等地区

★四川泛华航空仪表电器厂
地址:四川省雅安市雨城区西门南路99号
邮编:625000
电话:0835/2866643、2866677
传真:2866777
网址:www.avicfanhua.com.cn
电子信箱:fanhua@avicfanhua.com.cn
质量体系:ISO/TS 16949、QS 9000
产品情况:(航电牌)
电线束、继电器、闪光器、调节器、电子点火器、中央接线盒及各种精密插接器,年产能力25万套
配套情况:为江淮、力帆、渝安、保定长城、一汽红塔云南、哈飞、昌河、江铃、济重、陕重等10多家企业配套

★四川凯达机电制造有限公司
地址:四川省华蓥市庆华镇江华工业园
邮编:638610
电话:0826/4683908
传真:4683132
网址:www.kdmotor.net
电子信箱:cduyy@sina.com
质量体系:ISO/TS 16949、ISO 9001
产品情况:(金日凯达牌)
各类轿车起动机、刮水器电动机、散热器电子风扇、玻璃升降器总成、微车变速器等

★自贡市联合碳素制品有限公司
地址:四川省自贡市大安区大山铺镇工业区
邮编:643012
电话:0813/5801928、5804507
传真:5804507
网址:www.lhts.cn
电子信箱:lhts.zhaoj@yahOO.colin.cn
质量体系:ISO 9001
产品情况:电动机用电刷、高纯石墨制品、机械用碳石墨密封环、刮片、轴承冶金石墨电极、气弧刨碳棒等各类碳素制品

★ 自贡市江阳磁材有限责任公司
地址:四川省富顺县晨光工业园区
邮编:643200
电话:0813/7296655、7296668
传真:7296665
网址:www.joint-mag.com
www.jiang-yang.cn
电子信箱:dqr@jiang-yang.cn
法人代表(负责人):邓清荣
质量体系:ISO/TS 16949
产品情况:(恒达牌)
摩托车磁电机磁瓦,摩托车起动电机磁瓦,汽车起动电机磁瓦,汽车玻璃升降器电机磁瓦,汽车转向助力电机磁瓦,汽车刮水器电机磁瓦,汽车风扇电机磁瓦,汽车座椅电机磁瓦,汽车油泵电机磁瓦,电动工具类磁瓦(永磁氧铁磁瓦)
出口情况:出口德国、意大利、日本、韩国、印度等国家
☞ 详细情况请参阅彩色宣传版面

云南省

★云南东亿电气工业有限公司
地址:云南省曲靖市酒行街72号
邮编:655000
电话:0874/3112034
传真:3123166
电子信箱:yndy@qjbip.com
质量体系:QS 9000
产品情况:轻型货车线束,年产25400套

★云开电气(集团)有限公司
地址:云南省楚雄市经济技术开发区云开路
邮编:675000
电话:0878/3392266
传真:3392073
网址:www.yk.com.cn
电子信箱:chb@yk.com.cn
单位人数:1300
质量体系:ISO 9001
产品情况:低压电器元件、成套开关设备、互感器和绝缘件等
出口情况:出口欧洲、东南亚等地区

贵州省

★贵航汽车零部件公司华阳电器公司
地址:贵阳市小河区盘江南路20号
邮编:550006
电话:0851/3831231
传真:3806482、3833954
网址:www.ghhydq.com
电子信箱:hydq@ghhydq.com
单位人数:634
质量体系:ISO/TS 16949
产品情况:(探星牌)
组合开关、电动窗开关、特种开关
配套情况:为通用汽车、一汽集团、神龙汽车、一汽海马、长城汽车、南京汽车集团、哈飞汽车、重汽集团、陕汽集团等

配套

★贵阳航空电机有限公司
地址:贵阳市小河区
邮编:550009
电话:0851/3833320
传真:3834270、3842246
网址:www. gem - gydj. com
电子信箱:webmaster@ gem - gydj. com
单位人数:1626
质量体系:ISO 9001
产品情况:汽车起动机、发电机,年产能力60万台以上
配套及出口情况:为北内云豹、厦门金龙、江淮客车、江苏牡丹等厂家配套1.1~2.0kW外齿合减速式和行星减速式起动机;部分产品出口

★遵义长征汽车零部件有限公司
地址:贵州省遵义市高巷路79号
邮编:563002
电话:0852/3123088、8924901
传真:8922159
网址:www. changzheng - auto. com
电子信箱:cz15@ vip. 163. com
单位人数:110
质量体系:ISO/TS 16949、QS 9000
产品情况:汽车点火线圈、高压阻尼线
配套情况:为长安汽车、上汽通用五菱、西门子(长春)、长城汽车、吉利汽车、重庆力帆、重庆渝安等配套

★贵州天义汽车电器有限公司
地址:贵州省遵义市隋阳路33号
邮编:563002
电话:0852/8416819、8416979
传真:8416989
网址:www. tyauto. com. cn
单位人数:300
质量体系:ISO/TS 16949、VDA 6.1
产品情况:汽车电磁继电器及控制器,年产能力700万台(套)
配套及出口情况:为上海大众、一汽-大众、神龙汽车、一汽轿车、江铃汽车、奇瑞汽车、郑州日产、南京依维柯、华泰现代、长城汽车、长丰猎豹、柳汽、柳工、厦门金龙、德国大众、美国通用等配套;远销欧美、亚太经济贸易区

陕西省

★咸阳威力克能源有限公司
地址:陕西省咸阳市
邮编:712000
电话:029/33685097
传真:33685099
网址:www. voltix. com. cn
质量体系:ISO 9001、ISO 14001
产品情况:动力电池

★陕西航空电气有限责任公司
地址:陕西省兴平市
邮编:713107
电话:029/38242164
传真:38242164、38242111
网址:www. avic1saec. com
电子信箱:saec@ avic1saec. com
单位人数:1800
质量体系:ISO 9001
产品情况:低压直流、交流变频、恒速恒频和变速恒频电源系统、二次电压系统等

★陕西秦岭特种电机有限责任公司
地址:西安市高新区金桥国际广场E座1706室
邮编:713107
电话:029/38242724、38242711
传真:38242710
网址:www. qlsm. com
电子信箱:webmaster@ qlsm. com
单位人数:208
质量体系:ISO 9001
产品情况:(秦岭牌)
直流电动机
出口情况:销往瑞典、美国、德国、意大利、荷兰

★宝鸡市震东照明电器有限公司
地址:陕西省宝鸡市金台区宝陵路4号
邮编:721000
电话:0917/3572826
传真:3572828
质量体系:ISO 9000
产品情况:汽车灯泡

★陕西凌云电器集团有限公司
地址:陕西省宝鸡市峪泉南路1号
邮编:721006
电话:0917/3314488
传真:3314247
网址:www. lingyungroup. com. cn
电子信箱:765@ lingyungroup. com. cn
质量体系:ISO 9000
产品情况:汽车音响、电子调谐器、收放机、警灯、GPS导航仪
出口情况:出口欧洲、亚洲、非洲等多个地区

★陕西凌云蓄电池有限公司
地址:陕西省宝鸡市峪泉南路1号
邮编:721006
电话:0917/3604529、3604528
传真:3312662、3314247
电子信箱:xdc@ lingyungroup. com. cn
质量体系:ISO 9001
产品情况:(凌云牌)
蓄电池
配套情况:为北奔重汽配套

通用件和相关工业产品生产企业

·查询导引·

企业详细介绍

通用件和相关工业产品生产企业

☞ 企业如有变更,请与编辑部联系 ☎ 010/68426043、68420981

北京市

★北京市朝阳建华无油润滑轴承厂
地址:北京市朝阳区孙河乡沙子营
邮编:100012
电话:010/84918171、84914806
传真:84912017
网址:www.jhwyzc.cn
电子信箱:jhwyzc@126.com
质量体系:ISO/TS 16949、ISO 9001
产品情况:(JH牌)
各种滑动轴承

★沧州三星汽车零部件有限公司
地址:北京市朝阳区霞光里66号院1号楼
邮编:100027
电话:010/84467232
传真:84467230
网址:www.sanxingbc.com
电子信箱:leima_2000@hotmail.com
质量体系:ISO 9001
产品情况:汽车制动片
出口情况:出口欧洲、非洲等地区

★北京凯迅惠商防伪技术有限公司
地址:北京市朝阳区北三环东路18号
中国计量科学院11号楼2层
邮编:100028
电话:010/64209411
传真:64209537
电子信箱:12365@bjkaixun.com.cn
产品情况:质量技术监督12365防伪查询系统
配套情况:为一汽集团等供货

★北京市中联建复合材料开发中心
地址:北京市海淀区万寿路西街乙2号
邮编:100036
电话:010/68212042
传真:88210716
网址:www.zljcomposite.com
电子信箱:info@zljcomposite.com
质量体系:ISO 9001
产品情况:无石棉密封材料、摩擦材料

★北京天山新材料技术股份有限公司
地址:北京市石景山区八大处高科技园区中园路7号
邮编:100041
电话:010/88795588
传真:68865252
网址:www.tonsan.com
电子信箱:info@ts.com.cn
单位人数:520
质量体系:ISO/TS 16949、ISO 9001
产品情况:(可赛新牌)
产品共分七大系列三百余种,全面涵盖厌氧胶、硅橡胶、聚氨酯、改性硅烷酯、环氧修补剂和瞬干胶等工程胶粘剂产品类型,主要包括螺栓锁固剂、管螺纹密封剂、圆柱固持剂、厌氧型/硅橡胶平面密封剂、铸造修补剂、耐磨/耐腐蚀修补剂、机床导轨涂层、橡胶修补等,在汽车、工程机械、新能源、电子电器、铁路、矿山、船舶、军工、航空航天等行业领域得以广泛应用
配套及出口情况:为东安/航天三菱、长安铃木、长安汽车、上柴、锡柴、朝柴、通用五菱、长城、吉利、比亚迪、上齿、唐齿爱信、安凯、美驰、汉德、川汽、青特、山汽改、一汽、东风、中通、福田、金龙等配套;出口美国、日本、印度、欧洲等国家和地区

★北京第三纺织机械有限公司
地址:北京市宣武区马连道东街30号
邮编:100055
电话:010/63437918、60294660
传真:63437912
网址:www.bj-sfj.com
电子信箱:bjsfj@bj-sfj.com
单位人数:230
质量体系:ISO/TS 16949
产品情况:(晶花、风飒牌)
气弹簧,年产100万支;汽车水泵轴连轴承,年产90万套;汽车张紧轮、正时皮带张紧轮、过渡轮合件,年产10万件;汽车喷油泵传动轴总成,年产5万件
配套及出口情况:气弹簧为一汽解放、

一汽轿车、天津一汽、哈飞汽车、江铃陆风、长城汽车、奇瑞汽车、江淮汽车配套;汽车水泵轴连轴承为爱信宏达汽车零部件、华纳圣龙、合肥凯创汽车零部件、西峡水泵、哈东安机电、比亚迪汽车等配套;正时皮带张紧轮、过渡轮合件为江铃汽车、北汽福田配套;张紧轮为大柴配套,喷油泵传动轴总成为大柴、锡柴配套;出口澳大利亚

★北京白菊汽车部件有限公司
地址:北京市丰台区卢沟桥南里8号
邮编:100072
电话:010/63778189
质量体系:ISO/TS 16949、ISO 9001
产品情况:以汽车零部件注塑、焊接、组装为主,兼营其他产品配套部件
配套情况:主要客户有北京现代、北京奔驰、北汽福田、东风悦达起亚等

★北京绿通橡塑制品有限公司
地址:北京市大兴区北藏村镇前营西二号
邮编:100076
电话:010/60272201、60271703
传真:60271763
电子信箱:jingxingdelong@163.com
产品情况:球笼防尘套、转向机防尘套、通用防尘套、减振器防尘套、减振器顶胶、三角支臂铁套、平衡杆胶、球头防尘套、发动机机脚架、中间轴承、摇臂铁套、各种卡子及润滑油等

★北京博特金润润滑油有限公司
地址:北京市大兴区德茂德裕街19号
邮编:100076
电话:010/67964246
质量体系:ISO 9001
产品情况:(北汽机油牌)
润滑油

★北京万源金德汽车密封制品公司
地址:北京市丰台区南大红门路1号
邮编:100076
电话:010/68383490
传真:68383491
网址:www.gdx.com.cn
电子信箱:chenfuyuan@gdx.com.cn
单位人数:357
质量体系:ISO/TS 16949、VDA 6.1
产品情况:汽车密封条
配套情况:为一汽-大众(奥迪、捷达、宝来)、一汽红旗、上海通用别克、上海大众波罗、神龙汽车(富康、毕加索)、雪佛兰开拓者、切诺基、南京依维柯等供货

★北京华润捷润滑油脂有限公司
地址:北京市大兴区瀛海工业园区南一路6号
邮编:100076
电话:010/69275683、69271038
传真:69271868
网址:www.huarunjie.com
电子信箱:www.txl678@sohu.com
质量体系:ISO 9001
产品情况:(华润捷牌、持耐牌)
各种润滑脂、专用脂

★北京天业龙翔润滑脂有限责任公司
地址:北京市大兴区瀛海镇旧忠路68号
邮编:100076
电话:010/69276150
传真:69272156
网址:www.newgrease.com.cn
电子信箱:tylxrhz@163.com
质量体系:ISO 9001
产品情况:润滑脂

★北京中润利尔石油化工科技公司
地址:北京市大兴区旧宫工业开发区旧忠路24号
邮编:100076
电话:010/87911076、87963570
传真:87911076
网址:www.zhongrunlier.com
质量体系:ISO 9001
产品情况:(中润牌)
润滑油、润滑脂、工业用油及特种油品

★北京中石统一润滑油有限公司
地址:北京市大兴区旧宫镇
邮编:100076
电话:010/87918778、87910688
传真:87913588、87915060
网址:www.morale.net.cn
电子信箱:2003likai@sohu.com
质量体系:ISO 9000、ISO 14001
产品情况:(统士牌)
汽车用发动机油、齿轮油、液压油、摩托车机油、汽轮机油、润滑脂、防冻液、制冻液、发动机养护剂及其他工业润滑油
配套及出口情况:为双龙、雪佛兰等配套;出口英国、日本、韩国、美国等国家

★北京瑞森正邦橡胶技术有限公司
地址:北京市大兴区西红门寿宝庄工业区
邮编:100077
电话:010/61281326
传真:61280852
网址:www.beijingrzb.cn
单位人数:100
质量体系:ISO 9000
产品情况:(瑞森正邦牌)
橡胶电缆附件、特种橡胶制品、汽车配件、工业制品、油管、氟硅胶制品等
配套及出口情况:主要为一汽集团配套生产汽车橡胶配件,同时为北开、ABB、北变、北京电力等电器开关、变压行业生产绝缘或导电电器密封件;出口北美洲、东南亚

★中石化润滑油分公司
地址:北京市海淀区安宁庄西路6号
邮编:100085
电话:010/62917732、62941427
传真:62917732
网址:www.sinolube.com
电子信箱:hong_m@sinolube.com
质量体系:ISO/TS 16949、ISO 9001
产品情况:(长城(SINOPEC)牌)
内燃机润滑油、工业齿轮油、液压油、润滑脂、防冻液、制动液、金属加工液及润滑油添加剂等
配套及出口情况:通过戴姆勒-克莱斯勒、大众、奔驰、沃尔沃、MAN等制造商的技术认证,成为一汽集团、东风汽车公司、上海通用、上海大众、奇瑞汽车、宝钢等公司首选专用油品;海外市场销量实现1.45万t

★北京兰天达汽车清洁燃料技术公司
地址:北京市海淀区长春桥路11号万柳亿城大厦C2座1201室
邮编:100089
电话:010/58816081
传真:58816086
网址:www.lantianda.com
电子信箱:office@lantianda.com
质量体系:ISO 9001
产品情况:CNG和LPG汽车供气系统、压缩天然气、液化石油、CNG加气站成套设备
配套及出口情况:车用压缩天然气供气系统为美国康明斯纯天然气发动机、德国奔驰纯天然气发动机、玉柴掺烧发动机、上柴掺烧发动机、锡柴掺烧发动机、潍柴纯天然气发动机等提供配套,液化石油气供气系统为广州骏威、安凯汽车、常州依维柯、宇通客车多家客车厂提供配套;部分产品出口泰国、菲律宾、印尼、马来西亚、巴基斯坦等国家

★北京世纪泽通科技发展有限公司
地址:北京市海淀区板井路69号世纪金源国际公寓6单元18B
邮编:100097
电话:010/88453748
传真:88507466
网址:www.shijizetong.com
电子信箱:liujun_163@163.com
质量体系:ISO 9001、ISO 14001
产品情况:涂布、无纺和无尘研磨材料

★北京天海工业有限公司
地址:北京市朝阳区天盈北路9号
邮编:100121
电话:010/67383444、67364072
传真:67367022、67384808
网址:www.btic.cn
电子信箱:master@btic.com.cn
单位人数:2000
质量体系:ISO/TS 16949、ISO 9001
产品情况:(JP牌)
各种车用CNG钢瓶、LPG钢瓶
出口情况:出口四大洲40多个国家和地区

★北京金世纪润滑油有限公司
地址:北京市经济技术开发区南路

邮编:100176
电话:010/60501229、58075997
传真:60503999、58075996
网址:www.gkxon.com
质量体系:ISO 9001
产品情况:(金格森(GKXON)牌)
润滑油
配套情况:满足于欧美、日本及国内外各大汽车生产商OEM要求

★北京华德液压工业集团有限公司
地址:北京市亦庄经济开发区同济北路5号
邮编:100176
电话:010/67881998、67872598
传真:67882009、67872979
网址:www.huade-hyd.com.cn
电子信箱:huadehyd@meil.net.cn
质量体系:ISO 9001、ISO 14001
产品情况:清洁燃料汽车LPG燃气装置
出口情况:产品远销美国、日本、土耳其、欧洲、亚洲等国家和地区

★北京孚美特润滑油有限公司
地址:北京市大兴瀛海千顷堂东街10号
邮编:100176
电话:010/69288891、69288879
传真:69288891
网址:www.chinaformat.com.cn
电子信箱:chinaformat@163.com
质量体系:ISO 9001
产品情况:(孚美特牌)
润滑油、润滑脂、防冻液等,年产能力8万t

★北京平静汽车隔音用品厂
地址:北京市海淀区杏石口路55号
邮编:100195
电话:010/82191090
传真:82161578
网址:www.pingjing.com.cn
电子信箱:pingjing@vip.163.com
产品情况:隔音材料
配套情况:主要客户有吉利汽车、吉奥汽车、北旅、北汽福田、河北新凯、山东福田重工、沈阳中顺、江动汽油机、重庆力帆、江铃控股、一拖、安徽合力、北京英斯泰克视频技术、中天高科特种车辆、北京北电科林电子、清华同方威视技术、江苏同力机械、优必得石油设备、北汽制造等供货

★北京华夏通商科技发展有限公司
地址:北京市海淀区杏石口路43-1号
邮编:100195
电话:010/88438019、88445485
传真:88445487
网址:www.c-ts.com.cn
电子信箱:huashang2004@163.com
质量体系:ISO 9001
产品情况:(将军牌)
防冻液
配套情况:为天津一汽丰田威驰、通用雪佛兰、大迪等汽车品牌OEM配套赠品的制造商

★北京金汇利应用化工制品有限公司
地址:北京市通州区马驹桥镇
邮编:101102
电话:010/52339926、52339920
传真:52339912
电子信箱:sales@jinhuili.com
质量体系:ISO 9002、ISO 14001
产品情况:水性树脂和水性工业涂料
配套情况:主要客户有一汽、东风、陕西法士特、洛阳一拖等

★北京乾坤盛世工贸有限公司
地址:北京市通州区马驹桥镇史村
邮编:101102
电话:010/60591712、60591713
传真:60591710
网址:www.bjqkss.com
电子信箱:bjqkss@126.com
质量体系:ISO 9001
产品情况:(亚捷牌)
各种内燃机油、工业用油等

★北京战神科技开发有限公司
地址:北京市通州区聚富苑民族工业区三路西三号
邮编:101105
电话:010/80529860
传真:80529567
网址:www.bjmars.com.cn
电子信箱:webmaster@bjmars.com.cn
产品情况:汽车技术开发,汽车零部件制造,信息咨询
配套情况:为二代军车、克莱斯勒300C、克莱斯勒铂锐等车型进行模块化供货

★北京时代石油制品有限公司
地址:北京市通州区潞城镇甘棠工业区时代大街1号
邮编:101107
电话:010/61525588、61525399
传真:61525366、61521016
网址:www.shidaitaima.com
电子信箱:time@shidaitaima.com
质量体系:ISO 9001
产品情况:(泰玛牌)
润滑油
出口情况:出口美国、欧洲、日本

★北京市通州区运河化工厂
地址:北京市通州区城镇建设开发区
邮编:101109
电话:010/69564871、69564873
传真:69564872、69564873
网址:www.bj-tongwang.com
质量体系:ISO 9001
产品情况:(通旺牌)
三元清洗剂、发动机修复改善剂、摩托车燃油系统清洗剂、摩托车润滑油强化抗磨剂、摩托车修复改善剂、乙醇汽油改善剂等

★亚太车务(北京)润滑油有限公司
地址:北京市通州区103国道42公里处
邮编:101109
电话:010/80588806
传真:80588806
网址:www.vvvchina.com.cn
电子信箱:jinriqongsi@263.com
单位人数:80
质量体系:ISO 9001
产品情况:(金日牌)
汽车汽油机油、汽车柴油机油、齿轮油、液压油、制动液、防冻液、摩托机油、工业油、船舶用油等
配套情况:为一汽集团、东风汽车公司、北内集团等配套

★北京华腾橡塑乳胶制品有限公司
地址:北京市通州区次渠工业区
邮编:101111
电话:010/81501451
传真:81501451
质量体系:ISO/TS 16949、ISO 9001
产品情况:汽车橡胶配件

★北京利迪欣科技发展有限公司
地址:北京市通州区漷县工业区漷兴四街
邮编:101112
电话:010/80589966、80588000
传真:80582233、80581992
网址:www.chinalidi.com
电子信箱:sales@chinalidi.com
产品情况:(LIDI牌)
润滑油
配套及出口情况:为一汽-大众、一汽解放、一汽轿车、沈阳金杯、北汽福田、双环汽车、长城汽车等十几家汽车制造厂装车配套;远销美国、欧洲、哈萨克斯坦、朝鲜、越南等国家和地区

★北京星宇车科技有限公司
地址:北京市平谷区兴谷路28号
邮编:101200
电话:010/69958500-262
传真:69958518
电子信箱:jinxunboy@163.com
质量体系:ISO/TS 16949
产品情况:汽车冲压件
配套情况:为北京现代配套

★北京和承阿仁艾汽车配件有限公司
地址:北京市平谷区兴谷开发区M2-3
邮编:101200
电话:010/89986221
传真:89986002
网址:www.hsrna.com
电子信箱:lijingji200888@yahoo.cn
单位人数:482
产品情况:车身密封条
配套及出口情况:为现代、起亚、大宇、双龙、戴姆勒·克莱斯勒、福特、丰田等配套;出口韩国、美国、澳大利亚等国家

★北京泰兴汽车配件制造有限公司
地址:北京市顺义区高丽营镇

邮编:101300
电话:010/69495019
传真:69495063
网址:www. taixingbj. cn
质量体系:ISO/TS 16949
产品情况:汽车制动管路、燃油管路、输气管路、发动机燃油分配管路、机油管路等
出口情况:远销加拿大、法国、俄罗斯、西班牙、伊朗、巴西

★北京韩太汽车部件有限公司
地址:北京市顺义区仁和镇双河路 61 号
邮编:101300
电话:010/89401107
传真:89401109
网址:www. hkmt. co. kr
电子信箱:jhpark@ hkmt. co. kr
质量体系:ISO/TS 16949、ISO 9000
产品情况:汽车零部件

★北京雅士科莱恩石油化工公司
地址:北京市顺义区李桥镇后桥 3425 信箱
邮编:101304
电话:010/81471581、81471582
传真:81471532
网址:www. asahi - china. com
质量体系:ISO 9001、ISO 14001
产品情况:润滑油、添加剂

★北京时代汽车配件制造有限公司
地址:北京市顺义区杨镇工业区
邮编:101309
电话:010/61459588
传真:61459198
网址:www. shineskycn. com
电子信箱:sales@ shineskycn. com
质量体系:ISO/TS 16949
产品情况:汽车制动油管

★北京瑞汀斯达紧固系统公司
地址:北京市顺义区杨镇工业区东
邮编:101309
电话:010/89407817
传真:61406922
网址:www. rsfastening. com
电子信箱:eva. du@ rsfastening. com
质量体系:ISO/TS 16949、ISO 9001
产品情况:紧固件

★北京天元奥特橡塑有限公司
地址:北京市怀柔区杨宋镇北凤翔科技开发区 12 号
邮编:101400
电话:010/61676028
传真:61676028、61676528
网址:www. tyat. com. cn
电子信箱:tyatbgs@ 126. com
单位人数:550
质量体系:ISO/TS 16949、QS 9000
产品情况:汽车胶管、橡胶件和塑料件
配套情况:为一汽集团、东风汽车公司、北汽福田、北京现代、重汽集团、北奔重汽等配套

★韩华综化(北京)塑料有限公司
地址:北京市昌平区中关村科技园东区利祥路 4 号
邮编:102200
电话:010/60735588
传真:60735459
质量体系:ISO/TS 16949、QS 9000
产品情况:(韩华牌)
内装饰材料
出口情况:出口日本、美洲、欧洲等国家和地区

★北京摩拓尼克汽车配件有限公司
地址:北京市昌平区中关村科技园区(东园)凯创路 13 号
邮编:102200
电话:010/60736001、60736002
传真:60736007
网址:www. bjmotonic. com
电子信箱:dahao - 666@ 126. com
质量体系:ISO/TS 16949
产品情况:汽车配件

★北京首钢红冶钢厂
地址:北京市昌平区昌平火车站西
邮编:102249
电话:010/60752683、60752935
传真:60756441、60756484
网址:www. hongyeweb. com. cn
单位人数:150
质量体系:ISO 9001
产品情况:扁钢系列、等边角钢、不等边角钢等
出口情况:红冶钢材出口日本、韩国、中东、英国、德国等国家,红冶板簧出口美国、加拿大等

★北京聚菱燕塑料有限公司
地址:北京市房山区房窑路 21 号
邮编:102400
电话:010/81334983、80343170
传真:81334983、80343170
网址:www. jly - plastic. com. cn
电子信箱:jiangshj@ jly - plastic. com. cn
单位人数:130
质量体系:ISO/TS 16949、ISO 9001
产品情况:(聚菱燕牌)
汽车用 PP 共混合金材料,年产 2000t
配套情况:为天津一汽丰田、广汽丰田、东风本田、广汽本田、东风日产乘用车、郑州日产、长安铃木、昌河铃木、长安汽车、华晨金杯、广汽长丰、北京奔驰、柳州五菱、株洲雅马哈、新大洲本田、四川一汽丰田等配套

★北京市顶级特斯特石化有限公司
地址:北京市房山区琉璃河工业区
邮编:102403
电话:010/89381002、89381080
传真:89381090
网址:www. cntst. com
电子信箱:cntst@ sina. com
质量体系:ISO 9001
产品情况:(特斯特(TESITE)牌)
润滑油、脂、防冻液及制动油、液力传动油等

★北京燕山大宝润滑油工贸有限公司
地址:北京市房山区燕山高家坡路 18 号
邮编:102500
电话:010/69346862
传真:69346862
电子信箱:dabao4148@ sina. com
质量体系:ISO/TS 16949
产品情况:润滑油、润滑脂

★北京嘉士威润滑油有限公司
地址:北京市大兴区埝坛工业开发区 B 区 16 号
邮编:102600
电话:010/61251851、61251184
传真:61251897
网址:www. beijingjsw. com
电子信箱:jusway@ beijingjsw. com
质量体系:ISO 9001
产品情况:(嘉士威(JSW)牌)
润滑油

★北京现代润滑油制造有限公司
地址:北京市大兴区黄村镇孙村工业开发区
邮编:102600
电话:010/61261971、61261974
传真:61261972
网址:www. hyundailube. com
电子信箱:bjxd@ hyundailube. com
质量体系:ISO 9001
产品情况:(现代王牌)
汽车润滑油

★北京日产嘉禾润滑油有限公司
地址:北京市大兴区庞各庄工业开发区西区田园路 22 号
邮编:102601
电话:010/89283339
传真:89283332
网址:www. richanjiahe. com
电子信箱:richanjiahe@ 126. com
产品情况:润滑油
配套情况:为广汽本田、天津一汽丰田等配套

★北京市华夏长城高级润滑油公司
地址:北京市大兴区庞各庄工业开发区西区田园路 22 号
邮编:102601
电话:010/89288880、89289103
传真:89288880
网址:www. huaxiachangcheng. com
电子信箱:11r. d@ 163. com
质量体系:ISO 9001
产品情况:(中石牌、中信牌)
各种车辆润滑油、工业用润滑油

★北京北方创业润滑油有限公司
地址:北京市大兴区青云店开发区 8 号
邮编:102605

电话:010/80214715、80214286
传真:80213432、80213958
网址:www. bfcyjx. com
电子信箱:north@ bfcyjx. com
单位人数:200
质量体系:ISO 9001
产品情况:(金象牌)
车辆润滑油、工业润滑油、防冻液、润滑脂等

★北京鑫象宇润滑油有限公司
地址:北京市大兴区青云店镇垈上村北
邮编:102605
电话:010/80214968
传真:80214988
网址:www. xinxiangyu. com
电子信箱:xxy@ xinxiangyu. com
质量体系:ISO 9001
产品情况:(金帅牌)
车辆用油,工业用特种润滑油

★北京高科润海润滑油有限公司
地址:北京市大兴区青云店镇赵大路8号
邮编:102605
电话:010/81288272、81288278
传真:81288278
网址:www. gkrh. com. cn
电子信箱:gkrh@ gkrh. com. cn
质量体系:ISO 9001
产品情况:(金道牌、红壳牌)
汽车发动机油、摩托车机油、齿轮油、液压油、润滑脂、防冻液、制动液养护剂和工业润滑油等

★北京钰林化工有限公司
地址:北京市大兴区安定镇安定中街2号
邮编:102607
电话:010/89245331
传真:89245331
网址:bjylbuy. b2b. hc360. com
电子信箱:bjyulin@ 163. com
质量体系:ISO 9001、ISO 14001
产品情况:汽车漆

★壳牌统一(北京)石油化工公司
地址:北京市大兴区芦城开发区统一路1号
邮编:102612
电话:010/61231510、61231520
传真:61231502、61232970
网址:www. tybj. com
电子信箱:tongyi@ tybj. com
质量体系:ISO/TS 16949、ISO 14001
产品情况:(统一牌)
汽车、摩托车、工程机械及工业用润滑油及润滑脂、制动油、不冻液、汽车护理品等
配套情况:为一汽集团、东风汽车公司、东风日产乘用车、东风柳汽、上汽通用五菱、哈飞汽车、北奔重汽、华泰现代、川汽集团、陕汽集团、北汽福田、长城汽车、河北中兴、少林客车、湖北三环、哈东安、潍柴、大柴、锡柴、华北柴油机等厂家的装车、售后服务用油配套

★北京兴业橡胶制品有限公司
地址:北京市大兴区黄村镇东芦城
邮编:102612
电话:010/61239032、61230470
传真:61239551
网址:www. xyrubber. com
电子信箱:bjxy@ xyrubber. com
单位人数:93
质量体系:ISO 9001
产品情况:汽车、摩托车及其他机械用橡胶制品
出口情况:出口日本

天津市

★天津市油管厂
地址:天津市南开区黄河道临潼路54号
邮编:300110
电话:022/27364738、27633327
传真:27364565
网址:www. topf. com. cn
电子信箱:tjsygc@ vip. 163. com
质量体系:ISO/TS 16949、VDA 6.1
产品情况:汽车制动管路、燃油管路、输气管路及发动机燃油管路、机油管路,年产能力1000~1500万支
配套及出口情况:为上海大众帕萨特B5轿车燃油管路配套,为天津一汽夏利2000、天津一汽丰田NBC5配套,为奇瑞轿车管路配套,为国内丰田车型及日系车型配套;产品出口美国、加拿大

★天津中发富奥弹簧有限公司
地址:天津市南开区芥园西道215号
邮编:300112
电话:022/27516176
传真:27516236
电子信箱:tjcfxs@ tjcf. cn
产品情况:各种汽车弹簧
配套情况:为天津一汽夏利、天津一汽丰田、天津一汽华利配套

★天津市虹泰橡塑制品有限公司
地址:天津市西青区王庄工业园后道
邮编:300112
电话:022/87911988、87910866
传真:87910866、87911988
网址:www. tj - hongtai. com. cn
电子信箱:ht@ tj - hongtaixs. com
质量体系:ISO 9001
产品情况:(车师傅牌)
汽车、摩托车、柴油车专用油管、暖风管、散热器软管、通气管、油杯管,轿车液压制动软管,载货汽车气压制动软管,电线、电缆等各类橡塑制品

★天津开发区光达汽车零部件公司
地址:天津市红桥区丁字沽邮局18号信箱
邮编:300130
电话:022/26639562
传真:26621158
电子信箱:business@ sealinggasket. com
质量体系:ISO/TS 16949
产品情况:(TONGKE牌)
各种汽车汽缸垫
配套及出口情况:为潍柴斯太尔、潍柴道依茨、天动6130、山西淮海、重庆宗申等配套;远销欧洲、美洲、非洲等地区

★天津市隆达工贸发展有限公司
地址:天津市东丽区程林庄路344号
邮编:300163
电话:022/24711223、24717669
传真:24717669
网址:www. tjlongda. com
电子信箱:longda@ tjlongda. com
单位人数:176
质量体系:ISO 9001
产品情况:(万里牌)
卡环钳、卡箍钳、断线钳、卡箍等
出口情况:出口美国、西欧、大洋洲、日本、韩国,并销往中国香港、澳门地区

★天津市隆特科技发展有限公司
地址:天津市东丽区程林庄路344号
邮编:300163
电话:022/24728217
传真:24728291
网址:www. tjlt. net
电子信箱:tianjinlongte@ 163. com
质量体系:VDA 6.1、ISO 9001
产品情况:软管连接专用的卡箍、卡环和卡带

★天津北方钢瓶制造有限公司
地址:天津市南开区红旗路287号
邮编:300190
电话:022/83611538
传真:83611539、83612616
电子信箱:tjbfgp@ sohu. com
产品情况:车用LPG钢瓶

★天津市奥特利润滑油有限公司
地址:天津市南开区三潭路103号
邮编:300193
电话:022/27531958
传真:27531958
网址:www. tjatl. com
质量体系:ISO 9000
产品情况:(奥特利牌)
汽车润滑油

★三友(天津)高分子技术有限公司
地址:天津市河西区泰山路6号
邮编:300211
电话:022/28262143、28267107
传真:28261570
网址:www. sanyoutj. com. cn
电子信箱:sanyou@ sanyoutj. com. cn
法人代表:徐桥华
负责人:李士学
单位人数:140
质量体系:ISO/TS 16949、ISO 9001
产品情况:汽车制造用涂装胶、焊装胶、指压密封胶、丁基密封胶带、消声(防振)胶片、补强胶片、防(减)振胶片、点焊密封胶带、裙边胶、原子灰、常温固化

密封胶、环保万能胶以及电子产品用胶等,年产汽车胶8000t
配套情况:主要配套于一汽夏利、五菱、重庆长安铃木、北汽、北吉普、河北长安、长城、中兴等众多汽车厂家及相关配套厂

★天津天和橡胶工业有限公司
地址:天津市河西区曲江路3号增1号
邮编:300222
电话:022/28341474、28342751
传真:28341474
电子信箱:tho2@bf2000.net
质量体系:ISO/TS 16949、ISO 9000
产品情况:(勤工牌)
汽车及摩托车发动机隔振垫、前悬架支座分总成等各种橡胶配件,年产20万台份
配套情况:为天津一汽夏利、吉利汽车配套

★天津鹏翎胶管股份有限公司
地址:天津市滨海新区(大港)葛万公路1703号
邮编:300270
电话:022/63269287、63269748
传真:63269741
网址:www.pengling.cn
电子信箱:office@pengling.cn
单位人数:610
质量体系:ISO/TS 16949、VDA 6.1
产品情况:(鹏翎牌)
冷却管、燃油管、空调管、动力转向管、thv燃油胶管、涡轮增压胶管、氟橡胶胶管、aem空气管、硅胶管等
配套及出口情况:主要客户包括美国福特、通用、德国大众、一汽-大众、上海大众、一汽轿车、天津一汽丰田、广汽本田、东风商用车、神龙汽车、华晨金杯、北京奔驰、上汽通用五菱、江铃汽车、庆铃汽车等40多家主机厂;出口美国、法国、英国、德国、澳大利亚、俄罗斯、南非等国家

★天津大港区天力胶管有限责任公司
地址:天津市大港区中塘镇洋闸
邮编:300273
电话:022/63139051
传真:63139132、63138566
网址:www.tjtljg.com
电子信箱:tjtljg@tjtljg.com
单位人数:160
质量体系:QS 9000、ISO 9002
产品情况:车用油管、水管、真空软管、真空线束及各种橡胶制品
配套情况:为天津一汽夏利、安徽长丰扬子、比亚迪汽车、广州宝龙、秦皇岛金程自动车、天津专用汽车厂、东风荣成汽车、江南汽车、北汽福田、安徽通宝汽车、吉利豪情、吉利发动机、长春东北汽车装配厂、北内集团总公司内燃机二厂、芜湖渝灵发动机、奇瑞汽车等供货

★天津斯特兰能源科技有限公司
地址:天津市东丽开发区七经路10号
邮编:300300
电话:022/24828360、24828361
传真:24828369
网址:www.stl-energy.com.cn
电子信箱:stl@stl-energy.com.cn
产品情况:主要生产新型高安全性磷酸盐体系锂离子电池正极材料——磷酸铁锂(LiFePO4),年产能500t

★天津丰田合成有限公司
地址:天津市东丽经济技术开发区丽北路4号
邮编:300300
电话:022/24990427、24993847
传真:24994647
产品情况:汽车用制动软管总成、等速万向节防尘罩、发动机缸盖橡胶衬垫、空气滤清器软管分总成等

★天津市润生塑胶制品有限公司
地址:天津市津南区双港镇李楼道西首
邮编:300350
电话:022/28593169
传真:28593910
网址:www.chemilon.com
电子信箱:tjrsqcu@163.com
单位人数:260
质量体系:ISO/TS 16949、ISO 14001
产品情况:保险杠吸能块、工具盒、搁脚垫、护腿垫、备胎垫块等多种模塑成型件;EPP片材、IXPE片材、XPE片材、NPP顶棚基材等
配套及出口情况:为一汽-大众、一汽轿车、长城汽车、北汽福田、东风汽车、江淮汽车、柳州汽车等多家配套;年出口各种片材及其制品20个标准集装箱

★天津旷达汽车织物有限公司
地址:天津市津南开发区重庆街6号
邮编:300350
电话:022/28593488
传真:28593178
网址:www.kuangdacn.com
电子信箱:tianjin@kuangda.com
质量体系:ISO/TS 16949
产品情况:车座装饰面料

★天津市环宇橡塑制造公司
地址:天津市津南区小站工业区
邮编:300353
电话:022/28611403
传真:28618056
网址:www.chinahuanyu.com.cn
电子信箱:sales@chinahuanyu.com.cn
单位人数:600
质量体系:ISO/TS 16949、ISO 9002
产品情况:汽车防尘罩部件、减振橡胶、高压阻尼点火线等
配套及出口情况:为一汽集团、上海纳铁福、天津一汽、金杯、柳微、摩托罗拉、德尔福、上海联电等配套;国外客户遍布美国、加拿大、意大利、澳大利亚、日本、韩国、新加坡等国家

★耐螺扣紧固件(天津)有限公司
地址:天津市津南区小站工业园区3号路10号B
邮编:300353
电话:022/28616051、28616052
传真:28616050
网址:www.tjnylok.com
质量体系:ISO 9001
产品情况:防松螺栓、螺母

★天津滨海索富胶管有限公司
地址:天津市津南区八里台镇北中塘
邮编:300353
电话:022/88527257、88527253
传真:88527253
产品情况:水管、米管、循环管、增压器硅胶管等

★天津市天宇胶管有限公司
地址:天津市大港开发区北津港公路34公里
邮编:300353
电话:022/88613388
传真:88633155
网址:www.tj-tyjg.com
电子信箱:tianyu178@126.com
单位人数:100
质量体系:ISO 9001
产品情况:水管、油管、暖风管、橡胶件
配套情况:为国内汽车制造厂、发动机制造厂、摩托车厂、暖风机厂建立了长期的配套关系

★天津华瑞得利汽车配件有限公司
地址:天津市津南区小站镇营盘圈村
邮编:300353
电话:022/88622296、88621112
传真:88620587
质量体系:ISO/TS 16949、ISO 9001
产品情况:阀棒和阀门

★天津丰田冲压部件有限公司
地址:天津市西青区杨柳青镇马庄
邮编:300380
电话:022/27944050
产品情况:冲压部件

★天津模雅汽车配件有限公司
地址:天津市新技术园区北辰科技工业园津围公路东侧
邮编:300384
电话:022/86993255
传真:86993256
网址:www.moyacorea.com
电子信箱:samchoi@moyacorea.com
质量体系:ISO/TS 16949、ISO 9001
产品情况:保险杠、扰流板、汽车侧身装饰条等

★天津新罗油封橡塑制品有限公司
地址:天津市西青区微电子工业区微五路6号

邮编:300385
电话:022/83969556、83969559
传真:83969558
电子信箱:romulus566@ sohu. com
单位人数:105
质量体系:ISO/TS 16949
产品情况:(王冠牌)
汽车发动机油封、变速器油封、车桥系列油封、汽车用高压阻尼点火线总成、汽车减振系列产品、民用橡胶制品等
配套情况:为天津一汽夏利、哈东安、长春一汽齿轮、南方汽车工业集团四川建安分公司和重庆分公司等配套

★欧梯克工业(天津)有限公司
地址:天津市高新技术产业园区北辰科技工业园双辰中路10号
邮编:300400
电话:022/26971183
传真:26971380
网址:www. oetiker. com
质量体系:ISO/TS 16949、ISO 9001
产品情况:(OETIKER牌)
卡箍和卡环、回转管接头、快装管接头等

★天津市通大润滑油脂有限公司
地址:天津市北辰区宜兴埠七街工业区
邮编:300402
电话:022/26990178
传真:26995433
质量体系:ISO 9001
产品情况:(澳特牌)
润滑油、润滑脂

★天津诺曼科技发展有限公司
地址:天津市滨海新区工业园区
邮编:300450
电话:022/66894962
传真:66892537
网址:www. tjnuoman. com
质量体系:ISO 9001
产品情况:润滑油

★天津勤美达工业有限公司
地址:天津市塘沽开发区塘汉公路0-10号
邮编:300451
电话:022/25211445
传真:25212977
网址:www. foundrycmt-s. com
电子信箱:ticmt@ public. tpt. tj. cn
单位人数:500
质量体系:ISO/TS 16949
产品情况:汽车铸件

★罗曼胶带技术(天津)有限公司
地址:天津市经济技术开发区睦宁路231号
邮编:300457
电话:022/25328808
传真:66237066
网址:www. lohmann-lttt. com. cn
电子信箱:info@ lohmann-lttt. com. cn
质量体系:ISO/TS 16949、ISO 9001
产品情况:各种胶带

★天津六合镁制品有限公司
地址:天津市经济技术开发区黄海路268号
邮编:300457
电话:022/59816487
传真:66230018
网址:www. tjlhm. com
电子信箱:lhm@ lhtj. com
质量体系:ISO/TS 16949、ISO 9001
产品情况:镁合金、铝合金汽车转向盘、汽车安全系统、液压机械等压铸件,年产能力5000t
配套情况:配套车型主要覆盖通用、福特、大众、日产、尼桑、五十铃、名爵、神龙、标致、长城、吉利、克莱斯勒、Proton、大发、现代、菲亚特等

★阪东机带(天津)有限公司
地址:天津市经济技术开发区海通街37号
邮编:300457
电话:022/66237077
传真:66237036
网址:www. bando-belt. com
单位人数:130
质量体系:ISO/TS 16949、ISO 9001
产品情况:传动带
配套情况:客户包括日本丰田、本田、日产、三菱、铃木、美国通用、德国大众、北京现代等

★天津立洲五金弹簧有限公司
地址:天津市经济技术开发区洞庭路169号
邮编:300457
电话:022/66237259、66237239
传真:66237235、66237238
网址:www. lizhou. com
电子信箱:Lizhouljf@ 163. com
质量体系:ISO/TS 16949、ISO 9001
产品情况:(立洲牌)
发动机气门弹簧、减振弹簧、离合器弹簧、扭杆弹簧等及各种弹性冲压件
配套情况:客户有丰田、天津一汽、天汽集团等

★超汇桂盟传动(天津)有限公司
地址:天津市经济技术开发区西区新安路9号
邮编:300457
电话:022/86871665、66320988
传真:86871668、66320989
网址:www. ceva. org. cn
电子信箱:stuart@ kmcchain. com
质量体系:ISO 9001
产品情况:传动链条

★天津驰美润滑油有限公司
地址:天津市滨海路新区塘沽河南路1881号
邮编:300459
电话:022/25222088
传真:25229988
网址:www. chimeioil. com
电子信箱:chimeioil@ 126. com
质量体系:ISO 9001
产品情况:润滑油、润滑脂、防冻液

★天津山口金属制品有限公司
地址:天津市经济技术开发区西区中南三街87号
邮编:300462
电话:022/66331900、66331901
传真:66331908
网址:www. shankou. com. cn
电子信箱:zhengyongxun@ shankou. com. cn
质量体系:ISO/TS 16949
产品情况:精密紧固件、冲压件

★中国石化润滑油天津分公司
地址:天津市汉沽区营城西街
邮编:300480
电话:022/25668000、67161090
传真:67161092、67161086
网址:www. sinolube. com
质量体系:ISO 9001、ISO 14001
产品情况:(长城牌)
润滑脂,年销售量4万t以上
出口情况:远销东南亚及其他国家和地区

★天津日石润滑油脂有限公司
地址:天津市汉沽区化工街5号
邮编:300480
电话:022/67161111
传真:67161110
网址:www. tjnisseki. com
单位人数:94
质量体系:ISO 9001、ISO 9002
产品情况:车用润滑油
配套情况:主要客户有武汉本田、广汽本田、三菱、东风日产乘用车公司、新大洲本田、重汽集团、日立建机、五十铃、神钢建机、丰田、雅马哈、洋马农机

★鲜一瑞科汽车配件(天津)公司
地址:天津市静海经济开发区新区庶海道12号
邮编:301600
电话:022/59529090
传真:59529099
网址:www. sunilsfsintec. com
电子信箱:sales@ sunilsfsintec. com
质量体系:ISO/TS 16949、ISO 14001
产品情况:连杆螺栓、气门弹簧座、气门锁夹、汽缸盖螺栓、轮毂螺栓等汽车冷锻产品和工程紧固件

★天津市凯诺实业有限公司
地址:天津市静海开发区新区广海道19号
邮编:301605
电话:022/68772455、68773298
传真:68775285、68775282
网址:www. tjbchg. com
电子信箱:tjbc@ tjbchg. com

单位人数:1500
质量体系:ISO/TS 16949、ISO 9001
产品情况:(TJBC 牌)
各式不锈钢管束总成、喉箍,年产能力 13000 万套件
配套及出口情况:为一汽集团、北汽福田、潍柴动力、重汽济南卡车公司、丹东黄海、山推工程机械、昆明云内动力、沈飞日野、上汽依维柯红岩等 30 多家主机厂配套;出口德国、美国、意大利、加拿大、荷兰、瑞典、日本、新加坡、泰国、马来西亚等国家

★天津市金海利油脂有限公司
地址:天津市大邱庄开发区静王路 100 号
邮编:301609
电话:022/68668000、68669555
传真:68669186
网址:www.cn-jhl.com
电子信箱:jhl@cn-jhl.com
质量体系:ISO 9001
产品情况:润滑油、润滑脂,年产能力 2 万 t

★天津大强钢铁有限公司
地址:天津市静海县西翟庄工业区
邮编:301611
电话:022/68372666、68373099
传真:68373199、68373072
网址:www.tjdaqiang.com
电子信箱:daqiangsteel@263.net
单位人数:1000
质量体系:ISO 9001
产品情况:(大强牌)
弹簧扁钢、带钢、犁铧钢、低氧铜盘条和低松弛预应力钢绞线等

★欧利生涂料(天津)有限公司
地址:天津市新技产业园区武清开发区新源道 9 号
邮编:301700
电话:022/82101701
传真:82101703
质量体系:ISO 9001
产品情况:涂料

★天津平和机工汽车部件有限公司
地址:天津市武清区逸仙科学工业园亨远路 19 号
邮编:301712
电话:022/82167010、82167026
网址:www.tph.com.cn
质量体系:ISO/TS 16949
产品情况:精密冲压件、铝合金铸造件、管件、节气阀滑轮等

★天津市佰利邦弹簧有限公司
地址:天津市宝坻区大钟庄工业园
邮编:301800
电话:022/82428701
传真:82427256
网址:www.bailibang.com
电子信箱:bailibangth@163.com
质量体系:ISO 9002
产品情况:(三 A 牌)
各种弹簧

★星宇中车科技有限公司
地址:天津市蓟县官庄镇 3615 工厂内
邮编:301900
电话:022/29825875
传真:29821660
质量体系:ISO 9001
产品情况:北京现代汽车配件
配套情况:为天津一汽夏利、一汽华利配套

河北省

★河北京都石油化工有限公司
地址:石家庄市仓丰路工业区 34-9 号
邮编:050000
电话:0311/86017312、86015276
传真:86109596
网址:www.hebeijingdu.com
电子信箱:jingdushihua@sohu.com
单位人数:203
质量体系:ISO 9001
产品情况:(京都牌)
润滑油

★石家庄中石鑫达润滑油有限公司
地址:石家庄市北外环东路 38 号
邮编:050000
电话:0311/87250058、87250238
网址:www.xdrhy.com
质量体系:ISO 9001
产品情况:(鑫达牌)
润滑油

★石家庄永隆兴经贸有限公司
地址:石家庄市经济技术开发区创业路 20 号
邮编:050000
电话:0311/89699366、89699389
传真:89699377
网址:www.yonglongxing.net
电子信箱:yonglong878@163.com
质量体系:ISO 9001
产品情况:汽车、摩托车等用润滑油

★河北东安实业有限公司精密轴料厂
地址:石家庄市高新技术产业开发区黄河大道 81 号
邮编:050031
电话:0311/86913711、86913716
传真:86913772
质量体系:ISO/TS 16949、ISO 9000
产品情况:各种汽车齿轮轴毛坯、各种齿轮油泵轴毛坯、减速机蜗杆及各种阶梯轴类毛坯

★石家庄泰明顿摩擦材料有限公司
地址:石家庄市高新区黄河大道 150 号
邮编:050035
电话:0311/85967455
传真:85962411
网址:tmdgs.chinaepu.com
电子信箱:chenfeng@tmdfriction.com.cn
单位人数:90
质量体系:QS 9000、ISO 9000
产品情况:汽车无石棉制动摩擦片,年产 700 万片
配套及出口情况:为一汽-大众、上海大众、神龙汽车、南京依维柯、重汽集团等配套;出口欧洲

★石家庄市中海石油化工有限公司
地址:石家庄市石闫路兴北街 8 号
邮编:050041
电话:0311/87726898、87763384
传真:87719269
网址:www.zhshihua.com
电子信箱:zhonghaishihua001@126.com
质量体系:ISO 9001
产品情况:(北空牌)
特种润滑油、润滑脂、制动液、防冻液、军用特种润滑油、脂等,年产能力 25 万 t

★石家庄轴承制造股份有限公司
地址:石家庄市中华北大街 343 号
邮编:050061
电话:0311/87754877
传真:87754546
网址:www.sjzbearing.com
电子信箱:zhoucheng@sjzbearing.com
质量体系:ISO 9002
产品情况:(SM 牌)
轴承
配套及出口情况:与中国嘉陵、中国建设、一汽集团、济南轻骑、南方摩托等有良好合作关系;出口西欧、北美洲、东南亚等地区

★石家庄高新区伟新锻造有限公司
地址:石家庄市高科技术产业开发区东区大西帐村南
邮编:050801
电话:0311/85384552、85384596
传真:85384008
网址:www.sjzwx.net
电子信箱:weixinduanzao@163.com
单位人数:260
质量体系:ISO 9001
产品情况:锥齿轮、齿圈、差速壳、转向节等汽车锻件
出口情况:出口日本、韩国、澳大利亚等国家

★晋州市安达汽车配件有限公司
地址:河北省晋州市总十庄镇开发区
邮编:052260
电话:0311/84304188、84303043
传真:84300192
网址:www.carcn.cn
电子信箱:adqp@carcn.cn
质量体系:ISO/TS 16949、ISO 9001
产品情况:水管、油管、电喷管、真空制动橡胶管、尼龙管、顶棚、汽车吸塑件
配套情况:为长安、石家庄双环、天津一汽夏利、奇瑞、比亚迪、济南轻骑、上汽

通用五菱、北汽福田、上海汇众等20多家企业配套

★石家庄柯林滤纸有限公司
地址:河北省晋州市沧石路南白滩桥西侧
邮编:052260
电话:0311/84359595、84359109 、
传真:84369566
网址:www.sjzkelin.com
电子信箱:kelin@sjzkelin.com
单位人数:120
质量体系:ISO 9001
产品情况:(柯林牌、东滤牌)
滤纸、无纺布、滤清器,适用于摩托车、汽车、工程机械、内燃机、化工、医药、电子等领域
配套及出口情况:为主机厂配套;出口亚洲、非洲、欧洲、美洲等地区

★辛集市宏业滤纸有限公司
地址:河北省辛集市路南街15号
邮编:052360
电话:0311/83263083
传真:87501916
网址:www.hy-filterpaper.com
电子信箱:hbhylz@yahoo.com.cn
单位人数:200
质量体系:ISO 9000
产品情况:木浆滤纸
出口情况:出口美国、东南亚等国际市场

★河北阿木森滤纸有限公司
地址:河北省辛集市位伯工业区
邮编:052360
电话:0311/83312259、83382383
传真:83312269、83382377
网址:www.amslz.com
电子信箱:ams@amslz.com
单位人数:150
质量体系:ISO 9001
产品情况:(阿木森牌)
滤芯纸、滤盖滤网等过滤材料
出口情况:出口中东、东南亚、美洲等10多个国家和地区

★辛集市方大橡塑制品有限公司
地址:河北省辛集市安定大街东段辛集市工业区
邮编:052360
电话:0311/83382558
传真:83382986
网址:www.founda.com.cn
电子信箱:founda@vip.163.com
质量体系:ISO/TS 16949、QS 9000
产品情况:阻燃膨胀胶带、点焊胶带、丁基密封胶带等

★河北亚太塑料制品有限公司
地址:河北省衡水市经济开发北区滏阳三路
邮编:053000
电话:0318/2212856、2102558
传真:2101268
网址:www.yataigongsi.com
电子信箱:yt@yataigongsi.com
质量体系:ISO/TS 16949、ISO 9001
产品情况:(亚大牌)
各种规格尼龙管、树脂管
配套及出口情况:为东风汽车公司、一汽集团、一汽金杯发动机厂、四平专用汽车厂、柳州汽车厂、东风朝柴、重汽集团等多家主机厂配套;亚大牌尼龙管系列产品出口东南亚、欧美地区

★衡水北方刹车片有限公司
地址:河北省故城县郑口镇北外环路168号
邮编:053200
电话:0318/5369188、5389188
传真:5389688
质量体系:ISO/TS 16949、ISO 9001
产品情况:(炳胜牌)
各种制动器衬片、制动蹄总成及各种制动附件,年产能力500万套
配套及出口情况:为哈飞汽车、昌河汽车、长安汽车、上汽通用五菱、一汽吉轻、华晨金杯、河北中兴、一汽集团等配套;出口欧美、东南亚等地区

★河北易德利橡胶制品有限责任公司
地址:河北省冀州市位屯开发区位齐路108号
邮编:053200
电话:0318/8973888、8973999
传真:8974666
网址:www.ydlxj.com
电子信箱:ydl@ydlxj.com
单位人数:318
质量体系:ISO/TS 16949、ISO 9001
产品情况:(易德利牌、梅花牌)
橡胶管道、各种橡胶板、密封胶垫、胶管等
出口情况:远销美国、俄罗斯、中东、北欧、东南亚等10多个国家和地区

★河北宏广橡塑金属制品有限公司
地址:河北省景县开发区西苑路
邮编:053500
电话:0318/4222511、4311506
传真:4220046
网址:www.hbhongguang.com
电子信箱:hg@jxhongguang.com
质量体系:ISO/TS 16949、ISO 9001
产品情况:(宏广牌)
汽车制动软管、尼龙管、树脂管、橡胶管、金属软管、输送带、橡塑设备、化工涂料、橡塑密封件等
配套情况:为长春一汽、上海大众、沈阳金杯、中国重汽等企业配套

★河北赛欧橡塑制品有限公司
地址:河北省衡水市景县温城工业区
邮编:053500
电话:0318/4239888
传真:4239666
网址:www.hbsilhose.com
电子信箱:silhose@163.com
质量体系:ISO/TS 16949
产品情况:硅胶管

★河北华特汽车部件有限公司
地址:河北省景县开发区
邮编:053500
电话:0318/4312496
传真:4312496
网址:www.jxnilong.net.cn
电子信箱:13313189169@vip.163.com
单位人数:330
质量体系:ISO/TS 16949、ISO 9001
产品情况:尼龙压力管、制动管、树脂增强软管、螺旋管、七芯电缆连接器、汽车排气管、消声器、汽车中冷器进出气管、金属软管、伸缩管、碳钢及不锈钢弯管;汽车电子加速踏板总成;卡箍、支架、底盘横梁、三角臂、车身连接件、发动机支承、托架总成等冲压件;空气悬架总成;定子、转子、加速机构总成等橡胶塑料制品
配套情况:为陕汽斯太尔、重汽集团、北汽福田、东风小霸王等多家主机厂配套

★昌隆铸造有限公司
地址:河北省景县王瞳镇
邮编:053512
电话:0318/4565736、4565220
传真:4565577
网址:www.changlongfoundry.com
电子信箱:changlongcasting@vip.163.com
质量体系:ISO/TS 16949、ISO 9001
产品情况:管件、阀类配件、树脂砂铸件、精铸球铁件、手轮等铸钢件和铸铁件

★河北省安平县长丰滤芯材料厂
地址:河北省衡水市安平县南环路东段路南
邮编:053600
电话:0318/7511246、7977770
传真:7513795
电子信箱:qjh@changchenglx.com
质量体系:ISO 9001
产品情况:钢板网、圆孔网、橡胶垫、滤芯胶,同时经营滤芯纸、工业毡、黑丝布及各种滤芯织网,提供各种滤芯机械及技术

★衡水国威滤纸有限公司
地址:河北省安平县红旗东街
邮编:053600
电话:0318/7515958、7802981
传真:7515918
网址:www.np-fp.com
电子信箱:info@zmlz.com
质量体系:ISO 9001、ISO 14001
产品情况:(正明牌)
汽车工业滤纸,年产约1000t
出口情况:出口韩国、土耳其、埃及、叙利亚等20多个国家

★安平县音网厂
地址:河北省安平县建材街

邮编:053600
电话:0318/7525929、7020659
传真:7750809
电子信箱:info@ wiremesh - lw. com
单位人数:286
质量体系:ISO 9001
产品情况:钢板网、丝网、滤芯材料等

★河北安平长城滤纸有限公司
地址:河北省安平县南环西路北侧
邮编:053600
电话:0318/7539665
传真:7529665
网址:www. china - filterpaper. com
电子信箱:cc@ china - filterpaper. com
单位人数:200
质量体系:ISO 9001
产品情况:(珠峰牌)
滤纸,生产能力约 7000t
出口情况:出口东亚、东南亚及欧美各地区

★河北省安平县金城滤纸有限公司
地址:河北省衡水市安平县徐疃工业区
邮编:053600
电话:0318/7616419、7616502
传真:7616233
网址:www. chinafilterpaper. com
电子信箱:export@ chinafilterpaper. com
质量体系:ISO 9001
产品情况:(五环牌)
滤纸
出口情况:远销欧美及亚洲地区

★河北安平县北方橡胶厂
地址:河北省安平县河北建材城
邮编:053600
电话:0318/7715555
传真:7715649
质量体系:ISO 9001
产品情况:各种车型的滤芯胶垫

★安平县玖玖滤清器系材有限公司
地址:河北省安平县裕华路西
邮编:053600
电话:0318/7802019、7802036
传真:7520184
网址:www. filter - jj. com
电子信箱:info@ filter - jj. com
单位人数:200
质量体系:ISO 9001
产品情况:(玖合牌)
汽车工业滤纸、汽车空调专用活性炭过滤材料等
出口情况:出口北美洲、韩国、乌克兰、东南亚等国家和地区

★安平县三联过滤器材有限公司
地址:河北省安平县
邮编:053600
电话:0318/7976259、8068888
传真:7850556
网址:www. apsanlian. com
电子信箱:ap8065255@ sina. com
质量体系:ISO 9001
产品情况:滤芯专用胶粘剂、PU 注塑胶、热熔胶等
出口情况:销往美国、德国、韩国、比利时、东南亚等国家和地区

★河北赛之顺制动元件有限公司
地址:河北省故城县故城镇政府街 1 号
邮编:053800
电话:0318/5695555、5687888
传真:5688999
网址:www. saizhishun. com
电子信箱:zy13853400034@ vip. 163. com
质量体系:ISO 9001
产品情况:汽车、摩托车制动片,年产能力 100 万套
出口情况:远销中东、东南亚、欧美等十几个国家和地区

★邢台市中汽太脱拉汽车配套厂
地址:河北省邢台市建设西大街
邮编:054000
电话:0319/2621848
传真:2628048
网址:www. xtzhongguang. com
电子信箱:xtzhongguang@ 126. com
单位人数:320
质量体系:ISO 9001
产品情况:(中广牌)
重型汽车底盘件:制动衬片、差减壳等铸造件
配套情况:为北奔重汽、北方股份(特雷克斯)等配套

★河北永盛汽车配件制造有限公司
地址:河北省邢台市威县鸭窝经济技术开发区
邮编:054704
电话:0319/6392086、6392066
传真:6392138
网址:www. hbysqp. com
电子信箱:yongsheng@ hbysqp. com
单位人数:368
质量体系:ISO 9001
产品情况:(汇鑫牌)
汽车、火车及船用密封条、橡胶制品、拉线、各种胶管等,年销售额 5000 万元
配套情况:为一汽集团等 76 家企业配套

★河北威县盛达密封件有限公司
地址:河北省邢台市威县鸭窝经济技术开发区
邮编:054704
电话:0319/6392088、6392888
传真:6392368
网址:www. hbhonglei. com
电子信箱:sd@ hbhonglei. com
单位人数:366
质量体系:ISO/TS 16949、ISO 9001
产品情况:(宏磊牌)
汽车密封件,年产密封条 2860 万米
配套情况:为东风汽车公司、苏州金龙、哈飞汽车、上汽通用五菱、南京汽车集团、丹东黄海、昌河汽车、宇通客车、郑州轻型、长城汽车、上海万丰等配套

★清河华鹏汽车配件有限公司
地址:河北省清河县城西刘庄工业区
邮编:054800
电话:0319/5532118、5532098
传真:8138815
网址:www. hbqhhp. com
电子信箱:admin@ qhhuapeng. com. cn
单位人数:100
质量体系:ISO/TS 16949、ISO 9001
产品情况:(华鹏牌)
胶管、密封胶条、硅胶管
出口情况:远销中东、东亚、美国、德国等国家和地区

★河北志兴汽车橡胶制品有限公司
地址:河北省清河县汽配开发区 5 号
邮编:054800
电话:0319/7506859
传真:8180023
电子信箱:zhouyongzhao8866@ sina. com
质量体系:ISO 9001
产品情况:(志兴(ZX)牌)
各种橡胶制品

★清河远东橡塑制品有限公司
地址:河北省清河县小屯工业区
邮编:054800
电话:0319/8030066
传真:8031048
网址:www. hbyuandong. com
电子信箱:business@ hbyuandong. com
质量体系:ISO 9001
产品情况:(鸿越牌)
密封条、硅胶管、针织胶管、发动机软垫和汽车减振产品、橡胶制品
出口情况:出口南美洲、欧洲、东南亚、中东、日本、韩国等国家和地区

★河北省清河县永兴实业有限公司
地址:河北省邢台市清河县城关工业区 8 号
邮编:054800
电话:0319/8050093
传真:8050092、8050093
网址:www. hbyxqc. com
电子信箱:business@ hbyxqc. com
单位人数:110
质量体系:ISO/TS 16949、ISO 9001
产品情况:(清驰牌)
三元乙丙胶条、PVC 橡塑制品、单组份聚氨酯密封胶,摩托车和汽车耐扎防爆轮胎
配套及出口情况:为奇瑞汽车、长安汽车等配套;出口美国、越南、阿联酋、新加坡等国家

★河北星源汽配集团有限公司
地址:河北省邢台市清河三羊西街城关工贸区

邮编:054800
电话:0319/8050433、8050326
传真:8050913
网址:www.hbxyjt.com
电子信箱:hbxingyuan@126.com
单位人数:600
质量体系:ISO/TS 16949
产品情况:(奇星牌)
密封条、胶管、注塑件、模压件等

★河北省华意机械附件有限公司
地址:河北省清河县城关工业区
邮编:054800
电话:0319/8050889-8000
传真:8051118
网址:www.hb-huayi.com
电子信箱:webmaster@hb-huayi.com
单位人数:1000
质量体系:QS 9000、ISO 9002
产品情况:橡胶水管、波纹管、滤清器、密封条、软轴拉线等

★河北飞越汽车零部件有限公司
地址:河北省清河县汽配工贸区
邮编:054800
电话:0319/8166108
传真:8060224
质量体系:ISO/TS 16949
产品情况:各种橡胶制品

★河北永丰汽车零部件制造有限公司
地址:河北省清河县工业园区嵩山南路6号
邮编:054800
电话:0319/8167555、8167567
传真:8167566
网址:www.hbtenghui.com
电子信箱:yongfeng@hbtenghui.com
质量体系:ISO 9002
产品情况:(腾辉牌)
密封件、密封条、汽车钢索
配套情况:为一汽轿车等多家汽车、农用车配套

★清河县三联橡塑制品有限公司
地址:河北省清河县科技园区浦江大街
邮编:054800
电话:0319/8167999
传真:8167066
网址:www.cn-seals.com
电子信箱:sanlianxiangsu@126.com
质量体系:ISO 9001
产品情况:(三联牌)
硅橡胶、各类密封条、橡胶件、密封圈、各种胶管、拉线等
配套及出口情况:与国内200多家塑钢门窗、玻璃幕墙装饰公司、汽车等生产厂家配套;出口美国、韩国、法国、澳大利亚、加拿大、日本、意大利等国家

★河北清河国通车业部件有限公司
地址:河北省邢台市清河县商贸城173号
邮编:054800
电话:0319/8182858、8139978
传真:8284358
网址:www.hbguotong.com
电子信箱:guotong@hbguotong.com
质量体系:ISO 9001
产品情况:(驰尔乐牌)
机动车辆密封条,汽车及摩托车拉线(操纵钢索)

★清河县宝世达汽车零部件公司
地址:河北省清河县天山路16号
邮编:054800
电话:0319/8187677
传真:8287677
网址:www.hbbaoshida.com
电子信箱:baoshidaauto@yahoo.cn
质量体系:ISO 9001
产品情况:胶管、硅胶管、橡胶铜丝管、夹布管、三元乙丙胶管、油管、暖风管、PE管、PA管、PVC管、空滤软管、伸缩管、进气连接管等
出口情况:出口非洲、欧洲等地区

★河北清河九洲软轴胶管有限公司
地址:河北省清河县祥和大街145号
邮编:054800
电话:0319/8286411
传真:8182974
网址:www.jiuzhoujiaoguan.com
电子信箱:jiuzhou@jiuzhoujiaoguan.com
质量体系:ISO 9001
产品情况:(清河湖牌)
各种胶管
配套情况:为亚星客车、欧曼客车、河北定州客车、重汽集团等配套

★河北清河立伟尼龙件制品厂
地址:河北省清河县城清凉江工业区
邮编:054800
电话:0319/8296606
传真:8296024
质量体系:ISO 9001
产品情况:尼龙件

★河北省清河县盛兴汽车软轴厂
地址:河北省清河县前丁工业区
邮编:054802
电话:0319/8031537
传真:8038837
网址:www.hebshengxing.com
电子信箱:shengxing@hebshengxing.com
质量体系:ISO 9001
产品情况:软轴、橡胶制品
配套情况:与一汽集团配套

★河北新华橡胶密封件有限公司
地址:河北省邢台市清河县城西王二庄开发区
邮编:054802
电话:0319/8031777、8030777
传真:8030828
网址:www.hbxhjt.com
电子信箱:xinhua@hbxhjt.com
单位人数:480
质量体系:ISO/TS 16949、QS 9000
产品情况:(爱征牌)
密封胶条、汽车内饰件、汽车模压件等,年产能力2680万m
配套情况:为一汽集团、上汽通用五菱、哈飞汽车、三菱、昌河汽车、亚星商用车、宇通客车、长城汽车、北汽福田等配套

★清河县长城密封件有限公司
地址:河北省清河县小屯工业区
邮编:054802
电话:0319/8037930、8031666
传真:8030009
网址:www.ccmfj.com
电子信箱:zhanggc@ccmfj.com.cn
单位人数:220
质量体系:ISO 9001
产品情况:(金城堡牌)
密封件、汽车装饰材料、聚氨酯底盘件
配套情况:与三一重工、中联重科、江苏柳工、昌河铃木、北汽福田、常林集团、洛阳一拖、徐工集团、上海龙工等厂家配套

★清河县德正汽车配件有限公司
地址:河北省清河县王官庄工业区
邮编:054802
电话:0319/8130777、8136033
传真:5533677
网址:www.hbdezheng.com
电子信箱:hbdezheng@126.com
单位人数:100
质量体系:ISO/TS 16949
产品情况:(德利牌)
胶管、硅胶管、发动机悬置软垫、汽车减振胶垫、伸缩管、防尘套、胶条、橡胶件等,年产能力160余万套、密封胶条800万m
配套情况:为福田汽车、南骏、力帆、英田等10多家主机厂配套

★河北三众橡胶有限公司
地址:河北省清河县王官庄工业园区
邮编:054802
电话:0319/8136084、8139616
传真:8138038
网址:www.hbsanzhong.com
电子信箱:hbsanzhong@126.com
法人代表:薛建英
负责人:薛继涛
单位人数:156
质量体系:ISO/TS 16949、ISO 9001
产品情况:(三众牌)
汽车胶管(输水输油胶管、硅胶管、动力转向管、空调管、气管)、密封胶条、模压件等橡胶橡塑制品
配套及出口情况:为一汽、北汽福田、马恒达、中天龙舟、中联重科、南昌凯马、重庆力帆、河北长安配套;出口日本、美国、南非、法国、土耳其、东南亚、中东等国家和地区

★清河县万通拉索胶业有限公司
地址:河北省清河县王官庄工业区西一街
邮编:054802
电话:0319/8136787
传真:8136186
网址:www. hb – wantong. com
电子信箱:wt@ hb – wantong. com
质量体系:ISO/TS 16949、ISO 9001
产品情况:(万顺牌、万亨牌)
汽车操纵拉索和胶管,年产操纵拉索、胶管300万套以上
配套及出口情况:与一汽集团、东风汽车公司、上汽集团、北汽福田等建立合作伙伴关系;远销中东、东南亚、欧洲、南美洲、非洲

★河北宏安汽摩配件有限公司
地址:河北省邢台市清河县大寨路北
邮编:054802
电话:0319/8136789、8132299
传真:8138058
网址:www. china – hongan. com
电子信箱:business@ china – hongan. com
单位人数:200
质量体系:ISO/TS 16949、ISO 9001
产品情况:(品利得牌)
三元乙丙胶条,汽车水管、输油管及橡胶制品
配套及出口情况:为昌河汽车、哈飞汽车、五十铃配套;出口欧美、中东、非洲、亚洲等地区

★河北任县滏阳精工密封件厂
地址:河北省任县辛兴庄
邮编:055100
电话:0319/7591988、7597287
传真:7597555
网址:www. fyyf. cn
电子信箱:fyyf1988@ 163. com
质量体系:QS 9000、ISO 9001
产品情况:汽车油封、气门油封、发动机密封件、机械密封件、国标/非标油封密封件等
出口情况:远销欧洲、美洲、东南亚、中东等地区

★邢台市车桥密封件有限公司
地址:河北省邢台市任城新区北桥工业园
邮编:055150
电话:0319/7565198
传真:7639198
网址:www. cqmfj. cn
电子信箱:cqmfj@ tom. com
质量体系:ISO 9001
产品情况:(车桥牌)
油封、轴头盖、飞轮锁片、凸轮轴修理包、全车油封、阻水圈、密封件等各种易损件

★邢台市新科盛工贸有限公司
地址:河北省邢台市任县曲辛庄工业区0002号
邮编:055150
电话:0319/7595222、7593503
传真:7594999
网址:www. xinkesheng. com
电子信箱:xks@ xinkesheng. com
质量体系:ISO/TS 16949、ISO 9001
产品情况:(XKS牌)
油封、O形圈、火花塞帽、轴套、化油器接头、压条、离合器片等橡胶密封件
出口情况:远销东南亚、非洲、美洲

★河北省邢台新世泰密封有限公司
地址:河北省邢台市任县田玉庄工业区东巷8号
邮编:055150
电话:0319/7596160、7597660
传真:7591199
网址:www. xinshitai. com
电子信箱:xst@ xinshitai. com
质量体系:ISO/TS 16949、ISO 9001
产品情况:汽车及摩托车汽缸垫、全车垫、排气管垫、离合器从动盘、火花塞帽、平叉套、气门油封、全车油封等
配套及出口情况:为国内100多家公司提供OEM配套;出口欧洲、美洲、中东、东南亚等地区

★河北华密橡胶有限公司
地址:河北省邢台市任县邢德路河头段北侧
邮编:055150
电话:0319/7609668、7609666
传真:7609988
网址:www. hmxj. com
电子信箱:business@ hmxj. com
单位人数:190
质量体系:ISO/TS 16949、ISO 9001
产品情况:油封、O形圈、气动液压、防尘罩、密封垫、橡胶减振制品、线束护套等
配套及出口情况:为北奔重汽、一汽集团、江淮汽车、长城汽车等配套;出口欧美、中东、东南亚

★邢台山峰特种橡胶制品厂
地址:河北省邢台市东河头工业区邢德路南侧
邮编:055151
电话:0319/7576088、7576001
传真:7576016
网址:www. nqkoilseal. com
电子信箱:nqkzyf@ nqkoilseal. com
质量体系:ISO 9000
产品情况:(NQK牌)
油封、O形圈、V形圈等
出口情况:远销欧美、东南亚等地区

★邢台市青山密封有限公司
地址:河北省任县北定工业区22号
邮编:055151
电话:0319/7596387
传真:7596387
网址:www. xtqingshan. com
电子信箱:sto@ xtqingshan. com
单位人数:198
质量体系:ISO 9002
产品情况:(STO牌)
耐高温氟胶气门油封、导向轮、缓冲胶等
出口情况:出口欧洲、美洲、南非、印尼、越南等国家和地区

★邢台市宏友密封件有限公司
地址:河北省邢台市开发区东二环路58号附一号
邮编:055151
电话:0319/8776662、8776669
传真:8776699
网址:www. oilseal. cn
电子信箱:hd@ oilseal. cn
单位人数:200
质量体系:ISO/TS 16949、ISO 9002
产品情况:(TOTO牌、YOG牌)
油封、气门油封、摩托车导向板、三向轮等
出口情况:远销欧洲、南美洲、非洲、东南亚、印尼等国家和地区

★河北企大橡胶有限责任公司
地址:河北省邢台市任县西刘工业区
邮编:055153
电话:0319/7565028
传真:7639838
网址:www. qidaxj. com
电子信箱:qd@ qidaxj. com
单位人数:208
质量体系:ISO 9001
产品情况:(企大牌)
橡胶制品、聚氨酯、尼龙、密封件等
配套及出口情况:为国内20多个厂家的发动机、车桥阀门、摩托车、启动机、液压机械、军工企业等主机厂配套;出口俄罗斯、朝鲜、日本、韩国、东南亚等国家和地区

★河北省任县西刘矿山机械配件厂
地址:河北省任县天口乡西刘村
邮编:055153
电话:0319/7565093
传真:7565098
质量体系:ISO 9001
产品情况:O形圈、油封等

★任县华玉胶带厂
地址:河北省任县曹栗董开发区1号
邮编:055153
电话:0319/7565156、7566596
传真:7566596
质量体系:ISO 9001
产品情况:切边带、多楔带、无级变速带、窄V带等

★任县昊威机械配件厂
地址:河北省任县北定区前刘路168号
邮编:055153
电话:0319/7593585、7594777
传真:7594777
电子信箱:haowei88999@ sina. com
单位人数:100

质量体系:ISO 9001
产品情况:(昊牌)
油封、O 形圈、组合垫片、减振胶块、防尘罩等

★邢台市龙滨橡塑制品有限公司
地址:河北省邢台市任县东刘闸开发区1号
邮编:055153
电话:0319/7639666
传真:7565368
网址:www.xtlongbin.com
电子信箱:guoshm@yahoo.com.cn
单位人数:80
质量体系:ISO 9001
产品情况:(耐实牌)
缓冲胶套、油封等橡胶塑料制品,汽车底盘件

★河北巨鹿恒利密封件厂
地址:河北省巨鹿县城西张威工业园区前街28号
邮编:055250
电话:0319/4225911、4228165
传真:4226858
电子信箱:hbjlchengzhenheng@163.com
质量体系:ISO 9001
产品情况:氟橡胶油封、O 形圈、液压密封件、转向修理包、气门室垫、气门油封、阻水圈、油封、凸轮轴修理包、拉力杆胶套等

★邢台市巨鹿同兴密封件厂
地址:河北省巨鹿县进虎寨工业区
邮编:055250
电话:0319/4233176
传真:4233423
网址:www.txmfj.com
电子信箱:tongxing@txmfj.com
质量体系:ISO 9001
产品情况:(进虎牌)
新型环保耐油密封垫片、石棉密封垫片、橡胶配件、尼龙配件、聚氨酯油封、聚四氟配件、铜、铝、铁冲压配件,并能承揽各种特殊密封件的加工制造

★邢台宏宇伟业密封件有限责任公司
地址:河北省巨鹿县西环进虎寨
邮编:055250
电话:0319/4233209
传真:4233070
电子信箱:lsj4233070@126.com
质量体系:ISO 9001
产品情况:橡胶密封制品

★邢台汇科密封件有限制造公司
地址:河北省邢台市巨鹿县进虎寨工业区
邮编:055250
电话:0319/4233366、4233519
传真:4233100
网址:www.huikeimfeng.com
质量体系:ISO 9001
产品情况:油封、O 形橡胶圈等

★巨鹿县宏伟密封件有限公司
地址:河北省邢台市巨鹿县城西大寨工业区
邮编:055250
电话:0319/4391643、4391113
传真:4391649
网址:www.hwmf.com
电子信箱:yjm4391171@yahoo.com
单位人数:800
质量体系:ISO/TS 16949、ISO 9001
产品情况:汽车、摩托车密封件、垫片等
出口情况:出口东南亚、非洲、美国、荷兰、伊朗等国家和地区

★河北欧海油封厂
地址:河北省邢台市北定工业区
邮编:055350
电话:0319/7593555
传真:7593369
网址:www.ouhaicn.com
电子信箱:ouhai@ouhaicn.com
质量体系:ISO/TS 16949、QS 9000
产品情况:气门油封、重型车曲轴油封

★新河华兴机械制造有限公司
地址:河北省新河县北环路5号
邮编:055650
电话:0319/4781276
传真:4782373
网址:www.xhhxqp.com
电子信箱:master@xhhxqp.com
单位人数:130
质量体系:ISO 9001
产品情况:(旺通牌)
调整垫片、防尘罩、轮毂盖、锁片、后桥壳盖、通气阀总成、挡泥板、转向节销、螺母、制动总成、行星齿轮轴、隔套、油封座圈、十字轴、滤清器、摆臂、横梁、支架、汽车弹簧
配套情况:为国内各大汽车主机厂、专业车桥厂、变速器厂、底盘厂配套

★邢台曙光车料有限公司
地址:河北省邢台市新河县郜宋工业区
邮编:055650
电话:0319/4841888、4841869
传真:4841886
网址:www.xtsgcl.com
电子信箱:sg@xtsgcl.com
单位人数:200
质量体系:ISO 9001
产品情况:(曙光牌)
各种半轴行星垫片、调整垫片及精磨处理件,年产能力6000万件

★邢台众力汽车配套有限公司
地址:河北省新河县城内新辛路西
邮编:055650
电话:0319/4845873、4845077
传真:4845077
电子信箱:zl@xtzhongli.com
单位人数:120
质量体系:ISO/TS 16949、ISO 9001
产品情况:带钢、石棉白板纸冲压件等
配套情况:为一汽集团、东风汽车公司、青特、北汽福田、丹东黄海、重汽集团等配套

★南宫市星晨毡业有限公司
地址:河北省南宫市玉带街6号
邮编:055750
电话:0319/5220982、5222982
传真:5227823
质量体系:ISO 9001
产品情况:(星晨牌)
毛毡及毛毡密封圈、毛毡密封条、毛毡密封垫、毛毡块等毛毡配件;抛光毡、抛光片、抛光轮、粘扣羊毛球、系带羊毛球、单双面羊毛球等;绒辊呢、皮辊呢、印刷呢等
出口情况:远销美国、德国、意大利、马来西亚、韩国、越南等国家

★河北沧县汽车配件厂
地址:河北省沧州市沧县皂坡工业开发区
邮编:061000
电话:0317/4828999、5513110
传真:4802175
质量体系:ISO 9001
产品情况:汽车冲压件
配套情况:为天津一汽夏利、江淮汽车、北汽车桥厂、石家庄车桥厂等配套

★河北省沧县国峰冲压件厂
地址:河北省沧州市皂坡东环88号
邮编:061024
电话:0317/4800030
传真:4800030
网址:www.hbcyj.com
电子信箱:ok@hbcyj.com
质量体系:ISO 9000
产品情况:(国峰牌)
合页、板勾手扣、马槽勾紧器、管道用支架总成、钢板顶

★沧州理雯汽车冲压科技发展公司
地址:河北省沧州市沧县皂坡村
邮编:061024
电话:0317/4800877
产品情况:(理雯牌)
紧固件
配套情况:为一汽专用车厂、江淮汽车、北京四季青制动泵厂等配套

★沧县双赢汽车配件有限公司
地址:河北省沧州市沧县皂坡工业开发区
邮编:061024
电话:0317/4800890
传真:4802890
电子信箱:syqipei@syqipei.com
质量体系:ISO 9001
产品情况:冲压件、发动机悬置软垫、减振垫、各种密封件

★沧州市鑫鑫汽车零部件有限公司
地址:河北省沧州市皂坡东街26号
邮编:061024
电话:0317/4802161

传真:4800999
网址:www. xxqp. cn
单位人数:90
质量体系:ISO 9000
产品情况:冲压件、拉伸件、铝制冷挤件

★沧州市远东汽车配件有限公司
地址:河北省沧州市沧县皂坡站南8号
邮编:061024
电话:0317/4802199
传真:4839889
网址:www. ydqipei. com
电子信箱:info@ ydqipei. com
单位人数:100
质量体系:ISO 9001
产品情况:各种汽车底盘冲压件
配套情况:为北京华纳齿轮、辽宁曙光、河北金桥制动片、大迪汽车、保定天马、中客华北、河北新凯等配套

★沧州市东风制动管厂
地址:河北省沧州市运西沧河路
邮编:061028
电话:0317/4042097
传真:4940833
网址:www. czdfzd. com
电子信箱:info@ czdfzd. com
质量体系:ISO 9001
产品情况:(双力牌)
各种管路
配套情况:为东风汽车公司、北汽福田、时风集团配套

★河北沧州文达汽车配件有限公司
地址:河北省黄骅市滕庄子工业园区1号
邮编:061100
电话:0317/5478888
传真:5479888
网址:www. wendacn. com
电子信箱:sale@ wendacn. com
单位人数:50
质量体系:ISO/TS 16949、ISO 9001
产品情况:后桥冲压件、紧固件等
配套情况:为一汽集团(中卡采购部、专用车厂)、重汽集团济南卡车公司、一汽山东汽车改装厂、辽宁凌河汽车底盘厂、徐州美驰车桥等主机厂配套

★南皮县春生五金配件厂
地址:河北省南皮县冯家口镇齐屯子
邮编:061500
电话:0317/8796358
传真:8797916
电子信箱:hec4@ 163. com
质量体系:ISO 9001
产品情况:(CHUNSHENG 牌)
各类型的精密冲压件,各种车型的制动片附件
出口情况:出口欧洲、美洲

★沧州鑫利达五金制造有限责任公司
地址:河北省沧州市南皮县东迎宾路开发区18号
邮编:061500
电话:0317/8856628、8865699
传真:8863688
网址:www. czxinlida. com
电子信箱:xinlida@ czxinlida. com
单位人数:150
质量体系:ISO 9001
产品情况:汽车制动片附件、五金冲压件、弹性部件、汽车五金配件等,电子产品配件
出口情况:部分产品出口

★沧州惠邦机电产品制造有限公司
地址:河北省南皮县惠邦路
邮编:061500
电话:0317/8861192
传真:8861190
网址:www. orbon. com. cn
电子信箱:orbon@ orbon. com. cn
质量体系:ISO/TS 16949、ISO 9000
产品情况:汽车零部件
配套及出口情况:为德国 SIEMENS 公司、美国 MOTOROLA 公司、法国 SCHNEIDER(施耐德)公司、瑞士 ABB 公司、韩国 SAMSUNG 公司(含有中国本土工厂及其海外工厂)、一汽-大众、重汽集团等配套;出口德国、美国、法国、瑞士、韩国

★南皮县兴业空调设备有限责任公司
地址:河北省南皮县乌马营镇罗张工业区
邮编:061503
电话:0317/8622969、8622979
传真:8621688
网址:www. npxingye. com
电子信箱:xiaoshoubu@ npxingye. com
单位人数:96
质量体系:ISO 9001
产品情况:汽车钣金冲压件、中央空调末端配件、执行器、阻火圈、旋流风口、圆形多叶片散热器

★河北信久重型机械制造有限公司
地址:河北省沧州市盐山县城南工业开发区南首
邮编:061800
电话:0317/6321558
传真:6321081
单位人数:120
质量体系:ISO/TS 16949、ISO 9001
产品情况:(迅安牌)
鞍型横梁、连接板、脚踏板支架、防尘罩、挡泥板等
配套情况:为济南多家大型重型机械装备公司配套

★河北鑫世通汽车附件有限公司
地址:河北省献县郭庄工业区88号
邮编:062250
电话:0317/4419988
传真:4419966
网址:www. wheel - weight. cn
电子信箱:hbyj999@ 263. net
单位人数:150
质量体系:ISO 9001
产品情况:平衡块,兼营胶条、胶片、真空咀及各种汽车工具

★河北康奥电力汽配有限公司
地址:河北省河间市桂庄工业开发区
邮编:062450
电话:0317/3603260、3619788
传真:3616788
网址:www. kangao. com. cn
电子信箱:hebei@ kangao. com. cn
质量体系:ISO 9001
产品情况:(福重牌)
汽车钢板U形螺栓、汽车工具、电器化铁路专用工具、紧固件、液压管接头、螺母等
出口情况:出口埃塞俄比亚、土耳其、沙特阿拉伯、日本、韩国、马来西亚等十几个国家,并销往中国香港地区

★河间市亿安塑料制品有限公司
地址:河北省河间市时村经济开发区
邮编:062450
电话:0317/3677069
传真:3677069
网址:www. hjygsl. com
电子信箱:hjygsl@ 126. com
质量体系:ISO 9001
产品情况:尼龙管、螺旋挂车管、七芯电线管

★河北三路汽车附件厂
地址:河北省河间市河卧中路
邮编:062450
电话:0317/3836141、3834142
传真:3834143
网址:www. hbslqp. com
电子信箱:sanluqipei@ sina. com
单位人数:150
质量体系:ISO 9001
产品情况:轮胎螺栓、钢板U形螺栓、紧固件、套筒工具、螺母等
配套及出口情况:为几家汽车主机厂、改装厂和挂车厂配套;出口美国及东南亚

★沧州夺天汽车缸垫有限公司
地址:河北省米各庄汽配市场一街十字街路西
邮编:062453
电话:0317/3806599、3821023
传真:3826966
单位人数:150
质量体系:ISO 9001
产品情况:(夺天牌)
各种汽车缸垫、进排气垫
出口情况:出口越南、法国、英国、缅甸等国家

★河间市亚代尔汽车零部件有限公司
地址:河北省河间市卧六汽配市场28号
邮编:062453
电话:0317/3821639
传真:3192988
网址:www. yadaier. com. cn

电子信箱:yadaier@ yadaier. com
质量体系:ISO 9001
产品情况:(亚代尔牌)
各种规格不锈钢软管、波纹管、伸缩管等
配套情况:为北京、天津、保定、长春等众多汽车厂家配套

★河间市中秋管业有限公司
地址:河北省河间市卧佛堂镇工业区
邮编:062453
电话:0317/3825292、3191663
传真:3825292、3191663
网址:www. hbzhongqiu. cn
电子信箱:ok@ hbzhongqiu. cn
质量体系:ISO 9001
产品情况:(天海牌)
TPU、PA11、PA12、PA6 系列尼龙管

★河间市双杰塑料制品有限公司
地址:河北省河间市留古寺前羊店工业区
邮编:062453
电话:0317/3833231、3831816
传真:3833231
网址:www. hjsjslzpc. com. cn
质量体系:ISO 9001
产品情况:(双杰牌)
各种高压尼龙管、低压管

★沧州石力汽车密封件有限公司
地址:河北省河间市米各庄镇石力路1号
邮编:062454
电话:0317/3196188、3809358
传真:3802108、3828888
电子信箱:ok@ shiligangdian. com
质量体系:ISO 9001
产品情况:(石力牌)
汽缸垫、进排气垫、接口垫、全车垫等各种汽车密封垫片,年产 1000 万片
出口情况:部分产品出口

★鑫雪峰树脂管厂
地址:河北省河间市米各庄工业园区
邮编:062454
电话:0317/3199185
质量体系:ISO 9001
产品情况:(雪峰牌)
各种树脂耐油管

★河间市立杰汽车密封垫厂
地址:河北省河间市米各庄镇刘店
邮编:062454
电话:0317/3199226
传真:3805821
网址:www. hjlijie. com
电子信箱:info@ hjlijie. com
质量体系:QS 9000、ISO 9001
产品情况:(LIJIE 牌)
汽车发动机汽缸垫、进排气垫、接口垫、全车垫、变速器套垫、底盘各部位密封垫片
出口情况:部分产品出口

★河间市三红汽车配件厂
地址:河北省河间市米各庄汽配市场一街西
邮编:062454
电话:0317/3806765、3195068
传真:3195068
网址:www. hbsanhong. com
电子信箱:bsanhong@ hbsanhong. com
质量体系:QS 9000
产品情况:(三红牌)
各种汽车钢板 U 形螺栓

★河间市恒良弓卡子厂
地址:河北省河间市米各庄汽车配件大市场
邮编:062454
电话:0317/3808908
网址:www. hb - hengliang. com
电子信箱:hengliang@ hb - hengliang. com
质量体系:ISO 9001
产品情况:(恒良牌)
汽车弓卡子
配套及出口情况:为一汽集团、东风汽车公司服务站等多家公司供应配套;出口泰国、埃及、乌克兰等国家

★河间市驰恒汽车零部件有限公司
地址:河北省河间市米各庄开发区
邮编:062454
电话:0317/3809538
传真:3809538
质量体系:ISO 9001
产品情况:汽车零部件

★河间市胜达塑料厂
地址:河北省河间市留古寺镇前羊店工业区
邮编:062459
电话:0317/3831380
传真:3832239
网址:www. hjsdsl. com
电子信箱:sdcsl@ 163. com
质量体系:ISO 9001
产品情况:(朝阳牌)
各种高压尼龙管、低压管、聚氨酯弹性(TPU)管、定型管、尼龙护套

★任丘市方圆塑料有限公司
地址:河北省任丘市东关张
邮编:062550
电话:0317/2730513
传真:2730513
产品情况:动力转向储油罐、储油杯总成、防冻液水壶、膨胀水箱、搪塑线卡、塑料线卡、喉箍等
配套情况:为一汽集团、五征集团、力帆、杭挂、长城皮卡、猎豹、福田汽车等配套

★沧州长城机械制品有限公司
地址:河北省沧州市青县双庄科开发区西大街 1 号
邮编:062654
电话:0317/4181101、4182116
传真:4181104
网址:www. ccjcc. com
电子信箱:ccjcc@ ccjcc. com
单位人数:500
质量体系:ISO 9001
产品情况:(银杏牌)
防水防爆电气配管、制动蹄、机械齿条、RQS 软管固定支架、液压软管总成、制动片、平顶链等

★唐山富华汽车制动材料有限公司
地址:河北省唐山市古治区刁家套乡任家套村北
邮编:063100
电话:0315/3614052
传真:3614051
电子信箱:tsfhqc@ hc360. com
负责人:李广林
质量体系:ISO 9001
产品情况:(HAO HAI 牌)
重型车、半挂车鼓式制动片

★唐山兴宇橡塑工业有限公司
地址:河北省玉田县城北马头山工业区
邮编:064100
电话:0315/6166836
传真:6166836
网址:www. tsxyxs. com
电子信箱:raoyang_23660@ 163. com
单位人数:1600
质量体系:ISO 9001
产品情况:汽车内胎、再生橡胶、胶粉
出口情况:远销东南亚、中东等国家和地区

★河北长安塑胶有限公司
地址:河北省霸州市堂二里镇北崔北廊泊路西侧
邮编:065701
电话:0316/7492055、7998788
传真:7492057、7513198
网址:www. cncasj. com
质量体系:ISO 9001、ISO 14001
产品情况:各种高中档 PVC 人造革、汽车装具革等

★廊坊时讯润滑油脂有限公司
地址:河北省廊坊市大城荆河工业园区
邮编:065906
电话:0316/5611068
传真:5611761
网址:www. cnshixun. com
电子信箱:sx@ cnshixun. com
质量体系:ISO 9001
产品情况:(今时训牌、时讯牌、百吨王牌)
润滑油脂,年产能力 1. 2 万 t

★邦迪管路系统有限公司
地址:河北省秦皇岛市经济技术开发区黄山路 12 号
邮编:066004
电话:0335/8051720、8051705
传真:8050083
单位人数:354
质量体系:ISO/TS 16949、QS 9000

产品情况:汽车管路、燃油箱、油泵、钢带、制冷管路
配套情况:为一汽-大众、华晨金杯、东风汽车公司、北京奔驰、天津一汽夏利配套

★菲凯特集团
地址:河北省秦皇岛市经济技术开发区钱塘江道8号
邮编:066004
电话:0335/8508186、8508678
传真:8508605
网址:www.fectgroup.com
电子信箱:export@fectgroup.com
质量体系:ISO 9001
产品情况:金属托盘箱、金属软管、波纹膨胀节、高压胶管总成及铠装隔热胶管等
出口情况:出口日本(本田汽车、丰田汽车、日本合成橡胶)、欧洲(KTM)等

★保定富尧润滑油脂有限公司
地址:河北省保定市107国道152公里处
邮编:071000
电话:0312/2179094
传真:2171777
网址:www.fuyaoyouzhi.com
电子信箱:fuyao@fuyaoyaozhi.com
质量体系:ISO 9001
产品情况:各种润滑脂、柴油机油、汽油机油、液压油、齿轮油、液力传动油、防锈油等

★阔丹-凌云汽车胶管有限公司
地址:河北省涿州市经济技术开发区凌云工业园
邮编:072750
电话:0312/5520800
传真:5520899
网址:www.codan-lingyun.com.cn
电子信箱:xcg@codan-lingyun.com.cn
单位人数:102
质量体系:ISO/TS 16949、ISO 9002
产品情况:汽车空调胶管、燃油胶管、动力转向高低压胶管、油冷胶管、异形胶管等
配套及出口情况:为北京奔驰、北汽制造、北汽福田等配套;动力转向管为国内主流乘用车型批量配套;出口空调胶管、油管

★河北亚大集团
地址:河北省涿州市松林店
邮编:072761
电话:0312/3952000
传真:3676831
网址:www.chinaust.com.cn
电子信箱:market@chinaust.com
质量体系:ISO/TS 16949、ISO 9001
产品情况:汽车、液压气动行业输油管、真空管、制动管、多层管、波纹管等尼龙压力管及总成产品等
配套及出口情况:为上海大众、一汽-大众、上海通用、神龙汽车、东风汽车公司、一汽集团、北汽福田、长安汽车、宇通客车、重汽集团、北京奔驰等配套;出口欧洲市场,并销往中国香港地区

★河北亚大汽车塑料制品有限公司
地址:河北省涿州市松林店镇
邮编:072761
电话:0312/3971001、3971063
传真:3971002、3971070
网址:www.chinaust.com
电子信箱:wsychinaust@vip.sina.com
单位人数:152
质量体系:ISO/TS 16949、ISO 9001
产品情况:汽车尼龙压力管、高压管、彩条管、多层管、波纹管等各种管路及总成
配套情况:为东风汽车公司、一汽集团、北汽福田、重汽集团、上海大众、神龙汽车、北奔重汽等配套

★衡水众成摩擦材料有限公司
地址:河北省衡水市故城县郑口镇青年北路
邮编:253800
电话:0318/5324302、5360051
传真:5360051
网址:www.hszc.com
电子信箱:zhongcheng@hszc.com
单位人数:100
质量体系:ISO/TS 16949、ISO 9001
产品情况:(众成利华牌)
汽车盘式制动片、鼓式制动片,年产能力150万套
出口情况:部分产品出口

★河北华化摩擦材料有限公司
地址:河北省故城县青罕镇
邮编:253800
电话:0318/5332142、5338869
传真:5336142
网址:www.huahuabrake.com
电子信箱:huahuabrake@vip.163.com
质量体系:ISO 9001
产品情况:(晶轩牌、鲁冠牌)
汽车、摩托车制动片
出口情况:远销欧美、中东、东南亚等地区

★衡水华达制动材料有限公司
地址:河北省故城县青罕镇大刘中街3号
邮编:253800
电话:0318/5336261、5332270
传真:5332370
网址:www.huadazd.com
电子信箱:huada@huadazd.com
单位人数:100
质量体系:ISO 9001
产品情况:(亚久牌)
各种汽车、装载车制动蹄片总成、制动蹄铁、钢背各种附件
配套及出口情况:为国内多个主机厂配套;出口欧洲、北美洲、东南亚等地区

★故城县齐力摩擦材料有限公司
地址:河北省故城县青罕镇第十工业区1号
邮编:253800
电话:0318/5336618、5333287
传真:5336618
网址:www.hebql.com
电子信箱:qili@hebql.com
质量体系:ISO 9001
产品情况:(丰逸牌)
汽车、工程机械盘式、鼓式制动片,年产能力80~100万套
出口情况:远销欧洲、东南亚及非洲地区

山西省

★山西通达汽车制动材料制造公司
地址:山西省侯马市经济开发区合欢街33号
邮编:043012
电话:0357/3569189、3569166
传真:3569118
电子信箱:ylsxtd@163.com
质量体系:ISO 9000
产品情况:各类轿车制动片,年产盘式片190万套、鼓式片190万套

★山西省运城市安邑橡胶厂
地址:山西省运城市西大街牌楼巷52号
邮编:044000
电话:0359/2430281
传真:2430281
电子信箱:songhejiaoye@163.com
质量体系:ISO 9001
产品情况:火补胶、冷补胶等

★金宇粉末冶金有限公司
地址:山西省临猗县城郇阳西街139号
邮编:044100
电话:0359/4022080、4023607
传真:4022019
网址:www.jy2718.com
电子信箱:root@jy2718.com
质量体系:ISO/TS 16949、ISO 9001
产品情况:粉末冶金制品,摩擦材料

★山西惠丰塑料型材有限公司
地址:山西省长治市惠丰街
邮编:046012
电话:0355/3915487、3091531
传真:3091990
网址:www.huifeng-plastic.com.cn
电子信箱:sxhfsy@163.com
质量体系:ISO 9001、ISO 14001
产品情况:各种塑料型材

内蒙古

★包头市北工机械有限公司
地址:内蒙古包头市稀土高新区北重路5号
邮编:014030
电话:0472/2209718

传真:2209033
网址:www.beigongjx.com
单位人数:138
质量体系:ISO 9000
产品情况:引导轮、支重轮、托链轮、链轮毂和履带

★包头宏九工贸有限责任公司
地址:内蒙古包头市青山区青云小区
邮编:014030
电话:0472/5154964
传真:5155608
电子信箱:tytool@taiyuantool.com
质量体系:ISO 9001
产品情况:各种亚麻原色纱、半漂纱,各种规格的纯亚麻布、麻粘交织布、麻棉交织布等

★内蒙古一机集团十分公司
地址:内蒙古包头市青山区民主路
邮编:014032
电话:0472/3116469
传真:3116632
网址:www.nmgyj.com
电子信箱:scyxb@nmgyj.com
质量体系:ISO 9001
产品情况:中、小铸钢件、铸铁件及模具
配套情况:为北奔重汽等配套

辽宁省

★沈阳信德志科技有限公司
地址:沈阳市和平区南京南街1甲号联营商务大厦1302A室
邮编:110001
电话:024/23286587、23286096
传真:23286103
网址:www.staunche.com
电子信箱:info@staunche.com
质量体系:ISO 9001
产品情况:喷涂设备、集中润滑系统、工业润滑油、激光灯、气动元件、减速机、直线机构、轴承等

★沈阳第四橡胶(厂)有限公司
地址:沈阳市铁西区齐贤北街32号
邮编:110022
电话:024/25804401、25804238
传真:25804556
网址:www.fysxs.com
电子信箱:wjz@fysxs.com
单位人数:999
质量体系:ISO 9001
产品情况:(飞宇牌)
高压钢丝胶管及总成、胶布及制品、混炼胶、橡胶模压制品、橡胶板棒型材、胶粘剂等

★沈阳日菱动力汽车零部件有限公司
地址:沈阳市铁西区瑞盛汽配城
邮编:110025
电话:024/85820955、85820966
传真:25825653
产品情况:金杯海狮的全车配件

◉ 沈阳华晨东兴汽车零部件有限公司
地址:沈阳市铁西区北四中路28号
邮编:110026
电话:024/25877421
传真:25874362
电子信箱:dongxing@brilliance-parts.com
法人代表:王世平
负责人:苑春林
单位人数:816
质量体系:ISO/TS 16949
产品情况:中小型金属冲压件、焊接件
配套情况:为沈阳华晨金杯和华晨中华配套中小型汽车冲压件、焊接件

★沈阳远程摩擦密封材料公司
地址:沈阳市铁西区北二西路26号
邮编:110026
电话:024/86722458、86865162
传真:86865162
网址:www.brakeliningrolls.com.cn
电子信箱:fannyshenyang@163.com
质量体系:ISO 9001
产品情况:摩擦密封材料
出口情况:出口俄罗斯、澳大利亚、加拿大、埃及、伊朗、阿联酋、叙利亚、约旦、乌拉圭、菲律宾、印度尼西亚等国家

★沈阳奥吉娜化工有限公司
地址:沈阳市于洪区青海西路108号
邮编:110027
电话:024/25201033、25200188
传真:25201480、25201156
网址:www.original.com.cn
电子信箱:info@original.com.cn
质量体系:ISO/TS 16949、QS 9000
产品情况:(奥吉娜牌)
工业用油、工业润滑脂、发动机油、自动变速器油及齿轮油、防冻液、助力转向油、其他辅助油液、制动液、液压油等
配套情况:为华晨宝马、奇瑞汽车、天津一汽、长城皮卡、北汽欧曼、福莱尔、三菱发动机、新光发动机、朝柴等配套

★沈阳三丰橡胶有限公司
地址:沈阳市经济技术开发区二十五号路36号
邮编:110027
电话:024/89255775、89255780
传真:89255750、89255779
网址:www.triprorubber.com
质量体系:ISO 9001
产品情况:中高端丁基胶内胎与垫带
出口情况:出口印度、新加坡、加拿大、澳大利亚、南美等国家和地区

★沈阳汽车冲压件制造有限公司
地址:沈阳市于洪区鸭绿江东街32号
邮编:110032
电话:024/86614408、86614518
传真:86616862
网址:www.syqccyj.com
电子信箱:syqccyj@163.com
单位人数:287
质量体系:ISO/TS 16949、QS 9000
产品情况:冲压汽车零部件
配套情况:为华晨金杯、沈阳金杯车辆、金东实业、保定长城等配套

★沈阳防锈包装材料有限责任公司
地址:沈阳市于洪区鸭绿江街51-1号
邮编:110032
电话:024/86617056
传真:86903214
网址:www.chinavci.com
电子信箱:info@chinavci.com
质量体系:ISO 9001、ISO 14001
产品情况:(CVCI牌)
气相防锈纸、气相防锈膜、气相防锈剂、气相防锈缓冲材料、复合包装材料、真空包装材料、防锈油、水基防锈清洗液等
配套及出口情况:为宝钢、太钢、鞍钢、沈阳机床、一汽集团、中原内配等供货;出口美国、意大利、土耳其、新加坡、日本、韩国等

★沈阳实发特种橡胶制品有限公司
地址:沈阳市皇姑区松山路7号
邮编:110034
电话:024/86530148、86536009
传真:86532833
网址:www.cn-7sa.com
电子信箱:7sa@cn-7sa.com
质量体系:ISO/TS 16949、VDA 6.1
产品情况:橡胶密封件、减振件、轿车线束配件、泵车密封圈等橡胶、橡塑及塑料制品
配套及出口情况:为一汽-大众、德尔福派克、上海博泽、郑州日产、新加坡万利等配套;部分产品出口新加坡

★沈阳市旭龙汽车轴承制造有限公司
地址:沈阳市皇姑区昆山西路238号
邮编:110035
电话:024/86051019
传真:86051019
电子信箱:auto@9002.cn
质量体系:ISO 9001
产品情况:SY6480金杯海狮全车轴承及汽车变速器轴承、离合器分离轴承等

★沈阳帕卡濑精有限公司
地址:沈阳市大东区小什字街21号
邮编:110042
电话:024/84314512
传真:84314509
电子信箱:jy@syparker.com
质量体系:VDA 6.1、QS 9000
产品情况:脱脂剂、化成剂、表面调整剂、润滑油剂
出口情况:出口日本、韩国、马来西亚等国家

★沈阳市东陵汽车锁厂
地址:沈阳市东陵区东陵路12巷16号
邮编:110043
电话:024/88420198
传真:88420086
质量体系:ISO 9001
产品情况:冲压件
配套情况:为一汽集团配套

★沈阳福特润滑油科技有限公司
地址:沈阳市法库辽河经济区
邮编:110121
电话:024/87151966、87151967
传真:87151969
网址:www. futeoil. com
负责人:杜尚成
质量体系:ISO 9001
产品情况:(吉诺润滑油牌)
　高温导热油、化纤纺织油剂、车用润滑油、工业润滑油、电器润滑油、切削液、防冻液和钙基脂、锂基脂等
配套情况:为一汽集团配套

★阿诺德紧固件(沈阳)有限公司
地址:沈阳市欧盟经济开发区建设路1号
邮编:110122
电话:024/88790633、88790636
传真:88790999
网址:www. arnold - uk. com
电子信箱:info@ arnold - cn. com
产品情况:(TAPTITE2000牌、duo - Taptite牌、Remform牌、KT牌)
　自攻螺钉、公制螺栓等

★沈阳双福机械股份有限公司
地址:沈阳市经济技术开发区沧海路4号
邮编:110141
电话:024/62241756
传真:62241766
电子信箱:shuangfumachine@ yahoo. com. cn
单位人数:233
质量体系:ISO/TS 16949
产品情况:汽车车身及底盘的冲压、焊接、辊压件,年产5万套
配套及出口情况:为一汽集团、长城汽车、扬子汽车、沈阳航天三菱发动机等配套;出口东南亚、南非、中北美洲等地区

★沈阳东亿机械制造有限公司
地址:沈阳市经济开发区沈辽路6号街
邮编:110141
电话:024/89357995、89357997
传真:89357996
网址:www. china - dongyi. com
电子信箱:dongyi@ china. com
单位人数:510
质量体系:ISO/TS 16949
产品情况:整车用高强度紧固件,发动机、内燃机用高强度紧固件、钢结构用高强度螺栓、重型汽车车轮螺栓、高压电器用紧固件、冲压件等

★大千复合材料制造有限公司
地址:沈阳市马三家镇
邮编:110145
电话:024/89215089
传真:89214669
质量体系:ISO 9001
产品情况:汽车材料

★辽宁润迪精细化工有限公司
地址:辽宁省辽阳市白塔区铁西工业区
邮编:111000
电话:0419/2382288、2380099
传真:2385599
网址:www. lnrundi. com
电子信箱:rundi@ lnrudi. com
质量体系:ISO/TS 16949、ISO 9001
产品情况:汽车制动液、发动机冷却液、润滑油及精细化工产品
配套情况:为一汽集团、沈阳金杯、北汽福田、丹东曙光、长城汽车、长安胜利等配套

★辽阳康达塑胶树脂厂
地址:辽宁省辽阳市宏伟区西线公路13-5号
邮编:111003
电话:0419/5308768
传真:5308518
网址:www. lykdsj. com. cn
电子信箱:zhaoli@ liaoyangbip. com
产品情况:(康达牌)
　汽车保险杠、仪表板及各种内外饰件的专用树脂材料、管道料
配套情况:为一汽-大众、天津一汽夏利、华晨金杯、长安汽车、一汽集团、南京汽车集团、天津一汽华利、哈飞汽车等配套

★辽阳凯利特橡胶有限公司
地址:辽宁省辽阳县首山镇辽鞍路100号
邮编:111200
电话:0419/7675508、7675598
传真:7675140
网址:www. lyklt. com
电子信箱:admin@ lyklt. com
质量体系:ISO/TS 16949、QS 9000
产品情况:(奔马牌)
　汽车多楔带、同步带、切边V带及摩托车变速带,年产能力600万条
配套及出口情况:为北京切诺基、一汽红旗轿车、沈阳航天三菱发动机、丰田发动机等50多种车型、机型配套;出口东南亚、西亚、东欧、俄罗斯等国家和地区

★铁岭助驰橡胶密封制品有限公司
地址:辽宁省铁岭市经济开发区橡塑工业园区
邮编:112000
电话:024/72691011、76129999
传真:72691082
网址:www. tlzcmf. com
电子信箱:tlzcmf@ 126. com
质量体系:ISO 9002
产品情况:(助弛牌"O"形橡胶密封圈,旋转轴唇型橡胶密封圈,往复运动橡胶密封圈,汽车液压制动皮碗;汽车制动皮膜等橡胶密封制品
配套情况:为一汽集团、华晨金杯等配套

★铁岭华晨橡塑制品有限公司
地址:辽宁省铁岭市银州区汇工街78号
邮编:112000
电话:024/74560404、74561227
传真:74563579、74166108
网址:www. tlhcxs. com
电子信箱:qyglb@ tlhcxs. com
单位人数:512
质量体系:ISO/TS 16949、QS 9000
产品情况:(TB牌)
　汽车橡塑密封条、保险杠、仪表板、门护板、导风管、油封、减振悬置等橡塑零部件
配套情况:为华晨金杯、长城汽车、河北中兴、丹东曙光专用车、中顺汽车、南京名爵、一汽集团、东风汽车公司、一汽吉林轻型车厂等配套

★铁岭市机械橡胶密封件厂
地址:辽宁省铁岭市经济开发区
邮编:112000
电话:024/78890807
传真:78890807
网址:www. tlqs. cn
电子信箱:qianshengsealings@ 126. com
质量体系:QS 9000、ISO 9001
产品情况:(乾昇密封牌)
　油封、O形圈、各种唇形密封圈、橡胶金属复合弹簧、橡胶减振器、胶管、橡胶织物膜片、低阻导电橡胶膜片、各种工程塑料及各种橡胶杂品等

★铁岭远大橡胶制品厂
地址:辽宁省铁岭市铁西兴工街90号
邮编:112600
电话:024/74501037
传真:74501053
单位人数:120
质量体系:ISO 9001
产品情况:(远大牌)
　汽车用橡胶件、硅氟特种橡胶件、聚四氟乙烯、各种规格骨架油封、O形橡胶密封圈、组合垫、聚氨酯制品、各种车型汽车转向器修理包

★铁岭蓝天橡胶制品有限公司
地址:辽宁省铁岭市平顶堡镇
邮编:112601
电话:024/78750164
传真:78750289
网址:www. tlldxj. com
电子信箱:lntlltxj@ 126. com
质量体系:ISO 9001
产品情况:(蓝盾牌)
　橡胶密封件、橡塑制品等

★抚顺哥俩好化学有限公司
地址:辽宁省抚顺市哥俩好工业园区

15－18 号
邮编:113217
电话:024/55261146
传真:55261146
网址:www. geliahao. com. cn
电子信箱:mail@ geliahao. com. cn
质量体系:ISO 9002、ISO 14001
产品情况:(哥俩好牌)
胶粘剂、涂料、合成树脂、汽车制动液、防冻液等
出口情况:远销俄罗斯、东南亚等国家和地区

★辽宁众力汽配科技有限公司
地址:辽宁省鞍山市千山区汤岗子合作街 4 号
邮编:114048
电话:0412/6453666
传真:8811989
网址:www. lnzlkj. com
质量体系:ISO/TS 16949、ISO 9001
产品情况:制动片

★鞍山市金鼎汽车配件制造公司
地址:辽宁省海城市西柳工业园区柳中路
邮编:114219
电话:0412/3849888、3849600
传真:3849555、3849333
网址:www. chinaautofasteners. com
电子信箱:chinaautofasteners@ yahoo. com
质量体系:ISO 9001
产品情况:各类重型载货汽车高强度螺栓及 U 形螺栓等

★ 营口银河镁铝合金有限公司
地址:辽宁省营口市站前区工业街向阳楼里 22 号
邮编:115001
电话:0417/3609266
传真:3609266
网址:www. yinhemeiye. com
产品情况:镁合金薄板,低频半连续铸造高净化镁合金板坯
☞ 详细情况请参阅彩色宣传版面

★营口福斯油品有限公司
地址:辽宁省营口市西市区泛华路北 17 号
邮编:115003
电话:0417/4806502
传真:4806738
网址:www. fuchs. com. cn
质量体系:ISO/TS 16949、VDA 6. 1
产品情况:机油
配套情况:为北京奔驰、上海大众、一汽－大众、上海通用、东南汽车、奇瑞汽车、吉利汽车等提供汽车发动机初装油、售后服务用油及齿轮油等产品

★辽宁三特石油化工有限公司
地址:辽宁省营口市旗口工业区
邮编:115113
电话:0417/5044766、5043248
传真:5043449
网址:www. lnsqty. com. cn
电子信箱:sqty@ sqty. sina. net
单位人数:179
质量体系:ISO 9001
产品情况:(三特牌)
机动车制动液、防冻液、齿轮油、润滑脂等特种油品
配套情况:被一汽集团、青岛汽车厂、沈阳金杯、郑州日产、北汽福田、欧曼重型汽车厂、丹东黄海、江南奥拓、山东黑豹等主机厂定为原厂装车用油及售后服务用油

★大连亚明汽车部件股份有限公司
地址:辽宁省大连市旅顺口区五一路 5 号
邮编:116000
电话:0411/86612955
传真:86613428
网址:www. dlym. com
电子信箱:dlym@ dlym. com
单位人数:661
质量体系:ISO/TS 16949、VDA 6. 1
产品情况:铝合金压铸毛坯件、总成件,脚踏板机构总成件
配套及出口情况:为一汽－大众、一汽集团、沈阳航天三菱、哈尔滨东安集团、长安福特马自达、大众汽车(上海)变速器有限公司、美国水星海事发动机公司、美国福特等生产 40 多种型号的汽车发动机压铸及脚踏板机构总成;出口美国

★大连汇鑫塑料制品厂
地址:辽宁省大连市甘井子区红旗镇岔鞍村－4 队
邮编:116021
电话:0411/84281068
传真:84281158
网址:www. dlhxsl. cn
质量体系:ISO/TS 16949、ISO 9001
产品情况:阻尼轴承核心部件

★辽宁大连渤海橡胶塑料有限公司
地址:辽宁省大连市甘井子区红旗街道棠梨南沟
邮编:116021
电话:0411/84288949
传真:84289820
质量体系:ISO/TS 16949
产品情况:各种防滑板等

★大连锐信新材料开发有限公司
地址:辽宁省大连市高新技术园区火炬路 1 号 A 座 208 室
邮编:116023
电话:0411/39609336
传真:84390195
网址:www. rxxcl. com
电子信箱:gxq－dl@ 163. com
质量体系:ISO 9001
产品情况:汽车修补漆、汽车塑料件漆、水性黏合剂

★东北特殊钢集团有限责任公司
地址:辽宁省大连市金州新区大连登沙河临港工业区河滨南路 18 号
邮编:116031
电话:0411/86672112、86595474
传真:62693188
网址:www. dtgroup. cn
质量体系:ISO/TS 16949、ISO 9001
产品情况:不锈钢长型材、轴承钢、工模具钢、汽车用钢等

★东海软管(大连)有限公司
地址:辽宁省大连市普兰店海湾工业区海湾路 25 号
邮编:116033
电话:0411/83159001
传真:83159080
电子信箱:tokaidalianhose@ online. ln. cn
质量体系:ISO/TS 16949、ISO 9001
产品情况:胶管

★大连现代轴承有限公司
地址:辽宁省大连市甘井子区华北路 413－8 号
邮编:116033
电话:0411/86593475
传真:86605732
质量体系:QS 9000、ISO 9001
产品情况:汽车轴承
配套及出口情况:为汽车、冶金、起重机械、拖拉机等配套;出口亚洲、欧洲、美洲等 30 多个国家和地区

★大连三环复合材料技术开发公司
地址:辽宁省大连市金州区友谊街兴民 396 号
邮编:116100
电话:0411/39952601、39337008
传真:87800822、87814809
网址:www. dlsh. cn
电子信箱:sh@ dlsh. cn
单位人数:308
质量体系:ISO 9001
产品情况:(FZ 牌)
塑料－金属复合材料滑动轴承

★大连冶金轴承股份有限公司
地址:辽宁省大连市普兰店瓦窝高新技术工业园区
邮编:116202
电话:0411/83360093、83360125
传真:83360067、83360127
网址:www. dyzv－bearing. com
电子信箱:dyzv@ dyzv－bearing. com
单位人数:2760
质量体系:ISO 9001
产品情况:(DYZV 牌)
各型号轴承
出口情况:出口美国、加拿大、澳大利亚、俄罗斯、印度、南非等 60 多个国家和地区,并销往中国香港、澳门地区

★瓦房店轴承集团有限责任公司
地址:辽宁省瓦房店市北共济街一段 1 号
邮编:116300
电话:0411/39118899、39118818

传真:39118799、39118819
网址:www.zwz-bearing.com
电子信箱:zwz@zwz-bearing.com
单位人数:18000
质量体系:ISO/TS 16949、QS 9000
产品情况:(ZWZ 牌)
　　主导产品是重大技术装备配套轴承、轨道交通轴承、汽车车辆轴承、军事装备轴承等,可根据用户需要设计制造各种结构不同用途的等速万向节及传动轴总成
出口情况:出口美国、德国、法国、意大利、俄罗斯、乌克兰、土耳其、巴西、韩国、印度、巴基斯坦、印尼等国家

★瓦房店重汽配套轴承有限公司
地址:辽宁省瓦房店市北共济街128号
邮编:116300
电话:0411/81620166
质量体系:ISO/TS 16949
产品情况:汽车轴承
配套情况:为一汽解放、中国重汽、安凯等配套

★瓦房店澳利源汽车轴承公司
地址:辽宁省瓦房店市北共济街299号
邮编:116300
电话:0411/85102699
传真:85102699
单位人数:200
质量体系:ISO 9001
产品情况:(澳利源(LYAZ)牌)
　　圆锥滚子轴承

★大连斯凯孚瓦轴轴承有限公司
地址:辽宁省瓦房店市北共济街1段1号
邮编:116300
电话:0411/85523006、85505596
传真:85514302
网址:www.skf.com
单位人数:460
质量体系:ISO 9000、ISO 14000
产品情况:轴承

★大连正豪轴承有限公司
地址:辽宁省大连市庄河经济技术开发区
邮编:116400
电话:0411/62516768
传真:62516768
质量体系:ISO 9001
产品情况:轴承

★大连斯凯孚轴承与精密技术公司
地址:辽宁省大连市经济技术开发区淮河中路87号
邮编:116600
电话:0411/39219000
传真:39219001
网址:www.skf.com
单位人数:300
质量体系:ISO 9001、ISO 14001
产品情况:精密轴承

★鞍钢新轧-蒂森克虏伯镀锌钢板公司
地址:辽宁省大连市经济技术开发区钢铁路68号
邮编:116600
电话:0411/87518888、87514848
传真:87516006
电子信箱:info@tagal.com.cn
质量体系:ISO/TS 16949
产品情况:镀锌钢板、合金化镀锌钢板

★大连光洋瓦轴汽车轴承有限公司
地址:辽宁省大连市经济技术开发区双D港辽河东路96号
邮编:116620
电话:0411/87407272、87407353
传真:87407373
网址:www.koyo-zwz.com
电子信箱:kwa@koyo-zwz.com
单位人数:200
质量体系:ISO/TS 16949、QS 9000
产品情况:(Koyo-ZWZ 牌)
　　汽车轮毂轴承及轴承单元
配套情况:为上海大众、天津一汽丰田、沈阳宝马、东南汽车、台湾国瑞等配套

★本溪钢铁(集团)有限责任公司
地址:辽宁省本溪市平山区东明路9号
邮编:117000
电话:0414/2224128、2224269
传真:3168017-0003
网址:www.bxsteel.com
电子信箱:gmgsfjl3@bxsteel.com
质量体系:ISO 9001
产品情况:(本钢牌)
　　各种钢材,年产能力1000万t以上
配套及出口情况:为一汽集团、东风汽车公司、中国重汽、洛拖、陕汽齿轮等配套;远销30多个国家和地区

★丹东市兴义弹力元件有限公司
地址:辽宁省丹东市振兴区表厂西路3号
邮编:118000
电话:0415/2151559、2255728
传真:2255888
网址:www.sunyi-spring.com
电子信箱:sunjidong1000@163.com
质量体系:ISO 9001
产品情况:直径0.2mm~65mm各种拉簧、板簧、压簧、蛇簧、方簧、碟簧、磨具簧、发条等

★丹东轴承有限责任公司
地址:辽宁省丹东市黄海大街16号
邮编:118008
电话:0415/6227666
传真:6227615
网址:www.ddzc.cn
电子信箱:ddzc@ddzc.cn
单位人数:193
质量体系:ISO/TS 16949、QS 9000
产品情况:(DD 牌)
　　圆柱滚子轴承、圆锥滚子轴承(单列)、滚子,年产能力200万套
配套情况:为汽车、柴油机、机床、起重机、拖拉机、水泵等生产厂家配套

★丹东市宏伟汽车部件厂
地址:辽宁省丹东市振安区同兴镇新兴村49号
邮编:118011
电话:0415/6131012
传真:6131012
产品情况:轻型汽车部件
配套情况:为丹东曙光车桥、沈阳汽车车桥厂等配套

★锦州金石汽车制动配件有限公司
地址:辽宁省锦州市凌河区科研里119号
邮编:121000
电话:0416/2328013
传真:2328013
质量体系:ISO/TS 16949、ISO 9001
产品情况:汽车制动衬片、制动系统零部件
配套及出口情况:为北汽福田、柳汽配套;出口北美洲、中东、俄罗斯等国家和地区

★锦州法特三星润滑油有限公司
地址:辽宁省锦州市古塔区士英街66号
邮编:121001
电话:0416/4168691、4564610
传真:4168691
网址:www.jzftts.com
电子信箱:anjia830109@163.com
质量体系:ISO 9001
产品情况:(三星牌)
　　车辆润滑油、工业润滑油、化纤油剂
出口情况:包装车用润滑油部分出口国外

★锦州市凌河缸垫有限公司
地址:辽宁省锦州市太和区松坡里291号
邮编:121003
电话:0416/4584416
传真:4584416
网址:www.jzlhgd.com
电子信箱:lhgd@jzlhgd.com
单位人数:120
质量体系:QS 9000
产品情况:(凌河牌)
　　内燃机缸垫、安全气囊壳体等
配套情况:为江铃汽车、北汽福田、朝柴、保定长城内燃机等配套

★锦州秀亭制管有限公司
地址:辽宁省锦州市太和区南庄里17号
邮编:121013
电话:0416/5175028
传真:5171577
电子信箱:guokuo@xtgmail.com
质量体系:ISO/TS 16949、ISO 9001
产品情况:不锈钢汽车尾气管、不锈钢螺旋凹槽管、不锈钢温控器及医疗器械用管
出口情况:出口美国、英国、德国、法国、西班牙、丹麦、瑞典、日本等国家

★锦州市瑞龙实业集团有限公司
地址:辽宁省锦州市锦义公路190号
邮编:121017
电话:0416/4185845、4185652
网址:www.ruilong.net
电子信箱:master@ruilong.net
单位人数:200
质量体系:ISO 9001
产品情况:仓储用塑料周转托盘、包装容器、民用塑料产品、汽车电器产品等
配套情况:汽车电器产品为汽车制造厂商配套

★中法A9高级润滑油有限公司
地址:辽宁省盘锦市兴隆台区新工业区
邮编:124022
电话:0427/2853386、2854588
传真:2854458
网址:www.zfa9.cn
电子信箱:a9@zfa9.cn
质量体系:ISO 9001
产品情况:(LUBECO牌)
润滑油
出口情况:出口东南亚,并销往中国香港、澳门、台湾地区

★辽宁盘锦鸿鹭润滑油有限公司
地址:辽宁省盘锦市东方工业园
邮编:124022
电话:0427/5832588、5832388
传真:5832188
网址:www.hlrhy.cn
质量体系:ISO 9001
产品情况:润滑油

★葫芦岛市福运达商贸有限公司
地址:辽宁省葫芦岛市龙港经济技术开发区
邮编:125000
电话:0429/3816999、3998777
传真:3998444
网址:www.fydrhy.com
电子信箱:fydrhy@163.com
质量体系:ISO 9001
产品情况:润滑油、润滑脂

★辽宁锦炼石油化工有限公司
地址:辽宁省葫芦岛市高桥开发区
邮编:125001
电话:024/87851680
传真:87851580
电子信箱:info@jinlianpetro.com
质量体系:ISO 9001
产品情况:燃料油、润滑油、石蜡
出口情况:出口日本、朝鲜、美国、东南亚等国家和地区

★兴城市粉末冶金有限公司
地址:辽宁省兴城市铁北路1号
邮编:125106
电话:0429/3911618、3911621
传真:5432525
网址:www.xcpm.com
电子信箱:xcpm@xcpm.com
单位人数:420
质量体系:ISO 9001
产品情况:(泉涌牌)
粉末冶金制品,年产能力4500t;精锻同步器齿环,年产能力200万件;精锻行星齿轮、半轴齿轮,年产能力为300万件
配套情况:为汽车、机床、电机、摩托车等行业配套

吉林省

★长春华日涂料有限公司
地址:长春市二道区三道镇
邮编:130000
电话:0431/84830327
传真:85366311
网址:www.huaripaint.com.cn
电子信箱:ht@huaripaint.com.cn
单位人数:85
质量体系:ISO 9001、ISO 14001
产品情况:(华日牌)
涂料油漆
配套情况:主要客户有中国北方机车车辆工业集团下属各车辆企业、中国南车集团资阳机车有限公司等

★长春克瑞得轴承制造有限公司
地址:长春市汽车产业开发区捷达大路999号
邮编:130011
电话:0431/85730036
传真:85730035
网址:www.krdzc.com
电子信箱:krdzc@126.com
质量体系:ISO/TS 16949
产品情况:轴承
配套情况:客户有一汽集团、一汽轿车、一汽-大众等

★一汽四环东奥汽车零部件有限公司
地址:长春市绿园区东风大街汽车产业工业区
邮编:130011
电话:0431/85757753
传真:85757753
单位人数:64
质量体系:ISO 9001
产品情况:汽车零部件

★中国一汽铸造公司特铸厂
地址:长春市绿园区东风大街39-1号
邮编:130011
电话:0431/85902609
传真:85901656
网址:www.faw-foundry.com.cn
质量体系:ISO/TS 16949、VDA 6.1
产品情况:铸钢、铸铁件及耐热钢产品,年产能力8500t
配套情况:为一汽-大众、一汽轿车、一汽解放、上海华普、长城汽车、南京名爵、天津一汽夏利、丹东曙光车桥等配套

★长春一汽四环汽车零件销轴公司
地址:长春市绿园区自立街399号
邮编:130011
电话:0431/85904172
传真:85903143
单位人数:253
质量体系:ISO 9001
产品情况:销轴,年产100万件

★一汽四环汽车化工材料厂
地址:长春市绿园区锦城大街24号
邮编:130011
电话:0431/85905808-818
传真:85989914
质量体系:ISO 9001
产品情况:汽车胶管、保护圈、护套等

★长春富奥东睦粉末冶金有限公司
地址:长春市绿园区东风大街越野路
邮编:130011
电话:0431/85906373
传真:85906373
网址:www.fawer.com.cn
电子信箱:zh_fa@faw.com.cn
单位人数:124
质量体系:ISO/TS 16949
产品情况:粉末冶金
配套情况:为一汽车集团各分公司、子公司配套

★长春一汽联合压铸有限公司
地址:长春市二道区东风大街153-1号
邮编:130011
电话:0431/85984110
传真:85981428
网址:www.faw-foundry.com.cn
质量体系:ISO/TS 16949、VDA 6.1
产品情况:铝合金压铸件
配套及出口情况:主要为一汽-大众、一汽轿车、上海大众、西门子、卡特彼勒、日本小松等配套;部分产品出口美国、德国等国家

★长春吉利轴承集团有限公司
地址:长春市绿园区春城大街68号
邮编:130011
电话:0431/87600040、87646611
传真:87696707
网址:www.luckybearing.net
单位人数:860
质量体系:ISO/TS 16949
产品情况:(JIZ牌)
圆锥滚子轴承、圆柱滚子轴承、滚针轴承、深沟球轴承等200多个型号,年产能力600万套
配套情况:为一汽、东风等多家主机厂装车配套

★长春光阳汽车零部件有限责任公司
地址:长春市绿园区正阳街86栋1-6号
邮编:130011
电话:0431/87611941、86109794
传真:87610237
电子信箱:root@gylhg.com

质量体系:ISO/TS 16949
产品情况:(光阳牌)
离合器从动盘、压盘及从动盘陶瓷、纤维材料
出口情况:远销非洲、欧美、东南亚、中东、俄罗斯等国家和地区

★长春市永畅石化有限责任公司
地址:长春市绿园区和平大街 2839 号
邮编:130011
电话:0431/87619336、85904653
传真:85731588
质量体系:ISO/TS 16949、ISO 9001
产品情况:(畅牌)
润滑油、润滑脂、制动液、防冻液、动力转向油、汽车面漆、各种黏结密封胶等
配套情况:为一汽解放配套

★长春市繁荣冲压有限公司
地址:长春市长沈路繁荣村
邮编:130012
电话:0431/85021306
传真:85021306
单位人数:110
质量体系:ISO/TS 16949、ISO 9001
产品情况:汽车冲压件

★长春依多科化工有限公司
地址:长春市高新技术产业开发区创新路 808 号
邮编:130012
电话:0431/85080800
传真:85080808
网址:www. eftec. com
电子信箱:lotus. bao@ eftec. com. cn
单位人数:60
质量体系:ISO/TS 16949
产品情况:(EFBOND 牌、TOGOCOLL 牌、EFCOAT EFSLAM 牌)
聚氨酯黏结剂、密封胶、丙烯酸酯涂料、PVC 密封胶、涂料
配套及出口情况:主要客户有一汽-大众、一汽轿车、一汽卡车、天津一汽丰田、通用汽车、奇瑞汽车;聚氨酯、密封胶出口韩国、泰国、新加坡、印度尼西亚

★长春恩福油封有限公司
地址:长春市高新技术开发区星火路 323 号
邮编:130012
电话:0431/85170193、85170180
传真:85170179
单位人数:358
质量体系:ISO/TS 16949、ISO 14001
产品情况:骨架和油封
配套及出口情况:为一汽-大众、上海大众、上汽通用五菱、沈阳三菱、东安三菱、唐山爱信齿轮、长春齿轮、大柴、东风康明斯、朝柴等配套;出口美国、法国、德国、意大利、新加坡、澳大利亚等国家

★长春亚大汽车零件制造有限公司
地址:长春市高新技术产业开发区达新路 797 号
邮编:130012
电话:0431/85170404、87020268
传真:85103267
网址:www. chinaust. com
电子信箱:market@ chinaust. com
单位人数:208
质量体系:ISO/TS 16949、VDA 6. 1
产品情况:汽车尼龙管路及总成,用于汽车燃油输送、液压制动、转向系统等
配套情况:是一汽-大众、一汽轿车、一汽卡车的合作伙伴,为一汽奥迪、捷达、轻中重型货车、轻型面包车、大客车、各种变型车配套

★长春特必克世立汽车零部件公司
地址:长春市高新区华光街 1899 号
邮编:130012
电话:0431/87053186
传真:87053187
质量体系:ISO/TS 16949
产品情况:载货汽车、客车用鼓式、盘式制动摩擦片,年产能力 300 万片

★长春汉高表面技术有限公司
地址:长春市高新区超达路 6077 号
邮编:130021
电话:0431/85556077
传真:85556000
电子信箱:jifengzhou@ henrkel. com
质量体系:ISO/TS 16949、ISO 9001
产品情况:汽车工业用聚氯乙烯塑性溶胶、PVC 密封涂料及预处理产品、汽车表面防护用品

★长春永畅石化有限责任公司
地址:长春市绿园区和平大街 2839 号
邮编:130031
电话:0431/85904653、87619410
传真:85908463
质量体系:ISO 9001
产品情况:润滑油、润滑脂、防冻液、动力转向油
配套情况:为一汽解放配套

★长春蓝天密封技术开发有限公司
地址:长春市二道区东环路 2038 号
邮编:130032
电话:0431/84713407、84723202
传真:84719927、84718648
网址:www. lantime. cn
电子信箱:lantianmifeng@ vip. sina. com
质量体系:ISO/TS 16949
产品情况:密封衬垫板

★福耀(长春)巴士玻璃有限公司
地址:长春市长春经济技术开发区浦东路 4499 号
邮编:130033
电话:0431/84605062、84659288
传真:84659223
网址:www. gdx - fuyao. com
电子信箱:zuoshu. sun@ gdx - fuyao. com
质量体系:ISO/TS 16949
产品情况:汽车玻璃密封件
配套情况:向一汽-大众、上海大众、上海通用、长城汽车、神龙汽车、江淮汽车、奇瑞汽车等提供汽车玻璃密封件产品

★长春力登维科技产业有限公司
地址:长春市高新开发区顺南路 1018 号
邮编:130033
电话:0431/84666886、84652293
传真:84652291
电子信箱:wghldw@ public. cc. jl. cn
质量体系:ISO/TS 16949
产品情况:工艺泡沫
配套情况:为一汽集团、一汽-大众、烟台首钢电装、长春汽车滤清器、杰克赛尔汽车空调、天津真美音响配套

★长春通利铝合金科技有限公司
地址:长春市经济技术开发区世纪大街 4000 号
邮编:130033
电话:0431/84853768
传真:84853899
质量体系:ISO 9001
产品情况:铝合金溶水及铝合金原料,年产 12000t

★长春爱尔铃克铃尔有限公司
地址:长春市经济技术开发区浦东路 329 号
邮编:130033
电话:0431/85878528
传真:85878509
质量体系:ISO/TS 16949、VDA 6. 1
产品情况:(爱尔铃(Elring)牌)
汽车发动机汽缸垫片、其他平面垫片、隔热罩、气门室罩盖、金属橡胶垫片及橡胶垫片
配套及出口情况:为上海通用、长安福特马自达、一汽-大众、上海大众、一汽集团、沈阳新光、神龙汽车、南京依维柯、杭州依维柯、潍坊道依茨、奇瑞汽车、长城汽车、江铃、北京奔驰、大柴、上柴、锡柴、康明斯、玉柴、江淮、长安汽车等配套;出口德国、美国、韩国、中东等国家和地区

★长春德联化工有限公司
地址:长春市经济技术开发区昆山路 4518 号
邮编:130033
电话:0431/85888101、85888102
传真:85888111
网址:www. delian. cn
质量体系:ISO/TS 16949、ISO 14001
产品情况:防冻液、制动液、汽油清净剂、动力转向油、齿轮油、润滑油、制冷剂、玻璃胶、增强阻尼垫、玻璃水等
配套情况:为一汽-大众、一汽轿车、北京奔驰、华晨宝马、北奔重汽、哈飞汽车、河北中兴等配套

★一发汽车备品制造有限公司
地址:长春市宽城区长岭街2号
邮编:130052
电话:0431/82247945
质量体系:VDA 6.1、QS 9000
产品情况:轴承、转向节主销修理包等

★长春长石摩擦材料制品有限公司
地址:长春市宽城区北环路2359号
邮编:130052
电话:0431/82680747
传真:82699899
单位人数:125
质量体系:ISO/TS 16949、ISO 9001
产品情况:(卡尺牌)
制动片、摩擦材料

★长春成云橡塑制品有限公司
地址:长春市绿园区青年路9069号
邮编:130061
电话:0431/85633157
传真:82625680
电子信箱:cyxslucky@163.com
单位人数:152
质量体系:ISO/TS 16949、VDA 6.1
产品情况:异形胶管、发动机胶管、空气滤清器胶管等,各类油封、O形密封圈、组合密封圈、防尘罩等
配套情况:为一汽集团、一汽轿车配套

★长春一汽四环石油制品有限公司
地址:长春市和平大街2491号
邮编:130062
电话:0431/87984935
传真:87959917
电子信箱:benheyoupin@sohu.com
质量体系:ISO 9001
产品情况:(本合牌)
汽油机油、柴油机油、齿轮油、长效防冻液、液力传动油、抗磨液压油
配套情况:为一汽集团、一汽-大众、大柴、锡柴、华晨金杯配套

★一汽福伦工业油品有限责任公司
地址:长春市朝阳科技开发区育民路5055号
邮编:130103
电话:0431/85028855、85029955
传真:85021337
网址:www.faw-fulun.com
电子信箱:lvhongfei@faw-fulun.com
质量体系:ISO 9001
产品情况:(名仕王牌)
发动机油、齿轮油、制动液、防冻液、润滑脂及各种设备用油、加工工艺用油等
配套情况:为一汽集团配套

★长春市富锋冲压件有限公司
地址:长春市朝阳科技工业园区
邮编:130103
电话:0431/85031199
传真:85035069
网址:www.cfg.com.cn
电子信箱:ccffmf@cffmf.sina.net
质量体系:ISO/TS 16949
产品情况:冲压件、隔热板、模具

★长春一汽四环福利厂
地址:长春市绿园区长沈路6km处
邮编:130103
电话:0431/85032437
传真:85032051
网址:www.fawflc.86114.cn
电子信箱:ccfawshflc@sina.com
质量体系:ISO/TS 16949、ISO 9001
产品情况:玻璃钢件、地毯
配套情况:为一汽-大众、一汽解放、天津一汽华利、解放青岛汽车厂、天津一汽夏利配套

★长春一汽油品特种油有限公司
地址:长春市宽城区兰家工业开发区广宁路2655号
邮编:130114
电话:0431/82632189、82632183
传真:82632189
电子信箱:postmaster@ccyqty.com
单位人数:500
质量体系:ISO 9001
产品情况:(FAW-JIN牌)
汽车润滑油、工业润滑油、各种添加剂、润滑脂,年产3万t以上

★一汽备品资源公司装车润滑油分公司
地址:长春市经济技术开发区净月大街1096号
邮编:130117
电话:0431/84521715、84521716
传真:84521717
网址:www.yqbpzy.com
电子信箱:yqbpzy@126.com
质量体系:ISO 9001
产品情况:(一汽金马牌、一汽三精牌)
润滑油、润滑脂、防冻液、制动液、齿轮油,汽车美容系列产品
配套情况:为一汽集团配套

★长春西格玛润滑技术实业有限公司
地址:长春市南关区新城大街1495号
邮编:130118
电话:0431/84511649
传真:84511649
质量体系:ISO/TS 16949
产品情况:(立圆牌)
工业用脱模剂、高级润滑剂、润滑脂及切削液等

★长春一汽实业合成材料有限公司
地址:吉林省农安县农安镇水源路
邮编:130200
电话:0431/83228734
传真:83224325
网址:www.cchc.com.cn
电子信箱:hcchneg@vip.163.com
单位人数:232
质量体系:ISO/TS 16949
产品情况:(CHC牌)
年产阻尼板11205t、黏性擦布285万块、密封胶100t
配套情况:客户有一汽-大众、一汽轿车、沈阳华晨、北京现代、天津一汽丰田、河北长城、中兴汽车、北汽福田等

★华文有机硅材料厂
地址:吉林省吉林市船营区沙河子村
邮编:132011
电话:0432/62737492
传真:62737492
质量体系:ISO 9001
产品情况:密封胶、有机硅材料

★吉化集团吉林市星云工贸有限公司
地址:吉林省吉林市龙潭区黎明路东盛路6号
邮编:132011
电话:0432/66569667
传真:66569626
网址:www.xingyunchem.com
单位人数:452
质量体系:ISO 9001
产品情况:(星云军牌)
车用润滑油、防冻液、油品添加剂、催化剂、工业清洗剂等

★富奥汽车零部件公司紧固件分公司
地址:吉林省吉林市新生街67号
邮编:132012
电话:0432/65082301、65082540
传真:65082508
网址:www.fawerjgj.cn
电子信箱:yxb_jb@faw.com.cn
单位人数:1023
质量体系:ISO/TS 16949、ISO 9001
产品情况:发动机高强度螺栓、防松螺栓、焊接螺栓、车轮螺栓、凸缘螺栓、组合螺栓、车轮螺母、凸缘螺母、锁紧螺母及标准螺栓、螺母、铆钉等
配套情况:核心客户有一汽-大众、上海大众、一汽解放、一汽轿车、天津一汽夏利、一汽吉林、一汽客车、沈阳华晨、安徽华菱、北奔重汽、重汽集团、辽宁曙光、保定长城、道依茨大连柴油机、解放无锡柴油机厂等

★吉林龙山有机硅有限公司
地址:吉林省吉林市承德街49号
邮编:132022
电话:0432/63092221
传真:66931862
质量体系:ISO 9001
产品情况:汽车用胶管等橡胶件

★吉林省白山市金铃轴承厂
地址:吉林省白山市铁北街58-108号
邮编:134300
电话:0439/3370388
传真:5088381
网址:www.hunjiangzhoucheng.com
电子信箱:hunjiangzhoucheng@163.com
单位人数:1500
质量体系:ISO 9001

产品情况:各种汽车轴承,年产能力600万套
配套情况:为一汽集团、东风汽车公司、重汽集团、北汽福田等主机厂装车配套

★吉林轴承集团白山有限公司
地址:吉林省白山市八道江区城西二小区
邮编:134300
电话:0439/3594006
传真:3594012
电子信箱:bsz@ cbia. com. cn
质量体系:ISO/TS 16949、ISO 9001
产品情况:(CHANGBAISHAN 牌)
　　汽车轴承
配套情况:为一汽集团、北轻汽、北汽福田、长春齿轮厂、丹东曙光车桥厂等配套

★吉林省辉南县联众汽车管业制造厂
地址:吉林省辉南县楼街工业区
邮编:135100
电话:0435/8892428
传真:8892402
质量体系:ISO 9001
产品情况:(思联众牌)
　　输油管、液压管、PU 气管、制动管、聚四氟软管及各种车型全车管件
出口情况:远销俄罗斯、朝鲜等国家

★吉林省柳河红石石棉制品有限公司
地址:吉林省柳河县柳河大街239号
邮编:135300
电话:0435/7325912、7322834
传真:7329912
网址:www. lhhongshi. com
电子信箱:lhhongshi@ hotmail. com
单位人数:760
质量体系:QS 9000、ISO 9000
产品情况:(红石牌)
　　各类汽车制动片、离合器面片、石棉橡胶板、石棉板、汽缸盖垫片、保温砖等
配套情况:为一汽集团配套

★公主岭解放商用汽车配套轴承公司
地址:吉林省公主岭市岭西二路
邮编:136100
电话:0434/6232788
传真:6232788
产品情况:轴承
配套情况:为一汽集团、东风汽车公司、重汽集团配套

★公主岭轴承厂
地址:吉林省公主岭市工业大街27号
邮编:136101
电话:0434/6214449
传真:6214504
电子信箱:gzl_zgz@ 163. com
单位人数:2508
质量体系:ISO/TS 16949、QS 9000
产品情况:(ZGZ 牌)
　　深沟球轴承、滚针轴承、圆锥滚子轴承、推力滚子轴承、推力球轴承、角接触轴承、短圆柱轴承七大系列1000多种规格的标准、非标准轴承
配套及出口情况:为一汽集团、东风汽车公司、柳汽、北奔重汽等配套;出口美国、德国、东南亚10多个国家和地区,并销往中国香港地区

★白城市汽车压铸件有限公司
地址:吉林省白城市长庆北街79号
邮编:137000
电话:0436/3293551
传真:3293552
网址:www. jbqy. com
电子信箱:bqy2005@ yahoo. com. cn
单位人数:185
质量体系:QS 9000、ISO 9002
产品情况:燃油粗滤器总成和有色金属压铸件
配套及出口情况:为一汽集团(一汽解放、一汽客车、一汽轿车、一汽专用车厂、一汽改装车厂、一汽四环农用车厂)、一汽青岛汽车厂、一汽成都汽车厂、一汽辽源汽车电器、牡丹江富通汽车空调、北奔重汽、柳州特种车辆厂、长沙三一重工、德国道依茨公司驻京办事处等多家主机厂配套;随主机远销多个国家和地区

黑龙江省

★哈尔滨紫杉油脂有限公司
地址:哈尔滨市阿城区双丰科技工业园
邮编:150000
电话:0451/82428866、84628800
传真:82435003
网址:www. yewoil. cn
电子信箱:yew_oil@ 163. com
质量体系:ISO 9001
产品情况:(紫杉牌润滑油、润滑脂、防冻液,年产能力1万t以上
出口情况:出口俄罗斯

★哈尔滨轴承制造有限公司
地址:哈尔滨市香坊区红旗大街27号
邮编:150036
电话:0451/55666780、5104658
传真:55105008、55653240
网址:www. hrbbrg. com. cn
质量体系:ISO/TS 16949、ISO 9001
产品情况:(HRB 牌)
　　各类轴承,年产能力5600万套,年销售收入30亿元
配套及出口情况:为一汽集团配套;远销欧美、东南亚等地区

★哈尔滨市香华高密封轴承厂
地址:哈尔滨市香坊区香坊大街28号
邮编:150036
电话:0451/82910717
传真:55665104
质量体系:ISO/TS 16949
产品情况:双面密封轴承,发动机配件
配套情况:为一汽集团配套

★哈尔滨市弹簧厂
地址:哈尔滨市动力区中山路140号
邮编:150040
电话:0451/82620560、82620480
传真:82620480
电子信箱:hrbthc@ 163. com
单位人数:97
质量体系:ISO 9001
产品情况:(双力牌)
　　卡簧、拉簧、扭簧、压簧、异形弹簧
配套情况:为一汽集团、一汽富奥—江森自控汽车饰件系统、大庆万驰汽车减振器配套

★哈尔滨科达汽车橡胶制品有限公司
地址:哈尔滨市道外区曙光街1号
邮编:150050
电话:0451/57658725
质量体系:ISO 9001
产品情况:CA 等汽车密封件

★哈尔滨市飞龙润滑油实业有限公司
地址:哈尔滨市道外区南直路524-1号
邮编:150056
电话:0451/57681241、57687274
传真:57603808
网址:www. flrhy. com
电子信箱:wanglei88888@ yahoo. com. cn
质量体系:ISO 9001
产品情况:(鑫奥牌)
　　润滑油,年产3万t

★哈尔滨百润油品集团有限公司
地址:哈尔滨市道外区先锋路7号
邮编:150056
电话:0451/82461104、82432375
传真:82468822
网址:www. bairunyz. com
电子信箱:bairunyouzhi@ 126. com
质量体系:ISO 9001
产品情况:(洲际牌、百润牌)
　　润滑油、润滑脂及特种油
配套及出口情况:被哈尔滨轴承集团、哈尔滨三大动力、十大军工企业定为配套专用油;远销朝鲜、俄罗斯等国家

★哈尔滨新龙华轴承设备有限公司
地址:哈尔滨市开发区哈平路集中区烟台北路3号
邮编:150060
电话:0451/86813188、86813288
传真:86813311
网址:www. hrbxlh. com
电子信箱:manager@ hrbxlh. com
单位人数:120
质量体系:ISO 9002
产品情况:(XLH 牌)
　　汽车离合器分离轴承、张紧轮轴承、轮毂轴承等,年产各类轴承200万套以上
配套情况:为一汽集团、长城汽车、哈飞汽车、华晨金杯配套

★哈尔滨市大地轴承厂
地址:哈尔滨市平房区汽车零部件工业园A区
邮编:150066
电话:0451/87106566、86518077
传真:86518177
电子信箱:yujimanpao@163.com
质量体系:ISO 9001
产品情况:(HDD牌)
各型圆锥滚子轴承、深沟球轴承和角接触球轴承等

★哈尔滨航天汽车用胶有限公司
地址:哈尔滨市机场路高新技术开发区
邮编:150070
电话:0451/84858956
质量体系:ISO 9001
产品情况:免垫片密封胶、厌氧胶

★哈尔滨高低压软管总成厂
地址:哈尔滨市南岗区工业小区学府路96号
邮编:150086
电话:0451/86677314
传真:86677314
质量体系:ISO 9001
产品情况:汽车液压制动软管,年产30万支

★哈尔滨圣龙亚麻纺织有限公司
地址:哈尔滨市南岗区辽河路173号
邮编:150090
电话:0451/82310198、82324076
传真:82312513
网址:www.s-dragon.cn
电子信箱:yang.ping.2008@163.com
单位人数:50
质量体系:ISO 9000
产品情况:亚麻制品
出口情况:出口欧洲、韩国、美国、中东等国家和地区,并销往中国台湾、香港地区

★佳木斯润通轴承有限公司
地址:黑龙江省佳木斯市先锋路8号
邮编:154007
电话:0454/8780010
传真:8780007
网址:www.jms-zc.com
质量体系:ISO/TS 16949
产品情况:轴承
配套情况:为一汽、东风、柳汽、青汽、山东汽车改装厂等配套

★黑龙江省泰兴机械制造厂
地址:黑龙江省泰来县城内
邮编:162401
电话:0452/8225470
传真:8229027
单位人数:700
质量体系:ISO 9001
产品情况:铸锻产品、结构件等

★黑龙江长海润滑油有限公司
地址:黑龙江省大庆市肇东四明街17号
邮编:163000
电话:0455/7714079
传真:7713346
电子信箱:zhongbeishihua@avl.com.cn
质量体系:ISO 9001
产品情况:润滑油
配套情况:为一汽集团、大柴配套

★大庆高新区引航石油化工有限公司
地址:黑龙江省大庆市高新区新发街168号
邮编:163316
电话:0459/6645555
传真:6648888
网址:www.yhsh.cn
电子信箱:yhsh@yhsh.cn
质量体系:ISO 9001
产品情况:(旗舰牌、尖兵牌、奇兵牌、标兵牌、逐路牌、都乐牌)
各种润滑油

★大庆市科润润滑油有限公司
地址:黑龙江省大庆市龙凤区龙十四路
邮编:163711
电话:0459/6202777
传真:5819788
质量体系:ISO 9001
产品情况:(昆仑天坤牌、百晟牌)
润滑油

★大庆市飞天润滑油有限公司
地址:黑龙江省大庆市龙凤区凤阳路38号
邮编:163711
电话:0459/6248868
传真:6248868
质量体系:ISO 9001
产品情况:(赛力耐牌)
润滑油、润滑脂,年产能力达6.8万t

上海市

★上海珊德涂料有限公司
地址:上海市闵行区
邮编:200000
电话:021/64064750
传真:64064750
质量体系:ISO 9001
产品情况:汽车涂料

★日立金属(上海)有限公司
地址:上海市南京西路288号创兴大厦11楼
邮编:200003
电话:021/33663000
传真:33663030
网址:www.hitachi.com.cn
产品情况:模具钢

★胡默尔连接器系统(上海)公司
地址:上海市黄浦区黄陂北路227号中区广场1701室
邮编:200003
电话:021/63758551
传真:63758553
网址:www.hummel-group.com
电子信箱:info.hcs.cn@hummel-group.com
产品情况:电缆接线用各种旋紧件、接插件,软管、水暖配件及自动化元器件

★上海涂料有限公司
地址:上海市陕西南路345号
邮编:200020
电话:021/64314588
传真:64318172
网址:www.shanghaicoatings.com
电子信箱:scc@chinascc.com
质量体系:ISO 9001、ISO 14001
产品情况:(飞虎牌、一品牌、狮头牌、眼睛牌、畅飞牌)
汽车涂料
出口情况:还原染料产品50%出口

★上海安字实业有限公司
地址:上海市卢湾区复兴中路369号五楼
邮编:200025
电话:021/63369966、63772845
传真:63369880、63368108
网址:www.anzi.com.cn
电子信箱:xhm@anzi.com.cn
质量体系:QS 9000、ISO 9001
产品情况:(安字牌)
各种铆钉
出口情况:远销欧洲、美洲、亚洲、大洋洲等30多个国家和地区

★上海德润宝特种润滑剂有限公司
地址:上海市浦东新区江东路1726弄149号
邮编:200041
电话:021/51699735、60936188
传真:51699732、32170138
网址:www.petrofer.com.cn
电子信箱:real625@online.sh.cn
单位人数:600
质量体系:ISO/TS 16949、VDA 6.1
产品情况:水溶性金属切削液、优质切削油、热处理淬火介质、压铸脱模剂、清洗剂、工业润滑油

★乐金华奥斯贸易(上海)有限公司
地址:上海市长宁区长宁路1027号兆丰广场30楼
邮编:200042
电话:021/52416600-0537
传真:52416600-0530
质量体系:ISO 9001
产品情况:汽车表皮材料
配套情况:为大众、通用、福特、菲亚特、现代、起亚、江淮、一汽、长城、比亚迪、华晨、哈飞等配套

★上海申达无纺布制造有限公司
地址:上海市朝阳路930号206室
邮编:200042
电话:021/62303154
传真:62304704

电子信箱:skytor_wang@ hotmail. com
质量体系:ISO 9001
产品情况:各类工业用、车用无纺布
配套及出口情况:为上海大众、一汽海马、东风标致、一汽集团等配套;出口意大利

★天懋集团
地址:上海市淮海西路 666 号中山万博国际中心 19 层
邮编:200052
电话:021/64475999
传真:64476095
网址:www. tianmaogroup. com
电子信箱:xsc@ tianmaogroup. com
质量体系:ISO 9001
产品情况:(天懋牌)
轮胎钢丝、钢帘线
出口情况:出口日本、印度、越南、叙利亚等国家,并销往中国台湾地区

★特浦朗克化工(营口)有限公司
地址:上海市长安路 1088 号 302 室
邮编:200070
电话:021/61736368 - 15
传真:61736370
网址:www. tl - oil. com
质量体系:ISO 9001
产品情况:润滑油

★上海前卫软木制品厂
地址:上海市中山北路 198 号 1804 室
邮编:200071
电话:021/56301871、56301613
传真:56627743
网址:shruanmu. com
电子信箱:webmaster@ shruanmu. com
单位人数:200
产品情况:橡胶软木密封垫和橡胶软管类制品
配套情况:主要是向汽车、摩托车、汽油机、柴油机生产厂提供配套密封产品

★上海汽车粉末冶金有限公司
地址:上海市闸北区灵石路 800 号
邮编:200072
电话:021/56053288
传真:56954785
网址:www. saicgroup. com
电子信箱:christina - zhang@ ti. com
质量体系:ISO/TS 16949、VDA 6. 3
产品情况:各种高强度、高精度的铁基粉末冶金齿轮和异型结构零件
配套及出口情况:为上海大众、上海通用、一汽 - 大众、东风汽车等配套;出口北美市场

★上海斯蒂奥车辆配件有限公司
地址:上海市虹口区瑞虹路 599 号
邮编:200086
电话:021/65796328
传真:65798087
网址:www. sidiao. com. cn
电子信箱:sidiao@ sidiao. com. cn
质量体系:ISO/TS 16949、ISO 9001
产品情况:(海通牌)
汽车、内燃机等液压管道系统

★ 富士胶片(中国)投资有限公司
地址:上海市浦东新区银城中路 68 号时代金融中心 27 楼 - 28 楼
邮编:200120
电话:021/50106000 - 755
传真:50106710
网址:www. fujifilm. com. cn
电子信箱:wgxiang@ fujifilm. com. cn
产品情况:压力测量胶片(感压纸)
☞ 详细情况请参阅彩色宣传版面

★洛德机械(上海)有限公司
地址:上海市浦东新区世纪大道 1568 号中建大厦 1803 ~ 1805 室
邮编:200122
电话:021/31330800
传真:31330900
网址:www. lordcn. com
电子信箱:marketing. china@ lord. com
质量体系:ISO 9001
产品情况:轨道扣件、重型货车发动机悬置、压路机钢轮减振器为代表的橡胶金属复合减振产品

★三键化工(上海)有限公司
地址:上海市浦东新区福山路 500 号城建国际中心 908 - 910 室
邮编:200122
电话:021/50812221
传真:58200382
网址:www. threebond. com. cn
产品情况:厌氧、瞬干、导电、环氧、紫外、硅胶、清洗润滑等 40 多个系列 1600 多个品种的黏接密封剂

★宝钢集团有限公司
地址:上海市浦东新区浦电路 370 号宝钢大厦
邮编:200122
电话:021/58350000、58358888
传真:68404832
网址:www. baosteel. com
电子信箱:customer@ baosteel. com
质量体系:ISO/TS 16949
产品情况:汽车用钢
出口情况:出口日本、韩国、欧美等 40 多个国家和地区

★上海天示机械零部件制造有限公司
地址:上海市浦东新区福山路 388 号宏嘉大厦 16 楼 1606 室
邮编:200122
电话:021/58355541、58353145
传真:58353141
网址:www. trisunltd. com
电子信箱:trisunseal@ yahoo. com. cn
单位人数:400
质量体系:ISO/TS 16949、ISO 9001
产品情况:中、轻型机械密封件、汽车压缩密封件,年产机械密封件 800 万套以上
出口情况:出口美国、欧洲、拉丁美洲、墨西哥、澳大利亚等国家和地区

★加藤弹簧(上海)有限公司
地址:上海市浦东新区外高桥保税区日樱北路 199 号 54 号楼
邮编:200131
电话:021/50461717
传真:50460707
网址:www. kato. com. sg
电子信箱:shrhqp95@ sh163. com
单位人数:200
质量体系:ISO/TS 16949、ISO 9001
产品情况:(银皓牌)
紧密弹簧,冲压件
配套及出口情况:为日本电装配套;出口南美洲、南非、东南亚等地区

★富来极汽车轴承(上海)有限公司
地址:上海市浦东新区外高桥保税区荷丹路 122 号
邮编:200131
电话:021/50640180
传真:50640180
电子信箱:fat - tj_sales@ online. sh. cn
质量体系:QS 9000
产品情况:汽车轴承
配套情况:为一汽集团、一汽 - 大众、上海大众、上海通用、南京依维柯、美国通用、福特、戴姆勒 - 克莱斯勒、德国大众奥迪、宝马、欧宝等配套

★诺而达汽车热交换器材料(上海)公司
地址:上海市外高桥保税区富特北路 211 号 1 层
邮编:200131
电话:021/58683370
传真:58683375
电子信箱:fangle21@ sohu. com
质量体系:ISO 9002
产品情况:各类铜及黄铜合金带材料,并提供与热交换器行业相关的材料、技术和物流服务
出口情况:出口 20 多个国家

★上海高桥加德士润滑油有限公司
地址:上海市浦东新区浦北路 3759 弄 97 号
邮编:200137
电话:021/58610180
传真:58610163
质量体系:ISO/TS 16949、ISO 9001
产品情况:车用油、工业用油、船舶用油三大类中高级润滑油
配套情况:为上海通用配套

★中石化高桥分公司
地址:上海市浦东新区江心沙路 1 号
邮编:200137
电话:021/58611060
传真:58610393
质量体系:ISO/TS 16949、ISO 9001

产品情况:汽油、柴油、润滑油等石油化工产品
配套情况:为上海大众配套

★上海索拓密封材料有限公司
地址:上海市徐汇区田林路487号宝石园23号楼502室
邮编:200233
电话:021/33674800
传真:33674801
网址:www.sealtex.cn
电子信箱:info@sealtex.cn
质量体系:ISO 9001
产品情况:汽缸垫用无石棉垫片、水泵用无石棉垫片
配套情况:与美国Interface Solutions Inc.、葡萄牙阿莫林集团Amorim、西班牙Fibras Y Elastomeros S.A有良好合作关系

★上海华化摩擦材料有限公司
地址:上海市徐汇区梅陇路130号523信箱
邮编:200237
电话:021/64252488、64252492
传真:64253076
网址:www.hhbraker.com
电子信箱:hhbraker@hhbraker.com
质量体系:QS 9000、ISO 9001
产品情况:汽车制动片
配套情况:为轿车企业配套

★上海新封高科贸有限公司
地址:上海市闵行区临沧路360号
邮编:200242
电话:021/64306818
传真:62386853
网址:www.sh-xfg.com
电子信箱:shxingfenggao@163.com
质量体系:ISO 9001
产品情况:(珍高牌)
水暖型汽车尾气节能暖风机,各类密封、高强度螺栓
配套情况:为上海申沃、京华客车、丹东黄海、宇通客车、中通客车、江淮汽车、厦门金龙、苏州金龙、绍兴金龙、上饶客车、武汉扬子江、东风汽车公司、一汽集团等多家主机厂配套

★圣戈班高功能塑料(上海)公司
地址:上海市闵行开发区昆阳路1468号
邮编:200245
电话:021/54721568
传真:54722378
网址:www.saint-gobain.com.cn
电子信箱:sgppl@saint-gobain.com
产品情况:(TYGON牌、SYNFLEX牌、SANI-TECH牌、CHEMFLUOR牌、FURON牌)
衬套、密封材料及其制品

★通驰森焱橡塑制品有限公司
地址:上海市普陀区绥德路118弄56号首层
邮编:200311
电话:021/66080732、66080723
传真:66080732
质量体系:ISO 9001
产品情况:(通驰牌)
气门油封、旋转油封、汽缸垫片等高密封产品

★上海尚翔汽车胶管有限公司
地址:上海市普陀区真南路1550号
邮编:200331
电话:021/62508541、62506091
传真:62506112
电子信箱:shangxiang8888@vip.163.com
单位人数:273
质量体系:ISO/TS 16949
产品情况:(浦江牌)
冷却水胶管、动力转向油管、燃油胶管及其他橡胶件
配套及出口情况:为奥迪A6、帕萨特B5、通用别克、大众POLO、桑塔纳、捷达、富康配套冷却系统水管、吸回油系统油管、电喷系统燃油管、高温耐油气管及其他高标准橡胶件;部分产品出口

★上海宝钢分公司冷轧薄板厂
地址:上海市宝山区江杨南路2288号
邮编:200431
电话:021/36114888
传真:56754274
电子信箱:bgs@tinglin-auto.com
质量体系:ISO/TS 16949、VDA 6.1
产品情况:冷轧薄钢板、镀锡板、电镀钢板

★上海华星气体有限责任公司
地址:上海市虹口区广粤路133号
邮编:200434
电话:021/55965765
传真:65046120
网址:www.huaxingqt.com
电子信箱:huaxing@cableplus.com.cn
单位人数:100
质量体系:ISO/TS 16949、ISO 9001
产品情况:134A、407C、410A等环保冷媒,F22、F12、F11、141b等制冷剂,年产6000t
配套情况:为上海通用、上海大众、奇瑞汽车、东风悦达起亚、亚星商用车等配套

★上海立新气体有限公司
地址:上海市汶水东路917号
邮编:200434
电话:021/65280758
传真:65284879
电子信箱:lxgas@online.sh.cn
质量体系:ISO 9001
产品情况:各种工业气体和制冷剂
配套情况:为上海大众、一汽-大众、神龙汽车配套

★上海四花高压油管合作公司
地址:上海市市北工业新区江场西路200号
邮编:200436
电话:021/56777334、56654648
传真:56658247
网址:www.shsop.com
电子信箱:sop@shsop.com
质量体系:ISO 9001
产品情况:(四花牌)
高低压油管、液压油管和输油泵
配套情况:为杭州汽车发动机总厂、北京内燃机总厂、华北柴油机总厂、北方动力、南通柴油机、云南昆明动力、云内成都内燃机厂、美国实用动力集团上海液压公司、上海康普艾压缩机、上海涓东伊捷燃油喷射公司配套

★上海大裕橡胶制品有限公司
地址:上海市宝山区南大路690号
邮编:200436
电话:021/63638676
传真:63638301
电子信箱:shdayu@online.sh.cn
质量体系:ISO/TS 16949、VDA 6.1
产品情况:发动机罩垫块、密封条等汽车用橡胶发泡件、橡胶成型件
配套情况:为上海大众、东风汽车公司、上海通用配套

★华德塑料制品有限公司
地址:上海市宝山区宝山城市工业园区振园路269号
邮编:200444
电话:021/36162626
传真:36162136
网址:www.huade-plus.com
单位人数:400
质量体系:ISO/TS 16949、VDA 6.1
产品情况:(华德牌)
汽车等多种类型的塑料配件
配套情况:主要客户有上海大众、上海通用、北美通用、牧田电动工具、一汽-大众、江铃全顺、双立人刀具等

★上海世达密封件有限公司
地址:上海市宝山区南大路700号
邮编:200463
电话:021/62848163、62848125
传真:62840438
网址:www.gz-star.com
电子信箱:sh-star@tom.com
质量体系:ISO/TS 16949
产品情况:橡塑密封件、石墨密封件、橡胶减振制品、橡胶制品
出口情况:出口日本、美国、欧洲等国家和地区,并销往中国台湾、香港,出口额占总销售额的20%以上

★宝山钢铁股份有限公司特钢事业部
地址:上海市宝山区水产路1269号
邮编:200940
电话:021/26032220、26032322
传真:56670867
网址:www.baosteel-specialsteel.com
质量体系:ISO 9001

产品情况:汽车用钢
配套情况:为上海大众、上海通用、一汽-大众、北京奔驰、江铃汽车、南京依维柯、重汽集团、神龙汽车配套

★上海三环弹簧有限公司
地址:上海市宝山区合兆路677号
邮编:200940
电话:021/56491565
传真:56493753
网址:www.shsanhuan.com
单位人数:125
质量体系:ISO/TS 16949、ISO 14001
产品情况:各种异形弹簧和材料、直径2.5mm以下压簧,年销售额1800万元
配套情况:为上海大众、上海通用、一汽-大众、奇瑞汽车、长安福特马自达等配套

★上海乐昌汽车配件有限公司
地址:上海市嘉定区外冈工业区1区恒飞路58号
邮编:201030
电话:021/59589879
传真:59587251
网址:www.shlechang.com
电子信箱:lechang@shlechang.com
单位人数:400
质量体系:ISO/TS 16949
产品情况:(乐昌牌)
各种汽缸垫、发动机大修包
出口情况:出口欧美、非洲等60多个国家和地区

★上海仁典贸易有限公司
地址:上海市闵行区春申路3355弄42号102室
邮编:201100
电话:021/64601823
传真:64601753
单位人数:800
质量体系:ISO/TS 16949
产品情况:高性能工程塑料、弹性体等多种特殊塑料

★上海锦湖日丽塑料有限公司
地址:上海市闵行区华漕镇纪高路1399号
邮编:201107
电话:021/62969608
传真:62969607
网址:www.kumhosunny.com
质量体系:ISO/TS 16949、ISO 9001
产品情况:塑料改性、工程塑料合金、树脂混配着色造粒以及热塑性弹性体

★巴斯夫上海涂料有限公司
地址:上海市闵行区沪闵路颛桥光华路521号
邮编:201108
电话:021/64895250
传真:64890510
网址:www.basf.com.cn
单位人数:200
质量体系:ISO 9001
产品情况:汽车涂料
配套情况:为上海大众、一汽-大众、上海通用、厦门金龙配套

★上海杰事杰新材料股份有限公司
地址:上海市闵行区北松路800号
邮编:201109
电话:021/64900066
传真:64901717
网址:www.geniuscn.com
电子信箱:shanghai@geniuscn.com
单位人数:450
质量体系:ISO/TS 16949、QS 9000
产品情况:PP、ABS、PA、PC系列改性工程塑料,蓄电池用PE隔板
配套情况:是北京现代、东风悦达起亚、神龙富康、东南汽车、大众、通用、马自达、福特、奇瑞汽车、比亚迪汽车、松下、博世、德力西的工程塑料供应商和合作伙伴

★上海珂基氟硅材料有限公司
地址:上海市闵行区三鲁公路1008号
邮编:201112
电话:021/64917382
传真:54840908
质量体系:ISO 9001
产品情况:聚四氟乙烯油封、硅橡胶密封件、RTV密封胶等
配套情况:为一汽集团配套

★上海科凌聚氨酯制品有限公司
地址:上海市张江军民路188号
邮编:201200
电话:021/58576197
传真:58576196
电子信箱:keling2000@sina.com
质量体系:ISO 9001
产品情况:聚氨酯制品
配套情况:为上柴、扬子等配套

★上海凯众聚氨酯有限公司
地址:上海市浦东新区建业路813号
邮编:201201
电话:021/58380282
传真:58382081
网址:www.carthane.com
电子信箱:info@carthane.com
单位人数:200
质量体系:ISO/TS 16949
产品情况:(Carthane、Vulkdlkm牌)
聚氨酯缓冲止位块、汽车踏板总成、底盘系统减振支撑、高承载胶轮
配套及出口情况:产品主要用于上海大众、一汽-大众、上海通用、长安福特马自达、神龙汽车、奇瑞汽车、广汽本田、长安铃木、日本马自达等轿车厂;缓冲块出口日本、韩国等国家

★上海乐嘉刹车系统有限公司
地址:上海市浦东新区华东路5001号金桥出口加工南区第二大道128号6栋厂房
邮编:201201
电话:021/58585980、58587787
传真:58585600
网址:www.lecabrake.com
电子信箱:sales@lecabrake.com
质量体系:ISO/TS 16949、VDA 6.1
产品情况:(乐嘉牌)
汽车盘式制动片、鼓式制动片
出口情况:出口欧美、中东等地区

★上海川航通用汽车零部件公司
地址:上海市浦东新区合庆镇向阳南路288号
邮编:201201
电话:021/58974139-819
传真:68916528
网址:www.chty.com.cn
电子信箱:yu_hui111@126.com
质量体系:ISO/TS 16949
产品情况:注塑件、泡塑件、精密模具、钣金冲压件等

★上海康达化工有限公司
地址:上海市浦东新区庆达路655号
邮编:201201
电话:021/68918998
传真:58383632
网址:www.kangda-sh.com
单位人数:181
质量体系:ISO 9001
产品情况:(万达牌)
丙烯酸酯AB胶、α-氰基丙烯酸酯胶、光敏胶(UV胶)、厌氧胶、硅橡胶、环氧胶、工业修补剂、聚氨酯胶等胶粘剂

★上海众正摩擦材料有限公司
地址:上海市浦东纯新路318号
邮编:201202
电话:021/58591958
传真:58597322
网址:www.zzbrakes.com
电子信箱:amyfisher@163.com
单位人数:50
质量体系:ISO 9001
产品情况:各种无石棉、半金属、少金属及有机基盘式、鼓式制动片,年产400万片
出口情况:出口北美洲、东南亚、中东、澳大利亚等国家和地区

★上海惠达橡胶制品有限公司
地址:上海市浦东新区施新路989号
邮编:201202
电话:021/68960804、68961166
传真:68961106
网址:www.huidaxj.com
电子信箱:huidaxj@huidaxj.com
单位人数:150
质量体系:ISO 9001
产品情况:车用橡胶减振器、绝缘护套、密封件、实心橡胶轮及橡胶管
出口情况:20%的产品出口德国、日本、中亚等市场,并销往中国台湾地区

★汉高股份有限公司
地址:上海市浦东新区张江高科技园区张衡路928号
邮编:201203
电话:021/28918999
传真:28918959
质量体系:ISO/TS 16949、ISO 9000
产品情况:(HENKEL牌)
各种工程黏合剂、金属表面前处理产品、工程清洗剂、切削液、车身胶、密封胶、玻璃胶以及NVH减振降噪等产品
配套情况:为各大汽车整车厂和零部件制造厂供货

★诺信(中国)有限公司
地址:上海市浦东区张江高科技园区郭守敬路137号
邮编:201203
电话:021/38669166
传真:38669199
电子信箱:shanghai@ nordson. com
质量体系:ISO 9001
产品情况:黏合剂及粉末、油漆精密喷涂设备等

★道康宁(上海)有限公司
地址:上海市张江张衡路1077号
邮编:201203
电话:021/38995500、38997919
传真:63507200
网址:www. dowcorning. cn
电子信箱:cathy. yang@ dowcorning. com
产品情况:有机硅乳剂和密封胶产品

★上海白云汽车制管有限公司
地址:上海市浦东新区华夏西路658号
邮编:201204
电话:021/33907325
传真:33907872
电子信箱:baiyun_yao@ vip. 163. com
质量体系:ISO/TS 16949、ISO 9000
产品情况:发动机、增压器用输油管、回油管、高压油管、硬管系列,年产值4000万元左右
配套情况:为东风康明斯、重庆康明斯、天津珀金斯、山东道依茨、锡柴、大柴、东风汽车公司、玉柴、潍柴等配套

★上海嘉世孚石化科技有限公司
地址:上海市浦东新区张江路1649号
邮编:201204
电话:021/58216975
传真:50281025
网址:www. jiashifu. com
质量体系:ISO 9001
产品情况:(加士孚牌)
发动机油、润滑油等油品

★上海日轮汽车配件有限公司
地址:上海市浦东新区北蔡镇五星路351号
邮编:201204
电话:021/58442698、50914486
传真:58442427
网址:www. nichirinchina. com
电子信箱:sungangc@ online. sh. cn
单位人数:250
质量体系:ISO/TS 16949
产品情况:(NICHIRIN牌、日轮牌)
汽车用软管
配套及出口情况:为广汽本田、武汉本田、本田(中国)、东风日产乘用车、广州电装、烟台电装、上海通用、上海大众、一汽-大众等供货;出口十几个国家

★上海飞可斯铆钉有限公司
地址:上海市莲溪路1151号1号楼3楼
邮编:201204
电话:021/58912860、50911519
传真:58912793
网址:www. fastfix - rivet. com
电子信箱:sales@ rivet - china. com
质量体系:ISO/TS 16949
产品情况:铆钉、铆钉工具

★派克汉尼汾液压系统(上海)公司
地址:上海市浦东新区金桥工业区云桥路280号
邮编:201206
电话:021/50312525
传真:58348975
质量体系:ISO 9001
产品情况:O形圈、液压气动产品及各类软管、接头

★斯凯孚(上海)轴承有限公司
地址:上海市浦东新区新金桥路999号
邮编:201206
电话:021/50325655
传真:50311412、58179166
网址:www. skf. com
单位人数:251
质量体系:ISO/TS 16949、QS 9000
产品情况:深沟球轴承、开式轴承、防尘盖或密封轴承

★约翰威尔弹簧(上海)有限公司
地址:上海市浦东新区金桥金沪路278号61幢2号门第2层
邮编:201206
电话:021/50326638
传真:58995312
质量体系:ISO/TS 16949、ISO 9001
产品情况:各类弹簧

★上海火焰复合布有限公司
地址:上海市浦东新区金桥乐园路198号
邮编:201206
电话:021/58990904
传真:50323363
电子信箱:hdl@ shdelang. com
单位人数:300
质量体系:QS 9000
产品情况:各类海绵制品复合布
配套及出口情况:为上海大众、上海通用、上汽集团等配套;出口欧美地区

★上海海泰(浦泰)汽配有限公司
地址:上海市南汇区南汇工业园区宣黄路139号
邮编:201314
电话:021/58185818、58189122
传真:58182220、58183078
网址:www. sh - putai. com
电子信箱:webmaster@ sh - putai. com
单位人数:500
质量体系:ISO/TS 16949、VDA 6.1
产品情况:各种橡胶防尘套、轿车内饰件等塑料件
配套情况:为上海大众、上海通用、一汽-大众、奇瑞汽车、上海汽车等配套

★上海凯密特尔化学品有限公司
地址:上海市浦东区康桥工业区康安路628号
邮编:201315
电话:021/58120929、58121367
传真:58121062
网址:www. chemetall. com. cn
电子信箱:liwei@ chemetall. com. cn
质量体系:ISO/TS 16949、VDA 6.1
产品情况:金属表面处理系列、漆雾凝聚剂系列化学品
配套情况:主要客户有上海大众、一汽-大众、长安福特马自达、海尔、攀枝花钢铁集团、奇瑞轿车、宝钢、武汉钢铁集团、吉利汽车、上汽集团、江淮汽车

★上海瑞博密封件有限公司
地址:上海市浦东新区康桥工业园区宸花路326号
邮编:201315
电话:021/58128870、58129550
传真:58128872
单位人数:330
质量体系:ISO/TS 16949
产品情况:(瑞博牌)
各种旋转和往复油封,广泛应用于汽车、摩托车、工程/农业机械、清洁机械等机电行业
配套及出口情况:为上海法雷奥、天津阿斯莫、德国大众、上海纳铁福传动轴配套;出口德国、美国、澳大利亚

★上海旷达汽车织物有限公司
地址:上海市浦东新区祝桥镇701
邮编:201323
电话:021/58100088
传真:58101188
网址:www. kuangdacn. com
电子信箱:shanghai@ kuangda. com
质量体系:ISO/TS 16949
产品情况:汽车织物

★上海南汇佳艺树脂厂
地址:上海市南汇区盐仓镇川南奉路5835号
邮编:201324
电话:021/58097543

传真:58097543
单位人数:78
质量体系:VDA 6.1、ISO 14001
产品情况:汽车稀释剂和水性黑漆、热塑性弹性体、双组份黏合剂、醇溶性树脂等

★上海汉高表面技术有限公司
地址:上海市南汇区盐仓镇果园村
邮编:201324
电话:021/68267242
传真:68267654
电子信箱:copyright@71ab.com
单位人数:100
质量体系:QS 9000、ISO 14001
产品情况:汽车用 PVC 密封涂料、防腐腊和黏合剂
配套情况:为上海大众、一汽－大众、广汽本田、上海通用配套

★上海麦之华密封件有限公司
地址:上海市奉贤区江海私营经济开发区秀南1133号
邮编:201400
电话:021/57108133、57109094
传真:57109571
电子信箱:hanyp0371@sina.com
单位人数:550
质量体系:QS 9000
产品情况:(MZH 牌)
汽车油封、机械油封、O 形密封圈
配套及出口情况:为北奔重汽、安徽安凯、重汽车桥等配套;出口北美洲、澳大利亚、欧洲

★上海麦华油封工业有限公司
地址:上海市奉贤区上海工业综合开发区树园村运河路111号
邮编:201400
电话:021/57414094、57414095
传真:57410038
网址:www.mfc.com.tw
电子信箱:mfc－sha@mail.mfc.com.tw
质量体系:ISO/TS 16949、VDA 6.1
产品情况:油封、O 形环及其他精密橡胶产品
出口情况:出口欧洲、美国、日本等国家和地区

★上海四明橡塑制品有限公司
地址:上海市奉贤区钱桥镇经济园区前桥路298号
邮编:201407
电话:021/57597267
传真:57595400
网址:www.shanghaisimingrubber.com
电子信箱:email－1@shanghaisimingrubber.com
质量体系:VDA 6.1、QS 9000
产品情况:汽车散热器和暖风用密封垫
配套及出口情况:为上海大众、上海通用、东风汽车公司、一汽集团等配套;部分产品出口

★上海宏昌汽配有限公司
地址:上海市奉贤区头桥镇新奉公路4313号
邮编:201409
电话:021/57554735、57556198
传真:57554866
网址:www.sh－hongchang.com
电子信箱:office@sh－hongchang.com
单位人数:500
质量体系:VDA 6.1、QS 9000
产品情况:车门限位器、发动机隔热罩以及车身和发动机冲压零部件
配套情况:为上海大众、上海通用、宝马等配套

★上海金力泰化工股份有限公司
地址:上海市奉贤区沿钱公路2888号
邮编:201414
电话:021/57563999
传真:57563996
网址:www.knt.cn
单位人数:360
质量体系:ISO/TS 16949、ISO 14001
产品情况:(KNT 牌)
阴极电泳漆、阳极电泳漆、汽车面漆、高性能陶瓷涂料
配套情况:为吉利远景、江铃风尚、江铃宝典、五菱之星、东风渝安、长安之星、福田蒙派克、福田欧曼、福田奥铃、长城赛弗、江淮康铃、江淮格尔发、陕汽德御等配套

★德马格起重机械(上海)有限公司
地址:上海市奉贤区庄行欧洲工业园区叶庄公路125号
邮编:201415
电话:021/37182222
传真:57464558
网址:www.demagcranes.com.cn
电子信箱:info@demaqcranes.com.cn
质量体系:ISO/TS 16949、VDA 6.1
产品情况:(精工牌、飞力牌)
标准起重机、环链电动葫芦、钢丝绳电动葫芦 DH 型、轻型起重机 KBK 型
出口情况:出口美国、秘鲁、波兰、南非等60多个国家和地区

★上海东风汽车专用件有限责任公司
地址:上海市浦东新区星火开发区民乐路251号
邮编:201419
电话:021/57502122
传真:57502122
质量体系:ISO/TS 16949
产品情况:汽车紧固件
配套情况:为神龙汽车、东风汽车公司、上汽通用五菱等配套

★上海特强汽车紧固件有限公司
地址:上海市浦东星火开发区民乐路251号
邮编:201419
电话:021/57503499
传真:57503498
网址:www.shtq.com
电子信箱:shtech@online.sh.cn
质量体系:ISO 9002
产品情况:汽车高强度螺栓、穿垫螺栓、超长件螺栓、涂胶螺栓等
配套情况:为神龙汽车、广汽本田、东风本田发动机、天津一汽丰田发动机、五羊本田、嘉陵本田、东风汽车公司、南京汽车集团等配套

★上海顶星化工科技有限公司
地址:上海市奉贤区目华北路388号
邮编:201424
电话:4006580885
网址:www.shdingxing.com
质量体系:ISO 9001
产品情况:润滑脂

★上海共康冲压件有限公司
地址:上海市金山区廊下镇荣春路485号
邮编:201516
电话:021/57394769、57395548
传真:57395549
电子信箱:gonkangchonya@163.com
单位人数:200
质量体系:ISO 9001
产品情况:汽车传动轴冲压零件、传动轴系列轴类零件加工、模具、数控机床、汽车座椅及无障碍旋转座椅、高速列车座椅踏脚等
配套情况:为上海纳铁福传动轴公司配套

★上海双宇汽车部件制造有限公司
地址:上海市松江区小昆山镇秦安街道18号
邮编:201600
电话:021/57720607
传真:57720607
网址:www.soyofilter.com
电子信箱:bianggang@163.com
质量体系:ISO/TS 16949
产品情况:机油滤、汽油滤、空气滤、空调滤

★上海瑞裕汽车配件有限公司
地址:上海市松江区新浜镇工业园上虞路252号
邮编:201605
电话:021/57893399、57893299
传真:57893377
网址:www.ruiyuauto.com.cn
电子信箱:ruiyuzy@126.com
质量体系:ISO/TS 16949、ISO 9001
产品情况:具有年产盘式制动150万套、鼓式制动片50万套、钢背1500万片的生产能力
配套及出口情况:稳定杆为昌河汽车配套;远销北美洲、南美洲、欧洲、中东、东南亚等地区

★上海松发合金材料有限公司
地址:上海市松江新浜工业园区红牡丹路155号

邮编:201605
电话:021/67891177、57892977
传真:67891183
网址:www. china - songfa. com
电子信箱:sales@ china - songfa. com
单位人数:100
质量体系:ISO 9001
产品情况:(SONGFA 牌)
银合金系列产品
出口情况:远销美国、欧洲、俄罗斯、日本、菲律宾等国家和地区

★上海华美助剂厂精细化工分厂
地址:上海市松江区泖港镇东部工业区叶新路 2733 号
邮编:201607
电话:021/57865134、57865739
传真:57865739
网址:www. huameijx. com
电子信箱:ron@ huameijx. com
质量体系:ISO 9001
产品情况:(华美牌)
润滑油、添加剂
出口情况:远销欧洲、美洲、日本、东南亚等国家和地区

★亚罗弗橡塑科技(上海)有限公司
地址:上海市松江工业区民益路 251 号
邮编:201612
电话:021/57686198、57086832
传真:57686693、57686198
网址:www. aeroflex. com. cn
质量体系:ISO 9001、ISO 14001
产品情况:(AEROFLEX 牌)
汽车保护垫、备厢宝、立体脚垫、坐垫

★上海龙记金属制品有限公司
地址:上海市松江区松江工业区新桥分区民益路 68 号
邮编:201612
电话:021/57686371
传真:57686238
电子信箱:csfsc@ public. sta. net. cn
质量体系:VDA 6.1、QS 9000
产品情况:(三环牌)
标准模架、非标准模架,并提供各种进口优质合金模具钢及模具相关标准件

★上海奈那卡斯汽车铸件有限公司
地址:上海市松江工业区东宝路 8 号
邮编:201613
电话:021/57741010、57747339
传真:57741320
网址:www. dynacast. com
电子信箱:ywu@ dynacast. com. cn
质量体系:ISO/TS 16949、ISO 9001
产品情况:铝、锌合金精密压铸件

★汉升密封科技(上海)有限公司
地址:上海市松江工业区江田东路 205 号
邮编:201613
电话:021/57747878、57746761
传真:57747979
网址:www. seal. com. tw
电子信箱:sales@ seal. com. tw
单位人数:645
质量体系:ISO 9002
产品情况:密封圈、O 形环、骨架油封、特殊密封件,生产能力 2000 万件

★上海希欧彼汽车零件有限公司
地址:上海市徐汇区斜土路 1221 号 902 室
邮编:201614
电话:021/51502727
传真:51502728
网址:www. cob - autoparts. com
电子信箱:cob@ cob - autoparts. com
质量体系:ISO/TS 16949、VDA 6.1
产品情况:(COB 牌)
各种自润滑轴承
配套及出口情况:为上汽、一汽、柳汽、徐工集团、玉柴机械、震雄集团等配套;出口德国、法国、意大利、英国、瑞典、荷兰、美国、韩国等 30 个国家

★上海日亮氟塑密封件有限公司
地址:上海市松江区松江高科技园区 A 区 13 号
邮编:201614
电话:021/57855535、57855181
传真:57854100
网址:www. chinaoilseal. com
电子信箱:sheen_oilseal@ hotmail. com
单位人数:68
质量体系:ISO/TS 16949、ISO 9001
产品情况:(日亮牌、FSI 牌)
各种汽车、机械油封
出口情况:Cummins、Caterpillar、National、Benz、Volvo、Scania、Audi、Santana 等发动机和车型的油封产品进入北美洲、南美洲、欧洲、中东、东南亚等市场

★上海徕木电子股份有限公司
地址:上海市松江区九亭镇世富路 8 号
邮编:201615
电话:021/67627613、67679077
传真:33522796、67627615
网址:www. laimu. com. cn
电子信箱:master@ laimu. com. cn
质量体系:ISO/TS 16949
产品情况:冲压件、注塑件、连接器产品

★上海康迪泰克管件有限公司
地址:上海市松江区沪亭路 319 号
邮编:201615
电话:021/67629375、67629387
传真:67629388
单位人数:70
质量体系:ISO/TS 16949
产品情况:STN、PASSAT、POLO 等高压油管,年产 18.4 万根

★上海核威滑动轴承制造有限公司
地址:上海市松江区高新科技园区涞访路 2039 号
邮编:201615
电话:021/67697256、67697255
传真:67697257
网址:www. he - wei. com
电子信箱:hws@ he - wei. com
质量体系:ISO/TS 16949、ISO 9000
产品情况:各种滑动轴承
配套及出口情况:主要客户有奇瑞汽车、长安福特马自达、豪爵、海马、钱江摩托、东风汽车公司、春兰汽车;出口美国

★上海福之来汽车标准件有限公司
地址:上海市青浦区老朱青路 185 号
邮编:201700
电话:021/59733579
传真:59728934
网址:www. shfzl. com
电子信箱:qpqc123@ shqp. nee. cn
单位人数:150
质量体系:ISO/TS 16949
产品情况:螺钉、高强度螺栓、组合件等
配套情况:为上海大众、一汽 - 大众、奇瑞汽车、上汽乘用车分公司、东风悦达起亚、上海德尔福空调、上海汇众、上海飞众汽车配件厂等配套

★上海底特精密紧固件有限公司
地址:上海市青浦区青浦工业区久业路 89 号
邮编:201700
电话:021/60570389
传真:60570388
网址:www. shanghaidite. com
电子信箱:info@ shanghaidite. com
法人代表:顾茂众
负责人:龙纯喆
单位人数:150
质量体系:ISO/TS 16949、ISO 9001
产品情况:(施必牢牌、DTFLOCK 牌)
施必牢高精度防松防脱紧固件、工具、量具、检测设备
配套及出口情况:为一汽集团、宇通客车、东风商用车、锡柴、上柴、潍柴、山东福田、陕西重型汽车、上汽依维柯红岩配套;出口美国、新加坡、德国、巴西

★上海普利特复合材料股份有限公司
地址:上海市青浦区工业园区新业路 558 号
邮编:201707
电话:021/69210096、69211736
传真:51685255
网址:www. pret. com. cn
电子信箱:sales@ pret. com. cn
单位人数:100
质量体系:ISO/TS 16949、VDA 6.1
产品情况:(普利特牌)
改性 ABS、PC/ABS 合金系列、改性聚丙烯 PP 系列、改性尼龙 AA 系列
配套情况:为西诺塑料、格拉默、长春派格、宁波神通、宁波华翔、井上华翔、胜德塑料、延锋伟世通、宁波四维尔、星怡车灯、小糸车灯、宁波敏孚、华德塑料等配套

★上海亚大塑料制品有限公司
地址:上海市青浦区华新镇华昌路3号
邮编:201708
电话:021/59790555、59790078
传真:59790333、59792111
网址:www. chinaust. com
电子信箱:chinaust@ vip. sina. com
质量体系:ISO 9001、ISO 14001
产品情况:汽车输油尼龙管、制动管等
配套情况:为上海大众、上海通用、南京依维柯、亚星商用车配套

★上海誉高紧固系统有限公司
地址:上海市青浦区白鹤工业园区鹤安路9号
邮编:201709
电话:021/39299666、59741977
传真:39299111、59742889
网址:www. yugoo. com. cn
电子信箱:yugao@ yugoo. com. cn
质量体系:ISO/TS 16949、ISO 9001
产品情况:高端耐热螺栓、机牙螺栓、钻尾螺栓、自攻螺钉、各类非标螺栓

★上海申雅密封件有限公司
地址:上海市青浦区外青松公路4600号
邮编:201712
电话:021/59221580、59221890
传真:59221520
网址:www. 4s – sealing. com
电子信箱:webmaster@ 4s – sealing. com
单位人数:600
质量体系:VDA 6.1、QS 9000
产品情况:乘用车橡胶密封条
配套情况:为上海大众桑塔纳、帕萨特、广汽本田雅阁、上海通用别克、赛欧等配套

★上海和达汽车配件有限公司
地址:上海市青浦区青赵公路5458号
邮编:201712
电话:021/59222660
传真:59220463
网址:www. heda. cn
电子信箱:chengeng@ heda. cn
质量体系:ISO/TS 16949、VDA 6.1
产品情况:汽车仪表板横梁模块、汽车侧门防撞梁、汽车排挡杆总成、复合挤塑/挤塑/滚压/曲弯等系列产品
配套及出口情况:为东风神龙、烟台通用、德国大众配套;PQ35 零件出口德国大众

★采埃孚橡胶金属(上海)有限公司
地址:上海市青浦区工业园区天辰路1818号
邮编:201712
电话:021/59227692
传真:59227311
电子信箱:shyysj@ online. sh. cn
单位人数:97
质量体系:ISO/TS 16949、VDA 6.1
产品情况:发动机液压支承、液压衬套、传动系统支承、扭矩支承和其他与降噪减振技术相关的产品
配套及出口情况:为上海大众、上海通用等配套;出口欧洲、美国、日本、澳大利亚等国家和地区,并销往中国香港地区

★上海红阳密封件有限公司
地址:上海市嘉定区宝安公路2990号
邮编:201801
电话:021/59155953
传真:59155953
网址:www. sh – hongyang. com
电子信箱:jlb@ sh – hongyang. com
质量体系:ISO/TS 16949、VDA 6.1
产品情况:汽车门窗密封件等,年产量500万米
配套情况:为上海大众、一汽 – 大众、江铃汽车、奇瑞汽车、昌河汽车等配套

★上海劳伦茨橡胶制品有限公司
地址:上海市嘉定区马陆镇沪宜公路1785号
邮编:201801
电话:021/59158775
传真:59159475
质量体系:ISO/TS 16949、VDA 6.1
产品情况:(ROULUNDS 牌)
汽车工业用橡胶同步带、切割带、多楔带等
配套及出口情况:为上海大众、一汽 – 大众、上海通用、江淮汽车、一汽海马、一汽杰克赛尔汽车空调、柳州亚美汽车空调、奇瑞汽车等配套;出口欧洲及中东地区

★超捷紧固系统(上海)股份公司
地址:上海市嘉定区马陆镇丰硕路100弄39号
邮编:201801
电话:021/59907000
传真:59907111
电子信箱:cosmo_tang@ shchaojie. com. cn
质量体系:ISO/TS 16949、ISO 9001
产品情况:高精密、高强度紧固件及车加工零件

★上海上标集团紧固件有限公司
地址:上海市嘉定区马陆镇剑兰路169号
邮编:201801
电话:021/69151901
传真:69151915
网址:www. china – sfc. com
电子信箱:sfc4153@ china – sfc. com
质量体系:ISO/TS 16949、ISO 9001
产品情况:各类标准件、紧固件,并根据用户需要定制非标产品及异形件
配套及出口情况:为上海大众、上海通用、厦门金龙配套;出口北美洲、南美洲、大洋洲、欧洲、南非、中东等地区

★上海帕卡兴产化工有限公司
地址:上海市嘉定区马陆开发区宝安公路2765号
邮编:201801
电话:021/69156888、69156364
传真:69156294
网址:www. shpi – chem. com
质量体系:ISO/TS 16949、VDA 6.1
产品情况:金属表面防腐、乳化型冷轧油、钢板防锈油、溶剂稀释型防锈油、防锈蜡(油)、轧制润滑油(剂)等
配套情况:为上海宝钢、大众汽车、广汽本田、四川一汽丰田配套

★福斯润滑油(中国)有限公司
地址:上海市嘉定区南翔镇高科技园区嘉绣路888号
邮编:201802
电话:021/39122000
传真:39122100
网址:www. fuchs. com. cn
质量体系:ISO/TS 16949、ISO 9001
产品情况:润滑油
配套情况:先后为北京奔驰、上海大众、一汽 – 大众、上海通用、东南汽车、奇瑞汽车、吉利汽车等汽车公司提供汽车发动机初装油、售后服务用油及齿轮油等产品

★上海天洋热熔胶有限公司
地址:上海市嘉定区南翔惠平路505号
邮编:201802
电话:021/59120211、69122664
传真:69122663
网址:www. hotmelt. com. cn
电子信箱:tianyuan@ hotmelt. com. cn
质量体系:ISO 9001
产品情况:(JCC 牌)
热熔胶网膜、胶膜、胶粉和胶粒,广泛应用于汽车内饰、汽车配件及汽车过滤材料等领域

★上海艺光特种橡胶制品有限公司
地址:上海市嘉定区马陆机械工业园区思义路1600号
邮编:201802
电话:021/69154758
传真:69156498
网址:www. yiguang88. com. cn
质量体系:VDA 6.1、QS 9000
产品情况:各类橡胶制品,年产能力1000万件
配套情况:为上海大众配套

★上海协力卷簧制造有限公司
地址:上海市嘉定区南翔高科技园区嘉美路318号
邮编:201802
电话:021/69179908
传真:69172505、52809827
网址:www. xielispring. com
电子信箱:manager@ xielispring. com
单位人数:300
质量体系:ISO 9001
产品情况:各类卷簧、各种冷轧钢带、弹性材料和晶体切割材料等

★上海容安制动器有限公司
地址:上海市嘉定区黄渡镇联西村联西路45号
邮编:201804
电话:021/69591211、69593689
传真:69591879
网址:www. rongan - brakes. com
电子信箱:shrongan@ yahoo. com. cn
质量体系:ISO 9001
产品情况:汽车鼓式、盘式制动片
配套及出口情况:主要配套客户有大长江(间接配套)、雅马哈(间接配套)、佛山比亚乔、成都天兴山田、常州光华兴精、海南斯力特、济南弘正、永康大一等;远销欧美

★上海兴盛密封垫有限公司
地址:上海市嘉定区黄渡工业园区杨林路702号
邮编:201804
电话:021/69597259
传真:69597252
网址:www. shanghai - gasket. com
电子信箱:xingsheng@ shanghai - gasket. com
单位人数:99
质量体系:VDA 6.1、QS 9000
产品情况:汽车、摩托车发动机密封垫
配套情况:主要用户有美国通用、德国大众、日本丰田、三菱汽车、铃木汽车、马自达汽车、电装等

★上海洋杰汽车配件有限公司
地址:上海市嘉定区安亭镇上海国际汽车城零部件配套工业园区于塘路688号
邮编:201805
电话:021/59562500、39578008
传真:59563038
网址:www. shyj. com
电子信箱:shyj@ shyj. com
质量体系:VDA 6.1、QS 9000
产品情况:冲压件等汽车配件
配套情况:为上海大众配套

★上海众浩汽车配件有限公司
地址:上海市嘉定区安亭镇园海路555号
邮编:201805
电话:021/59563311
传真:39578015
网址:www. shzhap. com
电子信箱:webmaster@ shzhap. com
单位人数:120
质量体系:VDA 6.1、QS 9000
产品情况:年产上海大众扶手支架9.54万件、支架焊接总成18.98万件、螺纹板18.98万件
配套情况:为上海大众配套

★上海众安电器塑料厂
地址:上海市嘉定区安亭镇和静路24号北
邮编:201805
电话:021/59576334、59577334
传真:57590373
网址:www. sh - zhongan. com
电子信箱:webmaster@ sh - zhongan. com
单位人数:80
质量体系:VDA 6.1、QS 9000
产品情况:汽车用电线扎紧带、各类塑料支架、线束紧固夹头、发动机水泵叶轮、摇窗机手柄、外视镜内饰、护套及聚氨酯海绵垫块等
配套情况:主要客户有上海大众、上汽仪征、东风悦达起亚、长安汽车、江西昌河、沈阳华晨等多家主机厂

★上海圣德曼铸造有限公司
地址:上海市嘉定区安亭昌吉路120号
邮编:201805
电话:021/59579841
传真:59573565
网址:www. sandmann. cn
电子信箱:md@ sandmann. cn
单位人数:800
质量体系:ISO/TS 16949、VDA 6.1
产品情况:(AA牌)
灰口铸铁、球墨铸铁铸件
配套及出口情况:主要客户有上海大众、上海通用、博格华纳、霍尼韦尔等;远销欧美、日本等国家和地区

★上海众大汽车配件有限公司
地址:上海市嘉定区安亭镇园国路1488号
邮编:201805
电话:021/69573232
传真:69573790
质量体系:ISO/TS 16949、VDA 6.1
产品情况:上海帕萨特轿车小冲压件
配套情况:为上海大众配套

★上海宝钢阿赛洛激光拼焊有限公司
地址:上海市青浦区安亭镇百安公路1369号
邮编:201805
电话:021/69573899
传真:69573950
网址:www. jiguangpinhan. com
电子信箱:linjun@ baosteel - arcelor. com
质量体系:ISO/TS 16949
产品情况:为汽车制造企业生产激光拼焊板,产品范围覆盖直线焊、折线焊和曲线焊
配套情况:主要用户有上海大众、上海通用、长安福特马自达

★上海亨豪摩擦材料有限公司
地址:上海市嘉定区安亭镇大众工业园区百安公路999号
邮编:201805
电话:021/69573927、69573928
传真:68573148
网址:www. henghao - sh. cn
电子信箱:sandun_sh@ 163. com
单位人数:180
质量体系:ISO/TS 16949、VDA 6.1
产品情况:(亨豪牌)
制动片,年产200万套
出口情况:部分产品出口

★斯凯孚汽车轴承有限公司
地址:上海市嘉定区沪宜公路5291号
邮编:201806
电话:021/59580188、59580288
传真:59589898
网址:www. skf. com
电子信箱:salessh@ chinaust. com
单位人数:190
质量体系:ISO/TS 16949、ISO 14001
产品情况:轿车轮毂轴承单元、轮毂,变速器圆锥滚子轴承,离合器分离轴承、前悬架轴承、张紧轮轴承、转向器轴承等
配套情况:为上海大众、上海通用、一汽-大众、神龙汽车、奇瑞汽车、长安福特马自达等配套

★上海安吉铸造厂
地址:上海市嘉定区外冈镇沪宜公路6086号
邮编:201806
电话:021/69575868、69575509
传真:69575696
电子信箱:webmaster@ sh - anji. com
质量体系:QS 9000
产品情况:汽车铝合金铸件
配套及出口情况:为桑塔纳、别克、依维柯、切诺基、奥迪、标致、康明斯、铃木、斯巴鲁等配套;出口美国、德国、日本、英国、新加坡等国家,并销往中国香港、台湾地区

★东来涂料技术(上海)有限公司
地址:上海市嘉定区嘉定工业区北区新和路1221号
邮编:201807
电话:021/39538597、39538596
传真:39538501
网址:www. onwings. com. cn
电子信箱:marketing@ onwings. com. cn
单位人数:200
质量体系:VDA 6.1、QS 9000
产品情况:(高飞漆牌、onwings牌)
汽车低温修补漆、汽车原厂漆、塑料件漆、电脑调色修补漆
配套及出口情况:是大众、通用、丰田等品牌供应商;远销美国、俄罗斯、印尼、马来西亚、泰国、阿联酋、中东、巴基斯坦等10多个国家和地区

★上海东昊油品有限公司
地址:上海市嘉定工业区嘉唐公路980号
邮编:201807
电话:021/59548069、59548135
传真:59549635
网址:www. dhyp. com. cn
质量体系:ISO 9001、ISO 14001
产品情况:润滑油、液力传动油、发动机节能/护理剂、自动排挡液、防冻液、制动液等

★上海新光化工厂
地址:上海市嘉定区霜竹公路588号
邮编:201811

电话:021/59970013、59975628
传真:59973951
网址:www. shxinguang. com
电子信箱:sales@ shxinguang. com
单位人数:70
质量体系:ISO 9001
产品情况:(铁锚牌)

聚氨酯类胶粘剂、改性酚醛树脂类胶粘剂、丙烯酸酯类厌氧胶、a－氰基丙烯酸酯瞬干胶、高强度丙烯酸酯结构胶、高分子液态密封胶、氯丁类强力胶、PVC专用胶、热熔胶、压敏胶、白乳胶及水性聚氨酯树脂等
配套情况:为一汽集团配套

★上海球明标准件有限公司
地址:上海市嘉定区霜竹公路135号
邮编:201811
电话:021/59973650、59972996
传真:59970251
网址:www. sqm88. com
电子信箱:sqm@ sqm88. com
单位人数:300
质量体系:ISO/TS 16949、ISO 14000
产品情况:汽车簧片螺母、弹性冲压件、弹性圆柱销、垫片等

★骆氏实业发展有限公司
地址:上海市嘉定区安亭安晓路51号
邮编:201814
电话:021/59501664、59501355
传真:59501661
网址:www. luoshi. com
电子信箱:luoshi@ chinaluoshi. com
单位人数:600
质量体系:ISO/TS 16949、VDA 6.1
产品情况:(骆氏(LUOSHI)牌)

汽车底盘用橡胶－金属件,年产5700万件
配套及出口情况:为一汽－大众、上海大众、奇瑞、吉利等配套;60%出口欧洲、美国、中东、东南亚

★上海钟华汽车阻尼材料有限公司
地址:上海市嘉定区安亭镇宝安路4918号
邮编:201814
电话:021/59503361
传真:59508779
单位人数:60
质量体系:ISO/TS 16949
产品情况:汽车阻尼材料
配套情况:为上海大众配套

★斯凯孚(上海)汽车技术有限公司
地址:上海市嘉定区安亭镇园国路328号
邮编:201814
电话:021/69574300
传真:69574320
网址:www. skf. com
单位人数:50
产品情况:汽车轴承,汽车电子装置
配套情况:为上海大众、上海通用、一汽－大众、广汽本田、天津一汽丰田、东风日产乘用车、天津一汽夏利、长安铃木、北京现代、奇瑞汽车等配套

★上海三和汽车橡塑件有限公司
地址:上海市嘉定区嘉戬公路立新路5号
邮编:201818
电话:021/59511035、59511135
传真:59511355
网址:www. sanhexs. net
电子信箱:sanhexs@ vip. 163. com
单位人数:60
质量体系:ISO/TS 16949、VDA 6.1
产品情况:门槛密封条、门槛外饰板饰条、光亮侧框流水条、压条、非光亮侧框流水条、车顶饰条、车门玻璃内外挡水条、风窗玻璃密封胶条、玻璃导槽等,月生产能力8万台套;为电子及接插件配套的PVC包装管,月生产能力150万件
配套情况:主要客户有上海大众、上海通用、长安福特马自达、奇瑞汽车、上汽集团

★上海中循弹簧有限公司
地址:上海市宝山区蕴川路291号
邮编:201901
电话:021/61736999
传真:56868604
电子信箱:csnco@ online. sh. cn
单位人数:127
质量体系:ISO/TS 16949
产品情况:汽车、摩托车弹簧

★上海航空发动机制造股份有限公司
地址:上海市宝山区富联路1058号
邮编:201906
电话:021/36042798
传真:56651482
网址:www. shanghai－ae. com
电子信箱:saepla@ online. sh. cn
质量体系:VDA 6.1、QS 9000
产品情况:汽车车身外壳冲压件、金属加工结构件
配套情况:为上海大众、上海通用、上海汇众配套

★上海宝陆汽配型钢厂
地址:上海市宝山区沪太路陈富路377号
邮编:201907
电话:021/56022610、56021642
传真:56026041
网址:www. baoluqp1. com
电子信箱:baolu@ guomai. sh. cn
质量体系:ISO/TS 16949、VDA 6.1
产品情况:铝板、圆钢和薄钢板冷冲压汽车零部件
配套情况:为上海大众桑塔纳系列车型、帕萨特、奇瑞汽车、上汽华克配套

★上海一丰粉末冶金有限公司
地址:上海市宝山区月罗路2370号
邮编:201908
电话:021/51872627
传真:56866975
网址:www. yifeng. cc
电子信箱:sales@ sh－yifeng. com
质量体系:ISO/TS 16949、ISO 9001
产品情况:粉末冶金制品
出口情况:远销欧美等几十个国家和地区

★上海家声粉末冶金有限公司
地址:上海市宝山区沪太路8318号
邮编:201908
电话:021/66861088、66867938
传真:66867966
网址:www. jiashen. com
质量体系:ISO 9001
产品情况:不同规格型号的铜基、铁基、精密含油轴承以及中高强度精密零件、不锈钢制品

★上海向明轴承厂
地址:上海市崇明县东门路156号
邮编:202150
电话:021/59622183
传真:69611081
电子信箱:xmbearing@ sina. com
质量体系:ISO/TS 16949
产品情况:水泵轴承、圆柱滚子轴承
配套及出口情况:为上海大众、东风康明斯、上柴、奇瑞汽车、南京依维柯配套;年出口水泵轴承50万套

江苏省

★南京金三力橡塑有限公司
地址:南京市鼓楼区钟阜路29号
邮编:210003
电话:025/83437377
传真:83460839、83418217
网址:www. jinsanli. com
电子信箱:info@ njrubber. com
单位人数:800
质量体系:ISO/TS 16949、QS 9000
产品情况:(三力牌、NJRP牌)

O形圈、橡胶件、汽车控制索、汽车仪表盘、电子连接器、聚氨酯等
配套及出口情况:典型客户有博世集团、伍德沃德控制器、三菱电机、住友电工、马勒集团、通用汽车、派克－欧哈尔公司、上海大众、南京汽车集团、康明斯滤清系统、上海东风泰利福莫尔斯控制系统、南京依维柯、哈尔滨北方特种车辆、太原重型机械集团、太原钢铁集团;出口日本、美国、德国、加拿大、澳大利亚等国家

★南京晨光集团有限责任公司
地址:南京市正学路1号
邮编:210006
电话:025/52822261
传真:52407124
网址:www. cacgg. com
电子信箱:wxpcg@ 163. com
质量体系:ISO 9001
产品情况:(三力牌)

波纹管
配套及出口情况:为重汽集团、江淮汽

车、贵州红湖机械、东风汽车公司、上海通用、北汽福田、一汽集团等配套；部分产品出口

★南京宏佳机械制造有限公司
地址：南京市秦淮区广洋村金家圩工业园69号
邮编：210012
电话：025/52610381
传真：52610381
网址：www. njhongjia. com
电子信箱：webmaster@ njhongjia. com
质量体系：ISO/TS 16949、QS 9000
产品情况：夹箍、喉箍、卡箍、销轴、片簧、垫片等，年产能力15000万只
配套情况：主要客户有上海大众、奇瑞汽车、一汽－大众、长安铃木、昌河铃木、郑州日产、长城汽车、天津鹏翎

★中材科技股份有限公司
地址：南京市雨花路安德里30号
邮编：210012
电话：025/85017333
传真：52411475
网址：www. sinomatech. com
电子信箱：sinoma@ sinomatech. com
质量体系：ISO 9001
产品情况：特种纤维复合材料产品及其成套技术与装备
出口情况：出口美国、日本、英国、荷兰、东南亚等国家和地区

★中车集团南京7425工厂
地址：南京市栖霞区迈皋桥创业园7号
邮编：210028
电话：025/83130800
传真：83130890
网址：www. nj7425. com
电子信箱：xx1@ nj7425. com
单位人数：872
质量体系：ISO/TS 16949、QS 9000
产品情况：软管总成产量1506万根，空调管总成94万根，单胶管508万m，铁道管总成21万根，模压制品996万件
配套及出口情况：为一汽－大众捷达配套80万件，天津一汽夏利45万件，一汽轿车马自达6配套40万件，神龙公司标致307配套36万件，奇瑞QQ配套80万件，海马汽车厂海福星、海马3、福美来和普力马配套108万件，北京奔驰300C配套4万件；出口美国、日本和东南亚等国家和地区

★南京新海富实业有限公司
地址：南京市玄武区藤子村45－1号
邮编：210028
电话：025/85417118
传真：85408732
电子信箱：ljp@ xinhaifu. com
质量体系：ISO/TS 16949
产品情况：（海富牌）
发动机冷却液

★南京金杉汽车工程塑料有限公司
地址：南京市莫愁湖东路458号创立商务楼508室
邮编：210029
电话：025/86666448、86664605
传真：86660194
网址：www. js－engplastics. com
电子信箱：market@ js－engplastics. com
单位人数：52
质量体系：ISO 9001
产品情况：改性聚丙烯工程塑料，年产能力6000t

★南京汽车锻造有限公司
地址：南京市栖霞区中山门外西岗
邮编：210033
电话：025/58120000、58120078
传真：58120099、58120077
网址：www. njforge. com
电子信箱：njforge@ njforge. com
单位人数：200
质量体系：ISO/TS 16949、ISO 9001
产品情况：连杆、摇臂等汽车锻件、摩托车锻件、工程机械锻件
配套及出口情况：为跃进货车、依维柯旅行车和派力奥轿车配套；出口美国、德国、意大利等国家

★南京3086工厂
地址：南京市龙蟠路53号
邮编：210037
电话：025/85420522
传真：52419074
电子信箱：3086@ nj3086. com
产品情况：液压制动软管、高压油管、空调管、节气门拉线、换挡线、里程表线、车门密封条及橡胶制品

★南京驰洲汽车配件厂
地址：南京市燕尧路40号－8
邮编：210038
电话：025/85568628
传真：86755268
网址：www. njchizhou. com
质量体系：ISO/TS 16949、ISO 9001
产品情况：制动蹄、制动片、机械摩擦制动件
配套情况：为南汽跃进、江淮、山东和重庆等地多家车桥厂配套

★江苏龙蟠石化有限公司
地址：南京市经济开发区恒通大道6号
邮编：210038
电话：025/85804868、85804818
传真：85804898
网址：www. lp－oil. com
质量体系：ISO/TS 16949、ISO 9001
产品情况：（龙蟠牌）
汽油机油、柴油机油、车辆齿轮油、液压油、防冻液、制动液、润滑脂、摩托车油、汽车养护品特种油品等，年产能力30万t
配套情况：为曼、沃尔沃、奔驰、德国大众、东风、江淮汽车、现代客车、瑞风、斯太尔、华菱、格尔发、金龙、亚星、长安、精功、申龙客车、德国采埃孚、美国康明斯、朝柴、扬柴、上柴、江淮重工等配套

★南京奥普织物有限公司
地址：南京市江宁经济开发区清水亭西路209号
邮编：211102
电话：025/57919959、57919999－8001
传真：52781333
网址：www. njaopo. com
电子信箱：2891999@ njaopo. com
质量体系：ISO 9002
产品情况：汽车、火车座椅面料、内饰面料，年产各种面料200万m

★南京摩尔精细化工厂
地址：南京市南京江宁汤山作厂工业园经三路
邮编：211132
电话：025/84179376
传真：84177661
网址：www. mol－ch. com
质量体系：ISO 9001
产品情况：各种防锈油，高碱性清洗剂、重油清洗剂、空调专用清洗剂、中性清洗剂、电子部件清洗剂、防锈油专用清洗剂等系列防锈产品
配套及出口情况：长期供应国内知名企业；出口德国

★南京傲舒达科技开发有限公司
地址：南京市溧水经济开发区珍珠北路66号
邮编：211200
电话：025/57420058
传真：57420758
网址：www. alsoonda. com
电子信箱：nj@ alsoonda. com
质量体系：ISO/TS 16949、QS 9000
产品情况：汽车用波纹管总成、伸缩节总成

★南京优仁有色金属有限公司
地址：南京市六合经济开发区新港湾路
邮编：211500
电话：025/57138980、57138986
传真：57138901
网址：www. tubemaster. com. cn
电子信箱：sales@ tubemaster. com. cn
质量体系：ISO/TS 16949
产品情况：铝制高频焊管
出口情况：产品全部直接或间接出口国际市场

★南京晨灿机械制造有限公司
地址：南京市六合区竹镇镇工业园
邮编：211501
电话：025/57682666、57683888
传真：57683666
网址：www. njccjx. cn
电子信箱：ccjx@ njccjx. cn
单位人数：522
质量体系：ISO 9001

产品情况：石油钻采机械配件、汽车零配件、黑色金属铸造件等
配套及出口情况：为中国石油天然气集团公司一级供应商；远销美国、德国、日本、韩国等国家

★江苏华裕汽车工业有限公司
地址：江苏省淮安市盱眙县工业园区工十路
邮编：211700
电话：0517/88299033、88299080
传真：88299055
网址：www.aboba.cn
电子信箱：hy@aboba.cn
单位人数：200
质量体系：ISO/TS 16949、ISO 9002
产品情况：（ABOBA 牌）
离合器片、压盘等
出口情况：出口欧美、中东、东南亚等地区

★镇江立达纤维工业有限责任公司
地址：江苏省镇江市宗泽路 18 号
邮编：212003
电话：0511/88827463、88818238
传真：88823392、88827463
网址：www.e-lida.com
电子信箱：sales@e-lida.com
单位人数：150
质量体系：ISO/TS 16949、QS 9000
产品情况：（哈维斯牌）
发动机隔音罩、发动机舱隔热垫、发动机主盖隔音垫、发动机罩、前围隔热垫、地板隔热垫、地毯、衣帽架、顶篷、PET 隔音垫、行李舱罩侧隔音垫、行李舱轮罩内饰板、各种汽车内饰基材、无氨阻燃毛毡等，年产阻燃毛毡 600 万 m^2、汽车模压成形件 40 万台套
配套及出口情况：为北方、扬州亚星、三江雷诺、中大集团、上海通用等配套；部分产品出口

★镇江飞亚轴承有限责任公司
地址：江苏省镇江市朱方路三茅宫
邮编：212005
电话：0511/85623531、85623814
传真：85622581
网址：www.fyb-bearing.com
电子信箱：fyb-n@fyb-bearing.com
单位人数：600
质量体系：ISO/TS 16949、ISO 9001
产品情况：（FYB 牌）
汽车滚针轴承、组合轴承、转向器轴承、离合器轴承、推力轴承、向心滚针轴承、滚针保持架组件、圆锥滚子轴承和汽车万向节滚针轴承等，年产轴承 1000 万套
配套及出口情况：为一汽集团、东风汽车公司、重汽集团、南京汽车集团、天汽集团、江铃汽车、吉利汽车、北汽集团、昌河汽车、上汽通用五菱、长安汽车、奇瑞汽车等配套；远销欧美、东南亚等地区

★镇江市标力紧固件有限公司
地址：江苏省镇江市谏壁镇东首
邮编：212006
电话：0511/83364249
传真：83362396
网址：www.zjblgs.com
电子信箱：biaoligs@163.com
单位人数：180
质量体系：ISO/TS 16949
产品情况：螺栓、铆钉、螺母、高强度螺栓
配套情况：为南京汽车集团、常柴、莱动、朝柴、长安汽车、上汽集团等配套

★特耐斯（镇江）电碳有限公司
地址：江苏省镇江市丁卯开发区
邮编：212009
电话：0511/88887232、88888111
传真：88889475
网址：www.cn-tris.com
电子信箱：zwb@cn-tris.com
质量体系：QS 9000、ISO 9001
产品情况：炭刷、粉末冶金制品

★镇江中建轴承有限公司
地址：江苏省镇江市丹徒区辛丰镇中天路 1 号
邮编：212141
电话：0511/83328808、83323698
传真：83320194、83320513
网址：www.komei-bearing.com
电子信箱：komei-mo@komei-bearing.com
质量体系：ISO 9001
产品情况：（KOMEI 牌）
轴承
出口情况：出口新加坡、马来西亚、泰国、日本、韩国、印度、巴基斯坦、土耳其、奥地利、瑞士、澳大利亚等国家，并销往中国台湾地区

★江苏常新密封材料有限公司
地址：江苏省扬中市沿江工业集中区港茂路
邮编：212200
电话：0511/88322772、88324540
传真：88324768
网址：www.jiangdaoseal.com
电子信箱：xinsuseal@163.com
质量体系：ISO 9001
产品情况：（江岛牌、XINSU 牌）
聚四氟乙烯、聚醚醚酮、石墨、尼龙 1010、MC 尼龙、各类盘根及盘根密封塑料等

★扬中市江洲汽车内饰件有限公司
地址：江苏省扬中市环城东路 199 号
邮编：212200
电话：0511/88368808
传真：88327390、85157378
网址：www.jzns.cn
电子信箱：jfg@jzns.com
单位人数：150
质量体系：ISO/TS 16949、ISO 9001
产品情况：（江洲牌）
汽车塑料件、注塑件、汽车顶棚、成型顶棚、隔热板（垫）系列、成型地毯、翼子板、车门饰板、挡泥板、保险杠、汽车内饰织物等
配套情况：为一汽-大众、上海大众、上海通用、天津一汽丰田、长安铃木、重庆力帆、比亚迪汽车等配套

★扬中市华日密封件有限公司
地址：江苏省扬中市新坝工业园区联中路 1 号
邮编：212212
电话：0511/88335070、88420802
传真：88358969
网址：www.yzhuari.com
电子信箱：lms@yzhuari.com
质量体系：ISO 9001
产品情况：（华日牌）
动力转向器密封件、聚四氟乙烯制品、橡胶制品、塑料制品等
配套情况：为一汽集团、东风传动轴、沙市久隆、荆州恒隆、一汽光洋、豫北机械厂、浙江世宝公司等 40 多家汽车转向器生产厂配套密封件

★丹阳市华东工程塑料有限公司
地址：江苏省丹阳市新桥镇
邮编：212322
电话：0511/86353856、86353865
传真：86357073
网址：www.china-qiyi.com
电子信箱：dyzhp@china-qiyi.com
质量体系：ISO/TS 16949、QS 9000
产品情况：纳米粉体增强 HDPE 降噪阻尼片材、高填充降噪阻尼隔热片材、轿车用内嵌可发膨胀片、环保型复合结构发泡聚丙烯（FPP）板材、聚乳酸（PLA）全生物降解材料等高分子复合材料；座椅塑料件、调角旋钮、顶腰器手柄、调角器护板、杂物盒等汽车饰件

★丹阳市美利达塑业有限公司
地址：江苏省丹阳市界牌工业园
邮编：212323
电话：0511/86162248
传真：86162148
网址：www.jsmerida.com
电子信箱：jsmerida@163.com
质量体系：ISO/TS 16949
产品情况：塑件
配套情况：为一汽、华晨宝马配套

★丹阳市万奔汽车配件有限公司
地址：江苏省丹阳市陵口镇
邮编：212353
电话：0511/86661645、86662109
传真：86666577
网址：www.wanben.com
电子信箱：wanben888@163.com
质量体系：ISO 9002
产品情况：（万奔牌）
各类汽车密封条、装饰条、植绒密封条以及表面涂层滑槽密封条，东风、解放各车型制动分泵皮膜和塑料、尼龙

注塑产品
配套情况：与常州依维柯、扬州亚星特种车辆厂、扬州旅游客车厂、合肥客车厂、安凯集团六安客车总厂、常州林业机械股份厂、韩国现代工程车厂、南京金陵双层客车厂、一汽无锡汽车厂、厦门金龙和各大城市公交公司车辆等100多个厂商配套

★常州常松金属复合材料有限公司
地址：江苏省常州市钟楼区新港路65号
邮编：213000
电话：0519/86751241、83970186
传真：83976836、86754175
网址：www.czchangsong.com
电子信箱：forest@changsong.cn
单位人数：1100
质量体系：ISO/TS 16949、ISO 9001
产品情况：（常松牌）
金属复合材料、涂镀材料
配套情况：为常柴、玉柴、江铃、一拖（洛阳）柴油机、长安汽车、北汽福田、锡柴等配套

★常州三和塑胶有限公司
地址：江苏省常州市武进高新区凤鸣路22号
邮编：213004
电话：0519/86226522
传真：86226511
网址：www.sanhe-foam.cn
电子信箱：info@sanhe-foam.cn
质量体系：ISO/TS 16949、ISO 9001
产品情况：汽车橡塑件
出口情况：远销北美、欧洲以及日本、中东、东南亚等20多个国家和地区

★常州雷利电器有限公司
地址：江苏省常州市武进区遥观镇钱家工业园区
邮编：213011
电话：0519/88770606
传真：88775000
网址：www.czleili.com
单位人数：270
质量体系：ISO/TS 16949、ISO 9001
产品情况：（宏利牌）
各类精密模塑、模具、塑料件、各类工装、夹具等
配套及出口情况：水泵件为KAUTEX配套30000套/月；点烟器为CASCO配套30000套/月；出口北美洲、意大利、挪威等国家和地区

★常州兰锦橡塑有限公司
地址：江苏省常州市华丰路19号
邮编：213013
电话：0519/88816978
传真：88863039
网址：www.czllxj.com
电子信箱：czllxj@czllxj.com
单位人数：200
质量体系：ISO/TS 16949
产品情况：（兰陵牌）
主要生产隔音、隔热、抗振消能阻尼材料和各类橡胶模压制品
配套情况：为上海大众、上汽集团依维柯、比亚迪、上海通用、美国通用汽车公司全球采购供应商

★常州飞机制造有限公司
地址：江苏省常州市16信箱
邮编：213016
电话：0519/83270421
传真：83270437
网址：www.caf-avic.com
电子信箱：382@caf-avic.com
单位人数：700
质量体系：ISO 9001
产品情况：车用LPG钢瓶
出口情况：出口西亚、中东、西欧、东南亚、日本、韩国等国家和地区

★中海油常州环保涂料有限公司
地址：江苏省常州市龙江中路22号
邮编：213016
电话：0519/83282371
传真：83976775
网址：www.hongyecoatings.com
电子信箱：info@hongyecoatings.com
单位人数：110
质量体系：ISO 9001
产品情况：（阿沃德牌）
汽车涂料

★常州威士顿有限公司
地址：江苏省常州市采菱路35号
邮编：213018
电话：0519/85029631、85029927
传真：85029629
网址：www.czwood-stock.com
电子信箱：cwsc8888@public.cs.js.cn
产品情况：PP木粉板、EVA板，适用于各汽车门内板、顶棚
配套及出口情况：典型客户有大众、通用、菲亚特、一汽、福特、欧宝、起亚、猎豹、本田、尼桑、宝马、丰田、雪铁龙、现代、东风、奇瑞、标致、别克、Rover、马自达；在巴西和意大利设有工厂

★小松常州铸造有限公司
地址：江苏省常州市中吴大道682号
邮编：213018
电话：0519/88259933
传真：88828168
产品情况：汽车、柴油机等配套铸铁件，年产2.4万t

★华狮化工（集团）有限公司
地址：江苏省常州市新北区泰山路217号
邮编：213022
电话：0519/85158068
传真：85158066
电子信箱：info@czhuashi.com
质量体系：ISO 9001、ISO 14001
产品情况：汽车轮毂漆、仿电镀效果漆、各类机壳塑胶漆、高亮度（PU）聚氨酯漆、紫外线（UV）光固化漆、水性环保漆涂料等

★常州光洋轴承有限公司
地址：江苏省常州市新北区汉江路52号
邮编：213022
电话：0519/85158888
传真：85150888
网址：www.nrb.com.cn
电子信箱：bearing@nrb.com.cn
单位人数：1000
质量体系：ISO/TS 16949、VDA 6.1
产品情况：（NRB牌）
圆柱滚子轴承、滚针轴承、离合器分离轴承、深沟球轴承、圆锥滚子轴承、同步器齿环、轮毂轴承、衬套类
配套及出口情况：为法士特、重汽、一汽、东风、东安发动机、青山、上汽齿、依维柯、唐山爱信、綦江、泸州长江、武汉协和、天津夏利、江铃等配套；出口欧、美及东南亚地区

★常州东风轴承有限公司
地址：江苏省常州市新北区黄河西路198号
邮编：213022
电话：0519/85910541、85910030
传真：85910131
网址：www.df-bearing.com
电子信箱：master@df-bearing.com
单位人数：486
质量体系：ISO/TS 16949
产品情况：（DFB牌）
轴承
配套及出口情况：为国内主要汽车变速箱厂、摩托车发动机厂、电动工具厂等配套；出口美国、加拿大、德国、东南亚、南美洲等国家和地区

★常州市卡特石油制品制造有限公司
地址：江苏省常州市戚墅堰沟东200号
邮编：213102
电话：0519/88703768
传真：88703758
质量体系：ISO 9001
产品情况：车用润滑油、自动变速器油、制动液、润滑脂

★立邦油业化工（常州）有限公司
地址：江苏省常州市戚墅堰戚建路200号
邮编：213102
电话：0519/88706168
传真：88702168
网址：www.lb-oil.com
电子信箱：info@lb-oil.com
质量体系：ISO 9001
产品情况：（力顿牌）
润滑油

★常州市常光波纹管业有限公司
地址：江苏省常州市武进区洛阳镇工业园区2号
邮编：213104
电话：0519/88522318、88522328
传真：88522338

网址:www.boguang.cn
电子信箱:sun@boguang.cn
质量体系:ISO 9001
产品情况:(波光牌)
不锈钢波纹膨胀节、金属软管及不锈钢波纹管类产品
出口情况:出口美国、日本、英国

★常州市武进双宝管件厂
地址:江苏省常州市武进洛阳镇友谊工业园
邮编:213104
电话:0519/88793568
传真:88797919
质量体系:ISO 9001
产品情况:不锈钢压波纹管、车用挠性软管、不锈钢波纹膨胀节、金属软管、不锈钢波纹管、非金属补偿器等
出口情况:出口美国、日本、韩国

★常州市协力防锈材料有限公司
地址:江苏省常州市武进区横山桥镇
邮编:213119
电话:0519/88604229
传真:88601654
质量体系:ISO/TS 16949
产品情况:各种金属加工液、清洗剂及防锈材料等

★常州市解放滚针轴承厂
地址:江苏省常州市新北区汉江路168号
邮编:213125
电话:0519/85951312
传真:85956228
质量体系:ISO 9001
产品情况:各类滚针轴承
配套情况:为东风汽车公司、一汽集团、益齿、金齿等配套

★武进市申银车业有限公司
地址:江苏省常州市新北区小河镇工业开发区1号
邮编:213138
电话:0519/83245288
传真:83241211
质量体系:ISO/TS 16949
产品情况:摩托车、汽车全套塑件
配套情况:为JY110款、大阳100款等车型配套

★普利司通(常州)汽车配件公司
地址:江苏省常州市新北区天山路78号
邮编:213139
电话:0519/85922901
传真:85922902
网址:www.bridgestone.com.cn
产品情况:防振橡胶等汽车配件
配套情况:为天津一汽丰田、广州日产等配套

★常州苏特轴承制造有限公司
地址:江苏省常州市武进经济开发区荷香西路11号
邮编:213145
电话:0519/83661214、83663652
传真:83660196
网址:www.hx-zc.com
电子信箱:wyx@hx-zc.com
单位人数:350
质量体系:ISO 9001、ISO 14001
产品情况:滚针轴承、水泵轴连轴承、单向离合器等
配套及出口情况:为汽车、摩托车、工程机械等行业配套;远销美国、日本、德国、意大利、土耳其、印度、法国、新加坡、印度尼西亚、巴基斯坦等国家

★常州市武进骏宇汽配涂料有限公司
地址:江苏省常州市武进区东安镇卜东路
邮编:213155
电话:0519/83760688、83733358
传真:83765116
网址:www.junyu-cn.com
电子信箱:info@junyu-cn.com
质量体系:ISO 9001
产品情况:(骏宇牌)
汽车涂料
配套情况:为一汽集团、郑州宇通、厦门金龙、常州依维柯、扬州亚星、南汽、安徽安凯、东风德纳、青岛青特集团、东风汽车公司、杭汽等配套

★江苏容天乐机械股份有限公司
地址:江苏省常州市武进区湖塘镇武鸣南路81号
邮编:213161
电话:0519/86531411、86528579
传真:86536398
网址:www.wjt-bearing.com
电子信箱:jsrtl@jsrtl.com
单位人数:600
质量体系:ISO/TS 16949、QS 9000
产品情况:(容天乐牌)
汽车水泵轴连轴承、变速器轴承,摩托车滚针轴承,水泵轴连轴承年产能力400万套
配套及出口情况:与一汽集团、东风汽车公司、长安汽车、奇瑞汽车、江淮汽车、航天三菱、哈航、重汽集团、江铃、上汽通用五菱等各大汽车主机厂及轻骑、建设、隆鑫、宗申、力帆等各大摩托车厂配套;出口意大利、俄罗斯、美国、韩国等10多个国家

★江苏南方轴承股份有限公司
地址:江苏省常州市武进区高新技术产业开发区星火北路1号
邮编:213161
电话:0519/86552111、85029163
传真:86565058
网址:www.nf-bearings.com
电子信箱:sales@nf-bearings.com
单位人数:800
质量体系:ISO/TS 16949、VDA 6.1
产品情况:各类滚针轴承、精密轴承、超越离合器及与之配套的各类齿轮
配套及出口情况:为一汽集团、上海大众、上海通用以及与国内合资的本田、铃木、雅马哈摩托车等知名企业配套;出口美国、英国、法国、德国、意大利、西班牙、加拿大、韩国、日本、泰国、巴基斯坦、以色列、伊朗等国家,并销往中国台湾、香港地区

★常州市阳湖轴承有限公司
地址:江苏省常州市湖塘镇沙塘岸
邮编:213161
电话:0519/86568008、86558012
传真:86550401
网址:www.wybearing.com
电子信箱:wy92219@pub.cz.jsinfo.net
质量体系:ISO/TS 16949、ISO 9002
产品情况:(武阳牌、CYHB牌)
各类滚针、滚子轴
配套及出口情况:为天津天海、柳州五菱、浙江长泰机械、重庆长安、江华机械厂、青山机械厂、隆鑫摩托车厂等大中型企业配套;远销美国、法国、意大利、中东、东南亚等国家和地区

★武进华东特种纤维制造有限公司
地址:江苏省常州市武进区湖塘镇小留工业区
邮编:213161
电话:0519/88859310、86535560
传真:88251913
网址:www.chinafibre.com.cn
电子信箱:hdxw.good@163.com
质量体系:ISO 9001
产品情况:汽车及摩托车制动片、离合器片所需的各种特种纤维,年产量5000t左右

★常州威嘉轴承制造有限公司
地址:江苏省常州市武进遥观工业园区新312国道南
邮编:213162
电话:0519/86701762、86701156
传真:86701157
网址:www.vega-bearing.com
电子信箱:sales@vega-bearing.com
单位人数:400
质量体系:ISO/TS 16949、ISO 9001
产品情况:水泵轴连轴承,滚针轴承
配套及出口情况:为一汽集团、哈飞汽车、长安汽车等配套;40%的产品出口,远销欧美和东南亚

★常州启民轴承有限公司
地址:江苏省常州市湖塘镇东升
邮编:213162
电话:0519/86702379、86329239
传真:86329233
网址:www.bearing-qm.com
电子信箱:sales@bearing-qm.com
质量体系:ISO 9001
产品情况:滚针轴承,年产500万套,主要应用在摩托车、汽车、工程机械等领域
出口情况:远销美洲、东欧、中东、非洲等10多个国家

★常州市武进江华滚针轴承厂
地址:江苏省常州市武进马杭菱江路29号
邮编:213162
电话:0519/86702751、86706238
传真:86704923
网址:www. cjh - bearing. com
电子信箱:jhgzzc@ pub. cz. jsinfo. net
单位人数:120
质量体系:ISO 9001
产品情况:滚针轴承
配套及出口情况:为汽车、摩托车、助动车、电动/风动工具、机床及工程机械等行业配套;出口欧美、东南亚,并销往中国台湾地区

★常州市大洋轴承制造有限公司
地址:江苏省常州市武进区湖塘镇
邮编:213162
电话:0519/88235161、86590578
传真:88232578
网址:www. cdaya. com. cn
电子信箱:bearing@ cdaya. com. cn
单位人数:180
质量体系:ISO/TS 16949、ISO 9001
产品情况:(CDAYA 牌)
K 系列滚针保持架组件、短圆柱滚子轴承、平面推力轴承、实体套圈滚针轴承等
出口情况:出口美国、德国、意大利、非洲、东南亚,并销往中国台湾地区

★常州市宏成滚针轴承厂
地址:江苏省常州市牛塘工业园区新兴路8号
邮编:213163
电话:0519/86391433、86390759
传真:86397329
网址:www. hc - bearing. com
电子信箱:needleBearing@ live. cn
单位人数:100
质量体系:ISO 9001
产品情况:各类滚针、滚子轴承
出口情况:远销意大利、德国、巴基斯坦、加拿大、美国、墨西哥、韩国、比利时、埃及、印尼、新加坡等国家

★常州市斯太尔汽车部件有限公司
地址:江苏省常州市武进洛阳工业区
邮编:213163
电话:0519/88522833
传真:88522833
电子信箱:zgh622@ yahoo. com. cn
质量体系:ISO 9001
产品情况:(福常达牌)
推力杆修理包、阀类零部件、不锈钢波纹管、伸缩软管、网套管及弹性元件

★森瑞(常州)橡塑制品有限公司
地址:江苏省常州市武进高新区西湖路8号津通工业园15B
邮编:213164
电话:0519/86226159、86226080
传真:86226085
网址:www. sinclair - rush. com. cn
电子信箱:sxue@ sinclair - rush. com
产品情况:防护帽、手柄套系列及塑胶(PVC)和泡沫橡胶管等

★常州市民力轴承有限公司
地址:江苏省常州市武进高新技术产业开发区南区西湖路15号
邮编:213164
电话:0519/86559388、86568869
传真:86551183、86221619
网址:www. ml - bearing. com
电子信箱:mlbearing@ ml - bearing. com
单位人数:480
质量体系:ISO/TS 16949、ISO 9001
产品情况:(CWN 牌)
冲压外圈滚针轴承、连杆用滚针保持架组件、向心滚针保持架组件、推力轴承、轻重系列滚针轴承、调心滚子轴承、支承滚轮、冲压外圈离合器和圆柱滚子轴承
配套及出口情况:为意大利 CCVI 公司、香港 TTA 公司、江苏苏美达工具、上海轴承进出口公司、宁波慈溪进出口公司、东莞毅昌机电、湖北恒隆、英国博世、江苏舜天等配套;出口东南亚、欧美、荷兰、韩国、波兰,并销往中国台湾、香港地区

★常州市吉马摩擦材料有限公司
地址:江苏省常州市武进高新技术开发区龙惠路18号
邮编:213166
电话:0519/86488022
传真:86480822
网址:www. geema. net
电子信箱:info@ geema. net
质量体系:ISO/TS 16949、ISO 9001
产品情况:无石棉盘式制动片
出口情况:出口北美、欧洲

★常州市清潭特种轴承有限公司
地址:江苏省常州市武进区庙桥九华工业园
邮编:213167
电话:0519/86468001、85663500
传真:86468003、85841158
网址:www. cnczt. cn
电子信箱:de5100@ hotmail. com
质量体系:ISO 9001
产品情况:冲压外圈和实体套圈滚针轴承、单向轴承和单向离合器、平面轴承和推力轴承、滚轮轴承和螺栓轴承、向心滚针和保持架组件等

★武进市鸿程汽车配件有限公司
地址:江苏省常州市武进区雪堰镇雪城路195号
邮编:213169
电话:0519/86158786
传真:86156128
网址:www. cn - hongcheng. com
电子信箱:info@ cn - hongcheng. com
质量体系:ISO/TS 16949
产品情况:(鸿程牌)
内燃机冷却水泵水封,年产500万套以上
配套及出口情况:为国内各大主机厂配套;远销美国、东南亚等国家和地区

★武进润丰塑料制品有限公司
地址:江苏省常州市武进区礼加镇秦巷村委旁
邮编:213176
电话:0519/86230866
传真:86234758
网址:www. zyd788. cn. alibaba. com
负责人:章懿德
质量体系:ISO/TS 16949
产品情况:汽车仪表板软化表皮、PVC门护板表皮、PVC 复合制品、压延薄膜制品,车辆零部件,机械电器零部件,电子元件,冲压件,无纺制品、玻纤毡、麻毡板等

★常州金球轴承厂
地址:江苏省常州市礼嘉工业园区
邮编:213176
电话:0519/86239313、86239858
传真:86700185
网址:www. jq - bearing. com
电子信箱:wyz@ jq - bearing. com
质量体系:ISO/TS 16949、ISO 9001
产品情况:(JQB 牌)
滚针轴承、滚针保持架组件、推力轴承、实体套圈轴承、支承滚轮、曲线滚轮、复合滚轮及滚针、滚子、套圈等轴承和机械配件

★常州旷达工程塑料有限公司
地址:江苏省常州市武进区潘家工业集中区
邮编:213179
电话:0519/86545288、86548025
传真:86541678
网址:www. kuangdacn. com
电子信箱:haimian@ kuangda. com
质量体系:ISO 9001
产品情况:聚氨酯软质海绵卷料、片料和海绵制品,以及汽车用模塑成型海绵制品
出口情况:出口美国、加拿大、日本、西欧、大洋洲及东南亚等国家和地区,并销往中国香港地区

★金坛市波尔奇橡塑制品有限公司
地址:江苏省金坛市水北工业园区
邮编:213200
电话:0519/82551376、82181376
传真:82551425
网址:www. beqxs. com
电子信箱:beq@ beqxs. com
质量体系:ISO 9001
产品情况:各种型号和规格的橡胶密封件、塑料包装袋及塑料注塑制品
配套及出口情况:为蚌埠滤清器、上海八一集团、南京全箔集团、美国美丽湖集团、日本八洲电工株式会社等配套;

远销美国、日本等国家

★常州市利来密封件有限公司
地址:江苏省金坛市水北镇
邮编:213221
电话:0519/82551031
传真:82553812
网址:www. ll - rubber. com
电子信箱:llrubber@ hotmail. com
单位人数:168
质量体系:ISO 9002
产品情况:(NHK 牌)
各种橡胶密封制品和其他机械类橡胶制品
配套及出口情况:为南京金城、金城铃木、洛阳北方企业集团、无锡柴油机厂、上海星特浩、常州特辉工具等 80 多家骨干企业配套;出口美国、德国、日本等国家

★常州朗博汽车零部件有限公司
地址:江苏省金坛市水北镇
邮编:213221
电话:0519/82551518、82310555
传真:82551488
网址:www. jmp - seal. com
电子信箱:master@ jmp - seal. com
单位人数:364
质量体系:ISO/TS 16949、ISO 9002
产品情况:(JMP 牌)
密封制品,用于汽车空调、照明、门锁、减振、燃油和给排水系统
配套及出口情况:为一汽 - 大众、上海大众、上海通用、神龙富康等配套;远销欧美

★常州市东马摩擦材料有限公司
地址:江苏省金坛市岸头工业开发区
邮编:213222
电话:0519/82532566
传真:82531899
单位人数:350
质量体系:ISO 9001
产品情况:(东马牌)
汽车制动片

★无锡英荷石化制品有限公司
地址:江苏省无锡市钱胡路 88 号
邮编:214000
电话:0510/81011916、81011917
传真:81011915
网址:www. engho. com
质量体系:ISO 9001
产品情况:汽车发动机油、齿轮油、动力转向油、自动变速器油、无级变速器油、制动及离合器液、防冻液及工业润滑油等

★无锡市日达密封垫厂
地址:江苏省无锡市惠山区工业园区堰桥路 39 号
邮编:214000
电话:0510/85471000、85471111
传真:81006729
网址:www. wxrida. com
电子信箱:sales@ wxrida. com
质量体系:ISO 9000
产品情况:(日远牌)
发动机全金属密封垫总成
配套及出口情况:为国内大型主机厂配套;出口印度、乌克兰、中东等国家和地区

★无锡太湖无油轴套有限公司
地址:江苏省无锡市扬名高新技术产业区 C 区 001 号
邮编:214024
电话:0510/85430750、85430752
传真:85430751
网址:www. wxsanhe. com
电子信箱:info@ wxsanhe. com
质量体系:ISO 9001
产品情况:无油润滑轴承、轴瓦、粉末冶金推力轴承等

★无锡威孚精密机械制造公司弹簧厂
地址:江苏省无锡市新区旺庄工业配套区二期 B - 08 地块
邮编:214028
电话:0510/85368288、85367231
传真:85368611
网址:www. wfspring. com
电子信箱:xsc@ weifujj. cn
质量体系:ISO/TS 16949、ISO 9001
产品情况:内燃机油泵油嘴弹簧
配套情况:为无锡威孚高科、奇瑞汽车、联合电子、江铃、江淮、东风康明斯、潍柴道依茨、天津珀金斯、伊顿、一汽锡柴、上海电装、东风朝柴、美国 TPC、日本富士等配套

★博尔豪夫(无锡)紧固件有限公司
地址:江苏省无锡市高新技术产业开发区宝德工业园 20 ~ 22 号地块
邮编:214028
电话:0510/88651616
传真:88651615
网址:www. boellhoff. com
电子信箱:sales@ bollhoff - china. com
质量体系:ISO/TS 16949、ISO 9001
产品情况:(SNAPLOC 牌)
螺纹套等汽车紧固件

★无锡市贝尔特胶带有限公司
地址:江苏省无锡市惠山区惠萃路 87 号
邮编:214037
电话:0510/83704314、83623338
传真:83704835、83622889
网址:www. wuxibelt. cn
电子信箱:master@ wuxibelt. com
质量体系:ISO/TS 16949、ISO 14001
产品情况:(绿象牌)
多楔带、汽车 V 带、同步带等
配套情况:为汽车主机厂配套

★无锡市美峰橡胶制品制造有限公司
地址:江苏省无锡市化机路 1 号
邮编:214041
电话:0510/83102752
传真:83102654
网址:www. meifengrubber. com
电子信箱:office@ meifengrubber. com
单位人数:466
质量体系:ISO/TS 16949、ISO 9002
产品情况:(美峰牌)
各类橡胶制品及骨架油封
配套及出口情况:为一汽集团、锡柴、朝柴、杭发等配套;出口橡胶密封圈 150 万件

★铁姆肯(无锡)轴承有限公司
地址:江苏省无锡市新区锡锦路 8 号
邮编:214061
电话:0510/85201111
传真:85203223
电子信箱:liang. qian@ timken. com
质量体系:ISO/TS 16949、ISO 9001
产品情况:圆锥滚子轴承

★无锡市宇新机械有限公司
地址:江苏省无锡市青山路 18 号
邮编:214062
电话:0510/85860652
传真:85804553
网址:www. wuxiyuxin. com
电子信箱:xzb@ wuxiyuxin. com
单位人数:400
质量体系:ISO 9002
产品情况:电动机用波形弹簧、鞍形波形弹簧垫圈、孔轴用弹性挡圈、开口挡圈、平键半圆键、锥形弹性垫圈等系列标准件和各类异形汽车紧固件
配套及出口情况:为汽车、摩托车、机床、电机等行业上千家公司配套;出口美国、德国、芬兰、日本等 10 多个国家和地区

★中日合资无锡泽根弹簧有限公司
地址:江苏省无锡市蠡园经济开发区太湖大道北鸿桥路
邮编:214072
电话:0510/85121169、85121139
传真:85121143
网址:www. zgspring. com
电子信箱:sales@ zgspring. com
质量体系:ISO/TS 16949、ISO 9001
产品情况:(SAWANE 牌)
弹簧

★无锡市麦克密封技术有限公司
地址:江苏省无锡市华清路 200 号
邮编:214073
电话:0510/88169012
传真:85107088
电子信箱:markcyj@ 126. com
质量体系:ISO/TS 16949、ISO 9001
产品情况:新型曲轴油封,气门杆密封圈总成,高压旋转接头系列、油封王系列、6DL 油封系列、缸套阻水圈系列

★无锡恩福油封有限公司
地址:江苏省无锡市锡山经济开发区春

新东路18号
邮编:214101
电话:0510/88202333
传真:88204773
电子信箱:info@ nfgc. com. cn
质量体系:ISO/TS 16949、ISO 9001
产品情况:各种油封制品、O形密封圈、保护罩、防尘罩、减振橡胶以及其他工业用橡胶制品

★士溢(无锡)精密压铸有限公司
地址:江苏省无锡市锡山区安镇镇查桥映山路6号
邮编:214104
电话:0510/88713958、88713968
传真:88713978
网址:www. shiyi88. com
电子信箱:sy8@ wst. net. cn
单位人数:200
质量体系:ISO/TS 16949、ISO 9001
产品情况:铝合金、锌合金压铸件、注塑件、各类钣金冲压件

★江苏亚太轻合金科技股份有限公司
地址:江苏省无锡市新区坊兴路8号
邮编:214111
电话:0510/88271111
传真:88276010
网址:www. yatal. com
电子信箱:sales@ yatal. com
单位人数:750
质量体系:ISO/TS 16949、ISO 14001
产品情况:汽车用轻量化高级铝合金管材、棒材、型材等
配套情况:为汽车热交换系统配套铝管

★无锡华利达金属制品有限公司
地址:江苏省无锡市鹅湖镇(荡口)合则利工业园A2幢
邮编:214116
电话:0510/80258600、80258601
传真:80258602
网址:www. wxhldjs. com
电子信箱:sales@ wxhldjs. com
质量体系:ISO 9001
产品情况:金属软管波纹管、电池钢壳、不锈钢链条和机械零部件

★无锡市梦立化工有限公司
地址:江苏省无锡市锡山区甘露镇松芝工业园区
邮编:214117
电话:0510/88755510
网址:www. wxmlhg. com
电子信箱:zjg510@ 163. com
质量体系:ISO 9001
产品情况:(梦立牌)
汽车用焊缝密封胶、PVC汽车底涂、PVDC四元共聚水胶乳等
配套情况:为东风汽车公司、南京汽车集团、长安汽车、北汽福田等配套

★艾伦(无锡)商用车部件有限公司
地址:江苏省无锡市新区硕放镇香楠路11号厂房
邮编:214142
电话:0510/85311066
传真:85311067
网址:www. allen – group. net
电子信箱:info@ allen – wuxi. cn
产品情况:空气制动管、油管、空气螺旋管、电子连接线、反光产品

★江苏中通汽车内饰材料有限公司
地址:江苏省无锡市新区硕放镇
邮编:214143
电话:0510/85303338、85304338
传真:85250020、85305338
网址:www. jszhongtong. com
负责人:黄小裕
质量体系:ISO 9002
产品情况:PVC地垫革、门护板表皮、侧围顶棚革、座椅人造革、ABS改性仪表板表皮、ABS板材及其复合板、其他塑料制件
配套情况:主要客户有一汽、东风、金龙、丰田、西沃、南汽等200多家汽车制造厂及其配套厂

★无锡市柯斯达密封材料厂
地址:江苏省无锡市鸿山镇银邦工业园
邮编:214145
电话:0510/88990041
传真:88996169
质量体系:ISO 9001
产品情况:(金固牌)
HZ – 1213耐油硅酮密封胶、HZ – 1215硅酮密封胶、HZ – KS101导热硅脂、HZ – 1312节能灯胶、电池密封胶

★无锡市百合花胶粘剂厂有限公司
地址:江苏省无锡市新区蠡鸿中路35 – 4
邮编:214145
电话:0510/88990075、88992279
传真:88995419
网址:www. wxbhh. cn
电子信箱:wxbhh@ 126. com
法人代表:俞铮
质量体系:ISO 9001
产品情况:(百合花牌)
耐油硅酮密封胶,用于汽车变速器、后桥、发动机,年产约500t
配套情况:已在一汽集团、东风汽车公司、长安汽车、济南重汽、江铃汽车、南京汽车集团、柳州微型汽车厂、哈尔滨东安发动机公司等应用多年

★无锡双象超纤材料股份有限公司
地址:江苏省无锡市无锡新区鸿山镇后宅中路188号
邮编:214145
电话:0510/88993888
传真:88993889
网址:www. sxcxgf. com
质量体系:ISO 9001、ISO 14001
产品情况:超细纤维超真皮革、PU合成革和PVC人造革
出口情况:远销美国、德国、意大利、日本、俄罗斯、韩国、印度、澳大利亚等50多个国家和地区

★无锡钱桥带钢有限公司
地址:江苏省无锡市惠山区钱桥镇惠澄大道8号
邮编:214151
电话:0510/83231038、83231403
传真:83231331
网址:www. daigang. cn
电子信箱:dg@ daigang. cn
法人代表(负责人):唐岳生
单位人数:115
质量体系:ISO 9000
产品情况:(京运牌)
冷轧带钢(汽车密封条专用钢带),年产12000t;精密焊管(汽车座椅用),年产5000t

★无锡爱西匹钢芯有限公司
地址:江苏省无锡市惠山区钱桥镇南西漳惠澄大道8号
邮编:214152
电话:0510/83233699
传真:83233699
网址:www. wuxiacp. com
电子信箱:info@ acp – cn. com
法人代表:唐岳生
负责人:羊仰宪
单位人数:30
质量体系:ISO 9001
产品情况:(京运牌、ACP牌)
铝带年产200t,滚剪/压钢芯年产2000万m,冲切钢芯年产2000万m
配套及出口情况:铝带为重庆嘉轩等配套,滚剪/压钢芯为贵州红阳、北京万源、上海申雅等配套,冲切钢芯为上海红阳、淮安申雅、合肥晨阳配套;滚剪/压钢芯、冲切钢芯出口80万m

★无锡市华光轿车部件集团有限公司
地址:江苏省无锡市惠山区杨市镇
邮编:214154
电话:0510/83551067
传真:83552596
质量体系:ISO 9001
产品情况:轿车门窗装饰条、内侧密封条、外侧玻璃挡水条、封风窗条、门下密封装饰条等
配套情况:为上海大众、一汽 – 大众、神龙汽车配套

★无锡市振益轿车附件有限公司
地址:江苏省无锡市洛社镇杨市工业园
邮编:214161
电话:0510/83552138
传真:83559109
网址:www. wxzhenyi. com
电子信箱:qianjf@ wxzhenyi. com
单位人数:60
质量体系:ISO/TS 16949、ISO 9002
产品情况:汽车冲压件、焊接件
配套情况:为上海爱德夏、格兰富水泵(苏州)一级供应商定点配套,为上海

大众、上海通用、神龙汽车、中华轿车等二级配套

★无锡市振华轿车配件厂
地址:江苏省无锡市胡埭镇振胡路 91 号
邮编:214161
电话:0510/85590291、85597228
传真:85592399
网址:www. wxzhenhua. com. cn
电子信箱:zhenhua@ wst. net. cn
质量体系:ISO/TS 16949、ISO 9001
产品情况:汽车车身冲压件
配套情况:为上海大众、神龙汽车配套

★无锡罗尔胶带制品有限公司
地址:江苏省无锡市滨湖区胡埭镇坝头
邮编:214161
电话:0510/85590896
传真:85596996
网址:www. rollbelt. com
电子信箱:sales@ rollbelt. com
质量体系:ISO 9001
产品情况:橡胶 V 带、橡胶同步带、橡胶多楔带、橡胶高速平面皮带(无缝带)、输送带等

★无锡朴业橡塑有限公司
地址:江苏省无锡市惠山区西漳工业园区牌楼村西昌路 1 号
邮编:214171
电话:0510/68866118、8350323
传真:83758937
网址:www. puii. cn
电子信箱:maggie@ puii. cn
单位人数:350
质量体系:ISO/TS 16949、ISO 9001
产品情况:密封胶条、O 形圈、模压制品、塑料制品等
出口情况:出口荷兰、德国、英国、美国、日本、韩国等国家

★无锡精拓胶粘剂有限公司
地址:江苏省无锡市惠山区堰桥工业园
邮编:214174
电话:0510/83380609、83749610
传真:83393966
网址:www. wxjingtuo. com
电子信箱:jingtuo - cn@ 163. com
质量体系:ISO 9001、ISO 14001
产品情况:(精拓牌)
588 红胶、586 黑胶、螺纹锁固胶、工业修补胶、丙烯酸 AB 胶、高分子液态密封胶等

★无锡市海江汽车部件有限公司
地址:江苏省无锡市惠山区堰桥镇南路 7 号
邮编:214174
电话:0510/83741616
传真:83740690
电子信箱:wxhaijiang@ wxhaijiang. com
质量体系:ISO/TS 16949、ISO 9001
产品情况:双钢丝环箍
配套情况:为一汽解放青岛汽车厂、浙江杭叉工程机械、常州长江客车集团、安徽梯西埃埘叉车、郑州宇通重工等 20 余家企业配套

★无锡市奔达密封件有限公司
地址:江苏省无锡市惠山区堰桥镇金惠路 802 号
邮编:214177
电话:0510/83761245、83762968
传真:83620585
网址:www. wuxibenda. com
电子信箱:sales@ wuxibenda. com
单位人数:113
质量体系:ISO/TS 16949
产品情况:(奔达牌)
密封垫片、汽缸垫、密封胶等橡胶密封件,密封材料
配套及出口情况:为锡柴、云内、扬柴、珀金斯动力(天津)、全柴、上柴、浙江新柴、无锡四达动力公司等配套;出口美国、东南亚等国家和地区

★隆意汽车配件制造(无锡)公司
地址:江苏省无锡市惠山区玉祁镇蓉新村
邮编:214183
电话:0510/83585770
传真:83587370
网址:www. longiscrew. com
电子信箱:chenlico@ ms58. hinet. net
单位人数:61
质量体系:ISO/TS 16949
产品情况:汽车螺栓、螺母、扣件、不锈钢空心管、吊架、调整杆等

★无锡市锡珠轴承厂
地址:江苏省无锡市惠山区玉祁镇民主村 425 号
邮编:214183
电话:0510/83880339
传真:83880339
质量体系:ISO 9001
产品情况:6203X1/P63 型变速系统轴承,6203X3/P53 型曲轴左主轴承,6204/P53 型曲轴右主轴承等

★鼎泰轴承制造无锡有限公司
地址:江苏省无锡市惠山区玉祁镇海瑞路 8 - 3
邮编:214183
电话:0510/83899620
传真:83899620
网址:www. zina - autoparts. com
电子信箱:sales@ huzhongqp. cn
质量体系:ISO/TS 16949、ISO 9001
产品情况:AXK 平面推力轴承、HF. HFL 单向离合器滚针轴承、HK. BK. SCE. 冲压外圈滚针轴承等
出口情况:出口美国、欧盟、东南亚地区,并销往中国台湾

★路路达润滑油(无锡)有限公司
地址:江苏省无锡市惠山区洛社镇石塘湾工业园区
邮编:214185
电话:0510/83268625
传真:83269909
网址:www. luroda. com
电子信箱:luroda@ luroda. com
质量体系:ISO 9001
产品情况:(路路达牌)
高端润滑油、内燃机润滑油、工业齿轮油、液压油、润滑脂、防冻液、制动液、金属加工液、防锈油等

★无锡富莱得机电制造有限公司
地址:江苏省无锡市惠山区洛社镇
邮编:214189
电话:0510/83321862
传真:83322318
网址:www. wxfrd. com
电子信箱:fzy@ wxfrd. com
单位人数:112
质量体系:ISO/TS 16949、QS 9000
产品情况:汽车零部件、金属冲压件、钣金件
配套情况:为上海大众、延锋伟世通汽车饰件系统、泛亚电子(无锡)、江扬科技(无锡)、喜开理(中国)、常州科勒发动机、亚翔系统集成科技(苏州)等配套

★无锡市道氏汽车部件有限公司
地址:江苏省无锡市锡山经济开发区芙蓉 1 号
邮编:214191
电话:0510/83788851
传真:83788809
单位人数:80
质量体系:QS 9000、ISO 9000
产品情况:汽车零部件

★无锡锡州机械有限公司
地址:江苏省无锡市锡北镇锡港西路 69 号
邮编:214194
电话:0510/83797788、83791179
传真:83792041、83791338
网址:www. wxxizhou. com
电子信箱:xzgs@ public1. wx. js. cn
质量体系:ISO/TS 16949、ISO 9001
产品情况:各种汽车滚轮体
配套及出口情况:为无锡威孚、北京亚新科天纬油泵油嘴、南京威孚金宁等配套;出口欧洲、北美洲、大洋洲

★无锡市宏昌摩擦材料有限公司
地址:江苏省宜兴市新建镇新昌路 98 号
邮编:214253
电话:0510/87289658
传真:87289656
网址:www. hcmccl. com
电子信箱:web@ hcmccl. com
质量体系:ISO 9001
产品情况:汽车制动片、闸瓦等摩擦制动产品

★威茨曼金属制品(江阴)有限公司
地址:江苏省江阴市夏港镇西城路 61 号
邮编:214400
电话:0510/86033101、86033102

传真:86033102
网址:www. witzenmann. com
电子信箱:linda. zhao@ witzenmann. com
单位人数:3000
质量体系:ISO/TS 16949、ISO 9001
产品情况:汽车用金属波纹管等
出口情况:出口欧洲、美国、巴西、韩国、印度等国家和地区

★江阴机械制造有限公司
地址:江苏省江阴市青果路68号
邮编:214400
电话:0510/86883279、86883332
传真:86897535
网址:www. jymw. com
电子信箱:yjz@ jymw. com. cn
单位人数:566
质量体系:ISO/TS 16949、QS 9000
产品情况:涡轮壳、压气机壳、中间壳等
出口情况:产品以出口为主

★江阴天祥塑化制带有限公司
地址:江苏省江阴市西横街63号
邮编:214400
电话:0510/86884390、86882027
传真:86885947
网址:www. shusongdai. net
电子信箱:sales@ shusongdai. net
单位人数:83
质量体系:QS 9000、ISO 9001
产品情况:(江流牌)
各种尼龙片基传动带、轻型输送带、特种传送带和防静电胶板
配套情况:为东风汽车公司、一汽集团、重汽集团、陕汽集团配套

★江阴市长泾车船附件有限公司
地址:江苏省江阴市长泾工业园A区
邮编:214411
电话:0510/86315990、86309668
传真:86312958
网址:www. wx - sucheng. com
电子信箱:jysucheng@ hotmail. com
单位人数:83
质量体系:ISO/TS 16949
产品情况:(苏骋牌)
汽车制动软管、变速操纵软轴、风门线、急速拉线、加速传动操纵总成、驻车制动拉索等汽车操纵装置
配套及出口情况:为南汽依维柯、长丰扬子汽车、江淮汽车、沈阳金杯等配套;出口日本、新加坡、希腊、意大利、南非、马来西亚、印尼等国家

★无锡瑞昌精密铸造有限公司
地址:江苏省江阴市顾山镇锡张路88号
邮编:214413
电话:0510/86326823
传真:86326823
电子信箱:wxrcjz@ hotmail. com
单位人数:100
质量体系:ISO/TS 16949、ISO 9001
产品情况:涡轮叶轮以及其他精铸件

★江阴市希克林摩擦材料有限公司
地址:江苏省江阴市顾山镇北澛工业园
邮编:214414
电话:0510/86358808、86351815
传真:86359770
网址:www. cnsanan. com
电子信箱:sanan@ cnsanan. com
单位人数:150
质量体系:ISO/TS 16949
产品情况:(三安牌)
汽车用摩擦材料、制动片等,年产能力5000t
配套及出口情况:为金龙客车、现代客车、宝华车辆、元丰部件等配套;少量产品出口

★江阴市双佳汽车配件有限公司
地址:江苏省江阴市北国工业园
邮编:214414
电话:0510/86951880
传真:86951389
网址:www. sjqc. com
电子信箱:liu - xiaohua@ hotmail. com
质量体系:ISO 9001
产品情况:(佳鹰牌)
高速客车用半金属、非石棉制动片
配套情况:为金龙客车、桂林大宇、韩国现代、郑州宇通、亚星、凯斯鲍尔等配套

★三良工业汽车配件有限公司
地址:江苏省江阴市华士镇红星路539号
邮编:214421
电话:0510/68972698、68972699
传真:86210959、86210978
网址:www. rubbersl. com
质量体系:ISO 9001
产品情况:各种汽车轮胎用垫带及各种混炼胶

★江阴延利汽车饰件有限公司
地址:江苏省江阴市周庄镇世纪大道388号
邮编:214423
电话:0510/86222906、86239615
传真:86225986
网址:www. jyylsj. com
电子信箱:jy_yanli@ yahoo. com. cn
单位人数:127
质量体系:ISO/TS 16949、QS 9000
产品情况:汽车顶棚、后隔板、行李舱侧围、门内板骨架、遮阳板、地毯等汽车装饰条、防撞条、密封条、聚氨酯产品、汽车内饰麻纤维基材及相关内饰成品
配套及出口情况:为上海大众、长安福特马自达、厦门金龙、上海通用、东风日产乘用车、奇瑞汽车等配套;出口美国、日本、马来西亚、印尼、新加坡、伊朗等国家

★江阴兴澄特种钢铁有限公司
地址:江苏省江阴市滨江东路297号
邮编:214432
电话:0510/86193388、86271076
传真:86191400
网址:www. jyxc. com
电子信箱:jyxczjb@ public1. wx. js. cn
单位人数:4000
质量体系:ISO/TS 16949、QS 9000
产品情况:(兴澄牌)
汽车齿轮钢、轴承钢、弹簧钢等

★江阴优利科机械有限公司
地址:江苏省江阴市利港镇利中街15号
邮编:214444
电话:0510/86638888
传真:86639999
网址:www. ulic. cn
电子信箱:ulic@ ulic. cn
质量体系:ISO 9000
产品情况:汽车空调压缩机支架;电动车、摩托车UV罩光清漆

★庆昌科技(江阴)有限公司
地址:江苏省江阴市经济开发区石庄园区花港西路32号
邮编:214446
电话:0510/88458333
传真:88458339
网址:www. kcwiper. co. kr
单位人数:160
质量体系:ISO/TS 16949、QS 9000
产品情况:小型冲压件

★靖江华达汽配制造有限公司
地址:江苏省靖江市江平路51号
邮编:214500
电话:0523/84598389、84598399
传真:84591558
网址:www. hdqp. com
电子信箱:hdqp@ vip. 163. com
单位人数:500
质量体系:ISO/TS 16949、QS 9000
产品情况:管件、隔热板、冲压拉伸件
配套情况:为一汽 - 大众、上海通用、上海大众、广汽本田、东风本田、东风日产、广汽丰田、大众投资、东风悦达起亚、江淮汽车、奇瑞汽车等大型轿车企业配套

★江苏富仕隆紧固件有限公司
地址:江苏省靖江市城北工业园山南路15号
邮编:214500
电话:0523/84913811
传真:84913822
网址:www. fastfix - rivet. com
电子信箱:factory@ fastfix - rivet. com
质量体系:ISO/TS 16949
产品情况:铆钉
出口情况:95%的铆钉出口欧美等地区

★江苏恒明汽车配件制造有限公司
地址:江苏省靖江市大觉花宋路1号
邮编:214512
电话:0523/84243847
传真:84248988
网址:www. js - hm. com

电子信箱:cai@ js - hm. com
质量体系:ISO 9001
产品情况:(恒明牌)
各种车型铸件、锻造件、制动调整臂总成、转向节臂、凸轮轴、套管叉、传动轴等,年产能力68万套以上
配套情况:为东风汽车公司、柳汽、陕汽集团、卢卡斯美驰、江淮、安凯、丹东黄海等数十家主机厂配套

★苏州富事达塑业有限公司
地址:江苏省苏州市工业园区通园路198号
邮编:215002
电话:0512/65221567、62889604
传真:65221567
单位人数:230
质量体系:ISO 9001
产品情况:线束管

★ 苏州金诚轴承有限公司

地址:江苏省苏州市白洋湾大街99号
邮编:215008
电话:0512/67239518
传真:67239022
网址:www. sjb. com. hk
电子信箱:yjd1226@ 126. com
法人代表:王辉阳
负责人:虞坚东
单位人数:400
质量体系:ISO/TS 16949
产品情况:(汉森牌)
滚针、滚珠轴承、滚珠平面推力轴承
配套及出口情况:为一汽法雷奥、华达、江铃汽车、美国4g、一汽 - 大众、东风、东南、北京奔驰、日产、菲亚特配套;出口美国、法国、日本
☞ 详细情况请参阅彩色宣传版面

★苏州新豪轴承有限公司
地址:江苏省苏州市新区塔园路99号
邮编:215011
电话:0512/68081311
传真:68243051
网址:www. xinhaobearing. com
电子信箱:xinhao@ xinhao. com
质量体系:ISO/TS 16949、ISO 9001
产品情况:向心滚针轴承、推力滚针轴承

★雷贝斯托摩擦产品(苏州)公司
地址:江苏省苏州市新区向阳路65号
邮编:215011
电话:0512/68242218
传真:68241328
网址:www. raybestos. cn
电子信箱:info@ raybestos. cn
单位人数:280
质量体系:ISO/TS 16949、ISO 14001
产品情况:(雷贝斯托(Raybestos)牌)
各类汽车离合器摩擦产品,汽车变速器部件及汽车制造模具,工业摩擦产品及用于制造离合器摩擦片的纱线

★中材科技(苏州)有限公司
地址:江苏省苏州市工业园区长阳街68号
邮编:215021
电话:0512/88189366、88189388
传真:88189377
网址:www. sinoma - sz. com
电子信箱:sales@ sinoma - sz. com
单位人数:200
质量体系:ISO/TS 16949、ISO 9001
产品情况:(sinoma 牌)
高压复合气瓶

★苏州日进塑料有限公司
地址:江苏省苏州市工业园区(娄封北区扬泰路)创投工业坊56号
邮编:215122
电话:0512/65935111
传真:65935122
网址:www. sz. enissin. com
单位人数:200
质量体系:ISO/TS 16949、ISO 9001
产品情况:注塑汽车零部件,年设计生产规模7200万件

★曙光制动器(苏州)有限公司
地址:江苏省苏州市工业园区长阳街汀兰巷168号
邮编:215126
电话:0512/62831556、62831577
传真:62831580
网址:www. akebono - brake. co. jp
产品情况:制动摩擦片

★盖茨优霓塔传动系统(苏州)公司
地址:江苏省苏州市工业园区钟园路128号
邮编:215126
电话:0512/63836886
传真:62836996
网址:www. gates. cn
电子信箱:guptmarketing@ gates. com
质量体系:ISO/TS 16949
产品情况:(Gater 牌)
汽车及工业传动带、摩托车变速带、汽车附件等
配套情况:为一汽 - 大众、上海通用、广汽本田、神龙汽车、江铃福特、上海德尔福等配套

★华龙(苏州)橡胶产品有限公司
地址:江苏省苏州市工业园区振胜路28号
邮编:215126
电话:0512/67621526 - 1528
传真:67621527
网址:www. hlntech. com
电子信箱:elton. lim@ hlntech. com
质量体系:ISO/TS 16949、QS 9000
产品情况:精密成型橡胶汽车零件

★汤姆金斯艾迪尔夹具(苏州)公司
地址:江苏省苏州市工业园区星龙街428号苏春工业坊16单元
邮编:215126
电话:0512/87178660、87178699
传真:62838665
网址:www. idealclamp. com. cn
产品情况:(艾迪尔牌、彩登牌)
卡箍及密封产品

★创迈精密金属成型(苏州)公司
地址:江苏省苏州市高新区塔园路369-9号
邮编:215129
电话:0512/66626188
传真:66625188
网址:www. transmatic. com. cn
电子信箱:sales@ transmatic. com. cn
质量体系:ISO/TS 16949
产品情况:精密金属拉伸冲压产品,并提供拉伸冲压技术技术服务

★恩斯克轴承(苏州)有限公司
地址:江苏省苏州市新区泰山路22号
邮编:215129
电话:0512/66655666
传真:66659108
电子信箱:recruiting@ suzhoubearings. com
产品情况:汽车轴承

★苏州轴承厂有限公司
地址:江苏省苏州市高新区鹿山路35号
邮编:215129
电话:0512/66657380
传真:66657355
网址:www. sbfcn. com
电子信箱:sales@ sbfcn. com
单位人数:610
质量体系:ISO/TS 16949、ISO 14001
产品情况:(中华牌)
短圆柱滚子轴承、冲压外圈滚针轴承、实体套圈滚针轴承、滚针保持架组件、平面推力滚针轴承、滚针、滚柱,主要用于汽车变速器、发动机、转向系统、汽车空调压缩机、自动轴制动系统
配套及出口情况:为东风汽车公司、一汽集团、松下、海尔、博世、伟世通等配套;出口日本、韩国、印度、德国、意大利、丹麦、美国、巴西

★天纳克(苏州)减震系统有限公司
地址:江苏省苏州市西金芝路11号
邮编:215151
电话:0512/66160001
传真:66160135
产品情况:汽车橡胶件

★阿雷法(苏州)汽车部件公司
地址:江苏省吴江市菀坪社区同安东路100号
邮编:215223
电话:0512/63390567
传真:63390567 - 8005
网址:www. alevobelt. com
质量体系:ISO/TS 16949
产品情况:汽车同步带、多楔带、三角带等

★苏州新业造纸有限公司
地址:江苏省吴江市梅堰镇工业开发区
邮编:215225
电话:0512/63681399、63681412
传真:63680888
网址:www. sz - xinye. com
电子信箱:service@ sz - xinye. com
质量体系:ISO 9001
产品情况:(长安牌)
空气滤纸、机油滤纸、燃油滤纸

★昆山伟业汽车配件有限公司
地址:江苏省昆山市环庆路1988号
邮编:215300
电话:0512/57760888
传真:57755299
电子信箱:lt_brake@ yahoo. com. cn
产品情况:制动片

★库博标准汽车配件(昆山)公司
地址:江苏省昆山市经济技术开发区杜鹃路99号
邮编:215300
电话:0512/86178820 - 8011
传真:86178821
电子信箱:lkwok@ cooperstandard. com
质量体系:ISO 9001
产品情况:减振器、汽车专用紧固件
出口情况:出口亚洲

★密友集团有限公司
地址:江苏省昆山市望山南路16号
邮编:215316
电话:0512/57782891、57790173
传真:57791241
网址:www. miyounano. com
电子信箱:salesh@ miyounano. com
质量体系:ISO 9001
产品情况:纳米金属粉体及纳米复合润滑自修复剂等

★捷通摩擦材料(昆山)有限公司
地址:江苏省昆山市花桥镇新浦大年路18号
邮编:215332
电话:0512/57601664、57601751
传真:57602034
电子信箱:always@ onine. sh. cn
质量体系:ISO/TS 16949
产品情况:离合器片、摩擦材料
配套及出口情况:为神龙汽车、奇瑞汽车、南京法雷奥、上海萨克斯、湖北三环离合器等配套;远销欧美、东南亚、非洲、南美洲等地区

★书元机械企业(昆山)有限公司
地址:江苏省昆山市花桥镇曹安路28号桥
邮编:215332
电话:0512/57601666
传真:57601280
电子信箱:kokchina@ pub. ks. js. cn
单位人数:273
质量体系:ISO/TS 16949、ISO 9001
产品情况:(KOK牌)
油封、油环、机械轴封、气门油封、防尘套、衬套、发动机垫片、活塞油封等
配套及出口情况:为新大洲本田、广州天马、青岛海尔等配套;销往中国台湾地区

★昆山恩斯克有限公司
地址:江苏省昆山市经济技术开发区黄浦江南路258号
邮编:215335
电话:0512/57715654
传真:57715689
网址:www. nsk. com. cn
质量体系:ISO/TS 16949、QS 9000
产品情况:微型轴承

★昆山茂顺密封件工业有限公司
地址:江苏省昆山市周市镇新浦路271号
邮编:215337
电话:0512/57665788、57666236
传真:57665827
网址:www. ksnak. com
电子信箱:chris@ nak. com. cn
质量体系:ISO/TS 16949、QS 9000
产品情况:汽车、摩托车油封及其他橡胶制品

★劲邦紧固件有限公司
地址:江苏省昆山市千灯镇石浦寂广路666号
邮编:215343
电话:0512/57277298
传真:57277277
电子信箱:jingbanghb@ yahoo. com. cn
质量体系:ISO/TS 16949、QS 9000
产品情况:汽车专用紧固件、各种防松螺栓、螺母、焊接螺栓、螺母、冷暖气用夹片、管夹、扣夹等

★和承汽车配件(太仓)有限公司
地址:江苏省太仓市北京路86号
邮编:215400
电话:0512/53568025
传真:53572790、53872899
单位人数:580
质量体系:ISO/TS 16949
产品情况:汽车用密封条,高低压管类,年产密封条900万根、管类500万根
配套及出口情况:为北京现代、东风悦达起亚、上汽汇众、德尔福、奇瑞汽车配套;出口密封条280万根/年,高低压管170万根/年

★欧皮特传动系统(太仓)有限公司
地址:江苏省太仓市城厢镇人民路东侧宁波路161号
邮编:215400
电话:0512/53587288、56782116
产品情况:传动带等

★舍弗勒(中国)有限公司
地址:江苏省太仓市经济开发区舍弗勒路1-3号
邮编:215400
电话:0512/53957700
传真:53574064、53580995
网址:www. schaeffler. cn
电子信箱:info - cn@ schaeffler. com
质量体系:ISO/TS 16949
产品情况:(INA牌、LUK牌、FAG牌)
液压挺杆、滚针轴承、水泵轴承、离合器分离系统及发动机零部件等
配套情况:为一汽-大众、上海大众、上海通用、北京现代、华晨金杯、奇瑞汽车等配套

★苏州百晟金属制品有限公司
地址:江苏省太仓市陆渡镇江南路
邮编:215400
电话:0512/81601200
传真:81601207
电子信箱:james_lin@ vip. 163. com
质量体系:ISO 9001
产品情况:螺栓、螺钉等紧固件

★苏州温橡特种橡胶有限公司
地址:江苏省太仓市经济开发区北京路188号
邮编:215414
电话:0512/81616668
传真:81609666
网址:www. china - autopart. com
电子信箱:sz_wenxiang@ yahoo. com. cn
单位人数:200
质量体系:ISO/TS 16949、QS 9000
产品情况:(温橡牌)
普通橡胶管道、硅橡胶管道、橡胶减振器、密封圈等
配套及出口情况:为东风汽车公司、潍柴、东风康明斯B、C系列柴油机、重汽集团、潍柴等配套;出口美国、澳大利亚、加拿大、日本、韩国等国家

★常熟恩斯克轴承有限公司
地址:江苏省常熟市东南开发区东南大道66号
邮编:215500
电话:0512/52301111
传真:52306011
网址:www. nsk. com. cn
电子信箱:wu - yue@ nsk. com
产品情况:滚针轴承

★常熟市标准件厂
地址:江苏省常熟市东南开发区新安江路
邮编:215500
电话:0512/52810064
传真:52811984
网址:www. china - dali. cn
电子信箱:shaoguoh@ 163. com
单位人数:1120
质量体系:ISO/TS 16949、QS 9000
产品情况:(大力牌)
汽车紧固件

★常熟市飞龙无纺机械有限公司
地址:江苏省常熟市任阳镇
邮编:215539

电话:0512/52581505、52581467
传真:52583888
网址:www. feilong. com. cn
质量体系:ISO 9002
产品情况:非织造布(皮革基布、过滤材料、汽车内饰材料、油毡基布土工布、废纤维毡、硬质棉、直立棉、无胶棉、纺丝棉、喷胶棉、热风卫生材料、热轧无纺布、水刺类无纺布等),非织造机械

★常熟市迅达粉末冶金有限公司
地址:江苏省常熟市辛庄镇东旺村
邮编:215552
电话:0512/52468818、52468689
传真:52467898
网址:www. xdpm. com. cn
电子信箱:zhu. wei@ xdpm. com. cn
质量体系:ISO/TS 16949、ISO 9001
产品情况:粉末冶金制品
出口情况:远销东南亚、欧洲、日本、美国、加拿大等国家和地区

★江苏正大富通汽配有限公司
地址:江苏省张家港市西二环长兴西路2号
邮编:215600
电话:0512/58541860
质量体系:ISO 9001
产品情况:汽车配件
出口情况:出口中东、东南亚、美洲、俄罗斯等国家和地区

★张家港恩斯克精密机械有限公司
地址:江苏省张家港市经济开发区振兴路34号
邮编:215600
电话:0512/58676496
传真:58180970
网址:www. nsk. com. cn
单位人数:200
产品情况:轴承及精密机械部件

★江苏瑞威沃管业有限公司
地址:江苏省张家港市南丰经济技术开发区
邮编:215628
电话:0512/58902379、58616573
传真:58902292
网址:www. jiangsu - revivo. cn
电子信箱:aifen - ji@ jiangsu - revivo. cn
质量体系:ISO/TS 16949
产品情况:汽车管件
配套情况:为欧洲宝马汽车配套

★江苏摩力顿石油化工有限公司
地址:江苏省邳州市明珠工业园区168号
邮编:221300
电话:0516/80310788、80310799
传真:86585299
网址:www. moledn. com
电子信箱:USA@ moledn. com
董事长:吴其增
质量体系:ISO 9001
产品情况:活性润滑油、润滑脂、防冻液、燃油添加剂、纳米复合润滑自修复剂等

★淮安市劲风橡塑有限公司
地址:江苏省淮安市纬一路5号
邮编:223001
电话:0517/84999038
传真:84999308
电子信箱:hyjfxs@ 263. net
单位人数:238
质量体系:QS 9000、ISO 14001
产品情况:汽车门窗密封条
配套及出口情况:为东风公司、南京汽车集团、南京依维柯、牡丹客车、春兰、十通、天津一汽华利供货;出口SICCOM系列产品150万m

★江苏超越橡塑有限公司
地址:江苏省淮安市涟水工业新区西区
邮编:223400
电话:0517/82738111、82738088
传真:82738188
网址:www. surpassauto. com
电子信箱:sales@ surpassauto. com
质量体系:ISO/TS 16949、ISO 9001
产品情况:汽车发动机液压悬置总成、变速器悬置总成、隔振块、减振衬套、控制臂及其衬套、防尘罩、缓冲块等汽车橡胶金属产品
配套及出口情况:为北京华泰汽车、广东福迪、江苏欧凯普等配套;出口欧洲、美国、日本、南美洲、非洲、东南亚等国家和地区

★江苏安捷汽车配件有限公司
地址:江苏省盐城市亭湖区青墩镇头头灶工业园全创路10号
邮编:224000
电话:0515/88529366
传真:88549088
网址:www. anjbrake. com
电子信箱:ycyzy720817@ 163. com
质量体系:ISO/TS 16949
产品情况:汽车盘式制动片

★盐城市方天汽车配件有限公司
地址:江苏省盐城市西环路八菱华庄
邮编:224000
电话:0515/88588686
传真:88588689
网址:www. ycfangtian. cn
电子信箱:ycfangtian@ hotmail. com
质量体系:ISO/TS 16949、ISO 9001
产品情况:(方天牌)
各种制动蹄片
出口情况:出口北美洲、南美洲、东欧、东南亚、非洲、大洋洲、中东、东亚、西欧等地区

★盐城奥克浩瀚汽车配件有限公司
地址:江苏省盐城市浩瀚工业区人民路1号
邮编:224001
电话:0515/83062696
传真:83062596
网址:www. okeyclutch. com. cn
电子信箱:chenjian@ huayun - autoparts. com
质量体系:ISO/TS 16949
产品情况:汽车鼓式、盘式制动片

★盐城威特汽车制动工业有限公司
地址:江苏省盐城市开放大道28号
邮编:224002
电话:0515/88286810、88203943
传真:88203428、88335712
网址:www. veectory88. cn
单位人数:1000
质量体系:ISO/TS 16949
产品情况:(威特牌、威泰狮牌)
鼓式制动片、盘式制动片
出口情况:远销东南亚、中东、非洲、欧美等50多个国家和地区

★艾美科(盐城)机动车部件公司
地址:江苏省盐城市文港北路05号
邮编:224003
电话:0515/88266377
传真:88207277
网址:www. brake - world. com
电子信箱:armco777@ 126. com
质量体系:ISO/TS 16949
产品情况:制动片、离合器钢片、制动蹄、离合器压盖

★盐城亚驰汽配有限公司
地址:江苏省盐城市便仓镇工业园区
邮编:224044
电话:0515/88833969
传真:88830396
网址:www. ycycscp. com
电子信箱:yachi@ ycycscp. com
质量体系:ISO 9001
产品情况:盘式制动片、鼓式制动片
出口情况:远销欧洲、东南亚、非洲等地区

★盐城市壹鼎汽车配件有限公司
地址:江苏省盐城市盐都西区兴益路88号
邮编:224056
电话:0515/88638366
传真:88638366
网址:www. ycydqcpj. com
电子信箱:weizhengxia1116@ 163. com
质量体系:ISO/TS 16949
产品情况:制动器衬片
出口情况:出口美洲、非洲、中东、南亚、东南亚等地区

★江苏振华密封工业有限公司
地址:江苏省建湖县沿河西路888号
邮编:224713
电话:0515/86590888、86598999
传真:86590098
网址:www. js - zhenhua. com
电子信箱:zhenhua@ js - zhenhua. com
单位人数:600
质量体系:ISO/TS 16949、QS 9000
产品情况:氟橡胶、丙烯酸脂橡胶、骨架

油封、O 形圈及相关特种异形密封制品
配套及出口情况：为一汽、东风、全柴、扬柴、玉柴、新柴、潍柴、江淮、扬动、江动、四达、力佳、威孚、依维柯、北汽福田等 20 多家品牌主机配套；远销 50 多个国家和地区

★扬州市新城通永专用车部件厂
地址：江苏省扬州市扬子江中路
邮编：225000
电话：0514/87888285、87780069
传真：87780069
网址：www. yztybj. com
电子信箱：yzty2121@21cn. com
产品情况：（TYBJ 牌）
半挂车及专用车支承装置
配套及出口情况：为各大挂车及专用车改装厂配套；CL25T、CL28TA、CD25T 等产品出口

★扬州麦斯通复合材料有限公司
地址：江苏省扬州市开发区维扬路 8 号
邮编：225002
电话：0514/87870545、87875888
传真：87873999
网址：www. mtcpanel. com
电子信箱：yz. mtc@ mtcpanel. com
质量体系：ISO 9001
产品情况：冷藏、保温和干货车复合材料箱板
出口情况：出口马来西亚、新西兰、澳大利亚等国家，并销往中国香港地区

★扬州保来得科技实业有限公司
地址：江苏省扬州市经济技术开发区邗江南路 399 号
邮编：225127
电话：0514/85862612
传真：87960050
网址：www. porite. com. cn
电子信箱：bill@ mail. porite. com. cn
单位人数：1100
质量体系：ISO/TS 16949、ISO 9001
产品情况：（保来得牌、Porite 牌）
粉末冶金机械结构零件（汽车、工具、家电等）、粉末冶金精密含油轴承
配套及出口情况：汽车发动机相关零件为一级配套，为神龙、大众、福特等配套；汽车变速器相关零件为二级配套，为通用、克莱斯勒等配套；出口美国、加拿大、西班牙、日本及东南亚地区

★胜赛思－嵘泰（扬州）精密压铸公司
地址：江苏省江都市经济开发区舜天路 299 号
邮编：225200
电话：0514/86889938、86970345
传真：86972666
电子信箱：xiangrong. jing @ sensus - rongtai. com
质量体系：ISO/TS 16949、ISO 14001
产品情况：铝合金精密压铸件，用于空调压缩机、转向系统、制动系统、传动系统、发动机系统及仪表

★泰州长力树脂管有限公司
地址：江苏省泰州市海陵区江洲北路 2 号
邮编：225300
电话：0523/86567163、86550567
传真：86550174
网址：www. cncl - qroup. com
电子信箱：w - cncl@ 126. com
质量体系：ISO/TS 16949、ISO 9002
产品情况：尼龙软管及总成、高中压树脂软管及总成、汽车用空调器管和各类弯曲形状的定型软管及总成
配套情况：为一汽集团、东风集团、重汽集团、上汽依维柯、红岩、江淮、福田、宇通、北方奔驰、陕汽、南汽依维柯等配套

★泰兴市振兴密封材料有限公司
地址：江苏省泰兴市横垛镇北首
邮编：225418
电话：0523/87388382
传真：87385016
网址：www. txhdzx. com
电子信箱：web@ txhdzx. com
质量体系：ISO 9002
产品情况：（振鑫牌）
内燃机汽缸垫、石棉乳胶抄取板、钢架石棉复合板、石棉隔热板垫片、非石棉密封材料及密封制品
配套及出口情况：为国内多家大型主机厂配套；密封材料（石棉、非石棉）随主机厂产品出口

★泰州金鼎精密铸造有限公司
地址：江苏省姜堰市白米镇
邮编：225505
电话：0523/88338088、88338752
传真：88331364
网址：www. tzjinding. cn
电子信箱：cxm@ jinding. sina. net
质量体系：ISO 9000
产品情况：不锈钢、碳钢、合金钢、铸铁等

★江苏弘鼎汽车零部件有限公司
地址：江苏省高邮市汤庄镇
邮编：225645
电话：0514/84712228、84716588
传真：84713988
网址：www. yzhd. cn
电子信箱：yzhd@ yzhd. cn
单位人数：180
质量体系：ISO 9001
产品情况：汽车螺栓、螺母
配套情况：为机械、汽车、锻造等国内数十家大中型企业配套

★江苏省宝应县燎原汽车配件厂
地址：江苏省扬州市宝应县望直港镇
邮编：225800
电话：0514/88311045
传真：88311045
产品情况：汽车钣金件
配套情况：为上海华普、江西五十铃、江南联众等配套

★南通金龙摩擦材料有限公司
地址：江苏省南通市港闸区幸福工业集中区
邮编：226000
电话：0513/81503989
传真：81503881
电子信箱：raywin888@ hotmail. com
产品情况：制动片、钢背、制动盘、制动蹄

★南通电熔爆股份有限公司
地址：江苏省南通市任港路 35 号
邮编：226006
电话：0513/83549162、83549135
传真：83549185、83549128
网址：www. china - drb. com
电子信箱：drb@ public. nt. js. cn
质量体系：ISO 9000
产品情况：（支云牌）
电熔爆机床、药芯焊丝、轧辊修造、高性能汽车轴瓦材料、铝型材

★南通市通东弹簧厂
地址：江苏省海门市包场镇河塘村 13 组
邮编：226151
电话：0513/82671422、82669618
传真：82678870
网址：www. nt - tongdong. cn
电子信箱：sales@ nt - tongdong. com
质量体系：ISO 9001
产品情况：螺旋簧、恒压簧、异形簧、弹性片、波垫、磁钢夹片、冷冲件及各类精密不锈钢、碳素钢类、钢丝、方钢、带钢等

★南通川林有色金属铸造有限公司
地址：江苏省南通市如东县掘港镇城南工业园区通洋路 6 号
邮编：226400
电话：0513/68126666、68126662
传真：68126659
网址：www. nt - chuanlin. com
电子信箱：ntchuanlin@ 126. com
质量体系：ISO 9001
产品情况：铝合金、铜合金、锌合金等有色金属铸件
出口情况：远销美国、法国、德国、日本、加拿大、西班牙、以色列和新加坡等国家

★南通华东液压铸业有限公司
地址：江苏省南通市白蒲镇工业园区
邮编：226511
电话：0513/88575868
网址：www. hyzcn. com
电子信箱：wangjm@ hyzcn. com
质量体系：ISO 9001
产品情况：（皋液牌）
液压件、铸件
出口情况：出口日本、越南、印度等多个国家和地区

★海安恒益滑动轴承有限公司
地址：江苏省海安县海安镇工业园区开

元大道 62 号
邮编:226600
电话:0513/88690066
传真:88698566
网址:www. hazc. com
电子信箱:lbd@ hazc. com
质量体系:ISO 9001
产品情况:自润滑轴承、轴瓦、垫片、滑块等

★南通万达摩擦材料有限公司
地址:江苏省海安县海安镇隆政工园区
邮编:226600
电话:0513/88725298
传真:88802154
网址:www. wdmccl. com
质量体系:ISO 9001
产品情况:石棉绒线制品、缠绕离合器片等
出口情况:出口亚洲、非洲、欧洲等国家和地区

★南通新源特种纤维有限公司
地址:江苏省海安县隆政工业园区
邮编:226613
电话:0513/88729008、88729009
传真:88722868
网址:www. ntxy. com. cn
电子信箱:xinyuan@ ntxy. com. cn
质量体系:ISO 9001
产品情况:无石棉摩擦、密封纤维复合材料

浙江省

★杭州新亚石油化工有限公司
地址:杭州市富阳金桥工业功能区
邮编:310000
电话:0571/63478168、61771888
传真:63479458
网址:www. fyxinya. com
电子信箱:xinya@ fyxinya. com
质量体系:ISO 9001
产品情况:(爱润斯牌、贝斯特牌)
　　锂基脂、汽车脂、高温脂、特种脂、阻尼脂、塑胶齿轮脂及其他油脂
出口情况:出口新加坡、马来西亚、印度尼西亚、印度、阿富汗、越南、非洲等国家

★杭州康豪思源密封件有限公司
地址:杭州市西溪路杨家牌楼 230 号
邮编:310000
电话:0571/83388018
网址:www. kanghaosiyuan. cn
电子信箱:kanghaosiyuan@ 163. com
质量体系:ISO 9001、ISO 14001
产品情况:(康豪思源牌)
　　油封

★杭州新华纸业有限公司
地址:杭州市湖墅南路 186 号
邮编:310005
电话:0571/88075514、88834000
传真:88074838
网址:www. xinhuapaper. com
电子信箱:webmaster@ xinhuapaper. com
质量体系:ISO 9002
产品情况:(双圈牌)
　　打字蜡纸、内燃机工业滤纸、茶叶滤纸、镜头擦拭纸、高透气度纸等特种纸

★杭州博高轴承有限公司
地址:杭州市花园岗街 111 号
邮编:310005
电话:0571/88108416
传真:88108415
电子信箱:bogaoouke@ 126. com
单位人数:400
质量体系:ISO 9001
产品情况:(欧克牌)
　　圆锥滚子轴承、深沟球轴承、圆柱滚子轴承、调心球轴承及各类非标准特种轴承等

★杭州兴达特种橡胶有限公司
地址:杭州市上城区工业园区莫干山路 1418 号
邮编:310011
电话:0571/88176166
传真:88174522、88172991
网址:www. boomrubber. com
电子信箱:boom@ boomrubber. com
质量体系:ISO/TS 16949、ISO 9001
产品情况:橡胶缓冲块、防尘套、减振衬套、悬置支撑件、扭力连接器、车用密封件、汽车用高温连接管、硅胶管等
出口情况:远销欧洲、美洲、大洋洲、日本、韩国、中东、东南亚等多个国家和地区

★杭州杭城摩擦材料有限公司
地址:杭州市经济技术开发区 M18 - 1 - 4
邮编:310018
电话:0571/86725888、85456170
传真:86725966
网址:www. hfmc - friction. com
电子信箱:hfmc@ hfmc. cn
单位人数:790
质量体系:ISO/TS 16949、ISO 9001
产品情况:(飞雁牌)
　　盘式制动片、鼓式制动片、离合器片、制动带、火车闸瓦、制动蹄片总成以及纸基摩擦材料
配套及出口情况:为上海大众、一汽 - 大众、一汽奥迪、南京依维柯、北轻汽、柳微等配套;远销东南亚和欧美市场

★杭州光华橡塑有限公司
地址:杭州市经济技术开发区 10 号路
邮编:310018
电话:0571/86875057、86911228
传真:86911218
网址:www. hzguanghua. com
电子信箱:guanghua@ mail. hz. zj. cn
质量体系:ISO 9001、ISO 14001
产品情况:塑料波纹软、硬管、小型注塑件等
出口情况:出口欧洲、日本、美国、澳大利亚等国家和地区

★杭州藤仓橡胶有限公司
地址:杭州市下沙经济技术开发区 M6 - 5 - 4
邮编:310018
电话:0571/86912036
传真:86912037
网址:www. hangzhoufujikura. com
电子信箱:hzfjkr5@ mail. hz. zj. cn
单位人数:360
产品情况:膜片、O 形圈、成型品与机能橡胶、气泵等

★杭州泰明顿摩擦材料有限公司
地址:杭州市经济技术开发区 M16 - 1 - 3
邮编:310018
电话:0571/86923690
传真:86923697
网址:www. tmdfriction. com
质量体系:ISO/TS 16949、VDA 6. 1
产品情况:摩擦片

★杭州神风汽车配件有限公司
地址:杭州市机场路笕桥黎明 6 区
邮编:310021
电话:0571/85047036
传真:85047035
质量体系:ISO 9001
产品情况:(神风牌)
　　主要生产传动轴、支架胶垫、过桥总成等汽车橡胶件

★杭州钱江摩擦材料有限公司
地址:杭州市滨江区长河镇
邮编:310052
电话:0571/86606918
传真:86601203
网址:www. hzqjmc. com
电子信箱:web@ hzqjmc. com
单位人数:280
质量体系:ISO 9000
产品情况:各种汽车制动片,年产能力 2000t
配套情况:为一汽集团、杭汽等配套

★杭州安耐特实业有限公司
地址:杭州市富阳灵桥工业园区
邮编:311000
电话:0571/63529000
传真:63558890
网址:www. annat. com. cn
电子信箱:gm@ annat. com. cn
单位人数:200
质量体系:ISO/TS 16949、ISO 9001
产品情况:(Annat 牌)
　　汽车盘式制动片、鼓式制动片,年产能力 300 万套;铝、锌合金压铸件,模具

★浙江科特汽配有限公司
地址:杭州市余杭区塘栖镇工业区
邮编:311106
电话:0571/86318752、86318566
传真:86318008
网址:www.zkt.cn
电子信箱:web@zkt.cn
质量体系:ISO/TS 16949、QS 9000
产品情况:(旋球牌)
无石棉重型制动蹄衬片、无石棉离合器面片、泥水油封、无石棉鼓式制动器衬片、鼓式制动蹄总成等,年产能力2000多万片(套)
出口情况:远销北美洲、南美洲、欧洲、日本

★浙江大学方圆化工有限公司
地址:杭州市西湖区西溪路413号
邮编:311113
电话:0571/88770021
传真:88770386、88770051
网址:www.zdfyhg.com.cn
电子信箱:fychem@zdfyhg.com.cn
质量体系:QS 9000、ISO 9001
产品情况:(求是牌、倍力驰牌、欧士丽牌)
润滑油、汽车制动液、发动机冷却液、润滑脂等

★杭州竞舟轴承有限公司
地址:杭州市良渚工业城
邮编:311113
电话:0571/88777665、88777186
传真:88776896
网址:www.jzbearing.com
电子信箱:hjh@jzbearing.com
质量体系:ISO 9001
产品情况:(竞舟(JZ)牌)
圆锥滚子轴承、圆柱滚子轴承

★杭州科耐汽车配件有限公司
地址:杭州市余杭区瓶窑镇西安寺村北福低田畈
邮编:311115
电话:0571/88537279
传真:88537988
电子信箱:glmc@alibaba.com.cn
质量体系:ISO 9001
产品情况:(冠灵牌)
汽车盘式、鼓式制动片,年产约1000t

★杭州埃克汽车配件有限公司
地址:杭州市余杭区中泰乡中泰路30号
邮编:311121
电话:0571/87763122、87702567
传真:87702885
网址:www.ekko.cn
电子信箱:zigger@autochn.com
单位人数:200
质量体系:ISO 9001、QS 9000
产品情况:衬套、发动机支座(架)、减振支座(架)、中间轴承、防尘套等橡胶配件,年产值3000万元,同时开发各类橡胶模具500余套/年
出口情况:远销中东、南美洲、东南亚、非洲、欧洲等地区

★杭州菲英汽车零部件有限公司
地址:杭州市西郊仓前工业区
邮编:311121
电话:0571/88611115、88612858
传真:88611017
网址:www.hz-feiying.com
电子信箱:zzh@hz-feiying.com
单位人数:500
质量体系:ISO/TS 16949
产品情况:(Toughpro牌)
汽车制动器衬片,年产能力约10000t
配套及出口情况:为一汽集团配套;出口欧美、日本、东南亚等国家和地区

★恒盛交通器材有限公司
地址:杭州市萧山区临浦镇张家坂江南村214号
邮编:311200
电话:0571/82487368、82487358
传真:82487368
网址:www.hs-brake.com
电子信箱:sales@hs-brake.com
质量体系:ISO 9001
产品情况:(恒盛牌)
汽车制动片,年产1000t
配套及出口情况:为上海申沃客车、武汉元丰、星马、苏州金龙等配套;远销坦桑尼亚、澳大利亚、东南亚等国家和地区

★杭州金泰胶带有限公司
地址:杭州市萧山区市心中路687号
邮编:311200
电话:0571/82652682、82652683
传真:82652625
网址:www.jintaibelt.com
电子信箱:sales@jintaibelt.com
质量体系:ISO/TS 16949、ISO 9001
产品情况:(KINGLAND牌、JINTAI牌、KLTB牌)
汽车风扇带、平面V带、多楔带、无级变速带、切割V带、平面联组带、齿形联组带、齿形变速带等,年产各类传动带1500万条
出口情况:出口欧洲、美洲、中东、东南亚、非洲等20多个国家和地区

★浙江萧山固陵汽配有限公司
地址:杭州市萧山区萧绍东路180号
邮编:311201
电话:0571/82787973、82786658
传真:82786941
网址:www.goaling.com
电子信箱:gl@goaling.com
质量体系:ISO/TS 16949、ISO 9001
产品情况:(固陵牌)
载货汽车、拖车轮胎螺栓、U形螺栓、高强度标准件及汽车液压制动软管总成和各类接头、机械精密零件
配套及出口情况:为东风汽车公司、一汽集团、金龙、上汽集团等配套;出口欧洲、美国、土耳其、东南亚、南美洲等国家和地区

★杭州赛美克轴承有限公司
地址:杭州市萧山新塘街道联华新村
邮编:311201
电话:0571/82790676
传真:82793562
网址:www.smkbearing.com
电子信箱:smk0676@eyou.com
单位人数:500
质量体系:ISO/TS 16949、ISO 9001
产品情况:(SMK牌)
圆锥滚子轴承、深沟球轴承、圆柱滚子轴承、轿车轮毂轴承、张紧轮轴承等
出口情况:出口美国、意大利、法国、英国、南美洲、捷克等20多个国家和地区

★钱潮轴承有限公司
地址:杭州市萧山区经济技术开发区
邮编:311202
电话:0571/82835461
传真:82834352
网址:www.wanxiang.com.cn
电子信箱:wx72@wanxiang.com
质量体系:ISO/TS 16949、QS 9000
产品情况:(QC牌)
轴承
配套及出口情况:为北奔重汽配套;出口美国、加拿大、意大利、德国、澳大利亚、日本、中东等国家和地区

★杭州佳庆轴承有限公司
地址:杭州市萧山区北干工业区
邮编:311202
电话:0571/82879969、82877767
传真:82877278
网址:www.jqbearings.com
电子信箱:info@jqbearings.com
质量体系:ISO 9001
产品情况:轴承

★杭州之江有机硅化工有限公司
地址:杭州市萧山区蜀山街道黄家河
邮编:311203
电话:0571/82392025、82368182
传真:82363371、82392772
网址:www.chinazhijiang.com
电子信箱:office@chinazhijiang.com
质量体系:ISO 9001
产品情况:(金鼠牌)
硅酮系列密封胶、环氧树脂建筑用结构胶、中空玻璃聚硫胶、锚固胶、聚氨酯系列密封胶
出口情况:远销北美洲、欧洲、东南亚、中东等地区

★杭州钱潮精密件有限公司
地址:杭州市萧山经济技术开发区万向路1号
邮编:311215
电话:0571/82832999

传真:82833313、82834401
网址:www. wxqc. com. cn
质量体系:ISO/TS 16949、QS 9000
产品情况:钢球、滚柱、滚针、滚子、冷拔轴承钢和圆钢、汽车空调电磁离合器
出口情况:出口美国、德国、日本等国家

★杭州新建机械有限公司
地址:杭州市萧山经济技术开发区宁围镇
邮编:311215
电话:0571/82871208、82871708
传真:82603882
网址:www. xjbearing. com
电子信箱:webmaster@ xjbearing. com
质量体系:ISO 9001
产品情况:(精尖牌)
汽车、工程机械、农机等用的圆柱滚子轴承、圆锥滚子轴承
出口情况:远销东南亚、欧美

★杭州万峰汽车轴承有限公司
地址:杭州市萧山经济技术开发区宁国镇宁国村
邮编:311215
电话:0571/82871778
传真:82871778
质量体系:QS 9000、ISO 9001
产品情况:(浙东牌)
汽车轴承、万向节,生产能力100万套以上

★杭州恒大轴承有限公司
地址:杭州市萧山区新街镇盛乐村
邮编:311217
电话:0571/82602698、82663185
传真:82602698、82663185
质量体系:ISO/TS 16949、ISO 9001
产品情况:(恒达牌)
主导产品有轿车、小型车等轮毂轴承、轮毂单元,还生产离合器分离轴承、皮带张紧轮轴承、中小型"0"类、"7"类汽车用轴承和部分非标特殊轴承、万向节十字轴等
出口情况:远销欧洲、美洲、东南亚、中东等地区

★萧山汽车标准件有限公司
地址:杭州市萧山区义蓬镇
邮编:311225
电话:0571/82139988、82139220
传真:82139468
网址:www. chinaautofittings. com
电子信箱:xssgy@ xs. hz. zj. cn
质量体系:ISO 9002
产品情况:各种规格高强度螺栓、螺母,汽车轮胎螺栓总成,汽车液压、气压制动软管总成
配套及出口情况:为国内外汽车制造厂家配套;远销美国、英国、中东、东南亚等国家和地区

★杭州佳耐汽车零部件有限公司
地址:杭州市萧山区南阳经济开发区阳城路28号
邮编:311227
电话:0571/82172088、82173878
传真:82173090
网址:www. hzjianai. com
电子信箱:hzjianai@ 163. com
质量体系:ISO 9001
产品情况:(佳耐牌)
各种规格汽车制动片
出口情况:出口美洲、欧洲、东南亚地区

★杭州雷迪克汽车部件制造有限公司
地址:杭州市萧山经济技术开发区桥南区春潮路89号
邮编:311231
电话:0571/22806188、22806161
传真:22806116
网址:www. radical. cn
电子信箱:info@ radical. cn
质量体系:ISO 9001
产品情况:(RADLCAL牌)
轿车轮毂轴承、轮毂单元、离合器分离轴承、张紧轮轴承、空调压缩机轴承、变速器传动轴承、内球笼三球销万向节等
出口情况:70%以上产品远销欧美等地区

★杭州萧山金盾粉末冶金有限公司
地址:杭州市萧山区瓜沥镇航坞路西侧
邮编:311241
电话:0571/82551813
传真:82553272
网址:www. jd - fmyj. com
电子信箱:jdfmyj@ sohu. com
质量体系:ISO 9001
产品情况:各种铁基粉末冶金齿轮,异形机械零件,年产能力1500t
出口情况:出口美国、日本、东南亚

★浙江龙头机械有限公司
地址:杭州市萧山区党山镇为民路44号
邮编:311245
电话:0571/82522682、82522681
传真:82521111
电子信箱:hzjnyg@ xs. hz. zj. cn
质量体系:ISO 9001
产品情况:(西子牌)
内燃机、汽车及工程机械的高低压油管
出口情况:出口美洲、欧洲、亚洲地区

★杭州大铭轴承有限公司
地址:杭州市萧山区宁伟镇新安村
邮编:311253
电话:0571/82690818、82864738
传真:82606626
网址:www. dmzc. com. cn
电子信箱:hzdmzc@ 126. com
质量体系:ISO/TS 16949、ISO 9001
产品情况:各型轴承、轮毂单元
出口情况:产品70%以上远销欧洲、北美洲等地区

★浙江国泰密封材料股份有限公司
地址:杭州市萧山区浦阳工业区
邮编:311255
电话:0571/82321588、82324711
传真:82321234、82325562
网址:www. zjcps. cn
电子信箱:info@ zjcps. cn
单位人数:600
质量体系:ISO 9001、ISO 14001
产品情况:(萧星牌)
各种密封材料
出口情况:高端产品远销53个国家和地区

★杭州肯莱特传动工业有限公司
地址:杭州市萧山区浦阳镇
邮编:311255
电话:0571/82322283、82324818
传真:82322568
网址:www. jintaibelt. com
电子信箱:sales@ jintaibelt. com
单位人数:180
质量体系:ISO/TS 16949
产品情况:(金伦牌)
摩托车无级变速带、汽车风扇带、超长切割V带、农机带、平面V带、同步带、多楔带等各类橡胶传动产品
出口情况:出口80多个国家和地区

★杭州九鼎制动材料有限公司
地址:杭州市萧山区浦阳工业区
邮编:311255
电话:0571/82401136、82402450
传真:82401354
网址:www. hz - jd. com
电子信箱:wjy@ hz - jd. com
质量体系:ISO/TS 16949、ISO 9001
产品情况:(九鼎牌)
汽车摩擦材料

★杭州星丰实业有限公司
地址:杭州市萧山区义桥镇工业园
邮编:311256
电话:0571/82407999
传真:82406057
网址:www. hzxfsy. com
电子信箱:nidichuan@ hotmail. com
质量体系:ISO 9001
产品情况:链条、轴承
出口情况:远销欧美等地区

★临安东方滑动轴承有限公司
地址:杭州市临安太阳镇太阳大街207号
邮编:311314
电话:0571/63831388、63831777
传真:63831111
网址:www. dfb - cn. com
电子信箱:dfb@ dfb - cn. com
单位人数:207
质量体系:ISO/TS 16949
产品情况:农机、汽车、制冷、工矿等四大类1000余个机型的滑动轴承和垫片、侧片
配套情况:为一汽集团、东风汽车公司、重汽集团、微型车等配套

★临安华龙摩擦材料有限公司
地址:杭州市临安龙岗镇龙岗大街130号
邮编:311322
电话:0571/63631188、63631277
传真:63631988
网址:www.hzhualong.com
电子信箱:xnhh@la.hz.zj.cn
单位人数:200
质量体系:ISO/TS 16949、ISO 9001
产品情况:汽车及摩托车用离合器从动盘、制动片
配套及出口情况:与国内主机厂配套;出口欧洲、美洲、日本、韩国、中东等国家和地区

★浙江安泰汽车部件有限公司
地址:杭州市富阳工业园高尔夫路287号
邮编:311401
电话:0571/63430298
传真:63430299
网址:www.antaibrake.com
电子信箱:sales@antaibrake.com
质量体系:ISO 9001
产品情况:汽车制动片
出口情况:远销美洲、亚洲、欧洲、中东、大洋洲等地区

★杭州优纳摩擦材料有限公司
地址:浙江省富阳市高桥镇洪庄村
邮编:311402
电话:0571/63422138、63422139
传真:63422891
网址:www.united-friction.com
电子信箱:hanyu.898@163.com
质量体系:ISO 9001
产品情况:乘用车和商用车盘式制动片、鼓式制动片,工程机械用摩擦片
出口情况:出口北美、南美、欧洲、非洲和亚洲

★杭州富春弹簧有限公司
地址:浙江省富阳市高桥镇
邮编:311402
电话:0571/63426402、63427777
传真:63427398
网址:www.xfspring.com
电子信箱:manager@xfspring.com
单位人数:260
质量体系:ISO/TS 16949
产品情况:(富春牌)
汽车悬架弹簧、制动阀弹簧、驻车制动储能弹簧、离合器减振弹簧及铁路、矿山、工程机械等用大型弹簧
配套及出口情况:为通用、大众、克莱斯勒、马自达等配套;出口美国、加拿大、德国、意大利等国家

★杭州通用弹簧有限公司
地址:杭州市富阳高桥镇杜墓村
邮编:311402
电话:0571/63426720、63426803
传真:63426677
网址:www.tyth.cn
电子信箱:hztyth@yahoo.com.cn
单位人数:65
质量体系:ISO 9001
产品情况:拉簧、压簧、扭簧、卡簧、调压簧等机械配套弹簧;各种千斤顶弹簧,搬运车、液压件弹簧,汽车悬架弹簧,摩托车减振器弹簧,自动卷门、车库门弹簧,冰箱、空调压缩机弹簧,电器、电力开关弹簧,年产值1500万元
出口情况:出口美国、澳大利亚、日本等国家

★杭州特种纸业有限公司
地址:杭州市富阳上里工业区
邮编:311407
电话:0571/63488222、63488158
传真:63488279、63488497
网址:www.special-paper.com
电子信箱:special@fy.hz.zj.cn
质量体系:ISO 9001、ISO 14001
产品情况:(新星牌)
定性滤纸、定量滤纸、汽车滤纸

★杭州冠雁汽车零部件实业有限公司
地址:杭州市桐庐凤川工业园区凤翔路18号
邮编:311508
电话:0571/69879998
传真:69870999
单位人数:450
质量体系:ISO/TS 16949
产品情况:(冠雁牌)
制动器衬片等摩擦材料
出口情况:远销欧美、中东及东南亚市场

★杭州桐庐宇鑫汽配有限公司
地址:杭州市桐庐县横村工业区
邮编:311512
电话:0571/64672389、64672558
传真:64672568
网址:www.zgzjyx.com
电子信箱:mccl@hzmc.cn.com
单位人数:70
质量体系:ISO/TS 16949、ISO 9001
产品情况:(宇鑫牌)
盘式制动片及摩擦材料,制动片年产能力300万套
配套及出口情况:为国内各摩托车主机厂配套;出口欧美、中东及东南亚市场

★诸暨市雄锟波纹管厂
地址:浙江省诸暨市店口镇航运路49号
邮编:311800
电话:0575/87062311、87653806
传真:87062887
网址:www.xiongkun.net
电子信箱:server@xiongkun.net
质量体系:ISO 9001
产品情况:(雄锟牌)
不锈钢波纹膨胀管、挠性软管、补偿器、柔性管、金属软管、非标金属结构件
配套情况:为多家汽车制造厂整车配套

★浙江金昌弹簧有限公司
地址:浙江省诸暨市望云西路8号
邮编:311800
电话:0575/87102555、87101168
传真:87103728
网址:www.zjspring.com
电子信箱:jinchang@zjspring.com
单位人数:250
质量体系:ISO/TS 16949、ISO 9001
产品情况:压缩螺旋弹簧、拉簧、扭簧、卡簧、鼓形弹簧、宝塔形弹簧、碟簧、钢板弹簧、平面蜗卷弹簧、摇窗机弹簧、膜片弹簧、波形弹簧、模具弹簧、方扁钢弹簧、钢板宝塔弹簧,各类轿车、微型汽车悬架减振弹簧,摩托车前后减振弹簧、载货汽车气室制动弹簧等

★上海春宇管业有限公司
地址:浙江省诸暨市店口工业区
邮编:311800
电话:0575/88108322
传真:87652622
质量体系:ISO 9002
产品情况:高低压树脂管、耐油管、PU气动管、金属波纹管、高温铁弗龙管、液压油密液压管总成、输油管、回油管、刹动管、气管、水管

★诸暨市贝特气动弹簧厂
地址:浙江省诸暨市大唐镇八七工业区
邮编:311801
电话:0575/87742727
传真:87741397
网址:www.btspring.com
电子信箱:betonspring@163.com
质量体系:ISO 9001
产品情况:(贝特牌、气动牌)
各种压缩螺旋弹簧、拉簧、扭簧、卡簧、鼓形弹簧、宝塔形弹簧、碟簧、平面蜗卷弹簧、摇窗机弹簧、膜片弹簧、波形弹簧、模具弹簧、方扁钢弹簧等
出口情况:出口东南亚、欧洲等地区

★诸暨市康宇弹簧有限公司
地址:浙江省诸暨市大唐镇金山
邮编:311801
电话:0575/87747618
传真:87747718
网址:www.cnkangyu.com
电子信箱:sym@cnkangyu.com
单位人数:76
质量体系:ISO/TS 16949、ISO 9001
产品情况:(康宇牌)
轿车悬架(减振器)弹簧、矩形截面模具弹簧、各种压簧、卡簧、碟簧、发条弹簧等
出口情况:远销马来西亚、美国、法国、保加利亚、柬埔寨、日本、俄罗斯等国家

★浙江伊思灵双第弹簧有限公司
地址:浙江省诸暨市草塔镇天元东路20号
邮编:311812
电话:0575/87071688、87079986
传真:87073068
网址:www.sealspring.com

电子信箱:huadi. lou@ isri – shuangdi. com
质量体系:ISO/TS 16949、ISO 14001
产品情况:各类汽车弹簧、机械密封弹簧、发动机气门弹簧以及矩形截面模具弹簧、其他各类螺旋弹簧、异形弹簧、板簧、碟形弹簧及弹性冲压件等
配套及出口情况:为国内多家汽车零部件公司配套;远销欧洲、美洲、日本等国家和地区

★ 浙江英科弹簧有限公司

地址:浙江省诸暨市王家井镇羊湖村
邮编:311813
电话:0575/87755399
传真:87756399
网址:www. inconelspring. cn
电子信箱:dt@ inconelspring. cn
法人代表:马水萍
负责人:楼生江
单位人数:150
质量体系:ISO/TS 16949
产品情况:(英科)
　　专业生产各种弹簧:inconel 弹簧、inconel x750 弹簧、inconel 718 弹簧、波形弹簧、蛇形弹簧、汽车悬架弹簧等
配套及出口情况:为国内路德坦摩汽车悬架、中兴减振器、江西巨晁实业等多家汽车零部件公司配套;远销欧洲、美洲、日本等国家和地区
☞ 详细情况请参阅彩色宣传版面

★诸暨市超安机械配件有限公司
地址:浙江省诸暨市店口湄池科丹路7号
邮编:311814
电话:0575/87061898、87061908
传真:87062423
网址:www. cn – chaoan. com
电子信箱:market@ cn – chaoan. com
质量体系:ISO/TS 16949、ISO 9001
产品情况:(超安牌)
　　各类柴油机喷油器铜套、亚太管及螺旋管
配套及出口情况:为国内几十家柴油机生产厂家定点配套;远销东南亚及欧美市场

★浙江佳华机械实业有限公司
地址:浙江省诸暨市店口工业区江东路110号
邮编:311814
电话:0575/87062158、87065588
传真:87065588
网址:www. chinabushing. com
电子信箱:jh@ chinabushing. com
单位人数:200
质量体系:ISO 9001
产品情况:(佳华牌)
　　铜铝合金、DU、DX 三层复合润滑轴承、双金属连杆衬套,年产 1500 万件
配套及出口情况:为一汽、东风底盘厂、锡柴、大柴、玉柴、朝柴等配套;出口美国、德国、日本、韩国、中东、南美洲、非洲、东南亚等 30 多个国家和地区

★浙江长宏机械制造有限公司
地址:浙江省诸暨市店口镇黄家埠
邮编:311814
电话:0575/87611617、87611828
传真:87613982
网址:www. yuejian. com
电子信箱:yuejian123@ mail. sxptt. zj. cn
质量体系:ISO 9001
产品情况:(越剑牌)
　　滑动轴承、双金属轴套

★诸暨市五丰管业有限公司
地址:浙江省诸暨市店口工业区
邮编:311814
电话:0575/87653104、88108104
传真:87651726、87065804
网址:www. ririsheng. com
电子信箱:sj@ ririsheng. com
质量体系:ISO 9001
产品情况:(日日升牌)
　　汽车动力转向高低压管、液压制动软管、制动钢管、真空助力管冲压件等
出口情况:出口中东、欧洲、美洲、非洲、亚洲、大洋洲等地区

★浙江省日国油管厂
地址:浙江省诸暨市店口工业区
邮编:311814
电话:0575/88108880
传真:88107775
质量体系:ISO 9001
产品情况:(RIGUO 牌)
　　铁氟龙系列油管和气管

★诸暨市金德利摩擦材料有限公司
地址:浙江省诸暨市次坞工业区
邮编:311815
电话:0575/87852269、87851168
传真:87852128
网址:www. zjjinfan. com
电子信箱:zjjinfan@ 163. com
单位人数:160
质量体系:ISO 9001
产品情况:(金帆牌)
　　各种类型汽车离合器从动盘、制动片,年产各类摩擦片 2000 万片

★恒翔控股集团有限公司
地址:浙江省诸暨市次坞镇恒祥路3号
邮编:311815
电话:0575/87857967、87857960
传真:87857870
网址:www. chinahenja. com
电子信箱:sales@ chinahenja. com
单位人数:500
质量体系:ISO 9001、ISO 14001
产品情况:轴承座

★诸暨铭狮油管厂
地址:浙江省诸暨市店口工业区
邮编:311834
电话:0575/87656962
传真:88108330
质量体系:ISO 9001
产品情况:尼龙管、树脂管、气制动软管、聚四氟软管、液压油管、波纹管等车用管件

★浙江省诸暨市康安机械有限公司
地址:浙江省诸暨市店口工业区解放路398号
邮编:311835
电话:0575/87060609、87655262
传真:87630996、87657010
网址:www. chinakangan. com
电子信箱:kangan@ chinakangan. com
质量体系:ISO 9001
产品情况:(康安牌)
　　汽车复合、双金属衬套、半轴套管

★诸暨市金鲁橡塑制品有限公司
地址:浙江省诸暨市直埠工业区
邮编:311835
电话:0575/87626817
传真:87626396
网址:www. jinluxiangsu. cn
电子信箱:jiangjinqi21@ 163. com
质量体系:ISO 9001
产品情况:橡胶密封件、汽车橡胶配件、快插接头

★浙江诸暨市永贵波纹管厂
地址:浙江省诸暨市华东汽配水暖城9栋207
邮编:311835
电话:0575/87650011
传真:87625207、88108222
电子信箱:yonggui321@ yahoo. cn
质量体系:ISO 9001
产品情况:(永贵牌)
　　不锈钢波纹膨胀管、挠性软管、补偿器、柔性管、金属软管、聚四氟乙烯 PTFE 外层不锈钢金属网编织等

★浙江诸暨市良子机械管件厂
地址:浙江省诸暨市店口镇环镇东路78号
邮编:311835
电话:0575/87651532、87893828
传真:87651444
电子信箱:zhujilz@ 163. com
质量体系:ISO/TS 16949、ISO 9001
产品情况:汽车液压制动软管总成、气压软管总成、动力转向油管总成、液压高压油管总成、金属高压油管总成、输油管等
出口情况:出口东南亚、欧洲等地区

★浙江玉环南方机械制造厂
地址:浙江省诸暨市华东水暖城
邮编:311835
电话:0575/87651590、87650688
传真:87625589
质量体系:ISO 9001
产品情况:(南叶牌)
　　螺栓、螺套、传动轴过桥支架总成、过桥支架胶垫、转向节主销、转向节承

套、横拉杆接头
配套及出口情况:为一汽集团、东风汽车公司配套;出口韩国、东南亚等国家和地区

★浙江峰威机械有限公司
地址:浙江省诸暨市店口镇金一路118号
邮编:311835
电话:0575/87651792
传真:87662759
单位人数:218
质量体系:ISO 9001
产品情况:(峰威牌)
尼龙管、螺旋管、液压制动软管及汽车底盘接头等
出口情况:远销东南亚、美国、中东等国家和地区

★浙江科达利管业有限公司
地址:浙江省诸暨市店口镇工业区中央路8号
邮编:311835
电话:0575/87652213、87651588
传真:87655444
电子信箱:kedali@ china. com
单位人数:300
质量体系:ISO/TS 16949、ISO 9001
产品情况:(科达利牌)
各类汽车软管
配套及出口情况:为一汽-大众、东风汽车公司、现代汽车、奇瑞汽车、南京依维柯、江淮汽车、中通客车、福田汽车、华晨金杯等配套;远销欧洲、中东、东南亚等地区

★浙江金大康汽车配件有限公司
地址:浙江省诸暨市店口工业区中央大道118号
邮编:311835
电话:0575/87652928、87650735
传真:87652368
网址:www. zjjdk. com
电子信箱:zjjindakang@ 126. com
质量体系:ISO 9001
产品情况:汽车软管
出口情况:远销欧洲、中东、东南亚等地区

★浙江诸暨市明宇管业有限公司
地址:浙江省诸暨市店口镇祝家路桥东01号
邮编:311835
电话:0575/87655257
传真:87625899
电子信箱:fengjia16899@ 126. com
质量体系:ISO 9001
产品情况:(明华宇牌)
汽车、船舶排气系统波纹管、膨胀节及各种工业用金属波纹管、波纹补偿器、聚四氟乙烯 PTFE 外层不锈钢金属网编织产品

★浙江荣英汽车零部件有限公司
地址:浙江省诸暨市店口镇朱家站
邮编:311835
电话:0575/87655947、87668656
传真:87668222
质量体系:ISO 9001
产品情况:(荣英牌)
各种型号汽车弹簧气室冲压件、助力缸备件、干燥器备件等

★浙江诸暨市雄华管业有限公司
地址:浙江省诸暨市店口工业区
邮编:311835
电话:0575/87657889、87616915
传真:87165738
网址:www. zj - xionghua. com
电子信箱:fjb@ zjhxxh. com
单位人数:80
质量体系:ISO 9001
产品情况:(XH 牌)
不锈钢波纹膨胀管、挠性软管、补偿器、柔性管、金属软管、聚四氟乙烯 PTFE 外层

★万安汽车工程塑料有限公司
地址:浙江省诸暨市店口镇万安科技园区
邮编:311835
电话:0575/87658897、87165538
传真:87659015
网址:www. chinawanan. com
电子信箱:aep@ vie. com. cn
质量体系:ISO/TS 16949、VDA 6. 1
产品情况:气制动、电线电缆专用管,气制动螺旋管及7芯电缆总成,尼龙气制动管路总成,真空助力器真空管总成等
配套情况:为一汽集团、东风汽车公司、江淮汽车、南京汽车集团、上海通用、奇瑞汽车等配套

★诸暨市亚力大机械有限公司
地址:浙江省诸暨市直埠工业区
邮编:311835
电话:0575/87659918、87612888
传真:87626998、87659918
电子信箱:jwq1335755@ 126. com
单位人数:200
质量体系:ISO 9001
产品情况:尼龙管、微型车拉索、气动元件、橡胶件等

★绍兴县安宙机械有限公司
地址:浙江省绍兴县杨汛桥镇麒麟村
邮编:312028
电话:0575/84509728、84506558
传真:84501728、84573826
网址:www. sxazjx. com
电子信箱:anzhou@ sxazjx. com
质量体系:ISO 9002
产品情况:汽车制动片、轮毂轴承、轮毂单元、特种轴承
出口情况:远销欧美及东南亚市场

★绍兴县柯桥开源轴承厂
地址:浙江省绍兴市柯桥柯西工业区亭东
邮编:312030
电话:0575/84882529
传真:84882529
电子信箱:sgs66@ 163. com
质量体系:ISO 9001
产品情况:汽车空调电磁离合器轴承、离合器分离轴承、张紧轮轴承、各类非标轴承等

★浙江三力士橡胶股份有限公司
地址:浙江省绍兴县柯岩街道
邮编:312031
电话:0575/84365688、84361766
传真:84363282、84365246
网址:www. v - belt. com
电子信箱:huangslx@ 163. com
产品情况:(三力士牌)
各类橡胶 V 带
出口情况:远销美国、加拿大、德国、英国、意大利、韩国、俄罗斯等 60 多个国家

★浙江华通控股集团有限公司
地址:浙江省上虞市经济开发区人民西路439号
邮编:312300
电话:0575/82218511、82131911
传真:82129700
网址:www. huatonggroup. com
电子信箱:huatong@ huatonggroup. com
单位人数:450
质量体系:ISO/TS 16949、VDA 6. 1
产品情况:各种塑料件、金属冲压件、有色金属铸件等
配套及出口情况:为上海大众、上海通用、一汽集团、东风汽车公司、广汽本田定点配套;出口美国、加拿大、法国、德国、东南亚

★上虞市万里汽车轴承有限公司
地址:浙江省上虞市东关竺可桢科技园区
邮编:312300
电话:0575/82570288、82570266
传真:82570277
网址:www. wlbrg. com
电子信箱:wanli@ wlbrg. com
质量体系:ISO/TS 16949、ISO 9001
产品情况:(WAB 牌)
汽车发动机水泵轴连轴承、离合器分离轴承、前轮毂轴承、双列角接触球轴承、发动机张紧轮轴承及其他各种非标准汽车轴承
出口情况:远销美国、西欧、中东等国家和地区

★浙江上虞市立通轴承有限公司
地址:浙江省上虞市上浦工业区
邮编:312357
电话:0575/82361778
传真:82365778
质量体系:ISO 9001
产品情况:深沟球轴承、各类非标轴承,年产能力 500 万套

★浙江安格鲁传动系统有限公司
地址:浙江省上虞市沥海工业园
邮编:312366
电话:0575/82691900

传真:82691901
网址:www.acron.com.cn
电子信箱:acron@acron.com.cn
质量体系:ISO/TS 16949、ISO 9001
产品情况:橡胶传动带
出口情况:出口欧洲、美洲、中东、俄罗斯、东南亚等国家和地区

★浙江省上虞市油封制造有限公司
地址:浙江省上虞市小越镇下街路118号
邮编:312367
电话:0575/82031351
传真:82031998
网址:www.china-pqk.com
电子信箱:pqk@china-pqk.com
质量体系:ISO/TS 16949、ISO 9001
产品情况:橡胶密封件
配套及出口情况:为上海大众、奇瑞、一汽集团、江西五十铃等国内20多家主机厂定点配套;远销美国、俄罗斯、德国、荷兰、巴西、澳大利亚、东南亚、中东等国家和地区

★上虞市宝来同步带有限公司
地址:浙江省上虞市小越镇田家村工业园区阳明置业5、6楼
邮编:312367
电话:0575/82717725、82716686
传真:82716685、82716684
网址:www.bltimingbelt.com
电子信箱:389805387@qq.com
质量体系:ISO/TS 16949、ISO 9001
产品情况:(FORKOM-BAOLA牌)
橡胶汽车同步带、切割式V带、多楔带
出口情况:出口东欧、西欧、南美洲、北美洲

★浙江新昌新轴实业有限公司
地址:浙江省新昌县城关镇南门外100号
邮编:312500
电话:0575/86023340、86011818
传真:86049523
网址:www.xzsybearing.com
电子信箱:zjxzsy@hotmail.com
单位人数:800
质量体系:ISO/TS 16949、ISO 9002
产品情况:(XZSY牌)
水泵轴连轴承、圆锥(圆柱)滚子轴承、推力球(滚子)轴承、外球面轴承、汽车轮毂轴承、汽车离合器轴承以及英制与非标准轴承
出口情况:部分产品出口

★浙江美力科技股份有限公司
地址:浙江省新昌县新昌大道西路1365号
邮编:312500
电话:0575/86060868、86064535
传真:86060678
网址:www.china-springs.com
电子信箱:sales@china-springs.com
单位人数:250
质量体系:ISO/TS 16949、ISO 9001
产品情况:(美力牌)
各种弹簧、夹箍、挡圈等
出口情况:年出口弹簧150万美元

★浙江新昌亚王汽车轴承有限公司
地址:浙江省新昌县大市聚轴承工业专业区(西山)
邮编:312500
电话:0575/86091298、86091299
传真:86091297
网址:www.car-bearing.com
电子信箱:xcyw@mail.sxptt.zj.cn
质量体系:QS 9000
产品情况:圆锥滚子轴承、圆柱滚子轴承、汽车离合器分离轴承、汽车转向器轴承、汽车轮毂轴承及轮毂单元、中心支架轴承、汽车水泵轴承、推力滚子轴承、非磨轴承、冲压轴承等,年产各类汽车轴承300万套
出口情况:远销美国、欧洲、非洲、东南亚、中东等国家和地区

★新昌县开源汽车轴承有限公司
地址:浙江省新昌县省级高新技术园区
邮编:312500
电话:0575/86297835
传真:86297855
网址:www.zdbearings.com
电子信箱:xzd@zdbearings.com
法人代表(负责人):俞伟明
单位人数:310
质量体系:ISO/TS 16949
产品情况:(XZD牌)
汽车轮毂轴承,年产量400万套;汽车轮毂单元,年产量120万套;载货汽车轴承及修理包系列
出口情况:出口欧洲、美洲、中东及南非、东南亚地区

★浙江省新昌县安鹏轴承有限公司
地址:浙江省新昌县巧英梅树畈
邮编:312591
电话:0575/86321188、86321288
传真:86320088
网址:www.apbearing.com
电子信箱:laj@apbearing.cn
质量体系:ISO 9001
产品情况:"6"类深沟球轴承、摩托车转向轴承、汽车轮毂轴承、外球面轴承,年产轴承800万套
出口情况:出口欧洲、东南亚等地区

★浙江固耐橡塑科技有限公司
地址:浙江省湖州市开发区敢山南路
邮编:313000
电话:0577/86555657、86531791
传真:86553747
网址:www.aotenic.com
电子信箱:wenzhouaote@21cn.com
质量体系:ISO/TS 16949、VDA 6.1
产品情况:橡胶密封件

★浙江德瑞摩擦材料有限公司
地址:浙江省湖州市织里太湖乡幻溇镇
邮编:313008
电话:0572/3220088
传真:3222222
网址:www.dualray.com
电子信箱:info@dualray.com
单位人数:100
质量体系:ISO 9001
产品情况:离合器摩擦片
出口情况:远销欧美、东南亚、中东等市场

★湖州南浔通惠金洁链条制造公司
地址:浙江省湖州市南浔炬红工业园区
邮编:313009
电话:0572/3016977、3912051
传真:3911768
网址:www.jjchain.com
电子信箱:shen-minyan@163.net
单位人数:250
质量体系:ISO 9001
产品情况:(金洁牌)
传动用齿形链、套筒链、滚子链
配套及出口情况:为南京金城机械、金城铃木、光阳系列、南方摩托、北方易初、江门迪豪、联合、天马、重庆建设、北方企业集团、林海机械、泰州雅马哈、浙江星月等国内60多家企业配套;产品远销美国、西欧、日本等国家和地区

★杭州布瑞克汽配有限公司
地址:浙江省湖州市德清县雷甸镇塘北工业园
邮编:313200
电话:0572/8388192
传真:8388191
网址:www.hbp-china.com
电子信箱:web@hbp-china.com
质量体系:ISO 9001
产品情况:重型车制动蹄及总成
配套及出口情况:为济南塞夫·爱科车桥、烟台·塞夫爱科车桥、广东永力泰车轴、佛山富合汽车、何氏协力机械、广州华劲机械、青岛约克运输设备等配套;80%的产品远销国外

★浙江昌达汽车零部件制造有限公司
地址:浙江省湖州市德清经济开发区长虹东街309号
邮编:313200
电话:0572/8427698、8427199
传真:8433916
网址:www.zjchangda.com.cn
电子信箱:zjcd.2006@163.com
质量体系:ISO/TS 16949、ISO 9001
产品情况:(昌达牌、顺意牌)
制动器衬片、重型车制动蹄总成
配套及出口情况:为10多家主机厂和车桥厂配套;远销20多个国家和地区

★浙江禾欣实业集团股份有限公司
地址:浙江省嘉兴市东方路禾欣工业园区
邮编:314000
电话:0573/82228682、82228502
传真:82227388
电子信箱:hexin@hexin-puleather.com

质量体系:ISO/TS 16949、ISO 9001
产品情况:(禾欣牌)
PU 合成革、超细纤维合成革、合成革布、浆料、色料

★浙江中达轴承有限公司
地址:浙江省嘉兴市经济开发区正原路789号
邮编:314003
电话:0573/82221111
传真:82223333
网址:www. cob – bearing. com
电子信箱:cob@ cob – bearing. com
单位人数:950
质量体系:ISO/TS 16949、QS 9000
产品情况:(COB 牌)
年产自润滑轴套及轴瓦 9000 万套、自润滑材料 2000t
配套及出口情况:为上汽、一汽、柳汽、徐工集团、玉柴机械、震雄集团、中海油集团等配套;远销德国、法国、意大利、英国、瑞典、荷兰、美国、韩国等 30 个国家

★浙江清河高力绝缘有限公司
地址:浙江省嘉兴市秀洲工业区福特路西侧
邮编:314031
电话:0573/82792001
传真:82791711
网址:www. qinghe – material. com
电子信箱:qinghejy@ vip. 163. com
单位人数:118
质量体系:ISO 9001、ISO 14001
产品情况:(祺阳牌)
B 级、F 级、H 级绝缘漆、无溶剂绝缘树脂(胶)
配套情况:主要客户有苏州金莱克、百得苏州公司、正泰集团等,并且成为杜邦绝缘系统指定供应商

★嘉善飞宇滑动轴承有限公司
地址:浙江省嘉善县魏塘镇工业园区长盛路9号
邮编:314100
电话:0573/84032202、84188222
传真:84035316、84033000
网址:www. cfbearing. com
电子信箱:cfb@ cfbearing. com
质量体系:ISO/TS 16949
产品情况:轴承
出口情况:远销西欧、美洲、东南亚 20 多个国家和地区

★嘉善明琴无油轴承有限公司
地址:浙江省嘉善县银秀路 53 号
邮编:314100
电话:0573/84061357
传真:84226337
网址:www. mqbearing. com
电子信箱:pan@ mqbearing. com
质量体系:ISO 9001
产品情况:各类轴套

★嘉善禾田滑动轴承有限公司
地址:浙江省嘉善县南暑工业区
邮编:314100
电话:0573/84161555、84163005
传真:84163007
网址:www. htb – bearing. com
电子信箱:htb@ htb – bearing. com
质量体系:ISO 9001
产品情况:HTB – 1 自润滑轴承、HTB – 2 边界润滑轴承、HTB – 800 双金属轴承、HTB – 3 固体镶嵌轴承等
出口情况:出口西欧、北美洲、南美洲、东南亚等二十几个国家和地区

★嘉善华通复合轴承有限公司
地址:浙江省嘉善县经济开发区金嘉大道9号
邮编:314100
电话:0573/84183567、84183464
传真:84183575
网址:www. sfbearing. cn
电子信箱:info@ sfbearing. cn
质量体系:ISO 9001
产品情况:复合轴承和滑动轴承
出口情况:远销欧美、韩国、东南亚、南非等国家和地区

★浙江长盛滑动轴承有限公司
地址:浙江省嘉善县魏塘工业园区长盛路 138 号
邮编:314100
电话:0573/84184850
传真:84183450
网址:www. csb. com. cn
电子信箱:fgp@ csb. com. cn
单位人数:650
质量体系:ISO/TS 16949、ISO 9001
产品情况:(CSB 牌、长盛牌)
自润滑轴承、无油轴承、滑动轴承、双金属轴承、树脂轴承
配套及出口情况:为一汽 – 大众、上海大众、上海通用等配套;出口日本、德国、意大利、法国、韩国、美国等国家

★浙江省嘉善正通自润滑复合轴承厂
地址:浙江省嘉善县经济开发区惠民园区惠诚路 77 号
邮编:314100
电话:0573/84224631、84223597
传真:84225352
网址:www. zt – bearing. com. cn
电子信箱:sales@ zt – bearing. com
质量体系:ISO/TS 16949、ISO 9001
产品情况:(ZTOM 牌)
SF – 1 自润滑轴承(DU)、SF – 2 边界润滑轴承(DX)、SF – S 双金属轴承、JDB 固体镶嵌式润滑轴承等
出口情况:远销美国、德国、日本、意大利、韩国、东南亚等国家和地区

★嘉善鼎义互动轴承有限公司
地址:浙江省嘉善县经济开发区丽正路16 号
邮编:314100
电话:0573/84632328、84632326
传真:84632329
网址:www. hyb – bearing. com
电子信箱:hyb@ js. zj. cn
质量体系:ISO 9001
产品情况:无油润滑轴承、边界润滑轴承、双金属轴承、青铜卷制轴承、锌基耐磨合金轴承等

★嘉善恒动轴承有限公司
地址:浙江省嘉善县西塘镇翠南村晚圩
邮编:314102
电话:0573/84563255、84563266
传真:84563277
网址:www. hd – b. com
电子信箱:gyq@ js. zj. cn
质量体系:ISO 9000
产品情况:冲压外圈滚针轴承、平面推力滚针轴承、冲压外圈滚针离合器

★嘉善星宇高仕轴承有限公司
地址:浙江省嘉善县西塘工业功能区锌淳路 8 号
邮编:314102
电话:0573/84563333、84563506
传真:84563511
网址:www. xybearing. com
电子信箱:csl@ xybearing. com
单位人数:200
质量体系:ISO 9001
产品情况:滚针轴承、离合器轴承

★嘉善盛通轴承有限责任公司
地址:浙江省嘉善县开发区干窑分区
邮编:314107
电话:0573/84611101、84611128
传真:84611157
网址:www. stbearing. com
电子信箱:stinfo@ stbearing. com
单位人数:80
质量体系:ISO 9001
产品情况:SF – 1、SF – 2 无油润滑材料轴承、JDB 轴承、双金属轴承等

★嘉善洪达复合轴承有限公司
地址:浙江省嘉善县洪溪镇工业园区
邮编:314108
电话:0573/84617203、84953788
传真:84617201、84951080
网址:www. hd – bearing. com
电子信箱:hd – bearing@ js. zj. cn
质量体系:ISO 9001
产品情况:无油润滑轴承、边界润滑轴承、滑块、青铜卷制轴承等

★浙江双飞无油轴承有限公司
地址:浙江省嘉善县宏伟北路 18 号
邮编:314115
电话:0573/84518018、84519567
传真:84518216
网址:www. sf – bearing. com
电子信箱:sales@ sf – bearing. com
质量体系:ISO/TS 16949、QS 9000
产品情况:(ZOB 牌)

SF 系列无油润滑轴承、JF 双金属轴承、FB 青铜轴承、JDB 镶嵌固体润滑轴承等
出口情况：产品 50% 以上出口德国、意大利、日本、新加坡、美国、加拿大等 20 多个国家，并销往中国台湾地区

★宜兰汽车配件制造(平湖)公司
地址：浙江省平湖市兴平一路 1199 号
邮编：314200
电话：0573/85078999、85078936
传真：85078900
网址：www. yi - lincar. com
电子信箱：yilan@ E - lancar. com
单位人数：130
质量体系：ISO/TS 16949、ISO 9001
产品情况：（宜兰牌）
各类不锈钢、铝制品冲压件、汽车金属及塑料装饰件，如 LED 发光门槛踏板、不锈钢门槛踏板、加速踏板、轮眉、尾厢饰条、牌照框及铝制标牌等
配套情况：为上海通用、长安福特马自达、东风日产乘用车、一汽海马、东南汽车、奇瑞汽车、神龙汽车、江铃陆风等配套

★福莱斯乐摩擦材料(平湖)公司
地址：浙江省平湖市经济开发区兴平一路西侧宏建路北侧
邮编：314200
电话：0573/85290700
传真：85290720
网址：www. fras - le. com
质量体系：ISO/TS 16949
产品情况：鼓式、盘式制动摩擦片

★平湖市新庙橡塑有限公司
地址：浙江省平湖市新仓镇
邮编：314206
电话：0573/85744555、85745958
传真：85744016
网址：www. phxs. com
电子信箱：phxs@ phxs. com
质量体系：ISO 9001
产品情况：各种类型的橡塑轮，汽车轮胎压力测试表
出口情况：出口日本、欧美等国家和地区

★桑德兰紧固件(浙江)有限公司
地址：浙江省嘉兴市海盐县武原镇桑德兰大道 1 号
邮编：314300
电话：0573/86161337
传真：86160655
网址：www. sundram. com
电子信箱：rpk@ sundram. net. cn
质量体系：ISO/TS 16949、ISO 14001
产品情况：高强度标准与非标准螺栓、螺钉和数控加工产品

★嘉兴新悦标准件有限公司
地址：浙江省海盐市城西北路 188 号
邮编：314300
电话：0573/86966999、86116921
传真：86967000
网址：www. zj - xinyue. com
电子信箱：xinyue@ zjxinyue. com
质量体系：ISO 9001
产品情况：紧固件、标准件
出口情况：出口美洲、亚洲、欧洲、日本、大洋洲等国家和地区

★海盐振达汽配制造厂
地址：浙江省海盐县核电产业园区
邮编：314303
电话：0573/86400870、86400877
网址：www. zdqipei. com. cn
电子信箱：qinyan@ zdqipei. com. cn
质量体系：ISO/TS 16949、ISO 9001
产品情况：（秦燕牌）
制动片，汽车橡胶件、高强度螺栓、减振件、风扇带、油封等
配套及出口情况：为重汽集团、陕汽集团、北汽福田、厦门金龙、潍柴、杭发、亚星商务车、上柴、郑州宇通、陕西汉德车桥、北奔重汽、辽宁五一八内燃机等配套；出口美国、瑞典、阿联酋、叙利亚等国家

★海盐欧亚特汽配有限公司
地址：浙江省海盐县核电产业园区
邮编：314303
电话：0573/86409762
传真：86400400
网址：qinyanauto. com
电子信箱：qinyan@ zdqipei. com. cn
质量体系：ISO/TS 16949、ISO 9001
产品情况：（斯宝牌）
制动片

★海盐猛凌汽车配件有限公司
地址：浙江省嘉兴市海盐县沈荡镇南
邮编：314311
电话：0573/86722201、86724088
传真：86720214
网址：www. mlqp. cn
电子信箱：mlqp@ mlqp. cn
单位人数：216
质量体系：ISO/TS 16949
产品情况：液压管件、汽车空调管件、汽车起动机磁力开关外壳、静铁芯、动铁芯、带轮及异形冷挤压件
配套及出口情况：为日立海立、卢卡斯 - TVS、本特勒汇众、苏州友汇、中汽长电、长沙日立、上海大洋、上海德尔福、长春大洋等配套；出口欧洲、美洲等地区

★宏达高科控股股份有限公司
地址：浙江省海宁市海州路 218 号
邮编：314400
电话：0573/87550857、87078857
传真：87566616
网址：www. zjhongda. com. cn
电子信箱：hongda@ mail. jxptt. zj. cn
质量体系：ISO/TS 16949、ISO 9001
产品情况：汽车内饰面料
配套及出口情况：为上海大众、上海通用、一汽 - 大众、东风日产、一汽海马、奇瑞汽车等国内企业多款车型配套，并批量配套多款世界品牌；出口美国、德国等国家

★浙江万方新材料股份有限公司
地址：浙江省海宁市经编产业园恩仕大道 2 号
邮编：314419
电话：0573/87987777、87987781
传真：87987788、87987796
网址：zhejiangwanfang. com
质量体系：ISO/TS 16949、ISO 9001
产品情况：汽车内饰布，适用于汽车内饰、顶篷
出口情况：70% 产品出口欧洲、美洲、日本、韩国、东南亚等国家和地区

★浙江杭万汽车零部件实业有限公司
地址：浙江省海宁市对外综合开发区
邮编：314423
电话：0573/87966617
传真：87966576
网址：www. zjhangwan. com
电子信箱：cgq@ zjhangwan. com
单位人数：800
质量体系：ISO/TS 16949、QS 9000
产品情况：（杭萬牌）
汽车用制动器衬片、制动蹄总成、万向节十字轴总成、轴承、齿轮、离合器从动盘总成、离合器压板总成等

★天合(宁波)紧固装置有限公司
地址：浙江省宁波市科技园区福明路 219 号
邮编：315000
电话：0574/87901966
传真：87901978
网址：www. corpnet. trw. com
电子信箱：amy. mi@ trw. com
质量体系：ISO/TS 16949
产品情况：汽车紧固装置

★宁波爱柯迪汽车零部件有限公司
地址：浙江省宁波市江北投资工业园 C 区金山路 588 号
邮编：315020
电话：0574/87562111
传真：88447259
网址：www. ikd - china. com
电子信箱：sales@ ikd - china. com
单位人数：1200
质量体系：ISO/TS 16949、VDA 6. 1
产品情况：专业生产铝合金压铸件和锌合金压铸件及模具，年产铝合金压铸件能力 8000t、锌合金压铸件 1250t、压铸模具 300 套

★宁波四环汽配实业有限公司
地址：浙江省宁波市慈城镇民族路 21 号
邮编：315031
电话：0574/87592675、87592635
传真：87591355
网址：www. nbshqp. com

电子信箱:sihuan@ nbshqp. com
单位人数:90
质量体系:ISO 9001
产品情况:(FOR 牌)
管接件卡箍、环箍
配套及出口情况:为一汽集团、一汽-大众、南京汽车集团、北奔重汽、上海纳铁福传动轴等配套;出口欧美等地区

★宁波江东伟业汽车附件有限公司
地址:浙江省宁波市邱隘镇浦跟村工业区
邮编:315040
电话:0574/87925418、88363874
传真:87931490
网址:www. fstpump. com
电子信箱:fstpump@ cnool. net
质量体系:VDA 6.1、QS 9000
产品情况:汽车附件
配套及出口情况:为 OEM 制造商配套;出口欧洲、中东、东南亚等地区

★宁波天伟汽车部件有限公司
地址:浙江省宁波市邱隘回龙工业区
邮编:315101
电话:0574/88371988、88370666
传真:88327655
网址:www. cntwauto. com
电子信箱:cntw@ cntwauto. com
单位人数:120
质量体系:ISO 9001
产品情况:(CNTW 牌)
制动片
出口情况:汽车制动片年出口量 1500 万只

◉ 宁波圣龙集团有限公司
地址:浙江省宁波市鄞州区投资创业中心金达路 788 号
邮编:315104
电话:0574/88381888
传真:88381666
网址:www. sheng-long. com
电子信箱:sl@ sheng-long. cn
董事长:罗玉龙
单位人数:1000
质量体系:QS 9000
产品情况:压铸件、凸轮轴、机油泵、工具等
配套情况:为一汽集团、一汽-大众、上海大众、上海通用、法雷奥、江铃汽车、北汽福田、重庆康明斯、东安动力、北内、大柴、杭发、韩国起亚、大宇、美国伟世通、日本水星、盖茨、TRW 等配套

★宁波午阳联合轴承有限公司
地址:浙江省宁波市鄞州区钱湖北路 958 号奥丽赛大厦 19 楼
邮编:315105
电话:0574/28867703、28867707
传真:28867729、28867730
网址:www. newsun-bearings. com
电子信箱:bearings@ newsun-bearings. com
质量体系:ISO/TS 16949
产品情况:张紧轮轴承、离合器轴承、轮毂轴承、转向盘轴承、发电机轴承、水泵轴承、圆锥滚子轴承及各类工业轴承

★宁波市中威汽车部件有限公司
地址:浙江省宁波市鄞州区五乡工业区
邮编:315111
电话:0574/88335701
传真:88335702
网址:www. chinabrake. com. cn
电子信箱:zhongwei@ chinabrake. com. cn
质量体系:ISO 9001
产品情况:盘式制动片
出口情况:远销美国、加拿大、墨西哥、中南美洲、中东、欧洲等国家和地区

★宁波市鄞州恒宇汽车配件厂
地址:浙江省宁波市鄞州五乡镇永乐村
邮编:315111
电话:0574/88338677、88338678
传真:88338676
网址:www. cnhengyu. com
电子信箱:info@ cnhengyu. com
质量体系:ISO 9001
产品情况:汽车配件、机械零部件、冷锻件及冲件

★宁波市鄞州嘉威织带厂
地址:浙江省宁波市鄞州五乡明伦村
邮编:315112
电话:0574/88338218、88338216
传真:88338217
网址:www. nb-jiawei. com
电子信箱:wujian@ nb-jiawei. com
单位人数:100
质量体系:ISO 9000
产品情况:汽车紧固带、牵引带、各类紧固器等
出口情况:出口东南亚、欧美等地区,并销往中国香港地区

★宁波佳思特锻造有限公司
地址:浙江省宁波市姜山镇蔡郎桥丽横路 70 号
邮编:315136
电话:0574/88450111、88450678
传真:88450456
网址:www. nbsddy. com
电子信箱:webmaster@ nbjust. net
质量体系:ISO 9001
产品情况:汽车锻造件

★宁波华驰车业有限公司
地址:浙江省宁波市鄞州区姜山镇蔡郎桥
邮编:315136
电话:0574/88475888
传真:88475888
电子信箱:yan999@ mail. nbptt. zj. cn
质量体系:ISO 9001
产品情况:汽车及摩托车螺栓、螺母紧固件及其他附件

★宁波亚大汽车管件有限公司
地址:浙江省宁波市鄞州区塘溪镇
邮编:315142
电话:0574/88402901、88315555
传真:88402555
网址:www. nnk. com. cn
电子信箱:nagoya@ nnk. com. cn
单位人数:350
质量体系:ISO/TS 16949、ISO 9001
产品情况:汽车管件、空调管件及其他金属零配件
配套及出口情况:为一汽集团、东风汽车公司、大众、丰田、通用等配套;出口日本

★宁波中和汽配有限公司
地址:浙江省宁波市鄞州区姜山科技园区三星大道
邮编:315191
电话:0574/88071195、88071196
传真:88456858
网址:www. pinsks. com
电子信箱:pin@ pinsks. com
单位人数:250
质量体系:ISO/TS 16949、ISO 9001
产品情况:(PIN 牌)
滚针、滚柱、销、各类轴等精密零件
配套及出口情况:为日本、韩国、欧洲等其他国家的 OEM 企业配套;出口日本、韩国、欧洲、美洲、大洋洲等国家和地区

★宁波亿力斯特种胶带有限公司
地址:浙江省宁波市鄞州区姜山镇周韩工业区
邮编:315191
电话:0574/88073588
传真:88073507
网址:www. timingdelt-china. com
电子信箱:yls@ timingdelt-china. com
质量体系:ISO/TS 16949
产品情况:同步带、多楔带、切割式 V 带

★宁波永灵机械配件有限公司
地址:浙江省宁波市鄞州区姜山镇高阳路周韩村
邮编:315191
电话:0574/88098897-168
传真:88451227
网址:www. yonglingcn. com
电子信箱:machinery@ yonglingcn. com
单位人数:318
质量体系:ISO/TS 16949、VDA 6.1
产品情况:(永灵牌)
各类锻件、钣金冲压件
配套及出口情况:为上海通用配套齿轮变速箱拨叉等各种异形件;年出口汽车配件拨头 150 万套,主要远销法国、德国

★宁波裕江特种胶带有限公司
地址:浙江省宁波市天童北路 702 号
邮编:315192
电话:0574/87410350、87411797
传真:87410330
网址:www. yujiangrubber. com
电子信箱:xs_yjh@ yujiangrubber. com

质量体系:ISO/TS 16949、QS 9000
产品情况:汽车及摩托车同步带、V带、多楔带
配套及出口情况:为长安汽车、一汽锡柴、一汽大连柴油机、一汽华利、保定长城内燃机、奇瑞汽车、广西玉柴等配套;远销欧美

★宁波依必艾轴承汽配实业有限公司
地址:浙江省宁波市镇海区骆驼工业区荣吉路68号
邮编:315202
电话:0574/26266788、26266778
传真:26266798
网址:www.ebi-bearings.com
电子信箱:johnzhao@ebi-bearings.com
质量体系:ISO/TS 16949、VDA 6.1
产品情况:小型双列角接触球轴承、汽车轮毂轴承、轮毂单元、汽车空调压缩机轴承以及其他高精度轴承
出口情况:出口欧洲、亚洲、美国、俄罗斯等国家和地区

★浙江中平粉末冶金有限公司
地址:浙江省宁波市镇海区蟹浦镇汇源路18号
邮编:315204
电话:0574/86508002
传真:86506002
网址:www.zhongping.com
电子信箱:gsb@zhongping.com
单位人数:350
质量体系:ISO 9001、ISO 14001
产品情况:(中平牌)
各种高中密度、高强度、高精度铁基粉末冶金结构件,含油轴承
配套情况:为中外合资企业、大中型企业、上市公司配套,如LG、三星、昭和等公司

★宁波海山克尔铃密封件有限公司
地址:浙江省宁波市庄市大道227号
邮编:315211
电话:0574/86322881、86322816
传真:86322882
电子信箱:useky@hs-sealed.com
单位人数:102
质量体系:ISO/TS 16949、ISO 14001
产品情况:(Cloring牌)
各种密封材料、汽缸垫、骨架橡胶密封件、隔热罩、排气歧管、模具
配套及出口情况:为福特、马自达、大众、上海通用、奇瑞、江铃汽车、长安汽车、上柴、玉柴、大柴、洛柴、潍柴、锡柴、绵阳新晨、一汽天内、云南动力、林海雅马哈、日本三菱、日本雅马哈、美国科勒等配套;出口美国、英国、西班牙、日本等国家

★慈溪市埃美克轴承有限公司
地址:浙江省慈溪市宗汉工业园区新园路1号
邮编:315300
电话:0574/23698260、23698251
传真:23698222
网址:www.aemeke.com
电子信箱:aemeke@cnfirst.com
质量体系:ISO/TS 16949、ISO 9001
产品情况:(AEMEKE牌)
轴承

★浙江五环轴承集团有限公司
地址:浙江省慈溪市横河开发区
邮编:315300
电话:0574/63032932、63032942
传真:63032967
网址:www.nwhbearing.com
电子信箱:export@nwhbearing.com
单位人数:1000
质量体系:ISO 9001
产品情况:(NWH牌)
轴承
出口情况:出口美国、日本、德国、东南亚、中东等国家和地区,并销往中国台湾地区

★宁波日鑫轴承有限公司
地址:浙江省慈溪市横河工业区
邮编:315300
电话:0574/63197288、63199118
传真:63199188
网址:www.cnrixin.com
电子信箱:cnrixin@gmail.com
质量体系:ISO 9001
产品情况:(HYB牌、RIXIN牌、YIBEN牌)
轴承
出口情况:出口欧美、东南亚等地区

★宁波慈光同步带有限公司
地址:浙江省慈溪市龙山镇
邮编:315311
电话:0574/63784466、63784477
传真:63787612、63787333
网址:www.ciguang.com
电子信箱:ciguang@ciguang.com
质量体系:ISO 9001
产品情况:(慈光牌)
各种规格工业用橡胶同步带、多楔带、平皮带、汽车同步带以及同步带轮
出口情况:出口东南亚、欧美等地区

★宁波贝递同步带有限公司
地址:浙江省宁波市慈溪龙山镇
邮编:315311
电话:0574/63785187
传真:63783838、63785257
网址:www.chinabeidi.com
电子信箱:beidi@chinabeidi.com
质量体系:ISO 9001
产品情况:(贝递牌)
各种规格氯丁橡胶同步带、多楔带、汽车同步带、双面齿同步带以及配套带轮等
出口情况:出口欧美、东南亚等地区

★慈溪市中德密封材料有限公司
地址:浙江省慈溪市龙山镇西门外工业区
邮编:315311
电话:0574/63787080、63787840
传真:63787241
网址:www.chinaseal.cn
电子信箱:sales@chinaseal.cn
质量体系:ISO 9001
产品情况:密封盘根,密封垫片和板材
出口情况:出口欧洲、中东、南美洲、东南亚等地区

★宁波伏龙同步带有限公司
地址:浙江省慈溪市龙山镇
邮编:315311
电话:0574/63787747、63781858
传真:63780109
网址:www.fulong-drivingbelt.com
电子信箱:fulong@timingbelt.cn
单位人数:400
质量体系:ISO/TS 16949、ISO 9001
产品情况:(CNFULO牌)
橡胶同步带、多楔带、变速带、切割V带及带轮等,年产各类同步带800万条、同步带轮40万套
出口情况:出口欧洲、美洲、东南亚、中东等地区

★慈溪市龙山汽配有限公司
地址:浙江省慈溪市龙山镇
邮编:315311
电话:0574/63973158、63973152
传真:63973159
网址:www.cn-longshan.com
电子信箱:longshan@cn-longshan.com
单位人数:300
质量体系:ISO/TS 16949、QS 9000
产品情况:五金件、冲压件、拉伸件、冷挤压件、轴、机壳、弹簧、拉杆等;便携式油箱、点烟器、起动机开关、门锁、汽车顶篷等
配套及出口情况:为法雷奥、西门子、弗列加、德尔福、博泽等配套;出口欧洲、日本等国家和地区

★慈溪市耐时威摩擦制品有限公司
地址:浙江省慈溪市观海卫镇福山路12号
邮编:315315
电话:0574/63617111、63607233
传真:63617333
网址:www.niceway118.com
电子信箱:niceway8@vip.163.com
质量体系:ISO 9001
产品情况:无石棉、半金属及非金属汽车鼓式制动片、盘式制动片、离合器片
出口情况:产品100%出口

★慈溪市鸣石汽车配件厂
地址:浙江省慈溪市观海卫镇鸣鹤工业开发区
邮编:315316
电话:0574/63636588、63672142
传真:63672059
网址:www.ms-clutch.com
单位人数:600
质量体系:ISO 9002
产品情况:(鸣石牌)

汽车离合器摩擦片
配套及出口情况:为一汽东光离合器、珠海华粤离合器、东风汽车传动轴苏州汽车配件分公司、广东顺通离合器等生产厂配套;产品30%出口亚洲、非洲、南美洲、中东、欧洲部分国家和地区

★宁波华轮轴承有限公司
地址:浙江省慈溪市横河镇相士地工业区
邮编:315318
电话:0574/63198358、23885028
传真:63198914
网址:www. cnhualun. com
电子信箱:sales@ cnhualun. com
单位人数:250
质量体系:ISO 9001
产品情况:微小型球轴承
出口情况:出口美国、日本、欧洲等国家和地区,并销往中国香港、台湾地区

★宁波市金象轴承有限公司
地址:浙江省慈溪市横河工业开发区上房路3号
邮编:315318
电话:0574/63268988-82、63266858
传真:63265877
网址:www. jin-xiang. com
电子信箱:jx@ jin-xiang. com
质量体系:ISO 9001
产品情况:(FIGX牌)
各类微、小、中型深沟球轴承及非标轴承
出口情况:出口欧洲、北美洲、东南亚、南美洲等地区

★宁波泰和轴承有限公司
地址:浙江省慈溪市横河镇白彭路工业园区
邮编:315318
电话:0574/63830947、63834020
传真:63830946、63833266
网址:www. thbearing. cn
电子信箱:th@ thbearing. cn
单位人数:380
质量体系:QS 9000
产品情况:(泰和(Taihe)牌)
年产高精度电动机轴承3000万套、轴承内外套圈6000万套
出口情况:远销美国、德国、加拿大、中东等国家

★宁波慈溪市德普轴承有限公司
地址:浙江省宁波市慈溪胜山镇唐墩路1号
邮编:315323
电话:0574/63526878
传真:63526877
网址:www. ttoppbearings. com
电子信箱:ckbc88@ hotmail. com
质量体系:ISO 9001
产品情况:轴承

★慈溪汇鑫同步带有限公司
地址:浙江省慈溪市胜山镇工业开发西区
邮编:315323
电话:0574/63542138、63529152
传真:63542120、63549470
网址:www. synchronous-belt. com
电子信箱:huixin@ cxhuixin. com
质量体系:ISO 9001
产品情况:(汇鑫牌)
同步带
出口情况:出口美国、欧洲、日本等国家和地区,并销往中国台湾地区

★慈溪市倍尔林实业有限公司
地址:浙江省慈溪市胜山镇工业开发西区
邮编:315323
电话:0574/63542177、63542128
传真:63549470
网址:www. cn-bearings. com
电子信箱:bearings@ cn-bearings. com
质量体系:ISO 9001、ISO 14001
产品情况:(E&B牌)
微型、小型深沟球轴承,年产3800万套
出口情况:出口美国、欧洲、日本、韩国等国家和地区,并销往中国台湾、香港地区

★宁波市光亚汽车配件有限公司
地址:浙江省宁波市镇海区澥浦镇广源开发区广源路5号
邮编:315323
电话:0574/86503380
传真:86503383
网址:www. nbguangya. com
电子信箱:sales@ nbguangya. com
质量体系:ISO/TS 16949、ISO 9001
产品情况:密封垫片以及各种内燃机专用密封材料,年产各类汽缸垫100万张、各类车用全套垫150万套、密封材料250万t

◉ 宁波通瑞汽车轴承制造有限公司
地址:浙江省慈溪市周巷镇企业路933-3号
邮编:315324
电话:0574/63308783、63302187
传真:63306246
网址:www. tomzen. cn
电子信箱:maxinghua@ 188. com
法人代表:胡定一
负责人:马行华
单位人数:50
质量体系:ISO/TS 16949、ISO 9001
产品情况:(TOMZEN牌、TORMAX牌)
汽车轮毂轴承,每年300万套
出口情况:出口澳洲、美洲、中东地区

★宁波捷奥汽车零部件有限公司
地址:浙江省慈溪市庵东镇工业园区
邮编:315327
电话:0574/63478169、63479718
传真:63472678
网址:www. nbjieao. com
电子信箱:nbja@ nbjieao. com
单位人数:130
质量体系:ISO 9001
产品情况:锌/铝合金压铸件
配套及出口情况:为麦格纳唐纳利(上海)汽车系统、上海奔原汽车后视镜、宁波华翔汽车后视镜、浙江恒耀实业等配套;出口德国

★浙江省慈溪市铜套厂
地址:浙江省慈溪市庵东镇东一工业区
邮编:315327
电话:0574/63487088
传真:63487777
电子信箱:hapyha@ 263. net
单位人数:150
质量体系:ISO 9001
产品情况:(吉驰牌)
滑动轴承、卷制衬套、切削衬套
配套情况:为南京汽车集团转向机厂、云南西仪工业公司、福建龙溪轴承、潍柴配套

★慈溪市特斯轮轴承有限公司
地址:浙江省慈溪市匡堰工业西区
邮编:315333
电话:0574/81342170、63535182
传真:63535708、63828029
网址:www. eslbearing. com
电子信箱:info@ ntbp. com
质量体系:ISO 9001
产品情况:各种轴承、油封

★宁波欧迅橡胶有限公司
地址:浙江省余姚市远东工业城CE10-11
邮编:315400
电话:0574/22686622、22686655
网址:www. ocean-rubber. com
电子信箱:sales@ ocean-rubber. com
单位人数:150
质量体系:ISO/TS 16949
产品情况:(OCEAN牌)
汽车传动带、密封件
配套及出口情况:为哈飞汽车、一汽杰克赛尔配套;部分产品出口

★余姚市南山汽拖配件厂
地址:浙江省余姚市路埠五马工业区
邮编:315400
电话:0574/62316232
传真:62315965
网址:www. yynsqt. net. cn
单位人数:100
质量体系:ISO 9001
产品情况:(舜和牌)
紧固件、五金件

★宁波恒生轴承有限公司
地址:浙江省余姚市阳明东路525号
邮编:315400
电话:0574/62677717、62678087
传真:62677736、62672085
网址:www. hengshengchina. com
电子信箱:hengsheng@ hengshengchina. com

质量体系:ISO 9001
产品情况:(NBHSB 牌)
60、62、63 三大系列深沟球轴承,年产 5000 万套
出口情况:部分产品出口

★余姚市茂强机械部件有限公司
地址:浙江省余姚市同光工业区同光村
邮编:315400
电话:0574/62678885、62678881
传真:62678889
网址:www. yyxinrong. com
电子信箱:sales@ yyxinrong. com
质量体系:ISO 9001
产品情况:(茂强(MQ)牌)
管接头、换挡/调压阀等用活塞、螺栓、卡套、堵头、螺母、垫圈、推杆连接叉、轴、销、紧固件、止回阀总成、压铸件、液压管总成、塑料件等

★宁波丰茂远东橡胶有限公司
地址:浙江省余姚市远东工业城 CE10-11
邮编:315400
电话:0574/62762222、62760368
传真:62760988
电子信箱:fengmao@ mail. nbptt. zj. cn
单位人数:500
质量体系:ISO/TS 16949
产品情况:(丰茂牌)
冷却水管及总成、燃油胶管及总成、动力转向管及总成
配套及出口情况:为东风日产乘用车、上海通用、长安汽车、昌河铃木、上汽通用五菱、哈飞、东安、奇瑞、玉柴等配套;远销美国、西班牙、东南亚、中东等 20 多个国家和地区

★宁波万亚传动带有限公司
地址:浙江省余姚市阳明街道群立村
邮编:315400
电话:0574/62802345、62802678
传真:62802885
网址:www. wytimingbelt. com
电子信箱:manager@ wytimingbelt. com
质量体系:ISO 9001
产品情况:(万亚牌)
同步带、切边 V 带、多楔带、汽车风扇带等橡胶传动带,相关橡胶杂件
出口情况:出口欧洲、中东、南美洲等

★余姚市龙祥机电制造有限公司
地址:浙江省余姚市扶贫开发区中山东三路 5 号
邮编:315400
电话:0574/62822688
传真:62827885
质量体系:ISO 9001
产品情况:液压、油管接头

★余姚景远橡塑制品有限公司
地址:浙江省余姚市玉立路 155 号
邮编:315400
电话:0574/62824188、62810296
传真:62810297
网址:www. jingyuan - china. com
电子信箱:weng@ jingyuan - china. com
单位人数:200
质量体系:ISO/TS 16949、VDA 6.1
产品情况:(景远牌)
各种汽车橡塑制品
配套情况:为神龙汽车、奇瑞汽车、东风乘用车、比亚迪汽车、LEAR 电器、一汽集团、东风汽车公司、江淮汽车等配套

★宁波前进橡胶有限公司
地址:浙江省余姚市城区中山东一路 10 号
邮编:315403
电话:0574/62575648、62575548
传真:62576819
网址:www. 88qj. com
电子信箱:info@ 88qj. com
质量体系:ISO 9001
产品情况:(幸远牌)
汽车油封、制动皮碗、发动机胶垫、钢板衬套、聚四氟乙烯油封、变速器密封套、传动轴吊架总成、汽缸垫密封条等
配套及出口情况:为主机厂配套;出口美洲、欧洲、东南亚、非洲等地区

★余姚市兴发机械制造有限公司
地址:浙江省余姚市经济开发区振兴东路 41 号
邮编:315403
电话:0574/62576458
传真:62575458
网址:www. zjxingfa. com
电子信箱:info@ zjxingfa. com
单位人数:120
质量体系:ISO 9001
产品情况:(永舜牌)
管路及接头、PPR 管路接头、液压管铁套、液压气动管接头、扣压式胶管总成等
出口情况:出口美国、德国、日本、加拿大等国家

★宁波好运橡胶有限公司
地址:浙江省宁波市余姚浙东经济开发区昌盛路 2 号
邮编:315403
电话:0574/62777677
传真:62777688
网址:www. haoyunrubber. com
电子信箱:haoyun@ haoyunrubber. com
单位人数:150
质量体系:ISO 9001
产品情况:汽车 V 带、同步带、多楔带、切割齿带、包布 V 带、油封、汽车气室隔膜以及各种减振橡胶杂件
出口情况:远销欧洲、美洲、非洲、东南亚等地区

★余姚市天马轴承有限公司
地址:浙江省余姚市丈亭工业区西区
邮编:315410
电话:0574/62981877、62981338
传真:62981375
网址:www. tianma - bearings. com
电子信箱:tm@ tianma - bearings. com
质量体系:ISO 9001
产品情况:小型深沟球轴承,年产 2500 万套
出口情况:出口美国、德国、英国、法国、意大利、巴西,并销往中国香港地区

★宁波安拓实业有限公司
地址:浙江省余姚市丈亭镇工业开发区 3 号
邮编:315410
电话:0574/62989999
传真:62988777、62989777
网址:www. china - anchor. com
电子信箱:anchor@ china - anchor. com
单位人数:900
质量体系:ISO/TS 16949、ISO 9001
产品情况:(安拓(ARROW)牌)
各种膨胀螺栓、轮胎螺栓等
配套及出口情况:与国内外很多厂商建立了二级配套关系;出口美洲、欧洲、亚洲等地区

★宁波市铁壳虫管业有限公司
地址:浙江省余姚市三七市镇工业园区
邮编:315412
电话:0574/62938951、62938950
传真:62938952
网址:www. nbtkc. com
电子信箱:qilin@ nbqilin. com
质量体系:ISO 9001
产品情况:(麒麟牌)
汽车各种管路

★余姚市恒威卡箍有限公司
地址:浙江省余姚市陆埠电动工具城
邮编:315420
电话:0574/62383333、62386200
传真:62386222
网址:www. hwkg. com
电子信箱:webmaster@ hwkg. com
质量体系:ISO 9001
产品情况:(HWKG 牌)
胶管、尼龙塑料软管、夹布胶管、水带等接口处的连接紧固及密封件
配套及出口情况:为丰田汽车、通用汽车、一汽集团、东风汽车公司等配套;出口欧洲、美洲、中东、东南亚等地区

★宁波大众橡胶有限公司
地址:浙江省余姚市洪山乡蒋岙
邮编:315425
电话:0574/62318588
传真:62318188
质量体系:ISO/TS 16949、ISO 9001
产品情况:(浙盾牌、欣运牌)
汽车、农机、机械油封,汽车 V 带等

★余姚市泰福密封件厂
地址:浙江省余姚市梨洲街道黄箭山工业区
邮编:315450
电话:0574/62398628、87700912

传真:62398658
网址:www.tfsealing.com
电子信箱:wlxd518@163.com
质量体系:QS 9000、ISO 9001
产品情况:(浙丰牌)
油封、防尘罩、O形圈等汽车橡胶制品
出口情况:远销全球各地

★宁波华兴传动带有限公司
地址:浙江省余姚市马渚镇北四路18号
邮编:315452
电话:0574/62460388、62460399
传真:62460399
电子信箱:hxwheel@mail.nbptt.zj.cn
质量体系:ISO 9001
产品情况:橡胶传动带和配套带轮

★宁波十韦尔汽车部件有限公司
地址:浙江省余姚市马渚工业园区(斗门)世纪路39号
邮编:315453
电话:0574/62481806
传真:62481807
网址:www.chinaswell.com
电子信箱:sales@chinaswell.com
单位人数:100
质量体系:ISO/TS 16949、ISO 9001
产品情况:橡胶制品和橡胶金属连接件,包括发动机支架胶垫、悬架衬套、平衡杆衬套、悬架减压盖、减振器、金属索环、传动支承、板簧支座等
出口情况:远销美国、加拿大、德国、西班牙、法国、意大利、日本、韩国、南美洲等国家和地区

★宁波凯驰胶带有限公司
地址:浙江省余姚市牟山镇
邮编:315456
电话:0574/62498188、62498908
传真:62497297、62496192
网址:www.gul-tz.com
电子信箱:kaichi@gul-tz.com
单位人数:320
质量体系:ISO 9001、ISO 14001
产品情况:橡胶同步带、V带、多楔带、工业用变速带
出口情况:出口欧美、东南亚市场,并销往中国香港、台湾地区

★宁波金牛实业有限公司
地址:浙江省余姚市牟山新东吴
邮编:315456
电话:0574/62498602、62498602
传真:62498712
网址:www.nbjinniu.cn
电子信箱:jinniu@nbjinniu.com
质量体系:ISO/TS 16949、QS 9000
产品情况:汽车底盘、发动机用锻件

★余姚市鸿通汽配有限公司
地址:浙江省余姚市临山镇
邮编:315461
电话:0574/62062222、62062201
传真:62062200
质量体系:ISO/TS 16949
产品情况:环箍、塑料线槽、塑料件、管夹、支架、电器接插件、轴销、垫圈、燃油箱吊带及托架、空调冲压件等
配套情况:为神龙汽车、奇瑞汽车、华晨金杯、厦门金龙等配套

★余姚市联力胶管厂
地址:浙江省余姚市黄家埠镇上塘村小桥头3号
邮编:315464
电话:0574/62006291
传真:62006191、56655120
网址:www.autohi.net
电子信箱:info@autohi.net
单位人数:50
质量体系:ISO 9001
产品情况:汽车改装用硅胶管

★宁波力涌汽车配件有限公司
地址:浙江省余姚市泗门镇南环路
邮编:315470
电话:0574/62123680、62122933
传真:62123687
网址:www.cnliyong.com
电子信箱:nb.liyong@163.com
质量体系:ISO 9001
产品情况:汽车盘式制动片

★宁波乔士橡塑有限公司
地址:浙江省余姚市泗门镇经济开发区
邮编:315470
电话:0574/62150616、62155999
传真:62156588
网址:www.qsxs.com
电子信箱:eve@qsxs.com
单位人数:200
质量体系:ISO/TS 16949、ISO 9001
产品情况:气室橡胶隔膜、制动储液罐、光电仪器用特种橡塑制品
配套及出口情况:全部为OEM配套;出口美国、德国、加拿大、韩国、印度、土耳其、西班牙、加拿大等20多个国家

★奉化市远东车辆部件有限公司
地址:浙江省奉化市岳林东路278号
邮编:315500
电话:0574/88912911、88912193
传真:88935669
网址:www.cn-hawks.com
电子信箱:hawks06@188.com
单位人数:300
质量体系:ISO 9001
产品情况:铝/锌/铜合金铸件、机械零件、不锈钢零件、球阀、蝶阀、汽缸、气动接头、气动元件、摩托车配件、橡胶件

★宁波奥赛减震系统有限公司
地址:浙江省宁波市奉化中山东路东1078号
邮编:315500
电话:0574/88955187
传真:88910915
网址:www.oucer.com
电子信箱:oucer@oucer.com
质量体系:ISO/TS 16949、ISO 9000
产品情况:传动轴支撑、发动机支撑、橡胶减振器、底盘悬架连杆等橡胶制品
出口情况:出口德国、日本、北美洲等国家和地区

★奉化市东成摩擦材料有限公司
地址:浙江省奉化市尚田镇后谭路18号
邮编:315511
电话:0574/88901868、88901867
传真:88637168、88901866
网址:www.dcfmc.com
电子信箱:info@dcfmc.com
质量体系:ISO 9001
产品情况:制动片
出口情况:出口北美洲、南美洲、亚洲等地区

★宁波市捷特汽车部件有限公司
地址:浙江省宁波市宁海县科技园区兴海北路777号
邮编:315600
电话:0574/65178121
网址:www.nbjet.com
电子信箱:nbjet@nbjet.com
质量体系:ISO/TS 16949
产品情况:车用燃油系统管路、车用动力转向系统管路、车用冷却系统管路及各类模压橡胶制品、塑料制品和五金制品

★宁波市天普汽车部件有限公司
地址:浙江省宁波市宁海县新兴工业园C区金龙路5号
邮编:315600
电话:0574/65333986、65332999
传真:65332996
网址:www.nbtip.com
电子信箱:tip@chtip.com
质量体系:ISO/TS 16949、VDA 6.1
产品情况:高质量汽车管路、橡胶产品
配套情况:主要客户有日本马自达、福特汽车、本田汽车、美国R&B、上海大众、神龙汽车、东风日产乘用车、一汽集团、东风雪铁龙、博世、德尔福汽车、日本久保田、德国约翰-迪尔等

★宁波大洋实业发展有限公司
地址:浙江省宁波市宁海经济开发区跃龙路35号
邮编:315600
电话:0574/65550687、65207602
传真:65593799
网址:www.nb-dayang.cn
电子信箱:wdbmaster@nb-dayang.cn
质量体系:ISO/TS 16949、ISO 9001
产品情况:(建邦牌)
汽车零部件等
配套情况:为日本小松公司等配套

★宁波拓摩橡塑有限公司
地址:浙江省宁海县岔路工业园区

邮编:315608
电话:0574/65375666、65375888
传真:65375868
网址:www. nbtomo. com
电子信箱:info@ nbtomo. com
单位人数:200
质量体系:ISO/TS 16949、ISO 14001
产品情况:油封、气门油封、O 形环、无石棉抄取板、无石棉密封板、无石棉复合板等
出口情况:出口东南亚、中东、非洲、欧美等地区

★宁波兴亚橡塑集团有限公司
地址:浙江省宁海县城关镇梅林东路 29 号
邮编:315609
电话:0574/65290179、65290927
传真:65290199
网址:www. xingyagroup. com
电子信箱:xyrp@ mail. nbptt. zj. cn
单位人数:700
质量体系:QS 9000
产品情况:橡胶衬套、制动器零件、真空助力器薄膜等
出口情况:出口美国、日本、英国、加拿大、瑞典、澳大利亚等 10 多个国家和地区

★建新赵氏集团有限公司
地址:浙江省宁海县梅林南路 12 号
邮编:315609
电话:0574/65291528、65291999
传真:65291666
网址:www. jianxin. com
电子信箱:jxrp@ jianxin. com
单位人数:1200
质量体系:ISO/TS 16949、VDA 6. 1
产品情况:发动机减振支架、变速器支承、减振元件、发动机汽缸密封件、车窗密封条、装饰件、汽车护套系列、线束
配套及出口情况:为一汽－大众、上海大众、上海通用、神龙富康、奇瑞汽车、北京奔驰等配套;出口德国、美国

★宁波市美亚达汽车部件有限公司
地址:浙江省宁波市宁海梅林工业区
邮编:315609
电话:0574/65291980
传真:65292556
网址:www. meiyada. com
电子信箱:nbmydxs@ mail. nbptt. zj. cn
质量体系:ISO/TS 16949、QS 9000
产品情况:汽车空气弹簧、减振垫、弹性衬套、橡胶软管、油封、O 形密封圈、橡胶件等

★宁波永信汽车部件制造有限公司
地址:浙江省宁海县梅林北路 127 号
邮编:315609
电话:0574/65292929
传真:65292666
网址:www. yongxingroup. com
电子信箱:webmaster@ yongxingroup. com
单位人数:180
质量体系:ISO/TS 16949、ISO 14001
产品情况:汽车及摩托车橡胶、塑料、五金零部件
配套情况:为上海汽车、比亚迪汽车、哈飞汽车、沈阳华晨、吉利汽车、北汽福田、厦门金龙、江淮汽车、江铃汽车、上汽通用五菱、韩国现代、福特等配套

★宁波无边橡塑有限公司
地址:浙江省宁波市宁海县西店镇海口村
邮编:315613
电话:0574/65175972、65175998
传真:65175999、65175995
网址:www. wubian. com
电子信箱:nhwbmj@ mail. nbptt. zj. cn
单位人数:300
质量体系:ISO/TS 16949、ISO 14001
产品情况:(WOB 牌)
气门油封、曲轴油封等以氟胶为原料橡胶密封产品
配套及出口情况:为江铃汽车等配套;出口欧美地区

★宁波索普橡塑有限公司
地址:浙江省宁海县西店镇西店南路 210 号
邮编:315613
电话:0574/65186568、65182016
传真:65182981
网址:www. nbspxs. com
电子信箱:zjc@ nbspxs. com
单位人数:350
质量体系:ISO/TS 16949、ISO 14001
产品情况:橡胶制品
出口情况:部分产品出口

★宁波众力汽车部件有限公司
地址:浙江省宁波市宁海西店璜溪口
邮编:315613
电话:0574/65188708
传真:65188316
网址:www. jjtos. com
电子信箱:wjj@ jjtos. com
质量体系:ISO/TS 16949
产品情况:发动机悬置减振器、防尘罩、底盘减振器、橡胶衬套、橡塑制品
配套及出口情况:为长安汽车、哈飞汽车、昌河汽车、重庆力帆等配套;出口美国、德国

★康迪泰克捷豹传动系统有限公司
地址:浙江省宁波市宁海县科技园区科三路
邮编:315615
电话:0574/65292316、65291342
传真:65290595
网址:www. jiebaogroup. com
电子信箱:lxb@ jiebaogroup. com
单位人数:850
质量体系:ISO/TS 16949、VDA 6. 1
产品情况:汽车同步带、V 带、多楔带
配套情况:为上海大众配套

★宁波捷豹集团有限公司
地址:浙江省宁波市宁海县科技园区科三路
邮编:315615
电话:0574/65299330
传真:65552317
网址:www. jiebaogroup. com
电子信箱:lxb@ jiebaogroup. com
单位人数:850
质量体系:ISO/TS 16949、VDA 6. 1
产品情况:(捷豹(JB)牌)
橡胶、橡塑密封件、汽车及工业用橡胶传动带、同步带
出口情况:出口欧美地区

★宁波胜利汽配有限公司
地址:浙江省象山县丹城镇工业园区白鹤路 139 号
邮编:315700
电话:0574/65782798、65782781
传真:65782780
网址:www. xssljd. cn
单位人数:200
质量体系:ISO 9001
产品情况:各种汽车内饰件金属夹子、卡簧、卡扣、弹簧夹、簧片螺母,金属门板等各类五金件

★宁波菲力克汽配有限公司
地址:浙江省宁波市北仑区元宝山路 528 号
邮编:315800
电话:0574/26878071、26883380
传真:26878072、26878906
网址:www. kinrom. com
电子信箱:lily@ kinrom. com
单位人数:300
质量体系:ISO/TS 16949
产品情况:汽车波纹管、发动机用 EGR 管、进油管、回油管等

★宁波东昊汽车部件有限公司
地址:浙江省宁波市北仑大矸大浦河北路 2 号
邮编:315800
电话:0574/86140261
传真:86142211
网址:www. cnds. cc
电子信箱:cnds@ cnds. cc
质量体系:ISO/TS 16949、ISO 9001
产品情况:塑料件、压铸件、模具等
配套情况:为上海大众、上汽、奇瑞汽车、南京汽车集团、北汽等供货

★宁波亚乐克汽车部件有限公司
地址:浙江省宁波市保税西区港西大道
邮编:315800
电话:0574/86820678
传真:86820916
质量体系:ISO/TS 16949、ISO 9001
产品情况:汽车部件

★宁波福耀汽车零部件有限公司
地址:浙江省宁波市北仑区九华山路 399 号

邮编:315800
电话:0574/86962686
传真:86829111
网址:www. chifei. com
电子信箱:sales@ chifei. com
质量体系:ISO/TS 16949
产品情况:汽车装饰密封件
配套及出口情况:为国内多家汽车生产厂配套;出口欧美地区

★浙江灵桥汽化工贸有限公司
地址:浙江省宁波市江北区洪塘西路118号
邮编:315800
电话:0574/87586170、87564319
传真:87564739、87564319
网址:www. ling - qiao. net
电子信箱:busi@ ling - qiao. net
单位人数:500
质量体系:ISO 9001
产品情况:(灵桥牌)
胶粘剂

★宁波市江东景升工贸有限公司
地址:浙江省宁波市北仑区春晓镇洋沙山西八路180号
邮编:315800
电话:0574/88235599
传真:88235582
网址:www. kingsunchina. com
电子信箱:wdz@ kingsunchina. com
质量体系:QS 9000
产品情况:轿车发动机悬置软垫、变速器悬置软垫、金属橡胶减振器、橡胶隔振垫、橡胶密封圈、工业橡胶制品
出口情况:出口欧洲、北美洲、东南亚等地区

★宁波澳芙特橡胶有限公司
地址:浙江省宁波市北仑区红联衙朱路18号
邮编:315801
电话:0574/86503098
传真:86503096
网址:www. ophtebelt. com
电子信箱:ophte@ ophtebelt. com
质量体系:ISO/TS 16949
产品情况:(ophte 牌)
同步带、多楔带和V带
出口情况:出口东欧、西欧、北美洲、南美洲、大洋洲等地区

★浙江正大弹簧有限公司
地址:浙江省宁波市江南出口加工贸易区
邮编:315803
电话:0574/86178878
传真:86178978
网址:www. cn - zdth. com
电子信箱:zdth@ cn - zdth. com
单位人数:50
质量体系:ISO 9001
产品情况:(箭球牌)
各种类型弹簧
出口情况:出口美国、欧洲、日本、东南亚、中东等国家和地区

★宁波润倍万灵润滑油有限公司
地址:浙江省宁波市开发区霞浦精细化工园云台山路19号
邮编:315807
电话:0574/86910030、86910028
传真:86910025
网址:www. lubyoil. com
电子信箱:luby@ lubyoil. com
质量体系:ISO 9001
产品情况:(润倍牌)
润滑油、润滑脂

★舟山市东洲橡胶有限公司
地址:浙江省舟山市定海区小洋岙工业区枫桥路111号
邮编:316000
电话:0580/2620000、2055399
传真:2055399、2620011
网址:www. dzxj. com
电子信箱:zsdzxjy@ 163. com
质量体系:ISO 9001
产品情况:(东洲牌)
各种油封、橡胶制品
配套及出口情况:为汽车公司配套;出口东南亚

★舟山市7412工厂
地址:浙江省舟山市定海区兴舟大道605号
邮编:316041
电话:0580/2021180、8805682
传真:2021001
网址:www. hj7412. com
电子信箱:7412@ cable - market. com
单位人数:200
质量体系:ISO/TS 16949、QS 9000
产品情况:(海锚(HAIMAO)牌)
高强度紧固件、非标紧固件和汽车配件,年销售额3000万元以上
配套情况:为上海通用、一汽-大众、天津一汽夏利、上海延锋江森、哈尔滨东安等配套

★浙江奥斯特汽车配件有限公司
地址:浙江省舟山市定海区双桥镇小山干工业区15号
邮编:316042
电话:0580/8660666、8660668
传真:8660667
网址:www. china - ast. com
电子信箱:zswzg@ 163. com
质量体系:ISO 9001
产品情况:(AST牌)
汽车切割带、多楔带、同步带、汽缸垫
出口情况:出口欧洲、中南美洲、非洲、中东、东南亚等地区

★舟山市正源标准件有限公司
地址:浙江省舟山市普陀区沈家门海洋生物园正源路65号
邮编:316100
电话:0580/3696238、3696208
传真:3696363
网址:www. zszyss. com
电子信箱:zy65@ zszyss. com
单位人数:188
质量体系:ISO 9001
产品情况:(正源牌)
各种大中型汽车配件、轮胎标准件,如各种高强度标准件、异形件、锁紧螺母、螺栓、组合螺母、槽型螺母等
出口情况:出口北美洲、欧洲、日本、东南亚,并销往中国台湾地区

★岱山海纳传动带有限公司
地址:浙江省岱山县徐福大道406号
邮编:316200
电话:0580/4161008、4162883
传真:4161448
电子信箱:sunjie830615@ sina. com
质量体系:ISO 9001
产品情况:(大迪牌)
汽车同步带、切边带、多楔带、普通V带、工业同步带
出口情况:远销欧美、中东、东南亚等地区

★浙江省舟山大众胶带有限公司
地址:浙江省舟山市岱山县经济开发区
邮编:316200
电话:0580/4161088、4161898
传真:4160370
网址:www. dzbelt. com
电子信箱:master@ dzbelt. com
质量体系:ISO/TS 16949
产品情况:(舟巨牌、固日耐牌)
汽车同步带、V带、多楔带、无级变速V带及工业用同步带、切割式V带,已形成年产500万套同步带、切边式V带及100万条多楔带的生产能力
配套及出口情况:为哈工大、青岛化工所、中科院长春橡胶所等配套;产品远销欧美等50多个国家和地区

★岱山县卡乐汽车配件制造有限公司
地址:浙江省岱山县东沙镇岱北工业基地
邮编:316200
电话:0580/4776698、4776899
传真:4779991
网址:www. zskale. com
电子信箱:zskale@ 163. com
质量体系:ISO 9002
产品情况:同步带、多楔带、切边式V带,汽车用金属制配件,橡胶密封制品
出口情况:出口欧美、东南亚、中东、非洲等地区

★舟山市奥盛汽车传动带制造公司
地址:浙江省舟山市岱山岱东工业开发区
邮编:316200
电话:0580/7336004、7679888
传真:7678581
网址:www. zj - aosheng. com
电子信箱:aoshenggongsi@ 126. com
质量体系:ISO/TS 16949、ISO 9001

产品情况：（展翅牌）
工业同步带，汽车同步带、多楔带，摩托车变速带、切割式 V 带、平带等橡胶传动带
出口情况：部分产品出口

★舟山市恒顺密封件有限公司
地址：浙江省岱山县经济开发区
邮编：316215
电话：0580/4162118、4162268
传真：4162098
网址：www. hs - gasket. com
电子信箱：zshs@ hs - seal. zjip. com
质量体系：ISO 9001
产品情况：（威密牌）
石棉胶乳抄取板、非石棉密封衬垫板、汽柴油机油密封石棉胶乳板、汽缸盖垫片用金属复合板、石墨冲刺板、摩托车发动机汽缸垫、摩托车发动机密封垫片、内燃机汽缸垫、内燃机进排气垫、内燃机工程机械密封垫片和汽车发动机汽缸垫等
配套及出口情况：为东风汽车公司、中国一拖、潍柴等配套；出口多个国家和地区

★舟山市汇众汽车配件制造有限公司
地址：浙江省岱山县经济开发区
邮编：316215
电话：0580/4979151
传真：4162921
网址：www. hzgaskets. com
电子信箱：master@ hzgaskets. com
质量体系：ISO 9001
产品情况：汽车发动机汽缸垫、进排气管垫、大修包、内燃机汽缸垫、摩托车发动机汽缸垫、石棉胶乳抄取板、非石棉密封衬垫板、汽缸盖垫片用金属复合板、石棉冲刺板等
配套及出口情况：为东风汽车公司、中国一拖、潍柴等配套；出口欧美、东南亚、中东等地区

★宁波海山实业有限公司
地址：浙江省岱山县东沙镇工升路
邮编：316216
电话：0580/7091439、7091439 - 801
传真：7091076
网址：www. hs - sealed. com
电子信箱：yby@ hs - sealed. com
质量体系：ISO/TS 16949、ISO 14001
产品情况：各种内燃机密封件
配套及出口情况：为福特、通用、大众、马自达、三菱、奇瑞汽车、江铃汽车、长安汽车、一汽集团、东风汽车公司、云内、玉柴等配套；出口北美洲、南美洲、欧洲、亚洲、非洲等地区

★临海市索力达同步带有限公司
地址：浙江省临海市城南下浦江南工业园
邮编：317000
电话：0576/85177286、85177287
传真：85178288
网址：www. solidbelt. com
电子信箱：solid@ mail. tzptt. zj. cn
质量体系：ISO 9001
产品情况：（SOLID 牌）
橡胶同步带、多楔带、切割 V 带、无级变速带和聚氨酯同步带等
出口情况：出口东南亚、中东、欧美等地区

★台州市峰帆汽车零部件有限公司
地址：浙江省临海市靖江南路 89 号
邮编：317000
电话：0576/85190404
传真：85190403
网址：www. linshichina. com
电子信箱：sale802@ linshichina. com
单位人数：200
质量体系：ISO/TS 16949
产品情况：橡胶密封件制品、金属密封件、滤清器

★浙江铁马汽车零部件有限公司
地址：浙江省临海市江南大道 288 号
邮编：317000
电话：0576/85198039、85198007
传真：85198038
网址：www. chinaironhorse. com
电子信箱：tmc@ chinaironhorse. com
单位人数：381
质量体系：ISO/TS 16949、ISO 9001
产品情况：（铁马牌）
汽车液压制动软管总成、气压制动软管总成、气压（尼龙）制动软管总成
配套及出口情况：为东风、一汽、金龙客车、柳汽、申沃、尼奥普兰等数十家汽车集团公司批量配套；出口欧美、东南亚等地区

★临海市澳法管业有限公司
地址：浙江省临海市江南街道塘渡工业区
邮编：317000
电话：0576/85938161、85938199
传真：85938288
网址：www. cnaofa. cn
电子信箱：cnaofa@ 163. com
质量体系：ISO 9001
产品情况：（澳法牌）
高压油管
配套及出口情况：为广西玉柴动力、浙江新柴动力、成都云内、扬动、柳发、江淮动力、力佳股份等柴油机厂配套；批量出口欧美市场

★临海市建辉塑业有限公司
地址：浙江省临海市靖江南路 158 号
邮编：317000
电话：0579/85191258
传真：85118447
网址：www. chinajianhui. com
电子信箱：info@ chinajianhui. com
质量体系：ISO/TS 16949
产品情况：输油管快速接头、醇类燃油管快速接头、醇醚类燃料管快速接头、导电快速接头等
出口情况：出口欧美、中东、东南亚等地区

★浙江洋平机械制造有限公司
地址：浙江省临海市上盘镇北洋工业区
邮编：317015
电话：0576/85733588
传真：85528688
电子信箱：dgd@ yangping. cn
单位人数：300
质量体系：ISO/TS 16949
产品情况：铝合金、不锈钢、碳钢等金属类各种锻件、机械配件
出口情况：远销北美洲、西欧、亚太地区

★临海市振中汽车橡胶配件厂
地址：浙江省临海市杜桥镇汾东
邮编：317016
电话：0576/85503518
传真：85503934
网址：www. zz - rubber. com
电子信箱：zzqcjlm@ 126. com
单位人数：200
质量体系：ISO 9001
产品情况：旋转轴唇形密封圈、O 形橡胶密封圈、滤清器橡胶密封圈、化油器橡胶件、汽油泵橡胶配件，年产能力 5000 多万件
出口情况：部分产品出口东南亚、加拿大、美国

★临海市金鑫汽车配件有限公司
地址：浙江省临海市杜桥镇环城北路
邮编：317016
电话：0576/85528051、85528288
传真：85528508
网址：www. jinxincar. com
电子信箱：2088@ jinxincar. com
单位人数：150
质量体系：ISO/TS 16949
产品情况：螺母、螺栓、垫片、非标紧固件、销钉等
配套情况：为国内汽车生产企业配套

★浙江同兴金属锻件有限公司
地址：浙江省临海市杜桥镇综合工业园区
邮编：317016
电话：0576/85662548、85661466
传真：85661598
网址：www. zgtx. net
电子信箱：zgtx@ vip. 163. com
单位人数：200
质量体系：ISO/TS 16949、ISO 9001
产品情况：拉杆、悬臂等汽车、摩托车铝锻件

★临海市奇升橡塑制品有限公司
地址：浙江省临海市尤溪工业园区
邮编：317025
电话：0576/85930448、85080676
传真：85930482
网址：www. zjqs. com. cn
电子信箱：zjxuri188@ sohu. com
单位人数：150
质量体系：ISO/TS 16949、QS 9000

产品情况：模压系列胶管，针织、编织、缠绕系列胶管，硅胶系列胶管，中高压胶管，氟胶管，护套杂件等
配套及出口情况：为东风汽车公司配套；远销东南亚、欧美等地区

★临海市四通制管有限公司
地址：浙江省临海市江南塘渡工业区
邮编：317025
电话：0576/85938005、85938395
传真：85938025
网址：www.sitongyouguan.com
电子信箱：st@st166.com
质量体系：QS 9000、ISO 9001
产品情况：（四通牌）
各类油管总成
配套及出口情况：为广西玉柴、临海宝马等柴油机及汽车厂配套；远销欧洲、东南亚

★海盐三马标准件有限公司
地址：浙江省海盐县于城镇八字村五金工业园振兴路
邮编：317100
电话：0573/86466158
传真：86466118
网址：www.smbzj.com
电子信箱：smbzj@sina.com
质量体系：ISO/TS 16949、ISO 9001
产品情况：汽车高强度螺栓、螺母、气压及液压制动软管总成

★三门县永顺铆钉厂
地址：浙江省三门县高枧支下
邮编：317100
电话：0576/83116688
传真：83116888
网址：www.ysrivet.com
电子信箱：yongshun@ysrivet.com
质量体系：ISO 9001
产品情况：各种铁、铜、铝及不锈钢铆钉

★浙江三特科技有限公司
地址：浙江省三门县上叶北山开发区
邮编：317100
电话：0576/83351258、83231202
传真：83351185
网址：www.asiabelts.com
电子信箱：sunte@asiabelts.com
质量体系：ISO 9001
产品情况：（得运牌、三特牌）
汽车及摩托车传动带：同步带、切边式V带、变速V带和多楔带
出口情况：出口多个国家和地区

★浙江海中天橡塑有限公司
地址：浙江省三门县城西区
邮编：317100
电话：0576/83351338、83351328
传真：83351200
网址：www.seasky-china.com
电子信箱：hzt@seasky-china.com
质量体系：ISO/TS 16949、ISO 9001
产品情况：（海天牌）
普通V带、切边带、多楔带、汽车同步带、工业橡胶同步带等
出口情况：出口欧美、中东、东南亚、大洋洲等地区

★浙江立兴汽车零部件制造有限公司
地址：浙江省台州市三门县西区开发区
邮编：317100
电话：0576/83351797、83370222
传真：83382766
网址：www.zjjinglong.com
电子信箱：manager09222@vip.163.com
产品情况：摩擦材料
配套及出口情况：为四川新都、广东顺通等大型离合器总成厂配套；出口欧美、中东、东南亚等地区

★台州富聚胶带制造有限公司
地址：浙江省台州市三门枫坑工业区龙翔路10号
邮编：317100
电话：0576/83352213、83375555
传真：83352215
网址：www.fjbelt.com
电子信箱：china-fjjd@china-fjjd.com
单位人数：500
质量体系：ISO/TS 16949、ISO 9001
产品情况：（Fuju牌）
各种工业V形带、汽车风扇带、洗衣机带、缝纫机带、同步带、多楔带、平皮带、双面齿同步带、无级变速带及各种聚氨酯微型带等

★三门丽尔嘉工业有限公司
地址：浙江省三门县葛岙工业区
邮编：317100
电话：0576/83370188
传真：83370388
网址：www.lierjia.com
电子信箱：lierjia@lierjia.com
质量体系：ISO 9001
产品情况：有机硅酮密封胶（玻璃胶）、汽车耐高温免垫专用胶、聚氨酯发泡胶等
出口情况：出口东南亚、欧美、中东等地区

★浙江三维橡胶制品有限公司
地址：浙江省三门县沙田洋开发区
邮编：317100
电话：0576/83371778、83371768
传真：83371060、83518355
网址：www.three-v.com
电子信箱：threev@163.com
单位人数：1461
质量体系：ISO 9001、ISO 10012
产品情况：（THREE V牌）
年产2.5亿Am的橡胶V带和1500万平方米输送带
出口情况：出口东南亚、美国、巴西、埃及等20多个国家和地区

★浙江省三星胶带有限公司
地址：浙江省三门县光明中路48号
邮编：317100
电话：0576/89331990、89331989
传真：89331995
网址：www.sxbelt.com
电子信箱：168@sxbelt.com
质量体系：ISO/TS 16949、ISO 9001
产品情况：（KAIHONG牌）
切割V带、多楔带、同步带、双面齿同步带、变速带、平皮带、连组带等橡胶带，年产能力500万条
出口情况：远销东南亚、欧美等地区

★三门富威胶带制造有限公司
地址：浙江省三门县珠岙镇上胡开发区
邮编：317101
电话：0576/83111164、83111881
传真：83110491
网址：www.china-fuwei.com
电子信箱：fuwei@china-fuwei.com
质量体系：ISO 9001
产品情况：（富威牌）
同步带、风扇带、V形带、多楔带、无级变速带等
出口情况：出口美国、加拿大、新加坡、韩国、日本等国家

★三门通顺铆钉有限公司
地址：浙江省三门县珠岙镇坎头路8~9号
邮编：317101
电话：0576/83112001、83112006
传真：83110913
网址：www.maoding.com
电子信箱：zsw@maoding.com
单位人数：100
质量体系：ISO/TS 16949
产品情况：（TSMD牌）
年产各类型离合器铆钉、管状铆钉、限位销、支承钉、平衡钉、隔套、连接套及制动片铆钉约1600t、盘毂60万只
配套及出口情况：为南京法雷奥和上海SACHS配套；出口欧美、非洲、东南亚、中东等30多个国家和地区

★浙江省三门南方工业有限公司
地址：浙江省三门县珠岙镇北山园
邮编：317101
电话：0576/83351308、83351038
传真：83351036
网址：www.china-nf.com
电子信箱：root@china-nf.com
质量体系：ISO 9001
产品情况：（NF牌）
时规带、V带、同步带、多楔带等
配套情况：为上海大众配套

★浙江紫金港胶带有限公司
地址：浙江省三门县高枧方下洋开发区
邮编：317102
电话：0576/83117030、83117448
传真：83117179
网址：www.firstbelt.com
电子信箱：zijingang@firstbelt.com
单位人数：378

质量体系:ISO/TS 16949、ISO 9001
产品情况:(珠屏牌)
　汽车 V 带、多楔带、同步带以及摩托车无级变速带、联合收割机带等类传动带
配套及出口情况:为国内外众多主机厂配套;出口美国、德国、阿联酋、叙利亚、意大利、尼日利亚、越南、马来西亚、印度尼西亚、菲律宾、土耳其、沙特阿拉伯、巴西、澳大利亚等国家

★浙江凯欧传动带有限公司
地址:浙江省三门县高枧开发区
邮编:317102
电话:0576/83117118、83118388
传真:83119609、83117363
网址:www. kaioubelts. com
电子信箱:kaiou@ 126. com
单位人数:458
质量体系:ISO 9001
产品情况:(凯欧牌)
　汽车 V 带、多楔带、汽车同步带、工业用同步带、无级变速带、平带、普通 V 带、窄 V 带、联组 V 带及各种橡胶杂件,用于汽车、摩托车等领域
配套及出口情况:为国内主机企业配套;出口欧洲、美洲、中东、南非、东南亚等地区

★浙江三门朝阳橡塑工业有限公司
地址:浙江省三门县高枧方下洋工业开发区
邮编:317102
电话:0576/83117158、83118865
传真:83118199
网址:www. rubberbelt - ct. com
电子信箱:leokin@ rubberbelt - ct. com
单位人数:400
质量体系:ISO 9001
产品情况:(长天牌)
　普通 V 带、输送带、传动带、汽车 V 带、切割带、特种三角带等
出口情况:出口欧洲、中南美洲、非洲、中东、东南亚等地区

★浙江尊华橡塑工业有限公司
地址:浙江省三门县高枧金湖洋经济开发区
邮编:317102
电话:0576/83117588、0571/28916081
传真:83117199、28916082
网址:www. bantto. com
电子信箱:export@ indah - cn. com
质量体系:ISO 9002
产品情况:传动橡胶带、输运带和聚氯乙烯软管等
出口情况:出口美国、土耳其、法国、东南亚以及中东地区等 30 多个国家和地区

★浙江光正橡胶有限公司
地址:浙江省三门县高枧吴岙
邮编:317102
电话:0576/83180666、83160388
传真:83160333
网址:www. guangzhengrubber. com
电子信箱:tanyan2006@ 126. com
质量体系:ISO 9001
产品情况:(光正牌)
　各种切割带、同步带、变速带、联组带等橡胶带
出口情况:出口东南亚、欧美等地区

★浙江金宇机械电器有限公司
地址:浙江省台州市天台县高新技术产业园区
邮编:317200
电话:0576/83938012、83938019
传真:83938010、83938020
网址:www. zjjinzi. com
电子信箱:mail@ zjjinzi. com
单位人数:400
质量体系:ISO 9001、ISO 14001
产品情况:管件阀、接头、软管、制动风管、安全泄放阀组成、调节阀座出口件、阀体、灯罩、电动千斤顶、电动扳手等
出口情况:远销美国、德国、法国、中东等国家和地区

★仙居县润丰汽车零部件有限公司
地址:浙江省仙居县杨府桐桥
邮编:317300
电话:0576/87774623、87735688
传真:87735968
网址:www. zjrunfeng. net
电子信箱:runfeng8@ 163. com
单位人数:180
质量体系:ISO/TS 16949、ISO 9001
产品情况:(仙丰牌)
　三元乙丙密实型橡胶密封件,钢骨架复合密封件,密实、骨架、海绵条、双色胶四复合密封件(条)产品表面植绒,涂料等后序加工密封件,橡胶塑料模压(注压)系列产品,以及特异形零部件
配套情况:为吉利轿车、陕汽集团、南京汽车集团、东风汽车公司等各大汽车厂家配套

★浙江赛阳密封件有限公司
地址:浙江省仙居县迎晖路 5 号
邮编:317300
电话:0576/87819186、87819084
传真:87819177
网址:www. saiyang. cn
电子信箱:saiyang@ vip. 163. com
单位人数:280
质量体系:ISO/TS 16949、VDA 6. 1
产品情况:各种密封件
配套情况:为一汽集团、东风汽车公司、南京汽车集团、哈飞汽车、昌河汽车、上汽通用五菱、长安汽车等配套

★浙江省仙居通用橡塑有限公司
地址:浙江省仙居县杨府
邮编:317306
电话:0576/87684191
传真:87684299
电子信箱:zjxiantong@ 126. com
质量体系:ISO/TS 16949、QS 9000
产品情况:橡胶、塑料及五金制品
配套情况:为上汽、五菱、哈飞汽车、一汽、长安、昌河、江淮、北汽、金杯、吉利等配套

★浙江宏鑫密封件有限公司
地址:浙江省温岭市新河长屿羊毛衫聚集区
邮编:317500
电话:0576/86556628、86551234
传真:86553798
网址:www. hxmfj. com
电子信箱:china@ zjhxmfj. com. cn
单位人数:280
质量体系:QS 9000
产品情况:O 形圈、U 形圈、阶梯圈、油封、气囊等
配套情况:为台州新界、浙江利欧股份、钱江股份等配套

★浙江发光橡胶密封件有限公司
地址:浙江省温岭市新河镇楼岙工业区
邮编:317502
电话:0576/86565258
传真:86565268、86565179
网址:www. fgxj. com
电子信箱:zjfg@ fgxj. com
质量体系:ISO/TS 16949
产品情况:骨架油封、气门油封、减振器油封、制动皮碗等
出口情况:出口东南亚、欧洲等地区

★台州新科粉末冶金有限公司
地址:浙江省温岭市淋川工业区
邮编:317511
电话:0576/86661353
传真:86661878
电子信箱:yongda@ mail. tzptt. zj. cn
单位人数:208
质量体系:ISO 9001
产品情况:摩托车、汽车等行业粉末冶金零配件

★浙江宁帆轴承有限公司
地址:浙江省温州市大溪镇下园山工业区
邮编:317525
电话:0576/85353333
传真:86353622
网址:www. ningfan. com
电子信箱:sale@ ningfan. com
单位人数:400
质量体系:ISO/TS 16949、ISO 9001
产品情况:汽车专用轴承及配件

★浙江福可吉精密机械有限公司
地址:浙江省温岭市大溪镇大溪工业园
邮编:317525
电话:0576/86331081
传真:88679668
网址:www. zjfkg. com
电子信箱:china@ fkgbearing. com
单位人数:300

质量体系:ISO/TS 16949、QS 9000
产品情况:(福可吉(FKG)牌)
各类轴承
出口情况:出口欧洲、美洲、东南亚、中东、南非等地区

★温岭市环宇轴承有限公司
地址:浙江省温岭市大溪镇工业区
邮编:317525
电话:0576/86331081、86336137
传真:86336016
网址:www.hybearings.com
电子信箱:sales@hybearings.com
质量体系:ISO 9001
产品情况:(环联牌)
低噪音电动机轴承、轮毂轴承、空调轴承和调心球轴承
配套及出口情况:为国内外一些大型企业集团配套;出口欧美地区

★台州巨和兴汽车减震系统有限公司
地址:浙江省玉环县汽摩工业园区
邮编:317600
电话:0576/87131557、87131558
传真:87130836
网址:www.jhrchina.com
电子信箱:juhe.rubber@263.net
质量体系:VDA 6.1、QS 9000
产品情况:各类液压悬置减振器、抗扭减振器、橡胶金属减振器及其他橡胶件,各类悬架

★台州兴华机械有限公司
地址:浙江省玉环县城关镇三合潭工业区
邮编:317600
电话:0576/87173311、87173313
传真:87173312
网址:www.tzxh.cc
电子信箱:web@yhxinghua.com
质量体系:ISO/TS 16949
产品情况:(XH 牌)
接头、螺母、螺栓、弯管、外套系列等
配套情况:为南京依维柯、广西柳工机械、临沂金利液压科技公司等配套

★浙江谷氏机械实业有限公司
地址:浙江省玉环县汽摩工业园区
邮编:317600
电话:0576/87204988
传真:87204999
网址:www.cngushi.com
电子信箱:web@cngushi.com
单位人数:300
质量体系:ISO/TS 16949、ISO 9002
产品情况:(谷氏牌)
高强度螺栓、螺母、垫片
配套情况:为主机厂配套

★台州博昌机械有限公司
地址:浙江省玉环县玉坎北路466号
邮编:317600
电话:0576/87210888
传真:87229606
网址:www.tzbochang.com
电子信箱:tzbc8888@sohu.com
质量体系:ISO 9001
产品情况:高强度螺栓
配套及出口情况:为上汽股份及上海通用配套;远销欧美等地区

★浙江强能动力有限公司
地址:浙江省玉环县机电工业园区
邮编:317600
电话:0576/87212741、87284532
传真:87210811
网址:www.qiangnen.com
电子信箱:office@qiangnen.com
单位人数:255
质量体系:ISO/TS 16949、QS 9000
产品情况:(强能牌)
N 系列、T 系列、全顺系列的螺栓、摇臂机构总成等
配套情况:为江铃汽车、北汽福田、东风朝柴、航天三菱、一汽集团、沈阳金杯、江铃 VM 发动机、保定长城、上汽通用五菱、戴姆勒-克莱斯勒、珀金斯动力、绵阳新晨动力、昆明云内动力、福特汽车、美国大众汽车等配套

★玉环县金龙欧浴洁具有限公司
地址:浙江省玉环县珠港镇环东工业区
邮编:317600
电话:0576/87213288、87210288
传真:87219118、87229069
网址:www.kinglongoe.com
电子信箱:hyc@kinglongoe.com
质量体系:ISO 9001
产品情况:(志达牌)
洁具、八角螺母、轮胎螺栓、螺栓等

★浙江汇丰汽配制造有限公司
地址:浙江省玉环县汽摩工业园区
邮编:317600
电话:0576/87221874、87313999
传真:87229522
网址:www.huifeng-zj.com
电子信箱:info@huifeng-zj.com
单位人数:580
质量体系:ISO/TS 16949、QS 9000
产品情况:(HF 牌)
非标准高强度螺栓、螺母、热锻造、冷挤压、铸造件、冲压件及转向器、制动器、助力器、减振器、制动踏板、管接系列配件、带轮张紧连支架总成等
配套及出口情况:为上海大众、上海通用、上汽制造、奇瑞汽车、上海汇众、幸福摩托、钱江摩托、北奔重汽、上汽通用五菱、一汽东机工、韩国万都、美国TRW、德国博世、美国水星、美国伊顿卡车、西班牙 AJUSA 等配套;部分产品出口

★浙江强力螺栓有限公司
地址:浙江省玉环县珠港镇双港路
邮编:317600
电话:0576/87222690、87224231
传真:87224221
网址:www.zjspl.com
电子信箱:zjspl@zjspl.com
单位人数:260
质量体系:ISO/TS 16949、ISO 9001
产品情况:(潘力(PL)牌)
高强度螺栓
配套情况:为上海柴油机、奇瑞汽车、天津一汽夏利内燃机制造分公司、江淮汽车、宁波跃进汽车前桥、上海伦福德汽车等配套

★玉环星光机械有限公司
地址:浙江省玉环县汽摩工业园区
邮编:317600
电话:0576/87238281
传真:87238282
网址:www.slxg.com
电子信箱:web@sxlg.com
单位人数:200
质量体系:ISO 9001
产品情况:叉车配件、工程车配件
配套及出口情况:为杭叉、厦叉、成叉、洛阳一拖、上海龙工、徐工集团等配套;出口东南亚

★玉环县中德塑胶有限公司
地址:浙江省玉环县珠港镇鳝湾村
邮编:317600
电话:0576/87253802、87207098
传真:87207061
网址:www.cngorgeous.com
电子信箱:zdsj@cnrubberseal.com
单位人数:300
质量体系:ISO/TS 16949、QS 9000
产品情况:(高捷仕牌)
汽车发动机液压悬置总成、变速器悬置总成、隔振块、衬套、防尘罩、缓冲块等,年产能力4000万件
出口情况:远销欧洲、北美洲、南美洲、拉丁美洲等地区

★玉环鸿永鑫机械配件厂
地址:浙江省玉环县环西村工业区
邮编:317600
电话:0576/87265548、87261048
传真:87233885
网址:www.zjhyx.com
电子信箱:web@zjhyx.com
质量体系:ISO 9001
产品情况:高强度螺栓、连杆螺栓、气门推杆、气门挺杆、弹簧座锁块、摇臂、气门摇臂轴总成等

★浙江玉环县中航机械有限公司
地址:浙江省玉环县机电工业园区白岩村
邮编:317600
电话:0576/87280179、87238568
传真:87282289、87280179
网址:www.cnaluminum.com
电子信箱:yhzhgs@126.com
单位人数:198
质量体系:ISO/TS 16949
产品情况:铝锌铸件
配套及出口情况:为柳州五菱汽车公司

定点配套铝铸件，并与国内多家发动机厂配套；出口美国、日本、东南亚、欧洲等国家和地区

★浙江贝斯特减震系统有限公司
地址：浙江省玉环县珠港镇城关小水埠工业区
邮编：317600
电话：0576/87282967、87245531
传真：87280609、87245532
网址：www.chinazosi.com
电子信箱：zosi@chinazosi.com
质量体系：ISO/TS 16949、QS 9000
产品情况：（ZOSI牌）
橡胶减振、各种密封模压制品、胶套、其他工程专用橡胶专用制品
出口情况：出口美国、德国、中东等10多个国家和地区

★玉环三田汽车摩擦工业有限公司
地址：浙江省玉环县大麦屿经济开发区
邮编：317600
电话：0576/87375168
传真：87375168
网址：www.yhstmc.com
电子信箱：st@yhstmc.com
质量体系：ISO 9001
产品情况：（ST牌）
汽车制动片

★荣基工业（台州）有限公司
地址：浙江省玉环县大麦屿开发区
邮编：317600
电话：0576/87375959、87375907
传真：87375958
网址：www.cgp-gasket.com
电子信箱：cgp@cgp-gasket.com
单位人数：281
质量体系：ISO/TS 16949
产品情况：发动机大修包、发动机衬垫
配套及出口情况：为通用汽车仓储贸易（上海）有限公司配套；远销欧洲、美洲、非洲、东南亚、中东等50多个国家和地区

★玉环天佳汽车轴承制造有限公司
地址：浙江省玉环县珠港镇汽摩工业园区
邮编：317600
电话：0576/87556472、87556168
传真：87564567
质量体系：ISO/TS 16949
产品情况：（万圣环牌）
各种型号汽车轴承

★浙江德众汽车零部件制造有限公司
地址：浙江省玉环县干江盐盘工业区
邮编：317600
电话：0576/89907999、89907988
传真：89907979、87209765
网址：www.dezhongcn.com
电子信箱：info@dezhongcn.com
质量体系：ISO 9001
产品情况：（德众牌）
汽车塑料水壶、油壶、装饰件、冲压件、橡胶塑料制品等
配套及出口情况：为各主要国际知名厂商配套；出口欧美、东南亚、中亚等地区

★台州东方海博机械有限公司
地址：浙江省玉环县汽摩工业园区
邮编：317602
电话：0576/87234789、87234666
传真：87231182
网址：www.dfhaibo.com
电子信箱：dfmotor@mail.tzptt.zj.cn
质量体系：ISO 9001
产品情况：（DF牌、HB牌、DFHB牌）
各类汽车、摩托车高强度螺栓、减振器非标件、整车底盘件及发动机件、塑料件、弯管、冲件等
配套及出口情况：为长安汽车、宗申集团、嘉陵集团、建设集团、隆鑫集团等配套；出口欧洲、非洲、印尼、越南、缅甸等国家和地区及中国台湾地区

★浙江玉环三普机械有限公司
地址：浙江省玉环县后塘洋工业区
邮编：317602
电话：0576/87283228
传真：87251699
网址：www.3pjx.com
电子信箱：sales@3pjx.com
质量体系：ISO 9001
产品情况：（陽田牌）
高强度轮胎螺栓、U形螺栓、制动调整臂
配套及出口情况：为东风汽车公司、一汽集团配套；出口韩国、东南亚等国家和地区

★玉环县凯立汽车配件有限公司
地址：浙江省玉环县珠港镇章家工业区
邮编：317602
电话：0576/87283722
传真：87283516
电子信箱：kailichina@yahoo.com.cn
单位人数：150
质量体系：ISO 9001
产品情况：（Kaili牌）
汽车时规链压板、时规滑板、时规滚轮以及轮胎螺栓、冲压件等

★浙江环荣汽车部件有限公司
地址：浙江省玉环县珠港镇坎门科技工业园区
邮编：317602
电话：0576/87509101
传真：87509102
网址：www.ynfz.com
电子信箱：info@ynfz.com
单位人数：360
质量体系：ISO/TS 16949
产品情况：（YNZ牌）
高强度螺栓、螺母、轴、销等标准及非标类汽车紧固件
配套情况：为一汽集团、东风汽车公司、北奔重汽等配套

★台州艾特密封件制造有限公司
地址：浙江省玉环县珠港镇坎门科技工业园区
邮编：317602
电话：0576/87509455、87518266
传真：87509477
网址：www.tzaite.com
电子信箱：info@tzaite.com
质量体系：ISO/TS 16949
产品情况：（Eight牌）
各种车型汽缸垫、油底垫、气门室垫、大修包及各种垫片
配套及出口情况：为国内外400多家客户配套；出口中东、南非、欧美等国家和地区

★浙江省玉环县同心机械有限公司
地址：浙江省玉环县坎门镇龙坎路6号
邮编：317602
电话：0576/87551828、87508357
传真：87551828
网址：www.cntongxin.com
电子信箱：web@cntongxin.com
质量体系：ISO 9002
产品情况：（龙钧牌）
离合器分离轴承、张紧轮、异类轴承、机加冲压件等
配套及出口情况：为桂林齿轮、株洲齿轮、唐山爱信齿轮、江华机器厂、广西轴承厂、南京轴承厂、牡丹江轴承厂等主机厂等配套；出口美国

★台州创阳机械有限公司
地址：浙江省玉环县坎门红旗工业区
邮编：317602
电话：0576/87553990
传真：87506522
网址：www.tzcyjx.cn
电子信箱：yhhqcheliang@126.com
单位人数：100
质量体系：ISO/TS 16949
产品情况：离合器分离轴承、盘毂、花键毂及总成，轮胎螺栓等
配套情况：为上海离合器总厂、上海公交总公司、湖北黄石离合器厂、东风汽车传动轴苏州分公司、上海嘉音机械制造公司、中信机电车桥公司、包头北奔重汽配套

★浙江省玉环县天心机械厂
地址：浙江省玉环县珠港镇坎门前台大宫边113号
邮编：317602
电话：0576/87555958、87509010
传真：87509183
网址：www.txjx.com
电子信箱：mail@txjx.com
质量体系：ISO 9001
产品情况：（润瑄牌）
螺栓、螺母、制动泵、离合器、凸轮轴、悬臂、调整臂、凸缘等各种轻、中、重型车前后桥零部件、发动机配件及工程钢结构用高强度螺栓连接副
配套及出口情况：与多家一级汽车制造

厂配套;出口欧美、中东、俄罗斯等国家和地区

★浙江省玉环县玉盛弹簧有限公司
地址:浙江省玉环县陈屿陈岙里工业区
邮编:317604
电话:0576/87331197
传真:87332391
网址:www.china-springs.net
电子信箱:spring@china-springs.net
质量体系:ISO/TS 16949、ISO 9001
产品情况:(玉盛牌)
各种汽车弹簧

★玉环沈泰汽车机械有限公司
地址:浙江省玉环县陈屿镇榴榕路26号
邮编:317604
电话:0576/87339859
传真:87339869
网址:www.shentaizj.com
电子信箱:web@shentaizj.com
质量体系:QS 9000、ISO 9001
产品情况:(沈泰牌)
卡箍,年产700万只;摩托车发动机凸轮轴,年产30万套;各种高强度紧固件
配套情况:为江铃汽车、安凯客车、上海申沃客车、扬州亚星客车、上柴等配套

★玉环金盛汽车部件厂
地址:浙江省玉环县大麦屿经济开发区
邮编:317604
电话:0576/87355069
传真:87355099
网址:www.yhjinsheng.com
电子信箱:info@yhjinsheng.com
单位人数:100
质量体系:ISO 9001
产品情况:(金盛牌)
各种型号活塞销、起动齿轮轴、连杆螺栓

★台州大川机电有限公司
地址:浙江省玉环县大麦屿经济开发区
邮编:317604
电话:0576/87552466、87507303
传真:87553003
网址:www.dcjd.com
电子信箱:dcjidian@126.com
单位人数:200
质量体系:ISO/TS 16949、ISO 9001
产品情况:(玉轿牌)
变速器顶盖总成、高强度螺栓及管接头
配套情况:为东风汽车公司、一汽集团、南京汽车集团等配套

★浙江赛特机械有限公司
地址:浙江省玉环县汽摩工业园区
邮编:317607
电话:0576/87166399、87166998
传真:87166999
网址:www.cn-saite.com
电子信箱:info@zjsaite.cn
质量体系:ISO/TS 16949、ISO 9001
产品情况:(远特牌)
汽车轮毂螺栓螺母、杯型螺母、高强度非标螺栓螺母等
出口情况:出口中东、东南亚、欧美等地区

★浙江中通汽车零部件有限公司
地址:浙江省玉环县滨港工业城
邮编:317607
电话:0576/87210806、87165888
传真:87223686
网址:www.czzt.com.cn
电子信箱:sales@czzt.com.cn
单位人数:350
质量体系:ISO/TS 16949、QS 9000
产品情况:(CZZT牌)
商用车轮毂、制动鼓紧固件
配套及出口情况:为中国知名商用车轮毂及车桥制造企业提供OEM配套;出口美国、欧洲、东南亚等国家和地区

★浙江南洋机械制造有限公司
地址:浙江省玉环县沙门镇滨港工业城
邮编:317607
电话:0576/87283048、87283062
传真:87283032
网址:www.cnnanyang.com
电子信箱:nanyang@cnnanyang.com
质量体系:QS 9000、ISO 9001
产品情况:轴件类、标准件、高强度紧固件、里程表主从动齿轮及螺母
配套情况:为一汽集团长春齿轮厂、南汽变速箱、江西五十铃、南昌齿轮、江铃齿轮、江苏东堡集团、山西大同汽车制造厂等配套

★浙江大统密封件有限公司
地址:浙江省台州市三门县洞港开发区
邮编:318000
电话:0576/83598338
传真:83598383
网址:www.tzdt.com
电子信箱:datong@tzdt.com
质量体系:ISO 9001
产品情况:(大统牌)
汽车、摩托车发动机油封、减振油封及各种全车橡胶杂件
配套及出口情况:主要为主机厂配套;出口美国、东南亚等国家和地区

★浙江海特橡塑有限公司
地址:浙江省台州市经济开发区开发大道339号
邮编:318000
电话:0576/88169692、88165666
传真:88165688
网址:www.haitexs.com
电子信箱:sales@haitexs.com
单位人数:400
质量体系:ISO/TS 16949
产品情况:(海特牌)
汽车及摩托车制动片、减振零部件、转向零部件、异形管、化油器接头、O形圈、油封、塑料油箱及其他杂件
配套及出口情况:为西门子VDO、日本的铃木、本田、美国BBP制动系统、库柏电器、浙江亚太机电、宁波安捷制动器等配套;出口欧美、东南亚等地区

★浙江荣康密封件有限公司
地址:浙江省台州市开发区纬五路126号
邮编:318000
电话:0576/88523508、88523566
传真:88523506
网址:www.rkoilseals.com
电子信箱:sales@rkoilseals.com
单位人数:200
质量体系:ISO/TS 16949
产品情况:(R&K牌)
油封、O形环、减振橡胶、工业密封件等
出口情况:R&K产品出口国外市场

★浙江崇富橡塑有限公司
地址:浙江省台州市经达路118号
邮编:318000
电话:0576/88882486、88889355
传真:88220895
网址:www.zj-jn.com
电子信箱:info@zj-jn.com
单位人数:180
质量体系:ISO/TS 16949、ISO 9001
产品情况:汽车及摩托车油封、O形环、防尘罩、皮碗、减振衬套、减振块、各种空滤器接头等
配套及出口情况:主要供应万向、株洲雅马哈、奇瑞、马自达、江西昌河、长安汽车、天津一汽夏利、柳州五菱等公司;年出口产品800多万元

★浙江国雨汽车零部件有限公司
地址:浙江省台州市椒江区海正大道389号
邮编:318000
电话:0576/88897788
传真:88320668
网址:www.gyt-autoparts.com
电子信箱:sale810@gyt.cn
单位人数:400
质量体系:ISO/TS 16949、ISO 9001
产品情况:(国雨牌)
汽车刮水片、刮水器橡胶条、橡胶杂件等
配套及出口情况:为上海大众配套;远销美国、德国、澳大利亚、日本、韩国、伊朗、俄罗斯等国家

★台州市金桥摩擦材料有限公司
地址:浙江省台州市椒江区东山九洲大道193号
邮编:318015
电话:0576/88053268、88053266
传真:88053266
网址:www.jinqiaomc.com
电子信箱:99101102@vip.sina.com
质量体系:ISO 9001
产品情况:各类轿车、微型汽车制动片

配套情况:为长安铃木配套

★浙江黄岩耐力轴承实业有限公司
地址:浙江省台州市黄岩西城模具城
邮编:318020
电话:0576/84019828、84226878
传真:84019975
网址:www. bearingmake. com
电子信箱:sales@ bearingmake. com
单位人数:200
质量体系:ISO 9001
产品情况:(耐力牌)
　　轮毂及发动机轴承、汽车的张紧轮轴承、汽车电动机轴承
配套及出口情况:为吉利汽车、比亚迪汽车、钱江摩托、洛阳北方易初摩托等配套;出口欧美、东南亚等地区

★台州大源生机械有限公司
地址:浙江省台州市路桥区东路桥大道555号
邮编:318050
电话:0576/82479090
传真:82412588、82563999
网址:www. dys. cn
电子信箱:info@ dysmail. com
质量体系:QS 9000、ISO 9000
产品情况:(DYS牌)
　　各类精密深沟球轴承、汽车轴承、圆锥滚子轴承、推力球轴承、外球面轴承、防腐轴承以及其他非标轴承

★台州市联丰橡塑有限公司
地址:浙江省台州市路桥区卖芝桥东路
邮编:318050
电话:0576/82557328、82402168
传真:82513168
网址:www. lianfeng - china. com
电子信箱:dennis@ lianfeng - china. com
单位人数:200
质量体系:ISO/TS 16949、ISO 9001
产品情况:刮水器橡胶条、发动机液压悬置总成、变速器悬置总成、缓冲块、衬套、防尘罩、化油器垫、聚氨酯制品等
出口情况:出口欧美、中东、非洲等市场

★台州耀江轴承有限公司
地址:浙江省台州市路桥区金清镇卷桥村威尔莎工业区
邮编:318050
电话:0576/82706203、82706303
传真:82700333
网址:www. yjbearings. com
电子信箱:export@ yjbearings. com
单位人数:200
质量体系:ISO 9002
产品情况:(耀江牌)
　　各类轴承,年产1200万套
出口情况:70%的产品出口美国、欧洲、东南亚等国家和地区

★台州三进压铸有限公司
地址:浙江省台州市路桥区峰江镇路西村
邮编:318054
电话:0576/82688028、82688026
传真:82688777
网址:www. welon. com. cn
电子信箱:sanjin@ welon. com. cn
单位人数:120
质量体系:ISO/TS 16949、ISO 9001
产品情况:铝合金压铸件,年产能力5000t

★浙江省永康市汽车配件厂
地址:浙江省永康市内九铃西厂三路79号
邮编:321300
电话:0579/87115510、87112448
传真:87115510
网址:www. hardwaretoday. com
电子信箱:ykqpc@ 163. com
质量体系:ISO 9000
产品情况:钣金冲压件
配套情况:为昌河汽车、长安汽车配套

★永康永强汽配有限公司
地址:浙江省永康市烈桥工业区
邮编:321300
电话:0579/87271335
传真:87271735
网址:www. yongqiangqp. com
电子信箱:yqqp@ yongqiangqp. com
单位人数:100
质量体系:ISO 9001
产品情况:发动机悬置总成、橡胶金属减振块等汽车橡胶减振器、发动机减振带轮、发动机油底壳、发动机齿轮室盖等
配套及出口情况:配套于美国通用、福特、道奇、丰田、尼桑、本田、三菱、马自达、斯巴鲁等车型的400多个品种;出口欧美

★浙江环新氟材料股份有限公司
地址:浙江省永康市花街镇杨公湾
邮编:321302
电话:0579/87271590、87271783
传真:87271589
网址:www. huanxinfluoro. com
电子信箱:huanxin@ huanxinfluoro. com
质量体系:ISO 9001、ISO 14001
产品情况:氟材料

★义乌市望江塑料厂
地址:浙江省义乌市经济开发区经发大道238号
邮编:322000
电话:0579/85314388、85317561
传真:85330748
网址:www. cnwangjiang. com
电子信箱:service@ cnwangjiang. com
质量体系:ISO 9001
产品情况:(望昌牌)
　　PVC热收缩膜、PVC印刷膜、PVC套管,年产能力3500t

★浙江华天机械有限公司
地址:浙江省浦江县工业园区亚太大道606号
邮编:322200
电话:0579/84201787
传真:84201555
网址:www. hua - tian. com
电子信箱:luyin888@ 163. net
质量体系:ISO 9001
产品情况:全金属汽缸垫、模具

★浦江万赛摩擦材料有限公司
地址:浙江省浦江县中山特色工业园区二区恒生路3号
邮编:322204
电话:0579/84236281、84236291
传真:84236282
网址:www. winsafe. com. cn
电子信箱:sale@ winsafe. com. cn
质量体系:ISO/TS 16949、ISO 9001
产品情况:汽车及摩托车制动片、工程机械摩擦片

★浙江省磐安县东风橡塑厂
地址:浙江省磐安县胡宅工业区
邮编:322312
电话:0579/84701237
传真:84701867
网址:www. df - plastics. com
电子信箱:webmaster@ df - plastics. com
质量体系:ISO 9002
产品情况:汽车电线套管

★浙江省丽水市中兴轴承有限公司
地址:浙江省丽水市天宁工业区天宁街882号
邮编:323000
电话:0578/2520596、2266682
传真:2266681
网址:www. zxbearing. com
电子信箱:ljz@ mail. lsptt. zj. cn
质量体系:ISO 9001
产品情况:(LJZ牌)
　　直线运动球轴承、带凸缘直线运动球轴承、直线滑块、向心关节轴承、油缸耳环及各种杆端关节轴承
出口情况:出口欧美、东南亚等地区

★浙江科马摩擦材料有限公司
地址:浙江省松阳县望松工业园区瑞阳大道312号
邮编:323400
电话:0578/8068008
传真:8069568
网址:www. zj - km. com
电子信箱:zjkema0578@ 163. com
单位人数:450
质量体系:ISO/TS 16949
产品情况:(科马牌)
　　汽车离合器面片
配套及出口情况:主要与一汽、东风、重汽、天汽、欧曼等集团公司中重型汽车及小车配套;出口美国、韩国、日本、印度、伊朗、东南亚、欧美等国家和地区

★龙泉市鸿翔胶带有限公司
地址:浙江省龙泉市大沙经济开发区

邮编:323700
电话:0578/7218018、7088915
传真:7218600
网址:www.lqhxjd.com.cn
电子信箱:lqhxjd.2607@163.com
质量体系:ISO 9001
产品情况:(久带牌)
V 带、多楔带、窄 V 带、同步带、普通 V 带等
出口情况:出口欧美、东南亚、中东等地区

★浙江兄弟之星汽配有限公司
地址:浙江省龙泉市茶丰夏华工业园
邮编:323704
电话:0578/7242188、7243333
传真:7242588
网址:www.xiahuaqp.com
电子信箱:root@xiahuaqp.com
单位人数:106
质量体系:ISO 9001
产品情况:汽车刮水片、散热器盖、制动软管、电喇叭等
出口情况:出口美国、日本、加拿大、荷兰、英国、马来西亚等国家,并销往中国台湾地区

★浙江永和新型制冷剂有限公司
地址:浙江省衢州市东港工业园区 E-025 号
邮编:324000
电话:0570/8886807、3832776
传真:3832767、8888401
网址:www.qhyh.com
电子信箱:yonghe_gas@qhyh.com
质量体系:ISO/TS 16949、ISO 9001
产品情况:(冰龙牌)
各种制冷剂
出口情况:出口北美洲、欧洲、南美洲、非洲、中东、东南亚等地区

★浙江开山铸造有限公司
地址:浙江省衢州市经济开发区凯旋西路 9 号开山工业园
邮编:324002
电话:0570/3662577、3662637
传真:3662672
网址:www.kaishanfoundry.com
电子信箱:kaishan@kaishanfoundry.com
单位人数:676
质量体系:ISO 9001
产品情况:(开山牌)
铸造件
出口情况:30% 的产品出口美国、日本等国家

★浙江环宇轴承有限公司
地址:浙江省常山县天马镇富足山工业区
邮编:324200
电话:0570/5125087、5125322
传真:5125038
网址:www.huanbearing.com
电子信箱:huanbearing@hotmail.com
质量体系:QS 9000
产品情况:(HUAN 牌)
前后轮轴承、张紧轮、分离轴承、散热器、冷凝器及各种车用滤清器
出口情况:远销欧美、中东、东南亚等地区

★温州华为标准件有限公司
地址:浙江省瑞安市海安镇海阳工业区 48 号
邮编:325000
电话:0577/65271089
传真:65273089
网址:www.rq-cn.com
电子信箱:rq-ch@21cn.com
单位人数:150
质量体系:ISO/TS 16949、ISO 14001
产品情况:(RQ 牌)
汽车及摩托车各类紧固件、冲压件、非标件等

★温州市龙湾昌盛紧固件有限公司
地址:浙江省温州市龙湾区横间东路 198-1 号
邮编:325001
电话:0577/86382599
传真:86382766
电子信箱:master@chang-sheng.com
质量体系:ISO 9001
产品情况:高强度紧固件

★温州市大隆汽车配件厂
地址:浙江省温州市鹿城区涂田工业区
邮编:325003
电话:0577/88130001
传真:88131700
网址:www.chinadlqp.com
电子信箱:dlyy@mail.wzptt.zj.cn
质量体系:ISO 9001
产品情况:(DALONG 牌)
专用汽车成套不锈钢及普钢配件

★温州泰立汽车内饰材料有限公司
地址:浙江省温州市新桥镇永庆街 188 号
邮编:325006
电话:0577/88424789、88427227
传真:88422884
网址:www.wztaili.com
质量体系:ISO 9001
产品情况:汽车内饰材料,用于汽车内饰的隔音、隔热、防振、密封等
配套情况:为上海大众、福建戴姆勒、上海通用、广汽本田、一汽-大众、神龙富康、吉利、宝马等国内外多家大型汽车生产厂家提供二次配套

★温州三环橡塑制品有限公司
地址:浙江省温州市中国鞋都沿江工业区沿兴路 123 号
邮编:325008
电话:0577/88798805、88798807
传真:88798809、88798810
网址:www.wzshxs.com
电子信箱:postmaster@wzshxs.com
单位人数:200
质量体系:ISO/TS 16949、ISO 9001
产品情况:丁腈橡胶、丁腈聚氯乙烯、丁基橡胶、氯醚橡胶、三元乙丙橡胶及氟橡胶等
配套情况:为湛江德利、天津华博罗、南京京滨、上海坤孚、浙江钱江、重庆平山泰凯等配套

★浙江俊尔新材料有限公司
地址:浙江省温州市经济技术开发区高新园区高一路 60 号
邮编:325011
电话:0577/56818888
传真:86581302、86581501
网址:www.juner.cn
电子信箱:wzsales@juner.cn
单位人数:500
质量体系:ISO/TS 16949、ISO 9002
产品情况:(俊尔牌)
改性尼龙、改性聚碳酸酯、改性聚酯、改性聚烯烃、特种工程塑料和热塑性弹性体
配套及出口情况:改性 PP 系列为上海大众(帕萨特、桑塔纳)、一汽-大众(宝来)配套,改性 PA 系列为奇瑞汽车(东方之子)、吉利汽车(金刚)配套,改性 TPE 系列为北京现代(伊兰特)配套,改性 PC 合金及聚酯系列为长城(赛弗)、长安福特马自达(福克斯)、上汽通用五菱(五菱之光)配套;出口中东、西亚、欧美等地区

★人本集团有限公司
地址:浙江省温州市经济技术开发区括苍东路 66 号
邮编:325011
电话:0577/86556100
传真:86552276
网址:www.cugroup.com
电子信箱:service@cugroup.com
单位人数:10000
质量体系:VDA 6.1、QS 9000
产品情况:(C&U 牌)
汽车轴承
配套情况:为一汽集团、东风汽车公司、上海大众、重庆宗申、大长江、钱江摩托、金城铃木等配套

★温州昊驰汽车部件有限公司
地址:浙江省温州市瓯海区经济开发区大鹏路 1 号
邮编:325014
电话:0577/86732000
传真:86733000
网址:www.ossca.com
电子信箱:ossca@ossca.com
单位人数:100
质量体系:ISO/TS 16949、QS 9000
产品情况:散热器盖、加油口盖、机油盖、水管接头等
出口情况:出口欧洲、美洲、亚洲、非洲等地区

★温州市正一陶瓷阀芯制造有限公司
地址:浙江省温州市瓯海区梅屿工业区
邮编:325016
电话:0577/86110091、86116285
传真:86116282
电子信箱:yezhengyi@ mail. wzptt. zj. cn
单位人数:100
质量体系:ISO 9001
产品情况:陶瓷磨片、陶瓷阀芯和机械密封件

★温州长密密封制造有限公司
地址:浙江省温州市瓯海浦东工业区振革路26号
邮编:325016
电话:0577/86130265、28817888
传真:86130552、86130522
网址:www. changmi. com
电子信箱:changmi@ mail. wzptt. zj. cn
质量体系:ISO 9001
产品情况:(长密牌)
汽车密封件
出口情况:远销欧美、非洲、中东、东南亚等地区

★温州天成密封件制造有限公司
地址:浙江省温州市瓯海三溪工业园区康宏西路29号
邮编:325016
电话:0577/86256633、86256678
传真:88415122
网址:www. trisunltd. com
电子信箱:trisun24@ trisunltd. com
单位人数:400
质量体系:ISO/TS 16949、ISO 9001
产品情况:(TRISUN牌)
机械密封件、汽车零部件、空调压缩机密封件,年产500万套
出口情况:年出口400多万元

★浙江欧福密封件有限公司
地址:浙江省温州市瓯海经济开发区三溪工业园富豪路39号
邮编:325016
电话:0577/86362236、88228652
传真:86362237
网址:www. chinaoufu. com
电子信箱:oufu@ oufu. com
质量体系:ISO/TS 16949
产品情况:(欧福牌)
转向器密封件、空调压缩机油封、气门油封、变速器密封
配套及出口情况:为东风康明斯、上柴、江西五十铃、广西玉柴、东风传动轴等配套;远销欧洲、北美洲、东南亚等地区

★温州市华海密封件有限公司
地址:浙江省温州市永强永兴工业区永安路161号
邮编:325024
电话:0577/86927988、86926988
传真:86936871
网址:www. zjhhmf. com
电子信箱:sale@ zjhhmf. com
质量体系:VDA 6.1、ISO 9001
产品情况:金属类、非金属类密封垫片,用于管道、空调、汽配行业
出口情况:出口意大利、中东、东南亚、非洲等国家和地区

★浙江明泰标准件有限公司
地址:浙江省温州市龙湾区梅头工业城
邮编:325025
电话:0577/85221162、85225398
传真:85221365
网址:www. wzzl. com. cn
电子信箱:mingtai@ china - ruibiao. com
单位人数:300
质量体系:ISO/TS 16949、ISO 9001
产品情况:(明泰牌)
汽车、摩托车、冰箱、空调用紧固件
配套情况:为本田、铃木、川崎、雅马哈、大长江、成都珠峰、重庆力帆、上汽通用五菱、上海通用、一汽集团等配套

★温州杰尼斯汽车部件有限公司
地址:浙江省温州市龙湾区海城工业城
邮编:325055
电话:0577/85228798
传真:85222862
电子信箱:jns@ jienisi. cn
质量体系:ISO/TS 16949
产品情况:标准件、塑料件、冲压件以及汽车内饰件、燃油箱、散热器、制动、座椅、空调等系列配件

★温州法兰特机械有限公司
地址:浙江省温州市瓯海区丽岙镇北工业区
邮编:325060
电话:0577/85380977
传真:85381178
电子信箱:cnflt@ mail. wzptt. zj. cn
质量体系:ISO/TS 16949、ISO 9000
产品情况:汽车及摩托车标准件、紧固件,汽车轮胎螺栓,年产值3800万元
配套及出口情况:为雅马哈、本田、长安汽车、东风汽车公司等配套;出口1000万元

★浙江朝泰机车部件有限公司
地址:浙江省温州市瓯海区丽岙镇白门工业区
邮编:325060
电话:0577/85390796、85384078
传真:85380989
网址:www. chaotai. net
电子信箱:zjyongtai@ 163. net
单位人数:800
质量体系:ISO 9001
产品情况:(朝泰牌)
汽车配件,闸把座开关等摩托车配件
配套及出口情况:为嘉陵、建设、宗申、力帆、隆鑫、天马、YAMAHA、DAELIM、PIAGGIO等中外摩托车生产厂配套;出口欧美、日本等十几个国家和地区,并销往中国台湾地区

★温州日升密封件制造有限公司
地址:浙江省温州市永嘉县桥头镇白垟工业区
邮编:325107
电话:0577/67467301、67337631
传真:67467302、67337652
网址:www. rm - ms. com
电子信箱:info@ chinarimi. com
质量体系:ISO 9001
产品情况:(日密牌)
各种机械密封件等橡胶制品,各种密封材料
配套情况:为国内外数家知名企业配套

★瑞安市铭泰汽车零部件有限公司
地址:浙江省瑞安市汀田镇岑岐工业区杜邦路2号
邮编:325200
电话:0577/65115333
传真:65116678
网址:www. mingtai - auto. com
电子信箱:market@ mingtai - auto. com
质量体系:ISO 9001
产品情况:(YDL牌)
各式制动蹄片,年产量100万套以上
出口情况:远销欧洲、美洲、中东、东南亚等地区

★瑞安市华德汽车零部件有限公司
地址:浙江省瑞安市莘塍东新工业区
邮编:325200
电话:0577/65178787、65185008
传真:65178789
网址:www. cn - huade. com
电子信箱:sale@ cn - huade. com
质量体系:ISO 9002
产品情况:汽车制动片、电子分电器总成、继电器、挡灯开关、电动玻璃升降器、变光开关
配套及出口情况:为国内各大汽车制造厂配套;出口欧美、中东、东南亚等地区

★浙江双泰车辆配件有限公司
地址:浙江省瑞安市塘下鲍田工业区
邮编:325200
电话:0577/65219996
传真:65201062
网址:www. cnshuangtai. com
电子信箱:info@ cnshuangtai. com
质量体系:ISO/TS 16949
产品情况:螺栓、螺母、垫圈

★瑞安市振安车辆配件有限公司
地址:浙江省瑞安市场桥浦西路166号
邮编:325200
电话:0577/65266100
传真:65265980
网址:www. zhenanchina. com
电子信箱:za@ zhenanchina. com
质量体系:ISO 9001
产品情况:弹簧板螺母、铁皮环箍、焊接螺母等汽车、摩托车标准件

★浙江永华紧固件有限公司
地址:浙江省瑞安市塘下镇场桥五林工业区塘路 187 - 188 号
邮编:325200
电话:0577/65292228、65292226
传真:65292227
网址:www.chinayonghua.com
电子信箱:sales@chinayonghua.com
质量体系:ISO/TS 16949、ISO 9001
产品情况:(华标牌)
自攻钉、螺钉、螺母、螺栓、圈钉等标准和非标准紧固件及冲压件
配套及出口情况:为国内汽车行业企业配套;出口欧洲、美洲等地区

★浙江力征汽摩部件有限公司
地址:浙江省瑞安市国际汽摩配产业基地兴罗路 488 号
邮编:325200
电话:0577/65326333、65326332
传真:65326331
网址:www.ralizheng.com
电子信箱:ralizheng@yahoo.com.cn
质量体系:ISO 9001、QS 9000
产品情况:汽车制动片
出口情况:远销俄罗斯、非洲、中东、北美洲、欧洲等国家和地区

★温州振霸弹簧有限公司
地址:浙江省瑞安市上望街道办事处薛前工业区工业路 20 号
邮编:325200
电话:0577/65518858、65518868
传真:65160688
网址:www.chinazbth.com
电子信箱:zhenbatanhuang@yahoo.com.cn
质量体系:ISO 9001
产品情况:(振霸牌)
各种压簧、拉簧、卡簧、纽簧、塔簧等

★浙江正昌锻造股份有限公司
地址:浙江省瑞安市沿江西路 501 号
邮编:325200
电话:0577/65662090、65675709
传真:65663024、65662090
网址:www.zhengchangforging.com
电子信箱:zcdz@wz.zj.cn
单位人数:500
质量体系:ISO/TS 16949、ISO 9001
产品情况:(正昌牌)
汽车、摩托车锻件,机械加工零部件
配套情况:为上海大众、一汽集团、时代集团、美国伊顿上海分公司、建设雅马哈、沈阳金杯、采埃孚集团等配套

★新潮集团股份有限公司
地址:浙江省瑞安市隆山东路 505 号新潮大厦
邮编:325200
电话:0577/66802969、65475999
传真:65476999、66802968
网址:www.xinchaogroup.com
电子信箱:xc - office@zjnewtrend.com
单位人数:308
质量体系:ISO/TS 16949、QS 9000
产品情况:(新潮牌、御风牌)
汽车内饰面料
配套情况:汽车面料产品进入李尔公司的配套销售网络

★瑞安市华驰机车部件有限公司
地址:浙江省瑞安市塘下镇陈宅旺路 35 号
邮编:325204
电话:0577/25615188
传真:65350149
网址:www.wzhuachi.com
电子信箱:ruianhuachi@126.com
质量体系:ISO 9001
产品情况:制动片、制动蹄
出口情况:出口南美、北美、欧洲、亚洲、非洲、中东等地区

★温州超伟汽车部件有限公司
地址:浙江省瑞安市塘下镇鲍田商业大街 428 号
邮编:325204
电话:0577/58866880、58866881
传真:58866882
网址:www.chuangjingchina.com
电子信箱:racjyg@126.com
单位人数:58
质量体系:ISO 9001
产品情况:动力转向油管、制动油管、高压油管、输油管、空调管及其附件
出口情况:远销中东、东南亚、俄罗斯、北美洲等地区

★瑞安中镇汽车零部件制造有限公司
地址:浙江省瑞安市塘下镇星南路 68 号
邮编:325204
电话:0577/65208225
传真:58880299
网址:www.starterdrive.net
电子信箱:jg - zj@163.com
质量体系:ISO 9001
产品情况:汽车紧固件

★瑞安市东风汽车标准件有限公司
地址:浙江省瑞安市塘下镇鲍田工业园区
邮编:325204
电话:0577/65213111、65213398
传真:65213198
网址:www.radongfeng.com
电子信箱:yemaoshao@163.com
单位人数:62
质量体系:ISO 9001
产品情况:螺柱、销、螺母、垫圈等
配套及出口情况:为一汽一东公司、东风科技、玉柴、湖北三环离合器、桂林福达汽车部件、江铃齿轮、韩国瑞进等配套;出口东南亚等地区

★瑞安市威龙气门厂
地址:浙江省瑞安市塘下镇鲍一西大街 139 号
邮编:325204
电话:0577/65219829
传真:65219829
电子信箱:77981280@qq.com
质量体系:ISO 9002
产品情况:制动软管、助力管、硬管
出口情况:远销东南亚、美洲、欧洲等地区

★瑞安市宏和汽车配件有限公司
地址:浙江省瑞安市塘下镇场桥浦桥工业区
邮编:325204
电话:0577/65263678
传真:65265118
网址:www.cnhonghe.com
电子信箱:zj - honghe@163.com
质量体系:ISO 9002
产品情况:摩擦材料
出口情况:出口欧美、中东、东南亚等地区

★温州市煌钢五金有限公司
地址:浙江省瑞安市塘下镇场桥浦新东路 43 号
邮编:325204
电话:0577/65299666
传真:65298877
网址:www.hg - wj.com
电子信箱:888@hg - wj.com
质量体系:ISO/TS 16949
产品情况:孔轴用挡圈、开口挡圈、内外(锯)齿垫圈及各种异行垫圈等标准件,各类汽车及摩托车机械紧固件及相关非标产品
出口情况:远销国外

★瑞标集团有限公司
地址:浙江省瑞安市塘下国际汽摩配产业园区
邮编:325204
电话:0577/65325555
传真:65338908
网址:www.ruibiao.net
电子信箱:sales@ruibiao.net
单位人数:900
质量体系:ISO/TS 16949、ISO 14001
产品情况:(瑞标牌)
汽车、摩托车及动力机械标准件、非标准紧固件
配套情况:为东安动力、哈飞汽车、长安汽车、大长江集团、金城摩托、轻骑摩托、天马摩托、钱江摩托 40 多家企业配套

★中精集团有限公司
地址:浙江省瑞安市塘下国际汽摩配产业园区
邮编:325204
电话:0577/65326268、65323368
传真:65321758、65323788
网址:www.chinazhongjing.com
电子信箱:sales@chinazhongjing.com
单位人数:635
质量体系:ISO/TS 16949、ISO 9001

产品情况:汽车、摩托车冲压件及各类紧固件、底盘件(摆臂)
配套及出口情况:为哈飞汽车、一汽集团、河北长安、南京长安、上海大众等配套;远销日本、欧美和东南亚市场

★瑞安市胜亚车辆配件有限公司
地址:浙江省瑞安市塘下镇罗凤育才路4号
邮编:325204
电话:0577/65331587、65335695
传真:65331587
网址:www.shengya-china.com
电子信箱:shengya@shengya-china.com
单位人数:160
质量体系:ISO/TS 16949
产品情况:倒车灯开关等汽车配件,非标零部件
配套情况:为一汽集团、安凯汽车、一汽-大众、青岛宏大纺织机械等配套

★瑞安市庆源汽车部件有限公司
地址:浙江省瑞安市塘下镇罗凤工业区凤都二路
邮编:325204
电话:0577/65335358、65351728
传真:65335118、65372738
网址:www.raqingyuan.com
电子信箱:yongjiuhenji@foxmail.com
质量体系:ISO/TS 16949、ISO 9001
产品情况:(庆源牌)
汽车张紧轮、张紧器、分离轴承等
出口情况:远销中东、美洲、欧洲市场

★浙江天浩汽车部件有限公司
地址:浙江省瑞安市塘下镇官渎河东工业区
邮编:325204
电话:0577/65366222、65366333
传真:65366555
网址:www.tnhogasket.com
电子信箱:thgasket@sohu.com
质量体系:ISO/TS 16949
产品情况:(天浩牌)
汽缸垫、活塞环、大修包等
出口情况:出口日本、美国、欧洲等国家和地区

★瑞安市贵金电工合金材料有限公司
地址:浙江省瑞安市塘下陈宅工业区
邮编:325204
电话:0577/65373178、65370168
传真:65393187
网址:www.guijin.com
电子信箱:webmaster@guijin.com
质量体系:ISO 9001
产品情况:(贵金牌)
银铜复合触点、银铜复合带材等
出口情况:出口美国、日本、韩国、俄罗斯、菲律宾等国家

★瑞安市明昊汽摩部件有限公司
地址:浙江省瑞安市塘下镇上金工业区
邮编:325204
电话:0577/65386105
传真:65386109
网址:www.cnminghao.com
电子信箱:info@cnminghao.com
质量体系:QS 9000、ISO 9002
产品情况:(明昊牌)
汽车盘式、鼓式制动片
出口情况:出口俄罗斯、非洲、中东、北美洲、欧洲等国家和地区

★浙江耐磨达刹车片有限公司
地址:浙江省瑞安市下林工业区罗山大道76号
邮编:325204
电话:0577/65390558、66000558
传真:65365967
网址:www.lamda.us
电子信箱:export@iamda.us
质量体系:ISO 9001
产品情况:制动片

★瑞安市拓搏汽车部件有限公司
地址:浙江省瑞安市塘下镇里北垟旺垟东路188号
邮编:325204
电话:0577/66005000、66005001
传真:65923981、65377858
网址:www.herowin.cn
电子信箱:hero-win@163.com
质量体系:ISO 9001
产品情况:(拓博牌)
制动片、电器开关等

★浙江振宇实业有限公司
地址:浙江省瑞安市鲍田商业大街518号
邮编:325205
电话:0577/65200025、65220333
传真:65210001、65220025
网址:www.cnzhenyu.com
电子信箱:sale@cnzhenyu.com
单位人数:800
质量体系:ISO/TS 16949、ISO 9001
产品情况:(振宇牌)
汽车弹簧制动气室、紧固件、滤清器、发电机、起动机等

★温州双剑工业集团东方汽车配件厂
地址:浙江省瑞安市海安广场路45号
邮编:325205
电话:0577/65268865、82561865
传真:65260531、65270228
网址:www.aoruiqi.com
电子信箱:info@wzsjdf.com
质量体系:ISO 9001
产品情况:(奥瑞奇牌)
标准件、带轮、张紧轮、油塞、惰轮
配套及出口情况:为一汽集团、北方工业集团、北奔重汽、江南汽车制造、内蒙古一机集团、安凯客车、福田曙光车桥等配套;出口40多个国家和地区

★浙江丰华标准件制造有限公司
地址:浙江省瑞安市海安镇海阳工业区42号
邮编:325205
电话:0577/65273088、65272088
传真:65271797
网址:www.wzfenghua.com
电子信箱:fh8808@vip.163.com
质量体系:ISO 9001
产品情况:(FH牌)
螺栓、螺母、螺钉、扣压件,定做各种非标准紧固件

★瑞安市春风汽摩部件有限公司
地址:浙江省瑞安市塘下吴岙工业区1号
邮编:325205
电话:0577/65278880、65278881
传真:65278882
网址:www.chun-feng-brakes.com
电子信箱:chinachunfeng@alibaba.com.cn
质量体系:ISO 9001
产品情况:制动片

★瑞安市新泰紧固件有限公司
地址:浙江省瑞安市海安霞霖工业区
邮编:325205
电话:0577/65350012、65390163
传真:65366030
网址:www.xtjgj.com
电子信箱:xtjgj@126.com
质量体系:ISO 9001
产品情况:紧固件
出口情况:出口欧美、日本等国家和地区

★瑞安市德顺士轴承有限公司
地址:浙江省瑞安市汀田镇大典下机场路
邮编:325206
电话:0577/65100080
传真:65110996
质量体系:ISO 9001
产品情况:(德顺士牌)
汽车及摩托车深沟球轴承,摩托车转向轴承
出口情况:出口东南亚等地区

★瑞安市德士达汽车配件有限公司
地址:浙江省瑞安市汀田镇汀三村工业区
邮编:325206
电话:0577/65108868
传真:65118886
网址:www.dsdautoparts.com
电子信箱:admin@dsdautoparts.com
质量体系:ISO 9001
产品情况:进口及国产汽车排气软管、不锈钢挠性软管、伸缩软管、缠绕软管、波纹管及金属软管等

★浙江永丰粉末冶金有限公司
地址:浙江省瑞安市莘塍工业区
邮编:325206
电话:0577/65125887、65531361
传真:65125886、65171234
网址:www.powdermetall.com
电子信箱:yffm@powdermetall.com
质量体系:ISO/TS 16949、ISO 9001
产品情况:粉末冶金铜基、铁基含油轴

承、气门导管、结构件等

★瑞安市丰日菱汽配制造有限公司
地址:浙江省绍兴市
邮编:325206
电话:0577/65196996
传真:65536928
网址:www. trans – filter. com
电子信箱:trans – filter@ trans – filter. com
单位人数:100
质量体系:ISO/TS 16949、ISO 9001
产品情况:(SKYFIL 牌)
　　汽车发动机液压悬置总成、变速器悬置总成、隔振块、铝锻控制臂总成、衬套、防尘罩、缓冲块等
出口情况:出口欧洲、美洲

★浙江振华精密紧固件有限公司
地址:浙江省温州市瑞安汀田镇岑岐桥东工业区
邮编:325206
电话:0577/65503544、65118907
传真:65508021
网址:www. zh – chn. com
电子信箱:zh. zjchn@ yahoo. com. cn
质量体系:ISO/TS 16949、ISO 9001
产品情况:标准紧固件、非标异形件模具及产品
出口情况:产品远销海外

★中国云顶控股集团有限公司
地址:浙江省瑞安市塘下镇罗凤北工业区
邮编:325215
电话:0577/65326172
传真:65350190
网址:www. cnyunding. com
电子信箱:yunding@ cnyunding. com
单位人数:561
质量体系:ISO/TS 16949、VDA 6. 1
产品情况:标准紧固件、非标准汽车专用紧固件、铝制压铸件、冲压件、多用软管夹箍与 U 形螺栓等

★浙江跃进锻造有限公司
地址:浙江省瑞安市陶山镇工业区
邮编:325215
电话:0577/65475989
传真:65475008
网址:www. china – yuejin. com
电子信箱:yuejin@ 263. net. cn
单位人数:564
质量体系:ISO/TS 16949、ISO 9002
产品情况:汽车及摩托车锻压件
配套及出口情况:为潍柴动力、玉柴、新大洲本田、五羊本田、嘉陵本田、马来西亚雅马哈、大长江集团、济南轻骑摩托车集团等配套;远销意大利、美国、德国等国家

★温州瑞工汽车配件有限公司
地址:浙江省温州市平阳县榆洋镇茶亭工业区
邮编:325400
电话:0577/63176068、63176066
传真:63176067
网址:www. cnruigong. com
电子信箱:owbkbelt@ 126. com
单位人数:155
质量体系:ISO 9001
产品情况:(OWBK 牌)
　　同步带、多楔带、V 带
出口情况:远销欧美和东南亚地区

★万宏集团温州汽缸垫有限公司
地址:浙江省平阳县万全轻工基地机械园
邮编:325400
电话:0577/63756511、63756522
传真:63756533
网址:www. xingyugaskets. com
电子信箱:xygaskets@ yahoo. cn
质量体系:ISO 9001
产品情况:汽缸垫、大修包
出口情况:远销东南亚、中东、非洲及欧美等地区

★温州恒阳汽车科技有限公司
地址:浙江省温州市平阳郑楼工业园区
邮编:325409
电话:0577/63782223
传真:63785553
网址:www. hyung. cn
电子信箱:hyung@ 126. com
单位人数:180
质量体系:ISO/TS 16949
产品情况:汽车用聚四氟乙烯油封、硅橡胶增压软管、动力转向器密封件

★泰顺县白云橡胶厂
地址:浙江省泰顺县城关白溪路
邮编:325500
电话:0577/67583639、67593639
传真:67584878
网址:www. naitai. net
电子信箱:tsbaiyunxj@ mail. wzptt. zj. cn
单位人数:200
质量体系:ISO 9002
产品情况:(NAITAI 牌)
　　高温管、橡胶管、挤出胶管和波纹管
配套情况:为一汽锡柴、玉柴、上柴、大柴、宇通客车、厦门金龙、江淮汽车、亚星商务车、上海申沃、亚星客车、东风杭汽、黄海汽车、安凯汽车、沈飞日野等几十家大型柴油机、汽车厂配套

★浙江瑞得密封科技有限公司
地址:浙江省乐清市柳市镇环城东路 15 号
邮编:325604
电话:0577/62771407、62778822
传真:62760691
网址:www. roide. com. cn
质量体系:ISO 9001
产品情况:密封件
出口情况:出口泰国、马来西亚、菲律宾、东南亚、中东、欧美等国家和地区

★乐清市长虹摩擦材料有限公司
地址:浙江省乐清市天成乡工业区
邮编:325608
电话:0577/62307700、62307711
传真:62307555
网址:www. chinachmc. com
电子信箱:chmc@ chinachmc. com
质量体系:ISO 9001
产品情况:离合器摩擦片
出口情况:远销东南亚、欧美等 50 多个国家和地区

★温州奥米流体设备科技有限公司
地址:浙江省温州市洞头县扬文工业区海霞路
邮编:325700
电话:0577/63366888、63366999
传真:63366777
网址:www. wzaomi. com
电子信箱:aomi@ wzaomi. com
质量体系:ISO 9001
产品情况:(奥米牌)
　　阀门、管道配件、精密热模锻、锻钢阀门等各类锻件
出口情况:远销西欧、东欧、北美洲、东南亚等地区

安徽省

★合肥星环科技开发有限公司
地址:合肥市高新技术产业开发区长江西路 662 号
邮编:230031
电话:0551/5334786
传真:5334786
质量体系:ISO/TS 16949
产品情况:JAC 标牌,年产 15 万只

★安庆市汇通汽车部件有限公司
地址:安徽省桐城市经济开发区
邮编:231440
电话:0556/6567987
传真:6567997
网址:www. huitongcn. com
电子信箱:web@ huitongcn. com
质量体系:ISO 9001
产品情况:聚氨酯弹性体材料、汽车推力杆、球墨铸铁制品
配套情况:为郑州宇通、金龙客车、安凯客车、亚星客车、北汽福田、重汽集团等配套

★桐城市超越橡塑有限公司
地址:安徽省桐城市范岗开发区裕安路
邮编:231460
电话:0556/6013210
传真:6020478
电子信箱:wxbcyxs@ 163. com
质量体系:ISO 9001
产品情况:汽车减振器橡胶、摆臂衬套、拉杆胶套、金属橡胶件

★合肥丰华汽车零部件有限公司
地址:合肥市肥东县龙塘镇工业园

邮编:231603
电话:0551/7311189
传真:7317068
单位人数:198
质量体系:ISO/TS 16949
产品情况:冲压件

★淮南万向特种轴承有限公司
地址:安徽省淮南市经济技术开发区
邮编:232007
电话:0554/3315460、3315459
传真:3315461
网址:www. wanxiang. com. cn
产品情况:圆锥轴承

★安徽新南港汽车内饰件有限公司
地址:安徽省淮南市经济技术开发区振兴北路
邮编:232007
电话:0554/3315788、3315789
传真:3315746
电子信箱:tongqingxuan@ yfgm. com. cn
单位人数:187
质量体系:ISO/TS 16949、QS 9000
产品情况:产业用布
配套情况:主要客户有上海大众、奇瑞、江淮等

★天宝产业控股集团有限公司
地址:安徽省蚌埠市高新区涂山路 1188 号
邮编:233010
电话:0552/4925032、4925320
传真:4923507
产品情况:前后制动蹄总成

★来安县隆华摩擦材料有限公司
地址:安徽省来安县经济开发区 B 区裕安西路 40 号
邮编:239213
电话:0550/5685628
传真:5685881
电子信箱:longhuags@ 163. com
质量体系:ISO 9001
产品情况:离合器摩擦片

★天长市天富汽车部件有限公司
地址:安徽省天长市永福东路 888 号
邮编:239341
电话:0550/7816771
传真:7813999
网址:www. zgtf. cn
电子信箱:zgft@ zgtf. cn
质量体系:ISO/TS 16949、ISO 9001
产品情况:制动片、点火线圈、漆包铜、铝线

★芜湖爱迪亚实业有限公司
地址:安徽省芜湖市银湖北路
邮编:241001
电话:0553/5868798
传真:5877158
质量体系:ISO/TS 16949、ISO 9001
产品情况:汽车橡塑产品

★鑫海橡塑有限责任公司
地址:安徽省芜湖市高新区星火工业园35 号
邮编:241002
电话:0553/2245538
传真:2245537
质量体系:ISO/TS 16949
产品情况:汽车橡胶制品

★斯凯孚密封系统(芜湖)有限公司
地址:安徽省芜湖市经济技术开发区裕安路 2 号
邮编:241009
电话:0553/5841298
传真:5841398
单位人数:238
质量体系:ISO 14001、OHSAS 18001
产品情况:油封及其他橡胶塑料密封件

★芜湖宏明塑料制品有限公司
地址:安徽省芜湖市经济开发区凤鸣湖南路 88 号
邮编:241009
电话:0553/5849711、5849520
传真:5849510、5844018
网址:www. wuhuhm. com
单位人数:263
质量体系:ISO/TS 16949、QS 9000
产品情况:奇瑞汽车面板、发动机罩盖、板扣、扶手、烟灰缸、升降器摇把总成等塑料配件
配套情况:为奇瑞汽车配套

★震宇(芜湖)实业有限公司
地址:安徽省芜湖市经济技术开发区凤鸣湖南路 108 号
邮编:241009
电话:0553/7518888
传真:7517770
网址:www. universalwuhu. com
电子信箱:mudan. lu@ universalwuhu. com
质量体系:ISO/TS 16949、ISO 9001
产品情况:各类汽车、电子、通信、家用电器等精密塑胶零部件

★芜湖杭万汽车零部件有限公司
地址:安徽省芜湖县机械工业园区阳光大道阳光桥旁
邮编:241100
电话:0553/8128518、8768388
传真:8768983
网址:www. hw - brake. com
电子信箱:hwbrake@ 126. com
质量体系:ISO 9001
产品情况:(阳光桥牌)
汽车制动片

★芜湖弘裕摩擦材料有限公司
地址:安徽省芜湖县机械工业园
邮编:241100
电话:0553/8765789
传真:8765798
网址:www. chinawandu. com
电子信箱:349178373@ qq. com
质量体系:ISO 9001
产品情况:制动片、电器开关等
出口情况:远销东南亚、中东、欧美

★安徽省宏泰汽配实业有限公司
地址:安徽省芜湖市芜湖县机械工业园阳光大道 1518 号
邮编:241100
电话:0553/8767087
传真:8766087
网址:www. cnht - jdb. com
单位人数:120
质量体系:ISO/TS 16949、ISO 14001
产品情况:汽车制动片、制动蹄等,年产能力 150 万套
出口情况:出口北美洲、南美洲、欧洲、大洋洲、东南亚、非洲、中东等 50 多个国家和地区,并销往中国香港、台湾地区

★芜湖强振汽车紧固件有限公司
地址:安徽省芜湖市芜湖机械工业园区纬三路
邮编:241100
电话:0553/8768222、8768226
传真:8768220
网址:www. chinaqiangzhen. com
电子信箱:qz@ chinaqiangzhen. com
质量体系:ISO/TS 16949、ISO 9001
产品情况:紧固件、连杆螺栓、飞轮螺栓等
配套情况:为南京汽车集团、奇瑞汽车、朝柴、常柴、唐山爱信、浙江中马等配套

★芜湖市中亚汽车制动元件公司
地址:安徽省芜湖市九华南路火龙岗工程机械大市场
邮编:241200
电话:0553/8313788、3022278
传真:8311838
网址:www. whzhongya. com
电子信箱:sale@ whzhongya. com
质量体系:ISO 9001
产品情况:制动片

★安徽中鼎控股(集团)股份公司
地址:安徽省宁国市经济技术开发区
邮编:242300
电话:0563/4181800、4182127
传真:4181880
网址:www. zhongdinggroup. com
电子信箱:office@ zhongdinggroup. com
单位人数:6041
质量体系:ISO/TS 16949、ISO 9001
产品情况:(鼎湖牌)
汽车减振橡胶制品,汽车制动、转向等系统密封制品,车用异形橡胶管
配套及出口情况:为一汽集团、上海大众、上海通用、南京汽车集团、神龙汽车、郑州日产、江铃汽车、江淮汽车配套;出口美国、日本、欧洲

★安徽威德汽车零部件制造有限公司
地址:安徽省宁国市开发区外环西路 138 号

邮编:242300
电话:0563/4187369、4187362
传真:4187366、4187356
网址:www.ahweide.com
电子信箱:ahweide@yahoo.com.cn
单位人数:350
质量体系:ISO/TS 16949、ISO 9001
产品情况:汽车整车、车桥、内燃机及变速器等用标准件、非标件及高强度螺栓、螺母
配套情况:为中国一汽、东风、华晨金杯、北方奔驰、曙光车桥、徐工集团、临工机械、山工机械、湖北车桥等企业配套

★宁国冠星汽车配件有限公司
地址:安徽省宁国市经济开发区外环西路
邮编:242300
电话:0563/4187855、4187866
传真:4187860
网址:www.iefriction.com
电子信箱:sales@iefriction.com
单位人数:170
质量体系:ISO 9001
产品情况:制动片、制动蹄
出口情况:出口加拿大、中南美洲、中东、欧洲、非洲等国家和地区

★亚新科噪声与振动技术安徽公司
地址:安徽省宁国市中溪镇2000号
邮编:242344
电话:0563/4674813、4674800
传真:4674880、4674819
网址:www.asimco-ah.com.cn
电子信箱:johnw@asimco.com.cn
质量体系:ISO/TS 16949、ISO 9001
产品情况:各种密封、减振类橡塑制品,维修工具等
配套情况:客户有神龙汽车、东风日产乘用车、华晨金杯、上汽通用五菱、奇瑞、吉利、比亚迪、重庆庆铃、东风汽车公司、BOSCH、TENNECO、GM、HONEYWELL、BENDIX、BOMBARDIER、MAYTAG、KNORR、EMERSON、DANA等

★安徽民生工贸集团有限公司
地址:安徽省泾县北郊香山
邮编:242500
电话:0563/5081166
传真:5081188
网址:www.msfrp.com
电子信箱:ahms@msfrp.com
质量体系:ISO/TS 16949、ISO 9001
产品情况:保险杠、EPP发泡件等汽车配件,高分子复合材料
配套情况:为国内多家汽车厂配套

★中力汽车制动系统制造公司
地址:安徽省安庆市国家经济技术开发区新材料产业园
邮编:246001
电话:0556/5716308
传真:5176308
网址:www.aqzlql.com
电子信箱:aqzlql@16.com
质量体系:ISO/TS 16949、ISO 9001
产品情况:汽车制动片
出口情况:出口南美、北美、中东、澳大利亚等国家和地区

★潜山(新昌)利达轴承有限公司
地址:安徽省潜山县天柱山火车站旁
邮编:246300
电话:0556/8921400、8933511
传真:8921939
网址:www.xldbearing.com
电子信箱:xldbearing@163.com
质量体系:ISO 9001
产品情况:(XLD牌)
外球面(UC、UK系列、AEL、UEL系列、SC、SB系列)、不锈钢、七类和深沟球轴承,年产能力2000万套
出口情况:出口欧洲、非洲、东南亚20多个国家和地区

★安庆市中天石油化工有限公司
地址:安徽省安庆市宿松县经济开发区
邮编:246500
电话:0556/8748968、7818298
传真:7818296
网址:www.aqztoil.cn
电子信箱:aqztoil@126.com
质量体系:ISO 9001、ISO 14001
产品情况:(福满天牌)
润滑油、润滑脂

★安徽义富汽车零部件有限公司
地址:安徽省枞阳县横埠镇汽车零部件工业园
邮编:246725
电话:0556/2027900、2028901
传真:2027909、2531128
网址:www.ahyifu.com.cn
电子信箱:wuyifu680210@163.com
单位人数:118
质量体系:ISO 9001
产品情况:汽车玻璃密封条、发动机支撑垫块总成、挡泥板组合件等
配套情况:为JAC配套

福建省

★立洲(福建)弹簧有限公司
地址:福州市闽侯区祥谦工业区立洲厂房
邮编:350011
电话:0591/22278661
传真:22278662
网址:www.lizhou.com
电子信箱:fzlizhou@public.fz.fj.cn
质量体系:ISO/TS 16949、ISO 9001
产品情况:(立洲牌、康山牌)
气门弹簧、悬架弹簧、压簧、拉簧、扭簧、卡簧、异弹簧及各种工业精密弹簧

★福建福兴润滑油有限公司
地址:福州市东门溪口77号
邮编:350011
电话:0591/87311973、87313321
传真:87336424
网址:www.ulube.net
质量体系:ISO 9001
产品情况:润滑油、润滑脂、特种润滑油

★福州新信制动系统有限公司
地址:福州市仓山区盖山路下濂
邮编:350026
电话:0591/28316899
传真:28316900
网址:www.assuredbrake.com
电子信箱:sales@assuredbrake.com
单位人数:71
质量体系:ISO/TS 16949
产品情况:汽车、摩托车盘式制动片、鼓式制动片、离合器片
配套情况:为东南汽车、郑州日产、华晨金杯、福州合信、厦门亨东等配套

★福建省闽侯展发橡塑制品有限公司
地址:福州市闽侯区白沙镇下浦路55号
邮编:350102
电话:0591/22951155
传真:22959284
网址:www.mhzfxs.cn
电子信箱:sales@fjzfxs.com
质量体系:ISO 9001
产品情况:(火箭牌)
各种型号规格的普通三角带,3v、5v、8v联组带、SPA、SPB、SPC各种窄型带,六角带,AA、BB带,橡胶密封等非标橡胶制品

★颖明(福州)标准件企业有限公司
地址:福州市闽侯区青口镇投资区东南汽车城
邮编:350119
电话:0591/22760101
传真:22760103
电子信箱:ymhiten@pub5.fz.fj.cn
单位人数:130
质量体系:ISO/TS 16949
产品情况:各种汽车标准件

★福州福裕橡塑工业有限公司
地址:福州市闽侯区青口东南汽车城
邮编:350119
电话:0591/22776035
传真:22761050
电子信箱:fuyue@pub5.fz.fj.cn
质量体系:ISO/TS 16949
产品情况:汽车用橡塑胶零部件、工业用橡胶产品
配套情况:为日本丰田、天津一汽丰田、东风本田、东南汽车配套

★福州安益汽车配件有限公司
地址:福州市闽侯区青口投资区
邮编:350119
电话:0591/22777001
传真:22777002
网址:www.an-jee.com

电子信箱:anjee@ public. fz. fj. cn
质量体系:ISO 9001
产品情况:制动软管、万向节防尘罩、修理包等橡胶件

★福州富全橡胶有限公司
地址:福州市闽侯区青口投资区
邮编:350119
电话:0591/87013688
传真:22760018
网址:www. fupen. com
电子信箱:fupen@ pub3. fz. fj. cn
单位人数:150
质量体系:QS 9000、ISO 9002
产品情况:(FFCR 牌、FPR 牌)
异形胶管、防振橡胶、高压油管、发泡橡胶等
配套情况:为东南汽车、东风柳汽、东风汽车商用发动机、一汽海马、广州宝龙、常州光阳摩托车、西藏珠峰豪爵摩托、长沙光南摩托等配套

★福建冠良汽车配件工业有限公司
地址:福建省福清市融侨工业区福玉路
邮编:350301
电话:0591/85380691、85361869
传真:85375861
网址:www. guanlean. com
电子信箱:lzh@ guanlean. com
单位人数:600
质量体系:ISO/TS 16949、QS 9000
产品情况:(冠良牌)
汽车制动片和离合器面片等,年产鼓式制动片 1 万 t、盘式制动片 300 万套、制动蹄总成 30 万套、离合器面片 1000 万片
出口情况:出口美洲、中东、大洋洲等国际市场

★福州华宇密封材料有限公司
地址:福州市闽清县潭口工业区
邮编:350811
电话:0591/22373859、22373898
传真:22373369
网址:www. fjhuayu. com
电子信箱:huayu@ fjhuayu. com
质量体系:ISO 9001
产品情况:(HENG YU 牌)
各种胶粘剂
出口情况:出口北美、欧洲、东南亚,并销往中国香港、澳门、台湾地区

★爱沃特玛铪橡胶制品(福建)公司
地址:福建省福清市融侨经济技术开发区宏路镇大埔
邮编:350300
电话:0591/85382971、85382951
传真:83726313
网址:www. fjkansai. com
质量体系:ISO 9001、ISO 14001
产品情况:橡胶密封制品

★福安市安杰汽车配件有限公司
地址:福建省福安市溪东商贸街
邮编:355000
电话:0593/6335667
传真:6335669
网址:www. anjiebrakes. com
电子信箱:anjiebrakes@ 163. com
质量体系:ISO/TS 16949、ISO 9001
产品情况:制动蹄、制动片
出口情况:销往北美、南美、东欧、东南亚等地区

★福安市环球汽车配件有限公司
地址:福建省福安市高速路口右转
邮编:355000
电话:0593/6381668
传真:6562665
网址:www. hqbrake. com
电子信箱:fang9168@ 163. com
质量体系:ISO/TS 16949、ISO 9001
产品情况:汽车鼓式制动蹄、盘式制动片、载货汽车用制动片
出口情况:90% 的产品出口欧美、大洋洲、中东、东南亚等 30 多个国家和地区

★福安市腾达制动材料有限公司
地址:福建省福安市上白石财洪工业区
邮编:355012
电话:0593/6690817、2139999
传真:6691536
网址:www. 21tengda. com
电子信箱:21tengda@ 163. com
单位人数:200
质量体系:ISO 9001
产品情况:(奥安牌)
年产汽车盘式制动片 150 万套、鼓式制动蹄块 50 万套、载货汽车衬片约 100t、摩托车制动片 2000 万套
出口情况:出口东南亚

★福建省霞浦县制动材料总厂
地址:福建省霞浦县三沙奇沙 176 号
邮编:355101
电话:0593/8662070、8662191
传真:8663688
网址:www. xpzd. cn
电子信箱:jiansha318@ 263. net
质量体系:ISO 9001
产品情况:(剑鲨牌)
制动片、制动蹄块等,具有年产制动器衬片 3000t、摩托车制动片 2000 万片的生产能力

★福建霞浦宏泰制动工业有限公司
地址:福建省霞浦县三沙镇甲头顶 1 号
邮编:355101
电话:0593/8672793
传真:8672797
网址:www. xp - hongtai. com
电子信箱:sun@ xp - hongtai. com
质量体系:ISO 9001
产品情况:(奔士达牌)
汽车制动片,年产盘式制动片 100 万套、鼓式制动片 60 万套
出口情况:出口北美洲、中东、欧洲、中南美洲

★霞浦正阳摩擦工业有限公司
地址:福建省霞浦县三沙镇奇沙 176 号
邮编:355101
电话:0593/8690668、8672888
传真:8666688
网址:www. joyyoung. cn
电子信箱:brakepad@ 21cn. com
单位人数:189
质量体系:QS 9000、ISO 9001
产品情况:(正阳牌、JOYYOUNG 牌)
具有年产各种汽车盘式片 500 万套、鼓式制动片蹄块 100 万套、鼓式制动片 2000 万 t 的生产能务
配套及出口情况:与汽车生产厂家配套;出口欧美、中东、东南亚等地区

★厦门百吉密封件有限公司
地址:福建省厦门市湖里区高殿建发工业大厦
邮编:361006
电话:0592/6021502、6021278
传真:5752071、6021623
网址:www. jianfa - baiji. com
电子信箱:xmbj@ public. xm. fj. cn
单位人数:88
质量体系:ISO/TS 16949、QS 9000
产品情况:(百吉牌)
车用密封条、内外装饰条、各种橡塑模压注塑杂件等
配套情况:为北方车辆厂、安凯客车、金龙联合、厦门金龙、宇通客车、昌河汽车等配套

★厦门市金汤橡塑有限公司
地址:福建省厦门市湖里区高崎工业园区
邮编:361011
电话:0592/5742483、5740019
传真:5742480
网址:www. kingtom. com. cn
电子信箱:idea7@ vip. qq. com
质量体系:ISO 9001
产品情况:(金汤(KINGTOM)牌)
汽车空气管橡胶制品、汽车线束橡胶制品、汽缸垫、汽车灯具等

★厦门诺瑞特实业有限公司
地址:福建省厦门市湖滨北路 118 号振兴大厦 8 楼 B 座
邮编:361012
电话:0592/5333710
传真:5120060、5332421
网址:www. san - dao. com. cn
电子信箱:xmsd@ san - dao. com. cn
质量体系:ISO 9001
产品情况:密封胶、胶袋、
配套情况:为厦门金龙、厦门金旅、宇通客车、中通客车、恒通客车、江西百路佳客车、厦门工程机械集团等配套

★厦门恒耀金属有限公司
地址:福建省厦门市集美区天凤路 75 ~ 83 号

邮编:361021
电话:0592/6060857、6298125
传真:6060197、6680833
网址:www.boltun.com.cn
电子信箱:boltunsc@xmboltun.com
质量体系:ISO/TS 16949、ISO 9001
产品情况:螺栓

★厦门金连兴橡胶有限公司
地址:福建省厦门市集美区北部工业区天阳路67-71号
邮编:361021
电话:0592/6100365
传真:6100368
网址:www.chinlan.cn
电子信箱:chinlan@chinlan.cn
质量体系:QS 9000
产品情况:橡胶零件
配套情况:为厦杏三阳、珠峰摩托配套

★奥新(厦门)轴承有限公司
地址:福建省厦门市集美北部工业区莲塘路71-87号
邮编:361021
电话:0592/6689008、6689010
传真:6689001、6689007
网址:www.fk-bearing.com
电子信箱:fk@fk-bearing.com
质量体系:ISO 9001
产品情况:(FK牌、FKT牌、MSB牌)
带座外球面球轴承、汽车轮毂轴承、离合器轴承、关节轴承、滚针轴承、电动机轴承等
出口情况:产品80%以上出口100多个国家和地区

★厦门万安橡塑制品有限公司
地址:福建省厦门市集美区灌口中路288号
邮编:361023
电话:0592/5917952
传真:5917957
电子信箱:yawny@yahoo.com
质量体系:ISO 9001
产品情况:(万安牌)
汽车用密封条及装饰条,PVC管、ABS、EVA、PS、PVC等各种材料的软质及硬质异型材,年销售额360万元

★美品(厦门)橡胶制品有限公司
地址:福建省厦门市同安区城东工业区思兴路1号
邮编:361100
电话:0592/7137325、7137326
传真:7137323
网址:www.meipin-xm.com.cn
电子信箱:yingpaio@ms17.hinet.net
质量体系:ISO 9001
产品情况:冷补胶、补胎胶水、内外胎修补工具、补胎条

★泉州双德盛交通器材有限公司
地址:福建省泉州市丰泽区东海鲟埔工业区
邮编:362000
电话:0595/22182788
传真:22182761
网址:www.qzsds.com
电子信箱:shuangdesheng@163.com
质量体系:ISO 9001
产品情况:(双德盛牌)
汽车制动片,汽车配件
配套情况:为重汽卡车公司、商用车公司、特种车及特殊机械设备事业部配套

★泉州昌德化工有限公司
地址:福建省泉州市鲤城浮桥高山工业区
邮编:362000
电话:0595/22355888、22479889
传真:22478889
网址:www.chang-de.com
电子信箱:changde@chang-de.com
质量体系:ISO 9001、ISO 14001
产品情况:(昌德牌、欣得力牌)
密封胶等产品

★泉州昌隆汽车配件工业有限公司
地址:福建省泉州市金山新村北区14幢103室
邮编:362000
电话:0595/22377484、22384543
传真:22382166
电子信箱:lucky@lidco.cn
质量体系:ISO/TS 16949
产品情况:(昌隆牌、SSK牌)
鼓式制动片、盘式制动片、蹄铁、离合器面片等
配套情况:为北方车辆制造厂、厦门金龙、东风日产柴、厦门金旅、东风车桥等配套

★泉州市宏川机械配件有限公司
地址:福建省泉州市鲤城区常泰街道新宅工业区
邮编:362000
电话:0595/22411628
传真:22411728
网址:www.cnhongchuan.com
电子信箱:hc@cnhongchuan.com
质量体系:ISO 9001
产品情况:(宏川牌、福川牌)
扭力胶芯、发动机胶垫、备胎架、修理包及各种塑胶制品

★泉州市欣龙汽车零部件制造公司
地址:福建省泉州市鲤城区江南高新园区常泰路L6号
邮编:362000
电话:0595/22423568、22000458
传真:22459828、22762258
网址:www.xlszqp.com
电子信箱:quanzhouxinlong@vip.163.com
质量体系:ISO 9001
产品情况:(欣龙牌、心牌、大拇哥牌)
高精强度多功能轮胎螺栓、轴向弹簧缓冲扭力胶芯、前后制动片、前后钢板U形螺栓等

★福建泉州满堂红汽车配件有限公司
地址:福建省泉州市鲤城区树兜工业区36号
邮编:362000
电话:0595/22425517
传真:22429288
质量体系:ISO 9001
产品情况:(满堂红牌、满发牌)
汽车轮胎螺栓

★泉州市鲤城联发机械配件有限公司
地址:福建省泉州市江南树兜工业区C座1-5号
邮编:362000
电话:0595/22426087、22455086
传真:22455769
网址:www.lfchina.com
电子信箱:lf@lfchina.com
质量体系:ISO 9001
产品情况:(益捷牌、LF牌、重联牌、LANTECH牌)
橡胶接头总成、高强度螺栓等
配套情况:为一汽集团、东风汽车公司、柳汽等配套

★泉州市福星机械制造有限公司
地址:福建省泉州市南环路七号段
邮编:362000
电话:0595/22427728
传真:22427728
网址:www.fjfuxing.cn
电子信箱:info@fjfuxing.cn
单位人数:318
质量体系:ISO 9001
产品情况:扭力胶芯、扭力杆总成、发动机胶垫、备胎架、修理包及各种塑胶制品等
配套及出口情况:为国内数家知名汽车企业配套;部分产品出口

★泉州江南重型汽车配件有限公司
地址:福建省泉州市江南汽配街仙塘工业中路1号
邮编:362000
电话:0595/22427881、22454101
传真:22455881
网址:www.jncarparts.cn
电子信箱:qzqcpj@126.com
单位人数:200
质量体系:ISO 9001
产品情况:(XIANTANG牌)
汽车橡胶减振垫、扭力胶芯、传动轴总成、活塞、平衡轴、拉杆、转向节修理包、钢板销、U形螺栓及密封件
出口情况:远销东南亚地区

★泉州市闽辉机械工贸有限公司
地址:福建省泉州市江南下店街16号
邮编:362000
电话:0595/22428958、22453085
传真:22459558
网址:www.qzmhjx.com
电子信箱:qzmhjx@163.com
单位人数:200

质量体系：ISO 9001
产品情况：履带板螺栓、链通、链销、斗轴套等
出口情况：销往东南亚及欧美市场

★福建省泉州市盈盛汽配有限公司
地址：福建省泉州市鲤城区江南斗南五星兴业东路4号
邮编：362000
电话：0595/22428989、22428282
传真：22429898、22452869
网址：www. mokcn. com
电子信箱：mok@ mokcn. com
质量体系：ISO 9001
产品情况：（MOK 牌）
油封、汽车密封件及缓冲件
配套情况：为重汽集团、上海振华港机集团、青岛约克运输设备等配套

★泉州市通成机械发展有限公司
地址：福建省泉州市高新技术园区紫新路9号
邮编：362000
电话：0595/22429922、22429933
传真：22429911
网址：www. cnqztc. com
电子信箱：qztc_allenchan@ yahoo. cn
质量体系：ISO 9001、ISO 14001
产品情况：（阳风牌、钻石牌、YSK 牌）
轮胎螺栓、中心螺栓、U 形螺栓
配套情况：为航天汽车制造厂、贵州高强度螺栓厂、湖北车桥、一汽山东改装厂等配套

★泉州市永进机械配件有限公司
地址：福建省泉州市鲤城区常泰街道锦田工业区
邮编：362000
电话：0595/22450077、22856600
传真：22452338
网址：www. china – yongjin. com
电子信箱：yj@ china – yaongjin. com
质量体系：ISO 9001
产品情况：（永上牌、亿胜牌）
各种国产、进口汽车、半挂车前后钢板 U 形螺栓、销轴、高强度螺栓等

★泉州鲤城川盛机械配件有限公司
地址：福建省泉州市江南村树兜工业区108号
邮编：362000
电话：0595/22451302
传真：22451956
网址：www. chuanshng. cc
质量体系：ISO 9001、ISO 14001
产品情况：（川盛牌）
紧固件、标准件

★泉州常驰机械有限公司
地址：福建省泉州市江南常春工业区
邮编：362000
电话：0595/22452233、22458358
传真：22455833
网址：www. china – changchi. com
电子信箱：cc@ china – changchi. com
质量体系：ISO 9001
产品情况：（F. Q. C 牌）
轮胎螺栓等高强度螺栓，传动轴胶及发动机胶垫，前后钢板销及主销，冲压件和电动玻璃升降器等
配套情况：为北京奔驰等国内几家大型汽车制造厂配套

★泉州鲤城新星汽配厂
地址：福建省泉州市鲤城区常泰新宅工业区
邮编：362000
电话：0595/22453682、22429782
传真：22423682
网址：www. lcxinxing. com. cn
电子信箱：lcxinxing@ 163. com
质量体系：ISO 9002
产品情况：（新星牌、生利星牌）
汽车中间传动轴支架总成、橡胶制品、各种冷冲配件
出口情况：出口中东、东南亚、欧美等地区

★泉州市田中机械配件有限公司
地址：福建省泉州市江南镇上村工业区
邮编：362000
电话：0595/22453881、22351187
传真：22459382
网址：www. tianzhongjx. com
电子信箱：tzmfcl@ vip. 163. com
单位人数：300
质量体系：ISO/TS 16949、ISO 9001
产品情况：（TAB 牌）
各种车型的扭力杆胶芯（套）、发动机胶垫、防尘套、备胎架、修理包及其他橡胶制品
配套及出口情况：为北奔重汽、东风商用车配套；出口欧美、东南亚、中东等地区

★泉州市华盖机械发展有限公司
地址：福建省泉州市江南高新园区元福北路3号
邮编：362000
电话：0595/22455257、22352598
传真：22459696
网址：www. china – huagai. com
电子信箱：hg@ china – huagai. com
单位人数：100
质量体系：ISO 9001
产品情况：（华盖牌、新盖牌）
汽车高强度紧固件螺栓、螺母等
配套情况：为一汽备品汽车零配件厂、一汽山东改装厂、长春解放汽车底盘厂、长春汇锋汽车齿轮、山东临沂工程机械等配套

★泉州辉鹏机械有限公司
地址：福建省泉州市鲤城区江南镇寨仔街99号
邮编：362000
电话：0595/22455722
传真：22412815
质量体系：ISO 9001
产品情况：汽车配件

★泉州市超亨汽车配件有限公司
地址：福建省泉州市新门外黄石工业区
邮编：362000
电话：0595/22456567、22459312
传真：22472737
网址：www. china – chaoheng. com
电子信箱：ch@ china – chaoheng. com
质量体系：ISO 9002
产品情况：（超亨牌）
各种汽车转向节修理包、后轮胎螺栓、传动轴支架总成、高强度螺栓及各种橡胶产品、底盘件等
配套及出口情况：为部分主机企业配套；出口多个国家和地区

★泉州市金信汽车配件有限公司
地址：福建省泉州市鲤城区江南树兜工业区
邮编：362000
电话：0595/22456810、22229873
传真：22451873
质量体系：ISO 9001
产品情况：（金旺牌）
各种高精度汽车底盘标准紧固件

★泉州市奇盛汽车配件有限公司
地址：福建省泉州市鲤城区江南下店工业区
邮编：362000
电话：0595/22456866、22422585
传真：22459763
网址：www. qisheng – cn. com
电子信箱：qxauto@ tom. com
单位人数：80
质量体系：ISO/TS 16949、ISO 9001
产品情况：（双人牌）
各种汽车高强度 U 形螺栓、中心螺栓、推杆螺栓、钢板销、轮胎螺栓、螺母、大王销、扭力胶心、转向节修理包、离合器分离杠杆总成等
配套及出口情况：为东风汽车、北汽福田、杭州日产柴等配套；远销东南亚、中东、非洲、欧洲、美洲等地区

★泉州金固胶业有限公司
地址：福建省泉州市鲤城区树兜北路178号
邮编：362000
电话：0595/22458855、22469966
传真：22422899
网址：www. jin – gu. com
电子信箱：jingu@ jin – gu. com
质量体系：ISO 9001、ISO 14001
产品情况：（金固（JINGU）牌）
硅酮免垫片密封胶、厌氧胶、丙烯酸强力 AB 胶、缸体修补剂

★福建泉州市德利机械有限公司
地址：福建省泉州市丰泽区城东玉兰工业区26号
邮编：362000

电话:0595/22682103、22292103
传真:22689782
网址:www. deliqipei. com
电子信箱:deliauto@ foxmail. com
法人代表(负责人):蔡超德
单位人数:200
质量体系:ISO 9001
产品情况:(德利牌)
专业生产冷镦、热锻等国标、非标螺母,高强度螺母、槽形开花螺母、高强度螺栓等汽车紧固件及汽车配件

★泉州力泰汽车配件制造有限公司
地址:福建省南安市霞美镇滨江汽配与机械产业基地
邮编:362000
电话:0595/26885566、22454529
传真:26885577、22454539
网址:www. jxqp. cn
电子信箱:13548167@ qq. com
质量体系:ISO 9001
产品情况:(捷信牌、重汽牌、力峰牌)
汽车轮胎螺栓、螺母、标准件等高强度紧固件
出口情况:出口东南亚、中东、欧美

★福建省恒润机械配件有限公司
地址:福建省晋江市磁灶镇太昌工业区
邮编:362000
电话:0595/85859111
传真:85895105
网址:www. fjhrjx. com
电子信箱:fjhengrun@ 163. com
质量体系:ISO 9001、ISO 14001
产品情况:汽车 U 形螺栓
配套及出口情况:为中国重汽配套;出口东南亚

★泉州市现代汽车配件制造有限公司
地址:福建省泉州市鲤城南环路中段
邮编:362006
电话:0595/22425999、22455126
传真:22451126
电子信箱:xiandaiqp@ 126. com
质量体系:ISO 9001
产品情况:(福泽牌、选泽牌)
钢板 U 形卡子,高强度轮胎螺栓、螺母,各种钢板销、转向节主销、橡胶制品、冲压件等

★泉州市建盛机械配件厂
地址:福建省泉州市北峰工业区 3 号地块
邮编:362008
电话:0595/22886462
传真:22896422
单位人数:100
质量体系:ISO 9001、QS 9000
产品情况:(建彬精工牌)
各种汽车发动机胶垫、驾驶室胶垫、传动轴胶垫及各种减振胶垫、冲件等
配套及出口情况:为国内多家汽车厂定点配套;远销东南亚、美国、加拿大、欧洲等多个国家和地区

★泉州市德源轴承实业有限公司
地址:福建省泉州市洛江区河市镇溪浦工业区
邮编:362013
电话:0595/28022688、28022588
传真:28023366、28023388
网址:www. ldk - bearings. com
电子信箱:lem@ ldk - bearing. com
质量体系:ISO 9001、ISO 14001
产品情况:(LDK 牌)
各型轴承
出口情况:出口 10 多个国家和地区

★培兴汽车零部件厂
地址:福建省晋江市西园街道王厝工业区
邮编:362200
电话:0595/26968839
传真:26963839
网址:www. peixing. cn
电子信箱:qzpeixing@ yahoo. com. cn
质量体系:ISO 9001
产品情况:(培兴牌)
高强度轮胎螺栓、U 形螺栓、扭力胶芯、传动轴吊架总成、钢板销、转向节主销、万向节总成、各种高强度底盘紧固螺栓、铁冲件、铸造件及橡胶件
出口情况:远销中东、东南亚、日本、韩国等国家和地区

★晋江市汉威紧固件制造有限公司
地址:福建省晋江市东石镇塔头孙工业区
邮编:362200
电话:0595/85525373、85585949
传真:85537373
网址:www. qzhanwei. com
电子信箱:sxj85585949@ 126. com
质量体系:ISO 9001
产品情况:(汉威牌)
螺母、螺栓等紧固件
出口情况:远销德国、美国、英国、日本、东南亚等国家和地区

★晋江市新中龙汽车部件制造公司
地址:福建省晋江市双沟工业区太原路 1 号
邮编:362200
电话:0595/85653319、85682089
传真:85651329
网址:www. xzlqp. com
质量体系:ISO 9001
产品情况:(中龙牌)
斯太尔、克拉斯、红岩等汽车零部件
出口情况:出口欧洲、北美洲、南美洲、东南亚、中东

★德信(福建)机械有限公司
地址:福建省晋江市青阳镇下行张工业区 164 号
邮编:362200
电话:0595/85682592、85677652
传真:85607791
网址:www. dexinqipei. com
电子信箱:fjdexin@ hotmail. com
质量体系:ISO 9001
产品情况:(飞翔鸟牌)
各种型号的轮毂螺栓总成
配套及出口情况:为多家标准件厂及车桥厂配套;出口马来西亚、新加坡、印尼、泰国、韩国、菲律宾、巴基斯坦、埃及、保加利亚、罗马尼亚、阿尔巴尼亚、加拿大、美国、南非、南美洲、欧洲等国家和地区

★晋江市一指王汽车配件有限公司
地址:福建省晋江市罗山镇许坑工业区 38 号
邮编:362200
电话:0595/88185564、88158668
传真:88199561
网址:www. youngboss. cn
电子信箱:yongngboss2008@ 163. com
质量体系:ISO 9001
产品情况:(一指王牌、A + A 牌)
各种车型专用的弓板 U 形螺栓、轮胎螺栓、聚氨酯扭力胶芯等

★晋江市嘉景汽车配件有限公司
地址:福建省晋江市陈埭镇桂林工业区
邮编:362211
电话:0595/85122290
传真:85129290
网址:www. jiajingcn. com
电子信箱:jiajingqp888@ 163. com
质量体系:ISO 9001
产品情况:(加劲牌、劲量牌、U 牌)
U 形螺栓
出口情况:部分产品出口

★晋江亿泰汽配厂
地址:福建省晋江市新塘沙塘村北一区
邮编:362212
电话:0595/88197713、88197713
传真:88186612
网址:www. qzyitai. com
质量体系:ISO 9001
产品情况:U 形螺栓、制动蹄铁、轴头螺母

★晋江市曙光机械有限公司
地址:福建省晋江市新塘后洋新合村
邮编:362216
电话:0595/88181750
传真:88123808
网址:www. sgqipei. com
电子信箱:sales@ sgqipei. com
质量体系:ISO 9001
产品情况:(曙光牌)
锁紧螺母、花垫片、螺栓等标准件及易损件等

★晋江市凯利达汽车部件有限公司
地址:福建省晋江市社店北区 147 号
邮编:362216
电话:0595/88185856
传真:88175856
网址:www. 凯利达. cn
质量体系:ISO 9001

产品情况:(凯利达牌)
轮胎螺栓总成

★晋江市中德顺机械有限公司
地址:福建省晋江市安海第二工业区
邮编:362261
电话:0595/85705378
传真:85706378
网址:www.zdszz.cn
电子信箱:fjzds@vip.winmail.cn
质量体系:ISO 9001
产品情况:灰铁铸件以及球墨铸件

★晋江粉末冶金制品有限公司
地址:福建省晋江市安海镇龙山西路2号
邮编:362261
电话:0595/85786427、85708061
传真:85787173
网址:www.jjpmp.com
电子信箱:yuyongzun@yahoo.com.cn
单位人数:135
质量体系:ISO 9001
产品情况:(晋江牌)
各种汽车、摩托车、工程机械用制动片及各种粉末冶金结构件
配套及出口情况:是军工产品定点配套厂;出口美国、东南亚、中东等国家和地区

★晋江市阳光汽车配件有限公司
地址:福建省晋江市五里高科技工业园区
邮编:362263
电话:0595/86513311、86513322
传真:85739260、36208988
网址:www.fengbiao.com
单位人数:400
质量体系:ISO 9001
产品情况:(枫标牌、力量牌)
汽车轮胎螺栓、转向节主销、U形螺栓、传动轴支架总成、拉杆接头总成、备胎架升降器、同步器、齿轮、万向节叉等
出口情况:出口东非、美洲、欧洲、东南亚等地区

★励精汽配有限公司
地址:福建省晋江市安东工业园区
邮编:362271
电话:0595/85526611
传真:85532299
网址:www.ljqp.com
电子信箱:ljb@ljqp.com
质量体系:QS 9000、ISO 9001
产品情况:(励精(LJ)牌)
各种高强度载货汽车车轮螺栓
出口情况:出口东南亚、欧美等地区,并销往中国台湾地区

★晋江市东石联兴汽配厂
地址:福建省晋江市东石塔头工业路11号
邮编:362271
电话:0595/85580318
传真:85587319
电子信箱:lx319@163.com
质量体系:ISO 9001
产品情况:(LX牌)
载货汽车、重型车轮胎螺栓、螺母、高强度标准件、工程机械螺栓及机械精密零部件
配套情况:主要以出口配套为主

★新大美汽车配件有限公司
地址:福建省南安市省新开发区888号
邮编:362300
电话:0595/22481357、86252998
传真:22487577、86252273
网址:www.xdmqp.com.cn
电子信箱:info@xdmqp.com.cn
质量体系:ISO 9001
产品情况:(新大美牌)
发动机汽缸垫、修理包、密封件

★泉州市长源机械发展有限公司
地址:福建省泉州市晋江王厝工业区
邮编:362302
电话:0595/85659839
传真:85612839
网址:www.pxcy-auto.com
电子信箱:pxcy@pxcy-auto.com
质量体系:ISO 9001
产品情况:(培兴牌(PEIXING))
轮胎螺栓、U形螺栓、螺母、紧固件

★福建莱克石化有限公司
地址:福建省南安市梅山工业区
邮编:362321
电话:0595/86588901
传真:86585036
网址:www.chinalaike.com
电子信箱:77798664@qq.com
质量体系:ISO/TS 16949、ISO 9001
产品情况:(莱克牌)
汽车制动液、润滑油等
配套及出口情况:为一汽集团、东风汽车公司、南京汽车集团、天津一汽夏利、厦门金龙、江淮汽车、郑州宇通、重汽集团、聊城中通、桂林客车、羊城汽车、广东南海、成都客车、汉中客车、武汉富城、三江雷诺等配套;出口东南亚

★泉州市锦汽机械配件有限公司
地址:福建省泉州市南安大霞美滨江工业区
邮编:362333
电话:0595/26968869、26889855
传真:26889851、26889853
网址:www.qzjinqi.com
电子信箱:qzjq@hc360.com
质量体系:ISO 9001
产品情况:(锦强牌、华亿牌、JIALI牌)
汽车高强度紧固螺栓
出口情况:出口东南亚

★泉州市通恒机械制造有限公司
地址:福建省南安市滨江机械装备基地锦堂西路3-33号
邮编:362333
电话:0595/86765998
传真:86766998
电子信箱:fuzhiyong001@163.com
质量体系:ISO 9001
产品情况:(福见牌、TC牌)
各种热锻螺母、凸缘、分离凸缘、液压接头等

★泉州美孚美斯克化工有限公司
地址:福建省泉州市南安水头五里桥工业区
邮编:362342
电话:0595/86006385
传真:86006382
单位人数:365
质量体系:ISO 9001
产品情况:润滑油脂、护理用品,年产能力约35万t

★泉州市欧美润滑油制品有限公司
地址:福建省泉州市南安水头五里桥工业区
邮编:362342
电话:0595/86997588、86997688
传真:86997889
网址:www.ou-mei.com
质量体系:ISO 9001、ISO 14001
产品情况:(欧美牌)
润滑油
出口情况:出口新加坡、泰国、印度尼西亚、马来西亚、印度、斯里兰卡等国家

★福建鑫展旺集团有限公司
地址:福建省漳州市新华北路33号嘉华大厦3楼
邮编:363000
电话:0596/2025555、2066083
传真:2069898
网址:www.fjxzw.com
电子信箱:xzw2943503@163.com
质量体系:ISO/TS 16949、ISO 9001
产品情况:(鑫展旺牌)
汽车漆
配套及出口情况:为国内几十家汽车制造企业配套;出口东南亚、非洲等地区

★福建省龙溪轴承(集团)股份公司
地址:福建省漳州市芗城区延安北路
邮编:363000
电话:0596/2072156、2072085
传真:2051934
网址:www.ls.com.cn
电子信箱:ls@ls.com.cn
单位人数:1771
质量体系:ISO/TS 16949、ISO 14001
产品情况:(LS牌)
轴承
出口情况:出口欧洲、美洲、亚洲等30多个国家和地区

★漳州市新隆鑫橡胶制品有限公司
地址:福建省漳州市金峰工业开发区万亩工业园
邮编:363000
电话:0596/6106298、6106286

传真:6106299
网址:www. longxing - rubber. com
电子信箱:lzl@ longxing - rubber. com
质量体系:ISO 9001
产品情况:(龙兴牌)
橡胶管件、垫片类
配套情况:为厦门金龙、汉阳汽车、福建汽车厂、力佳柴油机厂、福建龙溪、龙马、龙江集团配套

★漳州翔隆交通器材有限公司
地址:福建省漳州隆海市东园工业区东风路1号
邮编:363100
电话:0596/6712555
传真:6712255
电子信箱:zbpac@ zbpac. com
质量体系:ISO 9000
产品情况:汽车制动片

★厦门韩泰润滑油有限公司
地址:福建省厦门市国际会展南路221号
邮编:364000
电话:4006751088
网址:www. hankookoil. com. cn
产品情况:汽柴通用润滑油、齿轮油、液压油、防冻液等

★福建环科化工橡胶集团有限公司
地址:福建省三明市沙县民营科技工业园
邮编:365500
电话:0598/5853762、5856278
传真:5855536、5830913
网址:www. fjhuanke. com
电子信箱:fjhkhg@ 163. com
单位人数:750
质量体系:ISO 9001
产品情况:(昂福牌、环科牌)
各种再生橡胶

★福建省永安轴承有限责任公司
地址:福建省永安市中山路699号
邮编:366000
电话:0598/3610088、3635786
传真:3634884
网址:www. yazc. com. cn
电子信箱:yzxs@ yazc. com. cn
单位人数:800
质量体系:ISO/TS 16949、ISO 9002
产品情况:(飞捷牌)
公、英制圆锥滚子轴承、AG系列轴承、深沟球轴承和非标轴承等,年产能力600万套
出口情况:出口美国、加拿大、欧洲、东南亚等国家和地区

江西省

★南昌汽缸垫厂
地址:南昌市湾里区紫清路5号
邮编:330004
电话:0791/83760453
传真:83760543
网址:www. cn - gasket. cn
电子信箱:ncqgdswy@ nc. jx. cn
单位人数:158
质量体系:ISO/TS 16949、QS 9000
产品情况:内燃机汽缸垫及各类平面密封垫片
配套及出口情况:为一汽集团、玉柴、江铃汽车、北汽福田、南柴、扬柴、大柴、锡柴、朝柴、成发等配套;部分产品出口国外

★南昌辉门密封件系统有限公司
地址:南昌市昌北经济技术开发区松林大道921号
邮编:330013
电话:0791/83802221、83804167
传真:83802494
电子信箱:ijpfmnc@ public. nc. jx. cn
质量体系:ISO/TS 16949、QS 9000
产品情况:(培英牌)
非石棉、石墨和多层金属垫片,产品包括汽缸垫、大修包和密封件,年产能力320万片
配套情况:为江铃五十铃、一汽集团、一汽轿车、神龙汽车、上海通用、东风康明斯、天津三菱、东南汽车、广汽长丰配套

★南昌市亮建摩擦材料有限公司
地址:南昌市进贤县温圳镇前进大道157号
邮编:331721
电话:0791/85546462
传真:85546284
电子信箱:jxlj - 88@ 163. com
质量体系:ISO 9000
产品情况:离合器摩擦片,年产量2000万片
出口情况:出口亚洲、非洲、南美洲、中东、欧美等50多个国家和地区

★江西久安铆钉有限公司
地址:南昌市进贤县温圳镇环行路29号
邮编:331721
电话:0791/85548927
传真:85548818
网址:www. jxjiuan. com
电子信箱:jxjiuan@ jxjiuan. com
单位人数:150
质量体系:ISO/TS 16949、QS 9000
产品情况:(久安牌)
各种铆钉、一字槽铝螺栓等
出口情况:出口东南亚、欧美、非洲等地区

★江西景德镇市航翔汽车配件公司
地址:江西省景德镇市东郊毛家坂
邮编:333002
电话:0798/8462498
传真:8498821
网址:www. hxjdz. com
电子信箱:hxjdz@ 126. com
质量体系:ISO 9001
产品情况:汽车电子电器、注塑件、吹塑件、吸塑件等

★景德镇景航锻铸有限责任公司
地址:江西省景德镇市陶瓷工业园区唐英大道1号
邮编:333039
电话:0798/2693165
传真:2691395
网址:www. jinghang. com. cn
电子信箱:3347@ jinghang. com. cn
单位人数:1000
质量体系:ISO/TS 16949、ISO 9001
产品情况:(景航(jinghang)牌)
普通碳钢、不锈钢、合金钢、铝合金、钛合金、镁合金等锻件;汽车安全带压铸件、空调压缩机体等铸件;客车、轿车、微型车不锈钢车窗和窗框、消声器、散热器、保险杠、座椅等型材产品;锻模、精锻模、辊压模、冷冲模、铸模、压塑模、注射模等模具
配套情况:主要合作企业有沈飞、哈飞、西飞集团、成飞集团、洪都集团、昌飞集团、GE、西屋、DBT、昌河汽车、江淮汽车、江铃汽车等

★宜春英龙橡胶有限公司
地址:江西省宜春市经济开发区工业北大道
邮编:336000
电话:0795/3576396、3576389
传真:3556666
网址:www. ylxj. net
电子信箱:ycylxj01@ 163. com
质量体系:ISO/TS 16949、QS 9000
产品情况:各类汽车软管、异形管及橡胶杂件
出口情况:出口东南亚等地区,并销往中国香港、台湾地区

★江西新余绿洲橡塑有限公司
地址:江西省新余市分宜县宜城西工业园丹桂路
邮编:336600
电话:0790/5881751、5890809
传真:5881448
质量体系:ISO/TS 16949、ISO 9001
产品情况:汽车及摩托车塑料件
配套情况:为南京依维柯、重汽集团、江铃汽车、长安汽车配套

★江西运良锻压有限公司
地址:江西省新余市分宜县清宜路108号
邮编:336600
电话:0790/5887746
传真:5883604
网址:www. jxyunliang. com
单位人数:230
质量体系:ISO/TS 16949
产品情况:各种锻件
配套情况:是江铃汽车、丹东曙光集团、沈阳辽中航空部件制造公司等配套

★江西元邦摩擦材料有限责任公司
地址:江西省定南县建设东路96号
邮编:341900
电话:0797/4282969、4282592

传真:4282585
电子信箱:jx－yuanbang@ tom. com
质量体系:ISO/TS 16949、ISO 9001
产品情况:(元邦牌)
制动片

★江西吉安市精工滚针有限公司
地址:江西省吉安市吉福路 41 号
邮编:343000
电话:0796/8328604
传真:8333132
网址:jxgunzhen. cn. alibaba. com
质量体系:ISO 9000
产品情况:滚针、滚针轴承及轴销等

山东省

★济南安达刹车片有限公司
地址:济南市济北经济开发区安顺街 6 号
邮编:250000
电话:0531/81173999、81173888
传真:81173899
网址:www. andafriction. com
电子信箱:sales@ andafriction. com
质量体系:ISO/TS 16949、VDA 6. 1
产品情况:制动片
出口情况:出口欧洲、南北美洲、亚洲等地区

★济南量子动力石油化工有限公司
地址:济南市天桥区 308 线 201 号
邮编:250001
电话:0531/88096677、4006760667
传真:88098899
网址:www. lzoil. com
质量体系:ISO 9001
产品情况:(量子动力牌)
汽油机油、柴油机油、辅助油液

★济南车仆特种油品有限公司
地址:济南市经十路 30225 号
邮编:250022
电话:0531/87585730、87588999
传真:87984697
网址:www. cheputzyp. cn
电子信箱:jinanchepu@ 163. com
质量体系:ISO 9001
产品情况:(金一统牌)
高性能柴油机油

★济南重卡至尊润滑油有限公司
地址:济南市天桥区药山工业园丁太鲁大街 829 号
邮编:250032
电话:0531/81260485、4000618868
传真:81260307
网址:www. zkcnlube. com
质量体系:ISO 9001
产品情况:汽车发动机油、齿轮油、液压油、防冻液、制动液、发动机养护剂及工业润滑油品

★格斯特(济南)石油化工有限公司
地址:济南市小清河北路格斯特工业园
邮编:250032
电话:0531/85702433、85713020
传真:85711154
网址:www. gesite. com. cn
电子信箱:gesite@ czkx. com. cn
质量体系:ISO 9001
产品情况:润滑油

★山东零公里石油化工有限公司
地址:济南市天桥工业开发区蓝翔路 1 号
邮编:250032
电话:0531/85708687、85713886
传真:85711312、85713493
网址:www. jnlgl. com
单位人数:100
质量体系:ISO 9001
产品情况:各种润滑油
配套情况:为一汽解放、一汽富奥、天津一汽、重汽集团配套

★济南科发中美高级润滑油有限公司
地址:济南市无影山北路 1 号
邮编:250032
电话:0531/85761898、85761896
传真:85760598
网址:www. kefalube. com
电子信箱:kefalube@ 163. com
法人代表:张克佳
负责人:王成森
单位人数:108
质量体系:ISO 9001
产品情况:(科发牌、苏比尔牌)
机油、齿轮油、防冻液、抗腐液压油、液力传动油,年产量 2 万 t

★济南康特石化有限公司
地址:济南市黄岗路 2007－4 号
邮编:250032
电话:0531/85963678
传真:85662668
网址:www. chinakangte. com
电子信箱:kangte@ chinakangte. com
单位人数:100
质量体系:ISO 9001
产品情况:汽车发动机润滑油

★山东北方现代化学工业有限公司
地址:济南市天桥区新城庄 1 号
邮编:250033
电话:0531/85951021
传真:85951026
网址:www. sdnmc. cn
电子信箱:scyx_234@ 126. com
质量体系:ISO/TS 16949、ISO 9001
产品情况:聚氨酯密封胶、胶粘剂、涂料、防护蜡、复合材料

★瑞道尔(济南)润滑油有限公司
地址:济南市天桥区无影山东路 38－1 号
邮编:250033
电话:4000003121
网址:www. ruidaoer. cn
电子信箱:ruidaoer@ 163. com
质量体系:ISO 9001
产品情况:(DAOEI 牌)
发动机油、汽轮机油热传导油、液压及液力传动油、工业用油、工艺用油、工业齿轮油、车辆齿轮油等

★济南奥沃雪弗龙润滑油有限公司
地址:济南市经十西路南段
邮编:250062
电话:0531/87233166
传真:87233988
网址:www. zbyhy. com
电子信箱:wujianhua@ 163. com
质量体系:ISO 9001
产品情况:(奥沃牌)
润滑油

★济南泉利达润滑油有限公司
地址:济南市工业北路 145－8 号
邮编:250100
电话:0531/88960314、88668446
传真:88272688
网址:www. quanlida. com
电子信箱:jinaquanlida@ 163. com
质量体系:ISO 9001
产品情况:(泉利达牌)
柴机油、齿轮油、空滤芯、机油滤芯等

★济南赛邦石油化学有限公司
地址:济南市天桥区桑梓店镇化工产业园纵四路东侧
邮编:250119
电话:0531/81260867
传真:85700346
网址:www. zm－sober. com
电子信箱:USA－sober@ live. cn
负责人:刘文友
质量体系:ISO 9001
产品情况:(Sober 牌)
润滑油

★济南飞驰重型汽车轴承有限公司
地址:济南市章丘开发区 68 号
邮编:250200
电话:0531/82288086
质量体系:ISO/TS 16949
产品情况:分离轴承、变速器轴承

★济南慧成铸造有限公司
地址:济南市章丘市明水街道办事处福安路
邮编:250200
电话:0531/83116797、83116799
传真:83116711
网址:www. hc－foundry. com
电子信箱:huicheng@ hc－foundry. com
单位人数:500
质量体系:ISO/TS 16949、QS 9000
产品情况:铝合金压铸件、铝合金重力铸造件及低压铸造件
出口情况:出口美国、法国、日本、韩国等国家

★重汽橡塑件制造部
地址:济南市长青区经济开发区重汽黄河路988号
邮编:250300
电话:0531/85581777、85581607
传真:85581600
电子信箱:jnxjmfj@public.jn.sd.cn
单位人数:220
质量体系:ISO/TS 16949、QS 9000
产品情况:(STEYR牌)
汽车橡胶制品(各种油封、减振缓冲件、密封圈、橡胶护套、胶管等)、聚酰胺管、排气消声器、铝合金燃油箱、汽车化工材料(防冻液、PVC涂料)等内饰件
配套情况:为重汽集团、陕汽集团、川汽、北汽福田、柳汽、郑州宇通、安凯车桥等配套

★山东省强劲汽车零部件有限公司
地址:济南市济北工业开发区富阳街13号
邮编:251400
电话:0531/84236239
传真:84236239
单位人数:120
质量体系:ISO 9001
产品情况:汽车、车床等橡胶制品,玻璃钢制品
配套情况:为重汽集团、陕汽集团等配套

★聊城曼仙蒂润滑油有限公司
地址:山东省聊城市湖南路东首开发区
邮编:252000
电话:0635/8535266、8535288
传真:8535366
网址:www.lcmxd.com
电子信箱:admin@lcmxd.com
质量体系:ISO 9001
产品情况:(曼仙蒂牌)
润滑油,发动机清洗剂、磨合剂、防冻液等汽车养护品

★山东华通管业有限公司
地址:山东省聊城市侯营工业园
邮编:252028
电话:0635/8568666、8568666
传真:8568666、8568686
网址:www.yaxsq.com
电子信箱:sd_huatong@163.com
质量体系:ISO/TS 16949、ISO 9001
产品情况:制动钢管和软管、汽车燃油管、柴油机高压油管、输油管、工程机械油管、空调管、机油集滤器总成、玻璃升降器等

★山东新大地铝业有限公司
地址:山东省茌平县信发热电工业园翰林路
邮编:252100
电话:0635/4286288、4282355
传真:4286559、4282355
网址:www.xddly.com
电子信箱:sdxddly@263.net
单位人数:460
质量体系:ISO 9001、ISO 14001
产品情况:(新大地牌)
各种铝合金铸件
出口情况:出口韩国、加拿大

★临清市中远精铸有限责任公司
地址:山东省临清市解放路东首
邮编:252600
电话:0635/2435814
传真:2434828
网址:www.zycasting.com
电子信箱:zys@zycasting.com
单位人数:860
质量体系:ISO 9001
产品情况:碳钢、球墨铸铁、合金钢、不锈钢等材质精铸件,年产精铸件约20000t
配套及出口情况:为一汽集团、东风汽车公司、重汽集团、北汽福田、中通客车、柳工、徐工等配套;部分产品出口韩国、日本、加拿大、美国、西欧等国家和地区

★山东哈临轴承实业有限公司
地址:山东省临清市东外环南首
邮编:252600
电话:0635/2556888、2555999
传真:2556777、2556918
网址:www.halinzc.com
电子信箱:halinzhoucheng@163.com
单位人数:500
质量体系:ISO 9001
产品情况:(HLB牌)
各种类型轴承
配套及出口情况:为中国重汽、北汽福田、山东莱动等企业配套;出口东南亚、印度、欧洲等国家和地区

★山东临清龙泰达轴承制造厂
地址:山东省临清市烟店经济开发区
邮编:252600
电话:0635/2854988
质量体系:ISO 9001
产品情况:(龙泰达牌)
轴承

★山东弘正车用轴承有限公司
地址:山东省临清市临高路68号
邮编:252653
电话:0635/2630299
传真:2630399
网址:www.hhzhh.com.cn
电子信箱:hhzhh888@163.com
质量体系:ISO 9001
产品情况:(HHZHH牌)
各种深沟球轴承、圆锥滚子轴承、圆柱滚子轴承、角接触球轴承、推力轴承、滚针轴承等六大系列300余品种,适用于一汽解放、东风、重汽斯太尔及各种微型车

★临清市宇飞轴承有限公司
地址:山东省临清市烟店李拐路北
邮编:252665
电话:0635/2851838、2854161
传真:2850130
网址:www.yfzc.com.cn
电子信箱:yfzc@yfzc.com.cn
质量体系:ISO 9001
产品情况:(WFZ牌)
"0"类深沟球轴承、圆锥滚子轴承、汽车轴承、推力轴承、非标轴承及张紧轮轴承等,年产500万套

★山东聊城鲁寰轴承有限公司
地址:山东省聊城市烟店工业园
邮编:252665
电话:0635/2859999、2859998
传真:2859777
电子信箱:lhzc@qlhxy-bearing.com
质量体系:ISO/TS 16949、ISO 9001
产品情况:(QLHXY牌)
八类推力轴承及深沟球、圆锥滚子轴承等

★临清市发达滚针轴承厂
地址:山东省临清市唐元镇马虎寨工业开发区东首
邮编:252666
电话:0635/2812039、2812839
传真:2813782
网址:www.fadabearing.com
电子信箱:fada98@163.com
单位人数:170
质量体系:ISO 9001
产品情况:(FADA牌)
向心滚针轴承保持架组件,实体套圈滚针轴承及各类非标准滚针轴承
出口情况:出口欧美、东南亚地区

★山东汇新汽车轴承有限公司
地址:山东省高唐县城西
邮编:252873
电话:0635/3871686
传真:3871696
网址:www.qichezhoucheng.com
电子信箱:bearing@qichezhoucheng.com
质量体系:ISO 9001
产品情况:(汇新牌)
汽车轴承
配套情况:为部分主机企业配套

★山东聚力焊接材料有限公司
地址:山东省德州市滨湖北路436号
邮编:253000
电话:0534/2260377、2367325
传真:2260360、2367525
网址:www.jlhc.com
电子信箱:sddzjlhc@126.com
单位人数:800
质量体系:ISO 9001
产品情况:各种电焊条、二氧化碳气体保护实心焊丝、药芯焊丝
出口情况:出口40多个国家和地区

★德州市鲁冠制动元件有限公司
地址:山东省德州市天衢工业园

邮编:253000
电话:0534/2744988
传真:2744966
网址:www. luguanbrake. com
电子信箱:luguan@ 263. net
单位人数:300
质量体系:ISO 9001
产品情况:(鲁冠牌)
汽车制动蹄总成、制动片
出口情况:远销欧美、中东、东南亚等地区

★水星汽车部件集团股份有限公司
地址:山东省德州市武城工业园水星街1号
邮编:253300
电话:0534/6691916、6698395
传真:6551148、6698395
网址:www. sdsxxs. net
电子信箱:shuixing188@ 163. com
单位人数:2100
质量体系:ISO/TS 16949、QS 9000
产品情况:橡塑密封件、橡胶件、塑料件、各类胶管、内饰件、汽车铝合金轮毂、玻璃升降器等
配套及出口情况:为一汽集团、东风汽车公司、北京现代、北汽福田、天津一汽、重汽集团、沈阳金杯、哈飞、宇通等60多个汽车制造厂配套;远销欧美等地区

★武城县德兴橡塑制品有限公司
地址:山东省武城县甲马营工业园
邮编:253307
电话:0534/6392999
传真:6399688
电子信箱:dexing988@ 163. com
质量体系:ISO 9000
产品情况:(德兴牌)
汽车密封条、工程机械密封条、橡胶杂件、工程机械铝合金推拉窗、刮水器等
出口情况:出口日本、韩国等

★金登制动器材厂
地址:山东省德州市武城县鲁权工业园
邮编:253308
电话:0534/6356649、6380049
传真:6380049
网址:www. jindbrake. com
电子信箱:sd_mhy@ 163. com
质量体系:ISO 9001
产品情况:(金登牌)
轿车、微型车、轻型车制动蹄片总成
出口情况:出口欧洲、东南亚等地区

★山东鲁盾聚氨酯制品有限公司
地址:山东省宁津县城南宁德公路工业区
邮编:253400
电话:0534/5213790
传真:7071795
网址:www. ldgy. cn
电子信箱:ludun11111@ 163. com
质量体系:ISO 9001
产品情况:(鲁盾牌)
聚氨酯弹性体软管,尼龙液压、气动软管

★山东金麒麟集团有限公司
地址:山东省乐陵市枣城北大街84号
邮编:253600
电话:0534/6261888
传真:2119796
网址:www. chinabrake. com
电子信箱:xiaoshou@ chinabrake. com
单位人数:2000
质量体系:ISO/TS 16949
产品情况:(LPB牌)
汽车制动片
配套及出口情况:为一汽-大众、长安汽车、现代、东风、金杯、吉利、比亚迪等配套;出口全球60多个国家和地区

★淄博助友石油化工有限公司
地址:山东省淄博市周村区萌水镇三衣工业园
邮编:255318
电话:0533/6887797、6886797
网址:www. zbzhuyou. com
单位人数:100
质量体系:ISO 9001、ISO 14001
产品情况:各种车辆用油、工业用油及特种油品、精制润滑油基础油,年产能力12万t

★滨州双峰石墨密封材料有限公司
地址:山东省滨州市渤海五路746号
邮编:256615
电话:0543/3371125、3373912
传真:3371937
网址:www. bz - graphite. com
电子信箱:sales@ bz - graphite. com
质量体系:ISO 9001
产品情况:(双峰牌)
柔性石墨卷材、板材、石墨带材、石墨线、石墨编织填料、石墨填料环、缠绕式垫片、包覆垫片、石墨金属复合板、石墨增强垫片、汽缸垫片等
配套及出口情况:为一汽集团、东风汽车公司等配套;出口美国、欧洲、日本、韩国、东南亚等国家和地区

★东营市成润化工有限责任公司
地址:山东省东营市开发区登州路69号
邮编:257000
电话:0546/8360398、8360939
传真:8360338
网址:www. dycrhg. com
电子信箱:chengrunhuagong@ 126. com
质量体系:ISO 9001
产品情况:(鲁岳牌)
润滑油脂,年产约10000t

★东营嘉扬精密金属有限公司
地址:山东省东营市胜利工业园天山路1049号
邮编:257067
电话:0546/7778771、8180515
传真:8180818、7788998
网址:www. cast - china. com
电子信箱:liyuan@ cast - china. com
单位人数:1000
质量体系:ISO 9002
产品情况:精密铸件
出口情况:90%以上的产品出口欧洲、日本、美国、澳大利亚等国家和地区

★山东长欣化工有限公司
地址:山东省广饶县稻庄工业园
邮编:257300
电话:0546/6499119、6499998
传真:6490369
电子信箱:changxinchem@ 163. com
质量体系:ISO 9001
产品情况:通用油脂、车用油脂、工程机械用油脂、工业用油脂

★广饶华力润滑油脂有限公司
地址:山东省广饶县经济技术开发区
邮编:257300
电话:0546/6695020
网址:www. hualipinguan. com. cn
电子信箱:603987567@ qq. com
质量体系:ISO 9001、ISO 14001
产品情况:润滑脂,年产能力2万t

★东营市龙海石化有限公司
地址:山东省东营市广饶县李鹊工业园区
邮编:257330
电话:0546/6283888、6882688
传真:6283555、6283138
网址:www. longhaishihua. cn
电子信箱:lh@ longhaishihua. cn
质量体系:ISO 9001
产品情况:润滑油脂,年产2万t以上

★东营科力汽配有限责任公司
地址:山东省广饶县李鹊镇经济开发区
邮编:257333
电话:0546/6283668、6289008
传真:6289008
网址:www. keliauto. com
电子信箱:autoSusan33@ hotmail. com
单位人数:1500
质量体系:ISO/TS 16949、ISO 9001
产品情况:(科力特牌)
各种车型制动片
配套情况:为哈飞汽车、长安汽车、一汽佳宝、北汽福田等配套

★山东祥源润滑脂有限公司
地址:山东省东营市广饶县大王经济开发区
邮编:257335
电话:0546/6870898、6870269
传真:6870829
网址:www. sdxiangyuan. cn
质量体系:ISO 9001
产品情况:润滑脂

★山东华星石油化工集团有限公司
地址:山东省东营市广饶县大王经济开发区
邮编:257335
电话:0546/6872660、6872990
传真:6873918、6872661
网址:www. dyhx. com
电子信箱:huaxing@ dyhx. com
单位人数:1200
质量体系:ISO 9002
产品情况:润滑脂、润滑油、柴油、汽油、液化气、沥青、聚丙烯、硫黄等
出口情况:出口美国、南非、印度、马来西亚、日本、韩国、澳大利亚等20多个国家

★东营市聚贝源化工厂
地址:山东省东营市大王镇经济技术开发区
邮编:257335
电话:0546/6878866
传真:6878877
网址:www. jubeiyuan. com
电子信箱:jubeiyuan@ 126. com
质量体系:ISO 9001
产品情况:(聚贝源牌)
润滑脂

★信义载重汽车配件有限公司
地址:山东省东营市大王经济技术开发区
邮编:257335
电话:0546/6879998
传真:6878889
网址:www. xinyis. com
电子信箱:xinyizaizhong@ 126. com
质量体系:ISO/TS 16949、VDA 6.1
产品情况:制动器衬片,石油钻机制动块,年产1500万套
配套及出口情况:为重汽集团、一汽集团、北汽福田、北京首钢重型车辆厂、山东汽车改装厂等配套;出口欧洲、美洲、亚洲等25个国家和地区,并销往中国香港、台湾地区

★东营市信义化工有限公司
地址:山东省东营市广饶县大王经济开发区
邮编:257335
电话:0546/6880819
传真:6880799
网址:www. xinyihg. com
电子信箱:xinyilipu@ 163. com
质量体系:ISO/TS 16949、ISO 9001
产品情况:润滑油、防冻液、油田化学助剂
配套情况:为上海大众配套

★东营信义集团公司橡塑厂
地址:山东省东营市大王经济技术开发区
邮编:257335
电话:0546/6881797、6881081
传真:6881478
网址:www. xinyirubber. com
电子信箱:xinyi@ xinyirubber. com
质量体系:ISO 9001、ISO 14001
产品情况:各类汽车用门窗密封胶条、橡胶减振器、橡胶水管及其他橡胶配件
配套及出口情况:为胜利油田、中原油田、辽河油田、新疆油田、克拉玛依油田、内蒙油田等配套;出口欧洲、美洲等国际市场,出口量占到公司总销售量的60%

★东营金正石油化工有限公司
地址:山东省东营市大王镇经济技术开发区
邮编:257335
电话:0546/6896005
传真:6896266
网址:www. jinzhenshihua. cn
电子信箱:jinzhenshihua@ 163. com
质量体系:ISO 9001
产品情况:(金正牌)
汽车润滑脂、润滑油
出口情况:远销朝鲜、东南亚、俄罗斯等国家和地区

★广饶县润得力化工厂
地址:山东省东营市广饶县稻庄镇庞项村
邮编:257336
电话:0546/6500885
传真:6500895
网址:www. rundeli. com
电子信箱:dyrundeli@ 163. com
质量体系:ISO 9001
产品情况:润滑脂

★山东荣邦汽配有限公司
地址:山东省东营市广饶县西水工业园区
邮编:257336
电话:0546/6506616、6506626
传真:6507696
网址:www. rbqp. com
电子信箱:info@ rbqp. com
质量体系:ISO/TS 16949、ISO 9001
产品情况:(索易牌)
各类制动片、消声器
出口情况:出口美国、日本、欧洲、韩国等国家和地区

★东营鹏飞石油化工有限责任公司
地址:山东省东营市广饶县西刘桥工业园
邮编:257338
电话:0546/6411569
传真:6411389
网址:www. dyxpf. com
电子信箱:pfsyhg09@ sina. com
质量体系:ISO 9001
产品情况:(鑫鹏飞牌)
润滑脂
出口情况:出口东南亚,并销往中国台湾地区

★潍坊万友石油化工有限公司
地址:山东省潍坊市潍安路济青高速立交桥西
邮编:261011
电话:0536/2270788、2270787
传真:2270778
网址:www. wanyoushiyou. com
质量体系:ISO 9001
产品情况:(万友牌)
汽车润滑脂

★潍坊美制汽车配件制造有限公司
地址:山东省潍坊市经济技术开发区泰祥街3号
邮编:261101
电话:0536/2293778、2293769
传真:2293778、2293769
网址:www. mzqp. com
电子信箱:mz@ mzqp. com
单位人数:260
质量体系:ISO/TS 16949、ISO 9002
产品情况:汽车高强度螺栓、螺母,制动盘轴承外环
出口情况:远销美国、日本、意大利、德国、澳大利亚、加拿大、荷兰

★莱州新亚通金属制造有限公司
地址:山东省莱州市经济开发区莱海路淇水村北
邮编:261400
电话:0535/2715717、2176319
传真:2176239、2715712
网址:www. xinyatong. com
电子信箱:ytuser@ xinyatong. com
单位人数:530
质量体系:ISO/TS 16949、VDA 6.1
产品情况:轿车冲压件,冲压装饰件
配套情况:为上海通用、上海延锋江森座椅、重汽济南卡车、南汽罗孚等配套

★莱州三王粉末冶金有限公司
地址:山东省莱州市城港路街道开发区开连路玉振街138号
邮编:261411
电话:0535/2212377
传真:2215645
网址:www. sdlzpm. com
电子信箱:lzpam@ public. ytptt. sd. cn
质量体系:ISO/TS 16949
产品情况:(三全牌)
含油轴承、气门导管、机油泵转子、齿轮、中高强度结构件等粉末冶金制品,年产各类零件2000万件以上
配套及出口情况:为北内、北京奔驰、一汽集团、东风汽车公司、轻骑集团、常柴等配套;出口日本、美国、东南亚、埃及、澳大利亚等国家和地区

★莱州市粉末冶金总厂
地址:山东省莱州市开发区环玉东路988号
邮编:261411
电话:0535/2715500、2715516
传真:2715110
网址:www. pm - north. com
电子信箱:lzpm@ public. ytptt. sd. cn
单位人数:600
质量体系:ISO/TS 16949
产品情况:(三全牌)

汽车水泵连接凸缘、水泵带轮、球笼万向节ABS环、制动盘ABS环、转向助力泵零件、真空泵转子、油泵转子齿轮、气门导管、气门阀座、气动电动工具零件、粉末冶金零件等,年产各种铁基、铜基粉末冶金零件4000t(5000万件)
配套及出口情况:为北内、北京奔驰、一汽集团、东风汽车公司、轻骑集团、常柴等配套;出口美国、加拿大、日本、欧洲、南美洲等国家和地区

★山东永和精密金属有限公司
地址:山东省高密市经济开发区人民大街东首3198号
邮编:261500
电话:0536/2305226、2306156
传真:2304757
网址:www.yonghecast.com
电子信箱:zss@yonghecast.com
单位人数:350
质量体系:ISO/TS 16949、ISO 9001
产品情况:不锈钢、碳钢及合金钢材质的管接头、阀体等
出口情况:出口韩国、日本、美国、德国、英国、法国、西班牙、意大利、瑞典等国家

★山东高天金属制造有限公司
地址:山东省高密市醴泉大街969号
邮编:261500
电话:0536/2323704、2345704
传真:2323630
网址:www.gaotian.com
电子信箱:export@gaotian.com
单位人数:108
质量体系:ISO 9001
产品情况:(高天牌)
轮胎气门嘴、气门芯、制动片等
出口情况:出口美国、马来西亚、阿根廷、土耳其、欧洲、南非等国家和地区

★山东美晨科技股份有限公司
地址:山东省诸城市密州路东首
邮编:262200
电话:0536/6320058
传真:6320138
网址:www.nmap.cc
电子信箱:meichen@meichen.cc
单位人数:265
质量体系:ISO/TS 16949、ISO 9001
产品情况:(MCRP牌)
车用橡胶及发动机减振、防尘罩、缓冲块、胶管、洗涤器、注塑件等橡胶塑料产品

★诸城华日粉末冶金有限公司
地址:山东省诸城市经济开发区横五路北
邮编:262233
电话:0536/6218366
传真:6216152
网址:www.huaripm.com
电子信箱:huari@huaripm.com
质量体系:ISO/TS 16949、ISO 9001
产品情况:粉末冶金制品

★山东高强紧固件有限公司
地址:山东省诸城市密州街道工业大道南路1号
邮编:262234
电话:0536/6550062
传真:6060952
网址:www.jingujian.cc
电子信箱:gaoqiangexport@jingujian.cc
单位人数:1800
质量体系:ISO/TS 16949、QS 9000
产品情况:(鲁花牌)
汽车内燃机、工程机械用各种高强度紧固件及配件;钢结构用高强度大六角头螺栓连接副;钢结构用扭剪型螺栓连接副,GB、ISO、ANSI、DIN等标准紧固件和各种异形紧固件
配套及出口情况:内燃机配件为潍柴动力、法国博杜安、无锡安泰动力、大柴、川柴、锡柴配套;汽车用紧固件为广州富华、青岛重力、安徽车桥厂、中国重汽、一汽解放、山汽改、宇通、济南富天配套;工程机械配件为山推、三一、徐工配套;出口俄罗斯、美国

★山东山狮钢球有限公司
地址:山东省五莲县城解放路65号
邮编:262300
电话:0633/5213552
传真:5213508
网址:www.shanshisteelball.com
电子信箱:wlshanshi@rz-public.sd.cninfo.net
质量体系:ISO 9001
产品情况:(山狮牌)
各型钢球,年产200亿粒
出口情况:出口美国、英国、德国、法国、意大利、西班牙、巴西、日本、韩国等37个国家

★日照中伟汽车配件有限公司
地址:山东省日照市五莲县城富强路9号
邮编:262300
电话:0633/5313588
传真:5313589
网址:www.rizhaozhongwei.com
电子信箱:wangfengchu@126.com
单位人数:300
质量体系:ISO 9000
产品情况:制动片,年产400万套
出口情况:主要销往欧美等国家和地区

★山东山工油品化工有限公司
地址:山东省青州市南环东路3969号
邮编:262500
电话:0536/2138888
传真:2138884
网址:www.shangong.com.cn
电子信箱:wf@shangong.com.cn
质量体系:ISO 9001、ISO 14001
产品情况:(山工牌)
润滑油、润滑脂、制动油等

★山东豪马克石油化工有限公司
地址:山东省青州市海岱北路青州市经济开发区
邮编:262515
电话:0536/3292179
传真:3292088
网址:www.himark.org
电子信箱:qzhmk@163.com
负责人:张连耕
质量体系:ISO 9001
产品情况:润滑油

★山东中坤石油化工有限公司
地址:山东省临朐县东城开发区夏西路北
邮编:262600
电话:0536/3710819
传真:3710879
网址:www.zhongkunoil.com
电子信箱:zhongkun@zhongkunoil.com
质量体系:ISO 9001
产品情况:(中坤牌)
防冻液、润滑油、润滑脂等
配套情况:防冻液为北汽福田、青岛台励福叉车等企业提供配套服务

★烟台安国特紧固件有限公司
地址:山东省烟台市莱山区盛泉东路2号
邮编:264000
电话:0535/2107111-405
传真:2107979
网址:www.agrati.com
电子信箱:sherry.wang@yaf.sd.cn
质量体系:ISO/TS 16949、ISO 9001
产品情况:汽车全车用紧固件

★烟台铁姆肯有限公司
地址:山东省烟台市青年路7号
邮编:264000
电话:0535/6242411
传真:6242950
质量体系:ISO/TS 16949
产品情况:各种轴承

★美国TPI德克萨斯石油中国公司
地址:山东省烟台市经济技术开发区科信工业园5号
邮编:264000
电话:0535/6372593
传真:6372393
网址:www.tpioil.com
质量体系:ISO 9001
产品情况:(Tpi牌)
润滑油、润滑脂

★德比化工产品(烟台)有限公司
地址:山东省烟台市莱山工业园
邮编:264000
电话:0535/6779355
传真:6773568、6779255
质量体系:ISO 9001
产品情况:(英驰牌)
润滑油

★烟台冰轮集团有限公司
地址:山东省烟台市芝罘区西山路80号
邮编:264000

电话:0535/6951013、6951015
传真:6252302
网址:www. yantaimoon. com
电子信箱:bgs@ yantaibinglun. com
单位人数:5000
质量体系:ISO 9001
产品情况:铸件、密封材料、塑料管/型材、管件产品等

★烟台聚氨酯橡塑制品厂
地址:山东省烟台市幸福中路200号
邮编:264002
电话:0535/6833486、7010169
传真:6837485
网址:www. ytjaz. com
电子信箱:sales@ ytjaz. com
质量体系:ISO 9001
产品情况:汽车操纵机构聚氨酯件、聚氨酯减振器、密封制品、橡胶/塑料制品
配套及出口情况:为一汽集团、一汽-大众捷达轿车、奇瑞汽车配套;出口美国

★烟台石川密封垫板有限公司
地址:山东省烟台市芝罘科技工业园冰轮路5号
邮编:264002
电话:0535/6856527
传真:6536245
网址:www. ytsc. cn
电子信箱:ytsc@ ytsc. cn
单位人数:550
质量体系:ISO/TS 16949、QS 9000
产品情况:各种密封板材、密封垫片、内燃机汽缸垫片等,年产密封板材8300t、汽缸垫片及其他密封垫片1000万件、摩托车垫片100万套、大修包10万套、缠绕式垫片50万件
配套及出口情况:为70多个国内发动机厂配套;出口日本、韩国、澳大利亚、东南亚、中东等国家和地区,并销往中国台湾地区

★烟台西蒙西轴承有限公司
地址:山东省烟台市经济技术开发区长江路181号
邮编:264006
电话:0535/6371085
传真:6372887
网址:www. cmcbearing. com
电子信箱:ytcmc@ cmcbearing. com
单位人数:830
质量体系:ISO/TS 16949、QS 9000
产品情况:英制圆锥滚子轴承,年产1100万套
出口情况:出口美国、欧洲、非洲、亚洲等国家和地区

★烟台德邦科技有限公司
地址:山东省烟台市经济技术开发区金沙江路98号
邮编:264006
电话:0535/6933377
传真:6933368
网址:www. darbond. com
电子信箱:sales@ darbond. com
质量体系:ISO/TS 16949、ISO 9001
产品情况:(德邦牌)
厌氧密封剂、硅酮密封剂、氰基丙烯酸酯瞬干胶、工业修补剂、聚氨酯密封剂、紫外光/可见光固化胶粘剂、环氧胶粘剂等

★烟台福尔福密封垫板有限公司
地址:山东省烟台市开发区汽车工业园广州路厦门大街8号
邮编:264006
电话:0535/6952668、6952669
传真:6396138
网址:www. fuerfu. com
电子信箱:frf@ fuerfu. com
单位人数:180
质量体系:ISO/TS 16949
产品情况:汽缸垫、隔热罩、进气垫、排气垫、全车垫及各种密封产品

★烟台乐星汽车部件有限公司
地址:山东省烟台市开发区长江路79号
邮编:264006
电话:0535/6955789、6955718
传真:6955726
网址:www. ytls. com. cn
电子信箱:ytls@ ytls. com. cn
质量体系:ISO/TS 16949
产品情况:动力转向软管总成、制动软管总成、金属接头、T形补浇管、真空制动管、排气软管等

★威海旺润来节能润滑科技有限公司
地址:山东省威海市高技术产业开发区科技路188号
邮编:264209
电话:0631/5623088、5698556
传真:5690226
网址:www. lubemate. com. cn
电子信箱:weihaisanding@ 126. com
质量体系:ISO 9001、ISO 14001
产品情况:(旺润来牌)
润滑油添加剂

★山东荣成市远海无油润滑轴承厂
地址:山东省荣成市成山大道西首
邮编:264300
电话:0631/7502342
传真:7518762
网址:www. sd - yuanhai. com
电子信箱:admin@ sd - yuanhai. com
质量体系:ISO 9001
产品情况:无油润滑轴承、边界润滑轴承、双金属轴套等
出口情况:出口多个国家

★山东荣成市荣威胶带有限公司
地址:山东省荣成市河西北路118号
邮编:264300
电话:0631/7517578
传真:7571910
网址:www. motorun. com. cn/md/index
电子信箱:office@ rongwei. net. cn
质量体系:ISO/TS 16949、ISO 9001
产品情况:(RONGWEI牌)
汽车及工业用切边V带、多楔带、同步带、无级变速带、包边V带、联组V带及异形带
配套及出口情况:为潍柴、东风汽车公司、东安黑豹、烟台舒驰、聊城客车等配套;出口中东等国家和地区

★山东力牌石油化学有限公司
地址:山东省威海市乳山银滩旅游度假区金海湾工业区
邮编:264500
电话:0532/88919702、4006852717
传真:88919525
网址:www. ch - esc. com
质量体系:ISO 9001
产品情况:(力(ESC)牌)
车用油、工业油、润滑脂

★山东双连制动材料有限公司
地址:山东省乳山市经济开发区海城街8号
邮编:264500
电话:0631/6608099、6624667
传真:6633789
网址:www. brakechina. com
电子信箱:expo@ brakechina. com
单位人数:220
质量体系:ISO/TS 16949、ISO 9001
产品情况:(双连牌)
各类盘式制动片、鼓式制动片
出口情况:远销北美洲、澳大利亚、中东、俄罗斯等国家和地区

★乳山市永丰铆钉厂
地址:山东省乳山市经济开发区东风工业园
邮编:264500
电话:0631/6623153
传真:6261888
网址:www. yongfengmaoding. com
质量体系:ISO 9001
产品情况:铆钉

★乳山韩京摩擦材料有限公司
地址:山东省乳山市长庆工业园
邮编:264500
电话:0631/6657063、6664460
传真:6664460
质量体系:ISO/TS 16949、ISO 9001
产品情况:鼓式制动片

★烟台润蚨祥油封有限公司
地址:山东省莱阳市经济开发区龙门西路162号
邮编:265200
电话:0535/3361351、3361368
传真:3361369、3361351
网址:www. chinarfx. com
电子信箱:ly - rfx@ 126. com
单位人数:440
质量体系:ISO/TS 16949
产品情况:(润蚨祥牌)

橡胶油封、PTFE 油封、聚氨酯高压油封等,年设计生产能力密封件 10000 万件、聚氨酯制品 1000 万件
配套及出口情况:为潍柴、一汽轿车、安凯车桥、一汽伊顿、北汽福田、天津天德、浙江正裕、重庆中意、江门豪爵、江苏明星、斗山工程机械等配套;远销美国、日本、德国、匈牙利、印度、韩国等国家

★山东莱阳市昌誉密封产品有限公司
地址:山东省莱阳市龙门西路 057 号
邮编:265200
电话:0535/3366261、3365713
传真:3369666、7335769
网址:www. lycy. com
电子信箱:sales@ lycy. com
单位人数:400
质量体系:ISO/TS 16949、ISO 9001
产品情况:(昌誉牌、CHY 牌)
汽车、摩托车减振器油封、发动机气门油封、曲轴前后油封、变速器油封、轴承油封等
出口情况:出口欧美、东南亚等国家和地区

★烟台成鑫密封垫板有限公司
地址:山东省莱阳市外向型工业园 A 区 12 号 -2
邮编:265200
电话:0535/7363199
传真:7363299
电子信箱:webmaster@ cx - gd. com
单位人数:96
质量体系:ISO/TS 16949、QS 9000
产品情况:(成鑫牌)
发动机汽缸垫、全车垫及密封板材、发动机金属、非金属汽缸盖垫片及全车密封垫片等

★山东省招远市永进自动补胎剂厂
地址:山东省招远市北关街 99 号
邮编:265400
电话:0535/8230796
传真:8230796
网址:www. yongjin178. com
电子信箱:875777868@ qq. com
产品情况:(永进牌)
轮胎自补剂
配套及出口情况:为一汽集团配套;远销东南亚地区

★招远市双龙汽车配件有限公司
地址:山东省招远市河东路北首
邮编:265406
电话:0535/8361698
传真:8361788
网址:www. brakepad. cn
电子信箱:shuanglong01@ hotmail. com
单位人数:60
质量体系:ISO 9001
产品情况:各种盘式制动片

★烟台海纳制动技术有限公司
地址:山东省烟台市福山区迎福路 27 号
邮编:265500
电话:0535/2130100
传真:2130100
网址:www. hi - pad. com
电子信箱:charlie. shao@ hi - pad. com
质量体系:ISO/TS 16949、ISO 9001
产品情况:汽车制动片

★烟台市福山气缸垫有限公司
地址:山东省烟台市福山高新技术产业区松霞路 888 号
邮编:265500
电话:0535/6300803、6300828
传真:6300688、6300828
网址:www. yts - qgd. com
电子信箱:yantaishan@ yts - qgd. com
单位人数:160
质量体系:ISO/TS 16949、ISO 9001
产品情况:(烟台山牌)
汽缸垫片、隔热罩、各类冲压件等
配套情况:为潍柴、潍坊道依茨、莱动、大柴、锡柴、玉柴等配套

★龙口市飞轮汽车配件有限责任公司
地址:山东省龙口市东莱街道办事处
邮编:265701
电话:0535/8521890
传真:8580369
网址:www. china - feilun. com. cn
电子信箱:manager@ china - feilun. com. cn
单位人数:92
质量体系:ISO/TS 16949、ISO 9001
产品情况:汽车密封件、橡胶波纹管、减振垫、吊架总成、修理包等
配套及出口情况:为国内各发动机厂、变速器厂配套;出口德国、伊朗、俄罗斯、美国、乌克兰等国家

★烟台中鲁石化制品有限公司
地址:山东省龙口市龙港开发区梁家煤矿东 2 公里
邮编:265703
电话:0535/8902208
传真:8902206
网址:www. zhonglushihua. com
电子信箱:zhonglushihua@ 163. com
质量体系:ISO 9001
产品情况:(中鲁牌、路凯牌)
润滑油、专用油、防冻液、制动液、润滑脂、摩托车油、产品添加剂、工业油系列等

★龙口车辆油管有限公司
地址:山东省龙口市开发区
邮编:265704
电话:0535/8647423、8647788
传真:8647233、8647233
电子信箱:manager@ youguan - china. com
质量体系:ISO/TS 16949、QS 9000
产品情况:柴油机及工程机械用高低压油管总成、软管总成,铜丝编织管,气门推杆,年产各种机型油管 600 万件
配套情况:为重汽集团、潍柴、大柴、锡柴、朝柴、珀金斯(天津)动力、北汽福田发动机、扬动等配套

★龙口市丛林液压管件厂
地址:山东省龙口市诸由镇西河阳
邮编:265705
电话:0535/8561225
传真:8561225
网址:www. buoyang. com
电子信箱:buoyang@ buoyang. com
单位人数:167
质量体系:ISO/TS 16949
产品情况:(河阳牌)
各种汽车散热器胶管、空滤器胶管、输油胶管、风管
配套情况:为北汽福田、潍柴、中通客车、一汽客车底盘厂、东安黑豹、大连叉车厂、大宇重工业烟台等配套

★龙口市通达油管有限公司
地址:山东省龙口市经济开发区龙水路西市场路北
邮编:265716
电话:0535/8880398
传真:8880398
网址:www. tongdayouguan. com
电子信箱:zyfzszj@ sina. com
单位人数:300
质量体系:ISO/TS 16949
产品情况:各种柴油机、汽油机油管、水管、气管、聚四氟乙烯油管、汽车消声器、三元催化器及改装系列产品
出口情况:出口欧美及东南亚地区

★长岛高能聚氨酯有限公司
地址:山东省长岛县文化街 18 号
邮编:265800
电话:0535/3212285
传真:3212280
网址:www. gnjaz. cn
电子信箱:gnjaz@ 163. com
单位人数:160
质量体系:ISO/TS 16949、ISO 9001
产品情况:浇铸式推力杆总成、浇铸式推力杆橡胶接头总成、增力机构接头总成、双桥车扭杆总成、聚氨酯钢板衬套
配套情况:为重汽集团、一汽集团、东风汽车公司、北汽、一汽山东汽车改装厂、青特、东安黑豹等配套

★青岛路邦石油化工有限公司
地址:山东省青岛市市北路 308 国道 233 号
邮编:266000
电话:0532/58818666、8008600220
传真:58811819
网址:www. roab. com. cn
质量体系:ISO 9001
产品情况:(路邦牌、Roab 牌)
汽车及摩托车发动机润滑系统、燃油系统、电路系统、变速器系统、冷却系统和轴承润滑系统、工业设备保养等养护品

★青岛江海汽车零部件有限公司
地址:山东省青岛市经济技术长江路
邮编:266000
电话:0532/81690268
电子信箱:www. qdjianghai@ 163. com
质量体系:ISO/TS 16949
产品情况:汽车油封、O 形圈、增压器胶管、水管、风扇带及各种橡胶制品

★青岛特别特橡胶制品厂
地址:山东省平度市
邮编:266000
电话:0532/82698858
网址:www. qdtbt. com
电子信箱:qdtbt@ qdtbt. com
单位人数:800
质量体系:ISO 9001
产品情况:(特别特牌、爱国者牌、海奥牌)
汽车传动带、油封等橡胶制品
配套情况:为重汽集团、一汽集团、东风汽车公司等配套

★青岛顺孚油业有限公司
地址:山东省青岛市城阳区马路南端
邮编:266000
电话:0532/82873909
传真:87867286
电子信箱:info@ carun - qd. com
质量体系:ISO 9001
产品情况:润滑油

★青岛墨德隆特种润滑油有限公司
地址:山东省青岛市崂山区株洲路 123 号
邮编:266000
电话:0532/88703311
传真:88701258
网址:www. motorun - cn. com
电子信箱:motorun@ motorun - cn. com
质量体系:ISO 9001
产品情况:(墨德隆牌)
黑色润滑油、润滑脂、制动液、排挡油、防冻液等

★青岛开世密封工业有限公司
地址:山东省青岛市嘉禾路 7 号
邮编:266031
电话:0532/83713755、83753271
传真:83713756
网址:www. tks. cn
电子信箱:tks@ tks. cn
单位人数:516
质量体系:ISO/TS 16949、ISO 9001
产品情况:(TKS 牌)
油封、O 形圈、防尘套
出口情况:出口美国、加拿大、德国、澳大利亚等国际市场

★青岛泰德汽车轴承有限责任公司
地址:山东省青岛市李沧区兴华路 10 号
邮编:266041
电话:0532/84661787、84661798
传真:84661787、84661798
网址:www. qdtaide. com
电子信箱:dushiqiang@ yahoo. com. cn
单位人数:180
质量体系:ISO/TS 16949、QS 9000
产品情况:(泰德牌)
汽车空调压缩机电磁离合器轴承、发动机张紧器轴承及单元、离合器分离轴承及单元、水泵轴连轴承,年产能力超过 600 万套
配套及出口情况:为上汽、一汽、东风、通用、南汽、天汽、长安、奇瑞、吉利、华普等配套;出口美国、意大利、东南亚等国家和地区,并销往中国台湾地区

★青岛华磊密封制品有限公司
地址:山东省青岛市李沧区于家下河 86 号
邮编:266041
电话:0532/87973377、87973000
传真:87973282
网址:www. qdhl888. com
电子信箱:qdhlmf@ 163. com
质量体系:ISO 9001
产品情况:骨架油封、O 形圈、橡胶件等密封制品
配套及出口情况:为山东大丰机械、山东龙基制泵集团、上海吉士达零部件等配套;出口阿联酋、俄罗斯、日本、美国等国家和地区

★固特异(青岛)工程橡胶有限公司
地址:山东省青岛市大沙路 17 号
邮编:266042
电话:0532/84873244、84851828
传真:84863410
电子信箱:haiying_li@ veyance. com
单位人数:400
质量体系:ISO/TS 16949、QS 9000
产品情况:(飞足牌)
车用 R134a 空调软管、异形软管、制动软管及总成等
配套情况:为神龙汽车、一汽集团、东风日产乘用车、长安福特马自达、上汽通用五菱配套

★青岛北海密封技术有限公司
地址:山东省青岛市大沙路 10 号
邮编:266042
电话:0532/84895000、84895282
传真:84897940
电子信箱:beihai@ public. qd. sd. cn
质量体系:ISO/TS 16949、ISO 9001
产品情况:各种汽车发动机油封、散热器密封圈、O 形圈、橡胶垫片、橡胶管和其他橡胶制品

★青岛德士龙石油化学有限公司
地址:山东省青岛市洛阳路 1 号 C 区 74 – 75 号
邮编:266044
电话:0532/84857261
传真:84857260
网址:www. texron. cn
质量体系:ISO 9000
产品情况:磨合、维护、修复系列机油

★青岛锐驰汽车轴承有限公司
地址:山东省青岛市南区洪泽湖路 26 号
邮编:266071
电话:0532/83051115
网址:www. richbearing. com
电子信箱:rich@ richbearing. com
单位人数:150
质量体系:ISO/TS 16949、ISO 9001
产品情况:(RICH 锐驰牌)
汽车轴承
配套情况:产品随汽车总成模块为国内多家汽车厂进行二级配套

★青岛益佰石油化学有限公司
地址:山东省青岛市江西路 115 号 BO-BO 大厦 2 号楼 504/505 室
邮编:266071
电话:0532/85016850、85016620
传真:85018017 – 22
网址:www. iberse. cn
电子信箱:iberse@ hotmail. com
质量体系:ISO 9001
产品情况:润滑油

★青岛国松机械配件有限公司
地址:山东省青岛市燕儿岛路 6 号华达公寓 16 号 1 单元 301 室
邮编:266071
电话:0532/85779141、88628351
传真:85760225
网址:www. parts – cn. com
电子信箱:qdgyhose@ hotmail. com
单位人数:300
质量体系:ISO/TS 16949、ISO 9001
产品情况:(QDGY 牌)
制动管
出口情况:90% 的产品出口欧洲、美国、东南亚 56 个国家和地区

★青岛林达实业有限公司
地址:山东省青岛市李沧区安顺路 10 号
邮编:266100
电话:0532/84812008
传真:84822569
网址:www. linntec. cn
电子信箱:service@ linntec. cn
单位人数:307
质量体系:QS 9000
产品情况:(林达牌)
铝合金压铸件、U 形螺栓、制动气室、自动调整臂、制动器等
配套及出口情况:为一汽集团、一汽青岛汽车厂、山汽改、北汽福田、北汽发动机、安凯等配套;出口机加工件、压铸件产品

★青岛双环岛橡塑制品厂
地址:山东省青岛市黄岛区开拓路 89 号
邮编:266100
电话:0532/86818378
传真:86814088
质量体系:ISO 9000
产品情况:(双岛牌)
油封、传动轴胶垫、修理包等

★青岛康普顿石油化学有限公司
地址:山东省青岛市深圳路 18 号
邮编:266101
电话:0532/58811859、58811808
网址:www.copton.com.cn
单位人数:1000
质量体系:ISO 9001
产品情况:(康普顿牌、COPTON 牌)
润滑油和汽车养护品

★青岛方冠摩擦材料有限公司
地址:山东省即墨市灵山工业园
邮编:266101
电话:0532/84532563、88702617
传真:84531089、88703807
网址:www.fulgoal.com.cn
电子信箱:b433580197@163.com
质量体系:ISO 9001
产品情况:(方冠牌)
汽车制动片
配套情况:为一汽解放、北汽福田、凯马汽车、青岛海通车桥、青岛众力车桥、安徽安凯车桥、山东山汽改、合肥车桥、诸城义和车桥、公安车桥、河南万向、寿光泰丰、江苏恒力、湖北力美、林州鑫源、安徽康达、诸城惠旭等配套

★青岛信莱粉末冶金有限公司
地址:山东省青岛市高科园株洲路 139 号
邮编:266101
电话:0532/88605255、88605222
传真:88605261
网址:www.qdxlpm.com
电子信箱:qdxlpm@qdxlpm.com
质量体系:ISO/TS 16949、QS 9000
产品情况:汽车、摩托车、电动气动工具、家用电器用粉末冶金零件

★青岛海威斯特塑胶有限公司
地址:山东省青岛市城阳区棘洪滩街道锦绣路
邮编:266111
电话:0532/85713023、85713230
传真:85764416
网址:www.harvestseal.com
电子信箱:harvestseal@hotmail.com
质量体系:ISO 9001
产品情况:各种发动机高速曲轴油封、气门阀杆油封、轮毂油封、变速器油封、半轴油封、差速器油封、转向机油封、O 形圈等氟橡胶和丁腈橡胶制品
出口情况:远销俄罗斯、美国、东南亚、南非、澳大利亚等国家和地区

★青岛盛威机械有限公司
地址:山东省青岛市城阳区青大工业园双元路
邮编:266111
电话:0532/87905116-816
传真:87905117
网址:www.shengweimach.com
电子信箱:chengxin@shengweimach.com
质量体系:ISO/TS 16949
产品情况:年产各种 10.9 级以上高强度螺栓 2000t,汽车工程车轮毂轴管 12 万只,轴 10 万只,橡胶、聚氨酯接头总成 35 万只
配套情况:主要为一汽、欧曼、青特、山工集团配套

★青岛海力威新材料科技股份公司
地址:山东省青岛市城阳区河套工业园
邮编:266113
电话:0532/87922322、87922266
传真:87922123
网址:www.hailw.com.cn
电子信箱:commerce@hailw.com.cn
质量体系:ISO/TS 16949、ISO 14000
产品情况:(环力牌、海力威牌)
发动机曲轴油封、气门油封、阻水圈、变速器油封、汽车底盘用系列油封、汽车橡胶减振防护套/垫/块及消防管道封水圈等
配套及出口情况:为一汽集团、吉利汽车、北汽福田、一汽山汽改、玉柴、潍柴、扬柴、扬动、常柴、锡柴、全柴、莱动、曙光车桥等配套;出口欧美、南非等国家和地区

★青岛众义密封件有限公司
地址:山东省即墨市西部经济新区大信镇
邮编:266200
电话:0532/82517776、82517778
传真:82517779
电子信箱:qingdaozhongyi@126.com
质量体系:QS 9000、ISO 9001
产品情况:全车油封及特种橡胶密封件

★青岛胜邦化工有限公司
地址:山东省即墨市城马路南端
邮编:266200
电话:0532/82525728
传真:86813396
网址:www.qdshine.com
电子信箱:dingxinjia_yb@sina.com
质量体系:ISO 9001
产品情况:(青脂、青捷、青普、捷腾牌)
汽车润滑脂、金属加工液、工业润滑油等
出口情况:出口韩国、日本、东南亚等国家和地区,并销往中国台湾地区

★青岛东磊密封件制造有限公司
地址:山东省即墨市通济办事处小李村
邮编:266200
电话:0532/87510508
传真:87510508
质量体系:ISO 9001
产品情况:(东磊牌)
橡胶密封件
配套情况:为斯太尔发动机配套

★青岛凯通(赛澳)密封件有限公司
地址:山东省即墨市大信镇小金家村
邮编:266229
电话:0532/82538999
传真:82538999
质量体系:ISO 9001
产品情况:(凯通牌)
密封件
配套情况:为重汽集团、一汽集团、东风汽车公司配套

★青岛艾瑞欧汽车配件有限公司
地址:山东省即墨市蓝村镇府前街 1 号
邮编:266232
电话:0532/82596777
传真:82595777
质量体系:ISO/TS 16949、VDA 6.1
产品情况:各种汽车配件

★青岛东方工业品(集团)有限公司
地址:山东省青岛市胶南经济技术开发区
邮编:266423
电话:0532/82125998、82120177
传真:82125999、82125018
网址:www.xingyutyre.com
电子信箱:info@xingyutyre.com
单位人数:2600
质量体系:ISO 9001
产品情况:(星宇牌、沙滩牌)
载货汽车、农用车、摩托车、人力车等系列内外轮胎、胶轮以及其他各种规格的橡胶制品、塑料制品、金属制品等
出口情况:出口 100 多个国家

★青岛三祥科技有限公司
地址:山东省胶南市王台镇临港产业区
邮编:266425
电话:0532/83113612、83110077
传真:83113911、88061600
网址:www.sun-song.cn
电子信箱:sunsong@sun-song.cn
单位人数:300
质量体系:ISO/TS 16949、ISO 9001
产品情况:汽车动力转向软管及总成、制动软管及总成、空调软管及总成、散热器软管及总成、燃油软管及总成、真空软管及总成、输油软管及总成、排气软管及总成、异形管等
配套及出口情况:为美国通用、戴姆勒·克莱斯勒等配套;远销北美洲、欧洲、东南亚等地区

★青岛信义汽车制动配件有限公司
地址:山东省胶南市临港路 2527 号
邮编:266431
电话:0532/83191712、83191681
传真:83191576
网址:www.xinyibrake.com
电子信箱:office@xinyibrake.com
质量体系:ISO/TS 16949、QS 9000
产品情况:制动片
配套情况:为戴姆勒-克莱斯勒、福特、上海大众、一汽、天津一汽、南汽集团、北汽集团、厦门金龙、郑州日产、哈飞汽车、吉利汽车、奇瑞汽车、通用五菱、江铃汽车、江淮、华泰现代、长城汽车、长丰集团、中国重汽、北汽福田等国内外 20 余家汽车公司的 50 余种车型配套

★青岛盛德泰橡胶制品厂
地址:山东省青岛市开发区
邮编:266500
电话:0532/86820130
传真:86820132
质量体系:ISO 9001
产品情况:(金鹰牌)
油封、O形圈、扭力胶芯、风扇带、全车水管等

★青岛嘉德化纤器材有限公司
地址:山东省青岛市胶南灵山卫滨海大道南侧
邮编:266500
电话:15712787006
传真:0532/83187688
网址:www.qdjiade.cn
电子信箱:qdjdsales@163.com
质量体系:ISO 9001
产品情况:汽车用离合器面片、各类化纤纸管、工业纸管等
出口情况:出口欧美、中东、东南亚等地区

★青岛华冠密封工业有限公司
地址:山东省青岛市开发区灵山卫镇
邮编:266520
电话:0532/83188728、83188718
传真:83188728
网址:www.qdhuaguan.cn
单位人数:200
质量体系:ISO/TS 16949、ISO 9002
产品情况:油封、O形密封圈、防尘套、减振套、密封杂件等各种橡胶密封件
配套及出口情况:为北汽福田、湖北三众车桥、陕西东风昌河车桥、一汽集团、东风汽车公司、重汽集团、潍柴动力、中国一拖、时风集团等配套;远销欧洲、非洲、东南亚等地区

★山达汽车配件厂
地址:山东省青岛市经济开发区长江路代戈庄
邮编:266555
电话:0532/86721633
传真:86720373
网址:www.qd-shanda.com
电子信箱:info@qd-shanda.com
产品情况:(山达牌)
橡胶接头、传动轴吊架总成、发动机支架胶垫、反作用杆及其总成、散热器胶管、制动皮碗、吊架胶圈等
配套及出口情况:为多个汽车厂家及传动轴厂家配套;出口日本、意大利等国家

★青岛强龙电力石化配件有限公司
地址:山东省平度市经济技术开发区漓江路1号
邮编:266700
电话:0532/88381018、88384015
传真:88388270
网址:www.qd-qianglong.com
电子信箱:qdqldl@public.qd.sd.cn
质量体系:ISO 9001
产品情况:石墨密封材料、石墨密封制品,如各类垫片、无石棉复合板等

★青岛昊天铸钢有限公司
地址:山东省青岛市平度田庄工业园
邮编:266721
电话:0532/86386100
传真:86380288
电子信箱:haotianzhugang@163.com
质量体系:ISO/TS 16949、ISO 9000
产品情况:(天铸牌)
硅溶胶型壳的精铸碳钢、合金钢、不锈钢、特钢及有色金属铸件

★青岛孚特化工有限公司
地址:山东省平度市经济技术开发区
邮编:266743
电话:0532/83301617
传真:83301617
质量体系:ISO 9001
产品情况:润滑油

★海力集团华鸿汽车制动部件公司
地址:山东省泰安市磁窑工业科技开发区
邮编:271000
电话:0538/5823771
传真:5823759
网址:www.sdhaili.com
质量体系:ISO/TS 16949、ISO 9000
产品情况:摩擦材料,具有年产各类乘用车盘式制动片500万套、商用车大型制动片5000t的生产能力

★山东莫顿润滑油制造有限公司
地址:山东省泰安市南外环高新技术工业园2号
邮编:271000
电话:0538/6202116、6202106
传真:6219756
网址:www.taishanmodtun.com
质量体系:ISO 9001
产品情况:润滑油

★莱芜永驰橡塑有限责任公司
地址:山东省莱芜市鲁中西大街70号
邮编:271100
电话:0634/6040102、6040103
传真:6040103
网址:www.lwyongchi.com
单位人数:110
质量体系:ISO/TS 16949、QS 9000
产品情况:(永驰牌)
汽车V带、同步带、多楔带等
配套情况:为一汽集团、东风汽车公司等配套

★山东华顺盟陶瓷新材料有限公司
地址:山东省莱芜市高新技术开发区凤凰路005号
邮编:271100
电话:13054830615
传真:0634/6251326
网址:www.hsmtcxcl.com
电子信箱:hsmtcxcl@163.com
单位人数:300
质量体系:ISO 9001
产品情况:具有年产粉末零件20万件、环保型无石棉制动片和陶瓷制动片80万套的生产能力

★山东壳孚润滑油有限公司
地址:山东省莱芜市莱城开发区
邮编:271121
电话:0634/6511999
传真:6511888
网址:www.sdokfu.com
电子信箱:sdokfu@163.com
质量体系:ISO 9001
产品情况:润滑油

★宁阳惠尔制革有限公司
地址:山东省宁阳县八仙桥项目聚集区
邮编:271400
电话:0538/5637888
传真:5637699
网址:www.huierzg.com
电子信箱:huierzg@126.com
单位人数:400
质量体系:ISO 9001、ISO 14000
产品情况:汽车内饰革
配套情况:为宇通、金龙客车、中国重汽、北汽等国内90多家企业配套

★山东星光实业有限公司
地址:山东省东平县民营工业园
邮编:271500
电话:0538/2839577、2822035
传真:2832277
网址:www.sd-starlights.com
电子信箱:sales@sd-starlights.com
质量体系:ISO 9001、ISO 14001
产品情况:塑料包装容器和工程塑料制品

★山东肥城九龙汽车配件有限公司
地址:山东省肥城市金牛山大街北首
邮编:271601
电话:0538/3396568
传真:3396567
网址:fcautopart.zgqpc.com
电子信箱:songtsld@yahoo.com.cn
质量体系:ISO/TS 16949、ISO 9001
产品情况:散热器胶管、空调胶管、输油胶管、暖风机胶管等

★山东源根石油化工有限公司
地址:山东省济宁市任城经济技术开发区
邮编:272000
电话:0537/2909139、2165288
传真:2909138
网址:www.yuangensh.com
电子信箱:uniliu@163.com
质量体系:ISO/TS 16949、ISO 9001
产品情况:(源根牌)
润滑油、润滑脂、防冻液等
配套情况:被东风汽车、中国重汽、福田重工、山推工程机械股份有限公司、山

东山推机械有限公司、徐工集团、山东临工挖掘机有限责任公司、山东常林机械集团筑路机械厂、广西南宁小松工程机械有限责任公司、泰安鲁能机械有限公司、泰安起重机厂、上海彭浦机器厂等国内外多家工程机械和汽车生产厂家遴选为装车和售后服务用油

★山东梁轴轴承有限公司
地址：山东省梁山县梁山镇工业园区
邮编：272600
电话：0537/7305239、7332050
传真：7334245
网址：www. sdlsz. com
电子信箱：spls168@126. com
单位人数：1000
质量体系：ISO/TS 16949、ISO 9001
产品情况：各种轴承
配套情况：为上汽依维柯红岩、东风车桥、安徽安凯福田曙光车桥、北汽福田等供货

★梁山水浒摩擦材料有限公司
地址：山东省梁山县城迎宾路西段
邮编：272600
电话：0537/7326838
传真：7366839
电子信箱：lsshmc@163. com
质量体系：QS 9000
产品情况：（耐驰牌）
摩擦片

★梁山县车友汽车配件制造有限公司
地址：山东省梁山县城水泊北路59号
邮编：272600
电话：0537/7337128、7338036
传真：7336159
网址：www. sdlscy. com
电子信箱：sdlscygs@126. com
单位人数：180
质量体系：ISO/TS 16949、ISO 9001
产品情况：（车友牌）
密封材料、密封垫片
配套及出口情况：为潍柴、重发、力帆、华源莱动、新柴动力、无锡四达、上海新江、潍坊华东等多家主机厂配套；随主机出口国外

★山东省梁山神力汽车配件有限公司
地址：山东省梁山县公明路西段
邮编：272600
电话：0537/7360188、7323089
传真：7323944
网址：www. ls – sl. com
电子信箱：lssl@ls – sl. com
质量体系：ISO 9001
产品情况：（SHENLI牌）
重型车、拖挂车、翻斗车、客车等制动片、制动蹄等

★梁山环宇密封垫片有限公司
地址：山东省梁山县水泊北路
邮编：272600
电话：0537/7680138、7330627
传真：7330665
网址：www. ls – hy. com
电子信箱：wby@ls – hy. com
产品情况：（梁山环宇牌）
汽车、工程机械、农用车、拖拉机、摩托车等发动机用汽缸垫和各种密封垫片
配套情况：为重汽集团、北内、柳州五菱柳机动力、潍坊华源柴油机厂等配套

★山东省单县化工有限公司
地址：山东省单县城东南四公里处
邮编：274300
电话：0530/4681625、4698033
传真：4684121、4681609
网址：www. sx – chem. com
电子信箱：sale@sx – chem. com
单位人数：1600
质量体系：ISO 9001、ISO 14001
产品情况：主要产品有橡胶硫化促进剂、橡胶防老剂、防焦剂、橡胶不溶性硫黄以及橡胶助剂分散体系列产品，年产能力5.5万t
出口情况：出口欧美、东南亚、非洲等40多个国家和地区

★临沂盖氏机械有限公司
地址：山东省临沂市解放路西段
邮编：276017
电话：0539/8418778
传真：8418738
网址：www. cngaishi. com
电子信箱：cngaishi@163. com
单位人数：200
质量体系：ISO 9000
产品情况：制动片钢背，年产3000多万片；模具，年产600多套
出口情况：出口美国、加拿大、印度、哥伦比亚等国家

★山东临沂电力金具股份有限公司
地址：山东省临沂市城北白沙埠镇
邮编：276035
电话：0539/8651085、8651122
传真：8652088
网址：www. dianlijinju. com
电子信箱：export@dianlijinju. com
单位人数：1600
质量体系：ISO 9001
产品情况：绝缘子铁帽、凸缘、棒型帽、链节、锁具、防振锤、快速阀、接头等锻铸铁件、球墨铸铁件、灰口铸铁件，年铸造生产能力3万t
出口情况：出口美国、日本、法国、英国、土耳其、意大利、德国、瑞典、泰国、韩国、芬兰、俄罗斯、波兰、埃及、印度、南非等几十个国家

★临沂开元轴承有限公司
地址：山东省沂南县经济开发区
邮编：276300
电话：0539/3641889
传真：3223179
网址：www. cbsgbearing. com
电子信箱：Yngyk@163. com
负责人：张安喜
单位人数：1182
质量体系：ISO/TS 16949、QS 9000
产品情况：轴承
配套及出口情况：为一汽、东风、陕汽、福田、金龙客车、时风等国内100多个主机厂家配套；出口美国、德国、法国、意大利、英国等国家

★山东驼风汽车附件有限公司
地址：山东省日照市天津路南太原路西
邮编：276500
电话：0633/2273798、7880344
传真：7880799
网址：www. tofon. com. cn
电子信箱：sdtofon@yahoo. com. cn
单位人数：300
质量体系：ISO/TS 16949、ISO 9001
产品情况：（驼风(TOFON)牌）
发动机软垫、缓冲块和汽车减振产品，预滤器总成、高位进气管和滤清器，硅橡胶管和硅氟橡胶管，增压器连接软管，滤清器进气软管和发动机进气软管，橡胶密封件

★山东常林铸业有限公司
地址：山东省临沭县城常林工业园区
邮编：276715
电话：0539/6260189
传真：6261929
网址：www. changlin. net
电子信箱：aclcasting@163. com
质量体系：ISO/TS 16949、ISO 14001
产品情况：液压元件、气动元件、各种泵类、阀类等铸铁、球墨铸铁、墨密铸钢，年产能力6万t
出口情况：出口美国、英国、澳大利亚、日本、韩国、德国、西班牙、葡萄牙等国家

★龙口市昊天轴承有限公司
地址：山东省烟台市龙口市东莱街道北环路
邮编：276800
电话：0535/8508618
传真：8508618
网址：www. htbearing. net
电子信箱：root@htbearing. net
质量体系：ISO 9001
产品情况：（HTZC牌）
深沟球轴承、圆柱滚子轴承、圆锥滚子轴承、汽车离合器轴承及各种滚针轴承
配套及出口情况：为汽车、电机、建设机械、机床、水泵等生产厂家配套；出口东南亚

河南省

★郑州奥特车辆科技有限公司
地址：郑州市高新技术产业开发区金梭路35号

邮编:450001
电话:0371/65692360
传真:65692390
网址:www. autol. net
电子信箱:sales@ autol. net
质量体系:ISO 9001
产品情况:车辆集中润滑系统

★郑州白云实业有限公司
地址:河南省巩义市工业示范区
邮编:451001
电话:0371/60195111、64108787
传真:64136399
网址:www. zzbaiyun. com
电子信箱:zzbaiyun@ 163. com
单位人数:600
质量体系:ISO/TS 16949、ISO 9001
产品情况:(BY 牌)
各种摩托车、电动车制动片和汽车鼓式制动片
配套情况:为一汽集团、东风汽车公司、重汽集团、宇通客车、陕汽集团、各种摩托车等 20 多个厂家配套

★中国人民解放军第 6456 工厂
地址:河南省巩义市工业示范区
邮编:451252
电话:0371/64108787、64135616
传真:64108887
网址:www. zzbaiyun. com
电子信箱:zzbaiyun@ 163. com
质量体系:ISO 9002
产品情况:重型载货汽车、客车鼓式制动片
配套情况:为东风汽车公司配套鼓式制动衬片,为一汽集团、陕汽、宇通、湖桥等配套

★新乡市金兰橡塑有限公司
地址:河南省新乡市凤泉区站前路 93 号
邮编:453011
电话:0373/3096218
传真:3096981
网址:www. jstsgs. com
电子信箱:yrqjrr@ 163. com
单位人数:50
产品情况:(金兰牌)
SEBS 热塑性弹性体密封专用料
配套情况:为新乡市中天密封条厂、山东省武城县新通橡塑有限公司、山东省武城县晨光橡塑有限公司、河北新华欧亚汽配集团有限公司、保定市宏远装饰品有限公司、天津大中汽车零部件有限公司、北京市华通橡塑制品有限公司配套

★新乡市斯凯特汽车管路有限公司
地址:河南省原阳县工业园区
邮编:453500
电话:0373/7522858
传真:7522868、7291966
网址:www. xxskt. com
电子信箱:xxskt@ 163. com
单位人数:126
质量体系:ISO/TS 16949、ISO 9001
产品情况:汽车管路
配套情况:主要客户有东风汽车公司、吉利汽车(美日、自由舰、远景)、比亚迪汽车(F3)、上海华普(海域 305)等

★盘龙摩擦材料有限公司
地址:河南省林州市任村镇盘阳工业区
邮编:456593
电话:0372/6040039、6040081
传真:6040039
电子信箱:zxinhua_ok@ 126. com
质量体系:ISO 9001
产品情况:制动片

★河南欧迪艾铸造有限公司
地址:河南省鹤壁市淇县铁西区工业路 90 号
邮编:456700
电话:0392/7275618、7275525
传真:7221719
网址:www. qixin123456. cn
电子信箱:qixin123456@ tom. com
质量体系:ISO/TS 16949
产品情况:铸造件
配套情况:主要客户有陕西汉德车桥、包头北方奔驰、东风德纳车桥、美国 CNH、美国 HOLLAND、意大利 VOITH 等

★濮阳市万泉化工有限公司
地址:河南省濮阳市黄河路西段
邮编:457000
电话:0393/4630398、4616858
传真:4634898、4619756
网址:www. chinawanquan. com
电子信箱:chinawanquan@ 163. com
质量体系:ISO 9001
产品情况:聚氨酯密封胶等化工产品
出口情况:部分产品出口

★鑫业特种润滑油脂有限公司
地址:河南省濮阳市(中原油田)毛楼生态旅游区北 5 公里
邮编:457000
电话:0393/5898148
传真:5898089
网址:www. pyxinye. com
电子信箱:pyxinye@ sohu. com
质量体系:ISO 9001
产品情况:(鑫业牌)
润滑脂,年产约 50000t

★濮阳市卡圣刹车片有限公司
地址:河南省濮阳市高新技术开发区
邮编:457001
电话:0393/8202822
传真:8202432
质量体系:ISO 9001
产品情况:制动片

★濮阳市沃尔特刹车片有限公司
地址:河南省濮阳市濮东工业园区
邮编:457006
电话:0393/8861866
传真:8861899
质量体系:ISO 9001
产品情况:制动片

★河南省长城特种润滑脂有限公司
地址:河南省濮阳市两门工贸新区
邮编:457184
电话:0393/3502156
传真:3502259
网址:www. ccrhz. com
电子信箱:li@ ccrhz. com
质量体系:ISO 9001
产品情况:(长城澳润牌、龙都牌)
润滑脂
出口情况:出口东南亚、南美洲等地区

★濮阳长虹特种润滑脂有限公司
地址:河南省濮阳市两门工业区 679 号
邮编:457184
电话:0393/3806129
传真:3806551、3800207
网址:www. pychanghong. com. cn
电子信箱:pychrhz@ 163. com
质量体系:ISO 9001
产品情况:(长虹牌)
润滑脂

★河南航天汽车配件制造有限公司
地址:河南省长葛市后河工业区王买路 15 号
邮编:461503
电话:0374/6611539、6010258
传真:6611539
质量体系:ISO 9001
产品情况:汽车零部件

★漯河倍佳贝尔科技化工有限公司
地址:河南省漯河市高新技术开发区燕山路民营工业园
邮编:462500
电话:0395/3371963、2662099
传真:3388886
网址:www. cndpowerup. com
电子信箱:china@ cndpowerup. com
质量体系:ISO 9001
产品情况:润滑油、润滑脂

★洛阳龙晟工程塑料轴承有限公司
地址:河南省洛阳市涧西区广文路 9 号院
邮编:471000
电话:0379/64592219
传真:64592219
网址:www. lylszc. com
电子信箱:luoyanglongsheng@ sina. com
质量体系:ISO/TS 16949、ISO 9001
产品情况:滑动轴承、阻尼环

★洛阳巨创轴承科技有限公司
地址:河南省洛阳市高新区侯天路 1 号
邮编:471003
电话:0379/64325000、64331555
传真:64336133
网址:www. tto - bearing. com
电子信箱:ttojuchuang@ 163. com

单位人数:800
质量体系:ISO/TS 16949、ISO 9000
产品情况:球类轴承、电动机轴承、汽车和摩托车轴承、深沟球轴承
出口情况:30% 产品销往国外

★洛阳高新开发区长城轴承厂
地址:河南省洛阳市高新开发区三山工业园区
邮编:471031
电话:0379/64331684、64331784
传真:64331764
网址:www.ly4b.com
电子信箱:4b@ly4b.com
产品情况:轴承

★洛阳轴研科技股份有限公司
地址:河南省洛阳市吉林路1号
邮编:471039
电话:0379/64881546、64367569
传真:64366221、64366221
网址:www.zys.com.cn
电子信箱:zhongdx@zys.com.cn
质量体系:ISO 9001
产品情况:航天特种轴承、精密机床轴承、磨用电主轴、数控电主轴、磨超自动生产线、精密冷辗机、轴承性能试验机、轴承专用检测仪器、轴承防锈润滑油、胶木保持架、多孔含油保持架、特种合金球、陶瓷球及陶瓷轴承

★洛阳东升轴承有限公司
地址:河南省洛阳市涧西区建设路96号
邮编:471039
电话:0379/64987703、64985496
传真:64987413
网址:www.lydsbearing.com
电子信箱:office@lydsbearing.com
单位人数:400
质量体系:ISO/TS 16949、VDA 6.1
产品情况:(LYDS牌)
汽车轴承,年产能力800万套
配套及出口情况:为上海大众、一汽-大众、天津一汽夏利、神龙汽车、北京奔驰等配套;远销欧美、大洋洲、韩国

★洛阳LYC轴承有限公司
地址:河南省洛阳市涧西区建设路96号
邮编:471039
电话:0379/65181871、65181885
传真:64986287、64986732
网址:www.lycbearing.com.cn
电子信箱:lyc@lyc.cn
单位人数:8600
质量体系:ISO 9001
产品情况:汽车轴承
出口情况:出口70多个国家和地区

★中国石化集团洛阳轻捷石油化工厂
地址:河南省偃师市火神凹
邮编:471931
电话:0379/67548117、67545555
传真:67548191、67548005
电子信箱:lyqj@lyqj.com
质量体系:ISO 9001
产品情况:(轻捷牌)
润滑油

★河南英威东风机械制造有限公司
地址:河南省南阳市高新区北环路68号
邮编:473000
电话:0377/66651522、63293237
传真:66651530
网址:www.hnyw.com
电子信箱:lhw@hnyw.com
单位人数:1100
质量体系:ISO/TS 16949、ISO 9001
产品情况:年产汽车轴头160万件、液化石油气钢瓶60万只、灭火器材10万具、负离子发生器1万台
配套及出口情况:为一汽集团、东风汽车公司、重汽集团、陕汽集团、柳汽、江淮集团、柳工、郑工、厦工等配套;为奔驰汽车研制半轴套管

★南阳天一密封制品有限公司
地址:河南省内乡县范蠡大街19号
邮编:474350
电话:0377/65332541
传真:65332541
电子信箱:webmaster@nytianyi.com
单位人数:658
质量体系:ISO/TS 16949、QS 9000
产品情况:(天密牌)
汽车、机械、化工用密封制品
配套及出口情况:为东风汽车公司、一拖、东安、长安、云内、北汽福田、康明斯、珀金斯、奇瑞汽车、亚新科美联、西峡水泵等配套;年出口无石棉密封材料100t

★开封铁塔橡胶(集团)有限公司
地址:河南省开封市西环路南段37号
邮编:475004
电话:0378/3978350、3935660
传真:3961155
网址:www.tieta.cn
电子信箱:scc@tieta.cn
单位人数:1700
质量体系:ISO 9001
产品情况:(铁塔牌)
各种橡胶输送带、V带、高压钢编管、夹布管、缠绕管、排、吸引胶管及其他橡胶制品
配套及出口情况:为上汽集团、扬柴、珀金斯(天津)、合肥全柴、中国一拖等配套;远销东南亚、大洋洲、中东、欧洲

★商丘海克化工有限公司
地址:河南省商丘市梁园区商丘市310国道环岛转盘东段海克工业区
邮编:476000
电话:0370/2890980、2890981
传真:2890982
网址:www.sqhkhg.com
质量体系:ISO 9001
产品情况:(海克牌)
密封胶、酸性玻璃胶、免垫胶、厌氧胶、AB胶等
出口情况:远销日本、韩国、美国、西欧等国家和地区

★夏邑县淮涅铸造有限公司
地址:河南省夏邑县会亭工业区
邮编:476400
电话:0370/6581049
传真:6582057
网址:www.xyhhzz.com
电子信箱:hanwei9988@163.com
单位人数:2600
质量体系:ISO/TS 16949、ISO 9001
产品情况:管件、阀门配件、轮毂、制动鼓等球墨铸铁件,年产能力10万t
出口情况:远销美国、加拿大、欧洲、东南亚等国家和地区

湖北省

★武汉荒井密封件制造有限公司
地址:武汉市江汉区江发路15号
邮编:430023
电话:027/83560225
传真:83560476
网址:www.arai-china.com
质量体系:ISO/TS 16949、ISO 9001
产品情况:油封、O形圈、密封圈、阀门杆密封圈、簧片式气阀及其他橡胶产品

★武汉市龙深密封件制造有限公司
地址:武汉市汉正街都市工业区东风科技园9号
邮编:430034
电话:027/83497172
传真:83497195
网址:www.ls-seal.com
电子信箱:ls_seal@hotmail.com
产品情况:各种机械密封件、油(轴)封、工业橡胶制品及各类密封材料
配套及出口情况:为欧美及国内企业配套;远销欧洲、美洲、东南亚、中东等地区

★武汉市胜帝润滑油有限公司
地址:武汉市硚口区古田一路东风六号
邮编:430034
电话:027/83855888、83845666
传真:83838750、83844691
电子信箱:whsdyy@163.com
质量体系:ISO 9001
产品情况:(胜帝牌)
齿轮油、柴油机油、汽油机油、摩托车用油、传动油、工程机械用油、润滑脂等

★武汉华森塑胶有限公司
地址:武汉市经济技术开发区创业五路39号
邮编:430056
电话:027/84891116
传真:84892953

网址:www. huasenplastic. com
电子信箱:hspl@ huasenplastic. com
单位人数:132
质量体系:ISO/TS 16949、ISO 14001
产品情况:沥青阻尼材料、车门防水密封膜(板)、泡沫塑料、吸塑、注塑、吹塑制品、PVC 密封胶及抗石击底盘涂料、塑料异型材

★ 东风嘉实多油品有限公司

地址:武汉市经济技术开发区东风三路5号东合中心B座14层
邮编:430056
电话:027/84289615、84289611
传真:84289600
网址:www. dfmcastrol. com
电子信箱:sales@ dfmcastrol. com
法人代表:卢锋
负责人:张雨松
单位人数:120
质量体系:ISO/TS 16949
产品情况:(劲达牌、佳驰牌、凌浚牌、全护牌)
主要生产、销售车用润滑油及冷却液等车用化工产品;提供产品售后服务及产品技术服务;车用润滑油、工业润滑油等石油化工产品的进口、批发及零售。车用润滑油12000千L/年;发动机冷却液10000千L/年
配套情况:车用润滑油为东风汽车股份、郑州日产;安徽江淮、东风康明斯、东风朝柴、东风轻型发动机、发动机冷却液为东风商用车、东风汽车股份;东风越野车、神龙汽车、东风乘用车;广州汽车集团乘用车、东风小康汽车等
☞ 详细情况请参阅彩色宣传版面

★哈金森(武汉)汽车橡胶制品公司
地址:武汉市经济技术开发区沌阳大道5号工业区
邮编:430056
电话:027/84891972
传真:84891975
电子信箱:brunoli@ public. wh. hb. cn
质量体系:ISO/TS 16949
产品情况:车门密封条、玻璃导槽、刮水器、车身密封条、固定玻璃密封条、传动带、流体传输、多楔型传动带、各类高低压胶管
配套情况:为神龙汽车、三江雷诺、东风汽车公司、法雷奥空调配套

★辉门摩擦产品有限公司
地址:武汉市经济技术开发区勤业路
邮编:430056
电话:027/84892176、84892166
传真:84892809
电子信箱:jiaqing - huang@ fmochina. com
质量体系:ISO/TS 16949、QS 9000
产品情况:汽车制动蹄片
配套情况:为上海大众、一汽集团、一汽-大众、神龙汽车、天津一汽夏利、江铃汽车、上海通用、广汽本田等配套

★湖北派克密封件有限公司
地址:武汉市武昌区南湖路新千家街130号
邮编:430064
电话:027/88032938、88032848
传真:88036698、88032848
网址:www. parkerhb. com
电子信箱:parkerhb@ sohu. net
单位人数:200
质量体系:ISO/TS 16949、ISO 9001
产品情况:O形圈、模压密封件及其他密封件
配套情况:为上海大众、天津一汽夏利、华晨金杯、北京奔驰、南京依维柯、柳州五菱、东风汽车公司、一汽集团等配套

★武汉海宝龙复合材料有限责任公司
地址:武汉市汉南区华顶工业园C15
邮编:430090
电话:027/84735955
传真:87924045
网址:www. whhbl. com
电子信箱:info@ whhbl. com
质量体系:ISO 9001
产品情况:无机纳米改性酚醛树脂制品

★武汉博奇装饰布有限公司
地址:武汉市蔡甸区博奇路1号
邮编:430100
电话:027/69813916、69813307
传真:69841778
网址:www. wuhanboqi. com
电子信箱:marketing@ wuhanboqi. com
单位人数:220
质量体系:ISO/TS 16949
产品情况:(博奇牌)
内装饰面料、座椅面料
配套情况:为比亚迪汽车、神龙汽车、奇瑞汽车等配套

★武汉市必达机电实业有限公司
地址:武汉市庙山开发区
邮编:430223
电话:027/81800948、81800949
传真:81800949
网址:www. whbida. com
电子信箱:sale@ whbida. com
单位人数:200
质量体系:ISO/TS 16949、ISO 9002
产品情况:汽车弹性紧固件
配套情况:为神龙汽车、东风汽车有限公司、东风汽车股份、一汽解放、一汽轿车、一汽-大众、上海大众、哈飞汽车等国内汽车主机厂配套,并进入法国佛吉亚公司、法国标致·雪铁龙集团、法雷奥公司、美国克莱斯勒公司全球采购供应链

★湖北福星科技股份有限公司
地址:湖北省汉川市沉湖镇福星区1号
邮编:431608
电话:0712/8741843
传真:8740039
网址:www. chinafxkj. com
电子信箱:huyuncai75@ yahoo. com. cn
单位人数:8000
质量体系:ISO/TS 16949、ISO 9001
产品情况:(福星牌)
钢帘线、轮胎钢丝、钢丝绳、PC钢绞线等
出口情况:出口80多个国家和地区

★湖北茂鑫特种胶带有限公司
地址:湖北省广水市经济开发区107国道3号
邮编:432721
电话:0722/6429058、6429605
传真:6429255
网址:www. motorbelt. com
电子信箱:gsmaoxin@ 163. com
质量体系:ISO/TS 16949
产品情况:(茂鑫牌)
各种同步带、切边V带、多楔带
配套及出口情况:为一汽海马、朝柴、南昌华源凯马、柳微、哈飞汽车、广东科达机电等配套;出口美国、澳大利亚、西班牙等国家,并销往中国台湾地区

★瑞阳汽车零部件(仙桃)有限公司
地址:湖北省仙桃市工业园瑞阳大道1号
邮编:433010
电话:0728/3251676
传真:3251627
质量体系:ISO/TS 16949
产品情况:(FRICTION ONE 牌、摩擦1号牌)
汽车盘式和鼓式制动片、钢背、减振片、五金件等,年产盘式制动片1200万套、鼓式制动片300万套

★湖北潜江兴鹏汽车内饰件有限公司
地址:湖北省潜江市泽口经济开发区
邮编:433102
电话:0728/6245671
传真:6290397
质量体系:ISO/TS 16949、ISO 9000
产品情况:树脂麻毛毡、无纺面料、内饰异形件及总成
配套情况:为东风汽车公司、一汽-大众配套

★金马汽车零部件制造有限公司
地址:湖北省荆州市玉桥开发区恒隆路5号
邮编:434000
电话:0716/8334007、8333922
传真:8319752
电子信箱:jinmagongsi@ yahoo. com. cn
质量体系:ISO/TS 16949

产品情况:汽车中冷器进排气管、动力转向管路、制动管路、复合轴承、双金属衬套、塑料支架等
配套情况:为东风汽车公司、柳汽、华晨金杯、一汽海马、奇瑞汽车、一汽－大众、东南汽车、神龙汽车、吉利汽车、湖南车辆厂等配套

★湖北荆大精密钢管实业有限公司
地址:湖北省荆州市沙市区北湖路42号
邮编:434007
电话:0716/8250733、8257176
传真:8258648
质量体系:ISO 9001
产品情况:燃油管、镀锌管、拉杆球头
配套情况:为江铃汽车、一汽集团配套

★湖北宝马弹簧有限公司
地址:湖北省江陵县荆洪路144号
邮编:434040
电话:0716/4738568
传真:4733509
网址:www. baoma－spring. com
电子信箱:hbbm@ vip. sina. com
质量体系:ISO/TS 16949、QS 9000
产品情况:气门弹簧、离合器压盘弹簧、自动阀弹簧
配套情况:为东风汽车公司等配套

★湖北沙市轴承总厂
地址:湖北省荆州市荆州区东环路46号
邮编:434100
电话:0716/8857180
单位人数:123
质量体系:ISO/TS 16949、ISO 9001
产品情况:汽车轴承,年产6.71万套

★黄石赛福摩擦材料有限公司
地址:湖北省黄石市花园路45号
邮编:435000
电话:0714/6338180、6334214
传真:6335854
网址:www. saife. com
电子信箱:saife@ saife. com
质量体系:ISO/TS 16949、ISO 9001
产品情况:(HUANGMO牌)
各类汽车、摩托车、工程机械等用摩擦材料
配套及出口情况:主要为国内原装配套;出口欧美、东南亚、中东等地区

★湖北鑫强汽车零部件制造有限公司
地址:湖北省黄石市盐湖路586号
邮编:435003
电话:0714/6371000
传真:6371000
网址:www. hsxinqiang. com
电子信箱:bgs@ hsxinqiang. sina. net
单位人数:92
质量体系:ISO/TS 16949、ISO 9001
产品情况:(XINQIANG牌)
各种型号的汽车发动机凸轮轴、变速器齿轮轴毛坯
配套情况:为汽车发动机厂配套

★湖北大帆汽车零部件有限公司
地址:湖北省麻城市京九大道以北黄金桥工业园
邮编:438300
电话:0713/2995218、2995288
传真:2995116
网址:www. dafanlingbujian. com
电子信箱:ning@ dafanlingbujian. com
质量体系:ISO/TS 16949
产品情况:(大凡牌)
各种汽车、工程机械等用膜片弹簧、碟形弹簧
配套及出口情况:与国内主机厂配套;出口东南亚及欧美市场

★湖北襄樊封神胶业有限公司
地址:湖北省襄樊市甲湾工业第二园区
邮编:441000
电话:0710/3469330、3118989
传真:3467330
质量体系:ISO/TS 16949、ISO 9001
产品情况:(襄胶飞天牌)
汽车密封胶、厌氧胶、强力胶、养护用品

★襄樊航天化学动力总公司
地址:湖北省襄樊市春园路1号
邮编:441003
电话:0710/3219214、3219195
传真:3219195
电子信箱:redstar－xf169@ xf. hb. cninfo. net
质量体系:ISO/TS 16949、ISO 9001
产品情况:(航鹏牌)
车用特种橡胶制品、安全气囊用气体发生器、胶粘剂等
配套情况:为一汽集团、东风汽车公司、三菱、康明斯等配套

★湖北襄橡化工股份有限公司
地址:湖北省襄樊市高新区汽车工业园
邮编:441003
电话:0710/3224295
传真:3223872
电子信箱:xfxi@ public. xf. hb. cn
单位人数:800
质量体系:ISO 9001
产品情况:汽车油封、减振垫、制动管、输油管等
配套情况:为东风汽车公司、神龙汽车配套

★湖北回天胶业股份有限公司
地址:湖北省襄樊市清河路33号
邮编:441003
电话:0710/3820251、3820251－801
传真:3820718
网址:www. huitian. net. cn
电子信箱:huitian@ public. xf. hb. cn
单位人数:200
质量体系:ISO/TS 16949、ISO 9001
产品情况:(回天牌、赛福特牌)
汽车及摩托车胶粘剂、合成制动液、洗手液、防锈松动剂、清洗剂等
配套及出口情况:为一汽集团、东风汽车公司、神龙富康、广西玉柴、天津一汽夏利、南方摩托等配套;出口欧美、大洋洲、东南亚、中东地区

★襄樊金阳轴承有限公司
地址:湖北省襄樊市檀溪路263
邮编:441004
电话:0710/3999111
传真:3576033
电子信箱:jxybearing@ 163. com
质量体系:ISO/TS 16949、ISO 9001
产品情况:(金襄阳(JXY)牌)
各种汽车轴承、英制轴承、润滑脂等产品

★襄樊金派汽车轴承有限公司
地址:湖北省襄樊市襄城区环城路45号
邮编:441021
电话:0710/3057703
传真:3057702
质量体系:ISO 9001
产品情况:各种车用轴承
配套情况:为东风系列、解放系列、轻型车系列、红岩斯太尔系列等载重车配套

★襄樊市奥博特轴承有限公司
地址:湖北省襄樊市高新区余岗
邮编:441021
电话:0710/3378096
传真:3226883
网址:www. aobote. cn
电子信箱:aobotebearing@ 163. com
单位人数:300
质量体系:ISO 9001
产品情况:(ABET牌)
各类汽车轴承及非标准轴承

★襄樊胜嘉轴承有限公司
地址:湖北省襄樊市襄城区环城西路7号
邮编:441021
电话:0710/3510227
传真:3556779
网址:www. chinasjzc. com
电子信箱:sjzc@ chinasjzc. com
单位人数:210
质量体系:ISO 9001
产品情况:(胜嘉牌)
汽车、农用车轴承,各种主销
配套情况:为东风汽车公司、襄樊车桥厂、随州驰乐等配套

★襄樊东方汽车内饰件有限公司
地址:湖北省襄樊市襄城区檀溪路140号
邮编:441021
电话:0710/3564559
传真:3564559
质量体系:ISO/TS 16949、QS 9000

产品情况:聚氨酯模塑制品,年产470t
配套情况:为神龙汽车、奇瑞汽车等配套

★湖北省襄樊市金鹰王汽车轴承厂
地址:湖北省襄樊市襄城区轴承路
邮编:441021
电话:0710/3568686
传真:3568786
网址:www.jywbearing.cn
电子信箱:393276533@qq.com
质量体系:ISO 9001
产品情况:(JYZ牌)
0、2、4、6、7、N、K系列及各种英制汽车专用轴承

★襄樊车神汽车轴承有限公司
地址:湖北省襄阳市襄城区环山路
邮编:441022
电话:0710/3563667
传真:3570367
质量体系:ISO/TS 16949
产品情况:(东风牌)
汽车轴承
配套情况:为东风汽车公司、一汽集团配套

★襄阳汽车轴承股份有限公司
地址:湖北省襄樊市襄城区轴承路1号
邮编:441022
电话:0710/3577326、3564551
传真:3564101
网址:www.zxy.com.cn
电子信箱:scb@zxy.com.cn
单位人数:2300
质量体系:ISO/TS 16949、ISO 9001
产品情况:(ZXY牌)
深沟球轴承、滚针轴承、滚针轴承衬套、长圆柱滚子轴承、英制圆锥滚子轴承、离合器分离轴承、角接触球轴承、圆柱滚子轴承、推力滚子轴承、推力球轴承、圆锥滚子轴承、万向节十字轴总成、轿车轮毂轴承、等速万向节总成、双列圆锥滚子轴承、汽车水泵轴承,年产能力超过3000万套
配套及出口情况:襄轴ZXY轴承整车供应东风、解放、江淮、北京、南京、长安、五十铃N系列车型和其他各类汽车、拖拉机及机械配套维修;远销欧美和东南亚

★襄樊万联汽车轴承有限公司
地址:湖北省襄樊市(国家)高新区邓城大道8号
邮编:441047
电话:0710/3345966、3342392
传真:3345699
网址:www.cnwanlian.com
电子信箱:walian888@163.com
单位人数:100
质量体系:ISO 9001
产品情况:(WLZ牌)
深沟球轴承、圆锥滚子轴承、圆柱滚子轴承、角接触球轴承、推力球轴承、推力滚子轴承、十字轴万向节总成、滚针轴承

★襄阳鹰牌荣华轴承有限公司
地址:湖北省襄樊市襄阳区钻石大道特288号
邮编:441104
电话:0710/3381955、3390777
传真:3381833
网址:www.ypbearing.com
电子信箱:ying@ypbearing.com
单位人数:106
质量体系:ISO/TS 16949、ISO 9001
产品情况:(鹰牌)
汽车轴承
配套及出口情况:为东风汽车公司、湖南车桥厂、湖北车桥厂、湖北荆江源车桥厂、湖北远安永安车桥厂、荆州车桥、河南安阳汽车零部件、湖北三环制动器、福建畅丰车桥、安徽六安强大齿轮、湖南张家界汽车制造公司、襄樊邦乐车桥等多家企业配套;部分产品出口

★枣阳神虎摩擦材料有限公司
地址:湖北省枣阳市元庄民营经济区106号
邮编:441200
电话:0710/6221028
传真:6234028
电子信箱:hbshenhu@126.com
质量体系:ISO 9001
产品情况:(神虎牌)
汽车摩擦材料,年产3000t

★枣阳金冠摩擦材料有限公司
地址:湖北省枣阳市枣桐路丁庄工业园
邮编:441200
电话:0710/6224326、6243128
传真:6224326
质量体系:ISO 9001
产品情况:制动衬片

★枣阳华龙摩擦材料有限公司
地址:湖北省枣阳市前进路78号
邮编:441200
电话:0710/6225669、6219566
传真:6225669
网址:www.zyhlmc.com
电子信箱:sales@zyhlmc.com
单位人数:260
质量体系:ISO 9001
产品情况:(华龙牌)
摩擦材料,各种重、中、轻型汽车制动器衬片,年产8000t左右
配套情况:为东风汽车公司、安徽省汽车制动器厂配套

★枣阳豪宇摩擦材料有限公司
地址:湖北省枣阳市襄阳路136号
邮编:441200
电话:0710/6237288
传真:6219736
质量体系:ISO 9001
产品情况:制动片

★枣阳金环摩擦材料有限公司
地址:湖北省枣阳市寺沙路
邮编:441200
电话:0710/6245698
传真:6245788
网址:www.zyjh.cn
电子信箱:zyjhgs@yahoo.com.cn
质量体系:ISO 9001
产品情况:离合器从动盘

★枣阳神龙摩擦材料有限公司
地址:湖北省枣阳市寺沙路78号
邮编:441200
电话:0710/6245838
传真:6245839
电子信箱:summer72@sohu.com
质量体系:ISO 9001
产品情况:制动器衬片

★枣阳中天摩擦片有限公司
地址:湖北省枣阳市枣耿路工业园区
邮编:441200
电话:0710/6312488
传真:6318511
电子信箱:zyztbrake@yahoo.com.cn
质量体系:ISO/TS 16949、ISO 9001
产品情况:(中天牌)
各类摩擦片,年产8000t
配套情况:为东风汽车公司、一汽集团、江淮汽车等配套

★湖北省枣阳福星摩擦材料有限公司
地址:湖北省枣阳市东园工业园特1号
邮编:441200
电话:0710/6317778
传真:6317775
电子信箱:fxwsh@sohu.com
质量体系:ISO 9001
产品情况:(精诚牌)
各种汽车制动片
配套情况:为东风汽车公司、徐工集团、华兴航空、江苏衡力、湖北力美等配套

★枣阳安泰摩擦材料有限公司
地址:湖北省枣阳市人民路71号
邮编:441200
电话:0710/6350259
传真:6321998
质量体系:ISO/TS 16949、ISO 9001
产品情况:汽车用鼓式制动器片

★湖北飞龙摩擦密封材料股份公司
地址:湖北省枣阳市新华路78号
邮编:441200
电话:0710/6352088、6312393

传真:6321825
网址:www.hbfeilong88.com
电子信箱:feilong88@public.xf.hb.cn
单位人数:1000
质量体系:ISO/TS 16949
产品情况:(隆中牌)
中、重、轻、客、微型汽车用制动器衬片、离合器面片及轿车前盘、后鼓制动器衬片等,具有年产无石棉摩擦材料1万t、石棉摩擦材料6000t、盘式制动衬片500万套、鼓式制动蹄总成300万套的生产能力
配套情况:为东风、一汽、重汽集团、北汽福田、江淮汽车、柳工、陕汽集团、红宇精工、春兰、北奔重汽、青汽等20多个全国知名配套装车厂家配套

★枣阳磐石摩擦片有限公司
地址:湖北省枣阳市车站路29号
邮编:441200
电话:0710/6370682
传真:6370682
网址:www.zypsc.com.cn
电子信箱:hxb6320324@163.com
质量体系:ISO 9001
产品情况:(贤保牌)
重型车、中型车、轻型车用摩擦材料,年产4000t左右
配套情况:为主机配套

★枣阳天成摩擦材料有限公司
地址:湖北省枣阳市火车站开发区16号
邮编:441200
电话:0710/6371616
传真:6371612
网址:www.zytiancheng.com
电子信箱:wangdymail@yahoo.com.cn
单位人数:100
质量体系:ISO 9001
产品情况:(天鸣牌)
中、重、轻型车用制动器衬片

★湖北省枣阳兴亚摩擦材料有限公司
地址:湖北省枣阳市车站路17-4号
邮编:441202
电话:0710/6320570、6320578
传真:6314652
网址:www.xingyafm.com
电子信箱:mail@xingyafm.com
单位人数:400
质量体系:QS 9000、ISO 9001
产品情况:(兴亚牌、英利达牌)
汽车制动片、制动盘、制动鼓
配套及出口情况:与主机厂配套;出口东南亚

★湖北枣阳群益摩擦材料有限公司
地址:湖北省枣阳市南城桃园路18号
邮编:441202
电话:0710/6325808、6320638
传真:6325808
网址:www.zqfmc.com
电子信箱:zyqyfmc@163.com
单位人数:300
质量体系:ISO 9001
产品情况:(群益牌)
制动器衬片、驻车制动器衬片等摩擦材料,年产5000t
配套情况:为安徽康达集团配套

★襄樊市乐太胶业有限公司
地址:湖北省襄樊市谷城县石花镇武当路76号
邮编:441705
电话:0710/7611901
传真:7611561
网址:www.letaijiaoye.com
电子信箱:jshbz@vip.sina.com
质量体系:ISO 9001
产品情况:汽车工业用胶、密封胶
配套情况:为东风汽车公司等配套

★湖北将军摩擦材料有限公司
地址:湖北省襄樊市谷城县石花镇南大街82号
邮编:441705
电话:0710/7611935
传真:7618996
网址:www.xfjiangiunb2bhc360.com
电子信箱:xfjiangjun@hc360.com.cn
质量体系:ISO 9001
产品情况:各类汽车制动器衬片

★老河口市汽车密封件有限责任公司
地址:湖北省老河口市仙人渡汉十路南端
邮编:441803
电话:0710/8771443
传真:8774156
网址:www.qcmfj.com
电子信箱:qcmfj@qcmfj.com
质量体系:ISO/TS 16949、ISO 9001
产品情况:(楚仙牌)
密封垫片

★东风(十堰)汽车冲压件有限公司
地址:湖北省十堰市寺沟巷2号
邮编:442000
电话:0719/8227089
传真:8228085
网址:www.dfsy.com.cn
质量体系:ISO/TS 16949、ISO 14000
产品情况:汽车冲压件、皮带张紧轮、操纵机构总成等

★东风实业公司喷涂冲压件分公司
地址:湖北省十堰市人民路南路78号
邮编:442000
电话:0719/8256246、8256256
传真:8882211
质量体系:ISO/TS 16949
产品情况:灭火器、汽车膨胀水箱、后视镜支架

★东风十堰汽车零部件有限公司
地址:湖北省十堰市经济开发区滨河东路63号
邮编:442000
电话:0719/8319300
传真:8319300
网址:www.syxxz.com
电子信箱:xxz@syxxz.com
质量体系:ISO/TS 16949、ISO 9001
产品情况:冲压件和底盘件
配套情况:为东风襄樊专用汽车、东风神宇车辆、陕汽集团宝鸡华山工程车辆等配套

★湖北广奥减振器制造有限公司
地址:湖北省十堰市张湾区西城路46号
邮编:442004
电话:0719/8587827
传真:8587817
网址:www.hbguangao.com
电子信箱:cxy9320@sina.com
单位人数:120
质量体系:ISO/TS 16949
产品情况:发动机扭振减振器,包括橡胶减振器、硅油减振器和硅油橡胶减振器三大系列

★十堰东风韩都油化有限公司
地址:湖北省十堰市大岭路19号
邮编:442008
电话:0719/8205297
传真:8205267
质量体系:ISO/TS 16949
产品情况:汽车油漆

★十堰风神汽车橡塑制品有限公司
地址:湖北省十堰市汉江路26号
邮编:442011
电话:0719/8618296
传真:8652859
网址:www.syxj.net
电子信箱:syxjc@163.com
单位人数:326
质量体系:ISO/TS 16949、ISO 9001
产品情况:(风神牌、十橡牌)
减振、悬置、胶管、硅胶、制动皮膜、阀座、沥青阻尼片材、悬架减振、衬套等橡胶配件,年产能力8000万件
配套情况:橡胶件为东风汽车公司配套

★东森汽车密封件有限公司
地址:湖北省十堰市东风大道18号
邮编:442012
电话:0719/8267564、8784330
传真:8782330
网址:www.hutchinson-sy.com
电子信箱:sales@hutchinson-sy.com
单位人数:493
质量体系:ISO/TS 16949、ISO 9001
产品情况:(东密牌)
油封、减振垫、橡胶压模制品,年产

值6500万元
配套情况:为东风汽车公司、神龙汽车、奇瑞汽车等配套

★十堰市神力汽车零部件有限公司
地址:湖北省十堰市高新区车神路7号
邮编:442012
电话:0719/8312293
传真:8319293
网址:www.syslqc.qpcity.cn
电子信箱:shenligs@126.com
单位人数:80
质量体系:ISO 9001
产品情况:中冷器出气管、挡泥板支架、动力转向油罐总成、环箍等
配套情况:为东风农用车、三环集团汽车厂及多家汽车改装厂配套

★湖北亿德·赛襄轴承有限公司
地址:湖北省十堰市白浪高新技术产业开发区
邮编:442013
电话:0719/8254099
传真:8460111
网址:www.zzxyy8.com
电子信箱:sx@zzxyy8.com
单位人数:108
质量体系:ISO 9001
产品情况:(赛襄牌)
轴承
配套情况:为一汽集团、东风汽车公司、重汽集团配套

★东风汽车公司(十堰)润滑油公司
地址:湖北省十堰市白浪中路68号
邮编:442013
电话:0719/8303321
传真:8303333
质量体系:ISO 9001
产品情况:(东日牌)
润滑油脂、制动液、防冻液等
配套情况:为东风汽车公司配套

★十堰九鹏摩擦材料有限公司
地址:湖北省十堰市白浪高新技术产业开发区中观西路马路村
邮编:442013
电话:0719/8312611
传真:8318849
质量体系:ISO 9001
产品情况:制动片,设计年产能6000t
配套情况:为东风、解放、江淮、北汽福田等配套

★十堰飞鹰汽车工程塑料有限公司
地址:湖北省十堰市白浪高新开发区
邮编:442013
电话:0719/8315218、8254188
传真:8312238
网址:www.feiying.net.cn
产品情况:东风140-2、145、153、1230/1290双桥以及新款东风车型塑料件、驾驶室附件等

★十堰槐鹏工贸有限公司
地址:湖北省十堰市汽配城富桥区8158号
邮编:442013
电话:0719/8316438、8302860
传真:8462152
网址:www.huaipeng.com
质量体系:ISO/TS 16949、ISO 9001
产品情况:汽车储气筒、挡泥板、各种支架等零部件
配套情况:为东风汽车公司配套

★湖北十堰洪运轴承材料有限公司
地址:湖北省十堰市镜潭路46号
邮编:442021
电话:0719/8238687
传真:8241435
网址:www.nbfbearing.com
电子信箱:hlyzlsy@126.com
单位人数:56
质量体系:ISO/TS 16949
产品情况:(东风牌)
铝基双金属轴瓦卷带材
配套情况:铝锡高锡产品和铝锡硅中锡产品(各1000t/年)为东风公司、重庆东安、航天三菱等配套

★东风(十堰)气缸垫有限公司
地址:湖北省十堰市红卫镜潭路48号
邮编:442021
电话:0719/8260168
传真:8260168、8521188
网址:www.dfm-gasket.com.cn
电子信箱:dfqgd@126.com
单位人数:300
质量体系:ISO/TS 16949、ISO 9001
产品情况:(东风牌)
汽缸垫等密封垫片
配套及出口情况:为东风汽车公司发动机厂、东风康明斯发动机、东风德纳车桥、一汽锡柴、上汽通用五菱等配套;康明斯6BT汽缸垫批量出口

★十堰市隆泰源工贸有限公司
地址:湖北省十堰市武当路68号
邮编:442047
电话:0719/8236396、8209141
传真:8209141
网址:www.hbsylty.com
电子信箱:wuhenghuanshu@yahoo.cn
单位人数:200
质量体系:ISO/TS 16949、ISO 14001
产品情况:汽车驾驶室外饰件油漆、涂装,汽车注塑零部件

★东风(十堰)汽车铸造件有限公司
地址:湖北省十堰市白浪西路65-9
邮编:442050
电话:0719/8251453
传真:8237594
网址:www.dfzzj.com
电子信箱:dfzz@dfzzj.com
质量体系:ISO/TS 16949、QS 9000
产品情况:多种牌号的球墨铸铁和灰铸铁件,年产能力突破2万t,包括汽车平衡悬架系列、发动机铸件系列、支架托架、飞轮、轴承座、后桥壳、减速器壳、差速器壳以及富康轿车压缩机支架等
配套情况:为东风有限公司、东风康明斯、东风雪铁龙、卡拉尔、卡特彼勒等企业配套

★东风汽车紧固件有限公司
地址:湖北省十堰市张湾区大岭路40号
邮编:442061
电话:0719/8223566、8224815
传真:8225739
网址:www.dfmf.net
电子信箱:mailjgjg-gsb@dfnc.com.cn
单位人数:1985
质量体系:ISO/TS 16949、QS 9000
产品情况:各类车用螺栓、螺母、螺柱、螺钉、铆钉、垫圈、挡圈、销轴、管接件、螺塞、滑脂嘴、通气塞及各类拉、压、卡、扭弹簧和专用件、异形件等
出口情况:出口欧美、东南亚

★郧县力丰汽车零部件有限责任公司
地址:湖北省十堰市郧县城关镇中岭街47号
邮编:442500
电话:0719/7232470
传真:7234891
电子信箱:yxlf@yxlf.com
质量体系:ISO 9000
产品情况:锻压产品、转向传动装置、传动轴大花键、转向器摇臂轴、冷拔成形花键轴等

★东风汽车有限公司粉末冶金厂
地址:湖北省丹江口市三官殿街20号
邮编:442708
电话:0719/5520300、5521020
传真:5520226
网址:www.dfap.com.cn
电子信箱:webmaster@dffy.com.cn
单位人数:523
质量体系:ISO/TS 16949、QS 9000
产品情况:各类结构件,用于汽车发动机、变速器、底盘、动力转向器及家电、机械行业

★东风精密铸造有限公司
地址:湖北省丹江口市武当山旅游经济特区公园路155号
邮编:442714
电话:0719/5667415、5665425
传真:5665567
网址:www.dfic.net
电子信箱:dfjzglb@dfic.com.cn
单位人数:700
质量体系:ISO/TS 16949、QS 9000

产品情况：铸钢、球铁、有色合金、高温合金四大类 3000 余种零件
配套情况：为东风汽车公司配套

★中南橡胶集团有限责任公司
地址：湖北省宜昌市中南路 55 号
邮编：443003
电话：0717/6370118、6370228
传真：6370006、637038
网址：www.znrubber.com
电子信箱：znrubber@hotmail.com
单位人数：1200
质量体系：ISO 9001
产品情况：（中字牌）
　　橡胶杂品、O 形圈、皮膜、铜件、纯胶密封条等
配套及出口情况：为东风汽车公司、神龙汽车配套；出口欧洲、非洲、东南亚、中东等地区

湖南省

★长沙捷动汽车配件有限公司
地址：长沙市五一大道 98 号
邮编：410001
电话：0731/84331511、82291968
传真：82291898、84322103
网址：www.professorbrake.com
质量体系：ISO 9001
产品情况：汽车制动摩擦材料
出口情况：远销美国、欧洲、南美等国家和地区

★金瑞新材料科技股份有限公司
地址：长沙市麓山南路 966 号
邮编：410012
电话：0731/88711313
传真：88711553
网址：www.king-ray.com.cn
电子信箱：office@king-ray.com.cn
质量体系：ISO 9001
产品情况：四氧化三锰、电解金属锰、软磁铁氧体磁芯等电子基础材料，以氢氧化镍为代表的电源材料，合成人造金刚石用触媒合金、粉末一体化块、高品级人造金刚石、金刚石微粉、金刚石工具等超硬材料

★湖南关西汽车涂料有限公司
地址：长沙市经济开发区漓湘西路 16 号
邮编：410100
电话：0731/84037079、4220632
传真：84878159
网址：www.hnksac.com
电子信箱：hkp@hnksac.com
单位人数：360
质量体系：ISO/TS 16949、ISO 14001
产品情况：汽车涂料

★湖南博云汽车制动材料有限公司
地址：长沙市岳麓区雷锋大道博云创新工业园
邮编：410205
电话：0731/88122792、88116263
传真：88115258、88137705
网址：www.boyunbrake.com
电子信箱：wjp@boyunbrake.com
质量体系：ISO/TS 16949、ISO 9001
产品情况：无石棉汽车制动片
配套情况：为一汽集团、东风汽车公司、长安汽车、上汽通用五菱、广汽长丰、昌河汽车、重汽集团等配套

★湖南航天磁电有限责任公司
地址：长沙市岳麓区航天城
邮编：410205
电话：0731/88148596、88148528
传真：88149960
网址：www.spacemagnets.com
电子信箱：business@spacemagnets.com
质量体系：ISO/TS 16949、QS 9000
产品情况：永磁铁氧体环磁和磁瓦

★株洲湘火炬汽车密封有限责任公司
地址：湖南省株洲市渌口湘火炬工业园
邮编：412100
电话：0731/27611104、27622816
传真：27622800
网址：www.torchlk.com
电子信箱：lk@cntorch.com
质量体系：ISO/TS 16949、QS 9000
产品情况：（火炬牌、湘火炬牌）
　　密封、耐火材料
配套情况：为一汽、东风、陕汽、上汽依维柯红岩、重汽集团等国内主要汽车生产厂配套

★益阳气缸垫有限责任公司
地址：湖南省益阳市河南西路 97 号
邮编：413000
电话：0737/4223416、4242539
传真：4222416
网址：www.yyqgd.com
电子信箱：xl@yyqgd.com
单位人数：149
质量体系：ISO/TS 16949
产品情况：（西流牌）
　　各种车用柴油、汽油发动机汽缸垫和进排气垫，年产能力 300 万片
配套情况：为东风康明斯、玉柴、柳州五菱、杭州发动机厂、绵阳新晨、沈阳新光、北汽福田、无锡四达柴油机厂、广西柳柴、湖南动力机厂等 20 多家主机厂配套

★湖南布林特橡塑有限公司
地址：湖南省益阳市高新区东部新区杉木路 1 号
邮编：413000
电话：0737/5811010、5811890
传真：5812107
网址：www.hnbps.com
电子信箱：1538576760@qq.com
质量体系：ISO 9001
产品情况：油封、O 形密封圈、橡胶制品

★湖南常德嘉达摩擦材料有限公司
地址：湖南省常德市临江路 35 号
邮编：415000
电话：0736/7289184、7281750
传真：7172098
网址：www.cnjiada.cn
电子信箱：jiada@cnjiada.cn
单位人数：110
质量体系：ISO/TS 16949、ISO 9001
产品情况：（得俏牌）
　　机动车无石棉盘式、鼓式制动片
配套情况：为奇瑞汽车、一汽集团、上汽通用五菱、美国 TRW - LVLB、吉利汽车、武汉万向、浙江亚太、万安集团、廊坊瑞达、比亚迪汽车等配套

广东省

★广州三池汽车配件有限公司
地址：广州市花都区汽车城东风大道东
邮编：510000
电话：020/86733700
传真：86733737
质量体系：ISO/TS 16949
产品情况：汽车车身冲压件
配套情况：为东风日产乘用车配套

★广州誉发地毯有限公司
地址：广州市越秀区永福路 35 号南方永福国际 B 座 2805～2807 室
邮编：510070
电话：020/85171127
传真：85171237、37662597
网址：www.yfa.com.cn
电子信箱：sales@yfa.com.cn
质量体系：ISO/TS 16949
产品情况：地毯面料等
出口情况：部分产品出口

★昊润橡胶制品有限公司
地址：广州市白云区罗冲围松北工业园区 69 号
邮编：510165
电话：020/61190096、81986749
传真：81984613
质量体系：ISO/TS 16949
产品情况：（昊润牌）
　　橡胶多楔带、切割 V 带等
出口情况：出口俄罗斯、中东、东南亚

★广州市海缝机械零件制造有限公司
地址：广州市燕子岗路燕子岗街 2 号
邮编：510280
电话：020/89008462
传真：89009611
电子信箱：hf_jishubu@yahoo.com.cn
单位人数：350

质量体系:ISO 9001、ISO 14001
产品情况:钣金精细加工、冲压零部件
配套情况:为五羊本田、广汽本田、东风本田、广汽丰田等配套

★广州市兴杭隔热材料有限公司
地址:广州市海珠区南洲路117号新鱼工业区A23
邮编:510290
电话:020/89890296、89882511
传真:62766339
网址:www.gzxinghang.cn
电子信箱:wangns777@126.com
质量体系:ISO 9001
产品情况:保温、隔热材料,汽车隔音材料

★广州市广红软木厂
地址:广州市芳村大道西芳信路五眼桥西约349号之一
邮编:510360
电话:020/81693608、81693863
传真:81693226、81693623
网址:www.ghcork.com
电子信箱:contact@ghcork.com
单位人数:110
质量体系:ISO 9002
产品情况:(跃马牌)
汽车全套密封垫
配套情况:为多家大型的汽车、摩托车发动机制造公司配套

★广州市广易实业有限公司
地址:广州市芳村大道中443号
邮编:510360
电话:020/81891948、81898528
传真:81893451
网址:www.granye.com
电子信箱:granye@granye.com
质量体系:ISO 9001
产品情况:(大力牌、广易牌、玉羊牌)
汽车及摩托车摩擦材料,密封保温材料等
配套及出口情况:为昌河铃木配套;出口东南亚、中东、南美洲、欧盟等地区

★广州市福田纳路涂料有限公司
地址:广州市黄诚中心大田工业区
邮编:510405
电话:020/82868338
传真:82863058
电子信箱:gzfutian@gzfutian.com
质量体系:ISO 9000
产品情况:润滑油(脂)

★刚辉橡胶制品有限公司
地址:广州市从化区太平镇经济开发区
邮编:510425
电话:020/37922222
传真:37922223
网址:www.kwongfai.com.cn
电子信箱:info@kwongfai.com.cn
单位人数:1600
质量体系:ISO/TS 16949、ISO 9001
产品情况:橡胶圈、橡胶杂件、硅胶管等

★广州市世达密封实业有限公司
地址:广州市白云区机场路2721号
邮编:510425
电话:020/86082311、86082312
传真:86083390
网址:www.gz-star.com
电子信箱:gzstar@gz-star.com
单位人数:250
质量体系:ISO/TS 16949、QS 9000
产品情况:橡塑密封件、车用橡胶零部件
配套及出口情况:主要客户有日本鬼怒川橡胶工业株式会社、本田(中国)汽车、本田制锁(广东)、广州三叶电机、美国福特、欧洲WABCO、卡特彼勒、广汽本田、东风本田、柳州工程机械、广州昭和减震器、南京依维柯、惠州东风易进工业、惠州大金空调、香港保捷集团、TTI公司;出口日本、美国、欧洲,并销往中国台湾、香港地区

★广州三崎气缸垫有限公司
地址:广州市白云区龙归镇夏良永泰工业城
邮编:510445
电话:020/87426965、87428960
传真:87426756
网址:www.sakola.com
电子信箱:sq@sakola.com
产品情况:(SAKOLA牌)
汽缸垫、发动机密封件

★广州卫亚汽车零部件有限公司
地址:广州市增城市新塘镇创新大道23号
邮编:510450
电话:020/82880669、82880761
传真:82880760
网址:www.gzwire.com
电子信箱:sallyhulian@yahoo.com.cn
单位人数:472
质量体系:ISO/TS 16949、ISO 14000
产品情况:线成型、蛇簧、靠背/头枕弯管、扭杆、悬簧垫、座椅焊接骨架、腰托网格、汽车悬架弹簧、气门弹簧、摩托车减振弹簧、异形弹簧等
配套及出口情况:为广汽本田、东风本田、标致雪铁龙、日产、上海通用、比亚迪、吉利等配套;出口日本、英国

★广州市铄金机电有限公司
地址:广州市天河区广园东路2193号时代新世界中心北塔603-304
邮编:510500
电话:020/87228567、87228790
传真:87720244
网址:www.sjbearing.com
电子信箱:bearing@shuojinchina.com
质量体系:ISO 9001
产品情况:轮毂轴承单元、发动机轴瓦、NTN轴承等
出口情况:出口多个国家和地区

★广州鑫众德特种密封件有限公司
地址:广州市白云区太和镇新广从三路248号
邮编:510500
电话:020/87429609
传真:62674249
网址:www.xinzhongde.cn
电子信箱:dhkk@syqc.net
单位人数:90
质量体系:ISO 9002
产品情况:(鑫众德牌)
双材骨架式特种油封,普通橡胶骨架油封,J型、Y型、V型YV型及国际标准型、PH、VHS、VN等各种油封、O形圈

★广东星狮能源科技有限公司
地址:广州市天河区燕岭路89号燕侨大厦30楼
邮编:510507
电话:020/61078998
传真:62213898
网址:www.starlionoil.com
电子信箱:sales@starlionoil.com
质量体系:ISO/TS 16949、ISO 9001
产品情况:车辆、工业、船舶、工艺用油、锂基脂

★信越密封胶化工(广州)公司
地址:广州市天河区燕岭路89号燕乔大厦30楼3001-3005室
邮编:510507
电话:020/62213889
传真:62213898
网址:www.sscigz.com/cn
电子信箱:gt@sscigz.com
质量体系:ISO 9001
产品情况:免垫胶、液体胶、玻璃胶、A.B胶、汽车护理用品等

★广州旷达汽车织物有限公司
地址:广州市经济技术开发区东区北片东鹏大道44号
邮编:510510
电话:020/82266268
传真:82266360
网址:www.kuangdacn.com
电子信箱:guangzhou@kuangda.com
单位人数:60
质量体系:ISO/TS 16949、ISO 14001
产品情况:汽车座椅面料、门护杠面料、顶棚面料
配套情况:为广汽本田、东风日产乘用车、华晨宝马、北京奔驰、长安福特马自达、长安铃木、一汽海马等配套

★广州金发科技股份有限公司
地址:广州市天河区柯木塱高塘工业区高普路 38 号
邮编:510520
电话:020/87037818、87037168
传真:87072208
网址:www. kingfa. com. cn
电子信箱:postmaster@ kingfa. com. cn
质量体系:ISO/TS 16949、ISO 9001
产品情况:(KINGFA 牌)
阻燃树脂、增强增韧树脂、塑料合金和功能母粒
配套及出口情况:为大众、通用、福特、天津一汽丰田、三菱、标致、雪铁龙、华晨、奇瑞汽车等配套;出口美国、加拿大、俄罗斯、日本、印度、韩国等国家

★广州市立华摩擦制动器材有限公司
地址:广州市白云区良田镇工业园良田北路 5 号
邮编:510545
电话:020/87448780、87480477
传真:87481123
网址:gzbmk. cnalibaba. com
电子信箱:bmkbmk_518@ vip. 163. com
质量体系:ISO/TS 16949、ISO 9001
产品情况:鼓式、盘式制动片、离合器钢片、离合器压盘等

★广东德联集团股份有限公司
地址:广州市天河区天府路华建大厦 16 楼 12 – 16
邮编:510630
电话:020/85613493、85613492
传真:85613496
网址:www. delian. cn
电子信箱:delian@ delian. cn
质量体系:VDA 6. 1、QS 9000
产品情况:防冻液、制动液、汽油/柴油清净剂
配套情况:为上海大众、一汽 – 大众、上海通用、上汽集团、长安福特马自达、长安汽车、华晨宝马、北京奔驰、北奔重汽、一汽轿车、哈飞汽车、河北中兴、奇瑞汽车、吉利汽车等配套

★广州机械科学研究院
地址:广州市黄埔区茅岗路 828 号
邮编:510700
电话:020/32388303、32385271
传真:32389135
网址:www. gmeri. com
电子信箱:webmaster@ gmeri. com
质量体系:ISO 9001
产品情况:(广研牌)
密封件、粘胶剂、汽车零部件检测等

★中汽零部件公司中汽胶业研究所
地址:广州市黄埔区茅岗路 828 号
邮编:510700
电话:020/32389127、32388795
传真:32385280
网址:www. capacsealant. com
质量体系:ISO/TS 16949、ISO 9001
产品情况:汽车焊装用胶、涂装用胶、总装用胶等

★广州机械科学研究院密封研究所
地址:广州市黄埔区茅岗路 828 号
邮编:510700
电话:020/32389985、32385271
传真:32389624、32389566
网址:www. gyseals. com
质量体系:ISO 9001
产品情况:(Gy SEALS 牌)
密封件

★广州逸尔孚润滑油有限公司
地址:广州市黄埔双沙华路 468 号 604 厂
邮编:510725
电话:020/82375285、82360117
传真:82399985
网址:www. efoil. com. cn
电子信箱:efoil@ efoil. com. cn
质量体系:ISO 9001
产品情况:(埃孚(EF)牌)
润滑油等

★霍尼韦尔摩擦材料(广州)有限公司
地址:广州市经济技术开发区志诚大道东诚一街 9 号
邮编:510730
电话:020/83963860
传真:82216067
网址:www. honeywell. com
电子信箱:fmchina@ honeywell. com
质量体系:ISO/TS 16949
产品情况:(优力牌、奔得士牌)
制动片,年产 800 万片
配套情况:为上海大众、神龙汽车、广汽长丰、江淮汽车、北京奔驰、一汽 – 大众、长安汽车、南京依维柯等配套

★广州市泰力高复合材料有限公司
地址:广州市黄浦区南岗西路 238 号
邮编:510760
电话:020/83802473
传真:83741150
网址:www. gzcc – technic. com
电子信箱:sales@ gzcc – technic. com
质量体系:ISO 9001
产品情况:吸音棉、隔热棉、空气过滤棉等

★广州东升机械有限公司
地址:广州市花都区新华街花岗大道 69 号
邮编:510800
电话:020/36867110、36867113
传真:36867125
质量体系:ISO/TS 16949
产品情况:轿车冲压件和焊接件总成
配套情况:为东风日产乘用车配套

★广州阿纳萨科技有限公司
地址:广州市花都区新华镇大陵望亭路自编 1 号
邮编:510800
电话:020/36873996、36873966
传真:36873992
电子信箱:sales@ anasa – brakes. com
单位人数:150
质量体系:ISO 9001
产品情况:汽车制动片
出口情况:远销北美洲、南美洲、欧洲、大洋洲、东南亚、非洲、中东

★广州市诺安制动配件有限公司
地址:广州市花都区汽车城车城 4 号路南
邮编:510800
电话:020/86733348、86733258
传真:86733776、86733818
网址:www. gznuoan. com
电子信箱:boss@ gznuon. com
质量体系:ISO/TS 16949、ISO 9001
产品情况:(PROSA 牌)
盘式、鼓式制动片,年产能力载货汽车衬片 1 万 t、重型车蹄铁 30 万套、美国重型车制动蹄总成 50 万套、小型车鼓式制动片 200 万套
配套及出口情况:为部分主机厂配套;远销美国、欧洲等国家和地区

★广州达胜汽车配件有限公司
地址:广州市花都区花东镇胡忠路西
邮编:510800
电话:020/86775681
传真:86762628、37092011
电子信箱:gz_dasheng@ yahoo. com. cn
质量体系:ISO 9001
产品情况:各种汽车鼓式制动器衬片
出口情况:部分产品出口

★广州日立优喜雅汽车配件有限公司
地址:广州市花都区花港大道 63 号汽车城
邮编:510800
电话:020/86876670
传真:86876671
质量体系:ISO/TS 16949
产品情况:汽车精密零部件

★联合涂料有限公司
地址:广州市花都区新华工业区大埔路
邮编:510812
电话:020/36862222
传真:36862591、36862592
电子信箱:unitedcoatings@ gzunitedcoatings. com
质量体系:ISO 9001
产品情况:(通用牌、联合牌)
调色系统、载货汽车漆、原子灰、铁甲清漆及辅料
出口情况:出口东南亚等地区

★广州帕卡汽车零部件有限公司
地址:广东省从化市街口镇安园路 2 号

邮编:510900
电话:020/87912599
传真:87912349
网址:www. paka. com
单位人数:98
质量体系:ISO 9001、ISO 14001
产品情况:汽车隔音件产品
配套情况:为广汽本田、东风日产乘用车、东风本田(武汉)等主机厂配套

★广州三立无纺布有限公司
地址:广东省从化市江埔街环市东路206号
邮编:510900
电话:020/87981482、87987066
传真:87981482、87985993
网址:www. 3l. gd. cn
电子信箱:3l@ 3l. gd. cn
质量体系:ISO 9001
产品情况:环保滤布、空调滤布、PP 滤布、喷涂滤布

★广州市埃弗克汽车配件有限公司
地址:广东省从化市太平镇屈洞村门口山厂房
邮编:510990
电话:020/37921120
传真:37921129
网址:www. gzifk. com
电子信箱:ifk@ gzifk. com
质量体系:ISO/TS 16949
产品情况:(IFK 牌)
各种盘式、鼓式制动片
出口情况:远销欧洲、中东、北美洲、非洲

★广州自强弹簧五金制品有限公司
地址:广州市增城市新塘镇广州东部(增城)汽车产业基地南区大道
邮编:511300
电话:020/82880786、82880751
传真:82880787
网址:www. zqspring. com
电子信箱:zq@ zqspring. com
质量体系:ISO/TS 16949、ISO 9001
产品情况:线径 0.1 ~ 16.0mm 各种拉力、压力、扭力弹簧,线成型、蛇形弹簧,发热丝线圈,异形弹簧及各式小电池片、五金冲压件等

★广州甲壳虫润滑油有限公司
地址:广州市增城市新塘镇东华村壁松山工业园中山大路 8 - 1 号
邮编:511341
电话:020/61733538
传真:82779381
网址:www. piched. com
电子信箱:keiar@ keiar. cn
质量体系:ISO/TS 16949、ISO 9001
产品情况:(甲壳虫牌)
润滑油

★广州丸顺汽车配件有限公司
地址:广州市经济技术开发区永和经济开发区来安三街 6 号
邮编:511356
电话:020/32225711
传真:82970317
电子信箱:g - max@ gz - gmax. com
质量体系:ISO 9000
产品情况:冲压、焊接、电镀、涂装等的零部件以及冲压模具、模具标准件等
配套情况:为本田、日产汽车等配套

★广州内山工业有限公司
地址:广州市经济技术开发区永丰路 10 号
邮编:511356
电话:020/82986777
传真:82986620
电子信箱:truoxdixing2008@ 163. com
质量体系:ISO/TS 16949
产品情况:汽车密封件,轴承密封件

★广州市布特龙精密制件有限公司
地址:广东省增城市宁西镇九龙新路 21 号
邮编:511358
电话:020/87722761
传真:87729932
网址:www. butrom. com
电子信箱:butrom@ butrom. com
质量体系:ISO/TS 16949、QS 9000
产品情况:(布特龙牌、BUTROM 牌、CP 牌、EP 牌、雨可牌)
刮水片、汽缸垫和发动机修理包等各种汽车精密零件
配套及出口情况:与韩国现代汽车、韩国 SAMSUN、MOBIS、可普等企业合作;出口韩国、东南亚、西亚、欧洲等国家和地区

★广州市寰通涂料实业有限公司
地址:广东省增城市镇龙镇镇龙大道
邮编:511363
电话:020/82876013、82877971
传真:82870659
网址:www. gzhuantong. com
质量体系:ISO 9001
产品情况:原子灰、汽车油漆、防开裂黏接剂,蓄电池,汽车护理产品等

★广州市实创化工有限公司
地址:广州市萝岗区九龙镇金龙工业园
邮编:511363
电话:020/82878888
传真:82876866
网址:www. cnscc. cn
电子信箱:scc@ cnscc. cn
质量体系:ISO 9001、ISO 14001
产品情况:(思卡夫牌、优尼克牌、丸田牌、金丸田牌、吉尼思牌等)
汽车漆
配套情况:与国内知名汽车制造厂配套

★ 广州市中新塑料有限公司
地址:广东省增城市中新镇中福北路 3 号
邮编:511365
电话:020/82866382
传真:82868383
网址:www. zhongxinplastic. com. cn
电子信箱:leiping1011@ sina. com. cn
法人代表(负责人):朱怡共
单位人数:2500
质量体系:ISO/TS 16949、ISO 9001
产品情况:(新中牌)
汽车、摩托车零部件、内外饰件,年产量 5336.68 万件
配套及出口情况:主要为广汽本田、广汽丰田、东风日产、东风本田汽车、东风本田发动机、本田中国、本田汽车用品、广汽乘用车、广汽日野、广汽菲亚特、海马汽车、五羊 - 本田摩托、GGP 园林、佳能珠海、康奈可、广州樱泰、广州三叶电机、惠州东风易进、福州仕林电机等配套;汽车零部件,出口产量 135 万件

★广州市新星实业有限公司
地址:广州市增城中新镇大田工业区太古油化制作所
邮编:511365
电话:020/82868828、82866699
传真:82868199
网址:www. takoo. com. cn
电子信箱:zhx@ takoo. com. cn
质量体系:ISO 9001
产品情况:制动液、润滑油、防冻液等

★申雅密封件(广州)有限公司
地址:广州市番禺区化龙镇莲花围工业村
邮编:511434
电话:020/34750042
传真:34750043、34750044
电子信箱:4s@ gzsy168. sina. net
质量体系:ISO/TS 16949
产品情况:(申雅牌)
轿车车门框密封条、车窗导槽、前后盖密封条等
配套情况:为上海大众、广汽本田、上海通用、一汽海马等配套

★广州捷士多铝合金有限公司
地址:广州市南沙开发区黄阁镇丰田汽车城
邮编:511455
电话:020/34972088
传真:34972038
电子信箱:yfgz123@ 126. com
质量体系:ISO 9000
产品情况:铝合金熔液和铝合金锭
配套情况:为广汽丰田配套

广州市中新塑料有限公司

ISO/TS16949

ISO 14001

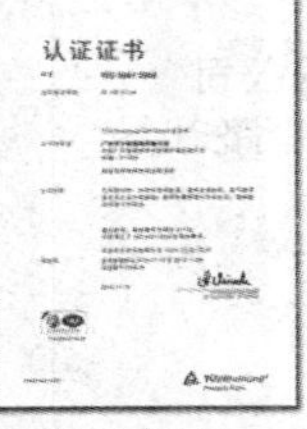

ISO 9001

广州市中新塑料有限公司是一家民营企业，成立于1981年，主要生产汽车、摩托车零部件及内外饰件、家用电器塑料件等产品，还包括一部分注塑模具的设计与制造。

公司注册资金3000万元，总投资2亿多元，占地面积10万多m²，配套生产国内外著名的汽车、摩托车厂家（如：广汽本田汽车有限公司、广汽丰田汽车有限公司、东风本田发动机有限公司、风神日产、广汽乘用车、一汽大众、一汽海马、五羊-本田摩托（广州）有限公司、佳能、理光等）的产品配件。其中部分产品还出口到日本、意大利、英国等国家，产品质量优良，深得顾客、用户的好评，在同行业中处于领先地位，连续几年保持经济指标的增长，历年来是增城市纳税大户。

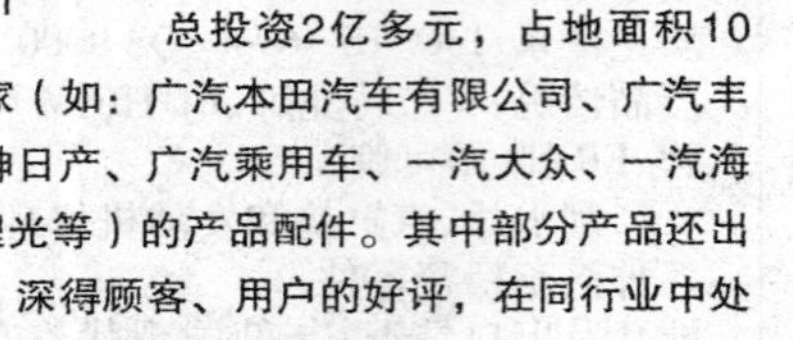

吹塑车间

公司以“创造价值，回馈社会”为宗旨；以“内求团结完善，外求和谐发展”为理念；以“质量第一、顾客至上；科学管理，精益求精”为质量管理方针；以“打造精品”为生产理念；以“顾客至上”为经营理念全面致力于公司的全方位、多层面发展模式，公司以人为本，建立了多渠道招聘和培养高新技术人才的机制和可持续发展的前景蓝图。

注塑车间

先进的科学技术是第一生产力。公司拥有新世纪之初先进水平的电脑全自动控制的注塑机、吹塑机及从美国、日本引进的先进的高精度的CNC加工中心、电火花及线切割等生产及模具加工设备；拥有美国先进的三坐标测量仪及其他各质量检测设备和辅助设备。模具采用了CAD、CAM Pro/e UG等绘图软件进行设计编程和加工，可满足各类复杂产品的完美设计与制作。

内饰件车间

优秀的人才技能是发展的关键。公司十分注重高新技能人才的招聘和培养。目前，公司拥有从事经营管理的高、中、初级专业技术人才队伍。本公司从1996年开始按照国际质量管理体系的流程对公司质量进行管理，1998年通过ISO9002体系认证；2001年通过ISO9001：2000版的转版认证；2003年通过ISO14001及OHSAS18000的认证；2004年又通过了TS16949体系的认证工作。公司产品被评为“广州市名牌产品”，广东省著名商标、公司先后被各相关单位授予“中国机械工业500强企业”、“中国制造业500强”、“全国新农村建设百强示范企业”、“广东省企业500强”、“广东省制造业百强”、“广州市百强民营企业”、“重合同守信用企业”、“质量信得过企业”、“文明企业”、“优秀先进企业”等称号；被五羊-本田授予“优秀供应商”、“先进服务奖”；还被广汽本田授予A级供应商称号。在创造经济效益的同时，公司还十分注重环保、消防和职业健康，关心当地劳动力就业，公司90%的员工为当地农村富余劳动力，为当地的劳动力转移和社会稳定做出了杰出的贡献。

地址：广州增城市中新镇中福北路3号　　邮编：511365　　电话：020–82866382
传真：020–82868383　　E–mail:leiping1011@sina.com.cn　　网址：www.zhongxinplastic.com.cn

★广州海宁橡胶有限公司
地址:广州市番禺区化龙镇工业路14号
邮编:511434
电话:020/84755686、84754813
传真:84756793
网址:www. pyol. cn
电子信箱:oceanlink@ pyol. cn
单位人数:250
质量体系:ISO 9001
产品情况:(莲花山牌、OCEAN LINK牌)
各种客车前后风窗玻璃密封条、乘客门密封条、行李舱密封条、侧窗密封装饰条、空调风管、底盘减振胶等橡胶件
配套情况:为广州五十铃、广州骏威、厦门金龙、广州穗景、湖南车桥、湖南梅花客车、广州番禺红桥等配套

★广州JFE钢板有限公司
地址:广州市南沙开发区万顷沙工业园十六涌
邮编:511458
电话:020/84953388、84953330
传真:84953399
网址:www. gjss. com. cn
产品情况:热镀锌汽车用钢板,年产能力40万t

★韶关东南轴承有限公司
地址:广东省韶关市西联经济开发区
邮编:512029
电话:0751/8109765、8109390
传真:8109948、8109441
网址:www. ib - bearing. com
电子信箱:ib_brg@ shaoguan. net
单位人数:988
质量体系:ISO/TS 16949、ISO 9001
产品情况:(IB牌)
汽车双列角接触轮毂轴承、离合器轴承、发动机张紧轮轴承等
出口情况:80%的产品出口德国、意大利、法国、英国、美国、加拿大、日本、新加坡、阿联酋、巴西、阿根廷等国家,并销往中国香港地区

★华丰数码构件制造有限公司
地址:广东省兴宁市205国道秀塘围华丰工业园
邮编:514521
电话:0753/3238623、3238916
传真:3238619
网址:www. hdbelts. com
电子信箱:hdken@ hdbelts. com
质量体系:ISO/TS 16949
产品情况:(HDBelt牌)
同步时规带、V带、多楔带等,年产各类传动带700万条
出口情况:出口欧洲、南美洲、中东、日本等国家和地区,并销往中国台湾地区

★汕头市正力轴承制造有限公司
地址:广东省汕头市大学路叠金工业区叠金二路C3-4座
邮编:515021
电话:0754/88546652、82520275
传真:82533446
网址:www. zlbearing. com
电子信箱:whp@ zlbearing. com
单位人数:150
质量体系:ISO 9001
产品情况:汽车轴承,年产500万套
出口情况:30%产品出口

★广东恒大新材料科技有限公司
地址:广东省惠州市龙丰都田工业区
邮编:516001
电话:0752/2372651、2372653
传真:2372654
网址:www. kafuter. cn
电子信箱:hd@ kafuter. cn
质量体系:ISO 9001
产品情况:(卡夫特牌、恒大牌)
密封胶

★惠州东风汽车零部件有限公司
地址:广东省惠州市大亚湾西区新东风车城龙海一路98号
邮编:516085
电话:0752/5201065、5200269
传真:5200049
网址:www. huizhoudongfeng. com
电子信箱:aomei@ hotmail. com
单位人数:75
质量体系:ISO/TS 16949、ISO 9000
产品情况:轿车用各种冲压件、焊接件

★博罗裕升染织有限公司
地址:广东省博罗县柏塘镇平安工业区
邮编:516148
电话:0752/6363803、6360008
传真:6360033、6360036
网址:www. yusheng. com. cn
电子信箱:ys@ yusheng. com. cn
质量体系:ISO 9001
产品情况:(福娃牌)
汽车座椅面料、织物坐垫等
出口情况:远销欧美、亚洲

★惠州市惠阳区施美克化工有限公司
地址:广东省惠州市惠阳区新圩镇约场镇工业区
邮编:516225
电话:0752/3524788、3524688
传真:3524799
电子信箱:semeka@ 163. com
质量体系:ISO 9001、ISO 14001
产品情况:(施美克牌)
汽车漆

★深圳海丰橡胶制品工业有限公司
地址:广东省深圳市龙岗区坪山镇飞西工业村飞西东路9号
邮编:518000
电话:0755/84606332、84603428
传真:28823059
网址:www. mfc. com. tw
电子信箱:mfc - szx@ mail. mfc. com. tw
质量体系:QS 9000、ISO 9002
产品情况:汽车油封

★深圳市巨龙腾实业发展有限公司
地址:广东省深圳市福田区深南大道大庆大厦29层D
邮编:518040
电话:0755/82984028、82721420
传真:82984738、82984129
网址:www. kingoil. com. cn
电子信箱:sgq760917@ 163. com
质量体系:ISO 9001
产品情况:润滑油

★超美科技(深圳)有限公司
地址:广东省深圳市宝安区南路1054号湖北宝丰大厦15楼
邮编:518048
电话:0755/25561888、25936952
传真:82117882
网址:www. jimmy - tech. com
电子信箱:jimmyltd@ szonline. net
质量体系:ISO 9001
产品情况:(超美牌、共晶滚球牌)
燃料油添加剂、润滑油添加剂、润滑油(脂)、金属加工液

★华日轻金深圳有限公司
地址:广东省深圳市南山区第二工业村马家龙59栋8号楼
邮编:518052
电话:0755/26505656
传真:26505856
质量体系:ISO/TS 16949、ISO 9001
产品情况:铝合金挤压型材汽车零部件

★安驰车掣(深圳)有限公司
地址:广东省深圳市南山区中山园路同乐外贸工业区B-6/7栋
邮编:518052
电话:0755/26726788、26974018
传真:26974841、26983191
网址:www. anchisz. com
电子信箱:master@ anchisz. com
产品情况:汽车制动片
出口情况:部分产品出口

★岩田螺丝(深圳)有限公司
地址:广东省深圳市宝安区松岗镇塘下用同富裕工业园001-12号
邮编:518105
电话:0755/27140442
传真:27140443
单位人数:100
质量体系:ISO/TS 16949
产品情况:紧固件

★桂盟链条(深圳)有限公司
地址:广东省深圳市宝安区龙华镇人民北路216号
邮编:518109
电话:0755/27700111、27745125
传真:27700116、28103589
网址:www.kmcchain.com
电子信箱:szkmcim@kmcchain.com
单位人数:3000
质量体系:ISO/TS 16949、ISO 9001
产品情况:(KMC、MUTEKI、TEC牌)
汽车及摩托车车发动机正时链、链轮、张紧器、油泵链等配件
配套情况:为一汽-大众、长城汽车、哈飞汽车、华晨金杯、神龙汽车、吉利汽车、新晨等配套

★深圳市合诚润滑材料有限公司
地址:广东省深圳市宝安区龙华街道民乐路粤通综合楼四楼401室
邮编:518109
电话:0755/28167635
传真:28167603
网址:www.hcrhy.com
电子信箱:hc@hcrhy.com
质量体系:ISO 9001
产品情况:润滑油、润滑脂

★建泰橡胶制品厂
地址:广东省深圳市龙岗区坪地镇六联富民工业区
邮编:518109
电话:0755/84071026、84071027
传真:84071028
网址:www.kintai-rubber.com
电子信箱:kintai.xia@vip.sina.com
质量体系:ISO 9001
产品情况:异形密封片圈、胶滚车胎、脚垫、套圈等各类橡胶零件

★深圳市众佳摩擦材料有限公司
地址:广东省深圳市观澜镇环观南路樟坑径村盛通工业城4栋
邮编:518110
电话:0755/27976057、27976059
传真:27976750-813
网址:www.chinabrakepad.com
电子信箱:zonejoin@chinabrakepad.com
质量体系:QS 9000
产品情况:各种型号的半金属及无石棉复合材料汽车制动片、制动件等

★信义橡塑制品(深圳)有限公司
地址:广东省深圳市横岗镇228工业区信义路
邮编:518115
电话:0755/28631200、28630866
传真:28631025
网址:www.xinyiplastics.com
电子信箱:plastics@xinyiglass.com
质量体系:VDA 6.1、QS 9000
产品情况:各类型汽车胶条等
出口情况:出口北美洲、大洋洲、欧洲、中东等地区

★深圳安必成橡胶制品有限公司
地址:广东省深圳市宝安区沙井镇上南第七工业区
邮编:518125
电话:0755/27296998、27291986
传真:61513766、27273766
网址:www.abc-rubber.com
电子信箱:wt999@abc-rubber.com
质量体系:ISO/TS 16949
产品情况:减振、防撞、垫片及阻尼橡胶件、各类膜片、密封件、防尘套类、粘金属橡胶制品、连接器密封件及自润滑橡胶件等
配套情况:生产橡胶制品已用于奔驰、富豪、丰田、本田、大众、福特、一汽、马自达、现代、等国内外知名品牌的汽车上

★珠海格莱利汽车零部件有限公司
地址:广东省珠海市香洲凤凰路2088号珠都国际广场B1202
邮编:519000
电话:0756/2258902、2258360
传真:2258653
网址:www.zhglory.com.cn
电子信箱:info@zhglory.com.cn
质量体系:ISO/TS 16949、QS 9000
产品情况:(CAC牌)
鼓式制动片、盘式制动片等
配套及出口情况:为国内多个车型配套;出口欧美、日本、中东、东南亚等国家和地区,并销往中国香港地区

★珠海嵘泰有色金属铸造有限公司
地址:广东省珠海市联港工业区双林片虹晖路16号
邮编:519045
电话:0756/7252832
传真:7252500
网址:www.rtco.com.cn
电子信箱:sales@rtco.com.cn
质量体系:ISO/TS 16949、ISO 9001
产品情况:汽车仪器仪表、通信等行业用铸锻件

★珠海钢棉有限公司
地址:广东省珠海市前山金鸡路378号
邮编:519070
电话:0756/3871188、3871189
传真:3871196
网址:www.zhuhaisteelwool.com
电子信箱:info@zhuhaisteelwool.com
单位人数:80
质量体系:ISO 9000
产品情况:粉碎型钢棉,年产2500t
配套及出口情况:配套对象为制动片生产企业;年出口量1500t

★珠海天一机械设备有限公司
地址:广东省珠海市香洲区银桦路8号深圳大厦12楼C单元
邮编:519076
电话:0756/2122530、2122531
传真:2122952
网址:www.apex-flex.com
电子信箱:postmaster@apexmeco.com
质量体系:ISO 9001
产品情况:消声器波纹管、制动片、离合器从动盘等
出口情况:远销北美洲、南美洲、欧洲、东南亚、中东、非洲

★珠海盖达实业有限公司
地址:广东省珠海市金鼎科技工业园金峰西路19号三楼
邮编:519085
电话:0756/3385490
传真:3385590
网址:www.guide-zh.com
法人代表:朱农
单位人数:100
质量体系:ISO 9001
产品情况:(盖达牌)
车用制动液、润滑油、防冻液、润滑脂、车蜡、清洗剂
出口情况:制动液、防冻液出口

★广东泰和油化(东莞)有限公司
地址:广东省东莞市上甲高新技术开发区
邮编:523000
电话:0769/22272893
传真:22277202
电子信箱:izusuo@163.com
产品情况:(白熊牌)
防冻液、喷油器清洗剂、表板蜡、补漏液等

★东莞捷讯橡胶有限公司
地址:广东省东莞市企石镇铁岗村江南路
邮编:523000
电话:0769/86724987
传真:86724550
网址:www.irilsr.cn
电子信箱:daphnex@irilsr.cn
单位人数:1500
质量体系:ISO/TS 16949、QS 9000
产品情况:(IRILSR牌)
汽车橡胶件

★东莞宝力五一集团原子灰有限公司
地址:广东省东莞市万江区谷涌第二工业区
邮编:523047
电话:0769/22282848
传真:22176077
网址:www.bibaoli.cn
电子信箱:dgblyzh@hc360.com.cn
质量体系:ISO 9001
产品情况:汽车专用原子灰

配套及出口情况:为北京第一客车厂、第二客车厂等汽车厂配套专用原子灰;出口缅甸、马来西亚、菲律宾、印尼、沙特阿拉伯等国家

★东莞海金杜门五金制品有限公司
地址:广东省东莞市篁村区宏图高新科技开发区
邮编:523080
电话:0769/22401768
传真:22408286
质量体系:QS 9000、ISO 9001
产品情况:蜗杆传动管夹、环状带、卡箍等

★东莞市黑马化工有限公司
地址:广东省东莞市东城区梨川水围路5号
邮编:523108
电话:0769/22261628、22262314
传真:22269509、23107878
网址:www.dgbh.cn
电子信箱:gt@dgbh.cn
质量体系:ISO/TS 16949、ISO 9001
产品情况:(黑马牌)
电泳涂料、原子灰等汽车涂料
配套情况:主要客户包括:宇通客车、金龙客车、依维柯等知名汽车制造厂以及柳工、三一重工、中国龙工、中联重科等重工机械制造厂

★东莞市协和化工有限公司
地址:广东省东莞市洪梅镇台盈工业园
邮编:523168
电话:0769/88431888
传真:88431999
网址:www.xiehe-dg.com
电子信箱:xh@xiehe-dg.com
单位人数:228
质量体系:ISO 9002
产品情况:(星牌、城市猎人牌、东阳牌)
原子灰、底漆、红灰、清漆、固化剂、稀释剂、美纹纸,高中低温汽车烤漆、各车型定色漆和完善的调色系统
出口情况:部分产品出口

★精工五金弹簧制造有限公司
地址:广东省东莞市石龙镇新城区民生路黄洲工业区
邮编:523200
电话:0769/86119888、86118389
传真:86118018
网址:www.jgspring.com
质量体系:ISO/TS 16949、ISO 9001
产品情况:弹簧

★东莞彩龙五金弹簧制造有限公司
地址:广东省东莞市中堂镇槎滘工业园
邮编:523231
电话:0769/88028028
传真:81163599
网址:www.kcindustries.com.cn
电子信箱:sales@kcindustries.com.cn
质量体系:ISO/TS 16949、ISO 9001
产品情况:弹簧、五金冲压件、金属线成型件等

★东莞嘉骏橡塑制品有限公司
地址:广东省东莞市横沥镇山厦工业区
邮编:523460
电话:0769/83716631
传真:83716681
网址:www.optimum.com.hk
质量体系:ISO/TS 16949、ISO 9001
产品情况:三元乙丙、丁晴、丁级及天然橡胶制品,应用于汽车、家电、电子玩具等工业

★恩得利机电(东莞)有限公司
地址:广东省东莞市大岭山镇龙江村
邮编:523831
电话:0769/83359957
传真:83359960
质量体系:ISO/TS 16949、ISO 9001
产品情况:汽车冲压零部件

★东莞特必克汽车零件有限公司
地址:广东省东莞市长安镇乌沙村江贝兴华路第三工业区步步高大道
邮编:523859
电话:0769/85411030、85337669
传真:85411031
网址:www.tbkchina.com
电子信箱:dgcatbk@21cn.net
质量体系:ISO 9001
产品情况:(特必克牌)
各类制动片、制动总成等
配套及出口情况:为ISUZU、HINO、MITSUBISHI、UD等整车厂配套;出口日本

★中国石化股份有限公司茂名分公司
地址:广东省茂名市厂前西路
邮编:525011
电话:0668/2242492
传真:2262793
网址:www.mpccri.com
电子信箱:gxk6688@21cn.com
单位人数:287
产品情况:(南海牌)
车宝汽油、柴油清净剂,防锈油,特种油,添加剂,二冲程汽油机油,电池封口剂,金属加工油,粘度指数改进剂等
配套情况:为一汽集团、东风汽车公司、东风柳汽、神龙汽车、长安汽车配套

★肇庆市骏驰科技有限公司
地址:广东省肇庆市肇庆大道89区
邮编:526060
电话:0758/2721180、2718555
传真:2721180、2721222
网址:junchi-china.com
电子信箱:Ljf158677@163.com
质量体系:ISO/TS 16949、ISO 9001
产品情况:油管、通气管、冷却水管、防溅板、垫板、销钉、连接杆等

★佛山市南方橡塑有限公司
地址:广东省佛山市长城区南庄镇梧村工业区
邮编:528061
电话:0757/85332786、85396212
传真:85335335
网址:www.nhnfnf.com
电子信箱:master@nhnfnf.com
质量体系:ISO 9001
产品情况:各种橡胶和热塑性弹性体PVC挤出软管和异形密封条,各种橡胶模压制品,各种耐热、耐高电压硅橡胶绝缘电线电缆
出口情况:部分产品出口

★佛山市有真汽车配件厂
地址:广东省佛山市南海区龙高工业大道
邮编:528203
电话:0757/86551029
传真:86566820
质量体系:ISO 9002
产品情况:(铭信牌)
汽车制动片、制动蹄总成等

★万能达精密元件有限公司
地址:广东省佛山市南海区狮山科技工业园C区骏业北路3号
邮编:528225
电话:0757/86691297、86690279
传真:86691203
网址:www.nh-malinda.com
电子信箱:wnd21@21cn.com
质量体系:ISO 9001
产品情况:各种金属材料的轴类和轴套类精密车削零件

★佛山市南海东兴汽车配件有限公司
地址:广东省佛山市南海平洲工业园
邮编:528251
电话:0757/81285889、86778837
传真:86776541
网址:www.chinatokia.cn.alibaba.com
电子信箱:sjh66@vip.163.com
单位人数:120
质量体系:ISO/TS 16949、ISO 9001
产品情况:(TOKIA牌、DXP牌)
汽车制动片
配套及出口情况:五十铃系列制动蹄片是南昌江铃华翔汽车公司的配套产品;大部分产品出口东南亚、中东等地区

★佛山市王氏车灯制造有限公司
地址:广东省佛山市南海区狮山科技工业园(北园)
邮编:528251
电话:0757/86788266、86703035
传真:86703036
网址:www.cn-wangshi.com
电子信箱:wsjpc@163.net
质量体系:ISO 9001

产品情况:(王视牌)
浸涂表面硬化处理、喷涂、防雾处理、塑料模具制造等
出口情况:出口欧美多个国家

★光洋六和(佛山)汽车配件公司
地址:广东省佛山市顺德区顺德工业园顺番公路五沙段12号
邮编:528300
电话:0757/22829700
传真:22829586
电子信箱:klfap106@yahoo.com.cn
质量体系:ISO/TS 16949
产品情况:精密轴承及各种主机轴承

★亿达汽车密封件有限公司
地址:广东省顺德市龙江镇大坝工业园E-05地块
邮编:528318
电话:0757/23368114、23883982
传真:23361832
网址:www.sdyida.com
电子信箱:yida@sdyida.com
单位人数:400
质量体系:QS 9000、ISO 9001
产品情况:(GOOD STAR牌)
汽车油封及发动机密封胶垫
配套及出口情况:与多家单位配套;远销欧洲、美洲、东南亚、中东等地区

★粤华橡胶密封件有限公司
地址:广东省佛山市顺德区龙江镇生力大道11号
邮编:528318
电话:0757/23876530、23380880
传真:23363912
网址:www.yuehua-rubber.com
电子信箱:xiaojianfeng@163.net
单位人数:200
质量体系:ISO 9001
产品情况:(NPK牌、TOHO牌)
汽车及摩托车用油封、工业用油封、密封件
出口情况:出口东南亚、日本

★佛山顺德瑞威普润滑油有限公司
地址:广东省佛山市顺德区容桂冈华路宏悦轩3号
邮编:528322
电话:0757/25638488、25639198
传真:25638168、22900177
网址:www.ruiweipu.com
电子信箱:sd@swlft.com
质量体系:ISO 9001
产品情况:(瑞威普牌)
汽车、摩托车等各类润滑油

★佛山市顺德区德芙迪实业有限公司
地址:广东省佛山市顺德区均安镇南浦工业区
邮编:528329
电话:0757/25385236、25385233
传真:25385222
网址:www.dsilicone.com
电子信箱:dsilicone@globalsources.com
质量体系:ISO 9001
产品情况:(daffodil牌)
橡胶密封件、硅胶零部件
出口情况:远销北美洲、日本、欧洲、南美洲、澳大利亚等国家和地区

★佛山市金钜琪伟压铸有限公司
地址:广东省佛山市顺德区均安镇畅兴大道东6号
邮编:528329
电话:0757/25500218、25500222
传真:25572262
网址:www.jjqw.com
电子信箱:sale@jjqw.com
质量体系:ISO 9001、ISO 14001
产品情况:精密铝合金压铸产品
出口情况:出口瑞典、德国、日本、韩国等国家,并销往中国台湾地区

★中山市杰联胶粘制品有限公司
地址:广东省中山市三角镇金鲤工业区桥西路2号
邮编:528400
电话:0760/23620288、22605015
传真:22634056、23620292
网址:www.jie-lian.com
电子信箱:andy2008@jie-lian.com
质量体系:ISO 9001
产品情况:美纹纸胶粘带等,年产量超亿m^2

★中山大桥化工集团有限公司
地址:广东省中山市东区中山六路6号
邮编:528403
电话:0760/88884388-2353
传真:88884366
网址:www.daoqum.com.cn
电子信箱:zsyf@daoqum.com.cn
质量体系:ISO/TS 16949、ISO 9001
产品情况:汽车涂料、摩托车涂料等

★中山市飞博橡胶制品有限公司
地址:广东省中山市东升镇广福路龙生工业区
邮编:528414
电话:0760/22222162、22219013
传真:22219010
网址:www.fibet.com.cn
电子信箱:mona@fibet.com.cn
质量体系:ISO 9001
产品情况:各种橡胶减振器

★中山市三民金属处理有限公司
地址:广东省中山市东升镇东成路36号
邮编:528414
电话:0760/22820896、22821291
传真:22820976、22826286
网址:www.sunmin.com.cn
电子信箱:sunmin@sunmin.com.cn
单位人数:500
质量体系:ISO 9001、ISO 14001
产品情况:汽车零部件表面处理

★中山市东升镇依高化工厂
地址:广东省中山市东升镇太平西海南路工业区
邮编:528414
电话:0760/88505488
传真:88505454
质量体系:ISO 9000
产品情况:喷漆

★顺天祥塑胶制品有限公司
地址:广东省中山市小榄镇永宁西上一工业区
邮编:528415
电话:0760/22269999、22274444
传真:22273196
电子信箱:stx@pub.zhongshan.gd.cn
单位人数:300
质量体系:ISO 9001
产品情况:塑胶容器、塑料模具、包装纸箱

★广东中山市迈克化工有限公司
地址:广东省中山市小榄镇民安北路
邮编:528415
电话:0760/23820856
传真:23602870、23820821
电子信箱:gd-michel@163.com
质量体系:ISO 9001
产品情况:(迈克牌)
各种密封胶、冷补胶和修补工具等

★广东三和化工科技有限公司
地址:广东省中山市黄圃镇大岑工业区
邮编:528429
电话:0760/28163797、23971218
传真:23976605、23971108
网址:www.sanvo.com
电子信箱:sanvo@sanvo.com
质量体系:ISO 9001、ISO 14001
产品情况:(三和(SANVO)牌)
强力胶、喷蜡、液态密封胶、手摇自动喷漆、化油器清洗剂等

★中山维用电子有限公司
地址:广东省中山市火炬高技术开发区中山港岐民路
邮编:528437
电话:0760/85594919
传真:85594890
网址:www.wearnes-elec.com
电子信箱:ngsh@wearnes-elec.com
单位人数:1100
质量体系:ISO 9001
产品情况:插件、贴片、变压器、注塑、PCB板

★中山市田野汽车涂料有限公司
地址:广东省中山市港口镇穗安工业区

邮编:528447
电话:0760/88488368、88488366
传真:88488369
网址:www.tianyeqi.com
电子信箱:tianyeqi@163.com
质量体系:ISO 9001、ISO 14001
产品情况:汽车漆

★中山市赛福特汽车配件有限公司
地址:广东省中山市三乡镇平东工业区
邮编:528463
电话:0760/23387715、23387713
传真:86686596
网址:www.safety-brake.com
电子信箱:sales@safety-brake.com
质量体系:ISO 9001
产品情况:(赛福特牌)
盘式制动片、轿车后制动蹄、载货汽车制动摩擦蹄片
出口情况:出口北美洲、南美洲、东欧、东南亚、非洲、中东等地区

★中山市纬特滤材有限公司
地址:广东省中山市三乡镇前陇工业区嘉华路26号
邮编:528463
电话:0760/86368877、86361027
传真:86361177
网址:www.vittofilter.cn
电子信箱:info@vittofilter.cn
质量体系:ISO 9001、ISO 14001
产品情况:顶篷过滤棉、初效过滤棉、玻璃纤维阻漆网(地棉)、袋式过滤器、高效过滤器、活性炭过滤材料等
出口情况:远销几十个国家和地区

★江门联丰爱橡胶五金工业有限公司
地址:广东省江门市环市一路紫莱美光工业区8,10,12号
邮编:529000
电话:0750/3223586、3224586
传真:3225586
网址:www.lfi-group.com
电子信箱:lfigroup@21cn.net
产品情况:(LFI牌)
传动轴防尘套、转向机防尘套、减振器防尘套等

★广东银帆化学有限公司
地址:广东省江门市礼乐新民工业区银帆路27号
邮编:529000
电话:0750/3631088
传真:3633723
网址:www.yfhx.com
质量体系:ISO/TS 16949、ISO 14001
产品情况:涂料、汽车漆及辅料

★江门市本和机车配件实业有限公司
地址:广东省江门市丰裕路6号
邮编:529000
电话:0750/3902192、3905230
传真:3903186
网址:www.benheco.com
电子信箱:benhe@benheco.com
单位人数:300
质量体系:ISO 9001
产品情况:金属复合橡胶板、冲刺复合板、耐油橡胶板等密封材料产品;汽车、摩托车汽缸垫;橡胶板衬垫等
配套情况:是德国宝马LK650、日本铃木UZ125、意大利比亚乔LEADER125、法国标致MH21、美国VOGEL在中国摩托车发动机密封配件的主要供应商,为江门大长江、重庆隆鑫、重庆宗申、浙江钱江、广州大阳等摩托车企业配套

★开平市本铃机车密封垫有限公司
地址:广东省开平市赤坎镇河南路172号
邮编:529367
电话:0750/2627817、2610822
传真:2620177、2613450
网址:www.benling.com
电子信箱:master@benling.com
法人代表(负责人):关戈雄
单位人数:180
质量体系:ISO 9000
产品情况:(Benling牌)
石棉橡胶板、无石棉密封垫板,汽车摩托车汽缸垫片和发动机修理包
出口情况:出口美国、日本、澳大利亚、南美洲、东南亚、中东等国家和地区

广 西

★柳州市俊杰汽配制造有限公司
地址:广西柳州市柳邕路新翔小区二区5-7号
邮编:545005
电话:0772/3215122
传真:3213618、3259023
电子信箱:jjqp@jjqp.net
单位人数:120
质量体系:ISO 9001
产品情况:(鑫泰牌)
橡胶件、软轴、缸垫、纸垫、冲压件、塑料件、五金件等
配套及出口情况:为一汽柳州特种汽车、东风柳汽乘龙、河池车辆、桂林大宇、玉柴、广州宝龙、秦皇岛金程自动车等配套;部分产品出口国外

★柳州市新菱汽车配件厂
地址:广西柳州市西江路静兰工业开发区
邮编:545006
电话:0772/3161015
传真:3161015
网址:www.liuzhouxinling.com
单位人数:106
质量体系:ISO/TS 16949
产品情况:LZW、柳特冲压焊接件

★柳州市龙杰汽车配件有限责任公司
地址:广西柳州市阳和开发区科技创业园3号
邮编:545006
电话:0772/3591063
传真:3591061
网址:www.longjiechina.com
电子信箱:longjie_168@sina.com
质量体系:ISO/TS 16949
产品情况:板材旋压带轮、旋压工艺制品、汽车发动机罩件、冲压件、机加工件等,年产能力200多万件
配套情况:为上汽通用五菱、上海大众等配套

★柳州市赛福汽车模具厂
地址:广西柳州市柳南区磨滩路基隆10号
邮编:545007
电话:0772/3718836
电子信箱:saifu2005@163.com
单位人数:496
质量体系:ISO/TS 16949
产品情况:冲压件

★柳州日高橡胶制品厂
地址:广西柳江县第三工业开发区永兴西路70号
邮编:545100
电话:0772/7262856
传真:7262856
电子信箱:lzlqc@public.lzptt.gx.cn
质量体系:ISO 9002
产品情况:缓冲件、密封件
配套情况:为东风汽车公司等配套

★广西轴承有限责任公司
地址:广西宜州市山谷路24号
邮编:546300
电话:0778/3212399
传真:3211074
网址:www.gxbearing.com
电子信箱:webmaster@gxbearing.com
单位人数:350
质量体系:ISO 9001
产品情况:(YS牌)
深沟球轴承、圆柱滚子轴承、汽车离合器分离轴承和圆锥滚子轴承
出口情况:远销欧美、东南亚等34个国家和地区

海南省

★邦迪管路系统(海南)有限公司
地址:海口市南海大道100号美国工业村3-2单元
邮编:570216
电话:0898/66827500
传真:66815625
网址:www.tiautomotive.com
质量体系:ISO/TS 16949
产品情况:汽车管路

重庆市

★重庆多拉汽车配件有限公司
地址：重庆市渝北区北部商贸区21－1号G栋
邮编：400000
电话：023/67531856
传真：89188071
网址：www.cqdldl.com
质量体系：ISO/TS 16949、ISO 9001
产品情况：（多拉动力(DUOLA POWER)牌）
油封、传动带
出口情况：出口东南亚、中东、俄罗斯等国家和地区

★重庆邦尼特动力制造有限公司
地址：重庆市渝中区南区路162号
邮编：400014
电话：023/63600950
传真：63615520
网址：www.bangnite.com
质量体系：ISO 9001
产品情况：主动、从动链轮、精密滚子链、时规链等

★重庆永安橡塑密封件厂
地址：重庆市沙坪坝区上桥三村56号
邮编：400037
电话：023/61778580
传真：65210654、65202720
电子信箱：yongan@cqyongan.com
质量体系：ISO/TS 16949
产品情况：（密源牌）
汽车、摩托车用油封、O形密封圈等耐油、耐高低温、抗臭氧、耐高电压、耐酸碱等特性的密封制品
出口情况：产品随整车出口

★重庆刹车管厂
地址：重庆市沙坪坝区歌乐山天池村水井坎90号
邮编：400037
电话：023/65310883
传真：65508132
网址：www.cqhuanshi.com
电子信箱：huanshipai@yahoo.com
单位人数：60
质量体系：ISO 9001
产品情况：汽车制动软管、摩托车高压油管
配套情况：为上汽依维柯红岩配套

★重庆辉达重型汽车配件有限公司
地址：重庆市高新区兰美路750号
邮编：400039
电话：023/68606598
传真：68604943
网址：www.huidags.com
电子信箱：fjrenhao@fjrenhao.com
质量体系：ISO 9000
产品情况：（辉达牌）
汽车高强度螺栓
配套情况：为重庆铁马、重庆安凯客车厂等配套

★重庆高强度标准件厂
地址：重庆市高新区二郎科技新城创业路124号
邮编：400039
电话：023/68610761、68608219
传真：68611625
网址：www.cqgbc.com
电子信箱：office@cqgbc.com
单位人数：300
质量体系：ISO 9002
产品情况：汽车车轮螺栓、车用高强度螺栓
配套情况：为重庆齿轮箱、陕西华兴汽车制动器、重庆康明斯发动机、重庆重汽、重庆红宇精密、昆明云内动力、长江起重机厂、四川邦立重型、东风汽车公司等配套

★重庆标准件工业公司
地址：重庆市高新区石桥铺石新路13号
邮编：400039
电话：023/68615261
传真：68615261
网址：www.cqfic.com
电子信箱：office@cqfic.com
单位人数：1130
质量体系：ISO/TS 16949、ISO 9001
产品情况：（重标牌）
各类标准紧固件、高强度紧固件、非标异形件、标准工模具和金属材料改制产品

★重庆炬野科技发展有限公司
地址：重庆市高新区渝州路29号8楼8号
邮编：400039
电话：023/68631315、68623183
传真：68694943
网址：www.xb315.com
电子信箱：juye18@163.com
质量体系：ISO 9001
产品情况：各种防伪标识等

★重庆益弘工程塑料制品有限公司
地址：重庆市高新区二朗科技新城银杏路60号
邮编：400041
电话：023/61902907、61902900
传真：61902909、61902908
网址：www.yhpc.com.cn
电子信箱：yihong@yhpc.com.cn
质量体系：ISO/TS 16949
产品情况：（YHPC牌）
汽车及摩托车塑料燃油箱、扰流板、车用空调通风管道、车侧装饰件等
配套情况：为长安微车、奥拓轿车、嘉陵、建设摩托车、天津夏利、武汉万通、三江雷诺、重庆客车总厂、四川一汽丰田、一汽海马等配套

★重庆庆铃铸铝有限公司
地址：重庆市石桥铺科园二街54号
邮编：400041
电话：023/68608804
传真：68621159
网址：www.qlac.cn
电子信箱：sjdi@sina.com
单位人数：590
产品情况：汽车发动机、变速器及车桥铸件毛坯，年产能力1700t
出口情况：出口日本

★重庆庆铃塑料有限公司
地址：重庆市高新区科园二街56号
邮编：400041
电话：023/68625924
传真：68619814
网址：www.qlplastic.cn
电子信箱：qlplastic@163.com
产品情况：五十铃的N、T系列轻型商用车、F系列重型商用车及U系列多功能乘用车的大中型内、外饰塑料件，年综合生产能力106余万件(约950t)

★重庆蒲氏密封制品有限公司
地址：重庆市大渡口区茄子溪街道电业村23号
邮编：400042
电话：023/68590702
传真：68582806、68552890
网址：www.yjmoto.com
电子信箱：yjgroups@tom.com
单位人数：168
质量体系：ISO 9001
产品情况：密封件
配套情况：为力帆、隆鑫、宗申、嘉陵工业等配套

★重庆三峡油漆股份有限公司
地址：重庆市江津区德感工业园区
邮编：400051
电话：023/47262501、68825420
传真：68821195、68650816
网址：www.sanxia.com
电子信箱：admin@sanxia.com
质量体系：ISO 9001
产品情况：（三星牌）
汽车漆、建筑漆等，年产能力可8万t

★重庆飞鸿机车部件有限公司
地址：重庆市九龙坡区石坪桥横街5号
邮编：400051
电话：023/68668618、68968429
传真：68658787
网址：www.cqfhchina.com
电子信箱：ukd@cqfhchina.com

产品情况：发动机时规链、齿形链、气门弹簧、节油器
配套及出口情况：为中国嘉陵摩托、建设摩托、五羊摩托、本田摩托、雅马哈摩托等配套；出口欧美、东南亚、中东等地区

★重庆华通机电技术有限公司
地址：重庆市九龙坡区华岩镇共和工业园区
邮编：400052
电话：023/65253601、65253680
传真：65253643、63763140
网址：www. cqht. cn
电子信箱：mai_y0731@ 126. com
单位人数：250
质量体系：ISO 9001
产品情况：（华通牌）
铜铅合金双金属衬套，铝基、锡基双金属衬套，止推片、自润滑复合材料轴套，年产能力3000万件
配套及出口情况：为重庆嘉陵、力帆、宗申等摩托车配套、东风汽车公司（车桥厂、钢板弹簧厂、制动器厂等）、长安汽车、五十铃、上汽依维柯红岩、斯太尔等配套；出口欧洲、韩国、印度、东南亚等国家和地区

★重庆富成标准件有限公司
地址：重庆市九龙坡区人和场曲水寺
邮编：400052
电话：023/65261992、65266099
传真：65266299、86517270
网址：www. cqfcbj. com
电子信箱：market@ cqfcbj. com
单位人数：300
质量体系：ISO/TS 16949、ISO 9001
产品情况：各种标准紧固件、非标准特殊紧固件、高强度螺栓，年产紧固件约2000t

★重庆金海标准件有限公司
地址：重庆市九龙坡区九龙坡工业园
邮编：400052
电话：023/86517294、86517291
传真：86517297
电子信箱：jh@ pwjt. com
单位人数：300
质量体系：ISO/TS 16949
产品情况：标准件、非标件
配套情况：为长安汽车定点配套

★重庆长安凌云汽车零部件有限公司
地址：重庆市渝北区高堡湖路2号
邮编：401120
电话：023/67181212、67181702
传真：67181010、67181717
网址：www. lingyun. com. cn
质量体系：ISO/TS 16949
产品情况：汽车冲压件、锟压件、焊接件等

★重庆开泰汽车零部件有限公司
地址：重庆市渝北区空港经济开发区长安工业园创新路16号
邮编：401120
电话：023/86001045、86001087
传真：86001077
电子信箱：cqkt@ vip. 163. com
质量体系：ISO/TS 16949
产品情况：制动油管、燃油管、转向泵油管、水管等汽车管路系统，整车及发动机全套紧固件，同步带、多楔带、切割V带橡胶传动带，粉末冶金制品等
配套情况：为长安汽车下属的7个汽车公司、东风汽车公司、哈飞、吉利、力帆、比亚迪、江铃等10多家汽车厂配套

★重庆金固特化工新材料技术公司
地址：重庆市渝北区两路工业园区11－3
邮编：401120
电话：023/89110086、89110096
传真：67840885、61880862
网址：www. golute. com. cn
电子信箱：cqgolute@ golute. com. cn
质量体系：ISO 9001、ISO 14001
产品情况：（金固特牌、科瑞牌）
产系列厌氧胶、硅橡胶、瞬干胶、浸渗剂、预涂胶、光固化胶、清洗剂等，广泛用于汽车、摩托车、机械设备等领域
配套情况：为长安汽车、云内、杭发、哈飞汽车、玉柴等配套

★重庆嘉轩汽车密封件有限公司
地址：重庆市经济技术开发区云枣路1号
邮编：401122
电话：023/67478610、67478612
传真：67378611
网址：www. cqjiaxuan. cn
电子信箱：cqjiaxuan@ 163. com
单位人数：500
质量体系：ISO/TS 16949、QS 9000
产品情况：汽车密封件
配套及出口情况：为长安福特马自达、上海通用、长安汽车、长安铃木、上汽通用五菱、重庆利时德、大江东阳等10多家企业配套；出口美国、印度、巴基斯坦等国家，并销往中国香港、台湾地区

★重庆大江渝强塑料制品有限公司
地址：重庆市巴南区鱼洞镇大江厂内
邮编：401321
电话：023/66283398
传真：66288726
电子信箱：xdong@ edandt. com
质量体系：ISO/TS 16949、QS 9000
产品情况：（DandT牌）
汽车及摩托车塑料件，年产奥拓件4万套、长安件1万套
配套情况：为长安汽车、长安铃木、株洲南方雅马哈、长安福特马自达、嘉陵集团、建设集团、建设雅马哈、四川一汽丰田等配套

★重庆大江信达车辆股份铸锻公司
地址：重庆市巴南区大江工业园区
邮编：401321
电话：023/66288628
传真：66288284
网址：www. djxdcf. com
电子信箱：info@ chinacqcs. com
质量体系：QS 9000、ISO 9001
产品情况：铸钢、铸铁件
配套情况：为长安汽车、中国兵器装备集团配套

★重庆綦江中心实业有限公司
地址：重庆市綦江县古南镇新山村8号
邮编：401420
电话：023/48663759、48667308
传真：48663759
电子信箱：zx@ cq－zl. com
单位人数：250
质量体系：ISO 9000
产品情况：（忠良牌）
轮毂、曲轴箱体等锌、铝、镁合金压铸件
配套及出口情况：为长安汽车、西铝、建设、隆鑫、中航技术集团深圳公司、鼎豪实业、德国汉斯安海、日本雅马哈等配套；部分产品出口

★重庆华浩冶炼（集团）有限公司
地址：重庆市綦江县三江镇
邮编：401431
电话：023/48206405
传真：48206406
网址：www. cqcsc. com
电子信箱：cyjt@ cqcsc. com
质量体系：ISO 9001
产品情况：（川星牌）
有色金属，有色金属粉末，金属粉末制品，有色金属压延加工产品
出口情况：常年出口国外

★重庆江洲粉末冶金科技有限公司
地址：重庆市江津区德感镇正街339号
邮编：402284
电话：023/47833487
传真：47833487
网址：www. cqjzfm. com
电子信箱：cqjzfm@ 163. com
单位人数：286
质量体系：ISO/TS 16949、ISO 9002
产品情况：（牛头牌）
摩托车各种从动齿轮及离合器总成，各种双联小齿轮，汽车同步器齿壳及组件，汽车各种链轮、带轮及电起动齿轮，电动车及减速机齿轮，各种型号量具、千分尺表架，空调压缩机粉末冶金零件
配套及出口情况：为嘉陵集团、华晨金杯等配套；出口欧美、越南、东南亚、北美洲等国家和地区，并销往中国台湾、香港地区

★重庆红宇汽车配件厂
地址:重庆市帝山县帝城镇北二环路
邮编:402575
电话:023/45585177、45586206
传真:45587901、45580175
电子信箱:hyqp1918@ sohu. com
质量体系:ISO/TS 16949、QS 9000
产品情况:(川宇牌)
各种汽车制动蹄带摩擦片总成,年产100万套
配套情况:为长安汽车、昌河汽车、哈飞汽车、庆铃汽车、江铃汽车、一汽红塔云南、东风汽车公司等配套

四川省

★中蓝晨光化工研究院有限公司
地址:成都市人民南路四段30号(成都市倪家桥路2号)
邮编:610041
电话:028/85551922、85567086
传真:85583947
网址:www. chengrand. net
电子信箱:marketing@ chengrand. net
单位人数:500
质量体系:ISO 9001
产品情况:CA系列汽车用焊缝胶、点焊胶、防振胶、折边胶,汽车用红胶、GD-601、GD系列环氧胶,A系列建筑胶
配套及出口情况:为陕汽集团、重庆重汽、长安汽车、贵州云雀等配套;出口德国、西班牙、意大利、以色列、土耳其、伊朗、马来西亚等国家,并销往中国台湾地区

★成都华德密封工业有限公司
地址:成都市蛟龙工业港双流园区水口路25座
邮编:610200
电话:028/85737226、4006885989
传真:85737229
网址:www. cd-hd. com
电子信箱:hd666@ 126. com
质量体系:ISO/TS 16949、ISO 9001
产品情况:(华德(HEAD)牌)
油封、O形圈等密封件
配套及出口情况:为长安汽车、东风汽车公司、上汽集团、雅马哈摩托车、江铃汽车、铃木汽车、凯斯鲍尔、沃尔沃、北奔重汽、军用大型装载车、大洋电机等配套;以OEM、ODM等方式出口欧美等国

★成都托克密封件有限责任公司
地址:成都市西南航空港经济开发区腾飞四路478号
邮编:610200
电话:028/85744349、85744327
传真:85744337
网址:www. cdtk. com. cn
电子信箱:tomseal@ 126. com
质量体系:ISO/TS 16949、ISO 9001
产品情况:各型油封、O形圈、皮碗等橡胶制品

★成都双流德金汽车垫片厂
地址:成都市双流县九江工业区
邮编:610200
电话:028/85752258
传真:85752128
网址:www. cddejin. com
电子信箱:888dejin@ 163. com
单位人数:80
质量体系:ISO 9001
产品情况:(德金牌)
丝印缸垫、金属缸垫、水冷缸垫、全车垫

★成都双流少海垫片厂
地址:成都市双流县九江镇万白路27号
邮编:610200
电话:028/85753321、85752267
传真:85752488
网址:www. shaohai. com
电子信箱:shaohai@ shaohai. com
单位人数:40
质量体系:ISO/TS 16949
产品情况:(少海牌)
汽车、摩托车等机械密封垫片
配套及出口情况:为汽车制造厂、摩托车制造厂、水泵制造厂等多种行业的众多厂家配套;出口东南亚地区

★成都盛帮密封件有限公司
地址:成都市双流县成双大道南段999号
邮编:610200
电话:028/85774433、85719488
传真:85771133、85718004
网址:www. chsbs. cn
电子信箱:sbs@ chsbs. com
质量体系:ISO/TS 16949、QS 9000
产品情况:系列油封、气门导管油封、橡胶密封圈、密封垫、皮碗等
配套及出口情况:为沈阳航天三菱、上海五龙、陕西法士特、吉利汽车、江铃汽车、重庆康明斯、绵阳新晨、东方电机、江淮汽车、珀金斯动力、江苏瑞能、沈阳双福、东风朝柴、北汽福田、北京北内、无锡凯马、保定长城、浙江万丰等上百家企业配套;出口德国、法国、美国、中东等国家和地区

★双流华成垫片厂
地址:四川省双流县黄水开发区
邮编:610200
电话:028/85781497
传真:85781497
网址:www. cdhuacheng. com
电子信箱:yhc@ cdhuacheng. com
质量体系:ISO 9001
产品情况:(信诚牌)
汽车、摩托车发动机用密封件
出口情况:出口印度、巴基斯坦、越南等东南亚国家

★成都市天府垫片有限责任公司
地址:成都市双流县双华路三段123号
邮编:610212
电话:028/85651020、81500176
传真:85659807、85651433
网址:www. cdtfmf. com
电子信箱:tfdp@ cdtfmf. com
单位人数:220
质量体系:ISO/TS 16949、ISO 9001
产品情况:(天府牌、JQ牌)
石棉胶乳抄取板、钢架复合板、车用汽缸垫、密封垫、全金属汽缸垫、环保型无石棉耐油密封板及其制品
配套及出口情况:为云内动力、重庆隆鑫、重庆力帆、广州力擎、内江峨柴等配套;出口东南亚、东欧地区

★成都市潭源橡塑密封件厂
地址:成都市双流县新兴镇工业园区
邮编:610213
电话:028/85606288
传真:85606288
网址:www. tanyuan. com
电子信箱:weifq@ tanyuan. com
单位人数:100
质量体系:ISO 9001
产品情况:(潭源牌)
汽车曲轴油封、气门油封、底盘件油封、O形密封圈、防尘罩等
配套情况:与国内多家车桥厂、挂车厂、传动轴厂配套

★成都福昌汽车配件有限公司
地址:成都市新都区军屯屯军街890号
邮编:610500
电话:028/83901809
传真:83902808
网址:www. fcbrake. com
电子信箱:guanleanlin@ yeah. net
质量体系:ISO 9001
产品情况:(福昌牌)
汽车制动片
配套及出口情况:为四川都江机械厂批量配套;销往中国香港地区

★四川航天烽火波纹软管工业公司
地址:成都市温江区长安路198号
邮编:611130
电话:028/82793754、82792056
传真:82794220
网址:www. fhbwg. com
电子信箱:xsb@ fhbwg. com
质量体系:ISO/TS 16949、QS 9000
产品情况:(烽火牌)
各类复合材料波纹软管、金属薄壁波纹软管和各类橡胶密封制品、塑料制品

配套及出口情况:为哈飞汽车、长安汽车、昌河汽车、上汽通用五菱、江铃发动机厂、五十铃发动机、神龙汽车、天津一汽夏利、天津一汽华利、一汽－大众等配套;橡胶密封制品批量远销到美国市场

★成都市新津阳光橡塑密封件厂
地址:成都市新津县五津北路
邮编:611430
电话:028/67705666、67705888
传真:82597178
电子信箱:xs@ sunoilseal. com
质量体系:ISO/TS 16949、ISO 9001
产品情况:(阳光牌)
各种车型的发动机、底盘油封
配套及出口情况:为铃木、五十铃、一汽集团、江淮汽车配套;部分产品出口

★成都图南电子有限公司
地址:成都市高新西区新创路 12 号
邮编:611731
电话:028/87838463、87838465
传真:87838444
网址:www. to－nan. cn
电子信箱:sales@ to－nan. cn
质量体系:ISO/TS 16949
产品情况:黏接钕铁硼磁体

★成都新兴富皇塑胶制品有限公司
地址:成都市郫县红光镇工业园区
邮编:611743
电话:028/87986135、87985508
传真:87986133
网址:www. xxro. com
电子信箱:office@ xxro. com
单位人数:180
质量体系:ISO 9001
产品情况:PVC 人造革和人造薄膜以及高耐热 PVC 硬质合金材料、热塑性弹性体
出口情况:销往中国香港地区

★乐山大洋轴承有限公司
地址:四川省乐山市五通桥佑君街 353 号
邮编:614800
电话:0833/3351562
传真:3351463
网址:www. scl－b. com
电子信箱:dy_xs@ scl－b. com
单位人数:6000
质量体系:ISO/TS 16949、QS 9000
产品情况:(SCL 牌)
各级别深沟球轴承、单/双列角接触球轴承及多种非标轴承
配套及出口情况:为哈尔滨东安动力、长安公司一工厂、连云港变速器、江华机器厂、四川建安车桥、陕西铜川车桥、重庆青山公司、重庆华凌、四川丹齿、长安汽车、长安精密机器厂、江华厂、重庆红宇、陕西华兴、哈尔滨北方制动器、长安之星、东风载重车公司、重汽等配套;年出口轴承 60 万套

★四川省广汉市万福橡塑制品厂
地址:四川省广汉市万福乡京皇村
邮编:618300
电话:0838/5880849
传真:5880849
质量体系:ISO 9001
产品情况:水管、空滤器胶管

★四川劲风汽车零部件有限公司
地址:四川省绵阳市高新区永兴工业园
邮编:621000
电话:0816/2588888
传真:2566780
单位人数:280
质量体系:ISO/TS 16949
产品情况:(劲风牌)
汽车高强度紧固件、减速器总成

★四川省南部县千禧密封件有限公司
地址:四川省南部县新安路 95 号
邮编:637300
电话:0817/5571060
传真:8063582
网址:www. scqianxi. com
电子信箱:scqianxi@ 126. com
质量体系:ISO 9001
产品情况:(千禧牌)
各类橡胶、密封件
配套情况:为一汽、朝柴、大柴、湖动、洛拖、南内、云内、玉柴、江铃、贵州启立、湖南滨湖等配套

★四川省内江市江林汽车配件厂
地址:四川省内江市双苏开发区莲台寺邱家山
邮编:641000
电话:0832/2080896
质量体系:ISO/TS 16949
产品情况:轴承座圈、隔套、止推环、螺母、卡环、弹簧等汽车变速器配件

★四川省简阳汽车配件有限公司
地址:四川省简阳市建设中路 62 号
邮编:641400
电话:0832/7017996、7017175
传真:7017175
电子信箱:zmrz@ vip. sina. com
单位人数:156
质量体系:ISO/TS 16949、ISO 9001
产品情况:(天骄牌)
汽车管道接头,年产 1000 万件(套)
配套情况:为重汽集团、济南商用车、陕汽集团、东风汽车公司、安凯客车、川汽等配套

★宜宾金川电子有限责任公司
地址:四川省宜宾市白沙工业区
邮编:644005
电话:0831/3620407、3620059
传真:3621540
网址:www. jc－elec. com. cn
电子信箱:jc@ jc－elec. com. cn
单位人数:400
质量体系:ISO/TS 16949、ISO 9001
产品情况:(金川牌)
主要生产军用和民用高档铁氧体永磁材料和元件、铁氧体软磁元件及器件、微波器件组件、稀土永磁元器件等多门类多品种的产品
出口情况:出口欧美、东南亚等地区,并销往中国台湾地区

云南省

★云南云弹工贸有限公司
地址:昆明市众天路东聚五金机电精品市场 C 区 2 号
邮编:650041
电话:0871/7386300、7386199
传真:3815073
网址:www. kmthc. com
电子信箱:kmthc@ kmthc. com
质量体系:ISO 9001
产品情况:各种汽车弹簧
配套情况:为昆钢集团、云南南天电子信息产业股份有限公司等配套

贵州省

★贵州光华橡塑有限公司
地址:贵阳市小河区西南环线 395 号
邮编:550006
电话:0851/3832406
传真:3833028
电子信箱:sales@ gzgh. com. cn
单位人数:318
质量体系:ISO/TS 16949、ISO 9001
产品情况:(光华牌)
汽车橡胶制动气室隔膜、护罩、油阀、油封、发动机支架胶垫、减振器胶垫等橡胶产品
配套情况:为数家汽车制造厂、制动泵厂定点配套

★贵州精艺橡胶配件厂
地址:贵阳市马王庙
邮编:550008
电话:0851/4763312
传真:4761959
网址:www. gzjyxj. com
电子信箱:office@ gzjyxj. com
质量体系:ISO 9001
产品情况:(精艺牌)
汽车液压制动橡胶皮碗、皮圈、O 形圈、悬置软垫、传动轴中心胶垫、制动气室隔膜、水管、油管、油封、汽车 V 带及其他橡胶件

★贵州大众橡胶有限公司
地址:贵阳市云岩区马王庙黎苏路20号
邮编:550008
电话:0851/4764332、4762731
传真:4760656、4763558
网址:www.autorubbers.cn
电子信箱:gzdz-wwg@126.com
单位人数:800
质量体系:ISO/TS 16949、ISO 14001
产品情况:(前进牌)
汽车传动带、制动橡胶皮碗、气室橡胶隔膜、胶管、防尘套、胶垫、油封等橡胶制品
配套及出口情况:为一汽集团、东风汽车公司、玉柴、潍柴、华晨汽车、万向集团、长城汽车、南方天合、WABCO等配套;远销欧美等地区

★贵州省贵阳众帮橡胶配件厂
地址:贵阳市马王庙金关巷41号-42号
邮编:550008
电话:0851/4764415、4761205
传真:4761205
质量体系:ISO 9001
产品情况:(众帮牌)
汽车包边V带、切边V带、多楔带、制动气室橡胶隔膜、液压制动橡胶皮碗等

★贵州精忠橡塑实业有限公司
地址:贵阳市云岩区百花大道金关巷1号
邮编:550008
电话:0851/4765300、4762222
传真:4761460、4762222
网址:www.jzrubber.com
电子信箱:jingzhongrubber@163.com
单位人数:500
质量体系:ISO/TS 16949、ISO 9002
产品情况:(精忠牌)
汽车液压制动皮碗、制动气室隔膜、真空助力器膜片、汽车V带、油封、发动机悬置胶垫、汽车水管、防尘套及各型缓冲减振垫等
配套及出口情况:为一汽集团配套;远销美国、日本、东南亚等国家和地区

★贵州高马富国前进橡胶有限公司
地址:贵阳市百花大道41号
邮编:550008
电话:0851/4767198
传真:4767198
网址:www.cfagomma.com
电子信箱:cfa@cfagomma.com
质量体系:ISO/TS 16949、ISO 9001
产品情况:橡胶空气弹簧
配套及出口情况:为一汽集团、东风汽车公司、宇通客车、金龙联合汽车等配套;远销欧洲、北美洲、南美洲、东南亚等地区

★贵州贵航汽车零部件股份有限公司
地址:贵阳市小河区锦江路110号贵航大厦9楼
邮编:550009
电话:0851/3809628、3802670
传真:3803931
网址:www.ghgf.com.cn
电子信箱:ghql@public.gz.cn
质量体系:ISO/TS 16949、VDA 6.1
产品情况:各类橡胶、塑料及复合型密封条,年产能力3200万m;铝制散热器,年产能力60万套;电器开关,年产能力390万套;锁匙总体及门把手,年产能力80万套;汽车用空气滤清器、蒸发器及滤芯、割草机空滤芯等,年产能力25万套;空调暖风机总成、蒸发器、冷凝器等;橡胶管带;摩托车空气滤清器、手把开关等,年产配件40万套
配套及出口情况:为上海大众、一汽-大众、一汽轿车、一汽集团、东风汽车公司、神龙汽车、广汽本田、一汽红塔云南、长安汽车、上汽通用五菱、哈飞、昌河、天津一汽夏利、天汽、重汽集团、南京依维柯、贵州云雀、嘉陵、建设、新大洲等配套;出口欧洲、东南亚

★贵州高强度螺栓厂
地址:贵阳市小河经济技术开发区珠江路62号
邮编:550009
电话:0851/3832677
传真:8313648、8313612
质量体系:QS 9000、ISO 9001
产品情况:(高山牌)
各种专用高强度紧固件

★贵阳乌当高远橡胶配件厂
地址:贵阳市乌当区野鸭塘龙泉村
邮编:550022
电话:0851/4722018、4722855
传真:4721997
单位人数:110
质量体系:ISO 9001
产品情况:(高远牌)
汽车橡胶配件

★贵阳联洪合成材料厂
地址:贵阳市花溪区花溪布依族苗族乡云上村
邮编:550025
电话:0851/3871270
传真:3871783
网址:www.lhcl.com.cn
电子信箱:office@lhcl.com.cn
质量体系:ISO/TS 16949、QS 9000
产品情况:(联洪牌)
阻尼胶片、密封胶、黏性擦布
配套情况:为广汽丰田、广汽本田、东风日产乘用车、一汽海马、奇瑞汽车、上汽通用五菱、四川一汽丰田、长安汽车、东风汽车公司、东风柳汽、一汽红塔云南、重庆重汽等配套

★贵州安大航空锻造有限责任公司
地址:贵州省安顺市西秀区黄果树大街东段322号
邮编:561005
电话:0853/3393256、3393168
传真:3393676
网址:www.andaforging.com
电子信箱:3007@andaforging.com
质量体系:ISO 9001
产品情况:精密环轧件、普通环轧件、等温锻件(热模锻件)、普通模锻件、自由锻件
配套情况:为上海通用、上海大众、南京依维柯配套

陕西省

★西安海奥重汽轴承有限公司
地址:西安市经济技术开发区凤城二路16号
邮编:710018
电话:029/62615966
传真:86579108
质量体系:ISO 9001
产品情况:轴承
配套情况:为陕汽集团、一汽集团、东风汽车公司等配套

★西安天盾汽缸床有限责任公司
地址:西安市大明宫遗址胡家庙六合窑55号
邮编:710032
电话:029/86718350、86710228
传真:86710228
网址:www.xaqgc.cn
电子信箱:lfsu222@sina.com
单位人数:160
质量体系:ISO/TS 16949、ISO 9001
产品情况:各种汽缸垫、进排气垫、密封垫片等,年产能力200万片以上
配套情况:为陕汽集团、重庆康明斯发动机、洛阳拖拉机、绵阳新晨动力等配套

★西安红旗制动厂
地址:西安市东郊纺织城半引南首
邮编:710038
电话:029/83584803
传真:83584323
网址:www.xahqzd.com
电子信箱:hongqizhidong@163.com
质量体系:ISO 9001
产品情况:石棉、无石棉半金属摩擦材料

★西安北方华山机电有限公司
地址:西安市幸福中路123号
邮编:710043
电话:029/83202240、83202606
传真:83231000
网址:www.xahuashan.com

电子信箱:hsmi@ xahuashan. com
质量体系:ISO 9000
产品情况:汽车用双层卷焊钢管、PVS管及其他汽车专用管
配套情况:为长安汽车、一汽轿车配套

★港中石化(西安)有限公司
地址:西安市高新技术开发区唐延路35号
邮编:710043
电话:029/88451080、68628715
传真:88329966
网址:www. gangzhongshihua. com
质量体系:ISO 9001、ISO 14001
产品情况:润滑油、润滑脂、防冻液等

★西安林产化学软木工厂
地址:西安市莲湖区土门坊7号
邮编:710077
电话:029/84241474、84295727
传真:84230043
网址:www. xacork. com. cn
电子信箱:xiancork@ 263. net
单位人数:200
质量体系:ISO 9001
产品情况:(骊山牌、航空牌、西安牌)
橡胶软木垫、软木垫、软木纸
配套及出口情况:为长安汽车、哈尔滨东安、奇瑞汽车、华柴、陕汽集团等配套;出口亚太、欧美等地区

★陕西博高新材料科技有限公司
地址:西安市汉城北路158号
邮编:710077
电话:029/84621375
传真:83170510
网址:www. bogaomat. com
产品情况:专业生产高精度、高性能、高表面质量的不锈钢型材,产品广泛用于活塞环、衬环、刮水器、推拉锁芯和各种弹性器件行业

★西安恒星精密机械弹簧有限公司
地址:西安市西郊新西北18号
邮编:710086
电话:029/84310638
传真:84313757、84310638
网址:www. xhxspring. com
电子信箱:xhxspring@ 126. com
质量体系:ISO/TS 16949、ISO 9001
产品情况:弹簧

★西安航天远征流体控制股份公司
地址:西安市长安区宇航街18号
邮编:710100
电话:029/85207814、85207586
传真:85614459、85207814
网址:www. xahtyz. com
电子信箱:postmaster@ xahtyz. com
质量体系:ISO 9001
产品情况:天然气及液化石油气转换装置

★陕西万方汽车零部件有限公司
地址:西安市泾河工业园泾渭东路
邮编:710201
电话:029/86069011、83388732
传真:86069100
网址:www. sq - wanfang. com
电子信箱:wfgsb@ 163. com
单位人数:1000
质量体系:ISO/TS 16949、ISO 9001
产品情况:(泾渭牌)
杂件、冲压件、线束等重型车零部件
配套情况:为陕汽集团配套

★西北橡胶塑料研究设计院
地址:陕西省咸阳市西华路1号
邮编:712023
电话:029/33621344、33623298
传真:33621360
网址:www. fastrubber. com
电子信箱:xby@ fastrubber. com
单位人数:657
质量体系:QS 9000、ISO 9001
产品情况:(发思达(FAST)牌)
汽车减振器油封、电喷系统橡胶件、门窗密封条等

★陕西奉航橡胶密封件有限责任公司
地址:陕西省兴平市金城路西段
邮编:713107
电话:029/38612527
传真:38624122
网址:www. sxfenghang. cn
电子信箱:fhxm8612527@ 126. com. cn
单位人数:300
质量体系:ISO/TS 16949、ISO 9001
产品情况:骨架油封、O形密封圈等高精度氟橡胶产品
配套及出口情况:为国内60多家主机厂配套;出口德国、智利、俄罗斯等国家

★陕西方圆汽车标准件有限公司
地址:陕西省三原县清河工业园区
邮编:713800
电话:029/32282059、32252756
传真:32283407
网址:www. sqbgs. com
电子信箱:SQBGS@ 163. com
质量体系:ISO 9001
产品情况:(三园牌)
斯太尔重型车、陕汽曼系列重型车和东风EQ153重型车等市场主导车型的高强度紧固件
配套情况:主要客户有陕汽集团、陕西汉德车桥

★榆林金帝润滑油有限公司
地址:陕西省榆林市经济开发区210国道313公里处
邮编:719000
电话:0912/3590839、3688783
传真:3688775
网址:www. yljindi. com
电子信箱:yulinjindi@ 163. com
单位人数:50
质量体系:ISO 9001
产品情况:齿轮油、液压油、汽车发动机油等,年产能力1万t以上

★汉中秦宇密封材料有限责任公司
地址:陕西省汉中市铺镇汉铺路江坝村
邮编:723000
电话:0916/2650698
传真:2656099
网址:www. hzqinyu. com
电子信箱:hzqinyu@ vip. 163. com
质量体系:ISO/TS 16949
产品情况:(衮雪牌)
HD系列乳胶石棉油密封衬垫板等

宁 夏

★西北轴承股份有限公司
地址:银川市西夏区北京西路630号
邮编:750000
电话:0951/2021581
网址:www. nxz. com. cn
电子信箱:nxz@ nxz. com. cn
质量体系:ISO 9001
产品情况:(NXZ牌)
推力球轴承、滚针与直线轴承、铁路轴承、四点接触球轴承、组合轴承、叉车专用轴承、推力滚子轴承、增压器轴承、整体偏心转臂轴承、机床主轴轴承、轧机专用轴承、双排滚子轴承、滑动轴承、外球面轴承、调心球轴承、滚针轴承、关节轴承、螺旋轴承、推力调心滚子轴承、调心滚子轴承、四列圆锥滚子轴承
配套及出口情况:为北奔重汽等配套;远销美国、英国、法国、俄国、德国、意大利等50多个国家和地区

甘肃省

★甘肃海林中科科技股份有限公司
地址:甘肃省天水市秦州区岷山路55号
邮编:741018
电话:0938/8382947
传真:8382799
网址:www. hlbearing. com
电子信箱:gshlzk@ public. lz. gs. cn
单位人数:1980
质量体系:ISO/TS 16949、ISO 9001
产品情况:(海林(HL)牌)
圆锥滚子轴承、圆柱滚子轴承、深沟球轴承、调心滚子轴承等
配套及出口情况:为全国各大工程机械厂家、重型汽车厂家、汽车变速箱和车桥厂家、机床厂家、军工厂家等配套;出口几十个国家和地区

★甘肃祁连山佑安制动材料有限公司
地址:甘肃省甘谷县新兴路220号
邮编:741200
电话:0938/5931297、5931777
传真:5931770
网址:www.qlsya.com
电子信箱:gsqlsya@126.com
单位人数:200
质量体系:ISO 9000
产品情况:(佑安牌)

汽车制动器衬片、石油钻机制动块、工矿机械用摩擦片,具有年产石棉、无石棉制动器衬片达3000t,离合器面片达800t,石油钻采设备制动块、工矿机械用摩擦材料约200t的生产能力

配套及出口情况:汽车制动器衬片为欧曼重卡、中国一汽集团、东风公司、陕汽、重庆重汽集团、北方奔驰集团等配套,也是中国城市车辆总公司定点配件供应厂家和中国石油天然气集团公司石油钻采配件网络成员;石油钻机制动块供川庆石油局、大庆石油局、新疆石油局、青海石油局、冀东、吐哈、长庆、大庆、吉林、辽河、胜利油田等中国石油天然气集团公司石油钻采配件网络成员;工矿机械用摩擦片为青海青工、宝鸡叉车、合力叉车等配套;汽车制动器衬片和石油钻机制动块出口欧洲、美国、东南亚等国家和地区

新　疆

★新疆福克油品有限公司
地址:乌鲁木齐市经济技术开发区乌昌路56号福克大厦
邮编:830026
电话:0991/6332020、6332019
传真:3712408、6332178
网址:www.xjfk.com
电子信箱:xjtboss@163.com
质量体系:ISO 9001
产品情况:(福克牌)

润滑油、润滑脂、工业特种油、防冻液、制动液、添加剂等,年产能力5万t

汽车用品及工具生产企业

•查询导引•

企业如有变更,请与编辑部联系 ☎ 010/68426043、68420981

北京市

★阿尔派电子(中国)有限公司
地址:北京市朝阳区建国路116号招商局大厦
邮编:100022
电话:010/65660308
传真:65660093
网址:www.alpine.com.cn
单位人数:80
产品情况:驾驶辅助支持系统

★北京圣纳电子有限公司
地址:北京市通州北苑155号大唐高新技术创业园
邮编:100022
电话:010/65660888
传真:60551878
网址:www.holyna.com
电子信箱:holyna999@126.com
产品情况:(圣纳牌)
车载蓝牙电话等

★北京天宇汽车用品有限公司
地址:北京市丰台兆丰园三区11楼
邮编:100040
电话:010/68650204
传真:68650208
网址:www.jinbrand.com
电子信箱:info@jinbrand.com
质量体系:ISO 9001
产品情况:喷油嘴清洗机及喷油嘴清洗液,燃烧室清洗机及燃烧室清洗液,三元催化器清洗机及三元催化器清洗液,各种汽车用品清洗剂

★北京福意联有限公司
地址:北京市丰台区菜户营东街甲88号静苑大厦B座七层
邮编:100054
电话:010/63331058、63331059
传真:63331061
网址:www.fuyilian.com
电子信箱:bifuyilian@163.com
单位人数:500
质量体系:ISO 9001
产品情况:(福意联牌)
汽车冰箱、电子冷暖箱、化妆品恒温箱等,年供货量5万台
配套情况:为北汽福田配套

★北京金奔腾汽车科技有限公司
地址:北京市丰台区南四环路188号总部基地11区32号楼
邮编:100070
电话:010/52220888
传真:52220898
网址:www.jinbenteng.com
电子信箱:jbt@jinbenteng.com
质量体系:ISO 9000、ISO 14001
产品情况:(金奔腾牌)
汽车电脑解码器及相关检测设备
配套情况:为一汽-大众、一汽奥迪、东风日产乘用车、东南汽车等售后配套

★北京加安电子科技有限公司
地址:北京市丰台区丰管路49号
邮编:100071
电话:010/63850766、68889971
传真:63806990、68889905
网址:www.alarmsources.com
电子信箱:cansec@public3.bta.net.cn
质量体系:ISO 9001
产品情况:(捍将牌)
汽车防盗器、遥控门锁及无线高频发射、接收系统产品
配套及出口情况:为迪马、奇瑞汽车等配套;出口加拿大、美国、俄罗斯、立陶宛、德国、西班牙、波兰、土耳其、新加坡等20多个国家,并销往中国台湾地区

★北京平治东方科技发展有限公司
地址:北京市海淀区上地东路1号盈创动力大厦A座901室
邮编:100085
电话:010/58851166、58851128
传真:58851169
网址:www.peace-east.com
电子信箱:tangjh@pzdf.com
单位人数:300
质量体系:ISO 9001、ISO 14000
产品情况:宽带多媒体电话、手持电脑、移动智能识读器等

★北京保时洁精细化工有限公司
地址:北京市海淀区上地信息中路12号中关村发展大厦A405~408室
邮编:100085
电话:010/61675591、61675592
传真:61675597

网址:www.bsjchina.com
电子信箱:bsj-hihi@bsjchina.com
产品情况:车蜡、汽车养护清洗系列、添加剂、催化剂等

★北京德天泉机电设备有限公司
地址:北京市海淀区茶棚路2号
邮编:100091
电话:010/88852780
传真:88852611
网址:www.tianquan.com.cn
电子信箱:hotline@tianquan.com.cn
单位人数:100
质量体系:ISO/TS 16949、VDA 6.1
产品情况:(GoDSpring 牌)
车载通信系统产品
配套情况:为德国奥迪、德国大众、一汽-大众、一汽-奥迪、一汽轿车、北京奔驰、上海大众配套

★北京安信防伪技术发展有限公司
地址:北京市通州区张家湾开发区大辛庄353号
邮编:101113
电话:010/60574326、60574327
传真:60574322
网址:www.answers98.com
电子信箱:market@answers98.com
产品情况:(Answers 牌)
防伪技术、光电技术、信息技术及其相关设备

天津市

★天津市兆安工贸有限公司
地址:天津市南开区玉良道水轩大厦4门901室
邮编:300074
电话:022/23673786、23668187
传真:23675127
网址:www.tjsenmiao.cn
产品情况:汽车坐垫

★天津市圣威科技发展有限公司
地址:天津市西青区中北工业园三星路6号
邮编:300112
电话:022/27980166、27011515
传真:27984086
网址:www.shengweiscience.com
电子信箱:xsb@shengweiscience.com
质量体系:ISO 9001
产品情况:汽车尾气分析仪、烟度计、前照灯检测仪等
配套及出口情况:为东风雪铁龙、北京现代、上海大众、天津一汽丰田等配套;部分产品出口

★天津市宏博科技有限公司
地址:天津市河西区友谊路23号科技大厦23~25号
邮编:300201
电话:15522273783
传真:022/23383483
网址:www.hbkeji.com
电子信箱:hbkeji@hbkeji.com
产品情况:汽车电热坐垫、防盗车安全仪
出口情况:部分产品出口

★澳皮王(天津)皮业有限公司
地址:天津市东丽经济技术开发区七经路8号
邮编:300300
电话:022/24992008
传真:24992558
网址:www.auskintj.com
电子信箱:salescn@auskintj.com
产品情况:(澳世家牌、吉羊牌)
羊毛皮汽车座套、转向盘套、头枕、靠背垫等

★天津市大地精细化工公司
地址:天津市西青区张家窝镇
邮编:300382
电话:022/83715982、83715981
传真:83715982-805
网址:www.tjdadi.com
电子信箱:tjddjms@hotmail.com
产品情况:汽车护理用品
出口情况:部分产品出口

★天津宇野环境科学有限公司
地址:天津市新技术产业园区开华道7号
邮编:300384
电话:022/83713070
传真:83713072
网址:www.guangchumei.com
电子信箱:gcm@guangchumei.com
产品情况:纳米二氧化钛粉体、中性水溶性光触媒涂液、光触媒空气净化器等
出口情况:出口德国、美国、意大利、泰国、韩国等国家,并销往中国台湾地区

★天津生隆纤维制品有限公司
地址:天津市宝坻区牛道口产业功能区
邮编:301800
电话:022/22556998、22557995
传真:22558777
网址:www.shenglongfibre.cn
电子信箱:utrans@126.com
单位人数:100
质量体系:ISO/TS 16949、ISO 14001
产品情况:汽车靠垫、汽车睡垫
出口情况:出口欧美、东西地区

河北省

★南宫市森圣裘革绒毛有限公司
地址:河北省南宫市紫冢镇
邮编:055753
电话:0319/5389518
传真:5386128
网址:www.senshengfur.com
电子信箱:admin@sensheng-fur.com
产品情况:(森圣牌)
汽车坐垫等
配套及出口情况:为巴斯夫、德国司马、法国罗地亚等配套;远销欧洲、日本、美国、澳大利亚等国家和地区

★沧州市长城量具有限责任公司
地址:河北省沧州市经济技术开发区
邮编:061001
电话:0317/2024140、2024183
传真:2024183
网址:www.hbczmtools.com
电子信箱:hjczjida@heinfo.net
产品情况:(晶花牌)
塞尺、汽车机油滤清器扳手等
出口情况:产品出口欧美及东南亚

★廊坊市全振汽车配件有限公司
地址:河北省廊坊市大城县新城区东环路
邮编:065900
电话:0316/5560088、5560468
传真:5573766
网址:www.lfqz.com
电子信箱:webmaster@lfqz.com
单位人数:580
质量体系:ISO/TS 16949、ISO 9001
产品情况:汽车成型地毯、玻璃钢制品、隔音隔热垫、车顶内饰等
配套情况:为一汽集团、江淮汽车、哈飞汽车、昌河铃木、长安汽车、北汽福田、合力公司、杭叉公司等配套

★承德润韩汽车零部件有限公司

地址:河北省承德市高新技术产业开发区东区
邮编:067000
电话:0314/2292031、2292028
传真:2292188
网址:www.cdrunhan.com
电子信箱:chengde@runhan.net
单位人数:250
质量体系:ISO/TS 16949
产品情况:(通润牌)
立式油压千斤顶、螺旋千斤顶及随车工具
配套及出口情况:为一汽-大众、北京现代、东风悦达起亚、华晨金杯、北汽福田、北方奔驰、长城汽车、山东时风、奇瑞等配套;出口韩国(现代)、日本(FUSO)、英国(Land rover)、法国、德国、意大利及澳大利亚等10多个国家

山西省

★太原兴安昌迪汽车用品有限公司
地址:太原市尖草坪区南寨
邮编:030008
电话:0351/3560682
传真:3560924
网址:www.sxchangdi.com
产品情况:(昌迪牌)
防冻液、制动液、蓄电池液、发动机清洗液、化油器清洗剂、低温起动液、汽机油、柴机油

承德润韩汽车零部件有限公司

承德润韩汽车零部件有限公司是于2005年11月注册成立的中韩合资经营企业，中方控股。总投资8000万元，占地面积20730m²，建筑面积12500m²，拥有员工248人，其中技术人员32人。

公司主要产品有立式油压千斤顶、螺旋千斤顶及随车工具，年生产能力可达300万台套，是中国北方地区较大的汽车配套千斤顶和随车工具的专业生产企业。

公司坐落于河北省承德市高新技术开发区东区，所处地理位置优越，距皇家园林——避暑山庄仅8km，在承京高速公路南入口附近，周围毗邻北京、天津、辽宁、内蒙古等省、直辖市、自治区及河北省唐山、秦皇岛、张家口市。东南临近渤海海湾。距北京市区224km、首都机场200km、天津市区320km、秦皇岛港360km、石家庄市区526km。

公司是集开发、制造、销售于一体的汽车配套千斤顶及随车工具的生产基地。目前在国内与一汽-大众、北京-现代、东风悦达起亚、华晨金杯、北汽福田、北方奔驰、长城汽车、山东时风、奇瑞等各大汽车厂配套生产千斤顶及随车工具。产品还出口韩国（现代）、日本（FUSO）、英国（Landrover）、法国、德国、意大利及澳大利亚等10多个国家。

公司以“注重管理、全员参与、持续改进、为全球汽车配套提供一流产品、一流服务”作为质量方针，于2009年3月通过ISO/TS16949质量管理体系认证。公司先后有10多种规格的千斤顶通过德国TUV产品质量认证并获“GS”“CE”标志认证证书。

铸世界名牌
创百年通润

各种千斤顶

立式油压千斤顶

螺旋千斤顶

地址：河北省承德市高新技术开发区东区　邮编：067000
电话：0314-2292031 0314-2292016　传真：0314-2292188
E-mail:cdrh@cdrunhan.com　法人代表：陆建国　总经理：陈伟宏

网址：WWW.cdrunhan.com

辽宁省

★沈阳日益红商贸有限公司
地址:沈阳市沈河区小北关街 200 号
邮编:110013
电话:024/88508568
传真:88508568
质量体系:ISO 9001
产品情况:各种汽车靠垫

★沈阳保丽洁美车有限公司
地址:沈阳市皇姑区宁山中路 8 号
邮编:110031
电话:024/62154888、62154999
传真:62154888－8012
网址:www. china－blj. cn
电子信箱:baolijiemeiche@ 163. com
质量体系:ISO 9001
产品情况:(北极飞狐牌)
汽车真皮座椅、智能汽车座椅电热垫系统等
配套情况:与日本阿尔派、建伍、歌乐、美国 3M、强生、威臣合作

★辽宁艺蒙织毯实业公司
地址:辽宁省辽阳市太子河区首山农场新立村
邮编:111000
电话:0419/2390732、2390888
传真:2390028、2390988
网址:www. ymzt. com
电子信箱:ymzt@ ymzt. com
单位人数:2000
质量体系:VDA 6. 1、QS 9000
产品情况:汽车内饰用顶篷呢、汽车成型毯、后衣帽架用毯、行李舱用毯、汽车脚踏垫等
配套及出口情况:为江铃汽车、华晨金杯、一汽轿车、上海大众、一汽海马、上海通用北盛、长安汽车、东风日产乘用车等配套;出口俄罗斯、法国、蒙古、波兰、迪拜、印度、韩国、美国、加拿大、巴西、澳大利亚、德国等国家

★鞍山市博特精细化工有限公司
地址:辽宁省鞍山市千山区鞍腾路
邮编:114015
电话:0412/8261292
传真:8261292
质量体系:ISO/TS 16949
产品情况:汽车制动系统、汽车冷却系统、汽车护理系统化工产品

★营口黎明科技有限公司
地址:辽宁省营口市站前区建丰街贺屯里 22 号
邮编:115000
电话:0417/2833903
传真:2818477
网址:www. yingli. cc
电子信箱:lmkj_yk@ yahoo. com. cn
单位人数:100
质量体系:ISO 9001
产品情况:车轮平衡机、轮胎拆装机
出口情况:出口英国、比利时、法国、德国、捷克、伊朗、巴基斯坦、泰国、新加坡、韩国、澳大利亚、波利尼西亚、墨西哥、加拿大、美国,并销往中国台湾地区

★大连正荣汽车用品有限公司
地址:辽宁省大连市保税区环路 2 号
邮编:116600
电话:0411/87180853
传真:87319416
电子信箱:dlseiei@ online. ln. cn
质量体系:ISO 9001
产品情况:SPU 材质汽车大包围

★锦州市机动车靠垫厂
地址:辽宁省锦州市延安路 2 段 5－111 号
邮编:121000
电话:0416/2333529
传真:2333529
质量体系:ISO 9001
产品情况:汽车靠垫

★锦州澳得利羊剪绒制品有限公司
地址:辽宁省锦州市太和区南山里 158 号
邮编:121000
电话:0416/3493311
传真:3495391
网址:www. jzadl. com
电子信箱:jzadl@ sina. com
产品情况:(澳得利牌)
汽车坐垫
出口情况:出口欧美、澳大利亚

吉林省

★长春盖尔瑞孚艾斯曼零部件公司
地址:长春市高新区硅谷大街 5000 号
邮编:130012
电话:0431/85886618、85886749
传真:85886616
网址:www. gearchief. com
电子信箱:focus@ gearchief. com
质量体系:ISO/TS 16949
产品情况:真皮、聚氨酯、桃木等系列换挡手柄,驻车制动手柄护套等内饰产品
配套情况:为一汽－大众、上海大众、上汽汽车、天津一汽、马自达等配套

★长春皮草工艺制品有限责任公司
地址:长春市宽城区铁北二路北七条 2 号
邮编:130052
电话:0431/82689318
传真:82687765
电子信箱:sales@ jinyangmao. com
质量体系:ISO 9001
产品情况:(金羊毛牌)
羊剪绒工艺床毯、地毯、坐垫、沙发靠背、汽车靠背、澳毛被、汽车抛光羊毛轮等
配套及出口情况:为一汽集团等配套;出口羊剪工艺大毯、小垫

★长春市五金汽车工具厂
地址:长春市宽城区兴隆山镇
邮编:130102
电话:0431/84591313
传真:84591313
质量体系:ISO 9001
产品情况:汽车随车工具

★长春旷达汽车织物有限公司
地址:长春市朝阳经济开发区旷达路 1111 号
邮编:130103
电话:0431/85038888
传真:85036611
网址:www. kuangdacn. com
电子信箱:kuangda@ kuangda. com
单位人数:50
质量体系:ISO/TS 16949
产品情况:汽车座椅内饰面料、窗帘、内饰件
配套情况:为一汽－大众、一汽轿车、一汽卡车配套

★吉林恒昌科技股份有限公司
地址:吉林省吉林市高新区深圳街软件园 88 号
邮编:132013
电话:0432/65090188
传真:65090123
网址:www. jlhckj. com
电子信箱:yxb@ jlhckj. com
质量体系:ISO/TS 16949、QS 9000
产品情况:(恒昌牌)
汽车外装饰贴膜、功能性贴膜
配套情况:为一汽集团、江铃汽车、丹东黄海、北汽福田、郑州日产等 50 多家汽车厂配套

黑龙江省

★哈尔滨市光明汽车零部件有限公司
地址:哈尔滨市动力区红黎街负 37－8 号
邮编:150048
电话:0451/82681248
传真:82686349
质量体系:ISO 9001
产品情况:汽车地毯
配套情况:为一汽集团哈轻厂配套

★哈尔滨天源石化工程有限责任公司
地址:哈尔滨市南岗区嵩山路 9 号
邮编:150090
电话:0451/87007711、87006388
传真:87006622
网址:www. tianyuanshihua. com
电子信箱:tianyuanshihua2008@ 163. com
单位人数:418
质量体系:ISO 9001
产品情况:汽车 LPG、CNG 加气机及其他加气站系统

★兰西县兰麻亚麻制品有限公司
地址:黑龙江省兰西县城东街
邮编:151500

电话:0455/5401777
传真:5655999
质量体系:ISO 9001
产品情况:亚麻坐垫

★馨泽亚麻坐垫编织厂
地址:黑龙江省兰西县新民街
邮编:151500
电话:0455/5621474
传真:5634368
质量体系:ISO 9001
产品情况:亚麻凉垫

★舒爽亚麻汽车坐垫有限公司
地址:黑龙江省兰西县城东街2委15号
邮编:151500
电话:0455/5622135
传真:5622135
质量体系:ISO 9001
产品情况:亚麻凉垫

★亚峰亚麻汽车坐垫厂
地址:黑龙江省兰西县福泰楼往东500米
邮编:151500
电话:0455/5635326
传真:5621816
质量体系:ISO 9001
产品情况:亚麻凉垫

★环宇亚麻汽车坐垫厂
地址:黑龙江省兰西县城西街八家子
邮编:151500
电话:0455/5638158
传真:5638158
质量体系:ISO 9001
产品情况:亚麻凉垫

★龙一亚麻制品有限公司
地址:黑龙江省兰西县黑龙江亚麻大市场
邮编:151500
电话:0455/5638557
传真:5638557
质量体系:ISO 9001
产品情况:亚麻凉垫

★兰西如意亚麻制品厂
地址:黑龙江省兰西县兰西镇城东街45号
邮编:151500
电话:0455/5690113
传真:5690113
质量体系:ISO 9001
产品情况:亚麻凉垫

上海市

★上海汉斯凯室内环境科技有限公司
地址:上海市安顺路89弄9号锦海大厦2609室
邮编:200050
电话:021/32200100
网址:www. hanscare. com
电子信箱:richard@ hanscare. com
产品情况:(阿尔孚牌)
汽车清洁系列用品、内部空气清洁产品,专业汽车蜡、汽车膜

★上海博尔康真空电子有限公司
地址:上海市新疆路500号海悦酒店2707室
邮编:200070
电话:021/63800456、63800733
传真:63804726
网址:www. boerkang. com
电子信箱:sales@ boerkang. com
产品情况:(博尔康牌)
汽车空调检漏仪、真空泵等

★上海众达仪器仪表有限公司
地址:上海市闸北区止园路401号
邮编:200071
电话:021/56701833
传真:56701833
质量体系:VDA 6.1、QS 9000
产品情况:各种汽车检测仪表、钳型表、万用表等

★上海起重工具厂
地址:上海市杨浦区隆昌路40弄8号
邮编:200090
电话:021/65699850、65699851
传真:65699273
网址:www. sh - qzgj. com
电子信箱:web@ sh - qzgj. com
产品情况:各类油压千斤顶

★上海华丰车用工具厂
地址:上海市杨浦区双阳路413号
邮编:200093
电话:021/65701227、35120188
传真:65701227
电子信箱:manake@ vip. sina. com
质量体系:ISO 9001
产品情况:(华丰牌)
机油滤清器套扳、汽车油底壳组套工具、汽车油封拆装组套工具、汽车制动分泵拆装工具、轿车维修工具箱
配套情况:为上海大众、一汽-大众、上海通用、神龙汽车、北京奔驰、南京依维柯配套

★上海世辰机电有限公司
地址:上海市浦东大道2000号15B
邮编:200135
电话:021/50936790、50936791
传真:58218755
质量体系:ISO 9001
产品情况:刮水器、脚垫、太阳挡
出口情况:部分产品出口

★上海铭华汽车装饰用品有限公司
地址:上海市真北路1861号
邮编:200333
电话:021/52780936、52798108
传真:52798108
网址:www. minghua - sh. com
电子信箱:webmaster@ minghua - sh. com
产品情况:桃木饰件

★3M中国有限公司
地址:上海市兴义路8号万都中心大厦38层
邮编:200336
电话:021/62753535、8008205035
传真:62752343
网址:www. 3m. com. cn
单位人数:5700
产品情况:汽车隔热防爆膜、漆面保护膜、汽车垫、养护用品,以及车用外饰产品、空气净化装置等

★上海宝山千斤顶总厂有限公司
地址:上海市宝山区江杨南路1085号
邮编:200439
电话:021/56819685
传真:56833931
网址:www. baoshanjacks. com. cn
电子信箱:baoqian@ public8. sta. net. cn
单位人数:235
质量体系:ISO/TS 16949、VDA 6.1
产品情况:(钢城牌、中联牌、通润牌)
随车工具、千斤顶、举升机、工具箱、支架、手拉葫芦、起重机、发动机支架、矿用沟槽顶、支撑顶等
配套及出口情况:为上海大众、上海通用、东风悦达起亚、奇瑞汽车、吉利汽车、美国福特汽车等配套千斤顶及随车工具;远销美国、法国、东南亚、欧洲等国家和地区

★上海云峰集团小伙伴汽车服务公司
地址:上海市宝山区长江西路768号
邮编:200441
电话:021/66181880
传真:56823939
网址:www. xhb. com. cn
电子信箱:yunfeng@ xhb. com. cn
质量体系:QS 9000、ISO 9002
产品情况:(小伙伴牌、通海牌)
车用遮阳帘、中央控制盒、车用急救锤、公交车乘客拉手柄、车(船)用蓄电池等
配套及出口情况:为江铃汽车配套;部分产品出口

★上海大草原汽车真皮制造有限公司
地址:上海市闵行区中春路7228号1栋3号
邮编:201101
电话:021/54851998、64217376
传真:54864243
网址:www. shdacaoyuan. com
电子信箱:sensor@ online. sh. cn
质量体系:ISO 9001
产品情况:汽车皮套
出口情况:出口东南亚地区,并销往中国香港地区

★上海正尧电子有限公司
地址:上海市闵行区吴中路552号
邮编:201103
电话:021/54773650
传真:54773639
电子信箱:jishu@ snstc. com

质量体系:ISO 9001
产品情况:汽车防盗器

★上海锚盾保险箱制造有限公司
地址:上海市北翟路1444弄268号
邮编:201106
电话:021/62202337
传真:54094946
网址:www.shmaodun.com.cn
电子信箱:ellenji@shmaodun.com.cn
质量体系:ISO 9000
产品情况:(锚盾牌)
车载保险箱、车载安全箱

★上海裕和机电有限公司
地址:上海市虹桥路1060弄2号405室
邮编:201108
电话:021/62098851、62098865
传真:62098371
网址:www.sh-concord.com
电子信箱:guowenxi@sh-concord.com
质量体系:ISO 9001
产品情况:半导体冷暖箱、ABS轮盖、不锈钢伪轮等
出口情况:出口美国、日本、欧洲等国家和地区

★上海华汇机电有限公司
地址:上海市闵行区颛桥镇都会路189号
邮编:201109
电话:021/54468999
传真:54469088
网址:www.coido.com
电子信箱:huahui@coidokb.net
单位人数:1500
质量体系:ISO/TS 16949、QS 9000
产品情况:(风王牌)
汽车轮胎充气泵、汽车用打蜡机、吸尘器、空气净化器、吹气机、手压打气筒、脚踏打气筒等
出口情况:出口美国、日本、欧洲、南美洲、东南亚、阿联酋、俄罗斯、澳大利亚、新西兰、加拿大、埃及、南非等国家和地区

★上海康耐司信号设备有限公司
地址:上海市浦东新区合庆镇汇庆路286号
邮编:201201
电话:021/68919099
传真:58979083
质量体系:ISO/TS 16949、ISO 9001
产品情况:LED光源汽车信号灯

★富兰科华申汽车工具(上海)公司
地址:上海市嘉定区嘉生北路3815号
邮编:201202
电话:021/58596240
传真:58596243
电子信箱:hua-shen2@online.sh.cn
质量体系:ISO/TS 16949
产品情况:随车工具、千斤顶、轮胎扳手、火花塞套筒、一字、十字双头旋具
配套情况:为上海大众、华晨金杯、厦门金龙、东风悦达起亚、东风日产乘用车、一汽海马、吉利汽车、浙江万丰配套

★上海奥力得汽车工具有限公司
地址:上海市浦东新区川六路2715弄115号
邮编:201202
电话:021/58598161、58597236
传真:58591851
网址:www.aolider.com
电子信箱:joy@aolider.com
质量体系:ISO 9001
产品情况:滤清器扳手、随车工具箱
配套及出口情况:为一汽集团、玉柴、重庆康明斯、上海英格索兰压缩机等20多家企业配套;出口欧美、中东、东南亚等地区

★世腾汽车皮件(上海)有限公司
地址:上海市南汇区康桥镇康桥东路1300弄6-7号楼
邮编:201319
电话:021/38119111
传真:58135310
质量体系:VDA 6.1、QS 9000
产品情况:汽车坐垫皮革

★上海俊达汽车装饰有限公司
地址:上海市奉贤邬桥大叶路2189号
邮编:201402
电话:021/57405578、37440078
传真:57405788
网址:www.junda-auto.com
电子信箱:shjunda-fx@online.sh.cn
质量体系:ISO 9001
产品情况:各类汽车坐垫、座套、腰靠、脚垫、转向盘等汽车装饰产品
出口情况:远销欧洲、美洲、亚洲等国家和地区

★合朝电器(上海)有限公司
地址:上海市奉贤区青村镇钱桥工业区奉柘公路3510号
邮编:201407
电话:021/57599068
传真:57599263
电子信箱:hk_office@goodhope.com.hk
质量体系:ISO/TS 16949、ISO 9001
产品情况:气泵、吸尘器、充电气泵、充电吸尘机、打蜡机等

★上海丰虎地毯有限公司
地址:上海市松江区高新技术园区(富民路西侧)第16号厂房
邮编:201600
电话:021/57735502
传真:57735502
质量体系:ISO 9001
产品情况:汽车地毯

★拓乐(上海)汽车顶架系统公司
地址:上海市青浦区工业园区盈秀路266号
邮编:201700
电话:021/39200056
传真:59206283
网址:www.thule.com
电子信箱:sales@thule.com
产品情况:汽车顶架、车顶箱、行李筐等

★呈顺电子(上海)有限公司
地址:上海市青浦区华新镇嵩山村北青公路3689号
邮编:201705
电话:021/39808668、39808278
传真:39808364、39808358
网址:www.bkhgroup.net
电子信箱:bkhsales@sh163.net
质量体系:QS 9000、ISO 9001
产品情况:多功能汽车防盗器、GPS卫星定位导航系统、倒车雷达、中控锁、电动窗、扬声器等
出口情况:出口美洲、亚洲、欧洲等地区

★上海摩拓泰汽车部件有限公司
地址:上海市北青公路9728-1号
邮编:201707
电话:021/59703868
传真:59703100
网址:www.mototech.co.kr
产品情况:倒车雷达、车载免提系统、防盗系统等汽车电子产品

★上海汇甸精细化工有限公司
地址:上海市嘉定区环城路601号
邮编:201800
电话:4007171617
传真:021/54830200
网址:www.hundred100.cn
电子信箱:hundred021@126.com
产品情况:(汇甸牌)
清洗剂、光洁剂、表板蜡、润滑剂、起动液、雪种、冷却液、防冻液等汽车护理用品,年灌装5000t无氟制冷剂

★上海华禧汽车装潢用品有限公司
地址:上海市嘉定区菊城路189号
邮编:201821
电话:021/69160039
传真:69160089
单位人数:100
质量体系:ISO 9001
产品情况:汽车地胶、地毯、坐垫、地胶卷材、汽车饰品等

江苏省

★丹阳市步阳电子有限公司
地址:江苏省丹阳市界牌镇界牌路142号
邮编:212323
电话:0511/86382248、86366356
传真:85167851、85168552
网址:www.dy-buyang.com
电子信箱:wjz@dy-buyang.com
产品情况:12V、24V直流荧光灯镇流器(逆变器)
配套及出口情况:为重庆宁通、北汽福田、安凯汽车、丹东黄海等配套;出口泰

国、乌克兰、墨西哥、阿根廷、南非、马来西亚、东南亚、中东

★常州市童佳儿童座椅有限公司
地址:江苏省常州市新北区孟河镇猛将工业园
邮编:213139
电话:0519/89629572
传真:83535918
网址:www.tongjiababy.com
电子信箱:sales@tongjiababy.com
质量体系:ISO 9001
产品情况:汽车儿童安全座椅

★常州山由帝杉防护材料有限公司
地址:江苏省常州市武进经济开发区稻香西路3号
邮编:213149
电话:0519/86362801、86362820
传真:86362802
网址:www.sanyoudissan.com
电子信箱:sales@sanyoudissan.com
单位人数:260
产品情况:玻璃窗膜及液晶平板显示器件IT膜,年产能力玻璃窗膜6000万m^2、IT膜410万m^2

★常州永昌汽车附件有限公司
地址:江苏省常州市武进区潘家镇
邮编:213179
电话:0519/86549999
传真:86541528
网址:www.kuangda.com
电子信箱:webmaster@yongchang-kuangda.com
质量体系:ISO 9001
产品情况:汽车座套、窗帘、内饰件等
配套情况:为一汽集团、上海大众、上海通用、郑州宇通、厦门金龙、天津一汽夏利配套

★无锡科宝技术有限公司
地址:江苏省无锡市科技创业园四区603号
邮编:214028
电话:0510/85227379
传真:85227803
网址:www.wxkb.com
电子信箱:sales@wxkb.com
质量体系:ISO 9001
产品情况:(车之伴牌)
各种规格的电源宝、汽车射灯、雾灯、车用冰箱、汽车打蜡机、多功能汽车电源、汽车蓄电池线、车用咖啡壶等

★苏州亚兴汽车用品有限公司
地址:江苏省苏州市北桥镇希望工业园
邮编:215000
电话:0512/62909676
传真:62909219
网址:www.0512suv.org
电子信箱:adminfang@0512suv.org
单位人数:50
质量体系:ISO 9001
产品情况:SUV车型脚踏板、行李架、前后护板,汽车装饰前后护杠、迎宾踏板、排气管尾套、尾翼等
配套情况:已成为丰田、本田、尼桑等汽车厂家的原厂配套供应商

★辉创电子科技(苏州)有限公司
地址:江苏省苏州新区湘江路457号
邮编:215011
电话:0512/66613837
传真:66610258、66671970
网址:www.whetron.com.cn
质量体系:ISO/TS 16949
产品情况:防盗器、倒车雷达、自动顶灯、中控锁

★光洋化学应用材料(昆山)公司
地址:江苏省昆山市经济技术开发区吴淞江南路168号
邮编:215300
电话:0512/57638858
传真:57637594
网址:www.solartech.com.tw
质量体系:ISO 9001
产品情况:发动机清洗剂、机油强化剂等

★昆山皇田汽车配件工业有限公司
地址:江苏省昆山市陆家镇金阳东路369号
邮编:215331
电话:0512/57876699
传真:57876600
网址:www.sunup.com.tw
电子信箱:efax@mail.macauto.com.cn
质量体系:ISO/TS 16949
产品情况:汽车内饰窗帘、遮阳帘、卷帘
配套及出口情况:为宝马、福特、通用、本田、三菱、现代、一汽集团等配套;出口欧美、亚洲等地区

★昆山昆仑环保科技有限公司
地址:江苏省昆山市千灯镇大唐工业园区
邮编:215341
电话:0512/55176771、55176772
传真:55176773
网址:www.ksklhb.com
电子信箱:zhaoxingguo555@163.com
质量体系:ISO 9001
产品情况:玻璃水、防冻液、刮水片精、万能泡沫、柏油、表板蜡、毛巾等

★江苏新沣复合纤维制品有限公司
地址:江苏省太仓市新区发达路11号
邮编:215433
电话:0512/53441030
传真:53441007
网址:www.sfcb.com.tw
电子信箱:singform@sf68.com.tw
质量体系:ISO/TS 16949、ISO 14001
产品情况:车垫
配套情况:为Nissan、Toyota、Ford、Mitsubishi、KIA、suzuki、formosa、Distributors配套

★张家港迪克汽车化学品有限公司
地址:江苏省张家港市国泰中路2号
邮编:215638
电话:0512/58670821、58680410
传真:58670823
网址:www.china-teec.com
电子信箱:teec@china-teec.com
单位人数:45
质量体系:ISO/TS 16949、ISO 9001
产品情况:具有年产制动液2000t、防冻液5000t、车窗清洗液2000t的生产能力
配套情况:为日产、丰田、本田、金杯、上海通用等配套

★江苏艾文德悦达汽车内饰公司
地址:江苏省盐城市开发大道666号
邮编:224055
电话:0515/88583116
传真:88583115
网址:www.aunde.de
电子信箱:info@aundeyueda.com
质量体系:ISO/TS 16949
产品情况:纱线、织物及皮革类座椅套等

★扬州奥凯汽车用品有限公司
地址:江苏省扬州市太平路8号
邮编:225000
电话:0514/87905338
传真:87905968
网址:www.yzokay.com
电子信箱:yzokay@yzokay.com
产品情况:各类赛车座椅、沙滩车座椅、改装车座椅及座椅配件

★扬州市联扬汽车装饰件有限公司
地址:江苏省扬州市运河南路
邮编:225004
电话:0514/87232910、87251238
传真:87240374、87235353
网址:www.chinalianyang.com
电子信箱:wth@yzlyyc.com
质量体系:ISO 9001
产品情况:挡泥板、轮毂盖、牌照框、托架、螺母罩、进气管、灯具、排气管等

浙江省

★杭州利宝机械有限公司
地址:杭州市萧山区蜀山街道亚太路赵家墩村
邮编:311203
电话:0571/82761002、82765058
传真:82761088
网址:www.dephone.net
电子信箱:pennyguo1987@hotmail.com
质量体系:ISO 9001
产品情况:(迪孚牌)
千斤顶

★杭州恒宏机械有限公司
地址:杭州市萧山经济技术开发区

邮编:311232
电话:0571/82645688、82645539
传真:82645539
网址:www. hzjx. com. cn
电子信箱:jixiangzj@ hzjx. com. cn
质量体系:ISO 9001
产品情况:自动调平系统、遥控千斤顶、手动千斤顶、电动千斤顶
出口情况:出口欧美

★杭州华丰链业有限公司
地址:杭州市萧山区进化镇
邮编:311253
电话:0571/82355092、82357123
传真:82355530
网址:www. chinachains. com
电子信箱:cchf@ xs. hz. zj. cn
质量体系:ISO 9002、ISO 14001
产品情况:(环辰牌)
各种汽车轮胎防滑链、保护链和普通及高强度工业用链
出口情况:出口欧美及北亚地区

★杭州博远实业有限公司
地址:杭州市萧山区义桥镇许贤工业区
邮编:311256
电话:0571/82300672
传真:82300678
网址:www. hzby. com
电子信箱:xxxx@ hzby. com
质量体系:ISO 9001
产品情况:汽车椅套、汽车坐垫、转向盘套
出口情况:远销欧洲、美国、澳大利亚、东南亚、非洲、日本等几十个国家和地区

★杭州阳光工具制造有限公司
地址:杭州市萧山区闻堰镇山五工业区
邮编:311258
电话:0571/82308103、82303988
传真:82305168
网址:www. sunlighttools. com
电子信箱:lyanan@ xs. hz. zj. cn
单位人数:100
质量体系:ISO 9001
产品情况:汽车充电器
出口情况:远销美国、加拿大、南美洲、欧洲等国家和地区

★杭州天恒机械有限公司
地址:杭州市郊临安板桥
邮编:311301
电话:0571/58610988、63769575
传真:63769178
网址:www. chinalifts. com
单位人数:1000
质量体系:ISO 9001
产品情况:年产各类千斤顶 150 万台;摩托车升降台、起重机 50 万台;滤清器 30 万只;铰链、插销、副撑等五金产品 3000 万套;储气罐、变速器调节头、轮胎拆卸机等

★杭州天铭机电工具有限公司
地址:杭州市富阳东洲工业功能区 5 号路 5 号
邮编:311401
电话:0571/87191006、87191036
传真:87191088
电子信箱:tmax@ tmaxtools. com
质量体系:ISO/TS 16949
产品情况:电动和液压绞盘

★浙江省建德市金马汽车用品厂
地址:浙江省建德市新安江镇环城北路 176 号
邮编:311608
电话:0571/64718710、64710071
传真:64718647、64710282
网址:www. cnqcyp. com
电子信箱:sales@ cnqcyp. com
产品情况:(骅马牌)
汽车座套、坐垫

★浙江何仕汽车工具有限公司
地址:浙江省诸暨市次坞高速路出口北
邮编:311814
电话:0575/87066108、87066088
传真:87066588
网址:www. heshitools. com
电子信箱:heshi@ heshitools. com
法人代表(负责人):何建军
单位人数:400
质量体系:ISO 9001、ISO 14001
产品情况:(NT 牌、KTG 牌、heshitools 牌)
汽车修理工具、工具车、五金工具
出口情况:出口美国、欧洲、日本等国家和地区

★诸暨市东飞机械配件厂
地址:浙江省诸暨市店口镇盛厚工业区
邮编:311835
电话:0575/87669265
传真:87669858
网址:www. zjdf88. com
电子信箱:hd@ zjdf88. com
产品情况:黄油枪、油嘴、油杯等
配套及出口情况:为国内大型生产企业配套;远销欧美、中东、东南亚、北非等地区

★浙江梅盛实业股份有限公司
地址:浙江省绍兴市钱清经济开发区
邮编:312025
电话:0575/84513705
传真:84051264
电子信箱:kitty86@ 126. com
质量体系:ISO/TS 16949
产品情况:麂皮、针刺无纺布、超纤真皮系列、家纺产品、汽车内饰、汽车坐垫等

★诸暨宏鑫富达工程机械配件公司
地址:浙江省绍兴市诸暨店口南山路 2 号
邮编:312028
电话:0575/87659936、87659515
传真:88116858
网址:www. hxfdqp. com. cn
产品情况:黄油枪、喷油嘴、汽保工具等

★上虞隆迪电器有限公司
地址:浙江省上虞市小越
邮编:312367
电话:0575/82034233、82039763
传真:82031075
网址:www. cn - longdi. com
电子信箱:longdi@ cn - longdi. com
单位人数:150
质量体系:ISO 9001
产品情况:汽车充气泵、吸尘器、检修灯、应急电源及聚光卤钨灯等
出口情况:出口美国、欧洲、中东等国家和地区

★上虞北方电子制造有限公司
地址:浙江省上虞市小越镇越谢路口
邮编:312367
电话:0575/82038297、82719921
传真:82031758、82719925
网址:www. northelectron. com
电子信箱:north@ northelectron. com
单位人数:250
质量体系:ISO 9001
产品情况:车载冰箱
出口情况:销往英国、法国、意大利、德国、芬兰、智利、美国、墨西哥、韩国、日本等国家

★浙北宏宇汽车摩托车配件有限公司
地址:浙江省长兴县长洪路 38 号
邮编:313100
电话:0572/6123333、6123618
传真:6123666
网址:www. zjhyqy. com
电子信箱:info@ zjhyqy. com
单位人数:300
质量体系:ISO 9000
产品情况:(宏宇牌)
摩托车护杠、汽车护杠、行李架
出口情况:90% 的产品出口欧美、中东等 20 多个国家和地区

★浙江天美汽车座套有限公司
地址:浙江省嘉兴市油车港日商开发区恰纺路 83 号
邮编:314000
电话:0573/82099999
传真:82235399
网址:www. tianmei. com
电子信箱:tianmei@ tianmei. com
质量体系:ISO/TS 16949、ISO 9001
产品情况:汽车座套和坐垫
配套及出口情况:为江淮汽车配套;出口韩国、日本、美国、英国等国家

★鸿源汽车真皮座套有限公司
地址:浙江省嘉兴市经济开发区振兴路 168 号苏嘉工业园 10 号楼
邮编:314000
电话:0573/82208755、82209638
传真:82207471
网址:www. jxhyzt. com

电子信箱:syqabc@ sohu. com
质量体系:ISO 9001
产品情况:汽车真皮座套、水牛皮凉垫、PVC 座套,承接汽车座套配套生产及汽车皮革座套的来料加工

★嘉龙雕刻有限公司
地址:浙江省嘉兴市经济开发区塘汇工业园区平一路
邮编:314001
电话:0573/82225688、82225788
传真:82226988、82225288
网址:www. jialong. com
电子信箱:jialong@ jialong. com
质量体系:ISO 9001
产品情况:汽车内装纹理雕刻
配套情况:为上海大众、一汽-大众、神龙汽车等配套

★嘉兴雅迪汽车真皮座套制造公司
地址:浙江省嘉兴市东栅工业园区纺工路 1948 号
邮编:314001
电话:0573/82571822
传真:82618666
网址:www. china - yadi. com
电子信箱:yadi@ china - yadi. com
质量体系:ISO/TS 16949、ISO 9001
产品情况:汽车真皮座套
出口情况:部分产品出口

★浙江明新皮业有限公司
地址:浙江省嘉兴市南湖亚太开发区明新路
邮编:314004
电话:0573/83285566
传真:83285568
网址:www. mingxinco. cn
电子信箱:sales@ mingxinleather. com
单位人数:180
质量体系:ISO/TS 16949
产品情况:(民新皮业牌)
牛皮汽车革、坐垫套
配套及出口情况:为菲亚特、帕拉丁等配套;远销东南亚、美国等国家和地区

★嘉兴市舜天机械有限公司
地址:浙江省嘉兴市余新镇工业园区
邮编:314009
电话:0573/83162088、83162188
传真:83163318
网址:www. chinashuntian. com
电子信箱:sales@ chinashuntian. com
质量体系:ISO 9001
产品情况:液压千斤顶
出口情况:出口美国、欧洲、南美洲等国家和地区

★浙江中兴机械制造有限公司
地址:浙江省平湖市曹桥街道孔家堰村工业园区
邮编:314214
电话:0573/85962898、85399888
传真:85960538
网址:www. zj - zxjx. com
电子信箱:swz@ zj - zxjx. com
质量体系:ISO 9001
产品情况:运送器、弯管机、千斤顶、减振弹簧拆装器、液压拉紧杆等

★嘉兴金鹏工具有限公司
地址:浙江省海盐县经济开发区杭州湾大桥新区西场路 28 号
邮编:314305
电话:0573/86811108、86811837
传真:86811807、86815989
网址:www. grlift. com
电子信箱:goldenroc@ goldenroc. com. cn
单位人数:600
质量体系:ISO 9001
产品情况:各类千斤顶
出口情况:远销美国、德国、日本、中东、南美、东南亚

★海盐金力机械有限公司
地址:浙江省海盐县百步镇五金工业园区
邮编:314312
电话:0573/86770700、86778768
传真:86777722
网址:www. jinlihy. com
电子信箱:jinlihy@ 163. com
质量体系:ISO 9000
产品情况:(金力牌)
2 ~ 50t 油压立式千斤顶
出口情况:远销亚洲、美国、欧洲等国家和地区

★海宁鼎力机械有限公司
地址:浙江省海宁市斜桥镇新建路 1 号
邮编:314400
电话:0573/87025303、87021115
传真:87035912、87046138
网址:www. dlmachinery. com
电子信箱:13857359012@ 139. com
产品情况:(升达牌)
各种千斤顶,汽车附件
出口情况:远销亚洲、美洲、欧洲等地区

★海宁市亮歌汽车部件有限公司
地址:浙江省海宁市海昌开发区丹阳路 2 号
邮编:314400
电话:0573/87268833、87267768
传真:87097131
网址:www. lghorn. com
电子信箱:hoothorn@ 126. com
单位人数:200
质量体系:ISO/TS 16949、ISO 9001
产品情况:(mecacn 牌)
倒车雷达、车用电喇叭、电动车控制器

★桐乡金伟电子有限公司
地址:浙江省桐乡市中山东路 158 号
邮编:314500
电话:0573/88063309
传真:88061335
网址:www. carsjack. com
电子信箱:sales@ mylarspeaker. com
单位人数:300
质量体系:ISO 9001
产品情况:电动千斤顶、电动扳手

★宁波卡比特汽车用品有限公司
地址:浙江省宁波市江东区江南路 289 号
邮编:315040
电话:0574/88186368、88186377
传真:88186390、88186388
网址:www. carbestcn. com
电子信箱:cuiweiguo@ carbest. com. cn
产品情况:汽车脚垫、椅套、坐垫

★明晟科技有限公司
地址:浙江省宁波市江北区长兴路 586 号
邮编:315100
电话:0574/88200342、88200492
传真:88200017
网址:www. ming - sheng. com
电子信箱:sales4@ ming - sheng. com
质量体系:ISO 9001
产品情况:各类汽车附件、汽车用塑料用品及汽车太阳挡等
出口情况:远销欧洲、美国、日本等国家和地区

★宁波市鄞州融彩汽车用品有限公司
地址:浙江省宁波市鄞州五乡镇
邮编:315100
电话:0574/88384921
传真:88385475
网址:www. nb - baisheng. com
电子信箱:baishengtationery@ 163. com
产品情况:助开器、转向盘套、安全带、饮料架、子弹头、防撞贴、天线、车标、汽车用品、边灯框、风网、门边胶、遮阳板、字母标、脚踏板、输油管、香片、安全锤等
出口情况:远销美国、欧洲、非洲、东南亚等国家和地区

★百力科技有限公司
地址:浙江省宁波市科技园区江南公路梅墟
邮编:315103
电话:0574/88365100
传真:88482220
网址:www. polyalarm. com. tw
电子信箱:polytech@ cnool. net
质量体系:ISO/TS 16949、ISO 9001
产品情况:(小鲨鱼牌、鲨尘暴牌)
汽车防盗系统、喇叭、功放

★宁波均胜工业有限公司
地址:浙江省宁波市鄞州投资创业中心下应北路 299 号
邮编:315105
电话:0574/56160088 - 1810
传真:56117978
网址:www. cnwinwin. com
电子信箱:babyfirst@ 163. com
质量体系:VDA 6. 1、QS 9000
产品情况:汽车儿童安全座椅

出口情况：远销欧洲、美国、日本、东南亚等十几个国家和地区

★誉信工具制造有限公司
地址：浙江省宁波市
邮编：315300
电话：0574/63972768、63972798
传真：63972778
网址：www. yuxintools. com
电子信箱：cen@ yuxintools. com
产品情况：（盖特牌）
冲击批、扳手、套筒及其组套、工业级风电动批嘴等

★慈溪市誉华工具有限公司
地址：浙江省慈溪市逍林镇逍林大道149号
邮编：315321
电话：0574/63502481
传真：63502481
网址：www. yuhuatool. com
电子信箱：yuhua@ yuhuatool. com
质量体系：ISO 9001
产品情况：（TUYU 牌、誉华牌、CRUMP 牌）
电动、风动、手动配用的螺栓批嘴

★慈溪市华光塑料电器有限公司
地址：浙江省慈溪市三北镇
邮编：315331
电话：0574/63732861
传真：63734488
网址：www. nb－hg. com
电子信箱：hgsd@ public. cx. nbptt. zj. cn
产品情况：倒车防撞雷达系统
出口情况：出口欧美、加拿大等国家和地区

★慈溪市海鸿实业有限公司
地址：浙江省慈溪市附海镇东港村
邮编：315332
电话：0574/63569031、63563135
传真：63569031
网址：www. haihonginc. com
电子信箱：haihong@ public. cx. nbptt. zj. cn
法人代表：沈波
负责人：沈家峙
单位人数：120
质量体系：ISO 9001
产品情况：（HAIJIA 牌）
轮胎压力表
出口情况：年出口 300 万只

★宁波新宝工业有限公司
地址：浙江省慈溪市杭州湾新区金慈路
邮编：315336
电话：0574/63215790、63216666
传真：63213918、63213928
网址：www. sypo. com. cn
电子信箱：syposeat@ sypo. com. cn
质量体系：ISO 9001
产品情况：（SYPO 牌）
儿童座椅
出口情况：出口多个国家

★余姚市宁杰电器有限公司
地址：浙江省余姚市泗门镇湖北
邮编：315400
电话：0574/62169278、62169586
传真：62169677、62163336
网址：www. yongying. com
电子信箱：ikuo@ yongying. com
质量体系：ISO 9001
产品情况：汽车轮胎微型充气泵、车用吸尘器、微型风扇、检修灯、电路检测笔等
出口情况：出口欧洲和美国

★余姚市超辉电子有限公司
地址：浙江省余姚市浙东经济开发区茂盛路11号
邮编：315400
电话：0574/62575266、62575733
传真：62575588
网址：www. china－chaohui. com
电子信箱：best@ china－chaohui. com
质量体系：ISO 9000
产品情况：（超辉牌）
汽车倒车雷达提示系统、中控锁、低音炮、音响功率放大器，汽车及摩托车仪表总成、传感器、摩托车防盗器等

★宁波时代机械制造有限公司
地址：浙江省余姚市经济开发区茂盛路24－26号
邮编：315400
电话：0574/62576985、62576185
传真：62576189
网址：www. chinaxinya. com
电子信箱：sales@ chinaxinya. com
质量体系：ISO 9001
产品情况：气扳机、气动打钉枪、气动螺丝刀、气铲、气钻、气磨机、棘轮扳手等气动工具
出口情况：出口欧美、中东、东南亚等20多个国家和地区

★余姚市东海橡胶制品有限公司
地址：浙江省余姚市三七市镇工业园区
邮编：315412
电话：0574/62935370
传真：62937239
电子信箱：xwd. zj@ 263. net
单位人数：350
质量体系：ISO/TS 16949、ISO 9001
产品情况：汽车脚垫
出口情况：出口美国、澳大利亚、韩国、日本等国家

★宁波杰洲电器有限公司
地址：浙江省余姚市泗门镇工业区
邮编：315450
电话：0574/62131708、62131222
传真：62131738
网址：www. jiezhoucn. com
电子信箱：sales@ jiezhoucn. com
质量体系：ISO 9001
产品情况：聚光灯、吸尘器、车用风扇等
出口情况：远销欧洲、美国、中东、西亚、东亚等20多个国家和地区

★余姚市顺马汽车附件有限公司
地址：浙江省余姚市马渚镇北星路8号
邮编：315450
电话：0574/62465463
传真：62468268
网址：www. shunma. com
电子信箱：shunma@ shunma. com
产品情况：汽车轮胎压力表、轮胎修补工具、轮胎花纹表
出口情况：出口美国、加拿大、欧洲、南亚等国家和地区

★宁波永佳汽车零部件有限公司
地址：浙江省余姚市马渚镇斗门工业开发区世纪路25号
邮编：315453
电话：0574/56311088、62481588
传真：56311367、62481398
网址：www. cn－yj. com
电子信箱：yongjia@ cn－yj. com
单位人数：377
质量体系：ISO/TS 16949、ISO 9001
产品情况：（永佳牌）
汽车及摩托车反射警示器、活动工具车、汽车配件

★宁波佳源电子有限公司
地址：浙江省余姚市临山镇
邮编：315460
电话：0574/62053198、62052988
传真：62053000
网址：www. cn－jiayuan. com
电子信箱：jiayuan@ cn－jiayuan. com
质量体系：ISO 9000
产品情况：半导体制冷的汽车冰箱及汽车相关附件

★余姚市裕瑞电器有限公司
地址：浙江省余姚市临山镇湖堤开发区
邮编：315461
电话：0574/62061567、62061977
传真：62060576
网址：www. zjyufeng. com
电子信箱：yufeng@ zjyufeng. com
单位人数：200
质量体系：ISO 9001
产品情况：充气泵、电扇、手机免提架、聚光灯
出口情况：部分产品出口

★余姚市恒洋电器有限公司
地址：浙江省余姚市临山镇湖堤工业东区
邮编：315461
电话：0574/62062238
传真：62062333
网址：www. hyea. com
电子信箱：hyyj@ hyea. com
质量体系：ISO 9001
产品情况：车用冰箱
出口情况：出口欧洲、亚洲、美国、澳大利亚等国家和地区

★宁波华盛电器有限公司
地址:浙江省余姚市泗门镇工业园区
邮编:315470
电话:0574/62123888、62159003
传真:62157188
网址:www.china-huasheng.com
电子信箱:sales11@china-huasheng.com
单位人数:500
质量体系:ISO 9001
产品情况:聚光灯、应急电源、充气泵
出口情况:出口欧洲、美洲、大洋洲、中东、东南亚等地区

★宁波信高塑化有限公司
地址:浙江省余姚市泗门镇开发区协力路5号
邮编:315470
电话:0574/62151240
传真:62151194
网址:www.xingao.com
电子信箱:xingao@xingao.com
单位人数:400
质量体系:ISO/TS 16949、ISO 9001
产品情况:(信高牌)
汽车电子冰箱、应急电源、逆变器等

★宁波展兴电器有限公司
地址:浙江省余姚市泗门工业开发区
邮编:315470
电话:0574/62152800、62156398
传真:62153072
电子信箱:zhanxing@mail.nbptt.zj.cn
单位人数:400
质量体系:ISO 9001
产品情况:聚光灯、应急电源、充气泵、充电器、逆变器等
出口情况:远销欧美、日本、中东等国家和地区

★宁波江涛电器有限公司
地址:浙江省余姚市泗门镇湖北工业区
邮编:315472
电话:0574/62162898、62163008
传真:62161668
网址:www.nbjiangtao.com
电子信箱:nbjiangtao@163.com
质量体系:ISO 9002
产品情况:充气泵、野营灯、车用吸尘器、胎压计等

★海浪塑料电器有限公司
地址:浙江省余姚市朗霞街道杨家村创业北路5号
邮编:315480
电话:0574/62191729
传真:62193609
网址:www.hl-interest.com
电子信箱:info@hl-interest.com
产品情况:(英特斯汀(INTEREST)牌)
汽车吸尘器、微型高压清洗机
出口情况:部分产品出口

★宁波瑞华电子塑料有限公司
地址:浙江省余姚市低塘镇镇南路49号
邮编:315490
电话:0574/62268080、62260229
传真:62264025
网址:www.nbruihua.com
电子信箱:sales@nbruihua.com
质量体系:ISO 9002
产品情况:应急电源、充气泵、电池充电器、逆变器
出口情况:出口美国、法国、日本、欧洲、澳大利亚、南非、加拿大、东南亚等国家和地区,并销往中国香港地区

★余姚市恒威塑料制品厂
地址:浙江省余姚市低塘街道西郑巷工业园区18号
邮编:315492
电话:0574/62634486、62292922
传真:62292951
网址:www.nbshunda.com
电子信箱:nbshunda@yahoo.com.cn
质量体系:ISO 9001
产品情况:(SHUNWEI牌)
各类精密注塑模具,饮料架、手机架、烟灰缸、垃圾桶、衣架、餐盘、点烟插座、后视镜等塑料制品
出口情况:出口日本、韩国、东南亚、美国、欧洲等国家和地区,并销往中国香港、澳门、台湾地区

★宁波继峰汽车零部件有限公司
地址:浙江省宁波市北仑江南出口加工区纬十路69号
邮编:315800
电话:0574/86176888
传真:86813075
网址:www.nb-jf.com
电子信箱:andy@nb-jf.com
单位人数:500
质量体系:ISO/TS 16949
产品情况:汽车座椅头枕总成、扶手总成、头枕支杆
配套及出口情况:主要的配套品牌和车型有宝马3系、奥迪Q5、奥迪A6、奥迪A4、凯迪拉克赛威、别克君威、日产天籁、丰田卡罗拉、克莱斯勒大捷龙、福特蒙迪欧、马自达6、大众迈腾、期柯达明锐等;出口俄罗斯、英国、波兰、意大利、西班牙、美国、澳大利亚

★宁波雷顿科技有限公司
地址:浙江省宁波市北仑保税西区新留学生创业园6号楼
邮编:315800
电话:0574/86868795
传真:86868689
电子信箱:leyton@vip.163.com
质量体系:ISO/TS 16949
产品情况:中控锁、发射器、继电器、倒车雷达、防盗报警系统等

★宁波骏达汽车配件制造有限公司
地址:浙江省宁波市北仑区大矸庐山西路25号
邮编:315806
电话:0574/86803002、86803019
传真:86803008、86803006
网址:www.nbjunda.com
电子信箱:junda@nbjunda.com
单位人数:200
质量体系:ISO 9001
产品情况:轮胎气门嘴、灯泡、护杠、中网、轮罩、转向盘、排气尾管、维修及美容工具等
配套及出口情况:与国外OEM配合,并与多家国际知名企业建立长期合作关系;出口美国、欧洲、大洋洲、东南亚、澳大利亚等国家和地区

★浙江三门维艾尔工业有限公司
地址:浙江省台州市三门县岭口工业区
邮编:317101
电话:0576/83100318、83100323
传真:83100168
网址:www.viair-china.com
电子信箱:sm@viair-china.com
单位人数:400
质量体系:ISO 9001
产品情况:(Viair牌)
汽车坐垫、座套、门垫
出口情况:出口欧洲

★浙江鸿盛原汽车用品有限公司
地址:浙江省天台县上科山琼台路西工业区
邮编:317200
电话:0576/83018068、83777818
传真:83018400、83779001
网址:www.hongshengyuan.com
电子信箱:master@hongshengyuan.com
单位人数:400
质量体系:ISO/TS 16949
产品情况:汽车脚垫
出口情况:出口欧洲、美洲、亚洲

★浙江省天台茂源汽车用品有限公司
地址:浙江省天台县三合工业园区亭头
邮编:317200
电话:0576/83089999、83087868
传真:83087869
网址:www.maoyuan-cn.com
电子信箱:ttjtxj@163.com
质量体系:ISO 9000
产品情况:汽车靠垫、抱枕、脚垫

★浙江宏丰工艺品有限公司
地址:浙江省天台县赤城街道八都工业区
邮编:317200
电话:0576/83172887、83172858
传真:83172888
网址:www.zjhf.com
电子信箱:zjhf@zjhf.com
单位人数:350
质量体系:ISO 9001
产品情况:(HF牌)
汽车坐垫、座套、转向盘、木珠包等
出口情况:出口欧美、中东等十几个国

家和地区

★浙江天台安泰汽车用品有限公司
地址:浙江省天台县坦头镇伍佰村
邮编:317200
电话:0576/83712626
传真:83710513
网址:www.zj-antai.com
电子信箱:info@zj-antai.com
产品情况:(ANTIA牌)
汽车坐垫、汽车罩、转向盘套、脚垫等
出口情况:出口欧美、东南亚、中东,并销往中国香港、澳门地区

★浙江利丰汽车用品有限公司
地址:浙江省天台县莪园工业区
邮编:317200
电话:0576/83806788、83896788
传真:83885799
网址:www.xulifeng.com
电子信箱:xulifeng@mail.tzptt.zj.cn
单位人数:200
质量体系:ISO 9001
产品情况:(利丰牌)
坐垫、座椅、车罩、转向盘套、遮阳板等
出口情况:出口欧美地区

★天台县中大汽车用品厂
地址:浙江省天台县城关镇坝头
邮编:317200
电话:0576/83952116、83952171
传真:83952359、83952172
网址:www.china-zhongda.net
电子信箱:zhongda@china-zhongda.net
产品情况:汽车坐垫、转向盘套等

★浙江天台天盛汽车用品有限公司
地址:浙江省天台县光能东路
邮编:317200
电话:0576/83976666、83976888
传真:83976555、83976777
电子信箱:ttctz@mail.tzptt.zj.cn
单位人数:500
质量体系:ISO 9000
产品情况:汽车坐垫、座套、转向盘套、保健腰靠等汽车内饰用品
出口情况:出口美洲、欧洲、东南亚等地区

★浙江明丰汽车用品有限公司
地址:浙江省天台县国清风景区内
邮编:317200
电话:0576/83987818、83987888
传真:83983777
网址:www.manful.com
电子信箱:sales2@manful.com
单位人数:300
质量体系:ISO 9001
产品情况:(明丰牌)
汽车及摩托车车罩、坐垫、反光衣

★天台县飞达汽车用品有限公司
地址:浙江省天台县坦头镇工业区
邮编:317206
电话:0576/83710338、83711188
传真:83711988
网址:www.chinafeida.com
电子信箱:feida@vip.163.com
单位人数:300
产品情况:(飞达牌)
木珠、竹片、PU等坐垫、人造革、植绒、PP胶、PVC等转向盘套、太阳挡、车罩、座座套、护肩套、腰靠等汽车装饰用品
出口情况:出口欧美、大洋洲、中东、东南亚地区

★天台宏强工艺品厂
地址:浙江省天台县坦头村光明路
邮编:317206
电话:0576/83710379
传真:83712181
质量体系:ISO 9000
产品情况:坐垫等内饰

★浙江杰超祥汽车用品有限公司
地址:浙江省天台县坦头镇工业区
邮编:317206
电话:0576/83712011、83718289
传真:83711589
网址:www.jcxchina.com
电子信箱:jcx@jcxchina.com
单位人数:200
产品情况:坐垫,转向盘套、防滑垫、太阳挡等
出口情况:远销中东、东南亚、欧洲、美洲等

★天台县曼曼装饰用品厂
地址:浙江省天台县坦头镇黄务洋村
邮编:317206
电话:0576/83712200
传真:83712201
网址:www.mmzs.cn
电子信箱:3721200@163.com
产品情况:汽车坐垫、太阳挡、安全带护肩等

★浙江蓝威汽车附件有限公司
地址:浙江省天台县坦头镇工业园
邮编:317206
电话:0576/83712410、83711444
传真:83710544
网址:www.lanwei-auto.com
电子信箱:lanwei@lanwei-auto.com
单位人数:348
产品情况:汽车转向盘套、护肩套、汽车宠物垫、坐垫、杂物袋等

★浙江天鸿汽车用品有限公司
地址:浙江省天台县坦头镇西工业区
邮编:317206
电话:0576/83723666、83723388
传真:83723688、83723788
网址:www.zjth.com
电子信箱:zjth@mail.tzptt.zj.cn
单位人数:1000
质量体系:ISO/TS 16949、ISO 9001
产品情况:(天鸿牌)
汽车座椅套、坐垫、脚垫、太阳挡、转向盘、转向盘套、车罩等
配套及出口情况:为汽车、改装车厂配套;60%产品出口美洲、非洲、亚洲等地区

★浙江省天台县新兴车木工艺美术厂
地址:浙江省天台县东横上宅村
邮编:317206
电话:0576/83728116
传真:83728116
网址:www.zjcrafts.com
电子信箱:chenweiguo1688@hotmail.com
单位人数:80
产品情况:坐垫、转向盘套等汽车装饰系列
出口情况:出口南美洲,并销往中国香港、澳门、台湾地区

★台州市贝斯特汽车用品有限公司
地址:浙江省天台县坦头镇东横工业区
邮编:317206
电话:0576/83728288、83728388
传真:83728111
网址:www.taizhoubest.com
电子信箱:tzbestauto@yahoo.com.cn
质量体系:ISO 9001
产品情况:坐垫、座套、转向盘套、太阳挡、脚垫等
出口情况:销往多个国家和地区

★仙居煜华工艺有限公司
地址:浙江省仙居县横溪工业区
邮编:317312
电话:0576/87068996
传真:87068168
电子信箱:vincenthu@yuhua.cc
质量体系:ISO/TS 16949、ISO 9001
产品情况:汽车座套、脚垫、坐垫、转向盘套、车套

★温岭市嘉骐汽车用品有限公司
地址:浙江省温岭市经济开发区二期
邮编:317500
电话:0576/81639711
传真:81639696
网址:www.wljiaqi.com.cn
电子信箱:wenlingjiaqi@alibaba.com.cn
质量体系:ISO 9000
产品情况:汽车脚垫

★台州市广星电子科技有限公司
地址:浙江省温岭市南泉二期工业区
邮编:317500
电话:0576/86046001、86046002
传真:86042166
网址:www.chinahanghai.com
电子信箱:office@chinahanghai.com
质量体系:ISO 9001
产品情况:电器仪表、水泵压力开关、汽车倒车雷达等

出口情况：出口欧洲、中东、美国、东南亚等国家和地区

★浙江温岭市骏马汽车地毯厂
地址：浙江省温岭市太平南泉一期工业区
邮编：317500
电话：0576/86126256、86126436
传真：86126436
网址：www.tz-junma.com
电子信箱：sales@shjmdt.com
产品情况：汽车地毯
出口情况：远销美国、日本、东南亚、中东等国家和地区

★玉环县葆葆儿童用品有限公司
地址：浙江省台州市玉环县芦浦镇漩门工业区
邮编：317602
电话：0576/87207387、87173096
传真：87257579、87277579
网址：www.baobaocn.com
电子信箱：info@baobaocn.com
产品情况：（BAOBAO 牌）
儿童汽车安全座椅、汽车内饰用品
出口情况：出口欧洲、澳大利亚、中东、东南亚等国家和地区

★台州市泺原汽车部件有限公司
地址：浙江省台州市椒江石柱工业区
邮编：318000
电话：0576/88129878、88122516
传真：88129877
网址：www.chinaluoyuan.com
电子信箱：chinaluoyuan@126.com
产品情况：各种千斤顶

★浙江泰田机械有限公司
地址：浙江省台州市椒江太和工业园东太和路 88 号
邮编：318000
电话：0576/88312338-8818
传真：88312358
网址：www.chinataitian.com
电子信箱：info@chinataitian.com
质量体系：ISO 9001
产品情况：（泰田牌）
风板、风炮、黄油机、机油机、手动注油器等
出口情况：出口东南亚、欧美等地区

★台州市黄岩震亚汽车用品有限公司
地址：浙江省台州市黄岩区北城西工业园区翔光路 19 号
邮编：318020
电话：0576/84636998、84636999
传真：84636997
网址：www.zhenyacar.cn
电子信箱：amylee914@126.com
产品情况：（震亚牌、晟达牌）
汽车脚垫、挡泥板、装饰条

★浙江荣鹏气动工具有限公司
地址：浙江省台州市路桥区东方大道与疏港大道交叉口
邮编：318050
电话：0576/82533843、82533826
传真：82533826、82454239
网址：www.rongpeng.cn
电子信箱：zjrp@rongpeng.com
单位人数：3000
质量体系：ISO/TS 16949、ISO 9001
产品情况：（荣鹏牌）
气动钉枪、气动喷枪、气动工具
出口情况：出口欧美、非洲等国家和地区

★台州市易能汽配有限公司
地址：浙江省台州市路桥区峰江桥洋工业区
邮编：318050
电话：0576/82671666
传真：82670444
网址：www.tzynqp.com
电子信箱：13806586444@zj139.com
产品情况：（力军牌）
电动液压千斤顶

★台州正茂动力工具有限公司
地址：浙江省台州市路桥区蓬街工业区
邮编：318050
电话：0576/82740888、82789828
传真：82740977
网址：www.zjzmtools.com
电子信箱：info@zjzmtools.com
单位人数：500
质量体系：ISO 9001
产品情况：气动工具
出口情况：远销美洲、欧洲、中东等国家和地区

★浙江省金华市天顺电动工具公司
地址：浙江省金华市金东综合园
邮编：321000
电话：0579/82111918
传真：82112898
网址：www.tianshuntools.com
电子信箱：tianshun@tianshuntools.com
质量体系：ISO 9001
产品情况：电动绞盘、帆布钳、电动工具配件等
出口情况：远销欧美等地区

★金华市华南机械制造有限公司
地址：浙江省金华市宾虹路 998 号
邮编：321025
电话：0579/82389888、82374477
传真：82386908
网址：www.hnautoparts.com
电子信箱：hn_machine@126.com
单位人数：300
质量体系：ISO 9000
产品情况：（雪神牌）
汽车防滑链
出口情况：远销美国及欧洲市场

★浙江润华机电有限公司
地址：浙江省金华市婺城区白龙桥镇金龙路 1 号
邮编：321025
电话：0579/83930183、83930168
传真：83930902、83930968
网址：www.jhrh.net
电子信箱：wmq@jhrh.net
单位人数：200
质量体系：ISO 9000、ISO 14001
产品情况：（Runva 牌）
手动绞盘、电动绞盘、液压绞盘与汽油机绞盘等，具有年产各类绞盘 20 万台的生产能力
出口情况：80% 以上的产品出口北美洲、欧洲等 50 多个国家和地区

★浙江省永康市宏达实业有限公司
地址：浙江省永康市苏川工业区
邮编：321300
电话：0579/87152986、87151799
传真：87152586、87151516
网址：www.hongdasy.com
电子信箱：weizhuo@hongdasy.com
质量体系：ISO 9001
产品情况：（HD 牌）
各类电动工具、铝轮

★义乌杰瑞地毯厂
地址：浙江省义乌市城西工业园区溢香街 36 号
邮编：322000
电话：0579/85372161、85372162
传真：85372081
网址：www.ywjierui.net.cn
电子信箱：jierui888588@sohu.com
产品情况：汽车地毯、脚垫、坐垫、清洁用品等
出口情况：出口欧美、日本、韩国等国家和地区

★浙江省浦江伯虎链条有限公司
地址：浙江省浦江县亚泰大大道 565 号
邮编：322200
电话：0579/84201120、84201118
传真：84201121、84201122
网址：www.bohu.com
电子信箱：bohu@mail.jhptt.zj.cn
法人代表：郑小根
质量体系：ISO 9001
产品情况：（伯虎（BOHU）牌）
汽车防滑链、焊接链条、不锈钢链条

★浙江省磐安县康利达实业有限公司
地址：浙江省磐安县城壶厅西路 56-58 号
邮编：322300
电话：0579/84880278、84883352
传真：84883356
网址：www.kanglida.com
电子信箱：web@kanglida.com
单位人数：220
质量体系：ISO 9002
产品情况：（kanglida 牌）
汽车头枕、腰靠、转向盘套、座椅套、坐垫等

★浙江嘉德士润滑油有限公司
地址:浙江省龙泉市广源街92号
邮编:323000
电话:0578/7761985、7761988
传真:7690395
质量体系:ISO/TS 16949、ISO 9001
产品情况:汽车防冻液、玻璃水

★浙江和佳油杯有限公司
地址:浙江省龙泉市工业区广达街87号
邮编:323700
电话:0578/7115798
传真:7123976
网址:www. zjhjyb. com
电子信箱:slkt@ zj. com
质量体系:ISO 9001
产品情况:黄油嘴、注油阀、黄油枪、空滤总成、油箱盖、锁头、点火开关等
出口情况:出口欧美、大洋洲、东南亚等地区

★浙江奔克汽车部件有限公司
地址:浙江省丽水市水阁工业园区
邮编:323800
电话:0578/2928888、2928882
传真:2928887
网址:www. chinabenke. com
电子信箱:sinobenke@ 163. com
质量体系:ISO 9001
产品情况:(奔克牌)
电镀轮眉、扶手箱、消声器等汽车装潢系列产品
配套及出口情况:为多家知名品牌车厂提供OEM生产服务;出口20多个国家

★温州凯特汽车用品制造厂
地址:浙江省温州市仙岩穗新街174号
邮编:325003
电话:0577/85302368
传真:85313268
网址:www. wzkaite. com
电子信箱:info@ wzkaite. com
产品情况:(温凯牌)
汽车刮水器、牌照框及装饰用品

★浙江骑士佳音汽车用品有限公司
地址:浙江省温州市瓯海区南白象工业区陈湾1号
邮编:325006
电话:0577/85382575、85389313
传真:85385127、85390909
网址:www. qishijiayin. com
电子信箱:qishijiayin@ 126. com
质量体系:ISO 9001
产品情况:挡泥板、扶手箱、牌照框、桃木件、不锈钢装饰件、电镀塑料件等
出口情况:60%以上产品出口美国、日本、欧洲、加拿大、俄罗斯、澳大利亚、中南美洲、中东、东南亚等国家和地区

★温州聚鑫汽车用品制造有限公司
地址:浙江省温州市仙岩镇温霞南路15号
邮编:325014
电话:0577/85319122
传真:85319122
网址:www. cnjuxin. com
电子信箱:info@ cnjuxin. net
质量体系:ISO 9001
产品情况:(东俊牌)
汽车内外装饰用品
出口情况:年出口量30万件

★温州市香程汽车装饰用品有限公司
地址:浙江省温州市瓯海区丽岙镇任宅路88号
邮编:325060
电话:0577/85398808、85398828
传真:85398838
网址:www. xiangcheng. com. cn
电子信箱:xiangcheng@ xiangcheng. com. cn
产品情况:(香程牌)
汽车装饰用品

★温州市盛亮汽车用品厂
地址:浙江省温州市瓯海区仙岩镇下林村林溪路2号
邮编:325062
电话:0577/85301138
传真:85308068
电子信箱:car - fengsheng@ wz. 163. com
质量体系:ISO 9001
产品情况:(盛亮牌)
轿车装饰品

★浙江永嘉亚美洗车器具有限公司
地址:浙江省温州市瓯北镇塘头工业区繁华东路18号
邮编:325102
电话:0577/67361582
传真:67350085
网址:www. ym - rh. com www. ymxcqj. cn
电子信箱:Ym67350085@ 163. com
单位人数:50
产品情况:(R&h牌、FIH牌)
汽车抛光海绵球、打蜡海绵球、抛光羊毛球、打蜡羊毛球、双面羊毛球、单面羊毛球、抛光盘、抛光机配件、擦车海绵、抛光机等
出口情况:出口美洲、欧洲、中东、俄罗斯等国家和地区

★瑞安市峰达电子电器有限公司
地址:浙江省瑞安市汀田镇小典下宜典学工业区
邮编:325200
电话:0577/25688600、25688611
传真:25688686、25688699
网址:www. fddz. com
电子信箱:sales@ fddz. com
质量体系:ISO 9001
产品情况:(安全卫仕牌、红色警戒牌、safeguard牌)
汽车、摩托车防盗器、倒车雷达、自动关窗器、中控锁、HID氙气灯、GPS导航系统、GSM手机防盗器等汽车安全类电子产品
出口情况:出口几十个国家和地区

★浙江吉老大汽车用品有限公司
地址:浙江省瑞安市北工业区登峰路(罗凤)458号
邮编:325200
电话:0577/65219888、65328068
传真:66005188
网址:www. jilaoda. com
电子信箱:zj@ jilaoda. com
单位人数:300
产品情况:(吉老大牌)
汽车多功能扶手储物箱、多功能车用手机支架、高强度3M汽车缓冲击防撞胶、变速杆扶手球、防滑脚踏板等
出口情况:远销欧美、东南亚等地区

★瑞安市华安电器有限公司
地址:浙江省瑞安市锦湖办事处进星上坦巷4-10号
邮编:325200
电话:0577/65671585、65672899
传真:65665224
网址:www. zj - ha. com
电子信箱:hua@ toolscn. com
单位人数:300
质量体系:ISO 9001
产品情况:电动工具开关和换向器

★瑞安市正力工具有限公司
地址:浙江省瑞安市沿江西路163号
邮编:325200
电话:0577/65814005、65678477
传真:65061227、65066695
质量体系:ISO/TS 16949、ISO 9001
产品情况:(正力牌)
风动扳手、省力扳手、轮胎套筒、风炮专用套筒、车用备胎架、高级黄油枪以及相配套的各类产品

★温州市欧泰汽车用品制造有限公司
地址:浙江省温州市瓯海仙岩工业区
邮编:325203
电话:0577/85315180、85315089
传真:85315199、65321909
网址:www. outai. net
电子信箱:ds@ outai. net
质量体系:ISO 9001
产品情况:(欧泰牌、赫迪牌)
扶手箱、雾灯罩、车身饰条、后视镜盖、前灯罩、尾灯罩、冷光门槛条、双色门槛条、内外拉手、挡泥板、加油口盖、中网饰条、后饰条、车牌架等塑料及不锈钢件、改装件
出口情况:出口欧美、中东等地区

★温州旋律电子有限公司
地址:浙江省瑞安市北工业园区万景二路
邮编:325204
电话:0577/65353333、65334777
传真:65334333
网址:www. wzxuanlv. com
电子信箱:wzxuanlv1989@ 163. com
单位人数:200
质量体系:ISO/TS 16949

产品情况:汽车氙气灯安定器、导航系统 GPS、倒车雷达、防盗报警器、停车指示仪、电子点火器、电子调节器,电动车控制器,摩托车点火器、稳压整流器、闪光器等
出口情况:远销欧美、东南亚、中东、非洲等地区

★瑞安扬声电子器材有限公司
地址:浙江省瑞安市塘下镇官渎工业区
邮编:325204
电话:0577/65380330、65356809
传真:65392560
网址:www. chinayangsheng. com
电子信箱:master@ chinayangsheng. com
单位人数:100
质量体系:ISO 9001
产品情况:(YSDZ 牌)
各种型号的长排警示灯、小型警示灯、扬声器、警报器、蜗牛多音喇叭等
出口情况:出口欧洲、美洲、非洲、中东、东南亚等地区

★温州荣昌五金有限公司
地址:浙江省瑞安市汀田镇大典下工业区联中路 116 号
邮编:325204
电话:0577/65501703、65109369
传真:65501708
网址:www. cnrongchang. com
电子信箱:cn_rongchang@ 163. com
质量体系:ISO 9001
产品情况:各种拖车绳、牵引钩等

★瑞安市双金机械附件厂
地址:浙江省瑞安市塘下镇海安海阳工业区海阳路 69 号
邮编:325205
电话:0577/65271838、65276188
传真:65273838
网址:www. double - gold. com. cn
电子信箱:shuangjin@ china. com
单位人数:200
质量体系:ISO/TS 16949、ISO 9001
产品情况:(双金牌)
波型垫圈、开口挡圈、轴承夹
配套及出口情况:为威灵电机、大洋电机、日本 Panasonic、HITACHI、美国 DELPHI、AMETEK 等配套;出口日本、美国、西欧,并销往中国台湾、香港地区

★瑞安市豪得尔汽车附件有限公司
地址:浙江省瑞安市汀田大典下工业区联中路 173 弄 3 号
邮编:325206
电话:0577/65105096、65105636
传真:65105939、65105231
网址:www. haodeer. com
电子信箱:haodeer@ 21cn. com
产品情况:(豪得尔牌)
汽车转向盘、脚踏板、车标、车牌架、排挡头、助开器、全车锁、倒车雷达、平衡仪、开关、关窗器、驻车制动套、排挡套、点烟器、前照灯增光器、扶手箱、警示牌、喇叭、发动机罩卡扣、汽车消声器、后视镜、气喇叭、电笔、牌照灯、贴膜工具、电动窗、电动机、加油口盖等
配套及出口情况:10% 产品配套汽车生产厂家;产品 50% 出口

★瑞安市金东汽车配件厂
地址:浙江省瑞安市汀田镇金岙路 149 号
邮编:325206
电话:0577/65503280
传真:65506228
网址:www. kamtung. com
电子信箱:kamtung@ kamtung. com
质量体系:ISO 9001
产品情况:汽车防盗锁

★瑞安市路搏汽车配件有限公司
地址:浙江省瑞安市飞云镇杜山头工业区
邮编:325207
电话:0577/65023018、65389992
传真:65023028、65366685
网址:www. roadbo4x4. com
电子信箱:raluboqipei@ 126. com
产品情况:汽车护杠、侧杠、行李架、尾翼

★乐清市日升电子有限公司
地址:浙江省乐清市虹桥镇西工业区黎明西路 105 ~ 107 号
邮编:325608
电话:0577/62317787、62327005
传真:62321607
网址:www. cn - risheng. com
电子信箱:crsnb@ cn - risheng. com
质量体系:ISO 9001
产品情况:车载电源,车载手机免提器

★浙江省乐清市宇球麻纺织厂
地址:浙江省乐清市湖雾镇温杭路 36 号
邮编:325615
电话:0577/62130298
传真:62130298
网址:www. china - yuqiu. com
电子信箱:manager@ china - yuqiu. com
单位人数:400
产品情况:坐垫等汽车装饰

★苍南县凯轮保安锁业有限公司
地址:浙江省苍南县金乡镇金发中路 168 号
邮编:325805
电话:0577/64594588
传真:64583566
网址:www. cn - lunkai. com
电子信箱:cn - lunkai@ cn - lunkai. com
单位人数:85
产品情况:(轮凯牌、凯轮牌)
汽车、摩托车、电动车系列防盗锁、报警器
出口情况:远销东南亚、欧美等十几个国家和地区

安徽省

★安徽金诚天骏汽车零部件公司
地址:合肥市双凤开发区金诚工业园
邮编:231131
电话:0551/6391225、6391248
传真:6391345
网址:www. jincen - tm. com
电子信箱:jim. wu@ jincen - tm. com
质量体系:ISO 9001
产品情况:车载冰箱、橱柜,注塑成型的汽车零部件

★安徽青松工具有限公司
地址:安徽省岳西县建西工业区
邮编:246600
电话:0556/2171299、2181988
传真:2171299
网址:www. qsgj. com
电子信箱:qsgj@ qsgj. com
质量体系:ISO/TS 16949、ISO 9001
产品情况:(青松牌)
汽车、叉车、摩托车专用工具及五金工具,年生产汽车工具 50 万套
配套情况:为江淮汽车、奇瑞汽车、华晨金杯、合力叉车、北汽福田、昌河汽车、安徽安凯等配套

福建省

★福建密斯盾轮胎安全装置科技公司
地址:福州市晋安区三八路 38 号
邮编:350001
电话:0591/87316106、87337494
传真:87319976
网址:www. fjfdl. com
电子信箱:fjfdl_happy@ 126. com
产品情况:汽车防弹轮、防爆轮、安全用品

★福建百祥车饰有限公司
地址:福建省莆田市百祥工业区
邮编:351133
电话:0594/2696251、2626219
传真:2683981
网址:www. bai - xiang. com
电子信箱:sales1@ bai - xiang. com
单位人数:400
质量体系:ISO 9001
产品情况:(百祥(BESTRONG)牌、雪博士(SNOWDOCTOR)牌)
汽车坐垫
出口情况:出口东南亚地区

★福建南平武夷宏智绿色工程公司
地址:福建省南平市建阳将口高新技术园区建崇路 1 号
邮编:353000
电话:0599/5671979、5235169
传真:5235189
网址:www. wyhz. com
电子信箱:marketing@ wyhz. com

产品情况:竹炭汽车坐垫

★健年电子工业(厦门)有限公司
地址:福建省厦门市湖里区悦华路215号
邮编:361006
电话:0592/5607818、5607828
传真:5607831
网址:www.xmjn.com
电子信箱:xmhny@xmjn.com
产品情况:汽车氧吧

★同致电子科技(厦门)有限公司
地址:福建省厦门市湖里工业区华盛路26号
邮编:361006
电话:0592/6036783
传真:6036766
网址:www.tungthih.com
电子信箱:ttd@tungthih.com.cn
单位人数:345
质量体系:ISO/TS 16949、QS 9000
产品情况:(TTE牌)
超声波倒车辅助系统、防盗器、多功能型电子后视镜、车用摄像头CCD/CMOS、电子防眩后视镜、免钥匙进入系统、无线胎压侦测系统、多功能抬头显示器等
配套及出口情况:为上海大众、上海通用、郑州日产、东风日产、北汽福田、江铃汽车、奇瑞汽车等配套;出口澳大利亚、美国、马来西亚、俄罗斯、印度、日本、阿曼等国家

★厦门蒙发利科技(集团)股份公司
地址:福建省厦门市思明区前埔路168号
邮编:361008
电话:0592/3795700、5592897
传真:5532788、5564019
网址:www.easepal.com.cn
电子信箱:trade@easepal.com.cn
单位人数:1000
质量体系:ISO 9001
产品情况:(轻松伴侣牌)
汽车按摩垫
出口情况:95%以上的产品出口100多个国家

★东太利(厦门)电子有限公司
地址:福建省厦门市金尚路2588号
邮编:361009
电话:0592/5733983、5733893
传真:5701037
网址:gps.conqueror.cn
电子信箱:dongtailipakky@yahoo.cn
单位人数:100
产品情况:汽车雷达安全警示器、GPS卫星定位雷达、智能型导航雷达和电子狗安全警示器
出口情况:出口欧美,并销往中国香港、澳门、台湾地区

★厦门美时美克空气净化有限公司
地址:福建省厦门市同安区西柯福明路288号
邮编:361009
电话:0592/5775151、5775252
传真:5763508
网址:www.amke.com.cn
电子信箱:amke@amke.com.cn
质量体系:ISO/TS 16949、ISO 9001
产品情况:空气净化器
配套及出口情况:与厦门金龙、安凯客车、宇通、四川一汽丰田、奇瑞、吉利、一汽-大众等达成战略合作;出口欧美、东南亚等多个国家和地区

★厦门华庆轻工制品有限公司
地址:福建省厦门市集美北部工业区井泉路127~129号
邮编:361021
电话:0592/5623805
传真:5625208
网址:www.ctbc.com.tw
电子信箱:sales@ctbc.com.tw
产品情况:窗刷、汽车清洁用刷、雪刷及冰刮片、汽车香精等

★奥得奥科技(厦门)有限公司
地址:福建省厦门市海沧新阳工业区新光东路5号3楼
邮编:361022
电话:0592/6373761
传真:6373698
网址:www.xmada.cn
电子信箱:ada9@ada1997.com
质量体系:ISO 9001
产品情况:中草药空气净化器、氧吧清新机、汽车氧吧、电热薰香机、杀菌除臭器、迷你型清新机、加湿器、暖气机等
出口情况:出口韩国、日本、英国、德国、法国、中东、东南亚等国家和地区

★厦门市启航胜塑胶制品厂
地址:福建省厦门市海沧区新阳工业区东社77号
邮编:361026
电话:0592/6533208、6533218
传真:6533119
网址:www.xmqhs.com
电子信箱:xmqhs@xmqhs.com
产品情况:(启航胜牌)
乳胶汽车脚垫、乳胶汽车防滑垫、乳胶汽车挡泥板
出口情况:出口欧美、中东

★厦门市敦煌实业有限公司
地址:福建省厦门市同安区洪塘镇埔后工业区
邮编:361100
电话:0592/7253699
传真:7253799
网址:www.xmdhco.com
电子信箱:sales@xmdhco.com
质量体系:QS 9000
产品情况:(新一族牌)
汽车地毯
出口情况:部分产品出口

★泉州发达电子有限公司
地址:福建省泉州市江南高新技术电子信息产业园区
邮编:362000
电话:0595/22413888、22412293
传真:22413999
网址:www.cnfada.com
电子信箱:wh@fjwh.com
质量体系:ISO/TS 16949、ISO 9001
产品情况:环保型双向可视智能汽车报警系统

★泉州市巨将防盗器设备有限公司
地址:福建省泉州市惠南工业区精品园5号楼
邮编:362122
电话:0595/22499516
传真:22492516
网址:www.jujiang.net
电子信箱:jujiang@jujiang.net
质量体系:ISO 9001
产品情况:(巨将牌)
汽车防盗器

★泉州建江汽车配件制造有限公司
地址:福建省晋江市紫帽镇霞茂村委会旁
邮编:362200
电话:0595/85681413
传真:85681413
网址:www.jjqp.com
电子信箱:jjqp.auto@yahoo.com.cn
质量体系:ISO/TS 16949、ISO 9001
产品情况:(建江牌、力霸牌、霸标牌)
轮胎套筒扳手、风炮机套筒、随车工具、汽保设备、轮胎螺栓等
出口情况:出口几十个国家和地区

★漳州利利普电子有限公司
地址:福建省漳州市蓝田工业开发区横六路科能科技园2幢4楼
邮编:363000
电话:0596/2109323、2109661
传真:2109611
网址:www.lilliput.com.cn
电子信箱:sales@lilliput.com.cn
质量体系:ISO 9001
产品情况:(LILLIPUT牌)
车载彩色液晶电视机、监视器、倒车雷达
出口情况:远销东南亚、中东、俄罗斯、欧美

山东省

★济南舜天印务有限公司
地址:济南市高新技术开发区贤文南路5号
邮编:250101
电话:0531/88877926
传真:88877925
网址:www.qqtiehua.com
电子信箱:webmaster@qqtiehua.com
单位人数:200

质量体系:ISO 9001
产品情况:印刷、滴塑、注塑标牌、薄膜开关及灯箱、大型户外广告等,月产能力印刷品 2400 令、贴花 40 万套、滴塑 60 万件、注塑标牌 30 万件
出口情况:出口美国、法国、德国、日本等国家

★潍坊万达汽车工具有限公司
地址:山东省潍坊市坊子区六马路 1 号
邮编:261200
电话:0536/7518461
传真:7662523
网址:www.weifangtool.com
电子信箱:wdqcgj123@163.com
单位人数:280
质量体系:ISO/TS 16949
产品情况:(方字牌)
载货汽车随车工具,年产 26 万套
配套情况:为中国重汽、一光青岛汽车厂、北方奔驰、山东凯马、华源莱动配套

★威力狮汽车服务用品有限公司
地址:山东省烟台市经济技术开发区五指山路 1 号
邮编:264006
电话:0535/6105069、6937561
传真:6931560
网址:www.wynnschina.com
电子信箱:wynn@mitgroup.com.cn
质量体系:ISO/TS 16949、ISO 9001
产品情况:(威力狮牌、美丽狮牌)
汽车养护用品、美容产品

★青岛天铭工贸有限公司
地址:山东省青岛市湖南路 55 号
邮编:266000
电话:0532/82875886
传真:82891205、82876002
网址:www.tmaxtools.net
电子信箱:info@tmaxtools.net
单位人数:400
质量体系:ISO 9001
产品情况:(T-MAX 牌、HUALI 牌)
轿车用绞盘、手动/电动工具

★青岛金华工业集团有限公司
地址:山东省青岛市市北区辽阳西路 51 号
邮编:266034
电话:0532/85656888
传真:85665098
网址:www.jinhuatec.com.cn
电子信箱:guoup@jinhuatec.com.cn
质量体系:ISO 9001
产品情况:(JIG 牌)
四轮定位仪等
出口情况:出口美国、加拿大、意大利、韩国、新加坡、南非、俄罗斯、印度、巴基斯坦、土耳其等国家

★青岛三洋皮革有限公司
地址:山东省青岛胶州市马店工业园
邮编:266314
电话:0532/83222223、83222225
传真:83225630
电子信箱:samyang@163.169.net
单位人数:109
质量体系:ISO/TS 16949、ISO 9001
产品情况:汽车坐垫、皮革
配套及出口情况:为北京现代、东风悦达起亚、吉利汽车等配套;出口韩国

★青岛新东洋车辆用品有限公司
地址:山东省青岛市胶南工业园珠山路以西,海滨 6 路以南
邮编:266400
电话:0532/86157656-8
传真:86157659
网址:www.occ21.cn
电子信箱:lisafeng.occ@gmail.com
质量体系:ISO 9001、ISO 14001
产品情况:遮蔽膜、遮蔽膜卷、塑料单张膜、挡尘膜、汽车防护用品、座椅套等

★青岛市亿利油业有限公司
地址:山东省平度市北 804 国道 223 处北 60 米
邮编:266700
电话:0532/83342068、88331678
传真:83342068
网址:www.yili-oil.com
电子信箱:chaoyiyouye@163.com
质量体系:ISO 9001
产品情况:防冻液

河南省

★郑州铁成汽车用品有限公司
地址:郑州市江山路中段杜庄工业区
邮编:450044
电话:0371/63786718、63786668
传真:63786677
网址:www.zztiecheng.com
电子信箱:tc88000@yahoo.com.cn
单位人数:200
质量体系:ISO/TS 16949、ISO 9001
产品情况:防撞护杠、行李架、脚踏板、脚踏杠、后尾梯、防滚杠、座套、脚踏垫等汽车内外用品

★凯迈(洛阳)测控有限公司
地址:河南省洛阳市解放路 105 号
邮编:471009
电话:0379/63385403
传真:63385409
网址:www.camamc.com
电子信箱:www@zhuohang.com
质量体系:ISO 9001、ISO 14001
产品情况:车载红外夜视仪

湖北省

★东风集团公司快保汽车服务公司
地址:武汉市经济技术开发区
邮编:430000
电话:027/83800589
传真:68907409
网址:www.dfc800.com
电子信箱:zxp@dfc800.com
质量体系:ISO/TS 16949、ISO 9001
产品情况:养护用品、油品,汽车配件

★襄樊金莱尔制冷化工有限公司
地址:湖北省襄樊市高新区团山园中园
邮编:441000
电话:0710/3821625
传真:3821658
网址:www.jlrhg.com
电子信箱:xflslzl@126.com
质量体系:ISO 9001、ISO 14001
产品情况:新型环保制冷剂、气雾剂、发泡剂、精细化工产品及汽车美容防护用品

★湖北超洁汽车用品有限公司
地址:湖北省随州市文峰路 8 号
邮编:441300
电话:0722/3585228
传真:3585796
网址:www.szgaoqin.com
电子信箱:szgaoqin@163.com
质量体系:ISO/TS 16949、ISO 9001
产品情况:(高勤牌)
汽车地胶、通风管道、驾驶室储物箱、座椅配件等

★十堰市汽车附件厂
地址:湖北省十堰市张湾区汉江中路 35 号
邮编:442011
电话:0719/8665315
传真:8665315
质量体系:ISO/TS 16949
产品情况:备胎升降器
配套情况:为东风汽车公司配套

湖南省

★湖南长丰汽车内装饰有限公司
地址:湖南省永州市冷水滩区张家铺路
邮编:425100
电话:0746/8456318、8457987
传真:8457435
网址:www.hncfai.com
电子信箱:hncfai@hncfai.com
单位人数:103
质量体系:QS 9000、ISO 9001
产品情况:汽车地毯、门内饰板、隔音隔热垫、遮阳板等,年产能力 10 万台套
配套情况:为广汽长丰、东风公司轻型车厂、东南汽车等配套

广东省

★广州开尔汽车用品有限公司
地址:广州市永福路 45 号利远广场 C030
邮编:510000
电话:020/26294401、61083661
传真:26293377、61083461
网址:www.gzkaier.com

电子信箱:gzchaoyang2000@yahoo.com.cn
产品情况:(KAIER 牌)
汽车蜗牛式喇叭、电喇叭、电气喇叭、多音蜗牛式喇叭、音乐喇叭、陶瓷前照灯增光器、无骨架刮水片等
出口情况:出口欧洲、东南亚、中东、美洲、韩国、日本,并销往中国台湾地区

★广东坤煌实业有限公司
地址:广州市越秀区永福路 49 号福怡大厦 A714～A716 室
邮编:510000
电话:020/37226813
传真:87795462
网址:www.khgcl.com
电子信箱:kunhuang@khgcl.com
质量体系:ISO/TS 16949、ISO 14001
产品情况:(万德福牌、F1 牌、车顺牌、绿美一族牌、立福牌、GCL 牌)
香水、超级机油精、发动机强力修复剂、积炭净、油路通、喷油嘴清洗剂等
出口情况:出口欧美、中东、东南亚、非洲等地区

★顺发汽车用品有限公司
地址:广州市永福路 37 号永福国际汽车用品交易中心首层
邮编:510000
电话:020/85172880、85172881
传真:85172882
网址:www.cooler－film.com
电子信箱:cooler－film@126.com
产品情况:(COOLER 牌)
太阳隔热膜
出口情况:出口欧洲

★广州市昊盾汽车防盗装置有限公司
地址:广州市越秀区永福路 35 号永福中心 615 室
邮编:510000
电话:020/87670799
网址:www.haodun.com
电子信箱:haodun371@yahoo.com.cn
质量体系:ISO/TS 16949、ISO 9001
产品情况:(昊盾牌)
汽车转向锁、电子锁、排挡锁等防盗用品
配套情况:为上汽通用五菱、东风小康、金杯海狮等配套

★广州市鹰威斯科技开发有限公司
地址:广州市永福路 35 号南方永福国际 3 楼 319 室
邮编:510070
电话:020/87637888
传真:85173616
网址:www.inwells.com.cn
质量体系:ISO 9001
产品情况:(鹰卫仕牌)
汽车防盗器

★广州市顺泽美汽车用品有限公司
地址:广州市永福路 79 号倚云汽车用品文化广场 D207－D210
邮编:510070
电话:020/87740316、87710828
传真:87740315
网址:www.sunzm.com.cn
电子信箱:sunzm@sunzm.com.cn
单位人数:500
产品情况:(顺泽美牌)
汽车凉垫、脚踏垫、遮阳帘等汽车用品

★丽涛精细化工(广州)有限公司
地址:广州市永福路 35 号永福中心 313～315
邮编:510070
电话:4006706488
传真:020/87317157
网址:www.gz－litao.com
电子信箱:4006706488@gz－litao.com
质量体系:ISO 9000
产品情况:汽车光触媒杀菌净化剂、护理用品等

★广州市金茂通汽车用品厂
地址:广州市永福路 79 号倚云广场三期 F104 档
邮编:510075
电话:020/87735029
传真:87645523
网址:www.gdjmt.com
电子信箱:gdjmt@0086e.com
质量体系:ISO 9001
产品情况:不锈钢轮眉、门槛饰板、车窗饰条、后护板、下护板、转向灯饰件、不锈钢和塑料后饰条

★广州瑞成电子科技有限公司
地址:广州市萝岗区神舟路 885 号 A 栋 505 室
邮编:510080
电话:020/62845068、62682550
传真:62845180
网址:www.gd－rich.com
电子信箱:webmaster@gd－rich.com
质量体系:ISO/TS 16949、ISO 9001
产品情况:GPS、倒车雷达、中控锁、车窗关闭器、数字轮胎压力计、光触媒空气清新器、车用电源逆变器、便携式轮胎充气机等
出口情况:远销美国、加拿大、英国、日本等国家

★广州市乐众电子产品有限公司
地址:广州市白云区同和路大圆黄庄南路 15 号
邮编:510095
电话:020/85171319、85171369
传真:85171437、37256496
网址:autoavc.cn.gongchang.com
电子信箱:busavc@163.com
单位人数:76
质量体系:ISO/TS 16949
产品情况:(FORBUS、googol 牌、busavc 牌)
汽车后视系统、车用多碟 DVD、车用多路视音频点播系统
出口情况:出口汽车后视系统

★广州斯巴达汽车环保科技有限公司
地址:广州市沿江东路 421 号东城大厦 B 座 13 楼
邮编:510100
电话:020/83884408、83859819
传真:83884409、83852189
网址:www.sibada.com
电子信箱:ca－spartan@163.com
产品情况:专业护理环保产品

★资富汽车用品有限公司
地址:广州市永福路 49 号福怡汽配城 031 档
邮编:510140
电话:020/62804266、87635219
传真:37391562
网址:www.gz－yongsheng.com
电子信箱:sales@gz－yongsheng.com
单位人数:200
产品情况:(永胜隆牌、沃马之星牌、美之谊牌)
转向盘套、制动灯、包装盒、太阳挡、备胎罩、香水、贴纸、腰垫、抱枕、车罩等
出口情况:远销美国、日本、欧洲、东南亚等 20 多个国家和地区

★汕头市澄海区超米乔车辆配件厂
地址:广州市增槎路罗冲围白云摩配市场 352 档
邮编:510165
电话:020/81788665
传真:81996632
网址:www.cszmp.com
电子信箱:chensizhong@cszmp.com
产品情况:(超米乔牌)
汽车、摩托车转向灯、尾灯、半链盒等
出口情况:出口非洲、中东、东南亚等地区

★广州市历霸汽车用品制造有限公司
地址:广州市荔湾区西塱工业三区 19 号
邮编:510260
电话:020/84048350
传真:84419808
网址:www.gzliba.com
电子信箱:gzjinyachi@163.net
质量体系:ISO 9001
产品情况:(历霸(LIBA)牌)
汽车隔音系列产品

★午阳(广州)汽车用品有限公司
地址:广州市广州大道南 1638 号
邮编:510300
电话:020/84281778、84281662
传真:84200112
网址:www.gdwuyang.com
电子信箱:best@gdwuyang.com
质量体系:ISO 9002
产品情况:(真的·午阳牌、奇胜牌)
汽车真皮座套、真皮转向盘等

出口情况:出口美国、日本、欧洲、东南亚,并销往中国香港、澳门地区

★广州市一谷电子有限公司
地址:广州市海珠区新港东路2519号3栋
邮编:510330
电话:020/37656600、87683480
传真:87686643
网址:www.candid86.com
电子信箱:sales@candid86.com
质量体系:ISO 9001
产品情况:倒车后视系统、车载安全监控系统及车载防水摄像头等
配套情况:为宇通客车、金龙客车、尼奥普兰、安凯客车等配套

★广州安华电子有限责任公司
地址:广州市荔湾区白鹤洞坑口罗冲岗3号
邮编:510380
电话:020/81507211、81507219
传真:81506231
网址:www.anhuagroup.com
电子信箱:pcb@anhuagroup.com
质量体系:ISO 9001、ISO 14001
产品情况:汽车防盗器
配套情况:为国内外多家知名企业配套

★广州铁老大防盗设备有限公司
地址:广州市荔湾区花溪路9号坑口电子数码基地
邮编:510380
电话:020/81607423、81508626
传真:81405057
网址:www.tjj-china.com
电子信箱:tjj@tjj-china.com
单位人数:500
质量体系:ISO 9000
产品情况:(铁老大牌)
汽车及摩托车防盗报警系统、倒车雷达、轮胎气压监测系统、HID氙气前照灯及中控门锁

★广州市利迪汽车用品用限公司
地址:广州市白云区大朗十一社工业区
邮编:510400
电话:020/86049698
传真:86049698、87486220
网址:www.lidigz.com
电子信箱:lidigzchina@gmail.com
产品情况:汽车空调制冷剂、冷冻油,防冻液、制动油、制动液、清洗剂、排挡油等汽车护理用品

★广州市蓝彩汽车用品有限公司
地址:广州市广园中路283号广源湛隆汽配交易中心E305档
邮编:510405
电话:020/86578096、22257377
传真:86559029
网址:www.lancaicar.com
电子信箱:gzlancaicar@126.com
单位人数:120
质量体系:ISO 9001
产品情况:(蓝彩牌)
贴花系列
配套及出口情况:车身装饰彩条主要配套于三菱、丰田、日产、东南汽车等企业;远销美国、中东等国家和地区

★广东所罗门实业有限公司
地址:广州市白云区同德田心友谊路汇富工业区A幢
邮编:510407
电话:020/86489212、36487307
传真:86491912
网址:www.solomon.cn
电子信箱:gzsolomon@solomon.cn
质量体系:ISO 9001
产品情况:(所罗门牌)
GSM汽车防盗系统、单向汽车防盗器、电动千斤顶、双向汽车防盗器、省力拆胎工具、数码感应钥匙、遥控中控锁、倒车雷达、遥控电升窗等

★广州飞毛腿数码技术有限公司
地址:广州市白云区大山工业园
邮编:510425
电话:020/86053986
传真:86053991
网址:www.kovol.com
电子信箱:kovol@kovol.com
单位人数:380
产品情况:(KOVOL牌)
车载免提电话

★广州雄兵汽车电器有限公司
地址:广州市白云区石井镇夏茅村18社工业区
邮编:510425
电话:020/86073377、86073608
传真:86073580
网址:www.spacekey.com.cn
电子信箱:spacekey@126.com
质量体系:ISO/TS 16949、ISO 9001
产品情况:(雄兵牌)
汽车防盗报警器、中控锁、倒车雷达等汽车电器
配套及出口情况:为郑州日产、长城汽车配套;远销80多个国家和地区

★广州澳纳汽车用品公司
地址:广州市永福路49号福怡汽车用品城14号铺
邮编:510425
电话:020/87721696、36251535
传真:87726542、36251119
网址:www.baik-s.cn
电子信箱:baik-s@vip.163.com
单位人数:200
产品情况:(贝克斯(BAIKS)牌)
汽车外饰件
出口情况:出口东南亚、北美洲、中东、欧洲等地区

★广州市博泽汽车科技有限公司
地址:广州市白云区均禾街双和二路33号右侧3楼
邮编:510440
电话:020/36701405、36701406
传真:36701506
网址:www.bzw888cn.com
电子信箱:guangzhoubzw@126.com
质量体系:ISO 9001
产品情况:(BZW牌)
汽车防撞雷达系统
出口情况:出口东南亚、欧美等地区

★广州市万事通汽车用品厂
地址:广州市白云区文盛庄工业园
邮编:510450
电话:020/86169498、86169568
传真:36300967
电子信箱:wst766@163.com
质量体系:ISO 9001
产品情况:(万事通牌)
汽车不锈钢轮眉、窗帘、转向盘皮套、消声器、挡泥板、内外不锈钢装饰件等
出口情况:出口东南亚

★广州市来兴汽车配件有限公司
地址:广州市白云区江高镇开发区鹤云路9号
邮编:510450
电话:020/86404848、86404633
传真:86404631
网址:www.violin-gsk.com.cn
电子信箱:yewu@violin-gsk.com.cn
质量体系:ISO/TS 16949、ISO 9000
产品情况:(小提琴牌、亚哥牌、牛盾牌)
汽车座套,汽车零配件
配套情况:主要客户有昌河铃木、奇瑞汽车、东风标致、江铃汽车、东南汽车、福特汽车、长丰猎豹、东风日产乘用车公司、东风本田、一汽海马

★广州市汇邦科技发展有限公司
地址:广州市番禺区番禺大道北555号天安科技园产业大厦2座302室
邮编:510500
电话:020/22883323、22883099
传真:22883309
网址:www.gz-hb.com
电子信箱:raodo@126.com
产品情况:(汇邦牌)
汽车废气抽排系统,汽车翼子板保护罩、一次性座套、转向盘套、脚垫纸等
配套情况:废气抽排系统为一汽丰田、一汽奥迪、长安福特马自达、沃尔沃、雷克萨斯、东风日产乘用车、东风标致、东风本田、东风雪铁龙、联合品牌、上汽集团等国内外汽车制造厂建站指定或推荐的品牌

★车美士高精汽车用品制造有限公司
地址:广州市越秀区永福路79号倚云汽车用品广场E204-205号
邮编:510500
电话:020/37221150、28242689
传真:37220443

电子信箱:ccchhyy@163. com
质量体系:ISO/TS 16949、VDA 6. 1
产品情况:(车美士牌)
CMS 汽车防盗锁、自排锁等汽车防盗用品、窗帘等

★广州新领域汽车装饰公司
地址:广州市越秀区永福路 3 号中核大厦 802 号
邮编:510500
电话:020/37223233、37222811
传真:37220438
网址:www. gznewfield. com
电子信箱:webmaster@ gznewfild. com
单位人数:200
质量体系:ISO/TS 16949、ISO 9001
产品情况:汽车仿桃木内饰件

★广州市多奇汽车饰品有限公司
地址:广州市永福路 79 号倚云广场 E213
邮编:510500
电话:020/37223353
传真:37223230
网址:www. gzdoggie. com
电子信箱:770916212@ qq. com
单位人数:500
产品情况:汽车座套、仪表台手机座、杂物座、纸巾盒等汽车饰品
出口情况:远销日本、欧美等国家和地区

★广州领业汽车改装部品有限公司
地址:广州市永福路 79 号倚云国际汽车用品广场倚云楼 2507 室
邮编:510500
电话:020/37251291、37026570
传真:87648703
网址:www. lingye. com. cn
电子信箱:guangzhoupart@ 126. com
单位人数:150
产品情况:汽车大包围
出口情况:出口北美洲、日本、大洋洲、韩国、中东等 30 多个国家和地区,并销往中国香港地区

★广州市华达汽车改装部品有限公司
地址:广州市广园东路云泉路 128 号之 8
邮编:510500
电话:020/37368381、31644148
传真:37369926
网址:www. gzhua - da. com
电子信箱:asthd@ 163. com
单位人数:80
产品情况:大包围

★广州威威汽车精品有限公司
地址:广州市天河区天平架陶庄路 5 号
邮编:510500
电话:020/61009793
传真:87634007
网址:www. gzvv. com
电子信箱:gzvv@ 0086e. com
质量体系:ISO 9001
产品情况:(威威牌、迪士尼牌、史努比牌、圣大保罗牌、犀牛先生牌、生活馆牌、黄金甲牌、东方国牌、BGS 牌)
汽车座套

★广州金科汽车用品制造有限公司
地址:广州市永福路 45 号利远汽车用品城五楼 040 ~ 041 号
邮编:510500
电话:020/61083788、87233001
传真:61083722、87233020
网址:www. kingcoo. net
电子信箱:china - jinke@ 163. com
产品情况:(金科牌)
汽车弹簧强力缓冲器、逆电流稳压强化地线、加强型无骨刮水器、太阳能光触媒滤净器、带灯熔断丝、环保防滑垫、贴膜工具等
出口情况:出口东南亚、印尼、马来西亚、美国,并销往中国香港、台湾地区

★幸运星汽车用品有限公司
地址:广州市永福路 45 号利远广场 5 楼 036
邮编:510500
电话:020/61083839
传真:61083838
网址:www. hkluckystar. cn
电子信箱:hkluckystar@ 163. com
产品情况:(幸运星牌)
汽车香水
出口情况:出口欧美、中东等几十个国家和地区

★广州市安途电器有限公司
地址:广州市越秀区永福路 45 号自编 A33 号利远广场六层 F033
邮编:510500
电话:020/61083876、62801497
传真:61083478、62801491
网址:www. topair. com. cn
电子信箱:gzantu@ 126. com
质量体系:ISO/TS 16949
产品情况:(劲力王(TOPAIR)牌)
轮胎打气泵

★广州市正昊汽车用品有限公司
地址:广州市天河区东圃珠村文华大街润景厂房五楼
邮编:510500
电话:020/61214852、61214855
传真:32351193
网址:www. gdgudi. com
电子信箱:gudi@ gdgudi. com
产品情况:(固地(GUDI)牌)
倒车雷达、防盗器、中控锁、电动玻璃升降器、吸尘器等汽车电装产品
配套及出口情况:为国内多家主机厂配套;出口东南亚、中东、欧美等地区

★广州市奔创汽车用品有限公司
地址:广州市越秀区永福路 40 号盛大国际汽车用品广场二楼 B55 室
邮编:510500
电话:020/62682045
传真:62682047
网址:www. gzcil. com
电子信箱:Lamkogroup@ 163. com
质量体系:ISO/TS 16949
产品情况:汽车冰箱、防盗器、倒车雷达、汽车逆变器、打蜡机、按摩座椅
出口情况:远销美国、日本、加拿大等国家

★蓝科集团国际有限公司
地址:广州市永福路 40 号盛大国际汽车用品广场二楼 B55 室
邮编:510500
电话:020/62682045、62682046
传真:62682047、83501234
网址:www. gzcil. com
电子信箱:yuren@ gzcil. com
质量体系:ISO 9001
产品情况:(蓝科牌、CIL 牌、奔创牌、蓝科车仆牌)
车载多媒体播放器、车载蓝牙、倒车雷达、车载冰箱、多功能充电器、车载逆变电源、车载 GPS 导航、车辆防盗监管系统,及多种类车载时尚电器
出口情况:远销日本、欧洲、美国等国家和地区

★广州金石光彩汽车用品有限公司
地址:广州市永福路 40 号盛大国际汽配用品广场四楼 D61 - 62
邮编:510500
电话:020/62682169
传真:62682136
电子信箱:abc@ golden - rock. cn
单位人数:300
质量体系:ISO 9001
产品情况:(光彩牌、Sinsin 牌、F1 牌、Win 牌、GT 牌)
单双面地毯、环保香垫等
出口情况:出口英国、日本、韩国等国家,并销往中国台湾地区

★永洪国际汽车用品有限公司
地址:广州市永福路 40 号盛大国际三楼 C73 - 76 室
邮编:510500
电话:020/62682456
传真:62682567、62682345
电子信箱:jacksun - miss@ hotmail. com
质量体系:ISO 9001
产品情况:汽车前照灯、HID 安定器、高级智能车辆电子安全装置
出口情况:远销中东、非洲、印尼、马来西亚、日本、韩国等国家和地区

★广州市亿成隆汽车用品有限公司
地址:广州市天河区广汕二路柯木塱村西路新村大街自编 1 号
邮编:510500
电话:020/62682660、62682661
传真:62682663
网址:www. yclcar. com
电子信箱:ycl2688@ 163. com

单位人数:300
质量体系:ISO 9001
产品情况:制动灯、水晶灯、消声器、镜类、香水等汽车精品
出口情况:出口东南亚、中东、欧美等地区,并销往中国台湾地区

★蓝色动力汽车改装用品有限公司
地址:广州市永福路45号自编A33号利远广场二楼B018档
邮编:510500
电话:020/83493569
传真:83493569
网址:www. f1 - z. com
电子信箱:z@ sina. com
产品情况:内外饰、发动机、底盘、车身等改装用品

★广州市日晖新型薄膜有限公司
地址:广州市永福路79号倚云广场1号楼7楼
邮编:510500
电话:020/87244282
传真:87244280
网址:www. rihui - film. com
电子信箱:rihui - film@ 163. com
产品情况:(北极光牌)
太阳膜

★广州朝晖汽车用品有限公司
地址:广州市白云区钟落潭镇龙岗村中华路7号
邮编:510500
电话:020/87414352、37221972
传真:87441533、87414339
网址:www. gzchaohui. com
电子信箱:blue@ gzchaohui. com
产品情况:(朝晖牌)
各种汽车桃木饰件

★广州美标汽车用品厂
地址:广州市白云区太和镇大源东路92号
邮编:510500
电话:020/87433058、61083885
传真:87438057、61083884
网址:www. gz - mb. com
电子信箱:meibiao8889@ 163. com
产品情况:(美标车饰牌、吉事多牌)
脚垫、转向盘套
出口情况:出口欧美等地区

★广州奇妙世界精品有限公司
地址:广州市永福路45号利远广场6楼F009室
邮编:510500
电话:020/87647960
传真:61083429
网址:www. wouk. cn
电子信箱:qimiao - shijie@ 163. com
产品情况:抱枕、卡通吊饰、卡通座套等内饰精品

★广州车之骄汽车用品有有限公司
地址:广州市永福路金永福汽配城14栋22档
邮编:510500
电话:020/87702855、87718470
传真:87243813
网址:www. czjspoiler. com
电子信箱:czj87718470@ 163. com
产品情况:(车之骄牌)
大包围、尾翼、备胎罩、脚踏板、行李架等汽车装饰用品
出口情况:出口中东、欧洲、东南亚、非洲、南美洲等地区

★广州市顺业汽车用品制造有限公司
地址:广州市广汕路38号
邮编:510500
电话:020/87709098、87728098
传真:87796568
网址:www. gzsyh. com
电子信箱:syh@ gzsyh. com
产品情况:(SYH牌)
汽车车罩、座套、地毯、通花座椅、吉普车备胎罩、转向盘套、坐垫、颈枕、安全带护垫、太阳挡、抱枕被、纸巾套、卡通座套等

★澳隆汽车用品有限公司
地址:广州市永福路79号
邮编:510500
电话:020/87717670、87723799
传真:87737400
网址:www. cnaolong. com
电子信箱:zxh8595@ yahoo. com. cn
产品情况:(澳隆牌)
电镀轮眉、扶手箱、挡泥板、防滑踏板、车牌架、防盗锁等汽车内外饰件
出口情况:60%的产品口欧洲、美洲、中东、东南亚

★广州泰威汽车用品厂
地址:广州市永福路79号倚云汽车用品广场A218-219
邮编:510500
电话:020/87718808
传真:87240313
网址:www. gztaiwei. com
电子信箱:gztaiwei@ yahoo. com. cn
质量体系:ISO 9000
产品情况:脚垫、抱枕、座套

★广州战宝精细化工有限公司
地址:广州市永福路福怡大厦A717室
邮编:510500
电话:020/87721165
传真:87727531、62804488
网址:www. zhanbao88. com
电子信箱:yayawawa8@ yahoo. com. cn
质量体系:ISO 9001
产品情况:发动机外部清洁剂、玻璃清洁防雾剂、轮胎泡沫光亮剂、皮水机油精等全系列汽车护理用品
出口情况:出口东南亚、中东、欧美市场

★恒峰企业汽车用品有限公司
地址:广州市永福路49号福怡大厦A栋527室
邮编:510500
电话:020/87725785、87729529
传真:87790076
网址:www. gdhf. com
电子信箱:qunbao@ gdhf. com
质量体系:ISO 9001
产品情况:(无极豹牌、金箍棒牌、凯迪娜牌)
汽车电动玻璃升降器、开关电动机、倒车雷达、扬声器等
出口情况:出口东南亚、中东、非洲、欧洲、美洲等地区

★广州市宝惠汽车用品有限公司
地址:广州市永福路79号倚云国际汽车用品广场E幢106~107档
邮编:510500
电话:020/87726289、28242202
传真:87720775
网址:www. baohuaauto. com
电子信箱:bhqcyp@ yahoo. com. cn
单位人数:500
产品情况:(宝华利牌)
坐垫、腰网、腰靠、抱枕、颈枕等汽车内饰用品

★广州爱特丽汽车用品有限公司
地址:广州市永福路49号福怡大厦407室
邮编:510500
电话:020/87727699、87715857
传真:87719737
网址:www. aiteli. com
电子信箱:aiteli@ 163. com
产品情况:(爱特丽(AITEL)牌)
汽车室内芳香剂、汽车香座、香膏、香水补充液等100多个品种
出口情况:远销欧美、东南亚地区几十个国家

★广州市唯能汽车用品有限公司
地址:广州市永福路白云广场A102
邮编:510500
电话:020/87729233、87797566
传真:37222310
电子信箱:weineng@ gz - uniquepower. com
质量体系:ISO 9001
产品情况:汽车中网、尾牌板、车灯
出口情况:出口韩国、中东、东南亚、欧洲、非洲、北美洲等国家和地区,并销往中国台湾地区

★广州汇通数码科技有限公司
地址:广州市广源东路184号新峪楼308室
邮编:510500
电话:020/87738588、37229009
传真:87640147
网址:www. huiton. net
电子信箱:huitong@ huiton. net
产品情况:(赛王牌、赛顿牌)
车用充气泵、吸尘器、打蜡机等
出口情况:远销美国、欧洲、日本、中东等国家和地区

★广州市傲翔汽车用品有限公司
地址:广州市永福路49号福怡大厦405室
邮编:510500
电话:020/87740253、87740275
传真:87740273
网址:www.aoxiangauto.com
电子信箱:aoxiang.co@163.com
质量体系:ISO 9001
产品情况:汽车用品
出口情况:出口东南亚、中东、欧洲等地区

★广州市竞雄汽车用品有限公司
地址:广州市永福路倚云汽车用品广场A107档
邮编:510500
电话:020/87747811、37220822
传真:87747822
网址:www.gztyper.com
电子信箱:gztyper@126.com
产品情况:不锈钢油箱饰盖、不锈钢迎宾踏板、不锈钢门外拉手、车牌架、侧标、卧标、立标、铝合金脚踏板、侧转灯饰框、门边防碰胶等

★广州我行我速汽车改装配件公司
地址:广州市白云区良田镇工业区
邮编:510500
电话:18929580889
传真:020/62682032
网址:www.wxws888.com
电子信箱:wxws.888@163.com
产品情况:大包围、前照灯、LED尾灯、减振器等各种改装件

★广州市金益隆汽车用品厂
地址:广州市天河区天阳路142-144号太阳广场六楼601
邮编:510520
电话:020/38486740
传真:38486741
网址:www.jinyilong.com
电子信箱:jyl888@jinyilong.com
产品情况:(原彩牌、风之花牌)
玻璃防雾剂、立洁宝、水箱宝、环保蜡水等
出口情况:远销东南亚、日本、北美洲、欧洲等国家和地区

★广州市车宝汽车用品有限公司
地址:广州市白云区太和镇石湖百足桥自编8号
邮编:510540
电话:020/87429422、87423502
传真:87427830
网址:www.chebao.com
电子信箱:chebao@yeah.net
质量体系:ISO 9001
产品情况:(车菱牌)
汽车大包围等改装产品
配套及出口情况:与国内多家汽车生产厂配套;远销美国、俄罗斯、韩国、东南亚、中东等国家和地区

★广州市途路美汽车配件有限公司
地址:广州市白云区龙和镇广从一路14号
邮编:510540
电话:020/87470049、87470094
传真:87470724
网址:www.jks.com.cn
电子信箱:jks@jks.com.cn
质量体系:ISO 9001
产品情况:(JKS牌)
汽车装饰用品

★广州市华奥汽车用品有限公司
地址:广州市白云区良田光明工业区
邮编:510545
电话:020/37410137
传真:37410390
网址:www.huahui-parts.com
电子信箱:stevenhuaao@163.com
单位人数:200
产品情况:(奥美斯牌)
汽车晴雨挡、砂石挡、前后遮阳挡、天窗挡、昆虫挡、定风翼、灯罩等汽车用品
出口情况:远销东南亚、中东、欧洲等地区

★广州白云区津晖电子厂
地址:广东省从化市经济开发区高技术产业园福从路12号
邮编:510550
电话:020/61796862、62682225
传真:61796893、62682227
网址:www.gd-yth.com.cn
电子信箱:sales@gd-yth.com
产品情况:(永泰和牌、火眼金睛牌、YTH牌、佳士泊牌、车关公牌)
倒车雷达、中央控制门锁、汽车天线、喇叭、电动窗全自动巡视器、VCD解码器、行李舱开启器/加油口盖开启器等
出口情况:向亚洲、美洲、欧洲、非洲等50多个国家和地区出口倒车雷达、中控锁、防盗报警器等产品

★广东永泰和汽车用品有限公司
地址:广州市白云区钟落潭镇广从七路638号
邮编:510550
电话:020/61796868、22822099
传真:87401699、22822011
网址:www.gd-yth.com
电子信箱:ywb@gd-yth.com
单位人数:500
质量体系:ISO 9001
产品情况:(永泰和牌、火眼金睛牌、YTH牌、佳士泊牌、车关公牌)
倒车雷达、防盗器、汽车行驶记录仪、胎压监测仪、中控锁、汽车喇叭、自动天线等汽车电子产品
出口情况:出口亚洲、美洲、欧洲、非洲等50多个国家和地区,出口倒车雷达、中控锁、防盗报警器等产品

★广州市福岛汽车用品有限公司
地址:广州市永福路40号盛大国际3楼C56档
邮编:510620
电话:020/62682212、62682213
传真:62682256
网址:www.chinesehid.com
电子信箱:info@chinesehid.com
产品情况:氙气车灯、汽车能量释放纳米油
配套情况:为德国飞利浦、欧司朗、拉法等配套

★广州市卓维视电子科技有限公司
地址:广州市天河路586号岗顶总统数码港四楼D041
邮编:510630
电话:020/22179133
传真:62817903
网址:www.gzdvr.com
电子信箱:yan@veise.cn
质量体系:ISO 9001
产品情况:(富仕安牌)
汽车后视安全系统
出口情况:出口美国、法国、土耳其、日本等国家,并销往中国香港地区

★广东高奇环保技术有限公司
地址:广州市天河区珠江新城马场路519号汇豪大厦南豪阁1808室
邮编:510630
电话:020/38858046、38858050
传真:38858005
网址:www.gaoqite.com.cn
电子信箱:gaoqiqc@126.com
质量体系:ISO 9001、ISO 14001
产品情况:机体护理素A1-02、电路护理素A1-02、油路护理素A1-03、润滑油护理素A1-04

★广州致远电子有限公司
地址:广州市天河区车坡路黄洲工业区7栋3楼
邮编:510660
电话:020/22644372、28267916
传真:28267868、28267891
网址:www.zlg.cn
电子信箱:epc.industry@zlg.cn
质量体系:ISO 9001
产品情况:汽车倒车雷达

★广州梅氏汽车用品有限公司
地址:广州市永福路45号永福汽配城一楼46档
邮编:510660
电话:020/28242363、28242823
传真:28242363
网址:www.mbrother.com
电子信箱:meibrother@yahoo.cn
产品情况:轮胎蜡、仪表蜡、柏油清洁剂、汽车底盘防锈隔音胶等汽车护理用品

★广州家1汽车用品制造厂
地址:广州市天河区中山中路13号606室

邮编:510660
电话:020/82579489
传真:32373612
网址:www. gzhaohao. com
电子信箱:home1@ gzhaohao. com
单位人数:130
产品情况:汽车防滑垫、挡泥板、脚垫等汽车用品
出口情况:远销欧美等地区

★广州艾比埃金属制品有限公司
地址:广州市经济技术开发区
邮编:510730
电话:020/82210080
传真:82218167
电子信箱:qylixingyu@ yahoo. com. cn
质量体系:ISO/TS 16949、VDA 6.1
产品情况:(艾比埃牌)
卡箍和专用工具
配套及出口情况:为神龙汽车、上海大众、北汽集团、金龙客车、丹东黄海、桂林大宇、郑州宇通、林德厦门叉车、杭州日产柴等配套;出口 50 多个国家和地区

★广州市凯捷电源实业有限公司
地址:广州市花都区新华工业区瑞香路28 号
邮编:510800
电话:020/36860086、36860081
传真:36860080、36860090
网址:www. kaijie. net
电子信箱:kaijie@ kaijie. net
单位人数:500
质量体系:ISO 9001
产品情况:(KAIJIE 牌)
倒车雷达
出口情况:出口东南亚、欧美、中东、北非等 20 多个国家和地区

★广州市花都海恒橡胶制品有限公司
地址:广州市永福路 35 号之二南方永福国际汽车用品广场 301 室
邮编:510820
电话:020/85170975、85171806
传真:85171506
网址:www. gz - haiheng. com
电子信箱:sales@ gz - haiheng. com
产品情况:无尘汽车垫、橡胶汽车垫及家用脚踏垫等
配套及出口情况:是五十铃等汽车品牌的汽车地毯 ODM 厂商;远销东南亚、中东、欧美等

★广州保赐利化工有限公司
地址:广东省从化市经济技术开发区太源路 11 号
邮编:510990
电话:020/87879888、87819888
传真:87879168、87817028
网址:www. botny. com
电子信箱:market@ botny. com
质量体系:ISO 9001、ISO 14001
产品情况:(BOTNY 牌)
各种清洗剂、涂料、冬季防冻液等汽车及摩托车美容养护产品

★广州市海飞汽车用品有限公司
地址:广州市增城荔城街富民路 27 号
邮编:511300
电话:020/82444123
传真:82666595
网址:www. gzhaifei. com
质量体系:ISO 9001
产品情况:冷媒、底盘装甲、冷冻油、汽车用品
出口情况:出口日本、东南亚、中东、非洲、美洲等国家和地区

★广州市增城永佳汽车用品厂
地址:广东省增城市南山开发区 38 号
邮编:511300
电话:020/82723646、82759987
传真:82717676
网址:www. gzyongjia. com
电子信箱:lovelfj2003@ 163. com
产品情况:(荷花牌)
座套、地毯

★广州市彩能科技有限公司
地址:广东省增城市石滩镇沙庄街龍地村
邮编:511328
电话:020/82910580
传真:82915068
网址:www. ugt. com
电子信箱:china. office@ ugt. com
产品情况:汽车彩绘

★槌屋(广州)汽车配件有限公司
地址:广州市经济技术开发区永和经济开发区永盛路 5 号
邮编:511356
电话:020/82986900、82986911
传真:82986871
电子信箱:hongjian _ xiao @ tsuchiya - group. com. cn
产品情况:汽车各种装饰胶带、标识标签、汽车仪表盘指示器的透视印板等汽车关联特殊印刷产品、各种胶条的冲压加工以及汽车部件保护胶膜

★初出日(香港)有限公司
地址:广东省增城市宁西镇西亚开发区
邮编:511358
电话:020/82962411、82964106
传真:82964063
网址:www. morningsun. com. hk
产品情况:(初出日牌)
防爆膜

★广州市漆彩虹化工有限公司
地址:广州市萝岗区九龙镇镇龙金龙工业区
邮编:511363
电话:020/82877928、82877918
传真:82876950
网址:www. gz - qicaihong. com
电子信箱:yoyo07070707@ 163. com
质量体系:ISO 9001、ISO 14000
产品情况:(漆彩虹牌)
汽车美容蜡、汽车美容护理清洁系列、汽车发动机养护系列、汽车冬季冷却系列、汽车涂料系列等
出口情况:出口欧洲、美洲、大洋洲、东南亚等地区

★广州市标榜汽车用品实业有限公司
地址:广州市增城中新镇创业东路 2 号
邮编:511365
电话:020/32968448、32968458
传真:32968800、32968880
网址:www. biaobang. cn
电子信箱:bbzm@ biaobang. cn
单位人数:200
质量体系:ISO 9001
产品情况:(标榜牌)
专业生产汽车护理、美容及自动喷漆系列产品
出口情况:出口东欧、东南亚等地区

★广州市永达汽车用品有限公司
地址:广东省增城市朱村镇佳景工业开发区
邮编:511370
电话:020/82851528、82851538
传真:32951268
网址:www. gzyd. com. cn
电子信箱:yongda8868@ 126. com
单位人数:380
质量体系:ISO 9001
产品情况:(永达牌)
各种汽车真皮座套、坐垫、汽车护理用品等
配套及出口情况:为广汽长丰配套;出口东南亚市场

★广州市番禺区杰隆斯汽车用品厂
地址:广州市番禺区大平工业区
邮编:511400
电话:020/84664861、34807686
传真:34807686
网址:www. jalons. cn
电子信箱:jalons@ 126. com
质量体系:QS 9000
产品情况:(JALONS 牌)
汽车护杠、行李架、后尾梯、脚踏板、射灯架、桃木内饰件
出口情况:出口东南亚、中东、欧美等地区

★广州市番禺新美制品厂
地址:广州市番禺区大平工业区朝阳北街 4 号
邮编:511400
电话:020/84876256
传真:34807472
网址:www. sunmei. cn
电子信箱:xinmeizuodian@ 163. com
质量体系:ISO 9002
产品情况:倒车雷达
出口情况:远销欧美、中东、亚洲等地区

★广州市浩普电子科技有限公司
地址:广州市萝岗区科学城科珠路232号
邮编:511442
电话:020/84564333、84564222
传真:84564222
网址:www.hp888.com
电子信箱:service@hopegsm.com
质量体系:ISO 9001
产品情况:(蜘蛛侠牌)
防盗器
出口情况:出口欧美、东南亚、中东地区,并销往中国香港地区

★广州顶立新型塑料有限公司
地址:广州市南沙经济技术开发区东井村顶立路1号
邮编:511458
电话:020/84683530
传真:84683664
网址:www.solartopfilm.com
电子信箱:solar-top@126.com
产品情况:汽车隔热防爆膜

★广州市奇舰达电子有限公司
地址:广州市番禺区沙湾镇龙岐村西环路岐山路段东侧
邮编:511483
电话:020/34833589、34833582
传真:34833587
网址:www.qizhenda.com
电子信箱:chainstar@188.com
质量体系:ISO 9001
产品情况:(奇真牌)
倒车防撞雷达、LED显示距离系列、液晶/荧光显示距离系列、语音提示距离系列等
出口情况:远销欧美、中东、东南亚

★汕头市宏高汽车用品制造有限公司
地址:广东省汕头市华山路46号龙湖工业F2栋北座二层东侧
邮编:515041
电话:0754/88520980、88520990
传真:88520976
网址:www.hongao.cn
电子信箱:hongao@163.net
质量体系:ISO 9001
产品情况:(童星(KIDSTAR)牌)
儿童安全座椅

★铭裕嘉精细化工厂
地址:广东省汕头市澄海区东里南畔洲工业区
邮编:515829
电话:0754/85751873
传真:85300378
网址:www.light-wax.com
电子信箱:service@light-wax.com
产品情况:(丽特(LIGHT)牌)
轮胎充气封补胶、表板蜡、化油器清洗剂、万能泡沫清洗剂、水蜡、机油精等汽车护理用品

★惠州市正通科技有限公司
地址:广东省惠州市仲恺国家高新技术开发区和畅五路10号
邮编:516006
电话:0752/2612198、2770196
传真:2607062
网址:www.hz-zt.com
电子信箱:bobo@hz-zt.com
单位人数:100
产品情况:汽车电子装饰灯等

★惠州大亚湾光弘科技电子有限公司
地址:广东省惠州市大亚湾西区响水河工业园
邮编:516085
电话:0752/5109986、5189100
传真:5108268
网址:www.dbg.com.cn
电子信箱:market@dbg.com.cn
单位人数:6400
质量体系:ISO/TS 16949、QS 9000
产品情况:车载电源
配套情况:主要客户有索尼、飞利浦等

★达为电子有限公司
地址:广东省惠州市马安镇新乐达为工业园
邮编:516257
电话:0752/3260163
传真:3260123
网址:www.passway.cn
电子信箱:passway@passway.cn
单位人数:500
质量体系:ISO/TS 16949
产品情况:(PASSWAY牌)
汽车音响、车载电话

★深圳市威海达科技有限公司
地址:广东省深圳市罗湖区桂园路电影大厦A座16层
邮编:518000
电话:0755/25022881、82119955
传真:25022991
网址:www.vinada.net
电子信箱:vinada@126.com
产品情况:轮胎压力计、发光三角架警示器等汽车安全电子产品
出口情况:出口欧洲、美国、亚洲等30多个国家和地区

★深圳市赛格导航科技股份有限公司
地址:广东省深圳市南山区科技园南区T-2栋B座6层
邮编:518000
电话:0755/26719988、26711888
传真:26957777
网址:www.seg-gps.com
电子信箱:chinagps@chinagps.cc
质量体系:QS 9000、ISO 9001
产品情况:(CHINAGPS牌)
汽车GPS、TPMS胎压监测系统、车载电话、行车记录仪、防盗遥控器、中控系统、车载VCD、自助导航

★深圳市宝安区西乡镇宝泰制品厂
地址:广东省深圳市西乡三围路口华丰工业区3栋2楼
邮编:518000
电话:0755/27494606
传真:27496876
单位人数:100
质量体系:ISO 9001
产品情况:保健坐垫

★深圳市德泰利电子科技有限公司
地址:广东省深圳市宝安72区东方红大厦2-5楼
邮编:518000
电话:0755/27599526、27598982
传真:27599525
网址:www.szdetai.com
电子信箱:detaili@szdetai.com
单位人数:50
质量体系:ISO 9001
产品情况:手动藏式彩显、吸顶彩显、挡阳板彩显等车载彩显产品

★太阳辉科技有限公司
地址:广东省深圳市沙井镇万丰村大洋田工业区6栋
邮编:518000
电话:0755/27677690、27677403
传真:27677715
网址:www.bhs86.cn
电子信箱:sales@bhs86.cn
质量体系:ISO 9001
产品情况:车载MP3、光触媒、轮胎测压器
出口情况:出口欧美

★深圳市久实电子实业有限公司
地址:广东省深圳市布吉李朗大道联创科技园11号厂房
邮编:518000
电话:0755/28244099、28244810
传真:28244066、28705599
网址:www.jsdz.com.cn
电子信箱:sales@jsdz.com.cn
产品情况:汽车防盗器、倒车雷达

★深圳市日日晖实业有限公司
地址:广东省深圳市观澜君子布日日晖工业园
邮编:518000
电话:0755/29679228、29679328
传真:29679968
网址:www.ririhui.cn
质量体系:ISO 9001
产品情况:(多特威牌、DTW牌、多特赛牌、DTS牌、日日威牌)
汽车护理系列用品

★深圳市东英电器有限公司
地址:广东省深圳市福田区彩田路中银大厦B座7楼
邮编:518000
电话:0755/83517198、83683588
传真:83517199
网址:www.tohei-sz.com

电子信箱:jin@ tohei - sz. com
产品情况:车载 DVD、安防监控器

★深圳市高标电子科技有限公司
地址:广东省深圳市龙岗区龙岗街道同乐社区丁甲岭同路工业区 A3、A4 栋
邮编:518000
电话:0755/84292163、84292200
传真:84293117
网址:www. gobao. cn
电子信箱:gaobiao@ gobao. cn
质量体系:ISO 9001
产品情况:(高标牌)
倒车雷达

★深圳市兆能科技有限公司
地址:广东省深圳市罗湖区沿河北路 1002 号京广中心 21 楼
邮编:518002
电话:0755/82686788、83686876
传真:82686755
网址:www. ipurer. com
电子信箱:service@ ipurer. com
产品情况:空气净化系统

★深圳市朗道科技有限公司
地址:广东省深圳市西丽镇旺棠工业区顺平楼六楼
邮编:518004
电话:0755/25823999、25822333
传真:25823988
网址:www. lanodo. com
电子信箱:lansion@ 21cn. com
质量体系:ISO 9001
产品情况:汽车远程防盗、定位、监控系统

★深圳市佳丽汽车用品有限公司
地址:广东省深圳市福田区世纪中心汽车城佳丽汽车精品商场
邮编:518020
电话:0755/82400235、82400975
传真:82400235、83703523
网址:www. jiali168. com
电子信箱:jiali@ jiali168. com
质量体系:ISO 9001
产品情况:(佳丽牌)
汽车座套

★深圳市智合通科技有限公司
地址:广东省深圳市布吉镇南岭百门前工业区 1 幢西座 5 楼
邮编:518031
电话:0755/83342533、83259258
传真:83245622
网址:www. checktone. com
电子信箱:sales@ checktone. com
产品情况:(看车狗牌)
防盗器

★美固电子(深圳)有限公司
地址:广东省深圳市福田中心区福华 1 路卓越大厦 1D 楼 1402 - 1404 室
邮编:518033
电话:0755/25607722
传真:61352839
网址:www. mobicool. com
电子信箱:mbc@ mobicool. com
质量体系:ISO 9001、ISO 14001
产品情况:(MOBICOOL 牌、MOBITRONIC 牌、WAECO 牌)
车、船用半导体冷热箱,压缩机冰箱

★深圳市名商实业有限公司
地址:广东省深圳市福田区华富路 1006 号航都大厦 21C
邮编:518033
电话:0755/28078528、28078538
传真:28078755
网址:www. mingshang. com
电子信箱:mingshang@ mingshang. com
产品情况:车载电话、车载显示系统、音响、冰箱、倒车雷达

★深圳市世博科技有限公司
地址:广东省深圳市福田区商报路天健市政工业区 21 栋 3 楼西座
邮编:518034
电话:0755/83161293、83173526
传真:83173613
网址:www. szcisbo. com
电子信箱:hanyu@ szcisbo. com
质量体系:ISO 9001
产品情况:(视博(CISBO)牌)
汽车防盗器、倒车雷达
出口情况:出口英国、法国、德国、比利时、葡萄牙、西班牙、美国、加拿大、巴西、哥伦比亚、澳大利亚、新加坡、沙特、叙利亚等国家

★深圳市联和安业科技有限公司
地址:广东省深圳市宝安区西乡臣田工业区宝民二路伟信达大楼 2 楼
邮编:518040
电话:0755/61139168、61524251
传真:61139139、83243851
网址:www. amwell. com. cn
电子信箱:amwell@ amwell. com. cn
产品情况:(星安牌)
GSM 汽车防盗器、GPS 汽车防盗监控导航系统、倒车雷达

★法拉特国际太阳膜集团
地址:广东省深圳市福田区天安数码城创新科技广场 A 座 1705 室
邮编:518040
电话:0755/83438139
传真:83438145
网址:www. inffratec. com
电子信箱:inffratec@ 126. com
产品情况:(Inffratec 牌、FILMTEC 牌、黑摩王牌、E - TECH 牌、UAS 牌、铁甲威龙牌、ROX 牌等)
汽车防爆太阳膜

★博世汽车检测设备(深圳)公司
地址:广东省深圳市天安数码城天安数码时代大厦
邮编:518040
电话:0755/83476767
传真:83476707
网址:www. kingtec. net
电子信箱:public@ kingtec. net
质量体系:ISO 9001
产品情况:汽车诊断、检测工具、汽车仪表
出口情况:部分产品出口

★深圳市路标汽车科技有限公司
地址:广东省深圳市坂田岗头禾坪岗高科技工业园二栋 5 楼
邮编:518054
电话:0755/89602801、89602802
传真:89602816
网址:www. szleadway. com
电子信箱:liyu@ szleadway. com
产品情况:(路标(LEADWAY)牌)
防盗器、倒车雷达、多媒体电子及智能化电子产品等
出口情况:远销欧洲、北美洲、东南亚等地区

★深圳市弘维科技开发有限公司
地址:广东省深圳市南山高新园南区深港产学研基地西座楼
邮编:518057
电话:0755/86124495
传真:86124495
网址:www. hoowell. com
电子信箱:joan@ hoowell. com
产品情况:(旅行者牌)
车用小冰箱
出口情况:出口十几个国家和地区

★深圳市车卫士电子有限公司
地址:广东省深圳市福永镇凤凰第一工业区华源工业园 B 栋 4 楼 B
邮编:518100
电话:0755/27308967、33803016
传真:61147968、33803023
网址:www. cheways. com
电子信箱:sales@ cheways. com
产品情况:(车卫士牌)
汽车倒车雷达
配套及出口情况:为菲亚特、本田、大众、丰田、奥迪、日产、现代、雪铁龙、马自达等 10 多家国内外知名品牌提供服务;出口泰国、越南、马来西亚,并销往中国台湾地区

★深圳市伟联居实业有限公司
地址:广东省深圳市布吉镇上雪工业科技城北区四号 B 栋六楼
邮编:518100
电话:0755/61242003、89500672
传真:82418411、89500672
网址:www. gigi. net. cn
电子信箱:gigix5@ sohu. com
产品情况:(GIGI 牌)
车居饰品

出口情况:部分产品出口

★深圳易事通达电子有限公司
地址:广东省深圳市宝安区福永镇塘尾富源工业区 B3 栋 4 楼
邮编:518103
电话:0755/33886988、33885963
传真:33815968
网址:www. easterntronic. com
电子信箱:info@ easterntronic. com
单位人数:650
质量体系:ISO 9001
产品情况:汽车音响、车载 MP3 及汽车电子用品

★深圳市惠世友通讯电子有限公司
地址:广东省深圳市平湖镇富民工业区二区 3 栋
邮编:518105
电话:0755/28457508、89683558
传真:84004578
网址:www. hsytx. cn
电子信箱:hcy@ huishitong. com
单位人数:2500
质量体系:ISO 9001
产品情况:(惠世通牌、强中王牌)
车载免提、车载充电器、车载电源转换器

★深圳市平驰实业有限公司
地址:广东省深圳市宝安区松港镇燕山北部罗田林场 B 栋
邮编:518106
电话:0755/27120989
传真:27120088
网址:www. pingchi. cn
电子信箱:pingchi@ pingchi. com
质量体系:ISO/TS 16949
产品情况:(车喜牌、皇爵牌)
汽车护理用品
出口情况:出口东南亚及南美洲市场

★深圳市彩虹精细化工股份有限公司
地址:广东省深圳市宝安区石岩镇上层彩虹工业城
邮编:518108
电话:0755/33236888、33236889
传真:33236988
网址:www. rainbowvc. com
电子信箱:international@ rainbowvc. com
质量体系:ISO 9001、ISO 14001
产品情况:(7CF 牌、可立美牌)
发动机用品系列、散热器保养系列、燃油系统系列等汽车美容护理用品
出口情况:出口美国、日本、欧盟等 70 多个国家和地区

★豪恩电子科技股份有限公司
地址:广东省深圳市龙华大浪街道工业园路豪恩科技园
邮编:518109
电话:0755/28032222、28192575
传真:28032666、28191090
网址:www. long – horn. com
电子信箱:service@ long – horn. com
单位人数:2000
质量体系:ISO/TS 16949、QS 9000
产品情况:倒车雷达、红外烟感探测器、喇叭等
配套及出口情况:与上汽名爵、北汽福田、上海汇众、吉利汽车等配套;远销 70 多个国家和地区

★深圳市光展科技有限公司
地址:广东省深圳市宝安区龙华街道东环二路靖轩(龙华)工业园 9 栋 2 楼光展科技
邮编:518109
电话:0755/28039180、28181001
传真:81481686
网址:www. brtgps. com
电子信箱:gygps@ brtgps. com
质量体系:ISO 9001
产品情况:(Bright 牌)
GPS 预警器、蓝牙 GPS 接收机、GPS 接收模块、雷达侦测机、超速提醒器

★快美特汽车精品(深圳)有限公司
地址:广东省深圳市龙华镇东环二路工业开发区
邮编:518109
电话:0755/28129233、28129955
传真:28129235
网址:www. carmate. com. cn
电子信箱:aaron@ carmate. com. cn
单位人数:430
质量体系:ISO 9001、ISO 14001
产品情况:汽车香水

★伯特马电子(东莞)有限公司
地址:广东省深圳市龙华镇大浪同富裕工业园 9 栋
邮编:518109
电话:0755/28140191、28140196
传真:28140201
网址:www. ptm. com. cn
电子信箱:Info@ ptm. com. cn
质量体系:ISO/TS 16949
产品情况:防盗器、喇叭

★威尔菲汽车用品科技有限公司
地址:广东省深圳市观澜镇樟坑径下围工业区 D、F 栋
邮编:518109
电话:0755/29808873、29808876
传真:29808877
网址:www. szhaoshun. com
电子信箱:weierfei@ szhaoshun. com
质量体系:ISO 9001
产品情况:(好顺牌、泰索牌)
汽车及摩托车美容护理用品、功能型清洗剂、漆面美容护理系列、散热器护理系列、发动机免拆护理系列、油品、添加剂、季节性养护系列等
配套及出口情况:与美国通用化工公司等结为战略合作伙伴;出口澳大利亚、南美洲、非洲等国家和地区

★深圳市开源创展实业有限公司
地址:广东省深圳市宝安区龙华民治樟坑工业园 6 栋
邮编:518109
电话:0755/81798808
传真:81798908
网址:www. icaroom. com
电子信箱:8888@ icaroom. com
单位人数:300
质量体系:ISO 9001
产品情况:(爱车屋(ICAROOM)牌)
汽车坐垫、座椅套、车用香水、转向盘套、脚踏垫等

★深圳市广利佳电子有限公司
地址:广东省深圳市平湖镇白泥坑宝盛工业区 B 区 12 栋
邮编:518111
电话:0755/33826808
传真:82977631
网址:www. videotech. com. cn
电子信箱:ehan888@ videotech. com. cn
质量体系:ISO 9001
产品情况:车载监视系统等
出口情况:出口美国、欧洲、东南亚地区

★深圳市车之盾电子有限公司
地址:广东省深圳市平湖镇鹅公岭园岭北路 A1 栋(10 – 1)
邮编:518111
电话:0755/33835288、84005500
传真:33823966、28558399
网址:carscop. ecsino. com
电子信箱:foohelen@ 163. com
质量体系:ISO 9001
产品情况:(车之盾(CARSCOP)牌)
汽车防盗器、倒车雷达
出口情况:远销东南亚、大洋洲、北美洲、欧洲、非洲

★深圳市恒日通电子有限公司
地址:广东省深圳市布吉镇中信华美工业区二栋
邮编:518112
电话:0755/28570811、28883557
传真:28570735
网址:www. szhrt. com
电子信箱:hrt@ szhrt. com
单位人数:300
质量体系:ISO 9001
产品情况:车载免提、车载 DVD 功放、仪表
出口情况:远销欧洲、北美洲、大洋洲、中东

★深圳市威特宝科技发展有限公司
地址:广东省深圳市龙岗区龙岗街道新生路 243 号 1 栋 3 楼
邮编:518116
电话:0755/33830251、33830233
传真:33830252
网址:www. vitebo. com
电子信箱:vitebo@ vitebo. com
单位人数:1200

质量体系:ISO 9001
产品情况:车载蓝牙免提、后视镜
出口情况:远销日本、北美洲、西欧等国家和地区

★深圳市顺禾电器科技有限公司
地址:广东省深圳市宝安区固戍航城大道塘东工业区 B 栋 3 楼
邮编:518126
电话:0755/29952811、29952911
传真:29952877
网址:www.szshunhe.com
电子信箱:master@szshunhe.com
质量体系:ISO 9001
产品情况:(顺禾牌)
汽车雷达防撞系统、多功能电子指南针等
出口情况:远销美国、欧洲、东南亚等国家和地区

★深圳市元征科技股份有限公司
地址:广东省深圳市龙岗区坂雪岗工业园五和大道北
邮编:518129
电话:0755/84528888
传真:84528889
网址:www.cnlaunch.com
电子信箱:dod@cnlaunch.com
质量体系:ISO/TS 16949、ISO 9000
产品情况:(电眼睛牌、LAUNCH 牌)
汽车护理产品、汽车维修工具、诊断设备等
出口情况:设立了加拿大、美国、墨西哥、阿联酋、南非、澳大利亚、日本、马来西亚、泰国、德国、俄罗斯、西班牙等总代理商

★深圳市帝硕科技有限公司
地址:广东省深圳市宝安区西乡共乐工业区铁仔路 44 号老兵工业城 1 栋 5 楼
邮编:518131
电话:0755/29640501、29640503
传真:29640501
网址:www.szdsus.com
电子信箱:dsus@szdsus.com
产品情况:车载液晶显示器、DVD
出口情况:出口美国、欧洲、东南亚、日本

★旭程电子(深圳)有限公司
地址:广东省深圳市龙岗区横岗镇荷坳金源工业区
邮编:518172
电话:0755/89767800、89767211
传真:89767724
网址:www.xcfuse.com
电子信箱:sale@xcfuse.com
单位人数:700
质量体系:ISO/TS 16949、ISO 9001
产品情况:熔断丝管、插片式熔断丝、熔断丝座等电子元器件

★深圳市华电顺科技有限公司
地址:广东省深圳市横岗镇六约梧桐花园 C 区 40 栋
邮编:518173
电话:0755/28677959、28678029
传真:28677839
网址:www.ewattsun.com
电子信箱:ewattsun@ewattsun.com
单位人数:300
质量体系:ISO 9001
产品情况:(警讯通牌)
汽车远程防盗监控报警器、GSM 汽车定位监控器、汽车自动升窗器等
出口情况:远销 100 多个国家和地区

★深圳市警豹电子科技有限公司
地址:广东省深圳市宝安区西乡九围洲石公路富源工业城 C12 栋 3 楼
邮编:518216
电话:0755/33679988、33679962
传真:33679958
网址:www.carsky.com.cn
电子信箱:carsky@carsky.com.cn
质量体系:ISO 9001
产品情况:(车真宝牌)
汽车防盗器、多媒体等
出口情况:出口欧洲、美洲、中东、非洲等 30 多个国家

★珠海市金宜科环保材料有限公司
地址:广东省珠海市金湾区红旗工业区红旗路东侧
邮编:519070
电话:0756/3373170、7792833
传真:7792116
网址:www.kec-cn.com
电子信箱:kec@21cn.net
质量体系:ISO 9001
产品情况:(KEC 牌)
汽车底盘护理用品、纳米级光触媒等
配套情况:为长安福特马自达、广汽本田、广汽丰田等配套

★东莞市东城威源塑胶电子制品厂
地址:广东省东莞市东城区峡口管理区沙岭工业区
邮编:523100
电话:0769/23067075、23067066
传真:23067044
网址:www.solaxtech.com.cn
电子信箱:sales@solaxtech.com
单位人数:1000
质量体系:ISO 9001、ISO 14000
产品情况:(舒莱适(Solax)牌)
汽车按摩坐垫等
出口情况:远销美国、日本、加拿大、欧洲等国家和地区

★百维汽车用品有限公司
地址:广东省东莞市企石镇郑华中路东
邮编:523511
电话:0769/86733106、86733105
传真:86733107、86736997
网址:www.powave888.com
电子信箱:powave@vip.163.com
单位人数:568
产品情况:汽车中控锁、刮水器、护套、手排挡头套、靠枕、室内镜套等汽车用品

★深圳市大越协美实业有限公司
地址:广东省东莞市长安镇长青路帝王中心 312-313
邮编:523850
电话:0769/85443656、82284988
传真:85443659
网址:www.e-bigleap.com
电子信箱:info@e-bigleap.com
质量体系:ISO 9001
产品情况:汽车用品
出口情况:远销多个国家和地区

★领航者专业汽车椅套厂
地址:广东省东莞市厚街镇桥头仙桥路 11 号
邮编:523950
电话:0769/85918261
传真:85918262
网址:www.china-pilot.com
电子信箱:webmaster@china-pilot.com
产品情况:汽车座套

★广东好顺欧迪斯实业有限公司
地址:广东省肇庆市国家高新技术产业开发区迎宾大道 12A 号
邮编:526238
电话:0758/3626666
传真:3603868
质量体系:ISO/TS 16949、ISO 9001
产品情况:汽车环保节能产品、油品添加剂、汽车美容护理用品、前装深度保养产品、气雾剂产品及消毒类产品及其配套产品

★佛山市天汇汽车电子有限公司
地址:广东省佛山市禅城区港口路高新技术开发区工业村 1 号楼
邮编:528041
电话:0757/83107661、83107601
传真:83837030
网址:www.tinwo.com
电子信箱:valor@tinwo.com
单位人数:200
质量体系:ISO 9001
产品情况:(佛山天汇牌)
汽车中控锁、电子扇、防盗器、倒车雷达等,年销售额 1000 万元
出口情况:出口南美洲、中东、东南亚、欧洲、美国等国家和地区

★广东赛特化工有限公司
地址:广东省佛山市南海区西樵文明路 3 号
邮编:528211
电话:0757/86888308
传真:86882913
网址:www.sat.com.hk
电子信箱:sat@sat.com.hk

质量体系:ISO 9001、ISO 14001
产品情况:汽车、摩托车用纺织产品

★本田汽车用品(广东)有限公司
地址:广东省佛山市狮山镇三环西工业园
邮编:528222
电话:0757/86653168、86636588
传真:86636229
网址:www. honda – access. cn
电子信箱:hondaaccess@ hac – c. com
产品情况:本田系列车型外装、内装、电装用品
配套情况:为广汽本田等配套

★佛山市巨人化学品制造有限公司
地址:广东省佛山市南海区狮山科技工业园 C 区
邮编:528225
电话:0757/86690022、86692398
传真:86692308
网址:www. nhgiant. cn
电子信箱:giant – chemistry@ 163. com
质量体系:ISO 9001
产品情况:(绿巨人牌、车亮牌)
汽车香水及汽车漆面护理用品
出口情况:出口东南亚

★佛山市南海里程实业有限公司
地址:广东省佛山市南海区里水镇洲村益泰工业大厦四楼
邮编:528244
电话:020/81971371
传真:81971004
网址:www. winnerauto. com. cn
电子信箱:winneren@ winnerauto. com. cn
单位人数:1000
产品情况:(劲量王牌)
汽车脚垫、空气清新剂、汽车护理化工制品、报警系统、汽车内饰件等汽车用品
出口情况:远销东南亚、日本、北美洲、欧洲等国家和地区

★华钿越野车用品有限公司
地址:广东省佛山市顺德区勒流龙眼工业区工业大道 10 号
邮编:528300
电话:0757/25630328、25636520
传真:25635918
网址:www. 4x4powerful. com
电子信箱:yxb@ 4x4powerful. com
单位人数:800
质量体系:ISO/TS 16949、ISO 9001
产品情况:汽车前后防撞杠、行李架、脚踏板、后爬梯、射灯架、备胎罩及其他汽车装饰件
配套及出口情况:为河北中兴、江铃汽车、以色列丰田附件厂、伊朗丰田附件厂、美国本田附件厂、埃及现代附件厂、澳洲越野车附件厂等配套;70% 以上产品出口 109 个国家

★王田化工实业有限公司
地址:广东省顺德市伦教镇永丰工业区工业北路 53 号
邮编:528300
电话:0757/27832227、28667813
传真:27836055
网址:www. ororda. com
电子信箱:ororda@ ororda. com
产品情况:(大田牌)
各种汽车养护用品
出口情况:出口欧美、东南亚等地区,并销往中国台湾地区

★中兴汽车用品有限公司
地址:广东省佛山市顺德区容桂江南大道 73 号二楼
邮编:528303
电话:0757/26383502
传真:26622316
网址:www. a – zh. com
电子信箱:info@ a – zh. com
产品情况:(中兴牌)
各类型汽车皮椅、真皮转向盘、桃木真皮转向盘、原木表板制品
配套及出口情况:为广汽本田、一汽 – 大众、上海通用、天津一汽丰田、华晨金杯、上海大众等配套;远销欧美、东南亚地区

★佛山顺德区实力汽车配件有限公司
地址:广东省佛山市顺德区伦教工业区
邮编:528308
电话:0757/27759116
传真:27758520
网址:www. sdshili. com. cn
单位人数:320
质量体系:ISO 9001
产品情况:(立牌)
汽车工具,年产 200 万台/件
配套及出口情况:配套供应福特、通用等厂家;大部分产品出口

★佛山市顺德新邦汽车用品有限公司
地址:广东省佛山市顺德区伦教世龙集约工业区新龙大道
邮编:528309
电话:0757/27726632、27754408
传真:27735380
网址:www. sdnewunion. com
电子信箱:sdljxb@ 163. com
单位人数:100
质量体系:ISO 9001
产品情况:(R Sports 牌)
汽车灯具、踏板、挡泥板、防撞胶、消声器、三角牌及车用天线
出口情况:远销欧美、中东等地区

★广东东箭汽车用品制造有限公司
地址:广东省佛山市顺德区乐从镇乐从大道西 B333 号
邮编:528315
电话:0757/28082222、28915928
传真:28836191、28853911
网址:www. winbo4x4. com. cn
电子信箱:nxb@ winbo4x4. com
单位人数:2000
质量体系:ISO/TS 16949
产品情况:(锐搏(WINBO)牌、飞酷(FALKOO)牌)
防撞杠、脚踏板、行李架、备胎罩、尾梯、挡泥板(胶)、拖车钩、射灯架及用于轿车的轮眉、门边踏板、排气管尾套、发动机下护板、排挡锁支架、车门饰条等
配套及出口情况:为丰田、本田、日产、现代、五十铃、江铃、陆风、长丰、北汽福田、长城、福迪、丹东曙光、北汽制造等配套;远销美国、欧洲、南美洲、非洲、澳大利亚、东南亚等 90 个国家和地区

★凌奇电器实业有限公司
地址:广东省佛山市顺德区勒流镇工业四路 32 号
邮编:528322
电话:0757/25333288
传真:25564756
网址:www. lingqi. com
电子信箱:sdlingqi@ shunde. gd. cn
质量体系:ISO 9001、ISO 14001
产品情况:(LINGQI 牌)
汽车应急电源、DC/AC 逆变电源、汽车维修灯
出口情况:远销 60 多个国家和地区

★车之福汽车用品有限公司
地址:广东省佛山市顺德区勒流稔海大道一片工业区 8 号
邮编:528322
电话:0757/25527898、25527896
传真:25527897
网址:www. carfu – accessories. com
电子信箱:info@ carfu – accessories. com
产品情况:防滑脚踏板、车底灯、顶灯、车内装饰灯、转向球、刮水器加压器、车内外装饰件、挡泥板、加油口盖、铝贴标牌等
出口情况:远销欧美、中东、东南亚

★晖宝汽车用品有限公司
地址:广东省佛山市顺德区杏坛镇河西路 76 号
邮编:528325
电话:0757/26122120
传真:27776399
电子信箱:sdhuibao@ 126. com
产品情况:汽车改装装饰件

★顺德区任我通汽车用品有限公司
地址:广东省佛山市顺德区杏坛镇新涌北水工业区
邮编:528325
电话:0757/27381800、27381801
传真:27381802
网址:www. u – dirve. cn
电子信箱:info@ u – drive. com
质量体系:ISO 9001
产品情况:汽车保险杠、中控锁、汽车免提、车内灯系列等
出口情况:出口多个国家和地区

★顺德永福祥汽车装饰有限公司
地址:广东省佛山市顺德区杏坛镇南华工业区
邮编:528325
电话:0757/27689900
传真:27685500
网址:www.yfx-auto.com
电子信箱:luliwen1016@yahoo.cn
产品情况:(YFX牌)
防滑脚踏板、带LED挡泥板、车牌架、电动天线等装饰件
出口情况:出口欧洲、中东等

★广东爱得乐集团有限公司
地址:广东省佛山市顺德区均安镇爱得乐工业城
邮编:528329
电话:0757/25383000、25383059
传真:25383183
网址:www.adlo.net
电子信箱:adlo@adlo.com.cn
单位人数:3000
产品情况:(爱得乐牌)
摩托车头盔、尾箱、智能防盗器,汽车冰箱等
出口情况:远销欧美

★广东莱雅化工有限公司
地址:广东省佛山市顺德区大良顺峰山工业区
邮编:528333
电话:0757/22325900、22322363
传真:22325993
网址:www.laya.com.cn
电子信箱:info@laya.com.cn
质量体系:ISO 9001
产品情况:(宝士德牌)
表板蜡、万能防锈润滑剂、发动机外部清洗剂、长效防冻液等

★佛山市顺德区迪新五金塑料配件厂
地址:广东省佛山市顺德区陈川顺发路14号
邮编:528333
电话:0757/23358699
传真:23350149
网址:www.8dixin8.net.cn
电子信箱:8dixin8@21cn.com
产品情况:车牌架、车灯、脚踏板
出口情况:出口欧美、中东、东南亚等地区

★中山佐敦音响防盗设备有限公司
地址:广东省中山市东升镇同兴东路25号
邮编:528400
电话:0760/22228786
传真:22828129
网址:www.giordon.com
电子信箱:sales@giordon.com
质量体系:ISO 9000
产品情况:(GIORDON牌)
汽车、摩托车双向液晶显示防盗器、遥控自动升窗防盗器、欧美式原装别克、帕萨特款房灯延时全功能防盗器、GPS全球卫星定位与GSM全球移动、网络防盗防抢劫系统等

★中山市贝奥斯金属制品有限公司
地址:广东省中山市小榄镇永宁工业大道南路永星工业村内
邮编:528400
电话:0760/22278615、22282059
传真:22278625、22281900
网址:www.beiaos.com
电子信箱:sales@beiaos.com
质量体系:ISO/TS 16949、ISO 9001
产品情况:(PLC牌、BEIAOS牌)
防盗器、遥控器、中控锁、倒车雷达、排挡锁、喇叭
配套及出口情况:为本田、五十铃、皮卡等多家知名整车企业配套防盗系列产品;远销欧美、中东、东南亚等几十个国家和地区

★中山尊佳汽车用品有限公司
地址:广东省中山市火炬高新技术开发区
邮编:528400
电话:0760/23136465、23136486
传真:23136489
网址:www.jucarauto.com
电子信箱:sales@jucarauto.com
质量体系:ISO 9001
产品情况:汽车雾灯、制动灯、LED装饰灯、NEON灯、警用灯具、警用喇叭、脚垫等

★中山市发码电子科技有限公司
地址:广东省中山市石岐东区富湾工业区D2栋
邮编:528400
电话:0760/87337092、87337088
传真:87337093
网址:www.fama.com.cn
电子信箱:sales@fama.com.cn
质量体系:ISO 9001
产品情况:汽车、摩托车报警器、倒车雷达、玻璃升降器、超声波振动传感器、HID灯

★中山市大田汽车护理用品有限公司
地址:广东省中山市横栏镇中横工业区
邮编:528400
电话:0760/87618383、87296883
传真:87760679
网址:www.zsdatian.com
电子信箱:marketing@zsdatian.com
单位人数:250
质量体系:ISO 9001
产品情况:(奥大林牌、快尔美牌、变脸牌、捷丽雅牌)
汽车护理用品,年销售额1亿元
出口情况:年出口额300万元

★中山市衡新电子有限公司
地址:广东省中山市东升兆隆工业区永强路2号
邮编:528414
电话:0760/22821378、22229872
传真:22229873
网址:www.hengxinhengqi.com
电子信箱:hx@hengxinhengqi.com
产品情况:汽车防盗器、倒车雷达、遥控中控锁
出口情况:出口东南亚

★中山市小榄镇柯淇电器制造厂
地址:广东省中山市小榄镇工业开发区
邮编:528415
电话:0760/22235800、22235833
传真:22235811
网址:www.koqi.cn
电子信箱:koqi@koqi.cn
产品情况:(科迪森牌、快驰牌等)
汽车、摩托车防盗器、数码分段开关、数码遥控开关
出口情况:远销东南亚、欧美等多个国家和地区

★中山市宏茂电子有限公司
地址:广东省中山市小榄镇小榄工业区
邮编:528415
电话:0760/22283831
传真:22247968
质量体系:ISO/TS 16949、ISO 9000
产品情况:(华泰牌)
防盗报警器、倒车雷达及相关附件
出口情况:出口欧洲、东南亚、中东、拉丁美洲、韩国、美国等国家和地区

★中山市小飞将防盗设备有限公司
地址:广东省中山市小榄工业区工业大道中
邮编:528416
电话:0760/22138466、22132008
传真:22132886
网址:www.lff.cn
电子信箱:admin@lff.cn
质量体系:ISO/TS 16949
产品情况:(小飞将牌)
汽车及摩托车防盗器、倒车雷达、氙气灯等
出口情况:部分产品出口

★中山市雷震子安防科技有限公司
地址:广东省中山市古镇曹二横琴开发区
邮编:528421
电话:0760/23837978、23837999
传真:22392206
网址:www.keyu-thor.com
电子信箱:sales@keyu-thor.com
单位人数:200
质量体系:ISO 9001
产品情况:(雷震子牌、雷鹰牌)
汽车、摩托车防盗报警器、倒车雷达、中控锁
出口情况:远销东南亚、西欧、非洲、南美洲等地区

★广东铁将军防盗设备有限公司
地址:广东省中山市东凤镇铁将军工业园
邮编:528425
电话:0760/22613886

网址:www. steel – mate. com
单位人数:1500
质量体系:ISO/TS 16949、ISO 9001
产品情况:汽车、摩托车防盗报警器,汽车倒车雷达、GPS导航、音响等
出口情况:出口欧美、东南亚等地区

★中山市富士化工有限公司
地址:广东省中山市中山火炬开发区世纪三路2号
邮编:528436
电话:0760/85596999、85331856
传真:88281270、85596979
网址:www. fujichem. com
电子信箱:fuji@ fujichem. com
质量体系:ISO 9001
产品情况:汽车香座

★中山环威实业发展有限公司
地址:广东省中山市火炬开发区国家健康科技产业基地健康路23号环威工业园
邮编:528437
电话:0760/88288668
传真:88582018
网址:www. wellwaygroup. com
电子信箱:info@ wellwaygroup. com
质量体系:ISO/TS 16949、ISO 9001
产品情况:(英得尔牌)
车载冰箱
配套情况:为DAF、依维柯、沃尔沃、雷诺等载货汽车OEM配套

★中山市港口日嘉汽车皮座厂
地址:广东省中山市港口镇沙港中路
邮编:528443
电话:0760/88417196
传真:88417196
质量体系:ISO/TS 16949
产品情况:汽车真皮座套

★中山市莱富安塑胶电子厂
地址:广东省中山市三乡镇第一工业区柏丽C1 – 72
邮编:528463
电话:0760/86694662
传真:86333626
网址:www. cgmy168. com
电子信箱:laifuan@ hotmail. com
单位人数:100
产品情况:防盗器
出口情况:出口美国、澳大利亚、新加坡、日本、韩国等国家,并销往中国香港、台湾地区

★中山市亚米高汽车用品有限公司
地址:广东省中山市坦洲镇新前进村月环兴环街5号A幢
邮编:528467
电话:0760/86786190
传真:86786200
网址:www. applepaint. com. cn
电子信箱:tg@ applepaint. com. cn
产品情况:洗车蜡水、环保光亮剂、纳米光蜡、保护蜡等

★江门三捷电池实业有限公司
地址:广东省江门市西区白沙工业开发区永盛路83号
邮编:529000
电话:0750/3534405、3532350
传真:3534305、3533108
网址:www. jjjbattery. com
电子信箱:jjj@ jjjbattery. com
质量体系:ISO 9001
产品情况:(JJJ牌)
车载免提
出口情况:出口欧洲、美国、澳大利亚等国家和地区,并销往中国香港、台湾地区

★江门市艺光科技开发有限公司
地址:广东省江门市江海区外海麻三工业区
邮编:529000
电话:0750/3804666
传真:3809486
网址:www. artbright. com
电子信箱:jmyiguang@ 126. com
产品情况:EL广告闪动灯箱、EL立式展架、EL小展架、室内EL霓虹灯、超薄导光板灯箱、夜视车贴、发光节日礼品、消防标牌
出口情况:远销欧美及东南亚国家

★台山市千里日用五金制品有限公司
地址:广东省台山市台城镇沙坑作棋山新村
邮编:529200
电话:0750/5614859、5621765
传真:5614069
网址:www. winged – steed. com
电子信箱:qianli@ winged – steed. com
产品情况:(千里马牌)
汽车座椅套、太阳挡、拖车绳、汽车装饰用品、清洁用品等
出口情况:出口日本、加拿大、美国、东南亚、欧洲、中东等国家和地区,并销往中国香港、澳门地区

重庆市

★重庆强力汽车装饰用品有限公司
地址:重庆市渝中区长江一路78号
邮编:400014
电话:023/63670289
传真:63670936
质量体系:ISO 9001
产品情况:汽车装饰产品

★重庆千斤顶厂
地址:重庆市北碚区静宁路44号
邮编:400700
电话:023/68862096、68863296
传真:68206405
网址:www. cqqjd. com. cn
电子信箱:cqqjd@ cqqjd. com
单位人数:120
质量体系:ISO 9001
产品情况:各型汽车随车千斤顶
配套情况:为五十铃车、东风系列、红岩系列及乘用车、农用车配套

陕西省

★陕西凌云科技有限责任公司
地址:西安市高新开发区新型工业园创汇路19号
邮编:710119
电话:029/85692598、85691047
传真:85691064
网址:www. lingyungroup. com
电子信箱:lykj@ lingyungroup. com. cn
质量体系:ISO 9001
产品情况:车载信息娱乐系统、车载液晶电视、嵌入式地理信息系统、ARM主板、车辆监控系统、汽车音响等

第四部分

汽车制造设备及模具生产企业

汽车制造设备及模具生产企业

● 查询导引 ●

企业详细介绍

汽车制造设备及模具生产企业

☞ 企业如有变更,请与编辑部联系 ☎ 010/68426043、68420981

北京市

★北京敬业机械设备有限公司
地址:北京市西城区六铺炕中街1号北楼3层332室
邮编:100011
电话:010/82035130、82035131
传真:82030016
网址:www.jingyie.com
电子信箱:bjjy@jingyie.com
质量体系:ISO 9001
产品情况:轮胎成型机设备及相关的专用、非标的橡胶制品设备,并为用户提供轮胎制造和成型的整体软、硬件技术服务
出口情况:出口日本、西班牙、泰国、越南、印尼、马来西亚、印度等国家,并销往中国台湾地区

★北京科拉斯化工技术有限公司
地址:北京市朝阳区来广营西路5号森根国际3D
邮编:100012
电话:010/84908900
传真:84900900
网址:www.sino-composite.com
电子信箱:sc@sino-composite.com
单位人数:100
产品情况:结构胶、玻璃钢设备、汽车内外饰聚氨酯设备

★北京泛川机电设备有限公司
地址:北京市朝阳区小黄庄北街2号C-609
邮编:100013
电话:010/84288120、84288121
传真:84274025
网址:www.fland.com.cn
电子信箱:fland@fland.com.cn
产品情况:(科瑞(CROISEE)牌、泛川(FLAND)牌)
汽车废气抽排系统
配套及出口情况:为一汽集团、华晨金杯、中华轿车、北京奔驰、上海大众、宇通客车、陕汽集团、广汽本田等众多核心汽车生产厂家提供多套自动、半自动汽车尾气抽排系统;产品出口德国、日本、俄罗斯、哈萨克斯坦、以色列等国家,并销往中国香港、台湾地区

★北京发格自动化设备有限公司
地址:北京市朝阳区万红西街2号燕东大厦C座2层
邮编:100015
电话:010/84505858
传真:84505860
网址:www.fagorautomation.com.cn
电子信箱:info@fagorautomation.com.cn
单位人数:60
质量体系:ISO 9001
产品情况:(发格牌)
数控系统、伺服/主轴驱动系统、伺服/主轴电动机、光栅尺、编码器、数显表

★西门子工厂自动化工程有限公司
地址:北京市朝阳区酒仙桥东路9号A1栋8层
邮编:100016
电话:010/84597000、64719991
传真:84597070
网址:www.ad.siemens.com.cn/sfae
电子信箱:sfae2006@126.com
单位人数:1000
质量体系:ISO 9001、ISO 14001
产品情况:(西门子牌)
线的电器规划、技术支持、项目总包和设备改造,四大工艺车间的信息化系统、汽车部件及发动机测试台架
配套情况:主要客户为北京奔驰、上海大众、上海通用、上海汽车、华晨宝马、一汽-大众、江铃汽车等

★北京沃尔德超硬工具有限公司
地址:北京市朝阳区酒仙桥路东路1号院7号厂房7-12东五层H-03室
邮编:100020
电话:010/58411388
传真:58411388
电子信箱:admin@worldiatools.com
质量体系:ISO 9001
产品情况:玻璃切割工具、超硬切削刀具、PCD拉丝模芯,国外来料加工

★ 太阳交易株式会社

地址:北京市朝阳区建国门大街甲 24 号东海中心 706 室
邮编:100020
电话:010/65179795
传真:65179707
网址:www. taiyok. co. jp
负责人:陈志立
质量体系:ISO/TS 16949、ISO 9001
产品情况:机床和测试仪器等
☞ 详细情况请参阅彩色宣传版面

★北京中天超声科技有限公司
地址:北京市朝阳区南新园西路 6 号香榭舍大厦 16B1 室
邮编:100021
电话:010/87320951、87316158
网址:www. bjzhongtian. com. cn
电子信箱:bjzhongtian2008@ 163. com
产品情况:超声波标准清洗机、清洗线、电镀线、超声波振盒,电镀、滚镀、磷化、氧化、表面处理、喷淋清洗、多槽超声清洗等生产线

★北京珊达兴业科技发展有限公司
地址:北京市朝阳区横街子尊爵府 2 号院
邮编:100023
电话:010/51295818、87333595
传真:51296818 - 800
网址:www. sunlaser. cn
电子信箱:shanda8888@ 126. com
质量体系:ISO 9001
产品情况:半导体激光打标机、灯泵浦激光打标机、气动打标机等
出口情况:产品远销欧美、东南亚

★巨浪凯龙机床贸易(北京)公司
地址:北京市朝阳区建国路 81 号华贸中心
邮编:100025
电话:010/65989811
传真:65989812
网址:www. chiron - china. com
电子信箱:info@ chiron - china. com
质量体系:VDA 6.4、QS 9000
产品情况:(CHIRON 牌)
　　数控立式加工中心,可配置多主轴、多工作台及五轴联动加工的功能,年产数控加工中心 1000 余台,并可按客户需求提供单机自动化以及自动化生产线的服务
配套情况:主要供应各大汽车零部件制造企业

★北京瑞科恒业喷涂技术有限公司
地址:北京市建国门外高碑店北路甲 5 号
邮编:100025
电话:010/85773201
传真:85773198
网址:www. recco. com. cn
电子信箱:recco@ recco. com. cn
产品情况:汽车及汽车零部件生产制造业涂装、打胶及润滑设备
配套情况:为一汽集团、东风汽车公司、上汽集团、重汽集团、北京现代、华晨金杯、广汽本田、昌河汽车、神龙汽车、柳汽、江铃汽车等厂家供货

★ 山特维克北京公司

地址:北京市朝阳区新源南里 1 - 3 号平安国际金融中心
邮编:100027
电话:010/65399888、8008202623
传真:65399890
网址:www. sandvik. coromant. com/cn
质量体系:ISO 9001
产品情况:主要刀具产品有 CoroMill 345、CoroMill 316、CoroMill 490 等各式刀具
☞ 详细情况请参阅彩色宣传版面

★北京机电院机床有限公司
地址:北京市朝阳区工体北路 6 号凯富大厦 8 层
邮编:100027
电话:010/85236747
传真:85216086
网址:www. Bmei. net. cn
电子信箱:cabala@ yahoo. com. cn
质量体系:ISO 9001
产品情况:数控机床类包括五轴联动系列加工中心、直线电动机立式加工中心、五面体加工中心、VMC 系列、BV 系列立式加工中心、钻削中心、专用数控磨床等,并为汽车等行业提供成套交钥匙工程,年产能力 400 台,年产销量 300 台;应用于汽车行业的机床产品有 XKH800A 五轴联动叶片加工中心、VMC1700 立式加工中心、SK7432 数控精密丝杠磨床等

★北京长久物流有限公司
地址:北京市朝阳区曙光西里甲 1 号东域大厦 A 座 29 层
邮编:100028
电话:010/58601999
传真:58220590
网址:www. changjiu. com. cn
电子信箱:wangligan@ changjiu. com. cn
单位人数:2000
产品情况:全方位汽车物流服务
配套情况:为北京现代、一汽红旗、M6 轿车、奇瑞汽车及奇瑞汽车配件提供仓储及发运服务

★MAG 工业自动化系统中国公司
地址:北京市朝阳区西坝河南路 1 号金泰大厦
邮编:100028
电话:010/89456776
传真:64402045
网址:www. mag - ias. com. cn
产品情况:MAG 移动式龙门加工中心、U5 系列移动式加工中心、FTV 系列立式加工中心、H5 系列五轴五联动卧式加工中心等

★北京维深科技发展有限公司
地址:北京市石景山区鲁谷路 35 号冠辉大厦
邮编:100040
电话:010/88456106 - 170
传真:88456114
网址:www. visiontech. com. cn
电子信箱:market@ visiontech. com. cn
产品情况:维深条码,汽车在线生产中的条码数据采集系统,车辆行驶证自动识别监管系统等

★北京创科源光电技术有限公司
地址:北京市石景山区八大处高科技园实兴大街
邮编:100041
电话:010/88792661、88792662
传真:88790040
网址:www. ckylaser. com
电子信箱:ckylasler@ ckylaser. com
单位人数:70
质量体系:ISO 9001
产品情况:(创科源牌)
　　半导体激光打标机,应用于五金、汽车零部件、电子、发动机及附件等

★北京金铠星科技(集团)有限公司
地址:北京市海淀区中关村大街甲 38 号燕山大酒店
邮编:100044
电话:010/62625956
传真:58205716、62626505
网址:www. jinkaixing. com
电子信箱:web@ jinkaixing. com
产品情况:机动车检测技术设备,包括 JKX 简易瞬态工况法检测系统、JKX 简易稳态工况法检测系统、JKX 加载减速工况法检测系统、JKX 汽、柴两用机动车排气简易工况检测线、JKX OBD 故障诊断中心、JKX 汽油工况排放检测流动站系统、机动车“道路流动污染源”在线监测管理网络系统、智能化检测系统等

★机科发展科技股份有限公司
地址:北京市海淀区首体南路 2 号
邮编:100044
电话:010/88301153
电子信箱:market@ china - mass. com
单位人数:1200
质量体系:ISO 9001、ISO 14001
产品情况:汽车零部件自动检测仪器、自动检测分选设备、自动检测装配生产线等

★北京第二机床厂有限公司
地址:北京市丰台区卢沟桥南 4 号
邮编:100072
电话:010/83216622、83211074
传真:83211206
网址:www. bemtw. com
质量体系:ISO 9001
产品情况:(北二牌)
　　数控磨床、专用磨床、发动机凸轮

合肥海德数控液压设备有限公司

合肥海德数控液压设备有限公司，是专业从事数控、快速、专用液压机及成套设备研发制造的高新技术企业。公司秉承以市场为导向，创新谋发展的经营理念，创建了完善的质量管理体系，树立了良好的品牌形象，形成了强有力的开发创新能力。公司引进吸收国外先进的液压机设计制造技术，自主研发了多项国内领先的液压机控制、制造的核心技术，使企业的综合竞争能力大幅度提高。

公司产品已覆盖全国，远销欧美。产品应用领域包括汽车、高速列车、航空、航天、家用电器、锻造、军工等几十个行业。

公司可根据用户需求提供全系列液压机成型工艺及解决方案。

SHP27系列汽车冲压生产线

SHP27系列汽车冲压生产线

SHP96系列汽车内饰生产线

SHP25系列车门包边液压机

【质量荣誉】

科技型中小企业技术创新基金

立项证书

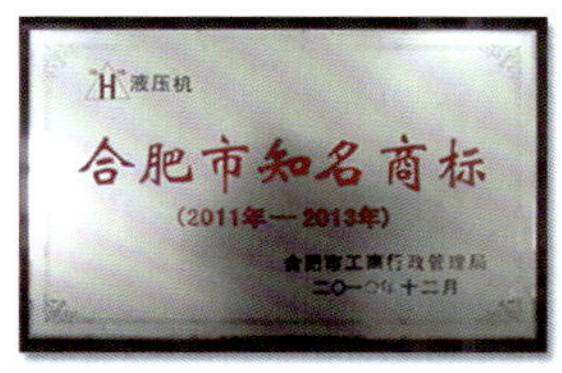

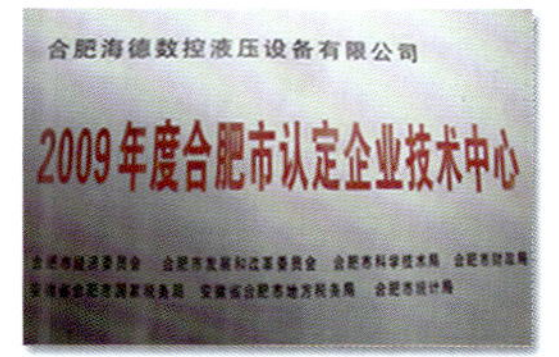

地址：安徽省合肥市经济技术开发区齐云路22号　电话：0551-3823717　传真：0551-3822518

网址：www.hfhaide.com.cn　E-MAIL：haide@hfhaide.com.cn

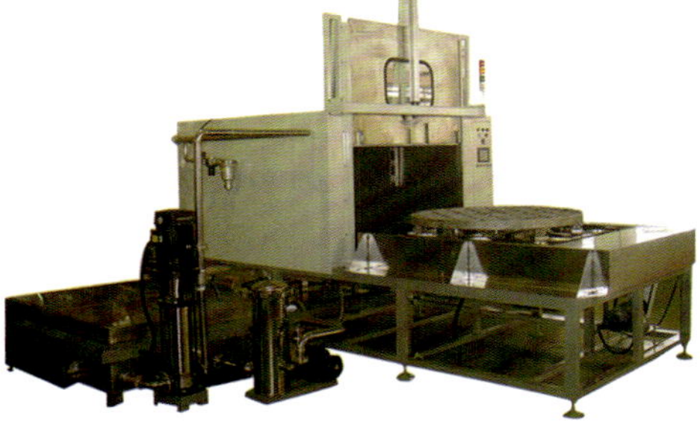

焊装线

涂装线

浸渍机器人(E-DIP)

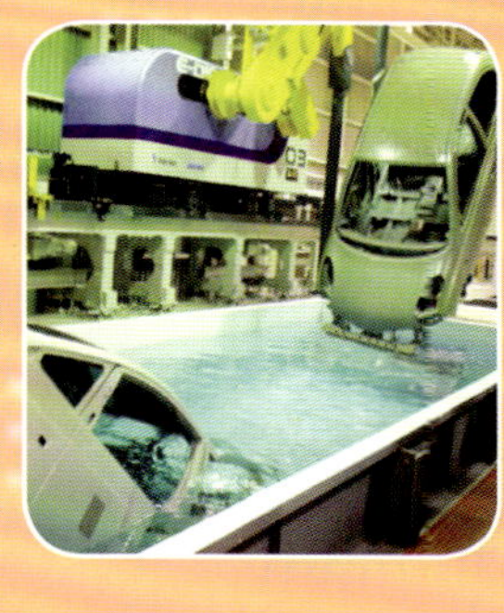

用于汽车涂装生产线表面处理的新型输送系统浸渍机器人，将输送技术与浸渍相关技术相结合，系统而全面地解决了目前世界涂装界所关注的涂装质量、生产成本以及环境保护等难题。

柔性驱动输送系统(FDS)

FDS 采用摩擦轮驱动载运小车（或吊具）连续运行，以完成整个输送过程。其最高输送速度可达 30m/min；无油污，免维护；工作时噪声很低；且在低速时运行平稳、没有“爬行”现象；目前已广泛用于汽车制造行业。

超低型柔性驱动输送系统(E-ASSY)

载运台车的台面高度仅 300mm；车载升降机自动上升，到达预定高度时自动锁紧；其最大升降行程为 500mm。

柔性驱动辊床(FDB)

FDB 采用摩擦轮为动力，直接驱动橇体上设置的“摩擦棒”，进而推动橇体（车身）沿辊床方向运动；橇体（车身）的承载和平衡采用带导向的无动力辊轮。

①柔性驱动辊床（FDB）

②悬架式柔性驱动输送系统（OH-FDS）

③转弯式柔性驱动输送系统（FLP-FDS）

④落地式柔性驱动输送系统（FL-FDS）

⑤超低型柔性驱动输送系统（E-ASSY）

上海大众二厂授予的优秀管理奖

荣誉证书

大福中国有限公司

在2011年度汽车二厂“朗逸先锋”New Lavida改造项目中荣获优秀管理奖

特此表彰

上海大众汽车二厂

2011年9月

大福（中国）有限公司获得的多项专利

ZL 2008 2 0135578.8	电动双轨悬架输送成套设备
ZL 2010 2 0253390.0	外部驱动动态联接装置
ZL 2010 2 0294310.6	随动式同步装置
ZL 2010 2 0253398.7	双侧组合升降装置
ZL 2010 2 0294309.3	全方位装配用台车
ZL 2010 3 0279687.X	随动式外部驱动装置
ZL 2010 3 0276072.1	外置驱动式装配用台车
ZL 2010 3 0276050.5	全方位装配用台车

公司总部	上海市娄山关路83号 新虹桥中心大厦2401室	邮政编码：200336	电话：021-62368600	传真：021-62368200
天津分公司	天津市河西区马场道59号增1号平安大厦18层	邮政编码：300203	电话：022-83867100	传真：022-23111292
广州分公司	广州市天河区天河北路183号 大都会广场35楼	邮政编码：510620	电话：020-87584586	传真：020-87534385

裂解连杆螺栓预装配+终装配机床（正面）

裂解连杆螺栓预装配+终装配机床（背面）

连杆裂解加工自动化生产线（外部）

连杆裂解加工自动化生产线（内部工位）

CAM—30型装配式凸轮轴数控装配机床

A.裂解连杆单机自动化设备

1.连杆裂解槽激光加工机床

机床主要技术规格		YAG固体激光切割系统参数	
激光切割头工作行程	150mm	最大输出功率	60～75W
裂解槽尺寸及公差	槽宽0.1～0.2mm 槽深0.4～0.6mm±0.05mm	最大脉冲功率	3.2kW
激光切割头工作速度	15～20mm/s	脉冲能量	0.1～30J
气动系统工作压力	0.5MPa	脉冲宽度	0.2～20ms

2.连杆裂解加工机床

基本型号	CSE-400	CSE-600
裂解连杆中心距范围	120～220mm	140～300mm
裂解连杆角度范围	0℃,30～55℃	0℃,30～55℃
公称裂解力	400kN	600kN
裂解速度	100～120mm/s(可调)	100～120mm/s(可调)

3.裂解连杆自动上螺栓与初拧紧机床

基本型号	BFAM-100	BFAM-200
裂解连杆中心距范围	120～220mm	140～300mm
裂解连杆角度范围	任意角度	
转矩范围	20～150N·m	32～220N·m

4.裂解连杆螺栓终拧紧机床

基本型号	BAM-100	BAM-200
裂解连杆中心距范围	120～220mm	140～300mm
裂解连杆角度范围	任意角度	
转矩范围	20～150N·m	32～220N·m

B.连杆裂解加工自动化生产线

基本型号	CSL-400	CSL-600
裂解连杆中心距范围	120～220mm	140～280mm
裂解连杆角度范围	0℃,30～55℃	0℃,30～55℃
裂解槽尺寸(槽宽×槽深)	0.2×(0.4～0.6)mm	0.2×(0.7～0.8)mm
公称胀断力	400kN	600kN
转矩范围	20～150N·m	32～220N·m
工件传送定位精度	±0.05mm	±0.05mm

C.凸轮轴数控装配机床

基本型号	CAM-30	CAM-50
适用范围	轿车发动机凸轮轴	卡车发动机凸轮轴
机床Z轴压装力	30kN	50kN
滑块最大行程	600mm	800mm
滑块最大速度	200mm/s	200mm/s

传真： 86-0431-89685562/85095659　E-mail：shenhua@jlu.edu.cn；kousq@jlu.edu.cn　网址：www.jiyanghuaxin.com

让世界更清凉

HVAC微通道换热器制造技术

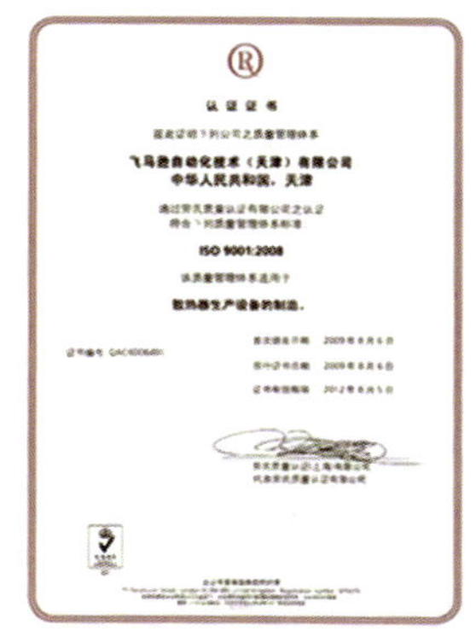

ISO9001：2008认证

空气调节行业始终面临提高产品热交换性能，减小产品尺寸，压缩潜在成本的挑战。

FMC公司研发的微通技术在15年中，为客户提供创新、可靠、节约成本的解决方案。微通道技术的发展为热交换技术的核心设计开发带来许多好处，其中包括：灵活的生产、理想的性能、可靠的工程设计、人性化的操作流程、易于维护。

FMC公司为汽车工业所研发的先进技术，使客户明显降低营运成本，提高产量。

微通道换热器技术必将广泛应用于HVAC领域原因：性能高、维护费用低。

飞马逊拥有一支专业的设计团队，以他们15年专业经验设计出一系列可信赖的产量高、废品少的设备，为HVAC行业生产出大型微通道换热器芯体（2500mm×1500mm）自动装配系统。

模具制造和服务

FMC公司已有超过15年模具设计及制造经验。拥有大型的机械厂，近期又投资750000欧元用于购买先进设备。

FMC公司提供精确和逆向工程服务，具备多种材料，如陶瓷等的加工工艺，为企业缩短生产周期，降低成本。

FMC公司具有全球模具供应能力，不仅能够为非本公司设备提供模具，而且有充足的备件和世界各地服务中心，包括欧洲，巴西，墨西哥，中国和中东，能满足客户各种服务要求。我们拥有一支具有丰富经验，知识，受过专业培训的专家团队，为您提供高效的设备维护服务及其他各种服务。

水室压装机

HVAC 微通道换热器组装机

Add: Honta Industrial Park, 78, Taihua Rd., TEDA, Tianjin, China 300457
地址：天津经济技术开发区泰华路78号宏泰工业园
Website: www.fmc-automation.cn
Tel: +86 (0) 22 5981 2581　Fax: +86 (0) 22 5981 2587

轴磨床等

★北京航空精密机械研究所
地址:北京市丰台区南苑东路5号
邮编:100076
电话:010/68383386、68383390
传真:68383390
网址:www.cpei303.com
电子信箱:303s@sina.com
单位人数:700
质量体系:ISO 9001
产品情况:LZ系列立柱三坐标测量画线机,可检测各种模具、大型构件,测量汽车车体的大尺寸部件,并具有画线功能

★天实中美(北京)科技有限公司
地址:北京市大兴区西红门镇南中轴路金星工业区2街8号
邮编:100076
电话:010/81285438、81285448
传真:61240071
网址:www.tscsb.com
电子信箱:tianshizhongmei@163.com
质量体系:ISO 9001
产品情况:单槽/多槽式超声波清洗机、半自动化/全自动化超声波清洗设备
出口情况:出口东南亚、中东、欧美等地区

★北京中科泛华测控技术有限公司
地址:北京市海淀区中关村东路18号
邮编:100083
电话:010/82600055
传真:62628056
网址:www.pansino.com.cn
电子信箱:mail@pansino.com.cn
单位人数:260
质量体系:ISO 9001
产品情况:(泛华测控Pansino牌)
传感器测试系统(包括轮速、位置、压力、爆震、T-MAP等传感器)、仪表盘测试系统、ECU测试系统、点火线圈测试系统、车载ABS测试系统、发动机状态检测系统等

★中国大恒(集团)激光工程分公司
地址:北京市海淀区上地信息路甲9号院3号楼
邮编:100085
电话:010/62970986、59741774
传真:62985968
网址:www.dhlaser.com.cn
电子信箱:market@cdhlaser.com
单位人数:69
质量体系:ISO 9001
产品情况:(大恒牌)
光纤激光打标机、半导体激光打标机、半导体泵浦激光打标机、灯泵浦YAG激光打标机
出口情况:出口韩国、日本、美国等国家,并销往中国香港、台湾地区

★北京博奥嘉华激光科技有限公司
地址:北京市海淀区上地西路8号院上地科技大厦
邮编:100085
电话:010/82773523、82771581
传真:58851560
网址:www.boaolaser.com.cn
电子信箱:sales@boaolaser.com.cn
单位人数:130
质量体系:ISO 9001
产品情况:激光打标机、激光焊接机、激光切割机等

★北京高科物流仓储设备技术研究所
地址:北京市海淀区长春桥路5号新起点嘉园
邮编:100089
电话:010/82561876、82561897
传真:82563983
网址:www.gaoko.com
电子信箱:gaoko@vip.sina.com
单位人数:50
产品情况:物流仓储系统规划、自动化立体仓库成套设备及计算机仓储管理信息系统的技术开发及项目实施

★北京天正通表面工程技术有限公司
地址:北京市海淀区紫竹院路81号院
邮编:100089
电话:010/88115428-600
传真:88151091
网址:www.tempro.com.cn
电子信箱:gufei126115@163.com
单位人数:165
质量体系:ISO 9001
产品情况:(Tempro牌)
超声波清洗设备、表面处理设备、喷涂设备、干燥设备等

★北京金诺时代科技发展公司
地址:北京市海淀区厢红旗路5号院南楼一层
邮编:100091
电话:010/62866102、4008103028
传真:62882364
网址:www.penmaji.net
质量体系:ISO 9001
产品情况:(金诺(Gold Pro)牌)
高解析喷码机、小字符喷码机、手持式喷码机、激光喷码机

★北京机械工业自动化研究所机器人及薄钢技术研究中心
地址:北京市西城区德胜门外教场口1号
邮编:100120
电话:010/82285506
传真:82285555
网址:www.robotschina.com
电子信箱:irc@riamb.ac.cn
质量体系:ISO 9001
产品情况:机器人、光机电一体化设备、大型成套自动化设备,用于汽车、机械等行业
配套情况:为成都银河、东风汽车公司、北京中环汽车、广汽长丰等配套

★北京恒驰智能科技有限公司
地址:北京市海淀区金沟河路1号院23号楼
邮编:100143
电话:010/68178786
传真:68178226
网址:www.bjhanch.com
电子信箱:Hanch301@sina.com
质量体系:ISO 9001
产品情况:子午线轮胎成型机

★安川首钢机器人有限公司
地址:北京市亦庄经济技术开发区永昌北路7号
邮编:100176
电话:010/67880544、67880541
传真:67880542、67882878
网址:www.sg-motoman.com.cn
电子信箱:postmaster@sg-motoman.com.cn
产品情况:机器人及其自动化应用生产线,用于汽车制造业等,如车桥弧焊机器人系统、车身焊接机器人系统、车灯涂胶机器人系统等

★固安科伟达精密科技有限公司
地址:北京市经济园固安经济开发区5号路
邮编:100176
电话:010/80842018
传真:80842028
电子信箱:chinakwt@szonline.net
质量体系:ISO 9001
产品情况:(科伟达牌)
超声波精密清洗设备

★北京宝克测试系统有限公司
地址:北京市通州区马驹桥镇金桥科技园区景盛中街20号
邮编:101102
电话:010/60571288
传真:60571010
网址:www.bbkco.com.cn
电子信箱:sales@bbkco.com.cn
产品情况:整车生产线终端检测设备、研发用各类低盘测功机、轮胎装配线等,可用于轻、中、重型汽车、摩托车等整车及零部件的耐久性能、环境和振动噪声(NVH)等试验
配套情况:用户有一汽集团、上汽集团、东风汽车、中汽中心、清华大学、吉林大学等

★北京比亚迪汽车模具有限公司
地址:北京市通州区科创东五街1号
邮编:101111
电话:010/69508888
传真:69509999、67711363
网址:www.byd.com.cn
电子信箱:bydbeijing@byd.com.cn
质量体系:QS 9000、ISO 9001
产品情况:(比亚迪牌)
汽车覆盖件及内板件模具、精冲模具、装焊夹具、冲压件检具等

★凯迈锡精密机械(北京)有限公司
地址:北京市顺义区马坡镇秦五姚村东侧
邮编:101300
电话:010/69406753
传真:69406754
网址:www. kukilmecha. co. kr
电子信箱:wsyil@ yahoo. com. cn
质量体系:ISO 9001
产品情况:精密零件的自动测量设备

★北京东方昊为工业装备有限公司
地址:北京市顺义区马坡镇聚源工业区B区
邮编:101300
电话:010/69407690、69407694
传真:69407640
质量体系:ISO 9001
产品情况:喷砂(丸)设备、抛丸设备、喷漆烘干设备、化学前处理生产线、涂装生产线、电泳生产线、粉末静电喷涂生产线、除湿机及空调机组、空气净化设备、柔性大门输送设备等

★北京北一法康生产线有限公司
地址:北京市顺义区林河工业开发区双河大街16号
邮编:101300
电话:010/89452235
传真:89452230
网址:www. byjc – fabricom. com. cn
电子信箱:linongyi@ byjc – fabricom. com. cn
单位人数:108
质量体系:ISO 9001
产品情况:汽车、家电、轻工、IT、医药等行业专用生产线及成套设备
配套情况:汽车发动机生产线供神龙汽车、一汽轿车;汽车变速器生产线供神龙汽车、唐山爱信齿轮有限公司;汽车转向柱生产线供上海采埃孚转向机公司;汽车消声器供北京康明斯排放系统公司;其他如上海三菱零部件装配线、杭州松下电器生产线、德尔福等公司成套设备

★北京第一机床厂
地址:北京市顺义区林河工业开发区双河大街16号
邮编:101300
电话:010/89496161
传真:58690354
网址:www. byjc. com. cn
电子信箱:bjby@ 263. net. cn
质量体系:ISO 9001
产品情况:(北一牌)
升降铣床、床身式铣床、圆工作台铣床、数控镗铣钻机床、立卧式加工中心、数控钻削中心以及重型、超重型的数控龙门镗铣床、龙门加工中心、装配生产线专用机床、汽车部装配线和地质工程钻机等
出口情况:远销50多个国家和地区

★北一大隈(北京)机床有限公司
地址:北京市顺义区林河工业开发区双河大街16号
邮编:101300
电话:010/89498533、89498551
传真:89498518、89498561
网址:www. okuma – byjc. com
电子信箱:liyanling@ okuma – bjy. com
产品情况:立式加工中心、数控车床、卧式加工中心等
出口情况:远销50多个国家和地区

★北京中科科仪公司真空技术分公司
地址:北京市昌平区回龙观镇北街国际信息产业基地高新二街2号
邮编:102206
电话:010/61778288、62571592
传真:58043574、62617951
网址:www. kyky. com. cn
电子信箱:Lixiaochen@ kyky. com. cn
质量体系:ISO 9001
产品情况:真空检漏设备
出口情况:出口东南亚、欧美等地区

★北京世茂机电科技有限公司
地址:北京市大兴开发区科苑路15号
邮编:102600
电话:010/60214861、61272023
传真:60214860
网址:www. bsm. com. cn
电子信箱:bsm@ bsm. com. cn
质量体系:ISO 9001
产品情况:冲压模具及模具标准件
配套情况:为一汽–大众、东风汽车公司、哈飞汽车、华晨金杯、广汽本田供货

★科诺华麦修斯电子技术(北京)公司
地址:北京市大兴工业开发区金苑路26号金日科技园C座
邮编:102600
电话:4008902800
传真:010/88796536
网址:www. kenuohua. com
电子信箱:sale@ kenuohua. com
质量体系:ISO 9001
产品情况:喷码机

★北京永茂机电科技有限公司
地址:北京市大兴区生物工程与医药产业基地庆丰路26号
邮编:102609
电话:010/60279696
传真:60279090
网址:www. byteccm. com. cn
质量体系:ISO 9001、ISO 14001
产品情况:汽车冲压模具标准件

天津市

★天津市天大银泰科技有限公司
地址:天津市南开区卫津路92号天大内燃机研究所内
邮编:300072
电话:022/27406453、27409512
传真:27409512
网址:www. rp. com. cn
电子信箱:yintai@ rp. com. cn
产品情况:气液增压缸、气液增压泵、齿轮泵、多路换向液压阀和多工位离心式真空注型机;快速成形、快速制模、快速铸造、快速测量、光机电装备等

★天津第一机床总厂
地址:天津市河东区津塘路146号
邮编:300170
电话:022/24390723、24932536
传真:24390644
网址:www. tmtw. com
电子信箱:sales@ tmtw. com
质量体系:ISO 9001
产品情况:数控插齿机、铣齿机、磨齿机、滚动检查机、研齿机、倒棱机、倒角机、磨刀机等
出口情况:出口德国、美国、捷克、西班牙、土耳其、阿根廷、印度等20多个国家,并销往中国台湾地区

★大福(中国)有限公司天津分公司

地址:天津市河西区马场道59号增1号平安大厦18层
邮编:300203
电话:022/83867100
传真:23111292
网址:www. daifuku. com. cn
电子信箱:liansheng_huang@ daifuku. tj. cn
法人代表:牧村胜巧
负责人:江本辉喜
单位人数:60
质量体系:ISO 9001、ISO 14001
产品情况:(DAIFUKU牌)
专业从事生产企业物流系统的咨询、设计、施工和服务,主要产品有汽车生产输送系统、立体自动仓库(AS/RS)、高速分拣系统、洁净车间内的输送及仓储系统、仓储管理解决方案及软件
配套情况:主要客户有天津一汽丰田、本田中国、东风本田、广汽本田、广汽丰田、上海通用、上海大众、东南汽车、浙江吉利、中国重汽济南卡车、郑州日产、长安福特、东风日产柴、一汽解放、四川一汽丰田、金杯通用、郑州宇通客车、庆铃汽车、上海通用沈阳北盛、一汽轿车、东风日产(花都、襄樊)、上汽乘用车(临港)、天津本田摩托、五羊本田摩托、重庆雅马哈摩托、嘉陵本田摩托、天津丰田发动机、沈阳三菱发动机、天津雅马哈电子乐器等
☞ 详细情况请参阅彩色宣传版面

★天津鼎工机电设备制造有限公司
地址:天津市河西区尖山路2–2号
邮编:300211
电话:022/28313027、28310409
传真:28313027

网址:www. dg - cn. com
电子信箱:xsb@ dg - cn. com
质量体系:ISO 9001
产品情况:(九鼎牌)
智能型汽车专用加注机,年产能力50 台套
配套情况:主要用户有北汽福田、昌河铃木、厦门金龙、吉利汽车、天汽美亚、上海通用、沈阳北盛、天津一汽夏利、东风本田、重汽集团、吉林轻型车等

★天津市神光新技术开发公司
地址:天津市河西区怒江道 8 号
邮编:300220
电话:022/28151226
传真:28151229
网址:www. china - shenguang. com
电子信箱:wencai. wang@ 163. com
质量体系:QS 9000、ISO 9001
产品情况:(神光牌)
反射器模具及三角牌、路标、汽摩反射器等产品,塑胶、冲压模具
出口情况:出口欧美、日本、东南亚等国家和地区

★天津精诚机床股份有限公司
地址:天津市东丽经济开发区丽新路 10 号
邮编:300300
电话:022/24981179、24981172
传真:24981170
网址:www. tj - jcmt. com
电子信箱:jingcheng@ tj - jcmt. com
质量体系:ISO 9001
产品情况:齿轮加工机床设备
出口情况:出口美国、意大利、德国、芬兰、韩国、日本、伊朗等 10 多个国家,并销往中国台湾地区

★天津天一热处理有限公司
地址:天津市东丽区军粮城滨铺工业园 B2 - B3
邮编:300301
电话:022/84360308
传真:84360338
网址:www. tjrechuli. cn
单位人数:75
质量体系:ISO 9001
产品情况:轴与齿轮等零件热处理,大型模具表面的氮化处理、软氮化处理等

★天津汽车模具股份有限公司
地址:天津市天津港保税区空港物流加工区航天路 77 号
邮编:300308
电话:022/24891915
传真:24891913
网址:www. tqm. com. cn
电子信箱:tqm@ tqm. cn
单位人数:395
质量体系:ISO 9001
产品情况:汽车覆盖件冲压模具、装焊线和检具等
出口情况:部分产品出口

◉ 津伦(天津)精密机械股份公司
地址:天津市新技术产业园区华苑产业区海泰华科大街 3 号
邮编:300384
电话:022/23329088
传真:83710016
网址:www. keenland. com. cn
电子信箱:info@ keenland. net
法人代表(负责人):陈钢毅
单位人数:110
质量体系:ISO 9001、ISO 14001
产品情况:(津伦牌)
汽车变速器、发动机零件制造,汽车生产线测漏检测设备、浸渗设备
配套及出口情况:主要客户有株式会社中央发明研究所、东莞三峰精密技术有限公司、南京长安马自达发动机有限公司、成都天兴山田车部用品有限公司、浙江吉利汽车有限公司、法雷奥(长春)压缩机有限公司、天津一汽夏利汽车股份有限公司、力神迈尔斯动力电池系统有限公司、北京光华荣昌汽车部件有限公司;出口日本

★天津赛象科技股份有限公司
地址:天津市花苑新技术产业园区(环外)海泰发展四道九号
邮编:300384
电话:022/23788188
传真:23788199
网址:www. chinarpm. com
电子信箱:rpm@ vip. sina. com
质量体系:ISO 9001
产品情况:(赛象牌)
子午线轮胎生产设备
出口情况:出口美国、英国、法国、日本、南美、东南亚等国家和地区

★天津世纪动力科技发展有限公司
地址:天津市南开区华苑产业区兰苑路 9 号 2 - 601
邮编:300384
电话:022/83713992、23791602
传真:83713992
网址:www. cpower. cn
电子信箱:sales@ cpower. cn
产品情况:汽车发动机排放检测设备、TCP - I 型摩托车排气污染物测试设备、三维投影光学扫描系统

★天津七所高科技有限公司
地址:天津市北辰科技园区高新大道 64 号
邮编:300409
电话:022/86993512
传真:86993522
网址:www. 707hi - tech. com
电子信箱:geyi_1027@ 163. com
单位人数:231
质量体系:ISO 9001
产品情况:(陆华牌)
悬挂式点焊机、固定式点焊机、一体化式点焊机、机器人焊钳、联网群控系统、各类专机
配套及出口情况:客户有一汽 - 大众、一汽集团、奇瑞汽车、重庆长安、东风乘用车、北汽福田、吉利汽车、中国重汽、上海大众、北京奔驰、天津夏利;出口越南、伊朗、埃及、土耳其、巴基斯坦、乌拉圭

★长野福田(天津)仪器仪表公司
地址:天津市开发区第九大街 80 号丰华工业园 7 号厂区
邮编:300457
电话:022/59810966
传真:59810963
网址:www. fukuda - tj. com. cn
电子信箱:sales@ fukuda - tj. com. cn
质量体系:ISO 9001
产品情况:(NKS 牌)
机械压力表、数字压力表、压力校准仪器、压力传感器、压力变送器、机械式温度计、电子式温度测量、流量计等
出口情况:出口欧洲、美国、中东等国家和地区

★ 飞马逊自动化技术(天津)有限公司
地址:天津市开发区泰华路 78 号宏泰工业园
邮编:300457
电话:022/59812581
传真:59812587
网址:www. fmc - automation. cn
电子信箱:sales@ fmc - automation. cn
单位人数:100
质量体系:ISO 9000
产品情况:(FMC 牌)
滚带机、制管机、芯体组装机、MPE 扁管校直切断机、水室压装机等设备和相关模具
☞ 详细情况请参阅彩色宣传版面

★川崎机器人(天津)有限公司
地址:天津市经济技术开发区第五大街 41 号 C 区 1 层 9 号
邮编:300457
电话:022/59831888
传真:59831889
网址:www. kawasakirobot. cn
产品情况:弧焊、喷漆、搬运、电焊机器人等

★鸿天工业自动化(天津)有限公司
地址:天津市经济技术开发区黄海路 88 号
邮编:300457
电话:022/62001860
传真:62001400、25321383
电子信箱:tjhtgyzdhgs@ sme. cn
产品情况:(鸿天牌)

各种全自动装配生产线、物流传输系统等

★丰田一汽(天津)模具有限公司
地址:天津市经济技术开发区黄海路228号
邮编:300457
电话:022/66230888
传真:66237144
电子信箱:baiyin@ tftd. com. cn
质量体系:ISO 9001
产品情况:汽车用大型冲压模具

★天津国丰模具有限公司
地址:天津市经济技术开发区第十三大街46号
邮编:300457
电话:022/66237560
传真:66237180
网址:www. gfmold. com
电子信箱:amy@ gfmold. com
质量体系:ISO/TS 16949、ISO 9001
产品情况:汽车内外饰件注塑模具
出口情况:远销欧美及日本

★天津市天二锻压机床有限公司
地址:天津市宝坻区新开口公里北侧
邮编:301815
电话:022/29610777、29611176
传真:29611094
网址:www. tjyyj. com
电子信箱:yyj@ tjyyj. com
质量体系:ISO 9001
产品情况:(双顶牌)
　　Y30、Y41单柱系列、Y31双柱系列、Y32四柱系列、Y40精密校直系列等各种型号液压机床

河北省

★河北盛世集团凌云铸造模具公司
地址:河北省宁晋县宁辛路四十二号
邮编:055500
电话:0319/5850695、5850777
传真:5850718
网址:www. hblymj. com
电子信箱:lingyunjiaolian@ 126. com
单位人数:200
质量体系:ISO 9001
产品情况:压铸模、注塑模、冲压模、漏模、铸造用热芯盒、砂型、铝型、消失模等模具,同时还生产覆膜砂半自动/全自动射芯机、壳芯机、消失模成型机、铁膜覆砂生产线等铸造设备

★河北东风锻压机械有限公司
地址:河北省邢台市宁晋县东环路23号
邮编:055550
电话:0319/5885765、5806718
传真:5885761、5884878
网址:www. hbpress. cn
电子信箱:sales@ hbpress. cn
质量体系:ISO 9001
产品情况:型号Y30单柱、Y40单柱精密校直、Y41单柱校正压装、Y31双柱、框架、Y32四柱、Y27单动拉伸、Y28双动拉伸等系列液压机
出口情况:出口日本、土耳其、越南等国家和地区

★沧州富盛精密机床附件制造公司
地址:河北省盐山县边务经济技术开发区富盛工业园
邮编:061300
电话:0317/6304163、6304177
传真:6304162、6304176
网址:www. czjmpj. com
电子信箱:czjmpj@ 163. com
负责人:张元文
质量体系:ISO 9001
产品情况:机床防护产品、配线器材、机械照明灯具、减振装置、铁屑排除输送机械及操作件

★泊头市精密工量具有限公司机床厂
地址:河北省泊头市交河工业园区
邮编:062150
电话:0317/5562553
传真:5562533
网址:www. btjmj. com
电子信箱:jmglj@ vip. 163. com
单位人数:500
质量体系:ISO 9000
产品情况:(精密牌)
　　铸铁平板、铸铁平台、检验平板、检验平台、画线平板、偏摆仪、平尺、铸铁弯板、工作台、大理石平台、直角尺、T形槽平板、铸铁平尺、平台等
出口情况:出口美国、英国、日本、越南、土耳其、俄罗斯、新加坡、马来西亚

★泊头市精达工量具有限公司机床厂
地址:河北省泊头市车站街邮电大楼东侧
邮编:062150
电话:0317/8225222
传真:8294068
网址:www. btjdj. com、www. hbjdjc. com
电子信箱:btjdlj@ vip. 163. com
单位人数:500
质量体系:ISO 9000
产品情况:(精达牌)
　　铸铁平板、铸铁平台、检验平板、检验平台、画线平板、偏摆仪、平尺、铸铁弯板、端面铣床、龙门铣床、机床床身、工作台、大理石平台、直角尺、T形槽平板
配套及出口情况:铸铁平板为深圳比亚迪配套;出口美国、英国、日本、土耳其、越南、俄罗斯、新加坡、马来西亚

★唐山松下产业机器有限公司
地址:河北省唐山市高新技术开发区庆南道9号
邮编:063020
电话:0315/3206066
传真:3206018
网址:pwst. panasonic. cn
电子信箱:sales@ tsmi. cn
质量体系:ISO 9001
产品情况:焊接机器人、全数字焊机
出口情况:出口美国、韩国、日本、东南亚、沙特阿拉伯等国家和地区

★唐山开元自动焊接系统有限公司
地址:河北省唐山市高新技术开发区火炬路189号
邮编:063020
电话:0315/3859606、3859646
传真:3859644
网址:www. autoweld. com. cn
电子信箱:info@ autoweld. com. cn
产品情况:弧焊自动焊接机及生产线、阻焊自动焊接机及生产线、中小型压力容器自动焊接生产线、皮带机托辊自动焊接生产线、埋弧焊系列、管道相贯线切割机等各类专用自动焊接装备

★秦皇岛方华埃西姆机械有限公司
地址:河北省秦皇岛市经济技术开发区海河道2号
邮编:066004
电话:0335/8518200、8518300
传真:8518400
网址:www. fanghua - secm. com
电子信箱:fsm@ fanghua - secm. com
产品情况:辊压、拉弯、冲压设备
配套及出口情况:为国际的欧美日汽车零部件供应商提供从型材辊压到拉弯及后序加工等成套工艺装备;出口欧美、日本等国家和地区

★承德华远自动化设备有限公司
地址:河北省承德市开发区东区
邮编:067000
电话:0314/2121697
传真:2121675
网址:www. huayuanautomation. com
电子信箱:huayuanautomation@ 163. com
质量体系:ISO 9001
产品情况:汽车总装物流自动化系统、汽车焊装物流自动化系统、汽车涂装物流自动化系统
配套情况:客户有大众、通用、神龙、华晨等

★德盛检测设备有限公司
地址:河北省承德市双桥区水泉沟路1号
邮编:067000
电话:0314/2133901、2133903
网址:www. china - cots. com
质量体系:ISO 9001
产品情况:非金属材料检测设备,包括管材静液压试验机、热变形、维卡软化点温度测定仪、熔体流动速率测定仪、摆钟式冲击试验机、落锤式冲击试验机、电子万能试验机、制样设备、人造板

检测设备、燃烧性能检测设备等
出口情况:出口俄罗斯、叙利亚、马来西亚等10多个国家

★保定市巨龙微波能设备有限公司
地址:河北省保定市合作路副10号
邮编:071000
电话:0312/5066001
传真:5028183
网址:www.bdjulong.com.cn
电子信箱:julong@bdjulong.com.cn
质量体系:ISO 9001
产品情况:(巨龙牌)
汽车密封条生产线设备
配套情况:主要客户是汽车密封条生产厂家

★保定市长安晨光机械有限公司
地址:河北省保定市乐凯南大街266号
邮编:071000
电话:0312/5932007
传真:5932019
单位人数:281
产品情况:汽车冲压件模具、机械加工件、冲压件

★保定向阳航空精密机械有限公司
地址:河北省保定市向阳北大街88号
邮编:071064
电话:0312/3099818、3099800
传真:3099999
网址:www.xiangyang.com.cn
电子信箱:bdxy@xiangyang.com.cn
质量体系:ISO 9001
产品情况:组合夹具、柔性夹具、精密平口钳、金属带锯床、模具及模具标准件等
出口情况:远销美国、加拿大、英国、法国、德国、意大利、瑞典、荷兰、丹麦等国家

山西省

★太原工具厂
地址:太原市烟草坪区刚园路73号太原不锈钢园B区
邮编:030009
电话:0351/3180792、2686123
传真:3180723
网址:www.taiyuantool.com
电子信箱:tytool@taiyuantool.com
单位人数:800
质量体系:ISO 9001
产品情况:(太牌)
拉削刀具、齿轮刀具、孔加工刀具、螺纹刀具、铣削刀具及硬质合金可转位刀具,广泛应用于汽车行业、机床行业等

★永济新时速电机电器有限公司
地址:山西省永济市电机大街18号
邮编:044500
电话:0359/8075162、8072236
传真:8075290
网址:www.yonge.com.cn
电子信箱:mar@yonge.com.cn
质量体系:ISO 9001、ISO 14001
产品情况:主要从事铁路机车车辆、城市轨道交通车辆、铁路起重机械、各类机电设备及部件的设计、制造和销售
出口情况:出口美国、英国、加拿大、日本、北美洲、苏丹、委内瑞拉、阿联酋等国家和地区

辽宁省

★沈阳金杯汽车实业总公司
地址:沈阳市东陵区方南路6号
邮编:110015
电话:024/24222058
传真:24222058
单位人数:500
质量体系:ISO 9001
产品情况:模具

★沈阳精益数控机械有限公司
地址:沈阳市东陵区文体东路7-1号
邮编:110015
电话:024/24516281
传真:24530822
网址:www.cncsjy.com
电子信箱:sjy_126@126.com
单位人数:80
产品情况:各类数控机床和数控专用设备,如数控车磨复合、活塞加工、数控多边加工车床、立式/倒式数控车床、转台式数控组合机、各种多工位加工数控专机及具有复合功能的数控车床等

★沈阳二四五厂
地址:沈阳市皇姑区黑龙江街32号
邮编:110032
电话:024/86853424、86294016
传真:86294017
网址:www.sy245.com
电子信箱:xuhong245@yahoo.com.cn
单位人数:1000
质量体系:ISO 9001
产品情况:轮胎拆装机、镗制动鼓机、鼓盘切削机、轮胎动平衡机、举升机系
出口情况:远销美国、加拿大、澳大利亚、新西兰、南非、挪威、秘鲁、埃及等20多个国家和地区

★沈阳新科精密仪器设备有限公司
地址:沈阳市皇姑区茶山路1-1号
邮编:110034
电话:024/86500988、86526700
传真:86526254
网址:www.xinke.net.cn
电子信箱:xinke@mail.sy.ln.cn
单位人数:50
产品情况:(新科牌)
化油器测试设备、电子控制燃油喷射系统测试设备、滤清器测试设备、机油泵/水泵测试设备、风扇/离合器性能测试设备、气体流量测试设备、粒子计数器测试设备等

★沈阳三丰电气有限公司
地址:沈阳市苏家屯区雪莲街10甲
邮编:110102
电话:024/23734044
传真:23730084
网址:www.sfdq.net.cn
质量体系:ISO 9001、VDE
产品情况:高低压开关柜、动静态补偿柜、母线槽、桥架、工厂照明等通用动力设备;钢结构、工艺照明、淋雨线、终检线、烘干炉、机器人系统集成、非标设备、自动化及机电工程等
配套情况:主要客户有北京奔驰、华晨宝马、奥迪、大众、天津一汽丰田、一汽解放、一汽轿车、比亚迪、北方奔驰、华晨金杯、上海通用、厦门金龙、长安福特、柳州汽车、一汽富奥、弗吉尼亚等

★沈阳金科精密仪器设备有限公司
地址:沈阳市道义开发区京沈西一街11-1号
邮编:110136
电话:024/89738828、89738818
传真:89738618
网址:www.xinke.net.cn
电子信箱:xinke@xinke.net.cn
产品情况:空气流量测试仪、空气泄漏测试仪、机油泵密封件测试台、截止阀性能测试台、发动机总成泄漏测试台等
出口情况:远销亚洲、欧洲、美洲等国家和地区

★沈阳金杯汽车模具制造有限公司
地址:沈阳市于洪区沈大路83号
邮编:110141
电话:024/25315629、25315519
传真:25315539
网址:www.jbzz.com
电子信箱:jbmjc@jbzz.com
单位人数:130
质量体系:ISO 9001
产品情况:冷冲压模具、锻模、各种冷冲压件、机械加工零部件

★沈阳机床(集团)有限责任公司
地址:沈阳市于洪区渤海路26-16号1门
邮编:110141
电话:024/25340887、25341000
传真:25340945
网址:www.syms.com.cn
电子信箱:sale@syms.com.cn
质量体系:ISO 9001
产品情况:CKS系列数控车床,适用于汽车、摩托车等对回转体零件的加工

★沈阳飞捷激光研究所
地址:沈阳市东陵区东大营街8-1号
邮编:110161

电话:024/88448588、62116288
传真:88414264
网址:www. feijie. cn
电子信箱:feijie@ feijie. cn
质量体系:ISO 9000
产品情况:(飞捷牌)
电脑气动打标机、激光打标机、标牌打印机、金属电化学打标机、喷码机、互感器、电测校验仪表、特种电子元器件等
出口情况:出口马来西亚、印尼、日本、韩国等国家

★新松机器人自动化股份有限公司
地址:沈阳市浑南新区金辉街 16 号
邮编:110168
电话:024/31699000、31699118
传真:23815100、23815866
网址:www. siasun. com
电子信箱:market@ siasun. com
单位人数:630
质量体系:ISO 9001
产品情况:工业机器人,主要用于汽车制造业
配套及出口情况:已应用于部分整车生产线;出口孟加拉国、墨西哥、印度、俄罗斯、加拿大等国家

★营口锻压机床有限责任公司
地址:辽宁省营口市站前区东郊街锻压北里 38 -1 号
邮编:115001
电话:0417/3842197、3842088
传真:3842739
网址:www. ykdy. com
电子信箱:ykdy@ ykdy. com
法人代表:宋勇
单位人数:800
质量体系:ISO 9001
产品情况:(YINGDUAN 牌)
机械压力机,18 个系列 126 种规格,年产值 1.5 亿元,适用于汽车、军工、电动机、五金等各个领域
出口情况:出口多工位压力机,出口产值 1000 万元

★大连智云自动化装备股份有限公司
地址:辽宁省大连市西岗区黄河路 17 号
邮编:116011
电话:0411/83630388
传真:83612292
网址:www. zhiyun - cn. com
电子信箱:zhiyun@ zhiyun. cn. com
单位人数:330
质量体系:ISO 9001
产品情况:(ZHIYUN 牌)
自动检测设备、自动装配设备、物流搬运设备、清洗过滤设备、专用切削加工设备,产值 1.5 亿元人民币
配套情况:装配线供广西玉柴机器股份有限公司、东风康明斯发动机有限公司,自动测漏机供上汽通用五菱汽车股份有限公司、东风本田发动机有限公司,自动压装机供沈阳航天三菱汽车发动机制造有限公司、江铃汽车股份有限公司,自动涂胶机供北汽福田康明斯发动机有限公司、东风日产发动机有限公司,清洗机供昆明云内动力股份有限公司、上海日野发动机有限公司,冷却液集中处理系统供天津雷沃动力股份有限公司、蒙古欧意德发动机有限公司

★大连众恒自动化技术有限公司
地址:辽宁省大连市沙河口区兴工南五街 1 号
邮编:116021
电话:0411/84630853、83895523
传真:84630992
网址:www. dlzh. com
电子信箱:info@ dlzh. com
产品情况:组合机床、装配机床以及其他的配套辅助设备

★大连裕隆涂装设备有限公司
地址:辽宁省大连市沙河口区中山路 595 号
邮编:116021
电话:0411/84669830、84669840
传真:84669810
网址:www. dlyulong. com
电子信箱:yulong@ dlyulong. com
产品情况:汽车涂装设备及生产线等
配套情况:与美国固瑞克(GRACO)公司、美国寿力(SULLAIR)公司、美国吉尼(GENIE)公司、特雷克斯(TEREX)公司、意大利爱德罗(IDROBASE)公司建立了长期合作关系

★亿达日平机床有限公司
地址:辽宁省大连市甘井子区软件园路 11 号
邮编:116023
电话:0411/84752447、84687628
传真:84687608
网址:www. ynccn. com
电子信箱:ynccn@ ynccn. com
单位人数:500
质量体系:ISO 9001
产品情况:(YNC 牌)
加工中心、专用机床及由他们组成的自动线、柔性线等
配套及出口情况:为东风本田、东风康明斯、一汽丰田发动机(长春)、东风日产乘用车等配套;出口泰国、印度等国家

★大连格利特博尔科技有限公司
地址:辽宁省大连市甘井子区华林工业园地
邮编:116033
电话:0411/86859463、86858886
传真:86859816
网址:www. greatbon. com
质量体系:ISO 9001、ISO 14001
产品情况:工业清洁剂,包括金属表面处理系列、工业专用产品系列、电力电器设备通用系列、水处理系列、专用产品系列等

★大连橡胶塑料机械股份有限公司
地址:辽宁省大连市甘井子区营辉路 18 号
邮编:116036
电话:0411/86641769、86651697
传真:86641873、86641431
网址:www. dlrpm. com
电子信箱:sale@ dlrpm. com
质量体系:ISO 9001
产品情况:大、重型橡胶塑料机械装备,包括橡胶塑料密炼生产线、橡胶塑料压延生产线、各种橡胶塑料开炼机、橡胶挤出机、挤出压延法内衬层生产线、轮胎胎面(胎侧)复合挤出生产线、橡胶输送带压延生产线、大型平板硫化生产线、塑料吹塑薄膜机组、塑料双螺杆挤出造粒生产线、大型塑料混炼挤压造粒机组等
出口情况:远销欧洲、美洲、亚洲、澳大利亚、非洲等 70 多个国家和地区

★大连保税区大显模具制造有限公司
地址:辽宁省大连市保税区仓储加工区 IC -33
邮编:116600
电话:0411/87307850、87308627
传真:87308629
网址:www. dxmould. cn
电子信箱:gaomat@ sohu. com
单位人数:260
质量体系:ISO 9001
产品情况:大、中型精密塑料模具及塑料制品

★中京金刚工具(大连)有限公司
地址:辽宁省大连市经济技术开发区铁山中路 49 号
邮编:116600
电话:0411/87337070
传真:87337171
网址:www. chukyo. com. cn
电子信箱:info@ chukyo. com. cn
单位人数:120
产品情况:PCD 刀具(聚晶金刚石刀具)和 PCBN 刀具(聚晶立方氮化硼刀具)等
出口情况:远销日本、东南亚和欧美等国家和地区

★盘起工业(大连)有限公司
地址:辽宁省大连市经济技术开发区锦州街 5 号
邮编:116600
电话:0411/87613087
传真:87613050
网址:www. punch87. com
电子信箱:punch@ punch87. com
质量体系:ISO 9001、ISO 14001

产品情况：模具标准件，应用于精密的塑料模具、冲压模具、半导体模具、压铸模具以及其他精密工装夹具等领域
出口情况：远销日本、欧美等国家和地区

★大连因代克斯机床有限公司
地址：辽宁省大连市经济技术开发区辽宁街19号
邮编：116600
电话：0411/87619788
传真：87638822
网址：www.index-werke.de
电子信箱：indexidm@online.ln.cn
质量体系：ISO 9001
产品情况：TNA 系列机床

★大连机床集团有限责任公司
地址：辽宁省大连市开发区双D港辽河东路100号
邮编：116620
电话：0411/87549888、87582366
传真：87582169
网址：www.dmtg.com
电子信箱：ShouQian@dmtg.com
质量体系：ISO 9001
产品情况：（DMTG 牌）
组专机及柔性制造系统，立、卧式加工中心，数控车床和车铣中心，高效精密车床及附件，汽车动力总成及传动部件
出口情况：远销100多个国家和地区

★锦州万得机械装备有限公司
地址：辽宁省锦州市经济技术开发区西海路
邮编：121007
电话：0416/3588535
传真：3588534
网址：www.wanderme.com
电子信箱：pqj@wanderme.com
产品情况：（WONDER 牌）
减振器、气弹簧装备、倒角机、淬火回火机床、阀片分选机、石油钢管装备、车轮装配设备、电镀线、磷化线等

★锦州市精一新技术开发有限公司
地址：辽宁省锦州市泰和区迎盘路
邮编：121017
电话：0416/2131124、7174546
传真：7174546、4583674
网址：www.jy-tech.com
产品情况：镜面滚光机，用于汽车、摩托车、工程机械等各种活塞杆的超精加工生产线上；镜面滚轧头，用于加工孔类和轴类零件

吉林省

★一汽铸造模具设备厂
地址：长春市绿园区东风大街153-1号
邮编：130011
电话：0431/85751283、85751288
传真：85759537
网址：www.faw-mould.com
电子信箱：yxb_zm@faw.com.cn
单位人数：385
质量体系：ISO/TS 16949、VDA 6.1
产品情况：汽车铸造模具及各种铸造工装，差速器外壳、各种支架等零部件
配套及出口情况：为湖南株洲车辆厂、哈东安第一工具厂、一汽大连柴油机厂、一汽技术中心、铸造公司有色铸造厂、中美联合压铸有限公司、山东汽车改装厂、玉柴、锡柴、一汽车轮、铸造公司铸造研究所、长春东方压铸、云内动力、一汽商务车公司底盘厂、铸造公司铸造一厂、铸造二厂、沈阳东机华新动力机械制造、一汽锻造配套；远销加拿大、意大利、美国、波兰、墨西哥等国家

★一汽模具制造有限公司
地址：长春市绿园区东风大街5519号
邮编：130011
电话：0431/85901462、85905946
传真：85905984
网址：www.yqmjgs.com
电子信箱：bgs_cz@faw.com.cn
产品情况：车身外覆盖件、内饰等各种汽车模具
配套及出口情况：客户有日本丰田、德国大众等，为一汽-大众、一汽轿车配套；远销欧洲、亚洲、非洲、美洲

★长春一汽蓝迪自动化工程有限公司
地址：长春市绿园区东风大街97号
邮编：130011
电话：0431/85906667、85989493
传真：85901362
网址：www.faw-landi.com
电子信箱：gw_ld@faw.com.cn
产品情况：前处理设备、电泳设备、各种喷漆室、烘干设备、机器人弧焊、点焊工作站

★富奥股份公司底盘结构件分公司
地址：长春市绿园区东风大街83号
邮编：130011
电话：0431/85906881
传真：85906881
网址：www.fawer.com.cn
单位人数：127
质量体系：ISO/TS 16949
产品情况：双动力头四轴铣床及夹具等

★长春一汽天奇泽众汽车装备公司
地址：长春市东风大街66-1号
邮编：130011
电话：0431/85907726、85907728
传真：85907526
电子信箱：bgs_gz@faw.com.cn
单位人数：1372
质量体系：ISO 9001
产品情况：刀具、量具、夹具、模具等

★长春机械科学研究院有限公司
地址：长春市硅谷大街1118号
邮编：130012
电话：0431/85192128、85189595
传真：85171288
网址：www.ccss.com.cn
电子信箱：suijinmin@sina.com
单位人数：320
质量体系：ISO 9001
产品情况：自动校直机、各类试验机、汽车零部件性能检测设备、试验机附具附件等
出口情况：出口西班牙、加拿大、巴基斯坦、古巴等国家，并销往中国香港地区

★长春市力众模具制造有限公司
地址：长春市绿园区西新镇西新村
邮编：130012
电话：0431/87091699
传真：87091699
单位人数：57
质量体系：ISO 9001
产品情况：模具

★长春一汽嘉信热处理科技有限公司
地址：长春市西新经济技术开发区捷达大路与大众街交汇处
邮编：130013
电话：0431/85997964、85123431
传真：85903904
网址：www.fawjx.com.cn
电子信箱：fawaif@263.net
质量体系：ISO/TS 16949、ISO 9000
产品情况：热处理设备制造、热处理零部件加工
配套情况：主要客户有一汽-大众、一汽解放、一汽巴勒特、长春汇锋齿轮、江苏飞船、浙江双环齿轮、六安金华变速箱、株洲汽车齿轮、青岛三星精锻、长春齿轮厂、诸城义和车桥、重庆长安、重庆綦江齿轮、宁波金牛、江苏奔航齿轮、福建晋江成达齿轮、福建福源机械、一汽轿车、一汽专用车、一汽轻型车、一汽富奥

★长春吉扬华欣科技有限责任公司

地址：长春市高新技术开发区繁荣路5199号
邮编：130025
电话：0431/85095659
传真：85514388
网址：www.jiyanghuaxin.com
电子信箱：shenhua@jlu.edu.cn
法人代表（负责人）：杨慎华
产品情况：连杆裂解加工技术及自动化设备（连杆裂解槽激光加工机床、连杆裂解加工机床、裂解连杆自动上螺栓与初拧紧机床、裂解连杆螺栓终拧紧机床、连杆裂解加工自动化生产线）、装配式凸轮轴自动化生产设备（凸轮轴数控装配机床）

配套情况:主要客户有一汽解放汽车公司发动机分公司、广州四会实力连杆有限公司、常州远东连杆集团公司、成都西菱汽车零部件有限公司、乳山黄海汽车配件有限公司、襄樊长源东谷实业有限公司、承德苏垦银河连杆有限公司、南宫市精强连杆有限公司、宁波圣龙汽车零部件有限公司

☞ 详细情况请参阅彩色宣传版面

★长春市汇腾机电设备有限公司
地址:长春市二道区集中工业园
邮编:130030
电话:0431/89818299
传真:89818377
网址:www.cchuiteng.com
电子信箱:changchunhuiteng@163.com
产品情况:二氧化碳保护焊机、多功能钣金整形机、点焊机、快速启动充电机、钣金整形修复机配件等

★长春市智能仪器设备有限公司
地址:长春市经济技术开发区昆山路2755号
邮编:130033
电话:0431/84642082、84644218
传真:84642036
网址:www.znyq.com
电子信箱:admin@znyq.com.cn
单位人数:65
质量体系:ISO 9001
产品情况:光机电一体化的试验仪器、分析仪以及汽车零部件的检测仪器

★长春中联试验仪器有限公司
地址:长春市经济技术开发区连云港街298号
邮编:130033
电话:0431/84650246、84687701
传真:84650248
网址:www.pinghengji.com
电子信箱:zhonglian@pinghengji.com
产品情况:(长春中联牌)
平衡机、离合器试验设备、通用试验机、扭矩测试设备等
配套及出口情况:主要客户有长春汽车研究所、一汽东光、廊坊美联制动装置;远销多个国家和地区

★长春一汽宏鼎汽车股份有限公司
地址:长春市宽城区青年路3458号
邮编:130052
电话:0431/85805160、85805107
传真:85805161、85805185
网址:www.hondim.cn
电子信箱:hondim@sohu.com
单位人数:886
质量体系:ISO/TS 16949、ISO 9001
产品情况:汽车制造线

★长春市振华汽车涂装有限公司
地址:长春市朝阳经济开发区富锋镇育民路3889号
邮编:130103
电话:0431/85022028、85033659
传真:85022028、85024866
网址:www.ccszh.com
电子信箱:jingyan.chen@ccszh.com
单位人数:423
质量体系:ISO/TS 16949、ISO 9001
产品情况:汽车零部件涂装、金属件电泳等加工
配套情况:为一汽配套生产轿车、轻型车、中重型货车等系列配套生产零部件2000余种

★四平恒锐工具有限公司
地址:吉林省四平市铁东区北二经街1410号
邮编:136001
电话:0434/3513755、3524266
传真:3527277
网址:www.sphengrui.com
电子信箱:sphengrui@163.com
单位人数:180
质量体系:ISO 9001
产品情况:(恒锐牌)
各类高速钢、硬质合金、立方氮化硼、金刚石等非标准刀具
配套情况:为一汽集团、哈飞汽车、北汽福田、华北柴油机、西航、陕西柴油机等配套

★白城通业有限责任公司
地址:吉林省白城市明仁北街30号
邮编:137000
电话:0436/3266036
传真:3266035
电子信箱:xjjiang@cbex.com.cn
单位人数:1680
质量体系:ISO 9001
产品情况:高压电缆成套设备、电力电缆、电工机械、实型铸件、压力容器及其生产线

★白城福佳机械制造有限公司
地址:吉林省白城市洮北区西青龙路20号
邮编:137300
电话:0436/3236432
传真:3236283
单位人数:273
质量体系:ISO 9001
产品情况:机床及专用设备、汽车附件、板焊件、刀具、液压件、汽车线束、粉末冶金、精铸件

黑龙江省

★哈尔滨众邦龙科技开发有限公司
地址:哈尔滨市南岗区文库街10-1号
邮编:150006
电话:0451/86217255、86229155
传真:86412214、86241200
网址:www.hitzbl.com.cn
电子信箱:hitzbl@vip.sina.com.cn
产品情况:(众邦龙牌)
喷油嘴检测仪、冷媒加注回收再生机、汽车轮胎充气机、烤漆房电脑控温、平板检测线、动平衡机等
出口情况:远销俄罗斯

★哈尔滨量具量刃集团有限公司
地址:哈尔滨市和平路44号
邮编:150040
电话:0451/86792688、82641836
传真:82623555、82607698
网址:www.links-china.com
电子信箱:links@links-china.com
单位人数:3000
质量体系:ISO 9001
产品情况:(连环牌)
精密量仪、数控刀具及工具系统、数控机床、通用量具和标准刃具
出口情况:出口欧美及东南亚等30多个国家和地区

★哈尔滨海航机械制造有限公司
地址:哈尔滨市动力区朝阳平顺街
邮编:150046
电话:0451/86817625、86811261
传真:86811561
单位人数:256
质量体系:ISO 9001
产品情况:模具制造,夹具检具制造

★哈尔滨新发展精密工具有限公司
地址:哈尔滨市道外区通港街8号
邮编:150050
电话:0451/88985122
传真:88985122
单位人数:51
质量体系:ISO 9001
产品情况:加工齿轮的工具

★哈尔滨海尔哈工大机器人技术公司
地址:哈尔滨市道外区先锋路469号9号楼
邮编:150078
电话:0451/86418283、86414044
传真:86414044
网址:www.hhrobot.com
产品情况:发动机、ABS系统、增压器、安全带、变速器、离合器、安全气囊等汽车零部件自动装配线

★哈尔滨工具厂
地址:哈尔滨市南岗区王岗双兴路8号
邮编:150088
电话:0451/89783936
传真:86700684
网址:www.hrbtool.com
电子信箱:hg@hrbtool.com
质量体系:ISO 9002
产品情况:弧形齿锥齿轮铣刀、齿轮滚刀、拉刀、双盘直齿铣刀片、奥利康刀条、径向剃齿刀等齿轮加工刀具
出口情况:出口日本、韩国、美国等国家,并销往中国台湾地区

电话:021/64709140
传真:64841066
网址:www. yasumoto - sh. com
电子信箱:yasumoto@ yasumoto - sh. com
质量体系:ISO 9001
产品情况:(安本牌)
静电粉末喷涂设备和成套流水线
出口情况:出口日本、新加坡、埃及、伊朗、越南、古巴、俄罗斯、利比亚、阿联酋、墨西哥等国家

★爱路华机电技术(上海)有限公司
地址:上海市桂箐路69号24幢一至二楼
邮编:200233
电话:021/64855028
传真:64850119
电子信箱:majdiabulaban@ delphiauto. com
单位人数:3000
质量体系:VDA 6.1、QS 9000
产品情况:装夹系统,为模具、汽车企业供货

★圣戈班磨料磨具(上海)有限公司
地址:上海市闵行经济开发区北斗路198号
邮编:200245
电话:021/64307002
传真:64302083
电子信箱:info@ hudian. com
质量体系:QS 9000
产品情况:(湖电牌、三工牌)
砂轮、油石和磨头、金刚石修整笔和 CBN 磨具等

★上海杰恩普超声设备有些公司
地址:上海市爱特路55号
邮编:200333
电话:021/39948079、33509508
传真:52828265
网址:www. jumpchina. net
电子信箱:jumpchian@ jumpcool. com
质量体系:ISO 9001
产品情况:超声波清洗机
出口情况:出口中东、欧美及东南亚

★上海友信喷码机有限公司
地址:上海市中江路879号天地软件园3号楼4层
邮编:200333
电话:021/52658178 - 206
传真:62642659
电子信箱:shanghai@ unison. com. cn
质量体系:ISO 9001
产品情况:(易可玛牌)
喷码机

★上海申克机械有限公司
地址:上海市怒江北路239弄36号
邮编:200333
电话:021/62659663
传真:62655326
网址:www. schenck. cn
电子信箱:sales. rotec@ schenck. cn
单位人数:230
质量体系:ISO 9000
产品情况:(SCHENCK、申克牌)
曲轴平衡机、传动轴平衡机、制动盘立式平衡机
配套及出口情况:为一汽集团(解放、大柴、一汽二发、海马)、东风汽车公司、上汽集团、大众(一汽 - 大众、上海大众)、通用(上海通用、上汽通用五菱、上海通用东岳动力)、奇瑞汽车、潍柴、重汽集团等配套;出口东南亚、美国、澳大利亚等国家和地区

★上海申联试验机厂
地址:上海市军工路1300号
邮编:200433
电话:021/65508916
传真:65508916
质量体系:ISO 9001
产品情况:材料试验机、动平衡机
出口情况:出口美国、埃及、新加坡、土耳其、越南等国家

★上海申曼动平衡机厂
地址:上海市江杨南路702号
邮编:200439
电话:021/56796987
传真:56795154
网址:www. shenman. com
电子信箱:sales@ shenman. com
质量体系:ISO 9001
产品情况:(申曼牌)
专业生产平衡机
出口情况:出口东南亚等地区,并销往中国台湾地区

★上海紫燕模具工业有限公司
地址:上海市闵行区北松公路1383号
邮编:201100
电话:021/50315031、64099909
传真:50315666、64098864
网址:www. chinamolder. com
电子信箱:info@ chinamolder. com
单位人数:220
质量体系:ISO 9001
产品情况:大中型精密注塑模、冷冲模
出口情况:出口美洲、欧洲等地区

★福禄超高压水射流技术(上海)公司
地址:上海市闵行区莲花路755号
邮编:201100
电话:021/54382222
传真:54385550
网址:www. flow. com. cn
电子信箱:sales@ flow. com. cn
单位人数:409
质量体系:ISO/TS 16949、ISO 9001
产品情况:(SBF牌)
多功能水刀和工业清洗系统、超高压工业压制以及自动化装配系统

★上海瀚氏模具成型有限公司
地址:上海市闵行区友东路355号
邮编:201100
电话:021/54889199、54886007
传真:54886090
网址:www. hanmolding. com
电子信箱:manager@ hanmould. com
质量体系:ISO/TS 16949、QS 9000
产品情况:注塑模具、检具,保险杠、副仪表板、杂物箱、门板注塑件、座椅配件、仪表板等汽车内外饰件
配套及出口情况:主要为上海大众、上海通用、奇瑞汽车、北京现代、重庆福特等主机厂提供配套产品,主要客户有瑞典 Husqvarna、BOSCH、欧科 AQUA、宝适 BOS、法国 PLASTOHM、法雷奥、芬兰 FIBOX、德国 DURA、上海延锋伟世通汽车饰件系统、上海延锋江森座椅、上海麦格纳·唐纳利汽车系统、上海新大洲本田摩托车、上海曼·胡默尔滤清器等;远销欧洲、美洲等地区

★上海玛帕贸易有限公司
地址:上海市闵行区虹中路359号2号楼2楼
邮编:201103
电话:021/54223177
传真:54223176
网址:www. mapal. com
电子信箱:betty. ren@ mapal. com
单位人数:100
产品情况:焊接 PCD 刀具,焊接 CBN 刀具,整体硬质合金刀具制造及修磨,玛帕可换式 TTD 刀具
配套情况:为奇瑞汽车、江淮汽车、潍柴动力、一汽锡柴等配套

★上海冠恒工业设备有限公司
地址:上海市田林路388号新业大厦7楼
邮编:201103
电话:021/54451708
传真:54451772
网址:www. everwell. com. cn
电子信箱:maodawei@ top - tiger. com
单位人数:690
质量体系:ISO/TS 16949、QS 9000
产品情况:(采埃孚牌)
汽车及零部件生产线的物流周转、零件盒、滑移式货架、线棒料架系统,并提供相关方案

★多伺电子机械技术(上海)公司
地址:上海市宜山路1618B - 201室
邮编:201103
电话:021/64650040
传真:64467755
质量体系:ISO 9001
产品情况:机器人和控制器系统

★威霸清洁设备(上海)有限公司
地址:上海市闵行区莘庄工业园区银都路4189号
邮编:201108
电话:021/54421031

传真:54426073
电子信箱:saicmotor@ saicmotor. com
单位人数:580
质量体系:VDA 6.1、QS 9000
产品情况:清洁保养设备

★上海大量电子设备有限公司
地址:上海市闵行区金都路618号
邮编:201108
电话:021/64976336
传真:64976289
网址:www. troop - online. com
电子信箱:shanghai@ troop - online. com
质量体系:ISO 9001
产品情况:数控电火花往复走丝线切割机、电火花慢走丝线切割机、电火花成形机、电火花高速小孔加工机、激光刻模机、激光切割机、激光焊接机等精密模具加工设备
出口情况:远销埃及、土耳其、墨西哥等国家

★上海科伟达超声波科技有限公司
地址:上海市闵行区北桥镇银春路788号
邮编:201109
电话:021/64140929
传真:54465068
网址:www. shkwt. com
电子信箱:kwt@ shkwt. com
质量体系:ISO 9001
产品情况:(科伟达牌)
超声波清洗机、全自动机械臂、超声波塑焊机,用于汽车发动机、零部件的清洗

★威申精密仪器(上海)有限公司
地址:上海市浦江高科技园新骏环路188号3号楼一层
邮编:201114
电话:021/34680900
传真:34680899
网址:www. vgs - tech. net
电子信箱:sales@ vgs - tech. net
质量体系:QS 9000、ISO 9001
产品情况:非接触式影像测量系统、复合式测量系统、三坐标测量系统、三维激光扫描系统,测量软件,在线检测与自动化技术服务

★上海梅达焊接设备有限公司
地址:上海市浦东新区川沙路4042号
邮编:201200
电话:021/58384225、58380462
传真:58384377、58387301
网址:www. shmedar. com
电子信箱:shmedar@ online. sh. cn
质量体系:ISO 9001
产品情况:电阻焊微机型控制器、焊接变压器及各种专用焊接设备等
配套情况:为上海大众、上海通用等配套

★欣阳精密模具(上海)有限公司
地址:上海市浦东新区王桥工业区利枝路279号
邮编:201201
电话:021/58388000、58382202
传真:58383000
电子信箱:peterlu@ sdale. com. cn
质量体系:ISO 9001
产品情况:精密模具

★上海佐竹冷热控制技术有限公司
地址:上海市浦东新区陈春路108号
邮编:201204
电话:021/58434466
传真:68921472
网址:www. sh - satake. com
电子信箱:tnh039@ sh - satake. com
产品情况:汽车空调、制冷压缩机、换热器等各类冷热产品试验设备及环境控制设备
配套情况:主要客户有长春一汽杰克赛尔汽车空调、重庆建设车用空调器、东风康明斯发动机、湖北法雷奥汽车空调、泛亚汽车技术中心、华达杰克赛尔汽车空调、江西新电汽车空调、联合汽车电子、麦克斯汽车空调、牡丹江富通汽车空调、上海德尔福汽车空调、上海日用-友捷、上海双桦汽车空调、上海协合汽车空调、苏州新同创汽车空调、天合上海公司、天津电装汽车空调、天津三电汽车空调、芜湖博耐尔、豫新汽车空调、岳阳恒立等配套

★上海发那科机器人有限公司
地址:上海市浦东新区金桥出口加工区金豫路500号
邮编:201206
电话:021/50327700
传真:50327711
网址:www. shanghai - fanuc. com. cn
电子信箱:sfr@ shanghai - fanuc. com. cn
产品情况:机器人产品、加工中心、注塑机、线切割产品

★多米诺喷码技术有限公司
地址:上海市浦东区金桥出口加工区动桥路1150号
邮编:201206
电话:021/50509999
传真:50329901
网址:www. domino. com. cn
电子信箱:marketing@ domino. com. cn
质量体系:ISO 9001
产品情况:(DOMINO牌)
多米诺喷码机
出口情况:出口欧美等120多个国家

★上海美创力华栋电子机械科技公司
地址:上海市浦东新区金桥加工区宁桥路999号
邮编:201206
电话:021/58348225
传真:58348193
网址:www. metronic - handyware. com
电子信箱:info@ metronic - handyware. com
质量体系:ISO 9001
产品情况:喷码机、激光雕刻机、模块化喷码着色系统、柔版印刷机等包装印刷机械
出口情况:远销40多个国家和地区

★新美科工业产品(上海)有限公司
地址:上海市新金桥路58号银东大厦
邮编:201206
电话:021/58486100
传真:58486006
网址:www. milacron. com
电子信箱:sales@ cimcool. com. cn
产品情况:用于机械加工和研磨、冲压、拉拔(伸)和成形的液体,清洗剂和腐蚀抑制剂以及专用润滑油和加工液管理设备,金属加工液

★欧麦特自动化输送系统(上海)公司
地址:上海市南汇航头镇大麦湾工业园航帆路5号
邮编:201316
电话:021/68182668、68222669 - 103
传真:68182698
网址:www. asi. com
电子信箱:martin. knowles@ asi. com
产品情况:汽车工业生产传送带

★上海通用电焊机股份有限公司
地址:上海市南汇区沪南公路4399号
邮编:201318
电话:021/68123818
传真:68123828
网址:www. sh - tayor. com
电子信箱:webmaster@ sh - tayor. com
质量体系:ISO 9001
产品情况:(TAYOR牌)
汽车制造专用焊接设备等

★上海南汇澧虹电器厂
地址:上海市浦东区周浦牛桥车站南首
邮编:201318
电话:021/68129073
传真:68129073
电子信箱:shgae@ hg - china. com
单位人数:387
质量体系:ISO/TS 16949、VDA 6.1
产品情况:(沪工牌)
汽车蓄电池充电机、蓄电池高效放电器、蓄电池测试仪、吸入式电液密度计、密度计芯子、汽缸压力表、蓄电池测试表、蓄电池帮电线
出口情况:出口美国、欧洲等国家和地区,并销往中国香港、台湾地区

★哈挺机床(上海)有限公司
地址:上海市浦东新区康桥东路1388号
邮编:201319
电话:021/38108686
传真:38108681
网址:www. hardinge. com

电子信箱:jacky@ hardinge. com. cn
产品情况:RS 系列切削中心、XR760 机床等

★上海善能机械有限公司
地址:上海市浦东康桥东路 889 号
邮编:201319
电话:021/58133990、58133322
传真:58133388、58132299
网址:www. sunnensh. com
电子信箱:sales@ sunnensh. com
产品情况:(SUNNEN 牌)
各种规格的珩磨机床、发动机再制造设备、磨料、工具、测量仪表、切削液等辅件

★上海千缘汽车车身模具有限公司
地址:上海市浦东新区康桥东路 1111 号
邮编:201319
电话:021/58135666
传真:58139066
电子信箱:xinglin@ sh163. net
质量体系:ISO 9001
产品情况:汽车车身模具,年产大、中型汽车冷冲模 360 当量套

★上海 ABB 工程有限公司
地址:上海市浦东创业路 369 弄 5 号
邮编:201319
电话:021/61056666
传真:61066677
网址:www. abb. com. cn/robotics
电子信箱:robotics@ cn. abb. com
单位人数:1150
质量体系:ISO 9001、ISO 14001
产品情况:(ABB 牌)
ABB 机器人自动化解决方案,包括动力总成、冲压自动化、白车身和涂装自动化在内的四大系统生产、涂装线
配套情况:主要客户有中国重汽、上海大众、上海通用、上海汇众、一汽 - 大众、一汽解放、一汽轿车、一汽海马、东风公司、北京奔驰、神龙汽车、吉利汽车、陕西重汽、瑞典 Volvo、日本 Nissan、本特勒、Gestamp(海斯坦普)、Brose(博泽)、上汽通用五菱、一汽解放无锡柴油机厂、一汽解放大连柴油机等

★上海明兴开城超音波科技有限公司
地址:上海市奉贤区南桥镇张翁庙路 199 号
邮编:201400
电话:021/33659223、33659219
传真:33659373
网址:www. minghsing. com. cn
电子信箱:zjc@ minghsing. com. cn
质量体系:ISO 9001
产品情况:轿车制动防抱死阀体、高压清洗机、汽车喷油泵泵体、超声波清洗机、汽车发动机进/排气管清洗机等各种工业清洗设备
配套情况:为上海大众、一汽 - 大众、上海通用、东风汽车公司等配套

★上海黄燕模塑工程有限公司
地址:上海市奉贤区奉浦大道西路 28 号
邮编:201400
电话:021/67101199
传真:67101585
网址:www. huangyan. sh. cn
电子信箱:office@ huangyan. sh. cn
质量体系:ISO/TS 16949、ISO 9001
产品情况:中小标准、大型非标模架、模具及注塑产品

★上海第三机床厂
地址:上海市松江区乐都路 539 号
邮编:201600
电话:021/57728668
传真:60911230
网址:www. h3mt. com
电子信箱:sales@ h3mt. com
单位人数:1000
质量体系:ISO 9001
产品情况:各种磨床、立式加工中心、各类专用机床及装配线
出口情况:远销东欧、西欧、美国、日本、东南亚等国家和地区

★上海舒伯哈特工具有限公司
地址:上海市松江区新桥镇新格路 950 弄 7 号
邮编:201612
电话:021/51695557
传真:67687177
网址:www. suporhard. com
电子信箱:kk. yu. 115@ gmail. com
质量体系:ISO 9000
产品情况:聚晶人造金刚石刀具、聚晶立方氮化硼刀具、天然金刚石刀具

★河村模具塑料(上海)有限公司
地址:上海市松江区新桥新茸路松南小区 12 号
邮编:201612
电话:021/57687155
传真:57686701
电子信箱:webmaster@ hecun. com. cn
质量体系:ISO 9001
产品情况:非金属模具、精冲模、精密型腔膜、模具标准件
配套情况:为丰田公司等配套

★上海劲羽精密冲压有限公司
地址:上海市松江区新桥工业区新格路 1011 弄 11 号
邮编:201612
电话:021/57687961、57687962
传真:57686766
网址:www. llwjzb. com
电子信箱:zhanghuanf@ vip. 163. com
单位人数:80
质量体系:ISO/TS 16949、ISO 9001
产品情况:连续模具、精密五金件冲压件

★上海钜达橡胶机械有限公司
地址:上海市青浦区白鹤镇赵屯村浦屯路 857 号
邮编:201612
电话:021/59217478
传真:59217477
网址:www. judash. com
电子信箱:judajixi@ shqp. net. cn
质量体系:ISO 9001
产品情况:各类轮胎机械

★库卡柔性系统制造(上海)公司
地址:上海市青浦工业园区松江工业区闵申路 388 号
邮编:201612
电话:021/67871808
传真:67871803
网址:www. kuka. com
电子信箱:info@ kuka. cn
单位人数:100
产品情况:(Kuka 牌)
库卡机器人集成、冲压自动化连线、白车身焊接线、机器人柔性包边、机器人焊接单元、分总成总装及汽车总装等

★肯纳金属(上海)有限公司
地址:上海市浦东新区浦东金桥出口加工区金豫路 750 号
邮编:201613
电话:021/38608288
传真:58342200
网址:www. kennametal. com
电子信箱:k - cn. service@ kennametal. com
单位人数:100
产品情况:刀具、刀具系统和工程服务
配套情况:在中国市场为 16 家汽车制造商提供整体化的解决方案,为至少 60 家汽车零部件商提供刀具服务,在曲轴加工领域占 70% 市场份额,本公司的解决方案覆盖了大部分汽车领域(发动机、底盘及制动系统等)

★好富顿(上海)高级工业介质公司
地址:上海市松江区江田东路 188 号
邮编:201613
电话:021/67742570
传真:67742579
网址:www. houghton. com. cn
电子信箱:wongns@ houghton. com. cn
产品情况:切削液系列

★上海西格玛机床有限公司
地址:上海市松江区科技园区港兴路 151 号 B5 - 6
邮编:201614
电话:021/57850555
传真:57853377
网址:www. sigmacnc. com
电子信箱:sigma@ sigmacnc. com
单位人数:120
质量体系:ISO 9001、ISO 14001

产品情况：数控车床

★**上海若宇精密机械制造公司**
地址：上海市松江区九亭镇久富工业开发区
邮编：201615
电话：021/67627461
传真：67627445
电子信箱：royu－pmm@126.com
质量体系：ISO 9001
产品情况：大中型汽车精密检具及焊装夹具
配套情况：为国内外汽车主机厂及汽车零部件生产厂家配套

★**丰汉电子（上海）有限公司**
地址：上海市松江区洞泾镇同乐路385号
邮编：201619
电话：021/67671641
传真：57675070
网址：www.ytk－e.sh.cn
单位人数：300
质量体系：ISO 9001、ISO 14001
产品情况：产品取件机器人、模具离型剂喷涂机器人、NC机械啄木鸟、铝浇注机器人、零件镶嵌机器人等

★**奎克（中国）化学有限公司**
地址：上海市青浦工业园区天盈路619号
邮编：201700
电话：021/39201666
传真：59227112
网址：www.quakerchem.com
电子信箱：hrcn@quakerchem.com
单位人数：200
产品情况：金属扎制液和金属加工液，QUAKERCOOL 370 KLG高性能重负荷级切削液

★**上海沪工电焊机制造有限公司**
地址：上海市青浦区外青松路7177号
邮编：201700
电话：021/59713183、59715888
传真：59713132
网址：www.hugong.com
电子信箱：hugong@hugong.com
质量体系：ISO 9001
产品情况：（沪工牌）
焊接设备和焊材

★**上海山田刀具有限公司**
地址：上海市青浦区青东农场西庆路61－6号
邮编：201701
电话：021/69208966
传真：69209362、69209361
网址：www.shantian.com
电子信箱：sanlei@shanlei.com
单位人数：130
质量体系：ISO 9001
产品情况：（三磊牌）
聚晶金刚石、聚晶立方氮化硼、天然金刚石等机床加工的切削刀具
出口情况：出口美国、德国、意大利、法国、俄罗斯、东欧和中东等国家和地区

★**上海物豪塑料有限公司**
地址：上海市青浦崧泽工业园区崧春路399弄8号
邮编：201703
电话：021/69758305、69758336
传真：69758307、59757999
网址：www.wuhao－plastic.com
电子信箱：service@wuhao－plastic.com
单位人数：180
质量体系：ISO 9001
产品情况：（物豪牌）
生产与国际物流接轨的塑料托盘、塑料周转箱及汽车塑料件等产品
出口情况：出口东南亚、中东、南非、欧洲、中南美洲等国家和地区

★**温泽测量仪器（上海）有限公司**
地址：上海市青浦区工业园区香花桥东路401号
邮编：201707
电话：021/59703088
传真：59703082
网址：www.wenzel－cmm.cn
电子信箱：info@wenzel－cmm.cn
产品情况：（WENZEL牌）
三坐标测量机、齿轮测量仪等

★**上海致财电子有限公司**
地址：上海市青浦工业园区崧泽大道7666号
邮编：201707
电话：021/59868900、59868975
传真：59868980
网址：www.zchase.com
电子信箱：jiangao.ni@zchase.com.cn
质量体系：ISO 9001
产品情况：模具加工、连接器

★**上海纳微涂层有限公司**
地址：上海市青浦工业园区外青松公路5399号A1厂房
邮编：201707
电话：021/69211890
传真：69211682
网址：www.nawei.com.cn
电子信箱：nawei@nawei.com.cn
产品情况：刀具、模具涂层

★**上海岸本模具制造有限公司**
地址：上海市青浦区沪青平公路6330号朱家角镇
邮编：201713
电话：021/59248346、59247110
传真：59248347
网址：www.kishimoto.com.cn
电子信箱：lou@kishimoto.com.cn
单位人数：65
质量体系：ISO 9000、ISO 14001
产品情况：金属冲压模具
配套情况：主要客户有东陶机器（上海）、河村电子（上海）、杭州神林电子、杭芝机电、岸本工业株式会社（日本）、上海石田电子衡器、上海村田机械

★**上海埃福梯自动化输送技术公司**
地址：上海市胜辛路1000号
邮编：201800
电话：021/39507225
传真：39507203
网址：www.aft.de
电子信箱：lylockbs@online.sh.cn
质量体系：VDA 6.1、QS 9000
产品情况：（马牌、利用牌）
物料输送成套设备
出口情况：出口日本、英国、东南亚、欧洲、美洲等国家和地区

★**上海三道刃模具有限公司**
地址：上海市嘉定区环城路2420弄68号
邮编：201800
电话：021/39527484
传真：39527097
网址：shsdsd.cn
单位人数：100
产品情况：花键拉刀、推刀、花键轧轮、直纹轧轮、滚丝模、滚刀、成形铣刀等

★**上海名古屋精密工具股份有限公司**
地址：上海市嘉定区马陆镇宝安公路2988号
邮编：201801
电话：021/59155664、59157664
传真：59157662、59155717
网址：www.snstc.com
电子信箱：fanfeng@snstc.com
单位人数：550
质量体系：ISO 9001
产品情况：非标刀具量具
出口情况：80%以上的产品返销国外

★**上海嘉泰激光科技有限公司**
地址：上海市嘉定区马陆镇马东工业区博学路1258号
邮编：201801
电话：021/59160200
传真：59160300
网址：www.cn－laser.com
电子信箱：JT@cn－laser.com
质量体系：ISO 9001
产品情况：激光打标机、激光雕刻机、激光点焊机、激光模具焊接机
出口情况：远销美国、俄罗斯、韩国、新加坡、泰国、越南、印度等国家

★**上海远松机械有限公司**
地址：上海市嘉定区安亭镇泰云路528号
邮编：201801
电话：021/59502961
传真：59502964
网址：www.farman.com.tw
电子信箱：farman55@ms41.hinet.net
产品情况：各种刀具磨床
配套及出口情况：主要客户有上海大

众、一汽集团、北京现代、上汽依维柯红岩、重庆建设摩托车、浙江钱江摩托车等;出口美国、东南亚、日本、韩国、欧洲等国家和地区

★艾林盛精密机械有限公司
地址:上海市彭封路 118 号
邮编:201801
电话:021/59520974
传真:59520974
质量体系:ISO 9001
产品情况:模具、钳口等

★上海网格模具有限公司
地址:上海市嘉定区南翔镇翔黄公路 398 号 B4 - 1
邮编:201802
电话:021/51204445
传真:51204445
网址:www. shwg - mould. com
电子信箱:shwg2007@ 126. com
单位人数:50
质量体系:ISO 9001
产品情况:汽车覆盖件模具、检具制造,中小冲压件
配套情况:为一汽 - 大众、上海大众、上汽集团、凌云股份配套

★上海拓野物流工程技术有限公司
地址:上海市嘉定区黄渡镇横河路 68 号
邮编:201802
电话:021/59592616、59594566
传真:59594569
网址:www. tuoye. com
质量体系:VDA 6.1、QS 9000
产品情况:(拓野牌)
物流设备制造与系统集成
配套情况:为上海通用、重庆卡福、重庆利时德、重庆力帆等配套

★亿森(上海)模具有限公司
地址:上海市嘉定工业区北区北和路 268 号
邮编:201803
电话:021/33517796、33517062
传真:33517660
单位人数:200
质量体系:ISO/TS 16949
产品情况:汽车覆盖件、摩托车零件、各类家用电器的冲压模具

★上海卡宝汽车设备有限公司
地址:上海市丰华公路 328 号北 3 号
邮编:201803
电话:021/59114123、59119102
传真:59114123
网址:www. carbao. com
质量体系:ISO 9001
产品情况:汽车尾气抽排系统、焊接烟尘抽排系统、汽车恒温喷烤漆房、干磨房、压缩空气集中供气系统、汽保设备等
配套情况:为东风日产、郑州日产、广汽丰田、东风本田、东风标致、北京奔驰、南京名爵、长安福特马自达等主机厂配套

★上海杜卡汽车设备有限公司
地址:上海市嘉定区黄渡工业园春归路 585 号
邮编:201804
电话:021/39197455、39197485
传真:39197499
网址:www. doocar. com
电子信箱:dc@ doocar. cn
产品情况:车身校下设备

★上海精丰模具压铸有限公司
地址:上海市嘉定区黄渡镇星塔路 183 号
邮编:201804
电话:021/69597086、69597081
传真:69597087
网址:www. jfmold. com
电子信箱:design@ jfmold. com
单位人数:160
质量体系:ISO 9001
产品情况:各种模具制造及锌、铝合金压铸件

★上海和光模具有限公司
地址:上海市嘉定区安亭镇方园路 700 号
邮编:201805
电话:021/39508617、59502117
传真:39508717
网址:www. shwakogiken. com. cn
单位人数:60
质量体系:ISO 9001
产品情况:汽车用模具及治具的开发设计、制造
配套情况:为天津一汽丰田、东风日产乘用车、广汽本田等配套

★上海百旭机械科技有限公司
地址:上海市嘉定区外冈镇试点工业园区汇仁路 1625 号
邮编:201806
电话:021/69577759
传真:69577756
网址:www. bestechgroup. com. cn
电子信箱:sales@ bestechgroup. com. cn
产品情况:缸盖加工机床、气浮镗床、珩磨机床、连杆加工设备、曲轴加工设备、热清洗系统等
配套情况:为济南复强动力、上海大众、玉柴、东风汽车公司等配套

★上海剑平动平衡机制造有限公司
地址:上海市沪太路 7488 弄 111 号
邮编:201808
电话:021/39972968、39972963
传真:39972969、39973027
网址:www. jpdph. com
电子信箱:shjpwj@ 126. com
质量体系:ISO 9001
产品情况:圈带传动平衡机、通用卧式硬支承平衡机等
出口情况:远销欧洲、美洲、越南、新加坡、孟加拉国等国家和地区

★上海釜川超声波科技有限公司
地址:上海市嘉定徐行经济城勤学路 180 号
邮编:201808
电话:021/59559018、59559828
传真:59559056
网址:www. milleruc. com
电子信箱:shfc021@ 126. com
质量体系:ISO 9001
产品情况:(釜川牌)
超声波清洗机、超声波清洗线

★上海美通焊接有限公司
地址:上海市嘉定区徐行镇前曹公路 99 号
邮编:201809
电话:021/59949989
传真:59946213
网址:www. mtweld. com
电子信箱:kh@ mountain - welding. com
质量体系:ISO 9001
产品情况:汽车减振器专用焊机,车轮轮辋生产线,汽车后桥成套焊接设备,汽车传动轴焊接生产线等
出口情况:部分产品出口

★柯尔柏斯来福临机械(上海)公司
地址:上海市嘉定区安亭镇泰顺路 1128 号
邮编:201814
电话:021/39587333
传真:39587338
网址:www. schleifring. cn
电子信箱:juliewu@ schleifring. cn
产品情况:K - P Compact 精密数控平面磨床和 K - 33 数控万能内外圆磨床等平面及成型磨,内外圆磨和工具磨机床

★宝密浸渗机械(上海)有限公司
地址:上海市嘉定区嘉安公路 1999 号
邮编:201821
电话:021/69160313
传真:69160380
网址:www. ultrasealshanghai. com
电子信箱:vicky@ ultrasealshanghai. com
产品情况:对汽车零件生产过程中的铸造、气孔问题,给予全面解决
配套情况:客户有宝马、本田、丰田、菲亚特、尼桑、沃尔沃、通用、现代

★优华劳斯汽车系统(上海)公司
地址:上海市崇明工业园官山路 6 号
邮编:202154
电话:021/69625629
传真:69625629
电子信箱:webmaster@ jiasijiu. com
质量体系:ISO 9001
产品情况:整车及动力总成设计

江苏省

★南京二机齿轮机床有限公司
地址:南京市水西门菱角市 66 号
邮编:210004
电话:025/52215949、86624291 – 8037
传真:52250733
网址:www. nmt2. com
电子信箱:sales@ nmt2. com
质量体系:ISO 9001
产品情况:数控齿轮加工机床

★南京工艺装备制造有限公司
地址:南京市莫愁路 329 号
邮编:210004
电话:025/86561707、86586253
传真:86513814、86519408
网址:www. njyigong. com
电子信箱:jm@ njyigong. com
质量体系:ISO 9001、ISO 14001
产品情况:滚珠丝杠副、滚动导轨副、滚动导套副、滚动花键副、数控精密十字工作台、数控超高压水射流切割机、三维电脑雕铣机等数控装置与设备

★南京钟利焊接设备有限公司
地址:南京市雨花台区铁心桥大定坊马家店小马工业园 10 号
邮编:210012
电话:025/52430064
传真:52430064
质量体系:ISO/TS 16949
产品情况:DN、DZ、TN、TZ、FN、FZ、QYZ、DN3 系列的多种规格电焊机

★南京大恒光电技术有限公司
地址:南京市宁溧路 258 – 3 号
邮编:210012
电话:025/52627857、52627859
传真:52627897
网址:www. njdh. com. cn
电子信箱:dhlaser@ jlonline. com
质量体系:ISO 9001
产品情况:(大恒牌)
激光打标机、激光焊接机、激光切割机等激光加工设备
出口情况:出口德国、新加坡、巴西、韩国、西班牙、南非、越南、泰国、巴基斯坦等国家,并销往中国台湾地区

★历升涂装设备(南京)有限公司
地址:南京市建邺区江东中路 313 号中泰国际广场
邮编:210019
电话:025/52645661、52645663
传真:52645669
网址:www. lihsheng. com
电子信箱:lihsheng@ lihsheng. com
单位人数:250
质量体系:ISO 9001
产品情况:(LIHSHENG 牌)
成套涂装设备及环保设备,铝轮毂涂装线、汽车内外饰件涂装线等

★南京南汽模具装备有限公司
地址:南京市栖霞区中央门外红山路 118 号
邮编:210028
电话:025/83679501
传真:85424469、85420950
网址:www. njtooling. com
电子信箱:ntc@ ntcfirm. com
单位人数:499
质量体系:ISO/TS 16949、ISO 9000
产品情况:汽车冲模、检具、焊装夹具、内饰件模具、汽车玻璃模、铸模、锻模
配套及出口情况:主要客户有通用、日产、丰田、广本、马自达、大众、福特、菲亚特、名爵、依维柯、奇瑞汽车、跃进集团、宝钢、一汽、海克斯康;出口英国、日本、伊朗、以色列等国家

★南京东华汽车装备有限公司
地址:南京市玄武区红山路 120 号
邮编:210028
电话:025/85417551
传真:85417723
网址:www. saicdh. com/cn/directory. asp
单位人数:377
质量体系:QS 9000、ISO 9001
产品情况:机床设备制造、维修,汽车零部件生产
配套情况:为南京依维柯等配套

★南京贝奇尔机械有限公司
地址:南京市经济技术开发区(新港)恒通大道 9 号
邮编:210038
电话:025/85801188
传真:85802288、85802299
网址:www. bijurdelimon. cn
电子信箱:bijur@ bijur. com. cn
质量体系:ISO 9001、ISO 14001
产品情况:(BIJUR 牌)
各种润滑泵、油脂输送泵、特种润滑设备等
出口情况:出口美国、法国、日本、爱尔兰等国家

★小原(南京)机电有限公司
地址:南京市江宁区经济技术开发区董村路 5 号
邮编:211100
电话:025/52106195
传真:52104305
质量体系:ISO/TS 16949
产品情况:汽车焊接设备

★南京科润工业介质有限公司
地址:南京市江宁区秦淮路 31 号
邮编:211100
电话:025/52124499、52128747
传真:52101342
网址:www. njkerun. com
电子信箱:mk@ njkerun. com
质量体系:ISO 9001、ISO 14001
产品情况:(科润(KERUN)牌、普润(PURUN)牌)
热处理淬火介质(水溶性淬火剂、淬火油)、清洗剂、防锈剂、切削液、切削油、发黑剂、防渗碳涂料、冷墩油、磷化剂等金属加工介质
配套及出口情况:为东风汽车公司、比亚迪汽车、重汽集团、宝钢集团、中国万向等配套;出口东南亚地区

★南京爱维斯货架制造有限公司
地址:南京市江宁经济技术开发区苏源大道 118 号
邮编:211100
电话:025/52140476、52140454
传真:52140351
网址:www. njaivis. com
电子信箱:webmaster@ njaivis. com
单位人数:400
质量体系:ISO 9001
产品情况:立体组合货架、仓储物流设备
配套及出口情况:客户有本田、江淮汽车、五十铃、东风日产乘用车、上汽集团、雅马哈、大众、宇通客车、三一集团、华瑞集团、中远集装箱运输公司、环宇集团等;出口亚洲、非洲和拉丁美洲地区

★沛鑫史宾纳数控机床(南京)公司
地址:南京市江宁区东山街道工业集中区市井路 6 号
邮编:211103
电话:025/52646800
传真:52646808
网址:www. euma. com. tw
电子信箱:08manage@ 163. com
产品情况:各种数控机床
配套情况:为上海大众、一汽集团、东风汽车公司、南京依维柯、江铃汽车、长城汽车、万向集团等配套

★南京永生焊接装备制造有限公司
地址:南京市江宁区上坊新润路 1 号
邮编:211103
电话:025/52703189、52702701
传真:52701711
网址:www. yswe. com
电子信箱:njys6688@ 126. com
质量体系:ISO 9001
产品情况:汽车及摩托车焊接夹具与辅具
配套情况:为上海大众焊装线配套,为一汽 – 大众配套全新概念的德式焊钳,为襄樊天籁车配套具有欧洲风格的机器人焊钳

★新日奔工机(南京)有限公司
地址:南京市江宁经济技术开发区临淮街 9 号
邮编:211106
电话:025/52120211、52120229

传真:52120212
网址:www.snkcn.com
电子信箱:sales@ snkcn.com
产品情况:CNC 机床和专用设备,用于航空航天、汽车制造等领域

★南京埃斯顿工业自动化有限公司
地址:南京市江宁经济开发区将军大道155 号
邮编:211106
电话:025/52785866、52785569
传真:52785966
网址:www.estun.com
电子信箱:info@ estun.com
质量体系:ISO 9001
产品情况:各类金属板材加工自动控制系统、设备及相关服务

★南京华德仓储设备制造有限公司
地址:南京市江宁区科学园侯焦路 111 号
邮编:211122
电话:025/52641198、52641168
传真:52643200、52641158
网址:www.huaderack.com
电子信箱:sales@ huaderack.com
单位人数:200
质量体系:ISO 9001、ISO 14001
产品情况:(华德牌)
汽配库房货架等轻、中、重型货架和自动化立体仓库,用于汽车制造生产线等
出口情况:出口美国、日本、德国、意大利、法国等国家

★江苏舜天新盈轻工业有限公司
地址:南京市溧水开发区秦淮北路 8 号
邮编:211200
电话:025/56619963、56213379
传真:56213379
网址:www.newwin.com.cn
电子信箱:sophia@ saintygroup.com
单位人数:58
质量体系:ISO/TS 16949、ISO 9001
产品情况:电泳涂装加工、轻工业制造及出口产品包装,企业为名爵 MG3 系列和 MG TF 系列轿车前后副支架等 7 个零部件做表面涂装
配套情况:为上汽、长安、福特、马自达等配套

★南京大地水刀股份有限公司
地址:南京市高淳县经济开发区茅山路39 号
邮编:211300
电话:025/57350000
传真:57324297
网址:www.dardiwaterjet.com
电子信箱:sales@ dardiwaterjet.com
质量体系:ISO 9001、CE
产品情况:超高压平面水切割机系统、超高压空间水切割机系统、超高压水清洗系统

出口情况:远销美国、加拿大、中东、东南亚等 30 多个国家和地区

★镇江东联仓储设备有限公司
地址:江苏省镇江市丁卯开发区纬三路26 号
邮编:212009
电话:0511/85581255
传真:88883008
网址:www.otlsystems.com
电子信箱:mktg@ otlsystems.com
单位人数:285
质量体系:ISO 9001
产品情况:(OTL 牌)
各类仓储设备和货架系统、钢结构平台、钢结构支撑构件及其他钢结构件、钢制家具、车辆减振系统、汽车零部件、机械部件等,年产 9000t
出口情况:出口工业货架、汽车配件等,3000t/年

★丹阳铠利金汽车配件有限公司
地址:江苏省丹阳市界牌镇工业集中区
邮编:212300
电话:0511/86375833
传真:86376633
电子信箱:kennyg2010@ 163.com
质量体系:ISO 9001
产品情况:冲压模、塑料模、压铸模等系列模具,车门等覆盖件

★江苏丹阳威龙工具有限公司
地址:江苏省丹阳市经济开发区麒麟路2 号
邮编:212310
电话:0511/86963711、86982711
传真:86965309
网址:www.weilong - tools.com
电子信箱:ykdy@ pub.zj.jsinfo.net
质量体系:ISO 9001
产品情况:硬质合金木工专业锯片、割草片、切铁片、切铝片、电动工具配套的锯片等
出口情况:出口日本、美国、澳大利亚

★沃得精机(中国)有限公司
地址:江苏省丹阳市埤城沃得工业
邮编:212311
电话:0511/86333855、86338811
传真:86342956、86342767
网址:www.worldjj.com.cn
电子信箱:sales@ worldjj.com.cn
单位人数:2500
质量体系:ISO 9001、ISO 14001
产品情况:机械压力机、数控冲、剪板机、折弯机、油压机等金属成型锻压设备

★丹阳市荣飞自动化设备有限公司
地址:江苏省丹阳市新桥镇晨阳路南端18 号
邮编:212322
电话:0511/86357408
传真:86357408
网址:www.cnrongfei.com
产品情况:汽车摩托车灯具生产流水线专用设备

★钴领(常州)刀具有限公司
地址:江苏省常州市新北区峨眉山路 19 号
邮编:213002
电话:0519/85109713
传真:85104832
网址:www.guhringchina.com
电子信箱:info@ guhringchina.com
质量体系:ISO/TS 16949
产品情况:各种钻头、丝锥、铰刀、金刚石刀具、液压刀柄、热胀刀柄、修磨和深层服务、刀具管理

★常州诺邦自动化设备有限公司
地址:江苏省常州市戚墅堰区劳动东路20 号
邮编:213011
电话:0519/88388657
传真:88388657
电子信箱:sales@ nuobang.com.cn
产品情况:电动机制造成套设备,应用于汽车电器、电动工具、微电机等电动机制造领域

★常州市华威亚克模具有限公司
地址:江苏省常州市国家高新区秦岭路155 号
邮编:213022
电话:0519/85166608、85166699
传真:85166698、85166001
网址:www.huaweimould.com
电子信箱:mould@ pub.cz.jsinfo.net
单位人数:300
质量体系:ISO 9001
产品情况:各种精密、大型塑模具
出口情况:出口德国、法国、意大利、澳大利亚、日本、韩国、泰国、印度、巴西、马来西亚等国家

★常州远东塑料机械有限公司
地址:江苏省常州市钟楼开发区水杉路55 号
邮编:213023
电话:0519/83275353、83270918
传真:83273999
网址:www.czyd.com
电子信箱:info@ czyd.com
质量体系:ISO 9001、ISO 14001
产品情况:(远东牌)
包装用聚酯捆扎带,单双层吸塑托盘

★常州市科沛达超声工程设备公司
地址:江苏省常州市戚野堰开发区富明路 229 号
邮编:213025
电话:0519/88406980、88406981
传真:88406985
网址:www.czkpd.com

电子信箱:cz - kpd@ 163. com
质量体系:ISO 9001
产品情况:(KePeida 牌)
清洗设备、干燥设备、制冷设备、硅片甩干设备、塑胶焊接设备、达克罗涂覆设备等

◉ 瑞顾克斯(常州)机械制造公司

地址:江苏省常州市新北区创业路16号奥海工业园3C
邮编:213033
电话:0519/89880190、85602352
传真:89880191
网址:www. rix - cz. com
电子信箱:huajy@ rix - cz. com
法人代表(负责人):江头裕明
单位人数:55
产品情况:(RIX 牌)
高压清洗机、低压清洗机、高压泵、高精密清洗机等
出口情况:出口日本、泰国,并销往中国香港地区

★常州爱派涂装设备制造有限公司
地址:江苏省常州市新北区春江镇创业东路17号
邮编:213034
电话:0519/85865616
传真:85860706
网址:www. apex - spraybooth. com
电子信箱:info@ apex - industry. com
产品情况:汽车打磨房、调漆房、喷漆烘烤设备等
出口情况:80%的产品出口多个国家和地区

★常州市惠普机械有限公司
地址:江苏省常州市常焦路史家桥东侧
邮编:213114
电话:0519/85500908、85500900
传真:85506118、85501024
网址:www. czhp. cn
电子信箱:piaoma@ piaoma. cc
单位人数:240
质量体系:ISO 9001
产品情况:涂装设备
配套情况:为上汽集团、南京汽车集团、长安汽车、一汽 - 大众、上海大众、上海通用、广汽本田、广汽丰田、北京现代、广汽长丰、江南模塑、宁波华翔、徐工科技、三一重工、ABB、DURR、EISENMANN 等供货

★常州市大众涂装设备有限公司
地址:江苏省常州市横山桥镇
邮编:213119
电话:0519/88601503、88611118
传真:88601824
网址:www. czdztz. com
电子信箱:wjdazhong@ yahoo. com. cn
单位人数:200
产品情况:大中型涂装生产线及非标设备
配套情况:被国内几十家中型汽车、摩托车等厂家选用

★武进涂装设备制造厂有限公司
地址:江苏省常州市武进区横山桥镇
邮编:213119
电话:0519/88601531、88603928
传真:88601619
网址:www. cztz. com
电子信箱:office@ cztz. com
单位人数:360
产品情况:涂装设备
配套情况:为天津一汽丰田、东风悦达起亚、长安福特马自达、广汽本田、北京现代等配套

★江苏新瑞机床(集团)有限公司
地址:江苏省常州市武进高新区凤栖路20号
邮编:213166
电话:0519/86226200
传真:88385508
网址:www. shinri. cn
电子信箱:sales@ shinri. cn
产品情况:数控机床
出口情况:远销美国、加拿大、英国、德国、俄罗斯、巴西、埃及、韩国、越南、新加坡、巴基斯坦和印度等国家

★瓦尔特(无锡)有限公司
地址:江苏省无锡市锡沪西路531号
邮编:214000
电话:0510/82419399
传真:82441380
网址:www. walter - ag. com
电子信箱:webmaster@ wxzgz. com
产品情况:硬质合金可转位刀具,包括车、铣、钻、扩、镗各类刀具及刀具附具

★无锡威华电焊机制造有限公司
地址:江苏省无锡市无锡新区坊前锡贤路27号
邮编:214011
电话:0510/82443197
传真:82441814
质量体系:ISO 9001
产品情况:各类焊接设备

★无锡创科源激光装备股份公司
地址:江苏省无锡市新区长江南路17-21号
邮编:214028
电话:0510/81001270、81001271
传真:81001279
网址:www. ckylaser. com
电子信箱:wuxicky@ 126. com
质量体系:ISO 9001
产品情况:激光打标机、激光焊接机、激光切割机、激光打孔机等

★无锡焱昇工贸公司苏能试验设备厂
地址:江苏省无锡市北塘区山北大桥堍大庄1号
邮编:214047
电话:0510/83726004
传真:83726005
网址:www. suneng. cn
电子信箱:webmaster@ suneng. cn
质量体系:ISO 9001
产品情况:试验箱
出口情况:远销日本

★无锡市长桥电炉有限公司
地址:江苏省无锡市蠡园
邮编:214071
电话:0510/85115800
传真:85102946
网址:www. cq - dl. com
电子信箱:webmaster@ cq - dl. com
质量体系:ISO 9001
产品情况:热处理设备
出口情况:远销泰国、越南、缅甸等东南亚地区

★无锡苏南试验设备有限公司
地址:江苏省无锡市扬名高新技术产业园杨工路8号
邮编:214073
电话:0510/85433387、85433381
传真:85433389
网址:www. wxsunan. com
电子信箱:sunan@ wxsunan. com
单位人数:100
质量体系:ISO 9001
产品情况:高低温试验箱、快速温变试验箱、高低温湿热试验箱等

★无锡开源集团灵山机械有限公司
地址:江苏省无锡市马山七号桥
邮编:214092
电话:0510/85995969、85998703
传真:85995446
网址:www. kylsm. com
电子信箱:sales@ kylsm. com
单位人数:280
质量体系:ISO/TS 16949、ISO 9001
产品情况:(XIJI 牌)
内圆磨床、数控内圆磨床、机床附件、大规格主轴锥孔磨床、大规格轴承套圈磨床、无心磨抛机、切割式胶带专用成套设备和汽车传动带等
出口情况:出口欧洲、美洲、东南亚等地区,并销往中国台湾地区

★无锡市硕工量仪有限公司
地址:江苏省无锡市锡山区八士镇鞭蓉桥堍
邮编:214100
电话:0510/82406652
传真:82468125
网址:www. wxlyc. com
电子信箱:lty2188@ 126. com
产品情况:各种测量仪器,用于测量缸

套、连杆、内外径、锥度、厚度等

★无锡星维科技有限公司
地址:江苏省无锡市锡山区东亭长大厦工业园春雷路1号
邮编:214101
电话:0510/88211351、88216300
传真:88318130
网址:www.sunver.com
电子信箱:ysh@sunver.com
产品情况:激光打标机、激光焊接机、激光切割机、气动打标机、喷码机、金属电化学打标机等
配套及出口情况:为DELPHI、万向集团、PHILIPS(苏州)、宝钢集团、江苏法尔胜、三星电子(苏州)、东风柳汽、东风汽车公司、南昌飞机制造、北京国电、锡柴、卡特彼勒等配套;出口美国、加拿大、埃及、新加坡、巴基斯坦等国家,并销往中国香港、台湾地区

★无锡富瑞德精密机械有限公司
地址:江苏省无锡市锡山经济开发区春鑫路52号
邮编:214101
电话:0510/88264900
传真:88264901
网址:www.wxfriedrich.com
电子信箱:sales@wxfriedrich.com
单位人数:132
质量体系:ISO 9001
产品情况:(WUXI-FRIEDRICH牌)
非标量检具(量仪)、在线综合测量机、装配线测量机,年产5000套(台),用于发动机、变速器、汽车/摩托车零部件、压缩机、机械行业等
配套情况:主要客户有上海大众、上海通用、一汽-大众、大众变速器、上汽通用东岳、东风康明斯、神龙汽车、东风汽车、上汽通用五菱、博世、利纳马、长安福特马自达、上海汽车、南京名爵、比亚迪、长安汽车、长安铃木、长城汽车、上海交运、一汽夏利、东风日产、东风本田、一汽海马、江铃汽车、江淮汽车、奇瑞汽车、玉柴、锡柴、潍柴、大柴、扬柴、常柴等

★江苏新光数控技术有限公司
地址:江苏省无锡市锡山开发区科技园D区1号春笋中路40号
邮编:214101
电话:0510/88700768、88207091
传真:88263351、88200608
网址:www.wxxg.com
电子信箱:yu@wxxg.com
质量体系:ISO 9001
产品情况:(新光牌)
气动打标机、静音气动刻划机、电磁打标机等
出口情况:远销美国、法国、西班牙、日本、韩国、伊朗、大洋洲、印尼等国家和地区

★科威信(无锡)洗净科技有限公司
地址:江苏省无锡市锡山区安镇胶阳路
邮编:214105
电话:0510/88786861
传真:88781573
网址:www.wxkws.net
电子信箱:cleaning@wxkws.com
法人代表(负责人):方言卓
单位人数:100
质量体系:ISO 9001
产品情况:(科威信(keweison)牌、博思杜尔(Bosduer)牌)
环保型工业清洗设备、清洗剂
出口情况:环保真空碳氢清洗机出口

★无锡大东白山机械有限公司
地址:江苏省无锡市新区梅村工业园锡达路230号
邮编:214112
电话:0510/88552180、88552181
传真:88552182
网址:www.dd-hakusan.com
电子信箱:wuxi@hakusankiko.com.cn
质量体系:ISO 9001、ISO 14001
产品情况:切屑输送、机床切削液过滤净化和冷却设备,用于内燃机、汽车等制造行业

★无锡市沃尔得精密工业有限公司
地址:江苏省无锡市华庄镇龙渚工业园
邮编:214131
电话:0510/85607199、85609150
传真:85613396
网址:www.wuxiworld.com
电子信箱:market@wuxiworld.com
产品情况:发动机台架试验用恒温保障系统等

★无锡曙光模具有限公司
地址:江苏省无锡市新区鸿山镇机光电工业园鸿达路106号
邮编:214145
电话:0510/82403952
传真:82414974
网址:www.wuxi-dawn.com
电子信箱:market@wuxi-dawn.com
质量体系:ISO/TS 16949、QS 9000
产品情况:设计制造汽车底盘桥架、摇臂、制动器、车身等各类冲压模具
配套及出口情况:为上海通用、上海大众、克莱斯勒(中国)汽车销售有限公司等配套;出口北美洲与欧洲市场

★无锡出新兴达电镀涂装设备公司
地址:江苏省无锡市惠山区杨市镇出新工业园
邮编:214154
电话:0510/83552992、83558693
传真:83551954
网址:www.wxxdep.com
电子信箱:wxxdep@wxxdep.com
产品情况:电镀设备、涂装设备、环保设备
配套情况:为安徽安驰、一汽锡柴、仪征双环活塞环、无锡威孚等配套

★无锡市阳通机械设备有限公司
地址:江苏省无锡市惠山区阳山镇
邮编:214155
电话:0510/83691941、83691884
传真:83691881
网址:www.yangtong.com.cn
电子信箱:yangtong@public1.wx.js.cn
单位人数:600
质量体系:ISO 9002
产品情况:焊割、清理、涂装设备、各种抛丸机,用于金属结构、汽车等行业
出口情况:出口东南亚、中东、欧洲、美洲等地区

★无锡市科巨机械制造有限公司
地址:江苏省无锡市滨湖区胡埭镇
邮编:214161
电话:0510/85593458
传真:85590456
网址:www.wxkeju.com
电子信箱:wuxikeju@163.com
质量体系:ISO 9001
产品情况:制冷设备

★无锡东源机械制造有限公司
地址:江苏省无锡市惠山区西漳锡澄南路43号
邮编:214171
电话:0510/83500124、83757188
传真:83756088、83500076
网址:www.wx-dy.com
电子信箱:info@wx-dy.com
质量体系:ISO 9001
产品情况:清洗机、磨光机、喷砂机、去毛刺抛光机、研磨机、抛丸机、烘干机等
出口情况:出口美国、日本、埃及、菲律宾、印尼、马来西亚等国家

★无锡福森机械制造有限公司
地址:江苏省无锡市西漳工业园区西石路底
邮编:214171
电话:0510/83503581、83503140
传真:83503582、84068383
网址:www.fusunjx.com
电子信箱:info@fusunjx.com
质量体系:ISO 9001
产品情况:抛丸机、清洗机、研磨机、砂带机、烘干机、除尘设备、涂装机等

★无锡泰源机器制造有限公司
地址:江苏省无锡市惠山区西漳西青路53号
邮编:214171
电话:0510/83751091、83751243
传真:83751377
网址:www.wuxitaiyuan.com
电子信箱:tyjq@wuxitaiyuan.com
单位人数:300

质量体系:ISO 9001
产品情况:(星月牌)
抛丸机、研磨机、砂带机、喷砂机及专用清洗涂装设备

★无锡伟光抛丸材料有限公司
地址:江苏省无锡市西漳天一锡澄南路100号
邮编:214171
电话:0510/83751359、82266618
传真:83502089
网址:www.wgob.cn
电子信箱:sales@wgob.cn
质量体系:ISO 9001
产品情况:不锈钢丸、抛丸机、磨液、磨料、光亮剂、研磨机

★无锡市明兴表面处理设备有限公司
地址:江苏省无锡市惠山区西漳工业园
邮编:214171
电话:0510/83756570、83508377
传真:83751926
网址:www.wxmingxing.com
电子信箱:mingxing@wxmingxing.com
产品情况:(明兴牌)
清洗机、抛丸机、涂装生产线、电镀生产线、自动物流输送成套设备、清洗剂、振动光饰机、烘干机、喷沙机、研磨机等

★无锡市威力液压机械厂
地址:江苏省无锡市惠山开发区堰桥配套区堰锦路
邮编:214174
电话:0510/83570400
传真:83570401
网址:www.wlyyj.com
电子信箱:sales@wlyyj.com
产品情况:(威力牌)
Y41单柱液压机、Y41A系列单柱校直机、Y32四柱液压机、YSK压力管理系统液压机等各种规格型号液压机

★无锡翔辉机械制造有限公司
地址:江苏省无锡市堰桥工业园区堰锦路
邮编:214174
电话:0510/83570771、83570791
传真:83570071、83570781
网址:www.xianghuijx.com
电子信箱:sales@xianghuijx.com
单位人数:120
质量体系:ISO 9001
产品情况:(翔辉牌)
振动研磨机、超声波清洗机等

★无锡市金菲尔机械有限公司
地址:江苏省无锡市堰桥工业园堰桥路39号
邮编:214174
电话:0510/83571747
传真:83572347
电子信箱:ydycg@sina.com
质量体系:ISO 9001
产品情况:清洗机、烘干机、涂油机等表面处理设备

★无锡大力液压机械厂
地址:江苏省无锡市堰桥经济开发区堰丰路5号
邮编:214174
电话:0510/83743799、83570731
传真:83748583
网址:www.dlyyjx.com
电子信箱:sales@dlyyjx.com
单位人数:80
质量体系:ISO 9001
产品情况:(大力牌)
各种液压机,Y30、Y41系列适用于汽车电动机、空调电动机装配线
配套情况:为一汽锡柴、长春富奥依斯克拉汽车电器、上海新大洲等配套

★无锡市蓝力机床有限公司
地址:江苏省无锡市惠山区堰桥镇堰玉路98号
邮编:214174
电话:0510/83747197、83741195
传真:83570667
网址:www.wxlanli.com
电子信箱:wxlanli@163.com
质量体系:ISO 9001、ISO 14001
产品情况:各种专业液压机及专用机床
配套及出口情况:为一汽集团、东风汽车公司、庆铃汽车、重庆建设雅马哈、林海雅马哈、泰州春兰、上海大众、万向钱潮、天津一汽丰田、锡柴等配套;出口欧洲、美国、日本、东南亚等国家和地区

★江苏天奇物流系统工程股份公司
地址:江苏省无锡市惠山区洛社镇洛藕路288号
邮编:214187
电话:0510/83311041、83340005
传真:83313751
网址:www.chinaconveyor.com
电子信箱:conveyer@publicl.wx.js.cn
单位人数:1480
质量体系:ISO 9000
产品情况:汽车生产线与智能传送系统
配套及出口情况:为一汽-大众、一汽红旗、一汽解放、神龙汽车、上汽集团、广汽本田、长安铃木、长安福特马自达、奇瑞汽车、吉利汽车等配套;出口东南亚、日本、马来西亚、印度、泰国、越南等国家和地区

★江阴市金桥机械设备有限公司
地址:江苏省江阴市新桥工业区
邮编:214426
电话:0510/86127870
传真:86127815
网址:www.jyjqjx.com
电子信箱:888@jyjqjx.com
质量体系:ISO 9001
产品情况:超声波清洗机等设备

★德派装配自动化技术(苏州)公司
地址:江苏省苏州市工业园区宏业路111号4幢D单元
邮编:215001
电话:0512/62512500-602
传真:62512700
网址:www.deprag.com.cn
电子信箱:biz@deprag.com.cn
质量体系:ISO 9001
产品情况:装配线工具

★苏州霍丁格·包尔文电子测量公司
地址:江苏省苏州市苏州新区滨河路横山路106号
邮编:215009
电话:0512/68256146、68247776
传真:68255422
网址:www.hbm.com.cn
电子信箱:hbmchina@hbm.com.cn
单位人数:1700
质量体系:ISO 9001、ISO 14001
产品情况:各类传感器、数据采集系统、测量和分析软件等

★苏州广福汽保机电设备有限公司
地址:江苏省苏州市宏业路138号A幢
邮编:215021
电话:0512/67541526、67549204
传真:67542137
网址:www.bradford.com.cn
电子信箱:bradford@bradford.com.cn
质量体系:ISO 9000
产品情况:(BF牌)
汽车尾气分析仪、柴油车烟度计、汽车故障诊断仪、制动液充放机、汽车检测线、汽缸压力测试仪、内窥镜、冷却系统压力测试仪、点火系统测试仪、电子监测仪、传感器等
配套情况:为上海大众、上海通用、一汽-大众、一汽马自达、神龙汽车、长安汽车、上汽荣威、南汽名爵、奇瑞汽车等配套

★阿诺(苏州)刀具有限公司
地址:江苏省苏州市工业园区葑亭大道宝达路8号
邮编:215122
电话:0512/62877710、62877715
传真:62561293
网址:www.ahno-tool.com
电子信箱:info@ahno-tool.com
单位人数:180
质量体系:ISO 9001
产品情况:专业刀具修磨、非标成形钻头、标准铣刀、标准刀具等
配套情况:为一汽-大众、上海大众、上海通用、上汽集团配套

★苏州市和科达超声设备有限公司
地址:江苏省苏州市相城区黄桥镇兴旺路和科达工业园
邮编:215132

电话:0512/65781623
传真:65781823
网址:www.hekeda.cn
电子信箱:sale_suzhou@hekeda.cn
质量体系:ISO 9001
产品情况:(和科达牌)
超声波清洗设备
出口情况:部分产品出口

★苏州东风精冲工程有限公司
地址:江苏省苏州市高新区新亭路18号
邮编:215151
电话:0512/66161075
传真:66161050
网址:www.dffbsz.com
电子信箱:dffbskb@dfl.com.cn
单位人数:80
质量体系:ISO/TS 16949、ISO 9001
产品情况:精冲零件、乘用车变速器操纵机构和精冲模具

★苏州纽康特液压升降机械有限公司
地址:江苏省苏州市望亭经济开发区问渡路16号
邮编:215155
电话:0512/65386588、65381124
传真:65381182
网址:www.newcount.com.cn
电子信箱:sales@newcount.com.cn
质量体系:ISO 9001
产品情况:液压升降台
出口情况:出口欧洲、美洲等地区

★苏州东菱振动试验仪器有限公司
地址:江苏省苏州市高新区科技城龙山路2号
邮编:215163
电话:0512/66652225
传真:66655669
网址:www.testunit.com
电子信箱:sales@testunit.com
质量体系:ISO 9001
产品情况:各种汽车测试与试验设备,动力总成测试设备

★苏州信能精密机械有限公司
地址:江苏省吴江市菀坪镇万工路1号
邮编:215223
电话:0512/63392098
传真:63391065
网址:www.sz-lugong.com
电子信箱:szlugong@tom.com
产品情况:(鲈工牌)
珩磨机、珩磨工具,广泛应用于航空、航天、汽车、摩托车等领域

★牧野机床(中国)有限公司
地址:江苏省昆山市高新技术开发区牧野路2号
邮编:215316
电话:0512/57778000
传真:57779900
网址:www.makino.com.cn
电子信箱:info@makino.com.cn
单位人数:326
质量体系:ISO 9001、ISO 14001
产品情况:(牧野牌)
主要设计、生产三轴及以上联动的数控机床、数控系统、伺服装置及零部件和相关产品的研究开发,机器相关应用软件的开发生产等

★旭日塑料制品(昆山)有限公司
地址:江苏省昆山市经济技术开发区盛希路20号
邮编:215335
电话:0512/57636958-117
传真:57636959
网址:www.asahiplastic.com
电子信箱:ye.zhenglin@asahiplastic.com
单位人数:378
质量体系:ISO 9001
产品情况:塑胶模具,加工组装电动工具等

★埃马克机床(太仓)有限公司

地址:江苏省太仓市娄江北路8号仓能欧美科技坊3号
邮编:215400
电话:0512/53574098
传真:53575399
网址:www.emag.com
电子信箱:info@emag-china.com
产品情况:(EMAG、Koepfer、Kopp、Naxos-Union牌)
倒置式车削中心、内外圆磨床、凸轮轴、曲轴磨床、滚齿机、激光焊接机床、电化学机床
配套情况:主要客户有大众汽车变速器(大连)有限公司、长安铃木、奇瑞汽车、一汽集团
☞ 详细情况请参阅彩色宣传版面

★常熟明辉焊接器材有限公司
地址:江苏省常熟市支塘窑镇村
邮编:215531
电话:0512/52553382、52551578
传真:52558691
网址:www.changshu.cc
电子信箱:tanjiany@pub.sz.jsinfo.net
法人代表:谭建元
负责人:谭俊锋
单位人数:163
质量体系:ISO 9001
产品情况:(常合牌)
焊接电极、电极帽、电极接杆、电极臂、焊钳、车身焊接装夹具、车身焊接分拼、总成生产线
配套及出口情况:客户有上海大众、一汽-大众、神龙汽车、上海通用等;出口德国、加拿大、东南亚等国家和地区

★江苏迎阳无纺机械有限公司
地址:江苏省常熟市支塘镇任阳工业园区
邮编:215539
电话:0512/52588888
传真:52583880
网址:www.yingyang.cn
电子信箱:webmaster@yingyang.cn
质量体系:ISO 9001
产品情况:(迎阳牌)
无纺设备
出口情况:销往美国、德国、俄罗斯、意大利等50多个国家

★张家港华丰重型设备制造有限公司
地址:江苏省张家港市经济开发区
邮编:215600
电话:0512/58686628、58698361
传真:58686638
网址:www.kingswel.com
电子信箱:hfsales@kingswel.com
质量体系:ISO 9001
产品情况:(王牌)
吹塑机、吹瓶机、注塑机、中空成型机、辅助设备等
出口情况:远销欧洲、美国、日本、东南亚、中东、俄罗斯等国家和地区

★张家港鼎太精机制造有限公司
地址:江苏省张家港市经济开发区
邮编:215617
电话:0512/56992283、56992368
传真:56992360
网址:www.cndtjj.com
电子信箱:dingtai@dingtaimachine.com
质量体系:ISO 9001
产品情况:数控弯管机、金属圆锯机、倒角机、缩弯机等

★张家港市声达超声电气有限公司
地址:江苏省张家港市金港大道
邮编:215618
电话:0512/58591345
传真:58592295
电子信箱:sales@sdultrasonic.com
质量体系:ISO/TS 16949
产品情况:(声达牌)
超声波清洗机,年销售额1000万元

★江苏港星方能超声洗净科技公司
地址:江苏省张家港市经济开发区东区大道3号
邮编:215618
电话:0512/58591451、58595611
传真:58598108
网址:www.jsgxfn.cn
电子信箱:gangxing@gangxing.com
质量体系:ISO 9001
产品情况:(港星牌)
超声波清洗机和超声波塑料焊接机
配套及出口情况:为上海日立电器、上海通用、天津松下、天津摩托罗拉、联合电子、上海纳铁福传动轴、加西贝拉压

缩机、常熟白雪集团、浙江万向、中国鹰翔集团、美国杜邦、江苏昆山三丽电镀、无锡威孚、南京金宁、南京898厂、浙江海宁天通配套;远销日本、欧洲等国家和地区

★张家港市港威超声电子有限公司
地址:江苏省张家港市欧洲工业园区
邮编:215618
电话:0512/58593451、58595678
传真:58598127、58598125
网址:www.gw-cn.com
电子信箱:mail@gw-cn.com
质量体系:ISO 9001、ISO 14001
产品情况:(港威牌)
超声波清洗设备
配套及出口情况:为浙江东阳东磁集团、广东江门粉末冶金厂、德昌(电机)南京、大连万宝至马达、无锡威孚集团、浙江天通控股、一汽集团、浙江玉环双友机械、浙江纵横集团、浙江人本集团等配套;销往中国香港、澳门地区

★张家港金港超声电器有限公司
地址:江苏省张家港市开发区西塘公路北
邮编:215618
电话:0512/58596151
传真:58596152
网址:www.jgcsdq.com
电子信箱:webmaster@jgcsdq.com
产品情况:(金港牌)
超声波清洗设备,用于汽车、摩托车、电子、机械、化工等各行业

★张家港市三友超音设备厂
地址:江苏省张家港市经济开发区
邮编:215618
电话:0512/58597997、58596568
传真:58597989、58596718
网址:www.sanyoucy.com
电子信箱:manager@sanyoucy.com
质量体系:ISO 9001
产品情况:(sanyou牌)
超声波清洗设备,年产180万台
出口情况:出口十几个国家和地区

★张家港市科尔超声电子有限公司
地址:江苏省张家港市省经济技术开发区
邮编:215618
电话:0512/58598880、58160663
传真:58161680
网址:www.zjgkeer.com
电子信箱:zjgkeer@yahoo.com.cn
质量体系:ISO 9001
产品情况:(科尔牌)
KE25型系列超声波清洗设备、各种非标及大型流水线设备

★张家港市百思特超声电气有限公司
地址:江苏省张家港市经济开发区
邮编:215618
电话:0512/58599500、58599600
传真:58599700
网址:www.zjgbstcs.com
电子信箱:webmaster@zjgbstcs.com
质量体系:ISO 9001
产品情况:超声清洗设备、电镀设备、汽摩零部件设备等

★张家港力勤机械有限公司
地址:江苏省张家港市三兴镇
邮编:215624
电话:0512/58578986
传真:58535299
网址:www.zsim.com
电子信箱:liqin@zsim.com
质量体系:ISO 9001
产品情况:聚氨酯发泡设备

★和和机械(张家港)有限公司
地址:江苏省张家港市南丰镇南丰北路2号
邮编:215628
电话:0512/58621380、58616901
传真:58620007
网址:www.soco.com.cn
电子信箱:soco@soco.com.cn
质量体系:ISO 9002
产品情况:(和和牌)
半自动、全自动弯管机等
出口情况:出口欧洲、美洲、东南亚

★张家港市合丰机械制造有限公司
地址:江苏省张家港市南丰经济开发区
邮编:215628
电话:0512/58626628、58620857
传真:58620439
网址:www.hefeng.com.cn
电子信箱:hefeng@hefeng.com.cn
质量体系:ISO 9001
产品情况:系列弯管机、SG系列管端成型机、YJ系列金属圆锯机、铆接机、磨齿机等

★徐州永冠环保科技有限公司
地址:江苏省徐州市泉山区卧牛工业园8号
邮编:221002
电话:0516/85760868、85658033
传真:85768509、85761194
网址:www.yagogue-tech.com
负责人:梁超
质量体系:ISO 9001
产品情况:各类橡胶塑料破碎机、橡胶及废旧轮胎破碎成套生产线
出口情况:出口西班牙、土耳其、沙特、阿联酋、南非、马来西亚、印度、泰国、新加坡、日本、波兰、墨西哥、秘鲁、巴西等国家

★徐州达一锻压设备有限公司

地址:江苏省徐州市鼓楼工业园
邮编:221007
电话:0516/85771077
传真:85882077
网址:www.xzdy.net
电子信箱:xuduau@xzdy.net
产品情况:6000t以下各类四柱液压机、框架单动薄板拉伸液压机、双动液压机、桥壳液压机、锻造液压机、封头液压机、联动液压机、压药液压机、粉末冶金液压机、电热镦机、车轮旋压机、多路钻床、数控轮辐立车、轮辋立车、摆碾机等,同时可承担各种液压机成套成线设备的设计和制造
出口情况:部分产品出口国外
☞详细情况请参阅彩色宣传版面

★江苏中大工业涂装环保有限公司
地址:江苏省盐城市开放大道100号
邮编:224002
电话:0515/88333888
传真:88200777
网址:www.zondatz.com
电子信箱:tz@zonda.com
单位人数:450
质量体系:ISO 9001
产品情况:全套汽车涂装设备和环保设备
配套及出口情况:公司承建的典型工程有北京现代、广汽本田、四川一汽丰田、长丰猎豹、上海大众、上海华普、长春顺华、金龙客车、重庆宇通、金陵双层客车、安凯客车、广州五十铃、北京汽车、陕西重汽、一汽锡柴、镇江汽车、湖北双龙、东风南充、徐工集团、三一重工、北方重工、长沙中联、通用电气、江南模塑、多保精密、曙光车桥、海通车桥等;出口越南、泰国等国家

★中大工业集团
地址:江苏省盐城市开放大道100号
邮编:224003
电话:0515/66666666、88333888
传真:88333777
网址:www.zonda.com
电子信箱:info@zonda.com
单位人数:6900
产品情况:(中大牌)
具有年产汽车维修检测设备、城市自动洗车设备10万台套,客车1.5万辆的生产能力
出口情况:产品覆盖60多个国家和地区

★盐城市盐都中宝机械制造有限公司
地址:江苏省盐城市长达南路16-2号
邮编:224005
电话:0515/88171778、88588029
传真:88380132
网址:www.zbjx.cn
电子信箱:zb@zbjx.cn
单位人数:400
质量体系:ISO 14001、ISO 9002
产品情况:(中宝牌)
涂装设备等
配套情况:为浙江飞碟客车、天津汽车

灯厂、牡丹客车配套

★江苏中大三协汽车装备有限公司
地址:江苏省盐城市开发区新园路88号
邮编:224007
电话:0515/88286100、88882020
传真:88285432
网址:www.sankyoreels.cn
电子信箱:info@triens.cn
质量体系:ISO 14001、ISO 9001
产品情况:大、中、小、组合型各种绕线器,工作灯,集中供油系统

★鑫之宇涂装工业有限公司
地址:江苏省盐城市盐渎路100号
邮编:224007
电话:0515/88668678、88668688
传真:88666166
网址:www.xzytz.com
电子信箱:xzytz@126.com
质量体系:ISO 9001、ISO 14001
产品情况:涂装机械等,已承接过客车喷漆烘干室、轿车喷漆烘干室、车桥涂装生产线等
配套情况:为中国北车集团、济南柴油机厂、山东华光机械厂、四川一汽丰田、安徽安凯客车、淄博柴油机厂、重汽集团、东风特汽等配套

★盐城市康杰汽车配件有限公司
地址:江苏省盐城市盐都区义丰鹏程路66号
邮编:224022
电话:0515/88668668
传真:88660221
网址:www.china-kej.com
电子信箱:wuwenjiezg@126.com
质量体系:ISO 9001
产品情况:汽车散热器流水生产线成套设备等
配套及出口情况:为上海通用、北汽集团、长安汽车、江西五十铃、比亚迪汽车、东风汽车公司等配套;出口中东地区

★江苏坤泰机械有限公司
地址:江苏省盐城市振冈工业园区
邮编:224042
电话:0515/88869412
传真:88866569
网址:www.cnkuntai.com
质量体系:ISO 9001
产品情况:复合机械、裁断机械、内燃机配件、塑料制品

★江苏长虹涂装机械有限公司
地址:江苏省盐城市南洋经济开发区希望大道5号
邮编:224051
电话:0515/88183168
传真:88182168
网址:www.echanghong.com
电子信箱:qiu_qiu_@hotmail.com
单位人数:600
质量体系:ISO 9001
产品情况:(长虹牌)
汽车涂装设备,汽车焊装生产线,电气及自动化设备,汽车物流

★扬州琼花涂装工程技术有限公司
地址:江苏省扬州市汶河北路31号
邮编:225000
电话:0514/87314737
传真:87320650
网址:www.qhhb.com.cn
电子信箱:yzqhtz@126.com
质量体系:ISO 9000
产品情况:(琼花牌)
汽车涂装环保设备等
配套情况:为日本雅马哈集团、韩国现代集团、香港亚美集团、泰国四环集团、加拿大庞巴迪—鲍尔公司、重庆宗申集团、一汽集团、三江雷诺、重庆江南汽车、徐工集团、南京金城集团、江淮动力、北汽福田等配套

★扬州格尔仕电源科技有限公司
地址:江苏省扬州市经济开发区临江路188号
邮编:225102
电话:0514/87583241
传真:87573080
网址:www.yanghui.com
电子信箱:jenny0312@hotmail.com
质量体系:ISO 9001
产品情况:电动汽车电机控制器试验电源、电动汽车充电机、超级电容汽车充电装置、氢动力汽车加氢站制氚电源、汽车线束耐久试验电源、汽车电机试验电源、汽车灯泡寿命试验电源、车载逆变器老化电源、汽车空调试验电源等

★江苏扬力集团有限公司
地址:江苏省扬州市扬子江中路99号
邮编:225127
电话:0514/87848251、87848253
传真:87848290、87848289
网址:www.yangli.com
电子信箱:YLL@Yangli.com
单位人数:5000
质量体系:ISO 9001
产品情况:(扬力牌)
数控机床、压力机、剪板机、折弯机、液压机
出口情况:出口欧洲、美洲、东南亚等几十个国家和地区

★扬州锻压机床集团有限公司
地址:江苏省扬州市邗江经济开发区华钢路2号
邮编:225128
电话:0514/87849888、87849988
传真:87849136、87849480
网址:www.duanya.com.cn
电子信箱:yz@duanya.com.cn
质量体系:ISO 9001
产品情况:JH21、JL21系列开式固定台压力机,J76系列闭式双点高速精密压力机冲压线、J31G系列闭式高速压力机冲压线等高压冲床,YP2系列闭式双点快速精密压力机等专用冲压设备

★扬州斯普莱机械制造有限公司
地址:江苏省江都市双仙路59号
邮编:225200
电话:0514/86854388、86852788
传真:86851788、86850723
网址:www.spl.cn
电子信箱:sales@spl.cn
质量体系:ISO 9000、ISO 14001
产品情况:喷漆房、汽车喷涂线、喷漆预备房、调漆房等

★江苏振世达集团
地址:江苏省江都市丁沟镇振兴东路27号
邮编:225234
电话:0514/86381888、86388888
传真:86387777
网址:www.zhenshida.com
电子信箱:zsd@zmc.cc
单位人数:280
质量体系:ISO 9001
产品情况:汽车覆盖件模具,冲压件,模具年制造能力10万工时,冲压件年产30万件
配套情况:为上汽、江淮、奇瑞、亚星商务车、大宇、徐工、临工、山工、柳工、卡特、五征集团等配套

★泰星减速机股份有限公司
地址:江苏省泰兴市姚王镇泰姚北路10号
邮编:225400
电话:0523/87635693、87635681
传真:87635683、87692620
网址:www.txjsjx.cn
电子信箱:txjsjgs@163.com
单位人数:2500
质量体系:ISO 9001、ISO 10012
产品情况:(泰星牌)
减速机
出口情况:出口德国、美国、泰国、新加坡等国家

★江苏泰隆机械集团公司
地址:江苏省泰兴市大庆东路88号
邮编:225400
电话:0523/87668032、87668018
传真:87662169
网址:www.tailong.com
电子信箱:tloffice@tailong.com
单位人数:3000
质量体系:ISO 9001、ISO 14001
产品情况:(泰隆牌)
减速机
配套及出口情况:重点客户有宝钢集团、首钢集团、上海振华港机、燕山石化、葛洲坝集团、北京水工、中国铝业、

伊拉克泵站、桂林橡塑、乐山成发、三一重工等;出口东南亚、欧洲、美洲

★扬州市邮谊工具制造有限公司
地址:江苏省高邮市海潮东路外环
邮编:225600
电话:0514/84495666、84499939
传真:84499668
电子信箱:yzyouyi@ vip. 163. com
单位人数:200
质量体系:ISO 9000
产品情况:（邮谊牌）
　　非标及标准花键拉刀,键槽拉刀,圆孔拉刀,四方、六位拉刀及推刀、滚刀等复杂刀具

★南通德鑫数控机床有限公司
地址:江苏省南通市天生港镇工业园区天通路 98 号
邮编:226003
电话:0513/85603958、85206198
传真:85603858
网址:www. dxcnc. cn
电子信箱:gdq@ dxcnc. cn
质量体系:ISO 9001
产品情况:活塞环、轴瓦等专业加工设备及数控机床

★南通常测机电设备有限公司
地址:江苏省南通市港闸区黄海路 388 号
邮编:226006
电话:0513/85630288、85630388
传真:85636558
网址:www. ntccjd. com
电子信箱:nt – ct@ 163. com
质量体系:ISO 9001
产品情况:发动机测试台架系统、柴油发电机组试验台、汽油发动机磨合试验台以及 QPS 系列汽车尾气排放测试系统等
配套情况:主要客户有潍柴动力、江铃 VM 发动机公司、一汽锡柴、常州亚美柯动力、奇瑞、常发、重庆长安铃木、比亚迪、上汽、重汽杭发等

浙江省

★杭州机床集团有限公司
地址:杭州市学院路 50 号
邮编:310012
电话:0571/28025050、87293747
传真:87291737
网址:www. hzmtg. com
电子信箱:sale@ hzmtg. com
质量体系:ISO 9000
产品情况:数控精密平面磨床、常规通用平面磨床、精密小型平面磨床、数控电加工机床和数控铣床、出口铸件、工量具制造等
出口情况:出口欧洲、美洲、日本等国家和地区

★杭州友佳精密机械有限公司
地址:杭州市萧山经济技术开发区市心北路 120 号
邮编:311215
电话:0571/82831393
传真:82832353、82834320
网址:www. feeler. com. cn
电子信箱:mis@ goodfriend. com. cn
质量体系:ISO 9001、ISO 14000
产品情况:立式、卧式加工中心系列,龙门型五面五轴加工中心系列,CNC 车床系列,柔性制造系统(FMS),数控线切割机,电子加工设备等

★杭州先临三维科技股份有限公司
地址:杭州市萧山区建设一路 66 号华瑞中心 A 座 18 楼
邮编:311215
电话:0571/86932922、82999589
传真:86932933、82999539
网址:www. shining3d. com
电子信箱:cnsales@ shining3d. com
质量体系:ISO 9001、ISO 14001
产品情况:提供包括快速三维测绘、逆向设计、快速模具 RTM、快速原型 SLA、快速铸造 QC、三维检测和制造工艺开发等综合服务方案
出口情况:销往美洲、欧洲、东南亚、中东、澳大利亚等 50 多个国家和地区

★浙江万丰科技开发有限公司
地址:浙江省绍兴市新昌县高新区万丰科技园
邮编:312500
电话:0575/86297680、86298018
传真:86298021
网址:www. wfauto. com. cn
电子信箱:robot@ wfjt. com
质量体系:ISO 9000
产品情况:低压铸造机、汽轮浇铸单元、摩托车电动车浇铸单元、缸盖浇铸单元、高压铸造单元、有色合金铸造自动化浇注单元、测氢仪、中心孔钻床、气密性试验机、立(卧)式铝液精炼机、重力铸造机、烤包器、铜合金重力铸造机等
出口情况:出口澳大利亚、俄罗斯、马来西亚等国家

★浙江湖磨抛光磨具制造有限公司
地址:浙江省湖州市双林工业功能区
邮编:313012
电话:0572/3625702、3620565
传真:3620026
网址:www. chinahumo. com
电子信箱:chinahumo@ 163. com
质量体系:ISO 9001
产品情况:抛磨块、光饰机、抛光液、陶瓷微珠
出口情况:远销美国、日本、韩国等 40 多个国家和地区

★长兴恒达炉业有限公司
地址:浙江省长兴县林城镇桥南开发区
邮编:313112
电话:0572/6871568、6871566
传真:6870699
网址:www. qhdl. com, www. cx186. com
质量体系:ISO 9001
产品情况:NB 连续式钎焊炉、JNB 周期式井式钎焊炉、XNB、XNB2 周期式箱式钎焊炉、HB 连续式高温钎焊炉等

★浙江震寰汽保设备有限公司
地址:浙江省嘉兴市七星都市经济园泗花泾路 238 号
邮编:314000
电话:0573/83882777
传真:83886868
网址:www. trainsway. com
电子信箱:trainswaychina@ 188. com
质量体系:ISO 9001
产品情况:轮胎拆装机、平衡机、补胎机、抽油机
出口情况:出口欧洲、美洲、南非、中东、东南亚等地区

★嘉兴精勇精锻机械有限公司
地址:浙江省嘉兴市嘉善县经济开发区成功路 9 号
邮编:314100
电话:0573/84631858
传真:84632555
网址:www. jdmcl. com. tw
电子信箱:jxjyjd@ js. zj. cn
单位人数:80
质量体系:ISO 9001
产品情况:（精锻牌）
　　冷温热模锻机,热锻有 FP、FPG、HCP 系列,冷锻有 JKP 系列
配套及出口情况:中频炉为台湾应达、无锡应达配套;切断机为台湾桂全配套;热处理炉为三永电炉配套;全系列产品出口

★台州市安高塑料模具有限公司
地址:浙江省台州市黄岩区西门外北洋工业区
邮编:314100
电话:0576/84961221
传真:84961128
产品情况:汽车塑件模具及汽车配件

★宁波德业科技集团有限公司
地址:浙江省宁波市北仑区汽配园区甬江南路 26 – 28 号
邮编:315000
电话:0574/86222335
传真:86222338、86229938
网址:www. deye. com. cn
电子信箱:dycad@ mail. nbptt. zj. cn
单位人数:2500
质量体系:QS 9000、ISO 9001
产品情况:（德业牌）
　　大型精密模具、钣金模具;保险杠、

仪表盘、汽车空调、大型工程注塑、钣金件、紧固件等汽车零部件;汽油发动机控制单元、电动助力转向控制系统、汽车空调控制单元、车身电子控制(总线)系统、汽车直流变频冰箱驱动单元、发动机台架测试系统、汽车转毂测试系统等电子零部件;蒸发器、冷凝器;塑料制品
出口情况:出口加拿大、美国、南美洲、英国、德国、法国、俄罗斯、韩国、日本、新加坡、澳大利亚、南非等国家和地区

★宁波巨港超威泵业有限公司
地址:浙江省宁波市
邮编:315000
电话:0574/88096765、88096788
传真:88096585
网址:www. dragoncleaner. com
电子信箱:jugang@ dragoncleaner. com
质量体系:ISO 9001
产品情况:串激和感应两大系列高压清洗机
出口情况:远销欧洲、北美洲、南美洲、大洋洲、中东、非洲、东南亚

★宁波永生塑料机械有限公司
地址:浙江省宁波市鄞州区春园路 268 号
邮编:315100
电话:0574/88231671、88123378
传真:28813463
网址:www. yscn. cn
电子信箱:ys@ yscn. cn
法人代表:戎国荣
单位人数:60
质量体系:ISO 9001
产品情况:(永生牌)
伺服节能注塑机,三维弯曲机,BMC 车灯内胆专用注塑机,保险杠、仪表盘、PC、PA、PBT、PVC、PU 等专用注塑机

★宁波南方塑料模具有限公司
地址:浙江省宁波市集仕港工业园区工贸四路
邮编:315171
电话:0574/28865500、28865505
传真:28865501
网址:www. southmold. com
电子信箱:ybj@ southmold. com
质量体系:QS 9000、ISO 9001
产品情况:模具
配套及出口情况:为奇瑞汽车配套;远销西欧、日本、美国等国家和地区

★金丰(中国)机械工业有限公司
地址:浙江省宁波市镇海经济开发区金丰路 3 号
邮编:315221
电话:0574/86301251、86301252
传真:86302303
网址:www. chinfong. com. cn
电子信箱:sales@ chinfong. com. cn
质量体系:ISO 9001
产品情况:热压、冷精锻、冷冲压等各种机械式压力机
配套情况:主要客户有日本丰田、马自达、五十铃等

★宁波慈溪市观海卫镇龙海模具厂
地址:浙江省慈溪市观海卫镇环城北路 679 号
邮编:315315
电话:0574/63616314、63616615
传真:63616715
网址:www. chinalonghai. com
电子信箱:longhaichang@ vip. sina. com
单位人数:150
质量体系:ISO 9001
产品情况:精密塑胶模具和特殊性能工程塑胶

★慈溪市友利拉索线有限公司
地址:浙江省慈溪市附海开发区
邮编:315332
电话:0574/63567727、63564727
传真:63569192
网址:www. cxyouli. com
电子信箱:web@ cxyouli. com
质量体系:ISO 9001
产品情况:(甬慈牌)
模具开发、塑料、橡胶、五金、制管、冲压
配套及出口情况:为一汽集团配套;出口亚洲、欧洲、美洲、中东

★宁波石固机械管件有限公司
地址:浙江省余姚市浙东开发区中山东一路 118 号
邮编:315403
电话:0574/62577005、62580392
传真:62577225
电子信箱:frank@ chinashigu. com
质量体系:ISO/TS 16949、ISO 9001
产品情况:(石固牌)
软管总成试压机、扣压机、拉伸试验机、疲劳试验机,金属软管接头,制动软管总成,油压千斤顶等

★奉化市国盛仪表有限公司
地址:浙江省奉化市莼湖镇洪溪工业区
邮编:315506
电话:0574/88766055、56375888
传真:88765055
网址:www. cnguosheng. com
电子信箱:guosheng168@ vip. com. cn
单位人数:500
质量体系:ISO 9001
产品情况:(国盛牌)
汽车、摩托车仪表计数器、电动工具开关、塑料配件等

★宁波跃飞模具有限公司
地址:浙江省宁波市宁海县新兴工业园区 C 区
邮编:315600
电话:0574/65332668、65332665
传真:65332666、65332690
网址:cn. yfmould. com
电子信箱:business@ yfmould. com
质量体系:ISO 9001
产品情况:(佳佳牌)
各类注塑模具
出口情况:远销美国、加拿大、墨西哥、巴西、澳大利亚、德国、法国、意大利、西班牙、韩国、日本

★宁海县现代模具有限公司
地址:浙江省宁波市宁海县新兴工业园区新园二路 29 号
邮编:315600
电话:0574/65530338
传真:65530339
网址:www. xd - mould. com
电子信箱:xdmould@ vip. 163. com
质量体系:ISO 9001、ISO 14000
产品情况:注塑模具

★宁海县益群精密模具制造有限公司
地址:浙江省宁波市宁海县模具城 10 幢
邮编:315600
电话:0574/65539556
传真:65539555
网址:www. yiqunmould. com
电子信箱:yiqun@ yiqunmould. com
单位人数:50
质量体系:ISO 9002
产品情况:专业制造注塑模具、橡胶模具及压铸模具、检具
配套情况:为上海大众、通用、神龙富康等配套

★宁波方正汽车模具有限公司
地址:浙江省宁海县新园一路 26 号
邮编:315600
电话:0574/83551677
传真:83551677
网址:www. fzmould. com
质量体系:ISO 9000
产品情况:大型汽车注塑、吹塑、精密及发泡模具
配套情况:为法国伟斯通、德国考泰斯、英瑞杰、派格、麦格纳英堤尔以及中国亚普、TI 等公司提供模具,并成为通用、丰田、一汽 - 大众、上海大众等公司的一级配套商

★宁波合力模具科技股份有限公司
地址:浙江省宁波市象山县工业园区西谷路 358 号
邮编:315700
电话:0574/65724681
传真:65724167
网址:www. helimould. com
电子信箱:nbheli@ cnool. net
单位人数:218
质量体系:ISO 9001

产品情况:汽车发动机缸体、缸盖、进气歧管、变速器壳体及其他汽车零部件铸造模具
配套情况:客户有上海乾通汽车附件、一汽铸造、东风汽车公司、哈尔滨东安动力、北汽福田、天津丰田汽车发动机、沈阳航天三菱汽车发动机、山西三联铸造、东风本田、江淮汽车、天津一汽夏利、六和铸造、上海通用东岳动力总成、玉柴等

★宁波海天塑机集团有限公司
地址:浙江省宁波市北仑区小港江南中路32号
邮编:315821
电话:0574/86177005、86177242
传真:86177181、86221864
网址:www. haitian. com
电子信箱:haitian@ mail. haitian. com
单位人数:2000
质量体系:ISO 9001
产品情况:(海天牌)
注塑机、加工中心、数控车床,可满足汽车、模具、五金等各种机械加工领域的需求
出口情况:出口美国、欧洲、南美洲、中东、东南亚等50多个国家和地区

★宁波海工集团公司
地址:浙江省宁波市北仑柴桥
邮编:315834
电话:0574/86062209
传真:86062210
网址:www. nbhaigong. com. cn
电子信箱:webmaster@ nbhaigong. com. cn
质量体系:ISO 9001
产品情况:DBJ - 621/623 机械和电子自动变速搅拌机,SCY、WHM 系列卧式珩磨机,四轴互研机及电工、纺织等机电产品
出口情况:远销东南亚、南亚、西欧、北美洲等地区

★浙江巨龙自动化设备有限公司
地址:浙江省三门县沙田洋开发区巨龙科技园
邮编:317100
电话:0576/83373277、83371909
传真:83373375、83938010
网址:www. eastjl. com
电子信箱:jl@ eastjl. com
质量体系:ISO 9001
产品情况:(巨龙牌)
微电机生产成套流水线、汽车发电机设备、起动机单(双)圈电枢设备、微电机转子(定子)设备、感应电机设备、封焊机设备、排绕设备、液压设备等
出口情况:出口伊朗、越南、韩国、美国、日本等国家

★温岭市装配设备成套有限公司
地址:浙江省温岭市城西工业区上林路68号
邮编:317500
电话:0576/86160051、86161081
传真:86161220
网址:www. rimei. cn
电子信箱:sales@ rimei. cn
质量体系:ISO 9001
产品情况:装配流水线、输送设备、工业自动化专用设备、专用检测设备等各种非标自动化设备
出口情况:销往印度尼西亚、越南、哈萨克斯坦、中东等国家和地区

★浙江省温岭市天宇自动化设备厂
地址:浙江省温岭市松门镇松城东路122号
邮编:317511
电话:0576/86629958
传真:86629658
网址:www. tiany. com
电子信箱:info@ tiany. com
产品情况:专业制造各类流水线设备

★台州嘉昌轴承有限公司
地址:浙江省玉环县城关镇三合潭工业区
邮编:317600
电话:0576/87235083、87220789
传真:87235073
网址:www. jiachangcn. com
电子信箱:info@ jiachangcn. com
质量体系:ISO 9001
产品情况:轴承内外尺寸及圆度检测仪、气动内外径测量仪、螺纹跳动检测仪等
配套及出口情况:为国内各名牌主机厂配套;出口欧洲、俄罗斯、中东等国家和地区

★浙江坤鸿机械设备有限公司
地址:浙江省台州市玉环县大麦屿经济开发区
邮编:317600
电话:0576/89911321、87255665
传真:87239185
网址:www. chinakinon. com
电子信箱:sales@ chinakinon. com
质量体系:ISO 9001
产品情况:(铱科轮牌)
CK系列数控机床;离心块、从动轮、中空回转汽缸等

★浙江省台州市黄岩海伟模具厂
地址:浙江省台州市黄岩头陀工业区
邮编:318000
电话:0576/84997000
传真:84996258
产品情况:汽车全车灯具及其他零部件模具

★浙江伟基模业有限公司
地址:浙江省台州市黄岩区北城西工业园区庆丰大道15号
邮编:318020
电话:0576/84019999
传真:84089789
网址:www. weijimould. com
电子信箱:office@ weijimould. com
单位人数:290
质量体系:VDA 6.4
产品情况:汽车车灯模具,2010年产300套
配套及出口情况:为小糸、法雷奥、长城、三立、星宇等配套;出口印度、伊朗

★西诺汽车模具有限公司
地址:浙江省台州市黄岩新前街道新江路369号
邮编:318020
电话:0576/84023777
传真:84018996
网址:www. automotive - mould. com
电子信箱:sinoautomold@ gmail. com
质量体系:ISO/TS 16949、ISO 9001
产品情况:汽车内外饰塑件模具,包括汽车保险杠、减振器、仪表台及其他内外饰塑件

★浙江赛豪实业有限公司
地址:浙江省台州市黄岩区西工业园区北院大道36号
邮编:318020
电话:0576/84062888、84062833
传真:84051089
网址:www. saihao. com
电子信箱:saihao@ china. com
单位人数:300
质量体系:ISO 9001
产品情况:(赛豪牌)
汽车车灯模具、门板模具、塑料内外饰件模具、保险杠模具、仪表台模具、后视镜模具
出口情况:产品90%以上出口德国、法国、日本、美国,并销往中国台湾地区

★浙江黄岩纪元模具有限公司
地址:浙江省台州市黄岩区西城工业园区经五路
邮编:318020
电话:0576/84065999
传真:84065997
网址:www. chinajiyuan. cn
电子信箱:jiyuan@ hotcall. cn
质量体系:ISO 9001
产品情况:塑件及注塑模具

★浙江嘉仁模具有限公司
地址:浙江省台州市黄岩西城模具城
邮编:318020
电话:0576/84081588
传真:84025828
网址:www. chinahuangyanmould. com
电子信箱:jr@ zjjrmj. com
单位人数:146
质量体系:ISO 9001
产品情况:汽车前后保险杠、仪表台、内

外饰件等塑料模具及塑料件
配套及出口情况:为东南汽车、一汽集团、江铃汽车、长安福特马自达、长安汽车、哈飞汽车、上海大众、奇瑞汽车、上汽通用五菱等配套;出口美国、日本、欧洲、埃及等国家和地区

★黄岩星泰塑料模具有限公司
地址:浙江省台州市黄岩区北城惠民路12号
邮编:318020
电话:0576/84081886、84081818
传真:84081234
网址:www.chinaxingtai.com
电子信箱:market@chinaxingtai.com
单位人数:320
质量体系:ISO/TS 16949、ISO 9001
产品情况:保险杠、双色模、仪表板、门板等大中型汽车注塑模具,具有年产各种大中型模具200余套和整车塑料饰件2万套的生产能力
配套及出口情况:为一汽-大众、一汽轿车、上海大众、上海通用、北京奔驰、北京现代、北汽福田、吉利汽车、华晨金杯、福特、铃木等配套;出口日本、美国、欧洲、泰国等国家和地区,并销往中国台湾地区

★台州市尊驰车灯模塑有限公司
地址:浙江省台州市黄岩北城康庄路26号
邮编:318020
电话:0576/84082662、81100878
传真:84082662、84127622
网址:www.zunchimould.com
电子信箱:zunchi@zunchimould.com
质量体系:ISO 9001
产品情况:专业设计、制造汽车灯模具
出口情况:出口中东、欧美等地区

★浙江黄岩飞朋模具有限公司
地址:浙江省台州市黄岩区西门工业区圣堂路19号
邮编:318020
电话:0576/84115122、84615501
传真:84239010
网址:www.jiuzhoumould.com
电子信箱:wlj81888@vip.163.com
单位人数:80
质量体系:ISO 9001
产品情况:塑料模具和冲压模具
配套及出口情况:为上海大众、上海通用、重庆嘉陵、宗申、银钢、广东科龙等配套;出口印尼、南非、埃及、中东等国家和地区,并销往中国台湾地区

★浙江台州黄岩震雄模具有限公司
地址:浙江省台州市黄岩区西城新堂路33号
邮编:318020
电话:0576/84211598
传真:84220989
网址:www.chinazhenxiong.com
电子信箱:zhenxiong598@163.com
单位人数:180
质量体系:ISO 9001
产品情况:汽车、摩托车及家用电器塑料模具
配套及出口情况:为一汽集团、东风汽车公司、上海通用、上海大众、奇瑞汽车等配套;出口美国、日本、意大利、加拿大、新加坡、印尼,并销往中国香港、台湾地区

★浙江模具厂
地址:浙江省台州市黄岩区大桥路626号
邮编:318020
电话:0576/84223720
传真:84111094
网址:www.zjmold.com
电子信箱:zjmfnet@mail.tzptt.zj.cn
单位人数:1080
质量体系:ISO/TS 16949、QS 9000
产品情况:(正国牌)
汽车及摩托车塑料件模具及配件

★浙江省黄岩豪双塑料模具厂
地址:浙江省台州市黄岩区城关新堂工业区25号
邮编:318020
电话:0576/84224371、84236318
传真:84212658
网址:www.haoshuang.com
电子信箱:sales@haoshuang.com
单位人数:200
质量体系:ISO 9001
产品情况:塑胶模具、铝锌合金压铸模具
出口情况:出口东南亚地区

★中国陶氏模具集团
地址:浙江省台州市黄岩区二环西路356号
邮编:318020
电话:0576/84225578、84227068
传真:84112778、84112968
网址:www.taoshimould.com
电子信箱:tsjt@taoshimould.com
质量体系:ISO/TS 16949、ISO 9001
产品情况:大型汽车塑料模具、冲压模具
配套及出口情况:为一汽集团、东风汽车公司、北汽集团、大众等配套;模具60%出口

★浙江黄岩中亚模业有限公司
地址:浙江省台州市黄岩北城开发区拱新大道30号
邮编:318020
电话:0576/84229881、84229195
传真:84116958
网址:www.chinazhongya.com
电子信箱:lin@chinazhongya.com
单位人数:300
质量体系:ISO 9001
产品情况:汽车及摩托车车灯、内外饰件等塑料模具,年产模具500套左右
出口情况:出口20多个国家和地区

★华日集团模具城有限公司
地址:浙江省台州市黄岩区黄轴路101号
邮编:318020
电话:0576/84236003
传真:84236003
电子信箱:hrgroup@china-huarigroup.com
质量体系:ISO 9001
产品情况:汽车相关模具
配套及出口情况:为一汽集团、嘉陵、金城、轻骑、隆鑫等配套;出口新加坡、印尼、马来西亚

★滨海模塑集团有限公司
地址:浙江省台州市黄岩黄椒路131-8号
邮编:318020
电话:0576/84275608
传真:84201526、84275686
网址:www.binhaichina.com
电子信箱:market@binhaichina.com
单位人数:120
质量体系:ISO/TS 16949、ISO 9001
产品情况:大中型汽车注塑模具

★台州市黄岩天惠模具有限公司
地址:浙江省台州市黄岩区新前街道塔山村锦川路36号
邮编:318020
电话:0576/84332978、84332998
传真:84351222
网址:www.thmould.com
电子信箱:info@thmould.com
单位人数:220
质量体系:ISO 9001
产品情况:汽车保险杠、内饰件、中网、车灯、风罩、托盘等汽车塑料模具、检具
出口情况:出口东南亚、欧洲、美洲等地区,并销往中国台湾地区

★台州市黄岩艾博模业有限公司
地址:浙江省台州市黄岩经济开发区朝元路21号
邮编:318020
电话:0576/84604000
传真:84604000
网址:www.ablemould.com
电子信箱:sales@ablemould.com
质量体系:ISO 9001
产品情况:车灯、保险杠、面罩、汽摩配件、塑料椅等各类塑料模具
配套情况:为奇瑞系列、皮卡系列开发了数十套新产品模具,并多次与常州星宇车灯有限公司、丹阳伯良车灯有限公司、皖东车辆股份有限公司、丹阳红峰公司等国内外汽车设计公司联合设计汽车系列灯具

★浙江黄岩大成模具有限公司
地址:浙江省台州市黄岩经济开发区拱新大道32号
邮编:318020

电话:0576/84616076
传真:84616079
网址:www. zjmdc. com
电子信箱:master@ zjmdc. com
质量体系:ISO 9001
产品情况:汽车保险杠、外饰件、挡泥板、车门、仪表台、燃油箱等大型注塑模具
配套及出口情况:为一汽集团、东风汽车公司、上海通用、北京现代、哈飞汽车等配套;出口美国、德国、日本、意大利、西班牙、葡萄牙、比利时、加拿大、俄罗斯、澳大利亚、荷兰、爱尔兰、马来西亚、印度等国家

★浙江省台州市金典模具有限公司
地址:浙江省台州市黄岩区北城工业园区经四(1)路
邮编:318020
电话:0576/84718596
传真:84718239
网址:www. jindianmold. com
电子信箱:info@ jindianmold. com
质量体系:ISO 9001
产品情况:(JINDIAN 牌)
主要制造汽车车灯、保险杠、汽车拉手、汽车内饰件模具等
出口情况:出口美国、加拿大、英国、印度,并销往中国台湾地区

★台州市黄岩万豪车业有限公司
地址:浙江省台州市黄岩经济技术开发区康庄路22号
邮编:318020
电话:0576/84751599、84125558
传真:84751588
网址:www. whmould. com
电子信箱:whmould@ 126. com
单位人数:120
质量体系:ISO/TS 16949、ISO 9001
产品情况:专业制造大中型精密注塑模具
配套及出口情况:为上海大众、郑州日产、华泰现代、东风悦达起亚、奇瑞汽车、吉利汽车、双环汽车、曙光汽车、北汽福田等配套;远销欧美和东南亚地区

★浙江新潮珩磨设备制造有限公司
地址:浙江省台州市黄岩院桥工业区
邮编:318025
电话:0576/84833598、84870458
传真:84833932
网址:www. cnsunch. com
电子信箱:sales@ cnsunch. com
质量体系:ISO 9001
产品情况:(新潮牌)
珩磨机、珩齿机、拉床等设备及珩磨工具、珩磨油、珩磨轮、拉刀等
出口情况:出口中东和东南亚

★浙江大发模具制造有限公司
地址:浙江省台州市路桥区新桥镇新桥路292号
邮编:318055
电话:0576/85589911、85589910
传真:85589928、82661558
网址:www. dafa－cn. com
电子信箱:zailiang@ dafa－cn. com
单位人数:200
质量体系:ISO/TS 16949、ISO 9001
产品情况:塑料模具、汽车灯具、暖风机、塑料件
出口情况:出口美国

★浙江江兴汽车检测设备厂
地址:浙江省丽水市缙云县工业园新辉路18号
邮编:321400
电话:0578/3218281、3218288
传真:3218222
电子信箱:jiangxing@ jiangxingauto. com
单位人数:160
质量体系:ISO 9001
产品情况:(江兴牌)
汽车、摩托车称重仪、汽车底盘测动机、制动检验台、汽车车速表检验台、汽车侧滑检验台等80多种汽车检测设备

★温州市嘉泰激光科技有限公司
地址:浙江省温州市鹿城区高新园炬光中路8号
邮编:325000
电话:0577/88608628
传真:88605158
网址:www. cn－laser. com
电子信箱:jt@ cn－laser. com
质量体系:ISO 9001
产品情况:激光打标机、激光雕刻机
出口情况:远销美国、俄罗斯、韩国、新加坡、泰国、越南、印度等国家

★温州市德嘉滤清器设备有限公司
地址:浙江省温州市瓯海区仙岩镇霞林工业区莘一路
邮编:325035
电话:0577/86681742、86698118
传真:86687881
网址:www. cndejia. com
电子信箱:master@ cndejia. com
产品情况:(德嘉牌)
专业生产粗、中、高效过滤器设备和汽车三滤、液压滤芯、水处理滤芯制造设备
出口情况:设备出口欧洲、美洲、东南亚

★瑞安市瑞博机械有限公司
地址:浙江省瑞安市塘下肇平垟中村工业区
邮编:325200
电话:0577/65371720、65368867
传真:66002022
网址:www. horbo. cn
电子信箱:ra@ horbo. cn
产品情况:液压气压铆接机及气动压力机系列机械设备,汽车刮水器连动杆

★浙江瑞安双红自动化设备有限公司
地址:浙江省瑞安市塘下镇韩田南大门14－16号
邮编:325204
电话:0577/58889788、65361603
传真:58885768、65362801
网址:www. chinashuanghong. com
电子信箱:webmaster@ chinashuanghong. com
单位人数:30
产品情况:(双红牌)
汽车及摩托车电器测试台,汽车电动燃油泵系列测试台,汽车传感器系列测试台、汽车台机系列测试台、汽车密封性测漏测试台
出口情况:远销欧洲、美洲、中东、韩国、日本、东南亚等国家和地区

★浙江考格尔气动液压科技有限公司
地址:浙江省瑞安市汀田镇中路84号
邮编:325206
电话:0577/25627558、25602222
传真:25602209
网址:www. kaogeer. com
电子信箱:kge@ kaogeer. com
质量体系:ISO 9001
产品情况:气源处理、汽缸、油缸、电磁阀、管接头、成套设备等
出口情况:部分产品出口

★瑞安市万兴机械有限公司
地址:浙江省瑞安市飞云镇阁巷工业区
邮编:325207
电话:0577/65558088
传真:65558087
网址:www. zjrmt. com
电子信箱:master@ zjrmt. com
产品情况:(RMT 牌)
汽车散热器生产设备

★瑞安市瑞华吸塑机械有限公司
地址:浙江省瑞安市飞云镇林泗垟工业区
邮编:325207
电话:0577/65566808、65566996
传真:65577996、65563344
网址:www. ruihuachina. com
质量体系:ISO 9001
产品情况:主导产品有DXS系列全自动电脑控制高速吸塑成型机,XSHYD、XSHD、XSH电脑控制厚片吸塑成型机,五轴联动非金属数控雕铣机,EPS液压热成型机等
出口情况:远销墨西哥、阿根廷、哥伦比亚、厄瓜多尔、俄罗斯、爱沙尼亚、荷兰、葡萄牙、西班牙、克罗地亚、阿塞拜疆、埃及、以色列、伊朗、黎巴嫩、叙利亚、摩洛哥、突尼斯、南非、马来西亚、新加坡、泰国、印度尼西亚等国家

安徽省

★合肥巨昆机电科技有限公司
地址:合肥市临泉东路龙岗保养厂西
邮编:230011
电话:0551/4244286
传真:4244286
网址:www. jukun. com. cn
电子信箱:ych_0707@ 163. com
产品情况:汽车制动部件、底盘件、车身附件等汽车零部件数控检测试验设备

★合肥安达数控技术有限公司
地址:合肥市包河区工业园纬四路 18 号
邮编:230022
电话:0551/3367218、3367216
传真:3367208
网址:www. hfand. com
电子信箱:andkz@ vip. sina. com
质量体系:ISO 9001
产品情况:汽车及摩托车整车及零部件检测、加工设备

★合肥压力机械有限责任公司
地址:合肥市蜀山区岳西路 43 号
邮编:230031
电话:0551/5563504、5563334
传真:5568085、5582665
网址:www. hfyljx. com
电子信箱:hy@ hfyljx. com
单位人数:160
质量体系:ISO/TS 16949、ISO 9001
产品情况:汽车专用液压机、车桥专用液压机等
配套及出口情况:为一汽、东风、重汽、上汽、江汽、成都银河等多家国内知名企业提供装备;出口越南

★安徽中科智能高技术有限公司
地址:合肥市高新区科学大道 100 号
邮编:230088
电话:0551/5316768、5315075
传真:5315608
网址:www. zkzn. net
电子信箱:zkzn@ casbrain. com
质量体系:ISO 9001
产品情况:ZC 系列汽车零配件气密性检测仪器
出口情况:出口欧洲

★合肥皖仪科技有限公司
地址:合肥市高新区天达路 71 号华亿科学园
邮编:230088
电话:0551/7139841
传真:5316083
网址:www. hfwykj. com
电子信箱:hefeiwanyi@ sina. com
单位人数:300
质量体系:ISO 9001
产品情况:(皖仪牌)
气密性检漏仪、氦质谱检漏仪、真空回收系统等,年产 1000 套
配套情况:供一汽 - 大众、奇瑞、宝马、东风等

★合肥海德数控液压设备有限公司

地址:合肥市经济技术开发区齐云路 22 号
邮编:230601
电话:0551/3822298、3823733
传真:3821658
网址:www. hfhaide. com. cn
电子信箱:haide@ hfhaide. com. cn
负责人:刘金荣
质量体系:ISO 9001
产品情况:SHP25 系列车门包边液压机、SHP96 系列汽车内饰件专用液压机、汽车覆盖件冲压成型生产线、弹体挤压成型液压机、HL 系列内饰件生产线等汽车行业用液压机床
配套情况:为一汽集团、东风汽车、东南汽车集团配套
☞ 详细情况请参阅彩色宣传版面

★合肥合锻机床股份有限公司
地址:合肥市经济技术开发区紫云路 123 号
邮编:230601
电话:0551/5160108
传真:5139633
网址:www. hfpress. com
电子信箱:market@ hfpress. com
单位人数:1131
质量体系:ISO 9001、OHSAS 18001
产品情况:(华德牌)
各类液压机(2010 年产 600 多台)、机械压力机,产品服务于航空航天、汽车高铁、石化锻造、国防核能等各个领域
出口情况:TZV 等系列液压机出口

★安徽鲲鹏装备模具制造有限公司
地址:安徽省滁州市南京北路 459 号
邮编:239200
电话:0550/3161356、3161371
传真:3162222
网址:www. ckpem. com
电子信箱:yzem@ vip. 163. com
单位人数:600
质量体系:ISO 9001
产品情况:圆盘排气车、夹封机、汽车内饰件单工位成型机、皮卡车装配线、环形发泡线、格栅灯底盘线等汽车设备以及模具

★安徽省振华模具标准件有限公司
地址:安徽省芜湖市银湖北路莲塘村银莲园
邮编:241000
电话:0553/2290222
传真:5865500、5869968
网址:www. zhmould. com
电子信箱:sales@ zhmould. com
质量体系:ISO 9001
产品情况:注塑、压铸模具标准件
出口情况:出口约旦、印度尼西亚、泰国等国家

★瑞鹄汽车模具有限公司
地址:安徽省芜湖市经济开发区银湖北路 22 号
邮编:241009
电话:0553/7517588 - 204
传真:7587588 - 815
网址:www. rayhoo. net
电子信箱:marketing@ rayhoo. net
质量体系:ISO 9000
产品情况:从事汽车主模型、汽车钣金件模、夹、检具开发与制造以及汽车小批量白车身焊装分总成生产制造

福建省

★福州佳新创辉机电有限公司
地址:福州市金山开发区金塘路 11 号
邮编:350002
电话:0591/83744868、83744388
传真:83740488、83748949
网址:www. jiaxin - soqi. com
电子信箱:jx@ jiaxin - soqi. com
产品情况:冲压模具,压铸模具
配套情况:主要客户有 YAMAHA 发动机株式会社、江苏林海雅马哈、江苏苏州雅马哈、济南轻骑、广东大长江、轻骑 - 铃木、金城 - 铃木、南京金城、浙江钱江、广州五羊 - 本田、上海新大洲 - 本田、无锡新世纪等

★德翔(厦门)自动化设备有限公司
地址:福建省厦门市同安西柯工业区
邮编:361000
电话:0592/5621358、7390828
传真:5621378
网址:www. dexiang. cn
电子信箱:dexiang@ dexiang. cn
质量体系:ISO 9001
产品情况:(TIC 牌)
电脑全自动洗车机,自动化、气动部件及工业用 PLC

★厦门金鹭特种合金有限公司
地址:福建省厦门市湖里区兴隆路 69 号
邮编:361006
电话:0592/5621834、6067828
传真:2650639
网址:www. gesac. com. cn
电子信箱:gesacmis@ public. xm. fj. cn
产品情况:超硬“HD”涂层高硬钢加工用铣刀系列

★厦门聚元欣机械有限公司
地址:福建省厦门市杏林镇董任路 6 号
邮编:361022
电话:0592/6075229

传真:6073295
网址:www. cn－jixie. cn
电子信箱:jyx@ cn－jixie. cn
质量体系:ISO 9001
产品情况:车轮设备(轮辋成型机、刮渣机、滚剪机、挡圈卷圆机、支撑圈卷圆机、气密检测设备、翻转机构、专用油压设备等)

★厦门禾豪精密机械有限公司
地址:福建省厦门市同安区建材园95号
邮编:361100
电话:0592/7011206、7022365
传真:5758710
网址:www. xmhehao. com
电子信箱:xmhehao@ 163. com
质量体系:ISO 9001
产品情况:(禾豪牌)
　　橡胶自动拆边机、橡胶分离机、橡胶切条机、橡胶模具硫化机、橡胶制品等
出口情况:出口欧洲、美洲等地区

★泉州佳泰数控有限公司
地址:福建省泉州市丰泽区普贤路佳泰工业区
邮编:362000
电话:0595/22388381、22890666
传真:22397381
网址:www. jiataicnc. com
电子信箱:jiatai@ jiataicnc. com
质量体系:ISO 9001
产品情况:数控机床整机、数控床身、分度盘、数控设备核心控制系统、钣金等精密机械产品

★福建成功机床有限公司
地址:福建省南安市柳城杏莲工业区
邮编:362300
电话:0595/86302778、86305779
传真:86303178
网址:www. cgjx. com. cn
电子信箱:chenggongjc@ 126. com
质量体系:ISO 9001
产品情况:CK518、CK5116G 单柱数控立式车床,SCVT280、350、400、500、630 双柱数控立式车床,CVT－280、350、400、500、630 双柱程控立式车床,C5116E 单柱立式车床、C5116E 单柱加高加宽立式车床,TX6111T 卧式镗铣床等

★福建宏茂科技有限公司
地址:福建省南安市东田向阳埔科技园
邮编:362307
电话:0595/86399989、86391234
传真:86287539、86267777
网址:www. homchina. com
电子信箱:homchina@ 126. com
质量体系:ISO 9001、ISO 14000
产品情况:数控机床

山东省

★济南铸锻所捷迈机械有限公司
地址:济南市经济开发区长清平安
邮编:250000
电话:0531/86521031、86521037
传真:86521039
网址:www. zds. com. cn
电子信箱:lqcjm2008@ hotmail. com
单位人数:600
质量体系:ISO 9000
产品情况:(捷迈牌)
　　汽车纵梁数控冲孔线(包括平板冲、腹面冲、三面冲)、汽车纵梁折弯机、汽车纵梁焊接机、汽车纵梁连接板冲孔机、数控激光切割机、数控转塔冲床,其中汽车纵梁数控冲孔机目前已生产85条,产量世界第一
配套及出口情况:主要客户有江淮汽车、北汽福田、一汽青岛、郑州宇通、一汽解放、一汽凌源、东风汽车、陕西通力、安徽华菱、长春一汽、鸿运汽车、东风柳汽、中国重汽、环民汽车、日照兴业、集瑞联合、寿光万龙、湖北八一汽车、莱州新亚通、济南鑫达等;汽车纵梁腹面数控冲孔线及 SPU 汽车 U 型纵梁数控冲孔线出口缅甸、巴西等国家

★济南二机床集团有限公司
地址:济南市机床二厂路2号
邮编:250022
电话:0531/81616000
传真:87118787
网址:www. jiermt. com
电子信箱:info@ jiermt. com
质量体系:ISO 9001
产品情况:力学测试系统、试验仪器,其中汽车零部件测试设备包括车桥底盘疲劳测试系统、车桥寿命及静刚度试验系统等
出口情况:远销50多个国家和地区

★济南一机床集团有限公司
地址:济南市机一西厂路4号
邮编:250022
电话:0531/87110416
传真:87110496
网址:www. jfmt. com. cn
电子信箱:info@ jfmt. com. cn
单位人数:2300
质量体系:ISO 9001
产品情况:卧式数控汽车轮毂车床、卧式活塞加工车床等各种卧式、立式加工中心、数控车床

★济南时代试金仪器有限公司
地址:济南市济微路136－8号
邮编:250022
电话:0531/87169313
传真:87169163
网址:www. timesj. com
电子信箱:timesj@ 126. com
单位人数:500
质量体系:ISO 9001
产品情况:(试金牌)
　　各类检测仪器、试验机、焊接设备、智能型变频器、配电自动化
出口情况:出口欧洲、北美洲、南美洲、大洋洲等60多个国家和地区

★济南易恒技术有限公司
地址:济南市高新区产学研基地9号楼
邮编:250100
电话:0531/88061988、88062988
传真:88061999
网址:www. sdyiheng. com
电子信箱:yh_scb@ 126. com
质量体系:ISO 9000、ISO 14001
产品情况:气动、电刻及精密系列标记机
配套及出口情况:为一汽集团、东风汽车公司、奇瑞汽车、江铃汽车、华晨金杯等配套;出口多个国家

★济南富瑞德塑胶有限公司
地址:济南市开发区应秀路655号
邮编:250100
电话:0531/88119109
传真:88913389
网址:www. qqmj. com
电子信箱:webmaster@ qqmj. com
单位人数:210
质量体系:ISO 9001
产品情况:塑料模、冲压模、压铸模等各类模具,注塑、吹塑、车灯等产品

★济南金易恒科技发展有限公司
地址:济南市二环东路1275号
邮编:250100
电话:0531/88359328、88359327
传真:88359329
网址:www. jnjyh. com
电子信箱:ght666@ jnjyh. com
质量体系:ISO 9001
产品情况:(金易恒牌)
　　多种智能标记机、加注机、涂胶机等
出口情况:销往中国香港、台湾地区

★济南中正金码科技有限公司
地址:济南市高新开发区天辰大街1251号
邮编:250101
电话:0531/88872995、88872281
传真:88870900
网址:www. kinmark. com
电子信箱:mail@ kinmark. com
单位人数:100
质量体系:ISO 9001
产品情况:各种标记机,智能涂胶机等
配套情况:为一汽集团、东风汽车公司、一汽－大众、上海通用、北京奔驰、广汽本田、天津丰田、北京现代、华晨宝马、

北汽福田、胜利石油配套

★淄博科浩热能工程有限公司
地址:山东省淄博市共青团西路95号钻石大厦11R室
邮编:255036
电话:0533/2318717、2318718
传真:2319890-8001
网址:www.kilnkh.com
电子信箱:lpx2167@sohu.com
质量体系:ISO 9001
产品情况:汽车尾气净化器专用窑炉设备

★山东万通模具有限公司
地址:山东省广饶县经济开发区广凯路10号
邮编:257300
电话:0546/6925705、6927060
网址:www.wtmould.com
电子信箱:wt@wtmould.com
质量体系:ISO 9001、ISO 14001
产品情况:汽车子午线轮胎活络模具

★潍坊环宇环保设备厂
地址:山东省潍坊市寒亭区寒清路中段
邮编:261100
电话:0536/7276707、7256503
传真:7257879、7276707
网址:www.wh-hb.com
电子信箱:198@wh-hb.com
单位人数:420
质量体系:ISO 9001
产品情况:(潍环牌)
除尘器、除尘机组等

★山东荣泰电炉制造有限公司
地址:山东省潍坊市坊子区双羊街28号
邮编:261206
电话:0536/7513663、7513661
传真:7513639
网址:www.china-rongtai.com
电子信箱:800@erongtai.com
单位人数:90
质量体系:ISO 9001
产品情况:(荣泰牌)
中频感应透热成套设备、中高频感应淬火、中频感应熔化炉、LGBT超音频感应加热、中频成套调质流水生产线、淬火机床、全封闭冷却设备
出口情况:出口荷兰、韩国、意大利等多个国家

★北汽福田潍坊模具厂
地址:山东省潍坊市北海南路192号
邮编:261206
电话:0536/7602270
传真:7527009
网址:www.foton.com.cn
质量体系:ISO/TS 16949、ISO 9001
产品情况:覆盖件模具及冷冲模具

★安丘市九星热处理材料有限公司
地址:山东省安丘市凌河镇
邮编:262127
电话:0536/4641149、4566866
传真:4641150
网址:www.aqjiuxing.com
电子信箱:aqjiuxing@163.com
质量体系:ISO 9001
产品情况:(九星牌)
QPQ氮化盐、渗碳剂、渗硼剂、盐浴脱氧剂、液体渗碳剂、渗钒剂、渗铬剂、防渗氮涂料、防渗碳涂料、防氧化涂料、淬火剂、PAG类水溶性淬火液、聚乙烯醇合成淬火液、常温黑剂、加热发黑剂、低温盐、中温盐、高温盐、氯化钾、氯化钠、氯化钡、硝酸钾、硝酸钠、亚硝酸钾、亚硝酸钠
出口情况:出口日本

★山东寿光万龙模具制造有限公司
地址:山东省寿光市经济开发区
邮编:262704
电话:0536/5660960
传真:5660961、5660959
网址:www.cn-wanlong.cn
电子信箱:muju@cn-wanlong.cn
单位人数:300
质量体系:ISO 9001
产品情况:大、中型汽车车身内、外覆盖件冲压模具、装焊夹具、检具及汽车配件,模具年设计生产能力2000t
配套情况:为重汽集团、长安汽车、北汽福田、东风汽车公司、北奔重汽等国内几家大中型汽车厂配套

★烟台泰利汽车模具制造有限公司
地址:山东省烟台市高新区纬三路42号
邮编:264003
电话:0535/5521018、5521019
传真:5521020
网址:www.tooling-yt.com.cn
电子信箱:Tooling-163@tom.com
质量体系:ISO 9001
产品情况:汽车车身覆盖件、内饰件模具及各类冷冲压模具
配套及出口情况:为一汽集团、东风汽车公司、上汽集团、南京汽车集团、南京长安、昌河汽车、五征、沈阳金杯等配套;为日本、欧洲等国制造了大批的冷冲模具

★奔腾汽车检测维修设备制造公司
地址:山东省烟台市经济技术开发区五指山路1号
邮编:264006
电话:0535/6105050、6105091
传真:6105077
网址:www.bantam.com.cn
电子信箱:bantamsh@mitgroup.com.cn
质量体系:ISO 9001
产品情况:(BANTAM牌)
举升机、车身校正台等
配套及出口情况:奔腾系列产品已被一汽-大众、上海大众、广汽本田、上海通用、华晨金杯、东风雪铁龙、郑州日产、东风标致、广汽丰田、长安福特马自达、一汽轿车、东风本田、一汽丰田、东南汽车、北京现代、奇瑞汽车、东风日产、神龙富康等汽车公司特约维修站指定使用;出口美国

★飞迈(烟台)机械有限公司
地址:山东省烟台市福山高新区永福园路886号
邮编:265500
电话:0535/6300139
传真:6300136
网址:www.vmi.com.cn
电子信箱:vmiy@vmi.com.cn
质量体系:ISO 9001
产品情况:橡胶生产、轮胎部件制造、轮胎成型、轮胎硫化与轮胎检测等设备

★山东龙口春龙集团公司气动机械厂
地址:山东省龙口市牟黄一级公路康家泊站
邮编:265702
电话:0535/8913096、8913888
传真:8918188
网址:www.chunlong.com.cn
电子信箱:qdyf001@chunlong.com.cn
质量体系:ISO/TS 16949、ISO 9001
产品情况:气扳机、气砂机、气钻、攻丝机、气镐、气螺刀;各种智能电动拧紧机等

★高耐大因商贸(青岛)有限公司
地址:山东省青岛市香港中路30号民航大厦608室
邮编:266000
电话:0532/86672919
传真:85885082
网址:www.dinox.com.cn
产品情况:车刀、铣刀、螺纹刀具等切削刀具,刀柄及其他刀具附件

★青岛冠宇工业设备有限公司
地址:山东省青岛市青山路624号
邮编:266000
电话:0532/87896798、87899855
传真:87898122
网址:www.qdguanyu.com
电子信箱:qdguanyu@vip.163.com
产品情况:仓储货架、塑料托盘、工位器具、物流容器、线棒柔性系统、塑料零件盒等
配套情况:为青岛一汽、重汽集团等上百家企业配套

★青岛海迅达精密检测设备有限公司
地址:山东省青岛市李沧区枣山路113号
邮编:266100
电话:0532/87688843、83910481
传真:87688843
网址:www.celiangji.com.cn
电子信箱:xielijj@public.qd.sd.cn

质量体系:ISO 9001
产品情况:高精度工控测量仪器及管理软件

★海克斯康测量技术(青岛)公司
地址:山东省青岛市株洲路 188 号
邮编:266101
电话:0532/80895188
传真:88703060
网址:www. hexagonmetrology. com. cn
电子信箱:info@ chinabnsmc. com
质量体系:ISO 9001
产品情况:数控三坐标测量机,年产能力达 1500 台
配套情况:为上海大众配套

★青岛海泰自动化仪表有限公司
地址:山东省青岛市崂山区株洲路 190 号
邮编:266101
电话:0532/84873666、84877288
传真:84891445
网址:www. qd – hitech. com
电子信箱:cuihongxia@ hitechqd. com
单位人数:410
质量体系:ISO 9001
产品情况:(轻翼牌)
各类电子、电磁、机械计数器和计时器、编码器、传感器、继电器,各类汽车电器试验台、发动机台架试验台、盘式测功机、燃油检测试验台
出口情况:大量出口美国、德国、日本、澳大利亚等国际市场

★青岛信忠模具有限公司
地址:山东省青岛市城阳工惜福镇
邮编:266106
电话:0532/87883111、81158626
传真:81158626
网址:www. xinzhongmodel. com
电子信箱:xinzhong@ xinzhongmodel. com
质量体系:ISO 9001
产品情况:轮胎模具

★即墨市海隆机械有限公司
地址:山东省即墨市城北四路 199 号
邮编:266221
电话:0532/87502031、87501730
传真:87502031
网址:www. qdhailong. com
电子信箱:info@ qdhailong. com
单位人数:600
质量体系:ISO 9001
产品情况:汽车模具、钣金制品、铸造产品和机械
出口情况:部分产品出口

★青岛永隆机床制造有限公司
地址:山东省青岛即墨市闫家岭工业园
邮编:266228
电话:0532/82519298
传真:82519998
网址:www. qdyonglong. cn
电子信箱:info@ qdyonglong. cn
质量体系:ISO 9001
产品情况:大型连体及分体落地车床、重型卧式车床、立式车床

★青岛双星橡塑机械有限公司
地址:山东省青岛市胶南泰山路 768 号双星工业园
邮编:266400
电话:0532/86164073、85176121
传真:86164767
网址:www. qdsxxj. com
电子信箱:doublestarmachinery@ 126. com
单位人数:900
质量体系:ISO 9001
产品情况:子午胎一次法成型机、双模轮胎定型硫化机、子午胎胎面挤出复合线、捏炼机、钢丝绳输带生产线、开炼机、平板硫化机、轮胎成型机、内外胎硫化机等
出口情况:远销泰国、印度尼西亚、斯里兰卡等国家

★泰安泰山金石机械有限责任公司
地址:山东省泰安市泰山青春创业开发区创业路中段
邮编:271021
电话:0538/8560888、8560889
传真:8560789
网址:www. tsjsjx. com
电子信箱:cwb@ tsjsjx. com
单位人数:900
质量体系:ISO 9001
产品情况:喷油泵试验台
出口情况:出口亚洲、非洲、美洲等 30 多个国家和地区

★山东博特精工股份有限公司
地址:山东省济宁市山博路 1 号
邮编:272000
电话:0537/2212368、2215704
传真:2232748、2170005
网址:www. jsinfo. com. cn
电子信箱:btjs@ vip. 163. com
质量体系:ISO 9001、ISO 14001
产品情况:(博特牌)
精密滚珠丝杠副、精密滚动直线导轨副、高速精密电主轴、高速精密机械主轴单元、CNC 机床主轴、X – Y 精密工作台、精密梯形丝杠等各类精密轴类零件

★兖州市威龙机床有限公司
地址:山东省兖州市颜店镇
邮编:272108
电话:0537/3792337
传真:3792337
网址:www. jmyl. com. cn
电子信箱:weilong@ jmyl. com. cn
单位人数:400
质量体系:ISO 9001
产品情况:(WLJM 牌)
摇臂钻床、砂轮机、台钻等
出口情况:出口欧洲、美洲、东南亚等几十个国家和地区

★梁山水泊模具制造有限公司
地址:山东省济宁市梁山县经济开发区
邮编:272600
电话:0537/7544333
传真:7540333
网址:www. sdlsmj. com
电子信箱:lsmj@ sdlsmj. com
产品情况:(力安牌)
各种用于生产离合器从动盘、鼓式制动片、盘式制动片、列车闸瓦等的模具

★枣庄龙岳机床有限公司
地址:山东省枣庄市经济开发区长江 5 路 6 号
邮编:277100
电话:0632/3759365、3759367
传真:3759368、3759360
网址:www. cnlongyue. com
电子信箱:info@ cnlongyue. com
单位人数:400
质量体系:ISO 9001
产品情况:(龙岳牌)
立式制动鼓镗床、卧式制动盘(鼓)车床、镗缸机、珩磨机、轮胎拆装机、单边举升机、叉式便捷式举升机、侧滑测试仪等汽车保修、检测设备
出口情况:出口东南亚、中东、非洲、德国、南美洲等国家和地区

★山东滕州建哈机械化工有限公司
地址:山东省滕州市新世纪民营区腾飞东路 1299 号
邮编:277500
电话:0632/5566000、5566008
传真:5581509、5566007
网址:www. jianha. com. cn
电子信箱:webmaster@ jianha. com
单位人数:210
产品情况:(建哈牌)
多功能液压冷铆机、四柱导向压力机、离合器压盘组装机、制动鼓镗床、电动液压制动蹄片投铆机、多功能液压冷铆钳、野外式多功能半轴套管拉压器、GCD – 1 型光束水准车轮定位仪、钢圈换顶机等液压汽保设备
出口情况:出口韩国

★山东滕州市鸿达机械有限公司
地址:山东省滕州市姜屯工业园区
邮编:277500
电话:0632/5662887、5955736
传真:5880289、5955736
网址:www. tzhdjx. com
电子信箱:tzhdjx@ 163. com
产品情况:四柱压力机、制动蹄片投铆机、液压冷铆钳等

★山东达因重工机床厂
地址:山东省滕州市青啤大道西首

邮编:277500
电话:0632/5676800
传真:5676900
网址:www. chinadayin. com
电子信箱:dayin@ chinadayin. com
产品情况:液压冷铆机、半轴套管拉压器、液压多功能制动蹄片投铆机、铣削机、液压汽车大架铆钳、无级变速镗鼓机等

★山东滕州合兴机械厂
地址:山东省滕州市薛河路西首
邮编:277500
电话:0632/5889618、5889919
传真:5889919
网址:www. sdhexing. com
电子信箱:sdhexing@ sdhexing. com
质量体系:ISO 9001
产品情况:多种型号的液压机、简易立式车床、动平衡校验机床、液压拉伸机、超声波清洗机、钻床、铣床等

★山东华强精密机床有限公司
地址:山东省滕州市经济开发区恒源路299-2号
邮编:277500
电话:0632/5898877、5898885
传真:5898880
网址:www. sdjmjc. com
电子信箱:jingmi@ sdjmjc. com
单位人数:400
质量体系:ISO 9001
产品情况:铣床、数控铣床及系列钻铣床

河南省

★郑州国韵电子技术有限公司
地址:郑州市高新技术产业开发区银屏路9号
邮编:450001
电话:0371/67983732
传真:67982657
网址:www. guoyundz. com. cn
电子信箱:manage@ guoyundz. com
产品情况:(国韵牌)
微型高频、超音频感应加热电源,适用于汽车凸轮轴、齿轮、曲轴等的热处理
出口情况:出口日本等多个国家,并销往中国台湾地区

★郑州鑫和机器制造有限公司
地址:郑州市中原区铁炉火车站西
邮编:450042
电话:0371/67842305、67845093
传真:67842286
网址:www. zzxh. com
电子信箱:zzxh@ zzxh. com
单位人数:500
质量体系:ISO 9001
产品情况:(鑫和牌)
万能液压机、橡胶硫化机及其他非标设备
出口情况:远销南亚、西非、南美洲

★郑州军龙制动装备有限公司
地址:河南省巩义市工业示范区
邮编:451252
电话:0371/64108787、61066858
传真:64108887
网址:www. zzbaiyun. com
质量体系:ISO 9001
产品情况:(BY牌)
各种汽车、摩托车、工程机械制动片、摩擦材料生产线成套模具及设备,制动器专用加工设备
配套情况:重点客户有陕西汉德车桥、湖南车桥、安徽康达、青岛海通、湖北力美、十堰车桥、杭州万向、十堰美驰华阳、重汽集团赛夫车桥、十堰金轮子、北奔重汽等

★郑州白云机电科技有限公司
地址:郑州市高新技术产业开发区瑞达路96号
邮编:451252
电话:0371/64108787、64109777
传真:64108887、67896813
网址:www. zzbaiyun. com
电子信箱:zzbaiyun@ 163. com
质量体系:ISO 9001
产品情况:(BY牌)
鼓式、盘式制动片及制动蹄总成生产线专用模具和专用加工设备
配套情况:主要客户有湖南博云、湖北飞龙、山东金麒麟、东营信义、杭州万向、东莞特比克(日本)、马来西亚辉盛、沙特阿拉伯AAKM公司等

★新乡日升数控轴承装备股份公司
地址:河南省新乡市红旗工业园文岩路2号
邮编:453000
电话:0373/5805778、5805520
传真:5805197
网址:www. xxrs. com
电子信箱:xxrs168@ 126. com
产品情况:数控轴承专用设备
配套及出口情况:为哈轴集团、瓦轴集团、洛轴集团、万向集团、慈兴集团、人本集团、摩士集团等配套;出口日本、印度、越南等国家

★新乡特种机床制造有限责任公司
地址:河南省新乡市向阳路266号
邮编:453009
电话:0373/5809320、5809318
传真:5809320
电子信箱:xxtzjc@ 163. com
单位人数:106
质量体系:ISO 9001
产品情况:数控轴瓦机床、数控精密轴瓦镗床、数控轴瓦冲孔倒角机、数控轴瓦冲铣定位唇机、数控轴瓦倒角机、数控轴瓦油槽机、数控轴瓦测高机、砂带磨床、轴瓦去毛刺机、内外圆研磨机
配套及出口情况:为广东韶关配件厂、四川中胜飞虹轴瓦、无锡月亮轴瓦、杭州轴瓦、广州安达汽车配件、宁波轴瓦厂配套;出口埃及、英国、日本、越南、伊朗

★新乡豫新精密装备有限公司
地址:河南省新乡市建设中路168号
邮编:453049
电话:0373/3862667、3862336
传真:3351282
网址:www. yxjmzb. com
电子信箱:yxjmzb@ yxjmzb. com
质量体系:QS 9000、ISO 9001
产品情况:成型机、翅片、集管、主板、工装模夹具以及非标设备

★安阳鑫盛机床股份有限公司
地址:河南省安阳市开发区弦歌大道西段
邮编:455000
电话:0372/2118811、2118882
传真:2118885、2118868
网址:www. ayjcjt. com
电子信箱:sale@ ayjcjt. com
单位人数:1700
质量体系:ISO 9001
产品情况:(安机牌)
各种配置的高精密数控车床、经济型数控车床以及普及型卧式车床,并能根据用户需求生产用于冶金、油田、制版、汽车等行业的轧辊车床、球面车床、管螺纹车床、雕铣机、数控滚珠丝杠磨床以及各种组合机床、专用机床和加工中心

★安阳莱必泰机械有限公司
地址:河南省安阳市长江大道西段
邮编:455000
电话:0372/2972461、3691388
传真:2977949
网址:www. ayrabbit. cn
电子信箱:ayrabbit@ 163. com
质量体系:ISO 9001
产品情况:(RABBIT牌)
高速磨削电主轴、数控铣削主轴、加工中心电主轴、数控车床主轴、雕刻机主轴、平面磨床主轴、木工机床主轴等
配套及出口情况:为国内主要机床厂家配套;削电主轴ADQ系列配置在莱必泰(上海)机械有限公司轴承专用磨床自动线出口日本、美国、欧洲等国家和地区

★安阳锻压机械工业有限公司
地址:河南省安阳市彰德路12号
邮编:455000
电话:0372/5973147、5919580
传真:5923102、5932489

网址:www. ayduanya. com
电子信箱:aydy@ ayduanya. com
单位人数:1200
质量体系:ISO 9001
产品情况:空气锤、电液锤,铆接机;空气锤、电液锤用于汽车曲轴、连杆等,液压铆接机用于汽车底盘
出口情况:远销美国、英国、德国、印度、巴基斯坦、越南、朝鲜等 50 多个国家和地区

★濮阳三友电器有限公司
地址:河南省濮阳市台前县后方工业区 1 号
邮编:457601
电话:0393/2776999
传真:2776999
网址:www. suaue. com
电子信箱:konkass@ sina. com
质量体系:ISO 9001
产品情况:充电机

★一拖(洛阳)模具厂
地址:河南省洛阳市高新技术开发区春城 12 号
邮编:471004
电话:0379/64967250、64968855
传真:64961942
电子信箱:moju@ yituo. com. cn
质量体系:ISO 9001
产品情况:冲压类、锻造类和铸造类模具

★三门峡中原量仪股份有限公司
地址:河南省三门峡市和平路西段九号
邮编:472000
电话:0398/2288851
传真:2936950、2821510
网址:www. cnzyly. com
电子信箱:zyly@ cnzyly. com
单位人数:810
质量体系:ISO 9001
产品情况:(中牌)
汽车和摩托车零件加工检测仪、空调压缩机零件检测仪等
出口情况:出口日本、朝鲜、印度、东南亚、罗马尼亚、东欧、非洲、美国、荷兰、澳大利亚等几十个国家和地区,并销往中国香港、澳门、台湾地区

★三门峡豫西机床有限公司
地址:河南省三门峡市西站
邮编:472143
电话:0398/3804977、3807850
传真:3811248
网址:www. yxjcc. com
电子信箱:yingshe_wang@ 126. com
单位人数:700
质量体系:ISO 9001
产品情况:(豫西牌)
年产大型数控机床 300 台、组合机床 100 台、专用机床 100 台
配套情况:立式数控车床供一汽底盘厂、一汽轻型车厂、东风车桥公司,立式组合机床供陕汽、中国重汽,中间驱动双头数控车床供哈飞汽车、重庆红岩汽车,数控凸轮铣床供青岛众力车桥公司、柳汽、广东富华公司,转向节加工机床供北方奔驰、山西汤荣汽车公司等

湖北省

★武汉茂和标记系统有限公司
地址:武汉市江岸区连城工业园长湖地三村 227 号
邮编:430010
电话:027/82357381
传真:82357271
网址:www. maohe. com
电子信箱:hp. mark@ maohe. com
质量体系:ISO 9001
产品情况:(和牌)
各种打标机、激光焊接机、激光切割机等

★武汉汽车测试设备研究所
地址:武汉市解放大道 2855 号
邮编:430011
电话:027/82343208
传真:82314537
网址:www. qcssb. com
电子信箱:qccssb@ qccssb. com
产品情况:汽车自动化检测线
配套情况:为郑州日产、昌河汽车、东风汽车专用底盘厂、神龙汽车、吉利汽车等配套

★武汉精华减速机制造有限公司
地址:武汉市江汉区西北湖路特 1 号世纪华庭
邮编:430022
电话:027/85356081、85788225
传真:85356020
网址:www. wh - jinghua. com
电子信箱:jinghua@ wh - jinghua. com
质量体系:ISO 9001
产品情况:各型号减速机,年产能力 8 万余套
出口情况:出口欧洲、美洲、亚洲、非洲等多个地区

★武汉祥龙摩擦材料设备模具公司
地址:武汉市东西湖区吴家山东吴大道新城十一路 18 号
邮编:430040
电话:027/83379180、83379181
传真:83379177
网址:www. xianglong - fm. com
电子信箱:xLfmmachine@ 188. com
单位人数:300
质量体系:ISO 9001
产品情况:各种汽车制动蹄片、离合器从动盘专用设备及检测设备生产流水线、模具

★东风模具冲压技术有限公司
地址:武汉市经济技术开发区神龙街 158 号
邮编:430056
电话:027/84893124
传真:84893125
网址:www. wh - dsc. com
电子信箱:dfcy@ wh - dsc. com
单位人数:2028
质量体系:ISO/TS 16949、QS 9000
产品情况:汽车零部件模具;各类冲压焊接零部件,如前柱加强板、后围里板、翼子板里板、发动机下护板和托架、油底壳总成等

★武汉中轻机械有限责任公司
地址:武汉市经济技术开发区枫树二路 21 号
邮编:430056
电话:027/84951266、84951286
传真:84951268
网址:www. cwlm. com. cn
电子信箱:whqjnet@ public. wh. hb. cn
单位人数:800
质量体系:ISO 9001
产品情况:聚氨酯高压发泡机及配套生产线

★武汉雷恩博激光科技有限公司
地址:武汉市友谊大道 508 号万利广场 B2503
邮编:430062
电话:027/86700670、86700672
传真:86700675
网址:www. whlabel. com
电子信箱:whlabel@ 126. com
单位人数:80
质量体系:ISO/TS 16949
产品情况:(雷恩博牌)
气动打标机、高精激光打标机等,年产能力 1000 台(套)各类打标机设备

★武汉普瑞赛思精冲技术有限公司
地址:武汉市洪山区乔木湾特 1 号 - 8.
邮编:430065
电话:027/88119745、88124140
传真:88124140
网址:www. whprss. com
电子信箱:whprss@ 163. com
质量体系:ISO 9001
产品情况:主要产品有 JC - L 型精冲机、JC - Y 系列液压机型精冲机及 JC - C 系列冲床型精冲机

★武汉瑞威特机械有限公司
地址:武汉市洪山区毛坦工业区 2 号
邮编:430065
电话:027/88167286、88167256
传真:88167283
网址:www. wh - rivet. com
电子信箱:market@ wh - rivet. com
质量体系:ISO 9001

产品情况：（RIVET 牌）
气动、液压全系列铆接机

★武汉楚天工业激光设备有限公司
地址：武汉市东湖高新技术开发区光谷大道 66 号
邮编：430074
电话：027/87422360、87414451
传真：87455793
网址：www. ct - laser. com
电子信箱：lasermarket@ chutianlaser. com
质量体系：ISO 9001
产品情况：主营激光焊接机、激光打标机、激光切割机、激光打孔机、激光太阳能设备
配套情况：与国内多家汽车零部件生产商和整车制造商合作将激光技术成功应用于滤清器、安全气囊、液压挺杆、火花塞、汽车碟圈、变速器等汽车部件的制造上，协助国内多家企业解决了技术上的难题

★蒂森克虏伯激光拼焊板（武汉）公司
地址：武汉市东湖高新技术开发区关南工业园关南路
邮编：430074
电话：027/87561616
传真：87561225
网址：www. tailored - blanks. com. cn
电子信箱：dingmu@ tks - tbch - thyssenkrupp. com
质量体系：ISO/TS 16949
产品情况：专业从事原材料开卷落料（适合轿车用内外板）和各类激光拼焊板的生产制造、技术开发及售后服务

★武汉大华激光科技有限公司
地址：武汉市中国光谷关东科技工业园电子港 2 号东二楼
邮编：430074
电话：027/87561619、87561626
传真：87561630、87561612
网址：www. chinaovlaser. com
电子信箱：laserasle@ 163. com
质量体系：ISO 9001
产品情况：激光打标机、雕刻机、焊接机、打孔机和切割机
出口情况：出口美国、英国、德国、法国、希腊、伊朗、约旦、波兰、加拿大、墨西哥、意大利、土耳其、保加利亚、韩国、新加坡等国家

★光庭导航数据（武汉）有限公司
地址：武汉市洪山区邮科院路特一号湖北信息产业科技大厦 18 楼
邮编：430074
电话：027/87690690、87690691
传真：87692695
网址：www. kotei - navi. com. cn
电子信箱：kotei@ kotei - navi. com. cn
负责人：朱敦尧
质量体系：ISO/TS 16949、ISO 9001
产品情况：车载导航数据转换、导航系统软件

★武汉华工激光工程有限公司
地址：武汉市东湖高新技术开发区华中科技大学科技园华工科技激光产业园
邮编：430223
电话：027/87180200、87180275
传真：87180288
电子信箱：info@ hglaser. com
质量体系：ISO 9000
产品情况：光纤激光器、半导体激光器、高功率气体激光器、全功率系列的激光切割机、激光焊接机、激光打标机、激光打孔机、激光调阻机、激光精微细细加工系统、激光毛化成套设备、激光热处理系统、精细等离子切割设备
出口情况：出口澳大利亚、美国、英国、德国、俄罗斯、印度等国家

★武汉法利莱切割系统工程有限公司
地址：武汉市东湖开发区华中科技大学产业园
邮编：430223
电话：027/87180287、87180275
传真：87180271
网址：www. faeleylaserlab. cn
电子信箱：farleyinfo@ hglaser. com
产品情况：汽车覆盖面板的拼焊、汽车底板和外壳焊接、汽车不等厚板的焊接等领域的激光焊接产品；Contour LM 3015 高速高精激光切割机、Walc6030 超大幅面激光切割机

★武汉嘉铭激光有限公司
地址：武汉市东湖新技术开发区华师园北路 16 号
邮编：430223
电话：027/87925586、87925611
传真：87925600
网址：www. gemminglaser. com
电子信箱：whjm@ public. wh. hb. cn
单位人数：120
质量体系：ISO 9001
产品情况：（嘉铭牌）
专业生产激光标记机、气动打标机、标牌压印机等
出口情况：出口德国、美国、韩国、马来西亚、印度尼西亚、南非等多个国家

★武汉华夏精冲技术有限公司
地址：武汉市阳逻经济开发区工业园
邮编：430415
电话：027/89620492、89620553
传真：89620499、81800570
网址：www. hxfb. com. cn
电子信箱：hxfb@ hxfb. com. cn
法人代表：黄涛
负责人：周劲松
单位人数：180
质量体系：ISO/TS 16949
产品情况：（HFB 牌）
年产 HFB 系列全自动液压精冲机 10 台、精冲零部件 2400 万件、精冲模具 120 副
配套情况：公司是一汽、比亚迪、东风康明斯、神龙富康、长安福特等汽车及其零部件厂商的长期供应商

★湖北三环锻压机床有限公司
地址：湖北省黄石市石料山朱家嘴 9 号
邮编：435000
电话：0714/6330991、6330461
传真：6333212
网址：www. hsdy. com. cn
电子信箱：hsdy@ hsdy. com. cn
单位人数：1500
质量体系：ISO 9001
产品情况：剪切机类、折弯机类、数控转塔冲床、自动镦、锻机、开卷校平生产线、液压机、精冲机；为汽车行业、飞机行业等领域提供设备
出口情况：出口欧洲、大洋洲、东南亚、南北美洲、中东、北非等 50 多个国家和地区

★湖北鄂丰模具有限公司
地址：湖北省鄂州市吴都大道 59 号
邮编：436003
电话：0711/3350266、3350566
传真：3350299
网址：www. efeng. com
电子信箱：market@ efeng. com
单位人数：108
质量体系：ISO 9001
产品情况：塑料型腔模具
出口情况：出口美国、荷兰、法国、西班牙、意大利、尼日利亚、巴西、阿根廷、日本等国家

★襄樊东捷精密机械有限公司
地址：湖北省襄樊市汉江北路 22 号（工业园）
邮编：441003
电话：0710/3513028、3513244
传真：3553091
网址：www. xfjz. cn
电子信箱：xiaoshou@ xfjz. cn
单位人数：300
质量体系：ISO 9001
产品情况：卧式镗床主轴组件、落地镗铣床主轴组件、平旋盘主轴、各类钻床主轴部件；铣床主轴、车床主轴、插齿机主轴、磨床主轴、高速高精主轴；化工往复式压缩机、活塞杆、汽缸套、十字头销；各类离心压缩机（泵）主轴；精密轧辊等
出口情况：出口德国、美国等国家

★东风汽车有限公司设备制造厂
地址：湖北省十堰市朝阳北路 22 号
邮编：442001
电话：0719/8222448、8212474

传真:8269063
网址:www. dfmtp. com
电子信箱:baidongming@ dfl. com. cn
负责人:蔡士龙
质量体系:ISO/TS 16949、ISO 9001
产品情况:专用机床及自动线、柔性加工设备、焊装设备,重型车平衡悬架等汽车零部件

★东风汽车有限公司刃量具厂
地址:湖北省十堰市东城西路55号
邮编:442002
电话:0719/8245324、8244341
传真:8245324、8238608
网址:www. dfl. com. cn
电子信箱:webmaster@ dfl23. cn
质量体系:QS 9000、ISO 9001
产品情况:刃具、量具、磨具、夹辅具等,康明斯发动机齿轮、东风变速器齿轮、关节轴承和汽车灯具等精密汽车零部件

★东风汽车公司设备制造厂
地址:湖北省十堰市广西路
邮编:442022
电话:0719/8223546、8222448
传真:8223179
网址:www. dfmtp. com. cn
电子信箱:dfmtp@ dfmtp. com. cn
质量体系:QS 9000、ISO 9000
产品情况:专用机床及其自动线、柔性加工设备、可控扭矩转角螺纹拧紧设备、焊装设备、专用夹具、辅具等工艺装备和汽车零部件

★东风汽车模具有限公司
地址:湖北省十堰市东岳路100号
邮编:442025
电话:0719/8221425、8223325
传真:8224527
网址:www. df－dmc. com
电子信箱:glb@ df－dmc. com
单位人数:840
质量体系:ISO/TS 16949、ISO 9001
产品情况:冷冲模、汽车主模型、检验夹具、汽车零部件、模具标准件等
配套及出口情况:为东风汽车公司、神龙汽车、东风本田、江铃、庆铃汽车、四川一汽丰田、上海大众、通用、奇瑞汽车等10多家汽车公司配套;出口日本、美国

★湖北海岚数控机床有限公司
地址:湖北省十堰市郧西县校场坡
邮编:442600
电话:0719/6207965
传真:6207968
网址:www. hbsealand. com
电子信箱:Xf_Sealand@ 126. com
质量体系:ISO 9001、ISO 14001
产品情况:大中型数控龙门铣床和数字伺服研配压力机

湖南省

★长沙威特科技开发有限公司
地址:长沙市芙蓉中路185号顺天城1103室
邮编:410011
电话:0731/84431776
传真:84433431
质量体系:ISO 9000
产品情况:WT光刻电印金属打标机

★长沙华锐机电实业有限公司
地址:长沙市桐梓坡西路229号麓谷国际工业园A2栋
邮编:410013
电话:0731/88902892、88903551
传真:88902892
网址:www. cshuarui. com
电子信箱:hr@ cshuarui. com
产品情况:(HR牌)
汽车发电机、起动机性能测试系统等

★湖大海捷制造技术有限公司
地址:长沙市岳麓区岳麓山湖南大学
邮编:410082
电话:0731/88822593、88822542
传真:88824812
电子信箱:hdhjgs@ 163. com
单位人数:230
质量体系:ISO/TS 16949、ISO 9000
产品情况:CNC8312数控高速凸轮轴磨床、MKS8140、MKS8240数控曲轴连杆颈及主轴、颈外圆磨床

★长沙一派数控机床有限公司
地址:长沙市经济技术开发区天华南路9号
邮编:410100
电话:0731/84021539、84021538
传真:84021534
网址:www. epochnc. com
电子信箱:epoch@ epochNC. com
质量体系:ISO 9001
产品情况:(一派牌)
特种数控机床,包括数控发动机活塞外圆车床和数控活塞异形销孔镗床

★长沙山河超声波技术有限公司
地址:长沙市星沙经济技术开发区漓湘西路附6号
邮编:410100
电话:0731/84024021、84024031
传真:84024030
网址:www. cnsunvo. com
电子信箱:marketing@ cnsunvo. com
质量体系:ISO 9000
产品情况:超声波清洗设备
配套情况:为一汽集团、东风汽车公司等配套

★湖南顶立科技有限公司
地址:湖南省长沙县暮云工业园区内
邮编:410118
电话:0731/82961396、82819666
传真:82961396
网址:www. chinaacme. net
电子信箱:denli@ 263. net
质量体系:ISO 9000、ISO 14001
产品情况:铁铜基粉末冶金设备、动力电池材料设备、钨钼材料及硬质合金设备、真空热处理设备、雾化制粉设备、碳及碳化硅复合材料系列设备等

★长沙捷翔科技发展有限公司
地址:长沙市高新开发区麓谷基地麓天路8号
邮编:410205
电话:0731/88995978、88995918
电子信箱:jiexiang88@ 163. com
产品情况:汽车发电机测试系统、刮水电动机测试台、起动机生产线成套设备等

★长沙博大机械零部件有限公司
地址:湖南省浏阳市永安镇现代产业制造基地
邮编:410323
电话:0731/83207899、83207903
传真:83207896
网址:www. csboda. com. cn
电子信箱:csboda@ csboda. com. cn
单位人数:362
质量体系:ISO/TS 16949、ISO 9001
产品情况:压力铸造、锻压冲压、机械加工、模具制造、汽车零部件(起动机外壳、发电机外壳、调速器外壳等)

★湘潭市精正设备制造有限公司
地址:湖南省湘潭市南岭路6号
邮编:411100
电话:0731/52338609
传真:55587661
网址:www. jzsb. com
电子信箱:china@ jzsb. com
单位人数:200
质量体系:ISO 9001
产品情况:高压发泡机、环戊烷发泡机、多组份发泡机、制品生产线(转盘生产线、多工位汽车座椅环形输送生产线)以及多元醇全自动预混、原料储存系统等,适应于汽车内饰业企业生产各种中高档汽车内饰件

★中航工业南方工模具公司
地址:湖南省株洲市211信箱
邮编:412002
电话:0731/28551330
传真:28587077
网址:www. cnsaic. com
电子信箱:saic@ cnsaic. com
单位人数:600
质量体系:ISO 9001
产品情况:各类模具、夹具、刀量具

★株洲钻石切削刀具股份有限公司
地址:湖南省株洲市天元区黄河南路钻石工业园28号
邮编:412007
电话:0731/22881671、22882430
传真:22882721、22885420
网址:www.zccct.com
电子信箱:zccct@zccct.com
质量体系:ISO 9001、ISO 14001
产品情况:(钻石牌黑金刚刀片、FMR铣刀、整体硬质合金模具铣刀、车削刀片、五边形面铣刀具等

★益阳橡胶塑料机械集团有限公司
地址:湖南省益阳市会龙路180号
邮编:413000
电话:0737/6205878、6205839
传真:4298888、6203088
网址:www.chinamixing.com
电子信箱:group@chinamixing.com
质量体系:ISO 9001、ISO 14001
产品情况:密炼机、轮胎硫化机、子午胎成型机、双螺杆挤出机、平板硫化机组、鼓式硫化机等成套设备
出口情况:出口日本、美国、意大利、新西兰、伊朗、南非、巴西等几十个国家和地区

广东省

★广州施克传感器有限公司
地址:广州市越秀区天河路45号之二天伦大厦
邮编:510075
电话:020/38303155
传真:38303350
网址:www.sickcn.com
电子信箱:info.china@sick.net.cn
产品情况:条码识别系统,工业安全识别系统,机器视觉系统,工业仪器测试系统,激光测量系统,编码器,光电、接近开关

★广州数控设备有限公司
地址:广州市罗冲围罗涌北路一街52号
邮编:510165
电话:020/81786477、81986808
传真:81993683
网址:www.gsk.com.cn
电子信箱:manager@gsk.com.cn
单位人数:1000
产品情况:机床数控系统、步进/伺服电动机驱动装置的研发、生产

★广州市型腔模具制造有限公司
地址:广州市海珠区宝岗大道1099号
邮编:510250
电话:020/84234113、84419488
传真:84429134
网址:www.gzmould.com
电子信箱:trade@gzmould.com
单位人数:100
质量体系:ISO 9001
产品情况:大型压铸模具

★广州市云驰机械有限公司
地址:广州市白云区太和镇龙归永兴工业园区
邮编:510445
电话:020/87476568
传真:87470663
网址:www.yokijx.com
电子信箱:yoki@yokijx.com
产品情况:汽车喷烤漆设备、工业涂装设备、汽车保修设备等
配套及出口情况:为宝马、奥迪、大众、丰田、本田等十几家国内外厂商配套;远销欧洲、北美洲、中东等地区

★广州松兴电器有限公司
地址:广州市萝岗区云埔工业区云骏路2号
邮编:510530
电话:020/82266898、62252188
传真:82266182
网址:www.songxing.com
电子信箱:songxing@songxing.com
单位人数:120
质量体系:ISO 9001
产品情况:电阻焊机、自动焊接机、焊接机器人系统

★广州华南超声设备有限公司
地址:广州市白云区太和镇广州民营科技园内B-07号
邮编:510540
电话:020/37312114、37314006
传真:37314005
网址:www.hncsb.com
电子信箱:hncsb@hncsb.com
质量体系:ISO 9001
产品情况:超声波清洗机、系列超声波塑料、金属焊接机等超声设备
出口情况:部分产品出口,并销往中国香港、澳门、台湾地区

★广东景中景工业涂装设备有限公司
地址:广州市白云区钟落潭镇良田管理区良沙路光明段2063号
邮编:510545
电话:020/37410868、37410309
传真:37410290
网址:www.gz-btb.com
单位人数:318
质量体系:ISO 9001
产品情况:(宝中宝牌)
汽车喷漆房、烤漆房和工业涂装设备
配套及出口情况:为大众、奥迪、一汽海马、一汽红旗、原装本田、原装日产、广汽丰田、东风标致、东风雪铁龙、东风本田、长安福特马自达、东风日产乘用车、郑州日产、南京名爵、上海大众等16家汽车生产企业配套;远销美国、日本、俄罗斯、澳大利亚、加拿大、德国、韩国、泰国、马来西亚、新西兰、新加坡、越南、巴基斯坦等国家

★广州市力为技术有限公司
地址:广州市新塘镇夏埔开发区
邮编:510660
电话:020/32917191
传真:61716804
网址:www.gzlv.com
产品情况:LVWG3D弯管机、LVWG双头弯管机、LVWG简易型弯管机、LVDM-3T端末成型机等
配套情况:主要客户有深圳东风汽车、广州电装、广汽本田、广州华德汽车弹簧、广州伟和汽车空调、广州恒必胜汽车空调、阳江保马利汽车空调、东莞诺高汽车配件

★广州今朝科技有限公司
地址:广州市黄埔大道华翠街68号104-105
邮编:510665
电话:020/61004828
传真:61004829
网址:www.todaysoft.org
电子信箱:service@todaysoft.org
产品情况:为制造业提供质量管理和现场管理的全面解决方案
配套情况:典型客户有上海弗列加、法雷奥、一汽轿车、上海大众、菲亚特、捷豹、江苏兴达钢帘线、东风康明斯、东风柳汽、上柴、TI汽车中国

★广州市新龙浩工业设备有限公司
地址:广州市番禺区化龙镇翠湖工业大道7号
邮编:510700
电话:020/84753668
传真:82287900
网址:www.newknow-how.com.cn
电子信箱:know-how@newknow-how.com.cn
质量体系:ISO 9001
产品情况:汽车加注机系列、氦检漏设备、自动焊接机等,主要用于汽车及空调行业
出口情况:出口美洲、欧洲、亚洲、非洲等地区

★本田生产技术(中国)有限公司
地址:广州市经济技术开发区东区联广路231号
邮编:510730
电话:020/32066301
传真:32066336
网址:www.honda.com.cn
产品情况:模具、夹具、高效焊接生产设备、精冲模、精密型腔模、三轴以上联动的数控机床

★广州广电林仕豪模具制造有限公司
地址:广州市经济技术开发区秀丽小区丽江街2号
邮编:510730
电话:020/82099988
传真:82098433、82098609
网址:www.grgltm.com
电子信箱:master@grgltm.com
单位人数:140
质量体系:ISO 9001
产品情况:汽车保险杠、仪表台、内饰件等汽车配件模具
出口情况:远销美国、加拿大、日本、法国、瑞典、土耳其等国家

★康奈可(广州)汽车模具制造公司
地址:广州市花都区东风大道
邮编:510800
电话:020/86733128
传真:86733110
网址:www.calsonickansei.co.jp
产品情况:汽车模具

★广州天续机械设备有限公司
地址:广州市花都赤坭镇锦山村第六经济社
邮编:510830
电话:020/86720933
传真:86720922
网址:www.evergreen-sonic.com
电子信箱:gz@evergreen-sonic.com
质量体系:ISO 9001
产品情况:热板熔接机、振动摩擦焊接机、超音波熔机、油箱加工设备、超音波清洗机、旋转式塑胶熔接机、高频机、测漏机等
出口情况:在全球各地已形成了一个较为完善的销售和服务网络体系

★广州(从化)亨龙机电制造实业公司
地址:广东省从化市经济技术开发区丰盈路9号
邮编:510990
电话:020/87813325、87815076
传真:87813346
网址:www.heronwelder.com
电子信箱:bill@heronwelder.com
质量体系:ISO 9001
产品情况:(HERON牌)
　　各种焊机
配套及出口情况:主要用户有广州羊城汽车厂、广汽本田、广州云豹汽车厂、柳州微型汽车厂、河池车辆厂、清远汽车厂、东风汽车厂、芜湖第一汽车厂、南京跃进汽车、吉利汽车、江西五十铃、中佛汽车厂等;远销欧美

★广州宁武汽车技术有限公司
地址:广州市永和经济开发区春分路9号
邮编:511356
电话:020/32980700
传真:32980722
网址:www.neive.com.cn
电子信箱:info@neive.com.cn
产品情况:汽车、摩托车用冲模、注塑模、压模等模具,焊装、检验等夹具

★广州市番禺科腾工业有限公司
地址:广州市番禺区石基镇雁洲村雁洲路1号
邮编:511450
电话:020/34565210
传真:34565211
电子信箱:3gfortune@vip.163.com
单位人数:200
质量体系:ISO 9001
产品情况:气体泄漏检测仪及配套设备,汽车行业自动化装配设备、检漏设备及生产线,各种标准输送线体及物流设备,汽车内饰件加热成型设备,压力、温度脉冲疲劳试验设备,其他行业各类非标准订制设备

★广州市天鹰精密工具有限公司
地址:广州市番禺区沙湾镇大涌口工业区
邮编:511483
电话:020/84730821、84730861
传真:84730811
网址:www.aquilatool.com
电子信箱:aquilatools@vip.163.com
质量体系:ISO 9001
产品情况:刀具,可满足各种模具、汽车零件的需求
出口情况:出口美国、日本、挪威、丹麦、南美洲、俄罗斯、德国、波兰、奥地利、英国、印度、巴西、加拿大、新西兰、新加坡、马来西亚、泰国、印尼等国家和地区

★汕头市富力机器制造有限公司
地址:广东省汕头市万吉南二街7号
邮编:515065
电话:0754/88863142、88864584
传真:88873538
网址:www.fulico.com
电子信箱:qipeng@pub.shantou.gd.cn
单位人数:185
质量体系:ISO 9000
产品情况:热压成型机、真空吸塑机、灯罩成型机等
出口情况:远销法国、印尼、泰国、俄罗斯、印度、埃及、乌克兰、叙利亚、菲律宾、日本

★广东巨轮模具股份有限公司
地址:广东省揭东县经济开发区龙港路中段
邮编:515500
电话:0663/3269366
传真:3269266
网址:www.greatoo.com
电子信箱:greatoo@greatoo.com
单位人数:1400
质量体系:ISO 9001
产品情况:各种子午线轮胎模具、两半模具、胶囊模具、各式成型机头、高精度液压式轮胎硫化机等
配套及出口情况:客户有意大利皮列里轮胎、日本普利司通轮胎、美国固特异轮胎、邓录普轮胎、美国库珀轮胎橡胶、印度SRI公司、韩国锦湖轮胎等;远销意大利、美国、英国、印度等国家

★深圳市车博仕电子科技有限公司
地址:广东省深圳市福田区车公庙天安科技创业园大厦
邮编:518028
电话:0755/82193298、83285146
传真:82170248
网址:www.autoboss.net
电子信箱:vipservice@autoboss.net
质量体系:ISO 9001
产品情况:(车博仕牌)
　　汽车故障诊断检测设备、汽车解码器、四轮定位仪等
出口情况:在美国三藩市、韩国汉城、土耳其建立车博仕研发实验室和测试基地

★好富顿(中国)有限公司
地址:广东省深圳市车公庙工业区泰然八路1号
邮编:518040
电话:0755/83442120、83446811
传真:83306794
网址:www.houghton.com.cn
电子信箱:info@houghton.com.cn
质量体系:ISO 9001、ISO 14001
产品情况:热处理淬火介质、切削加工冷却液、抗燃液压液、轧制油,防锈剂、清洗剂、拉丝油、金属成型剂

★深圳市倍诺电码防伪有限公司
地址:广东省深圳市福田区车公庙苍松大厦七层
邮编:518040
电话:0755/83849239、83849419
传真:83849549
网址:www.nb315.com
电子信箱:benow@nb315.com
单位人数:400
质量体系:ISO 9001
产品情况:(倍诺牌)
　　汽配及养护用品全国防伪查询服务中心

★深圳千旺达精品模型有限公司
地址:广东省深圳市宝安区福永桥头亿宝来工业区2栋1楼
邮编:518052
电话:0755/27771372、27504149
传真:27771654
网址:www.szqwd.com
电子信箱:qwd@szqwd.com
单位人数:400
产品情况:专业制作汽车及摩托车零部件、家用电器及电脑、电子产品周边设

备等三维数模造型的实物样品

★深圳市大族激光科技股份有限公司
地址:广东省深圳市南山区高新科技园北环大道
邮编:518057
电话:0755/86161000、86161040
传真:86161088
网址:www.hanslaser.com
电子信箱:customers@hanslaser.com
单位人数:1000
质量体系:ISO 9001、ISO 14001
产品情况:(大族牌)
激光打标机、激光焊接机、激光切割机、绿激光演示系列、PCB激光钻孔机、CTP激光制版机、直线电动机等
出口情况:在海外设立10多个分支机构

★深圳市科伟达超声波设备有限公司
地址:广东省深圳市宝安区大浪街道
邮编:518101
电话:0755/28070333、28070666
传真:28070066
网址:www.chinakwt.com
电子信箱:chinakwt@szonline.net
产品情况:超声波清洗器

★柳溪机械设备(集团)有限公司
地址:广东省深圳市宝安区桃花源科技创新园
邮编:518102
电话:0755/27960058
传真:27697719
网址:www.liush.com
电子信箱:market@liush.com
单位人数:700
质量体系:ISO 9001
产品情况:(Liush牌)
底盘、减振器、发动机油底壳、驾驶室、刮水器等汽车零部件电泳涂装线、滤清器、车轮、保险杠、车身外壳等涂装线,工程机械厂涂装生产线
配套及出口情况:喷粉设备为戴卡、圣吉、中南铝、立中、大亚沃得等配套;喷涂设备为威海万丰、今飞、戴卡等配套;电泳线为昭和、一汽东机工、北泰、摩比斯等配套;出口越南、日本、韩国、马来西亚、印度、阿尔及利亚等国家

★深圳美林汽车模具制品有限公司
地址:广东省深圳市宝安区福永福海工业区B3区B2栋
邮编:518103
电话:0755/27322918、29606975
传真:27322818
质量体系:ISO/TS 16949、ISO 9001
产品情况:汽车模具
配套情况:为本田、日产、丰田提供各类专业汽车配件模具

★日东电子发展(深圳)有限公司
地址:广东省深圳市宝安区福永镇安全路日东工业园
邮编:518103
电话:0755/27393550
传真:27396554
网址:www.suneastfz.com
电子信箱:ellen@suneast.com.cn
单位人数:1000
质量体系:ISO 9001
产品情况:(日东(Suneast)牌)
自动化汽车装备生产线、自动化物流仓库系统、环保清洗设备,年销售额近5亿元
配套情况:汽车分动箱总成装配线为重庆北奔重汽变速器配套,轮胎输送线、座椅输送线以及仪表总成输送线为上海通用(沈阳)北盛汽车配套,轮胎输送线、座椅输送线、仪表输送线以及副车架生产线为上汽集团(荣威550)配套,发动机组装线为玉柴配套,涡轮增压器生产为延锋伟世通配套

★深圳市海益五金模具有限公司
地址:广东省深圳市宝安区沙井街道蚝三林坡坑第二工业区A4栋
邮编:518104
电话:0755/29887749
传真:29887748
网址:www.szhaiyi.com.cn
电子信箱:haiyi@szhaiyi.com.cn
单位人数:400
质量体系:ISO 9001、ISO 14001
产品情况:精密连续模、深引伸模、矩形成型模等大中型冲压模具

★深圳市长冈模具有限公司
地址:广东省深圳市沙井镇黄埔村白眉岗水库路第三栋
邮编:518104
电话:0755/33682850
网址:www.nagaoka - tool.com
电子信箱:tina_nagaoka@163.com
单位人数:100
质量体系:ISO/TS 16949、ISO 9001
产品情况:大型精密冲压模具,如汽车座椅支架、底盘零件、保险杠等
配套情况:主要客户有三洋电机、广州丸顺、广州白木、中山高木、本特勒及新宝集团等

★深圳市皓星伟业科技有限公司
地址:广东省深圳市宝安区石岩街道应人石社区宝石路台湾工业区南侧一栋
邮编:518108
电话:0755/86217025、86217039
传真:86052212
网址:www.bcp - mould.com
电子信箱:bruce@bcp - mould.com
单位人数:60
质量体系:ISO 9001
产品情况:高精度塑料模、压铸模、高温成型模、水辅成型模和硅胶模
出口情况:出口德国、英国、美国、印度等国家

★深圳市和科达超声设备有限公司
地址:广东省深圳市龙华镇大浪华旺路和科达工业园
邮编:518109
电话:0755/28175498、28175845
传真:28175850、28175851
网址:www.hekeda.cn
电子信箱:sale@hekeda.cn
质量体系:ISO 9001
产品情况:(和科达牌)
碳氢环保清洗设备,化学湿法处理设备,光学、液晶清洗设备,汽车及发动机零配件清洗设备,五金机械清洗设备,电子及半导体清洗设备等

★ 深圳市和科达电镀设备有限公司

地址:广东省深圳市宝安大浪华旺路和科达工业园
邮编:518109
电话:0755/28175590、28175795
传真:28175850、28175849
网址:www.hekeda.cn
电子信箱:hkd@szhkd.net
质量体系:ISO 9001
产品情况:(和科达牌)
各类电子产品电镀生产线、PCB板电镀生产线、五金塑胶电镀生产线、氧化磷化生产线及相关的辅助设备
☞ 详细情况请参阅彩色宣传版面

★深圳市光大激光技术有限公司
地址:广东省深圳市宝安区龙华镇华宁路
邮编:518109
电话:0755/83126666、83119999
传真:83151319
网址:www.laser999.cn
电子信箱:laser999@vip.163.com
单位人数:600
质量体系:ISO 9001
产品情况:激光打印系统、激光打标机、激光焊接机、激光切割机等
出口情况:远销20多个国家和地区

★荣讯制品厂
地址:广东省深圳市龙岗区平湖镇新木村新园工业区19号
邮编:518111
电话:0755/84008288
传真:84008978
网址:www.newtechk.com
电子信箱:fawnnewtec@pacific.net.hk
质量体系:ISO/TS 16949、ISO 9001
产品情况:汽车装饰塑胶模具

★震雄工业园(深圳)有限公司
地址:广东省深圳市龙岗区坑梓镇人民东路
邮编:518122

电话:0755/84139999
传真:84137961
网址:www. chenhsong. com. hk
电子信箱:comm@ chenhsong. com. hk
质量体系:ISO 9001、ISO 14001
产品情况:注塑机,适用于农业、汽车、建筑等各领域
出口情况:部分产品出口

★深圳捷佳伟创新能源装备股份公司
地址:广东省深圳市宝安区沙井镇
邮编:518125
电话:0755/81449696、81449916
传真:81449658
网址:www. chinasc. com. cn
电子信箱:services@ chinasc. com. cn
单位人数:600
质量体系:ISO 9001
产品情况:(捷佳创牌)
超声波清洗机,大型超声、喷淋清洗线,年销售额6000万元
出口情况:出口东南亚

★深圳市佳士科技股份有限公司
地址:广东省深圳市宝安区西乡鹤洲恒丰工业城
邮编:518126
电话:0755/27325069、27325065
传真:27364308
网址:www. rilandweld. com
电子信箱:sales@ rilandweld. com
质量体系:ISO 9001
产品情况:(佳士牌)
逆变焊机、切割机、直流手工弧焊机、直流脉冲氩弧焊机、交直流方波焊机等;为汽车等多行业提供设备
出口情况:出口东南亚、欧美、中东市场,并销往中国香港、澳门、台湾地区

★深圳市腾科系统技术有限公司
地址:广东省深圳市宝安33区大宝路东方明工业城
邮编:518133
电话:0755/27823580、27823573
传真:27823240
网址:www. techadhesion. com
电子信箱:sales@ techadhesion. com
单位人数:86
质量体系:ISO 9001
产品情况:(腾科(TechAdhesion)牌)
各种热熔胶喷胶涂布设备及部件
配套及出口情况:主要配套丰田、本田的零部件厂商;出口热熔胶喷胶设备系统30套

★珠海固得焊接自动化设备有限公司
地址:广东省珠海市前山工业区华威路611号
邮编:519000
电话:0756/8520988
传真:8520989
网址:www. zhgood. com
电子信箱:zhuhaigood@ 21cn. net
质量体系:ISO 9001
产品情况:(固得牌)
自动焊接专机、自动化焊接生产线、机器人工作站
配套情况:主要客户有重庆海特汽车排气系统有限公司、柳州长虹机器制造有限公司、梅州BPM车轴有限公司

★东莞市群辉机床配件制造有限公司
地址:广东省东莞市万江区简沙洲创业工业园
邮编:523000
电话:0769/81128827、22089515
传真:81128837
网址:www. qunhuidg. com. cn
单位人数:100
质量体系:ISO 9001
产品情况:机床护罩、拖链、数控机床、手轮、排屑机及其他机床附件、机床灯具、钣金件、导柱、导套、剪板、折弯等
出口情况:出口美国、西班牙、印度等国家

★东莞市众志检测仪器有限公司
地址:广东省东莞市沙田镇泗洲工业区
邮编:523000
电话:0769/88808158、85998260
传真:88808258、85998151
网址:www. dgzhongzhi. com
电子信箱:zhongzhi@ dgzhongzhi. com
单位人数:150
质量体系:ISO 9001
产品情况:(众志牌)
高低温试验机、拉力试验机、盐雾试验机、振动台等

★阜东涂装科技工业集团有限公司
地址:广东省东莞市谢岗镇曹乐管理区吓角工业区
邮编:523590
电话:0769/87684888
传真:87684999
网址:www. fodo. cn
电子信箱:zoyo@ fodo. cn
单位人数:500
质量体系:ISO 9001
产品情况:汽车整车电泳、涂装设备生产线,各类零部件无尘涂装生产线,大型轿车涂装生产线,汽车后视镜机器人自动涂装线,大型汽车无尘喷漆房,汽车内饰件无尘涂装线,汽车减振器、轮毂无尘涂装线等

★深圳市新力光机电设备有限公司
地址:广东省东莞市塘厦镇石马村新力光科技园
邮编:523700
电话:0755/81761228、81762258
传真:87924268
网址:www. xinliguang. com
电子信箱:xinliguang@ 21cn. com
单位人数:500
质量体系:ISO 9001
产品情况:(新力光牌)
汽车行业涂装和电泳设备等

★东莞丰裕电机有限公司
地址:广东省东莞市塘厦镇清湖头管理区
邮编:523726
电话:0769/87902888
传真:87941888
网址:www. fungyu. com. hk
电子信箱:fungyu@ fungyu. com. hk
单位人数:1800
质量体系:ISO 9001
产品情况:(FUNG YU牌)
汽车、摩托车涂装设备等表面处理设备,设计大型成套设备年产能力超150套
出口情况:出口东南亚、中东、欧洲、非洲、北美洲、南美洲等地区,并销往中国香港地区

★立坚精密模具制造有限公司
地址:广东省东莞市大朗镇新马莲管理区
邮编:523797
电话:0769/83116814、83102688
传真:83186782、83197814
网址:www. ljmold. com
电子信箱:sales@ ljmold. com
质量体系:ISO 9001
产品情况:塑胶及压铸模具
出口情况:模具主要出口美国、法国、英国、德国、西班牙、加拿大、日本、阿根廷等国家

★高要市鸿泰模具制造有限公司
地址:广东省高要市南岸城区二期开发区
邮编:526100
电话:0758/8360028、8360038
传真:8365555
网址:www. gmmht. com
电子信箱:hongtai@ htpd. cn
质量体系:ISO 9001
产品情况:铝合金压铸模具

★佛山市南海新锐机电设备有限公司
地址:广东省佛山市南海区罗村联和星旺工业区14号
邮编:528000
电话:0757/86419485
传真:86419486
网址:www. fsxinrui. com
电子信箱:info@ fsxinrui. com
质量体系:ISO 9001
产品情况:(铂锐牌)
CNC数控弯管机、小U弯管机、盘管校直无屑开料机、多工位管端成型机、旋沟槽机、冲孔翻边机、数控旋压机、精密双头倒角机、全自动液压弯管机、开式扣压机等专用设备
出口情况:远销美国、荷兰、阿根廷等国家

★佛山市南华仪器有限公司
地址:广东省佛山市南海区桂城区平洲平四路
邮编:528251
电话:0757/86718778、86718618
传真:86718963、86718961
网址:www.nanhua.com.cn
电子信箱:sales@nanhua.com.cn
质量体系:ISO 9001
产品情况:机动车排放气体系列分析仪器、烟度计,机动车前照灯全自动检测仪
出口情况:出口欧洲、美洲、亚洲等部分国家和地区

★震德塑料机械有限公司
地址:广东省佛山市顺德区大良红岗工业区
邮编:528300
电话:0757/22338778、22338632
传真:22338566、22627560
网址:www.chende.com
电子信箱:chende@chende.com
单位人数:1000
质量体系:ISO 9001
产品情况:(CH 震雄牌)
电脑全自动精密注塑机
出口情况:远销美国、英国、法国、意大利、越南等国家

★广东科龙模具有限公司
地址:广东省佛山市顺德区容桂容港路7号
邮编:528303
电话:0757/28362326、28362368
传真:28362305
网址:www.kelonmould.com
电子信箱:mujuywb@hisense.com
质量体系:ISO 9000、ISO 14001
产品情况:各类精密注塑模具、冲压模具等
配套情况:主要客户有日本大金、日立、松下、雅马哈、本田、三菱、瑞士弗兰卡、GTI、GE、惠尔浦、纽威国际、特百惠、阿斯历克、欧姆龙、伊莱克斯、广州迪森等

★佛山顺德赛锐工具有限公司
地址:广东省佛山市顺德区伦教镇
邮编:528308
电话:0757/27725565、27739189
传真:27739132
网址:www.runxiang.com
电子信箱:webmaster@surrey.com.cn
单位人数:80
质量体系:ISO 9001
产品情况:(润祥牌、Surrey 牌)
各类金刚石刀具、硬质合金刀具
出口情况:远销瑞典、英国、法国、西班牙、俄罗斯、德国、意大利、中东、南非、泰国、澳大利亚、日本、加拿大、美国、巴西等国家和地区

★顺德新的模具制造有限公司
地址:广东省佛山市顺德区北滘镇中发西路槎冲工业园
邮编:528311
电话:0757/26672999
传真:26671686
网址:www.xidea.com.cn
电子信箱:sdzs@pub.sdnet.gd.cn
单位人数:3000
产品情况:精密五金冲压模具,汽车钣金冲压件模具

★佛山市顺德区华顺电机实业公司
地址:广东省佛山市顺德区乐从镇三乐路主良村工业区
邮编:528315
电话:0757/28860255、28862651
传真:28869738、28834520
网址:www.hua-shun.com.cn
电子信箱:balancing@china.com
质量体系:ISO 9001
产品情况:(HUASHUN 牌)
通用型、专用型平衡机
出口情况:出口美国、法国、新加坡、印度、伊朗等20个国家,并销往中国台湾地区

★佛山顶锋日嘉模具有限公司
地址:广东省佛山市顺德区大良街道顺番公路五沙段37号
邮编:528333
电话:0757/28666105、28666115
传真:28666110
网址:www.summit-nikka.com
电子信箱:info@summit-nikka.com
单位人数:120
产品情况:工模具钢,汽车模具,并提供相应的热处理和机械加工服务

广　西

★广西三原高新科技有限公司
地址:广西南宁市高新技术产业开发区火炬路9号
邮编:530000
电话:0771/3830790、3850413
传真:3850413、3830790
网址:www.sysokean.com
电子信箱:sysokean88888@gmail.com
单位人数:278
质量体系:ISO 9001
产品情况:汽车不解体诊断系统、汽车故障电脑诊断系列、发动机综合分析仪系列、汽油车排气分析仪测量系列、柴油车不透光烟度计测量系列、四轮定位测量系统系列、前照灯远近光检测仪等

★桂林正菱第二机床有限责任公司
地址:广西桂林市环城西一路31号
邮编:541002
电话:0773/3905849、3905847
传真:3901188
网址:www.gl2mt.com
电子信箱:glzl_machine@yahoo.com.cn
质量体系:ISO 9001
产品情况:数控立式铣镗床、数控龙门动柱式钻床、单柱端面铣床、数控立式钻床、摇臂钻床
出口情况:出口欧洲、美洲、东南亚等50多个国家和地区

★桂林瑞特试验机有限公司
地址:广西桂林市朝阳路信息产业园D8号
邮编:541004
电话:0773/5839233、5854057
传真:5811057
网址:www.wtmtest.cn
电子信箱:wtm@zq-it.com
质量体系:ISO 9001
产品情况:万能材料试验机、液压万能试验机、拉力试验机、弹簧试验机、扭转试验机等
配套及出口情况:为长安汽车、建设集团、上汽集团、宗申集团、柳微、正泰集团、南京金城、威孚集团、海南新大洲本田、南京汽车集团等配套;出口美国、韩国、印尼等国家

★柳州福臻模具有限公司
地址:广西柳州市洋河开发区C-24号
邮编:545005
电话:0772/8857669、8852072
传真:8857997
质量体系:ISO 9001
产品情况:主要从事汽车车身及底盘模具开发、制造
配套情况:为东风柳汽、上汽通用五菱、昌河铃木、江淮汽车、奇瑞汽车、长城汽车、河北中兴等配套

重庆市

★重庆威泰科技发展有限公司
地址:重庆市渝中区南区路159号
邮编:400013
电话:023/63612718
传真:63612718
质量体系:ISO 9000
产品情况:W.T.系列光刻电印金属打标机

★重庆迪佳科技有限公司
地址:重庆市沙坪坝区沙中路重庆大学学科技园
邮编:400030
电话:023/65112216
传真:65112219、65500181
网址:www.cqdijia.com
电子信箱:cqdijia@163.com
单位人数:56
质量体系:ISO 9001
产品情况:检测仪器、打标机

★重庆曙光涂装工业有限公司
地址:重庆市沙坪坝区大杨公桥37－70－5号
邮编:400030
电话:023/65303338
传真:65303779
网址:www.cqsgtz.com
电子信箱:cqsgtz@vip.sina.com
单位人数:200
质量体系:ISO 9001
产品情况:(曙光牌)
前处理设备、烘干室、喷漆室、电泳线、废气处理系统等
配套及出口情况:客户有TMT汽车股份公司、四川宜宾环球股份公司;汽车涂装生产线出口

★重庆凯瑞汽车试验设备开发公司
地址:重庆市九龙坡区陈家坪朝田村101号
邮编:400039
电话:023/68826374
传真:68828953
网址:www.cqsysb.com
电子信箱:ted@cqsysb.com
质量体系:ISO 9001
产品情况:整车试验设备(底盘测功机、侧翻试验台);传动系统试验设备(离合器、驱动桥、变速器、半轴、传动等系统);制动系统试验设备(制动器、真空助力器、制动操纵、制动阀、电涡流缓速器等系统);转向系统试验设备(转向器、拉杆球头、转向泵、转向管柱等系统)

★重庆科渝激光技术开发公司
地址:重庆市北部新区黄山大道杨柳路2号B区
邮编:400039
电话:023/89137777、89137771
传真:89137781、89137785
网址:www.keyulaser.com
电子信箱:zhangyi001104@126.com
产品情况:激光工业标记机、激光打孔机、激光精密焊接机、激光精密调阻机、气动标记打印机、电脑图形雕刻机等

★重庆友石机电技术有限公司
地址:重庆市南岸区南坪北路9号金明大厦17楼6号
邮编:400060
电话:023/62822754
传真:62907035
网址:www.cqyousi.com
电子信箱:lirongfuye@163.com
产品情况:气体密封性检测仪
配套及出口情况:客户有建设集团、力帆集团、江门气派摩托车、重庆力帆越南分公司、银钢集团、银钢集团广东分公司、银翔集团、重庆文达机械厂、重庆长江电工厂、重庆英特汽车空调、重庆华恩实业、重庆志成机械厂、重庆嘉泰机械厂、重柴动力厂、重庆铁马变速箱分厂、重庆新世纪实业、重庆豪野摩托、广东王野摩托等;远销巴基斯坦、越南等国家

★重庆数码模车身模具有限公司
地址:重庆市大渡口区建桥工业园建桥大道1号
邮编:400084
电话:023/61554601、61554600
传真:61554618、61554616
网址:www.digidie.com.cn
电子信箱:info@digidie.com.cn
质量体系:ISO/TS 16949
产品情况:模具设计、开发
配套情况:为长安汽车、东风渝安、奇瑞汽车、长安铃木、江淮汽车、吉利汽车等配套

★重庆市福特数控设备有限公司
地址:重庆市北碚区碚峡路63号
邮编:400700
电话:023/68205429
传真:68211813
网址:www.ftsk168.cn
电子信箱:ftcncltd@yahoo.com.cn
产品情况:气动标记打印机、金属电印标记机

★重庆华普精密机械有限责任公司
地址:重庆市北碚区龙溪路48号附11号
邮编:400700
电话:023/68288686、68287888
传真:68288685
网址:www.marker.com.cn
电子信箱:sale@marker.com.cn
质量体系:ISO 9001
产品情况:(华普牌)
工业标记打印设备
配套及出口情况:产品广泛应用于一汽集团、东风汽车公司、上汽集团、长安汽车、嘉陵集团、建设集团、力帆集团、隆鑫集团、宗申集团、吉利汽车、江门大长江、深圳富士康、成都飞机发动机集团、安徽凯创(北京碧华)、福州六和、德国威卡仪表、大连华克、重庆川仪、西安仪表集团等;出口欧美、东南亚等地区

★伊斯沃(重庆)精密机械有限公司
地址:重庆市渝北区花卉东路36号富贵花园二楼
邮编:401100
电话:023/67610571、67607455
传真:67610577
网址:www.eastward.com.cn
电子信箱:canada@eastward.com.cn
单位人数:180
质量体系:ISO 9001
产品情况:(伊斯沃牌)
标记打印,应用于汽车和摩托车整车及零部件制造业

★重庆海通机电一体化有限公司
地址:重庆市渝北区兴隆街1号松树桥大厦4单元4楼
邮编:401147
电话:023/67909030、67603760
传真:67603670
网址:www.cqht.com.cn
电子信箱:cqhaitong@163.com
产品情况:气动针式打标机、气动针式刻印机、电印机、激光打标机、压印机

★重庆恒伟精密机械有限公司
地址:重庆市九龙坡区含谷龙华路
邮编:401329
电话:023/68627404、68606808
传真:68614584
网址:www.henvi.cn
电子信箱:cqhwco@126.com
法人代表(负责人):王泉
质量体系:ISO 9001
产品情况:(恒伟牌)
激光打标机、气动打标机及相关配件,用于在各类零部件产品表面打刻永久性标识

★重庆江东机械有限责任公司
地址:重庆市万州区五桥百安大道1008号
邮编:404020
电话:023/58555108、58555228
传真:58555389、58555328
网址:www.cqjdc.com
电子信箱:jdca@21cn.com
质量体系:ISO/TS 16949、ISO 9001
产品情况:(江东牌)
液压成形设备及成套生产线,汽车连杆,铸件
配套及出口情况:为长安、力帆、奇瑞汽车、江淮、吉利、华普等配套;出口日本、韩国、埃及、印度、巴基斯坦、越南等20多个国家

四川省

★四川宸宇涂装工程有限公司
地址:成都市双流县九江镇光华工业园
邮编:610046
电话:028/85750935、85750529
传真:85370518
单位人数:200
质量体系:ISO 9001
产品情况:(宸宇牌)
各类涂装设备、承建涂装工程
配套情况:为西藏珠峰摩托车、万友车辆配件厂等配套

★成都焊研科技有限责任公司
地址:成都市东三环二段龙潭工业集中发展区航天路18号
邮编:610052
电话:028/84216701、84216058
传真:84216710

网址:www. swelder. com
电子信箱:hykj@ swelder. com
质量体系:ISO/TS 16949、ISO 9001
产品情况:焊接生产线、焊接机器人集成、各类直缝焊机、环缝焊机等自动焊接设备;汽车行业焊接设备有重型车、微型车、越野车后桥生产线,挂车桥焊接生产线,圆形、方形铝油箱焊接生产线,钢储气筒焊接生产线,汽车减振器自动焊接成套设备等
配套情况:客户有广东富华车桥、一汽解放车桥、济南重汽车桥、东风德纳车桥、柳州五菱车桥、四川建安车桥等

★成都天府焊接设备有限公司
地址:成都市蛟龙工业港青羊园区高新区 A-33 座
邮编:610091
电话:028/87078771、87078772
传真:87078775、84783606
网址:www. tfweld. cn
电子信箱:cyl_tf001@ 163. com
产品情况:高效节能电阻焊机
配套及出口情况:主要用户有吉利汽车、一汽车身厂、合肥安凯、郑州宇通客车厂、山东时风集团、扬州亚星、洛阳一拖、重庆客车厂、成都新大地、川汽集团、四川王牌车辆等;出口东南亚

★成都宏明双新科技股份有限公司
地址:成都市青羊区工业集中发展区腾飞大道 265 号
邮编:610091
电话:028/87335511、87072927
传真:87073539
网址:www. cnhomin. com
质量体系:ISO/TS 16949、QS 9000
产品情况:精密模具、精密冲压零件、注塑及嵌塑零件等

★成都飞机工业(集团)有限公司
地址:成都市黄田坝
邮编:610091
电话:028/87405114、87407236
传真:87405990
网址:www. cac. com. cn
电子信箱:cacoa@ mail. cac. com. cn
产品情况:(成飞牌)

汽车模具,天然气汽车减压调节器,风力发电、船舶、石油、重型汽车等装备部件的锻造和加工

★四川成飞集成科技股份有限公司
地址:成都市黄田坝
邮编:610091
电话:028/87455333、87455322
传真:87408111
网址:www. cac - citc. com
电子信箱:admin@ cac - citc. com. cn
单位人数:704
产品情况:模具

★成都航天模塑股份有限公司
地址:成都市龙泉驿经济技术开发区航天北路
邮编:610100
电话:028/84805888、84805699
传真:84850143、84851421
网址:www. ccsmp. com
电子信箱:pub@ ccsmp. com
单位人数:523
质量体系:ISO/TS 16949、QS 9000
产品情况:各类模具及汽车内外饰件
配套情况:为一汽、东风、长安汽车、长安福特马自达、四川一汽丰田等国内大型汽车制造厂配套

★爱佩仪中测(成都)精密仪器公司
地址:成都市龙泉区大面成龙大道二段
邮编:610101
电话:028/84644033
传真:84644033
网址:www. apizc. com
电子信箱:ning. liu@ apisensor. com
单位人数:110
质量体系:ISO 9001
产品情况:三坐标测量仪,广泛用于汽车、摩托车、模具等领域,如汽车定位夹具检测、汽车焊接夹具检测、汽车模具检测等
出口情况:出口东南亚

★成都成量工具集团有限公司
地址:成都市新都区三河街道办事处长龙社区
邮编:610503
电话:028/83059561
传真:83279887
网址:www. chinachengliang. com
电子信箱:sale@ chinachengliang. com
单位人数:2000
质量体系:ISO 9001
产品情况:(川牌)

主要从事数控工具系统——硬质合金刀具和刀片、高速钢刀具、精密电子量具、量仪产品的开发和生产;工具行业材料研发及热处理、表面处理技术的研究及应用;工具行业专用设备的开发和生产;汽车/摩托车刀具、检具、模具及零部件的生产和国产化;具备年产刃具 5000 万件、量具量仪 100 万件、数控刀具 10 余万件及硬质合金制品约 100t 的生产能力
配套及出口情况:主要客户有东风本田、跃进汽车、庆铃汽车、长安汽车、神龙汽车、安徽汽车零部件(奇瑞)、广州京安云豹、四川丰田、上海大众、东风汽车、一汽 - 大众、比亚迪汽车、江淮汽车、江铃汽车、上海汇众、陕汽、玉柴、柳州汽车;量块、量规、量表、千分尺、卡尺、磨制铣刀、磨制钻头等产品出口欧美、中东、东南亚等地区

★成都航天航西精密机械厂
地址:成都市温江区海峡两岸中小企业工业园蓉台大道 388 号
邮编:611130
电话:028/82633970、82714432
传真:82633973
网址:www. hthxjm. cn
电子信箱:hthxjm864@ 163. com
单位人数:300
质量体系:ISO 9001
产品情况:精密冷冲压模具、高精度级进模具、粉末冶金压制模具的设计及制造;模具配件、高精度零部件、工装、夹具的来图来料加工
配套情况:为大同齿轮、唐山爱信齿轮、长安集团、青特集团、奇瑞汽车、山东临工、兴利达齿轮、绵阳三力、重庆綦江汽车半轴厂、重庆青山工业公司等设计制造各种环规、塞规、检具

★普什宁江机床有限公司
地址:四川省都江堰市经济开发区
邮编:611800
电话:028/87132411、87229988
网址:www. ningjiang. com
单位人数:2400
质量体系:ISO/TS 16949、ISO 9001
产品情况:加工中心系列、坐标镗床、磨床、数控车床、自动车床、齿轮机床、组合专用机床、自动装配生产线、工业机器人等

★四川绵阳启林实业有限公司
地址:四川省绵阳市安县界牌镇金凤村
邮编:621000
电话:0816/4619088
传真:4618260
网址:www. myqilin. com
电子信箱:myqilin@ 163. com
单位人数:45
质量体系:ISO 9001
产品情况:压铸模、冷冲模以及汽车配件

★ 广元欣源设备制造有限公司

地址:四川省广元市利州区大石工业园
邮编:628017
电话:0839/2809002
传真:2809000
网址:www. axshusong. com
电子信箱:xinyuan_2222@ 126. com
法人代表:杨崇高
负责人:杨毅
单位人数:196
质量体系:ISO 9001
产品情况:(欣源牌)

汽车总装线、涂装线、发动机缸套压装机、缸体装配线、悬臂式气动平衡器、输送设备,发动机零部件

广元欣源设备制造有限公司

GUANGYUAN XINYUAN SHEBEI ZHIZAO YOUXIAN GONGSI

广元欣源设备制造有限公司，位于女皇故里——四川省广元市利州区大石工业园，基地占地40余亩，拥有9000多m²厂房及5000m²办公设施，员工190余名，年产汽车零部件200万套。是四川省民营科技企业，从90年代开始开发、设计、制造汽车零部件和机电一体化设备（滚筒式、板式、差速链式、滑撬式、悬挂式输送设备和提升、移栽、翻转等专用设备及清洗、涂装设备）的专业公司。公司成立以来，实施科技兴企、推进科技创新，努力拓宽产品领域，形成了较强的科研开发和生产能力。公司于2007年通过了ISO 9001：2008国际质量体系认证，并成功注册 商标。公司推崇“执行、敬业、创新、发展”的企业精神，将“永做自动化设备最佳策划与实施者”作为企业目标。2009年被评为“四川省优秀诚信示范单位”，2010年荣获广元市“广元市高新技术企业”称号。

公司充分发挥技术、地缘优势和专业设备等特点与多家公司达成长期合作协议，为华晨汽车、东风日产和一汽等大型公司提供汽车零部件批量生产，同时我公司为：日本松下公司、雅马哈公司、美国德尔福公司、比亚迪汽车、成发集团、东风汽车、重庆宗申、重庆科克发动机、中信戴卡轮毂、TCL集团、四川宁江山川减振器公司、雷士照明、重庆美心集团、绵阳新晨动力机械有限公司、四川轮胎橡胶（集团）股份有限公司、延锋江森汽车部件系统有限公司等众多企业提供整套自动化物流生产线及优质的服务，同时也可根据用户的工艺布局及产品特征等要求进行设计，无论何种要求均能圆满地完成设计、制造、安装、调试、交验工作。公司作为西南地区生产汽车零部件及自动化生产设备的规模企业之一，始终秉承“诚信、一丝不苟”的企业宗旨和“质量第一、用户至上、信誉为本、服务终身”的经营方针，热忱欢迎国内外新老用户和各界朋友光临。

公司所在地四川省广元市地处川陕甘三省交接地，地理位置得天独厚，嘉陵江围城环绕，广陕、广甘、成绵广、广巴、广南（渝）高速公路贯通，宝成、南渝铁路纵横。风景名胜众多：有剑门雄关、先秦古栈道、女皇武则天祀庙——皇泽寺、国家级大熊猫自然保护区——唐家河等，并是通往童话仙境九寨沟之最佳地。

【中华系列】【东风日产系列】【金杯系列】

链条机油喷嘴

发动机吊钩

出水管

暖风水管组件

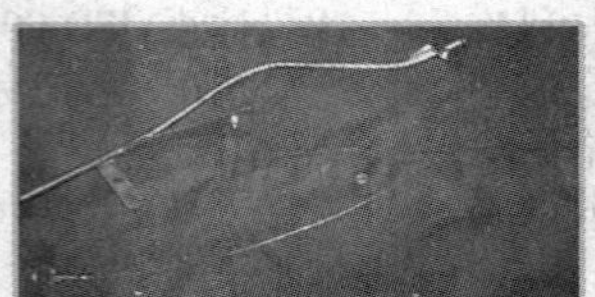
机油标尺

上下隔热罩

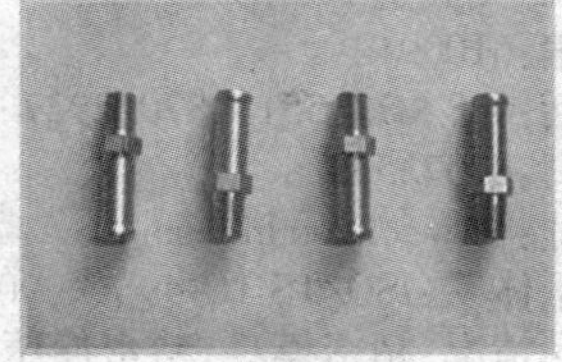
进气歧管真空管

电话：13006474355　地址：四川省广元市利州区大石工业园
传真：0839-2809000　网址：www.axshusong.com
邮箱：xinyuan_2222@126.com

★四川长征机床集团有限公司
地址:四川省自贡市贡井区建设路284号
邮编:643020
电话:0813/3301270、3307564
传真:3301476、3302489
网址:www.cczmt.com
电子信箱:cx@cczmt.com
单位人数:1549
质量体系:ISO 9001、ISO 14001
产品情况:KVC650立式加工中心、KMC630卧式加工中心
出口情况:出口欧美等地区

★四川省宜宾普什模具有限公司
地址:四川省宜宾市岷江西路150号
邮编:644007
电话:0831/3566364、3566373－769
传真:3552158、3565588
网址:www.pushmold.com
电子信箱:jihualiu@pushmold.com
单位人数:1000
质量体系:ISO/TS 16949、ISO 9001
产品情况:精密注塑模具,汽车冲压模具、检具、夹具,汽车冲焊零件、大型精密机械加工以及工具

云南省

★沈机集团昆明机床股份有限公司
地址:昆明市茨坝路23号
邮编:650203
电话:0871/6166627
传真:6166288
网址:www.kmtcl.com.cn
电子信箱:company@jkht.com
单位人数:2961
产品情况:(昆机牌)
卧式镗床、坐标镗床、加工中心、仿型铣床、精密检测设备、位移传感器、电脑绣花机、全可控涡节能压缩机、智能电器和激光快捷成型机

★云南CY集团有限公司
地址:昆明市国家经济技术开发区昆岭路14号
邮编:650217
电话:0871/7282299、7282260
传真:7282312、7282262
网址:www.cy－ymtw.com
电子信箱:cy_sales@smtcl.com
单位人数:2000
质量体系:ISO 9001
产品情况:CY车床系列、PQ车床系列、MO车床系列出口型普车及数控车床、车加工中心、立式加工中心、专用机床、镗铣加工中心等
出口情况:远销72个国家和地区

贵州省

★险峰机床厂
地址:贵州省惠水县高镇
邮编:550601
电话:0854/6328013、6328040
传真:6328052
网址:www.xfmtw.com.cn
电子信箱:xfmtw@xfmtw.com.cn
质量体系:ISO 9001
产品情况:轧辊磨床、导轨磨床、无心磨床、大型外圆磨床、压力辊锻机、楔横轧机、轧环机及各种专机

陕西省

★陕西恒通智能机器有限公司
地址:陕西省西安市雁塔区雁翔路99号交大曲江校区西五楼
邮编:710054
电话:029/83395061
传真:83395063
网址:www.china－rpm.com
电子信箱:ht_market@126.com
产品情况:各种型号的激光快速成型设备、快速模具设备及三维反求设备,同时从事快速原型制作、快速模具制造、快速铸造及逆向工程服务并提供快速制造技术整体解决方案(相关设备及工艺等),适用于汽车、摩托车行业

★西安奥杰电热设备工程有限公司
地址:西安市高新区电子一路18号西部电子C座1705室
邮编:710065
电话:029/88279789、87593080
传真:88218370
网址:www.xaaj.com
电子信箱:aojie@xaaj.com
质量体系:ISO 9001
产品情况:(奥杰牌)
专业生产网带式气体保护连续钎焊炉和工业用热处理设备以及电力系统自动装置

★西安北村精密机械有限公司
地址:西安市高新技术产业开发区高新六路46号
邮编:710075
电话:029/88452325、88452326
传真:88453551
网址:www.xaknc.com
电子信箱:xknc@xaknc.com
质量体系:ISO 9001
产品情况:小型精密数控机床、纵切车床及小型立式加工中心等

★西安爱德华测量设备有限公司
地址:西安市高新区新区锦业路69号C区22号
邮编:710077
电话:029/81881109、81881571
传真:81881087、81881563
网址:www.china－aeh.com
电子信箱:market@china－aeh.com
单位人数:200
质量体系:ISO 9000
产品情况:(AEH牌)
接触式、非接触式、复合式、关节臂坐标测量机,年产能力850台以上
出口情况:出口德国、俄罗斯、土耳其、印度、新加坡、韩国等10个国家

★秦川机床集团有限公司
地址:陕西省宝鸡市姜谭路22号
邮编:721009
电话:0917/3670883、3670665
传真:3392000、3390960
网址:www.qinchuan.com
电子信箱:qinchuan@qinchuan.com
单位人数:3472
质量体系:ISO/TS 16949、ISO 9001
产品情况:精密数控机床、塑料机械与环保新材料、液压与汽车零部件、精密特种齿轮传动、精密机床铸件、中高档专用机床数控系统及数控机床维修服务等
配套及出口情况:主要客户有重庆金辰机械、重庆明鑫机械、东风汽车变速箱、东风汽车公司、重庆齿轮箱、长沙中南传动机械厂、成都发动机集团、成都成工工程机械、綦江齿轮、重庆秋田齿轮厂、重庆华陵工业、湖北襄樊江山汽车变速箱、湖南机油泵、建设摩托、三江航天集团、贵州群建齿轮、柳州采埃孚、湘潭钢铁集团等;出口美国、韩国、日本、东南亚等国家和地区

★宝鸡忠诚机床股份有限公司
地址:陕西省宝鸡市东高新区高新一路2号
邮编:721013
电话:0917/3566855
传真:3566858
网址:www.bjmtw.com
电子信箱:bjmtw@public.xa.sn.cn
单位人数:1700
质量体系:ISO 9001
产品情况:(忠诚牌)
各类柔性车削加工制造单元、复合车铣中心、车削中心、加工中心、数控车床、数控铣床、普通车床等
出口情况:出口50多个国家和地区

★陕西渭河工模具总厂
地址:陕西省宝鸡市蔡家坡24号信箱
邮编:722405
电话:0917/8583537、8583593
传真:8583539
网址:www.weihetools.com.cn
电子信箱:weihe@weihetools.com.cn
单位人数:1600
质量体系:ISO 9001
产品情况:(雪菱牌、丰利牌)
精密模具及冲压件、精密冷冲模架、量刃具、电子专用工具、硬质合金烧结及深加工制品、成型磨削夹具、精密齿轮及谐波齿轮传动装置、线切割机床及机床零部件

出口情况：出口15个国家和地区

★汉川机床集团有限公司
地址：陕西省汉中市汉台区
邮编：723003
电话：0916/2266312
传真：2266288
网址：www. cnhlmt. com
电子信箱：hc@ hcmt. com. cn
单位人数：1300
质量体系：ISO 9001
产品情况：（汉川牌）
各式加工中心、数控铣床、数控镗铣床、数控钻床、卧式镗床、电火花成型机、电火花切割机等
出口情况：远销美国、意大利、俄罗斯、土耳其、日本、韩国、东南亚等20多个国家和地区

★汉江机床有限公司
地址：陕西省汉中市
邮编：723003
电话：0916/2295418
传真：2296146
网址：www. hjmtc. cn
电子信箱：hb018@ hjmtc. cn
单位人数：2300
质量体系：ISO 9001
产品情况：主要生产精密螺纹磨床、加工中心、精密测量仪器、CNC精密机床和滚动功能部件等
出口情况：出口欧洲、美洲、亚洲、非洲等30多个国家和地区

宁　夏

★宁夏小巨人机床有限公司
地址：银川市金凤区宁安大街65号
邮编：750002
电话：0951/5672436、5672333
传真：5672436
网址：www. lgmazak. com. cn
电子信箱：lgm@ lgmazak. com. cn
单位人数：500
质量体系：ISO 9000
产品情况：（LGMAZAK牌）
立式加工中心系列、数控车床系列、车削中心系列；年产数控机床2000台左右
配套情况：为奇瑞汽车、广汽本田、哈东安、长城汽车、肇庆本田、惠州本田、马勒（南京、重庆、营口）、上海纳铁福、成都天兴山田、一汽集团（一汽铸造、一汽装备、一汽光洋、吉林通用、一汽长春齿轮厂）等配套，配套量达400多台

★宁夏银川大河数控机床有限公司
地址：银川市经济技术开发区济民东路72号
邮编：750021
电话：0951/2053301、2053302
网址：www. nxdahe. com. cn
电子信箱：dhhujun@ sina. com
质量体系：ISO 9001
产品情况：（大河牌）
立、卧式加工中心、数控镗铣床、（数控）珩磨机床、数控凸轮轴铣床、汽车差速器壳体加工专用机床等
出口情况：出口美国、匈牙利等国家

★宁夏中卫大河机床有限责任公司
地址：宁夏中卫市鼓楼西街152号
邮编：755000
电话：0955/7011025、7023637
传真：7012139
网址：www. nxdhjc. com. cn
电子信箱：sale@ dhjc. com. cn
产品情况：珩磨机床系列，立、卧式加工中心系列，立式钻床系列，组合专用机床及自动线

甘肃省

★天水锻压机床有限公司
地址：甘肃省天水市麦积区渭滨北路
邮编：741020
电话：0938/2616873、2621183
传真：2615085
网址：www. tsdyc. com
电子信箱：bdtsdy@ public. lz. gs. cn
单位人数：1000
质量体系：ISO 9001
产品情况：剪切机床、弯曲校正机床、液压机床、大口直径缝埋弧焊管设备、其他机床及钢结构件

第五部分

中国摩托车生产企业

摩托车生产企业

•查询导引•

摩托车生产企业

☞ **企业如有变更，请与编辑部联系** ☎ 010/68426043、68420981

天津市

★天津富邦电动车有限公司
地址：天津市东丽区津塘公路六号桥
邮编：300000
电话：022/24999809
传真：84980050
网址：www. battle - bangda. com
电子信箱：fubang2010@ 126. com
质量体系：ISO 9001
产品情况：（邦达牌）
电动摩托车、电动自行车、三轮车

★新大洲本田摩托公司天津分公司
地址：天津市西青开发区赛达二大道 12 号
邮编：300385
电话：022/58699800
传真：58693566
网址：www. honda - sundiro. com
电子信箱：ybhe@ honda - sundiro. com
质量体系：ISO 9000
产品情况：（本田牌）
两轮摩托车

河北省

★任丘市双庆广田摩托车有限公司
地址：河北省任丘市城东杨各庄工业区
邮编：052550
电话：0317/2836718、2836663
传真：2836718
网址：www. rqlifan. com
电子信箱：web@ rqlifan. com
单位人数：400
质量体系：ISO 9001
产品情况：（嘉冠（JG）牌、华骏 HJ 牌、双庆牌）
正三轮摩托车

★河北恒胜金河摩托车有限公司
地址：河北省任丘市吕公堡镇金桥工业区
邮编：062555
电话：0317/2832998
电子信箱：gx190662@ autoinfo. gov. cn
产品情况：（恒胜牌）
正三轮摩托车

★河北新世纪川田机车科技有限公司
地址：河北省任丘市梁召镇娄子工业区
邮编：062561
电话：0317/3318220、3318088
传真：3318958
网址：www. chuantianmotor. com
电子信箱：chuantan@ chuantianmotor. com
负责人：王文新
单位人数：410
质量体系：ISO 9001
产品情况：（白洋淀牌）
两轮摩托车、正三轮摩托车

★河北珠峰大江三轮摩托车有限公司
地址：河北省任丘市长丰镇工业区
邮编：062562
电话：0317/3369777、3369333
传真：3369345
网址：www. xinfengmotor. com
电子信箱：xinfengmotor@ yahoo. com. cn
质量体系：ISO 9001、ISO 14001
产品情况：（大江牌、圣峰 SF 牌）
三轮摩托车、三轮电动车
出口情况：出口埃及、摩洛哥、东南亚、俄罗斯、尼日利亚等国家和地区

辽宁省

★沈阳天利摩托车制造有限公司
地址：沈阳市经济技术开发区八号路十甲二号
邮编：110141
电话：024/25813232
传真：25375619
电子信箱：tianlimotor@ 163. com
产品情况：（天利牌）
两轮摩托车

吉林省

★长铃集团长春摩托车工业有限公司
地址：长春市经济技术开发区东南湖大路 555 号
邮编：130033
电话：0431/82603050、84669888
传真：84647622
网址：www. chanlin. com
电子信箱：motor@ chanlin. com
单位人数：1100
质量体系：QS 9000、ISO 9001
产品情况：（长铃牌）
两轮、三轮摩托车
出口情况：出口南美洲、非洲、西亚等地区

上海市

★上海本菱摩托车制造有限公司
地址：上海市奉贤区金汇镇大叶公路 5001 号
邮编：201404
电话：021/57483303、57483338

传真:57483274
网址:www. honling - motor. com
电子信箱:info@ honling. cn
单位人数:500
质量体系:ISO 9001
产品情况:(本菱牌、双菱牌)
摩托车,摩托车发动机,化油器、车架、塑料件等摩托车配件

★上海杰士达摩托车有限公司
地址:上海市金山区枫泾工业区环枫东路8号
邮编:201501
电话:021/67356177、67355578
传真:67356181、67356556
网址:www. jmstar - moto. com
电子信箱:jmstar@ jmstarmoto. com
质量体系:ISO 9001
产品情况:(杰士达牌)
摩托车、电动车

★上海美田摩托车有限公司
地址:上海市松江区新桥镇新镇街599号
邮编:201612
电话:021/57646588、57640777
传真:57647678
网址:www. mei - tian. com
电子信箱:shmtmotor@ hotmail. com
质量体系:ISO 9001
产品情况:(美田牌、好美 HM 牌、劲可(JCO)牌、迪巴 DB 牌)
踏板、跨骑、弯梁系列摩托车、三轮车、电动车、沙滩车、助残车
出口情况:远销东南亚、美国、欧洲、北美洲、非洲等国家和地区

★上海嘉陵车业有限公司
地址:上海市青浦区嘉松中路1888号
邮编:201708
电话:021/69790777、69791188
传真:69791111
网址:www. shjialing. com
电子信箱:marketing@ shjialing. com
单位人数:319
质量体系:ISO 9001
产品情况:(嘉欣牌、嘉陵牌)
跨骑式、踏板式、弯梁式、太子式摩托车、电动车、助力车
出口情况:远销法国、英国、美国、德国、波兰、墨西哥、瑞士、南非、马来西亚、韩国、菲律宾等30多个国家

★新大洲本田摩托车有限公司
地址:上海市青浦区嘉松中路189号
邮编:201708
电话:021/59799696、59799999
传真:69796906、69796906
网址:www. honda - sundiro. com
电子信箱:services@ honda - sundiro. com
质量体系:ISO 9001、ISO 14001
产品情况:(新大洲本田牌)
跨骑、踏板、弯梁摩托车
出口情况:出口45个国家和地区

★上海幸福摩托车有限公司
地址:上海市宝山区友谊路309号
邮编:201900
电话:021/66788765、56692981
传真:66798028
网址:www. xingfumotor. cn
电子信箱:motor@ xingfumotor. cn
质量体系:VDA 6.1、QS 9000
产品情况:(幸福牌)
各系列摩托车、摩托车发动机、沙滩运动车、汽车零部件
出口情况:远销中东、南美洲、北美洲、非洲、东南亚等地区

江苏省

★金城集团有限公司
地址:南京市白下区龙蟠中路218号
邮编:210002
电话:025/84593388、84593382
传真:84591758
网址:www. jincheng. com
法人代表:焦裕松
质量体系:ISO 9001、ISO 14001
产品情况:(金城牌、银光牌、SUZUKI 牌)
弯梁、踏板、太子、公务、骑士系列摩托车,摩托车发动机
出口情况:远销70多个国家和地区

★南京金城摩托车有限公司
地址:南京市江宁区湖熟工业区
邮编:211121
电话:025/52693727
传真:52691590
质量体系:ISO 9001
产品情况:(金城·铃木牌)
SJ50、110、125两轮摩托车

★常州豪爵铃木摩托车有限公司
地址:江苏省常州市黄河西路888号
邮编:213000
电话:0519/83688999 - 98600
传真:82088990
电子信箱:fsc@ haojue - suzuki. com
法人代表:古泽一志
产品情况:(铃木牌、豪爵牌)
两轮摩托车

★江苏东方龙机车集团有限公司
地址:江苏省常州市东安人民路38号
邮编:213000
电话:0519/83730001、83730888
传真:83739226
网址:www. dfl. cn
电子信箱:dfl@ eastdragon - china. com
质量体系:ISO 9001
产品情况:(东方龙牌)
跨骑式、踏板式、弯梁式摩托车、越野车、赛车、电动自行车、三轮车、ATV沙滩车等
出口情况:出口英国、法国、荷兰、德国、比利时、意大利、芬兰、美国、尼日利亚、西班牙、印尼等国家

★江苏弘州金福车业有限公司
地址:江苏省常州市钟楼区宣盛路2号,12号
邮编:213016
电话:0519/83291868
传真:83292118
网址:www. js - jinfu. cn
电子信箱:web@ js - jinfu. cn
质量体系:ISO 9001、ISO 14001
产品情况:(金福 JF 牌、金狮牌、金洪 JH 牌、天鹰 TY 牌)
两轮、三轮摩托车、电动车、新能源车
出口情况:远销国内外市场

★常州光阳摩托车有限公司
地址:江苏省常州市新北区汉江路380号
邮编:213022
电话:0519/85101962
传真:85103541
电子信箱:ck02@ mail. kymco. com
产品情况:(常光牌)
CK50、80、100、110、125、150两轮摩托车

★常州美田兰翔摩托车有限公司
地址:江苏省常州市新北区黄河中路8号
邮编:213022
电话:0519/85107382、85068618
传真:85135872
网址:www. lanxiangmotor. com
电子信箱:sqc0906@ 163. com
质量体系:ISO 9000
产品情况:(金潮牌、劲可牌)
跨骑式、踏板式二轮摩托车,三轮摩托车,电动两轮、三轮助力车,燃油助力车,沙滩车,卡丁车等
出口情况:出口十个国家和地区

★江苏达飞尔摩托车有限公司
地址:江苏省常州市新北区天山路66号
邮编:213022
电话:0519/85929090、85929100
传真:85929000、85922188
网址:www. dafier. com
电子信箱:service@ dafier. com
单位人数:500
质量体系:ISO 9001
产品情况:(达飞尔牌、木兰牌、先锋牌)
跨骑车、弯梁车、踏板车、越野车
出口情况:产品远销世界各地

★常州山崎摩托车有限公司
地址:江苏省常州市新北区河海西路389号
邮编:213032
电话:0519/85087887、85087871
传真:83355999
网址:www. yamasakimotor. com
电子信箱:zqg@ yamasakimotor. com
产品情况:(山崎牌)
两轮、三轮、四轮摩托车、电动车、残疾人车
出口情况:远销欧洲、美洲、东南亚

★江苏三鑫摩托车有限公司
地址:江苏省常州市武进区高新区
邮编:213161
电话:0519/86227790、86227791
传真:86463962
网址:www.sacinmotor.com
电子信箱:sales@sacin-motor.com
质量体系:ISO 9001
产品情况:(三鑫牌)
两轮摩托车、正三轮摩托车、正三轮轻便摩托车
出口情况:出口日本、美国等国家

★无锡市金洪摩托车有限责任公司
地址:江苏省无锡市锡山经济开发区工业园
邮编:214000
电话:0510/88318628、88318828
传真:88651788
电子信箱:motor@jinhongmotor.com
质量体系:ISO 9001
产品情况:(金洪牌)
JH50Q系列两轮轻便摩托车

★无锡富通摩托车有限公司
地址:江苏省无锡市梅园茶场贾巷108号
邮编:214064
电话:0510/85505847
传真:85513797
网址:www.futongmotor.com
电子信箱:futong@futongmotor.com
质量体系:ISO 9001
产品情况:(富通牌)
三轮摩托车
出口情况:远销意大利、英国、美国、乌克兰、越南、肯尼亚、马来西亚、秘鲁等国家

★无锡正洋车辆配件公司三轮车公司
地址:江苏省无锡市查桥新世纪工业园
邮编:214100
电话:0510/88718856
传真:88712909
网址:www.wxzyslc.com
电子信箱:qyanjuan@126.com
质量体系:ISO 9001
产品情况:(新陵牌)
三轮车、电动车、摩托车、卡丁车和越野车
出口情况:出口欧洲、北美洲、南美洲、东南亚等80多个国家和地区

★创新三阳摩托车有限公司
地址:江苏省无锡市锡山开发区春晖路58号
邮编:214101
电话:0510/88266386、88086215
传真:80100658、88266386
网址:www.creativemotor.com
电子信箱:sales@sinkda.com
单位人数:800
质量体系:ISO 9001
产品情况:(创新三阳牌、金舰牌、菲鹰牌、新捷牌、捷峰牌)
两轮摩托车
出口情况:远销欧洲、南美洲、南非及东南亚等国家和地区

★江苏金捷摩托制造有限公司
地址:江苏省无锡市锡山经济开发区友谊中路139号
邮编:214101
电话:0510/88209002、88201368
传真:88209008
网址:www.jinjiemt.com
电子信箱:jinjie8@pub.wx.jsinfo.net
质量体系:ISO 9001
产品情况:(JIEDA牌)
骑式、踏板、弯梁、电动系列摩托车,沙滩车,摩托车发动机
出口情况:出口美国、马来西亚、菲律宾、伊朗、尼日利亚等30多个国家和地区

★江苏林芝山阳集团有限公司
地址:江苏省无锡市锡山经济开发区团结北路
邮编:214101
电话:0510/88266560、88266556
传真:88266589、88266225
网址:www.lzsy.com
电子信箱:Lzsy03@Lzsy.com
单位人数:600
质量体系:ISO 9001
产品情况:(新宝牌、山阳牌、喜力牌)
两轮、三轮摩托车、踏板摩托车、越野摩托车、电动车等
出口情况:远销印尼、越南等东南亚国家和地区

★建设集团国威摩托车有限公司
地址:江苏省无锡市锡山区安镇镇查桥新世纪工业园
邮编:214104
电话:0510/88712609、88713799
传真:88710666
网址:www.guoweimotor.com
电子信箱:sales@guoweimotor.com
单位人数:2000
质量体系:ISO 9001
产品情况:(国威牌)
摩托车、电动车、三轮车、助力车等
出口情况:出口欧洲、南美洲、中东、非洲等地区

★江苏宝雕机动车有限公司
地址:江苏省无锡市锡山区吼山大道5号
邮编:214104
电话:0510/88715566、88716886
传真:88716600
网址:www.baodiaomt.com
电子信箱:6001@baodiaomt.com
质量体系:ISO 9001
产品情况:(宝雕牌)
骑干车、踏板车、电动车
出口情况:出口到东南亚、欧洲、美洲、非洲等地区

★江苏新陵摩托车制造有限公司
地址:江苏省无锡市锡山区查桥工业园
邮编:214104
电话:0510/88717880、88715388
传真:88716310、88710770
网址:www.cnxinling.com
电子信箱:sales@ebikexinling.com
质量体系:ISO 9001、ISO 14001
产品情况:(新陵牌、哈里威HLW牌)
摩托车、电动/油电混合动力摩托车、三轮车等
出口情况:出口亚洲、东南亚、非洲、南美洲、中东、欧洲和北美洲等70多个国家和地区

★无锡金霸王摩托车有限责任公司
地址:江苏省无锡市锡山区查桥
邮编:214104
电话:0510/88719676、88717088
传真:88710085、88713576
网址:www.jinbawangmotor.com
电子信箱:info@jinbawangmotor.com
单位人数:2000
质量体系:ISO 9001
产品情况:(金霸王牌)
两轮摩托车、电动车、助力车、越野车
出口情况:远销欧洲、南美洲、南非及东南亚等国家和地区

★江苏大隆建豪机车有限公司
地址:江苏省无锡市锡山区锡沪路西
邮编:214105
电话:0510/88788585、88780485
传真:88719279
网址:www.js-wyyz.com
产品情况:(建豪(JH)牌、易主(YZ)牌)
踏板车、助力车、摩托车

★江苏金翌车业有限公司
地址:江苏省无锡市锡山区厚桥镇厚崇路111号
邮编:214106
电话:0510/88721598
传真:88726393
网址:www.dhclbc.com
电子信箱:sales@dhclbc.com
法人代表:吴纯纯
质量体系:ISO 9001
产品情况:(双枪(SHQ)牌、宇峰YF牌)
摩托车、踏板车、三轮车、越野车、四轮汽油和柴油农用车、电动车、双梁铝合金车架越野车
出口情况:出口亚洲、欧洲、北美洲、非洲等地区

★江苏新世纪机车科技有限公司
地址:江苏省无锡市锡山区廊下村
邮编:214108
电话:0510/88330166、88333857
传真:88330688
网址:www.sinski.com
电子信箱:center@sinski.com
质量体系:ISO 9001、ISO 14001

产品情况：(新世纪牌、豪发牌、SINSKI 牌)
踏板式、跨骑式、弯梁式摩托车、电动车、助力车、三轮摩托车、发动机等
出口情况：远销日本、美国、中南美洲、东南亚、中东等 30 多个国家和地区，并已在菲律宾、马来西亚、墨西哥等国组建了 CKD 合资和技术合作工厂

★江苏爱俊达摩托车有限公司
地址：江苏省无锡市新区梅村新锦路与锡勤路路口
邮编：214111
电话：0510/88231230、88231033
传真：88231428
网址：www. halimotor. com
电子信箱：aijunda@ halimotor. com
质量体系：ISO 9001
产品情况：(哈力爱俊达牌)
摩托车、沙滩车、越野车、助力车、电动车

★江苏新豪科技机车有限公司
地址：江苏省无锡市坊前新豪科技工业园 A88 号
邮编：214111
电话：0510/88273799、88277622
传真：88272999
网址：www. sunhou. com. cn
电子信箱：sales@ alxmotor. com
质量体系：ISO 9001
产品情况：(爱立新牌、嘉隆牌、豪雅牌)
ALX125、150、250、HY50、125、JL125、150、250 等系列两轮摩托车

★江苏新世纪远豪机车科技有限公司
地址：江苏省无锡市新区鸿山镇机光电工业园区
邮编：214145
电话：0510/88581234、88586655
传真：88585566
网址：www. sonik. cn
质量体系：ISO 9001
产品情况：(远豪牌、宝光牌)
摩托车、电动车、助力车、轻便摩托车等
出口情况：远销德国、意大利、加拿大、瑞典、新加坡、印尼、印度、南非等国家

★江苏健龙新田摩托车制造有限公司
地址：江苏省无锡市惠山经济开发区惠畅路 99 号
邮编：214177
电话：0510/83623873、83623897
传真：83623899
网址：www. kinroad. com
电子信箱：xp@ kinroad. net
单位人数：1000
质量体系：ISO 9001
产品情况：(健龙牌、新钿牌、新田牌)
卡丁车、沙滩车、越野车、骑式车、踏板车、电动车
出口情况：远销美国、欧洲、中东、南美、东南亚、非洲等国家和地区

★江苏雄风机车有限公司
地址：江苏省无锡市锡北镇泾达南路 33 号
邮编：214194
电话：0510/83799868、83798388
传真：83799915、83799838
网址：www. xiongfengmotor. cn
电子信箱：luoguoping@ 188. com
质量体系：ISO 9001
产品情况：(光洋 · 雄风牌)
跨骑式、踏板式等摩托车

★无锡千里马车业制造有限公司
地址：江苏省无锡市红豆工业城
邮编：214199
电话：0510/66868808、66865170
传真：66865179、88764271
网址：www. celimo. com. cn
电子信箱：celimo@ hongdou. com
董事长：周耀庭(董事局主席)
负责人：周海江
质量体系：ISO 9001、ISO 14001
产品情况：(千里马牌、赤兔马牌、欧豹牌)
摩托车、电动车
出口情况：出口泰国、越南、尼日利亚等国家

★江苏跃进摩托车制造有限责任公司
地址：江苏省徐州市东郊张集工业园
邮编：221000
电话：0516/80267779、80267757
传真：80267778
网址：www. cnyuejin. com
电子信箱：cnyuejin@ 163. com
质量体系：ISO 9001
产品情况：(跃进牌)
三轮摩托车，电动三轮车，两轮摩托车
出口情况：出口东南亚国家

★江苏宗申三轮摩托车制造有限公司
地址：江苏省徐州市大庙西贺徐海公路北
邮编：221121
电话：0516/82180899、82180998
传真：82180997
网址：www. jszongshen. com
电子信箱：jszongshen@ 163. com
董事长：左宗申
负责人：安继文
质量体系：ISO 9001
产品情况：(宗申牌)
三轮摩托车、三轮电动车
出口情况：出口美国、法国、印尼、越南、韩国、柬埔寨等国家

★江苏春兰摩托车有限公司
地址：江苏省泰州市春兰路 6 号
邮编：225300
电话：0523/82129598
传真：86662739
网址：www. chunlan. com
电子信箱：mf@ chunlan. com
单位人数：500
质量体系：ISO 9001
产品情况：(春兰牌)
两轮摩托车
出口情况：出口荷兰、德国、法国、希腊、英国、美国、南非、中东等 60 多个国家和地区

★江苏林海动力机械集团有限公司
地址：江苏省泰州市泰九路 14 号
邮编：225300
电话：0523/86551888、86553305
传真：86551403、86601839
网址：www. linhaimotor. com
电子信箱：lh. tz@ public. tz. js. cn
董事长：陆海民
单位人数：1500
质量体系：ISO 9001
产品情况：(林海牌、林海 · 雅马哈牌)
ATV、CUV 等特种车辆；通用发动机及小型汽油发电机组、泵、油锯、风力灭火机、割灌机等小动力配套机械；摩托车及摩托车发动机等

★江苏林海雅马哈摩托有限公司
地址：江苏省泰州市迎春西路 198 号
邮编：225300
电话：0523/86551888
传真：86555348
网址：www. linhaimotor. com
电子信箱：lh. tz@ public. tz. js. cn
质量体系：ISO 9002
产品情况：(林海 · 雅马哈牌、林海牌)
两轮摩托车，摩托车发动机

★林海股份有限公司
地址：江苏省泰州市泰九路 14 号
邮编：225300
电话：0523/86551888
传真：86551403
网址：www. linhaigroup. com
电子信箱：lh. tz@ public. tz. js. cn
质量体系：ISO 9001
产品情况：(林海牌、林海 · 雅马哈牌)
摩托车发动机、小型汽油机、摩托车、助力车、林业机械、消防机械等

★江苏三迪机车制造有限公司
地址：江苏省泰兴市经济开发区振兴路 66 号
邮编：225400
电话：0523/87605111、87605222
传真：87602350、87608810
网址：www. sandicn. com
电子信箱：sandi@ sandicn. com
董事长：张伟亚
产品情况：(三迪牌)
两轮摩托车、三轮摩托车、踏板摩托车、微型四轮车、沙滩车
出口情况：外销 10 多个国家和地区

浙江省

★浙江春风动力股份有限公司
地址：杭州市余杭经济开发区五洲路

116 号
邮编:311100
电话:0571/86155555、89260288
传真:89265555
网址:www.cfmoto.com
电子信箱:cfmoto@cfmoto.com
单位人数:1000
质量体系:ISO 9001
产品情况:(春风牌)
水冷发动机、摩托车、全地形车(ATV)、轻型多功能车(UTV)等
出口情况:出口欧洲、美洲、澳大利亚、非洲等国家和地区

★宁波东方凌云车辆制造有限公司
地址:浙江省宁波市鄞州区古林镇张家潭村
邮编:315176
电话:0574/87337818
传真:87334776
电子信箱:xiaodong@pengchengmoto.com
质量体系:ISO 9001
产品情况:(迅龙牌、东方牌、鹏城牌)
DF50、125、150 系列,PC50、100、125、150、250 系列,XL50、125、150、250 系列两轮摩托车

★慈溪金轮机车制造有限公司
地址:浙江省慈溪市金轮工业区
邮编:315301
电话:0574/63218682、63218671
传真:63203743、63218188
网址:www.kingringmotor.com
电子信箱:info@kingringmotor.com
质量体系:ISO 9001
产品情况:(金轮牌、鑫轮牌)
跨骑车、踏板车、三轮车、电动车、滑板车、沙滩车、发动机

★宁波三江爵康摩托车有限公司
地址:浙江省慈溪市宗汉街道百两村
邮编:315301
电话:0574/23662088、28858598
传真:23665716、28858599
网址:www.dykon.com.cn
电子信箱:dykon@dykon.com.cn
质量体系:ISO 9000
产品情况:(爵康(JK)牌)
踏板车、骑式车、电动自行车、全地形车、越野车、发动机
出口情况:远销欧洲、美国、墨西哥、巴西、阿根廷等十几个国家和地区

★宁波市龙嘉摩托车有限公司
地址:浙江省慈溪市宗汉工业区
邮编:315301
电话:0574/63202618、63218282
传真:63205860
网址:www.longjia.com.cn
电子信箱:longjia@longjia.com.cn
质量体系:ISO 9001
产品情况:(龙嘉牌)
踏板车、骑式车、越野车、电动车、摩托车发动机

出口情况:出口埃及、中东、南非、哥伦比亚等国家和地区

★浙江弘州摩托车有限公司
地址:浙江省临海市江南街道汇丰北路8号
邮编:317000
电话:0576/85197821、85198507
传真:85197823、85198500
网址:www.lingben.com
电子信箱:info@ex-motor.com
质量体系:ISO 9001
产品情况:(天鹰 TY 牌)
摩托车及其发动机、电动车、ATV 车
出口情况:销往东南亚、非洲、欧洲、美洲、日本、韩国等国家和地区

★重庆隆鑫机车有限公司浙江分公司
地址:浙江省临海市经济开发区朝庄路
邮编:317000
电话:0576/89580699、85622898
传真:85622855
网址:www.loncin-zj.com
电子信箱:loncin_zj@126.com
单位人数:300
质量体系:ISO 9000
产品情况:(尊隆牌)
50~250ml 排量的摩托车、沙滩车、儿童越野车等
出口情况:远销美国、土耳其、墨西哥、巴西、南非等二十几国家和地区

★浙江钱江摩托股份有限公司
地址:浙江省温岭市万昌路 318 号
邮编:317500
电话:0576/86139140
传真:86212392
网址:www.qjmotor.com
电子信箱:qmfw@qjmotor.com
法人代表:林华中
质量体系:ISO 9001
产品情况:(钱江牌、贝纳利牌)
街跑车、骑式车、踏板车、太子车、弯梁车、公务车、三轮车
出口情况:出口整车

★浙江嘉嘉巨能摩托车科技有限公司
地址:浙江省台州市经济开发区滨海工业园区 EF 区块
邮编:318000
电话:0576/82739965
传真:82739908
电子信箱:gx191610@autoinfo.gov.cn
法人代表:王振宇
产品情况:(巨能牌)
两轮摩托车、两轮轻便摩托车

★浙江劲野机动车工业有限公司
地址:浙江省台州市经济开发区滨海工业园区海昌路
邮编:318000
电话:0576/88123777、88659999
传真:88659999

产品情况:摩托车

★台州市椒江之威摩托车有限公司
地址:浙江省台州市椒江区洪灵路
邮编:318015
电话:0576/89089660、88015199
传真:89089668、88011088
网址:www.zhiweimoto.com
电子信箱:webmaster@zhiweimoto.com
单位人数:830
质量体系:ISO 9001
产品情况:(之威牌、万强(WQ)牌)
摩托车、越野车、卡丁车、沙滩车、助力车

★本州车业集团有限公司
地址:浙江省台州市黄岩新前镇工业区
邮编:318020
电话:0576/84357288、84716005
传真:84358998
网址:www.benzhougroup.com
电子信箱:bcc@benzhougroup.com
董事长:童国斌
单位人数:1000
质量体系:ISO 9001
产品情况:(义鹰牌)
踏板式、弯梁式、骑式摩托车,电动摩托车,发动机
出口情况:远销东南亚、欧洲、北美洲及拉丁美洲等地区

★台州市欧铭摩托车有限公司
地址:浙江省台州市海昌路 1338 号
邮编:318020
电话:0576/82758882
网址:www.lingyunmotor.com
电子信箱:lon-v@lon-v.com
质量体系:ISO 9001
产品情况:(迅大 XD 牌)
LY50、110、125、150 两轮摩托车

★浙江黄岩三叶集团有限公司
地址:浙江省台州市黄岩区西城新堂路38 号
邮编:318020
电话:0576/84237644、84028032
传真:84237633
网址:www.friend138.diytrade.com
电子信箱:moto@china-snow.com
单位人数:1000
质量体系:ISO 9002
产品情况:(狮龙牌)
摩托车、发动机、摩托车配件、模具等
出口情况:出口韩国、意大利、中亚等国家和地区

★浙江台州市王野动力有限公司
地址:浙江省台州市黄岩西工业园区
邮编:318020
电话:0576/84065771、84067755
传真:84067888
网址:www.wangye.com.cn
电子信箱:wangye@wangye.com.cn

董事长：王华正
单位人数：2000
质量体系：ISO 9001、ISO 14001
产品情况：（王野 WY 牌、三本（SB）牌、正好（ZH）牌、老爷牌）
踏板式、跨骑式摩托车，发动机
出口情况：销往美国、英国、韩国、墨西哥、巴拉圭等 100 多个国家和地区

★浙江珠峰华鹰电动车有限公司
地址：浙江省台州市黄岩区黄椒路 69 号
邮编：318020
电话：0576/84083651
传真：84083650
网址：www.zjhuawin.com
电子信箱：huawinmotor@gmail.com
质量体系：ISO 9001
产品情况：（华鹰（HUAWIN）牌）
踏板式、弯梁式、骑跨式电动摩托车，电动自行车
出口情况：远销美国、俄罗斯、波兰、罗马尼亚、法国、希腊、英国、瑞典、西班牙、苏丹、沙特阿拉伯、阿根廷、厄瓜多尔、委内瑞拉、海地、墨西哥、阿根廷、智利等 40 多个国家和地区

★吉利集团浙江摩托车有限公司
地址：浙江省台州市路桥区灵山西街 588 号
邮编：318050
电话：0576/82520335、82520336
传真：82520335
网址：www.geelymotorcycle.cn
电子信箱：jinli@geely.com
质量体系：ISO 9001
产品情况：（吉利牌）
跨骑式、踏板式摩托车、电动自行车
出口情况：出口欧、美、亚、非、拉美等五大洲 20 多个国家

★台州市川铃摩托车制造有限公司
地址：浙江省台州市路桥区路南街道上张村中诚机电工业园区
邮编：318050
电话：0576/89201027、89201016
传真：80270177
网址：www.cnclmt.com
电子信箱：sales@chuanl.com.cn
单位人数：1500
质量体系：ISO 9001
产品情况：（川铃牌、永源牌）
骑式、踏板式摩托车、沙滩车、卡丁车、助力车、电动车
出口情况：远销 100 多个国家和地区，在美国、波多黎各等地设有分公司

★台州市凯通摩托车制造有限公司
地址：浙江省台州市路桥区辽洋工业区
邮编：318050
电话：0576/82444888、82352498
传真：82352888
网址：www.kaitongmotor.com
电子信箱：sales@kaitongmotor.com
单位人数：630
质量体系：ISO 9001
产品情况：（乙本（YIBEN）牌）
50～250ml 踏板、骑士、弯梁等系列摩托车
出口情况：出口欧洲、美洲、非洲、东南亚等地区

★台州市中能摩托车有限公司
地址：浙江省台州市路桥区路南肖谢村
邮编：318050
电话：0576/82407316、82529188
传真：82435413、82435110
网址：www.zhongneng.com
电子信箱：chuanye@mail.tzptt.zj.cn
质量体系：ISO 9001
产品情况：（中能牌）
踏板车、骑式车、ATV 沙滩车、电动自行车等

★浙江嘉爵摩托车制造有限公司
地址：浙江省台州市路桥区卖芝桥东路 888－18 号
邮编：318050
电话：0576/82401158、82401181
传真：82401176、82401182
网址：www.jiajue.com
电子信箱：business@jiajue.com
法人代表：蔡卫民
单位人数：1000
质量体系：ISO 9000
产品情况：（嘉爵牌）
骑式、踏板式摩托车、助力车、电动摩托车和自行车
出口情况：出口欧洲、美国、南美、非洲、东南亚等 200 多个国家和地区

★浙江凯凯美多机车有限公司
地址：浙江省台州市路桥区路南街道辽洋工业区
邮编：318050
电话：0576/82365999、82447575
传真：82356677、82367121
网址：www.meiduomotor.com
电子信箱：export@meiduomotor.com
法人代表：李海红
产品情况：（五本 WB 牌）
踏板摩托车

★浙江日雅摩托车有限公司
地址：浙江省台州市路桥区路桥新安南街 689 号
邮编：318050
电话：0576/82461889
传真：82461889
电子信箱：gx110612@autoinfo.go.cn
法人代表：黄小敏
质量体系：ISO 9001
产品情况：（日雅牌）
两轮摩托车

★浙江凌宇车业有限公司
地址：浙江省台州市路桥区金清中心大道林家工业园区
邮编：318058
电话：0576/82707611、82608002
传真：82707611、82608027
网址：www.zjhuatian.com
电子信箱：zj_ht595@sohu.com
单位人数：560
质量体系：ISO 9001
产品情况：（华田牌、嘉吉牌、飞翎牌）
50～250ml 系列摩托车及配套发动机
出口情况：远销美国、德国、意大利、伊朗、越南等 20 多个国家和地区

★三友控股集团银友摩托车有限公司
地址：浙江省台州市路桥三友工业园区
邮编：318059
电话：0576/82702909、82702907
传真：82702908
网址：www.china－sanyou.com
电子信箱：motor@china－sanyou.com
质量体系：ISO 9001
产品情况：（三友牌、三优牌、卡狄豹牌）
踏板式、骑式摩托车、沙滩车、电动车、童车、特种车等
出口情况：出口欧洲、美洲、东南亚、非洲等地区

★浙江阿波罗摩托车制造有限公司
地址：浙江省武义县泉溪镇金岩山工业区
邮编：321200
电话：0579/87720888
传真：87720707
网址：www.apollovehicle.com
产品情况：摩托车

★浙江庆福川豹摩托车有限公司
地址：浙江省永康市城西新区花城东路 189 号
邮编：321300
电话：0579/89265591
传真：87433388
法人代表：徐雄峰
产品情况：（长铃牌）
三轮摩托车

★浙江星月车业有限公司
地址：浙江省永康市古山工业区
邮编：321307
电话：0579/87516953
传真：87516722
网址：www.xingyuemotor.com
电子信箱：haodianqing123@126.com.com
董事局主席：胡济深
负责人：胡济荣
质量体系：ISO 9001
产品情况：（星月牌）
踏板、骑式、弯梁式摩托车、越野车、三轮休闲车等

★涛涛集团有限公司
地址：浙江省缙云县新民路 6 号
邮编：321400
电话：0578/3183666、3183671
传真：3183668、3181398

网址:www.taotaogroup.com
电子信箱:markzhao@taotaogroup.com
单位人数:2000
质量体系:ISO 9001
产品情况:沙滩车、摩托车、电动车、电动自行车等
出口情况:在美国、加拿大、俄罗斯、迪拜等地设立公司

★浙江雷克机械工业有限公司
地址:浙江省松阳县西屏镇长虹东路191号
邮编:323400
电话:0578/8067100、8068799
传真:8072901
网址:www.leikemt.com
电子信箱:president@leikemt.com
法人代表:应文杰
单位人数:2000
质量体系:ISO 9001、ISO 14001
产品情况:(雷克牌)
摩托车整车和摩托车发动机
出口情况:出口东南亚

★立峰集团有限公司
地址:浙江省温州市丽岙工业区1号
邮编:325202
电话:0577/85380888、85395798
传真:85380887
网址:www.regal-raptor.com
电子信箱:lfgroup@lifenggroup.com
质量体系:ISO 9001
产品情况:(大地鹰王牌)
spyder巡航车系列、公务警用车系列、欧式跑车系列、尊贵太子车系列摩托车
出口情况:远销美国、欧洲等国家和地区

★浙江幸福摩托机械有限公司
地址:浙江省乐清市乐成镇宋湖工业区汇丰路8号
邮编:325600
电话:0577/62532196
传真:62523268
电子信箱:hailang211@sina.com
产品情况:(好奔牌、雅丽马牌)
两轮摩托车、两轮轻便摩托车

福建省

★厦门厦杏摩托有限公司
地址:福建省厦门市集美区杏林西滨路99号
邮编:361022
电话:0592/6211495
传真:6223427
网址:www.xsmt.com
电子信箱:service@xsmt.com
质量体系:ISO 9002
产品情况:(厦杏三阳牌)
中华系列、中华狼系列、中华战马及警车系列、风速系列、悍将系列、魅力系列等30多个系列摩托车
出口情况:出口欧洲、美洲、非洲、日本、韩国、印度及东南亚等国家和地区

★福建省晋江市三力机车有限公司
地址:福建省晋江市五里工业区
邮编:362263
电话:0595/85739851、85739835
传真:85739853、85739838
网址:www.sanli-engine.com
电子信箱:bbchy@163.com
质量体系:ISO 9001、ISO 14000
产品情况:(苏司克牌、豪福牌、三力牌)
两轮、三轮摩托车,警车
出口情况:出口欧洲、北美洲等地区

山东省

★济南轻骑摩托车股份有限公司
地址:济南市历下区和平路34号
邮编:250014
电话:0531/86599882、88877405
传真:86599889
网址:www.qingqi.com.cn
电子信箱:sshwt@qingqi.com.cn
单位人数:6303
质量体系:ISO 9001
产品情况:(轻骑牌、标致牌、达飞尔牌、先锋牌)
跨骑式、踏板式、弯梁式摩托车,运动休闲车,电动车,三轮车,摩托车发动机
出口情况:出口到欧洲、美国、日本等国家和地区,并在印度尼西亚、巴西设立公司

★济南大隆机车工业有限公司
地址:济南市轻骑集团工业园
邮编:250100
电话:0531/88062345
传真:88906003
网址:www.dalongvehicle.com
电子信箱:zgf11152003@yahoo.com.cn
董事长:张家岭
负责人:王为
质量体系:ISO 9001
产品情况:(大龙牌、神鹰牌、木兰牌、世纪风牌、先锋牌)
两轮、三轮摩托车
出口情况:出口欧洲、美洲、亚洲等30多个国家和地区

★济南轻骑铃木摩托车有限公司
地址:济南市高新技术开发区东部新区
邮编:250101
电话:0531/88876860、85030666
传真:88876862
网址:www.qssuzuki.com.cn
电子信箱:qssxf@public.jn.sd.cn
法人代表:陈永强
负责人:岡崎淳
质量体系:ISO 9001、ISO 14001
产品情况:(轻骑·铃木牌)
跨骑式、踏板式、弯梁式摩托车,警用车

★济南轻骑标致摩托车有限公司
地址:济南市高新技术开发区孙村片区科航路
邮编:250104
电话:0531/58839075
传真:58839022
电子信箱:wanghao@jnqqpm.com
法人代表:江旦业
质量体系:ISO 9001
产品情况:(标致(PEUGEOT)牌、轻骑牌)
两轮摩托车

★山东重骑摩托车(集团)厂
地址:济南市党家庄镇西
邮编:250116
电话:0531/87801244、87807184
传真:87991647
网址:www.zhongqi.com
电子信箱:qiguan@zhongqi.com
单位人数:3000
质量体系:ISO 9001
产品情况:(重骑牌)
两轮、三轮摩托车,警用摩托车

★德州富路车业有限公司
地址:山东省德州市陵县经济开发区迎宾街北首路东
邮编:253500
电话:0534/8823676
传真:8823658
电子信箱:gx150636@autoinfo.gov.cn
法人代表:郭凤鸣
质量体系:ISO 9001
产品情况:(富路牌)
正三轮摩托车

★东营蒙德金马机车有限公司
地址:山东省东营市广饶县乐安大街1719号
邮编:257336
电话:0546/7729300
传真:7729302
网址:www.mengdegroup.com
电子信箱:zonghe@mengdegroup.com
单位人数:1500
质量体系:ISO 9001
产品情况:三轮载客摩托车、三轮载货车、观光车、装载机、专用汽车、醇氢混燃汽车、化工涂料
出口情况:出口美国、秘鲁、尼日利亚、越南、意大利等国家

★青州大金马摩托车有限公司
地址:山东省青州市经济开发区中心路2888号
邮编:262500
电话:0536/3524631、3524086
传真:3295102
网址:www.dajinma.com
电子信箱:djinma@163.com
单位人数:200

质量体系:ISO 9001
产品情况:(金马牌)
JM800ZH 斗式重型载货三轮摩托车、JM800ZH - A 保温厢式重型三轮摩托车、客货两用车

★山东万虎三轮摩托车有限公司
地址:山东省青州市经济开发区时代一路
邮编:262515
电话:0536/3520758
传真:3520799
网址:www. chinachangshi. com
电子信箱:sdloncin@ 163. com
质量体系:ISO 9001
产品情况:(万虎(WH)牌、湘江(XJ)牌)
正三轮摩托车

★山东力帆车业有限公司
地址:山东省寿光市洛城街道政府驻地
邮编:262700
电话:0536/5678960、5660951
传真:5678781、5660959
网址:www. cn - wanlong. cn
电子信箱:wlsyzhglb@ 163. com
法人代表:王鑫
单位人数:1200
质量体系:ISO/TS 16949、ISO 9001
产品情况:(川野牌)
三轮摩托货车、客车、客货车以及环保、节能型电动四轮车

★荣成市力帆海山车业有限公司
地址:山东省荣成市南沽路 8 号
邮编:264300
电话:0631/7571508
电子信箱:wanghai_8@ 163. com
产品情况:(中豪牌)
正三轮摩托车

★龙口洛嘉摩托车有限责任公司
地址:山东省龙口市诸由观镇
邮编:265705
电话:0535/8561086、8562617
传真:8561086
网址:www. lklj. com
质量体系:ISO 9001
产品情况:(洛嘉牌、北翔牌)
两轮、三轮摩托车

★山东蓝盾摩托车有限责任公司
地址:山东省泰安市东高新区佛光路 9 号
邮编:271000
电话:0538/8629353
传真:8629351
电子信箱:motor@ landun. com
质量体系:ISO 9000
产品情况:(兰盾牌)
LD100、125 系列两轮摩托车,LD50、100、125 等系列正三轮摩托车

★山东海戈工贸有限公司
地址:山东省宁阳县八仙桥经济技术开发区
邮编:271400
电话:0538/5610198、5611528
传真:5611888
网址:www. haigegroup. com
电子信箱:ythymt@ 163. com
单位人数:1000
质量体系:ISO 9001
产品情况:(海戈 HG 牌、钱江牌、光速牌)
三轮摩托车、二轮摩托车、二轮电动车、三轮电动车、四轮电动轿车、特种车等
出口情况:出口欧洲、非洲、南美洲、东南亚等 30 多个国家和地区

★山东北易车业有限公司
地址:山东省临沂市兰山区临沂工业园大阳路中段
邮编:276006
电话:0539/8372763、8350047
传真:8368660
网址:www. sdbeiyi. cn
电子信箱:sdbycyyxgs@ 126. com
负责人:贾炳辉
单位人数:450
质量体系:ISO 9001、ISO 14001
产品情况:(大阳牌)
货运车、老年车、助残车、旅游观光车、休闲娱乐车、全包三轮客车和半包货车等各种三轮摩托车,三轮电动车

★山东华日摩托车股份有限公司
地址:山东省沂南县经济开发区迎春路中段 1 号
邮编:276300
电话:0539/3275610、3275689
传真:3275611、3275691
网址:www. shandonghuari. com
电子信箱:huashenglx@ 126. com
质量体系:ISO 9001
产品情况:(华日牌、蒙德王牌、华盛中天牌)
电动车、三轮摩托车、两轮摩托车、娱乐车
出口情况:远销美洲、欧洲、东南亚等 40 多个国家和地区

★山东先锋摩托车有限公司
地址:山东省日照市海曲东路 36 号
邮编:276800
电话:0633/8265192
传真:8265192
网址:www. xfmotor. com. cn
电子信箱:pioneer@ xfmotor. com. cn
法人代表:白金江
质量体系:ISO 9001
产品情况:(先锋牌)
XF50、100、125 两轮摩托车,XF150、175 型正三轮摩托车

河南省

★河南力之星三轮摩托车有限公司
地址:河南省新乡市北环路西段
邮编:453002
电话:0373/2695889、2695666
传真:2695889、2695712
网址:www. zipstar. com. cn
电子信箱:info@ zipstar. cn
法人代表:李文彬
质量体系:ISO 9001、ISO 14001
产品情况:(力之星牌)
LZX1000ZH、LZX250ZH 系列正三轮摩托车

★河南新鸽摩托车有限公司
地址:河南省新乡市北干道新鸽工业区
邮编:453002
电话:0373/2191333、2191666
传真:2191999
网址:www. xin - ge. com
电子信箱:info@ xin - ge. com
法人代表:李文平
单位人数:1500
质量体系:ISO 9000
产品情况:(新鸽牌)
正三轮摩托车、老年三轮摩托车、助残三轮摩托车、半封闭三轮摩托车、全封闭三轮摩托车

★河南嘉陵三轮摩托车有限公司
地址:河南省孟州市西逯工业区
邮编:454791
电话:0391/8398868、8398878
传真:8398855、8398856
网址:www. hnjljp. com
电子信箱:hnjljpgs@ 126. com
质量体系:ISO 9001、ISO 14001
产品情况:(嘉陵牌)
正三轮摩托车、老年车、三轮货车

★许昌银翔三轮摩托车有限公司
地址:河南省许昌县尚集开发区
邮编:461000
电话:0374/5652688
传真:5652688
电子信箱:gx160626@ autoinfo. gov. cn
法人代表:禄银生
产品情况:(银翔牌)
正三轮摩托车

★长葛市鸿舟车业有限公司
地址:河南省长葛市区钟繇大道北段
邮编:461500
电话:0374/6227999、6212333
传真:6227789、6122333
网址:www. hongyangroup. com
电子信箱:lifanhongyan2007@ 163. com
单位人数:500
质量体系:ISO 9001
产品情况:(鸿舟牌、轰轰烈牌)
三轮客/货车、助残车、特种三轮车、电动车等
出口情况:出口美国、巴拿马、尼日利亚、苏丹、乌拉圭等国家

★舞阳庆福车业有限公司
地址:河南省漯河市舞阳县舞泉镇南环路东段

邮编:462000
电话:0395/7332001
电子信箱:webmaster@ hongdu. com. cn
单位人数:600
质量体系:ISO 9001、ISO 10012
产品情况:(长洪牌、长江牌)
HD125、150、250 系列摩托车,长江125、750 系列摩托车,125、150、250 摩托车发动机,125、250、150、750 摩托车零部件
出口情况:出口洪都 125 系列摩托车、长江 750 系列摩托车

★河南隆鑫机车有限公司
地址:河南省平顶山市叶县迎宾大道北段
邮编:467200
电话:0375/3310999
传真:3310999
网址:www. pdsloncin. com
电子信箱:gx160614@ autoinfo. gov. cn
单位人数:2000
质量体系:ISO 14000
产品情况:(隆鑫牌、尊隆牌)
正三轮摩托车、老年车、全封闭车、半封闭车、800 三轮摩托车

★河南北方永盛摩托车有限责任公司
地址:河南省洛阳市洛龙区李楼工业园纬 3 路 1 号
邮编:471020
电话:0379/65821340、65813263
传真:65821340
网址:www. hayongsheng. com. cn
电子信箱:ysmotuo@ 126. com
单位人数:500
质量体系:ISO 9001、ISO 14000
产品情况:(洛嘉牌、豫永盛牌)
正三轮摩托车、老年车、助残车、半封闭/全封闭三轮车、特种用途车
出口情况:出口巴西、印尼、泰国、马来西亚、菲律宾、缅甸、加纳等多个国家

★洛阳北方企业集团有限公司
地址:河南省洛阳市高新技术开发区徐家营
邮编:471031
电话:0379/65111885、64937889
传真:64937738、64937881
网址:www. luojiamotor. com
电子信箱:ljmoto@ luojiamotor. com
单位人数:1300
质量体系:ISO 9001
产品情况:(洛嘉牌)
弯梁、踏板、骑式系列摩托车

★洛阳北方易初摩托车有限公司
地址:河南省洛阳市涧西区徐家营洛宜路
邮编:471031
电话:0379/64937406、65118549
传真:64937591、64937179
网址:www. dayangmotorcycle. com
电子信箱:dayang@ dayang - motorcycle. com
负责人:刘波涛
单位人数:2000
质量体系:ISO 9001
产品情况:(大阳牌)
50 ~ 200ml 正三轮摩托车
出口情况:远销 40 多个国家和地区

★洛阳北方大河三轮摩托车有限公司
地址:河南省偃师市大河工业园
邮编:471921
电话:0379/67621972、67616957
传真:67619777
网址:www. dahemotor. com
电子信箱:dfh@ dfhmotor. com
单位人数:350
质量体系:ISO 9001
产品情况:(大阳牌、洛嘉牌、东方红牌)
正三轮摩托车、三轮助力车

★洛阳北易三轮摩托车有限公司
地址:河南省洛阳市岳滩工业区
邮编:471921
电话:0379/65101668、65101666
传真:67616589
网址:www. dayangsanlun. com
电子信箱:web@ dayangsanlun. com
单位人数:300
质量体系:ISO 9001
产品情况:(大阳牌)
50 ~ 150ml 的正三轮摩托车、老年休闲车等

★洛阳大运三轮摩托车有限公司
地址:河南省偃师市岳滩工业园
邮编:471921
电话:0379/67612960
传真:67621337
网址:www. dayunsanlun. com
电子信箱:dayun@ dayunsanlun. com
单位人数:1500
质量体系:ISO 9001
产品情况:(大运牌)
110 ~ 200ml 排量的正三轮摩托车、老年车、休闲车、助残车等
出口情况:远销越南、老挝、中东等国家和地区

★洛阳珠峰华鹰三轮摩托车有限公司
地址:河南省偃师市岳滩镇工业区
邮编:471921
电话:0379/67621191、67611149
传真:67616593
网址:www. zf - ky. com. cn
电子信箱:zhufeng@ zf - ky. com. cn
单位人数:500
质量体系:ISO 9001
产品情况:(华鹰牌、珠峰牌)
正三轮摩托车

★重庆银钢科技公司偃师分公司
地址:河南省偃师市岳滩镇
邮编:471921
电话:0379/67613797
传真:67616788
网址:www. bfygby. com
电子信箱:yggsysfgs@ 126. com
质量体系:ISO/TS 16949、ISO 9001
产品情况:(银钢牌)
三轮摩托车及零配件

湖南省

★株洲建设雅马哈摩托车有限公司
地址:湖南省株洲市芦淞区董家段
邮编:412002
电话:0731/28550344
传真:28557019
网址:www. zzyamaha - motor. cn
电子信箱:gx180604@ autoinfo. gov. cn
单位人数:1200
质量体系:ISO 9001、ISO 14001
产品情况:(YAMAHA 牌)
踏板摩托车等

★株洲南方摩托车有限公司
地址:湖南省株洲市芦淞区董家塅高科技工业园
邮编:412002
电话:0731/28559011
传真:28559001
网址:www. chinasatc. com
电子信箱:nfyh@ chinasatc. com
法人代表:宁福顺
质量体系:ISO/TS 16949、ISO 9001
产品情况:(南方牌、南雅牌)
摩托车及摩托车发动机,电动汽车,汽车零部件

★益阳金城摩托车有限公司
地址:湖南省益阳市五一东路 132 号
邮编:413001
电话:0737/3100198
传真:3100168
质量体系:ISO 9000
产品情况:(劲力牌)
JL100、110、125、150 两轮摩托车,JL100 正三轮摩托车

广东省

★广州摩托集团公司
地址:广州市滨江中路 352 号
邮编:510220
电话:020/84423888
传真:84475816
网址:www. gzmotors. com
电子信箱:master@ gzmotors. com
产品情况:(五羊牌、五羊 - 本田牌)
摩托车、电动摩托车、电动自行车、零部件等

★广州大运摩托车有限公司
地址:广州市花都区平步大道奇星路
邮编:510800
电话:020/36996009
传真:86965466
质量体系:ISO 9001
产品情况:(大运牌)

三轮摩托车

★广州市大阳摩托车有限公司
地址:广州市花都区永发大道12号
邮编:510800
电话:020/86965966、86965655
传真:86963385、86884662
网址:www.gzdayang.com
电子信箱:office@gzdayang.com
董事长:远勤山
单位人数:2800
质量体系:ISO 9001
产品情况:(大阳牌、大运牌、风驰牌)
跨骑式、踏板式、弯梁式摩托车,三轮摩托车,沙滩车,摩托车发动机
出口情况:远销亚洲、欧洲、美洲、非洲等地区

★广州嘉锋摩托车制造有限公司
地址:广东省从化市广从公路赤草段
邮编:510900
电话:020/87807638
传真:37928102
网址:www.kinromotor.com
电子信箱:sales@kinromotor.com
单位人数:500
质量体系:ISO 9001
产品情况:(劲锋牌)
跨骑式、弯梁式、太子式、踏板式等系列摩托车,摩托车发动机
出口情况:远销东南亚、中东、北美、南美、非洲等地区

★广州三雅摩托车有限公司
地址:广东省从化市城郊街新开埔顶
邮编:510920
电话:020/87916128
传真:87911823
网址:www.sanyamotor.com
电子信箱:sanya@sanyamotor.com
单位人数:600
质量体系:ISO 9001
产品情况:(三雅牌)
ATV系列、骑式车、踏板车、弯梁车、助力车
出口情况:出口到欧洲、南美洲、中东、非洲等地

★广东广本机电有限公司
地址:广东省从化市城郊大夫田工业区
邮编:510925
电话:020/87909510
传真:87909631
产品情况:(台阳牌、远大牌、宜家YJ牌)
AL50、100、125、150等系列两轮摩托车

★广州天马集团天马摩托车有限公司
地址:广东省从化市从樟路3号
邮编:510925
电话:020/87982688
传真:87981676
网址:www.ktm.cn
电子信箱:ad@ktm.cn
单位人数:1500
质量体系:ISO 9001
产品情况:(天马牌、贝速特牌)
踏板车、弯梁车、太子车等
出口情况:出口东南亚、中东、南非、美洲和欧洲等地区

★广州盛江摩托车有限公司
地址:广东省从化市鳌头镇岭南村355省道旁
邮编:510935
电话:020/87861878
电子信箱:qfmt@qfmt.com
法人代表:吴海英
质量体系:ISO 9001
产品情况:(长江(CJ)牌)
踏板车、骑式车、弯梁车、越野车
出口情况:出口非洲、中东、拉丁美洲、欧洲、东南亚40多个国家和地区

★重庆隆鑫工业集团公司广东分公司
地址:广东省从化市温泉镇温泉大道688号
邮编:510970
电话:020/37950236
传真:37950255
产品情况:(隆鑫牌)
摩托车、三轮车及发动机配件

★广州广本机车科技有限公司
地址:广东省从化市经济开发区丰盈路7号
邮编:510990
电话:020/87816698
传真:87816038
网址:www.gzgbqbc.com
电子信箱:linyejd@vip.sina.com
产品情况:(广本牌、国宝牌、华林牌)
两轮、三轮摩托车

★康超集团广州摩托车制造有限公司
地址:广东省增城市石滩镇上塘村石三公路北侧
邮编:511325
电话:020/32803828、32803818
传真:32803838、32803816
网址:www.chinayochi.com
电子信箱:yochixsgs@126.com
质量体系:ISO 9000
产品情况:(洪雅牌、雅奇牌、冠军牌)
跨骑式、踏板式、弯梁式摩托车,越野车等
出口情况:出口非洲、南美、欧洲、亚洲等地区

★广州飞肯摩托车有限公司
地址:广州市增城石滩镇新城大道8号
邮编:511330
电话:020/61737688、32899666
传真:32896203、61737698
网址:www.fekonmotor.com
电子信箱:fekon888@126.com
法人代表:刘凯
单位人数:700
质量体系:ISO 9001、ISO 14001
产品情况:骑式式、弯梁式、踏板式摩托车,助力车,电动车
出口情况:出口中东、南美、非洲等多个国家和地区

★广州豪进摩托车股份有限公司
地址:广东省增城市新塘镇上邵工业区
邮编:511340
电话:020/82799999、82673390
传真:82799955、82799333
网址:www.haojin.com.cn
电子信箱:group@haojin.com.cn
单位人数:2000
质量体系:ISO 9001
产品情况:(凌肯牌、豪进(HAOJIN)牌)
骑式车、踏板车、弯梁车、沙滩车等
出口情况:出口欧洲、南美、非洲、中东、东南亚等国际市场

★广州市川井车业有限公司
地址:广东省增城市新塘镇新围开发区
邮编:511340
电话:020/82893181、82793300
传真:82893180
网址:www.wanch.com.cn
电子信箱:wanch@wanch.com.cn
单位人数:500
质量体系:ISO 9001、ISO 14001
产品情况:(黄川牌、川井牌、WANCH牌)
50~250mL骑式车、太子车、弯梁车、踏板车、小型越野车
出口情况:出口非洲、中东、南美等地区

★广州增城奔马实业有限公司
地址:广东省增城市新塘镇新甘湾开发区甘涌路段
邮编:511340
电话:020/61723007、61723012
传真:61723030、61723333
网址:www.sanlg-motor.com.cn
电子信箱:sanlg@sanlg-motor.com.cn
单位人数:1300
质量体系:ISO 9001
产品情况:(广日牌、三铃牌)
骑式、踏板、弯梁摩托车,沙滩车
出口情况:远销南美洲、中东、欧洲、亚洲等地区

★增城市东阳摩托车实业有限公司
地址:广东省增城市新塘镇新银工业区
邮编:511340
电话:020/82787038、82785180
传真:82787818、82784511
网址:www.doyanmoto.com
电子信箱:honyo@honyo.cn
质量体系:ISO 9001
产品情况:(鸿邮牌)
摩托车整车和摩托车发动机

★增城市英豪摩托车实业有限公司
地址:广东省增城市新塘镇新甘湾开发区
邮编:511340
电话:020/61723996、61723997

传真:82687555
网址:www.haori-motor.com
电子信箱:haori@haori-motor.com
单位人数:800
质量体系:ISO 9000
产品情况:(丰豪牌、豪日牌)
骑式、踏板式、弯梁式摩托车,摩托车发动机

★广州峰光机车有限公司
地址:广东省增城市新塘镇永和叶岭村峰光工业园
邮编:511356
电话:020/82861888、82860110
传真:82864888
网址:www.fkmeo.com
电子信箱:fkmto@fkmeo.com
质量体系:ISO 9001
产品情况:(峰光牌、峰田牌)
摩托车、沙滩车、助力车、通用机械、发动机及关键零部件
出口情况:出口亚洲、欧洲、美洲、非洲等20余个国家和地区

★五羊-本田摩托(广州)有限公司
地址:广东省增城市新塘镇永和新新六路1号
邮编:511356
电话:020/32989888、32989716
传真:95105798
网址:www.wuyang-honda.com
电子信箱:scchooo@wuyang-honda.com
法人代表:李少
质量体系:ISO 9001、ISO 14001
产品情况:(五羊-本田牌、HONDA牌、五羊牌)
骑式车、踏板车、弯梁车等
出口情况:出口亚洲、非洲、南美洲、中东、欧洲、北美等60多个国家和地区

★广州天恒机车工业有限公司
地址:广州市番禺区南村镇罗边村兴业大道1803号
邮编:511430
电话:020/61933026
传真:34824096
网址:www.gztianheng.com
电子信箱:jhl2007@hotmail.com
单位人数:1000
质量体系:ISO 9001
产品情况:(远方牌、粤豪牌、粤华牌、豪宝牌、光威牌)
两轮、三轮摩托车,发动机

★广州五羊摩托有限公司
地址:广州市番禺区石基镇文边工业区文建二路3号
邮编:511450
电话:020/61912218、61912256
传真:61912200、61912255
网址:www.wuyangmotor.com
电子信箱:wuyang@wuyangmotor.com
单位人数:500
质量体系:ISO 9000、ISO 14001
产品情况:(五羊牌)
跨骑、踏板、弯梁、太子等系列摩托车,警务/公务车
出口情况:远销欧洲、东南亚、南美、非洲等多个国家和地区

★广州番禺豪剑摩托车工业有限公司
地址:广州市番禺区市南路
邮编:511475
电话:020/84916150
传真:84916156
网址:www.hj-haojian.com
电子信箱:hj@haojian.net
单位人数:1100
质量体系:ISO 9001
产品情况:(豪剑牌、雷利诺牌、凯尔牌、速卡迪牌)
五羊、铃木王、CG系列、太子系列及踏板式、弯梁式摩托车,电动摩托车,助力车
出口情况:在英国、美国、马来西亚等国家建厂

★番禺华南摩托企业集团有限公司
地址:广州市番禺区榄核镇蔡新路351号
邮编:511480
电话:020/22867801
传真:22867909、84666595
网址:www.hnmoto.com
电子信箱:feiying@hnmoto.com
单位人数:3000
质量体系:ISO/TS 16949、QS 9000
产品情况:(飞鹰牌、FYM牌、SACHS牌、飞狐牌)
各类摩托车、高尔夫球车、沙滩车、环保节能电动车等
出口情况:远销欧美、中东、东南亚地区

★清远市清新联统实业有限公司
地址:广东省清远市清新太和工业区23号
邮编:511800
电话:0763/5851100
传真:5851103
电子信箱:cpimotor@163.com
质量体系:ISO 9001
产品情况:(联统牌)
摩托车

★广东富兴摩托车实业有限公司
地址:广东省兴宁市纺织路88号
邮编:514500
电话:0753/3351259、3351662
传真:3329668、3333668
网址:www.hopull.com
电子信箱:haobao@haobaomotor.com
单位人数:300
质量体系:ISO 9001
产品情况:(豪豹牌)
摩托车、警车、发动机

★惠州玛骐摩托车有限公司
地址:广东省惠州市惠阳区良井麦科特科技工业园
邮编:516265
电话:0752/3650888、3650588
传真:3650180
网址:www.mctmotor.com
电子信箱:mctkym@163.com
质量体系:ISO 9001
产品情况:(麦科特(MCT)牌、玛骐牌)
跨骑式、踏板式、弯梁式、越野式摩托车,沙滩车,电动车,发动机
出口情况:与越南、柬埔寨、斯里兰卡、印尼、美国、日本、南美和中东、非洲等数十个国家建立了贸易联系

★深圳市山阳电动车有限公司
地址:广东省深圳市宝安区公明镇西田第三工业区24栋
邮编:518125
电话:0755/29947708
传真:29947799
网址:www.szlzsy.com
电子信箱:szlzsy@szlzsy.com
质量体系:ISO 9001
产品情况:(山洋牌、新宝牌、喜力牌)
骑式、踏板式摩托车,越野车,太子车,沙滩车,摩托车发动机,电动车及其配件
出口情况:远销美国、俄罗斯、欧洲、南美洲、东南亚等国家和地区

★珠海珠江车业有限公司
地址:广东省珠海市金湾区红旗工业管理区珠海大道西
邮编:519090
电话:0756/3980665、3980666
传真:3980699
网址:www.zjmt.com
电子信箱:zhzjcy@163.com
单位人数:300
质量体系:ISO 9001
产品情况:(珠江牌)
骑式、弯梁式、踏板式摩托车,电动车,沙滩车,助力车,警用及邮政专用摩托车,摩托车发动机车、四轮沙滩车等
出口情况:远销非洲、委内瑞拉、孟加拉、越南、叙利亚等20多个国家和地区,并销往中国香港地区

★东莞市东阳摩托车有限公司
地址:广东省东莞市东城区牛山社区莞长路
邮编:523128
电话:0769/88756868
传真:88756860
网址:www.hkmco.com
电子信箱:hkmco@126.com
法人代表:孙金銮
质量体系:ISO 9001
产品情况:(豪光牌)
骑式、踏板式、弯梁式摩托车,警车,发动机
出口情况:出口东南亚地区

★东莞市大裕摩托车有限公司
地址:广东省东莞市中堂镇北王路袁家涌路段

邮编:523223
电话:0769/88895555、88880678
传真:88121117、88880688
网址:www. yihao - motor. com
电子信箱:yh@ yihao - motor. com
单位人数:500
质量体系:ISO 9001
产品情况:(益豪牌、尊隆牌)
骑式车、踏板车、弯梁车等

★广东金豪实业集团有限公司
地址:广东省肇庆市高新技术产业开发区大旺工业园
邮编:526238
电话:0758/3625628、3625618
传真:3625311、3625723
网址:www. jin - hao. com
电子信箱:jinhaomotor@ 263. net. cn
法人代表:蔡文豪
质量体系:ISO 9001
产品情况:(大旺牌、金豪牌)
骑式车、弯梁车、踏板车、沙滩车、越野车、警用车、发动机、农用机械;电动轿车、电动观光车、电动巡逻车等
出口情况:产品80%出口中东、非洲、东南亚、南美等20多个国家和地区,并在埃及、孟加拉、安哥拉、泰国等国家建厂

★佛山市佛斯弟摩托车制造有限公司
地址:广东省佛山市禅城区南庄罗格工业园湖田路2号
邮编:528000
电话:0757/88353958、88356856
传真:88353900、88353957
网址:www. fosti. com. cn
电子信箱:fosti@ fosti. com. cn
单位人数:1600
质量体系:ISO 9001
产品情况:(富先达牌、佛斯弟牌)
骑式、踏板、弯梁系列摩托车,摩托车发动机
出口情况:远销欧洲、美洲、非洲、中东等20多个国家和地区

★宗申·比亚乔佛山摩托车企业公司
地址:广东省佛山市张槎城西工业区
邮编:528000
电话:0757/82309253、82321314
传真:82309520
网址:www. piaggio. com. cn
电子信箱:pfmasal@ cn. piaggio. com
产品情况:(比亚乔牌)
骑式、踏板式摩托车

★广东嘉陵摩托车有限公司
地址:广东省佛山市三水区西青大道25号
邮编:528100
电话:0757/87832566、87832533
传真:87828491、87828497
网址:www. gdjialing. com
电子信箱:gdjlfuwu@ 163. com
单位人数:300
质量体系:ISO 9001、ISO 14001
产品情况:(嘉陵牌)
JH100、110、125、150、250等两轮摩托车
出口情况:出口亚洲、欧洲、美洲、非洲等多个国家和地区

★广东大福摩托车有限公司
地址:广东省佛山市南海区大沥长虹岭工业园
邮编:528231
电话:0757/85523281、85598017
传真:85523288、85523186
网址:www. dafumoto. com
电子信箱:dafumoto@ 163. com
单位人数:1000
质量体系:ISO 9001
产品情况:(豪达牌、大福牌、双健牌)
两轮、三轮摩托车
出口情况:远销中东、南亚等国家和地区

★广东陆豪摩托车有限公司
地址:广东省佛山市南海区大沥长虹岭工业园
邮编:528231
电话:0757/85583991
传真:85583981
网址:www. gdluhao. com
电子信箱:luhaomt@ gdluhao. com
单位人数:200
质量体系:ISO 9001
产品情况:(陆豪牌、陆嘉牌、陆康牌、粤龙牌)
弯梁车、直梁车、踏板车等

★佛山市南海区轻骑摩托车有限公司
地址:广东省佛山市南海区松岗镇松下工业园
邮编:528234
电话:0757/85234092、85206232
传真:85234090、85200878
网址:www. nhqq. com. cn
单位人数:360
质量体系:ISO 9001、ISO 14001
产品情况:(帝豪牌、世纪风牌、金马牌)
跨骑式、弯梁式、踏板式摩托车及巴本、GS发动机
出口情况:出口日本、印度、欧洲、非洲等国家和地区

★佛山市南海区中摩科技有限公司
地址:广东省佛山市南海区松岗桂和路
邮编:528234
电话:0757/83699916、83699576
传真:83666135、83699916
网址:www. nhtdmotor. com
电子信箱:nhzmkj@ vip. sina. com
单位人数:503
质量体系:ISO 9001
产品情况:(田达牌、建设牌、麟龙牌)
骑式、踏板、弯梁系列摩托车,摩托车发动机

★广东银河摩托车集团有限公司
地址:广东省佛山市顺德区北滘镇西海北围工业区8号
邮编:528311
电话:0757/26670945
传真:26670952
网址:www. yinhemotor. com. cn
电子信箱:yinhe@ yinhemotor. com. cn
单位人数:400
质量体系:ISO 9001
产品情况:(银河牌、豹王牌、GALAXY牌)
摩托车、沙滩车、卡丁车、越野车、电动车、特种车、发动机
出口情况:出口美洲、欧洲、非洲、东南亚等地区

★中山国驰摩托车实业有限公司
地址:广东省中山市东升镇工业开发区
邮编:528414
电话:0760/23635002
传真:23635016
电子信箱:gx190610@ autoinfo. gov. cn
法人代表:王树林
质量体系:ISO 9001
产品情况:(纵情牌)
两轮摩托车

★长铃长春摩托车公司江门分公司
地址:广东省江门市西环路388号
邮编:529000
电话:0750/3281600
传真:3281603
网址:www. chanlin. com. ccwy. com
电子信箱:jmmotor@ chanlin. com
产品情况:(长铃牌)
各型号摩托车

★广东大冶摩托车技术有限公司
地址:广东省江门市金瓯路188号
邮编:529000
电话:0750/3883333、3883688
传真:3883100、3883003
网址:www. tayomotor. com
电子信箱:glk08@ tayomotor. com
单位人数:1500
质量体系:ISO 9001
产品情况:(豪江牌)
时尚踏板系列、公路跑车系列、道路劲速系列、多用途耐久系列、豪佳弯梁系列摩托车
出口情况:出口欧洲、东南亚、南美洲等地区

★江门长华凯特威摩托车有限公司
地址:广东省江门市棠下镇富棠路8号
邮编:529000
电话:0750/3579833、3579778
传真:3579000、3579886
网址:www. gatewaybike. com
电子信箱:domestic@ jinyeemotor. com
单位人数:500
质量体系:ISO 9001
产品情况:(华鲨(HUASHA)牌、JINYEE牌、HUALONG牌)
骑式摩托车、踏板摩托车、三轮摩托车、越野车、沙滩车、电动自行车、电动摩托车等

出口情况:远销南美洲、中东、欧亚(俄罗斯)、非洲等30多个国家和地区

★江门轻骑华南摩托车有限公司
地址:广东省江门市蓬江区群华路10号
邮编:529000
电话:0750/3280158、3280188
传真:3280169
网址:www.jmqq.com.cn
电子信箱:jmqq2004@163.com
单位人数:300
质量体系:ISO 9000
产品情况:(轻骑牌、马隆牌)
踏板式、骑式摩托车、警车、发动机

★江门市宝德摩托车有限公司
地址:广东省江门市棠下镇南山工业区
邮编:529000
电话:0750/3593161、3593163
传真:3593096-131
网址:www.better-motor.com
电子信箱:bettermtc@163.com
单位人数:500
质量体系:ISO 9001
产品情况:(宝德牌、邦德牌)
骑式、弯梁、踏板系列摩托车
出口情况:出口英国、土耳其、克罗地亚、委内瑞拉、伊朗、巴基斯坦、叙利亚、尼日利亚、马里、多哥、乌干达、布基纳法索、尼日尔等20多个国家,并销往中国香港地区

★江门市大长江集团有限公司
地址:广东省江门市建达北路5号
邮编:529000
电话:0750/3288999
传真:3288333
网址:www.haojue.com
电子信箱:sale@haojue.com
单位人数:8700
质量体系:ISO 14001
产品情况:(SUZUKI牌、豪爵牌)
豪爵系列骑式车、踏板车、弯梁车、警车;铃木系列骑式车、踏板车、警车
出口情况:出口70多个国家和地区

★江门市华龙摩托车有限公司
地址:广东省江门市蓬江区棠下镇富棠南路15号
邮编:529000
电话:0750/3598998
传真:3598996
网址:www.hualongmotorcycle.cn
电子信箱:hualongmoto2008@163.com
法人代表:李伟才
单位人数:200
质量体系:ISO 9001
产品情况:(奔野牌、华威龙牌)
100ml、125ml、150ml等排量跨骑式、踏板式、弯梁式、越野系列摩托车

★江门市中港宝田摩托车实业公司
地址:广东省江门市高新技术产业开发区兴业路36号
邮编:529000
电话:0750/3865260
传真:3868566
电子信箱:qing_0750@126.com
法人代表:庾永曦
产品情况:(宝田牌)
两轮摩托车

★江门市迪豪摩托车有限公司
地址:广东省江门市宏达工业区建达北路7号
邮编:529030
电话:0750/3210170
传真:3230960
网址:www.dihaomotor.com
电子信箱:dihao@dihaomotor.com
质量体系:ISO 9001、ISO 14001
产品情况:(豪天牌、火鸟牌)
骑式、弯梁式、踏板式摩托车及发动机
出口情况:远销欧洲、中东、非洲、南美洲、东南亚等地区

★江门市华日集团有限公司
地址:广东省江门市蓬江区棠下镇华日工业城
邮编:529085
电话:0750/3589889、3578316
网址:www.huarimotor.com
电子信箱:honest@huarimotor.com
质量体系:ISO 9001
产品情况:(三野MS牌)
摩托车、发动机、摩托车塑料件制品、摩托车车架、大型模具,具备年产摩托车20万辆、发动机10万台、摩托车车体件100万套、电动自行车80万套的生产能力

★江门市珠峰摩托车有限公司
地址:广东省江门市新会区会城新会大道11号
邮编:529100
电话:0750/6700936
传真:6700953
电子信箱:zfmotor@mail.sc.cninfo.net
产品情况:(珠峰牌、华鹰牌)
ZF50、100、125、150、250等两轮摩托车,发动机

★江门气派摩托车有限公司
地址:广东省江门市新会区今古洲开发区
邮编:529141
电话:0750/8263689、8263809
传真:8263899
网址:www.qipaimotor.com
电子信箱:qipaimotor@qipaimotor.com
单位人数:1000
质量体系:ISO 9001、ISO 14001
产品情况:(气派牌、大力神牌、中豪牌)
骑式、踏板式、弯梁式、太子系列摩托车
出口情况:出口越南、巴基斯坦、伊朗、尼日利亚、欧洲、美洲、南非等110多个国家和地区

★鹤山国机南联摩托车工业有限公司
地址:广东省鹤山市沙坪镇雁前路1950号
邮编:529700
电话:0750/8826310、8828890
传真:8828899、8899488
网址:www.nanlianmotor.com
电子信箱:senke@21cn.com
质量体系:ISO 9001
产品情况:(森科牌)
50~250mL的骑式车、踏板车、儿童车、沙滩车等
出口情况:远销欧美等30多个国家

★江门镇怡摩托车有限公司
地址:广东省鹤山市沙坪石湖路893号
邮编:529724
电话:0750/8879876、8879818
传真:8879833
电子信箱:hongyi@public.cn.jx.cn
产品情况:(鸿怡牌)
HY110、125两轮摩托车

广　西

★广西银钢南益制造有限公司
地址:南宁市武鸣县武华大道18号
邮编:530105
电话:0771/6300899、6301568
传真:6303189
单位人数:250
质量体系:ISO 9001
产品情况:(南益牌、南铃牌)
摩托车,摩托车发动机,年生产15万辆摩托车和20万台发动机

重庆市

★重庆力阳嘉渝摩托车有限责任公司
地址:重庆市巴南区界石镇界南路276号
邮编:400000
电话:023/65719118
传真:65719119
网址:www.cqyzyx.cn
产品情况:摩托车、助力车

★重庆嘉陵嘉鹏工业有限公司
地址:重庆市井口工业园区
邮编:400033
电话:023/65189504、65186916
传真:65180833
网址:www.jiapeng.cn
电子信箱:jialing@public.cta.cq.cn
质量体系:ISO 9001
产品情况:(嘉陵牌、嘉鹏牌)
100~250mL系列摩托车、踏板车、发动机、通用机械等
出口情况:畅销国外十几个国家和地区

★重庆望江摩托车制造有限公司
地址:重庆市沙坪坝区井口兰溪经济园40号
邮编:400033
电话:023/65150111、65155306

传真:65160780
网址:www. wonjan. cn
电子信箱:marketing@ wonjan. com
单位人数:500
质量体系:ISO 9001
产品情况:(望江牌、望龙牌、望江－SUZUKI牌)
　　骑式、弯梁、踏板摩托车,三轮摩托车
出口情况:远销南美、中东、东南亚等30多个国家和地区

★力帆实业(集团)股份有限公司
地址:重庆市沙坪坝区上桥张家湾60号
邮编:400037
电话:4007352520
传真:023/61882719
网址:auto. lifan. com
电子信箱:mail@ lifan. com
法人代表:尹明善
单位人数:7695
质量体系:ISO 9001
产品情况:(力帆牌)
　　发动机、摩托车、汽车
出口情况:出口俄罗斯、缅甸等163个国家

★重庆隆鑫机车公司三轮车分公司
地址:重庆市九龙坡区九龙园区华龙大道99号
邮编:400051
电话:023/89805493、89805487
电子信箱:xinggeyangheping@ 163. com
产品情况:三轮摩托车、越野车、沙滩车

★重庆环松工业(集团)有限公司
地址:重庆市九龙坡区华岩镇石堰工业园区
邮编:400052
电话:023/65270492、65270509
传真:65270516
网址:www. hsun－motor. com
电子信箱:jishuzx@ hunmotor. net
单位人数:2500
产品情况:(环松牌)
　　摩托车、摩托艇、沙滩车、雪地车、发动机、通用机械等
出口情况:远销北美洲、南美洲、欧洲、非洲、东南亚、大洋洲等地区

★重庆建设－雅马哈摩托车有限公司
地址:重庆市九龙园区B区华成路1号
邮编:400052
电话:023/86901000、86901001
传真:86901003
网址:www. jym. com. cn
电子信箱:jymaster@ yamaha－motor. com. cn
单位人数:1700
质量体系:ISO 9001、ISO 14001
产品情况:(劲豹牌、劲龙牌、风帆牌、天剑牌)
　　天剑YBR125、天剑王YBR250,天戟YBR125E,劲悍YBR125SP,劲龙JYM250太子车,劲飚JYM200城市跑车,劲豹JYM150,劲虎JYM150摩托车,TT－R50儿童越野车、劲龙JYM250J、JYM150J公安车、公务车等
出口情况:出口欧洲、美国、加拿大、菲律宾等国家和地区

★重庆长铃中德机车工业有限公司
地址:重庆市巴南区群东路39号
邮编:400054
电话:023/62855411、62855655
传真:62855655
网址:www. hailingmotor. com
电子信箱:sale@ hailingmotor. com
单位人数:1000
质量体系:ISO 9001
产品情况:(海陵牌)
　　两轮、三轮摩托车

★重庆航天巴山摩托车制造有限公司
地址:重庆市巴南区康超路1号
邮编:400054
电话:023/89808365
传真:66232313、89808397
网址:www. bashanmot. com
电子信箱:bashan@ public. cta. cq. cn
负责人:戴放
单位人数:1800
质量体系:ISO 9001
产品情况:(巴山牌、康超牌)
　　两轮摩托车、三轮摩托车、沙滩车、发动机

★重庆建设摩托车股份有限公司
地址:重庆市巴南区花溪工业园建设大道1号
邮编:400054
电话:023/66295333
网址:www. jianshe. com. cn
电子信箱:cprz@ jianshe. com. cn
董事长:李华光
负责人:吕红献
质量体系:ISO 9001
产品情况:(建设牌、重庆牌)
　　骑式车、弯梁车、踏板车、太子车、ATV、电动摩托车等
出口情况:远销70多个国家和地区

★重庆力之星机车制造有限责任公司
地址:重庆市巴南区炒油场宗申工业园
邮编:400054
电话:023/66372945、66372941
网址:www. zongshenmotor. com
电子信箱:cqzsztr@ zongshen. net
产品情况:(力之星牌)
　　LZX125－36、LZX125T－15等型摩托车

★重庆宗申摩托车集团
地址:重庆市巴南区炒油场宗申工业园
邮编:400054
电话:023/66372802
传真:66372801
网址:www. zongshenmotor. com
电子信箱:zsgroup@ cq. cn
质量体系:ISO 9000
产品情况:(宗申牌、力之星牌LZX200GY－2、125、125T、200,ZS110、125、150、150T、200两轮摩托车,ZS50Q型两轮轻便摩托车,LZX50Q0ZK、100ZK、200ZK、ZS110ZK、150ZK、200ZH正三轮摩托车

★重庆宗申机车工业制造有限公司
地址:重庆市巴南区炒油场宗申工业园
邮编:400056
电话:023/66372907、66372317
传真:66372255、66372328
网址:www. zongshenmotor. com
电子信箱:sales@ zongshenmotor. com
单位人数:2500
质量体系:ISO 9001、ISO 14001
产品情况:(宗申牌、宗申·比亚乔牌、力之星牌)
　　骑式、弯梁、踏板、特种系列摩托车,三轮车、电动车
出口情况:出口世界80多个国家和地区,并在泰国、巴西设立工厂,在美国、菲律宾、巴基斯坦、尼日利亚等国家设立销售公司或办事处

★重庆隆鑫机车有限公司
地址:重庆市经济技术开发区白鹤工业园
邮编:400060
电话:023/89026281
传真:89026902
电子信箱:lxtc@ vip. 163. com
法人代表:高勇
产品情况:(隆鑫牌、劲隆牌)
　　两轮轻便摩托车、两轮摩托车

★重庆恒胜集团有限公司
地址:重庆市九龙坡区九龙园区火炬大道12号
邮编:400080
电话:023/68929529、68909999
传真:68910055、68910666
网址:www. hensim. com
电子信箱:hensim@ hensim. com
董事长:何健
单位人数:1500
质量体系:ISO 9001
产品情况:(恒胜(Hensim)牌、黄河(HH)牌)
　　骑式车、弯梁车、太子车、越野车、沙滩车、卡丁车、发动机等
出口情况:远销美国、加拿大、越南、印度尼西亚、菲律宾、马来西亚、柬埔寨、老挝、缅甸、智利、尼日利亚、南非等国家

★重庆劲扬摩托车工业有限公司
地址:重庆市北碚区缙云大道6号
邮编:400080
电话:023/63179317、63179333
电子信箱:chinasunrise@ china. com
法人代表:李应强
质量体系:ISO 9001
产品情况:(金典牌、龙的传人牌)

摩托车及发动机,年产摩托车整车40万辆、发动机80万台
出口情况:出口越南、缅甸、马来西亚、伊朗、阿根廷、巴西、美国等国家

★重庆精通力阳摩托车有限责任公司
地址:重庆市大渡口区建桥工业园区金桥路8号
邮编:400084
电话:023/86680159、86680099
传真:86680156
网址:www.kingtongroup.com
电子信箱:office@kingtongroup.com
质量体系:ISO 9002
产品情况:(精通牌)
两轮摩托车、沙滩车、发动机,具有年产摩托车整车30~50万辆、摩托车发动机50~70万台的生产能力

★重庆银钢科技(集团)有限公司
地址:重庆市北碚区同兴南路71号银钢科技园
邮编:400709
电话:023/68327018、68327809
传真:68327080、63174475
网址:www.cqyingang.com
电子信箱:info@cqyingang.com
单位人数:4000
质量体系:ISO 9001
产品情况:(本一牌、银钢牌)
两轮、三轮摩托车,发动机
出口情况:出口东南亚、非洲、北美洲、南美洲、欧洲等40多个国家和地区

★重庆凯尔摩托车制造有限公司
地址:重庆市渝北区回兴镇华家湾
邮编:401120
电话:023/67457103、67451211
传真:67451841
电子信箱:zymt@zymt.com
质量体系:ISO 9001
产品情况:(凯尔牌、速卡迪牌、豪剑牌、佳劲牌、雷利诺牌)
两轮摩托车

★重庆双庆产业集团有限公司
地址:重庆市渝北区空港工业园A070-1、A093-1号
邮编:401120
电话:023/67145713、89063078
传真:68431749
网址:www.hijoymotor.com
电子信箱:sqcompany@vip.sina.com
单位人数:3000
质量体系:ISO 9001
产品情况:(双庆牌)
骑式、弯梁、踏板、太子系列摩托车,越野车,沙滩车,三轮车,发动机
出口情况:出口东南亚、美洲、中东、西非等30多个国家和地区

★重庆银翔摩托车(集团)有限公司
地址:重庆市渝北区空港经济开发区空港大道822号
邮编:401120
电话:023/67183722、67183966
传真:67183000、67183111
网址:www.yinxianggroup.com
电子信箱:yinxiang@yinxianggroup.com
法人代表:张先勤
质量体系:ISO 9001
产品情况:(银翔牌、万强(WQ)牌、先风牌、骥达牌、幻速(HS)牌)
两轮、三轮摩托车

★重庆万虎机电有限责任公司
地址:重庆市经济技术开发区北区加工区四路2号
邮编:401122
电话:023/67465299、67463118
传真:67465200、67463238
网址:www.wanhumotor.com
电子信箱:wanhu888@126.cn
单位人数:1000
质量体系:ISO 9001
产品情况:(万虎牌)
客运/货运三轮摩托车、全地形车、儿童越野车、卡丁车、农用微耕机等
出口情况:远销东南亚、中亚、南美、非洲等地区

★重庆马速达机车有限公司
地址:重庆市九龙坡区含谷镇天赐路2号
邮编:401300
电话:023/65220099、65220011
传真:65220055
网址:www.masuda.com.cn
电子信箱:masudacq@163.com
负责人:欧红
质量体系:ISO 9001
产品情况:(风火轮牌)
FHL150、100、110、125、200等系列摩托车,专用车
出口情况:出口东南亚、南美洲等地区

★重庆双狮摩托车制造有限公司
地址:重庆市巴南区金竹工业园3号
邮编:401320
电话:023/66213202、66234036
传真:66238232
网址:www.cqssmt.com.cn
单位人数:1000
质量体系:ISO 9001
产品情况:(双狮牌)
三轮摩托车、两轮摩托车,摩托车发动机及其他零部件
出口情况:出口北美洲、南美洲、西欧、东亚、东南亚、中东、非洲

★重庆鑫源摩托车股份有限公司
地址:重庆市九龙坡区含谷镇鑫源路8号
邮编:401329
电话:023/65733678、65733684
传真:65733689
网址:www.shineray.com.cn
电子信箱:dmd@shineray.com
质量体系:ISO 9001
产品情况:(鑫源牌)
两轮摩托车、沙滩车、发动机
出口情况:远销亚洲、非洲、欧洲、美洲等地区

★重庆东本摩托车制造有限公司
地址:重庆市南岸区玉马路18号
邮编:401336
电话:023/62454901、62455900
传真:62455600、62483766
网址:www.cqdongben.com
电子信箱:chinadongben@126.com
单位人数:800
质量体系:ISO 9001
产品情况:(东本牌)
两轮摩托车、三轮摩托车、沙滩车、卡丁车、UTV运板车、摩托车发动机等
出口情况:远销欧美、非洲及东南亚市场

★重庆万虎摩托车制造有限公司
地址:重庆市江津区珞璜工业园B区
邮编:402200
电话:023/68406259
传真:89063331
电子信箱:gx221620@autoinfo.gov.cn
质量体系:ISO 9002
产品情况:JL110、125、150、200等两轮摩托车
出口情况:远销东南亚、印度、伊朗、尼日利亚、阿根廷等40多个国家和地区

★重庆珠峰大江摩托车有限公司
地址:重庆市璧山县青杠镇
邮编:402761
电话:023/87382889
传真:87382889
电子信箱:gx222606@autoinfo.gov.cn
法人代表:黎袖平
产品情况:(大江牌)
两轮摩托车、正三轮摩托车

★重庆广益摩托车有限公司
地址:重庆市南岸区牡丹路7号
邮编:406113
电话:023/62483433、62813902
传真:62603011
网址:www.cqgymotor.com
电子信箱:cqgy2001@yahoo.com.cn
单位人数:1200
质量体系:ISO 9001
产品情况:(新阳光牌)
骑式、踏板式、弯梁式摩托车,太子车,三轮车,助力车等
出口情况:出口南美、东南亚、非洲、中东地区,并在泰国、巴基斯坦建立了分厂

四川省

★西藏新珠峰摩托车有限公司
地址：成都市西南航空港经济开发区锦华路一段2号
邮编：610225
电话：028/85885223、87382811
传真：87382867
网址：www. newzf－ky. com
质量体系：ISO 9001
产品情况：（珠峰牌）
骑式、踏板式、弯梁式摩托车，电动车，三轮车，助力车，摩托车发动机

★西藏喜马摩托车有限公司
地址：四川省德阳市旌东开发区沱江东路56号
邮编：618000
电话：0838/2911125、2905771
传真：2911123、2905770
网址：www. himamotor. com
电子信箱：himamotor@163. com
质量体系：ISO 9001
产品情况：（喜马牌）
跨骑式、踏板式摩托车、电动三轮车
出口情况：远销多个国家和地区

陕西省

★陕西银翔金元三轮摩托车有限公司
地址：西安市未央区六村堡工业园西坡村
邮编：710086
电话：029/84341137
传真：84340612
电子信箱：gx260626@autoinfo. gov. cn
法人代表：曾宪君
产品情况：（骥达牌）
正三轮摩托车

第六部分

外国(地区)汽车公司、商社驻中国办事机构

外国(地区)汽车公司驻中国办事机构

• 查询导引 •

外国(地区)汽车公司驻中国办事机构

☞ 企业如有变更,请与编辑部联系 ☎ 010/68426043、68420981

◉**通用汽车(中国)投资有限公司(GM)**
地址:上海市浦东世纪大道88号金茂大厦10－11层
邮编:200122
电话:021/28987000
传真:28987053
北京分公司
地址:北京市朝阳区左家庄1号国门大厦C座4层
邮编:100028
电话:010/59242988、64687788
传真:59242690
网址:www.gmchina.com
上汽通用汽车金融有限责任公司
地址:上海市浦明路160号财富广场F座
邮编:200120
电话:021/28936000
传真:58877705
网址:www.gmacsaic.com

◉**福特汽车(中国)有限公司(FORD)**
地址:上海市浦东新区世纪大道211号上海信息大厦33楼
邮编:200120
电话:021/28916688
传真:28916768
北京代表处
地址:北京市建国门外大街1号国贸中心西办公楼3层16单元
邮编:100004
电话:010/65052229
传真:65050613
网址:www.ford.com.cn
福特汽车金融(中国)有限公司
地址:上海市浦东新区世纪大道211号信息大厦32层
邮编:200120
电话:021/28916868
福特汽车工程研究(南京)有限公司
地址:南京市江宁经济技术开发区将军大道118号
邮编:211100
电话:025/51187000
传真:51187328

◉**佩卡中国有限公司(PACCAR)**
地址:北京市朝阳区东三环北路8号亮马河大厦808室
邮编:100004
电话:010/65900976
传真:65906368
网址:www.paccar.com

◉**戴姆勒东北亚投资有限公司(DAIMLER)**
地址:北京市朝阳区望京街8号院戴姆勒大厦
邮编:100102
电话:010/84178888
传真:84173996
梅赛德斯－奔驰(中国)汽车销售有限公司
地址:北京市朝阳区望京街8号院戴姆勒大厦
邮编:100102
电话:010/84173629、84173000
传真:84173629、84173917
网址:www.mercedes－benz.com.cn
奔驰汽车金融(中国)有限公司
地址:北京市朝阳区望京街8号院戴姆勒大厦
邮编:100102
电话:010/84712222
网址:www.mercedes－benz－finance.com.cn

◉**克莱斯勒(中国)汽车销售有限公司(CHRYSLER)**
地址:上海市长宁区红宝路500号东银中心西楼11～12楼
邮编:201103
电话:4006500118
传真:021/61927656
网址:www.chrysler.com.cn

◉**大众汽车(中国)投资有限公司(VOLKSWAGEN)**
地址:北京市朝阳区三里屯路甲3号2号楼
邮编:100027
电话:010/65313131
传真:85323232
电子信箱:contact@volkswagen.com.cn
大众汽车(北京)中心
地址:北京市南四环中路161号
邮编:100068
电话:010/67549988
网址:www.vbc.cn
电子信箱:info@vbc.cn
大众汽车金融(中国)有限公司
地址:北京市朝阳区东三环北路甲19号嘉盛中心9层
邮编:100020
电话:010/85327888
传真:85325800
网址:www.volkswagen－finance－china.com.cn

◉宝马(中国)汽车贸易有限公司(BMW)
地址:北京市朝阳区东三环北路霞光里18号佳程广场B座28层
邮编:100027
电话:010/84558000
传真:84539595、84558028
网址:www.bmw.com.cn

◉保时捷(中国)汽车销售有限公司(Porsche)
地址:上海市浦东新区东方路1215－1217号3层
邮编:200127
电话:021/61565911
传真:61682911
网址:www.porsche.com/china

◉标致雪铁龙(中国)汽车贸易有限公司(PEVGEOT CITROEN)
地址:北京市朝阳区光华路12号A科伦大厦A座408室
邮编:100004
电话:010/65814682
传真:65814683
网址:www.psa.net.cn

东风标致雪铁龙汽车金融有限公司
地址:北京市朝阳区光华路7号汉威大厦西区19层
邮编:100004
电话:010/59275981

◉雷诺股份有限公司(RENAULT S.A.S)

北京办事处
地址:北京市朝阳区建国路乙118号
邮编:100022
电话:010/65679622
传真:85298999
网址:www.renault.com

◉曼恩商用车辆企业管理(北京)有限公司(MAN)
地址:北京市顺义区天竺空港工业区天柱东路乙2号
邮编:101312
电话:010/80480505
传真:80480918
网址:www.man－mn.cn

◉本田技研工业(中国)投资有限公司(HONDA)
地址:北京市朝阳区东三环北路5号发展大厦301室
邮编:100004
电话:010/65909020、65909011
传真:65909023

上海分公司
地址:上海市钦州北路1122号89号楼2楼
邮编:200233
电话:021/54275522
传真:54265595

广州分公司
地址:广州市经济技术开发区东区联广路231号
邮编:510730
电话:020/32066552
传真:32066563
网址:www.honda.com.cn

摩托车研究开发有限公司
地址:上海市松江区工业区茸兴路128号
邮编:201611
电话:021/57748880

◉丰田汽车公司(TOYOTA)

中国事务所
地址:北京市朝阳区呼家楼京广中心3806－11号
邮编:100020
电话:010/65973995
传真:65974987
网址:www.toyota.com.cn

天津事务所
地址:天津市和平区南京路75号国际大厦610室
邮编:300041
电话:022/23391111
传真:23399555

沈阳事务所
地址:沈阳市和平区南京北街206号城市广场第二座1401室
邮编:110001
电话:024/23342900
传真:23342902

长春事务所
地址:长春市西安大街569号长春香格里拉大饭店办公楼1005室
邮编:130061
电话:0431/88986092
传真:88986096

成都事务所
地址:成都市经济开发区经开区南三路222号
邮编:610051
电话:0431/88986092
传真:0431/88986092

丰田汽车技术研发(上海)有限公司
地址:上海市嘉定区黄渡镇嘉松北路6333号
邮编:201800
电话:021/69592200
传真:69592211

丰田汽车技术研发交流(广州)有限公司
地址:广州市高新技术产业开发区科学城科珠路200号
邮编:510663
电话:020/32290901
传真:32290902

丰田汽车(中国)投资有限公司
地址:北京市朝阳区京广中心3806室
邮编:100020
电话:010/65978728
传真:65974190、65973992

丰田汽车技术中心(中国)有限公司
地址:天津市华苑产业园区梅苑路3号
邮编:300384
电话:022/83711111
传真:83710886

丰田汽车研发中心(中国)有限公司
地址:江苏省常熟市东南经济开发区

丰田汽车仓储贸易(上海)有限公司
地址:上海市外高桥保税区日浜路88号A楼
邮编:200131
电话:021/58690363
传真:58690886
网址:www.tpcs.com.cn

丰田汽车金融(中国)有限公司
地址:北京市朝阳区东三环中路1号环球金融中心西楼7层
邮编:100020
电话:8009906060
传真:8009900005
网址:www.tfschina.com.cn

一汽丰田汽车销售有限公司
地址:北京市朝阳区环球金融中心西楼3层
邮编:100020
电话:010/85296688
传真:64629300
网址:www.ftms.com.cn

◉日产(中国)投资有限公司(NISSAN)
地址:北京市朝阳区光华路1号嘉里中心南楼1318室
邮编:100020
电话:010/85298181、85298787
传真:85297800、85297900

造型设计室
地址:上海市南京西路1038号梅龙镇广场16楼1604室
邮编:200041
电话:021/52287711

零部件出口事业部
地址:上海市浦东新区福山500号城建国际中心11楼
邮编:200122
电话:021/58318169

技术中心(广州分公司)
地址:广州市花都区新华镇风神大道12号
邮编:510800
电话:020/36877488

广州PCC
地址:广州市萝岗区永和经济技术开发区永和街甘竹路
邮编:511356

电话:020/32226836
网址:www.nissan.com.cn

东风日产汽车金融有限公司
地址:上海市浦东新区福山路500号城建国际中心11楼
邮编:200122
电话:021/38576000
网址:www.df-nissanfc.com

◉马自达(中国)企业管理有限公司(Mazda)
地址:上海市浦东新区世纪大道211号上海信息大楼2007-2012室
邮编:200120
电话:021/58774830
传真:28933101

技术支援分公司
地址:上海市嘉定区戬浜镇申霞路358号3号厂房
邮编:201800

◉三菱自动车工业株式会社(MITSUBISHI)
北京事务所
地址:北京市朝阳区东三环北路甲19号嘉盛中心710室
邮编:100020
电话:010/65613030
传真:65614001

上海事务所
地址:上海市南京西路1376号上海商城735-1室
邮编:200040
电话:021/62798111

菱发汽车技术咨询(上海)有限公司
地址:上海市长宁区娄山关路555号长房国际广场6楼
邮编:200051
电话:021/51087530
传真:62417757

三菱汽车销售(中国)有限公司
地址:上海市浦东新区世纪大道1588号中建大厦3楼
邮编:200122
电话:021/60963030
传真:60963198
网址:www.mitsubishi-motors.com.cn

◉铃木(中国)投资有限公司(SUZUKI)
地址:北京市朝阳区酒仙桥北路5号院3号楼211A室
邮编:100005
电话:010/64336515
传真:64336515
网址:www.suzuki-china.com

◉斯巴鲁汽车(中国)有限公司(SUBARU)
地址:北京市朝阳区东三环北路8号亮马河大厦B座15层1501室
邮编:100004
电话:010/65900725
网址:www.subaru-china.com.cn

◉日产柴油汽车工业株式会社(NISSAN DIESEL)
北京办事处
地址:北京市建国门外大街24号京泰大厦2203A室
邮编:100022
电话:010/65150588

上海代表处
地址:上海市浦东新区福山路458号6楼611室
邮编:200122
电话:021/68766130

◉三菱重工业(中国)有限公司(MITSUBISHI HEAVY INDUSTRIES)
北京总部
地址:北京市朝阳区建国门外大街甲26号长富宫办公楼6层
邮编:100022
电话:010/65124321
传真:65051222

上海分公司
地址:上海市浦东新区陆家嘴环路1000号恒生银行大厦26F
电话:021/58793030
传真:68410048

◉五十铃(中国)投资有限公司(ISUZU)
地址:北京市朝阳区东三环北5号
邮编:100027
电话:010/65908355
传真:65908956

五十铃(中国)技术中心
地址:上海市浦东新区东方路710号汤臣金融大厦4F/D室
电话:021/58203500
传真:58306700

五十铃(上海)技贸实业有限公司
地址:上海市浦东新区东方路710号汤臣金融大厦4楼E室
邮编:200122
电话:021/68762718
传真:68762717
网址:www.isuzu-asc.com

五十铃汽车工程柴油机(上海)有限公司
地址:上海市娄山关路555号长房国际广场18F
邮编:200051
电话:021/62368395
传真:62368392

◉日本株式会社多田野(TADANO)
北京办事处
地址:北京市朝阳区呼家楼京广中心2905室
邮编:100020
电话:010/65973210
传真:65973220

◉日野自动车株式会社(HINO)
北京办事处
地址:北京市东三环北路5号发展大厦1609室
邮编:100020
电话:010/65908858
传真:65908857

上海办事处
地址:上海市仙霞路319号远东广场A栋2501室
邮编:200051
电话:021/62351199
传真:62351231

广州办事处
地址:广州市天河北路30号时代广场东座928室
邮编:510620
电话:020/38820528
传真:38820350
网址:www.hino.com

◉现代汽车(中国)投资有限公司
地址:北京市朝阳区霄云路38号现代汽车大厦25层
邮编:100027
电话:010/84539666
传真:84539951
网址:www.hmgc.com.cn

现代汽车(中国)整车销售本部
地址:北京市霄云路38号现代汽车大厦10层1001室
邮编:100027
电话:010/84539777
传真:84539197
网址:www.hyundai-motor.com.cn

起亚汽车(中国)公司(KIAMOTORS)
地址:上海市长宁区红宝石路500号东银中心B栋2501室
邮编:201103
电话:021/32091000
传真:32092958
网址:www.kia-motor.com.cn

◉沃尔沃(中国)投资有限公司(VOLVO)
地址:北京市朝阳区东三环北路甲19号嘉盛中心15层
邮编:100020
电话:010/65829199
传真:65829299
网址:www.volvo.com.cn

沃尔沃汽车金融(中国)有限公司
地址:北京市东三环北路甲19号嘉盛中心15层
邮编:100020
电话:010/64667588
传真:65829299

◉意大利菲亚特汽车公司(FIAT)
南京办事处
地址:南京市鼓楼区广州路188号苏宁环球大厦19层
邮编:210005

电话:025/52100000
传真:52100000

菲亚特中国商务有限公司
地址:上海市淮海中路300号香港新世界大厦28楼
邮编:200021
电话:021/51757700
传真:63353010
网址:www. fiat. com. cn

◉法拉利玛莎拉蒂汽车国际贸易(上海)有限公司(FERRARI MASERATI)
地址:上海市北京西路708号
邮编:200041
电话:021/61710222
传真:61710223、61710236
网址:www. maserati. com. cn

◉劳斯莱斯汽车有限公司(Rolls – Roycs)
地址:北京市朝阳区东三环北路霞光里18号佳程广场B座28层
邮编:100027
电话:010/84558061
传真:84558027
网址:www. rolls – royce. com/china

◉兰博基尼中国(LAMBORGHINI)
地址:北京市朝阳区三里屯路甲3号
邮编:100027
电话:010/65313355
传真:85323065
网址:www. lamborchina. com

◉世爵中国有限公司(SPYKER)
地址:北京市海淀区西三环北路72号世纪经贸大厦A座
电话: 010/68484266
传真: 68485278
网址:www. spykerofchina. com

◉捷豹路虎汽车贸易(上海)有限公司(JAGUAR LAND ROVER)
地址:上海市浦东新区陆家嘴环路166号未来资产大厦17楼/25楼
邮编:200120
电话:021/61563010
传真:61563119

◉阿斯顿马丁公司

阿斯顿·马丁 上海
地址:上海市卢湾区马当路216号
电话:021/63876007
传真:63873007

阿斯顿·马丁 北京
地址:北京市东三环中路7号财富中心商业区W115
电话:010/65309770
传真:65309778
网址:www. astonmartin – china. com

维修中心
地址:上海市闵行区迎宾二路59号
电话:021/53833007
传真:53833007

◉斯堪尼亚销售(中国)有限公司(SCANIA)
地址:北京市朝阳区霄云路36号国航大厦2001室
邮编:100027
电话:010/84475892
传真:84475891
网址:www. scania. com. cn

上海分公司
地址:上海市宝山区江杨南路1339号
邮编:200439
电话:021/66189966
传真:66189900

◉捷克太脱拉股份公司(TATRA)

北京办事处
地址:北京市建国门外大街19号国际大厦11层A
邮编:100004
电话:010/65931853
传真:65931854

◉裕隆企业集团(YULON)

北京办事处
地址:北京市东城区建国门内大街18号恒基中心办公楼1座1405室
邮编:100005
电话:010/65182276
传真:65182275

上海办事处
地址:上海市长宁区兴义路8号万都中心大厦20楼
邮编:200336
电话:021/52080999
传真:52081368

外国汽车零部件公司、商社驻中国办事机构

•查询导引•

外国汽车零部件公司、商社驻中国办事机构

☞ 企业如有变更,请与编辑部联系 ☎ 010/68426043、68420981

◉**美国汽车工业行动集团(AIAG)**

上海代表处

地址:上海市张江高科技园区春晓路439号6号楼201－301室

邮编:201203

电话:021/50272721

传真:950507－443392

网址:www.aiag.org.cn

◉**美桥国际亚洲总部及研发中心(AAM)**

地址:广州市越秀区新河浦瓦窑后横街1号别墅

邮编:510080

电话:020/37652961

传真:37652970

网址:www.usaaam.com

电子信箱:aam@usaaam.com

◉**美铝(中国)投资有限公司(ALCOA)**

地址:北京市建国门外大街1号国贸大厦1座3701室

电话:010/59215000

上海分公司

地址:上海市江宁路188号亚盛大厦1205室

邮编:200041

电话:021/32520666

传真:32520900

网址:www.alcoa.com

◉**博格华纳(中国)投资有限公司(BORGWARNER)**

地址:上海市闵行区紫星路1188号

邮编:200241

电话:021/60833000

传真:60833003

网址:www.borgwarner.com

◉**亚新科工业技术有限公司(ASIMCO)**

中国总部

地址:北京市朝阳区丽园中心4层

邮编:100015

电话:010/64382750

传真:64382734

网址:www.asimco.com

电子信箱:general@asimco.com.cn

◉**卡特彼勒(中国)投资有限公司(CATERPILLAR)**

地址:北京市朝外大街16号中国人寿大厦1701室

邮编:100020

电话:010/85253636

传真:59210099

卡特彼勒(中国)融资租赁有限公司

地址:北京市朝阳区朝阳门外大街16号人寿大厦1701室

邮编:100020

电话:010/65881618

网址:www.china.cat.com

◉**康宁(上海)管理有限公司/康宁大中华区总部(CORNING)**

地址:上海市南京西路1717号会德丰国际广场8楼

邮编:200040

电话:021/22152888

传真:62152988

北京分公司

地址:北京市建国门外大街1号国贸大厦1座1808室

邮编:100004

电话: 010/65055066

传真: 65055077

康宁亚洲财务中心

地址:上海市浦东金桥出口加工区鲁桥路358号

邮编:201206

电话: 021/38924999

传真: 58996501

网址:www.corning.com/cn

◉**康明斯公司(CUMMINS)**

康明斯(中国)投资有限公司

地址:北京市朝阳区东三环北路霞光里18号佳程广场A座28层

邮编:100027

电话:010/84548888

传真:64621036、64620226

北京办事处

地址:北京市朝阳区东三环北路霞光里18号佳程广场A座28层

邮编:100027

电话:010/84548888

传真:010/64621036、64620226

上海办事处

地址:上海市天钥桥路30号美罗大厦1103室

邮编:200030

电话:021/60852600

传真:60852666

沈阳分公司

地址:沈阳经济技术开发区七号街5甲2号

邮编:110141
电话:024/25506611
传真:25365599

上海分公司
地址:上海浦东新区金穗路 1501 号 3 号楼 208
邮编:201206
电话:021/61651288
传真:61651280、61651283

武汉分公司
地址:武汉市东西湖区张柏路 2 号开力经贸楼 A 门
邮编:430040
电话:027/83081677
传真:83259370

广州分公司
地址:广州市番禺区大石镇 105 国道上漖段 90 号华南商业城首层 11 - 14 号
邮编:511430
电话:020/39982999
传真:39982180

成都分公司
地址:成都市人民南路二段 18 号川信大厦 25 层 B1 座
邮编:610016
电话:028/86200567
传真:86200929

昆明分公司
地址:昆明市北京路 155 号附 1 号昆明红塔大厦 606 室
邮编:650011
电话:0871/3579471
传真:3579210

西安分公司
地址:西安市咸宁东路 31 号
邮编:710043
电话:029/83217576
传真:83217696

乌鲁木齐分公司
地址:乌鲁木齐市开发区上海路 17 号
邮编:830026
电话:0991/3780332
传真:3780334

康明斯发动机(上海)贸易服务公司
地址:上海市浦东外高桥保税区日樱北路 353 号 9 号楼
邮编:200131
电话:021/50461999
传真:50461555

康明斯东亚研发有限公司
地址:武汉经济开发区车城北路 189 号
邮编:430056
电话:027/68848988
传真:68848999
网址:www.cummins.com.cn

◉美国德纳公司(DANA)

上海代表处
地址:上海市延安西路 1118 号龙之梦大厦 1103 室
邮编:200052
电话:021/52585577
传真:52580660
网址:www.dana.com

◉德尔福汽车系统(中国)投资有限公司(DELPHI)
地址:上海市外高桥保税区德林路 118 号
邮编:200135
电话:021/28968866、28967312
传真:50463937
网址:www.delphiauto.com

◉唐纳森公司(DONALDSON)

北京分公司
地址:北京市朝阳区建外永安东里甲 3 号院 1 号楼通用国际中心 802、803
邮编:100022
电话:010/58793773
传真:58793774

上海分公司
地址:上海市漕溪北路 398 号汇智大厦 11 楼
邮编: 200030
电话:021/64388899
传真:54253505

广州分公司
地址:广州市越秀区环市东路 362 - 366 号好世界广场 1306 ~ 1307 室
邮编:510060
电话:020/83752912、83752913
传真:83752597
网址:www.donaldson.cn

◉杜邦中国集团有限公司(DUPONT)
地址:广东省深圳特区车公庙工业区第五小区
邮编: 518040
电话:0755/83307848
传真:83307047

北京分公司
地址:北京市朝阳区建国路 91 号金地中心 A 座 18 层
邮编:100022
电话:010/85571000
传真:85571888

上海分公司
地址:上海市浦东新区张江高科技园区科苑路 399 号 11 号楼
邮编: 201203
电话: 021/38622888
传真: 38622889

广州分公司
地址: 广州市天河区天河路 208 号粤海河城大厦 4003B - 4005 单元
邮编: 510075
电话:020/87557808
传真:87557205

杜邦(上海)采购中心有限公司
地址: 上海市浦东新区张江高科技园区科苑路 399 号 11 号楼
邮编: 201203
电话:021/38622888
传真:38622889

杜邦(中国)研发管理有限公司
地址: 上海市浦东新区蔡伦路 600 号张江高新科技区
邮编: 201210
电话:021/28921000
传真:28921234
网址:www.dupont.com.cn

◉德韧汽车系统有限公司(DURA)上海代表处
地址:上海市浦东新区东方路 710 号汤臣金融大厦 1606 室
邮编:200122
电话:021/58209578
传真:58206779
网址:www.duraauto.com.cn

◉伊顿(中国)投资有限公司(EATON)
地址:上海市长宁区临虹路 280 弄 3 号
邮编:200335
电话:021/52000099
传真:52000500
网址:www.eaton.com.cn

◉埃克森美孚(中国)投资有限公司(EXXONMOBILE)
地址:上海市徐汇区天钥桥路 30 号美罗大厦 17 楼
电话:021/24076000
传真:24076052
网址:www.exxonmobilchemical.com.cn

◉辉门集团亚太区总部及技术中心(FEDERAL - MOGUL)
地址:上海市浦东金桥开发区冀桥路 118 号
邮编:201206
电话:021/61827688
传真:61827699、60870716
网址:www.federalmogul.com

◉哈曼(上海)企业管理有限公司(HARMAN)
地址:上海市南京西路 288 号创兴金融中心 30 楼
邮编:200003
电话:021/23060000
传真:23060003

◉霍尼韦尔综合科技(中国)有限公司(HONEYWELL)
地址:上海市浦东新区张江高科技园区李冰路 430 号
邮编:201203
电话:021/28942000

传真:58959605

上海办事处

地址:上海市遵义路100号虹桥上海城A座35楼
邮编:200051
电话:021/22196888
传真:62372699

北京代表处

地址:北京市朝阳区霄云路26号鹏润大厦17层B09B
邮编:100016
电话:010/64103000
传真:84580900

霍尼韦尔(北京)技术研发实验有限公司

地址:北京市朝阳区霄云路26号鹏润大厦B区9层
邮编:100016
电话:010/84580966
传真:84580900
网址:www. honeywell. com/china

◉固特异中国公司(GOODYEAR)

地址:上海市长乐路989号世纪商贸广场3202室
邮编:200031
电话: 021/54075999
网址:www. goodyear. com. cn

◉美国固瑞克公司(GRACO)

中国总部

地址:上海市漕宝路509号新园大厦2号楼118室
邮编:200233
电话:021/64950088
传真:64950077
网址:www. graco. com. cn

◉江森自控汽车内饰管理(中国)有限公司
(JOHNSON CONTROLS)

地址:上海市长宁区仙霞路319号远东国际广场A-20
电话:021/23070021
传真:62350256
网址:www. johnsoncontrols. com

◉麦格纳国际集团(中国)公司
(Magna)

地址:上海市浦东东方路69号裕景商务广场A座8楼
邮编:200120
电话:021/61651500
传真:61639098
网址:www. magna. com

◉美国迈艾特(中国)有限公司
(MAT)

地址:北京市朝阳门外大街18号丰联广场1517室
邮编:100020
电话:010/65889529
传真:65889771

◉美驰(中国)投资有限公司
(MERITOR)

地址:上海市静安区铜仁路299号SOHO东海广场37层
邮编:200040
电话:021/22197777
传真:22197888
网址:www. arvinmeritor. com

◉拜科集团中国总部
(PAC GROUP)

地址:上海市浦东新区新金桥路28号新金桥大厦G1层
邮编:201206
电话:021/50310000
传真:50316688
网址:www. pacgroup. com

◉雷泰(中国)公司(RAYTEK)

地址:北京市建国门外大街22号赛特大厦2301室
邮编:100004
电话:010/64384691

北京办公室

地址:北京市建国门外大街22号赛特大厦401室
邮编:100004
电话:010/64384691
传真:65286307

上海办公室

地址:上海市临虹路280弄6号楼3楼
邮编:200335
电话:021/6128 6231
传真:61286222-6231
网址:www. raytek. com. cn

◉美国汽车工程师学会(SAE)
中国办事处

地址:上海市浦东区东方路800号宝安大厦2601室
邮编:200122
电话:021/61001016
传真:61001015
网址:www. saeinternational. cn

◉天纳克汽车工业(上海)有限公司
(TENNECO)

地址:上海市黄浦区九江路686号宝龙大厦17层C-D座
邮编:200001
电话:021/23229188
传真:23229189
网址:www. tenneco. cn

◉天合亚太区总部(TRW)

地址:上海市虹漕路456号9栋区
邮编:200233
电话:021/61201166
传真:61207058
网址:www. trw. com

TRW 亚太研发中心

地址:上海市虹漕路421号62栋
邮编:200233
电话:021/61202266
传真:61209065

TRW 亚太售后总部

地址:上海市虹漕路448号现代物流大厦13楼
邮编:200233
电话:021/61215363
传真:61215399
网址:www. trw. cn

◉铁姆肯(中国)投资有限公司
(TIMKEN)

地址:上海市虹桥路1号港汇中心1座27层
邮编:200030
电话:021/61138000
传真:61138001
网址:www. timken. com. cn

◉尤思艾汽车零件集团(UCI)

北京代表处

地址:北京市朝阳区东三环北路19号中青大厦1702室
邮编:100020
电话:010/65819332
传真:65816249

上海代表处

地址:上海市浦东新区龙阳路2277号永达国际大厦1103室
邮编:201204
电话:021/51692606
传真:50101870
网址:www. uci-china. com

◉威伯科汽车控制系统亚太区总部/威伯科(上海)管理有限公司
(WABCO)

地址:上海市虹桥路1号港汇中心一座35楼
邮编:200335
电话:021/54068888、54068835
传真:61138237
网址:www. wabco-auto. com

◉3M 中国有限公司(3M)

总办事处

地址:上海市兴义路8号万都中心大厦38楼
邮编:200336
电话:021/62753535
传真:62752343
网址:solutions9. 3m. com

◉贝洱亚太管理(上海)有限公司
(BEHR)

地址:上海市浦东金桥陇桥路355号

邮编:201206
电话:021/68654510
传真:58546120
网址:www.behrchina.behrgroup.com

◉博世(中国)投资有限公司(BOSCH)
地址:上海市长宁区福泉北路333号
邮编:200335
电话:021/22181111
传真:22182111
网址:www.bosch.com.cn

北京分公司
地址:北京市经济技术开发区永昌南路6号3楼
邮编:100176
电话:010/67827000
传真:67827740

◉BPW梅州车轴有限公司(BPW)
地址:广东省梅州市城东协田
邮编:514743
电话:0753/2651883
传真:2651889
网址:www.bpw.cn

◉大陆集团亚太区总部(CONTINENTAL TEVES & CONTITECH)
地址:上海市中山南路28号久事大厦裙楼6楼
邮编:200010
电话:021/38892846

大陆汽车系统管理(上海)有限公司
地址:上海市南京西路338号天安中心大厦23层
邮编:200003
电话:021/61418282
传真:61418292

大陆汽车系统管理(上海)有限公司第一分公司
地址:上海市中山南路28号久事大厦裙楼
邮编:200010
电话:021/38892846

大陆汽车系统北京销售办事处
地址:北京市东城区东中街9号东环广场A座4C
邮编:100027
电话:010/64182663
传真:64182664

黑河试车场
地址:黑龙江省黑河市卡伦山林场
邮编:164300
电话:0456/8210933
传真:8210933
网址:www.conti-online.com

◉博泽汽车技术企业管理(中国)有限公司(BROSE)
地址:上海市安亭安驰路557号
邮编:201805
电话:021/39575555
传真:69502906
网址:www.brose.com

◉德国道依茨公司(DEUTZ)
北京办事处
地址:北京市朝阳区建国门外大街19号国际大厦11-03室
邮编:100004
电话:010/65254186
传真:65120042
网址:www.deutz.com.cn

◉德国依米泰克公司(EMITEC)
北京代表处
地址:北京市朝阳区麦子店西路3号新恒基大厦919室
邮编:100016
电话:010/64674354
传真:84580637
网址:www.emitec.de

◉费比贸易(上海)有限公司(FEBI)
地址:上海市徐汇区虹梅路1905号远中科研楼808室
邮编:200233
电话:021/54453322
传真:54452768
网址:www.febi.com

◉德国GGB中国
地址:上海市延安西路2633号美丽华商务中心C204室
邮编:200336
电话:021/62199885、62789702
传真:62199805、62787826
网址:www.ggbearings.cn

◉吉凯恩(中国)投资有限公司(GKN)
地址:上海市浦东世纪大道1600号浦项商务广场1105-1110室
邮编:200122
电话:021/58203655
传真:58203123
网址:www.gknchina.com

◉海拉(上海)汽车工业服务有限责任公司(HELLA KGAA HUECK)
地址:上海市浦东新区建业路411号
邮编:201201
电话:021/61606800
传真:61606899

海拉贸易(上海)有限公司
地址:上海市闸北区共和新路1898号大宁国际商业广场5幢11层
邮编:200072
电话:021/61176228
传真:61176206
网址:www.hella.com.cn

◉汉高亚太及中国总部(汉高亚太区研发中心)(HENKEL)
地址:上海市浦东新区张衡路928号
邮编201203
电话:021/28918000

汉高(中国)投资有限公司
地址:上海市浦东新区张衡路928号
邮编:201203
电话:021/28918000

汉高乐泰(中国)有限公司北京办事处
地址:北京市朝阳区东三环北路19号中青大厦907室
邮编:100020
电话:010/65012313
网址:www.loctite.com.cn

◉莱尼线束系统上海管理中心(LEONI WIRING SYSTEMS)
地址:上海市嘉定区嘉松北路1288号
邮编:201808
电话:021/39939105
传真:39939100

◉马勒技术投资(中国)有限公司(MAHLE)
地址:上海市奉贤区环城北路1299号
邮编:201400
电话:021/51360595
传真:51360739
网址:www.cn.mahle.com

◉德国福士汽车有限公司(VOSS AUTOMOTIVE)
上海代表处
地址:上海市新华路128号315室
邮编:200052
电话:021/32267029
传真:32267028

◉伟巴斯特(北京)贸易有限公司(WEBASTO)
地址:北京市朝阳区望京利泽中一路1号博雅国际中心2号楼A2103室
邮编:100102
电话:010/84782320
传真:84782377
网址:www.webasto.cn

◉舍弗勒投资(中国)有限公司(SCHAEFFLER)
地址:上海市嘉定区安亭镇安拓路1号
邮编:201804
电话:021/39576666
传真:39576100

舍弗勒贸易(上海)有限公司
地址:上海市嘉定区安亭镇安拓路

1号
邮编:201804
电话:021/39576500
传真:39576600
网址:www.schaeffler.cn

◉西门子威迪欧汽车电子中国(SVC)
地址:上海市中山南路28号久事大厦
邮编:200010
电话:021/38893889
传真:63302335
网址:www.siemens.com

◉蒂森克虏伯(中国)投资有限公司(THYSSENKRUPP)
地址:北京市朝外大街16号中国人寿大厦22层
邮编:100020
电话: 010/85252999
传真: 85252161
网址:www.thyssenkrupp.com.cn

◉采埃孚(中国)投资有限公司(ZF)
地址:上海市长乐路989号世纪商贸广场30层1单元
邮编:200031
电话:021/54674636
传真:54075226
采埃孚销售服务(上海)有限公司
地址:上海市松江区九亭镇九泾路889号
邮编:201615
电话:021/37617800
传真:37617801
网址:http://zf-china.net

◉玛涅蒂玛瑞利(Magneti Marelli)
北京办事处
地址:北京市朝阳区北三环东路2号中旅大厦2层215室
邮编:100028
电话:010/64612430

◉英国达塔帕克有限公司(DATAPAQ)
上海代表处
地址:上海市临虹路280弄6号楼3楼
邮编:200335
电话:021/61286200
传真:61286222
网址:www.datapaq.com

◉布雷博(中国)制动系统有限公司(BREMBO)
地址:北京市顺义区顺通路28号汽车大厦B座301室
电话:010/89401868
传真:89401869

◉倍耐力轮胎有限公司(PIRELLI)
上海代表处
地址:上海市长宁区天山路600弄1号楼同达创业大厦3101室
邮编:200050
电话:021/60577600
传真:61136279
网址:www.pirelli.com.cn

◉飞利浦(中国)投资有限公司(PHILIPS)
上海分公司
地址:上海市天目西路218号20-22层
邮编:200070
电话:021/59154042
传真:59154042
网址:www.philips.com.cn

◉道达尔润滑油(中国)有限公司(TOTAL)
地址:上海市西藏中路268号来福士广场办公楼
邮编:200001
电话:021/23202000
传真:23202001

◉法雷奥中国集团(VALEO)
总部
地址:北京市建国门外大街22号赛特大厦2101室
邮编:100004
电话:010/65150366
传真:65125066
网址:www.valeo.com.cn
法雷奥集团亚洲采购办事处
地址:上海市北京东路668号科技京城东楼29A-B座
邮编:200001
电话:021/53084588
传真:53086358
法雷奥(中国)销售公司
地址:上海市张江高科技园区科苑路501号
邮编:201203
电话:021/50270161
传真:50802173
网址:www.valeo.com.cn

◉米其林(中国)投资有限公司(MICHELIN)
地址:上海市长宁区红宝石路500号
邮编:201103
电话:021/22190888
网址:www.michelin.com.cn

◉斯凯孚(中国)销售有限公司(SKF)
地址:上海市北京东路689号东银大厦28楼
邮编:200001
电话:021/53068866
斯凯孚(上海)汽车技术有限公司
地址:上海市嘉定区安亭镇园国路328号
邮编: 201814
电话:021/69574300
传真:69574320
网址:www.skf.com.cn

◉奥特适有限公司(AJUSA)
上海办事处
地址:上海市漕宝路103号1311室
邮编:200233
电话:021/64847003
传真:64834655
网址:www.ajusa.es/cn

◉INAFA汽车天窗系统亚洲(上海)公司(INAFA)
地址:上海市浦东新金桥路58号银东大厦29A2室
电话:021/61462301、50301930
传真:61462303、50301936
网址:www.inalfa-roofsystems.com

◉科莱恩化工(中国)有限公司(CLARIANT)
地址:上海市漕河泾开发区桂箐路69号25幢1~3楼
邮编:200233
电话:021/64851000
传真:64853000

◉阿尔派电子(中国)有限公司(ALPINE)
总部
地址:北京市朝阳区建国路116号招商局大厦R2座4层
邮编:100022
电话:010/65660308
传真:65660093
北京事务所
地址:北京市朝阳区建国路116号招商局大厦R2座4层
邮编:100022
电话:010/65662828
传真:65662826
沈阳事务所
地址:沈阳市沈河区惠工街10号卓越大厦9楼910室
邮编:110013
电话:024/22789399
传真:22789599
武汉事务所
地址:武汉市解放大道634号新世界中心写字楼A座2501室
邮编:430022
电话: 027/85743113
传真: 85743115

成都事务所
地址:成都市锦江区人民南路二段18号川信大厦11楼D-2室
邮编:610021
电话: 028/86200171

上海分公司
地址:上海市长宁区1027号兆丰多媒体广场1204室
邮编:200050
电话:021/52418883
传真:52418122

广州分公司
地址:广州市天河区林和西路161号中泰国际广场A1106室
邮编:510620
电话:020/38251650
传真:38310095

大连研发中心
地址:辽宁省大连市软件园路8-6号
邮编:116023
电话:0411/84757000、84757386
传真:84757118
网址:www. alpine. com. cn

◉爱信精机株式会社(AISIN SEIKI)

天津代表处
地址:天津市南开区三马路165号双鹿大厦8520室
邮编:300100
电话:022/23033582
网址:www. aisin. co. jp

◉株式会社普利司通(BRIDGESTONE)

中国事务所
地址:北京市朝阳区麦子店街37号北京盛福大厦820室
电话:010/85276800
传真:64650306

普利司通(中国)投资有限公司
地址:上海市卢湾区淮海中路98号金钟广场8楼
电话:021/61321888
传真:61912725

普利司通中国培训中心
地址:江苏省无锡市国家高新技术产业开发区新梅路119-A号地块
电话:0510/85322287
传真:85322026

普利司通(中国)研究开发有限公司
地址:江苏省无锡市国家高新科技产业开发区新梅路119-A号地块
邮编:214028
电话 0510/85322282
传真:85322330

普利司通(中国)轮胎试验研发有限公司
地址:江苏省宜兴市张渚镇犊山村前笪118号
电话:0510/66510081
传真:66510083
网址:www. bridgestone. com. cn

◉康奈可(中国)投资有限公司(CALSONIC KANSEI)

地址:上海市兴义路8号上海万都中心18层
邮编:200336
电话:021/52080707
传真:52080586

◉电装(中国)投资有限公司(DENSO)

地址:北京市朝阳区东三环北路5号发展大厦518室
邮编:100004
电话:010/65909745、57582651
传真:65909044、57582781

天津分公司
地址:天津市南京路358号今晚大厦19层
邮编:300100
电话:022/27500228

上海分公司
地址:上海市长宁区兴义路8号万都中心1901室
邮编:200336
电话:021/62336327

长春分公司
地址:长春市南关区亚泰大街3218号通钢国际大厦A段13层1302室
邮编:130061

广州分公司
地址:广州市天河区体育东路138号金利来大厦1103-06室
邮编:510613
电话:020/38771366
传真:38771373

上海技术中心
地址:上海市闵行区朱建路333弄15号
邮编:201107
电话:021/54275533-121
网址:www. denso. com. cn

◉古河电气工业株式会社(FURUKAWA)

北京办事处
地址:北京市朝阳区东三环中路9号富尔大厦1001室
邮编:100020
电话:010/85910608
传真:85910609

上海办事处
地址:上海市黄浦区九江路288号宏伊国际广场1006室
邮编:200001
电话:021/33665301
传真:33665308
网址:www. furukawa. co. jp

◉日立中国有限公司(HITACHI)

地址:北京市朝阳区东三环北路5号发展大厦18F
邮编:100004
电话:010/65908111
传真:65908110

◉捷太格特(中国)投资有限公司(JTEKT)

地址:上海市长宁区仙霞路333号东方维京大厦25层
邮编:200336
电话:021/51781000
传真:51781008
网址:www. jtekt. com. cn

◉建伍电子贸易(上海)有限公司(KENWOOD)

地址:上海市浦东新区浦东大道138号永华大厦24A-01室
邮编:200120
电话:021/58828701
传真:58828711
网址:www. kenwood. co. jp

◉松下电器(中国)有限公司(PANASONIC INDUSTRIAL)

地址:北京市朝阳区景华南街5号远洋·光华国际C座3、5、6层
邮编:100020
电话:010/65626688

天津松下汽车电子开发有限公司
地址:天津经济技术开发区花园街10号
邮编:300457
电话:022/59816187
传真:59816166
网址:www. panasonic. com. cn

◉日本恩福集团(中国)(NOK-FREUDENBERG)

地址:上海市浦东大道720号国际航运大厦14楼B-H座
邮编:200120
电话:021/50366900
传真:50366307
网址:www. nfgc. com. cn

◉恩斯克投资有限公司/恩斯克(中国)研究开发有限公司(NSK)

地址:江苏省昆山市花桥经济技术开发区恩斯克路8号
邮编:215332
电话:0512/57963000
传真:57963300

恩斯克(中国)销售有限公司
地址:江苏省昆山市花桥经济技术开发区恩斯克路8号

邮编:215332
电话:0512/57963000
传真:57963300
网址:www.nsk.com.cn

◉恩梯恩(中国)投资有限公司(NTN)
上海本部
地址:上海市松江工业区南乐路1666号6号楼
邮编:201611
电话:021/57745500
传真:57782898
网址:www.ntn.com.cn

◉三洋电机(中国)有限公司(SANYO)
地址:北京市朝阳门外大街18号丰联广场28楼
邮编:100020
电话:010/65881501
传真:65881505
网址:cn.sanyo.com

◉住友电工咨询(上海)有限公司(SUMITOMO ELECTRIC)
地址:上海市延安西路2201号上海国际贸易中心2015室
邮编:200336
电话:021/62785978
传真:62785968
网址:www.sei.co.jp

◉丰田纺织(中国)有限公司(TOYOTA BOSHOKU)
地址:上海市张杨路500号时代广场16层
电话:021/58367928
传真:58367178

◉东洋轮胎(上海)贸易有限公司(TOYO TIRE)
地址:上海市徐汇区吴中路39号新概念大厦6楼
邮编:200235
电话:021/58820880
传真:58878846
网址:www.toyo-tire.com.cn

◉雅马哈发动机株式会社(YAMAHA)
北京事务所
地址:北京市朝阳区东三环北路5号发展大厦1014室
邮编:100004
电话:010/65908473
传真:65908470
上海事务所
地址:上海市虹梅路1801号凯科国际大厦21楼
电话:021/61612900
雅马哈发动机研发(上海)有限公司
地址:上海市闵行区紫竹科学园区紫月路1137号
电话:021/54603365
网址:www.yamaha-motor.com.cn

◉韩泰轮胎(中国)有限公司(HANKOOK)
地址:上海市钦州北路1001号12幢光启大厦10楼
邮编:200233
电话:021/33636888
传真:33637180
网址:www.hankooktire.cn

◉现代摩比斯(HYUNDAI MOBIS)
北京办事处
地址:北京市朝阳区霄云路38号现代汽车大厦1002室
邮编:100027
电话:010/84539810
传真:84539812
上海代表处
地址:上海市九亭镇松江高科技园区九泾路58号
邮编:201615
电话:021/67696769
传真:67696611
现代汽车(上海)有限公司
地址:上海市九亭镇松江高科技园区九泾路1011号
邮编:201615
电话:021/67696769
传真:67696611
摩比斯上海研发中心
地址:上海市九亭镇松江高科技园区九泾路1011号
邮编:201615
电话:021/67696769
传真:67696769-220
网址:www.mobis.co.kr

◉锦湖(中国)轮胎销售有限公司(KUMHO)
地址:上海市安亭上海国际汽车城嘉安公路3188号
邮编:201805
电话:021/61391000
网址:www.kumhotire.com.cn

◉万都(MANDO)
北京代表处
地址:北京市朝阳区东三环北路8号亮马河大厦801室
邮编:100004
电话:010/65900347
网址:www.mando.com
万都(北京)汽车部件研究开发中心有限公司
地址:北京市朝阳区望京北路9号叶青大厦D座10层1001室
邮编:100016
电话:010/84580715
传真:84580712

◉北京和信汽车部件有限公司
地址:北京市平谷区兴谷开发区11号
邮编:101200
电话:010/69952411
传真:69952415

◉金驭汽车技术公司(PRODRIVE)
上海代表处
地址:上海市天钥桥路325号嘉汇国际广场A楼2708室
邮编:200030
电话:021/33632560
传真:96955-68030
www.prodrive.com

◉佳通轮胎(中国)投资有限公司(GITI TIRE)
地址:上海市长宁区临虹路280-2号
邮编:200335
电话:021/22073333
传真:22073000
网址:www.giti.com

◉意柯那(上海)工业设计有限公司(ICONA)
地址:上海市浦东新区商城路889号波特营创意园区B9幢
电话:021/60751918
传真:60751925
网址:www.icona-stc.com

◉上海伊狄达汽车技术服务有限公司(IDIADA)
地址:上海市浦东张江高科技园区张衡路180号第一上海中心2号楼3层
邮编:200050
电话:021/62100894
传真:52080556
网址:www.idiada.cn
电子信箱:idiada_china@idiada.com

◉爱达克车辆工程(上海)有限公司(EDAG)
地址:上海市嘉定区安亭镇园大路388号
邮编:201805
电话:021/69169555
传真:69169760
网址:www.edag.cn

◉艾尔维汽车工程技术(上海)有限公司(IAV)
地址:上海市嘉定区安亭镇墨玉路185号8楼
邮编:201805
电话:021/39570917
传真:59577752

网址：www. iav. com

◉乔治亚罗（上海）汽车设计有限公司（ITALDESIGN GIUGIARO）

地址：上海市浦东福山路 458 号同盛大厦 1209－1212 室
邮编：200122
电话：021/50811170
传真：50583911
网址：www. italdesign. it

◉泰科尼康设计公司（TECHNICON）

地址：上海市浦东南路 360 号上海新国际大厦 6N
邮编：200120
电话：021/68862190
传真：68862191
网址：www. technicondesign. com

◉丰田通商株式会社（TOYOTA TSUSHO）

北京代表处
地址：北京市朝阳区东三环北路 5 号发展大厦 220 室
邮编：100004
电话：010/65908920
传真：65909218

广州代表处
地址：广州市天河北路 233 号中信广场办公楼 5202 室
电话：020/87520756
传真：87520787

丰田通商（中国）商贸有限公司
地址：北京市朝阳区东三环北路五号北京发展大厦 220 室
电话：010/65908940
传真：65908930
网址：www. toyotsu. com. cn

◉三菱商事（中国）有限公司（MITSUBISHI）

地址：上海市浦东新区迎春路 96 号三菱商事办公楼
邮编：200127
电话：021/68543030
传真：68541911

三菱商事（中国）商业有限公司
地址：北京市建国门内大街 18 号恒基中心二座 8 层
邮编：100005
电话：010/65183030
传真：65183040
网址：www. mitsubishicorp. com/cn/zh

◉三井物产（中国）有限公司

地址：北京市建国门外大街 1 号国贸大厦 8 层
邮编：100004
电话：010/59653331
传真：59653591

三井物产（上海）贸易有限公司
地址：上海市浦东新区世纪大道 100 号上海环球金融中心 41 楼
邮编：200120
电话：021/38500500
传真：38500600

三井物产（广东）贸易有限公司
地址：广州市流花路中国大酒店商业大厦 954 号
邮编：510015
电话：020/86681188
传真：86678665
网址：www. mitsui－china. com

◉住友商事（中国）有限公司（SUMITOMO）

地址：北京市朝阳门外大街 18 号丰联广场大厦 A 座 18 层
邮编：100020
电话：010/65881922
传真：65881922

住友商事（中国）商业有限公司
地址：北京市朝阳门外大街 18 号丰联广场大厦 A 座 18 层
邮编：100020
电话：010/65881922
传真：65881192
网址：www. sumitomocorpchina. com. cn

◉太洋物产株式会社（TAIYO BUSSAN KAISHA）

上海太洋荣光商业有限公司：
地址：上海市长宁愚园路 1258 号绿地商务大厦 712 室
电话：021/62529176
传真：62529177

北京办事处
地址：北京市东四十条甲 22 号南新仓国际大厦 A812
邮编：100007
电话：010/64096300
传真：64096330

广州办事处：
地址：广州市天河北路 183－187 号大都会广场 14 楼 1410 室
电话：020/87558176、38462224
传真：85251287
网址：www. taiyo－bussan. co. jp

特别专栏

汽车行业部分企事业单位领导人介绍

徐建一

一汽集团公司

董事长兼党委书记

徐建一，男，1953年12月出生，山东福山人，1986年6月加入中国共产党，1970年4月参加工作，毕业于吉林工业大学汽车专业、荷兰马斯特理赫特国际管理学院总经理战略管理专业，研究员级高级工程师。

历任一汽汽车研究所技术员，美国工程技术联合有限公司、福特公司访问学者，一汽汽车研究所底盘设计一室副主任、综合计划调度室副主任（主持工作）、车型设计研究部副部长（主持工作）；一汽底盘厂副厂长、一汽副总调度长、一汽-大众公司副总经理；一汽总调度长；一汽集团公司副总经理、党委常委；吉林省省长助理、省政府党组成员；吉林省省长助理、省政府党组成员，吉林市委副书记，吉林市副市长、代理市长；吉林省省长助理、省政府党组成员，吉林市委副书记，吉林市市长；吉林省省长助理、省政府党组成员，吉林市委书记；吉林省委常委、吉林市委书记、吉林市人大主任等职。

徐平

东风汽车公司

总经理、党委书记

东风汽车有限公司

董事长、党委书记

徐平，男，1957年1月出生，汉族，安徽巢湖人，大学学历，工学学士，研究员级高级工程师。1979年1月参加工作，1987年10月加入中国共产党。历任二汽热电厂生产办副主任、生产技术科科长、副总工程师、厂值班主任、副厂长、厂长，东风公司工会主席，湖北省总工会副主席，东风公司工会主席兼载重车公司党委书记，东风公司党委书记、副总经理兼东风有限党委书记、副总裁，东风公司总经理、党委书记。

胡茂元

上海汽车工业集团总公司

董事长、党委书记

上海汽车集团股份有限公司

董事长

胡茂元，男，浙江绍兴人，1951年4月出生于上海，现任上海汽车工业（集团）总公司董事长、党委书记，上海汽车集团股份有限公司董事长、党委书记，中国汽车工业协会会长。

1968年入上海拖拉机厂当工人；1983年2月起先后任上海拖拉机厂厂长、上海汽车工业总公司副总经理、副总裁；1995年8月就任上海汽车工业集团总公司副总裁、上海汽车有限公司副总经理；1995年9月起兼任上海汽车工业集团总公司浦东轿车项目组总经理、上海通用汽车公司总经理。1999年7月至今，任上海汽车工业集团总公司总裁。2007年5月任中国汽车工业协会第六届理事会会长。

徐留平

中国长安汽车集团股份有限公司

董事长、总裁、党委书记

重庆长安汽车股份有限公司

董事长

徐留平，男，汉族，1964年10月生，江苏扬中人。1988年6月参加工作，1987年1月加入中国共产党，北京理工大学经济管理学博士，研究员级高工。现任中国兵器装备集团公司党组成员、副总经理，中国长安汽车集团股份有限公司董事长、总裁、党委书记，重庆长安汽车股份有限公司董事长。荣获2009年CCTV中国经济年度人物、2010年全国劳动模范、全国“五一劳动奖章”、改革开放30年中国汽车工业杰出人物。

徐和谊

北京汽车集团有限公司

董事长、党委书记

徐和谊，男， 1957年11月6日出生于北京，回族，中共党员，博士研究生，教授级高级工程师；原任首钢总公司副总经理，中共北京市委工业工委副书记，北京市经济委员会党组副书记、副主任；1982年毕业于北京科技大学，获工学学士学位。后获得中欧国际工商学院MBA，华中科技大学管理学博士，教授级高级工程师。

曾任首钢设计院院长，首钢总公司党委常委，副总经理；北京市经济委员会党组副书记，常务副主任；北京现代汽车有限公司董事长、党委书记。

现任北京汽车工业控股有限责任公司董事长、党委书记。

现兼任北京市企业家协会副会长、北京市科协副会长、北京市消费者协会副会长、首都企业家俱乐部副理事长，中国汽车工业协会副会长。

先后被评为“北京市优秀公务员”、“北京市经济技术创新标兵”、“中国汽车工业50周年最具影响力人物”、“中国经济十大新闻人物”、“北京市劳动模范”、“最佳合资企业CEO”等；并获得国务院颁发的政府特殊津贴。

2011年，1月18日，荣获2010CCTV中国经济年度人物奖。

张房有

广州汽车工业集团有限公司

董事长

广州汽车集团股份有限公司

董事长、党委副书记

张房有1956年10月生，广东增城人。现任广州汽车工业集团有限公司和广汽丰田汽车有限公司董事长；广州汽车集团股份有限公司董事长、党委副书记。

1974年12月参加工作，1975年2月加入中国共产党，中央党校在职研究生班党建专业毕业，中央党校在职研究生学历，工商管理硕士，高级经济师。

1997年7月开始兼任广州汽车集团有限公司董事长，现任广州汽车工业集团有限公司董事长。身兼广汽集团董事长、广汽股份董事长两职，是广州汽车股份制改造的核心人物。

马纯济

中国重型汽车集团有限公司

董事长、党委书记

马纯济，男，1953年10月出生，1976年5月加入中国共产党，文化程度，大学，江苏大学兼职教授，现任济南市人大副主任，中国重型汽车集团有限公司董事长、党委书记，中国重汽（香港）有限公司董事局主席。全国七届、十届、十一届人大代表。

主要简历：

1985−1990年任济南汽车配件厂厂长、党委书记

1990−1992年任济南市机械局副局长、槐荫区副区长（挂职）

1992−1996年先后任济南市槐荫区区长、区委书记

1996−1997年任济南市委工交工委书记、市经委主任

1997−2000年任济南市人民政府副市长

2000−2004年任中共济南市委副书记，中国重型汽车集团有限公司董事长、党委书记。

2004−2007年任济南市人大副主任，中国重型汽车集团有限公司董事长、党委书记。

2007年至今任济南市人大副主任，中国重型汽车集团有限公司董事长、党委书记，中国重汽（香港）有限公司董事局主席。

李书福

浙江吉利控股集团有限公司

董事长

李书福先生，1963年出生于浙江省台州市。燕山大学工程硕士学位，高级经济师职称，全国政协委员。

李书福先生对发展民族汽车工业倾注了全部至诚至爱之心。他对人才的引进和培养，经营管理方法的改革和完善，产品的更新换代和品质提升，经营规模的扩大和资本经营运作等方面都有独到的见解。

李书福先生作风民主、办事果断。决策前他能集思广益、博采众长、虚心听取专家学者和经营管理班子成员的意见，并深入实际进行市场调查和可行性研究，一旦决策则意志坚定、雷厉风行，不达目标誓不放弃。十几年来他做出的重大决策很少失误，使公司始终沿着正确方向，保持高速增长。

李书福先生的可贵之处还在于企业效益和社会效益，物质文明和精神文明一起抓。这些年以来用于兴办研究中心、教育中心和社会公益事业的资金达数10亿元。

几年来，李书福先生曾先后荣获“经营管理大师”、“十大民营企业家”、“中国汽车界风云人物”、“中国汽车工业（50年）杰出人物”、“浙商年度风云人物”、“中国25大功勋品牌人物”、“中国民营企业自主创新十大领军人物”、“2006中国10大最具生命力企业舵手”、“中国十大慈善家”、“2006中国汽车十大风云人物”、“中国汽车品牌自主创新功勋人物”、“2007浙商创新大奖”等荣誉，而他本人面对这些殊荣且看的十分平淡，他说这些荣誉都属于过去，今后的路更长，也更曲折。正像他的名字一样，为中国老百姓书写幸福，是他终生追求的目标。

刘正均
哈飞汽车集团
总经理

出生日期：1965–09　政治面貌：中国共产党党员

工作时间：1989–07　籍贯：重庆

简要工作经历：

1989．07—1994．11　长安厂 汽车总装车间技术员、检验处助理工程师、工程师

1994．11—1995．05　日本铃木公司研修

1995．05—1999．02　长安厂 检验处工程师

1999．02—2001．02　日本铃木公司研修

2001．02—2010．06　长安汽车股份有限公司 质量部室主任、副处长、处长、副部长、部长

2010．07—2011．12　河北长安汽车有限公司 总经理兼党委书记

2012．01—　中国长安汽车集团总经济师、哈飞汽车集团总经理

李峰
北京现代汽车有限公司
党委书记、常务副总经理

1963年7月出生。中共党员，高级工程师。

1986年～1995年，在安徽拖拉机厂工作。

2002年起，担任北汽福田汽车股份公司副总经理兼营销公司总经理。

2005年1月～2008年8月，担任奇瑞销售公司总经理。

2009年1月至今，担任北京现代汽车有限公司党委书记、常务副总经理。

张海亮
上海大众汽车有限公司
总经理

张海亮，生于1970年10月，工程师，硕士学位。

1994年于上海大众汽车有限公司参加工作。1994年至1998年在规划部、计划物流控制部、产品工程部、供应部任职股员、股长。1998年至2002年历任供应部前期采购科及生产采购科科长。2002年10月起任供应部部经理，期间兼任计划物流控制部经理。2004年12月调任规划部任副理。2006年7月至2007年2月担任产品工程部副经理。2007年2月起出任上海大众汽车有限公司人事与行政执行经理。

2007年10月，张海亮任上海大众汽车有限公司销售与市场执行经理兼、上海上汽大众汽车销售有限公司总经理。

2010年9月9日，张海亮先生就任上海大众汽车有限公司董事、总经理。

吴松
广州汽车集团股份有限公司
副总经理
广州汽车集团乘用车有限公司
总经理

吴松，湖北黄石人，毕业于华中科技大学械制造工艺设备及自动化专业，曾在西安交通大学管理工程专业以及中南财经大学财务管理会计专业学习，研究生学历，工学学士，高级经济师。

曾任冶钢集团有限公司董事、总经理、党委常委、党委副书记，大冶特殊钢股份公司总经理、党委常委、党委副书记，五羊—本田摩托（广州）有限公司董事、副总经理，广汽丰田汽车有限公司董事，广汽丰田发动机有限公司董事、副总经理。

2007年开始领导广汽自主品牌项目建设，现任广汽集团党委委员、副总经理，广州汽车集团乘用车有限公司董事、总经理。

陈华述

重庆长安铃木汽车有限公司

常务副总经理

陈华述，男，1968年10月19日出生。

主要经历

1998.12-2000.08　红宇机械厂厂办　副总工程师

2000.08-2005.06　红宇精密工业有限公司　副厂长

2005.07-2010.8　南方天合底盘系统有限公司　副总经理兼党总支部书记、红宇公司党委副书记

2010.9　长安汽车股份有限公司　总裁助理

2010.10-至今　重庆长安铃木汽车有限公司　常务副总经理

主要业绩

1、1998年3月～7月，中国兵器工业总公司“552人才工程”中青年管理干部培训；

2、2003年8月，重庆经委授予“重庆市技术创新先进工作者”；

3、2004年10月～11月，国家行政学院、兵装集团中青年经营管理人员学习班；

4、2007年1月，国防科工委工业企业管理创新成果二等奖。

王锡高

江铃汽车集团公司

董事长

王锡高，男，汉族，中共党员，1950年6月出生，双学士学位，1967年8月参加工作，教授级高级工程师；

1967.8——1992.4

江西锅炉厂学徒、设计科技术员、容器车间代理党支部副书记、设计科助理工程师、技术口党支部书记、厂办主任、设计科长、总师室主任、副厂长、党委委员

1992.4——2000.2

江联有限责任公司副总经理、党委委员、副董事长、总经理

2000.3——2003.9

江西锅炉化工石油机械联合有限责任公司党委书记、董事长

2003.9——至今

江铃汽车集团公司党委副书记、副董事长、董事长

奖励：

获省科技成果二、三等奖各两次；市科技成果一等奖两次，二等奖一次；国家教委科技成果二等奖一次；

91年获机电部有突出贡献中青年专家称号；

93年获国务院津贴，市拔尖科技人才；

94年获人事部颁发国家有突出贡献中青年专家称号，并获多项国家专利证书。

方红卫

陕西汽车集团有限责任公司

董事长

主要简历：

1984年9月-1989年7月就读于清华大学汽车专业；

1989年8月-1990年2月在陕西汽车制造总厂车桥分厂实习；

1990年2月-1990年8月在陕西汽车制造总厂汽研所实习；

1990年8月-1995年4月在陕西汽车制造总厂汽研所工作并任试验技术科科长；

1995年5-1996年3月在陕西汽车制造总厂财务处从事成本价格会计工作；

1996年3月-1996年11月任陕西汽车制造总厂财务处副处长；

1996年11-2001年9月任陕西汽车制造总厂副厂长；

1998年9月-2001年10月兼任销售公司总经理；

2001年9月-2002年2月任陕西汽车制造总厂常务副厂长；

2002年2月-2008年6月任陕西汽车集团有限责任公司董事会董事、总经理；

2002年9月至今任陕西重型汽车有限公司董事会董事、总经理；2002年获陕西省“五四青年奖章”；

2004年2月任陕西汽车集团有限责任公司 第五届党委常委；

2004年12月获得机械工业企业高级职业经理人资格认证；

2008年6月至今任陕西汽车集团有限责任公司董事长。

区永坚

广州汽车集团股份有限公司

副总经理

广汽日野汽车有限公司

执行副总经理

区永坚，广州汽车集团股份有限公司副总经理兼广汽日野汽车有限公司董事、执行副总经理。从广州羊城、广汽本田、广汽部件到广汽日野，几十年汽车行业的从业经历，他见证了汽车行业的风起云涌，积累了丰富的经营管理经验，在汽车销售领域有自己独到的见解。

一个成功的企业，必定有一个雷厉风行的带头人。区永坚执行副总经理凭其准确的判断力、果断的决策力以及注重细节和勇于承担责任的工作作风，一次次挑战“不可能”。我们有理由相信，广汽日野在其优秀领导能力的带领下，必将在激烈的商用车市场竞争环境中，抢占市场份额、提高运营质量和效益，向世界级商用车企业的宏伟目标迈进。

钟明华

北汽福田汽车股份有限公司时代营销公司

总经理

钟明华，男，汉族，1964年10月生，中共党员，高级工程师，现任北汽福田时代品牌总经理、诸城奥铃汽车厂党委书记、厂长。

先进事迹：

诸城奥铃汽车厂自成立以来，在福田汽车集团战略导引和他的带领下，工厂不断发展壮大。2011年，时代汽车销量达到26.7万辆，销售收入达到86多亿元，实现了新的历史跨越，也为“十二五”打下了坚实的基础。工厂现已形成年产轻卡36万辆的生产能力，是全球最大的轻卡制造基地。

工厂紧紧围绕“科技 管理 人才”的经营方针，始终坚持“诚信、业绩、创新”的经营理念，先后荣获国家“安全质量标准化一级企业”、“山东省文明单位”、“山东企业100强”、“山东省诚信企业”、“山东省管理创新十佳企业”、“十一五”山东省机械工业典范企业等荣誉称号。

企业快速发展的同时，总是把国家利益、社会责任摆在第一位，积极参与当地各项公益事业，奉献社会。成立于1999年的福田奖学基金，目前已增至200余万元，先后捐助各类优秀、贫困学生3900余人，奖励金额达100多万元；汶川、玉树地震后，组织捐助现金及物资200余万元，西南干旱后捐助现金10万元，赢得了各级领导的充分肯定和社会各界的广泛赞誉。

程道然

东风柳州汽车有限公司

总经理

程道然，男，汉族，教授级高级工程师，现任东风柳州汽车有限公司总经理。1960年3月出生，浙江省衢州市人。毕业于浙江大学热物理工程学系内燃动力工程，留学荷兰马斯特里赫特管理学院工商管理获硕士学位。1982年进入东风柳州汽车有限公司产品研发部门，长期从事商用车、乘用车整车研究开发工作，在整车设计方面具有较高的水平。

2002年担任公司总经理后，他带领东风柳汽全体员工，围绕企业战略规划和生产经营目标，开展方针管理，量化目标，强化管控；狠抓技术研发，优化配套体系，不断提升营运质量，产销量连创新高。2009年，销售收入突破70亿大关。2010年产销汽车首次突破10万辆，销售收入取得超120亿元的辉煌业绩，东风柳汽迈入年销售收入超百亿的企业行列。2011年深入推进营销由“游击战”向“阵地战”全面转型，以营销网络建设为先导，推广区域市场成功经验，加大网络开拓力度，扎实推进商用车、乘用车和海外“三网工程”建设，进一步优化网络结构。2011年销售收入再创130亿新高。其中风行乘用车创造了年销售10万辆、同比增长率达100%、且连续两年同比增长均超过100%的车市佳话。实现“三个第一”：风行汽车整体销量在MPV市场上第一，在细分市场销量第一，且大幅跨越式发展，位居当前业界同行中第一。

2005年获广西区劳动模范荣誉称号；2004−2008年连续获广西区优秀企业家；2007年12月获“广西壮族自治区优秀专家”；2008年4月 获“广西汽车工业优秀企业家”；2008年11月 获“中国汽车工业杰出人物”；2007年度获东风有限公司“优秀管理者”称号；2006年—2009年连续获东风商用车“优秀管理者”； 2010年获“广西优秀企业家”称号；2010年获“广西十佳企业家”称号。2011年获“东风汽车有限公司优秀管理者”称号。

远勤山

大运集团有限公司

董事长

远勤山，男，1968年3月生于山西省运城市盐湖区，工商管理硕士，经济师。现任大运集团有限公司董事长，担任的社会职务有山西省第十一届人大常委，山西省第九届、第十届政协委员，全国工商联执委，山西省工商联副会长，全国青联委员，山西省青联常委，山西省光彩事业促进会理事，山西省诚信建设促进会副会长，运城市人大代表。

一、矢志创业，“大运摩托”风驰天下

从1999年开始，组建广州大阳、大运摩托车生产基地，年产“大阳”、“大运”摩托150余万辆、发动机200余万台，产品畅销全国各地和亚非、欧美等国家。凭借过硬的产品质量和良好的品牌形象，“大运”摩托成功荣膺2008年北京奥运会、残奥会摩托车独家供应商资格。

二、多元发展，“大运房产”享誉盛名

2004年开始进军房地产行业，分别在广州和运城投资建成绿色高档住宅小区，在运城市核心地段打造占地900余亩的“大运公园城”，项目一期工程“外滩首府”是运城市第一个“国家康居示范工程”。

三、转型跨越，“大运汽车”驰骋世界

2004年6月，在运城市空港新区投资建设占地1500余亩的大运重卡生产项目，项目于2009年10月26日正式投产，该项目改变了一个地级市的工业史，是山西经济转型跨越发展的重大成果。大运重卡自投产以来，整体呈现出产销两旺的良好态势。在国内，产销量位列行业前十，成为中国重卡行业的有生力量；在国外，已出口至非洲、南美洲、亚洲等国家，获得国外客户的一致好评。

凭借所取得的成就，远勤山先后荣获“中国经济十大诚信人物”、“全国关爱员工优秀民营企业家”、“感动山西的人大代表”、“山西省劳动模范”、“山西省十大杰出企业家”、“山西省功勋企业家”、“山西省十大杰出青年”、“山西省再就业功臣”、“山西省光彩事业奖章”、“山西慈善突出贡献人物”、运城市建市十周年“十大功臣”等诸多荣誉。

方建一

北京京西重工有限公司

董事长兼总裁

方建一，1953年出生，长江商学院EMBA毕业，研究生学历，高级会计师，高级工程师。现任首钢总公司董事、总会计师，兼任北京京西重工有限公司董事长、总裁。分别于2005年获财政部“全国优秀会计工作者”，2007年获“2006中国CFO年度人物”等多项荣誉称号。

2009年3月，北京京西重工有限公司成立并与德尔福签署了收购其悬架和制动业务的主协议。2009年11月2日，在美国底特律，京西重工董事长方建一与美国德尔福公司相关负责人签署了交割协议。

自交割以来，京西重工在董事长兼总裁方建一先生的领导下取得了优异的成绩：公司不但稳定了原有宝马、奥迪、奔驰、法拉利、通用、本田等世界顶级整车企业客户，还增加了新的客户和订单；公司的核心技术团队和管理团队保持稳定；董事会和原德尔福管理层在短时间内建立了相互尊重、相互信任的关系；房山减震器工厂顺利建成并已开始批量生产；ERP全球项目建设及运维情况良好。致力于打造全球高端底盘系统供应商的京西重工将继续在方建一先生的带领下乘风破浪、扬帆远航。

纪学成

中国汽车工业国际合作总公司

总裁、党委书记

纪学成，男，1968年9月生于江苏省，汉族。中共党员，研究生学历，高级工程师。先后就读于合肥工业大学铸造专业、管理科学与工程专业。历任机械工业部教育司人事处主任科员，中国机械工业集团综合管理部信息处处长、综合管理部副部长、新闻与信息中心主任，中国汽车工业国际合作总公司副总裁等职。

王笃洋

中国汽车工业配件销售公司

总经理

王笃洋，中共党员，毕业于清华大学，拥有工学、财务、法律、管理学历，有注册律师和注册会计师资格，研究员级高级工程师。

王笃洋于1985年8月参加工作，2007年至今担任中国汽车工业配件销售公司总经理，带领公司渡过难关，顺利转型，走上发展壮大之路。其主办的全国汽车配件交易会和全国摩托车及配件展示交易会，为全国乃至国际的零部件供应商、采购商搭建了一个广阔的交流平台，公司在业界的影响力得到了进一步提升。2007年12月至今担任《中国汽车市场》杂志社社长，杂志在此期间大幅度改版，其主流、高端的业界精品品质进一步得到了彰显。

王笃洋还热心行业工作，担任多个行业商协会组织的会长。

孙玉国

北京四维图新科技股份有限公司

总经理

孙玉国拥有武汉大学地理信息系统专业博士学位，北京大学EMBA学位。1997年起任中国四维测绘技术总公司副总经理，2002年起任北京四维图新导航信息技术有限公司（后更名为北京四维图新科技股份有限公司）总经理，现任中国地理信息系统协会副会长及其市场专业化委员会主任委员、中国全球定位系统技术应用协会常务理事、中国测绘学会常务理事。

孙玉国博士曾荣获2006年、2007年测绘科技进步奖。在摄影测量与遥感，GPS应用，地理信息系统，汽车自导航等应用领域有扎实的学术基础和丰富的实际经验。曾主持多项国家级测绘工程和国际测绘工程项目。从1997年一直领导着中国四维的汽车导航项目，对导航电子地图、汽车自主导航、个人移动导航等领域的国内外技术、产品和市场有十分深入的了解和研究。

主要工作成绩：

1.1997年率先在国内提出中国导航电子地图的概念和产业化开发的思路，组建了国内首个导航电子地图专业公司，领导完成了我国第一个覆盖全国的导航电子地图数据库和国内首个商用导航电子地图产品。

2.组织完成了国家发改委“卫星导航电子地图产业化”项目。项目首创了完全自主知识产权的中国导航电子地图规模化、网络化生产技术体系，打破了制约我国卫星导航产业发展的导航电子地图“瓶颈”。

3.对我国导航电子地图产业发展战略、地图数据库技术标准、规格等领域有远见卓识，获得了54个导航电子地图产品著作权，创造直接经济效益4亿多元，间接效益逾100亿。

4.2007年，在国内首次提出建立中国导航电子地图产业链合作框架的概念，规划设计了导航电子地图快速更新产业化的技术体系，并已着手开发高现势性中国导航电子地图。并起草了我国导航电子地图领域4项国家标准。

席世军

内蒙古一机集团北方实业有限公司

董事长、总经理

席世军，男，1965年生，中共党员，硕士学历，研究员级高级工程师。2004年出任内蒙古一机集团北方实业有限公司总经理。经过几年的发展，公司依托北奔重汽，建立了和谐的“整零”关系，实现了零部件业务的快速增长。同时，凭借优质的产品质量和信誉，公司产品成功的进入陕汽、北汽等国内主机厂。2011年主营业务收入超过6.2亿元。目前，形成了以制动器、离合器、汽车车轮以及车架和冲压结构件为主的产品集群的专业化制造企业，成为了地区知名的车辆零部件制造企业，取得了一个又一个令人瞩目的成就。

他本人多次获得国家、自治区、包头市嘉奖。曾获得全国自主创新优秀企业家、内蒙古自治区杰出青年企业家、包头市五一劳动奖章、包头市优秀中国特色社会主义事业建设者、包头市青年杰出创业奖等荣誉称号，是第十届中国青年企业家协会会员、包头市政协委员、包头市工商联（总商会）副会长。

面对当前新的机遇与挑战，公司以打造企业自身核心竞争力为目标，以车辆传动、制动、行走及冲压结构件为产品基础，以创新为企业发展动力，结合重型汽车未来的发展趋势，以信息化、模块化为努力方向，逐步形成以重型车辆零部件为核心的系列产品，把我公司打造成现代化的车辆零部件制造基地。

李喜增

北方凌云工业集团有限公司

总经理、党委书记

李喜增，男，1954年出生，中共党员，毕业于北京理工大学，研究员级高级工程师。现任北方凌云工业集团有限公司总经理、党委书记。曾荣获“河北省优秀企业家”、“河北省创业企业家”等多项荣誉称号，享受国务院政府特殊津贴。

他凭借先进的经营管理理念、高度的敬业精神和强烈的创新意识带领公司“一班人”为凌云的发展做出了卓越的贡献，企业规模和经济效益稳步提高。

公司“十二五”期间，以“提升核心能力，推动科学发展，实现五年翻番，打造百亿凌云”为奋斗目标，努力把公司建设成为中国汽车零部件制造基地，中国市政工程管道系统龙头企业。

苑春林

沈阳华晨东兴汽车零部件有限公司

总经理、党委书记

苑春林，男，生于1961年5月20日，高级工程师，现任沈阳华晨东兴汽车零部件有限公司总经理、党委书记。1984年7月毕业于沈阳大学机械制造专业，2005年3月获东北大学工程硕士学位。1984年7月——2000年11月在沈阳华晨金杯汽车有限公司曾先后担任设计员、工程室副主任、总装车间副主任、设备动力处主任工程师、规划部部长、工厂厂长等职务。后又于2000年12月至2002年9月任沈阳汽车制造厂厂长。2003年至今任沈阳华晨东兴汽车零部件有限公司总经理兼党委书记。

从2003年至今他带领华晨东兴公司全体员工根据公司产品的特点，通过狠抓生产能力、提升产品质量、注重新产品新技术开发、积极开拓外部市场、完善企业管理等一系列措施，使华晨东兴公司不断发展壮大，取得了一个又一个令人瞩目的成就。

严方敏

东风电子科技股份有限公司

总经理

严方敏，硕士研究生学历，研究员高级工程师，曾获得国家机械部中国机械工业科技专家称号，历任重庆汽车配件总厂技术科长，重庆汽车配件总厂副厂长、常务副厂长，杭州汽车发动机厂厂长，中国重型汽车集团公司副总经理。现任东风电子科技股份有限公司总经理。

几年来，东风科技公司在严方敏总经理的带领下，面对日趋激烈的市场竞争环境和多变的汽车行业，通过对市场深入的调研和分析，明确了公司的战略目标：即成为专业化、中性化、国际化的具有系统化开发、模块化供货能力的汽车零部件供应商。围绕战略目标，公司实施推进了产品结构、投资结构、市场结构、管理模式四个调整。

2003年，开发以防抱死制动系统工程（ABS）等电子产品。并获得东风汽车公司科学技术进步一等奖。产品推向市场以来，市场份额逐年提高。

收缩低收益项目转向高收益项目投资，从分散型投资转向系统集中型投资，从非强项的投资转向具竞争优势的项目投资。东风科技先后成立了6家合资公司，迅速提高电子、内饰产品市场的竞争力，对外投资和国际合资合作获得丰硕成果。

推进系统营销，调整市场结构，立足东风市场，大力发展非东风和海外市场。公司所属子公司的汇总销售额由2000年3.94亿元发展到2008年30亿（其中乘用车零部件收入达14亿元），增长7.6倍。

改革经营理念，调整管理模式。从粗放型向精益型管理转换，从突击改善型向持续稳定整洁高效的现场管理转换，从主观定性型向基于准确数据的客观定量型管理转换。

公司将进一步夯实基础，专注于发展零部件业务，立足自主发展、推进合资合作，力争使公司经营业绩有一个持续、稳定、快速的增长。

姚明华

上海汽车地毯总厂有限公司

总经理

姚明华，男，1961年1月生。教授级高级工程师。现任上海汽车地毯总厂有限公司总经理。

1983年毕业于上海华东纺织工学院染整专业。1984——1995年先后任上海第二印染厂技术科长、车间主任、厂长助理、副厂长和上海第三印染厂厂长。1997年——2007年历任上海申达集团有限公司襄理、投资部经理，上海纺织科学研究院常务副院长，上海申达集团公司副总经理，上海申达股份有限公司副总经理，2006年起兼任上海汽车地毯总厂有限公司总经理。

他一直在产业用纺织品及汽车内饰行业从事工程科研与领导工作，具有较高的专业理论知识和丰富的实践经验。亲自组织、主持、完成了数十项科研攻关项目和具有国际先进水平的行业产品标准，获得国家发明专利五项，市级以上科技转化成果和科技进步奖三项。

韦梅芳

江苏梅花机械有限公司

董事长兼总经理

韦梅芳同志于2000年12月创办了“丹阳市梅花机械有限公司”，2008年5月更名为“江苏梅花机械有限公司”。近十年来，凭着诚信、拼搏、务实的作风和开拓、创新的理念，公司迅速发展壮大，目前生产的汽车真空泵产品在同行业中处于领先地位，被多家汽车主机厂指定为定点配套单位。目前公司已成为中汽协会员单位，全国质量服务信誉AAA级示范单位，江苏省民营科技企业、全国先进生产力优秀企业等。目前“低噪音、高灵敏度”汽车真空泵已有三项技术获国家专利，获江苏省高新技术产品。韦梅芳个人先后获得丹阳市劳动模范、江苏省创业之星、2011优秀创新企业家、全国先进生产力优秀人物等多项荣誉称号。在他的带领下公司于2009年5月12日被国家工业和信息化部批准制定的《汽车真空泵性能要求及台架试验方法》行业标准已通过专家审核，不久将正式颁布，并与哈尔滨工业大学签订合作协议，联合组建省级“汽车真空泵工程技术研究中心”和国家级汽车真空泵检测中心。日前正着手于新能源电驱动真空泵的研究与开发，立争成为国内知名的汽车真空泵产、学、研基地。

黄爱源

江苏金湖输油泵有限公司

董事长、总经理

黄爱源，男，1954年4月出生，大专学历，现任江苏金湖输油泵有限公司董事长、总经理兼党总支书记。1971年参加工作，从事过刨工、钳工、热处理工等工作，1981年起担任热处理车间副主任、主任，期间脱产上大专，学习工业电气自动化专业，1987年后历任金湖输油泵厂厂长助理、副厂长、第一副厂长兼党总支书记、厂长兼党总支书记，董事长兼总经理、党总支书记，1998年12月任现职到今。

黄爱源同志任现职以来，特别是2000年12月份，公司深化改制为民营企业以来，公司发展进入了快速增长期，销售收入从2000年的4200万元，增长到2006年的13000万元，年平均增长35%，成为全国最大的输油泵生产厂家，国内市场占有率达35%左右，提前器产销量在国内也名列前茅，公司产品在国内享有盛誉，与南岳、重油、威孚、上海电装、伊捷、玉柴、朝柴、锡柴等国内知名油泵厂、柴油机厂配套。公司产品获得“江苏名牌产品”、“江苏省质量信用产品”称号。黄爱源同志因工作业绩突出，被评为淮安市劳动模范。

张晓平

瑞立集团有限公司

董事长

张晓平，男，1962年9月出生，汉族，籍贯瑞安，大专学历，群众，1976年参加工作，现任瑞立集团有限公司董事长。

1976年10月至1979年12月，在瑞安塑料机械厂工作；

1980年1月至1987年在瑞安市仪表厂工作，任团支部书记；

1987年9月至1991年9月，任瑞安市红旗汽配厂厂长；

1991年9月至1997年12月，在瑞安市重型汽配厂工作，任厂长；

1998年1月至2002年，任浙江瑞立集团公司董事长兼总经理；

2002年至今，任瑞立集团有限公司董事长兼总经理。

中国·瑞立集团创建于1987年，是一个研究开发和生产汽车关键零部件的股份制企业，是浙江省“五个一批”重点骨干企业。集团公司下属一个技术中心和九个分厂，注册资金1.4亿元，现有资产6.9亿元。1998年以来，企业先后通过了ISO9000/QS9000/ISO9001/VDA6.1等国际标准质量体系认证，2004年2月企业又率先在国内汽车零部件行业中通过了国际汽车工业最新的ISO/TS16949：2002质量管理体系认证。目前，瑞立生产的汽车气制动、液压制动、汽车电器、汽车仪表、转向助力泵、电涡流缓速器、汽车ABS、自动间歇调整臂等产品已为中国一汽集团等30多家国内汽车主机厂以及国外大众等提供服务，并逐步进入了全球汽车配件采购体系。先后被评为浙江省“三优”企业、浙江省“质量效益型”企业以及“浙江省文明单位”和浙江省首批“诚信示范单位”。其产品和商标分别被认定为“浙江名牌产品”和“浙江省著名商标”。集团总裁张晓平多次被评为温州市、瑞安市优秀厂长(经理)，还被农业部表彰为“全国优秀乡镇企业家”。

陈锋

浙江万安科技股份有限公司

总经理

2002年开始，陈锋进入万安集团工作。凭着对国际贸易的研究、实践，他主管的万安出口贸易业务不断攀升，产品在国际市场中影响越来越大。2005年他主管的国际贸易公司销售收入超亿元，并且在美洲、欧洲等主要地区设立了营销网点，采用电子商务平台，构筑起了完善的全球采购与配套的国际化网络。

2006年出任万安集团公司总裁后，陈锋着手对内部管理构架进行优化调整，实现了各子公司直接与市场接轨。

2008年1月，万安集团所属汽车零部件模块整体改制，陈锋出任万安科技股份有限公司总经理，全面接掌万安集团主业。

陈锋很欣赏美国管理大师彼得圣吉博士说过的一句话：“您惟一的竞争优势，是具有比您的竞争对手更快的学习能力。”对于学习，他从不懈怠，大学毕业后，他又一鼓作气完成了研究生学业、上海大学EMBA课程。他还主张建立学习型企业，主张不拘一格挑人才的用人策略。

既有超越同龄人的冷静、睿智、稳健作风，又有年轻人特有的锐意进取、全球化视野，陈锋作为企业新一代领导人，正为万安注入着勃勃生机。

薛肇江

温州汇润机电有限公司

董事长

薛肇江，男，生于1946年，浙江省温州市人，大学毕业，资深机械工程师，现任温州华润电机有限公司董事长、中国汽车工程学会理事、中汽协会电机电器分会理事、温州市汽摩配协会副会长、温州市创造学会副理事长、温州经济技术开发区企业家协会、商会理事等。

曾任温州市电工设备厂技术科长、技术副厂长，温州无线电器材厂技术副厂长等职务，负责领导全厂技术管理工作，业绩卓著。

1994年7月，创建了温州华润电机有限公司，任公司董事长兼总工程师。主持设计开发了40、47、50、60、68五大系列53个品种的摩托车起动电机。以产品种类多样、品质优良等优势而盛名远播，享誉全国，成为全国摩托车起动电机行业组副组长单位。

1999年，随着国内汽车行业的兴起，薛肇江同志纵观全局，审时度势，高瞻远瞩，以他敏锐的洞察力和果断的决策力，制订"人无我有、人有我优、人优我专"的方针政策，抓住新的历史机遇，抢占市场先机，毅然使企业转向生产销售汽车电喷燃油泵产品，并亲自担任总设计师，策划和制订开发计划，组织图纸会审，难题攻关。已成功开发出36、38、43、50等6大系列300多个品种的汽车电喷燃油泵，产品通过省科技厅鉴定，与会专家一致评定其技术水平名列全国第一。

在薛肇江同志"无微不至为顾客，追求卓越无止境"正确方针的指引下，华润公司从1995年的150万元产值发展到了2006年产值近1.4亿元、利税4990多万元，规模上档次、管理上水平的中型企业，产值、销售、利税持续高速增长，并打造了一支优秀人才队伍，使公司在产品设计、开发和制造、技术水平、运营规模和售后服务等多个方面实现了全面升级，为中国汽车电喷泵事业做出了重大贡献。在企业经济高速发展的同时，薛肇江同志一直以来都在关心弱势群体，以多做善事，支持社会公益事业来回报社会，资助贫困生上学，捐赠灾区人民，积极响应温州市"139富民攻坚计划"，据不完全统计，2006年捐献社会慈善事业金额为16.8万元，并由其个人出资6万多元扶植多名贫困生完成大学学业，顺利走上工作岗位。面临新的"十一五"规划，薛肇江同志提出了"成为世界知名汽车电喷泵专业制造公司"的五年发展战略，积极开展与世界著名大公司进行技术合作。

该同志善于学习、勤奋钻研，重视技术创新、善于企业管理，2005年6月毕业于浙江大学工商管理（MBA）高级研修班。曾在国家级技术期刊等杂志上发表过多篇论文，是实用新型专利"电动燃油双槽叶轮泵"的发明人，连续获得"温州市优秀企业家"、"温州市'名师名家'"等荣誉称号。

骆联盟

浙江骆氏减震件股份有限公司

董事长、总裁

骆联盟，浙江大学高级工商管理专业大专学历，高级经济师职称，现任台州市政协委员、玉环县政协常委，中国汽车工业协会常务理事，全国工商联汽摩配商会副会长，浙江省汽摩配商会常务副会长兼秘书长，上海企业家协会副会长，2007年荣获社会主义优秀建设者，2008年荣获改革开放30年中国汽车工业杰出人物。自1988年起创办骆氏企业任董事长兼总裁，目前骆氏企业已发展成为拥有5个分子公司的集团性企业。敢于突破、敢于创新，以富有弹性的跨越式、多方位发展思维，大胆探索和实践企业的变革，则是骆联盟经营思想和方略的显著特点。

骆联盟作为公司的领军人物率领他的管理团队，秉承"市场高于一切、追求双赢、诚信为本"的经营理念，积极进取，勇于实践，开拓创新。从果敢实施技术改造扩大生产规模到加大新产品开发技术的投入；从大胆实施外部交易型战略到"骆氏/LUOSHI"品牌走出国门的国际战略；从组织机构改革到企业改制准备重组上市，公司发展上规模，产品研发上水平，企业管理上台阶，取得了骄人的经营业绩。公司在行业内最早通过了ISO/TS16949质量体系、ISO14001环保体系认证，并通过了IEC17025实验室体系认证，VDA17物流体系，福特Q1体系认证。1998年公司成为我国进行出口贸易的第一批民营企业，实现了国内民营汽配产品出口国际市场的零的突破。2010年公司零部件产品销售收入达4.3亿，公司的综合能力在国内汽车减震件行业处于前列。近年来，公司连续多年荣获国家级高新技术企业，省级研发中心，上海市科技小巨人企业，上海市区级技术中心；公司主打产品液压悬置总成荣获上海市高新技术成果转化项目；获得国家技术专利31项。目前，公司已与绝大部分世界著名汽车制造商以及国内著名的汽车制造公司建立了长期配套的合作关系，而且"骆氏/LUOSHI"品牌在全球75个国家和地区注册，产品出口至北美、欧洲及中东等海外市场，客户遍布全球。企业的品牌价值迅速提升，在国际汽车零部件领域具有很高的美誉度。

张涌森

钱江弹簧有限公司

董事长

张涌森，男，浙江杭州人，1962年生，汉族，民革党员，MBA，高级经济师，钱江工业集团董事长、钱江弹簧有限公司董事长。历任杭州市十届人大代表，九届政协杭州市委员，一届、二届政协江干区委常委；现任政协北京市顺义区第四届委员会常务委员、杭州市十一届人大代表、浙江省工商联执委、浙商理事会主席、浙江民营经济研究会副理事长、浙江省汽车工业协会常务副会长、浙江省汽摩配商会常务副会长、杭州市工商联常委、杭州市总商会副会长。

张涌森重视自主创新和品牌建设，在他的带领下，钱江弹簧从无到有从小到大，现已成为全国行同业的龙头企业，综合实力位居第一；企业拥有国家专利近60项（其中超过50%是发明专利）；参与编制国内外弹簧标准14项，；入选首批浙商最具投资价值企业、浙商全国500强企业；屡获中国中小企业最具自主创新能力企业、全国百家优秀汽车零部件供应商、中国通用机械零部件自主创新先进企业、全国弹簧标准化工作先进单位等荣誉。

张涌森先后获得中国中小企业创新成长之星、首批杰出创业浙商、浙江省杰出民营企业家、杭州市新长征突击手、十佳青年英才、劳动模范等称号；事迹被众多媒体广泛报道，并入选《中国党政企优秀领导风采录》、二十一世纪人才库工程、世界科技专家人才库；论文《标准化与企业发展》被《新世纪思想政治工作大典》收录。

张世权

浙江世宝股份有限公司

董事长兼总裁

张世权 浙江世宝股份有限公司董事长兼总裁，浙江省民营经济研究中心副理事长，高级经济师，大专学历，曾历任浙江义乌第二建筑机械厂生产厂长，义乌前进方向机厂厂长，浙江世宝方向机有限公司总经理；

2009年 因大力推动汽车电动转向系统的自主研发，获"浙商创新奖"，在浙江省人民大会堂接受省委书记赵洪祝、省长吕祖善领导的颁奖；

2008年 将公司业务向产业链上游开拓，进入精密铸件加工领域，保证集团内毛坯自供；

2006年 成功引领世宝股份在香港联交所上市，同年被评为"中国工业经济年度十大杰出人物"，在北京人民大会堂授奖；

2004年 将集团转向业务整合成立浙江世宝股份有限公司，同年与奇瑞公司合资成立芜湖世特瑞汽车转向系统有限公司；

2003年 总部办公地和杭州世宝公司迁入杭州经济技术开发区；

1999年 通过收购原国营四平液压件厂，成立四平方向机械有限公司；

1996年 通过成立杭州世宝汽车方向机有限公司，进一步扩大公司规模；

1993年 创办集团前身浙江世宝方向机有限公司，专门从事汽车转向系统的生产与销售；

1984年 在义乌开始从事汽车转向器业务。

葛炳灶
浙江今飞控股集团有限公司
董事长、总裁

葛炳灶，1963年出生，中共党员，高级工程师，浙江省人大代表。1983年毕业于浙江工业大学，后分配到金华车圈厂（浙江今飞控股集团有限公司前身），历任工艺员、车间主任、分厂厂长、副总经理，现任浙江今飞控股集团有限公司董事长兼总裁。

1998年10月改制之际，企业处于车圈单一产品盈利的局面，面临亏损近500万的困境，葛炳灶受命于危难之际被全体股东推上集团公司董事长兼总经理。他提倡目标管理，讲究以人为本，他坚信办法总比困难多。十余年来，今飞集团已经发展中国轮毂行业的领头羊企业，企业总资产从1998年的1.3亿元增加到2010年的20.5亿元，年销售收入由1998年的5000多万元到2010年完成超27亿元。集团摩托车车轮、汽车车轮、电动车轮轮的产能达到了1200万件、500万件、300万件，位列全国第二位、第三位、第一位，在国内乃至在国际轮毂界获得越来越高的美誉度。

葛炳灶一贯重视科技进步，并依靠技术创新促进企业的快速发展。近两年来，今飞集团累计已完成近5亿元的技术改造和3亿元的产品研制开发，累计专利申请数120项，其中发明专利5项，授权专利96项。

在葛炳灶的带领下，今飞集团取得了一个又一个喜人的成绩，公司先后被评为中国汽车零部件百强企业、国家汽车零部件出口基地企业、中国大企业集团竞争力500强等荣誉称号。由于出色的工作业绩，葛炳灶本人也先后获得了中国表面工程协会电镀分会授予行业内优秀厂长(经理)、浙江省第四届优秀创业企业家、浙江省第四届浙商创新奖、改革开放30年中国汽车工业杰出人物等荣誉称号。同时，担任浙江省人大代表、金华市婺城区人大常委、金华市工商业联合会（总商会）副主席、金华市电镀协会会长等职。

在经历了改制、产品提升等重大变革后，葛炳灶2010年提出了“第三次创业”的口号，确定今飞集团战略目标为：成为中国乃至世界最具竞争力的跨区域轮毂制造企业。

谭旭光
山东重工集团有限公司
董事长
潍柴动力股份有限公司
董事长兼首席执行官

谭旭光，1960年出生，高级经济师，动力工程硕士，现任山东重工集团有限公司董事长、潍柴动力股份有限公司董事长兼首席执行官、湘火炬汽车集团股份有限公司董事长。

1998年上任潍柴后，他一年内使得企业迅速扭转弱势，并成为国内同行业的知名企业之一。2003年潍柴经营指标跃居中国内燃机行业第一位，2004年成功在香港上市。

2009年，潍柴控股集团有限公司、山东工程机械集团有限公司、山东省汽车工业集团有限公司以及山东德工机械有限公司的国有股权，重组为山东重工，为调整振兴山东装备制造业发挥重要的骨干带动作用。

2010年，山东重工成功实现销售收入突破1000亿元大关，成为山东第一大型企业。目前，山东重工已成为具有较强竞争力、核心技术的装备制造集团，形成了以动力总成为核心竞争力的产业链。

张肖康
合肥邦立电子股份有限公司
总经理

张肖康，男，合肥邦立电子股份有限公司总经理，3320创新创业优秀人才优秀人才。获1993年甘肃省青年科技成果二等奖、1994年电子工业科技成果二等奖、电子工业部科技成果三等奖、2009年机械工业科学技术奖三等奖、2011年安徽省科技进步奖二等奖、合肥市科技进步三等奖。

作为企业主要负责人，锐意改革创新，先后与北汽福田、江淮汽车、奇瑞汽车、华菱汽车、东风汽车等多个国内知名整车企业建立了战略合作伙伴关系，建立了以市场需求为导向的创新机制。研发出了燃油传感器、ABS轮速传感器、变速箱档位传感器、汽车天线放大器、换气控制系统等高性能汽车电子传感器及配套产品。产品获得授权专利19项，其中发明专利6项，拥有国家重点新产品、省级重点新产品称号13项。其中燃油传感器获得安徽省名牌产品称号。

建立了直销为主的营销模式，在奇瑞、福田、东风等整车厂所在地芜湖、北京、襄樊、诸城等地设立了4个驻厂办事处，并与江淮汽车、中国长安集团重庆青山公司、浙江亚太机电股份有限公司等整车厂和零部件供应商保持了良好的合作关系，形成了立足安徽、面向全国的市场营销网络，产品销售率达到100%，产品质量和服务深受用户好评，连续多年获得北汽福田公司质量贡献奖、江淮公司合作贡献奖。近三年来，企业销售收入年均率增长超过49%，生产效率增长幅度在100%以上，利税年均增长75%以上。

管宏庆
安徽金佩机电集团有限公司
董事长、总经理

管宏庆，1945年8月出生，大专文化，高级经济师。

1960年10月参加工作；

1980年3月任天长县轻工机械厂副厂长；

1981年12月任天长县轻工机械厂厂长、党支部书记；

1992年4月任天长县二轻局副局长，天长县轻工机械厂厂长、党支部书记；

1997年任天长市二轻局副局长，安徽东方机械股份在限公司董事长、总经理、党支部书记；

2002年12月任天长缸盖有限公司董事长、总经理、党支部书记；

2006年5月任安徽金佩机电集团有限公司董事长、总经理、党支部书记。

所获荣誉：

1992年获安徽省轻工业厅授予“安徽省轻工系统先进工作者”证书；

1995年获安徽省轻工业厅授予“安徽省轻工系统优秀厂长”称号；

2000年获滁州市轻工业局授予“优秀企业经营者”称号；

2001年天长市经贸委授予“优秀企业经营者”，

2001年安徽省轻工协会授予“跨世纪十五发展创新工程功臣”称号；

2002年获“安徽省劳动模范”称号，

2003年获“安徽省优秀民营科技企业家”称号；

2006年年获中共滁州市委、滁州市政府“全民创业标兵”称号。

主持重大项目：

1.1982年转轨定向，开发适应广大农村农村的拖拉机传动箱、微型水泵等农机产品；

2.1986年开发衡器计量杠杆系列产品，使企业成为国家轻工业部衡器产品生产定点厂。

3.1993年，与国内最大的中型四缸生产基地扬州柴油机厂总厂合作，主持开发出国内先型4102柴油机气缸盖产品。

4.1997年——至今，连续主持八次全公司技术改造项目。

5.2003年主持“环保型柴油机气缸盖开发项目”。

6.2007年主持“蠕墨铸铁汽车发动机关键零部件工艺成果转化项目”。

晏平
广西玉柴机器股份有限公司
董事长

晏平，男，汉族，中共党员，高级工程师，十一届全国人大代表。1960年生于广西玉林，原籍辽宁省新金县。东北财经大学研究生毕业，获经济学硕士学位。

晏平同志是一位理论与实践经验兼备的企业家，被誉为现代企业制度的“先行官”，先后获得2005年“全面建设小康社会十大榜样人物”；“2006CCTV年度经济人物提名奖”、2006年“广西十大优秀企业家”；2007年“中国工业经济先锋人物”；2008年“中国发动机企业最佳CEO/总裁”、“中国经济十大杰出人物”、“影响中国（行业）改革十大创新人物”、“改革开放30年中国汽车零部件行业30位杰出企业家”等荣誉。

晏平同志到玉柴任职以来，带领玉柴创造了辉煌的业绩：2005年，玉柴实现营业收入121亿元，同比增长13%，销售柴油机26万台，同比增长23%；2006年，实现营业收入141亿元，同比增长16%，销售柴油机36万台，同比增长34%；2007年，实现营业收入184亿元，同比增长30%，销售柴油机51万台，同比增长42%。玉柴柴油机销量已经连续7年位居全国首位，稳居世界单厂产销量之冠。企业还取得多个国内第一：首家实现全系列排放达国3标准柴油机批量生产和投放市场的企业；首家成功研发排放达国4标准柴油机并实现批量生产和投放市场的企业；首家研发并成功生产国5柴油机的生产企业；首家自主研发成功轿车用柴油机并具备生产和配套能力的企业；首家推出单轴并联式（ISG）城市客车混合动力的企业；近两年获得国家专利180多项，被授予“全国专利工作先进集体”。

刘祥伍
盛瑞传动股份有限公司
董事长兼总经理

刘祥伍，1953年10月出生，管理哲学博士，高级经济师，全国机械工业优秀企业家、中国诚信企业家、中国自主创新企业家、山东省机械工业优秀企业家，潍坊市优秀企业家，现任盛瑞传动股份有限公司董事长兼总经理。

2003年初，刘祥伍带领513名职工从潍柴改制，成立了民营企业盛瑞传动股份有限公司，并开始对企业进行大刀阔斧的改革和发展战略调整。经过八年多的拼搏实干、锐意进取，刘祥伍将一个频临破产、年产销不足3000万元的简单机加工企业，打造成了总资产16亿元、年销售收入15亿元、拥有三个下属子公司、三个省级研发机构，集研发、制造、销售于一体的现代化汽车零部件生产基地。

为打造企业核心竞争力，刘祥伍自2007年开始整合世界资源研制全球首款前置前驱8挡汽车自动变速器（8AT），通过采用“以老养新”、“整合全球资源为我所用”的创新开发模式，坚强地走过了四年的风雨历程，成功实现了由概念到样机、由样机到搭载样车试车成功的两大跨越，取得了中国汽车自动变速器科技领域的重大突破，为国内自动变速器产业的突围和发展闯出了一片新的天地。

面对新的发展形势，刘祥伍制定了盛瑞新的发展规划：通过8AT项目的产业化、柴油机零部件产品的技改扩产及对上下游企业的整合，到2015年形成100亿元的产销规模，打造成“中国一流，世界接轨”汽车零部件研发生产基地。

赖建辉
正兴车轮集团有限公司
董事长兼总经理

正兴车轮集团有限公司董事长兼总裁赖建辉先生，1997年进入车轮行业，2003年正式组建正兴车轮集团，在国内科学布局了6家垂直管理的子公司，成为国内最大的专业从事汽车车轮研发、生产、销售的综合性集团。年生产能力达1400万套，品种多达230多个系列，为国内外80多家汽车厂配套。销售网点多达4600余个，并远销日本、印度、美国、欧洲、非洲等30多个国家和地区。凭借领先的技术、先进的设备、雄厚的资本、完善的服务网络，获得了社会认可，正兴集团被中国汽车工业协会评为“中国汽车零部件20强”、“中国车轮行业龙头企业”，缔造了正兴车轮集团在行业的品牌领导地位，他个人曾获中国汽车工业杰出人物、优秀中国特色社会主义事业建设者、优秀民营企业家、漳州经济建设功臣等多项荣誉。

2011年5月，赖建辉先生领导的正兴车轮集团在纽交所成功上市（股票代码“ZX”），成为继玉柴国际1994年在纽交所上市以来，第二家在纽交所IPO上市的中国汽车零部件企业，也是中国汽车工业第一家在纽交所IPO上市的民营企业。正像赖建辉先生说的那样“正兴人将依靠科技进步、品牌战略、规模优势，不断强化内部管理，实现企业发展的新跨越。

赖建辉先生还先后创办两所学校、医院等项目，以此回报社会，践行一个企业家的社会责任。

付伟
株洲易力达机电有限公司
总经理

付伟同志1968年2月出生于湖南浏阳，毕业于重庆大学机械工程系，高级工程师。现任湖南南方宇航科技有限公司副总经理，株洲易力达机电有限公司总经理。

2007年，经易力达董事会一致选举通过，将易力达公司的发展重任交给付伟同志，易力达公司从此崛起。

上任之初，易力达只半年内仅销售EPS 3000套，规模小，生存链极为脆弱，抗风险能力很差。

付伟同志上任以后，确定并运行“研发—系统集成—营销”商业模式，以“扩张市场营销策略”来带动研发与总成集成投入，减少制造环节，实现轻资产运营；创新管理机制，倡导先进企业文化；全面实施项目经理负责制，提出“利用沿海的人才待遇办内地企业”理念，打造人才洼地；成立了国内首家EPS研究院，以市场需求定位研发方向，突破关键核心技术，保持行业领先优势，成为EPS行业标准起草单位；并购天津津丰成立天津易力达转向系统有限公司，借此实现由“部件供应商”向“转向系统供应商”的战略转型；进行大规模的技术改造，建成具有国际先进水平P-EPS装配线和电装线，公司已具备年产100万套EPS的产销能力。

付出总有回报。易力达公司已经迅速发展成为株洲市优秀企业、国家高新技术企业、国家软件企业和2010年中国年度创新百强企业，多次获得优秀企业家荣誉称号。公司年度产销量在2007年的10000套基础上，连续实现三年倍增，2010年产销21.8万套，占到了国内90%的市场份额，截止2011年底，EPS产销累计突破80万套。

付伟同志豪情万丈，正带领着易力达公司朝着2017年产销突破300万套、成为全球转向系统主供应商的战略目标奋勇前进！

杨洪

深圳市航盛电子股份有限公司

总经理

深圳市航盛电子股份有限公司总经理杨洪，中共党员、江西吉安人，生于1963年4月。清华大学MBA硕士、研究员级高级工程师、享受国务院特殊津贴专家。担任的社会职务主要有：深圳市汽车电子行业协会会长、深圳市企业联合会副会长、深圳市工业经济联合会副会长、深圳市电子商会副会长、深圳市信息行业协会副会长、深圳市汽车行业协会副会长等。

杨洪创办了航盛电子公司，并在十三年的时间里，将其打造成中国汽车电子行业的龙头企业。现在，航盛成为中国汽车零部件百强企业、中国汽车零部件百佳供应商、中国汽车电子十大知名品牌、中国汽车电子金牌企业、广东省著名商标、深圳市守法纳税大户、深圳市百家优强中小企业、深圳市知名品牌，并朝着国际化、世界级汽车电子知名企业的愿景目标迈进！杨洪则以他卓越的才干、杰出的业绩、广泛的影响，获得了中央企业级劳动模范、中国改革十大最具影响力新锐人物、中国汽车电子十大领军人物、首届中国汽车电子行业最佳CEO、深圳市第二届优秀创业企业家、深圳市四届人大代表、2005年度深圳经济人物等多项荣誉。

曾仁武

惠州华阳通用电子有限公司

总经理

曾仁武先生毕业于兰州大学电子信息专业，专注汽车电子行业20多年，在多家大型电子企业从事过管理工作，对生产、研发、采购、销售等各个环节都有丰富经验，历任工程师、高级工程师经理、副总经理，2005年开始担任惠州华阳通用电子有限公司总经理。在曾仁武先生的带领下，华阳通用仅用数年时间就成长为年产值近20亿，能与先锋、阿尔派等国际品牌同台竞技的第一家民族企业，华阳汽车电子产业也成为华阳集团的支柱型产业。

曾仁武先生带领华阳通用公司所获荣誉：

2005年：荣获“中国十大汽车影音品牌”、荣获“中国500最具价值品牌”，被广东省科技厅授予“高新技术企业”称号

2006年：入选“中国500最具价值品牌” 入选“中国十大最具影响力电子行业品牌”

2007年：再次入围“中国十大汽车影音品牌”、荣获国家产品质量免检证书入围CASA2007年汽车音响金弦奖、囊获“十大国产主机品牌”“十大国产导航品牌”双项奖

2008年：入选“中国汽车后市场竞争力50强”入选“2008年度中国汽车用品行业十佳品牌”评选为欧洲“最佳车内AV组合娱乐系统”影音大奖荣获2008年度“全国十强导航影音品牌”及“年度最佳合作伙伴”

2009年：华阳汽车电子再次入围“金弦奖”华阳汽车电子获得“十大汽车音响CD主机品牌”“十大影音导航多媒体主机品牌”“行业技术创新奖”三项殊荣

陈春霖

惠州市德赛西威汽车电子有限公司

总经理

从“西门子威迪欧汽车电子（惠州）有限公司”，到如今的“惠州市德赛西威汽车电子有限公司”；从大型跨国公司在全球布局的汽车电子重点研发、制造中心，到如今自主掌握包括信息娱乐系统、汽车总线、导航引擎及软件、全自动空调控制器算法、组合仪表等多项关键核心技术，并拥有汽车电子行业中领先的高标准实验中心的国有控股企业。历经近三十年的不懈努力和发展，一直不变的是德赛西威对自主创新、对品质、对客户满意的追求。

德赛西威凭借全球一流的经营管理团队，一流的技术研发中心以及一流的制造工艺与产品品质，已经与遍布全球的知名客户建立起长期良好的配套合作关系，市场份额在国内同行中始终位居前列，并连续多年被多家车厂授予“优秀供应商”的称号。

“自主创新，提供专业价值，成为全球汽车产业的首选合作伙伴”是德赛西威的愿景；站在行业之巅，引领汽车电子行业不断向前是我们的责任；向客户提供多元化的产品解决方案，满足客户需求，则是我们的价值。它们的实现需要企业员工的共同努力以及社会同仁的广泛支持。在未来的道路上，德赛西威将继续以品牌之力捍卫梦想领地，以专业之强成就未来蓝图，在我们整个团队的共同努力下继续立于足够的高度，成为国内外汽车电子行业的标杆企业。

过去，我们是国际公司本土化！现在，我们是本土型转化！未来，我们将实现本土公司国际化！德赛西威必将在2012年实现突破，为五年战略规划打下坚实基础，肩负起振兴民族汽车电子产业的历史使命与社会责任！

蔡锦辉

广东骑光车灯工业有限公司

董事长

蔡锦辉，公司董事长（法人代表），男，汉族，1949年生。高级技师，中共党员兼公司党支部书记，同时担任汕头市澄海区政协委员、常委，汕头市澄海区工商业联合会副会长，汕头市澄海区岭亭学校董事会董事等社会职务。在公司成立之前一直担任居住地岭亭村办企业技术员。自1984年公司成立起担任现职，负责公司全面工作，2007年度被评为中国优秀民营科技企业家，历年被评为澄海区优秀共产党员。作为企业核心团队的班长，带领团队一班人，在公司治理、人才队伍建设、车灯新产品的研究和开发、提升产品技术含量、提高品牌知名度，开拓市场打造产业优势，推动行业科技进步，建设创新型企业、加快转型升级，实现可持续发展，承担社会责任、树立信誉信用等方面作出了突出的贡献。在车灯结构推新、关键难题攻关、产品模具制造技术、塑料注塑工艺等方面具有深博的见识和造诣。公司在董事长的领导下遵规守法经营，照章纳税，支持公益事业、积极发展地方经济。在建设创新型企业过程中重视人才和培养人才，注重科技创新、提升产业关键技术竞争力，不断推进产品换代升级，企业转型升级，创造新的经济增长点，实现可持续发展，公司被认定为广东省高新技术企业，产品“骑光牌”荣获广东省著名商标，连续二十年守合同重信用企业，汕头市纳税信用等级评定A级纳税人，得到了各级政府和行业厂家的高度评价。

林风华
山东滨州渤海活塞股份有限公司
总经理

林风华同志现任山东滨州渤海活塞股份有限公司总经理、应用研究员，山东省内燃机学会副理事长、山东大学兼职教授、享受国务院政府特殊津贴。

林风华同志先后荣获山东省优秀科技工作者、山东省第七届青年科技奖、山东省技术创新先进个人、山东省劳动模范、滨州市劳动模范、滨州市优秀专业技术人才等荣誉称号。

林风华同志1988年进山东活塞厂工作，历任技术中心主任、厂长助理、总工程师；在他的带领下，承担了国家重点技术创新项目6项，省技术创新项目10项，国家和省新产品计划项目8项，填补了高性能活塞、环保节能活塞及活塞性能评价方面的国内空白，并荣获"山东省科技进步一等奖"、"山东省技术创新优秀成果一等奖"、"山东省机械工业科技进步奖"等，推动了活塞行业和内燃机行业的科技进步。1999年山东活塞厂改制为山东滨州渤海活塞股份有限公司，林风华同志担任总经理，他力推卓越绩效管理模式，引入"大质量"概念，建立了基于公司战略的综合经营绩效管理体制，围绕顾客与市场，实施品牌、质量、服务、观念为主要内容的营销策略，促使企业整体绩效和能力快速提升。2007年，在他的推动下，创建了行业唯一的国家级高新技术企业，唯一的国家级技术中心，唯一的企业博士后工作站，唯一的国家认可产品性能评价实验室，助推企业快速跃升到高新技术的巅峰，具备了与国外发达国家同步研发、试验、评价的手段，多种新产品及发明新专利的技术水平已达到和代表国际前沿水平，打破了跨国公司的技术封锁，成为中国活塞的第一品牌、中国活塞内燃机活塞设计开发基地，获得中国活塞产品唯一的"中国名牌产品"和"中国驰名商标"称号，为企业和行业发展做出了突出贡献。

杜长春
重庆杜克高压密封件有限公司
董事长

杜长春，重庆杜克高压密封件公司董事长，博士后导师。1955年出生于重庆，1977年和1983年分别在华中理工大学和重庆大学获机械工程学士、硕士学位。1985－1995年先后留学日本东京工业大学、英国伯明翰大学攻读博士学位，并在多家世界知名企业从事技术开发和产品管理。1995年6月举家回渝创办杜克科技公司。1999年5月接受日本野村集团下属中国风险投资公司投资，创办重庆杜克高压密封件公司，在密封件领域取得重大技术突破，成为国内排名前5位的制造商。其目标是在2010年以前成为中国最大的密封件企业。杜长春说，杜克公司争取在2010年成为中国最大的密封件制造企业。

文谟统
四川川环科技股份有限公司
董事长

文谟统同志，男，汉族，现年68岁，中共党员，高级工程师，四川川环科技股份有限公司董事长。该同志是大竹县人大常委，四川省、达州市人大代表，达州市首届科技突出贡献奖和多届市科技进步一等奖获得者，先后荣获达州市首批有突出贡献的优秀专家、达州市优秀企业家、达州市优秀创业人才、达州市首届十大经济人物、达州十大杰出人物及百名优秀儿女、四川省劳动模范、四川省非公企业党建之星、四川第三届杰出创新人才奖候选人、四川省中国特色社会主义事业建设者、四川省杰出企业家、第五届全国创业之星、省优秀创业企业家、全国乡镇企业家、全国化工行业优秀工作者、中国橡胶行业企业发展领头人、中国科联经济发展研究中心研究员、世界生产率科学院院士等荣誉称号。先后受到了胡锦涛、习近平、周永康等党和国家领导的接见并随同出访欧美等国家和地区。

文谟统同志热爱祖国，拥护中国共产党的领导，以强烈的发展民族汽车配套工业的事业心和责任感，以产业报国，实干兴业为己任，发扬自强不息，艰苦奋斗，刻苦钻研，敢为人先的执着精神，依靠科技进步，坚持自主创新，把一个以4千元起家的榨油小作坊，发展成为时至今日总资产5亿元，员工1761人，年产值5亿元，年纳税5000多万元，十二五末产值将达十亿元，集高分子橡胶管研发、制造、销售及进出口业于一体的国家火炬计划重点高新技术企业，为中国民族工业的振兴、行业的技术进步、中国汽车工业的发展做出了较大贡献。该同志领导的川环公司很多方面在达州市、四川省乃至全国同行业都实现了零的突破，在中国汽车胶管业发展史上谱写了光辉的篇章。

王玉林
中国北方车辆研究所
所长

王玉林，男，汉族，1960年2月生，北京大兴人。1985年10月加入中国共产党，1982年7月参加工作，硕士研究生学历，研究员级高级工程师。

1982年7月至1988年11月，在国营618厂设计所工作。1988年11月至2011年3月，在中国兵器科学研究院工作，历任发动机处副处长、办公室主任、兵科院副院长，2011年3月至今，任中国北方车辆研究所所长。

2002年，获国防科学技术进步一等奖。2003年，获国家科学技术进步一等奖。2005年，获中国兵器工业集团公司科技创新特等奖。2009年，获国务院国有资产监督管理委员会建国60周年阅兵保障服务先进个人。2010年，获国家工业与信息化部科学技术进步一等奖和中国兵器集团公司科学技术进步一等奖。

林雷

新华信国际信息咨询（北京）有限公司

总裁、联合CEO

林雷先生，新华信国际信息咨询（北京）有限公司总裁兼联合CEO。同时担任：

* 世界专业研究者协会（ESOMAR）会员
* 美国营销协会（AMA）会员
* 中国信息协会市场研究业分会(CMRA) 常务理事
* 中国市场信息调查业协会（CAMIR）理事
* 中国汽车流通协会专家委员会委员
* 新浪网汽车频道 资深专栏作家

林雷先生是新华信创始人之一。他于1992年底参与创立新华信，现已将公司发展成为中国领先的营销解决方案和信用解决方案提供商。在华的《财富》500强企业中有80%以上使用新华信的不同产品和服务。新华信在北京、上海和广州拥有800多名全职员工。

林雷先生是中国市场研究与营销咨询业先行者、资深专家。林先生从事市场研究、营销咨询16年，具有丰富且深厚的行业经验，在汽车、电信、IT、工业品、医药等行业积累了丰富的研究与咨询经验，曾为百余家国内外知名企业及《财富》500强公司提供了专业服务，例如：通用、大众、戴姆勒·克莱斯勒、标致雪铁龙、丰田、本田、中国电信、中国移动、中国网通、摩托罗拉、韩国LG集团、韩国SK集团、索尼、戴尔、西门子、艾默生、ABB、国际铜业协会、诺华制药、拜耳医药、罗氏制药等诸多企业。

林雷先生还是多产作家，先后在中国主流商业和管理媒体上发表文章数百篇。

雷雨成

上海同济同捷科技股份有限公司

董事长

雷雨成，同济大学汽车系教授、博士生导师、工学博士，上海同济同捷科技股份有限公司董事长。

1995年毕业于哈尔滨工业大学，获博士学位，师从国内汽车权威郭孔辉院士与国内一般力学权威黄文虎院士。1989–1995年在哈工大汽车学院历任讲师、副教授，汽车研究所常务副所长兼总工程师。1996年至今，在同济大学汽车学院任教授、博士生导师；美国国际汽车工程学会会员；中国汽车工程学会悬架及制动专业委员会委员、上海汽车工程学会计算机专业委员会副主任、上海先进设计理论与方法研究会理事。自1995年开始在国内率先开拓了汽车先进设计技术与方法学研究方向，成为该领域国内奠基人和开创人。

雷雨成于1999年创建上海同济同捷科技股份有限公司，经过十年的发展，其设计能力、人力资源及企业规模居国内汽车设计工程公司之首，业务范围覆盖产品创意设计、工程研发、样车试制试验及模具设计和制造。现已建立一套完整的基于2600项主流程基础上的35000项精细设计开发流程和22000项周计划设计流程，总结整理了世界先进水平的33000多项设计工程技术标准。公司已积累200多个车型数据库，其中包括100多个整车数据库和100多个竞争车型BENCHMARK数据库。

目前，同捷公司共承接汽车产品研发项目300多个，积累了大量的研发经验。据不完全统计，去年由同捷主持开发或参与开发的乘用车占国内乘用车总市场份额近10%，约占整个自主品牌乘用车32%的市场份额。

赵福全

浙江汽车工程学院

院长

赵福全博士现任浙江吉利控股集团副总裁，兼任吉利汽车研究院院长、浙江汽车工程学院院长、澳大利亚DSI控股公司董事长。

赵福全博士1985年毕业于吉林工业大学汽车系内燃机专业，1992年3月在日本广岛大学获博士学位。1993年7月至1994年4月在英国伦敦大学帝国理工学院任研究员，1994年5月到美国Wayne州立大学机械工程系从事博士后研究工作，1996年4月在Wayne州立大学任助理教授，1997年4月进入美国克莱斯勒汽车公司，2003年6月开始任戴姆勒–克莱斯勒公司技术中心研究总监（Research Executive）。2004年4月至2006年9月担任沈阳华晨金杯汽车有限公司副总裁兼研发中心总经理，期间赵福全博士还担任过包括华晨宝马汽车有限公司在内的五家公司的董事会董事，并兼任上海汉风汽车设计有限公司的董事长。2006年11月加盟吉利集团至今。

回国后，赵博士先后主持开发了华晨尊驰、骏捷、酷宝、骏捷FRV等中华品牌系列轿车及吉利熊猫GX2、帝豪EC7、EC7–RV、EC8、英伦SC5–RV等系列车型。目前，在吉利主持二十多款整车及二十余款动力总成项目的开发工作。

赵福全博士作为主要作者在国际刊物和国际重要学术会议上发表英文、日文学术论文100余篇，出版英文专著五部。其中《汽油车近零排放技术》一书已由清华大学译成中文并由机械工业出版社出版。赵福全博士曾担任国际汽车工程师学会（SAE）燃料润滑油部门燃烧分会主席，现为清华大学双聘教授、博导，吉林大学及同济大学兼职教授、博导，并担任天津大学、华中科技大学、大连理工大学、湖南大学、东北大学等多所大学的兼职教授。同时担任吉利–同济汽车工程研究院院长，清华大学汽车安全与节能国家重点实验室、吉林大学汽车动态模拟国家重点实验室及天津大学内燃机燃烧学国家重点实验室学术委员会委员，华南理工大学广东省汽车工程重点实验室学术委员会委员，吉林大学汽车学院战略顾问委员会委员，同济大学汽车学院发展咨询委员会委员，湖南大学中国汽车技术与产业发展研究中心学术委员会主任，中国内燃机学会专家技术咨询委员会副主任。2006年4月赵福全博士被国际汽车工程师学会（SAE）授予院士（Fellow）称号。

2008年及2009年，赵福全博士先后被《中国汽车报》评为中国汽车全明星阵容“年度最佳技术总裁”及“年度最佳战略规划总裁”。赵福全博士领导创建的“吉利技术体系创新工程”获2009年国家科技进步二等奖。

马建

长安大学

校长

马建，1957年9月出生，西安市人。工学博士，长安大学车辆工程学科教授、博士生导师。1989年、1990年作为国家公派学者在日本山梨大学从事汽车振动特性研究。1996年、1997年作为高级访问学者赴日本东京农工大学从事汽车系统动力学特性研究。1997年起任西安公路交通大学副校长，2000年任长安大学副校长、2006年任校长。同时兼任中国汽车工程学会货运装备技术分会（筹）理事长、陕西省汽车工程学会理事长。全国道路运输与工程教学指导委员会主任、国家特色专业（交通运输）负责人、国家级教学团队负责人（车辆工程）。《长安大学学报》主编、《中国公路学报》、《交通运输工程学报》编委。马建教授的研究工作主要涉及商用运输车辆技术领域。主要研究方向为商用车辆安全技术及理论、电动汽车及清洁能源汽车技术、车辆检测技术及理论等。先后主持或参与国家级、省部级科研项目和大型企业合作研究课题30余项，在国内外发表学术论文70余篇，出版编著3部。 马建教授主持的课题获得国家科技进步二等奖1项、省部级科学技术一等奖1项，其他主持或参与研究课题获省部级二、三等奖5项，主持教学研究项目获陕西教学成果一、二等奖各一项。获得发明专利17项，实用新型专利13项。马建教授先后指导了50余名硕士和博士研究生，并主讲了汽车设计、汽车理论、随机振动、信号处理、车身结构有限元、汽车试验学、汽车系统动力学、计算机图形学及CAD等十几门课程，为汽车领域高层次人才培养做出了显著成绩。

索引一

《中国汽车工业企事业单位信息大全》(2012 版)

宣传版面索引

(页码按正文)

封页

扉页

整车

彩色版面

零部件

◉发动机零部件

彩色版面

黑白版面

◉底盘零部件

彩色版面

黑白版面

◉车身零部件

彩色版面

黑白版面

◉电子电器零部件

彩色版面

◉通用件和相关工业产品

彩色版面

黑白版面

◉汽车用品及工具

黑白版面

◉汽车制造设备及模具

彩色版面

黑白版面

行业单位及其他

彩色版面

索引二

汽车、摩托车生产企业索引

乘用汽车

◉ 轿车

◉ MPV

◉ SUV、轻型越野车

商用车——客车

◉ 大中型客车

◉ 轻型客车

◉ 微型客车

商用车——货车

◉ 中重型货车

◉ 轻型货车

◉ 微型货车

◉ 皮卡、客货车

自卸车

◉ 牵引车

专用车

◉ 医疗用车

◉ 运钞车

◉ 军警用车

◉ 消防车

◉ 油田矿山用车

◉ 市政环卫用车

◉ 运输车(厢式、罐式、半挂)

◉ 路面维护用车

◉ 混凝土搅拌车

◉ 起重汽车

◉ 高空作业车

◉ 冷藏与保温车

◉ 电力、通信用车

◉ 其他专用车

电动汽车、混合动力汽车

低速货车、三轮汽车

摩托车

索引三

汽车零部件生产企业按产品索引

★ 发动机零部件

★ 底盘零部件

★ 车身零部件

★ 电子电器零部件

★ 通用件和相关工业产品

★ 汽车用品及工具

★ 制造设备、模具

发动机零部件

◉ 发动机总成

◉ 汽缸体、汽缸盖、汽缸套

◉ 活塞

◉ 活塞环、活塞销

◉ 气门、气门组件

◉ 凸轮轴

◉ 曲轴、连杆、轴瓦

◉ 飞轮及其齿圈

◉ 发动机齿轮、带轮、张紧轮

◉ 燃油箱

◉ 滤清器

◉ 燃油泵、喷油器

◉ 机油泵

◉ 化油器、节气门体

◉ 电喷系统

◉ 涡轮增压器

◉ 散热器、中冷器、机油冷却器

◉ 水泵、节温器

◉ 风扇、风扇离合器

◉ 进排气管、消声器

◉ 催化转换器、尾气净化催化剂及其他

◉ 发动机支架、软垫、夹箍

◉ 油底壳、气门室罩

◉ 其他发动机配件

底盘零部件

◉ 离合器

◉ 离合器泵、离合器附件

◉ 变速器

◉ 变速器壳体

◉ 同步器、同步器齿环

◉ 传动齿轮

◉ 变速器其他配件

◉ 减速器、差速器、分动箱、取力器及其配件

◉ 传动轴、半轴

◉ 前后桥、桥壳、半轴套管

◉ 万向节、十字轴

◉ 悬架总成

◉ 减振器

◉ 悬架弹簧

◉ 其他悬架件(悬架摇臂等)

◉ 钢车轮

◉ 铝车轮

◉ 轮毂

◉ 轮胎

◉ 车轮附件

◉ 转向盘

◉ 转向器

◉ 转向泵

◉ 转向拉杆、球头

◉ 其他转向零件(转向节等)

◉ 制动器

◉ 制动盘、制动鼓

◉ 防抱死制动系统(ABS)

◉ 制动泵、真空助力器

◉ 空压机

◉ 制动气室、储气筒

◉ 电涡流缓速器

◉ 制动阀、制动间隙调整机构等

◉ 变速、离合、制动操纵装置

◉ 自卸车液压系统、其他液压件

◉ 车架、底盘

◉ 元宝梁、横梁

◉ 其他底盘件

车身零部件

◉ 车锁

◉ 车铰链

◉ 玻璃升降器

◉ 座椅及其配件

◉ 安全带、安全气囊

◉ 汽车玻璃

◉ 刮水器、洗涤器及其配件

◉ 汽车镜

◉ 其他车身附件（空气支撑、门泵等）

◉ 车门内板、顶棚

◉ 仪表板、保险杠

◉ 其他车身装饰件

◉ 空调

◉ 空调压缩机

◉ 蒸发器、冷凝器

◉ 暖风机、鼓风机

◉ 其他空调配件

电子电器零部件

◉ 蓄电池、动力电池

◉ 电池附件及材料

◉ 发电机、起动机、微电机、磁电机

◉ 电机相关配件

◉ 分电器、点火线圈、点火器

◉ 火花塞

◉ 高压点火线

◉ 汽车灯具、灯泡

◉ 汽车仪表

◉ 传感器与警报系统

◉ 组合开关、点火开关等

◉ 中央配电盒、继电器、闪光器、电磁阀、电压调节器

◉ 点烟器、电阻器

◉ 熔断器

◉ 汽车线束、插接器

◉ 汽车软轴、拉索

◉ 汽车音响、多媒体

◉ 汽车喇叭、扬声器

◉ 汽车天线

◉ 汽车空调电器元件

◉ 汽车电子控制系统与模块

◉ GPS导航、巡航系统

◉ TPMS 胎压监测系统、汽车行驶记录仪

◉ 其他汽车电子电器件

通用件和相关工业产品

◉ 摩擦材料

◉ 密封件

◉ V带、多楔带等橡胶传动带

◉ 其他橡胶、塑料制品

◉ 硬管、软管、波纹管

◉ 粉末冶金件

◉ 铸锻件、冲压件

◉ 标准件、紧固件

◉ 轴承、轴套

◉ 弹簧

◉ 链条、链轮

◉ 汽车涂料(车漆)、黏合剂

◉ 油品(油、脂、液)

◉ 汽车金属材料

◉ 纺织面料、皮革制品

◉ 其他材料及加工件

◉ 其他汽车配件

汽车用品及工具

◉ 防盗报警器、转向盘锁、排挡锁

◉ 倒车雷达、影像监视系统

◉ 车载电话、对讲机

◉ 太阳膜、车身彩条、彩贴

◉ 护杠、行李架、尾翼、轮眉、大包围、挡泥板

◉ 坐垫、腰靠、座套、窗帘、转向盘套等

◉ 脚踏垫、地胶、地毯

◉ 桃木内饰、储物箱

◉ 儿童座椅

◉ 车载冰箱

◉ 光触媒、消毒器、香座、氧吧

◉ 清洁、美容、护理用品，防冻液

◉ 其他汽车用品

◉ 汽车工具

制造设备、模具

◉ 涂装设备、生产线

◉ 汽车专用设备

◉ 通用设备

◉ 模具

◉ 刀具、金属加工液

◉ 打标机、印码设备

◉ 其他设备及相关服务

索引四

零部件生产企业配套情况参考索引

★ 一汽集团

华北地区

东北地区

华东地区

华中地区

西南地区

西北地区

★ 一汽轿车

华北地区

东北地区

华东地区

华中地区

西南、西北地区

★ 一汽海马

★ 天汽

★ 天津一汽夏利

★ 天津一汽丰田

★ 东风汽车公司

华北地区

东北地区

华东地区

华中地区

西南地区

西北地区

★ 东风日产乘用车

★ 神龙汽车

★ 东风悦达起亚

★ 东风本田

★ 上汽集团

★ 上海大众

华北地区

东北地区

华东地区

华中地区

西南、西北地区

★ 上海通用

华北地区

东北地区

华东地区

华中地区

西南地区

★ 上汽通用五菱

★ 上汽乘用车

华中地区

西南、西北地区

★ 南京汽车集团

★ 南京依维柯

★ 北汽集团

★ 北汽福田

华北地区

东北地区

华东地区

华中地区

西南地区

西北地区

★ 北京奔驰

★ 北京现代

★ 长安汽车

★ 长安铃木

★ 长安福特马自达

★ 哈飞汽车

★ 昌河汽车、昌河铃木

★ 广汽集团

★ 广汽本田

★ 广汽丰田

★ 广汽长丰

★ 吉利汽车

★ 比亚迪汽车

★ 力帆汽车

★ 华晨金杯

★ 华晨宝马

★ 东南汽车

★ 江铃汽车

★ 庆铃汽车

★ 重汽集团

★ 上汽依维柯红岩

★ 陕汽集团

★ 北奔重汽

★ 江淮汽车

★ 郑州日产

★ 长城汽车

★ 河北中兴

★ 大中型客车配套企业

★ 其他汽车配套企业

华北地区

东北地区

华东地区

华中地区

西南、西北地区

★ 摩托车配套企业

华东地区

华中地区

西南地区

西北地区

索引五

部分整车生产企业名称变更登记

企业名称	曾用名称	本书页码
华北地区		
河北力钧长恒专用汽车制造有限公司	河北省汽车修配厂	58
新兴能源装备股份有限公司	邯郸新兴重型机械有限公司	58
河北光华专用汽车有限公司	中国重型汽车集团黄骅光华专用汽车有限公司	59
河北渤海石油装备专用车有限公司	河北华北石油油田专用车改装厂	59
东北、华东地区		
一汽客车(大连)有限公司	一汽客车大连客车厂	37
吉林前沅专用汽车制造股份有限公司	吉林华鼎工程机械有限责任公司	66
吉林石油装备技术工程服务有限公司	吉林洮南市联合汽车改装厂	67
上海汽车商用车有限公司	上海汇众汽车制造有限公司	38
上海市环境卫生车辆设备厂	上海联信环境卫生车辆有限公司	69
上海浦东一汽解放专用车有限公司	上海浦东一汽青岛专用车厂	69
无锡华策汽车有限公司	海门市客车厂	72
江苏宏运车辆有限公司	丹阳宏运低速货车厂	111
广汽吉奥汽车有限公司	郴州吉奥南燕驰峰汽车有限公司	40
浙江万丰汽车制造有限公司	上海万丰客车制造有限公司	76
浙江美通筑路股份有限公司	浙江美通机械制造有限公司	77
宁波波导汽车科技有限公司	宁波轻工机械制造有限公司	77
永康市富仕达实业有限公司	浙江四星机械实业有限公司	77
陕西汽车集团温州云顶汽车有限公司	瑞安市一汽云顶专用汽车有限公司	78
浙江庆福川豹摩托车有限公司	浙江三叶富新机车有限公司	782
安徽华菱汽车有限公司	安徽华菱汽车股份有限公司	42
合肥森隆专用汽车有限公司	合肥四方环卫车辆有限责任公司	78
福建奔驰汽车工业有限公司	福建戴姆勒汽车工业有限公司	42
西虎汽车工业有限公司	福建八闽汽车总厂	42
江西江铃集团晶马汽车有限公司	江西消防车辆制造有限公司	43
一汽解放青岛汽车有限公司	一汽解放青岛汽车厂	45
山东岱阳汽车制造有限公司	泰安交通汽车制造有限公司	87
山东力帆车业有限公司	山东寿光万龙实业有限公司	784
华中地区		
海马轿车有限公司	海马(郑州)汽车有限公司	45
奇瑞汽车河南有限公司	开封市政工程机械厂	92

企业名称	曾用名称	本书页码
河南冰熊专用车辆制造有限公司	河南冰熊冷藏汽车有限公司	92
河南松川专用汽车有限公司	郑州白云机电装备股份有限公司	93
奥龙汽车有限公司	黄石市汽车改装厂	95
湖北程力专用汽车有限公司	神牛拖拉机有限公司	96
厦工楚胜专用汽车有限公司	湖北楚胜专用汽车有限公司	97
湖北东沃专用汽车有限责任公司	武汉市交通汽车改装厂	97
十堰至喜车辆有限公司	武汉盟盛科贸有限公司	98
中联重科股份有限公司	长沙中联重工科技发展股份有限公司	47
吉首市宗南重工制造有限公司	吉首市宗南汽车制造有限责任公司	99
北汽(广州)汽车有限公司	广州宝龙集团轻型汽车有限公司	48
广州盛江摩托车有限公司	广州庆福摩托车有限公司	786
广州广本机车科技有限公司	广州林叶机电科技有限公司	786
广州飞肯摩托车有限公司	增城市好日子摩托车有限公司	786
广东金豪实业集团有限公司	广东金豪摩托车有限公司	788
江门市华龙摩托车有限公司	江门市联统华龙摩托车有限公司	789
一汽解放柳州特种汽车有限公司	中国第一汽车集团柳州特种汽车厂	103
柳州五菱专用汽车有限公司	柳州五菱专用汽车制造有限公司	103
西南地区		
重庆东本摩托车制造有限公司	重庆东本工业有限责任公司	791
四川汽车工业股份有限公司	四川汽车工业集团有限公司	50
四川南骏汽车集团有限公司	资阳市南骏汽车有限责任公司	51
乐至熊猫机器制造有限公司	泸州熊猫机器制造有限公司	106
云南航天神州汽车有限公司	云南美的旅行车有限公司	107
陕西通家汽车股份有限公司	陕西通家汽车有限责任公司	108

※**说明**：当贵企业名称变更时，为避免客户流失，请及时到《中国汽车工业企事业单位信息大全》编辑部进行名称变更登记。

编辑部联系电话:010/68426043、68420981　传真:010/88561149

版权声明

《中国汽车工业企事业单位信息大全》是中国汽车行业连续性出版的权威工具书，为全国汽车行业通信联络、产品采购与供货、寻求合资合作等的主要依据。

近期发现一些正规或非正规出版物，部分或大部分抄袭《大全》的内容，以各种名义出版。这种行为不仅侵犯了编辑、出版单位的版权，而且混淆了读者的视听，给行业工作和汽车工业企事业单位造成了很大的不便。

在《中国汽车工业企事业单位信息大全（2012 版）》出版之际，《中国汽车工业企事业单位信息大全》编辑部和人民交通出版社联合发布版权保护声明：

对侵犯《中国汽车工业企事业单位信息大全（2012 版）》版权的单位、个人，我们将严肃追究其法律责任。

《中国汽车工业企事业单位信息大全》编辑部

人民交通出版社

2012 年 3 月

为避免给您的单位通讯联络造成不便，书中登录内容如有变化或尚未收录，请准确填写下表

《中国汽车工业企事业单位信息大全》(2013 版)

登 录 表

<table>
<tr><td>单位名称</td><td colspan="7">中　文：
英　文：
（盖公章处）</td></tr>
<tr><td>地　　址</td><td colspan="5"></td><td>邮　编</td><td></td></tr>
<tr><td>电　　话</td><td colspan="2"></td><td>传　真</td><td></td><td>网址或 E－mail</td><td colspan="2"></td></tr>
<tr><td>法人代表</td><td></td><td>总经理（厂长）</td><td></td><td>单位人数</td><td></td><td>质量体系</td><td></td></tr>
<tr><td>产品或
职能情况</td><td colspan="7">主要产品或职能情况：</td></tr>
</table>

说明：填报时请随寄单位介绍一份，以作备案　　　　填表联系人：________

☆ 填表时有问题，请拨打咨询电话：010－68426043　68420981

☆ 表格填好后，请选择以下方式返回编辑部

○ 自动传真：010－88561149

○ E－mail：wheelon@ vip. sina. com

○ 编辑部回函地址：北京市阜成路 33 号　100048　中汽华轮公司《大全》编辑部

请及时预订——

《中国汽车工业企事业单位信息大全》2013 版宣传版面

《大全》2013 版宣传版面设置

□汽车专版　　□摩托车专版　　□三轮汽车和低速货车专版

□汽车发动机零部件　　□汽车底盘零部件　　□汽车车身零部件

□汽车电子电器零部件　　□通用件与相关工业产品　　□汽车用品及工具

□汽车制造设备及模具

★ 选择《大全》宣传版面的重要理由

(1)为汽车行业权威出版物，是汽车行业各单位采购订货、通信联络的主要依据

(2)高频率的使用率，总使用率达到 500 万人次以上，为使用面最广的行业工具书

(3)国内外汽车相关的专业读者集中，使产品推广和企业形象宣传价值倍增

(4)多重检索方式使得入编宣传版面的单位迅速成为行业内外各界关注的焦点

(5)与其他媒体相比，具有显著的广告投入产出价值

☞ **预订宣传版面，请拨打电话：010－68426043　68420981**